True to the work of
Yah Veh Elohim -
Adonay - Eternal I AM -
Creator - Judge.

True to the mission of
Yah Shua Messiah
- Adonay - Eternal I AM
- Creator - Saviour.

EDC HEBREW ENGLISH BIBLE

a literal translation and transliteration of Scripture

SERIES 1

Everday Church, Inc.

True to the ministry
of the Holy Spirit -
Indwelling Paraclete -
Endower of Spirituals -
Birther of Eternal Life.

True to the enduements
of the Holy Spirit
- Ministries of Service
- Energies of Dynamis
- Attributes of Charismata.

Ruach ha-kodesh

First Edition,
The AUTHORIZED KING JAMES VERSION of 1611 in exeGeses,
© 1992 by Herb Jahn, Exegete.

The Second Edition,
exeGeses ready research BIBLE,
© 1993 by Herb Jahn, Exegete.

The Third Edition,
exeGeses companion BIBLE,
© 1994 by Herb Jahn, Exegete.

This Fourth Edition,
exeGeses BIBLE,
© 1994 by Herb Jahn, Exegete.

ISBN: 978-1-63950-137-3 (sc)
ISBN: 978-1-63950-138-0 (e)

Writers Apex

Gateway Towards Success
8063 MADISON AVE #1252
Indianapolis, IN 46227
+13176596889
www.writersapex.com

LEXICON:

You will particularly appreciate the LEXICON beginning on page 1866. All the *exeGeses* are verifiable by the expository critiques in the LEXICON, and by Strong's Exhaustive Concordance.

The LEXICON thoroughly explains the importance of the word word – and why it is used in both verbal and nounal forms. The SUMMARIES give you a thorough digest of certain subjects and roots of words.

Now you can easily satisfy your desire for deeper research – for every word in the LEXICON is number coded to Strong's Exhaustive Concordance. This is especially helpful because more and more of the old reliable research materials are being republished, also number coded to Strong's Exhaustive Concordance.

My petition is that Adonay Yah Shua Messiah be pleased to place His seal on the work of my life by spiritually enriching the work of your life.

In the name of Adonay Yah Shua Messiah,
Herb Jahn, Exegete

I invite all exegetes to critique this *EDC Hebrew / English Bible* in the hope that future editions may be less imperfect.

Everyday Church give all credits to Herb Jahn, as we go forward with this future edition. Others in the future may be less imperfect. Also, "However" Isaiah 55:11 "So shall my word be that goeth forth out of my mouth: it shall not return unto me void, but it shall accomplish that wich I please, and it shall prosper in the thing where to I ser it."

Acknowledgement

Thank you, Dawn,
for your
encouragement, endurance,
and
editorial excellence.

TABLE OF CONTENTS

VOLUME ONE:
TORAH

VOLUME TWO:
HISTORY

1 SAMUEL *SHMUEL ALEPH* 354

2 SAMUEL *SHMUEL BET* 418

1 KINGS *MALACHIM - ALEPH* 484

2 KINGS *MALACHIM- BET* 563

VOLUME ONE

TORAH

CREATION

1 In the beginning
God **Elohim** created the *heaven* **heavens** and the earth.
2 And the earth *was without form*
being waste, and void;
and darkness was upon the face of the *deep* **abyss**.
And the Spirit of *God* **Elohim**
moved **brooded** upon the face of the waters.

DAY ONE

3 And *God* **Elohim** said,
Let there be light:
and there *was* **became** light.
4 And *God* **Elohim** saw the light, that it was good:
and *God divided* **Elohim separated**
between the light *from* **and between** the darkness.
5 And *God* **Elohim** called the light Day,
and the darkness he called Night.
And the evening and the morning
were **became** the first day.

DAY TWO

6 And *God* **Elohim** said,
Let there be *a firmament* **an expanse**
in the midst of the waters,
and let it *divide* **separate** the waters from the waters.
7 And *God made* **Elohim worked** the *firmament*
expanse, and *divided* **separated** the waters
which were under the *firmament* **expanse**
from the waters
which were above the *firmament* **expanse**:
and *it was so* **thus it became**.
8 And *God* **Elohim** called the *firmament* **expanse**
Heaven **Heavens**.
And the evening and the morning
were **became** the second day.

DAY THREE

9 And *God* **Elohim** said,
Let the waters under the *heaven* **heavens**
be gathered together **congregate** unto one
place, and let the dry *land appear* **be seen**:
and *it was so* **thus it became**.
10 And *God* **Elohim** called the dry *land* Earth;
and the *gathering together* **congregating** of the waters
called he Seas:
and *God* **Elohim** saw that it was good.
11 And *God* **Elohim** said,
Let the earth *bring forth grass* **sprout sprouts**,
the herb *yielding* **seeding** seed,
and the fruit tree *yielding* **working** fruit
after his kind **in species**,
whose seed is in itself, upon the earth:
and *it was so* **thus it became**.
12 And the earth *brought forth grass* **sprouted herbs**,
and herb *yielding* **seeding** seed *after his kind* **in**
species, and the tree *yielding* **working** fruit,
whose seed was in itself, *after his kind* **in species**:
and *God* **Elohim** saw that it was good.
13 And the evening and the morning
were **became** the third day.

DAY FOUR

14 And *God* **Elohim** said,
Let there be lights
in the *firmament* **expanse** of the *heaven* **heavens**
to *divide* **separate between** the day
from **and between** the night;
and let them be for signs, and for seasons,
and for days, and years:
15 And let them be for lights
in the *firmament* **expanse** of the *heaven* **heavens**
to *give light upon* **light up** the earth:
and *it was so* **thus it became**.
16 And *God made* **Elohim worked** two great lights;
the greater light *to rule* **for the reign of** the day, and
the lesser light *to rule* **for the reign of** the night:
he made the stars also.
17 And *God set* **Elohim gave** them
in the *firmament* **expanse** of the *heaven* **heavens**
to *give light upon* **light up** the earth,
18 And to *rule* **reign** over the day and over the night,
and to *divide* **separate between** the light
from **and between** the darkness:
and *God* **Elohim** saw that it was good.
19 And the evening and the morning
were **became** the fourth day.
20 And *God* **Elohim** said,
Let the waters *bring forth abundantly* **teem**
the moving creature **with teemers**
that *hath life* **have a living soul**,
and *fowl* **flyers** that may fly above the earth

DAY FIVE

in the open firmament **upon the face of the expanse**
of *heaven* **the heavens**.
21 And *God* **Elohim** created great *whales* **monsters**,
and every living *creature* **soul** that *moveth* **creepeth**,
which the waters *brought forth abundantly* **teemed**,

after their kind **in species,**
and every winged *fowl after his kind* **flyer in species:**
and *God* **Elohim** saw that it was good.
22 And *God* **Elohim** blessed them, saying,
Be fruitful **Bear fruit,** and *multiply* **abound,**
and fill the waters in the seas,
and let *fowl multiply* **flyers abound** in the earth.
23 And the evening and the morning
were **became** the fifth day.
24 And *God* **Elohim** said,
Let the earth bring forth the living *creature* **soul**
after his kind **in species,**
cattle **animals,** and *creeping thing* **creepers,** and *beast of* **live beings on** the earth *after his kind* **in species:**
and *it was so* **thus it became.**
25 And *God made* **Elohim worked**

DAY SIX

the *beast of* **live beings on** the earth *after his kind* **in species,** and *cattle after their kind* **animals in species,**
and every *thing that creepeth* **creeper** upon the *earth* **soil**
after his kind **in species:**
and *God* **Elohim** saw that it was good.
26 And *God* **Elohim** said,
Let us *make man* **work Adam** in our
image, after our likeness:
and let them *have dominion* **subjugate**
over the fish of the sea,
and over the *fowl* **flyers** of the *air* **heavens,**
and over the *cattle* **animals,** and over all the
earth, and over every *creeping thing* **creeper**
that creepeth upon the earth.
27 So *God* **Elohim** created *man* **Adam** in his *own*
image, in the image of *God* **Elohim** created he him;
male and female created he them.
28 And *God* **Elohim** blessed them, and
God **Elohim** said unto them,
Be fruitful **Bear fruit,** and *multiply* **abound,**
and *replenish* **fill** the earth, and subdue it:
and *have dominion* **subjugate** over the fish of the
sea, and over the *fowl* **flyers** of the *air* **heavens,**
and over every *living thing* **live being**
that *moveth* **creepeth** upon the earth.
29 And *God* **Elohim** said, Behold,
I have given you every herb *bearing* **seeding** seed,
which is upon the face of all the earth, and every tree,
in the which is the fruit of a tree *yielding* **seeding** seed;
to you it shall be for *meat* **food.**
30 And to every *beast* **live being** of the earth,
and to every *fowl* **flyer** of the *air* **heavens,**
and to every *thing that creepeth* **creeper** upon the earth,
wherein there is *life* **a living soul,**
I have given — every green herb for *meat* **food:**
and *it was so* **thus it became.**
31 And *God* **Elohim**
saw *every thing* **all** that he had *made* **worked,**
and, behold, it was *very* **mighty** good. And the evening
and the morning *were* **became** the sixth day.
2 *Thus* the heavens and the earth were
finished, and all the host of them.
2 And on the seventh day

DAY SEVEN

God ended **Elohim finished** his work
which he had *made* **worked;**
and he *rested* **shabbathized** on the seventh day
from all his work which he had *made* **worked.**
3 And *God* **Elohim** blessed the seventh day,
and *sanctified* **hallowed** it:
because that in it
he had *rested* **shabbathized** from all his work
which *God* **Elohim** created and *made* **worked.**

RESUME' OF CREATION

4 These are the generations
of the heavens and of the earth when they were created,
in the day that *the LORD God* **Yah Veh Elohim**
made **worked** the earth and the heavens,
5 And every *plant* **shrub** of the field
before it was in the earth,
and every herb of the field before it *grew* **sprouted:**
for *the LORD God* **Yah Veh Elohim** had not caused it to
rain upon the earth, and there was *not a man* **no Adam**
to *till* **serve** the *ground* **soil.**
6 But there *went up* **ascended** a mist from the earth,
and *watered* **moistened** the whole face of the *ground* **soil.**
7 And *the LORD God* **Yah Veh Elohim**
formed *man* **Adam** of the dust of the *ground* **soil,**
and *breathed* **puffed** into his nostrils the breath of life;
and *man* **Adam** became a living soul.

THE GARDEN OF EDEN

8 And *the LORD God* **Yah Veh Elohim**
planted a garden eastward in Eden;
and there he put *the man* **Adam** whom he had formed.
9 And out of the *ground* **soil**
made the LORD God to grow **Yah Veh Elohim sprouted**
every tree that is *pleasant to the sight*
desirable in visage, and good for food;

the tree of life also in the midst of the garden,
and the tree of knowledge of good and evil.
10 And a river went out of Eden
to *water* **moisten** the garden;
and from thence it *was parted* **separated**,
and became into four heads.
11 The name of the first is *Pison* **Pishon**:
that is it which *compasseth* **surroundeth**
the *whole* land of Havilah, where there is gold;
12 Andthegoldofthatlandisgood:
there is bdellium and the onyx stone.
13 And the name of the second river is *Gihon* **Gichon**:
the same is it that *compasseth* **surroundeth**
the *whole* land of *Ethiopia* **Kush**.

Four Rivers

14 And the name of the third river is *Hiddekel* **Hiddeqel**:
that is it which goeth toward the
east of *Assyria* **Ashshur**.
And the fourth river is Euphrates.
15 And *the LORD God* **Yah Veh Elohim**
took *the man* **Adam**,
and put him into the garden of Eden to
dress **serve** it and to *keep* **guard** it.
16 And*theLORDGod***YahVehElohim**
commanded the man **misvahed Adam**,
saying, Of every tree of the garden
in eating, thou mayest *freely* eat:
17 But of the tree of the knowledge of good
and evil, thou shalt not eat of it:
for in the day that thou eatest thereof
in dying, thou shalt *surely* die.
18 And *the LORD God* **Yah Veh Elohim** said,
It is not good that *the man* **Adam** should be alone;
I *will make* **shall work** him an help meet for him.
19 And out of the *ground* **soil**
the LORD God **Yah Veh Elohim** formed every
beast **live being** of the field, and every *fowl* **flyer** of
the *air* **heavens**; and brought *them* unto Adam
to see what he *would* **should** call them:
and whatsoever Adam called every living
creature **soul**, that was the name thereof.
20 And Adam *gave* **called** names to all *cattle* **animals**,
and to the *fowl* **flyers** of the *air* **heavens**,
and to every *beast* **live being** of the field;
but for Adam there was not found an help meet for him.
21 And *the LORD God* **Yah Veh Elohim**
caused a *deep* **sound** sleep to fall
upon Adam, and he slept:
and he took one of his ribs,
and *closed up* **shut** the flesh *instead* **underneath** thereof;
22 And the rib,
which *the LORD God* **Yah Veh Elohim**
had taken from *man* **Adam**,
made **builded** he a woman,
and brought her unto *the man* **Adam**.
23 And Adam said,
This is *now* **at this time** bone of my
bones, and flesh of my flesh:
she **this** shall be called Woman, because
she was taken out of Man.
24 *Therefore* **Thus** shall a man
leave his father and his mother,
and shall *cleave* **adhere** unto his *wife* **woman**:
and they shall be one flesh.
25 And*they***thetwo**were*both*naked,
the man **Adam** and his *wife* **woman**,
and were not ashamed.

Woman

3 Now the serpent *was* **became** more subtil
than any *beast* **live being** of the field

Fall Of Humanity

which *the LORD God* **Yah Veh Elohim**
had *made* **worked**. And he said unto the
woman, Yea, hath *God* **Elohim** said,
Ye shall not eat of every tree of the garden?
2 And the woman said unto the serpent,
We may eat of the fruit of the trees of the garden:
3 But of the fruit of the tree
which is in the midst of the garden,
God **Elohim** hath said, Ye shall not eat of
it, neither shall ye touch it, lest ye die.
4 Andtheserpentsaiduntothewoman,
In dying, Ye shall not *surely* die:
5 For *God doth know* **Elohim knoweth**
that in the day ye eat thereof,
then your eyes shall be opened,
and ye shall be as *gods* **Elohim**, knowing good and evil.
6 And when the woman saw that
the tree was good for food,
and that it was *pleasant* **desirable** to the eyes,
and a tree to be desired to *make one wise* **comprehend**,
she took of the fruit thereof, and did eat,
and gave also unto her *husband* **man** with her;
and he did eat.
7 And the eyes of *them both* **the two** were opened,
and they knew that they were naked;

and they sewed fig leaves together,
and *made* **worked** themselves *aprons* **girdles**.
8 And they heard the voice
of *the LORD God* **Yah Veh Elohim**
walking in the garden in the *cool* **wind** of the day:
and Adam and his *wife* **woman** hid themselves
from the *presence* **face** of *the LORD*
God **Yah Veh Elohim**
amongst the trees of the garden.
9 And *the LORD God* **Yah Veh**
Elohim caled unto Adam,
and said unto him, Where art thou?
10 Andhesaid,Iheardthyvoiceinthegarden,
and I *was afraid* **awed**, because I was naked;
and I hid myself.
11 And he said, Who told thee that thou wast naked?
Hast thou eaten of the tree, whereof
I *commanded* **misvahed** thee
that thou shouldest not eat?
12 And *the man* **Adam** said,
The woman whom thou gavest to be with me,
she gave me of the tree, and I did eat.
13 And *the LORD God* **Yah Veh Elohim**
said unto the woman,
What is this that thou hast *done* **worked**?
And the woman said,
The serpent *beguiled* **deceived** me, and I did eat.
14 And *the LORD God* **Yah Veh Elohim**
said unto the serpent,
Because thou hast *done* **worked** this, thou
art cursed above all *cattle* **animals**,
and above every *beast* **live being** of the field;
upon thy belly shalt thou go,
and dust shalt thou eat all the days of thy life:
15 And I *will* **shall** put enmity between
thee and **between** the woman,
and between thy seed and **between** her seed;
it **he** shall *bruise* **crush** thy head, and
thou shalt *bruise* **crush** his heel.
16 Unto the woman he said,
I will greatly multiply **In abounding, I shall abound**
thy *sorrow* **contortion** and thy conception;
in *sorrow* **contortion**
thou shalt *bring forth children* **birth sons**;
and thy desire shall be to thy *husband* **man**,
and he shall *rule* **reign** over thee.
17 And unto Adam he said, Because thou hast hearkened
unto the voice of thy *wife* **woman**,
and hast eaten of the tree,
of which I *commanded* **misvahed** thee,
saying, Thou shalt not eat of it:
cursed is the *ground* **soil** for thy sake;
in *sorrow* **contortion** shalt thou eat
of it all the days of thy life;
18 Thorns also and thistles
shall it *bring forth* **sprout** to thee;
and thou shalt eat the herb of the field;
19 In the sweat of thy *face* **nostrils**
shalt thou eat bread,
till thou return unto the *ground* **soil**;
for out of it wast thou taken:
for dust thou art, and unto dust shalt thou return.
20 And Adam called his *wife's* **woman's** name
Eve **Havvah**;
because she was the mother of all living.
21 Unto Adam also and to his *wife* **woman**
did the LORD God **Yah Veh Elohim**
make **worked** coats of skins, and *clothed* **enrobed** them.
22 And *the LORD God* **Yah Veh Elohim** said,
Behold, *the man* **Adam** is become as one of us,
to know good and evil:
and now, lest he *put forth* **spread** his hand, and take also
of the tree of life, and eat, and live *for ever:* **eternally** —
23 *Therefore the LORD God* **Yah Veh Elohim**
sent him forth from the garden of Eden,
to *till* **serve** the *ground* **soil** from whence he was taken.
24 So he *drove out the man* **expelled Adam**;
and he *placed* **tabernacled**
at the east of the garden of Eden *Cherubims* **Cherubim**,
and a flaming sword which turned *every way*,
to *keep* **guard** the way of the tree of life.

THE FIRST TWINS

4 And Adam knew *Eve* **Havvah** his *wife* **woman**;
and she conceived, and *bare* **birthed** *Cain*
Qayin, and said, I have *gotten* **chatteled**
a man from *the LORD* **Yah Veh**.
2 And she again *bare* **birthed** his brother Abel.
And Abel *was a keeper of sheep* **tended flocks**, but
Cain was a tiller of **Qayin served** the *ground* **soil**.
3 And *in process of time* **at day's end, so be**
it *came to pass*, that *Cain* **Qayin** brought
of the fruit of the *ground* **soil**
an offering unto *the LORD* **Yah Veh**.
4 And Abel, he also brought of the firstlings
of his flock and of the fat thereof.
And *the LORD* **Yah Veh**
had respect **looked** unto Abel and to his offering:

5 But unto *Cain* **Qayin** and to his offering
he *had not respect* **looked not**.
And *Cain* **Qayin** was *very wroth* **mightily**
inflamed, and his *countenance* **face** fell.
6 And*the LORD***Yah Veh**said unto*Cain***Qayin**,
Why art thou *wroth* **inflamed**?
and why is thy *countenance* **face** fallen?
shalt thou not be *accepted* **exalted**? and
if thou *doest not* well—**pleasest not**, sin
lieth **croucheth** at the *door* **portal**.
And unto thee shall be his desire, and
thou shalt *rule* **reign** over him.

FIRST SLAUGHTER

8 And *Cain* **Qayin** talked with Abel his brother:
and **so be** it *came to pass*, when they were in the field,
that *Cain* **Qayin** rose up against Abel his brother,
and *slew* **slaughtered** him.
9 And *the LORD* **Yah Veh** said unto *Cain*
Qayin, Where is Abel thy brother?
And he said, I know not:
Am I my brother's *keeper* **guardian**?
10 Andhesaid,Whathasthou*done***worked**?
the voice of thy brother's blood crieth
unto me from the *ground* **soil**.
11 Andnowarthoucursedfromthe*earth***so,il**
which hath *opened* **gaped** her mouth
to *receive* **take** thy brother's blood from thy hand;
12 Whenthou*tiles***stervesthe***ground***so,il**
it shall not *henceforth* **again**
yield **give** unto thee her *strength* **force**;
a fugitive and a vagabond **to waver and to wander**
shalt thou be in the earth.
13 And *Cain* **Qayin** said unto *the LORD* **Yah Veh**,
My *punishment* **perversity** is greater than I can bear.
14 Behold,thouhast*driven***expeled**me*ou*ht*t*isday
from the face of the *earth* **soil**;
and from thy face shall I be hid;
and I shall be
a fugitive and a vagabond **to waver and to wander**
in the earth;
and **so be** it *shall come to pass*,
that every one that findeth me shall *slay* **slaughter** me.
15 And *the LORD* **Yah Veh** said unto him,
Therefore **Thus** whosoever *slayeth*
Cain **slaughtereth Qayin**,
vengeance shall be taken on him
he shall be avenged sevenfold.
And *the LORD* **Yah Veh** set a *mark* **sign** upon *Cain*
Qayin, lest any finding him should *kill* **smite** him.
16 And *Cain* **Qayin** went out
from the *presence* **face** of *the LORD* **Yah Veh**,
and *dwelt* **settled** in the land of Nod, on the east of Eden.
17 And *Cain* **Qayin** knew his *wife* **woman**;
and she conceived, and *bare Enoch* **birthed Hanoch**:
and he builded a city, and called the name of the
city, after the name of his son, *Enoch* **Hanoch**.

GENEALOGY OF HANOCH

18 And unto *Enoch* **Hanoch** was *born* **birthed** Irad:
and Irad *begat Mehujael* **birthed Mechuya El**:
and *Mehujael begat Methusael*
Mechuya El birthed Methusha El:
and *Methusael begat Lamech*
Methusha El birthed Lemech.
19 And*Lamech***Lemech**tokuntohimtwo*wives***women**:
the name of the one was Adah,
and the name of the *other Zillah* **second Sillah**.
20 And Adah *bare Jabal* **birthed Yabal**:
he was the father of such as *dwell* **settle** in
tents, and of such as *have cattle* **chattel**.
21 Andhisbrother'snamewas*Jubal***Yubal**:
he was the father of all such
as *handle* **manipulate** the harp and *organ* **woodwinds**.
22 And *Zillah* **Sillah**,
she also *bare Tubalcain* **birthed Tubal Qayin**,
an instructer **a sharpener**
of every artificer in *brass* **copper** and iron:
and the sister of *Tubalcain* **Tubal Qayin** was Naamah.

SECOND SLAUGHTER

23 And *Lamech* **Lemech** said unto his *wives* **women**,
Adah and *Zillah* **Sillah**,
Hear my voice; ye *wives* **women** of *Lamech*
Lemech, hearken unto my *speech* **sayings**:
for I have *slain* **slaughtered** a man *to* **for** my *wounding*
wound, and a *young man to* **child for** my *hurt* **lash**.
24 ICf *ain***Qayin**shalbeavengedsevenfold,
truly *Lamech* **Lemech** seventy and sevenfold.

BIRTH OF SHETH

25 And Adam knew his *wife* **woman** again;
and she *bare* **birthed** a son, and called his name
Seth **Sheth**: For *God* **Elohim**, *said she*,
hath *appointed* **set** me another seed instead of
Abel, whom *Cain slew* **Qayin slaughtered**.
26 And to *Seth* **Sheth**,
to him also there was *born* **birthed** a son;
and he called his name Enos:
then began *men to call* **the calling**
upon the name of *the LORD* **Yah Veh**.

Genealogy Of Adam

5 This is the *book* **scroll** of the generations of Adam.
In the day that *God* **Elohim** created *man* **Adam,**
in the likeness of *God made* **Elohim worked** he him;
2 Male and female created he them;
and blessed them, and called their name
Adam, in the day when they were created.
3 AndAdamlivedanhundredandthirtyyears,
and *begat a son* **birthed** in his own
likeness, and after his image;
and called his name *Seth* **Sheth**:
4 And the days of Adam
after he had *begotten Seth* **birthed Sheth**
were eight hundred years:
and he *begat* **birthed** sons and daughters:
5 And all the days that Adam lived
were nine hundred **years** and thirty years: and he died.
6 And*Seth***Sheth**livedanhundred**years**andfiveyears,
and *begat* **birthed** Enos:
7 And *Seth* **Sheth** lived after he *begat* **birthed**
Enos eight hundred **years** and seven years,
and *begat* **birthed** sons and daughters:
8 And all the days of *Seth* **Sheth**
were nine hundred **years** and twelve years: and he died.
9 And Enos lived ninety years,
and *begat Cainan* **birthed Qeyan**:
10 AndEnoslivedafterhe*begatCainan***birthedQeyan**
eight hundred **years** and fifteen years, and
begat **birthed** sons and daughters:
11 And all the days of Enos
were nine hundred **years** and five years: and he died.
12 And*Cainan***Qeyan**livedseventyyears,
and *begat Mahalaleel* **birthed Ma 1-lalal El**:
13 And *Cainan* **Qeyan** lived
after he *begat Mahalaleel* **birthed Ma 1-lalal El**
eight hundred **years** and forty years, and
begat **birthed** sons and daughters:
14 And all the days of *Cainan* **Qeyan**
were nine hundred **years** and ten years: and he died.
15 And *Mahalaleel* **Ma 1-lalal El**
lived sixty **years** and five years,
and *begat Jared* **birthed Yered**:
16 And *Mahalaleel* **Ma 1-lalal El** lived
after he *begat Jared* **birthed Yered**
eight hundred **years** and thirty years, and
begat **birthed** sons and daughters:
17 Andalthedayso*Mf ahalalee***Ml a1-lalalEl**
were eight hundred **years** ninety and five years:
and he died.
18 And *Jared* **Yered** lived
an hundred sixty **years** and two years, and
he *begat Enoch* **birthed 1-lanoch**:
19 And*Jared***Yered**livedafterhe*bega*
*tEnoch***birthed1-lanoch**
eight hundred years,
and *begat* **birthed** sons and daughters:
20 And all the days of *Jared* **Yered**
were nine hundred **years** sixty and two years:
and he died.
21 And *Enoch* **1-lanoch** lived sixty and five years,
and *begat Methuselah* **birthed Methusha Lach**:
22 And*Enoch***1-lanoch**walkedwith*God***Elohim**
after he *begat Methuselah* **birthed Methusha Lach**
three hundred years,
and *begat* **birthed** sons and daughters:
23 And all the days of *Enoch* **1-lanoch**
were three hundred **years** sixty and five years:
24 And*Enoch***1-lanoch**walkedwith*God***Elohim**:
and he was not; for *God* **Elohim** took him.
25 And *Methuselah* **Methusha Lach**
25 And Adam knew his *wife* **woman** again;
and *begat Lamech* **birthed Lemech.**
26 And *Methuselah* **Methusha Lach** lived
after he *begat Lamech* **birthed Lemech**
seven hundred **years** eighty and two years,
and *begat* **birthed** sons and daughters:
27 Andalthedaysof*Methuselah***MethushaLach**
were nine hundred **years** sixty and nine years:
and he died.
28 And *Lamech* **Lemech** lived
an hundred **years** eighty and two
years, and *begat* **birthed** a son:
29 And he called his name *Noah* **Noach**, saying,
This *same* **one** shall *comfort* **sigh over** us
concerning our work and *toil* **scars** of our
hands, because of the *ground* **soil**
which *the LORD* **Yah Veh** hath cursed.
30 And *Lamech* **Lemech** lived
after he *begat Noah* **birthed Noach** five
hundred **years** ninety and five years, and
begat **birthed** sons and daughters:
31 And all the days of *Lamech* **Lemech**
were seven hundred **years** seventy and seven years:
and he died.
32 And *Noah* **Noach** was **a son of** five hundred years *old*:
and *Noah begat* **Noach birthed**
Shem, Ham, and *Japheth* **Yepheth.**

SONS OF ELOHIM TAKE DAUGHTERS OF HUMANITY

6 And **so be** it *came to pass*,
when *men* **humanity** began to
multiply **abound by myriads**
on the face of the *earth* **soil**,
and daughters were *born* **birthed** unto them,
2 Thatthesonsof*God***Elohim**
saw the daughters of *men* **humanity**
that they were *fair* **goodly**;
and they took them *wives* **women**
of all which they chose.

THE SHORTENED LIFE SPAN

3 And *the LORD* **Yah Veh** said,
My spirit shall not *always strive* **eternally plead**
with *man* **humanity**,
for **in his erring inadvertently**, that he *also is* **be** flesh:
yet his days shall be an hundred and twenty years.

THE NEPHILIM

4 Therewere*giants***Nephilim**inthearthinthosedays;
and also *after that* **thus**, when the sons of *God* **Elohim**
came in unto the daughters of *men* **humanity**,
and they *bare children* **birthed** to them,
the same became **mighty** *men*
which were of old **originally**, men of *renown* **name**.
5 And *GOD* **Yah Veh** saw
that the *wickedness* **evil** of *man* **humanity**
was great in the earth, and that every imagination
of the *thoughts* **fabrications** of his heart
was only evil *continually* **every day**.
6 And *it repented the LORD* **Yah Veh sighed**
that he had *made man* **worked humanity** on the
earth, and it *grieved him* **contorted** at his heart.
7 And *the LORD* **Yah Veh** said,
I *will destroy man* **shall wipe out humanity**
whom I have created
from the face of the *earth* **soil**;
both man, and beast **from human to animal**,
and the *creeping thing* **creeper**,
and the *fowls* **flyers** of the *air* **heavens**;
for *it repenteth me* **I sigh** that I have *made* **worked** them.
8 BuNt *oah***Noach**found*grace***charism**
in the eyes of *the LORD* **Yah Veh**.
9 Thesearethegeneraitonso*Nf oah***Noach**:
Noah **Noach** was a just man

GENEALOGY OF NOACH

and *perfect* **integrious** in his generations, and
Noah **Noach** walked with *God* **Elohim**.
10 And*Noahbega*Nt **oachbirthed**thresons,
Shem, Ham, and *Japheth* **Yepheth**.
11 The earth also was *corrupt* **ruined**
before God **at the face of Elohim**, and
the earth was filled with violence.
12 And *God looked upon* **Elohim saw** the earth,
and, behold, it was *corrupt* **ruined**;
for all flesh had *corrupted* **ruined**
his way upon the earth.

THE FLOOD

13 And *God* **Elohim** said unto *Noah* **Noach**,
The end of all flesh is come *before me* **at my face**;
for the earth is filled with violence
through them **at their face**;
and, behold, I *will destroy* **shall**
ruin them with the earth.
14 *Make* **Work** thee an ark of gopher *wood*
timber; *rooms* **nests** shalt thou *make* **work**
in the ark, and shalt pitch *it* **the housing**
within and without with pitch.
15 And *this is the fashion which* **thus**
thou shalt *make it of* **work it**:
The length of the ark shall be three hundred
cubits, the breadth of it fifty cubits,
and the height of it thirty cubits.
16 A window shalt thou *make* **work** to the ark,
and in a cubit shalt thou finish it above;
and the *door* **portal** of the ark
shalt thou set in the side thereof;
with *lower* **nether**, second, and third *stories*
shalt thou *make* **work** it.
17 And, behold, I, even I,
do bring a flood of waters upon the earth,
to *destroy* **ruin** all flesh, wherein is the *breath*
spirit of life, from under *heaven* **the heavens**;
and every thing **all** that is in the earth shall *die* **expire**.
18 Butwiththe*willestablish***shallraise**mycovenant;
and thou shalt come into the ark, thou,
and thy sons, and thy *wife* **woman**, and
thy sons' *wives* **women** with thee.
19 And of every *living thing* **live being** of all flesh, two
of *every sort* **each** shalt thou bring into the ark,
to *keep* **preserve** them alive with thee;
they shall be male and female.
20 Of *fowls after their kind* **flyers in species**,
and of *cattle after their kind* **animals in**
species, of every *creeping thing* **creeper** of
the *earth* **soil** *after his kind* **in species**,
two of *every sort* **each** shall come unto
thee, to *keep them alive* **live**.

21 And take thou unto thee of all food that is
eaten, and thou shalt gather it to thee;
and it shall be for food for thee, and for them.
22 Thus *did Noah* **Noach worked**;
according to all
that *God commanded* **Elohim misvahed**
him, so *did* **worked** he.

7 And *the LORD* **Yah Veh** said unto *Noah* **Noach**,
Come thou and all thy house into the ark;
for thee have I seen *righteous before me* **just at my face**
in this generation.
2 Of every *clean beast* **pure animal**
thou shalt take to thee *by sevens* **seven by seven,**
the *male* **man** and his *female* **woman**:
and of *beasts* **animals** that are not *clean* **pure** by
two, the *male* **man** and his *female* **woman.**
3 Of *fowls* **flyers** also of the *air* **heavens**
by sevens **seven by seven,** the male and the female;
to keep **that** seed *alive* **might live**
upon the face of all the earth.
4 For *yet* **again** seven days,
and I *will* **shall** cause it to rain upon the
earth forty days and forty nights;
and every *living substance* **risen being**
that I have *made* **worked**
will I destroy **shall I wipe out**
from off the face of the earth.
5 And *Noah did* **Noach worked** according unto all that
the LORD commanded **Yah Veh misvahed** him.
6 And*Noah***Noach**was**asonos**fixhundredyears*old*
when the flood of waters was upon the earth.
7 And *Noah* **Noach** went in, and his sons,
and his *wife* **woman**, and his sons' *wives* **women**
with him, into the ark,
because **at the face** of the waters of the flood.
8 Of *clean beasts* **pure animals**,
and of *beasts* **animals** that are not
clean **pure**, and of *fowls* **flyers**,
and of *every thing* **all** that creepeth upon the *earth* **soil,**
9 There went in two and two
unto *Noah* **Noach** into the ark, the male and the female,
as *God* **Elohim** had *commanded Noah* **misvahed Noach.**
10 And**sobe**ict*ametopass*aftersevendays,
that the waters of the flood were upon the earth.
11 In **the year** — the six hundredth
year of *Noah's* **Noach's** life,
in the second month, the seventeenth day of the month ,
the same **this** day were all the fountains of
the great *deep broken up* **abyss split**,
and the windows of *heaven were* **the heavens** opened.
12 Andthe*rain***downpour**wasuponthearth
forty days and forty nights.
13 In the selfsame day entered *Noah* **Noach**, and
Shem, and Ham, and *Japheth* **Yepheth,**
the sons of *Noah* **Noach,**
and *Noah's wife* **Noach's woman,**
and the three *wives* **women** of his
sons with them, into the ark;
14 They, and every *beast* **live being**
after his kind **in species,**
and all the *cattle after their kind* **animals in
species**, and every *creeping thing* **creeper**
that creepeth upon the earth *after his kind* **in
species**, and every *fowl after his kind* **flyer in
species**, every bird of every *sort* **wing.**
15 And they went in unto *Noah* **Noach** into
the ark, two and two of all flesh,
wherein is the *breath* **spirit** of life.
16 And they that went in,
went in male and female of all flesh,
as *God* **Elohim** had *commanded* **misvahed** him:
and *the LORD* **Yah Veh** shut him in.
17 And the flood was forty days upon the earth;
and the waters *increased* **abounded**, and bare up
the ark, and it was lift up above the earth.
18 And the waters prevailed **mightily,**
and *were increased greatly* **abounded mightily**
upon the earth;
and the ark went upon the face of the waters.
19 And the waters prevailed **mightily,**
exceedingly **mightily mighty** upon the earth;
and all the high *hills* **mountains,**
that were under the whole *heaven* **heavens**, were covered.
20 Fifteen cubits upward
did the waters prevail **mightily;**
and the mountains were covered.
21 And all flesh *died* **expired**
that *moved* **creeped** upon the earth, both of *fowl* **flyers,**
and of *cattle* **animals**, and of *beast* **live beings,**
and of every *creeping thing* **teemer** that *creepeth*
teemeth upon the earth, and every *man* **human:**
22 All in whose nostrils was the breath **of the spirit** of
life, of all that was in the *dry land* **parched area**, died.
23 And every *living substance* **risen being**
was *destroyed* **wiped out**
which was upon the face of the *ground* **soil,**
both man **from human,** and *cattle* **animals,**
and the *creeping things* **creepers,**
and the *fowl* **flyers** of the *heaven* **heavens;**
and they were *destroyed* **wiped out** from the earth:
and *Noah* **Noach** only *remained alive* **survived,**
and they that were with him in the ark.

24 Andthewatersprevailed**mightily**upontheearth
an hundred and fifty days.

8 And *God* **Elohim** remembered *Noah* **Noach**,
and every *living thing* **live being**,
and all the *cattle* **animals**
that *was* **were** with him in the ark:
and *God made* **Elohim had** a wind to pass
over the earth, and the waters asswaged;
2 The fountains also of the *deep* **abyss**
and the windows of *heaven* **the heavens**
were *stopped* **shut**,
and the *rain* **downpour** from *heaven* **the heavens**
was restrained;
3 And the waters returned from off the earth
continually **going and returning**:
and after the end of the hundred and
fifty days the waters were abated.
4 And the ark rested in the seventh month,
on the seventeenth day of the month,
upon the mountains of Ararat.
5 And the waters *decreased* **abated**
continually **going and returning** until the tenth month:
in the tenth *month*, on the first *day* of the
month, were the tops of the mountains seen.
6 And **so be** it *came to pass* at the end of forty
days, that *Noah* **Noach** opened the window
of the ark which he had *made* **worked**:
7 And he sent forth a raven,
which went forth *to* **going** and *fro* **returning**, until
the waters were dried up from off the earth.
8 Alsohesentforthadovefromhim,
to see if the waters were abated from
off the face of the *ground* **soil**;
9 Butthedovefoundnorestforthesoleofherfoot,
and she returned unto him into the ark,
for the waters were on the face of the whole earth:
then he *put forth* **spread** his hand, and took her,
and pulled her in unto him into the ark.
10 Andhe*stayed***waited**yetothersevendays;
and again he sent forth the dove out of the ark;
11 And the dove came in to him in the evening
time; and, *lo* **behold**, in her mouth was an
olive leaf pluckt off: so *Noah* **Noach** knew
that the waters were abated from off the earth.
12 And he *stayed* **waited** yet other seven days;
and sent forth the dove;
which returned not again unto him any more.
13 And **so be** it *came to pass*
in the six hundredth and first year,
in the first *month*, the first *day* of the month,
the waters were *dried up* **parched** from off the earth:
and *Noah* **Noach**
removed **turned aside** the covering of the
ark, and *looked* **saw**, and, behold,
the face of the *ground* **soil** was *dry* **parched**.
14 And in the second month,
on the seven and twentieth day of the
month, was the earth dried.
15 And *God spake* **Elohim worded**
unto *Noah* **Noach**, saying,
16 Go forth of the ark, thou, and thy *wife* **woman**,
and thy sons, and thy sons' *wives* **women** with thee.
17 Bring forth with thee
every *living thing* **live being** that is with thee,
of all flesh, *both of fowl* **flyers**, and of *cattle*
animals, and of every *creeping thing* **creeper**
that creepeth upon the earth;
that they may *breed abundantly* **teem** in
the earth, and *be fruitful* **bear fruit**,
and *multiply* **abound** upon the earth.
18 And *Noah* **Noach** went forth, and
his sons, and his *wife* **woman**,
and his sons' *wives* **women** with him:
19 Every *beast* **live being**, every *creeping*
thing **creeper**, and every *fowl* **flyer**,
and *whatsoever* **all that** creepeth upon the earth,
after their kinds **by families**, went forth out of the ark.

THE SACRIFICE ALTAR OF NOACH

20 And *Noah* **Noach**
builded *an* **a sacrifice** altar unto *the LORD* **Yah Veh**;
and took of every *clean beast* **pure animal**,
and of every *clean fowl* **pure flyer**,
and *offered burnt offerings* **holocausted holocausts**
on the **sacrifice** altar.
21 And *the LORD* **Yah Veh**
smelled **scented** a sweet *savour* **scent**;
and *the LORD* **Yah Veh** said in his heart,
I *will* **shall** not again *curse* **abase**
the *ground* **soil** *any more*
for *man's* **humanity's** sake;
for the imagination of *man's* **humanity's** heart
is evil from his youth;
neither *will* **shall** I again smite *any more*
every *thing living* **live being**, as I have *done* **worked**.
22 *While* **As yet all the days of** the earth *remaineth*,
seedtime **seed** and harvest, and cold and
heat, and summer and winter, and day and
night shall not *cease* **shabbathize**.

The Bow Covenant Of Elohim

9 And *God* **Elohim** blessed *Noah* **Noach** and his
sons, and said unto them, *Be fruitful* **Bear fruit**,
and *multiply* **abound**, and *replenish* **fill** the earth.
2 And the *fear* **awesomeness** of you
and the *dread* **terror** of you
shall be upon every *beast* **live being** of the earth,
and upon every *fowl* **flyer** of the *air* **heavens**,
upon all that *moveth* **creepeth** upon the *earth*
soil, and upon all the fishes of the sea;
into your hand are they *delivered* **given**.
3 Every *moving thing that liveth* **living creeper**
shall be *meat* for you;
even as the green herb have I given you all *things*.
4 *But***Only**fleshwiththe*life***soul**thereof,
which is the blood thereof, shall ye not eat.
5 And surely your blood of your *lives* **souls**
will **shall** I require;
at the hand of every *beast* **live being**
will **shall** I require it,
and at the hand of *man* **humanity**;
at the hand of every man's brother
will **shall** I require the *life* **soul** of *man* **humanity**.
6 Whoso *sheddeth man's* **poureth human** blood, by
man **humanity** shall his blood be *shed* **poured**:
for in the image of *God* **Elohim**
made **worked** he *man* **humanity**.
7 Andyou*b,eyefruitfu***blearfru,it**and*multiply***abound**;
bring forth abundantly **teem** in the earth,
and *multiply* **abound** therein.
8 And *God spake* **Elohim said** unto *Noah* **Noach**,
and to his sons with him, saying,
9 And,Ibehold,I*establish***raise**mycovenantwithyou,
and with your seed after you;
10 And with every living *creature* **soul** that is with
you, of the *fowl* **flyers**, of the *cattle* **animals**,
and of every *beast* **live being** of the earth with you;
from all that go out of the ark,
to every *beast* **live being** of the earth.
11 Andw*Iilestablish***shalraise**mycovenantwithyou;
neither shall all flesh be cut off any
more by the waters of a flood;
neither shall there any more be a flood
to *destroy* **ruin** the earth.
12 And *God* **Elohim** said,
This is the *token* **sign** of the covenant
which I *make* **set** between me and **between**
you and every living *creature* **soul** that is with
you, for *perpetual* **eternal** generations:
13 I *do set* **give** my bow in the cloud,
and it shall be for a *token* **sign** of a
covenant between me and the earth.
14 And **so be** it *shall come to pass*,
when I *bring* **overcloud** a cloud over the earth,
that the bow shall be seen in the cloud:
15 And I *will* **shall** remember my covenant,
which is between me and **between** you and
every living *creature* **soul** of all flesh;
and the waters shall *no more* **never again**
become a flood to *destroy* **ruin** all flesh.
16 And the bow shall be in the cloud;
and I *will look upon* **shall see** it,
that I may remember the *everlasting* **eternal** covenant
between *God* **Elohim**
and **between** every living *creature* **soul** of all flesh
that is upon the earth.
17 And *God* **Elohim** said unto *Noah* **Noach**,
This is the *token* **sign** of the covenant,
which I have *established* **raised** between me
and all flesh that is upon the earth.
18 And the sons of *Noah* **Noach**,
that went forth of the ark,
were Shem, and Ham, and *Japheth* **Yepheth**:
and Ham is the father of *Canaan* **Kenaan**.
19 These are the three sons of *Noah* **Noach**:
and of them was the whole earth *overspread* **scattered**.

The Intoxication Of Noach

20 And *Noah* **Noach**
began to be *an husbandman* **a man of the
soil**, and he planted a vineyard:
21 And he drank of the wine,
and *was drunken* **intoxicated**;
and he was *uncovered within* **exposed midst** his tent.
22 And Ham, the father of *Canaan* **Kenaan**,
saw the n akedne ss of his father,
and told his two brethren without.
23 And Shem and *Japheth* **Yepheth** took
a *garment* **cloth**, and *laid* **set** it
upon *both their* **the** shoulders **of the two
of them**, and went backward,
and covered the nakedness of their father;
and their faces were backward,
and they saw not their father's nakedness.
24 And*Noah***Noach**awokefromhiswine,
and knew what his younger son had
done **worked** unto him.
25 And he said, Cursed be *Canaan* **Kenaan**;
a servant of servants shall he be unto his brethren.

26 And he said,
Blessed be *the LORD God* **Yah Veh Elohim** of Shem;
and *Canaan* **Kenaan** shall be his servant.
27 *God* **Elohim** shall enlarge *Japheth* **Yepheth**,
and he shall *dwell* **tabernacle** in the tents of Shem;
and *Canaan* **Kenaan** shall be his servant.
28 And *Noah* **Noach** lived after the flood
three hundred **years** and fifty years.
29 And all the days of *Noah* **Noach**
were nine hundred **years** and fifty years: and he died.

GENEALOGY OF THE SONS OF NOACH

10 Now these are the generations
of the sons of *Noah* **Noach**,
Shem, Ham, and *Japheth* **Yepheth**:
and unto them were sons *born* **birthed** after the flood.
2 The sons of *Japheth* **Yepheth**; Gomer,
and Magog, and *Madai* **Maday**,
and *Javan* **Yavan**, and Tubal,
and Meshech, and Tiras.
3 And the sons of Gomer;
Ashkenaz, and Riphath, and Togarmah.
4 And the sons of *Javan* **Yavan**; *Elishah* **Eli Shah**,
and Tarshish, *Kittim* **Kittiym**, and Dodanim.
5 By these were the isles of the *Gentiles* **goyim**
divided **separated** in their lands;
every one **each man** after his tongue, after
their families, in their *nations* **goyim**.
6 And the sons of Ham;
Cush **Kush**, and *Mizraim* **Misraim**, and
Phut **Put**, and *Canaan* **Kenaan**.
7 And the sons of *Cush* **Kush**;
Seba, and Havilah, and Sabtah, and Raamah,
and Sabtechah: and the sons of Raamah;
Sheba, and Dedan.
8 And *Cush begat* **Kush birthed** Nimrod:
he began to be *a* mighty *one* in the earth.
9 He was a mighty hunter
before the LORD **at the face of Yah Veh**:
wherefore **thus** it is said,
Even as Nimrod the mighty hunter
before the LORD **at the face of Yah Veh**.
10 And the beginning of his *kingdom* **sovereigndom**
was Babel, and Erech,
and *Accad* **Akkad**, and *Calneh* **Kalneh**,
in the land of Shinar.
11 Out of that land went forth *Asshur*
Ashshur, and builded Nineveh,
and the city *Rehoboth* **Rechovoth**, and *Calah* **Kelach**,
12 And Resen between Nineveh and *Calah* **Kelach**:
the same is a great city.
13 And *Mizraim begat Ludim* **Misraim birthed Ludiym**,
and Anamim, and Lehabim, and
Naphtuhim **Naphtuchim**,
14 And *Pathrusim* **Pathrsimm**, and
Casluhim **Kasluhim**, (out of whom
came *Philistim* **Peleshethiym**,)
and *Caphtorim* **Kaphtorim**.
15 And *Canaan* **Kenaan**
begat **birthed** Sidon his *firstborn* **firstbirthed**, and Heth,
16 And the *Jebusite* **Yebusiy**,
and the *Amorite* **Emoriy**, and the *Girgasite* **Girgashiy**,
17 And the *Hivite* **Hivviy**,
and the *Arkite* **Arqiy**, and the *Sinite* **Siniy**,
18 And the *Arvadite* **Arvadiy**,
and the *Zemarite* **Semariy**, and the
Hamathite **Hamathiy**:
and afterward were the families
of the *Canaanites spread abroad* **Kenaaniy scattered**.
19 And the border of the *Canaanites* **Kenaaniy**
was from Sidon,
as thou comest to Gerar, unto *Gaza* **Azzah**;
as thou goest, unto *Sodom* **Sedom**, and *Gomorrah*
Amorah, and Admah, and *Zeboim* **Seboim**,
even unto *Lasha* **Lesha**.
20 These are the sons of Ham,
after their families, after their tongues,
in their *countries* **lands**, *and* in their *nations* **goyim**.
21 Unto Shem also,
the father of all the *children* **sons** of *Eber* **Heber**,
the brother of *Japheth* **Yepheth** the *elder* **greater**,
even to him were *children born* **birthed**.
22 The *children* **sons** of Shem;
Elam, and *Asshur* **Ashshur**,
and *Arphaxad* **Arpachshad**, and Lud, and Aram.
23 And the *children* **sons** of Aram;
Uz **Us**, and Hul, and Gether, and Mash.
24 And *Arphaxadbegat begat Salah*
Arpachshad birthed Shelach;
and *Salah begat Eber* **Shelach birthed Heber**.
25 And unto *Eber* **Heber** were *born* **birthed** two sons:
the name of one was Peleg;
for in his days was the earth divided;
and his brother's name was *Joktan* **Yoqtan**.
26 And *Joktan begat* **Yoqtan birthed**
Almodad, and Sheleph, and *Hazarmaveth*
Hasar Maveth, and *Jerah* **Yerach**,
27 And *Hadoram* **Hado Ram**, and
Uzal, and *Diklah* **Diqlah**,
28 And Obal, and *Abimael* **Abi Mael**, and Sheba,

29 And Ophir, and Havilah, and *Jobab* **Yobab**:
all these were the sons of *Joktan* **Yoqtan.**
30 Andtheir*dweling***setlemenw**tasfromMesha,
as thou goest unto Sephar a mount of the east.
31 These are the sons of Shem,
after their families, after their tongues, in
their lands, after their *nations* **goyim.**
32 These are the families of the sons of *Noah* **Noach,**
after their generations, in their *nations* **goyim:**
and by these were the *nations divided* **goyim separated**
in the earth after the flood.

The Tower Of Babel

11 And the whole earth was of one *language* **lip,**
and of one *speech* **word.**
2 And **so be** it *came to pass,*
as they *journeyed* **pulled stakes** from the east, that
they found a *plain* **valley** in the land of Shinar;
and they *dwelt* **settled** there.
3 And they said *one* **man** to *another* **friend,**
Go to **Give,** let us make brick,
and **in burning,** burn them *thoroughly.* And
they had **there became** brick for stone,
and *slime had they* **there became bitumin** for morter.
4 And they said, *Go to* **Give,**
let us build us a city and a tower,
whose top may *reach* **be** unto *heaven* **the heavens;**
and let us *make* **work** us a name,
lest we be scattered abroad
upon the face of the whole earth.
5 (torat)
to see the city and the tower,
which the *children* **sons** of *men* **humanity** builded.
6 And*the*LORD**YahVeh**said,Behold,thepeopleisone,
and they have all one *language* **lip;**
and this they begin to *do* **work:**
and now *nothing* **naught**
will **shall** be *restrained* **clipped** from them, which
they have *imagined* **intrigued** to *do* **work.**
7 *Go to* **Give,** let us *go down* **descend,**
and there *confound* **mix up** their *language* **lip,**
that *they* **man** may not *understand* **hear**
one another's speech **his friend's lip.**
8 So *the LORD* **Yah Veh**
scattered them abroad from thence
upon the face of all the earth:
and they *left off* **ceased** to build the city.
9 Therefore is the name of it called Babel;
because *the LORD* **Yah Veh** did there *confound*
mix up the *language* **lip** of all the earth: and
from thence did *the LORD* **Yah Veh**
scatter them abroad upon the face of all the earth.

Genealogy Of Shem

10 These are the generations of Shem:
Shem was **a son of** an hundred years *old,* and
begat Arphaxad **birthed Arpachshad**
two years after the flood:
11 And Shem lived
after he *begat Arphaxad* **birthed Arpachshad**
five hundred years,
and *begat* **birthed** sons and daughters.
12 And*Arphaxad***Arpachshad**livedifveandthirtyears,
and *begat Salah* **birthed Shelach:**
13 And *Arphaxad* **Arpachshad** lived after he *begat*
Salah **birthed Shelach** four hundred **years** and
three years, and *begat* **birthed** sons and daughters.
14 And *Salah* **Shelach** lived thirty years,
and *begat begat* **birthed** *Eber* **birthed Heber:**
15 And*Salah***Shelach**livedafterhe*begatEbe***brirthedHeber**
four hundred **years** and three years,
and *begat* **birthed** sons and daughters.
16 And *Eber* **Heber** lived four and thirty
years, and *begat* **birthed** Peleg:
17 And *Eber* **Heber** lived after he *begat* **birthed**
Peleg four hundred **years** and thirty years,
and *begat* **birthed** sons and daughters.
18 And Peleg lived thirty years, and *begat* **birthed** Reu:
19 And Peleg lived after he *begat* **birthed** Reu
two hundred **years** and nine years, and
begat **birthed** sons and daughters.
20 And Reu lived two and thirty years,
and *begat* **birthed** Serug:
21 And Reu lived after he *begat* **birthed** Serug
two hundred **years** and seven years,
and *begat* **birthed** sons and daughters.
22 AndSeruglivedthirtyyears,
and *begat Nahor* **birthed Nachor:**
23 And Serug lived after he *begat Nahor* **birthed Nachor**
two hundred years,
and *begat* **birthed** sons and daughters.
24 And*Naho***Nrachor**livednineandtwentyears,
and *begat Terah* **birthed Terach:**
25 And *Nahor* **Nachor** lived
after he *begat Terah* **birthed Terach**
an hundred **years** and nineteen years, and
begat **birthed** sons and daughters.
26 And *Terah* **Terach** lived seventy years,
and *begat* **birthed** Abram, *Nahor* **Nachor,** and Haran.
27 Now these are the generations of *Terah* **Terach:**

Terah begat **Terach birthed** Abram,
Nahor **Nachor**, and Haran;
and Haran *begat* **birthed** Lot.
28 And Haran died
before **at the face of** his father *Terah* **Terach**
in the land of his *nativity* **kindred**, in
Ur of the *Chaldees* **Kesediym**.
29 And Abram and *Nahor* **Nachor**
took them *wives* **women**:
the name of Abram's *wife* **woman** was *Sarai* **Saray**;
and the name of *Nahor's wife* **Nachor's woman**,
Milcah **Milchah**, the daughter of Haran,
the father of *Milcah* **Milchah**, and
the father of *Iscah* **Yiskah**.
30 But *Sarai* **Saray** was *barren* **sterile**; she had no child.
31 And *Terah* **Terach** took Abram his son,
and Lot the son of Haran his son's son,
and *Sarai* **Saray** his daughter in law,
his son Abram's *wife* **woman**;
and they went forth with them from
Ur of the *Chaldees* **Kesediym**,
to go into the land of *Canaan* **Kenaan**;
and they came unto Haran, and *dwelt* **settled** there.
32 And the days of *Terah* **Terach**
were two hundred **years** and five years:
and *Terah* **Terach** died in Haran.

YAH VEH CALLS ABRAM

12 *Now the LORD* **Yah Veh** had said unto Abram,
Get thee out of **Go from** thy *country* **land**,
and from thy kindred, and from thy father's house,
unto a land that I *will shew thee* **shall have thee see**:
2 AndI*wilmake***shalwork**oftheagrea*ntation***goyim**,
and I *will* **shall** bless thee,
and *make* **greaten** thy name *great*;
and thou shalt be a blessing:
3 And I *will* **shall** bless them that bless thee,
and curse him that *curseth* **abaseth** thee:
and in thee shall all families of the *earth* **soil** be blessed.
4 So Abram *departed* **went**,
as *the LORD* **Yah Veh** had *spoken* **worded** unto him;
and Lot went with him:
and Abram was **a son of** seventy and five years *old*
when he departed out of Haran.
5 And Abram took *Sarai* **Saray** his *wife*
woman, and Lot his brother's son,
and all their *substance* **acquisitions**
that they had *gathered* **acquired**,
and the souls that they had *gotten* **worked** in Haran;
and they went forth
to go into the land of *Canaan* **Kenaan**;
and into the land of *Canaan* **Kenaan** they came.
6 And Abram passed through the land
unto the place of Sichem,
unto the *plain* **mighty oak** of Moreh.
And the *Canaanite* **Kenaaniy** was then in the land.
7 And *the LORD* **Yah Veh**
appeared unto **was seen by** Abram,
and said, Unto thy seed *will* **shall** I give this land:
and there builded he *an* **a sacrifice**
altar unto *the LORD* **Yah Veh**,
who appeared unto him **whom he had seen**.
8 And he removed from thence
unto a mountain on the east of *Bethel* **Beth El**,
and *pitched* **spread** his tent,
having *Bethel on the west* **Beth El seaward**,
and *Hai on the east* **Ay eastward**:
and there he builded *an* **a sacrifice**
altar unto *the LORD* **Yah Veh**,
and called upon the name of *the LORD* **Yah Veh**.
9 And **in pulling stakes,**
Abram *journeyed, going on still* **pulled**
stakes, toward the south.
10 And there was a famine in the land:
and Abram *went down* **descended** into *Egypt* **Misrayim**
to sojourn there;
for the famine was *grievous* **heavy** in the land.
11 And**sobe**it*cametopass*,
when he *was come near* **approached**
to enter into *Egypt* **Misrayim**,
that he said unto *Sarai* **Saray** his *wife*
woman, Behold *now* **I beseech**,
I know that thou art a fair woman *to look upon* **in visage**:
12 Therefore **so be** it *shall come to pass*, when
the *Egyptians* **Misrayim** shall see thee, that
they shall say, This is his *wife* **woman**:
and they *will kill* **shall slaughter** me,
but they *will save* **shall preserve** thee alive.
13 Say, I *pray* **beseech** thee, thou art my sister:
that it may *be well with* **well—please** me for thy sake;
and my soul shall live because of thee.
14 And **so be** it *came to pass*, that,
when Abram was come into *Egypt* **Misrayim**, the
Egyptians beheld **Misrayim saw** the woman
that she was *very* **mighty** fair.
15 The *princes also* **governors** of *Pharaoh* **Paroh**
saw her, and *commended* **halaled** her *before*
Pharaoh **unto Paroh**: and the woman was
taken into *Pharaoh's* **Paroh's** house.

16 And he *entreated* **well—pleased**
Abram *well* for her sake:
and he had *sheep* **flocks**, and oxen, and he *asses* **burros**,
and *menservants* **servants**, and *maidservants* **maids**,
and she *asses* **burros**, and camels.
17 And *the LORD* **Yah Veh** plagued *Pharaoh* **Paroh**
and his house with great plagues
because of *Sarai* **Saray** Abram's *wife's* **woman's word**.
18 And *Pharaoh* **Paroh** caled Abram, and said,
What is this that thou hast *done* **worked** unto me?
why didst thou not tell me that she was thy *wife* **woman**?
19 Why saidst thou, She is my sister?
so I might have taken her to me to *wife* **woman**:
now therefore behold thy *wife* **woman**,
take *her*, and go thy way.
20 And *Pharaoh commanded* **Paroh**
misvahed his men concerning him:
and they sent him away, and his *wife*
woman, and all that he had.

13 And Abram

Abram And Lot Separate

went up **ascended** out of *Egypt* **Misrayim**, he,
and his *wife* **woman**, and all that he had, and
Lot with him, *into* **toward** the south.
2 And Abram was *very rich* **mighty heavy**
in *cattle* **chattel**, in silver, and in gold.
3 And he went on his journeys
from the south even to *Bethel* **Beth El**,
unto the place where his tent had been at the
beginning, between *Bethel* **Beth El** and *Hai* **Ai**;
4 Unto the place of the **sacrifice** altar,
which he had *made* **worked** there at the first:
and there Abram
called on the name of *the LORD* **Yah Veh**.
5 And Lot also, which went with Abram,
had flocks, and *herds* **oxen**, and tents.
6 And the land was not able to bear them,
that they might *dwell* **settle** together:
for their *substance* **acquisition** was great, so
that they could not *dwell* **settle** together.
7 And there was a strife
between the *herdmen* **tenders** of Abram's *cattle* **chattel**
and the *herdmen* **tenders** of Lot's *cattle* **chattel**:
and the *Canaanite* **Kenaaniy** and the *Perizzite* **Perizziy**
dwelled **settled** then in the land.
8 And Abram said unto Lot, Let there be no strife,
I *pray* **beseech** thee, between me and **between**
thee, and between my *herdmen* **tenders**
and **between** thy *herdmen* **tenders**;
for we be **men** — brethren.
9 Is not the whole land *before thee* **at thy face**?
separate thyself, I *pray* **beseech** thee, from me:
if *thou wilt take* the left *hand*, then
I *will* **shall** go to the right;
or if *thou depart* to the right *hand*,
then I *will* **shall** go to the left.
10 And Lot lifted up his eyes,
and *beheld* **saw** all the *plain* **environs** of *Jordan*
Yarden, that it was *well watered* **moistened** every
where, *before the LORD* **at the face of Yah Veh**
destroyed Sodom **ruining Sedom**
and *Gomorrah* **Amorah**,
even as the garden of *the LORD* **Yah Veh**,
like the land of *Egypt* **Misrayim**,
as thou comest unto *Zoar* **Soar**.
11 Then Lot chose him
all the *plain* **environs** of *Jordan* **Yarden**;
and Lot *journeyed* **pulled stakes** east:
and they separated *themselves*
the one **man** from *the other* **brother**.
12 Abram *dwelled* **settled** in the land of
Canaan **Kenaan**, and Lot *dwelled* **settled**
in the cities of the *plain* **environs**, and
pitched his tent toward *Sodom* **Sedom**.
13 But the men of *Sodom* **Sedom** were *wicked* **evil**
and *sinners before the LORD exceedingly*
sinned at the face of Yah Veh mightily.
14 And *the LORD* **Yah Veh** said unto Abram,
after that Lot was separated from him,
Lift up *now* thine eyes,
and *look* **see** from the place where thou
art northward, and southward,
and eastward, and *westward* **seaward**:
15 For all the land which thou seest,
to thee *will* **shall** I give it,
and to thy seed *for ever* **unto eternity**.
16 And I *will make* **shall set** thy seed
as the dust of the earth:
so that if a man can number the dust of the
earth, then shall thy seed also be numbered.
17 Arise, walk through the land in the length of it
and in the breadth of it;
for I *will* **shall** give it unto thee.
18 Then Abram removed his tent, and
came and *dwelt* **settled**
in the *plain* **mighty oak** of Mamre, which is in
Hebron, and built there *an* **a sacrifice** altar
unto *the LORD* **Yah Veh**.

14 And **so be** it *came to pass,*

ABRAM RESCUES LOT

in the days of Amraphel *king* **sovereign** of
Shinar, *Arioch king* **Aryoch sovereign** of Ellasar,
Chedorlaomer king **Kedorlaomer sovereign** of
Elam, and Tidal *king* **sovereign** of *nations* **goyim**;
2 That these *made* **worked** war
with Bera *king* **sovereign** of *Sodom* **Sedom,**
and with Birsha *king* **sovereign** of *Gomorrah* **Amorah,**
Shinab *king* **sovereign** of Admah,
and *Shemeber* **Shem Eber**
king **sovereign** of *Zeboiim* **Seboim,**
and the *king* **sovereign** of Bela, which is *Zoar* **Soar.**
3 All these were joined together
in the *vale* **valley** of Siddim, which is the salt sea.
4 Twelve years they served *Chedorlaomer* **Kedorlaomer,**
and in the thirteenth year they rebelled.
5 And in the fourteenth year came
Chedorlaomer **Kedorlaomer,**
and the *kings* **sovereigns** that were with him,
and smote the *Rephaims* **Rephaim**
in Ashteroth *Karnaim* **Qarnaim**, and
the *Zuzims* **Zuziym** in Ham,
and the *Emims* **Emim** in Shaveh
Kiriathaim **Qiryathayim,**
6 And the *Horites* **Horiy** in their mount Seir,
unto *Elparan* **El Paran**, which is by the wilderness.
7 And they returned, and came to *Enmishpat* **En Mishpat,**
which is *Kadesh* **Qadesh,**
and smote all the *country* **field**
of the *Amalekites* **Amaleqiy**, and
also the *Amorites* **Emoriy,**
that *dwelt* **settled** in *Hazezontamar* **Haseson Tamar.**
8 And there went out the *king* **sovereign** of *Sodom* **Sedom,**
and the *king* **sovereign** of *Gomorrah* **Amorah,**
and the *king* **sovereign** of Admah,
and the *king* **sovereign** of *Zeboiim* **Seboim,**
and the *king* **sovereign** of Bela (the same is *Zoar* **Soar**;)
and they *joined battle* **arrayed in war** with
them in the *vale* **valley** of Siddim;
9 With *Chedorlaomer* **Kedorlaomer**
the *king* **sovereign** of Elam,
and with Tidal *king* **sovereign** of *nations* **goyim,**
and Amraphel *king* **sovereign** of Shinar,
and *Arioch king* **Aryoch sovereign** of Ellasar;
four *kings* **sovereigns** with five.
10 And the *vale* **valley** of Siddim
was *full of slimepits* **wells — wells of bitumin;**
and the *kings* **sovereigns**
of *Sodom* **Sedom** and *Gomorrah*
Amorah fled, and fell there;
and they that *remained* **survived** fled to the mountain.
11 And they took all the *goods* **acquisitions**
of *Sodom* **Sedom** and *Gomorrah* **Amorah**, and
all their *victuals* **food**, and went their way.
12 And they took Lot, Abram's brother's son,
who *dwelt* **settled** in *Sodom* **Sedom,**
and his *goods* **acquisitions**, and *departed* **went.**
13 And there came *one that had escaped* **an escape,**
and told Abram the Hebrew;
for he *dwelt* **tabernacled**
in the *plain* **mighty oak** of Mamre the *Amorite*
Emoriy, brother of Eshcol, and brother of Aner:
and these were *confederate* **masters of a covenant**
with Abram.
14 And when Abram heard
that his brother was *taken captive* **captured,**
he *armed* **drew** his *trained servants* **hanukked,**
born **birthed** in his own house,
three hundred and eighteen, and
pursued them unto Dan.
15 And he *divided* **allotted** *himself* against them,
he and his servants, by night,
and smote them, and pursued them unto Hobah,
which is on the left *hand* of *Damascus* **Dammeseq.**
16 And he *brought back* **returned**
all *the goods* **his acquisitions,**
and also *brought again* **returned** his brother
Lot, and his *goods* **acquisitions,**
and the women also, and the people.
17 And the *king* **sovereign** of *Sodom* **Sedom**
went out to meet him
after his return from the *slaughter* **smiting**
of *Chedorlaomer* **Kedorlaomer,**
and of the *kings* **sovereigns** that were
with him, at the valley of Shaveh,
which is *the king's dale* **Ham Melech.**
18 And *Melchizedek* **Malki Sedeq**
king **sovereign** of *Salem* **Shalem**
brought forth bread and wine:
and he was the priest of *the most high God* **El Elyon.**
19 And he blessed him, and said,

MALKI SEDEQ

Blessed be Abram of *the most high God* **El Elyon,**
possessor of heaven **who chatteled**
the heavens and earth:
20 And blessed be *the most high God* **El Elyon,**
which hath
delivered thine enemies **bucklered thy tribulators**

into thy hand.
And he gave him tithes of all.
21 And the *king* **sovereign** of *Sodom* **Sedom**
said unto Abram, Give me the *persons* **souls**,
and take the *goods* **acquisitions** to thyself.
22 And Abram said to the *king* **sovereign**
of *Sodom* **Sedom,** I have lift up mine
hand unto *the LORD* **Yah Veh,**
the most high God **El Elyon,**
the possessor of heaven **who chatteled**
the heavens and earth,
23 That I *will* **shall** not take from a
thread even to a shoelatchet,
and that I *will* **shall** not take *any*
thing **aught** that is thine,
lest thou shouldest say,
I have *made Abram rich* **enriched Abram**:
24 *Save* **Except** only that
which the *young men* **lads** have eaten, and the
portion **allotment** of the men which went with me,
Aner, Eshcol, and Mamre;
let them take their *portion* **allotment**.

The Covenant Of Yah Veh To Abram

15 After these *things* the word
of *the LORD* **Yah Veh**
came **became** unto Abram in a vision, saying,
Fear **Awe** not, Abram: I am thy *shield* **buckler**,
and thy *exceeding great reward* **mighty abounding hire**.
2 And Abram said, *Lord GOD* **Adonay Yah Veh**,
what *wilt* **shalt** thou give me, seeing I go *childless*
barren, and the *steward* **son of the holdings** of my house
is this *Eliezer* **Eli Ezer** of *Damascus* **Dammeseq?**
3 And Abram said, Behold,
to me thou hast given no seed:
and, *lo* **behold**, *one born in* **a son of** my house
is mine heir **supersedeth me.**
4 And, behold,
the word of *the LORD* **Yah Veh** *came* unto him, saying,
This shall not *be thine heir* **supersede thee**;
but he that shall come forth
out of thine own *bowels* **inwards**
shall *be thine heir* **supersede thee.**
5 And he brought him *forth abroad* **outside**, and said,
Look *now* **I beseech,** toward *heaven* **the heavens**,
and *tell* **scribe** the stars,
if thou be able to *number* **scribe** them:
and he said unto him,
So **Thus** shall thy seed be.
6 And he *believed* **trusted** in *the LORD* **Yah Veh**;
and he *counted* **fabricated** it to him
for *righteousness* **justness**.
7 And he said unto him, *I am the LORD* **I — Yah Veh**
that brought thee out of Ur of the *Chaldees* **Kesediym**,
to give thee this land to *inherit* **possess** it.
8 And he said, *Lord GOD* **Adonay Yah Veh**,
whereby shall I know that I shall *inherit* **possess** it?
9 And he said unto him,
Take me an heifer of three *years old*, and a she goat
of three *years old*, and a ram of three *years old*,
and a turtledove, and a *young pigeon* **youngling**.
10 And he took unto him all these,
and *divided* **sectioned** them in the midst,
and *laid each piece* **gave the sections** *one*
against another **man meeting friend**: but
the birds *divided* **sectioned** he not.
11 And when the *fowls* **swoopers**
came down **descended** upon the carcases,
Abram drove them away.
12 And when the sun was going down,
a *deep* **sound** sleep fell upon Abram; and, *lo* **behold**,
an horror **a terror** of great darkness fell upon him.
13 And he said unto Abram,
Know of a surety **In knowing, know**
that thy seed shall be a *stranger* **sojourner**
in a land that is not their's, and shall serve them;
and they shall *afflict* **humble** them four hundred years;
14 And also that *nation* **goyim**, whom they shall serve,
will I judge **shall I plead their cause**: and *afterward* **thus**
shall they come out with great *substance* **acquisitions**.
15 And thou shalt go to thy fathers in *peace* **shalom**;
thou shalt be *buried* **entombed**
in a good *old age* **grayness**.
16 But in the fourth generation they
shall *come* **return** hither *again*:
for the *iniquity* **perversity** of the *Amorites* **Emoriy**
is not yet *full* **at shalom.**
17 And **so be** it *came to pass*,
that, when the sun went down, and it was
dark **dusk**, behold a smoking furnace,
and a *burning lamp* **flambeau of fire**
that passed between those pieces.
18 In *the same* **that** day
the LORD made **Yah Veh cut** a covenant with Abram,
saying, Unto thy seed have I given this land,
from the river of *Egypt* **Misrayim** unto the great river,
the river Euphrates:
19 The *Kenites* **Qeyniy**, and the *Kenizzites* **Qenaziy**,
and the *Kadmonites* **Qadmoniy**,
20 And the *Hittites* **Hethiy**,
and the *Perizzites* **Perizziy**, and the *Rephaims* **Rephaim**,

21 And the *Amorites* **Emoriy**, and the *Cananites* **Kenaniy**,
and the *Girgashites* **Girgashiy**, and the *Jebusites* **Yebusiy**.

SARAY AND HAGAR

16 Now *Sarai* **Saray** Abram's *wife* **woman**
bare **birthed** him no children:
and she had *an handmaid* **a maid**,
an Egyptian **a Misrayim**, whose name was Hagar.
2 And *Sarai* **Saray** said unto Abram,
Behold *now* **I beseech**,
the LORD **Yah Veh** hath restrained me from *bearing*
birthing: I *pray* **beseech** thee, go in unto my maid;
it may be that **perhaps**
I may *obtain children* **be builded** by her.
And Abram hearkened to the voice of *Sarai* **Saray**.
3 And *Sarai* **Saray** Abram's *wife* **woman** took
Hagar her maid the *Egyptian* **Misrayim**,
after Abram had dwelt ten years
at the end of ten years that Abram had settled
in the land of *Canaan* **Kenaan**,
and gave her to her *husband* **man**
Abram to be his *wife* **woman**.
4 And he went in unto Hagar, and she conceived:
and when she saw that she had conceived,
her *mistress* **lady** was *despised* **abased** in her eyes.
5 And *Sarai* **Saray** said unto Abram,
My *wrong* **violence** be upon thee:
I have given my maid into thy bosom; and
when she saw that she had conceived, I
was *despised* **abased** in her eyes:
the LORD **Yah Veh** judge between me and thee.
6 But Abram said unto *Sarai* **Saray**,
Behold, thy maid is in thy hand;
do **work** to her as *it pleaseth thee* **is good in
thine eyes**. And when *Sarai dealt hardly with*
Saray humbled her, she fled from her face.
7 And the angel of *the LORD* **Yah Veh**
found her by a fountain of water in the wilderness,
by the fountain in the way to Shur.
8 And he said, Hagar, *Sarai's* **Saray's**
maid, whence camest thou?
and whither *wilt* **shalt** thou go?
And she said,
I flee from the face of my *mistress Sarai* **lady Saray**.
9 And the angel *of the LORD* **Yah Veh** said unto her,
Return to thy *mistress* **lady**,
and *submit* **humble** thyself under her hands.
10 And the angel of *the LORD* **Yah Veh** said unto her,
In abounding,
I will multiply **I shall abound** thy seed *exceedingly*,
that it shall not be *numbered* **scribed**
for *multitude* **abundance**.
11 And the angel of *the LORD* **Yah Veh** said unto
her, Behold, thou *art with child* **hast conceived**,
and shalt *bear* **birth** a son,
and shalt call his name *Ishmael* **Yishma El**;
because *the LORD* **Yah Veh**
hath heard thy *affliction* **humiliation**.
12 And he *will* **shall** be a *wild man* **human
runner**; his hand *will* **shall** be against every
man, and every man's hand against him;
and he shall *dwell* **tabernacle**
in the presence **at the face** of all his brethren.
13 And she called the name of *the LORD* **Yah Veh**
that *spake* **worded** unto her, *Thou God seest me* **El Roi**:
for she said,
Have I also here *looked* **seen** after him that seeth me?
14 Wherefore the well was called
Beerlahairoi **Beer Lachay Roi**;
behold, it is between *Kadesh* **Qadesh** and Bered.
15 And Hagar *bare* **birthed** Abram a son:
and Abram called his son's name,
which Hagar *bare* **birthed**, *Ishmael* **Yishma El**.
16 And Abram
was *fourscore* **a son of eighty** and six years *old*,
when Hagar *bare Ishmael* **birthed Yishma El** to Abram.
17 And *when* **so be it,** Abram
was **a son of** ninety years and nine **years** *old*,
the LORD appeared to **Yah Veh was seen by** Abram,
and said unto him, *I am the Almighty
God* I — **El Shadday**;
walk *before me* **at my face**, and be
thou *perfect* **integrious**.
2 And I *will make* **shall give** my covenant
between me and **between** thee,
and *will multiply* **shall abound** thee
exceedingly **mightily mighty.**

ABRAM RENAMED ABRAHAM

3 And Abram fell on his face:
and *God talked* **Elohim worded** with him, saying,
4 *As for me* **Surely**—, I behold, my covenant is with the,
and thou shalt be a father
of *many nations* **a multitude of goyim**.
5 Neither shall thy name any more be called Abram,
but thy name shall be Abraham;
for a father of *many nations* **a multitude of goyim**
have I *made* **given** thee.
6 And I *will make* **shall give** thee
exceeding fruitful **to mighty mightily bear fruit,**

and I *will make nations of thee* **shall give thee to be a goyim,**
and *kings* **sovereigns** shall come out of thee.
7 And I *will establish* **shall raise** my covenant
between me and **between** thee
and thy seed after thee in their generations
for an *everlasting* **eternal** covenant,
to be *a God* **Elohim** unto thee, and to thy seed after thee.
8 And I *will* **shall** give unto thee,
and to thy seed after thee,
the land *wherein thou art a stranger* **of thy sojournings**, all the land of *Canaan* **Kenaan,**
for an *everlasting* **eternal** possession;
and I *will* **shall** be their *God* **Elohim.**

COVENANT OF CIRCUMCISION

9 And *God* **Elohim** said unto Abraham, Thou
shalt *keep* **guard** my covenant therefore,
thou, and thy seed after thee in their generations.
10 This is my covenant, which ye shall *keep* **guard**, between me and **between** you
and **between** thy seed after thee;
Every *man child* **male** among you shall be circumcised.
11 And ye shall *circumcise* **clip** the flesh of your foreskin;
and it shall be a *token* **sign** of the
covenant *betwixt* **between** me and
between you.
12 And he that is **a son of** eight days *old*
shall be circumcised among you, every
man child **male** in your generations,
he that is *born* **birthed** in the house,
or *bought with money* **a chattel of silver**
of *any* **a son of a** stranger, which is not of thy seed.
13 He that is *born* **birthed** in thy house,
and he that is *bought with thy money* **a chattel of silver, in circumcising,**
must needs **shall certainly** be circumcised:
and my covenant shall be in your flesh
for an *everlasting* **eternal** covenant.
14 And the uncircumcised *man child* **male**
whose flesh of his foreskin is not circumcised,
that soul shall be cut off from his people;
he hath broken my covenant.

SARAY RENAMED SARAH

15 And *God* **Elohim** said unto Abraham,
As for *Sarai* **Saray** thy *wife* **woman,**
thou shalt not call her name *Sarai* **Saray,**
but Sarah shall her name be.
16 And I *will* **shall** bless her,
and give thee a son also of her:
yea, I *will* **shall** bless her,
and she shall be a *mother of nations* **goyim;**
kings **sovereigns** of people shall be of her.
17 Then Abraham fell upon his face, an
d laughed, and said in his heart,
shall *a child be born unto him* **he birth,** that is **a son of** an hundred years *old*? and shall Sarah,
that is **a daughter of** ninety years *old*, *bear* **birth?**
18 And Abraham said unto *God* **Elohim,**
O that *Ishmael* **Yishma El**
might live *before thee* **at thy face!**
19 And *God* **Elohim** said, Sarah thy *wife* **woman**
shall *bear* **birth** thee a son *indeed* **truly;**
and thou shalt call his name *Isaac* **Yischaq:**
and I *will establish* **shall raise** my covenant with
him for an *everlasting* **eternal** covenant,
and with his seed after him.
20 And as for *Ishmael* **Yishma El,** I have heard thee:
Behold, I have blessed him,
and *will make* **shall have** him *fruitful* **bear fruit,** and *will multiply* **shall abound** him
exceedingly **mightily mighty;**
twelve *princes* **hierarchs** shall he *beget* **birth,**
and I *will make* **shall give** him **for** a great *nation* **goyim.**
21 But my covenant
will I establish **shall I raise** with *Isaac* **Yischaq,**
which Sarah shall *bear* **birth** unto thee
at this *set time* **season** in the next year.
22 And he *left off talking* **finished wording** with him,
and *God went up* **Elohim ascended**

18 And *the LORD* **Yah Veh**
appeared unto **was seen by** him
in the *plains* **mighty oak** of Mamre:

THREE VISITORS

and he sat in the tent *door* **opening**
in the heat of the day;
2 And he lift up his eyes and *looked* **saw,** and, *lo* **behold,**
three men *stood* **stationed themselves** by him:
and when he saw them,
he ran to meet them from the tent *door* **opening,**
and *bowed himself* **prostrated** toward the *ground* **earth,**
3 And said, My *Lord* **Adonay,** *if now* **If, I beseech thee,**
I have found *favour* **charism** in thy *sight* **eyes,** pass
not away, I *pray* **beseech** thee, from thy servant:
4 Let a little water, I *pray* **beseech** you, be
fetched **taken,** and *wash* **bathe** your feet,
and *rest yourselves* **lean** under the tree:

5 And I *will fetch* **shall take** a morsel of bread,
and *comfort* **support** ye your hearts;
after that ye shall pass on:
for therefore are ye *come* **passed** to your servant. And
they said, So *do* **work**, as thou hast *said* **worded.**
6 And Abraham hastened into the tent unto
Sarah, and said, *Make ready quickly* **Hasten**
three *measures* **seahs** of fine *meal* **flour,**
knead *it*, and *make cakes upon the*
hearth **work ashcakes.**
7 And Abraham ran unto the *herd* **oxen,**
and *fetcht a calf* **took a son of the oxen** tender
and good, and gave it unto a *young man* **lad;**
and he hasted to *dress* **work** it.
8 And he took butter, and milk, and
the *calf* **son of the oxen**
which he had *dressed* **worked,**
and *set it before them* **gave it at their face;**
and he stood by them under the tree, and they did eat.
9 And they said unto him,
Where is Sarah thy *wife* **woman**? And
he said, Behold, in the tent.
10 And he said,
In returning, I *will certainly* **shall** return
unto thee according to the time of life,
and, *lo* **behold**, Sarah thy *wife* **woman** shall have a son.
And Sarah heard it in the tent *door*
opening, which was behind him.
11 Now Abraham and Sarah were *old* **aged**
and well stricken in *age* **days**; and it ceased to be
with Sarah after the *manner* **way** of women.
12 ThereforeSarahlaughedwithinhersel,fsaying,
After I am *waxed old* **worn out**
shall I have pleasure,
my *lord* **adoni** being *old* **aged** also?
13 And *the LORD* **Yah Veh** said unto Abraham,
Wherefore **Why** did Sarah laugh, saying,
Shall I *of a surety bear* **truly birth?**
a child, which am old **I — aged**?
14 Is any *thing* **word** too *hard* **marvelous**
for *the LORD* **Yah Veh**?
At the *time appointed* **season** I *will*
shall return unto thee,
according to the time of life, and Sarah shall have a son.
15 Then Sarah denied, saying, I laughed not;
for she was *afraid* **awed.**
And he said, Nay; but thou didst laugh.
16 And the men rose up from thence,
and looked toward Sodom **at the face of Sedom**:
and Abraham went with them
to *bring* **send** them on the way.
17 And *the LORD* **Yah Veh** said,
Shall I hide from Abraham that *thing* which I *do* **work;**
18 Seeing that
in becoming, Abraham shall *surely* become
a great and mighty *nation* **goyim,**
and all the *nations* **goyim** of the earth
shall be blessed in him?
19 For I know him,
that he *will command* **shall misvah** his *children* **sons**
and his household after him,
and they shall *keep* **guard** the way of *the LORD* **Yah**
Veh, to *do justice* **work justness** and judgment;
that *the LORD* **Yah Veh** may bring upon Abraham
that which he hath *spoken* **worded** of him.
20 And *the LORD* **Yah Veh** said,
Because the cry of *Sodom* **Sedom**
and *Gomorrah* **Amorah**
is great,
and because their sin is *very grievous* **mighty heavy;**
21 I *will go down* **shall descend** now,
and see whether they have *done altogether* **fully worked**
according to the cry of it, which is come unto me;
and if not, I *will* **shall** know.
22 And the men turned their faces from thence,
and went toward *Sodom* **Sedom**:
but Abraham stood *yet* **still**
before the LORD **at the face of Yah Veh.**

Abraham Intercedes With Yah Veh

23 And Abraham drew near, and said,
Wilt **Shalt** thou *also destroy* **scrape away**
the *righteous* **just** with the wicked?
24 Peradventure there be fifty *righteous* **just**
within **midst** the city:
wilt **shalt** thou *also destroy* **scrape away**
and not spare the place
for the fifty *righteous* **just** that are *therein* **within**?
25 *That be far* **Far be it** from thee
to *do after* **work** this *manner* **word,**
to *slay* **deathify** the *righteous* **just** with the wicked:
and that *the righteous* **it** should be,
the just as the wicked,
that be far **far be it** from thee: Shall not the Judge
of all the earth *do right* **work judgment**?
26 And *the LORD* **Yah Veh** said,
If I find in *Sodom* **Sedom** fifty *righteous* **just**
within **midst** the city,
then I *will* **shall** spare all the place for their sakes.
27 And Abraham answered and said,
Behold *now* **I beseech,**

I have *taken upon me* **willed** to *speak* **word**
unto *the Lord* **Adonay**,
which am but **I** — dust and ashes:
28 Peradventure there shall lack five
of the fifty *righteous* **just**:
wilt **shalt** thou *destroy* **ruin** all the city for *lack of* five?
And he said, If I find there forty and five,
I *will* **shall** not *destroy* **ruin** it.
29 And he *spake* **worded** unto him yet again, and said,
Perad venture t he re shall be forty found there . And
he said, I *will* **shall** not *do* **work** it for forty's sake.
30 And he said *unto him, Oh* **I beseech,**
let not *the Lord be angry* **Adonay inflame**,
and I *will speak* **shall word**:
Peradventure there shall thirty be found there.
And he said,
I *will* **shall** not *do* **work** it, if I find thirty there.
31 And he said, Behold *now* **I beseech,**
I have *taken upon me* **willed** to *speak* **word**
unto *the Lord* **Adonay**: Peradventure
there shall be twenty found there.
And he said, I *will* **shall** not *destroy*
ruin it for twenty's sake.
32 And he said,Oh let not *the Lord be angry*
Adonay inflame, and I *will speak* **shall word**
yet but this once **only this time**:
Peradventure ten shall be found there.
And he said, I *will* **shall** not *destroy* **ruin** *it* for ten's sake.
33 And *the LORD* **Yah Veh** went his way,
as soon as he had *left communing* **finished wording**
with Abraham:
and Abraham returned unto his place.

Sedom Scraped Away

19 And there came two angels
to *Sodom* **Sedom** at even;
and Lot sat in the *gate* **portal** of *Sodom*
Sedom: and Lot seeing them rose up to meet
them; and he *bowed himself* **prostrated**
with his *face* **nostrils** toward the *ground* **earth**;
2 And he said, Behold *now* **I beseech,** my *lords*
adonim, turn in, I *pray* **beseech** you, into your
servant's house, and *tarry all night* **stay overnight**,
and *wash* **bathe** your feet,
and ye shall *rise up* **start** early, and go on your ways.
And they said, Nay;
but we *will abide* **shall stay**
in the *street all night* **broadway overnight.**
3 And he *pressed upon* **urged** them *greatly* **mightily**;
and they turned in unto him, and entered into his house;
and he *made* **worked** them a *feast* **banquet**,
and did bake *unleavened bread* **matsah**, and they did eat.
4 But before they lay down,
the men of the city, *even* the men of *Sodom* **Sedom**,
compassed **surrounded** the house *round*,
both old and young **from aged to lad,**
all the people from every *quarter* **extremity**:
5 And they called unto Lot, and said unto him,
Where are the men which came in to thee this night?
bring them out unto us, that we may know the m.
6 AndLotwentoutatthe*door***portal**untothem,
and shut the door after him,
7 And said, I *pray* **beseech** you, brethren,
do not so wickedly **vilify not**.
8 Behold *now* **I beseech,**
I have two daughters which have not known man;
let me, I *pray* **beseech** you, bring them out unto you,
and *do* **work** ye to them as is good in your eyes:
only unto these men *do nothing* **work no word**;
for therefore came they
under the shadow of my *roof* **beams.**
9 And they said, *Stand* **Draw** back.
And they said *again*, This one *fellow* came in to sojourn,
and **in judging,** he *will needs be a* **shall** judge:
now *will we deal worse with* **shall we vilify** thee,
(rather) than *with* them.
And they *pressed sore* **urged mightily** upon the man,
even Lot, and came near to break the door.
10 Buthemen*putforth***spread**theirhand,
and pulled Lot into the house to
them, and shut to the door.
11 And they smote the men
that were at the *door* **portal** of the house
with blindness, both small and great:
so that they wearied themselves to find the *door* **portal**.
12 And the men said unto Lot, Hast
thou here any besides?
son in law, and thy sons, and thy daughters,
and whatsoever thou hast in the city,
bring them out of this place:
13 For we *will destroy* **shall ruin** this place, because
the cry of them *is waxen great* **greateneth**
before **at** the face of *the LORD* **Yah Veh**;
and *the LORD* **Yah Veh** hath sent us to *destroy* **ruin** it.
14 And Lot went out,
and *spake* **worded** unto his *sons in law* **in laws**,
which *married* **had taken** his daughters,
and said, *Up* **Arise**, get you out of this place:
for *the LORD will destroy* **Yah Veh shall ruin** this city.
But he seemed as one that *mocked* **ridiculed**

unto his sons in law **in the eyes of his in laws.**
15 And *when as the morning arose* **dawn ascended,**
then the angels hastened Lot, saying,
Arise, take thy *wife* **woman**, and thy two
daughters, which are *here* **found**;
lest you be scraped away
that we may *preserve* **enliven** seed of our father.
33 And they made their father drink wine that night:
and the *firstborn* **firstbirthed** went
in, and lay with her father;
and he perceived not when she lay
down, nor when she arose.
34 And **so be** it *came to pass* on the morrow,
that the *firstborn* **firstbirthed** said unto the *younger*
lesser, Behold, I lay yesternight with my father:
let us make him drink wine this night also;
and go thou in, and lie with him,
that we may *preserve* **enliven** seed of our father.
35 And they made their father drink
wine that night also:
and the *younger* **lesser** arose, and lay with him;
and he perceived not when she lay
down, nor when she arose.
36 Thus *were both the* **the two** daughters of Lot
with child **conceived** by their father.
37 And the *firstborn bare* **firstbirthed birthed** a son,
and called his name Moab:
the same **who** is the father
of the *Moabites* **Moabiym** unto this day.
38 And the *younger* **lesser,** she also *bare* **birthed** a son,
and called his name *Benammi* **Ben Ammi**:
the same **who** is the father
of the *children* **sons** of Ammon unto this day.

ABRAHAM PULLS STAKES

20 And Abraham
journeyed **pulled stakes** from thence
toward the south *country* **land**,
and *dwelled* **settled** between *Kadesh* **Qadesh** and Shur,
and sojourned in Gerar.
2 And Abraham said of Sarah his *wife* **woman**,
She is my sister:
and *Abimelech king* **Abi Melech sovereign**
of Gerar sent, and took Sarah.
3 But *God* **Elohim** came to *Abimelech* **Abi Melech**
in a dream by night,
and said to him, Behold, thou *art but a dead man* **diest**,
for the woman which thou hast taken;
for she is *a man's wife* **married to a master**.
4 But *Abimelech* **Abi Melech**
had not *come near* **approached** her:
and he said, *Lord* **Adonay**,
wilt **shalt** thou *slay* **slaughter** also a
righteous nation **just goyim**?
5 Said he not unto me, She is my sister?
and she, even she herself said, He is my brother:
in the integrity of my heart
and innocency of my *hands* **palms**
have I *done* **worked** this.
6 And *God* **Elohim** said unto him in a dream,
Yea, I know that thou *didst* **workedst** this
in the integrity of thy heart;
for I also withheld thee from sinning against me:
therefore *suffered* **gave** I thee not to touch her.
7 Now therefore restore the man his *wife* **woman**;
for he is a prophet, and he shall pray
for thee, and thou shalt live:
and if thou restore her not,
know thou that **in dying,** thou shalt *surely* die,
thou, and all that are thine.
8 Therefore *Abimelech* **Abi Melech**
rose **started** early in the morning,
and called all his servants,
and *told* **worded** all these *things* **words** in their ears:
and the men were *sore afraid* **mightily awed.**
9 Then *Abimelech* **Abi Melech** called
Abraham, and said unto him,
What hast thou *done* **worked** unto us?
and what have I *offended* **sinned against**
thee, that thou hast brought on me
and on my *kingdom* **sovereigndom** a great sin?
thou hast *done deeds* **worked works** unto
me that ought not to be *done* **worked.**
10 And *Abimelech* **Abi Melech** said unto
Abraham, What sawest thou,
that thou hast *done* **worked** this *thing* **word**?
11 And Abraham said, Because I *thought* **said,**
Surely **Only** the *fear* **awe** of *God* **Elohim**
is not in this place;
and they *will slay* **shall slaughter** me for
my *wife's sake* **woman's word.**
12 And yet *indeed* **truly** she is my sister;
she is the daughter of my father, but not the daughter
of my mother; and she became my *wife* **woman.**
13 And **so be** it *came to pass*,
when *God* **Elohim** caused me to *wander* **stray**
from my father's house, that I said unto her,
This is thy *kindness* **mercy**
which thou shalt *shew* **work** unto me; at every place
whither we shall come, say of me, He is my brother.

14 And *Abimelech* **Abi Melech** took
sheep **flocks**, and oxen,
and *menservants* **servants**, and *womenservants*
maids, and gave them unto Abraham,
and restored him Sarah his *wife* **woman**.
15 And *Abimelech* **Abi Melech** said,
Behold, my land *is before thee* **be at thy face**:
dwell **settle** where it *pleaseth thee* **be good in thine eyes**.
16 And unto Sarah he said, Behold,
I have given thy brother a thousand *pieces of* silver:
behold, he is to thee a covering of the eyes, unto
all that are with thee, and with all *other*:
thus she was reproved.
17 So Abraham prayed unto *God* **Elohim**:
and *God* **Elohim** healed *Abimelech* **Abi Melech**,
and his *wife* **woman**, and his *maidservants*
maids; and they *bare children* **birthed**.
18 For **in restraining**,
the LORD **Yah Veh** had *fast closed up* **restrained**
all the wombs of the house of *Abimelech*
Abi Melech, *because* **for sake of the word**
of Sarah Abraham's *wife* **woman**.

21 And *the LORD* **Yah Veh**
visited Sarah as he had said,

SARAH BIRTHS YISCHAQ

and *the LORD did* **Yah Veh worked** unto
Sarah as he had *spoken* **worded**.
2 For Sarah conceived,
and *bare* **birthed** Abraham a son in his
old age, at the *set time* **season**
of which *God* **Elohim** had *spoken* **worded** to him.
3 And Abraham called the name of his son
that was *born* **birthed** unto him,
whom Sarah *bare* **birthed** to him, *Isaac* **Yischaq**.
4 And Abraham circumcised his son *Isaac* **Yischaq**
being **a son of** eight days *old*,
as *God* **Elohim** had *commanded* **misvahed** him.
5 And Abraham was **a son of** an hundred years *old*,
when his son *Isaac* **Yischaq** was *born* **birthed** unto him.
6 And Sarah said,
God **Elohim** hath *made* **worked** me to laugh,
so that all that hear *will* **shall** laugh with me.
7 And she said,
Who *would* **should** have *said* **uttered** unto Abraham,
that Sarah should have *given children suck* **suckled**
sons? for I have *born* **birthed** him a son in his old age.
8 And the child grew, and was weaned:
and Abraham *made* **worked** a great *feast* **banquet**
the *same* day that *Isaac* **Yischaq** was weaned.
9 And Sarah saw the son of Hagar the *Egyptian* **Misrayim**,
which she had *born* **birthed** unto Abraham,
mocking **ridiculing**.
10 Wherefore she said unto Abraham,
Cast out **Expel** this *bondwoman* **maid** and her son:
for the son of this *bondwoman* **maid** shall not *be heir*
with **supersede** my son, *even* with *Isaac* **Yischaq**.
11 And the *thing* **word** was *very grievous* **mighty evil**
in Abraham's *sight* **eyes** because of his son.
12 And *God* **Elohim** said unto Abraham,
Let it not be *grievous* **evil** in thy *sight* **eyes**
because of the lad,
and because of thy *bondwoman* **maid**;
in all that Sarah hath said unto thee,
hearken unto her voice;
for in *Isaac* **Yischaq** shall thy seed be called.
13 And also of the son of the *bondwoman* **maid**
will I make a nation **shall I set a**
goyim, because he is thy seed.
14 And Abraham *rose up* **started** early in the morning,
and took bread, and a *bottle* **skin** of
water, and gave it unto Hagar,
putting it on her shoulder, and the
child, and sent her away:
and she *departed* **went**,
and *wandered* **strayed** in the wilderness
of *Beersheba* **Beer Sheba**.
15 And the water
was *spent in* **finished off from** the *bottle* **skin**,
and she cast the child under one of the shrubs.
16 And she went,
and sat her down *over against him* **opposite**,
a good way off **away**, as it were a bowshot:
for she said, Let me not see the death of the child.
And she sat *over against him* **far removed**,
and lift up her voice, and wept.
17 And *God* **Elohim** heard the voice of the lad;
and the angel of *God* **Elohim**
called to Hagar out of *heaven* **the heavens**,
and said unto her, What aileth thee, Hagar?
fear **awe** not; for *God* **Elohim** hath heard
the voice of the lad where he is.
18 Arise, lift up the lad,
and *hold* **strengthen** him in thine hand;
for I *will make* **shall set** him a great *nation* **goyim**.
19 And *God* **Elohim** opened her eyes,
and she saw a well of water;
and she went, and filled the *bottle* **skin**
with water, and gave the lad drink.
20 And *God* **Elohim** was with the lad;

and he grew, and *dwelt* **settled** in the wilderness,
and *became an archer* **abounded with the bow.**
21 AndhedweslteltedinthewildernesofParan:
and his mother took him a *wife* **woman**
out of the land of *Egypt* **Misrayim.**
22 And **so be** it *came to pass* at that time,
that *Abimelech* **Abi Melech**
and *Phichol* **Pichol** the *chief captain* **governor** of his host
spake **said** unto Abraham, saying,
God **Elohim** is with thee in all that thou *doest* **workest:**
23 Now therefore *swear* **oath** unto
me here by *God* **Elohim**
that thou *wilt* **shalt** not *deal falsely* **falsify**
with me, nor with my *son* **offspring,**
nor with my *son's son* **posterity:**
but according to the *kindness* **mercy** that I have *done*
worked unto thee, thou shalt *do* **work** unto me,
and to the land wherein thou hast sojourned.
24 And Abraham said, I *will swear* **shall oath.**
25 And Abraham reproved *Abimelech* **Abi Melech**
because of a well of water,
which *Abimelech's* **Abi Melech's** servants
had *violently taken away* **stripped.**
26 And *Abimelech* **Abi Melech** said,
I *wot* **perceived** not
who hath *done* **worked** this *thing* **word:** neither didst
thou tell me, neither yet heard I of it, *but* **until** to day.
27 And Abraham took *sheep* **flocks** and oxen, and
gave them unto *Abimelech* **Abi Melech;**
and *both* **the two** of them *made* **cut** a covenant.
28 And Abraham
set **stationed** seven ewe lambs of the flock by themselves.
29 And *Abimelech* **Abi Melech** said unto Abraham,
W hat *m e a n* — the se se ve n e we l amb s
which thou hast *set* **stationed** by themselves?
30 And he said,
For these seven ewe lambs shalt thou take of my hand,
so that they may be a witness unto me,
that I have digged this well.
31 Wherefore he called that place *Beersheba* **Beer Sheba;**
because there they *sware* **oathed**
— *both* **the two** of them.
32 Thus they *made* **cut** a covenant
at *Beersheba* **Beer Sheba:**
then *Abimelech* **Abi Melech** rose up,
and *Phichol* **Pichol** the *chief captain* **governor**
of his host, and they returned
into the land of the *Philistines* **Peleshethiy.**
33 And *Abraham* **he** planted a grove
in *Beersheba* **Beer Sheba,**
and called there on the name of *the LORD*
Yah Veh, the *everlasting God* **eternal El.**
34 And Abraham sojourned
in the *Philistines'* land **of the Peleshethiym** many days.

ELOHIM TESTS ABRAHAM

22 And **so be** it *came to pass,* after these *things*
words, that *God did tempt* **Elohim tested** Abraham,
and said unto him, Abraham:
and he said, Behold, *here I am* — **I.**
2 And he said, Take now thy son,
thine only *son Isaac* **Yischaq,** whom thou lovest,
and *get thee* **go thou** into the land of *Moriah*
Mori Yah; and *offer* **holocaust** him there
for a *burnt offering* **holocaust** upon one of the
mountains which I *will tell thee of* **shall say.**
3 And Abraham *rose up* **started** early in the morning,
and *saddled* **harnessed** his *ass* **he burro,**
and took two of his *young men* **lads** with
him, and *Isaac* **Yischaq** his son,
and *clave* **split** the *wood* **timber**
for the *burnt offering* **holocaust,** and
rose up, and went unto the place
of which *God* **Elohim** had told him.
4 ThenonthethirddayAbrahamliftedupiseyes,
and saw the place afar off.
5 And Abraham said unto his *young men* **lads,**
Abide **Sit** ye here with the *ass* **he burro;**
and I and the lad *will* **shall** go *yonder* **thus**
and *worship* **prostrate,**
and *come again* **return** to you.
6 And Abraham took the *wood* **timber**
of the *burnt offering* **holocaust,**
and *laid* **set** it upon *Isaac* **Yischaq** his son;
and he took the fire in his hand, and a knife;
and they went *both* **the two** of them together.
7 And *Isaac spake* **Yischaq said** unto Abraham
his father, and said, My father:
and he said, Here *am* — I, my son.
And he said, Behold the fire and the *wood* **timber:**
but where is the lamb for a *burnt offering* **holocaust?**
8 And Abraham said, My son,
God will provide himself **Elohim shall see**
a lamb for a *burnt offering* **holocaust:**
so they went *both* **the two** of them together.
9 And they came to the place
which *God* **Elohim** had told him of;
and Abraham built *an* **a sacrifice** altar there,
and *laid* **arranged** the *wood* **timber** *in order,*
and bound *Isaac* **Yischaq** his son,

and *laid* **set** him on the **sacrifice** altar
upon **above** the *wood* **timber.**
10 AndAbraham*stretchedforth***spread**hishand,
and took the knife to *slay* **slaughter** his son.
11 And the angel of *the LORD* **Yah Veh**
called unto him out of *heaven* **the heavens,**
and said, Abraham, Abraham:
and he said, Here *am* — I.
12 Andhesaid*L,ay***Spread**nothinehanduponthelad,
neither *do* **work** thou *any thing* **aught** unto him:
for *now* **at this time**
I know that thou *fearest God* **awest Elohim,**
seeing thou hast not withheld thy
son, thine only *son* from me.
13 And Abraham lifted up his eyes,
and *looked* **saw**, and behold,
behind *him* a ram *caught* **held** in a thicket by his horns:
and Abraham went and took the ram,
and *offered* **holocausted** him *up*
for a *burnt offering* **holocaust**
in the stead of his son.
14 And Abraham called the name of that place
Jehovahjireh **Yah Veh Yireh:**
as it is said to this day,
In the mount of *the LORD* **Yah Veh** it shall be seen.
15 And the angel of *the LORD* **Yah Veh**
called unto Abraham out of *heaven* **the heavens**
the second time,
16 And said, By myself have I *sworn* **oathed,**
saith the LORD **an oracle of Yah Veh,**
for because thou hast *done* **worked** this *thing* **word,**
and hast not withheld thy son, thine only *son*:
17 Thatinblessing,I*wil***shal**blessthee,
and in *multiplying* **abounding,**
I *will multiply* **shall abound** thy seed as
the stars of the *heaven* **heavens,**
and as the sand which is upon the sea *shore* **edge**;
and thy seed shall possess the *gate* **portal** of his enemies;
18 And in thy seed
shall all the *nations* **goyim** of the earth be blessed;
because thou hast *obeyed* **heard** my voice.
19 So Abraham returned unto his *young*
men **lads**, and they rose up
and went together to *Beersheba* **Beer Sheba**;
and Abraham *dwelt* **settled** at *Beersheba* **Beer Sheba.**
20 And**sobe**i*ctametopas*,afterthese*things***words,**
that it was told Abraham, saying,
Behold, *Milcah* **Milchah,**
she hath also *born children* **birthed sons**
unto thy brother *Nahor* **Nachor**;
21 Huz his *firstborn* **firstbirthed**, and Buz his brother,
and *Kemuel* **Qemu El** the father of Aram,
22 And*Chesed***Kesed**,andHazo,andPildash,
and *Jidlaph* **Yidlaph**, and *Bethuel* **Bethu El.**
23 And*BethuelbegatRebekah***BethuElbirthedRibqah**:
these eight *Milcah* **Milchah**
did *bear* **birth** to *Nahor* **Nachor**, Abraham's brother.
24 And his concubine, whose name was Reumah,
she *bare* **birthed** also *Tebah* **Tebach**, and *Gaham*
Gacham, and *Thahash* **Thachash**, and Maachah.

THE DEATH OF SARAH

23 And **the life of** Sarah was an hundred **years**
and seven **years** and twenty years *old*:
these were — the years of the life of Sarah.
2 And Sarah died in *Kirjatharba* **Qiryath Arba**;
the same is Hebron in the land of *Canaan*
Kenaan: and Abraham came to *mourn*
chop for Sarah, and to weep for her.
3 And Abraham *stood up* **arose**
from *before* **the face of** his *dead* **who died**, and
spake **worded** unto the sons of Heth, saying,
4 I am a *stranger* **sojourner** and a *sojourner* **settler**
with you:
give me a possession of a *buryingplace* **tomb**
with you, that I may *bury my dead* **entomb mine**
who died *out of my sight* **from my face.**
5 And the *children* **sons** of Heth answered
Abraham, saying unto him,
6 Hear us, my *lord* **adoni**:
thou art a *mighty prince* **hierarch of Elohim** among us:
in the choice of our *sepulchres* **tombs** *bury thy dead*
entomb thine who died; *none* **no man** of us
shall *withhold* **restrain** from thee his
sepulchre **tomb**, but that thou mayest
bury thy dead **entomb thine who died.**
7 And Abraham *stood up* **arose,**
and *bowed himself* **prostrated** to the people of the land,
even to the *children* **sons** of Heth.
8 And he *communed* **worded** with them,
saying, If it be your *mind* **soul**
that I should *bury my dead* **entomb mine who died**
out of my sight **from my face;**
hear me, and *intreat* **intercede** for me to
Ephron the son of *Zohar* **Sochar,**
9 That he may give me the cave of Machpelah,
which he hath, which is in the end of his field;
for *as much money as it is worth* **its full silver**
he shall give it me
for a possession of a *buryingplace* **tomb** amongst you.

10 And Ephron *dwelt* **settled**
among the *children* **sons** of Heth:
and Ephron the *Hittite* **Hethiy** answered Abraham in
the *audience* **ears** of the *children* **sons** of Heth, *even* of
all that went in at the *gate* **portal** of his city, saying,
11 Nay, my *lord* **adoni**, hear me: the field give I
thee, and the cave that is therein, I give it thee;
in the *presence* **eyes** of the sons of my people
give I it thee:
bury thy dead **entomb thine who died.**
12 AndAbraham*boweddownhimse*plf**rostrated**
before **at the face of** the people of the land.
13 And he *spake* **worded** unto Ephron
in the *audience* **ears** of the people of the land, saying,
But if **only** thou *wilt give it, I pray thee* **shalt** hear me:
I *will* **shall** give thee *money* **silver** for the field;
take it of me,
and I *will bury* **shall entomb**
my dead **mine who died** there.
14 And Ephron answered Abraham, saying unto him,
15 My *lord* **adoni**, hearken unto me:
the land *is worth* four hundred shekels of silver;
what is that *betwixt* **between** me and thee?
bury therefore thy dead **entomb thine who died.**
16 And Abraham hearkened unto Ephron;
and Abraham weighed to Ephron the
silver, which he had *named* **worded**
in the *audience* **ears** of the sons of Heth,
four hundred shekels of silver,
current money **as passeth** with the merchant.
17 And the field of Ephron which was in Machpelah,
which was *before* **at the face of** Mamre, the
field, and the cave which was therein,
and all the trees that were in the field,
that were in all the borders round
about, were *made sure* **raised**
18 Unto Abraham for a *possession* **chattel**
in the *presence* **eyes** of the *children* **sons** of Heth,
before **in front of** all that went in at
the *gate* **portal** of his city.
19 And *after this* **thus,**
Abraham *buried* **entombed** Sarah his *wife* **woman**
in the cave of the field of Machpelah
before **at the face of** Mamre:
the same is Hebron in the land of *Canaan* **Kenaan.**
20 And the field, and the cave that is therein,
were *made sure* **raised** unto Abraham
for a possession of a *buryingplace* **tomb**
by the sons of Heth.

YISCHAQ AND RIBQAH

24 And Abraham *was old* **had aged,**
and well stricken in *age* **days:**
and *the LORD* **Yah Veh**
had blessed Abraham in all *things.*
2 And Abraham said
unto his *eldest* **elder** servant of his house,
that *ruled* **reigned** over all that he had,
Put, I pray thee, thy hand under my *thigh* **flank:**
3 And I *will make thee swear* **shall oath thee**
by *the LORD* **Yah Veh,**
the God **Elohim** of *heaven* **the heavens,**
and *the God* **Elohim** of the earth,
that thou shalt not take a *wife* **woman** unto my son
of the daughters of the *Canaanites* **Kenaaniy,**
among whom I *dwell* **settle:**
4 But thou shalt go unto my *country*
land, and to my kindred,
and take a *wife* **woman** unto my son *Isaac* **Yischaq.**
5 And the servant said unto him, Peradventure
the woman *will* **willeth** not *be willing*
to *follow* **go after** me unto this land:
in returning, must I *needs bring* **return** thy son *again*
unto the land from whence thou camest?
6 And Abraham said unto him,
Beware **Guard** thou
that thou *bring* **return** not my son thither *again.*
7 *The LORD God* **Yah Veh Elohim**
of *heaven* **the heavens,**
which took me from my father's house,
and from the land of my kindred, and
which *spake* **worded** unto me,
and that *sware* **oathed** unto me, saying, Unto
thy seed *will* **shall** I give this land;
he shall send his angel *before thee* **at thy face,**
and thou shalt take a *wife* **woman**
unto my son from thence.
8 And if the woman *will* **willeth** not *be willing*
to *follow* **go after** thee,
then thou shalt be *clear* **exonerated** from this my oath:
only *bring* **return** not my son thither *again.*
9 And the servant put his hand
under the *thigh* **flank** of Abraham his *master* **adoni,**
and *sware* **oathed** to him concerning that *matter* **word.**
10 And the servant took ten camels
of the camels of his *master* **adoni,** and *departed* **went;**
for all the goods of his *master* **adoni** were in his hand:
and he arose, and went to *Mesopotamia* **Aram
Naharaim,** unto the city of *Nahor* **Nachor.**

11 Andhemadehiscamelstoknedlownwithouthecity
by a well of water at the time of the evening,
even the time *that women go out to draw water* **to bail**.
12 And he said, O *LORD God* **Yah Veh Elohim**
of my *master* **adoni** Abraham, I pray thee,
send me good speed **happen upon my face**
this day, and *shew kindness* **work mercy**
unto my *master* **adoni** Abraham.
13 Behold, I *stand here* **station myself**
by the *well* **fountain** of water;
and the daughters of the men of the city
come out to *draw* **bail** water:
14 And let it *come to pass* **become**,
that the *damsel* **lass** to whom I shall say,
Let down **Spread** thy pitcher, I pray
thee, that I may drink;
and she shall say,
Drink, and I *will* **shall** give thy camels drink also:
let *the same* be she that thou hast *appointed* **approved**
for thy servant *Isaac* **Yischaq**;
and thereby shall I know
that thou hast *shewed kindness* **worked mercy**
unto my *master* **adoni**.
15 And **so be** it *came to pass*,
before he had *done speaking* **finished wording**,
that, behold, *Rebekah* **Ribqah** came out,
who was *born* **birthed** to *Bethuel* **Bethu
El**, son of *Milcah* **Milchah**,
the *wife* **woman** of *Nahor* **Nachor**, Abraham's
brother, with her pitcher upon her shoulder.
16 And the *damsel* **lass**
was *very fair to look upon* **mighty good looking**,
a virgin, neither had any man known her:
and she *went down* **descended** to the *well* **fountain**,
and filled her pitcher, and *came up* **ascended**.
17 Andtheservantrantomeether,andsaid,
Let me, I *pray* **beseech** thee,
drink a little water of thy pitcher.
18 And she said, Drink, my *lord* **adoni**:
and she hasted,
and *let down* **lowered** her pitcher upon
her hand, and gave him drink.
19 And when she had *done* **finished** giving
him drink, she said, I *will draw water*
shall bail for thy camels also,
until they have *done* **finished** drinking.
20 And she hasted,
and emptied her pitcher into the trough,
and ran again unto the well to *draw water*
bail, and *drew* **bailed** for all his camels.

21 Andthemanwondeirngather*heldhispeace***hushed**,
to *wit* **perceive** whether *the LORD* **Yah Veh**
had *made* **prospered** his journey *prosperous* or not.
22 And **so be** it *came to pass*,
as the camels had *done* **finished** drinking,
that the man took a golden *earring* **nosering**
of *half a shekel* **a bekah** weight, and two bracelets
for her hands of ten *shekels* weight of gold;
23 And said, Whose daughter art thou?
tell me, I pray thee:
is there *room* **a place** in thy father's house
for us to *lodge in* **stay overnight**?
24 And she said unto him,
I am the daughter of *Bethuel* **Bethu El**
the son of *Milcah* **Milchah**,
which she *bare* **birthed** unto *Nahor* **Nachor**.
25 She said moreover unto him,
We have both **much** straw and provender *enough*,
and *room to lodge in* **place to stay overnight**.
26 And the man bowed *down his head*,
and *worshipped the LORD* **prostrated to Yah Veh**.
27 And he said,
Blessed be *the LORD God* **Yah Veh Elohim**
of my *master* **adoni** Abraham,
who hath not *left destitute* **forsaken** my *master* **adoni**
of his mercy and his truth:
I being in the way, *the LORD* **Yah Veh** led me
to the house of my *master's* **adoni's** brethren.
28 And the *damsel* **lass** ran,
and told them of her mother's house these *things* **words**.
29 And *Rebekah* **Ribqah** had a brother,
and his name was Laban:
and Laban ran out unto the man, unto the *well* **fountain**.
30 And **so be** it *came to pass*, when he
saw the *earring* **nosering**
and bracelets upon his sister's hands,
and when he heard the words
of *Rebekah* **Ribqah** his sister, saying,
Thus *spake* **worded** the man unto me;
that he came unto the man; and, behold, he
stood by the camels at the *well* **fountain**.
31 And he said, Come in,
thou blessed of *the LORD* **Yah Veh**; wherefore standest
thou without? for I have prepared the house,
and *room* **place** for the camels.
32 And the man came into the house:
and he *ungirded* **loosed** his camels,
and gave straw and provender for the camels,
and water to *wash* **bathe** his feet,
and the men's feet that were with him.

33 And there was set *meat before him* **at his face** to eat:
but he said, I *will* **shall** not eat,
until I have *told mine errand* **worded my word**.
And he said, *Speak on* **Word**.
34 And he said, I am Abraham's servant.
35 And *the LORD* **Yah Veh**
hath blessed my *master greatly* **adoni mightily**;
and he *is become great* **greatened**:
and he hath given him
flocks, and *herds* **oxen**, and silver, and gold,
and *menservants* **servants**, and *maidservants*
maids, and camels, and *asses* **he burros**.
36 And Sarah my *master's wife* **adoni's woman**
bare **birthed** a son to my *master*
adoni when she was *old* **aged**:
and unto him hath he given all that he hath.
37 And my *master made me swear* **adoni oathed me**,
saying, Thou shalt not take a *wife* **woman** to my son
of the daughters of the *Canaanites* **Kenaaniy**,
in whose land I *dwell* **settle**:
38 But thou shalt go unto my father's
house, and to my *kindred* **family**,
and take a *wife* **woman** unto my son.
39 And I said unto my *master* **adoni**, Peradventure
the woman *will* **willeth** not *follow* **to go after** me.
40 And he said unto me,
The LORD **Yah Veh**, *before whom* **at whose face** I walk,
will **shall** send his angel with thee, and prosper thy way;
and thou shalt take a *wife* **woman** for my son of
my *kindred* **family**, and of my father's house:
41 Then shalt thou be *clear* **exonerated** from *this* my
oath, when thou comest to my *kindred* **family**;
and if they give not thee *one*,
thou shalt be *clear* **exonerated** from my oath.
42 And I came this day unto the *well* **fountain**,
and said, O *LORD God* **Yah Veh Elohim**
of my *master* **adoni** Abraham,
if now thou *do* prosper my way which I go:
43 Behold, I *stand* **station myself** by
the *well* **fountain** of water;
and **so be** it *shall come to pass*,
that when the virgin cometh forth to *draw water*
bail, and I say to her, Give me, I pray thee,
a little water of thy pitcher to drink;
44 And she say to me, Both drink thou,
and I *will* **shall** also *draw* **bail** for thy camels:
let *the same* **that** be the woman
whom *the LORD* **Yah Veh** hath *appointed out* **approved**
for my *master's* **adoni's** son.
45 And before I had *done speaking* **finished wording**
in mine heart, behold,
Rebekah **Ribqah** came forth with
her pitcher on her shoulder;
and she *went down* **descended** unto the *well* **fountain**,
and *drew water* **bailed**:
and I said unto her, Let me drink, I pray thee.
46 And she *made haste* **hastened**,
and *let down* **lowered** her pitcher *from
her shoulder*, and said, Drink,
and I *will give* **shall water** thy camels *drink* also:
so I drank, and she *made* **watered** the camels *drink* also.
47 And I asked her, and said, Whose daughter art thou?
And she said, the daughter of *Bethuel* **Bethu El**,
Nahor's **Nachor's** son,
whom *Milcah bare* **Milchah birthed** unto him:
and I put the *earring* **nosering** upon her *face*
nostrils, and the bracelets upon her hands.
48 And I bowed *down my head*,
and *worshipped the LORD* **prostrated to Yah Veh**,
and blessed *the LORD God* **Yah Veh Elohim**
of my *master* **adoni** Abraham,
which had led me in the *right* way **of truth**
to take my *master's* **adoni's** brother's
daughter unto his son.
49 And now
if ye *will deal kindly* **shall work in mercy** and *truly* **truth**
with my *master* **adoni**, tell me:
and if not, tell me;
that I may *turn* **face** to the right *hand*, or to the left.
50 Then Laban and *Bethuel* **Bethu El** answered and
said, The *thing* **word** proceedeth from *the LORD* **Yah
Veh**: we cannot *speak* **word** unto thee *bad* **evil** or good.
51 Behold, *Rebekah is before* **Ribqah
faceth** thee, take *her*, and go,
and let her be thy *master's* **adoni's** son's *wife* **woman**,
as *the LORD* **Yah Veh** hath *spoken* **worded**.
52 And **so be** it *came to pass*,
that, when Abraham's servant heard their words,
he *worshipped the LORD* **prostrated to Yah Veh**,
bowing himself **prostrating** to the earth.
53 And the servant brought forth
jewels **instruments** of silver, and
jewels **instruments** of gold,
and *raiment* **clothing**, and gave *them* to
Rebekah **Ribqah**: he gave also to her brother
and to her mother precious *things*.
54 And they did eat and drink,
he and the men that were with him, and
tarried all night **stayed overnight**;
and they rose up in the morning, and he said,
Send me away unto my *master* **adoni**.

55 And her brother and her mother said,
Let the *damsel abide* **lass sit** with us *a few* days,
at the least **or** ten; after that she shall go.
56 And he said unto them, *Hinder* **Delay** me not,
seeing *the LORD* **Yah Veh** hath prospered my way;
send me away that I may go to my *master* **adoni**.
57 Andtheysaid,We*wsil***hacl**althe*damse***lalss**,
and *inquire* **ask** at her mouth.
58 And they called *Rebekah* **Ribqah**, and said unto her,
Wilt **Shalt** thou go with this man?
And she said, I *will* **shall** go.
59 And they sent away *Rebekah* **Ribqah**
their sister, and her *nurse* **suckler**,
and Abraham's servant, and his men.
60 And they blessed *Rebekah* **Ribqah**, and said unto her,
Thou art our sister,
be thou *the mother of thousands* **myriads** of millions,
and let thy seed
possess the *gate* **portal** of those which hate them.
61 And *Rebekah* **Ribqah** arose, and her *damsels*
lasses, and they rode upon the camels,
and *followed* **went after** the man:
and the servant took *Rebekah* **Ribqah**, and went *his way*.
62 And *Isaac* **Yischaq** came from the way of
the well Lahairoi **Beer Lachay Roi**;
for he *dwelt* **settled** in the south *country* **land**.
63 And*Isaac***Yischaq**wentoutomeditateintheifeld
at the *eventide* **face of the evening**:
and he lifted up his eyes, and saw, and,
behold, the camels were coming.
64 And *Rebekah* **Ribqah** lifted up her eyes, and when
she saw *Isaac* **Yischaq**, she *lighted* **fell** off the camel.
65 For she had said unto the servant,
What **very** man is this
that walketh in the field to meet us?
And the servant had said, It is my *master* **adoni**:
therefore she took a vail, and covered herself.
66 Andtheservan*totldIsaac***describedtoYischaq**
all *things* **words** that he had *done* **worked**.
67 And *Isaac* **Yischaq** brought her into
his mother Sarah's tent,
and took *Rebekah* **Ribqah**,
and she became his *wife* **woman**; and he loved her:
and *Isaac was comforted* **Yischaq sighed**
after his mother's *death*.

ABRAHAM TAKES QETURAH

25 Then again Abraham took a *wife* **woman**,
and her name was *Keturah* **Qeturah**.
2 Andshe*bare***birthed**himZimran,and*Jokshan***Yoqshan**,
and Medan, and *Midian* **Midyan**,
and *Ishbak* **Yishbaq**, and *Shuah* **Shuach**.
3 And *Jokshan begat* **Yoqshan**
birthed Sheba, and Dedan.
And the sons of Dedan were *Asshurim* **Ashshuriym**,
and *Letushim* **Letushiym**, and *Leummim* **Leummiym**.
4 And the sons of *Midian* **Midyan**;
Ephah, and Epher, and Hanoch,
and *Abidah* **Abi Dah**, and *Eldaah* **El Daah**.
All these were the *children* **sons** of *Keturah* **Qeturah**.
5 And Abraham gave all that he
had unto *Isaac* **Yischaq**.
6 But unto the sons of the concubines, which
Abraham had, Abraham gave gifts,
and sent them away from *Isaac* **Yischaq** his son,
while he yet lived, eastward, unto the east country.

DEATH OF ABRAHAM

7 Andthesearethedaysoftheyears
of Abraham's life which he lived, an hundred **years**
threescore and fifteen **and seventy years and five** years.
8 Then Abraham *gave up the ghost* **expired**,
and died in a good *old age* **grayness**,
an old man **aged**, and *full of years* **satisfied**;
and was gathered to his people.
9 Andhissons*Isaac***Yischaq**and*Ishmael***YishmaEl**
buried **entombed** him in the cave of
Machpelah, in the field of Ephron
the son of *Zohar* **Sochar** the *Hittite* **Hethiy**,
which is *before* **at the face of** Mamre;
10 The field which Abraham *purchased* **chatteled**
of the sons of Heth:
there was Abraham *buried* **entombed**,
and Sarah his *wife* **woman**.
11 And **so be** it *came to pass*,
after the death of Abraham,
that *God* **Elohim** blessed his son *Isaac* **Yischaq**;
and *Isaac dwelt* **Yischaq settled**
by *the well Lahairoi* **Beer Lachay Roi**.

GENEALOGY OF YISHMA EL

12 Now these are the generations of *Ishmael* **Yishma El**,
Abraham's son, whom Hagar the *Egyptian* **Misrayim**,
Sarah's *handmaid* **maid**, *bare* **birthed** unto Abraham:
13 And these are the names
of the sons of *Ishmael* **Yishma El**,
by their names, according to their generations:
the *firstborn* **firstbirthed** of *Ishmael* **Yishma El**,
Nebajoth **Nebayoth**;
and *Kedar* **Qedar**, and *Adbeel* **Adbe El**, and Mibsam,

14 And Mishma, and Dumah, and Massa,
15 Hadar, and Tema,
Jetur **Yetur**, Naphish, and *Kedemah* **Qedemah**:
16 These are the sons of *Ishmael* **Yishma El**, and these are their names,
by their *towns* **courts**, and by their *castles* **walls**;
twelve *princes* **hierarchs**
according to their *nations* **peoples**.
17 And these are the years of the life of *Ishmael* **Yishma El**, an hundred **years**
and thirty **years** and seven years:
and he *gave up the ghost* **expired** and died;
and was gathered unto his people.
18 And they *dwelt* **tabernacled** from Havilah unto Shur,
that is before Egypt **at the face of Misrayim**,
as thou goest toward *Assyria* **Ashshur**:
and he *died in the presence of* **fell facing** all his brethren.

GENEALOGY OF YISCHAQ

19 And these are the generations of
Isaac **Yischaq**, Abraham's son:
Abraham *begat Isaac* **birthed Yischaq**:
20 And *Isaac* **Yischaq** was **a son of** forty years
old when he took *Rebekah* **Ribqah** to *wife*
woman, the daughter of *Bethuel* **Bethu El**
the *Syrian* **Aramiy** of *Padanaram* **Paddan Aram**,
the sister to Laban the *Syrian* **Aramiy**.
21 And *Isaac* **Yischaq**
intreated *the LORD* **Yah Veh** for his *wife*
woman, because she was *barren* **sterile**:
and *the LORD* **Yah Veh** was intreated of him, and
Rebekah **Ribqah** his *wife* **woman** conceived.
22 And the *children* **sons**
struggled together **crushed** within her;
and she said, If it be so, why *am* I thus?
And she went to enquire of *the LORD* **Yah Veh**.
23 And *the LORD* **Yah Veh** said unto her, Two
nations **goyim** are in thy *womb* **belly**,
and two *manner of people* **nations**
shall be separated from thy *bowels* **inwards**;
and *the one people* **nation**
shall be stronger than *the other people* **nation**;
and the *elder* **greater** shall serve the *younger* **lesser**.
24 Andwhenherdaystobe*delivered***birth**werefulilfed,
behold, *there were* twins in her *womb* **belly**.
25 And the first came out *red* **ruddy**,
all over like an hairy *garment* **mighty mantle**;
and they called his name *Esau* **Esav**.
26 And after that came his brother out,
and his hand took hold on *Esau's* **Esav's** heel;
and his name was called *Jacob* **Yaaqov**:
and *Isaac* **Yischaq** was *threescore* **a son of sixty** years *old*
when she *bare* **birthed** them.
27 And the *boys* **lads** grew:
and *Esau* **Esav**
was a *cunning hunter* **man knowing hunting**,
a man of the field;
and *Jacob* **Yaaqov** was *a plain* **an integrious** man,
dwelling **settling** in tents.
28 And *Isaac* **Yischaq** loved *Esau* **Esav**, because
he did eat of his venison **of the hunt in his mouth**:
but *Rebekah* **Ribqah** loved *Jacob* **Yaaqov**.

ESAV SELLS HIS FIRSTRIGHTS

29 And*Jacob*sod**Yaaqovseethed**potage:
and *Esau* **Esav** came from the field,
and he was *faint* **languid**:
30 And *Esau* **Esav** said to *Jacob* **Yaaqov**,
Feed me, I *pray* **beseech** thee,
with that same red pottage **of that red, red**;
for I am *faint* **languid**:
therefore was his name called Edom.
31 And *Jacob* **Yaaqov** said,
Sell me this day thy *birthright* **firstrights**.
32 And *Esau* **Esav** said, Behold,
I am *at the point* **going** to die:
and what profit shall this *birthright*
do **firstrights be** to me?
33 And*Jacob***Yaqov**said,*Swea***Orath**tomehtisday;
and he *sware* **oathed** unto him:
and he sold his *birthright* **firstrights** unto *Jacob* **Yaaqov**.
34 Then *Jacob* **Yaaqov** gave *Esau* **Esav**
bread and pottage of lentiles;
and he did eat and drink, and rose up, and went his way:
thus *Esau* **Esav** despised his *birthright* **firstrights**.

YISCHAQ AND ABI MELECH

26 And there was a famine in the
land, *beside* **apart from** the first famine
that was in the days of Abraham.
And *Isaac* **Yischaq** went unto *Abimelech* **Abi Melech**
king **sovereign** of the *Philistines*
Peleshethiym unto Gerar.
2 And *the LORD appeared unto* **Yah Veh**
was seen by him, and said, *Co* **Descend**
not *down* into *Egypt* **Misrayim**;
dwell **tabernacle** in the land which I shall *tell thee of* **say**:
3 Sojourn in this land,
and *I will be* **I AM** with thee, and *will* **shall** bless thee;

for unto thee, and unto thy seed,
I *will* **shall** give all these *countries* **lands**,
and I *will perform* **shall raise** the oath
which I *sware* **oathed** unto Abraham thy father;
4 And I *will make* **shall abound** thy seed *to multiply*
as the stars of *heaven* **the heavens**,
and *will* **shall** give unto thy seed all these countries;
and in thy seed
shall all the *nations* **goyim** of the earth be blessed;
5 Because that Abraham *obeyed* **heard** my
voice, and *kept* **guarded** my *charge* **guard**,
my *commandments* **misvoth**, my
statutes, and my *laws* **torahs**.
6 And *Isaac dwelt* **Yischaq settled** in Gerar:
7 And the men of the place asked
him of his *wife* **woman**;
and he said, She is my sister:
for he *feared* **awed** to say, *She is* my *wife* **woman**;
lest, *said he*,
the men of the place should *kill* **slaughter**
me for *Rebekah* **Ribqah**;
because she was *fair to look upon* **good in visage**.
8 And **so be** it *came to pass*,
when he had *been there a long time* **prolonged**
his days, that *Abimelech* **Abi Melech**
king **sovereign** of the *Philistines* **Peleshethiym**
looked *out at* **through** a window, and saw, and, behold,
Isaac **Yischaq** was *sporting* **entertaining**
with *Rebekah* **Ribqah** his *wife* **woman**.
9 And *Abimelech* **Abi Melech** called *Isaac* **Yischaq**,
and said, Behold, of a surety she is thy *wife* **woman**:
and how saidst thou, She is my sister? And *Isaac*
Yischaq said unto him, Because I said, Lest I die for her.
10 And*Abimelech***AbiMelech**said,
What is this thou hast *done* **worked** unto us?
one of the people
might *lightly* have *lien* **lain** with thy *wife* **woman**, and
thou shouldest have brought guiltiness upon us.
11 And *Abimelech* **Abi Melech**
charged **misvahed** all his people, saying, He
that toucheth this man or his *wife* **woman**
in deathifying, shall *surely be put*
to death **be deathified**.
12 Then *Isaac sowed* **Yischaq seeded** in that land,
and *received* **found** in the same year an hundredfold:
and *the LORD* **Yah Veh** blessed him.
13 And the man *waxed great* **greatened**,
and *went forward* **in walking, walked**,
and *grew until he became very great*
in greatening, he greatened:
14 For he had *possession* **chattel** of flocks,
and *possession* **chattel** of *herds* **oxen**, and
great *store of servants* **servantry**:
and the *Philistines* **Peleshethiym** envied him.
15 For all the wells which his father's servants had
digged in the days of Abraham his father,
the *Philistines* **Peleshethiym** had stopped them,
and filled them with *earth* **dust**.
16 And*Abimelech***AbiMelech**saidunto*Isac***Yischaq**,
Go from us; for thou art *much*
mightily mightier than we.
17 And *Isaac departed* **Yischaq went** thence,
and *pitched his tent* **encamped**
in the *valley* **wadi** of Gerar, and *dwelt* **settled** there.
18 And *Isaac* **Yischaq returned and**
digged *again* the wells of water,
which they had digged in the days of Abraham
his father; for the *Philistines* **Peleshethiym** had
stopped them after the death of Abraham:
and he called their names after the names
by which his father had called them.
19 And *Isaac's* **Yischaq's** servants
digged in the *valley* **wadi**,
and found there a well of *springing* **living** water.
20 And the *herdmen* **tenders** of Gerar
did strive with *Isaac's herdmen* **the tenders of Yischaq**,
saying, The water is ours:
and he called the name of the well *Esek* **Eseq**;
because they *strove* **contended** with him.
21 Andtheydigedanotherwel,andstroveforthatalso:
and he called the name of it Sitnah.
22 And he removed from thence,
and digged another well;
and for that they strove not:
and he called the name of it *Rehoboth* **Rechovoth**;
and he said, *For now* **At this time**
the LORD **Yah Veh** hath *made room* **widened** for
us, and we shall *be fruitful* **bear fruit** in the land.
23 And he *went up* **ascended** from thence
to *Beersheba* **Beer Sheba**.
24 And *the LORD* **Yah Veh**
appeared unto **was seen by** him the same night,
and said, *I am the God* **I — Elohim** of Abraham
thy father: *fear* **awe** not, for I am with thee, and *will*
shall bless thee, and *multiply* **abound** thy seed
for my servant Abraham's sake.
25 And he builded *an* **a sacrifice** altar there,
and called upon the name of *the LORD* **Yah**
Veh, and *pitched* **spread** his tent there:
and there *Isaac's* **Yischaq's** servants digged a well.

The Covenant Of Yischaq With Abi Melech

26 Then*Abimelech* **AbiMelech**wentohimfromGerar,
and *Ahuzzath* **Achuz Zath** one of his *friends*
companions, and *Phichol* **Pichol**
the *chief captain* **governor** of his *army* **host**.
27 And*Isaac* **Yischaq**saidunto them,
Wherefore **Why** come ye to me,
seeing ye hate me, and have sent me away from you?
28 And they said, *We saw certainly* **In seeing, we see**
that *the LORD* **Yah Veh** was with thee: and we said,
Let there be *now* **I beseech,** an oath *betwixt* **between** us,
even betwixt **between** us and thee, and let
us *make* **cut** a covenant with thee;
29 That thou *wilt do* **shalt work** us no *hurt* **evil**,
as we have not touched thee,
and as we have *done* **worked** unto thee
nothing but **only** good,
and have sent thee away in *peace* **shalom**:
thou art *now* **at this time**
the blessed of *the LORD* **Yah Veh**.
30 Andhe*made* **worked**thema*feasbt* **anque,t**
and they did eat and drink.
31 And they rose up *betimes* in the morning,
and *swear one* **oathed man** to *another* **brother**:
and *Isaac* **Yischaq** sent them away,
and they *departed* **went** from him in *peace* **shalom**.
32 And **so be** it *came to pass* the same day,
that *Isaac's* **Yischaq's** servants came,
and told him concerning the well which they had
digged, and said unto him, We have found water.
33 And he called it *Shebah* **Shibah**:
therefore the name of the city
is *Beersheba* **Beer Sheba** unto this day.
34 And*Esau* **Esav**wasa**sono**offrtyears*old*
when he took to *wife* **woman**
Judith **Yah Hudith**
the daughter of Beeri the *Hittite* **Hethiy**,
and *Bashemath* **Bosmath**
the daughter of Elon the *Hittite* **Hethiy**:
35 Whichwerea*griefofmind* **biterspirit**
unto *Isaac* **Yischaq** and to *Rebekah* **Ribqah**.

The Inadvertent Blessing Of Yischaq

27 And **so be** it *came to pass*,
that when *Isaac was old* **Yischaq had aged**,
and his eyes were *dim* **weak**, so that he could not see,
he called *Esau* **Esav** his *eldest* **greater**
son, and said unto him, My son:
and he said unto him, Behold, *here am* — I.
2 And he said, Behold now, I *am old* **have aged**,
I know not the day of my death:
3 Now therefore *take* **bear**, I pray thee,
thy *weapons* **instruments**, thy quiver and
thy bow, and go out to the field,
and *take me some venison* **hunt me a hunt**;
4 And *make* **work** me *savoury meat*
delicacies, such as I love,
and bring it to me, that I may eat;
that my soul may bless thee before I die.
5 And *Rebekah* **Ribqah** heard
when *Isaac spake* **Yischaq worded** to *Esau*
Esav his son. And *Esau* **Esav** went to the
field to hunt *for venison* **a hunt**,
and to bring it.
6 And *Rebekah spake* **Ribqah said** unto *Jacob* **Yaaqov**
her son, saying, Behold,
I heard thy father *speak* **word** unto
Esau **Esav** thy brother, saying,
7 Bring me *venison* **hunt**,
and *make* **work** me *savoury meat*
delicacies, that I may eat,
and bless thee *before the LORD* **at the face of Yah Veh**
before **at the face of** my death.
8 Nowtherefore,myson,*obey* **hear**myvoice
according to that which I *command* **misvah** thee.
9 Go now to the flock,
and *fetch* **take** me from thence two
good kids of the goats;
and I *will make* **shall work** them
savoury meat **delicacies** for thy father, such as he loveth:
10 And thou shalt bring it to thy father, that he may eat,
and that he may bless thee *before* **at the face of** his death.
11 And*Jacob* **Yaqov**saidto*Rebekah* **Ribqah**hismother,
Behold, *Esau* **Esav** my brother is a hairy
man, and I am a smooth man:
12 My father peradventure *will* **shall** feel me,
and I shall seem *to him* **in his eyes** as
a deceiver; and I shall bring *a curse* **an**
abasement upon me, and not a blessing.
13 And his mother said unto him,
Upon me be thy *curse* **abasement**, my son:
only *obey* **hear** my voice, and go *fetch* **take** me them.
14 And he went,
and *fetched* **took**, and brought them to his mother:
and his mother *made savoury meat* **worked**
delicacies, such as his father loved.
15 And *Rebekah* **Ribqah**
took *goodly raiment* **desirable clothing**

of her *eldest son Esau* **greater son Esav**,
which were with her in the house,
and *put them upon Jacob* **enrobed Yaaqov**
her younger son:
16 And she put the skins of the kids of the goats upon
his hands, and upon the smooth of his neck:
17 And she gave
the *savoury meat* **delicacies** and the bread,
which she had *prepared* **worked**,
into the hand of her son *Jacob* **Yaaqov**.
18 Andhecameuntohisfathe,randsaid,Myfather:
and he said, Here *am* — I; who art thou, my son?
19 And *Jacob* **Yaaqov** said unto his father,
I am Esau **I — Esav** thy *firstborn*
firstbirthed; I have *done* **worked**
according as thou *badest* **wordest** me:
arise, I *pray* **beseech** thee, sit and eat of my
venison **hunt**, that thy soul may bless me.
20 And *Isaac* **Yischaq** said unto his son,
How is it that thou hast *found it so*
quickly **hasted to find**, my son?
And he said, Because *the LORD*
Yah Veh thy *God* **Elohim**
brought it to me **happened at my face**.
21 And *Isaac* **Yischaq** said unto *Jacob* **Yaaqov**,
Come near, I *pray* **beseech** thee,
that I may *feel* **touch** thee, my son, whether
thou be my very son *Esau* **Esav** or not.
he calls Esav his greater son,
22 And *Jacob* **Yaaqov**
went near unto *Isaac* **Yischaq** his father;
and he felt him, and said, The voice
is *Jacob's* **Yaaqov's** voice,
but the hands are the hands of *Esau* **Esav**.
23 Andhe*discerned***recognized**himnot,
because his hands were hairy,
as his brother *Esau's* **Esav's** hands:
so he blessed him.
24 And he said, Art thou my very son *Esau* **Esav**?
And he said, I *am*.
25 And he said, Bring it near to me,
and I *will* **shall** eat of my son's *venison*
hunt, that my soul may bless thee.
And he brought it near to him, and he did eat:
and he brought him wine, and he drank.
26 Andhisfather*Isaac***Yischaq**saiduntohim,
Come near *now* **I beseech**, and kiss me, my son.
27 And he came near, and kissed him:
and he *smelled* **scented**
the *smell* **scent** of his *raiment* **clothing**,
and blessed him, and said,
See, the *smell* **scent** of my son
is as the *smell* **scent** of a field which *the*
LORD **Yah Veh** hath blessed:
28 Therefore*God***Elohim**givethee
of the dew of *heaven* **the heavens**,
and the fatness of the earth,
and *plenty of corn* **an abundance of crop** and *wine* **juice**:
29 Let people serve thee,
and nations *bow down* **prostrate** to thee:
be lord over thy brethren,
and let thy mother's sons *bow down* **prostrate** to thee:
cursed be every one that curseth thee, and
blessed be he that blesseth thee.
30 And **so be** it *came to pass*, as soon as *Isaac* **Yischaq**
had *made an end of* **finished** blessing *Jacob* **Yaaqov**,
and *Jacob* **Yaaqov** was *yet scarce* **hardly** gone out
from the *presence* **face** of *Isaac* **Yischaq** his father,
that *Esau* **Esav** his brother came in from his hunting.
31 And he also had *made savoury meat* **worked**
delicacies, and brought it unto his father,
and said unto his father, Let my father
arise, and eat of his son's *venison* **hunt**,
that thy soul may bless me.
32 And *Isaac* **Yischaq** his father said
unto him, Who art thou?
And he said, I am thy son, thy *firstborn*
Esau **firstbirthed Esav**.
33 And *Isaac* **Yischaq** trembled
very exceedingly **a mighty great**
trembling, and said, Who?
where is he that hath *taken venison* **hunted**
the hunt, and brought *it* me,
and I have eaten of all before thou camest,
and have blessed him? yea, and he shall be blessed.
34 Andwhen*Esau***Esav**heardthewordsofhisfather,
he cried with a great and *exceeding* **mighty**
bitter cry, and said unto his father,
Bless me, *even* me also, O my father.
35 Andhesaid,Thybrothercamewith*subtilty***fraud**,
and hath taken *away* thy blessing.
36 And he said,
Is not he rightly named Jacob?
So that his name be called Yaaqov;
for he hath *supplanted me* **tripped my heel**
these two times:
he took away my *birthright* **firstrights**;
and, behold, now he hath taken away my blessing.
And he said,

Hast thou not *reserved* **set aside** a blessing for me?
37 And *Isaac* **Yischaq** answered and said unto *Esau*
Esav, Behold, I have *made* **set** him thy lord,
and all his brethren have I given to him for servants;
and with *corn* **crop** and *wine* **juice** have I sustained him:
and what shall I *do* **work** now unto thee, my son?
38 And*Esau***Esav**saiduntohisfather,
Hast thou but one blessing, my father?
bless me, *even* — me also, O my father. And
Esau **Esav** lifted up his voice, and wept.
39 And *Isaac* **Yischaq** his father answered
and said unto him, Behold,
thy *dwelling* **settlement** shall be the fatness of the earth,
and of the dew of *heaven* **the heavens** from *above* **Elyon**;
40 And by thy sword shalt thou live,
and shalt serve thy brother;
and **so be** it *shall come to pass*,
when thou shalt have *the dominion* **rambled on**,
that thou shalt break his yoke from off thy neck.
41 And*EsauhatedJacob***EsavopposedYaqov**
because of the blessing wherewith his father blessed him:
and *Esau* **Esav** said in his heart,
The days of mourning for my father
are at hand **approach**;
then *will* **shall** I *slay* **slaughter** my brother *Jacob* **Yaaqov**.
42 Andthesewordsof*Esau***Esav**he*erlde***grreate**sron
were told to *Rebekah* **Ribqah**:
and she sent and called *Jacob* **Yaaqov** her younger son,
and said unto him, Behold, thy brother *Esau* **Esav**,
as touching thee, doth *comfort* **sigh over** himself,
purposing to *kill* **slaughter** thee.
43 Nowtherefore,myson,*obey***hear**myvoice;
and arise, flee thou to Laban my brother to Haran;
44 And*tary***setle**withhimafewdays,
until thy brother's fury turn away;
45 Until thy brother's *anger* **wrath** turn *away*
from thee, and he forget that which thou
hast *done* **worked** to him: then I *will* **shall**
send, and *fetch* **take** thee from thence:
why should I be *deprived* **bereaved** also
of you *both* **two** in one day?
46 And *Rebekah* **Ribqah** said to *Isaac*
Yischaq, I *am weary of* **abhor** my life
because **at the face** of the daughters of Heth:
if *Jacob* **Yaaqov** take a *wife* **woman**
of the daughters of Heth,
such as these *which are* of the daughters of the land,
what good shall my life do me **why live**?

YAAQOV AT BETH EL

28 And *Isaac* **Yischaq** called *Jacob* **Yaaqov**,
and blessed him, and *charged* **misvahed**
him, and said unto him,
Thou shalt not take a *wife* **woman**
of the daughters of *Canaan* **Kenaan**.
2 Arise, go to *Padanaram* **Paddan Aram**,
to the house of *Bethuel* **Bethu El** thy mother's father;
and take thee a *wife* **woman** from thence
of the daughters of Laban thy mother's brother.
3 And*GodAlmighty***ElShaddai**blesthee,
and *make* **have** thee *fruitful* **bear fruit**,
and *multiply* **abound** thee,
that thou mayest be a *multitude* **congregation** of people;
4 And give thee the blessing of Abraham,
to thee, and to thy seed with thee;
that thou mayest *inherit* **possess** the land
wherein thou art a stranger **of thy sojournings**,
which *God* **Elohim** gave unto Abraham.
5 And *Isaac* **Yischaq** sent away *Jacob* **Yaaqov**:
and he went to *Padanaram* **Paddan Aram** unto
Laban, son of *Bethuel* **Bethu El** the *Syrian* **Aramiy**,
the brother of *Rebekah* **Ribqah**,
Jacob's **Yaaqov's** and *Esau's* **Esav's** mother.
6 When *Esau* **Esav** saw
that *Isaac* **Yischaq** had blessed *Jacob* **Yaaqov**,
and sent him away to *Padanaram* **Paddan Aram**,
to take him a *wife* **woman** from thence;
and that as he blessed him
he *gave* **misvahed** him *a charge*, saying,
Thou shalt not take a *wife* **woman**
of the daughters of *Canaan* **Kenaan**;
7 And that *Jacob* **Yaaqov**
obeyed **hearkened unto** his father and his mother,
and was gone to *Padanaram* **Paddan Aram**;
8 And *Esau* **Esav**
seeing that the daughters of *Canaan* **Kenaan**
pleased not Isaac **were evil in the**
eyes of Yischaq his father;
9 Then went *Esau* **Esav** unto *Ishmael* **Yishma El**,
and took unto the *wives* **women** which he had
Mahalath **Machalath**
the daughter of *Ishmael* **Yishma El** Abraham's son, the
sister of *Nebajoth* **Nebayoth**, to be his *wife* **woman**.

THE DREAM OF YAAQOV

10 And *Jacob* **Yaaqov**
went out from *Beersheba* **Beer Sheba**,
and went toward Haran.

11 And he *lighted upon* **encountered** a certain place,
and *tarried* **stayed** there *all night*
overnight, because the sun was set;
and he took of the stones of that place, and
put **set** them for his *pillows* **headpieces**,
and lay down in that place *to sleep*.
12 And he dreamed,
and behold a ladder *set up* **stationed** on the earth,
and the top of it *reached to heaven* **touched the heavens**:
and behold the angels of *God* **Elohim**
ascending and descending on it.
13 And, behold,
the LORD stood **Yah Veh stationed himself** above it,
and said,
I am the LORD God **I — Yah Veh Elohim**
of Abraham thy father,
and *the God of Isaac* **Elohim of Yischaq**:
the land whereon thou liest,
to thee *will* **shall** I give it, and to thy seed;
14 And thy seed shall be as the dust of the
earth, and thou shalt *spread abroad* **break
forth** to the *west* **sea**, and to the east,
and to the north, and to the south:
and in thee and in thy seed
shall all the families of the *earth* **soil** be blessed.
15 And, behold, I *am* with thee, and
will keep **shall guard** thee
in all *places* whither thou goest,
and *will bring* **shall return** thee *again* into this *land* **soil**;
for I *will* **shall** not leave thee, until I have *done* **worked**
that which I have *spoken* **worded** to thee of.
16 And *Jacob* **Yaaqov** awaked out of his sleep,
and he said, Surely *the LORD* **Yah Veh** is in this place;
and I knew it not.
17 And he *was afraid* **awed**, and said, How
dreadful **awesome** is this place!
this is none other but *the house of God* **Beth Elohim**,
and this is the *gate* **portal** of *heaven* **the heavens**.
18 And *Jacob rose up* **Yaaqov started** early
in the morning, and took the stone
that he had *put* **set** for his *pillows* **headpieces**,
and set it up for a *pillar* **monolith**,
and poured oil upon the top of it.
19 And he called the name of that place *Bethel* **Beth El**:
but the name of that city was *called* Luz at the first.
20 And *Jacob* **Yaaqov** vowed a vow, saying,
If *God will* **Elohim shall** be with me,
and *will keep* **shall guard** me in this way that
I go, and *will* **shall** give me bread to eat,
and *raiment* **clothing** to *put on* **enrobe**,
21 So that I *come again* **return** to my
father's house in *peace* **shalom**;
then shall *the LORD* **Yah Veh** be my *God* **Elohim**:
22 And this stone, which I have set for a *pillar* **monolith**,
shall be *God's house* **Beth Elohim**:
and of all that thou shalt give me
I will surely give the tenth
In tithing, I shall tithe unto thee.

YAAQOV AND RACHEL

29 Then *Jacob* **Yaaqov** *went on his
journey* **lifted his feet**, and *came* **went** into
the land of the *people* **sons** of the east.
2 And he *looked* **saw**, and behold, a well in the field,
and, *lo* **behold**,
there were three *flocks* **droves** of *sheep* **flocks**
lying **crouched** by it;
for out of that well
they *watered* **moistened** the *flocks* **droves**:
and a great stone was upon the well's mouth.
3 And thither were all the *flocks* **droves** gathered:
and they rolled the stone from the well's mouth,
and *watered* **moistened** the *sheep* **flock**,
and *put* **returned** the stone *again*
upon the well's mouth in his place.
4 And *Jacob* **Yaaqov** said unto them,
My brethren, whence be ye?
And they said, Of Haran are we.
5 And he said unto them,
Know ye Laban the son of *Nahor* **Nachor**?
And they said, We know him.
6 And he said unto them, Is he *well* **at shalom**?
And they said, He is *well* **at shalom**: and, behold,
Rachel his daughter cometh with the *sheep* **flock**.
7 And he said, *Lo* **Behold**,
it is yet high day **the day is great**, neither is it time
that the *cattle* **chattel** should be gathered *together*:
water **moisten** ye the *sheep* **flock**,
and go and *feed* **tend** them.
8 And they said, We cannot,
until all the *flocks* **droves** be gathered *together*, and
till they roll the stone from the well's mouth;
then we *water* **moisten** the *sheep* **flock**.
9 And while he *yet spake* **still worded** with
them, Rachel came with her father's *sheep*
flock: for she *kept* **tended** them.
10 And **so be** it *came to pass*,
when *Jacob* **Yaaqov** saw Rachel
the daughter of Laban his mother's brother, and
the *sheep* **flocks** of Laban his mother's brother,

that *Jacob* **Yaaqov** went near,
and rolled the stone from the well's mouth,
and *watered* **moistened** the flock of Laban
his mother's brother.
11 And *Jacob* **Yaaqov** kissed Rachel,
and lifted *up* his voice, and wept.
12 And *Jacob* **Yaaqov** told Rachel that
he was her father's brother,
and that he was *Rebekah's* **Ribqah's** son:
and she ran and told her father.
13 And **so be** it *came to pass,*
when Laban heard the *tidings* **report**
of *Jacob* **Yaaqov** his sister's son,
that he ran to meet him, and embraced him, and
kissed him, and brought him to his house.
And he *told* **described to** Laban all these *things* **words.**
14 And Laban said to him,
Surely thou art my bone and my flesh.
And he *abode* **settled** with him
the space of a month **of days.**
15 And Laban said unto *Jacob* **Yaaqov,**
Because thou art my brother,
shouldest thou *therefore* serve me
for nought **gratuitously**?
tell me, what shall thy *wages* **hire** be?
16 And Laban had two daughters:
the name of the *elder* **greater** was Leah, and
the name of the younger was Rachel.
17 Leah was tender eyed;
but Rachel was beautiful **in form**
and *well favoured* **beautiful in visage.**
18 And *Jacob* **Yaaqov** loved Rachel; and said,
I *will* **shall** serve thee seven years
for Rachel thy younger daughter.
19 AndLabansaid,IitsbeterthatIgivehertothe,
than that I should give her to another man:
abide **settle** with me.
20 And *Jacob* **Yaaqov** served seven years for Rachel;
and they *seemed unto him* **were in his eyes**
but a *few days* **day,**
for the **in his** love *he had* to her.
21 And *Jacob* **Yaaqov** said unto Laban,
Give me my *wife* **woman,** for my days are
fulfilled, that I may go in unto her.
22 And Laban gathered *together* all the men of the place,
and *made* **worked** a *feast* **banquet.**
23 And **so be** it *came to pass* in the evening,
that he took Leah his daughter, and brought her to him;
and he went in unto her.
24 And Laban gave unto his daughter Leah
Zilpah his maid for *an handmaid* **a maid.**
25 And **so be** it *came to pass,*
that in the morning, behold, it was Leah:
and he said to Laban,
What is this thou hast *done* **worked** unto me?
did not I serve with thee for Rachel?
wherefore then hast thou *beguiled* **deceived** me?
26 And Laban said,
It must not be so *done* **worked** in our *country* **place,**
to give the younger
before **at the face of** the *firstborn* **firstbirthed.**
27 fulfill her week,
and we *will* **shall** give thee this also for the
service which thou shalt serve with me
yet seven other years.
28 And *Jacob did* **Yaaqov worked** so,
and fulfilled her week:
and he gave him Rachel his daughter
to *wife* **woman** also.
29 AndLabangavetoRachelhisdaughter
Bilhah his *handmaid* **maid** to be her maid.
30 And he went in also unto Rachel,
and he loved also Rachel more than Leah, and
served with him yet seven other years.
31 And when *the LORD* **Yah Veh**
saw that Leah was hated,
he opened her womb: but Rachel was *barren* **sterile.**
32 And Leah conceived, and *bare* **birthed** a son,
and she called his name *Reuben* **Reu Ben**: for she said,
Surely the LORD **For this cause Yah Veh**
hath *looked upon* **seen** my *affliction* **humiliation;**
now *therefore* **for this cause**
my *husband will* **man shall** love me.
33 And she conceived again, and *bare* **birthed** a son;
and said,
Because *the LORD* **Yah Veh** hath heard I was
hated, he hath *therefore* given me this *son* also:
and she called his name *Simeon* **Shimon.**
34 And she conceived again, and *bare* **birthed** a son;
and said, Now this time
will **shall** my *husband* **man** be joined unto
me, because I have *born* **birthed** him three
sons: therefore was his name called Levi.
35 And she conceived again, and *bare* **birthed** a son:
and she said,
Now **At this time**
will I praise the LORD **shall I spread hands to
Yah Veh**: therefore she called his name *Judah* **Yah
Hudah***; and *left bearing* **was stayed from birthing.**

*see Yah Hudah in Lexicon

30 And when Rachel saw
that she *bare Jacob* **birthed Yaaqov** no *children* **sons,**
Rachel envied her sister; and said unto *Jacob* **Yaaqov,**
Give me *children* **sons,** *or else* **and if not** I die.
2 And *Jacob's anger* **Yaaqov's wrath**
was kindled against Rachel:
and he said, Am I in *God's* **Elohim's** stead,
who hath withheld from thee the
fruit of the *womb* **belly**?
3 Andshesaid,BeholdmymaidBilhah,gointoher;
and she shall birth upon my knees, that
I may also have children by her.
4 And she gave him Bilhah her *handmaid* **maid**
to *wife* **woman**:
and *Jacob* **Yaaqov** went in unto her.
5 And Bilhah co nce ived,
and *bare Jacob* **birthed Yaaqov** a son.
6 And Rachel said,
God **Elohim** hath *judged me* **pleaded my cause,**
and hath also heard my voice, and hath given me a son:
therefore called she his name Dan.
so she calls his name Dan.
7 And Bilhah Rachel's maid conceived again, and
bare Jacob **birthed Yaaqov** a second son.
8 And Rachel said, With *great* wrestlings **of Elohim**
have I wrestled with my sister, and I have prevailed:
and she called his name Naphtali.
9 When Leah saw
that she had *leftbearing* **stayed from birthing,**
she took Zilpah her maid,
and gave her *Jacob* **Yaaqov** to *wife* **woman.**
10 And Zilpah Leah's maid *bare Jacob*
birthed Yaaqov a son.
11 AndLeahsaid,*Atroop***Fortune**cometh:
and she called his name Gad.
12 And Zilpah Leah's maid
bare Jacob **birthed Yaaqov** a second son.
13 And Leah said, *Happy* **Blithesome** am I,
for the daughters *will* **shall** call me *blessed* **blithed**:
and she called his name Asher.
14 And *Reuben* **Reu Ben**
went in the days of wheat harvest, and
found mandrakes in the field,
and brought them unto his mother Leah.
Then Rachel said to Leah,
Give me, I *pray* **beseech** thee, of thy son's mandrakes.
15 And she said unto her, Is it *a small matter* **petty**
that thou hast taken my *husband* **man**? and *wouldest*
shouldest thou take *away* my son's mandrakes also?
And Rachel said,
Therefore he shall lie with thee tonight
for thy son's mandrakes.
16 And *Jacob* **Yaaqov** came out of the field in the
evening, and Leah went out to meet him, and said,
Thou must come in unto me;
for surely **in hiring,** I have hired thee
with my son's mandrakes.
And he lay with her that night.
17 And *God* **Elohim** hearkened unto
Leah, and she conceived,
and *bare Jacob* **birthed Yaaqov** the fifth son.
18 AndLeahsaid*G, od***Elohim**hathgivenmemyhire,
because I have given my *maiden* **maid**
to my *husband* **man**:
and she called his name *Issachar* **Yissachar.**
19 And Leah conceived again,
and *bare Jacob* **birthed Yaaqov** the sixth son.
20 And Leah said,
God **Elohim** hath *endued* **endowed** me
with a good *dowry* **endowment;**
now will **this time shall** my *husband* **man** dwell with
me, because I have *born* **birthed** him six sons:
and she called his name Zebulun.
21 Andafterwardshe*bare***birthed**adaughter,
and called her name Dinah.
22 And *God* **Elohim** remembered Rachel,
and *God* **Elohim** hearkened to her,
and opened her womb.
23 Andsheconceived,and*bare***birthed**ason;andsaid,
God **Elohim** hath taken away my *reproach* **disgrace**:
24 Andshecaledhisname*Joseph***Yoseph**;andsaid,
The LORD **Yah Veh** shall add to me another son.
25 And **so be** it *came to pass,*
when Rachel had *born Joseph* **birthed Yoseph,** that
Jacob **Yaaqov** said unto Laban, Send me away,
that I may go unto mine own place,
and to my *country* **land.**
26 Give me my *wives* **women** and my children,
for whom I have served thee, and let me go:
for thou knowest my service
which I have *done* **served** thee.
27 And Laban said unto him, I *pray* **beseech** thee,
if I have found *favour* **charism** in thine eyes, *tarry*:
for I have *learned by experience* **prognosticated**
that *the LORD* **Yah Veh** hath blessed me for thy sake.
28 And he said, Appoint me thy *wages*
hire, and I *will* **shall** give it.
29 And he said unto him,
Thou knowest how I have served thee, and
how thy *cattle* **chattel** was with me.

30 For it was little which thou hadst
before I came **at my face,**
and it is *now increased* **broken forth**
unto *a multitude* **an abundance;**
and *the LORD* **Yah Veh** hath blessed thee
since my coming **at my foot:**
and now when shall I *provide* **work**
for mine own house also?
31 And he said, What shall I give thee?
And *Jacob* **Yaaqov** said,
Thou shalt not give me *any thing* **aught:**
if thou *wilt do* **shalt work** this *thing* **word** for
me, I *will again feed* **shall return and tend**
and *keep* **guard** thy flock.
32 I *will* **shall** pass through all thy flock to day,
removing **turning aside** from thence
all the *speckled* **branded** and spotted *cattle* **lambs,** and
all the brown *cattle* **lambs** among the *sheep* **lambs,** and
the spotted and *speckled* **branded** among the goats:
and *of such* **they** shall be my hire.
33 *So* **Thus** shall my *righteousness* **justness** answer
for me in *time to come* **the day of the morrow,**
when it shall come for my hire before thy face:
every one **all** that is not *speckled* **branded**
and spotted among the goats,
and brown among the *sheep* **lambs,**
that shall be counted stolen with me.
34 And Laban said, Behold,
I would it might **O that it** be according to thy word.
35 And he *removed* **turned aside** that day
the he goats that were ringstraked and
spotted, and all the she goats
that were *speckled* **branded** and spotted, and every one
that had *some* white in it, and all the brown among the
sheep **lambs,** and gave them into the hand of his sons.
36 And he set three days' journey
betwixt **between** himself and *Jacob* **between Yaaqov:**
and *Jacob fed* **Yaaqov tended**
the rest of Laban's flocks **that remained.**
37 And *Jacob* **Yaaqov** took him *rods* **sprouts**
of *green* **fresh** poplar, and of the hazel and chestnut tree;
and *pilled* **peeled** white *strakes* **peels** in them,
and *made* **peeled** the white *appear*
which was in the *rods* **sprouts.**
38 And he set the *rods* **sprouts** which
he had *pilled* **peeled**
before **in front of** the flocks in the *gutters* **troughs**
in the watering troughs when the flocks came to drink,
that they should conceive when they came to drink.
39 And the flocks conceived
before **in front of** the *rods* **sprouts,** and
brought forth cattle **birthed flocks** ringstraked,
speckled **branded,** and spotted.
40 And *Jacob* **Yaaqov** did separate the lambs,
and *set* **gave** the faces of the flocks
toward the ringstraked,
and all the brown in the flock of Laban;
and he put his own *flocks* **droves** by themselves,
and put them not unto Laban's *cattle* **flocks.**
41 And **so be** it *came to pass,*
whensoever the *stronger cattle* **conspired flocks** did
conceive, that *Jacob laid* **Yaaqov set** the *rods* **sprouts**
before **in front of** the eyes
of the *cattle* **flocks** in the *gutters* **troughs,**
that they might conceive among the *rods* **sprouts.**
42 But when the *cattle were feeble* **flocks**
languished, he put them not in:
so the *feebler* **languishing** were Laban's,
and the stronger *Jacob's* **Yaaqov's.**
43 And the man *increased* **broke forth**
exceedingly **mightily mighty,**
and had much *cattle* **flocks,**
and *maidservants* **maids,** and *menservants*
servants, and camels, and *asses* **he burros.**

31 And he heard the words of Laban's sons, saying,

YAAQOV FLEES

Jacob **Yaaqov** hath taken away all that was our father's;
and of that which was our father's
hath he *gotten* **worked** all this *glory* **honour.**
2 And *Jacob* **Yaaqov**
beheld **saw** the *countenance* **face** of Laban, and, behold,
it was not toward him as *before* **three yesters ago.**
3 And *the LORD* **Yah Veh** said unto *Jacob* **Yaaqov,**
Return unto the land of thy fathers, and to thy kindred;
and *I will be* **I AM** with thee.
4 And *Jacob* **Yaaqov** sent
and called Rachel and Leah to the field unto his flock,
5 And said unto them,
I see your father's *countenance* **face,**
that it is not toward me as *before* **three yesters ago;**
but *the God* **Elohim** of my father hath been with me.
6 And ye know that with all my *power* **force**
I have served your father.
7 And your father hath *deceived* **mocked** me,
and changed my *wages* **hire** ten times;
but *God suffered* **Elohim gave** him not to *hurt* **vilify** me.
8 If he said thus,
The *speckled* **branded** shall be thy *wages* **hire;**
then all the *cattle bare speckled* **flocks birthed branded:**

and if he said thus,
The ringstraked shall be thy hire;
then *bare* **birthed** all the *cattle* **flocks** ringstraked.
9 Thus *God* **Elohim** hath *taken away* **stripped**
the *cattle* **chattel** of your father, and given them to me.
10 And **so be** it *came to pass,*
at the time that the *cattle* **flocks** conceived, that
I lifted up mine eyes, and saw in a dream,
and, behold, the *rams* **he goats**
which *leaped* **ascended** upon the *cattle* **flocks**
were ringstraked, *speckled* **branded**, and grisled.
11 And the angel of *God* **Elohim**
spake **said** unto me in a dream, *saying, Jacob*
Yaaqov: And I said, Here *am* — I.
12 And he said, Lift up *now* **I beseech,** thine
eyes, and see, all the *rams* **he goats**
which *leap* **ascend** upon the *cattle* **flocks**
are ringstraked, *speckled* **branded**, and grisled:
for I have seen all that Laban *doeth* **worketh** unto thee.
13 *I am the God of Bethel* **I — El of Beth El,**
where thou anointedst the *pillar* **monolith,**
and where thou vowedst a vow unto me:
now arise, get thee out from this land, and
return unto the land of thy kindred.
14 AndRachelandLeahansweredandsaiduntohim,
Is there yet any *portion* **allotment** or
inheritance for us in our father's house?
15 Are we not *counted* **fabricated** of him strangers?
for he hath sold us,
and **in consuming,** hath *quite devoured* **consumed**
also our *money* **silver.**
16 For all the riches
which *God* **Elohim** hath *taken* **stripped** from our father,
that is ours, and our *children's* **sons'**:
now then,
whatsoever *God* **Elohim** hath said unto thee, *do* **work.**
17 Then *Jacob* **Yaaqov** rose up,
and *set* **lifted** his sons and his *wives*
women upon camels;
18 Andhe*cariedaway***drove**alhis*catle***chate,l**
and all his *goods* **acquisitions**
which he had *gotten* **acquired,**
the *cattle of his getting* **chattel he chatteled,**
which he had *gotten* **acquired**
in *Padanaram* **Paddan Aram,**
for to go to *Isaac* **Yischaq** his father in
the land of *Canaan* **Kenaan.**
19 And Laban went to shear his *sheep* **flock:**
and Rachel had stolen the *images* **teraphim**
that were her father's.
20 And *Jacob* **Yaaqov** stole away
unawares to **the heart of** Laban the *Syrian*
Aramiy, in that he told him not that he fled.
21 So he fled with all that he had;
and he rose up, and passed over the river,
and set his face toward the mount *Gilead* **Gilad.**
22 And it was told Laban on the third
day that *Jacob* **Yaaqov** was fled.
23 And he took his brethren with him,
and pursued after him seven days' journey;
and they *overtook* **adhered to** him
in the mount *Gilead* **Gilad.**
24 And *God* **Elohim** came to Laban the *Syrian* **Aramiy**
in a dream by night, and said unto him,
Take heed **Guard** that thou *speak* **word** not
to *Jacob either* **Yaaqov from** good *or bad* **to evil.**
25 Then Laban overtook *Jacob* **Yaaqov.**
Now *Jacob* **Yaaqov** had *pitched*
staked his tent in the mount:
and Laban with his brethren
pitched **staked** in the mount of *Gilead* **Gilad.**
26 And Laban said to *Jacob* **Yaaqov,**
What hast thou *done* **worked,**
that thou hast stolen away *unawares to me* **from my
heart**, and *carried away* **driven** my daughters,
as *captives taken* **captured** with the sword?
27 Wherefore didst thou flee away *secretly* **to hide,**
and steal away from me; and didst not tell me,
that I might have sent thee away
with *mirth* **cheerfulness**, and with songs,
with *tabret* **tambourine**, and with harp?
28 Andhastnot*sufered***alowed**me
to kiss my sons and my daughters?
thou hast now *done foolishly* **follied** in so *doing* **working.**
29 It is in the *power* **el** of my hand to
do you hurt **work you evil:**
but *the God* **Elohim** of your father
spake **worded** unto me yesternight, saying, *Take*
Guard thou *heed* that thou *speak* **word** not to
Jacob either **Yaaqov from** good *or bad* **to evil.**
30 And now, *though*
in going, thou *wouldest needs be gone* **goest,** because
in yearning, thou *sore longedst* **yearnedst**
after thy father's house,
yet wherefore hast thou stolen my *gods* **elohim**?
31 And*Jacob***Yaaqov**answeredandsaidtoLaban,
Because I *was afraid* **awed**: for I said,
Peradventure **Lest**
thou *wouldest take by force* **shouldest strip**
thy daughters from me.

32 With whomsoever thou findest thy
gods **elohim**, let him not live:
before **at the face of** our brethren *discern* **recognize**
thou what is thine with me, and take it to thee.
For *Jacob knew* **Yaaqov discerned** not
that Rachel had stolen them.
33 And Laban went into *Jacob's* **Yaaqov's** tent,
and into Leah's tent,
and into the two *maidservants'* **maids'** tents;
but he found them not.
Then went he out of Leah's tent, and
entered into Rachel's tent.
34 Now Rachel had taken the *images* **teraphim,**
and put them in the camel's *furniture* **saddle**,
and sat upon them.
And Laban *searched* **groped** all the
tent, but found them not.
35 And she said to her father,
Let it not *displease* **inflame the eyes of** my *lord* **adoni**
that I cannot rise *up before thee* **at thy face**;
for the *custom* **way** of women is upon me.
And he searched, but found not the *images* **teraphim**.
36 And *Jacob* **Yaaqov** was *wroth* **inflamed**,
and *chode* **chided** with Laban:
and *Jacob* **Yaaqov** answered and said to
Laban, What is my *trespass* **rebellion**?
what is my sin, that thou hast so hotly pursued after me?
37 *Whereas thou hast searched all my stuff,*
For what cause hast thou groped all my instruments?
what hast thou found
of all thy household *stuff* **instruments**?
set it *here* **thus**
before **in front of** my brethren and thy brethren,
that they may *judge* **reprove**
betwixt us both **between the two of us**.
38 This twenty years have I been with thee;
thy ewes and thy she goats
have not *cast their young* **aborted**,
and the rams of thy flock have I not eaten.
39 That which was torn *of beasts*
I brought not unto thee; I bare the loss of it
I brought not unto thee for the sin (offering);
of my hand didst thou *require* **seek** it,
whether stolen by day, or stolen by night.
40 *Thus* I was;
in the day the *drought* **parch** consumed
me, and the frost by night;
and my sleep *departed* **fled** from mine eyes.
41 Thus have I been twenty years in thy house;
I served thee fourteen years for thy two
daughters, and six years for thy *cattle* **flocks**:
and thou hast changed my *wages* **hire** ten times.
42 *Except the God* **Unless Elohim** of my father,
the God **Elohim** of Abraham,
and the fear of *Isaac* **Yischaq**, had been with me,
surely thou hadst sent me away now empty.
God **Elohim** hath seen mine *affliction* **humiliation**
and the labour of my *hands* **palms**,
and *rebuked* **reproved** thee yesternight.
43 And Laban answered and said unto *Jacob*
Yaaqov, These daughters are my daughters,
and these *children* **sons** are my *children*
sons, and these *cattle* **flocks** are my *cattle*
flocks, and all that thou seest is mine:
and what *can I do* **shall I work** this
day unto these my daughters,
or unto their *children* **sons** which
they have *born* **birthed**?
44 Now therefore come thou,
let us *make* **cut** a covenant, I and thou;
and let it be for a witness between me and thee.
45 And *Jacob* **Yaaqov** took a stone,
and *set* **lifted** it *up* for a *pillar* **monolith**.
46 And *Jacob* **Yaaqov** said unto his brethren,
Gather **Glean** stones;
and th
ey took stones, and *made* **worked** an heap:
and they did eat there upon the heap.
47 And Laban called it
Jegarsahadutha **Yegar Sahadutha/Heap of Witness**:
but *Jacob* **Yaaqov** called it
Galeed **Gal Ed/Heap of Witness**.
48 And Laban said, This heap is a witness
between me and **between** thee this day.
Therefore was the name of it called
Galeed **Gal Ed/Heap of Witness**;

THE MISPEH BENEDICTION

49 And *Mizpah* **Mispeh**; for he said,
The LORD **Yah Veh** watch between
me and **between** thee,
when we are *absent one* **hidden**
man from *another* **friend**.
50 If thou shalt *afflict* **humble** my daughters,
or if thou shalt take *other wives* **women**
beside my daughters, no man is with us;
see, *God* **Elohim** is witness
betwixt **between** me and **between** thee.
51 And Laban said to *Jacob* **Yaaqov**,
Behold this heap, and behold this *pillar*
monolith, which I have *cast* **poured**

betwixt **between** me and **between** thee:
52 This heap *be* witness,
and this *pillar be* **monolith** witness,
that I *will* **shall** not pass over this heap to thee,
and that thou shalt not pass over this heap
and this *pillar* **monolith** unto me, for *harm* **evil.**
53 *The God* **Elohim** of Abraham,
and *the God* **Elohim** of *Nahor* **Nachor,**
the God **Elohim** of their father,
judge *betwixt* **between** us.
And *Jacob sware* **Yaaqov oathed**
by the fear of his father *Isaac* **Yischaq.**
54 Then *Jacob offered* **Yaaqov sacrificed**
a sacrifice upon the mount,
and called his brethren to eat bread:
and they did eat bread,
and *tarried all night* **stayed overnight** in the mount.
55 And early in the morning Laban *rose up* **started,**
and kissed his sons and his daughters, and blessed them:
and Laban *departed* **went,** and returned unto his place.

ANGELS OF ELOHIM ENCOUNTER YAAQOV

32 And *Jacob* **Yaaqov** went on his way,
and the angels of *God met* **Elohim encountered** him.
2 And when *Jacob* **Yaaqov** saw them, he said,
This is *God's host* **Camp Elohim:**
and he called the name of that place
Mahanaim **Machanayim/Double Camp.**
3 And *Jacob* **Yaaqov** sent *messengers* **angels**
before him to Esau **at the face of Esav** his brother
unto the land of Seir, the *country* **field** of Edom.
4 And he *commanded* **misvahed** them, saying,
Thus shall ye *speak* **say** unto my *lord Esau* **adoni**
Esav; Thy servant *Jacob* **Yaaqov** saith thus,
I have sojourned with Laban,
and *stayed* **delayed** there until now:
5 And I have oxen, and *asses* **he burros,** flocks,
and *menservants* **servants,** and *womenservants* **maids:**
and I have sent to tell my *lord* **adoni,**
that I may find *grace* **charism** in thy *sight* **eyes.**
6 And the *messengers* **angels** returned to *Jacob*
Yaaqov, saying, We came to thy brother *Esau* **Esav,**
and also he cometh to meet thee,
and four hundred men with him.
7 Then *Jacob* **Yaqov** was *greatly afraid* **mightily awed**
and *distressed* **depressed:**
and he *divided* **halved** the people that was
with him, and the flocks, and *herds* **oxen,**
and the camels, into two *bands* **camps;**
8 And said,
If *Esau* **Esav** come to the one
company **camp,** and smite it,
then the other *company* **camp** which *is left* **surviveth**
shall escape.
9 And *Jacob* **Yaaqov** said,
O *God* **Elohim** of my father Abraham,
and *God* **Elohim** of my father *Isaac* **Yischaq,**
the LORD **Yah Veh** which saidst unto me, Return
unto thy *country* **land,** and to thy kindred, and
I *will deal well with* **shall well—please** thee:
10 I am *not worthy of* **less than** the least of
all the mercies, and of all the truth,
which thou hast *shewed* **worked** unto thy servant;
for with my staff I passed over this *Jordan* **Yarden;**
and now I am become two *bands* **camps.**
11 *Deliver* **Rescue** me, I *pray* **beseech** thee,
from the hand of my brother, from
the hand of *Esau* **Esav:**
for I *fear* **awe** him, lest he *will* **shall** come and smite
me, and the mother with the *children* **sons.**
12 And thou saidst,
I will surely do
In well—pleasing, I shall well—please thee
good, and *make* **set** thy seed as the sand of the
sea, which cannot be *numbered* **scribed**
for *multitude* **abundance.**
13 And he *lodged* **stayed overnight**
there that same night;
and took of that which came to his hand
a present **an offering** for *Esau* **Esav** his brother;
14 Two hundred she goats, and twenty he goats,
two hundred ewes, and twenty rams,
15 Thirty *milch* **suckling** camels with their *colts*
sons, forty *kine* **heifer,** and ten *bulls* **bullocks,**
twenty she *asses* **burros,** and ten foals.
16 And he *delivered* **gave** them into
the hand of his servants,
every drove by **drove** *themselves;*
and said unto his servants,
Pass over *before me* **from my face,**
and put a *space* **respiration**
betwixt **between** drove and **between** drove.
17 And he *commanded* **misvahed** the *foremost* **first,**
saying, When *Esau* **Esav** my brother
meeteth thee, and asketh thee, saying,
Whose art thou? and whither goest thou?
and whose are these *before thee* **at thy face?**
18 Then thou shalt say,
They be thy servant *Jacob's* **Yaaqov's;**
it is *a present* **an offering**

sent unto my *lord Esau* **adoni Esav**:
and, behold, also he is behind us.
19 And so *commanded* **misvahed** he
the second, and the third,
and all that *followed* **came after** the droves, saying,
On this manner shall ye speak **Ye shall word this word**
unto *Esau* **Esav**, when ye find him.
20 And say ye moreover,
Behold, thy servant *Jacob* **Yaaqov** is behind us.
For he said,
I *will appease him* **shall kapar/atone at his face**
with the *present* **offering** that goeth *before me* **at**
my face, and afterward I *will* **shall** see his face;
peradventure he *will accept of me* **shall lift at my face**.
21 So *went the present over* **the offering passed**
before him **at his face**:
and himself *lodged* **stayed overnight**
that night in the *company* **camp**.
22 And he rose up that night,
and took his two *wives* **women**, and
his two *womenservants* **maids**,
and his eleven *sons* **children**,
and passed over the ford *Jabbok* **Yabboq**.
23 And he took them,
and *sent* **passed** them over the *brook* **wadi**,
and *sent* **passed** over that he had.
24 And*JacobwasleYft***aaqovremained**alone;
and there wrestled a man with him

YAAQOV WRESTLES

until the *breaking* **ascending** of the *day* **dawn**.
25 And when he saw that he prevailed not against
him, he touched the hollow of his *thigh* **flank**;
and the hollow of *Jacob's thigh* **Yaaqov's flank**
was *out of joint* **dislocated**, as he wrestled with him.
26 And he said, *Let me go* **Send me away**, for
the *day breaketh* **dawn ascendeth**.
And he said, I *will* **shall** not *let thee go* **send thee away**,
except **unless** thou bless me.

YAAQOV NAMED YISRA EL

27 And he said unto him, What is thy name?
And he said, *Jacob* **Yaaqov**.
28 And he said, Thy name
shall be *called* **said** no more *Jacob*
Yaaqov, but *Israel* **Yisra El**:
for *as a prince hast thou power* **thou hast prevailed**
with *God* **Elohim** and with men, and hast prevailed.
29 And *Jacob* **Yaaqov** asked him, and said,
Tell me, I *pray* **beseech** thee, thy name.
And he said,
Wherefore is it that thou dost ask after my name?
And he blessed him there.
30 And *Jacob* **Yaaqov** called the name of the place
Peniel **Peni El**:
for I have seen *God* **Elohim** face to face,
and my *life* **soul** is *preserved* **rescued**.
31 And as he passed over *Penuel* **Peni El**
the sun rose upon him,
and he *halted* **limped** upon his *thigh* **flank**.
32 Therefore the *children* **sons** of *Israel* **Yisra El**
eat not of the sinew which *shrank* **shriveled**,
which is upon the hollow of the
thigh **flank**, unto this day:
because
he touched the hollow of *Jacob's thigh* **Yaaqov's flank**
in the sinew that *shrank* **shriveled**.

YAAQOV MEETS ESAV

33 And *Jacob* **Yaaqov** lifted up his
eyes, and *looked* **saw**, and, behold,
Esau **Esav** came, and with him four hundred men.
And he *divided* **halved** the children unto Leah,
and unto Rachel, and unto the two *handmaids* **maids**.
2 And he put the *handmaids* **maids** and their children
foremost **first**,
and Leah and her children after,
and Rachel and *Joseph hindermost* **Yoseph behind**.
3 And he passed over *before them* **at their face**,
and *bowed himself* **prostrated** to the *ground* **earth**
seven times,
until he came near to his brother.
4 And *Esau* **Esav** ran to meet him, and embraced him,
and fell on his neck, and kissed him: and they wept.
5 And he lifted up his eyes,
and saw the women and the children;
and said, Who are those with thee?
And he said, The children which *God* **Elohim**
hath *graciously given* **granted charism to** thy servant.
6 Then the *handmaidens* **maids** came
near, they and their children,
and they *bowed themselves* **prostrated**.
7 AndLeahalsowithherchildrencamenear,
and *bowed themselves* **prostrated**:
and after came *Joseph* **Yoseph** near and Rachel,
and they *bowed themselves* **prostrated**.
8 And he said,
What *meanest thou by* **be to thee**
all this *drove* **camp** which I met?
And he said,

These are to find *grace* **charism**
in the *sight* **eyes** of my *lord* **adoni**.
9 And *Esau* **Esav** said, I have *enough* **much**, my brother;
keep that thou hast unto thyself.
10 And *Jacob* **Yaaqov** said, Nay, I *pray*
beseech thee, if, *now* **I beseech,**
I have found *grace* **charism** in *thy sight* **thine**
eyes, then *receive* **take** my *present* **offering** at
my hand: for therefore I have seen thy face,
as *though I had* **having** seen the face of *God* **Elohim**,
and thou wast pleased *with me*.
11 Take, I *pray* **beseech** thee,
my blessing that is brought to thee;
because *God* **Elohim**
hath *dealt graciously with* **granted** me
charism, and because I have *enough* **all**.
And he urged him, and he took it.
12 And he said, Let us *take our journey* **pull stakes**,
and let us go, and I *will* **shall** go before thee.
13 And he said unto him,
My *lord* **adoni** knoweth that the children
are tender, and the flocks and *herds* **oxen**
with *young* **sucklings** are with me:
and if men should *overdrive* **beat** them
one day, all the flock *will* **shall** die.
14 Let my *lord* **adoni**, I *pray* **beseech** thee,
pass over *before* **at the face of** his servant:
and I *will lead on softly* **shall guide gently**,
according *as the cattle that goeth* **to the foot**
of the work *before me* **at my face,**
and **according to the foot of** the children
be able to endure,
until I come unto my *lord* **adoni** unto Seir.
15 And *Esau* **Esav** said, Let me, *now* **I beseech,**
leave with thee *some* of the *folk* **people** that are with me.
And he said, What needeth it?
let me find *grace* **charism**
in the *sight* **eyes** of my *lord* **adoni**.
16 So *Esau* **Esav** returned that day on his way unto Seir.
17 And *Jacob journeyed* **Yaaqov puled stakes**
to *Succoth* **Sukkoth/Brush Arbors**,
and built him an house,
and *made booths* **worked sukkoth/brush arbors**
for his *cattle* **chattel**:
therefore the name of the place is called
Succoth **Sukkoth/Brush Arbors**.
18 And *Jacob* **Yaaqov** came to Shalem, a city of Shechem,
which is in the land of *Canaan* **Kenaan**,
when he came from *Padanaram* **Paddan**
Aram; and *pitched his tent* **encamped**
before **at the face of** the city.
19 And he *bought* **chatteled**
a parcel **an allotment** of a field,
where he had spread his tent,
at the hand of the *children* **sons** of Hamor,
Shechem's father,
for an hundred *pieces of money* **ingots**.
20 And he *erected* **stationed** there *an* **a sacrifice** altar,
and called it *EleloheIsrael* **El Elohe Yisra El**.

34 And Dinah the daughter of Leah,
which she *bare* **birthed** unto *Jacob* **Yaaqov**,
went out to see the daughters of the land.
2 And when Shechem
the son of Hamor the *Hivite* **Hivviy**,
prince **hierarch** of the *country* **land**, saw her,

DINAH FOULED

he took her, and lay with her, and *defiled* **humbled** her.
3 And his soul *clave* **adhered** unto Dinah
the daughter of *Jacob* **Yaaqov**,
and he loved the *damsel* **lass**,
and *spake kindly* **worded**
unto the *damsel* **heart of the lass**.
4 And Shechem *spake* **said** unto his father Hamor,
saying, *Get* **Take** me this *damsel* **child** to *wife* **woman**.
5 And *Jacob* **Yaaqov** heard
that he had *defiled* **fouled** Dinah his daughter:
now his sons were with his *cattle* **chattel** in the
field: and *Jacob held his peace* **Yaaqov hushed**
until they were come.
6 And Hamor the father of Shechem
went out unto *Jacob* **Yaaqov** to *commune* **word** with him.
7 And the sons of *Jacob* **Yaaqov**
came out of the field when they heard it:
and the men *were grieved* **contorted**,
and they were *very wroth* **mighty inflamed**,
because he had *wrought* **worked** folly in *Israel* **Yisra**
El in lying with *Jacob's* **Yaaqov's** daughter;
which *thing* ought not to be *done* **worked**.
8 And Hamor *communed* **worded** with them, saying,
The soul of my son Shechem
longeth for **is attached to** your daughter:
I *pray* **beseech** you give her him to *wife* **woman**.
9 And *make ye mariages* **intermary** with us,
and give your daughters unto us, and
take our daughters unto you.
10 And ye shall *dwell* **settle** with us:
and the land shall be *before you* **at your face**;
dwell **settle** and *trade* **merchandise** ye therein,
and *get you possessions* **possess** therein.

11 And Shechem
said unto her father and unto her brethren,
Let me find *grace* **charism** in your eyes,
and what ye shall say unto me I *will* **shall** give.
12 *Ask* **Abound upon** me
never so much **a mighty** dowry and gift,
and I *will* **shall** give according as ye shall say unto me:
but give me the *damsel* **lass** to *wife* **woman.**
13 AndthesonsoJ*facob***Yaaqov**answered
Shechem and Hamor his father
deceitfully, and *said* **worded,**
because he had *defiled* **fouled** Dinah their sister:
14 And they said unto them,
We cannot *do* **work** this *thing* **word,** to give
our sister to *one* **a man** that is *uncircumcised*
foreskined; for that were a reproach unto us:
15 But in this *will* **shall** we consent unto
you: If ye *will* **shall** be as we be,
that every male of you be circumcised;
16 Then *will* **shall** we give our daughters unto you,
and we *will* **shall** take your daughters to us,
and we *will dwell* **shall settle** with you, and
we *will* **shall** become one people.
17 But if ye *will* **shall** not hearken
unto us, to be circumcised;
then *will* **shall** we take our daughter,
and we *will* **shall** be gone.
18 And their words
pleased **well—pleased the eyes of** Hamor,
and Shechem Hamor's son.
19 And the young *man* **lad**
deferred **delayed** not to *do* **work** the *thing* **word,**
because he had delight in *Jacob's* **Yaaqov's**
daughter: and he was more honourable
than all the house of his father.
20 And Hamor and Shechem his son
came unto the *gate* **portal** of their city,
and *communed* **worded** with the
men of their city, saying,
21 These men are *peaceable* **at shalom** with us;
therefore let them *dwell* **settle** in the land,
and *trade* **merchandise** therein;
for the land, behold,
it is *large enough for them* **broadhanded at their face;**
let us take their daughters to us for *wives*
women, and let us give them our daughters.
22 Only herein *will* **shall** the men consent unto us
for to *dwell* **settle** with us, to be one people,
if every male among us be circumcised,
as they are circumcised.
23 Shall not their *cattle* **chattel**
and *their substance* **all they chatteled**
and every *beast* **animal** of theirs be ours?
only let us consent unto them,
and they *will dwell* **shall settle** with us.
24 AnduntoHamoranduntoShechemhison
hearkened all that went out of the *gate* **portal** of his city;
and every male was circumcised,
all that went out of the *gate* **portal** of his city.
25 And **so be** it *came to pass,*
on the third day, when they were *sore* **pained,**
that two of the sons of *Jacob* **Yaaqov,**
Simeon **Shimon** and Levi, Dinah's
brethren, took each man his sword,
and came upon the city *boldly* **confidently,**
and *slew* **slaughtered** all the males.
26 And they *slew* **slaughtered**
Hamor and Shechem his son with
the *edge* **mouth** of the sword,
and took Dinah out of Shechem's house, and went out.
27 The sons of *Jacob* **Yaaqov** came
upon the *slain* **pierced,**
and *spoiled* **plundered** the city, because
they had *defiled* **fouled** their sister.
28 They took their *sheep* **flocks,**
and their oxen, and their *asses* **he burros,**
and that which was in the city,
and that which was in the field,
29 And all their *wealth* **valuables,** and
all their *little ones* **toddlers,**
and **captured** their *wives took captive* **women,**
and *spoiled* **plundered** even all that was in the house.
30 And *Jacob* **Yaaqov** said to *Simeon* **Shimon** and
Levi, Ye have troubled me to make me to stink
among *the inhabitants of* **them that settle** the land,
among the *Canaanites* **Kenaaniy**
and the *Perizzites* **Perizziy:**
and I *being* few **men** in number,
they shall gather *themselves together*
against me, and *slay* **smite** me;
and I shall be *destroyed* **desolated,** I and my house.
31 And they said,
Should he *deal* **work** with our sister
as with *an harlot* **one that whoreth?**

YAAQOV MOVES TO BETH EL

35 And *God* **Elohim** said unto *Jacob* **Yaaqov,** Arise,
go up **ascend** to *Bethel* **Beth El,** and *dwell* **settle**
there: and *make* **work** there *an* **a sacrifice** altar unto
God **El,** that *appeared unto* **was seen by** thee

when thou fleddest
from the face of *Esau* **Esav** thy brother.
2 Then *Jacob* **Yaaqov** said unto his household,
and to all that were with him,
Put away **Turn aside** the strange *gods* **elohim**
that are among you,
and be *clean* **purified**, and change
your *garments* **clothes**:
3 Andletusairse,andgoupascendtoBetheBl ethE;l
and I *will make* **shall work** there
an **a sacrifice** altar unto *God* **El**,
who answered me in the day of my *distress* **tribulation**,
and was with me in the way which I went.
4 And they gave unto *Jacob* **Yaaqov**
all the strange *gods* **elohim** which were in their hand,
and all their *earrings* **noserings** which were in their
ears; and *Jacob hid* **Yaaqov buried** them under the oak
which was by Shechem.
5 And they *journeyed* **pulled stakes**:
and the terror of *God* **Elohim**
was upon the cities that were round about them,
and they did not pursue after the sons of *Jacob* **Yaaqov**.
6 So *Jacob* **Yaaqov** came to Luz,
which is in the land of *Canaan*
Kenaan, that is, *Bethel* **Beth El**,
he and all the people that were with him.
7 And he built there *an* **a sacrifice** altar, and
called the place *Elbethel* **El Beth El**:
because there *God* **Elohim**
appeared **exposed himself** unto him, when
he fled from the face of his brother.
8 But Deborah *Rebekah's nurse* **Ribqah's suckler** died,
and she was *buried* **entombed** beneath *Bethel* **Beth El**
under an oak:
and the name of it was called
Allonbachuth **Allon Bachuth**.
9 And *God* **Elohim**
appeared unto Jacob **was seen by Yaaqov** again,
when he came out of *Padanaram* **Paddan Aram**,
and blessed him.

Elohim Confirms The Name Yisra El

10 And *God* **Elohim** said unto him,
Thy name is *Jacob* **Yaaqov**:
thy name shall not be called any more *Jacob* **Yaaqov**,
but *Israel* **Yisra El** shall be thy name:
and he called his name *Israel* **Yisra El**.
11 And *God* **Elohim** said unto him,
I am God Almighty **I — El Shadday**:
be fruitful **bear fruit** and *multiply* **abound**;
a *nation* **goyim**
and a *company* **congregation** of *nations* **goyim**
shall be of thee,
and *kings* **sovereigns** shall come out of thy loins;
12 And the land
which I gave Abraham and *Isaac* **Yischaq**,
to thee I *will* **shall** give it,
and to thy seed after thee *will* **shall** I give the land.
13 And *God went up* **Elohim ascended** from him in
the place where he *talked* **worded** with him.
14 And *Jacob set up* **Yaaqov stationed** a *pillar* **monolith**
in the place where he *talked* **worded** with him,
even a *pillar* **monolith** of stone:
and he *poured* **libated** a *drink offering* **libation**
thereon, and he *poured* **libated** oil thereon.
15 AndJacobYaaqovcaledthenameothfeplace
where *God spake* **Elohim worded** with him,
Bethel **Beth El**.
16 And they *journeyed* **pulled stakes**
from *Bethel* **Beth El**;
and there was *but a little way* **still a bit of land**
to come to Ephrath:
and Rachel *travailed* **birthed**, and
she had hard *labour* **birth**.
17 And **so be** it *came to pass*,
when she was in hard *labour* **birthing**,
that the *midwife* **accoucheuse** said unto her,
Fear **Awe** not; thou shalt have this son also.
18 And **so be** it *came to pass*,
as her soul was in departing, (for she died)
that she called his name *Benoni* **Ben Oni**:
but his father called him *Benjamin* **Ben Yamin**.
19 And Rachel died,
and was *buried* **entombed** in the way to Ephrath,
which is *Bethlehem* **Beth Lechem**.
20 And *Jacob* **Yaaqov**
set a pillar **stationed a monolith** upon her *grave* **tomb**:
that is the *pillar* **monolith** of Rachel's *grave* **tomb**
unto this day.
21 And *Israel journeyed* **Yisra El pulled stakes**,
and spread his tent beyond *the*
tower of Edar **Migdal Eder**.
22 And **so be** it *came to pass*,
when *Israel dwelt* **Yisra El tabernacled** in that land,
that *Reuben* **Reu Ben** went and lay with Bilhah
his father's concubine:
and *Israel* **Yisra El** heard it.

The Genealogy Of Yaaqov

Now the sons of *Jacob* **Yaaqov** were twelve:

23 The sons of Leah;
Reuben **Reu Ben**, *Jacob's firstborn* **Yaaqov's firstbirthed**,
and *Simeon* **Shimon**, and Levi, and *Judah* **Yah Hudah**,
and *Issachar* **Yissachar**, and Zebulun:
24 The sons of Rachel;
Joseph **Yoseph**, and *Benjamin* **Ben Yamin**:
25 And the sons of Bilhah, Rachel's
handmaid **maid**; Dan, and Naphtali:
26 And the sons of Zilpah, Leah's
handmaid **maid**: Gad, and Asher:
these are the sons of *Jacob* **Yaaqov**,
which were *born* **birthed** to him in
Padanaram **Paddan Aram**.
27 And *Jacob* **Yaaqov** came unto *Isaac* **Yischaq** his father
unto Mamre,
unto *the city of Arbah* **Qiryath Arba**, which is Hebron,
where Abraham and *Isaac* **Yischaq** sojourned.
28 And the days of *Isaac* **Yischaq**
were an hundred **years** and *fourscore* **eighty** years.
29 And *Isaac gave up the ghost* **Yischaq expired**,
and died, and was gathered unto his people,
being old **aged** and *full* **satisfied** of days:
and his sons *Esau* **Esav** and *Jacob* **Yaaqov**
buried **entombed** him.

THE GENEALOGY OF ESAV

36 *Now* **And** these are the generations
of *Esau* **Esav**, who is Edom.
2 *Esau* **Esav** took his *wives* **women**
of the daughters of *Canaan* **Kenaan**;
Adah the daughter of Elon the *Hittite* **Hethiy**,
and *Aholibamah* **Oholi Bamah** the daughter of Anah
the daughter of *Zibeon* **Sibon** the *Hivite* **Hivviy**;
3 And *Bashemath* **Bosmath** *Ishmael's*
Yishma El's daughter,
sister of *Nebajoth* **Nebayoth**.
4 And Adah *bare* **birthed** to *Esau*
Eliphaz **Esav, Eli Phaz**;
and *Bashemath bare Reuel* **Bosmath birthed Reu El**;
5 And *Aholibamah bare Jeush* **Oholi Bamah birthed**
Yeush, and *Jaalam* **Yalam**, and *Korah* **Qorach**:
these are the sons of *Esau* **Esav**, which were *born*
birthed unto him in the land of *Canaan* **Kenaan**.
6 And *Esau* **Esav** took his *wives* **women**,
and his sons, and his daughters,
and all the *persons* **souls** of his house,
and his *cattle* **chattel**, and all his *beasts* **animals**,
and all *his substance* **he chatteled**,
which he had *got* **acquired** in the
land of *Canaan* **Kenaan**;
and went into the *country* **land**
from the face of his brother *Jacob* **Yaaqov**.
7 For their *riches* **acquisitions** were more than
that they might *dwell* **settle** together;
and the land *wherein they were*
strangers **of their sojournings**
could not bear them
because **at the face** of their *cattle* **chattel**.
8 Thus *dwelt Esau* **Esav settled** in mount Seir:
Esau **Esav** is Edom.
9 And these are the generations of *Esau* **Esav**
the father of the *Edomites* **Edomiy** in mount Seir:
10 ThesearethenamesoEfsau's**Esav's**sons;
Eliphaz **Eli Phaz** the son of Adah the
wife **woman** of *Esau* **Esav**,
Reuel **Reu El** the son of *Bashemath* **Bosmath**
the *wife* **woman** of *Esau* **Esav**.
11 And the sons of *Eliphaz* **Eli Phaz** were
Teman, Omar, *Zepho* **Sepho**, and
Gatam, and *Kenaz* **Qenaz**.
12 And Timna was concubine to *Eliphaz* **Eli Phaz**
Esau's **Esav's** son;
and she *bare* **birthed** to *Eliphaz*
Amalek **Eli Phaz, Amaleq**:
these were the sons of Adah *Esau's wife* **Esav's woman**.
13 AndthesearethesonsofReueRl **euEl**;
Nahath **Nachath**, and *Zerah* **Zerach**,
Shammah, and Mizzah:
these were the sons of *Bashemath* **Bosmath**
Esau's wife **Esav's woman**.
14 And these were the sons of *Aholibamah*
Oholi Bamah, the daughter of Anah
the daughter of *Zibeon* **Sibon**,
Esau's wife **Esav's woman**:
and she *bare* **birthed** to *Esau* **Esav**
Jeush **Yeush**, and *Jaalam* **Yalam**, and *Korah* **Qorach**.
15 Thesewere*dukes***chiliarchs**ofthesonsoEfsau**Esav**:
the sons of *Eliphaz* **Eli Phaz**
the *firstborn son* **firstbirthed** of *Esau* **Esav**;
duke **chiliarch** Teman, *duke* **chiliarch** Omar,
duke Zepho **chiliarch Sepho**,
duke Kenaz **chiliarch Qenaz**,
16 *Duke Korah* **chiliarch Qorach**, *duke* **chiliarch** Gatam,
and duke Amalek **chiliarch Amaleq**:
these are the *dukes* **chiliarchs**
that came of *Eliphaz* **Eli Phaz** in the land of Edom;
these were the sons of Adah.
17 And these are the sons of *Reuel* **Reu El**
Esau's **Esav's** son;
duke Nahath **chiliarch Nachath**,

duke Zerah **chiliarch Zerach**,
duke **chiliarch** Shammah, *duke* **chiliarch**
Mizzah: these are the *dukes* **chiliarchs** *that*
came of *Reuel* **Reu El** in the land of Edom;
these are the sons of *Bashemath* **Bosmath**
Esau's wife **Esav's woman.**
18 And these are the sons of *Aholibamah* **Oholi Bamah**
Esau's wife **Esav's woman;**
duke Jeush **chiliarch Yeush**, *duke*
Jaalam **chiliarch Yalam,**
duke Korah **chiliarch Qorach**:
these were the *dukes* **chiliarchs**
that came Aholibamah of **Oholi Bamah**
the daughter of Anah, *Esau's wife* **Esav's woman.**
19 Thesearethesonsof*Esau***Esav**,whoisEdom,
and these are their *dukes* **chiliarchs.**
20 ThesearethesonsofSeirthe*Horite***I-loriy**,
who *inhabited* **settled** the land;
Lotan, and Shobal, and *Zibeon* **Sibon**, and Anah,
21 And Dishon, and *Ezer* **Eser**, and Dishan:
these are the *dukes* **chiliarchs** of the *Horites* **I-loriy**,
the *children* **sons** of Seir in the land of Edom.
22 Andthe*children***sons**ofLotanwereHoirandHemam;
and Lotan's sister was Timna.
23 And the *children* **sons** of Shobal were these;
Alvan, and *Manahath* **Manachath**,
and Ebal, Shepho, and Onam.
24 And these are the *children* **sons** of *Zibeon* **Sibon**;
both *Ajah* **Ayah**, and Anah:
this was that Anah
that found the *mules* **hot springs** in the wilderness,
as he *fed* **tended** the *asses* **he burros** of *Zibeon* **Sibon**
his father.
25 And the *children* **sons** of Anah were these; Dishon,
and *Aholibamah* **Oholi Bamah** the daughter of Anah.
26 And these are the *children* **sons** of
Dishon; Hemdan, and Eshban,
and *Ithran* **Yithran**, and *Cheran* **Keran.**
27 The*children***sons**o*Ef zer***Eser**arethese;
Bilhan, and Zaavan, and *Akan* **Aqan.**
28 The *children* **sons** of Dishan are these;
Uz **Us**, and Aran.
29 These are the *dukes* **chiliarchs**
that came of the *Horites* **I-loriy**;
duke **chiliarch** Lotan, *duke* **chiliarch** Shobal,
duke Zibeon **chiliarch Sibon**, *duke* **chiliarch** Anah,
30 *Duke* **chiliarch** Dishon, *duke Ezer* **chiliarch Eser**,
duke **chiliarch** Dishan:
these are the *dukes* **chiliarchs** *that came* of Hori,
among their *dukes* **chiliarchs** in the land of Seir.

31 Andthesearethe*kings***sovereigns**
that reigned in the land of Edom,
before there reigned **at the face of the**
reign of any *king* **sovereign**
over the *children* **sons** of *Israel* **Yisra El.**
32 AndBelathesonofBeoreignedinEdom:
and the name of his city was Dinhabah.
33 And Bela died, and *Jobab* **Yobab**
the son of *Zerah* **Zerach** of *Bozrah* **Bosrah**
reigned in his stead.
34 And *Jobab* **Yobab** died,
and Husham of the land of *Temani* **Temaniy**
reigned in his stead.
35 And Husham died,
and Hadad the son of Bedad,
who smote *Midian* **Midyan** in the field
of Moab, reigned in his stead:
and the name of his city was Avith.
36 And Hadad died,
and Samlah of *Masrekah* **Masreqah**
reigned in his stead.
37 And Samlah died,
and *Saul* **Shaul** of *Rehoboth* **Rechovoth**
by the river reigned in his stead.
38 And *Saul* **Shaul** died,
and *Baalhanan* **Baal Chanan** the son
of Achbor reigned in his stead.
39 And *Baalhanan* **Baal Chanan**
the son of Achbor died,
and Hadar reigned in his stead:
and the name of his city was Pau;
and his *wife's* **woman's** name was *Mehetabel* **Mehetab El**,
the daughter of Matred,
the daughter of *Mezahab* **Me Zahab.**
40 And these are the names
of the *dukes* **chiliarchs** *that came* of *Esau* **Esav**,
according to their families, after
their places, by their names;
duke Timnah **chiliarch Timna**, *duke* **chiliarch** Alvah,
duke Jetheth **chiliarch Yetheth,**
41 *DukeAholibamah***chiliarchOholiBamah,**
duke **chiliarch** Elah, *duke* **chiliarch** Pinon,
42 *Duke Kenaz* **chiliarch Qenaz,**
duke **chiliarch** Teman, *duke Mibzar* **chiliarch Mibsar,**
43 *Duke Magdiel* **chiliarch Magdi**
El, *duke* **chiliarch** Iram:
these be the *dukes* **chiliarchs** of Edom,
according to their *habitations* **settlements**
in the land of their possession:
he is *Esau* **Esav** the father of the *Edomites* **Edomiy.**

37 And *Jacob dwelt* **Yaaqov settled** in the land
wherein his father *was a stranger* **sojourned,**
in the land of *Canaan* **Kenaan.**
2 These are the generations of *Jacob* **Yaaqov.**

The Dreams Of Yoseph

Joseph **Yoseph**, *being* **a son of** seventeen years *old*,
was *feeding* **tending** the flock with his brethren;
and the lad was with the sons of Bilhah,
and with the sons of Zilpah, his father's *wives* **women**:
and *Joseph* **Yoseph** brought unto his
father their *evil report* **slander.**
3 *Now Israel* **Yisra El** loved *Joseph* **Yoseph**
more than all his *children* **sons**, because
he was the son of his old age:
and he *made* **worked** him a **coverall**
coat *of many colours.*
4 And when his brethren saw
that their father loved him more than
all his brethren, they hated him,
and could not *speak peaceably* **word shalom** unto him.
5 And *Joseph* **Yoseph** dreamed a dream,
and he told it his brethren:
and they hated him yet *the more* **again.**
6 Andhesaiduntothem,Hea,pr*Iray***beseech**you,
this dream which I have dreamed:
7 For, behold,
we were *binding* **tying** sheaves *in* **midst** the
field, and, *lo* **behold**, my sheaf arose,
and also *stood upright* **stationed itself**;
and, behold, your sheaves *stood* **turned** round about,
and *made obeisance* **prostrated** to my sheaf.
8 And his brethren said to him,
In reigning,
Shalt thou *indeed* reign over us?
or **in having reign,**
shalt thou *indeed* have *dominion* **reign** over us?
And they hated him yet *the more* **again**
for his dreams, and for his words.
9 And he dreamed yet another dream,
and *told* **described** it **to** his brethren, and said,
Behold, I have dreamed a dream *more* **again**;
and, behold, the sun and the moon and the eleven stars
made obeisance **prostrated** to me.
10 And he *told* **described** it to his
father, and to his brethren:
and his father rebuked him, and said unto him,
What is this dream that thou hast dreamed?
Shall I and thy mother and thy brethren indeed come
to *bow down ourselves* **prostrate** to thee to the earth?
11 And his brethren envied him;
but his father *observed* **guarded** the *saying* **word.**
12 And his brethren went to *feed* **tend**
their father's flock in Shechem.
13 And *Israel* **Yisra El** said unto *Joseph* **Yoseph,**
Do not thy brethren *feed the flock* **tend** in Shechem?
come, and I *will* **shall** send thee unto them.
And he said to him, Here *am* — I.
14 And he said to him, Go, I *pray* **beseech** thee,
see whether it be *well* **shalom** with thy
brethren, and *well* **shalom** with the flocks;
and *bring* **return** me word *again.*
So he sent him out of the *vale* **valley** of
Hebron, and he came to Shechem.
15 And a *certain* man found him,
and, behold, he was wandering in the field:
and the man asked him, saying, What seekest thou?
16 And he said, I seek my brethren:
tell me, I *pray* **beseech** thee,
where they *feed their flocks* **tend.**
17 And the man said,
They *are departed* **have pulled stakes** hence;
for I heard them say, Let us go to Dothan.
And *Joseph* **Yoseph** went after his brethren,
and found them in Dothan.

Conspiracy Against Yoseph

18 And when they saw him afar off,
even before he *came near unto* **approached** them,
they conspired against him to *slay* **deathify** him.
19 Andtheysaid*one***man**to*anothe***brrother**,
Behold, this *dreamer* **very master of dreams** cometh.
20 Come now therefore, and let us *slay*
slaughter him, and cast him into *some*
pit **a well**, and we *will* **shall** say,
Some evil *beast* **live being** hath devoured him:
and we shall see what *will* **shall** become of his dreams.
21 And *Reuben* **Reu Ben** heard it,
and he *delivered* **rescued** him out of their hands;
and said, Let us not *kill him* **smite his soul.**
22 And *Reuben* **Reu Ben** said unto them,
Shed **Pour** no blood,
but cast him into this *pit* **well** that is in the
wilderness, and *lay* **spread** no hand upon him;
that he might *rid* **rescue** him out of their hands,
to *deliver* **return** him to his father *again.*
23 And **so be** it *came to pass,*
when *Joseph* **Yoseph** was come unto his brethren,
that they stript *Joseph* **Yoseph** out of his coat,
his **the coverall** coat *of many colours* that was on him;

24 Andtheytookhima,ndcasthimintoapwit e:l
and the *pit* **well** was empty, there *was* no water in it.
25 And they sat down to eat bread:
and they lifted up their eyes and *looked* **saw**, and,
behold, a *company* **caravan** of *Ishmeelites* **Yishma Eliy**
came from *Gilead* **Gilad** with their camels
bearing spicery and balm and myrrh,
going to *carry it down to Egypt* **descend it to Misrayim**.
26 And *Judah* **Yah Hudah** said unto his brethren,
What *profit* **gain** is it *if we slay* **to slaughter**
our brother, and *conceal* **cover** his blood?
27 Come,
and let us sell him to the *Ishmeelites* **Yishma Eliy**, and let not our hand be upon him;
for he is our brother and our flesh.
And his brethren *were content* **hearkened**.
28 Then there passed by
Midianites merchantmen **men — Midyaniy merchants**;
and they drew
and *lifted up Joseph* **ascended Yoseph** out of the *pit* **well**,
and sold *Joseph* **Yoseph** to the *Ishmeelites* **Yishma Eliy**
for twenty *pieces of* silver:
and they brought *Joseph* **Yoseph** into *Egypt* **Misrayim**.
29 And *Reuben* **Reu Ben** returned unto the *pit* **well**; and, behold, *Joseph* **Yoseph** was not in
the *pit* **well**; and he *rent* **ripped** his clothes.
30 Andhereturneduntohisbrethren,andsaid,
The child is not; and I, whither shall I go?
31 And they took *Joseph's* **Yoseph's** coat, and
killed **slaughtered** a kid of the goats,
and dipped the coat in the blood;
32 Andtheysenthe**coveracloat***ofmanycolours*,
and they brought it to their father;
and said, This have we found:
know now **Recognize, I beseech,**
whether it be thy son's coat or no.
33 And he *knew* **recognized** it, and
said, It is my son's coat;
an evil *beast* **live being** hath devoured him;
Joseph is without doubt rent in pieces
in tearing, Yoseph is torn.
34 And *Jacob rent* **Yaaqov ripped** his clothes,
and put *sackcloth* **saq** upon his loins, and
mourned for his son many days.
35 And all his sons and all his daughters
rose *up* to *comfort* **sigh over** him;
but he refused to be *comforted* **sighed over**; and he said,
For I *will go down* **shall descend** into *the grave* **sheol**
unto my son mourning. Thus his father wept for him.
36 And the *Midianites* **Midyaniym**
sold him into *Egypt* **Misrayim**
unto Potiphar, *an officer* **a eunuch** of *Pharaoh's* **Paroh's**,
and *captain* **governor** of the *guard* **slaughterers**.

YAH HUDAH AND TAM AR

38 And **so be** it *came to pass* at that time,
that *Judah* **Yah Hudah**
went down **descended** from his brethren,
and turned in to a *certain Adullamite* **man —**
an Adullamiy, whose name was Hirah.
2 And *Judah* **Yah Hudah** saw there a daughter
of a *certain Canaanite* **man — a Kenaaniy,**
whose name was Shuah;
and he took her, and went in unto her.
3 And she conceived, and *bare* **birthed** a son;
and he called his name Er.
4 And she conceived again, and *bare* **birthed** a son;
and she called his name Onan.
5 Andsheyetagain*conceived*,and*bare***birthed**ason;
and called his name Shelah:
and he was at *Chezib* **Kezib**, when she *bare* **birthed** him.
6 And *Judah* **Yah Hudah**
took a *wife* **woman** for Er his *firstborn*
firstbirthed, whose name was Tamar.
7 And Er, *Judah's firstborn* **Yah Hudah's firstbirthed**,
was *wicked* **evil** in the *sight* **eyes** of *the LORD* **Yah Veh**;
and *the LORD slew* **Yah Veh deathified** him.
8 And *Judah* **Yah Hudah** said unto Onan,
Go in unto thy brother's *wife* **woman**,
and *marry her* **be her levirate**,
and raise up seed to thy brother.
9 AndOnanknewthathesedshouldnotbehis;
and **so be** it *came to pass*,
when he went in unto his brother's *wife* **woman**,
that he *spilled* **ruined** it on the *ground* **earth**,
lest that he should give seed to his brother.
10 And *the thing* **that** which he *did* **worked**
displeased the LORD **was evil in the eyes of Yah Veh**: wherefore he *slew* **deathified** him also.
11 Then said *Judah* **Yah Hudah** to
Tamar his daughter in law,
Remain **Settle,** a widow at thy father's house,
till Shelah my son be grown: for he said,
Lest peradventure he die also, as his brethren *did*.
And Tamar went and *dwelt* **settled** in her father's house.
12 And *in process of time* **as the days abounded**
the daughter of Shuah,
Judah's wife **Yah Hudah's woman** died;
and *Judah was comforted* **Yah Hudah**
sighed, and *went up* **ascended**

unto his *sheepshearers* **flockshearers**
to *Timnath* **Timnah**, he and his friend
Hirah the *Adullamite* **Adullamiy**.

The Whoredom Of Yah Hudah

13 And it was told Tamar, saying, Behold,
thy father in law *goeth up* **ascendeth** to *Timnath* **Timnah**
to shear his *sheep* **flock**.
14 And she
put her widow's garments off from her
turned aside the clothing of her widowhood, and
covered her with a vail, and wrapped herself,
and sat in *an open place* **the portal of the fountain**,
which is by the way to *Timnath* **Timnah**;
for she saw that Shelah was grown,
and she was not given unto him to *wife* **woman**.
15 When *Judah* **Yah Hudah** saw her,
he *thought* **fabricated** her
to be *an harlot* **one that whoreth**;
because she had covered her face.
16 And he turned unto her by the way, and said,
Go to **Give**, I *pray* **beseech** thee,
let me come in unto thee;
(for he knew not that she was his daughter in law.)
And she said, What *wilt* **shalt** thou give me,
that thou mayest come in unto me?
17 Andhesaid,I*wil***shal**sendthee
a kid **of the goats** from the flock.
And she said,
Wilt **Shalt** thou give me a pledge, till thou send it?
18 And he said, What pledge shall I give thee?
And she said, Thy *signet* **seal**, and thy *bracelets*
braids, and thy *staff* **rod** that is in thine hand.
And he gave it her, and came in unto her,
and she conceived by him.
19 And she arose, and went *away*,
and *laid by* **turned aside** her vail
from her, and *put on* **enrobed**
the *garments* **clothes** of her widowhood.
20 And*Judah***YahHudah**sentthekid**ofthegoats**
by the hand of his friend the *Adullamite* **Adullamiy**,
to *receive* **take** his pledge from the woman's hand:
but he found her not.
21 Then he asked the men of that place, saying,
Where is the *harlot* **hallowed whore**,
that was *openly* **at the opening of the fountain**
by the way side? And they said,
There was no *harlot in this place* **hallowed whore here**.
22 And he returned to *Judah* **Yah Hudah**,
and said, I cannot find her;
and also the men of the place said, that there was no
harlot in this place **hallowed whore here**.
23 And*Judah***YahHudah**said,Lethertakeitoher,
lest we be *shamed* **a disrespect**:
behold, I sent this kid, and thou hast not found her.
24 And**sobe***ictametopas*,abouthremonthsafter,
that it was told *Judah* **Yah Hudah**, saying,
Tamar thy daughter in law hath
played the harlot **whored**;
and also, behold,
she *is with child* **hath conceived**
by *whoredom* **whoredoms**. And *Judah* **Yah Hudah** said,
Bring her forth, and let her be burnt.
25 When she was brought forth,
she sent to her father in law, saying,
By the man, whose these are,
am I with child **have I conceived**:
and she said, *Discern* **Recognize**, I *pray* **beseech** thee,
whose are these,
the *signet* **seal**, and *bracelets* **braids**, and *staff* **rod**.
26 And *Judah acknowledged* **Yah Hudah**
recognized them, and said,
She hath been *more righteous* **justified more** than I;
because that I gave her not to Shelah my son.
And he knew her again no more.
27 And **so be** it *came to pass* in the time of her *travail*
birthing, that, behold, twins were in her *womb* **belly**.
28 And **so be** it *came to pass*, when she *travailed*
birthed, that the one *put* **gave** out *his* **a** hand:
and the *midwife* **accoucheuse** took
and bound upon his hand *a* scarlet
thread, saying, This came out first.
29 And **so be** it *came to pass*,
as he *drew* **turned** back his hand, that,
behold, his brother came out:
and she said, How hast thou *broken forth* **breached**?
this breach be upon thee:
therefore his name was called *Pharez* **Peres**.
30 And afterward came out his brother, that
had the scarlet *thread* upon his hand: and
his name was called *Zarah* **Zerach**.

Yoseph In Misrayim

39 And *Joseph* **Yoseph**
was *brought down* **descended** to *Egypt* **Misrayim**;
and Potiphar, *an officer* **a eunuch** of *Pharaoh* **Paroh**,
captain **governor** of the *guard* **slaughterers**, *an*
Egyptian **a man — a Misrayim**, *bought* **chatteled** him
of the hands of the *Ishmeelites* **Yishma Eliy**,
which had *brought* **descended** him *down* thither.

2 And *the LORD* **Yah Veh** was with *Joseph* **Yoseph**,
and he was a *prosperous* **prospering** man; and
he was in the house of his *master* **adoni**
the *Egyptian* **Misrayim**.
3 And his *master* **adoni**
saw that *the LORD* **Yah Veh** was with him,
and that *the LORD made* **Yah Veh prospered** all
that he *did to prosper* **worked** in his hand.
4 And *Joseph* **Yoseph** found *grace* **charism**
in his *sight* **eyes**,
and he *served* **ministered to** him:
and he *made* **had** him *overseer* **oversee** over his house,
and all that he had he *put* **gave** into his hand.
5 And **so be** it *came to pass*,
from the time that he had made him overseer
since he had him oversee
in his house, and *over* all that he
had, that *the LORD* **Yah Veh**
blessed the *Egyptian's* **Misrayim's**
house for *Joseph's* **Yoseph's** sake;
and the blessing of *the LORD* **Yah Veh**
was upon all that he had in the house, and in the field.
6 And he left all that he had in *Joseph's* **Yoseph's** hand;
and he knew not ought he had, save the bread
which he did eat. And *Joseph* **Yoseph**
was *a goodly person* **beautiful in form**, and
well favoured **beautiful in visage**.
7 And **so be** it *came to pass*, after these *things*
words, that his *master's wife* **adoni's woman**
cast **lifted** her eyes upon *Joseph* **Yoseph**;
and she said, Lie with me.
8 But he refused,
and said unto his *master's wife* **adoni's woman**,
Behold, my master *wotteth* **perceiveth** not
what is with me in the house,
and he hath *committed* **given** all
that he hath to my hand;
9 There is none greater in this house than I; neither
hath he *kept back* **withheld** *any thing* **aught** from
me but thee, because thou art his *wife* **woman**:
how then can I *do* **work** this great *wickedness*
evil, and sin against *God* **Elohim**?
10 And **so be** it *came to pass*,
as she *spake* **worded** to *Joseph* **Yoseph** day
by day, that he hearkened not unto her,
to lie *by* **beside** her, or to be with her.
11 And**sobe**ic*tametopas,abou*ht*t*is*time***day**,
that *Joseph* **he** went into the house
to *do* **work** his *business* **work**;
and there was *none* **no man** of the men of the house
there within **the house**.
12 And she *caught* **captured** him by his
garment **clothes**, saying, Lie with me:
and he left his *garment* **clothes** in her hand,
and fled, and got him out.
13 And **so be** it *came to pass*, when she saw
that he had left his *garment* **clothes** in
her hand, and *was* fled *forth* **out**,
14 That she called unto the men of her house,
and *spake* **said** unto them, saying,
See, he hath brought in **a man** — an
Hebrew unto us to *mock* **ridicule** us;
he came in unto me to lie with me,
and I *cried* **called** with a *loud* **great** voice:
15 And **so be** it *came to pass*,
when he heard that I lifted up my voice and *cried*
called, that he left his *garment with* **clothes beside** me,
and fled, and got him out.
16 And she *laid up* **set** his *garment by* **clothes**
beside her, until his *lord* **adoni** came home.
17 And she *spake* **worded** unto him
according to these words, saying,
The Hebrew servant, which thou hast brought
unto us, came in unto me to *mock* **ridicule** me:
18 And **so be** it *came to pass*,
as I lifted up my voice and *cried* **called**,
that he left his *garment with* **clothes**
beside me, and fled out.
19 And **so be** it *came to pass*,
when his *master* **adoni**
heard the words of his *wife* **woman**, which
she *spake* **worded** unto him, saying,
After this *manner did* **word worked** thy servant to me;
that his wrath was kindled.
20 And *Joseph's master* **Yoseph's adoni** took him,
and *put* **gave** him into the *prison* **tower house**,
a place where the *king's prisoners* **sovereign's bound**
were bound:
and he was there in the *prison* **tower house**.
21 Bu*theLORD***YahVeh**waswith*Joseph***Yoseph**,
and *shewed* **spread** him mercy,
and gave him *favour* **charism** in the *sight* **eyes**
of the *keeper* **governor** of the *prison* **tower house**.
22 And the *keeper* **governor** of the *prison* **tower**
house *committed to Joseph's* **gave into Yoseph's**
hand all *the prisoners* that were **bound**
in the *prison* **tower house**;
and whatsoever they *did* **worked** there,
he was *the doer* **worker** of it.
23 The *keeper* **governor** of the *prison* **tower house**

looked not to any thing **saw after naught**
that was under his hand;
because *the LORD* **Yah Veh** was with him,
and that which he *did* **worked,**
the LORD **Yah Veh** made it to prosper.

YOSEPH INTERPRETS DREAMS

40 And **so be** it *came to pass*
after these *things* **words,**
that the butler of the *king* **sovereign** of *Egypt* **Misrayim**
and his baker had *offended* **sinned against** their
lord **adoni** the *king* **sovereign** of *Egypt* **Misrayim.**
2 And *Pharaoh* **Paroh** was *wroth* **enraged**
against two of his *officers* **eunuchs,** against
the *chief* **governor** of the butlers,
and against the *chief* **governor** of the bakers.
3 And he *put* **gave** them *in ward* **under guard**
in the house
of the *captain* **governor** of the *guard* **slaughterers,**
into the *prison* **tower house,**
the place where *Joseph* **Yoseph** was bound.
4 And the *captain* **governor** of the *guard*
slaughterers *charged Joseph* **mustered Yoseph**
with them, and he *served* **ministered to** them:
and they continued a *season in ward* **day under guard.**
5 And they dreamed a dream *both* **the two** of them,
each man his dream in one night,
each man according to the interpretation
of his dream, the butler and the baker
of the *king* **sovereign** of *Egypt* **Misrayim,** which
were bound in the *prison* **tower house.**
6 And *Joseph* **Yoseph** came in unto them in the morning,
and *looked upon* **saw** them, and,
behold, they were *sad* **wroth.**
7 And he asked *Pharaoh's officers* **Paroh's eunuchs**
that were with him
in **under** the *ward* **guard** of his
lord's **adoni's** house, saying,
Wherefore *look ye so sadly* **are your faces evil** to day?
8 And they said unto him, We have dreamed a dream,
and there is no interpreter of it.
And *Joseph* **Yoseph** said unto them,
Do **Be** not interpretations *belong to God* **of Elohim?**
tell **describe** me them, I *pray* **beseech** you.
9 And the *chief butler* **governor of the butlers**
told **described** his dream to *Joseph*
Yoseph, and said to him,
In my dream, behold, a vine was *before me* **at my face;**
10 And in the vine were three *branches* **tendrils:**
and it was as *though it budded* **blossoming,**
and her blossoms *shot forth* **ascended;**
and the clusters thereof *brought*
forth ripe **ripened** grapes:
11 And *Pharaoh's* **Paroh's** cup was in my hand:
and I took the grapes,
and pressed them into *Pharaoh's* **Paroh's** cup,
and I gave the cup into *Pharaoh's hand* **Paroh's palm.**
12 And *Joseph* **Yoseph** said unto him,
This is the interpretation of it:
The three *branches* **tendrils** are three days:
13 *Yet* **Again** within three days
shall *Pharaoh* **Paroh** lift *up* thine head, and
restore thee unto thy *place* **station:**
and thou shalt *deliver Pharaoh's* **give**
Paroh's cup into his hand,
after the *former manner* **first judgment**
when thou wast his butler.
14 But *think on* **remember** me
when *it shall be well with thee* **thou be well—pleased,**
and *shew kindness* **work mercy,** I *pray* **beseech** thee,
unto me,
and *make mention of* **remember**
me unto *Pharaoh* **Paroh,**
and bring me out of this house:
15 For *indeed* **in stealing** I, was stolen *away*
out of the land of the Hebrews:
and here also have I *done nothing* **worked naught**
that they should put me into the *dungeon* **well.**
16 When the *chief baker* **governor of the bakers**
saw that the interpretation was good,
he said unto *Joseph* **Yoseph,**
I also was in my dream, and, behold,
I had three white — **three perforated**
baskets on my head:
17 And in the uppermost basket
there was *of all manner of bakemeats*
the work of a baker
for *Pharaoh* **Paroh;**
and the *birds* **flyers** did eat them out
of the basket upon my head.
18 And *Joseph* **Yoseph** answered and said,
This is the interpretation thereof: The
three baskets are three days:
19 *Yet* **Again** within three days
shall *Pharaoh* **Paroh** lift *up* thy head from
off thee, and shall hang thee on a tree;
and the *birds* **flyers** shall eat thy flesh from off thee.
20 And it *came to pass* **became** the third day,
which was Pharaoh's **Paroh's** birthday,

that he *made* **worked** a *feast* **banquet**
unto all his servants:
and he lifted up the head
of the *chief butler* **governor of the butlers**
and **the head**
of the *chief baker* **governor of the bakers**
among his servants.
21 And he restored the *chief butler*
governor of the butlers
unto his butlership again;
and he gave the cup into *Pharaoh's hand* **Paroh's palm**:
22 But he hanged the *chief baker* **governor of the bakers**:
as *Joseph* **Yoseph** had interpreted to them.
23 Yet did not the *chief butler* **governor of the butlers**
remember *Joseph* **Yoseph**, but forgat him.

41 And **so be** it *came to pass*
at the end of two *full years* **years of days**,
that *Pharaoh* **Paroh** dreamed:
and, behold, he stood by the river.

Paroh Dreams

2 And, behold, there *came up* **ascended** out of the river
seven *well favoured kine* **heifers beautiful visaged**
and fatfleshed;
and they *fed* **grazed** in *a meadow* **the bulrushes**.
3 And, behold,
seven other *kine came up* **heifers ascended**
after them out of the river,
ill favoured **evil visaged** and *leanfleshed* **thinfleshed**;
and stood by the *other kine* **heifers**
upon the *brink* **edge** of the river.
4 And the *ill favoured* **evil visaged**
and *leanfleshed kine* **thinfleshed heifers**
did eat up the seven
well favoured **beautiful visaged** and fat *kine* **heifers**.
So *Pharaoh* **Paroh** awoke.
5 And he slept and dreamed the second *time*:
and, behold,
seven ears *of corn came up* **ascended**
upon one *stalk* **stem**,
rank **fat** and good.
6 And, behold,
seven thin ears and blasted with the *east wind* **easterly**
sprung up after them.
7 And the *seven* thin ears
devoured **swallowed** the seven *rank* **fat** and full ears.
And *Pharaoh* **Paroh** awoke, and, behold, it was a dream.
8 And **so be** it *came to pass* in the morning
that his spirit was *troubled* **agitated**;
and he sent and called for
all the magicians of *Egypt* **Misrayim**,
and all the wise *men* thereof:
and *Pharaoh told* **Paroh described** them his dream;
but there was none that could interpret
them unto *Pharaoh* **Paroh**.
9 Then *spake* **worded**
the *chief butler* **governor of the butlers**
unto *Pharaoh* **Paroh**, saying,
I do remember my *faults* **sins** this day:
10 *Pharaoh* **Paroh** was *wroth* **enraged** with his
servants, and *put* **gave** me *in ward* **under guard**
in the *captain* **governor** of the
guard's **slaughterer's** house,
both me and the *chief baker* **governor of the bakers**:
11 And we dreamed a dream in one night, I and he;
we dreamed each man
according to the interpretation of his dream.
12 And there was there with us a
young man **lad**, an Hebrew,
servant to the *captain* **governor** of
the *guard* **slaughterers**;
and we *told* **described to** him,
and he interpreted to us our dreams;
to each man according to his dream he did interpret.
13 And **so be** it *came to pass*,
as he interpreted to us, so it was;
me he restored unto *mine office* **my**
station, and him he hanged.
14 Then *Pharaoh* **Paroh** sent and called *Joseph* **Yoseph**,
and they *brought* **ran** him *hastily* out of the *dungeon*
well: and he shaved *himself*, and changed his *raiment*
clothes, and came in unto *Pharaoh* **Paroh**.
15 And *Pharaoh* **Paroh** said unto *Joseph* **Yoseph**,
I have dreamed a dream,
and there is none that can interpret it:
and I have heard say of thee,
that thou *canst understand* **hearest**
a dream to interpret it.
16 And *Joseph* **Yoseph** answered *Pharaoh* **Paroh**,
saying, *It is not in me* **Except for I**:
God **Elohim** shall give *Pharaoh* **Paroh**
an answer of *peace* **shalom**.
17 And *Pharaoh said* **Paroh worded** unto
Joseph **Yoseph**, In my dream, behold,
I stood upon the *bank* **edge** of the river:
18 And, behold,
there *came up* **ascended** out of the river seven *kine*
heifers, fatfleshed and *well favoured* **of beautiful form**;
and they *fed in a meadow* **grazed in the bulrushes**:
19 And, behold,

seven other *kine came up* **heifers ascended** after them,
poor and *very ill favoured* **mighty evil formed**
and *leanfleshed* **emaciated flesh**, such as I never saw
in all the land of *Egypt* **Misrayim** for *badness* **evil**:
20 And the *lean* **emaciated**
and the *ill favoured kine* **evil heifers**
did eat up the first seven fat *kine* **heifers**:
21 And when they had
eaten them up **entered their inwards**,
it could not be known **they were not seen** *that*
they had eaten them **entering their inwards**;
but they were still *ill favoured* **evil visaged**,
as at the beginning. So I awoke.
22 And I saw in my dream, and, behold,
seven ears *came up* **ascended** in one
stalk **stem**, full and good:
23 And, behold, seven ears, withered, thin,
and blasted with the *east wind* **easterly**,
sprung up after them:
24 And the thin ears
devoured **swallowed** the seven good ears:
and I *told* **said** this unto the magicians;
but there was none *that could declare it* to **tell** me.
25 And *Joseph* **Yoseph** said unto *Pharaoh* **Paroh**,
The dream of *Pharaoh* **Paroh** is one:
God **Elohim** hath *shewed Pharaoh* **told Paroh**
what he is about to *do* **work**.
26 The seven good *kine* **heifer** are seven years;
and the seven good ears are seven years:
the dream is one.
27 And the seven *thin* **emaciated**
and *ill favoured kine* **evil heifers**
that *came up* **ascended** after them are seven years;
and the seven empty ears blasted with the *east*
wind **easterly** shall be seven years of famine.
28 This is the *thing* **word**
which I have *spoken* **worded** unto *Pharaoh*
Paroh: What *God* **Elohim** is about to *do* **work**
he *sheweth unto Pharaoh* **hath Paroh to see**.
29 Behold,
there come seven years of great *plenty* **sufficiency**
throughout all the land of *Egypt* **Misrayim**:
30 And there shall arise after them
seven years of famine;
and all the *plenty* **sufficiency** shall be
forgotten in the land of *Egypt* **Misrayim**;
and the famine shall *consume* **finish off** the land;
31 And the *plenty* **sufficiency**
shall not be known in the land
by reason **at the face** of that famine *following* **thus**;
for it shall be *very grievous* **mighty heavy**.
32 And for that the dream was *doubled* **duplicated**
unto *Pharaoh twice* **Paroh two times**;
it is because the *thing* **word** is established
by *God* **Elohim**, and *God* **Elohim**
will shortly bring it **shall hasten** to *pass* **work**.
33 Nowthereforele*Ptharaohlokou***Ptarohsek**aman
discreet **discerning** and wise,
and set him over the land of *Egypt* **Misrayim**.
34 Let *Pharaoh do* **Paroh work** this,
and let him *appoint officers* **muster overseers**
over the land,
and take up the fifth part **over a fifth**
of the land of *Egypt* **Misrayim**
in the seven *plenteous* years **of sufficiency**.
35 And let them gather all the food of
those good years that come,
and *lay up corn* **heap grain**
under the hand of *Pharaoh* **Paroh**,
and let them *keep* **guard** food in the cities.
36 Andthatfodshalbefosr*tore***overseeing**totheland
against the seven years of famine,
which shall be in the land of *Egypt* **Misrayim**;
that the land *perish not* **not be cut** through the famine.
37 And the *thing* **word**
was good in **well—pleased** the eyes of *Pharaoh*
Paroh, and *in* the eyes of all his servants.
38 And *Pharaoh* **Paroh** said unto his servants,
Can we find *such a one as this is* **thus**,
a man in whom the Spirit of *God* **Elohim** *is*?
39 And*Pharaoh***Paroh**saidunto*Joseph***Yoseph**,
Forasmuch as God **Since Elohim**
hath *shewed thee all this* **made all this known to thee**,
there is none so *discreet* **discerning** and wise as thou *art*:
40 Thou shalt be over my house,
and according unto thy word shall
all my people *be ruled* **shall kiss thy mouth**:
only in the throne *will* **shall** I be greater than thou.
41 And *Pharaoh* **Paroh** said unto *Joseph* **Yoseph**,
See **Behold**,
I have *set* **given** thee over all the land of *Egypt* **Misrayim**.
42 And *Pharaoh* **Paroh**
took off **turned aside** his *ring* **signet** from his hand,
and *put* **gave** it upon *Joseph's* **Yoseph's**
hand, and *arrayed* **enrobed** him
in *vestures* **clothes** of *fine* **white** linen,
and put a gold chain about his neck;
43 Andhe*made***caused**himtoride
in the second chariot which he had;
and they *cried before him* **called at his face**,

Bow the knee **Kneel:**
and he *made* **gave** him *ruler*
over all the land of *Egypt* **Misrayim.**
44 And *Pharaoh* **Paroh** said unto *Joseph* **Yoseph,**
I am Pharaoh **I — Paroh,**
and without thee shall no man lift *up* his hand
or foot in all the land of *Egypt* **Misrayim.**
45 And *Pharaoh* **Paroh** called *Joseph's* **Yoseph's** name
Zaphnathpaaneah **Sophnath Paneach;**
and he gave him to *wife* **woman** Asenath
the daughter of *Potipherah* **Poti Phera** priest of On.
And *Joseph* **Yoseph**
went out over *all* the land of *Egypt* **Misrayim.**
46 And *Joseph* **Yoseph** was **a son of** thirty years
old when he stood *before Pharaoh* **at the face**
of Paroh *king* **sovereign** of *Egypt* **Misrayim.**
And *Joseph* **Yoseph** went out
from the *presence* **face** of *Pharaoh* **Paroh,**
and *went throughout* **passed through**
all the land of *Egypt* **Misrayim.**
47 And in the seven *plenteous* years **of sufficiency**
the earth *brought forth* **worked** by handfuls.
48 And he gathered up all the food of the seven years,
which were in the land of *Egypt* **Misrayim,**
and *laid up* **gave** the food in the cities:
the food of the field, which was round about every city,
laid he up in the same **gave he among them.**
49 And *Joseph gathered corn* **Yoseph heaped grain**
as the sand of the sea,
very much **mightily abounding,**
until he *left numbering* **ceased scribing;**
for it was without number — **innumerable.**

YOSEPH BIRTHS MENASH SHEH AND EPHRAYIM

50 And unto *Joseph* **Yoseph** were *born* **birthed** two sons
before the years of famine came, which Asenath
the daughter of *Potipherah* **Poti Phera** priest of On
bare **birthed** unto him.
51 And *Joseph* **Yoseph** called the name
of the *firstborn Manasseh* **firstbirthed**
Menash Sheh: For *God* **Elohim,** *said he,*
hath made me forget all my *toil* **drudgery,**
and all my father's house.
52 And the name of the second called he
Ephraim **Ephrayim:** For *God* **Elohim** hath
caused me to *be fruitful* **bear fruit**
in the land of my *affliction* **humiliation.**
53 And the seven years of *plenteousness* **suficiency,**
that was in the land of *Egypt* **Misrayim,**
were *ended* **finished.**
54 And the seven years of *dearth* **famine**
began to come **entered,** according
as *Joseph* **Yoseph** had said:
and the *dearth* **famine** was in all lands;
but in all the land of *Egypt* **Misrayim** there was bread.
55 And when all the land of *Egypt* **Misrayim**
was famished,
the people cried to *Pharaoh* **Paroh** for bread:
and *Pharaoh* **Paroh** said unto all the
Egyptians **Misrayim,** Go unto *Joseph*
Yoseph; what he saith to you, *do* **work.**
56 And the famine was over all the face of the earth:
and *Joseph* **Yoseph** opened all the storehouses,
and *sold* **marketed kernels** unto
the *Egyptians* **Misrayim;**
and the famine *waxed sore* **prevailed**
in the land of *Egypt* **Misrayim.**
57 And all *countries* **lands** came into *Egypt* **Misrayim**
to *Joseph* **Yoseph** for to *buy corn* **market for kernels;**
because that the famine *was so sore*
prevailed in all lands.

THE BROTHERS OF YOSEPH GO TO MISRAYIM

42 Now when *Jacob* **Yaaqov** saw
that there *was corn* **were kernels** in *Egypt* **Misrayim,**
Jacob **Yaaqov** said unto his sons,
Why do ye look one upon another **What see ye?**
2 And he said, Behold,
I have heard that there *is corn* **are kernels**
in *Egypt* **Misrayim:**
get you down **descend** thither,
and *buy* **market for kernels** for us from thence;
that we may live, and not die.
3 And *Joseph's* **Yoseph's** ten brethren
went down **descended**
to *buy corn* **market for kernels of**
grain in *Egypt* **Misrayim.**
4 But *Benjamin* **Ben Yamin,** *Joseph's* **Yoseph's** brother,
Jacob **Yaaqov** sent not with his brethren; for he said,
Lest *peradventure* mischief *befall* **confront** him.
5 And the sons of *Israel* **Yisra El** came
to *buy corn* **market for kernels** among those that came:
for the famine was in the land of *Canaan* **Kenaan.**
6 And *Joseph* **Yoseph** was the governor over the land,
and he it was that *sold* **marketed kernels**
to all the people of the land:

and *Joseph's* **Yoseph's** brethren came,
and *bowed down themselves* **prostrated** before
him, with their *faces* **nostrils** to the earth.
7 And *Joseph* **Yoseph** saw his brethren,
and he *knew* **recognized** them,
but *made himself strange unto them*
they recognized him not,
and *spake roughly* **he worded sternly** unto them;
and he said unto them, Whence come ye? And
they said, From the land of *Canaan* **Kenaan**
to *buy* **market for kernels for** food.
8 And *Joseph knew* **Yoseph recognized** his
brethren, but they *knew* **recognized** not him.
9 And *Joseph* **Yoseph** remembered the
dreams which he dreamed of them,
and said unto them, Ye are spies;
to see the nakedness of the land ye are come.
10 And they said unto him, Nay, my *lord* **adon**,
but to *buy* **market for kernels for**
food are thy servants come.
11 We are all one man's sons;
we are *true men* **upright**, thy servants are no spies.
12 And he said unto them, Nay,
but to see the nakedness of the land ye are come.
13 And they said, Thy servants are twelve brethren, the
sons of one man in the land of *Canaan* **Kenaan**; and,
behold, the youngest is this day with our father,
and one is not.
14 And *Joseph* **Yoseph** said unto them,
That is it that I *spake* **have worded**
unto you, saying, Ye are spies:
15 Hereby ye shall be *proved* **proofed**:
By the *life of Pharaoh* **living Paroh**
ye shall not go *forth* hence,
except your youngest brother come hither.
16 Send one of you, and let him *fetch* **take** your brother,
and ye shall be *kept* **bound** in prison,
that your words may be *proved* **proofed**,
whether there be *any* truth in you:
or else **and if not** by the *life of Pharaoh* **living Paroh**
surely ye are spies.
17 And he *put* **took** them *all together* **away**
into ward **under guard** three days.
18 And *Joseph* **Yoseph** said unto them the third day,
This *do* **work**, and live; for I *fear God* **awe Elohim**:
19 If ye be *true men* **upright**, let one of your brethren
be bound in the house *of your prison* **under guard**:
go ye, carry *corn* **kernels** for the famine of your houses:
20 But bring your youngest brother unto me;
so **thus** shall your words be *verified*
amened, and ye shall not die.
And they *did* **worked** so.
21 And they said *one* **man** to *another* **brother**,
We are *verily* **truly** guilty concerning our
brother, in that we saw the *anguish* **tribulation**
of his soul, when he besought us,
and we *would not hear* **hearkened not**;
therefore is this *distress* **tribulation** come upon us.
22 And *Reuben* **Reu Ben** answered them, saying,
Spake **Said** I not unto you, saying,
Do not sin **Sin not** against the child; and ye
would not hear **hearkened not**? therefore,
behold, also his blood is required.
23 And they knew not
that *Joseph understood* **Yoseph heard** them;
for *he spake unto them by an interpreter*
a translator was between them.
24 And he turned *himself about* **around**
from them, and wept;
and returned to them *again*,
and *communed* **worded** with them, and
took from them *Simeon* **Shimon**,
and bound him *before* **in front of** their eyes.
25 Then *Joseph commanded* **Yoseph misvahed**
to fill their *sacks* **instruments** with *corn* **grain**,
and to restore every man's *money* **silver** into his *sack* **saq**,
and to give them *provision* **hunt** for the way:
and thus *did* **worked** he unto them.
26 And they laded their *asses* **he burros**
with the *corn* **kernels**, and *departed* **went** thence.
27 And as one of them opened his *sack* **saq**
to give his *ass* **he burro** provender in the *inn*
lodge, he *espied* **saw** his *money* **silver**;
for, behold, it was in his sack's mouth.
28 And he said unto his brethren, My
money **silver** is restored;
and, *lo* **behold**, it is even in my sack:
and their heart failed them, and
they *were afraid* **trembled**,
saying *one* **man** to *another* **brother**,
What is this that *God* **Elohim** hath
done **worked** unto us?
29 And they came unto *Jacob* **Yaaqov** their father
unto the land of *Canaan* **Kenaan**,
and told him all that befell unto them; saying,
30 The man, who is the *lord* **adon** of the land,
spake roughly **worded sternly** to us,
and *took* **gave** us for spies of the *country* **land**.
31 And we said unto him,
We are *true men* **upright**; we are no spies:
32 We be twelve brethren, sons of our father;

one is not, and the youngest is this day with
our father in the land of *Canaan* **Kenaan.**
33 And the man, the *lord* **adoni** of the *country* **land,**
said unto us,
Hereby shall I know that ye are *true men* **upright;**
leave one of your brethren *here* with me,
and take *food* for the famine of your
households, and be gone:
34 And bring your youngest brother unto me:
then shall I know that ye are no spies,
but that ye are *true men* **upright:**
so *will* **shall** I *deliver* **give** you your brother, and
ye shall *traffick* **merchandise** in the land.
35 And **so be** it *came to pass*
as they *emptied* **poured** out their *sacks* **saqs,** that, behold,
every man's bundle of *money* **silver** was in his *sack* **saq:**
and when *both* they and their father
saw the bundles of *money* **silver,** they *were afraid* **awed.**
36 And *Jacob* **Yaaqov** their father said unto
them, Me have ye bereaved *of my children:*
Joseph **Yoseph** is not, and *Simeon* **Shimon** is not,
and ye *will* **shall** take *Benjamin* **Ben Yamin** *away:*
all these *things* are against me.
37 And *Reuben spake* **Reu Ben said** unto his
father, saying, *Slay* **Deathify** my two sons,
if I *bring* **return** him not to thee:
deliver **give** him into my hand,
and I *will bring* **shall return** him to thee *again.*
38 And he said,
My son shall not *go down* **descend** with you;
for his brother is dead, and he *is left* **surviveth** alone:
if mischief *befall* **confront** him by
the way in the which ye go,
then shall ye *bring down* **descend** my *gray hairs* **grayness**
with *sorrow* **grief** to *the grave* **sheol.**

THE BROTHERS OF YOSEPH RETURN TO MISRAYIM

43 And the famine was *sore* **heavy** in the land.
2 And **so be** it *came to pass,*
when they had *eaten up* **finished eating** the *corn* **kernels**
which they had brought out of *Egypt* **Misrayim,**
their father said unto them, *Go again* **Return,**
buy us **market for us kernels for** a little food.
3 And *Judah spake* **Yah Hudah said** unto him, saying,
In witnessing, The man *did solemnly protest* **witnessed**
unto us, saying, Ye shall not see my face,
except **unless** your brother be with you.
4 If thou *wilt* **shalt** send our brother with us,
we *will go down* **shall descend**
and *buy* **market for** thee **kernels for** food:
5 But if thou *wilt* **shalt** not send him, we
will **shall** not *go down* **descend:**
for the man said unto us, Ye shall not see my face,
except **unless** your brother be with you.
6 And *Israel* **Yisra El** said,
Wherefore *dealt ye so ill with* **have ye vilified** me,
as to tell the man whether ye had yet a brother?
7 And they said,
In asking, The man asked us *straitly* of
our state, and of our kindred, saying,
Is your father yet alive? have ye *another* **a** brother?
and we told him
according to the *tenor* **mouth** of these
words: **In knowing, how** could we *certainly*
know that he *would* **should** say,
Bring **Descend** your brother *down?*
8 And *Judah* **Yah Hudah**
said unto *Israel* **Yisra El** his father,
Send the lad with me, and we *will* **shall** arise and go;
that we may live, and not die,
both we, and thou, and also our *little ones* **toddlers.**
9 I *will be surety* **shal pledge** for him;
of my hand shalt thou require him:
if I bring him not unto thee, and
set him *before* **facing** thee,
then *let me bear the blame* **have I sinned against thee**
for ever **all days:**
10 For *except* **if** we had **not** lingered,
surely now **by this time** we had
returned this second time.
11 And their father *Israel* **Yisra El** said unto
them, If *it must be* so now, *do* **work** this;
take of the best *fruits* **pluckings** in the
land in your *vessels* **instruments,**
and *carry down* **descend** the man *a present* **an offering,**
a little balm, and a little honey, spices, and myrrh,
nuts **pistachios,** and almonds:
12 And take double *money* **silver** in your hand;
and the *money* **silver** that was *brought again* **returned**
in the mouth of your sacks, *carry it again* **return** in
your hand; peradventure it was an *oversight* **error:**
13 Take also your brother,
and arise, *go again* **return** unto the man:
14 And *God Almighty* **El Shadday** give you *mercy* **mercies**
before **at the face of** the man,
that he may send away your other brother,
and *Benjamin* **Ben Yamin.**
If I be bereaved of my children **In
bereaving,** I *am* bereaved.

15 And the men took that *present* **offering,**
and they took double *money* **silver** in their hand
and *Benjamin* **Ben Yamin**; and rose up,
and *went down* **descended** to *Egypt* **Misrayim,**
and stood *before Joseph* **at the face of Yoseph.**
16 And when *Joseph* **Yoseph**
saw *Benjamin* **Ben Yamin** with them,
he said to the *ruler of* **one over** his
house, Bring these men home,
and *slay* **slaughter a slaughter**, and *make ready* **prepare**;
for these men shall *dine* **eat** with me at noon.
17 Andtheman*did***worked**a*Jsosephbade***Yosephsaid**;
and the man brought the men into
Joseph's **Yoseph's** house.
18 And the men *were afraid* **awed,**
because they were brought into *Joseph's* **Yoseph's**
house; and they said, Because of the *money* **word**
of the silver that was returned in our sacks at
the *first time* **beginning** are we brought in;
that he may *seek occasion* **roll** against us,
and fall upon us,
and take us for *bondmen* **servants,**
and our *asses* **he burros.**
19 And they came near
to the *steward* **man** of *Joseph's* **Yoseph's** house,
and they *communed* **worded** with him
at the *door* **portal** of the house,
20 And said, O *sir* **adoni,**
In descending, we *came indeed down* **descended**
at the *first time* **beginning**
to *buy* **market for kcrncls for** food:
21 And **so be** it *came to pass*, when
we came to the *inn* **lodge,**
that we opened our sacks, and, behold,
every man's *money* **silver** was in the mouth of
his sack, our *money* **silver** in full weight:
and we have *brought* **returned** it *again* in our hand.
22 And other *money* **silver**
have we *brought down* **descended** in our hands
to *buy* **market for kernels for** food:
we *cannot tell* **perceive not**
who put our *money* **silver** in our sacks.
23 And he said, *Peace* **Shalom** be to you, *fear* **awe** not:
your *God* **Elohim,** and the *God* **Elohim** of your
father, hath given you **hidden** treasure in your sacks:
I had your *money* **silver.**
And he brought *Simeon* **Shimon** out unto them.
24 And the man
brought the men into *Joseph's* **Yoseph's** house,
and gave them water, and they *washed* **bathed** their feet;
and he gave their *asses* **he burros** provender.
25 Andthey*madeready***prepared**the*presen***offering**
against Joseph **until Yoseph** came at noon:
for they heard that they should eat bread there.
26 And when *Joseph* **Yoseph** came home, they
brought him the *present* **offering** which
was in their hand into the house,
and *bowed themselves* **prostrated** to him to the earth.
27 And he asked them of their *welfare* **shalom,**
and said, Is your father *well* **at shalom,**
the *old man* **elder** of whom ye *spake* **said?**
Is he yet alive?
28 And they *answered* **said,**
Thy servant our father is *in good health*
at shalom, he is yet alive.
And they bowed *down their heads*, and
made obeisance **prostrated.**
29 And he lifted up his eyes,
and saw his brother *Benjamin* **Ben**
Yamin, his mother's son, and said,
Is this your younger brother,
of whom ye *spake* **said** unto me?
And he said,
God be gracious unto thee **Elohim**
grant thee charism, my son.
30 And *Joseph made haste* **Yoseph hastened;**
for his *bowels* **mercies** did yearn upon his brother:
and he sought where to weep;
and he entered into his chamber, and wept there.
31 Andhe*washed***bathed**hisface,andwentout,
and refrained himself, and said, Set on bread.
32 And they set on for him by himself,
and for them by themselves,
and for the *Egyptians* **Misrayim,**
which did eat with him, by themselves:
because the *Egyptians* **Misrayim**
might **can** not eat bread with the Hebrews;
for that is an *abomination* **abhorrence**
unto the *Egyptians* **Misrayim.**
33 And they sat *before him* **at his face,**
the *firstborn* **firstbirthed** according to his
birthright **firstrights,** and the *youngest* **lesser**
according to his *youth* **youngness:**
and the men marvelled *one at another* **man to friend.**
34 Andhe*tokandsentmeses***loadedloads**untothem
from *before him* **his face:**
but *Benjamin's mess* **Ben Yamin's load**
was **abounded** five *times so much* **hands**
as any of their's **than the loads of all.**
And they drank, and *were merry* **intoxicated** with him.

THE BROTHERS OF YOSEPH DEPART

44 And he *commanded* **misvahed** the steward of
his house, saying, Fill the men's sacks with food,
as much as they can *carry* **bear**,
and put every man's *money* **silver** in his sack's mouth.
2 And put my *cup* **bowl**, the silver *cup* **bowl**,
in the sack's mouth of the youngest,
and his *corn money* **kernel silver**.
And he *did* **worked** according to the word
that *Joseph* **Yoseph** had *spoken* **worded**.
3 As soon as the morning was light,
the men were sent away, they and their *asses* **he burros**.
4 And when they were gone out of the
city, and not yet far *off* **removed**,
Joseph **Yoseph** said unto his **house** steward,
Up **Arise**, *follow* **pursue** after the men;
and when thou dost overtake them, say unto them,
Wherefore have ye *rewarded* **shalamed ye** evil for good?
5 Is not this it in which my *lord* **adoni** drinketh,
and *whereby indeed he divineth*
in prognosticating, he prognosticateth?
ye have *done evil* **vilified** in so *doing* **working**.
6 And he overtook them,
and he *spake* **worded** unto them these same words.
7 And they said unto him,
Wherefore *saith* **wordeth** my *lord* **adoni** these words?
God forbid **Far be it** that thy servants should *do* **work**
according to this *thing* **word**:
8 Behold, the *money* **silver**, which we
found in our sacks' mouths,
we *brought again* **returned** unto thee
out of the land of *Canaan* **Kenaan**:
how then should we steal
out of thy *lord's* **adoni's** house silver or gold?
9 With whomsoever of thy servants it
be found, both let him die,
and we also
will **shall** be my *lord's bondmen* **adoni's servants**.
10 And he said,
Now also let it be according unto your words:
thus he with whom it is found shall be my
servant; and ye shall be *blameless* **innocent**.
11 Then they *speedily took down* **hastily**
lowered every man his sack to the *ground*
earth, and opened every man his sack.
12 And he searched, and began at the *eldest*
greater, and *left* **finished** at the youngest:
and the *cup* **bowl** was found
in *Benjamin's* **Ben Yamin's** sack.
13 Thentheyrent**ripped**theirclothes,
and laded every man his *ass* **he burro**,
and returned to the city.
14 And *Judah* **Yah Hudah** and his brethren
came to *Joseph's* **Yoseph's** house; for he was yet there:
and they fell *before him* **at his face** on the *ground* **earth**.
15 And *Joseph* **Yoseph** said unto them,
What *deed* **work** is this that ye have *done* **worked**?
wot **know** ye not that such a man as I
can certainly divine **in prognosticating,**
prognosticateth?
16 And *Judah* **Yah I-ludah** said,
What shall we say unto my *lord* **adoni**?
what shall we *speak* **word**?
or how shall we *clear* **justify** ourselves?
God **Elohim** hath found out the *iniquity*
perversity of thy servants:
behold, we are my *lord's* **adoni's**
servants, both we, and he also
with whom **in whose hand** the *cup* **bowl** is found.
17 And he said,
God forbid **Far be it** that I should *do* **work** so:
but the man in whose hand the *cup* **bowl**
is found, he shall be my servant;
and as for you,
get you up **ascend ye** in *peace* **shalom** unto your father.
18 Then*Judah***Yah-luIdah**camenearuntohim,
and said, Oh my *lord* **adoni**, let thy servant,
I pray thee, speak **word** a word in my *lord's*
adoni's ears, and let not *thine anger* **thy wrath**
burn **kindle** against thy servant:
for thou art even as *Pharaoh* **Paroh**.
19 My*lord***adoni**askedhisservants,saying,
Have ye a father, or a brother?
20 And we said unto my *lord* **adoni**, We
have a father, *an old man* **aged**,
and a child of his old age, a *little one* **youngster**;
and his brother is dead,
and he alone *is left* **remaineth** of his
mother, and his father loveth him.
21 And thou saidst unto thy servants,
Bring **Descend** him *down* unto me, that
I may set mine eyes upon him.
22 And we said unto my *lord* **adoni**,
The lad cannot leave his father: for if he should leave
his father, *his father would die* **he should die**.
23 And thou saidst unto thy servants,
Except **If** your youngest brother
come down **descend not** with you,
ye shall see my face *no more* **never again**.

24 And **so be** it *came to pass*
when we *came up* **ascended** unto thy servant my
father, we told him the words of my *lord* **adoni**.
25 And our father said, *Go again* **Return**,
and buy us **market us kernels for** a little food.
26 And we said, We cannot *go down* **descend**:
if our youngest brother be with us, then
will **shall** we *go down* **descend**:
for we may not see the man's face,
except **unless** our youngest brother be with us.
27 And thy servant my father said unto us,
Ye know that my *wife bare* **woman birthed** me two *sons*:
28 And the one went out from me, and I said,
Surely **In tearing,** he is torn *in pieces*;
and I saw him not since:
29 And if ye take this also from *me* **my face**,
and mischief befall him,
ye shall *bring down* **descend** my *gray hairs* **grayness**
with *sorrow* **evil** to *the grave* **sheol**.
30 Now therefore when I come to thy servant my father,
and the lad be not with us;
seeing that his *life* **soul** is bound up in the lad's *life* **soul**;
31 **So be** it *shall come to pass*,
when he seeth that the lad is not *with
us*, that he *will* **shall** die:
and thy servants shall *bring down* **descend**
the *gray hairs* **grayness** of thy servant our
father with *sorrow* **grief** to *the grave* **sheol**.
32 For thy servant *became surety* **pledged**
for the lad unto my father, saying, If
I bring him not unto thee,
then I shall *bear the blame to* **have sinned
against** my father *for ever* **all days**.
33 Now therefore, I *pray* **beseech** thee,
let thy servant *abide* **sit** instead of the lad a
bondman **servant** to my *lord* **adoni**;
and let the lad *go up* **ascend** with his brethren.
34 For how shall I *go up* **ascend** to my
father, and the lad be not with me?
lest peradventure I see the evil
that shall *come on* **find** my father.

YOSEPH REVEALS HIS IDENTITY

45 Then *Joseph* **Yoseph** could not refrain himself
before **in front of** all them
that *stood* **stationed themselves** by him;
and he *cried* **called**, Cause every man to go out from me.
And there stood no man with him, while *Joseph* **Yoseph**
made himself known unto his brethren.
2 And he *wept aloud* **gave his voice in weeping**:
and the *Egyptians* **Misrayim**
and the house of *Pharaoh* **Paroh** heard.
3 And *Joseph* **Yoseph** said unto his brethren,
I am *Joseph* **Yoseph**; doth my father yet live?
And his brethren could not answer him;
for they were *troubled* **terrified** at his *presence* **face**.
4 And *Joseph* **Yoseph** said unto his brethren,
Come near to me, I *pray* **beseech** you.
And they came near.
And he said, I am *Joseph* **Yoseph** your brother,
whom ye sold into *Egypt* **Misrayim**.
5 Now therefore *be not grieved* **neither contort**,
nor *angry with yourselves* **inflame in
your eyes**, that ye sold me hither:
for *God* **Elohim** did send me *before you* **from your face**
to *preserve life* **enliven**.
6 For these two years hath the famine been in the land:
and yet there are five years,
in the which there shall neither be
earing **ploughing** nor harvest.
7 And *God* **Elohim** sent me *before you* **from your face**
to *preserve* **set** you a *posterity* **survivor** in the
earth, and to *save* **preserve** your lives
by a great *deliverance* **escape**.
8 So now it was not you that sent me
hither, but *God* **Elohim**:
and he hath *made* **set** me a father to *Pharaoh* **Paroh**,
and *lord* **adoni** of all his house, and a *ruler* **sovereign**
throughout all the land of *Egypt* **Misrayim**.
9 Haste ye, and *go up* **ascend** to my
father, and say unto him,
Thus saith thy son *Joseph* **Yoseph**, *God* **Elohim** hath
made **set** me *lord* **adoni** of all *Egypt* **Misrayim**:
come down **descend** unto me, *tarry* **stay** not:
10 And thou shalt *dwell* **settle** in the land of
Goshen, and thou shalt be near unto me,
thou, and thy *children* **sons**,
and thy *children's children* **sons' sons**,
and thy flocks, and thy *herds* **oxen**,
and all that thou hast:
11 And there *will* **shall** I nourish thee;
for yet there are five years of famine;
lest thou, and thy household, and all that thou hast,
come to poverty **be dispossessed**.
12 And, behold, your eyes see,
and the eyes of my brother *Benjamin* **Ben Yamin**,
that it is my mouth that *speaketh* **wordeth** unto you.
13 And ye shall tell my father
of all my *glory* **honour** in *Egypt* **Misrayim**,
and of all that ye have seen;
and ye shall haste

and *bring down* **descend** my father hither.
14 And he fell
upon his brother *Benjamin's* **Ben Yamin's** neck,
and wept; and *Benjamin* **Ben Yamin** wept upon his neck.
15 Moreover he kissed all his brethren,
and wept upon them:
and after that his brethren *talked* **worded** with him.
16 And the *fame* **voice** thereof
was heard in *Pharaoh's* **Paroh's** house, saying,
Joseph's **Yoseph's** brethren are come:
and it **well**—pleased **the eyes of** *Pharaoh* **Paroh** *well*,
and **the eyes of** his servants.
17 And *Pharaoh* **Paroh** said unto *Joseph* **Yoseph**,
Say unto thy brethren, This *do* **work** ye;
lade your beasts, and go,
get you unto the land of *Canaan* **Kenaan**;
18 And take your father and your
households, and come unto me:
and I *will* **shall** give you
the good of the land of *Egypt* **Misrayim**,
and ye shall eat the fat of the land.
19 Now thou art *commanded* **misvahed**, this *do* **work** ye;
take you wagons out of the land of *Egypt* **Misrayim**
for your *little ones* **toddlers**, and for your *wives*
women, and *bring* **bear** your father, and come.
20 Also *regard* **let** not **your eye spare**
your *stuff* **instruments**;
for the good of all the land of *Egypt* **Misrayim** is your's.
21 And the *children* **sons** of *Israel*
did **Yisra El worked** so:
and *Joseph* **Yoseph** gave them wagons,
according to the *commandment* **mouth** of *Pharaoh*
Paroh, and gave them *provision* **hunt** for the way.
22 To all of them he gave each man
changes of *raiment* **clothes**;
but to *Benjamin* **Ben Yamin**
he gave three hundred *pieces of* silver, and
five changes of *raiment* **clothes**.
23 And to his father he sent *after this manner* **thus**;
ten *asses* **he burros**
laden with the *good things* **goods** of *Egypt*
Misrayim, and ten she *asses* **burros**
laden with *corn* **grain** and bread and *meat* **food**
for his father by the way.
24 So he sent his brethren away, and they *departed* **went**:
and he said unto them,
See that ye *fall not out* **not quiver** by the way.
25 Andthey*wentup***ascended**outo*EfgypM*t **israyim**,
and came into the land of *Canaan* **Kenaan**
unto *Jacob* **Yaaqov** their father,
26 And told him, saying, *Joseph* **Yoseph** is yet
alive, and he is *governor* **sovereign**
over all the land of *Egypt* **Misrayim**.
And *Jacob's* **Yaaqov's** heart *fainted* **exhausted**,
for he *believed* **trusted** them not.
27 And they *told him* **worded**
all the words of *Joseph* **Yoseph**, which
he had *said* **worded** unto them:
and when he saw the wagons
which *Joseph* **Yoseph** had sent to *carry* **bear** him,
the spirit of *Jacob* **Yaaqov** their father *revived* **enlivened**:
28 And*IsraeYl* **israEs**laid*Itis,enough***Great**;
Joseph **Yoseph** my son is yet alive:
I *will* **shall** go and see him before I die.

Yaaqov Moves To Misrayim

46 And *Israel took his journey* **Yisra El pulled stakes**
with all that he had,
and came to *Beersheba* **Beer Sheba**,
and *offered* **sacrificed** sacrifices
unto the *God* **Elohim** of his father *Isaac* **Yischaq**.
2 And*Godspake***Elohimsaid**unto*IsraeYl* **israEl**
in the visions of the night,
and said, *Jacob* **Yaaqov**, *Jacob* **Yaaqov**.
And he said, Here *am* — I.
3 And he said, I *am God* — **El**, the
God **Elohim** of thy father:
fear **awe** not to *go down* **descend** into *Egypt* **Misrayim**;
for I *will* **shall** there *make* **set** of
thee a great *nation* **goyim**:
4 I *will go down* **shall descend** with
thee into *Egypt* **Misrayim**;
and **in ascending,**
I *will* **shall** also *surely bring* **ascend** thee *up again*:
and *Joseph* **Yoseph** shall put his hand upon thine eyes.
5 And*Jacob***Yaqov**roseupfrom*Bersheba***BerSheba**:
and the sons of *Israel* **Yisra El**
carried Jacob **bore Yaaqov** their father,
and their *little ones* **toddlers**, and their *wives* **women**,
in the wagons which *Pharaoh* **Paroh** had sent
to *carry* **bear** him.
6 And they took their *cattle* **chattel**,
and their *goods* **acquisitions**,
which they had *gotten* **acquired** in the land of
Canaan **Kenaan**, and came into *Egypt* **Misrayim**,
Jacob **Yaaqov**, and all his seed with him:
7 Hissons,andhissons'sonswithhim,
his daughters, and his sons' daughters,
and all his seed
brought he with him into *Egypt* **Misrayim**.

Genealogy Of All Who Came To Misrayim

8 And these are the names
of the *children* **sons** of *Israel* **Yisra El**, which came
into *Egypt* **Misrayim**, *Jacob* **Yaaqov** and his sons:
Reuben, Jacob's firstborn **Reu Ben,**
Yaaqov's firstbirthed.
9 And the sons of *Reuben* **Reu Ben**;
Hanoch, and Phallu,
and *Hezron* **Hesron**, and *Carmi* **Karmi**.
10 AndthesonsofSimeon**Shimon**;
Jemuel **Yemu El**, and *Yamin* **Yamiyn**,
and Ohad, and *Jachin* **Yachin**, and *Zohar* **Sochar**, and
Shaul the son of a *Canaanitish* **Kenaaniy** woman.
11 And the sons of Levi;
Gershon, *Kohath* **Qehath**, and Merari.
12 And the sons of *Judah* **Yah Hudah**;
Er, and Onan, and Shelah,
and *Pharez* **Peres**, and *Zarah* **Zerach**:
but Er and Onan died in the land of *Canaan* **Kenaan**.
And the sons of *Pharez* **Peres**
were *Hezron* **Hesron** and Hamul.
13 And the sons of *Issachar* **Yissachar**;
Tola, and *Phuvah* **Puvvah**, and Job, and Shimron.
14 And the sons of Zebulun;
Sered, and Elon, and *Jahleel* **Yachle El**.
15 These be the sons of Leah,
which she *bare* **birthed** unto *Jacob* **Yaaqov**
in *Padanaram* **Paddan Aram**,
with his daughter Dinah:
all the souls of his sons and his
daughters were thirty and three.
16 And the sons of Gad;
Ziphion **Siphyon**, and Haggi, Shuni, and *Ezbon* **Esbon**,
Eri **Eriy**, and *Arodi* **Arodiy**, and *Areli* **Ar Eli**.
17 And the sons of Asher;
Jimnah **Yimnah**, and *Ishuah* **Yishvah**,
and *Isui* **Yishviy**, and Beriah,
and *Serah* **Serach** their sister:
and the sons of Beriah; Heber, and *Malchiel* **Malki El**.
18 These are the sons of Zilpah, whom
Laban gave to Leah his daughter,
and these she *bare* **birthed** unto *Jacob* **Yaaqov**,
even sixteen souls.
19 The sons of Rachel *Jacob's wife* **Yaaqov's woman**;
Joseph **Yoseph**, and *Benjamin* **Ben Yamin**.
20 And unto *Joseph* **Yoseph** in the
land of *Egypt* **Misrayim**
were *born Manasseh* **birthed Menash Sheh**
and *Ephraim* **Ephrayim**, which Asenath
the daughter of *Potipherah* **Poti Phera**
priest of On *bare* **birthed** unto him.
21 And the sons of *Benjamin* **Ben Yamin**
were Belah, and Becher, and Ashbel, Gera, and Naaman,
Ehi **Achi**, and Rosh, Muppim, and Huppim, and Ard.
22 These are the sons of Rachel,
which were *born* **birthed** to *Jacob* **Yaaqov**:
all the souls were fourteen.
23 And the sons of Dan; Hushim.
24 And the sons of Naphtali;
Jahzeel **Yachse El**, and Guni, and
Jezer **Yeser**, and Shillem.
25 These are the sons of Bilhah,
which Laban gave unto Rachel his daughter, and
she *bare* **birthed** these unto *Jacob* **Yaaqov**:
all the souls were seven.
26 All the souls
that came with *Jacob* **Yaaqov** into *Egypt*
Misrayim, which came out of his *loins* **flank**,
besides *Jacob's* **Yaaqov's** sons' *wives* **women**,
all the souls were *threescore* **sixty** and six;
27 And the sons of *Joseph* **Yoseph**, which were
born **birthed** him in *Egypt* **Misrayim**,
were two souls:
all the souls of the house of *Jacob* **Yaaqov**,
which came into *Egypt* **Misrayim**,
were *threescore and ten* **seventy**.
28 And he sent *Judah* **Yah Hudah**
before him **from his face** unto *Joseph* **Yoseph**,
to direct his face unto Goshen;
and they came into the land of Goshen.
29 And *Joseph made ready* **Yoseph bound** his chariot,
and *went up* **ascended** to meet *Israel* **Yisra El** his father,
to Goshen, and *presented himself unto* **was seen by** him;
and he fell on his neck,
and wept on his neck *a good while* **again**.
30 And*Israel***YisraEl**saidunto*Joseph***Yoseph**,
Now **This time** let me die, since I have seen
thy face, because thou art *yet* **still** alive.
31 And *Joseph* **Yoseph** said unto his brethren,
and unto his father's house,
I *will go up* **shall ascend**, and *shew Pharaoh* **tell Paroh**,
and say unto him, My brethren, and my father's
house, which were in the land of *Canaan* **Kenaan**,
are come unto me;
32 And the men *are shepherds* **tend flocks**,
for their trade hath been to feed cattle — **men of chattel**;
and they have brought their flocks, and their
herds **oxen**, and all that they have.

33 And **so be** it *shall come to pass*, when
Pharaoh **Paroh** shall call you,
and shall say, What is your *occupation* **work**?
34 That ye shall say,
Thy *servants' trade* **servants**
hath **have** been *about cattle* **men of chattel**
from our youth even until now, both
we, *and* also our fathers:
that ye may *dwell* **settle** in the land of Goshen;
for *every shepherd* **all who tend flocks** *is* **are** an
abomination **abhorrence** unto the *Egyptians* **Misrayim**.

YAAQOV IN MISRAYIM

47 Then *Joseph* **Yoseph** came and told *Pharaoh*
Paroh, and said, My father and my brethren,
and their flocks, and their *herds* **oxen**,
and all that they have,
are come out of the land of *Canaan* **Kenaan**;
and, behold, they are in the land of Goshen.
2 Andhetok*some***ofthend**ofhisbrethren*e,ven*ifvemen,
and presented them *unto Pharaoh* **at the face of Paroh**.
3 And *Pharaoh* **Paroh** said unto his brethren,
What is your *occupation* **work**?
And they said unto *Pharaoh* **Paroh**, Thy
servants *are shepherds* **tend flocks**,
both we, and also our fathers.
4 They said moreover unto *Pharaoh* **Paroh**,
For to sojourn in the land are we come;
for thy servants have no pasture for their flocks;
for the famine is *sore* **heavy**
in the land of *Canaan* **Kenaan**:
now therefore, we *pray* **beseech** thee,
let thy servants *dwell* **settle** in the land of Goshen.
5 And*Pharaohspake***Parohsaid**unto*Joseph***Yoseph**,
saying, Thy father and thy brethren are come unto thee:
6 The land of *Egypt* **Misrayim** is *before thee* **at thy face**;
in the best of the land
make **have** thy father and brethren to *dwell* **settle**;
in the land of Goshen let them *dwell* **settle**:
and if thou knowest *any* men of *activity*
valour among them, then *make* **set** them
rulers **governors** over my *cattle* **chattel**.
7 And Yoseph enters Yaaqov his father and
stands him at the face of Paroh:
and Yaaqov blesses Paroh.
8 And Paroh says to Yaaqov,
How many *are* the days of the years of your life?
9 And Yaaqov says to Paroh,
The days of the years of my sojournings
are a hundred years and thirty years:
few and evil be the days of the years of my life:
and reach not
to the days of the years of the life of my
fathers in the days of their sojournings.
10 And Yaaqov blesses Paroh and goes
from the face of Paroh:
11 and Yoseph settles his father and his brothers
and gives them a possession in the land of Misrayim
— in the best of the land, in the land of
Rameses, as Paroh misvahed.
12 And Yoseph nourishes his father and his brothers
and all the household of his father with bread,
according to the mouths of their toddlers:
13 and there *is* no bread in all the land;
for the famine *is* mighty heavy
so that the land of Misrayim and the land of Kenaan
are rabid at the face of the famine.
14 And Yoseph gleans all the silver they find
in the land of Misrayim and in the land of
Kenaan for the kernels for which they market:
and Yoseph brings the silver into the house of Paroh:
15 and when the silver fails
in the land of Misrayim and in the land of Kenaan,
all the Misrayim come to Yoseph, and say,
Give us bread! Why die we in your presence?
although the silver *is* consumed.
16 And Yoseph says, Give your chattel;
and I give you for your chattel, if silver *is* consumed.
17 And they bring their chattel to Yoseph:
and Yoseph gives them bread
for horses and for the chattel of the flocks
and for the chattel of the oxen and for the he burros:
and he sustains them with bread for
all their chattel for that year.
18 And that year consummates:
and they come to him the second year and say to him,
We conceal not from my adoni, how
that our silver *is* consumed;
my adoni also has our chattel of animals;
naught survives at the face of my adoni
except our bodies and our soil:
19 Why die we in front of your
eyes — both we and our soil?
Chattelize us and our soil for bread
and we and our soil become servants to Paroh:
and give us seed, that we live and not die,
that the soil not become desolate.
20 And Yoseph

chattels all the soil of Misrayim for Paroh; for every
Misrayim man sells his field, because the famine
prevails over them: so the land becomes to Paroh:
21 and as for the people, he passes them to cities
from *one* **the** end of the borders of *Egypt* **Misrayim**
even to the *other* end thereof.
22 Only the *land* **soil** of the priests
bought **chatteled** he not;
for the priests had a *portion* **statute**
assigned them of Pharaoh **from Paroh**, and
did eat **consumed** their *portion* **statute**
which *Pharaoh* **Paroh** gave them:
wherefore they sold not their *lands* **soil**.
23 Then *Joseph* **Yoseph** said unto the people,
Behold, I have *bought* **chatteled** you this day
and your *land* **soil** for *Pharaoh* **Paroh**: *lo* **behold**,
here is — seed for you, and ye shall
sow **seed** the *land* **soil**.
24 And **so be** it *shall come to pass* in the
increase **produce**, that ye shall give the
fifth *part* unto *Pharaoh* **Paroh**,
and four *parts* shall be your own, for seed of the field,
and for your food, and for them of your households,
and for food for your *little ones* **toddlers**.
25 Andtheysaid,Thouhast*saved***preserved**oulrives:
let us find *grace* **charism**
in the *sight* **eyes** of my *lord* **adoni**,
and we *will* **shall** be *Pharaoh's* **Paroh's** servants.
26 And *Joseph made it* **Yoseph set** a *law* **statute**
over the land of *Egypt* **Misrayim** unto this day,
that *Pharaoh* **Paroh** should have the fifth *part*,
except the *land* **soil** of the priests only,
which became not *Pharaoh's* **Paroh's**.
27 And *Israel* **Yisra El**
dwelt **settled** in the land of *Egypt* **Misrayim**,
in the *country* **land** of Goshen;
and they *had possessions* **possessed**
therein, and *grew* **bore fruit**,
and *multiplied exceedingly* **abounded mightily**.
28 And *Jacob* **Yaaqov**
lived in the land of *Egypt* **Misrayim** seventeen years:
so the *whole age* **days of the years** of *Jacob's* **Yaaqov's life**
was an hundred forty **years** and seven years.
29 And the *time drew nigh* **day approached**
that *Israel must* **Yisra El** die:
and he called his son *Joseph* **Yoseph**, and said unto him,
If now I have found *grace* **charism** in thy *sight* **eyes**,
put, I *pray* **beseech** thee, thy hand under my *thigh*
flank, and *deal kindly* **work in mercy** and *truly* **truth**
with me; *bury* **entomb** me not, I *pray* **beseech** thee,
in *Egypt* **Misrayim**:
30 But I *will* **shall** lie with my fathers,
and thou shalt *carry* **bear** me out of *Egypt* **Misrayim**,
and *bury* **entomb** me in their *buryingplace* **tomb**.
And he said,
I will do as thou hast said **I shall work thy word**.
31 Andhesaid,*Swear***Oath**untome.
And he *sware* **oathed** unto him.
And *Israel bowed himself* **Yisra El prostrated**
upon the bed's head.

THE FINAL DAYS OF YISRA EL

48 And **so be** it *came to pass*
after these *things* **words**,
that one told *Joseph* **Yoseph**, Behold, thy father is sick:
and he took with him his two sons,
Manasseh **Menash Sheh** and *Ephraim* **Ephrayim**.
2 And one told *Jacob* **Yaaqov**, and said, Behold,
thy son *Joseph* **Yoseph** cometh unto thee:
and *Israel* **Yisra El** strengthened himself,
and sat upon the bed.
3 And *Jacob* **Yaaqov** said unto *Joseph* **Yoseph**,
God Almighty appeared unto **El Shadday was seen by** me
at Luz in the land of *Canaan* **Kenaan**, and blessed me,
4 And said unto me, Behold,
I *will make* **shall have** thee *fruitful* **bear
fruit**, and *multiply* **abound** thee,
and I *will make of* **shall give** thee
a *multitude* **congregation** of people;
and *will* **shall** give this land to thy seed after
thee for an *everlasting* **eternal** possession.
5 And now thy two sons,
Ephraim **Ephrayim** and *Manasseh* **Menash
Sheh**, which were *born* **birthed** unto thee
in the land of *Egypt* **Misrayim**
before **until** I came unto thee into
Egypt **Misrayim**, are mine;
as *Reuben* **Reu Ben** and *Simeon* **Shimon**,
they shall be mine.
6 And thy *issue* **kindred**,
which thou *begettest* **birthest** after them, shall be thine,
and shall be called after the name of their
brethren in their inheritance.
7 And as for me, when I came from
Padan, Rachel died by me
in the land of *Canaan* **Kenaan** in the way,
when *yet* there was *but a little way* **still a bit of land**
to come unto Ephrath:
and I *buried* **entombed** her there in the way of Ephrath;
the same is *Bethlehem* **Beth Lechem**.

8 And*Israel*beheld*Joseph's***YisraElsawYoseph's**sons,
and said, Who are these?
9 And *Joseph* **Yoseph** said unto his
father, They are my sons,
whom *God* **Elohim** hath given me *in this place.*
And he said, *Bring* **Take** them, I pray thee,
unto me, and I *will* **shall** bless them.
10 Now the eyes of *Israel* **Yisra El** were *dim*
heavy for age, so that he could not see.
And he brought them near unto him;
and he kissed them, and embraced them.
11 And *Israel* **Yisra El** said unto *Joseph* **Yoseph,**
I had not *thought* **prayed** to see thy face: and, *lo* **behold,**
God **Elohim** hath *shewed* me **see** also thy seed.
12 And *Joseph* **Yoseph** brought them
out from between his knees,
and he *bowed* **prostrated** *himself*
with his *face* **nostrils** to the earth.
13 And *Joseph* **Yoseph** took **the two of** them
both, Ephraim **Ephrayim** in his right *hand*
toward *Israel's* **Yisra El's** left *hand,*
and *Manasseh* **Menash Sheh** in his left *hand*
toward *Israel's* **Yisra El's** right *hand,* and
brought them near unto him.
14 And *Israel* **Yisra El**
stretched out **spread** his right *hand,*
and *laid* **put** it upon *Ephraim's* **Ephrayim's**
head, who was the *younger* **lesser,**
and his left *hand* upon *Manasseh's* **Menash Sheh's** head,
guiding his hands wittingly **crossing his hands;**
for *Manasseh* **Menash Sheh** was
the *firstborn* **firstbirthed.**
15 And he blessed *Joseph* **Yoseph,** and said,
God **Elohim,** *before whom* **at whose face**
my fathers Abraham and *Isaac* **Yischaq** did walk,
the God **Elohim** which *fed* **tended** me
all my life long unto this day,
16 The Angel which redeemed me
from all evil, bless the lads;
and let my name be *named* **called** on them,
and the name of my fathers Abraham and *Isaac* **Yischaq;**
and let them *grow* **spawn as fish** into a
multitude in the midst of the earth.
17 And when *Joseph* **Yoseph** saw that his father
laid **put** his right *hand*
upon the head of *Ephraim* **Ephrayim,** it
displeased him **was evil in his eyes:** and
he *held up* **upheld** his father's hand,
to *remove it* **turn it aside** from *Ephraim's* **Ephrayim's**
head unto *Manasseh's* **Menash Sheh's** head.
18 And *Joseph* **Yoseph** said unto his father,
Not so, my father: for this is the *firstborn* **firstbirthed;**
put thy right *hand* upon his head.
19 And his father refused, and said, I
know *it,* my son, I know *it:*
he also shall become a people, and he
also shall *be great* **greaten:**
but *truly* his younger brother shall be greater
than he, and his seed shall become
a *multitude* **fulness** of *nations* **goyim.**
20 And he blessed them that day, saying, In
thee shall *Israel* **Yisra El** bless, saying,
God make **Elohim set** thee
as *Ephraim* **Ephrayim** and as *Manasseh* **Menash Sheh:**
and he set *Ephraim* **Ephrayim**
before Manasseh **at the face of Menash Sheh.**
21 And *Israel* **Yisra El** said unto *Joseph* **Yoseph,**
Behold, I die: but *God* **Elohim** shall be with you,
and *bring* **return** you *again* unto the land of your fathers.
22 Moreover I have given to thee
one *portion* **shoulder** above thy brethren, which
I took out of the hand of the *Amorite* **Emoriy**
with my sword and with my bow.

YAAQOV BLESSES HIS SONS

49 And *Jacob* **Yaaqov** called unto his sons,
and said, Gather *yourselves together,*
that I may tell you that which shall *befall*
confront you in the *last* **final** days.
2 Gather *yourselves together,* and hear,
ye sons of *Jacob* **Yaaqov;**
and hearken unto *Israel* **Yisra El** your father.
3 *Reuben* **Reu Ben,** thou art my *firstborn* **firstbirthed,**
my *might* **force,** and the beginning of my strength,
the *excellency* **remainder** of *dignity* **exalting,** and
the *excellency* **remainder** of *power* **strength:**
4 *Unstable* **Frothy** as water,
thou shalt not *excel* **remain**
because thou *wentest up* **ascendest** to thy father's bed;
then *defiledst* **profanest** thou it:
he *went up* **ascended** to my couch.
5 *Simeon* **Shimon** and Levi are brethren;
instruments of *cruelty* **violence**
are *in* their *habitations* **swords.**
6 O my soul, come not thou into their secret;
unto their *assembly* **congregation,** mine
honour, be not thou united:
for in their *anger* **wrath** they *slew* **slaughtered** a man,
and in their *selfwill* **pleasure**
they *digged down a wall* **hamstrung oxen.**

7 Cursedbetheir*angewr* **rath**,foirtwas*fierce***strong**;
and their *wrath* **fury**, for it was *cruel* **hardened**:
I *will divide* **shall allot** them in *Jacob* **Yaaqov**,
and scatter them in *Israel* **Yisra El**.
8 *Judah* **Yah I-ludah**,
thou *art he* whom thy brethren
shall *praise* **spread hands**:
thy hand shall be in the neck of thine enemies;
thy father's *children* **sons**
shall *bow down* **prostrate** before thee.
9 *Judah* **Yah I-ludah** is a lion's whelp:
from the prey, my son, thou art *gone up* **ascended**:
he *stooped down* **kneeled**, he *couched* **crouched**
as a lion, and as *an old* **a roaring** lion;
who shall rouse him *up*?
10 The *sceptre* **scion**
shall not *depart* **turn aside** from *Judah* **Yah I-ludah**, nor a *lawgiver* **statute setter** from
between his feet, until Shiloh come;
and unto him
shall the *gathering* **obedience** of the people be.
11 Binding his foal unto the vine,
and his *ass's colt* **she burro's son** unto the choice
vine; he *washed* **laundered** his *garments* **robes** in
wine, and his *clothes* **veil** in the blood of grapes:
12 Hiseyesshalbe*red***flush**withwine,
and his teeth white with milk.
13 Zebulun shall *dwell* **tabernacle** at the haven of the sea;
and he shall be for an haven of ships;
and his *border* **flank** shall be unto *Zidon* **Sidon**.
14 *IsachaY*rissacharisa*strongas***bonyheburo**
couching down **crouching**
between *two burdens* **the stalls**:
15 And he saw that rest was good,
and the land that it *was pleasant* **pleased**;
and bowed his shoulder to bear,
and became *a servant unto tribute* **to serve as a vassal**.
16 Dansha*juldge***pleadthecauseohf**ispeople,
as one of the *tribes* **scions** of *Israel* **Yisra El**.
17 Dan shall be a serpent by the way,
an adder in the path, that biteth the horse
heels, so that his rider shall fall backward.
18 I have *waited for* **awaited** thy
salvation, O *LORD* **Yah Veh**.
19 Gad, a troop shall *overcome* **troop against** him:
but he shall *overcome at the last* **troop against the heel**.
cp Genesis 3:15
20 Out of Asher his bread shall *be fat* **fatten**,
and he shall *yield royal dainties*
give sovereign delicacies.
21 Naphtalisahind*letloose***sentaway**:
he giveth *goodly words* **glorious sayings**.
22 *Joseph***Yoseph**isafruitful*bough***son**,
even a fruitful *bough* **son** by a *well* **fountain**;
whose *branches run* **daughters pace** over the wall:
23 The*archers***mastersofarrows**
have *sorely grieved* **embittered** him,
and shot *at him*, and *hated* **opposed** him:
24 Buthisbow*abodeinstrength***setledperennia,l**
and the arms of his hands were *made strong* **solidified**
by the hands of the *mighty God* **Almighty** of
Jacob **Yaaqov**; (from thence is *the shepherd* **he who tendeth**, the stone of *Israel* **Yisra El**:)
25 *Even* by *the God* **El** of thy father, who shall help thee;
and by *the Almighty* **Shadday**, who shall bless thee
with blessings of *heaven above* **the heavens most high**, blessings of the *deep* **abyss** that *lieth* **croucheth**
under, blessings of the breasts, and of the womb:
26 The blessings of thy father have prevailed **mightily**
above the blessings of *my progenitors* **whom I conceived** unto the *utmost bound* **limits**
of the *everlasting* **eternal** hills:
they shall be on the head of *Joseph* **Yoseph**,
and on the *crown of the head* **scalp** of him
that was *separate from* **a Separatist of** his brethren.
27 *Benjamin***BenYamin**shal*ravin***tear**asawolf:
in the morning he shall devour the prey,
and at *night* **evening** he shall *divide* **allot** the *spoil* **loot**.
28 Altheseare thetwelve*tribes***scions**of*IsraeYl* **israE:l**
and this is it that their father *spake* **worded**
unto them, and blessed them;
every *one* **man** according to his blessing he blessed them.
29 And he *charged* **misvahed** them, and said unto
them, I am to be gathered unto my people:
bury **entomb** me with my fathers in the cave
that is in the field of Ephron the *Hittite* **I-lethiy**,
30 In the cave that is in the field of Machpelah,
which is *before* **at the face of** Mamre,
in the land of *Canaan* **Kenaan**, which
Abraham *bought* **chatteled**
with the field of Ephron the *Hittite* **I-lethiy**
for a possession of a *buryingplace* **tomb**.
31 There they *buried* **entombed** Abraham
and Sarah his *wife* **woman**;
there they *buried Isaac* **entombed Yischaq**
and *Rebekah* **Ribqah** his *wife* **woman**;
and there I *buried* **entombed** Leah.
32 The*purchase***chateol**ftheifeldandofthecave
that is therein was from the *children* **sons** of Heth.
33 And when *Jacob* **Yaaqov**

had *made an end of commanding* **finished misvahing**
his sons,
he gathered up his feet into the bed, and
yielded up the ghost **expired,**
and was gathered unto his people.

50 And *Joseph* **Yoseph** fell upon his father's
face, and wept upon him, and kissed him.
2 And *Joseph commanded* **Yoseph misvahed** his servants
the *physicians* **healers** to embalm his father:
and the *physicians* **healers** embalmed *Israel* **Yisra El.**
3 And forty days were fulfilled for him;
for so are fulfilled the days of those
which are embalmed:
and the *Egyptians mourned* **Misrayim wept** for him
threescore and ten **seventy** days.
4 And when the days of his *mourning*
weeping were past,
Joseph spake **Yoseph worded**
unto the house of *Pharaoh* **Paroh,** saying,
If *now* **I beseech,** I have found *grace*
charism in your eyes,
speak **word,** I *pray* **beseech** you, in the
ears of *Pharaoh* **Paroh,** saying,
5 My father *made me swear* **oathed me,** saying,
Lo **Behold,** I die:
in my *grave* **tomb** which I have digged for
me in the land of *Canaan* **Kenaan,**
there shalt thou *bury* **entomb** me.
Now therefore let me *go up* **ascend,** I *pray*
beseech thee, and *bury* **entomb** my father,
and I *will come again* **shall return.**
6 And *Pharaoh* **Paroh** said,
Go up **Ascend,** and *bury* **entomb** thy father,
according as he *made* **oathed** thee *swear.*
7 And *Joseph went up* **Yoseph ascended**
to *bury* **entomb** his father:
and with him *went up* **ascended** all the servants
of *Pharaoh* **Paroh,** the elders of his house,
and all the elders of the land of *Egypt* **Misrayim,**
8 And all the house of *Joseph* **Yoseph,** and
his brethren, and his father's house:
only their *little ones* **toddlers,** and their flocks,
and their *herds* **oxen,** they left in the land of Goshen.
9 And there *went up* **ascended** with him
both chariots and *horsemen* **cavalry**:
and it was a *very great company* **mighty heavy camp.**
10 And they came to the threshingfloor of *Atad*
Thorns, which is beyond *Jordan* **Yarden,**
and there they *mourned* **chopped** with a great and
very sore **mighty heavy** *lamentation* **chopping**:
and he *made* **worked** a mourning
for his father seven days.
11 And when *the inhabitants* **of they who settled** the land,
the *Canaanites* **Kenaaniy,** saw the mourning
in the *floor* **threshingfloor** of *Atad* **Thorns,**
they said, This is a *grievous* **heavy** mourning
to the *Egyptians* **Misrayim:**
wherefore
the name of it was called *Abelmizraim* **Abel
Misrayim,** which is beyond *Jordan* **Yarden.**
12 And his sons *did* **worked** unto him
according as he *commanded* **misvahed** them:
13 For his sons *carried* **bore** him
into the land of *Canaan* **Kenaan,**
and *buried* **entombed** him
in the cave of the field of Machpelah, which
Abraham *bought* **chatteled** with the field for
a possession of a *buryingplace* **tomb**
of Ephron the *Hittite* **Hethiy,**
before **at the face of** Mamre.
14 And *Joseph* **Yoseph** returned into *Egypt* **Misrayim,**
he, and his brethren,
and all that *went up* **ascended** with him
to *bury* **entomb** his father,
after he had *buried* **entombed** his father.
15 And when *Joseph's* **Yoseph's** brethren
saw that their father was dead, they said,
Joseph will peradventure hate
What if Yoseph shall oppose us,
and *will certainly requite us* **in returning, shall return**
all the evil which we *did* **dealt** unto him.
16 And they *sent a messenger* **misvahed**
unto *Joseph* **Yoseph,** saying, Thy father
did command **misvahed**
before he died **at the face of his death,** saying,
17 *So* **Thus** shall ye say unto *Joseph* **Yoseph,**
Forgive **Bear,** *I pray thee now* **O I beseech, I beseech,**
the *trespass* **rebellion** of thy brethren, and their sin;
for they *did unto* **dealt** thee evil:
and *now* **I beseech,** we *pray* **beseech** thee,
forgive **bear** the *trespass* **rebellion**
of the servants of the *God* **Elohim** of thy father.
And *Joseph* **Yoseph** wept
when they *spake* **worded** unto him.
18 And his brethren also
went and fell down *before* **at** his face;
and they said, Behold, we be thy servants.
19 And *Joseph* **Yoseph** said unto them, *Fear* **Awe** not:
for *am* I in the place of *God* **Elohim?**
20 But as for you, ye *thought* **fabricated** evil against me;

but *God meant* **Elohim fabricated** it unto good,
to bring to pass **in order to work**, as it is this
day, to *save* **preserve** much people alive.
Romans 8:28
21 Now therefore *fear* **awe** ye not:
I *will* **shall** nourish you, and your *little ones* **toddlers**.
And he *comforted* **sighed over** them,
and *spake kindly* **worded** unto *them* **their heart**.
22 And*JosephdweY*l*t***osephsetled**in*EgypMt* **israyim**,
he, and his father's house:
and *Joseph* **Yoseph** lived an hundred and ten years.
23 And *Joseph* **Yoseph**
saw *Ephraim's children* **Ephrayim's sons**
of the third *generation*:
the *children* **sons** also of Machir the
son of *Manasseh* **Menash Sheh**
were *brought up* **birthed** upon *Joseph's* **Yoseph's** knees.

THE DEATH OF YOSEPH

24 And *Joseph* **Yoseph** said unto his brethren, I die:
and *God will surely* **in visiting, Elohim shall** visit
you, and *bring* **ascend** you out of this land
unto the land which he *sware* **oathed** to Abraham,
to *Isaac* **Yischaq**, and to *Jacob* **Yaaqov**.
25 And*Josephtookanoatho***Y***f***osephoathed**
the *children* **sons** of *Israel* **Yisra El**, saying,
God will surely
In visiting, Elohim shall visit you,
and ye shall *carry up* **ascend** my bones from hence.
26 So *Joseph* **Yoseph** died,
being **a son of** an hundred and ten years *old*:
and they embalmed him,
and he was put in *a coffin* **an ark** in *Egypt* **Misrayim**.
20 But as for you, you fabricated evil against me;

SONS OF YISRA EL IN MISRAYIM

1 *Now* **And** these are the names
of the *children* **sons** of *Israel* **Yisra El**,
which came into *Egypt* **Misrayim**;
every man and his household came with *Jacob* **Yaaqov**.
2 *Reuben* **Reu Ben**, *Simeon* **Shimon**,
Levi, and *Judah* **Yah Hudah**,
3 *Issachar* **Yissachar**, Zebulun, and
Benjamin **Ben Yamin**,
4 Dan, and Naphtali, Gad, and Asher.
5 And all the souls
that came out of the *loins* **flank** of *Jacob* **Yaaqov**
were seventy souls:
for *Joseph* **Yoseph** was in *Egypt* **Misrayim** *already*.
6 And *Joseph* **Yoseph** died,
and all his brethren, and all that generation.
7 And the *children* **sons** of *Israel* **Yisra El**
were fruitful **bore fruit**,
and *increased abundantly* **teemed**,
and *multiplied* **abounded**,
and waxed exceeding mighty **mighty mightily mightier**;
and the land was filled with them.
8 Now there arose up a new *king* **sovereign**
over *Egypt* **Misrayim**, which knew not *Joseph* **Yoseph**.
9 And he said unto his people,
Behold, the people of the *children* **sons** of *Israel* **Yisra El**
are *more* **greater** and mightier than we:
10 *Come on* **Give**, let us deal wisely with them;
lest they *multiply* **abound**,
and it *come to pass* **become**, that,
when *there falleth out* **we are confronted**
in any war, they *join* **be added** also
unto *our enemies* **them who hate**
us, and fight against us,
and *so get* **ascend** them *up* out of the land.
11 Therefore they did set over them
taskmasters **vassal governors**
to *afflict* **humble** them with their burdens.
And they built for *Pharaoh treasure* **Paroh**
storage cities, Pithom and *Raamses* **Rameses**.
12 But the more they *afflicted* **humbled** them,
the more **thus** they *multiplied* **abounded**
and *grew* **thus they broke forth**. And
they were *grieved* **abhorred**
because **at the face** of the *children* **sons** of *Israel* **Yisra El**.
13 And the *Egyptians* **Misrayim**
made the *children* **sons** of *Israel* **Yisra El**
to serve with *rigour* **tyranny**:

14 And they *made* **embittered** their lives *bitter*
with hard *bondage* **service**, in morter, and in
brick, and in all *manner of* service in the field:
all their service, wherein they made them
serve, was with *rigour* **tyranny**.
15 And the *king* **sovereign** of *Egypt* **Misrayim**
spake **said** to the Hebrew *midwives* **accoucheuses**,
of which the name of the one was Shiphrah,
and the name of the *other* **second** Puah:
16 And he said,
When ye *do the office of a midwife* **accoucheuse**
to the Hebrew *women*,
and see them upon the *stools* **stones**;
if it be a son, then ye shall *kill* **deathify** him:
but if it be a daughter, then she shall live.
17 But the *midwives* **accoucheuses**
feared God **awed Elohim**,
and *did* **worked** not
as the *king* **sovereign** of *Egypt* **Misrayim**
commanded them **had worded**,
but *saved* **preserved** the *men* children alive.
18 Andthe*king***sovereign**of*Egypt***Misrayim**
called for the *midwives* **accoucheuses**,
and said unto them,
Why have ye *done* **worked** this *thing* **word**,
and have *saved* **preserved** the *men* children alive?
19 And the *midwives* **accoucheuses**
said unto *Pharaoh* **Paroh**,
Because the Hebrew *women* are not as
the *Egyptian* **Misrayim** women; for they
are lively, and *are delivered* **birth**
15 Now when *Pharaoh* **Paroh** heard this *thing*,
he sought to *slay Moses* **slaughter Mosheh**.
But *Moses* **Mosheh** fled from the face of *Pharaoh* **Paroh**,
and *dwelt* **settled** in the land of *Midian* **Midyan**:
and he sat down by a well.
16 Now the piresto *Mfidian* **Mid**
yan had seven daughters:
and they came and *drew water* **bailed**,
and filled the troughs to *water*
moisten their father's flock.
17 And the *shepherds* **tenders** came and
drove **expelled** them *away*:
but *Moses stood up* **Mosheh rose** and *helped* **saved**
them, and *watered* **moistened** their flock.
18 And when they came to *Reuel* **Reu El** their father,
he said, How is it
that ye *are come so soon* **have hasted to come** to day?
19 And they said, *An Egyptian* **A man — a Misrayim**
delivered **rescued** us
out of the hand of the *shepherds* **tenders**,
and *also drew water enough*
in bailing, he also bailed for us, and
watered **moistened** the flock.
20 And he said unto his daughters,
And where is he? why is it that ye have left the man?
call him, that he may eat bread.
21 And *Moses was content* **Mosheh willed**
to *dwell* **settle** with the man:
and he gave *Moses* **Mosheh**
Zipporah **Sipporah** his daughter.
22 Andshe*bare***birthed**himason,
and he called his name Gershom:
for he said,
I have been a *stranger* **sojourner** in a strange land.
23 And **so be** it *came to pass*
in *process of time* **those many days**,
that the *king* **sovereign** of *Egypt* **Misrayim** died:
and the *children* **sons** of *Israel* **Yisra El** sighed
by reason **because** of the *bondage* **service**, and they
cried, and their cry *came up* **ascended** unto *God* **Elohim**
by reason **because** of the *bondage* **service.**
24 And *God* **Elohim** heard their groaning,
and *God* **Elohim** remembered his covenant
with Abraham, with *Isaac* **Yischaq,**
and with *Jacob* **Yaaqov.**
25 And *God* **Elohim**
looked upon **saw** the *children* **sons** of *Israel* **Yisra El,**
and *God had respect unto them* **Elohim perceived.**

The Burning Bush

3 *Now Moses kept* **Mosheh tended** the flock
of *Jethro* **Yithro** his *father* in law, the priest of
Midian **Midyan**: and he *led* **drove** the flock
to the backside of the *desert* **wilderness,**
and came to the mountain of *God*
Elohim, *even* to Horeb.
2 And the angel of *the LORD* **Yah Veh**
appeared unto **was seen by** him
in a flame of fire out of the midst of a bush:
and he *looked* **saw**, and, behold,
the bush *burned* **kindled** with fire, and
the bush was not consumed.
3 And *Moses* **Mosheh** said,
I will now **Let me, I beseech thee,** turn
aside, and see this great *sight* **visage,**
why the bush is not *burnt* **consumed.**
4 And when *the LORD* **Yah Veh**
saw that he turned aside to see,
God **Elohim** called unto him out of the midst of the
bush, and said, *Moses* **Mosheh**, *Moses* **Mosheh.**

And he said, Here *am* — I.
5 AndhesaidD, *raw***Approach**no*ntigh*hither:
put off thy shoes from off thy feet,
for the place whereon thou standest is holy *ground* **soil.**
6 Moreover he said, *I am the God*
I — Elohim of thy father,
the God **Elohim** of Abraham,
the God **Elohim** of *Isaac* **Yischaq**, and *the God* **Elohim**
of *Jacob* **Yaaqov**. And *Moses* **Mosheh** hid his face;
for he *was afraid* **awed** to look upon *God* **Elohim.**
7 And *the LORD* **Yah Veh** said,
In seeing, I have *surely* seen
the *affliction* **humiliation** of my people
which are in *Egypt* **Misrayim,**
and have heard their cry
by reason **at the face** of their *taskmasters* **exactors;**
for I know their sorrows;
8 And I *am come down* **descend** to deliver them
out of the hand of the *Egyptians* **Misrayim,**
and to *bring* **ascend** them *up* out of that land
unto a good land and *a large* **broad,**
unto a land flowing with milk and honey;
unto the place of the *Canaanites* **Kenaaniy,**
and the *Hittites* **Hethiy**, and the *Amorites*
Emoriy, and the *Perizzites* **Perizziy**, and the
Hivites **Hivviy**, and the *Jebusites* **Yebusiy.**
9 Now therefore, behold,
the cry of the *children* **sons** of *Israel* **Yisra El**
is come unto me:
and I have also seen the oppression wherewith
the *Egyptians* **Misrayim** oppress them.
10 *Come* **Go** now therefore,
and I *will* **shall** send thee unto *Pharaoh* **Paroh,**
that thou mayest bring forth my people
the *children* **sons** of *Israel* **Yisra El**
out of *Egypt* **Misrayim.**
11 And *Moses* **Mosheh** said unto *God* **Elohim,**
Who am I, that I should go unto *Pharaoh*
Paroh, and that I should bring forth
the *children* **sons** of *Israel* **Yisra El**
out of *Egypt* **Misrayim?**

ELOHIM REVEALS HIMSELF AS I AM WHO I AM

12 And he said,
Certainly I will be **For this cause**
I AM with thee; and this shall be *a token* **the**
sign unto thee, that I have sent thee:
When thou hast brought forth the
people out of *Egypt* **Misrayim,**
ye shall serve *God* **Elohim** upon this mountain.
13 And *Moses* **Mosheh** said unto *God* **Elohim,**
Behold, *when* I come unto the *children* **sons**
of *Israel* **Yisra El**, and shall say unto them,
The *God* **Elohim** of your fathers hath sent me unto you;
and they shall say to me, What is his name?
what shall I say unto them?
14 And *God* **Elohim** said unto *Moses*
Mosheh, I AM *THAT* **WHO** I AM:
and he said,
Thus shalt thou say
unto the *children* **sons** of *Israel* **Yisra**
El, I AM hath sent me unto you.
Read Yahn 8:58
15 And *God* **Elohim**
said *moreover* **again** unto *Moses*
Mosheh, Thus shalt thou say
unto the *children* **sons** of *Israel* **Yisra El,**
The LORD God **Yah Veh Elohim** of your fathers,
the God **Elohim** of Abraham,
the God **Elohim** of *Isaac* **Yischaq**, and
the God **Elohim** of *Jacob* **Yaaqov,**
hath sent me unto you:
this is my name *for ever* **eternally,**
and this is my memorial
unto all generations **generation to generation.**
16 Go, and gather the elders of *Israel* **Yisra**
El *together*, and say unto them,
The LORD God **Yah Veh Elohim** of your fathers,
the God **Elohim** of Abraham,
of *Isaac* **Yischaq,** and of *Jacob* **Yaaqov,**
appeared unto **was seen by** me, saying, **In**
visiting, I have *surely* visited you,
and *seen* that which is *done* **worked**
to you in *Egypt* **Misrayim:**
17 And I have said, I *will bring* **shall ascend** you *up*
out of the *affliction* **humiliation** of *Egypt* **Misrayim**
unto the land of the *Canaanites* **Kenaaniy,**
and the *Hittites* **Hethiy**, and the *Amorites*
Emoriy, and the *Perizzites* **Perizziy**, and the
Hivites **Hivviy**, and the *Jebusites* **Yebusiy,**
unto a land flowing with milk and honey.
18 And they shall hearken to thy voice:
and thou shalt come,
thou and the elders of *Israel* **Yisra El,**
unto the *king* **sovereign** of *Egypt* **Misrayim,**
and ye shall say unto him,
The LORD God **Yah Veh Elohim** of the Hebrews
hath *met with* **happened upon** us:
and now let us go, we beseech thee, three days'
journey into the wilderness , that we may sacrifice
to *the LORD* **Yah Veh** our *God* **Elohim.**

19 And I am sure
that the *king* **sovereign** of *Egypt* **Misrayim**
will **shall** not *let* **give** you **to** go, no,
not by a *mighty* **strong** hand.
20 And I *will stretch out* **shall spread** my hand,
and smite *Egypt* **Misrayim** with all my *wonders* **marvels**
which I *will do* **shall work** in the midst thereof:
and after that he *will let* **shall send** you *go* **away**.
21 And I *will* **shall** give this people *favour* **charism**
in the *sight* **eyes** of the *Egyptians* **Misrayim**:
and **so be** it *shall come to pass*, that,
when ye go, ye shall not go empty:
22 But every woman shall *borrow* **ask**
of her *neighbour* **fellow tabernacler**, and of her that
sojourneth in her house, *jewels* **instruments** of silver,
and *jewels* **instruments** of gold, and *raiment* **clothes**:
and ye shall put them upon your sons,
and upon your daughters;
and *ye* shall *spoil* **strip** the *Egyptians* **Misrayim**.

The Signs Of Yah Veh To Mosheh

4 And *Moses* **Mosheh** answered and said,
But, behold, they *will* **shall** not *believe* **trust**
me, nor hearken unto my voice: for they
will **shall** say, *The LORD* **Yah Veh**
hath not *appeared unto* **been seen by** thee.
2 And *the LORD* **Yah Veh** said unto him,
What is that in thine hand?
And he said, A rod.
3 And he said, Cast it on the *ground* **earth**.
And he cast it on the *ground* **earth**,
and it became a serpent;
and *Moses* **Mosheh** fled from *before* **the face of** it.
4 And *the LORD* **Yah Veh** said unto *Moses* **Mosheh**,
Put forth **Spread** thine hand, and *take* **hold** it by the tail.
And he *put forth* **spread** his hand, and *caught* **held** it,
and it became a rod in his *hand* **palm**:
5 That they may *believe* **trust**
that *the LORD God* **Yah Veh Elohim** of their fathers,
the God **Elohim** of Abraham,
the God **Elohim** of *Isaac* **Yischaq**, and
the God **Elohim** of *Jacob* **Yaaqov**,
hath *appeared unto* **been seen by** thee.
6 And *the LORD* **Yah Veh** said *furthermore*
again unto him, Put *now* **I beseech**
thee, thine hand into thy bosom.
And he put his hand into his bosom: and when he
took it out, behold, his hand was leprous as snow.
7 And he said,
Put **Return** thine hand into thy bosom *again*.
And he *put* **returned** his hand into his bosom *again*;
and plucked it out of his bosom, and, behold, it
was turned again **returned** as his *other* flesh.
8 And **so be** it *shall come to pass*,
if they *will* **shall** not *believe* **trust** thee, neither
hearken to the voice of the first sign,
that they *will believe* **shall trust**
the voice of the latter sign.
9 And **so be** it *shall come to pass*,
if they *will* **shall** not *believe* **trust** also these
two signs, neither hearken unto thy voice,
that thou shalt take of the water of the river,
and pour it upon the dry *land*:
and the water which thou takest out of the river
shall become blood upon the dry *land*:
10 And *Moses* **Mosheh** said unto *the LORD* **Yah Veh**,
O my *Lord* **Adonay**, I am not *eloquent* **a man of**
words, neither *heretofore* **for three yesters ago**,
nor since thou hast *spoken* **worded** unto thy servant:
but I am *slow* **heavy** of *speech* **mouth**,
and of a *slow* **heavy** tongue.
11 And *the LORD* **Yah Veh** said unto him,
Who hath *made man's* **set the human** mouth?
or who *maketh* **setteth** the *dumb* **mute**, or deaf,
or the *seeing* **open—eyed**, or the blind?
have not I *the LORD* **Yah Veh**?
12 Now therefore go, and I *will* **shall** be with thy mouth,
and *teach* **direct** thee what thou shalt *say* **word**.
13 And he said, O my *Lord* **Adonay**,
send, I *pray* **beseech** thee,
by the hand of him whom thou *wilt* **shalt** send.
14 And the *anger* **wrath** of *the LORD* **Yah Veh**
was kindled against *Moses* **Mosheh**, and he said, Is
not *Aaron* **Aharon** the *Levite* **Leviy** thy brother?
I know that **in wording,** he can *speak* **word** well.
And also, behold, he cometh forth to meet thee:
and when he seeth thee,
he *will be glad* **shall cheer** in his heart.
15 And thou shalt *speak* **word** unto him,
and put words in his mouth:
and I *will* **shall** be with thy mouth, and with his mouth,
and *will teach* **shall direct** you what ye shall *do* **work**.
16 And he shall *be thy spokesman* **word for thee**
unto the people:
and he shall be,
even he shall be to thee
instead **in the stead** of a mouth, and thou shalt be to him
instead **in the stead** of *God* **Elohim**.
17 Andthoushaltakethisrodinthinehand,
wherewith thou shalt *do* **work** signs.

18 And *Moses* **Mosheh** went
and returned to *Jethro* **Yithro** his *father* in law,
and said unto him, Let me go, I *pray* **beseech**
thee, and return unto my brethren
which are in *Egypt* **Misrayim,**
and see whether they be *yet* **still** alive. And *Jethro*
Yithro said to *Moses* **Mosheh,** Go in *peace* **shalom.**
19 And *the LORD* **Yah Veh** said unto *Moses* **Mosheh**
in *Midian* **Midyan,**
Go, return into *Egypt* **Misrayim:**
for all the men are dead which sought thy *life* **soul.**
20 And *Moses* **Mosheh** took his *wife* **woman** and his
sons, and *set* **rode** them upon *an ass* **a he burro,**
and he returned to the land of *Egypt* **Misrayim:**
and *Moses* **Mosheh** took the rod of *God* **Elohim**
in his hand.
21 And *the LORD* **Yah Veh** said unto *Moses* **Mosheh,**
When thou goest to return into *Egypt* **Misrayim,**
see that thou *do* **work** all those *wonders* **omens**
before Pharaoh **at the face of Paroh,**
which I have put in thine hand:
but I *will harden* **shall callous** his heart, that
he shall not *let* **send** the people *go* **away.**
22 And thou shalt say unto *Pharaoh* **Paroh,**
Thus saith *the LORD* **Yah Veh,**
Israel **Yisra El** is my son, *even* my *firstborn* **firstbirthed:**
23 And I say unto thee, *Let* **Send** my son
go **away,** that he may serve me:
and if thou refuse to *let* **send** him *go* **away,**
behold, I *will slay* **shall slaughter** thy son,
even thy *firstborn* **firstbirthed.**
24 And **so be** it *came to pass*
by the way in the *inn* **lodge,** that *the LORD* **Yah**
Veh met him, and sought to *kill* **deathify** him.
25 Then *Zipporah* **Sipporah** took a sharp stone,
and cut off the foreskin of her son,
and cast it at **that it touched** his feet, and said,
Surely a bloody *husband* **groom** art thou to me.
26 So he *let* **sent** him *go* **away:**
then she said, A bloody *husband* **groom**
thou art, because of the circumcision.
27 And *the LORD* **Yah Veh** said to *Aaron* **Aharon,**
Go into the wilderness to meet *Moses* **Mosheh.**
And he went, and met him in the mount
of *God* **Elohim,** and kissed him.
28 And *Moses* **Mosheh** told *Aaron* **Aharon**
all the words of *the LORD* **Yah Veh** who had sent him,
and all the signs
which he had *commanded* **misvahed** him.
29 And *Moses* **Mosheh** and *Aaron* **Aharon** went
and gathered *together*
all the elders of the *children* **sons** of *Israel* **Yisra El:**
30 And *Aaron spake* **Aharon worded** all the words
which *the LORD* **Yah Veh** had *spoken* **worded**
unto *Moses* **Mosheh,**
and *did* **worked** the signs in the *sight* **eyes** of the people.
31 And the people *believed* **trusted:**
and when they heard that *the LORD* **Yah Veh**
had visited the *children* **sons** of *Israel*
Yisra El, and that he had
looked upon **seen** their *affliction* **humiliation,**
then they bowed *their heads* and *worshipped* **prostrated.**

MOSHEH AND AHARON AT THE FACE OF PAROH

5 And afterward
Moses **Mosheh** and *Aaron* **Aharon** went
in, and told *Pharaoh* **Paroh,**
Thus saith *the LORD God* **Yah Veh Elohim**
of *Israel* **Yisra El,**
Let **Send** my people *go* **away,**
that they may *hold a feast* **celebrate**
unto me in the wilderness.
2 And *Pharaoh* **Paroh** said, Who is *the LORD*
Yah Veh, that I should *obey* **hear** his voice
to *let Israel go* **send Yisra El away?**
I know not *the LORD* **Yah Veh,**
neither *will I let Israel go* **shall I send Yisra El away.**
3 And they said,
The God **Elohim** of the Hebrews hath met with us:
let us go, we *pray* **beseech** thee,
three days' journey into the *desert* **wilderness,**
and sacrifice unto *the LORD* **Yah Veh** our *God* **Elohim;**
lest he *fall upon* **encounter** us with
pestilence, or with the sword.
4 And the *king* **sovereign** of *Egypt* **Misrayim**
said unto them,
Wherefore do ye, *Moses* **Mosheh** and *Aaron* **Aharon,**
let **expel** the people from their works?
get you **go ye** unto your burdens.
5 And *Pharaoh* **Paroh** said, Behold,
the people of the land now are many,
and ye make them *rest* **shabbathize** from their burdens.
6 And *Pharaoh commanded* **Paroh misvahed** the same day
the *taskmasters* **exactors** of the people,
and their officers, saying,
7 Ye shall *no more* **not again**
give the people straw to make brick,
as *heretofore* **three yesters ago:**
let them go and gather straw for themselves.

8 And the *tale* **quantity** of the bricks,
which they *did make heretofore* **worked three yesters ago**, ye shall *lay* **set** upon them;
ye shall not diminish *ought* thereof for they be *idle* **lazy**;
therefore they cry, saying,
Let us go and sacrifice to our *God* **Elohim**.
9 Let *there more work* **the service**
be *laid* **heavy** upon the men,
that they may *labour* **work** therein;
and let them not *regard vain* **look unto false** words.
10 And the *taskmasters* **exactors** of the
people went out, and their officers,
and they *spake* **said** to the people, saying,
Thus saith *Pharaoh* **Paroh**, I *will* **shall** not give you straw.
11 Go ye, *get* **take** you straw where ye can find it:
yet not ought **that no word** of your *work* **service**
shall be diminished.
12 So the people were scattered abroad
throughout all the land of *Egypt* **Misrayim**
to gather stubble instead of straw.
13 And the *taskmasters* **exactors** hasted them, saying,
Fulfil **Finish** your works,
your *daily tasks* **day by day words**, as
when there *was* **became** straw.
14 Andtheoifcersofthe*children***sons**of*IsraeYl* **israE,l**
which *Pharaoh's taskmasters* **Paroh's exactors**
had set over them,
were *beaten* **smitten**, *and demanded* **saying**,
Wherefore have ye not *fulfilled* **finished** your *task* **statute**
in making brick both yesterday and to
day, as *heretofore* **three yesters ago**?
15 Thentheoifcersofthe*children***sons**of*IsraeYl* **israEl**
came and cried unto *Pharaoh* **Paroh**, saying, Wherefore
dealest **workest** thou thus with thy servants?
16 There is no straw given unto thy servants,
and they say to us, *Make* **Work** brick:
and, behold, thy servants are *beaten* **smitten**;
but the *fault* **sin** is in thine own people.
17 But he said, *Ye are idle* **Lazy**, *ye are idle* **lazy**:
therefore ye say,
Let us go and *do* sacrifice to *the LORD* **Yah Veh**.
18 Gotherefornow,*andwork***serve**;
for there shall no straw be given you,
yet shall ye *deliver* **give** the *tale* **gauge** of bricks.
19 And the officers of the *children* **sons** of *Israel* **Yisra El**
did see that they were in evil *case*, after it was
said, Ye shall not *minish ought* **diminish**
from your bricks of your *daily task* **day by day word**.
20 And they *met* **encountered**
Moses **Mosheh** and *Aaron* **Aharon**,
who *stood* **stationed themselves**
in the way **to confront them**,
as they came forth from *Pharaoh* **Paroh**:
21 And they said unto them,
The LORD look upon you **Yah Veh see thee**, and judge;
because ye have
made our savour to be abhorred **stunk our scent**
in the eyes of *Pharaoh* **Paroh**, and
in the eyes of his servants,
to *put* **give** a sword in their hand to *slay* **slaughter** us.
22 And*Moses***Mosheh**returnedunto*theLORD***YahVeh**,
and said, *Lord* **Adonay**,
wherefore hast thou *so evil entreated* **vilified** this people?
why is it that thou hast sent me?
23 For since I came to *Pharaoh* **Paroh**
to *speak* **word** in thy name,
he hath *done evil to* **vilified** this people;
neither hast thou delivered thy people at all
in rescuing, thou hast not rescued thy people.

6 Then *the LORD* **Yah Veh** said unto
Moses **Mosheh**, Now shalt thou see
what I *will do* **shall work** to *Pharaoh* **Paroh**:
for with a strong hand shall he *let* **send** them *go* **away**,
and with a strong hand
shall he *drive* **expel** them out of his land.
2 And*God*spake**Elohimworded**unto*Moses***Mosheh**,
and said unto him, *I am the LORD* **I — Yah Veh**:
3 And I *appeared unto* **was seen by** Abraham,
unto Isaac **by Yischaq**, and *unto Jacob* **by Yaaqov**,
by the name of God Almighty **as El Shadday**,
but by my name *JEHOVAH* **Yah Veh**
was I not known to them.
4 And I have also *established* **raised**
my covenant with them,
to give them the land of *Canaan* **Kenaan**,
the land of their *pilgrimage* **sojournings**,
wherein they *were strangers* **sojourned**.
5 And I have also heard the groaning of the *children*
sons of *Israel* **Yisra El**, whom the *Egyptians*
Misrayim *keep in bondage* **cause to serve**;
and I have remembered my covenant.
6 *Wherefore say* **Say thus**
unto the *children* **sons** of *Israel* **Yisra El**,
I am the LORD **I — Yah Veh**, and
I *will* **shall** bring you out
from under the burdens of the *Egyptians*
Misrayim, and I *will rid* **shall rescue** you
out of their *bondage* **service**, and I *will* **shall** redeem you

with *a stretched out* **spread** arm,
and with great judgments:
7 And I *will* **shall** take you to me *for* — a people,
and I *will* **shall** be to you *a God* — **Elohim**:
and ye shall know
that I am the LORD **I — Yah Veh** your *God* **Elohim**,
which bringeth you out
from under the burdens of the *Egyptians* **Misrayim**.
8 And I *will* **shal** bring you in unto the land,
concerning the which I *did swear* **lifted my hand**
to give it to Abraham,
to *Isaac* **Yischaq**, and to *Jacob* **Yaaqov**;
and I *will* **shall** give it you for *an heritage* **a possession**:
I am the LORD **I — Yah Veh**.
9 And *Moses spake so* **Mosheh worded thus**
unto the *children* **sons** of *Israel* **Yisra El**:
but they hearkened not unto *Moses* **Mosheh**
for *anguish* **shortness** of spirit,
and for *cruel bondage* **hard service**.
10 And *the LORD spake* **Yah Veh worded**
unto *Moses* **Mosheh**, saying,
11 Go in, *speak* **word** unto *Pharaoh* **Paroh**
king **sovereign** of *Egypt* **Misrayim**, that he *let* **send**
the *children* **sons** of *Israel go* **Yisra**
El away out of his land.
12 And *Moses spake* **Mosheh worded**
before the LORD **at the face of Yah Veh**, saying,
Behold, the *children* **sons** of *Israel* **Yisra El**
have not hearkened unto me;
how then shall *Pharaoh* **Paroh** hear me,
who am — **I** of uncircumcised lips?
13 And *the LORD spake* **Yah Veh worded**
unto *Moses* **Mosheh** and unto *Aaron* **Aharon**,
and *gave* **misvahed** them *a charge*
unto the *children* **sons** of *Israel* **Yisra**
El, and unto *Pharaoh* **Paroh**
king **sovereign** of *Egypt* **Misrayim**,
to bring the *children* **sons** of *Israel* **Yisra El**
out of the land of *Egypt* **Misrayim**.

GENEALOGY OF THE SONS OF YISRA EL

14 These be the heads of their fathers' houses:
The sons of *Reuben* **Reu Ben**
the *firstborn* **firstbirthed** of *Israel*
Yisra El; Hanoch, and Pallu,
Hezron **Hesron**, and *Carmi* **Karmi**:
these be the families of *Reuben* **Reu Ben**.
15 And the sons of *Simeon* **Shimon**;
Jemuel **Yemu El**, and *Jamin* **Yamiyn**,
and Ohad and *Jachin* **Yachin**, and *Zohar* **Sochar**, and
Shaul the son of a *Canaanitish* **Kenaaniy** woman:
these are the families of *Simeon* **Shimon**.
16 And these are the names of the sons of Levi
according to their generations;
Gershon, and *Kohath* **Qehath**, and Merari:
and the years of the life of Levi
were an hundred thirty and seven years.
17 The sons of Gershon;
Libni, and *Shimi* **Shimiy**, according to their families.
18 And the sons of *Kohath* **Qehath**; *Amram* **Am Ram**,
and *Izhar* **Yishar**, and Hebron, and *Uzziel* **Uzzi El**:
and the years of the life of *Kohath* **Qehath**
were an hundred thirty and three years.
19 And the sons of Merari; *Mahali* **Machli** and
Mushi: these are the families of Levi
according to their generations.
20 And *Amram* **Am Ram** took him
Jochebed **Yah Chebed**
his *father's sister* **aunt** to *wife* **woman**;
and she *bare* **birthed** him *Aaron*
Aharon and *Moses* **Mosheh**:
and the years of the life of *Amram* **Am Ram**
were an hundred and thirty and seven years.
21 And the sons of *Izhar* **Yishar**;
Korah **Qorach**, and Nepheg, and Zichri.
22 And the sons of *Uzziel* **Uzzi El**;
Mishael **Misha El**,
and *Elzaphan* **El Saphan**, and *Zithri* **Sithri**.
23 And *Aaron* **Aharon** took him *Elisheba* **Eli Sheba**,
daughter of *Amminadab* **Ammi Nadab**,
sister of *Naashon* **Nahshon**, to *wife* **woman**;
and she *bare* **birthed** him Nadab, and *Abihu* **Abi Hu**,
Eleazar **El Azar**, and *Ithamar* **Iy Thamar**.
24 And the sons of *Korah* **Qorachiy**;
Assir, and *Elkanah* **El Qanah**, and *Abiasaph* **Abi Asaph**:
these are the families of the *Korhites* **Qorachiy**.
25 And *Eleazar* **El Azar** *Aaron's* **Aharon's** son took him
one of the daughters of *Putiel* **Puti El** to *wife* **woman**;
and she *bare* **birthed** him *Phinehas* **Phinechas**:
these are the heads of the fathers of the *Levites* **Leviym**
according to their families.
26 These are that *Aaron* **Aharon** and *Moses*
Mosheh, to whom *the LORD* **Yah Veh** said,
Bring out the *children* **sons** of *Israel* **Yisra El** from the
land of *Egypt* **Misrayim** according to their *armies* **hosts**.
27 These are they which *spake* **worded** to *Pharaoh* **Paroh**
king **sovereign** of *Egypt* **Misrayim**,
to bring out the *children* **sons** of *Israel* **Yisra El**
from *Egypt* **Misrayim**:

these are that *Moses* **Mosheh** and *Aaron* **Aharon**.
28 And**sobe**it*cametopass*ontheday
when *the LORD spake* **Yah Veh worded**
unto *Moses* **Mosheh**
in the land of *Egypt* **Misrayim,**
29 That *the LORD spake* **Yah Veh worded**
unto *Moses* **Mosheh**, saying,
I am the LORD **I — Yah Veh:**
speak **word** thou unto *Pharaoh* **Paroh**
king **sovereign** of *Egypt* **Misrayim**
all that I *say* **speak** unto thee.
30 And *Moses* **Mosheh** said
before the LORD **at the face of Yah Veh**, Behold,
I *am* — of uncircumcised lips,
and how shall *Pharaoh* **Paroh** hearken unto me?

THE CALLOUSED HEART OF PAROH

7 And *the LORD* **Yah Veh** said unto *Moses*
Mosheh, See, I have *made* **given** thee
a god **as Elohim** to *Pharaoh* **Paroh**:
and *Aaron* **Aharon** thy brother shall be thy prophet.
2 Thoushaslt*peak***word**althactI*ommand***misvah**the:
and *Aaron* **Aharon** thy brother
shall *speak* **word** unto *Pharaoh* **Paroh,**
that he send the *children* **sons** of *Israel* **Yisra El**
out of his land.
3 And I *will* **shall** harden *Pharaoh's* **Paroh's** heart,
and *multiply* **abound** my signs and my *wonders* **omens**
in the land of *Egypt* **Misrayim.**
4 But *Pharaoh* **Paroh** shall not hearken unto you, that
I may *lay* **give** my hand upon *Egypt* **Misrayim,**
and bring forth mine *armies* **hosts,**
and my people the *children* **sons** of *Israel* **Yisra El**, out
of the land of *Egypt* **Misrayim** by great judgments.
5 Andthe*Egyptians***Misrayim**shalknow
that *I am the LORD* **I — Yah Veh,**
when I *stretch forth* **spread** mine
hand upon *Egypt* **Misrayim,**
and bring out the *children* **sons** of *Israel* **Yisra El**
from among them.
6 And *Moses* **Mosheh** and *Aaron did* **Aharon worked**
as *the LORD commanded* **Yah Veh**
misvahed them, so *did* **worked** they.
7 And *Moses* **Mosheh**
was *fourscore* **a son of eighty** years
old, and *Aaron* **Aharon**
fourscore **a son of eighty years** and three years *old*,
when they *spake* **worded** unto *Pharaoh* **Paroh.**
8 And*theLORDspake***YahVehsaid**unto*Moses***Mosheh**
and unto *Aaron* **Aharon**, saying,
9 When *Pharaoh* **Paroh** shall *speak* **word** unto you,
saying, *Shew a miracle* **Give an omen** for you: then
thou shalt say unto *Aaron* **Aharon**, Take thy rod,
and cast it *before Pharaoh* **at the face of Paroh,**
and it shall become a *serpent* **monster.**
10 And *Moses* **Mosheh** and *Aaron* **Aharon**
went in unto *Pharaoh* **Paroh**, and they *did so* **worked**
as *the LORD* **Yah Veh** had *commanded* **misvahed:**
and *Aaron* **Aharon** cast down his rod *before Pharaoh*
at the face of Paroh, and *before* **at the face of** his
servants, and it became a *serpent* **monster.**
11 Then *Pharaoh* **Paroh** also
called the wise *men* and the sorcerers:
now the magicians of *Egypt* **Misrayim**, they
also *did in like manner* **worked thus**
with their *enchantments* **flamings.**
12 Fortheycastdowneverymanhisrod,
and they became *serpents* **monsters:**
but *Aaron's* **Aharon's** rod swallowed up their rods.
13 Andhe*hardenedPharaoh's***calousedParoh's**heart,
that he hearkened not unto them;
as *the LORD* **Yah Veh** had *said* **worded.**
14 And *the LORD* **Yah Veh** said unto *Moses* **Mosheh,**
Pharaoh's **Paroh's** heart is *hardened* **calloused,**
he refuseth to *let* **send** the people *go* **away.**
15 *Get* **Go** thee unto *Pharaoh* **Paroh** in the morning;
lo **behold,** he goeth out unto the water;
and thou shalt *stand* **station thyself**
by the river's *brink* **edge** *against he*
come **to confront him;**
and the rod which was turned to a serpent
shalt thou take in thine hand.
16 And thou shalt say unto him,
The LORD God **Yah Veh Elohim** of the
Hebrews hath sent me unto thee, saying,
Let **Send** my people *go* **away,**
that they may serve me in the wilderness:
and, behold,
hitherto thus thou *wouldest* **heardest** not *hear.*
17 Thus saith *the LORD* **Yah Veh,**
In this thou shalt know that *I am*
the LORD **I — Yah Veh:**
behold, I *will* **shall** smite with the
rod that is in mine hand
upon the waters which are in the river,
and they shall be turned to blood.
18 And the fish that is in the river shall
die, and the river shall stink;
and the *Egyptians* **Misrayim**
shall lothe to drink of the water of the river.

19 And *the LORD* **Yah Veh**
spake **said** unto *Moses* **Mosheh**, Say unto *Aaron* **Aharon**,
Take thy rod, and *stretch out* **spread** thine
hand upon the waters of *Egypt* **Misrayim**,
upon their streams, upon their rivers,
and upon their *ponds* **marshes**,
and upon all their *pools* **congregations** of
water, that they may become blood;
and that there may be blood throughout
all the land of *Egypt* **Misrayim**,
both in *vessels of wood* **timber**, and in *vessels of* stone.
20 And *Moses* **Mosheh** and *Aaron did* **Aharon worked** so,
as *the LORD commanded* **Yah Veh misvahed**;
and he lifted up the rod,
and smote the waters that were in the river,
in the *sight* **eyes** of *Pharaoh* **Paroh**,
and in the *sight* **eyes** of his servants;
and all the waters that were in the
river were turned to blood.
21 And the fish that was in the river died;
and the river stank,
and the *Egyptians* **Misrayim**
could not drink of the water of the river;
and there was blood throughout all
the land of *Egypt* **Misrayim**.
22 And the magicians of *Egypt* **Misrayim**
did **worked** so with their enchantments:
and *Pharaoh's* **Paroh's** heart *was hardened* **calloused**,
neither did he hearken unto them;
as *the LORD* **Yah Veh** had *said* **worded**.
23 And *Pharaoh* **Paroh** turned **his face**
and went into his house,
neither did he set his heart to this also.
24 And all the *Egyptians* **Misrayim**
digged round about the river for water to drink;
for they could not drink of the water of the river.
25 And seven days were fulfilled,
after that *the LORD* **Yah Veh** had smitten the river.

8 And *the LORD spake* **Yah Veh said** unto *Moses*
Mosheh, Go unto *Pharaoh* **Paroh**, and say unto him,
Thus saith *the LORD* **Yah Veh**,
Let **Send** my people *go* **away**, that they may serve me.
2 And if thou refuse to *let* **send** them *go* **away**,
behold, I *will* **shall** smite all thy borders with frogs:
3 And the river shall *bring forth* **teem**
with frogs *abundantly*,
which shall *go up* **ascend** and come into thine house,
and into thy bedchamber, and upon thy bed,
and into the house of thy servants, and
upon thy people, and into thine ovens,
and into thy *kneadingtroughs* **doughboards**:
4 And the frogs shal *come up* **ascend** both on the,
and upon thy people, and upon all thy servants.
5 And *the LORD spake* **Yah Veh said** unto *Moses* **Mosheh**,
Say unto *Aaron* **Aharon**,
Stretch forth **Spread** thine hand with thy
rod over the streams, over the rivers,
and over the *ponds* **marshes**,
and cause frogs to *come up* **ascend**
upon the land of *Egypt* **Misrayim**.
6 And *Aaron stretched out* **Aharon spread** his
hand over the waters of *Egypt* **Misrayim**;
and the frogs *came up* **ascended**,
and covered the land of *Egypt* **Misrayim**.
7 And the magicians *did* **worked** so
with their enchantments,
and *brought up* **ascended** frogs
upon the land of *Egypt* **Misrayim**.
8 Then *Pharaoh* **Paroh**
called for *Moses* **Mosheh** and *Aaron* **Aharon**,
and said, Intreat *the LORD* **Yah Veh**,
that he may *take away* **turn aside** the frogs
from me, and from my people;
and I *will let* **shall send** the people *go* **away**,
that they may *do* sacrifice unto *the LORD* **Yah Veh**.
9 And *Moses* **Mosheh** said unto *Pharaoh* **Paroh**,
Glory **Embellish** over me:
when shall I intreat for thee,
and for thy servants, and for thy people,
to *destroy* **cut** the frogs from thee and thy houses,
that they may *remain* **survive** in the river only?
10 And he said, *To* **By the** morrow.
And he said, Be it according to thy word:
that thou mayest know that there is none
like unto *the LORD* **Yah Veh** our *God* **Elohim**.
11 And the frogs shall *depart* **turn aside** from thee,
and from thy houses,
and from thy servants, and from thy people;
they shall *remain* **survive** in the river only.
12 And *Moses* **Mosheh** and *Aaron* **Aharon**
went out from *Pharaoh* **Paroh**:
and *Moses* **Mosheh** cried unto *the LORD* **Yah Veh**
because **for word** of the frogs
which he had *brought* **set** against *Pharaoh* **Paroh**.
13 And *the LORD did* **Yah Veh worked**
according to the word of *Moses* **Mosheh**;
and the frogs died out of the houses,
out of the *villages* **courts**, and out of the fields.
14 And they *gathered* **heaped** them together upon heaps:
and the land stank.

15 But when *Pharaoh* **Paroh** saw that there was respite,
he *hardened* **calloused** his heart, and
hearkened not unto them;
as *the LORD* **Yah Veh** had *said* **worded.**
16 And *the LORD* **Yah Veh** said unto *Moses*
Mosheh, Say unto *Aaron* **Aharon**,
Stretch out **Spread** thy rod, and smite the dust
of the land, that it may become *lice* **stingers**
throughout all the land of *Egypt* **Misrayim.**
17 And they *did* **worked** so;
for *Aaron* **Aharon**
stretched out **spread** his hand with his rod,
and smote the dust of the earth,
and it became *lice* **stingers**
in *man* **humanity**, and in *beast* **animal**;
all the dust of the land became *lice* **stingers**
throughout all the land of *Egypt* **Misrayim.**
18 And the magicians
did **worked** so with their enchantments
to bring forth *lice* **stingers**, but they could
not: so there were *lice* **stingers** upon *man*
humanity, and upon *beast* **animal.**
19 Then the magicians said unto *Pharaoh*
Paroh, This is the finger of *God* **Elohim**:
and *Pharaoh's* **Paroh's** heart *was hardened* **calloused**,
and he hearkened not unto them;
as *the LORD* **Yah Veh** had *said* **worded.**
20 And *the LORD* **Yah Veh** said unto *Moses* **Mosheh**,
Rise up **Start** early in the morning,
and stand *before Pharaoh* **at the face of Paroh**;
lo **behold**, he cometh forth to the water;
and say unto him, Thus saith *the LORD* **Yah Veh**,
Let **Send** my people *go* **away**, that they may serve me.
21 Else, if thou *wilt* **shalt** not *let* **send**
my people *go* **away**, behold,
I *will* **shall** send *swarms of flies* **swarmers** upon thee,
and upon thy servants, and upon thy
people, and into thy houses:
and the houses of the *Egyptians* **Misrayim**
shall be full of *swarms of flies* **swarmers**, and
also the *ground* **soil** whereon they are.
22 And I *will sever* **shall distinguish** in
that day the land of Goshen,
in which my people *dwell* **stay**,
that no *swarms of flies* **swarmers** shall be there;
to the end **so that** thou mayest know
that *I am the LORD* **I — Yah Veh**
in the midst of the earth.
23 And I *will* **shall** put a *division* **redemption**
between my people and **between** thy people:
to **by the** morrow shall this sign be.
24 And *the LORD did* **Yah Veh worked** so;
and there came *a grievous swarm*
of flies **heavy swarmers**
into the house of *Pharaoh* **Paroh**,
and into his servants' houses,
and into all the land of *Egypt* **Misrayim**:
the land was *corrupted* **ruined**
by reason **at the face** of the *swarm of flies* **swarmers.**
25 And *Pharaoh* **Paroh**
called for *Moses* **Mosheh** and for *Aaron* **Aharon**, and
said, Go ye, sacrifice to your *God* **Elohim** in the land.
26 And *Moses* **Mosheh** said,
It is not *meet* **established** so to *do* **work**;
for we shall sacrifice
the *abomination* **abhorrence** of the *Egyptians* **Misrayim**
to *the LORD* **Yah Veh** our *God* **Elohim**:
lo **behold**, shall we sacrifice
the *abomination* **abhorrence** of the *Egyptians* **Misrayim**
before **in front of** their eyes, and
will **shall** they not stone us?
27 We *will* **shall** go
three days' journey into the wilderness,
and sacrifice to *the LORD* **Yah Veh** our *God*
Elohim, as he shall *command* **say to** us.
28 And *Pharaoh* **Paroh** said,
I *will let* **shall send** you *go* **away**, that ye may sacrifice
to *the LORD* **Yah Veh** your *God* **Elohim**
in the wilderness;
only **in being far removed**,
ye shall not *go very far away* **be far removed**:
intreat for me.
29 And *Moses* **Mosheh** said, Behold, I go out from
thee, and I *will* **shall** intreat *the LORD* **Yah Veh**
that the *swarms of flies* **swarmers**
may *depart* **turn aside** from *Pharaoh* **Paroh**,
from his servants, and from his people, to
morrow: *but* **only** let not *Pharaoh* **Paroh**
deal deceitfully any more **add to mock again**
in not *letting* **sending** the people *go* **away**
to sacrifice to *the LORD* **Yah Veh.**
30 And *Moses* **Mosheh** went out from *Pharaoh* **Paroh**,
and intreated *the LORD* **Yah Veh.**
31 And *the LORD did* **Yah Veh worked**
according to the word of *Moses* **Mosheh**;
and he *removed* **turned aside**
the *swarms of flies* **swarmers** from *Pharaoh* **Paroh**,
from his servants, and from his people;
there *remained* **survived** not one.
32 And *Pharaoh* **Paroh**
hardened **calloused** his heart at this time also,
neither *would he let* **sent he** the people *go* **away.**

9 Then *the LORD* **Yah Veh** said unto *Moses* **Mosheh**,
Go in unto *Pharaoh* **Paroh**, and *tell* **word** him,
Thus saith *the LORD God* **Yah Veh Elohim**
of the Hebrews,
Let **Send** my people *go* **away**, that they may serve me.
2 For if thou refuse to *let* **send** them *go* **away**,
and *wilt* **shalt** hold them still,
3 Behold, the hand of *the LORD* **Yah Veh**
is **shall be** upon thy *cattle* **chattel** which is in the
field, upon the horses, upon the *asses* **he burros**,
upon the camels, upon the oxen,
and upon the *sheep* **flocks**:
there shall be
a *very grievous murrain* **mighty heavy pestilence**.
4 And *the LORD* **Yah Veh** shall *sever* **distinguish**
between the *cattle* **chattel** of *Israel* **Yisra El**
and the *cattle* **chattel** of *Egypt* **Misrayim**:
and there shall *nothing* **no word** die
of all that is *the children's* **to the sons** of *Israel* **Yisra El**.
5 And *the LORD* **Yah Veh**
appointed a set time **set a season**, saying,
To **By the** morrow
the LORD **Yah Veh** shall *do* **work** this *thing* **word**
in the land.
6 And *the LORD did* **Yah Veh worked** that *thing* **word**
on the morrow,
and all the *cattle* **chattel** of *Egypt* **Misrayim** died:
but of the *cattle* **chattel**
of the *children* **sons** of *Israel* **Yisra El**
died not one.
7 And *Pharaoh* **Paroh** sent, and, behold,
there was not one
of the *cattle* **chattel** of the *Israelites* **Yisra Eliy** dead. And
the heart of *Pharaoh was hardened* **Paroh calloused**,
and he *did* **sent** not *let* the people *go* **away**.
8 And *the LORD* **Yah Veh**
said unto *Moses* **Mosheh** and unto *Aaron* **Aharon**,
Take to you *handfuls* **fists full** of ashes of the furnace,
and let *Moses* **Mosheh** sprinkle it
toward the *heaven* **heavens**
in the *sight* **eyes** of *Pharaoh* **Paroh**.
9 And it shall become small dust
in all the land of *Egypt* **Misrayim**,
and shall be *a boil* **an ulcer** *breaking forth with blains*
blossoming pus upon *man* **humanity**, and upon *beast*
animal, throughout all the land of *Egypt* **Misrayim**.
10 And they took ashes of the furnace,
and stood *before Pharaoh* **at the face of Paroh**;
and *Moses* **Mosheh** sprinkled it *up*
toward *heaven* **the heavens**;
and it became *a boil* **an ulcer** *breaking forth*
with blains **blossoming pus** upon *man*
humanity, and upon *beast* **animal**.
11 And the magicians could not stand
before Moses **at the face of Mosheh** *because*
of the boils **at the face of the ulcers**; for the
boil **ulcer** was upon the magicians,
and upon all the *Egyptians* **Misrayim**.
12 And *the LORD* **Yah Veh**
hardened **calloused** the heart of *Pharaoh* **Paroh**,
and he hearkened not unto them;
as *the LORD* **Yah Veh** had *spoken* **worded**
unto *Moses* **Mosheh**.
13 And *the LORD* **Yah Veh** said unto *Moses* **Mosheh**,
Rise up **Start** early in the morning,
and stand *before Pharaoh* **at the face**
of Paroh, and say unto him,
Thus saith *the LORD God* **Yah Veh Elohim**
of the Hebrews,
Let **Send** my people *go* **away**, that they may serve me.
14 For *I will* **shall** at this time
send all my plagues upon thine heart,
and upon thy servants, and upon thy people; that thou
mayest know that there is none li ke me in all the earth.
15 For now I *will stretch out* **shall spread** my hand,
that I may smite thee and thy people with pestilence;
and thou shalt be cut off from the earth.
16 *And in very deed* **But** for this *cause*
have I *raised* **stood** thee *up*,
for to shew in thee **so as to have thee see** my *power* **force**;
and that my name may be *declared* **scribed**
throughout all the earth.
17 As yet exaltest thou thyself against my people,
that thou *wilt* **shalt** not *let* **send** them *go* **away**?
18 Behold, to morrow about this time
I *will* **shall** cause it to rain
a *very grievous* **mighty heavy** hail, such as
hath not been in *Egypt* **Misrayim**
since the foundation **from the day of**
founding thereof even until now.
19 Send therefore now,
and gather **withdraw** thy *cattle* **chattel**,
and all that thou hast in the field;
for upon every *man* **human** and *beast* **animal**
which shall be found in the field,
and shall not be *brought* **gathered** home,
the hail shall *come down* **descend**
upon them, and they shall die.
20 He that *feared* **awed** the word of *the LORD* **Yah Veh**
among the servants of *Pharaoh* **Paroh**

made his servants and his *cattle* **chattel**
flee into the houses:
21 And he that *regarded* **set** not **his heart**
unto the word of *the LORD* **Yah Veh**
left his servants and his *cattle* **chattel** in the field.
22 And *the LORD* **Yah Veh** said unto *Moses* **Mosheh**,
Stretch forth **Spread** thine hand
toward *heaven* **the heavens**,
that there may be hail in all the land of *Egypt* **Misrayim**,
upon *man* **humanity**, and upon *beast* **animal**,
and upon every herb of the field,
throughout **in** the land of *Egypt* **Misrayim**.
23 And *Moses stretched forth* **Mosheh spread** his rod
toward *heaven* **the heavens**:
and *the LORD sent thunder* **Yah Veh gave voice** and hail,
and the fire
ran along upon the ground **came down to earth**;
and *the LORD* **Yah Veh** rained hail upon
the land of *Egypt* **Misrayim**.
24 So there was hail,
and fire *mingled with* **taken midst** the hail,
very grievous **mighty heavy**,
such as there was none like it
in all the land of *Egypt* **Misrayim**
since it became a *nation* **goyim**.
25 And the hail smote
throughout all the land of *Egypt* **Misrayim**
all that was in the field,
both man and beast **from human unto animal**;
and the hail smote every herb of the field,
and brake every tree of the field.
26 Only in the land of Goshen,
where the *children* **sons** of *Israel* **Yisra**
El were, was there no hail.
27 And *Pharaoh* **Paroh** sent,
and called for *Moses* **Mosheh** and *Aaron* **Aharon**,
and said unto them, I have sinned this time:
the LORD **Yah Veh** is *righteous* **just**,
and I and my people are wicked.
28 Intreat *the LORD* **Yah Veh** (for it is *enough* **great**)
that there be no *more*
mighty thunderings **voices of Elohim** and hail;
and I *will let* **shall send** you *go* **away**, and
ye shall *stay no longer* **not add to stay**.
29 And *Moses* **Mosheh** said unto him,
As soon as I am gone out of the city,
I *will* **shall** spread abroad my *hands* **palms**
unto *the LORD* **Yah Veh**;
and the *thunder* **voice** shall cease, neither shall
there be any more hail; that thou mayest know
how that the earth is *the LORD'S* **Yah Veh's**.
30 But as for thee and thy servants,
I know that ye *will* **shall** not *yet fear* **still awe**
the LORD God **at the face of Yah Veh Elohim**.
31 And the flax and the barley was smitten:
for the barley was *in the ear* **unripened**,
and the flax was *bolled* **budded**.
32 But the wheat and the *rie* **spelt** were not smitten:
for they were not *grown up* **dark**.
33 And *Moses* **Mosheh** went out of the
city from *Pharaoh* **Paroh**,
and spread abroad his *hands* **palms**
unto *the LORD* **Yah Veh**:
and the *thunders* **voices** and hail ceased, and
the rain was not poured upon the earth.
34 And when *Pharaoh* **Paroh** saw that the rain
and the hail and the *thunders* **voices** were ceased,
he *sinned yet more* **added to sin**,
and *hardened* **calloused** his heart, he and his servants.
35 And the heart of *Pharaoh* **Paroh**
was hardened **calloused**, neither *would* **sent** he *let*
the *children* **sons** of *Israel go* **Yisra El away**;
as *the LORD* **Yah Veh** had *spoken* **worded**
by *Moses* **the hand of Mosheh**.

10 And *the LORD* **Yah Veh** said unto *Moses*
Mosheh, Go in unto *Pharaoh* **Paroh**:
for I have *hardened* **calloused** his heart,
and the heart of his servants,
that I might *shew* **set** these my signs
before him **in his midst**:
2 And that thou mayest *tell* **describe**
in the ears of thy son, and of thy son's son,
what *things* I have *wrought* **exploited** in *Egypt* **Misrayim**,
and my signs which I have *done* **set** among them;
that ye may know how that *I am the LORD* **I — Yah Veh**.
3 And *Moses* **Mosheh** and *Aaron* **Aharon**
came in unto *Pharaoh* **Paroh**, and said unto him,
Thus saith *the LORD God* **Yah Veh Elohim**
of the Hebrews,
How long wilt **Until when shalt** thou refuse
to humble thyself *before me* **at my face**?
let **send** my people *go* **away**, that they may serve me.
4 *Else* **Because**,
if thou refuse to *let* **send** my people *go* **away**,
behold, to morrow *will* **shall** I bring the locusts
into thy *coast* **borders**:
5 And they shal cover the *face* **eye** of the earth,
that one cannot be able to see the earth:
and they shall eat
the *residue* **remainder** of that which is escaped,
which *remaineth* **surviveth** unto you from the hail,
and shall eat every tree

which *groweth* **sprouteth** for you out of the field:
6 And they shall fill thy houses, and
the houses of all thy servants,
and the houses of all the *Egyptians* **Misrayim**;
which neither thy fathers, nor thy
fathers' fathers have seen,
since the day that they were upon the *earth* **soil**
unto this day.
And he turned *himself* **his face**, and
went out from *Pharaoh* **Paroh**.
7 And *Pharaoh's* **Paroh's** servants said unto him,
How long shall this man be a snare unto us?
let **send** the men *go* **away**,
that they may serve *the LORD* **Yah**
Veh their *God* **Elohim**:
knowest thou not yet that *Egypt* **Misrayim** is destroyed?
8 And *Moses* **Mosheh** and *Aaron* **Aharon**
were *brought again* **returned** unto *Pharaoh* **Paroh**:
and he said unto them,
Go, serve *the LORD* **Yah Veh** your *God* **Elohim**:
but who are they that shall go?
9 And *Moses* **Mosheh** said,
We *will* **shall** go with our *young* **lads**
and with our *old* **aged**,
with our sons and with our daughters,
with our flocks and with our *herds will* **oxen shall** we go;
for *we must hold a feast* **a celebration**
unto *the LORD* **Yah Veh**.
10 And he said unto them,
Let *the LORD* **Yah Veh** be so with you,
as I *will let* **shall send** you *go* **away**,
and your *little ones* **toddlers**:
look to it **see**; for evil is *before* you **at thy face**.
11 Not so: go now ye *that are men* **mighty**,
and serve *the LORD* **Yah Veh**; for that ye did *desire* **seek**.
And they were *driven out* **expelled**
from *Pharaoh's presence* **Paroh's face**.
12 And *the LORD* **Yah Veh** said unto *Moses* **Mosheh**,
Stretch out **Spread** thine hand
over the land of *Egypt* **Misrayim** for the
locusts, that they may *come up* **ascend**
upon the land of *Egypt* **Misrayim**,
and eat every herb of the land,
even all that *the hail hath left* **survived the hail**.
13 And *Moses stretched forth* **Mosheh spread** his rod
over the land of *Egypt* **Misrayim**,
and *the LORD* **Yah Veh**
brought **drove** an east wind upon the land
all that day, and all *that* night;
and when it was morning,
the east wind *brought* **bore** the locusts.
14 And the locusts
went up **ascended** over all the land of *Egypt* **Misrayim**,
and rested in all the *coasts* **borders** of *Egypt* **Misrayim**:
very grievous **mighty heavy** *were they*;
before **facing** them there were no such locusts
as they, neither after them shall be such.
15 For they covered the *face* **eye** of the whole *earth* **land**,
so that the land was darkened;
and they did eat every herb of the land,
and all the fruit of the trees
which *the hail had left* **remained of the hail**:
and there remained not any green *thing* in
the trees, or in the herbs of the field,
through all the land of *Egypt* **Misrayim**.
16 Then *Pharaoh* **Paroh**
called for *Moses* **Mosheh** and *Aaron* **Aharon** in haste;
and he said, I have sinned
against *the LORD* **Yah Veh** your *God*
Elohim, and against you.
17 Now therefore *forgive* **bear**, I *pray* **beseech**
thee, my sin only this *once* **one time**,
and intreat *the LORD* **Yah Veh** your *God* **Elohim**, that
he may *take away* **turn aside** from me this death only.
18 And he went out from *Pharaoh* **Paroh**,
and intreated *the LORD* **Yah Veh**.
19 And *the LORD* **Yah Veh**
turned a mighty strong *west* **seaward** wind,
which *took away* **bore** the locusts,
and *cast* **blast** them into the *Red* **Reed** sea;
there *remained* **survived** not one locust
in all the *coasts* **borders** of *Egypt* **Misrayim**.
20 But *the LORD* **Yah Veh**
hardened Pharaoh's **calloused Paroh's**
heart, so that he *would* **sent** not *let*
the *children* **sons** of *Israel go* **Yisra El away**.
21 And *the LORD* **Yah Veh** said unto *Moses* **Mosheh**,
Stretch out **Spread** thine hand toward *heaven*
the heavens, that there may be darkness
over the land of *Egypt* **Misrayim**,
even darkness which may be felt.
22 And *Moses stretched forth* **Mosheh spread** his hand
toward *heaven* **the heavens**;
and there was a *thick* **darkened** darkness
in all the land of *Egypt* **Misrayim** three days:
23 They saw not *one another* **man to brother**,
neither rose any from his place for three days:
but all the *children* **sons** of *Israel* **Yisra El**
had light in their *dwellings* **settlements**.
24 And *Pharaoh* **Paroh** called unto *Moses* **Mosheh**,

and said, Go ye, serve *the LORD* **Yah Veh**;
only let your flocks and your *herds* **oxen** be stayed:
let your *little ones* **toddlers** also go with you.
25 And *Moses* **Mosheh** said, Thou
must give *us* **into our hands**
also sacrifices and *burnt offerings*
holocausts, that we may *sacrifice* **work**
unto *the LORD* **Yah Veh** our *God* **Elohim**.
26 Our *catle* **chatel** also shal go with us;
there shall not an hoof *be left* **survive** behind;
for thereof must we take
to serve *the LORD* **Yah Veh** our *God* **Elohim**;
and we know not
with what we must serve *the LORD* **Yah Veh**,
until we come thither.
27 But *the LORD* **Yah Veh**
hardened Pharaoh's **calloused Paroh's** heart
and he *would* **willed** not *let* **to send** them *go* **away**.
28 And *Pharaoh* **Paroh** said unto him,
Get thee **Go thou** from me,
take heed to **guard** thyself, see my
face *no more* **not again**;
for in that day thou seest my face thou shalt die.
29 And *Moses* **Mosheh** said,
Thou hast *spoken well* **worded thus**, I *will*
shall see thy face again no more.

11 And *the LORD* **Yah Veh** said unto *Moses*
Mosheh, Yet *will* **shall** I bring one plague *more*
upon *Pharaoh* **Paroh**, and upon *Egypt* **Misrayim**;
afterwards he *will let* **shall send** you *go* **away** hence:
when he shall *let* **send** you *go* **away**, **in expelling**,
he shall *surely thrust* **expel** you *out hence altogether* **fully**.
2 *Speak* **Word** now in the ears of the people,
and let every man *borrow* **ask** of his *neighbour*
friend, and every woman of her *neighbour* **friend**,
jewels **instruments** of silver and
jewels **instruments** of gold.
3 And *the LORD* **Yah Veh**
gave **granted** the people *favour* **charism**
in the *sight* **eyes** of the *Egyptians* **Misrayim**.
Moreover the man *Moses* **Mosheh**
was *very* **mighty** great in the land of *Egypt* **Misrayim**,
in the *sight* **eyes** of *Pharaoh's* **Paroh's** servants,
and in the *sight* **eyes** of the people.
4 And *Moses* **Mosheh** said, Thus saith *the*
LORD **Yah Veh**, About midnight
will **shall** I go out into the midst of *Egypt* **Misrayim**:
5 And all the *firstborn* **firstbirthed**
in the land of *Egypt* **Misrayim** shall die,
from the *firstborn* **firstbirthed** of *Pharaoh* **Paroh**
that sitteth upon his throne,
even unto the *firstborn* **firstbirthed**
of the *maidservant* **maid**
that is behind the *mill* **millstones**;
and all the *firstborn* **firstbirthed** of *beasts* **animals**.
6 And there shall be a great cry throughout
all the land of *Egypt* **Misrayim**,
such as there *was* **became** none like it,
nor shall be like it *any more* **again**.
7 But against any of the *children* **sons** of *Israel* **Yisra El**
shall not a dog *move* **point** his tongue,
against man or *beast* **animal**:
that ye may know how that *the LORD* **Yah**
Veh *doth put a difference* **distinguisheth**
between *the Egyptians* **Misrayim**
and **between** *Israel* **Yisra El**.
8 And all these thy servants
shall *come down* **descend** unto me,
and *bow down themselves* **prostrate**
unto me, saying, Get thee out,
and all the people *that follow thee* **at thy feet**:
and after that I *will* **shall** go out. And he went out
from *Pharaoh* **Paroh** in a *great anger* **fuming wrath**.
9 And *the LORD* **Yah Veh** said unto *Moses* **Mosheh**,
Pharaoh **Paroh** shall not hearken unto you;
that my *wonders* **omens** may *be multiplied* **abound**
in the land of *Egypt* **Misrayim**.
10 And *Moses* **Mosheh** and *Aaron* **Aharon**
did **worked** all these *wonders* **omens** *before Pharaoh*
at the face of Paroh: and *the LORD* **Yah Veh**
hardened Pharaoh's **calloused Paroh's** heart,
so that he *would* **should** not *let* **send**
the *children* **sons** of *Israel go* **Yisra**
El away out of his land.

THE PASACH

12 And *the LORD spake* **Yah Veh said**
unto *Moses* **Mosheh** and *Aaron* **Aharon**
in the land of *Egypt* **Misrayim**, saying,
2 This month shall be unto you the
beginning **head** of months:
it shall be the first month of the year to you.
3 *Speak* **Word** ye
unto all the *congregation* **witness** of *Israel* **Yisra**
El, saying, In the tenth *day* of this month
they shall take to them every man a lamb,
according to the house of their fathers,
a lamb for an house:
4 And if the household be *too little* **diminished**
for the lamb,

let him and his *neighbour* **fellow tabernacler**
next unto his house
take it according to the *number* **evaluation** of the souls;
every man according to **the food of** his *eating* **mouth**
shall *make your count* **ye estimate** for the lamb.
5 Your lamb shall be *without blemish* **integrious**,
a *male of the first year* **yearling son**:
ye shall take *it* out from the *sheep*
lambs, or from the goats:
6 And ye shall *keep* **guard** it *up*
until the fourteenth day of the same month:
and the whole *assembly* **congregation**
of the *congregation* **witness** of *Israel* **Yisra El**
shall *kill* **slaughter** it *in the evening* **between evenings**.
7 And *they* shall take of the blood,
and *strike* **give** it on the two side posts
and on the *upper door post* **lintel** of the
houses, wherein they shall eat it.
8 And they shall eat the flesh in that night,
roast with fire, and *unleavened bread* **matsah**;
and with *bitter herbs* **bitters** they shall eat it.
9 Eat not of it raw,
nor *sodden at all* **in stewing, stewed**
with water, but roast with fire;
his head with his legs,
and with the *purtenance* **inwards** thereof.
10 And ye shall let *nothing* **naught** of
it remain until the morning;
and that which remaineth of it until the morning
ye shall burn with fire.
11 And thus shall ye eat it;
with your loins girded, your shoes on your feet,
and your staff in your hand; and ye shall eat it in haste:
it is *the LORD'S passover* **Yah Veh's pasach**.
12 For I *will* **shall** pass through
the land of *Egypt* **Misrayim** this night,
and *will* **shall** smite all the *firstborn* **firstbirthed**
in the land of *Egypt* **Misrayim**,
both *man* **human** and *beast* **animal**;
and against all the *gods* **elohim** of *Egypt* **Misrayim**
I *will execute* **shall work** judgment:
I am the LORD **I — Yah Veh**.
13 And the blood shall be to you
for a *token* **sign** upon the houses where ye are:
and when I see the blood, I *will pass* **shall**
leap over you, and the plague shall not
be upon you to *destroy* **ruin** you,
when I smite the land of *Egypt* **Misrayim**.
14 And this day shall be unto you for a memorial;
and ye shall *keep it* **celebrate** a *feast* **celebration**

MEMORIAL DAY

unto *the LORD* **Yah Veh** throughout your generations;
ye shall *keep it a feast* **celebrate**
by an *ordinance for ever* **eternal statute**.
15 Seven days shall ye eat *unleavened bread* **matsah**;
even **surely** the first day
ye shall *put away leaven* **shabbathize yeast**
out of your houses:
for whosoever eateth *leavened bread* **fermentation**
from the first day until the seventh day, that
soul shall be cut off from *Israel* **Yisra El**.
16 Andintheifrstdaythereshalbeanholyconvocaiton,
and in the seventh day
there shall be an holy convocation to you;
no *manner of* work shall be *done* in them, *save*
except that which every *man* **soul** must eat,
that only may be *done* **worked** of you.
17 And ye shall *observe* **guard**
the *feast of unleavened bread* **matsah**;
for in this selfsame day have I brought your *armies* **hosts**
out of the land of *Egypt* **Misrayim**:
therefore shall ye *observe* **guard** this
day in your generations
by an *ordinance for ever* **eternal statute**.
18 In the first *month*,
on the fourteenth day of the month at even,
ye shall eat *unleavened bread* **matsah**,
until the one and twentieth day of the month at even.
19 Seven days
shall there be no *leaven* **yeast** found in your houses:
for whosoever eateth that which is *leavened*
fermented, even that soul shall be cut off
from the *congregation* **witness** of *Israel* **Yisra El**,
whether he be a *stranger* **sojourner**,
or *born* **native** in the land.
20 Ye shall eat *nothing leavened* **naught fermented**;
in all your *habitations* **settlements**
shall ye eat *unleavened bread* **matsah**.
21 Then *Moses* **Mosheh**
called for all the elders of *Israel* **Yisra El**,
and said unto them,
Draw out and take you *a lamb* **of the flock**
according to your families, and *kill*
slaughter the *passover* **pasach**.
22 And ye shall take a *bunch* **bundle** of hyssop,
and dip it in the blood that is in the bason,
and *strike* **touch** the lintel and the two side
posts with the blood that is in the bason;
and *none* **no man** of you shall go out
at the *door* **portal** of his house until the morning.

23 For *the LORD will* **Yah Veh shall** pass through
to smite the *Egyptians* **Misrayim**;
and when he seeth the blood upon the
lintel, and on the two side posts,
the LORD **Yah Veh**
will pass **shall leap** over the *door* **portal**,
and *will* **shall** not *suffer* **give** the *destroyer* **ruiner**
to come in unto your houses to smite you.
24 Andyeshal*observe***guard**this*thing***word**
for an *ordinance* **eternal statute**
to thee and to thy sons *for ever.*
25 And **so be** it *shall come to pass*,
when ye be come to the land
which *the LORD will* **Yah Veh shall** give
you, according as he hath *promised* **worded**,
that ye shall *keep* **guard** this service.
26 And **so be** it *shall come to pass*,
when your *children* **sons** shall say unto
you, What mean ye by this service?
27 That ye shall say, It is the sacrifice
of *the LORD'S passover* **Yah Veh's pasach**,
who *passed* **leaped** over the houses
of the *children* **sons** of *Israel* **Yisra El** in *Egypt*
Misrayim, when he smote the *Egyptians* **Misrayim**,
and *delivered* **rescued** our houses. And
the people bowed *the head*
and *worshipped* **prostrated**.
28 And the *children* **sons** of *Israel* **Yisra
El** went away, and *did* **worked**
as *the LORD* **Yah Veh** had *commanded* **misvahed**
Moses **Mosheh** and *Aaron* **Aharon**, so *did* **worked** they.
29 And **so be** it *came to pass*, that at midnight
the LORD **Yah Veh** smote all the *firstborn* **firstbirthed**
in the land of *Egypt* **Misrayim**,
from the *firstborn* **firstbirthed** of *Pharaoh* **Paroh**
that sat on his throne
unto the *firstborn* **firstbirthed** of the
captive that was in the *dungeon* **well**;
and all the *firstborn* **firstbirthed** of *cattle* **animals**.
30 And *Pharaoh* **Paroh** rose up in the night,
he, and all his servants, and all the *Egyptians* **Misrayim**;
and there was a great cry in *Egypt* **Misrayim**;
for there was not a house
where there was not one *dead* **who died**.
31 And he called for *Moses* **Mosheh** and *Aaron* **Aharon**
by night, and said,
Rise up, and get you forth from among my people,
both ye and the *children* **sons** of *Israel* **Yisra El**;
and go, serve *the LORD* **Yah Veh**,
as ye have *said* **worded**.
32 Also take your flocks and your *herds* **oxen**,
as ye have *said* **worded**, and be gone; and bless me also.
33 And the *Egyptians* **Misrayim**
were urgent **prevailed** upon the people,
that they might send them out of the land in haste;
for they said, We be *all dead men* **about to die**.
34 And the people *took* **bore** their dough
before it was *leavened* **fermented**, their
kneadingtroughs **doughboards**
being bound up in their clothes upon their sh oulders.
35 And the *children* **sons** of *Israel* **Yisra El**
did **worked** according to the word of *Moses*
Mosheh; and they *borrowed* **asked** of the *Egyptians*
Misrayim *jewels* **instruments** of silver,
and *jewels* **instruments** of gold, and *raiment* **clothes**:
36 And *the LORD* **Yah Veh**
gave **granted** the people *favour* **charism**
in the *sight* **eyes** of the *Egyptians* **Misrayim**,
*so that they lent unto them such things as they required.
And they spoiled the Egyptians* — **asking
and stripping the Misrayim**.
37 And the *children* **sons** of *Israel* **Yisra El**
journeyed **pulled stakes** from Rameses to
Succoth **Sukkoth/Brush Arbors**, about
six hundred thousand on foot
that were *men* **mighty**,
beside children **apart from toddlers**.
38 And a *mixed multitude* **great rabble**
went up **ascended** also with them;
and flocks, and *herds* **oxen**,
even very much cattle **mighty heavy chattel**.
39 And they baked
unleavened cakes **matsah ashcakes** of the
dough which they brought forth out of *Egypt*
Misrayim, for it was not *leavened* **fermented**;
because they were *thrust* **expelled**
out of *Egypt* **Misrayim**,
and could not *tarry* **linger**,
neither had they *prepared* **worked** for
themselves any *victual* **hunt**.
40 *Now* the *sojourning* **settlements**
of the *children* **sons** of *Israel* **Yisra El**, who
dwelt **settled** in *Egypt* **Misrayim**, was four
hundred **years** and thirty years.
41 And **so be** it *came to pass*
at the end of the four hundred **years** and thirty
years, even the selfsame day **so be** it *came to pass*,
that all the hosts of *the LORD* **Yah Veh**
went out from the land of *Egypt* **Misrayim**.
42 It is a night to be *much observed* **guarded**

unto *the LORD* **Yah Veh**
for bringing them out from the land of *Egypt* **Misrayim**:
this is that night of *the LORD* **Yah Veh**
to be *observed* **guarded**
of all the *children* **sons** of *Israel* **Yisra El**
in their generations.
43 And *the LORD* **Yah Veh**
said unto *Moses* **Mosheh** and *Aaron* **Aharon**,
This is the *ordinance* **statute** of the *passover* **pasach**:
There shall no **son of a** stranger eat thereof:
44 But every man's servant
that is *bought for money* **a chattel of silver**,
when thou hast circumcised him,
then shall he eat thereof.
45 A *foreigner* **settler** and an *hired servant* **hireling**
shall not eat thereof.
46 In one house shall it be eaten;
thou shalt not carry forth ought of the flesh
abroad out of the house;
neither shall ye break a bone thereof.
47 All the *congregation* **witness** of *Israel* **Yisra El**
shall *keep* **work** it.
48 And when a *stranger* **sojourner** shall sojourn with
thee, and *will keep* **shall work** the *passover* **pasach**
to *the LORD* **Yah Veh**,
let all his males be circumcised,
and then let him *come near* **approach** and *keep* **work** it;
and he shall be as *one that is born* **a native** in the land:
for no uncircumcised *person* shall eat thereof.
49 One *law* **torah** shall be
to *him that is homeborn* **the native**,
and unto the *stranger* **sojourner**
that sojourneth among you.
50 Thus *did* **worked** all the *children*
sons of *Israel* **Yisra El**;
as *the LORD commanded* **Yah Veh misvahed**
Moses **Mosheh** and *Aaron* **Aharon**, so *did* **worked** they.
51 And **so be** it *came to pass* the selfsame
day, that *the LORD* **Yah Veh**
did bring the *children* **sons** of *Israel* **Yisra El**
out of the land of *Egypt* **Misrayim** by their *armies* **hosts**.

HALLOWING THE FIRSTBIRTH

13 And *the LORD spake* **Yah Veh worded**
unto *Moses* **Mosheh**, saying,
2 *Sanctify* **Hallow** unto me all the
firstborn **firstbirthed**,
whatsoever openeth **every burster of** the womb
among the *children* **sons** of *Israel* **Yisra El**,
both of man **among human** and *of beast* **among animal**:
it is mine.
3 And *Moses* **Mosheh** said unto the people,
Remember this day,
in which ye came out from *Egypt* **Misrayim**,
out of the house of *bondage* **servants**;
for by strength of hand
the LORD **Yah Veh** brought you out *from this place* **thus**:
there shall no *leavened bread* **fermentation** be eaten.
4 This day came ye out in the month Abib.
5 And it shall be
when *the LORD* **Yah Veh** shall bring thee
into the land of the *Canaanites* **Kenaaniy**,
and the *Hittites* **Hethiy**, and the *Amorites* **Emoriy**,
and the *Hivites* **Hivviy**, and the *Jebusites* **Yebusiy**,
which he *sware* **oathed** unto thy fathers to give
thee, a land flowing with milk and honey,
that thou shalt *keep* **serve** this service in this month.
6 Seven days thou shalt eat *unleavened bread* **matsah**,
and in the seventh day
shall be a *feast* **celebration** to *the LORD* **Yah Veh**.
7 *Unleavenedbread***Matsah**shalbeatensevendays;
and there shall no *leavened bread* **fermentation**
be seen with thee,
neither shall there be *leaven* **yeast** seen
with thee in all thy *quarters* **borders**.
8 And thou shalt *shew* **tell** thy son in that day, saying,
This is done because of that
which *the LORD did* **Yah Veh worked** unto me
when I came forth out of *Egypt* **Misrayim**.
9 Anditshalbeforasginuntotheuponthinehand,
and for a memorial between thine eyes,
that *the LORD'S law* **Yah Veh's torah**
may be in thy mouth:
for with a strong hand hath *the LORD* **Yah Veh**
brought thee out of *Egypt* **Misrayim**.
10 Thou shalt therefore *keep* **guard**
this *ordinance* **statute**
in his season from *year* **day** to *year* **day**.
11 And it shall be
when *the LORD* **Yah Veh** shall bring thee into
the land of the *Canaanites* **Kenaaniy**,
as he *sware* **oathed** unto thee and to thy fathers,
and shall give it thee,
12 That thou shalt *set apart* **pass**
unto *the LORD* **Yah Veh**
all that openeth **every burster of** the
matrix, and every *firstling* **fetus**
that *cometh* **bursteth** of *a beast* **an animal**
which *thou hast* **became thee**;
the males shall be *the LORD'S* **Yah Veh's**.
13 Andevery*firstling***bursterof***anas***aheburo**

thou shalt redeem with a lamb; and if thou *wilt* **shalt**
not redeem it, then thou shalt break his neck:
and all the *firstborn* **firstbirthed** of *man* **humanity**
among thy *children* **sons** shalt thou redeem.
14 And it shall be
when thy son asketh thee *in time to come* **to morrow**,
saying, What is this?
that thou shalt say unto him, By strength of hand
the LORD **Yah Veh** brought us out
from *Egypt* **Misrayim**,
from the house of *bondage* **servants**:
15 And **so be** it *came to pass*, when *Pharaoh* **Paroh**
would hardly let **calloused from sending** us *go* **away**,
that *the LORD slew* **Yah Veh slaughtered**
all the *firstborn* **firstbirthed** in the land
of *Egypt* **Misrayim**, both the *firstborn*
firstbirthed of *man* **humanity**,
and the *firstborn* **firstbirthed** of *beast* **animal**:
therefore I sacrifice to *the LORD* **Yah Veh**
all that openeth **every burster of** the matrix, being males;
but all the *firstborn* **firstbirthed** of
my *children* **sons** I redeem.
16 Anditshalbefora*token***sign**uponthinehand,
and for *frontlets* **phylacteries** between thine eyes:
for by strength of hand
the LORD **Yah Veh** brought us forth
out of *Egypt* **Misrayim**.
17 And **so be** it *came to pass*,
when *Pharaoh* **Paroh** had *let* **sent** the people *go* **away**,
that *God* **Elohim** led them not *through* the way
of the land of the *Philistines* **Peleshethiym**,
although **because** that was near;
for God **but because Elohim** said, Lest peradventure
the people *repent* **sigh** when they see war,
and they return to *Egypt* **Misrayim**:
18 But *God led* **Elohim turned** the people
about **around**, through the way of the
wilderness of the *Red* **Reed** sea:

and the *children* **sons** of *Israel* **Yisra El**
went up harnessed **ascended in ranks of five**
out of the land of *Egypt* **Misrayim**.
19 And *Moses* **Mosheh**
took the bones of *Joseph* **Yoseph** with him:
for **in oathing,** he had *straitly sworn* **oathed**
the *children* **sons** of *Israel* **Yisra El**, saying, *God*
will surely **In visiting, Elohim shall** visit you;
and ye shall *carry up* **ascend** my bones
away hence with you.
20 And they *took their journey* **pulled stakes**
from *Succoth* **Sukkoth/Brush Arbors**,
and encamped in Etham,
in the *edge* **end** of the wilderness.
21 And *the LORD* **Yah Veh** went
before them **at their face**
by day in a pillar of a cloud, to lead them
the way; and by night in a pillar of fire, to
give them light; to go by day and night:
22 He *took* **departed** not *away* the pillar of the
cloud by day, nor the pillar of fire by night,
from *before* **the face of** the people.

PAROH PURSUES THE SONS OF YISRA EL

14 And *the LORD spake* **Yah Veh worded**
unto *Moses* **Mosheh**, saying,
2 *Speak* **Word** unto the *children* **sons** of *Israel*
Yisra El, that they turn and encamp
before Pihahiroth **at the face of Pi Ha Hiroth**,
between Migdol and the sea,
over against Baalzephon **at the face of Baal Sephon**:
before it shall ye encamp by the sea.
3 For *Pharaoh will* **Paroh shall** say
of the *children* **sons** of *Israel* **Yisra El**,
They are entangled in the land, the
wilderness hath shut them in.
4 And I *will harden Pharaoh's* **shall callous Paroh's**
heart, that he shall *follow* **pursue** after them;
and I *will* **shall** be honoured *upon Pharaoh* **through**
Paroh, and *upon* **through** all his *host* **valiant**;
that the *Egyptians* **Misrayim** may know
that *I am the LORD* **I — Yah Veh**.
And they *did* **worked** so.
5 And it was told the *king* **sovereign** of *Egypt* **Misrayim**
that the people fled:
and the heart of *Pharaoh* **Paroh** and of his
servants was turned against the people,
and they said, Why have we *done* **worked** this, that we
have *let Israel go* **sent Yisra El away** from serving us?
6 And he *made ready* **bound** his chariot,
and took his people with him:
7 And he took six hundred chosen chariots,
and all the chariots of *Egypt* **Misrayim**,
and *captains* **tertiaries** over every one of them.
8 And *the LORD* **Yah Veh**
hardened **calloused** the heart of *Pharaoh* **Paroh**
king **sovereign** of *Egypt* **Misrayim**,
and he pursued after the *children* **sons** of *Israel* **Yisra El**:
and the *children* **sons** of *Israel* **Yisra El**
went out with *an high* **lifted** hand.

9 But the *Egyptians* **Misrayim** pursued after them,
all the horses and chariots of *Pharaoh* **Paroh,**
and his *horsemen* **cavalry,** and his *army* **valiant,**
and overtook them encamping by the sea,
beside *Pihahiroth* **Pi Ha Hiroth,**
before Baalzephon **at the face of Baal Sephon.**
10 Andwhen*Pharaohdrewnigh***Parohapproached,**
the *children* **sons** of *Israel* **Yisra El**
lifted up their eyes, and, behold,
the *Egyptians marched* **Misrayim**
pulled stakes after them;
and they *were sore afraid* **mightily awed:**
and the *children* **sons** of *Israel* **Yisra El**
cried out unto *the LORD* **Yah Veh.**
11 And they said unto *Moses* **Mosheh,**
Because there were no *graves* **tombs** in *Egypt* **Misrayim,**
hast thou taken us away to die in the wilderness?
wherefore hast thou *dealt* **worked** thus with us,
to carry us forth out of *Egypt* **Misrayim?**
12 Is not this the word
that we *did tell* **worded** thee in *Egypt* **Misrayim,**
saying, *Let us alone* **Cease!,**
that we may serve the *Egyptians* **Misrayim?**
For it had been better for us
to serve the *Egyptians* **Misrayim,**
than that we should die in the wilderness.
13 And*Moses***Mosheh**saiduntothepeople,
Fear **Awe** ye not, stand still,
and see the salvation of *the LORD* **Yah Veh,**
which he *will shew* **shall work** to you to day:
for the *Egyptians* **Misrayim** whom ye have seen to day,
ye shall see them again no more *for ever* **eternally.**
14 *TheLORD***YahVeh**shalfightforyou,
and ye shall *hold your peace* **hush.**
15 And*theLORD***YahVeh**saidunto*Moses***Mosheh,**
Wherefore criest thou unto me?
speak **word** unto the *children* **sons** of *Israel*
Yisra El, that they *go forward* **pull stakes:**
16 But lift thou up thy rod,
and *stretch out* **spread** thine hand over
the sea, and *divide* **split** it:
and the *children* **sons** of *Israel* **Yisra El**
shall go on dry *ground* through the midst of the sea.
17 And I, behold,
I *will harden* **shall callous** the hearts
of the *Egyptians* **Misrayim,**
and they shall follow them:
and I *will get me honour* **shall be honoured**
upon Pharaoh **through Paroh,**
and *upon* **through** all his *host* **valiant,**
upon **through** his chariots,
and *upon* **through** his *horsemen* **cavalry.**
18 And the *Egyptians* **Misrayim** shall know
that *I am the LORD* **I — Yah Veh,**
when I *have gotten me honour* **shall be honoured**
upon Pharaoh **through Paroh,** *upon* **through** his
chariots, and *upon* **through** his *horsemen* **cavalry.**
19 And the angel of *God* **Elohim,** which went
before **from the face of** the camp of *Israel* **Yisra El,**
removed **pulled stakes** and went behind them;
and the pillar of the cloud *went* **pulled stakes**
from *before* their face, and stood behind them:
20 And it came
between the camp of the *Egyptians* **Misrayim**
and **between** the camp of *Israel* **Yisra El;**
and it was a cloud and darkness to them, but it *gave*
light **illuminated** by night to these: so that the one
came **approached** not *near* the other all the night.
21 And *Moses* **Mosheh**
stretched out **spread** his hand over the sea;
and *the LORD* **Yah Veh** caused the sea to go
back by a strong east wind all that night,
and *made* **set** the sea *dry land* **parched,**
and the waters were *divided* **split.**
22 And the *children* **sons** of *Israel* **Yisra El**
went into the midst of the sea upon the dry *ground:*
and the waters were a wall unto them on
their right *hand,* and on their left.
23 And the *Egyptians* **Misrayim** pursued,
and went in after them to the midst of the
sea, even all *Pharaoh's* **Paroh's** horses,
his chariots, and his *horsemen* **cavalry.**
24 And**sobe**ic*tametopas*,thaitnthemorningwatch
the LORD **Yah Veh** looked
unto the *host* **camp** of the *Egyptians* **Misrayim** through
the pillar of fire and of the cloud, and *troubled* **agitated**
the *host* **camp** of the *Egyptians* **Misrayim,**
25 And *took off* **clogged** their chariot wheels, that
they drave them *heavily* **with heaviness:**
so that the *Egyptians* **Misrayim** said,
Let us flee from the face of *Israel* **Yisra El;**
for *the LORD* **Yah Veh** fighteth for them
against the *Egyptians* **Misrayim.**
26 And *the LORD* **Yah Veh** said unto *Moses* **Mosheh,**
Stretch out **Spread** thine hand over the sea,
that the waters may *come again* **return**
upon the *Egyptians* **Misrayim,**
upon their chariots, and upon their *horsemen* **cavalry.**
27 And *Moses* **Mosheh**
stretched forth **spread** his hand over the sea,

and the sea returned *to his strength* **perennial**
when **at the face of** the morning *appeared*;
and the *Egyptians* **Misrayim** fled
against **from confronting** it;
and *the LORD* **Yah Veh**
overthrew **shook off** the *Egyptians* **Misrayim**
in the midst of the sea.
28 And the waters returned,
and covered the chariots, and the *horsemen* **cavalry**,
and all the *host* **valiant** of *Pharaoh* **Paroh**
that came into the sea after them;
there *remained* **survived** not *so*
much as **even** one of them.
29 But the *children* **sons** of *Israel* **Yisra El**
walked upon dry *land* in the midst of the sea;
and the waters were a wall unto them on
their right *hand*, and on their left.
30 Thus *the LORD* **Yah Veh** saved Israel that day
out of the hand of the *Egyptians* **Misrayim**;
and *Israel* **Yisra El** saw the *Egyptians* **Misrayim**
dead **who died** upon the sea *shore* **edge**.
31 And *Israel* **Yisra El** saw that great *work* **hand**
which *the LORD did* **Yah Veh worked**
upon the *Egyptians* **Misrayim**:
and the people *feared the LORD* **awed Yah Veh**,
and *believed the LORD* **trusted Yah Veh**,
and his servant *Moses* **Mosheh**.

THE SONG OF MOSHEH AND THE SONS OF YISRA EL

15 Then sang *Moses* **Mosheh**
and the *children* **sons** of *Israel* **Yisra El**
this song unto *the LORD* **Yah Veh**, and *spake* **said**,
saying, I *will* **shall** sing unto *the LORD* **Yah Veh**,
for **in triumphing,** he hath triumphed *gloriously*:
the horse and his rider
hath he *thrown* **hurled** into the sea.
2 *TheLORD***Yah**ismystrengthandsong,
and he is become my salvation:
he is my *God* **El**,
and I *will prepare* **shall rest** him *an* **in his** habitation;
my father's *God* **Elohim**, and I *will* **shall** exalt him.
3 *The LORD* **Yah Veh** is a man of war:
the LORD **Yah Veh** is his name.
4 *Pharaoh's***Paroh's**chairotsandhis*host***valiant**
hath he *cast* **poured** into the sea: his chosen *captains*
tertiaries also are drowned in the *Red* **Reed** sea.
5 The *depths* **abysses** have covered them:
they *sank* **descended** into the *bottom* **deep** as a stone.
6 Thy right *hand*, O *LORD* **Yah Veh**,
is become *glorious* **mighty** in *power* **force**:
thy right *hand*, O *LORD* **Yah Veh**,
hath *dashed in pieces* **disintegrated** the enemy.
7 And in the *greatness* **abundance**
of *thine excellency* **thy pomp**
thou hast *overthrown* **demolished** them
that rose *up against thee*:
thou sentest forth thy *wrath* **fuming**,
which consumed them as stubble.
8 And with the *blast* **spirit/wind** of thy nostrils
the waters were *gathered together* **heaped**, the
floods **flows** stood upright as an heap,
and the *depths* **abysses** were *congealed* **curdled**
in the heart of the sea.
9 The enemy said, I *will* **shall** pursue,
I *will* **shall** overtake,
I *will divide* **shall allot** the *spoil* **loot**;
my *lust* **soul** shall be *satisfied upon* **filled**
of them; I *will* **shall** draw my sword,
my hand shall *destroy* **dispossess** them.
10 Thou didst *blow* **puff** with thy *wind* **spirit/wind**,
the sea covered them:
they sank as lead in the mighty waters.
11 Who is like unto thee, O *LORD* **Yah**
Veh, among the *gods* **el**?
who is like thee, *glorious* **mighty** in holiness,
fearful **awesome** in *praises* **halals**,
doing wonders **working marvels**?
12 Thoustretchedstouetxtendedshttyirghhtand,
the earth swallowed them.
13 Thou in thy mercy
hast led forth the people which thou hast redeemed:
thou hast guided them in thy strength
unto thy holy habitation **of rest**.
14 Thepeopleshalhear,and*beafraid***quiver**:
sorrow **pangs** shall take hold on
the inhabitants of Palestina **them who settled Pelesheth**.
15 Then the *dukes* **chiliarchs** of Edom
shall be *amazed* **terrified**;
the mighty *men* of Moab, trembling
shall take hold upon them;
all *the inhabitants of Canaan* **they who settled Kenaan**
shall melt away.
16 *Fear* **Terror** and *dread* **fear** shall fall upon them;
by the greatness of thine arm they
shall be as still as a stone;
till thy people pass over, O *LORD* **Yah Veh**,
till the people pass over,
which thou hast *purchased* **chatteled**.

17 Thou shalt bring them in,
and plant them in the mountain of thine inheritance,
in the *place* **establishment**, O *LORD* **Yah Veh**,
which thou hast made for thee to *dwell* **settle** in,
in the *Sanctuary* **Holies**, O *LORD* **Adonay**,
which thy hands have established.
18 *The LORD* **Yah Veh** shall reign
for ever **eternally** and *ever* **eternally**.
19 For the horse of *Pharaoh* **Paroh**
went in with his chariots
and with his *horsemen* **cavalry** into the
sea, and *the LORD* **Yah Veh**
brought again **returned** the waters of the sea upon them;
but the *children* **sons** of *Israel* **Yisra El**
went on dry *land* in the midst of the sea.

THE SONG OF MIRYAM

20 And *Miriam* **Miryam** the prophetess,
the sister of *Aaron* **Aharon**,
took a *timbrel* **tambourine** in her hand;
and all the women went out after her
with *timbrels* **tambourines** and with **round** dances.
21 And *Miriam* **Miryam** answered them,
Sing ye to *the LORD* **Yah Veh**,
for **in triumphing,** he hath triumphed *gloriously*;
the horse and his rider
hath he *thrown* **hurled** into the sea.

THE WATERS OF MARAH

22 So*MosesbroughtIsrae*M*l* **oshehhadYisraElpulstakes**
from the *Red* **Reed** sea,
and they went out into the wilderness of Shur;
your murmurings are not against us,
but against *the LORD* **Yah Veh**.
9 And *Moses spake* **Mosheh said** unto *Aaron*
Aharon, Say unto all the *congregation* **witness**
of the *children* **sons** of *Israel* **Yisra El**,
Come near *before the LORD* **at the face of Yah Veh**:
for he hath heard your murmurings.
10 And **so be** it *came to pass*,
as *Aaron spake* **Aharon worded** unto
the whole *congregation* **witness** of the
children **sons** of *Israel* **Yisra El**,
that they *looked* **set their face** toward the
wilderness, and, behold, the *glory* **honour** of *the*
LORD **Yah Veh** *appeared* **was seen** in the cloud.
11 And *the LORD spake* **Yah Veh worded**
unto *Moses* **Mosheh**, saying,
12 I have heard the murmurings
of the *children* **sons** of *Israel* **Yisra El**:
speak **word** unto them, saying,
At even **Between evenings** ye shall eat flesh,
and in the morning ye shall *be filled* **satiate** with bread;
and ye shall know
that *I am the LORD* **I — Yah Veh** your *God* **Elohim**.
13 And **so be** it *came to pass*, that at even
the quails *came up* **ascended**, and covered the camp:
and in the morning
the dew lay round about the *host* **camp**.
14 And when the dew that lay *was gone up* **ascended**,
behold, upon the face of the wilderness
there lay a small round thing **a thin shred**,
as *small* **thin** as the hoar frost on the *ground* **earth**.
15 And when the *children* **sons** of *Israel* **Yisra El**
saw it, they said *one* **man** to *another* **brother**,
It is manna: for they wist not what it was.
And *Moses* **Mosheh** said unto them, This is the bread
which *the LORD* **Yah Veh** hath given you *to eat* **for food**.
16 This is the *thing* **word**
which *the LORD* **Yah Veh** hath *commanded* **misvahed**,
Gather **Glean** of it every man according to *his eating* **the**
food of his mouth, an omer *for every man* **per cranium**,
according to the number of your *persons* **souls**;
take ye every man for them which are in his tents.
17 And the *children* **sons** of *Israel did* **Yisra**
El worked so, and *gathered* **gleaned**,
some *more* **greatened**, some *less* **lessened**.
18 Andwhenthey*didmete***measured**itwithanomer,
he that *gathered much* **greatened**
had *nothing over* **no leftovers**, and he
that *gathered little* **lessened**
had no lack;
they *gathered* **gleaned** every man according
to *his eating* **the food of his mouth**.
19 And *Moses* **Mosheh** said,
Let no man *leave of it* **let it remain** till the morning.
20 Notwithstanding
they hearkened not unto *Moses* **Mosheh**; but *some of*
them left of it **men let it remain** until the morning,
and it *bred worms* **raised maggots**, and stank:
and *Moses* **Mosheh** was *wroth* **enraged** with them.
21 And they *gathered* **gleaned** it
every morning **by morning**
every man according to *his eating*
the food of his mouth:
and when the sun *waxed hot* **heated**, it melted.
22 And **so be** it *came to pass*, that on the sixth
day they *gathered twice as much* **gleaned**
double bread, two omers for one *man*:
and all the *rulers* **hierarchs** of the *congregation* **witness**

came and told *Moses* **Mosheh**.
23 And he said unto them,
This is that which *the LORD* **Yah Veh** hath *said*
worded, To morrow is the *rest* **shabbathism**
of the holy *sabbath* **shabbath** unto *the LORD* **Yah Veh**:
bake that which ye *will* **shall** bake *to day*, and
seethe **stew** that ye *will seethe* **shall stew**; and
that which remaineth over **all the leftovers**
lay up **leave** for you to be *kept*
guarded until the morning.
24 And they *laid it up* **left it** till the morning,
as *Moses bade* **Mosheh misvahed**:
and it did not stink,
neither was there any *worm* **maggot** therein.
25 And *Moses* **Mosheh** said, Eat that to day;
for to day is a *sabbath* **shabbath**
unto *the LORD* **Yah Veh**:
to day ye shall not find it in the field.
26 Six days ye shall *gather* **glean** it;
but on the seventh day, *which is* the *sabbath*
shabbath, in it there shall be none.
27 And **so be** it *came to pass*,
that there went out *some* of the people on the seventh
day for to *gather* **glean**, and they found none.
28 And *the LORD* **Yah Veh** said unto *Moses* **Mosheh**,
How long refuse ye to *keep* **guard**
my *commandments* **misvoth** and my *laws* **torahs**?
29 See, for that *the LORD* **Yah Veh** hath
given you the *sabbath* **shabbath**,
therefore he giveth you on the sixth
day the bread of two days;
abide ye **sit** — every man in his place,
let no man go out of his place on the seventh day.
30 So the people *rested* **shabbathized** on the seventh day.
31 And the house of *Israel* **Yisra El**
called the name thereof Manna:
and it was like coriander seed, white;
and the taste of it was like wafers *made* with honey.
32 And *Moses* **Mosheh** said, This is *the thing* **that**
which *the LORD commandeth* **Yah Veh misvaheth**,
Fill an omer of it **A full omer**
to be *kept* **guarded** for your generations;
that they may see the bread wherewith I have fed
you in the wilderness, when I brought you forth
from the land of *Egypt* **Misrayim**.
33 And *Moses* **Mosheh** said unto *Aaron* **Aharon**,
Take a pot, and *put* **give** an omer full of manna therein,
and *lay* **set** it *up before the LORD* **at the face of Yah**
Veh, to be *kept* **guarded** for your generations.
34 As *the LORD* **Yah Veh**
commanded Moses **misvahed Mosheh**,
so *Aaron laid* **Aharon set** it *up*
before the Testimony **at the face of the**
Witness, to be *kept* **guarded**.
35 And the *children* **sons** of *Israel* **Yisra El**
did eat manna forty years,
until they came to a land *inhabited* **settled**;
they did eat manna, until they came
unto the *borders* **ends** of the land of *Canaan* **Kenaan**.
36 Now an omer is the tenth *part* of an ephah.

WATER FROM THE ROCK

17 And all the *congregation* **witness**
of the *children* **sons** of *Israel* **Yisra El**
journeyed **pulled stakes** from the wilderness
of Sin, after their journeys,
according to
the *commandment* **mouth** of *the LORD* **Yah**
Veh, and *pitched* **encamped** in Rephidim:
and there was no water for the people to drink.
2 Wherefore the people
did chide **strove** with *Moses* **Mosheh**, and
said, Give us water that we may drink.
And *Moses* **Mosheh** said unto them,
Why *chide* **strive** ye with me?
wherefore do ye *tempt the LORD* **test Yah Veh**?
3 And the people thirsted there for water;
and the people murmured against *Moses*
Mosheh, and said, Wherefore is this
that thou hast *brought us up* **ascended us**
out of *Egypt* **Misrayim**,
to *kill* **deathify** us and our *children* **sons**
and our *cattle* **chattel** with thirst?
4 And *Moses* **Mosheh** cried unto *the LORD* **Yah Veh**,
saying, What shall I *do* **work** unto this people?
they be almost ready to **in a little they** stone me.
5 And*the LORD***Yah Veh**said unto*Moses***Mosheh**,
Go **Pass** on *before* **at the face of** the people,
and take with thee of the elders of *Israel* **Yisra El**;
and thy rod, wherewith thou smotest the
river, take in thine hand, and go.
6 Behold, I *will* **shall** stand *before thee* **at thy face**
there upon the rock in Horeb;
and thou shalt smite the rock,
and there shall come water out of it,
that the people may drink.
And *Moses did* **Mosheh worked** so
in the *sight* **eyes** of the elders of *Israel* **Yisra El**.
7 And he called the name of the place
Massah **Testing**, and *Meribah* **Strife**,

because of the *chiding* **striving**
of the *children* **sons** of *Israel* **Yisra El,**
and because they *tempted the LORD* **tested Yah Veh,**
saying, Is *the LORD* **Yah Veh** among us, or not?
8 Then came *Amalek* **Amaleq,**
and fought with *Israel* **Yisra El** in Rephidim.
9 And *Moses* **Mosheh** said unto *Joshua* **Yah Shua,**
Choose us *out* men, and go *out,*
fight with *Amalek* **Amaleq:**
to morrow I *will stand* **shall station myself**
on the top of the hill
with the rod of *God* **Elohim** in mine hand.
10 So *Joshua did* **Yah Shua worked** as *Moses* **Mosheh**
had said to him, and fought with *Amalek* **Amaleq:**
and *Moses* **Mosheh,** *Aaron* **Aharon,** and Hur
went up **ascended** to the top of the hill.
11 And **so be** it *came to pass,*
when *Moses held up* **Mosheh lifted** his hand,
that *Israel* **Yisra El** prevailed **mightily:**
and when he *let down* **rested** his hand,
Amalek **Amaleq** prevailed **mightily.**
12 But *Moses* **Mosheh** hands were heavy;
and they took a stone, and put it under
him, and he sat thereon;
and *Aaron* **Aharon** and Hur *stayed up* **upheld**
his hands, the one on *the one* **this** side,
and the *other* **one** on *the other* **that** side;
and his hands were *steady* **trustworthy**
until the going down of the sun.
13 And *Joshua* **Yah Shua**
discomfited Amalek **vanquished Amaleq** and
his people with the *edge* **mouth** of the sword.
14 And *the LORD* **Ya h Veh**
said unto *Moses* **Mosheh,**
Write **Inscribe** this for a memorial in a *book* **scroll,**
and *rehearse* **set** it in the ears of *Joshua* **Yah Shua:**
for *I will utterly put* **in wiping out, I shall wipe** out
the *remembrance* **memorial** of *Amalek* **Amaleq**
from under *heaven* **the heavens.**
15 And *Moses* **Mosheh** built *an* **a sacrifice** altar,
and called the name of it *Jehovahnissi* **Yah Veh Nissi:**
16 For he said,
Because the LORD hath sworn that
The hand of Yah is my ensign:
the LORD will have **Yah Veh shall** war
with *Amalek* **Amaleq** from generation to generation.

PRIEST YITHRO ADVISES MOSHEH

18 When *Jethro* **Yithro,** the
priest of *Midian* **Midyan,**
Moses' **Mosheh's** *father* in law,
heard of all that *God* **Elohim** had *done* **worked**
for *Moses* **Mosheh,** and for *Israel* **Yisra El**
his people, and that *the LORD* **Yah Veh**
had brought *Israel* **Yisra El** out of *Egypt* **Misrayim;**
2 Then *Jethro* **Yithro,** *Moses'* **Mosheh's** *father* in law,
took *Zipporah* **Sipporah,** *Moses' wife* **Mosheh's**
woman, after *he had sent her back* **her dowries,**
3 And her two sons;
of which the name of the one was Gershom;
for he said,
I have been *an alien* **a sojourner** in a strange land:
4 And the name of the *other* **one** was *Eliezer* **Eli Ezer;**
for the *God* **Elohim** of my father, *said he,* was
mine help, and *delivered* **rescued** me
from the sword of *Pharaoh* **Paroh:**
5 And *Jethro* **Yithro,** *Moses'* **Mosheh's** *father* in
law, came with hi s so ns and his *wife* **w oman**
unto *Moses* **Mosheh** into the wilderness,
here he encamped at the mount of *God* **Elohim:**
6 And he said unto *Moses* **Mosheh,**
I thy *father* in law *Jethro* **Yithro** am come unto thee,
and thy *wife* **woman,** and her two sons with her.
7 And *Moses* **Mosheh** went out to meet his *father* in
law, and *did obeisance* **prostrated,** and kissed him;
and they asked *each other* **man to friend**
of their *welfare* **shalom;**
and they came into the tent.
8 And *Moses told* **Mosheh described to** his
father in law all that *the LORD* **Yah Veh**
had *done* **worked** unto *Pharaoh* **Paroh**
and to the *Egyptians* **Misrayim** for *Israel's*
Yisra El's sake, and all the travail
that had *come upon* **found** them by the way,
and how *the LORD delivered* **Yah Veh rescued** them.
9 And *Jethro* **Yithro** rejoiced for althe goodnes
which *the LORD* **Yah Veh** had *done* **worked**
to *Israel* **Yisra El,**
whom he had *delivered* **rescued**
out of the hand of the *Egyptians* **Misrayim.**
10 And *Jethro* **Yithro** said, Blesed be *the LORD* **Yah Veh,**
who hath *delivered* **rescued** you
out of the hand of the *Egyptians* **Misrayim,**
and out of the hand of *Pharaoh* **Paroh,** who
hath *delivered* **rescued** the people
from under the hand of the *Egyptians* **Misrayim.**
11 Now I know
that *the LORD* **Yah Veh** is greater than all *gods*
elohim: for in the *thing* **word** wherein they
dealt proudly **seethed** he was above them.

12 And *Jethro* **Yithro**, *Moses'* **Mosheh's** *father* in law,
took a *burnt offering* **holocaust** and sacrifices
for *God* **Elohim**:
and *Aaron* **Aharon** came,
and all the elders of *Israel* **Yisra El**,
to eat bread with *Moses'* **Mosheh's** *father* in law
before God **at the face of Elohim.**
13 And **so be** it *came to pass* on the morrow, that
Moses **Mosheh** sat to judge the people:
and the people stood by *Moses* **Mosheh**
from the morning unto the evening.
14 AndwhenMoses**M' osheh's***fathe*inrlaw
saw all that he *did* **worked** to the people,
he said, What is this *thing* **word**
that thou *doest* **workest** to the people?
why sittest thou thyself alone,
and all the people *stand* **station themselves**
by thee from morning unto even?
15 And *Moses* **Mosheh** said unto his *father* in law,
Because the people come unto me
to enquire of *God* **Elohim**:
16 When they have a *matter* **word**, they come unto me;
and I judge between *one* **man** and *another*
friend, and I do make them know
the statutes of *God* **Elohim**, and his *laws* **torahs**.
17 And *Moses* **M'osheh's** *father* in law said unto him,
The *thing* **word** that thou *doest* **workest** is not good.
18 *Thou wilt surely wear away*
In wilting, thou shalt wilt
both thou, and this people that is with thee:
for this *thing* **word** is too heavy for thee;
thou art not able to *perform* **work** it thyself alone.
19 Hearken now unto my voice,
I *will* shall *give thee* counsel **thee**, and *God* **Elohim**
shall be with thee: Be thou for the people
to God—ward **in front of Elohim**,
that thou mayest bring the *causes*
words unto *God* **Elohim**:
20 And thou shalt *teach* **enlighten** them
ordinances **statutes** and *laws* **torahs**, and shalt *shew*
them **make known** the way wherein they *must* walk,
and the work that they *must do* **work**.
21 Moreover thou shalt *provide* **seek** out of all the people
able **valiant** men,
such as *fear God* **awe Elohim**,
men of truth, hating *covetousness* **greed**;
and *place such* **set** over them,
to be rulers **governors** of thousands, and *rulers*
governors of hundreds, *rulers* **governors** of fifties,
and *rulers* **governors** of tens:
22 And let them judge the people at all *seasons* **times**:
and it shall be,
that every great *matter* **word** they shall bring unto
thee, but every small *matter* **word** they shall judge:
so shall it be *easier* **lightened** for thyself,
and they shall bear *the burden* with thee.
23 If thou shalt *do* **work** this *thing* **word**, and
God command **Elohim misvah** thee so,
then thou shalt be able to *endure* **stand**,
and all this people shall also go to
their place in *peace* **shalom**.
24 So *Moses* **Mosheh** hearkened
to the voice of his *father* in law, and
did **worked** all that he had said.
25 And *Moses* **Mosheh** chose *able* **valiant**
men out of all *Israel* **Yisra El**,
and *made* **gave** them heads over the people,
rulers **governors** of thousands,
rulers **governors** of hundreds,
rulers **governors** of fifties, and *rulers* **governors** of tens.
26 And they judged the people at all *seasons* **times**:
the hard *causes* **words** they brought unto *Moses* **Mosheh**,
but every small *matter* **word** they judged themselves.
27 And *Moses* **Mosheh**
let **sent** his *father* in law *depart* **away**;
and he went his way into his own land.

Mosheh On Mount Sinay

19 In the third month,
when the *children* **sons** of *Israel* **Yisra El**
were gone forth out of the land of
Egypt **Misrayim**, the same day
came they into the wilderness of *Sinai* **Sinay**.
2 For they *were departed* **pulled stakes**
from Rephidim, and were come to the
desert **wilderness** of *Sinai* **Sinay**,
and had *pitched* **encamped** in the wilderness;
and there *Israel* **Yisra El** camped
before **in front of** the mount.
3 And*Moseswentup***Moshehascended**unto*God***Elohim**,
and *the LORD* **Yah Veh** called unto him
out of the mountain, saying,
Thus shalt thou say to the house of *Jacob* **Yaaqov**,
and tell the *children* **sons** of *Israel* **Yisra El**;
4 Ye have seen
what I *did* **worked** unto the *Egyptians* **Misrayim**,
and how I bare you on eagles' wings,
and brought you unto myself.
5 Now therefore,

if **in hearing,** ye *will obey* **shall hear** my voice
indeed, and *keep* **guard** my covenant,
then ye shall be a peculiar *treasure*
possession unto me above all people:
for all the earth is mine:
6 And ye shall be unto me
a *kingdom* **sovereigndom** of priests,
and an holy *nation* **goyim.**
These are the words which thou shalt *speak* **word**
unto the *children* **sons** of *Israel* **Yisra El.**
2 Petros 2:9, Apocalypse 1:6
7 And *Moses* **Mosheh** came
and called for the elders of the people,
and *laid before* **set n front of** their faces all these words
which *the LORD commanded* **Yah Veh misvahed** him.
8 And all the people answered together, and said,
All that *the LORD* **Yah Veh** hath *spoken* **worded**
we *will do* **shall work.**
And *Moses* **Mosheh** returned the words of
the people unto *the LORD* **Yah Veh.**
9 And *the LORD* **Yah Veh** said unto *Moses* **Mosheh,**
Lo **Behold,**
I come unto thee in *a thick* **an overclouding** cloud,
that the people may hear when I *speak* **word** with
thee, and *believe* **trust** thee *for ever* **eternally.**
And *Moses* **Mosheh** told the words of the
people unto *the LORD* **Yah Veh.**
10 And *the LORD* **Yah Veh** said unto *Moses* **Mosheh,**
Go unto the people,
and *sanctify* **hallow** them to day and to morrow,
and let them *wash* **launder** their clothes,
11 And be *ready against* **prepared** the third day:
for the third day
the LORD will come down **Yah Veh shall descend**
in the *sight* **eyes** of all the people
upon mount *Sinai* **Sinay.**
12 And thou shalt set *bounds* **borders**
unto the people round about, saying,
Take heed to **Guard** yourselves,
that ye *go* **ascend** not *up* into the mount, or touch the
border **end** of it: whosoever toucheth the mount
in deathifying, shall be *surely put to death* **deathified:**
13 There shall not an hand touch it, but **in**
stoning, he shall *surely* be stoned,
or **in shooting,** shall **be** shot *through*;
whether it be *beast* **animal** or man, it shall not live:
when the *trumpet soundeth long* **jubilee draweth,**
they shall *come up* **ascend** to the mount.
14 And *Moses* **Mosheh**
went down **descended** from the mount unto the
people, and *sanctified* **hallowed** the people;
and they *washed* **laundered** their clothes.
15 And he said unto the people,
Be *ready* **prepared** against the third day:
come not at your *wives* **women.**
16 And **so be** it *came to pass*
on the third day in the morning,
that there were *thunders* **voices** and lightnings,
and a *thick* **heavy** cloud upon the mount, and the voice
of the *trumpet* **shophar** *exceeding loud* **mighty strong;**
so that all the people that was in the camp trembled.
17 And *Moses* **Mosheh**
brought forth the people out of the
camp to meet with *Cod* **Elohim;**
and they stood at the nether *part* of the mount.
18 And mount *Sinai* **Sinay**
was *altogether on a smoke* **totally fuming,**
because the LORD **the face of Yah Veh**
descended upon it in fire:
and the smoke thereof ascended as
the smoke of a furnace,
and the whole mount *quaked greatly* **trembled mightily.**
19 Andwhenthevoiceofthe*trumpes*t**hophar**
in sounding, sounded long,
and *waxed louder and louder* **mightily mighty,**
Moses spake **Mosheh worded,**
and *Cod* **Elohim** answered him by a voice.
20 And *the LORD* **Yah Veh**
came down **descended** upon mount *Sinai*
Sinay, on the top of the mount:
and *the LORD* **Yah Veh** called *Moses* **Mosheh**
up to the top of the mount;
and *Moses went up* **Mosheh ascended.**
21 And *the LORD* **Yah Veh** said unto *Moses* **Mosheh,**
Co down **Descend,** *charge* **witness to** the people, lest
they break through unto *the LORD* **Yah Veh** to *gaze* **see,**
and many of them *perish* **fall.**
22 And let the priests also,
which come near to *the LORD* **Yah Veh,**
sanctify **hallow** themselves,
lest *the LORD* **Yah Veh** break forth upon them.
23 And *Moses* **Mosheh** said unto *the LORD* **Yah Veh,**
The people cannot *come up* **ascend**
to mount *Sinai* **Sinay:**
for thou *chargedst* **witnessedst to** us, saying,
Set *bounds* **borders** about the mount,
and *sanctify* **hallow** it.
24 And *the LORD* **Yah Veh** said unto him,
Away **Go,** *get thee down* **descend,** and thou shalt *come*
up **ascend,** thou, and *Aaron* **Aharon** with thee:

but let not the priests and the people break through
to *come up* **ascend** unto *the LORD* **Yah Veh,**
lest he break forth upon them.
25 So *Moses* **Mosheh** *went down* **descended** unto
the people, and *spake* **said** unto them.

THE TEN WORDS OF ELOHIM

20 And *God spake* **Elohim worded**
all these words, saying,
2 *I am the LORD* **I — Yah Veh** thy *God* **Elohim,**
which have brought thee
out of the land of *Egypt* **Misrayim**, out
of the house of *bondage* **servants.**
3 Thou shalt have no other *gods* **elohim**
before me **above my face.**
4 Thou shalt not *make* **work** unto thee
any *graven image* **sculptile,**
or any *likeness of any thing* **similitude** that is in *heaven*
the heavens above, or that is in the earth beneath,
or that is in the water under the earth.
5 Thou shalt not *bow down* **prostrate**
thyself to them, nor serve them:
for I *the LORD* **Yah Veh** thy *God* **Elohim**
am a jealous *God* **El,**
visiting the *iniquity* **perversity** of the
fathers upon the *children* **sons**
unto the third and fourth *generation*
of them that hate me;
6 And*shewing***working**mercy
unto thousands of them that love me,
and *keep* **guard** my *commandments* **misvoth.**
7 Thoushaltnot*take***bear**thename
of *the LORD* **Yah Veh** thy *God* **Elohim**
in *vain* **defamation;**
for *the LORD* **Yah Veh**
will **shall** not *hold* **exonerate** him *guiltless*
that *taketh* **beareth** his name in *vain* **defamation.**
8 Remember the *sabbath* **shabbath**
day, to *keep it holy* **hallow it.**
9 Six days shalt thou *labour* **serve,**
and *do* **work** all thy work:
10 But the seventh day is the *sabbath* **shabbath**
of *the LORD* **Yah Veh** thy *God* **Elohim:**
in it thou shalt not *do* **work** any work,
thou, nor thy son, nor thy daughter,
thy *manservant* **servant**, nor thy *maidservant*
maid, nor thy *cattle* **animals,**
nor thy *stranger* **sojourner** that is
within thy *gates* **portals:**
11 For in six days *the LORD made* **Yah Veh worked**
heaven **the heavens** and earth, the
sea, and all that in them is,
and rested the seventh day:
wherefore *the LORD* **Yah Veh**
blessed the *sabbath* **shabbath** day, and hallowed it.
12 Honour thy father and thy mother:
that thy days may be *long* **prolonged** upon the *land* **soil**
which *the LORD* **Yah Veh** thy *God* **Elohim** giveth thee.
13 Thou shalt not *kill* **murder.**
14 Thou shalt not *commit adultery* **adulterize.**
15 Thou shalt not steal.
16 Thoushaltnot*bear***answer**afalsewitnes
against thy *neighbour* **friend.**
17 Thou shalt not *covet* **desire**
thy *neighbour's* **friend's** house,
thou shalt not *covet* **desire**
thy *neighbour's wife* **friend's woman,**
nor his *manservant* **servant**, nor his *maidservant*
maid, nor his ox, nor his *ass* **he burro,**
nor *any thing* **aught** that is thy *neighbour's* **friend's.**
18 And all the people saw the *thunderings*
voices, and the *lightnings* **flambeaus,**
and the *noise* **voice** of the *trumpet* **shophar,**
and the mountain smoking:
and when the people saw it,
they *removed* **shook**, and stood afar off.
19 And they said unto *Moses* **Mosheh,**
Speak **Word** thou with us, and we *will* **shall** hear:
but let not *God speak* **Elohim word** with us, lest we die.
20 And *Moses* **Mosheh** said unto the people,
Fear **Awe** not:
for *God* **Elohim** is come **so as** to *prove* **test** you,
and that his *fear* **awe** may be *before* **in**
front of your faces, that ye sin not.
21 And the people stood afar off, and
Moses **Mosheh** drew near
unto the *thick* **dripping** darkness
where *God* **Elohim** was.
22 And *the LORD* **Yah Veh** said unto *Moses*
Mosheh, Thus thou shalt say
unto the *children* **sons** of *Israel* **Yisra El,**
Ye have seen that I have *talked* **worded**
with you from *heaven* **the heavens.**
23 Yeshalnomt *ake***work**withme*gods***elohim**ofsilver,
neither shall *make* **work** unto you *gods* **elohim** of gold.
24 *An* **A sacrifice** altar of *earth* **soil**
thou shalt *make* **work** unto me,
and shalt sacrifice thereon thy *burnt offerings*
holocausts, and thy *peace offerings* **shelamim,**

thy *sheep* **flocks**, and thine oxen:
in all places where I *record* **memorialize** my name
I *will* **shall** come unto thee, and I *will* **shall** bless thee.
25 And if thou *wilt make* **shalt work** me
an **a sacrifice** altar of stone,
thou shalt not build it of hewn stone:
for if thou *lift up* **shake** thy *tool* **sword** upon
it, thou hast *polluted* **profaned** it.
26 Neither shalt thou *go up by steps* **ascend by degrees**
unto *mine* **my sacrifice** altar,
that thy nakedness be not *discovered* **exposed** thereon.

JUDGMENTS FOR SERVANTS

21 Now these are the judgments
which thou shalt set *before them* **at their face.**
2 If thou *buy* **chattelize** an Hebrew servant,
six years he shall serve:
and in the seventh he shall go out
free for nothing **gratuitously liberated.**
3 If he came in *by himself* **with his body,**
he shall go out *by himself* **with his body:**
if he were *married* **master of a woman,** then
his *wife* **woman** shall go out with him.
4 If his *master* **adoni** have given him a *wife* **woman,**
and she have *born* **birthed** him sons or daughters;
the *wife* **woman** and her children
shall be her *master's* **adoni's,**
and he shall go out *by himself* **with his body.**
5 And if the servant **in saying,** shall
plainly say, I love my *master* **adoni,**
my *wife* **woman,** and my *children* **sons;** I
will **shall** not go out *free* **liberated:**
6 Then his *master* **adoni**
shall bring him unto *the judges* **Elohim;**
he shall also bring him to the door,
or unto the door post;
and his *master* **adoni**
shall bore his ear through with an aul;
and he shall serve him *for ever* **eternally.**

JUDGMENTS FOR MAIDS

7 Andifamanselhisdaughtertobea*maidservan***mt aid,**
she shall not go out as the *menservants* **servants** *do.*
8 If she *please not* **be evil in the eyes of** her *master*
adoni, who hath betrothed her to himself,
then shall he let her be redeemed:
to sell her unto a strange *nation* **people**
he shall have no *power* **reign,**
seeing he hath dealt *deceitfully* **covertly** with her.
And if he have betrothed her unto his
son, he shall deal with her
after the *manner* **judgment** of daughters.
10 If he take him another *wife;*
her *food* **flesh,** her *raiment* **covering,** and
her *duty of marriage* **cohabitation,**
shall he not diminish.
11 And if he *do* **work** not these three unto her,
then shall she go out *free* **gratuitously**
without *money* **silver.**

JUDGMENTS FOR INJURIES

12 He that smiteth a man, so that he die,
in deathifying, he shall be *surely*
put to death **deathified.**
13 And if a man *lie not in wait* **lurketh**
not, but *God* **Elohim**
deliver **letteth** him **happen** into his hand;
then I *will appoint* **shall set** thee a
place whither he shall flee.
14 But if a man *come presumptuously* **seethe**
upon his *neighbour* **friend,**
to *slay* **slaughter** him with *guile* **strategy;**
thou shalt take him from *mine* **my**
sacrifice altar, that he may die.
15 And he that smiteth his father, or his mother,
in deathifying, shall be *surely put to death* **deathified.**
16 Andhethatstealethaman,andselethhim,
or if he be found in his hand,
in deathifying, he shall *surely be*
put to death **be deathified.**
17 Andhethat*curseth***abaseth**hisfathe,rorhismother,
in deathifying, shall *surely be put*
to death **be deathified.**
18 And if men strive together,
and *one* **man** smite *another* **friend**
with a stone, or with his fist,
and he die not, but *keepeth* **falleth on** his bed:
19 If he rise *again,*
and walk *abroad* **out** upon his *staff* **crutch,**
then shall he that smote him be *quit*
exonerated: only he shall *pay* **give**
for *the loss of his time* **his shabbathism,** and
shall cause him to be thoroughly healed.
20 Andifamansmitehisservant,orhismaid,
with a *rod* **scion,** and he die under his hand;
in avenging, he shall be *surely punished* **avenged.**
21 *Notwithstanding* **Only,**
if he *continue a day or two* **stay two days,**
he shall not be *punished* **avenged:**

for he is his *money* **silver.**
22 If men strive,
and *hurt* **smite** a woman *with child* **that she**
conceive, so that her fruit depart from her,
and yet no mischief follow:
in penalizing, he shall be *surely punished* **penalized,**
according as the woman's *husband* **master**
will lay **shall set** upon him;
and he shall *pay* **give** as the judges *determine.*
23 And if any mischief follow,
then thou shalt give *life* **soul** for *life* **soul,**
24 Eye for eye, tooth for tooth, hand
for hand, foot for foot,
25 *Burning* **Blister** for *burning* **blister,**
wound for wound, *stripe* **lash** for *stripe* **lash.**
26 And if a man smite the eye of his servant, or
the eye of his maid, that it *perish* **ruin;**
he shall *let* **send** him *go free* **away liberated**
for his eye's sake.
27 And if he *smite out* **fell** his *manservant's* **servant's**
tooth, or his *maidservant's* **maid's** tooth;
he shall *let* **send** him *go free* **away liberated**
for his tooth's sake.
28 If an ox *gore* **butt** a man or a woman, that they die:
then **in stoning,** the ox shall *surely* be
stoned, and his flesh shall not be eaten;
but the *owner* **master** of the ox shall be *quit* **exonerated.**
29 But if the ox
were wont to push **hath butted** with his horn
in time past **three yesters ago,**
and it hath been *testified* **witnessed** to his *owner*
master, and he hath not *kept* **guarded** him in,
but that he hath *killed* **deathified** a man or a woman;
the ox shall be stoned, and his *owner* **master** also
shall be *put to death* **deathified.**
30 If there be *laid* **set** on him
a sum of money **a koper/an atonement,**
then he shall give
for the *ransom* **redemption** of his *life* **soul**
whatsoever is *laid* **set** upon him.
31 *Whether* **If** he have *gored* **buted** a son,
or have *gored* **butted** a daughter,
according to this judgment
shall it be *done* **worked** unto him.
32 If the ox shall *push* **butt** a *manservant* **servant**
or a *maidservant* **maid;**
he shall give unto their *master* **adoni**
thirty shekels of silver, and the ox shall be stoned.
33 And if a man shall open a *pit* **well,**
or if a man shall dig a *pit* **well**, and not cover it,
and an ox or an *ass* **he burro** fall therein;
34 The *owner* **master** of the *pit* **well**
shall *make it good* **shalam,** and *give money* **return silver**
unto the *owner* **master** of them;
and *the dead beast* **that which died** shall be his.
35 And if one man's ox *hurt another's*
butt friend's ox, that he die;
then they shall sell the live ox,
and *divide* **halve** the *money* **silver** of it;
and *the dead ox* **that which died**
also they shall *divide* **halve.**
36 Or if it be known that the ox
hath *used to push in time past* **butted three yesters ago,**
and his *owner* **master** hath not *kept* **guarded** him in;
in shalaming, he shall *surely pay* **shalam**
ox for ox;
and *the dead* **that which died** shall be his own.

Judgments For Properties

22 If a man shall steal an ox, or a *sheep*
lamb, and *kill* **slaughter** it, or sell it;
he shall *restore* **shalam** five oxen for an ox,
and four *sheep* **flocks** for a *sheep* **lamb.**
2 If a thief be found *breaking up* **digging,**
and be smitten that he die,
there shall no blood be *shed* for him.
3 If the sun be risen upon him, there shall be blood
shed for him; *for he should make full restitution*
in shalaming, he shall shalam;
if he have *nothing* **naught,**
then he shall be sold for his theft.
4 If **in finding,**
the theft be *certainly* found in his hand alive,
whether it be **from** ox, or *ass* **he burro**, or *sheep*
lamb; he shall *restore double* **shalam twofold.**
5 If a man shall cause a field or vineyard
to be *eaten* **consumed,**
and shall *put* **send** in his beast,
and shall *feed in another man's* **consume another's** field;
of the best of his own field,
and of the best of his own vineyard,
shall he *make restitution* **shalam.**
6 If fire break out, and *catch* **be found** in thorns,
so that the *stacks* **heaps** of corn,
or the *standing corn* **stalks**, or the
field, be consumed *therewith;*
he that kindled the *fire* **kindling**
in shalaming, shall *surely make restitution* **shalam.**
7 If a man shall *deliver* **give** unto his *neighbour* **friend**

money **silver** or *stuff* **instruments** to *keep* **guard**,
and it be stolen out of the man's house;
if the thief be found,
let him *pay double* **shalam twofold**.
8 If the thief be not found, then the master of the house
shall *be brought unto the judges* **approach Elohim**,
to see *whether* **if** he have **not** put his hand
unto his *neighbour's goods* **friend's work**.
9 For *all manner* **every word** of *trespass* **rebellion**,
whether it be for ox, for *ass* **he burro**, for *sheep* **lamb**,
for *raiment* **clothes**, or for any *manner of* lost *thing*,
which another *challengeth* **saith** to be his,
the *cause* **word** of *both* **the two** parties
shall come *before the judges* **in front of Elohim**;
and whom *the judges* **Elohim**
shall *condemn* **declare wicked**,
he shall *pay double* **shalam twofold**
unto his *neighbour* **friend**.
10 If a man *deliver* **give** unto his *neighbour* **friend**
an ass **a he burro**, or an ox, or a *sheep* **lamb**,
or any *beast* **animal**, to *keep* **guard**;
and it die, or be *hurt* **broken**, or *driven
away* **captured**, no man seeing it:
11 Then shall an oath of *the LORD* **Yah Veh**
be between **the two of** them *both*,
that he hath not put his hand unto his
neighbour's **friend's** goods;
and the *owner* **master** of it shall *accept* **take**
thereof, and he shall not *make it good* **shalam**.
12 And if **in stealing**, it be stolen from him,
he shall *make restitution* **shalam**
unto the *owner* **master** thereof.
13 If **in tearing**, it be torn *in pieces*,
then let him bring it for witness,
and he shall not *make good* **shalam** that which was torn.
14 And if a man *borrow ought* **ask** of his *neighbour*
friend, and it be *hurt* **broken**, or die,
the *owner* **master** thereof being not with it,
in shalaming, he shall *surely make it good* **shalam**.
15 But if the *owner* **master** thereof be with it,
he shall not *make it good* **shalam**:
if it be an *hired thing* **hireling**, it came for his hire.

General Judgments

16 And if a man *entice* **dupe** a *maid* **virgin**
that is not betrothed, and lie with her,
in endowing,
he shall *surely* endow her to be his *wife* **woman**.
17 If **in refusing**,
her father *utterly* refuse to give her unto
him, he shall *pay money* **weigh silver**
according to the dowry of virgins.
18 Thou shalt not *suffer* **preserve** a *witch* **sorcerer** to live.
19 Whosoever lieth with *a beast* **an animal**,
in deathifying, shall *surely be put
to death* **be deathified**.
20 He that sacrificeth unto any *god* **elohim**,
save **except** unto *the LORD* **Yah Veh** only,
in being devoted, he shall be *utterly destroyed* **devoted**.
21 Thou shalt neither *vex* **oppress** a *stranger*
sojourner, nor *oppress* **pressure** him:
for ye were *strangers* **sojourners**
in the land of *Egypt* **Misrayim**.
22 Ye shall not *afflict* **humble** any widow,
or *fatherless child* **orphan**.
23 If **in humbling** *thou afflict* **humble** them *in any wise*,
and **in crying**, they cry *at all* unto me,
in hearing, I *will* **shall** *surely* hear their cry;
24 And my wrath shall *wax hot* **kindle**,
and I *will kill* **shall slaughter** you with the sword;
and your *wives* **women** shall be widows, and
your *children fatherless* **sons orphans**.
25 If thou lend *money* **silver** to any of my people
that is *poor by* **humbled with** thee,
thou shalt not be to him as *an usurer* **a lender**,
neither shalt *thou lay* **set** upon him usury.
26 If **in pledging**, thou *at all take* **pledgest**
thy *neighbour's raiment* **friend's clothes** *to
pledge*, thou shalt *deliver* **return** it unto him
by that **until** the sun goeth down:
27 For that is his covering only,
it is his *raiment* **clothes** for his skin: wherein shall
he *sleep* **lie down**? and **so be** it *shall come to pass*,
when he crieth unto me, that I *will* **shall** hear;
for I am *gracious* **charismatic**.
28 Thou shalt not *revile the gods* **abase Elohim**,
nor curse the *ruler* **hierarch** of thy people.
29 Thou shalt not delay
to offer the first of thy ripe fruits, and of thy liquors
the fulness of thy juices:
the *firstborn* **firstbirthed** of thy sons
shalt thou give unto me.
30 *Likewise* **Thus** shalt thou *do* **work**
with thine oxen, and with thy *sheep* **flocks**:
seven days it shall be with his *dam* **mother**;
on the eighth day thou shalt give it me.
31 And ye shall be holy men unto me:
neither shall ye eat any flesh that is
torn *of beasts* in the field;
ye shall cast it to the dogs.

Judgment And Mercy

23 Thou shalt not *raise a false* **bear a vain** report:
put not thine hand with the wicked
to be *an unrighteous witness* **a witness of violence.**
2 Thou shalt not follow *a multitude* **many** to *do* evil;
neither shalt thou *speak* **witness** in a *cause* **dispute**
to *decline after* **deviate** many to *wrest judgment* **pervert**:
3 Neither shalt thou *countenance*
a **esteem the** poor *man*
in his *cause* **dispute.**
4 If thou *meet* **encounter** thine enemy's ox or
his *ass going astray* **he burro straying,**
in returning,
thou shalt *surely bring it back* **return it** to him *again.*
5 If thou see the *ass* **he burro** of him that hateth thee
lying **crouched** under his burden,
and *wouldest forbear* **shouldest**
cease to *help* **release** him,
in releasing, thou shalt *surely help with* **release** him.
6 Thou shalt not *wrest* **deviate** the judgment
of thy poor in his *cause* **dispute.**
7 *Keep thee far* **Be thou far removed**
from a false *matter* **word;**
and the innocent and *righteous* **just**
slay **slaughter** thou not:
for I *will* **shall** not justify the wicked.
8 And thou shalt take no *gift* **bribe:**
for the *gift* **bribe** blindeth the *wise* **open—eyed,**
and perverteth the words of the *righteous* **just.**
9 Also thou shalt not oppress a *stranger* **sojourner:**
for ye know the *heart* **soul** of a *stranger* **sojourner,**
seeing **because** ye were *strangers* **sojourners**
in the land of *Egypt* **Misrayim.**
10 And six years thou shalt *sow* **seed** thy land, and
shalt gather in the *fruits* **produce** thereof:
11 Buttheseventh*year*thoushalt*letitrest*releaseit
and *lie still* **leave it alone;**
that the *poor* **needy** of thy people may eat:
and *what they leave* **the remainder,**
the *beasts* **live beings** of the field shall eat.
In like manner thou shalt *deal* **work** with thy
vineyard, and with thy *oliveyard* **olives.**
12 Six days thou shalt *do* **work** thy work,
and on the seventh day thou shalt *rest* **shabbathize:**
that thine ox and thine *ass* **he burro** may
rest, and the son of thy *handmaid* **maid,**
and the *stranger* **sojourner,** may be refreshed.
13 And in all *things* that I have said unto
you be *circumspect* **on guard:**
and *make no mention of* **memorialize not**
the name of other *gods* **elohim,** neither
let it be heard out of thy mouth.

Three Celebrations

14 Three *times* **paces**
thou shalt *keep a feast* **celebrate** unto me in the year.
15 Thou shalt *keep* **guard**
the *feast* **celebration** of *unleavened bread* **matsah:**
(thou shalt eat *unleavened bread* **matsah** seven
days, as I *commanded* **misvahed** thee,
in the *time appointed* **season** of the month
Abib; for in it thou camest out from *Egypt*
Misrayim: and none shall *appear* **be seen**
before me **at my face** empty:)
16 And the *feast* **celebration** of harvest, the
firstfruits of thy *labours* **works,**
which thou hast *sown* **seeded** in the field:
and the *feast* **celebration** of ingathering,
which is in the end of the year,
when thou hast gathered in thy *labours* **works**
out of the field.
17 Three times in the year
all thy males shall *appear* **be seen**
before the Lord GOD **at the face of Adonay Yah Veh.**
18 Thou shalt not *offer* **sacrifice** the blood of my
sacrifice with *leavened bread* **fermentation;**
neither shall the *fat of my sacrifice* **celebration**
remain **stay overnight** until the morning.
19 Thefirstofthefirstfruitsofthy*land***soil**
thou shalt bring into the house
of *the LORD* **Yah Veh** thy *God* **Elohim.**
Thou shalt not *seethe* **stew** a kid in his mother's milk.

The Angel Of Yah Veh

20 Behold,IsendanAngel*beforethee***athyface,**
to *keep* **guard** thee in the way,
and to bring thee into the place which I have prepared.
21 *Beware of him* **On guard at his face,**
and *obey* **hear** his voice, *provoke* **embitter** him not;
for he *will* **shall** not *pardon* **bear** your *transgressions*
rebellions: for my name is in him.
22 But if **in hearing,** thou shalt *indeed obey* **hear**
his voice, and *do* **work** all that I *speak* **word;**
then I *will* **shall** be an enemy unto thine
enemies, *and an adversary unto thine adversaries*
besiege them who tribulate thee.
23 For mine Angel shall go *before thee* **at thy face,**
and bring thee in unto the *Amorites* **Emoriy,**
and the *Hittites* **Hethiy,** and the *Perizzites* **Perizziy,**

and the *Canaanites* **Kenaaniy,** the *Hivites*
Hivviy, and the *Jebusites* **Yebusiy:**
and I *will* **shall** cut them off.
24 Thou shalt not *bow down* **prostrate**
to their *gods* **elohim,**
nor serve them, nor *do* **work** after their works:
but **in demolishing,**
thou shalt *utterly overthrow* **demolish**
them, and **in breaking,**
quite break *down* their *images* **monoliths.**
25 And ye shall serve
the LORD **Yah Veh** your *God* **Elohim,**
and he shall bless thy bread, and thy water; and I *will*
take **shall turn** sickness away from the midst of thee.
26 There shall *nothing cast their young* **naught abort,**
nor be *barren* **sterile,** in thy land:
the number of thy days I *will* **shall** fulfil.
27 I *will* **shall** send my fear *before thee* **at thy face,**
and *will destroy* **shall agitate** all the people
to whom thou shalt come,
and I *will make* **shall give that** all thine
enemies turn their *backs* **neck** unto thee.
28 And I *will* **shall** send hornets *before thee* **at thy face,**
which shall *drive out* **expel** the *Hivite* **Hivviy,**
the *Canaanite* **Kenaaniy,** and the *Hittite*
Hethiy, from *before thee* **thy face.**
29 I *will* **shall** not *drive* **expel** them *out*
from *before thee* **thy face** in one year;
lest the land become desolate, and the *beast* **live**
being of the field *multiply* **be many** against thee.
30 By little and little
I *will drive* **shall expel** them *out* from
before thee **thy face,** until thou *be increased*
bear fruit, and inherit the land.
31 And I *will* **shall** set thy *bounds* **borders**
from the *Red* **Reed** sea
even unto the sea of the *Philistines* **Peleshethiym,**
and from the *desert* **wilderness** unto the river:
for I *will deliver the inhabitants of*
shall give them who settled the land into your hand;
and thou shalt *drive* **expel** them *out*
before thee **from thy face.**
32 Thoushalt*make***cut**nocovenantwiththem,
nor with their *gods* **elohim.**
33 They shall not *dwell* **settle** in thy land, lest
they *make* **cause** thee **to** sin against me:
for if thou serve their *gods* **elohim,**
it *will surely* **shall** be a snare unto thee.

YAH VEH CUTS A COVENANT

24 And he said unto *Moses* **Mosheh,**
Come up **Ascend** unto *the LORD* **Yah Veh,**
thou, and *Aaron* **Aharon,** Nadab, and *Abihu* **Abi**
Hu, and seventy of the elders of *Israel* **Yisra El;**
and *worship* **prostrate** ye afar off.
2 And *Moses* **Mosheh** alone
shall come near *the LORD* **Yah Veh:**
but they shall not come nigh;
neither shall the people *go up* **ascend** with him.
3 And *Moses* **Mosheh** came
and *told* **described to** the people
all the words of *the LORD* **Yah Veh,**
and all the judgments:
and all the people answered with one voice, and said,
All the words which *the LORD* **Yah**
Veh hath *said* **worded**
will **shall** we *do* **work.**
4 And *Moses wrote* **Mosheh inscribed**
all the words of *the LORD* **Yah Veh,** and
rose up **started** early in the morning,
and builded *an* **a sacrifice** altar under the *hill*
mountain, and twelve *pillars* **monoliths,**
according to the twelve *tribes* **scions** of *Israel* **Yisra El.**
5 And he sent *young men* **lads**
of the *children* **sons** of *Israel* **Yisra El,**
which *offered burnt offerings* **holocausted**
holocausts, and sacrificed **sacrifices**
peace offerings — **shelamim** of *oxen* **bullocks**
unto *the LORD* **Yah Veh.**
6 And *Moses* **Mosheh** took half of the
blood, and put it in *basons* **bowls;**
and half of the blood he sprinkled on the **sacrifice** altar.
7 And he took the *book* **scroll** of the covenant,
and *read* **recalled** in the *audience* **ears** of the people:
and they said,
All that *the LORD* **Yah Veh** hath *said* **worded**
will **shall** we *do* **work,** and *be obedient* **hearken.**
8 And *Moses* **Mosheh** took the blood,
and sprinkled it on the people, and said,
Behold the blood of the covenant,
which *the LORD* **Yah Veh** hath *made* **cut** with you
concerning all these words.
9 Then*wentupMoses***ascendedMosheh,**
and *Aaron* **Aharon,** Nadab, and *Abihu* **Abi Hu,**
and seventy of the elders of *Israel* **Yisra El:**
10 And they saw *the God* **Elohim** of *Israel* **Yisra El:**
and there was under his feet as it were
a *paved* **transparent** work of a sapphire stone,

and as it were the *body* **skeleton** of *heaven*
the heavens in his *clearness* **purity**.
11 And upon the nobles
of the *children* **sons** of *Israel* **Yisra El**
he *laid* **spread** not his hand:
also they saw *God* **Elohim**, and did eat and drink.
12 And *the LORD* **Yah Veh** said unto *Moses* **Mosheh**,
Come up **Ascend** to me into the mount, and be
there: and I *will* **shall** give thee *tables* **slabs** of stone,
and a *law* **torah** and *commandments* **misvoth**
which I have *written* **inscribed**;
that thou mayest *teach* **direct** them.
13 And *Moses* **Mosheh** rose up, and his
minister *Joshua* **Yah Shua**:
and *Moses went up* **Mosheh ascended**
into the mount of *God* **Elohim**.
14 And he said unto the elders,
Tarry **Settle** ye here for us,
until we *come again* **return** unto you:
and, behold, *Aaron* **Aharon** and Hur are with you:
if any man *have any matters to do* **be a master**
of words, let him come unto them.
15 And*Moses went up* **Mosheh ascended** into the mount,
and a cloud covered the mount.
16 And the *glory* **honour** of *the LORD* **Yah Veh**
abode **tabernacled** upon mount *Sinai* **Sinay**,
and the cloud covered it six days:
and the seventh day he called unto *Moses* **Mosheh**
out of the midst of the cloud.
17 And the *sight* **visage**
of the *glory* **honour** of *the LORD* **Yah Veh**
was like *devouring* **consuming** fire
on the top of the mount
in the eyes of the *children* **sons** of *Israel* **Yisra El**.
18 And *Moses* **Mosheh** went into the midst of the
cloud, and *gat him up* **ascended** into the mount:
and *Moses* **Mosheh** was in the mount
forty days and forty nights.

THE VOLUNTARY EXALTMENT FOR THE HALLOWED REFUGE

25 And *the LORD spake* **Yah Veh worded**
unto *Moses* **Mosheh**, saying,
2 *Speak* **Word** unto the *children* **sons** of *Israel* **Yisra**
El, that they *bring* **take** me an *offering* **exaltment**:
of every man that giveth it willingly with his heart
of all whose heart volunteereth
ye shall take my *offering* **exaltment**.
3 And this is the *offering* **exaltment**
which ye shall take of them;
gold, and silver, and *brass* **copper**,
4 And blue, and purple, and scarlet, and
fine **white** linen, and goats' *hair*,
5 And rams' skins *dyed red* **reddened**, and badgers' skins,
and shittim *wood* **timber**,
6 Oil for the light, spices for anointing oi l,
and for *sweet* incense **of aromatics**,
7 Onyx stones,
and stones *to be set* — **fillings** in the ephod,
and in the breastplate.
8 And let them *make* **work** me a *sanctuary* **holies**;
that I may *dwell* **tabernacle** among them.
9 Acording to al that I *shew* **have** thee **see**,
after the pattern of the tabernacle,
and the pattern of all the instruments
thereof, even so shall ye *make* **work** it.
10 And they shall *make* **work**
an ark of shittim *wood* **timber**:

PATTERN FOR THE ARK

two cubits and a half shall be the length thereof,
and a cubit and a half the breadth thereof,
and a cubit and a half the height thereof.
11 And thou shalt overlay it with pure gold,
within and without shalt thou overlay
it, and shalt *make* **work** upon it
a *crown* **moulding** of gold round about.
12 And thou shalt *cast* **pour**
four *rings* **signets** of gold for it,
and *put* **give** them in the four *corners* **supports** thereof;
and two *rings* **signets** shall be in the one side of it,
and two *rings* **signets** in the *other* **second** side of it.
13 And thou shalt *make* **work** staves
of shittim *wood* **timber**,
and overlay them with gold.
14 And thou shalt put the staves into the *rings* **signets**
by the sides of the ark,
that the ark may be borne with them.
15 The staves shal be in the *rings* **signets** of the ark:
they shall not be *taken* **turned aside** from it.
16 And thou shalt *put* **give** into the ark
the *testimony* **witness** which I shall give thee.
17 And thou shalt *make* **work**
a *mercy seat* **kapporeth** of pure gold:
two cubits and a half shall be the length thereof,
and a cubit and a half the breadth thereof.
18 And thou shalt *make* **work**
two *cherubims* **cherubim** of gold,
of *beaten work* **spinnings** shalt thou *make* **work**
them, in the two ends of the *mercy seat* **kapporeth**.

19 And *make* **work** one cherub on *the one* **this**
end, and *the other* **one** cherub on *the other*
that end: *even* of the *mercy seat* **kapporeth**
shall ye *make* **work** the *cherubims* **cherubim**
on the two ends thereof.
20 And the *cherubims* **cherubim**
shall *stretch forth* **spread** their wings *on high*
upward, covering the *mercy seat* **kapporeth** with
their wings, and their faces *shall look one* **man** to
another **brother**; toward the *mercy seat* **kapporeth**
shall the faces of the *cherubims* **cherubim** be.
21 And thou shalt *put* **give** the *mercy seat* **kapporeth**
above upon the ark;
and in the ark
thou shalt *put* **give** the *testimony* **witness**
that I shall give thee.
22 And there I *will meet* **shall congregate** with thee,
and I *will commune* **shall word** with thee
from above the *mercy seat* **kapporeth**, from
between the two *cherubims* **cherubim**
which are upon the ark of the *testimony* **witness**,
of all *things* which I *will give* **shall misvah** thee
in commandment
unto the *children* **sons** of *Israel* **Yisra El**.

PATTERN FOR THE TABLE

23 Thoushaltalso*make***work**atableofshiitm*wod***timbe:r**
two cubits shall be the length thereof,
and a cubit the breadth thereof,
and a cubit and a half the height thereof.
24 And thou shalt overlay it with pure
gold, and *make* **work** thereto
a *crown* **moulding** of gold round about.
25 And thou shalt *make* **work** unto it a border of
an hand breadth **a palm span** round about,
and thou shalt *make* **work** a golden *crown* **moulding**
to the border thereof round about.
26 And thou shalt *make* **work** for it
four *rings* **signets** of gold,
and *put* **give** the *rings* **signets** in the four *corners* **edges**
that are on the four feet thereof.
27 *Over against* **Along side** the border
shall the *rings* **signets** be
for places of the staves to bear the table.
28 And thou shalt *make* **work** the staves
of shittim *wood* **timber**, and overlay them with gold,
that the table may be borne with them.

PATTERN FOR THE INSTRUMENTS

29 And thou shalt *make* **work** the dishes thereof,
and *spoons* **bowls** thereof, and covers thereof,
and *bowls* **exoneration basins** thereof,
to *cover withal* **libate with**:
of pure gold shalt thou *make* **work** them.
30 And thou shalt *set* **give** upon the table
shewbread **face bread**
before me alway **at my face continually**.
31 And thou shalt *make* **work** a *candlestick* **menorah**
of pure gold:
of *beaten work* **spinning**
shall the *candlestick* **menorah** be *made* **worked**:
his *shaft* **flank**, and his *branches* **stems**, his bowls,
his *knops* **finials**, and his *flowers* **blossoms**,
shall be of the same.
32 And six *branches* **stems** shall
come out of the sides of it;
three *branches* **stems** of the *candlestick* **menorah**
out of the one side,
and three *branches* **stems** of the *candlestick* **menorah**
out of the *other* **second** side:
33 Three bowls *made like unto almonds* **almond**
shaped, with a *knop* **finial** and a *flower* **blossom**
in one *branch* **stem**;
and three bowls *made like almonds* **almond shaped**
in *the other branch* **one stem**,
with a *knop* **finial** and a *flower* **blossom**:
so in the six *branches* **stems**
that come out of the *candlestick* **menorah**.
34 Andinthe*candlestick***menorah**shalbefourbowls
made like unto almonds **almond shaped**,
with their *knops* **finials** and their *flowers* **blossoms**.
35 And there shall be a *knop* **finial**
under two *branches* **stems** of the same,
and a *knop* **finial** under two *branches* **stems** of the same,
and a *knop* **finial** under two *branches* **stems** of the same,
according to the six *branches* **stems**
that proceed out of the *candlestick* **menorah**.
36 Their *knops* **finials** and their *branches* **stems**
shall be of the same:
all it shall be one *beaten work* **spinning** of pure gold.

PATTERN FOR THE LAMPS

37 And thou shalt *make* **work** the seven lamps thereof:
and they shall *light* **holocaust** the lamps
thereof, that they may *give light* **illuminate**
over against **the face of** it.
38 And the tongs thereof, and the *snuffdishes*
trays thereof, shall be of pure gold.
39 *Of a talent* **A round** of pure gold shall he *make*
work it, with all these *vessels* **instruments**.
40 And *look* **see** that thou *make* **work**
them after their pattern,
which *was shewed thee* **thou sawest** in the mount.

Pattern For The Tabernacle

26 Moreover thou shalt *make* **work** the tabernacle
with ten curtains of *fine* **white** twined linen,
and blue, and purple, and scarlet:
with *cherubims* **cherubim,**
of cunning work **the work of a fabricator**
shalt thou *make* **work** them.
2 The length of one curtain shall
be eight and twenty cubits,
and the breadth of one curtain four cubits:
and every one of the curtains shall have one measure.
3 Thefivecurtainshalbe*coupledtogethe*j**roined**
one **woman** to *another* **sister;**
and *other* five curtains shall be *coupled* **joined**
one **woman** to *another* **sister.**
4 And thou shalt *make* **work** loops of blue
upon the edge of the one curtain
from the *selvedge* **end** in the *coupling* **joint;**
and likewise shalt thou *make* **work**
in the uttermost edge of *another* curtain,
in the *coupling* **joint** of the second.
5 Fifty loops shalt thou *make* **work** in the one
curtain, and fifty loops shalt thou *make* **work**
in the *edge* **end** of the curtain
that is in the *coupling* **joint** of the second;
that the loops may take hold
one **woman** to *another* **sister.**
6 And thou shalt *make* **work** fifty *taches* **hooks**
of gold, and *couple* **join** the curtains
together **woman to sister** with the *taches* **hooks:**
and it shall be one tabernacle.
7 And thou shalt *make* **work** curtains of goats' *hair*
to be a *covering* **tent** upon the tabernacle:
eleven curtains shalt thou *make* **work.**
8 Thelengthofonecurtainshalbethirtycubits,
and the breadth of one curtain four cubits:
and the eleven curtains shall be all of one mea sure.
9 And *thou* shalt *couple* **join** five
curtains by themselves,
and six curtains by themselves, and
shalt double the sixth curtain
in the *forefront* **front at the face** of the *tabernacle* **tent.**
10 And thou shalt *make* **work** fifty loops
on the edge of the one curtain that is
outmost in the *coupling* **joint,**
and fifty loops in the edge of the curtain
which coupleth **in the joint of** the second.
11 And thou shalt *make* **work**
fifty *taches* **hooks** of *brass* **copper,**
and put the *taches* **hooks** into the loops,
and *couple* **join** the tent together, that it may be one.
12 And the *remnant that remaineth* **leftover extention**
of the curtains of the tent,
the half curtain *that remaineth*
leftover, shall *hang* **spread**
over the *backside* **back** of the tabernacle.
13 And a cubit *on the one side* **from this,**
and a cubit *on the other side of that* **from that**
which *remaineth* **is leftover**
in the length of the curtains of the tent,
it shall *hang* **spread** over the sides of the tabernacle
on **from** this *side* and *on* **from** that *side*, to cover it.
14 Andthoushal*mt ake***work**acoveirngforthetent
of rams' skins *dyed red* **reddened**, and a
covering above of badgers' skins.
15 Andthoushalt*make***work**boardsforthetabernacle
of shittim *wood* **timber** standing up.
16 Ten cubits shall be the length of a board,
and a cubit and a half *cubit*
shall be the breadth of one board.
17 Two *tenons* **hands** shall there be in one board,
set in order one against another **equidistant**
woman to sister: thus shalt thou *make* **work**
for all the boards of the tabernacle.
18 And thou shalt *make* **work** the
boards for the tabernacle,
twenty boards on the south *side* **edge** southward.
19 Andthousha*mlt ake***work**fortysocketsofsilver
under the twenty boards; two sockets under
one board for his two *tenons* **hands,**
and two sockets under *another* **one**
board for his two *tenons* **hands.**
20 And for the second side of the tabernacle
on the north *side* **edge** there shall be twenty boards:
21 And their forty sockets of silver;
two sockets under one board,
and two sockets under *another* **one** board.
22 And for the *sides* **flanks** of the tabernacle
westward **seaward**
thou shalt *make* **work** six boards.
23 And two boards shalt thou *make* **work**
for the corners of the tabernacle in the *two sides* **flanks.**
24 And they shall be
coupled together beneath **twinned downward,**
and they shall be *coupled together* **twinned**
above the head of it unto one *ring* **signet:**
thus shall it be for **the two of** them *both*;
they shall be for the two corners.
25 And they shall be eight boards,

and their sockets of silver, sixteen socke ts;
two sockets under one board,
and two sockets under *another* **one** board.
26 Andthousha*m*lt *ake***work**barsofshiitm*wod***timbe;r**
five for the boards of the one side of the tabernacle,
27 And five bars
for the boards of the *other* **second** side of the tabernacle,
and five bars for the boards of the side of the tabernacle,
for the *two sides westward* **flanks seaward.**
28 Andthemiddlebarinthemidstoftheboards
shall *reach* **spread** from end to end.
29 Andthoushaltoverlaytheboardswithgold,
and *make* **work** their *rings* **signets** of gold
for places for the bars:
and thou shalt overlay the bars with gold.
30 And thou shalt *rear up* **raise** the tabernacle
according to the *fashion* **judgment** thereof
which *was shewed thee* **thou sawest** in the mount.
31 And thou shalt *make* **work** a vail of blue,
and purple, and scarlet, and *fine* **white** twined linen
of cunning work **the work of a fabricator**:
with *cherubims* **cherubim** shall it be made:
32 And thou shalt *hang* **give** it
upon four pillars of shittim *wood* overlaid with gold:
their hooks shall be of gold, upon
the four sockets of silver.
33 And thou shalt *hang up* **give** the vail
under the *taches* **hooks**,
that thou mayest bring in thither within the
vail the ark of the *testimony* **witness**:
and the vail shall *divide* **separate** unto you
between the *holy place* **holies**
and **between** the *most holy* **holy of holies.**
34 Andthoushalt*put***give**the*mercyseak***tapporeth**
upon the ark of the *testimony* **witness**
in the *most holy place* **holy of holies.**
35 And thou shalt set the table without the vail, and
the *candlestick* **menorah** over against the table
on the side of the tabernacle *toward
the south* **southward:**
and thou shalt *put* **give** the table on the north side.
36 Andthoushalt*makeanhanging***workacovering**
for the *door* **opening** of the tent,
of blue, and purple, and scarlet, and
fine **white** twined linen,
wrought with *needlework* **embroidery work.**
37 And thou shalt *make* **work** for the *hanging* **covering**
five pillars of shittim *wood* and overlay them
with gold, and their hooks shall be of gold:
and thou shalt *cast* **pour** five sockets of *brass* **copper**
for them.

PATTERN FOR THE ALTAR

27 And thou shalt *make an* **work a**
sacrifice altar of shittim *wood* **timber,**
five cubits long, and five cubits broad;
the **sacrifice** altar shall be foursquare:
and the height thereof shall be three cubits.
2 Andthoushalt*make***work**thehornsofit
upon the four corners thereof:
his horns shall be of the same:
and thou shalt overlay it with *brass* **copper.**
3 Andthoushalt*make***work**his*pans***cauldrons**
to *receive his ashes* **de—ash,**
and his shovels, and his *basons* **sprinklers**, and
his *fleshhooks* **forks,** and his *firepans* **trays:**
all the *vessels* **instruments** thereof thou
shalt *make* **work** of *brass* **copper.**
4 Andthousha*m*lt *ake***work**foirta*grate***screen**
of network of *brass* **copper**;
and upon the net
shalt thou *make* **work** four *brasen rings* **copper signets**
in the four *corners* **ends** thereof.
5 Andthoushalt*pugt***ive**itunderthe*compas***rim**
of the **sacrifice** altar *beneath* **downward,**
that the net may be even to the
midst of the **sacrifice** altar.
6 And thou shalt *make* **work** staves
for the **sacrifice** altar,
staves of shittim *wood* **timber**, and
overlay them with *brass* **copper.**
7 And the staves shall be *put*
into the *rings* **signets,**
and the staves shall be
upon the two sides of the **sacrifice** altar, to bear it.
8 Hollow with *boards* **slabs** shalt thou *make* **work** it:
as *it was shewed thee* **thou sawest** in the mount,
so shall they *make* **work** it.

PATTERN FOR THE COURT

9 And thou shalt *make* **work** the court of the tabernacle:
for the south *side* **edge** southward there shall be
hangings for the court of *fine* **white** twined linen
of an hundred cubits long for one *side* **edge**:
10 And the twenty pillars thereof
and their twenty sockets shall be of *brass* **copper;**
the hooks of the pillars and their *fillets* **attachments**
shall be of silver.
11 And likewise for the north *side* **edge** in length

there shall be hangings of an hundred *cubits* long,
and his twenty pillars and their twenty sockets
of *brass* **copper**;
the hooks of the pillars and their *fillets* **attachments**
of silver.
12 And for the breadth of the court on the *west side*
seaward edge shall be hangings of fifty cubits:
their pillars ten, and their sockets ten.
13 And the breadth of the court
on the east *side eastward* **edge toward the rising**
shall be fifty cubits.
14 The hangings of one *side of the gate* **shoulder**
shall be fifteen cubits:
their pillars three, and their sockets three.
15 And on the *other side* **second shoulder**
shall be hangings fifteen *cubits*: their
pillars three, and their sockets three.
16 And for the *gate* **portal** of the court
shall be *an hanging* **a covering** of twenty
cubits, of blue, and purple, and scarlet,
and *fine* **white** twined linen,
wrought with *needlework* **embroidery work**:
and their pillars shall be four, and their sockets four.
17 All the pillars round about the court
shall be *filleted* **attached** with silver;
their hooks shall be of silver,
and their sockets of *brass* **copper**.
18 The length of the court shall be an hundred
cubits, and the breadth fifty every where,
and the height five cubits of *fine* **white** twined linen,
and their sockets of *brass* **copper**.
19 All the *vessels* **instruments** of the
tabernacle in all the service thereof,
and all the *pins* **stakes** thereof,
and all the *pins* **stakes** of the court,
shall be of *brass* **copper**.
20 And thou shalt *command* **misvah**
the *children* **sons** of *Israel* **Yisra El**,
that they *bring* **take** thee pure oil olive
beaten **pestled** for the light,
to *cause* **holocaust** the lamp *to burn always* **continually**.
21 In the *tabernacle* **tent** of the
congregation without the vail,
which is *before* **in front of** the *testimony* **witness**,
Aaron **Aharon** and his sons shall *order* **arrange** it
from evening to morning
before the LORD **at the face of Yah Veh**:
it shall be *a* **an eternal** statute *for ever*
unto their generations
on the behalf of the *children* **sons** of *Israel* **Yisra El**.

PATTERN FOR THE PRIESTAL CLOTHES

28 And *take* **oblate** thou unto thee
Aaron **Aharon** thy brother, and his sons with
him, from among the *children* **sons** of *Israel*
Yisra El, that he may *minister unto me in the*
priest's office **priest the priesthood unto me**,
even *Aaron* **Aharon**, Nadab and *Abihu* **Abi Hu**, *Eleazar*
El Azar and *Ithamar* **Iy Thamar**, *Aaron's* **Aharon's** sons.
2 And thou shalt *make* **work** holy *garments* **clothes**
for *Aaron* **Aharon** thy brother
for *glory* **honour** and for *beauty* **adornment**.
3 And thou shalt *speak* **word**
unto all that are wise hearted,
whom I have filled with the spirit
of wisdom, that they may
make Aaron's garments **work Aharon's clothes**
to *consecrate* **hallow** him,
that he may *minister unto me in the priest's office*
priest the priesthood unto me.
4 And these are the *garments* **clothes**
which they shall *make* **work**;
a breastplate, and an ephod, and a *robe* **mantle**,
and a broidered coat, a *mitre* **tiara**, and a girdle:
and they shall *make* **work** holy *garments* **clothes**
for *Aaron* **Aharon** thy brother, and his sons,
that he may *minister unto me in the priest's office*
priest the priesthood unto me.

PATTERN FOR THE EPHOD

5 Andtheyshaltakegold,andblue,andpurple,
and scarlet, and *fine* **white** linen.
6 And they shall *make* **work** the ephod
of gold, of blue, and of purple, of scarlet,
and *fine* **white** twined linen,
with *cunning* **fabricated** work.
7 It shall have the two shoulderpieces thereof
joined at the two *edges* **ends** thereof;
and *so* it shall be joined *together*.
8 And the *curious* **fabricated** girdle of the ephod,
which is upon it, shall be of the same,
according to the work thereof;
even of gold, of blue, and purple, and
scarlet, and *fine* **white** twined linen.
9 And thou shalt take two onyx stones,
and *grave* **engrave** on them
the names of the *children* **sons** of *Israel* **Yisra El**:
10 Six of their names on one stone,
and *the other* six names *of the rest* **which remain**

on the *other* **second** stone, according
to their *birth* **generations.**
11 Withtheworkofanengraverinstone,
like the engravings of a *signet* **seal**, shalt
thou engrave the two stones
with the names of the *children* **sons** of *Israel* **Yisra El**:
thou shalt *make* **work** them
to be *set in ouches* **surrounded by brocades** of gold.
12 Andthoushaltputthetwostones
upon the shoulders of the ephod
for stones of memorial
unto the *children* **sons** of *Israel* **Yisra El**:
and *Aaron* **Aharon** shall bear their names
before the LORD **at the face of Yah Veh**
upon his two shoulders for a memorial.
13 And thou shalt *make ouches* **work brocades** of gold;
14 And two chains of pure gold at the ends;
of wreathen work shalt thou *make* **work** them,
and *fasten* **give** the wreathen chains
to the *ouches* **brocades.**

Pattern For The Breastplate Of Judgment

15 Andthoushalt*make***work**thebreastplateojfudgment
with *cunning* **fabricated** work;
after the work of the ephod thou shalt *make* **work** it;
of gold, of blue, and of purple, and of scarlet,
and of *fine* **white** twined linen, shalt thou *make* **work** it.
16 Foursquare it shall be being doubled;
a span shall be the length thereof, and a
span shall be the breadth thereof.
17 And thou shalt *set* **fill** in *it settings* **fillings**
of stones, *even* four rows of stones:
the *first* row shall be
a sardius, a topaz, and a carbuncle:
this shall be the first row.
18 And the second row shall be
an emerald, a sapphire, and a diamond.
19 And the third row
a ligure **an opal**, an agate, and an amethyst.
20 And the fourth row
a beryl, and an onyx, and a jasper:
they shall be *set* **embroidered** in gold
in their *inclosings* **fillings.**
21 And the stones shall be with the names of
the *children* **sons** of *Israel* **Yisra El**,
twelve, according to their names, like
the engravings of a *signet* **seal**;
every *one* **man** with his name shall they be
according to the twelve *tribes* **scions.**
22 Andthoushal*mt ake***work**uponthebreastplate
chains *at the ends* **twisted** of
wreathen work of pure gold.
23 And thou shalt *make* **work** upon the
breastplate two *rings* **signets** of gold,
and shalt *put* **give** the two *rings* **signets**
on the two ends of the breastplate.
24 And thou shalt *put* **give**
the two *wreathen chains* **wreaths** of
gold in the two *rings* **signets**
which are on the ends of the breastplate.
25 And the *other* two ends
of the two *wreathen chains* **wreaths**
thou shalt *fasten* **give** in the two *ouches* **brocades,**
and *put* **give** them on the shoulder pieces of
the ephod *before it* **at the face of the front.**
26 Andthoushal*mt ake***work**two*rings***signets**ofgold,
and thou shalt put them
upon the two ends of the breastplate
in the *border* **edge** thereof,
which is *in the side of* **over against**
the ephod *inward* **housing.**
27 And two *other rings* **signets** of gold
thou shalt *make* **work,**
and shalt *put* **give** them on the two *sides* **shoulders**
of the ephod *underneath* **downward,**
toward the forepart **at the face of the front** thereof,
over against **along side** the *other coupling* **joint** thereof,
above the *curious* **fabricated** girdle of the ephod.
28 And they shall bind the breastplate
by the *rings* **signets** thereof
unto the *rings* **signets** of the ephod
with a *lace* **braid** of blue,
that it may be above the *curious*
fabricated girdle of the ephod,
and that the breastplate be not *loosed* **removed**
from the ephod.
29 And *Aaron* **Aharon** shall bear
the names of the *children* **sons** of *Israel* **Yisra El** in
the breastplate of judgment upon his heart, when he
goeth in unto the *holy place* **holies**, for a memorial
before the LORD **at the face of Yah Veh** continually.
30 And thou shalt *put* **give** in the breastplate of
judgment the Urim and the Thummim;
and they shall be upon *Aaron's* **Aharon's**
heart, when he goeth in
before the LORD **at the face of Yah Veh**:
and *Aaron* **Aharon** shall bear the judgment
of the *children* **sons** of *Israel* **Yisra El** upon his heart
before the LORD **at the face of Yah Veh** continually.

PATTERN FOR THE EPHOD MANTLE

31 Andthoushamlt *ake***work**the*robe***mantle**
of the ephod *all of* **totally** blue.
32 And there shall be *an hole* **a mouth** in
the top of it, in the midst thereof:
it shall have *a binding* **an edging** of woven work
round about the *hole* **mouth** of it,
as it were the *hole* **mouth** of an habergeon,
that it be not *rent* **ripped**.
33 And *beneath* upon the *hem* **drape** of it
thou shalt *make* **work** pomegranates of
blue, and of purple, and of scarlet,
round about the *hem* **drape** thereof;
and bells of gold *between* **among** them round about:
34 Agoldenbelandapomegranate,
a golden bell and a pomegranate,
upon the *hem* **drape** of the *robe* **mantle** round about.
35 And it shall be upon *Aaron* **Aharon** to minister:
and his *sound* **voice** shall be heard when
he goeth in unto the *holy place* **holies**
before the LORD **at the face of Yah Veh**, and
when he cometh out, that he die not.

PATTERN FOR THE TIARA

36 And thou shalt *make* **work**
a *plate* **blossom** of pure gold, and *grave* **engrave** upon it,
like the engravings of a *signet* **seal**,
HOLINESS TO THE LORD **HOLY TO YAH VEH**.
37 Andthoushaltputitonablue*lace***braid**,
that it may be upon the *mitre* **tiara**;
upon the forefront **at the face of the front**
of the *mitre* **tiara** it shall be.
38 And it shall be upon *Aaron's* **Aharon's**
forehead, that *Aaron* **Aharon** may bear
the *iniquity* **perversity** of the *holy things* **holies**,
which the *children* **sons** of *Israel* **Yisra El**
shall hallow in all their holy gifts;
and it shall be *always* **continually** upon his
forehead, that they may be *accepted* **pleasing**
before the LORD **at the face of Yah Veh**.
39 Andthoushaltembroiderthecoatof*fine***white**linen,
and thou shalt *make* **work** the *mitre* **tiara**
of *fine* **white** linen,
and thou shalt *make* **work** the girdle of
needlework **embroidery work**.
40 And for *Aaron's* **Aharon's** sons
thou shalt *make* **work** coats,
and thou shalt *make* **work** for them girdles,
and *bonnets* **turbans** shalt thou *make* **work** for them,
for *glory* **honour** and for *beauty* **adornment**.
41 And thou shalt put them
upon *Aaron* **Aharon** thy brother, and his sons with him;
and shalt anoint them,
and *consecrate them* **fill their hand**,
and *sanctify* **hallow** them,
that they may *minister unto me in the priest's office*
priest the priesthood unto me.
42 And thou shalt *make* **work** them linen breeches
to cover **the flesh of** their nakedness;
from the loins even unto the *thighs*
flank they shall reach:
43 And they shall be upon *Aaron*
Aharon, and upon his sons,
when they come in
unto the *tabernacle* **tent** of the congregation,
or when they come near unto the **sacrifice**
altar to minister in the *holy place* **holies**;
that they bear not *iniquity* **perversity**, and
die: *it shall be a* **an eternal** statute *for ever*
unto him and his seed after him.
29 And this is the *thing* **word**

HALLOWING THE PRIESTS

that thou shalt *do* **work** unto them to hallow
them, to *minister unto me in the priest's
office* **priest the priesthood unto me**:
Take one *young* bullock **son of the oxen**, and
two **integrious** rams *without blemish*,
2 And *unleavened bread* **matsah**,
and **matsah** cakes *unleavened tempered* **mingled** with
oil, and **matsah** wafers *unleavened* anointed with oil:
of wheaten flour shalt thou *make* **work** them.
3 And thou shalt *put* **give** them into one
basket, and *bring* **oblate** them in the basket,
with the bullock and the two rams.
4 And *Aaron* **Aharon** and his sons
thou shalt *bring* **oblate**
unto the *door* **opening**
of the *tabernacle* **tent** of the congregation,
and shalt *wash* **baptize** them with water.
5 And thou shalt take the *garments* **clothes**,
and put upon *Aaron* **Aharon** the coat,
and the *robe* **mantle** of the ephod,
and the ephod, and the breastplate,
and gird him with the *curious*
fabricated girdle of the ephod:
6 And thou shalt *put* **give** the *mitre* **tiara** upon his
head, and *put* **give** the holy *crown* **separatism**
upon the *mitre* **tiara**.

7 Then shalt thou take the anointing oil, and
pour it upon his head, and anoint him.
8 And thou shalt *bring* **oblate** his sons,
and put coats upon them.
9 And thou shalt gird them with girdles,
Aaron **Aharon** and his sons,
and *put* **bind** the *bonnets* **turbans** on them:
and the *priest's office* **priesthood** shall be
their's for *a perpetual* **an eternal** statute:
and thou shalt *consecrate Aaron* **fill the hand of Aharon**
and **the hand of** his sons.
10 And thou shalt cause a bullock
to be *brought before* **oblated at the face of**
the *tabernacle* **tent** of the congregation:
and *Aaron* **Aharon** and his sons shall *put* **prop**
their hands upon the head of the bullock.
11 And thou shalt *kill* **slaughter** the bullock
before the LORD **at the face of Yah**
Veh, by the *door* **opening**
of the *tabernacle* **tent** of the congregation.
12 Andthoushaltakeofthebloodofthebulock,
and *put* **give** it upon the horns of the **sacrifice** altar
with thy finger,
and pour all the blood
beside **at** the *bottom* **foundation** of the **sacrifice** altar.
13 And thou shalt take
all the fat that covereth the inwards, and
the caul that is above the liver,
and the two *kidneys* **reins**, and the fat that is upon
them, and *burn* **incense** them upon the **sacrifice** altar.
14 Buthelfeshofthebulock,andhiskin,andhisdung,
shalt thou burn with fire without the camp:
it is *a sin offering* **for the sin**.
15 Thou shalt also take one ram;
and *Aaron* **Aharon** and his sons shall *put* **prop**
their hands upon the head of the ram.
16 And thou shalt *slay* **slaughter** the ram,
and thou shalt take his blood,
and sprinkle it round about upon the **sacrifice** altar.
17 And thou shalt
cut the ram in pieces **dismember**
the members of the ram,
and *wash* **baptize** the inwards of him,
and his legs, and *put* **give** them unto his
pieces **members**, and unto his head.
18 And thou shalt *burn* **incense** the whole
ram upon the **sacrifice** altar:
it is a *burnt offering* **holocaust** unto *the LORD* **Yah Veh**:
it is a *sweet savour* **scent of rest**,
an offering made by fire **a firing**
unto *the LORD* **Yah Veh**.
19 Andthoushaltaketheo*ther***second**ram;
and *Aaron* **Aharon** and his sons
shall *put* **prop** their hands upon the head of the ram.
20 Then shalt thou *kill* **slaughter** the
ram, and take of his blood,
and *put* **give** it
upon the tip of the right ear of *Aaron* **Aharon**,
and upon the tip of the right ear of his sons,
and upon the *thumb* **great digit** of their right hand,
and upon the great *toe* **digit** of their right foot,
and sprinkle the blood upon the **sacrifice** altar
round about.
21 And thou shalt take of the blood
that is upon the **sacrifice** altar, and of the anointing oil,
and sprinkle it upon *Aaron* **Aharon**,
and upon his *garments* **clothes**,
and upon his sons,
and upon the *garments* **clothes** of his sons with him:
and he shall be hallowed, and his *garments* **clothes**,
and his sons, and his sons' *garments* **clothes** with him.
22 Also thou shalt take of the ram the fat and the
rump, and the fat that covereth the inwards,
and the caul above the liver, and the two *kidneys*
reins, and the fat that is upon them,
and the right *shoulder* **hindleg**;
for it is a ram of *consecration* **fulfillments**:
23 Andone*loaf***round**ofbread,
and one *cake of oiled* bread **of oil**, and one wafer
out of the basket of the *unleavened bread* **matsah**
that is *before the LORD* **at the face of Yah Veh**:
24 And thou shalt put all
in the *hands* **palms** of *Aaron* **Aharon**,
and in the *hands* **palms** of his sons;
and shalt wave them for a wave *offering*
before the LORD **at the face of Yah Veh**.
25 And thou shalt *receive* **take** them of their hands,
and *burn* **incense** them upon the **sacrifice** altar
for a *burnt offering* **holocaust**, for a
sweet savour **scent of rest**
before the LORD **at the face of Yah Veh**: *it is an offering*
made by fire **a firing** unto *the LORD* **Yah Veh**.
26 And thou shalt take the breast of the ram
of *Aaron's consecration* **Aharon's fulfillments**,
and wave it for a wave *offering*
before the LORD **at the face of Yah Veh**:
and it shall be thy part.
27 And thou shalt *sanctify* **hallow** the
breast of the wave *offering*,
and the *shoulder* **hindleg** of the *heave*
offering **exaltment**, which is waved,
and which is *heaved up* **lifted**,

of the ram of the *consecration* **fulfillments,**
even of that which is for *Aaron* **Aharon,**
and of that which is for his sons:
28 And it shall be *Aaron's* **Aharon's** and his sons'
by a **for an eternal** statute *for ever* from the *children* **sons**
of *Israel* **Yisra El**: for it is an *heave offering* **exaltment**:
and it shall be an *heave offering* **exaltment**
from the *children* **sons** of *Israel* **Yisra El**
of the sacrifice of their *peace offerings* **shelamim,**
even their *heave offering* **exaltment**
unto *the LORD* **Yah Veh**.
29 And the holy *garments* **clothes** of *Aaron* **Aharon**
shall be his sons' after him, to be anointed therein,
and to *be consecrated* **fill their hands** in them.
30 Andthatsonthatispriestinhisstead
shall *put* **enrobe** them *on* seven days,
when he cometh
into the *tabernacle* **tent** of the congregation
to minister in the *holy place* **holies**.
31 And thou shalt take the ram
of the *consecration* **fulfillments,**
and *seethe* **stew** his flesh in the *holy place* **holies**.
32 And *Aaron* **Aharon** and his sons
shall eat the flesh of the ram,
and the bread that is in the basket by the *door* **opening**
of the *tabernacle* **tent** of the congregation.
33 Andtheyshaleatthose*things*
wherewith the atonement was made
which were to kapar/atone,
to *consecrate* **fill their hands** and
to *sanctify* **hallow** them:
but a stranger shall not eat thereof, because they are holy.
34 And if ought of the flesh
of the *consecrations* **fulfillments,**
or of the bread, remain unto the morning,
then thou shalt burn *the remainder*
that which remaineth
with fire:
it shall not be eaten, because it is holy.
35 And thus shalt thou *do* **work** unto
Aaron **Aharon**, and to his sons,
according to all *things*
which I have *commanded* **misvahed** thee:
seven days shalt thou *consecrate them* **fill their hands.**
36 And thou shalt *offer* **work** every day a bullock
for a sin offering for atonement **kippurim for sin**:
and thou shalt *cleanse* **sacrifice for**
sin on the **sacrifice** altar,
when thou *hast made atonement* **shalt kapar/atone**
for it, and thou shalt anoint it, to *sanctify* **hallow** it.
37 Seven days thou shalt *make an*
atonement **kapar/atone**
for the **sacrifice** altar, and *sanctify* **hallow** it;
and it shall be *an* **a sacrifice** altar
most holy — **a holy of holies**:
whatsoever toucheth the **sacrifice**
altar shall be *holy* **hallowed.**
38 Now this is that
which thou shalt *offer* **work** upon the **sacrifice** altar;
two lambs *of the first year* **yearling sons**
day by day continually.
39 The one lamb
thou shalt *offer* **work** in the morning;
and the *other* **second** lamb
thou shalt *offer at even* **work between evenings**:
40 Andwiththeonelambatenth*deal*olfour
mingled with the fourth *part* of an
hin of *beaten* **pestled** oil;
and the fourth *part* of an hin of wine
for a *drink offering* **libation.**
41 And the *other* **second** lamb
thou shalt *offer at even* **work between evenings,**
and shalt *do* **work** thereto
according to the *meat* **offering** of the morning,
and according to the *drink offering* **libation**
thereof, for a *sweet savour* **scent of rest,**
an offering made by fire **a firing**
unto *the LORD* **Yah Veh.**
42 This shall be a continual *burnt offering* **holocaust**
throughout your generations at the *door* **opening**
of the *tabernacle* **tent** of the congregation
before the LORD **at the face of Yah Veh**:
where **in congregating,**
I *will meet* **shall congregate with** you,
to *speak* **word** there unto thee.
43 AndthereI*wilmeet*s**halcongregate**
with the *children* **sons** of *Israel* **Yisra El,**
and the tabernacle shall be sanctified **to be hallowed**
by my *glory* **honour.**
44 And I *will sanctify* **shall hallow**
the *tabernacle* **tent** of the congregation,
and the **sacrifice** altar:
I *will sanctify* **shall hallow** also both
Aaron **Aharon** and his sons,
to *minister to me in the priest's office*
priest the priesthood unto me.
45 And I *will dwell* **shall tabernacle**
among the *children* **sons** of *Israel* **Yisra El,**
and *will* **shall** be their *God* **Elohim.**
46 And they shall know

that *I am the LORD* **I — Yah Veh** their *God*
Elohim, that brought them forth
out of the land of *Egypt* **Misrayim**,
that I may *dwell* **tabernacle** among them:
I am the LORD **I — Yah Veh** their *God* **Elohim**.

PATTERN FOR THE SACRIFICE ALTAR

30 And thou shalt *make an* **work a sacrifice** altar
to *burn* **incence** incense *upon*:
of shittim *wood* **timber** shalt thou *make* **work** it.
2 Acubitshalbethelengththereof,
and a cubit the breadth thereof;
foursquare shall it be:
and two cubits shall be the height thereof:
the horns thereof shall be of the same.
3 And thou shalt overlay it with pure
gold, the *top* **roof** thereof,
and the *sides* **walls** thereof round about,
and the horns thereof;
and thou shalt *make* **work** unto it
a *crown* **moulding** of gold round about.
4 And two golden *rings* **signets** shalt
thou *make* **work** to it
under the *crown* **moulding** of it, by
the two *corners* **sides** thereof,
upon the two sides of it shalt thou *make* **work** it;
and they shall be for *places* **housings**
for the staves to bear it *withal*.
5 And thou shalt *make* **work** the staves
of shittim *wood* **timber**,
and overlay them with gold.
6 And thou shalt *put* **give** it *before* **at the face of** the vail
that is by the ark of the *testimony* **witness**,
before **at the face of** the *mercy seat* **kapporeth**
that is over the *testimony* **witness**, where
I *will* **shall** meet with thee.
7 And*Aaron***Aharon**shal*burn***incense**thereon *sweet*
incense **of aromatics** *every* morning **by morning**:
when he *dresseth* **well—prepareth** the
lamps, he shall *burn* incense upon it.
8 Andwhen*Aaronlighteth***Aharonholocausteth**thelamps
at even **between evenings**, he shall *burn* incense upon it,
a *perpetual* **continual** incense
before the LORD **at the face of Yah Veh**
throughout your generations.
9 Yeshaolfehrolocausntostrangeincensethereon,
nor *burnt sacrifice* **holocaust**, nor *meat* offering;
neither shall ye
pour drink offering **libate a libation** thereon.
10 And *Aaron* **Aharon**
shall *make an atonement* **kapar/atone**
upon the horns of it once in a year with the blood
of the *sin offering of atonements* **kippurim for sin**:
once in the year
shall he *make atonement* **kapar/atone**
upon it throughout your generations:
it is *most holy* **a holy of holies** unto *the LORD* **Yah Veh**.
11 And *the LORD spake* **Yah Veh worded**
unto *Moses* **Mosheh**, saying,
12 When thou *takest* **bearest** the *sum* **heads**
of the *children* **sons** of *Israel* **Yisra El**
after their number **who were mustered**,
then shall they give every man
a ransom **a koper/an atonement** for his soul
unto *the LORD* **Yah Veh**,
when thou *numberest* **musterest** them;
that there be no plague among them, when
thou *numberest* **musterest** them.
13 This they shall give,
every one that passeth among them
that are *numbered* **mustered**,

KIPPURIM GIFT

half a shekel after the shekel of the *sanctuary* **holies**:
(a shekel is twenty gerahs:)
an half shekel
shall be the *offering* **exaltment**
of the LORD **unto Yah Veh**.
14 Every one that passeth among them
that are *numbered* **mustered**,
from **sons of** twenty years *old* and above,
shall give an *offering* **exaltment**
unto *the LORD* **Yah Veh**.
15 The rich shall not *give more* **abound**, and the poor
shall not *give less* **diminish** than half a shekel,
when they give an *offering* **exaltment**
unto *the LORD* **Yah Veh**,
to *make an atonement* **kapar/atone** for your souls.
16 And thou shalt take
the *atonement money* **kippurim silver**
of the *children* **sons** of *Israel* **Yisra El**, and
shalt *appoint* **give** it for the service of the
tabernacle **tent** of the congregation;
that it may be a memorial
unto the *children* **sons** of *Israel* **Yisra El**
before the LORD **at the face of Yah Veh**,
to *make an atonement* **kapar/atone** for your souls.

PATTERN FOR THE LAVER

17 And *the LORD spake* **Yah Veh worded**

unto *Moses* **Mosheh**, saying,
18 Thou shalt also *make* **work** a laver of *brass*
copper, and his *foot also* **base** of *brass* **copper**,
to *wash withal* **baptize**:
and thou shalt *put* **give** it
between the *tabernacle* **tent** of the congregation
and **between** the **sacrifice** altar,
and thou shalt *put* **give** water therein.
19 For *Aaron* **Aharon** and his sons
shall *wash* **baptize** their hands and their feet thereat:
20 When they go
into the *tabernacle* **tent** of the congregation,
they shall *wash* **baptize** with water, that they die not;
or when they come near to the **sacrifice** altar to
minister, to *burn offering made by fire* **incense a firing**
unto *the LORD* **Yah Veh**:
21 So they shall *wash* **baptize** their hands
and their feet, that they die not:
and it shall be *a* **an eternal** statute *for ever* to them,
even to him and to his seed
throughout their generations.

FORMULA FOR THE ANOINTING OIL

22 Moreovethr*eLORDspake***YahVehworded**
unto *Moses* **Mosheh**, saying,
23 Take thou also unto thee *principal* **head** spices,
of *pure* **clear** myrrh five hundred *shekels*, and
of *sweet* **spice** cinnamon half so much,
even two hundred and fifty *shekels*, and
of *sweet calamus* **spice stems**
two hundred and fifty *shekels*,
24 And of cassia five hundred *shekels*,
after the shekel of the *sanctuary* **hallowed**
refuge, and of oil olive an hin:
25 And thou shalt *make* **work** it an oil of holy ointment,
an ointment compound **a perfume of ointments**
after the *art* **work** of the *apothecary* **perfumer**:
it shall be an holy anointing oil.
26 And thou shalt anoint
the *tabernacle* **tent** of the congregation therewith,
and the ark of the *testimony* **witness**,
27 And the table and all his *vessels* **instruments**,
and the *candlestick* **menorah** and his *vessels*
instruments, and the **sacrifice** altar of incense,
28 And the **sacrifice** altar of *burnt offering* **holocaust**
with all his *vessels* **instruments**, and
the laver and his *foot* **base**.
29 And thou shalt *sanctify* **hallow** them,
that they may be *most holy* **a holy of holies**:
whatsoever toucheth them shall be *holy* **hallowed**.
30 And thou shalt anoint *Aaron* **Aharon** and his
sons, and *consecrate* **hallow** them, that they
may *minister unto me in the priest's office*
priest the priesthood unto me.
31 And thou shalt *speak* **word**
unto the *children* **sons** of *Israel* **Yisra El**,
saying, This shall be an holy anoint ing oil
unto me throughout your generations.
32 Upon *man's* **human** flesh shall it not be poured,
neither shall ye *make* **work** any other like it,
after the composition of it **as this formula**:
it is — holy, and it shall be holy unto you.
33 *Whosoever* **Any man**
compoundeth **who perfumeth** any like it,
or whosoever *putteth any* **giveth** of it upon a
stranger, shall even be cut off from his people.
34 And *the LORD* **Yah Veh** said unto *Moses* **Mosheh**,
Take unto thee *sweet spices* **aromatics**,
stacte, and onycha, and galbanum;
these *sweet spices* **aromatics** with pure frankincense:
of each shall there be a like weight **being equal**:
35 And thou shalt *make* **work** it *a perfume*
an incense, a *confection* **perfume**
after the art of the *apothecary* **perfumer**,
tempered together **salted**, pure and holy:
36 And **in pulverizing,**
thou shalt *beat some of it very small*
pulverize it, and *put* **give** of it
before the testimony **at the face of the witness**
in the *tabernacle* **tent** of the congregation,
where I *will* **shall** meet with thee:
it shall be unto you *most holy* **a holy of holies**.
37 And as for the *perfume* **incense**
which thou shalt *make* **work**,
ye shall not *make* **work** to yourselves according
to *the composition thereof* **this formula**: it shall
be unto thee holy for *the LORD* **Yah Veh**.
38 *Whosoever* **Any man who**
shall *make* **work** like unto that, to *smell* **scent** thereto,
shall even be cut off from his people.

BESAL EL SPIRIT FILLED

31 And *the LORD spake* **Yah Veh worded**
unto *Moses* **Mosheh**, saying,
2 See,Ihavecaledbyname*BezaleeBl* **esalEl**
the son of Uri, the son of Hur,
of the *tribe* **rod** of *Judah* **Yah Hudah**:
3 AndIhaveilfedhimwiththespiirtof*God***Elohim**,
in wisdom, and in *understanding*
discernment, and in knowledge,

and in all *manner of workmanship* **his work,**
4 To*devisecunningwokrs***fabricatefabrications,**
to work in gold, and in silver, and in *brass* **copper,**
5 Andin*cutting***engraving**ofstones,to*set*ftilhem,
and in *carving* **engraving** of timber,
to work in all *manner of workmanship* **work.**
6 And I, behold, I have given with him
Aholiab **Oholi Ab**, the son of *Ahisamach*
Achi Samach, of the *tribe* **rod** of Dan:
and in the hearts of all that are wise hearted
I have *put* **given** wisdom, that they may *make* **work**
all that I have *commanded* **misvahed** thee;
7 The *tabernacle* **tent** of the congregation,
and the ark of the *testimony* **witness,**
and the *mercy seat* **kapporeth** that is thereupon, and
all the *furniture* **instruments** of the *tabernacle* **tent,**
8 Andthetableandhis*furniture***instruments,**
and the pure *candlestick* **menorah** with all his *furniture*
instruments, and the **sacrifice** altar of incense,
9 Andthe**sacrifice**altarof*burntoffering***holocaust**
with all his *furniture* **instruments,**
and the laver and his *foot* **base,**
10 And the *cloths* **clothes** of *service* **stitching,**
and the holy *garments* **clothes** for *Aaron* **Aharon**
the priest, and the *garments* **clothes** of his sons,
to *minister in the priest's office*
priest the priesthood,
11 And the anointing oil,
and *sweet* incense **of aromatics**
for the *holy place* **holies:**
according to all that I have *commanded*
misvahed thee shall they *do* **work.**
12 And *the LORD spake* **Yah Veh worded**
unto *Moses* **Mosheh,** saying,
13 *Speak* **Word** thou also
unto the *children* **sons** of *Israel* **Yisra El,** saying,
Verily **Surely** my *sabbaths* **shabbaths** ye shall
keep **guard:** for it is a sign between me and
between you throughout your generations;
that ye may know that *I am the LORD* **I — Yah Veh**
that *doth sanctify* **halloweth** you.
14 Ye shall *keep* **guard** the *sabbath* **shabbath** therefore;
for it is holy unto you:
every one that *defileth* **profaneth** it,
in being deathified,
shall *surely be put to death* **be deathified:**
for whosoever *doeth* **worketh** *any* work therein,
that soul shall be cut off from among his people.
15 Six days may work be *done* **worked;**
but in the seventh **day**
is the *sabbath* **shabbath** of *rest* **shabbathism,**
holy to *the LORD* **Yah Veh:**
whosoever *doeth* **worketh** *any* work
in the *sabbath* **shabbath** day,
in being deathified,
he shall *surely be put to death* **be deathified.**
16 *Wherefore* the *children* **sons** of *Israel* **Yisra El**
shall *keep* **guard** the *sabbath* **shabbath,** to
observe **work** the *sabbath* **shabbath**
throughout their generations,
for *a perpetual* **an eternal** covenant.
17 It is a sign between me
and **between** the *children* **sons** of *Israel* **Yisra El**
for ever **eternally:**
for in six days *the LORD* **Yah Veh**
made heaven **worked the heavens** and earth, and on the
seventh day he *rested* **shabbathized,** and *was* refreshed.

THE SLABS OF WITNESS

18 And he gave unto *Moses* **Mosheh,** when he had
made an end of communing **finished wording**
with him upon mount *Sinai* **Sinay,**
two *tables* **slabs** of *testimony* **witness,**
tables **slabs** of stone,
written **inscribed** with the finger of *God* **Elohim.**

THE MOLTEN CALF

32 And when the people saw
that *Moses* **Mosheh** delayed
to *come down* **descend** out of the mount,
the people *gathered themselves together* **congregated**
unto *Aaron* **Aharon,** and said unto him, *Up* **Arise,**
make **work** us *gods* **elohim,** which shall go *before*
us **at our face;** for as for this *Moses* **Mosheh,**
the man that *brought* **ascended** us *up*
out of the land of *Egypt* **Misrayim,**
we *wot* **know** not what is become of him.
2 And *Aaron* **Aharon** said unto them, Break
off the golden *earrings* **noserings,**
which are in the ears of your *wives* **women,**
of your sons, and of your daughters,
and bring them unto me.
3 And all the people
brake off the golden *earrings* **noserings**
which were in their ears,
and brought them unto *Aaron* **Aharon.**
4 And he *received* **took** them at their hand,
and *fashioned* **formed** it with a *graving tool* **stylus,**
after he had *made* **worked** it a molten calf:

and they said, These be thy *god*
elohim, O *Israel* **Yisra El**,
which *brought* **ascended** thee *up*
out of the land of *Egypt* **Misrayim**.
5 And when *Aaron* **Aharon** saw it,
he built *an* **a sacrifice** altar *before* **at the face of** it;
and *Aaron made proclamation* **Aharon called**, and said,
To morrow is a *feast* **celebration** to *the LORD* **Yah Veh**.
6 And they *rose up* **started** early on the morrow, and
offered burnt offerings **holocausted holocausts**,
and brought *peace offerings* **shelamim**;
and the people sat down to eat and to
drink, and rose up to *play* **entertain**.
7 And the *LORD said* **Yah Veh worded**
unto *Moses* **Mosheh**,
Go, *get thee down* **descend**;
for thy people, which thou *broughtest* **ascendest**
out of the land of *Egypt* **Misrayim**, have
corrupted **ruined** themselves:
8 They have turned aside *quickly* **suddenly**
out of the way which I *commanded* **misvahed** them:
they have *made* **worked** them a molten calf,
and have *worshipped* **prostrated** to it,
and have sacrificed thereunto, and said,
These be thy *gods* **elohim**, O *Israel* **Yisra El**,
which have *brought* **ascended** thee *up*
out of the land of *Egypt* **Misrayim**.
9 And *the LORD* **Yah Veh** said unto *Moses*
Mosheh, I have seen this people, and, behold,
it is a *stiffnecked* **hard necked** people:
10 Now therefore *let* **leave** me *alone*,
that my wrath may *wax hot* **kindle** against them,
and that I may *consume* **finish** them **off**:
and I *will make* **shall work** of thee a great *nation* **goyim**.

YAH VEH REVEALS HIS GLORY

11 *AndMosesbesough*M*t* **oshehstrokedthefaceof**
the LORD **Yah Veh** his *God* **Elohim,** and said,
LORD **O Yah Veh,**
why doth thy wrath *wax hot* **kindle** against
thy people, which thou hast brought forth
out of the land of *Egypt* **Misrayim**
with great *power* **force**, and with a *mighty* **strong** hand?
12 *Wherefore* **Why**
should the *Egyptians speak* **Misrayim say**, and
say, For *mischief* **evil** did he bring them out,
to *slay* **slaughter** them in the mountains,
and to *consume* **finish** them **off**
from the face of the *earth* **soil**?
Turn from thy *fierce* **fuming** wrath,
and *repent* **sigh** of this evil against thy people.
13 Remember Abraham, *Isaac* **Yischaq**,
and *Israel* **Yisra El**, thy servants,
to whom thou *swarest* **oathest** by thine own self,
and *saidst* **wordest** unto them, I *will*
multiply **shall abound** your seed
as the stars of *heaven* **the heavens**,
and all this land that I have *spoken of* **said**
will **shall** I give unto your seed, and they
shall inherit it *for ever* **eternally**.
14 And*theLORDrepented***YahVehsighed**ofthevil
which he *thought to do* **had worded to work**
unto his people.
15 And *Moses* **Mosheh** turned **his face**,
and *went down* **descended** from the mount, and
the two *tables* **slabs** of the *testimony* **witness**
were in his hand:
the *tables* **slabs** were *written* **inscribed**
on both their sides;
on the one side and on the other
were they *written* **inscribed**.
16 And the *tables* **slabs** were the work of *God* **Elohim**,
and the *writing* **inscribing**
was the *writing* **inscibing** of *God* **Elohim**,
graven **engraved** upon the *tables* **slabs**.
17 And when *Joshua* **Yah Shua**
heard the *noise* **voice** of the people as they
shouted, he said unto *Moses* **Mosheh**,
There is a *noise* **voice** of war in the camp.
18 Andhesaid,Itisnothevoiceofthem
that *shout* **answer** for *mastery* **might**,
neither is it the voice of them
that *cry* **answer** for being *overcome* **vanquished**:
but the *noise of them that sing* **voice**
of the humble do I hear.
19 And **so be** it *came to pass*,
as soon as he *came nigh unto* **approached** the camp,
that he saw the calf, and the **round** dancing:
and *Moses' anger waxed hot* **Mosheh's wrath kindled**,
and he cast the *tables* **slabs** out of his hands,
and brake them beneath the mount.
20 And he took the calf which they had *made* **worked**,
and burnt it in the fire,
and *ground* **pulverized** it *to powder*,
and *strawed* **winnowed** it upon **the face of** the water,
and made the *children* **sons** of *Israel* **Yisra El** drink of it.
21 And*Moses***Mosheh**saidunto*Aaron***Aharon**,
What *did* **worked** this people unto thee,
that thou hast brought so great a sin upon them?
22 And *Aaron* **Aharon** said,

Let not the *anger* **wrath** of my *lord*
wax hot **adoni kindle:**
thou knowest the people, that they
are set on *mischief* **evil.**
23 For they said unto me, *Make* **Work** us *gods* **elohim,**
which shall go *before us* **at our face:**
for as for this *Moses* **Mosheh,**
the man that *brought us up* **ascended us**
out of the land of *Egypt* **Misrayim,** we *wot*
know not what is become of him.
24 And I said unto them,
Whosoever hath any gold, let them break it off.
So they gave it me:
then I cast it into the fire, and there came out this calf.
25 And when *Moses* **Mosheh** saw
that the people were *naked* **exposed;**
(for *Aaron* **Aharon** had *made* **exposed** them *naked*
unto *their shame* **whisperings**
among their *enemies* **uprisers:)**
26 Then *Moses* **Mosheh**
stood in the *gate* **portal** of the camp, and said,
Who is on *the LORD'S* **Yah Veh's** side?
let him come unto me.
And all the sons of Levi
gathered *themselves together* unto him.
27 And he said unto them,
Thus saith *the LORD God* **Yah Veh Elohim**
of *Israel* **Yisra El,**
Put every man his sword by his *side* **flank,**
and *go* **pass** in and *out* **turn** from
gate **portal** to *gate* **portal**
throughout the camp,
and *slay* **slaughter** every man his brother,
and every man his companion,
and every man his *neighbour* **near friend.**
28 And the *children* **sons** of Levi
did **worked** according to the word of *Moses* **Mosheh:**
and there fell of the people that day
about three thousand men.
29 For *Moses* **Mosheh** had said,
Consecrate yourselves **Fill your hands**
to day to *the LORD* **Yah Veh,**
even every **because** man *upon* **is against** his
son, and *upon* **against** his brother;
that he may *bestow upon* **give** you a blessing this day.
30 And**sobe**ict*ametopass*onthemorow,
that *Moses* **Mosheh** said unto the people,
Ye have sinned a great sin:
and now I *will go up* **shall ascend**
unto *the LORD* **Yah Veh;**
peradventure **perhaps**
I shall *make an atonement* **kapar/atone** for your sin.
31 And*Moses***Mosheh**returnedunto*theLORD***YahVeh,**
and said, *Oh* **I beseech,**
this people have sinned a great sin,
and have *made* **worked** them *gods* **elohim** of gold.
32 Yetnowi,fthou*wiltforgive***shatblear**theirsin—;
and if not, *blot* **wipe** me, I *pray* **beseech** thee,
out of thy *book* **scroll** which thou hast *written* **inscribed.**
33 And*theLORD***YahVeh**saidunto*Moses***Mosheh,**
Whosoever hath sinned against me,
him *will I blot* **shall I wipe** out of my *book* **scroll.**
34 Therefore now go, lead the people unto the place
of which I have *spoken* **worded** unto thee:
behold, mine Angel shall go *before thee* **at thy face:**
nevertheless in the day *when* I visit
I *will* **shall** visit their sin upon them.
35 And*theLORDplagued***YahVehsmote**thepeople,
because they *made* **worked** the calf, which
Aaron made **Aharon worked.**

33 And *the LORD* **Yah Veh**
said **worded** unto *Moses* **Mosheh,**
Depart **Go,** and *go up* **ascend** hence,
thou and the people which thou
hast *brought up* **ascended**
out of the land of *Egypt* **Misrayim,**
unto the land which I *sware* **oathed** unto
Abraham, to *Isaac* **Yischaq,** and to *Jacob* **Yaaqov,**
saying, Unto thy seed *will* **shall** I give it:
2 And I *will* **shall** send an angel *before thee* **at thy face;**
and I *will drive out* **shall expel**
the *Canaanite* **Kenaaniy,** the *Amorite* **Emoriy,** and
the *Hittite* **I-lethiy,** and the *Perizzites* **Perizziy,**
the *Hivite* **I-livviy,** and the *Jebusite* **Yebusiy:**
3 Unto a land flowing with milk and honey:
for I *will* **shall** not *go up* **ascend** in the midst of thee;
for thou art a *stiffnecked* **hard necked** people:
lest I *consume thee* **finish thee off** in the way.
4 And when the people heard these evil
tidings **words,** they mourned:
and no man did put on him his ornaments.
5 For *the LORD* **Yah Veh**
had said unto unto *Moses* **Mosheh,**
Say unto the *children* **sons** of *Israel* **Yisra El,**
Ye are a *stiffnecked* **hard necked** people:
I *will come up* **shall ascend** into the
midst of thee in a *moment* **blink,**
and *consume* **finish** thee **off:**
therefore now *put off* **lower** thy ornaments from
thee, that I may know what to *do* **work** unto thee.

6 And the *children* **sons** of *Israel* **Yisra El**
stripped themselves of their ornaments
by the mount Horeb.
7 And *Moses* **Mosheh** took the *tabernacle* **tent**,
and *pitched* **spread** it without the camp,
afar off **far removed** from the camp,
and called it the *Tabernacle* **Tent** of the congregation.
And **so be** it *came to pass*,
that every one which sought *the LORD* **Yah
Veh** went out unto the *tabernacle* **tent** of the
congregation, which was without the camp.
8 And **so be** it *came to pass*,
when *Moses* **Mosheh** went out unto the
tabernacle **tent**, that all the people rose up,
and *stood* **stationed** every man at his tent *door* **opening**,
and looked after *Moses* **Mosheh**,
until he was gone into the *tabernacle* **tent**.
9 And **so be** it *came to pass*,
as *Moses* **Mosheh** entered into the *tabernacle* **tent**,
the cloudy pillar descended,
and stood at the *door* **opening** of the *tabernacle* **tent**,
and *the LORD talked* **he worded** with *Moses* **Mosheh**.
10 And all the people saw the cloudy pillar
stand at the *tabernacle door* **tent opening**:
and all the people rose up and *worshipped*
prostrated, every man in his tent *door* **opening**.
11 And *the LORD spake* **Yah Veh worded**
unto *Moses* **Mosheh** face to face,
as a man *speaketh* **wordeth** unto his friend.
And he turned again into the camp:
but his *servant Joshua* **minister Yah Shua**,
the son of Nun, a *young man* **lad**,
departed not out of the *tabernacle* **midst of the tent**.
12 And *Moses* **Mosheh** said unto *the LORD*
Yah Veh, See, thou sayest unto me,
Bring up **Ascend** this people:
and thou hast not *let me know* **made known**
whom thou *wilt* **shalt** send with me.
Yet thou hast said, I know thee by name,
and thou hast also found *grace* **charism** in my *sight* **eyes**.
13 Now therefore, I *pray* **beseech** thee,
if I have found *grace* **charism** in thy *sight* **eyes**,
shew me now **make known, I beseech**
thy way, that I may know thee,
that I may find *grace* **charism** in thy *sight* **eyes**:
and *consider* **see** that this *nation* **goyim** is thy people.
14 And he said, My *presence* **face** shal go *with thee*,
and I *will give thee* **shall** rest **thee**.
15 And he said unto him,
If thy *presence* **face** go not *with me*,
carry **ascend** us not *up* hence.
16 For *wherein* **by what** shall it be known
here that I and thy people
have found *grace* **charism** in thy *sight* **eyes**?
is it not in that thou goest with us?
so shall we be separated, I and thy people,
from all the people that are upon the face of the earth.
17 And *the LORD* **Yah Veh** said unto *Moses* **Mosheh**,
I *will do* **shall work** this *thing* **word** also
that thou hast *spoken* **worded**:
for thou hast found *grace* **charism** in my
sight **eyes**, and I know thee by name.
18 And he said, I beseech thee,
shew me **have me see** thy *glory* **honour**.
19 And he said,
I *will make* **shall cause** all my goodness
pass *before* **in front of** thee,
and I *will proclaim* **shall call**
the name of *the LORD before thee* **Yah Veh at thy face**;
and *will be gracious* **shall grant charism**
to whom I *will be gracious* **shall grant charism**,
and *will shew* **shall** mercy *on* whom
I *will shew* **shall** mercy.
20 And he said, Thou canst not see my face:
for there shall no *man* **human** see me, and live.
21 And *the LORD* **Yah Veh** said, Behold,
there is a place by me,
and thou shalt *stand* **station thyself** upon a rock:
22 And **so be** it *shall come to pass*,
while **until** my *glory* **honour** passeth by, that
I *will* **shall** put thee in a clift of the rock, and
will **shall** cover thee with my *hand* **palm**
while I pass by:
23 And I *will take* **shall turn** away *mine hand* **my
palm**, and thou shalt see my back *parts*:
but my face shall not be seen.

34 And *the LORD* **Yah Veh**
said unto *Moses* **Mosheh**,
Hew **Sculpt** thee two *tables* **slabs**
of stone like unto the first:
and I *will write* **shall inscribe** upon these
tables **slabs** the words that were in the first
tables **slabs**, which thou brakest.
2 And be *ready* **prepared** in the morning,
and *come up* **ascend** in the morning
unto mount *Sinai* **Sinay**,
and *present* **station** thyself there to
me in the top of the mount.
3 And no man shall *come up* **ascend** with thee, neither
let *any* man be seen throughout all the mount;

neither let the flocks nor *herds feed* **oxen graze**
before **in front of** that mount.
4 And he *hewed* **sculpt** two *tables* **slabs**
of stone like unto the first;
and *Moses rose up* **Mosheh started** early in the morning,
and *went up* **ascended** unto mount *Sinai* **Sinay**,
as *the LORD* **Yah Veh** had *commanded* **misvahed** him,
and took in his hand the two *tables* **slabs** of stone.
5 AndtheLORDYahVehdescendedinthecloud,
and stood with him there,
and proclaimed the name of *the LORD* **Yah Veh**.
6 AndtheLORDYahVehpassedby
before **in front of** *him* **his face**, and *proclaimed* **called**,
The LORD **Yah Veh**, *The LORD God* **Yah Veh El**,
merciful and *gracious* **charismatic**,
longsuffering **slow to wrath**,
and *abundant* **great** in *goodness* **mercy** and truth,
7 *Keeping* **Guarding** mercy for thousands,
forgiving iniquity **bearing perversity**
and *transgression* **rebellion** and sin,
and that *will by no means clear the guilty*
in exonerating, shall not exonerate;
visiting the *iniquity* **perversity** of the
fathers upon the *children* **sons**,
and upon the *children's children* **sons' sons**,
unto the third and to the fourth *generation*.
8 And *Moses made haste* **Mosheh hastened**,
and bowed *his head* toward the earth,
and *worshipped* **prostrated**.
9 And he said, If *now* **I beseech**,
I have found *grace* **charism** in thy
sight **eyes**, O *Lord* **Adonay**,
let my *Lord* **Adonay**, I *pray* **beseech** thee, go among us;
for it is a *stiffnecked* **hard necked** people;
and *pardon* **forgive** our *iniquity* **perversity** and our
sin, and *take us for thine inheritance* **inherit us**.

YAH VEH CUTS A COVENANT WITH MOSHEH

10 And he said, Behold, I *make* **cut** a covenant:
before all thy people
I *will do marvels* **shall work wonders**,
such as have not been *done* **created** in all
the earth, nor in any *nation* **goyim**:
and all the people among which thou art
shall see the work of *the LORD* **Yah Veh**:
for it is *a terrible thing* **awesome**
that I *will do* **shall work** with thee.
11 *Observe* **Guard** thou that
which I *command* **misvah** thee this day: behold, I
drive out before thee **expel at thy face** the *Amorite*
Emoriy, and the *Canaanite* **Kenaaniy**, and the
Hittite **Hethiy**, and the *Perizzite* **Perizziy**, and
the *Hivite* **Hivviy**, and the *Jebusite* **Yebusiy**.
12 *Take heed to* **Guard** thyself, lest
thou *make* **cut** a covenant
with *the inhabitants of* **them who settled** the land
whither thou goest,
lest it be for a snare in the midst of thee:
13 Butyeshaldestroypuldowntheirsacrificealtars,
break their *images* **monoliths**,
and cut down their *groves* **asherim**:
14 Forthoushaltworshipprostratetonothergodel:
for *the LORD* **Yah Veh**, whose name
is Jealous, is a jealous *God* **El**:
15 Lest thou *make* **cut** a covenant
with *the inhabitants of* **them who settled** the land,
and they *go a whoring* **whore** after their *gods*
elohim, and *do* sacrifice unto their *gods* **elohim**,
and *one* call thee, and thou eat of his sacrifice;
16 And thou take of their daughters unto thy sons,
and their daughters
go a whoring **whore** after their *gods*
elohim, and make thy sons
go a whoring **whore** after their *gods* **elohim**.
17 Thou shalt *make* **work** thee no molten *gods* **elohim**.
18 The *feast* **celebration** of *unleavened bread* **matsah**
shalt thou *keep* **guard**.
Seven days thou shalt eat *unleavened bread*
matsah, as I *commanded* **misvahed** thee,
in the *time* **season** of the month Abib:
for in the month Abib
thou camest out from *Egypt* **Misrayim**.
19 AlthatopenethEverybursterotfhematrixismine;
and every *firstling* **burster** among thy *cattle* **chattel**,
whether ox or *sheep, that is male* **lamb**.
20 Buthefsirtlingofanasheburothatbursteth
thou shalt redeem with a lamb: and if thou redeem
him not, then shalt thou break his neck.
All the *firstborn* **firstbirthed** of thy
sons thou shalt redeem.
And none shall *appear* **be seen**
before me **at my face** empty.
21 Six days thou shalt *work* **serve**,
but on the seventh day thou shalt *rest* **shabbathize**:
in *earing time* **ploughing** and in harvest,
thou shalt *rest* **shabbathize**.
22 And thou shalt *observe* **work**
the *feast* **celebration** of weeks,
of the firstfruits of wheat harvest,
and the *feast* **celebration** of ingathering at
the *year's end* **revolution of the year**.

23 *Thrice* **Three times** in the year
shall all your *menchildren appear* **male sons be**
seen *before the Lord GOD* **at the face of Adonay**
Yah Veh, the *God* **Elohim** of *Israel* **Yisra El**.
24 For I *will cast out* **shall dispossess** the *nations* **goyim**
before thee **from thy face**, and *enlarge* **widen** thy borders:
neither shall any man desire thy land,
when thou shalt *go up* **ascend** to *appear* **be seen**
before the LORD **at the face of Yah Veh** thy *God* **Elohim**
thrice **three times** in the year.
25 Thou shalt not *offer* **slaughter**
the blood of my sacrifice with *leaven* **fermentation**;
neither shall the sacrifice
of the *feast* **celebration** of the *passover* **pasach**
be left **stay overnight** unto the morning.
26 The first of the firstfruits of thy *land* **soil**
thou shalt bring unto the house
of *the LORD* **Yah Veh** thy *God* **Elohim**.
Thou shalt not *seethe* **stew** a kid in his mother's milk.
27 And *the LORD* **Yah Veh** said unto *Moses* **Mosheh**,
Write **Inscribe** thou these words:
for after the *tenor* **mouth** of these words
I have *made* **cut** a covenant with thee
and with *Israel* **Yisra El**.
28 And he was there with *the LORD* **Yah Veh**
forty days and forty nights;
he did neither eat bread, nor drink water. And
he *wrote* **inscribed** upon the *tables* **slabs**
the words of the covenant, the ten
commandments **words**.

The Effulgence Of Mosheh

29 And **so be** it *came to pass*,
when *Moses came down* **Mosheh descended**
from mount *Sinai* **Sinay**
with the two *tables* **slabs** of *testimony* **witness**
in *Moses'* **Mosheh's** hand,
when he *came down* **descended** from the
mount, that *Moses wist* **Mosheh knew** not
that the skin of his face shone while
he *talked* **worded** with him.
30 And when *Aaron* **Aharon**
and all the *children* **sons** of *Israel* **Yisra El**
saw *Moses* **Mosheh**, behold, the skin of his face shone;
and they *were afraid* **awed** to come nigh him.
31 And *Moses* **Mosheh** called unto them;
and *Aaron* **Aharon**
and all the *rulers* **hierarchs** of the *congregation* **witness**
returned unto him:
and *Moses talked* **Mosheh worded** with them.
32 And afterward
all the *children* **sons** of *Israel* **Yisra El** came nigh:
and he *gave* **misvahed** them *in commandment*
all that *the LORD* **Yah Veh** had *spoken* **worded** with him
in mount *Sinai* **Sinay**.
33 And till *Moses* **Mosheh**
had *done speaking* **finished wording** with them,
he *put* **gave** a vail on his face.
34 But when *Moses* **Mosheh** went in
before the LORD **at the face of Yah Veh**
to *speak* **word** with him,
he *took the* **turned aside his** vail *off*, until he came out.
And he came out,
and *spake* **worded** unto the *children*
sons of *Israel* **Yisra El**
that which he was *commanded* **misvahed.**
35 And the *children* **sons** of *Israel* **Yisra El**
saw the face of *Moses* **Mosheh**,
that the skin of *Moses'* **Mosheh's** face shone: and *Moses*
put **Mosheh returned** the vail upon his face *again*,
until he went in to *speak* **word** with him.

The Shabbath Of Shabbathism

35 And *Moses* **Mosheh**
gathered **congregated** all the *congregation* **witness**
of the *children* **sons** of *Israel* **Yisra El** *together*,
and said unto them, These are the words
which *the LORD* **Yah Veh** hath *commanded* **misvahed**,
that ye should *do* **work** them.
2 Six days shall **the** work be *done*
worked, but on the seventh day
there shall be to you an holy day,
a *sabbath* **shabbath** of *rest* **shabbathism**
to *the LORD* **Yah Veh**:
whosoever *doeth* **worketh the** work therein
shall be *put to death* **deathified.**
3 *Ye* shall kindle no fire throughout
your *habitations* **settlements**
upon the *sabbath* **shabbath** day.

Tabernacle Materials

4 And *Moses spake* **Mosheh said**
unto all the *congregation* **witness**
of the *children* **sons** of *Israel* **Yisra El**,
saying, This is the *thing* **word**
which *the LORD commanded* **Yah**
Veh misvahed, saying,
5 Take ye from among you
an *offering* **exaltment** unto *the LORD* **Yah Veh**:

whosoever is of a willing heart **everyone whose**
heart volunteereth, let him bring it,
an *offering of the LORD* **exaltment unto Yah Veh**;
gold, and silver, and *brass* **copper**,
6 And blue, and purple, and scarlet,
and *fine* **white** linen, and goats' *hair*,
7 And rams' skins *dyed red* **reddened**, and badgers' skins,
and shittim *wood* **timber**,
8 And oil for the light, and spices for anointing oil,
and for the *sweet* incense **of aromatics**,
9 And onyx stones,
and stones *to be set* — **fillings** for the
ephod, and for the breastplate.
10 And every wise hearted among you shall come,
and *make* **work** all
that *the LORD* **Yah Veh** hath *commanded* **misvahed**;
11 The tabernacle, his tent, and his cove ring,
his *taches* **hooks**, and his boards, his bars,
his pillars, and his sockets,
12 The ark, and the staves there of,
with the *mercy seat* **kapporeth**, and
the vail of the covering,
13 The table, and his staves, and all
his *vessels* **instruments**,
and the *shewbread* **face bread**,
14 The *candlestick* **menorah** also for the
light, and his *furniture* **instruments**,
and his lamps, with the oil for the light,
15 And the incense **sacrifice** altar, and his staves,
and the anointing oil,
and the *sweet* incense **of aromatics**,
and the *hanging* **covering** for the *door* **opening**,
at the *entering in* **opening** of the tabernacle,
16 The **sacrifice** altar of *burnt offering* **holocaust**,
with his *brasen grate* **copper screen**,
his staves, and all his *vessels* **instruments**,
the laver and his *foot* **base**,
17 The hangings of the court, his pillars, and
their sockets, and the *hanging* **covering**
for the *door* **portal** of the court,
18 The *pins* **stakes** of the tabernacle,
and the *pins* **stakes** of the court, and their cords,
19 The *cloths* **clothes** of *service* **stitching**,
to *do service* **minister** in the *holy place* **holies**,
the holy *garments* **clothes** for *Aaron* **Aharon** the
priest, and the *garments* **clothes** of his sons,
to *minister in the priest's office*
priest the priesthood,
20 And all the *congregation* **witness**
of the *children* **sons** of *Israel* **Yisra El**
departed from the *presence* **face** of *Moses* **Mosheh**.
21 And they came,
every one whose heart *stirred him up*
was lifted, and every *one* **man**
whom his **whose** spirit *made willing*
volunteered, and they brought
the LORD'S offering **Yah Veh's exaltment**
to the work of the *tabernacle* **tent** of the congregation,
and for all his service, and for the holy *garments* **clothes**.
22 And they came, both men and women,
as many as were willing hearted
all whose heart volunteered,
and brought *bracelets* **hooks**, and *earrings*
noserings, and rings, and *tablets* **beads**,
all *jewels* **instruments** of gold: and every man that
offered **waved** *offered an offering* **a wave** of gold
unto *the LORD* **Yah Veh**.
23 And every man, with whom was found blue, and
purple, and scarlet, and *fine* **white** linen, and
goats' *hair*, and *red* **reddened** skins of rams,
and badgers' skins, brought them.
24 Every one that *did offer* **exalted** an *offering* **exaltment**
of silver and *brass* **copper**
brought *the LORD'S offering* **Yah Veh's exaltment**:
and every man,
with whom was found shittim *wood* **timber**
for any work of the service, brought it.
25 And all the women that were wise
hearted did spin with their hands,
and brought *that which they had spun* **their spinning**,
both of blue, and of purple, and of scarlet,
and of *fine* **white** linen.
26 And all the women
whose heart *stirred them up* **was lifted**
in wisdom spun goats' *hair*.
27 And the *rulers* **hierarchs** brought onyx stones,
and stones *to be set*, — **fillings** for the
ephod, and for the breastplate;
28 And spice, and oil for the light,
and for the anointing oil,
and for the *sweet* incense **of aromatics**.
29 The *children* **sons** of *Israel* **Yisra El**
brought a *willing offering* **voluntary**
unto *the LORD* **Yah Veh**, every man and woman,
whose heart *made them willing* **volunteered**
to bring for all *manner of* work,
which *the LORD* **Yah Veh** had *commanded* **misvahed**
to be *made* **worked** by the hand of *Moses* **Mosheh**.
30 And *Moses* **Mosheh** said
unto the *children* **sons** of *Israel* **Yisra El**,

See,
the LORD **Yah Veh** hath called by
name *Bezaleel* **Besal El**
the son of Uri, the son of Hur,
of the *tribe* **rod** of *Judah* **Yah Hudah**;
31 Andhehathilfedhimwiththespiirto*Gf od***Elohim**,
in wisdom, in *understanding*
discernment, and in knowledge,
and in all *manner of workmanship* **his work**;
32 Andto*devisecuriousworks***fabricatefabrications**,
to work in gold, and in silver, and in *brass* **copper**,
33 Andinthe*cuting***engraving**ofstones,to*seth***ftil**em,
and in *carving* **engraving** of *wood* **timber**,
to *make* **work** any *manner* **work**
of *cunning work* **fabrications**.
34 And he hath *put* **given** in his heart
that he may *teach* **direct**,
both he, and *Aholiab* **Oholi Ab**,
the son of *Ahisamach* **Achi Samach**,
of the *tribe* **rod** of Dan.
35 Themhathheilfedwithwisdomofheart,
to work all *manner of* work, of the engraver,
and of the *cunning workman* **work of a fabricator**,
and of the embroiderer,
in blue, and in purple, in scarlet, and in
fine **white** linen, and of the weaver,
even of them that do any **workers of every** work,
and of those that
devise cunning work **fabricate fabrications**.

Construction Of The Tabernacle

36 Then *wrought* **worked**
Bezaleel **Besal El** and *Aholiab* **Oholi
Ab**, and every wise hearted man,
in whom *the LORD* **Yah Veh**
put **gave** wisdom and *understanding* **discernment**
to know how to work all *manner of* work for the
service of the *sanctuary* **holies**, according to all
that *the LORD* **Yah Veh** had *commanded* **misvahed**.
2 And *Moses* **Mosheh**
called *Bezaleel* **Besal El** and *Aholiab* **Oholi
Ab**, and every wise hearted man,
in whose heart *the LORD* **Yah Veh**
had *put* **given** wisdom,
even every one whose heart *stirred him up* **was lifted**
to *come unto* **approach** the work to *do* **work** it:
3 Andthey*received***tookatheface**of*Moses***Mosheh**
all the *offering* **exaltment**,
which the *children* **sons** of *Israel* **Yisra El** had brought
for the work of the service of the *sanctuary* **holies**,
to *make* **work** it *withal*.
And they brought yet unto him *free offerings* **voluntaries**
every morning **morning by morning**.
4 And all the wise *men*,
that *wrought* **worked** all the work of the *sanctuary*
holies, came *every man* **man by man** from his work
which they *made* **worked**;
5 And they *spake* **said** unto *Moses*
Mosheh, saying, The people
bring much more than **abound in bringing**
enough for the service of the work,
which *the LORD commanded* **Yah Veh misvahed**
to *make* **work**.
6 And *Moses gave commandment* **Mosheh misvahed**,
and they *caused it to be proclaimed* **passed a voice**
throughout the camp, saying,
Let neither man nor woman *make* **work** any more work
for the *offering* **exaltment** of the *sanctuary* **holies**.
So the people were restrained from bringing.
7 For the *stuff* **work** they had
was sufficient for all the work to *make*
work it, and *too much* **overflowing**.
8 And *every* **all the** wise hearted *man among them*
that *wrought* **worked** the work of the tabernacle
made **worked** ten curtains of *fine* **white** twined
linen, and blue, and purple, and scarlet:
with *cherubims* **cherubim** of *cunning* **fabricated** work
made **worked** he them.
9 The length of one curtain *was* twenty and eight
cubits, and the breadth of one curtain four cubits:
the curtains were all of one *size* **measure**.
10 And he *coupled* **joined** the five curtains
one *unto another* **to one**:
and *the other* five curtains he *coupled* **joined**
one *unto another* **to one**.
11 And he *made* **worked** loops of blue
on the edge of one curtain
from the *selvedge* **end** in the *coupling* **joint**:
likewise he *made* **worked**
in the uttermost *side* **edge** of *another* **one**
curtain, in the *coupling* **joint** of the second.
12 Fiftyloops*made***worked**heinonecurtain,
and fifty loops *made* **worked** he in
the *edge* **end** of the curtain
which was in the *coupling* **joint** of the second:
the loops *held* **took hold** one *curtain* to *another* **one**.
13 And he *made* **worked** fifty *taches* **hooks** of gold,
and *coupled* **joined** the curtains one *unto another* **to one**
with the *taches* **hooks**:
so it became one tabernacle.

14 And he *made* **worked** curtains of goats' *hair*
for the tent over the tabernacle:
eleven curtains he *made* **worked** them.
15 The length of one curtain was thirty cubits,
and four cubits was the breadth of one curtain:
the eleven curtains were of one *size* **measure**.
16 And he *coupled* **joined** five curtains by themselves,
and six curtains by themselves.
17 And he *made* **worked** fifty loops upon
the *uttermost* edge of the curtain
in the *coupling* **joint**,
and fifty loops *made* **worked** he
upon the edge of the curtain
which coupleth **with the joint of** the second.
18 And he *made* **worked** fifty *taches* **hooks** of *brass* **copper**
to *couple* **join** the tent together, that it might be one.
19 And he *made* **worked** a covering for the tent
of rams' skins *dyed red* **reddened**,
and a covering of badgers' skins above that.
20 And he *made* **worked** boards for the tabernacle
of shittim *wood* **timber**, standing up.
21 The length of a board *was* ten cubits,
and the breadth of a board one cubit and a half.
22 One board had two *tenons* **hands**,
equally distant **equidistant** one *from another* **to one**:
thus did he *make* **work** for all the
boards of the tabernacle.
23 And he *made* **worked** boards for the tabernacle;
twenty boards for the south *side* **edge** southward:
24 And forty sockets of silver
he *made* **worked** under the twenty boards;
two sockets under one board for his two *tenons* **hands**,
and two sockets under *another* **one** board
for his two *tenons* **hands**.
25 And for the *other* **second** side of the tabernacle,
which is toward the north *corner* **edge**,
he *made* **worked** twenty boards,
26 And their forty sockets of silver;
two sockets under one board,
and two sockets under *another* **one** board.
27 And for the *sides* **flanks** of the tabernacle
westward **seaward**
he *made* **worked** six boards.
28 And two boards *made* **worked** he
for the corners of the tabernacle in the *two sides* **flanks**.
29 And they were *coupled beneath* **twinned downward**,
and *coupled together* **twinned** at the *head*
top thereof, to one *ring* **signet**:
thus he *did* **worked** to *both* **the two** of them
in *both* the **two** corners.
30 And there were eight boards;
and their sockets were sixteen sockets of silve r, under
every **one** board two sockets **and two sockets**.
31 And he *made* **worked** bars of shittim *wood* **timber**;
five for the boards
of the one side of the tabernacle,
32 And five bars for the boards
of the *other* **second** side of the tabernacle,
and five bars for the boards
of the tabernacle for the *sides westward* **flanks seaward**.
33 And he *made* **worked** the middle bar
to *shoot through* **spread among** the boards
from *the one* end to *the other* **end**.
34 And he overlaid the boards with gold, and
made **worked** their *rings* **signets** of gold
to be *places* **housings** for the bars,
and overlaid the bars with gold.
35 And he *made* **worked** a vail
of blue, and purple, and scarlet, and *fine* **white**
twined linen: with *cherubims* **cherubim**
made **worked** he it of *cunning* **fabricated** work.
36 And he *made* **worked** thereunto
four pillars of shittim *wood*,
and overlaid them with gold: their hooks were of gold;
and he *cast* **poured** for them four sockets of silver.
37 And he *made an hanging* **worked a covering**
for the *tabernacle door* **tent opening**
of blue, and purple, and scarlet, and
fine **white** twined linen,
of *needlework* **embroidery work**;
38 And the five pillars of it with their hooks:
and he overlaid
their *chapiters* **tops** and their *fillets*
attachments with gold:
but their five sockets were of *brass* **copper**.

CONSTRUCTION OF THE ARK

37 And *Bezaleel* **Besal El**
made **worked** the ark of shittim *wood* **timber**:
two cubits and a half was the length of it,
and a cubit and a half the breadth of it,
and a cubit and a half the height of it:
2 And he overlaid it with pure gold within and without,
and *made* **worked** a *crown* **moulding** of gold to it
round about.
3 And he *cast* **poured** for it four *rings* **signets** of gold,
to be set by the four *corners* **supports** of it;
even two *rings* **signets** upon the one side of it,
and two *rings* **signets** upon the *other* **second** side of it.
4 And he *made* **worked** staves of shittim *wood* **timber**,

and overlaid them with gold.
5 And he put the staves into the *rings* **signets**
by the sides of the ark, to bear the ark.
6 And he *made* **worked** the *mercy seat* **kapporeth**
of pure gold:
two cubits and a half was the length thereof,
and one cubit and a half the breadth thereof.
7 Andhe*made***worked**two*cherubims***cherubim**ofgold,
beaten out of one piece **of spinnings**
made **worked** he them,
on the two ends of the *mercy seat* **kapporeth**;
8 One cherub on the end on this side,
and *another* **one** cherub on the *other* end **on that side**:
out of the *mercy seat* **kapporeth** *made* **worked** he
the *cherubims* **cherubim** on the two ends thereof.
9 And the *cherubims* **cherubim**
spread out their wings *on high* **upward**,
and covered with their wings
over the *mercy seat* **kapporeth**,
with their faces *one to another* **man toward brother**;
even to **toward** the *mercy seatward* **kapporeth**
were the faces of the *cherubims* **cherubim**.

Construction Of The Table

10 Andhe*made***worked**thetableofshiitm*wod***timbe:r**
two cubits *was* the length thereof, and
a cubit the breadth thereof,
and a cubit and a half the height thereof:
11 And he overlaid it with pure gold,
and *made* **worked** thereunto
a *crown* **moulding** of gold round about.
12 Also he *made* **worked** thereunto a border
of *an handbreadth* **a palm span** round about;
and *made a crown* **worked a moulding** of gold
for the border thereof round about.
13 Andhe*cas***ptoured**foirtfour*rings***signets**ofgold,
and *put* **gave** the *rings* **signets** upon
the four *corners* **edges**
that were in the four feet thereof.
14 *Over against* **Along side** the border
were the *rings* **signets**,
the *places* **housings** for the staves to bear the table.
15 And he *made* **worked** the staves
of shittim *wood* **timber**,
and overlaid them with gold, to bear the table.
16 Andhe*made***worked**the*vesels***instruments**
which were upon the table,
his dishes, and his *spoons* **bowls**, and
his *bowls* **exoneration basins**,
and his covers to *cover withal* **libate with**, of pure gold.

Construction Of The Menorah

17 And he *made* **worked** the *candlestick* **menorah**
of pure gold:
of *beaten work* **spinnings**
made **worked** he the *candlestick* **menorah**; his *shaft*
flank, and his *branch* **stem**, his bowls, his *knops*
finials, and his *flowers* **blossoms**, were of the same:
18 And six *branches* **stems** going out of the sides thereof;
three *branches* **stems** of the *candlestick* **menorah**
out of the one side thereof,
and three *branches* **stems** of the *candlestick* **menorah**
out of the *other* **second** side thereof:
19 Three bowls
made after the fashion of almonds **almond shaped**
in one *branch* **stem**, a *knop* **finial** and a *flower* **blossom**;
and three bowls *made like almonds* **almond shaped**
in *another branch* **one stem**,
a *knop* **finial** and a *flower* **blossom**: so throughout the
six *branches* **stems** going out of the *candlestick* **menorah**.
20 And in the *candlestick* **menorah** were four bowls
made like almonds **almond shaped**,
his *knops* **finials**, and his *flowers* **blossoms**:
21 And a *knop* **finial**
under two *branches* **stems** of the same,
and a *knop* **finial** under two *branches* **stems** of the same,
and a *knop* **finial** under two *branches* **stems** of the same,
according to the six *branches* **stems** going out of it.
22 Their *knops* **finials** and their *branches* **stems**
were of the same:
all of it was one *beaten work* **spinning** of pure gold.
23 And he *made* **worked** his seven lamps,
and his *snuffers* **tongs**, and his
snuffdishes **trays**, of pure gold.
24 Of a *talent* **round** of pure gold *made* **worked** he it,
and all the *vessels* **instruments** thereof.

Construction Of The Incense Sacrifice Altar

25 And he *made* **worked** the incense **sacrifice**
altar of shittim *wood* **timber**:
the length of it *was* a cubit, and the breadth of it
a cubit; *it was* foursquare; and two cubits was the
height of it; the horns thereof were of the same.
26 And he overlaid it with pure gold,
both the *top* **roof** of it,
and the *sides* **walls** thereof round
about, and the horns of it:
also he *made* **worked** unto it
a *crown* **moulding** of gold round about.

27 And he *made* **worked** two *rings* **signets** of gold
for it under the *crown* **moulding** thereof
by the two *corners* **sides** of it, upon the two sides thereof,
to be *places* **housings** for the staves to bear it *withal.*
28 And he *made* **worked** the staves
of shittim *wood* **timber**,
and overlaid them with gold.
29 And he *made* **worked** the holy anointing oil, and
the pure incense of *sweet spices* **aromatics**,
according to the work of the apothecary.

Construction Of The Holocaust Sacrifice Altar

38 And he *made* **worked** the **sacrifice** altar
of *burnt offering* **holocaust** of shittim *wood* **timber**:
five cubits was the length thereof, and
five cubits the breadth thereof;
it was foursquare; and three cubits the height thereof.
2 And he *made* **worked** the horns
thereof on the four corners of it;
the horns thereof were of the same:
and he overlaid it with *brass* **copper**.
3 And he *made* **worked** all the *vessels* **instruments**
of the **sacrifice** altar,
the *pots* **cauldrons**, and the shovels,
and the *basons* **sprinklers**,
and the *fleshhooks* **forks**, and the *firepans* **trays**:
all the *vessels* **instruments** thereof
made **worked** he of *brass* **copper**.
4 And he *made* **worked** for the **sacrifice** altar
a *brasen grate* **copper screen** of network
under the *compass* **rim** thereof
beneath **downward** unto the midst of it.
5 And he *cast* **poured** four *rings* **signets**
for the four ends of the *grate* **screen** of *brass*
copper, to be *places* **housings** for the staves.
6 And he *made* **worked** the staves
of shittim *wood* **timber**,
and overlaid them with *brass* **copper**.
7 And he put the staves
into the *rings* **signets** on the sides of the
sacrifice altar, to bear it *withal*;
he *made the altar* **worked it** hollow with *boards* **slabs**.

Construction Of The Laver

8 And he *made* **worked** the laver of *bras* **copper**,
and the *foot* **base** of it of *brass* **copper**,
of the *lookingglasses* **mirrors**
of *the women assembling* **those that hosted**,
which *assembled* **hosted** at the *door* **opening**
of the *tabernacle* **tent** of the congregation.

Construction Of The Court

9 And he *made* **worked** the court:
on the south *side* **edge** southward
the hangings of the court were of *fine* **white**
twined linen, an hundred cubits:
10 Their pillars were twenty,
and their *brasen* **copper** sockets twenty;
the hooks of the pillars and their *fillets* **attachments**
were of silver.
11 And for the north *side the hangings were* **edge**
an hundred cubits,
their pillars *were* twenty,
and their sockets of *brass* **copper** twenty;
the hooks of the pillars and their *fillets* **attachments**
of silver.
12 And for the *west side were* **seaward edge**
hangings of fifty cubits,
their pillars ten, and their sockets ten;
the hooks of the pillars and their *fillets* **attachments**
of silver.
13 And for the east *side eastward* **edge toward the rising**
fifty cubits.
14 The hangings of the one *side of the gate* **shoulder**
were fifteen cubits;
their pillars three, and their sockets three.
15 And for the *other side* **second shoulder**
of the court *gate* **portal**,
on this *hand* and that,
were hangings of fifteen cubits;
their pillars three, and their sockets three.
16 All the hangings of the court round about
were of *fine* **white** twined linen.
17 And the sockets for the pillars were of *brass* **copper**;
the hooks of the pillars and their *fillets* **attachments**
of silver;
and the overlaying of their *chapiters* **tops** of silver;
and all the pillars of the court were
filleted **attached** with silver.
18 And the *hanging* **covering**
for the *gate* **portal** of the court was
needlework **embroidery work**,
of blue, and purple, and scarlet,
and *fine* **white** twined linen:
and twenty cubits *was* the length,
and the height in the breadth was five cubits,
answerable to **along side** the hangings of the court.
19 And their pillars were four,
and their sockets of *brass* **copper** four;

their hooks of silver,
and the overlaying of their *chapiters* **tops**
and their *fillets* **attachments** of silver.
20 And all the *pins* **stakes** of the tabernacle,
and of the court round about, *were* of *brass* **copper**.
21 Thisisthe*sum***muster**ofthetabernacle,
even of the tabernacle of *testimony*
witness, as it was counted,
according to the *commandment*
mouth of *Moses* **Mosheh**,
for the service of the *Levites* **Leviym**, by the hand of
Ithamar **Iy Thamar**, son to *Aaron* **Aharon** the priest.
22 And *Bezaleel* **Besal El** the son of Uri, the son of
Hur, of the *tribe* **rod** of *Judah* **Yah Hudah**,
made **worked** all that *the LORD* **Yah Veh**
commanded Moses **misvahed Mosheh**.
23 And with him was *Aholiab* **Oholi Ab**,
son of *Ahisamach* **Achi Samach**, of the *tribe* **rod** of
Dan, an engraver, and a *cunning workman* **fabricator**,
and an embroiderer in blue, and in purple,
and in scarlet, and *fine* **white** linen.
24 All the gold that was *occupied* **worked** for the
work in all the work of the *holy place* **holies**,
even the gold *of* **for** the *offering* **wave**, *was* twenty and
nine *talents* **rounds**, and seven hundred and thirty
shekels, after the shekel of the *sanctuary* **holies**.
25 And the silver of them
that were *numbered* **mustered** of
the *congregation* **witness**
was an hundred *talents* **rounds**, and
a thousand seven hundred
and *threescore and fifteen* **seventy and five** shekels,
after the shekel of the *sanctuary* **holies**:
26 A bekah *for every man* **per cranium**,
that is, half a shekel,
after the shekel of the *sanctuary* **holies**,
for every one that *went* **passed** to be *numbered*
mustered, from **a son of** twenty years *old* and upward,
for six hundred thousand and three thousand
and five hundred and fifty *men*.
27 And of the hundred *talents* **rounds** of silver
were *cast* **poured** the sockets of the *sanctuary*
holies, and the sockets of the vail;
an hundred sockets of the hundred *talents* **rounds**,
a *talent* **round** for a socket.
28 And of the thousand seven hundred
seventy and five *shekels*
he *made* **worked** hooks for the pillars, and overlaid
their *chapiters* **tops**, and *filleted* **attached** them.
29 And the *brass* **copper** of the *offering* **wave**
was seventy *talents* **rounds**,
and two thousand and four hundred shekels.
30 And therewith he *made* **worked** the sockets
to the *door* **opening**
of the *tabernacle* **tent** of the congregation,
and the *brasen* **copper sacrifice** altar,
and the *brasen grate* **copper screen** for it,
and all the *vessels* **instruments** of the **sacrifice** altar,
31 And the sockets of the court round
about, and the sockets of the court *gate* **portal**,
and all the *pins* **stakes** of the tabernacle,
and all the *pins* **stakes** of the court round about.

CONSTRUCTION OF THE CLOTHES

39 And of the blue, and purple, and scarlet,
they *made cloths* **worked clothes** of *service* **stitching**,
to *do service* **minister** in the *holy place* **holies**,
and *made* **worked** the holy *garments* **clothes**
for *Aaron* **Aharon**;
as *the LORD* **Yah Veh**
commanded Moses **misvahed Mosheh**.

CONSTRUCTION OF THE EPHOD

2 And he *made* **worked** the ephod
of gold, blue, and purple, and scarlet,
and *fine* **white** twined linen.
3 And they *did beat* **expanded** the gold
into *thin plates* **sheets**, and cut it into *wires* **braids**,
to work *it in* **among** the blue, and *in* **among**
the purple, and *in* **among** the scarlet,
and *in* **among** the *fine* **white** linen,
with *cunning* **fabricated** work.
4 They *made* **worked** shoulderpieces for it,
to *couple* **join** it *together*:
by the two *edges* **ends** was it *coupled* **joined** *together*.
5 And the *curious* **fabricated** girdle of
his ephod, that was upon it,
was of the same, according to the work thereof;
of gold, blue, and purple, and scarlet,
and *fine* **white** twined linen;
as *the LORD* **Yah Veh**
commanded Moses **misvahed Mosheh**.
6 And they *wrought* **worked** onyx stones
inclosed in ouches **surrounded by brocades** of gold,
graven **engraved**, as *signets are graven*
engravings of seals, with the names of
the *children* **sons** of *Israel* **Yisra El**.
7 And he put them on the shoulders of the ephod,
that they should be stones for a memorial
to the *children* **sons** of *Israel* **Yisra El**;

as *the LORD* **Yah Veh**
commanded Moses **misvahed Mosheh.**

CONSTRUCTION OF THE BREASTPLATE

8 And he *made* **worked** the breastplate
of *cunning* **fabricated** work like the work of the ephod;
of gold, blue, and purple, and scarlet,
and *fine* **white** twined linen.
9 It was foursquare;
they *made* **worked** the breastplate double:
a span *was* the length thereof,
and a span the breadth thereof, *being* doubled.
10 And they *set* **filled** in it four rows of stones:
the first row was a sardius, a topaz, and a carbuncle:
this was the first row.
11 And the second row,
an emerald, a sapphire, and a diamond.
12 And the third row,
a ligure **an opal**, an agate, and an amethyst.
13 And the fourth row,
a beryl, an onyx, and a jasper:
they were *inclosed* **surrounded**
in ouches **by brocades** of gold in their *inclosings* **fillings.**
14 And the stones were according to the names
of the *children* **sons** of *Israel* **Yisra El,**
twelve, according to their names, like the
engravings of a *signet* **seal**, every *one* **man** with
his name, according to the twelve *tribes* **scions.**
15 Andthey*made***worked**uponthebreastplate
chains *at the ends* **twisted**, of
wreathen work of pure gold.
16 And they *made* **worked** two *ouches* **brocades**
of gold, and two gold *rings* **signets**;
and *put* **gave** the two *rings* **signets**
in the two ends of the breastplate.
17 And they *put* **gave** the two
wreathen chains **wreaths** of gold
in the two *rings* **signets** on the ends of the breastplate.
18 And the two ends of the two *wreathen chains* **wreaths**
they *fastened* **gave** in the two *ouches* **brocades**,
and *put* **gave** them on the shoulderpieces of the ephod,
before it **in front of its face.**
19 And they *made* **worked** two *rings* **signets** of gold,
and put them on the two ends of the
breastplate, upon the *border* **edge** of it,
which was on the side of the ephod *inward* **housing.**
20 And they *made* **worked** two *other* golden *rings*
signets, and *put* **gave** them on the two *sides* **shoulders**
of the ephod *underneath* **downward**,
toward the forepart **in front of the face** of it,
over against **along side** the *other coupling* **joint** thereof,
above the *curious* **fabricated** girdle of the ephod.
21 Andtheydidbindthebreastplatebyhis*rings***signets**
unto the *rings* **signets** of the ephod
with a *lace* **braid** of blue,
that it might be above
the *curious* **fabricated** girdle of the
ephod, and that the breastplate
might not be *loosed* **removed** from the ephod;
as *the LORD* **Yah Veh**
commanded Moses **misvahed Mosheh.**

CONSTRUCTION OF THE MANTLE

22 Andhe*made***worked**the*robe***mantle**ofthephod
of woven work, *all* **totally** of blue.
23 And there was *an hole* **a mouth**
in the midst of the *robe* **mantle,**
as the *hole* **mouth** of an habergeon,
with *a band* **an edging** round about the *hole*
mouth, that it should not *rend* **rip.**
24 And they *made* **worked** upon the *hems* **drapes**
of the *robe* **mantle**
pomegranates of blue, and purple,
and scarlet, and twined *linen.*
25 And they *made* **worked** bells of pure gold,
and *put* **gave** the bells *between* **midst** the pomegranates
upon the *hem* **drape** of the *robe* **mantle,**
round about *between* **midst** the pomegranates;
26 Abelandapomegranate,abelandapomegranate,
round about the *hem* **drape** of the *robe* **mantle**
to minister in;
as *the LORD* **Yah Veh**
commanded Moses **misvahed Mosheh.**

CONSTRUCTION OF THE TUNIC, TIARA, AND BREECHES

27 Andthey*made***worked**coats
of *fine* **white** linen of woven work for
Aaron **Aharon**, and for his sons,
28 Anda*mitre***tiara**of*fine***white**linen,
and *goodly bonnets* **ornaments of turbans**
of *fine* **white** linen,
and linen breeches of *fine* **white** twined linen,
29 And a girdle of *fine* **white** twined linen,
and blue, and purple, and scarlet,
of *needlework* **embroidery work**;
as *the LORD* **Yah Veh**
commanded Moses **misvahed Mosheh.**

Construction Of The Blossom Of The Holy Separatism

30 And they *made* **worked** the *plate* **blossom**
of the holy *crown* **separatism** of pure gold,
and *wrote* **inscribed** upon it *a writing* **an inscribing**,
like to the engravings of a *signet* **seal**,
HOLINESS TO THE LORD **HOLY TO YAH VEH**.
31 And they *tied* **gave** unto it a *lace* **braid** of blue,
to *fasten* **give** it *on high* **upward** upon the *mitre* **tiara**;
as *the LORD* **Yah Veh**
commanded Moses **misvahed Mosheh**.

Inspection Of The Tabernacle

32 Thus was all the *work* **service** of the tabernacle
of the tent of the congregation finished:
and the *children* **sons** of *Israel* **Yisra El**
did **worked** according to all that *the LORD* **Yah Veh**
commanded Moses **misvahed**
Mosheh, so *did* **worked** they.
33 And they brought the tabernacle unto *Moses* **Mosheh**,
the tent, and all his *furniture* **instruments**,
his *taches* **hooks**, his boards, his bars,
and his pillars, and his sockets,
34 And the covering of rams' skins *dyed red*
reddened, and the covering of badgers' skins,
and the vail of the covering,
35 The ark of the *testimony* **witness**, and the staves
thereof, and the *mercy seat* **kapporeth**,
36 The table, and all the *vessels* **instruments**
thereof, and the *shewbread* **face bread**,
37 The pure *candlestick* **menorah**,
with the lamps thereof,
even with the lamps to be *set in order* **in rows**,
and all the *vessels* **instruments** thereof,
and the oil for light,
38 And the golden **sacrifice** altar, and the anointing
oil, and the *sweet* incense **of aromatics**,
and the *hanging* **covering**
for the *tabernacle door* **tent opening**,
39 The *brasen* **copper sacrifice** altar, and
his *grate* **screen** of *brass* **copper**,
his staves, and all his *vessels* **instruments**,
the laver and his *foot* **base**,
40 The hangings of the court, his pillars, and his sockets,
and the *hanging* **covering** for the court *gate* **portal**,
his cords, and his *pins* **stakes**,
and all *the vessels of* the service of the
tabernacle, for the tent of the congregation,
41 The *cloths* **clothes** of *service* **stitching**
to *do service* **minister** in the *holy place* **holies**,
and the holy *garments* **clothes** for *Aaron* **Aharon**
the priest, and his sons' *garments* **clothes**,
to *minister in the priest's office*
priest the priesthood.
42 According to all that *the LORD* **Yah Veh**
commanded Moses **misvahed Mosheh**, so the *children*
sons of *Israel* **Yisra El** *made* **worked** all the *work* **service**.
43 And *Moses* **Mosheh** did look upon all the work,
and, behold, they had *done* **worked** it
as *the LORD* **Yah Veh** had *commanded* **misvahed**,
even so **thus** had they *done* **worked** it:
and *Moses* **Mosheh** blessed them.

Erection Of The Tabernacle

40 And *the LORD spake* **Yah Veh worded**
unto *Moses* **Mosheh**, saying,
2 *On the first day of the first month*
On the first day of the month, on
the first of the month
shalt thou *set up* **raise** the tabernacle
of the tent of the congregation.
3 And thou shalt put therein
the ark of the *testimony* **witness**, and
cover the ark with the vail.
4 And thou shalt bring in the table,
and *set in order* **arrange**
the things that are to be set in order upon it
its arrangement;
and thou shalt bring in the *candlestick* **menorah**,
and *light* **holocaust** the lamps thereof.
5 And thou shalt *set* **give** the **sacrifice**
altar of gold for the incense
before **at the face of** the ark of the *testimony*
witness, and put the *hanging* **covering**
of the *door* **opening** to the tabernacle.
6 And thou shalt *set* **give** the **sacrifice** altar
of **for** the *burnt offering* **holocaust**
before **at the face of** the *door* **opening**
of the tabernacle of the tent of the congregation.
7 And thou shalt *set* **give** the laver between
the tent of the congregation
and **between** the **sacrifice** altar,
and shalt *put* **give** water therein.
8 Andthoushaltsetupthecourtroundabout,
and *hang up the hanging* **give the covering**
at the court *gate* **portal**.
9 And thou shalt take the anointing oil,
and anoint the tabernacle, and all that
is therein, and shalt hallow it,

and all the *vessels* **instruments** thereof:
and it shall be holy.
10 And thou shalt anoint the **sacrifice** altar
of the burnt offering **for the holocaust,**
and all his *vessels* **instruments,**
and *sanctify* **hallow** the **sacrifice** altar: and it shall be
an **a sacrifice** altar *most holy* — **a holy of holies.**
11 And thou shalt anoint the laver and his
foot **base,** and *sanctify* **hallow** it.
12 And thou shalt *bring Aaron* **oblate Aharon**
and his sons unto the *door* **opening**
of the *tabernacle* **tent** of the congregation,
and *wash* **baptize** them with water.
13 And thou shalt put upon *Aaron* **Aharon**
the holy *garments* **clothes,**
and anoint him, and *sanctify* **hallow** him;
that he may *minister unto me in the priest's office*
priest the priesthood unto me.
14 And thou shalt *bring* **oblate** his sons,
and clothe them with coats:
15 And thou shalt anoint them,
as thou didst anoint their father,
that they may *minister unto me in the priest's office*
priest the priesthood unto me:
for their anointing
shall *surely* be an *everlasting* **eternal**
priesthood throughout their generations.
16 Thus *did Moses* **worked Mosheh:**
according to all
that *the LORD commanded* **Yah Veh**
misvahed him, so *did* **worked** he.
17 And **so be** it *came to pass,*
in the first month in the second year,
on the first *day* of the month,
that the tabernacle was *reared up* **raised.**
18 And *Moses reared up* **Mosheh raised** the
tabernacle, and *fastened* **gave** his sockets,
and set up the boards thereof, and *put* **gave** in the
bars thereof, and *reared up* **raised** his pillars.
19 And he spread *abroad* the tent over the tabernacle,
and put the covering of the tent above upon it;
as *the LORD commanded Moses* **Yah**
Veh misvahed Mosheh.
20 And he took and *put* **gave** the *testimony* **witness**
into the ark,
and set the staves on the ark,
and *put* **gave** the *mercy seat* **kapporeth**
above upon the ark:
21 Andhebroughtthearkintothetabernacle,
and set up the vail of the covering,
and covered the ark of the *testimony* **witness;**
as *the LORD commanded Moses* **Yah**
Veh misvahed Mosheh.
22 And he *put* **gave** the table
in the tent of the congregation,
upon the *side* **flank** of the tabernacle northward,
without the vail.
23 And he *set* **arranged the arrangement**
of the bread *in order* upon it
before the LORD **at the face of Yah Veh;**
as *the LORD* **Yah Veh**
had commanded Moses **misvahed Mosheh.**
24 And he put the *candlestick* **menorah**
in the tent of the congregation, over against the table,
on the *side* **flank** of the tabernacle southward.
25 And he *lighted* **holocausted** the lamps
before the LORD **at the face of Yah Veh;**
as *the LORD commanded Moses* **Yah**
Veh misvahed Mosheh.
26 And he put the golden **sacrifice** altar
in the tent of the congregation
before **at the face of** the vail:
27 And he *burnt* **incensed**
sweet incense **of aromatics** thereon;
as *the LORD commanded Moses* **Yah**
Veh misvahed Mosheh.
28 And he set up the *hanging* **covering**
at the *door* **opening** of the tabernacle.
29 And he put the **sacrifice** altar
of *burnt offering* **holocaust** by the *door*
opening of the tabernacle of the tent of the
congregation, and *offered* **holocausted** upon it
the *burnt offering* **holocaust** and the *meat* offering;
as *the LORD commanded Moses* **Yah**
Veh misvahed Mosheh.
30 And he set the laver between the
tent of the congregation
and **between** the **sacrifice** altar,
and *put* **gave** water there, to *wash* **baptize** *withal.*
31 And*Moses***Mosheh**and*Aaron***Aharon**andhisons
washed **baptized** their hands and their feet thereat:
32 Whentheywenitntothetentofthecongregaiton,
and when they *came near* **approached**
unto the **sacrifice** altar, they *washed* **baptized;**
as *the LORD commanded Moses* **Yah**
Veh misvahed Mosheh.
33 And he *reared up* **raised** the court
round about the tabernacle and the **sacrifice** altar,
and set up the *hanging* **covering** of the court *gate* **portal.**
So *Moses* **Mosheh** finished the work.

The Honor Of Yah Veh Fills The Tabernacle

34 Thenacloudcoveredthetentofthecongregaiton,
and the *glory* **honour** of *the LORD* **Yah Veh**
filled the tabernacle.
35 And *Moses* **Mosheh**
was not able to enter into the tent of the congregation,
because the cloud *abode* **tabernacled** thereon,
and the *glory* **honour** of *the LORD* **Yah Veh**
filled the tabernacle.
36 And when the cloud *was taken up* **ascended**
from over the tabernacle,
the *children* **sons** of *Israel* **Yisra El**
went onward **pulled stakes** in all their journeys:
the sons of Yisra El pull stakes in all their journeys:
37 But if the cloud *were not taken up* ascended
not, then they *journeyed* pulled stakes not
till the day that it was *taken up* ascended.
38 was upon the tabernacle by day,
and fire was on it by night,
in the *sight* eyes of all the house of *Israel* Yisra El,
throughout all their journeys.

1 And *the LORD* **Yah Veh** called unto *Moses*
Mosheh, and *spake* **worded** unto him
out of the *tabernacle* **tent** of the congregation, saying,
2 *Speak* **Word** unto the *children* **sons** of
Israel **Yisra El**, and say unto them,
If any *man* **human** of you

Oblations

bring an offering **oblate a qorban** unto *the LORD*
Yah Veh, ye shall *bring* **oblate** your *offering* **qorban**
of the *cattle* **animals**,
even of the *herd* **oxen**, and of the flock.

Holocaust Qorbans

3 If his *offering* **qorban**
be a *burnt sacrifice* **holocaust** of the *herd* **oxen**,
let him *offer a* **oblate an integrious**
male *without blemish*:
he shall *offer* **oblate** it
of his own voluntary will **at his pleasure**
at the *door* **opening**
of the *tabernacle* **tent** of the congregation
before the LORD **at the face of Yah Veh**.
4 And he shall *put* **prop** his hand
upon the head of the *burnt offering* **holocaust**;
and it shall be *accepted* **pleasing** for him to
make atonement **kapar/atone** for him.
5 And he shall *kill* **slaughter** the *bullock* **son of the oxen**
before the LORD **at the face of Yah Veh**:
and the priests, *Aaron's* **Aharon's** sons,
shall *bring* **oblate** the blood,
and sprinkle the blood round about
upon the **sacrifice** altar that is by the *door* **opening**
of the *tabernacle* **tent** of the congregation.
6 Andheshal*flay***strip**the*burntofering***holocaus,t**
and *cut it into* **dismember** his *pieces* **members**.
7 Andthesonsof*Aaron***Aharon**thepriest
shall *put* **give** fire upon the **sacrifice** altar,
and *lay* **arrange** the *wood in order* **timber** upon the fire:
8 And the priests, *Aaron's* **Aharon's** sons,
shall *lay* **arrange** the *parts* **members**,
the head, and the fat,
in order upon the *wood* **timber** that is on the
fire which is upon the **sacrifice** altar:
9 But his inwards and his legs shall
he *wash* **baptize** in water:
and the priest shall *burn* **incense**
all on the **sacrifice** altar,

to be a *burnt sacrifice* **holocaust**, *an offering*
made by fire **a firing**, of a *sweet savour*
scent of rest unto *the LORD* **Yah Veh**.
10 And if his *offering* **qorban** be of the flocks,
namely, of the *sheep* **lambs**, or of the goats,
for a *burnt sacrifice* **holocaust**;
he shall *bring* **oblate** it
a **an integrious** male *without blemish*.
11 And he shall *kill* **slaughter** it
on the *side* **flank** of the **sacrifice** altar northward
before the LORD **at the face of Yah Veh**:
and the priests, *Aaron's* **Aharon's** sons, shall sprinkle
his blood round about upon the **sacrifice** altar.
12 And he shall *cut it into* **dismember**
his *pieces* **members**,
with his head and his fat:
and the priest shall *lay* **arrange** them *in order*
on the *wood* **timber** that is on the fire
which is upon the **sacrifice** altar:
13 But he shall *wash* **baptize** the inwards
and the legs with water:
and the priest shall *bring* **oblate** it all,
and *burn* **incense** it upon the **sacrifice** altar:
it is a *burnt sacrifice* **holocaust**, *an offering*
made by fire **a firing**, of a *sweet savour*
scent of rest unto *the LORD* **Yah Veh**.
14 And if the *burnt sacrifice* **holocaust**
for his *offering* **qorban** to *the LORD* **Yah Veh**
be of *fowls* **flyers**,
then he shall *bring* **oblate** his *offering* **qorban**
of turtledoves, or of *young pigeons* **sons of doves**.
15 And the priest shall *bring* **oblate**
it unto the **sacrifice** altar,

1 And Yah Veh calls to Mosheh
and words to him from the tent of the congregation,
saying,
2 Word to the sons of Yisra El and say to them,
If any human of you oblate a qorban to Yah
Veh, oblate your qorban of the animals,
even of the oxen and of the flock.
3 If his qorban *is* a holocaust of the oxen
he oblates an integrious male:
he oblates it at his pleasure
at the opening of the tent of the
congregation at the face of Yah Veh;
4 and he props his hand on the head of the holocaust;
and he *is* pleased to kapar/atone for him.
5 And he slaughters the son of the
oxen at the face of Yah Veh:
and the priests, the sons of Aharon, oblate the
blood and sprinkle the blood all around
on the sacrifice altar
by the opening of the tent of the congregation:
6 and he strips the holocaust and
dismembers the members.
7 And the sons of Aharon the priest
give fire on the sacrifice altar
and arrange the timber on the fire:
8 and the priests, the sons of Aharon,
arrange the members — the head and the fat on
the timber on the fire on the sacrifice altar:
9 and he baptizes the inwards and the legs in water:
and the priest incenses all on the sacrifice altar — a
holocaust — a firing of a scent of rest to Yah Veh.
10 And if his qorban for a holocaust
be of the flocks — of the lambs or of the
goats he oblates an integrious male:
11 and he slaughters it
on the flank of the sacrifice altar
northward at the face of Yah Veh:
and the priests, the sons of Aharon,
sprinkle the blood all around on the sacrifice altar:
12 and he dismembers the members
with the head and the fat:
and the priest arranges them
on the timber on the fire on the sacrifice altar:
13 and he baptizes the inwards and the legs
with water:
and the priest oblates it all
and incenses it on the sacrifice altar: — a
holocaust — a firing of a scent of rest to Yah Veh.
14 And if the holocaust for his qorban to Yah Veh
is of flyers,
then he oblates his qorban
of turtledoves or of sons of doves:
15 and the priest oblates it to the sacrifice altar
and wring off his head,
and *burn* **incense** it on the **sacrifice** altar;
and the blood thereof shall be wrung out
at the *side* **wall** of the **sacrifice** altar:
16 And he shall *pluck* **turn** away his *crop* **craw**
with his *feathers* **plumage**,
and cast it beside the **sacrifice** altar
on the east part **eastward**, by the place of the **fat** ashes:
17 And he shall cleave it with the wings thereof,
but shall not *divide* **separate** it *asunder*:
and the priest shall *burn* **incense**
it upon the **sacrifice** altar,
upon the *wood* **timber** that is upon the fire:
it is a *burnt sacrifice* **holocaust**,
an offering made by fire **a firing**, of a *sweet*
savour **scent of rest** unto *the LORD* **Yah Veh**.

2 And when *any* **a soul**

Flour Qorbans

will offer **shall oblate** a *meat offering* **qorban**
unto *the LORD* **Yah Veh,**
his *offering* **qorban** shall be of *fine* flour;
and he shall pour oil upon it, and *put*
give frankincense thereon:
2 And he shall bring it
to *Aaron's* **Aharon's** sons the priests:
and he shall *take* **handle** thereout his
handful of the flour thereof,
and of the oil thereof, with all the frankincense
thereof; and the priest shall *burn* **incense** the
memorial of it upon the **sacrifice** altar,
to be an offering made by fire **a firing,**
of a *sweet savour* **scent of rest**
unto *the LORD* **Yah Veh:**
3 And *the remnant* **that which remaineth**
of the *meat* offering
shall be *Aaron's* **Aharon's** and his sons':
it is a *thing most holy* **holy of holies**
of the *offerings of the LORD made by fire*
firings unto Yah Veh.
4 And if thou *bring an oblation* **oblate a qorban**
of *a meat* **an** offering baken in the oven,
it shall be *unleavened* **matsah** cakes
of *fine* flour mingled with oil,
or *unleavened* **matsah** wafers anointed with oil.
5 And if thy *oblation* **qorban** be *a meat* **an** offering
baken in a pan **on a griddle,**
it shall be of *fine* **matsah** flour
unleavened, mingled with oil.
6 Thou shalt part it in *pieces* **morsels,**
and pour oil thereon:
it is *a meat* **an** offering.
7 And if thy *oblation* **qorban** be *a meat* **an** offering
baken in the fryingpan **on a cauldron,**
it shall be *made* **worked** of *fine* flour with oil.
8 Andthoushaltbringthe*meat*offering
that is *made* **worked** of these *things*
unto *the LORD* **Yah Veh:**
and when it is *presented* **oblated** unto the priest,
he shall bring it unto the **sacrifice** altar.
9 And the priest shall *take* **lift** from the
meat offering a memorial thereof,
and shall *burn* **incense** it upon the **sacrifice** altar:
it is *an offering made by fire* **a firing,** of a *sweet*
savour **scent of rest** unto *the LORD* **Yah Veh.**
10 And that which *is left* **remaineth** of the *meat*
offering shall be *Aaron's* **Aharon's** and his sons':
it is a *thing most holy* **holy of holies**
of the *offerings of the LORD made by fire*
firings unto Yah Veh.
11 No *meat* offering,
which ye shall *bring* **oblate** unto *the LORD* **Yah Veh,**
shall be *made* **worked** with *leaven* **fermentation:**
for ye shall *burn* **incense** no *leaven* **yeast,** nor any honey,
in any *offering of the LORD made by fire*
firing unto Yah Veh.

The Firsts Qorbans

12 As for the *oblation* **qorban** of the *firstfruits* **firsts,**
ye shall *offer* **oblate** them unto *the LORD* **Yah Veh:**
but they shall not be *burnt* **holocausted**
on the **sacrifice** altar for a *sweet savour* **scent of rest.**
13 And every *oblation* **qorban** of thy *meat*
offering shalt thou *season* **salt** with salt;
neither shalt thou *suffer* **shabbathize** the
salt of the covenant of thy *God* **Elohim**
to be lacking from thy *meat* offering:
with all thine *offerings* **qorbans**
thou shalt *offer* **oblate** salt.
14 And if thou *offer a meat* **oblate an** offering of
thy firstfruits unto *the LORD* **Yah Veh,**
thou shalt *offer* **oblate** for the *meat*
offering of thy firstfruits
green ears of corn **unripened** dried by the fire,
even corn beaten **husks** out of *full ears* **the orchard.**
15 And thou shalt *put* **give** oil upon it,
and *lay* **set** frankincense thereon:
it is *a meat* **an** offering.
16 And the priest shall *burn* **incense** the memorial of it,
part of the *beaten corn* **husks** thereof,
and *part* of the oil thereof,
with all the frankincense thereof:
it is *an offering made by fire* **a firing**
unto *the LORD* **Yah Veh.**

Shelamim Qorbans

3 And if his *oblation* **qorban**
be a sacrifice of *peace offering* **shelamim,**
if he *offer* **oblate** it of the *herd* **oxen;**
whether it be a male or female,
he shall *offer* **oblate** it *without blemish* **integrious**
before the LORD **at the face of Yah Veh.**
2 And he shall *lay* **prop** his hand upon
the head of his *offering* **qorban,** and *kill*
slaughter it at the *door* **opening**

of the *tabernacle* **tent** of the congregation:
and *Aaron's* **Aharon's** sons the priests
shall sprinkle the blood
upon the **sacrifice** altar round about.
3 And he shall *offer* **oblate**
of the sacrifice of the *peace offering* **shelamim**
an offering made by fire **a firing**
unto *the LORD* **Yah Veh;**
the fat that covereth the inwards, and all
the fat that is upon the inwards,
4 And the two *kidneys* **reins,**
and the fat that is on them, which is by the flanks,
and the caul above the liver, with the *kidneys* **reins,**
it shall he *take away* **twist off.**
5 And *Aaron's* **Aharon's** sons
shall *burn* **incense** it on the **sacrifice** altar
upon the *burnt sacrifice* **holocaust,**
which is upon the *wood* **timber** that is on the fire:
it is *an offering made by fire* **a firing**, of a *sweet*
savour **scent of rest** unto *the LORD* **Yah Veh.**
6 And if his *offering* **qorban**
for a sacrifice of *peace offering* **shelamim**
unto *the LORD* **Yah Veh** be of the flock; male or female,
he shall *offer* **oblate** it *without blemish* **integrious.**
7 Ifhe*ofer***oblate**alambforhis*ofering***qorban,**
then shall he *offer* **oblate** it
before the LORD **at the face of Yah Veh.**
8 And he shall *lay* **prop** his hand upon
the head of his *offering* **qorban,**
and *kill* **slaughter** it *before* **at the face of**
the *tabernacle* **tent** of the congregation:
and *Aaron's* **Aharon's** sons
shall sprinkle the blood thereof round
about upon the **sacrifice** altar.
9 And he shall *offer* **oblate**
of the sacrifice of the *peace offering* **shelamim**
an offering made by fire **a firing**
unto *the LORD* **Yah Veh;**
the fat thereof, and the *whole* **integrious**
rump, it shall he *take* **twist** off
hard by **along side** the *backbone* **spine**
and the fat that covereth the inwards, and
all the fat that is upon the inwards,
10 and the two reins and the fat by the flanks
and the caul above the liver with the reins
he twists off:
11 and the priest incenses it on the sacrifice altar:
— the bread of the firing to Yah Veh.
12 And if his qorban *is* a goat,
he oblates it at the face of Yah Veh:
13 and he props his hand on the head
and slaughters it
at the face of the tent of the congregation:
and the sons of Aharon sprinkle the blood
on the sacrifice altar all around:
14 and he oblates his qorban — a firing to Yah Veh:
the fat covering the inwards
and all the fat on the inwards
15 and the two reins and the fat by the flanks
and the caul above the liver with the reins, he twists off:
16 and the priest incenses them on the sacrifice altar:
— the bread of the firing for a scent of rest:
all the fat *is* to Yah Veh
17 — an eternal statute for your generations
throughout all your settlements,
that you eat neither fat nor blood.

PRIESTAL INADVERTENT ERRING QORBANS

4 And Yah Veh words to Mosheh, saying,
2 Word to the sons of Yisra El, saying, When
a soul sins through inadvertent er ror
against any of the misvoth of Yah Veh
which ought not to be worked
— and works one of them:
3 if the priest who is anointed
sins according to the guilt of the people;
then he oblates for the sin he sinned,
a bullock son of the oxen integrious
to Yah Ve h for his sin.
4 And he brings the bullock
to the opening of the tent of the
congregation at the face of Yah Veh;
and props his hand on the head of the bullock and
slaughters the bullock at the face of Yah Veh.
5 And the priest who is anointed takes
of the blood of the bullock
and brings it to the tent of the congregation:
6 and the priest dips his finger in the blood
and sprinkles of the blood seven times
at the face of Yah Veh
— at the face of the veil of the holies:
7 and the priest gives of the blood on
the horns of the sacrifice altar
of incense of aromatics
at the face of Yah Veh in the tent of the congregation;
and pours all the blood of the bullock
at the foundation of the sacrifice altar of the holocaust
at the opening of the tent of the congregatio n.
8 And he lifts of it
all the fat of the bullock for the sin — the fat covering
the inwards and all the fat on the inwards
9 And the two *kidneys* **reins,**

and the fat that is upon them, which is by the
flanks, and the caul above the liver, with the
kidneys **reins**, it shall he *take away* **twist off**,
10 As it was *taken off* **lifted** from the *bullock* **ox**
of the sacrifice of *peace offerings* **shelamim**:
and the priest shall *burn* **incense** them
upon the **sacrifice** altar of the *burnt offering* **holocaust**.
11 Andtheskinofthebulock,andalhisflesh,
with his head, and with his legs, and
his inwards, and his dung,
12 Even the whole bullock
shall he carry forth without the camp
unto a *clean* **pure** place,
where the **fat** ashes are poured out,
and burn him on the *wood* **timber** with fire:
where the **fat** ashes are poured out shall he be burnt.

CONGREGATIONAL INADVERTENT ERRING QORBANS

13 And if the whole *congregation*
witness of *Israel* **Yisra El**
sin through ignorance **err inadvertently**,
and the *thing* **word** be *hid* **concealed**
from the eyes of the *assembly* **congregation**,
and they have
done somewhat against any **worked unto one**
of the *commandments* **misvoth** of *the LORD*
Yah Veh *concerning things* which should not be
done **worked**, and *are guilty* **have guilted**;
14 When the sin, which they have
sinned against it, is known,
then the congregation shall *offer* **oblate**
a *young* bullock **son of the oxen** for the sin,
and bring him *before* **at the face of**
the *tabernacle* **tent** of the congregation.
15 And the elders of the *congregation* **witness**
shall *lay* **prop** their hands upon the head of the bullock
before the LORD **at the face of Yah Veh**:
and the bullock shall be *killed* **slaughtered**
before the LORD **at the face of Yah Veh**.
16 Andthepriestthatisanointed
shall bring of the bullock's blood
to the *tabernacle* **tent** of the congregation:
17 Andthepirestshaldiphisifngeirn*someohtf*eblod,
and sprinkle it seven times
before the LORD **at the face of Yah Veh**,
even before **at the face of** the vail.
18 And he shall *put* **give** *some* of the blood
upon the horns of the **sacrifice** altar
which is *before the LORD* **at the face of Yah Veh**,
that is in the *tabernacle* **tent** of the congregation,
and shall pour out all the blood
at the *bottom* **foundation** of the **sacrifice**
altar of the *burnt offering* **holocaust**,
which is at the *door* **opening**
of the *tabernacle* **tent** of the congregation.
19 Andheshal*take***lift**alhisfatfromhim,
and *burn* **incense** it upon the **sacrifice** altar.
20 Andheshal*dowith***work**thebulock
as he *did with* **worked** the bullock
for *a sin offering* **the sin**,
so shall he *do* **work** with this:
and the priest
shall *make an atonement* **kapar/atone** for
them, and it shall be forgiven them.
21 And he shall carry forth the bullock without the
camp, and burn him as he burned the first bullock:
it is *a sin offering* for **the sin of** the congregation.

HIERARCHAL INADVERTENT ERRING QORBANS

22 When a *ruler* **hierarch** hath sinned, and
done somewhat through ignorance
hath worked an inadvertent error
against any **in one** of the *commandments* **misvoth**
of *the LORD* **Yah Veh** his *God* **Elohim**
concerning things which should not be *done* **worked**,
and *is guilty* **hath guilted**;
23 Or if his sin, wherein he hath sinned,
come to his knowledge **hath been made known to**
him; he shall bring his *offering* **qorban**, a *kid* **buck**
of the goats, a male *without blemish* **integrious**:
24 And he shall *lay* **prop** his hand
upon the head of the *goat* **buck**, and
kill **slaughter** it in the place
where they *kill* **slaughter** the *burnt offering* **holocaust**
before the LORD **at the face of Yah Veh**:
it is *a sin offering* **for the sin**.
25 And the priest shall take of the blood
of the sin offering **for the sin** with his finger,
and *put* **giveth** it upon the horns
of the **sacrifice** altar of *burnt offering*
holocaust, and shall pour out his blood
at the *bottom* **foundation**
of the **sacrifice** altar of *burnt offering* **holocaust**.
26 Andheshal*burn***incense**alhisfatupon thealtar,
as the fat of the sacrifice of *peace offerings* **shelamim**:
and the priest
shall *make an atonement* **kapar/atone** for him
as concerning **for** his sin, and it shall be forgiven him.

SOULICAL INADVERTENT ERRING QORBANS

27 And if *any one* **a soul**
of the *common* people **of the land**
sin *through ignorance* **an inadvertent error,**
while he doeth somewhat against any
and worketh unto one
of the *commandments* **misvoth** of *the LORD*
Yah Veh *concerning things* which ought not to
be *done* **worked**, and *be guilty* **hath guilted;**
28 Or if his sin, which he hath sinned,
come to his knowledge **hath been made known to him:**
then he shall bring his *offering*
qorban, a *kid* **doe** of the goats,
a female *without blemish* **integrious,**
for his sin which he hath sinned.
29 And he shall *lay* **prop** his hand
upon the head of *the sin offering* **that for the sin,**
and *slay the sin offering* **slaughter that for the sin**
in the place of the *burnt offering* **holocaust.**
30 And the priest shall take of the
blood thereof with his finger,
and *put* **give** it upon the horns of the **sacrifice**
altar of *burnt offering* **holocaust,**
and shall pour out all the blood thereof
at the *bottom* **foundation** of the **sacrifice** altar.
31 Andheshal*takeaway***twisto**aflthefathereof,
as the fat is taken away from off the
sacrifice of *peace offerings* **shelamim;**
and the priest shall *burn* **incense** it
upon the **sacrifice** altar
for a *sweet savour* **scent of rest** unto *the LORD* **Yah Veh;**
and the priest
shall *make an atonement* **kapar/atone** for
him, and it shall be forgiven him.
32 And if he bring a lamb for *a sin offering* **the sin**, he
shall bring a female *without blemish* **integrious.**
33 And he shall *lay* **prop** his hand
upon the head of *the sin offering* **that for the sin**, and
slay it for a sin offering **slaughter that for the sin**
in the place
where they *kill* **slaughter** the *burnt offering* **holocaust.**
34 And the priest shall take of the blood
of *the sin offering* **that for the sin** with his
finger, and *put* **give** it upon the horns
of the **sacrifice** altar of *burnt offering* **holocaust,**
and shall pour out all the blood thereof
at the *bottom* **foundation** of the altar:
35 And he shall *take away* **twist off** all the fat thereof,
as the fat of the lamb is *taken away* **twisted off** from
the sacrifice of the *peace offerings* **shelamim;**
and the priest shall *burn* **incense** them
upon the **sacrifice** altar,
according to the *offerings made by fire* **firings**
unto *the LORD* **Yah Veh:**
and the priest
shall *make an atonement* **kapar/atone** for
his sin that he hath *committed* **sinned,**
and it shall be forgiven him.

5 And if a soul sin,
and hear the voice of *swearing* **oathing**, and is a witness,
whether **if** he hath seen or known of it;
if he do not *utter* **tell** it,
then he shall bear his *iniquity* **perversity.**
2 Or if a soul touch any *unclean thing* **word**
of foulness, whether it be a carcase
of *an unclean beast* **a live being of foulness,**
or a carcase of *unclean cattle* **animals of foulness,**
or the carcase of *unclean creeping things* **teemers of**
foulness, and if it be *hidden* **concealed** from him;
he also shall be *unclean* **fouled**, and *guilty* **have guilted.**
3 Or if he touch *the uncleanness of man* **human**
foulness, whatsoever *uncleanness* **foulness** it be
that *a man* shall be *defiled withal* **fouled thereby,**
and it be *hid* **concealed** from him;
when he knoweth of it,
then he shall *be guilty* **have guilted.**
4 Or if a soul *swear* **oath**, pronouncing with his lips
to *do evil* **vilify**, or to *do good* **well—please,**
whatsoever it be
that a *man* **human** shall pronounce with an oath,
and it be *hid* **concealed** from him;
when he knoweth of it,
then he shall *be guilty* **have guilted** in one of these.
5 And it shall be,
when he shall *be guilty* **have guilted** in one of
these *things*, that he shall *confess* **wring hands**
that he hath sinned in that thing
for that wherein he sinned:
6 And he shall bring *his trespass offering* **for his guilt**
unto *the LORD* **Yah Veh** for his sin which he
hath sinned, a female from the flock,
a **ewe** lamb or a *kid* **doe** of the goats,
for *a sin offering* **the sin;**
and the priest
shall *make an atonement* **kapar/atone** for him
concerning **for** his sin.
7 And if *he be not able* **his hand be not sufficient**
to *bring* **touch** a lamb,
then he shall bring for his *trespass* **guilt,**
which he hath *committed* **sinned,**

two turtledoves, or two *young pigeons* **sons of doves,**
unto *the LORD* **Yah Veh;**
one for *a sin offering* **the sin,**
and *the other for a burnt offering* **one for the holocaust.**
8 And he shall bring them unto the
priest, who shall *offer* **oblate** that
which is for the sin *offering* first,
and wring off his head *from* **in front of** his neck,
but shall not divide it *asunder*:
9 Andheshalsprinkleoftheblood
of *the sin offering* **that for the sin**
upon the *side* **wall** of the **sacrifice** altar;
and the *rest of the* **surviving** blood shall be wrung
out at the *bottom* **foundation** of the **sacrifice** altar:
it is *a sin offering* **for the sin.**
10 And he shall *offer* **work** the second
for a *burnt offering* **holocaust,**
according to the *manner* **judgment**:
and the priest
shall *make an atonement* **kapar/atone** for
him for his sin which he hath sinned,
and it shall be forgiven him.
11 But if *he be not able* **his hand be not sufficient**
to *bring* **attain** two turtledoves,
or two *young pigeons* **sons of doves,**
then he that sinned shall bring for his *offering* **qorban**
the tenth *part* of an ephah of *fine*
flour for *a sin offering* **the sin;**
he shall put no oil upon it,
neither shall he *put* **give** any frankincense thereon:
for it is *a sin offering* **for the sin.**
12 Then shall he bring it to the priest,
and the priest shall *take* **handle** his handful of it,
even a memorial thereof,
and *burn* **incense** it on the **sacrifice** altar,
according to the *offerings made by fire* **firings**
unto *the LORD* **Yah Veh:**
it is *a sin offering* **for the sin.**
13 And the priest
shall *make an atonement* **kapar/atone** for him
as touching his sin that he hath sinned in one
of these, and it shall be forgiven him:
and *the remnant* shall be the priest's,
as *a meat* **an** offering.
14 And *the LORD spake* **Yah Veh worded**
unto *Moses* **Mosheh,** saying,
15 If a soul *commit* **treason** a *trespass* **treason,** and
sin *through ignorance* **an inadvertent error,** in
the *holy things* **holies** of *the LORD* **Yah Veh;**
then he shall bring for his *trespass* **guilt**
unto *the LORD* **Yah Veh**
a ram *without blemish* **integrious** out of the flocks,
with thy *estimation* **appraisal** by shekels of silver,
after the shekel of the *sanctuary* **holies,**
for *a trespass offering* **the guilt.**
16 And he shall *make amends* **shalam**
for *the harm that he hath done* **that which he sinned**
in the holy thing **against the holies,** and
shall add the fifth *part* thereto,
and give it unto the priest:
and the priest
shall *make an atonement* **kapar/atone** for him with
the ram *of the trespass offering* **for the guilt,**
and it shall be forgiven him.
17 And if a soul sin,
and *commit any* **work one** of these *things*
which are *forbidden* **not** to be *done* **worked**
by the *commandments* **misvoth** of *the LORD* **Yah Veh;**
though he *wist* **knew** it not, yet *is*
he guilty **hath he guilted,**
and shall bear his *iniquity* **perversity.**
18 And he shall bring
a ram *without blemish* **integrious** out of the
flock, with thy *estimation* **appraisal,**
for *a trespass offering* **his guilt,** unto the priest:
and the priest
shall *make an atonement* **kapar/atone** for him
concerning his *ignorance* **inadvertent error**
wherein he erred **inadvertently** and *wist*
knew it not, and it shall be forgiven him.
19 It is *a trespass offering* **for his guilt:**
in having guilted,
he hath *certainly trespassed* **guilted**
against *the LORD* **Yah Veh.**

6 And *the LORD spake* **Yah Veh worded**
unto *Moses* **Mosheh,** saying,
2 Ifasoulsin,and*commt***riteason***atrespas***treason**
against *the LORD* **Yah Veh,**
and *lie unto* **deceive** his *neighbour* **friend**
in that which
was delivered him to keep **he was to oversee,**
or in *fellowship* **placing the hand,**
or *in a thing taken away by violence* **by stripping,**
or hath *deceived* **extorted** his *neighbour* **friend;**
3 Orhavefoundthatwhichwaslost,
and *lieth* **deceiveth** concerning it,
and *sweareth* **oatheth** falsely;
in *any* **one** of all these that a *man doeth*
human worketh, sinning therein:
4 Then it shall be,

because he hath sinned, and *is guilty*
hath guilted, that he shall restore
that which he took violently away
the stripping he stripped,
or the *thing which he hath deceitfully gotten*
extortion he extorted, or that which
was delivered him to keep **he was overseeing**,
or the lost *thing* which he found,
5 Or all that about which he hath *sworn* **oathed** falsely;
he shall *even restore* **shalam** it *in* **to** the *principal*
top, and shall add the fifth *part* more thereto,
and give it unto him to whom it appertaineth,
in the day of his *trespass offering* **guilt**.
6 And he shall bring *his trespass offering* **for his guilt**
unto *the LORD* **Yah Veh**,
a ram *without blemish* **integrious** out of the
flock, with thy *estimation* **appraisal**,
for *a trespass offering* **his guilt**, unto the priest:
7 And the priest shall
make an atonement **kapar/atone** for
him *before the LORD* **at the face of Yah
Veh**: and it shall be forgiven him
for *any thing* **one** of all that he hath *done* **worked**
in trespassing therein **wherein he hath guilted.**

TORAH OF THE HOLOCAUST

8 And *the LORD spake* **Yah Veh worded**
unto *Moses* **Mosheh**, saying,
9 *Command Aaron* **Misvah Aharon** and
his sons, saying, This is the *law* **torah**
of the *burnt offering* **holocaust**:
It is the *burnt offering* **holocaust**,
because of the burning upon the **sacrifice**
altar all night unto the morning,
and the fire of the **sacrifice** altar shall
be burning *in it* **thereon.**
10 And the priest shall *put on* **enrobe**
his linen *garment* **tailoring**,
and his linen breeches shall he *put* **enrobe** upon
his flesh, and *take up* **lift** the **fat** ashes
which the fire hath consumed
with the *burnt offering* **holocaust** on the **sacrifice**
altar, and he shall put them beside the **sacrifice** altar.
11 And he shall *put off* **strip** his *garments* **clothes**,
and *put on* **enrobe** other *garments* **clothes**,
and carry forth the **fat** ashes without the camp
unto a *clean* **pure** place.
12 And the fire upon the **sacrifice**
altar shall be burning in it;
it shall not be put out:
and the priest shall *burn wood* **kindle timber** on it
every morning **by morning**,
and *lay* **arrange** the *burnt offering*
in order **holocaust** upon it;
and he shall *burn* **incense** thereon the fat
of the *peace offerings* **shelamim.**
13 The fire shall *ever* **continually** be
burning upon the **sacrifice** altar;
it shall never go out.

TORAH OF THE OFFERING

14 And this is the *law* **torah** of the *meat* offering:
the sons of *Aaron* **Aharon** shall *offer* **oblate**
it *before the LORD* **at the face of Yah Veh,**
before the **at the face of the sacrifice** altar.
15 And he shall *take* **lift** of it his handful,
of the flour of the *meat* offering, and of
the oil thereof, and all the frankincense
which is upon the *meat* offering,
and shall *burn* **incense** it upon the **sacrifice** altar
for a *sweet savour* **scent of rest,**
even the memorial of it, unto *the LORD* **Yah Veh.**
16 And *the remainder* **that which remaineth**
thereof shall *Aaron* **Aharon** and his sons eat:
with *unleavened bread* **matsah** shall it
be eaten in the *holy place* **holies;**
in the court of the *tabernacle* **tent** of the
congregation they shall eat it.
17 It shall not be baken with *leaven* **fermentation.**
I have given it unto them for their *portion* **allotment**
of my *offerings made by fire* **firings;**
it is *most holy* **a holy of holies**
as *is the sin offering* **that for the sin,**
and as *the trespass offering* **that for the guilt.**
18 All the males
among the *children* **sons** of *Aaron* **Aharon** shall eat of it.
It shall be *a* **an eternal** statute *for ever* in
your generations concerning the
offerings of the LORD made by fire **firings unto Yah Veh**
every one that toucheth them shall be *holy* **hallowed.**

TORAH OF THE PRIESTAL QORBAN

19 And *the LORD spake* **Yah Veh worded**
unto *Moses* **Mosheh**, saying,
20 This is the *offering* **qorban**
of *Aaron* **Aharon** and of his sons,
which they shall *offer* **oblate** unto *the LORD* **Yah Veh**
in the day when he is anointed;
the tenth *part* of an ephah of *fine* flour for
a *meat* **continual** offering *perpetual*,
half of it in the morning,

and half thereof *at night* **in the evening.**
21 *In a pan* **On a griddle** it shall be
made **worked** with oil;
and when it is baken **deep fried,** thou shalt bring
it in: and the *baken pieces* **cakes morsels** of the
meat offering shalt thou *offer* **oblate** for a *sweet*
savour **scent of rest** unto *the LORD* **Yah Veh.**
22 And the priest of his sons that is anointed
in his stead shall *offer* **work** it:
it is *a* **an eternal** statute *for ever*
unto *the LORD* **Yah Veh;**
it shall be *wholly burnt* **totally incensed.**
23 For every *meat* offering for the priest
shall be *wholly* **totally** burnt:
it shall not be eaten.
24 And *the LORD spake* **Yah Veh worded**
unto *Moses* **Mosheh,** saying,

TORAH FOR THE SIN

25 *Speak* **Word** unto *Aaron* **Aharon** and
to his sons, saying, This is the *law of*
the sin offering **torah for the sin:**
In the place
where the *burnt offering* **holocaust** is *killed* **slaughtered**
shall *the sin offering* **that for the sin** be *killed*
slaughtered *before the LORD* **at the face of Yah Veh:**
it is *most holy* **a holy of holies.**
26 The priest *that offereth it for sin* **of that for the sin**
shall eat it:
in the *holy place* **holies** shall it be eaten,
in the court of the *tabernacle* **tent** of the congregation.
27 Whatsoever shall touch the flesh
thereof shall be *holy* **hallowed:**
and when there is sprinkled of the blood
thereof upon any *garment* **clothes,**
thou shalt *wash* **launder** that whereon it
was sprinkled in the *holy place* **holies.**
28 But the *earthen vessel* **pottery instrument**
wherein it is *sodden* **stewed** shall be broken:
and if it be *sodden* **stewed**
in a *brasen pot* **copper instrument,**
it shall be both scoured, and *rinsed* **overflowed** in water.
29 Althemalesamongthepirestshaleathereof:
it is *most holy* **a holy of holies.**
30 And *no sin offering* **naught for the**
sin, whereof *any of* the blood
is brought into the *tabernacle* **tent** of the congregation
to *reconcile withal* **atone** in the *holy place* **holies,**
shall be eaten: it shall be burnt in the fire.

TORAH FOR THE GUILT

7 Likewise this is the *law* **torah**
of the trespass offering **for the guilt:**
it is *most holy* **a holy of holies.**
2 In the place where they *kill* **slaughter**
the *burnt offering* **holocaust**
shall they *kill the trespass offering*
slaughter for the guilt:
and the blood thereof
shall he sprinkle round about upon the **sacrifice** altar.
3 Andheshaol*fer***oblate**ofitalthefathereof;
the rump, and the fat that covereth the inwards,
4 And the two *kidneys* **reins,**
and the fat that is on them, which is by the
flanks, and the caul that is above the liver,
with the *kidneys* **reins,**
it shall he *take away* **twist off:**
5 And the priest shall *burn* **incense**
them upon the **sacrifice** altar
for *an offering made by fire* **a firing**
unto *the LORD* **Yah Veh:**
it is *a trespass offering* **for the guilt.**
6 Everymaleamongthepriestshaleathereof:
it shall be eaten in the *holy place* **holies:**
it is *most holy* **a holy of holies.**
7 As *the sin offering is* **that for the sin,**
so is *the trespass offering* **that for the guilt:**
there is one *law* **torah** for them:
the priest
that *maketh atonement* **shall kapar/**
atone therewith shall have it.
8 And the priest that *offereth* **oblateth**
any man's *burnt offering* **holocaust,**
even the priest shall have to himself the skin of the
burnt offering **holocaust** which he hath *offered* **oblated.**
9 And all the *meat* offering that is baken in the oven,
and all that is *dressed* **worked** in the *frying pan*
cauldron, and *in the pan* **on the griddle,**
shall be the priest's that *offereth* **oblateth** it.
10 And every *meat* offering, mingled
with oil, and *dry* **parched,**
shall all the sons of *Aaron* **Aharon** have,
one as much as another **as man, as brother.**

TORAH OF THE SHELAMIM

11 And this is the *law* **torah**
of the sacrifice of *peace offerings* **shelamim,** which
he shall *offer* **oblate** unto *the LORD* **Yah Veh.**
12 If he *offer* **oblate** it

for *a thanksgiving* **an spread hands**
praise, then he shall *offer* **oblate**
with the sacrifice of *thanksgiving* **spread hands praise**
unleavened **matsah** cakes *mingled* **mixed** with oil,
and *unleavened* **matsah** wafers anointed with oil,
and cakes *mingled* **mixed** with oil,
of *fine* flour, **deep** fried.
13 Besides the cakes,
he shall *offer* **oblate** for his *offering* **qorban**
leavened **fermentation** bread
with the sacrifice of *thanksgiving* **spread hands praise**
of his *peace offerings* **shelamim**.
14 And of it he shall *offer* **oblate**
one out of the whole *oblation* **qorban**
for an *heave offering* **exaltment** unto *the LORD* **Yah**
Veh, and it shall be the priest's that sprinkleth the blood
of the *peace offerings* **shelamim**.
15 And the flesh of the sacrifice
of his *peace offerings* **shelamim**
for *thanksgiving* **an spread hands praise**
shall be eaten the same day *that it is offered* **of qorban**;
he shall not leave any of it until the morning.
16 But if the sacrifice of his *offering* **qorban** be a vow,
or a voluntary *offering*,
it shall be eaten the same day
that he *offereth* **oblateth** his sacrifice:
and on the morrow
also *the remainder of it* **that which remaineth**
shall be eaten:
17 But *the remainder* **that which remaineth**
of the flesh of the sacrifice
on the third day shall be burnt with fire.
18 And if *any of* the flesh
of the sacrifice of his *peace offerings* **shelamim,**
in eating, be eaten *at all* on the third day,
it shall not *be accepted* **please**,
neither shall it be *imputed* **fabricated**
unto him that *offereth* **oblateth** it:
it shall be *an abomination* **a stench**,
and the soul that eateth of it
shall bear his *iniquity* **perversity**.
19 Andthelfeshthatouchethany*uncleanthing***foulness**
shall not be eaten; it shall be burnt with fire:
and as for the flesh,
all that be *clean* **pure** shall eat thereof.
20 But the soul that eateth of the flesh
of the sacrifice of *peace offerings* **shelamim**,
that pertain unto *the LORD* **Yah Veh**, having
his *uncleanness* **foulness** upon him, even that
soul shall be cut off from his people.
21 Moreover the soul
that shall touch any *unclean thing* **foulness**,
as *the uncleanness of man* **human foulness**,
or *any unclean beast* **animal foulness**,
or any abominable *unclean thing* **foulness**,
and eat of the flesh
of the sacrifice of *peace offerings* **shelamim**,
which pertain unto *the LORD* **Yah Veh**, even
that soul shall be cut off from his people.

FORBIDDEN FOODS

22 And *the LORD spake* **Yah Veh worded**
unto *Moses* **Mosheh**, saying,
23 *Speak* **Word** unto the *children* **sons** of *Israel*
Yisra El, saying, Ye shall eat no *manner of* fat,
of ox, or of *sheep* **lambs**, or of goat.
24 Andthefatofthe*beasthatdiethofitseclf***arcase**,
and the fat of that which is torn *with beasts*,
may be *used* **worked** in any other *use* **work**:
but **in eating,** ye shall *in no wise* **not** eat of it.
25 For whosoever eateth the fat of the *beast* **animal**,
of which men offer an offering made by fire
oblated as a firing unto *the LORD* **Yah Veh**,
even the soul that eateth it shall be
cut off from his people.
26 Moreover ye shall eat no *manner of* blood,
whether it be of *fowl* **flyer** or of *beast* **animal**,
in any of your *dwellings* **settlements**.
27 Whatsoever soul it be
that eateth *any manner of* **whole** blood,
even that soul shall be cut off from his people.

PRIESTAL PORTIONS

28 And *the LORD spake* **Yah Veh worded**
unto *Moses* **Mosheh**, saying,
29 *Speak* **Word** unto the *children* **sons** of *Israel*
Yisra El, saying, He that *offereth* **oblateth**
the sacrifice of his *peace offerings* **shelamim**
unto *the LORD* **Yah Veh**
shall bring his *oblation* **qorban** unto *the LORD* **Yah Veh**
of the sacrifice of his *peace offerings* **shelamim**.
30 His own hands shall bring
the *offerings of the LORD made by fire*
firings unto Yah Veh,
the fat with the breast, it shall he bring,
that the breast may be waved for a wave *offering*
before the LORD **at the face of Yah Veh**.
31 And the priest
shall *burn* **incense** the fat upon the **sacrifice** altar:
but the breast shall be *Aaron's* **Aharon's** and his sons'.

32 And the right *shoulder* **hindleg**
shall ye give unto the priest
for an *heave offering* **exaltment**
of the sacrifices of your *peace offerings* **shelamim.**
33 He among the sons of *Aaron* **Aharon,**
that *offereth* **oblateth** the blood of the *peace*
offerings **shelamim,** and the fat,
shall have the right *shoulder* **hindleg** for his part.
34 For the wave breast
and the *heave shoulder* **hindleg of the exaltment**
have I taken of the *children* **sons** of *Israel* **Yisra El**
from off the sacrifices of their *peace offerings*
shelamim, and have given them
unto *Aaron* **Aharon** the priest and unto his
sons by *a* **an eternal** statute *for ever*
from among the *children* **sons** of *Israel* **Yisra El.**
35 This is *the portion* of the anoinitng of *Aaron* **Aharon,**
and of the anointing of his sons,
out of the *offerings of the LORD made by fire*
firings unto Yah Veh,
in the day when he *presented* **oblated** them to
minister unto the LORD in the priest's office
priest the priesthood unto Yah Veh;
36 Which *the LORD commanded* **Yah Veh misvahed**
to be given them of the *children* **sons** of *Israel* **Yisra El,**
in the day that he anointed them, by *a* **an eternal**
statute *for ever* throughout their generations.
37 This is the *law* **torah** of the *burnt offering* **holocaust,**
of the *meat* offering,
and *of the sin offering* **that for the sin,**
and *of the trespass offering* **that for the guilt,**
and of the *consecrations* **fulfillments,**
and of the sacrifice of the *peace offerings* **shelamim;**
38 Which *the LORD* **Yah Veh**
commanded Moses **misvahed Mosheh**
in mount *Sinai* **Sinay,**
in the day that he *commanded* **misvahed**
the *children* **sons** of *Israel* **Yisra El**
to *offer* **oblate** their *oblations* **qorbans**
unto *the LORD* **Yah Veh,**
in the wilderness of *Sinai* **Sinay.**

Priests Are Hallowed

8 And *the LORD spake* **Yah Veh worded**
unto *Moses* **Mosheh,** saying,
2 Take *Aaron* **Aharon** and his sons with him, and
the *garments* **clothes,** and the anointing oil,
and a bullock for the sin *offering,* and two rams,
and a basket of *unleavened bread* **matsah;**
3 And *gather* **congregate** thou
all the *congregation* **witness** *together*
unto the *door* **opening**
of the *tabernacle* **tent** of the congregation.
4 And *Moses did* **Mosheh worked**
as *the LORD commanded* **Yah Veh misvahed** him;
and the *assembly* **witness**
was gathered together **congregated**
unto the *door* **opening**
of the *tabernacle* **tent** of the congregation.
5 And *Moses* **Mosheh** said unto the *congregation*
witness, This is the *thing* **word**
which *the LORD commanded* **Yah Veh misvahed**
to be *done* **worked.**

Mosheh Baptizes The Priests

6 And *Moses* **Mosheh**
brought Aaron **oblated Aharon** and his sons,
and *washed* **baptized** them with water.
7 And he *put* **gave** upon him the coat,
and girded him with the girdle,
and *clothed* **enrobed** him with the *robe* **mantle,**
and *put* **gave** the ephod upon him, and he girded him
with the *curious* **fabricated** girdle of the ephod,
and bound it unto him therewith.
8 And he put the breastplate upon him:
also he *put* **gave** in the breastplate
the Urim and the Thummim.
9 And he put the *mitre* **tiara** upon his head;
also upon the *mitre* **tiara,** *even* upon his forefront,
did he put the golden *plate* **blossom,**
the holy *crown* **separatism;**
as *the LORD* **Yah Veh**
commanded Moses **misvahed Mosheh.**
10 And *Moses* **Mosheh** took the anointing oil,
and anointed the tabernacle and all that was
therein, and *sanctified* **hallowed** them.
11 And he sprinkled thereof upon the
sacrifice altar seven times,
and anointed the **sacrifice** altar and
all his *vessels* **instruments,**
both the laver and his *foot* **base,** to *sanctify* **hallow** them.
12 And he poured of the anointing oil
upon *Aaron's* **Aharon's** head,
and anointed him, to *sanctify* **hallow** him.
13 And *Moses* **Mosheh**
brought Aaron's **oblated Aharon's** sons,
and *put* **enrobed** coats upon them,
and girded them with girdles,
and *put bonnets* **bound turbans** upon them;
as *the LORD* **Yah Veh**

commanded Moses **misvahed Mosheh.**
14 And he brought the bullock for the sin *offering*:
and *Aaron* **Aharon** and his sons *laid* **propped** their
hands upon the head of the bullock for the sin *offering*.
15 And he *slew* **slaughtered** it;
and *Moses* **Mosheh** took the blood,
and *put* **gave** it upon the horns of the **sacrifice**
altar round about with his finger,
and *purified* **for the sin on** the **sacrifice**
altar, and poured the blood
at the *bottom* **foundation** of the **sacrifice**
altar, and *sanctified* **hallowed** it,
to *make reconciliation* **atone** upon it.
16 And he took all the fat that was upon the
inwards, and the caul above the liver,
and the two *kidneys* **reins**, and their fat, and *Moses*
burned **Mosheh incensed** it upon the **sacrifice** altar.
17 But the bullock,
and his *hide* **skin**, his flesh, and his dung,
he burnt with fire without the camp;
as *the LORD* **Yah Veh**
commanded Moses **misvahed Mosheh.**
18 And he *brought* **oblated** the ram for the *burnt*
offering **holocaust**: and *Aaron* **Aharon** and his sons
laid **propped** their hands upon the head of the ram.
19 And he *killed* **slaughtered** it;
and *Moses* **Mosheh** sprinkled the blood
upon the **sacrifice** altar round about.
20 And he
cut the ram into pieces **dismembered**
the ram's members;
and *Moses burnt* **Mosheh incensed** the head,
and the *pieces* **members**, and the fat.
21 And he *washed* **baptized** the inwards
and the legs in water;
and *Moses burnt* **Mosheh incensed** the whole ram
upon the **sacrifice** altar:
it was a *burnt sacrifice* **holocaust**
for a *sweet savour* **scent of rest**, and *an offering*
made by fire **a firing** unto *the LORD* **Yah Veh**;
as *the LORD* **Yah Veh**
commanded Moses **misvahed Mosheh.**
22 And he *brought* **oblated** the *other* **second**
ram, the ram of *consecration* **fulfillments**:
and *Aaron* **Aharon** and his sons
laid **propped** their hands upon the head of the ram.
23 And he *slew* **slaughtered** it;
and *Moses* **Mosheh** took of the blood of it,
and *put* **gave** it upon the tip of *Aaron's* **Aharon's** right
ear, and upon the *thumb* **great digit** of his right hand,
and upon the great *toe* **digit** of his right foot.
24 And he *brought Aaron's* **oblated Aharon's** sons,
and *Moses put* **Mosheh gave** of the blood
upon the tip of their right ear,
and upon the *thumbs* **great digits** of their right hands,
and upon the great *toes* **digits** of their right feet:
and *Moses* **Mosheh** sprinkled the blood
upon the **sacrifice** altar round about.
25 And he took the fat, and the rump, and
all the fat that was upon the inwards,
and the caul above the liver,
and the two *kidneys* **reins**, and their fat,
and the right *shoulder* **hindleg**:
26 And out of the basket of *unleavened bread* **matsah**,
that was before the LORD **at the face of Yah**
Veh, he took one *unleavened* **matsah** cake,
and *a* **one** cake of oiled bread, and one
wafer, and put them on the fat,
and upon the right *shoulder* **hindleg**:
27 And he *put* **gave** all
upon *Aaron's hands* **Aharon's palms**,
and upon his sons' *hands* **palms**,
and waved them for a wave *offering before*
the LORD **at the face of Yah Veh.**
28 And *Moses* **Mosheh**
took them from off their *hands* **palms**, and
burnt them on the **sacrifice** altar upon the *burnt*
offering **holocaust**: they were *consecrations*
fulfillments for a *sweet savour* **scent of rest**:
it is *an offering made by fire* **a firing**
unto *the LORD* **Yah Veh.**
29 And *Moses* **Mosheh** took the breast,
and waved it for a wave *offering*
before the LORD **at the face of Yah Veh**:
for of the ram of *consecration* **fulfillments**
it was *Moses'* **Mosheh's** part;
as *the LORD* **Yah Veh**
commanded Moses **misvahed Mosheh.**
30 And *Moses* **Mosheh** took of the anointing oil,
and of the blood which was upon the **sacrifice**
altar, and sprinkled it upon *Aaron* **Aharon**,
and upon his *garments* **clothes**, and upon his sons,
and upon his sons' *garments* **clothes** with him;
and *sanctified Aaron* **hallowed Aharon**,
and his *garments* **clothes**,
and his sons, and his sons' *garments* **clothes** with him.
31 And *Moses* **Mosheh**
said unto *Aaron* **Aharon** and to his sons,
Boil **Stew** the flesh at the *door* **opening** of the *tabernacle*
tent of the congregation: and there eat it with the bread

that is in the basket of *consecrations* **fulfillments,**
as I *commanded* **misvahed**, saying,
Aaron **Aharon** and his sons shall eat it.
32 Andthatwhichremainethofthelfeshandofthebread
shall ye burn with fire.
33 And ye shall not go out of the *door* **opening**
of the *tabernacle* **tent** of the congregation in seven
days, until the days of your *consecration* **fulfillments**
be *at an end* **fulfilled**:
for seven days shall he *consecrate you* **fill your hand.**
34 As he hath *done* **worked** this day,
so *the LORD* **Yah Veh** hath *commanded* **misvahed**
to *do* **work**,
to *make an atonement* **kapar/atone** for you.
35 Therefore shall ye *abide* **sit** at the *door*
opening of the *tabernacle* **tent** of the
congregation day and night seven days,
and *keep* **guard** the *charge* **guard** of *the LORD* **Yah Veh**,
that ye die not: for so I am *commanded* **misvahed.**
36 So *Aaron* **Aharon** and his sons
did **worked** all *things* **the words**
which *the LORD commanded* **Yah Veh misvahed**
by the hand of *Moses* **Mosheh.**

PRIESTING THE PRIESTHOOD: SIN AND HOLOCAUST QORBANS

9 And **so be** it *came to pass* on the eighth day,
that *Moses* **Mosheh** called *Aaron* **Aharon** and
his sons, and the elders of *Israel* **Yisra El**;
2 And he said unto *Aaron* **Aharon**,
Take thee a *young calf* **son of the oxen**
for *a sin offering* **the sin,**
and a ram for a *burnt offering* **holocaust,**
without blemish **integrious**, and *offer* **oblate** them
before the LORD **at the face of Yah Veh.**
3 Anduntothe*children***sons**of*IsraeYl* **israEl**
thou shalt *speak* **word**, saying,
Take ye a *kid* **buck** of the goats for *a sin
offering* **the sin**; and a calf and a lamb, *both of
the first year* **yearling sons**, *without blemish*
integrious, for a *burnt offering* **holocaust;**
4 Also *a bullock* **an ox** and a ram for
peace offerings **shelamim,**
to sacrifice *before the LORD* **at the face of Yah Veh;**
and *a meat* **an** offering mingled with oil:
for to day
the LORD will appear unto **Yah
Veh shall be seen by** you.
5 And they *brought* **took** that
which *Moses commanded* **Mosheh misvahed**
before **at the face of**
the *tabernacle* **tent** of the congregation:
and all the *congregation drew near* **witness approached**
and stood *before the LORD* **at the face of Yah Veh.**
6 And *Moses* **Mosheh** said, This is the *thing* **word**
which *the LORD commanded* **Yah Veh misvahed**
that ye should *do* **work:**
and the *glory* **honour** of *the LORD* **Yah Veh**
shall *appear unto* **be seen by** you.
7 And *Moses* **Mosheh** said unto *Aaron*
Aharon, Go unto the **sacrifice** altar,
and *offer thy sin offering* **work for thy sin,**
and thy *burnt offering* **holocaust,**
and *make an atonement* **kapar/atone**
for thyself, and for the people:
and *offer* **work** the *offering* **qorban** of the people,
and *make an atonement* **kapar/atone** for them;
as *the LORD commanded* **Yah Veh misvahed.**
8 *Aaron* **Aharon** *therefore*
went unto **oblated at** the **sacrifice**
altar, and *slew* **slaughtered**
the calf of the sin offering **that for the
sin,** which was for himself.
9 And the sons of *Aaron* **Aharon** *brought*
oblated the blood unto him: and he
dipped his finger in the blood,
and *put* **gave** it upon the horns of the **sacrifice** altar,
and poured out the blood
at the *bottom* **foundation** of the **sacrifice** altar:
10 But the fat, and the *kidneys* **reins**, and
the caul *above* **from** the liver
of the sin offering **for the sin,**
he *burnt* **incensed** upon the **sacrifice** altar;
as *the LORD* **Yah Veh**
commanded Moses **misvahed Mosheh.**
11 Andthefleshandthe*hide***skin**
he burnt with fire without the camp.
12 And he *slew* **slaughtered** the *burnt offering*
holoca ust ; and *Aaron's* **Aharon's** sons presented
unto him the blood, which he sprinkled
round about upon the **sacrifice** altar.
13 And they presented the *burnt
offering* **holocaust** unto him,
with the *pieces* **members** thereof and the head:
and he *burnt* **incensed** them upon the **sacrifice** altar.
14 Andhe*didwash***baptized**theinwardsandthelegs,
and *burnt* **incensed** them
upon the *burnt offering* **holocaust** on the **sacrifice** altar.
15 Andhe*broughot***blated**thepeople's*ofenrig***qorban,**

and took the *goat* **buck**,
which was *the sin offering for* **for the sin**
of the people, and *slew it, and offered it*
for sin **slaughtered that for the sin**,
as the first.
16 And he *brought* **oblated** the *burnt offering* **holocaust**,
and *offered* **worked** it according to the *manner* **decree**.
17 And he *brought* **oblated** the *meat* offering, and
took an handful thereof **filled his palm**, and
burnt **incensed** it upon the **sacrifice** altar,
beside **apart from**
the *burnt sacrifice* **holocaust** of the morning.
18 He *slew* **slaughtered** also the *bullock* **ox** and
the ram for a sacrifice of *peace offerings*
shelamim, which was for the people:
and *Aaron's* **Aharon's** sons presented unto
him the blood, which he sprinkled upon
the **sacrifice** altar round about,
19 And the fat of the *bullock* **ox** and of the ram,
the rump, and that which covereth *the inwards* ,
and the *kidneys* **reins**, and the caul above the liver:
20 And they put the fat upon the breasts,
and he *burnt* **incensed** the fat upon the **sacrifice** altar:
21 And the breasts and the right *shoulder* **hindleg**
Aaron **Aharon** waved for a wave *offering*
before the LORD **at the face of Yah Veh**;
as *Moses commanded* **Mosheh misvahed**.
22 And *Aaron* **Aharon**
lifted up his hand toward the people, and
blessed them, and *came down* **descended**
from *offering of the sin offering* **working that for**
the sin, and the *burnt offering* **holocaust**,
and *peace offerings* **shelamim**.
23 And *Moses* **Mosheh** and *Aaron* **Aharon**
went into the *tabernacle* **tent** of the congregation,
and came out, and blessed the people: and
the *glory* **honour** of *the LORD* **Yah Veh**
appeared unto **was seen by** all the people.
24 And there came a fire out
from *before the LORD* **the face of Yah Veh**,
and consumed upon the **sacrifice** altar the
burnt offering **holocaust** and the fat:
which when all the people saw, they
shouted, and fell on their faces.

SIN AND DEATH OF THE SONS OF AHARON

10 And Nadab and *Abihu* **Abi Hu**,
the sons of *Aaron* **Aharon**,
took *either of them* **each man** his *censer* **tray**,
and *put* **gave** fire therein, and put incense
thereon, and *offered* **oblated** strange fire
before the LORD **at the face of Yah Veh**, which
he *commanded* **misvahed** them not.
2 And there went out fire
from *the LORD* **the face of Yah Veh**,
and devoured them,
and they died *before the LORD* **at the face of Yah Veh**.
3 Then *Moses* **Mosheh** said unto *Aaron* **Aharon**,
This is it that *the LORD spake* **Yah Veh worded**,
saying, I *will* **shall** be *sanctified* **hallowed** in them
that come nigh me,
and *before* **at the face of** all the people
I *will* **shall** be *glorified* **honoured**.
And *Aaron held his peace* **Aharon hushed**.
4 And *Moses* **Mosheh**
called *Mishael* **Misha El** and *Elzapha* **El Saphan**,
the sons of *Uzziel* **Uzzi El** the uncle of *Aaron*
Aharon, and said unto them, Come near,
carry **bear** your brethren
from *before* **the face of** the *sanctuary* **holies**
out of **without** the camp.
5 So they *went near* **approached**, and
carried **bore** them in their coats
out of **without** the camp;
as *Moses* **Mosheh** had *said* **worded**.
6 And *Moses* **Mosheh** said unto *Aaron* **Aharon**,
and unto *Eleazar* **El Azar** and unto
Ithamar **Iy Thamar**, his sons,
Uncover **Expose** not your heads,
neither *rend* **tear** your clothes;
lest ye die, and lest *wrath* **he be enraged** *come upon all*
the people **with the witness**: but let your brethren,
the whole house of *Israel* **Yisra El**,
bewail **weep over** the burning
which *the LORD* **Yah Veh** hath *kindled* **burned**.
7 And *ye* shall not go out from the *door* **opening**
of the *tabernacle* **tent** of the congregation, lest ye die:
for the anointing oil of *the LORD* **Yah Veh** is upon you.
And they *did* **worked**
according to the word of *Moses* **Mosheh**.
8 And *the LORD spake* **Yah Veh worded**
unto *Aaron* **Aharon**, saying,
9 Do not drink wine nor *strong drink*
intoxicants, thou, nor thy sons with thee,
when ye go into the *tabernacle* **tent** of
the congregation, lest ye die:
it shall be *a* **an eternal** statute *for ever*
throughout your generations:
10 And that ye may *put difference* **separate**
between holy and *unholy* **between profane**,
and between *unclean* **foul** and *clean* **between pure**;

11 Andthatyemay*teach***pointout**
to the *children* **sons** of *Israel* **Yisra El**
all the statutes
which *the LORD* **Yah Veh** hath *spoken* **worded**
unto them by the hand of *Moses* **Mosheh**.
12 And *Moses spake* **Mosheh worded** unto
Aaron **Aharon**, and unto *Eleazar* **El Azar** and unto *Ithamar* **Iy Thamar**,
his sons that *were left* **remained**,
Take the *meat* offering that remaineth
of the *offerings of the LORD made by fire*
firings unto Yah Veh,
and eat *it without leaven* **with matsah**
beside the **sacrifice** altar:
for it is *most holy* **a holy of holies**:
13 And ye shall eat it in the *holy place* **holies**, because
it is thy *due* **statute**, and thy sons' *due* **statute**,
of the *sacrifices of the LORD made by fire*
firings unto Yah Veh:
for so I am *commanded* **misvahed**.
14 And the wave breast
and *heave shoulder* **exaltment hindleg**
shall ye eat in a *clean* **pure** place;
thou, and thy sons, and thy daughters with thee:
for they be thy *due* **statute**, and thy sons' *due*
statute, which are given out of the sacrifices
of *peace offerings* **shelamim**
of the *children* **sons** of *Israel* **Yisra El**.
15 The *heave shoulder* **exaltment hindleg**
and the wave breast shall they bring
with the *offerings made by fire* **firings** of
the fat, to wave it for a wave *offering*
before the LORD **at the face of Yah Veh**;
and it shall be thine, and thy sons' with
thee, by *a* **an eternal** statute *for ever*;
as *the LORD* **Yah Veh** hath *commanded* **misvahed**.
16 **And in seeking,**
Moses diligently **Mosheh** sought the goat
of *the sin offering* **that for the sin**,
and, behold, it was burnt:
and he was *angry* **enraged**
with *Eleazar* **El Azar** and *Ithamar* **Iy Thamar**,
the sons of *Aaron* **Aharon** which *were*
left alive **remained**, saying,
17 Wherefore have ye not eaten
the sin offering **that for the sin** in the *holy place*
holies, seeing it is *most holy* **a holy of holies**,
and *God* **he** hath given it you to bear
the *iniquity* **perversity** of the *congregation*
witness, to *make atonement* **kapar/atone** for
them *before the LORD* **at the face of Yah Veh**?
18 Behold,thebloodofitwasnotbroughtin
within the *holy place* **holies**:
in eating, ye should *indeed* have eaten it
in the *holy place* **holies**, as I *commanded* **misvahed**.
19 And *Aaron said* **Aharon worded**
unto *Moses* **Mosheh**, Behold,
this day have they *offered* **oblated for** their sin *offering*
and their *burnt offering* **holocaust**
before the LORD **at the face of Yah Veh**;
and such *things* have *befallen* **confronted** me:
and if I had eaten *the sin offering* **that for the sin** to
day, should it have *been accepted* **well—pleased**
in the *sight* **eyes** of *the LORD* **Yah Veh**?
20 Andwhen*Moses***Mosheh**heardthat,
he was *content* **well—pleased in his eyes**.

FOODS: BIDDEN AND FORBIDDEN

11 And *the LORD spake* **Yah Veh worded**
unto *Moses* **Mosheh** and to *Aaron* **Aharon**,
saying unto them,
2 *Speak* **Word** unto the *children* **sons** of
Israel **Yisra El**, saying, These are the
beasts **live beings** which ye shall eat
among all the *beasts* **animals** that are on the earth.
3 Whatsoever *parteth* **splitteth** the hoof,
and *is clovenfooted* **cleaveth the cleft of the hoof**, and *cheweth* **regurgitateth** the cud,
among the *beasts* **animals**, that shall ye eat.
4 *Nevertheless* **Only** these shall ye not eat:
of them that *chew* **regurgitate** the cud, or
of them that *divide* **split** the hoof:
as the camel,
because he *cheweth* **regurgitateth** the cud,
but *divideth* **splitteth** not the hoof;
he is *unclean* **fouled** unto you.
5 And the coney,
because he *cheweth* **regurgitateth** the cud,
but *divideth* **splitteth** not the hoof;
he is *unclean* **fouled** unto you.
6 And the hare,
because he *cheweth* **regurgitateth** the cud,
but *divideth* **splitteth** not the hoof;
he is *unclean* **fouled** unto you.
7 And the *swine* **hog**, though he *divide* **split** the hoof,
and *be clovenfooted* **cleaveth the cleft of the hoof**,
yet he *cheweth* **regurgitateth** not the cud;
he is *unclean* **fouled** to you.
8 Of their flesh shall ye not eat,
and their carcase shall ye not touch;
they are *unclean* **fouled** to you.

9 Theseshalyeeatofalthatareinthewaters:
whatsoever hath fins and scales in the waters,
in the seas, and in the *rivers* **wadies**, them shall ye eat.
10 And all that have not fins and scales in
the seas, and in the *rivers* **wadies**,
of all that *move* **teem** in the waters,
and of any living *thing* **soul** which is in the waters,
they shall be an abomination unto you:
11 Theyshalbevenanabominaitonuntoyou;
ye shall not eat of their flesh, but ye shall
have **abominate** their carcases *in abomination.*
12 Whatsoeverhathnoifnsnorscalesinthewaters,
that shall be an abomination unto you.
13 And these are they
which ye shall *have in abomination* **abominate**
among **of** the *fowls* **flyers**;
they shall not be eaten, they are an abomination:
the eagle, and the ossifrage, and the ospray,
14 And the *vulture* **kite**,
and the *kite after his kind* **hawk in species**;
15 Every raven *after his kind* **in species**;
16 Andthe**daughterofthe**owl,andthenighthawk,
and the cuckow, and the hawk *after his kind* **in species**,
17 And the little owl,
and the cormorant, and the great owl,
18 And the swan, and the pelican, and the gier eagle,
19 And the stork, the heron *after her kind* **in species**, and the *lapwing* **hoopoe**, and the bat.
20 A*folwls***teemers**thac*treep***fly**,goinguponalfour,
shall be an abomination unto you.
21 Yet these may ye eat
of every flying *creeping thing* **teemer**
that goeth upon all four, which have legs above
their feet, to leap withal upon the earth;
22 Even these of them ye may eat;
the locust *after his kind* **in species**,
and the bald locust *after his kind* **in species**,
and the beetle *after his kind* **in species**,
and the grasshopper *after his kind* **in species**.
23 Buta*oltherflyingcreepingthings***teemersthatfly**,
which have four feet, shall be an abomination unto you.
24 And for the seye shall be *unclean* **fouled**:
whosoever toucheth the carcase of them
shall be *unclean* **fouled** until the even.
25 And whosoever beareth *ought* of the
carcase of them shall wash his clothes,
and be *unclean* **fouled** until the even.
26 *The carcases of every beast* **Every animal**
which *divideth* **splitteth** the hoof,
and *is not clovenfooted* **cleaveth not the cleft of the hoof**, nor *cheweth* **regurgitateth** the cud,
are *unclean* **fouled** unto you:
every one that toucheth them shall be *unclean* **fouled**.
27 And whatsoever goeth upon his paws,
among all *manner of beasts* **live beings** that go on
all four, those are *unclean* **fouled** unto you:
whoso toucheth their carcase
shall be *unclean* **fouled** until the even.
28 And he that beareth the carcase of
them shall wash his clothes,
and be *unclean* **fouled** until the even:
they are *unclean* **fouled** unto you.
29 These also shall be *unclean* **fouled** unto
you among the *creeping things* **teemers**
that *creep* **teem** upon the earth;
the weasel, and the mouse,
and the tortoise *after his kind* **in species**,
30 Andthe*feres***thrieker**,andthechameleon,
and the lizard, and the snail, and the mole.
31 These are *unclean* **fouled** to you among
all *that creep* **the teemers**:
whosoever doth touch them, when they be dead,
shall be *unclean* **fouled** until the even.
32 Anduponwhatsoeveranyofthem,
when they are dead, doth fall, it shall be *unclean* **fouled**;
whether it be any *vessel* **instrument** of *wood* **timber**,
or *raiment* **clothes**, or skin, or *sack* **saq**,
whatsoever *vessel* **instrument** it be,
wherein *any* work is *done* **worked**,
it must be put **put it** into water,
and it shall be *unclean* **fouled** until the even;
so **thus** it shall be *cleansed* **purified**.
33 And every *earthen vessel* **pottery instrument**,
whereinto **into the midst** any of them
falleth, whatsoever is in *it* **its midst** shall be
unclean **fouled**; and ye shall break it.
34 Of all *meat* **food** which may be eaten,
that on which *such* water cometh
shall be *unclean* **fouled**:
and all drink that may be drunk
in every *such vessel* **instrument** shall be *unclean* **fouled**.
35 And *every thing* **all** whereupon
any part of their carcase falleth shall be *unclean* **fouled**;
whether it be oven, or ranges for pots, they shall be
broken **pulled** down: for they are *unclean* **fouled**
and shall be *unclean* **fouled** unto you.
36 Neverthelessafountainor*pit***wel**,
wherein there is plenty **a congregating**
of water, shall be *clean* **pure**:
but that which toucheth their carcas
e shall be *unclean* **fouled**.

37 And if *any part of* their carcase
fall upon any *sowing* **seeding** seed
which is to be *sown* **seeded,**
it shall be *clean* **pure.**
38 But if any water be *put* **given** upon the seed,
and *any part of* their carcase fall thereon,
it shall be *unclean* **fouled** unto you.
39 And if any *beast* **animal,**
of which ye may eat **which is for food,** die;
he that toucheth the carcase thereof shall
be *unclean* **fouled** until the even.
40 And he that eateth of the carcase
of it shall wash his clothes,
and be *unclean* **fouled** until the even:
he also that beareth the carcase of
it shall wash his clothes,
and be *unclean* **fouled** until the even.
41 And every *creeping thing* **teemer**
that *creepeth* **teemeth** upon the earth
shall be an abomination;
it shall not be eaten.
42 Whatsoever goeth upon the belly,
and whatsoever goeth upon all four,
or whatsoever *hath more* **aboundeth** feet
among all *creeping things* **teemers**
that *creep* **teem** upon the earth,
them ye shall not eat; for they are an abomination.
43 Ye shall not
make yourselves abominable **abominate your souls**
with any *creeping thing* **teemer** that *creepeth* **teemeth,**
neither shall ye make yourselves *unclean* **fouled**
with them,
that ye should be *defiled* **fouled** thereby.
44 For *I am the LORD* **I — Yah Veh** your *God* **Elohim:**
ye shall *therefore sanctify* **hallow** yourselves,
and ye shall be holy; for *I am* **I** — holy:
neither shall ye *defile yourselves* **foul your souls**
with any *manner of creeping thing* **teemer**
that creepeth upon the earth.
45 For *I am the LORD* **I — Yah Veh**
that *bringeth* **ascendeth** you *up*
out of the land of *Egypt* **Misrayim,**
to be your *God* **Elohim:**
ye shall therefore be holy, for *I am* **I** — holy:
46 This is the *law* **torah** of the *beasts*
animals, and of the *fowl* **flyers,**
and of every living *creature* **soul** that *moveth*
creepeth in the waters, and of every *creature* **soul**
that *creepeth* **teemeth** upon the earth:
47 To *make a difference* **separate** between
the *unclean* **fouled** and **between** the *clean* **pure,** and
between the *beast* **live being** that may be eaten
and **between** the *beast* **live being** that may not be eaten.

Torah On Birthing

12 And *the LORD spake* **Yah Veh worded**
unto *Moses* **Mosheh,** saying,
2 *Speak* **Word** unto the *children* **sons** of *Israel* **Yisra
El,** saying, If a woman have *conceived seed* **seeded,**
and *born* **birthed** a *man child* **male:**
then she shall be *unclean* **fouled** seven days;
according to the days of the *separation* **exclusion**
for her *infirmity* **menstruation** shall
she be *unclean* **fouled.**
3 And in the eighth day
the flesh of his foreskin shall be circumcised.
4 And she shall then *continue* **sit**
in the blood of her purifying three **days** and thirty days;
she shall **neither** touch *no hallowed thing* **the
holies,** nor *come into* **enter** the *sanctuary* **holies,**
until the days of her purifying be fulfilled.
5 But if she *bear* **birth** a *maid child* **female,**
then she shall be *unclean* **fouled** two weeks,
as in her *separation* **exclusion:**
and she shall *continue* **sit** in the blood of her purifying
threescore **sixty days** and six days.
6 And when the days of her purifying are
fulfilled, for a son, or for a daughter,
she shall bring a lamb *of the first year* **a yearling son**
for a *burnt offering* **holocaust,**
and a *young pigeon* **son of a dove,** or a turtledove,
for *a sin offering* **the sin,** unto the *door* **opening**
of the *tabernacle* **tent** of the
congregation, unto the priest:
7 Who shall *offer* **oblate** it
before the LORD **at the face of Yah Veh,**
and *make an atonement* **kapar/atone** for her;
and she shall be *cleansed* **purified**
from the *issue* **fountain** of her blood.
This is the *law* **torah** for her
that hath *born* **birthed** a male or a female.
8 And if *she be not able* **her hand be not sufficient**
to *bring* **find** a lamb,
then she shall *bring* **take** two *turtles* **turtledoves,**
or two *young pigeons* **sons of doves;**
the one for the *burnt offering* **holocaust,**
and the *other for a sin offering* **one for the sin:**
and the priest shall *make an atonement* **kapar/
atone** for her, and she shall be *clean* **purified.**

TORAH ON LEPROSY

13 And *the LORD spake* **Yah Veh worded**
unto *Moses* **Mosheh** and *Aaron* **Aharon**, saying,
2 When a *man* **human** shall have in the skin of his flesh
a rising **swelling**, a scab, or bright spot,
and it be in the skin of his flesh
like the plague of leprosy;
then he shall be brought unto *Aaron* **Aharon**
the priest, or unto one of his sons the priests:
3 And the priest shall *look on* **see** the
plague in the skin of the flesh:
and when the hair in the plague is turned
white, and the plague in *sight* **visage**
be deeper than the skin of his flesh,
it is a plague of leprosy:
and the priest shall *look on* **see** him, and
pronounce him *unclean* **fouled**.
4 If the bright spot be white in the skin of his fle sh,
and in *sight* **visage** be not deeper than the skin,
and the hair thereof be not turned white;
then the priest shall shut up him that
hath the plague seven days:
5 And the priest shall *look on* **see** him the seventh day:
and, behold, if the plague in his sight be at a
stay, and the plague spread not in the skin;
then the priest shall shut him up
a second seven days *more*:
6 And the priest shall *look on* **see** him *again*
the **second** seventh day:
and, behold, if the plague be *somewhat dark*
faded, and the plague spread not in the skin,
the priest shall pronounce him *clean* **purified**:
it is but a scab:
and he shall *wash* **launder** his clothes,
and be *clean* **purified**.
7 But if **in spreading,**
the scab spread *much abroad* in the skin, after that he
hath been seen of the priest for his *cleansing* **purifying**,
he shall be seen of the priest *again* **a second time**.
8 And if the priest see that, behold, the
scab spreadeth in the skin,
then the priest shall pronounce him *unclean* **fouled**:
it is a leprosy.
9 When the plague of leprosy is in a *man* **human**,
then he shall be brought unto the priest;
10 Andthepriestshalseehim:and,behold,
if the *rising* **swelling** be white in the skin,
and it have turned the hair white,
and there be *quick raw* **the invigoration
of living** flesh in the *rising* **swelling**;
11 It is an old leprosy in the skin of his flesh,
and the priest shall pronounce him *unclean* **fouled**,
and shall not shut him up: for he is *unclean* **fouled**.
12 And if a leprosy *break out abroad* **in
blossoming, blossometh** in the skin,
and the leprosy cover all the skin of
him that hath the plague
from his head even to his foot,
wheresoever the priest looketh
in the visage of the eyes of the priest;
13 Then the priest shall *consider* **see**: and, behold,
if the leprosy have covered all his flesh,
he shall pronounce him *clean* **purified**
that hath the plague:
it is all turned white: he is *clean* **pure**.
14 But *when raw* **in the day living** flesh
appeareth **be seen** in him, he shall be *unclean* **fouled**.
15 Andthepriestshalseethe*raw***living**lfesh,
and pronounce him to be *unclean* **fouled**:
for the *raw* **living** flesh is *unclean* **fouled**: it is a leprosy.
16 Oriftherawfleshturnagain,
and be *changed* **turned** unto white,
he shall come unto the priest;
17 And the priest shall see him: and, behold,
if the plague be turned into white;
then the priest shall pronounce him *clean* **purified**
that hath the plague: he is *clean* **pure**.
18 Thelfeshalsoi,nwhich,evenintheskinthereof,
was *a boil* **an ulcer**, and is healed,
19 And in the place of the *boil* **ulcer**
there be a white *rising* **swelling**,
or a bright spot, white, and *somewhat* reddish,
and it be *shewed to* **seen by** the priest;
20 And if, when the priest seeth it, behold, it
be in *sight* **visage** lower than the skin,
and the hair thereof be turned white;
the priest shall pronounce him *unclean* **fouled**:
it is a plague of leprosy
broken **blossoming** out of the *boil* **ulcer**.
21 But if the priest *look on it* **see**, and, behold,
there be no white hairs therein,
and if it be not lower than the skin,
but be *somewhat dark* **faded**;
then the priest shall shut him *up* seven days:
22 Andiin**fspreading**its,pread*muchabroad*intheskin,
then the priest shall pronounce him *unclean* **fouled**:
it is a plague.
23 But if the bright spot stay in his place, and spread
not, it is *a burning boil* **an inflamed ulcer**;
and the priest shall pronounce him *clean* **purified**.

24 Or if there be any flesh, in the skin
whereof there is a hot burning — **a burning of fire**, and
the *quick flesh that burneth* **invigoration burning**
have a white bright spot, *somewhat* reddish, or white;
25 Then the priest shall *look upon* **see** it: and, behold,
if the hair in the bright spot be turned white,
and it be in *sight* **visage** deeper than the skin;
it is a leprosy *broken* **blossoming** out of the burning:
wherefore the priest
shall pronounce him *unclean* **fouled**:
it is the plague of leprosy.
26 But if the priest *look on it* **see**, and, behold,
there be no white hair in the bright spot,
and it be no lower than the *other* skin,
but be *somewhat dark* **faded**;
then the priest shall shut him *up* seven days:
27 And the priest shall *look upon*
see him the seventh day:
and if **in spreading,**
it be spread *much abroad* in the skin,
then the priest shall pronounce him *unclean* **fouled**:
it is the plague of leprosy.
28 And if the bright spot stay in his place,
and spread not in the skin, but it
be *somewhat dark* **faded**;
it is a *rising* **swelling** of the burning,
and the priest shall pronounce him *clean* **purified**:
and an invigoration of living flesh in the swelling;
for it is an inflamation of the burning.
29 If a man or woman have a plague
upon the head or the beard;
30 Then the priest shall see the plague: and, behold,
if it be in *sight* **visage** deeper than the skin;
and there be in it a yellow thin hair;
then the priest shall pronounce him *unclean* **fouled**:
it is a *dry* scall, even a leprosy upon the head or beard.
31 And if the priest *look on* **see** the plague
of the scall, and, behold, it be not in
sight **visage** deeper than the skin,
and that there is no *black* **dark** hair in it;
then the priest shall shut *up him that hath*
the plague of the scall seven days:
32 And in the seventh day
the priest shall *look on* **see** the plague: and, behold,
if the scall spread not, and there be in it no yellow hair,
and the scall be not in *sight* **visage** deeper than the skin;
33 He shall be shaven, but the scall shall he not
shave; and the priest shall shut *up him that*
hath the scall **a second** seven days *more*:
34 And in the seventh day
the priest shall *look on* **see** the scall:
and, behold, if the scall be not spread in the skin,
nor be in *sight* **visage** deeper than the skin;
then the priest shall pronounce him *clean* **purified**:
and he shall *wash* **launder** his clothes,
and be *clean* **purified**.
35 But if **in spreading,**
the scall spread *much* in the skin
after his *cleansing* **purifying**;
36 Then the priest shall *look on* **see** him: and, behold,
if the scall be spread in the skin,
the priest shall not seek for yellow hair;
he is *unclean* **fouled**.
37 But if the scall be in his *sight* **eyes** at a stay,
and that there is *black* **dark** hair
grown up **sprouting** therein;
the scall is healed, he is *clean* **pure**:
and the priest shall pronounce him *clean* **purified**.
38 If a man also or a woman
have in the skin of their flesh bright
spots, even white bright spots;
39 Then the priest shall *look* **see**: and, behold,
if the bright spots in the skin of their
flesh be *darkish* **faded** white;
it is a freckled spot that *groweth* **blossometh** in the skin;
he is *clean* **pure**.
40 And the man
whose *hair is fallen off his* head **baldened**,
he is bald; yet is he *clean* **pure**.
41 And he that hath *his hair fallen off* **baldened**
from the *part* **edge** of his head toward his face,
he is forehead *bald* **high**: yet is he *clean* **pure**.
42 And if there be in the *bald head*
baldness, or *bald* **high** forehead,
a white reddish *sore* **plague**;
it is a leprosy *sprung up* **blossoming**
in his *bald head* **baldness**, or his *bald* **high** forehead.
43 Then the priest shall *look upon it* **see**:
and, behold, if the *rising* **swelling** of the *sore* **plague**
be white reddish in his *bald head* **baldness**,
or in his *bald* **high** forehead,
as the **in visage like** leprosy
appeareth in the skin of the flesh;
44 He is a leprous man, he is *unclean* **fouled**:
in fouling,
the priest shall pronounce him *utterly unclean* **fouled**;
his plague is in his head.
45 And the leper in whom the plague is,
his clothes shall be *rent* **torn**,
and his head *bare* **exposed**,

and he shall put a covering upon his upper lip,
and shall *cry* **call**, *Unclean, unclean.* **Fouled! Fouled!**
46 All the days wherein the plague shall be in
him he shall be *defiled* **fouled**; he is *unclean*
fouled: he shall *dwell* **settle** alone;
without the camp shall his *habitation* **settlement** be.
an inflamation of the burning.

TORAH ON LEPROUS CLOTHES

47 The *garment* **clothes** also that the
plague of leprosy is in,
whether it be *a* woollen *garment* **clothes**,
or *a linen garment* **flax clothes**;
48 Whether it be in the warp, or woof;
of *linen* **flax**, or of woollen;
whether in a skin, or in any *thing made* **work** of skin;
49 And if the plague be greenish or reddish
in the *garment* **clothes**, or in the skin,
either **or** in the warp, or in the woof,
or in any *thing* **instrument** of skin;
it is a plague of leprosy,
and *be shewed unto* **shall have** the priest **see**:
50 Andthepriestsha*lookupon***see**theplague,
and shut *up it that hath* the plague seven days:
51 And he shall *look* **see** on the
plague on the seventh day:
if the plague be spread in the *garment* **clothes**,
either in the warp, or in the woof,
or in a skin, or in any work that is *made* **worked** of skin;
the plague is a *fretting* **bitter** leprosy; it is *unclean* **fouled**.
52 He shall *therefore* burn *that garment* **those clothes**,
whether warp or woof, in woollen or in *linen* **flax**,
or any *thing* **instrument** of skin, wherein the plague is:
for it is a *fretting* **bitter** leprosy;
it shall be burnt in the fire.
53 And if the priest shall *look* **see**, and, behold, the
plague be not spread in the *garment* **clothes**,
either **or** in the warp, or in the woof, or
in any *thing* **instrument** of skin;
54 Thenthepriestsha*clommand***misvah**
that they *wash the thing* **launder that**
wherein the plague is,
and he shall shut it up **a second** seven days *more*:
55 And the priest shall *look on* **see** the plague,
after that it is washed: and, behold,
if the plague have not *changed* **turned** his *colour*
eyes, and the plague be not spread; it is *unclean*
fouled; thou shalt burn it in the fire; it is *fret inward*
pitted, whether it be *bare within* **baldness**
or *without* **high forehead**.
56 And if the priest *look* **see**, and, behold,
the plague be *somewhat dark* **faded** after
the washing of it **is laundered**;
then he shall *rend* **rip** it out of the *garment* **clothes**,
or out of the skin, or out of the warp, or out of the woof:
57 Andiift*appea***breseen**silitnthe*garmenc***tlothes**,
either in the warp, or in the woof, or in any *thing*
instrument of skin; it is a *spreading plague* **blossoming**:
thou shalt burn that wherein the plague is with fire.
58 And the *garment* **clothes**, either warp, or woof,
or whatsoever *thing* **instrument** of skin it be,
which thou shalt *wash* **launder**,
if the plague be *departed* **turned aside** from them,
then it shall be *washed* **laundered** the second time,
and shall be *clean* **purified**.
59 This is the *law* **torah** of the plague of leprosy in
a garment **clothes** of woollen or *linen* **flax**,
either in the warp, or woof,
or any *thing* **instrument** of skins, to
pronounce it *clean* **purified**,
or to pronounce it *unclean* **fouled**.

TORAH ON PURIFYING THE LEPER

14 And *the LORD spake* **Yah Veh worded**
unto *Moses* **Mosheh**, saying,
2 This shall be the *law* **torah** of the
leperin the day of his *cleansing* **purifying**:
He shall be brought unto the priest:
3 Andthepriestshalgo*forthoutoo***futside**thecamp;
and the priest shall *look* **see**, and, behold,
if the plague of leprosy be healed in the leper;
4 Then shall the priest *command* **misvah**
to take for him that is to be *cleansed* **purified**
two birds *alive* **living** and *clean* **pure**,
and cedar *wood* **timber**, and scarlet, and hyssop:
5 Andthepriestshal*command***misvah**
that one of the birds be *killed* **slaughtered**
in *an earthen vessel* **a pottery instrument**
over *running* **living water**:
6 As for the living bird,
he shall take it, and the cedar *wood* **timber**,
and the scarlet, and the hyssop, and
shall dip them and the living bird
in the blood of the bird that was *killed* **slaughtered**
over the *running* **living** water:
7 And he shall sprinkle upon him
that is to be *cleansed* **purified** from the leprosy
seven times,

and shall pronounce him *clean* **purified**,
and shall *let* **send away** the living bird
loose into the *open* **face of the** field.
8 And he that is to be *cleansed* **purified**
shall *wash* **launder** his clothes, and shave off all
his hair, and *wash* **baptize** himself in water,
that he may be *clean* **purified**:
and after that he shall come into the
camp, and shall *tarry* **settle**
abroad out of **without** his tent seven days.
9 But it shall be on the seventh day,
that he shall shave all his hair off his head
and his beard and his eyebrows,
even all his hair he shall shave off:
and he shall *wash* **launder** his clothes,
also he shall *wash* **baptize** his flesh in
water, and he shall be *clean* **purified**.
10 And on the eighth day
he shall take two he lambs *without blemish*
integrious, and one ewe lamb *of the first year* **a**
yearling daughter *without blemish* **integrious**,
and three *tenth deals* **tenths** of *fine*
flour for *a meat* **an** offering,
mingled **mixed** with oil, and one log of oil.
11 And the priest that *maketh* **purifieth** him *clean*
shall *present* **stand** the man
that is to be *made clean* **purified**, and those *things*,
before the LORD **at the face of Yah**
Veh, at the *door* **opening**
of the *tabernacle* **tent** of the congregation:
12 And the priest shall take one he lamb,
and *offer* **oblate** him for *a trespass offering*
the guilt, and the log of oil,
and wave them for a wave *offering before*
the LORD **at the face of Yah Veh**:
13 And he shall *slay* **slaughter** the lamb
in the place where he shall *kill* **slaughter**
the sin offering **that for the sin**
and the *burnt offering* **holocaust**, in the *holy place* **holies**:
for as *the sin offering* **that for the sin** is the priest's,
so is *the trespass offering* **that for the guilt**:
it is *most holy* **a holy of holies**:
14 And the priest shall take some of the blood
of *the trespass offering* **that for the guilt**,
and the priest shall *put* **give** it upon
the tip of the right ear
of him that is to be *cleansed* **purified**,
and upon the *thumb* **great digit** of his right hand,
and upon the great *toe* **digit** of his right foot:
15 Andthepriestshaltake*some*ofthelogofoil,
and pour it into the palm of his own left hand:
16 And the priest shall dip his right finger in
the oil that is in his left *hand* **palm**,
and shall sprinkle of the oil with his finger seven times
before the LORD **at the face of Yah Veh**:
17 And of the *rest* **remainder** of the oil
that is in his *hand* **palm**
shall the priest *put* **give** upon the tip of the right
ear of him that is to be *cleansed* **purified**,
and upon the *thumb* **great digit** of his right hand,
and upon the great *toe* **digit** of his right foot,
upon the blood of *the trespass offering* **that for the guilt**:
18 And *the remnant* **that which remaineth** of
the oil that is in the priest's *hand* **palm** he
shall *pour* **give** upon the head of him
that is to be *cleansed* **purified**:
and the priest
shall *make an atonement* **kapar/atone** for him
before the LORD **at the face of Yah Veh.**
19 And the priest shall
offer the sin offering **work that for the sin**,
and *make an atonement* **kapar/atone**
for him that is to be *cleansed* **purified**
from his *uncleanness* **foulness**; and afterward he
shall *kill* **slaughter** the *burnt offering* **holocaust**:
20 And the priest shall *offer* **holocaust**
the *burnt offering* **holocaust**
and the *meat* offering upon the **sacrifice** altar:
and the priest
shall *make an atonement* **kapar/atone** for
him, and he shall be *clean* **purified.**
21 And if he be poor,
and *cannot get* **his hand hath not attained** so much;
then he shall take one lamb
for *a trespass offering* **the guilt** to be waved, to
make an atonement **kapar/atone** for him,
and one tenth *deal of fine* flour *mingled* **mixed**
with oil for *a meat* **an** offering, and a log of oil;
22 And two turtledoves,
or two *young pigeons* **sons of doves**,
such as *he is able to get* **his hand attaineth**;
and the one shall be *a sin offering* **for the sin**,
and the *other a burnt offering* **one for the holocaust**.
23 Andheshalbringthemontheeighthday
for his *cleansing* **purifying** unto the
priest, unto the *door* **opening**
of the *tabernacle* **tent** of the congregation,
before the LORD **at the face of Yah Veh**.
24 And the priest shall take the lamb

of *the trespass offering* **that for the guilt**, and the
log of oil, and the priest shall wave them for a wave
offering before the LORD **at the face of Yah Veh**:
25 Andheshal*kil***slaughter**thelamb
of *the trespass offering* **that for the guilt**, and the priest
shall take *some* of the blood of *the tresspass offering* **that
for the guilt**, and *put* **give** it upon the tip of the right ear
of him that is to be *cleansed* **purified**,
and upon the *thumb* **great digit** of his right hand,
and upon the great *toe* **digit** of his right foot:
26 Andthepriestshalpouroftheoil
into the palm of his own left hand:
27 And the priest shall sprinkle with his right finger
some of the oil that is in his left hand seven times
before the LORD **at the face of Yah Veh**:
28 And the priest shall *put* **give** of the
oil that is in his *hand* **palm**
upon the tip of the right ear
of him that is to be *cleansed* **purified**,
and upon the *thumb* **great digit** of his right
hand, and upon the great *toe* **digit** of his
right foot, upon the place of the blood
of *the trespass offering* **that for the guilt**:
29 And *the rest* **that which remaineth** of the
oil that is in the priest's *hand* **palm**
he shall *put* **give** upon the head of him
that is to be *cleansed* **purified**,
to *make an atonement* **kapar/atone** for him
before the LORD **at the face of Yah Veh**.
30 Andheshal*ofewr* **ork**theoneofthetulrtedoves,
or of the *young pigeons* **sons of doves**, such
as *he can get* **his hand attaineth**;
31 Even such as *he is able to get* **his hand attaineth**,
the one for *a sin offering* **the sin**,
and the *other* **one** for *a burnt offering* **the
holocaust**, with the *meat* offering:
and the priest
shall *make an atonement* **kapar/atone** for
him that is to be *cleansed* **purified**
before the LORD **at the face of Yah Veh**.
32 This is the *law of him* **torah**
in whom is the plague of leprosy, whose
hand *is not able to get* **attaineth not**
that which pertaineth to his *cleansing* **purifying**.

TORAH ON PURIFYING THE LEPROUS HOUSE

33 And *the LORD spake* **Yah Veh worded**
unto *Moses* **Mosheh** and unto *Aaron* **Aharon**, saying,
34 WhenyebecomeintothelandoC*fanan***Kenan**,
which I give to you for a possession, and
I *put* **give** the plague of leprosy
in a house of the land of your possession;
35 And he that owneth the house shall
come and tell the priest, saying,
It seemeth to me there is as it were **I have seen**
a plague in the house:
36 Then the priest shall *command* **misvah**
that they *empty* **prepare** the house, before
the priest go into it to see the plague,
that all that is in the house be not *made unclean* **fouled**:
and afterward the priest shall go in to see the house:
37 And he shall *look on* **see** the plague, and, behold,
if the plague be in the *sides* **walls** of the house
with hollow *strakes* **depressions**, greenish or reddish,
which in *sight* **visage** are lower *than* **from** the wall;
38 Thenthepriestshalgooutofthehouse
to the *door* **opening** of the house,
and shut up the house seven days:
39 And the priest shall *come again* **return** the
seventh day, and shall *look* **see**: and, behold,
if the plague be spread in the walls of the house;
40 Thenthepriestshac*lommand***misvah**
that they *take away* **strip** the stones
in which the plague is,
and they shall cast them into *an unclean* **a fouled** place
without the city:
41 And he shall cause the house to be
scraped within round about,
and they shall pour out the dust that they scrape off
without the city into *an unclean* **a fouled** place:
42 And they shall take other stones,
and put them in the *place* **stead** of those stones;
and he shall take other *morter* **dust**,
and shall plaister the house.
43 And if the plague *come again* **return**, and
break out **blossom** in the house,
after that he hath *taken away* **stripped** the
stones, and after he hath scraped the house,
and after it is plaistered;
44 Then the priest shall come and *look* **see**, and, behold,
if the plague be spread in the house,
it is a *fretting* **bitter** leprosy in the house;
it is *unclean* **fouled**.
45 And he shall *break* **pull** down the house,
the stones of it, and the timber thereof,
and all the *morter* **dust** of the house;
and he shall carry them *forth out of* **without** the city
into *an unclean* **a fouled** place.
46 Moreover he that goeth into the house
all the *while* **days** that it is shut up
shall be *unclean* **fouled** until the even.

47 And he that lieth in the house shall
wash **launder** his clothes;
and he that eateth in the house shall
wash **launder** his clothes.
48 And if the priest shall come in, and *look upon it* **see**,
and, behold, the plague hath not spread in
the house, after the house was plaistered:
then the priest shall pronounce the house *clean*
purified, because the plague is healed.
49 And he shall take *to cleanse* **for the sin of** the
house two birds, and cedar *wood* **timber**,
and scarlet, and hyssop:
50 And he shall *kill* **slaughter** the one of the birds
in *an earthen vessel* **a pottery instrument**
over *running* **living** water
51 And he shall take the cedar *wood* **timber**,
and the hyssop, and the scarlet, and the living
bird, and dip them in the blood of the *slain*
slaughtered bird, and in the *running* **living** water,
and sprinkle the house seven times:
52 And he shall *cleanse* **sacrifice for sin for** the house
with the blood of the bird, and with
the *running* **living** water,
and with the living bird, and with the cedar *wood*
timber, and with the hyssop, and with the scarlet:
53 But he shall *let go* **send away** the living bird
out of **without** the city into the *open* **face of the** fields,
and *make an atonement* **kapar/atone** for the house:
and it shall be clean.
54 This is the *law* **torah**
for all *manner of* plague of leprosy, and scall,
55 And for the leprosy
of *a garment* **clothes**, and of a house,
56 And for a *rising* **swelling**,
and for a scab, and for a bright spot:
57 To*teach***pointouw**theniits*unclean***fouled**,
and when it is *clean* **pure**:
this is the *law* **torah** of leprosy.

TORAH ON FOULING

15 And *the LORD spake* **Yah Veh worded**
unto *Moses* **Mosheh** and to *Aaron* **Aharon**, saying,
2 *Speak* **Word** unto the *children* **sons** of *Israel* **Yisra
El**, and say unto them, When **a man** — any man
hath a running issue **fluxeth** out of his flesh,
because of his issue he is unclean **his flux is fouled**.
3 And this shall be his *uncleanness* **foulness**
in his *issue* **flux**:
whether his flesh run with his *issue* **flux**,
or his flesh be stopped from his *issue*
flux, it is his *uncleanness* **foulness**.
4 Every bed, whereon he lieth that
hath the issue **fluxeth**,
is *unclean* **fouled**:
and every *thing* **instrument**, whereon he sitteth,
shall be *unclean* **fouled**.
5 And *whosoever* **the man who** toucheth his
bed shall *wash* **launder** his clothes,
and *bathe* **baptize** *himself* in water, and
be *unclean* **fouled** until the even.
6 And he that sitteth on *any thing* **aught**
whereon he sat that *hath the issue* **fluxeth**
shall *wash* **launder** his clothes,
and *bathe* **baptize** *himself* in water, and
be *unclean* **fouled** until the even.
7 And he that toucheth the flesh
of him that *hath the issue* **fluxeth**
shall *wash* **launder** his clothes, and *bathe* **baptize**
himself in water, and be *unclean* **fouled** until the even.
8 And if he that *hath the issue* **fluxeth**
spit upon him that is *clean* **pure**; then he shall *wash*
launder his clothes, and *bathe* **baptize** *himself* in
water, and be *unclean* **fouled** until the even.
9 And*whatsaddlesoeve*wr **hateverchariot**
he rideth upon that *hath the issue* **fluxeth**
shall be *unclean* **fouled**.
10 And whosoever toucheth *any thing* **aught**
that was under him
shall be *unclean* **fouled** until the even:
and he that beareth *any of* those *things*
shall *wash* **launder** his clothes, and
bathe **baptize** *himself* in water,
and be *unclean* **fouled** until the even.
11 And whomsoever he toucheth that
hath the issue **fluxeth**,
and hath not *rinsed* **overflowed** his hands in
water, he shall *wash* **launder** his clothes,
and *bathe* **baptize** *himself* in water, and
be *unclean* **fouled** until the even.
12 Andthe*vesselofearth***poteryinstrumen,t**
that he toucheth which *hath the issue*
fluxeth, shall be broken:
and every *vessel* **instrument** of *wood* **timber**
shall be *rinsed* **overflowed** in water.
13 And when he that *hath an issue* **fluxeth**
is *cleansed* **purified** of his *issue* **flux**;
then he shall *number* **scribe** to himself
seven days for his *cleansing* **purifying**,
and *wash* **launder** his clothes,
and *bathe* **baptize** his flesh in *running* **living**
water, and shall be *clean* **purified**.
14 And on the eighth day he shall take to him

two turtledoves, or two *young pigeons* **sons**
of doves, and come *before the LORD* **at the**
face of Yah Veh unto the *door* **opening**
of the *tabernacle* **tent** of the congregation,
and give them unto the priest:
15 And the priest shall *offer* **work** them,
the one for *a sin offering* **the sin**,
and the *other* **one** for a *burnt offering* **holocaust**;
and the priest shall *make an atonement* **kapar/atone**
before the LORD **at the face of Yah Veh** for his *issue* **flux**.
16 And if any man's seed of copulation go out from him,
then he shall *wash* **baptize** all his flesh in water,
and be *unclean* **fouled** until the even.
17 And every *garment* **cloth**, and every skin,
whereon is the seed of copulation,
shall be *washed* **laundered** with water,
and be *unclean* **fouled** until the even.
18 The woman also
with whom man shall lie with seed of copulation,
they shall *both bathe* **baptize** *themselves* in
water, and be *unclean* **fouled** until the even.
19 And if a woman *have an issue* **fluxeth**, and
her *issue* **flux** in her flesh be blood,
she shall be *put apart* **in her exclusion** seven days:
and whosoever toucheth her
shall be *unclean* **fouled** until the even.
20 And *every thing* **all** that she lieth upon
in her *separation* **exclusion** shall be *unclean* **fouled**:
every thing **all** also that she sitteth upon
shall be *unclean* **fouled**.
21 And whosoever toucheth her bed
shall *wash* **launder** his clothes,
and *bathe* **baptize** *himself* in water, and
be *unclean* **fouled** until the even.
22 And whosoever toucheth any *thing* **instrument**
that she sat upon
shall *wash* **launder** his clothes, and
bathe **baptize** *himself* in water,
and be *unclean* **fouled** until the even.
23 And if it be on her bed,
or on any *thing* **instrument** whereon she sitteth,
when he toucheth it,
he shall be *unclean* **fouled** until the even.
24 And if **in lying,** any *man lie* **one lie** with her *at*
all, and her *flowers* **exclusion** be upon him,
he shall be *unclean* **fouled** seven days;
and all the bed whereon he lieth shall be *unclean* **fouled**.
25 And if a woman *have an issue* **flux a flux**
of her blood many days
out of **not in** the time of her *separation*
exclusion, or if it *run* **flux**
beyond the time of her *separation* **exclusion**;
all the days of the *issue* **flux** of her *uncleanness* **foulness**
shall be as the days of her *separation* **exclusion**:
she shall be *unclean* **fouled**.
26 Every bed whereon she lieth all
the days of her *issue* **flux**
shall be unto her as the bed of her *separation* **exclusion**:
and whatsoever **instrument** she sitteth
upon shall be *unclean* **fouled**,
as the *uncleanness* **foulness** of her *separation* **exclusion**.
27 And whosoever toucheth those *things*
shall be *unclean* **fouled**,
and shall *wash* **launder** his clothes, and *bathe* **baptize**
himself in water, and be *unclean* **fouled** until the even.
28 But if she be *cleansed* **purified** of her *issue* **flux**,
then she shall *number* **scribe** to herself seven
days, and after that she shall be *clean* **purified**.
29 And on the eighth day
she shall take unto her two turtledoves, or two *young*
pigeons **sons of doves**, and bring them unto the priest,
to the *door* **opening**
of the *tabernacle* **tent** of the congregation.
30 And the priest shall *offer* **work** the
one for *a sin offering* **the sin**,
and the *other* **one** for a *burnt offering* **holocaust**;
and the priest shall *make an atonement*
kapar/atone for her
before the LORD **at the face of Yah Veh**
for the *issue* **flux** of her *uncleanness* **foulness**.
31 Thus shall ye separate
the *children* **sons** of *Israel* **Yisra El**
from their *uncleanness* **foulness**;
that they die not in their *uncleanness* **foulness**,
when they *defile* **foul** my tabernacle that is among them.
32 This is the *law* **torah** of him that *hath the issue*
fluxeth, and of him whose seed **of copulation**
goeth from him, and is *defiled* **fouled** therewith;
33 And of her
that is *sick* **menstrous** of her *flowers* **exclusion**,
and of him that *hath the issue* **fluxeth the flux**,
of the man, and of the *woman* **female**,
and of him that lieth with her that is *unclean* **fouled**.

TORAH ON KIPPURIM/ATONEMENTS: THE SCAPEGOAT

16 And *the LORD* **Yah Veh**
spake **worded** unto *Moses* **Mosheh**
after the death of the two sons of *Aaron*
Aharon, when they *offered* **oblated**
before the LORD **at the face of Yah Veh**, and died;

2 And*the LORD* **Yah Veh** said unto *Moses* **Mosheh**,
Speak **Word** unto *Aaron* **Aharon** thy
brother, that he come not at all times
into the *holy place within* **holies that houseth** the vail
before **at the face of** the *mercy seat* **kapporeth**,
which is upon the ark; that he die not:
for I *will appear* **shall be seen** in the cloud
upon the *mercy seat* **kapporeth**.
3 Thus shall *Aaron* **Aharon**
come into the *holy place* **holies**:
with a *young* bullock **son of the oxen**
for *a sin offering* **the sin**,
and a ram for a *burnt offering* **holocaust**.
4 He shall *put on* **enrobe** the holy linen coat,
and he shall have the linen breeches upon his
flesh, and shall be girded with a linen girdle ,
and with the linen *mitre* **tiara** shall he be attired:
these are holy *garments* **clothes**;
therefore shall he *wash* **baptize** his flesh in
water, and *so put* **thus enrobe** them *on*.
5 And he shall take of the *congregation* **witness**
of the *children* **sons** of *Israel* **Yisra El**
two *kids* **bucks** of the goats for *a sin offering* **the
sin**, and one ram for a *burnt offering* **holocaust**.
6 And *Aaron* **Aharon** shall *offer* **oblate** his bullock
of the sin offering **for the sin**, which is for
himself, and *make an atonement* **kapar/
atone** for himself, and for his house.
7 And he shall take the two *goats* **bucks**,
and *present* **stand** them
before the LORD **at the face of Yah Veh**
at the *door* **opening**
of the *tabernacle* **tent** of the congregation.
8 And *Aaron* **Aharon** shal *cast lots* **give pebbles**
upon the two *goats* **bucks**;
one *lot* **pebble** for *the LORD* **Yah Veh**,
and *the other lot* **one pebble** for the scapegoat.
9 And *Aaron* **Aharon** shall *bring* **oblate** the *goat* **buck**
upon which
the LORD'S lot fell **Yah Veh's pebble ascended**,
and *offer* **work** him for *a sin offering* **the sin**.
10 But the *goat* **buck**,
on which the *lot fell* **pebble ascended**
to be the scapegoat,
shall be *presented* **stood** alive
before the LORD **at the face of Yah Veh**,
to *make an atonement* **kapar/atone** with
him, and to *let him go* **send him away** for
a scapegoat into the wilderness.
11 And *Aaron* **Aharon** shall *bring* **oblate** the bullock
of the sin offering **for the sin**, which is for himself,
and shall *make an atonement* **kapar/
atone** for himself, and for his house,
and shall *kill* **slaughter** the bullock *of the sin
offering* **for the sin** which is for himself:
12 And he shall take a *censer* **tray**
full of burning coals of fire from off the **sacrifice** altar
before the LORD **at the face of Yah
Veh**, and his *hands* **fists** full
of *sweet* incense **of aromatics** beaten *small* **thin**,
and bring it *within* **to the housing of** the vail:
13 And he shall *put* **give** the incense upon the fire
before the LORD **at the face of Yah Veh**,
that the cloud of the incense
may cover the *mercy seat* **kapporeth**
that is upon the *testimony* **witness**, that he die not:
14 And he shal take of the blood of the bulock,
and sprinkle it with his finger
upon the *mercy seat* **face of the kapporeth** eastward;
and *before* **upon the face of** the *mercy seat* **kapporeth**
shall he sprinkle of the blood with his finger seven times.
15 Then shal he *kill* **slaughter** the *goat* **buck**
of the sin offering **for the sin**, that is for the people,
and bring his blood within **the housing of** the vail,
and *do with* **work** that blood
as he *did with* **worked** the blood of the bullock,
and sprinkle it upon the *mercy seat* **kapporeth**,
and *before* **at the face of** the *mercy seat* **kapporeth**:
16 And he shall *make an atonement* **kapar/atone**
for the *holy place* **holies**, because of the *uncleanness*
foulness of the *children* **sons** of *Israel* **Yisra El**,
and because of their *transgressions* **rebellions**
in all their sins:
and so shall he *do* **work**
for the *tabernacle* **tent** of the congregation,
that *remaineth* **tabernacleth** among them in
the midst of their *uncleanness* **foulness**.
17 And there shall be no *man* **human**
in the *tabernacle* **tent** of the
congregation when he goeth in
to *make an atonement* **kapar/atone** in the
holy place **holies**, until he come out,
and *have made an atonement* **kapar/atone** for himself,
and for his household,
and for all the congregation of *Israel* **Yisra El**.
18 And he shall go out unto the **sacrifice** altar
that is before the LORD **at the face of Yah Veh**,
and *make an atonement* **kapar/atone** for it;
and shall take of the blood of the bullock,
and of the blood of the *goat* **buck**,

and *put* **give** it
upon the horns of the **sacrifice** altar round about.
19 And he shall sprinkle of the blood upon it with
his finger seven times, and *cleanse* **purify** it,
and hallow it from the *uncleanness* **foulness**
of the *children* **sons** of *Israel* **Yisra El**.
20 And when he hath
made an end of reconciling **finished to kapar/atone**
in the *holy place* **holies**,
and the *tabernacle* **tent** of the congregation,
and the **sacrifice** altar,
he shall *bring* **oblate** the live *goat* **buck**:
21 And *Aaron* **Aharon** shall *lay both* **prop** his **two**
hands upon the head of the live *goat* **buck**,
and *confess* **wring hands** over him
all the *iniquities* **perversities**
of the *children* **sons** of *Israel* **Yisra El**,
and all their *transgressions* **rebellions** in all
their sins, *putting* **and give** them upon the head
of the *goat* **buck**, and shall send him away
by the hand of a *fit* **timely** man into the wilderness:
22 Andthe*goa***b***t***uck**shalbearuponhim
all their *iniquities* **perversities**
unto a land *not inhabited* **of separation**:
and he shall *let go* **send away** the *goat* **buck**
in the wilderness.
23 And *Aaron* **Aharon** shall come
into the *tabernacle* **tent** of the congregation,
and shall *put off* **strip** the linen *garments*
clothes, which he *put on* **enrobed**
when he went into the *holy place* **holies**,
and shall *leave* **set** them there:
24 And he shall *wash* **baptize** his flesh with water
in the *holy place* **holies**,
and *put on* **enrobe** his *garments* **clothes**, and come
forth, and *offer* **work** his *burnt offering* **holocaust**,
and the *burnt offering* **holocaust** of the
people, and *make an atonement* **kapar/**
atone for himself, and for the people.
25 And the fat of *the sin offering* **that for the sin**
shall he *burn* **incense** upon the **sacrifice** altar.
26 And he that *let go* **sent** the *goat* **buck**
for the scapegoat
shall *wash* **launder** his clothes, and
wash **baptize** his flesh in water,
and afterward come into the camp.
27 And the bullock for the sin *offering*, and
the *goat* **buck** for the sin *offering*,
whose blood was brought in
to *make atonement* **kapar/atone** in the *holy place*
holies, shall one carry *forth* without the camp;
and they shall burn in the fire their skins,
and their flesh, and their dung.
28 And he that burneth them shall
wash **launder** his clothes,
and *wash* **baptize** his flesh in water,
and afterward he shall come into the camp.

ANNUAL KOPER/ATONEMENT

29 And this shall be *a* **an eternal**
statute *for ever* unto you:
that in the seventh month, on the tenth *day* of
the month, ye shall *afflict* **humble** your souls,
and *do* **work** no work *at all*,
whether it be one of your own country — **native**, or
a stranger **sojourner** that sojourneth among you:
30 For on that day
shall *the priest make an atonement* **he kapar/**
atone for you, to *cleanse* **purify** you,
that ye may be *clean* **purified** from all your sins
before the LORD **at the face of Yah Veh**.
31 It shall be a *sabbath* **shabbath**
of rest — **a shabbathism** unto you, and
ye shall *afflict* **humble** your souls,
by *a* **an eternal** statute *for ever*.
32 And the priest, whom he shall anoint, and
whom he shall *consecrate* **fill his hand**
to *minister in the priest's office* **priest the priesthood**
in his father's stead,
shall *make the atonement* **kapar/atone**, and
shall *put on* **enrobe** the linen clothes,
even the holy *garments* **clothes**:
33 And he shall *make an atonement* **kapar/atone**
for the *holy sanctuary* **holy of holies**,
and he shall *make an atonement* **kapar/**
atone for the *tabernacle* **tent** of the
congregation, and for the **sacrifice** altar,
and he shall
make an atonement **kapar/atone** for the priests,
and for all the people of the congregation.
34 And this shall be
an *everlasting* **eternal** statute unto you,
to *make an atonement* **kapar/atone** for the *children*
sons of *Israel* **Yisra El** for all their sins once a year.
And he *did* **worked** as *the LORD* **Yah Veh**
commanded Moses **misvahed Mosheh**.

Torah On Slaughter

17 And *the LORD spake* **Yah Veh worded**
unto *Moses* **Mosheh**, saying,
2 *Speak* **Word** unto *Aaron* **Aharon**, and unto his sons,
and unto all the *children* **sons** of *Israel* **Yisra El**,
and say unto them; This is the *thing* **word**
which *the LORD* **Yah Veh** hath
commanded **misvahed**, saying,
3 *What man soever* **A man — any man**
there be of the house of *Israel* **Yisra El**,
that *killeth* **slaughtereth** an ox, or
lamb, or goat, in the camp,
or that *killeth* **slaughtereth** it *out of* **without** the camp,
4 Andbringethitnotuntothe*door***opening**
of the *tabernacle* **tent** of the congregation,
to *offer an offering* **oblate a qorban**
unto *the LORD* **Yah Veh**
before **at the face of** the tabernacle
of *the LORD* **Yah Veh**;
blood shall be *imputed* **fabricated** unto that man;
he hath *shed* **poured** blood;
and that man shall be cut off from among his people:
5 To the end that the *children* **sons** of *Israel* **Yisra El**
may bring their sacrifices, which they *offer* **sacrifice**
in the open **at the face of the** field,
even that they may bring them unto *the*
LORD **Yah Veh**, unto the *door* **opening**
of the *tabernacle* **tent** of the congregation, unto
the priest, and *offer* **sacrifice** them for *peace*
offerings **shelamim** unto *the LORD* **Yah Veh**.
6 And the priest shall sprinkle the blood
upon the **sacrifice** altar of *the LORD* **Yah Veh**
at the *door* **opening**
of the *tabernacle* **tent** of the congregation,
and *burn* **incense** the fat
for a *sweet savour* **scent of rest** unto *the LORD* **Yah Veh**.
7 And they shall no more
offer **sacrifice** their sacrifices unto *devils* **bucks**,
after whom they have *gone a whoring* **whored**.
This shall be *a* **an eternal** statute *for ever*
unto them throughout their generations.

The Soul Of The Flesh

8 And thou shalt say unto them,
Whatsoever man **A man — any man**
there be of the house of *Israel* **Yisra El**,
or of the *strangers* **sojourners** which sojourn among you,
that *offereth* **holocausteth**
a *burnt offering* **holocaust** or sacrifice,
9 And bringeth it not unto the *door* **opening**
of the *tabernacle* **tent** of the congregation, to
offer **work** it unto *the LORD* **Yah Veh**;
even that man shall be cut off from among his people.
10 And *whatsoever man* **a man — any man**
there be of the house of *Israel* **Yisra El**,
or of the *strangers* **sojourners** that sojourn
among you, that eateth any manner of blood;
I *will* **shall** even *set* **give** my face
against that soul that eateth blood,
and *will* **shall** cut him off from among his people.

The Soul Of The Flesh Is In The Blood

11 For the *life* **soul** of the flesh is in the blood:
and I have given it to you upon the **sacrifice** altar to
make an atonement **kapar/atone** for your souls:
for it is the blood
that *maketh an atonement* **shall**
kapar/atone for the soul.
12 Therefore I said unto the *children* **sons** of *Israel*
Yisra El, No soul of you shall eat blood,
neither shall any *stranger* **sojourner**
that sojourneth among you eat blood.
13 And *whatsoever man* **a man — any man**
there be of the *children* **sons** of *Israel* **Yisra El**,
or of the *strangers* **sojourners** that sojourn among
you, which hunteth *and catcheth* **to hunt**
any *beast* **live being** or *fowl* **flyer** that may be eaten;
he shall *even* pour out the blood
thereof, and cover it with dust.
14 For it is the *life* **soul** of all flesh;
the blood of it is for the *life* **soul** thereof: *therefore*
I said unto the *children* **sons** of *Israel* **Yisra El**,
Ye shall eat the blood of no *manner of* flesh:
for the *life* **soul** of all flesh is the blood thereof:
whosoever eateth it shall be cut off.
15 And every soul
that eateth *that which died of itself* **of a carcase**,
or that which was torn *with beasts*,
whether it be one of your own country **native**,
or a *stranger* **sojourner**,
he shall *both wash* **launder** his clothes, and *bathe*
baptize *himself* in water, and be *unclean* **fouled**
until the even: then shall he be *clean* **purified**.
16 But if he *wash* **launder** them not,
nor *bathe* **baptize** his flesh;
then he shall bear his *iniquity* **perversity**.

18 And *the LORD spake* **Yah Veh worded**
unto *Moses* **Mosheh**, saying,
2 *Speak* **Word** unto the *children* **sons** of
Israel **Yisra El**, and say unto them,

I am the LORD **I — Yah Veh** your *God* **Elohim.**
3 After the *doings* **works** of the land of *Egypt* **Misrayim,**
wherein ye *dwelt* **settled**, shall ye not *do* **work**:
and after the *doings* **works** of the land of *Canaan*
Kenaan, whither I bring you, shall ye not *do* **work**:
neither shall ye walk in their *ordinances* **statutes.**
4 Ye shall *do* **work** my judgments,
and *keep* **guard** mine ordinances, to walk therein:
I am the LORD **I — Yah Veh** your *God* **Elohim.**
5 Ye shall *therefore keep* **guard** my
statutes, and my judgments:
which if a *man do* **human work**, he shall live in them:
I am the LORD **I — Yah Veh.**

TORAH ON EXPOSING NAKEDNESS

6 *None of you* **Man — no man** shall approach
to any that is *near of kin* **kinflesh** to him,
to *uncover* **expose** their nakedness:
I am the LORD **I — Yah Veh.**
7 The nakedness of thy father, or the nakedness
of thy mother, shalt thou not *uncover* **expose**:
she is thy mother;
thou shalt not *uncover* **expose** her nakedness.
8 The nakedness of thy father's *wife* **woman**
shalt thou not *uncover* **expose:**
it is thy father's nakedness.
9 The nakedness of thy sister,
the daughter of thy father, or daughter of thy mother,
whether she be born at **kindred of** home,
or *born abroad* **kindred without,**
even their nakedness thou shalt not *uncover* **expose.**
10 The nakedness of thy son's daughter,
or of thy daughter's daughter,
even their nakedness thou shalt not *uncover* **expose**:
for theirs is thine own nakedness.
11 The nakedness of thy fathe'rs *wife's* **woman's** daughter,
begotten **kindred** of thy father, she is thy sister,
thou shalt not *uncover* **expose** her nakedness.
12 Thou shalt not *uncover* **expose**
the nakedness of thy father's sister:
she is thy father's *near kinswoman* **kinflesh.**
13 Thou shalt not *uncover* **expose**
the nakedness of thy mother's sister:
for she is thy mother's *near kinswoman* **kinflesh.**
14 Thou shalt not *uncover* **expose**
the nakedness of thy father's brother, thou shalt not
approach to his *wife* **woman**: she is thine aunt.
15 Thou shalt not *uncover* **expose**
the nakedness of thy daughter in law:
she is thy son's *wife* **woman**;
thou shalt not *uncover* **expose** her nakedness.
16 Thou shalt not *uncover* **expose**
the nakedness of thy brother's *wife* **woman**:
it is thy brother's nakedness.
17 Thou shalt not *uncover* **expose**
the nakedness of a woman and her daughter,
neither shalt thou take her son's daughter,
or her daughter's daughter,
to *uncover* **expose** her nakedness;
for they are her *near kinswomen* **kin**:
it is *wickedness* **intrigue.**
18 Neither shalt thou take a *wife* **woman**
to her sister, to *vex* **tribulate** her,
to *uncover* **expose** her nakedness,
beside the other in her life *time.*
19 Also thou shalt not approach unto a woman
to *uncover* **expose** her nakedness,
as long as she is *put apart* **in exclusion**
for her *uncleanness* **foulness.**
20 Moreover
thou shalt not *lie carnally with* **copulate to give seed**
to thy *neighbour's wife* **friend's woman,**
to *defile* **foul** thyself with her.
21 And thou shalt not *let* **give** any of thy seed
to pass through *the fire* to Molech,
neither shalt thou profane the name of thy *God* **Elohim:**
I am the LORD **I — Yah Veh.**

ON HOMOSEXUALITY AND BESTIALITY

22 Thou shalt not lie with *mankind* **male,**
as **bedding** with *womankind* **a woman**:
it is *abomination* **abhorrent.**
23 Neither shalt thou *lie* **give to copulate**
with any *beast* **animal** to *defile* **foul** thyself therewith:
neither shall any woman stand *before a beast* **to**
face an animal to *lie down thereto* **copulate**:
it is *confusion* **comingling.**
24 *Defile* **Foul** not ye yourselves in any of these *things*:
for in all these the *nations* **goyim** are *defiled* **fouled**
which I *cast out before you* **sent away from your face**:
25 And the land is *defiled* **fouled:**
therefore
I do visit the *iniquity* **perversity** thereof
upon it, and the land itself vomiteth *out*
her inhabitants **them who settle her.**
26 Ye shall *therefore keep* **guard** my
statutes and my judgments,
and shall not *commit* **work**
any of these *abominations* **abhorrences**;
neither any of your own nation **native,**

nor *any stranger* **sojourner** that sojourneth among you:
27 (For all these *abominations* **abhorrences**
have the men of the land *done* **worked**,
which were *before* you **at your face**,
and the land is *defiled* **fouled**;)
28 *That* **Lest** the land *spue not you out also*
vomit you, when ye *defile* **foul** it,
as it *spued* **vomited** *out* the *nations* **goyim**
that were before you **at your face**.
29 For whosoever shall *commit* **work**
any of these *abominations* **abhorrences**,
even the souls that *commit* **work** them shall
be cut off from among their people.
30 Therefore shall ye
keep mine ordinance **guard my guard**,
that ye *commit not any one* **work none** of these
abominable customs **abhorrent statutes**,
which were *committed before you* **worked at your face**, and that ye *defile* **foul** not yourselves therein:
I am the LORD **I — Yah Veh** your *God* **Elohim**.

Call To Holiness

19 And *the LORD spake* **Yah Veh worded**
unto *Moses* **Mosheh**, saying,
2 *Speak* **Word** unto all the *congregation* **witness**
of the *children* **sons** of *Israel* **Yisra El**, and
say unto them, Ye shall be holy:
for I *the LORD* **Yah Veh** your *God* **Elohim** am holy.
3 Yeshal*feaar***we**everymanhismothe,randhisfather,
and *keep* **guard** my *sabbaths* **shabbaths**:
I am the LORD **I — Yah Veh** your *God* **Elohim**.
4 Turn ye not **your face** unto idols,
nor *make* **work** to yourselves molten *gods* **elohim**:
I am the LORD **I — Yah Veh** your *God* **Elohim**.
5 And if ye *offer* **sacrifice** a sacrifice
of *peace offerings* **shelamim** unto *the LORD* **Yah Veh**,
ye shall *offer* **sacrifice** it at your *own will* **pleasure**.
6 It shall be eaten the same day ye *offer*
sacrifice it, and on the morrow:
and if ought remain until the third day,
it shall be burnt in the fire.
7 And if **in eating,** it be eaten *at all* on the third day,
it is *abominable* **a stench**;
it shall not *be accepted* **please**.
8 *Therefore every one* **He** that eateth it
shall bear his *iniquity* **perversity**,
because he hath profaned
the *hallowed thing* **holies** of *the LORD* **Yah Veh**:
and that soul shall be cut off from among his people.
9 Andwhenye*reap***harves**htteharvestofyoulrand,
thou shalt not *wholly* **finish off**
reap **harvesting** the *corners* **edges** of thy
field, neither shalt thou *gather* **glean**
the gleanings of thy harvest.
10 And thou shalt not *glean* **exploit** thy vineyard,
neither shalt thou *gather every*
grape **glean the stray fruit**
of thy vineyard;
thou shalt leave them
for the *poor* **humbled** and *stranger* **sojourner**:
I am the LORD **I — Yah Veh** your *God* **Elohim**.
11 Yeshalnotsteal,neither*dealfalsely***deceive**,
neither *lie one* **falsify man** to *another* **friend**.

On Oathing By The Name Of Yah Veh

12 Andyeshalnot*sweao***rath**bymynamefalsely,
neither shalt thou profane the name of thy *God* **Elohim**:
I am the LORD **I — Yah Veh**.
13 Thou shalt not *defraud* **extort** thy *neighbour* **friend**,
neither *rob* **strip** him:
the *wages of him that is hired* **deeds of an hireling**
shall not *abide* **stay** with thee
all night **overnight** until the morning.
14 Thou shalt not *curse* **abase** the deaf,
nor *put* **give** a stumblingblock *before* **in front of**
the blind, but shalt *fear* **awe** thy *God* **Elohim**:
I am the LORD **I — Yah Veh**.
15 Ye shall *do* **work** no *unrighteousness* **wickedness**
in judgment:
thou shalt not *respect* **exalt** the *person* **face** of the poor,
nor *honor* **esteem** the *person* **face** of the *mighty* **greater**:
but in *righteousness* **justness**
shalt thou judge thy *neighbour* **friend**.
16 Thou shalt not *go up and down as* **be**
a talebearer among thy people:
neither shalt thou stand
against the blood of thy *neighbour* **friend**;
I am the LORD **I — Yah Veh**.
17 Thou shalt not hate thy brother in thine heart:
thou shalt in *any wise* **reproving,** *rebuke* **reprove** thy
neighbour **friend**, and not *suffer* **exalt his** sin *upon him*.
18 Thou shalt not avenge, nor *bear any grudge* **guard**
against the *children* **sons** of thy people,
but thou shalt love thy *neighbour* **friend** as thyself:
I am the LORD **I — Yah Veh**.
19 Ye shall *keep* **guard** my statutes.
Thou shalt not let thy *cattle gender* **animals**
copulate with *a diverse kind* **heterogenetic**
inductions: thou shalt not *sow* **seed** thy *field* **seed**
with *mingled seed* **heterogenetic inductions**:

neither shall *a garment* **clothes**
mingled **with heterogenetic inductions** of *linen and*
woollen **linsey—woolsey** *come upon* **ascend** thee.
20 And *whosoever* **any man who**
lieth carnally **giveth seed of copulation**
with **to** a woman, that is a *bondmaid* **maid,**
betrothed to an husband **exposed by a man,**
and **in redeeming,** not *at all* redeemed,
nor *freedom* **liberty** given her;
she shall be scourged **let there be an inquisition;**
they shall not be *put to death* **deathified,**
because she was not *free* **liberated.**
21 And he shall bring
his trespass offering **that for his guilt**
unto *the LORD* **Yah Veh,** unto the *door* **opening**
of the *tabernacle* **tent** of the congregation, even
a ram for *a trespass offering* **the guilt.**
22 And the priest
shall *make an atonement* **kapar/atone** for him with
the ram *of the trespass offering* **for his guilt**
before the LORD **at the face of Yah Veh**
for his sin which he hath *done* **sinned:**
and the sin which he hath *done* **sinned**
shall be forgiven him.
23 And when ye shall come into the land,
and shall have planted all *manner of*
trees for food, then ye shall count
the fruit thereof as uncircumcised
as uncircumcised, the uncircumcision of the fruit:
three years shall it be as uncircumcised unto you:
it shall not be eaten of.
24 But in the fourth year all the fruit
thereof shall be holy
to praise the LORD withal — **halals to Yah Veh.**
25 And in the fifth year shall ye eat of the fruit
thereof, that it may *yield* **add** unto you
the *increase* **produce** thereof:
I am the LORD **I — Yah Veh** your *God* **Elohim.**
26 Ye shall not eat *any thing* **aught** with the blood:
neither shall ye *use enchantment* **prognosticate,**
nor observe times.
27 Ye shall not *round* **ruin** the *corners*
edges of your heads,
neither shalt thou *mar* **ruin** the
corners **edges** of thy beard.
28 Ye shall not *make any cuttings* **give incisions**
in your flesh for the *dead* **soul,**
nor *print any marks* **give an inscription of a tattoo**
upon you:
I am the LORD **I — Yah Veh.**
29 Do not *prostitute* **profane** thy daughter,
to cause her to *be a* whore;
lest the land *fall to whoredom* **whore,**
and the land become full of *wickedness* **intrigue.**
30 Ye shall *keep* **guard** my *sabbaths* **shabbaths,**
and *reverence* **awe** my *sanctuary* **holies:**
I am the LORD **I — Yah Veh.**
31 *Regard not them that have familiar spirits*
Neither face necromancers,
neither seek after *wizards* **knowers,**
to be *defiled* **fouled** by them:
I am the LORD **I — Yah Veh** your *God* **Elohim.**
32 Thou shalt rise up
before the hoary head **at the face of the grayed,**
and *honour* **esteem** the face of the *old man*
aged, and *fear* **awe** thy *God* **Elohim:**
I am the LORD **I — Yah Veh.**
33 And if a *stranger* **so journer**
sojourn with thee in your land, ye
shall not *vex* **oppress** him.
34 Butthe*stranger***sojourner**
that *dwelleth* **sojourneth** with you
shall be unto you as *one born* **a native** among
you, and thou shalt love him as thyself;
for ye were *strangers* **sojourners**
in the land of *Egypt* **Misrayim:**
I am the LORD **I — Yah Veh** your *God* **Elohim.**
35 Ye shall *do* **work** no *unrighteousness* **wickedness**
in judgment, in *meteyard* **measurement,**
in weight, or in *measure* **quantity.**
36 *Just balances* **Balances of justness,**
just weights **stones of justness,**
a just ephah **an ephah of justness,**
and a *just hin* **hin of justness,** shall ye have:
I am the LORD **I — Yah Veh** your *God* **Elohim,** which
brought you out of the land of *Egypt* **Misrayim.**
37 *Therefore* shall ye *observe* **guard** all my statutes,
and all my judgments, and *do* **work** them:
I am the LORD **I — Yah Veh.**

20 And *the LORD spake* **Yah Veh worded**
unto *Moses* **Mosheh,** saying,
2 Again, thou shalt say
to the *children* **sons** of *Israel* **Yisra El,**

On Idolatry

Whosoever he be of the *children* **sons** of *Israel*
Yisra El, or of the *strangers* **sojourners**
that sojourn in *Israel* **Yisra El,**
that giveth any of his seed unto Molech;

in deathifying, he shall *surely* be
put to death **deathified:**
the people of the land shall stone him with stones.
3 And I *will set* **shall give** my face against that
man, and *will* **shall** cut him off from among his people;
because he hath given of his seed unto Molech,
to *defile* **foul** my *sanctuary* **holies,**
and to profane my holy name.
4 And if the people of the land
do any ways hide **in vailing, vail** their eyes from the
man, when he giveth of his seed unto Molech,
and *kill* **deathify** him not:
5 Then I *will* **shall** set my face against
that man, and against his family,
and *will* **shall** cut him off,
and all that *go a whoring* **whore** after him, to
commit whoredom **whore** with Molech,
from among their people.
6 And the soul that turneth **the face**
after such as have familiar spirits **from**
necromancers, and *after wizards* **from knowers,**
to *go a whoring* **whore** after them,
I *will* **shall** even set my face against that soul, and
will **shall** cut him off from among his people.
7 *Sanctify***Halow**yourselvestherefore,andbeyeholy:
for *I am the LORD* **I — Yah Veh** your *God* **Elohim.**
8 And ye shall *keep* **guard** my
statutes, and *do* **work** them:
I am the LORD which sanctify **I — Yah Veh hallow** you.
9 For *every one* **man — every man**
that *curseth* **abaseth** his father or his mother
in deathifying, shall be *surely put to death* **deathified:**
he hath *cursed* **abased** his father or his mother;
his blood shall be upon him.
10 And the man that *committeth adultery* **adulterizeth**
with *another* **a** man's *wife* **woman,**
even he that *committeth adultery* **adulterizeth**
with his *neighbour's wife* **friend's woman,**
the adulterer and the adulteress
in deathifying, shall *surely* be *put to death* **deathified.**
11 Andthemanthalitethwithisfathe'rs*wife***woman**
hath *uncovered* **exposed** his father's nakedness:
both **the two** of them
in deathifying, shall *surely* be *put to death* **deathified;**
their blood shall be upon them.
12 And if a man lie with his daughter in law,
both **the two** of them
in deathifying, shall *surely* be *put to death* **deathified:**
they have *wrought confusion* **worked comingling;**
their blood shall be upon them.
13 If a man also lie with *mankind* **male,** as
he lieth with **bedding with** a woman,
both **the two** of them
have *committed an abomination* **done an abhorrence:**
in deathifying, they shall *surely* be
put to death **deathified;**
their blood shall be upon them.
14 And if a man take a *wife* **woman** and her
mother, it is *wickedness* **intrigue:**
they shall be burnt with fire, both he and they;
that there be no *wickedness* **intrigue** among you.
15 And if a man **giveth to** lie with *a beast* **an animal,**
in deathifying, he shall *surely* be
put to death **deathified:**
and ye shall *slay* **slaughter** the *beast* **animal.**
16 Andifawomanaproachuntoany*beast***anima,l**
and *lie down thereto* **copulate,** thou
shalt *kill* **slaughter** the woman,
and the *beast* **animal:**
in deathifying, they shall *surely* be
put to death **deathified;**
their blood shall be upon them.
17 And if a man shall take his sister,
his father's daughter, or his mother's daughter,
and see her nakedness, and she see his
nakedness; it is a *wicked thing* **shame;**
and they shall be cut off in the *sight* **eyes** of their people:
he hath *uncovered* **exposed** his sister's nakedness;
he shall bear his *iniquity* **perversion.**
18 And if a man shall lie with a woman
having her sickness — **menstrous,**
and shall *uncover* **expose** her nakedness;
he hath *discovered* **stripped naked** her fountain,
and she hath *uncovered* **exposed**
the fountain of her blood:
and *both* **the two** of them shall be cut off
from among **the sons of** their people.
19 And thou shalt not *uncover* **expose** the nakedness
of thy mother's sister, nor of thy father's sister:
for he *uncovereth* **hath stripped naked**
his *near kin* **kinflesh:**
they shall bear their *iniquity* **perversion.**
20 And if a man shall lie with his uncle's *wife* **woman,** he
hath *uncovered* **exposed** his uncle's nakedness: they
shall bear their sin; they shall die *childless* **barren.**
21 And if a man shall take his brother's *wife*
woman, it is an *unclean thing* **exclusion:**
he hath *uncovered* **exposed** his brother's nakedness;
they shall be *childless* **barren.**
22 Ye shall *therefore keep* **guard** all my statutes,
and all my judgments, and *do* **work** them:

that the land, whither I bring you to *dwell* **settle** therein,
spue **vomit** you not *out.*
23 And ye shall not walk
in the *manners* **statutes** of the *nation* **goyim**,
which I cast out *before* you **from your face**:
for they *committed* **have worked** all these *things*,
and therefore I abhorred them.
24 But I have said unto you,
Ye shall *inherit* **possess** their *land* **soil**, and I
will **shall** give it unto you to possess it,
a land that floweth with milk and honey:
I am the LORD **I — Yah Veh** your *God* **Elohim**,
which have separated you from *other* people.
25 Ye shall therefore *put difference* **separate**
between *clean beasts* **pure animals**
and *unclean* **between fouled**,
and between *unclean fowls* **fouled flyers**
and *clean* **between pure**:
and ye shall not *make* **abominate** your souls *abominable*
by *beast* **animal**, or by *fowl* **flyer**,
or by any *manner of living thing* **live being**
that creepeth on the *ground* **soil**,
which I have separated from you as *unclean* **fouled**.
26 And ye shall be holy unto me:
for I *the LORD* **Yah Veh** am holy,
and have *severed* **separated** you from *other*
people, that ye should be mine.
27 A man *also* or woman
that hath a familiar spirit — **a necromancer**,
or that is a *wizard* **knower**,
in deathifying, shall *surely* be *put to death* **deathified**:
they shall stone them with stones:
their blood shall be upon them.

The Priesthood

21 And *the LORD* **Yah Veh** said unto *Moses* **Mosheh**,
Speak **Say** unto the priests the sons of
Aaron **Aharon**, and say unto them,
There shall none be *defiled* **fouled**
for *the dead* **a soul** among his people:
2 *Bu***E**txcep**o**f**t**r**h**i**s***kin***kinflesh**,thaitsnearuntohim,
that is, for his mother, and for his father,
and for his son, and for his daughter, and for his brother.
3 Andforhisisteravirgin,thatisnighuntohim,
which hath had no *husband* **man**;
for her may he be *defiled* **fouled**.
4 But *he* **a master** shall not *defile* **foul** himself,
being a chief man among his people, to profane himself.
5 They shall not *make baldness upon* **balden**
their head, neither shall they shave off the
corner **edge** of their beard, nor *make* **incise**
any *cuttings* **incisions** in their flesh.
6 They shall be holy unto their *God* **Elohim**,
and not profane the name of their *God* **Elohim**: for the
offerings of the LORD made by fire **firings unto Yah Veh**,
and the bread of their *God* **Elohim**, they do *offer* **oblate**:
therefore they shall be holy.
7 They shall not take a *wife* **woman**
that is a whore, or profane;
neither shall they take a woman
put away **expelled** from her *husband* **man**:
for he is holy unto his *God* **Elohim**.
8 Thou shalt *sanctify* **hallow** him *therefore*;
for he *offereth* **oblateth** the bread of thy *God* **Elohim**:
he shall be holy unto thee:
for *I the LORD* **I — Yah Veh**,
which *sanctify* **halloweth** you, am holy.
9 And the daughter of *any* **a man — a** priest,
if she profane herself by *playing the whore* **whoring**,
she profaneth her father: she shall be burnt with fire.
10 And he that is the *high* **great** priest
among his brethren,
upon whose head the anointing oil was poured,
and *that is consecrated* **hath filled his hand**
to *put on the garments* **enrobe the clothes**,
shall not *uncover* **expose** his head,
nor *rend* **tear** his clothes;
11 Neither shall he go in to any *dead*
body **soul that died**,
nor *defile* **foul** himself for his father, or for his mother;
12 Neither shall he go out of the *sanctuary* **holies**, nor
profane the *sanctuary* **holies** of his *God* **Elohim**;
for the *crown* **separatism** of the anointing
oil of his *God* **Elohim** is upon him:
I am the LORD **I — Yah Veh**.
13 And he shall take a *wife* **woman** in her virginity.
14 Awidow,or*adivorcedwoman***expeled**,
or profane, or *an harlot* **that whoreth**,
these shall he not take:
but he shall take a virgin of his own
people to *wife* **woman**.
15 Neither shall he profane his seed among his people:
for I *the LORD do sanctify* **Yah Veh hallow** him.
16 And *the LORD spake* **Yah Veh worded**
unto *Moses* **Mosheh**, saying,
17 *Speak* **Word** unto *Aaron* **Aharon**, saying,
Whosoever he be **Any man** of thy seed in
their generations that hath any blemish,
let him not approach
to *offer* **oblate** the bread of his *God* **Elohim**.

18 For whatsoever man he be that hath a
blemish, he shall not approach:
a blind man, or a lame,
or *he that hath a flat nose* **disfigured**,
or *any thing superfluous* **spread**,
19 Or a man that is brokenfooted, or brokenhanded,
20 Or*crookback***atrchbacked**,o*ardwa***th***rf***in**,
or that hath a *blemish* **cataract** in his
eye, or be scurvy, or scabbed,
or hath his *stones broken* **testicles castrated**;
21 No man that hath a blemish
of the seed of *Aaron* **Aharon** the priest
shall come nigh to *offer* **oblate**
the *offerings of the LORD made by fire*
firings unto Yah Veh:
he hath a blemish;
he shall not come nigh
to *offer* **oblate** the bread of his *God* **Elohim**.
22 Heshaleathebreadofhis*God***Elohim**,
both of the *most holy* **holy of holies**,
and of the *holy* **holies**.
23 Only he shall not go in unto the vail, nor
come nigh unto the **sacrifice** altar,
because he hath a blemish;
that he profane not my *sanctuaries* **holies**:
for I *the LORD do sanctify* **Yah Veh hallow** them.
24 And *Moses told it* **Mosheh worded** unto
Aaron **Aharon**, and to his sons,
and unto all the *children* **sons** of *Israel* **Yisra El**.

22 And *the LORD spake* **Yah Veh worded**
unto *Moses* **Mosheh**, saying,
2 *Speak* **Word** unto *Aaron* **Aharon** and to his sons,
that they separate themselves from the *holy things* **holies**
of the *children* **sons** of *Israel* **Yisra El**,
and that they profane not my holy name *in those things*
which they hallow unto me:
I am the LORD **I — Yah Veh**.
3 Say unto them,
Whosoever he be **The man** of all your
seed among your generations,
that *goeth unto* **approacheth** the *holy things* **holies**,
which the *children* **sons** of *Israel* **Yisra El**
hallow unto *the LORD* **Yah Veh**,
having his *uncleanness* **foulness** upon him, that
soul shall be cut off from my *presence* **face**:
I am the LORD **I — Yah Veh**.
4 *What man soever* **Man — whatever man**
of the seed of *Aaron* **Aharon** is a leper,
or *hath a running issue* **fluxeth**;
he shall not eat of the *holy things* **holies**,
until he be *clean* **purified**.
And whoso toucheth *any thing* **aught**
that is *unclean* **fouled** by the *dead* **soul**,
or a man whose seed **of copulation** goeth from him;
5 Or *whosoever* **whatever man**
toucheth any *creeping thing* **teemer**,
whereby he may be *made unclean*
fouled, or a *man* **human**
of *whom he may take uncleanness* **his foulness**,
whatsoever *uncleanness* **foulness** he hath;
6 The soul which hath touched any such
shall be *unclean* **fouled** until even,
and shall not eat of the *holy things* **holies**, unless
he *wash* **baptize** his flesh with water.
7 And when the sun is down, he shall be *clean*
purified, and shall afterward eat of the *holy
things* **holies**; because it is his *food* **bread**.
8 That *which dieth of itself* **carcase**, or
is torn *with beasts*, he shall not eat to
defile **foul** himself therewith;
I am the LORD **I — Yah Veh**.
9 They shall *therefore*
keep mine ordinance **guard my guard**,
lest they bear sin for it, and die therefore, if they profane
it: I *the LORD do sanctify* **Yah Veh hallow** them.
10 Thereshalnostrangereatofthe*holything***holies**:
a *sojourner* **settler** of the priest, or
an *hired servant* **hireling**,
shall not eat of the *holy thing* **holies**.
11 But if the priest *buy* **chattelize** any soul
with his money — **a chattel of silver**, he shall eat
of it, and he that is *born* **birthed** in his house:
they shall eat of his *meat* **bread**.
12 If the priest's daughter also *be married* **becometh
a man's** *unto a stranger* — **a stranger's**,
she may not eat
of an *heave offering* **exaltment** of the *holy things* **holies**.
13 But if the priest's daughter be a widow,
or *divorced* **expelled**, and have no *child* **seed**,
and is returned unto her father's house, as in her
youth, she shall eat of her father's *meat* **bread**:
but there shall be no stranger eat thereof.
14 And if a man eat of the *holy thing* **holies**
unwittingly **erring inadvertently**,
then he shall *put* **add** the fifth *part* thereof
unto it **thereto**, and shall give it unto the
priest with the *holy thing* **holies**.
15 And they shall not profane the *holy things* **holies**

of the *children* **sons** of *Israel* **Yisra El**, which
they *offer* **lift** unto *the LORD* **Yah Veh**;
16 Or *suffer* **cause** them to bear
the *iniquity* **perversity** of *trespass* **guilt**,
when they eat their *holy things* **holies**:
for I *the LORD do sanctify* **Yah Veh hallow** them.
17 And *the LORD spake* **Yah Veh worded**
unto *Moses* **Mosheh**, saying,
18 *Speak***Word**unto*Aaron***Aharon**,andtohisons,
and unto all the *children* **sons** of *Israel*
Yisra El, and say unto them,
Whatsoever he be **Man — whatever man**
of the house of *Israel* **Yisra El**,
or of the *strangers* **sons of sojourners** in *Israel* **Yisra El**, that *will offer* **shall oblate** his *oblation* **qorban**
for all his vows,
and for all his *freewill offerings* **voluntaries**,
which they *will offer* **shall oblate**
unto *the LORD* **Yah Veh**
for a *burnt offering* **holocaust**;
19 *Yeshaloferat*your*ownwpil* **leasure**
a male *without blemish* **integrious**,
of the *beeves* **oxen**, of the *sheep* **lambs**, or of the goats.
20 But whatsoever hath a blemish,
that shall ye not *offer* **oblate**:
for it shall not be *acceptable* **pleasing** for you.
21 And *whosoever offereth* **the man that oblateth**
a sacrifice of *peace offerings* **shelamim**
unto *the LORD* **Yah Veh**
to accomplish his — **a marvelous** vow,
or a *freewill offering* **voluntary**
in *beeves* **oxen** or *sheep* **flocks**,
it shall be *perfect* **integrious** to be *accepted* **pleasing**;
there shall be no blemish therein.
22 Blind, or broken, or *maimed* **cut**,
or *having a wen* **pussed**, or scurvy, or scabbed,
ye shall not *offer* **oblate** these unto *the LORD* **Yah Veh**, nor *make an offering by fire* **give firings** of them
upon the **sacrifice** altar unto *the LORD* **Yah Veh**.
23 Either *a bullock* **an ox** or a lamb
that hath any thing superfluous **spread**
or *lacking in his parts* **maimed**, that
mayest thou *offer* **work**
for a *freewill offering* **voluntary**;
but for a vow it shall not be *accepted* **pleasing**.
24 Yeshalnot*ofe***orblate**unto*theLORD***YahVeh**
that which is *bruised* **pinched**, or
crushed, or *broken* **torn**, or cut;
neither shall ye *make any offering thereof* **work**
in your land.
25 Neither from a stranger's hand
shall ye *offer* **oblate** the bread of your *God* **Elohim**
of any of these;
because their *corruption* **ruin** is in
them, and blemishes be in them:
they shall not be *accepted* **pleasing** for you.
26 And *the LORD spake* **Yah Veh worded**
unto *Moses* **Mosheh**, saying,
27 When *a bullock* **an ox**, or a *sheep* **lamb**,
or a goat, is *brought forth* **birthed**,
then it shall be seven days under the *dam* **mother**;
and from the eighth day and *thenceforth* **beyond**
it shall be *accepted* **pleasing** for *an offering* **a qorban**
made by fire **a firing** unto *the LORD* **Yah Veh**.
28 And *whether it be cow* **ox**, or *ewe* **lamb**,
ye shall not *kill* **slaughter** it and her *young* **sons**
both in one day.
29 And when ye *will offer* **shall sacrifice** a sacrifice
of thanksgiving — **an spread hands praise**
unto *the LORD* **Yah Veh**,
offer **sacrifice** it at your *own will* **pleasure**.
30 On the same day it shall be eaten up;
ye shall *leave* **let** none of it **remain** until the morrow:
I am the LORD **I — Yah Veh**.
31 Therefore shall ye *keep* **guard**
my *commandments* **misvoth**, and *do* **work** them:
I am the LORD **I — Yah Veh**.
32 Neither shall ye profane my holy name;
but I *will* **shall** be hallowed
among the *children* **sons** of *Israel* **Yisra El**:
I am the LORD **I — Yah Veh** which hallow you,
33 Thatbroughtyououtofthelandof*Egyp***M***t* **israyim**,
to be your *God* **Elohim**:
I am the LORD **I — Yah Veh**.

23 And *the LORD spake* **Yah Veh worded**
unto *Moses* **Mosheh**, saying,

TORAH ON SEASONS

2 *Speak* **Word** unto the *children* **sons** of
Israel **Yisra El**, and say unto them,
Concerning the *feasts* **seasons** of *the LORD* **Yah Veh**,
which ye shall *proclaim* **recall** to be holy
convocations, even these are my *feasts* **seasons**.

SEASON OF SHABBATH

3 Six days shall work be *done* **worked**:
but the seventh day
is the *sabbath* **shabbath** of *rest*
shabbathism, an holy convocation;
ye shall *do* **work** no work *therein*:

it is the *sabbath* **shabbath** of *the LORD* **Yah Veh**
in all your *dwellings* **settlements.**

Seasons To Recall

4 These are the *feasts* **seasons** of *the LORD* **Yah Veh,**
even holy convocations,
which ye shall *proclaim* **recall** in their seasons.
5 *In the fourteenth day of the first month*

Season Of Pasach

In the first month, on the fourteenth of the month,
at even **between evenings**
is *the LORD'S passover* **Yah Veh's pasach.**

Season Of Matsah

6 And on the fifteenth day of the same month
is the *feast* **celebration** of *unleavened bread* **matsah**
unto *the LORD* **Yah Veh:**
seven days ye *must* **shall** eat *unleavened bread* **matsah.**
7 Intheifrstdayeshalhaveanholyconvocaiton:
ye shall *do* **work** no *servile* **service** work therein.
8 But yes haol*feran ofering made by fire* **oblatea firing**
unto *the LORD* **Yah Veh** seven days:
in the seventh day is an holy convocation:
ye shall *do* **work** no *servile* **service** work *therein.*

Season Of Harvest Firsts

9 And *the LORD spake* **Yah Veh**
worded unto *Moses* **Mosheh,** saying,
10 *Speak* **Word** unto the *children* **sons** of
Israel **Yisra El,** and say unto them,
When ye be come into the land which I give unto
you, and shall *reap* **harvest** the harvest thereof,
then ye shall bring *a sheaf* **an omer**
of the *firstfruits* **firsts** of your harvest unto the priest:
11 And he shall wave the *sheaf* **omer** *before*
the LORD **at the face of Yah Veh,** *to be*
accepted for you **at your pleasure:**
on the morrow after the *sabbath* **shabbath**
the priest shall wave it.
12 And ye shall *offer* **work** that day
when ye wave the *sheaf* **omer**
an he lamb *without blemish* **integrious**
of the first year — **a yearling son**
for a *burnt offering* **holocaust** unto *the LORD* **Yah Veh.**
13 And the *meat* offering thereof
shall be two *tenth deals of fine* **tenths** flour
mingled **mixed** with oil,
an offering made by fire **a firing** unto *the LORD* **Yah Veh**
for a *sweet savour* **scent of rest:**
and the *drink offering* **libation** thereof shall
be of wine, the fourth *part* of an hin.
14 And ye shall eat neither bread, nor parched
corn, nor *green ears* **of the orchard,**
until *the selfsame* **that** day that ye have brought
an *offering* **qorban** unto your *God* **Elohim:**
it shall be *a* **an eternal** statute *for ever*
throughout your generations
in all your *dwellings* **settlements.**

Season Of Pentecost

15 And yeshal *count* **scribe** unto you
from the morrow after the *sabbath*
shabbath, from the day
that ye brought the *sheaf* **omer** of the wave *offering;*
seven *sabbaths* **shabbaths** shall be *complete* **integrious:**
16 Even unto the morrow
after the seventh *sabbath* **shabbath**
shall ye *number* **scribe** fifty days;
and ye shall *offer* **oblate** a new *meat*
offering unto *the LORD* **Yah Veh.**
17 Ye shall bring out of your *habitations* **settlements**
two wave *loaves* **breads** of two *tenth deals* **tenths;**
they shall be of *fine* flour;
they shall be baken with *leaven* **fermentation;**
they are the firstfruits unto *the LORD* **Yah Veh.**
18 And ye shall *offer* **oblate** with the bread
seven lambs *without blemish* **integrious**
of the first year — **yearling sons,**
and one *young* bullock **son of the oxen,** and two rams:
they shall be for a *burnt offering* **holocaust**
unto *the LORD* **Yah Veh,**
with their *meat* offering, and their
drink offerings **libations,**
even an offering made by fire **a firing,**
of sweet savour **a scent of rest** unto *the LORD* **Yah Veh.**
19 Then yeshal *saccrifie* **work** one *kid* **buck** of the goats
for *a sin offering* **the sin,**
and two lambs *of the first year* **yearling sons**
for a sacrifice of *peace offerings* **shelamim.**
20 And the priest shall wave them
with the bread of the firstfruits for a wave *offering*
before the LORD **at the face of Yah Veh,**
with the two lambs:
they shall be holy to *the LORD* **Yah Veh** for the priest.
21 And ye shall proclaim on the selfsame day, that
it may be an holy convocation unto you:
ye shall *do* **work** no *servile* **service** work *therein:*
it shall be *a* **an eternal** statute *for ever*
in all your *dwellings* **settlements**

throughout your generations.
22 And when ye *reap* **harvest** the harvest of your land,
thou shalt not *make clean riddance of* **finish off**
the *corners* **edges** of thy field when thou
reapest **harvestest**, neither shalt thou *gather*
glean any gleaning of thy harvest:
thou shalt leave them unto the *poor* **humbled**,
and to the *stranger* **sojourner**:
I am the LORD **I — Yah Veh** your *God* **Elohim**.

SEASON OF BLASTING

23 And *the LORD spake* **Yah Veh worded**
unto *Moses* **Mosheh**, saying,
24 *Speak* **Word** unto the *children* **sons**
of *Israel* **Yisra El**, saying,
In the seventh month, in the first *day* of the month,
shall ye have a *sabbath* **shabbathism**,
a memorial of *blowing of trumpets*
blasting, an holy convocation.
25 Ye shall *do* **work** no *servile* **service** work *therein*:
but ye shall *offer an offering made by fire* **oblate a firing**
unto *the LORD* **Yah Veh**.

SEASON OF YOM KIPPURIM

26 And *the LORD spake* **Yah Veh worded**
unto *Moses* **Mosheh**, saying,
27 *Also***Only**onthetenth*day*ofthiseventhmonth
there shall be *a day of atonement* **Yom Kippurim**:
it shall be an holy convocation unto you;
and ye shall *afflict* **humble** your souls,
and *offer an offering made by fire* **oblate a firing**
unto *the LORD* **Yah Veh**.
28 And ye shall *do* **work** no work in that same day:
for it is *a day of atonement* **Yom Kippurim**, to
make an atonement **kapar/atone for you**
before the LORD **at the face of Yah**
Veh your *God* **Elohim**.
29 For whatsoever soul it be
that shall not be *afflicted* **humbled** in that same day,
he shall be cut off from among his people.
30 And whatsoever soul it be
that *doeth* **worketh** any work in that same day,
the same soul *will* **shall** I destroy from among his people.
31 Ye shall *do* **work** no *manner of* work:
it shall be *a* **an eternal** statute *for ever*
throughout your generations
in all your *dwellings* **settlements**.
32 It shall be unto you
a *sabbath* **shabbath** of *rest* **shabbathism**,
and ye shall *afflict* **humble** your souls:
in the ninth *day* of the month at
even, from even unto even,
shall ye *celebrate* **shabbathize** your *sabbath* **shabbath**.

SEASON OF SUKKOTH/BRUSH ARBORS

33 And *the LORD spake* **Yah Veh worded**
unto *Moses* **Mosheh**, saying,
34 *Speak* **Word** unto the *children* **sons**
of *Israel* **Yisra El**, saying,
The fifteenth day of this seventh month
shall be the *feast* **celebration**
of *tabernacles* **sukkoth/brush arbors**
for seven days unto *the LORD* **Yah Veh**.
35 Ontheifrstdayshalbeanholyconvocaiton:
ye shall *do* **work** no *servile* **service** work *therein*.
36 Seven days ye shall
offer an offering made by fire **oblate a firing**
unto *the LORD* **Yah Veh**:
on the eighth day shall be an holy convocation
unto you; and ye shall *offer an offering made by*
fire **oblate a firing** unto *the LORD* **Yah Veh**:
it is *a solemn assembly* **an abstinence**;
and ye shall *do* **work** no *servile* **service** work *therein*.
37 These are the *feasts* **seasons** of *the*
LORD **Yah Veh**, which ye shall *proclaim*
recall to be holy convocations,
to *offer an offering made by fire* **oblate a firing**
unto *the LORD* **Yah Veh**,
a *burnt offering* **holocaust**, and *a meat* **an** offering,
a sacrifice, and *drink offerings* **libations**,
every *thing upon his day* **word day by day**:
38 Beside the *sabbaths* **shabbaths** of *the LORD* **Yah Veh**,
and beside your gifts, and beside all your vows,
and beside all your *freewill offerings* **voluntaries**,
which ye give unto *the LORD* **Yah Veh**.

SEASON OF SHABBATHISM

39 Also in the fifteenth day of the seventh month,
when ye have gathered in the *fruit* **produce** of the
land, ye shall *keep* **celebrate** a *feast* **celebration**
unto *the LORD* **Yah Veh** seven days:
on the first day shall be a *sabbath* **shabbathism**,
and on the eighth day shall be a *sabbath* **shabbathism**.
40 And ye shall take you on the first day the boughs of
goodly **majestic** trees, *branches* **palms** of palm trees,
and the *boughs* **fruit** of thick trees, and willows
of the *brook* **wadi**; and ye shall *rejoice* **cheer**
before the LORD **at the face of Yah**
Veh your *God* **Elohim**
seven days.

41 And ye shall *keep it* **celebrate** a *feast* **celebration**
unto *the LORD* **Yah Veh** seven days in the year.
It shall be *a* **an eternal** statute *for*
ever in your generations:
ye shall celebrate it in the seventh month.
42 Ye shall *dwell* **sit** in *booths* **sukkoth/brush arbors**
seven days;
all that are *Israelites born* **Yisra Eliy birthed**
shall *dwell* **sit** in *booths* **sukkoth/brush arbors**:
43 That your generations may know
that I *made* **caused** the *children* **sons** of *Israel* **Yisra El**
to *dwell* **sit** in *booths* **sukkoth/brush arbors,**
when I brought them out of the land of *Egypt* **Misrayim**:
I am the LORD **I — Yah Veh** your *God* **Elohim.**
44 And *Moses declared* **Mosheh worded**
unto the *children* **sons** of *Israel* **Yisra El**
the *feasts* **seasons** of *the LORD* **Yah Veh.**

Congregational Tent Menorah

24 And *the LORD spake* **Yah Veh worded**
unto *Moses* **Mosheh,** saying,
2 *Command* **Misvah** the *children* **sons** of *Israel*
Yisra El, that they *bring* **take** unto thee
pure oil olive *beaten* **pestled** for the light,
to cause the lamps to *burn* **holocaust** continually.
3 Without the vail of the *testimony* **witness,**
in the *tabernacle* **tent** of the congregation,
shall *Aaron order* **Aharon arrange** it
from the evening unto the morning
before the LORD **at the face of Yah Veh** continually:
it shall be *a* **an eternal** statute *for*
ever in your generations.
4 Heshal*order***arrange**thelamps
upon the pure *candlestick* **menorah**
before the LORD **at the face of Yah Veh** continually.

Congregational Tent Cakes

5 And thou shalt take *fine* flour, and
bake twelve cakes thereof:
two *tenth deals* **tenths** shall be in one cake.
6 And thou shalt set them in two rows,
six on a row, upon the pure table
before the LORD **at the face of Yah Veh.**
7 And thou shalt *put* **give** pure frankincense
upon each row,
that it may be on the bread for a memorial, even *an*
offering made by fire **a firing** unto *the LORD* **Yah Veh.**
8 *Every sabbath* **On the shabbath —**
every shabbath day
he shall *set it in order* **arrange it**
before the LORD **at the face of Yah Veh** continually,
being taken from the *children* **sons** of *Israel*
Yisra El by an *everlasting* **eternal** covenant.
9 And it shall be *Aaron's* **Aharon's** and his sons';
and they shall eat it in the *holy place* **holies**:

37 These *are* the seasons of Yah Veh, to
recall for holy convocations
to oblate a firing to Yah Veh —
a holocaust and an offering
a sacrifice and libations: — every day by day word:
38 beside the shabbaths of Yah Veh
and beside your gifts and beside all your vows
and beside all your voluntaries
which you give to Yah Veh.

Season Of Shabbathism

39 Only, in the fifteenth day of the seventh month,
when you ingather the produce of the land,
celebrate a celebration to Yah Veh seven days:
the first day, a shabbathism
and the eighth day, a shabbathism:
40 and on the first day,
take the boughs of majestic trees, palms of palm
trees and the fruit of thick trees and willows of the
wadi; and cheer at the face of Yah Veh your Elohim
seven days:
41 and celebrate a celebration to Yah Veh seven days in
the year — an eternal statute in your generations:
celebrate it in the seventh month.
42 Sit in sukkoth/brush arbors seven days;
all Yisra Eliy birthed, sit in sukkoth/brush arbors
43 — so that your generations know
that I sat the sons of Yisra El in sukkoth/brush arbors
when I brought them from the land of Misrayim:
I — Yah Veh your Elohim.
44 And Mosheh words to the sons of Yisra El
the seasons of Yah Veh.

Congregational Tent Menorah

24 And Yah Veh words to Mosheh, saying,
2 Misvah the sons of Yisra El,
to bring you pure olive oil pestled for the
light, to holocaust the lamps continually.
3 Outside the veil of the witness, in the tent of the
congregation, Aharon arranges it continually
from evening to morning at the face of Yah Veh: —
an eternal statute in your generations.
4 He arranges the lamps on the pure menorah
at the face of Yah Veh continually.

Congregational Tent Cakes

5 And take flour and bake twelve cakes thereof
— two tenths in one cake:
6 and set them in two rows, six in a row, on
the pure table at the face of Yah Veh:
7 and give pure frankincense on each row,
on the bread to become a memorial —
even a firing to Yah Veh.
8 On the shabbath — every shabbath day he arranges it
at the face of Yah Veh continually, being taken
from the sons of Yisra El by an eternal covenant.
9 And it becomes to Aharon and his sons;
and they eat it in the holies:
for it is *most holy* **a holy of holies** unto him
of the *offering of the LORD made by fire*
firing unto Yah Veh
by a perpetual — **an eternal** statute.

An Abaser Is Stoned

10 Andthesonofan*Israelitish***YisraEliy**woman,
whose father was an Egyptian
a son of a man — a Misrayim,
went out among the *children* **sons** of *Israel* **Yisra
El**: and this son of the *Israelitish woman* **Yisra
Eliy** and *a man of Israel* **an Yisra Eliy man**
strove together in the camp;
11 And the *Israelitish* **Yisra Eliy** woman's son
blasphemed **pierced** the name *of the
Lord*, and *cursed* **abased.**
And they brought him unto *Moses* **Mosheh**:
(and his mother's name was Shelomith,
the daughter of Dibri, of the *tribe* **rod** of Dan:)
12 And they *put* **set** him *in ward* **under guard,**
that the *mind* **mouth** of *the LORD* **Yah
Veh** might be *shewed them* **expressed.**
13 And *the LORD spake* **Yah Veh worded**
unto *Moses* **Mosheh,** saying,
14 Bring forth
him that hath *cursed* **abased** without the camp;
and let all that heard him
lay **prop** their hands upon his head,
and let all the *congregation* **witness** stone him.
15 And thou shalt *speak* **word**
unto the *children* **sons** of *Israel* **Yisra El,** saying,
Whosoever **A man — any man**
curseth **that abaseth** his *God* **Elohim** shall bear his sin.
16 Andhethat*blasphemeth***pierceth**
the name of *the LORD* **Yah Veh,**
in deathifying, he shall *surely* be *put to death*
deathified, and all the *congregation* **witness**
in stoning, shall *certainly* stone him:
as well the *stranger* **sojourner,**
as he that is *born* **birthed** in the land,
when he *blasphemeth* **pierceth** the name *of the
LORD*, shall be *put to death* **deathified.**
17 And *he* **a man**
that *killeth any man* **smiteth a human soul,**
in deathifying, shall *surely* be *put to death* **deathified.**
18 And he that
killeth a beast **smiteth the soul of an animal**
shall *make it good* **shalam for it;**
beast **soul** for *beast* **soul.**
19 And if a man
cause **give** a blemish in his *neighbour* **friend;**
as he hath *done* **worked,**
so shall it be *done* **worked** to him;
20 Breach for breach, eye for eye, tooth for tooth:
as he hath *caused* **given** a blemish in a *man*
human, so shall it be *done* **given** to him again.
21 And he that *killeth a beast* **smiteth an
animal**, he shall *restore* **shalam** it:
and he that *killeth a man* **smiteth a human,**
he shall be *put to death* **deathified.**
22 Yeshalhaveone*manneroflaw***judgmen,t**
as well for the *stranger* **sojourner,**
as for *one of your own country* **the native:**
for *I am the LORD* **I — Yah Veh** your *God* **Elohim.**
23 And *Moses spake* **Mosheh worded**
to the *children* **sons** of *Israel* **Yisra El,**
that they should bring forth him that had *cursed* **abased**
out of **without** the camp, and stone him with stones.
And the *children* **sons** of *Israel did* **Yisra El worked**
as *the LORD* **Yah Veh**
commanded Moses **misvahed Mosheh.**

25 And *the LORD spake* **Yah Veh worded**

Shabbath Year

unto *Moses* **Mosheh** in mount *Sinai* **Sinay,** saying,
2 *Speak* **Word** unto the *children* **sons** of
Israel **Yisra El,** and say unto them,
When ye come into the land which I give you,
then shall the land *keep* **shabbathize** a *sabbath* **shabbath**
unto *the LORD* **Yah Veh.**
3 Six years thou shalt *sow* **seed** thy field,
and six years thou shalt *prune* **pluck** thy vineyard,
and gather in the *fruit* **produce** thereof;
4 But in the seventh year shall be a *sabbath* **shabbath**
of rest — **a shabbathism** unto the land,
a *sabbath* **shabbath** for *the LORD* **Yah Veh:**
thou shalt neither *sow* **seed** thy field,
nor *prune* **pluck** thy vineyard.

5 That *which groweth of its own accord*
spontaneous growth of thy harvest,
thou shalt not *reap* **harvest**, neither
gather **clip** the grapes
of thy *vine undressed* **separatism**:
for it is a year of *rest* **shabbathism** unto the land.
6 And the *sabbath* **shabbath** of the land
shall be *meat* **food** for you;
for thee, and for thy servant, and for thy
maid, and for thy *hired servant* **hireling**,
and for thy *stranger* **settler** that sojourneth with thee.
7 And for thy *cattle* **animals**,
and for the *beast* **live beings** that are in thy land, shall
all the *increase* **produce** thereof be *meat* **to eat**.

Shophar Of Blasting

8 And thou shalt *number* **scribe**
seven *sabbaths* **shabbaths** of years unto
thee, seven times seven years;
and the *space* **days**
of the seven *sabbaths* **shabbaths** of years
shall be unto thee forty and nine years.
9 Then shalt thou cause
the *trumpet* **shophar** of the *jubile* **blasting** to *sound* **pass**
on the tenth day of the seventh month
in the seventh month, on the tenth of the month,
in *the day of atonement* **Yom Kippurim**
shall ye *make* **pass** the *trumpet sound* **shophar**
throughout all your land.
10 And ye shall hallow **that year** — the fiftieth year,
and *proclaim* **call** liberty throughout all the land
unto all *the inhabitants* **who settle** thereof:
it shall be a jubile unto you;
and ye shall return every man unto his possession,
and ye shall return every man unto his family.
11 A jubile shall that **year — the**
fiftieth year be unto you:
ye shall not *sow* **seed**, neither *reap* **harvest**
that which groweth of itself in it **the spontaneous**
growth, nor *gather the grapes* **clip** in it
of thy *vine undressed* **separatism**.
12 For it is the jubile; it shall be holy unto you:
ye shall eat the *increase* **produce** thereof out of the field.
13 In the year of this jubile
ye shall return every man unto his possession.
14 And if **in selling,**
thou *sell ought* **sellest** unto thy *neighbour*
friend, or *buyest ought* **chattelizest**
of thy *neighbour's* **friend's** hand,
ye shall not oppress *one another* **man to brother**:
15 Acordingtothenumberofyearsafterthejubile
thou shalt *buy* **chattelize** of thy *neighbour* **friend**,
and according
unto the number of years of the *fruits* **produce**
he shall sell unto thee:
16 According to the *multitude* **abundance** of years
thou shalt *increase* **greaten** the *price* **equity** thereof,
and according to the *fewness* **diminishing** of
years thou shalt diminish the *price* **equity** of it:
for according
to the number *of the years* of the *fruits* **produce**
doth he sell unto thee.
17 Ye shall not therefore
oppress *one another* **man to friend**;
but thou shalt *fear* **awe** thy *God* **Elohim**
for *I am the LORD* **I — Yah Veh** your *God* **Elohim.**
18 *Wherefore* ye shall *do* **work** my statutes,
and *keep* **guard** my judgments, and *do* **work** them;
and ye shall *dwell* **settle** in the land *in safety* **confidently.**
19 Andthelandshal*yield***give**herfruit,
and ye shall eat *your fill* **to satiety,**
and *dwell therein in safety* **settle confidently.**
20 And if ye shall say,
What shall we eat the seventh year?
behold, we shall not *sow* **seed**, nor
gather in our *increase* **produce**:
21 ThenI*wilcommand***shalmisvah**myblesing
upon you in the sixth year,
and it shall *bring forth fruit* **work** fruit for three years.
22 And ye shall *sow* **seed** the eighth year,
and eat yet of old *fruit* **produce** until the ninth year;
until her *fruits* **produce** come in,
ye shall eat of the old *store.*
23 The land shall not be sold *for ever* **ad infinitum**:
for the land is mine,
for ye are *strangers* **sojourners**
and *sojourners* **settlers** with me.
24 And in all the land of your possession
ye shall *grant* **give** a redemption for the land.
25 If thy brother be *waxen poor* **impoverished,**
and hath sold *away some* of his possession,
and if any of his **near of** kin come to redeem it,
then shall he redeem that which his brother sold.
26 And if *the man* **his hand**
have none **findeth not sufficient** to
redeem it, and *himself* **his own hand**
be able **hath attaineth** to redeem it;
27 Then let him *count* **fabricate**
the years of the sale thereof,
and restore the *overplus* **leftovers**

unto the man to whom he sold it;
that he may return unto his possession.
28 But if *he be not able* **his hand findeth not sufficient**
to restore it to him,
then that which is sold shall remain
in the hand of him that hath *bought*
chatteled it until the year of jubile:
and in the jubile it shall go out,
and he shall return unto his possession.
29 And if a man
sell a *dwelling* **settlement** house in a walled city,
then he may redeem it
within a whole year **until the consummation of the year**
after it is sold;
within a full year may he — **days to** redeem it.
30 And if it be not redeemed
within the *space of a full* **fulfilling of an integrious** year,
then the house that is in the walled city
shall be *established for ever* **raised ad infinitum**
to him that *bought* **chatteled** it
throughout his generations:
it shall not go out in the jubile.
31 But the houses of the *villages* **courts**
which have no wall round about them
shall be *counted* **fabricated**
as the fields of the *country* **land**:
they may be redeemed,
and they shall go out in the jubile.
32 Notwithstanding the cities of the *Levites* **Leviym**,
and the houses of the cities of their possession,
may the *Levites* **Leviym** redeem *at any time* **eternally**.
33 And *if a man* **as for him**
purchase **that redeemeth** of the *Levites*
Leviym, then the house that was sold,
and the city of his possession, shall
go out in the *year of* jubile:
for the houses of the cities of the *Levites* **Leviym**
are their possession
among the *children* **sons** of *Israel* **Yisra El**.
34 But the field of the suburbs of their
cities may not be sold;
for it is their *perpetual* **eternal** possession.
35 And if thy brother be *waxen poor* **impoverished**,
and *fallen in decay* **his hand shaketh** with thee;
then thou shalt *relieve* **strengthen** him: yea, *though he
be a stranger* **as a sojourner**, or *a sojourner* **as a settler**;
that he may live with thee.
36 Take thou no usury of him, or *increase* **bounty**:
but *fear* **awe** thy *God* **Elohim**;
that thy brother may live with thee.
37 Thoushaltnotgivehimthy*money***silver**uponusury,
nor *lend* **give** him thy *victuals* **food** for increase.
38 *I am the LORD* **I — Yah Veh** your *God* **Elohim**,
which brought you forth
out of the land of *Egypt* **Misrayim**,
to give you the land of *Canaan* **Kenaan**,
and to be your *God* **Elohim**.
39 And if thy brother *that dwelleth* by thee
be *waxen poor* **impoverished**, and be sold unto thee;
thou shalt not compel him to serve as a bondservant
he shall not serve the service of a servant:
40 But as an *hired servant* **hireling**,
and as a *sojourner* **settler**,
he shall be with thee,
and shall serve thee unto the year of jubile.
41 And then shall he depart from thee, both
he and his *children* **sons** with him, and
shall return unto his own family,
and unto the possession of his fathers shall he return.
42 For they are my servants,
which I brought forth out of the land of *Egypt* **Misrayim**:
they shall not be *sold as bondmen* **the sale of servants**.
43 Thou shalt not *rule over* **subjugate**
him with *rigour* **tyranny**;
but shalt *fear* **awe** thy *God* **Elohim**.
44 Both thy *bondmen* **servants**, and thy
bondmaids **maids**, which thou shalt have,
shall be of the *heathen* **goyim** that are round about you;
of them shall ye *buy bondmen* **chattelize servants**
and *bondmaids* **maids**.
45 Moreover of the *children* **sons** of the *strangers* **settlers**
that do sojourn among you,
of them shall ye *buy* **chattelize**,
and of their families that are with you, which they *begat*
birthed in your land: and they shall be your possession.
46 And ye shall *take* **inherit** them *as an inheritance*
for your *children* **sons** after you,
to *inherit* **possess** them for a possession;
they shall *be your bondmen for ever* **serve you
eternally**: but over your brethren the *children* **sons**
of *Israel* **Yisra El**, ye shall not *rule* **subjugate**
one over another **man to brother** with *rigour* **tyranny**.
47 And if **the hand o** a sojourner or *stranges* retler
wax rich **hath attained** by thee, and thy
brother *that dwelleth* by him
wax poor **be impoverished**, and sell himself
unto the *stranger* **sojourner** or *sojourner* **settler**
by thee, or *to the stock of the stranger's family*
the sojourner's family be uprooted:
48 After that he is sold he may be redeemed again;

one of his brethren may redeem him:
49 Either his uncle, or his uncle's son, may
redeem him, or *any that is nigh of kin*
unto him **kinflesh** of his family
may redeem him;
or if *he be able* **his hand hath attained**,
he may redeem *himself.*
50 And he shall *reckon* **fabricate** with
him that *bought* **chatteled** him
from the year that he was sold to
him unto the year of jubile:
and the *price* **silver** of his sale
shall be according unto the number of
years, according to the *time* **days** of an *hired*
servant **hireling** shall it be with him.
51 If there be yet many years *behind*,
according unto **the mouth of** them
he shall *give again the price of* **return** his
redemption out of the *money* **silver**
that he was bought for **for which he became a chattel.**
52 And if there *remain* **survive** but few
years unto the year of jubile,
then he shall *count* **fabricate** with him,
and according unto **the mouth of** his years
shall *he give* **return to** him *again*
the price of **for** his redemption.
53 And as a *yearly hired servant* **year by year hireling**
shall he be with him:
and the other shall not
rule with rigour over **subjugate** him **with tyranny**
in thy *sight* **eyes**.
54 And if he be not redeemed in these *years*,
then he shall go out in the year of jubi le,
both he, and his *children* **sons** with him.
55 For unto me the *children* **sons** of *Israel* **Yisra El**
are servants;
they are my servants whom I brought forth
out of the land of *Egypt* **Misrayim**:
I am the LORD **I — Yah Veh** your *God* **Elohim.**

Blessing Of Obedience

26 Ye shall *make* **work** you no idols
nor *graven image* **sculptile**,
neither *rear you up* **raise** a *standing image*
monolith, neither shall ye *set up* **give** any
image **imagery** of stone in your land,
to *bow down* **prostrate** unto it:
for *I am the LORD* **I — Yah Veh** your *God* **Elohim.**
2 Ye shal *keep* **guard** my *sabbaths* **shabbaths**,
and *reverence* **awe** my *sanctuary* **holies**:
I am the LORD **I — Yah Veh.**
3 If ye walk in my statutes,
and *keep* **guard** my *commandments*
misvoth, and *do* **work** them;
4 Then I *will* **shall** give you *rain* **downpour**
in *due season* **time,**
and the land shall *yield* **give** her *increase* **produce**,
and the trees of the field shall *yield* **give** their fruit.
5 And your threshing shall reach unto the *vintage* **crop**,
and the *vintage* **crop** shall reach unto
the *sowing time* **seeding**:
and ye shall eat your bread to *the full* **satiety**, and
dwell **settle** in your land *safely* **confidently**.
6 And I *will* **shall** give *peace* **shalom** in
the land, and ye shall lie down,
and none shall *make* **tremble** you *afraid*:
and I *will rid evil beasts* **shall cause the evil**
live being to shabbathize out of the land,
neither shall the sword *go* **pass** through your land.
7 And ye shall *chase* **pursue** your enemies,
and they shall fall *before you* **at your face** by the sword.
8 And five of you shall *chase* **pursue** an
hundred, and an hundred of you
shall *put ten thousand to flight* **pursue a**
myriad: and your enemies shall fall *before*
you **at your face** by the sword.
9 For I *will have respect* **shall turn my face**
unto **toward** you,
and make you fruitful **that you bear**
fruit, and *multiply* **abound** you,
and *establish* **raise** my covenant with you.
10 And ye shall eat old store,
and bring forth the old *because of* **at the face of** the new.
11 And I *wil set* **shal give** my tabernacle among you:
and my soul shall not *abhor* **loathe** you.
12 And I *will* **shall** walk among you,
and *will be your God* **shall be to you, Elohim,**
and ye shall *be my people* **be to me, people.**
13 *I am the LORD* **I — Yah Veh** your *God* **Elohim,**
which brought you forth
out of the land of *Egypt* **Misrayim,**
that ye should not be their *bondmen* **servants**;
and I have broken the *bands* **yoke poles** of your
yoke, and *made you go upright* **carried you erect.**

Discipline Of Disobedience

14 But if ye *will* **shall** not hearken unto me,
and *will* **shall** not *do* **work**
all these *commandments* **misvoth**;
15 And if ye shal *despise* **spurn** my statutes,

or if your soul *abhor* **loathe** my judgments,
so that ye *will* **shall** not
do **work** all my *commandments* **misvoth,**
but that ye break my covenant:
16 I also *will do* **shall work** this unto you;
I *will even appoint* **shall visit** over you terror,
consumption **emaciation**, and the burning
ague, that shall *consume* **finish off** the eyes,
and cause *sorrow* **moping** of *heart* **soul:**
and ye shall *sow* **seed** your seed in vain,
for your enemies shall eat it.
17 And I *will set* **shall give** my face against
you, and ye shall be *slain* **smitten**
before **at the face of** your enemies:
they that hate you shall *reign over* **subjugate** you;
and ye shall flee when none pursueth you.
18 And if ye *will* **shall** not yet for all this hearken
unto me, then I *will punish* **shall add to**
discipline you seven times *more* for your sins.
19 And I *will* **shall** break
the *pride* **pomp** of your *power* **strength**;
and I *will make* **shall give** your *heaven* **heavens**
as iron, and your earth as *brass* **copper**:
20 And your *strength* **force**
shall be *spent* **consumed** in vain:
for **that** your land
shall not *yield* **give** her *increase* **produce,**
neither shall the trees of the land *yield* **give** their fruits.
21 Andifyewalkcontraryuntome,
and *will* **shall** not hearken unto me;
I *will bring* **shall add** seven *times more plagues* **strokes**
upon you according to your sins.
22 I *will* **shall** also send
wild beasts **live beings of the field** among you,
which shall *rob* **bereave** you *of your children,*
and *destroy* **cut** your *cattle* **animals,**
and *make* **diminish** you *few in number*;
and
your high ways shall be desolate
shall desolate your ways.
23 And if ye *will* **shall** not be *reformed*
disciplined by me by these *things*,
but *will* **shall** walk contrary unto me;
24 ThenwsilhaIlalsowalkcontraryuntoyou,
and *will punish* **shall smite** you yet
seven *times* for your sins.
25 And I *will* **shall** bring a sword upon you,
that shall avenge the *quarrel* **avenging** of my covenant:
and when ye are gathered *together within* **unto** your
cities, I *will* **shall** send the pestilence among you;
and ye shall be *delivered* **given**
into the hand of the enemy.
26 And when I have broken the *staff* **rod** of your bread,
ten women shall bake your bread in one oven,
and they shall *deliver you* **restore** your bread *again*
by weight:
and ye shall eat, and not *be satisfied* **satiate.**
27 Andifyewsilhalnotforalthishearkenuntome,
but walk contrary unto me;
28 Then I *will* **shall** walk contrary unto you also in fury;
and I, *even* **yea** I,
will chastise **shall discipline** you
seven *times* for your sins.
29 Andyeshaleathefleshofyoursons,
and the flesh of your daughters shall ye eat.
30 AndIwsilhadlestroyou*hrighplaces***bamahs,**
and cut down your *images* **sun icons,**
and *cast* **give** your carcases
upon the carcases of your idols,
and my soul shall *abhor* **loathe** you.
31 And I *will make* **shall give** your cities
waste **parched areas,**
and *bring your sanctuaries unto desolation*
desolate your holies, and I *will* **shall** not *smell* **scent**
the savour of your sweet odours **your scent of rest.**
32 And I *will* **shall**
bring the land into desolation **desolate the land**:
and your enemies which *dwell* **settle** therein
shall be *astonished at it* **desolated.**
33 AndIwsilhaslcateryouamongthe*heathen***goyim,**
and *will* **shall** draw out a sword after you:
and your land shall be desolate,
and your cities *waste* **parched areas.**
34 Then shall the land
enjoy **be pleased in** her *sabbaths* **shabbaths,**
as long as it *lieth desolate* **desolateth,**
and ye be in your enemies' land;
even then shall the land *rest* **shabbathize,**
and *enjoy* **be pleased in** her *sabbaths* **shabbaths.**
35 As long as it *lieth desolate* **desolateth**
it shall *rest* **shabbathize;**
because it did not *rest* **shabbathize** in your *sabbaths*
shabbaths, when ye *dwelt* **settled** upon it.
36 And upon them that *are left alive* **survive** of you
I *will* **shall** send a *faintness* **timidity** into their
hearts in the lands of their enemies;
and the *sound* **voice** of a *shaken* **driven** leaf
shall *chase* **pursue** them;
and they shall flee, as *fleeing* **retreating** from a sword;
and they shall fall when none pursueth.

37 And they shall *fall* **falter**
one upon another — **man to brother,** as it
were *before* **at the face of** a sword,
when none pursueth:
and ye shall have no *power to stand* **resistance**
before **at the face of** your enemies.
38 And ye shall *perish* **destruct** among the *heathen* **goyim,**
and the land of your enemies shall eat you up.
39 And they that *are left* **survive** of you
shall pine away in their *iniquity* **perversity**
in your enemies' lands;
and also in the *iniquities* **perversities** of their fathers
shall they pine away with them.

THE REWARD FOR WRINGING HANDS

40 If they shall *confess* **wring hands**
for their *iniquity* **perversity,**
and the *iniquity* **perversity** of their
fathers, with their *trespass* **treason**
which they *trespassed* **treasoned** against me, and
that also they have walked contrary unto me;
41 And that I also have walked contrary unto them, and
have brought them into the land of their enemies;
if then their uncircumcised hearts be humbled,
and they then *accept of* **be pleased**
in the punishment of their *iniquity* **perversity:**
42 Then *will* **shall** I remember
my covenant with *Jacob* **Yaaqov,**
and also my covenant with *Isaac* **Yischaq,** and also
my covenant with Abraham *will* **shall** I remember;
and I *will* **shall** remember the land.
43 The land also shall be left of them,
and shall *enjoy* **be pleased in** her *sabbaths*
shabbaths, while she lieth desolate without them:
and they shall *accept* **be pleased**
of the punishment of their iniquity **in their perversity:**
because,
even because they *despised* **spurned** my judgments,
and because their soul *abhorred* **loathed** my statutes.
44 And *yet* **yea** for all that,
when they be in the land of their enemies,
I *will* **shall** not *cast* **spurn** them *away,*
neither *will* **shall** I *abhor* **loathe** them,
to *destroy* **finish** them *utterly* **off,** and
to break my covenant with them:
for *I am the LORD* **I — Yah Veh** their *God* **Elohim.**
45 But I *will* **shall** for their sakes remember
the covenant of their *ancestors* **first,**
whom I brought forth out of the land of *Egypt* **Misrayim**
in the *sight* **eyes** of the *heathen* **goyim,**
that I might be their *God* **Elohim:**
I am the LORD **I — Yah Veh.**
46 These are the statutes and judgments and *laws* **torahs,**
which *the LORD made* **Yah Veh gave** between him
and **between** the *children* **sons** of *Israel* **Yisra El**
in mount *Sinai* **Sinay** by the hand of *Moses* **Mosheh.**

TORAH ON VOWS

27 And *the LORD spake* **Yah Veh worded**
unto *Moses* **Mosheh,** saying,
2 *Speak* **Word** unto the *children* **sons** of
Israel **Yisra El,** and say unto them,
When a man shall *make a singular* **marvel** a vow,
the *persons* **souls** shall be for *the LORD* **Yah Veh**
by thy *estimation* **appraisal.**
3 And thy *estimation* **appraisal** shall be
of the male *from* **a son of** twenty years *old*
even unto **a son of** sixty years *old,* even
thy *estimation* **appraisal** shall be
fifty shekels of silver,
after the shekel of the *sanctuary* **holies.**
4 And if it be a female,
then thy *estimation* **appraisal** shall be thirty shekels.
5 And if it be *from* **a son of** five years *old*
even unto **a son of** twenty years *old,* then thy *estimation*
appraisal shall be of the male twenty shekels,
and for the female ten shekels.
6 And if *it be from* **a son of** a month *old*
even unto **a son of** five years *old,* then thy *estimation*
appraisal shall be of the male five shekels of silver,
and for the female thy *estimation* **appraisal**
shall be three shekels of silver.
7 And if it be *from* **a son of** sixty years *old* and above;
if it be a male,
then thy *estimation* **appraisal** shall be fifteen shekels,
and for the female ten shekels.
8 But if he be *poorer* **impoverished**
than thy estimation **beyond thy appraisal,**
then he shall *present* **stand** *himself*
before **at the face of** the priest,
and the priest shall *value* **appraise** him; according
to his *ability* **mouth as his hand hath attained**
that vowed shall the priest *value* **appraise** him.
9 And if it be *a beast* **an animal,**
whereof *men bring an offering* **he oblate a qorban**
unto *the LORD* **Yah Veh,**
all that *any man* **he** giveth of such unto
the LORD **Yah Veh** shall be holy.
10 He shall not *alter* **change** it, nor *change* **exchange** it,

a good for *a bad* **an evil**, or *a bad* **an evil** for a good:
and if **in exchanging,** he shall *at all change* **exchange**
beast **animal** for *beast* **animal**,
then it and the exchange thereof shall be holy.
11 And if it be any *unclean beast* **fouled animal**,
of which they do not *offer* **oblate** a *sacrifice* **qorban**
unto *the LORD* **Yah Veh**,
then he shall *present* **stand** the *beast* **animal**
before **at the face of** the priest:
12 And the priest shall *value* **appraise** it,
whether it be good or *bad* **evil**:
as *thou valuest it* **thy appraisal**, who
art the priest, so shall it be.
13 But if **in redeeming,** he *will at all* **shall** redeem it,
then he shall add a fifth *part* thereof
unto thy *estimation* **appraisal**.
14 And when a man shall *sanctify* **hallow** his house
to be holy unto *the LORD* **Yah Veh**, then
the priest shall *estimate* **appraise** it,
whether it be good or *bad* **evil**:
as the priest shall *estimate* **appraise**
it, so shall it *stand* **be raised**.
15 And if he that *sanctified* **hallowed** it
will **shall** redeem his house,
then he shall add the fifth *part* of the *money* **silver**
of thy *estimation* **appraisal** unto it, and it shall be his.
16 And if a man
shall *sanctify* **hallow** unto *the LORD* **Yah Veh**
some part of a field of his possession, then thy *estimation*
appraisal shall be according to the **mouth of the**
seed thereof: *an homer* **a chomer** of barley seed
*shall be valued a*t fifty shekels of silver.
17 Ifhe*sanctify***halow**hisifeldfromtheyearojfubile,
according to thy *estimation* **appraisal**
it shall *stand* **be raised**.
18 But if he *sanctify* **hallow** his field
after the jubile, then the priest
shall *reckon* **fabricate** unto him the *money* **silver**
according to the **mouth of the** years that
remain, even unto the year of the jubile,
and it shall be abated from thy *estimation* **appraisal**.
19 Andifhethat*sanctified***halowed**thefield
will in any wise **in redeeming, shall** redeem it,
after the shekel of the holies.
4 And if a female,
your appraisal, thirty shekels.
5 And if a son,
of five years even to a son of twenty years,
your appraisal of the male, twenty shekels
and for the female, ten shekels.
6 And if a son,
of a month to a son of five years,
then your appraisal of the male, five shekels of
silver and your appraisal for the female,
three shekels of silver.
7 And if a son, sixty years and above, if a
male, your appraisal, fifteen shekels
and for the female, ten shekels.
8 And if he impoverishes beyond your appraisal,
then he stands at the face of the priest;
and the priest appraises him;
according to his mouth
who vows what his hand attained
the priest appraises him.
9 And if an animal,
whereof they oblate a qorban to Yah Veh,
all of such that he gives to Yah Veh becomes holy:
10 he neither changes nor exchanges
a good for an evil or an evil for a good:
and if in exchanging, he exchanges animal for animal,
then it and the exchange thereof become holy.
11 And if any foul animal,
of which they oblate not a qorban to Yah Veh, then
he stands the animal at the face of the priest:
12 and the priest appraises, whether good or evil:
and as the appraisal of the priest,
so be it.
13 And if in redeeming, he redeems it, then
he adds a fifth to your appraisal.
14 And if a man hallows his house to
become holy to Yah Veh,
then the priest appraises, whether good or evil:
as the priest appraises,
so be it raised.
15 And if he who hallows redeems his house, then
he adds the fifth of the silver of your appraisal
and it becomes his.
16 And if a man hallows a field of his
possession to Yah Veh,
then your appraisal,
according to the mouth of the seed thereof —
a chomer of barley seed at fifty shekels of silver.
17 If he hallows his field from the year of
jubilee, according to your appraisal,
so be it raised.
18 And if he hallows his field after the jubilee,
then the priest fabricates to him the silver
according to the mouth of the years remaining
to the year of the jubilee and it
diminishes from your appraisal.
19 And if in redeeming,

he who hallows the field redeems it,
then he adds the fifth of the silver of your appraisal:
and so be it raised to him.
20 And if he redeems not the field,
or if he sells the field to another man,
it is not redeemed any more:
21 and the field, when it goes out in the jubilee,
becomes holy to Yah Veh, a field devoted;
the possession thereof becomes to the priest.
22 And if one hallows a field of his chattel to Yah Veh,
not of the fields of his possession;
23 then the priest fabricates to him
the value of your appraisal to the year of the jubilee:
and he gives your appraisal in that day
as a holies to Yah Veh.
24 In the year of the jubilee the field returns
to him of whom it *was* chatteled —
to whom the possession of the land *was*.
25 And all your appraisals
become according to the shekel of the
holies — twenty gerahs be the shekel.
26 Only the firstling of the animals —
the firstling of Yah Veh,
no man hallows — whether ox, or
lamb — it becomes to Yah Veh.
27 And if of a foul animal,
then he redeems it according to your
appraisal and adds a fifth:
or if not redeemed,
then it is sold according to your appraisal.
28 Only naught devoted — that a man devotes to
Yah Veh of all he has — from human to animal
and of the field of his possession
is ever sold or redeemed:
all that is devoted
becomes a holy of holies to Yah Veh.
29 Naught devoted — devoted by humanity,
is redeemed:
but in deathifying, *is* deathified.
30 And all the tithe of the land, whether
of the seed of the land,
or of the fruit of the tree, becomes to
Yah Veh — holy to Yah Veh.
31 And if in redeeming, he redeems of
his tithes, he adds the fifth.
32 And all the tithe of the oxen and of the
flock, — whatever passes under the scion,
the tenth becomes holy to Yah Veh.
33 He neither searches whether good
or evil, nor exchanges:
and if in exchanging, he exchanges it,
then both it and the exchange become
holy; — not redeemed.
34 These *are* the misvoth,
Yah Veh misvahed Mosheh
for the sons of Yisra El in mount Sinay.

Census Of The Sons Of Yisra El

1 And *the LORD spake* **Yah Veh worded**
unto *Moses* **Mosheh** in the wilderness of *Sinai*
Sinay, in the *tabernacle* **tent** of the congregation,
on the first *day* of the second month, in the
second year after they were come out
of the land of *Egypt* **Misrayim**, saying,
2 *Take* **Bear** ye the sum of all the *congregation* **witness**
of the *children* **sons** of *Israel* **Yisra El**,
after **by** their families, by the house of their
fathers, with the number of their names,
every male by their *polls* **craniums**;
3 *From* **Sons of** twenty years *old* and upward,
all that are able to go forth to *war* **hostility**
in *Israel* **Yisra El**:
thou and *Aaron* **Aharon**
shall *number* **muster** them by their *armies* **hosts**.
4 And with you there shal be a man *of every tribe* **perod**;
every one head of the house of his fathers.
5 And these are the names of the men
that shall stand with you:
of the tribe of Reuben **Of Reu Ben**;
Elizur **Eli Sur** the son of *Shedeur* **Shedey Ur**.
6 Of *Simeon* **Shimon**;
Shelumiel **Shelumi El** the son of
Zurishaddai **Suri Shadday**.
7 Of *Judah* **Yah Hudah**;
Nahshon the son of *Amminadab* **Ammi Nadab**.
8 Of *Issachar* **Yissachar**;
Nethaneel **Nethan El** the son of *Zuar* **Suar**.
9 Of Zebulun;
Eliab **Eli Ab** the son of Helon.
10 Of the *children* **sons** of *Joseph* **Yoseph**:
of *Ephraim* **Ephrayim**;
Elishama **Eli Shama** the son of *Ammihud* **Ammi Hud**:
of *Manasseh* **Menash Sheh**;
Gamaliel **Gamli El** the son of *Pedahzur* **Pedah Sur**.
11 Of *Benjamin* **Ben Yamin**;
Abidan **Abi Dan** the son of *Gideoni* **Gidoni**.
12 Of Dan;
Ahiezer **Achi Ezer** the son of
Ammishaddai **Ammi Shaday**.
13 Of Asher;
Pagiel **Pagi El** the son of *Ocran* **Ochran**.
14 Of Gad;
Eliasaph **Eli Yasaph** the son of *Deuel* **Deu El**.
15 Of Naphtali;
Ahira **Achi Ra** the son of Enan.
16 These were the *renowned* **called**
of the *congregation* **witness**,
princes **hierarchs** of the *tribes* **rods** of their
fathers, heads of thousands in *Israel* **Yisra El**.
17 And *Moses* **Mosheh** and *Aaron* **Aharon** tok these men
which are *expressed* **appointed** by their names:
18 And they *assembled* **congregated**
all the *congregation* **witness** *together*
on the first *day* of the second month,
and they declared their *pedigrees after* **births**
by their families, by the house of their fathers,
according to the number of the names,
from **sons of** twenty years *old* and
upward, by their *polls* **craniums**.
19 As *the LORD* **Yah Veh**
commanded Moses **misvahed Mosheh**,
so he *numbered* **mustered** them in
the wilderness of *Sinai* **Sinay**.
20 And the *children* **sons** of *Reuben* **Reu Ben**,
Israel's eldest son **Yisra El's firstbirthed**, by
their generations, *after* **by** their families,
by the house of their fathers, according
to the number of the names,
by their *polls* **craniums**,
every male **son** from twenty years *old* and upward,
all that were able to go forth to *war* **hostility**;
21 Those that were *numbered* **mustered** of them,
even of the *tribe* **rod** of *Reuben* **Reu Ben**,
were forty and six thousand and five hundred.
22 Of the *children* **sons** of *Simeon* **Shimon**,
by their generations, *after* **by** their families,
by the house of their fathers,
those that were *numbered* **mustered** of them,
according to the number of the names,
by their *polls* **craniums**,
every male **son** from twenty years *old* and upward,
all that were able to go forth to *war* **hostility**;
23 Those that were *numbered* **mustered** of them,
even of the *tribe* **rod** of *Simeon* **Shimon**,
were fifty and nine thousand and three hundred.
24 Of the *children* **sons** of Gad,
by their generations, *after* **by** their families,
by the house of their fathers,
according to the number of the names,
from **sons of** twenty years *old* and upward, all
that were able to go forth to *war* **hostility**;
25 Those that were *numbered* **mustered** of them,
even of the *tribe* **rod** of Gad,
were forty and five thousand six hundred and fift y.
26 Of the *children* **sons** o*f Judah* **Yah-Iludah**,

by their generations, *after* **by** their families,
by the house of their fathers,
according to the number of the names,
from **sons of** twenty years *old* and upward, all
that were able to go forth to *war* **hostility**;
27 Those that were *numbered* **mustered** of them,
even of the *tribe* **rod** of *Judah* **Yah I-ludah**,
were *threescore and fourteen* **seventy and
four** thousand and six hundred.
28 Of the *children* **sons** of *Issachar* **Yissachar**, by
their generations, *after* **by** their families,
by the house of their fathers, according to the number of
the names, *from* **sons of** twenty years *old* and upward,
all that were able to go forth to *war* **hostility**;
29 Those that were *numbered* **mustered** of them,
even of the *tribe* **rod** of *Issachar* **Yissachar**, were
fifty and four thousand and four hundred.
30 Of the *children* **sons** of Zebulun, by their generations,
after **by** their families, by the house of their
fathers, according to the number of the names,
from **sons of** twenty years *old* and upward,
all that were able to go forth to *war* **hostility**;
31 Thosethatwere*numbered***mustered**ofthem,
even of the *tribe* **rod** of Zebulun,
were fifty and seven thousand and four hundred.
32 Of the *children* **sons** of *Joseph* **Yoseph**, *namely*,
of the *children* **sons** of *Ephraim* **Ephrayim**,
by their generations, *after* **by** their families,
by the house of their fathers, according
to the number of the names,
from **sons of** twenty years *old* and upward,
all that were able to go forth to *war* **hostility**;
33 Those that were *numbered* **mustered** of them,
even of the *tribe* **rod** of *Ephraim* **Ephrayim**,
were forty thousand and five hundred.
34 Of the *children* **sons** of *Manasseh* **Menash
Sheh**, by their generations, *after* **by** their
families, by the house of their fathers,
according to the number of the names,
from **sons of** twenty years *old* and upward, all
that were able to go forth to *war* **hostility**;
35 Those that were *numbered* **mustered** of them,
even of the *tribe* **rod** of *Manasseh* **Menash Sheh**,
were thirty and two thousand and two hundred.
36 Of the *children* **sons** of *Benjamin* **Ben
Yamin**, by their generations, *after* **by** their
families, by the house of their fathers,
according to the number of the names,
from sons of twenty years *old* and upward, all
that were able to go forth to *war* **hostility**;
37 Those that were *numbered* **mustered** of them,
even of the *tribe* **rod** of *Benjamin* **Ben Yamin**,
were thirty and five thousand and four hundred.
38 Of the *children* **sons** of Dan, by their generations,
after **by** their families, by the house of their
fathers, according to the number of the names,
from **sons of** twenty years *old* and upward,
all that were able to go forth to *war* **hostility**;
39 Thosethatwere*numbered***mustered**ofthem,
even of the *tribe* **rod** of Dan,
were *threescore* **sixty** and two
thousand and seven hundred.
40 Of the *children* **sons** of Asher,
by their generations, *after* **by** their families,
by the house of their fathers,
according to the number of the names,
from **sons of** twenty years *old* and upward, all
that were able to go forth to *war* **hostility**;
41 Thosethatwere*numbered***mustered**ofthem,
even of the *tribe* **rod** of Asher,
were forty and one thousand and five hundred.
42 Of the *children* **sons** of Naphtali, throughout their
generations, *after* **by** their families, by the house of
their fathers, according to the number of the name
s, *from* **sons of** twenty years *old* and upward,
all that were able to go forth to *war* **hostility**;
43 Thosethatwere*numbered***mustered**ofthem,
even of the *tribe* **rod** of Naphtali,
were fifty and three thousand and four hundred.
44 Thesearethosethatwere*numbered***mustered**,
which *Moses* **Mosheh** and *Aaron* **Aharon**
numbered **mustered**,
and the *princes* **hierarchs** of *Israel*
Yisra El, being twelve men:
each *one* **man** was for the house of his fathers.
45 Sowerealthosethatwere*numbered***mustered**
of the *children* **sons** of *Israel* **Yisra El**,
by the house of their fathers,
from **sons of** twenty years *old* and upward, all that were
able to go forth to *war* **hostility** in *Israel* **Yisra El**;
46 Even all they that were *numbered* **mustered**
were six hundred thousand and three
thousand and five hundred and fifty.
47 But the *Levites* **Leviym**
after **by** the *tribe* **rod** of their fathers were
not *numbered* **mustered** among them.
48 Forthe*LORD***YahVeh**had*spoken***worded**
unto *Moses* **Mosheh**, saying,
49 Only thou shalt not *number* **muster**
the *tribe* **rod** of Levi,

neither *take* **lift** the *sum* **heads** of them among
the *children* **sons** of *Israel* **Yisra El**:
50 But thou shalt *appoint* **have** the *Levites* **Leviym**
oversee over the tabernacle of *testimony* **witness**,
and over all the *vessels* **instruments** thereof,
and over all *things* that belong to it:
they shall bear the tabernacle,
and all the *vessels* **instruments** thereof;
and they shall minister unto it,
and shall encamp round about the tabernacle.
51 And when the tabernacle *setteth forward* **pulleth**
stakes, the *Levites* **Leviym** shall *take it down* **lower it**:
and when the tabernacle is *to be pitched* **encamped**,
the *Levites* **Leviym** shall *set* **raise** it *up*:
and the stranger that *cometh near* **approacheth**
shall be *put to death* **deathified**.
52 And the *children* **sons** of *Israel* **Yisra El** shall *pitch*
their tents **encamp**, every man by his own camp,
and every man by his own *standard* **banner**,
throughout their hosts.
53 But the *Levites* **Leviym** shall *pitch* **encamp**
round about the tabernacle of *testimony*
witness, that there be no *wrath* **rage**
upon the *congregation* **witness**
of the *children* **sons** of *Israel* **Yisra El**:
and the *Levites* **Leviym** shall *keep*
guard the *charge* **guard**
of the tabernacle of *testimony* **witness**.
54 And the *children* **sons** of *Israel* **Yisra El**
did **worked** according to all that *the LORD* **Yah Veh**
commanded Moses **misvahed**
Mosheh, so *did* **worked** they.

CAMPS OF THE SONS OF YISRA EL

2 And *the LORD spake* **Yah Veh worded**
unto *Moses* **Mosheh** and unto *Aaron* **Aharon**, saying,
2 Every man of the *children* **sons** of *Israel* **Yisra El**
shall *pitch* **encamp** by his own *standard* **banner**,
with the ensign of their father's house:
far off about **in front and round about**
the *tabernacle* **tent** of the congregation
shall they *pitch* **encamp**.
3 And on the east side toward the rising *of the sun*
shall they of the *standard* **banner** of the camp of *Judah*
Yah Hudah pitch throughout their *armies* **hosts**:
and Nahshon the son of *Amminadab* **Ammi**
Nadab, shall be *captain* **hierarch**
of the *children* **sons** of *Judah* **Yah Hudah**.
4 And his host,
and those that were *numbered* **mustered** of them,
were threescore and fourteen **seventy and**
four thousand and six hundred.
5 And those that do pitch next unto him
shall be the *tribe* **rod** of *Issachar* **Yissachar**:
and *Nethaneel* **Nethan El** the son of *Zuar*
Suar, shall be *captain* **hierarch**
of the *children* **sons** of *Issachar* **Yissachar**.
6 And his host,
and those that were *numbered* **mustered** thereof,
were fifty and four thousand and four hundred.
7 Thenthe*tribe***rod**ofZebulun:
and *Eliab* **Eli Ab** the son of Helon,
shall be *captain* **hierarch** of the
children **sons** of Zebulun.
8 And his host,
and those that were *numbered* **mustered** thereof,
were fifty and seven thousand and four hundred.
9 Althatwere*numbered***mustered**
in the camp of *Judah* **Yah Hudah**
were an hundred thousand and *fourscore* **eighty**
thousand and six thousand and four hundre d,
throughout their *armies* **hosts**.
These shall first *set forth* **pull stakes**.
10 *On the south side* **Southward**, shall
be the *standard* **banner**
of the camp of *Reuben* **Reu Ben**
according to their *armies* **hosts**:
and the *captain* **hierarch**
of the *children* **sons** of *Reuben* **Reu Ben**,
shall be *Elizur* **Eli Sur** the son of *Shedeur* **Shedey Ur**.
11 And his host,
and those that were *numbered* **mustered** thereof,
were forty and six thousand and five hundred.
12 Andthosewhichpitchbyhim
shall be the *tribe* **rod** of *Simeon* **Shimon**:
and the *captain* **hierarch**
of the *children* **sons** of *Simeon* **Shimon**,
shall be *Shelumiel* **Shelumi El**
the son of *Zurishaddai* **Suri Shadday**.
13 And his host,
and those that were *numbered* **mustered** of them,
were fifty and nine thousand and three hundred.
14 Then the *tribe* **rod** of Gad:
and the *captain* **hierarch** of the sons of Gad,
shall be *Eliasaph* **Eli Yasaph** the son of *Reuel* **Reu El**.
15 And his host,
and those that were *numbered* **mustered** of them, were
forty and five thousand and six hundred and fifty.
16 Althatwere*numbered***mustered**
in the camp of *Reuben* **Reu Ben**

were an hundred thousand and fifty and one
thousand and four hundred and fifty,
throughout their *armies* **hosts**.
And they shall *set forth* **pull stakes** in the second *rank*.
17 Thenthe*tabernacle***tenot**fthecongregaiton
shall *set forward* **pull stakes**
with the camp of the *Levites* **Leviym**
in the midst of the camp:
as they encamp, so shall they *set forward* **pull stakes**,
man — every man *in his place* **at hand**
by their *standards* **banners**.
18 *On the west side* **Seaward**, shall
be the *standard* **banner**
of the camp of *Ephraim* **Ephrayim**
according to their *armies* **hosts**:
and the *captain* **hierarch** of the sons of *Ephraim*
Ephrayim, shall be *Elishama* **Eli Shama**
the son of *Ammihud* **Ammi Hud**.
19 And his host,
and those that were *numbered* **mustered** of them,
were forty thousand and five hundred.
20 And by him
shall be the *tribe* **rod** of *Manasseh* **Menash Sheh**:
and the *captain* **hierarch**
of the *children* **sons** of *Manasseh* **Menash Sheh**
shall be *Gamaliel* **Gamli El**
the son of *Pedahzur* **Pedah Sur**.
21 And his host,
and those that were *numbered* **mustered** of them, *were*
thirty and two thousand and two hundred.
22 Then the *tribe* **rod** of *Benjamin* **Ben Yamin**:
and the *captain* **hierarch** of the sons of
Benjamin **Ben Yamin**, shall be *Abidan*
Abi Dan the son of *Gideoni* **Gidoni**.
23 And his host,
and those that were *numbered* **mustered** of them,
were thirty and five thousand and four hundred.
24 Althatwere*numbered***mustered**
of the camp of *Ephraim* **Ephrayim**
were an hundred thousand
and eight thousand and an hundred,
throughout their *armies* **hosts**.
And they shall *go forward* **pull stakes** in the third *rank*.
25 The *standard* **banner** of the camp of Dan,
shall be on the *north side* **northward**
by their *armies* **hosts**:
and the *captain* **hierarch** of the *children* **sons**
of Dan, shall be *Ahiezer* **Achi Ezer**
the son of *Ammishaddai* **Ammi Shaday**.
26 And his host,
and those that were *numbered* **mustered** of them,
were threescore **sixty** and two
thousand and seven hundred.
27 And those that encamp by him,
shall be the *tribe* **rod** of Asher:
and the *captain* **hierarch** of the *children* **sons** of Asher,
shall be *Pagiel* **Pagi El** the son of *Ocran* **Ochran**.
28 And his host,
and those that were *numbered* **mustered** of them,
were forty and one thousand and five hundred.
29 Then the *tribe* **rod** of Naphtali:
and the *captain* **hierarch** of the *children* **sons** of
Naphtali, shall be *Ahira* **Achi Ra** the son of Enan.
30 And his host,
and those that were *numbered* **mustered** of them,
were fifty and three thousand and four hundred.
31 All they that were *numbered* **mustered**
in the camp of Dan,
were an hundred thousand and fifty and
seven thousand and six hundred.
They shall *go hindmost* **pull stakes behind**
with their *standards* **banners**.
32 These are those which were *numbered* **mustered**
of the *children* **sons** of *Israel* **Yisra El**
by the house of their fathers:
all those that were *numbered* **mustered**
of the camps throughout their hosts,
were six hundred thousand and three
thousand and five hundred and fifty.
33 But the *Levites* **Leviym** were not *numbered* **mustered**
among the *children* **sons** of *Israel* **Yisra El**;
as *the LORD* **Yah Veh**
commanded Moses **misvahed Mosheh**.
34 And the *children* **sons** of *Israel* **Yisra El**
did **worked** according to all that *the LORD* **Yah Veh**
commanded Moses **misvahed Mosheh**:
so they *pitched* **encamped** by their *standards*
banners, and so they *set forward* **pulled stakes**,
every one after **man** — **every man by** their families,
according to the house of their fathers.

PRIESTS OF THE SONS OF YISRA EL

3 These also are the generations
of *Aaron* **Aharon** and *Moses* **Mosheh**
in the day that *the LORD spake* **Yah Veh worded**
with *Moses* **Mosheh** in mount *Sinai* **Sinay**.
2 And these are the names of the sons of *Aaron*
Aharon; Nadab the *firstborn* **firstbirthed**, and *Abihu*
Abi Hu, *Eleazar* **El Azar**, and *Ithamar* **Iy Thamar**.

3 These are the names of the sons of *Aaron*
Aharon, the priests which were anointed,
whom he consecrated **whose hand he filled**
to *minister in the priest's office* **priest the priesthood**.
4 And Nadab and *Abihu* **Abi Hu**
died *before the LORD* **at the face of Yah Veh**,
when they *offered* **oblated** strange fire
before the LORD **at the face of Yah Veh**,
in the wilderness of *Sinai* **Sinay**,
and they had no *children* **sons**:
and *Eleazar* **El Azar** and *Ithamar* **Iy Thamar** *ministered*
in the priest's office **priested the priesthood** *in the*
sight of Aaron **at the face of Aharon** their father.
5 And *the LORD spake* **Yah Veh worded**
unto *Moses* **Mosheh**, saying,
6 *Bring* **Oblate** the *tribe* **rod** of Levi
near, and *present* **stand** them
before Aaron **at the face of Aharon** the priest,
that they may minister unto him.
7 And they shall *keep* **guard** his *charge* **guard**,
and the *charge* **guard** of the whole *congregation*
witness *before* **at the face of** the *tabernacle* **tent** of the
congregation, to *do* **serve** the service of the tabernacle.
8 And they shall *keep* **guard** all the instruments
of the *tabernacle* **tent** of the congregation,
and the *charge* **guard** of the *children* **sons** of *Israel*
Yisra El, to *do* **serve** the service of the tabernacle.
9 And thou shalt give the *Levites* **Leviym**
unto *Aaron* **Aharon** and to his sons:
in giving, they are *wholly* given unto him out
of the *children* **sons** of *Israel* **Yisra El**.
10 And thou shalt
appoint Aaron **muster Aharon** and
his sons, and they shall
wait on **guard** their *priest's office* **priesthood**:
and the stranger that *cometh near* **approacheth**,
shall be *put to death* **deathified**.
11 And *the LORD spake* **Yah Veh worded**
unto *Moses* **Mosheh**, saying,
12 And I, behold, I have taken the *Levites* **Leviym**
from among the *children* **sons** of *Israel* **Yisra El**
instead of all the *firstborn* **firstbirthed**
that *openeth* **bursteth** the matrix
among the *children* **sons** of *Israel* **Yisra El**:
therefore the *Levites* **Leviym** shall be mine;
13 Because all the *firstborn* **firstbirthed** are mine;
for on the day that I smote all the *firstborn* **firstbirthed**
in the land of *Egypt* **Misrayim**
I hallowed unto me
all the *firstborn* **firstbirthed** in *Israel* **Yisra El**, *both man*
and beast **from human to animal**: mine shall they be:
I am the LORD **I — Yah Veh**.
14 And *the LORD spake* **Yah Veh worded**
unto *Moses* **Mosheh** in the wilderness
of *Sinai* **Sinay**, saying,
15 *Number* **Muster** the *children* **sons** of Levi
after **by** the house of their fathers, by their families:
every male, *from* **a son of** a month *old* and
upward, shalt thou *number* **muster** them.
16 And *Moses numbered* **Mosheh mustered** them
according to the *word* **mouth** of *the LORD*
Yah Veh, as he was *commanded* **misvahed**.
17 Andthesewerethesonsof Levibytheirnames;
Gershon, and *Kohath* **Qehath**, and Merari.
18 And these are the names of the sons of Gershon
by their families;
Libni, and *Shimei* **Shimiy**.
19 And the sons of *Kohath* **Qehath** by their families;
Amram **Am Ram**, and *Izehar* **Yishar**,
Hebron, and *Uzziel* **Uzzi El**.
20 And the sons of Merari by their families;
Mahli **Machli**, and Mushi.
These are the families of the *Levites* **Leviym**
according to the house of their fathers.
21 OfGershonwasthefamilyofthe*Libnites***Libniy**,
and the family of the *Shimites* **Shimiy**:
these are the families of the *Gershonites* **Gershoniy**.
22 Those that were *numbered* **mustered** of them,
according to the number of all the males,
from **sons of** a month *old* and upward,
even those that were *numbered* **mustered** of
them were seven thousand and five hundred.
23 The families of the *Gershonites* **Gershoniy**
shall *pitch* **encamp**
behind the tabernacle *westward* **seaward**.
24 And the *chief* **hierarch**
of the house of the father of the *Gershonites* **Gershoniy**,
shall be *Eliasaph* **Eli Yasaph** the son of *Lael* **La El**.

SERVICE OF THE SONS OF GERSHON

25 And the *charge* **guard** of the sons of Gershon
in the *tabernacle* **tent** of the congregation,
shall be the tabernacle, and the tent,
the covering thereof,
and the *hanging* **covering** for the *door* **opening**
of the *tabernacle* **tent** of the congregation,
26 And the hangings of the court,
and the *curtain* **covering** for the *door* **opening**
of the court, which is by the tabernacle,
and by the **sacrifice** altar round about,
and the cords of it for all the service thereof.

27 And of *Kohath* **Qehath**
was the family of the *Amramites* **Am Ramiy**,
and the family of the *Izeharites* **Yishariy**, and
the family of the *Hebronites* **Hebroniy**, and
the family of the *Uzzielites* **Uzzi Eliy**:
these are the families of the *Kohathites* **Qehathiy**.
28 In the number of all the males, *from*
sons of a month *old* and upward, *were*
eight thousand and six hundred,
keeping **guarding** the *charge* **guard**
of the *sanctuary* **holies**.
29 The families of the sons of *Kohath* **Qehath**
shall *pitch* **encamp** on the *side* **flank**
of the tabernacle southward.
30 And the *chief* **hierarch** of the house
of the father of the families of the *Kohathites* **Qehathiy**,
shall be *Elizaphan* **El Saphan** the son of *Uzziel* **Uzzi El**.
31 And their *charge* **guard** shall be the ark, and the table,
and the *candlestick* **menorah**, and the **sacrifice** altars,
and the *vessels* **instruments** of the *sanctuary* **holies**
wherewith they minister,
and the *hanging* **covering**, and all the service thereof.
32 And*Eleazar***ElAzah**tresono*Afaron***Aharon**thepirest,
shall be *chief* **hierarch**
over the *chief* **hierarchy** of the *Levites*
Leviym, and have the oversight of them
that *keep* **guard** the *charge* **guard**
of the *sanctuary* **holies**.
33 Of Merari was the family of the *Mahlites* **Machliy**,
and the family of the *Mushites* **Mushiy**:
these are the families of Merari.
34 And those that were *numbered* **mustered** of them,
according to the number of all the males,
from **sons of** a month *old* and upward,
were six thousand and two hundred.
35 And the *chief* **hierarch** of the house
of the father of the families of Merari,
was Zuriel **Suri El** the son of *Abihail* **Abi Hail**:
these shall *pitch* **encamp**
on the *side* **flank** of the tabernacle northward.
36 And under the *custody* **oversight** and *charge* **guard**
of the sons of Merari,
shall be the boards of the tabernacle,
and the bars thereof,
and the pillars thereof, and the sockets thereof,
and all the *vessels* **instruments** thereof,
and all *that serveth* **the service** thereto,
37 And the pillars of the court round about,
and their sockets, and their *pins* **stakes**, and their cords.
38 But those that encamp
before **at the face of** the tabernacle
toward the *east* **rising**,
even before **at the face of**
the *tabernacle* **tent** of the congregation *eastward*
dawnward, shall be *Moses* **Mosheh**, and *Aaron*
Aharon and his sons, *keeping* **guarding** the
charge **guard** of the *sanctuary* **holies** for the
charge **guard** of the *children* **sons** of *Israel* **Yisra
El**; and the stranger that cometh near
shall be *put to death* **deathified**.
39 All that were *numbered* **mustered** of the *Levites*
Leviym,
which *Moses* **Mosheh** and *Aaron*
numbered **Aharon mustered**
at the *commandment* **mouth** of *the LORD*
Yah Veh, throughout their families,
all the males *from* **sons of** a month *old* and upward,
were twenty and two thousand.
40 And *the LORD* **Yah Veh** said unto *Moses* **Mosheh**,
Number **Muster** all the *firstborn* **firstbirthed** of
the males of the *children* **sons** of *Israel* **Yisra El**
from **sons of** a month *old* and upward, and
take **bear** the number of their names.
41 And thou shalt take the *Levites* **Leviym** forme
(*I am the LORD* **I — Yah Veh**) instead of all the *firstborn*
firstbirthed among the *children* **sons** of *Israel* **Yisra El**;
and the *cattle* **animals** of the *Levites* **Leviym**
instead of all the firstlings among the *cattle*
animals of the *children* **sons** of *Israel* **Yisra El**.
42 And *Moses numbered* **Mosheh mustered**,
as *the LORD commanded* **Yah Veh misvahed**
him, all the *firstborn* **firstbirthed**
among the *children* **sons** of *Israel* **Yisra El**.
43 And all the *firstborn* **firstbirthed**
males by the number of names,
from **sons of** a month *old* and upward,
of those that were *numbered* **mustered** of them,
were twenty and two thousand two hundred and
threescore and thirteen **seventy and three**.
44 And *the LORD spake* **Yah Veh worded**
unto *Moses* **Mosheh**, saying,
45 Take the *Levites* **Leviym**
instead of all the *firstborn* **firstbirthed**
among the *children* **sons** of *Israel* **Yisra El**, and
the *cattle* **animals** of the *Levites* **Leviym**
instead of their *cattle* **animals**;
and the *Levites* **Leviym** shall be mine:
I am the LORD **I — Yah Veh**.
46 And for those that are to be
redeemed of the two hundred

and *threescore and thirteen* **seventy and three**
of the *firstborn* **firstbirthed**
of the *children* **sons** of *Israel* **Yisra El**,
which are *more than* **left over of** the *Levites* **Leviym**;
47 Thou shalt even take
five — five shekels *apiece by the poll* **per cranium**, after
the shekel of the *sanctuary* **holies** shalt thou take them:
(the shekel is twenty gerahs:)
48 And thou shalt give the *money* **silver**,
wherewith *the odd number of them*
they who are left over
is **are** to be redeemed, unto *Aaron*
Aharon and to his sons.
49 And *Moses* **Mosheh** took the redemption
money **silver**
of them that were *over and above* **left over of** them
that were redeemed by the *Levites* **Leviym**:
50 Of the *firstborn* **firstbirthed**
of the *children* **sons** of *Israel* **Yisra El**
took he the *money* **silver**;
a thousand three hundred
and *threescore* **sixty** and five *shekels*,
after the shekel of the *sanctuary* **holies**:
51 And *Moses* **Mosheh** gave the *money* **silver**
of *them that were redeemed* **redemption**
unto *Aaron* **Aharon** and to his sons, according
to the *word* **mouth** of *the LORD* **Yah Veh**,
as *the LORD commanded Moses* **Yah
Veh misvahed Mosheh**.

SERVICE OF THE SONS OF QEHATH

4 And *the LORD spake* **Yah Veh worded**
unto *Moses* **Mosheh** and unto *Aaron* **Aharon**, saying,
2 *Take* **Bear** the *sum* **heads** of the
sons of *Kohath* **Qehath**
from among the sons of Levi,
after **by** their families, by the house of their fathers,
3 *From* **Sons of** thirty years *old* and upward
even until **sons of** fifty years *old*,
all that enter into the host,
to *do* **work** the work
in the *tabernacle* **tent** of the congregation.
4 This shall be the service of the sons of *Kohath*
Qehath in the *tabernacle* **tent** of the congregation,
about the *most holy things* **holy of holies**:
5 And when the camp *setteth forward* **pulleth stakes**,
Aaron **Aharon** shall come, and his sons,
and they shall *take down* **lower** the covering vail,
and cover the ark of *testimony* **witness** with it:
6 And shall *put* **give** thereon
the covering of badgers' skins,
and shall spread over it a cloth *wholly of* **totally**
blue, and shall put in the staves thereof.
7 And upon the table of *shewbread* **face bread**
they shall spread a cloth of blue,
and *put* **give** thereon the dishes, and the spoons,
and the *bowls* **exoneration basins**, and
covers *to cover withal* **of libation**: and the
continual bread shall be thereon:
8 And they shall spread upon them a cloth of scarlet,
and cover the same with a covering of badgers' skins,
and shall put in the staves thereof.
9 And they shall take a cloth of blue,
and cover the *candlestick* **menorah** of the light,
and his lamps, and his tongs, and his *snuffdishes*
trays, and all the oil *vessels* **instruments** thereof,
wherewith they minister unto it:
10 And they shall *put* **give** it
and all the *vessels* **instruments** thereof within a covering
of badgers' skins, and shall *put* **give** it upon a *bar* **pole**.
11 And upon the golden **sacrifice** altar
they shall spread a cloth of blue,
and cover it with a covering of badgers' skins,
and shall put to the staves thereof:
12 And they shall take all the instruments of ministry,
wherewith they minister in the *sanctuary* **holies**,
and *put* **give** them in a cloth of blue,
and cover them with a covering of badgers'
skins, and shall *put* **give** them on a *bar* **pole**:
13 And they shall
take away the ashes from **de—fat** the **sacrifice**
altar, and spread a purple cloth thereon:
14 And they shall *put* **give** upon it all the
vessels **instruments** thereof,
wherewith they minister about it,
even the *censers* **trays**, the *fleshhooks* **forks**,
and the shovels, and the *basons* **sprinklers**,
all the *vessels* **instruments** of the **sacrifice** altar;
and they shall spread upon it a covering of
badgers' skins, and put to the staves of it.
15 And when *Aaron* **Aharon** and his sons
have *made an end of* **finished**
covering the *sanctuary* **holies**,
and all the *vessels* **instruments** of the *sanctuary*
holies, as the camp is to *set forward* **pull stakes**;
after that,
the sons of *Kohath* **Qehath** shall come to bear it: but they
shall not touch *any holy thing* **the holies**, lest they die.
These *things* are the burden of the
sons of *Kohath* **Qehath**

in the *tabernacle* **tent** of the congregation.
16 And to the *office* **oversight** of *Eleazar* **El Azar**
the son of *Aaron* **Aharon** the priest
pertaineth the oil for the light,
and the *sweet* incense **of aromatics**,
and the *daily meat* **continual** offering,
and the anointing oil,
and the oversight of all the tabernacle,
and of all that therein is, in the *sanctuary* **holies**,
and in the *vessels* **instruments** thereof.
17 And *the LORD spake* **Yah Veh worded**
unto *Moses* **Mosheh** and unto *Aaron* **Aharon**, saying,
18 Cut ye not off
the *tribe* **scion** of the families of the *Kohathites* **Qehathiy**
from among the *Levites* **Leviym**:
19 But thus *do* **work** unto them, that
they may live, and not die,
when they approach
unto the *most holy things* **holy of holies**:
Aaron **Aharon** and his sons shall go in,
and *appoint* **set** them *every one* **man by man**
to his service and to his burden:
20 But they shall not go in to see
when the *holy things* **holies** are *covered*
swallowed, lest they die.

Service Of The Sons Of Gershon

21 And *the LORD spake* **Yah Veh worded**
unto *Moses* **Mosheh**, saying,
22 *Take* **Bear** also the *sum* **heads** of the
sons of Gershon, throughout the houses
of their fathers, by their families;
23 *From* **Sons of** thirty years *old* and
upward until **sons of** fifty years *old*
shalt thou *number* **muster** them;
all that enter in to *perform* **host** the *service*
hosting, to *do* **serve** the work
in the *tabernacle* **tent** of the congregation.
24 This is the service
of the families of the *Gershonites* **Gershoniy**,
to serve, and for burdens:
25 And they shall bear the curtains of the tabernacle,
and the *tabernacle* **tent** of the congregation, his
covering, and the covering of the badgers' skins
that is above upon it,
and the *hanging* **covering** for the *door* **opening**
of the *tabernacle* **tent** of the congregation,
26 And the hangings of the court,
and the *hanging* **covering** for the *door* **opening**
of the *gate* **portal** of the court, which is by the tabernacle
and by the **sacrifice** altar round about,
and their cords, and all the instruments of their service,
and all that is *made* **worked** for them: so shall they serve.
27 At the *appointment* **mouth**
of *Aaron* **Aharon** and his sons shall be all the
service of the sons of the *Gershonites* **Gershoniy**,
in all their burdens, and in all their service:
and ye shall *appoint* **muster** unto them
in charge **guard** of all their burdens.
28 This is the service
of the families of the sons of Gershon
in the *tabernacle* **tent** of the congregation:
and their *charge* **guard** shall be under the hand of
Ithamar **Iy Thamar** the son of *Aaron* **Aharon** the priest.

Service Of The Sons Of Merari

29 As for the sons of Merari,
thou shalt *number* **muster** them *after* **by** their
families, by the house of their fathers;
30 *From* **Sons of** thirty years *old* and upward
even unto **sons of** fifty years *old*
shalt thou *number* **muster** them,
every one that entereth into the *service*
hosting, to *do the work* **serve the service**
of the *tabernacle* **tent** of the congregation.
31 Andthisisthe*charge***guard**oftheirburden,
according to all their service
in the *tabernacle* **tent** of the congregation;
the boards of the tabernacle, and the bars thereof,
and the pillars thereof, and sockets thereof,
32 And the pillars of the court round about,
and their sockets, and their *pins* **stakes**, and their cords,
with all their instruments, and with all their service:
and by name,
ye shall *reckon* **muster** the instruments of
the *charge* **guard** of their burden.
33 ThisistheserviceofthefamiliesofthesonsofMerair,
according to all their service,
in the *tabernacle* **tent** of the congregation,
under the hand of *Ithamar* **Iy Thamar**
the son of *Aaron* **Aharon** the priest.

Mustering Of The Priests

34 And *Moses* **Mosheh** and *Aaron* **Aharon**
and the *chief* **hierarch** of the *congregation* **witness**
numbered **mustered** the sons of the *Kohathites* **Qehathiy**
after **by** their families,
and *after* **by** the house of their fathers,
35 *From* **Sons of** thirty years *old* and upward
even unto **sons of** fifty years *old*,

every one that entereth into the *service*
hosting, for the *work* **service**
in the *tabernacle* **tent** of the congregation:
36 And those that were *numbered* **mustered**
of them by their families,
were two thousand seven hundred and fifty.
37 These were they that were *numbered* **mustered**
of the families of the *Kohathites* **Qehathiy**,
all that might *do service* **serve**
in the *tabernacle* **tent** of the congregation,
which *Moses* **Mosheh** and *Aaron* **Aharon**
did number **mustered** according to
the *commandment* **mouth** of *the LORD* **Yah Veh**
by the hand of *Moses* **Mosheh**.
38 And those that were *numbered* **mustered**
of the sons of Gershon,
throughout their families, and by
the house of their fathers,
39 *From* **Sons of** thirty years *old* and upward
even unto **sons of** fifty years *old*,
every one that entereth into the *service*
hosting, for the *work* **service**
in the *tabernacle* **tent** of the congregation,
40 Even those that were *numbered* **mustered**
of them, throughout their families, by
the house of their fathers, were two
thousand and six hundred and thirty.
41 These are they that were *numbered* **mustered**
of the families of the sons of Gershon,
of all that might *do service* **serve**
in the *tabernacle* **tent** of the congregation,
whom *Moses* **Mosheh** and *Aaron* **Aharon**
did number **mustered** according to
the *commandment* **mouth** of *the LORD* **Yah Veh**.
42 And those that were *numbered* **mustered**
of the families of the sons of Merari, throughout
their families, by the house of their fathers,
43 *From* **Sons of** thirty years *old* and upward
even unto **sons of** fifty years *old*,
every one that entereth into the *service*
hosting, for the *work* **service**
in the *tabernacle* **tent** of the congregation,
44 Even those that were *numbered* **mustered** of them
after **by** their families,
were three thousand and two hundred.
45 These be those that were *numbered* **mustered**
of the families of the sons of Merari, whom
Moses **Mosheh** and *Aaron* **Aharon**
numbered **mustered**
according to the *word* **mouth** of *the LORD* **Yah Veh**
by the hand of *Moses* **Mosheh**.
46 All those that were *numbered* **mustered**
of the *Levites* **Leviym**,
whom *Moses* **Mosheh** and *Aaron* **Aharon** and the
chief **hierarch** of *Israel* **Yisra El** *numbered* **mustered**,
after **by** their families,
and *after* **by** the house of their fathers,
47 *From* **Sons of** thirty years *old* and upward
even unto **sons of** fifty years *old*, every one that came
to *do* **serve** the service *of the ministry*,
and the service of the burden
in the *tabernacle* **tent** of the congregation.
48 Even those that were *numbered* **mustered**
of them, were eight thousand
and five hundred and *fourscore* **eighty**,
49 According to
the *commandment* **mouth** of *the LORD* **Yah Veh**
they were *numbered* **mustered**
by the hand of *Moses* **Mosheh**,
every one **man by man** according to his
service, and according to his burden:
thus were they *numbered* **mustered**
of him, as *the LORD* **Yah Veh**
commanded Moses **misvahed Mosheh**.

PURIFYING THE CAMP

5 And *the LORD spake* **Yah Veh worded**
unto *Moses* **Mosheh**, saying,
2 *Command* **Misvah** the *children* **sons** of *Israel* **Yisra**
El, that they *put* **send** out of the camp every leper,
and every one that *hath the issue* **fluxeth**, and
whosoever is defiled by the *dead* **soul**:
3 *Both* **From** male *and* **to** female
shall ye *put out* **send forth**,
without the camp shall ye *put* **send** them **forth**;
that they *defile* **foul** not their camps,
in the midst whereof I *dwell* **tabernacle**.
4 And the *children* **sons** of *Israel*
did **Yisra El worked** so,
and *put* **sent** them *out* **forth** without the camp:
as *the LORD spake* **Yah Veh worded**
unto *Moses* **Mosheh**,
so *did* **worked** the *children* **sons** of *Israel* **Yisra El**.
5 And *the LORD spake* **Yah Veh worded**
unto *Moses* **Mosheh**, saying,
6 *Speak* **Word** unto the *children* **sons** of *Israel* **Yisra El**,
When a man or woman shall *commit* **work** any sin
that men commit **of humanity**,
to *do* **treason** a *trespass* **treason**
against *the LORD* **Yah Veh**,

and that *person be guilty* **soul hath guilted;**
7 Thentheyshal*confes***wringhandsfor**theirsin
which they have *done* **worked:**
and he shall *recompense his trespass* **restore for his guilt**
with the principal thereof **to the top**, and add unto
it the fifth *part* thereof, and give it unto him
against whom he hath *trespassed* **guilted.**
8 But if the man have no *kinsman* **redeemer**
to recompense *the trespass unto* **for his**
guilt, let *the trespass* **that for the guilt**
be *recompensed* **returned** unto *the LORD*
Yah Veh, even to the priest;
beside the ram of the *atonement* **kippurim**,
whereby
an atonement shall be made for him **he shall be atoned.**
9 Andevery*ofering***exaltmenot**falthe*holything***holies**
of the *children* **sons** of *Israel* **Yisra El**,
which they *bring* **oblate** unto the priest, shall be his.
10 Andeveryman's*shalowedthing***holies**shalbehis:
whatsoever *any* man giveth the priest, it shall be his.

THE TORAH OF SUSPICIONS

11 And *the LORD spake* **Yah Veh worded**
unto *Moses* **Mosheh**, saying,
12 *Speak* **Word** unto the *children* **sons** of
Israel **Yisra El**, and say unto them,
If **a man** — any man's *wife go aside* **woman deviate**,
and *commit* **treason** a *trespass* **treason** against him,
13 And a man lie
with her carnally **to give her seed of copulation**,
and it be *hid* **concealed**
from the eyes of her *husband* **man**,
and be *kept close* **hidden**, and she be *defiled*
fouled, and there be no witness against her,
neither she be *taken with the manner* **manipulated;**
14 And the spirit of *jealousy* **suspicion**
come **pass** upon him,
and he *be jealous of* **suspect** his *wife*
woman, and she be *defiled* **fouled:**
or if the spirit of *jealousy come* **suspicion pass** upon
him, and he *be jealous of* **suspect** his *wife* **woman**,
and she be not *defiled* **fouled:**
15 Then shall the man
bring his *wife* **woman** unto the priest,
and he shall bring her *offering* **qorban** for
her, the tenth *part* of an ephah of barley *meal*
flour; he shall pour no oil upon it,
nor put frankincense thereon;
for it is an offering of *jealousy* **suspicion**,
an offering of memorial,
bringing *iniquity* **perversity** to remembrance.
16 And the priest shall *bring* **oblate** her *near*,
and *set* **stand** her *before the LORD*
at the face of Yah Veh:
17 And the priest shall take holy water
in *an earthen vessel* **a pottery instrument;**
and of the dust that is in the floor of the tabernacle
the priest shall take, and *put* **give** it into the water:
18 And the priest shall *set* **stand** the
woman *before the LORD* **at the face of Yah Veh**,
and *uncover* **expose** the woman's head,
and *put* **give** the offering of memorial in her *hands*
palms, which is the *jealousy* **suspicion** offering:
and the priest shall have in his hand
the bitter water that *causeth the curse* **curseth:**
19 Andthepirestshal*charge***oath**her*byanoath*,
and say unto the woman, If no man have
lain with thee, and if thou hast not
gone aside **deviated** to *uncleanness* **foulness**
with another instead of thy *husband* **man**,
be thou *free* **exonerated** from this bitter
water that *causeth the curse* **curseth:**
20 But if thou hast *gone aside* **deviated**
to another instead of thy husband **from thy**
man, and if thou be *defiled* **fouled**,
and some man have *lain* **given to copulate** with thee
beside thine husband **except thy man:**
21 Then the priest shall *charge* **oath** the
woman with an oath *of cursing*,
and the priest shall say unto the woman,
The LORD make **Yah Veh give** thee *a curse* **an oath**
and an oath among thy people,
when *the LORD doth make* **Yah Veh giveth**
thy *thigh to rot* **flank to fall off**, and thy belly to swell;
22 Andthiswaterthac*tauseththecurse***curseth**
shall go into thy *bowels* **inwards**,
to make thy belly to swell,
and thy *thigh to rot* **flank to fall off:**
And the woman shall say, Amen, amen.
23 And the priest
shall *write* **inscribe** these *curses* **oaths** in a *book* **scroll**,
and he shall *blot* **wipe** them out with the bitter water:
24 And he shall cause the woman
to drink the bitter water that *causeth the curse* **curseth:**
and the water that *causeth the curse* **curseth**
shall enter into her, and *become bitter* **embitter.**
25 Then the priest
shall take the *jealousy* **suspicion** offering
out of the woman's hand,
and shall wave the offering

before the LORD **at the face of Yah Veh**, and
offer **oblate** it upon the **sacrifice** altar:
26 And the priest
shall *take an handful of* **handle** the
offering, even the memorial thereof,
and *burn* **incense** it upon the **sacrifice** altar,
and afterward shall cause the woman to drink the water.
27 Andwhenhehathmadehertodirnkthewater,
then **so be** it *shall come to pass*, that,
if she be *defiled* **fouled**,
and have *done trespass* **treasoned a treason**
against her *husband* **man**,
that the water that *causeth the curse* **curseth**
shall enter into her, and b*become bitter*
embitter, and her belly shall swell,
and her *thigh* **flank** shall *rot* **fall off**: and the woman
shall be *a curse* **an oath** among her people.
28 And if the woman be not *defiled*
fouled, but be *clean* **pure**;
then she shall be *free* **exonerated**,
and shall *conceive* **seed** seed.
29 This is the *law* **torah** of *jealousies* **suspicions**,
when a *wife goeth aside* **woman** *to another* **deviateth**
instead of her *husband* **man**, and is *defiled* **fouled**;
30 Or when the spirit of *jealousy* **suspicion**
cometh **passeth** upon *him* **a man**,
and he be *jealous* **suspicious** over his *wife*
woman, and shall *set* **stand** the woman
before the LORD **at the face of Yah Veh**,
and the priest shall *execute* **work**
upon her all this *law* **torah**.
31 Then shall the man
31 Then the man becomes exonerated from
perversity be *guiltless* **exonerated** from *iniquity*
perversity,and this woman bears her perversity.
and this woman shall bear her *iniquity* **perversity**.

6 And *the LORD spake* **Yah Veh worded**
unto *Moses* **Mosheh**, saying,
2 *Speak* **Word** unto the *children* **sons** of
Israel **Yisra El**, and say unto them,
When either man or woman shall separate *themselves*
to vow a vow — **the vow** of a *Nazarite* **Separatist**,
to *separate themselves* **marvel** unto *the LORD* **Yah Veh**:
3 He shall separate *himself*
from wine and *strong drink* **intoxicants**, and
shall drink no *vinegar of* **fermented** wine,
or *vinegar of strong drink* **fermented intoxicants**,
neither shall he drink any *liquor* **steepings** of grapes,
nor *eat moist* grapes, *or* dried **or fresh**.
4 All the days of his *separation* **separatism**
shall he eat *nothing* **naught**
that is *made* **worked** of the **wine of the** vine
tree, from the kernels even to the husk.
5 All the days of the vow of his *separation* **separatism**
there shall no razor *come* **pass** upon his head:
until the days be fulfilled, in the
which he separateth *himself*
unto *the LORD* **Yah Veh**, he shall be holy,
and shall let the locks of the hair of his head grow.
6 All the days
that he separateth himself **of his vow of separatism**
unto *the LORD* **Yah Veh**
he shall come at no *dead body* **soul that died**.
7 Heshalnot*make***foul**himself*unclean*
for his father, or for his mother,
for his brother, or for his sister, when they *die*
are dead: because the *consecration* **separatism**
of his *God* **Elohim** is upon his head.
8 All the days of his *separation* **separatism**
he is holy unto *the LORD* **Yah Veh**.
9 And if **in dying**,
any *man* **one** die *very suddenly* **in a blink**
by him, and he hath *defiled* **fouled**
the head of his *consecration* **separatism**;
then he shall shave his head in the day of his *cleansing*
purifying, on the seventh day shall he shave it.
10 And on the eighth day
he shall bring two *turtles* **turtledoves**,
or two *young pigeons* **sons of doves**, to
the priest, to the *door* **opening**
of the *tabernacle* **tent** of the congregation:
11 And the priest shall *offer* **work** the one
for *a sin offering* **the sin**,
and the *other* **one** for *a burnt offering* **the holocaust**,
and *make an atonement* **kapar/atone** for him,
for that he sinned by the *dead* **soul**, and
shall hallow his head that same day.
12 And he shall
consecrate **separate** unto *the LORD* **Yah Veh**
the days of his *separation* **separatism**,
and shall bring a lamb *of the first year* **a yearling son**
for *a trespass offering* **his guilt**:
but the **first** days *that were before* shall be *lost* **fallen**,
because his *separation* **separatism** was defiled.
13 Andthisisthe*law***torah**ofthe*Nazarite***Separatis,t**
when **in** the days of his *separation*
separatism the days are fulfilled:
he shall be brought unto the *door* **opening**
of the *tabernacle* **tent** of the congregation:
14 And he shall *offer* **oblate** his *offering* **qorban**
unto *the LORD* **Yah Veh**, one he lamb

of the first year without blemish
an integrious yearling son
for *a burnt offering* **the holocaust**, and one ewe lamb
of the first year without blemish
an integrious yearling daughter
for *a sin offering* **the sin,**

The Separatist Vow Of SeparatismThe Separatist Vow Of Separatism

and one ram *without blemish* **integrious**
for *peace offerings* **shelamim,**
15 And a basket of *unleavened bread* **matsah,**
cakes of *fine* flour *mingled* **mixed** with oil,
and wafers of *unleavened bread* **matsah**
anointed with oil, and their *meat* offering,
and their *drink offerings* **libations.**
16 And the priest shall *bring* **oblate** them
before the LORD **at the face of Yah Veh,** and
shall *offer his sin offering* **work for his sin,**
and his *burnt offering* **holocaust:**
17 And he shall *offer* **work** the ram
for a sacrifice of *peace offerings* **shelamim**
unto *the LORD* **Yah Veh,**
with the basket of *unleavened bread* **matsah:**
the priest shall *offer* **work** also his *meat*
offering, and his *drink offering* **libation.**
18 And the *Nazarite* **Separatist**
shall shave the head of his *separation* **separatism**
at the *door* **opening**
of the *tabernacle* **tent** of the congregation,
and shall take the hair
of the head of his *separation* **separatism,**
and *put* **give** it in the fire which is under the
sacrifice of the *peace offerings* **shelamim.**
19 And the priest shall take
the *sodden shoulder* **stewed foreleg** of the ram,
and one *unleavened* **matsah** cake out of the
basket, and one *unleavened* **matsah** wafer,
and shall *put* **give** them
upon the *hands* **palms** of the *Nazarite* **Separatist,** after
the hair of his separation **his separatism** is shaven:
20 Andthepirestshalwavethemforawave*ofering*
before the LORD **at the face of Yah Veh:**
this is holy for the priest,
with the wave breast and *heave shoulder*
hindleg of the exaltment:
and after that the *Nazarite* **Separatist** may drink wine.
21 This is the *law* **torah**
of the *Nazarite* **Separatist** who hath vowed,
and of his *offering* **qorban** unto *the LORD* **Yah Veh**
for his *separation* **separatism,** beside
that that his hand shall *get* **attain:**
according to the **mouth of the** vow which he vowed,
so he *must do* **shall work**
after the *law* **torah** of his *separation* **separatism.**

A Benediction

22 And *the LORD spake* **Yah Veh worded**
unto *Moses* **Mosheh,** saying,
23 *Speak* **Word** unto *Aaron* **Aharon**
and unto his sons, saying,
On this wise **Thus** ye shall bless
the *children* **sons** of *Israel* **Yisra El,** saying unto them,
24 *The LORD* **Yah Veh** bless thee, and *keep* **guard** thee:
25 *The LORD make* **Yah Veh illuminate** his face *shine*
upon thee,
and *be gracious unto thee* **grant thee charism:**
26 *The LORD* **Yah Veh** lift up his *countenance* **face**
upon thee,
and *give* **set** thee *peace* **shalom.**
27 And they shall put my name
upon the *children* **sons** of *Israel* **Yisra**
El, and I *will* **shall** bless them.

Hanukkah Of The Tabernacle

7 And **so be** it *came to pass* on the day
that *Moses* **Mosheh** had *fully* **finished**
set up **raising** the tabernacle,
and had anointed it, and *sanctified* **hallowed**
it, and all the instruments thereof,
both the **sacrifice** altar
and all the *vessels* **instruments** thereof,
and had anointed them, and *sanctified* **hallowed** them;
2 That the *princes* **hierarchs** of *Israel* **Yisra**
El, heads of the house of their fathers,
who were the *princes* **hierarchs** of the *tribes* **rods,**
and *were* **stood** over them that
were *numbered* **mustered,**
offered **oblated:**
3 And they *brought* **oblated** their *offering* **qorban**
before the LORD **at the face of Yah Veh,**
six covered wagons, and twelve oxen;
a wagon for two of the *princes* **hierarchs,**
and for each one an ox:
and they brought them
before **at the face of** the tabernacle.
4 And the *LORD spake* **Yah Veh said**
unto *Moses* **Mosheh,** saying,
5 Take it of them,

that they may be to *do* **serve** the service of
the *tabernacle* **tent** of the congregation;
and thou shalt give them unto the *Levites* **Leviym**, to
every man according to **the mouth of** his service.
6 AndMosesMoshehtokthewagonsandtheoxen,
and gave them unto the *Levites* **Leviym**.
7 Two wagons and four oxen
he gave unto the sons of Gershon, according
to **the mouth of** their service:
8 And four wagons and eight oxen he
gave unto the sons of Merari,
according unto **the mouth of** their service,
under the hand of *Ithamar* **Iy Thamar**
the son of *Aaron* **Aharon** the priest.
9 ButuntothesonsoKfohathQehathhegavenone:
because the service of the *sanctuary* **holies**
belonging unto them
was that they should bear upon their shoulders.

The Hanukkah Of The Sacrifice Altar

10 And the *princes offered* **hierarchs oblated**
for *dedicating* **the hanukkah** of the **sacrifice**
altar in the day that it was anointed,
even the *princes* **hierarchs**
offered **oblated** their *offering* **qorban**
before the **at the face of the sacrifice** altar.
11 AndtheLORDYahVehsaiduntoMosesMosheh,
They shall *offer* **oblate** their *offering* **qorban**,
each prince on his day
one hierarch a day — one hierarch a day,
for the *dedicating* **hanukkah** of the **sacrifice** altar.
12 And he that *offered* **oblated** his *offering* **qorban**
the first day
was Nahshon the son of *Amminadab* **Ammi Nadab**,
of the *tribe* **rod** of *Judah* **Yah Hudah**:
13 And his *offering* **qorban** was one silver *charger* **dish**,
the weight thereof *was* an hundred and thirty *shekels*,
one silver *bowl* **sprinkler** of seventy shekels,
after the shekel of the *sanctuary* **holies**; *both*
the two of them were full of *fine* flour *mingled*
mixed with oil for *a meat* **an** offering:
14 One *spoon* **bowl** of ten *shekels* gold, full of incense:
15 Oneyoungbulocksonoftheoxen,oneram,
one lamb *of the first year* **a yearling son**
for a *burnt offering* **holocaust**:
16 One *kid* **buck** of the goats for *a sin offering* **the sin**:
17 And for a sacrifice of *peace offerings* **shelamim**,
two oxen, five rams, five he goat s,
five lambs *of the first year* **yearling sons**:
this was the *offering* **qorban** of Nahshon
the son of *Amminadab* **Ammi Nadab**.
18 On the second day
Nethaneel **Nethan El** the son of *Zuar* **Suar**,
prince **hierarch** of *Issachar* **Yissachar**, *did offer* **oblated**:
19 He *offered* **oblated** for his *offering* **qorban**
one silver *charger* **dish**,
the weight whereof was an hundred and thirty
shekels, one silver *bowl* **sprinkler** of seventy shekels,
after the shekel of the *sanctuary* **holies**; *both*
the two of them were full of *fine* flour *mingled*
mixed with oil for *a meat* **an offering**:
20 One *spoon* **bowl** of gold of ten *shekels*, full of incense:
21 Oneyoungbulocksonoftheoxen,oneram,
one lamb *of the first year* **a yearling son**
for a *burnt offering* **holocaust**:
22 One *kid* **buck** of the goats for *a sin offering* **the sin**:
23 Andforasaciirfceofpeaceoferingsshelamim,
two oxen, five rams, five he goats, five
lambs *of the first year* **yearling sons**:
this was the *offering* **qorban** of *Nethaneel* **Nethan El**
the son of *Zuar* **Suar**.
24 On the third day
Eliab **Eli Ab** the son of Helon,
prince **hierarch** of the *children* **sons**
of Zebulun, *did offer*:
25 And his *offering* **qorban** was one silver
charger **dish**, the weight whereof was
an hundred and thirty *shekels*,
one silver *bowl* **sprinkler** of seventy shekels,
after the shekel of the *sanctuary* **holies**;
both **the two** of them were full of *fine* flour
mingled with oil for *a meat* **an offering**:
26 One golden *spoon* **bowl** of ten *shekels*, full of incense:
27 Oneyoungbulocksonoftheoxen,oneram,
one lamb *of the first year* **a yearling son**
for a *burnt offering* **holocaust**:
28 One *kid* **buck** of the goats for *a sin offering* **the sin**:
29 And for a sacrifice of *peace offerings* **shelamim**,
two oxen, five rams, five he goats,
five lambs *of the first year* **yearling sons**: this was the
offering **qorban** of *Eliab* **Eli Ab** the son of Helon.
30 On the fourth day
Elizur **Eli Sur** the son of *Shedeur* **Shedey Ur**,
prince **hierarch** of the *children* **sons** of *Reuben* **Reu Ben**
did offer:
31 And his *offering* **qorban** was one silver *charger*
dish of the weight of an hundred and thirty *shekels*,
one silver *bowl* **sprinkler** of seventy shekels,

after the shekel of the *sanctuary* **holies;**
both **the two** of them were full of *fine* flour
mingled with oil for *a meat* **an offering:**
32 One golden *spoon* **bowl** of ten *shekels,* full of incense:
33 One *young* bulock **son of the oxen,** one ram,
one lamb *of the first year* **a yearling son**
for a *burnt offering* **holocaust:**
34 One *kid* **buck** of the goats for *a sin offering* **the sin:**
35 And for a sacrifice of *peace offerings* **shelamim,**
two oxen, five rams, five he goats,
five lambs *of the first year* **yearling sons:**
this was the *offering* **qorban** of *Elizur* **Eli Sur**
the son of *Shedeur* **Shedey Ur.**
36 On the fifth day
Shelumiel **Shelumi El** the son of *Zurishaddai*
Suri Shadday, *prince* **hierarch** of the *children*
sons of *Simeon* **Shimon** *did offer:*
37 And his *offering* **qorban** was one silver
charger **dish,** the weight whereof was
an hundred and thirty *shekels,*
one silver *bowl* **sprinkler** of seventy shekels,
after the shekel of the *sanctuary* **holies;**
both **the two** of them were full of *fine* flour
mingled with oil for *a meat* **an** offering:
38 One golden *spoon* **bowl** of ten *shekels,* full of incense:
39 One *young* bulock **son of the oxen,** one ram,
one lamb *of the first year* **a yearling son**
for a *burnt offering* **holocaust:**
40 One *kid* **buck** of the goats for *a sin offering* **the sin:**
41 And for a sacrifice of *peace offerings* **shelamim,**
two oxen, five rams, five he goats,
five lambs *of the first year* **yearling sons:**
this was the *offering* **qorban** of *Shelumiel* **Shelumi El**
the son of *Zurishaddai* **Suri Shadday.**
42 On the sixth day
Eliasaph **Eli Yasaph** the son of *Deuel* **Deu El,**
prince **hierarch** of the *children* **sons** of Gad, *offered:*
43 His *offering* **qorban** was one silver *charger* **dish,**
of the weight of an hundred and thirty *shekels,*
a silver *bowl* **sprinkler** of seventy shekels,
after the shekel of the *sanctuary* **holies;**
both **the two** of them were full of *fine* flour
mingled **mixed** with oil for *a meat* **an offering:**
44 One golden *spoon* **bowl** of ten *shekels,* full of incense:
45 One *young* bulock **son of the oxen,** one ram,
one lamb *of the first year* **a yearling son**
for a *burnt offering* **holocaust:**
46 One *kid* **buck** of the goats for *a sin offering* **the sin:**
47 And for a sacrifice of *peace offerings* **shelamim,**
two oxen, five rams, five he goats,
five lambs *of the first year* **yearling sons:**
this was the *offering* **qorban** of *Eliasaph* **Eli Yasaph**
the son of *Deuel* **Deu El.**
48 On the seventh day
Elishama **Eli Shama** the son of *Ammihud* **Ammi 1-lud,**
prince **hierarch** of the *children* **sons**
of *Ephraim* **Ephrayim,** *offered:*
49 His *offering* **qorban** was one silver *charger* **dish,**
the weight whereof was an hundred and thirty
shekels, one silver *bowl* **sprinkler** of seventy shekels,
after the shekel of the *sanctuary* **holies;**
both **the two** of them were full of *fine* flour
mingled **mixed** with oil for *a meat* **an offering:**
50 One golden *spoon* **bowl** of ten *shekels,* full of incense:
51 One *young* bulock **son of the oxen,** one ram,
one lamb *of the first year* **a yearling son**
for a *burnt offering* **holocaust:**
52 One *kid* **buck** of the goats for *a sin offering* **the sin:**
53 And for a sacrifice of *peace offerings* **shelamim,**
two oxen, five rams, five he goats,
five lambs *of the first year* **yearling sons:**
this was the *offering* **qorban** of *Elishama* **Eli Shama**
the son of *Ammihud* **Ammi 1-lud.**
54 On the eighth day
offered Gamaliel **Gamli El** the son
of *Pedahzur* **Pedah Sur,**
prince **hierarch**
of the *children* **sons** of *Manasseh* **Menash Sheh:**
55 His *offering* **qorban** was one silver *charger* **dish**
of the weight of an hundred and thirty *shekels,*
one silver *bowl* **sprinkler** of seventy shekels,
after the shekel of the *sanctuary* **holies;**
both **the two** of them were full of *fine* flour
mingled **mixed** with oil for *a meat* **an offering:**
56 One golden *spoon* **bowl** of ten *shekels,* full of incense:
57 One *young* bulock **son of the oxen,** one ram,
one lamb *of the first year* **a yearling son,**
for a *burnt offering* **holocaust:**
58 One *kid* **buck** of the goats for *a sin offering* **the sin:**
59 And for a sacrifice of *peace offerings* **shelamim,**
two oxen, five rams, five he goats,
five lambs *of the first year* **yearling sons:**
this was the *offering* **qorban** of *Gamaliel* **Gamli El**
the son of *Pedahzur* **Pedah Sur.**
60 On the ninth day
Abidan **Abi Dan** the son of *Gideoni* **Gidoni,**
prince **hierarch**
of the *children* **sons** of *Benjamin* **Ben Yamin,** *offered:*
61 His *offering* **qorban** was one silver *charger* **dish,**

the weight whereof was an hundred and thirty
shekels, one silver *bowl* **sprinkler** of seventy shekels,
after the shekel of the *sanctuary* **holies**; *both*
the two of them were full of *fine* flour *mingled*
mixed with oil for *a meat* **an offering**:
62 One golden *spoon* **bowl** of ten *shekels*, full of incense:
63 One *young* bulock **son of the oxen**, one ram,
one lamb *of the first year* **a yearling son**
for a *burnt offering* **holocaust**:
64 One *kid* **buck** of the goats for *a sin offering* **the sin**:
65 And for a sacrifice of *peace offerings* **shelamim**,
two oxen, five rams, five he goats,
five lambs *of the first year* **yearling sons**:
this was the *offering* **qorban** of *Abidan* **Abi Dan**
the son of *Gideoni* **Gidoni**.
66 On the tenth day
Ahiezer **Achi Ezer** the son of
Ammishaddai **Ammi Shaday**,
prince **hierarch** of the *children* **sons** of Dan, *offered*:
67 His *offering* **qorban** was one silver *charger* **dish**,
the weight whereof was an hundred and thirty
shekels, one silver *bowl* **sprinkler** of seventy shekels,
after the shekel of the *sanctuary* **holies**;
both **the two** of them were full of *fine* flour
mingled **mixed** with oil for *a meat* **an** offering:
68 One golden *spoon* **bowl** of ten *shekels*, full of incense:
69 One *young* bulock **son of the oxen**, one ram,
one lamb *of the first year* **a yearling son**
for a *burnt offering* **holocaust**:
70 One *kid* **buck** of the goats for a *sin offering* **the sin**:
71 And for a sacrifice of *peace offerings* **shelamim**,
two oxen, five rams, five he goats,
five lambs *of the first year* **yearling sons**:
this was the *offering* **qorban** of *Ahiezer* **Achi Ezer**
the son of *Ammishaddai* **Ammi Shaday**.
72 On the **day — the** eleventh day
Pagiel **Pagi El** the son of *Ocran* **Ochran**,
prince **hierarch** of the *children* **sons** of Asher, *offered*:
73 His *offering* **qorban** was one silver *charger* **dish**,
the weight whereof was an hundred and thirty
shekels, one silver *bowl* **sprinkler** of seventy shekels,
after the shekel of the *sanctuary* **holies**;
both **the two** of them were full of *fine* flour
mingled **mixed** with oil for *a meat* **an** offering:
74 One golden *spoon* **bowl** of ten *shekels*, full of incense:
75 One *young* bulock **son of the oxen**, one ram,
one lamb *of the first year* **a yearling son**
for a *burnt offering* **holocaust**:
76 One *kid* **buck** of the goats for *a sin offering* **the sin**:
77 And for a sacrifice of *peace offerings* **shelamim**,
two oxen, five rams, five he goats,
five lambs *of the first year* **yearling sons**:
this was the *offering* **qorban** of *Pagiel* **Pagi El**
the son of *Ocran* **Ochran**.
78 On the **day — the** twelfth day
Ahira **Achi Ra** the son of Enan,
prince **hierarch** of the *children* **sons** of Naphtali, *offered*:
79 His *offering* **qorban** was one silver *charger* **dish**,
the weight whereof was an hundred and thirty
shekels, one silver *bowl* **sprinkler** of seventy shekels,
after the shekel of the sanctuary holies;
both **the two** of them were full of *fine* flour
mingled **mixed** with oil for *a meat* **an** offering:
80 One golden *spoon* **bowl** of ten *shekels*, full of incense:
81 One *young* bulock **son of the oxen**, one ram,
one lamb *of the first year* **a yearling son**
for a *burnt offering* **holocaust**:
82 One *kid* **buck** of the goats for *a sin offering* **the sin**:
83 And for a sacrifice of *peace offerings* **shelamim**,
two oxen, five rams, five he goats,
five lambs *of the first year* **yearling sons**:
this was the *offering* **qorban** of *Ahira* **Achi Ra**
the son of Enan.
84 This was the *dedicating* **hanukkah** of the **sacrifice**
altar, in the day when it was anointed,
by the *princes* **hierarchs** of *Israel* **Yisra El**:
twelve *chargers* **dishes** of silver,
twelve silver *bowls* **sprinklers**, twelve spoons of gold:
85 Each *charger* **dish** of silver
weighing an hundred and thirty *shekels*,
each *bowl* **sprinkler** seventy:
all the silver *vessels* **instruments** *weighed*
two thousand and four hundred *shekels*,
after the shekel of the *sanctuary* **holies**:
86 The golden *spoons* **bowls** were twelve, full of incense,
weighing ten shekels apiece **each bowl, ten, ten**,
after the shekel of the *sanctuary* **holies**:
all the gold of the *spoons* **bowls**
was an hundred and twenty *shekels*.
87 All the oxen for the *burnt offering* **holocaust**
were twelve bullocks, the rams twelve,
the lambs *of the first year* **yearling sons** twelve,
with their *meat* offering:
and the *kids* **bucks** of the goats *for sin offering* **for the sin**
twelve.
88 And all the oxen
for the sacrifice of the *peace offerings* **shelamim**
were twenty and four bullocks, the
rams sixty, the he goats sixty,

the lambs *of the first year* **yearling sons** sixty.
This was the *dedicating* **hanukkah** of the
sacrifice altar, after that it was anointed.
89 And when *Moses* **Mosheh**
was gone into the *tabernacle* **tent** of the
congregation to *speak* **word** with him,
then he heard the voice of one *speaking* **wording**
unto him from off the *mercy seat* **kapporeth**
that was upon the ark of *testimony* **witness**,
from between the two *cherubims* **cherubim**:
and he *spake* **worded** unto him.

HOLOCAUST OF THE LAMPS OF THE MENORAH

8 And *the LORD spake* **Yah Veh worded**
unto *Moses* **Mosheh**, saying,
2 *Speak* **Word** unto *Aaron* **Aharon** and say unto
him, When thou *lightest* **holocaustest** the lamps,
the seven lamps shall *give light* **illuminate**
over against **in front of the face of**
the *candlestick* **menorah**.
3 And *Aaron did* **Aharon worked** so;
he *lighted* **holocausted** the lamps thereof
over against **in front of the face of**
the *candlestick* **menorah**, as *the LORD* **Yah Veh**
commanded Moses **misvahed Mosheh**.
4 And this work of the *candlestick* **menorah**
was of *beaten* **spun** gold, unto the shaft **flank** thereof,
unto the *flowers* **blossoms** thereof,
was *beaten work* **spun**:
according unto the *pattern* **vision**
which *the LORD* **Yah Veh**
had *shewed Moses* **Mosheh see**,
so he *made* **worked** the *candlestick* **menorah**.

PURIFYING THE LEVIYM

5 And *the LORD spake* **Yah Veh worded**
unto *Moses* **Mosheh**, saying,
6 Take the *Levites* **Leviym**
from among the *children* **sons** of *Israel*
Yisra El, and *cleanse* **purify** them.
7 And thus shalt thou *do* **work** unto
them, to *cleanse* **purify** them:
Sprinkle water *of purifying* **for the sin** upon them,
and let them *shave* **pass a razor over** all their
flesh, and let them *wash* **launder** their clothes,
and so *make* **purify** themselves *clean*.
8 Then let them take a *young* bullock **son of the oxen**
with his *meat* offering,
even *fine* flour *mingled* **mixed** with oil,
and *another young* **a second** bullock **son of the oxen**
shalt thou take for *a sin offering* **the sin**.
9 And thou shalt *bring* **oblate** the *Levites* **Leviym**
before **at the face of**
the *tabernacle* **tent** of the congregation:
and thou shalt *gather* **congregate**
the *whole assembly* **witness**
of the *children* **sons** of *Israel* **Yisra El** *together*:
10 And thou shalt *bring* **oblate** the *Levites* **Leviym**
before the LORD **at the face of Yah Veh**:
and the *children* **sons** of *Israel* **Yisra El**
shall *put* **prop** their hands upon the *Levites* **Leviym**:
11 And*Aaron***Aharon**shaol*fe*wrave the*Levites***Leviym**
before the LORD **at the face of Yah Veh**
for *an offering* **a wave**
of the *children* **sons** of *Israel* **Yisra El**,
that they may *execute* **serve**
the service of *the LORD* **Yah Veh**.
12 And the *Levites* **Leviym** shall *lay* **prop** their hands
upon the heads of the bullocks:
and thou shalt *offer* **work** the one for *a sin offering* **the**
sin, and the *other* **one** for a *burnt offering* **holocaust**,
unto *the LORD* **Yah Veh**,
to *make an atonement* **kapar/atone**
for the *Levites* **Leviym**.
13 And thou shalt *set* **stand** the *Levites* **Leviym**
before Aaron **at the face of Aharon**, and
before **at the face of** his sons,
and *offer* **wave** them
for *an offering* **a wave** unto *the LORD* **Yah Veh**.
14 Thus shalt thou separate the *Levites* **Leviym**
from among the *children* **sons** of *Israel* **Yisra**
El: and the *Levites* **Leviym** shall be mine.
15 And after that shall the *Levites* **Leviym**
go in to *do* **serve** the service
of the *tabernacle* **tent** of the congregation:
and thou shalt *cleanse* **purify** them,
and *offer* **wave** them for *an offering* **a wave**.
16 For **in giving**, they are *wholly* given unto me from
among the *children* **sons** of *Israel* **Yisra El**;
instead of *such as open every* **every burster of the** womb,
even instead of the *firstborn* **firstbirthed**
of all the *children* **sons** of *Israel* **Yisra El**,
have I taken them unto me.
17 For all the *firstborn* **firstbirthed**
of the *children* **sons** of *Israel* **Yisra El** are mine,
both man **human** and *beast* **animal**:
on the day that I smote every *firstborn* **firstbirthed**
in the land of *Egypt* **Misrayim**

I *sanctified* **hallowed** them for myself.
18 AndIhavetakenthe*Levites***Leviym**
for all the *firstborn* **firstbirthed**
of the *children* **sons** of *Israel* **Yisra El.**
19 And I have given the *Levites* **Leviym**
as a gift to Aaron — **given to Aharon** and to his sons
from among the *children* **sons** of *Israel* **Yisra El,**
to *do* **serve** the service
of the *children* **sons** of *Israel* **Yisra El**
in the *tabernacle* **tent** of the congregation, and to
make an atonement **kapar/atone** for the *children*
sons of *Israel* **Yisra El:** that there be no plague
among the *children* **sons** of *Israel* **Yisra El,**
when the *children* **sons** of *Israel* **Yisra El**
come near **approach** unto the *sanctuary* **holies.**
20 And *Moses* **Mosheh,** and *Aaron* **Aharon,**
and all the *congregation* **witness**
of the *children* **sons** of *Israel* **Yisra El,** *did*
worked to the *Levites* **Leviym** according
unto all that *the LORD* **Yah Veh**
commanded Moses **misvahed Mosheh**
concerning the *Levites* **Leviym,**
so *did* **worked** the *children* **sons** of *Israel* **Yisra El**
unto them.
21 And the *Levites* **Leviym,** *were purified,* **for the sin,**
and they washed **laundered** their clothes; and *Aaron*
offered **Aharon waved** them as *an offering* **a wave**
before the LORD **at the face of Yah Veh;**
and *Aaron* **Aharon**
made an atonement **did kapar/atone**
for them to *cleanse* **purify** them.
22 And after that went the *Levites* **Leviym**
in to *do* **serve** their service
in the *tabernacle* **tent** of the congregation *before Aaron*
at the face of Aharon, and *before* **at the face of** his sons:
as *the LORD* **Yah Veh**
had *commanded Moses* **misvahed Mosheh**
concerning the *Levites* **Leviym,** so
did **worked** they unto them.
23 And *the LORD spake* **Yah Veh worded**
unto *Moses* **Mosheh,** saying,
24 This is it that belongeth unto the *Levites* **Leviym:**
from **a son of** twenty and five years *old* and upward
they shall go in to *wait upon* **host** the *service* **hosting**
of the *tabernacle* **tent** of the congregation:
25 And *from the age* **a son** of fifty years
they shall *cease* **turn away**
waiting upon **from hosting** the service
thereof, and shall serve no more:
26 But shall minister with their brethren
in the *tabernacle* **tent** of the congregation,
to *keep* **guard** the *charge* **guard,** and
shall *do* **serve** no service.
Thus shalt thou *do* **work** unto the *Levites* **Leviym**
touching **regarding** their *charge* **guard.**
9 And *the LORD spake* **Yah Veh worded**

THE PASACH

unto *Moses* **Mosheh** in the wilderness of *Sinai*
Sinay, in the first month of the second year
after they were come out of the land of *Egypt* **Misrayim,**
saying,
2 Let the *children* **sons** of *Israel* **Yisra El**
also *keep* **work** the *passover* **pasach**
at his *appointed* season.
3 In the fourteenth day of this month,
at even **between evenings,**
ye shall *keep* **work** it in his *appointed* season:
according to all the *rites* **statutes** of it,
and according to all the *ceremonies* **judgments**
thereof, shall ye *keep* **work** it.
4 And *Moses spake* **Mosheh worded**
unto the *children* **sons** of *Israel* **Yisra El,**
that they should *keep* **work** the *passover* **pasach.**
5 Andthey*kepwt* **orked**the*passover***pasach**
on the fourteenth day of the first month
at even **between evenings**
in the wilderness of *Sinai* **Sinay:** according to all that *the*
LORD **Yah Veh** *commanded Moses* **misvahed Mosheh,**
so *did* **worked** the *children* **sons** of *Israel* **Yisra El.**
6 And there were *certain* **men,**
who were defiled by the *dead body* **soul**
of a *man* **human,** that they could not
keep **work** the *passover* **pasach**
on that day
came before Moses **approached at the face of Mosheh**
and *before Aaron* **at the face of Aharon** on that day:
7 And those men said unto him,
We are defiled by the *dead body* **soul** of a *man* **human:**
wherefore are we kept back,
that we may not *offer an offering* **oblate a qorban**
of *the LORD* **Yah Veh** in his *appointed* season
among the *children* **sons** of *Israel* **Yisra El?**
8 And *Moses* **Mosheh** said unto them,
Stand still, and I *will* **shall** hear
what *the LORD will command* **Yah Veh shall misvah**
concerning you.
9 And *the LORD spake* **Yah Veh worded**
unto *Moses* **Mosheh,** saying,

10 *Speak* **Word** unto the *children* **sons**
of *Israel* **Yisra El**, saying,
If **a man** — any man of you or of
your *posterity* **generation**
shall be *unclean* **fouled** by *reason of a dead*
body **a soul**, or be in a journey afar off,
yet he shall *keep* **work** the *passover* **pasach**
unto *the LORD* **Yah Veh**.
11 The fourteenth day of the second month
at even **between evenings** they shall
keep **work** it, and eat it
with *unleavened bread* **matsah** and *bitter herbs* **bitters**.
12 They shall *leave* **let** none of it **survive**
unto the morning,
nor break any bone of it:
according to all the *ordinances* **statutes**
of the *passover* **pasach**
they shall *keep* **work** it.
13 But the man that is *clean* **pure**, and is not in a journey,
and *forbeareth* **ceaseth** to *keep* **work** the
passover **pasach**, even the same soul
shall be cut off from among his people:
because he *brought* **oblated** not
the *offering* **qorban** of *the LORD* **Yah Veh**
in his *appointed* season,
that man shall bear his sin.
14 And if a *stranger* **sojourner** shall sojourn among you,
and *will keep* **shall work** the *passover* **pasach**
unto *the LORD* **Yah Veh**;
according to the *ordinance* **statute** of the *passover*
pasach, and according to the *manner* **judgment** thereof,
so **thus** shall he *do* **work**:
ye shall have one *ordinance* **statute**,
both for the *stranger* **sojourner**,
and for *him that was born in the land* **the native**.

TABERNACLE CLOUD COVER

15 And on the day that the tabernacle
was *reared up* **raised**
the cloud covered the tabernacle, *namely*,
the tent of the *testimony* **witness**: and at
even there was upon the tabernacle
as *it were the appearance* **the visage**
of fire, until the morning.
16 So it was *alway* **continually**:
the cloud covered it *by day*,
and the *appearance* **visage** of fire by night.
17 And when the **mouth of the** cloud
was taken up **ascended** from the *tabernacle* **tent**,
then after that
the *children* **sons** of *Israel journeyed*
Yisra El pulled stakes:
and in the place where the cloud *abode*
tabernacled, there the *children* **sons** of *Israel*
Yisra El *pitched their tents* **encamped**.
18 At the *commandment* **mouth** of *the LORD* **Yah Veh**
the *children* **sons** of *Israel journeyed*
Yisra El pulled stakes,
and at the *commandment of the*
LORD **mouth of Yah Veh**
they *pitched* **encamped**:
as long as **all the days**
the cloud *abode* **tabernacled** upon the tabernacle
they *rested in their tents* **encamped**.
19 And when the cloud
tarried long **prolonged** upon the tabernacle many days,
then the *children* **sons** of *Israel* **Yisra El**
kept **guarded** the *charge* **guard** of *the LORD*
Yah Veh, and *journeyed* **pulled stakes** not.
20 And so it was, when the cloud
was a *few* **number of** days upon the tabernacle;
according to
the *commandment* **mouth** of *the LORD* **Yah Veh**
they *abode in their tents* **encamped**, and according to
the *commandment* **mouth** of *the LORD* **Yah Veh**
they *journeyed* **pulled stakes**.
21 Andso*itwas*,whenthecloud
abode **became** from even unto the morning,
and that the cloud *was taken up* **ascended** in the
morning, then they *journeyed* **pulled stakes**:
whether it was by day or by night
that the cloud *was taken up* **ascended**,
they *journeyed* **pulled stakes**.
22 *Orwhetheritwere*—twodays,oramonth,orayear,
that the cloud *tarried* **prolonged** upon the tabernacle,
remaining **tabernacling** thereon, the *children*
sons of *Israel* **Yisra El** *abode in their tents*
encamped, and *journeyed* **pulled stakes** not:
but when it *was taken up* **ascended**,
they *journeyed* **pulled stakes**.
23 Athe*commandmen***mt** **outh***oftheLORD***YahVeh**
they *rested in the tents* **encamped**,
and at the *commandment* **mouth** of *the LORD* **Yah Veh**
they *journeyed* **pulled stakes**:
they *kept* **guarded** the *charge* **guard**
of *the LORD* **Yah Veh**,
at the *commandment* **mouth** of *the LORD* **Yah Veh**
by the hand of *Moses* **Mosheh**.

Blast, And Blast Blast Of Trumpets

10 And *the LORD spake* **Yah Veh worded**
unto *Moses* **Mosheh**, saying,
2 *Make* **Work** thee two trumpets of silver;
of *a whole piece* **spinning** shalt thou *make* **work** them:
that thou mayest use them
for the *calling* **convocation** of the *assembly* **witness**,
and for the journeying of the camps.
3 And when they shall *blow* **blast** with
them, all the *assembly* **witness**
shall *assemble* **congregate** *themselves* to thee
at the *door* **opening**
of the *tabernacle* **tent** of the congregation.
4 Andiftheyblowblastbuwt ithonetrumpe,t
then the *princes* **hierarchs**,
which are heads of the thousands of *Israel* **Yisra El**, shall *gather* **congregate** *themselves* unto thee.
5 When ye *blow an alarm* **blast blast**,
then the camps that *lie on the east parts* **encamp eastward**
shall *go forward* **pull stakes**.
6 Whenyeblowanalarmblastblasthesecondtime,
then the camps that *lie on the south side* **encamp southward**
shall *take their journey* **pull stakes**:
they shall *blow an alarm* **blast blast** for their journeys.
7 But when the congregation
is to be *gathered* **congregated**
together, ye shall *blow* **blast**,
but ye shall not *sound an alarm* **blast blast**.
8 And the sons of *Aaron* **Aharon**, the priests,
shall *blow* **blast** with the trumpets;
and they shall be to you
for an *ordinance for ever* **eternal statute**
throughout your generations.
9 And if ye go to war in your land
against the *enemy* **tribulator**
that *oppresseth* **tribulateth** you,
then ye shall *blow an alarm* **blast blast** with the trumpets;
and ye shall be remembered
before the LORD **at the face of Yah Veh** your *God* **Elohim**, and ye shall be saved from your enemies.
10 Alsointhedayofyourgladnescheerfulness,
and in your *solemn days* **seasons**,
and in the *beginnings* **heads** of your months,
ye shall *blow* **blast** with the trumpets
over your *burnt offerings* **holocausts**,
and over the sacrifices of your *peace offerings* **shelamim**;
that they may be to you for a memorial
before **at the face of** your *God* **Elohim**:
I am the LORD **I — Yah Veh** your *God* **Elohim**.

Sons Of Yisra El Pull Stakes From Sinay

11 And **so be** it *came to pass*,
on the twentieth day of the second month
in the second month, on the twentieth of the month,
in the second year,
that the cloud *was taken up* **ascended**
from off the tabernacle of the *testimony* **witness**.
12 And the *children* **sons** of *Israel* **Yisra El**
took **pulled stakes in** their journeys
out of the wilderness of *Sinai* **Sinay**;
and the cloud *rested* **tabernacled**
in the wilderness of Paran.
13 And they first *took their journey* **pulled stakes**
according to
the *commandment* **mouth** of *the LORD* **Yah Veh**
by the hand of *Moses* **Mosheh**.
14 *Inthefirstplace***Thefirstopulstakes**
went **was** the standard of the camp
of the *children* **sons** of *Judah* **Yah Hudah**
according to their *armies* **hosts**:
and over his host was Nahshon
the son of *Amminadab* **Ammi Nadab**.
15 And over the host of the *tribe* **rod**
of the *children* **sons** of *Issachar* **Yissachar**
was *Nethaneel* **Nethan El** the son of *Zuar* **Suar**.
16 And over the host of the *tribe* **rod** of the *children* **sons** of Zebulun was *Eliab* **Eli Ab** the son of Helon.
17 And the tabernacle was *taken down* **lowered**;
and the sons of Gershon and the sons of Merari
set forward **pulled stakes**, bearing the tabernacle.
18 And the standard of the camp of *Reuben* **Reu Ben**
set forward **pulled stakes** according
to their *armies* **hosts**:
and over his host was *Elizur* **Eli Sur**
the son of *Shedeur* **Shedey Ur**.
19 And over the host of the *tribe* **rod**
of the *children* **sons** of *Simeon* **Shimon**
was *Shelumiel* **Shelumi El**
the son of *Zurishaddai* **Suri Shadday**.
20 And over the host of the *tribe* **rod**
of the *children* **sons** of Gad
was *Eliasaph* **Eli Yasaph** the son of *Deuel* **Deu El**.
21 And the *Kohathites set forward* **Qehathiy pulled stakes**, bearing the *sanctuary* **holies**:
and *the other did set up* **raised** the tabernacle

against they came **as they arrived.**
22 And the standard of the camp
of the *children* **sons** of *Ephraim* **Ephrayim**
set forward **pulled stakes** according
to their *armies* **hosts:**
and over his host was *Elishama* **Eli Shama**
the son of *Ammihud* **Ammi Hud.**
23 And over the host of the *tribe* **rod**
of the *children* **sons** of *Manasseh* **Menash Sheh**
was *Gamaliel* **Gamli El** the son of *Pedahzur* **Pedah Sur.**
24 And over the host of the *tribe* **rod**
of the *children* **sons** of *Benjamin* **Ben Yamin**
was *Abidan* **Abi Dan** the son of *Gideoni* **Gidoni.**
25 And the standard of the camp
of the *children* **sons** of Dan *set forward* **pulled stakes,**
which *was the rereward* **gathered rearward**
of all the camps throughout their hosts: and
over his host was *Ahiezer* **Achi Ezer** the
son of *Ammishaddai* **Ammi Shaday.**
26 And over the host of the *tribe* **rod**
of the *children* **sons** of Asher
was *Pagiel* **Pagi El** the son of *Ocran* **Ochran.**
27 And over the host of the *tribe* **rod** of the *children*
sons of Naphtali was *Ahira* **Achi Ra** the son of Enan.
28 Thus were the journeyings
of the *children* **sons** of *Israel* **Yisra El**
according to their *armies* **hosts,**
when they *set forward* **pulled stakes.**
29 And *Moses* **Mosheh** said unto Hobab,
the son of *Raguel* **Reu El** the *Midianite* **Midyaniy,**
Moses' **Mosheh's** *father* in law, We
are *journeying* **pulling stakes**
unto the place of which *the LORD* **Yah Veh** said,
I *will* **shall** give it you:
come **go** thou with us, and we *will* **shall** do
thee good: for *the LORD* **Yah Veh** hath *spoken*
worded good concerning *Israel* **Yisra El.**
30 Andhesaiduntohim,I*wsil***hal**notgo;
but I *will depart* **shall go** to mine own
land, and to my kindred.
31 And he said, Leave us not, I *pray* **beseech** thee;
forasmuch **for thus** as thou knowest how
we are to encamp in the wilderness, and
thou mayest be to us instead of eyes.
32 And it shall be, if thou go with us, yea,
it shall be, that what goodness
the LORD **Yah Veh** shall *do unto* **well—please** us,
the same will **that good shall** we do unto thee.
33 And they *departed* **pulled stakes**
from the mount of *the LORD* **Yah**
Veh three days' journey:
and the ark of the covenant of *the LORD* **Yah Veh**
went before them **pulled stakes at their face**
in the three days' journey,
to *search* **explore** a *resting place* **rest** for them.
34 And the cloud of *the LORD* **Yah Veh**
was upon them by day,
when they *went* **pulled stakes** out of the camp.
35 And **so be** it *came to pass,*
when the ark *set forward* **pulled stakes,**
that *Moses* **Mosheh** said, Rise up, *LORD* **O Yah**
Veh, and let thine enemies be scattered;
and let them that hate thee flee *before thee* **thy face.**
36 Andwhenitrested,hesaid,Return,O*LORD***YahVeh,**
unto the *many thousands* **myriads** of *Israel* **Yisra El.**

THE CONSUMING FIRE OF YAH VEH

11 And when the people complained,
it *displeased the LORD* **was evil in Yah Veh's ears:**
and *the LORD* **Yah Veh** heard it; and his *anger*
wrath was kindled; and the fire of *the LORD*
Yah Veh *burnt* **kindled** among them,
and consumed *them*
that were in the uttermost parts **the ends** of the camp.
2 And the people cried unto *Moses* **Mosheh;**
and when *Moses* **Mosheh** prayed unto *the*
LORD **Yah Veh,** the fire was quenched.
3 And he called the name of the place Taberah:
because the fire of *the LORD* **Yah Veh**
burnt **kindled** among them.

SONS OF YISRA EL COMPLAIN ABOUT THE MANNA

4 And the *mixt multitude* **gathering**
that was *among them* **in their midst**
fell a lusting **desired a desire:**
and the *children* **sons** of *Israel* **Yisra El**
wept again **turned to weep also,** and said,
Who shall *give* **feed** us flesh *to eat?*
5 We remember the fish,
which we did eat in *Egypt freely* **Misrayim gratuitously;**
the cucumbers, and the melons,
and the leeks, and the onions, and the garlick:
6 But now our soul is dried *away:*
there is *nothing* **naught** at all, *beside* **except** this manna,
before **in front of** our eyes.
7 And the manna was as coriander seed,
and the *colour* **eye** thereof as the *colour* **eye** of bdellium.

8 And the people *went about* **flitted**,
and *gathered* **gleaned** it,
and ground it in *mills* **millstones**, or beat it in a
mortar, and *baked* **stewed** it in *pans* **skillets**,
and *made cakes* **worked ashcakes** of it:
and the taste of it was as the taste of *fresh* **juicy** oil.
9 And when the dew
fell **descended** upon the camp in the night,
the manna *fell* **descended** upon it.
10 Then *Moses* **Mosheh** heard the people weep
throughout their families,
every man in the *door* **opening** of his tent:
and the *anger* **wrath** of *the LORD* **Yah Veh**
was kindled *greatly* **mightily**;
Moses also was displeased
And it was vilifying in Mosheh's eyes.
11 And *Moses* **Mosheh** said unto *the LORD* **Yah Veh**,
Wherefore hast thou *afflicted* **vilified** thy servant?
and wherefore
have I not found *favour* **charism** in thy *sight* **eyes**,
that thou *layest* **settest** the burden
of all this people upon me?
12 Have I conceived all this people?
have I *begotten* **birthed** them, that
thou shouldest say unto me,
Carry **Bear** them in thy bosom,
as a *nursing father* **fosterer** *beareth the sucking
child* **the suckling**, unto the *land* **soil**
which thou *swarest* **oathest** unto their fathers?
13 Whence should I have flesh to give unto all this people?
for they weep unto me, saying, Give
us flesh, that we may eat.
14 I am not able to bear all this people alone,
because it is too heavy for me.
15 And if thou *deal* **work** thus with me, *kill* **slaughter**
me, I *pray* **beseech** thee, *out of hand* **slaughter me**,
if I have found *favour* **charism** in thy *sight* **eyes**;
and let me not see my *wretchedness* **evil**.

YAH VEH PROMISES FLESH TO EAT

16 And *the LORD* **Yah Veh** said unto *Moses* **Mosheh**,
Gather unto me seventy men of the
elders of *Israel* **Yisra El**,
whom thou knowest to be the elders of
the people, and officers over them;
and *bring* **take** them
unto the *tabernacle* **tent** of the congregation,
that they may stand there with thee.
17 And I *will come down* **shall descend**
and *talk* **word** with thee there:
and I *will take* **shall set aside** of the
spirit which is upon thee,
and *will* **shall** put it upon them;
and they shall bear the burden of the people
with thee, that thou bear it not thyself alone.
18 And say thou unto the people,
Sanctify yourselves against to **Hallow by
the** morrow, and ye shall eat flesh:
for ye have wept in the ears of *the LORD* **Yah Veh**,
saying, Who shall *give* **feed** us flesh *to eat*?
for it was *well* **good** with us in *Egypt* **Misrayim**:
therefore *the LORD will* **Yah Veh shall** give you flesh,
and ye shall eat.
19 Ye shall not eat one day, nor two days,
nor five days, neither ten days, nor twenty days;
20 But even a *whole* month **of days**, until
it come out at your nostrils,
and it be *loathsome* **strange** unto you:
because that ye have
despised the LORD **spurned Yah Veh**
which is among you,
and have wept *before him* **at his face**, saying,
Why came we forth out of *Egypt* **Misrayim**?
21 And *Moses* **Mosheh** said, The
people, among whom I am,
are six hundred thousand *footmen* **on foot**;
and thou hast said, I *will* **shall** give them flesh,
that they may eat a *whole* month **of days**.
22 Shall the flocks and the *herds* **oxen** be slain for them,
to *suffice* **be found for** them?
or shall all the fish of the sea be gathered *together*
for them, to *suffice* **be found for** them?
23 And *the LORD* **Yah Veh** said unto *Moses* **Mosheh**,
Is *the LORD'S* **Yah Veh's** hand *waxed short* **curtailed**?
thou shalt see now whether my word shall
come to pass unto **befall** thee or not.
24 And *Moses* **Mosheh** went out, and
told **worded** the people
the words of *the LORD* **Yah Veh**,
and gathered the seventy men of the elders of the people,
and *set* **stood** them round about the *tabernacle* **tent**.
25 And *the LORD* **Yah Veh**
came down **descended** in a cloud,
and *spake* **worded** unto him,
and *took* **set aside** of the spirit that was upon him,
and gave it unto the seventy **men** — elders:
and **so be** it *came to pass*, that,
when the spirit rested upon them, they prophesied,
and did not cease **but never again**.
26 But there *remained* **survived**

two of the men in the camp,
the name of the one was *Eldad* **El Dad**, and
the name of the *other* **second** Medad:
and the spirit rested upon them;
and they were of them that were *written* **inscribed**,
but went not out unto the *tabernacle* **tent**:
and they prophesied in the camp.
27 And there ran a *young man* **lad**,
and told *Moses* **Mosheh**, and said,
Eldad **El Dad** and Medad *do* prophesy in the camp.
28 And *Joshua* **Yah Shua** the son of Nun, the
servant **minister** of *Moses* **Mosheh**,
one of his *young men* **youths**, answered and said, My
lord Moses **adoni Mosheh**, *forbid* **restrain** them.
29 And *Moses* **Mosheh** said unto him,
Enviest thou for my sake?
would God **O to give**
that all *the LORD's* **Yah Veh's** people were
prophets, and that *the LORD would put* **Yah
Veh should give** his spirit upon them!
30 And *Moses gat* **Mosheh gathered** him into the
camp, he and the elders of *Israel* **Yisra El**.

YAH VEH PROVIDES QUAILS

31 And *there went forth a wind from the LORD*
Yah Veh pulled a wind,
and brought quails from the sea,
and *let them fall* **left them** by the camp, as it
were a day's journey *on this side* **thus**,
and as it were a day's journey *on the other
side* **thus**, round about the camp,
and as it were two cubits high upon the face of the earth.
32 And the people *stood up* **rose** all that day,
and all that night,
and all the *next* **morrow** day, and
they gathered the quails:
he that *gathered least* **lessened**
gathered ten *homers* **chomers**:
and **in spreading**, they spread them *all abroad*
for themselves round about the camp.
33 And while the flesh was yet between
their teeth, ere it was *chewed* **cut**,
the wrath of *the LORD* **Yah Veh**
was kindled against the people,
and *the LORD* **Yah Veh** smote the people
with a *very* **mighty** great *plague* **stroke**.
34 And he called the name of that place
Kibrothhattaavah **Qibroth Hat Taavah**:
because there
they *buried* **entombed** the people that *lusted* **desired**.
35 And the people *journeyed* **pulled stakes**
from *Kibrothhattaavah* **Qibroth Hat Taavah**
unto *Hazeroth* **Haseroth**;
and abode at *Hazeroth* **Haseroth**.

MIRYAM AND AHARON WORD AGAINST MOSHEH

12 And *Miriam* **Miryam** and *Aaron* **Aharon**
spake **worded** against *Moses* **Mosheh**
because of **concerning** the *Ethiopian* **Kushiy**
woman whom he had *married* **taken**:
for he had *married an Ethiopian* **taken a Kushiy** woman.
2 And they said, Hath *the LORD* **Yah Veh**
indeed spoken **worded** only by *Moses* **Mosheh**?
hath he not *spoken* **worded** also by us?
And *the LORD* **Yah Veh** heard it.
3 (*Now the man Moses* **Mosheh the man** was *very
meek* **mighty humble**, above all *the men* **humanity**
which were upon the face of the *earth* **soil**.)
4 And *the LORD spake* **Yah Veh said**
suddenly unto *Moses* **Mosheh**,
and unto *Aaron* **Aharon**, and unto *Miriam* **Miryam**,
Come out ye three
unto the *tabernacle* **tent** of the congregation.
And they three came out.
5 And *the LORD came down* **Yah Veh descended**
in the pillar of the cloud,
and stood in the *door* **opening** of the *tabernacle* **tent**,
and called *Aaron* **Aharon** and *Miriam* **Miryam**:
and *they both* **the two** came forth.
6 And he said, Hear *now* **I beseech**, my words:
If there be a prophet *among you*,
I the LORD **of Yah Veh**
will **shall** make myself known unto him in a vision,
and *will speak* **shall word** unto him in a dream.
7 My servant *Moses* **Mosheh** is not so,
who is *faithful* **trustworthy** in all mine house.
8 With him *will I speak* **shall I word** mouth to mouth,
even apparently **by vision**,
and not in *dark speeches* **riddles**;
and the similitude of *the LORD* **Yah Veh**
shall he *behold* **look at**:
wherefore then were ye not *afraid* **awed**
to *speak* **word** against my servant *Moses* **Mosheh**?
9 And the *anger* **wrath** of *the LORD* **Yah Veh**
was kindled against them; and he *departed* **went**.
10 And the cloud *departed* **turned aside**
from off the *tabernacle* **tent**; and, behold,
Miriam **Miryam** became leprous, *white* as snow:
and *Aaron looked upon Miriam* **Aharon faced Miryam**,

and, behold, she was leprous.
11 And *Aaron* **Aharon** said unto *Moses* **Mosheh**,
Alas, my *lord* **adoni**, I beseech thee,
lay **set** not the sin upon us,
wherein we have *done foolishly* **follied**,
and wherein we have sinned.
12 Let **I pray**, her not be as one *dead* **that died**,
of whom the flesh is half consumed
when he cometh out of his mother's womb.
13 And *Moses* **Mosheh** cried unto the
LORD **Yah Veh**, saying,
Heal her *now* **I beseech**, O *God* **El**, I beseech thee.
14 And *the LORD* **Yah Veh** said unto *Moses* **Mosheh**,
If **in spitting**, her father had but spit in her face,
should she not be ashamed seven days?
let her be shut *out from* **without** the camp seven days,
and after that let her be *received in again* **gathered**.
15 And *Miriam* **Miryam**
was shut *out from* **outside** the camp seven days:
and the people *journeyed* **pulled stakes** not till
Miriam **Miryam** was brought in *again*.
16 And afterward the people
removed **pulled stakes** from *Hazeroth* **Haseroth**,
and *pitched* **encamped** in the wilderness of Paran.

EXPLORATION OF KENAAN

13 And *the LORD spake* **Yah Veh worded**
unto *Moses* **Mosheh**, saying,
2 Send thou men,
that they may *search* **explore** the
land of *Canaan* **Kenaan**,
which I give unto the *children* **sons** of *Israel* **Yisra El**:
of every *tribe* **rod** of their fathers
shall ye send *a man, every one* **one man**
— **one man**, a ruler among them.
3 And *Moses* **Mosheh**
by the *commandment* **mouth** of *the LORD* **Yah Veh**
sent them from the wilderness of Paran:
all those men were heads
of the *children* **sons** of *Israel* **Yisra El**.
4 And these were their names:
of the *tribe* **rod** of *Reuben* **Reu Ben**,
Shammua the son of *Zaccur* **Zakkur**.
5 Of the *tribe* **rod** of *Simeon* **Shimon**,
Shaphat the son of Hori.
6 Ofthe*tribe***rod**of*Judah***Yah1-ludah**,
Caleb **Kaleb** the son of *Jephunneh* **Yephunneh**.
7 Ofthe*tribe***rod**of*Issachar***Yissachar**,
Igal **Yigal** the son of *Joseph* **Yoseph**.
8 Ofthe*tribe***rod**of*Ephraim***Ephrayim**,
Oshea **1-loshea** the son of Nun.
9 Of the *tribe* **rod** of *Benjamin* **Ben
Yamin**, Palti the son of Raphu.
10 Of the *tribe* **rod** of Zebulun,
Gaddiel **Gadi El** the son of Sodi.
11 Of the *tribe* **rod** of *Joseph* **Yoseph**,
namely, of the *tribe* **rod** of *Manasseh*
Menash Sheh, Gaddi the son of Susi.
12 Of the *tribe* **rod** of Dan,
Ammiel **Ammi El** the son of Gemalli.
13 Of the *tribe* **rod** of Asher,
Sethur the son of *Michael* **Michah El**.
14 Ofthe*tribe***rod**ofNaphtali,
Nahbi **Nachbi** the son of Vophsi.
15 Of the *tribe* **rod** of Gad,
Geuel **Geu El** the son of Machi.
16 These are the names of the men
which *Moses* **Mosheh** sent to *spy out* **explore**
the land. And *Moses* **Mosheh** called *Oshea*
1-loshea the son of Nun *Jehoshua* **Yah Shua**.
17 And *Moses* **Mosheh** sent them
to *spy out* **explore** the land of *Canaan*
Kenaan, and said unto them,
Get you up **Ascend** this way southward,
and *go up* **ascend** into the mountain:
18 And see the land, what it is,
and the people that *dwelleth* **settleth** therein,
whether they be strong or weak, few or many;
19 And what the land is that they *dwell* **settle** in,
whether it be good or *bad* **evil**;
and what cities they be that they *dwell* **settle** in,
whether in *tents* **camps**, or in *strong holds* **fortresses**;
20 And what the land is,
whether it be fat or *lean* **emaciated**, whether
there be *wood* **timber** therein, or not.
And *be ye of good courage* **prevail ye**,
and *bring* **take** of the fruit of the land.
Now the time was the *time* **days**
of the *firstripe* **firstlings** grapes.
21 So they *went up* **ascended**, and
searched **explored** the land
from the wilderness of *Zin* **Sin** unto *Rehob*
Rechob, as men come to Hamath.
22 And they ascended by the south,
and came unto Hebron;
where *Ahiman* **Achi Man**, *Sheshai* **Sheshay**,
and *Talmai* **Talmay**,
the *children* **birthed** of Anak, were. (*Now*
Hebron was built seven years
before Zoan **at the face of Soan** in *Egypt* **Misrayim**.)

23 And they came unto the *brook* **wadi** of
Eshcol, and cut down from thence
a *branch* **twig** with one cluster of grapes,
and they bare it between two upon a *staff* **pole**;
and they brought **also** of the
pomegranates, and of the figs.
24 The place was called the *brook* **wadi** Eshcol,
because of the *cluster of grapes* **clusters**
which the *children* **sons** of *Israel* **Yisra El**
cut down from thence.
25 And they returned from *searching*
of **exploring** the land
after **at the end of** forty days.
26 And they went

EXPLORERS RETURN WORD

and came to *Moses* **Mosheh**, and to *Aaron*
Aharon, and to all the *congregation* **witness**
of the *children* **sons** of *Israel* **Yisra El**,
unto the wilderness of Paran, to *Kadesh* **Qadesh**;
and *brought back* **returned** word unto them,
and unto all the *congregation* **witness**,
and *shewed them* **had them see** the fruit of the land.
27 And they *told* **described to** him, and said, We
came unto the land whither thou sentest us,
and surely it floweth with milk and honey;
and this is the fruit of it.
28 *Nevertheless* **Finally**
the people be strong that *dwell* **settle** in the land,
and the cities are *walled* **fortified**,
and *very* **mighty** great:
and moreover we saw the *children*
birthed of Anak there.
29 *The Amalekites* **Amaleq**
dwell **settleth** in the land of the south:
and the *Hittites* **Hethiy**, and the *Jebusites* **Yebusiy**, and
the *Amorites* **Emoriy**, *dwell* **settle** in the mountains:
and the *Canaanites dwell* **Kenaaniy settle** by the
sea, and by the *coast* **hand** of *Jordan* **Yarden**.
30 AndCalebKalebstiledthepeople
before Moses **in front of Mosheh**, and said,
In ascending, Let us *go up at once*
ascend, and possess it;
for we are well able to *overcome it* **prevail**.
31 But the men that *went up* **ascended** with him
said, We be not able to *go up* **ascend** against
the people; for they are stronger than we.
32 And they brought up *an evil report* **a slander** of
the land which they had *searched* **explored**
unto the *children* **sons** of *Israel*
Yisra El, saying, The land,
through which we have *gone* **passed** to *search* **explore** it,
is a land that eateth *up*
the inhabitants thereof **them who settled**; and
all the people that we saw in *it* **their midst**
are men of *a great stature* **measure**.
33 And there we saw the *giants* **Nephilim**,
the sons of Anak, which come of the *giants*
Nephilim: and we were in our own *sight* **eyes** as
grasshoppers, and so we were in their *sight* **eyes**.

THE SONS OF YISRA EL MURMUR

14 And all the *congregation* **witness**
lifted up **and gave** their voice, and cried;
and the people wept that night.
2 And all the *children* **sons** of *Israel* **Yisra El** murmured
against *Moses* **Mosheh** and against *Aaron* **Aharon**:
and the whole *congregation* **witness** said unto them,
Would God **O** that we had died
in the land of *Egypt* **Misrayim**!
or *would God* **O that** we had died in this wilderness!
3 And wherefore hath *the LORD* **Yah Veh**
brought us unto this land, to fall by the
sword, that our *wives* **women** and our
children should be a *prey* **plunder**?
were it not better for us to return into *Egypt* **Misrayim**?
4 Andtheysaid*oneman*to*another*brother,
Let us *make a captain* **give a head**, and
let us return into *Egypt* **Misrayim**.
5 Then *Moses* **Mosheh** and *Aaron* **Aharon**
fell *on their faces before* **at the face of** all the
assembly **congregation** of the *congregation* **witness**
of the *children* **sons** of *Israel* **Yisra El**.
6 And *Joshua* **Yah Shua** the son of Nun,
and *Caleb* **Kaleb** the son of *Jephunneh*
Yephunneh, which were of them that *searched*
explored the land, *rent* **ripped** their clothes:
7 And they *spake* **said** unto all the *company* **witness**
of the *children* **sons** of *Israel* **Yisra El**, saying,
The land, which we passed through to *search it*
explore, is *an exceeding* **a mighty mighty** good land.
8 If *the LORD* **Yah Veh** delight in us,
then he *will* **shall** bring us into this land, and give it us;
a land which floweth with milk and honey.
9 Onlyrebelnotyeagainst*theLORD***YahVeh**,
neither *fear* **awe** ye the people of the land;
for they are bread for us:
their defence is *departed* **turned aside** from them, and
the LORD **Yah Veh** is with us: *fear* **awe** them not.

10 But all the *congregation* **witness**
bade **said to** stone them with stones. And
the *glory* **honour** of *the LORD* **Yah Veh**
appeared **was seen**
in the *tabernacle* **tent** of the congregation
before **at the face of** all the *children*
sons of *Israel* **Yisra El.**
11 And *the LORD* **Yah Veh** said unto *Moses* **Mosheh,**
How long *will* **shall** this people *provoke* **scorn** me?
and how long *will* **shall** it be ere they *believe* **trust** me,
for all the signs
which I have *shewed* **worked** among them?
12 I *will* **shall** smite them with the pestilence,
and *disinherit* **dispossess** them,
and *will make* **shall work** of thee a greater *nation* **goyim**
and mightier than they.

MOSHEH PLEADS FOR THE SONS OF YISRA EL

13 And *Moses* **Mosheh** said unto *the LORD* **Yah Veh,**
Then the *Egyptians* **Misrayim** shall hear it,
(for thou *broughtest up* **ascendest** this people
in thy *might* **force** from among them;)
14 And they *will* **shall** tell it
to *the inhabitants of* **them that settled** this
land: for they have heard that thou *LORD*
Yah Veh art among this people,
that thou *LORD* **Yah Veh** art seen *face* **eye** to *face* **eye,**
and that thy cloud standeth over them,
and that thou goest *before them* **at their
face,** by day *time* in a pillar of a cloud,
and in a pillar of fire by night.
15 Now if thou shalt *kill* **deathify** all
this people as one man,
then the *nations* **goyim**
which have heard the *fame* **report** of thee
will speak **shall say,** saying,
16 *Because the LORD* **Yah Veh** was
not able to bring this people
into the land which he *sware* **oathed**
unto them, therefore he hath *slain*
slaughtered them in the wilderness.
17 And now, I beseech thee,
let the *power* **force** of my *Lord be great* **Adonay greaten,**
according as thou hast *spoken* **worded,** saying,
18 *The LORD* **Yah Veh** is *longsuffering* **slow to wrath,**
and of great mercy,
forgiving iniquity **bearing perversity**
and *transgression* **rebellion,**
and *by no means clearing the guilty*
in exonerating, exonerateth not, visiting
the *iniquity* **perversity** of the fathers
upon the *children* **sons**
unto the third and fourth *generation.*
19 *Pardon* **Forgive,** I beseech thee, the
iniquity **perversity** of this people
according unto the greatness of thy mercy,
and as thou hast *forgiven* **borne** this people,
from *Egypt* **Misrayim** even until now.

YAH VEH FORGIVES THE SONS OF YISRA EL

20 And *the LORD* **Yah Veh** said,
I have *pardoned* **forgiven** according to thy word:
21 But as truly as I live,
all the earth shall be filled
with the *glory* **honour** of *the LORD* **Yah Veh.**
22 Because all those men
which have seen my *glory* **honour,**
and my *miracles* **signs,**
which I *did* **worked**
in *Egypt* **Misrayim** and in the wilderness,
and have *tempted* **tested** me now these ten
times, and have not hearkened to my voice;
23 Surelytheyshalnotseetheland
which I *sware* **oathed** unto their fathers,
neither shall any of them that
provoked **scorned** me see it:
24 But my servant *Caleb* **Kaleb,** because
he had another spirit with him,
and hath followed me fully,
him *will* **shall** I bring into the land whereinto he went;
and his seed shall possess it.
25 (Now the *Amalekites* **Amaleqiy**
and the *Canaanites dwelt* **Kenaaniy
settled** in the valley.)
To morrow *turn* you **shall pull stakes,**
and get you into **unto the face of** the wilderness
by the way of the *Red* **Reed** sea.
26 And *the LORD spake* **Yah Veh worded**
unto *Moses* **Mosheh** and unto *Aaron* **Aharon,** saying,
27 How long *shall I bear with* —
this evil *congregation* **witness,**
which murmur against me? I have
heard the murmerings
of the *children* **sons** of *Israel* **Yisra El,**
which they murmur against me.
28 Say unto them, *As truly as I live* **I live,**
saith the LORD **an oracle of Yah Veh,** as
ye have *spoken* **worded** in mine ears,
so *will* **shall** I *do* **work** to you:

29 Your carcases shall fall in this wilderness;
and all that were *numbered* **mustered** of
you, according to your whole number,
from **sons of** twenty years *old* and upward
which have *murmured* **complained** against me.
30 *Doubtless* ye shall not come into the land,
concerning which I *sware* **lifted my hand**
to make **that** you *dwell* **tabernacle** therein,
save Caleb **except Kaleb**
the son of *Jephunneh* **Yephunneh**, and
Joshua **Yah Shua** the son of Nun.
31 Butyour*litleones***toddlers**,
which ye said should be a *prey* **plunder**,
them *will* **shall** I bring in,
and they shall know the land which
ye have *despised* **spurned**.
32 But as for you, your carcases,
they shall fall in this wilderness.
33 And your *children* **sons**
shall *wander* **tend** in the wilderness forty
years, and bear your whoredoms,
until your carcases be *wasted*
consumed in the wilderness.
34 After the number of the days
in which ye *searched* **explored** the land, *even* forty days,
each day for a year **a day for a year, a day for a
year**, shall ye bear your *iniquities* **perversities**,
even — forty years,
and ye shall know my *breach of promise* **alienation**.
35 I *the LORD* **Yah Veh** have *said* **worded**,
I will surely do it **If I work not**
unto all this evil *congregation* **witness**,
that are *gathered together* **congregated** against me:
in this wilderness they shall be consumed,
and there they shall die.
36 And the men,
which *Moses* **Mosheh** sent to *search* **explore** the land,
who returned,
and made all the *congregation* **witness**
to murmur against him,
by bringing up a slander upon the land,
37 Even those men
that did bring up the *evil report* **slander**
upon the land, died by the plague
before the LORD **at the face of Yah Veh**.
38 But *Joshua* **Yah Shua** the son of Nun,
and *Caleb* **Kaleb** the son of *Jephunneh*
Yephunneh, which were of the men
that went to *search* **explore** the land,
lived *still*.

39 And *Moses told* **Mosheh worded** these *sayings* **words**
unto all the *children* **sons** of *Israel* **Yisra El**:
and the people mourned *greatly* **mightily**.
40 And they *rose up* **started** early in the morning,
and *gat them up* **ascended** into the top of the
mountain, saying, *Lo* **Behold**, we be here,
and *will go up* **shall ascend** unto the place which
the LORD **Yah Veh** hath *promised* **said**:
for we have sinned.
41 And *Moses* **Mosheh** said,
Wherefore now do ye *transgress* **trespass**
the *commandment* **mouth** of *the LORD* **Yah Veh**?
but it shall not prosper.
42 *Go not up* **Ascend not**,
for *the LORD* **Yah Veh** is not among you;
that ye be not smitten *before* **at the face of** your enemies.
43 For the *Amalekites* **Amaleqiy**
and the *Canaanites* **Kenaaniy** are there
before you **at your face**, and ye shall fall by
the sword: because ye are turned *away*
from *the LORD* **following Yah Veh**,
therefore *the LORD will* **Yah Veh shall** not be with you.
44 But **in ascending**, they *presumed to go up* **ascended**
unto the *hill* **mountain** top:
nevertheless the ark of the covenant
of *the LORD* **Yah Veh**, and *Moses* **Mosheh**,
departed not out of the camp.
45 Then the *Amalekites came down* **Amaleqiy
descended**, and the *Canaanites* **Kenaaniy**
which *dwelt* **settled** in that *hill* **mountain**, and
smote them, and *discomfited* **crushed** them,
even unto Hormah.

CELEBRATION SEASONS

15 And *the LORD spake* **Yah Veh worded**
unto *Moses* **Mosheh**, saying,
2 *Speak* **Word** unto the *children* **sons** of
Israel **Yisra El**, and say unto them,
When ye *be come* **have entered**
into the land of your *habitations*
settlements, which I give unto you,
3 And *will make an offering by fire* **shall work a firing**
unto *the LORD* **Yah Veh**,
a *burnt offering* **holocaust**, or a sacrifice,
in performing **or marvel** a vow, or in
a *freewill offering* **voluntary**,
or in your *solemn feasts* **seasons**,
to *make* **work** a *sweet savour* **scent of rest**
unto *the LORD* **Yah Veh**,
of the *herd* **oxen**, or of the flock:

4 Then shall he that *offereth* **oblateth**
his *offering* **qorban**
unto *the LORD* **Yah Veh**
bring a meat **oblateth an** offering of a tenth *deal* of flour
mingled **mixed** with the fourth *part* of an hin of oil.
5 And the fourth *part* of an hin of wine
for a *drink offering* **libation** shalt thou *prepare* **work**
with the *burnt offering* **holocaust**
or sacrifice, for one lamb.
6 Or for a ram,
thou shalt *prepare* **work** for *a meat* **an**
offering two *tenth deals* **tenths** of flour
mingled **mixed** with the third *part* of an hin of oil.
7 And for a *drink offering* **libation**
thou shalt *offer* **oblate** the third *part* of an hin of wine,
for a *sweet savour* **scent of rest** unto *the LORD* **Yah Veh**.
8 And when thou *preparest* **workest**
a *bullock* **son of the oxen**
for a *burnt offering* **holocaust**,
or for a sacrifice *in performing* **or marvel** a vow,
or *peace offerings* **shelamim** unto *the LORD* **Yah Veh**:
9 Then shall he *bring* **oblate** with a *bullock* **son of the**
oxen *a meat* **an** offering of three *tenth deals* **tenths**
of flour *mingled* **mixed** with half an hin of oil.
10 And thou shalt *bring* **oblate** for
a *drink offering* **libation**
half an hin of wine,
for *an offering made by fire* **a firing**,
of a *sweet savour* **scent of rest** unto *the LORD* **Yah Veh**.
11 Thushalitbe*done***worked**forone*bulock***ox**,
or for one ram, or for a lamb **of the**
sheep, or *a kid* **of the goats**.
12 According to the number that ye shall *prepare* **work**,
so **thus** shall ye *do* **work** to every one
according to their number.
13 *All that are born of the country* **Each native**
shall *do* **work** these *things* after this manner,
in *offering an offering made by fire* **oblating a firing**, of
a *sweet savour* **scent of rest** unto *the LORD* **Yah Veh**.
14 And if a *stranger* **sojourner** sojourn with you,
or whosoever be among you in your generations,
and *will offer an offering made by fire* **shall**
work a firing, of a *sweet savour* **scent**
of rest unto *the LORD* **Yah Veh**;
as ye *do* **work**, so he shall *do* **work**.
15 One *ordinance* **statute**
shall be *both* for you of the congregation,
and also for the *stranger* **sojourner**
that sojourneth with you,
an *ordinance for ever* **eternal statute** in your generations:
as ye are, so shall the *stranger* **sojourner** be
before the LORD **at the face of Yah Veh**.
16 One *law* **torah** and one *manner* **judgment**
shall be for you,
and for the *stranger* **sojourner** that sojourneth with you.
17 And *the LORD spake* **Yah Veh worded**
unto *Moses* **Mosheh**, saying,
18 *Speak* **Word** unto the *children* **sons** of *Israel* **Yisra El**,
and say unto them,
When ye come into the land whither I bring you,
19 Then it shall be, that,
when ye eat of the bread of the land,
ye shall *offer up* **exalt** an *heave offering* **exaltment**
unto *the LORD* **Yah Veh**.
20 Ye shall *offer up* **exalt** a cake of the first of your dough
for an *heave offering* **exaltment**:
as *ye do*
the *heave offering* **exaltment** of the
threshingfloor, so shall ye *heave* **exalt** it.
21 Of the first of your dough
ye shall give unto *the LORD* **Yah Veh**
an *heave offering* **exaltment** in your generations.
22 And if ye have erred **inadvertently**,
and not *observed* **worked**
all these *commandments* **misvoth**,
which *the LORD* **Yah Veh**
hath *spoken* **worded** unto *Moses* **Mosheh**,
23 Even all that *the LORD* **Yah Veh**
hath *commanded* **misvahed** you by
the hand of *Moses* **Mosheh**,
from the day that *the LORD* **Yah Veh**
commanded Moses **misvahed**,
and *henceforward* **beyond** among your generations;
24 Then it shall be,
if ought be *committed* **worked** by *ignorance*
inadvertent error *without the knowledge* **from**
the eyes of the *congregation* **witness**,
that all the *congregation* **witness**
shall *offer* **work** one *young* bullock **son of the oxen**
for a *burnt offering* **holocaust**,
for a *sweet savour* **scent of rest** unto *the LORD* **Yah**
Veh, with his *meat* offering, and his *drink offering*
libation, according to the *manner* **judgment**,
and one *kid* **buck** of the goats for *a sin offering* **the sin**.
25 And the priest shall *make an atonement* **kapar/atone**
for all the *congregation* **witness**
of the *children* **sons** of *Israel* **Yisra El**,
and it shall be forgiven them;
for it is *ignorance* **inadvertent error**:
and they shall bring their *offering* **qorban**,

a *sacrifice made by fire* **firing** unto *the LORD* **Yah**
Veh, and *their sin offering* **that for their sin**
before the LORD **at the face of Yah Veh**, for
their *ignorance* **inadvertent error**:
26 And it shall be forgiven all the *congregation* **witness**
of the *children* **sons** of *Israel* **Yisra El**,
and the *stranger* **sojourner** that sojourneth among them;
seeing all the people were in
ignorance **inadvertent error**.
27 And if *any* **one** soul sin
through ignorance **by inadvertent error**,
then he shall *bring* **oblate of the goats**,
a *she goat of the first year* **yearling daughter**
for *a sin offering* **the sin**.
28 And the priest
shall *make an atonement* **kapar/atone** for the soul
that *sinneth ignorantly* **erreth inadvertently**,
when he sinneth by *ignorance* **inadvertent error**
before the LORD **at the face of Yah Veh**,
to *make an atonement* **kapar/atone** for him;
and it shall be forgiven him.
29 Ye shall have one *law* **torah** for him
that *sinneth through ignorance*
worketh inadvertent error,
both for *him that is born* **the native**
among the *children* **sons** of *Israel* **Yisra El**,
and for the *stranger* **sojourner** that
sojourneth among them.
30 But the soul that *doeth ought* **worketh**
presumptuously **with lifted hand**, *whether he be born*
in the land **of native**, or *a stranger* **of sojourner**,
the same reproacheth *the LORD* **Yah Veh**;
and that soul shall be cut off from among his people.
31 Because he hath despised the word
of *the LORD* **Yah Veh**,
and hath broken his *commandment* **misvah**,
in cutting off, that soul shall *utterly* be cut off;
his *iniquity* **perversity** shall be upon him.
32 And while the *children* **sons** of *Israel* **Yisra El**
were in the wilderness,
they found a man that gathered *sticks* **timber**
upon the *sabbath* **shabbath** day.
33 And they that found him gathering *sticks* **timber**
brought him **had him approach**
unto *Moses* **Mosheh** and *Aaron* **Aharon**,
and unto all the *congregation* **witness**.
34 And they *put* **set** him *inward* **under**
guard, because it was not *declared* **expressed**
what should be *done* **worked** to him.
35 And *the LORD* **Yah Veh** said unto *Moses* **Mosheh**,
In deathifying,
The man shall be *surely put to death* **deathified**:
all the *congregation* **witness** shall stone
him with stones without the camp.
36 And all the *congregation* **witness**
brought him without the camp,
and stoned him with stones, and he died;
as *the LORD* **Yah Veh**
commanded Moses **misvahed Mosheh**.
37 And *the LORD spake* **Yah Veh worded**
unto *Moses* **Mosheh**, saying,
38 *Speak* **Word** unto the *children* **sons** of *Israel* **Yisra El**,
and *bid them* **say** that they *make* **work** them
fringes **tassels** in the borders of their *garments*
clothes throughout their generations,
and that they *put* **give** upon the *fringe* **tassel**
of the borders a *ribband* **braid** of blue:
39 And it shall be unto you for a *fringe* **tassel**,
that ye may *look upon it* **see**, and remember
all the *commandments* **misvoth** of *the*
LORD **Yah Veh**, and *do* **work** them;
and that ye *seek* **explore** not
after your own heart and **after** your own eyes,
after which ye *use to go a whoring* **whored**:
40 That ye may remember,
and *do* **work** all my *commandments* **misvoth**,
and be holy unto your *God* **Elohim**.
41 *I am the LORD* **I — Yah Veh** your *God* **Elohim**,
which brought you out of the land of *Egypt* **Misrayim**,
to be your *God* **Elohim**:
I am the LORD **I — Yah Veh** your *God* **Elohim**.

REBELLION OF QORACH

16 Now *Korah* **Qorach**, the son of *Izhar* **Yishar**,
the son of *Kohath* **Qehath**, the son of Levi,
and Dathan and *Abiram* **Abi Ram**, the sons of *Eliab* **Eli**
Ab, and On, the son of Peleth, sons of *Reuben* **Reu Ben**,
took *men*:
2 And they rose up *before Moses* **at the face of Mosheh**,
with certain of the *children* **sons** of *Israel* **Yisra El**,
two hundred and fifty *princes* **hierarchs**
of the *assembly* **witness**,
famous in **the called of** the congregation,
men of *renown* **name**:
3 And they *gathered themselves together* **congregated**
against *Moses* **Mosheh** and against *Aaron* **Aharon**,
and said unto them, *Ye take* too much upon you,
seeing all the *congregation* **witness** are holy,
every one of them,
and *the LORD* **Yah Veh** is among them:

wherefore then *lift* **exalt** ye *up* yourselves above
the congregation of *the LORD* **Yah Veh**?
4 And when *Moses* **Mosheh** heard
it, he fell upon his face:
5 And he *spake* **worded** unto *Korah* **Qorach**
and unto all his *company* **witness**, saying,
Even to morrow
the LORD will shew **Yah Veh shall make known**
who are his, and who is holy;
and *will* **shall** cause him to *come*
near unto **approach** him:
even him whom he hath chosen
will **shall** he cause to *come near unto* **approach** him.
6 This *do* **work**; Take you *censers* **trays**,
Korah **Qorach**, and all his *company* **witness**;
7 And *put* **give** fire therein, and put incense in them
before the LORD **at the face of Yah Veh** to morrow:
and it shall be
that the man whom *the LORD* **Yah Veh**
doth choose, he shall be holy:
ye *take* — too much *upon you*, ye sons of Levi.
8 And *Moses* **Mosheh** said unto *Korah* **Qorach**,
Hear, I *pray* **beseech** you, ye sons of Levi:
9 Seemeth it but *a small thing* **petty** unto you,
that *the God* **Elohim** of *Israel* **Yisra El** hath separated
you from the *congregation* **witness** of *Israel* **Yisra El**,
to *bring* **oblate** you *near* to himself
to *do* **serve** the service of the tabernacle
of *the LORD* **Yah Veh**,
and to stand *before* **at the face of**
the *congregation* **witness**
to minister unto them?
10 And he hath
brought thee near to **thee to approach** him, and
all thy brethren the sons of Levi with thee:
and seek ye the priesthood also?
11 *For which cause both* **Thus** thou and
all thy *company* **witness**
are *gathered* **congregated** *together*
against *the LORD* **Yah Veh**:
and what is *Aaron* **Aharon**, that
ye murmur against him?
12 And *Moses* **Mosheh**
sent to call Dathan and *Abiram* **Abi Ram**,
the sons of *Eliab* **Eli Ab**: which said, We
will **shall** not *come up* **ascend**:
13 Is it *a small thing* **petty**
that thou hast *brought us up* **ascended us** out
of a land that floweth with milk and honey,
to *kill* **deathify** us in the wilderness,**?**
except thou make thyself altogether a prince
In marshalling, marshallest thou over us?
14 *Moreover* **Also** thou hast not brought us into
a land that floweth with milk and honey,
or given us inheritance of fields and vineyards:
wilt **shalt** thou *put* **bore** out the eyes of these men?
we *will* **shall** not *come up* **ascend**.
15 And *Moses* **Mosheh** *was very wroth* **mighty inflamed**,
and said unto *the LORD* **Yah Veh**,
Respect not thou **Turn not thy face to** their offering:
I have not *taken* **lifted** one *ass* **he burro** from
them, neither have I *hurt* **vilified** one of them.
16 And *Moses* **Mosheh** said unto *Korah* **Qorach**,
Be thou and all thy *company* **witness** *before*
the LORD **at the face of Yah Veh**,
thou, and they, and *Aaron* **Aharon**, to morrow:
17 And take every man his *censer* **tray**,
and *put* **give** incense in them,
and *bring* **oblate** ye
before the LORD **at the face of Yah Veh**
every man his *censer* **tray**,
two hundred and fifty *censers* **trays**;
thou also, and *Aaron* **Aharon**,
each of you **every man** his *censer* **tray**.
18 And they took every man his *censer* **tray**,
and *put* **gave** fire in them, and *laid* **set** incense
thereon, and stood in the *door* **opening**
of the *tabernacle* **tent** of the congregation
with *Moses* **Mosheh** and *Aaron* **Aharon**.
19 And *Korah gathered* **Qorach congregated**
all the *congregation* **witness** against
them unto the *door* **opening**
of the *tabernacle* **tent** of the congregation:
and the *glory* **honour** of *the LORD* **Yah Veh**
appeared unto **was seen by** all the *congregation* **witness**.
20 And *the LORD spake* **Yah Veh worded**
unto *Moses* **Mosheh** and unto *Aaron* **Aharon**, saying,
21 Separate yourselves
from among this *congregation* **witness**,
that I may *consume* **finish** them **off** in a *moment* **blink**.
22 And they fell upon their faces, and said,
O *God* **El**, the *God* **Elohim** of the spirits
of all flesh, shall one man sin,
and *wilt* thou be *wroth* **enraged**
with all the *congregation* **witness**?
23 And *the LORD spake* **Yah Veh worded**
unto *Moses* **Mosheh**, saying,
24 *Speak* **Word** unto the *congregation* **witness**, saying,
Get you up **Ascend ye**

from **round** about the tabernacle of *Korah*
Qorach, Dathan, and *Abiram* **Abi Ram**.
25 And *Moses* **Mosheh** rose up
and went unto Dathan and *Abiram* **Abi Ram**;
and the elders of *Israel followed* **Yisra El went after** him.
26 And he *spake* **worded** unto the *congregation* **witness**,
saying, *Depart* **Turn aside**, I *pray* **beseech** you,
from the tents of these wicked men, and
touch *nothing* **naught** of theirs,
lest ye be *consumed* **scraped away** in all their sins.
27 So they *gat up* **ascended** from the tabernacle
of *Korah* **Qorach**, Dathan, and *Abiram* **Abi Ram**,
on every side **round about**:
and Dathan and *Abiram* **Abi Ram** came
out, and *stood* **stationed themselves**
in the *door* **opening** of their tents,
and their *wives* **women**,
and their sons, and their *little children* **toddlers**.
28 And *Moses* **Mosheh** said, Hereby ye shall know
that *the LORD* **Yah Veh** hath sent me
to *do* **work** all these works;
for I have not done them **and not**
of mine own *mind* **heart**.
29 If these men die
the common death of all *men* **humanity**,
or if they be visited
after the visitation of all *men* **humanity**;
then *the LORD* **Yah Veh** hath not sent me.
30 But if *the LORD* **Yah Veh**
make a new thing **create a creature**, and the *earth*
open **soil gape** her mouth, and swallow them up,
with all that *appertain unto them* **they have**,
and they *go down quick* **descend alive** into *the pit* **sheol**;
then ye shall understand that these men have
provoked the LORD **scorned Yah Veh**.
31 And **so be** it *came to pass*, as he
had *made an end* **finished**
of speaking **wording** all these words,
that the *ground clave asunder* **soil split**
that was under them:
32 And the earth opened her mouth,
and swallowed them up, and their
houses, and all *the men* **humanity**
that *appertained unto Korah* **were for Qorach**,
and all their *goods* **acquisitions**.
33 They, and all *that appertained to them* **they had**,
went down **descended** alive into the pit,
and the earth closed upon them:
and they *perished* **destructed**
from among the congregation.
34 And all *Israel* **Yisra El** that were round about them
fled at the *cry* **voice** of them:
for they said, Lest the earth swallow us up *also*.
35 And there came out a fire from *the LORD* **Yah Veh**,
and consumed the two hundred and fifty
men that *offered* **oblated** incense.
36 And *the LORD spake* **Yah Veh worded**
unto *Moses* **Mosheh**, saying,
37 *Speak* **Say** unto *Eleazar* **El Azar** the
son of *Aaron* **Aharon** the priest, that
he *take up* **lift** the *censers* **trays**
out of **between** the burning,
and *scatter* **winnow** thou the fire yonder;
for they are hallowed.
38 The *censers* **trays** of these sinners
against their own souls,
let them *make* **work** them *broad plates* **expanded sheets**
for *a covering* **an overlay** of the **sacrifice** altar:
for they *offered* **oblated** them *before the LORD* **at the face of Yah Veh**, therefore they are hallowed:
and they shall be a sign
unto the *children* **sons** of *Israel* **Yisra El**.
39 And *Eleazar* **El Azar** the priest
took the *brasen censers* **copper trays**, wherewith
they that were burnt had *offered* **oblated**; and
they *were made broad plates* **expanded them** *for a covering of the* **to overlay the sacrifice** altar:
40 To be a memorial
unto the *children* **sons** of *Israel* **Yisra El**,
so that no **man** — stranger,
which is not of the seed of *Aaron* **Aharon**,
come near **approach** to offer incense *before*
the LORD **at the face of Yah Veh**;
that he be not as *Korah* **Qorach**, and
as his *company* **witness**:
as *the LORD said* **Yah Veh worded** to him
by the hand of *Moses* **Mosheh**.

SONS OF YISRA EL MURMUR

41 But on the morrow
all the *congregation* **witness**
of the *children* **sons** of *Israel* **Yisra El** murmured against
Moses **Mosheh** and against *Aaron* **Aharon**, saying,
Ye have *killed* **deathified**
the people of *the LORD* **Yah Veh**.
42 And **so be** it *came to pass*,
when the *congregation was gathered*
witness congregated
against *Moses* **Mosheh** and against *Aaron*
Aharon, that they *looked* **turned their face**

toward the *tabernacle* **tent** of the congregation:
and, behold, the cloud covered it,
and the *glory* **honour** of *the LORD* **Yah Veh**
appeared **was seen.**
43 And *Moses* **Mosheh** and *Aaron* **Aharon** came
before **at the face**
of the *tabernacle* **tent** of the congregation.
44 And *the LORD spake* **Yah Veh worded**
unto *Moses* **Mosheh**, saying,
45 Getyoupfromamongthis*congregation***witness,**
that I may *consume* **finish** them
off as in a *moment* **blink.**
And they fell upon their faces.
46 And *Moses* **Mosheh** said unto *Aaron*
Aharon, Take a *censer* **tray,**
and *put* **give** fire therein from off the
sacrifice altar, and put on incense,
and *go* **carry it** quickly unto the *congregation* **witness,**
and *make an atonement* **kapar/atone** for them:
for there is *wrath* **rage** gone out from
the *LORD* **face of Yah Veh;**
the plague is begun.
47 And *Aaron* **Aharon** took
as *Moses commanded* **Mosheh worded,**
and ran into the midst of the congregation;
and, behold, the plague was begun among the people:
and he *put on* **gave** incense,
and *made an atonement* **did kapar/atone** for the people.
48 And he stood
between *the dead* **those that died** and the living;
and the plague was *stayed* **restrained.**
49 Now they that died in the plague
were fourteen thousand and seven
hundred, beside them that died
about the *matter* **word** of *Korah* **Qorach.**
50 And *Aaron* **Aharon** returned unto *Moses* **Mosheh**
unto the *door* **opening**
of the *tabernacle* **tent** of the congregation:
and the plague was *stayed* **restrained.**

THE ROD OF AHARON BLOSSOMS

17 And *the LORD spake* **Yah Veh worded**
unto *Moses* **Mosheh**, saying,
2 *Speak* **Word** unto the *children* **sons** of *Israel* **Yisra**
El, and take of every one of them a rod — **a rod**
according to the house of their fathers,
of all their *princes* **hierarchs**
according to the house of their fathers twelve rods:
write **inscribe** thou every man's name upon his rod.
3 And thou shalt *write Aaron's* **inscribe Aharon's** name
upon the rod of Levi:
for one rod shall be for the head of
the house of their fathers.
4 And thou shalt *lay* **set** them *up*
in the *tabernacle* **tent** of the congregation
before **at the face of** the *testimony* **witness,**
where I *will* **shall** meet with you.
5 And **so be** it *shall come to pass,*
that the man's rod, whom I shall choose, shall blossom:
and I *will make* **shall cause** to cease from me
the murmerings of the *children* **sons** of *Israel*
Yisra El, whereby they murmur against you.
6 And *Moses spake* **Mosheh worded**
unto the *children* **sons** of *Israel* **Yisra El**, and
every one of their *princes* **hierarchs**
gave him a rod apiece, for each prince one **one rod**
per hierarch — one rod per hierarch, according
to their fathers' houses, even twelve rods: and the
rod of *Aaron* **Aharon** was among their rods.
7 And *Moses laid up* **Mosheh set** the rods
before the LORD **at the face of Yah Veh**
in the *tabernacle* **tent** of witness.
8 And**sobeic***tametopas*,thatonthemorow
Moses **Mosheh** went into the *tabernacle* **tent** of witness;
and, behold,
the rod of *Aaron* **Aharon** for the house of Levi
was budded **blossomed,**
and brought forth *buds* **blossoms,**
and *bloomed* **blossomed** blossoms, and yielded almonds.
9 And *Moses* **Mosheh** brought out all the rods
from *before the LORD* **the face of Yah Veh**
unto all the *children* **sons** of *Israel* **Yisra El:**
and they *looked* **saw,** and took every man his rod.
10 And *the LORD* **Yah Veh** said unto *Moses* **Mosheh,**
Bring Aaron's **Return Aharon's** rod *again*
before the testimony **at the face of the witness,**
to be *kept* **guarded** for a *token* **sign**
against the *rebels* **sons of rebellion;**
and thou shalt *quite take away* **finish off**
their murmurings from me, that they die not.
11 And *Moses did so* **Mosheh worked:**
as *the LORD commanded* **Yah Veh**
misvahed him, so *did* **worked** he.
12 And the *children* **sons** of *Israel* **Yisra El**
spake **said** unto *Moses* **Mosheh,**
saying, Behold, we *die* **expire,**
we *perish* **destruct,** we all *perish* **destruct.**
13 Whosoever
cometh any thing near unto **in**
approaching, approacheth

the tabernacle of *the LORD* **Yah Veh** shall die:
shall we be consumed *with dying* — **to expire**?

MINISTRY OF THE TENT OF WITNESS

18 And *the LORD* **Yah Veh** said unto *Aaron* **Aharon**,
Thou and thy sons and thy father's house with thee
shall bear the *iniquity* **perversity** of the *sanctuary*
holies: and thou and thy sons with thee
shall bear the *iniquity* **perversity** of your priesthood.
2 And thy brethren also of the *tribe* **rod** of Levi,
the *tribe* **scion** of thy father, *bring* **oblate**
thou with thee, that they may be joined
unto thee, and minister unto thee:
but thou and thy sons with thee *shall minister before*
at the face of the *tabernacle* **tent** of witness.
3 And they shall *keep* **guard** thy *charge* **guard**,
and the *charge* **guard** of all the *tabernacle* **tent**:
only they shall not *come near* **approach**
the *vessels* **instruments**
of the *sanctuary* **holies** and the **sacrifice** altar,
that neither they, nor ye also, die.
4 And they shall be joined unto thee, and
keep **guard** the *charge* **guard**
of the *tabernacle* **tent** of the congregation,
for all the service of the *tabernacle* **tent**:
and a stranger shall not *come near* **approach** unto you.
5 And *ye* shall *keep* **guard**
the *charge* **guard** of the *sanctuary* **holies**, and
the *charge* **guard** of the **sacrifice** altar:
that there be no *wrath* **rage** any more upon
the *children* **sons** of *Israel* **Yisra El**.
6 And I, behold,
I have taken your brethren the *Levites* **Leviym**
from among the *children* **sons** of *Israel* **Yisra El**:
to you they are given as a gift for *the LORD*
Yah Veh, to *do* **serve** the service
of the *tabernacle* **tent** of the congregation.
7 Thereforethouandthysonswiththee
shall *keep* **guard** your *priest's office* **priesthood**
for every *thing* **word** of the **sacrifice** altar, and
within **housing** the vail; and ye shall serve:
I have given your *priest's office* **priesthood** unto you
as a service of gift:
and the stranger that *cometh near* **approacheth**
shall be *put to death* **deathified**.
8 And *the LORD spake* **Yah Veh worded** unto
Aaron **Aharon**, Behold, I also have given thee
the *charge* **guard** of mine *heave offering* **exaltment**
of all the *hallowed things* **holies**
of the *children* **sons** of *Israel* **Yisra El**;
unto thee have I given them
by reason of **for** the anointing,
and to thy sons, by an *ordinance for ever* **eternal statute**.
9 Thisshalbethineofthe*mostholythings***holyofholies**,
reserved from the fire:
every *oblation* **qorban** of theirs,
every *meat* offering of theirs,
and *every sin offering of theirs* **all that for their sin**,
and *every trespass offering of theirs*
all that for their guilt
which they shall *render* **return** unto me,
shall be *most holy* **a holy of holies**
for thee and for thy sons.
10 In the *most holy place* **holy of holies** shalt thou eat it;
every male shall eat it:
it shall be holy unto thee.
11 And this is thine;
the *heave offering* **exaltment** of their gift,
with all the *wave offerings* **waves**
of the *children* **sons** of *Israel* **Yisra El**:
I have given them unto thee,
and to thy sons and to thy daughters with
thee, by *a* **an eternal** statute *for ever*:
every one that is *clean* **pure** in thy house shall eat of it.
12 All the *best* **fat** of the oil,
and all the *best* **fat** of the *wine* **juice**,
and of the *wheat* **crop**,
the *firstfruits* **firstlings** of them
which they shall *offer* **give** unto *the LORD*
Yah Veh, them have I given thee.
13 And whatsoever is *first ripe*
firstlings in *the* **their** land,
which they shall bring unto *the LORD*
Yah Veh, shall be thine;
every one that is clean in thine house shall eat of it.
14 *Every thing* **All that is** devoted in *Israel* **Yisra El**
shall be thine.
15 *Every thing* **All** that *openeth* **bursteth** the matrix
in all flesh,
which they *bring* **oblate** unto *the LORD*
Yah Veh, *whether it be of men or beasts*
human or animal, shall be thine:
nevertheless **in redeeming**,
the *firstborn* **firstbirthed** of *man* **humanity**
shalt thou *surely* redeem,
and the firstling of *unclean beasts* **fouled animals**
shalt thou redeem.
16 And those that are to be redeemed
from **sons of** a month *old* shalt thou redeem,
according to thine *estimation* **appraisal**,

for the *money* **silver** of five shekels,
after the shekel of the *sanctuary*
holies, which is twenty gerahs.
17 But the firstling of *a cow* **an ox,**
or the firstling of a *sheep* **lamb,** or the firstling of
a goat, thou shalt not redeem; they are holy:
thou shalt sprinkle their blood upon the **sacrifice** altar,
and shalt *burn* **incense** their fat for *an*
offering made by fire **a firing,**
for a *sweet savour* **scent of rest** unto *the LORD* **Yah Veh.**
18 And the flesh of them shall be thine,
as the wave breast and as the right *shoulder* **hindleg**
are thine.
19 All the *heave offerings* **exaltments**
of the *holy things* **holies,**
which the *children* **sons** of *Israel* **Yisra El** *offer*
exalt unto *the LORD* **Yah Veh,** have I given thee,
and thy sons and thy daughters with thee,
by *a* **an eternal** statute *for ever*:
it is a covenant of salt *for ever* **eternal**
before the LORD **at the face of Yah Veh**
unto thee and to thy seed with thee.
20 And *the LO R D spake* **Yah Veh said** unto
Aaron **Aharon,** Thou shalt *have no inheritance*
in **not inherit** their land, neither shalt thou
have any *part* **allotment** among them:
I *am* thy *part* **allotment** and thine inheritance
among the *children* **sons** of *Israel* **Yisra El.**
21 And, behold, I have given the *children* **sons** of Levi
all the tenth in *Israel* **Yisra El** for an inheritance,
in exchange for their service which
they serve, even the service
of the *tabernacle* **tent** of the congregation.
22 Neither *must* **shall** the *children* **sons** of *Israel* **Yisra El**
henceforth come near **ever again approach**
the *tabernacle* **tent** of the congregation,
lest they bear sin, and die.
23 But the *Levites* **Leviym** shall *do* **serve** the service
of the *tabernacle* **tent** of the congregation, and they
shall bear their *iniquity* **perversity**: it shall be *a* **an**
eternal statute *for ever* throughout your generations,
that among the *children* **sons** of *Israel* **Yisra El**
they *have* **shall inherit** no inheritance.
24 But the tithes of the *children* **sons** of *Israel*
Yisra El, which they *offer* **exalt**
as an *heave offering* **exaltment** unto *the LORD* **Yah Veh,**
I have given to the *Levites* **Leviym** to inherit:
therefore I have said unto them, Among
the *children* **sons** of *Israel* **Yisra El** they
shall *have* **inherit** no inheritance.
25 And *the LORD spake* **Yah Veh worded**
unto *Moses* **Mosheh,** saying,
26 Thus *speak* **word** unto the *Levites*
Leviym, and say unto them,
When ye take of the *children* **sons** of *Israel* **Yisra El**
the tithes which I have given you from
them for your inheritance,
then ye shall *offer up* **exalt**
an *heave offering* **exaltment** of it
for the LORD **unto Yah Veh,** even a
tenth part **tithe** of the tithe.
27 And this your *heave offering* **exaltment**
shall be *reckoned* **fabricated** unto you,
as *though it were* the *corn* **crop** of the threshingfloor,
and as the fulness of the *winepress* **trough.**
28 Thus ye also shall
offer **exalt** an *heave offering* **exaltment** unto *the LORD*
Yah Veh of all your tithes, which ye *receive* **take**
of the *children* **sons** of *Israel* **Yisra El;**
and ye shall give thereof
the LORD'S heave offering **Yah Veh's exaltment**
to *Aaron* **Aharon** the priest.
29 Out of all your gifts ye shall *offer* **exalt**
every heave offering **the whole exaltment**
of *the LORD* **Yah Veh,** of all the *best* **fat** thereof,
even the *hallowed part* **holies** thereof *out of it.*
30 *Therefore* thou shalt say unto them,
When ye have *heaved* **lifted** the *best* **fat**
thereof from it, then it shall be *counted*
fabricated unto the *Levites* **Leviym**
as the *increase* **produce** of the threshingfloor,
and as the *increase* **produce** of the *winepress* **trough.**
31 And ye shall eat it in every place,
ye and your households:
for it is your *reward* **hire in exchange** for your service
in the *tabernacle* **tent** of the congregation.
32 And ye shall bear no sin by reason of it,
when ye have *heaved* **lifted** from it the *best* **fat** of it:
neither shall ye *pollute* **profane** the *holy things* **holies**
of the *children* **sons** of *Israel* **Yisra El,** lest ye die.

THE WATER OF EXCLUSION

19 And *the LORD spake* **Yah Veh worded**
unto *Moses* **Mosheh** and unto *Aaron* **Aharon,** saying,
2 Thisisthe*ordinance***statute**ofthe*law***torah**
which *the LORD* **Yah Veh** hath
commanded **misvahed,** saying,
Speak **Word** unto the *children* **sons** of *Israel* **Yisra El,**

that they *bring* **take** thee a red heifer *without spot* **integrious**, wherein is no blemish, and upon which never *came* **ascended a** yoke:

3 And ye shall give her unto *Eleazar* **El Azar** the priest, that he may bring her forth without the camp, and *one* shall *slay* **slaughter** her *before* **at** his face:

4 And *Eleazar* **El Azar** the priest shall take of her blood with his finger, and sprinkle of her blood *directly before* **toward the face of** the *tabernacle* **tent** of the congregation seven times:

5 And *one* shall burn the heifer in his *sight* **eyes**; her skin, and her flesh, and her blood, with her dung, shall he burn:

6 And the priest shall take cedar *wood* **timber**, and hyssop, and scarlet, and cast it into the midst of the burning of the heifers.

7 Then the priest shall *wash* **launder** his clothes, and he shall *bathe* **baptize** his flesh in water, and afterward he shall come into the camp, and the priest shall be *unclean* **fouled** until the even.

8 And he that burneth her shall *wash* **launder** his clothes in water, and *bathe* **baptize** his flesh in water, and shall be *unclean* **fouled** until the even.

9 And a man that is *clean* **pure** shall gather *up* the ashes of the heifers, and *lay* **set** them *up* without the camp in a *clean* **pure** place, and it shall be *kept* **guarded** for the *congregation* **witness** of the *children* **sons** of *Israel* **Yisra El** for a water of *separation* **exclusion**: it is *a purification for sin* **for the sin**.

10 And he that gathereth the ashes of the heifer shall *wash* **launder** his clothes, and be *unclean* **fouled** until the even: and it shall be unto the *children* **sons** of *Israel* **Yisra El**, and unto the *stranger* **sojourner** that sojourneth among them, for *a* **an eternal** statute *for ever*.

11 He that toucheth the *dead body of any man* **human soul that died** shall be *unclean* **fouled** seven days.

12 He shall purify *himself* **for his sin** with it on the third day, and on the seventh day he shall be *clean* **purified**: but if he purify not *himself* **for his sin** the third day, then the seventh day he shall not be *clean* **purified**.

13 Whosoever toucheth the *dead body of any man* **human soul that died** — that is dead, and purifieth not *himself* **for his sin**, *defileth* **fouleth** the tabernacle of *the LORD* **Yah Veh**; and that soul shall be cut off from *Israel* **Yisra El**: because the water of *separation* **exclusion** was not sprinkled upon him, he shall be *unclean* **fouled**; his *uncleanness* **foulness** is yet upon him.

14 This is the *law* **torah**, when a *man* **human** dieth in a tent: all that come into the tent, and all that is in the tent, shall be *unclean* **fouled** seven days.

15 And every open *vessel* **instrument**, which hath no *covering bound* **clasp braided** upon it, is *unclean* **fouled**.

16 And whosoever toucheth one that is *slain* **pierced** with a sword in the *open* **face of the** fields, or *a dead body* **that which died**, or a bone of a *man* **human**, or a *grave* **tomb**, shall be *unclean* **fouled** seven days.

17 And for *an unclean person* **the fouled** they shall take of the *ashes* **dust** of the *burnt* **burning** heifer of purification for sin, and *running* **living** water shall be *put* **given** thereto in *a vessel* **an instrument**:

18 And a *clean person* **pure man** shall take hyssop, and dip it in the water, and sprinkle it upon the tent, and upon all the *vessels* **instruments**, and upon the *persons* **souls** that were there, and upon him that touched a bone, or one *slain* **pierced**, or *one dead* **died**, or a *grave* **tomb**:

19 And the *clean person* **pure** shall sprinkle upon the *unclean* **fouled** on the third day, and on the seventh day: and on the seventh day he shall *purify himself* **sacrifice for his sin**, and *wash* **launder** his clothes, and *bathe* **baptize** *himself* in water, and shall be *clean* **purified** at even.

20 But the man that shall be *unclean* **fouled**, and shall not purify *himself* **for his sin**, that soul shall be cut off from among the congregation, because he hath *defiled* **fouled** the *sanctuary* **holies** of *the LORD* **Yah Veh**: the water of *separation* **exclusion** hath not been sprinkled upon him; he is *unclean* **fouled**.

21 And it shall be *a perpetual* **an eternal** statute unto them, that he that sprinkleth the water of *separation* **exclusion**

shall *wash* **launder** his clothes;
and he that toucheth the water of *separation* **exclusion**
shall be *unclean* **fouled** until even.
22 Andwhatsoeverthe*uncleanperson***fouled**toucheth
shall be *unclean* **fouled**;
and the soul that toucheth it shall be
unclean **fouled** until even.

DEATH OF MIRYAM

20 Then came the *children* **sons** of *Israel* **Yisra El**,
even the whole *congregation* **witness**, into
the desert of *Zin* **Sin** in the first month:
and the people *abode* **settled** in *Kadesh* **Qadesh**;
and *Miriam* **Miryam** died there, and
was *buried* **entombed** there.
2 And there was no water for the *congregation*
witness: and they gathered *themselves together*
against *Moses* **Mosheh** and against *Aaron* **Aharon**.
3 And the people *chode* **chided** with
Moses **Mosheh**, and spake, saying,
Would God **O** that we had *died* **expired**
when our brethren *died* **expired**
before the LORD **at the face of Yah Veh**!
4 And why have ye brought up
the congregation of *the LORD* **Yah Veh**
into this wilderness,
that we and our *cattle* **beasts** should die there?
5 Andwhereforehaveye*made***ascended***utoscomeup*
out of *Egypt* **Misrayim**,
to bring us in unto this evil place?
it is no place of seed,
or of figs, or of vines, or of pomegranates;
neither is there any water to drink.
6 And *Moses* **Mosheh** and *Aaron* **Aharon**
went from the *presence* **face** of the
assembly **congregation**
unto the *door* **opening**
of the *tabernacle* **tent** of the congregation,
and they fell upon their faces:
and the *glory* **honour** of *the LORD* **Yah Veh**
appeared unto **was seen by** them.

WATER OF MERIBAH/STRIFE

7 And *the LORD spake* **Yah Veh worded**
unto *Moses* **Mosheh**, saying,
8 Take the rod,
and *gather* **congregate** thou the
assembly **witness** *together*,
thou, and *Aaron* **Aharon** thy brother,
and *speak* **word** ye unto the rock
before **in front of** their eyes;
and it shall give forth his water,
and thou shalt bring *forth* to them water out of the rock:
so **thus** thou shalt give
the *congregation* **witness** and their beasts drink.
9 And *Moses* **Mosheh** took the rod
from *before the LORD* **the face of Yah Veh**,
as he *commanded* **misvahed** him.
10 And *Moses* **Mosheh** and *Aaron* **Aharon**
gathered **congregated** the congregation
together before **at the face of** the rock,
and he said unto them, Hear *now* **I beseech**, ye rebels;
must we fetch you water out of this rock?
11 And *Moses* **Mosheh** lifted up his hand,
and with his rod he smote the rock *twice* **two times**:
and *the* **much** water came out *abundantly*,
and the *congregation* **witness** drank,
and their beasts also.
12 And *the LORD spake* **Yah Veh said**
unto *Moses* **Mosheh** and *Aaron* **Aharon**,
Because ye *believed* **trusted** me not,
to *sanctify* **hallow** me
in the eyes of the *children* **sons** of *Israel* **Yisra
El**, therefore ye shall not bring this congregation
into the land which I have given them.
13 This is the water of *Meribah* **Meribah/Strife**;
because the *children* **sons** of *Israel* **Yisra El**
strove with *the LORD* **Yah Veh**,
and he was *sanctified* **hallowed** in them.
14 And *Moses* **Moshch** sent *messengers* **angels**
from *Kadesh* **Qadesh** unto the *king* **sovereign** of
Edom, Thus saith thy brother *Israel* **Yisra El**,
Thou knowest all the travail that hath *befallen* **found** us:
15 How our fathers
went down **descended** into *Egypt* **Misrayim**, and we have
dwelt **settled** in *Egypt* **Misrayim** *a long time* **many days**;
and the *Egyptians vexed* **Misrayim vilified** us,
and our fathers:
16 And when we cried unto *the LORD* **Yah Veh**,
he heard our voice, and sent an angel,
and hath brought us forth out of *Egypt* **Misrayim**:
and, behold, we are in *Kadesh* **Qadesh**, a
city in the *uttermost* **end** of thy border:
17 Let us pass, I *pray* **beseech** thee,
through thy *country* **land**:
we *will* **shall** not pass through the fields,
or through the vineyards,
neither *will* **shall** we drink of the water of the wells:
we *will* **shall** go by the *king's high* way **of the
sovereign**, we *will* **shall** not *turn* **deviate**

to the right *hand* nor to the left, until
we have passed thy borders.
18 And Edom said unto him, Thou shalt not pass by me,
lest I come out *against* **confronting** thee with the sword.
19 And the *children* **sons** of *Israel* **Yisra El** said unto him,
We *will go* **shall ascend** by the high way:
and if I and my *cattle* **chattel** drink of thy water,
then I *will pay for it* **shall give their price**:
I *will* **shall** only, without *doing any thing else* **a word**,
go **pass** through on my feet.
20 And he said, Thou shalt not *go* **pass** through.
And Edom came out *against* **confronting** him
with much **heavy with** people, and with a strong hand.
21 Thus Edom refused
to *give Israel passage* **let Yisra El**
pass through his border:
wherefore *Israel turned away* **Yisra**
El deviated from him.

DEATH OF AHARON

22 And the *children* **sons** of *Israel* **Yisra El**,
even the whole *congregation* **witness**,
journeyed **pulled stakes** from *Kadesh*
Qadesh, and came unto mount Hor.
23 And *the LORD spake* **Yah Veh said**
unto *Moses* **Mosheh** and *Aaron* **Aharon** in mount
Hor, by the *coast* **border** of the land of Edom, saying,
24 *Aaron* **Aharon** shall be gathered unto his people:
for he shall not enter
into the land which I have given
unto the *children* **sons** of *Israel* **Yisra El**,
because ye rebelled against my *word* **mouth**
at the water of *Meribah* **Strife**.
25 Take *Aaron* **Aharon** and *Eleazar* **El Azar** his son,
and *bring* **ascend** them *up* unto mount Hor:
26 And strip *Aaron* **Aharon** of his *garments* **clothes**,
and put them upon *Eleazar* **El Azar** his son:
and *Aaron* **Aharon** shall be gathered *unto his people*,
and shall die there.
27 And *Moses did* **Mosheh worked**
as *the LORD commanded* **Yah Veh misvahed**:
and they *went up* **ascended** into mount Hor
in the *sight* **eyes** of all the *congregation* **witness**.
28 And *Moses* **Mosheh** stripped *Aaron* **Aharon**
of his *garments* **clothes**,
and *put* **enrobed** them upon *Eleazar* **El Azar** his
son; and *Aaron* **Aharon** died there in the top of the
mount: and *Moses* **Mosheh** and *Eleazar* **El Azar**
came down **descended** from the mount.
29 And when all the *congregation* **witness** saw
that *Aaron was dead* **Aharon had expired**,
they *mourned* **wept** for *Aaron* **Aharon** thirty days,
even all the house of *Israel* **Yisra El**.

21 And when *king* **sovereign** Arad
the *Canaanite* **Kenaaniy**,
which *dwelt* **settled** in the south, heard tell that *Israel*
Yisra El came by the way of *the spies* **Atharim**;
then he fought against *Israel* **Yisra El**,
and *took some* **captured** of them *prisoners* **captives**.
2 And *Israel* **Yisra El** vowed a vow
unto *the LORD* **Yah Veh**, and said,
If **in giving**, thou *wilt indeed deliver* **shalt**
give this people into my hand,
then I *will utterly destroy* **shall devote** their cities.
3 And *the LORD* **Yah Veh**
hearkened to the voice of *Israel* **Yisra El**,
and *delivered up* **gave** the *Canaanites* **Kenaaniy**;
and they *utterly destroyed* **devoted** them and their cities:
and he called the name of the place Hormah.

YAH VEH SENDS SERAPH SERPENTS

4 And they *journeyed* **puled stakes** from mount Hor
by the way of the *Red* **Reed** sea,
to *compass* **surround** the land of Edom:
and the soul of the people
was *much discouraged* **curtailed** because of the way.
5 And the people *spake* **worded**
against *God* **Elohim**, and against *Moses* **Mosheh**,
Wherefore have ye *brought* **ascended** us *up*
out of *Egypt* **Misrayim** to die in the wilderness?
for there is no bread, neither *is there any* water;
and our soul *loatheth* **abhorreth** this light bread.
6 And *the LORD* **Yah Veh** sent *fiery* **seraph** serpents
among the people, and they bit the people;
and much people of *Israel* **Yisra El** died.
7 Therefore the people came to *Moses*
Mosheh, and said, We have sinned,
for we have *spoken* **worded**
against *the LORD* **Yah Veh**, and against thee;
pray unto *the LORD* **Yah Veh**,
that he *take away* **turn aside** the serpents from us.
And *Moses* **Mosheh** prayed for the people.
8 And *the LORD* **Yah Veh** said unto *Moses* **Mosheh**,
Make **Work** thee a *fiery serpent*
seraph, and set it upon a pole:
and **so be** it *shall come to pass*,
that every one that is bitten,
when he *looketh upon it* **seeth**, shall live.
9 And *Moses made* **Mosheh worked**

a serpent of *brass* **copper**, and put it upon a pole,
and **so be** it *came to pass*,
that if a serpent had bitten any man,
when he *beheld* **looked at** the serpent
of *brass* **copper**, he lived.

SONS OF YISRA EL PULL STAKES

10 And the *children* **sons** of *Israel* **Yisra El**
set forward **pulled stakes**,
and *pitched* **encamped** in Oboth.
11 And they *journeyed* **pulled stakes** from Oboth,
and *pitched* **encamped** at *Ijeabarim* **Iye Ha Abiram**,
in the, wilderness which is *before* **at the face of**
Moab, toward the *sunrising* **sun dawnward**.
12 From thence they *removed* **pulled stakes**,
and *pitched* **encamped** in the *valley* **wadi** of Zared.
13 From thence they *removed* **pulled stakes**,
and *pitched* **encamped** on the other side of Arnon,
which is in the wilderness that cometh out
of the *coasts* **borders** of the *Amorites* **Emoriy**:
for Arnon is the border of Moab, between
Moab and the *Amorites* **Emoriy**.
14 Wherefore it is said
in the *book* **scroll** of the wars of *the LORD* **Yah Veh**,
What he did **Vaheb** in the *Red* **Reed** sea,
and in the *brooks* **wadies** of Arnon,
15 Andathestreamofthe*brooks***stormchannels**
that *goeth down* **spreadeth**
to the *dwelling of* **settlement at** Ar, and
lieth upon the border of Moab.
16 And from thence *they went to Beer* **to the well**:
that is the well whereof
the LORD spake **Yah Veh said** unto *Moses* **Mosheh**,
Gather the people together, and I
will **shall** give them water.
17 Then *Israel* **Yisra El** sang this song,
Spring up **Ascend**, O well; *sing ye* **answer** unto it:
18 The *princes* **governors** digged the well,
the *nobles* **volunteers** of the people digged it, by
the *direction of the lawgiver* **statute setter**,
with their *staves* **crutches**.
And from the wilderness they went to Mattanah:
19 AndfromMatanahto*Nahalie*N*l* **achaliE:l**
and from *Nahaliel* **Nachali El** to Bamoth:
20 And from Bamoth in the valley,
that is in the *country* **field** of Moab, to the top of Pisgah,
which looketh toward Jeshimon
at the face of the desolation.
21 And *Israel* **Yisra El** sent *messengers* **angels**
unto *Sihon* **Sichon** *king* **sovereign** of
the *Amorites* **Emoriy**, saying,
22 Let me pass through thy land:
we *will* **shall** not *turn* **deviate** into the
fields, or into the vineyards;
we *will* **shall** not drink of the waters of the well:
but we *will* **shall** go along by the *king's high*
sovereign's way, until we *be past* **pass** thy borders.
23 And *Sihon* **Sichon**
would not suffer Israel **gave not Yisra El**
to pass through his border:
but *Sihon* **Sichon** gathered all his people together,
and went out *against Israel* **confronting Yisra El**
into the wilderness:
and he came to *Jahaz* **Yahsah**, and
fought against *Israel* **Yisra El**.
24 And *Israel* **Yisra El** smote him with
the *edge* **mouth** of the sword,
and possessed his land from Arnon unto *Jabbok* **Yabboq**,
even unto the *children* **sons** of Ammon:
for the border of the *children* **sons**
of Ammon was strong.
25 And *Israel* **Yisra El** took all these cities:
and *Israel dwelt* **Yisra El settled** in all the cities
of the *Amorites* **Emoriy**,
in Heshbon, and in all the *villages* **daughters** thereof.
26 ForHeshbonwasthecityo*Sfihon***Sichon**
the *king* **sovereign** of the *Amorites*
Emoriy, who had fought against
the *former king* **head sovereign** of Moab,
and taken all his land out of his hand, even unto Arnon.
27 Wherefore
they that *speak in proverbs* **proverbialize**
say, Come into Heshbon,
let the city of *Sihon* **Sichon** be built and prepared:
28 For there is a fire gone out of Heshbon, a
flame from the city of *Sihon* **Sichon**:
it hath consumed Ar of Moab,
and the *lords* **masters** of the *high*
places **bamahs** of Arnon.
29 Woe to thee, Moab! thou art *undone*
destroyed, O people of *Chemosh* **Kemosh**:
he hath given his sons that escaped, and his
daughters, into captivity unto *Sihon* **Sichon**
king **sovereign** of the *Amorites* **Emoriy**.
30 We have shot at them;
Heshbon is *perished* **destroyed** even unto Dibon,
and we have *laid* **desolated** them *waste*
even unto *Nophah* **Nophach**,
which reacheth unto Medeba.

31 Thus *Israel dwelt* **Yisra El settled**
in the land of the *Amorites* **Emoriy**.
32 And *Moses* **Mosheh** sent to spy out *Jaazer* **Yazer**, and
they *took* **captured** the *villages* **daughters** thereof,
and *drove out* **dispossessed** the *Amorites* **Emoriy**
that were there.
33 And *they turned and went up*
from their face they ascended by the way of Bashan:
and Og the *king* **sovereign** of Bashan went
out *against* **confronting** them,
he, and all his people, to the *battle* **war** at Edrei.
34 And *the LORD* **Yah Veh** said unto *Moses* **Mosheh**,
Fear **Awe** him not:
for I have *delivered* **given** him into thy
hand, and all his people, and his land;
and thou shalt *do* **work** to him
as thou *didst* **workedst** unto *Sihon* **Sichon**
king **sovereign** of the *Amorites* **Emoriy**,
which *dwelt* **settled** at Heshbon.
35 So they smote him, and his sons, and
all his people, until *there was none left*
him alive **no survivor survived**:
and they possessed his land.

22 And the *children* **sons** of *Israel* **Yisra El**
set forward **pulled stakes**,

BALAQ AND BILAM

and *pitched* **encamped** in the plains of Moab on
this side *Jordan* **Yarden** by *Jericho* **Yericho**.
2 And*Balak***Balaq**thesonoZ*fippor***Sippor**
saw all that *Israel* **Yisra El** had *done* **worked**
to the *Amorites* **Emoriy**.
3 And Moab was *sore* **mighty** afraid **at the face**
of the people, because they were many:
and Moab was *distressed* **abhorred**
because **at the face** of the *children* **sons** of *Israel* **Yisra El**.
4 And Moab said unto the elders of *Midian*
Midyan, Now shall this *company* **congregation**
lick up all that are round about us,
as the ox licketh up the *grass* **green** of the field.
And *Balak* **Balaq** the son of *Zippor* **Sippor**
was *king* **sovereign** of *the Moabites* **Moab** at that time.
5 Hesent*messengers***angels***therefore*
unto *Balaam* **Bilam** the son of Beor to
Pethor, which is by the river
of the land of the *children* **sons** of his people,
to call him, saying, Behold,
there is a people come out from *Egypt* **Misrayim**:
behold, they cover the *face* **eye** of the earth, and
they *abide over against* **settle in front of** me:
6 *Come* **Go** now therefore, I *pray* **beseech** thee,
curse me this people; for they are too mighty for me:
peradventure I shall prevail, that we may smite
them, and that I may drive them out of the land:
for I *wot* **know** that he whom thou blessest is blessed,
and he whom thou cursest is cursed.
7 And the elders of Moab
and the elders of *Midian* **Midyan**
departed **went** with the *rewards of*
divination in their hand;
and they came unto *Balaam* **Bilam**,
and *spake* **worded** unto him the words of *Balak* **Balaq**.
8 And he said unto them,
Lodge **Stay** here *this night* **overnight**,
and I *will bring* **shall return** you word *again*,
as *the LORD* **Yah Veh** shall *speak* **word** unto me:
and the *princes* **governors** of Moab
abode **settled** with *Balaam* **Bilam**.
9 And*God***Elohim**cameunto*Balam***Bilam**,andsaid,
What men are these with thee?
10 And *Balaam* **Bilam** said unto *God* **Elohim**,
Balak **Balaq** the son of *Zippor* **Sippor**,
king **sovereign** of Moab, hath sent unto me, *saying*,
11 Behold,thereisapeoplecomeoutof*Egyp***M***t* **israyim**,
which covereth the *face* **eye** of the earth:
come **go** now, curse me them;
peradventure
I shall *be able* **prevail** to *overcome* **fight**
them, and *drive* **expel** them *out*.
12 And *God* **Elohim** said unto *Balaam* **Bilam**,
Thou shalt not go with them;
thou shalt not curse the people: for they are blessed.
13 And *Balaam* **Bilam** rose up in the morning,
and said unto the *princes* **governors** of *Balak* **Balaq**,
Get you **Go** into your land:
for *the LORD* **Yah Veh** refuseth
to *give me leave* **allow me** to go with you.
14 And the *princes* **governors** of Moabroseup,
and they went unto *Balak* **Balaq**, and said,
Balaam **Bilam** refuseth to come with us.
15 And*Balak***Balaq**sentyetagain*princes***governors**,
more **greater**, and more honourable than they.
16 And they came to *Balaam* **Bilam**, and said to him,
Thus saith *Balak* **Balaq** the son of *Zippor* **Sippor**,
Let *nothing* **naught**, I *pray* **beseech** thee,
hinder thee from coming unto me:
17 For **in honouring**,
I will promote thee unto very great honour
I shall honour thee mightily,
and I *will do* **shall work** whatsoever thou sayest unto me:

come therefore **go,** I *pray* **beseech**
thee, curse me this people.
18 And *Balaam* **Bilam** answered
and said unto the servants of *Balak* **Balaq,**
If *Balak would* **Balaq should** give me
his house full of silver and gold,
I cannot *go beyond* **trespass** the *word* **mouth**
of *the LORD* **Yah Veh** my *God* **Elohim,**
to *do* **work** less or *more* **greater.**
19 Now therefore, I *pray* **beseech** you,
tarry **settle** ye also here this night, that I
may know what *the LORD* **Yah Veh** *will*
say **shall word** unto me *more* **again.**

BILAM AND THE ANGEL OF YAH VEH

20 And *God* **Elohim** came unto *Balaam* **Bilam** at night,
and said unto him,
If the men come to call thee, rise up, and go with
them; *but yet* **surely** the word which I shall *say*
word unto thee, that shalt thou *do* **work.**
21 And *Balaam* **Bilam** rose up in the morning,
and *saddled* **harnessed** his *ass* **she burro,**
and went with the *princes* **governors** of Moab.
22 And *God's anger* **Elohim's wrath**
was kindled because he went:
and the angel of *the LORD* **Yah Veh** stood in the
way for *an adversary* **a satan** against him.
Now he was riding upon his *ass* **she burro,**
and his two *servants were* **lads** with him.
23 And the *ass* **she burro**
saw the angel of *the LORD* **Yah Veh**
standing **stationed** in the way,
and his sword drawn in his hand:
and the *ass* **she burro**
turned aside **deviated** out of the
way, and went into the field:
and *Balaam* **Bilam** smote the *ass* **she burro,**
to *turn* **deviate** her into the way.
24 Butheangelof*theLORD***YahVeh**
stood in a path of the vineyards,
a wall being on this side, and a wall on that side.
25 And when the *ass* **she burro**
saw the angel of *the LORD* **Yah Veh,**
she *thrust* **pressed** *herself* unto the wall, and
crushed Balaam's **pressed Bilam's** foot
against the wall:
and he smote her again.
26 And the angel of *the LORD* **Yah Veh**
went further **passed again,**
and stood in a *narrow* **constricted**
place, where was no way to turn
either to the right *hand* or to the left.
27 And when the *ass* **she burro**
saw the angel of *the LORD* **Yah Veh,**
she *fell down* **crouched** under *Balaam* **Bilam:**
and *Balaam's anger was* **Bilam's wrath** kindled,
and he smote the *ass* **she burro** with a staff.
28 And *the LORD* **Yah Veh**
opened the mouth of the *ass* **she burro,**
and she said unto *Balaam* **Bilam,**
What have I *done* **worked** unto thee,
that thou hast smitten me these three *times* **paces?**
29 And*Balaam***Bilam**saidunto the*ass***sheburo,**
Because thou hast *mocked* **exploited** me:
I would **O that** there were a sword in mine hand, for
now *would I kill* **should I have slaughtered** thee.
30 Andthe*ass***sheburo**saidunto*Balaam***Bilam,**
Am not I *thine ass* **thy she burro,**
upon which thou hast ridden
ever since I was thine unto this day?
was I ever wont to do so unto thee
In using, have I ever been used to work so unto thee?
And he said, Nay.
31 Then *the LORD* **Yah Veh**
opened **exposed** the eyes of *Balaam* **Bilam,**
and he saw the angel of *the LORD* **Yah**
Veh *standing* **stationed** in the way,
and his sword drawn in his hand:
and he bowed *down his head,*
and *fell flat* **prostrated** on his *face* **nostrils.**
32 And the angel of *the LORD* **Yah Veh** said
unto him, Wherefore hast thou smitten thine
ass **she burro** these three *times* **paces?**
behold, I went out to *withstand* **be a**
satan to thee, because thy way is *perverse*
precipitous *before* **in front of** me:
33 And the *ass* **she burro** saw me,
and *turned* **deviated her face** from
me these three *times* **paces:**
unless she had **if she had not**
turned **deviated her face** from me, surely now also I had
slain **slaughtered** thee, and *saved* **preserved** her alive.
34 And *Balaam* **Bilam**
said unto the angel of *the LORD* **Yah Veh,**
I have sinned;
for I knew not
that thou *stoodest* **stationest thyself** in the way
against **to confront** me:
now therefore,

if it *displease thee* **be vilifying in thine eyes,**
I *will get me back again* **shall turn back.**
35 And the angel of *the LORD* **Yah Veh**
said unto *Balaam* **Bilam,** Go with the men:
but only **finally** the word that I shall
speak **word** unto thee,
that thou shalt *speak* **word.**
So *Balaam* **Bilam** went
with the *princes* **governors** of *Balak* **Balaq.**
36 And when *Balak* **Balaq** heard that
Balaam **Bilam** was come,
he went out to meet him unto a city of Moab,
which is in the border of Arnon,
which is in the *utmost coast* **end border.**
37 And *Balak* **Balaq** said unto *Balaam* **Bilam,**
In sending, Did I not *earnestly* send
unto thee to call thee?
wherefore camest thou not unto me?
am I not able *indeed* **truly**
to *promote thee to* honour **thee?**
38 And *Balaam* **Bilam** said unto *Balak* **Balaq,**
lo **behold,** I am come unto thee:
have I now any power at all to say any thing
in being able, am I able to word aught?
the word that *God* **Elohim** putteth in my
mouth, that shall I *speak* **word.**
39 And *Balaam* **Bilam** went with *Balak* **Balaq,**
and they came unto *Kirjathhuzoth* **Qiryath Husoth.**
40 And*Balak***Balaq***offered***sacrificed**oxenand*sheep***flocks,**
and sent to *Balaam* **Bilam,**
and to the *princes* **governors** that were with him.
41 And **so be** it *came to pass* on the morrow,
that *Balak* **Balaq** took *Balaam* **Bilam,**
and *brought* **ascended** him *up*
into the high places of Baal **unto Bamah**
Baal, that thence he might see
the *utmost part* **ends** of the people.

THE ORACLES OF BILAM

23 And *Balaam* **Bilam** said unto *Balak* **Balaq,**
Build me here seven **sacrifice** altars,
and prepare me here seven *oxen*
bullocks and seven rams.
2 And *Balak did* **Balaq worked**
as *Balaam* **Bilam** had *spoken* **worded;**
and *Balak* **Balaq** and *Balaam* **Bilam** *offered* **holocausted**
on every **sacrifice** altar a bullock and a ram.
3 And *Balaam* **Bilam** said unto *Balak* **Balaq,**
Stand by thy *burnt offering* **holocaust,** and I *will* **shall** go:
peradventure
the LORD will come **Yah Veh shall happen**
to meet me: and whatsoever **word** he *sheweth*
me **he hath me see** I *will* **shall** tell thee.
And he went to *an high place* **the barrens.**
4 And *God met Balaam* **Elohim happened upon Bilam:**
and he said unto him,
I have *prepared* **arranged** seven **sacrifice** altars,
and I have *offered* **holocausted** upon every
sacrifice altar a bullock and a ram.
5 And *the LORD* **Yah Veh**
put a word in *Balaam's* **Bilam's** mouth, and said, Return
unto *Balak* **Balaq,** and thus thou shalt *speak* **word.**
6 And he returned unto him, and, *lo*
behold, he *stood* **stationed himself**
by his *burnt sacrifice* **holocaust,**
he, and all the *princes* **governors** of Moab.
7 Andhe*tookup***lifted**his*parable***proverb,**andsaid,
Balak **Balaq** the *king* **sovereign** of Moab
hath *brought* **led** me from Aram,
out of the mountains of the east, *saying,*
Come **Go,** curse me *Jacob* **Yaaqov,**
and *come* **go,** *defy Israel* **enrage Yisra El.**
8 HowshalI*curse***pierce,**whom*God***El**hathnotcursed?
or how shall I *defy* **enrage,**
whom *the LORD* **Yah Veh** hath not *defied* **enraged?**
9 For from the top of the rocks I see him, and
from the hills I *behold* **observe** him:
lo **behold,** the people shall *dwell* **tabernacle** alone,
and shall not be *reckoned* **fabricated**
among the *nations* **goyim.**
10 Who can *count* **number** the dust of *Jacob* **Yaaqov,**
and the number of the fourth *part* of *Israel* **Yisra El?**
Let *me* **my soul** die the death of the *righteous*
straight, and let my *last end* **finality** be like his!
11 And*Balak***Balaq**saidunto*Balaam***Bilam,**
What hast thou *done* **worked** unto me?
I took thee to curse mine enemies, and, behold,
in blessing, thou hast blessed them *altogether.*
12 And he answered and said,
Must **Shall** I not *take heed* **guard** to *speak* **word**
that which *the LORD* **Yah Veh** hath put in my mouth?
13 And *Balak* **Balaq** said unto him, *Come* **Go,** I *pray*
beseech thee, with me unto another place,
from whence thou mayest see them:
thou shalt see but the *utmost part* **final end**
of them, and shalt not see them all:
and curse me them from thence.
14 And he *brought* **took** him
into the field of *Zophim* **Watchers,** to the top
of Pisgah, and built seven **sacrifice** altars,

and *offered* **holocausted** a bullock and
a ram on every **sacrifice** altar.
15 And he said unto *Balak* **Balaq**,
Stand *here* **thus** by thy *burnt offering* **holocaust**,
while I *meet the LORD yonder* **happen over there**.
16 And *the LORD* **Yah Veh**
met Balaam **happened upon Bilam**,
and put a word in his mouth, and said,
Go again **Return** unto *Balak* **Balaq**, and *say* **word** thus.
17 And when he came to him, behold,
he *stood* **stationed himself** by his *burnt offering*
holocaust, and the *princes* **governors** of Moab with him.
And *Balak* **Balaq** said unto him,
What hath *the LORD spoken* **Yah Veh worded**?
18 And he took up his *parable* **proverb**, and said,
Rise up, *Balak* **Balaq**, and hear;
hearken unto me, thou son of *Zippor* **Sippor**:
19 *God* **El** is not a man, that he should lie;
neither the son of *man* **humanity**,
that he should *repent* **sigh**:
hath he said, and shall he not *do* **work** it?
or hath he *spoken* **worded**, and shall
he not *make it good* **raise**?
20 Behold, I have *received commandment* **taken** to bless:
and he hath blessed; and I cannot *reverse* **turn** it.
21 He hath not *beheld iniquity* **looked at the mischief**
in *Jacob* **Yaaqov**,
neither hath he seen *perverseness* **drudgery**
in *Israel* **Yisra El**:
the LORD **Yah Veh** his *God* **Elohim** is with him,
and the shout of a *king* **sovereign** is among them.
22 *God* **El** brought them out of *Egypt* **Misrayim**;
he hath as *it were* the strength of *an unicorn* **a reem**.
23 Surely there is no *enchantment* **prognostication**
against *Jacob* **Yaaqov**,
neither is there any divination against *Israel* **Yisra El**:
according to this time
it shall be said of *Jacob* **Yaaqov** and of *Israel*
Yisra El, What hath *God wrought* **El done**!
24 Behold, the people shall rise up as a *great* **roaring**
lion, and lift up himself as a *young* lion:
he shall not lie down until he eat of the prey,
and drink the blood of the *slain* **pierced**.
25 And *Balak* **Balaq** said unto *Balaam* **Bilam**,
Neither *curse* **pierce** them at all, nor bless them at all.
26 But *Balaam* **Bilam** answered and
said unto *Balak* **Balaq**,
Told **Worded** not I **to** thee, saying,
All that *the LORD speaketh* **Yah Veh wordeth**,
that I *must do* **work**?
27 And *Balak* **Balaq** said unto *Balaam* **Bilam**,
Come **Go**, I *pray* **beseech** thee,
I *will bring* **shall take** thee unto another
place; *peradventure it will* **perhaps it shall be**
straight *please God* **in the eyes of Elohim**
that thou mayest curse me them from thence.
28 And *Balak brought Balaam* **Balaq took Bilam**
unto the top of Peor,
that looketh toward Jeshimon
at the face of the desolation.
29 And *Balaam* **Bilam** said unto *Balak* **Balaq**,
Build me here seven **sacrifice** altars,
and prepare me here seven bullocks and seven rams.
30 And *Balak did* **Balaq worked** as *Balaam* **Bilam** had said,
and offered a bullock and a ram on every **sacrifice** altar.

24 And when *Balaam* **Bilam** saw
that it *pleased the LORD* **was good**
in the eyes of Yah Veh
to bless *Israel* **Yisra El**,
he went not, as *at other times* **time by time**,
to *seek for enchantments* **confront prognostications**,
but he set his face toward the wilderness.
2 And *Balaam* **Bilam** lifted up his eyes,
and he saw *Israel abiding in his*
tents **Yisra El tabernacling**
according to their *tribes* **scions**;
and the spirit of *God* **Elohim** came upon him.
3 And he *took up* **lifted** his *parable* **proverb**, and said,
Balaam **An oracle of Bilam** the son of Beor *hath said*,
and the man **An oracle of the master**
whose eyes **were shut**
are open hath said **but now unveiled**:
4 *He hath said*, **An oracle of him**
which heard the *words* **sayings** of *God* **El**, which
saw the vision of *the Almighty* **Shadday**,
falling *into a trance*, but having his eyes *open* **exposed**:
5 How goodly are thy tents, O *Jacob* **Yaaqov**,
and thy tabernacles, O *Israel* **Yisra El**!
6 As the *valleys* **wadies** are they spread forth,
as gardens by the river's side, as the *trees of lign* aloes
which *the LORD* **Yah Veh** hath planted,
and as cedar trees beside the waters.
7 He shall *pour* **flow** the water out of his *buckets* **pails**,
and his seed shall be in many waters,
and his *king* **sovereign**
shall be *higher* **more exalted** than Agag,
and his *kingdom* **sovereigndom** shall be exalted.
8 *God* **El** brought him *forth* out of *Egypt* **Misrayim**;
he hath as *it were* the strength of *an unicorn* **a reem**:

he shall eat *up* the *nations* **goyim** his *enemies*
tribulators, and shall *break* **craunch** their bones,
and *pierce* **strike** *them through* with his arrows.
9 He *couched* **kneeled**, he lay down as a lion,
and as a *great* **roaring** lion: who shall *stir* **rouse**
him *up*? Blessed is he that blesseth thee,
and cursed is he that curseth thee.
10 And *Balak's anger* **Balaq's wrath**
was kindled against *Balaam* **Bilam**,
and he *smote* **clapped** his *hands* **palms** together:
and *Balak* **Balaq** said unto *Balaam* **Bilam**,
I called thee to curse mine enemies, and, behold,
in blessing,
thou hast *altogether* blessed them these three times.
11 Therefore now flee thou to thy place:
I thought to promote thee unto great honour
I had said, In honouring, I honour thee;
but, *lo* **behold**,
the LORD **Yah Veh** hath *kept* **withheld** thee *back*
from honour.
12 And *Balaam* **Bilam** said unto *Balak* **Balaq**,
Spake **Worded** I not also to thy *messengers* **angels**
which thou sentest unto me, saying,
13 If *Balak would* **Balaq should** give me
his house full of silver and gold,
I cannot *go beyond* **trespass**
the *commandment* **mouth** of *the LORD* **Yah
Veh**, to *do either* **work** good or *bad* **evil**
of mine own *mind* **heart**;
but what *the LORD saith* **Yah Veh wordeth**,
that *will* **shall** I *speak* **word?**
14 And now, behold, I go unto my people:
come **go** *therefore*, and I *will advertise* **shall counsel**
thee what this people shall *do* **work** to thy people
in the *latter* **final** days.

ORACLE OF BILAM TO THE SON OF BEOR

15 And he *took up* **lifted** his *parable* **proverb**, and said,
Balaam **An oracle of Bilam** the son of Beor *hath said*,
and the man **An oracle of the master**
whose eyes **were shut**
are open hath said **but now unveiled**:
16 *He hath said*, **An oracle of him**
which heard the *words* **sayings** of *God* **El**, and
knew the knowledge of *the most High* **Elyon**,
which saw the vision of *the Almighty* **Shadday**,
falling *into a trance*, but having his eyes *open* **uncovered**:
17 I shall see him, but not now:
I shall *behold* **observe** him, but not near:
there shall *come* **tread** a Star out of *Jacob* **Yaaqov**,
and a *Sceptre* **Scion** shall rise out of *Israel* **Yisra El**,
and shall *smite* **strike** the *corners* **edges** of Moab,
and *destroy* **undermine** all the *children* **sons** of Sheth.

ORACLE OF BILAM TO YISRA EL

18 And Edom shall be a possession,
Seir also shall be a possession for his enemies;
and *Israel* **Yisra El** shall *do* **work** valiantly.
19 Out of *Jacob* **Yaaqov**
shall come he that shall have dominion,
and shall destroy him that *remaineth*
surviveth of the city.

ORACLE OF BILAM TO AMALEQ

20 And when he *looked on Amalek* **saw Amaleq**, he
took up **lifted** his *parable* **proverb**, and said, *Amalek*
Amaleq was the first of the *nations* **goyim**;
but his *latter end* **finality**
shall be *that he perish for ever* **eternal destruction**.

ORACLE OF BILAM TO THE QAYINIY

21 And he *looked on the Kenites* **saw the Qayiniy**, and
took up **lifted** his *parable* **proverb**, and said, *Strong
is* **Perennial be** thy *dwellingplace* **settlement**,
and thou puttest thy nest in a rock.
22 Nevertheless
the *Kenite* **Qayiniy** shall be *wasted* **consumed**,
until Asshur **when Ashshur**
shall *carry thee away captive* **capture thee**.
23 And he *took up* **lifted** his *parable*
proverb, and said, *Alas* **Woe**,
who shall live when *God doeth* **El setteth** this!
24 And ships *shall come*
from the *coast* **hand** of *Chittim* **Kittim**,
and shall *afflict Asshur* **humble Ashshur**,
and shall *afflict Eber* **humble Heber**,
and he also shall *perish for ever* **be
to eternal destruction**.
25 And *Balaam* **Bilam** rose up,
and went and returned to his place:
and *Balak* **Balaq** also went his way.

YISRA EL JOINS BAAL PEOR

25 And *Israel abode* **Yisra El settled** in Shittim,
and the people began to *commit whoredom* **whore**
with the daughters of Moab.
2 And they called the people
unto the sacrifices of their *gods* **elohim**:

and the people did eat,
and *bowed down* **prostrated** to their *gods* **elohim.**
3 And *Israel* **Yisra El**
joined *himself* unto *Baalpeor* **Baal Peor:**
and the *anger* **wrath** of *the LORD* **Yah Veh**
was kindled against *Israel* **Yisra El.**
4 And*theLORD***YahVeh**saidunto*Moses***Mosheh,**
Take all the heads of the people,
and *hang* **impale** them *up*
before the LORD **at the face of Yah Veh** against the
sun, that the *fierce anger* **fuming wrath** of *the LORD*
Yah Veh may be turned *away* from *Israel* **Yisra El.**
5 And *Moses* **Mosheh**
said unto the judges of *Israel* **Yisra El,**
Slay ye every one his **Men, slaughter your** men
that were joined unto *Baalpeor* **Baal Peor.**
6 And, behold,
one **a man** of the *children* **sons** of *Israel* **Yisra El**
came and *brought unto* **approached** his brethren
with a *Midianitish* **Midyaniy** woman in
the *sight* **eyes** of *Moses* **Mosheh,**
and in the *sight* **eyes** of all the *congregation* **witness**
of the *children* **sons** of *Israel* **Yisra El,** who
were weeping before the *door* **opening** of the
tabernacle **tent** of the congregation.
7 And when *Phinehas* **Phinechas,**
the son of *Eleazar* **El Azar,**
the son of *Aaron* **Aharon** the priest, saw it,
he rose up from among the *congregation*
witness, and took a javelin in his hand;
8 And he went after the man of *Israel* **Yisra El**
into the *tent* **belly,**
and *thrust both* **stabbed the two** of them
through, the man of *Israel* **Yisra El,**
and the woman *through* **into** her belly.
So the plague was *stayed* **restrained** from
the *children* **sons** of *Israel* **Yisra El.**
9 Andthosethatdiedintheplague
were twenty and four thousand.
10 And *the LORD spake* **Yah Veh worded**
unto *Moses* **Mosheh,** saying,
11 *Phinehas* **Phinechas,** the son of *Eleazar* **El**
Azar, the son of *Aaron* **Aharon** the priest,
hath turned my *wrath* **fury** away from
the *children* **sons** of *Israel* **Yisra El,**
while he *was zealous for my sake* **envied over my envy**
among them,
that I *consumed not* **finished not off**
the *children* **sons** of *Israel* **Yisra El** in my *jealousy* **envy.**
12 Wherefore say, Behold,
I give unto him my covenant of *peace* **shalom:**
13 And he shall have it, and his seed after him,
even the covenant of an *everlasting* **eternal** priesthood;
because he *was zealous* **envied** for his *God* **Elohim,**
and *made an atonement* **did kapar/atone**
for the *children* **sons** of *Israel* **Yisra El.**
14 Now the name of the **man**
Israelite — **the Yisra Eliy** that was *slain* **smitten,**
even that was slain with the *Midianitish* **Midyaniy**
woman, was Zimri, the son of *Salu* **Sallu,**
a *prince* **hierarch** of a *chief* **father's** house
among the *Simeonites* **Shimoniy.**
15 And the name of the *Midianitish* **Midyaniy**
woman that was *slain* **smitten** was *Cozbi* **Kozbi,**
the daughter of *Zur* **Sur;**
he was head over a *people* **peoples,**
and *of a chief* **hierarch of a father's**
house in *Midian* **Midyan.**
16 And *the LORD spake* **Yah Veh worded**
unto *Moses* **Mosheh,** saying,
17 *Vex* **Tribulate** the *Midianites*
Midyaniy, and smite them:
18 Fortheyvex**tribulate**youwiththeir*wiles***dece,it**
wherewith they have *beguiled* **deceived**
you in the *matter* **word** of Peor,
and in the *matter* **word** of *Cozbi* **Kozbi,**
the daughter of a *prince* **hierarch** of
Midian **Midyan,** their sister,
which was slain in the day of the
plague for Peor's *sake* **word.**

SECOND MUSTER OF THE SONS OF YISRA EL

26 And **so be** it *came to pass,* after the plague,
that *the LORD spake* **Yah Veh worded**
unto *Moses* **Mosheh** and unto *Eleazar* **El Azar**
the son of *Aaron* **Aharon** the priest, saying,
2 *Take* **Bear** the *sum* **heads** of all
the *congregation* **witness**
of the *children* **sons** of *Israel* **Yisra El,**
from **sons of** twenty years *old* and upward,
throughout **by** their fathers' house,
all that are able to go to *war* **the**
hostility in *Israel* **Yisra El.**
3 And *Moses* **Mosheh** and *Eleazar* **Elazar** the
priest *spake* **worded** with them in the plains of Moab
by *Jordan* **Yarden** near *Jericho* **Yericho,** saying,
4 *Take the sum of the people,*
from **Sons of** twenty years *old* and upward;
as *the LORD* **Yah Veh**
commanded Moses **misvahed Mosheh**

and the *children* **sons** of *Israel* **Yisra El**,
which went forth out of the land of *Egypt* **Misrayim**.

MUSTER OF THE SONS OF REU BEN

5 *Reuben* **Reu Ben**,
the *eldest son* **firstbirthed** of *Israel* **Yisra El**: the
children **sons** of *Reuben* **Reu Ben**; Hanoch,
of *whom cometh* the family of the *Hanochites* **Hanochiy**:
of Pallu, the family of the *Palluites* **Palluiy**:
6 Of *Hezron* **Hesron**,
the family of the *Hezronites* **Hesroniy**:
of *Carmi* **Karmi**, the family of the *Carmites* **Karmiy**.
7 These are the families of the *Reubenites* **Reu
Beniy**: and they that were *numbered* **mustered**
of them were forty and three thousand
and seven hundred and thirty.

MUSTER OF THE SONS OF PALLU

8 And the sons of Pallu;
Eliab **Eli Ab**.

MUSTER OF THE SONS OF ELI AB

9 And the sons of *Eliab* **Eli Ab**;
Nemuel **Nemu El**, and Dathan, and *Abiram* **Abi Ram**.
This is that Dathan and *Abiram* **Abi Ram**,
which were *famous* **called** in the
congregation **witness**, who strove
against *Moses* **Mosheh** and against *Aaron* **Aharon**
in the *company* **witness** of *Korah* **Qorach**, when
they strove against *the LORD* **Yah Veh**:
10 And the earth opened her mouth,
and swallowed them up together with *Korah* **Qorach**,
when that company died **at that witness's death**,
what time **and** the fire *devoured* **consumed**
two hundred and fifty men:
and they became a sign.
11 *Notwithstanding*
the *children* **sons** of *Korah* **Qorach** died not.

MUSTER OF THE SONS OF SHIMON

12 The sons of *Simeon after their* **Shimon by** families:
of *Nemuel* **Nemu El**,
the family of the *Nemuelites* **Nemu Eliy**:
of *Yamin* **Yamiyn**, the family of the *Jaminites* **Yamiyniy**:
of *Jachin* **Yachin**, the family of the *Jachinites* **Yachiniy**:
13 OZ *ferah* **Zerach**, the family of the *Zarhites* **Zerachiy**:
of Shaul, the family of the *Shaulites* **Shauliy**.
14 These are the families of the *Simeonites* **Shimoniy**,
twenty and two thousand and two hundred.

MUSTER OF THE SONS OF GAD

15 The *children* **sons** of Gad *after their* **by** families:
of *Zephon* **Sephoniy**,
the family of the *Zephonites* **Sephoniy**:
of Haggi, the family of the *Haggites* **Haggiy**:
of Shuni, the family of the *Shunites* **Shuniy**:
16 Of Ozni, the family of the *Oznites* **Ozniy**:
of *Eri* **Eriy**, the family of the *Erites* **Eriy**:
17 Of *Arod* **Arodi**, the family of the *Arodites* **Arodiy**:
of Areli, the family of the *Arelites* **Areliy**.
18 These are the families of the *children*
sons of Gad according to those that
were *numbered* **mustered** of them,
forty thousand and five hundred.
19 The sons of *Judah* **Yah Hudah** were Er and Onan:
and Er and Onan died in the land of *Canaan* **Kenaan**.

MUSTER OF THE SONS OF YAH HUDAH

20 And the sons of *Judah* **Yah Hudah**
after their **by** families were;
of Shelah, the family of the *Shelanites* **Shelaniy**:
of *Pharez* **Peres**, the family of the *Pharzites* **Peresiy**:
of *Zerah* **Zerach**, the family of the *Zarhites* **Zerachiy**.
21 And the sons of *Pharez* **Peres** were;
of *Hezron* **Hesron**, the family of
the *Hezronites* **Hezroniy**:
of Hamul, the family of the *Hamulites* **Hamuliy**.
22 These are the families of *Judah* **Yah Hudah**
according to those *that were*
numbered **mustered** of them,
threescore and sixteen **seventy and six**
thousand and five hundred.

MUSTER OF THE SONS OF YISSACHAR

23 Ofthesonsof*Isfsacharaftertheir***Yissacharby**families:
of Tola, the family of the *Tolaites* **Tolaiy**:
of *Pua* **Puah**, the family of the *Punites* **Puniy**:
24 Of *Jashub* **Yashub**,
the family of the *Jashubites* **Yashubiy**:
of Shimron, the family of the *Shimronites* **Shimroniy**.
25 These are the families of *Issachar* **Yissachar**
according to those that were
numbered **mustered** of them,
threescore **sixty** and four thousand and three hundred.

MUSTER OF THE SONS OF ZEBULUN

26 Of the sons of Zebulun *after their* **by** families:
of Sered, the family of the *Sardites* **Sardiy**:
of Elon, the family of the *Elonites* **Eloniy**:

of *Jahleel* **Yachle El**,
the family of the *Jahleelites* **Yachle Eliy**.
27 These are the families of the *Zebulunites* **Zebuluniy**
according to those that were
numbered **mustered** of them,
threescore **sixty** thousand and five hundred.

MUSTER OF THE SONS OF MENASH SHEH THE SON OF YOSEPH

28 The sons of *Joseph after their* **Yoseph by** families were
Manasseh **Menash Sheh** and *Ephraim* **Ephrayim**.
29 Of the sons of *Manasseh* **Menash Sheh**:
of Machir, the family of the *Machirites* **Machiriy**:
and Machir *begat Gilead* **birthed Gilad**:
of *Gilead* **Gilad** *come* the family
of the *Gileadites* **Giladiy**.
30 These are the sons of *Gilead* **Gilad**:
of *Jeezer* **Iy Ezer**, the family of the *Jeezerites* **Iy Ezeriy**:
of *Helek* **Heleq**, the family of the *Helekites* **Heleqiy**:
31 And of *Asriel* **Asri El**,
the family of the *Asrielites* **Asri Eliy**
and of Shechem,
the family of the *Shechemites* **Shechemiy**
32 And of *Shemida* **Shemiyda**,
the family of the *Shemidaites* **Shemidaiy**:
and of Hepher, the family of the *Hepherites* **Hepheriy**.
33 And *Zelophehad* **Seloph Had** the son of
Hepher had no sons, but daughters:
and the names of the daughters of
Zelophehad **Seloph Had**
were *Mahlah* **Machlah**, and Noah,
Hoglah, *Milcah* **Milchah**, and *Tirzah* **Tirsah**.
34 These are the families of *Manasseh* **Menash Sheh**,
and those that were *numbered* **mustered** of them,
fifty and two thousand and seven hundred.

MUSTER OF THE SONS OF EPHRAYIM THE SON OF YOSEPH

35 These are the sons of *Ephraim* **Ephrayim**
after their **by** families:
of *Shuthelah* **Shu Telach**,
the family of the *Shuthalhites* **Shu Telachiy**:
of Becher, the family of the *Bachrites* **Becheriy**:
of *Tahan* **Tachan**, the family of the *Tahanites* **Tachaniy**.
36 AndthesearethesonsoS*fhuthelah***ShuThelach**:
of Eran, the family of the *Eranites* **Eraniy**.
37 Thesearethefamiliesofthesonso*Efphraim***Ephrayim**
according to those that were *numbered* **mustered** of
them, thirty and two thousand and five hundred.
These are the sons of *Joseph after*
their **Yoseph by** families.

MUSTER OF THE SONS OF BEN YAMIN

38 The sons of *Benjamin after their*
Ben Yamin by families:
of Bela, the family of the *Belaites* **Belaiy**:
of Ashbel, the family of the *Ashbelites* **Ashbeliy**:
of *Ahiram* **Achi Ramiy**,
the family of the *Ahiramites* **Ach Ramiy**:
39 Of *Shupham* **Shuphupham**,
the family of the *Shuphamites* **Shuphuphamiy**:
of Hupham, the family of the *Huphamites* **Huphamiy**.
40 AndthesonsofBelawereArdandNaman:
of Ard, the family of the *Ardites* **Ardiy**:
and of Naaman, the family of the *Naamites* **Naamiy**.
41 These are the sons of *Benjamin* **Ben Yamin**
after their **by** families:
and they that were *numbered* **mustered** of them
were forty and five thousand and six hundred.

MUSTER OF THE SONS OF DAN

42 These are the sons of Dan *after their* **by** families:
of *Shuham* **Shucham**,
the family of the *Shuhamites* **Shuchamiy**.
These are the families of Dan *after their* **by** families.
43 All the families of the *Shuhamites* **Shuchamiy**,
according to those that were *numbered*
mustered of them, *were threescore* **sixty**
and four thousand and four hundred.

MUSTER OF THE SONS OF ASHER

44 Of the *children* **sons** of Asher *after their* **by** families:
of *Jimna* **Yimnah**, the family of the *Jimnites* **Yimnahy**:
of *Jesui* **Yishvi**, the family of the *Jesuites* **Yishviy**:
of Beriah, the family of the *Beriites* **Beriiy**.
45 Of the sons of Beriah:
of Heber, the family of the *Heberites* **Heberiy**:
of *Malchiel* **Malki El**,
the family of the *Malchielites* **Malki Eliy**.
46 And the name of the daughter of
Asher was *Sarah* **Serach**.
47 These are the families of the sons of Asher
according to those that were
numbered **mustered** of them;
who were fifty and three thousand and four hundred.

MUSTER OF THE SONS OF NAPHTALI

48 Of the sons of Naphtali *after their* **by** families:
of *Jahzeel* **Yachse El**,

the family of the *Jahzeelites* **Yachse Eliy**:
of Guni, the family of the *Gunites* **Guniy**:
49 Of *Jezer* **Yeser**, the family of the *Jezerites* **Yeseriy**:
of Shillem, the family of the *Shillemites* **Shillemiy**.
50 These are the families of Naphtali
according to their **by** families:
and they that were *numbered* **mustered** of them
were forty and five thousand and four hundred.
51 These were the *numbered* **mustered**
of the *children* **sons** of *Israel* **Yisra El**,
six hundred thousand
and a thousand seven hundred and thirty.
52 And *the LORD spake* **Yah Veh worded**
unto *Moses* **Mosheh**, saying,
53 Unto these the land shall be *divided* **apportioned**
for an inheritance according to the number of names.
54 To many
thou shalt *give the more* **greaten**
the inheritance, and to few
thou shalt *give the less* **diminish the** inheritance:
to every *one* **man** shall his inheritance be
given according to **the mouth of** those
that were *numbered* **mustered** of him.
55 Notwithstanding
the land shall be *divided* **apportioned** by *lot*
pebble: according to the names of the *tribes*
rods of their fathers they shall inherit.
56 According to the *lot* **mouth of the pebble**
shall the *possession* **inheritance** thereof
be *divided* **apportioned** between many and few.

MUSTER OF THE LEVIYM

57 And these are they that were *numbered* **mustered**
of the *Levites after their* **Leviym by** families:
of Gershon, the family of the *Gershonites* **Gershoniy**:
of *Kohath* **Qehath**, the family of
the *Kohathites* **Qehathiy**:
of Merari, the family of the *Merarites* **Merariy**.
58 These are the families of the *Levites* **Leviym**:
the family of the *Libnites* **Libniy**,
the family of the *Hebronites* **Hebroniy**, the family of the
Mahlites **Machliy**, the family of the *Mushites* **Mushiy**,
the family of the *Korathites* **Qorachiy**.
And *Kohath begat Amram* **Qehath birthed Am Ram**.
59 And the name of *Amram's wife* **Am Ram's woman**
was *Jochebed* **Yah Chebed**, the daughter of Levi,
whom her mother bare **birthed** to
Levi in *Egypt* **Misrayim**:
and she *bare* **birthed** unto *Amram* **Am Ram**
Aaron **Aharon** and *Moses* **Mosheh**, and
Miriam **Miryam** their sister.
60 And unto *Aaron* **Aharon** was *born* **birthed**
Nadab, and *Abihu* **Abi Hu**,
Eleazar **El Azar**, and *Ithamar* **Iy Thamar**.
61 And Nadab and *Abihu* **AbiHu** died,
when they *offered* **oblated** strange fire *before*
the LORD **at the face of Yah Veh**.
62 And those that were *numbered* **mustered** of them
were twenty and three thousand,
all males *from* **sons of** a month *old* and upward:
for they were not *numbered* **mustered** among
the *children* **sons** of *Israel* **Yisra El**, because
there was no inheritance given them among
the *children* **sons** of *Israel* **Yisra El**.
63 These are they that were *numbered* **mustered**
by *Moses* **Mosheh** and *Eleazar* **El Azar**
the priest, who *numbered* **mustered**
the *children* **sons** of *Israel* **Yisra El**
in the plains of Moab
by *Jordan* **Yarden** near *Jericho* **Yericho**.
64 But among these there was not a man of them
whom *Moses* **Mosheh** and *Aaron* **Aharon** the priest
numbered **mustered**,
when they *numbered* **mustered**
the *children* **sons** of *Israel* **Yisra El**
in the wilderness of *Sinai* **Sinay**.
65 For *the LORD* **Yah Veh** had said of them,
In deathifying, They shall *surely die* **be deathified**
in the wilderness.
And there *was* **remained** not *left* a man of them,
save Caleb **except Kaleb**
the son of *Jephunneh* **Yephunneh**, and
Joshua **Yah Shua** the son of Nun.

INHERITANCE OF THE DAUGHTERS OF YISRA EL

27 Then *came* **approached**
the daughters of *Zelophehad* **Seloph Had**, the
son of Hepher, the son of *Gilead* **Gilad**,
the son of Machir,
the son of *Manasseh* **Menash Sheh**,
of the families of *Manasseh* **Menash Sheh**
the son of *Joseph* **Yoseph**:
and these are the names of his daughters;
Mahlah **Machlah**, Noah, and Hoglah, and
Milcah **Milchah**, and *Tirzah* **Tirsah**.
2 And they stood *before Moses* **at the face of Mosheh**,
and *before Eleazar* **at the face of El Azar** the priest,
and *before the princes* **at the face of the hierarchs**
and all the *congregation* **witness**, by the *door* **opening**
of the *tabernacle* **tent** of the congregation, saying,
3 Our father died in the wilderness,
and he was not *in* **midst** the *company* **witness**

of them that *gathered* **congregated** *themselves together*
against *the LORD* **Yah Veh**
in the *company* **witness** of *Korah* **Qorach;**
but died in his own sin, and had no sons.
4 Why should the name of our father
be done away from among his family,
because he hath no son?
Give unto us *therefore* a possession
among the brethren of our father.
5 And *Moses* **Mosheh**
brought **oblated** their *cause* **judgment**
before the LORD **at the face of Yah Veh.**
6 And *the LORD spake* **Yah Veh said**
unto *Moses* **Mosheh**, saying,
7 The daughters of *Zelophehad* **Seloph Had**
speak right **have worded thus:**
in giving, thou shalt *surely* give them a possession
of an inheritance among their father's brethren;
and thou shalt cause the inheritance of
their father to pass unto them.
8 And thou shalt *speak* **word**
unto the *children* **sons** of *Israel* **Yisra El**,
saying, If a man die, and have no son,
then ye shall cause his inheritance
to pass unto his daughter.
9 And if he have no daughter,
then ye shall give his inheritance unto his brethren.
10 And if he have no brethren,
then ye shall give his inheritance
unto his father's brethren.
11 And if his father have no brethren,
then ye shall give his inheritance
unto *his kinsman that is next to him* **the kinflesh**
of his family,
and he shall possess it:
and it shall be unto the *children* **sons** of *Israel* **Yisra El**
a statute of judgment,
as *the LORD commanded Moses* **Yah
Veh misvahed Mosheh.**
12 And *the LORD* **Yah Veh** said unto *Moses* **Mosheh**,
Get thee up **Ascend** into this mount Abarim,
and see the land which I have given
unto the *children* **sons** of *Israel* **Yisra El.**
13 And when thou hast seen it,
thou also shalt be gathered unto thy people, as
Aaron **Aharon** thy brother was gathered.
14 For ye rebeled against my *commandment* **mouth**
in the *desert* **wilderness** of *Zin* **Sin,**
in the strife of the *congregation* **witness,**
to *sanctify* **hallow** me at the water
before **in front of** their eyes:
that is the water of *Meribah* **Strife**
in *Kadesh* **Qadesh** in the wilderness of *Zin* **Sin.**

MOSHEH MISVAHS YAH SHUA

15 And *Moses spake* **Mosheh worded**
unto *the LORD* **Yah Veh**, saying,
16 Let *the LORD* **Yah Veh,**
the *God* **Elohim** of the spirits of all flesh,
set **muster** a man over the *congregation* **witness,**
17 Which may go out *before them* **at their face**, and
which may go in *before them* **at their face,**
and which may lead them out, and
which may bring them in;
that the *congregation* **witness** of *the LORD* **Yah Veh**
be not as *sheep* **flocks** which have no *shepherd* **tender.**
18 And *the LORD* **Yah Veh** said unto *Moses* **Mosheh,**
Take thee *Joshua* **Yah Shua** the son of Nun,
a man in whom is the spirit, and *lay*
prop thine hand upon him;
19 And *set* **stand** him
before Eleazar **at the face of El Azar** the priest,
and *before* **at the face of** all the *congregation* **witness;**
and *give* **misvah** him *a charge* in their *sight* **eyes.**
20 And thou shalt *put* **give**
some of thine *honour* **majesty** upon him,
that all the *congregation* **witness**
of the *children* **sons** of *Israel* **Yisra El**
may *be obedient* **hearken.**
21 And he shall stand
before Eleazar **at the face of El Azar** the
priest, who shall ask *counsel* for him
after the judgment of Urim
before the LORD **at the face of Yah Veh:**
at his *word* **mouth** shall they go out,
and at his *word* **mouth** they shall come in,
both he, and all the *children* **sons** of *Israel* **Yisra
El** with him, even all the *congregation* **witness.**
22 And *Moses did* **Mosheh worked**
as *the LORD commanded* **Yah Veh misvahed** him:
and he took *Joshua* **Yah Shua**, and *set* **stood** him
before Eleazar **at the face of El Azar** the priest,
and *before* **at the face of** all the *congregation* **witness:**
23 And he *laid* **propped** his hands upon him,
and *gave* **misvahed** him *a charge,*
as *the LORD commanded* **Yah Veh worded**
by the hand of *Moses* **Mosheh.**

DAILY OBLATIONS TO YAH VEH

28 And *the LORD spake* **Yah Veh worded**

unto *Moses* **Mosheh**, saying,
2 *Command* **Misvah** the *children* **sons** of
Israel **Yisra El**, and say unto them,
My *offering* **qorban**,
and my bread for my *sacrifices made by fire*
firings, for a *sweet savour unto me* **scent**
of my rest, shall ye *observe* **guard**
to *offer* **oblate** unto me in their *due* season.
3 And thou shalt say unto them,
This is the *offering made by fire* **firing**
which ye shall *offer* **oblate** unto *the LORD* **Yah Veh**;
two lambs
of the first year without spot **yearling sons integrious**
day by day **daily**, for a continual
burnt offering **holocaust**.
4 Theonelambshalthou*ofewr* **ork**inthemorning,
and the *other* **second** lamb
shalt thou *offer at even* **work between evenings**;
5 And a tenth *part* of an ephah of
flour for *a meat* **an** offering,
mingled **mixed** with
the fourth *part* of an hin of *beaten* **pestled** oil.
6 It is a continual *burnt offering* **holocaust**,
which was *ordained* **worked** in mount *Sinai* **Sinay**
for a *sweet savour* **scent of rest**,
a *sacrifice made by fire* **firing** unto *the LORD* **Yah Veh**.
7 And the *drink offering* **libation** thereof
shall be the fourth *part* of an hin for the one lamb:
in the *holy place* **holies**
shalt thou cause the *strong wine* **intoxicants**
to be *poured* **libated** unto *the LORD* **Yah**
Veh for a *drink offering* **libation**.
8 And the *other* **second** lamb
shalt thou *offer at even* **work between evenings**:
as the *meat* offering of the morning, and
as the *drink offering* **libation** thereof,
thou shalt *offer* **work** it, a *sacrifice made by fire* **firing**,
of a *sweet savour* **scent of rest** unto *the LORD* **Yah Veh**.

SHABBATH OBLATIONS TO YAH VEH

9 And on the *sabbath* **shabbath** day two lambs
of the first year without spot **yearling sons integrious**,
and two *tenth deals* **tenths** of flour
for *a meat* **an** offering,
mingled **mixed** with oil,
and the *drink offering* **libation** thereof:
10 This is the *burnt offering* **holocaust**
of *every sabbath* **the shabbath on the shabbath**,
beside the continual *burnt offering* **holocaust**,
and his *drink offering* **libation**.

MONTHLY OBLATIONS TO YAH VEH

11 Andinthe*beginnings***heads**ofyourmonths
ye shall *offer* **oblate** a *burnt offering* **holocaust**
unto *the LORD* **Yah Veh**;
two *young bullocks* **son bullocks**
of the oxen, and one ram,
seven lambs
of the first year without spot **yearling sons integrious**;
12 And three *tenth deals* **tenths** of
flour for *a meat* **an** offering,
mingled **mixed** with oil, for one bullock;
and two *tenth deals* **tenths** of flour
for *a meat* **an** offering,
mingled **mixed** with oil, for one ram;
13 And a *several tenth deal* **tenth and a tenth** of flour
mingled **mixed** with oil
for *a meat* **an** offering unto one lamb;
for a *burnt offering* **holocaust**
of a *sweet savour* **scent of rest**,
a *sacrifice made by fire* **firing** unto *the LORD* **Yah Veh**.
14 And their *drink offerings* **libations**
shall be half an hin of wine unto a bullock, and the
third *part* of an hin unto a ram, and a fourth *part* of an
hin unto a lamb: this is the *burnt offering* **holocaust**
of every month **by month**
throughout the months of the year.
15 And one *kid* **buck** of the goats
for *a sin offering* **the sin**
unto *the LORD* **Yah Veh** shall be *offered*
worked, beside the continual *burnt offering*
holocaust, and his *drink offering* **libation**.

PASACH TO YAH VEH

16 *And in the fourteenth day of the first month*
And in the first month,
on the fourteenth day of the month
is the *passover* **pasach** of *the LORD* **Yah Veh**.
17 And in the fifteenth day of this
month is the *feast* **celebration**:
seven days shall *unleavened bread* **matsah** be eaten.
18 In the first day shall be an holy convocation;
ye shall *do* work
no *manner* **work** of *servile therein* **service**:
19 But ye shall *offer* **oblate** a *sacrifice made by fire* **firing**
for a *burnt offering* **holocaust** unto *the LORD* **Yah**
Veh; two *young bullocks* **sons of the oxen**, and one
ram, and seven lambs *of the first year* **yearling sons**:
they shall be unto you *without blemish* **integrious**:
20 And their *meat* offering shall be of flour

mingled **mixed** with oil:
three *tenth deals* **tenths** shall ye *offer* **work** for a
bullock, and two *tenth deals* **tenths** for a ram;
21 A *several tenth deal* **tenth and a tenth**
shalt thou *offer* **work** for *every* **one** lamb,
throughout the seven lambs:
22 And one *goat for a sin offering* **buck for the sin,**
to *make an atonement* **kapar/atone** for you.
23 Ye shall *offer* **work** these
beside the *burnt offering* **holocaust** in the morning,
which is for a continual *burnt offering* **holocaust.**
24 *After***As**this*manne*yreshal*ofer***work**daily,
throughout the seven days,
the *meat* **bread** of the *sacrifice made by fire* **firing,**
of a *sweet savour* **scent of rest** unto *the LORD* **Yah Veh:**
it shall be *offered* **worked**
beside the continual *burnt offering* **holocaust,**
and his *drink offering* **libation.**
25 And on the seventh day
ye shall have an holy convocation;
ye shall *do no servile* work **no work of service.**

THE OFFERING OF WEEKS UNTO YAH VEH

26 Alsointhedayofthe*firstfruits*,**firstlings**
when ye *bring* **oblate** a new *meat*
offering unto *the LORD* **Yah Veh,**
after your weeks *be out,*
ye shall have an holy convocation;
ye shall *do no servile* work **no work of service:**
27 But ye shall *offer* **oblate** the *burnt offering* **holocaust**
for a *sweet savour* **scent of rest** unto *the LORD* **Yah Veh;**
two *young* **son** bullocks **of the oxen,**
one ram, seven lambs *of the first year* **yearling sons;**
28 Andtheir*meaot*feirngolfour*mingled***mixed**withoil,
three *tenth deals* **tenths** unto one bullock,
two *tenth deals* **tenths** unto one ram,
29 A *several tenth deal* **tenth and a tenth** unto one lamb,
throughout **for** the seven lambs;
30 And one *kid* **buck** of the goats,
to *make an atonement* **kapar/atone** for you.
31 Ye shall *offer* **work** them
beside the continual *burnt offering* **holocaust,**
and his *meat* offering,
(they shall be unto you *without blemish* **integrious**)
and their *drink offerings* **libations.**

BLASTINGS TO YAH VEH

29 And in the seventh month, on
the first *day* of the month,
ye shall have an holy convocation;
ye shall *do no servile* work **no work of service:**
it is a day of *blowing the trumpets* **blastings** unto you.
2 And ye shall *offer* **work** a *burnt offering* **holocaust**
for a *sweet savour* **scent of rest** unto *the LORD* **Yah Veh;**
one *young* bullock **son of the oxen,**
one ram, and seven lambs
of the first year without blemish
yearling sons integrious:
3 And their *meat* offering
shall be of flour *mingled* **mixed** with oil,
three *tenth deals* **tenths** for a bullock, and
two *tenth deals* **tenths** for a ram,
4 And one tenth *deal* for one lamb,
throughout the seven lambs:
5 And one *kid* **buck** of the goats for *a sin offering* **the
sin,** to *make an atonement* **kapar/atone** for you:
6 Beside the *burnt offering* **holocaust** of
the month, and his *meat* offering,
and the *daily burnt offering* **continual holocaust,**
and his *meat* offering,
and their *drink offerings* **libations,** according
unto their *manner* **judgment,**
for a *sweet savour* **scent of rest,**
a *sacrifice made by fire* **firing** unto *the LORD* **Yah Veh.**

HOLY CONVOCATIONS TO YAH VEH

7 And ye shall have
on the tenth *day* of this seventh
month an holy convocation;
and ye shall *afflict* **humble** your souls:
ye shall *not do any* **work no** work *therein:*
8 But ye shall *offer* **oblate** a *burnt offering* **holocaust**
unto *the LORD* **Yah Veh** for a *sweet savour* **scent of rest;**
one *young* bullock **son of the oxen,** one ram, and
seven lambs *of the first year* **yearling sons;**
they shall be unto you *without blemish* **integrious:**
9 And their *meat* offering
shall be of flour *mingled* **mixed** with oil,
three *tenth deals* **tenths** to a bullock,
and two *tenth deals* **tenths** to one ram,
10 A *several tenth deal* **tenth and a tenth** for
one lamb, throughout the seven lambs:
11 One *kid* **buck** of the goats for *a sin offering* **the sin;**
beside *the sin offering* **that for the sin**
of *atonement* **kippurim,**
and the continual *burnt offering* **holocaust,**
and the *meat* offering of it,
and their *drink offerings* **libations.**
12 Andontheifftenthdayoftheseventhmonth

ye shall have an holy convocation;
ye shall *do no servile* work **no work of service**,
and ye shall *keep* **celebrate** a *feast* **celebration**
unto *the LORD* **Yah Veh** seven days:
13 And ye shall *offer* **oblate** a *burnt offering*
holocaust, a *sacrifice made by fire* **firing**,
of a *sweet savour* **scent of rest** unto *the LORD* **Yah Veh**;
thirteen *young* bullocks **sons of the oxen**, two rams,
and fourteen lambs *of the first year* **yearling sons**;
they shall be *without blemish* **integrious**:
14 And their *meat* offering
shall be of flour *mingled* **mixed** with oil, three
tenth deals **tenths** unto *every* **each** bullock
of the thirteen bullocks,
two *tenth deals* **tenths** to each ram of the two rams,
15 And a *several tenth deal* **tenth and a tenth**
to each lamb of the fourteen lambs:
16 And one *kid* **buck** of the goats
for *a sin offering* **the sin**;
beside the continual *burnt offering* **holocaust**, his
meat offering, and his *drink offering* **libation**.
17 And on the second day
ye shall offer twelve *young* bullocks **sons of the oxen**,
two rams, fourteen lambs
of the first year without spot **yearling sons integrious**:
18 And their *meat* offering
and their *drink offerings* **libations**
for the bullocks, for the rams, and for the lam
bs, shall be according to their number,
after the *manner* **judgment**:
19 And one *kid* **buck** of the goats
for *a sin offering* **the sin**;
beside the continual *burnt offering* **holocaust**,
and the *meat* offering thereof,
and their *drink offerings* **libations**.
20 And on the third day eleven bullocks, two rams,
fourteen lambs
of the first year without blemish
yearling sons integrious;
21 And their *meat* offering
and their *drink offerings* **libations**
for the bullocks, for the rams, and for the
lambs, shall be according to their number,
after the *manner* **judgment**:
22 And one *goat for a sin offering* **buck for the sin**;
beside the continual *burnt offering* **holocaust**,
and his *meat* offering, and his *drink offering* **libation**.
23 And on the fourth day ten bullocks,
two rams, and fourteen lambs
of the first year without blemish
yearling sons integrious:
24 Their *meat* offering and their *drink offerings* **libations**
for the bullocks, for the rams, and for the
lambs, shall be according to their number,
after the *manner* **judgment**:
25 And one *kid* **buck** of the goats
for *a sin offering* **the sin**;
beside the continual *burnt offering* **holocaust**, his
meat offering, and his *drink offering* **libation**.
26 And on the fifth day nine bullocks,
two rams, and fourteen lambs
of the first year without blemish
yearling sons integrious:
27 And their *meat* offering
and their *drink offerings* **libations**
for the bullocks, for the rams, and for the
lambs, shall be according to their number,
after the *manner* **judgment**:
28 And one *goat for a sin offering* **buck for the sin**;
beside the continual *burnt offering* **holocaust**,
and his *meat* offering, and his *drink offering* **libation**.
29 And on the sixth day eight bullocks,
two rams, and fourteen lambs
of the first year without blemish
yearling sons integrious:
30 And their *meat* offering
and their *drink offerings* **libations**
for the bullocks, for the rams, and for the
lambs, shall be according to their number,
after the *manner* **judgment**:
31 And one *goat for a sin offering* **buck for the sin**;
beside the continual *burnt offering* **holocaust**, his
meat offering, and his *drink offering* **libation**.
32 And on the seventh day seven bullocks, two rams,
and fourteen lambs
of the first year without blemish
yearling sons integrious:
33 And their *meat* offering
and their drink *offerings* **libations**
for the bullocks, for the rams, and for the
lambs, shall be according to their number,
after the *manner* **judgment**:
34 And one *goat for a sin offering* **buck for the sin**;
beside the continual *burnt offering* **holocaust**, his
meat offering, and his *drink offering* **libation**.
35 On the eighth day
ye shall have *a solemn assembly* **an abstinence**:
ye shall *do no servile* work **no work of service** *therein*:
36 Butyeshaol*feraburntofering***oblateaholocaus,t**

a *sacrifice made by fire* **firing**,
of a *sweet savour* **scent of rest** unto *the LORD* **Yah Veh**:
one bullock, one ram, seven lambs
of the first year without blemish
yearling sons integrious:
37 Their *meat* offering and their *drink offerings* **libations**
for the bullock, for the ram, and for the lambs,
shall be according to their number,
after the *manner* **judgment**:
38 And one *goat for a sin offering* **buck for the sin**;
beside the continual *burnt offering* **holocaust**,
and his *meat* offering, and his *drink offering* **libation**.
39 These *things* ye shall *do* **work**
unto *the LORD* **Yah Veh** in your *set feasts* **seasons**,
beside your vows, and your *freewill offerings* **voluntaries**,
for your *burnt offerings* **holocausts**,
and for your *meat* offerings,
and for your *drink offerings* **libations**, and
for your *peace offerings* **shelamim**.
40 And *Moses* **Mosheh** told the *children*
sons of *Israel* **Yisra El**
according to all that *the LORD* **Yah Veh**
commanded Moses **misvahed Mosheh**.

Vows Unto Yah Veh

30 And *Moses spake* **Mosheh worded**
unto the heads of the *tribes* **rods**
concerning the *children* **sons** of *Israel* **Yisra**
El, saying, This is the *thing* **word**
which *the LORD* **Yah Veh** hath *commanded* **misvahed**.
2 If a man vow a vow unto *the LORD* **Yah Veh**,
or *swear* **oath** an oath to bind his soul with a bond;
he shall not *break* **profane** his word, he
shall *do* **work** according to all
that proceedeth out of his mouth.
3 If a woman also vow a vow unto *the LORD* **Yah Veh**,
and bind *herself* by a bond,
being in her father's house in her youth;
4 And her father hear her vow,
and her bond wherewith she hath bound her soul,
and her father shall *hold his peace at her* **hush**;
then all her vows shall *stand* **be raised**,
and every bond wherewith she hath bound
her soul shall *stand* **be raised**.
5 But if her father disallow her in
the day that he heareth;
not any of her vows,
or of her bonds wherewith she hath bound
her soul, shall *stand* **be raised**:
and *the LORD* **Yah Veh** shall forgive her,
because her father disallowed her.
6 And if she *had at all an husband* **became a man's**,
when *she vowed* **her vows were upon her**,
or *uttered ought out* **the utterance** of her lips,
wherewith she bound her soul;
7 And her *husband* **man** heard it,
and *held his peace* **hushed** at her in
the day that he heard it:
then her vows shall *stand* **be raised**,
and her bonds wherewith she bound
her soul shall *stand* **be raised**.
8 But if her *husband* **man** disallowed
her on the day that he heard it;
then he shall *make* **break** her vow which she vowed,
and *that which she uttered with* **the utterance of** her
lips, wherewith she bound her soul, *of none effect*:
and *the LORD* **Yah Veh** shall forgive her.
9 But every vow of a widow,
and of her that is divorced **or expelled**, wherewith they
have bound their souls, shall *stand* **be raised** against her.
10 And if she vowed in her *husband's* **man's** house,
or bound her soul by a bond with an oath;
11 And her *husband* **man** heard it,
and *held his peace* **hushed** at her, and disallowed her not:
then all her vows shall *stand* **be raised**,
and every bond wherewith she bound
her soul shall *stand* **be raised**.
12 But if **in breaking**,
her *husband* **man** hath *utterly made* **broken** them *void*
on the day he heard them;
then whatsoever proceeded out of
her lips concerning her vows,
or concerning the bond of her soul,
shall not *stand* **be raised**:
her *husband* **man** hath *made* **broken** them *void*;
and *the LORD* **Yah Veh** shall forgive her.
13 Every vow, and every *binding* **bonded**
oath to *afflict* **humble** the soul,
her *husband* **man** may *establish* **raise** it,
or her *husband* **man** may *make it void* **break**.
14 But **if in hushing**,
her *husband altogether hold his peace* **man husheth**
at her from day by day;
then he *establisheth* **raiseth** all her vows, or
all her bonds, which *are* **be** upon her:
he *confirmeth* **raiseth** them,
because he *held his peace* **hushed** at her
in the day that he heard them.
15 But if **in breaking**

he shall *any ways make them void* **break them**
after that he hath heard them;
then he shall bear her *iniquity* **perversity**.
16 These are the statutes, which *the LORD* **Yah Veh**
commanded Moses **misvahed Mosheh**,
between a man and his *wife* **woman**,
between the father and his daughter,
being yet in her youth in her father's house.

SONS OF YISRA EL AVENGE THE MIDYANIY

31 And *the LORD spake* **Yah Veh worded**
unto *Moses* **Mosheh**, saying,
2 Avenge the **avengement**
of the *children* **sons** of *Israel* **Yisra El**
of the *Midianites* **Midyaniy**:
afterward shalt thou be gathered unto thy people.
3 And *Moses spake* **Mosheh worded**
unto the people, saying,
Arm some **Equip men** of yourselves
unto the *war* **hostility**, and let them go
against *the Midianites* **Midyaniy**,
and *avenge the LORD* **give the avengement of Yah**
of Midian **on Midyan**.
4 *Of every tribe a thousand*
A thousand per rod — a thousand per rod,
throughout all the *tribes* **rods** of *Israel* **Yisra
El**, shall ye send to the *war* **hostility**.
5 So there were *delivered* **set apart**
out of the thousands of *Israel* **Yisra El**,
a thousand *slain of every tribe* **pierced per rod**,
twelve thousand *armed* **equipped** for *war* **hostility**.
6 And *Moses* **Mosheh** sent them to the *war* **hostility**,
a thousand *of every tribe* **per rod**,
them and *Phinehas* **Phinechas**
the son of *Eleazar* **El Azar** the
priest, to the *war* **hostility**,
with the holy instruments,
and the trumpets to *blow* **blast** in his hand.
7 And they *warred* **hosted** against the *Midianites*
Midyaniy, as *the LORD* **Yah Veh**
commanded Moses **misvahed Mosheh**;
and they *slew* **slaughtered** all the males.
8 And they *slew* **slaughtered**
the *kings* **sovereigns** of *Midian* **Midyan**,
beside the rest of them that were *slain* **pierced**; *namely*,
Evi, and *Rekem* **Reqem**, and *Zur* **Sur**, and Hur, and Reba,
five *kings* **sovereigns** of *Midian* **Midyan**:
Balaam **Bilam** also the son of Beor they
slew **slaughtered** with the sword.
9 And the *children* **sons** of *Israel* **Yisra El**
took **captured** all the women of *Midian* **Midyan**
captives, and their *little ones* **toddlers**,
and took the *spoil* **plunder** of all their *cattle* **animals**,
and all their *flocks* **chattel**, and all their *goods* **valuables**.
10 And they burnt all their cities
wherein they dwelt **of their settlements**,
and all their *goodly castles* **walls**, with fire.
11 Andtheytookalthe*spo***lo***il***ot**,andaltheprey,
both of men **human** and *of beasts* **animal**.
12 And they brought the captives, and
the prey, and the *spoil* **loot**,
unto *Moses* **Mosheh** and *Eleazar* **El Azar** the priest,
and unto the *congregation* **witness**
of the *children* **sons** of *Israel* **Yisra El**,
unto the camp at the plains of Moab,
which are by *Jordan* **Yarden** near *Jericho* **Yericho**.
13 And *Moses* **Mosheh**, and *Eleazar* **El Azar** the priest,
and all the *princes* **hierarchs** of the *congregation*
witness, went forth to meet them without the camp.
14 And *Moses* **Mosheh** was *wroth* **enraged**
with *the officers of the host* **them who oversee the
valiant**, with the *captains* **governors** over thousands,
and *captains* **governors** over hundreds, which
came from the *battle* **hostility of war**.
15 And *Moses* **Mosheh** said unto them,
Have ye *saved* **preserved** all the *women* **females** alive?
16 Behold, these *caused* **became**
to the *children* **sons** of *Israel* **Yisra El**, through
the *counsel* **word** of *Balaam* **Bilam**,
to *commit trespass* **set treason**
against *the LORD* **Yah Veh**
in the *matter* **word** of Peor, and there was a plague
among the *congregation* **witness** of *the LORD* **Yah Veh**.
17 Now therefore
kill **slaughter** every male among the *little ones* **toddlers**,
and *kill* **slaughter** every woman that hath known
man by *lying* **bedding** with *him* **a male**.
18 But all the
women children **toddlers among the women**,
that have not known
a man by lying with him **bedding with a male**,
keep **preserve** alive for yourselves.
19 And *do* ye *abide* **encamp** without
the camp seven days:
whosoever hath *killed* **slaughtered** any *person* **soul**,
and whosoever hath touched any *slain* **pierced**,
purify *both yourselves* **for your sins** and your
captives on the third day, and on the seventh day.
20 And purify **for your sins** your *raiment* **clothes**,

and all *that is made* **instruments** of
skins, and all work of goats' *hair*,
and all *things* **instruments** made of *wood* **timber**.
21 And *Eleazar* **El Azar** the priest said unto the men
of *war* **hostility** which went to the *battle* **war**,
This is the *ordinance* **statute** of the *law* **torah**
which *the LORD* **Yah Veh**
commanded Moses **misvahed Mosheh**;
22 Onlythegold,andthesilve,rthe*brass***copper**,
the iron, the tin, and the lead,
23 Every *thing* **word** that may abide the fire, ye
shall *make* **pass** it *go* through the fire,
and it shall be *clean* **purified**: nevertheless
it shall be purified **for your sins** with
the water of *separation* **exclusion**:
and all that abideth not the fire
ye shall *make go* **pass** through the water.
24 And ye shall *wash* **launder** your
clothes on the seventh day,
and ye shall be *clean* **purified**,
and afterward ye shall come into the camp.

Halving The Prey

25 And *the LORD spake* **Yah Veh said**
unto *Moses* **Mosheh**, saying,
26 *Take* **Bear** the *sum* **top** of the prey
that was taken **of the captives**,
both *of man* **human** and *of beast* **animal**,
thou, and *Eleazar* **El Azar** the priest,
and the *chief* **head** fathers of the *congregation* **witness**:
27 And *divide* **halve** the prey into two parts;
between them that *took* **manipulated** the war
upon them, who went out to *battle* **the hostility**,
and between all the *congregation* **witness**:
28 And *levy a tribute* **lift an assessment**
unto *the LORD* **Yah Veh**
of the men of war which went out to battle:
one soul of five hundred,
both of the *persons* **humans**, and of the *beeves* **oxen**,
and of the *asses* **he burros**, and of the *sheep* **flocks**:
29 Take it of their half,
and give it unto *Eleazar* **El Azar** the priest,
for an *heave offering* **exaltment**
of the LORD **unto Yah Veh**.
30 And of the *children* **sons** of *Israel's* **Yisra El's** half,
thou shalt take one *portion* **possession** of fifty,
of the *persons* **humans**,
of the *beeves* **oxen**, of the *asses* **he burros**,
and of the flocks, of all *manner of beasts* **animals**,
and give them unto the *Levites* **Leviym**,
which *keep* **guard** the *charge* **guard**
of the tabernacle of *the LORD* **Yah Veh**.
31 And *Moses* **Mosheh** and *Eleazar* **El Azar**
the priest *did* **worked** as *the LORD* **Yah Veh**
commanded Moses **misvahed Mosheh**.
32 And the *booty* **prey**,
being the *rest* **remainder** of the *prey* **plunder** which
the men of *war* **hostility** had *caught* **plundered**,
was six hundred thousand and seventy thousand
and five thousand *sheep* **flocks**,
33 And *threescore and twelve* **seventy and two** thousand
beeves **oxen**,
34 And *threescore* **sixty** and one
thousand *asses* **he burros**,
35 And *thirty and two thousand in all*,
of women that had not known man
by *lying* **bedding** with him **and of human souls**, —
all the souls are thirty and two thousand.
36 And the half,
which was the *portion* **allotment** of them
that went out to *war* **the hostility**,
was in number three hundred thousand
and seven and thirty thousand
and five hundred *sheep* **flocks**:
37 And *the LORD'S tribute* **Yah Veh's assessment**
of the *sheep* **flocks** was six hundred
and *threescore and fifteen* **seventy and five**.
38 And the *beeves* **oxen** were thirty and six thousand;
of which *the LORD'S tribute* **Yah Veh's assessment**
was *threescore and twelve* **seventy and two**.
39 And the *asses* **he burros**
were thirty thousand and five hundred;
of which *the LORD'S tribute* **Yah Veh's assessment**
was *threescore* **sixty** and one.
40 And the *persons* **souls of humanity**
were sixteen thousand;
of which *the LORD'S tribute* **Yah Veh's assessment**
was thirty and two *persons* **souls**.
41 And *Moses* **Mosheh** gave the *tribute*
assessment, which was
the LORD'S heave offering **Yah Veh's exaltment**,
unto *Eleazar* **El Azar** the priest,
as *the LORD* **Yah Veh**
commanded Moses **misvahed Mosheh**.
42 Andofthe*children***sons**o*Isfrael's***YisraEl's**half,
which *Moses divided* **Mosheh halved**
from the men that *warred* **hosted**,
43 (*Now* the half
that pertained unto the congregation **for the witness**

was three hundred thousand and thirty thousand and
seven thousand and five hundred *sheep* **of the flocks,**
44 And thirty and six thousand *beeves* **oxen,**
45 And thirty thousand *asses* **he**
burros and five hundred,
46 And sixteen thousand *persons* **souls of humanity;)**
47 Even of the *children* **sons** of *Israel's* **Yisra El's** half,
Moses **Mosheh** took one *portion* **possession** of fifty,
both of man **human** and *of beast* **animal,**
and gave them unto the *Levites* **Leviym,**
which *kept* **guarded** the *charge* **guard**
of the tabernacle of *the LORD* **Yah Veh;**
as *the LORD* **Yah Veh**
commanded Moses **misvahed Mosheh.**
48 And *the officers which were over* **they who oversaw**
thousands of the host,
the *captains* **governors** of thousands, and *captains*
governors of hundreds, came near unto *Moses* **Mosheh:**
49 And they said unto *Moses* **Mosheh,**
Thy servants have *taken* **lifted** the *sum* **heads**
of the men of war which are under our *charge* **hand,** and
there lacketh not one **no** man of us **was oversighted.**
50 We have *therefore*
brought an oblation **oblated a qorban**
for *the LORD* **Yah Veh,** what every
man hath *gotten* **found,**
of *jewels* **instruments** of gold, *chains* **anklets,**
and bracelets, *rings* **signets,** earrings, and *tablets*
beads, to *make an atonement* **kapar/atone** for our
souls *before the LORD* **at the face of Yah Veh.**
51 And *Moses* **Mosheh** and *Eleazar* **El Azar**
the priest took the gold of them,
even all *wrought jewels* **works of instruments.**
52 And all the gold of the *offering* **exaltment**
that they *offered up to the LORD* **exalted unto Yah**
Veh, of the *captains* **governors** of thousands,
and of the *captains* **governors** of hundreds,
was sixteen thousand seven hundred and fifty shekels.
53 (For the men of *war* **hostility**
had *taken spoil* **plundered,** every man for himself.)
54 And *Moses* **Mosheh** and *Eleazar* **El**
Azar the priest took the gold
of the *captains* **governors** of thousands and of
hundreds, and brought it into the *tabernacle* **tent** of the
congregation, for a memorial for the *children* **sons** of
Israel **Yisra El** *before the LORD* **at the face of Yah Veh.**

SONS OF YISRA EL DISPUTE OVER LAND

32 Now the *children* **sons** of *Reuben* **Reu Ben**
and the *children* **sons** of Gad had *a very great*
multitude of cattle **mighty mighty many chattel:**
and when they saw the land of *Jazer* **Yazer,**
and the land of *Gilead* **Gilad,**
that, behold, the place was a place for *cattle* **chattel;**
2 The *children* **sons** of Gad
and the *children* **sons** of *Reuben* **Reu Ben** came
and *spake* **said** unto *Moses* **Mosheh,** and to *Eleazar*
El Azar the priest, and unto the *princes* **hierarchs**
of the *congregation* **witness,** saying,
3 Ataroth, and Dibon, and *Jazer* **Yazer,**
and Nimrah, and Heshbon, and *Elealeh* **El Aleh,**
and *Shebam* **Sebam,** and Nebo, and Beon,
4 Even the country which *the LORD* **Yah Veh** smote
before **at the face**
of the *congregation* **witness** of *Israel* **Yisra**
El, is a land for *cattle* **chattel,**
and thy servants have *cattle* **chattel:**
5 Wherefore, said they,
if we have found *grace* **charism** in thy *sight* **eyes,**
let this land be given unto thy servants for a possession,
and *bring* **pass** us not over *Jordan* **Yarden.**
6 And *Moses* **Mosheh** said unto
the *children* **sons** of Gad
and to the *children* **sons** of *Reuben* **Reu Ben,** Shall
your brethren go to war, and shall ye sit here?
7 And wherefore discourage ye the heart
of the *children* **sons** of *Israel* **Yisra El**
from *going over* **passing** into the land
which *the LORD* **Yah Veh** hath given them?
8 Thus *did* **worked** your fathers,
when I sent them from *Kadeshbarnea* **Qadesh Barnea**
to see the land.
9 For when they *went up* **ascended**
unto the *valley* **wadi** of Eshcol, and saw the land,
they discouraged the heart
of the *children* **sons** of *Israel* **Yisra El,** that
they should not go into the land
which *the LORD* **Yah Veh** had given them.
10 And *the LORD'S anger* **Yah Veh's wrath**
was kindled *the same time* **that day,**
and he *sware* **oathed,** saying,
11 Surely none of the men
that *came up* **ascended** out of *Egypt* **Misrayim,**
from **sons of** twenty years *old* and
upward, shall see the *earth* **soil**
which I *sware* **oathed** unto Abraham,
unto *Isaac* **Yischaq,** and unto *Jacob* **Yaaqov;**
because they have not
wholly followed **fulfilled to follow** me:

12 Save *Caleb* **Kaleb**
the son of *Jephunneh* **Yephunneh** the *Kenezite*
Qenaziy, and *Joshua* **Yah Shua** the son of Nun:
for they have
wholly followed the LORD **fulfilled to follow Yah Veh.**
13 And *the LORD'S anger* **Yah Veh's wrath**
was kindled against *Israel* **Yisra El**,
and he made them wander in the wilderness
forty years, until all the generation,
that had *done* **worked** evil
in the *sight* **eyes** of *the LORD* **Yah Veh**, was consumed.
14 And, behold, ye are risen up in your fathers'
stead, an *increase* **abundance** of sinful men,
to *augment* **scrape together** yet
the *anger* **fuming wrath** of *the LORD* **Yah Veh**
toward *Israel* **Yisra El.**
15 For if ye turn away from after him,
he *will yet again* **shall add**
to leave them in the wilderness;
and ye shall *destroy* **ruin** all this people.
16 And they came near unto him, and said,
We *will* **shall** build
sheepfolds **flock walls** here for our *cattle* **chattel**,
and cities for our *little ones* **toddlers**:
17 But we ourselves *will* **shall** go ready *armed* **equipped**
before **at the face of** the *children* **sons** of *Israel* **Yisra El**, until we have brought them unto their place:
and our *little ones* **toddlers** shall *dwell* **settle**
in the *fenced* **fortified** cities *because of the* **at the face of them** *inhabitants of* **who settled** the land.
18 We *will* **shall** not return
unto our houses, until the
children **sons** of *Israel* **Yisra El** have
inherited every man his inheritance.
19 For we *will* **shall** not inherit with them
on yonder side *Jordan* **Yarden**, or *forward* **beyond**;
because our inheritance is fallen to us
on this side *Jordan eastward* **Yarden toward the rising.**
20 And *Moses* **Mosheh** said unto them, If ye
will do **shall work** this *thing* **word**,
if ye *will* **shall** go *armed* **equipped**
before the LORD **at the face of Yah Veh** to war,
21 And *will go* **shall pass** all of you
armed **equipped** over *Jordan* **Yarden**
before the LORD **at the face of Yah Veh**,
until he hath *driven out* **dispossessed** his
enemies from *before him* **his face**,
22 And the land be subdued
before the LORD **at the face of Yah Veh**:
then afterward ye shall return, and be *guiltless* **innocent**
before the LORD **at the face of Yah Veh**, and *before*
Israel **at the face of Yisra El**; and this land shall be your
possession *before the LORD* **at the face of Yah Veh.**
23 Butifyew*s*i*l*hanlot*do***work**so,behold,
ye have sinned against *the LORD* **Yah Veh**:
and *be sure* **perceive that** your sin *will* **shall** find you out.
24 Buildyoucitiesforyour*litleones***toddlers**,
and *folds* **walls** for your *sheep* **flocks**;
and *do* **work** that
which hath proceeded out of your mouth.
25 And the *children* **sons** of Gad
and the *children* **sons** of *Reuben* **Reu Ben**
spake **said** unto *Moses* **Mosheh**, saying,
Thy servants *will do* **shall work**
as my *lord commandeth* **adoni misvaheth.**
26 Our *little ones* **toddlers**, our *wives* **women**,
our *flocks* **chattel**, and all our *cattle* **animals**,
shall be there in the cities of *Gilead* **Gilad**:
27 But thy servants *will* **shall** pass over, every
man *armed* **equipped** for *war* **hostility**,
before the LORD **at the face of Yah Veh** to
battle **war**, as my *lord saith* **adoni wordeth.**
28 So concerning them
Moses commanded **Mosheh misvahed**
Eleazar **El Azar** the priest,
and *Joshua* **Yah Shua** the son of Nun, and
the *chief* **head** fathers of the *tribes* **rods** of
the *children* **sons** of *Israel* **Yisra El**:
29 And *Moses* **Mosheh** said unto them,
If the *children* **sons** of Gad
and the *children* **sons** of *Reuben* **Reu Ben**
will **shall** pass with you over *Jordan* **Yarden**,
every man *armed* **equipped** to *battle* **war**,
before the LORD **at the face of Yah Veh,**
and the land shall be subdued *before you* **at your face**;
then ye shall give them the land of *Gilead* **Gilad**
for a possession:
30 But if they *will* **shall** not pass over with you
armed **equipped**,
they shall *have possessions* **possess** among
you in the land of *Canaan* **Kenaan.**
31 And the *children* **sons** of Gad
and the *children* **sons** of *Reuben*
Reu Ben answered, saying,
As *the LORD* **Yah Veh** hath *said* **worded** unto
thy servants, so *will* **shall** we *do* **work**.
32 We *will* **shall** pass over *armed* **equipped**
6 And they *departed* **pulled stakes** from
Succoth **Sukkoth/Brush Arbors**, and
pitched **encamped** in Etham,
which is in the *edge* **end** of the wilderness.

7 And they *removed* **pulled stakes** from Etham, and
turned again unto *Pihahiroth* **Pi Ha Hiroth**,
which is *before Baalzephon* **at the face of Baal Sephon**:
and they *pitched before* **encamped at the face of** Migdol.
8 And they *departed* **pulled stakes**
from *before Pihahiroth* **the face of Piha Hiroth**,
before the LORD **at the face of Yah Veh**
into the land of *Canaan* **Kenaan**, that
the possession of our inheritance
on this side *Jordan* **Yarden** may be ours.
33 And*Moses* **Mosheh**gaveuntothem,
even to the *children* **sons** of Gad,
and to the *children* **sons** of *Reuben* **Reu Ben**,
and unto half the *tribe* **scion** of *Manasseh* **Menash Sheh**
the son of *Joseph* **Yoseph**,
the *kingdom* **sovereigndom** of Siho *king* **sovereign**
of the *Amorites* **Emoriy**, and the *kingdom*
sovereigndom of Og *king* **sovereign** of Bashan,
the land, with the cities thereof in the *coasts* **borders**,
even the cities of the *country* **land** round about.
34 Andthe*children* **sons**ofGad
built Dibon, and Ataroth, and Aroer,
35 And Atroth, Shophan, and *Jaazer*
Yazer, and Jogbehah,
36 And *Bethnimrah* **Beth Nimrah**, and
Bethharan **Beth Ha Ran**,
fenced **fortified** cities: and *folds* **walls** for *sheep* **flocks**.
37 Andthe*children* **sons**of*Reuben* **ReuBen**
built Heshbon, and *Elealeh* **El Aleh**,
and *Kirjathaim* **Qiryathaim**,
38 And Nebo, and *Baalmeon* **Baal Meon**,
(their names being *changed* **turned around**,)
and *Shibmah* **Sibmah**:
and *gave other names* **called by name**,
the names unto the cities which they builded.
39 And the *children* **sons** of Machir the
son of *Manasseh* **Menash Sheh**
went to *Gilead* **Gilad**, and *took* **captured** it,
and dispossessed the *Amorite* **Emoriy** which was in it.
40 And *Moses* **Mosheh** gave *Gilead* **Gilad**
unto Machir the son of *Manasseh* **Menash Sheh**;
and he *dwelt* **settled** therein.
41 And *Jair* **Yair** the son of *Manasseh* **Menash Sheh**
went and *took* **captured**
the *small towns* **living areas** thereof, and
called them *Havothjair* **Havoth Yair**.
42 And *Nobah* **Nobach** went
and *took Kenath* **captured Qenath**,
and the *villages* **daughters** thereof,
and called it *Nobah* **Nobach**, after his own name.

RESUME' OF THE JOURNEYS OF THE SONS OF YISRA EL

33 These are the journeys
of the *children* **sons** of *Israel* **Yisra El**,
which went forth out of the land of *Egypt* **Misrayim**
with their *armies* **hosts**
under the hand of *Moses* **Mosheh** and *Aaron* **Aharon**.
2 And *Moses wrote* **Mosheh inscribed**
their *goings out* **proceedings** according to their
journeys by the *commandment* **mouth** of *the*
LORD **Yah Veh**: and these are their journeys
according to their *goings out* **proceedings**.
3 And they *departed* **pulled stakes** from Rameses
in the first month, on the fifteenth
day of the first month;
on the morrow after the *passover* **pasach**
the *children* **sons** of *Israel* **Yisra El**
went out with *an high* **lifted** hand
in the *sight* **eyes** of all the *Egyptians* **Misrayim**.
4 For the *Egyptians* **Misrayim**
buried **entombed** all their *firstborn* **firstbirthed**,
which *the LORD* **Yah Veh** had smitten among them:
upon their *gods* **elohim** also
the LORD executed **Yah Veh worked** judgments.
5 Andthe*children* **sons**of*Israel* **YisraEl**
removed **pulled stakes** from Rameses,
and *pitched* **encamped** in *Succoth*
Sukkoth/Brush Arbors.
and passed through the midst of
the sea into the wilderness,
and went three days' journey in the wilderness
of Etham, and *pitched* **encamped** in Marah.
9 And they *removed* **pulled stakes** from Marah,
and came unto Elim:
and in Elim were twelve fountains of water,
and *threescore and ten* **seventy** palm trees;
and they *pitched* **encamped** there.
10 Andthey*removed* **puledstakes**fromElim,
and encamped by the *Red* **Reed** sea.
11 Andthey*removed* **puledstakes**fromthe*Red* **Red**sea,
and encamped in the wilderness of Sin.
12 Andthey*tooktheirjourney* **puledstakes**
out of the wilderness of Sin,
and encamped in *Dophkah* **Dophqah**.
13 And they *departed* **pulled stakes**
from *Dophkah* **Dophqah**, and encamped in Alush.
14 Andthey*removed* **puledstakes**fromAlush,
and encamped at Rephidim,
where was no water for the people to drink.

15 Andthey*departed***puledstakes**fromRephidim,
and *pitched* **encamped** in the wilderness of *Sinai* **Sinay.**
16 Andthey*removed***puledstakes**
from the *desert* **wilderness** of *Sinai*
Sinay, and *pitched* **encamped**
at *Kibrothhattaavah* **Qibroth Hat Taavah.**
17 And they *departed* **pulled stakes**
from *Kibrothhattaavah* **Qibroth Hat Taavah,**
and encamped at *Hazeroth* **Haseroth.**
18 And they *departed* **pulled stakes**
from *Hazeroth* **Haseroth,**
and *pitched* **encamped** in Rithmah.
19 And they *departed* **pulled stakes** from Rithmah,
and *pitched* **encamped** at *Rimmonparez*
Rimmon Phares.
20 And they *departed* **pulled stakes** from *Rimmonparez*
Rimmon Phares, and *pitched* **encamped** in Libnah.
21 Andthey*removed***puledstakes**fromLibnah,
and *pitched* **encamped** at Rissah.
22 Andthey*journeyed***puledstakes**fromRisah,
and *pitched* **encamped** in *Kehelathah* **Qehelathah.**
23 And they *went* **pulled stakes**
from *Kehelathah* **Qehelathah,**
and *pitched* **encamped** in mount *Shapher* **Shepher.**
24 And they *removed* **pulled stakes**
from mount *Shapher* **Shepher**, and
encamped in Haradah.
25 Andthey*removed***puledstakes**fromHaradah,
and *pitched* **encamped** in *Makheloth* **Maqheloth.**
26 And they *removed* **pulled stakes**
from *Makheloth* **Maqheloth,**
and encamped at *Tahath* **Tachath.**
27 Andthey*departed***puledstakes**from*Tahath***Tachath,**
and *pitched* **encamped** at *Tarah* **Terach.**
28 Andthey*removed***puledstakes**from*Tarah***Terach,**
and *pitched* **encamped** in *Mithcah* **Mithqah.**
29 Andthey*wenp***tuledstakes**from*Mithcah***Mithqah,**
and *pitched* **encamped** in Hashmonah.
30 Andthey*departed***puledstakes**fromHashmonah,
and encamped at Moseroth.
31 Andthey*departed***puledstakes**fromMoseroth,
and *pitched* **encamped** in *Benejaakan* **Bene Yaaqan.**
32 Andthey*removed***puledstakes**
from *Benejaakan* **Bene Yaaqan,**
and encamped at *Horhagidgad* **Hor Hag Gidgad.**
33 Andthey*went***puledstakes**
from *Horhagidgad* **Hor Hag Gidgad,**
and *pitched* **encamped** in *Jotbathah* **Yotbathah.**
34 And they *removed* **pulled stakes**
from *Jotbathah* **Yotbathah,**
and encamped at *Ebronah* **Hebronah.**
35 And they *departed* **pulled stakes**
from *Ebronah* **Hebronah,**
and encamped at *Eziongaber* **Esyon Geber.**
36 And they *removed* **pulled stakes**
from *Eziongaber* **Esyon Geber,**
and *pitched* **encamped** in the wilderness
of *Zin* **Sin**, which is *Kadesh* **Qadesh.**
37 And they *removed* **puled stakes** from *Kadesh* **Qadesh,**
and *pitched* **encamped** in mount Hor, in
the *edge* **end** of the land of Edom.
38 And *Aaron* **Aharon** the priest
went up **ascended** into mount Hor
at the *commandment* **mouth** of *the*
LORD **Yah Veh**, and died there,
in the fortieth year after the *children*
sons of *Israel* **Yisra El**
were come out of the land of *Egypt* **Misrayim,**
in the first *day* of the fifth month.
39 And *Aaron* **Aharon**
was **a son** an hundred and twenty and three years
old when he died **at his death** in mount Hor.
40 And *king* **sovereign** Arad the *Canaanite* **Kenaaniy,**
which *dwelt* **settled** in the south in
the land of *Canaan* **Kenaan,**
heard of the coming of the *children*
sons of *Israel* **Yisra El.**
41 Andthey*departed***puledstakes**frommountHor,
and *pitched* **encamped** in *Zalmonah* **Sal Monah.**
42 And they *departed* **pulled stakes**
from *Zalmonah* **Sal Monah**, and
pitched **encamped** in Punon.
43 Andthey*departed***puledstakes**fromPunon,
and *pitched* **encamped** in Oboth.
44 Andthey*departed***puledstakes**fromOboth,
and *pitched* **encamped** in *Ijeabarim* **Iye**
I-la Abiram, in the border of Moab.
45 And they *departed* **pulled stakes** from *Iim* **Iyiy,**
and *pitched* **encamped** in Dibongad.
46 Andthey*removed***puledstakes**fromDibongad,
and encamped in *Almondiblathaim* **Almon Diblathaim.**
47 And they *removed* **pulled stakes**
from *Almondiblathaim* **Almon Diblathaim,**
and *pitched* **encamped** in the mountains of Abarim,
before **at the face of** Nebo.
48 And they *departed* **pulled stakes**
from the mountains of Abarim,
and *pitched* **encamped** in the plains of Moab
by *Jordan* **Yarden** near *Jericho* **Yericho.**
49 And they *pitched* **encamped** by *Jordan* **Yarden,**

from *Bethjesimoth* **Beth I-la Yeshimoth** even unto
Abelshittim **Abel I-lash Shittim** in the plains of Moab.
50 And *the LORD spake* **Yah Veh worded**
unto *Moses* **Mosheh** in the plains of Moab
by *Jordan* **Yarden** near *Jericho* **Yericho**, saying,
51 *Speak* **Word** unto the *children* **sons** of
Israel **Yisra El**, and say unto them,
When ye are passed over *Jordan* **Yarden**
into the land of *Canaan* **Kenaan**;
52 Then ye shall *drive out* **dispossess**
the inhabitants of **who settled** the land
from *before you* **your face**,
and destroy all their *pictures* **imageries**, and
destroy **desolate** all their molten images,
and *quite pluck down* **desolate**
all their *high places* **bamahs**:
53 Andyeshaldisposesthe*inhabitantsofthe*land,
and *dwell* **settle** therein:
for I have given you the land to possess it.
54 Andyeshal*divide***inherh**titelandby*lop*t**ebble**
for an inheritance among your families:
and to the more
ye shall *give the more* **greaten the**
inheritance, and to the fewer
ye shall *give the less* **diminish the** inheritance:
every man's *inheritance*
shall be in the place where his *lot* **pebble** falleth;
according to the *tribes* **rods** of your
fathers ye shall inherit.
55 But if ye *will* **shall** not *drive out* **dispossess**
the inhabitants of **them who settled** the
land from *before you* **your face**;
then **so be** it *shall come to pass*, that
those which ye let remain of them
shall be *pricks* **barbs** in your eyes,
and thorns in your sides,
and shall *vex* **tribulate** you
in the land wherein ye *dwell* **settle**.
56 Moreover **so be** it *shall come to pass*,
that I shall *do* **work** unto you,
as I thought to *do* **work** unto them.
cp 2 Corinthians 12:7

Allotting The Borders Of Kenaan To The Sons Of Yisra El

34 And *the LORD spake* **Yah Veh worded**
unto *Moses* **Mosheh**, saying,
2 *Command* **Misvah** the *children* **sons** of
Israel **Yisra El**, and say unto them,
When ye come into the land of *Canaan* **Kenaan**;
(this is the land that shall fall unto
you for an inheritance,
even the land of *Canaan* **Kenaan**
with the *coasts* **borders** thereof:)
3 Then your south *quarter* **edge**
shall be from the wilderness of *Zin* **Sin**
along by the *coast* **hand** of Edom,
and your south border
shall be the *outmost coast* **ends** of the salt sea eastward:
4 And your border shall *turn* **surround** from the south
to the ascent of Akrabbim, and pass on to *Zin* **Sin**:
and the *going forth* **exits** thereof shall be
from the south to *Kadeshbarnea* **Qadesh
Barnea**, and shall go on to *Hazaraddar* **Hasar
Addar**, and pass on to *Azmon* **Asmon**:
5 And the border
shall *fetch a compass* **surround** from *Azmon* **Asmon**
unto the *river* **wadi** of *Egypt* **Misrayim**,
and the *goings out of it* **exits** shall be at the sea.
6 And as for the *western* **seaward** border,
ye shall even have the great sea for a border:
this shall be your *west* **seaward** border.
7 And this shall be your north border:
from the great sea
shall *point out* **survey** for you mount Hor:
8 From mount Hor ye shall *point
out your border* **survey**
unto the entrance of Hamath;
and the *goings forth* **exits** of the border
shall be to *Zedad* **Sedad**:
9 And the border shall go on to Ziphron,
and the *goings out of it* **exits** shall be at *Hazarenan*
Hasar Enan: this shall be your north border.
10 Andyeshal*poin*mt **ark**outyoureastborder
from *Hazarenan* **Hasar Enan** to Shepham:
11 And the *coast* **border** shall *go down* **descend**
from Shepham to Riblah, on the east side of *Ain* **Ayin**;
and the border shall descend,
and shall *reach* **extend** unto the *side* **shoulder**
of the sea of *Chinnereth* **Kinneroth** eastward:
12 And the border shall *go down* **descend**
to *Jordan* **Yarden**,
and the *goings out of it* **exits** shall be at the salt sea:
this shall be your land
with the *coasts* **borders** thereof round about.
13 And *Moses commanded* **Mosheh misvahed**
the *children* **sons** of *Israel* **Yisra El**, saying,
This is the land which ye shall inherit by *lot* **pebble**,
which *the LORD commanded* **Yah Veh misvahed**

to give unto the nine *tribes* **rods**,
and to the half *tribe* **rod**:
14 For the *tribe* **rod**
of the *children* **sons** of *Reuben* **Reu Ben**
according to the house of their fathers,
and the *tribe* **rod** of the *children* **sons** of Gad
according to the house of their fathers,
have *received their inheritance* **taken**;
and half the *tribe* **rod** of *Manasseh* **Menash Sheh**
have *received* **taken** their inheritance:
15 The two *tribes* **rods** and the half *tribe* **rod**
have *received* **taken** their inheritance
on this side *Jordan* **Yarden** near *Jericho* **Yericho**
eastward, toward the *sunrising* **rising**.
16 And *the LORD spake* **Yah Veh worded**
unto *Moses* **Mosheh**, saying,
17 Thesearethenamesofthemen
which shall *divide* **inherit** the land unto you:
Eleazar **El Azar** the priest,
and *Joshua* **Yah Shua** the son of Nun.
18 And ye shall take
one prince **one hierarch — one hierarch**
of every *tribe* **rod**,
to *divide the land by inheritance* **inherit the land**.
19 Andthenamesofthemenarethese:
Of the *tribe* **rod** of *Judah* **Yah Hudah**,
Caleb **Kaleb** the son of *Jephunneh* **Yephunneh**.
20 And of the *tribe* **rod**
of the *children* **sons** of *Simeon* **Shimon**,
Shemuel **Shemu El** the son of *Ammihud* **Ammi Hud**.
21 Ofthe*tribe***rod**of*Benjamin***BenYamin**,
Elidad **Eli Dad** the son of *Chislon* **Kislon**.
22 And the *prince* **hierarch** of the *tribe* **rod**
of the *children* **sons** of Dan,
Bukki **Buqqi** the son of *Jogli* **Yogli**.
23 The *prince* **hierarch**
of the *children* **sons** of *Joseph* **Yoseph**, for the *tribe* **rod**
of the *children* **sons** of *Manasseh* **Menash Sheh**,
Hanniel **Hanni El** the son of Ephod.
24 And the *prince* **hierarch** of the *tribe* **rod** of
the *children* **sons** of *Ephraim* **Ephrayim**,
Kemuel **Qemu El** the son of Shiphtan.
25 And the *prince* **hierarch** of the *tribe* **rod**
of the *children* **sons** of Zebulun, *Elizaphan*
El Saphan the son of Parnach.
26 And the *prince* **hierarch** of the *tribe* **rod**
of the *children* **sons** of *Issacha* **Yissachar**,
Paltiel **Palti El** the son of Azzan.
27 And the *prince* **hierarch** of the *tribe* **rod**
of the *children* **sons** of Asher, *Ahihud*
Achi Hud the son of Shelomi.
28 Andthe*prince***hierarch**ofthe*tribe***rod**
of the *children* **sons** of Naphtali,
Pedahel **Pedah El** the son of *Ammihud* **Ammi Hud**.
29 These are they
whom *the LORD commanded* **Yah Veh misvahed**
to divide the inheritance unto the children of Israel
the sons of Yisra El to inherit
in the land of *Canaan* **Kenaan**.

ALLOTTING CITIES OF THE LEVIYM

35 And *the LORD spake* **Yah Veh worded**
unto *Moses* **Mosheh** in the plains of Moab
by *Jordan* **Yarden** near *Jericho* **Yericho**, saying,
2 *Command* **Misvah** the *children* **sons** of *Israel*
Yisra El, that they give unto the *Levites* **Leviym**
of the inheritance of their possession
cities to *dwell* **settle** in;
and ye shall give also unto the *Levites* **Leviym**
suburbs for the cities round about them.
3 And the cities shall they have to *dwell* **settle** in;
and the suburbs of them shall be for their *cattle*
animals, and for their *goods* **acquisitions**,
and for all their *beasts* **live beings**.
4 And the suburbs of the cities,
which ye shall give unto the *Levites* **Leviym**,
shall *reach* **be** from the wall of the city and
outward a thousand cubits round about.
5 And ye shall measure from without the city
on the east *side* **edge** two thousand cubits, and
on the south *side* **edge** two thousand cubits,
and on the *west side* **seaward edge** two thousand cubits,
and on the north *side* **edge** two thousand cubits;
and the city shall be in the midst:
this shall be to them the suburbs of the cities.

ALLOTTING CITIES OF REFUGE TO THE LEVIYM

6 And among the cities
which ye shall give unto the *Levites* **Leviym**,
there shall be six cities for refuge,
which ye shall *appoint* **give** for the *manslayer*
murderer, that he may flee thither:
and to them ye shall *add* **give** forty and two cities.
7 Soalthecitieswhichyeshalgivetothe*Levites***Leviym**
shall be forty and eight cities:
them *shall ye give* with their suburbs.
8 And the cities which ye shall gi ve

shall be of the possession of the
children **sons** of *Israel* **Yisra El**:
from them that have many ye shall *give many*
greaten; but from *them that have* few ye shall *give*
few **lessen**: every *one* **man** shall give of his cities
unto the *Levites* **Leviym**
according to **the mouth of** his
inheritance which he inheriteth.
9 And *the LORD spake* **Yah Veh worded**
unto *Moses* **Mosheh**, saying,
10 *Speak* **Word** unto the *children* **sons** of
Israel **Yisra El**, and say unto them,
When ye *be come* **pass** over *Jordan* **Yarden**
into the land of *Canaan* **Kenaan**;
11 *Then ye shall appoint you* **And happen upon**
cities to be cities of refuge for you;
that the *slayer* **murderer** may flee thither,
which *killeth any person* **smiteth a soul**
at unawares **by inadvertent error**.
12 And they shall be unto you
cities for refuge from the *avenger* **redeemer**; that
the *manslayer* **murderer** die not, until he stand
before **at the face of** the *congregation* **witness**
in judgment.
13 And of these cities which ye shall give
six cities shall *ye have* **be** for refuge.
14 Yeshalgivethreeciitesonthiside*Jordan***Yarden**,
and three cities shall ye give in the land of *Canaan*
Kenaan, which shall be cities of refuge.
15 These six cities shall be a refuge,
both for the *children* **sons** of *Israel* **Yisra**
El, and for the *stranger* **sojourner**,
and for the *sojourner* **settler** among them:
that every one that *killeth any person* **smiteth a soul**
unawares may **by inadvertent error** flee thither.
16 Andifhesmitehimwithaninstrumentoifron,
so that he die, he is a murderer:
in deathifying,
the murderer shall *surely be put to death* **be deathified**.
17 Andi*hfesmitehimwiththrowing***byhandling**astone,
wherewith he may die, and he die, he is a murderer:
in deathifying,
the murderer shall *surely be put to death* **be deathified**.
18 Or if *he smite him*
with an hand *weapon* **instrument** of *wood* **timber**,
wherewith he may die, and he die, he is a murderer:
in deathifying,
the murderer shall *surely be put to death* **be deathified**.
19 The*revenge***redeemer**ofbloodhimself
shall *slay* **deathify** the murderer:
when he *meeteth* **encountereth** him,
he shall *slay* **deathify** him.
20 But if he *thrust* **shove** him of hatred,
or hurl at him by *laying of wait* **lurking**, that he die;
21 Or in enmity smite him with his hand, that he die:
in deathifying, he that smote him
shall *surely be put to death* **be deathified**;
for he is a murderer: the *revenge* **redeemer** of
blood shall *slay* **deathify** the murderer,
when he *meeteth* **encountereth** him.
22 But if he *thrust* **shove** him *suddenly* **in a blink**
without enmity,
or have cast upon him any *thing* **instrument**
without *laying of wait* **lurking**,
23 Or with any stone, wherewith a man may die, seeing
him not, and *cast it upon* **it felleth** him, that he die,
and was not his enemy, neither sought his *harm* **evil**:
24 Then the *congregation* **witness** shall judge
between *the slayer* **him who smote**
and the *revenger* **redeemer** of blood
according to these judgments:
25 And the *congregation* **witness**
shall *deliver* **rescue** the *slayer* **murderer**
out of the hand of the *revenger* **redeemer** of blood,
and the *congregation* **witness** shall restore him
to the city of his refuge, whither he was fled:
and he shall *abide* **settle** in it
unto the death of the *high* **great** priest,
which was anointed with the holy oil.
26 Butifthe*slayer***murderer**shalatanytime
come without the border of the city of
his refuge, whither he was fled;
27 And the *revenger* **redeemer** of blood
find him without the borders of the city of his
refuge, and the *revenger* **redeemer** of blood
kill **murder** the *slayer* **murderer**;
he shall not be guilty of blood:
28 Because he should have *remained* **settled**
in the city of his refuge
until the death of the *high* **great** priest:
but after the death of the *high* **great** priest
the *slayer* **murderer** shall return
into the land of his possession.
29 So these *things* shall be for a statute
of judgment unto you
throughout your generations
in all your *dwellings* **settlements**.
30 Whoso *killeth any person* **smiteth a soul**,
the murderer shall be *put to death* **murdered**
by the mouth of witnesses:

but one witness shall not *testify* **answer**
against *any person* **a soul**
to cause him to die **unto his death.**
31 Moreover
ye shall take no *satisfaction* **koper/atonement**
for the *life* **soul** of a murderer, which is *guilty of*
wicked unto death: but **in being deathified,**
he shall be *surely put to death* **deathified.**
32 And ye shall take no *satisfaction* **koper/atonement**
for him that is fled to the city of his refuge,
that he should *come again* **return**
to *dwell* **settle** in the land,
until the death of the priest.
33 So ye shall not *pollute* **profane**
the land wherein ye are:
for blood it *defileth* **profaneth** the land:
and the land cannot be *cleansed* **kapar/atoned**
of **for** the blood that is *shed* **poured** therein,
but **except** by the blood of him that *shed* **poured** it.
34 *Defile* **Foul** not *therefore*
the land which ye shall *inhabit* **settle,**
wherein I dwell **midst I tabernacle:**
for *I the LORD* **I — Yah Veh**
dwell **tabernacle** among the *children*
sons of *Israel* **Yisra El.**

Allotment Of The Daughters Of Yisra El

36 And the *chief* **heads of the** fathers
of the families of the *children* **sons** of
Gilead **Gilad,** the son of Machir,
the son of *Manasseh* **Menash Sheh,**
of the families of the sons of *Joseph* **Yoseph,**
came near **approached,**
and *spake before Moses* **worded at the face of**
Mosheh, and *before the princes* **at the face of**
the hierarchs, the *chief* **heads of the** fathers
of the *children* **sons** of *Israel* **Yisra El:**
2 And they said,
The LORD commanded **Yah Veh**
misvahed my *lord* **adoni**
to give the land for an inheritance by *lot* **pebble**
to the *children* **sons** of *Israel* **Yisra El:**
and my *lord* **adoni**
was *commanded* **misvahed** by *the LORD* **Yah Veh**
to give the inheritance
of *Zelophehad* **Seloph Had** our
brother unto his daughters.
3 And if they be *married* **women** to any of
the sons of the *other tribes* **scions**
of the *children* **sons** of *Israel* **Yisra El,**
then shall their inheritance
be taken from the inheritance of our fathers,
and shall be *put* **added** to the inheritance
of the *tribe* **rod** whereunto they are received:
so **thus** shall it be taken
from the *lot* **pebble** of our inheritance.
4 And when the jubile
of the *children* **sons** of *Israel* **Yisra El** shall
be, then shall their inheritance
be *put* **added** unto the inheritance
of the *tribe* **rod** whereunto they are received:
so shall their inheritance be taken away
from the inheritance of the *tribe* **rod** of our fathers.
5 And *Moses commanded* **Mosheh misvahed**
the *children* **sons** of *Israel* **Yisra El**
according to the *word* **mouth** of *the*
LORD **Yah Veh,** saying,
The *tribe* **rod** of the sons of *Joseph* **Yoseph**
hath *said* **worded** *well.*
6 This is the *thing* **word**
which *the LORD doth command* **Yah Veh misvaheth**
concerning the daughters of *Zelophehad* **Seloph**
Had, saying, Let them *marry* **be women**
to whom they think best **of whom is good in their eyes;**
only to the family of the *tribe* **rod** of their
father shall they *marry* **be women.**
7 *So* **Thus** shall not the inheritance
of the *children* **sons** of *Israel* **Yisra El**
remove **turn around** from *tribe* **rod** to *tribe* **rod:**
for every *one* **man** of the *children* **sons** of *Israel* **Yisra El**
shall *keep himself* **adhere** to the inheritance
of the *tribe* **rod** of his fathers.
8 And every daughter, that possesseth an inheritance in
any *tribe* **rod** of the *children* **sons** of *Israel* **Yisra El,**
shall be *wife* **woman** unto one of the family
of the *tribe* **rod** of her father,
that the *children* **sons** of *Israel* **Yisra El**
may *enjoy* **possess** every man the
inheritance of his fathers.
9 Neither shall the inheritance *remove* **turn around**
from *one tribe to another tribe* **rod to rod;**
but every *one* **man** of the *tribes* **rods**
of the *children* **sons** of *Israel* **Yisra El**
shall *keep himself* **adhere** to his own inheritance.
10 Evenas *the LORD* **Yah Veh**
commanded Moses **misvahed Mosheh,**
so *did* **worked** the daughters of *Zelophehad* **Seloph Had:**
11 For *Mahlah* **Machlah,** *Tirzah* **Tirsah,** and
Hoglah, and *Milcah* **Milchah,** and Noah,

the daughters of *Zelophehad* **Seloph Had**, were *married* **women**
unto their *father's brothers'* **uncle's** sons:
12 And they *were married into* **became women of** the families of the sons of *Manasseh* **Menash Sheh**
the son of *Joseph* **Yoseph**, and their inheritance remained
in the *tribe* **rod** of the family of their father.
13 These are the *commandments* **misvoth** and the judgments,
which *the LORD commanded* **Yah Veh misvahed**
by the hand of *Moses* **Mosheh**
unto the *children* **sons** of *Israel* **Yisra El**
in the plains of Moab
by *Jordan* **Yarden** near *Jericho* **Yericho**.

RESUME' OF THE SONS OF YISRA EL

1 These be the words
which *Moses spake* **Mosheh worded**
unto all *Israel* **Yisra El**
on this side *Jordan* **Yarden** in the wilderness,
in the plain *over against* **opposite** the *Red sea* **reeds**, between Paran, and Tophel, and Laban,
and Hazeroth, and *Dizahab* **Di Zahab**.
2 (There are eleven days' *journey* from Horeb by the way of mount Seir
unto *Kadeshbarnea* **Qadesh Barnea**.)
3 And **so be** it *came to pass* in the fortieth year,
in the eleventh month, on the first *day* of the month, that *Moses spake* **Mosheh worded**
unto the *children* **sons** of *Israel* **Yisra El**,
according unto all that the *LORD* **Yah Veh** had *given in commandment* **misvahed** *unto* **concerning** them;
4 After he had *slain Sihon* **smitten Sichon**
the *king* **sovereign** of the *Amorites* **Emoriy**,
which *dwelt* **settled** in Heshbon, and
Og the *king* **sovereign** of Bashan, which
dwelt **settled** at Astaroth in Edrei:
5 On this side *Jordan* **Yarden**, in the land of Moab,
began Moses **Mosheh willed**
to *declare* **explain** this *law* **torah**, saying,
6 *The LORD* **Yah Veh** our *God* **Elohim**
spake **worded** unto us in Horeb, saying,
ye have *dwelt long enough* **settled too much**
in this mount:
7 Turn *you* **your face**, and *take your journey* **pull stakes**,
and go to the mount of the *Amorites* **Emoriy**,
and unto all the *places* **tabernacles** nigh thereunto,
in the plain, in the *hills* **mountains**,
and in the *vale* **lowlands**, and in the south, and by the sea *side* **haven**,
to the land of the *Canaanites* **Kenaaniy**, and unto Lebanon, unto the great river, the river Euphrates.
8 *Behold* **See**,
I have *set* **given** the land *before you* **at your face**:
go in and possess the land
which *the LORD sware* **Yah Veh oathed** unto your fathers, Abraham, *Isaac* **Yischaq**, and *Jacob* **Yaaqov**,
to give unto them and to their seed after them.
9 And I *spake* **said** unto you at that time, saying,
I am not able to bear you myself alone:

RESUME' ON DELEGATING JUDGMENT

10 *The LORD* **Yah Veh** your *God* **Elohim**

hath *multiplied* **abounded** you, and, behold,
ye are this day as the stars of *heaven* **the heavens**
for *multitude* **abundance**.
11 (*The LORD God* **Yah Veh Elohim** of your fathers
make **add to** you a thousand times
so many *more* as ye are,
and bless you, as he hath *promised* **worded** you!)
12 HowcanImyselfalonebearyour *cumbrance* **presure**,
and your burden, and your *strife* **dispute**?
13 *Take* **Give** you wise men, and
understanding **discerning**,
and known among your *tribes* **scions**,
and I *will make* **shall set** them *rulers* **heads** over you.
14 Andyeansweredme,andsaid,
The *thing* **word** which thou hast spoken
is good *for us* to *do* **work**.
15 So I took the *chief* **head** of your *tribes* **scions**,
wise men, and known,
and *made* **gave** them heads over you, *captains*
governors over thousands, and *captains*
governors over hundreds, and *captains* **governors**
over fifties, and *captains* **governors** over tens,
and officers among your *tribes* **scions**.
16 AndcI *harged* **misvahed** yourjudgesathaitme,
saying, *Hear the causes* **Hearken**
between your brethren,
and judge *righteously* **justness**
between every man and his brother,
and the *stranger* **sojourner** that is with him.
17 Ye shall not
respect persons **recognize faces** in judgment;
but ye shall hear the small as well as the great;
ye shall not *be afraid of* **fear** the face of man;
for the judgment is *God's* **Elohim's**:
and the *cause* **word** that is too hard for you,
bring **approach** it unto me, and I *will* **shall** hear it.
18 AndcI *ommanded* **misvahed** youathaitme
all the *things* **words** which ye should *do* **work**.

Resume' On Sending Explorers To Eshcol

19 And when we *departed* **pulled stakes** from Horeb,
we went through
all that great and *terrible* **awesome** wilderness,
which ye saw by the way
of the mountain of the *Amorites* **Emoriy**, as *the LORD*
Yah Veh our *God* **Elohim** *commanded* **misvahed** us;
and we came to *Kadeshbarnea* **Qadesh Barnea**.
20 And I said unto you,
ye are come unto the mountain of the *Amorites*
Emoriy, which *the LORD* **Yah Veh** our *God* **Elohim**
doth **shall** give unto us.
21 *Behold* **See**, *the LORD* **Yah Veh** thy *God* **Elohim**
hath *set* **given** the land *before thee* **at thy face**:
go up **ascend** and possess it,
as *the LORD God* **Yah Veh Elohim** of thy
fathers hath *said* **worded** unto thee;
fear **awe** not, neither be *discouraged* **dismayed**.
22 And ye *came near* **approached** unto
me every one of you, and said,
We *will* **shall** send men *before us* **from our face**,
and they shall *search us out* **explore** the land,
and *bring us* **return** word *again* **to us**
by what way we *must go up* **shall ascend**,
and into what cities we shall come.
23 And the *saying* **word**
pleased me well **well—pleased my eyes**:
and I took twelve men of you, one
of a tribe **man per scion**:
24 And they turned **their face**,
and *went up* **ascended** into the mountain, and came
unto the *valley* **wadi** of Eshcol, and *searched* **spied** it out.
25 And they took of the fruit of the land in their
hands, and *brought* **descended** it *down* unto us,
and *brought us* **returned** word *again* **unto us**,
and said, It is a good land
which *the LORD* **Yah Veh** our *God* **Elohim**
doth **shall** give us.

Resume' Of The Rebellion Of The Sons Of Yisra El

26 Notwithstanding
ye *would not go up* **willed to not ascend**, but
rebelled against the *commandment* **mouth** of
the LORD **Yah Veh** your *God* **Elohim**:
27 And ye murmured in your tents, and said, Because
the LORD hated us **of Yah Veh's hatred**,
he hath brought us forth out of the land
of *Egypt* **Misrayim**, to *deliver* **give** us into
the hand of the *Amorites* **Emoriy**,
to *destroy* **desolate** us.
28 Whither shall we *go up* **ascend**?
our brethren have *discouraged* **melted** our heart,
saying, The people is greater and *taller* **more exalted**
than we; the cities are great and *walled* **fortified**
up to *heaven* **the heavens**;
and moreover
we have seen the sons of the *Anakims* **Anakiy** there.

29 Then I said unto you, Dread not,
neither *be afraid of* **awe** them.
30 *The LORD* **Yah Veh** your *God* **Elohim**
which goeth *before you* **at your face,** he
shall fight for you, according to all
that he *did* **worked** for you in *Egypt* **Misrayim**
before **in fron of** your eyes;
31 And in the wilderness, where thou hast seen
how that *the LORD* **Yah Veh** thy *God* **Elohim**
bare thee, as a man doth bear his son,
in all the way that ye went, until ye came into this place.
32 Yet in this *thing* **word** ye did not *believe* **trust**
the LORD **Yah Veh** your *God* **Elohim,**
33 Who went in the way *before you* **at your**
face, to *search* **explore** you out a place
to *pitch your tents in* **encamp,**
in fire by night,
to *shew* **have** you **see** by what way ye
should go, and in a cloud by day.
34 And *the LORD* **Yah Veh** heard the voice
of your words, and *was wroth* **enraged,**
and *sware* **oathed,** saying,
35 Surely*there*shalnotoneofthesemen
of this evil generation see that good land,
which I *sware* **oathed** to give unto your fathers.
36 *Save Caleb* **Except Kaleb**
the son of *Jephunneh* **Yephunneh;**
he shall see it,
and to him *will* **shall** I give the land
that he hath trodden upon, and to his
children **sons,** because he hath
wholly followed the LORD **fulfilled to follow Yah Veh.**
37 Also *the LORD* **Yah Veh** was angry
with me for your sakes, saying,
Thou also shalt not go in thither.
38 But *Joshua* **Yah Shua** the son of Nun,
which standeth *before thee* **at your**
face, he shall go in thither:
encourage **strengthen** him:
for he shall cause *Israel* **Yisra El** to inherit it.
39 Moreoveryour*litleones***toddlers,**
which ye said, should be a *prey* **plunder,**
and your *children* **sons,**
which in that day
had no knowledge between good and
evil, they shall go in thither,
and unto them *will* **shall** I give it,
and they shall possess it.
40 But as for you, turn *you* **your face,**
and *take your journey* **pull stakes** into the
wilderness by the way of the *Red* **Reed** sea.
41 Then ye answered and said unto me,
We have sinned against *the LORD* **Yah Veh,**
we *will go up* **shall ascend** and fight,
according to all that *the LORD* **Yah Veh** our *God* **Elohim**
commanded **misvahed** us.
And when ye had girded on every man
his *weapons* **instruments** of war,
ye were ready to *go up* **ascend** into the *hill* **mountain.**
42 And*theLORD***YahVeh**saiduntome,Sayuntothem,
Go not up **Ascend not,** neither fight;
for I am not among you;
lest ye be smitten *before* **at the face of** your enemies.
43 So I *spake* **worded** unto you;
and ye *would not hear* **hearkened not,** but rebelled
against the *commandment* **mouth** of *the LORD* **Yah**
Veh, and *went presumptuously up* **ascended seething**
into the *hill* **mountain.**
44 And the *Amorites* **Emoriy,**
which *dwelt* **settled** in that mountain,
came out *against* **confronting** you,
and *chased* **pursued** you, as bees *do* **work,**
and *destroyed* **crushed** you in Seir, even unto Hormah.
45 And ye returned and wept
before the LORD **at the face of Yah Veh;**
but *the LORD* **Yah Veh**
would not hearken **hearkened not** to your
voice, nor *give ear* **hearkened** unto you.
46 So ye *abode* **settled** in *Kadesh* **Qadesh** many days,
according unto the days that ye *abode* **settled** there.

RESUME' OF THE WANDERINGS OF THE SONS OF YISRA EL

2 Then we turned **our face,**
and *took our journey* **pulled stakes** into the
wilderness by the way of the *Red* **Reed** sea,
as *the LORD spake* **Yah Veh worded** unto me:
and we *compassed* **surrounded** mount Seir many days.
2 And *the LORD spake* **Yah Veh said** unto me, saying,
3 Ye have *compassed* **surrounded** this mountain
long enough **too much:**
turn *you* **your face** northward.
4 And *command* **misvah** thou the people, saying,
ye are to pass through the *coast* **border** of your
brethren the *children* **sons** of *Esau* **Esav,** which *dwell*
settle in Seir; and they shall *be afraid of* **awe** you:
take ye good heed unto yourselves **guard mightily**
therefore:
5 *Meddle not with* **Throttle** them **not;**

for I *will* **shall** not give you of their land, no,
not so much as a *foot breadth* **step of the sole of a foot;**
because I have given mount Seir unto *Esau* **Esav**
for a possession.
6 Ye shall *buy meat* **market for kernels for food**
of them for *money* **silver**, that ye may eat;
and ye shall also *buy* **dig** water of them
for *money* **silver**, that ye may drink.
7 For *the LORD* **Yah Veh** thy *God* **Elohim**
hath blessed thee in all the works of thy hand:
he knoweth thy walking through this great wilderness:
these forty years
the LORD **Yah Veh** thy *God* **Elohim** hath been with thee;
thou hast lacked *nothing* **no word**.
8 And when we passed by from our brethren
the *children* **sons** of *Esau* **Esav**, which *dwelt* **settled**
in Seir, through the way of the plain from Elath,
and from *Eziongaber* **Esyon Geber**,
we turned **our face**
and passed by the way of the wilderness of Moab.
9 And *the LORD* **Yah Veh** said unto me,
Distress **Besiege** not *the Moabites* **Moabiy**, neither
contend with **throttle** them in *battle* **war**:
for I *will* **shall** not give thee of their land for a possession;
because I have given Ar
unto the *children* **sons** of Lot for a possession.
10 The *Emims dwelt* **Emim settled** therein
in times past **at their face**,
a people great, and many, and *tall*
exalted, as the *Anakims* **Anakiy**;
11 Which also were *accounted giants*
fabricated Rephaim,
as the *Anakims* **Anakiy**;
but the *Moabites* **Moabiy** call them *Emims* **Emim**.
12 The *Horims* **Horim** also *dwelt* **settled** in Seir
beforetime **at their face**;
but the *children* **sons** of *Esau* **Esav** succeeded
them, when they had *destroyed* **desolated** them
from *before them* **their face**, and
dwelt **settled** in their stead;
as *Israel did* **Yisra El worked**
unto the land of his possession,
which *the LORD* **Yah Veh** gave unto them.
13 Now rise up, *said I*,
and *get* **pass** you over the *brook* **wadi** Zered. And
we *went* **passed** over the *brook* **wadi** Zered.
14 And the *space* **day**
in which we came from *Kadeshbarnea* **Qadesh
Barnea**, until we were *come* **passed** over the
brook **wadi** Zered, was thirty and eight years;
until all the generation of the men of war
were *wasted* **consumed** out from among the *host* **camp**,
as *the LORD sware* **Yah Veh oathed** unto them.
15 For indeed the hand of *the LORD* **Yah Veh**
was against them,
to *destroy* **agitate** them from among the
host **camp**, until they were consumed.
16 So **be** it *came to pass*,
when all the men of war were consumed
and *dead* **died** from among the people,
17 That *the LORD spake* **Yah Veh
worded** unto me, saying,
18 *Thou art to* pass over through Ar, the
coast **border** of Moab, this day:
19 And when thou *comest nigh* **approachest**
over against **opposite** the *children* **sons** of Ammon,
distress **besiege** them not, nor *meddle with* **throttle**
them: for I *will* **shall** not give thee of the land
of the *children* **sons** of Ammon any possession;
because I have given it unto the *children*
sons of Lot for a possession.
20 (That also was *accounted* **fabricated**
a land of *giants* **Rephaim**:
giants dwelt **Rephaim settled** therein
in old time **at their face**;
and the *Ammonites* **Ammoniy** call them
Zamzummims **Zamzomiym**;
21 A people great, and many, and *tall*
exalted, as the *Anakims* **Anakiy**;
but *the LORD destroyed* **Yah Veh desolated** them
before them **at their face**;
and they succeeded them, and *dwelt*
settled in their stead:
22 As he *did* **worked** to the *children* **sons** of *Esau* **Esav**,
which *dwelt* **settled** in Seir, when he
destroyed the *Horims* **Horim**
from *before them* **their face**;
and they succeeded them,
and *dwelt* **settled** in their stead even unto this day:
23 And the *Avims* **Avvim**
which *dwelt* **settled** in *Hazerim* **Haserim**,
even unto Azzah,
the *Caphtorims* **Kaphtorim**,
which came forth out of *Caphtor* **Kaphtor**,
destroyed them, and *dwelt* **settled** in their stead.)

Resume' Of The Defeat Of Sichon

24 Rise ye up *ta*, *ke your journey* **pulstakes**,
and pass over the *river* **wadi** Arnon: *behold*
see, I have given into thine hand
Sihon **Sichon** the *Amorite* **Emoriy**,

king **sovereign** of Heshbon, and his land:
begin to possess it,
and *contend with* **throttle** him in *battle* **war**.
25 This day *will* **shall** I begin
to *put* **give** the *dread* **fear** of thee and the *fear* **awe**
of thee upon the *nations* **face of the people**
that are under the whole *heaven* **of the heavens**, who
shall hear report of thee, and shall *tremble* **quiver**,
and *be in anguish because of thee* **writhe at thy face**.
26 And I sent *messengers* **angels**
out of the wilderness of *Kedemoth* **Qedemoth**
unto *Sihon king* **Sichon sovereign** of Heshbon
with words of *peace* **shalom**, saying,
27 Let me pass through thy land:
I *will* **shall** go along **the way** by the *high*
way, I *will* **shall** neither turn **aside**
unto the right *hand* nor to the left.
28 Thou shalt *sell* **market** me *meat* **kernels for my food**
for *money* **silver**, that I may eat;
and give me water for *money* **silver**, that I may drink:
only I *will* **shall** pass through on my feet;
29 (As the *children* **sons** of *Esau* **Esav**
which *dwell* **settle** in Seir,
and the *Moabites* **Moabiy** which *dwell* **settle** in Ar,
did **worked** unto me;)
until I shall pass over *Jordan* **Yarden** into the land
which *the LORD* **Yah Veh** our *God* **Elohim** giveth us.
30 But*Sihon*king**Sichonsovereign**ofHeshbon
would **willed to** not let us pass by him:
for *the LORD* **Yah Veh** thy *God* **Elohim** hardened his
spirit, and *made* **strengthened** his heart *obstinate*,
that he might *deliver* **give** him into thy hand,
as *appeareth* this day.
31 And *the LORD* **Yah Veh** said unto me, *Behold* **See**,
I have begun to give *Sihon* **Sichon** and his land
before thee **at thy face**:
begin to possess, that thou mayest
inherit **possess** his land.
32 Then*Sihon***Sichon**cameou*atgains*c**tonfronting**us,
he and all his people, to *fight* **war** at *Jahaz* **Yahsah**.
33 And*theLORD***YahVeh**our*God***Elohim**
delivered **gave** him *before us* **at our face**;
and we smote him, and his sons, and all his people.
34 And we *took* **captured** all his cities at that time,
and *utterly destroyed* **devoted** the **few** men,
and the women, and the *little ones* **toddlers**, of every
city, we left *none* **no survivors** to *remain* **survive**:
35 Only the *cattle* **animals**
we *took for a prey* **plundered** unto ourselves,
and the *spoil* **loot** of the cities which we *took* **captured**.
36 From Aroer,
which is by the *brink* **edge** of the *river* **wadi** of Arnon,
and from the city that is by the *river*
wadi, even unto *Gilead* **Gilad**,
there was not one city too *strong* **lofted** for
us: *the LORD* **Yah Veh** our *God* **Elohim**
delivered **gave** all *unto us* **at our face**:
37 Only unto the land of the *children* **sons** of
Ammon thou *camest* **approachest** not,
nor unto any *place* **hand** of the
river Jabbok **wadi Yabboq**,
nor unto the cities in the mountains,
nor unto whatsoever
the LORD **Yah Veh** our *God forbad*
Elohim misvahed us.

RESUME' OF THE DEFEAT OF OG

3 Then we turned **our face**,
and *went up* **ascended** the way to Bashan:
and Og the *king* **sovereign** of Bashan
came out *against* **confronting** us,
he and all his people, to *battle* **war** at Edrei.
2 And*theLORD***YahVeh**saiduntome,*Fear***Awe**himnot:
for I *will deliver* **shall give** him,
and all his people, and his land, into thy hand;
and thou shalt *do* **work** unto him
as thou *didst* **workedst** unto *Sihon* **Sichon**
king **sovereign** of the *Amorites* **Emoriy**,
which *dwelt* **settled** at Heshbon.
3 So *the LORD* **Yah Veh** our *God* **Elohim**
delivered **gave** into our hands Og also,
the *king* **sovereign** of Bashan, and all his people:
and we smote him until
none was left to him remaining **no survivors survived**.
4 And we *took* **captured** all his cities at that time,
there was not a city which we took not from them,
threescore **sixty** cities, all the *region*
boundaries of Argob,
the *kingdom* **sovereigndom** of Og in Bashan.
5 Allthesecitieswere*fenced***fortified**
with high walls, gates, and bars;
beside *unwalled towns* **suburban cities**
a great many **mightily abounding**.
6 And we *utterly destroyed* **devoted** them,
as we *did* **worked** unto *Sihon* **Sichon**
king **sovereign** of Heshbon,
utterly destroying **devoting** the **few** men,
women, and *children* **toddlers**, of every city.
7 Butallthe*catle***animals**,andthe*spo***loi***l***oot**ftheciites,
we *took for a prey* **plundered** to ourselves.
8 And we took at that time out of the hand

of the two *kings* **sovereigns** of the *Amorites* **Emoriy**
the land that was on this side *Jordan* **Yarden**, from
the *river* **wadi** of Arnon unto mount Hermon;
9 (WhichHermonthe*Sidonians***Sidoniy**calSiiron;
and the *Amorites* **Emoriy** call it Shenir;)
10 All the cities of the plain,
and all *Gilead* **Gilad**, and all Bashan,
unto Salchah and Edrei,
cities of the *kingdom* **sovereigndom** of Og in Bashan.
11 For only Og *king* **sovereign** of Bashan
remained **survived**
of the remnant of *giants* **Rephaim**;
behold his bedstead was a bedstead of iron;
is it not in *Rabbath* **Rabbah**
of the *children* **sons** of Ammon?
nine cubits was the length thereof,
and four cubits the breadth of it, after the cubit of a man.

RESUME' OF THE ALLOTMENT OF LAND

12 And this land, which we possessed at that time,
from Aroer, which is by the *river* **wadi** Arnon,
and half mount *Gilead* **Gilad**, and the cities thereof,
gave I unto the *Reubenites* **Reu Beniy**
and to the *Gadites* **Gadiy**.
13 And the *rest* **remainder** of *Gilead* **Gilad**, and all
Bashan, being the *kingdom* **sovereigndom** of Og,
gave I unto the half *tribe* **scion** of *Manasseh* **Menash
Sheh**; all the *region* **boundaries** of Argob, with all
Bashan, which was called the land of *giants* **Rephaim**.
14 *Jair* **Yair** the son of *Manasseh* **Menash Sheh**
took all the *country* **boundaries** of Argob
unto the *coasts* **borders** of *Geshuri* **the Geshuriy**
and *Maachathi Maachahiy*;
and called them after his own name,
Bashanhavothjair **Bashan Havoth Yair**, unto this day.
15 And I gave *Gilead* **Gilad** unto Machir.
16 And unto the *Reubenites* **Reu Beniy**
and unto the *Gadites* **Gadiy**
I gave from *Gilead* **Gilad** even unto the *river* **wadi** Arnon
half **midst** the *valley* **wadi**,
and the border even unto the *river Jabbok* **wadi Yabboq**,
which is the border of the *children* **sons** of Ammon;
17 The plain also, and *Jordan* **Yarden**,
and the *coast* **border** *thereof*,
from *Chinnereth* **Kinneroth** even
unto the sea of the plain,
even the salt sea,
under *Ashdothpisgah* **Ashdoth Pisgah**
eastward **toward the rising**.
18 AndI*commanded***misvahed**youathaitme,saying,
the LORD **Yah Veh** your *God* **Elohim**
hath given you this land to possess it: ye shall pass
over *armed* **equipped** *before* **at the face of** your
brethren the *children* **sons** of *Israel* **Yisra El**,
all that are *meet for the war* **sons of valour**.
19 But your *wives* **women**, and your *little ones*
toddlers, and your *cattle* **chattel**,
(for I know that ye have much *cattle* **chattel**,)
shall *abide* **settle** in your cities which I have given you;
20 Until *the LORD* **Yah Veh**
have given rest unto your brethren, as well as unto you,
and until they also possess the land which
the LORD **Yah Veh** your *God* **Elohim** hath
given them beyond *Jordan* **Yarden**:
and then shall ye return every man unto his
possession, which I have given you.

RESUME' OF YAH VEH'S FORBIDDING MOSHEH

21 And I *commanded Joshua* **misvahed Yah Shua**
at that time, saying, Thine eyes have seen
all that *the LORD* **Yah Veh** your *God* **Elohim**
hath *done* **worked** unto these two *kings* **sovereigns**:
so shall *the LORD do* **Yah Veh work**
unto all the *kingdoms* **sovereigndoms**
whither thou passest.
22 Ye shall not *fear* **awe** them:
for *the LORD* **Yah Veh** your *God* **Elohim**
he shall fight for you.
23 And I besought *the LORD* **Yah
Veh** at that time, saying,
24 O *Lord GOD* **Adonay Yah Veh**, thou hast begun to
shew **have** thy servant **see** thy greatness,
and thy *mighty* **strong** hand:
for what *God* **El** is there in *heaven* **the heavens** or in
earth, that can *do* **work** according to thy works,
and according to thy might?
25 I *pray* **beseech** thee, let me *go* **pass** over,
and see the good land that is beyond *Jordan*
Yarden, that goodly mountain, and Lebanon.
26 But *the LORD was wroth with*
Yah Veh passed over me
for your sakes **because of you**,
and *would not hear me* **heard me not**: and *the LORD*
Yah Veh said unto me, *Let it suffice thee* **Too much**;
speak no more **word not again**
unto me of this *matter* **word**.
27 *Get* **Ascend** thee *up* into the top of Pisgah,
and lift up thine eyes *westward* **seaward**,
and northward and southward,

and *eastward* **toward the rising,**
and *behold* **see** it with thine eyes:
for thou shalt not *go* **pass** over this *Jordan* **Yarden.**
28 But *charge Joshua* **misvah Yah Shua,**
and *encourage* **strengthen** him,
and *strengthen* **toughen** him:
for he shall *go* **pass** over *before* **at the face of** this
people, and he shall cause them to inherit the land
which thou shalt see.
29 So we *abode* **setled** in the valely
over against Bethpeor **opposite Beth Peor.**

MOSHEH LAYS OUT THE TORAH

4 Now therefore hearken, O *Israel* **Yisra El,**
unto the statutes and unto the judgments,
which I teach you, for to *do* **work** them, that ye may live,
and go in and possess the land
which *the LORD God* **Yah Veh Elohim**
of your fathers giveth you.
2 Ye shall not add unto the word
which I *command* **misvah** you, neither
shall ye diminish *ought* from it,
that ye may *keep* **guard** the *commandments* **misvoth**
of *the LORD* **Yah Veh** your *God* **Elohim**
which I *command* **misvah** you.
3 Your eyes have seen
what *the LORD did* **Yah Veh worked**
because of *Baalpeor* **Baal Peor:**
for all the men
that *followed Baalpeor* **went after Baal Peor,**
the LORD **Yah Veh** thy *God* **Elohim**
hath destroyed them from among yo u.
4 But ye that did *cleave* **adhere**
unto *the LORD* **Yah Veh** your *God* **Elohim**
are alive every one of you this day.
5 *Behold* **See,** I have taught you statutes and judgments,
even as *the LORD* **Yah Veh** my *God* **Elohim**
commanded **misvahed** me,
that ye should *do so in* **so work midst** the
land whither ye go to possess it.
6 *Keep* **Guard** *therefore* and *do* **work** them;
for this is your wisdom
and your *understanding* **discernment**
in the *sight* **eyes** of the *nations* **people,** which
shall hear all these statutes, and say,
Surely this great *nation* **goyim**
is a wise and *understanding* **discerning** people.
7 For what *nation* **goyim** is there so great,
who hath *God* **Elohim** so nigh unto them,
as *the LORD* **Yah Veh** our *God* **Elohim** is in all *things*
that we call upon him for?
8 And what *nation* **goyim** is there so great,
that hath statutes and judgments so *righteous* **just**
as all this *law* **torah,**
which I set *before you* **at your face** this day?
9 Only *take heed to* **guard** thyself,
and *keep* **guard** thy soul *diligently* **mightily,**
lest thou forget the *things* **words**
which thine eyes have seen,
and lest they *depart* **turn aside** from
thy heart all the days of thy life:
but teach them thy sons, and thy sons' sons;
10 *Specially* the day
that thou stoodest *before* **at the face of**
the LORD **Yah Veh** thy *God* **Elohim** in Horeb,
when *the LORD* **Yah Veh** said unto me, *Gather*
me **Congregate** the people *together,* and I
will **shall** make them hear my words,
that they may learn to *fear* **awe** me
all the days that they shall live upon the *earth* **soil,**
and that they may teach their *children* **sons.**
11 And ye *came near* **approached**
and stood under the mountain;
and the mountain *burned* **kindled** with fire
unto the *midst* **heart** of *heaven* **the heavens,**
with darkness, clouds, and *thick* **dripping** darkness.
12 And *the LORD spake* **Yah Veh worded**
unto you out of the midst of the fire:
ye heard the voice of the words, but saw no *similitude*
manifestation; *only ye heard* **except** a voice.
13 And he *declared* **told** unto you his covenant,
which he *commanded* **misvahed** you to *perform*
work, even ten *commandments* **words;**
and he *wrote* **inscribed** them upon
two *tables* **slabs** of stone.
14 And *the LORD commanded* **Yah Veh**
misvahed me at that time
to teach you statutes and judgments,
that ye might *do* **work** them
in the land whither ye *go* **pass** over to possess it.

MOSHEH WARNS AGAINST IDOLATRY

15 *Take ye therefore good heed unto yourselves*
Guard your souls mightily;
for ye saw no *manner of similitude* **manifestation**
on the day
that *the LORD spake* **Yah Veh worded** unto
you in Horeb out of the midst of the fire:
16 Lest ye *corrupt* **ruin** *yourselves,*
and *make* **work** you a *graven image* **sculptile,**

the *similitude* **manifestation** of any *figure* **figurine**,
the *likeness* **pattern** of male or female,
17 The *likeness* **pattern** of any *beast* **animal**
that is on the earth,
the *likeness* **pattern** of any winged fowl
that flieth in the *air* **heavens**,
18 The *likeness* **pattern** of *any thing* **aught**
that creepeth on the *ground* **soil**, the
likeness **pattern** of any fish
that is in the waters beneath the earth:
19 And lest thou lift up thine eyes
unto *heaven* **the heavens**,
and when thou seest the sun, and the moon, and
the stars, even all the host of *heaven* **the heavens**,
shouldest be driven to *worship* **prostrate**
to them, and serve them,
which *the LORD* **Yah Veh** thy *God* **Elohim**
hath *divided* **allotted** unto all *nations* **people**
under the whole *heaven* **of the heavens**.
20 But *the LORD* **Yah Veh** hath taken you,
and brought you forth out of the iron
furnace, even out of *Egypt* **Misrayim**,
to be unto him a people of inheritance, as ye are this day.
21 Furthermore *the LORD* **Yah Veh** was angry with me
for **because of** your *sakes* **words**,
and *sware* **oathed**
that I should not *go* **pass** over *Jordan* **Yarden**,
and that I should not go in unto that good
land, which *the LORD* **Yah Veh** thy *God*
Elohim giveth thee for an inheritance:
22 But I *must* die in this land,
I *must* **shall** not *go* **pass** over *Jordan* **Yarden**:
but ye shall *go* **pass** over, and possess that good land.
23 *Take heed* **Guard** unto yourselves,
lest ye forget the covenant
of *the LORD* **Yah Veh** your *God* **Elohim**,
which he *made* **cut** with you,
and *make* **work** you a *graven image* **sculptile**,
or *the likeness of any thing* **manifestation**,
which *the LORD* **Yah Veh** thy *God* **Elohim**
hath *forbidden* **misvahed** thee.
24 For *the LORD* **Yah Veh** thy *God* **Elohim**
is a consuming fire, *even* a jealous *God* **El**.
25 When thou shalt *beget children* **birth sons**,
and *children's children* **sons' sons**,
and ye shall have *remained long* **lingered** in the land,
and shall *corrupt* **ruin** *yourselves*, and
make a *graven image* **sculptile**,
or the *likeness of any thing* **manifestation**,
and shall *do* **work** evil
in the *sight* **eyes** of *the LORD* **Yah Veh** thy *God*
Elohim, to *provoke* **vex** him to *anger* **wrath**:
26 I call *heaven* **the heavens** and earth
to witness against you this day, that **in destructing,**
ye shall *soon utterly perish* **suddenly destruct**
from off the land
whereunto ye *go* **pass** over *Jordan* **Yarden** to possess it;
ye shall not prolong your days upon it,
but **in desolating,** shall *utterly be destroyed* **be desolated**.
27 And *the LORD* **Yah Veh** shall scatter
you among the nations,
and ye shall be *left few* **few men** in number
that survive among the *heathen* **people**, whither
the LORD **Yah Veh** shall *lead* **drive** you.
28 And there ye shall serve *gods* **elohim**,
the work of *men's* **human** hands, *wood* **timber** and stone,
which neither see, nor hear, nor eat, nor *smell* **scent**.
29 But if from thence
thou shalt seek *the LORD* **Yah Veh** thy
God **Elohim**, thou shalt find *him*,
if thou seek him with all thy heart and with all thy soul.
30 When thou art in tribulation,
and all these *things* **words** *are come*
upon **have found** thee,
even in the *latter* **final** days,
if thou turn to *the LORD* **Yah Veh** thy *God* **Elohim**,
and shalt *be obedient* **hearken** unto his voice;

YAH VEH, A MERCIFUL EL

31 (For *the LORD* **Yah Veh** thy *God* **Elohim**
is a merciful *God* **El**;)
he *will* **shall** not *forsake thee* **let thee**
loose, neither *destroy* **ruin** thee,
nor forget the covenant of thy fathers
which he *sware* **oathed** unto them.
32 For ask *now* **I beseech**,
of the *days that are past* **first days**, which
were *before thee* **at thy face**,
since the day that
God **Elohim** created *man* **humanity** upon the
earth, and *ask* from the *one side* **end** of *heaven* **the**
heavens unto the *other* **end of the heavens**,
whether there hath *been* **become** *any such thing*
as this great *thing* **word** is, or hath been heard like it?
33 Did ever people hear the voice of *God* **Elohim**
speaking **wording** out of the midst of the
fire, as thou hast heard, and live?
34 Or hath *God assayed* **Elohim tested**
to go and take him a *nation* **goyim**
from the midst of *another nation* **goyim**,

by *temptations* **testings**, by signs, and by *wonders*
omens, and by war, and by a *mighty* **strong** hand,
and by a *stretched out* **spread** arm,
and by great *terrors* **awesomenesses**,
according to all that *the LORD* **Yah**
Veh your *God* **Elohim**
did **worked** for you in *Egypt before*
Misrayim in your eyes?
35 *Unto thee it was shewed* **You have**
seen, that thou mightest know
that *the LORD* **Yah Veh** he is *God* **Elohim**;
there is none else beside him.
36 Out of *heaven* **the heavens**
he *made* **had** thee to hear his voice, that
he might *instruct* **discipline** thee:
and upon earth he *shewed* **had** thee **to see** his great fire;
and thou heardest his words out of the midst of the fire.
37 And because he loved thy fathers,
therefore he chose their seed after them, and
brought thee out *in his sight* **at his face**
with his mighty *power* **force** out of *Egypt* **Misrayim**;
38 To *drive out nations* **dispossess goyim**
from *before thee* **thy face**
greater and mightier than thou art,
to bring thee in, to give thee their land
for an inheritance, as it is this day.
39 Know therefore this day,
and *consider it* **let it return** in thine
heart, that *the LORD* **Yah Veh**
he is *God* **Elohim** in *heaven* **the heavens** above,
and upon the earth beneath: there is none else.
40 Thou shalt *keep* **guard** therefore his statutes,
and his *commandments* **misvoth**,
which I *command* **misvah** thee this day,
that it may *go well with* **well—please** thee,
and with thy *children* **sons** after thee,
and that thou mayest prolong thy
days upon the *earth* **soil**,
which *the LORD* **Yah Veh** thy *God* **Elohim** giveth thee,
for ever **all days**.

MOSHEH SEPARATES CITIES OF REFUGE

41 Then*Mosessevered***Moshehseparated**threeciites
on this side *Jordan* **Yarden** toward the sunrising;
42 Thatthe*slayer***murderer**mighltfeethither,
which should *kill* **murder** his *neighbour* **friend**
unawares **unknowingly**,
and hated him not *in times past* **three yesters ago**;
and that fleeing unto one of these cities he might live:
43 *Namely*, *Bezer* **Beser** in the wilderness,
in the plain *country* **land**, of the *Reubenites* **Reu Beniy**;
and Ramoth in *Gilead* **Gilad**, of the *Gadites* **Gadiy**;
and Golan in Bashan, of the *Manassites* **Menash Shehiy**.

RESUME' OF THE TORAH

44 Andthisisthe*law***torah**which*Moses***Mosheh**set
before **at the face of** the *children* **sons** of *Israel* **Yisra El**:
45 Thesearethe*testimonies***witnesses**,
and the statutes, and the judgments,
which *Moses spake* **Mosheh worded**
unto the *children* **sons** of *Israel* **Yisra El**, after
they came forth out of *Egypt* **Misrayim**.
46 On this side *Jordan* **Yarden**,
in the valley *over against Bethpeor* **opposite**
Beth Peor, in the land of *Sihon* **Sichon**
king **sovereign** of the *Amorites* **Emoriy**, who *dwelt*
settled at Heshbon, whom *Moses* **Mosheh**
and the *children* **sons** of *Israel* **Yisra El** smote, after
they were come forth out of *Egypt* **Misrayim**:
47 And they possessed his land,
and the land of Og *king* **sovereign** of Bashan,
two *kings* **sovereigns** of the *Amorites* **Emoriy**,
which were on this side *Jordan* **Yarden**
toward the sunrising;
48 From Aroer,
which is by the *bank* **edge** of the *river* **wadi** Arnon,
even unto mount Sion, which is Hermon,
49 Andaltheplainonthiside*Jordan***Yarden**
eastward **toward the rising**,
even unto the sea of the plain, under
the springs of Pisgah.

RESUME' OF STATUTES AND JUDGMENTS

5 And *Moses* **Mosheh** called all *Israel* **Yisra El**,
and said unto them, Hear, O *Israel* **Yisra El**,
the statutes and judgments
which I *speak* **word** in your ears this
day, that ye may learn them,
and *keep* **guard**, *and do* **work** them.
2 *TheLORD***YahVeh**our*God***Elohim**
made **cut** a covenant with us in Horeb.
3 *TheLORDmade***YahVehcu**ntothiscovenant
with our fathers, but with us,
even us, who are all of us here alive this day.
4 *The LORD talked* **Yah Veh worded** with you
face to face in the mount out of the midst of the fire,
5 (I stood between *the LORD* **Yah**
Veh and you at that time,
to *shew* **tell** you the word of *the LORD* **Yah Veh**:

for ye *were afraid by reason* **awed at the face** of the fire,
and *went* **ascended** not *up* into the mount;) saying,
6 *I am the LORD thy God* **I — Yah Veh thy Elohim,**
which brought thee out of the land of *Egypt*
Misrayim, from the house of *bondage* **servants.**
7 Thou shalt have none other *gods* **elohim**
before **in fron of** me.
8 Thou shalt not
make **work** thee any *graven image* **sculptile,**
or any *likeness of any thing* **manifestation**
that is in *heaven* **the heavens** above,
or that is in the earth beneath,
or that is in the waters beneath the earth:
9 Thou shalt not
bow down **prostrate** *thyself* unto them, nor serve them:
for *I the LORD thy God* **I — Yah Veh thy Elohim**
am a jealous *God* **El,**
visiting the *iniquity* **perversity** of the
fathers upon the *children* **sons**
unto the third and fourth *generation*
of them that hate me,
10 And*shewing***working**mercy
unto thousands of them that love me
and *keep* **guard** my *commandments* **misvoth.**
11 Thou shalt not
take **bear** the name of *the LORD*
Yah Veh thy *God* **Elohim**
in *vain* **defamation:**
for *the LORD* **Yah Veh**
will **shall** not *hold him guiltless* **exonerate him**
that *taketh* **beareth** his name in *vain* **defamation.**
12 *Keep* **Guard** the *sabbath* **shabbath** day
to *sanctify* **hallow** it,
as *the LORD* **Yah Veh** thy *God* **Elohim**
hath *commanded* **misvahed** thee.
13 Six days thou shalt *labour* **serve,**
and *do* **work** all thy work:
14 But the seventh day is the *sabbath* **shabbath**
of *the LORD* **Yah Veh** thy *God* **Elohim:**
in it thou shalt not *do* **work** any work,
thou, nor thy son, nor thy daughter,
nor thy *manservant* **servant**, nor thy *maidservant* **maid,**
nor thine ox, nor thine *ass* **he burro,**
nor any of thy *cattle* **animals,**
nor thy *stranger* **sojourner** that is
within thy *gates* **portals;**
that thy *manservant* **servant** and thy *maidservant* **maid**
may rest as well as thou.
15 And remember that thou wast a servant
in the land of *Egypt* **Misrayim,**
and that *the LORD* **Yah Veh** thy *God* **Elohim**
brought thee out thence through a *mighty* **strong** hand
and by a *stretched out* **spread** arm:
therefore *the LORD* **Yah Veh** thy *God* **Elohim**
commanded **misvahed** thee
to *keep* **guard** the *sabbath* **shabbath** day.
16 Honour thy father and thy mother, as *the*
LORD **Yah Veh** thy *God* **Elohim**
hath *commanded* **misvahed** thee;
that thy days may be prolonged,
and that it may *go well with* **well—please** thee,
in the *land* **soil**
which *the LORD* **Yah Veh** thy *God* **Elohim** giveth thee.
17 Thou shalt not *kill* **murder.**
18 Neither shalt thou *commit adultery* **adulterize.**
19 Neither shalt thou steal.
20 Neither shalt thou *bear false* **answer a vain** witness
against thy *neighbour* **friend.**
21 Neither shalt thou desire
thy *neighbour's wife* **friend's woman,**
neither shalt thou *covet* **desire**
thy *neighbour's* **friend's** house,
his field, or his *manservant* **servant,**
or his *maidservant* **maid**, his ox, or his *ass* **he burro,**
or *any thing* **aught** that is thy *neighbour's* **friend's.**
22 These words *the LORD spake* **Yah Veh worded**
unto all your *assembly* **congregation**
in the mount out of the midst of the fire,
of the cloud, and of the *thick* **dripping** darkness,
with a great voice: and he added *no more* **not.**
And he *wrote* **inscribed** them in two *tables* **slabs**
of stone, and *delivered* **gave** them unto me.
23 And **so be** it *came to pass,*
when ye heard the voice out of the midst of the
darkness, (for the mountain *did burn* **kindled** with fire,)
that ye *came near unto* **approached** me,
even all the heads of your *tribes* **scions**, and your elders;
24 And ye said, Behold,
the LORD **Yah Veh** our *God* **Elohim**
hath *shewed* us **see** his *glory* **honour** and his
greatness, and we have heard his voice out of
the midst of the fire: we have seen this day
that *God doth talk* **Elohim wordeth** with
man **humanity**, and he liveth.
25 Now therefore why should we die?
for this great fire *will* **shall** consume us:
if we hear the voice
of *the LORD* **Yah Veh** our *God any more*
Elohim again, then we shall die.
26 For who is there of all flesh,

that hath heard the voice of the living *God* **Elohim**
speaking **wording** out of the midst of
the fire, as we have, and lived?
27 Go thou near, and hear all
that *the LORD* **Yah Veh** our *God* **Elohim** shall say:
and *speak* **word** thou unto us
all that *the LORD* **Yah Veh** our *God* **Elohim**
shall *speak* **word** unto thee;
and we *will* **shall** hear it, and *do* **work** it.
28 And*the LORD***Yah Veh**heard the voice of your words,
when ye *spake* **worded** unto me;
and *the LORD* **Yah Veh** said unto me,
I have heard the voice of the words of this
people, which they have *spoken* **worded** unto
thee: they have well—**pleasingly** said
all that they have *spoken* **worded**.
29 O **give** that there were such an heart in them,
that they *would fear* **should awe** me,
and *keep* **guard** all my *commandments* **misvoth** *always*
all days, that it might *be well with* **well—please** them,
and with their *children for ever* **sons eternally**!
30 Go say to them, *Get* **Return** you into your tents *again*.
31 But as for thee, stand thou here by me,
and I *will speak* **shall word** unto thee
all the *commandments* **misvoth**,
and the statutes, and the judgments,
which thou shalt teach them,
that they may *do* **work** them
in the land which I give them to possess it.
32 Ye shall *observe* **guard** to *do* **work** *therefore*
as *the LORD* **Yah Veh** your *God* **Elohim**
hath *commanded* **misvahed** you:
Ye shall not turn aside to the right *hand* or to the left.
33 ye shall walk in all the ways
which *the LORD* **Yah Veh** your *God* **Elohim**
hath *commanded* **misvahed** you,
that ye may live, and that it may be *well* **good**
with you, and that ye may prolong your days
in the land which ye shall possess.

6 Now these are the *commandments* **misvoth**,
the statutes, and the judgments,
which *the LORD* **Yah Veh** your *God* **Elohim**
commanded **misvahed** to teach you,
that ye might *do* **work** them
in the land whither ye *go* **pass over** to possess it:
2 That thou mightest *fear* **awe**
the LORD **Yah Veh** thy *God* **Elohim**,
to *keep* **guard** all his statutes
and his *commandments* **misvoth**,
which I *command* **misvah** thee, thou, and thy
son, and thy son's son, all the days of thy life;
and that thy days may be prolonged.
3 Hear *therefore*, O *Israel* **Yisra El**, and
observe **guard** to *do* **work** it;
that it may *be well with* **well—please** thee,
and that ye may *increase* **abound** mightily,
as *the LORD God* **Yah Veh Elohim** of thy
fathers hath *promised* **worded unto** thee,
in the land that floweth with milk and honey.
4 Hear, O *Israel* **Yisra El**:
The LORD **Yah Veh** our *God* **Elohim**
is one *LORD* **Yah Veh**:
5 And thou shalt love *the LORD*
Yah Veh thy *God* **Elohim**
with all thine heart, and with all thy
soul, and with all thy might.
6 And these words,
which I *command* **misvah** thee this
day, shall be in thine heart:
7 And thou shalt *teach* **point** them *diligently*
unto thy *children* **sons**,
and shalt *talk* **word** of them when thou sittest
in thine house, and when thou walkest by
the way, and when thou liest down,
and when thou risest up.
8 And thou shalt bind them for a sign
upon thine hand, and they shall be
as frontlets **phylacteries** between thine eyes.
9 And thou shalt *write* **inscribe** them
upon the posts of thy house, and on thy *gates* **portals**.
10 And it shall be,
when *the LORD* **Yah Veh** thy *God* **Elohim**
shall have brought thee into the land which
he *sware* **oathed** unto thy fathers,
to Abraham, to *Isaac* **Yischaq**, and to *Jacob*
Yaaqov, to give thee great and goodly cities,
which thou buildedst not,
11 And houses full of all good *things*,
which thou filledst not,
and wells *digged* **hewn**,
which thou *diggedst* **hewest** not, vineyards
and olive trees, which thou plantedst not;
when thou shalt have eaten and be *full* **satiated**;
12 Then *beware* **guard** lest thou forget *the LORD*
Yah Veh, which brought thee forth
out of the land of *Egypt* **Misrayim**,
from the house of *bondage* **servants**.
13 Thou shalt *fear* **awe** *the LORD*
Yah Veh thy *God* **Elohim**,

and serve him, and shalt *swear* **oath** by his name.
14 Ye shal not go after other *gods* **elohim**,
of the *gods* **elohim** of the people
which are round about you;
15 (For *the LORD* **Yah Veh** thy *God* **Elohim**
is a jealous *God* **El** among you)
lest the *anger* **wrath** of *the LORD*
Yah Veh thy *God* **Elohim**
be kindled against thee,
and destroy thee from off the face of the *earth* **soil.**
16 Ye shall not *tempt* **test**
the LORD **Yah Veh** your *God* **Elohim,**
as, **in testing** ye *tempted* **tested** him *in Massah.*
17 **In guarding** y, e shad *diligently keep* **guard**
the *commandments* **misvoth**
of *the LORD* **Yah Veh** your *God* **Elohim,**
and his *testimonies* **witnesses,** and his statutes,
which he hath *commanded* **misvahed** thee.
18 *And* thou shalt *do* **work**
that which is *right* **straight** and good in
the *sight* **eyes** of *the LORD* **Yah Veh**:
that it may *be well with* **well—please** thee,
and that thou mayest go in and possess the good land
which *the LORD sware* **Yah Veh oathed** unto thy fathers.
19 To *cast out* **expel** all thine enemies
from *before thee* **thy face,**
as *the LORD* **Yah Veh** hath *spoken* **worded.**
20 And when thy son asketh thee
in time to come **on the morrow,** saying,
What mean the *testimonies* **witnesses,**
and the statutes, and the judgments,
which *the LORD* **Yah Veh** our *God* **Elohim**
hath *commanded* **misvahed** you?
21 Then thou shalt say unto thy son,
We were *Pharaoh's bondmen* **Paroh's servants**
in *Egypt* **Misrayim;**
and *the LORD* **Yah Veh** brought
us out of *Egypt* **Misrayim**
with a *mighty* **strong** hand:
22 And *the LORD* **Yah Veh**
shewed **gave** signs and *wonders* **omens,**
great and *sore* **evil,**
upon *Egypt* **Misrayim,** upon *Pharaoh* **Paroh,**
and upon all his household, *before* **in fron of** our eyes:
23 And he brought us out from thence,
that he might bring us in, to give us the land
which he *sware* **oathed** unto our fathers.
24 And *the LORD commanded* **Yah Veh misvahed** us
to *do* **work** all these statutes,
to *fear the LORD* **awe Yah Veh** our *God*
Elohim, for our good *always* **all days,**
that he might preserve us alive, as it is at this day.
25 And it shal be our *righteousness* **justness,**
if we *observe* **guard** to *do* **work**
all these *commandments* **misvoth**
before the LORD **at the face of Yah Veh** our *God* **Elohim,**
as he hath *commanded* **misvahed** us.

THE TORAH ON MINGLING

7 When *the LORD* **Yah Veh** thy *God* **Elohim**
shall bring thee into the land whither
thou goest to possess it,
and hath *cast* **plucked** *out* many *nations* **goyim**
before thee **at thy face,**
the *Hittites* **Hethiy,** and the *Girgashites* **Girgashiy**
and the *Amorites* **Emoriy,** and the *Canaanites*
Kenaaniy, and the *Perizzites* **Perizziy,** and the
Hivites **Hivviy,** and the *Jebusites* **Yebusiy,**
seven *nations* **goyim** greater and mightier than thou;
2 And when *the LORD* **Yah Veh** thy *God* **Elohim**
shall *deliver* **give** them *before thee* **at thy face;**
thou shalt smite them,
and *utterly destroy* **in devoting, devote** them;
thou shalt *make* **cut** no covenant with them,
nor *shew mercy* **grant charism** unto them:
3 Neither shal*th tou make mariages*
intermary with them;
thy daughter thou shalt not give unto his son,
nor his daughter shalt thou take unto thy son.
4 For they *will* **shall** turn *away* **aside** thy son
from following me,
that they may serve other *gods* **elohim:**
so *will* **shall** the *anger* **wrath** of *the LORD* **Yah Veh**
be kindled against you, and destroy thee suddenly.
5 But thus shall ye *deal* **work** with them;
ye shall *destroy* **pull down** their **sacrifice** altars,
and break down their *images* **monoliths,**
and cut down their *groves* **asherim,**
and burn their *graven images* **sculptiles** with fire.
6 For thou art an holy people
unto *the LORD* **Yah Veh** thy *God* **Elohim:**
the LORD **Yah Veh** thy *God* **Elohim** hath chosen
thee to be a *special* **peculiar** people unto himself,
above all people that are upon the face of the *earth* **soil.**
7 *The LORD* **Yah Veh**
did not *set his love upon* **attach himself to** you,
nor *choose* **chose** you,
because ye were more *in number* **abundant**
than any people;

for ye were the fewest of all people:
8 But because *the LORD loved* **of Yah Veh's love to** you,
and because he *would keep* **should guard** the oath
which he had *sworn* **oathed** unto your fathers,
hath *the LORD* **Yah Veh** brought you
out with a *mighty* **strong** hand,
and redeemed you out of the house of *bondmen*
servants, from the hand of *Pharaoh* **Paroh**
king **sovereign** of *Egypt* **Misrayim**.
9 Know therefore that *the LORD* **Yah Veh**
thy *God* **Elohim**, he is *God* **Elohim**, the
faithful God **trustworthy El**, which *keepeth*
guardeth covenant and mercy
with them that love him
and *keep* **guard** his *commandments* **misvoth**
to a thousand generations;
10 And *repayeth* **doth shalam** them
that hate him to their face, to destroy them:
he *will* **shall** not *be slack* **delay** to him that hateth
him, he *will repay* **shall shalam** him to his face.
11 Thou shalt *therefore*
keep **guard** the *commandments* **misvoth**,
and the statutes, and the judgments,
which I *command* **misvah** thee
this day, to *do* **work** them.
12 Wherefore **so be** it *shall come to pass*,
if **because** ye hearken to these judgments,
and *keep* **guard**, and *do* **work** them, that
the LORD **Yah Veh** thy *God* **Elohim**
shall *keep* **guard** unto thee the covenant and the
mercy which he *sware* **oathed** unto thy fathers:
13 And he *will* **shall** love thee, and bless
thee, and *multiply* **abound** thee:
he *will* **shall** also bless the fruit of thy *womb*
belly, and the fruit of thy *land* **soil**,
thy *corn* **crop**, and thy *wine* **juice**, and thine
oil, the *increase* **fetus** of thy *kine* **yoke**,
and the *flocks* **riches** of thy *sheep* **flocks**,
in the *land* **soil** which he *sware* **oathed**
unto thy fathers to give thee.
14 Thou shalt be blessed above all people:
there shall not be male **sterile** or female *barren* **sterile**
among you, or among your *cattle* **animals**.
15 And *the LORD* **Yah Veh**
will take **shall turn** away from thee all
sickness, and *will* **shall** put none
of the evil diseases of *Egypt* **Misrayim**,
which thou knowest, upon thee;
but *will lay* **shall give** them upon all them that hate thee.
16 Andthoushaltconsumealthepeople
which *the LORD* **Yah Veh** thy *God* **Elohim**
shall *deliver* **give** thee;
thine eye shall *have no pity upon* **not spare** them:
neither shalt thou serve their *gods* **elohim**;
for that *will* **shall** be a snare unto thee.
17 If thou shalt say in thine heart,
These *nations* **goyim** are *more* **greater** than I;
how can I dispossess them?
18 Thou shalt not *be afraid of* **awe** them:
but shalt well remember
what *the LORD* **Yah Veh** thy *God* **Elohim**
did **worked** unto *Pharaoh* **Paroh**, and
unto all *Egypt* **Misrayim**;
19 The great *temptations* **testings** which thine eyes saw,
and the signs, and the *wonders* **omens**,
and the *mighty* **strong** hand,
and the *stretched out* **spread** arm, whereby
the LORD **Yah Veh** thy *God* **Elohim**
brought thee out:
so shall *the LORD* **Yah Veh** thy *God* **Elohim**
do **work** unto all the people
of whom thou art afraid **whose face thou awest**.
20 *Moreover the LORD* **Yah Veh** thy *God* **Elohim**
will **shall** send the hornet among them,
until they that *are left* **survive**,
and hide themselves from *thee* **thy face**, be destroyed.
21 Thou shalt not be *affrighted*
terrified at *them* **their face**:
for *the LORD* **Yah Veh** thy *God* **Elohim** is among
you, a *mighty God* **great El** and *terrible* **awesome**.
22 And*theLORD***YahVeh**thy*God***Elohim**
will put out **shall pluck** those *nations* **goyim**
before thee **from thy face** *by little and little*
bit by bit: thou mayest not **be able**
consume them at once **to finish them off**
suddenly, lest the *beasts* **live beings** of the
field *increase* **abound** upon thee.
23 But *the LORD* **Yah Veh** thy *God* **Elohim**
shall *deliver* **give** them unto *thee* **thy**
face, and shall *destroy* **quake** them
with a *mighty destruction* **great confusion**,
until they be *destroyed* **desolated**.
24 And he shall *deliver* **give** their *kings* **sovereigns**
into thine hand,
and thou shalt destroy their name from under
heaven **the heavens**: there shall no man be
able to stand *before thee* **at thy face**,
until thou have *destroyed* **desolated** them.
25 The *graven images* **sculptiles** of their *gods* **elohim**
shall ye burn with fire:

thou shalt not desire the silver or gold that is on them,
nor take it unto thee, lest thou be snared therein:
for it is an *abomination* **abhorrence**
to *the LORD* **Yah Veh** thy *God* **Elohim.**
26 Neither shalt thou bring an *abomination* **abhorrence**
into thine house,
lest thou be *a cursed thing* **devoted** like it:
but **in abominating,** thou shalt *utterly detest* **abominate**
it, and **in abhorring,** thou shalt *utterly* abhor it;
for it is *a cursed thing* **devoted.**

GUARDING THE MISVOTH

8 All the *commandments* **misvoth**
which I *command* **misvah** thee this day
shall ye *observe* **guard** to *do* **work**, that ye may live,
and *multiply* **abound**, and go in and possess the land
which *the LORD sware* **Yah Veh**
oathed unto your fathers.
2 And thou shalt remember all the way which
the LORD **Yah Veh** thy *God* **Elohim**
led **carried** thee these forty years in the wilderness,
to humble thee, and to *prove* **test** thee, to know
what was in thine heart, whether thou *wouldest*
keep **guard** his *commandments* **misvoth**, or no.
3 And he humbled thee,
and *suffered* **famished** thee *to hunger*,
and fed thee with manna, which thou knewest
not, neither did thy fathers know;
that he might make **known to** thee *know*
that *man* **humanity** doth not live by
bread only, but by *every word* **all**
that proceedeth out of the mouth of *the LORD* **Yah Veh**
doth *man* **humanity** live.
4 Thy *raiment* **clothes**
waxed not old **neither wore out** upon thee,
neither did thy foot swell, these forty years.
5 Thou shalt also consider in thine heart, that,
as a man *chasteneth* **disciplineth** his son,
so *the LORD* **Yah Veh** thy *God* **Elohim**
chasteneth **disciplineth** thee.
6 *Therefore* thou shalt *keep* **guard** the
commandments **misvoth**
of *the LORD* **Yah Veh** thy *God* **Elohim,**
to walk in his ways, and to *fear* **awe** him.
7 For *the LORD* **Yah Veh** thy *God* **Elohim**
bringeth thee into a good land,
a land of *brooks* **wadies** of water, of
fountains and *depths* **abysses**
that spring out of valleys and *hills* **mountains**;
8 A land of wheat, and barley,
and vines, and *fig trees* **figs**, and pomegranates;
a land of oil olive, and honey;
9 A land wherein thou shalt eat bread
without *scarceness* **poverty**,
thou shalt not lack *any thing* **aught** in it;
a land whose stones are iron,
and out of whose *hills* **mountains**
thou mayest *dig brass* **hew copper.**
10 When thou hast eaten and art *full* **satiated,**
then thou shalt bless *the LORD* **Yah Veh** thy *God* **Elohim**
for the good land which he hath given thee.
11 *Beware* **Guard** that thou forget not
the LORD **Yah Veh** thy *God* **Elohim,**
in not *keeping* **guarding** his *commandments*
misvoth, and his judgments, and his statutes,
which I *command* **misvah** thee this day:
12 Lest when thou hast eaten and art *full* **satiated,**
and hast built goodly houses, and *dwelt* **settled** *therein*;
13 And when thy *herds* **oxen** and thy flocks
multiply **abound,**
and thy silver and thy gold *is multiplied* **aboundeth,**
and all that thou hast *is multiplied* **aboundeth;**
14 Then thine heart be lifted up,
and thou forget *the LORD* **Yah Veh** thy *God*
Elohim, which brought thee forth
out of the land of *Egypt* **Misrayim,**
from the house of *bondage* **servants;**
15 Who *led* **carried** thee through
that great and *terrible* **awesome** wilderness, wherein
were *fiery* **seraph** serpents, and scorpions,
and *drought* **thirst**, where there was no water;
who brought thee forth water out of the rock of flint;
16 Who fed thee in the wilderness with
manna, which thy fathers knew not,
that he might humble thee,
and that he might *prove* **test** thee,
to *do* **well—please** thee *good* at thy latter end;
17 And thou say in thine heart,
My *power* **force** and the might of mine hand
hath *gotten* **worked** me this *wealth* **valour.**
18 But thou shalt remember
the LORD **Yah Veh** thy *God* **Elohim:**
for it is he that giveth thee *power* **force**
to *get wealth* **work valour,**
that he may *establish* **raise** his covenant
which he *sware* **oathed** unto thy fathers, as it is this day.
19 And it shall be,
if **in forgetting,** thou *do at all* forget
the LORD **Yah Veh** thy *God* **Elohim,**

and walk after other *gods* **elohim**, and serve
them, and *worship* **prostrate to** them,
I *testify* **witness** against you this day
that **in destructing,** ye shall *surely perish* **destruct**.
20 As the *nations* **goyim**
which *the LORD* **Yah Veh** destroyeth
before your face **at thy face**, so shall ye *perish* **destruct**;
because ye *would not be obedient* **hearkened not**
unto the voice of *the LORD* **Yah Veh** your *God* **Elohim**.

RESUME' OF THE INTERVENTIONS OF YAH VEH

9 Hear, O *Israel* **Yisra El**:
Thou art to pass over *Jordan* **Yarden** this
day, to go in to possess *nations* **goyim**
greater and mightier than thyself,
cities great and *fenced* **fortified** up
to *heaven* **the heavens**,
2 A people great and *tall* **exalted**,
the *children* **sons** of the *Anakims* **Anakiy**,
whom thou — **thou** knowest,
and of whom thou — **thou** hast
heard *say*, Who can stand
before **at the face of** the *children* **sons** of Anak!
3 *Understand* **Know** therefore this day, that
the LORD **Yah Veh** thy *God* **Elohim**
is he which *goeth* **passeth** over *before* thee **at thy face**;
as a consuming fire he shall *destroy* **desolate** them,
and he shall *bring* **subdue** them *down before* **at** thy
face: *so* **thus** shalt thou *drive* **dispossess** them *out*,
and destroy them *quickly* **suddenly**,
as *the LORD* **Yah Veh** hath *said* **worded** unto thee.
4 *Speak* **Say** not thou in thine heart,
after that *the LORD* **Yah Veh** thy *God* **Elohim**
hath *cast* **expelled** them *out* from *before thee* **thy**
face, saying, For my *righteousness* **justness**
the *LORD* **Yah Veh** hath brought me in
to possess this land:
but for the wickedness of these *nations* **goyim**
the LORD doth drive **Yah Veh dispossesseth** them *out*
from *before thee* **thy face**.
5 Not for thy *righteousness* **justness**,
or for the *uprightness* **straightness** of thine
heart, dost thou go to possess their land:
but for the wickedness of these *nations* **goyim**
the LORD **Yah Veh** thy *God* **Elohim** *doth drive*
dispossesseth them *out* from *before thee* **thy face**,
and that he may *perform* **raise** the word
which *the LORD sware* **Yah Veh oathed** unto thy
fathers, Abraham, *Isaac* **Yischaq**, and *Jacob* **Yaaqov**.
6 Understand therefore,
that *the LORD* **Yah Veh** thy *God* **Elohim**
giveth thee not this good land to possess
it for thy *righteousness* **justness**;
for thou art a *stiffnecked* **hard necked** people.

RESUME' OF IDOLATRIES

7 Remember, and forget not, how
thou *provokedst* **enragedst**
the LORD thy God to wrath **Yah Veh thy Elohim**
in the wilderness:
from the day that thou
didst depart out of the land of *Egypt*
Misrayim, until ye came unto this place,
ye have been rebellious against *the LORD* **Yah Veh**.
8 Also in Horeb
ye *provoked the LORD* **enraged Yah Veh** *to wrath*,
so that *the LORD* **Yah Veh** was angry with
you to have *destroyed* **desolated** you.
9 When I *was gone up* **ascended** into the mount
to *receive* **take** the *tables* **slabs** of stone,
even the *tables* **slabs** of the covenant which
the LORD made **Yah Veh cut** with you,
then I *abode* **settled** in the mount
forty days and forty nights,
I neither did eat bread nor drink water:
10 And *the LORD delivered* **Yah Veh gave** unto me
two *tables* **slabs** of stone
written **inscribed** with the finger of *God* **Elohim**;
and on them *was written* according to all the words,
which *the LORD spake* **Yah Veh worded** with
you in the mount out of the midst of the fire
in the day of the *assembly* **congregation**.
11 And **so be** it *came to pass*
at the end of forty days and forty
nights, that *the LORD* **Yah Veh**
gave me the two *tables* **slabs** of stone, even
the *tables* **slabs** of the covenant.
12 And *the LORD* **Yah Veh** said unto me, Arise,
get thee down quickly **descend suddenly** from hence;
for thy people
which thou hast brought forth out of *Egypt* **Misrayim**
have *corrupted* **ruined** *themselves*;
they are *quickly* **suddenly** turned aside
out of the way which I *commanded* **misvahed** them;
they have *made* **worked** them a molten *image*.
13 *FurthermoretheLORDspake***YahVehsaid**untome,
saying, I have seen this people, and, behold,
it is a *stiffnecked* **hard necked** people:
14 Let me alone, that I may *destroy* **desolate** them,

and *blot* **wipe** out their name from under *heaven*
the heavens: and I *will make* **shall work** of thee a
nation **goyim** mightier and greater than they.
15 So I turned **my face**
and *came down* **descended** from the mount, and
the mount *burned* **kindled** with fire: and the two
tables **slabs** of the covenant were in my two hands.
16 And I *looked* **saw**, and, behold,
ye had sinned
against *the LORD* **Yah Veh** your *God* **Elohim**,
and had *made* **worked** you a molten calf:
ye had turned aside *quickly* **suddenly** out
of the way which *the LORD* **Yah Veh**
had *commanded* **misvahed** you.
17 And I *took* **manipulated** the two *tables* **slabs**,
and cast them out of my two hands,
and brake them *before* **in fron of** your eyes.
18 And I fell down
before the LORD **at the face of Yah Veh**,
as at the first, forty days and forty nights: I
did neither eat bread, nor drink water,
because of all your sins which ye sinned,
in *doing wickedly* **working evil**
in the *sight* **eyes** of *the LORD* **Yah Veh**,
to *provoke him to anger* **vex him**.
19 For I was afraid *of* **to face**
the *anger* **wrath** and *hot displeasure* **fury**,
wherewith *the LORD* **Yah Veh**
was *wroth* **enraged** against you to *destroy* **desolate** you.
But *the LORD* **Yah Veh**
hearkened unto me at that time also.
20 And *the LORD* **Yah Veh**
was *very* **mighty** angry with *Aaron* **Aharon**
to have *destroyed* **desolated** him:
and I prayed for *Aaron* **Aharon** also the same time.
21 And I took your sin,
the calf which ye had *made* **worked**,
and burnt it with fire, and *stamped* **crushed**
it, and ground it *very small* **well**,
even until it was *as small* **pulverized** as dust:
and I cast the dust thereof into the *brook*
wadi that descended out of the mount.
22 AndatTaberah,andat*Massah***Testing**,
and at *Kibrothhattaavah* **Qibroth Hat Taavah**,
ye *provoked the LORD to wrath* **enraged Yah Veh**.
23 Likewisewhen*theLORD***YahVeh**sentyou
from *Kadeshbarnea* **Qadesh Barnea**,
saying, *Go up* **Ascend**
and possess the land which I have given you; then
ye rebelled against the *commandment* **mouth**
of *the LORD* **Yah Veh** your *God* **Elohim**,
and ye *believed* **trusted** him not,
nor hearkened to his voice.
24 Ye have been rebellious against *the LORD* **Yah Veh**
from the day that I knew you.
25 Thus I fell down
before the LORD **at the face of Yah Veh**
forty days and forty nights, as I fell down *at the first*;
because *the LORD* **Yah Veh** had said
he would destroy **to desolate** you.
26 I prayed therefore unto *the LORD* **Yah Veh**,
and said, O *Lord GOD* **Adonay Yah Veh**,
destroy **ruin** not thy people and thine inheritance,
which thou hast redeemed through thy greatness,
which thou hast brought forth out of *Egypt* **Misrayim**
with a *mighty* **strong** hand.
27 Remember thy servants,
Abraham, *Isaac* **Yischaq**, and *Jacob* **Yaaqov**;
look **turn** not **your face**
unto the stubbornness of this people, nor
to their wickedness, nor to their sin:
28 Lest the land whence thou broughtest
us out say, Because *the LORD* **Yah**
Veh was not able to bring them
into the land which he *promised* **worded** them,
and because *he hated them* **of his hatred**,
he hath brought them out
to *slay* **deathify** them in the wilderness.
29 Yetheyarethypeoplcandthineinheritance,
which thou broughtest out
by thy *mighty power* **great force**
and by thy *stretched out* **spread** arm.

RESUME' OF THE SECOND TWO SLABS

10 At that time *the LORD* **Yah Veh** said unto me,
Hew **Sculpt** thee two *tables* **slabs** of stone
like unto the first,
and *come up* **ascend** unto me into the mount,
and *make* **work** thee an ark of *wood* **timber**.
2 AndI*wilwrite***shalinscribe**onthe*tables***slabs**
the words that were in the first *tables* **slabs**
which thou brakest,
and thou shalt put them in the ark.
3 AndI*made***worked**anarkofshiitm*wood***timber**,
and *hewed* **sculpt** two *tables* **slabs**
of stone like unto the first,
and *went up* **ascended** into the mount,
having the two *tables* **slabs** in mine hand.
4 And he *wrote* **inscribed** on the *tables* **slabs**,
according to the first *writing* **inscribing**,
the ten *commandments* **words**,

which *the LORD spake* **Yah Veh worded** unto
you in the mount out of the midst of the fire
in the day of the *assembly* **congregation**:
and *the LORD* **Yah Veh** gave them unto me.
5 And I turned *myself* **my face**
and *came down* **descended** from the mount,
and put the *tables* **slabs** in the ark
which I had *made* **worked**;
and there they be,
as *the LORD commanded* **Yah Veh misvahed** me.
6 And the *children* **sons** of *Israel* **Yisra El**
took their journey **pulled stakes** from
Beeroth of the children of Jaakan **Beeroth Bene Yaaqan**
to *Mosera* **Moserah**:
there *Aaron* **Aharon** died,
and there he was *buried* **entombed**;
and *Eleazar* **El Azar** his son
ministered in the priest's office **priested the priesthood**
in his stead.
7 From thence they *journeyed* **pulled stakes**
unto Gudgodah;
and from Gudgodah to *Jotbathah* **Yotbathah**,
a land of *rivers* **wadies** of waters.
8 At that time
the LORD **Yah Veh** separated the *tribe* **scion** of Levi,
to bear the ark of the covenant of *the LORD* **Yah Veh**,
to stand *before the LORD* **at the face of Yah Veh**
to minister unto him, and to bless
in his name, unto this day.
9 Wherefore Levi hath no *part* **allotment**
nor inheritance with his brethren;
the LORD **Yah Veh** is his inheritance,
according as *the LORD* **Yah Veh** thy *God* **Elohim**
promised **had worded to** him.
10 And I stayed in the mount, according
to the first *time* **days**,
forty days and forty nights;
and *the LORD* **Yah Veh** hearkened
unto me at that time also,
and *the LORD would* **Yah Veh willed**
to not *destroy* **ruin** thee.
11 And *the LORD* **Yah Veh** said unto me,
Arise, take thy journey *before* **at the face of** the
people, that they may go in and possess the land,
which I *sware* **oathed** unto their
fathers to give unto them.

AWE YAH VEH

12 And now, *Israel* **Yisra El**,
what doth *the LORD* **Yah Veh** thy *God* **Elohim**
require **ask** of thee,
but to *fear the LORD* **awe Yah Veh** thy *God* **Elohim**,
to walk in all his ways, and to love him,
and to serve *the LORD* **Yah Veh** thy *God* **Elohim**
with all thy heart and with all thy soul,
13 To *keep* **guard** the *commandments* **misvoth**
of *the LORD* **Yah Veh**, and his statutes,
which I *command* **misvah** thee this day for thy good?
14 Behold, the *heaven* **heavens**
and the *heaven* **heavens** of **the** heavens
is the LORD'S **are to Yah Veh** thy *God* **Elohim**,
the earth also, with all that therein is.
15 Only *the LORD* **Yah Veh**
had a delight in **attached himself**
to thy fathers to love them,
and he chose their seed after them, even
you above all people, as it is this day.
16 Circumcise therefore the foreskin of your heart,
and be no more *stiffnecked* **hard necked**.
17 For *the LORD* **Yah Veh** your *God* **Elohim**
is *God of gods* **Elohim of elohim**, and
Lord of lords **Adonay of adonim**,
a great *God* **El**, a mighty, and *a terrible* **awesome**,
which *regardeth* **lifteth** not *persons*
faces, nor taketh *reward* **bribe**:
18 He *doth execute* **worketh** the judgment
of the *fatherless* **orphan** and widow, and
loveth the *stranger* **sojourner**,
in giving him *food* **bread** and *raiment* **clothes**.
19 Love ye *therefore* the *stranger* **sojourner**:
for ye were strangers **sojourners**
in the land of *Egypt* **Misrayim**.
20 Thou shalt *fear* **awe**
the LORD **Yah Veh** thy *God* **Elohim**;
him shalt thou serve, and to him shalt thou
cleave **adhere**, and *swear* **oath** by his name.
21 He is thy *praise* **halal**, and he is thy *God* **Elohim**,
that hath *done* **worked** for thee these
great and *terrible* **awesome** *things*,
which thine eyes have seen.
22 Thy fathers *went down* **descended**
into *Egypt* **Misrayim**
with *threescore and ten persons* **seventy souls**;
and now *the LORD* **Yah Veh** thy *God* **Elohim**
hath *made* **set** thee as the stars of *heaven* **the heavens**
for *multitude* **abundance**.

11 *Therefore*
thou shalt love *the LORD* **Yah Veh** thy *God*
Elohim, and *keep* **guard** his *charge* **guard**,
and his statutes, and his judgments,

LOVE YAH VEH

and his *commandments* **misvoth**, *alway* **all days.**
2 And know ye this day:
for I speak — not with your *children* **sons**
which have not known,
and which have not seen the *chastisement* **discipline**
of *the LORD* **Yah Veh** your *God* **Elohim**,
his greatness, his *mighty* **strong** hand,
and his *stretched out* **spread** arm,
3 Andhis*miracles***signs**,andhis*acts***works**,
which he *did* **worked** in the midst of *Egypt* **Misrayim**
unto *Pharaoh* **Paroh** the *king* **sovereign** of
Egypt **Misrayim**, and unto all his land;
4 And what he *did* **worked**
unto the *army* **valiant** of *Egypt* **Misrayim**,
unto their horses, and to their chariots;
how he *made* **overflowed** the water of the *Red* **Reed** sea
to overflow **at the face of** them as they pursued after
you, and how *the LORD* **Yah Veh** hath destroyed them
unto this day;
5 And what he *did* **worked** unto you in the wilderness,
until ye came into this place;
6 And what he *did* **worked**
unto Dathan and *Abiram* **Abi Ram**,
the sons of *Eliab* **Eli Ab**, the son of *Reuben* **Reu Ben**:
how the earth *opened* **gaped** her mouth,
and swallowed them up,
and their households, and their tents, and
all the substance **every risen being**
that was *in* **at** their *possession* **feet**, in
the midst of all *Israel* **Yisra El**:
7 But your eyes have seen
all the great *acts* **works** of *the LORD* **Yah Veh**
which he *did* **worked.**
8 *Therefore*
shall ye *keep* **guard** all the *commandments* **misvoth**
which I *command* **misvah** you this day,
that ye may *be strong* **prevail**,
and go in and possess the land, whither
ye go pass over to possess it;
9 And that ye may prolong your days in the *land* **soil**,
which *the LORD sware* **Yah Veh**
oathed unto your fathers
to give unto them and to their seed,
a land that floweth with milk and honey.
10 Fortheland,whitherthougoesitntoposest,i
is not as the land of *Egypt* **Misrayim**,
from whence ye came out,
where thou *sowedst* **seededst** thy seed, and *wateredst*
moistenedst it with thy foot, as a garden of herbs:
11 But the land, whither ye *go* **pass over** to possess
it, is a land of *hills* **mountains** and valleys,
and drinketh water of the rain of *heaven* **the heavens**:
12 A land which *the LORD* **Yah Veh** thy *God* **Elohim**
careth for **seeketh**:
the eyes of *the LORD* **Yah Veh** thy *God* **Elohim**
are *always* **continually** upon it, from the beginning
of the year even unto the end of the year.
13 And **so be** it *shall come to pass*,
if **in hearing,**
ye shall *hearken diligently unto* **hear**
my *commandments* **misvoth**
which I *command* **misvah** you this day,
to love *the LORD* **Yah Veh** your *God* **Elohim**,
and to serve him with all your heart
and with al l your soul,
14 That I *will* **shall** give you
the rain of your land in his *due season* **time**,
the *first* **early** rain and the *latter* **after** rain,
that thou mayest gather in thy *corn* **crop**,
and thy *wine* **juice**, and thine oil.
15 And I *will send grass* **shall give herbage**
in thy fields for thy *cattle* **animals**,
that thou mayest eat and *be full* **satiate**.
16 *Take heed* **Guard** to yourselves,
that your heart be not *deceived*
deluded, and ye turn *aside*,
and serve other *gods* **elohim**,
and *worship* **prostrate to** them;
17 And then *the LORD'S* **Yah Weh's**
wrath be kindled against you,
and he *shut up* **restrain** the *heaven*
heavens, that there be no rain,
and that the *land yield* **soil give** not her *fruit* **produce**;
and lest ye *perish* **destruct** quickly from off the
good land which *the LORD* **Yah Veh** giveth you.
18 *Therefore* shall ye *lay up* **set** these my
words in your heart and in your soul,
and bind them for a sign upon your hand,
that they may be as *frontlets* **phylacteries**
between your eyes.
19 And ye shall teach them your *children* **sons**,
speaking **wording** of them when thou sittest in
thine house, and when thou walkest by the way,
when thou liest down, and when thou risest up.
20 Andthoushalt*write***inscribe**them
upon the door posts of thine house,
and upon thy *gates* **portals**:
21 That your days may *be multiplied* **abound**,
and the days of your *children* **sons**,

in the *land* **soil** which *the LORD sware* **Yah Veh oathed**
unto your fathers to give them,
as the days of *heaven* **the heavens** upon the earth.
22 For if **in guarding,**
ye shall *diligently keep* **guard all** these
commandments **misvoth**
which I *command* **misvah** you, to *do* **work** them,
to love *the LORD* **Yah Veh** your *God* **Elohim,**
to walk in all his ways, and to *cleave* **adhere** unto him;
23 Then *will the LORD* **shall Yah Veh**
drive out **dispossess** all these *nations* **goyim**
from *before you* **your face,**
and ye shall possess greater *nations* **goyim**
and mightier than yourselves.
24 Every place whereon the soles of your
feet shall tread shall be yours:
from the wilderness and Lebanon, from
the river, the river Euphrates,
even unto the *uttermost* **latter** sea
shall your *coast* **border** be.
25 There shall no man be able to stand
before you **at thy face:**
for *the LORD* **Yah Veh** your *God* **Elohim**
shall *lay* **give** the fear of you
and the *dread* **awesomeness** of you
upon **the face of** all the land that ye shall tread
upon, as he hath *said* **worded** unto you.
26 *Behold* **See,** I set *before you* **at thy face** this day
a blessing and *a curse* **an abasement;**
27 A blessing,
if ye *obey* **hear** the *commandments* **misvoth**
of *the LORD* **Yah Veh** your *God* **Elohim,**
which I *command* **misvah** you this day:
28 And *a curse* **an abasement,**
if ye *will* **shall** not *obey* **hear** the
commandments **misvoth**
of *the LORD* **Yah Veh** your *God* **Elohim,**
but turn aside out of the way
which I *command* **misvah** you this day,
to go after other *gods* **elohim,** which ye have not known.
29 And **so be** it *shall come to pass,* when *the
LORD* **Yah Veh** thy *God* **Elohim**
hath brought thee in unto the land
whither thou goest to possess it,
that thou shalt *put* **give** the blessing upon mount
Gerizim, and the *curse* **abasement** upon mount Ebal.
30 Are they not on the other side *Jordan* **Yarden,**
by **after** the way
where the sun goeth down **of the entrance of the
sun,** in the land of the *Canaanites* **Kenaaniy,**
which *dwell* **settle** in the *champaign* **plains**
over against **opposite** Gilgal,
beside the *plains* **mighty oaks** of Moreh?
31 For ye shall pass over *Jordan* **Yarden**
to go in to possess the land
which *the LORD* **Yah Veh** your *God* **Elohim** giveth
you, and ye shall possess it, and *dwell* **settle** therein.
32 And ye shall *observe* **guard** to *do* **work**
all the statutes and judgments
which I set *before you* **at thy face** this day.

THE TORAH ON POSSESSING THE LAND

12 These are the statutes and judgments,
which ye shall *observe* **guard** to *do* **work** in the land,
which *the LORD God* **Yah Veh Elohim** of thy fathers
giveth thee to possess it,
all the days that ye live upon the *earth* **soil.**
2 **In destroying,** Ye shall *utterly* destroy all the
places, wherein the *nations* **goyim** which ye
shall possess served their *gods* **elohim,**
upon the *high* **exalted** mountains, and upon
the hills, and under every green tree:
3 And ye shall *overthrow* **pull down** their **sacrifice**
altars, and break their *pillars* **monoliths,**
and burn their *groves* **asherim** with fire;
and ye shall *hew* **cut** down the *graven images* **sculptiles**
of their *gods* **elohim,**
and destroy the names of them out of that place.
4 Ye shall not *do* **work** so
unto *the LORD* **Yah Veh** your *God* **Elohim.**
5 But unto the place
which *the LORD* **Yah Veh** your *God* **Elohim** shall choose
out of all your *tribes* **scions** to put his name there,
even unto his *habitation* **tabernacle** shall ye seek,
and thither thou shalt come:
6 And thither
ye shall bring your *burnt offerings* **holocausts,**
and your sacrifices, and your tithes,
and *heave offerings* **exaltments** of your hand,
and your vows, and your *freewill offerings* **voluntaries,**
and the firstlings of your *herds* **oxen** and of your flocks:
7 And there ye shall eat
before the LORD **at the face of Yah Veh** your
God **Elohim,** and ye shall *rejoice* **cheer**
in all that ye put **unto every spreading of**
your hand *unto,* ye and your households,
wherein *the LORD* **Yah Veh** thy *God* **Elohim**
hath blessed thee.
8 Ye shall not *do* **work** after all *the things* **those**
that we *do* **work** here this day,

every man whatsoever is *right* **straight** in his own eyes.
9 For ye are not as yet come
to the rest and to the inheritance,
which *the LORD* **Yah Veh** your *God* **Elohim** giveth you.
10 But when ye *go* **pass** over *Jordan* **Yarden**,
and *dwell* **settle** in the land
which *the LORD* **Yah Veh** your *God* **Elohim**
giveth **hath** you to inherit, and when he giveth you rest
from all your enemies round about,
so that ye *dwell in safety* **settle confidently**;
11 Then there shall be a place
which *the LORD* **Yah Veh** your *God* **Elohim** shall
choose to cause his name to *dwell* **tabernacle** there;
thither shall ye bring all that I *command*
misvah you; your *burnt offerings* **holocausts**,
and your sacrifices, your tithes,
and the *heave offering* **exaltment** of your hand,
and all your choice vows which ye
vow unto *the LORD* **Yah Veh**:
12 And ye shall *rejoice* **cheer**
before the LORD **at the face of Yah Veh** your *God*
Elohim, ye, and your sons, and your daughters,
and your *menservants* **servants**,
and your *maidservants* **maids**,
and the *Levite* **Leviy** that is within your *gates* **portals**;
forasmuch as **for which cause**
he hath no *part* **allotment** nor inheritance with you.
13 *Take heed to* **Guard** thyself that thou
offer **holocaust** not thy *burnt offerings* **holocausts**
in every place that thou seest:
14 But in the place
which *the LORD* **Yah Veh** shall choose
in one of thy *tribes* **scions**,
there thou shalt
offer **holocaust** thy *burnt offerings* **holocausts,**
and there thou shalt
do **work** all that I *command* **misvah** thee.
15 *Notwithstanding* **Only**
thou mayest *kill* **sacrifice** and eat
flesh in all thy *gates* **portals**,
whatsoever thy soul *lusteth after* **desireth**,
according to the blessing
of *the LORD* **Yah Veh** thy *God* **Elohim**
which he hath given thee:
the *unclean* **fouled** and the *clean* **pure** may eat
thereof, as of the *roebuck* **gazelle**, and as of the hart.
16 Only ye shall not eat the blood;
ye shall pour it upon the earth as water.
17 Thou mayest not eat within thy *gates* **portals**
the tithe of thy *corn* **crop**,
or of thy *wine* **juice**, or of thy oil,
or the firstlings of thy *herds* **oxen,** or of thy flock,
nor any of thy vows which thou vowest,
nor thy *freewill offerings* **voluntaries**,
or *heave offering* **exaltment** of thine hand:
18 But thou *must* eat them
before the LORD **at the face of Yah Veh** thy *God* **Elohim**
in the place which *the LORD* **Yah Veh** thy *God* **Elohim**
shall choose,
thou, and thy son, and thy daughter,
and thy *manservant* **servant**, and thy *maidservant* **maid**,
and the *Levite* **Leviy** that is within thy *gates* **portals**:
and thou shalt *rejoice* **cheer**
before the LORD **at the face of Yah Veh** thy *God* **Elohim**
in all that thou *puttest* **spreadest** thine hands *unto.*
19 *Take heed to* **Guard** thyself
that thou forsake not the *Levite* **Leviy**
as long as thou livest **all thy days** upon the *earth* **soil.**
20 When *the LORD* **Yah Veh** thy *God* **Elohim**
shall *enlarge* **widen** thy border,
as he hath *promised* **worded unto** thee, and
thou shalt say, I *will* **shall** eat flesh,
because thy soul *longeth* **desireth** to eat flesh;
thou mayest eat flesh, whatsoever thy
soul *lusteth after* **desireth.**
21 If the place which *the LORD* **Yah Veh** thy *God* **Elohim**
hath chosen to put his name there be
too far **removed** from thee,
then thou shalt *kill* **sacrifice**
of thy *herd* **oxen** and of thy flock, which
the LORD **Yah Veh** hath given thee, as I
have *commanded* **misvahed** thee,
and thou shalt eat in thy *gates* **portals**
whatsoever thy soul *lusteth after* **desireth**.
22 Even as the *roebuck* **gazelle** and the hart is eaten,
so thou shalt eat them:
the *unclean* **fouled** and the *clean* **pure**
shall eat of them *alike* **together.**
23 Only *be sure* **prevail** that thou eat not the blood:
for the blood is the *life* **soul**;
and thou mayest not eat the *life* **soul** with the flesh.
24 Thou shalt not eat it;
thou shalt pour it upon the earth as water.
25 Thou shalt not eat it;
that it may *go well with* **well—please** thee,
and *with* thy *children* **sons** after thee,
when thou shalt *do that which is right* **work straight**
in the *sight* **eyes** of *the LORD* **Yah Veh**.
26 Only thy *holy things* **holies** which
thou hast, and thy vows,

thou shalt *take* **bear**, and go unto the place
which *the LORD* **Yah Veh** shall choose:
27 And thou shalt
offer **work** thy *burnt offerings* **holocausts**,
the flesh and the blood,
upon the **sacrifice** altar
of *the LORD* **Yah Veh** thy *God* **Elohim**:
and the blood of thy sacrifices shall be poured *out*
upon the **sacrifice** altar
of *the LORD* **Yah Veh** thy *God* **Elohim**,
and thou shalt eat the flesh.
28 *Observe* **Guard** and hear all these words
which I *command* **misvah** thee,
that it may *go well with* **well—please** thee,
and with thy *children* **sons** after thee *for ever* **eternally**,
when thou *doest* **workest**
that which is good and *right* **straight**
in the *sight* **eyes** of *the LORD* **Yah Veh** thy *God* **Elohim**.
29 When *the LORD* **Yah Veh** thy *God* **Elohim**
shall cut off the *nations* **goyim** from *before thee*
thy face, whither thou goest to possess them,
and thou *succeedest* **possessest** them,
and *dwellest* **settlest** in their land;
30 *Take heed to* **Guard** thyself
that thou be not snared by following them,
after that they be *destroyed* **desolated**
from *before thee* **thy face**;
and that thou enquire not after their *gods* **elohim**,
saying, How did these *nations* **goyim** serve their
god **elohim**? even so *will* **shall** I *do* **work** likewise.
31 Thou shalt not *do* **work** so
unto *the LORD* **Yah Veh** thy *God* **Elohim**:
for every *abomination* **abhorrence** to *the*
LORD **Yah Veh**, which he hateth,
have they *done* **worked** unto their *gods* **elohim**;
for even their sons and their daughters
they have burnt in the fire to their *gods* **elohim**.
32 What *thing* **word** soever I *command* **misvah** you,
observe **guard** to *do* **work** it:
thou shalt not add thereto, nor diminish from it.

THE TORAH ON IDOLATRY

13 If there arise among you a
prophet, or a dreamer of dreams,
and giveth thee a sign or *a wonder* **an omen**,
2 And the sign or the *wonder* **omen**
come to pass **becometh**,
whereof he *spake* **worded** unto thee, saying,
Let us go after other *gods* **elohim**,
which thou hast not known, and let us serve them;
3 Thou shalt not hearken unto the words of
that prophet, or that dreamer of dreams:
for *the LORD* **Yah Veh** your *God* **Elohim**
proveth **testeth** you, to know
whether ye love *the LORD* **Yah Veh** your *God* **Elohim**
with all your heart and with all your soul.
4 Ye shall walk after *the LORD* **Yah Veh**
your *God* **Elohim**, and *fear* **awe** him,
and *keep* **guard** his *commandments*
misvoth, and *obey* **hear** his voice,
and ye shall serve him, and *cleave* **adhere** unto him.
5 Andthatprophet,orthatdreamerofdreams,
shall be *put to death* **deathified**;
because he hath *spoken* **worded**
to turn you away **that you revolt**
from *the LORD* **Yah Veh** your *God* **Elohim**,
which brought you out of the land of *Egypt* **Misrayim**,
and redeemed you out of the house of *bondage*
servants, to *thrust* **drive** thee out of the way
which *the LORD* **Yah Veh** thy *God* **Elohim**
commanded **misvahed** thee to walk in. *So* **Thus** shalt
thou *put the* **burn** evil away from the midst of thee.
6 If thy brother, the son of thy mother, or thy son, or
thy daughter, or the *wife* **woman** of thy bosom,
or thy friend, which is as thine own soul,
entice **goad** thee *secretly* **covertly**, saying, *Let*
us go **Come**and serve other *gods* **elohim**,
which thou hast not known, thou, nor thy fathers;
7 *Namely,*ofthe*gods***elohim**ofthepeople
which are round about you,
nigh unto thee, or far off from thee,
from the *one* end of the earth
even unto the *other* end of the earth;
8 Thou shalt not *consent* **will** unto him,
nor hearken unto him;
neither shall thine eye pity him, neither shalt thou
spare, neither shalt thou *conceal* **cover** him:
9 Bu**in**t**slaughtering**t,housha*s*lt*urelyk*si*l***laughter**him;
thine hand shall be first upon him to
put him to death **deathify him**,
and afterwards the hand of all the people.
10 And thou shalt stone him with stones, that he die;
because he hath sought to *thrust* **drive** thee away
from *the LORD* **Yah Veh** thy *God* **Elohim**,
which brought thee out of the land of *Egypt*
Misrayim, from the house of *bondage* **servants**.
11 And all *Israel* **Yisra El** shall hear, and *fear*
awe, and shall *do no more* **add not to work**
any such wickedness **according to this evil word**
as this is among you.

12 If thou shalt hear *say* in one of thy cities,
which *the LORD* **Yah Veh** thy *God* **Elohim**
hath given thee to *dwell* **settle** there, saying,
13 Certainmenth,echildrensonsofBeliaBl eliYaa,l
are gone out from among you, and
have *withdrawn* **driven**
the inhabitants of **them that settled** their city, saying,
Let us go and serve other *gods* **elohim**,
which ye have not known;
14 Then shalt thou enquire,
and *make search* **probe**, and ask *diligently* **well**;
and, behold, *if it be* truth,
and the *thing certain* **word established**,
that such *abomination* **abhorrence**
is *wrought* **worked** among you;
15 **In smiting,** Thou shalt *surely* smite
the inhabitants of **them that settled that**
city with the *edge* **mouth** of the sword,
destroying it utterly **devoting it**, and all that is
therein, and the *cattle* **animals** thereof,
with the *edge* **mouth** of the sword.
16 And thou shalt gather all the *spoil* **loot** of it
into the midst of the *street* **wideway** thereof,
and shalt burn with fire the city,
and all the *spoil* **loot** thereof *every whit* **totally**,
for *the LORD* **Yah Veh** thy *God* **Elohim**:
and it shall be an heap for *ever* **eternity**;
it shall not be built again.
17 And there shall *cleave* **adhere**
nought of the *cursed* **devoted** *thing* to thine hand:
that *the LORD* **Yah Veh** may turn
from *the fierceness of his anger* **his fuming**
wrath, and *shew* **give** thee *mercy* **mercies**,
and *have compassion upon* **mercy** thee,
and *multiply* **abound** thee,
as he hath *sworn* **oathed** unto thy fathers;
18 When thou shalt hearken
to the voice of *the LORD* **Yah Veh** thy *God* **Elohim**,
to *keep* **guard** all his *commandments* **misvoth**
which I *command* **misvah** thee this day, to
do **work** that which is *right* **straight**
in the eyes of *the LORD* **Yah Veh** thy *God* **Elohim**.

THE TORAH ON MUTILATION

14 Ye are the *children* **sons**
of *the LORD* **Yah Veh** your *God* **Elohim**:
ye shall not cut yourselves,
nor *make* **set** any baldness between your
eyes for *the dead* **that which died**.
2 For thou art an holy people
unto *the LORD* **Yah Veh** thy *God* **Elohim**,
and *the LORD* **Yah Veh** hath chosen thee
to be a peculiar people unto himself,
above all the *nations* **goyim**
that are upon the *earth* **face of the soil**.

THE TORAH ON EATING

3 Thou shalt not eat any *abominable thing* **abhorrence**.
4 Thesearethe*beasts***animals**whichyeshaleat:
the ox, the *sheep* **lamb of the lambs**,
and the *goat* **lamb of the goats**,
5 Thehart,andthe*roebuck***gazele**,
and the fallow deer, and the wild goat,
and the pygarg, and the wild ox, and the chamois.
6 And every *beast* **animal** that *parteth* **splitteth** the
hoof, and cleaveth the cleft into two *claws* **hoofs**,
and *cheweth* **regurgitateth** the cud
among the *beasts* **animals**, that ye shall eat.
7 Nevertheless these ye shall not eat:
of them that *chew* **regurgitate** the cud,
or of them that *divide* **split** the cloven hoof;
as the camel, and the hare, and the coney:
for they *chew* **regurgitate** the cud,
but divide not the hoof;
therefore they are *unclean* **fouled** unto you.
8 And the *swine* **hog**,
because it *divideth* **splitteth** the hoof,
yet cheweth not the cud,
it is unclean unto you:
ye shall *not* **neither** eat of their flesh,
nor touch their *dead* carcase.
9 These ye shall eat of all that are in the waters:
all that have fins and scales, shall ye eat:
10 Andwhatsoeverhathnotfinsandscales,
ye may not eat; it is *unclean* **fouled** unto you.
11 Of all *clean* **pure** birds ye shall eat.
12 Buthesearetheyofwhichyeshalnoteat:
the eagle, and the ossifrage, and the ospray,
13 And the glede, and the kite,
and the vulture *after his kind* **in species**,
14 And every raven *after his kind* **in species**,
15 Andthe**daughterofthe**owl,andthenighthawk,
and the cuckow, and the hawk *after his kind* **in species**,
16 The little owl, and the great owl, and the swan,
17 And the pelican, and the gier
eagle, and the cormorant,
18 And the stork, and the heron *after her kind*
in species, and the lapwing, and the bat.
19 And every creeping *thing that flieth* **flyer**
is *unclean* **fouled** unto you:

they shall not be eaten.
20 But of all *clean fowls* **pure flyers,** ye may eat.
21 Yeshalnoteatofany*thingthatdiethofitseclf***arcase**:
thou shalt give it unto the *stranger* **sojourner** that is in
thy *gates* **portals**, that he may eat it; or thou mayest sell
it unto *an alien* **a stranger**: for thou art an holy people
unto *the LORD* **Yah Veh** thy *God* **Elohim.**
Thou shalt not *seethe* **stew** a kid in his mother's milk.

The Torah On Tithing

22 **In tithing,**
Thou shalt *truly* tithe all the *increase* **produce** of thy
seed, that the field bringeth forth year by year.
23 Andthoushalteat*before***athefaceof**
the LORD **Yah Veh** thy *God* **Elohim,**
in the place which he shall choose to
place **tabernacle** his name there,
the tithe of thy *corn* **crop,**
of thy *wine* **juice**, and of thine oil,
and the firstlings of thy *herds* **oxen** and of thy flocks;
that thou mayest learn to *fear* **awe**
the LORD **Yah Veh** thy *God always* **Elohim all days.**
24 And if the way *be too long* **abound** for thee,
so that thou art not able to *carry* **bear** it;
or if the place be too far **removed** from thee,
which *the LORD* **Yah Veh** thy *God* **Elohim**
shall choose to set his name there,
when *the LORD* **Yah Veh** thy *God* **Elohim**
hath blessed thee:
25 Then shalt thou *turn* **give** it into *money* **silver,**
and bind up the *money* **silver** in thine hand,
and shalt go unto the place
which *the LORD* **Yah Veh** thy *God* **Elohim** shall choose:
26 Andthoushalt*bestow***give**thamt *oney***silver**
for whatsoever thy soul *lusteth after*
desireth, for oxen, or for *sheep* **flocks,**
or for wine, or for *strong drink* **intoxicants,**
or for whatsoever thy soul *desireth*
asketh: and thou shalt eat there
before the LORD **at the face of Yah Veh** thy *God* **Elohim,**
and thou shalt *rejoice* **cheer**, thou, and thine household,
27 Andthe*Levite***Leviy**thaitswithinthy*gates***portals**;
thou shalt not forsake him;
for he hath no *part* **allotment** nor inheritance with thee.
28 At the end of three years thou shalt bring forth
all the tithe of thine *increase* **produce** the same year,
and shalt *lay* **set** it *up* within thy *gates* **portals**:
29 And the *Levite* **Leviy,**
(because he hath no *part* **allotment**
nor inheritance with thee,)
and the *stranger* **sojourner**, and the *fatherless* **orphan,**
and the widow, which are within thy *gates* **portals,**
shall come, and shall eat and *be satisfied* **satiate;**
that *the LORD* **Yah Veh** thy *God* **Elohim** may bless thee
in all the work of thine hand which thou *doest* **workest.**

The Torah On Debt Release

15 At the end of *every* seven years **work**
thou shalt *make* **work** a release.
2 And this is the *manner* **word** of the release:
Every *creditor that* **master whose hand** lendeth
ought unto his *neighbour* **friend** shall release it;
he shall not exact it of his *neighbour* **friend,**
or of his brother;
because it is called *the LORD'S* **Yah Veh's** release.
3 Of a *foreigner* **stranger** thou mayest exact
it *again*: but that which is thine with thy
brother thine hand shall release;
4 *Save when* **Finally,**
that there shall be no *poor* **needy** among you;
for *the LORD* **Yah Veh** shall greatly bless thee
in the land which *the LORD* **Yah Veh** thy *God* **Elohim**
giveth thee for an inheritance to possess it:
5 Only if **in hearing,**
thou *carefully hearken unto* **hearest**
the voice of *the LORD* **Yah Veh** thy *God*
Elohim, to *observe* **guard** to *do* **work**
all these *commandments* **misvoth**
which I *command* **misvah** thee this day.
6 For*theLORD***YahVeh**thy*God***Elohim**blesetht he,
as he *promised* **worded** thee:
and thou shalt *lend* **pledge** unto many *nations*
goyim, but thou shalt not *borrow* **pawn;**
and thou shalt reign over many *nations* **goyim**
but they shall not reign over thee.
7 If there be among you
a poor man **needy** of one of thy brethren within
any **one** of thy *gates* **portals** in thy land
which *the LORD* **Yah Veh** thy *God* **Elohim** giveth
thee, thou shalt not *harden* **strengthen** thine heart,
nor shut thine hand from thy *poor* **needy** brother:
8 But thou shalt open thine hand wide unto him,
and **in pledging,** shalt *surely lend* **pledge**
him sufficient for his *need* **lack,**
in that which he *wanteth* **lacketh.**
9 *Beware* **Guard** that there be not a *thought* **word**
in thy *wicked* heart **of Beli Yaal**, saying,
The seventh year, the year of release,
is at hand **approacheth;**
and thine eye *be evil* **vilify** against thy *poor*
needy brother, and thou givest him nought;

and he *cry* **call** unto *the LORD* **Yah Veh**
against thee, and it be sin unto thee.
10 **In giving,** Thou shalt *surely* give him,
and thine heart shall not be *grieved* **vilified**
when thou givest unto him:
because that for this *thing* **word**
the LORD **Yah Veh** thy *God* **Elohim**
shall bless thee in all thy works,
and in all that thou *puttest* **spreadest** thine hand *unto*.
11 For the *poor* **needy** shall never cease out of the land:
therefore I *command* **misvah** thee, saying, Thou
shalt open thine hand wide unto thy brother, to thy
poor **humbled**, and to thy needy, in thy land.
12 And if thy brother, an Hebrew *man*,
or an *Hebrew woman* **Hebrewess**,
be sold unto thee, and serve thee six years;
then in the seventh year thou shalt *let him go* **send him**
free **liberated** from thee.
13 And when thou sendest him *out*
free **liberated** from thee,
thou shalt not *let him go away* **send him** empty:
14 **In adorning,** Thou shalt *furnish* **adorn** him *liberally*
out of thy flock, and out of thy **threshing**
floor, and out of thy *winepress* **trough**:
of that wherewith
the LORD **Yah Veh** thy *God* **Elohim** hath
blessed thee thou shalt give unto him.
15 And thou shalt remember
that thou wast a *bondman* **servant**
in the land of *Egypt* **Misrayim**,
and *the LORD* **Yah Veh** thy *God* **Elohim** redeemed thee:
therefore I *command* **misvah** thee this *thing* **word** to day.
16 And it shall be, if he say unto thee,
I *will* **shall** not go *away* from thee; because he loveth
thee and thine house, because he is *well* **good** with thee;
17 Then thou shalt take an aul,
and *thrust* **give** it through his ear unto the door,
and he shall be thy servant *for ever* **eternally**.
And also unto thy *maidservant* **maid**
thou shalt *do* **work** likewise.
18 It shall not *seem* **be** hard *unto thee* **in thine eyes**,
when thou sendest him away *free* **liberated** from thee;
for he hath been *worth*
a double *hired servant* **hire of an hireling**
to thee, in serving thee six years:
and *the LORD* **Yah Veh** thy *God* **Elohim**
shall bless thee in all that thou *doest* **workest**.
19 All the firstling males
that come **birthed** of thy *herd* **oxen** and of thy flock,
thou shalt *sanctify* **hallow**
unto *the LORD* **Yah Veh** thy *God* **Elohim**:
thou shalt *do no work* **not serve**
with the firstling of thy *bullock* **ox**,
nor shear the firstling of thy *sheep* **flocks**.
20 Thou shalt eat it
before the LORD **at the face of Yah Veh** thy *God* **Elohim**
year by year
in the place which *the LORD* **Yah Veh** shall
choose, thou and thy household.
21 And if there be any blemish therein,
as if it be lame, or blind, or have any *ill* **evil**
blemish, thou shalt not sacrifice it
unto *the LORD* **Yah Veh** thy *God* **Elohim**.
22 Thou shalt eat it within thy *gates* **portals**:
the *unclean* **fouled** and the *clean person* **pure**
shall eat it alike **together**,
as the *roebuck* **gazelle**, and as the hart.
23 Only thou shalt not eat the blood thereof;
thou shalt pour it upon the *ground* **earth** as water.
and in pledging,
pledge him sufficient for the lack he lacks.
9 Guard that there be no word
in your heart of Beli Yaal, saying,
The seventh year, the year of release, approaches;
and you vilify your eye against your needy
brother and you give him naught;
and he calls to Yah Veh against you
and it becomes sin to you;
10 in giving, give him
and vilify not your heart when you give him:
because for this word
Yah Veh your Elohim blesses you in all your
works and in all you spread your hand.
11 For the needy never cease from the land:
so I misvah you, saying,
Open your hand wide to your brother,
to your humbled and to your needy, in your land.
12 And if your brother, a Hebrew, or a Hebrewess,
is sold to you; and serves you six years;
then in the seventh year send him liberated from you.
13 And when you send him from you, liberated,
send him not empty:
14 in adorning, adorn him from your flock
and from your threshing floor and from
your trough: of whatever Yah Veh your
Elohim blessed you, you give him:
15 and remember that you *were* a servant
in the land of Misrayim;
and Yah Veh your Elohim redeemed you:
so I misvah you this word today.

16 And so be it, if he says to you, I go not from you!
— because he loves you and your house,
because he *is* good with you;
17 then take an aul
and give it through his ear to the door and
he becomes your servant eternally: and
also work likewise to your maid.
18 And be not hard in your eyes,
to send him away from you liberated;
for he has been a double hire of a hireling
to you, in serving you six years:
and Yah Veh your Elohim blesses you in all you work.
19 Hallow all the firstling male s
birthed of your oxen and of your flock
to Yah Veh your Elohim:
neither serve with the firstling of your ox
nor shear the firstling of your flocks:
20 eat it at the face of Yah Veh your Elohim year by year
in the place Yah Veh chooses
— you and your household.
21 And when there is any blemish therein,
lame, or blind, or any evil blemish,
sacrifice it not to Yah Veh your Elohim:
22 eat it within your portals
— the foul and the pure together as
the gazelle and as the hart.
23 Only, eat not the blood thereof;
pour it as water on the earth.

The Torah On Preparing The Pasach

16 *Observe* **Guard** the month of Abib,
and *keep* **work** the *passover* **pasach**
unto *the LORD* **Yah Veh** thy *God* **Elohim**:
for in the month of Abib
the LORD **Yah Veh** thy *God* **Elohim**
brought thee forth out of *Egypt* **Misrayim** by night.
2 Thou shalt therefore sacrifice the *passover* **pasach**
unto *the LORD* **Yah Veh** thy *God* **Elohim,**
of the flock and the *herd* **oxen,**
in the place which *the LORD* **Yah Veh** shall
choose to *place* **tabernacle** his name there.
3 Thou shalt eat no *leavened bread*
fermentation with it;
seven days
shalt thou eat *unleavened bread* **matsah** *therewith,*
even the bread of *affliction* **humiliation**;
for thou camest forth
out of the land of *Egypt* **Misrayim** in haste:
that thou mayest remember the day
when thou camest forth out of the
land of *Egypt* **Misrayim**
all the days of thy life.
4 And there shall be no *leavened bread* **yeast**
seen with thee in all thy *coast* **border** seven days;
neither shall *there any thing* **aught** of the flesh,
which thou sacrificedst the first day at even, *remain*
stay overnight all night until the morning.
5 Thou*mayes*c**tans**ntotsaciirfcethe*pasove***prasach**
within *any* **one** of thy *gates* **portals,**
which *the LORD* **Yah Veh** thy *God* **Elohim** giveth thee:
6 But at the place
which *the LORD* **Yah Veh** thy *God* **Elohim** shall choose
to *place* **tabernacle** his name in,
there thou shalt sacrifice the *passover* **pasach**
at even, at the going down of the sun,
at the season
that thou camest forth out of *Egypt* **Misrayim.**
7 And thou shalt *roast* **stew** and eat it in the place which
the LORD **Yah Veh** thy *God* **Elohim** shall choose:
and thou shalt turn **thy face** in the
morning, and go unto thy tents.
8 Six days thou shalt eat *unleavened bread* **matsah:**
and on the seventh day
shall be *a solemn assembly* **an abstinence**
to *the LORD* **Yah Veh** thy *God* **Elohim:**
thou shalt *do* **work** no work *therein.*

The Torah On The Celebration Of Weeks

9 Sevenwekshalthou*numbe*s**rcribe**untothe:
begin to *number* **scribe** the seven
weeks from *such time as* **when**
thou beginnest *to put* the sickle to the *corn* **stalks.**
10 And thou shalt *keep* **work**
the *feast* **celebration** of weeks
unto *the LORD* **Yah Veh** thy *God* **Elohim voluntarily**
with a *tribute of a freewill offering* **voluntary**
of thine hand,
which thou shalt give *unto the Lord thy God,*
according as *the LORD* **Yah Veh** thy *God* **Elohim**
hath blessed thee:
11 And thou shalt *rejoice* **cheer**
before the LORD **at the face of Yah Veh** thy *God*
Elohim, thou, and thy son, and thy daughter,
and thy *manservant* **servant**, and thy *maidservant* **maid,**
and the *Levite* **Leviy** that is within thy *gates* **portals,**
and the *stranger* **sojourner**, and the *fatherless* **orphan,**
and the widow, that are among you,
in the place which *the LORD* **Yah Veh** thy *God* **Elohim**
hath chosen to *place* **tabernacle** his name there.
12 And thou shalt remember
that thou wast a *bondman* **servant** in *Egypt* **Misrayim:**
and thou shalt *observe* **guard** and *do* **work** these statutes.

THE TORAH ON THE CELEBRATION OF SUKKOTH/BRUSH ARBORS

13 Thou shalt *observe* **work** the *feast* **celebration**
of *tabernacles* **Sukkoth/Brush Arbors** seven
days, after that thou hast gathered in
thy *corn* **threshingfloor** and thy *wine* **trough**:
14 Andthousha*reltjoice***cheer**inthy*feasc***telebration**,
thou, and thy son, and thy daughter,
and thy *manservant* **servant**, and thy *maidservant*
maid, and the *Levite* **Leviy**, the *stranger* **sojourner**,
and the *fatherless* **orphan**, and the widow,
that are within thy *gates* **portals**.
15 Seven days shalt thou *keep a solemn feast* **celebrate**
unto *the LORD* **Yah Veh** thy *God* **Elohim**
in the place which *the LORD* **Yah Veh** shall choose:
because *the LORD* **Yah Veh** thy *God* **Elohim**
shall bless thee in all thine *increase* **produce**,
and in all the works of thine hands,
therefore thou shalt *surely rejoice* **be cheerful**.
16 Three times in a year shall all thy
males *appear* **be seen**
before the LORD **at the face of Yah Veh** thy *God* **Elohim**
in the place which he shall choose;
in the *feast* **celebration** of *unleavened bread*
matsah, and in the *feast* **celebration** of weeks,
and in the *feast* **celebration**
of *tabernacles* **Sukkoth/Brush Arbors**:
and they shall not *appear* **be seen**
before the LORD **at the face of Yah Veh** empty:
17 Every man
shall give as he **as the gift of his hand**
is able, according to the blessing
of *the LORD* **Yah Veh** thy *God* **Elohim**
which he hath given thee.

THE TORAH ON SETTING JUDGES AND OFFICERS

18 Judges and officers shalt thou *make*
give thee in all thy *gates* **portals**,
which *the LORD* **Yah Veh** thy *God* **Elohim**
giveth thee, throughout thy *tribes* **scions**:
and they shall judge the people with
just judgment **of justness**.
19 Thou shalt not *wrest* **deviate** judgment;
thou shalt not *respect persons* **recognize**
faces, neither take a *gift* **bribe**:
for a *gift* **bribe** doth blind the eyes of the wise,
and pervert the words of the *righteous* **just**.
20 *Thatwhichisaltogetherjustshalthoufolow*
Justness — pursue justness,
that thou mayest live, and *inherit* **possess** the land
which *the LORD* **Yah Veh** thy *God* **Elohim** giveth thee.

THE TORAH ON IDOLATRY

21 Thou shalt not plant thee *a grove* **an asherah**
of any trees *near unto* **beside** the **sacrifice**
altar of *the LORD* **Yah Veh** thy *God* **Elohim**,
which thou shalt *make thee* **work**.
22 Neither shalt thou
set thee up any image **raise a monolith**;
which *the LORD* **Yah Veh** thy *God* **Elohim** hateth.

THE TORAH ON SACRIFICES

17 Thou shalt not sacrifice
unto *the LORD* **Yah Veh** thy *God* **Elohim**
any *bullock* **ox**, or *sheep* **lamb**,
wherein is blemish, or any *evilfavouredness* **evil word**:
for that is an *abomination* **abhorrence**
unto *the LORD* **Yah Veh** thy *God* **Elohim**.

THE TORAH ON APOSTATES

2 If there be found among you,
within *any* **one** of thy *gates* **portals**
which *the LORD* **Yah Veh** thy *God* **Elohim**
giveth thee, man or woman,
that hath *wrought wickedness* **worked evil**
in the *sight* **eyes** of *the LORD* **Yah Veh** thy *God*
Elohim, in *transgressing* **trespassing** his covenant,
3 Andhathgoneandservedother*gods***elohim**,
and *worshipped* **prostrated to** them,
either the sun, or moon,
or any of the host of *heaven* **the heavens**,
which I have not *commanded* **misvahed**;
4 And it be told thee, and thou hast heard of it,
and enquired *diligently* **well**, and, behold,
it be *true* **truth**, and the *thing certain* **word established**,
that such *abomination* **abhorrence**
is *wrought* **worked** in *Israel* **Yisra El**:
5 Then shalt thou bring forth that man or that
woman, which have *committed* **worked**
that *wicked thing* **evil word**, unto thy *gates* **portals**,
even that man or that woman,
and shalt stone them with stones, till they die.
6 At the mouth of two witnesses, or three
witnesses, shall he that is *worthy of death* **to**
be deathified be *put to death* **deathified**;
but at the mouth of one witness
he shall not be *put to death* **deathified**.
7 Thehandsofthewitneseshalbeifrstuponhim

to *put him to death* **deathify him,**
and afterward the hands of all the people.
So thou shalt *put* **burn** the evil away from among you.

The Torah On Judgment

8 If there arise a *matter* **word**
too hard for **that marveleth** thee in judgment,
between blood and blood, between plea and plea,
and between *stroke* **plague** and *stroke* **plague,**
being *matters* **words** of *controversy* **dispute**
within thy *gates* **portals:**
then shalt thou arise,
and *get thee up* **ascend** into the place
which *the LORD* **Yah Veh** thy *God* **Elohim** shall choose;
9 Andthoushaltcomeuntothepirieststhe*Levites***Leviym,**
and unto the judge that shall be in
those days, and enquire;
and they shall *shew* **tell** thee
the *sentence* **word** of *the mouth* **judgment:**
10 And thou shalt *do* **work**
according to the *sentence* **word** of *judgment* **his mouth,**
which they of that place
which *the LORD* **Yah Veh** shall
choose shall *shew* **tell** thee;
and thou shalt *observe* **guard** to *do* **work**
according to all that they *inform* **point out to** thee:
11 According to the *sentence* **mouth** of the *law* **torah**
which they shall *teach* **point out to** thee,
and according to the judgment which they
shall tell thee, thou shalt *do* **work:**
thou shalt not *decline* **turn aside**
from the *sentence* **word** which they shall *shew*
tell thee, to the right *hand*, nor to the left.
12 And the man
that *will do presumptuously* **shall work arrogance,**
and *will* **shall** not hearken unto the priest
that standeth to minister there
before the LORD **at the face of Yah Veh** thy *God*
Elohim, or unto the judge, even that man shall die:
and thou shalt *put* **burn** away the
evil from *Israel* **Yisra El.**
13 Andalthepeopleshalhear,and*fear***awe,**
and *do no more presumptuously* **not seethe.**

The Torah On Sovereigns

14 When thou art come unto the land
which *the LORD* **Yah Veh** thy *God* **Elohim** giveth thee,
and shalt possess it, and shalt *dwell* **settle** therein,
and shalt say, I *will* **shall** set a *king* **sovereign** over me,
like as all the *nations* **goyim** that
are *about* **all around** me;
15 **In setting,**
Thou shalt *in any wise* set him *king* **sovereign** over thee,
whom *the LORD* **Yah Veh** thy *God* **Elohim** shall choose:
one from among thy brethren
shalt thou set *king* **sovereign** over thee:
thou *mayest* **canst** not *set* **give a man**
— a stranger over thee, which is not thy brother.
16 But he shall not *multiply* **abound** horses to himself,
nor cause the people to return to *Egypt* **Misrayim,**
to the end that he should *multiply* **abound** horses:
forasmuch as *the LORD* **Yah Veh** hath said unto you,
Ye shall henceforth return *no more* **not again** that way.
17 Neither shall he
multiply wives **abound women** to himself,
that his heart turn not away:
neither shall he *greatly multiply* **mightily abound**
to himself silver and gold.
18 And it shall be,
when he sitteth upon the throne of his *kingdom*
sovereigndom, that he shall *write* **inscribe** him
a *copy* **duplicate** of this law **torah** in a *book* **scroll**
out of that
which is *before* **at the face of** the
priests the *Levites* **Leviym:**
19 And it shall be with him,
and he shall *read* **recall** therein all the days of his life:
that he may learn
to *fear the LORD* **awe Yah Veh** his *God*
Elohim, to *keep* **guard** all the words
of this *law* **torah** and these statutes, to *do* **work** them:
20 That his heart be not lifted up above his brethren,
and that he turn not aside from the *commandment*
misvah, to the right *hand*, or to the left:
to the end that he may prolong his days
in his *kingdom* **sovereigndom,**
he, and his *children* **sons,** in the midst of *Israel* **Yisra El.**

The Torah On The Priestal Allotments

18 The priests the *Levites* **Leviym,**
and all the *tribe* **scion** of Levi,
shall have no *part* **allotment** nor
inheritance with *Israel* **Yisra El:**
they shall eat
the *offerings of the LORD made by fire*
firings unto Yah Veh, and his inheritance.
2 Therefore
shall they have no inheritance among their brethren:
the LORD **Yah Veh** is their inheritance,
as he hath *said* **worded** unto them.
3 And this shall be the priest's *due* **judgment**

from the people,
from them that *offer* **sacrifice** a sacrifice,
whether it be ox or *sheep* **lamb**;
and they shall give unto the priest the *shoulder* **foreleg**,
and the two cheeks, and the *maw* **belly**.
4 The *firstfruit* **firstling** also of thy *corn* **crop**,
of thy *wine* **juice**, and of thine oil,
and the first of the *fleece* **shearing** of
thy sheep, shalt thou give him.
5 For *the LORD* **Yah Veh** thy *God* **Elohim**
hath chosen him out of all thy *tribes* **scions**,
to stand to minister in the name of *the LORD*
Yah Veh, him and his sons *for ever* **all days**.
6 And if a *Levite* **Leviy**
come from *any* **one** of thy *gates* **portals** out
of all *Israel* **Yisra El**, where he sojourned, and
come with all the desire of his *mind* **soul**
unto the place which *the LORD* **Yah Veh** shall choose;
7 Then he shall minister
in the name of *the LORD* **Yah Veh** his *God* **Elohim**, as
all his brethren the *Levites* **Leviym** do, which stand there
before the LORD **at the face of Yah Veh**.
8 They shall have
like portions **allotment by allotment** to eat,
beside that which cometh of *the sale* **his sales**
of *his patrimony* **the fathers'**.

THE TORAH ON APOSTATIZING

9 When thou art come into the land
which *the LORD* **Yah Veh** thy *God* **Elohim** giveth thee,
thou shalt not learn to *do* **work** after the *abominations*
abhorrences of those *nations* **goyim**.
10 Thereshalnotbefoundamongyouanyone
that *maketh* **passeth** his son or his daughter *to pass*
through the fire,
or *that useth divination* **a diviner**,
or *an observer of times* **a cloudgazer**,
or *an enchanter* **a prognosticater**, or a *witch* **sorcerer**.
11 Or a charmer **that charms**,
or *a consulter with familiar spirits* **an inquirer**
of a necromancer, or a *wizard* **knower**,
or *a necromancer* **an inquirer of the deathified**.
12 For all that *do* **work** these *things*
are an *abomination* **abhorrence**
unto *the LORD* **Yah Veh**:
and because of these *abominations* **abhorrences**
the LORD **Yah Veh** thy *God* **Elohim**
doth *drive* **dispossess** them *out* from *before thee* **thy face**.
13 Thou shalt be *perfect* **integrious**
with *the LORD* **Yah Veh** thy *God* **Elohim**.
14 For these *nations* **goyim**, which thou shalt possess,
hearkened unto *observers of times*
cloudgazers, and unto diviners:
but as for thee,
the LORD **Yah Veh** thy *God* **Elohim**
hath not *suffered* **given** thee so to do.

THE TORAH ON PROPHETS

15 *TheLORD***YahVeh**thy*God***Elohim**
will **shall** raise *up* unto thee a Prophet
from the midst of thee,
of thy brethren, like unto me; unto him ye shall hearken;
16 According to all that thou *desiredst* **askedst**
of *the LORD* **Yah Veh** thy *God* **Elohim** in Horeb in
the day of the *assembly* **congregation**, saying,
Let me not hear again
the voice of *the LORD* **Yah Veh** my *God* **Elohim**,
neither let me see this great fire any more, that I die not.
17 And *the LORD* **Yah Veh** said unto
me, They have *well spoken* **well—pleased**
that which they have *spoken* **worded**.
18 I *will* **shall** raise them up a Prophet from
among their brethren, like unto thee,
and *will put* **shall give** my words in his mouth;
and he shall *speak* **word** unto them all
that I shall *command* **misvah** him.
19 And **so be** it *shall come to pass*,
that *whosoever* **what man**
will **shall** not hearken unto my words
which he shall *speak* **word** in my name,
I *will* **shall** require it of him.
20 But the prophet,
which shall *presume* **seethe**
to *speak* **word** a word in my name,
which I have not *commanded*
misvahed him to *speak* **word**,
or that shall *speak* **word**
in the name of other *gods* **elohim**,
even that prophet shall die.

THE TEST OF THE PROPHET

21 And if thou say in thine heart,
How shall we know the word
which *the LORD* **Yah Veh** hath not *spoken* **worded**?
22 When a prophet *speaketh* **wordeth**
in the name of *the LORD* **Yah Veh**,
if the *thing follow* **word become** not,
nor *come to pass* **arrive**,
that is the *thing* **word**

which *the LORD* **Yah Veh** hath not *spoken*
worded, but the prophet hath
spoken it presumptuously **worded arrogance**:
thou shalt not *be afraid of* **fear** him.

THE TORAH ON CITIES OF REFUGE

19 When *the LORD* **Yah Veh** thy *God* **Elohim**
hath cut off the *nations* **goyim**, whose land
the LORD **Yah Veh** thy *God* **Elohim** giveth thee,
and thou *succeedest* **possessest** them,
and *dwellest* **settlest** in their cities, and in their houses;
2 Thou shalt separate three cities for
thee in the midst of thy land,
which *the LORD* **Yah Veh** thy *God* **Elohim**
giveth thee to possess it.
3 Thou shalt prepare thee a way,
and divide the *coasts* **borders** of thy land,
which *the LORD* **Yah Veh** thy *God* **Elohim**
giveth thee to inherit, into *three parts* **thirds**,
that every *slayer* **murderer** may flee thither.
4 And this is the *case* **word** of the *slayer* **murderer**,
which shall flee thither, that he may live:
Whoso *killeth* **smiteth** his *neighbour* **friend**
ignorantly **unknowingly**,
whom he hated not *in time past* **three yesters ago**;
5 As when a man goeth into the *wood* **forest**
with his *neighbour* **friend** to *hew wood* **chop
timber**, and his hand *fetcheth a stroke with*
driveth the axe to cut down the tree,
and the *head* **iron** slippeth from the *helve* **timber**,
and *lighteth upon* **findeth** his
neighbour **friend**, that he die;
he shall flee unto one of those cities, and live:
6 Lest the *avenger* **redeemer** of the blood
pursue the *slayer* **murderer**,
while his heart is hot, and overtake him, because the
way *is long* **aboundeth**, and *slay him* **smite his soul**
whereas he was not worthy **when he had no judgment**
of death,
inasmuch as **because** he hated him not
in time past **three yesters ago**.
7 Wherefore I *command* **misvah** thee, saying,
Thou shalt separate three cities for thee.
8 And if *the LORD* **Yah Veh** thy *God* **Elohim**
enlarge **widen** thy *coast* **border**,
as he hath *sworn* **oathed** unto thy
fathers, and give thee all the land
which he *promised* **worded** to give unto thy fathers;
9 If thou shalt *keep* **guard**
all these *commandments* **misvoth** to *do* **work**
them, which I *command* **misvah** thee this day,
to love *the LORD* **Yah Veh** thy *God* **Elohim**,
and to walk *ever* **all days** in his ways;
then shalt thou add three cities more
for thee, beside these three:
10 That innocent blood be not *shed* **poured** in thy
land, which *the LORD* **Yah Veh** thy *God* **Elohim**
giveth thee for an inheritance, and
so blood be upon thee.
11 But if any man hate his *neighbour* **friend**,
and *lie in wait* **lurk** for him, and rise up against
him, and smite *him mortally* **his soul** that he die,
and fleeth into one of these cities:
12 Then the elders of his city
shall send and *fetch* **take** him *thence*,
and *deliver* **give** him
into the hand of the *avenger* **redeemer**
of blood, that he may die.
13 Thine eye shall not *pity* **spare** him,
but thou shalt *put* **burn** away
the guilt of **for the** innocent blood from *Israel*
Yisra El, that it may *go well* **be good** with thee.

THE TORAH ON LAND BORDERS

14 Thou shalt not remove
thy *neighbour's landmark* **friend's border**, which they
of old time **at the first** have set in thine inheritance,
which thou shalt inherit in the land that *the LORD*
Yah Veh thy *God* **Elohim** giveth thee to possess it.

THE TORAH ON WITNESSES

15 Onewitnessshalnotrise*up*againstaman
for any *iniquity* **perversity**, or for any sin,
in any sin that he sinneth:
at the mouth of two witnesses,
or at the mouth of three witnesses,
shall the *matter* **word** be *established* **raised**.
16 If a *false witness* **witness of violence** rise *up*
against any man
to *testify* **answer** against him that
which is *wrong* **revolting**;
17 Then *both* the **two** men,
between whom the *controversy* **dispute** is,
shall stand *before the LORD* **at the face of
Yah Veh**, *before* **at the face of** the priests and
the judges, which shall be in those days;
18 And the judges shall
make diligent inquisition **inquire well**:
and, behold, if the witness be a false witness,

and hath *testified* **witnessed** falsely against his brother;
19 Then shall ye *do* **work** unto him, as
he had *thought* **intrigued**
to have *done* **worked** unto his brother:
so shalt thou put the evil away from among you.
20 And those which *remain* **survive**
shall hear, and *fear* **awe,**
and shall henceforth *commit* **add to work**
no *more any* such **word of** evil among you.
21 Thine eye shall not *pity* **spare;**
but life shall go for life **soul for soul,** eye for eye,
tooth for tooth, hand for hand, foot for foot.

THE TORAH ON WARRING

20 When thou goest out to *battle* **war**
against thine enemies,
and seest horses, and chariots, and a people more
than thou, *be not afraid of* **awe** them **not**:
for *the LORD* **Yah Veh** thy *God* **Elohim** is with
thee, which *brought* **ascended** thee *up*
out of the land of *Egypt* **Misrayim.**
2 And it shall be,
when ye *are come nigh* **approach** unto the *battle* **war,**
that the priest shall approach and
speak **word** unto the people,
3 And shall say unto them, Hear, O *Israel* **Yisra El,**
ye approach this day unto battle against your enemies:
let not your hearts *faint* **tenderize,**
fear **awe** not, and do not *tremble* **hasten,** neither
be ye terrified *because of them* **at their face;**
4 For *the LORD* **Yah Veh** your *God* **Elohim**
is he that goeth with you,
to fight for you against your enemies, to save you.
5 And the officers shall *speak* **word** unto
the people, saying, What man is there
that hath built a new house,
and hath not *dedicated* **hanukkahed** it?
let him go and return to his house,
lest he die in the *battle* **war,**
and another man *dedicate* **hanukkah** it.
6 And what man is he that hath planted a vineyard,
and hath not yet *eaten* **plucked** of *it*?
let him *also* go and return unto his house,
lest he die in the *battle* **war,** and
another man *eat* **pluck** of it.
7 And what man is there
that hath betrothed a *wife* **woman,**
and hath not taken her?
let him go and return unto his house,
lest he die in the *battle* **war,** and another man take her.
8 And the officers
shall *speak further* **word again** unto
the people, and they shall say,
What man is there that *is fearful* **aweth**
and *fainthearted* **tender of heart?**
let him go and return unto his house,
lest his brethren's heart *faint* **melt** as well as his heart.
9 And it shall be, when the officers
have *made an end of speaking* **finished wording**
unto the people
that they shall *make captains* **muster governors**
of the *armies* **hosts** to *lead* **head** the people.
10 When thou *comest nigh* **approachest**
unto a city to fight against it,
then *proclaim peace* **call shalom** unto it.
11 And it shall be,
if it make thee answer of *peace*
shalom, and open unto thee,
then it shall be,
that all the people that is found therein shall be
tributaries **vassals** unto thee, and they shall serve thee.
12 And if it *will make no peace* **shall not shalam** with
thee, but *will make* **shall work** war against thee,
then thou shalt besiege it:
13 And when *the LORD* **Yah Veh** thy *God* **Elohim**
hath *delivered* **given** it into thine hands,
thou shalt smite every male thereof
with the *edge* **mouth** of the sword:
14 But the women, and the *little ones* **toddlers,** and
the *cattle* **animals,** and all that is in the city,
even all the *spoil* **loot** thereof, shalt
thou *take* **plunder** unto thyself;
and thou shalt eat the *spoil* **loot** of thine enemies,
which *the LORD* **Yah Veh** thy *God* **Elohim**
hath given thee.
15 Thus shalt thou *do* **work** unto all the cities
which are *very* **mighty** far off from thee,
which are not of the cities of these *nations* **goyim.**
16 But of the cities of these people,
which *the LORD* **Yah Veh** thy *God* **Elohim**
doth give thee for an inheritance, thou shalt *save*
preserve alive *nothing* **naught** that breatheth:
17 But **in devoting,** thou shalt *utterly destroy*
devote them; *namely,* the *Hittites* **Hethiy,**
and the *Amorites* **Emoriy,** the *Canaanites*
Kenaaniy, and the *Perizzites* **Perizziy,**
the *Hivites* **Hivviy,** and the *Jebusites* **Yebusiy;**
as *the LORD* **Yah Veh** thy *God* **Elohim**
hath *commanded* **misvahed** thee:
18 That they teach you not to *do* **work**

after all their *abominations* **abhorrences,**
which they have *done* **worked** unto their *gods* **elohim;**
so should **and thus** sin
against *the LORD* **Yah Veh** your *God* **Elohim.**
19 When thou shalt besiege a city *a long time* **many days,**
in *making war* **fighting** against it to *take* **capture** it,
thou shalt not *destroy* **ruin** the trees thereof
by *forcing* **driving** an axe against them:
for thou mayest eat of them, and
shalt not cut them *down*
(*for the tree of the field is man's life*)
to employ them in the siege
O humanity,
face ye the tree of the field to besiege you?:
20 Onlythetreeswhichthouknowest
that they be not trees for *meat* **food,**
thou shalt *destroy* **ruin** and cut them down;
and thou shalt build *bulwarks* **sieges**
against the city that *maketh* **worketh** war
with thee, until it *be subdued* **topple.**

THE TORAH ON UNKNOWN ASSASSINS

21 If one be found *slain* **pierced** in the *land* **soil**
which *the LORD* **Yah Veh** thy *God* **Elohim**
giveth thee to possess it, *lying* **fallen** in the field,
and it be not known who hath slain him:
2 Then thy elders and thy judges shall come forth,
and the y shal l me asure unto the ci ti e s which
are round about him that is *slain* **pierced:**
3 And it shall be, that the city
which is *next* **nearest** unto the *slain man*
pierced, even the elders of that city
shall take an heifer **of the oxen,**
which hath not *been wrought with* **served,**
and which hath not drawn in the yoke;
4 And the elders of that city
shall *bring down* **descend** the heifer unto
a *rough valley* **perennial wadi,**
which is neither *eared* **served** nor *sown* **seeded,**
and shall *strike off* **break** the heifer's neck
there in the *valley* **wadi:**
5 And the priests the sons of Levi shall come near;
for them *the LORD* **Yah Veh** thy *God* **Elohim**
hath chosen to minister unto him,
and to bless in the name of *the LORD* **Yah Veh;**
and by their *word* **mouth**
shall every *controversy* **dispute**
and every *stroke* **plague** be *tried*:
6 And all the elders of that city,
that are *next* **near** unto the *slain man* **pierced,**
shall *wash* **baptize** their hands over the heifer
that is beheaded **whose neck is**
broken in the *valley* **wadi:**
7 And they shall answer and say,
Our hands have not *shed* **poured** this
blood, neither have our eyes seen it.
8 *Be merciful* **Kapar/Atone,** O *LORD* **Yah**
Veh, unto thy people *Israel* **Yisra El,**
whom thou hast redeemed,
and *lay* **give** not innocent blood
unto thy people *of Israel's charge* **midst Yisra El.**
And the blood shall *be forgiven them* **kapar/atone.**
9 So shalt thou *put* **burn** away
the *guilt of* innocent blood from among you, when
thou shalt *do that which is right* **work straight**
in the *sight* **eyes** of *the LORD* **Yah Veh.**

THE TORAH ON THE CAPTURED WOMAN

10 When thou goest forth to war against thine enemies,
and *the LORD* **Yah Veh** thy *God* **Elohim** hath
delivered **given** them into thine hands, and
thou hast *taken* **captured** them *captive*,
11 And seest among the captives
a *beautiful* woman **fair in form,**
and hast *a desire* **attached** unto her,
that thou *wouldest have* **shouldest take** her
to **as** thy *wife* **woman;**
12 Then thou shalt bring her home *to* **midst** thine house,
and she shall shave her head, and *pare* **work** her nails;
13 And she shall *put* **turn aside**
the *raiment* **clothes** of her captivity *from off*
her, and shall *remain* **settle** in thine house,
and *bewail* **weep over** her father and her
mother a *full month* **moon of days:**
and after that thou shalt go in unto
her, and *be* **marry** her *husband*,
and she shall be thy *wife* **woman.**
14 And it shall be, if thou have no delight in
her, then thou shalt *let* **send** her *go* **away**
whither she will **as her soul desireth;**
but **in selling,** thou shalt not sell her *at all*
for *money* **silver,**
thou shalt not *make merchandise of* **tyrranize**
her, because thou hast humbled her.

THE TORAH ON FIRSTBIRTHED

15 If a man have two *wives* **women,** one
beloved, and *another* **one** hated,

and they have *born* **birthed** him *children*
sons, both the beloved and the hated;
and if the *firstborn* **firstbirthed**
son be hers that was hated:
16 Then it shall be,
when he maketh **the day** his sons *to*
inherit that which he hath,
that he *may* **can** not make
the son of the beloved *firstborn* **firstbirthed**
before **face** the son of the hated,
which is indeed — the *firstborn* **firstbirthed**:
17 But he shall *acknowledge* **recognize**
the son of the hated for the *firstborn* **firstbirthed,**
by giving him a *double portion* **twofold mouth**
of all that *he hath* **be found with him**:
for he is the beginning of his strength;
the *right of the firstborn* **judgment of firstrights** is his.

THE TORAH ON A REVOLTING AND REBELLIOUS SON

18 If a man have a *stubborn* **revolting** and rebellious son,
which *will* **shall** not *obey* **hearken**
to the voice of his father, or the voice of his mother,
and that, when they have *chastened* **disciplined**
him, *will* **shall** not hearken unto them:
19 Then shall his father and his mother
lay hold on **capture** him,
and bring him out unto the elders of his city,
and unto the *gate* **portal** of his place;
20 And they shall say unto the elders of his city, This
our son is *stubborn* **revolting** and rebellious,
he *will* **doth** not *obey* **hearken to** our voice;
he is a glutton, and a *drunkard* **carouser.**
21 And all the men of his city shall stone
him with stones, that he die:
so shalt thou *put* **burn** evil away from among you;
and all *Israel* **Yisra El** shall hear, and *fear* **awe.**

THE TORAH ON EXECUTION

22 Andifaman*havecommited***becometh**asin
worthy — **a judgment** of death,
and he be to be *put to death* **deathified,**
and thou hang him on a tree:
23 His *body* **carcase**
shall not *remain all night* **stay overnight**
upon the tree, but **in entombing,**
thou shalt *in any wise bury* **entomb** him
that day; (for he that is hanged
is accursed **hath an abasement** of *God* **Elohim**;)
that thy *land* **soil** be not defiled,
which *the LORD* **Yah Veh** thy *God* **Elohim**
giveth thee for an inheritance.

THE TORAH ON SUNDRY MATTERS

22 Thou shalt not see
thy brother's ox or his *sheep go astray* **lamb driven,**
and *hide* **conceal** thyself from them:
in returning,
thou shalt *in any case bring* **return** them *again*
unto thy brother.
2 And if thy brother be not nigh unto
thee, or if thou know him not,
then thou shalt *bring* **gather** it
unto **the midst of** thine own house,
and it shall be with thee until thy brother seek aft
er it, and thou shalt restore it to him *again.*
3 *In like manner* **Thus** shalt thou *do* **work**
with his *ass* **he burro;**
and *so* **thus** shalt thou *do* **work** with his *raiment* **clothes;**
and with all lost *thing* of thy brother's, which he hath
lost, and thou hast found, shalt thou *do* **work** likewise:
thou *mayest not hide* **art not able to conceal** thyself.
4 Thou shalt not see thy brother's *ass* **he burro**
or his ox fall down by the way,
and *hide* **conceal** thyself from them:
in raising,
thou shalt *surely help him to lift* **raise** them *up again.*
5 The woman shall not *wear* **bear**
that which pertaineth unto a man
a mighty's instruments,
neither shall a *man* **mighty**
put on **enrobe** a woman's *garment*:
for all that *do* **work** so are *abomination* **abhorrence**
unto *the LORD* **Yah Veh** thy *God* **Elohim.**
6 If a bird's nest *chance to be before thee* **confront**
thy face in the way in any tree, or on the *ground*
earth, *whether they be young ones* **chicks,** or eggs,
and the *dam sitting* **mother crouching**
upon the *young* **chicks,** or upon the eggs,
thou shalt not take the *dam* **mother** with the *young* **son:**
7 But **in sending away,**
thou shalt
in any wise let the dam go **send away the mother,**
and take the *young* **son** to thee;
that it may *be well with* **well—please** thee,
and that thou mayest prolong thy days.
8 When thou buildest a new house, then thou shalt
make a battlement **work a parapet** for thy roof,
that thou *bring* **set** not blood upon thine house,
if **in falling,** any man fall from thence.

9 Thou shalt not *sow* **seed** thy vineyard with
divers seeds **heterogenetic inductions**:
lest the *fruit* **fulness** of thy seed which
thou hast *sown* **seeded**,
and the *fruit* **produce** of thy vineyard, be defiled.
10 Thou shalt not plow
with an ox and *an ass* **a he burro** together.
11 Thou shalt not
wear a garment of divers sorts **enrobe linsey woolsey**, as of woollen and *linen* **flax** together.
12 Thou shalt *make* **work** thee *fringes* **threads**
upon the four *quarters* **borders** of thy *vesture*
covering, wherewith thou coverest *thyself*.

THE TORAH ON VIRGINITY

13 If any man take a *wife* **woman**,
and go in unto her, and hate her,
14 And *give occasions* **set exploitations** of *speech* **words**
against her,
and bring up an evil name upon her, and say,
I took this woman, and when I *came to* **approached** her,
I found *her not a maid* **no virginity in her**:
15 Then shall the father of the *damsel*
lass, and her mother,
take and bring forth
the tokens of the *damsel's* **lass'** virginity unto
the elders of the city in the *gate* **portal**:
16 And the damsel's father shall say unto the elders,
I gave my daughter unto this man to
wife **woman**, and he hateth her;
17 And, *lo* **behold**,
he hath *given occasions* **set exploitations** of *speech* **words**
against her, saying, I found
not thy daughter a maid **no virginity in thy daughter**;
and yet these are *the tokens* of my daughter's virginity.
And they shall spread the cloth
before **at the face of** the elders of the city.
18 And the elders of that city shall take that man
and *chastise* **discipline** him;
19 And they shall *amerce* **penalize** him
in an hundred *shekels of* silver,
and give them unto the father of the *damsel* **lass**,
because he hath brought up an evil name
upon a virgin of *Israel* **Yisra El**:
and she shall be his *wife* **woman**;
he *may* **can** not *put* **send** her away all his days.
20 But if this *thing* **word** be *true* **truth**,
and *the tokens of* virginity
be not found for the *damsel* **lass**:
21 Then they shall bring out the *damsel* **lass**
to the *door* **opening** of her father's
house, and the men of her city
shall stone her with stones that she die:
because she hath *wrought* **worked** folly in *Israel*
Yisra El, to *play the* whore in her father's house:
so shalt thou *put* **burn** evil away from among you.
22 If a man be found lying with a woman
married to *an husband* **a master**,
then they shall *both* **the two** of them die,
both the man that lay with the woman, and the woman:
so shalt thou *put* **burn** away evil from *Israel* **Yisra El**.
23 If a *damsel* **lass** that is a virgin
be betrothed unto an *husband* **man**,
and a man find her in the city, and lie with her;
24 Then ye shall bring **the two of** them *both*
out unto the *gate* **portal** of that city,
and ye shall stone them with stones that they die;
the *damsel* **lass**,
because **for the word that** she cried not, being in the city;
and the man,
because **for the word that**
he hath humbled his *neighbour's wife* **friend's woman**:
so thou shalt *put* **burn** away evil from among you.
25 But if a man find a betrothed *damsel* **lass** in the field,
and the man *force* **take strong hold
of** her, and lie with her:
then the man only that lay with her shall die.
26 But unto the *damsel* **lass**
thou shalt *do nothing* **work no word**;
there is in the *damsel* **lass** no sin *worthy* of death:
for as when a man riseth against his *neighbour*
friend, and *slayeth him* **murdureth his soul**,
even so is this *matter* **word**:
27 For he found her in the field,
and the betrothed *damsel* **lass** cried,
and there was none to save her.
28 If a man find a *damsel* **lass** that is a virgin,
which is not betrothed,
and *lay hold on* **capture** her, and lie
with her, and they be found;
29 Then the man that lay with her
shall give unto the *damsel's* **lass's**
father fifty *shekels of* silver,
and she shall be his *wife* **woman**;
because he hath humbled her,
he *may* **can** not *put* **send** her away all his days.
30 A man shal not take his father's *wife* **woman**,
nor *discover* **expose** his father's *skirt* **border**.

THE TORAH ON CONGREGATIONAL EXCLUSIONS

23 He that is wounded *in the stones* **or castrated**,
or hath his *privy member* **penis** cut off,
shall not enter
into the congregation of *the LORD* **Yah Veh**.
2 A bastard shall not enter
into the congregation of *the LORD* **Yah Veh**;
even to his tenth generation shall he not enter
into the congregation of *the LORD* **Yah Veh**.
3 An *Ammonite* **Ammoniy** or *Moabite* **Moabiy**
shall not enter
into the congregation of *the LORD* **Yah Veh**;
even to their tenth generation shall they not enter
into the congregation of *the LORD* **Yah Veh**
for ever **eternally**:
4 *Because* **For word that** they *met* **anticipated** you
not with bread and with water in the way,
when ye came forth out of *Egypt* **Misrayim**;
and because they hired against thee
Balaam **Bilam** the son of Beor of Pethor
of *Mesopotamia* **Aram Naharaim**, to *curse* **abase** thee.
5 Nevertheless *the LORD* **Yah Veh** thy *God* **Elohim**
would **willed to** not hearken unto *Balaam* **Bilam**;
but *the LORD* **Yah Veh** thy *God* **Elohim**
turned the *curse* **abasement** into a blessing unto thee,
because *the LORD* **Yah Veh** thy *God* **Elohim** loved thee.
6 Thou shalt not seek their *peace* **shalom**
nor their *prosperity* **good** all thy days *for ever* **eternally**.
7 Thou shalt not abhor an *Edomite* **Edomiy**;
for he is thy brother:
thou shalt not abhor *an Egyptian* **a Misrayim**;
because thou wast a *stranger* **sojourner** in his land.
8 The*children***sons**thatare*begoten***birthed**ofthem
shall enter into the congregation of *the LORD* **Yah Veh**
in their third generation.
9 Whenthe*hosct***amp**goethforthagainsthinenemies,

THE TORAH ON SANITATION

then *keep* **guard** thee from every *wicked thing* **evil word**.
10 If there be among you any man, that is not *clean* **pure**
by reason of uncleanness that chanceth him by night
from happenings of the night,
then shall he go *abroad out of* **outside** the camp,
he shall not come *within* **midst** the camp:
11 But it shall be,
when **at the face of** evening *cometh on*, he shall *wash*
baptize *himself* with water: and when the sun is down,
he shall come *into* **midst** the camp again.

THE TORAH ON SANITATION ECOLOGY

12 Thoushalthavea*place***hand**alsowithouthecamp,
whither thou shalt go *forth abroad* **without**:
13 And thou shalt
have a paddle **take** upon thy *weapon* **ear**;
and it shall be,
when thou *wilt ease thyself abroad* **shalt sit**
without, thou shalt dig therewith,
and shalt turn back
and cover *that which cometh from thee* **thy excrement**:
14 For *the LORD* **Yah Veh** thy *God* **Elohim**
walketh in the midst of thy camp, to *deliver* **rescue** thee,
and to give up thine enemies *before thee* **at thy face**;
therefore shall thy camp be holy:
that he see no *unclean thing* **word of nakedness**
in thee, and turn away *from* **after** thee.

THE TORAH ON SERVANTS

15 Thou shalt not deliver unto his *master* **adoni**
the servant which is escaped from
his *master* **adoni** unto thee:
16 Heshadlwesletlewiththe,evenamongyou,
in that place which he shall choose
in one of thy *gates* **portals**,
where it *liketh him best* **is good for him**:
thou shalt not oppress him.

THE TORAH ON HALLOWED WHORES

17 Thereshalbeno**halowed**whore
of the daughters of *Israel* **Yisra El**,
nor a *sodomite* **hallowed whoremaster**
of the sons of *Israel* **Yisra El**.
18 Thou shalt not bring the *hire* **payoff**
of *a whore* **one that whoreth**, or the price
of a dog, into the house of *the LORD* **Yah**
Veh thy *God* **Elohim** for any vow:
for even *both* these **two** are *abomination* **an abhorrence**
unto *the LORD* **Yah Veh** thy *God* **Elohim**.

THE TORAH ON USURY

19 Thoushaltnot*lenduponusuryto***usure**thybrother;
usury of *money* **silver**, usury of
victuals **food**, usury of any
thing that is lent upon usury **word of a usurer**:
20 Unto a stranger, thou mayest *lend upon usury* **usure**;
but unto thy brother, thou shalt not
lend upon usury **usure**:
that *the LORD* **Yah Veh** thy *God* **Elohim** may bless thee
in *all that thou settest* **every spreading of** thine hand

in the land whither thou goest to possess it.
21 When thou shalt vow a vow

THE TORAH ON VOWS

unto *the LORD* **Yah Veh** thy *God* **Elohim**, thou shalt
not *slack* **delay** to *pay* **shalam** it: for **in requiring,**
the LORD **Yah Veh** thy *God* **Elohim**
will **shall** *surely* require it of thee;
and it *would* be sin in thee.
22 But if thou shalt *forbear* **cease** to vow,
it shall be no sin in thee.
23 That which *is gone* **proceeded** out of thy lips
thou shalt *keep* **guard** and *perform* **work**;
even a *freewill offering* **voluntary**,
according as thou hast vowed
unto *the LORD* **Yah Veh** thy *God* **Elohim**, which
thou hast *promised* **worded** with thy mouth.

THE TORAH ON GLEANING

24 When thou comest
into thy *neighbour's* **friend's** vineyard,
then thou mayest eat grapes
thy fill at thine own pleasure **to fill thy soul**;
but thou shalt not *put* **give** any in thy *vessel* **instrument**.
25 When thou comest
into the *standing corn* **stalks** of thy *neighbour* **friend**,
then thou mayest pluck the ears with thine hand;
but thou shalt not move a sickle
unto thy *neighbour's standing corn* **friend's stalks**.

THE TORAH ON THE SCROLL OF DIVORCEMENT

24 When a man hath taken a *wife* **woman**
and married her,
and it *come to pass* **becometh,**
that she find no *favour* **charism** in his
eyes, because he hath found some
uncleanness **word of nakedness** in her:
then let him *write* **inscribe** her a *bill* **scroll**
of divorcement, and give it in her hand,
and send her out of his house.
2 And when she is departed out of his house,
she may go and be another man's *wife*.
3 And if the latter *husband* **man** hate her,
and *write* **inscribe** her a *bill* **scroll** of
divorcement, and giveth it in her hand,
and sendeth her out of his house;
or if the latter *husband* **man** die,
which took her to be his *wife* **woman**;
4 Her *former husband* **first master**, which sent her away,
may **can** not **return to** take her *again*
to be **as** his *wife* **woman,**
after that she is *defiled* **fouled**;
for that is *abomination* **abhorrence** *before the*
LORD **at the face of Yah Veh**: and thou shalt not
cause the land to sin, which *the LORD* **Yah Veh**
thy *God* **Elohim** giveth thee for an inheritance.

THE TORAH ON SUNDRY MATTERS

5 When a man hath taken a new *wife* **woman,**
he shall not go out to *war* **the hostility**, neither shall he
be charged with **pass** any *business* **word over him**:
but he shall be *free* **exonerated** at home one year,
and shall cheer *up* his *wife* **woman** which he hath taken.
6 No man shall take the *nether* **milstone**
or the upper millstone to pledge:
for he taketh a *man's life* **soul** to pledge.
7 If a man be found stealing *any* **a soul** of his
brethren of the *children* **sons** of *Israel* **Yisra El,**
and *maketh merchandise of* **tyrranizeth**
him, or selleth him;
then that thief shall die;
and thou shalt *put* **burn** evil away from among you.
8 *Take heed* **On guard** in the plague of leprosy,
that thou *observe diligently* **guard mightily,**
and *do* **work** according to all that the
priests the *Levites* **Leviym**
shall *teach* **point out to** you:
as I *commanded* **misvahed** them,
so ye shall *observe* **guard** to *do* **work.**
9 Remember what *the LORD* **Yah Veh** thy *God* **Elohim**
did **worked** unto *Miriam* **Miryam** by the way, after
that ye were come forth out of *Egypt* **Misrayim.**
10 When thou dost lend
thy *brother any thing* **friend a loan,**
thou shalt not go into his house to
fetch **pledge** his pledge.
11 Thou shalt stand *abroad* **without,**
and the man to whom thou dost lend
shall bring out the pledge *abroad* **without** unto thee.
12 And if the man be *poor* **humbled,**
thou shalt not *sleep* **lie down** with his pledge:
13 In *any case* **returning,**
thou shalt *deliver* **return** him the pledge *again*
when the sun goeth down,
that he may *sleep* **lie down** in his own *raiment* **clothes,**
and bless thee:
and it shall be *righteousness* **justness** unto thee
before the LORD **at the face of Yah Veh** thy *God* **Elohim.**
14 Thou shalt not oppress an *hired servant* **hireling**

that is *poor* **humbled** and needy,
whether he be of thy brethren, or of
thy *strangers* **sojourners**
that are in thy land within thy *gates* **portals:**
15 Athisdaythoushaltgivehimhishire,
neither shall the sun go down upon it;
for he is *poor* **humbled,**
and *setteth* **lifteth** his *heart* **soul** upon it:
lest he *cry* **call** against thee unto *the LORD*
Yah Veh, and it be sin unto thee.
16 The fathers
shall not be *put to death* **deathified** for the
children **sons,** neither shall the *children* **sons**
be *put to death* **deathified** for the fathers:
every man
shall be *put to death* **deathified** for his own sin.
17 Thou shalt not *pervert* **deviate** the judgment
of the *stranger* **sojourner,** nor of the *fatherless* **orphan;**
nor take a widow's *raiment* **clothes** to pledge:
18 But thou shalt remember
that thou wast a *bondman* **servant** in *Egypt*
Misrayim, and *the LORD* **Yah Veh** thy
God **Elohim** redeemed thee thence:
therefore I *command* **misvah** thee
to *do* **work** this *thing* **word.**
19 When thou *cuttest down* **harvestest**
thine harvest in thy field,
and hast forgot *a sheaf* **an omer** in the field,
thou shalt not *go again* **return** to *fetch* **take**
it: it shall be for the *stranger* **sojourner,**
for the *fatherless* **orphan,** and for the widow:
that *the LORD* **Yah Veh** thy *God* **Elohim** may
bless thee in all the work of thine hands.
20 When thou beatest thine olive tree,
thou shalt not *go over the boughs again* **shake after thee:**
it shall be for the *stranger* **sojourner,**
for the *fatherless* **orphan,** and for the widow.
21 When thou *gatherest* **clippest** the
grapes of thy vineyard,
thou shalt not *glean it afterward* **exploit after thee:**
it shall be for the *stranger* **sojourner,**
for the *fatherless* **orphan,** and for the widow.
22 And thou shalt remember
that thou wast a *bondman* **servant**
in the land of *Egypt* **Misrayim:** therefore I *command*
misvah thee to *do* **work** this *thing* **word.**

25 If there be a *controversy* **dispute** between
men, and they come unto judgment,
that *the judges may judge them* **they be judged;**
then they shall justify the *righteous* **just,** and
condemn **declare wicked** the wicked.
2 And it shall be,
if the wicked *man be worthy to be beaten* **son be**
smitten, that the judge shall cause him to *lie down* **fall,**
and to be *beaten before* **smitten at** his face, **sufficient**
according to his *fault* **wickedness,** by a certain number.
3 Forty *stripes he may give him*
smites, and not *exceed* **add:**
lest, if he should *exceed* **add,**
and *beat* **smite** him above these
with many *stripes* **strokes,**
then thy brother
should *seem vile unto thee* **be abased in thine eyes.**
4 Thoushaltnotmuzzletheox
when he *treadeth* **thresheth** out the corn.

THE TORAH ON THE LEVIRATE

5 If brethren *dwell* **settle** together,
and one of them die, and have no *child* **son,** the
wife of the dead **woman of him who died** shall
not marry *without unto* **an outsider man**
— a stranger:
her *husband's brother* **levirate** shall go in unto
her, and take her to him to *wife* **woman,**
and *perform the duty of an husband's brother unto her*
be her levirate.
6 And it shall be,
that the *firstborn* **firstbirthed**
which she *beareth* **birtheth**
shall *succeed* **be raised** in the name of his brother
which is dead **who died,**
that his name be not *put* **wiped** out of *Israel* **Yisra El.**
7 And if the man *like not* **be not delighted**
to *take his brother's wife* **become a levirate,**
then let *his brother's wife* **her of the levirate**
go up **ascend** to the *gate* **portal** unto the
elders, and say, My *husband's brother* **levirate**
refuseth to raise up unto his brother
a name in *Israel* **Yisra El,**
he will not perform the duty of my husband's brother
he willeth to not be my levirate.
8 Then the elders of his city shall call
him, and *speak* **word** unto him:
and if he stand to it, and say,
I *like* **delight** not to take her;
9 Then shall *his brother's wife* **the**
woman of the levirate
come unto him in the *presence* **eyes** of the elders,
and *loose* **strippeth** his shoe from off his foot,
and spit in his face, and shall answer and say,

So **Thus** shall it be *done* **worked** unto that man
that *will* **shall** not build *up* his brother's house.
10 And his name shall be called in *IsraeYl* **israE,l**
The house of him that hath his shoe loosed.

The Torah On Sundry Matters

11 When men strive together one with another,
and the *wife* **woman** of the one
draweth near **approacheth**
for to *deliver* **rescue** her *husband* **man** out
of the hand of him that smiteth him, and
putteth forth **spreadeth** her hand,
and *taketh him by the secrets* **layeth**
hold on his pudenda:
12 Then thou shalt cut off her *hand* **palm**,
thine eye shall not *pity* **spare** her.
13 Thou shalt not have in thy *bag* **pouch**
divers weights **a stone and a stone**, a great and a small.
14 Thou shalt not have in thine house
divers measures **an ephah and an ephah,**
a great and a small.
15 But thou shalt have
a perfect and just weight
a stone of shalom and justness,
a perfect and just measure
an ephah of shalom and justness
shalt thou have:
that thy days may be *lengthened* **prolonged**
in the *land* **soil**
which *the LORD* **Yah Veh** thy *God* **Elohim** giveth thee.
16 For all that *do* **work** such *things*,
and all that *do unrighteously* **work wickedness,**
are an *abomination* **abhorrence**
unto *the LORD* **Yah Veh** thy *God* **Elohim.**
17 Remember what *Amalek did* **Amaleq**
worked unto thee by the way,
when ye were come forth out of *Egypt* **Misrayim;**
18 How he *met* **happened upon** thee by the way,
and *smote the hindmost of* **curtailed** thee,
even all that were *feeble* **weak** behind thee,
when thou wast *faint* **languid** and *weary* **belaboured;**
and he *feared* **awed** not *God* **Elohim.**
19 Therefore it shall be,
when *the LORD* **Yah Veh** thy *God* **Elohim**
hath *given thee rest* **rested thee**
from all thine enemies round about,
in the land which *the LORD* **Yah Veh** thy *God* **Elohim**
giveth thee for an inheritance to possess
it, that thou shalt *blot* **wipe** out
the *remembrance* **memorial** of *Amalek* **Amaleq**
from under *heaven* **the heavens;**
thou shalt not forget it.

The Torah On Firstlings And Tithes

26 And it shall be,
when thou art come in unto the land which *the LORD*
Yah Veh thy *God* **Elohim** giveth thee for an inheritance,
and possessest it, and *dwellest* **settlest** therein;
2 That thou shalt take
of the first of all the fruit of the *earth* **soil,**
which thou shalt bring of thy land
that *the LORD* **Yah Veh** thy *God* **Elohim**
giveth thee, and shalt put it in a basket,
and shalt go unto the place
which *the LORD* **Yah Veh** thy *God* **Elohim**
shall choose to place his name there.
3 And thou shalt go unto the priest
that shall be in those days,
and say unto him,
I *profess* **tell** this day
unto *the LORD* **Yah Veh** thy *God* **Elohim,**
that I am come unto the *country* **land**
which *the LORD sware* **Yah Veh oathed** unto our fathers
for to give us.
4 And the priest shall take the basket out of thine hand,
and set it *down before the* **at the face of the sacrifice**
altar of *the LORD* **Yah Veh** thy *God* **Elohim.**
5 And thou shalt *speak* **answer** and say
before the LORD **at the face of Yah Veh** thy *God* **Elohim,**
A Syrian ready to perish **A destroyed Aramiy**
was my father,
and he *went down* **descended** into *Egypt* **Misrayim,**
and sojourned there with a few **men,**
and became there a *nation* **goyim**, great,
mighty, and *populous* **many**:
6 And the *Egyptians* **Misrayim** evil entreated
us, and *afflicted* **humbled** us,
and *laid* **gave** upon us hard *bondage* **service**:
7 And when we cried
unto *the LORD God* **Yah Veh Elohim** of our fathers,
the LORD **Yah Veh** heard our voice,
and *looked on* **saw** our *affliction* **humiliation,**
and our *labour* **drudgery**, and our oppression:
8 And *the LORD* **Yah Veh**
brought us forth out of *Egypt* **Misrayim**
with a *mighty* **strong** hand,
and with an *outstretched* **spread** arm, and
with great *terribleness* **awesomeness**, and
with signs, and with *wonders* **omens**:

9 And he hath brought us into this place,
and hath given us this land,
even a land that floweth with milk and honey.
10 And now, behold,
I have brought the *firstfruits* **firstlings of the fruit**
of the *land* **soil**,
which thou, O *LORD* **Yah Veh**, hast given me.
And thou shalt *set* **leave** it
before the LORD **at the face of Yah Veh** thy
God **Elohim**, and *worship* **prostrate**
before the LORD **at the face of Yah Veh** thy *God* **Elohim**:
11 And thou shalt *rejoice* **cheer** in every good *thing*
which *the LORD* **Yah Veh** thy *God* **Elohim**
hath given unto thee, and unto thine
house, thou, and the *Levite* **Leviy**,
and the *stranger* **sojourner** that is among you.
12 When thou hast *made an end of* **finished off**
tithing all the tithes of thine *increase* **produce**
the third year, which is the year of tithing, and hast
given it unto the *Levite* **Leviy**, the *stranger* **sojourner**,
the *fatherless* **orphan**, and the widow, that they may
eat within thy *gates* **portals**, and *be filled* **satiate**;
13 Then thou shalt say
before the LORD **at the face of Yah Veh** thy *God* **Elohim**,
I have *brought away* **burnt** the *hallowed things* **holies**
out of mine house,
and also have given them unto the *Levite*
Leviy, and unto the *stranger* **sojourner**,
to the *fatherless* **orphan**, and to the widow,
according to all thy *commandments* **misvoth**
which thou hast *commanded* **misvahed** me:
I have not *transgressed* **trespassed** thy *commandments*
misvoth, neither have I forgotten them.
14 I have not eaten thereof in my *mourning* **mischief**,
neither have I *taken* **burnt** away *ought* thereof
for any *unclean* **fouled** use,
nor given *ought thereof for the dead* **for them that died**:
but I have hearkened
to the voice of *the LORD* **Yah Veh** my *God* **Elohim**,
and have *done* **worked** according to all
that thou hast *commanded* **misvahed** me.
Look down from thy holy habitation,
from *heaven* **the heavens**,
and bless thy people *Israel* **Yisra El**,
and the *land* **soil** which thou hast given us,
as thou *swarest* **oathest** unto our fathers,
a land that floweth with milk and honey.
16 This day *the LORD* **Yah Veh** thy *God* **Elohim**
hath *commanded* **misvahed** thee
to *do* **work** these statutes and judgments:
thou shalt therefore *keep* **guard** and *do* **work** them
with all thine heart, and with all thy soul.
17 Thou hast *avouched the LORD* **said** this day
to be **that Yah Veh become** thy *God* **Elohim**,
and to walk in his ways, and to *keep* **guard** his statutes,
and his *commandments* **misvoth**, and his judgments,
and to hearken unto his voice:
18 And *the LORD* **Yah Veh** hath *avouched* **said** this day
to be **that thou become** his peculiar people,
as he hath *promised* **worded unto** thee,
and that thou shouldest
keep **guard** all his *commandments* **misvoth**;
19 And to *make* **give** thee **most** high
above all *nations* **goyim** which he hath *made* **worked**,
in *praise* **halal**, and in name, and in *honour* **adornment**;
and that thou mayest be an holy people unto
the LORD **Yah Veh** thy *God* **Elohim**,
as he hath *spoken* **worded**.

THE STONES OF THE WORDS OF THE TORAH

27 And *Moses* **Mosheh** with the elders of *Israel*
Yisra El *commanded* **misvahed** the people, saying,
Keep **Guard** all the *commandments* **misvoth**
which I *command* **misvah** you this day.
2 And it shall be
on the day when ye shall pass over *Jordan* **Yarden**
unto the land
which *the LORD* **Yah Veh** thy *God* **Elohim** giveth thee,
that thou shalt *set* **raise** thee *up* great stones,
and plaister them with plaister:
3 And thou shalt *write* **inscribe** upon them
all the words of this *law* **torah**,
when thou art passed over,
that thou mayest go in unto the land
which *the LORD* **Yah Veh** thy *God* **Elohim** giveth
thee, a land that floweth with milk and honey;
as *the LORD God* **Yah Veh Elohim** of thy fathers
hath *promised* **worded** unto thee.
4 Therefore it shall be
when ye be *gone* **passed** over *Jordan* **Yarden**,
that ye shall *set up* **raise** these stones,
which I *command* **misvah** you this day, in mount
Ebal, and thou shalt plaister them with plaister.

THE SACRIFICE ALTAR OF STONES

5 And there shalt thou build *an* **a sacrifice** altar
unto *the LORD* **Yah Veh** thy *God* **Elohim**,
an **a sacrifice** altar of stones:
thou shalt not lift *up* any iron *tool* upon them.
6 Thou shalt build the **sacrifice** altar

of *the LORD* **Yah Veh** thy *God* **Elohim**
of *whole* stones **of shalom**:
and thou shalt *offer burnt offerings* **holocaust holocausts** thereon
unto *the LORD* **Yah Veh** thy *God* **Elohim**:
7 Andthoushalt*offerpeaceofferings***sacrificeshelamim**,
and shalt eat there, and *rejoice* **cheer**
before the LORD **at the face of Yah Veh** thy *God* **Elohim**.
8 And thou shalt *write* **inscribe** upon the stones
all the words of this *law very plainly*
torah well explained.
9 And *Moses* **Mosheh** and the
priests the *Levites* **Leviym**
spake **worded** unto all *Israel* **Yisra El**, saying, *Take* heed,
and hearken, O *Israel* **Yisra El**; this day thou art become
the people of *the LORD* **Yah Veh** thy *God* **Elohim**.
10 Thou shalt therefore *obey* **hear** the voice of
the LORD **Yah Veh** thy *God* **Elohim**,
and *do* **work** his *commandments* **misvoth**
and his statutes,
which I *command* **misvah** thee this day.

THE TWELVE CURSES FROM MOUNT EBAL

11 And *Moses* **Mosheh**
charged **misvahed** the people the same day, saying,
12 These shall stand upon mount
Gerizim to bless the people,
when ye are *come* **passed** over *Jordan* **Yarden**;
Simeon **Shimon**, and Levi, and *Judah* **Yah Hudah**,
and *Issachar* **Yissachar**, and *Joseph* **Yoseph**,
and *Benjamin* **Ben Yamin**:
13 And these shall stand upon mount Ebal
to curse **for the abasement**; *Reuben* **Reu Ben**, Gad,
and Asher, and Zebulun, Dan, and Naphtali.
14 Andthe*Levites***Leviym**shall*speak***answer**,
and say unto all the men of *Israel* **Yisra El**
with *a loud* **lifted** voice,
15 Cursed be the man
that *maketh* **worketh** any *graven* **sculptile**
or molten *image*, an *abomination*
abhorrence unto *the LORD* **Yah Veh**,
the work of the hands of the *craftsman* **engraver**,
and putteth it in a *secret place* **hideout**.
And all the people shall answer and say, Amen.
16 Cursed be he
that *setteth light* **be abased** by his father or his mother.
And all the people shall say, Amen.
17 Cursed be he
that removeth his *neighbour's landmark* **friend's border**.
And all the people shall say, Amen.
18 Cursed be he
that *maketh* **causeth** the blind to
wander **err inadvertently**
out of the way.
And all the people shall say, Amen.
19 Cursed be he
that *perverteth* **deviateth** the judgment
of the *stranger* **sojourner**,
fatherless **orphan**, and widow. And
all the people shall say, Amen.
20 Cursed be he
that lieth with his father's *wife* **woman**;
because he *uncovereth* **exposeth** his father's *skirt* **border**.
And all the people shall say, Amen.
21 Cursed be he
that lieth with any *manner of beast* **animal**.
And all the people shall say, Amen.
22 Cursed be he
that lieth with his sister,
the daughter of his father, or the daughter of his mother.
And all the people shall say, Amen.
23 Cursed be he
that lieth with his *mother* in law. And
all the people shall say, Amen.
24 Cursed be he
that smiteth his *neighbour secretly* **friend covertly**.
And all the people shall say, Amen.
25 Cursed be he
that taketh *reward* **a bribe**
to *slay* **smite** an innocent *person* **soul**.
And all the people shall say, Amen.
26 Cursed be he
that *confirmeth* **raiseth** not
all the words of this *law* **torah** to *do* **work** them.
And all the people shall say, Amen.

THE BLESSINGS OF OBEDIENCE

28 And **so be** it *shall come to pass*,
if **in hearkening**, thou shalt hearken *diligently*
unto the voice of *the LORD* **Yah Veh** thy *God*
Elohim, to *observe* **guard** and to *do* **work**
all his *commandments* **misvoth**
which I *command* **misvah** thee this day, that *the LORD*
Yah Veh thy *God* **Elohim** *will set* **shall give** thee *on*
most high above all *nations* **goyim** of the earth:
2 And all these blessings shall come
on thee, and overtake thee,
if thou shalt hearken
unto the voice of *the LORD* **Yah Veh** thy *God* **Elohim**.
3 Blessedshaltthoubeinthecity,

and blessed shalt thou be in the field.
4 Blessed shall be the fruit of thy *body* **belly**,
and the fruit of thy *ground* **soil**,
and the fruit of thy *cattle* **animals**, the
increase **fetus** of thy *kine* **yoke**,
and the *flocks* **riches** of thy *sheep* **flocks**.
5 Blessed shall be thy basket and thy *store* **doughboard**.
6 Blesedshalthoubewhenthoucomestin,
and blessed shalt thou be when thou goest out.
7 *The LORD* **Yah Veh** shall *cause* **give** thine
enemies that rise up against thee
to be smitten *before* **at** thy face:
they shall come out against thee one way,
and flee *before thee* **thy face** seven ways.
8 *The LORD* **Yah Veh**
shall *command* **misvah** the blessing upon thee
in thy *storehouses* **ingatherings**,
and in all that thou *settest* **spreadest** thine hand *unto*;
and he shall bless thee in the land
which *the LORD* **Yah Veh** thy *God* **Elohim** giveth thee.
9 *The LORD* **Yah Veh** shall *establish* **raise**
thee an holy people unto himself,
as he hath *sworn* **oathed** unto thee,
if thou shalt *keep* **guard** the *commandments* **misvoth**
of *the LORD* **Yah Veh** thy *God*
Elohim and walk in his ways.
10 And all people of the earth shall see
that thou art called by the name of the LORD
that the name of Yah Veh be called upon thee;
and they shall *be afraid of* **awe** thee.
11 And *the LORD* **Yah Veh**
shall *make* **overflow** thee *plenteous* in goods,
in the fruit of thy *body* **belly**,
and in the fruit of thy *cattle* **animals**,
and in the fruit of thy *ground* **soil**,
in the *land* **soil**
which *the LORD sware* **Yah Veh oathed** unto thy fathers
to give thee.
12 *The LORD* **Yah Veh** shall open
unto thee his good treasure,
the *heaven* **heavens**
to give the rain unto thy land in his *season* **time**,
and to bless all the work of thine hand:
and thou shalt lend unto many *nations* **goyim**,
and thou shalt not borrow.
13 And *the LORD* **Yah Veh** shall
make **give** thee the head,
and not the tail;
and thou shalt be above only,
and thou shalt not be *beneath* **downward**;
if that thou hearken unto the *commandments* **misvoth**
of *the LORD* **Yah Veh** thy *God* **Elohim**,
which I *command* **misvah** thee this day, to
observe **guard** and to *do* **work** them:
14 And thou shalt not *go* **turn** aside from any of the
words which I *command* **misvah** thee this day,
to the right *hand*, or to the left,
to go after other *gods* **elohim** to serve them.

THE CURSINGS OF DISOBEDIENCE

15 But **so be** it *shall come to pass*,
if thou *wilt* **shalt** not hearken
unto the voice of *the LORD* **Yah Veh** thy *God* **Elohim**,
to *observe* **guard** to *do* **work**
all his *commandments* **misvoth** and his statutes
which I *command* **misvah** thee this day;
that all these *curses* **abasements** shall
come upon thee, and overtake thee:
16 Cursed shalt thou be in the city, and
cursed shalt thou be in the field.
17 Cursed shall be thy basket and thy *store* **dough board**.
18 Cursed shal be the fruit of thy *body* **bely**,
and the fruit of thy *land* **soil**,
the *increase* **fetus** of thy *kine* **yoke**, and
the *flocks* **riches** of thy *sheep* **flocks**.
19 Cursedshalthoubewhenthoucomesitn,
and cursed shalt thou be when thou goest out.
20 *The LORD* **Yah Veh** shall send upon thee cursing,
vexation **confusion**, and rebuke,
in all that thou *settest* **spreadest** thine
hand unto for to *do* **work**,
until thou be *destroyed* **desolated**,
and until thou *perish quickly* **destruct suddenly**;
because **at the face**
of the *wickedness* **evil** of thy *doings* **exploits**,
whereby thou hast forsaken me.
21 *The LORD* **Yah Veh**
shall make the pestilence cleave unto thee,
until he have *consumed* **finished** thee **off**
from *off* the *land* **soil**,
whither thou goest to possess it.
22 *The LORD* **Yah Veh** shall smite thee
with *a consumption* **an emaciation**,
and with a fever, and with an inflammat ion, and with
an extreme burning **a fevered fever**, and with the sword,
and with blasting, and with *mildew* **palegreen**;
and they shall pursue thee until thou *perish* **destruct**.
23 And thy *heaven that is* **heavens** over
thy head shall be *brass* **copper**,
and the earth that is under thee shall be iron.

24 *The LORD* **Yah Veh** shall *make*
give the rain of thy land
powder and dust:
from *heaven* **the heavens**
shall it *come down* **descend** upon thee,
until thou be *destroyed* **desolated.**
25 *The LORD* **Yah Veh** shall *cause*
give thee to be smitten
before **at the face of** thine enemies:
thou shalt go out one way against them,
and flee seven ways *before them* **from their face**:
and shalt be removed
into all the *kingdoms* **sovereigndoms** of the earth.
26 And thy carcase shall be *meat* **for food**
unto all *fowls* **flyers** of the *air* **heavens**, and
unto the *beasts* **animals** of the earth,
and no man shall *fray* **cause** them *away* **to tremble.**
27 *The LORD will* **Yah Veh shall** smite thee
with the *botch* **ulcer** of *Egypt* **Misrayim,**
and with the *emerods* **hemorrhoids,**
and with the *scab* **scurvy**, and with the itch,
whereof thou canst not be healed.
28 *The LORD* **Yah Veh** shall smite thee
with *madness* **insanity**, and blindness, and
astonishment **consternation** of heart:
29 And thou shalt grope at *noonday* **noon,**
as the blind gropeth in darkness,
and thou shalt not prosper in thy ways:
and thou shalt be only
oppressed and *spoiled evermore* **stripped**
all days, and no man shall save thee.
30 Thou shalt betroth a *wife* **woman,**
and another man shall *lie with* **rape** her:
thou shalt build an house,
and thou shalt not *dwell* **settle** therein:
thou shalt plant a vineyard,
and shalt not *gather the grapes* **pluck** thereof.
31 Thine ox shall be *slain* **slaughtered**
before **in front of** thine eyes,
and thou shalt not eat thereod:
thine *ass* **he burro** shall be *violently taken away* **stripped**
from *before* thy face,
and shall not be *restored* **returned** to thee:
thy *sheep* **flocks** shall be given unto thine enemies,
and thou shalt have none to *rescue* **save** them.
32 Thysonsandthydaughters
shall be given unto another people,
and thine eyes shall *look* **see,**
and fail *with longing* for them all the day long;
and there shall be no *might* **el** in thine hand.
33 The fruit of thy *land* **soil**, and all thy labours,
shall a *nation* **people** which thou knowest not eat up;
and thou shalt be only oppressed and crushed
always **all days:**
34 So that thou shalt be *mad* **insane**
for the *sight* **visage** of thine eyes which thou shalt *see.*
35 *The LORD* **Yah Veh** shall smite thee
in the knees, and in the legs,
with *a sore botch* **an evil ulcer** that cannot
be healed, from the sole of thy foot
unto *the top of thy head* **thy scalp.**
36 *The LORD* **Yah Veh**
shall *bring* **carry** thee, and thy *king* **sovereign**
which thou shalt *set* **raise** over thee, unto a *nation* **goyim**
which neither thou nor thy fathers have
known; and there shalt thou serve other
gods **elohim**, *wood* **timber** and stone.
37 And thou shalt become *an astonishment* **a desolation,**
a proverb, and a *byword* **gibe**, among all *nations* **people**
whither *the LORD* **Yah Veh** shall *lead* **drive** thee.
38 Thoushaltcarymuchseedouitntotheifeld,
and shalt gather but little in;
for the locust shall consume it.
39 Thou shalt plant vineyards, and *dress*
servest them, but shalt neither drink of
the wine, nor gather the grapes;
for the *worms* **maggots** shall eat them.
40 Thou shalt have *olive trees* **olives**
throughout all thy *coasts* **borders,**
but thou shalt not anoint *thyself* with the oil;
for thine olive shall *cast his fruit* **slip.**
41 Thousha*blteg*e**b*t*irth**sonsanddaughters,
but thou shalt not enjoy them;
for they shall go into captivity.
42 All thy trees and fruit of thy *land* **soil**
shall the locust *consume* **possess.**
43 The*strangerthatiswithinthee***sojournerinthymidst**
shall *get up above thee* **ascend**
very high **upward and upward**; and thou shalt *come*
down **descend** *very low* **downward and downward.**
44 Heshalendtothe,andthoushaltnoltendtohim:
he shall be the head, and thou shalt be the tail.
45 Moreover all these *curses* **abasements**
shall come upon thee,
and shall pursue thee, and overtake thee,
till thou be *destroyed* **desolated;**
because thou hearkenedst not
unto the voice of *the LORD* **Yah Veh** thy *God* **Elohim,**
to *keep* **guard** his *commandments* **misvoth**
and his statutes which he *commanded* **misvahed** thee:

46 And they shall be upon thee
for a sign and for *a wonder* **an omen**, and
upon thy seed *for ever* **eternally**.
47 Because thou servedst not
the LORD **Yah Veh** thy *God* **Elohim**
with *joyfulness* **cheerfulness**,
and with *gladness* **goodness** of heart,
for the abundance of all *things*;
48 Therefore shalt thou serve thine enemies which
the LORD **Yah Veh** shall send against thee, in
hunger **famine**, and in thirst, and in nakedness,
and in want of all *things*:
and he shall *put* **give** a yoke of iron upon thy
neck, until he have *destroyed* **desolated** thee.
49 *The LORD* **Yah Veh**
shall *bring* **lift** a *nation* **goyim** against thee from far,
from the end of the earth, *as swift as* the eagle flieth;
a *nation* **goyim**
whose tongue thou shalt not *understand* **hear**;
50 A *nation* **goyim** of *fierce countenance* **strong of face**,
which shall not *regard* **exalt**
the *person* **face** of the *old* **aged**,
nor *shew favour* **grant charism** to the *young* **lads**:
51 And he shal eat the fruit of thy *catle* **animals**,
and the fruit of thy *land* **soil**, until
thou be *destroyed* **desolated**:
which also **and there** shall not *leave thee* **survive**
either corn **crop**, *wine* **juice**, or oil, or the *increase*
fetus of thy *kine* **yoke**, or *flocks* **riches** of thy
sheep **flocks**, until he have destroyed thee.
52 And he shall *besiege* **tribulate** thee
in all thy *gates* **portals**,
until thy high and *fenced* **fortified** walls
come down **topple**,
wherein thou *trustedst* **confidest**, throughout all
thy land: and he shall *besiege* **tribulate** thee in
all thy *gates* **portals** throughout all thy land,
which *the LORD* **Yah Veh** thy *God* **Elohim**
hath given thee.
53 And thou shalt eat the fruit of thine own *body*
belly, the flesh of thy sons and of thy daughters,
which *the LORD* **Yah Veh** thy *God* **Elohim**
hath given thee,
in the siege, and in the *straitness* **distress**,
wherewith thine enemies shall distress thee:
54 So that the man that is tender among you,
and *very* **mighty** delicate,
his eye shall be evil toward his brother, and toward the
wife **woman** of his bosom, and toward the remnant
of his *children* **sons** which *he* shall *leave* **remain**:
55 So that he *will* **shall** not give *to any* **one** of them of
the flesh of his *children* **sons** whom he shall eat:
because he hath *nothing left* **naught to survive** him
in the siege, and in the *straitness* **distress**, wherewith
thine enemies shall distress thee in all thy *gates* **portals**.
56 The tender and delicate *woman* among you,
which *would* **should** not *adventure* **test**
to set the sole of her foot upon the *ground* **earth**
for delicateness and tenderness, her eye shall be evil
toward the *husband* **man** of her bosom,
and toward her son, and toward her daughter,
57 And toward her *young one* **fetus**
that cometh out from between her feet,
and toward her *children* **sons** which she shall *bear* **birth**:
for she shall eat them for *want* **lack** of all *things*
secretly **covertly** in the siege and *straitness* **distress**,
wherewith thine enemy shall distress
thee in thy *gates* **portals**.
58 If thou *wilt* **shalt** not *observe* **guard**
to *do* **work** all the words of this *law* **torah**
that are *written* **inscribed** in this *book*
scroll, that thou mayest *fear* **awe**
this *glorious* **honoured** and *terrible* **awesome** name,
THE LORD THY GOD **YAH VEH THY ELOHIM**;
59 Then *the LORD* **Yah Veh**
will **shall** make thy *plagues wonderful* **strokes**
marvelous, and the *plagues* **strokes** of thy seed,
even great *plagues* **strokes**,
and of long continuance — **trustworthy**,
and *sore* **evil** sicknesses,
and of long continuance — **trustworthy**.
60 *Moreover* he *will bring* **shall restore** upon
thee all the diseases of *Egypt* **Misrayim**,
which thou wast afraid of **at their face**;
and they shall *cleave* **adhere** unto thee.
61 Also every sickness, and every *plague*
stroke, which is not *written* **inscribed**
in the *book* **scroll** of this *law* **torah**,
them *will the LORD* **shall Yah Veh**
bring **ascend** upon thee,
until thou be *destroyed* **desolated**.
62 And ye shall *be left* **survive** few **men** in number,
whereas ye were as the stars of *heaven* **the heavens**
for *multitude* **abundance**;
because thou *wouldest* **heardest** not *obey* the
voice of *the LORD* **Yah Veh** thy *God* **Elohim**.
63 And **so be** it *shall come to pass*,
that as *the LORD* **Yah Veh** rejoiced over
you to *do you good* **well—please you**,
and to *multiply* **abound** you;

so *the LORD will* **Yah Veh shall** rejoice
over you to destroy you,
and to *bring* **desolate** you *to nought*;
and ye shall be *plucked* **uprooted** from off the *land* **soil**
whither thou goest to possess it.
64 And *the LORD* **Yah Veh** shall scatter
thee among all people,
from the *one* end of the earth
even unto the *other* **end of the earth;**
and there thou shalt serve other *gods* **elohim,**
which neither thou nor thy fathers have
known, *even wood* **timber** and stone.
65 And among these *nations* **goyim**
shalt thou *find no ease* **not blink**, neither
shall the sole of thy foot *have* rest:
but *the LORD* **Yah Veh** shall give thee there
a *trembling* **quivering** heart,
and failing of eyes, and sorrow of *mind* **soul**:
66 And thy life shall *hang in doubt* **be in suspense**
before **in front of** thee;
and thou shalt fear day and night,
and shalt *none assurance* **have no trust** of thy life:
67 In the morning thou shalt say,
Would God **O that it be given that** it were even!
and at even thou shalt say,
would God **O that it be given that** it were morning!
for the fear of thine heart wherewith thou shalt fear, and
for the *sight* **vision**of thine eyes which thou shalt see.
68 And *the LORD* **Yah Veh** shall *bring* **return**
thee into *Egypt* **Misrayim** again with ships,
by the way whereof I *spake* **said** unto thee,
Thou shalt see it *no more* **not** again:
and there ye shall be ye sold unto your enemies
for *bondmen* **servants** and *bondwomen* **maids**,
and no man shall *buy* **chattel** you.

YAH VEH CUTS ANOTHER COVENANT

29 These are the words of the covenant,
which *the LORD* **Yah Veh**
commanded Moses **misvahed Mosheh**
to *make* **cut** with the *children* **sons** of *Israel* **Yisra El**
in the land of Moab,
beside the covenant which he *made* **cut**
with them in Horeb.
2 And *Moses* **Mosheh** called unto all *Israel* **Yisra El**,
and said unto them, Ye have seen all
that *the LORD did* **Yah Veh worked** *before*
in fron of your eyes in the land of *Egypt*
Misrayim unto *Pharaoh* **Paroh**,
and unto all his servants, and unto all his land;
3 The great *temptations* **testings**
which thine eyes have seen,
the signs, and those great *miracles* **omens**:
4 Yet *the LORD* **Yah Veh** hath not given you
an heart to perceive, and eyes to see,
and ears to hear, unto this day.
5 And I have *led* **carried** you forty
years in the wilderness:
your clothes are not *waxen old* **worn out** upon you, and
thy shoe is not *waxen old* **worn out** upon thy foot.
6 Ye have not eaten bread,
neither have ye drunk wine or *strong drink* **intoxicants**:
that ye might know
that *I am the LORD* **I — Yah Veh** your *God* **Elohim**.
7 And when ye came unto this place,
Sihon **Sichon** the *king* **sovereign** of Heshbon,
and Og the *king* **sovereign** of Bashan,
came out *against* **confronting** us unto *battle* **war**,
and we smote them:
8 And we took their land, and gave it for
an inheritance unto the *Reubenites* **Reu**
Beniy and to the *Gadites* **Gadiy**,
and to the half *tribe* **scion** of *Manasseh* **Menash Shiy**.
9 *Keep* **Guard** *therefore* the words of this
covenant, and *do* **work** them,
that ye may *prosper* **comprehend** in all that ye *do* **work**.
10 Ye stand this day all of you
before the LORD **at the face of Yah**
Veh your *God* **Elohim;**
your *captains* **heads** of your *tribes* **scions,**
your elders, and your officers,
with all the men of *Israel* **Yisra El,**
11 Your *little ones* **toddlers**, your *wives* **women,**
and thy *stranger* **sojourner** that is *in* **within** thy
camp, from the hewer of thy *wood* **timber**
unto the drawer of thy water:
12 That thou shouldest *enter* **pass** into covenant
with *the LORD* **Yah Veh** thy *God* **Elohim,**
and into his oath,
which *the LORD* **Yah Veh** thy *God* **Elohim**
maketh **cutteth** with thee this day:
13 That he may *establish* **raise** thee to
day for a people unto himself,
and that he may be unto thee *a God* — **Elohim,**
as he hath *said* **worded** unto thee,
and as he hath *sworn* **oathed** unto thy fathers,
to Abraham, to *Isaac* **Yischaq**, and to *Jacob* **Yaaqov**.
14 Neither with you only
do I *make* **cut** this covenant and this oath;
15 But with him that standeth here with us this day

before the LORD **at the face of Yah Veh** our *God* **Elohim**,
and also with him that is not here with us this day:
16 (Foryeknowhowwehave*dwelt*s**ettled**
in the land of *Egypt* **Misrayim**;
and how we came *through* **midst** the *nations* **goyim**
which ye passed by;
17 And ye have seen their *abominations*
abhorrences, and their idols,
wood **timber** and stone, silver and
gold, which were among them:)
18 Lest there should be among you man, or
woman, or family, or *tribe* **scion**,
whose heart turneth *away* this day
from *the LORD* **the face of Yah Veh** our *God* **Elohim**,
to go and serve the *gods* **elohim** of these *nations* **goyim**;
lest there should be among you
a root that beareth *gall* **the fruit of rosh** and wormwood;
19 And it *come to pass* **becometh**,
when he heareth the words of this *curse* **oath**,
that he bless himself in his heart, saying,
I shall have *peace* **shalom**,
though I walk in the *imagination* **warp** of mine heart,
to *add drunkenness* **scrape together satiation** to thirst:
20 *The LORD* **Yah Veh** will not *spare* **forgive** him,
but then the *anger* **wrath** of *the LORD* **Yah**
Veh and his jealousy shall *smoke* **fume** against
that man, and all the *curses* **oaths**
that are *written* **inscribed** in this *book* **scroll**
shall *lie* **crouch** upon him,
and *the LORD* **Yah Veh** shall *blot* **wipe** out his
name from under *heaven* **the heavens**.
21 And *the LORD* **Yah Veh** shall separate him unto
evil out of all the *tribes* **scions** of *Israel* **Yisra El**,
according to all the *curses* **oaths** of the covenant
that are *written* **inscribed**
in this *book* **scroll** of the *law* **torah**:
22 So that the **latter** generation *to come*
of your *children* **sons** that shall rise *up* after you,
and the stranger that shall come from a far land,
shall say, when they see the *plagues* **strokes** of that land,
and the sicknesses
which *the LORD* **Yah Veh** hath *laid* **stroked** upon it;
23 And that the whole land thereof
is *brimstone* **sulphur**, and salt, and burning,
that it is not *sown* **seeded**, nor *beareth* **sprouteth**,
nor any *grass groweth* **herbage ascendeth** therein,
like the overthrow of
Sodom **Sedom**, and *Gomorrah* **Amorah**,
Admah, and *Zeboim* **Seboim**,
which *the LORD overthrew* **Yah Veh overturned**
in his *anger* **wrath**, and in his *wrath* **fury**:
24 Evenal*nations*l**goyim**shalsay,
Wherefore hath *the LORD* **Yah Veh**
done **worked** thus unto this land?
what meaneth the heat of — this
great *anger* **fuming wrath**?
25 Then men shall say,
Because they have forsaken the covenant
of *the LORD God* **Yah Veh Elohim** of their
fathers, which he *made* **cut** with them
when he brought them forth
out of the land of *Egypt* **Misrayim**:
26 For they went and served other *gods* **elohim**,
and *worshipped* **prostrated to** them,
gods **elohim** whom they knew not,
and whom he had not *given* **allotted** unto them:
27 Andthe*ange*w*r* **rath**of*theLORD***YahVeh**
was kindled against this land,
to bring upon it all the *curses* **abasements**
that are *written* **inscribed** in this *book* **scroll**:
28 And *the LORD rooted* **Yah Veh uprooted**
them out of their *land* **soil** in *anger* **wrath**,
and in wrath, and in great *indignation* **rage**,
and cast them into another land, as it is this day.
29 The *secret things* **hidden** belong unto
the LORD **Yah Veh** our *God* **Elohim**:
but those *things* which are *revealed* **exposed**
belong unto us and to our *children for*
ever **sons eternally**, that we may *do* **work**
all the words of this *law* **torah**.

THE OPEN INVITATION OF YAH VEH

30 And **so be** it *shall come to pass*,
when all these *things* **words** are come upon
thee, the blessing and the *curse* **abasement**,
which I have *set before thee* **given at thy face**, and
thou shalt *call* **restore** them to *mind* **heart**
among all the *nations* **goyim**,
whither *the LORD* **Yah Veh** thy *God* **Elohim**
hath driven thee,
2 And shalt return
unto *the LORD* **Yah Veh** thy *God* **Elohim**,
and shalt *obey* **hear** his voice
according to all that I *command* **misvah** thee
this day, thou and thy *children* **sons**,
with all thine heart, and with all thy soul;
3 Thathen*theLORD***YahVeh**thy*God***Elohim**
will **shall** turn thy captivity,
and *have compassion upon* **shall mercy** thee,
and *will* **shall** return and gather thee

from all the *nations* **goyim**,
whither *the LORD* **Yah Veh** thy *God* **Elohim**
hath scattered thee.
4 If any of thine be driven out
unto the *outmost parts* **ends** of *heaven* **the**
heavens, from thence *will the LORD* **shall**
Yah Veh thy *God* **Elohim** gather thee,
and from thence *will* **shall** he *fetch* **take** thee:
5 And *the LORD* **Yah Veh** thy *God* **Elohim**
will **shall** bring thee
into the land which thy fathers possessed,
and thou shalt possess it;
and he *will do thee good* **shall well—please thee**,
and *multiply* **abound** thee above thy fathers.
6 And*theLORD***YahVeh**thy*God***Elohim**
will **shall** circumcise thine heart,
and the heart of thy seed,
to love *the LORD* **Yah Veh** thy *God* **Elohim**
with all thine heart, and with all thy soul,
that thou mayest live **for thy life.**
7 And *the LORD* **Yah Veh** thy *God* **Elohim**
will put **shall give** all these *curses* **oaths**
upon thine enemies, and on them that hate
thee, which *persecuted* **pursued** thee.
8 And thou shalt return
and *obey* **hear** the voice of *the LORD* **Yah Veh**,
and *do* **work** all his *commandments* **misvoth**
which I *command* **misvah** thee this day.
9 And *the LORD* **Yah Veh** thy *God* **Elohim**
will make thee plenteous **shall overflow**
thee in every work of thine hand,
in the fruit of thy *body* **belly**,
and in the fruit of thy *cattle* **animals**, and in the fruit
of thy *land* **soil**, for good: for *the LORD* **Yah Veh**
will again **shall return to** rejoice over thee
for good, as he rejoiced over thy fathers:
10 If thou shalt hearken unto the voice
of *the LORD* **Yah Veh** thy *God* **Elohim**,
to *keep* **guard**
his *commandments* **misvoth** and his
statutes which are *written* **inscribed**
in this *book* **scroll** of the *law* **torah**,
and if thou turn unto *the LORD*
Yah Veh thy *God* **Elohim**
with all thine heart, and with all thy soul.
11 For this *commandment* **misvah**
which I *command* **misvah** thee this day,
it is not *hidden from* **too marvelous**
for thee, neither is it far off.
12 It is not in *heaven* **the heavens**,
that thou shouldest say **saying**,
Who shall *go up* **ascend** for us to *heaven* **the**
heavens, and *bring* **take** it unto us,
that we may hear it, and *do* **work** it?
13 Neither is it beyond the sea,
that thou shouldest say **saying**,
Who shall *go* **pass** over the sea for
us, and *bring* **take** it unto us,
that we may hear it, and *do* **work** it?
14 Butthewordis*very***mighty**nighuntothee,
in thy mouth, and in thy heart,
that thou mayest *do* **work** it.
cp Romans 10:6—9

The Offer Of Yah Veh Of Life And Good

15 Se,Ihave*setbeforethee***givenathyface**thisday
life and good, and death and evil;
16 InthatI*command***misvah**theethisday
to love *the LORD* **Yah Veh** thy *God*
Elohim, to walk in his ways,
and to *keep* **guard** his *commandments* **misvoth**
and his statutes and his judgments,
that thou mayest live and *multiply* **increase**:
and *the LORD* **Yah Veh** thy *God* **Elohim** shall bless
thee in the land whither thou goest to possess it.
17 But if thine heart turn *away*, so that thou *wilt*
shalt not hear, but shalt be *drawn away* **driven**,
and *worship* **prostrate to** other *gods* **elohim**,
and serve them;
18 I *denounce* **tell** unto you this day,
that **in destructing**, ye shall *surely perish*
destruct, and that ye shall not
prolong your days upon the *land* **soil**,
whither thou passest over *Jordan* **Yarden**
to go to possess it.
19 I call *heaven* **the heavens** and earth
to *record* **witness** this day against you, that
I have *set before you* **given at your face**
life and death, blessing and *cursing* **abasement**:
therefore choose life,
that both thou and thy seed may live:
20 That thou mayest love
the LORD **Yah Veh** thy *God* **Elohim**,
and that thou mayest *obey* **hear** his voice, and
that thou mayest *cleave* **adhere** unto him: for
he is thy life, and the length of thy days: that
thou mayest *dwell* **settle** in the *land* **soil**
which *the LORD sware* **Yah Veh oathed** unto thy fathers,
to Abraham, to *Isaac* **Yischaq**, and to *Jacob* **Yaaqov**,
to give them.

Mosheh Calls Yah Shua

31 And *Moses* **Mosheh** went
and *spake* **worded** these words unto all *Israel* **Yisra El.**
2 And he said unto them,
I am **a son of** an hundred and twenty years *old* this day;
I can no more go out and come in:
also *the LORD* **Yah Veh** hath said unto me, Thou
shalt not *go* **pass** over this *Jordan* **Yarden.**
3 *The LORD* **Yah Veh** thy *God* **Elohim,**
he *will go* **shall pass** over *before thee* **at thy
face**, and he *will destroy* **shall desolate** these
nations **goyim** from *before thee* **thy face,**
and thou shalt possess them:
and *Joshua* **Yah Shua,**
he shall go over *before thee* **at thy face,** as
the LORD **Yah Veh** hath *said* **worded.**
4 And *the LORD* **Yah Veh** shall *do* **work** unto them
as he *did* **worked** to *Sihon* **Sichon** and to Og,
kings **sovereigns** of the *Amorites* **Emoriy,**
and unto the land of them, whom he destroyed.
5 And *the LORD* **Yah Veh** shall give them up
before **at** your face,
that ye may *do* **work** unto them according
unto all the *commandments* **misvoth** which
I have *commanded* **misvahed** you.
6 *Bestrongandofagoodcourage*
In strenthening, be strengthened,
fear not **neither awe,** *nor be afraid*
of them **awe their face:**
for *the LORD* **Yah Veh** thy *God* **Elohim,**
he it is that doth go with thee;
he *will* **shall** not *fail* **let loose of** thee,
nor forsake thee.
7 And Moses **Mosheh** called unto *Joshua* **Yah Shua,**
and said unto him in the *sight* **eyes** of all *Israel* **Yisra El,**
Be strong and of a good courage
In strenthening, be strengthened:
for thou *must* **shalt** go with this people unto
the land which *the LORD* **Yah Veh**
hath *sworn* **oathed** unto their fathers to give them;
and thou shalt cause them to inherit it.
8 And *the LORD* **Yah Veh,**
he it is that doth go *before thee* **at thy face;**
he *will* **shall** be with thee,
he *will* **shall** not *fail thee* **let thee loose,**
neither forsake thee:
fear **awe** not, neither be *dismayed* **terrified.**

Mosheh Inscribes The Torah

9 And *Moses wrote* **Moshehin
scribed** this *law* **torah,**
and *delivered* **gave** it unto the priests the
sons of Levi, which bare the ark of the
covenant of *the LORD* **Yah Veh,**
and unto all the elders of *Israel* **Yisra El.**
10 And *Moses commanded* **Mosheh misvahed**
them, saying, At the end of *every* seven years,
in the *solemnity* **season** of the year of release,
in the *feast* **celebration**
of *tabernacles* **Sukkoth/Brush Arbors,**
11 WhenalI*sraeYl* **israEisl**cometo*appear***beseen**
before the LORD **at the face of Yah Veh** thy *God* **Elohim**
in the place which he shall choose, thou
shalt *read* **recall** this *law* **torah**
before **in front of** all *Israel* **Yisra El** in their *hearing* **ears.**
12 *Gather* **Congregate** the people *together,* men
and women, and *children* **toddlers,**
and thy *stranger* **sojourner** that is within thy *gates*
portals, that they may hear, and that they may learn,
and *fear the LORD* **awe Yah Veh** your *God*
Elohim, and *observe* **guard** to *do* **work**
all the words of this *law* **torah:**
13 Andthattheir*children***sons,**
which have not known *any thing,* may hear, and learn
to *fear* **awe** *the LORD* **Yah Veh** your *God* **Elohim,**
as long as **all days** ye live in the *land* **soil**
whither ye *go* **pass** over *Jordan* **Yarden** to possess it.

Yah Veh Speaks To Mosheh And Yah Shua

14 Andthe*LORD***YahVeh**saidunto*Moses***Mosheh,**
Behold, thy days approach that thou *must* die:
call *Joshua* **Yah Shua,** and *present* **station** yourselves
in the *tabernacle* **tent** of the congregation,
that I may *give* **misvah** him *a charge.*
And *Moses* **Mosheh** and *Joshua* **Yah Shua**
went, and *presented* **stationed** themselves
in the *tabernacle* **tent** of the congregation.
15 And *the LORD appeared* **Yah Veh was seen**
in the *tabernacle* **tent** in a pillar of a cloud:
and the pillar of the cloud
stood over the *door* **opening** of the *tabernacle* **tent.**
16 And *the LORD* **Yah Veh** said unto *Moses* **Mosheh,**
Behold, thou shalt *sleep* **lie** with thy fathers;
and this people *will* **shall** rise up,
and *go a whoring* **whore** after the *gods* **elohim**
of the strangers of the land, whither
they go to be among them,

and *will* **shall** forsake me,
and break my covenant which I
have *made* **cut** with them.
17 Then my *anger* **wrath**
shall be kindled against them in that
day, and I *will* **shall** forsake them,
and I *will* **shall** hide my face from them,
and they shall be devoured,
and many evils and *troubles* **tribulations**
shall *befall* **find** them;
so that they *will* **shall** say in that day,
Are not these evils come upon us,
because our *God* **Elohim** is not among us?
18 And **in hiding,**
I *will surely* **shall** hide my face in that day
for all the evils which they shall have *wrought* **worked,**
in that they are turned unto **the
face of** other *gods* **elohim.**

THE NEW SONG

19 Now therefore *write* **inscribe** ye this song for you,
and teach it the *children* **sons** of *Israel* **Yisra El:**
put it in their mouths,
that this song may be a witness for me against
the *children* **sons** of *Israel* **Yisra El.**
20 For when I shall have brought them into the *land* **soil**
which I *sware* **oathed** unto their fathers,
that floweth with milk and honey;
and they shall have eaten and *filled themselves*
satiated, and *waxen fat* **fattened;**
then *will* **shall** they turn
unto **the face of** other *gods* **elohim,** and serve them,
and *provoke* **scorn** me, and break my covenant.
21 And **so be** it *shall come to pass,*
when many evils and *troubles* **tribulations**
are befallen **have found** them, that this song
shall *testify* **answer** *against them* **at their face**
as a witness; for it shall not be forgotten
out of the mouths of their seed:
for I know their imagination which they *go about* **work,**
even now **this day,**
before I have brought them
into the land which I *sware* **oathed.**
22 *Moses therefore wrote* **Mosheh inscribed** this song
the same day,
and taught it the *children* **sons** of *Israel* **Yisra El.**
23 And he *gave Joshua* **misvahed**
Yah Shua the son of Nun
a charge, and said,
Be strong and of a good courage
In strengthening, be strengthened:
for thou shalt bring the *children* **sons** of *Israel* **Yisra El**
into the land which I *sware* **oathed** unto them:
and I *will* **shall** be with thee.
24 And **so be** it *came to pass,*
when *Moses* **Mosheh** had *made an end*
finished *of writing* **inscribing** the words
of this *law* **torah** in a *book* **scroll,**
until they were *finished* **consummated,**
25 That *Moses* **Mosheh**
commanded **misvahed** the *Levites* **Leviym,**
which bare the ark of the covenant of
the LORD **Yah Veh,** saying,
26 Take this *book* **scroll** of the *law* **torah,**
and put it in the side of the ark of the covenant
of *the LORD* **Yah Veh** your *God* **Elohim,**
that it may be there for a witness against thee.
27 For I know thy rebellion, and thy *stiff* **hard** neck:
behold, while I am yet alive with you this day,
ye have been rebellious against *the LORD* **Yah Veh;**
and how much more after my death?
28 *Gather* **Congregate** unto me
all the elders of your *tribes* **scions,** and your officers,
that I may speak these words in their ears,
and call *heaven* **the heavens** and
earth to record against them.
29 For I know that after my death
ye will utterly corrupt yourselves
in ruining, ye shall ruin, and turn aside from the way
which I have *commanded* **misvahed** you;
and evil *will befall* **shall confront**
you in the *latter* **final** days;
because ye *will do* **shall work** evil
in the *sight* **eyes** of *the LORD* **Yah Veh,**
to *provoke* **vex** him *to anger*
through the work of your hands.
30 And *Moses spake* **Mosheh worded**
in the ears of all the congregation of *Israel* **Yisra El**
the words of this song, until they
were *ended* **consummated.**
cp Apocalypse 15:3,4

MOSHEH SINGS THE NEW SONG

32 *Give ear* **Hearken,** O ye heavens,
and I *will speak* **shall word;**
and hear, O earth,
the *words* **sayings** of my mouth.
2 My doctrine shall *drop* **drip** as the rain,
my *speech* **sayings** shall *distil* **flow** as the dew,

as the *small rain* **shower** upon the tender *herb* **sprout**,
and as the showers upon the *grass* **herbage**:
3 Because I *will publish* **shall recall**
the name of *the LORD* **Yah Veh**:
ascribe **give** ye greatness unto our *God* **Elohim**.
4 *HeistheRock,hisworkisperfec***dteedisintegrious**:
for all his ways are judgment:
a God **an El** of *truth* **trust** and without *iniquity*
wickedness, just and *right* **straight** is he.
5 They have *corrupted* **ruined to** themselves,
their spot is not the spot of his children
they are not his sons:
they are a *perverse* **pervert**
and *crooked* **twisted** generation.
6 *Do* **Deal** ye thus *requite the LORD* **unto**
Yah Veh, O foolish people and unwise?
is not he thy father that hath *bought* **chatteled** thee?
hath he not *made* **worked** thee, and established thee?
7 Remember the days *of old* **eternal**,
consider **discern** the years
of many generations — **the years**
generation to generation:
ask thy father, and he *will shew* **shall tell** thee;
thy elders, and they *will tell thee* **shall say**.
8 When *the Most High* **Elyon**
divided to the nations their inheritance
had the goyim to inherit,
when he separated the sons of *Adam* **humanity**,
he *set* **stationed** the *bounds* **borders** of
the people according to the number
of the *children* **sons** of *Israel* **Yisra El**.
9 For *the LORD'S portion* **Yah Veh's allotment**
is his people;
Jacob **Yaaqov** is the *lot* **boundary** of his inheritance.
10 He found him in a *desert* **wilderness** land, and
in the waste howling *wilderness* **desolation**;
he *led* **turned** him *about* **around**,
he *instructed him* **had him discern**,
he *kept* **guarded** him as the *apple* **pupil** of his eye.
11 Asaneagle*stirethup***waketh**hernest,
fluttereth over her *young* **younglings**,
spreadeth *abroad* her wings,
taketh them, beareth them on her *wings* **pinions**:
12 So*theLORD***YahVeh**alonedidleadhim,
and there was no strange *god* **el** with him.
13 He *made* **had** him ride
on the *high places* **bamahs** of the earth,
that he might eat the *increase* **produce** of the
fields; and he *made* **had** him to suck honey out
of the rock, and oil out of the flinty rock;
14 Butter of *kine* **oxen**, and milk of *sheep*
flocks, with fat of *lambs* **rams**,
and rams of the *breed* **sons** of Bashan,
and **he** goats, with the fat of *kidneys* **reins** of wheat;
and thou didst drink the *pure*
fermented blood of the grape.
15 But *Jeshurun waxed fat* **Yeshurun**
fattened, and kicked:
thou art *waxen fat* **fattened**, thou
art *grown thick* **thickened**,
thou art *covered with fatness* **fattened**;
then he forsook *God* **Elohah** which *made* **worked** him,
and *lightly esteemed* **disgraced** the Rock of his salvation.
16 They*provokedhimto***arousedhis**jealousy
with *strange gods* **strangers**,
with abominations *provoked* **vexed** they him *to anger*.
17 They sacrificed unto *devils* **demons**,
not to *God* **Elohah**;
to *gods* **elohim** whom they knew not,
to new gods that came newly up **new — from nearby**,
whom your fathers feared not
who whirled not your fathers.
18 *Of* **Remember** the Rock that *begat* **birthed** thee
thou art unmindful,
and **thou** hast forgotten *God* **El** that formed thee.
19 And when *the LORD* **Yah Veh** saw
it, he *abhorred* **scorned** them,
because of the *provoking* **vexation** of his sons,
and of his daughters.
20 And he said, I *will* **shall** hide my face from them,
I will **shall** see *what their end shall be* **their finality**:
for they are a very froward generation,
children in whom is no faith **sons — not trustworthy**.
21 They have moved me to jealousy with
that which is not God **their non—el**;
they have *provoked* **vexed** me *to*
anger with their vanities:
and I *will* **shall** move them to jealousy
with those which are not a people;
I *will provoke* **shall vex** them *to anger*
with a foolish *nation* **goyim**.
22 For a fire is kindled in *mine anger* **my wrath**, and
shall burn unto the *lowest hell* **nethermost sheol**,
and shall consume the earth with her
increase **produce**, and *set on fire* **inflame**
the foundations of the mountains.
23 I *will heap mischiefs* **shall scrape together evils**
upon them;
I *will spend* **shall finish off** mine arrows upon them.
24 Theyshalbe*burnet***xhausted**with*hunge***farmine**,

and devoured with burning heat, and
with bitter *destruction* **ruin**:
I *will* **shall** also send the teeth of *beasts* **animals**
upon them,
with the poison of *serpents* **creepers** of the dust.
25 The sword without,
and terror *within* **from the chambers**,
shall *destroy both* **bereave**
the *young man* **youth** and the virgin,
the suckling also with the man of *gray hairs* **grayness**.
26 I said,
I *would scatter* **should blow** them *into corners* **away**,
I would make the remembrance of them to cease
I should shabbathize their memorial from among men:
27 *WereitnotthatI* **IfIhadnot**feared
the *wrath* **vexation** of the enemy, lest
their *adversaries* **tribulators**
should *behave themselves strangely* **discern**
and lest they should say, Our hand is *high* **lifted**, and
the LORD **Yah Veh** hath not *done* **worked** all this.
28 Fortheyarea*nationvoid* **goyimdestroyed**ofcounsel,
neither is there *any understanding* **discernment** in them.
29 O that they were wise,
that they *understood* **comprehended** this,
that they *would consider* **should discern**
their *latter end* **finality**!
30 How should one *chase* **pursue** a thousand,
and two *put ten thousand to flight* **pursue a myriad**,
except **unless** their Rock had sold them, and
the LORD **Yah Veh** had shut them up?
31 For their rock is not as our Rock,
even our enemies themselves being judges.
32 Fortheirvineisofthevineof*Sodom* **Sedom**,
and of the fields of *Gomorrah* **Amorah**:
their grapes are grapes of *gall* **rosh**,
their clusters are bitter:
33 Their wine is the poison of *dragons* **monsters**,
and the cruel *venom* **rosh** of asps.
34 Is not this *laid up in store* **stored** with me,
and sealed up among my treasures?
35 *To me belongeth vengeance* **Mine be the avenging**
and *recompence* **retribution**;
their foot shall *slide in due* **slip in** time:
for the day of their calamity is *at hand* **near**,
and *the things* **those** that shall *come* **impend** upon them
make haste **hasten**.
36 For *the LORD* **Yah Veh** shall judge his people,
and *repent himself* **sigh** for his servants,
when he seeth that their *power* **hand**
is *gone* **disappeared**, and there is none
shut up **that restrains**, *or left*.
37 Andheshalsay,Wherearetheir*gods* **elohim**,
their rock in whom they *trusted* **sought refuge**,
38 Which did eat the fat of their sacrifices,
and drank the wine of their *drink offerings* **libation**?
let them rise up and help you, and
be your *protection* **covert**.
39 See now that I, even I, am he,
and there is no *god* **elohim** with me:
I *kill* **deathify**, and I *make alive* **enliven**;
I *wound* **strike**, and I heal:
neither is there any
that can *deliver* **escape** out of my hand.
40 ForIliftupmyhandto*heaven* **theheavens**,
and say, I live *for ever* **eternally**.
41 If I *whet* **pointen**
my glittering **the lightning of my** sword,
and mine hand take hold on judgment;
I *will render vengeance* **shall return avengement**
to *mine enemies* **my tribulators**,
and *will reward* **shall shalam** them that hate me.
42 I *will* **shall** make mine arrows
drunk **intoxicate** with blood, and
my sword shall devour flesh;
and that with the blood of the *slain* **pierced**
and of the captives,
from the *beginning of revenges* **heads of the leaders**
upon the enemy.
43 *Rejoice* **Shout**, O ye *nations* **goyim**, with his people:
for he *will* **shall** avenge the blood of his
servants, and *will render vengeance* **shall return**
avengement to his *adversaries* **tribulators**,
and *will be merciful* **shall kapar/atone**
unto his *land* **soil**, and to his people.
44 And *Moses* **Mosheh** came and *spake* **worded**
all the words of this song in the ears of the people,
he, and *Hoshea* **Yah Shua** the son of Nun.
45 And *Moses* **Mosheh**
made an end of speaking **finished wording**
all these words to all *Israel* **Yisra El**:
46 And he said unto them,
Set your hearts unto all the words
which I *testify* **witness** among you this day,
which ye shall *command* **misvah** your *children*
sons to *observe* **guard** to *do* **work**,
all the words of this *law* **torah**.
47 For it is not a vain *thing* **word** for you;
because it is your life:
and through this *thing* **word**
ye shall prolong your days in the *land* **soil**, whither
ye *go* **pass** over *Jordan* **Yarden** to possess it.

Mosheh Ascends Mount Nebo

48 And *the LORD* spake **Yah Veh** worded
unto *Moses* **Mosheh** that selfsame day, saying,
49 *Get thee up* **Ascend** into this mountain Abarim,
unto mount Nebo, which is in the land of Moab,
that is over against Jericho **at the face of Yericho**;
and *behold* **see** the land of *Canaan* **Kenaan**, which I give
unto the *children* **sons** of *Israel* **Yisra El** for a possession:
50 And die in the mount whither
thou *goest up* **ascendest**,
and be gathered unto thy people;
as *Aaron* **Aharon** thy brother died in mount
Hor, and was gathered unto his people:
51 Because ye *trespassed* **treasoned** against me
among the *children* **sons** of *Israel* **Yisra El**
at the waters of *Meribah—Kadesh* **Strife at
Qadesh**, in the wilderness of *Zin* **Sin**;
because ye *sanctified* **hallowed** me not
in the midst of the *children* **sons** of *Israel* **Yisra El**.
52 Yet thou shalt see the land *before* **in front of** thee;
but thou shalt not go thither unto the land which
I give the *children* **sons** of *Israel* **Yisra El**.

The Blessings Of Mosheh On The Sons Of Yisra El

33 And this is the blessing,
wherewith *Moses* **Mosheh** the man of *God*
Elohim blessed the *children* **sons** of *Israel*
Yisra El *before* **at the face of** his death.
2 And he said, *the LORD* **Yah Veh** came from
Sinai **Sinay**, and rose up from Seir unto them;
he shined forth from mount Paran,
and he came with *ten thousands* **myriads** of *saints* **holy**:
from his right *hand*
went a *fiery law* **decree of fire** for them.
3 Yea, he *loved* **cherished** the people;
all his *saints* **holy** are in thy hand: and
they *sat down* **camped** at thy feet; every
one shall *receive* **bear** of thy words.
4 *Moses commanded* **Mosheh misvahed** us a *law* **torah**,
even the *inheritance* **possession**
of the congregation of *Jacob* **Yaaqov**.
5 And he was *king* **sovereign** in *Jeshurun* **Yeshurun**,
when the heads of the people
and the *tribes* **scions** of *Israel* **Yisra El**
were gathered *together*.
6 Let *Reuben* **Reu Ben** *live*, and not die;
and let *not* his men be *few* **a number**.
7 And this is *the blessing of Judah* **Yah I-ludah**:
and he said, Hear, *LORD* **O Yah Veh**, the voice of
Judah **Yah I-ludah**, and bring him unto his people:
let his hands be *sufficient* **great** for him;
and be thou an help to him from his *enemies* **tribulators**.
8 And of Levi he said,
Let thy Thummim and thy Urim
be with thy *holy one* **men of mercy**,
whom thou didst *prove* **test**
at *Massah* **Testing**,
and with whom thou didst strive at
the waters of *Meribah* **Strife**;
9 Who said unto his father and to his
mother, I have not seen him;
neither *did he acknowledge* **recognized he** his
brethren, nor knew his own *children* **sons**:
for they have *observed* **guarded** thy *word*
sayings, and *kept* **guarded** thy covenant.
10 They shall *teach* **point out**
Jacob **to Yaaqov** thy judgments, and
Israel **Yisra El** thy *law* **torah**:
they shall put incense *before thee* **at thy nostrils**,
and whole burnt sacrifice **totally**
upon *thine* **thy sacrifice** altar.
11 Bless, *LORD* **Yah Veh**, his *substance* **valour**,
and *accept the work* **be pleased in the deeds** of his hands;
smite **strike** *through* the loins of them that rise
against him, and of them that hate him,
that they rise not **from rising** again.
12 And of *Benjamin* **Ben Yamin** he said,
The beloved of *the LORD* **Yah Veh**
shall *dwell in safety* **tabernacle confidently** by him;
and *the Lord* shall cover him all the day long,
and he shall *dwell* **tabernacle** between his shoulders.
13 And of *Joseph* **Yoseph** he said,
Blessed of *the LORD* **Yah Veh** be his land,
for the precious *things* of *heaven*
the heavens, for the dew,
and for the *deep* **abyss** that *coucheth* **croucheth** beneath,
14 And for the precious *fruits* **produce**
brought forth by the sun, and for the precious
things put forth **thrust** by the moon,
15 And for the *chief things* **tops**
of the ancient mountains, and for the precious
things of the *lasting* **eternal** hills,
16 And for the precious *things*
of the earth and fulness thereof, and for the *good will*
pleasure of him that *dwelt* **tabernacleth** in the bush:
let *the blessing* it come upon the head of *Joseph*
Yoseph, and upon the *top of the head* **scalp** of him
that was *separated* **a Separatist** from his brethren.

17 His *glory* **majesty** is like the firstling of his *bullock* **ox**,
and his horns are like the horns of *unicorns* **a reem**:
with them he shall *push* **butt** the people together
to the *ends* **finality** of the earth:
and they are the *ten thousands* **myriads**
of *Ephraim* **Ephrayim**, and they are the
thousands of *Manasseh* **Menash Sheh**.
18 And of Zebulun he said,
Rejoice **Cheer**, Zebulun, in thy going out;
and, *Issachar* **Yissachar**, in thy tents.
19 They shall call the people unto the mountain;
there they shall
offer **sacrifice** sacrifices of *righteousness* **justness**:
for they shall suck of the *abundance*
bounty of the seas, and of *treasures hid*
that covered and buried in the sand.
20 And of Gad he said,
Blessed be he that *enlargeth* **wideneth** Gad: he *dwelleth*
tabernacleth as a *roaring* lion, and teareth the arm
with the crown of the head — **yea the scalp**.
21 And *he provided* **his eye is on** the first
part for himself, because there,
in *a portion* **an allotment** of the *lawgiver* **statute setter**,
was he *seated* **covered**;
and he came with the heads of the
people, he *executed* **worked**
the *justice* **justness** of *the LORD* **Yah Veh**,
and his judgments with *Israel* **Yisra El**.
22 And of Dan he said,
Dan is a lion's whelp: he shall leap from Bashan.
23 And of Naphtali he said,
O Naphtali, satisfied with *favour* **pleasure**, and
full with the blessing of *the LORD* **Yah Veh**:
possess thou the *west* **seaward** and the south.
24 And of Asher he said,
Let Asher be blessed with *children* **sons**;
let him be *acceptable* **pleasing** to his
brethren, and let him dip his foot in oil.
25 Thy shoes shall be iron and *brass* **copper**;
and as thy days, *so* shall thy strength be.
26 There is none like
unto the *God* **El** of *Jeshurun* **Yeshurun**,
who rideth upon the *heaven* **heavens** in thy help,
and in his *excellency* **pomp** on the *sky* **vapour**.
27 The *eternal God* **ancient Elohim**
is thy *refuge* **habitation**,
and underneath are the *everlasting* **eternal** arms:
and he shall *thrust out* **expel** the enemy
from *before thee* **thy face**;
and shall say, *Destroy them* **Desolate**.
28 *Israel* **Yisra El** then
shall *dwell in safety* **tabernacle confidently** alone:
the fountain of *Jacob* **Yaaqov**
shall be upon a land of *corn* **crop** and *wine* **juice**;
also his heavens shall *drop down* **drip** dew.
29 *Happy* **Blithe** art thou, O *Israel* **Yisra El**:
who is like unto thee,
O people saved by *the LORD* **Yah Veh**,
the *shield* **buckler** of thy help,
and who is the sword of thy *excellency* **pomp**!
and thine enemies
shall *be found liars unto* **emaciate in front of** thee;
and thou shalt tread upon their *high places* **bamahs**.

MOSHEH ASCENDS MOUNT NEBO

34 And *Moses* **Mosheh**
went up **ascended** from the plains of Moab
unto the mountain of Nebo, to the top of
Pisgah, *that is over against Jericho* **at the face
of Yericho**. And *the LORD* **Yah Veh**
shewed him **had him see** all the land
of *Gilead* **Gilad**, unto Dan,
2 And all Naphtali, and the land of *Ephraim*
Ephrayim, and *Manasseh* **Menash Sheh**,
and all the land of *Judah* **Yah Hudah**,
unto the *utmost* **latter** sea,
3 And the south,
and the *plain* **environs** of the valley of *Jericho* **Yericho**,
the city of palm trees **Ir Hat Temarim**, unto *Zoar* **Soar**.
4 And *the LORD* **Yah Veh** said unto him,
This is the land which I *sware* **oathed** unto Abraham,
unto *Isaac* **Yischaq**, and unto *Jacob* **Yaaqov**,
saying, I *will* **shall** give it unto thy seed:
I have caused thee to see it with thine eyes,
but thou shalt not *go* **pass** over thither.
5 So*Moses***Mosheh**theservantofthe*LORD***YahVeh**
died there in the land of Moab,

THE DEATH OF MOSHEH

according to the *word* **mouth** of *the LORD* **Yah Veh**.
6 And he *buried* **entombed** him
in a valley in the land of Moab,
over against Bethpeor **in front of Beth Peor**:
but no man knoweth of his *sepulchre* **tomb** unto this day.
7 And *Moses* **Mosheh**
was **a son of** an hundred and twenty years
old when he died **at his death**:
his eye was not *dim* **weak**,
nor his *natural force abated* **freshness fled**.
8 And the *children* **sons** of *Israel* **Yisra El**

wept for *Moses* **Mosheh** in the
plains of Moab thirty days:
so the days of weeping and mourning for *Moses* **Mosheh**
were *ended* **consummated.**
9 And *Joshua* **Yah Shua** the son of Nun
was full of the spirit of wisdom;
for *Moses* **Mosheh** had *laid* **propped** his
hands upon him: and the *children* **sons** of
Israel **Yisra El** hearkened unto him,
and *did* **worked** as *the LORD* **Yah Veh**
commanded Moses **misvahed Mosheh.**

10 And there arose not a prophet *since* **again** in
Israel **Yisra El** like unto *Moses* **Mosheh,** whom
the LORD **Yah Veh** knew face to face,
11 In all the signs and the *wonders* **omens,**
which *the LORD* **Yah Veh** sent him to *do* **work** in
the land of *Egypt* **Misrayim** to *Pharaoh* **Paroh,**
and to all his servants, and to all his land,
12 And in all that *mighty* **strong** hand, and in all the
great *terror* **awesomeness** which *Moses shewed*
Mosheh worked in the *sight* **eyes** of all *Israel* **Yisra El.**

VOLUME TWO

HISTORY

YAH VEH MISVAHS YAH SHUA

1 *Now* **And** after the death of *Moses* **Mosheh**
the servant of *the LORD* **Yah Veh so be** it *came to pass,*
that *the LORD spake* **Yah Veh said**
unto *Joshua* **Yah Shua**
the son of Nun, Moses' minister, saying,
2 *Moses* **Mosheh** my servant *is dead* **died**;
now therefore arise, *go* **pass** over this *Jordan*
Yarden, thou, and all this people,
unto the land which I do give to them,
even to the *children* **sons** of *Israel* **Yisra El**.
3 Every place that the sole of your fot shalt tread *upon*,
that have I given unto you,
as I *said* **worded** unto *Moses* **Mosheh**.
4 From the wilderness and this Lebanon
even unto the great river,
the river Euphrates, all the land of the
Hittites **Hethiy**, and unto the great sea
toward the *going down* **entry** of the
sun, shall be your *coast* **border**.
5 There shall not any man be able to stand
before thee **at thy face** all the days of thy life:
as I was with *Moses* **Mosheh**, so I *will* **shall** be with thee:
I will **shall** not *fail* **let** thee **down**, nor forsake thee.
6 Be *strong* **strengthened**
and *of a good courage* **encouraged**:
for unto this people
shalt thou divide for an inheritance the land, which
I *sware* **oathed** unto their fathers to give them.
7 Only be thou *strong* **strengthened**
and *very courageous* **mightily encouraged**,
that thou mayest *observe* **guard** to *do*
work according to all the *law* **torah**,
which *Moses* **Mosheh** my servant
commanded **misvahed** thee:
turn not **aside** from it to the right *hand* or to the left,
that thou mayest *prosper* **comprehend**
whithersoever thou goest.
8 *This book* **The scroll** of *the law* **this torah**
shall not depart out of thy mouth;
but thou shalt meditate therein **by** day and **by** night,
that thou mayest *observe* **guard** to *do* **work**
according to all that is *written* **inscribed** therein:
for then thou shalt *make thy way prosperous* **prosper**,
and then thou shalt *have good success* **comprehend**.
9 Have not I *commanded* **misvahed** thee?
Be *strong* **strengthened**
and *of a good courage* **encouraged**;
be not *afraid* **awed**, neither be thou *dismayed*
terrified: for *the LORD* **Yah Veh** thy *God* **Elohim**
is with thee whithersoever thou goest.

YAH SHUA MISVAHS THE OFFICERS

10 Then *Joshua* **Yah Shua**
commanded **misvahed** the officers of the people, saying,
11 Pas*through***over****mids**the*host***camp**,
and *command* **misvah** the people,
saying, Prepare you *victuals* **hunt**;
for within three days
ye shall pass over this *Jordan* **Yarden,**
to go in to possess the land,
which *the LORD* **Yah Veh** your *God* **Elohim**
giveth you to possess it.
12 And to the *Reubenites* **Reu Beniy,**
and to the *Gadites* **Gadiy,**
and to half the *tribe* **scion** of *Manasseh* **Menash Sheh,**
spake Joshua **said Yah Shua**, saying,
13 Remember the word which *Moses*
Mosheh the servant of *the LORD* **Yah Veh**
commanded **misvahed** you, saying,
The LORD **Yah Veh** your *God* **Elohim** hath *given*
you rest **rested thee**, and hath given you this land.
14 Your *wives* **women**, your *little ones* **toddlers**,
and your *cattle* **chattel**, shall *remain* **settle** in
the land which *Moses* **Mosheh** gave you
on this side *Jordan* **Yarden**;
but ye shall pass *before* **at the face of** your brethren
armed **in ranks of five**,
all the mighty *men* of valour, and help them;
15 Until *the LORD* **Yah Veh**
have given **hath rested** your brethren *rest*,
as *he hath given* you,
and they also have possessed the land
which *the LORD* **Yah Veh** your
God **Elohim** giveth them:
then ye shall return unto the land of your
possession, and *enjoy* **possess** it,
which *Moses* **Mosheh,** *the LORD'S* **Yah Veh's**
servant gave you on this side *Jordan* **Yarden**
toward the sunrising **from the rising sun**.
16 And they answered *Joshua* **Yah Shua**, saying,
All that thou *commandest* **misvahest**
us we *will do* **shall work,**
and whithersoever thou sendest us, we *will* **shall** go.
17 According as we hearkened unto *Moses* **Mosheh**
in all *things*,
so *will* **shall** we hearken unto thee:
only *the LORD* **Yah Veh** thy *God* **Elohim** be with thee,

as he was with *Moses* **Mosheh**.
18 *Whosoever he be* **Every man** that doth rebel
against thy *commandment* **mouth**,
and *will* **shall** not hearken unto thy words
in all that thou *commandest* **misvahest** him,
he shall be *put to death* **deathified**:
only be *strong* **strengthend**
and *of a good courage* **encouraged**.

RACHAB PROTECTS THE SPIES

2 And *Joshua* **Yah Shua** the son of Nun
sent out of Shittim
two men to spy *secretly* **quietly**, saying,
Go *view* **see** the land, even *Jericho* **Yericho**.
And they went,
and came into *an harlot's* **a woman whore's** house,
named *Rahab* **Rachab**, and *lodged* **lay down** there.
2 And it was *told* **said**
to the *king* **sovereign** of *Jericho* **Yericho**, saying,
Behold, there came men in hither to night
of the *children* **sons** of *Israel* **Yisra El**
to *search out* **explore** the *country* **land**.
3 And the *king* **sovereign** of *Jericho* **Yericho**
sent unto *Rahab* **Rachab**, saying,
Bring forth the men that are come to thee,
which are entered into thine house:
for they be come
to *search out* **explore** all the *country* **land**.
4 And the woman took the two men,
and hid them, and said thus,
There came men unto me,
but I *wist* **knew** not whence they were:
5 And **so be** it *came to pass*,
about the time of **at the** shutting of the *gate*
portal, when it was dark, that the men went
out: whither the men went I *wot* **know** not:
pursue after them *quickly* **hastily**;
for ye shall overtake them.
6 But she had *brought* **ascended** them *up*
to the roof of the house,
and hid them with the *stalks* **timbers** of flax, which
she had *laid in order* **aligned** upon the roof.
7 And the men pursued after them
the way to *Jordan* **Yarden** unto the *fords* **passages**:
and as soon as they which pursued after them
were gone out,
they shut the *gate* **portal**.
8 And before they were laid down,
she *came up* **ascended** unto them upon the roof;
9 And she said unto the men,
I know that *the LORD* **Yah Veh** hath given you
the land, and that your terror is fallen upon us,
and that all the *inhabitants* **settlers** of the land
faint because of you **melt at thy face**.
10 For we have heard how *the LORD* **Yah Veh**
dried up **withered** the water of the *Red* **Reed** sea
for you **at thy face**,
when ye *came* **went** out of *Egypt* **Misrayim**;
and what ye *did* **worked**
unto the two *kings* **sovereigns** of the *Amorites* **Emoriy**,
that were on the other side *Jordan* **Yarden**,
Sihon **Sichon** and Og, whom ye
utterly destroyed **devoted**.
11 And *as soon as* we had heard *these*
things, our hearts did melt,
neither did there *remain* **rise up** any more
courage **spirit/wind** in any man,
because of you **at thy face**:
for *the LORD* **Yah Veh** your *God* **Elohim**,
he is *God* **Elohim** in *heaven* **the heavens**
above, and in earth beneath.
12 Now therefore, I *pray* **beseech** you,
swear **oath** unto me by *the LORD* **Yah Veh**,
since **surely** I have *shewed* **worked** you *kindness* **mercy**,
that ye *will* **shall** also *shew kindness* **work mercy**
unto my father's house,
and give me a true *token* **sign**:
13 And that ye *will* **shall** save alive
my father, and my mother,
and my brethren, and my sisters, and all that they
have, and *deliver* **rescue** our *lives* **souls** from death.
14 And the men *answered* **said to** her,
Our *life for your's* **soul instead of your's to die**,
if ye *utter* **tell** not this our *business* **word**.
And it shall *be* **give**,
when *the LORD* **Yah Veh** hath given us the
land, that we *will deal kindly* **shall work**
mercy and *truly* **truth** with thee.
15 Then she *let* **descended** them *down*
by a cord through the window:
for her house was upon the *town* wall,
and she *dwelt* **settled** upon the wall.
16 And she said unto them, *Get you* **Go** to the
mountain, lest the pursuers meet you;
and hide yourselves there three days,
until the pursuers be returned:
and afterward may ye go your way.
17 And the men said unto her,
We *will* **shall** be *blameless* **innocent** of this thine
oath which thou hast made us *swear* **oath**.

18 Behold, when we come into the land,
thou shalt bind this *line* **cord** of
scarlet thread in the window
by which thou *didst let* **descended** us *down by*:
and thou shalt *bring* **gather** thy father, and thy
mother, and thy brethren, and all thy father's
household, *home unto thee* **unto thy house**.
19 And **so be** it *shall be*, that whosoever
shall go out of the doors of thy house
into the street **outside**,
his blood shall be upon his head, and we
will **shall** be *guiltless* **innocent**:
and whosoever shall be with thee in the house,
his blood shall be on our head, if any hand be upon him.
20 And if thou *utter* **tell** this our *business* **word**,
then we *will* **shall** be *quit* **innocent** of thine
oath which thou hast made us to *swear* **oath**.
21 And she said, According
unto your words, sobeit.
And she sent them away, and they *departed* **went**:
and she bound the scarlet *line* **cord** in the window.
22 Andtheywen,tandcameuntothemountain,
and *abode* **settled** there three days,
until the pursuers *were* returned:
and the pursuers sought them throughout
all the way, but found them not.
23 So the two men returned,
and descended from the mountain, and passed over,
and came to *Joshua* **Yah Shua** the son of Nun,
and *told* **scribed** him all *things* that *befell* **found** them:
24 Andtheysaidunto*Joshua***YahShua**,
Truly the LORD **Surely Yah Veh**
hath *delivered* **given** into our hands all the land;
for even all the *inhabitants* **settlers** of the *country* **land**
do faint because of us **melt at our face**.

Sons Of Yisra El Pass Over Yarden

3 And *Joshua rose* **Yah Shua started**
early in the morning;
and they *removed* **pulled stakes** from
Shittim, and came to *Jordan* **Yarden**,
he and all the *children* **sons** of *Israel* **Yisra
El**, and *lodged* **stayed overnight** there
before they passed over.
2 And **so be**it *came to pas*,
after **at the end of** three days, that the officers
went **passed over** *through* **midst** the *host* **camp**;
3 And they *commanded* **misvahed** the people,
saying, When ye see the ark of the covenant
of *the LORD* **Yah Veh** your *God* **Elohim**,
and the priests the *Levites* **Leviym** bearing it, then
ye shall *remove* **pull stakes** from your place,
and go after it.
4 Yet there shall be a *space* **distance** between you and it,
about two thousand cubits by measure:
come **approach** not *near* unto it,
that ye may know the way by which ye must go: for ye
have not passed this way *heretofore* **three yesters ago**.
5 And*Joshua***YahShua**saidunto the people,
Sanctify **Hallow** yourselves:
for to morrow
the LORD will do wonders **Yah Veh shall work marvels**
among you.
6 And *Joshua spake* **Yah Shua said**
unto the priests, saying,
Take up **Lift** the ark of the covenant,
and pass over *before* **at the face of** the people.
And they *took up* **lifted** the ark of the covenant,
and went *before* **at the face of** the people.
7 And *the LORD* **Yah Veh** said unto *Joshua* **Yah Shua**,
This day *will* **shall** I begin to *magnify* **greaten** thee
in the *sight* **eyes** of all *Israel* **Yisra El**,
that they may know that,
as I was with *Moses* **Mosheh**, so I *will* **shall** be with thee.
8 Andthoushacltommand*misvah*thepirests
that bear the ark of the covenant,
saying, When ye are come
to the *brink* **edge** of the water of *Jordan* **Yarden**,
ye shall stand still in *Jordan* **Yarden**.
9 And *Joshua* **Yah Shua**
said unto the *children* **sons** of *Israel* **Yisra El**,
Come *hither* **near**, and hear the words
of *the LORD* **Yah Veh** your *God* **Elohim**.
10 And *Joshua* **Yah Shua** said,
Hereby ye shall know
that the living *God* **El** is among you,
and that **in dispossessing,**
he *will without fail drive out* **shall dispossess**
from *before you* **your face**
the *Canaanites* **Kenaaniy**, and the *Hittites* **Hethiy**,
and the *Hivites* **Hivviy**, and the *Perizzites* **Perizziy**,
and the *Girgashites* **Girgashiy**, and the *Amorites*
Emoriy, and the *Jebusites* **Yebusiy**.
11 Behold,
the ark of the covenant of *the Lord* **Adonay**
of all the earth passeth over *before you*
at thy face into *Jordan* **Yarden**.
12 Now therefore take you twelve men out
of the *tribes* **scions** of *Israel* **Yisra El**, out
of every *tribe a* **scion one** man.

13 And **so be** it *shall come to pass*, as
soon as the soles of the feet
of the priests that bear the ark of *the LORD*
Yah Veh, the *Lord* **Adonay** of all the earth,
shall rest in the waters of *Jordan* **Yarden**,
that the waters of *Jordan* **Yarden** shall be cut off
from – the waters that *come down* **descend** from above;
and they shall stand *upon an heap* – **one heap**.
14 And **so be** it *came to pass*,
when the people *removed* **pulled stakes** from
their tents, to pass over *Jordan* **Yarden**,
and the priests bearing the ark of the covenant
before **at the face of** the people;
15 And as they that bare the ark were
come unto *Jordan* **Yarden**,
and the feet of the priests that bare the ark
were dipped in the *brim* **edge** of the water,
(for *Jordan overfloweth* **Yarden filleth over**
all his banks all the *time* **day** of harvest,)
16 That the waters which came down from above
stood and rose *up upon an heap* – **one heap**
very far **mighty far removed** from the city
Adam, that is beside *Zaretan* **Sarethan**:
and those that *came down* **descended** toward
the sea of the plain, *even* the salt sea, *failed*
consummated, and were cut off:
and the people passed over right against *Jericho* **Yericho**.
17 And the priests
that bare the ark of the covenant of *the LORD*
Yah Veh stood *firm* **established** on *dry ground* **a
parched area** in the midst of *Jordan* **Yarden**,
and all the *Israelites* **Yisra Eliy** passed
over on *dry ground* **a parched area**,
until all the *people* **goyim**
were *passed clean* **finished passing**
over *Jordan* **Yarden**.

4 And **so be** it *came to pass*, when all the *people* **goyim**
were *clean passed* **finished passing**
over *Jordan* **Yarden**,
that *the LORD* **Yah Veh**

Memorial Stones

spake **said** unto *Joshua* **Yah Shua**, saying,
2 Takeyoutwelvemenoutofthepeople,
out of every *tribe a* **scion one** man,
3 And *command* **misvah** ye them, saying,
Take **Lift** you hence out of the midst of
Jordan **Yarden**, out of the place
where the priests' feet stood *firm*
established, twelve stones,
and ye shall *carry* **pass** them over with you,
and leave them in the *lodging place* **lodge**, where
ye shall *lodge* **stay overnight** this night.
4 Then *Joshua* **Yah Shua** called the twelve
men, whom he had prepared
of the *children* **sons** of *Israel* **Yisra El**, out
of every *tribe a* **scion one** man:
5 And *Joshua* **Yah Shua** said unto them,
Pass over *before* **at the face of** the ark of
the LORD **Yah Veh** your *God* **Elohim**
into the midst of *Jordan* **Yarden**,
and *take you up* **lift** every man of you
a **one** stone upon his shoulder, according
unto the number of the *tribes* **scions** of
the *children* **sons** of *Israel* **Yisra El**:
6 That this may be a sign among you,
that when your *children* **sons** ask *their fathers in time to
come* **to morrow**, saying, What mean ye by these stones?
7 Then ye shall *answer* **say to** them,
That the waters of *Jordan* **Yarden** were cut off *before* **at
the face of** the ark of the covenant of *the LORD* **Yah Veh**;
when it passed over *Jordan* **Yarden**, the
waters of *Jordan* **Yarden** were cut off: and
these stones shall be for a memorial
unto the *children* **sons** of *Israel for
ever* **Yisra El eternally**.
8 And the *children* **sons** of *Israel did so* **Yisra El worked**
as *Joshua commanded* **Yah Shua misvahed**,
and *took up* **lifted** twelve stones out of the midst of
Jordan **Yarden**, as *the LORD spake* **Yah Veh worded**
unto *Joshua* **Yah Shua**,
according to the number of the *tribes* **scions**
of the *children* **sons** of *Israel* **Yisra El**, and *carried* **passed**
them over with them unto the place where they lodged,
and *laid them down* **set them** there.
9 And*Joshua*set*up***YahShuaraised**twelvestones
in the midst of *Jordan* **Yarden**,
in the place where the feet of the priests
which bare the ark of the covenant stood:
and they are there unto this day.
10 For the priests which bare the ark stood
in the midst of *Jordan* **Yarden**,
until every *thing* **word** was finished
that *the LORD* **Yah Veh**
commanded Joshua **misvahed Yah Shua**
to *speak* **word** unto the people, according to all that
Moses commanded Joshua **Mosheh misvahed Yah Shua**:
and the people hasted and passed over.
11 And **so be** it *came to pass*, when all the people
were *clean passed* **finished passing** over,

that the ark of *the LORD* **Yah Veh** passed over,
and the priests, *in the presence* **at the face** of the people.
12 And the *children* **sons** of *Reuben* **Reu
Ben**, and the *children* **sons** of Gad,
and half the *tribe* **scion** of *Manasseh* **Menash
Sheh**, passed over *armed* **in ranks of five**
before **at the face of** the *children* **sons** of *Israel* **Yisra
El**, as *Moses spake* **Mosheh worded** unto them:
13 About forty thousand
prepared **equipped** for *war* **hostility**
passed over *before the LORD* **at the face of Yah Veh**
unto *battle* **war**, to the plains of *Jericho* **Yericho**.
14 On that day
the LORD magnified Joshua **Yah
Veh greatened Yah Shua**
in the *sight* **eyes** of all *Israel* **Yisra El**;
and they *feared* **awed** him,
as they *feared Moses* **awed Mosheh**,
all the days of his life.
15 And *the LORD* **Yah Veh**
spake **said** unto *Joshua* **Yah Shua**, saying,
16 *Command* **Misvah** the priests
that bear the ark of the *testimony* **witness**, that
they *come up* **ascend** out of *Jordan* **Yarden**.
17 *Joshua* **Yah Shua** therefore
commanded **misvahed** the priests, saying,
Come **Ascend** ye *up* out of *Jordan* **Yarden**.
18 And **so be** it *came to pass*, when the priests
that bare the ark of the covenant of *the LORD* **Yah Veh**
were *come up* **ascended**
out of the midst of *Jordan* **Yarden**, and
the soles of the priests' feet
were *lifted up* **torn** unto the *dry land* **parched area**,
that the waters of *Jordan* **Yarden**
returned unto their place,
and *flowed* **went** over all his banks, as
they did before **three yesters ago**.
19 Andthepeople*cameup***ascended**outof*Jordan***Yarden**
on the tenth *day* of the first month,
and encamped in Gilgal,
in the east border **from the rising** of *Jericho* **Yericho**.
20 And those twelve stones,
which they took out of *Jordan* **Yarden**,
did Joshua pitch **Yah Shua raised** in Gilgal.
21 And he *spake* **said** unto
the *children* **sons** of *Israel* **Yisra El**, saying, When
your *children* **sons** shall ask their fathers
in time to come **tomorrow**, saying,
What mean these stones?
22 Then ye shall let your *children* **sons** know, saying,
Israel came **Yisra El passed** over this *Jordan* **Yarden**
on dry *land*.
23 For *the LORD* **Yah Veh** your *God* **Elohim**
dried up **withered** the waters of *Jordan* **Yarden**
from *before you* **your face**, until ye were passed
over, as *the LORD* **Yah Veh** your *God* **Elohim**
did **worked** to the *Red* **Reed** sea,
which he *dried up* **withered** from *before us*
our face, until we *were gone* **passed** over:
24 That all the people of the earth might know
the hand of *the LORD* **Yah Veh**, that it is *mighty* **strong**:
that ye might *fear* **awe**
the LORD **Yah Veh** your *God for ever* **Elohim all days**.
5 And **so be** it *came to pass*,
when all the *kings* **sovereigns** of the *Amorites* **Emoriy**,
which were
on the side of *Jordan westward* **Yarden seaward**,
and all the *kings* **sovereigns** of the *Canaanites*
Kenaaniy, which were by the sea,
heard that *the LORD* **Yah Veh**
had *dried up* **withered** the waters of *Jordan*
Yarden from *before* **the face of** the *children* **sons**
of *Israel* **Yisra El**, until we were passed over,
that their heart melted,
neither was there *spirit* **spirit/wind** in them any more,
because **at the face** of the *children* **sons** of *Israel* **Yisra El**.

SONS OF YISRA EL CIRCUMCISED

2 At that time
the LORD **Yah Veh** said unto *Joshua* **Yah Shua**,
Make **Work** thee *sharp knives* **swords of rocks**,
and *circumcise again* **return and circumcise**
the *children* **sons** of *Israel* **Yisra El** the second time.
3 And *Joshua* **Yah Shua**
made **worked** him *sharp knives* **swords of
rocks**, and circumcised the *children* **sons** of
Israel **Yisra El** *at the hill of the foreskins*
at Gibeah Haaraloth/Hill of the Foreskins.
4 And this is the *cause* **word**
why *Joshua* **Yah Shua** did circumcise:
All the people that *came* **went** out of *Egypt* **Misrayim**,
that were males, *even* all the men of war,
died in the wilderness by the way,
after they *came* **went** out of *Egypt* **Misrayim**.
5 *Now* **Surely** all the people that *came out* **went**
were circumcised:
but all the people that were *born* **birthed**
in the wilderness by the way
as they *came forth* **went** out of *Egypt* **Misrayim**,
them they had not circumcised.

6 For the *children* **sons** of *Israel* **Yisra El**
walked forty years in the wilderness,
till all the *people* **goyim** that were men of war,
which *came* **went** out of *Egypt* **Misrayim**, were
consumed, because they *obeyed* **hearkened** not
unto the voice of *the LORD* **Yah Veh**:
unto whom *the LORD sware* **Yah Veh oathed**
that he *would* **shall** not *shew* **have** them **see** the
land, which *the LORD sware* **Yah Veh oathed**
unto their fathers that he *would* **shall** give us,
a land that floweth with milk and honey.
7 And their *children* **sons**,
whom he raised up in their stead, them
Joshua **Yah Shua** circumcised:
for they were uncircumcised,
because they had not circumcised them by the way.
8 And **so be** it *came to pass*, when they
had *done* **consummated**
circumcising all the *people* **goyim**,
that they *abode* **settled** in their places in the
camp, till they *were whole* **revived**.
9 And *the LORD* **Yah Veh** said unto *Joshua* **Yah Shua**,
This day have I rolled away
the reproach of *Egypt* **Misrayim** from off you. Wherefore
the name of the place is called Gilgal unto this day.

THE MANNA CEASES

10 And the *children* **sons** of *Israel* **Yisra El**
encamped in Gilgal,
and *kept* **worked** the *passover* **pasach**
on the fourteenth day of the month at *even* **evening**
in the plains of *Jericho* **Yericho**.
11 And they did eat of the *old corn* **leftovers** of the
land on the morrow after the *passover* **pasach**,
unleavened cakes **matsahs**,
and *parched corn* **scorched** in the selfsame day.
12 And the manna ceased on the morrow
after they had eaten of the *old corn* **leftovers** of the land;
neither had the *children* **sons** of *Israel*
Yisra El manna any more;
but they did eat of the *fruit* **produce**
of the land of *Canaan* **Kenaan** that year.
13 And **so be** it *came to pass*,

YERICHO FALLS

when *Joshua* **Yah Shua** was by *Jericho* **Yericho**, that
he lifted up his eyes and *looked* **saw**, and, behold,
there stood a man over against him with
his sword drawn in his hand:
and *Joshua* **Yah Shua** went unto him, and said unto him,
Art thou for us, or for our *adversaries* **tribulators**?
14 And he said, Nay; but as *captain* **governor**
of *the host of the LORD* **Yah Veh**
Sabaoth am I now come.
And *Joshua* **Yah Shua** fell on his face to the earth,
and *did worship* **prostrated**, and said unto him,
What *saith* **wordeth** my *lord* **adoni** unto his servant?
15 And the *captain* **governor**
of *the LORD'S host* **Yah Veh Sabaoth**
said unto *Joshua* **Yah Shua**,
Loose **Pluck** thy shoe from off thy foot;
for the place whereon thou standest is holy.
And *Joshua did so* **Yah Shua worked thus**.

6 *Now Jericho* **In shutting, Yericho** was *straitly* shut up
because **from the face**
of the *children* **sons** of *Israel* **Yisra El**:
none went out, and none came in.
2 And *the LORD* **Yah Veh** said unto *Joshua* **Yah**
Shua, See, I have given into thine hand *Jericho*
Yericho, and the *king* **sovereign** thereof,
and the mighty *men* of valour.
3 And ye shall *compass* **surround**
the city, all ye men of war,
and go round about the city *once* **one time**.
Thus shalt thou *do* **work** six days.
4 Andsevenpirestshalbeabrefore**athefaceo**htfeark
seven *trumpets* **shophars** of *rams' horns* **jubilee**:
and the seventh day
ye shall *compass* **surround** the city seven times,
and the priests shall *blow* **blast** with
the *trumpets* **shophars**.
5 And **so be** it *shall come to pass*, that when they
make a long blast with the ram's **draw on the**
jubilee horn, and when ye hear the *sound*
voice of the *trumpet* **shophar**, all the people
shall shout with a great *shout* **shouting**;
and the wall of the city shall fall *down flat*
under it, and the people shall ascend *up*
every man straight before him.
6 And *Joshua* **Yah Shua** the son of Nun
called the priests, and said unto them,
Take up **Lift** the ark of the covenant,
and let seven priests
bear seven *trumpets* **shophars** of *rams' horns* **jubilee**
before **at the face of** the ark of *the LORD* **Yah Veh**.
7 And he said unto the people,
Pass on, and *compass* **surround** the city, and
let him that is *armed* **equipped** pass on
before **at the face of** the ark of *the LORD* **Yah Veh**.
8 And **so be** it *came to pass*,
when *Joshua had spoken* **Yah Shua said**
unto the people, that the seven priests

bearing the seven *trumpets* **shophars**
of *rams' horns* **jubilee**
passed on *before the LORD* **at the face of Yah Veh**,
and *blew* **blast** with the *trumpets* **shophars**:
and the ark of the covenant of *the LORD* **Yah Veh**
followed **walked after** them.
9 And the *armed men went* **equipped walked**
before **at the face of** the priests
that *blew* **blast** with the *trumpets* **shophars**,
and the *rereward came* **gathering walked** after the ark,
the priests going on,
and *blowing* **blasting** with the *trumpets* **shophars**.
10 And *Joshua* **Yah Shua**
had *commanded* **misvahed** the people,
saying, Ye shall not shout,
nor *make any noise with* **let** your voice **be heard**,
neither shall any word *proceed* **go** out of your mouth,
until the day I *bid you* **say** shout; then shall ye shout.
11 So the ark of *the LORD* **Yah Veh**
compassed **surrounded** the city,
going about it *once* **one time**:
and they came into the camp,
and *lodged* **stayed overnight** in the camp.
12 And *Joshua rose* **Yah Shua started**
early in the morning, and the priests
took up **lifted** the ark of *the LORD* **Yah Veh**.
13 And seven priests
bearing seven *trumpets* **shophars** of *rams' horns* **jubilee**
before **at the face of** the ark of *the LORD* **Yah Veh**
went on continually **in walking, walked**, and
blew **blast** with the *trumpets* **shophars**:
and the *armed men* **equipped** went
before **from their face**;
but the *rereward* **gathering**
came after the ark of *the LORD* **Yah Veh**,
the priests going on,
and *blowing* **blasting** with the *trumpets* **shophars**.
14 And the second day
they *compassed* **surrounded** the city *once* **one time**,
and returned into the camp:
so they *did* **worked** six days.
15 And **so be** it *came to pass*, on the seventh
day, that they *rose* **started** early
about the *dawning* **ascending** of *the day* **dawn**,
and *compassed* **surrounded** the city
after the same *manner* **judgment** seven times:
only on that day
they *compassed* **surrounded** the city seven times.
16 And **so be** it *came to pass*, at the seventh time,
when the priests *blew* **blast** with the *trumpets* **shophars**,
Joshua **Yah Shua** said unto the people, Shout;
for *the LORD* **Yah Veh** hath given you the city.
17 And the city shall *be accursed* **become devoted**,
even it, and all that are therein, to *the LORD* **Yah
Veh**: only *Rahab* **Rachab** the *harlot* **whore** shall
live, she and all that are with her in the house,
because she hid the *messengers* **angels** that we sent.
18 And ye *in, any wise keep* **only guard** *yourselves*
from the *accursed thing* **devoted**,
lest ye *make yourselves accursed* **become devoted**,
when ye take of the *accursed thing* **devotement**,
and *make* **set** the camp of *Israel* **Yisra El**
a *curse* **devotement**, and trouble it.
19 But all the silver, and gold,
and *vessels* **instruments** of *brass* **copper** and iron,
are *consecrated* **holy** unto *the LORD* **Yah Veh**:
they shall come into the treasury of *the LORD* **Yah Veh**.
20 So the people shouted
when the priests blew **and blast** with
the *trumpets* **shophars**:
and **so be** it *came to pass*, when the people heard
the *sound* **voice** of the *trumpet* **shophar**,
and the people shouted with a great *shout*
shouting, that the wall fell *down* flat,
so that the people *went up* **ascended** into the
city, every man straight before him,
and they took **captured** the city.
21 And they *utterly destroyed* **devoted**
all that was in the city, both man and woman,
young and old **from lad and to old man**, and
ox, and *sheep* **lamb**, and *ass* **he burro**,
with the *edge* **mouth** of the sword.
22 But *Joshua* **Yah Shua** had said
unto the two men that had spied out the *country*
land, Go into the *harlot's* **woman's** house,
and bring out thence the woman, and all that
she hath, as ye *sware* **oathed** unto her.
23 And the *young men* **lads** that were spies went
in, and brought out *Rahab* **Rachab**,
and her father, and her mother,
and her brethren, and all that she had;
and they brought out all her *kindred* **family**, and
left them without the camp of *Israel* **Yisra El**.
24 And they burnt the city with fire,
and all that was therein:
only the silver, and the gold,
and the *vessels* **instruments** of *brass* **copper** and of iron,
they *put* **gave** into the treasury
of the house of *the LORD* **Yah Veh**.
25 And *Joshua* **Yah Shua**

saved *Rahab* **Rachab** the *harlot* **whore** alive, and
her father's household, and all that she had;
and she *dwelleth in Israel* **settleth within Yisra El**
even unto this day;
because she hid the *messengers* **angels**,
which *Joshua* **Yah Shua** sent to spy out *Jericho* **Yericho**.
26 And *Joshua adjured* **Yah Shua oathed**
them at that time, saying,
Cursed be the man
before the LORD **from the face of Yah Veh**,
that riseth up and buildeth this city *Jericho* **Yericho**:
he shall lay the foundation thereof
in his *firstborn* **firstbirthed**,
and in his *youngest son* **lesser**
shall he *set up* **station** the *gates* **doors**.
27 So*theLORD***YahVeh**waswith*Joshua***YahShua**;
and his fame *was noised* **became**
throughout all the *country* **land**.

THE TREASON OF ACHAN

7 But the *children* **sons** of *Israel* **Yisra El**
committed **treasoned** a *trespass* **treason**
in the *accursed thing* **devotement**:
for Achan, the son of *Carmi* **Karmi**,
the son of Zabdi, the son of *Zerah* **Zerach**,
of the *tribe* **rod** of *Judah* **Yah Hudah**,
took of the *accursed thing* **devotement**:
and the *anger* **wrath** of *the LORD* **Yah Veh**
was kindled against the *children* **sons** of *Israel* **Yisra El**.
2 And *Joshua* **Yah Shua** sent men from *Jericho* **Yericho**
to *Ai* **Ay**, which is beside *Bethaven* **Beth**
Aven, on the east *side* of *Bethel* **Beth El**,
and *spake* **said** unto them, saying,
Go up **Ascend** and *view* **spy** the *country* **land**.
And the men *went up* **ascended** and *viewed Ai* **spied Ay**.
3 And they returned to *Joshua* **Yah Shua**,
and said unto him, Let not all the people *go up* **ascend**;
but let about two or three thousand men
go up **ascend** and smite *Ai* **Ay**;
and make not all the people to labour thither;
for they are *but* few.
4 So there *went up* **ascended** thither of the people
about three thousand men:
and they fled *before* **from the face of** the men of *Ai* **Ay**.
5 And the men of *Ai* **Ay**
smote of them about thirty and six men:
for they *chased* **pursued** them
from *before* **the face of** the *gate* **portal**
even unto Shebarim,
and smote them in the *going down* **descent**: wherefore
the hearts of the people melted, and became as water.
6 And *Joshua rent* **Yah Shua ripped** his clothes,
and fell to the earth upon his face
before **at the face of** the ark of *the LORD* **Yah Veh**
until the *eventide* **evening**,
he and the elders of *Israel* **Yisra El**, and
put **ascended** dust upon their heads.
7 And *Joshua* **Yah Shua** said,
Alas **Aha**, O *Lord GOD* **Adonay Yah Veh**,
wherefore **in passing, why** hast thou *at all brought*
passed this people over *Jordan* **Yarden**,
to *deliver* **give** us into the hand of the
Amorites **Emoriy**, to destroy us?
would to GOD **if only** we had *been content* **willed**,
and *dwelt* **settled** on the other side *Jordan* **Yarden**!
8 O *Lord* **Adonay**, what shall I say,
when *Israel* **Yisra El** turneth **back** their *backs* **necks**
before **at the face of** their enemies!
9 For the *Canaanites* **Kenaaniy**
and all the *inhabitants* **settlers** of the land shall
hear of it, and shall *environ* **surround** us *round*,
and cut off our name from the earth:
and what *wilt* **shalt** thou *do* **work** unto thy great name?
10 And *the LORD* **Yah Veh** said unto *Joshua* **Yah Shua**,
Get thee up **Arise**;
wherefore *liest* **fallest** thou thus upon thy face?
11 *Israel* **Yisra El** hath sinned,
and they have also *transgressed* **trespassed** my
covenant which I *commanded* **misvahed** them:
for they have even taken
of the *accursed thing* **devotement**,
and have also stolen, and *dissembled*
deceived also, and they have *put* **set** it
even among their own *stuff* **instruments**.
12 Therefore the *children* **sons** of *Israel* **Yisra El**
could not *stand* **rise**
before **at the face of** their enemies,
but turned their *backs* **necks**
before **at the face of** their enemies, because
they were *accursed* **devoted**:
neither *will* **shall** I be with you *any more* **again**,
except **unless** ye *destroy* **desolate**
the *accursed* **devotement** from among you.
13 *Up***Arise**,*sanctify***halow**thepeople,andsay,
Sanctify **Hallow** yourselves against to morrow:
for thus saith
the LORD God **Yah Veh Elohim** of *Israel* **Yisra**
El, There is *an accursed thing* **a devotement**
in the midst of thee, O *Israel* **Yisra El**:
thou canst not *stand* **rise**
before **at the face of** thine enemies,
until ye *take away* **turn aside**

the *accursed thing* **devotement** from among you.
14 In the morning therefore
ye shall *be brought* **approach** according to
your *tribes* **scions**: and **so be** it *shall be*,
that the *tribe* **scion**
which *the LORD taketh* **Yah Veh captureth**
shall *come* **approach** according to the families thereof;
and the family
which *the LORD* **Yah Veh** shall *take* **capture**
shall *come* **approach** by households;
and the household
which *the LORD* **Yah Veh** shall *take* **capture**
shall *come man* **approach mighty** by *man* **mighty**.
15 And **so be** it *shall be*,
that he that is *taken* **captured**
with the *accursed thing* **devotement**
shall be burnt with fire, he and all that he hath:
because he hath *transgressed* **trespassed**
the covenant of *the LORD* **Yah Veh**,
and because he hath *wrought* **worked**
folly in *Israel* **Yisra El**.
16 So *Joshua* **Yah Shua**
rose up **started** early in the morning, and *brought*
Israel **approached Yisra El** by their *tribes* **scions**;
and the *tribe* **scion** of *Judah* **Yah Hudah**
was *taken* **captured**:
17 And he *brought* **approached**
the family of *Judah* **Yah Hudah**;
and he *took* **captured** the family
of the *Zarhites* **Zerachiy**:
and he *brought* **approached**
the family of the *Zarhites* **Zerachiy**
man **mighty** by *man* **mighty**;
and Zabdi was *taken* **captured**:
18 And he *brought* **approached** his household
man **mighty** by *man* **mighty**;
and Achan, the son of *Carmi* **Karmi**,
the son of Zabdi, the son of *Zerah* **Zerach**,
of the *tribe* **rod** of *Judah* **Yah Hudah**,
was *taken* **captured**.
19 And *Joshua* **Yah Shua** said unto Achan,
My son, *give* **set**, I *pray* **beseech** thee,
glory **honour** to *the LORD God* **Yah Veh Elohim**
of *Israel* **Yisra El**,
and *make confession* **give spread hands** unto
him; and tell me now what thou hast *done*
worked; *hide* **conceal** it not from me.
20 And Achan answered *Joshua* **Yah Shua**, and said,
Indeed **Truly** I have sinned against
the LORD God **Yah Veh Elohim** of *Israel* **Yisra**
El, and thus and thus have I *done* **worked**:
21 When I saw among the spoils
a goodly *Babylonish garment* **Babel mighty**
mantle, and two hundred shekels of silver,
and *a wedge* **one tongue** of gold of fifty shekels weight,
then I *coveted* **desired** them, and took them;
and, behold,
they are hid in the earth in the midst of
my tent, and the silver under it.
22 So *Joshua* **Yah Shua** sent *messengers* **angels**,
and they ran unto the tent;
and, behold, it was hid in his tent, and the silver under it.
23 And they took them out of the midst of the tent,
and brought them unto *Joshua* **Yah Shua**,
and unto all the *children* **sons** of *Israel*
Yisra El, and *laid* **poured** them out
before the LORD **at the face of Yah Veh**.
24 And *Joshua* **Yah Shua**, and all
Israel **Yisra El** with him,
took Achan the son of *Zerah* **Zerach**,
and the silver, and the *garment* **mighty**
mantle, and the *wedge* **tongue** of gold,
and his sons, and his daughters,
and his oxen, and his *asses* **he burros**,
and his *sheep* **flock**, and his tent, and all that he had:
and they *brought* **ascended** them
unto the valley of Achor.
25 And *Joshua* **Yah Shua** said, Why
hast thou troubled us?
the LORD **Yah Veh** shall trouble thee this
day. And all *Israel* **Yisra El** stoned him with
stones, and burned them with fire,
after they had stoned them with stones.
26 And they raised over him
a great heap of stones unto this day.
So *the LORD* **Yah Veh** turned
from the *fierceness* **fuming** of his *anger* **wrath**.
Wherefore the name of that place was called,
The valley of Achor, unto this day.

SONS OF YISRA EL CONQUER AY

8 And *the LORD* **Yah Veh** said unto *Joshua* **Yah Shua**,
Fear **Awe** not, neither be thou *dismayed* **terrified**:
take all the people of war with thee, and
arise, *go up* **ascend** to *Ai* **Ay**: see,
I have given into thy hand the *king* **sovereign** of *Ai*
Ay, and his people, and his city, and his land:
2 Andthoushalt*do***work**to*Ai***Ay**andher*king***sovereign**
as thou *didst* **workedst** unto *Jericho* **Yericho**
and her *king* **sovereign**:

only the spoil thereof, and the *cattle* **animals** thereof,
shall *ye take for a prey* **plunder ye** unto yourselves:
lay thee an ambush **lurk** for the city behind it.
3 So*Joshua***YahShua**arose,andalthepeopleofwar,
to *go up* **ascend** against *Ai* **Ay**:
and *Joshua* **Yah Shua**
chose out thirty thousand mighty men of
valour, and sent them away by night.
4 And he *commanded* **misvahed** them, saying, *Behold*
See, ye shall *lie in wait* **lurk** against the city,
even behind the city:
go not *very* **mighty** far from the city,
but be ye all *ready* **prepared**:
5 And I, and all the people that are with me,
will **shall** approach unto the city:
and **so be** it *shall come to pass*,
when they *come out against* **go to**
confront us, as at the first,
that we *will* **shall** flee *before them* **from their face**,
6 (Fortheywil*comeout***shalgo**afterus)
till we have *drawn* **torn** them from the city;
for they *will* **shall** say,
They flee *before us* **from our face**, as at the first:
therefore we *will* **shall** flee *before them* **from their face**.
7 Thenyeshalriseupfromthe*ambush***lurk**,
and *seize upon* **possess** the city:
for *the LORD* **Yah Veh** your *God* **Elohim**
will deliver **shall give** it into your hand.
8 And **so be** it *shall be*,
when ye have *taken* **apprehended** the
city, that ye shall *set* **burn** the city on fire:
according to the *commandment* **word**
of *the LORD* **Yah Veh**
shall ye *do* **work**.
See, I have *commanded* **misvahed** you.
9 *Joshua therefore* **Yah Shua** sent them *forth*:
and they went to *lie in ambush* **lurk**,
and *abode* **settled** between *Bethel* **Beth El** and *Ai* **Ay**,
on the west side **seaward** of *Ai* **Ay**:
but *Joshua lodged* **Yah Shua stayed overnight**
that night among the people.
10 And *Joshua* **Yah Shua**
rose up **started** early in the morning, and
numbered **mustered** the people,
and *went up* **ascended**, he and the
elders of *Israel* **Yisra El**,
before **at the face of** the people to *Ai* **Ay**.
11 And all the people, *even the people*
of war that were with him,
went up **ascended**, and drew *nigh*
near, and came before the city,
and *pitched* **encamped** on the north *side* of *Ai* **Ay**:
now there was a valley between them and *Ai* **Ay**.
12 And he took about five thousand men, and
set them to *lie in ambush* **lurk** between *Bethel* **Beth**
El and *Ai* **Ay**, *on the west side* **seaward** of the city.
13 And when they had set the people,
even all the *host* **camp** that was on the north of
the city, and their *liers in wait* **heel trippers**
on the west **seaward** of the city, *Joshua* **Yah Shua**
went that night into the midst of the valley.
14 And **so be** it *came to pass*,
when the *king* **sovereign** of *Ai* **Ay** saw it,
that they hasted and *rose up* **started** early,
and the men of the city went out
against Israel **to meet Yisra El** to *battle* **war**,
he and all his people,
at a *time appointed* **season**, *before*
at the face of the plain;
but he *wist* **knew** not
that there were *liers in ambush* **lurkers**
against him behind the city.
15 And *Joshua* **Yah Shua** and all *Israel* **Yisra El**
made as *if they were beaten* **touched**
before them **at their face**,
and fled by the way of the wilderness.
16 And all the people that were in *Ai* **Ay**
were called together **cried** to pursue after them:
and they pursued after *Joshua* **Yah Shua**, and
were *drawn* **torn** away from the city.
17 And there *was* **survived** not a man *left*
in *Ai* **Ay** or *Bethel* **Beth El**,
that went not out after *Israel* **Yisra El**:
and they left the city open, and
pursued after *Israel* **Yisra El**.
18 And*theLORD***YahVeh**saidunto*Joshua***YahShua**,
Stretch out the *spear* **dart** that is in
thy hand toward *Ai* **Ay**;
for I *will* **shall** give it into thine hand.
And *Joshua* **Yah Shua**
stretched out the *spear* **dart** that he had
in his hand toward *the city* **Ay**.
19 And the *ambush* **lurkers**
arose quickly out of their place,
and they ran as soon as he had
stretched out **spread** his hand:
and they entered into the city, and *took* **captured**
it, and hasted and *set* **burned** the city on fire.
20 Andwhenthemeno*Afiloked***Ayfaced**behindthem,

they saw, and, behold,
the smoke of the city ascended *up* to *heaven* **the heavens**, and they had no *power* **hand** to flee
this way **here** or *that way* **there**:
and the people that fled to the wilderness
turned back upon the pursuers.
21 And when *Joshua* **Yah Shua** and all *Israel* **Yisra El**
saw that the *ambush* **lurkers** had *taken* **captured** the city,
and that the smoke of the city ascended,
then they turned *again* **back**,
and *slew* **smote** the men of *Ai* **Ay**.
22 And the other *issued* **went** out of the city
against **to meet** them;
so they were in the midst of *Israel* **Yisra El**,
some **these** on this side, and *some* **those** on that side:
and they smote them,
so that they let none of them remain or escape
so that no escapee survived.
23 And the *king* **sovereign** of *Ai* **Ay**
they *took* **apprehended** alive,
and *brought* **approached** him to *Joshua* **Yah Shua**.
24 And **so be** it *came to pass*, when *Israel* **Yisra El**
had *made an end of slaying* **finished slaughtering**
all the *inhabitants* **settlers** of *Ai* **Ay** in the field,
in the wilderness wherein they *chased* **pursued**
them, and when they were all fallen
on the *edge* **mouth** of the sword,
until they were consumed,
that all the *Israelites* **Yisra Eliy** returned unto *Ai* **Ay**,
and smote it with the *edge* **mouth** of the sword.
25 And so **be** it *was*,
that all that fell that day, both of men and women,
were twelve thousand, *even* all the men of *Ai* **Ay**.
26 For *Joshua drew* **Yah Shua turned** not his hand
back, wherewith he *stretched out* **spread** the spear,
until he had *utterly destroyed* **devoted**
all the *inhabitants* **settlers** of *Ai* **Ay**.
27 Only the *cattle* **animals** and the spoil of that city
Israel took for a prey **Yisra El plundered**
unto themselves, according unto the
word of *the LORD* **Yah Veh**
which he *commanded Joshua* **misvahed Yah Shua**.
28 And *Joshua* **Yah Shua** burnt *Ai* **Ay**,
and *made* **set** it an heap for *ever* **eternity**,
even a desolation unto this day.
29 And the *king* **sovereign** of *Ai* **Ay**
he hanged on a tree until *eventide* **evening time**:
and as soon as the sun was down, *Joshua*
commanded **Yah Shua misvahed** that
they should *take* **bring** his carcase
down from the tree,
and cast it
at the *entering* **opening** of the *gate* **portal** of the
city, and raise thereon a great heap of stones,
that remaineth unto this day.

THE ALTAR OF YAH SHUA TO YAH VEH

30 Then *Joshua* **Yah Shua** built *an* **a sacrifice** altar
unto *the LORD God* **Yah Veh Elohim** of *Israel* **Yisra El**
in mount Ebal,
31 As *Moses* **Mosheh** the servant of *the LORD* **Yah Veh**
commanded **misvahed** the *children* **sons** of
Israel **Yisra El**, as it is *written* **inscribed**
in the *book* **scroll** of the *law* **torah** of *Moses* **Mosheh**,
an **a sacrifice** altar of *whole* **complete** stones,
over which no man hath *lift up any* **waved**
iron: and they *offered* **holocausted** thereon
burnt offerings **holocausts** unto *the LORD* **Yah Veh**, and sacrificed *peace offerings* **shelamim**.
32 And he *wrote* **inscribed** there upon the stones
a *copy* **duplicate** of the *law* **torah** of *Moses*
Mosheh, which he *wrote* **inscribed**
in the *presence* **face** of the *children*
sons of *Israel* **Yisra El**.
33 And all *Israel* **Yisra El**,
and their elders, and officers, and their judges,
stood on this side the ark and on that side
before the priests the *Levites* **Leviym**,
which bare the ark of the covenant of *the LORD*
Yah Veh, as well the *stranger* **sojourner**,
as *he that was born among them* **the native**; half
of them *over against* **toward** mount Gerizim, and
half of them *over against* **toward** mount Ebal;
as *Moses* **Mosheh** the servant of *the LORD* **Yah Veh** had *commanded before* **first misvahed**,
that they should bless the people of *Israel* **Yisra El**.
34 And afterward
he *read* **called out** all the words of the *law* **torah**,
the blessings and *cursings* **abasements**,
according to all that is *written* **inscribed**
in the *book* **scroll** of the *law* **torah**.
35 There was not a word
of all that *Moses commanded* **Mosheh misvahed**,
which *Joshua read* **Yah Shua called** not **out**
before **in front of** all the congregation of *Israel* **Yisra El**, with the women, and the *little ones* **toddlers**,
and the *strangers* **sojourners**
that *were conversant* **walked** among them.

PEOPLES UNITE AGAINST YAH SHUA AND YISRA EL

9 And **so be** it *came to pass*,
when all the *kings* **sovereigns**
which were on this side *Jordan* **Yarden,**
in the *hills* **mountains**, and in the *valleys*
lowlands, and in all the *coasts* **havens** of the
great sea over *against* **toward** Lebanon,
the *Hittite* **Hethiy**, and the *Amorite* **Emoriy**, the
Canaanite **Kenaaniy**, the *Perizzite* **Perizziy**,
the *Hivite* **Hivviy**, and the *Jebusite*
Yebusiy, heard thereof;
2 That they gathered themselves together,
to fight with *Joshua* **Yah Shua** and with
Israel **Yisra El**, with one *accord* **mouth**.

THE STRATEGY OF THE SETTLERS OF GIBON

3 And when the *inhabitants* **settlers** of *Gibeon*
Gibon heard what *Joshua* **Yah Shua** had *done*
worked unto *Jericho* **Yericho** and to *Ai* **Ay**,
4 They did work *wilily* **strategy**,
and went and made as if they had been
ambassadors, and took *old sacks* **worn out saqs**
upon their *asses* **he burros**,
and wine *bottles* **skins**,
old **worn out**, and *rent* **split**, and *bound up* **bandaged**;
5 And *old* **worn out** shoes
and *clouted* **patched** upon their feet,
and *old garments* **worn out clothes** upon them;
and all the bread of their *provision* **hunt**
was *dry* **withered** and *mouldy* **crumbly**.
6 And they went to *Joshua* **Yah Shua**
unto the camp at Gilgal,
and said unto him, and to the men of *Israel* **Yisra
El**, We be come from a far *country* **land**:
now therefore *make* **cut** ye a *league* **covenant** with us.
7 And the men of *Israel* **Yisra El**
said unto the *Hivites* **Hivviy**,
Peradventure **Perhaps** ye *dwell* **settle** among us;
and how shall we *make* **cut** a *league* **covenant** with you?
8 And they said unto *Joshua* **Yah
Shua**, We *are* **be** thy servants.
And *Joshua* **Yah Shua** said unto them,
Who are ye? and from whence come ye?
9 And they said unto him,
From a *very far country* **mighty far land**
thy servants are come because of the name
of *the LORD* **Yah Veh** thy *God* **Elohim**:
for we have heard the fame of him,
and all that he *did* **worked** in *Egypt* **Misrayim**,
10 And all that he *did* **worked**
to the two *kings* **sovereigns** of the *Amorites* **Emoriy**,
that were beyond *Jordan* **Yarden**,
to *Sihon king* **Sichon sovereign** of Heshbon, and to Og
king **sovereign** of Bashan, which was at Ashtaroth.
11 Wherefore our elders
and all the *inhabitants* **settlers** of our *country* **land**
spake **said** to us, saying,
Take *victuals with you* **hunt in your hand** for the
journey, and go to meet them, and say unto them,
We *are your* **be thy** servants:
therefore now *make* **cut** ye *a league* **covenant** with us.
12 This our bread we took *hot* **warm** for
our provision out of our houses
on the day we *came forth* **went** to go unto you;
but now, behold,
it is *dry* **withered**, and it is *mouldy* **crumbled**:
13 And these *bottles* **skins** of wine,
which we filled, were new;
and, behold, they be *rent* **split**:
and these our *garments* **clothes** and
our shoes are become *old* **worn**
by *reason of the very long* **the mighty great** journey.
14 And the men took of their *victuals* **hunt**,
and asked not *counsel* at the mouth
of *the LORD* **Yah Veh**.
15 And *Joshua* **Yah Shua**
made peace **worked shalom** with them,
and *made* **cut** a *league* **covenant**
with them, to let them live:
and the *princes* **hierarchs** of the *congregation* **witness**
sware **oathed** unto them.

SONS OF YISRA EL HONOUR THEIR OATH

16 And**so be**it*came to pass*,at the end of three days
after they had *made* **cut** a *league* **covenant** with them,
that they heard that they were their neighbours,
and that they *dwelt* **settled** among them.
17 And the *children* **sons** of *Israel* **Yisra El**
journeyed **pulled stakes**,
and came unto their cities on the third day.
Now their cities were *Gibeon* **Gibon**,
and *Chephirah* **Kephirah**, and Beeroth,
and *Kirjathjearim* **Kirjath Arim**.
18 And the *children* **sons** of *Israel* **Yisra
El** smote them not, because the *princes*
hierarchs of the *congregation* **witness**
had *sworn* **oathed** unto them
by *the LORD God* **Yah Veh Elohim** of *Israel* **Yisra El**.

And all the *congregation* **witness**
murmured against the *princes* **hierarchs.**
19 But all the *princes* **hierarchs**
said unto all the *congregation* **witness,**
We have *sworn* **oathed** unto them
by *the LORD God* **Yah Veh Elohim** of *Israel* **Yisra El**:
now therefore we *may* **are** not **able to** touch them.
20 This we *will do* **shall work** to them;
we *will* **shall** even let them live, lest
wrath **rage** be upon us,
because of the oath which we *sware* **oathed** unto them.
21 And the *princes* **hierarchs** said
unto them, Let them live;
but let them be *hewers* **choppers** of *wood* **timber**
and *drawers* **bailers** of water unto all
the *congregation* **witness;**
as the *princes* **hierarchs** had *promised* **worded** them.
22 And *Joshua* **Yah Shua** called for them, and
he *spake* **worded** unto them, saying,
Wherefore have ye *beguiled* **deceived** us, saying,
We are *very* **mighty** far from you;
when ye *dwell* **settle** among us?
23 Now therefore ye are cursed,
and there shall none of you be *freed* **cut off**
from being *bondmen* **servants,**
and *hewers* **choppers** of *wood* **timber**
and *drawers* **bailers** of water
for the house of my *God* **Elohim.**
24 And they answered *Joshua* **Yah Shua**, and said,
In telling, *Because* it was *certainly* told thy servants,
how that *the LORD* **Yah Veh** thy *God* **Elohim**
commanded **misvahed** his servant *Moses* **Mosheh**
to give you all the land, and to *destroy* **desolate**
all the *inhabitants* **settlers** of the land
from *before you* **thy face,**
therefore we were *sore afraid* **mighty awed**
of our *lives because of you* **souls at thy face,**
and have *done* **worked** this *thing* **word.**
25 And now, behold, we are in thine hand:
as it seemeth good and *right* **straight**
unto thee **in thine eyes** to *do* **work** unto us, *do* **work.**
26 And so *did* **worked** he unto them, and
delivered them out of the hand
of the *children* **sons** of *Israel* **Yisra El,**
that they *slew* **slaughtered** them not.
27 And *Joshua made* **Yah Shua gave** them that day
hewers **choppers** of *wood* **timber**
and *drawers* **bailers** of water
for the *congregation* **witness,**
and for the **sacrifice** altar of *the LORD* **Yah Veh,**
even unto this day, in the place which he should choose.

THE DAY THE SUN STOOD STILL

10 *Now* **And so be** it *came to pass,*
when *Adonizedec* **Adoni Sedeq**
king **sovereign** of *Jerusalem* **Yeru Shalem**
had heard how *Joshua* **Yah Shua** had *taken Ai*
captured Ay, and had *utterly destroyed* **devoted** it;
as he had *done* **worked**
to *Jericho* **Yericho** and her *king* **sovereign,**
so he had *done* **worked** to *Ai* **Ay** and her *king* **sovereign;**
and how the *inhabitants* **settlers** of *Gibeon* **Gibon**
had made peace **did shalam** with *Israel*
Yisra El, and were among them;
2 That they *feared greatly* **awed mightily,**
because *Gibeon* **Gibon** was a great city,
as one of the royal cities,
and because it was greater than *Ai* **Ay,** and
all the men thereof were mighty.
3 Wherefore *Adonizedec* **Adoni Sedeq,**
king **sovereign** of *Jerusalem* **Yeru Shalem,** sent
unto Hoham *king* **sovereign** of Hebron,
and unto Piram *king* **sovereign** of *Jarmuth* **Yarmuth,**
and unto *Japhia* **Yaphia,** *king* **sovereign** of Lachish,
and unto Debir *king* **sovereign** of Eglon, saying,
4 *Come up* **Ascend** unto me, and help me,
that we may smite *Gibeon* **Gibon:**
for it *hath made peace* **did shalam** with *Joshua* **Yah Shua**
and with the *children* **sons** of *Israel* **Yisra El.**
5 Therefore
the five *kings* **sovereigns** of the *Amorites*
Emoriy, the *king* **sovereign** of *Jerusalem* **Yeru**
Shalem, the *king* **sovereign** of Hebron,
the *king* **sovereign** of *Jarmuth* **Yarmuth,**
the *king* **sovereign** of Lachish,
the *king* **sovereign** of Eglon,
gathered themselves together, and *went up*
ascended, they and all their *hosts* **camps,**
and encamped *before Gibeon* **against Gibon,**
and *made war against* **fought** it.
6 And the men of *Gibeon* **Gibon**
sent unto *Joshua* **Yah Shua** to the camp to Gilgal,
saying, Slack not thy hand from thy servants;
come up **ascend** to us quickly, and save us, and
help us: for all the *kings* **sovereigns** of the *Amorites*
Emoriy that *dwell* **settle** in the mountains
are gathered together against us.
7 So *Joshua* **Yah Shua** ascended from Gilgal,
he, and all the people of war with him,
and all the mighty *men* of valour.
8 And *the LORD* **Yah Veh** said unto *Joshua* **Yah Shua,**

Fear **Awe** them not:
for I have *delivered* **given** them into thine hand;
there shall not a man of them stand
before thee **at thy face.**
9 *Joshua* **Yah Shua** therefore came unto them suddenly,
and *went up* **ascended** from Gilgal all night.
10 And *the LORD discomfited* **Yah Veh agitated** them
before Israel **at the face of Yisra El,**
and *slew* **smote** them with a great *slaughter* **stroke**
at *Gibeon* **Gibon,**
and *chased* **pursued** them along the way
that goeth up to Bethhoron **of the ascent of Beth Horon,** and smote them to *Azekah* **Azeqah,**
and unto *Makkedah* **Maqqedah.**
11 And **so be** it *came to pass,*
as they fled from *before Israel* **the face of Yisra El,** and were in
the *going down to Bethhoron* **descent of Beth Horon,**
that *the LORD* **Yah Veh** cast down great stones
from *heaven* **the heavens**
upon them unto *Azekah* **Azeqah,** and they died: they
were *more* **greater** which died with hailstones than
they whom the *children* **sons** of *Israel* **Yisra El**
slew **slaughtered** with the sword.
12 Then *spake Joshua* **worded Yah Shua**
to *the LORD* **Yah Veh** in the day
when *the LORD* **Yah Veh**
delivered up **gave** the *Amorites* **Emoriy**
before **at the face of** the *children* **sons** of *Israel* **Yisra El,** and he said in the *sight* **eyes** of *Israel* **Yisra El,**
Sun, stand thou still upon *Gibeon* **Gibon;**
and thou, Moon, in the valley of *Ajalon* **Ayalon.**
13 And the sun stood sil, t and the moon stayed,
until the *people* **goyim** had avenged
themselves upon their enemies.
Is not this *written* **inscribed**
in the *book* **scroll** of *Jasher* **the straight?**
So the sun stood still in the midst of *heaven*
the heavens, and hasted not to go down
about *a whole* **an integrious** day.
14 And there was no day like that
before **at the face of** it or after it,
that *the LORD* **Yah Veh**
hearkened unto the voice of a man:
for *the LORD* **Yah Veh** fought for *Israel* **Yisra El.**
15 And *Joshua* **Yah Shua** returned,
and all *Israel* **Yisra El** with him, unto the camp to Gilgal.

FIVE SOVEREIGNS HIDE

16 But these five *kings* **sovereigns** fled,
and hid themselves in a cave at *Makkedah* **Maqqedah.**
17 And it was told *Joshua* **Yah Shua,** saying,
The five *kings* **sovereigns** are found hid
in a cave at *Makkedah* **Maqqedah.**
18 And *Joshua* **Yah Shua** said,
Roll great stones upon the mouth of the cave, and
set **oversee** men by it for to *keep* **guard** them:
19 And stay ye not, but pursue after your enemies,
and *smite the hindmost of* **curtail** them;
suffer **give** them not to enter into their cities:
for *the LORD* **Yah Veh** your *God* **Elohim**
hath *delivered* **given** them into your hand.
20 And **so be** it *came to pass,* when *Joshua* **Yah Shua**
and the *children* **sons** of *Israel* **Yisra El**
had *made an end of slaying* **finished** them **off**
with a *very* **mighty** great *slaughter*
stroke, till they were consumed,
that the *rest* **survivors** which *remained* **survived**
of them entered into *fenced* **fortified** cities.
21 And al the people returned to the camp
to *Joshua* **Yah Shua** at *Makkedah* **Maqqedah**
in *peace* **shalom:**
none *moved* **pointened** his tongue
against any **man** of the *children* **sons** of *Israel* **Yisra El.**

FIVE SOVEREIGNS SLAUGHTERED

22 Then said *Joshua* **Yah Shua,** Open
the mouth of the cave,
and bring out those five *kings* **sovereigns**
unto me out of the cave.
23 And they *did* **worked** so,
and brought forth those five *kings*
sovereigns unto him out of the cave,
the *king* **sovereign** of *Jerusalem* **Yeru Shalem,** the *king* **sovereign** of Hebron,
the *king* **sovereign** of *Jarmuth* **Yarmuth,**
the *king* **sovereign** of Lachish,
and the *king* **sovereign** of Eglon.
24 And **so be** it *came to pass,*
when they brought out those *kings* **sovereigns**
unto *Joshua* **Yah Shua,** that *Joshua* **Yah Shua**
called for all the men of *Israel* **Yisra El,**
and said unto the *captains* **commanders**
of the men of war
which went with him, *Come near* **Approach,**
put **set** your feet
upon the necks of these *kings* **sovereigns.**
And they *came near* **approached,**
and *put* **set** their feet upon the necks of them.
25 And *Joshua* **Yah Shua** said unto them,

Fear **Awe** not, nor be *dismayed* **terrified,**
be *strong* **strengthened** and *of good courage* **encouraged:**
for thus shall *the LORD* **Yah Veh**
do **work** to all your enemies against whom ye fight.
26 And afterward *Joshua* **Yah Shua** smote them,
and *slew* **deathified** them, and
hanged them on five trees:
and they were hanging upon the trees until the evening.
27 And **so be** it *came to pass,*
at the time of the going down of the sun, that
Joshua commanded **Yah Shua misvahed**, and
they *took* **brought** them down off the trees,
and cast them into the cave wherein they had
been hid, and *laid* **set** great stones in the cave's
mouth, *which remain* until this very day.
28 And that day
Joshua took Makkedah **Yah Shua captured Maqqedah**,
and smote it with the *edge* **mouth** of the sword,
and the *king* **sovereign** thereof he
utterly destroyed **devoted,**
them, and all the souls that were therein; *he let none*
remain **no survivors survived**: and he *did* **worked**
to the *king* **sovereign** of *Makkedah* **Maqqedah**
as he *did* **worked**
unto the *king* **sovereign** of *Jericho* **Yericho.**

YAH SHUA CONQUERS SOUTHERN PELESHETH

29 Then *Joshua* **Yah Shua**
passed from *Makkedah* **Maqqedah,**
and all *Israel* **Yisra El** with him, unto
Libnah, and fought against Libnah:
30 And *the LORD delivered* **Yah Veh gave** it
also, and the *king* **sovereign** thereof,
into the hand of *Israel* **Yisra El;**
and he smote it with the *edge* **mouth** of the
sword, and all the souls that were therein;
he let none remain in it **no survivors survived;**
but *did* **worked** unto the *king* **sovereign**
thereof as he *did* **worked**
unto the *king* **sovereign** of *Jericho* **Yericho.**
31 And *Joshua* **Yah Shua** passed from Libnah,
and all *Israel* **Yisra El** with him, unto Lachish,
and encamped against it, and fought against it:
32 And*theLORDdelivered***YahVehgave**Lachish
into the hand of *Israel* **Yisra El,**
which *took* **captured** it on the second day, and
smote it with the *edge* **mouth** of the sword,
and all the souls that were therein,
according to all that he had *done* **worked** to Libnah.
33 Then Horam *king* **sovereign** of Gezer
came up **ascended** to help Lachish;
and *Joshua* **Yah Shua** smote him and his people,
until *he had left him none remaining*
no survivors survived.
34 AndfromLachish*Joshua***YahShua**paseduntoEglon,
and all *Israel* **Yisra El** with him;
and they encamped against it, and fought against it:
35 And they *took* **captured** it on that day,
and smote it with the *edge* **mouth** of the
sword, and all the souls that were therein
he *utterly destroyed* **devoted** that day,
according to all that he had *done* **worked** to Lachish.
36 And *Joshua went up* **Yah Shua ascended** from Eglon,
and all *Israel* **Yisra El** with him, unto Hebron;
and they fought against it:
37 And they *took* **captured** it,
and smote it with the *edge* **mouth** of the sword,
and the *king* **sovereign** thereof, and all the cities
thereof, and all the souls that were therein;
he left none remaining **no survivors survived,**
according to all that he had *done* **worked** to Eglon;
but *destroyed it utterly* **devoted it,** and
all the souls that were therein.
38 And *Joshua* **Yah Shua** returned,
and all *Israel* **Yisra El** with him, to Debir;
and fought against it:
39 And he *took* **captured** it,
and the *king* **sovereign** thereof, and all the cities
thereof; and they smote them with the *edge* **mouth** of
the sword, and *utterly destroyed* **devoted** all the souls
that were therein;
he left none remaining **no survivors survived:**
as he had *done* **worked** to Hebron,
so he *did* **worked** to Debir,
and to the *king* **sovereign** thereof;
as he had *done* **worked** also to Libnah,
and to her *king* **sovereign.**
40 So *Joshua* **Yah Shua** smote all the *country* **land**
of the *hills* **mountains,** and of the south,
and of the *vale* **lowland,** and of the springs,
and all their *kings* **sovereigns:**
he left none remaining **no survivors survived,**
but *utterly destroyed all that breathed* **devoted all**
having breath, as *the LORD God* **Yah Veh Elohim**
of *Israel* **Yisra El** *commanded* **misvahed.**
41 And *Joshua* **Yah Shua** smote them from
Kadeshbarnea **Qadesh Barnea**
even unto *Gaza* **Azzah,**
and all the *country* **land** of Goshen,
even unto *Gibeon* **Gibon.**

42 And all these *kings* **sovereigns** and their land
did *Joshua take* **Yah Shua capture** at one time,
because *the LORD God* **Yah Veh Elohim** of
Israel **Yisra El** fought for *Israel* **Yisra El**.
43 And *Joshua* **Yah Shua** returned,
and all *Israel* **Yisra El** with him, unto the camp to Gilgal.

YAH SHUA CONQUERS NORTHERN PELESHETH

11 And **so be** it *came to pass*,
when *Jabin king* **Yabyn sovereign** of *Hazor* **Hasor**
had heard those *things*,
that he sent to *Jobab* **Yobab**, *king* **sovereign** of
Madon, and to the *king* **sovereign** of Shimron,
and to the *king* **sovereign** of Achshaph,
2 And to the *kings* **sovereigns**
that were on the north of the mountains,
and of the plains south of *Chinneroth*
Kinneroth, and in the *valley* **lowland**,
and in the *borders* **heights** of Dor *on the west* **seaward**,
3 And to the *Canaanite* **Kenaaniy**
on **from** the *east* **rising** and *on the west*
seaward, and to the *Amorite* **Emoriy**, and the
Hittite **Hethiy**, and the *Perizzite* **Perizziy**, and
the *Jebusite* **Yebusiy** in the mountains,
and to the *Hivite* **Hivviy** under Hermon
in the land of *Mizpeh* **Mispeh**.
4 And they went out,
they and all their *hosts* **camps** with them, much people,
even as the sand that is upon the sea *shore* **lip**
in *multitude* **abundance**,
with horses and chariots *very* **mighty** many.
5 Andwhenalthese*kings***sovereigns**
were *met together* **congregated**,
they came and *pitched* **encamped** together
at the waters of Merom, to fight against *Israel* **Yisra El**.
6 And *the LORD* **Yah Veh** said unto *Joshua* **Yah Shua**,
Be **Awe** not *afraid because of them* **their face**:
for to morrow about this time
will **shall** I *deliver* **give** them *up*
all *slain before Israel* **pierced at the face of Yisra El**:
thou shalt *hough* **hamstring** their horses,
and burn their chariots with fire.
7 So *Joshua* **Yah Shua** came,
and all the people of war with him, against them by the
waters of Merom suddenly; and they fell upon them.
8 And *the LORD delivered* **Yah Veh gave** them
into the hand of *Israel* **Yisra El**, who smote them,
and *chased* **pursued** them unto great *Zidon*
Sidon, and unto *Misrephothmaim* **Misrephoth
Mayim**, and unto the valley of *Mizpeh* **Mispeh**
eastward **from the rising**;
and they smote them,
until *they left them none remaining*
no survivors survived.
9 And *Joshua did* **Yah Shua worked** unto them
as *the LORD bade* **Yah Veh said to** him:
he *houghed* **hamstrung** their horses,
and burnt their chariots with fire.
10 And *Joshua* **Yah Shua** at that time turned back,
and *took Hazor* **captured Hasor**,
and smote the *king* **sovereign** thereof with the sword:
for *Hazor beforetime* **Hasor formerly**
was the head of all those *kingdoms* **sovereigndoms**.
11 And they smote all the souls that were therein
with the *edge* **mouth** of the sword,
utterly destroying **devoting** them:
there was *not any left to breathe* **no
survivor having breath**:
and he burnt *Hazor* **Hasor** with fire.
12 And all the cities of those *kings* **sovereigns**,
and all the *kings* **sovereigns** of them, did
Joshua take **Yah Shua capture**
and smote them with the *edge* **mouth** of the
sword, and he *utterly destroyed* **devoted** them,
as *Moses* **Mosheh** the servant of *the LORD* **Yah Veh**
commanded **misvahed**.
13 But *as for* the cities
that stood still *in their strength* **on their heap**,
Israel **Yisra El** burned none of them,
save Hazor **except Hasor** only;
that did *Joshua* **Yah Shua** burn.
14 And all the spoil of these cities, and the *cattle*
animals, the *children* **sons** of *Israel* **Yisra El**
took for a prey **plundered** unto themselves;
but every *man* **human**
they smote with the *edge* **mouth** of the sword,
until they had *destroyed* **desolated** them,
neither left they any *to breathe* **survivor having breath**.
15 As *the LORD* **Yah Veh**
commanded Moses **misvahed Mosheh** his servant,
so *did Moses command Joshua* **Mosheh misvahed
Yah Shua**, and so *did Joshua* **Yah Shua worked**;
he left *nothing undone* **no word turned aside**
of all that *the LORD* **Yah Veh**
commanded Moses **misvahed Mosheh**.
16 So *Joshua* **Yah Shua** took all that land,
the *hills* **mountains**, and all the south *country* **land**,
and all the land of Goshen, and the *valley* **lowland**,
and the plain, and the mountain of *Israel* **Yisra El**,
and the *valley of the same* **lowland**;

17 *Even* from the mount Halak, that
goeth up **ascendeth** to Seir,
even unto *Baalgad* **Baal Gad**
in the valley of Lebanon under mount Hermon:
and all their *kings* **sovereigns** he *took* **captured**,
and smote them, and *slew* **deathified** them.
18 *Joshua made* **Yah Shua worked** war
a long time **many days**
with all those *kings* **sovereigns**.
19 There was not a city that *made peace* **did shalam**
with the *children* **sons** of *Israel* **Yisra El**, save the *Hivites* **Hivviy**
the *inhabitants* **settlers** of *Gibeon* **Gibon**:
all *other* they took in *battle* **war**.
20 For it was of *the LORD* **Yah Veh**
to *harden* **callous** their hearts,
that they should *come against Israel* **meet Yisra El**
in *battle* **war**,
that he might *destroy* **devote** them *utterly*,
and that they might have no *favour* **supplication**,
but that he might destroy them,
as *the LORD* **Yah Veh**
commanded Moses **misvahed Mosheh**.
21 And at that time came *Joshua* **Yah Shua**,
and cut off the *Anakims* **Anaqiy** from the mountains,
from Hebron, from Debir, from Anab,
and from all the mountains of *Judah* **Yah Hudah**,
and from all the mountains of *Israel* **Yisra El**: *Joshua destroyed* **Yah Shua devoted**
them *utterly* with their cities.
22 There was none of the *Anakims left* **Anaqiy survived**
in the land of the *children* **sons** of *Israel*
Yisra El: only in *Gaza* **Azzah**, in Gath, and
in Ashdod, there *remained* **survived**.
23 So *Joshua* **Yah Shua** took the whole land, according
to all that *the LORD said* **Yah Veh worded**
unto *Moses* **Mosheh**;
and *Joshua* **Yah Shua** gave it for an
inheritance unto *Israel* **Yisra El**
according to their *divisions* **allotment**
by their *tribes* **scions**. And the land rested from war.

WORDS OF THE DAYS OF THE DEFEATED SOVEREIGNS

12 Now these are the *kings* **sovereigns** of the land,
which the *children* **sons** of *Israel* **Yisra El** smote,
and possessed their land on the other side *Jordan* **Yarden**
toward **from** the rising of the sun,
from the *river* **wadi** Arnon unto mount Hermon,
and all the plain *on the east* **from the rising**:
2 *Sihon* **Sichon** *k*, *ing* **sovereign** of the *Amorites* **Emoriy**,
who dwelt **settled** in Heshbon,
and ruled **reigning** from Aroer,
which is upon the *bank* **lip** of the *river* **wadi**
Arnon, and from the middle of the *river* **wadi**,
and from half *Gilead* **Gilad**,
even unto the *river Jabbok* **wadi Yabboq**,
which is the border of the *children* **sons** of Ammon;
3 And from the plain to the sea of
Chinneroth **Kinneroth**
on the east **from the rising**, and unto the sea of the plain,
even the salt sea *on the east* **from the rising**, the
way to *Bethjeshimoth* **Beth Ha Yeshimoth**;
and *from the south* **southward**, under
Ashdothpisgah **Ashdoth Pisgah**:
4 And the *coast* **border** of Og, *king*
sovereign of Bashan, which was of the
remnant of the *giants* **Rephaim**,
that *dwelt* **settled** at Ashtaroth and at Edrei,
5 And reigned in mount Hermon,
and in *Salcah* **Salchah**, and in all Bashan, unto
the border of the *Geshurites* **Geshuriy**
and the *Maachathites* **Maachahiy**, and half *Gilead* **Gilad**,
the border of *Sihon king* **Sichon sovereign** of Heshbon.
6 Them did
Moses **Mosheh** the servant of *the LORD* **Yah Veh**
and the *children* **sons** of *Israel* **Yisra El** smite:
and *Moses* **Mosheh** the servant of *the LORD*
Yah Veh gave it for a possession unto the
Reubenites **Reu Beniy**, and the *Gadites* **Gadiy**,
and the half *tribe* **scion** of *Manasseh* **Menash Sheh**.
7 And these are the *kings* **sovereigns** of the *country* **land**
which *Joshua* **Yah Shua**
and the *children* **sons** of *Israel* **Yisra El**
smote on this side *Jordan on the west* **Yarden**
seaward, from *Baalgad* **Baal Gad** in the valley
of Lebanon even unto the mount Halak,
that *goeth up* **ascendeth** to Seir;
which *Joshua* **Yah Shua** gave
unto the *tribes* **scions** of *Israel* **Yisra El**
for a possession according to their *divisions* **allotment**;
8 In the mountains, and in the *valleys* **lowlands**,
and in the plains, and in the springs,
and in the wilderness, and in the south *country* **land**;
the *Hittites* **Hethiy**, the *Amorites* **Emoriy**,
and the *Canaanites* **Kenaaniy**, the *Perizzites* **Perizziy**,
the *Hivites* **Hivviy**, and the *Jebusites* **Yebusiy**:
9 The *king* **sovereign** of *Jericho* **Yericho**, one;
the *king* **sovereign** of *Ai* **Ay**, which is
beside *Bethel* **Beth El**, one;

10 The *king* **sovereign** of *Jerusalem* **Yeru Shalem**, one;
the *king* **sovereign** of Hebron, one;
11 The *king* **sovereign** of *Jarmuth* **Yarmuth**, one;
the *king* **sovereign** of Lachish, one;
12 The *king* **sovereign** of Eglon, one;
the *king* **sovereign** of Gezer, one;
13 The *king* **sovereign** of Debir, one;
the *king* **sovereign** of Geder, one;
14 The *king* **sovereign** of Hormah, one;
the *king* **sovereign** of Arad, one;
15 The *king* **sovereign** of Libnah, one;
the *king* **sovereign** of Adullam, one;
16 The *king* **sovereign** of *Makkedah* **Maqqedah**, one;
the *king* **sovereign** of *Bethel* **Beth El**, one;
17 The*king***sovereign**o*Tfappuah***Tappuach**,one;
the *king* **sovereign** of Hepher, one;
18 The *king* **sovereign** of *Aphek* **Apheq**, one;
the *king* **sovereign** of Lasharon, one;
19 The *king* **sovereign** of Madon, one;
the *king* **sovereign** of *Hazor* **Hasor**, one;
dwell **settle** among the *Israelites* **Yisra Eliy** until this day.
14 Only unto the *tribe* **scion** of Levi
he gave none inheritance;
the sacrifices of the LORD God of Israel made by fire
the firings of Yah Veh Elohim of Yisra El
are their inheritance, as he *said* **worded** unto them.
15 And *Moses* **Mosheh** gave
unto the *tribe* **rod** of the *children*
sons of *Reuben* **Reu Ben**
inheritance according to their families.
16 And their *coast* **border** was from Aroer, that
is on the *bank* **lip** of the *river* **wadi** Arnon,
and the city that is in the midst of the *river* **wadi**,
and all the plain by Medeba;
17 Heshbon, and all her cities that are in the plain;
Dibon, and *Bamoth—baal* **Bahmah Baal**,
and *Beth—baal—meon* **Beth Baal Meon**,
18 And *Jahaza* **Yahsah**,
and *Kedemoth* **Qedemoth**, and Mephaath,
19 And*Kirjathaim***Kirjathaim**,andSibmah,
and *Zarethshahar* **Sereth Hash Shachar**
in the mount of the valley,
20 And *Bethpeor* **Beth Peor**,
and *Ashdothpisgah* **Ashdoth Pisgah**, and
Bethjeshimoth **Beth Ha Yeshimoth**,
21 And all the cities of the plain,
and all the *kingdom* **sovereigndom** of *Sihon* **Sichon**
king **sovereign** of the *Amorites* **Emoriy**,
which reigned in Heshbon,
whom *Moses* **Mosheh** smote
with the *princes* **hierarchs** of *Midian* **Midyan**,
Evi, and *Rekem* **Reqem**, and *Zur* **Sur**, and Hur,
and Reba, which were *dukes* **libates** of *Sihon*
Sichon, *dwelling* **settling** in the *country* **land**.
22 *Balaam* **Bilam** also the son of Beor,
the *soothsayer* **diviner**,
did the *children* **sons** of *Israel* **Yisra El**
slay **slaughter** with the sword
among them that were *slain* **pierced** by them.
23 Andtheborderofthe*children***sons**of*Reuben***ReuBen**
was *Jordan* **Yarden**, and the border thereof.
This was the inheritance
of the *children* **sons** of *Reuben* **Reu Ben** after their
families, the cities and the *villages* **courts** thereof.
24 And *Moses* **Mosheh** gave *inheritance*
unto the *tribe* **rod** of Gad,
even unto the *children* **sons** of Gad
according to their families.
25 And their *coast* **border** was *Jazer* **Yazer**,
and all the cities of *Gilead* **Gilad**,
and half the land of the *children* **sons** of Ammon,
unto Aroer that is *before* **at the face of** Rabbah;
26 And from Heshbon
unto *Ramathmizpeh* **Ramah Ham**
Mispeh, and Betonim;
and from *Mahanaim* **Machanayim**
unto the border of Debir;
27 And in the valley, *Betharam* **Beth Ha Ram**,
and *Bethnimrah* **Beth Nimrah**,
and *Succoth* **Sukkoth/Brush Arbors**, and *Zaphon*
Saphon, the rest of the *kingdom* **sovereigndom**
of *Sihon* **Sichon** *king* **sovereign** of Heshbon,
Jordan **Yarden** and his border,
even unto the edge of the sea of *Chinnereth* **Kinneroth**
on the other side *Jordan eastward*
Yarden from the rising.
28 This is the inheritance
of the *children* **sons** of Gad after their families,
the cities, and their *villages* **courts**.
29 And *Moses* **Mosheh** gave *inheritance*
unto the half *tribe* **rod** of *Manasseh* **Menash Sheh**:
and this was the possession of the half *tribe* **scion**
of the *children* **sons** of *Manasseh* **Menash Sheh**
by their families.
30 And their *coast* **border**
was from *Mahanaim* **Machanayim**, all Bashan,
all the *kingdom* **sovereigndom**
of Og *king* **sovereign** of Bashan,
and all the *towns* **living areas** of *Jair* **Yair**,
which are in Bashan, *threescore* **sixty** cities:

31 And half *Gilead* **Gilad**, and Ashtaroth, and Edrei,
cities of the *kingdom* **sovereigndom** of Og in
Bashan, *were pertaining unto the children* **sons** of
Machir the son of *Manasseh* **Menash Sheh,**
even to the one half of the *children* **sons** of Machir
by their families.
32 These *are the countries which Moses* **Mosheh**
did distribute for inheritance in the plains of
Moab, on the other side *Jordan* **Yarden,**
by *Jericho* **Yericho**, *eastward* **from the rising**.
33 But unto the *tribe* **scion** of Levi
Moses **Mosheh** gave *not any* **no** inheritance:
the LORD God **Yah Veh Elohim** of *Israel* **Yisra El**
was their inheritance, as he *said* **worded** unto them.

ALLOTMENT OF THE LAND OF KENAAN

14 And these *are the countries which*
the *children* **sons** of *Israel* **Yisra El** inherited
in the land of *Canaan* **Kenaan,**
which *Eleazar* **El Azar** the priest, and
Joshua **Yah Shua** the son of Nun,
and the heads of the fathers
of the *tribes* **rods** of the *children* **sons** of *Israel*
Yisra El, distributed for inheritance to them.
2 By *lot* **pebble** was their inheritance,
as *the LORD commanded* **Yah Veh misvahed**
by the hand of *Moses* **Mosheh,**
for the nine *tribes* **rods**, and for the half *tribe* **rod**.
3 For *Moses* **Mosheh** had given the inheritance
of two *tribes* **rods** and an half *tribe* **rod**
on the other side *Jordan* **Yarden:**
but unto the *Levites* **Leviym**
he gave none inheritance among them.
4 For the *children* **sons** of *Joseph* **Yoseph**
were two *tribes* **rods,**
Manasseh **Menash Sheh** and *Ephraim* **Ephrayim:**
therefore they gave no *part* **allotment**
unto the *Levites* **Leviym** in the land,
save cities to *dwell in* **settle**, with their
suburbs for their *cattle* **chattel**
and for their substance **which they chatteled**.
5 As *the LORD* **Yah Veh**
commanded Moses **misvahed Mosheh,**
so the *children* **sons** of *Israel did* **Yisra El worked,**
and they *divided* **allotted** the land.
6 Thenthe*children***sons**o*Jfudah***YahHudah**

THE CLAIM OF KALEB

came **near** unto *Joshua* **Yah Shua** in Gilgal:
and *Caleb* **Kaleb**
the son of *Jephunneh* **Yephunneh** the *Kenezite* **Qenaziy**
said unto him,
Thou knowest the *thing* **word**
that *the LORD said* **Yah Veh worded**
unto *Moses* **Mosheh** the man of *God* **Elohim**
concerning me and thee in
Kadeshbarnea **Qadesh Barnea**.
7 **I was a son of** Forty years *old was I*
when *Moses* **Mosheh** the servant of *the LORD* **Yah Veh**
sent me from *Kadeshbarnea* **Qadesh Barnea**
to espy out the land;
and I *brought* **returned** him word *again*
as it was in mine heart.
8 Nevertheless my brethren
that *went up* **ascended** with me made the heart
of the people melt: but I *wholly* **fully** followed
after *the LORD* **Yah Veh** my *God* **Elohim**.
9 And *Moses sware* **Mosheh oathed** on that day, saying,
Surely the land whereon thy feet have trodden
shall be thine inheritance,
and thy *children's for ever* **son's eternally,**
because thou hast *wholly* **fully** followed **after**
the LORD **Yah Veh** my *God* **Elohim**.
10 And now, behold,
the LORD **Yah Veh** hath kept me alive,
as he *said* **worded**, these forty and five years,
even since the LORD **when Yah Veh** *spake*
worded this word unto *Moses* **Mosheh,**
while *the children* of *Israel* **Yisra El**
wandered **walked** in the wilderness:
and now, *lo* **behold,** I am this day
fourscore **a son of eighty** and five years *old*.
11 As yet I am as strong this day
as I was in the day that *Moses* **Mosheh** sent me:
as my *strength* **force** was then, even
so is my *strength* **force** now,
for war, *both* to go out, and to come in.
12 Now therefore give me this mountain,
whereof *the LORD spake* **Yah Veh worded**
in that day; for thou heardest in that day
how the *Anakims* **Anaqiy** were there,
and that the cities were great and *fenced* **cut off:**
if so be *the LORD will* **Yah Veh shall** be with me,
then I shall *be able to drive them out* **dispossess
them,** as *the LORD said* **Yah Veh worded**.
13 And *Joshua* **Yah Shua** blessed him,
and gave unto *Caleb* **Kaleb**
the son of *Jephunneh* **Yephunneh**
Hebron for an inheritance.
14 Hebron therefore

became the inheritance of *Caleb* **Kaleb**
the son of *Jephunneh* **Yephunneh** the *Kenezite* **Qenaziy**
unto this day,
because that he *wholly* **fully** followed **after**
the LORD God **Yah Veh Elohim** of *Israel* **Yisra El.**
15 And the name of Hebron before was
Kirjatharba **Qiryath Arba;**
which Arba was a great man – **a great human**
among the *Anakims* **Anaqiy.**
And the land *had rest* **rested** from war.

The Boundaries Of Yah Hudah

15 This then was the *lot* **pebble**
of the *tribe* **rod** of the *children* **sons** of *Judah* **Yah Hudah**
by their families;
even to the border of Edom
the wilderness of *Zin* **Sin** southward
was the *uttermost part* **extremity**
of the *south coast* **southward border.**
2 And their south border
was from the *shore* **end** of the salt sea,
from the *bay that looketh* **tongue at the face** southward:
3 And it went out to the south side
to *Maalehacrabbim* **Maaleh Acrabbim,**
and passed along to *Zin* **Sin,**
and ascended *up* on the south side unto *Kadeshbarnea*
Qadesh Barnea, and passed along to *Hezron*
Hesron, and *went up* **ascended** to *Adar* **Addar,**
and *fetched a compass* **turned about** to *Karkaa* **Qarqa:**
4 *From thence* it passed toward *Azmon* **Asmon,** and
went out unto the *river* **wadi** of *Egypt* **Misrayim;**
and the *goings out* **exits** of that *coast* **border**
were at the sea:
this shall be your *south coast* **southward** border.
5 And the east border was the salt sea,
even unto the end of *Jordan* **Yarden.** And
their border in the north *quarter* **edge**
was from the *bay* **tongue** of the sea
at the *uttermost part* **extremity** of *Jordan* **Yarden:**
6 And the border
went up **ascended** to *Bethhogla* **Beth Chogla,**
and passed along
by the north of *Betharabah* **Beth Arabah;**
and the border *went up* **ascended**
to the stone of Bohan the son of *Reuben* **Reu Ben:**
7 And the border *went up* **ascended** toward Debir
from the valley of Achor,
and so northward, *looking toward* **at the
face of** Gilgal, that is *before* **in front of**
the *going up to Adummim* **Ascent of Adummim,**
which is on the south side of the *river* **wadi:**
and the border
passed toward the waters of *Enshemesh*
En Shemesh, and the *goings out* **exits**
thereof were at *Enrogel* **En Rogel:**
8 And the border *went up* **ascended**
by the valley of the son of *Hinnom* **Hinnom/
Burning** unto the south *side* **shoulder** of the *Jebusite*
Yebusiy; the same is *Jerusalem* **Yeru Shalem:**
and the border *went up* **ascended**
to the top of the mountain
that lieth before **at the face of**
the valley of *Hinnom* **Hinnom/Burning**
westward **seaward,** which is at the end of
the valley of the giants **Gaymek Rephaim** northward:
9 And the border was *drawn* **surveyed**
from the top of the *hill* **mountain**
unto the fountain
of *the water of Nephtoah* **Mayim Nephtoach,**
and went out to the cities of mount Ephron;
and the border was *drawn* **surveyed** to *Baalah* **Baal Ah,**
which is *Kirjathjearim* **Qiryath Arim:**
10 And the border *compassed* **went about**
from *Baalah westward* **Baal Ah seaward**
unto mount Seir, and passed along
unto the *side* **shoulder** of mount *Jearim*
Yearim, which is *Chesalon* **Kesalon,** on the
north *side*, and *went down* **descended**
to *Bethshemesh* **Beth Shemesh,**
and passed on to Timnah:
11 And the border went out
unto the *side* **shoulder** of *Ekron* **Eqron** northward:
and the border was *drawn* **surveyed** to *Shicron*
Shikkeron, and passed along to mount *Baalah* **Baal Ah,**
and went out unto *Jabneel* **Yabne El;**
and the *goings out* **exits** of the border were at the sea.
12 And the *west* **seaward** border was to the great sea,
and the *coast* **border** thereof.
This is the *coast* **border**
of the *children* **sons** of *Judah* **Yah Hudah**
round about according to their families.
13 And unto *Caleb* **Kaleb** the son of *Jephuneh* **Yephunneh**
he gave *a part* **an allotment**
among the *children* **sons** of *Judah*
Yah Hudah, according to
the *commandment* **mouth** of *the LORD* **Yah Veh**
to *Joshua* **Yah Shua,**
even the city of Arba **Qiryath Arba**
the father of *Anak* **Anaq,** which *city* is Hebron.

14 And *Caleb* **Kaleb**
drove **dispossessed** thence the three sons of *Anak* **Anaq**,
Sheshai **Sheshay**, and *Ahiman* **Achiy**
Man, and *Talmai* **Talmay**,
the *children* **birthed** of *Anak* **Anaq**.
15 And he *went up* **ascended** thence
to the *inhabitants* **settlers** of Debir:
and the name of Debir before was
Kirjathsepher **Qiryath Sepher**.
16 And *Caleb* **Kaleb** said,
He that smiteth *Kirjathsepher* **Qiryath**
Sepher, and *taketh* **captureth** it,
to him *will* **shall** I give Achsah my
daughter to *wife* **woman**.
17 And *Othniel* **Othni El** the son of *Kenaz* **Qenaz**,
the brother of *Caleb* **Kaleb**, *took* **captured** it:
and he gave him Achsah his daughter to *wife* **woman**.
18 And **so be** it *came to pass*, as she came *unto him*, that
she *moved* **goaded** him to ask of her father a field:
and she *lighted* **alighted** off her *ass* **he burro**;
and *Caleb* **Kaleb** said unto her, What
wouldest thou – **to thee**?
19 Who *answered* **said**, Give me a blessing;
for thou hast given me a south land;
give me also *springs* **fountains** of water. And
he gave her the upper *springs* **fountains**,
and the *nether springs* **nethermost fountains**.
20 This is the inheritance
of the *tribe* **rod** of the *children* **sons** of *Judah* **Yah Hudah**
according to their families.
21 And the *uttermost* **extremity** cities
of the *tribe* **rod** of the *children* **sons** of *Judah* **Yah Hudah**
toward the *coast* **border** of Edom southward were
Kabzeel **Qabse El**, and Eder, and *Jagur* **Yagur**,
22 And *Kinah* **Qinah**, and Dimonah, and Adadah,
23 And *Kedesh* **Qedesh**,
and *Hazor* **Hasor**, and *Ithnan* **Yithnan**,
24 Ziph, and Telem, and Bealoth,
25 And *Hazo* **Hraso**, Hradatah, and *Kerioth* **Qerioth**,
and Hezron **Hesron**, which is *Hazor* **Hasor**,
26 Amam, and Shema, and Moladah,
27 And *Hasargaddah* **Hasar Gaddah**,
and Heshmon, and *Bethpalet* **Beth Palet**,
28 And *Hasarshual* **Hasar Shual**,
and *Beersheba* **Beer Sheba**, and *Bizjothjah* **Bizyoth Yah**,
29 *Baalah* **Baal Ah**, and *Iim* **Iyim**, and *Azem* **Esem**,
30 And *Eltolad* **El Tolad**, and *Chesil* **Kesil**, and Hormah,
31 And *Ziklag* **Siqlag**, and Madmannah, and Sansannah,
32 And Lebaoth, and *Shilhim* **Shilchim**,
and *Ain* **Ayin**, and Rimmon:
all the cities are twenty and nine,
with their *villages* **courts**:
33 And in the *valley* **lowland**,
Eshtaol, and *Zoreah* **Sorah**, and Ashnah,
34 And *Zanoah* **Zanoach**, and *Enganim* **En Gannim**,
Tappuah **Tappuach**, and *Enam* **En Am**,
35 *Jarmuth* **Yarmuth**, and Adulam,
Socoh **Sochoh**, and *Azekah* **Azeqah**,
36 And *Sharaim* **Shaarayim**, and *Adithaim* **Adithayim**,
and Gederah, and *Gederothaim* **Gederothayim**;
fourteen cities with their *villages* **courts**:
37 *Zenan* **Senan**, and Hadashah, and
Migdalgad **Migdal Gad**,
38 And *Dilean* **Dilan**,
and *Mizpeh* **Mispeh**, and *Joktheel* **Yoqthe El**,
39 Lachish, and *Bozkath* **Bosqath**, and Eglon,
40 And *Cabbon* **Kabbon**,
and *Lahmam* **Lachmam**, and Kithlish,
41 And Gederoth, *Bethdagon* **Beth Dagon**,
and Naamah, and *Makkedah* **Maqqedah**;
sixteen cities with their *villages* **courts**:
42 Libnah, and Ether, and Ashan,
43 And *Jiphtah* **Yiphtach**, and Ashnah, and *Nezib* **Nesib**,
44 And *Keilah* **Qeilah**, and Achzib, and Mareshah;
nine cities with their *villages* **courts**:
45 *Ekron* **Eqron**,
with her *towns* **daughters** and her *villages* **courts**:
46 From *Ekron* **Eqron** even unto the sea,
all *that lay near* **at the hand of** Ashdod,
with their *villages* **courts**:
47 Ashdod
with her *towns* **daughters** and her *villages* **courts**,
Gaza **Azzah**
with her *towns* **daughters** and her *villages* **courts**,
unto the *river* **wadi** of *Egypt* **Misrayim**,
and the *great sea*, **sea of the** border thereof:
48 And in the mountains,
Shamir, and *Jattir* **Yattir**, and *Socoh* **Sochoh**,
49 And Dannah,
and *Kirjathsannah* **Qiryath Sannah**, which is Debir,
50 And Anab, and Eshtemoh, and Anim,
51 And Goshen, and Holon, and Giloh;
eleven cities with their *villages* **courts**:
52 Arab, and Dumah, and *Eshean* **Eshan**,
53 And *Janum* **Yanim**,
and *Bethtappuah* **Beth Tappuach**,
and *Aphekah* **Apheqah**,
54 And Humtah,
and *Kirjatharba* **Qiryath Arba**, which
is Hebron, and *Zior* **Sior**;
nine cities with their *villages* **courts**:

55 Maon, *Carmel* **Karmel**, and Ziph, and *Juttah* **Yuttah**,
56 And *Jezreel* **Yizre El**,
and *Jokdeam* **Yoqde Am**, and *Zanoah* **Zanoach**,
57 *Cain* **Qayin**, *Gibeah* **Gibah**, and Timnah;
ten cities with their *villages* **courts**:
58 *Halhul* **Halchul**, *Bethzur* **Beth Sur**, and Gedor,
59 And Maarath,
and *Bethanoth* **Beth Anoth**, and *Eltekon* **El Teqon**;
six cities with their *villages* **courts**:
60 *Kirjathbaal* **Qiryath Baal**,
which is *Kirjathjearim* **Qiryath Arim**, and Rabbah;
two cities with their *villages* **courts**:
61 In the wilderness,
Betharabah **Beth Arabah**, Middin,
and *Secacah* **Sechachah**,
62 And Nibshan,
and *the city of Salt* **Ir Ham Melach**, and *Engedi* **En Gedi**;
six cities with their *villages* **courts**.
63 As for the *Jebusites* **Yebusiy**
the *inhabitants* **settlers** of *Jerusalem* **Yeru Shalem**,
the *children* **sons** of *Judah* **Yah Hudah**
could not *drive* **dispossess** them *out*;
but the *Jebusites* **Yebusiy**
dwell **settle** with the *children* **sons** of *Judah* **Yah Hudah**
at *Jerusalem* **Yeru Shalem** unto this day.

THE BOUNDARIES OF YOSEPH

16 And the *lot* **pebble**
of the *children* **sons** of *Joseph* **Yoseph**
fell **goeth** from *Jordan* **Yarden** by *Jericho* **Yericho**,
unto the water of *Jericho* **Yericho** *on* **from**
the *east* **rising**, to the wilderness
that *goeth up* **ascendeth** from *Jericho* **Yericho**
throughout mount *Bethel* **Beth El**,
2 And goeth *out* from *Bethel* **Beth El**
to Luz, and passeth along
unto the borders of *Archi* **Arki** to Ataroth,
3 And *goeth down westward* **descendeth seaward**
to the *coast* **border** of *Japhleti* **Yaphletiy**,
unto the *coast* **border**
of *Bethhoron* **Beth Horon** the nether,
and to Gezer;
and the *goings out* **exits** thereof are at the sea.
4 So the *children* **sons** o*f Joseph* **Yoseph**,
Manasseh **Menash Sheh** and *Ephraim*
Ephrayim, took their inheritance.

THE BOUNDARIES OF EPHRAYIM

5 And the border of the *children*
sons of *Ephraim* **Ephrayim**
according to their families *was thus*:
even the border of their inheritance
on the east side **from the rising**
was *Atarothaddar* **Atroth Addar**,
unto *Bethhoron the upper* **Beth Horon Elyon**;
6 And the border went out toward the sea
to Michmethah on the north *side*;
and the border went about *eastward* **from the rising**
unto *Taanathshiloh* **Taanath Shiloh**,
and passed by it *on the east* **from the rising**
to *Janohah* **Yanochah**;
7 And it *went down* **descended**
from *Janohah* **Yanochah** to Ataroth,
and to *Naarath* **Naarah**,
and *came* **reached** to *Jericho* **Yericho**,
and went out at *Jordan* **Yarden**.
8 The border went out
from *Tappuah westward* **Tappuach seaward**
unto the *river Kanah* **wadi Qanah**;
and the *goings out* **exits** thereof were at the sea.
This is the inheritance
of the *tribe* **rod** of the *children* **sons**
of *Ephraim* **Ephrayim**
by their families.
9 And the separate cities
for the *children* **sons** of *Ephraim* **Ephrayim**
were among the inheritance
of the *children* **sons** of *Manasseh* **Menash Sheh**,
all the cities with their *villages* **courts**.
10 And they *drave* **dispossessed** not *out*
the *Canaanites* **Kenaaniy** that *dwelt* **settled** in Gezer:
but the *Canaanites* **Kenaaniy**
dwell **settle** among the *Ephraimites* **Ephrayimiy**
unto this day,
and serve *under tribute* **a vassal**.

THE BOUNDARIES OF MENASH SHEH

17 There was also a *lot* **pebble**
for the *tribe* **rod** of *Manasseh* **Menash Sheh**;
for he was the *firstborn* **firstbirthed** of *Joseph*
Yoseph; *to wit*, for Machir the *firstborn*
firstbirthed of *Manasseh* **Menash Sheh**,
the father of *Gilead* **Gilad**:
because he was a man of war, therefore
he had *Gilead* **Gilad** and Bashan.
2 There was also
a lot for the rest of **remaining for**
the *children* **sons** of *Manasseh* **Menash Sheh**
by their families;

for the *children* **sons** of *Abiezer* **Abi Ezer**,
and for the *children* **sons** of *Helek* **Heleq**, and
for the *children* **sons** of *Asriel* **Asri El**,
and for the *children* **sons** of Shechem,
and for the *children* **sons** of Hepher,
and for the *children* **sons** of *Shemida* **Shemi Da**:
these were the male *children* **sons**
of *Manasseh* **Menash Sheh**
the son of *Joseph* **Yoseph** by their families.
3 But *Zelophehad* **Seloph Had**, the son of Hepher,
the son of *Gilead* **Gilad**, the son of Machir,
the son of *Manasseh* **Menash Sheh**,
had no sons, but daughters:
and these are the names of his daughters,
Mahlah **Machlah**, and Noah,
Hoglah, *Milcah* **Milchah**, and *Tirzah* **Tirsah**.
4 And they *came near* **approached**
before Eleazar **at the face of El Azar** the priest,
and *before Joshua* **at the face of Yah Shua**
the son of Nun, and *before the princes* **at
the face of the hierarchs**, saying,
the LORD commanded Moses **Yah Veh
misvahed Mosheh** to give us an inheritance
among our brethren. Therefore according
to the *commandment* **mouth** of *the LORD* **Yah Veh**
he gave them an inheritance among
the brethren of their father.
5 And there fell ten *portions* **boundaries**
to *Manasseh* **Menash Sheh**,
beside the land of *Gilead* **Gilad** and Bashan,
which were on the other side *Jordan* **Yarden**;
6 Because the daughters of *Manasseh* **Menash Sheh**
had **inherited** an inheritance among his sons:
and the *rest* **remaining** of *Manasseh's* **Menash
Sheh's** sons had the land of *Gilead* **Gilad**.
7 And the *coast* **border** of *Manasseh* **Menash Sheh**
was from Asher to Michmethah,
that lieth before **at the face of** Shechem;
and the border went along on the right *hand*
unto the *inhabitants* **settlers** of
Entappuah **En Tappuach**.
8 *Now Manasseh* **Menash Sheh**
had the land of *Tappuah* **Tappuach**:
but *Tappuah* **Tappuach**
on the border of *Manasseh* **Menash Sheh**
belonged **was** to the *children* **sons** of *Ephraim* **Ephrayim**;
9 And the *coast* **border** descended
unto the *river Kanah* **wadi Qanah**,
southward of the *river* **wadi**:
these cities of *Ephraim* **Ephrayim**
are among the cities of *Manasseh* **Menash Sheh**:
the *coast* **border** of *Manasseh* **Menash Sheh**
also was on the north *side* of the *river* **wadi**,
and the *outgoings* **exits** of it were at the sea:
10 Southward it was *Ephraim's* **Ephrayim's**,
and northward it was *Manasseh's* **Menash
Sheh's**, and the sea is his border;
and they met together in Asher on the north, and
in *Issachar on* **Yissachar from** the *east* **rising**.
11 And *Manasseh* **Menash Sheh**
had in *Issachar* **Yissachar** and in Asher
Bethshean **Beth Shaan** and her *towns* **daughters**,
and *Ibleam* **Yible Am** and her *towns* **daughters**,
and the *inhabitants* **settlers** of Dor
and her *towns* **daughters**,
and the *inhabitants* **settlers** of *Endor* **En Dor**
and her *towns* **daughters**,
and the *inhabitants* **settlers** of Taanach
and her *towns* **daughters**,
and the *inhabitants* **settlers** of Megiddo
and her *towns* **daughters**,
even three *countries* **hills**.
12 Yet the *children* **sons** of *Manasseh* **Menash Sheh**
could not
drive out the inhabitants of **dispossess** those cities;
but the *Canaanites* **Kenaaniy**
would dwell **willed to settle** in that land.
13 *Yet* **And so be** it *came to pass*,
when the *children* **sons** of *Israel* **Yisra El**
were *waxen strong* **strengthened**,
that they *put* **gave** the *Canaanites* **Kenaaniy**
to *tribute* **vassal**, but **in dispossessing,**
did not *utterly drive* **dispossess** them *out*.
14 And the *children* **sons** of *Joseph* **Yoseph** *spake*
worded unto *Joshua* **Yah Shua**, saying, Why
hast thou given me but one *lot* **pebble**
and one *portion to inherit* **boundary of
inheritance**, seeing I am a great people,
forasmuch as the LORD **even as Yah Veh**
hath blessed me hitherto?
15 And *Joshua answered* **Yah Shua said to** them,
If thou be a great people,
then *get thee up* **ascend** to the *wood country*
forest, and cut down for thyself there
in the land of the *Perizzites* **Perizziy**
and of the *giants* **Rephaim**, if mount *Ephraim* **Ephrayim**
be too *narrow* **pressed** for thee.
16 And the *children* **sons** of *Joseph* **Yoseph** said,
The *hill* **mountain** is not *enough* **found** for us:
and all the *Canaanites* **Kenaaniy**

that *dwell* **settle** in the land of the
valley have chariots of iron,
both they who are of *Bethshean* **Beth Shaan**
and her *towns* **daughters,**
and they who are of the valley of *Jezreel* **Yizre El.**
17 And *Joshua spake* **Yah Shua said**
unto the house of *Joseph* **Yoseph,**
even to *Ephraim* **Ephrayim** and to
Manasseh **Menash Sheh,** saying,
Thou art a great people, and hast great *power* **force:**
thou shalt not have one *lot only* **pebble:**
18 But the mountain shall be thine;
for it is a *wood* **forest,** and thou shalt cut it down:
and the *outgoings* **exits** of it shall be thine:
for thou shalt
drive out **dispossess** the *Canaanites* **Kenaaniy,**
though they have iron chariots,
and though they be strong.

THE ALLOTMENT OF THE REST OF THE LAND

18 And the whole *congregation* **witness**
of the *children* **sons** of *Israel* **Yisra El**
assembled **congregated** *together* at
Shiloh, and *set up* **tabernacled**
the *tabernacle* **tent** of the congregation there.
And the land was subdued *before them* **at their face.**
2 And there remained
among the *children* **sons** of *Israel* **Yisra El**
seven *tribes* **scions,**
which had not yet *received* **allotted** their inheritance.
3 And *Joshua* **Yah Shua** said
unto the *children* **sons** of *Israel* **Yisra El,**
How long are ye slack to go to possess the land, which
the LORD God **Yah Veh Elohim** of your fathers
hath given you?
4 Give out from among you
three men for *each tribe* **a scion:**
and I *will* **shall** send them,
and they shall rise, and *go* **walk** through the
land, and *describe* **chart** it **by mouth**
according to the inheritance of them;
and they shall come *again* to me.
5 And they shall *divide* **allot** it into
seven *parts* **allotments:**
Judah **Yah Hudah**
shall *abide* **stand** in their *coast* **border** on the
south, and the house of *Joseph* **Yoseph**
shall *abide* **stand** in their *coast* **border** on the north.
6 Ye shall therefore *describe* **chart** the
land into seven *parts* **allotments,**
and bring *the description* hither to me, that
I may cast *lots* **pebbles** for you here
before the LORD **at the face of Yah Veh** our *God* **Elohim.**
7 But the *Levites* **Leviym**
have no *part* **allotment** among you; for the priesthood
of *the LORD* **Yah Veh** is their inheritance:
and Gad, and *Reuben* **Reu Ben,**
and half the *tribe* **scion** of *Manasseh* **Menash
Sheh,** have *received* **taken** their inheritance
beyond *Jordan* **Yarden** on the east,
which *Moses* **Mosheh** the servant of *the LORD* **Yah Veh**
gave them.
8 And the men arose, and went away:

CHARTING THE LAND

and *Joshua charged* **Yah Shua misvahed** them
that went to *describe* **chart** the land, saying,
Go and walk through the land, and *describe* **chart** it,
and *come again* **return** to me,
that I may here cast *lots* **pebbles** for you
before the LORD **at the face of Yah Veh** in Shiloh.
9 And the men went and passed through the land,
and *described* **charted** it by cities
into seven *parts* **allotments** in a *book* **scroll,**
and came again to *Joshua* **Yah Shua**
to the *host* **camp** at Shiloh.
10 And *Joshua* **Yah Shua**
cast *lots* **pebbles** for them in Shiloh
before the LORD **at the face of Yah Veh:**
and there *Joshua divided* **Yah Shua allotted** the land
unto the *children* **sons** of *Israel* **Yisra El**
according to their *divisions* **allotment.**

THE PEBBLE OF BEN YAMIN

11 And the *lot* **pebble** of the *tribe* **rod**
of the *children* **sons** of *Benjamin* **Ben Yamin**
came up **ascended** according to their families:
and the *coast* **border** of their *lot came forth* **pebble went**
between the *children* **sons** of *Judah* **Yah Hudah**
and the *children* **sons** of *Joseph* **Yoseph.**
12 And their border on the north *side* **edge**
was from *Jordan* **Yarden;**
and the border *went up* **ascended**
to the *side* **shoulder** of *Jericho* **Yericho** on the
north *side*, and *went up* **ascended** through
the mountains *westward* **seaward;**
and the *goings out* **exits** thereof
were at the wilderness of *Bethaven* **Beth Aven.**
13 And the border *went* **passed** over
from thence toward Luz,

to the *side* **shoulder** of Luz, which is
Bethel **Beth El**, southward;
and the border descended to *Atarothadar*
Ataroth Addar, near the *hill* **mountain**
that lieth on the south side
of the nether *Bethhoron* **Beth Horon**.
14 And the border was *drawn thence* **surveyed**,
and *compassed* **went about** the *corner*
edge of the sea southward,
from the *hill* **mountain**
that lieth before Bethhoron **at the face of Beth Horon**
southward;
and the *goings out* **exits** thereof were at *Kirjathbaal*
Qiryath Baal, which is *Kirjathjearim* **Qiryath Arim**,
a city of the *children* **sons** of *Judah* **Yah Hudah**:
this was the *west quarter* **sea edge**.
15 And the south *quarter* **edge**
was from the end of *Kirjathjearim* **Qiryath Arim**,
and the border went out on the *west* **sea**,
and went out to the *well* **fountain**
of *waters of Nephtoah* **Mayim Nephtoach**:
16 And the border *came down* **descended**
to the end of the mountain
that lieth before **at the face**
of the valley of the son of *Hinnom* **Hinnom/Burning**,
and which is in the valley of *the giants* **Rephaim**
on the north,
and descended to the valley of *Hinnom*
Hinnom/Burning, to the *side* **shoulder**
of *Jebusi* **Yebusi** on the south,
and descended to *Enrogel* **En Rogel**,
17 And was *drawn* **surveyed** from the north,
and went forth to *Enshemesh* **En Shemesh**,
and went forth toward Geliloth,
which is over against the *going up* **ascent** of Adummim,
and descended to the stone of Bohan
the son of *Reuben* **Reu Ben**,
18 And passed along toward the *side* **shoulder**
over against Arabah **toward the plain** northward,
and *went down* **descended** unto *Arabah* **the plain**:
19 And the border passed along
to the *side* **shoulder** of *Bethhogla*
Beth Chogla northward:
and the *outgoings* **exits** of the border
were at the north *bay* **tongue** of the salt sea
at the south end of *Jordan* **Yarden**:
this was the south *coast* **border**.
20 And *Jordan* **Yarden** was the border
of it on the east *side* **edge**.
This was the inheritance
of the *children* **sons** of *Benjamin* **Ben
Yamin**, by the *coasts* **borders** thereof round
about, according to their families.
21 Now the cities of the *tribe* **rod**

CITIES OF BEN YAMIN

of the *children* **sons** of *Benjamin* **Ben Yamin**
according to their families were *Jericho* **Yericho**,
and *Bethhogla* **Beth Chogla**, and
the valley of *Keziz* **Qesis**,
22 And *Betharabah* **Beth Arabah**,
and *Zemaraim* **Semarayim**, and *Bethel* **Beth El**,
23 And *Avim* **Avviy**, and Parah, and Ophrah,
24 And *Chepharhaammonai* **Kephar Ammonai**,
and *Ophni* **Opheniy**, and *Gaba* **Geba**;
twelve cities with their *villages* **courts**:
25 *Gibeon* **Gibon**, and Ramah, and Beeroth,
26 And *Mizpeh* **Mispeh**, and *Chephirah*
Kephirah, and *Mozah* **Mosah**,
27 And *Rekem* **Reqem**, and *Irpeel* **Yirpe El**, and Taralah,
28 And *Zelah* **Sela**, *Eleph* **Chiliarch**,
and *Jebusi* **Yebusi**, which is *Jerusalem* **Yeru Shalem**,
Gibeath **Gibath**, and *Kirjath* **Qiryath**; fourteen cities
with their *villages* **courts**. This is the inheritance
of the *children* **sons** of *Benjamin* **Ben Yamin**
according to their families.
19 And the second *lot* **pebble**

THE PEBBLE OF SHIMON

came forth **went** to *Simeon* **Shimon**,
even for the *tribe* **rod**
of the *children* **sons** of *Simeon* **Shimon**
according to their families:
and their inheritance was within the inheritance
of the *children* **sons** of *Judah* **Yah Hudah**.
2 And they had in their inheritance
Beersheba **Beer Sheba**,
and Sheba, and Moladah,
3 And *Hasarshual* **Hasar Shual**,
and Balah, and *Azem* **Esem**,
4 And *Eltolad* **El Tolad**, and *Bethul*
Bethu El, and Hormah,
5 And *Ziklag* **Siqlag**, and *Bethmarcaboth* **Beth
Markaboth**, and *Hasarsusah* **Hasar Susah**,
6 And *Bethlebaoth* **Beth Lebaoth**,
and *Sharuhen* **Sharuchen**;
thirteen cities and their *villages* **courts**:
7 *Ain* **Ayin**, *Remmon* **Rimmon**, and Ether, and Ashan;
four cities and their *villages* **courts**:
8 And all the *villages* **courts**

that were round about these cities to *Baalathbeer*
Baalath Beer, *Ramath* **Ramah** of the south.
This is the inheritance
of the *tribe* **rod** of the *children* **sons** of *Simeon* **Shimon**
according to their families.
9 Out of the *portion* **boundaries**
of the *children* **sons** of *Judah* **Yah Hudah**
was the inheritance
of the *children* **sons** of *Simeon* **Shimon**:
for the *part* **allotment**
of the *children* **sons** of *Judah* **Yah Hudah**
was too much for them:
therefore the *children* **sons** of *Simeon* **Shimon**
had their inheritance within the inheritance of them.
10 And the third *lot* **pebble**

THE PEBBLE OF ZEBULUN

came up **ascended** for the *children* **sons** of
Zebulun according to their families:
and the border of their inheritance was unto Sarid:
11 And their border *went up* **ascended** toward the
sea, and Maralah, and reached to *Dabbasheth*
Dabbesheth, and reached to the *river* **wadi**
that is before Jokneam **at the face of Yoqne Am**;
12 And turned from Sarid eastward
toward the *sunrising* **rising sun**
unto the border of *Chislothtabor* **Kisloth**
Tabor, and then goeth *out* to Daberath,
and *goeth up* **ascendeth** to *Japhia* **Yaphia**,
13 And from thence passeth on along
on the east **from the rising**
to Gittahhepher, to *Ittahkazin* **Eth**
Qasin, and goeth *out* to *Remmonmethoar*
Rimmon which is surveyed to Neah;
14 And the border *compasseth* **surroundeth**
it on the north *side* to Hannathon:
and the *outgoings* **exits** thereof
are in the valley of *Jiphthahel* **Yiphtach El**:
15 And *Kattath* **Qattath**, and Nahallal, and Shimron,
and *Idalah* **Yidalah**, and *Bethlehem* **Beth Lechem**:
twelve cities with their *villages* **courts**.
16 Thisistheinheirtanceofthe*children***sons**ofZebulun
according to their families,
these cities with their *villages* **courts**.

THE PEBBLE OF YISSACHAR

17 *And* the fourth *lot* **pebble**
came out **went** to *Issachar* **Yissachar**,
for the *children* **sons** of *Issachar* **Yissachar**
according to their families.
18 And their border was toward *Jezreel* **Yizre El**,
and *Chesulloth* **Kesulloth**, and Shunem,
19 And *Haphraim* **Haphrayim**,
and *Shihon* **Shiyon**, and *Anaharath* **Anacharath**,
20 And Rabbith, and *Kishion* **Qishyon**, and *Abez* **Abes**,
21 And Remeth, and *Engannim* **En Gannim**,
and *Enhaddah* **En Haddah**, and *Bethpazzez* **Beth Patses**;
22 Andthe*coast***border**reachethtoTabor,
and *Shahazimah* **Shachasom**, and
Bethshemesh **Beth Shemesh**;
and the *outgoings* **exits** of their border
were at *Jordan* **Yarden**:
sixteen cities with their *villages* **courts**.
23 This is the inheritance
of the *tribe* **rod** of the *children* **sons** of *Issachar* **Yissachar**
according to their families,
the cities and their *villages* **courts**.

THE PEBBLE OF ASHER

24 And the fifth *lot* **pebble**
came out **went** for the *tribe* **rod** of the *children*
sons of Asher according to their families.
25 And their border was *Helkath* **Helqath**,
and Hali, and Beten, and Achshaph,
26 And *Alammelech* **Alam Melech**,
and Amad, and Misheal;
and reacheth to *Carmel westward* **Karmel seaward**,
and to *Shihorlibnath* **Shichor Libnath**;
27 And turneth toward the *sunrising* **rising sun**
to *Bethdagon* **Beth Dagon**, and reacheth to Zebulun,
and to the valley of *Jiphthahel* **Yiphtach El**
toward the north *side* of *Bethemek* **Beth**
Ha Emeq, and *Neiel* **Nei El**,
and goeth *out* to *Cabul* **Kabul** on the left *hand*,
28 And*Hebron***Ebron**,and*Rehob***Rechob**,
and Hammon, and *Kanah* **Qanah**,
even unto great *Zidon* **Sidon**;
29 And *then* the *coast* **border** turneth to Ramah,
and to the *strong* **fortified** city *Tyre* **Sor**;
and the *coast* **border** turneth to Hosah;
and the *outgoings* **exits** thereof are at the sea from
the *coast region* **border boundaries** to Achzib:
30 Ummahalso,and*Aphek***Apheq**,and*Rehob***Rechob**:
twenty and two cities with their *villages* **courts**.
31 This is the inheritance of the *tribe* **rod**
of the *children* **sons** of Asher
according to their families,
these cities with their *villages* **courts**.

THE PEBBLE OF NAPHTALI

32 The sixth *lot* **pebble**
came out **went** to the *children* **sons** of Naphtali,
even for the *children* **sons** of Naphtali
according to their families.

33 Andtheir*coast***border**wasfromHeleph,
from Allon to *Zaanannim* **Saanannim**, and Adami,
Nekeb **Neqeb**, and *Jabneel* **Yabne**
El, unto *Lakum* **Laqqum**;
and the *outgoings* **exits** thereof were at *Jordan* **Yarden**:
34 And *then* the *coast* **border** turneth *westward* **seaward**
to *Aznothtabor* **Aznoth Tabor**,
and goeth *out* from thence to *Hukkok* **Huqqoq**,
and reacheth to Zebulun on the south *side*, and
reacheth to Asher on the *west* **sea** *side*,
and to *Judah* **Yah Hudah** upon *Jordan* **Yarden**
toward the *sunrising* **rising sun**.
35 And the *fenced* **fortified** cities are *Ziddim* **Siddim**,
Zer **Ser**, and Hammath,
Rakkath **Raqqath**, and *Chinnereth* **Kinneroth**,
36 And Adamah, and Ramah, and *Hazor* **Hasor**,
37 And *Kedesh* **Qedesh**, and Edrei,
and *Enhazor* **En Hasor**,
38 And *Iron* **Yiron**, and *Migdalel* **Migdal**
El, Horem, and *Bethanath* **Beth Anath**,
and *Bethshemesh* **Beth Shemesh**;
nineteen cities with their *villages* **courts**.
39 This is the inheritance of the *tribe* **rod**
of the *children* **sons** of Naphtali
according to their families,
40 *And* the seventh *lot* **pebble**
came out **went** for the *tribe* **rod**
of the *children* **sons** of Dan according to their families.
41 Andthe*coas***border**oftheirinheritance
was *Zorah* **Sorah**, and Eshtaol, and
Irshemesh **Ir Shemesh**,
42 And *Shaalabbin* **Shaalbim**,

THE PEBBLE OF DAN

and *Ajalon* **Ayalon**, and *Jethlah* **Yithlah**,
43 And Elon, and *Thimnathah*
Timnah, and *Ekron* **Eqron**,
44 And *Eltekeh* **El Teqeh**, and Gibbethon, and Baalath,
45 And *Jehud* **Yah Hudah**, and *Beneberak* **Bene**
Beraq, and *Gathrimmon* **Gath Rimmon**,
46 And *Mejarkon* **Me Hay Yarqon**, and *Rakkon* **Raqqon**,
with the border *before Japho* **toward Yapho**.
47 And the *coast* **border** of the *children* **sons**
of Dan went out *too little* for them:
therefore the *children* **sons** of Dan
went up **ascended** to fight against
Leshem, and *took* **captured** it,
and smote it with the *edge* **mouth** of the sword,
and possessed it, and *dwelt* **settled**
therein, and called Leshem, Dan,
after the name of Dan their father.
48 This is the inheritance of the *tribe* **rod**
of the *children* **sons** of Dan according to their families,
these cities with their *villages* **courts**.

THE PEBBLE OF YAH SHUA

49 When they had *made an end of* **finished**
dividing the land for inheritance by their *coasts* **borders**,
the *children* **sons** of *Israel* **Yisra El** gave an inheritance
to *Joshua* **Yah Shua** the son of Nun among them:
50 According to the *word* **mouth** of *the LORD* **Yah Veh**
they gave him the city which he asked,
even *Timnathserah* **Timnah Heres**
in mount *Ephraim* **Ephrayim**:
and he built the city, *and dwelt* **settled** therein.
51 These are the inheritances, which
Eleazar **El Azar** the priest,
and *Joshua* **Yah Shua** the son of Nun,
and the heads of the fathers of the *tribes* **rods**
of the *children* **sons** of *Israel* **Yisra El**,
divided for an inheritance by *lot* **pebble** in Shiloh
before the LORD **at the face of Yah**
Veh, at the *door* **opening**
of the *tabernacle* **tent** of the congregation.
So they *made an end of* **finished**
dividing **allotting** the *country* **land**.

20 *The LORD* **Yah Veh**

CITIES OF REFUGE

also *spake* **worded** unto *Joshua* **Yah Shua**, saying,
2 *Speak* **Word** to the *children* **sons** of *Israel* **Yisra El**,
saying, *Appoint* **Give** out for you cities of refuge,
whereof I *spake* **worded** unto you
by the hand of *Moses* **Mosheh**:
3 That the *slayer* **murderer**
that *killeth any person* **smiteth a soul**
unawares and unwittingly
by inadvertent error unknowingly
may flee thither:
and they shall be your refuge from the
avenger **redeemer** of blood.
4 And when he that doth flee unto one of those
cities shall stand at the *entering* **portal**
of the *gate* **portal** of the city,
and shall *declare* **word** his *cause* **word**
in the ears of the elders of that city,
they shall *take* **gather** him into the city unto them,
and give him a place,
that he may *dwell* **settle** among them.

5 Andiftheavengeredeemeorfblodpursueafterhim,
then they shall not *deliver* **shut** the *slayer* **murderer** *up*
into his hand;
because he smote his *neighbour* **friend**
unwittingly **unknowingly**,
and hated him not *beforetime* **three yesters ago**.
6 And he shall *dwell* **settle** in that city,
until he stand
before **at the face of** the *congregation* **witness**
for judgment,
and until the death of the *high* **great**
priest that shall be in those days:
then shall the *slayer* **murderer** return,
and come unto his own city, and unto his own
house, unto the city from whence he fled.
7 And they *appointed* **hallowed**
Kedesh **Qedesh** in *Galilee* **Galiyl** in mount Naphtali,
and Shechem in mount *Ephraim* **Ephrayim**,
and *Kirjatharba* **Qiryath Arba**, which is Hebron,
in the mountain of *Judah* **Yah Hudah**.
8 And on the other side *Jordan* **Yarden**
by *Jericho eastward* **Yericho toward the**
rising, they *assigned Bezer* **gave Beser**
in the wilderness upon the plain
out of the *tribe* **rod** of *Reuben* **Reu Ben**,
and Ramoth in *Gilead* **Gilad** out of the *tribe*
rod of Gad, and Golan in Bashan
out of the *tribe* **rod** of *Manasseh* **Manesh Sheh**.
9 These were the cities appointed
for all the *children* **sons** of *Israel* **Yisra**
El, and for the *stranger* **sojourner**
that sojourneth among them,
that whosoever *killeth any person* **smiteth a soul**
at unawares **by inadvertent error**
might flee thither, and not die
by the hand of the *avenger* **redeemer**
of blood, until he stood
before **at the face of** the *congregation* **witness**.

THE PEBBLE OF THE LEVIYM

21 Then came near
the heads of the fathers of the *Levites* **Leviym**
unto *Eleazar* **El Azar** the priest,
and unto *Joshua* **Yah Shua** the son of Nun,
and unto the heads of the fathers
of the *tribes* **rods** of the *children* **sons** of *Israel* **Yisra**
El; 2 And they *spake* **worded** unto them at
Shiloh in the land of *Canaan* **Kenaan**, saying,
the LORD commanded **Yah Veh misvahed**
by the hand of *Moses* **Mosheh**
to give us cities to *dwell* **settle** in,
with the suburbs thereof for our *cattle* **animals**.
3 And the *children* **sons** of *Israel* **Yisra El**
gave unto the *Levites* **Leviym** out of their inheritance,
at the *commandment* **mouth** of *the LORD* **Yah Veh**,
these cities and their suburbs.

THE PEBBLE OF THE QOHATHIY

4 And the *lot came out* **pebble went**
for the families of the *Kohathites* **Qohathiy**:
and the *children* **sons** of *Aaron* **Aharon** the
priest, *which were* of the *Levites* **Leviym**,
had by *lot* **pebble**
out of the *tribe* **rod** of *Judah* **Yah Hudah**, and
out of the *tribe* **rod** of *Simeon* **Shimoniy**,
and out of the *tribe* **rod** of *Benjamin*
Ben Yamin, thirteen cities.
5 And the *rest* **remaining**
of the children **sons** of *Kohath* **Qohath**
had by *lot* **pebble** out of the families of the *tribe* **rod** of
Ephraim **Ephrayim**, and out of the *tribe* **rod** of Dan,
and out of the half *tribe* **rod** of *Manasseh* **Menash Sheh**,
ten cities.

THE PEBBLE OF GERSHON

6 And the *children* **sons** of Gershon had
by *lot* **pebble** out of the families
of the *tribe* **rod** of *Issachar* **Yissachar**,
and out of the *tribe* **rod** of Asher,
and out of the *tribe* **rod** of Naphtali,
and out of the half *tribe* **rod** of *Manasseh* **Menash Sheh**
in Bashan, thirteen cities.

THE PEBBLE OF MERARI

7 The *children* **sons** of Merari by their families
had out of the *tribe* **rod** of *Reuben* **Reu**
Ben, and out of the *tribe* **rod** of Gad,
and out of the *tribe* **rod** of Zebulun,
twelve cities.
8 And the *children* **sons** of *Israel* **Yisra El**
gave by *lot* **pebble** unto the *Levites* **Leviym**
these cities with their suburbs,
as *the LORD commanded* **Yah Veh misvahed**
by the hand of *Moses* **Mosheh**.

THE PEBBLE OF AHARON

9 And they gave out of the *tribe* **rod**
of the *children* **sons** of *Judah* **Yah**
Hudah, and out of the *tribe* **rod**
of the *children* **sons** of *Simeon* **Shimon**,

these cities which are *here mentioned* **called** by name.
10 Which the *children* **sons** of *Aaron* **Aharon**,
being of the families of the *Kohathites* **Qehathiy**,
who were of the *children* **sons** of Levi, had:
for theirs was the first *lot* **pebble**.
11 And they gave them *the city of Arba* **Qiryath Arba**
the father of *Anak* **Anaq**, which *city* is Hebron,
in the *hill country* **mountains** of *Judah* **Yah Hudah**,
with the suburbs thereof round about it.
12 But the fields of the city,
and the *villages* **courts** thereof,
gave they to *Caleb* **Kaleb**
the son of *Jephunneh* **Yephunneh** for his possession.
13 Thus they gave
to the *children* **sons** of *Aaron* **Aharon** the priest
Hebron with her suburbs,
to be a city of refuge for the *slayer* **murderer**;
and Libnah with her suburbs,
14 And *Jatir* **Yatir** with her suburbs,
and Eshtemoa with her suburbs,
15 And Holon with her suburbs, and
Debir with her suburbs,
16 And *Ain* **Ayin** with her suburbs,
and *Juttah* **Yuttah** with her suburbs,
and Bethshemesh **Beth Shemesh** with her suburbs;
nine cities out of those two *tribes* **scions**.
17 And out of the *tribe* **rod** of *Benjamin* **BenYamin**,
Gibeon **Gibon** with her suburbs, Geba with her suburbs,
18 Anathoth with her suburbs, and
Almon with her suburbs;
four cities.
19 All the cities
of the *children* **sons** of *Aaron* **Aharon**, the priests,
were thirteen cities with their suburbs.

THE PEBBLE OF QEHATH

20 And the families of the *children* **sons** of *Kohath*
Qehath, the *Levites* **Leviym** which remained
of the *children* **sons** of *Kohath* **Qehath**, even
they had the cities of their *lot* **pebble** out of
the *tribe* **rod** of *Ephraim* **Ephrayim**.
21 For they gave them Shechem
with her suburbs in mount *Ephraim* **Ephrayim**,
to be a city of refuge for the *slayer* **murderer**;
and Gezer with her suburbs,
22 And *Kibzaim* **Qibsayim** with her suburbs,
and *Bethhoron* **Beth Horon** with her suburbs;
four cities.
23 And out of the *tribe* **rod** of Dan,
Eltekeh **El Teqeh** with her suburbs,
Gibbethon with her suburbs,
24 *Aijalon* **Ayalon** with her suburbs,
Gat—rimmon **Gath Rimmon** with her suburbs;
four cities.
25 And out of the half *tribe* **rod**
of *Manasseh* **Menash Sheh**,
Tanach **Taanach** with her suburbs,
and *Gathrimmon* **Gath Rimmon** with her suburbs;
two cities.
26 All the cities were ten with their suburbs
for the families of the *children* **sons** of *Kohath* **Qehath**
that remained.

THE PEBBLE OF GERSHON

27 And unto the *children* **sons** of Gershon, of
the families of the *Levites* **Leviym**,
out of the *other* half *tribe* **rod** of *Manasseh* **Menash Sheh**
they gave Golan in Bashan with her suburbs, to be a
city of refuge for the *slayer* **murderer**; and *Beeshterah*
Beesh Terah with her suburbs; two cities.
28 And out of the *tribe* **rod** of *Issachar* **Yissachar**,
Kishon **Qishyon** with her suburbs,
Dabareh **Dabarath** with her suburbs,
29 *Jarmuth* **Yarmuth** with her suburbs,
Engannim **En Gannim** with her suburbs;
four cities.
30 And out of the *tribe* **rod** of Asher, Mishal with
her suburbs, Abdon with her suburbs,
31 *Helkath* **Helqath** with her suburbs, and
Rehob **Rechob** with her suburbs;
four cities.
32 And out of the *tribe* **rod** of Naphtali,
Kedesh in Galilee **Qedesh Galiyl** with her suburbs,
to be a city of refuge for the *slayer* **murderer**;
and *Hammothdor* **Hammoth Dor** with her
suburbs, and *Kartan* **Qartan** with her suburbs;
three cities.
33 All the cities of the *Gershonites* **Gershoniy**
according to their families
were thirteen cities with their suburbs.

THE PEBBLE OF MERARI

34 And unto the families of the *children* **sons** of Merair,
the rest **remaining** of the *Levites* **Leviym**,
out of the *tribe* **rod** of Zebulun,
Jokneam **Yoqne Am** with her suburbs, and
Kartah **Qartah** with her suburbs,
35 Dimnah with her suburbs, Nahalal with her suburbs;
four cities.

36 And out of the *tribe* **rod** of *Reuben* **Reu Ben**, Bezer with her suburbs,
and Jahazah with her suburbs,
37 Kedemoth with her suburbs,
and Mephaath with her suburbs;
four cities.
38 And out of the *tribe* **rod** of Gad, Ramoth
in *Gilead* **Gilad** with her suburbs,
to be a city of refuge for the *slayer* **murderer**;
and *Mahanaim* **Machanayim** with her suburbs,
39 Heshbon with her suburbs,
Jazer **Yazer** with her suburbs;
four cities in all.
40 So all the cities
for the *children* **sons** of Merari by their
families, which were remaining
of the families of the *Levites* **Leviym**, were
by their *lot* **pebble** twelve cities.
41 All the cities of the *Levites* **Leviym**
within the possession of the *children*
sons of *Israel* **Yisra El**
were forty and eight cities with their suburbs.
42 These cities were *every one* **city by city**
with their suburbs round about them:
thus were all these cities.
43 And *the LORD* **Yah Veh** gave unto *Israel* **Yisra El**
all the land which he *sware* **oathed**
to give unto their fathers;
and they possessed it, and *dwelt* **settled** therein.
44 And *the LORD* **Yah Veh** gave them rest
round about, according to all that he
sware **oathed** unto their fathers:
and there stood not a man of all their enemies
before them **at their face**;
the LORD delivered **Yah Veh gave** all
their enemies into their hand.
45 There *failed* **fell** not ought of any good *thing* **word**
which *the LORD* **Yah Veh** had *spoken* **worded**
unto the house of *Israel* **Yisra El**;
all *came to pass* **became**.

SOME RODS RETURN HOME

22 Then *Joshua* **Yah Shua** called
the *Reubenites* **Reu Beniy**, and the *Gadites* **Gadiy**,
and the half *tribe* **rod** of *Manasseh* **Menash Sheh**,
2 And said unto them, ye have *kept* **guarded** all
that *Moses* **Mosheh** the servant of *the LORD* **Yah Veh**
commanded **misvahed** you,
and have *obeyed* **heard** my voice
in all that I *commanded* **misvahed** you:
3 Ye have not left your brethren these
many days unto this day,
but have *kept* **guarded** the *charge* **guard**
of the *commandment* **misvah**
of *the LORD* **Yah Veh** your *God* **Elohim**.
4 And now *the LORD* **Yah Veh** your *God* **Elohim**
hath *given rest unto* **rested** your brethren,
as he *promised* **worded** them:
therefore now *return* **face** ye,
and *get you* **go** unto your tents, and
unto the land of your possession,
which *Moses* **Mosheh** the servant of *the LORD* **Yah Veh**
gave you on the other side *Jordan* **Yarden**.

THE GREATEST MISVAH

5 But *take diligent heed* **guard mightily**
to *do* **work** the *commandment* **misvah**
and the *law* **torah**, which *Moses* **Mosheh**
the servant of *the LORD* **Yah Veh**
charged **misvahed** you,
to love *the LORD* **Yah Veh** your *God*
Elohim, and to walk in all his ways,
and to *keep* **guard** his *commandments*
mitsvoth, and to *cleave* **adhere** unto him,
and to serve him
with all your heart and with all your soul.
6 So *Joshua* **Yah Shua** blesed them, and sent them away:
and they went unto their tents.
7 Now to the *one* half
of the *tribe* **scion** of *Manasseh* **Menash
Sheh** *Moses* **Mosheh** had given *possession* in
Bashan: but unto the *other* half thereof
gave *Joshua* **Yah Shua** among their brethren
on this side *Jordan westward* **Yarden
seaward**. And when *Joshua* **Yah Shua**
sent them away also unto their
tents, then he blessed them,
8 And he *spake* **said** unto them, saying,
Return with much *riches* **holdings** unto your tents,
and with *very* **mighty** much *cattle* **chattel**,
with silver, and with gold,
and with *brass* **copper**, and with iron, and with
very much raiment **a mighty abundance of clothes**:
divide **allot** the spoil of your enemies
with your brethren.
9 And the *children* **sons** of *Reuben* **Reu Ben**
and the *children* **sons** of Gad
and the half *tribe* **scion** of *Manasseh* **Menash Sheh**
returned,

and *departed* **went** from the *children*
sons of *Israel* **Yisra El**
out of Shiloh, which is in the land of *Canaan* **Kenaan**,
to go unto the *country* **land** of *Gilead* **Gilad**,
to the land of their possession,
whereof they were possessed,
according to the *word* **mouth** of *the LORD* **Yah Veh**
by the hand of *Moses* **Mosheh**.
10 And when they came

The Rebel Altar

unto the *borders* **region** of *Jordan* **Yarden**, that are
in the land of *Canaan* **Kenaan**, the *children* **sons**
of *Reuben* **Reu Ben** and the *children* **sons** of Gad
and the half *tribe* **scion** of *Manasseh* **Menash Sheh**
built there *an* **a sacrifice** altar by *Jordan* **Yarden**,
a great **sacrifice** altar to *see to* **the sight**.
11 And the *children* **sons** of *Israel* **Yisra El** heard
say, Behold, the *children* **sons** of *Reuben*
Reu Ben and the *children* **sons** of Gad
and the half *tribe* **scion** of *Manasseh* **Menash Sheh**
have built *an* **a sacrifice** altar
over *against* **toward** the land of *Canaan* **Kenaan**,
in the *borders* **region** of *Jordan* **Yarden**,
at the passage **this side**
of the *children* **sons** of *Israel* **Yisra El**.
12 And when the *children* **sons** of
Israel **Yisra El** heard of it,
the whole *congregation* **witness**
of the *children* **sons** of *Israel* **Yisra El**
gathered **congregated** themselves together at Shiloh,
to *go up* **ascend** to *war* **host** against them.
13 And the *children* **sons** of *Israel* **Yisra El**
sent unto the *children* **sons** of *Reuben* **Reu
Ben**, and to the *children* **sons** of Gad,
and to the half *tribe* **scion** of *Manasseh* **Menash
Sheh**, into the land of *Gilead* **Gilad**,
Phinehas **Pinechas** the son of *Eleazar* **El Azar** the priest,
14 Andwithhimten*princes***hierarchs**,
of each *chief house* **house of the fathers,**
a prince **one hierarch**
throughout all the *tribes* **rods** of *Israel* **Yisra El**;
and each *one* **man** was an head of
the house of their fathers
among the thousands of *Israel* **Yisra El**.
15 And they came
unto the *children* **sons** of *Reuben* **Reu Ben**,
and to the *children* **sons** of Gad,
and to the half *tribe* **scion** of *Manasseh* **Menash
Sheh**, unto the land of *Gilead* **Gilad**,
and they *spake* **worded** with them, saying,
16 Thus saith the whole *congregation* **witness**
of *the LORD* **Yah Veh**,
What *trespass* **treason** is this that ye have
committed **treasoned** against *the God* **Elohim**
of *Israel* **Yisra El**, to turn away this day
from *following the LORD* **after Yah Veh**,
in that ye have builded you *an* **a sacrifice** altar,
that ye might rebel this day against *the LORD* **Yah Veh**?
17 Is the *iniquity* **perversity** of Peor too little for
us, from which we are not *cleansed* **purified**
until this day, although there was a plague
in the *congregation* **witness** of *the LORD* **Yah Veh**,
18 Buthatyemusturnawaythisday
from *following the LORD* **after Yah Veh**?
and it *will* **shall** be,
seeing ye rebel to day against *the LORD* **Yah Veh**,
that to morrow he *will* **shall** be *wroth* **enraged**
with the whole *congregation* **witness** of *Israel* **Yisra El**.
19 *Notwithstanding* **Surely**,
if the land of your possession be *unclean* **foul**,
then pass ye over unto the land
of the possession of *the LORD* **Yah Veh**, wherein *the
LORD'S* **Yah Veh's** tabernacle *dwelleth* **tabernacleth**,
and take possession among us:
but rebel not against *the LORD* **Yah
Veh**, nor rebel against us,
in building you *an* **a sacrifice** altar
beside **except** the **sacrifice** altar
of *the LORD* **Yah Veh** our *God* **Elohim**.
20 DidnotAchanthesonof*Zerah***Zerach**
commit **treason** a *trespass* **treason** in the *accursed
thing* **devotement**, and *wrath* **rage** fell
on all the *congregation* **witness** of *Israel* **Yisra El**?
and that man *perished* **expired** not
alone in his *iniquity* **perversity**.
21 Then the *children* **sons** of *Reuben* **Reu Ben**
and the *children* **sons** of Gad
and the half *tribe* **scion** of *Manasseh* **Menash Sheh**
answered, and *said* **worded**
unto the heads of the thousands of *Israel* **Yisra El**,
22 *TheLORDGodofgods***YahVehElofelohim**,
the LORD God of gods **Yah Veh El
of elohim**, he knoweth,
and *Israel* **Yisra El** he shall know; if it be in rebellion,
or if in *transgression* **treason** against *the
LORD* **Yah Veh**, (save us not this day,)
23 That we have built us *an* **a sacrifice** altar
to turn from *following the LORD* **after Yah Veh**,
or if to *offer thereon burnt offering* **holocaust a holocaust**

or *meat* offering,
or if to *offer peace offerings* **work shelamim** thereon,
let *the LORD* **Yah Veh** himself *require* **beseech** it;
24 And if we have not *rather done* **worked**
it for *fear* **concern** of this *thing* **word,**
saying, *In time to come* **To morrow**
your *children* **sons** might *speak* **say**
unto our *children* **sons,**
saying, What have ye to do
with *the LORD God* **Yah Veh Elohim** of *Israel* **Yisra El**?
25 Fo*threLORD***YahVeh**hath*madeJordan***givenYarden**
a border between us and you,
ye *children* **sons** of *Reuben* **Reu Ben**
and *children* **sons** of Gad;
ye have no *part* **allotment** in *the LORD* **Yah Veh**:
so **thus** shall your *children* **sons**
make our *children* **sons** cease
from fearing the LORD **in not awing Yah Veh.**
26 Therefore we said,
Let us now *prepare* **work** to build us *an* **a sacrifice** altar,
not for *burnt offering* **holocaust**, nor for sacrifice:
27 Buthaittmaybeawitnesbetwenus,andyou,
and our generations after us,
that we might *do* **serve** the service of *the LORD* **Yah Veh**
before him **at his face** with our *burnt offerings*
holocausts, and with our sacrifices,
and with our *peace offerings* **shelamim**;
that your *children* **sons** may not say to our *children* **sons**
in time to come **to morrow,**
ye have no *part* **allotment** in *the LORD* **Yah Veh.**
28 Thereforesaidwe,that**sobeit***shalbe*,
when they should *so* say to us
or to our generations *in time to come* **to**
morrow, that we may say *again*,
Behold **See** the pattern
of the **sacrifice** altar of *the LORD* **Yah Veh,**
which our fathers *made* **worked,**
not for *burnt offerings* **holocausts**, nor for sacrifices;
but it is a witness between us and you.
29 *God forbid* **Far be it**
that we should rebel against *the LORD* **Yah Veh,**
and turn this day from *following the LORD* **after Yah**
Veh, to build *an* **a sacrifice** altar for *burnt offerings*
holocausts, for *meat* offerings, or for sacrifices,
beside **apart from** the **sacrifice** altar
of *the LORD* **Yah Veh** our *God* **Elohim**
that is before **at the face of** his tabernacle.
30 And when *Phinehas* **Pinechas** the priest,
and the *princes* **hierarchs** of the *congregation* **witness**
and heads of the thousands of *Israel* **Yisra El**
which were with him,
heard the words that the *children*
sons of *Reuben* **Reu Ben**
and the *children* **sons** of Gad
and the *children* **sons** of *Manasseh* **Menash Sheh**
spake **worded,**
it *pleased them* **well—pleased their eyes.**
31 And *Phinehas* **Pinechas**
the son of *Eleazar* **El Azar** the priest
said unto the *children* **sons** of *Reuben* **Reu**
Ben, and to the *children* **sons** of Gad,
and to the *children* **sons** of *Manasseh*
Menash Sheh, This day
we perceive that *the LORD* **Yah Veh** is among us,
because ye have not
committed **treasoned** this *trespass* **treason**
against *the LORD* **Yah Veh:**
now **then** ye have *delivered* **rescued**
the *children* **sons** of *Israel* **Yisra El**
out of the hand of *the LORD* **Yah Veh.**
32 And *Phinehas* **Pinechas**
the son of *Eleazar* **El Azar** the priest,
and the *princes* **hierarchs,**
returned from the *children* **sons** of *Reuben* **Reu**
Ben, and from the *children* **sons** of Gad,
out of the land of *Gilead* **Gilad**, unto
the land of *Canaan* **Kenaan,**
to the *children* **sons** of *Israel* **Yisra El**, and
brought **returned** them word *again*.
33 And the *thing pleased* **word well—pleased the**
eyes of the *children* **sons** of *Israel* **Yisra El**;
and the *children* **sons** of *Israel* **Yisra El**
blessed *God* **Elohim,**
and did not *intend* **say** to *go up* **ascend**
against them in *battle* **hosting,**
to *destroy* **ruin** the land
wherein the *children* **sons** of *Reuben* **Reu Ben** and Gad
dwelt **settled.**
34 And the *children* **sons** of *Reuben* **Reu Ben**
and the *children* **sons** of Gad called the **sacrifice** altar
Ed **Witness:**
for it shall be a witness between us that
the LORD **Yah Veh** is *God* **Elohim.**

23 And **so be** it *came to pass*,
a long time after **after many days**
that *the LORD* **Yah Veh**
had *given rest unto Israel* **rested Yisra El**
from all their enemies round about,
that *Joshua* **Yah Shua** waxed old
and stricken *in age* **and come into days.**

2 And *Joshua* **Yah Shua** called for all *Israel* **Yisra**
El, and for their elders, and for their heads,
and for their judges, and for their officers,
and said unto them,
I am old and stricken *in age* **and come into days**:
3 And ye have seen all
that *the LORD* **Yah Veh** your *God* **Elohim**
hath *done* **worked** unto all these *nations* **goyim**
because of you **at thy face**;
for *the LORD* **Yah Veh** your *God* **Elohim**
is he that hath fought for you.
4 *Behold* **See**, I have *divided* **felled** unto you *by lot*
these *nations* **goyim** that *remain* **survive**, to
be an inheritance for your *tribes* **scions**,
from *Jordan* **Yarden**,
with all the *nations* **goyim** that I have cut off,
even unto the great sea *westward* **at the entry of the sun**.
5 And *the LORD* **Yah Veh** your *God* **Elohim**,
he shall expel them from *before you* **thy face**,
and *drive* **dispossess** them from
out of your sight **thy face**;
and ye shall possess their land,
as *the LORD* **Yah Veh** your *God* **Elohim**
hath *promised* **worded** unto you.
6 Be ye therefore *very courageous* **mighty strong**
to *keep* **guard** and to *do* **work** all
that is *written* **inscribed**
in the *book* **scroll** of the *law* **torah** of *Moses*
Mosheh, that ye turn not aside therefrom
to the right *hand* or to the left;
7 That ye come not among these *nations*
goyim, these that *remain* **survive** among you;
neither *make mention of* **memorialize**
the name of their *gods* **elohim**,
nor *cause to swear* **oath** by them, neither serve
them, nor *bow* **prostrate** yourselves unto them:
8 But *cleave* **adhere**
unto *the LORD* **Yah Veh** your *God* **Elohim**,
as ye have *done* **worked** unto this day.
9 For *the LORD* **Yah Veh**
hath *driven out* **dispossessed** from *before you* **thy face**
great *nations* **goyim** and *strong* **mighty**:
but *as for* you,
no man hath been able to stand *before you* **at thy face**
unto this day.
10 One man of you shall *chase* **pursue** a thousand:
for *the LORD* **Yah Veh** your *God* **Elohim**,
he *it is that* fighteth for you,
as he hath *promised* **worded** you.
11 *Take good heed* **Guard mightily** therefore
unto *yourselves* **your souls**,
that ye love *the LORD* **Yah Veh** your *God* **Elohim**.
12 Else if **in turning back**, ye *do in any wise*
go **turn** back, and *cleave* **adhere**
unto the remnant of these *nations* **goyim**,
even these that *remain* **survive** among you, and
shall *make marriages* **intermarry** with them,
and go in unto them, and they to you:
13 **In knowing**, Know *for a certainty*
that *the LORD* **Yah Veh** your *God* **Elohim**
will no more drive out **shall not add to dispossess**
any of these *nations* **goyim** from *before you* **thy face**;
but they shall be snares, *and traps* **snares** unto you,
and scourges in your sides, and thorns in your eyes,
until ye *perish* **destruct** from off this good *land* **soil**
which *the LORD* **Yah Veh** your *God* **Elohim**
hath given you.
14 And, behold,

*cp 2 Corinthians 12:7

this day I am going the way of all the earth:
and ye know in all your hearts and in all your
souls, that not one *thing* **word** hath *failed* **fallen**
of all the good *things* **words**
which *the LORD* **Yah Veh** your
God spake **Elohim worded**
concerning you;
all are come *to pass* unto you,
and not one *thing* **word** hath *failed* **fallen** thereof.
15 Therefore **so be** it *shall come to pass*,
that as all good *things* **words** are come
upon you, which *the LORD* **Yah Veh** your
God **Elohim** *promised* **worded** you;
so **thus** shall *the LORD* **Yah Veh** bring upon you all evil
things **words**, until he have *destroyed* **desolated** you
from off this good *land* **soil**
which *the LORD* **Yah Veh** your *God* **Elohim**
hath given you.
16 When ye have *transgressed* **trespassed** the covenant
of *the LORD* **Yah Veh** your *God* **Elohim**,
which he *commanded* **misvahed** you,
and have gone and served other *gods* **elohim**,
and bowed yourselves to them;
then shall the *anger* **wrath** of *the LORD* **Yah Veh**
be kindled against you,
and ye shall *perish* **destruct** quickly
from off the good land which he hath given unto you.

YAH SHUA REVIEWS HISTORY

24 And *Joshua* **Yah Shua**
gathered all the *tribes* **scions** of *Israel* **Yisra El**
to Shechem,
and called for the elders of *Israel*
Yisra El, and for their heads,
and for their judges, and for their officers;
and they *presented* **set** *themselves before*
God **at the face of Elohim.**
2 And *Joshua* **Yah Shua** said unto
all the people, Thus saith
the LORD God **Yah Veh Elohim** of *Israel* **Yisra El**,
Your fathers *dwelt* **settled**
on the other side of the *flood in old time* **river originally**,
even Terah **Terach**,
the father of Abraham, and the father of Nachor:
and they served other *gods* **elohim**.
3 AndItookyourfatherAbraham
from the other side of the *flood*
river, and *led* **walked** him
throughout all the land of *Canaan* **Kenaan**,
and *multiplied* **abounded** his seed,
and gave him *Isaac* **Yischaq**.
4 And I gave unto *Isaac* **Yischaq**
Jacob **Yaaqov** and *Esau* **Esav**:
and I gave unto *Esau* **Esav** mount Seir, to possess it;
but *Jacob* **Yaaqov** and his *children* **sons**
went down **descended** into *Egypt* **Misrayim**.
5 I sent *Moses* **Mosheh** also and *Aaron* **Aharon**,
and I *plagued Egypt* **smote Misrayim**,
according to that which I *did* **worked** among them:
and afterward I brought you out.
6 AndIbroughtyourfathersoutof*Egyp***Mt israyim**:
and ye came unto the sea;
and the *Egyptians* **Misrayim** pursued after your
fathers with chariots and *horsemen* **cavalry**
unto the *Red* **Reed** sea.
7 And when they cried unto *the LORD* **Yah Veh**,
he *put* **set** darkness between you and
between the *Egyptians* **Misrayim**,
and brought the sea upon them, and covered them;
and your eyes have seen
what I have *done* **worked** in *Egypt* **Misrayim**:
and ye *dwelt* **settled** in the wilderness
a long season **many days**.
8 And I brought you into the land of the
Amorites **Emoriy**, which *dwelt* **settled**
on the other side *Jordan* **Yarden**;
and they fought with you:
and I gave them into your hand, that
ye might possess their land;
and I *destroyed* **desolated** them from *before you* **thy face.**
9 Then *Balak* **Balaq** the son of *Zippor* **Sippor**,
king **sovereign** of Moab,
arose and *warred* **fought** against *Israel*
Yisra El, and sent and called *Balaam* **Bilam**
the son of Beor to *curse* **abase** you:
10 But I *would* **willed to** not hearken
unto *Balaam* **Bilam**;
therefore **in blessing,** he blessed you *still*:
so I delivered you out of his hand.
11 Andyou*wen***ptassed**ove*Jrordan***Yarden**,
and came unto *Jericho* **Yericho**:
and the *men* **masters** of *Jericho* **Yericho**
fought against you,
the *Amorites* **Emoriy**, and the *Perizzites* **Perizziy** and
the *Canaanites* **Kenaaniy**, and the *Hittites* **Hethiy**,
and the *Girgashites* **Girgashiy**, the *Hivites* **Hivviy**,
and the *Jebusites* **Yebusiy**;
and I *delivered* **gave** them into your hand.
12 And I sent the hornet *before you* **from thy**
face, which drave them out from *before you* **thy face**,
even the two *kings* **sovereigns** of the *Amorites* **Emoriy**;
but not with thy sword, nor with thy bow.
13 And I have given you a land for
which ye did not labour,
and cities which ye built not, and ye *dwell* **settle** in them;
of the vineyards and oliveyards which ye planted not
do ye eat.
14 Nowtherefore*feartheLORD***aweYahVeh,**

YAH SHUA CHALLENGES YISRA EL

and serve him in *sincerity* **integrity** and in truth:
and *put away* **turn aside**
the *gods* **elohim** which your fathers served
on the other side of the *flood* **river**,
and in *Egypt* **Misrayim**;
and serve ye *the LORD* **Yah Veh**.
15 Andiift*seemeviluntoyou***vilifyyoureyes**
to serve *the LORD* **Yah Veh**,
choose you this day *whom* **ever** ye *will* **shall** serve;
whether the *gods* **elohim** which your fathers served
that were on the other side of the *flood* **river**,
or the *gods* **elohim** of the *Amorites* **Emoriy**,
in whose land ye *dwell* **settle**:
but as for me and my house,
we *will* **shall** serve *the LORD* **Yah Veh**.
16 And the people answered and said,
God forbid **Far be it**

that we should forsake *the LORD* **Yah Veh**, to serve other *gods* **elohim**;
17 For *the LORD* **Yah Veh** our *God* **Elohim**,
he *it is that brought* **ascended** us *up* and our
fathers out of the land of *Egypt* **Misrayim**,
from the house of *bondage* **servants**,
and which *did* **worked** those great signs in our
sight **eyes**, and *preserved* **guarded** us in all the way
wherein we went, and among all the people
through **among** whom we passed:
18 And *the LORD* **Yah Veh**
drave out from *before us* **our face** all the people,
even the *Amorites* **Emoriy** which
dwelt **settled** in the land:
therefore will we also **shall** serve *the LORD* **Yah Veh**;
for he is our *God* **Elohim**.
19 And *Joshua* **Yah Shua** said unto the people,
Ye cannot serve *the LORD* **Yah Veh**:
for he is an holy *God* **Elohim**; he is a jealous *God* **El**;
he *will* **shall** not *forgive* **lift** your
transgressions **rebellions**
nor your sins.
20 If ye forsake *the LORD* **Yah Veh**, and
serve strange *gods* **elohim**,
then he *will* **shall** turn and *do you hurt* **vilify**
you, and *consume you* **finish you off**,
after that he hath *done you good* **well—pleased you**.
21 Andthepeoplesaidunto*Joshua***YahShua**,
Nay; but we *will* **shall** serve *the LORD* **Yah Veh**.
22 And *Joshua* **Yah Shua** said unto the people,
Ye are witnesses against yourselves
that ye have chosen you *the LORD* **Yah Veh**,
to serve him.
And they said, We are witnesses.
23 Now therefore *put away* **turn aside**, *said he*,
the strange *gods* **elohim** which are among
you, and *incline* **spread** your heart
unto *the LORD God* **Yah Veh Elohim** of *Israel* **Yisra El**.
24 And the people said unto *Joshua* **Yah Shua**,
The LORD **Yah Veh** our *God will* **Elohim shall**
we serve, and his voice *will* **shall** we *obey* **hear**.
25 So *Joshua made* **Yah Shua cut** a covenant
with the people that day,
and set them a statute and *an ordinance* **a judgment**
in Shechem.
26 And *Joshua wrote* **Yah Shua inscribed** these words
in the *book* **scroll** of the *law* **torah** of *God* **Elohim**,
and took a great stone,
and *set* **raised** it up there under an oak,
that was by the *sanctuary* **holies** of *the LORD* **Yah Veh**.
27 And*Joshua***YahShua**saiduntoalthepeople,
Behold, this stone shall be a witness unto us;
for it hath heard
all the *words* **sayings** of *the LORD* **Yah Veh**
which he *spake* **worded** unto us:
it shall be therefore a witness unto you,
lest ye deny your *God* **Elohim**.
28 So*Joshuale***Y***t***ahShuasen**htt*e*people*depa***a***rt***way**,
every man unto his inheritance.

THE ENTOMBMENT OF YAH SHUA

29 And **so be** it *came to pass*, after these *things* **words**,
that *Joshua* **Yah Shua** the son of Nun, the
servant of *the LORD* **Yah Veh**, died,
being **a son of** an hundred and ten years *old*.
30 And they *buried* **entombed** him in
the border of his inheritance
in *Timnathserah* **Timnah Heres**, which
is in mount *Ephraim* **Ephrayim**,
on the north *side* of the *hill* **mountain** of Gaash.

THE FIDELITY OF YISRA EL

31 And *Israel* **Yisra El** served *the LORD* **Yah Veh**
all the days of *Joshua* **Yah Shua**, and
all the days of the elders
that *overlived Joshua* **prolonged Yah**
Shua, and which had known
all the works of *the LORD* **Yah Veh**,
that he had *done* **worked** for *Israel* **Yisra El**.
32 And the bones of *Joseph* **Yoseph**, which
the *children* **sons** of *Israel* **Yisra El**
brought up **ascended** out of *Egypt* **Misrayim**,
buried **entombed** they in Shechem, in a *parcel* **field** of
ground **allotment** which *Jacob bought* **Yaaqov chatteled**
of the sons of Hamor the father of Shechem
for an hundred *pieces of silver* **ingots**:
and it became the inheritance
of the *children* **sons** of *Joseph* **Yoseph**.
33 And *Eleazar* **El Azar** the son of *Aaron* **Aharon** died;
and they *buried* **entombed** him in a hill
that pertained to Phinehas **of Pinechas** his son, which
was given him in mount *Ephraim* **Ephrayim**.

Yisra El Captures Kenaan

1 *Now* **And** after the death of *Joshua*
Yah Shua so be it *came to pass*,
that the *children* **sons** of *Israel* **Yisra El** asked
the LORD **Yah Veh**, saying, Who shall *go up*
ascend for us against the *Canaanites* **Kenaaniy**
first, **to begin** to fight against them?
2 And *the LORD* **Yah Veh** said,
Judah **Yah Hudah** shall *go up* **ascend**:
behold, I have *delivered* **given** the land into his hand.
3 And *Judah* **Yah Hudah**
said unto *Simeon* **Shimon** his brother,
Come up **Ascend** with me into my *lot* **pebble**, that
we may fight against the *Canaanites* **Kenaaniy**;
and I likewise *will* **shall** go with thee into thy *lot* **pebble**.
So *Simeon* **Shimon** went with him.
4 And *Judah went up* **Yah Hudah ascended**;
and *the LORD delivered* **Yah Veh gave**
the *Canaanites* **Kenaaniy** and the *Perizzites* **Perizziy**
into their hand:
and they *slew* **smote** of them in *Bezek* **Bezeq**
ten thousand men.
5 And they found *Adonibezek* **Adoni Bezeq**
in *Bezek* **Bezeq**:
and they fought against him,
and they *slew* **smote** the *Canaanites* **Kenaaniy**
and the *Perizzites* **Perizziy**.
6 But *Adonibezek* **Adoni Bezeq** fled;
and they pursued after him, and *caught*
possessed him, and *cut* **chopped** off
his thumbs and his great toes
the great digits of his hands and of his feet.
7 And *Adonibezek* **Adoni Bezeq** said,
Threescore and ten kings **Seventy sovereigns**,
having *their thumbs and their great toes*
the great digits of their hands and of their feet
cut **chopped** off,
gathered their meat **gleaned** under my table:
as I have *done* **worked**,
so *God hath requited* **Elohim did shalam**
me. And they brought him to *Jerusalem*
Yeru Shalem, and there he died.

Yah Hudah Captures Yeru Shalem

8 Now the *children* **sons** of *Judah* **Yah Hudah**
had fought against *Jerusalem* **Yeru**
Shalem, and had *taken* **captured** it,
and smitten it with the *edge* **mouth** of the sword,
and *set* **sent** the city on fire.
9 And afterward the *children* **sons** of *Judah* **Yah Hudah**
went down **descended** to fight against the *Canaanites*
Kenaaniy, that *dwelt* **settled** in the mountain,
and in the south, and in the *valley* **lowland**.
10 And *Judah* **Yah Hudah**
went against the *Canaanites* **Kenaaniy**
that *dwelt* **settled** in Hebron: (now
the name of Hebron before
was *Kirjatharba* **Qiryath Arba**:)
and they *slew Sheshai* **smote Sheshay**,
and *Ahiman* **Achiy Man**, and *Talmai* **Talmay**.

Kaleb Captures Debir

11 And from thence
he went against the *inhabitants* **settlers** of Debir:
and the name of Debir before was
Kirjathsepher **Qiryath Sepher**:
12 And *Caleb* **Kaleb** said,
He that smiteth *Kirjathsepher* **Qiryath Sepher**
and *taketh* **captureth** it,
to him *will* **shall** I give Achsah my
daughter to *wife* **woman**.
13 And *Othniel* **Othni El** the son of *Kenaz* **Qenaz**,
Caleb's **Kaleb's** younger brother, *took* **captured** it:
and he gave him Achsah his daughter to *wife* **woman**.
14 And **so be i**t *came to pass*, when she came *to him*,

The Seduction Of Achsah

that she *moved* **goaded** him to ask of her father a field:
and she *lighted* **alighted** from off her *ass* **he burro**;
and *Caleb* **Kaleb** said unto her,
What *wilt thou* **is to thee**?
15 And she said unto him, Give me a blessing:
for thou hast given me a south land;
give me also *springs* **fountains** of water.
And *Caleb* **Kaleb** gave her the upper *springs* **fountains**
and the nether *springs* **fountains**.
16 And the *children* **sons** of the *Kenite* **Qayiniy**,
Moses' **Mosheh's** father in law,
went up **ascended**
out of *the city of palm trees* **Ir Hat Temarim**
with the *children* **sons** of *Judah* **Yah Hudah**
into the wilderness of *Judah* **Yah Hudah**,
which *lieth* **be** in the south of Arad;
and they went and *dwelt* **settled** among the people.

Yah Hudah Devotes Sephath

17 And *Judah* **Yah Hudah**
went with *Simeon* **Shimon** his brother,
and they *slew* **smote** the *Canaanites* **Kenaaniy**

that *inhabited Zephath* **settled Sephath,**
and *utterly destroyed* **devoted** it.
And the name of the city was called Hormah.

THE CAPTURED CITIES

18 Also *Judah took* **Yah Hudah captured**
Gaza **Azzah** with the *coast* **border** thereof,
and *Askelon* **Ashqelon** with the *coast* **border** thereof,
and *Ekron* **Eqron** with the *coast* **border** thereof.
19 And *the LORD* **Yah Veh** was with *Judah* **Yah Hudah**;
and he *drave out* **dispossessed**
the *inhabitants of* mountain;
but could not *drive out* **dispossess**
the *inhabitants* **settlers** of the valley,
because they had chariots of iron.
20 And they gave Hebron unto *Caleb* **Kaleb**,
as *Moses said* **Mosheh worded**: and he *expelled*
dispossessed thence the three sons of *Anak* **Anaq**.
21 And the *children* **sons** of *Benjamin* **Ben Yamin**
did not *drive out* **dispossess** the *Jebusites* **Yebusiy**
that *inhabited Jerusalem* **settled Yeru Shalem**;
but the *Jebusites* **Yebusiy**
dwell **settle** with the *children* **sons**
of *Benjamin* **Ben Yamin**
in *Jerusalem* **Yeru Shalem** unto this day.
22 And the house of *Joseph* **Yoseph**,
they also *went up* **ascended** against *Bethel* **Beth El**:
and *the LORD* **Yah Veh** was with them.
23 And the house of *Joseph* **Yoseph**
sent to *descry Bethel* **explore Beth El**. (Now
the name of the city before was Luz.)
24 And the *spies* **guards** saw a man
come forth out of **leave** the city, and they said unto him,
Shew us **Have us see**, we *pray* **beseech** thee,
the entrance into the city,
and we *will shew* **shall work** thee mercy.
25 And when he *shewed* **had** them **see**
the entrance into the city,
they smote the city with the *edge* **mouth** of the sword;
but they *let go* **sent away** the man and all his family.
26 And the man went into the land of the
Hittites **Hethiy**, and built a city, and
called the name thereof Luz:
which is the name thereof unto this day.

THE UNCONQUERED CITIES

27 Neither did *Manasseh* **Menash Sheh**
drive out **dispossess**
the inhabitants of Bethshean **Beth Shean**
and her *towns* **daughters**,
nor Taanach and her *towns* **daughters**, nor the
inhabitants **settlers** of Dor and her *towns* **daughters**,
nor the *inhabitants* **settlers** of *Ibleam* **Yible Am**
and her *towns* **daughters**,
nor the *inhabitants* **settlers** of Megiddo
and her *towns* **daughters**:
but the *Canaanites* **Kenaaniy**
would dwell **willed to settle** in that land.
28 And **so be** it *came to pass*,
when *Israel was strong* **Yisra El strengthened**,
that they *put* **set** the *Canaanites* **Kenaaniy**
to *tribute* **vassal**, and **in dispossessing**,
did not *utterly drive* **dispossess** them *out*.
29 Neither did *Ephraim drive out* **Ephrayim**
dispossess the *Canaanites* **Kenaaniy** that *dwelt*
settled in Gezer; but the *Canaanites* **Kenaaniy**
dwelt **settled** in Gezer among them.
30 Neither did Zebulun *drive out* **dispossess**
the *inhabitants* **settlers** of *Kitron* **Qitron**,
nor the *inhabitants* **settlers** of Nahalol;
but the *Canaanites dwelt* **Kenaaniy settled**
among them, and became *tributaries* **vassals**.
31 Neither did Asher *drive out* **dispossess**
the *inhabitants* **settlers** of *Accho* **Akko**, nor
the *inhabitants* **settlers** of *Zidon* **Sidon**,
nor of *Ahlab* **Ach Lab**, nor of Achzib,
nor of Helbah, nor of *Aphik* **Aphek**,
nor of *Rehob* **Rechob**:
32 But the *Asherites* **Asheriy**
dwelt **settled** among the *Canaanites* **Kenaaniy**,
the *inhabitants* **settlers** of the land:
for they did not *drive* **dispossess** them *out*.
33 Neither did Naphtali *drive out* **dispossess**
the *inhabitants* **settlers** of *Bethshemesh* **Beth Shemesh**,
nor the *inhabitants* **settlers** of *Bethanath* **Beth**
Anath; but he *dwelt* **settled** among the *Canaanites*
Kenaaniy, the *inhabitants* **settlers** of the land:
nevertheless the *inhabitants* **settlers**
of *Bethshemesh* **Beth Shemesh**
and of *Bethanath* **Beth Anath**
became *tributaries* **vassals** unto them.
34 And the *Amorites* **Emoriy**
forced **pressed** the *children* **sons** of
Dan into the mountain:
for they *would not suffer* **did not allow** them
to *come down* **descend** to the valley:
35 But the *Amorites would dwell* **Emoriy willed to settle**
in mount Heres in *Aijalon* **Ayalon**, and
in Shaalbim: yet the hand of the house of
Joseph **Yoseph** *prevailed* **was heavy**,
so that they became *tributaries* **vassals**.

36 And the *coast* **border** of the *Amorites* **Emoriy**
was from the *going up to Akrabbim* **ascent of**
Acrabbim, from the rock, and upward.

THE ANGEL OF YAH VEH AT BOCHIM

2 And an angel of *the LORD* **Yah Veh**
came up **ascended** from Gilgal to Bochim,
and said,
I made you to *go up* **ascend** out of *Egypt* **Misrayim**,
and have brought you unto the land
which I *sware* **oathed** unto your fathers; and I said, I *will*
never **shall not** break my covenant with you **eternally**.
2 And ye shall *make* **cut** no *league* **covenant**
with the *inhabitants* **settlers** of this land;
ye shall *throw* **pull** down their **sacrifice** altars:
but ye have not *obeyed* **hearkened unto** my
voice: why have ye *done* **worked** this?
3 Wherefore I also said,
I *will* **shall** not *drive* **dispossess** them *out*
from *before you* **thy face**;
but they shall be *as thorns* in your sides,
and their *gods* **elohim** shall be a snare unto you.
4 And **so be** it *came to pass*, when the
angel of *the LORD* **Yah Veh**
spake **worded** these words
unto all the *children* **sons** of *Israel* **Yisra El**, that
the people lifted up their voice, and wept.
5 And they caled the name of that place Bochim:
and they sacrificed there unto *the LORD* **Yah Veh**.

THE DEATH OF YAH SHUA

6 And when *Joshua* **Yah Shua**
had *let* **sent** the people *go* **away**,
the *children* **sons** of *Israel* **Yisra El** went
every man unto his inheritance to possess the land.
7 And the people served *the LORD* **Yah Veh**
all the days of *Joshua* **Yah Shua**,
and all the days of the elders
that *outlived Joshua* **prolonged days after Yah Shua**,
who had seen all the great works of *the LORD* **Yah Veh**,
that he *did* **worked** for *Israel* **Yisra El**.
8 And *Joshua* **Yah Shua** the son of Nun,
the servant of *the LORD* **Yah Veh**, died,
being **a son of** an hundred and ten years *old*.
9 And they *buried* **entombed** him in
the border of his inheritance
in *Timnathheres* **Timnah Heres**, in the
mount of *Ephraim* **Ephrayim**,
on the north *side* of *the hill* **Mount** Gaash.

THE NEW GENERATIONS SERVE BAALIM

10 And also all that generation were
gathered unto their fathers:
and there arose another generation after them,
which knew not *the LORD* **Yah Veh**,
nor yet the works
which he had *done* **worked** for *Israel* **Yisra El**.
11 And the *children* **sons** of *Israel did* **Yisra El worked** evil
in the *sight* **eyes** of *the LORD* **Yah**
Veh, and served Baalim:
12 And they forsook
the LORD God **Yah Veh Elohim** of their fathers, which
brought them out of the land of *Egypt* **Misrayim**,
and *followed* **went after** other *gods* **elohim**,
of the *gods* **elohim** of the people that
were round about them,
and *bowed* **prostrated** themselves unto them, and
provoked the LORD to anger **vexed Yah Veh**.
13 And they forsook *the LORD* **Yah Veh**,
and served Baal and Ashtaroth.
14 And the *anger* **wrath** of *the LORD* **Yah Veh**
was hot **kindled** against *Israel* **Yisra**
El, and he *delivered* **gave** them
into the hands of *spoilers* **plunderers**
that *spoiled* **plundered** them, and he sold them
into the hands of their enemies round about,
so that they could not *any longer* **still** stand
before **at the face of** their enemies.
15 Whithersoever they went out,
the hand of *the LORD* **Yah Veh** was against them
for evil, as *the LORD* **Yah Veh** had *said* **worded**,
and as *the LORD* **Yah Veh** had *sworn* **oathed** unto them:
and they were *greatly distressed* **mightily depressed**.

YAH VEH RAISES JUDGES

16 Neverthelesthe *LORD* **Yah Veh** raised up judges,
which *delivered* **saved** them
out of the hand of those that *spoiled* **plundered** them.
17 And yet they *would* **did** not hearken unto
their judges, but they *went a whoring*
whored after other *gods* **elohim**,
and *bowed* **prostrated** themselves unto them:
they turned *quickly* **hastily aside**
out of the way which their fathers walked
in, *obeying* **hearing** the *commandments*
mitsvoth of *the LORD* **Yah Veh**;
but they *did* **worked** not so.
18 And when *the LORD* **Yah Veh** raised them up judges,
then *the LORD* **Yah Veh** was with the judge,

and *delivered* **saved** them out of
the hand of their enemies
all the days of the judge:
for *it repented the LORD* **Yah Veh sighed**
because of their groanings
by reason of them that oppressed them
at the face of their oppressors
and *vexed* **oppressed** them.
19 And **so be** it *came to pass*, when the
judge was dead, that they returned,
and *corrupted* **ruined** *themselves* more than their fathers,
in *following* **going after** other *gods* **elohim** to serve
them, and to *bow down* **prostrate** unto them;
they *ceased* **fell** not from their *own doings*
exploits, nor from their *stubborn* **hard** way.
20 And the *anger* **wrath** of *the LORD* **Yah Veh**
was hot **kindled** against *Israel* **Yisra El**; and
he said, Because that this *people* **goyim**
hath *transgressed* **trespassed** my covenant
which I *commanded* **misvahed** their fathers,
and have not hearkened unto my voice;
21 I also *will* **shall** not **add to**
henceforth drive out any **dispossess man**
from *before them* **their face** of the *nations* **goyim**
which *Joshua* **Yah Shua** left when he died:
22 That through them I may *prove Israel* **test**
Yisra El, whether they *will keep* **shall guard**
the way of *the LORD* **Yah Veh** to walk therein,
as their fathers *did keep it* **guarded**, or not.
23 Therefore *the LORD* **Yah Veh**
left **set** those *nations* **goyim**,
without driving **by not dispossessing** them *out* hastily;
neither *delivered* **gave** he them into
the hand of *Joshua* **Yah Shua**.

YAH VEH TESTS YISRA EL

3 *Now* these are the *nations* **goyim**
which *the LORD left* **Yah Veh set**,
to *prove Israel* **test Yisra El** by them, *even* as many *of*
Israel as had not known all the wars of *Canaan* **Kenaan**;
2 Only that the generations
of the *children* **sons** of *Israel* **Yisra El**
might know, to teach them war,
at the least **only** such
as *before* **formerly** knew *nothing* **naught** thereof;
3 *Namely*,
five *lords* **ringleaders** of the *Philistines*
Peleshethiy, and all the *Canaanites* **Kenaaniy**,
and the *Sidonians* **Sidoniy**,
and the *Hivites* **Hivviy**
that *dwelt* **settled** in mount Lebanon,
from mount *Baalhermon* **Baal Hermon**
unto the entering in of Hamath.
4 And they were to *prove Israel* **test Yisra El** by them,
to know whether they *would* **should** hearken
unto the *commandments* **mitsvoth** of *the LORD* **Yah**
Veh, which he *commanded* **misvahed** their fathers
by the hand of *Moses* **Mosheh**.
5 And the *children* **sons** of *Israel* **Yisra El**
dwelt **settled** among
the *Canaanites* **Kenaaniy**, *Hittites* **Hethiy**, and
Amorites **Emoriy**, and *Perizzites* **Perizziy**, and
Hivites **Hivviy**, and *Jebusites* **Yebusiy**:
6 And they took their daughters to be their *wives*
women, and gave their daughters to their sons,
and served their *gods* **elohim**.
7 And the *children* **sons** of *Israel* **Yisra El**

JUDGE OTHNI EL

did **worked** evil in the *sight* **eyes** of *the LORD* **Yah Veh**,
and forgat *the LORD* **Yah Veh** their *God* **Elohim**,
and served Baalim and the *groves* **asherim**.
8 Therefore the *anger* **wrath** of *the LORD* **Yah Veh**
was hot **kindled** against *Israel* **Yisra El**,
and he sold them into the hand of
Chushanrishathaim **Kushan Rishathaim**
king **sovereign** of *Mesopotamia* **Aram Naharaim**:
and the *children* **sons** of *Israel* **Yisra El**
served *Chushanrishathaim* **Kushan**
Rishathaim eight years.
9 And when the *children* **sons** of *Israel* **Yisra El**
cried unto *the LORD* **Yah Veh**,
the LORD **Yah Veh** raised up a *deliverer* **saviour**
to the *children* **sons** of *Israel* **Yisra El**,
who *delivered* **saved** them,
even *Othniel* **Othni El** the son of *Kenaz* **Qenaz**,
Caleb's **Kaleb's** younger brother.
10 And the Spirit of *the LORD* **Yah Veh** came upon him,
and he judged *Israel* **Yisra El**, and went out to war:
and *the LORD delivered* **Yah Veh gave**
Chushanrishathaim **Kushan Rishathaim**,
king **sovereign** of *Mesopotamia* **Aram** into his hand;
and his hand prevailed
against *Chushanrishathaim* **Kushan Rishathaim**.
11 And the land *had rest* **rested** forty years.
And *Othniel* **Othni El** the son of *Kenaz* **Qenaz** died.

YISRA EL IN SERVITUDE

12 And the *children* **sons** of *Israel* **Yisra El**
did **added to work** evil *again*

in the *sight* **eyes** of *the LORD* **Yah Veh**:
and *the LORD* **Yah Veh** strengthened Eglon
the *king* **sovereign** of Moab against *Israel* **Yisra**
El, because they had *done* **worked** evil
in the *sight* **eyes** of *the LORD* **Yah Veh**.
13 And he gathered unto him
the *children* **sons** of Ammon and *Amalek*
Amaleq, and went and smote *Israel* **Yisra El**,
and possessed *the city of palm trees* **Ir Hat Temarim**.
14 So the *children* **sons** of *Israel* **Yisra El**
served Eglon the *king* **sovereign** of Moab eighteen years.

EHUD THE SAVIOUR

15 But when the *children* **sons** of *Israel* **Yisra El**
cried unto *the LORD* **Yah Veh**,
the LORD **Yah Veh** raised them up a *deliverer* **saviour**,
Ehud the son of Gera, a *Benjamite* **Ben Yaminiy**,
a man *lefthanded* **shut of his right hand**:
and by *him* **his hand** the *children* **sons** of *Israel* **Yisra El**
sent *a present* **an offering** unto Eglon
the *king* **sovereign** of Moab.
16 But Ehud *made* **worked** him a *dagger*
sword which had two edges, of a *cubit* **span** length;
and he did gird it under his *raiment* **tailoring**
upon his right *thigh* **flank**.
17 And he *brought* **oblated** the *present* **offering**
unto Eglon *king* **sovereign** of Moab:
and Eglon was a *very* **mighty** fat man.
18 Andwhenhehad*madeanend***finished**
to offer **oblating** the *present* **offering**,
he sent away the people that bare the *present* **offering**.
19 Buthehimselfturned*again*fromthe*quaries***sculptiles**
that were by Gilgal, and said,
I have a *secret errand* **covert word**
unto thee, O *king* **sovereign**:
who said, *Keep silence* **Hush**.
And all that stood by him went out from him.
20 And Ehud came unto him;
and he *was sitting* **settled**
in *a summer parlour* **an upper room of**
cooling, which he had for himself alone.
And Ehud said,
I have a *message* **word** from *God* **Elohim** unto thee.
And he arose out of his *seat* **throne**.
21 And Ehud *put* **sent** forth his left *hand*,
and took the *dagger* **sword** from his right *thigh*
flank, and *thrust* **staked** it into his belly:
22 And the *haft* **handle** also went in after the blade;
and the fat *closed upon* **shut through** the blade,
so that he could not draw the *dagger* **sword**
out of his belly;
and *the dirt* **it** came out **at the anus**.
23 Then Ehud went forth through the *porch* **portico**,
and shut the doors of the *parlour* **upper room**
upon him, and *locked* **enclosed** them.
24 Whenhe*wasgoneou***wt enh,t**iservantscame;
and when they saw that, behold,
the doors of the *parlour* **upper room** were *locked*
enclosed, they said, Surely he covereth his feet
in his *summer* **cooling** chamber.
25 And they *tarried* **waited** till they
were *ashamed* **shamed**:
and, behold,
he opened not the doors of the *parlour* **upper room**;
therefore they took a key, and opened *them*: and,
behold, their *lord* **adoni** was fallen down
dead **having died** on the earth.
26 And Ehud escaped while they *tarried* **lingered**,
and passed beyond the *quarries* **sculptiles**,
and escaped unto *Seirath* **Seirah**.
27 And **so be** it *came to pass*, when he was come,
that he *blew* **blast** a *trumpet* **shophar**
in the mountain of *Ephraim* **Ephrayim**, and
the *children* **sons** of *Israel* **Yisra El**
went down **descended** with him from the mount,
and he *before them* **at their face**.
28 And he said unto them, *Follow* **Pursue** after me:
for *the LORD* **Yah Veh** hath *delivered* **given**
your enemies the *Moabites* **Moabiy**
into your hand.
And they *went down* **descended** after him,
and *took* **captured** the *fords* **passages** of *Jordan* **Yarden**
toward Moab,
and *suffered* **allowed** not a man to pass over.
29 And they *slew* **smote** of Moab at that
time about ten thousand men,
all *lusty* **fat**, and all men of valour;
and there escaped not a man.
30 So Moab was subdued that day under
the hand of *Israel* **Yisra El**.
And the land *had rest fourscore* **rested eighty** years.
31 And after him was Shamgar the son of Anath,
which *slew* **smote** of the *Philistines* **Peleshethiy**
six hundred men with an ox goad:
and he also *delivered Israel* **saved Yisra El**.

SHAMGAR
SONS OF YISRA EL ARE SOLD

4 And the *children* **sons** of *Israel* **Yisra El**

again did **added to work** evil
in the *sight* **eyes** of *the LORD* **Yah Veh**,
when Ehud *was dead* **died**.
2 And *the LORD* **Yah Veh** sold them
into the hand of *Jabin* **Yabyn**
king **sovereign** of *Canaan* **Kenaan**,
that reigned in *Hazor* **Hasor**;
the *captain* **governor** of whose host
was Sisera, which *dwelt* **settled**
in Harosheth **by Harosheth/Engravers**
of the *Gentiles* **Goyim**.
3 And the *children* **sons** of *Israel* **Yisra El**
cried unto *the LORD* **Yah Veh**:
for he had nine hundred chariots of iron;
and twenty years he *mightily* **strongly** oppressed
the *children* **sons** of *Israel* **Yisra El**.
4 And Deborah, a **woman** prophetess,
the *wife* **woman** of *Lapidoth* **Lappidoth**,
she judged *Israel* **Yisra El** at that time.
5 And she *dwelt* **settled** under the palm tree of Deborah
between Ramah and *Bethel* **Beth El**
in mount *Ephraim* **Ephrayim**:
and the *children* **sons** of *Israel* **Yisra El**
came up **ascended** to her for judgment.
6 And she sent and called *Barak* **Baraq**
the son of *Abinoam* **Abi Noam**
out of *Kedeshnaphtali* **Kedesh Naphtali**,
and said unto him,

DEBORAH

Hath not *the LORD God* **Yah Veh**
Elohim of *Israel* **Yisra El**
commanded **misvahed**, *saying*, Go and draw
toward mount Tabor, and take with thee ten
thousand men of the *children* **sons** of Naphtali
and of the *children* **sons** of Zebulun?
7 And I *will* **shall** draw unto thee
to the *river Kishon* **wadi Qishon** Sisera,
the *captain* **governor** of *Jabin's army* **Yabyn's**
host, with his chariots and his multitude;
and I *will deliver* **shall give** him into thine hand.
8 And *Barak* **Baraq** said unto her,
If thou *wilt* **shalt** go with me, then I *will* **shall** go:
but if thou *wilt* **shalt** not go with me,
then I will **I shall** not go.
9 And she said, **In walking,**
I *will surely go* **shall walk** with thee:
notwithstanding **finally**
the journey that thou *takest* **walkest** shall
not be for thine *honour* **adornment**; for
the LORD **Yah Veh** shall sell Sisera
into the hand of a woman.
And Deborah arose,
and went with *Barak* **Baraq** to *Kedesh* **Qedesh**.
10 And *Barak* **Baraq**
called **cried unto** Zebulun and
Naphtali to *Kedesh* **Qedesh**;
and he *went up* **ascended**
with ten thousand men at his feet:
and Deborah *went up* **ascended** with him.
11 Now Heber the *Kenite* **Qayiniy**,
which was of the *children* **sons** of Hobab
the father in law of *Moses* **Mosheh**,
had *severed* **separated** himself from the *Kenites*
Qayiniy, and *pitched* **spread** his tent
unto the *plain* **mighty oaks** of *Zaanaim*
Saanayim, which is by *Kedesh* **Qedesh**.
12 And they *shewed* **told** Sisera
that *Barak* **Baraq** the son of *Abinoam* **Abi Noam**
was gone up **ascended** to mount Tabor.
13 And Sisera *gathered together* **cried for** all his chariots,
even nine hundred chariots of iron, and
all the people that were with him,
from *Harosheth* **the engravers** of the *Gentiles* **goyim**
unto the river of *Kishon* **Qishon**.
14 And Deborah said unto *Barak* **Baraq**, *Up* **Arise**;
for this is the day in which *the LORD* **Yah Veh**
hath *delivered* **given** Sisera into thine hand:
is not *the LORD* **Yah Veh**
gone out *before thee* **at thy face**?
So *Barak went down* **Baraq descended** from
mount Tabor, and ten thousand men after him.
15 And *the LORD discomfited* **Yah Veh agitated**
Sisera, and all his chariots, and all his *host* **camp**,
with the *edge* **mouth** of the sword
before Barak **at the face of Baraq**;
so that Sisera *lighted down* **descended** off
his chariot, and fled away on his feet.
16 But *Barak* **Baraq** pursued after the
chariots, and after the *host* **camp**,
unto *Harosheth* **the engravers** of the *Gentiles* **goyim**:
and all the *host* **camp** of Sisera
fell upon the *edge* **mouth** of the sword;
and *there was not a man left* **not one survived**.
17 Howbeit Sisera fled away on his
feet to the tent of *Jael* **Yael**
the *wife* **woman** of Heber the *Kenite* **Qayiniy**:
for there was *peace* **shalom**

between *Jabin* **Yabyn** the *king* **sovereign** of *Hazor* **Hasor**
and the house of Heber the *Kenite* **Qayiniy**.
18 And *Jael* **Yael** went out to meet
Sisera, and said unto him,
Turn in, my *lord* **adoni**, turn in to me; *fear* **awe** not.
And when he had turned in unto her into the
tent, she covered him with a *mantle* **blanket**.
19 And he said unto her, Give me, I *pray* **beseech** thee,
a little water to drink; for I *am thirsty* **thirst**.
And she opened a *bottle* **skin** of milk, and
gave him drink, and covered him.
20 Again he said unto her,
Stand in the *door* **opening** of the tent, and it shall be,
when any man doth come and *enquire* **ask** of thee,
and say, Is there any man here? that thou shalt say, No.
21 Then *Jael* **Yael** Heber's *wife* **woman**
took a *nail* **stake** of the tent,
and *took* **set** an hammer in her hand,
and went *softly* **quietly** unto him,
and *smote* **staked** the *nail* **stake** into his temples,
and *fastened* **drove** it into the *ground* **earth**:
for he was *fast* **sound** asleep and *weary* **fluttered**.
So he died.
22 And, behold, as *Barak* **Baraq** pursued Sisera,
Jael came out **Yael went** to meet him,
and said unto him, Come,
and I *will shew thee* **shall have thee see**
the man whom thou seekest. And
when he came into her *tent*,
behold, Sisera *lay dead* **had fallen and died**,
and the *nail* **stake** was in his temples.
23 So *God* **Elohim** subdued on that day
Jabin **Yabyn** the *king* **sovereign** of *Canaan* **Kenaan**
before **at the face of** the *children* **sons** of *Israel* **Yisra El**.
24 And the hand of the *children* **sons** of *Israel* **Yisra El**
prospered **in going, did go**,
and *prevailed* **did go hard** against *Jabin* **Yabyn**
the *king* **sovereign** of *Canaan* **Kenaan**, until
they had *destroyed Jabin* **cut off Yabyn**
king **sovereign** of *Canaan* **Kenaan**.

THE SONG OF DEBORAH AND BARAQ

5 Then sang Deborah and *Barak* **Baraq**
the son of *Abinoam* **Abi Noam** on that day, saying,
2 *Praise* **Bless** *ye the LORD* **Yah Veh**
for *the avenging* **leading the leaders** of
Israel **Yisra El**, when the people *willingly*
offered **volunteered** themselves.
3 Hear, O ye *kings* **sovereigns**;
give ear **hearken**, O ye *princes* **potentates**;
I, *even I, will* — **I shall** sing unto *the LORD*
Yah Veh; I *will sing praise* **shall pluck**
to *the LORD God* **Yah Veh Elohim** of *Israel* **Yisra El**.
4 *LORD* **O Yah Veh**, when thou wentest out of Seir,
when thou *marchedst* **pacedst** out of the field
of Edom, the earth *trembled* **quaked**,
and the heavens *dropped* **dripped**,
the **thick** clouds also *dropped* **dripped** water.
5 The mountains *melted* **flowed**
from *before the LORD* **the face of Yah Veh**, even
that *Sinai* **Sinay** from *before* **the face of**
the LORD God **Yah Veh Elohim** of *Israel* **Yisra El**.
6 In the days of Shamgar the son of Anath,
in the days of *Jael* **Yael**,
the highways were *unoccupied* **abandoned**,
and the *travellers* **walkers of paths**
walked through *byways* **crooked ways**.
7 The *inhabitants of the villages* **suburbanites** ceased,
they ceased in *Israel* **Yisra El**, until that I Deborah
arose, that I arose a mother in *Israel* **Yisra El**.
8 They chose new *gods* **elohim**;
then was *war* **fighting** in the *gates* **portals**:
was there a *shield* **buckler** or *spear* **javelin** seen
among forty thousand in *Israel* **Yisra El**?
9 My heart is toward
the *governors* **statute setters** of *Israel* **Yisra El**,
that *offered themselves willingly* **volunteered**
among the people.
Bless ye *the LORD* **Yah Veh**.
10 *Speak* **Meditate**, ye that ride on white *asses* **she**
burros, ye that *sit in judgment* **settle in tailoring**,
and walk by the way.
11 *They that are delivered from the noise of archers*
By the voice in rank
in the *places of drawing water* **troughs**,
there shall they *rehearse* **celebrate**
the *righteous acts* **justnesses** of *the LORD* **Yah Veh**,
even the *righteous acts* **justnesses**
toward the *inhabitants of his villages* **suburbanites**
in *Israel* **Yisra El**:
then shall the people of *the LORD* **Yah Veh**
go down **descend** to the *gates* **portals**.
12 Awake, awake, Deborah:
awake, awake, *utter* **word** a song:
arise, *Barak* **Baraq**, and lead thy captivity
captive, thou son of *Abinoam* **Abi Noam**.
13 Then he made him that *remaineth* **surviveth**
have dominion **subjugate** over the
nobles among the people:
the LORD **Yah Veh**

made me *have dominion* **subjugate** over the mighty.
14 Out of *Ephraim* **Ephrayim**
was there a root of them against *Amalek*
Amaleq; after thee, *Benjamin* **Ben Yamin**,
among thy people; out of Machir
came down governors **descended the statute setters**,
and out of Zebulun
they that *handle* **draw with** the *pen* **scion**
of the *writer* **scribe**.
15 And the *princes* **governors** of *Issachar* **Yissachar**
were with Deborah;
even *Issachar* **Yissachar**, and also *Barak* **Baraq**:
he was sent on foot into the valley. For
the divisions of *Reuben* **Reu Ben**
there were great *thoughts* **statutes** of heart.
16 Why *abodest* **seatest** thou
among **between** the *sheepfolds* **stalls**,
to hear the *bleatings* **hisses** of the *flocks* **droves**?
For the divisions of *Reuben* **Reu Ben**
there were great *searchings* **probings** of heart.
17 *Gilead abode* **Gilad tabernacled**
beyond *Jordan* **Yarden**:
and why did Dan *remain* **sojourn** in ships? Asher
continued **settled** on the sea *shore* **haven**,
and *abode* **tabernacled** in his *breaches* **breakwater**.
18 Zebulun and Naphtali were a people
that jeoparded **exposed to reproach** their *lives* **souls**
unto *the death* **dying** in the high places of the field.
19 The *kings* **sovereigns** came and fought,
then fought the *kings* **sovereigns** of *Canaan* **Kenaan**
in Taanach by the waters of Megiddo;
they took no gain of *money* **silver**.
20 They fought from *heaven* **the heavens**;
the stars in their *courses* **highways** fought against Sisera.
21 The *river* **wadi** of *Kishon* **Qishon**
swept **bore** them away,
that ancient *river* **wadi**, the *river Kishon* **wadi Qishon**.
O my soul, thou hast trodden down strength.
22 Thenwerethe*horsehoofs***horseheelprints**
broken **hammered** by the means of the pransings,
the pransings of their mighty ones.
23 Curse ye Meroz, said the angel of *the LORD* **Yah Veh**,
in cursing, curse ye *bitterly* the
inhabitants **settlers** thereof;
because they came not to the help of *the LORD* **Yah Veh**,
to the help of *the LORD* **Yah Veh** against the mighty.
24 Blessed above women shall *Jael* **Yael**
the *wife* **woman** of Heber the *Kenite* **Qayiniy** be,
blessed shall she be above women in the te nt.
25 He asked water, and she gave *him* milk;
she *brought forth* **approached with** butter
in a *lordly dish* **mighty bason**.
26 She *put* **spread** her hand to the *nail* **stake**,
and her right *hand* to the *workmen's* **toiler's**
hammer; and *with the hammer she smote* **she**
hammered Sisera, she *smote off* **crushed** his head,
when she had *pierced* **struck**
and *stricken* **passed** through his temples.
27 *At***Between**herfethebowed,hefel,helaydown:
at **between** her feet he bowed, he fell:
where he bowed, there he fell down *dead* **ravaged**.
28 ThemotherofSiseralookedoutatawindow,
and cried through the lattice,
Why is his chariot *so long* **delayed** in coming?
why *tarry* **delay** the *wheels* **steps** of his chariots?
29 Herwise*ladies***governesses**answeredher,
yea, she returned *answer* **sayings** to herself,
30 Have they not *sped* **found**?
have they *not divided* **allotted** the *prey* **spoil**;
to *every man* **the head mighty**
a *damsel* **maiden** or two **maidens**;
to Sisera a *prey* **spoil** of *divers colours* **dyes**,
a *prey* **spoil** of *divers colours* **dyes**
of *needlework* **embroidery**
of *divers colours* **dyes** of *needlework* **embroidery**
on both sides,
meet for the necks of *them that*
take the spoil **the spoilers**?
31 So let all thine enemies *perish*
destruct, O *LORD* **Yah Veh**:
but let them that love him be as the sun
when he goeth *forth* in his might.
And the land *had rest* **rested** forty years.

A PERSECUTION OF THE MIDYANIY, THE AMALEKIY, AND THE SONS OF THE EAST

6 And the *children* **sons** of *Israel did* **Yisra El worked**
evil in the *sight* **eyes** of *the LORD* **Yah Veh**:
and *the LORD delivered* **Yah Veh gave** them into
the hand of *Midian* **Midyan** seven years.
2 Andthehandof*Midian***Midyan**
prevailed against *Israel* **Yisra El**:
and *because* **at the face** of the *Midianites* **Midyaniy**
the *children* **sons** of *Israel made* **Yisra El worked**
them the *dens* **caverns** which are in the mountains,
and caves, and *strong holds* **huntholds**.
3 And so it was, when *Israel* **Yisra El** had *sown* **seeded**,

that the *Midianites came up* **Midyan**
ascended, and the *Amalekites* **Amalekiy**,
and the *children* **sons** of the east,
even they *came up* **ascended** against them;
4 And they encamped against them,
and *destroyed* **ruined** the *increase* **produce** of the
earth, till thou *come unto Gaza* **enter Azzah**,
and *left no sustenance* **no invigoration survived**
for *Israel* **Yisra El**,
neither *sheep* **lamb**, nor ox, nor *ass* **he burro**.
5 For they *came up* **ascended**
with their *cattle* **chattel** and their tents,
and they came as *grasshoppers* **locusts** *for*
multitude **in sufficient abundance**;
for both they and their camels were without number:
and they entered into the land to *destroy* **ruin** it.
6 And *Israel* **Yisra El**
was *greatly impoverished* **mighty lanquished**
because **at the face** of the *Midianites* **Midyaniy**;
and the *children* **sons** of *Israel* **Yisra El**
cried unto *the LORD* **Yah Veh**.
7 And **so be** it *came to pass*,
when the *children* **sons** of *Israel* **Yisra El**
cried unto *the LORD* **Yah Veh**
because of *the Midianites* **Midyan**,
8 That *the LORD* **Yah Veh** sent **a man** — a prophet
unto the *children* **sons** of *Israel* **Yisra El**,
which said unto them, Thus saith
the LORD God **Yah Veh Elohim** of *Israel* **Yisra El**,
I *brought* **ascended** you *up* from *Egypt*
Misrayim, and brought you forth
out of the house of *bondage* **servants**;
9 And I *delivered* **rescued** you
out of the hand of the *Egyptians* **Misrayim**, and
out of the hand of all that oppressed you, and
drave them out from *before you* **thy face**,
and gave you their land;
10 And I said unto you,
I am the LORD **I — Yah Veh** your *God* **Elohim**;
fear **awe** not the *gods* **elohim** of the *Amorites*
Emoriy, in whose land ye *dwell* **settle**:
but ye have not *obeyed* **hearkened unto** my voice.

GIDON
THE ANGEL OF YAH VEH VISITS GIDON

11 And there came an angel of *the LORD* **Yah Veh**,
and sat **settled** under an oak which was in Ophrah,
that pertained unto Joash **of Yah Ash**
the *Abiezrite* **Abi Ezeriy**:
and his son *Gideon* **Gidon**
threshed wheat by the winepress,
to *hide it* **cause it to flee**
from **the face of** the *Midianites* **Midyaniy**.
12 And the angel of *the LORD* **Yah Veh**
appeared unto **was seen by** him, and said unto him,
The LORD **Yah Veh** is with thee,
thou mighty *man* of valour.
13 And *Gideon* **Gidon** said unto him,
Oh my *Lord* **Adonay**,
if *the LORD* **Yah Veh** be with us,
why then *is* **has** all this *befallen* **found** us?
and where be all his *miracles* **marvels** which our fathers
told us of **scribed us**, saying, Did not *the LORD* **Yah Veh**
bring **ascend** us *up* from *Egypt* **Misrayim**? but now *the*
LORD **Yah Veh** hath forsaken us, and *delivered* **given** us
into the *hands* **palms** of the *Midianites* **Midyaniy**.
14 And *the LORD looked upon* **Yah Veh faced**
him, and said, Go in this thy *might* **force**,
and thou shalt save *Israel* **Yisra El**
from the *hand* **palm** of the *Midianites* **Midyaniy**:
have not I sent thee?
15 And he said unto him, Oh my *Lord* **Adonay**,
wherewith shall I save *Israel* **Yisra El**? behold,
my *family* **thousand** is poor in *Manasseh* **Menash**
Sheh, and I am the *least* **lesser** in my father's house.
16 And*the LORD* **Yah Veh** said unto him,
Surely I will **Because I shall** be with thee,
and thou shalt smite the *Midianites*
Midyaniy as one man.
17 And he said unto him,
If now I have found *grace* **charism** in thy
sight **eyes**, then *shew* **work** me a sign
that thou *talkest* **wordest** with me.
18 Depart not hence, I *pray* **beseech** thee,
until I come unto thee,
and bring forth my *present* **offering**, and set
it *before thee* **at thy face**. And he said,
I *will tarry* **shall settle** until thou *come again* **return**.
19 And *Gideon* **Gidon** went in,
and *made ready* **worked** a *kid* **doe goat**,
and *unleavened cakes* **matsahs** of an ephah of flour:
the flesh he *put* **set** in a basket,
and he *put* **set** the broth in a *pot* **skillet**, and
brought it out unto him under the oak,
and *presented it* **approached**.
20 And the angel of *God* **Elohim** said unto him, Take
the flesh and the *unleavened cakes* **matsahs**,
and *lay them* **set** upon this rock, and pour out the broth.
And he *did* **worked** so.
21 Then the angel of *the LORD* **Yah Veh**

put **sent** forth the end of the staff that was in his
hand, and touched the flesh and the *unleavened cakes*
matsahs; and there *rose up* **ascended** fire out of the rock,
and consumed the flesh
and the *unleavened cakes* **matsahs**. Then
the angel of *the LORD* **Yah Veh**
departed out of his sight **went from his eyes.**
22 And when *Gideon* **Gidon**
perceived **saw** that he was an angel of *the LORD* **Yah Veh,**
Gideon **Gidon** said, *Alas* **Aha,** O *Lord GOD*
Adonay Yah Veh! for *because* **thus**
I have seen an angel of *the LORD* **Yah Veh** face to face.
23 And *the LORD* **Yah Veh** said unto him,
Peace **Shalom** be unto thee; *fear* **awe** not:
thou shalt not die.
24 Then *Gideon* **Gidon** built *an* **a sacrifice**
altar there unto *the LORD* **Yah Veh,**
and called it *Jehovahshalom* **Yah Veh Shalom:**
unto this day
it is yet in Ophrah of the *Abiezrites* **Abi Ezeriy.**
25 And **so be** it *came to pass*, the same night,
that *the LORD* **Yah Veh** said unto him,
Take thy father's young *bullock* **steer ox**, even
the second bullock of seven years *old*,
and *throw down* **demolish** the **sacrifice**
altar of Baal that thy father hath,
and cut down the *grove* **asherah** that is by it:
26 And build *an* **a sacrifice** altar
unto *the LORD* **Yah Veh** thy *God* **Elohim**
upon the top of this *rock* **stronghold,**
in the ordered place **by the arrangement,**
and take the second bullock,
and *offer* **holocaust** a *burnt sacrifice* **holocaust**
with the *wood* **timber** of the *grove* **asherah**
which thou shalt cut down.
27 Then *Gideon* **Gidon** took ten men of
his servants, and *did* **worked**
as *the LORD* **Yah Veh** had *said* **worded** unto him:
and so **be** it *was*,
because he *feared* **awed** his father's
household, and the men of the city,
that he could not *do* **work** it by day,
that he *did* **worked** it by night.
28 And when the men of the city
arose **started** early in the morning, behold,
the **sacrifice** altar of Baal was *cast* **pulled** down, and
the *grove* **asherah** was cut down that was by it,
and the second bullock
was *offered* **holocausted**
upon the **sacrifice** altar *that was* built.
29 And they said *one* **man** to *another* **friend,**
Who hath *done* **worked** this *thing* **word?**
And when they enquired and *asked* **sought**, they said,
Gideon **Gidon** the son of *Joash* **Yah Ash**
hath *done* **worked** this *thing* **word.**
30 Then the men of the city said unto *Joash* **Yah**
Ash, Bring out thy son, that he may die:
because he hath *cast* **pulled** down
the **sacrifice** altar of Baal, and because he hath cut down
the *grove* **asherah** that was by it.
31 And *Joash* **Yah Ash** said unto all
that stood against him,
Will **Shall** ye plead for Baal? *will* **shall** ye save him?
he that *will* **shall** plead for him,
let him be *put to death* **deathified**
whilst it is *yet* morning:
if he be *a god* **an elohim**, let him plead for himself,
because *one* **he** hath *cast* **pulled** down his **sacrifice** altar.
32 Therefore on that day
he called him *Jerubbaal* **Yerub Baal,**
saying, Let Baal plead against him,
because he hath *thrown* **pulled** down his **sacrifice** altar.
33 Then all *the Midianites* **Midyaniy**
and *the Amalekites* **Amaleqiy**
and the *children* **sons** of the east were
gathered together, and *went* **passed** over,
and *pitched* **encamped** in the valley of *Jezreel* **Yizre El.**
34 But the Spirit of *the LORD* **Yah Veh**
came upon Gideon **enrobed Gidon**, and
he *blew* **blast** a *trumpet* **shophar;**
and *Abiezer was gathered* **Abi Ezer cried** after him.
35 And he sent *messengers* **angels** throughout
all *Manasseh* **Menash Sheh**; who also
was gathered **cried** after him:
and he sent *messengers* **angels** unto Asher,
and unto Zebulun, and unto Naphtali;
and they *came up* **ascended** to meet them.

GIDON AND THE SHEARING

36 And *Gideon* **Gidon** said unto *God* **Elohim,**
If thou *wilt* **shalt** save *Israel* **Yisra El** by
mine hand, as thou hast *said* **worded,**
37 Behold, I *will put* **shall place** a *fleece* **shearing**
of wool in the *floor* **threshingfloor;**
and if the dew be on the *fleece* **shearing** only, and
it be dry **parched** upon all the earth *beside*,
then shall I know that
thou *wilt* **shalt** save *Israel* **Yisra El** by mine
hand, as thou hast *said* **worded.**
38 And **so be** it *was so*:

for he *rose up* **started** early on the morrow,
and *thrust* **squeezed** the *fleece* **shearing** together,
and wringed the dew out of the *fleece* **shearing**,
a *bowl* **bason** full of water.
39 And *Gideon* **Gidon** said unto *God* **Elohim**,
Let not *thine anger be hot* **thy wrath kindle** against
me, and I *will speak* **shall word** but this *once* **one**
time: let me *prove* **test**, I *pray* **beseech** thee,
but this *once* **one time** with the *fleece* **shearing**;
let it now be *dry* **parched** only upon the *fleece* **shearing**,
and upon all the *ground* **earth** let there be dew.
40 And *God did* **Elohim worked** so that night:
for it was *dry* **parched** upon the *fleece* **shearing**
only, and there was dew on all the *ground* **earth**.

Gidon Defeats The Midyaniy

7 Then *Jerubbaal* **Yerub Baal**, who is *Gideon* **Gidon**,
and all the people that were with him,
rose up **started** early, and *pitched* **encamped**
beside *the well of Harod* **En Harod**:
so that the *host* **camp** of the *Midianites* **Midyaniy**
were on the north *side* of them, by the
hill of Moreh, in the valley.
2 And *the LORD* **Yah Veh** said unto *Gideon* **Gidon**,
The people that are with thee are too many for me
to give the *Midianites* **Midyaniy** into their hands,
lest *Israel vaunt* **Yisra El boast** themselves against
me, saying, Mine own hand hath saved me.
3 Now therefore *go to* **I beseech**,
proclaim **call out** in the ears of the people,
saying, Whosoever *is fearful* **aweth** and
afraid **trembleth**, let him return
and *depart early* **skip about** from mount *Gilead* **Gilad**.
And there returned of the people
twenty and two thousand;
and there *remained* **survived** ten thousand.
4 And *the LORD* **Yah Veh** said unto *Gideon* **Gidon**,
The people are yet *too* many;
bring them down unto the water,
and I *will try* **shall refine** them for thee there:
and it shall be, *that* of whom I say unto thee,
This shall go with thee, the same shall go with
thee; and of whomsoever I say unto thee,
This shall not go with thee, the same shall not go.
5 So he brought down the people unto the water:
and *the LORD* **Yah Veh** said unto *Gideon* **Gidon**,
Every one that lappeth of the water with his tongue,
as a dog lappeth, him shalt thou set by himself;
likewise
every one that boweth down upon his knees to drink.
6 And the number of them that lapped,
putting their hand to their mouth,
were three hundred men:
but all the rest of the people
bowed down upon their knees to drink water.
7 And *the LORD* **Yah Veh** said unto *Gideon* **Gidon**,
By the three hundred men that lapped
will **shall** I save you,
and *deliver* **give** the *Midianites*
Midyaniy into thine hand:
and let all the other people go every man unto his place.
8 So the people took *victuals* **hunt** in their hand,
and their *trumpets* **shophars**: and he sent *all the*
rest of Israel every man **of Yisra El** unto his tent,
and *retained* **upheld** those three hundred men:
and the *host* **camp** of *Midian* **Midyaniy**
was beneath him in the valley.
9 And **so be** it *came to pass*, the same night,
that *the LORD* **Yah Veh** said unto him,
Arise, *get* **descend** thee *down* unto the *host* **camp**;
for I have *delivered* **given** it into thine hand.
10 But if thou *fear* **awe** to *go down* **descend**,
go **descend** thou with *Phurah* **Purah** thy *servant* **lad**
down to the *host* **camp**:
11 And thou shalt hear what they *say* **word**;
and afterward shall thine hands be strengthened
to *go down* **descend** unto the *host* **camp**.
Then *went* **descended** he *down*
with *Phurah* **Purah** his *servant* **lad**
unto the *outside* **edge** of the armed
men that were in the *host* **camp**.
12 And the *Midianites* **Midyaniy** and
the *Amalekites* **Amaleqiy**
and all the *children* **sons** of the east
lay along **are fallen** in the valley
like *grasshoppers* **locusts** for *multitude* **abundance**;
and their camels were without number,
as the sand by the sea *side* **lip** for *multitude* **abundance**.
13 And when *Gideon* **Gidon** was come,
behold, there *was* a man
that *told* **scribed** a dream unto his *fellow* **friend**,
and said, Behold, I dreamed a dream, and, *lo* **behold**,
a cake of barley bread *tumbled* **overturned**
into the *host* **camp** of *Midian* **Midyaniy**, and
came unto a tent, and smote it that it fell,
and overturned it **upward**, that the tent *lay along* **fell**.
14 And his *fellow* **friend** answered and
said, This is *nothing* **naught** else
save the sword of *Gideon* **Gidon**
the son of *Joash* **Yah Ash**, a man of *Israel* **Yisra El**:

for into his hand
hath *God delivered Midian* **Elohim given Midyaniy**, and all the *host* **camp**.
15 And it was *so*, when *Gideon* **Gidon**
heard the *telling* **renumerating** of the dream,
and the *interpretation* **breaking forth**
thereof, that he *worshipped* **prostrated**,
and returned into the *host* **camp** of
Israel **Yisra El**, and said, Arise;
for *the LORD* **Yah Veh**
hath *delivered* **given** into your hand the
host **camp** of *Midian* **Midyaniy**.
16 And he divided the three hundred men
into three *companies* **heads**,
and he *put a trumpet* **gave shophars** in every
man's hand, with empty pitchers,
and *lamps* **flambeaus** within the pitchers.
17 And he said unto them, *Look on* **See unto**
me, and *do* **work** likewise: and, behold,
when I come to the *outside* **edge** of the camp,
it shall be that, as I *do* **work**, so shall ye *do* **work**.
18 When I *blow* **blast** with a *trumpet*
shophar, I and all that are with me,
then *blow* **blast** ye the *trumpets* **shophars** also
on every side of **round about** all the camp, and say,
The sword of the LORD **Of Yah Veh**, and of *Gideon* **Gidon**.
19 So *Gideon* **Gidon**,
and the hundred men that were with him,
came unto the *outside* **edge** of the camp in
the beginning of the middle watch;
and **in raising**,
they had *but newly set* **raised** the *watch* **guard**:
and they *blew* **blast** the *trumpets* **shophars**,
and *brake* **shattered** the pitchers
that were in their hands.
20 And the three *companies* **heads**
blew **blast** the *trumpets* **shophars**, and
brake the pitchers, and held the *lamps*
flambeaus in their left hands,
and the *trumpets* **shophars** in their
right hands to *blow* **blast** *withal*:
and they *cried* **called out**,
The sword of *the LORD* **Yah Veh**, and of *Gideon* **Gidon**.
21 And they stood every man in his
place round about the camp;
and all the *host* **camp** ran, and *cried* **shouted**, and fled.
22 Andthethrehundred*blew***blas**the*trumpet***shophars**,
and *the LORD* **Yah Veh**
set every man's sword against his *fellow* **friend**,
even throughout all the *host* **camp**:
and the *host* **camp** fled to *Bethshittah* **Beth Hath Shittah**
in *Zererath* **Seredah**,
and to the *border* **lip** of *Abelmeholah*
Abel Mecholah, unto Tabbath.
23 And the men of *Israel* **Yisra El**
gathered themselves together **cried** out of Naphtali,
and out of Asher, and out of all *Manasseh* **Menash Sheh**, and pursued after the *Midianites* **Midyaniy**.
24 And*Gideon***Gidon**sent*mesengers***angels**
throughout all mount *Ephraim* **Ephrayim**, saying,
Come down **Descend**
against **to meet** the *Midianites* **Midyaniy**,
and *take before* **capture in front of** them
the waters unto *Bethbarah* **Beth Barah** and *Jordan* **Yarden**.
Then all the men of *Ephraim* **Ephrayim**
gathered themselves together **cried out**,
and *took* **captured** the waters
unto *Bethbarah* **Beth Barah** and *Jordan* **Yarden**.
25 And they *took* **captured** two *princes* **governors**
of the *Midianites* **Midyaniy**, Oreb and Zeeb;
and they *slew* **slaughtered** Oreb upon the rock Oreb,
and Zeeb they *slew* **slaughtered** at the *winepress*
trough of Zeeb, and pursued *Midian* **Midyaniy**,
and brought the heads of Oreb and Zeeb
to *Gideon* **Gidon** on the other side *Jordan* **Yarden**.

MEN OF EPHRAYIM FEEL SLIGHTED

8 And the men of *Ephraim* **Ephrayim** said unto him,
In working,
Why hast thou *served us thus* **worked this word**, that thou calledst us not,
when thou wentest to fight with the
Midianites **Midyaniy**? And they *did chide*
contended with him *sharply* **strongly**.
2 And he said unto them,
What have I *done* **worked** now in comparison of you?
Is not the gleaning of *the grapes of Ephraim* **Ephrayim**
better than the *vintage* **crop** of *Abiezer* **Abi Ezer**?
3 *God* **Elohim** hath *delivered* **given** into your hands
the *princes* **governors** of *Midian*
Midyaniy, Oreb and Zeeb:
and what was I able to *do* **work** in comparison of
you? Then their *anger was abated* **spirit slackened**
toward him, when he had *said* **worded** that **word**.
4 And *Gideon* **Gidon** came to *Jordan*
Yarden, and passed over,
he, and the three hundred men that were with him,

faint **languid**, yet pursuing them.
5 And he said
unto the men of *Succoth* **Sukkoth/Brush Arbors**,
Give, I *pray* **beseech** you, *loaves* **rounds** of bread
unto the people *that follow me* **at my feet**;
for they be *faint* **languid**,
and I am pursuing
after *Zebah* **Zebach** and *Zalmunna* **Sal Munna**,
kings **sovereigns** of *Midian* **Midyaniy**.
6 And the *princes* **governors**
of *Succoth* **Sukkoth/Brush Arbors**
said, Are the *hands* **palms**
of *Zebah* **Zebach** and *Zalmunna* **Sal Munna**
now in thine hand,
that we should give bread unto thine *army* **host**?
7 And *Gideon* **Gidon** said,
Therefore when *the LORD* **Yah Veh** hath *delivered* **given**
Zebah **Zebach** and *Zalmunna* **Sal Munna**
into mine hand,
then I *will tear* **shall thresh** your flesh
with the thorns of the wilderness and with *briers* **flints**.
8 And he *went up* **ascended** thence to *Penuel* **Penu
El**, and *spake* **worded** unto them *likewise* **thus**:
and the men of *Penuel* **Penu El** answered him
as the men of *Succoth* **Sukkoth/Brush Arbors**
had answered *him*.
9 And he *spake* **said** also unto the men of
Penuel **Penu El**, saying, When I *come
again* **return** in *peace* **shalom**,
I *will break* **shall pull** down this tower.
10 Now *Zebah* **Zebach** and *Zalmunna* **Sal Munna**
were in *Karkor* **Qarqor**,
and their *hosts* **camps** with them,
about fifteen thousand *men*,
all that *were left* **remained** of all the *hosts* **camps**
of the *children* **sons** of the east:
for there fell an hundred and twenty
thousand men that drew sword.
11 And *Gideon went up* **Gidon ascended**
by the way of them that *dwelt* **tabernacled** in tents
on the east of *Nobah* **Nobach** and *Jogbehah* **Yogbehah**,
and smote the *host* **camp**; for the *host* **camp** was secure.
12 And when
Zebah **Zebach** and *Zalmunna* **Sal Munna** fled,
he pursued after them, and *took* **captured**
the two *kings* **sovereigns** of *Midian* **Midyaniy**,
Zebah **Zebach** and *Zalmunna* **Sal Munna**, and
discomfited **trembled** all the *host* **camp**.
13 And *Gideon* **Gidon** the son of *Joash* **Yah Ash**
returned from *battle* **war**
before the **ascent of the** sun *was up*,
14 And *caught* **captured** a *young man* **lad**
of the men of *Succoth* **Sukkoth/Brush
Arbors**, and *enquired* **asked** of him:
and he *described* **inscribed** unto him
the *princes* **governors** of *Succoth* **Sukkoth/
Brush Arbors**, and the elders thereof,
even threescore and seventeen **seventy seven** men.
15 And he came unto the men
of *Succoth* **Sukkoth/Brush Arbors**, and said,
Behold *Zebah* **Zebach** and *Zalmunna* **Sal Munna**,
with whom ye *did upbraid* **reproached** me, saying,
Are the *hands* **palms**
of *Zebah* **Zebach** and *Zalmunna* **Sal Munna**
now in thine hand,
that we should give bread unto thy men that are weary?
16 And he took the elders of the city,
and thorns of the wilderness and *briers* **flints**,
and with them he *taught* **caused** the men
of *Succoth* **Sukkoth/Brush Arbors to know**.
17 AndhebeaptuleddownthetoweroPfenuePlenuE,l
and *slew* **slaughtered** the men of the city.
18 Then said he
unto *Zebah* **Zebach** and *Zalmunna* **Sal Munna**,
What manner of men **Who** were they
whom ye *slew* **slaughtered** at Tabor?
And they *answered* **said**, As thou *art*, so were they **thus**;
each one *resembled* **according to the form of**
the *children* **sons** of *a king* **one sovereign**.
19 And he said, They were my brethren,
even the sons of my mother:
as *the LORD* **Yah Veh** liveth, if ye had saved them
alive, I *would* **should** not *slay* **slaughter** you.
20 And he said unto *Jether* **Yether**
his *firstborn* **firstbirthed**,
Up **Arise**, *and slay* **slaughter** them. But
the *youth* **lad** drew not his sword:
for he *feared* **awed**, because he was yet a *youth* **lad**.
21 Then *Zebah* **Zebach** and *Zalmunna* **Sal Munna**
said, Rise thou, and *fall* **encounter** upon us:
for as the man *is*, *so is* **thus** his *strength* **might**.
And *Gideon* **Gidon** arose, and *slew* **slaughtered**
Zebah **Zebach** and *Zalmunna* **Sal Munna**,
and took away the *ornaments* **pendants**
that were on their camels' necks.
22 Then the men of *Israel* **Yisra El** said unto
Gideon **Gidon**, *Rule* **Reign** thou over us,

THE EPHOD OF GIDON

both thou, and thy son, and thy son's son also:

for thou hast *delivered* **saved** us from
the hand of *Midian* **Midyaniy**.
23 And *Gideon* **Gidon** said unto them, I
will **shall** not *rule* **reign** over you,
neither shall my son *rule* **reign** over you:
the LORD **Yah Veh** shall *rule* **reign** over you.
24 And *Gideon* **Gidon** said unto them,
I *would desire a request* **ask a petition** of you,
that ye *would* **should** give me every man
the *earrings* **noserings** of his *prey* **spoil**. (For
they had golden *earrings* **noserings**, because
they were *Ishmaelites* **Yishma Eliy**.)
25 And they *answered* **said**,
In giving, We *will willingly* **shall** give them.
And they spread a *garment* **cloth**, and
did cast therein every man
the *earrings* **noserings** of his *prey* **spoil**.
26 And the weight of the golden *earrings* **noserings**
that he *requested* **asked**
was a thousand and seven hundred *shekels* of
gold; beside *ornaments* **crescents**, and *collars*
pendants, and purple *raiment* **covering**
that was on the *kings* **sovereigns** of *Midian*
Midyaniy, and beside the *chains* **chokers**
that were about their camels' necks.
27 And *Gideon made* **Gidon worked** an ephod thereof,
and *put* **placed** it in his city, even in Ophrah:
and all *Israel* **Yisra El**
went thither a whoring **whored** after it:
which *thing* became a snare unto
Gideon **Gidon**, and to his house.
28 Thus was *Midian* **Midyaniy** subdued
before **at the face of** the *children* **sons** of *Israel* **Yisra El**,

SUMMARY

so that they *lifted up* **added to not lift**
their heads *no more*. And the *country was*
in quietness **land rested** forty years
in the days of *Gideon* **Gidon**.
29 And *Jerubbaal* **Yerub Baal** the son of *Joash* **Yah Ash**
went and *dwelt* **settled** in his own house.
30 And *Gideon* **Gidon** had *threescore*
and ten **seventy** sons
of his body begotten **going out of his flank**:
for he had many *wives* **women**.
31 And his concubine that was in Shechem,
she also *bare* **birthed** him a son,
whose name he *called Abimelech* **set Abi Melech**.

THE DEATH OF GIDON

32 And *Gideon* **Gidon** the son of *Joash* **Yah Ash**
died in a good *old age* **grayness**,
and was *buried* **entombed**
in the *sepulchre* **tomb** of *Joash* **Yah Ash** his father,
in Ophrah of the *Abiezrites* **Abi Ezeriy**.
33 And **so be** it *came to pass*,

YISRA EL WHORES

as soon as *Gideon was dead* **Gidon had died**,
that the *children* **sons** of *Israel* **Yisra El** turned *again*
back, and *went a whoring* **whored** after Baalim,
and *made Baalberith* **set Baal Berith** their *god* **elohim**.
34 And the *children* **sons** of *Israel* **Yisra El**
remembered not *the LORD* **Yah Veh** their *God* **Elohim**,
who had *delivered* **rescued** them out of the hands
of all their enemies *on every side* **round about**:
35 Neither*shewed***worked**they*kindness***mercy**
to the house of *Jerubbaal* **Yerub Baal**,
namely, *Gideon* **Gidon**, according to all the goodness
which he had *shewed* **worked** unto *Israel* **Yisra El**.

THE CONSPIRACY OF ABI MELECH

9 And *Abimelech* **Abi Melech**
the son of *Jerubbaal* **Yerub Baal**
went to Shechem unto his mother's brethren,
and *communed* **worded** with them,
and with all the family
of the house of his mother's father, saying,
2 *Speak* **Word**, I *pray* **beseech** you,
in the ears of all the *men* **masters** of
Shechem, Whether is better for you,
either that all the sons of *Jerubbaal* **Yerub**
Baal, which are *threescore and ten persons*
seventy men, reign over you,
or that one reign over you?
remember also that I am your bone and your flesh.
3 Andhismothe'rsbrethren*spake***worded**ofhim
in the ears of all the *men* **masters**
of Shechem all these words:
and their hearts *inclined* **spread**
to follow *Abimelech* **after Abi Melech**;
for they said, He is our brother.
4 And they gave him
threescore and ten pieces of silver **seventy**
silvers out of the house of *Baalberith* **Baal**
Berith, wherewith *Abimelech* **Abi Melech**
hired vain and *light persons* **frothy men**,
which *followed* **went after** him.

5 And he went unto his father's house at Ophrah,
and *slew* **slaughtered** his brethren
the sons of *Jerubbaal* **Yerub Baal**,
being threescore and ten persons
seventy men, upon one stone:
notwithstanding
yet *Jotham* **Yah Tham**
the youngest son of *Jerubbaal* **Yerub Baal**
was left **remained**; for he hid himself.
6 And all the *men* **masters** of
Shechem gathered together,
and all the house of Millo, and went,
and *made Abimelech king* **reigned**
Abi Melech sovereign,
by the *plain* **mighty oak** of the *pillar* **station**
that was in Shechem.
7 And when they told it to *Jotham* **Yah Tham**,
he went and stood in the top of mount Gerizim,
and lifted up his voice, and *cried* **called out**,
and said unto them, Hearken unto me,
ye *men* **masters** of Shechem,
that *God* **Elohim** may hearken unto you.
8 **Ingoing**T,hetres*wentforthonatime***havegone**
to anoint a *king* **sovereign** over them;
and they said unto the olive tree, Reign thou over us.
9 But the olive tree said unto them,
should I *leave* **forsake** my fatness,
wherewith by me they honour *God* **Elohim** and
man, and go to *be promoted* **wave** over the trees?
10 And the trees said to the fig tree,
Come thou, and reign over us.
11 But the fig tree said unto them,
should I forsake my sweetness,
and my good *fruit* **produce**,
and go to *be promoted* **wave** over the trees?
12 Thensaidthetreesuntothevine, Come
thou, and reign over us.
13 And the vine said unto them,
should I *leave* **forsake** my *wine* **juice**, which
cheereth *God* **Elohim** and man,
and go to *be promoted* **wave** over the trees?
14 Thensaidalthetresuntothe*bramble***thorn**,
Come thou, and reign over us.
15 And the *bramble* **thorn** said unto the trees,
If in truth ye anoint me *king* **sovereign** over you,
then *come and put your trust* **seek refuge** in my shadow:
and if not, let fire *come* **go** out of the *bramble*
thorn, and devour the cedars of Lebanon.
16 Now therefore,
if ye have *done* **worked** truly and *sincerely* **integriously**,
in that ye have *made Abimelech king* **Abi Melech**
to reign, and if ye have *dealt well* **worked good**
with *Jerubbaal* **Yerub Baal** and his house,
and have *done* **worked** unto him
according to the *deserving* **dealing** of his hands;
17 (For my father fought for you,
and *adventured his life far* **cast his soul**
from him, and *delivered* **rescued** you
out of the hand of *Midian* **Midyaniy**:
18 And ye are risen up against my father's house
this day, and have *slain* **slaughtered** his sons,
threescore and ten persons **seventy men**, upon one stone,
and have made *Abimelech* **Abi Melech**,
the son of his *maidservant* **maid**,
king **to reign** over the *men* **masters** of Shechem,
because he is your brother;)
19 If ye then
have *dealt* **worked** truly and *sincerely* **integriously**
with *Jerubbaal* **Yerub Baal** and with his house this
day, then *rejoice* **cheer** ye in *Abimelech* **Abi Melech**,
and let him also *rejoice* **cheer** in you:
20 But if not,
let fire *come out* **go** from *Abimelech* **Abi Melech**,
and *devour* **consume** the *men* **masters** of
Shechem, and the house of Millo;
and let fire *come out* **go**
from the *men* **masters** of Shechem,
and from the house of Millo,
and *devour Abimelech* **consume Abi Melech**.
21 And *Jotham ran away* **Yah Tham fled**,
and fled, and went to Beer, and *dwelt* **settled** there,
for fear **from the face** of *Abimelech*
Abi Melech his brother.

THE FALL OF ABI MELECH AND SHECHEM

22 When *Abimelech* **Abi Melech**
had *reigned* **dominated** three years over *Israel* **Yisra El**,
23 Then *God* **Elohim** sent an evil spirit
between *Abimelech* **Abi Melech**
and the *men* **masters** of Shechem;
and the *men* **masters** of Shechem
dealt *treacherously* **covertly** with *Abimelech* **Abi Melech**:
24 That the *cruelty* **violence** done
to the *threescore and ten* **seventy** sons of *Jerubbaal*
Yerub Baal might come, and their blood
be *laid* **set** upon *Abimelech* **Abi Melech** their
brother, which *slew* **slaughtered** them;
and upon the *men* **masters** of Shechem,
which *aided him* **strengthened his hands**
in the *killing* **slaughter** of his brethren.

25 And the *men* **masters** of Shechem set
liers in wait **lurkers** for him
in the top of the mountains, and they *robbed* **stripped** all
that *came* **passed** along that way by them:
and it was told *Abimelech* **Abi Melech**.
26 And Gaal the son of Ebed came with his brethren,
and *went* **passed** over to Shechem:
and the *men* **masters** of Shechem
put their confidence **confided** in him.
27 And they went out into the fields, and
gathered **clipped** their vineyards,
and *trode the grapes* **treaded**, and
made merry **worked halals**,
and went into the house of their *god*
elohim, and did eat and drink,
and *cursed Abimelech* **belittled Abi Melech**.
28 And Gaal the son of Ebed said,
Who is *Abimelech* **Abi Melech**,
and who is Shechem, that we should serve him?
is not he the son of *Jerubbaal* **Yerub Baal**?
and Zebul his *officer* **overseer**?
serve the men of Hamor the father of Shechem:
for why should we serve him?
29 *AndwouldtoGod***OthatElohimgive**
that this people were under my hand!
then *would* **should** I
remove Abimelech **turn aside Abi Melech**.
And he said to *Abimelech* **Abi Melech**,
Increase thine army **Greaten thy host**, and *come out* **go**.
30 AndwhenZebulthe*ruler***governor**ofthecity
heard the words of Gaal the son of Ebed,
his *anger* **wrath** was kindled.
31 And he sent *messengers* **angels**
unto *Abimelech* **Abi Melech**
privily **deceitfully/to Tormah**, saying, Behold,
Gaal the son of Ebed and his brethren
be come to Shechem; and, behold, they
fortify **besiege** the city against thee.
32 Now therefore *up* **arise** by night, thou and the people
that is with thee, and *lie in wait* **lurk** in the field:
33 And it shall be, that in the morning,
as soon as the sun *is up* **riseth**, thou shalt *rise* **start**
early, and *set upon* **spread over** the city: and, behold,
when he and the people that is with him
come out **go** against thee,
then mayest thou *do* **work** to them
as thou shalt find occasion.
34 And *Abimelech* **Abi Melech** rose up,
and all the people that were with him, by night,
and they *laid wait* **lurked** against Shechem
in four *companies* **heads**.
35 And Gaal the son of Ebed went out, and
stood in the *entering* **opening**
of the *gate* **portal** of the city:
and *Abimelech* **Abi Melech** rose up, and the people
that were with him, from *lying in wait* **lurking**.
36 And when Gaal saw the people, he said to Zebul,
Behold, *there come* people **descend** *down*
from the top of the mountains.
And Zebul said unto him,
Thou seest the shadow of the
mountains as *if they were* men.
37 And Gaal *spake* **worded** again, and said,
See *there come* people **descend** *down*
by the *middle* **summit** of the land,
and *another company* **one head** come *along* **journeying**
by the *plain* **mighty oak** of Meonenim.
38 Then said Zebul unto him,
Where is now thy mouth, wherewith thou saidst,
Who is *Abimelech* **Abi Melech**,
that we should serve him?
is not this the people that thou hast *despised* **spurned**?
go out, I *pray* **beseech** now, and fight with them.
39 And Gaal went out *before* **from the face**
of the *men* **masters** of Shechem, and
fought with *Abimelech* **Abi Melech**.
40 And *Abimelech chased* **Abi Melech pursued**
him, and he fled *before him* **from his face**,
and many were *overthrown* **fallen** and *wounded* **pierced**,
even unto the *entering* **opening** of the *gate* **portal**.
41 And *Abimelechdwelt* **Abi Melech settled** at
Arumah : and Zebul *thrust* **drove** *out* Gaal and his
brethren, that they should not *dwell* **settle** in Shechem.
42 And **so be** it *came to pass*, on the morrow,
that the people went out into the field;
and they told *Abimelech* **Abi Melech**.
43 And he took the people,
and divided them into three *companies* **heads**, and
laid wait **lurked** in the field, and *looked* **saw**,
and, behold,
the people were *come* **gone** *forth* out of the city;
and he rose up against them, and smote them.
44 And *Abimelech* **Abi Melech**,
and the *company* **head** that was with him,
rushed **spread** forward,
and stood in the *entering* **opening**
of the *gate* **portal** of the city:
and the two *other companies* **heads**
ran upon **stripped** all *the people* that were
in the fields, and *slew* **smote** them.

45 And *Abimelech* **Abi Melech**
fought against the city all that day;
and he *took* **captured** the city,
and *slew* **slaughtered** the people that was
therein, and *beat* **pulled** down the city,
and *sowed* **seeded** it with salt.
46 And when all the *men* **masters** of the tower of
Shechem heard that, they entered into *an hold* **a tower**
of *the house of the god* **Beth El** Berith.
47 And it was told *Abimelech* **Abi Melech**,
that all the *men* **masters** of the tower of
Shechem were gathered together.
48 And *Abimelech* **Abi Melech**
gat **ascended** him *up* to mount *Zalmon* **Salmon**,
he and all the people that were with him;
and *Abimelech* **Abi Melech** took an ax in his hand,
and cut down a *bough* **branch** from the trees,
and *took* **lifted** it, and *laid* **set** it on his shoulder,
and said unto the people that were with
him, What ye have seen me *do* **work**,
make haste **hasten**, and *do* **work** as I have *done*.
49 And all the people likewise
cut down every man his *bough* **branch**,
and *followed Abimelech* **went after Abi Melech**,
and *put* **set** them to the *hold* **tower**,
and *set* **burnt** the *hold* **tower** on fire upon them;
so that all the men
of the tower of Shechem died also, about
a thousand men and women.
50 Then went *Abimelech* **Abi Melech** to *Thebez* **Tebes**,
and encamped against *Thebez*
Tebes, and *took* **captured** it.
51 But there was a *strong tower* **tower of strength**
within the city,
and thither fled all the men and women,
and all *they* **the masters** of the city, and shut it to them,
and *gat* **ascended** them *up* to the *top* **roof** of the tower.
52 And *Abimelech* **Abi Melech** came unto
the tower, and fought against it,
and *went hard* **came near**
unto the *door* **portal** of the tower to burn it with fire.
53 And *a certain* **one** woman
cast a *piece* **slice** of *a* **an upper** millstone
upon *Abimelech's* **Abi Melech's** head, and
all to *brake* **crush** his *skull* **cranium**.
54 Then he caled *hastily* **quickly** unto the *young man* **lad**
his *armourbearer* **instrument bearer**, and said unto
him, Draw thy sword, and *slay* **deathify** me,
that men say not of me, A women *slew* **slaughtered** him.
And his *young man thrust* **lad stabbed**
him through, and he died.
55 And when the men of *Israel* **Yisra El**
saw that *Abimelech was dead* **Abi Melech had died**,
they *departed* **went** every man unto his place.
56 Thus *God rendered* **Elohim turned back**
the *wickedness* **evil** of *Abimelech* **Abi Melech**,
which he *did* **worked** unto his father,
in *slaying* **slaughtering** his seventy brethren:
57 And all the evil of the men of Shechem
did God render **Elohim turned back** upon their heads:
and upon them came the *curse* **abasement**
of *Jotham* **Yah Tham** the son of *Jerubbaal* **Yerub Baal**.

10 And after *Abimelech* **Abi Melech**
there arose to *defend Israel* **save Yisra El**
Tola the son of Puah, the son of Dodo,
a man of *Issachar* **Yissachar**;
and he *dwelt* **settled** in Shamir in
mount *Ephraim* **Ephrayim**.
2 And he judged *Israel* **Yisra El** twenty and three years,
and died, and was *buried* **entombed** in Shamir.

JUDGE TOLA

3 And after him arose *Ja Yir* **Yir air**, a *Gileadite* **Giladiy**,
and judged *Israel* **Yisra El** twenty and two years.
4 And he had thirty sons that rode on thirty *ass* colts,
and they had thirty cities,

JUDGE YAIR

which are called *Havothjair* **Havoth Yair** unto
this day, which are in the land of *Gilead* **Gilad**.
5 And *Jair* **Yair** died,
and was *buried* **entombed** in *Camon* **Qamon**.

YISRA EL ABANDONS YAH VEH

6 And the *children* **sons** of *Israel* **Yisra El**
did **added to work** evil *again*
in the *sight* **eyes** of *the LORD* **Yah Veh**,
and served Baalim, and Ashtaroth,
and the *gods* **elohim** of *Syria* **Aram**,
and the *gods* **elohim** of *Zidon* **Sidon**,
and the *gods* **elohim** of Moab,
and the *gods* **elohim** of the *children* **sons** of Ammon,
and the *gods* **elohim** of the *Philistines* **Peleshethiy**,
and forsook *the LORD* **Yah Veh**, and served not him.
7 And the *angewr* **rath** of *the LORD* **Yah Veh**
was hot **kindled** against *Israel* **Yisra El**, and he sold them
into the hands of the *Philistines* **Peleshethiy**,
and into the hands of the *children* **sons** of Ammon.
8 And that year
they *vexed* **harassed** and *oppressed* **crushed**

the *children* **sons** of *Israel* **Yisra El**:
eighteen years, all the *children* **sons** of *Israel* **Yisra El**
that were on the other side *Jordan* **Yarden** in the land
of the *Amorites* **Emoriy**, which is in *Gilead* **Gilad**.
9 Moreover the *children* **sons** of Ammon
passed over *Jordan* **Yarden**
to fight also against *Judah* **Yah Hudah**,
and against *Benjamin* **Ben Yamin**,
and against the house of *Ephraim* **Ephrayim**;
so that *Israel* **Yisra El**
was *sore distressed* **mightily depressed**.
10 And the *children* **sons** of *Israel* **Yisra El**
cried unto *the LORD* **Yah Veh**, saying,
We have sinned against thee,
both because we have forsaken our *God* **Elohim**,
and also served Baalim.
11 And *the LORD* **Yah Veh**
said unto the *children* **sons** of *Israel* **Yisra El**,
Did not I *deliver you* from the *Egyptians*
Misrayim, and from the *Amorites* **Emoriy**,
from the *children* **sons** of Ammon, and
from the *Philistines* **Peleshethiy**?
12 The *Zidonians* **Sidoniy** also, and
the Amalekites **Amaleq**,
and *the Maonites* **Maon**, did oppress you;
and ye cried to me,
and I *delivered* **saved** you out of their hand.
13 Yet ye have forsaken me, and
served other *gods* **elohim**:
wherefore I *will deliver you no more* **add not to save you**.
14 Go and cry unto the *gods* **elohim**
which ye have chosen;
let them *deliver* **save** you in the time of your tribulation.
15 Andthe*children***sons**of*IsraeYl* **israEl**
said unto *the LORD* **Yah Veh**, We have sinned:
do **work** thou unto us
whatsoever seemeth good *unto thee* **in thine eyes**;
deliver **rescue** us only, we *pray* **beseech** thee, this day.
16 And they *put away* **turned aside**
the *strange gods* **elohim of strangers** from
among them, and served *the LORD* **Yah Veh**:
and his soul was *grieved* **shortened**
for the *misery* **toil** of *Israel* **Yisra El**.
17 Then the *children* **sons** of Ammon *were gathered
together* **cried out**, and encamped in *Gilead* **Gilad**.
And the *children* **sons** of *Israel* **Yisra El**
assembled themselves together **gathered**,
and encamped in *Mizpeh* **Mispeh**.
18 And the people and *princes* **governors** of *Gilead* **Gilad**
said *one* **man** to *another* **friend**,
What man *is he that will* **shall** begin to fight
against the *children* **sons** of Ammon?
he shall be head
over all the *inhabitants* **settlers** of *Gilead* **Gilad**.

JUDGE YIPHTACH

11 Now *Jephthah* **Yiphtach** the *Gileadite* **Giladiy**
was *a* mighty *man* of valour,
and he was the son of *an harlot* **a whore**:
and *Gilead begat Jephthah* **Gilad birthed Yiphtach**.
2 And *Gilead's wife bare* **Gilad's
woman birthed** him sons;
and his *wife's* **woman's** sons grew up,
and they *thrust out Jephthah* **expelled
Yiphtach**, and said unto him,
Thou shalt not inherit in our father's house;
for thou art the son of *a strange* **another** woman.
3 Then *Jephthah* **Yiphtach**
fled from **the face of** his brethren, and
dwelt **settled** in the land of Tob:
and there were gathered vain men to *Jephthah* **Yiphtach**,
and went out with him.
4 And **so be** it *came to pass*,
in process of time **after days**, that the
children **sons** of Ammon
made war **fought** against *Israel* **Yisra El**.
5 And **so be** it *was so*,
that when the *children* **sons** of Ammon
made war **fought** against *Israel* **Yisra
El**, the elders of *Gilead* **Gilad**
went to *fetch Jephthah* **take Yiphtach**
out of the land of Tob:
6 And they said unto *Jephthah* **Yiphtach**,
Come, and be our *captain* **commander**,
that we may fight with the *children* **sons** of Ammon.
7 And *Jephthah* **Yiphtach**
said unto the elders of *Gilead* **Gilad**, Did not ye hate me,
and expel me out of my father's house? and why are ye
come unto me now when ye *are in distress* **tribulate**?
8 And the elders of *Gilead* **Gilad**
said unto *Jephthah* **Yiphtach**,
Therefore we turn *again* **back** to thee
now, that thou mayest go with us,
and fight *against* the *children* **sons**
of Ammon, and be our head
over all the *inhabitants* **settlers** of *Gilead* **Gilad**.
9 And *Jephthah* **Yiphtach**
said unto the elders of *Gilead* **Gilad**,

If ye *bring me home again* **turn me back**
to fight *against* the *children* **sons** of Ammon,
and *the LORD deliver* **Yah Veh give** them
before me **at my face**, shall I be your head?
10 And the elders of *Gilead* **Gilad**
said unto *Jephthah* **Yiphtach,**
The LORD be witness **Yah Veh hearken** between
us, if we *do* **work** not so according to thy words.
11 Then *Jephthah* **Yiphtach**
went with the elders of *Gilead* **Gilad,**
and the people *made* **set** him
head and *captain* **commander** over them:
and *Jephthah uttered* **Yiphtach worded** all his words
before the LORD **at the face of Yah Veh**
in *Mizpeh* **Mispeh.**
12 And *Jephthah* **Yiphtach** sent *messengers* **angels**
unto the *king* **sovereign** of the *children* **sons** of
Ammon, saying, What hast thou to do with me,
that thou art come against me to fight in my land?
13 And the *king* **sovereign** of the
children **sons** of Ammon
answered **said**
unto the *messengers* **angels** of *Jephthah* **Yiphtach,**
Because *Israel* **Yisra El** took away my land,
when they *came up* **ascended** out of *Egypt* **Misrayim,**
from Arnon even unto *Jabbok* **Yabboq,**
and unto *Jordan* **Yarden:**
now therefore restore those *lands*
again peaceably **in shalom.**

JUDGE YIPHTACH DEFENDS THE HONOUR OF YISRA EL

14 And *Jephthah* **Yiphtach**
sent messengers again **added to send angels**
unto the *king* **sovereign** of the *children* **sons** of Ammon:
15 And said unto him, Thus saith *Jephthah*
Yiphtach, *Israel* **Yisra El** took not away the land of
Moab, nor the land of the *children* **sons** of Ammon:
16 But when *Israel* **Yisra El**
came up **ascended** from *Egypt* **Misrayim,**
and walked through the wilderness
unto the *Red* **Reed** sea, and came to *Kadesh* **Qadesh;**
17 Then *Israel* **Yisra El** sent *messengers* **angels**
unto the *king* **sovereign** of Edom, saying,
Let me, I *pray* **beseech** thee, pass through thy land:
but the *king* **sovereign** of Edom
would not hearken **hearkened not** thereto.
And in like manner
they sent unto the *king* **sovereign** of Moab:
but he *would not consent* **willed not:**
and *Israel abode* **Yisra El settled** in *Kadesh* **Qadesh.**
18 Thentheywentalongthroughthewildernes,
and *compassed* **surrounded** the land of Edom,
and the land of Moab,
and came by the *east side* **rising of the sun**
of the land of Moab,
and *pitched* **encamped** on the other side of Arnon,
but came not within the border of Moab:
for Arnon was the border of Moab.
19 And *Israel* **Yisra El** sent *messengers* **angels**
unto *Sihon king* **Sichon sovereign** of the *Amorites*
Emoriy, the *king* **sovereign** of Heshbon;
and *Israel* **Yisra El** said unto him, Let
us pass, we *pray* **beseech** thee,
through thy land *into* **unto** my place.
20 BuS*tihon***Sichon**trustedno*IstraeYl* **israEl**
to pass through his *coast* **border:**
but *Sihon* **Sichon** gathered all his people together,
and *pitched* **encamped** in *Jahaz* **Yahsah,**
and fought *against Israel* **Yisra El.**
21 And *the LORD God* **Yah Veh**
Elohim of *Israel* **Yisra El**
delivered Sihon **gave Sichon** and all his people
into the hand of *Israel* **Yisra El**, and they smote them:
so *Israel* **Yisra El** possessed
all the land of the *Amorites* **Emoriy,**
the *inhabitants* **settlers** of that *country* **land.**
22 And they possessed
all the *coasts* **borders** of the *Amorites* **Emoriy,**
from Arnon even unto *Jabbok* **Yabboq,**
and from the wilderness even unto *Jordan* **Yarden.**
23 So now *the LORD God* **Yah Veh**
Elohim of *Israel* **Yisra El**
hath dispossessed the *Amorites* **Emoriy**
from *before* **the face of** his people *Israel*
Yisra El, and shouldest thou possess it?
24 *Wilt* **Shalt** not thou possess that
which *Chemosh* **Kemosh** thy *god* **elohim**
giveth thee to possess?
So whomsoever *the LORD* **Yah Veh** our *God* **Elohim**
shall *drive out* **dispossess** from *before us*
our face, them *will* **shall** we possess.
25 And now art thou any *thing* better than *Balak* **Balaq**
the son of *Zippor* **Sippor,** *king* **sovereign** of Moab? **in
striving,** did he *ever* strive against *Israel* **Yisra El,**
or **in fighting,** did he *ever* fight against them,
26 While *Israel dwelt* **Yisra El settled**
in Heshbon and her *towns* **daughters,**
and in Aroer and her *towns* **daughters,**
and in all the cities

that be along by the *coasts* **hand** of
Arnon, three hundred years?
why therefore
did ye not *recover* **rescue** them within that time?
27 WhereforeIhavenotsinnedagainsthee,
but thou *doest* **workest** me *wrong* **evil**
to *war* **fight** against me:
the LORD **Yah Veh** the Judge be judge this day
between the *children* **sons** of *Israel* **Yisra El**
and **between** the *children* **sons** of Ammon.
28 Howbeit the *king* **sovereign**
of the *children* **sons** of Ammon
hearkened not unto the words of *Jephthah* **Yiphtach**
which he sent him.
29 Then the Spirit of *the LORD* **Yah Veh**
came upon *Jephthah* **Yiphtach**, and
he passed over *Gilead* **Gilad**,
and *Manasseh* **Menash Sheh**,
and passed over *Mizpeh* **Mispeh** of *Gilead* **Gilad**,
and from *Mizpeh* **Mispeh** of *Gilead* **Gilad**
he passed over *unto* the *children* **sons** of Ammon.

THE VOW OF JUDGE YIPHTACH

30 And *Jephthah* **Yiphtach**
vowed a vow unto *the LORD* **Yah Veh**, and said,
If **in giving,** thou shalt *without fail deliver* **give**
the *children* **sons** of Ammon into mine hands,
31 Then it shall be,
that *whatsoever cometh forth* **which goeth**
of the doors of my house to meet me,
when I return in *peace* **shalom**
from the *children* **sons** of Ammon, shall surely
be *the LORD'S* **Yah Veh's**, and I *will offer* **shall holocaust** it *up* for a *burnt offering* **holocaust**.
32 So *Jephthah* **Yiphtach** passed over
unto the *children* **sons** of Ammon to fight *against* them;
and *the LORD* **Yah Veh**
delivered **gave** them into his hands.
33 And he smote them from Aroer,
even till thou come to Minnith, *even* twenty cities,
and unto *the plain of the vineyards* **Abel Keramin**,
with a *very* **mighty** great *slaughter* **stroke**.
Thus the *children* **sons** of Ammon were subdued
before **at the face of** the *children* **sons** of *Israel* **Yisra El**.

THE DAUGHTER OF JUDGE YIPHTACH

34 And*Jephthah***Yiphtach**cameto*Mizpeh***Mispeh**
unto his house, and, behold,
his daughter *came out* **went** to meet him
with *timbrels* **tambourines** and with **round** dances:
and she was his only child;
beside her he had neither son nor daughter.
35 And**sobe**i*ctametopas*,whenhesawher,
that he *rent* **ripped** his clothes, and said,
Alas **Aha**, my daughter!
in kneeling,
thou hast *brought me very low* **caused me to kneel**,
and thou art one of them that trouble me:
for I have *opened* **gaped** my mouth unto *the LORD* **Yah Veh**, and I cannot *go* **turn** back.
36 And she said unto him, My father,
if thou hast *opened* **gaped** thy mouth
unto *the LORD* **Yah Veh**,
do **work** to me according to that
which *hath proceeded* **went** out of thy mouth;
forasmuch as the LORD **since Yah Veh**
hath *taken* **worked** vengeance for thee of thine
enemies, even of the *children* **sons** of Ammon.
37 And she said unto her father,
Let this *thing* **word** be *done* **worked** for me:
let **release** me *alone* two months,
that I may *go up* **ascend** and *down* **descend**
upon the mountains,
and *bewail* **weep over** my virginity,
I and my *fellows* **friends**.
38 And he said, Go.
And he sent her away for two months:
and she went with her *companions* **friends**,
and *bewailed* **wept over** her virginity
upon the mountains.
39 And**sobe**i*ctametopas*,athendoftwomonths,
that she returned unto her father,
who *did* **worked** with her
according to his vow which he had vowed:
and she knew no man.
And it was a *custom* **statute** in *Israel* **Yisra El**,
40 Thathedaughtersof*Israel***YisraEl**
went *yearly* **from days by days**
to *lament* **celebrate** the daughter of *Jephthah* **Yiphtach**
the *Gileadite* **Giladiy** four days in a year.

THE EPHRAYIM FEEL SLIGHTED

12 And the men of *Ephraim* **Ephrayim**
gathered themselves together **were summoned**,
and *went* **passed over** northward,
and said unto *Jephthah* **Yiphtach**,
Wherefore passedst thou over
to fight against the *children* **sons** of Ammon,
and didst not call us to go with thee?
we *will* **shall** burn thine house upon thee with fire.

2 And *Jephthah* **Yiphtach** said unto them,
I and my people were *at great* **men of mighty**
strife with the *children* **sons** of Ammon;
and when I *called* **cried to** you,
ye *delivered* **saved** me not out of their hands.
3 And when I saw that ye *delivered* **saved** me not,
I *put* **set** my *life* **soul** in my *hands* **palms**,
and passed over against the *children* **sons**
of Ammon, and *the LORD* **Yah Veh**
delivered **gave** them into my hand: wherefore then are ye
come up **ascended** unto me this day, to fight *against* me?

JUDGE YIPHTACH FIGHTS WITH EPHRAYIM

4 Then *Jephthah* **Yiphtach** gathered *together*
all the men of *Gilead* **Gilad**,
and fought with *Ephraim* **Ephrayim**:
and the men of *Gilead* **Gilad** smote *Ephraim*
Ephrayim, because they said, ye *Gileadites* **Giladiy**
are *fugitives* **escapees** of *Ephraim* **Ephrayim**
among the *Ephraimites* **Ephrayimiy**, and
among the *Manassites* **Menash Shiy**.
5 And the *Gileadites* **Giladiy**
took **captured** the passages of *Jordan* **Yarden**
before the *Ephraimites* **Ephrayimiy**:
and **so be** it *was so*,
that when those *Ephraimites* **Ephrayimiy** *which*
were escaped **escapees** said, Let me *go* **pass** over;
that the men of *Gilead* **Gilad** said unto him,
Art thou an *Ephraimite* **Ephrayim**?
If he said, Nay;
6 Then said they unto him, Say now Shibboleth:
and he said Sibboleth:
for he could not *frame* **prepare** to
pronounce it **word** right.
Then they *took* **held** him, and *slew* **slaughtered**
him at the passages of *Jordan* **Yarden**:
and there fell at that time of the *Ephraimites* **Ephrayimiy**
forty and two thousand.

THE DEATH OF JUDGE YIPHTACH

7 And *Jephthah* **Yiphtach** judged
Israel **Yisra El** six years.
Then died *Jephthah* **Yiphtach** the *Gileadite*
Giladiy, and was *buried* **entombed**
in *one of* the cities of *Gilead* **Gilad**.

JUDGE IBSAN

8 And after him *Ibzan* **Ibsan** of
Bethlehem **Beth Lechem**
judged *Israel* **Yisra El**.
9 And he had thirty sons,
and thirty daughters, *whom* he sent abroad,
and took in thirty daughters from abroad for his sons.
And he judged *Israel* **Yisra El** seven years.
10 Then died *Ibzan* **Ibsan**,
and was *buried* **entombed** at *Bethlehem* **Beth Lechem**.

JUDGE ELON

11 And after him Elon, a *Zebulonite*
Zebuluniy, judged *Israel* **Yisra El**;
and he judged *Israel* **Yisra El** ten years.
12 And Elon the *Zebulonite* **Zebuluniy** died,
and was *buried* **entombed** in *Aijalon* **Ayalon**
in the *country* **land** of Zebulun.
13 And after him Abdon the son of H illel,
a *Pirathonite* **Pirathoniy**, judged *Israel* **Yisra El**.

JUDGE ABDON

14 And he had forty sons and thirty *nephews* **sons'**
sons, that rode on *threescore and ten ass* **seventy**
colts: and he judged *Israel* **Yisra El** eight years.
15 And Abdon the son of Hillel the
Pirathonite **Pirathoniy**
died, and was *buried* **entombed** in Pirathon
in the land of *Ephraim* **Ephrayim**,
in the mount of the *Amalekites* **Amaleqiy**.

SONS OF YISRA EL GIVEN OVER TO THE PELESHETHIY

13 And the *children* **sons** of *Israel* **Yisra El**
did **added to work** evil *again*
in the *sight* **eyes** of *the LORD* **Yah Veh**;
and *the LORD delivered* **Yah Veh gave** them
into the hand of the *Philistines* **Peleshethiy** forty years.

THE BIRTH OF SHIMSHON FORETOLD

2 And there was *a certain* **one** man of *Zorah* **Sorah**,
of the family of *the Danites* **Daniy**, whose
name was *Manoah* **Manoach**;
and his *wife* **woman** was *barren*
sterile, and *bare* **birthed** not.
3 And the angel of *the LORD* **Yah Veh**
appeared unto **was seen by** the woman, and
said unto her, Behold now, thou art *barren*
sterile, and *bearest* **birthest** not:
but thou shalt conceive, and *bear* **birth** a son.
4 Now therefore *beware* **guard**, I *pray* **beseech** thee,
and drink not wine nor *strong drink* **intoxicants**,
and eat not any *unclean thing* **foulness**:
5 For, *lo* **behold**,

thou shalt conceive, and *bear* **birth** a son; and
no razor shall *come* **ascend** on his head: for
the *child* **lad** shall be a *Nazarite* **Separatist**
unto *God* **Elohim** from the *womb* **belly**:
and he shall begin to *deliver Israel* **save Yisra El**
out of the hand of the *Philistines* **Peleshethiy**.
6 Then the woman came
and *told* **said to** her *husband* **man**, saying, A man of
God **Elohim** came unto me, and his *countenance* **visage**
was like the *countenance* **visage**
of an angel of *God* **Elohim**,
very terrible **mighty awesome**: but I asked him not
whence he was, neither told he me his name:
7 But he said unto me,
Behold, thou shalt conceive, and *bear* **birth** a son;
and now drink no wine nor *strong drink* **intoxicants**,
neither eat any *unclean thing* **foulness**:
for the *child* **lad** shall be a *Nazarite* **Separatist**
to *God* **Elohim** from the *womb* **belly**
to the day of his death.
8 Then *Manoah* **Manoach** intreated *the LORD* **Yah**
Veh, and said, O my *Lord* **Adonay**, let **I beseech**,
the man of *God* **Elohim** which thou
didst send come again unto us,
and *teach* **direct** us what we shall *do* **work**
unto the *child* **lad** that shall be *born* **birthed**.
9 And *God* **Elohim**
hearkened to the voice of *Manoah* **Manoach**;
and the angel of *God* **Elohim** came again unto
the woman as she *sat* **settled** in the field:
but *Manoah* **Manoach** her *husband*
man was not with her.
10 And the woman made haste, and ran,
and *shewed* **told** her *husband* **man**, and said unto him,
Behold, the man *hath appeared unto* **was seen by** me,
that came unto me *the other* **that** day.
11 And *Manoah* **Manoach** arose, and
went after his *wife* **woman**,
and came to the man, and said unto him,
Art thou the man that *spakest* **wordest** unto the woman?
And he said, I am.
12 And *Manoah* **Manoach** said,
Now let **And so be** thy words *come to pass*.
How shall we order the child, and
how shall we do unto him
What is the judgment of the lad, and his work?
13 And the angel of *the LORD* **Yah Veh**
said unto *Manoah* **Manoach**,
Of all that I said unto the woman let her *beware* **guard**.
14 She may not eat of *any thing* **aught**
that *cometh* **goeth** of the vine,
neither let her drink wine or *strong drink*
intoxicants, nor eat any *unclean thing* **foulness**:
all that I *commanded* **misvahed**
her let her *observe* **guard**.
15 And *Manoah* **Manoach**
said unto the angel of *the LORD* **Yah Veh**,
I *pray* **beseech** thee, let us *detain* **restrain** thee,
until we shall have *made ready* **worked** a *kid* **doe goat**
for thee **at thy face**.
16 And the angel of *the LORD* **Yah Veh**
said unto *Manoah* **Manoach**, Though thou *detain*
restrain me, I *will* **shall** not eat of thy bread:
and if thou *wilt offer* **shalt work** a
burnt offering **holocaust**,
thou *must offer it* **shalt holocaust**
unto *the LORD* **Yah Veh**.
For *Manoah* **Manoach** knew not
that he was an angel of *the LORD* **Yah Veh**.
17 And *Manoah* **Manoach**
said unto the angel of *the LORD* **Yah**
Veh, What is thy name,
that when thy *sayings come to pass* **words become,**
we may do thee honour?
18 And the angel of *the LORD* **Yah Veh** said unto him,
Why askest thou thus after my name,
seeing it is *secret* **marvellous**?
19 So *Manoah* **Manoach**
took a *kid* **doe goat** with *a meat* **an** offering,
and *offered it* **holocausted** upon a
rock unto *the LORD* **Yah Veh**:
and the angel did wonderously
and in working, he worked marvellously;
and *Manoah* **Manoach** and his *wife* **woman**
looked on **saw**.
20 For **so be** it *came to pass*,
when the flame *went up* **ascended**
toward *heaven* **the heavens** from off the **sacrifice**
altar, that the angel of *the LORD* **Yah Veh**
ascended in the flame of the **sacrifice** altar. And
Manoah **Manoach** and his *wife* **woman** *looked on it* **saw**,
and fell on their faces to the *ground* **earth**.
21 But the angel of *the LORD* **Yah Veh**
did no more appear **added not to be seen** to
Manoah **Manoach** and to his *wife* **woman**.
Then *Manoah* **Manoach** knew
that he was an angel of *the LORD* **Yah Veh**.
22 And *Manoah* **Manoach** said unto his *wife* **woman**,
In dying, We shall *surely* die, because
we have seen *God* **Elohim**.

23 But his *wife* **woman** said unto him,
If *the LORD* **Yah Veh** were *pleased* **delighted**
to *kill* **deathify** us,
he *would* **should** not have *received* **taken**
a *burnt offering* **holocaust** and *a meat*
an offering at our hands,
neither *would* **should** he have *shewed us* **us see**
all these *things*,
nor *would* **should** as at this time
have *told us such things as these* **us hear thus.**

THE BIRTH OF SHIMSHON

24 And the woman *bare* **birthed** a son,
and called his name *Samson* **Shimshon**:
and the *child* **lad** grew,
and *the LORD* **Yah Veh** blessed him.
25 And the Spirit of *the LORD* **Yah Veh**
began to *move* **agitate** him at times in the camp
of Dan between *Zorah* **Sorah** and Eshtaol.

THE MARRIAGE OF SHIMSHON

14 And *Samson* **Shimshon**
went down **descended** to *Timnath* **Timnah**,
and saw a woman in *Timnath* **Timnah**
of the daughters of the *Philistines* **Peleshethiy**.
2 And he *came up* **ascended**,
and told his father and his mother, and said, I
have seen a woman in *Timnath* **Timnah**
of the daughters of the *Philistines* **Peleshethiy**:
now therefore *get* **take** her for me to *wife* **woman**.
3 Then his father and his mother said unto him,
Is there *never* **not** a woman
among the daughters of thy brethren,
or among all my people,
that thou goest to take a *wife* **woman**
of the uncircumcised *Philistines* **Peleshethiy**?
And *Samson* **Shimshon** said unto his father,
Get **Take** her for me;
for she *pleaseth me well* **be straight in mine eyes.**
4 But his father and his mother
knew not that it was of *the LORD* **Yah**
Veh, that he sought an occasion
against the *Philistines* **Peleshethiy**:
for at that time the *Philistines* **Peleshethiy**
had dominion **reigned** over *Israel* **Yisra El.**
5 Then *went Samson down* **Shimshon descended,**
and his father and his mother, to *Timnath* **Timnah,**
and came to the vineyards of *Timnath* **Timnah**:
and, behold,
a *young lion* **whelp of the lionesses**
roared *against* **in meeting** him.
6 And the Spirit of *the LORD* **Yah Veh**
came mightily upon **prospered over**
him, and he *rent* **clove** him
as he *would have rent* **had cloven** a kid,
and he had *nothing* **naught** in his hand: but he told not
his father or his mother what he had *done* **worked.**
7 And he *went down* **descended,** and
talked **worded** with the woman;
and she *pleased* **was straight**
Samson well **in the eyes of Shimshon.**
8 And after *a time* **many days** he returned to take her,
and he turned aside to see the *carcase* **ruin** of the lion:
and, behold,
there was a *swarm* **witness** of bees and
honey in the *carcase* **body** of the lion.
9 And he *took* **crumbled** thereof in his *hands*
palms, and *went* **in walking, walked** on eating,
and *came* **went** to his father and mother,
and he gave them, and they did eat:
but he told not them
that he had *taken* **crumbled** the honey
out of the *carcase* **body** of the lion.
10 So his father *went down* **descended** unto the woman:
and *Samson made* **Shimshon worked**
there a *feast* **banquet;**
for so used the *young men* **youths** to *do* **work.**
11 And **so be** it *came to pass,* when they saw him,
that they *brought* **took** thirty
companions to be with him.
12 And *Samson* **Shimshon** said unto them,
I *will* **shall** now *put forth* **propound** a riddle unto
you: if **in telling,** ye can *certainly declare* **tell** me
it within the seven days of the *feast* **banquet,**
and find it out,
then I *will* **shall** give you thirty *sheets* **wraps**
and thirty change of *garments* **clothes:**
13 But if ye cannot *declare* **tell** it me, then
shall ye give me thirty *sheets* **wraps** and
thirty change of *garments* **clothes.**
And they said unto him,
Put forth **Propound** thy riddle, that we may hear it.
14 And he said unto them,
Out of the eater *came forth meat* **went food,**
and out of the strong *came forth* **went** sweetness.
And they could not in three days *expound* **tell** the riddle.
15 And **so be** it *came to pass,* on the seventh day,
that they said unto *Samson's wife* **Shimshon's**
woman, Entice thy *husband* **man,**

that he may *declare* **tell** unto us the riddle,
lest we burn thee and thy father's house with fire: have ye
called us to *take that we have* **dispossess us**? is it not so?
16 And *Samson's wife* **Shimshon's woman**
wept *before* **in front of** him, and said, Thou dost but hate
me, and lovest me not: thou hast *put forth* **propounded**
a riddle unto the *children* **sons** of my people,
and hast not told it me. And he said unto her, Behold,
I have not told it my father nor my mother,
and shall I tell it thee?
17 And she wept *before* **in front of** him the seven
days, while their *feast lasted* **banquet became**:
and **so be** it *came to pass*, on the
seventh day, that he told her,
because she *lay sore upon* **oppressed** him:
and she told the riddle to the *children* **sons** of her people.
18 And the men of the city said unto him
on the seventh day before the sun went
down, What is sweeter than honey?
And what is stronger than a lion?
and he said unto them,
If ye had not plowed with my heifer, ye
had not found out my riddle.
19 And the Spirit of *the LORD* **Yah Veh**
came upon **prospered over** him,
and he *went down* **descended** to *Ashkelon*
Ashqelon, and *slew* **smote** thirty men of them,
and took their *spoil* **clothes**,
and gave *change of garments* **changes** unto
them which *expounded* **told** the riddle.
And his *anger was* **wrath** kindled,
and he *went up* **ascended** to his father's house.
20 But *Samson's wife* **Shimshon's woman**
was given to his companion,
whom he had *used as his friend* **befriended**.

SHIMSHON AVENGES THE PELESHETHIY

15 But **so be** it *came to pass, within a while*
after **days later**, in the *time of* wheat harvest,
that *Samson* **Shimshon** visited his *wife* **woman**
with a *kid* **doe goat**; and he said,
I *will* **shall** go in to my *wife* **woman** into the chamber.
But her father *would not suffer* **allowed** him **not** to go in.
2 And her father said,
In saying, I *verily thought* **had said**
that **in hating,** thou hadst *utterly* hated her;
therefore I gave her to thy companion:
is not her younger sister *fairer* **better** than she?
take her, I *pray* **beseech** thee, instead of her.
3 And *Samson* **Shimshon** said concerning them,
Now **This time** shall I be more *blameless* **exonerated**
than the *Philistines* **Peleshethiy**,
though I *do* **work** them *a displeasure* **evil**.
4 And *Samson* **Shimshon** went
and *caught* **captured** three hundred foxes,
and took *firebrands* **flambeaus**, and
turned **faced them** tail to tail,
and *put a firebrand* **set one flambeau** in the midst
between two tails.
5 And when he had
set **burnt** the *brands* **flambeaus** on
fire, he *let* **sent** them *go* **away**
into the *standing corn* **stalks** of the
Philistines **Peleshethiy**,
and burnt up *both* the *shocks* **heaps**, and also the
standing corn **stalks**, with the vineyards and olives.
6 Then the *Philistines* **Peleshethiy** said,
Who hath *done* **worked** this?
And they *answered* **said**, *Samson* **Shimshon**,
the son in law of the *Timnite* **Timnahiy**,
because he had taken his *wife* **woman**,
and given her to his companion.
And the *Philistines came up* **Peleshethiy ascended**,
and burnt her and her father with fire.
7 And *Samson* **Shimshon** said unto them,
Though ye have *done* **worked** this,
yet *will* **shall** I be avenged of you, and
after that I *will* **shall** cease.
8 And he smote them *hip and thigh* **leg unto flank**
with a great *slaughter* **stroke**:
and he *went down* **descended**
and *dwelt* **settled** in the *top* **cleft** of the rock Etam.
9 Then the *Philistines went up* **Peleshethiy**
ascended, and *pitched* **encamped** in *Judah* **Yah**
Hudah, and spread themselves in *Lehi* **Lechi**.
10 And the men of *Judah* **Yah Hudah** said, Why
are ye *come up* **ascended** against us?
And they *answered* **said**,
To bind *Samson* **Shimshon** are we *come up* **ascended**,
to *do* **work** to him as he hath *done* **worked** to us.
11 Then three thousand men of *Judah* **Yah Hudah**
went **descended** to the *top* **cleft** of the rock
Etam, and said to *Samson* **Shimshon**,
Knowest thou not that the *Philistines* **Peleshethiy**
are *rulers* **sovereigns** over us?
what is this that thou hast *done* **worked** unto us?
And he said unto them,
As they *did* **worked** unto me,
so have I *done* **worked** unto them.
12 And they said unto him,
We *are come down* **descended** to bind
thee, that we may *deliver* **give** thee

into the hand of the *Philistines* **Peleshethiy**.
And *Samson* **Shimshon** said unto them,
Swear **Oath** unto me,
that ye *will* **shall** not *fall* **encounter** upon me yourselves.
13 And they *spake* **said** unto him, saying, No;
but **in binding,** we *will* **shall** bind thee *fast*,
and *deliver* **give** thee into their hand:
but **in killing,** *surely* we *will* **shall** not kill thee.
And they bound him with two new *cords* **ropes**,
and *brought* **ascended** him *up* from the rock.
14 And when he came unto *Lehi* **Lechi**,
the *Philistines* **Peleshethiy** shouted *against* **meeting** him:
and the Spirit of *the LORD* **Yah Veh**
came mightily upon **prospered over** him, and
the *cords* **ropes** that were upon his arms
became as flax that was burnt with fire,
and his bands *loosed* **melted** from off his hands.
15 And he found a *new jawbone* **fresh jaw** of *an ass* **a he burro**, and *put* **sent** forth his hand, and took it,
and *slew* **smote** a thousand men therewith.
16 And *Samson* **Shimshon** said,
With the *jawbone* **jaw** of *an ass* **a he burro,** heaps upon heaps,
with the jaw of *an ass* **a he burro**
have I *slain* **smitten** a thousand men.
17 And **so be** it *came to pass*,
when he had *made an end of speaking* **finished wording**,
that he cast away the *jawbone* **jaw** out of his hand,
and called that place *Ramathlehi*
Ramah Lechi/Jaw Heights.
18 And he was *sore athirst* **mighty thirsty**, and
called on *the LORD* **Yah Veh**, and said,
Thou hast given this great *deliverance* **salvation**
into the hand of thy servant:
and now shall I die for thirst,
and fall into the hand of the un circumcised?
19 But *God clave an hollow place* **Elohim split a socket**
that was in the jaw,
and there *came* **went** water *thereout*;
and when he had drunk, his spirit *came again* **returned**, and he *revived* **enlivened**:
wherefore he called the name thereof *Enhakkore*
En Hak Qore/Fountain of the Caller,
which is in *Lehi* **Lechi** unto this day.
20 And he judged *Israel* **Yisra El**
in the days of the *Philistines* **Peleshethiy** twenty years.

SHIMSHON AND THE LURKERS

16 Then went *Samson* **Shimshon** to *Gaza* **Azzah**,
and saw there *an harlot* **a woman whore**, and went in unto her.
2 And *it was told the Gazites*, **they say to the Azzahiy**, saying
Samson **Shimshon** is come hither.
And they *compassed him in*, **surrounded**
and *laid wait* **lurked** for him all night
in the *gate* **portal** of the city,
and *were quiet* **hushed** all the night, saying,
In the morning, when it is *day* **light**,
we shall *kill* **slaughter** him.
3 And *Samson* **Shimshon** lay till
midnight, and arose at midnight,
and *took* **possessed** the doors of
the *gate* **portal** of the city,
and the two posts,
and *went away with them* **pulled**, bar and all,
and *put* **set** them upon his shoulders,
and *carried* **ascended** them *up*
to the top of *an hill* **a mountain**
that is before **at the face of** Hebron.

SHIMSHON AND DELILAH

4 And **so be** it *came to pass*, afterward,
that he loved a woman in the *valley* **wadi** of
Sorek **Soreq**, whose name was Delilah.
5 And the *lords* **ringleaders** of the
Philistines **Peleshethiy**
came up **ascended** unto her, and said unto her, Entice
him, and see wherein his great *strength* **force** *lieth*,
and by what *means* we may prevail against him,
that we may bind him to *afflict* **humble** him;
and we *will* **shall** give thee every *one* **man** of
us eleven hundred *pieces of silver* **silvers**.
6 AndDelilahsaidto*Samson***Shimshon**,
Tell me, I *pray* **beseech** thee,
wherein thy great *strength* **force** *lieth*, and wherewith
thou mightest be bound to *afflict* **humble** thee.
7 And *Samson* **Shimshon** said unto her,
If they bind me with seven *green withs* **fresh cords,**
that were never *dried* **parched**,
then shall I be *weak* **worn,**
and be as *another man* **one human**.
8 Then the *lords* **ringleaders** of the
Philistines **Peleshethiy**
brought up **ascended** to her seven
green withs **fresh cords**
which had not been *dried* **parched**,
and she bound him with them.
9 Now there were men *lying in wait* **lurking**,
abiding **settling** with her in the chamber.
And she said unto him,
The *Philistines* **Peleshethiy** be upon thee,

Samson **Shimshon**.
And he *brake* **tore** the *withs* **cords**,
as a *thread* **braid** of *tow* **tuft** is *broken* **torn**
when it *toucheth* **scenteth** the fire. So
his *strength* **force** was not known.
10 And Delilah said unto *Samson* **Shimshon**,
Behold, thou hast mocked me, and *told me* **worded** lies:
now tell me, I *pray* **beseech** thee,
wherewith thou mightest be bound.
11 And he said unto her,
If **in binding,** they bind me *fast* with new ropes
that never were occupied
wherewith work hath never been done,
then shall I be *weak* **worn**, and be as *another* **one** man.
12 Delilah therefore took new ropes
and bound him therewith,
and said unto him,
The *Philistines* **Peleshethiy** be upon thee,
Samson **Shimshon**.
And there were *liers in wait* **lurkers**
abiding **settling** in the chamber.
And he *brake* **tore** them from off his arms like a thread.
13 And Delilah said unto *Samson* **Shimshon**,
Hitherto **Thither** thou hast mocked
me, and *told* **worded** me lies:
tell me wherewith thou mightest be bound.
And he said unto her,
If thou weavest the seven *locks* **braids**
of my head with the web.
14 And she *fastened* **staked** it with the *pin* **stake**,
and said unto him,
The *Philistines* **Peleshethiy** be upon thee,
Samson **Shimshon**.
And he awaked out of his sleep, and *went away* **pulled**
with the *pin* **stake** of the *beam* **weaver**, and with the web.
15 And she said unto him, How canst
thou say, I love thee,
when thine heart is not with me?
thou hast mocked me these three
times, and hast not told me
wherein thy great *strength* **force** *lieth*.
16 And **so be** it *came to pass*,
when she *pressed* **oppressed** him *daily* **all days**
with her words, and urged him,
so that his soul was *vexed unto death* **shortened to die**;
17 That he told her all his heart, and said unto her,
There hath not *come* **ascended** a razor upon mine head;
for I have been a *Nazarite* **Separatist** unto *God* **Elohim**

SHIMSHON AND DELILAH

from my mother's *womb* **belly**:
if I be shaven,
then my *strength will go* **force shall turn**
from me, and I shall become *weak* **worn**,
and be like any *other man* **one human**.
18 And when Delilah saw
that he had told her all his heart,
she sent and called for the *lords* **ringleaders**
of the *Philistines* **Peleshethiy**, saying,
Come up **Ascend** this *once* **one time**,
for he hath *shewed* **told** me all his heart.
Then the *lords* **ringleaders** of the *Philistines* **Peleshethiy**
came up **ascended** unto her,
and *brought money* **ascended silver** in their hand.
19 And she made him sleep upon her knees;
and she called for a man, and she caused him
to shave off the seven *locks* **braids** of his head;
and she began to *afflict* **abase** him,
and his *strength went* **force turned** from him.
20 And she said, The *Philistines*
Peleshethiy be upon thee,
Samson **Shimshon**.
And he awoke out of his sleep, and said,
I *will* **shall** go out as *at other times before*
time by time, and shake myself.
And he *wist* **knew** not that *the LORD* **Yah Veh**
was departed **had turned aside** from him.
21 But the *Philistines took* **Peleshethiy possessed** him,
and *put* **bore** out his eyes,
and brought him down to *Gaza* **Azzah**,
and bound him with fetters of *brass* **copper**;
and he did grind in the *prison house* **house of binding**.
22 Howbeit the hair of his head
began to *grow again* **sprout** after he was shaven.

THE DEATH OF SHIMSHON

23 Then the *lords* **ringleaders** of the *Philistines* **Peleshethiy**
gathered them together
for to *offer* **sacrifice** a great sacrifice
unto Dagon their *god* **elohim**, and to *rejoice* **cheer**:
for they said, Our *god* **elohim**
hath *delivered Samson* **given Shimshon**
our enemy into our hand.
24 And when the people saw him,
they *praised* **halaled** their *god* **elohim**: for they said,
Our *god* **elohim** hath delivered into our hands our
enemy, and the *destroyer* **parcher** of our *country* **land**,
which *slew many of us* **abounded our pierced**.
25 And **so be** it *came to pass*,

when their hearts were *merry* **goodly**, that
they said, Call for *Samson* **Shimshon**,
that he may *make* **entertain** us *sport*. And
they called for *Samson* **Shimshon**
out of the *prison house* **house of binding**;
and he *made* **entertained** them *sport*:
and they *set* **stood** him between the pillars.
26 And *Samson* **Shimshon**
said unto the lad that held him by the hand, *Suffer* **Allow**
me that I may *feel* **touch** the pillars whereupon the house
standeth **be established**, that I may lean upon them.
27 Now the house was *full* **filled** of men and women;
and all the *lords* **ringleaders** of the
Philistines **Peleshethiy**
were there;
and there were upon the roof about three
thousand men and women, that *beheld* **saw**
while *Samson made sport* **Shimshon entertained**.
28 And *Samson* **Shimshon** called unto *the LORD*
Yah Veh, and said, O *Lord GOD* **Adonay Yah
Veh**, remember me, I *pray* **beseech** thee,
and strengthen me, I *pray* **beseech** thee, only
this *once* **one time**, O *God* **Elohim**,
that I may *be at once avenged* **avenge the avengement**
of the *Philistines* **Peleshethiy** for my two eyes.
29 And *Samson* **Shimshon**
took hold of **clasped** the two middle pillars
from the belly of my mother:
upon which the house *stood* **was established**,
and on which it was *borne up* **propped**,
of the one with his right *hand*, and
of the *other* **one** with his left.
30 And *Samson* **Shimshon** said,
Let *me* **my soul** die with the *Philistines* **Peleshethiy**.
And he *bowed* **spread** himself with *all his* might
force; and the house fell upon the *lords* **ringleaders**,
and upon all the people that were therein.
So the dead which he *slew* **deathified** at his
death were *more* **greater** than they
which he *slew* **deathified** in his life.
31 Then his brethren and all the house of his father
came down **descended**,
and *took* **lifted** him, and *brought* **ascended**
him *up*, and *buried* **entombed** him
between *Zorah* **Sorah** and Eshtaol
in the *buryingplace* **tomb** of *Manoah*
Manoach his father.
And he judged *Israel* **Yisra El** twenty years.

The Idols Of Michah Yah

17 And there was a man of
mount *Ephraim* **Ephrayim**,
whose name was *Micah* **Michah Yah**.
2 Andhesaiduntohismother,
The eleven hundred shekels of silver
that were taken from thee,
about which thou *cursedst* **oathest**,
and *spakest* **said** of also in mine ears,
behold, the silver is with me; I took it.
And his mother said,
Blessed be thou of *the LORD* **Yah Veh**, my son.
3 And when he had restored
the eleven hundred *shekels of silver* **silvers** to his mother,
his mother said,
In hallowing, I had *wholly dedicated* **hallowed** the silver
unto *the LORD* **Yah Veh** from my hand for my son,
to *make a graven image* **work a sculptile**
and a *molten image* **molting**:
now therefore I *will* **shall** restore it unto thee.
4 Yet he restored the *money* **silver** unto his mother;
and his mother took two hundred *shekels of*
silver, and gave them to the *founder* **refiner**,
who *made* **worked** thereof a *graven image* **sculptile**
and a *molten image* **molting**:
and they were in the house of *Micah* **Michah Yah**.
5 And the man *Micah* **Michah Yah**
had an house of *gods* **elohim**,
and *made* **worked** an ephod, and teraphim,
and *consecrated* **filled the hand of** one
of his sons, who became his priest.
6 In those days
there was no *king* **sovereign** in *Israel*
Yisra El, but every man *did* **worked**
that which was *right* **straight** in his own eyes.
7 And there was a *young man* **lad**
out of *Bethlehemjudah* **Beth Lechem Yah Hudah**
of the family of *Judah* **Yah Hudah**,
who was a *Levite* **Leviy**, and he sojourned there.
8 And the man *departed* **went** out of the city from
Bethlehemjudah **Beth Lechem Yah Hudah**
to sojourn where he could find *a place*:
and he came to mount *Ephraim* **Ephrayim**
to the house of *Micah* **Michah Yah**,
as he *journeyed* **worked his way**.
9 And *Micah* **Michah Yah** said unto
him, Whence comest thou?
And he said unto him, I am a *Levite* **Leviy**

of *Bethlehemjudah* **Beth Lechem Yah Hudah,**
and I go to sojourn where I may find *a place.*
10 And *Micah* **Michah Yah** said unto him,
Dwell **Settle** with me,
and be unto me a father and a priest,
and I *will* **shall** give thee ten *shekels of* silver
by the year **daily,**
and *a suit* **an appraisal** of *apparel* **clothes,**
and thy *victuals* **invigoration.** So
the *Levite* **Leviy** went in.
11 And the *Levite* **Leviy**
was content **willed** to *dwell* **settle** with the man;
and the *young man* **lad** was unto him as one of his sons.
12 And *Micah* **Michah Yah**
consecrated **filled the hand of** the *Levite* **Leviy;**
and the *young man* **lad** became his priest,
and was in the house of *Micah* **Michah Yah.**
13 Then said *Micah* **Michah Yah,** Now know I
that *the LORD will do me good* **Yah Veh is well—**
pleased, seeing I have a *Levite* **Leviy** to my priest.

THE SCION OF THE DANIY SEEK AN INHERITANCE

18 In those days
there was no *king* **sovereign** in *Israel* **Yisra El:**
and in those days the *tribe* **scion** of the *Danites* **Daniy**
sought them an inheritance to *dwell* **settle** in;
for unto that day
all their inheritance had not fallen unto them
among the *tribes* **scions** of *Israel* **Yisra El.**
2 And the *children* **sons** of Dan
sent of their family five men from their *coasts,* men
— **sons** of valour, from *Zorah* **Sorah,** and from
Eshtaol, to spy out the land, and to *search* **probe** it;
and they said unto them, Go, *search* **probe** the land:
who when they came to mount *Ephraim*
Ephrayim, to the house of *Micah* **Michah Yah,**
they *lodged* **stayed overnight** there.
3 When they were by the house of *Micah* **Michah**
Yah, they *knew* **recognized** the voice
of the *young man* **lad** the *Levite* **Leviy:**
and they turned in thither, and said unto
him, Who brought thee hither?
and what *makest* **workest** thou in this *place?*
and what hast thou here?
4 And he said unto them, Thus and thus *dealeth*
worketh *Micah with* **Michah Yah unto** me,
and hath hired me, and I am his priest.
5 And they said unto him,
Ask counsel, we *pray* **beseech** thee, of *God* **Elohim,**
that we may know whether our way which we go
shall *be prosperous* **prosper.**
6 And the priest said unto them, Go in *peace* **shalom:**
before the LORD **in front of Yah Veh**
is **be** your way wherein ye go.

THE SCION OF THE DANIY COME TO LAISH

7 Then the five men *departed* **went,** and came to Laish,
and saw the people that were *therein* **within,**
how they *dwelt careless* **settled confidently,**
after the *manner* **judgment** of the *Zidonians* **Sidoniy,**
quiet **rested** and *secure* **confident;**
and there was no *magistrate* **restrainer** in the land,
that might *put them to* shame **them** in *any thing* **word;**
and they were far from the *Zidonians* **Sidoniy,**
and had no *business* **word** with *any man* **humanity.**
8 And they came unto their brethren
to *Zorah* **Sorah** and Eshtaol:
and their brethren said unto them, What *say* ye?
9 And they said,
Arise, that we may *go up* **ascend** against them:
for we have seen the land, and, behold,
it is *very* **mighty** good:
and *are ye still* **hush ye?**
be not slothful to go, *and* to enter to possess the land.
10 When ye go,
ye shall come unto a people *secure* **confident,**
and to a *large* land **broad of hands:**
for *God* **Elohim** hath given it into your hands;
a place where there is no *want* **lack** of any *thing* **word**
that is in the earth.
11 And there *went* **pulled** from thence
of the family of the *Danites* **Daniy,**
out of *Zorah* **Sorah** and out of Eshtaol, six hundred men
appointed **girded** with *weapons* **instruments** of war.
12 And they *went up* **ascended,**
and *pitched* **encamped** in *Kirjathjearim*
Qiryath Arim, in *Judah* **Yah Hudah:**
wherefore they called that place
Mahanehdan **Machaneh Dan/**
Camp of Dan unto this day:
behold, it is behind *Kirjathjearim* **Qiryath Arim.**
13 And they passed thence unto
mount *Ephraim* **Ephrayim,**
and came unto the house of *Micah* **Michah Yah.**
14 Then answered the five men
that went to spy out the *country* **land** of
Laish, and said unto their brethren,
Do ye know that there is in these houses an ephod,
and teraphim, and a *graven image* **sculptile,**

and a molten *image*?
now therefore *consider* **perceive** what ye have to *do* **work**.
15 And they turned *thitherward* **aside**,
and came to the house
of the *young man* **lad** the *Levite* **Leviy**,
even unto the house of *Micah* **Michah Yah**,
and *saluted him* **asked of him shalom**.
16 And the six hundred men
appointed **girded** with their *weapons* **instruments**
of war, which were of the *children* **sons** of Dan,
stood **stationed themselves**
by the *entering* **opening** of the *gate* **portal**.
17 And the five men that went to spy *out* the land
went up **ascended**, and came in thither,
and took the *graven image* **sculptile**, and the ephod,
and the teraphim, and the molten *image*:
and the priest *stood* **stationed himself**
in the *entering* **opening** of the *gate* **portal**
with the six hundred men that *were appointed* **girded**
with *weapons* **instruments** of war.
18 And these went
into *Micah's house* **the house of Michah Yah**,
and *fetched* **took** the *carved image* **sculptile**, the
ephod, and the teraphim, and the molten *image*.
Then said the priest unto them, What *do* **work** ye?
19 And they said unto him, *Hold thy peace* **Hush**,
lay **set** thine hand upon thy mouth, and go
with us, and be to us a father and a priest:
is it better for thee to be a priest
unto the house of one man, or that thou be a priest
unto a *tribe* **scion** and a family in *Israel* **Yisra El**?
20 And the priest's heart was *glad* **well—**
pleased, and he took the ephod, and the
teraphim, and the *graven image* **sculptile**,
and went in the midst of the people.
21 So they turned **face** and *departed* **went**,
and *put* **set** the *little ones* **toddlers** and the *cattle* **chattel**
and the *carriage before* **honourable at the face of** them.
22 Andwhentheywere*agoodway***faremoved**
from the house of *Micah* **Michah Yah**,
the men that were in the houses
near *to Micah's house* **the house of Michah Yah**
were gathered together **cried out**,
and *overtook* **adhered to** the *children* **sons** of Dan.
23 Andtheycired**ouut**ntothe*children***sons**ofDan.
And they turned their faces,
and said unto *Micah* **Michah Yah**, What aileth thee,
that thou *comest with such a company* **criest out**?
24 And he said,
Ye have taken away my *gods* **elohim**
which I *made* **worked**,
and the priest, and ye *are gone away* **have gone**:
and what have I more?
and what is this that ye say unto me, What *aileth* thee?
25 And the *children* **sons** of Dan said unto him,
Let not thy voice be heard among us, lest
angry fellows **men bitter of soul**
run upon **encounter** thee,
and *thou lose thy life* **thy soul be gathered**,
with the *lives* **souls** of thy household.
26 Andthe*children***sons**ofDanwentheirway:
and when *Micah* **Michah Yah** saw that
they were too strong for him,
he turned **face** and *went* **turned** back unto his house.
27 And they took *the things* **those**
which *Micah* **Michah Yah** had *made* **worked**, and
the priest which he had, and came unto Laish,
unto a people
that *were at quiet and secure* **rested confidently**:
and they smote them with the *edge* **mouth** of
the sword, and burnt the city with fire.
28 And there was no *deliverer* **rescuer**,
because it was far from *Zidon* **Sidon**,
and they had no *business* **word** with *any man* **humanity**;
and it was in the valley *that lieth*
by *Bethrehob* **Beth Rechob**.
And they built a city, and *dwelt* **settled** therein.
29 Andtheycaledthenameofthecity Dan,
after the name of Dan their father,
who was *born* **birthed** unto *Israel* **Yisra El**:
howbeit **but** the name of the city was Laish at the first.
30 And the *children* **sons** of Dan
set up **raised** the *graven image* **sculptile**:
and *Jonathan* **Yah Nathan**,
the son of Gershom, the son of *Manasseh* **Menash**
Sheh, he and his sons were priests to the *tribe* **scion** of
Dan until the day of the *captivity* **exile** of the land.
31 And they set them up
Micah's graven image **Michah's sculptile**,
which he *made* **worked**,
all the *time* **days**
that the house of *God* **Elohim** was in Shiloh.

THE WHORING CONCUBINE OF A LEVIY

19 And **so be** it *came to pass*, in those days,
when there was no *king* **sovereign** in *Israel* **Yisra El**,
that there was a *certain Levite*, **man — a Leviy**
sojourning on the *side* **flank** of mount *Ephraim*
Ephrayim, who took to him **a woman** — a concubine
out of *Bethlehemjudah* **Beth Lechem Yah Hudah**.

2 And his concubine played the whore againsthim,
and went away from him unto her father's house
to *Bethlehemjudah* **Beth Lechem Yah Hudah,**
and was there four *whole* months **of days.**
3 And her *husband* **man** arose, and went after her,
to *speak friendly* **word** unto her **heart,**
and to *bring* **return** her *again*, having
his *servant* **lad** with him,
and a *couple* **pair** of *asses* **he burros**:
and she brought him into her father's house:
and when the father of the *damsel* **lass** saw
him, he *rejoiced* **cheered** to meet him.
4 And his father in law, the *damsel's* **lass'** father,
retained **held** him;
and he *abode* **settled** with him three days:
so they did eat and drink,
and *lodged* **stayed overnight** there.
5 And **so be** it *came to pass*, on the fourth day,
when they *arose* **started** early in the morning,
that he rose up to *depart* **go**:
and the *damsel's* **lass'** father said unto his son
in law, *Comfort* **Support** thine heart with a
morsel of bread, and afterward go your way.
6 And they *sat down* **settled,**
and did eat and drink both of them together:
for the *damsel's* **lass'** father had said unto the man,
Be content, I *pray* **beseech** thee,
and tarry all night **that thou willest to stay overnight,**
and let thine heart be *merry* **well—pleased.**
7 And when the man rose up to *depart*
go, his father in law urged him:
therefore
he *lodged there again* **returned and stayed overnight.**
8 Andhe*arose***started**earlyinthemorning
on the fifth day to *depart* **go;**
and the *damsel's* **lass'** father said,
Comfort **Support** thine heart, I *pray* **beseech** thee.
And they *tarried* **lingered** until *afternoon* **the
day declined,** and they did eat both of them.
9 And when the man rose up to *depart* **go,**
he, and his concubine, and his servant,
his father in law, the *damsel's* **lass'** father, said unto him,
Behold, now the day *draweth* **slacketh** toward evening,
I *pray* **beseech** you *tarry all night* **stay overnight**:
behold, the day *groweth to an end* **encampeth,**
lodge **stay overnight** here,
that thine heart may be *merry* **well—pleased;**
and to morrow *get you* **start** early on your way,
that thou mayest go *home* **to thy tent.**
10 But the man *would* **willed to** not
tarry that night **stay overnight,** but he rose up
and *departed* **went,** and came over against *Jebus*
Yebus, which is *Jerusalem* **Yeru Shalem;**
and there were with him
two asses saddled **a pair of he burros harnessed,**
his concubine also was with him.
11 And when they were by *Jebus* **Yebus,**
the day was *far spent* **mightily subdued;**
and the *servant* **lad** said unto his *master*
adoni, Come, I *pray* **beseech** thee,
and let us turn in into this city of the *Jebusites*
Yebusiy, and *lodge* **stay overnight** in it.
12 Andhis*master***adoni**saiduntohim,
We *will* **shall** not turn aside hither
into the city of a stranger,
that is not of the *children* **sons** of *Israel* **Yisra El;**
we *will* **shall** pass over to *Gibeah* **Gibah.**
13 And he said unto his *servant* **lad,** Come,
and let us *draw near* **approach** to one of these
places to *lodge all night* **stay overnight,**
in *Gibeah* **Gibah,** or in Ramah.
14 And they passed on and went their way;
and the sun went down upon them
when they were by Gibeah **beside Gibah,** which
belongeth **be** to *Benjamin* **Ben Yamin.**
15 And they turned aside *thither,*
to go in and to *lodge* **stay overnight** in *Gibeah* **Gibah:**
and when he went in,
he *sat him down* **seated** in a *street* **broadway** of the city:
for there was no man
that *took* **gathered** them into his house
to *lodging* **stay overnight.**
16 And, behold,
there came an old man from his
work out of the field at even,
which was *also* **a man** of mount *Ephraim* **Ephrayim;**
and he sojourned in *Gibeah* **Gibah:**
but the men of the place were *Benjamites* **Ben Yaminiy.**
17 And when he had lifted up his eyes,
he saw a *wayfaring* **caravan,**
a man in the *street* **broadway** of the city:
and the old man said,
Whither goest thou? and whence comest thou?
18 And he said unto him, We are passing
from *Bethlehemjudah* **Beth Lechem Yah Hudah**
toward the *side* **flank** of mount *Ephraim* **Ephrayim;**
from thence am I:
and I went to *Bethlehemjudah* **Beth Lechem Yah Hudah,**
but I am *now* going to the house of *the LORD* **Yah Veh;**

and there is no man that *receiveth*
gathereth me to house.
19 Yet there is both straw and provender
for our *asses* **he burros**;
and there is bread and wine also for me,
and for thy *handmaid* **maid**,
and for the young man which is with thy *servants* **lads**:
there is no *want* **lack** of any *thing* **word**.
20 And the old man said, *Peace* **Shalom** be with thee;
howsoever let **only** all thy *wants lie* **lacks be** upon me;
only *lodge* **stay overnight** not in the *street* **broadway**.
21 Sohebroughthimintohishouse,
and *gave provender unto* **foddered**
the *asses* **he burros**:
and they *washed* **baptized** their feet,
and did eat and drink.

The Sons Of Beli Yaal Exploit The Concubine

22 Now as they were
making **well—preparing** their hearts
merry, behold, the men of the city,
certain **men,** sons of *Belial* **Beli Yaal**,
beset the house round about, and beat at the door,
and *spake* **said** to the *master* **man** of the house,
the old man, saying,
Bring forth the man that came into thine
house, that we may know him.
23 And the man, the master of the house, went
out unto them, and said unto them,
Nay **No**, my brethren, *nay*,
I *pray* **beseech** you, *do* **vilify** not *so wickedly*;
seeing **after** that this man is come into
mine house, *do* **work** not this folly.
24 Behold, *here is* my daughter a *maiden*
virgin, and his concubine;
them I *will* **shall** bring out now,
and *humble* ye **abase** them, and *do* **work** with them
what seemeth good *unto you* **in your eyes**:
but unto this man *do* **work** not
so vile a thing **this word of folly**.
25 But the men *would* **willed to** not hearken to him:
so the man *took* **held** his concubine,
and brought her *forth* **out** unto them;
and they knew her,
and *abused* **exploited** her all the night until
the morning: and when the *day began to spring*
dawn ascended, they *let* **sent** her *go* **away**.
26 Then came the woman
in the dawning **at the turning of the face**
of the *day* **morning**,
and fell down at the *door* **portal** of the man's house
where her *lord* **adoni** was, till it was light.
27 Andher*lord***adoni**roseupinthemorning,
and opened the doors of the house,
and went out to go his way: and, behold,
the woman his concubine
was fallen down at the *door* **portal** of the house,
and her hands were upon the thresho ld.
28 And he said unto her, *Up* **Arise**, and let us be going.
But none answered.
Then the man took her up upon *an ass* **a he burro**,
and the man rose up, and *gat* **went** him unto his place.
29 And when he was come into his
house, he took a knife,
and laid hold on his concubine,
and *divided* **dismembered** her, *together* with
her bones, into twelve *pieces* **members**,
and sent her into all the *coasts* **borders** of *Israel* **Yisra El**.
30 And it *was so* **became**, that all that saw it said,
There was no such deed done **Thus hath**
not been nor seen from the day that the
children **sons** of *Israel* **Yisra El**
came up **ascended** out of the land of *Egypt* **Misrayim**
unto this day:
consider of **set to yourselves upon** it,
take advice **consult**, and *speak your minds* **word**.

The Sons Of Yisra El Attack The Sons Of Ben Yamin

20 Then all the *children* **sons** of *Israel* **Yisra**
El went out, and the *congregation* **witnesses**
was gathered **congregated** *together* as one
man, from Dan even to *Beersheba* **Beer**
Sheba, with the land of *Gilead* **Gilad**,
unto *the LORD* **Yah Veh** in *Mizpeh* **Mispeh**.
2 And the *chief* **chiefs** of all the people,
even of all the *tribes* **scions** of *Israel* **Yisra**
El, *presented* **set** *themselves* in the *assembly*
congregation of the people of *God* **Elohim**,
four hundred thousand footmen that drew sword.
3 (Now the *children* **sons** of *Benjamin* **Ben Yamin**
heard that the *children* **sons** of *Israel* **Yisra El**
were gone up **ascended** to *Mizpeh* **Mispeh**.)
Then said the *children* **sons** of *Israel* **Yisra El**,
Tell **Word** *us*, how was this *wickedness* **evil**?
4 And the *Levite* **Leviy**,
the *husband* **man** of the woman that was
slain **murdered**, answered and said,
I came into *Gibeah* **Gibah**
that belongeth to *Benjamin* **Ben Yamin**,

I and my concubine, to *lodge* **stay overnight.**
5 And the *men* **masters** of *Gibeah*
Gibah rose against me,
and *beset* **surrounded** the house *round about*
upon me by night,
and *thought to have slain* **considered slaughtering** me:
and my concubine have they *forced*
abased, that she *is dead* **died.**
6 And I *took* **possessed** my concubine, and
cut her in pieces **dismembered her,**
and sent her throughout all the *country* **fields**
of the inheritance of *Israel* **Yisra El:**
for they have *committed lewdness* **worked intrigue**
and folly in *Israel* **Yisra El.**
7 Behold, ye are all *children* **sons** of *Israel* **Yisra El**;
give here your *advice* **word** and counsel.
8 And all the people arose as one man, saying,
We will not any **No man shall** go to his tent,
neither *will* **shall** *we* any **man** *of us*
turn into his house.
9 But now this shall be the *thing* **word** which
we *will do* **shall work** to *Gibeah* **Gibah**; *we*
will go up by lot — **by pebble** against it;
10 And we *will* **shall** take ten men of an hundred
throughout all the *tribes* **scions** of *Israel*
Yisra El, and an hundred of a thousand,
and a thousand out of *ten thousand* **a myriad**, to *fetch*
victual **take hunt** for the people, that they may *do* **work**,
when they come to *Gibeah* **Gibah** of *Benjamin*
Ben Yamin, according to all the folly
that they have *wrought* **worked** in *Israel* **Yisra El.**
11 So all the men of *Israel* **Yisra El**
were gathered against the city,
knit together **companions** as one man.
12 And the *tribes* **scions** of *Israel* **Yisra El** sent men
through all the *tribe* **scion** of *Benjamin*
Ben Yamin, saying, What *wickedness*
evil is this that is *done* among you?
13 Nowtherefore*deliverus***give**themen,
the *children* **sons** of *Belial* **Beli Yaal**,
which are in *Gibeah* **Gibah**,
that we may *put* **deathify** them *to death*, and
put **burn** away evil from *Israel* **Yisra El**. But
the *children* of *Benjamin* **Ben Yamin**
would **willed to** not hearken to the
voice of their brethren
the *children* **sons** of *Israel* **Yisra El.**
14 *But***And**the*children***sons**of*Benjamn***BenYamin**
gathered themselves *together* out of
the cities unto *Gibeah* **Gibah**,
to go out to *battle* **war** against
the *children* **sons** of *Israel* **Yisra El.**
15 Andthe*children***sons**of*Benjamin***BenYamin**
were *numbered at that time* **mustered daily**
out of the cities
twenty and six thousand men that drew sword,
beside the *inhabitants* **settlers** of *Gibeah* **Gibah,**
which were *numbered* **mustered**
seven hundred chosen men.
16 Among all this people
there were seven hundred chosen men
lefthanded **bound of their right hand**;
every one could sling stones at an hair
breadth, and not *miss* **miss the mark/sin.**
17 And the men of *Israel* **Yisra El,**
beside *Benjamin* **Ben Yamin,**
were *numbered* **mustered** four hundred thousand men
that drew sword: all these were men of war.
18 And the *children* **sons** of *Israel* **Yisra El** arose, and
went up **ascended** to the house of *God* **Elohim,**
and asked counsel of *God* **Elohim**, and said,
Which **Whoever** of us shall go *up first* **at the beginning**
to *the battle* **war**
against the *children* **sons** of *Benjamin* **Ben Yamin**?
And *the LORD* **Yah Veh** said,
Judah shall go up first **Yah Hudah, at the beginning.**
19 And the *children* **sons** of *Israel* **Yisra El**
rose up in the morning,
and encamped against *Gibeah* **Gibah.**
20 And the men of *Israel* **Yisra El**
went out to *battle* **war** against *Benjamin* **Ben Yamin**;
and the men of *Israel* **Yisra El**
put themselves in array **lined up**
to *fight* **war** against them at *Gibeah* **Gibah.**
21 And the *children* **sons** of *Benjamin* **Ben Yamin**
came forth **went** out of *Gibeah* **Gibah,**
and *destroyed* **ruined** down to the *ground* **earth**
of the *Israelites* **Yisra Eliy** that day
twenty and two thousand men.
22 And the people the men of *Israel* **Yisra El**
encouraged **strengthened** themselves,
and *set their battle in array* **lined up**
to war again in the place
where they *put themselves in array* **lined up** the first day.
23 (And the *children* **sons** of *Israel* **Yisra El**
went up **ascended**
and wept *before the LORD* **at the face of Yah Veh**
until even,
and asked counsel of *the LORD* **Yah Veh**, saying,
Shall I *go up* **approach** again to *battle* **war** against the
children **sons** of *Benjamin* **Ben Yamin** my brother?

And *the LORD* **Yah Veh** said, *Go*
up **Ascend** against him.)
24 And the *children* **sons** of *Israel* **Yisra El**
came near **approached**
against the *children* **sons** of *Benjamin* **Ben Yamin**
the second day.
25 And *Benjamin* **Ben Yamin** went forth
against **meeting** them out of *Gibeah* **Gibah**
the second day,
and *destroyed down* **ruined** to the *ground* **earth**
of the *children* **sons** of *Israel* **Yisra El** again eighteen
thousand men; all these drew the sword.
26 Then all the *children* **sons** of *Israel* **Yisra El**,
and all the people, *went up* **ascended**,
and came unto the house of *God* **Elohim**,
and wept, and *sat* **settled** there
before the LORD **at the face of Yah Veh**,
and fasted that day until even,
and *offered burnt offerings* **holocausted holocausts**
and *peace offerings* **shelamim**
before the LORD **at the face of Yah Veh**.
27 And the *children* **sons** of *Israel* **Yisra El**
enquired **asked** of *the LORD* **Yah Veh**, (for
the ark of the covenant of *God* **Elohim**
was there in those days,
28 And *Phinehas* **Pinechas**,
the son of *Eleazar* **El Azar**, the son of *Aaron*
Aharon, stood *before* **at the face of** it in those days,)
saying, Shall I yet again go out to *battle* **war**
against the *children* **sons** of *Benjamin* **Ben Yamin**
my brother,
or shall I cease?
And *the LORD* **Yah Veh** said, *Go up* **Ascend**;
for to morrow
I *will deliver* **shall give** them into thine hand.
29 And*IsraeYl* **israEslet***liersinwa***lu***it***rkers**
round about *Gibeah* **Gibah**.
30 And the *children* **sons** of *Israel* **Yisra El**
went up **ascended**
against the *children* **sons** of *Benjamin* **Ben Yamin**
on the third day,
and *put themselves in array* **lined up**
against *Gibeah* **Gibah**, as *at other times* **time by time**.
31 And the *children* **sons** of *Benjamin* **Ben Yamin**
went out *against* **to meet** the people, and
were *drawn* **torn** away from the city;
and they began to smite of the people, and *kill* **pierce**,
as *at other times* **time by time**, in the highways,
of which one *goeth up* **ascendeth**
to the house of *God* **Elohim**,
and *the other* **one** to *Gibeah* **Gibah** in the
field, about thirty men of *Israel* **Yisra El**.
32 And the *children* **sons** of *Benjamin* **Ben**
Yamin said, They are smitten down
before us **at our face**, as at the first.
But the *children* **sons** of *Israel* **Yisra El** said, Let
us flee, and *draw* **tear** them **away** from the city
unto the highways.
33 And all the men of *Israel* **Yisra El**
rose up out of their place,
and *put themselves in array* **lined up**
at *Baaltamar* **Baal Tamar**:
and the *liers in wait* **lurkers** of *Israel* **Yisra El**
came forth out of their places,
even out of the *meadows* **barrens** of *Gibeah* **Gibah**.
34 And there came against *Gibeah* **Gibah**
ten thousand chosen men out of all *Israel* **Yisra**
El, and the *battle* **war** was *sore* **heavy**:
but they knew not that evil *was near* **touched** them.
35 And*theLORD***YahVeh**smote*Benjamin***BenYamin**
before Israel **at the face of Yisra El**:
and the *children* **sons** of *Israel* **Yisra El**
destroyed **ruined** of the *Benjamites* **Ben Yaminiy** that
day twenty and five thousand and an hundred men:
all these drew the sword.
36 So the *children* **sons** of *Benjamin* **Ben Yamin**
saw that they were smitten:
for the men of *Israel* **Yisra El**
gave place to the *Benjamites* **Ben Yaminiy**,
because they *trusted* **confided**
unto the *liers in wait* **lurkers**
which they had set beside *Gibeah* **Gibah**.
37 And the *liers in wait* **lurkers** hasted, and
rushed **spread** upon *Gibeah* **Gibah**;
and the *liers in wait* **lurkers** drew *themselves* along,
and smote all the city with the *edge* **mouth** of the sword.
38 Nowtherewas*anappointedsign***aseason**
between the men of *Israel* **Yisra El** and the *liers*
in wait **lurkers**, that they should make
a great flame **an abounding heaviness**
with smoke *rise up* **ascending** out of the city.
39 Andwhenthemenof*Israel***YisraEl**
retired **returned** in the *battle* **war**, *Benjamin*
Ben Yamin began to smite and *kill* **pierce** of the
men of *Israel* **Yisra El** about thirty persons:
for they said,
Surely **In being smitten,** they are smitten *down*
before us **at our face**, as in the first *battle* **war**.
40 Butwhenthe*flame***signa**blegan*toariseup***holocaust**
out of the city with a pillar of smoke,

the *Benjamites looked* **Ben Yaminiy turned face**
behind them, and, behold,
the *flame of the* city *ascended up* **totally holocausted**
to *heaven* **the heavens.**
41 And when the men of *Israel* **Yisra El** turned again,
the men of *Benjamin were amazed* **Ben Yamin hastened:**
for they saw that evil *was come* **touched** upon them.
42 Therefore they turned *their backs*
before **at the face of** the men of *Israel* **Yisra El**
unto the way of the wilderness;
but the *battle* **war** overtook them;
and them which came out of the cities they
destroyed **ruined** in the midst of them.
43 Thus they *inclosed* **surrounded**
the *Benjamites* **Ben Yaminiy** *round*
about, and *chased* **pursued** them,
and trode them down with ease
over against *Gibeah* **Gibah**
toward **from** the *sunrising* **rising sun.**
44 And there fell of *Benjamin* **Ben Yamin**
eighteen thousand men;
all these were men of valour.
45 And they turned **face** and fled toward the
wilderness unto the rock of Rimmon:
and they gleaned of them in the
highways five thousand men;
and *pursued hard* **adhered** after them unto Gidom,
and *slew* **smote** two thousand men of them.
46 So that all which fell that day of *Benjamin* **Ben**
Yamin were twenty and five thousand men that
drew the sword; all these were men of valour.
47 But six hundred men turned **face**
and fled to the wilderness unto the rock Rimmon,
and *abode* **settled** in the rock Rimmon four months.
48 And the men of *Israel turned again* **Yisra El turned**
upon the *children* **sons** of *Benjamin* **Ben Yamin,**
and smote them with the *edge* **mouth** of the sword,
as well the *men* **integrious** of *every* city,
as the beast **even animals,**
and all that *came to hand* **were found:**
also they set on fire all the cities that they *came to* **found.**

THE OVERLOOKED SCION OF YISRA EL

21 Now the men of *Israel* **Yisra El**
had *sworn* **oathed** in *Mizpeh* **Mispeh**, saying,
There shall not *any* **a man** of us give his daughter
unto *Benjamin* **Ben Yamin** to *wife* **woman.**
2 And the people came to the house of *God* **Elohim,**
and *abode* **settled** there till even
before God **at the face of Elohim,**
and lifted up their voices, and wept *sore* **a great weeping;**
3 And said,
O *LORD God* **Yah Veh Elohim** of *Israel* **Yisra El,**
why *is* **becometh** this *come to pass* in *Israel* **Yisra**
El, that there should be to day one *tribe* **scion**
lacking **overlooked** in *Israel* **Yisra El?**
4 And **so be it** *came to pass*, on the morrow,
that the people *rose* **started** early, and
built there *an* **a sacrifice** altar,
and *offered burnt offerings* **holocausted holocausts**
and *peace offerings* **shelamim.**
5 And the *children* **sons** of *Israel* **Yisra El** said,
Who is there among all the *tribes*
scions of *Israel* **Yisra El**
that *came* **ascended** not *up* with the
congregation unto *the LORD* **Yah Veh?**
For they had made a great oath concerning
him that *came* **ascended** not *up*
to *the LORD* **Yah Veh** to *Mizpeh* **Mispeh**, saying,
In deathifying, He shall *surely* be
put to death **deathified.**
6 And the *children* **sons** of *Israel* **Yisra El**
repented them **sighed**
for *Benjamin* **Ben Yamin** their brother, and said,
There is one *tribe* **scion** cut off from
Israel **Yisra El** this day.
7 How shall we *do* **work** for *wives* **women**
for them that remain,
seeing we have *sworn* **oathed** by *the LORD* **Yah Veh**
that we *will* **shall** not give them of our
daughters to *wives* **women?**
8 And they said,
What one is there of the *tribes* **scions** of *Israel* **Yisra El**
that *came* **ascended** not *up* to *Mizpeh* **Mispeh**
to *the LORD* **Yah Veh?**
And, behold, there came *none* **no man** to the
camp from *Jabeshgilead* **Yabesh Gilad**
to the *assembly* **congregation.**
9 For the people were *numbered* **mustered,**
and, behold, there were *none* **no man**
of the *inhabitants* **settlers** of *Jabeshgilead* **Yabesh Gilad**
there.
10 And the *congregation* **witnesses** sent thither
twelve thousand men of the *valiantest* **sons of**
valour, and *commanded* **misvahed** them, saying,
Go and smite
the *inhabitants* **settlers** of *Jabeshgilead* **Yabesh Gilad**
with the *edge* **mouth** of the sword,
with the women and the *children* **toddlers.**
11 And this is the *thing* **word** that ye *shall do* **work,**

ye shall *utterly destroy* **devote** every
male, and every woman
that hath *lain by man* **known bedding with male.**
12 And they found among
the *inhabitants* **settlers** of *Jabeshgilead* **Yabesh Gilad**
four hundred *young* **lass** virgins,
that had known no man by *lying* **bedding** with any
male: and they brought them unto the camp to
Shiloh, which is in the land of *Canaan* **Kenaan.**
13 And the whole *congregation* **witness**
sent *some* to *speak* **word**
to the *children* **sons** of *Benjamin* **Ben Yamin**
that were in the rock Rimmon,
and to call *peaceably* **shalom** unto them.
14 And *Benjamin* **Ben Yamin** *came again* **returned**
at that time; and they gave them *wives* **women**
which they had saved alive
of the women of *Jabeshgilead* **Yabesh Gilad:**
and yet so they *sufficed them not* **found not so for them.**
15 And the people
repented them **sighed** for *Benjamin* **Ben
Yamin,** because that *the LORD* **Yah Veh**
had *made* **worked** a breach
in the *tribes* **scions** of *Israel* **Yisra El.**
16 Then the elders of the *congregation*
witness said, How shall we *do* **work**
for *wives* **women** for them that remain,
seeing the women are *destroyed* **desolated**
out of *Benjamin* **Ben Yamin?**
17 And they said,
There must be an inheritance **A possession** for them
that be escaped **of the escapees** of *Benjamin*
Ben Yamin, that *a tribe* **no scion**
be *not destroyed* **wiped** out of *Israel* **Yisra El.**
18 Howbeit
we *may* **can** not give them *wives* **women** of our
daughters: for the *children* **sons** of *Israel* **Yisra
El** have *sworn* **oathed,** saying, Cursed be he
that giveth a *wife* **woman** to *Benjamin* **Ben Yamin.**
19 Then they said, Behold,
there is a *feast* **celebration** of *the LORD* **Yah Veh**
in Shiloh *yearly* **from days by days**
in a place which is on the north *side* of Beth El,
on the east side **toward the sun rising** of
the highway that *goeth up* **ascendeth**
from *Bethel* **Beth El** to Shechem, and
on the south of Lebonah.
20 Therefore they *commanded* **misvahed**
the *children* **sons** of *Benjamin* **Ben Yamin,** saying,
Go and *lie in wait* **lurk** in the vineyards;
21 And see, and, behold, if the daughters of Shiloh
come out to dance **go and whirl** in **round** dances,
then *come* **go** ye *out of* **from** the vineyards,
and catch you every man his *wife* **woman**
of the daughters of Shiloh,
and go to the land of *Benjamin* **Ben Yamin.**
22 And it shall be, when their fathers or their
brethren come unto us to *complain* **contend,**
that we *will* **shall** say unto them,
Be favourable **Grant charism** unto them for our sakes:
because we *reserved* **took** not
to each man his *wife* **woman** in the war:
for ye did not give unto them at this time,
that ye *should be guilty* **had guilted.**
23 And the *children* **sons** of *Benjamin* **Ben Yamin**
did **worked** so,
and *took* **lifted** them *wives* **women,**
according to their number,
of them that *danced* **whirled,** whom
they *caught* **stripped:**
and they went and returned unto their inheritance,
and *repaired* **strengthened** the cities,
and *dwelt* **settled** in them.
24 And the *children* **sons** of *Israel* **Yisra El**
departed **walked** thence at that time, every
man to his *tribe* **scion** and to his family,
and they went out from thence
every man to his inheritance.
25 In those days
there was no *king* **sovereign** in *Israel* **Yisra El:**
every man *did* **worked**
that which was *right* **straight** in his own eyes.

THE WOMEN OF EL QANAH

1 *Now there was* **And so be it,**
a certain **one** man of *Ramathaimzophim* **Ramahayim**
Sophim, of mount *Ephraim* **Ephrayim,**
and his name was *Elkanah* **El Qanah,**
the son of *Jeroham* **Yerocham,**
the son of *Elihu* **Eli Hu,** the son of *Tohu* **Tochu,**
the son of *Zuph* **Suph,** an *Ephrathite* **Ephrathiy:**
2 And he had two *wives* **women;**
the name of the one was Hannah,
and the name of the *other* **second** Peninnah:
and Peninnah had children, but
Hannah had no children.
3 And this man
went up **ascended** out of his city *yearly* **days by days**
to *worship* **prostrate** and to sacrifice
unto *the LORD of hosts* **Yah Veh Sabaoth** in Shiloh. And
the two sons of Eli, Hophni and *Phinehas* **Pinechas,**
the priests of *the LORD* **Yah Veh,** were there.
4 Andwhenthe*timewas***daybecame**
that *Elkanah offered* **El Qanah sacrificed,**
he gave to Peninnah his *wife* **woman,**
and to all her sons and her daughters, portions:
5 But unto Hannah
he gave *a worthy* **one double faced** portion;
for he loved Hannah:
but *the LORD* **Yah Veh** had shut *up* her womb.
6 And her *adversary* **tribulation**
also *provoked* **vexed** her *sore* **to vexation,**
for to *make* **irritate** her *fret,*
because *the LORD* **Yah Veh** had shut *up* her womb.
7 And*ashedidso***soheworked**yearbyyear,
when she *went up* **ascended often enough**
to the house of *the LORD* **Yah Veh,**
so she *provoked* **vexed** her;
therefore she wept, and did not eat.
8 Then said *Elkanah* **El Qanah** her *husband* **man** to her,
Hannah, why weepest thou? and why eatest thou not?
and why is thy heart *grieved* **villified?**
am not I better to thee than ten sons?
9 So Hannah rose up after they had eaten in Shiloh,
and after they had drunk.
Now Eli the priest *sat* **settled** upon a *seat* **throne**
by a post of the *temple* **manse** of *the LORD* **Yah Veh.**
10 Andshewas*inbiterness***biter**ofsoul,
and prayed unto *the LORD* **Yah Veh,**
and **in weeping,** wept *sore.*
11 And she vowed a vow, and said, O
LORD of hosts **Yah Veh Sabaoth,**
if **in seeing,** thou *wilt indeed look* **seest**
on the *affliction* **humiliation** of *thine*
handmaid **thy maid,** and remember me,
and not forget *thine handmaid* **thy maid,**
but *wilt* **shalt** give unto *thine handmaid* **thy maid**
a man *child* **seed,**
then I *will* **shall** give him unto *the LORD* **Yah Veh**
all the days of his life,
and there shall no razor *come* **ascend** upon his head.
12 And **so be** it *came to pass,*
as she *continued praying* **abounded to pray**
before the LORD **at the face of Yah Veh,**
that Eli *marked* **guarded** her mouth.

THE VEXATION OF HANNAH

13 NowHanah,she*spake***worded**inherheart;
only her lips *moved* **quivered,** but her voice was
not heard: therefore Eli *thought* **fabricated**
she had been *drunken* **intoxicated.**
14 And Eli said unto her,
How long *wilt* **shalt** thou be *drunken* **intoxicated?**
put away **turn aside** thy wine from thee.
15 And Hannah answered and said, No, my *lord*
adoni, I am a woman *of a sorrowful* **hard in** spirit:
I have drunk neither wine nor *strong drink*
intoxicants, but have poured out my soul
before the LORD **at the face of Yah Veh.**
16 *Count* **Give** not *thine handmaid* **thy maid**
for **as at the face of** a daughter of *Belial* **Beli Yaal:**
for out of the abundance of my *complaint* **meditation**
and *grief* **vexation** have I *spoken* **worded** hitherto.
17 ThenElianswered andsaid,Goin*peace***shalom:**
and the *God* **Elohim** of *Israel* **Yisra El**
grant **give** thee thy petition that thou hast asked of him.
18 And she said, Let *thine handmaid* **thy maid**
find *grace* **charism** in thy *sight* **eyes.**
So the woman went her way, and did eat, and
her *countenance* **face** was no more *sad.*

THE BIRTH OF SHEMU EL

19 And they rose up in the morning early,
and *worshipped* **prostrated**
before the LORD **at the face of Yah Veh,**
and returned, and came to their house to Ramah:
and *Elkanah* **El Qanah** knew Hannah his *wife*
woman; and *the LORD* **Yah Veh** remembered her.
20 Wherefore **so be** it *came to pass,*
when the time was come about **in revolution of days**
after Hannah had conceived, that she *bare* **birthed** a
son, and called his name *Samuel* **Shemu El,** *saying,*
Because I have asked him of *the LORD* **Yah Veh.**

21 And the man *Elkanah* **El Qanah**, and all his house,
went up **ascended**
to *offer* **sacrifice** unto *the LORD* **Yah Veh**
the *yearly sacrifice* **sacrifice of days**, and his vow.
22 But Hannah *went* **ascended** not *up*;
for she said unto her *husband* **man**,
I will not go up until the child **When the lad** be
weaned, and then I *will* **shall** bring him,
that he may *appear* **be seen**
before the LORD **at the face of Yah Veh**, and
there *abide for ever* **settle eternally**.
23 And *Elkanah* **El Qanah** her
husband **man** said unto her,
Do **Work** what seemeth *thee* good **in thine eyes**;
tarry **settle** until thou have weaned him;
only *the LORD establish* **Yah Veh raise** his word.
So the woman *abode* **settled**,
and *gave* **suckled** her son *suck* until she weaned him.
24 And when she had *weaned him* **dealt**,
she *took him* **ascended** him *up* with
her, with three bullocks,
and one ephah of flour, and a *bottle*
bag of wine, and brought him
unto the house of *the LORD* **Yah Veh** in Shiloh:
and the *child* **lad** was *young* **but a lad**.
25 And they *slew* **slaughtered** a bulock,
and brought the *child* **lad** to Eli.
26 And she said, Oh my *lord* **adoni**,
as thy soul liveth, my *lord* **adoni**,
I am the woman that *stood* **stationed** by thee
here, praying unto *the LORD* **Yah Veh**.
27 For this *child* **lad** I prayed;
and *the LORD* **Yah Veh** hath given me
my petition which I asked of him:
28 Therefore also I have lent him to *the LORD* **Yah Veh**;
as long as **all the days** he liveth
he shall be lent to *the LORD* **Yah Veh**.
And he *worshipped* **prostrated**
the LORD **to Yah Veh** there.

THE PRAYER OF PRAISE OF HANNAH

2 And Hannah prayed, and said,
My heart *rejoiceth* **jumpeth for joy** in *the LORD* **Yah
Veh**, mine horn is exalted in *the LORD* **Yah Veh**:
my mouth is enlarged over mine enemies;
because I *rejoice* **cheer** in thy salvation.
2 There is none holy as *the LORD* **Yah Veh**:
for there is none *beside* **except** thee:
neither is there any rock like our *God* **Elohim**.
3 *Talk no more* **Abound not thy word**
so *exceeding proudly* **high and lofty**;
let not *arrogancy come out* **impudence go** of your mouth:
for *the LORD* **Yah Veh** is *a God* **an El** of knowledge,
and by him *actions* **exploits** are *weighed* **gauged**.
4 The bows of the mighty *men* are *broken* **crushed**,
and they that stumbled are girded with *strength* **valour**.
5 They that were *full* **satisfied**
have hired out themselves for bread;
and they that were *hungry* **famished** ceased:
so that the *barren* **sterile** hath *born* **birthed** seven;
and she that hath many *children* **sons**
is waxed feeble **languisheth**.
6 *The LORD killeth* **Yah Veh deathifieth**,
and *maketh alive* **enliveneth**:
he *bringeth down* **descendeth** to *the grave*
sheol, and *bringeth up* **ascendeth**.
7 *The LORD maketh poor* **Yah Veh dispossesseth**,
and *maketh rich* **enricheth**:
he *bringeth low* **abaseth**, and lifteth *up*.
8 He raiseth *up* the poor out of the dust,
and lifteth *up* the *beggar* **needy** from the dunghill,
to set them among *princes* **volunteers**,
and to make them inherit the throne of *glory* **honour**:
for the pillars of the earth are *the LORD'S* **Yah
Veh's**, and he hath set the world upon them.
9 He *will keep* **shall guard** the feet of his *saints* **mercied**,
and the wicked shall be *silent* **hushed** in darkness;
for by *strength* **force** shall no man prevail **mightily**.
10 The *adversaries* **contenders** of the *LORD* **Yah Veh**
shall be *broken to pieces* **terrified**;
out of *heaven* **the heavens** shall he thunder upon them:
the LORD **Yah Veh** shall *judge* **rule**
the *ends* **finality** of the earth;
and he shall give strength unto his *king*
sovereign, and exalt the horn of his anointed.
11 And *Elkanah* **El Qanah** went to Ramah to his house.
And the *child* **lad** did minister unto *the LORD* **Yah Veh**
before **at the face of** Eli the priest.
12 Now the sons of Eli were sons of *Belial* **Beli Yaal**;
they knew not *the LORD* **Yah Veh**.

THE SONS OF ELI

13 And the priest's *custom* **judgment**
with the people was,
that, when any man *offered* **sacrificed**
sacrifice, the priest's *servant* **lad** came,
while the flesh was *in seething* **stewing**, with a
fleshhook **fork** of three teeth in his hand;
14 And he *struck* **smote** it into the *pan* **laver**, or
kettle **boiler**, or caldron, or *pot* **skillet**;

all that the *fleshhook brought up* **fork ascended**
the priest took for himself.
So they *did* **worked** in Shiloh
unto all the *Israelites* **Yisra Eliy** that came *thither.*
15 Alsobeforethey*burn***in***t***censed**thefat,
the priest's *servant* **lad** came,
and said to the man that sacrificed,
Give flesh to roast for the priest;
for he *will not have sodden* **shall take**
no stewed flesh of thee,
but *raw* **live.**
16 And if any man said unto him,
In incensing, Let them *not fail to burn* **incense** the fat
presently **as this day,**
and *then* take as *much as* thy soul desireth;
then he *would answer* **should say to** him,
Nay; but thou shalt give it me now:
and if not, I *will* **shall** take it by *force* **strength.**
17 Wherefore the sin of the *young men* **lads**
was *very* **mighty** great
before the LORD **at the face of Yah Veh**:
for men *abhorred* **scorned**
the offering of *the LORD* **Yah Veh.**

THE LADHOOD MINISTRY OF SHEMU EL

18 But*Samuel***ShemuEl**ministered
before the LORD **at the face of Yah Veh,**
being a child — **a lad,** girded with a linen ephod.
19 Moreover his mother
made **worked** him a little *coat* **mantle,** and *brought*
ascended it to him *from year to year* **days by days,**
when she *came up* **ascended** with her *husband* **man**
to *offer* **sacrifice** the *yearly* sacrifice **of days.**
20 And Eli blessed *Elkanah* **El Qanah**
and his *wife* **woman,** and said,
The LORD give **Yah Veh set** thee seed of this woman
for the *loan* **petition** which is lent to *the LORD* **Yah Veh.**
And they went unto their *own home* **place.**
21 And *the LORD* **Yah Veh** visited Hannah,
so that she conceived,
and *bare* **birthed** three sons and two daughters.
And the *child Samuel* **lad Shemu El** grew
before the LORD **at the face of Yah Veh.**
22 Now Eli was *very* **mighty** old, and heard
all that his sons *did* **worked** unto all *Israel* **Yisra El**;
and how they lay with the women that *assembled* **hosted**
at the *door* **opening**
of the *tabernacle* **tent** of the congregation.
23 And he said unto them,
Why *do* **work** ye *such things* **according to these words?**
for I hear of your evil *dealings* **words** by all this people.
24 Nay,mysons;foriitsnogoodreportthatIhear:
ye make *the LORD'S* **Yah Veh's**
people to *transgress* **trespass.**
25 If one man sin against *another* **man,**
the judge **Elohim** shall *judge* **pray for** him: but
if a man sin against *the LORD* **Yah Veh,** who
shall *intreat* **pray** for him? Notwithstanding
they hearkened not unto the voice of their
father, because *the LORD* **Yah Veh**
would slay **desired to deathify** them.
26 And the *child Samuel grew* **lad Shemu El walked** on
and greatened,
and was *in favour* **goodly** both with *the*
LORD **Yah Veh,** and also with men.

PROPHECY AGAINST THE HOUSEHOLD OF ELI

27 And there came a man of *God* **Elohim** unto Eli,
and said unto him, Thus saith *the LORD*
Yah Veh, *Did I plainly appear* **In exposing,**
exposed I unto the house of thy father,
when they were in *Egypt* **Misrayim**
in *Pharaoh's* **Paroh's** house?
28 And did I choose him
out of all the *tribes* **scions** of *Israel* **Yisra El** to be my
priest, to *offer* **holocaust** upon *mine* **my sacrifice** altar,
to *burn* **incense** incense,
to *wear* **bear** an ephod *before me* **at my face?**
and did I give unto the house of thy father
all the *offerings made by fire* **firings**
of the *children* **sons** of *Israel* **Yisra El?**
29 Wherefore *kick* **trample** ye
at my sacrifice and at mine offering,
which I have *commanded* **misvahed** in my habitation;
and honourest thy sons above me,
to *make yourselves fat with the chiefest* **cut the firstlings**
of all the offerings of *Israel* **Yisra El** my people?
30 *Wherefore* **Therefore,**
the LORD God of Israel saith
an oracle of Yah Veh Elohim of Yisra El, In saying, I
said *indeed* that thy house, and the house of thy father,
should walk *before me for ever* **at my face eternally**:
but now *the LORD saith* **an oracle of**
Yah Veh, Be it far from me;
for them that honour me I *will* **shall** honour,
and they that despise me shall *be*
lightly esteemed **I abase.**
31 Behold, the days come,
that I *will* **shall** cut off thine arm, and
the arm of thy father's house,

that there shall not be an old man in thine house.
32 And thou shalt *see an enemy* **look at the tribulation**
in **of** my habitation,
in all *the wealth* which *God* **Elohim**
shall *give Israel* **well—prepare for Yisra El**: and there
shall not be an old man in thine house *for ever* **all days.**
33 And the man of thine,
whom I shall not cut off from *mine* **my sacrifice**
altar, shall *be to consume* **finish off** thine eyes,
and *to grieve thine heart* **lanquish thy soul**:
and all the increase of thine house
shall **these men** die *in the flower of their age.*
34 And this shall be asign unto thee,
that shall come upon thy two sons, on
Hophni and *Phinehas* **Pinechas**;
in one day they shall die both of them.
35 And I *will* **shall** raise me up a *faithful*
trustworthy priest, that shall *do* **work**
according to that which is in mine heart
and in my *mind* **soul**:
and I *will* **shall** build him a *sure* **permanent**
house; and he shall walk *before* **at the face**
of mine anointed *for ever* **all days.**
36 And **so be** it *shall come to pass,*
that every one that *is left* **remaineth** in thine
house shall come and *crouch* **prostrate** to him
for a *piece* **coin** of silver and a *morsel* **round** of
bread, and shall say, *Put* **Scrape** me, I *pray* **beseech**
thee, into one of the *priests' offices* **priesthood's**,
that I may eat a *piece* **morsel** of bread.

THE CALLING OF SHEMU EL

3 And the *child Samuel* **lad Shemu El**
ministered unto *the LORD* **Yah Veh**
before **at the face of** Eli.
And the word of *the LORD* **Yah Veh** was
precious **esteemed** in those days; there
was no *open* vision **broken forth**.
2 And**sobe**it*cametopass*,athat*im*t e**day**,
when Eli was laid down in his place,
and his eyes began to *wax dim*
fade, that he could not see;
3 And ere the lamp of *God went out* **Elohim quenched**
in the *temple* **manse** of *the LORD* **Yah Veh**,
where the ark of *God* **Elohim** was,
and *Samuel* **Shemu El** was laid down *to sleep*;
4 That*hte**LORD***YahVeh**caled*Samue***S/hemuE**:l
and he *answered* **said**, *Here am I* **Behold, I.**
5 And he ran unto Eli, and said,
Here am I **Behold, I**; for thou calledst me.
And he said, I called not; **turn back,** lie down *again.*
And he went and lay down.
6 And *the LORD* **Yah Veh** called yet again,
Samuel **Shemu El.**
And *Samuel* **Shemu El** arose and went to Eli, and said,
Here am I **Behold, I**; for thou didst call
me. And he *answered* **said**, I called not,
my son; **turn back,** lie down *again.*
7 Now *Samuel* **Shemu El**
did not yet know *the LORD* **Yah Veh,**
neither was the word of *the LORD* **Yah Veh**
yet *revealed* **exposed** unto him.
8 And *the LORD* **Yah Veh**
called *Samuel* **Shemu El** again the third time.
And he arose and went to Eli, and said,
Here am I **Behold, I**; for thou didst call
me. And Eli *perceived* **discerned**
that *the LORD* **Yah Veh** had called the *child* **lad.**
9 Therefore Eli said unto *Samuel*
Shemu El, Go, lie down:
and **so be** it *shall be*, if he call thee,
that thou shalt say, *Speak* **Word**, *LORD* **O Yah Veh**;
for thy servant heareth.
So *Samuel* **Shemu El** went and lay down in his place.
10 And *the LORD* **Yah Veh** came, and stood,
and called as *at other times* **time by time**,
Samuel **Shemu El**, *Samuel* **Shemu El.**
Then *Samuel answered* **Shemu El said**, *Speak* **Word**;
for thy servant heareth.
11 And *the LORD* **Yah Veh** said to *Samuel*
Shemu El, Behold, I *will do* **shall work**
a *thing* **word** in *Israel* **Yisra El,**
at which both the ears of every one
that heareth it shall tingle.
12 In that day I *will perform* **shall raise** against Eli
all *things* **those** which I have *spoken* **worded**
concerning his house:
when I begin, I *will* **shall** also *make an end* **finish.**
13 *For I have told* **And I tell** him
that I *will* **shall** judge his house *for ever* **eternally**
for the *iniquity* **perversity** which he knoweth;
because his sons *made* **abased** themselves *vile*,
and he *restrained* **dimmed** them not.
14 And therefore
I have *sworn* **oathed** unto the house of Eli,
that the *iniquity* **perversity** of Eli's house
shall not *be purged* **kapar/atone**
with sacrifice nor offering
for ever **eternally.**
15 And *Samuel* **Shemu El** lay until the morning,

and opened the doors of the house
of *the LORD* **Yah Veh.**
And *Samuel feared* **Shemu El awed**
to *shew* **tell** Eli the vision.
16 Then Eli called *Samuel* **Shemu El**, and said,
Samuel **Shemu El**, my son.
And he *answered* **said**, *Here am I* **Behold, I.**
17 And he said, What is the *thing* **word**
that *the LORD hath said* **he hath worded** unto thee?
I *pray* **beseech** thee *hide* **conceal** it not from me:
God do **Elohim work** so to thee, and *more* **so add**
also, if thou *hide any thing* **conceal a word** from me
of all the *things* **words** that he *said*
hath worded unto thee.
18 And *Samuel* **Shemu El** told him every *whit* **word**,
and *hid nothing* **concealed naught** from him.
And he said, It is *the LORD* **Yah Veh**:
let him *do* **work** what seemeth *him* good **in his eyes.**
19 And *Samuel* **Shemu El** grew,
and *the LORD* **Yah Veh** was with him,
and did let none of his words fall to the *ground* **earth.**
20 And all *Israel* **Yisra El**
from Dan even to *Beersheba* **Beer Sheba**
knew that *Samuel* **Shemu El** was *established* **trustworthy**
to be a prophet of *the LORD* **Yah Veh.**
21 And *the LORD* **Yah Veh**
appeared again **added to be seen** in Shiloh:
for *the LORD* **Yah Veh**
revealed himself **exposed** to *Samuel* **Shemu El**
in Shiloh by the word of *the LORD* **Yah Veh.**

4 And the word of *Samuel* **Shemu El**
came to all *Israel* **Yisra El.**
Now *Israel* **Yisra El** went out

The Ark Captured

against **to meet** the *Philistines* **Peleshethiy** to
battle **war**, and *pitched* **encamped** beside *Ebenezer*
Eben Ezer: and the *Philistines* **Peleshethiy**
pitched **encamped** in *Aphek* **Apheq.**
2 And the *Philistines* **Peleshethiy** *put themselves in*
array **lined up** *against Israel* **to meet Yisra El**:
and when they *joined battle* **allowed war**,
Israel **Yisra El** was smitten
before **at the face of** the *Philistines* **Peleshethiy**:
and they *slew* **smote** of the *army* **ranks** in
the field about four thousand men.
3 And when the people were come into the
camp, the elders of *Israel* **Yisra El** said,
Wherefore hath *the LORD* **Yah Veh** smitten us to day
before **at the face of** the *Philistines* **Peleshethiy**?
Let us *fetch* **take**
the ark of the covenant of *the LORD* **Yah Veh**
out of Shiloh unto us,
that, when it cometh among us,
it may save us out of the *hand* **palm** of our enemies.
4 So the people sent to Shiloh,
that they might *bring* **bear** from
thence the ark of the covenant
of *the LORD of hosts* **Yah Veh Sabaoth**,
which *dwelleth* **settleth** between the *cherubims*
cherubim: and the two sons of Eli, Hophni
and *Phinehas* **Pinechas**, were there with the
ark of the covenant of *God* **Elohim.**
5 And when the ark of the covenant
of *the LORD* **Yah Veh**
came into the camp,
all *Israel* **Yisra El** shouted with a great *shout*
shouting, so that the earth *rang again* **quaked.**
6 And when the *Philistines* **Peleshethiy**
heard the *noise* **voice** of the *shout* **shouting**,
they said, What *meaneth* **be** the *noise* **voice**
of this great *shout* **shouting** in the camp of the Hebrews?
And they *understood* **knew**
that the ark of *the LORD* **Yah Veh**
was come into the camp.
7 And the *Philistines were afraid* **Peleshethiy awed**,
for they said, *God* **Elohim** is come into the camp.
And they said, Woe unto us!
for there hath not been such *a thing*
heretofore **since three yesters ago.**
8 Woe unto us! who shall *deliver* **rescue** us
out of the hand of these mighty *Gods* **Elohim**?
these are the *Gods* **Elohim**
that smote the *Egyptians* **Misrayim**
with all the *plagues* **strokes** in the wilderness.
9 *Be strong* **Strengthen** and *quit yourselves like*
be men, O ye *Philistines* **Peleshethiy**,
that ye be not servants unto the Hebrews,
as they have *been to* **served** you:
quit yourselves like **be** men, and fight.
10 And the *Philistines* **Peleshethiy** fought,
and *Israel* **Yisra El** was smitten,
and they fled every man into his tent:
and there was a *very* **mighty** great *slaughter* **stroke**;
for there fell of *Israel* **Yisra El**
thirty thousand *footmen* **on foot.**
11 And the ark of *God* **Elohim** was taken;
and the two sons of Eli, Hophni and *Phinehas*
Pinechas, were *slain* **deathified.**

THE DEATH OF ELI

12 And there ran a man of *Benjamin* **Ben Yamin**
out of the *army* **ranks**,
and came to Shiloh the same day with his *clothes rent*
tailoring ripped, and with *earth* **soil** upon his head.
13 And when he came, *lo* **behold**, Eli
sat **settled** upon a *seat* **throne**
by the *wayside* **hand of the way** watching:
for his heart trembled for the ark of *God*
Elohim. And when the man came into the
city, and told it, all the city cried out.
14 And when Eli heard the *noise* **voice** of the *crying* **cry**,
he said, What *meaneth the noise* **is the voice**
of this *tumult* **multitude**?
And the man came in hastily, and told Eli.
15 NowEliwas**asonof**ninetyandeightyears*old*;
and his eyes *were dim* **arose**, that he could not see.
16 And the man said unto Eli,
I am he that came out of the *army* **ranks**,
and I fled to day out of the *army* **ranks**.
And he said, What is *there done* **the word**, my son?
17 And *the messenger* **he who evangelized**
answered and said, *Israel* **Yisra El** is fled
before the Philistines **at the face of the Peleshethiy**,
and there hath been also a great *slaughter* **plague**
among the people,
and thy two sons also, Hophni and *Phinehas*
Pinechas, are *dead* **deathified**,
and the ark of *God* **Elohim** is taken.
18 And **so be** it *came to pass*,
when he *made mention of* **remembered**
the ark of *God* **Elohim**,
that he fell from off the *seat* **throne** backward
by **through** the *side* **handle** of the *gate*
portal, and his neck brake, and he died:
for he was an old man, and heavy.
And he had judged *Israel* **Yisra El** forty years.

THE BIRTH OF IY CHABOD

19 And his daughter in law,
Phinehas' wife **Pinechas' woman**,
was with child **conceived**, near to *be delivered* **birth**:
and when she heard the *tidings* **report**
that the ark of *God* **Elohim** was taken,
and that her father in law and her *husband* **man**
were *dead* **deathified**,
she bowed herself and *travailed* **birthed**;
for her pains *came* **turned** upon her.
20 Andabouttheitme*ofherdeath***shedied**
the women *that stood* **stationed** by her
said **worded** unto her,
Fear **Awe** not; for thou hast *born* **birthed** a son.
But she answered not,
neither did she *regard it* **set her heart**.
21 And she *named* **called** the *child*
Ichabod **lad Iy Chabod**, saying,
The *glory* **honour** is *departed* **exiled** from *Israel* **Yisra El**:
because the ark of *God* **Elohim** was taken,
and because of her father in law and her *husband* **man**.
22 And she said,
The *glory* **honour** is *departed* **exiled** from *Israel* **Yisra El**:
for the ark of *God* **Elohim** is taken.

5 And the *Philistines* **Peleshethiy**
took the ark of *God* **Elohim**,

THE ARK REMOVED

and brought it from *Ebenezer* **Eben Ezer** unto Ashdod.
2 When the *Philistines* **Peleshethiy**
took the ark of *God* **Elohim**,
they brought it into the house of Dagon,
and set it *by* **beside** Dagon.
3 And when *they of Ashdod* **the Ashdodiy** *arose*
started early on the morrow, behold, Dagon
was fallen upon his face to the earth
before **at the face of** the ark of *the LORD* **Yah Veh**.
And they took Dagon,
and *set* **returned** him in his place *again*.
4 And when they
arose **started** early on the morrow morning, behold,
Dagon was fallen upon his face to the *ground* **earth**
before **at the face of** the ark of *the LORD* **Yah Veh**;
and the head of Dagon and both the palms of
his hands were cut off upon the threshold;
only *the stump of* Dagon *was left* **survived** to him.
5 ThereforeneitherthepriestsofDagon,
nor any that come into Dagon's house,
tread on the threshold of Dagon
in Ashdod unto this day.
6 Buthehandof*theLORD***YahVeh**
was heavy upon them of Ashdod, and
he *destroyed* **desolated** them,
and smote them with *emerods* **hemorrhoids**,
even Ashdod and the *coasts* **borders** thereof.
7 And when the men of Ashdod saw that it was
so, they said, The ark of the *God* **Elohim** of
Israel **Yisra El** shall not *abide* **settle** with us:
for his hand is *sore* **hard** upon us, and
upon Dagon our *god* **elohim**.
8 They sent therefore and gathered
all the *lords* **ringleaders**

of the *Philistines* **Peleshethiy** unto them,
and said, What shall we *do* **work**
with the ark of *the God* **Elohim** of *Israel* **Yisra El**?
And they *answered* **said,**
Let the ark of *the God* **Elohim** of *Israel* **Yisra El**
be carried about **go** unto Gath. And
they *carried* **turned** the ark
of *the God* **Elohim** of *Israel* **Yisra El** about *thither*.
9 And it *was so* **became**, that,
after they had *carried* **turned** it about,
the hand of *the LORD* **Yah Veh** was against the city
with a *very* **mighty** great *destruction* **confusion**:
and he smote the men of the city, both small
and great, and *they had emerods in their
secret parts* **hemorrhoids erupted**.
10 Therefore they sent the ark of *God* **Elohim**
to *Ekron* **Eqron**.
And **so be** it *came to pass*,
as the ark of *God* **Elohim** came to *Ekron* **Eqron**,
that the *Ekronites* **Eqroniy** cried out, saying,
They have *brought* **turned** about the ark
of *the God* **Elohim** of *Israel* **Yisra El** to us,
to *slay* **deathify** us and our people.
11 So they sent and gathered *together*
all the *lords* **ringleaders** of the
Philistines **Peleshethiy**, and said,
Send *away* the ark of *the God* **Elohim** of *Israel* **Yisra
El**, and let it *go again* **return** to his own place,
that it *slay* **deathify** us not, and our people:
for there was a *deadly destruction* **confusion of death**
throughout all the city;
the hand of *God* **Elohim** was *very* **mighty** heavy there.
12 And the men that died not
were smitten with the *emerods* **hemorrhoids**:
and the cry of the city
went up **ascended** to *heaven* **the heavens**.

THE ARK RETURNED

6 And the ark of *the LORD* **Yah Veh**
was in the *country* **field** of the *Philistines* **Peleshethiy**
seven months.
2 And the *Philistines* **Peleshethiy**
called for the priests and the diviners, saying,
What shall we *do* **work** to the ark of *the LORD* **Yah Veh**?
tell us **have us know**
wherewith we shall send it to his place.
3 And they said,
If ye send *away* the ark of *the God* **Elohim**
of *Israel* **Yisra El**, send it not empty;
but in **returning,** *any wise* return him
a trespass offering **for the guilt**:
and it shall be known to you then ye shall be healed,
why his hand is not *removed* **turned aside** from you.
4 Then said they,
What shall be *the trespass offering* **for the guilt**
which we shall return to him? They *answered* **said,**
Five golden *emerods* **hemorrhoids,** and five
golden mice, according to the number
of the *lords* **ringleaders** of the *Philistines* **Peleshethiy**:
for one plague was on you all, and
on your *lords* **ringleaders.**
5 Wherefore ye shall *make* **work**
images of your *emerods* **hemorrhoids,**
and images of your mice that *mar* **ruin** the land;
and ye shall give *glory* **honour**
unto *the God* **Elohim** of *Israel* **Yisra El:**
peradventure **perhaps**
he *will lighten* **shall slighten** his hand from off you, and
from off your *gods* **elohim**, and from off your land.
6 Wherefore then do ye *harden* **callous** your
hearts, as the *Egyptians* **Misrayim** and *Pharaoh*
Paroh *hardened* **calloused** their hearts?
when he had *wrought wonderfully* **exploited** among
them, did they not *let* **send** the people *go* **away**,
and they *departed* **went**?
7 Now therefore *make a* **work one** new *cart* **wagon,**
and take two *milch kine* **suckling heifers,**
on which there hath *come* **ascended** no yoke,
and *tie* **hitch** the *kine* **heifers** to the *cart*
wagon, and *bring* **turn** their *calves* **sons**
home from them **to their house:**
8 And take the ark of *the LORD* **Yah Veh,**
and *lay* **give** it upon the *cart* **wagon;**
and *put* **set** the *jewels* **instruments** of gold,
which ye return him for *a trespass offering*
the guilt, in a coffer by the side thereof;
and send it away, that it may go.
9 And see,
if it *goeth up* **ascendeth**
by the way of his own *coast* **border**
to *Bethshemesh* **Beth Shemesh,**
then he hath *done* **worked** us this great evil:
but if not, then we shall know
that it is not his hand that *smote* **touched** us:
it was a *chance* **happening** that happened to us.
10 And the men *did* **worked** so;
and took two *milch kine* **suckling heifers,**
and *tied* **hitched** them to the *cart* **wagon,**
and *shut up* **restrained** their *calves* **sons**
at *home* **the house:**

11 And they *laid* **set** the ark of *the LORD* **Yah Veh**
upon the *cart* **wagon,**
and the coffer with the mice of gold
and the images of their *emerods* **hemorrhoids.**
12 And the *kine* **heifers** took the straight way to
the way of *Bethshemesh* **Beth Shemesh,**
and *went along the highway* **in**
going, did go on one path,
lowing **bellowing** as they went,
and turned not aside to the right *hand* or
to the left; and the *lords* **ringleaders** of the
Philistines **Peleshethiy** went after them
unto the border of *Bethshemesh* **Beth Shemesh.**
13 And they of *Bethshemesh* **Beth Shemesh**
were *reaping* **harvesting** their wheat
harvest in the valley:
and they lifted up their eyes,
and saw the ark, and *rejoiced* **cheered** to see it.
14 And the *cart* **wagon** came into the field
of *Joshua* **Yah Shua**, a *Bethshemite* **Beth Shemeshiy,**
and stood there, where there was a great stone:
and they *clave* **split** the *wood* **timber** of the *cart* **wagon,**
and *offered* **holocausted** the *kine* **heifers**
a *burnt offering* **holocaust** unto *the LORD* **Yah Veh.**
15 And the *Levites* **Leviym**
took down **descended** the ark of *the LORD*
Yah Veh, and the coffer that was with it,
wherein the *jewels* **instruments** of gold were,
and *put* **set** them on the great stone:
and the men of *Bethshemesh* **Beth Shemesh**
offered burnt offerings **holocausted holocausts**
and sacrificed sacrifices
the same day unto *the LORD* **Yah Veh.**
16 And when the five *lords* **ringleaders**
of the *Philistines* **Peleshethiy** had seen it, they
returned to *Ekron* **Eqron** the same day.
17 And these are the golden *emerods* **hemorrhoids**
which the *Philistines* **Peleshethiy** returned
for *a trespass offering* **the guilt** unto *the LORD* **Yah Veh;**
for Ashdod one, for *Gaza* **Azzah** one,
for *Askelon* **Ashqelon** one, for Gath
one, for *Ekron* **Eqron** one;
18 And the golden mice,
according to the number
of all the cities of the *Philistines* **Peleshethiy** belonging to
the five *lords* **ringleaders**, *both* of *fenced* **fortified** cities,
and of *country* villages **of the suburbs**, even
unto the great *stone of* Abel, whereon
they *set down* **descended** the ark of *the LORD* **Yah Veh:**
which stone remaineth unto this day in
the field of *Joshua* **Yah Shua,**
the *Bethshemite* **Beth Shemeshiy.**
19 And he smote the men of *Bethshemesh* **Beth Shemesh,**
because they had *looked* **seen**
into the ark of *the LORD* **Yah Veh,**
even he smote of the people fifty thousand
and *threescore and ten* **seventy** men: and
the people *lamented* **mourned,**
because *the LORD* **Yah Veh** had smitten
many of the people with a great *slaughter* **stroke.**
20 And the men of *Bethshemesh* **Beth Shemesh**
said, Who is able to stand *before* **at the face**
of this holy *LORD God* **Yah Veh Elohim?**
and to whom shall he *go up* **ascend** from us?
21 And they sent *messengers* **angels**
to the *inhabitants* **settlers** of *Kirjathjearim* **Qiryath**
Arim, saying, The *Philistines* **Peleshethiy**
have brought again the ark of *the LORD* **Yah Veh;**
come **descend** ye *down*, and *fetch* **ascend** it *up* to you.

7 And the men of *Kirjathjearim* **Qiryath**
Arim came, and *fetched up* **ascended** the
ark of *the LORD* **Yah Veh**, and brought it
into the house of *Abinadab* **Abi Nadab**
in *the hill* **Gibah,**
and *sanctified Eleazar* **hallowed El Azar** his son
to *keep* **guard** the ark of *the LORD* **Yah Veh.**
2 And **so be** it *came to pass,*
while **from the day**
the ark *abode* **settled** in *Kirjathjearim* **Qiryath**
Arim, that the *time was long* **days abounded;**
for it was twenty years:
and all the house of *Israel* **Yisra El**
lamented after *the LORD* **Yah Veh.**
3 And *Samuel spake* **Shemu El said**
unto all the house of *Israel* **Yisra El**, saying,
If ye do return unto *the LORD* **Yah Veh**
with all your hearts, then *put away* **turn aside**
the strange *gods* **elohim** and Ashtaroth from among
you, and prepare your hearts unto *the LORD* **Yah Veh,**
and serve him only:
and he *will deliver* **shall rescue** you
out of the hand of the *Philistines* **Peleshethiy.**
4 Then the *children* **sons** of *Israel* **Yisra El**
did put away **turned aside** Baalim and Ashtaroth,
and served *the LORD* **Yah Veh** only.
5 And *Samuel* **Shemu El** said,
Gather all *Israel* **Yisra El** to *Mizpeh* **Mispeh,**
and I *will* **shall** pray for you unto *the LORD* **Yah Veh.**
6 And they gathered *together* to *Mizpeh* **Mispeh,**
and *drew* **bailed** water, and poured it out
before the LORD **at the face of Yah Veh,**

and fasted on that day, and said there,
We have sinned against *the LORD* **Yah Veh**.
And *Samuel* **Shemu El**
judged the *children* **sons** of *Israel* **Yisra El**
in *Mizpeh* **Mispeh**.

PELESHETHIY SUBDUED

7 And when the *Philistines* **Peleshethiy** heard
that the *children* **sons** of *Israel* **Yisra El**
were gathered *together* to *Mizpeh* **Mispeh**,
the *lords* **ringleaders** of the *Philistines* **Peleshethiy**
went up **ascended** against *Israel* **Yisra El**.
And when the *children* **sons** of *Israel* **Yisra**
El heard it, they *were afraid* **awed**
at the face of the *Philistines* **Peleshethiy**.
8 And the *children* **sons** of *Israel* **Yisra El**
said to *Samuel* **Shemu El**,
Cease **Hush** not to cry
unto *the LORD* **Yah Veh** our *God* **Elohim**
for us, that he *will* **shall** save us
out of the hand of the *Philistines* **Peleshethiy**.
9 And *Samuel* **Shemu El** took *a sucking* **one**
milking lamb, and *offered it for a burnt*
offering **holocausted a holocaust**
wholly **totally** unto *the LORD* **Yah Veh**:
and *Samuel* **Shemu El**
cried unto *the LORD* **Yah Veh** for *Israel* **Yisra El**;
and *the LORD heard* **Yah Veh answered** him.
10 And as *Samuel* **Shemu El**
was offering up **holocausted** the *burnt offering*
holocaust, the *Philistines* **Peleshethiy** drew near
to *battle* **war** against *Israel* **Yisra El**:
but *the LORD* **Yah Veh** thundered
with a great *thunder* **voice** on that day
upon the *Philistines* **Peleshethiy**, and
discomfited **agitated** them;
and they were smitten *before Israel*
at the face of Yisra El.
11 And the men of *Israel* **Yisra El**
went out of *Mizpeh* **Mispeh**,
and pursued the *Philistines* **Peleshethiy**, and smote
them, until they came under *Bethcar* **Beth Kar**.
12 Then *Samuel* **Shemu El** took *a* **one** stone, and
set it between *Mizpeh* **Mispeh** and Shen,
and called the name of it *Ebenezer* **Eben Ezer**, saying,
Hitherto hath *the LORD* **Yah Veh** helped us.
13 So the *Philistines* **Peleshethiy** were subdued,
and they *came no more* **added not to come**
into the *coast* **border** of *Israel* **Yisra El**:
and the hand of *the LORD* **Yah Veh**
was against the *Philistines* **Peleshethiy**
all the days of *Samuel* **Shemu El**.
14 And the cities which the *Philistines* **Peleshethiy**
had taken from *Israel* **Yisra El** were restored
to *Israel* **Yisra El**, from *Ekron* **Eqron** even
unto Gath; and the *coasts* **borders** thereof
did *Israel deliver* **Yisra El rescue**
out of the hands of the *Philistines* **Peleshethiy**.
And there *was peace* **became shalom**
between *Israel* **Yisra El** and **between**
the *Amorites* **Emoriy**.
15 And *Samuel* **Shemu El** judged *Israel* **Yisra El**
all the days of his life.
16 And he went **enough** from year to year
in circuit **and turned around** to *Bethel* **Beth**
El, and Gilgal, and *Mizpeh* **Mispeh**,
and judged *Israel* **Yisra El** in all those places.
17 And his return was to Ramah; for there was his house;
and there he judged *Israel* **Yisra El**; and there he
built *an* **a sacrifice** altar unto *the LORD* **Yah Veh**.

THE DISHONEST SONS OF SHEMU EL

8 And **so be** it *came to pass*,
when *Samuel was old* **Shemu El aged**,
that he *made* **set** his sons judges over *Israel* **Yisra El**.
2 Now the name of his *firstborn* **firstbirthed son**
was *Joel* **Yah El**;
and the name of his second, *Abiah* **Abi Yah**:
they were judges in *Beersheba* **Beer Sheba**.
3 And his sons walked not in his ways, but
turned aside **spread** after *lucre* **greed**, and
took bribes, and perverted judgment.

ELDERS OF YISRA EL REQUEST A SOVEREIGN

4 Then all the elders of *Israel* **Yisra El**
gathered themselves together,
and came to *Samuel* **Shemu El** unto Ramah,
5 Andsaiduntohim,Behold,thou*artold***hastaged**,
and thy sons walk not in thy ways:
now *make* **set** us a *king* **sovereign** to
judge us like all the *nations* **goyim**.
6 But the *thing* **word**
displeased Samuel **was evil in the eyes of Shemu El**,
when they said, Give us a *king* **sovereign** to judge us.
And *Samuel* **Shemu El** prayed unto *the LORD* **Yah Veh**.
7 And*theLORD***YahVeh**saidunto*Samue***S**l**hemuE**,**l**
Hearken unto the voice of the people
in all that they say unto thee:
for they have not *rejected* **refused** thee, but they have
rejected **refused** me, that I should not reign over them.

8 According to all the works which
they have *done* **worked**
since the day
that I *brought* **ascended** them *up* out of *Egypt* **Misrayim**
even unto this day, wherewith they have forsaken me,
and served other *gods* **elohim**, so *do*
work they also unto thee.
9 Now therefore hearken unto their voice:
howbeit yet protest solemnly
only in witnessing, witness unto them, and
shew **tell** them the *manner* **judgment**
of the *king* **sovereign** that shall reign over them.
10 And *Samuel* **Shemu El**
told **said** all the words of *the LORD* **Yah Veh**
unto the people that asked of him a *king* **sovereign**.
11 And he said, This *will* **shall** be the *manner* **judgment**
of the *king* **sovereign** that shall reign over
you: He *will* **shall** take your sons,
and *appoint* **set** them for himself,
for his chariots, and to be his *horsemen* **cavalry**;
and some shall run before **at the face of** his chariots.
12 And he *will appoint* **shall set** him
captains **governors** over thousands, and *captains*
governors over fifties; and *will* **shall** set them
to *ear* **plough** his *ground* **ploughing**,
and to *reap* **harvest** his harvest,
and to *make* **work** his instruments of war,
and instruments of his chariots.
13 And he *will* **shall** take your daughters
to be *confectionaries* **perfumers**,
and to be *cooks* **slaughterers**, and to be bakers.
14 And he *will* **shall** take your fields, and your vineyards,
and your oliveyards, *even* the best of them,
and give them to his servants.
15 And he *will* **shall** take the *tenth* **tithe** of your seed,
and of your vineyards,
and give to his *officers* **eunuchs**, and to his servants.
16 And he *will* **shall** take your *menservants* **servants**,
and your *maidservants* **maids**,
and your goodliest *young men* **youths**,
and your *asses* **he burros**, and *put*
work them to his work.
17 He *will* **shall** take the *tenth* **tithe** of your *sheep* **flock**:
and ye shall be his servants.
18 And ye shall cry out in that day
because **at the face** of your *king* **sovereign**
which ye shall have chosen you;
and *the LORD* **Yah Veh**
will **shall** not *hear you* **answer you** in that day.
19 Nevertheless the people refused to *obey* **hear**
the voice of *Samuel* **Shemu El**;
and they said, Nay;
but we *will* **shall** have a *king* **sovereign** over us;
20 That we also may be like all the *nations* **goyim**;
and that our *king* **sovereign** may judge us, and go out
before us **from our face**, and fight our *battles* **wars**.
21 And *Samuel* **Shemu El**
heard all the words of the people, and he *rehearsed*
worded them in the ears of *the LORD* **Yah Veh**.
22 And *the LORD* **Yah Veh** said to *Samuel* **Shemu El**,
Hearken unto their voice,
and make them a king **that they have a sovereign**
reign. And *Samuel* **Shemu El** said unto the men of
Israel **Yisra El**, Go ye every man unto his city.

SHEMU EL ANOINTS SHAUL

9 Now there was a man of *Benjamin* **Ben Yamin**,
whose name was *Kish* **Qish**,
the son of *Abiel* **Abi El**, the son of *Zeror*
Seror, the son of Bechorath,
the son of *Aphiah* **Aphiach**,
a *Benjamite* **Ben Yaminiy**, *a* mighty
man of *power* **valour**.
2 And he had a son, whose name was *Saul* **Shaul**,
a *choice young man* **youth**, and *a* goodly:
and there was not
among the *children* **sons** of *Israel* **Yisra El**
a goodlier *person* **man** than he:
from his shoulders and upward
he was higher than any of the people.
3 And the *asses* **she burros** of *Kish* **Qish**
Saul's **Shaul's** father were lost.
And *Kish* **Qish** said to *Saul* **Shaul** his son,
Take now one of the *servants* **lads** with thee,
and arise, go seek the *asses* **she burros**.
4 And he passed through mount *Ephraim* **Ephrayim**,
and passed through the land of *Shalisha* **Shalishah**,
but they found them not:
then they passed through the land of *Shalim*
Shaalim, and there they were not:
and he passed through the land of
the *Benjamites* **Ben Yaminiy**,
but they found them not.
5 And when they were come to the land of *Zuph* **Suph**,
Saul **Shaul** said to his *servant* **lad** that was
with him, Come, and let us return;
lest my father *leave caring* **cease** for the *asses* **she burros**,
and *take thought* **be concerned** for us.
6 And he said unto him, Behold now, there
is in this city a man of *God* **Elohim**,

and he is an honourable man;
all that he *saith* **wordeth**
cometh surely to pass **in becoming, becometh:**
now let us go thither;
peradventure **perhaps** he can *shew* **tell**
us our way that we should go.
7 ThensaidSauSl hauotlhiservanlatd,Bu,tbehold,
if we go, what shall we bring the man?
for the bread
is spent **hath disappeared** in our *vessels* **instruments,**
and there is not a *present* **gift** to bring
to the man of *God* **Elohim:**
what have we?
8 And the *servant* **lad added**
and answered *Saul* **Shaul** *again*, and said, Behold,
I have here at **There is found in my** hand
the fourth *part* of a shekel of silver:
that *will* **shall** I give to the man of *God* **Elohim,**
to tell us our way.
9 (*Beforetime in Israel* **Formerly in Yisra El,**
when a man went to enquire of *God* **Elohim,**
thus he *spake* **saith,**
Come, and let us go to the seer:
for *he that is now called a* **the** Prophet **of today**
was *beforetime* **formerly** called *a* Seer.)
10 Then said *Saul* **Shaul** to his *servant* **lad,**
Well said **Good word**; come, let us go.
So they went unto the city where the
man of *God* **Elohim** was.
11 *And* as they *went up* **ascended**
the *hill to* **ascent of** the city,
they found *young maidens* **lasses**
going out to *draw* **bail** water,
and said unto them, Is the seer here?
12 And they answered them, and said, He is;
behold, he is *before you* **at thy face:**
make haste now, for he came to day to the city;
for there is a sacrifice of the people to
day in the *high place* **bamah:**
13 As soon as ye be come into the city,
thus ye shall *straightway* find him,
before he *go up* **ascendeth** to the *high place* **bamah**
to eat: for the people *will* **shall** not eat until he
come, because he doth bless the sacrifice;
and *afterwards* **thus** they eat that be *bidden* **called.**
Now therefore *get you up* **ascend ye;**
for *about this time* **to day** ye shall find him.
14 And they *went up* **ascended** into the city:
and when they were come into **the**
midst of the city, behold,
Samuel came out against **Shemu El went to meet** them,
for to *go up* **ascend** to the *high place* **bamah.**
15 Now *the LORD* **Yah Veh**
had *told Samuel* **exposed to Shemu El** in his ear
a **one** day *before Saul came* **at the face**
of Shaul's coming, saying,
16 To morrow about this time
I *will* **shall** send thee a man
out of the land of *Benjamin* **Ben Yamin,**
and thou shalt anoint him
to be *captain* **eminent** over my people *Israel* **Yisra El,**
that he may save my people
out of the hand of the *Philistines* **Peleshethiy:**
for I have *looked upon* **seen** my people,
because their cry is come unto me.
17 And when *Samuel* **Shemu El** saw *Saul*
Shaul, *the LORD said unto* **Yah Veh answered**
him, Behold the man whom I *spake* **said** to thee of!
this same shall *reign over* **restrain** my people.
18 Then *Sau* **S***l***haud**l rew near to *Samue***S***l* **hemu El**
in **the midst of** the *gate* **portal**, and said,
Tell me, I *pray* **beseech** thee, where the seer's house is.
19 And *Samuel* **Shemu El** answered *Saul*
Shaul, and said, I am the seer:
go up before me **ascend at my face**
unto the *high place* **bamah**; for ye shall eat with
me to day, and *to morrow* **in the morning**
I *will let* **shall send** thee *go* **away,**
and *will* **shall** tell thee all that is in thine heart.
20 And as for *thine asses* **thy she burros**
that were lost three days ago,
set not thy *mind* **heart** on them; for they are found.
And on whom is all the desire of *Israel* **Yisra El?**
Is it not on thee, and on all thy father's house?
21 And *Saul* **Shaul** answered and said, Am
not I a *Benjamite* **Ben Yaminiy,**
of the smallest of the *tribes* **scions** of *Israel* **Yisra El?**
and my family the *least* **lesser** of all the families
of the *tribe* **scion** of *Benjamin* **Ben Yamin?**
wherefore then *speakest* **wordest** thou so to me?
22 And *Samuel* **Shemu El**
took *Saul* **Shaul** and his *servant* **lad,**
and brought them into the *parlour* **chamber,**
and *made* **gave** them *sit in the chiefest* **head**
place among them that were *bidden* **called,**
which were about thirty *persons* **men.**
23 And*SamueS***l***hemu***E**asliduntothe*cook***slaughtere,r**
Bring **Give** the portion which I gave thee, of
which I said unto thee, Set it by thee.
24 And the *cook* **slaughterer**

took up **lifted** the *shoulder* **leg**, and
that which was upon it,
and set it *before Saul* **at the face of Shaul**.
And *Samuel* **he** said, Behold that which *is left* **surviveth**!
set it *before thee* **at thy face**, and eat:
for unto this *time* **season**
hath it been *kept* **guarded** for thee since I said,
I have *invited* **called** the people.
So *Saul* **Shaul** did eat with *Samuel* **Shemu El** that day.
25 And when they *were come down* **descended**
from the *high place* **bamah** into the city,
Samuel communed **he worded** with *Saul*
Shaul upon the *top of the house* **roof**.
26 And they *arose* **started** early:
and **so be** it *came to pass*,
about the *spring* **ascent** of the *day* **dawn**,
that *Samuel* **Shemu El** called *Saul* **Shaul**
to the *top of the house* **roof**, saying,
Up **Arise**, that I may send thee away.
And *Saul* **Shaul** arose, and they went out both of
them, he and *Samuel* **Shemu El**, *abroad* **out**.
27 And as they were *going down* **descending**
to the end of the city,
Samuel **Shemu El** said to *Saul* **Shaul**,
Bid the servant **Say that the lad** pass on
before us **from our face**,
(and he passed on), but stand thou still *a while* **today**,
that I may *shew* **have** thee **hear** the word of *God* **Elohim**.

The Anointing Of Shaul

10 Then *Samuel* **Shemu El** took a *vial* **flask** of oil,
and poured it upon his head, and kissed him, and said,
Is it not because *the LORD* **Yah Veh** hath anointed
thee to be *captain* **eminent** over his inheritance?
2 When thou art *departed* **gone** from me to day,
then thou shalt find two men by Rachel's *sepulchre*
tomb in the border of *Benjamin* **Ben Yamin** at
Zelzah **Selsach**; and they *will* **shall** say unto thee,
The *asses* **she burros** which thou wentest
to seek are found: and, *lo* **behold**,
thy father hath left the *care* **word** of the *asses* **she**
burros, and *sorroweth* **is concerned** for you, saying,
What shall I *do* **work** for my son?
3 Then shalt thou *go on forward* **pass beyond**
from thence, and thou shalt come to the
plain **mighty oak** of Tabor, and there *shall*
meet thee **shalt thou find** three men *going up*
ascending to *God* **Elohim** to *Bethel* **Beth El**,
one *carrying* **bearing** three kids, and
another carrying **one bearing**
three *loaves* **rounds** of bread,
and *another carrying* **one bearing** a *bottle* **bag** of wine:
4 And they *will salute* **shall asks halom of**
thee, and give thee two *loaves of bread* **breads**;
which thou shalt *receive* **take** of their hands.
5 After that thou shalt come to the hill of *God* **Elohim**,
where is the *garrison* **station** of the *Philistines*
Peleshethiy: and **so be** it *shall come to pass*,
when thou art come thither to the city,
that thou shalt meet a *company* **line** of prophets
coming down **descending** from the *high place* **bamah**
with a *psaltery* **bagpipe**, and a *tabret* **tambourine**,
and a *pipe* **flute**, and a harp, *before them* **at their face**;
and they shall prophesy:
6 And the Spirit of *the LORD* **Yah Veh** *will come*
shall prosper upon thee, and thou shalt prophesy
with them, and shalt be turned into another man.
7 And let it be, when these signs are come
unto thee, that thou *do* **work**
as *occasion serve thee* **thy hand findeth**;
for *God* **Elohim** is with thee.
8 And thou shalt *go down* **descend**
before me **at my face** to Gilgal; and, behold,
I *will come down* **shall descend** unto thee,
to *offer burnt offerings* **holocaust holocausts**,
and to sacrifice sacrifices of *peace offerings* **shelamim**:
seven days shalt thou *tarry* **wait**, till I come to thee,
and *shew* **have** thee **know** what thou shalt *do* **work**.
9 And it *was so* **became**,
that when he had turned **to face** his *back* **shoulder**
to go from *Samuel* **Shemu El**,
God gave **Elohim turned to** him another heart:
and all those signs *came to pass* **became** that day.
10 And when they came thither to *the hill* **Gibah**,
behold, a *company* **line** of prophets met him;
and the Spirit of *God came* **Elohim prospered** upon him,
and he prophesied among them.
11 And **so be** it *came to pass*,
when all that knew him *beforetime* **three yesters ago**
saw that, behold,
he prophesied among the prophets,
then the people said *one* **man** to *another* **friend**, What
is this that is come unto the son of *Kish* **Qish**?
Is *Saul* **Shaul** also among the prophets?
12 Andoneamanofthesameplaceansweredandsaid,
But who is their father? Therefore it became a proverb,
Is *Saul* **Shaul** also among the prophets?
13 And when he had
made an end of **finished** prophesying,
he came to the *high place* **bamah**.

14 And *Saul's* **Shaul's** uncle
said unto him and to his *servant* **lad**, Whither went ye?
And he said, To seek the *asses* **she burros**:
and when we saw that they were no w
here, we came to *Samuel* **Shemu El**.
15 And*Saul's***Shaul's**unclesaid,Telme,Ipraythe,
what *Samuel* **Shemu El** said unto you.
16 And *Saul* **Shaul** said unto his uncle,
In telling, He told us *plainly*
that the *asses* **she burros** were found.
But of the *matter* **word** of the *kingdom* **sovereigndom**,
whereof *Samuel spake* **Shemu El saith**, he told him not.

SHAUL SET AS SOVEREIGN

17 And *Samuel* **Shemu El**
called **summoned** the people *together*
unto *the LORD* **Yah Veh** to *Mizpeh* **Mispeh**;
18 And said unto the *children* **sons** of
Israel **Yisra El**, Thus saith
the LORD God **Yah Veh Elohim** of *Israel* **Yisra El**,
I *brought up Israel* **ascended Yisra El**
out of *Egypt* **Misrayim**, and *delivered* **rescued** you
out of the hand of *the Egyptians* **Misrayim**,
and out of the hand of all *kingdoms* **sovereigndoms**,
and of them that oppressed you:
19 Andyehavethisday*rejected***refused**your*God***Elohim**,
who himself saved you
out of all your *adversities* **evils** and your tribulations;
and ye have said unto him, *Nay*, but
set a *king* **sovereign** over us.
Now therefore *present* **set** yourselves
before the LORD **at the face of Yah Veh**
by your *tribes* **scions**, and by your thousands.
20 Andwhen*SamueSl* **hemuEh**lad*caused*
all the *tribes* **scions** of *Israel* **Yisra El**
to *come near* **approach**,
the *tribe* **scion** of *Benjamin* **Ben Yamin**
was *taken* **captured**.
21 When he had *caused*
the *tribe* **scion** of *Benjamin* **Ben Yamin**
to *come near* **approach** by their families, the
family of Matri was *taken* **captured**,
and *Saul* **Shaul** the son of *Kish* **Qish** was *taken* **captured**:
and when they sought him, he could not be found.
22 Therefore
they *enquired* **asked** of *the LORD* **Yah Veh** further,
if the man should yet come *thither* **hither**.
And *the LORD answered* **Yah Veh said**,
Behold he hath hid himself among
the *stuff* **instruments**.
23 And they ran and *fetched* **took** him thence:
and when he stood among the people, he
was higher than any of the people
from his shoulders and upward.
24 And *Samuel* **Shemu El** said to all the people, See
ye him whom *the LORD* **Yah Veh** hath chosen,
that there is none like him among all the people?
And all the people shouted, and sai d,
God save the king **The sovereign lives**.
25 Then *Samuel told* **Shemu El worded to** the people the
manner **judgment** of the *kingdom* **sovereigndom**,
and *wrote it* **inscribed** in a *book* **scroll**,
and *laid* **set** it *up before the LORD*
at the face of Yah Veh.
And *Samuel* **Shemu El** sent all the people
away, every man to his house.
26 And *Saul* **Shaul** also
went *home* **to his house** to *Gibeah* **Gibah**; and
there went with him *a band of* **valiant** men,
whose hearts *God* **Elohim** had touched.
27 Butthe*children***sons**of*BeliaBl* **eliYaa**slaid,
How shall this man save us?
And they despised him, and brought
no *presents* **offerings**.
But he *held his peace* **hushed**.

SHAUL DEFEATS THE AMMONIY

11 Then *Nahash* **Nachash** the *Ammonite* **Ammoniy**
came up **ascended**,
and encamped against *Jabeshgilead* **Yabesh Gilad**:
and all the men of *Jabesh* **Yabesh**
said unto *Nahash* **Nachash**, *Make* **Cut** a covenant
with us, and we *will* **shall** serve thee.
2 And *Nahash* **Nachash** the *Ammonite* **Ammoniy**
answered **said to** them,
On **By** this *condition*
will **shall** I *make a covenant* **cut** with you, that
I may *thrust* **bore** out all your right eyes,
and lay it for a reproach upon all *Israel* **Yisra El**.
3 And the elders of *Jabesh* **Yabesh** said unto him,
Give us seven days' respite **Slacken seven days**,
that we may send *messengers* **angels**
unto all the *coasts* **borders** of *Israel* **Yisra El**:
and then, if there be no man to save us,
we *will* **shall** come *out* to thee.
4 Then came the *messengers* **angels**
to *Gibeah* **Gibah** of *Saul* **Shaul**,
and *told the tidings* **worded the words**
in the ears of the people:

and all the people lifted up their voices, and wept.
5 And, behold,
Saul **Shaul** came after the *herd* **oxen** out of the field;
and *Saul* **Shaul** said,
What *aileth* **be to** the people that they weep?
And they *told* **scribed** him
the *tidings* **words** of the men of *Jabesh* **Yabesh**.
6 And the Spirit of *God* **Elohim**
came **prospered** upon *Saul* **Shaul**
when he heard those *tidings* **words**,
and his *anger* **wrath** was kindled *greatly* **mightily**.
7 And he took a yoke of oxen,
and *hewed* **dismembered** them *in pieces*, and sent them
throughout all the *coasts* **borders** of *Israel*
Yisra El by the hands of *messengers* **angels**,
saying, Whosoever *cometh* **goeth** not *forth*
after *Saul* **Shaul** and after *Samuel* **Shemu El**,
so shall it be *done* **worked** unto his oxen.
And the fear of *the LORD* **Yah Veh** fell on the people,
and they *came out with* **went as** one *consent* **man**.
8 Andwhenhe*numbered***mustered**themin*Bezek***Bezeq**,
the *children* **sons** of *Israel* **Yisra El**
were three hundred thousand,
and the men of *Judah* **Yah Hudah** thirty thousand.
9 And they said unto the *messengers* **angels** that came,
Thus shall ye say
unto the men of *Jabeshgilead* **Yabesh Gilad**,
To morrow, by that *time* the sun be hot,
ye shall have *help* **salvation**.
And the *messengers* **angels** came
and *shewed* **told** it to the men of *Jabesh* **Yabesh**;
and they *were glad* **cheered**.
10 Therefore the men of *Jabesh* **Yabesh** said,
To morrow we *will* **shall** come *out* unto
you, and ye shall *do* **work** with us
all that seemeth good *unto you* **in your eyes**.
11 Anditwassoonthemorrow,
that *Saul put* **Shaul set** the people
in three *companies* **heads**;
and they came into the midst of the *host* **camp**
in the morning watch,
and *slew* **smote** the *Ammonites* **Ammoniy**
until the heat of the day:
and **so be** it *came to pass*,
that they which *remained* **survived** were scattered,
so that two of them *were not left* **survived not** together.
12 Andthepeoplesaidunto*Samuel***ShemuE,l**
Who is he that said, shall *Saul* **Shaul** reign over us?
bring **give** the men,
that we may *put* **deathify** them *to death*.
13 And *Saul* **Shaul** said,
There shall not a man be *put to*
death **deathified** this day:
for to day *the LORD* **Yah Veh**
hath *wrought* **worked** salvation in *Israel* **Yisra El**.
14 Thensaid*SamueSl* **hemuE**otlthepeople,
Come, and let us go to Gilgal,
and renew the *kingdom* **sovereigndom** there.
15 And all the people went to Gilgal;
and there they *made Saul king* **had Shaul reign**
before the LORD **at the face of Yah Veh** in Gilgal;
and there they sacrificed
sacrifices of *peace offerings* **shelamim**
before the LORD **at the face of Yah Veh;**
and there *Saul* **Shaul** and all the men of *Israel* **Yisra El**
rejoiced greatly **cheered mightily**.

THE FAREWELL OF SHEMU EL

12 And *Samuel* **Shemu El** said unto all *Israel* **Yisra El**,
Behold, I have hearkened unto your
voice in all that ye said unto me,
and have *made a king* **a sovereign reign** over you.
2 And now, behold,
the *king* **sovereign** walketh *before you* **at thy face**:
and I am old and *grayheaded* **grayed**;
and, behold, my sons are with you: and I
have walked *before you* **at thy face** from
my *childhood* **youth** unto this day.
3 Behold, here I am:
witness **answer** against me
before the LORD **in front of Yah Veh**, and *before*
in front of his anointed: whose ox have I taken?
or whose *ass* **he burro** have I taken? or whom have I
defrauded **extorted**? whom have I *oppressed* **crushed**?
or of whose hand
have I *received any bribe* **taken a koper/an atonement**
to *blind* **veil** mine eyes therewith?
and I *will* **shall** restore it you.
4 And they said, Thou hast not *defrauded*
extorted us, nor *oppressed* **crushed** us,
neither hast thou taken ought of any man's hand.
5 And he said unto them,
The LORD **Yah Veh** is witness against you,
and his anointed is witness this day,
that ye have not found ought in my hand.
And they *answered* **said**, He is witness.
6 And *Samuel* **Shemu El** said unto the people,
It is *the LORD* **Yah Veh**
that *advanced Moses* **worked Mosheh**
and *Aaron* **Aharon**,

and that *brought* **ascended** your fathers *up*
out of the land of *Egypt* **Misrayim.**
7 Now therefore stand still,
that I may *reason* **judge** with you
before the LORD **at the face of Yah Veh**
of all the *righteous acts* **justnesses** of *the LORD* **Yah**
Veh, which he *did* **worked** to you and to your fathers.
8 When *Jacob* **Yaqov** was come into *Egypt* **Misrayim,**
and your fathers cried unto *the LORD*
Yah Veh, then *the LORD* **Yah Veh**
sent *Moses* **Mosheh** and *Aaron* **Aharon,**
which brought forth your fathers out of *Egypt*
Misrayim, and *made* **settled** them *dwell* in this place.
9 And when they forgat
the LORD **Yah Veh** their *God* **Elohim**, he
sold them into the hand of Sisera,
captain **governor** of the host of *Hazor* **Hasor**, and
into the hand of the *Philistines* **Peleshethiy,**
and into the hand of the *king* **sovereign** of Moab,
and they fought against them.
10 And they cried unto *the LORD* **Yah**
Veh, and said, We have sinned,
because we have forsaken *the LORD* **Yah Veh,**
and have served Baalim and Ashtaroth:
but now *deliver* **rescue** us out of the hand of
our enemies, and we *will* **shall** serve thee.
11 And *the LORD* **Yah Veh** sent *Jerubbaal* **Yerub Baal,**
and Bedan, and *Jephthah* **Yiphtach**, and *Samuel*
Shemu El, and *delivered* **rescued** you
out of the hand of your enemies
on every side **round about,**
and ye *dwelled safe* **settled securely.**
12 And when ye saw that *Nahash* **Nachash**
the *king* **sovereign** of the *children* **sons**
of Ammon came against you,
ye said unto me, Nay;
but a *king* **sovereign** shall reign over us: when *the LORD*
Yah Veh your *God* **Elohim** was your *king* **sovereign.**
13 Now therefore
behold the *king* **sovereign** whom ye have chosen,
and whom ye have *desired* **asked**! and, behold,
the LORD **Yah Veh**
hath *set* **given** a *king* **sovereign** over you.
14 If ye *will fear the LORD* **shal awe Yah Veh,**
and serve him, and *obey* **hear** his voice,
and not rebel
against the *commandment* **mouth** of *the LORD* **Yah Veh,**
then shall both ye
and also the *king* **sovereign** that reigneth
over you continue *following* **after**
the LORD **Yah Veh** your *God* **Elohim:**
15 But if ye *will* **shall** not
obey **hear** the voice of *the LORD*
Yah Veh, but rebel against
the *commandment* **mouth** of *the LORD* **Yah Veh,**
then shall the hand of *the LORD* **Yah Veh**
be against you, as it was against your fathers.
16 Now *therefore* **however**
stand and see this great *thing* **word,**
which *the LORD* **Yah Veh**
will do before **shall work in front of** your eyes.
17 Is it not wheat harvest to day?
I *will* **shall** call unto *the LORD* **Yah Veh,**
and he shall *send thunder* **give voice** and rain;
that ye may perceive and see that your *wickedness*
evil is great, which ye have *done* **worked**
in the *sight* **eyes** of *the LORD* **Yah Veh,**
in asking you a *king* **sovereign.**
18 So *Samuel* **Shemu El** called unto *the LORD* **Yah Veh;**
and *the LORD* **Yah Veh**
sent thunder **gave voice** and rain that day: and
all the people *greatly feared* **mightily awed** *the*
LORD **Yah Veh** and *Samuel* **Shemu El.**
19 And all the people said unto *Samuel* **Shemu El,**
Pray for thy servants
unto *the LORD* **Yah Veh** thy *God*
Elohim, that we die not:
for we have added unto all our sins this
evil, to ask us a *king* **sovereign.**
20 And *Samuel* **Shemu El** said unto the people,
Fear **Awe** not:
ye have *done* **worked** all this *wickedness* **evil:**
yet turn not aside from *following the LORD* **after Yah**
Veh, but serve *the LORD* **Yah Veh** with all your heart;
21 And turn ye not aside:
for then should ye go after *vain things*
wasteness, which cannot *profit* **benefit** nor
deliver **rescue**; for they are *vain* **waste.**
22 For *the LORD* **Yah Veh**
will **shall** not *forsake* **abandon** his
people for his great name's sake:
because *it hath pleased the LORD* **Yah Veh hath willed**
to *make* **work** you his people.
23 Moreover as for me,
God forbid **Far be it**
that I should sin against *the LORD* **Yah Veh**
in ceasing to pray for you:
but I *will teach* **shall direct** you
the good and the *right* **straight** way:
24 Only *fear the LORD* **awe Yah Veh,**

and serve him in truth with all your heart:
for *consider* **see**
how *great things he hath done for* **he greatens** you.
25 But if **in vilifying,** ye shall *still do wickedly*
vilify, ye shall be *consumed* **scraped away,**
both ye and your *king* **sovereign**.

WAR WITH THE PELESHETHIY

13 *Saul reigned one year*
Shaul was a son of a year in his reigning;
and when he had reigned two years over *Israel* **Yisra El,**
2 *Saul* **Shaul** chose him
three thousand *men* of *Israel* **Yisra El**;
whereof two thousand were with
Saul **Shaul** in Michmash
and in mount *Bethel* **Beth El**,
and a thousand were with *Jonathan* **Yah Nathan**
in *Gibeah* **Gibah** of *Benjamin* **Ben Yamin**:
and the rest of the people he sent every man to his tent.
3 And *Jonathan* **Yah Nathan** smote the *garison* **station**
of the *Philistines* **Peleshethiy** that was in Geba,
and the *Philistines* **Peleshethiy** heard of it.
And *Saul blew* **Shaul blast** the *trumpet* **shophar**
throughout all the land, saying, Let the Hebrews hear.
4 And all *Israel* **Yisra El** heard say
that *Saul* **Shaul** had smitten
a *garrison* **station** of the *Philistines* **Peleshethiy**,
and that *Israel* **Yisra El** also *was*
had in abomination **stank**
with the *Philistines* **Peleshethiy**.
And the people were *called together* **summoned**
after *Saul* **Shaul** to Gilgal.
5 And the *Philistines* **Peleshethiy**
gathered *themselves together* to fight with
Israel **Yisra El**, thirty thousand chariots,
and six thousand *horsemen* **cavalry**,
and people as the sand which is on the sea *shore* **lip**
in *multitude* **abundance**:
and they *came up* **ascended**,
and *pitched* **encamped** in Michmash,
eastward from *Bethaven* **Beth Aven**.
6 When the men of *Israel* **Yisra El**
saw that they were *in a strait* **tribulated**, (for
the people were *distressed* **exacted**,)
then the people did hide themselves in caves,
and in *thickets* **crevices**, and in rocks,
and in *high places* **towers**, and in *pits* **wells**.
7 And *some of* the Hebrews
went **passed** over *Jordan* **Yarden**
to the land of Gad and *Gilead* **Gilad**. As
for *Saul* **Shaul**, he was yet in Gilgal,
and all the people *followed* **trembled**
after him *trembling*.
8 And he *tarried* **waited** seven days
according to the *set time* **season**
that Samuel had appointed **with Shemu El**:
but *Samuel* **Shemu El** came not to Gilgal;
and the people were scattered from him.
9 And *Saul* **Shaul** said,
Bring *hither* **near** a *burnt offering* **holocaust**
to me, and *peace offerings* **shelamim**.
And he *offered* **holocausted** the *burnt offering* **holocaust**.
10 And **so be** it *came to pass*,
that as soon as he had *made an end of* **finished**
offering **holocausting** the *burnt offering*
holocaust, behold, *Samuel* **Shemu El** came;
and *Saul* **Shaul** went out to meet him,
that he might *salute* **bless** him.
11 And *Samuel* **Shemu El** said,
What hast thou *done* **worked?**
And *Saul* **Shaul** said,
Because I saw that the people were scattered
from me, and that thou camest not
within the *days appointed* **season of days**,
and that the *Philistines* **Peleshethiy**
gathered *themselves together* at Michmash;
12 Therefore said I, The *Philistines* **Peleshethiy**
will come down **shall descend** now upon
me to Gilgal, and I have not
made supplication **stroked the face**
unto the LORD **of Yah Veh**:
I *forced* **restrained** myself *therefore*,
and *offered* **holocausted** a *burnt offering* **holocaust**.
13 And *Samuel* **Shemu El** said to *Saul* **Shaul**,
Thou hast *done foolishly* **follied**:
thou hast not *kept* **guarded** the *commandment* **misvah**
of *the LORD* **Yah Veh** thy *God* **Elohim**,
which he *commanded* **misvahed** thee:
for now *would the LORD* **should Yah Veh**
have established thy *kingdom* **sovereigndom**
upon *Israel for ever* **Yisra El eternally**.
14 But now thy *kingdom* **sovereigndom**
shall not *continue* **rise**:
the LORD **Yah Veh**
hath sought him a man after his own heart,
and *the LORD* **Yah Veh** hath *commanded* **misvahed** him
to be captain **eminence** over his people,
because thou hast not *kept* **guarded** that
which *the LORD commanded* **Yah Veh misvahed** thee.
15 And *Samuel* **Shemu El** arose,

and *gat* **ascended** him *up* from Gilgal unto
Gibeah **Gibah** of *Benjamin* **Ben Yamin**.
And *Saul numbered* **Shaul mustered** the people
that were *present* **found** with him,
about six hundred men.
16 And *Saul* **Shaul**, and *Jonathan* **Yah Nathan** his son,
and the people that were *present* **found** with them,
abode **settled** in *Gibeah* **Gibah** of *Benjamin* **Ben Yamin**:
but the *Philistines* **Peleshethiy** encamped in Michmash.
17 And *the spoilers came* **ruiners went** out of the camp
of the *Philistines* **Peleshethiy** in three *companies* **heads**:
one *company* **head** turned to **face** unto the way
that leadeth to Ophrah, unto the land of Shual:
18 And *another company* **one head** turned to **face**
the way to *Bethhoron* **Beth Horon**:
and *another company* **one head** turned to **face**
the way of the border
that looketh to the valley of *Zeboim* **Seboim**
toward the wilderness.
19 Now there was no *smith* **artificer** found
throughout all the land of *Israel* **Yisra El**:
for the *Philistines* **Peleshethiy** said,
Lest the Hebrews *make* **work** *them* swords or spears:
20 But all the *Israelites* **Yisra Eliy**
went down **descended** to the *Philistines*
Peleshethiy, to sharpen every man his share,
and his *coulter* **plowshare**,
and his ax, and his *mattock* **pick**.
21 Yet they had a file **with mouths** for the mattocks,
and for the *coulters* **plowshares**, and for the **triple** forks,
and for the axes, and to *sharpen* **station** the goads.
22 **And** So **be** it *came to pass*, in the day of *battle*
war, that there was neither sword nor spear
found in the hand of any of the people
that were with *Saul* **Shaul** and *Jonathan* **Yah Nathan**:
but with *Saul* **Shaul** and with *Jonathan*
Yah Nathan his son was there found.
23 And the *garrison* **standing camp**
of the *Philistines* **Peleshethiy**
went out to the passage of Michmash.

THE VICTORY OF YAH NATHAN

14 Now **so be** it *came to pass*, upon a day,
that *Jonathan* **Yah Nathan** the son of
Saul **Shaul** said unto the *young man* **lad**
that bare his *armour* **instruments**,
Come, and let us *go* **pass** over
to the *Philistines' garrison* **Peleshethiy's standing**
camp, that is *on the other side* **beyond this**.
But he told not his father.
2 And *Saul tarried* **Shaul settled**
in the *uttermost part* **extremity** of *Gibeah*
Gibah under a pomegranate tree which is in
Migron: and the people that were with him
were about six hundred men;
3 And *Ahiah* **Achiy Yah**, the son of *Ahitub* **Achiy Tub**,
Ichabod's **Iy Chabod's** brother,
the son of *Phinehas* **Pinechas**, the son of Eli, *the LORD'S*
Yah Veh's priest in Shiloh, *wearing* **bearing** an ephod.
And the people knew not
that *Jonathan* **Yah Nathan** was gone.
4 And between the passages,
by which *Jonathan* **Yah Nathan** sought to
go **pass** over unto the *Philistines' garrison*
Peleshethiy's standing camp,
there was a *sharp* **tooth of the** rock on the one side,
and a *sharp* **tooth of the** rock on the *other* **one** side:
and the name of the one was *Bozez* **Boses**
and the name of the *other* **one** Seneh.
5 The *forefront* **tooth** of the one was *situate* **pillared**
northward *over against* **opposite** Michmash,
and the *other* **one** southward
over against Gibeah **opposite Gibah**.
6 And *Jonathan* **Yah Nathan** said
to the *young man* **lad** that bare his *armour*
instruments, Come, and let us *go* **pass** over
unto the *garrison* **standing camp**
of these uncircumcised:
it may be **perhaps**
that the LORD will **Yah Veh shall** work for us:
for there is no *restraint* **hindrance** to *the LORD* **Yah Veh**
to save by many or by few.
7 And his *armourbearer* **instrument**
bearer said unto him,
Do **Work** all that is in thine heart:
turn thee **spread**; behold,
I am with thee according to thy heart.
8 Then said *Jonathan* **Yah Nathan**,
Behold, we *will* **shall** pass over unto these men,
and *we will discover* **shall expose** ourselves unto them.
9 If they say thus unto us,
Tarry **Hush** until we *come to* **touch** you;
then we *will* **shall** stand *still* in our place, and
will **shall** not *go up* **ascend** unto them.
10 Buitftheysaythus,*Comeup***Ascend**untous;
then we *will go up* **shall ascend**:
for *the LORD* **Yah Veh**
hath *delivered* **given** them into our hand:
and this shall be a sign unto us.

11 And both of them *discovered* **exposed**
themselves unto the *garrison* **standing camp**
of the *Philistines* **Peleshethiy**:
and the *Philistines* **Peleshethiy** said, Behold,
the Hebrews come *forth* out of the holes
where they had hid themselves.
12 And the men of the *garrison* **station**
answered *Jonathan* **Yah Nathan**
and his *armourbearer* **instrument bearer**, and said,
Come up **Ascend** to us, and we
will shew you a thing **shall have you know a word**.
And *Jonathan* **Yah Nathan** said
unto his *armourbearer* **instrument bearer**,
Come up **Ascend** after me:
for *the LORD* **Yah Veh** hath *delivered* **given**
them into the hand of *Israel* **Yisra El**.
13 And *Jonathan* **Yah Nathan**
climbed up **ascended** upon his hands and upon his feet,
and his *armourbearer* **instrument bearer** after him:
and they fell *before Jonathan* **at the face of Yah Nathan**;
and his *armourbearer* **instrument bearer**
slew **deathified** after him.
14 And that first *slaughter* **stroke**,
which *Jonathan* **Yah Nathan**
and his *armourbearer made* **instrument bearer smote**,
was about twenty men,
within as it were an half **furrow of an** acre of *land* **field**,
which a yoke of oxen might plow.
15 And there was trembling in the *host* **camp**,
in the field, and among all the people:
the *garrison* **standing camp**, and the *spoilers* **ruiners**,
they also trembled, and the earth quaked:
so it was a *very great* trembling **of Elohim**.
16 And the *watchmen* **watchers** of *Saul* **Shaul**
in *Gibeah* **Gibah** of *Benjamin looked* **Ben Yamin saw**;
and, behold, the multitude melted
away, and they went on
beating down one another **descending and hammering**.
17 Then said *Saul* **Shaul**
unto the people that were with him,
Number **Muster** now, and see who is gone from us.
and the people know not that Yah Nathan is gone:
4 and between the passages
by which Yah Nathan seeks to pass over to the standing
camp of the Peleshethiy, there is a tooth of the rock on
the one side and a tooth of the rock on the one side:
and the name of the one is Boses/Bleached
Linen and the name of the one Seneh/Bush:
5 the tooth of the one
is pillared northward opposite Michmash
and the one southward opposite Gibah.
6 And Yah Nathan
says to the lad who bears his instruments,
Come, and we pass over
to the standing camp of these uncircumcised:
perhaps Yah Veh works for us:
for there is no hindrance to Yah Veh
to save by many or by few.
7 And his instrument bearer says to him,
Work all that is in your heart! Spread!
Behold, I *am* with you according to your heart.
8 Then Yah Nathan says,
Behold, we pass over to these men
and expose ourselves to them:
9 if they say thus to us,
Hush until we touch you!
— then we stand in our place
and ascend not to them.
10 And if they say thus, Ascend to us!
— we ascend:
for Yah Veh gives them into our hand:
and this is our sign.
11 And both of them expose themselves
to the standing camp of the Peleshethiy:
and the Peleshethiy say,
Behold, the Hebrews come from the
holes where they hide themselves.
12 And the men of the station
answer Yah Nathan and his instrument bearer, and say,
Ascend to us and we have you know a word.
And Yah Nathan says to his instrument
bearer, Ascend after me:
for Yah Veh gives them into the hand of Yisra El.
13 And Yah Nathan
ascends on his hands and on his feet and
his instrument bearer after him:
and they fall at the face of Yah Nathan;
and his instrument bearer after him deathifies:
14 and the first stroke
Yah Nathan and his instrument bearer
smite is about twenty men
— within as it were a half furrow of an acre of a field.
15 And they tremble in the camp, in the
field, and among all the people:
the standing camp and the ruiners also tremble;
and the earth quakes
— and so be it, a trembling of Elohim:
16 and the watchers of Shaul
in Gibah of Ben Yamin see;
and behold, the multitude melts away
and they go on — descending and hammering.

17 And Shaul says to the people with him,
Muster now and see who is gone from us.
And when they had *numbered* **mustered**, behold,
Jonathan **Yah Nathan**
and his *armourbearer* **instrument bearer** were not *there*.
18 And *Saul* **Shaul** said unto *Ahiah* **Achiy Yah**,
Bring *hither* **near** the ark of *God* **Elohim**.
For the ark of *God* **Elohim** was at that *time* **day**
with the *children* **sons** of *Israel* **Yisra El**.
19 And **so be** it *came to pass*,
while *Saul talked* **Shaul worded** unto the
priest, that the *noise* **multitude**
that was in the *host* **camp** of the *Philistines*
Peleshethiy *went* **in walking, walked** on and *increased*
greatened: and *Saul* **Shaul** said unto the priest,
Withdraw **Gather** thine hand.
20 And *Saul* **Shaul** and all the people that were with him
assembled themselves **cried out together**, and
they came to the *battle* **war**: and, behold, every
man's sword was against his *fellow* **friend**,
and there was a *very* **mighty** great
discomfiture **confusion**.
21 Moreover
the Hebrews that were with the *Philistines* **Peleshethiy**
before that time **three yesters ago**,
which *went up* **ascended** with them
into **all around** the camp
from the country round about,
even they also turned to be with the *Israelites* **Yisra Eliy**
that were with *Saul* **Shaul** and *Jonathan* **Yah Nathan**.
22 Likewise all the men of *Israel* **Yisra El**
which had hid themselves in mount *Ephraim*
Ephrayim, when they heard that the *Philistines*
Peleshethiy fled, even they also
followed hard **adhered** after them in the *battle* **war**.
23 So*theLORD***YahVeh**saved*IsraeY*l*isra***E**htlatday:
and the *battle* **war** passed over
unto *Bethaven* **Beth Aven**.
24 Andthemenof*Israel***YisraEl**
were distressed **exacted** that day:
for *Saul* **Shaul** had *adjured* **oathed** the
people, saying, Cursed be the man
that eateth *any food* **bread** until evening, that
I may be avenged on mine enemies.
So none of the people tasted *any food* **bread**.
25 And all *they of* the land came to a *wood* **forest**;
and there was honey upon the *ground* **face of the field**.
26 And when the people were come into the *wood* **forest**,
behold, *the honey dropped* **a flowing of honey**;
but no man *put* **reached** his hand to his mouth:
for the people *feared* **awed** the oath.

27 But *Jonathan* **Yah Nathan** heard not
when his father *charged* **oathed** the people with the oath:
wherefore
he *put* **sent** forth the end of the rod that was in his
hand, and dipped it in an *honeycomb* **forest**,
and *put* **returned** his hand to his mouth;
and his eyes were enlightened.
28 Then answered *one* **a man** of the people, and said,
In oathing,
Thy father *straitly charged* **oathed** the people with
an oath, saying, Cursed be the man that eateth *any*
food this day. And the people were *faint* **fluttered**.
29 Thensaid*Jonathan***YahNathan,**
My father hath troubled the land:
see, I *pray* **beseech** you,
how mine eyes have been enlightened,
because I tasted a little of this honey.
30 *Howmuchmore***Alsoi**,*hfaply***only**thepeople
in eating, had eaten *freely* to day
of the spoil of their enemies which they found?
for had there not been now a much greater slaughter
for now, hath not the stroke greatened
among the *Philistines* **Peleshethiy**?
31 Andtheysmotethe*Philistines***Peleshethiy**thatday
from Michmash to *Aijalon* **Ayalon**:
and the people were *very faint* **mighty fluttered**.
32 And the people *flew* **worked** upon the spoil,
and took *sheep* **flock**, and oxen, and *calves* **sons of
oxen**, and *slew* **slaughtered** them on the *ground* **earth**:
and the people did eat them with the blood.
33 Then they told *Saul* **Shaul**, saying, Behold,
the people sin against *the LORD* **Yah Veh**,
in that they eat with the blood.
And he said, Ye have *transgressed* **concealed**:
roll a great stone unto me this day.
34 And *Saul* **Shaul** said,
Disperse **Scatter** yourselves among
the people, and say unto them,
Bring me *hither* **near** every man his ox,
and every man his *sheep* **lamb**,
and *slay* **slaughter** *them* here, and eat;
and sin not against *the LORD* **Yah Veh**
in eating with the blood. And all
the people brought **near**
every man his ox *with him* **in his hand** that night,
and *slew* **slaughtered** *them* there.
35 And *Saul* **Shaul** built *an* **a sacrifice**
altar unto *the LORD* **Yah Veh**:
the same was the first **he began to build the sacrifice**
altar that he built unto *the LORD* **Yah Veh**.
36 And *Saul* **Shaul** said,

Let us *go down* **descend** after the *Philistines* **Peleshethiy**
by night,
and *spoil* **plunder** them until the morning light, and
let us not *leave* **survive** a man of them. And they said,
Do **Work** whatsoever seemeth good
unto thee **in thine eyes**. Then said the priest,
Let us *draw near* **approach** hither unto *God* **Elohim**.
37 And *Saul* **Shaul** asked counsel of *God* **Elohim**,
shall I *go down* **descend** after the *Philistines* **Peleshethiy**?
wilt **shalt** thou *deliver* **give** them
into the hand of *Israel* **Yisra El**? But
he answered him not that day.
38 And *Saul* **Shaul** said,
Draw ye near hither, all the *chief* **chiefs** of the people:
and know and see wherein this sin hath been this day.
39 For, *as the LORD* **Yah Veh** liveth,
which saveth *Israel* **Yisra El**,
though it be in *Jonathan* **Yah Nathan** my son,
in dying, he shall *surely* die.
But there was not a man among all
the people that answered him.
40 Then said he unto all *Israel* **Yisra**
El, Be ye on one side,
and I and *Jonathan* **Yah Nathan** my son
will **shall** be on *the other* **one** side. And
the people said unto *Saul* **Shaul**,
Do **Work** what seemeth good *unto thee* **in thine eyes**.
41 Therefore *Saul* **Shaul** said
unto *the LORD God* **Yah Veh Elohim** of *Israel* **Yisra El**,
Give a perfect lot **Show integrity**.
And *Saul* **Shaul** and *Jonathan* **Yah Nathan**
were *taken* **captured**:
but the people *escaped* **went**.
42 And *Saul* **Shaul** said,
Cast lots **Fell** between me
and *Jonathan* **Yah Nathan** my son.
And *Jonathan* **Yah Nathan** was *taken* **captured**.
43 Then *Saul* **Shaul** said to *Jonathan* **Yah Nathan**,
Tell me what thou hast *done* **w orked**.
And *Jonathan* **Yah Nathan** told him, and said,
I did but taste **In tasting, I tasted** a little honey
with the end of the rod that was in mine hand,
and, lo **behold**, I must die.
44 And *Saul answered* **Shaul said**,
God do so and more **Elohim work thus and add** also:
for **in dying,** thou shalt *surely* die,
Jonathan **Yah Nathan**.
45 Andthepeoplesaidunto*Saul***Shaul**,
shall *Jonathan* **Yah Nathan** die,
who hath *wrought* **worked** this great
salvation in *Israel* **Yisra El**?
God forbid **Far be it**: *as the LORD* — **Yah Veh**
liveth, there shall not one hair of his head
fall to the *ground* **earth**;
for he hath *wrought* **worked** with *God* **Elohim** this day.
So the people *rescued Jonathan* **redeemed Yah Nathan**,
that he died not.
46 Then *Saul went up* **Shaul ascended**
from *following* **after** the *Philistines* **Peleshethiy**:
and the *Philistines* **Peleshethiy** went to their own place.
47 So *Saul* **Shaul**
took **captured** the *kingdom* **sovereigndom**
over *Israel* **Yisra El**,
and fought against all his enemies *on every*
side **round about**, against Moab,
and against the *children* **sons** of Ammon,
and against Edom,
and against the *kings* **sovereigns** of *Zobah* **Sobah**,
and against the *Philistines* **Peleshethiy**:
and whithersoever he turned *himself* **his**
face, he *vexed them* **dealt wickedly**.
48 And he *gathered an host* **worked valour**,
and smote the *Amalekites* **Amaleq**,
and *delivered Israel* **rescued Yisra El**
out of the hands of *them that spoiled*
them **their plunderers** .
49 Now the sons of *Saul* **Shaul** were
Jonathan **Yah Nathan**, and *Ishui* **Yishvi**,
and *Melchishua* **Malki Shua**:
and the names of his two daughters were these;
the name of the *firstborn* **firstbirthed** Merab,
and the name of the younger Michal:
50 Andthenameof*Saul'swife***Shaul'swoman**
was *Ahinoam* **Achiy Noam**,
the daughter of *Ahimaaz* **Achiy Maas**:
and the name of the *captain* **governor** of his host
was *Abner* **Abi Ner**, the son of Ner, *Saul's* **Shaul's** uncle.
51 And *Kish* **Qish** was the father of *Saul*
Shaul; and Ner the father of *Abner* **Abi**
Ner was the son of *Abiel* **Abi El**.
52 And there was *sore* **tough** war against
the *Philistines* **Peleshethiy**
all the days of *Saul* **Shaul**:
and when *Saul* **Shaul** saw any *strong* **mighty**
man, or any *valiant man* **son of valour**,
he *took* **gathered** him unto him.

YAH VEH REJECTS SHAUL AS SOVEREIGN

15 *Samuel* **Shemu El** also said unto *Saul* **Shaul**,
The LORD **Yah Veh** sent me to anoint thee
to be *king* **sovereign** over his people, over *Israel* **Yisra El**:

now therefore hearken thou unto the voice
of the words of *the LORD* **Yah Veh.**
2 Thus saith *the LORD of hosts* **Yah Veh
Sabaoth,** I *remember* **visit** that
which *Amalek did* **Amaleq worked** to *Israel* **Yisra
El,** how he *laid wait* **set** for him in the way,
when he *came up* **ascended** from *Egypt* **Misrayim.**
3 Now go and smite *Amalek* **Amaleq,**
and *utterly destroy* **devote** all that they
have, and spare them not;
but slay **deathify** both man and woman,
infant and suckling **from suckling and infant,**
ox and *sheep* **lamb,** camel and *ass* **he burro.**
4 And *Saul gathered* **Shaul heard** the people *together,*
and *numbered* **mustered** them in Telaim,
two hundred thousand *footmen* **on foot,** and
ten thousand men of *Judah* **Yah Hudah.**
5 And*Saul***Shauc**lametoacityof*Amalek***Amaleq,**
and *laid wait* **lurked** in the *valley* **wadi.**
6 And *Saul* **Shaul** said unto the *Kenites* **Qayiniy,**
Go, *depart* **turn aside,** *get you down* **descend ye**
from among the *Amalekites* **Amaleq,** lest
I *destroy* **gather** you with them:
for ye *shewed kindness* **worked mercy**
to all the *children* **sons** of *Israel* **Yisra El,**
when they *came up* **ascended** out of *Egypt* **Misrayim.**
So the *Kenites departed* **Qayiniy turned aside**
from among the *Amalekites* **Amaleq.**
7 And*SauSl* **hauslmote**the*Amalekites***Amaleq**
from Havilah until thou comest to Shur,
that is *over against Egypt* **at the face
of Misrayim.**8 And he *took*
apprehended Agag
the *king* **sovereign** of the *Amalekites* **Amaleq**
alive, and *utterly destroyed* **devoted** all the
people with the *edge* **mouth** of the sword.
9 But *Saul* **Shaul** and the people spared Agag,
46 Then Shaul ascends from after the Peleshethiy:
and the Peleshethiy go to their own place:
47 and Shaul captures the sovereigndom over
Yisra El
and fights all his enemies all around — against
Moab and against the sons of Ammon and
against Edom and against the sovereigns
of Sobah and against the Peleshethiy:
and wherever he turns his face, he deals wickedly:
48 and he works valour and smites the Amaleq;
and rescues Yisra El
from the hands of their plunderers.
49 And the sons of Shaul:
Yah Nathan and Yishvi and Malki Shua;
and the names of his two daughters:
the name of the firstbirthed Merab, and
the name of the younger Michal;
50 and the name of the woman of Shaul: Achiy
Noam the daughter of Achiy Maas; and
the name of the governor of his host:
Abi Ner the son of Ner the uncle of Shaul;
51 and Qish is the father of Shaul:
and Ner the father of Abi Ner is the son of Abi El.
52 And there is tough war against the
Peleshethiy all the days of Shaul:
and when Shaul sees
any mighty man or any son of valour,
he gathers him to him.

15 And Shemu El says to Shaul, Yah Veh sends me
to anoint you sovereign over his people
— over Yisra El:
and now,
hearken to the voice of the words of Yah Veh;
2 Thus says Yah Veh Sabaoth:
I visit what Amaleq worked to Yisra El
— how he set for him in the way in
ascending from Misrayim.
3 Now go and smite Amaleq
and devote all they have and spare them not;
deathify both man and woman,
from suckling and infant,
ox and lamb, camel and he burro.
4 And Shaul hears the people and
musters them in Telaim
— two hundred thousand on foot
and ten thousand men of Yah Hudah:
5 and Shaul comes to a city of Amaleq
and lurks in the wadi.
6 And Shaul says to the Qayiniy, Go! Turn aside!
Descend from midst the Amaleq
lest I gather you with them:
for you worked mercy to all the sons of Yisra
El when they ascended from Misrayim.
— and the Qayiniy turn aside from midst Amaleq.
7 And Shaul smites the Amaleq
from Havilah until you come to Shur
at the face of Misrayim:
8 and he apprehends alive
Agag the sovereign of the Amaleq
and devotes all the people
with the mouth of the sword.
9 And Shaul and the people spare Agag

and the best of the *sheep* **flock**, and of the oxen, and
of the *fatlings* **second sort**, and the *lambs* **rams**,
and all that was good,
and *would* **willed to** not *utterly destroy* **devote** them:
but *every thing* **all** that was vile and *refuse*
molten, that they *destroyed utterly* **devoted**.
10 Thencamethewordof*theLORD***YahVeh**
unto *Samuel* **Shemu El**, saying,
11 *It repenteth me* **I sigh**
that I have *set up Saul to be king*
Shaul to reign sovereign:
for he is turned back from *following* **after** me,
and hath not *performed* **raised** my
commandments **words**.
And it *grieved Samuel* **inflamed Shemu El**;
and he cried unto *the LORD* **Yah Veh** all night.
12 Andwhen*Samuelrose***ShemuElstarted**early
to meet *Saul* **Shaul** in the morning,
it was told *Samuel* **Shemu El**, saying,
Saul **Shaul** came to *Carmel* **Karmel**, and,
behold, he *set him up a place* **stationed him a
hand**, and is gone about, and passed on,
and *gone down* **descended** to Gilgal.
13 And *Samuel* **Shemu El** came to *Saul* **Shaul**:
and *Saul* **Shaul** said unto him, Blessed
be thou of *the LORD* **Yah Veh**:
I have *performed* **raised**
the *commandment* **word** of *the LORD* **Yah Veh**.
14 And *Samuel* **She muEl** said, What *meaneth* then
this *bleating* **voice** of the *sheep* **flock** in mine ears,
and the *lowing* **voice** of the oxen which I hear?
15 And *Saul* **Shaul** said,
They have brought them from the *Amalekites* **Amaleqiy**:
for the people spared
the best of the *sheep* **flock** and of the oxen,
to sacrifice unto *the LORD* **Yah Veh** thy *God* **Elohim**;
and the *rest* **remainder** we have
utterly destroyed **devoted**.
16 Then*SamueSl* **hemuElsaid**unto*SauSl* **hau,l**
Stay **Loosen up**, and I *will* **shall** tell
thee what *the LORD* **Yah Veh**
hath *said* **worded** to me this night.
And he said unto him, *Say on* **Word**.
17 And *Samuel* **Shemu El** said,
When thou wast little in thine own *sight*
eyes, wast thou not *made* the head
of the *tribes* **scions** of *Israel* **Yisra El**,
and *the LORD* **Yah Veh** anointed thee *king* **sovereign**
over *Israel* **Yisra El**?
18 And *the LORD* **Yah Veh** sent thee on a journey,
and said,
Go and *utterly destroy* **devote**
the sinners the *Amalekites* **Amaleq**,
and fight *against* them
until they be *consumed* **finished off**.
19 Wherefore then didst thou not
obey **hearken to** the voice of *the LORD* **Yah Veh**,
but didst *fly* **swoop** upon the spoil,
and *didst* **workest** evil
in the *sight* **eyes** of *the LORD* **Yah Veh**?
20 And *Saul* **Shaul** said unto *Samuel* **Shemu El**,
Yea, I have *obeyed* **heard** the voice of *the LORD*
Yah Veh, and *have gone* **went** the way
which *the LORD* **Yah Veh** sent me,
and have brought Agag
the *king* **sovereign** of *Amalek* **Amaleq**,
and have *utterly destroyed* **devoted**
the Amalekites **Amaleq**.
21 But the people took of the spoil, *sheep* **flock**
and oxen, the *chief of the things* **firstlings**
which should have been *utterly destroyed*
devoted, to sacrifice unto *the LORD* **Yah
Veh** thy *God* **Elohim** in Gilgal.
22 And *Samuel* **Shemu El** said,
Hath *the LORD as great* **Yah Veh** delight
in *burnt offerings* **holocausts** and sacrifices,
as in *obeying* **hearing** the voice of *the LORD* **Yah Veh**?
Behold, to *obey* **hear** is better than sacrifice,
and to hearken than the fat of rams.
23 For rebellion is *as* the sin of *witchcraft* **divination**,
and the best of the flock and of the oxen and of
the second sort and the rams and all the good;
and wills to not devote them:
but they devote all the vile and molten.
10 And the word of Yah Veh comes to Shemu El, saying,
11 I sigh that I have Shaul to reign sovereign:
for he turns back from after me
and raises not my words.
— and it inflames Shemu El and he
cries to Yah Veh all night.
12 And Shemu El starts early
to meet Shaul in the morning, and
they tell Shemu El, saying,
Shaul comes to Karmel; and behold,
he stations himself a hand:
and he goes around and passes on
and descends to Gilgal.
13 And Shemu El comes to Shaul:
and Shaul says to him, Blessed — you of Yah Veh:
I raise the word of Yah Veh.
14 And Shemu El says,

What then — this voice of the flock in my ears?
And the voice of the oxen I hear?
15 And Shaul says,
They bring them from the Amaleqiy:
for the people
spared the best of the flock and of the oxen,
to sacrifice to Yah Veh your Elohim;
and the remainder we devote.
16 Then Shemu El says to Shaul, Loosen up
and I tell you what Yah Veh worded me this night.
And he says to him, Word.
17 And Shemu El says,
Is it not, though you are little in your own eyes,
are you not the head of the scions of Yisra El?
And Yah Veh anoints you sovereign over Yisra El?
18 And Yah Veh sends you on a journey, and
says, Go and devote the sinners the Amaleq!
Fight them until you finish them off!
19 And why hearken you not to the voice
of Yah Veh, but swoop on the spoil
and work evil in the eyes of Yah Veh?
20 And Shaul says to Shemu El, Because
— I heard the voice of Yah Veh
and went the way Yah Veh sent me
and brought Agag the sovereign of
Amaleq and devoted Amaleq:
21 and the people took of the spoil
— of the flock and oxen, the firstlings of the devoted,
to sacrifice to Yah Veh your Elohim in Gilgal.
22 And Shemu El says,
Delights Yah Veh in holocausts and sacrifices
as *much as* in hearing the voice of Yah Veh?
Behold, hearing is better than sacrificing;
and hearkening, than the fat of rams.
23 For rebellion *is* the sin of divination
and stubbornness is *as iniquity* **mischief**
and *idolatry* **teraphim.**
Because thou hast *rejected* **refused**
the word of *the LORD* **Yah Veh,** he hath also
rejected **refused** thee from *being king* **sovereign.**
24 And *Saul* **Shaul** said unto *Samuel* **Shemu El,**
I have sinned: for I have *transgressed*
trespassed the *commandment* **mouth** of
the LORD **Yah Veh,** and thy words:
because I *feared* **awed** the people, and
obeyed **heard** their voice.
25 Now therefore, I *pray* **beseech** thee, *pardon*
lift my sin, and turn *again* **back** with me,
that I may *worship the LORD* **prostrate to Yah Veh.**
26 And *Samuel* **Shemu El** said unto *Saul*
Shaul, I *will* **shall** not return with thee:
for thou hast *rejected* **refused**
the word of *the LORD* **Yah Veh,**
and *the LORD* **Yah Veh** hath *rejected* **refused** thee
from being *king* **sovereign** over *Israel* **Yisra El.**
27 AndasSamueSlhemuEutlrnedaboutogoaway,
he laid hold upon the *skirt* **borders** of
his mantle, and it *rent* **ripped.**
28 And *Samuel* **Shemu El** said unto him,
The LORD **Yah Veh** hath *rent* **ripped**
the *kingdom* **sovereigndom** of *Israel* **Yisra El**
from thee this day,
and hath given it to a *neighbour* **friend** of thine,
that is better than thou.
29 And also the *Strength* **Perpetuity** of *Israel* **Yisra El**
will **shall** not *lie* **falsify** nor *repent* **sigh:**
for he is not a *man* **human,** that he should *repent* **sigh.**
30 Then he said, I have sinned:
yet honour me now, I *pray* **beseech** thee,
before **in front of** the elders of my people, and *before*
Israel **in front of Yisra El,** and turn *again* **back** with me,
that I may *worship* **prostrate**
the LORD **to Yah Veh** thy *God* **Elohim.**
31 SoSamueSlhemuEutlrnedagainbackafterSauSlhau;l
and *Saul worshipped the LORD* **Shaul**
prostrated to Yah Veh.
32 Then said *Samuel* **Shemu El,** Bring
ye *hither* **near** to me Agag
the *king* **sovereign** of the *Amalekites* **Amaleq.**
And Agag came unto him delicately.
And Agag said,
Surely the bitterness of death is *past* **turned aside.**
33 And *Samuel* **Shemu El** said,
As the sword hath *made* **bereaved** women *childless,*
so shall thy mother be *childless* **bereft** among women.
And *Samuel hewed* **Shemu El cleaved** Agag in pieces
before the LORD **at the face of Yah Veh** in Gilgal.
34 Then *Samuel* **Shemu El** went to Ramah;
and *Saul went up* **Shaul ascended** to his
house to *Gibeah* **Gibah** of *Saul* **Shaul.**
35 And *Samuel* **Shemu El**
came no more **added not** to see *Saul* **Shaul**
until the day of his death: *nevertheless Samuel*
surely Shemu El mourned for *Saul* **Shaul:**
and *the LORD repented* **Yah Veh sighed** that he had
made Saul king **Shaul reign** over *Israel* **Yisra El.**

SHEMU EL IN BETH LECHEM

16 And *the LORD* **Yah Veh** said
unto *Samuel* **Shemu El**, How long *wilt*
shalt thou mourn for *Saul* **Shaul**,
seeing I have *rejected* **refused** him from reigning over
Israel **Yisra El**? fill thine horn with oil, and go,
I *will* **shall** send thee to *Jesse* **Yishay** the *Bethlehemite*
Beth Lechemiy: for I have *provided* **seen** me
a *king* **sovereign** among his sons.
2 And *Samuel* **Shemu El** said, How *can* **shall** I go?
if *Saul* **Shaul** hear *it*, he *will kill* **shall slaughter** me.
And *the LORD* **Yah Veh** said,
Take an heifer *with thee* **of the ox in thy hand**, and say,
I *am* **have** come to sacrifice to *the LORD* **Yah Veh**.
and stubbornness, mischief and teraphim:
because you refuse the word of Yah Veh he
also refuses you from *being* sovereign.
24 And Shaul says to Shemu El, I sinned:
for I trespassed the mouth of Yah Veh and your words:
because I awed the people and heard their voice:
25 and now, I beseech you, lift my sin
and turn back with me to prostrate to Yah Veh.
26 And Shemu El says to Shaul, I return not with you:
for you refused the word of Yah Veh
and Yah Veh refuses you
from being sovereign over Yisra El.
27 And as Shemu El turns about to go away,
he holds the border of his mantle — and it rips.
28 And Shemu El says to him,
Yah Veh rips the sovereigndom of
Yisra El from you this day;
and gives it to your friend — better than you:
29 and also, the Perpetuity of Yisra El
neither falsifies nor sighs:
for he *is* no human, that he sighs.
30 Then he says, I sinned!
Honor me now, I beseech you,
in front of the elders of my people
and in front of Yisra El
and turn back with me,
to prostrate to Yah Veh your Elohim.
31 — and Shemu El turns back after
Shaul;
and Shaul prostrates to Yah Veh.
32 And Shemu El says,
Bring near me Agag the sovereign of the Amaleq .
And Agag comes to him delicately: and Agag says,
Surely the bitterness of death is turned aside.
33 And Shemu El says,
As the sword bereaves women,
thus be your mother bereft among women.
— and Shemu El cleaves Agag in pieces
at the face of Yah Veh in Gilgal.
34 And Shemu El goes to Ramah;
and Shaul ascends to his house to Gibah of Shaul:
35 and Shemu El adds not to see Shaul
until the day of his death:
surely Shemu El mourns for Shaul:
and Yah Veh sighs to have Shaul reign over Yisra El.

16 And Yah Veh says to Shemu El, How
long mourn you for Shaul,
seeing I refuse him to reign over Yisra El?
Fill your horn with oil and go!
I send you to Yishay the Beth Lechemiy:
for I see a sovereign among his sons.
2 And Shemu El says, How go I?
When Shaul hears, he slaughters me.
And Yah Veh says,
Take a heifer of the ox in your hand and
say, I come to sacrifice to Yah Veh;
3 And call *Jesse* **Yishay** to the sacrifice,
and I *will shew thee* **shall have thee know**
what thou shalt *do* **work**: and thou shalt anoint
unto me *him* whom I *name* **say** unto thee.
4 And *Samuel did* **Shemu El worked**
that which *the LORD spake* **Yah Veh worded**,
and came to *Bethlehem* **Beth Lechem**.
And the elders of the *town* **city**
trembled *at his coming* **to meet him**, and
said, Comest thou *peaceably* **in shalom**?
5 And he said, *Peaceably* **In shalom**:
I am come to sacrifice unto *the LORD* **Yah Veh**:
sanctify **hallow** yourselves,
and come with me to the sacrifice.
And he *sanctified Jesse* **hallowed Yishay** and
his sons, and called them to the sacrifice.
6 And **so be** it *came to pass*, when they were come,
that he *looked on Eliab* **saw Eli Ab**, and said,
Surely *the LORD'S* **Yah Veh's** anointed
is *before* **in front of** him.
7 But *the LORD* **Yah Veh** said unto *Samuel* **Shemu
El**, Look not on his *countenance* **visage**,
or on the height of his *stature* **height**;
because I have refused him:
for the LORD seeth — not as *man* **humanity** seeth;
for *man* **humanity**
looketh on **seeth** the *outward appearance* **eyes**, but
the LORD looketh on **Yah Veh seeth** the heart.
8 Then *Jesse* **Yishay** called *Abinadab*
Abi Nadab, and made him pass

before Samuel **at the face of Shemu El.**
And he said, Neither hath *the LORD*
Yah Veh chosen this.
9 Then *Jesse* **Yishay** made Shammah to pass by.
And he said, Neither hath *the LORD*
Yah Veh chosen this.
10 Again, *Jesse* **Yishay** made seven of his sons to
pass *before Samuel* **at the face of Shemu El**. And
Samuel **Shemu El** said unto *Jesse* **Yishay**,
The LORD **Yah Veh** hath not chosen these.
11 And *Samuel* **Shemu El** said unto *Jesse* **Yishay**,
Are here all thy *children* **integrious lads**?
And he said, There *remaineth*
surviveth yet the youngest,
and, behold, he *keepeth* **tendeth** the *sheep*
flock. And *Samuel* **Shemu El** said unto
Jesse **Yishay**, Send and *fetch* **take** him:
for we *will* **shall** not *sit down* **turn around**
till he come hither.
and I have you know what to work:
and anoint to me whom I say to you.
4 And Shemu El works what Yah Veh
words and comes to Beth Lechem:
and the elders of the city tremble to meet him
and say, Come you in shalom?
5 And he says,
I come in shalom to sacrifice to Yah Veh:
hallow yourselves and come with me to the sacrifice.
— and he hallows Yishay and his sons
and calls them to the sacrifice.
6 And so be it, they come, and he sees Eli Ab and says,
Surely the anointed of Yah Veh is in front of him.
7 And Yah Veh says to Shemu El, Look not on his visage
or on the height of his height;
because I refuse him:
— not as humanity sees; for humanity sees
the eyes and Yah Veh sees the heart.
8 Then Yishay calls Abi Nadab
and passes him at the face of Shemu El:
and he says, Yah Veh chooses not this.
9 Then Yishay passes Shammah by.
And he says, Yah Veh chooses not this.
10 Again, Yishay passes seven of his
sons at the face of Shemu El:
and Shemu El says to Yishay,
Yah Veh chooses not these.
11 And Shemu El says to Yishay, Are
these all your integrious lads?
And he says, There survives yet the youngest;
and behold, he tends the flock.
And Shemu El says to Yishay, Send and take him:
for we turn not around until he comes hither.
12 Andhesent,andbroughthimin.Nowhewasrudy,
and *withal* of *a* beautiful *countenance*
eyes, and goodly to *look to* **see.**

DAVID ANOINTED

12 And he sends and brings him in:
and he is ruddy
And *the LORD* **Yah Veh** said, Arise, anoint him:
for this is he.
13 Then *Samuel* **Shemu El** took the horn of oil, and
anointed him in the midst of his brethren:
and the Spirit of *the LORD* **Yah Veh**
came **prospered** upon David from
that day *forward* **onward**.
So *Samuel* **Shemu El** rose up, and went to Ramah.

AN EVIL SPIRIT FROM YAH VEH

14 But the Spirit of *the LORD* **Yah Veh**
departed **turned aside** from *Saul* **Shaul**, and an evil
spirit from *the LORD* **Yah Veh** *troubled* **frightened** him.
15 And *Saul's* **Shaul's** servants said unto
him, Behold now, an evil spirit from *God*
troubleth **Elohim frighteneth** thee.
16 Let our *lord* **adoni** now *command* **say to** thy servants,
which are *before thee* **at thy face**, to seek out a man,
who is a cunning player **a knowing**
strummer on an harp:
and **so be** it *shall come to pass*,
when the evil spirit from *God* **Elohim** is upon
thee, that he shall *play* **strum** with his hand,
and thou shalt be *well* **good**.
17 And *Saul* **Shaul** said unto his servants,
Provide **See** me now a man
that can play well **well—prepared and a**
good strummer, and bring him to me.
18 Then answered one of the *servants* **lads**,
and said, Behold,
3 and call Yishay to the sacrifi ce
and of beautiful eyes and goodly to see.
And Yah Veh says, Rise! Anoint him! For this *is* he.
13 Then Shemu El takes the horn of oil, and
anoints him midst his brothers:
and the Spirit of Yah Veh prospers on David
from that day onward.
— and Shemu El rises and goes to Ramah.
14 The Spirit of Yah Veh turns aside from Shaul
and an evil spirit from Yah Veh frightens him.
15 And Shaul's servants say to him, Behold now,

an evil spirit from Elohim frightens you.
16 Have our adoni
say to your servants at your face
to seek out a man — a knowing strummer on a harp:
and so be it,
when the evil spirit from Elohim is on you,
that he strum with his hand and it is good.
17 And Shaul says to his servants, See for me a man
well—prepared and a good strummer
and bring him to me.
18 And one of the lads answers and says, Behold,
I have seen a son of *Jesse* **Yishay**
the *Bethlehemite* **Beth Lechemiy**,
that is cunning in playing **a knowledgeable strummer**,
and a mighty valiant *man*, and a man of war,
and *prudent* **discerning** in *matters* **words**,
and a *comely person* **man of form**, and
the LORD **Yah Veh** is with him.
19 Wherefore *Saul* **Shaul**
sent *messengers* **angels** unto *Jesse* **Yishay**, and said,
Send me David thy son, which is with the *sheep* **flock**.
20 And*Jese***Yishay**tok*anasladen***aheburo**
with bread, and a *bottle* **skin** of wine,
and *a kid* **one doe goat**,
and sent them by **the hand of** David
his son unto *Saul* **Shaul**.
21 And David came to *Saul* **Shaul**,
and stood *before him* **at his face**:
and he loved him *greatly* **mightily**;
and he became his *armourbearer* **instrument bearer**.
22 And *Saul* **Shaul** sent to *Jesse* **Yishay**, saying,
Let David, I *pray* **beseech** thee,
stand *before me* **at my face**;
for he hath found *favour* **charism** in my *sight* **eyes**.
23 And**sobe**it*cametopass*,
when the *evil* spirit from *God* **Elohim**
was upon *Saul* **Shaul**,
that David took an harp,
and *played* **strummed** with his hand:
so *Saul was refreshed* **Shaul respired**, and was *well* **good**,
and the evil spirit *departed* **turned aside** from him.

DAVID AND GOLYATH

17 Now the *Philistines* **Peleshethiy**
gathered *together* their *armies* **camps** to *battle* **war**,
and were gathered *together* at *Shochoh* **Sochoh**,
which *belongeth* **be** to *Judah* **Yah Hudah**,
and *pitched* **encamped**
between *Shochoh* **Sochoh** and *Azekah* **between**
Azeqah, in *Ephesdammim* **Ephes Dammim**.
2 And *Saul* **Shaul** and the men of *Israel* **Yisra El**
were gathered *together*,
and *pitched* **encamped** by the valley of Elah,
and *set the battle in array* **lined up for war**
against **to meet** the *Philistines* **Peleshethiy**.
3 And the *Philistines* **Peleshethiy** stood on
a mountain on *the one* **this** side,
and *Israel* **Yisra El** stood on a mountain
on *the other* **that** side:
and there was a valley between them.
4 And there went out a *champion* **man of double size**
out of the camp of the *Philistines* **Peleshethiy**,
named *Goliath* **Golyath**, of Gath,
whose height was six cubits and a span.
5 Andhehadanhelmetof*bras***coppeur**ponhishead,
and he was *armed* **enrobed** with a
coat **habergeon** of mail;
and the weight of the *coat* **habergeon**
was five thousand shekels of *brass* **copper**.
6 And he had *greaves* **shinguards** of *brass* **copper**
upon his *legs* **feet**,
and a *target* **dart** of *brass* **copper**
between his shoulders.
7 And the *staff* **timber** of his spear
was like a weaver's beam;
and his spear's *head weighed* **blade be**
six hundred shekels of iron:
and one bearing a shield went *before* **at the face of** him.
8 Andhestoodand*cried***caledout**
unto the *armies* **ranks** of *Israel* **Yisra**
El, and said unto them,
Why are ye *come* **gone** *out*
to *set your battle in array* **line up for war**?
am not I a *Philistine* **Peleshethiy**, and ye servants
to *Saul* **Shaul**? *choose* **cut** you a man for you,
and let him *come down* **descend** to me.
9 Ifhebeabletoifghtwithme,andto*ksil***mite**me,
then *will* **shall** we be your servants:
but if I prevail against him, and *kill* **smite** him,
I saw a son of Yishay the Beth Lechemiy
— a knowledgeable strummer
and mighty valiant and a man of war
— discerning in words and a man of
form and Yah Veh is with him.
19 And Shaul sends angels to Yishay and says, Send
me David your son, who *is* with the flock.
20 And Yishay takes a he burro
with bread and a skin of wine and one doe goat
and sends them by the hand of David his son
to Shaul:

21 and David comes to Shaul and stands at his face;
and he loves him mightily:
and he becomes his instrument bearer.
22 And Shaul sends to Yishay, saying,
O that David, I beseech you, stand at my face;
for he finds charism in my eyes.
23 And so be it,
the spirit from Elohim is on Shaul,
and David takes a harp and strums with his hand:
so that Shaul respires and is good;
and the evil spirit turns aside from him.

17 And the Peleshethiy gather their camps to war;
and gather at Sochoh of Yah Hudah;
and encamp between Sochoh and between
Azeqah in Ephes Dammim:
2 and Shaul and the men of Yisra El gather
and encamp by the valley of Elah
and line up for war to meet the Peleshethiy.
3 And the Peleshethiy
stand on a mountain on this side;
and Yisra El
stands on a mountain on that side with a valley between.
4 And a man of double size, named Golyath, of Gath,
comes from the camp of the Peleshethiy;
his height *is* six cubits and a span;
5 and he has a helmet of copper on his head and
he is enrobed with a habergeon of mail;
and the weight of the habergeon,
five thousand shekels of copper:
6 and he has shinguards of copper on his feet
and a dart of copper between his shoulders;
7 and the timber of his spear is as the beam of a weaver;
and the blade of his spear
is six hundred shekels of iron:
and one bearing a shield goes at his face.
8 And he stands and calls out to the ranks
of Yisra El and says to them,
Why go you to line up for war?
am not I a Peleshethiy and you servants to Shaul?
Cut a man of yours and descend him to me:
9 if he is able to fight me and to smite me,
then we become your servants:
and if I prevail against him and smite him,
then shall ye be our servants, and serve us.
10 And the *Philistine* **Peleshethiy** said,
I *defy* **reproach** the *armies* **ranks**
of *Israel* **Yisra El** this day;
give me a man, that we may fight together.
11 When *Saul* **Shaul** and all *Israel* **Yisra El**
heard those words of the *Philistine* **Peleshethiy**,
they were *dismayed* **terrified**, and
greatly afraid **mighty awed**.
12 Now David was the son of **a man,**
that Ephrathite — **an Ephrathiy**
of *Bethlehemjudah* **Beth Lechem Yah Hudah**, whose
name was *Jesse* **Yishay**; and he had eight sons:
and the man went among men for an old
man in the days of *Saul* **Shaul**.
13 And the three *eldest* **greatest**
sons of *Jesse* **Yishay** went
and *followed Saul* **went after Shaul** to the *battle* **war**:
and the names of his three sons that
went to the *battle* **war** were
Eliab **Eli Ab** the *firstborn* **firstbirthed**,
and *next unto him Abinadab* **second Abi
Nadab**, and the third Shammah.
14 And David was the youngest: and the three
eldest **greatest** *followed Saul* **went after Shaul**.
15 ButDavidwentandreturnedfrom*Saul***Shaul**
to *feed* **tend** his father's *sheep* **flock**
at *Bethlehem* **Beth Lechem**.
16 And the *Philistine* **Peleshethiy** drew near
morning **starting early** and evening, and
presented **set** himself forty days.
17 And *Jesse* **Yishay** said unto David his son,
Take now for thy brethren an ephah of this
parched *corn*, and these ten *loaves* **bread**,
and run to the camp of thy brethren;
18 And carry these ten *cheeses* **slices of milk**
unto the *captain* **governor** of their thousand, and
look how **visit** thy brethren *fare* **for shalom**,
and take their pledge.
19 Now *Saul* **Shaul**, and they, and all
the men of *Israel* **Yisra El**,
were in the valley of Elah,
fighting with the *Philistines* **Peleshethiy**.
20 AndDavid*roseup***started**ealryinthemorning,
and left the *sheep* **flock** with a *keeper*
guard, and *took* **lifted**, and went,
as *Jesse* **Yishay** had *commanded* **misvahed** him;
and he came to the *trench* **route**,
as the *host* **valiant** was going forth to the *fight*
ranks, and shouted for the *battle* **war**.
21 For*IsraeYl* **israEa**lndthe*Philistines***Peleshethiy**
had *put the battle in array* **lined up**,
army against army **ranks meeting ranks**.
22 And David left his *carriage* **instrument**
in the hand of the *keeper* **guard** of the *carriage*
instrument, and ran into the *army* **ranks**,
and came and *saluted* **asked** his brethren **of shalom**.

23 And as he *talked* **worded** with them,
behold, there *came up* **ascended**
the *champion* **man of double size**, the
Philistine **Peleshethiy** of Gath,
Goliath **Golyath** by name,
out of the *armies* **ranks** of the *Philistines*
Peleshethiy, and *spake according to the same*
worded these words: and David heard them.
24 And all the men of *Israel* **Yisra El**,
when they saw the man, fled from *him* **his face**,
and were *sore afraid* **mightily awed**.
25 And the men *of Israel* — **the Yisra Eliy** said, Have
ye seen this man that *is come up* **ascended**?
surely to *defy Israel* **reproach Yisra El**
is he *come up* **ascended**:
and **so be** it *shall be*, that the man who *killeth* **smiteth**
him, the *king will* **sovereign shall** enrich him with
great riches, and *will* **shall** give him his daughter,
and *make* **works to liberate** his father's house *free*
in *Israel* **Yisra El**.
26 And David *spake* **said** to the men that stood by him,
then you become our servants and serve us.
10 And the Peleshethiy say,
I reproach the ranks of Yisra El this day;
give me a man, to fight together.
11 And Shaul and all Yisra El hear the
words of the Peleshethiy,
and they are terrified and mighty awed.
12 And David is a son of a man
— an Ephrathiy of Beth Lechem Yah Hudah,
his name *is* Yishay; and he has eight sons:
and the man goes among men for an
old man in the days of Shaul.
13 And the three greatest sons of Yishay go
— go after Shaul to the war:
and the names of his three sons
who go to the war *are* Eli Ab the firstbirthed
and second Abi Nadab and the third Shammah;
14 and David is the youngest:
and the three greatest go after Shaul:
15 but David goes and returns from Shaul
to tend the flock of his father at Beth Lechem.
16 And the Peleshethiy draws near
starting early and evening
and sets himself forty days.
17 And Yishay says to David his son,
Take now for your brothers
an ephah of this parched and these ten bread
and run to the camp of your brothers;
18 and carry these ten slices of
milk to the governor of their thousand
and visit your brothers for shalom
and take their pledge.
19 Now Shaul and they and all the men of Yisra El
are in the valley of Elah fighting the Peleshethiy:
20 and David starts early in the morning
and leaves the flock with a guard;
and lifts and goes as Yishay misvahs him:
and he comes to the route,
as the valiant go forth to the ranks and shout for the war:
21 and Yisra El and the Peleshethiy line up
— ranks meeting ranks.
22 And David leaves his instrument
in the hand of the guard of the instrument;
and runs into the ranks
and comes and asks his brothers of shalom:
23 and as he words with them, behold,
the man of double size ascends
from the ranks of the Peleshethiy
— the Peleshethiy of Gath, Golyath by name,
and he words these words; and David hears.
24 And all the men of Yisra El see the man,
and they flee his face mightily awed:
25 and the men — the Yisra Eliy say, See you this
man who ascends? He ascends to reproach Yisra El:
and so be it, the man who smites him, the
sovereign enriches him with great riches
and gives him his daughter
and works to liberate the house of his father in Yisra El.
26 And David says to the men who stand by him,
saying, What shall be *done* **worked** to the man
that *killeth* **smiteth** this *Philistine* **Peleshethiy**,
and *taketh away* **turneth aside** the reproach
from *Israel* **Yisra El**?
for who is this uncircumcised *Philistine* **Peleshethiy**,
that he should *defy* **reproach** the *armies* **ranks**
of the living *God* **Elohim**?
27 And the people *answered* **said to** him
after this *manner* **word**, saying,
So **Thus** shall it be *done* **worked**
to the man that killeth him.
28 And *Eliab* **Eli Ab** his *eldest* **greatest** brother
heard when he *spake* **worded** unto the men;
and *Eliab's anger* **Eli Ab's wrath**
was kindled against David, and he said, Why *camest*
descendest thou *down* hither? and with whom
hast thou left those few *sheep* **flock** in the wilderness?
I know thy *pride* **arrogance**,
and the *naughtiness* **evil** of thine heart; for thou art *come*
down **descended** that thou mightest see the *battle* **war**.
29 AndDavidsaid,WhathaveInow*done***worked**?
Is there not a *cause* **word**?

30 And he turned from **beside** him toward another,
and *spake* **said** after the same *manner* **word**:
and the people *answered him again* **returned word**
after the former *manner* **word**.
31 And when the words were heard
which David *spake* **worded**,
they *rehearsed* **told** them *before Saul* **at the face of Shaul**:
and he *sent for* **took** him.
32 And David said to *Saul* **Shaul**,
Let no *man's* **human's** heart *fail* **fall** because of him;
thy servant *will* **shall** go
and fight with this *Philistine* **Peleshethiy**.
33 And *Saul* **Shaul** said to David,
Thou art not able to go against this
Philistine **Peleshethiy**
to fight with him:
for thou art *but* a *youth* **lad**,
and he a man of war from his youth.
34 And David said unto *Saul* **Shaul**,
Thy servant *kept* **was tending** his father's *sheep*
flock, and there came a lion, and a bear,
and *took* **lifted** a lamb out of the *flock* **drove**:
35 And I went out after him, and smote him,
and *delivered* **rescued** it out of his mouth:
and when he arose against me,
I *caught* **held** him by his beard,
and smote him, and *slew* **deathified** him.
36 Thy servant *slew* **smote** both the lion and the bear:
and this uncircumcised *Philistine* **Peleshethiy**
shall be as one of them,
seeing he hath *defied* **reproached** the *armies* **ranks**
of the living *God* **Elohim**.
37 David said moreover,
The LORD **Yah Veh** that *delivered* **rescued**
me out of the *paw* **hand** of the lion,
and out of the *paw* **hand** of the bear,
he *will deliver* **shall rescue** me
out of the hand of this *Philistine* **Peleshethiy**.
And *Saul* **Shaul** said unto David,
Go, and *the LORD* **Yah Veh** be with thee.
38 And *Saul armed* **Shaul enrobed** David
with his *armour* **uniform**,
and he *put* **gave** an helmet of *brass*
copper upon his head;
also he *armed* **enrobed** him with
a *coat* **habergeon** of mail.
39 And David girded his sword upon
his *armour* **uniform**,
and he *assayed* **willed** to go;
for he had not *proved* **tested** *it*.
And David said unto *Saul* **Shaul**, I cannot go with these;
for I have not *proved* **tested** them.
And David *put* **turned** them *off him* **aside**.
40 And he took his staff in his hand,
and chose him five smooth stones out of the *brook* **wadi**,
and *put* **set** them in a *shepherd's bag* **tender's instrument**
which he had, even in a *scrip* **pouch**;
saying, What work you to the man
who smites this Peleshethiy
and turns aside the reproach from Yisra El?
Who is this uncircumcised Peleshethiy,
to reproach the ranks of the living Elohim?
27 And the people say to him after this word, saying,
Thus be it worked to the man who kills him.
28 And Eli Ab his greatest brother hears
when he words to the men;
and Eli Ab kindles his wrath against David,
and he says, Why descend you hither?
And with whom
leave you those few flock in the wilderness?
I know your arrogance and the evil of your heart;
for you descend to see the war.
29 And David says,
What work I now? Is there no word?
30 and he turns from beside him toward another
and says after the same word:
and the people return word as the former word:
31 and they hear the words David words;
and they tell them at the face of Shaul:
and he takes him.
32 And David says to Shaul,
O that no human heart fall because of him;
your servant goes and fights this Peleshethiy.
33 And Shaul says to David,
You are not able to go fight this Peleshethiy:
for you are a lad; and he a man of war from his youth.
34 And David says to Shaul,
As your servant tends the flock of his
father, a lion and a bear came
and lifted a lamb from the drove:
35 and I went out after him and smote him
and rescued it from his mouth:
and he rose against me, and I held him by his beard
and smote him and deathified him:
36 your servant smote both the lion and the bear:
and this uncircumcised Peleshethiy
becomes as one of them,
seeing he reproaches the ranks of the living Elohim.
37 And David says,
Yah Veh who rescued me from the hand of
the lion and from the hand of the bear

— he rescues me from the hand of this Peleshethiy.
And Shaul says to David, Go! And Yah Veh be with you!
38 And Shaul enrobes David with his uniform
and gives a helmet of copper on his head;
and he enrobes him with a habergeon of mail:
39 and David girds his sword on his uniform
and he wills to go without testing.
And David says to Shaul, I cannot go with these;
for I have not tested them.
And David turns them aside;
40 and he takes his staff in his hand
and chooses five smooth stones from the wadi and sets
them in the instrument of the tender he has in a pouch;
and his sling was in his hand:
and he drew near to the *Philistine* **Peleshethiy**.
41 And **in walking,**
the *Philistine came* **Peleshethiy walked** on
and *drew near* **approached** unto David;
and the man that bare the shield
went before him **at his face**.
42 And when the *Philistine* **Peleshethiy** looked about,
and saw David, he *disdained* **despised** him:
for he was *but* a *youth* **lad**, and ruddy, and of
a *fair countenance* **handsome visage**.
43 And the *Philistine* **Peleshethiy** said unto David,
Am I a dog, that thou comest to me with staves?
And the *Philistine cursed* **Peleshethiy**
belittled David by his *gods* **elohim**.
44 And the *Philistine* **Peleshethiy** said to David,
Come to me, and I *will* **shall** give thy flesh
unto the *fowls* **flyers** of the *air* **heavens**,
and to the *beasts* **animals** of the field.
45 Then said David to the *Philistine* **Peleshethiy**,
Thou comest to me with a sword,
and with a spear, and with a *shield* **dart**:
but I come to thee
in the name of *the LORD of hosts* **Yah Veh Sabaoth**,
the *God* **Elohim** of the *armies* **ranks** of *Israel*
Yisra El, whom thou hast *defied* **reproached**.
46 This day *will the LORD* **shal Yah Veh**
deliver **shut** thee into mine hand;
and I *will* **shall** smite thee,
and *take* **turn aside** thine head from thee;
and I *will* **shall** give the carcases
of the *host* **camp** of the *Philistines* **Peleshethiy** this
day unto the *fowls* **flyers** of the *air* **heavens**,
and to the *wild beasts* **live beings** of the earth;
that all the earth may know
that there is *a God* **an Elohim** in *Israel* **Yisra El**.
47 And all this *assembly* **congregation** shall know
that *the LORD* **Yah Veh** saveth not
with sword and spear:
for the *battle is the LORD'S* **war be Yah Veh's**,
and he *will* **shall** give you into our hands.
48 And **so be** it *came to pass*,
when the *Philistine* **Peleshethiy** arose, and came,
and *drew nigh* **approached** to meet David,
that David hasted,
and ran toward the *army* **ranks**
to meet the *Philistine* **Peleshethiy**.
49 And David *put* **spread** his hand
in his *bag* **instrument**,
and took thence a stone, and slang it,
and smote the *Philistine* **Peleshethiy** in his
forehead, that the stone sunk into his forehead;
and he fell upon his face to the earth.
50 So David prevailed over the *Philistine* **Peleshethiy**
with a sling and with a stone,
and smote the *Philistine* **Peleshethiy**,
and *slew* **deathified** him;
but there was no sword in the hand of David.
51 Therefore David ran,
and stood upon the *Philistine* **Peleshethiy**,
and took his sword, and drew it out of the sheath thereof,
and *slew* **deathified** him, and cut off his head therewith.
And when the *Philistines* **Peleshethiy**
saw their *champion was dead*
mighty had died, they fled.
52 And the men of *Israel* **Yisra El**
and of *Judah* **Yah Hudah**
arose, and shouted,
and pursued the *Philistines* **Peleshethiy**,
until thou come to the valley,
and to the *gates* **portals** of *Ekron* **Eqron**.
And the *wounded* **pierced** of the *Philistines* **Peleshethiy**
fell down **descended** by the way to *Shaaraim*
Shaarayim, even unto Gath, and unto *Ekron* **Eqron**.
53 And the *children* **sons** of *Israel* **Yisra El**
returned from *chasing* **hotly pursuing**
after the *Philistines* **Peleshethiy**,
and they *spoiled* **plundered** their *tents* **camps**.
54 And David took the head of the *Philistine* **Peleshethiy**,
and brought it to *Jerusalem* **Yeru Shalem**;
but he *put* **set** his *armour* **instruments** in his tent.
and his sling is in his hand:
and he draws near the Peleshethiy:
41 and in walking,
the Peleshethiy walks and approaches David;
and the man bearing the shield at his face.
42 And the Peleshethiy looks around and sees David;

and he despises him:
for he is a lad and ruddy and of a handsome visage.
43 And the Peleshethiy says to David,
Am I a dog, that you come to me with staves?
— and the Peleshethiy belittles David by his elohim.
44 And the Peleshethiy says to David, Come to me
and I give your flesh to the flyers of the
heavens and to the animals of the field.
45 Then says David to the Peleshethiy,
You come to me with a sword
and with a spear and with a dart:
but I come to you in the name of Yah Veh Sabaoth
— Elohim of the ranks of Yisra El whom you reproach.
46 This day Yah Veh shuts you into my hand;
and I smite you and turn aside your head from you:
and this day
I give the carcases of the camp of the
Peleshethiy to the flyers of the heavens
and to the live beings of the earth;
so that all the earth knows there is an Elohim in Yisra El:
47 and all this congregation know
that Yah Veh saves not with sword and spear:
for the war is to Yah Veh
and he gives you into our hands.
48 And so be it, the Peleshethiy rises,
and comes and approaches to meet David,
and David hastens and runs toward the
ranks to meet the Peleshethiy:
49 and David spreads his hand in his instrument
and he takes a stone from it and slings it
and smites the Peleshethiy in his forehead
so that the stone sinks into his forehead;
and he falls on his face to the earth.
50 And David prevails over the Peleshethiy
with a sling and with a stone
and smites the Peleshethiy and deathifies him;
and there is no sword in the hand of David:
51 and David runs and stands on the Peleshethiy
and takes his sword and draws it from its shea th and
deathifies him and cuts off his head therewith.
And the Peleshethiy see their mighty died and they flee:
52 and the men of Yisra El and of Yah Hudah
rise and shout and pursue the Peleshethiy
until you come to the valley
and to the portals of Eqron:
and the pierced of the Peleshethiy
descend by the way to Shaarayim
— to Gath and to Eqron:
53 and the sons of Yisra El return from
hotly pursuing the Peleshethiy
and plunder their camps:
54 and David takes the head of the Peleshethiy
and brings it to Yeru Shalem;
and he sets his instruments in his tent.
55 And when *Saul* **Shaul** saw David go forth
against **to meet** the *Philistine* **Peleshethiy,**
he said unto *Abner* **Abi Ner,**
the *captain* **governor** of the host,
Abner **Abi Ner,** whose son is this *youth* **lad?**
And *Abner* **Abi Ner** said, As thy soul liveth,
O *king* **sovereign,** I *cannot tell* **know not.**
56 And the *king* **sovereign** said,
Enquire **Ask** thou whose son the *stripling* **lad** is.
57 And as David returned
from *the slaughter of* **smiting** the *Philistine* **Peleshethiy,**
Abner **Abi Ner** took him,
and brought him *before Saul* **at the face of Shaul**
with the head of the *Philistine* **Peleshethiy** in his hand.
58 And *Saul* **Shaul** said to him,
Whose son art thou, thou *young man* **lad?**
And David *answered* **said,**
I am the son of thy servant *Jesse* **Yishay**
the *Bethlehemite* **Beth Lechemiy.**

DAVID AND YAH NATHAN

55 And Shaul sees David
going to meet the Peleshethiy;
and he says to Abi Ner the governor of the
host, Abi Ner, whose son is this lad?
And Abi Ner says, As your soul lives,
O sovereign, I know not.
56 And the sovereign says, Ask whose son the lad *is.*
57 And David returns from smiting the
Peleshethiy, and Abi Ner takes him
and brings him at the face of Shaul
with the head of the Peleshethiy in his hand.
58 And Shaul says to him, Whose son are you, lad?
And David says,
I *am* the son of your servant
Yishay the Beth Lechemiy.

18 And **so be** it *came to pass,*
when he had *made an end of speaking* **finished wording**
unto *Saul* **Shaul,**
that the soul of *Jonathan* **Yah Nathan**
was *knit* **bound** with the soul of David,
and *Jonathan* **Yah Nathan** loved him as his own soul.
2 And *Saul* **Shaul** took him that day,
and *would let him go no more home*
gave him not to return to his father's house.
3 Then *Jonathan* **Yah Nathan** and David

made **cut** a covenant,
because he loved him as his own soul.
4 And *Jonathan* **Yah Nathan**
stripped himself of the *robe* **mantle** that was upon
him, and gave it to David, and his *garments* **uniform,**
even to his sword, and to his bow, and to his girdle.
5 AndDavidwentoutwhithersoever*Sau*S**l****haus**lenthim,
and *behaved himself wisely* **comprehended**:
and *Saul* **Shaul** set him over the men of war,
and he was *accepted* **well—pleasing**
in the *sight* **eyes** of all the people,
and also in the *sight* **eyes** of *Saul's* **Shaul's** servants.
6 And **so be** it *came to pass*, as they
came, when David was returned
from *the slaughter of* **smiting** the *Philistine*
Peleshethiy, that the women
came **went** out of all cities of *Israel* **Yisra El**,
singing and **round** dancing,
to meet *king Saul* **sovereign Shaul**,
with *tabrets* **tambourines**, with *joy* **cheer**, and
with *instruments of musick* **triangles**.
7 And the women answered *one another*
as they *played* **entertained**, and said,
Saul **Shaul** hath *slain* **smitten** his thousands,
and David his *ten thousands* **myriads**.
8 And *Saul* **Shaul** was *very wroth* **mighty inflamed**,
and the *saying displeased him* **word was evil in his eyes**;
and he said,
They have *ascribed* **given** unto David
ten thousands **myriads**,
and to me they have *ascribed but* **given**
thousands: and what *can he have* more
but the *kingdom* **sovereigndom**?
9 And *Saul* **Shaul** eyed David from
that day and *forward* **beyond**.

SHAUL FEARS DAVID

10 And **so be** it *came to pass*, on the morrow,
that the evil spirit from *God* **Elohim**
came **prospered** upon *Saul* **Shaul**,
and he prophesied in the midst of the
house: and David *played* **strummed** with
his hand, as *at other times* **day by day**:
and there was a *javelin* **spear** in *Saul's* **Shaul's** hand.
11 And *Saul* **Shaul** cast the *javelin* **spear**; for he said,
I *will* **shall** smite David even to the wall *with it*.
And David *avoided* **turned aside**
out of his presence twice **from his face two times**.

DAVID AND YAH NATHAN

18 And so be it, he finishes wording to
Shaul, and the soul of Yah Nathan
binds with the soul of David;
and Yah Nathan loves him as his own soul.
2 And Shaul takes him that day
and gives him to not return to the house of his father.
3 And Yah Nathan and David cut a covenant
because he loves him as his own soul:
4 and Yah Nathan strips himself
of the mantle on him and of his uniform
even to his sword and to his bow and to hi s girdle
and gives it to David.
5 And David goes wherever Shaul
sends him and comprehends:
and Shaul sets him over the men of war:
and he is well—pleasing in the eyes of all the people
and also in the eyes of the servants of Shaul.
6 And so be it, as they come,
as David returns from smiting the Peleshethiy,
that the women go from all cities of Yisra
El singing and round dancing
to meet sovereign Shaul with tambourines
with cheer and with triangles.
7 And the women answer as they entertain, and say,
Shaul smites his thousands and David his myriads.
8 And Shaul inflames mightily and
the word is evil in his eyes;
and he says,
To David they give myriads and to
me they give thousands:
and what more, except the sovereigndom?
9 — and Shaul eyes David from that day and beyond.

SHAUL FEARS DAVID

10 And so be it, on the morrow,
the evil spirit from Elohim prospers on Shaul;
and he prophesies midst the house:
and David strums with his hand, as day by day:
and there is a spear in the hand of Shaul:
11 and Shaul casts the spear;
for, he says, I smite David even to the wall. And
David turns aside from his face two times:
12 And *Saul was afraid* **Shaul awed at the face** of
David, because *the LORD* **Yah Veh** was with him,
and was *departed* **turned aside** from *Saul* **Shaul**.
13 Therefore
Saul removed him **Shaul turned aside** from him,
and *made* **set** him his *captain* **governor** over a thousand;

and he went out and came in
before **at the face of** the people.
14 And David *behaved himself wisely* **comprehended**
in all his ways;
and *the LORD* **Yah Veh** was with him.
15 Wherefore when *Saul* **Shaul** saw that he
behaved himself very wisely **comprehended mightily**,
he *was afraid of him* **sojourned from his face**.
16 But all *Israel* **Yisra El** and *Judah* **Yah Hudah**
loved David,
because he went out and came in
before them **at their face**.
17 And *Saul* **Shaul** said to David, Behold my
elder **greater** daughter Merab, her *will*
shall I give thee to *wife* **woman**:
only be thou *valiant* **a son of valour** for me, and
fight *the LORD'S battles* **Yah Veh's wars**.
For *Saul* **Shaul** said, Let not mine hand be upon him,
but let the hand of the *Philistines* **Peleshethiy**
be upon him.
18 And David said unto *Saul* **Shaul**, Who am I?
and what is my life, or my father's family in *Israel* **Yisra
El**, that I should be son in law to the *king* **sovereign**?
19 *But* **And so be** it *came to pass*,
at the time when Merab *Saul's* **Shaul's** daughter
should have been given to David,
that she was given unto *Adriel* **Adri El**
the *Meholathite* **Mecholathiy** to *wife* **woman**.
20 AndMichal*Saul's***Shaul's**daughtelrovedDavid:
and they told *Saul* **Shaul**,
and the *thing pleased him* **word was straight in his eyes**.
21 And*SauSl* **haus**laid,I*wsil***hag**livehimher,
that she may be a snare to him,
and that the hand of the *Philistines* **Peleshethiy**
may be against him.
Wherefore *Saul* **Shaul** said to David **a second
time**, Thou shalt this day be my son in law
in the one of the twain.
22 And *Saul commanded* **Shaul misvahed**
his servants, *saying*, *Commune* **Word** with
David *secretly* **undercover**, and say, Behold,
the *king* **sovereign** hath delight in thee,
and all his servants love thee:
now therefore be the *king's* **sovereign's** son in law.
23 And *Saul's* **Shaul's** servants
spake **worded** those words in the ears of David.
And David said, Seemeth it *to you* **in your eyes**
a light thing **trifling** to be a *king's* **sovereign's** son in
law, seeing that I am *a poor man* **impoverished**,
and *lightly esteemed* **abased**?
24 And the servants of *Saul* **Shaul** told him, saying,
On this manner **According to these words**
spake **worded** David.
25 And *Saul* **Shaul** said, Thus shall ye say
say to David, The *king desireth* **sovereign
delighteth** not any dowry, but an hundred
foreskins of the *Philistines* **Peleshethiy**,
to be avenged of the *king's* **sovereign's** enemies.
But *Saul thought* **Shaul fabricated** to make David
fall by the hand of the *Philistines* **Peleshethiy**.
26 And when his servants told David these words,
it pleased David well
the word was straight in David's eyes to
be the *king's* **sovereign's** son in law: and
the days were not *expired* **fulfilled**.
27 WhereforeDavidaroseandwent,heandhismen,
and *slew* **smote** of the *Philistines* **Peleshethiy**
two hundred men;
and David brought their foreskins,
and they gave them *in full tale* **fully** to
the *king* **sovereign**, that he might be
the *king's* **sovereign's** son in law.
And *Saul* **Shaul** gave him Michal his
daughter to *wife* **woman**.
12 and Shaul awes at the face of David,
because Yah Veh is with him
and turns aside from Shaul:
13 and Shaul turns aside from him
and sets him his governor over a thousand:
and he goes and comes at the face of the people.
14 And David comprehends in all his ways;
and Yah Veh is with him:
15 and Shaul sees that he comprehends
mightily, and he sojourns from his face:
16 and all Yisra El and Yah Hudah love
David,
because he goes and comes at their face.
17 And Shaul says to David, Behold
my greater daughter Merab,
I give you her to woman:
only, become a son of valour for me
and fight the wars of Yah Veh.
And Shaul says, That my hand becomes not on him,
but that the hand of the Peleshethiy becomes on him.
18 And David says to Shaul, Who *am* I?
And what *is* my life?
Or the family of my father in Yisra El?
And that I become son in law to the sovereign?
19 And so be it, at the time
to give Merab the daughter of Shaul to David,

he gives her to Adri El the Mecholathiy to woman.
20 And Michal the daughter of Shaul loves David:
and they tell Shaul;
and the word is straight in his eyes.
21 And Shaul says, I give her to him, for a snare to him;
and that the hand of the Peleshethiy be against him.
So Shaul says to David a second time, This
day you become my son in law.
22 And Shaul misvahs his servants, Word
with David undercover, and say,
Behold, the sovereign delights in you
and all his servants love you:
and now become son in law to the sovereign.
23 And the servants of Shaul
word those words in the ears of David.
And David says, Seems it trifling in your eyes
to become son in law to the sovereign
— seeing that I *am* impoverished and abased?
24 And the servants of Shaul tell him, saying,
David words according to these words.
25 And Shaul says, Say thus to David: The
sovereign delights not in any dowry
except a hundred foreskins of the Peleshethiy;
to be avenged of the enemies of the sovereign.
And Shaul fabricates
that David fall by the hand of the Peleshethiy:
26 and his servants tell David these words;
and the word is straight in the eyes of David
— to be the son in law of the sovereign:
but the days never fulfill.
27 And David rises and goes, he and his men, and
smite two hundred men of the Peleshethiy;
and David brings their foreskins;
and they give them fully to the sovereign,
to become son in law to the sovereign.
— and Shaul gives him Michal his daughter to woman.
28 And *Saul* **Shaul** saw and knew
that *the LORD* **Yah Veh** was with David,
and that Michal *Saul's* **Shaul's** daughter loved him.
29 And *Saul was yet the more afraid of*
Shaul added to awe to face David;
and *Saul* **Shaul** became David's enemy
continually **all days.**
30 Then the *princes* **governors**
of the *Philistines* **Peleshethiy** went forth:
and **so be** it *came to pass*, after they
went forth, that David
behaved himself more wisely **comprehended more**
than all the servants of *Saul* **Shaul;**
so that his name was *much set by* **mightily esteemed.**

SHAUL ATTEMPTS TO DEATHIFY DAVID

19 And *Saul* **Shaul**
spake **worded** to *Jonathan* **Yah Nathan** his son,
and to all his servants,
that they should *kill* **deathify** David.
2 But *Jonathan* **Yah Nathan,** *Saul's* **Shaul's**
son delighted *much* **mightily** in David:
and *Jonathan* **Yah Nathan** told David, saying,
Saul **Shaul** my father seeketh to *kill* **deathify** thee:
now therefore, I *pray* **beseech** thee,
take *heed* **guard** to thyself until the morning, and
abide in a secret place **settle covertly**, and hide *thyself*:
3 And I *will* **shall** go *out*
and stand *beside* **at the hand of** my
father in the field where thou art,
and I *will commune* **shall word** with my father of thee;
and what I see, that I *will* **shall** tell thee.
4 And *Jonathan spake* **Yah Nathan worded** good of
David unto *Saul* **Shaul** his father, and said unto him,
Let not the *king* **sovereign** sin against
his servant, against David;
because he hath not sinned against thee,
and because his works
have been *to thee—ward* very *good* **mighty toward thee:**
5 For he *did put his life* **set his soul** in his *hand*
palm, and *slew* **smote** the *Philistine* **Peleshethiy,**
and *the LORD wrought* **Yah Veh worked** a
great salvation for all *Israel* **Yisra El:**
thou sawest it, and didst *rejoice* **cheer:**
wherefore then *wilt* **shalt** thou sin against
innocent blood, to *slay* **deathify** David
without a cause **gratuitously?**
6 And *Saul* **Shaul**
hearkened unto the voice of *Jonathan* **Yah Nathan:**
and *Saul sware* **Shaul oathed,** As
the LORD **Yah Veh** liveth,
he shall not be *slain* **deathified.**
7 And*Jonathan***YahNathan**caledDavid,
and *Jonathan shewed* **Yah Nathan told**
him all those *things* **words.**
And *Jonathan* **Yah Nathan** brought David to *Saul* **Shaul,**
and he was *in his presence* **at his face,** as
in times past **three yesters ago.**
8 And there *was war again* **added to be war:**
and David went out,
and fought with the *Philistines* **Peleshethiy,**
and *slew* **smote** them with a great *slaughter* **stroke;**
and they fled from *him* **his face.**
9 And the evil spirit from *the LORD* **Yah Veh**

was upon *Saul* **Shaul**,
as he *sat* **settled** in his house
with his *javelin* **spear** in his hand:
and David *played* **strummed** with his hand.
10 And *Saul* **Shaul** sought to smite David even
to the wall with the *javelin* **spear**:
but he *slipped away* **burst forth**
out of Saul's presence **from Shaul's face**, and
he smote the *javelin* **spear** into the wall: and
David fled, and escaped that night.
11 *Saul* **Shaul** also sent *messengers* **angels** unto
David's house, to *watch* **guard** him, and
to *slay* **deathify** him in the morning:
and Michal David's *wife* **woman** told him, saying,
If thou *save* **rescue** not thy *life* **soul** to night,
28 And Shaul sees and knows Yah Veh is with David
and that Michal the daughter of Shaul love s him:
29 and Shaul adds to awe to face David;
and Shaul becomes an enemy of David all days.
30 And the governors of the Peleshethiy come:
and so be it, after they come, David comprehends
more than all the servants of Shaul;
so that his name is mightily esteemed.

SHAUL ATTEMPTS TO DEATHIFY DAVID

19 And Shaul words
to Yah Nathan his son and to all his
servants to deathify David:
2 and Yah Nathan son of Shaul
delights mightily in David:
and Yah Nathan tells David, saying, Shaul my father
seeks to deathify you: and now, I beseech you,
guard yourself until the morning
and settle covertly and hide:
3 And I — I go and stand at the hand of
my father in the field where you *are*
and word of you with my father;
and what I see, I tell you.
4 And Yah Nathan words good of David
to Shaul his father and says to him,
O that the sovereign not sin against his servant
— against David;
because he sins not against you
and because his works toward you are very mighty:
5 for he set his soul in his palm and
smote the Peleshethiy;
and Yah Veh worked a great salvation for all Yisra El:
you saw and cheered:
so why sin against innocent blood, to
deathify David gratuitously?
6 And Shaul hearkens to the voice of Yah Nathan:
and Shaul oaths, As Yah Veh lives, deathify him not.
7 And Yah Nath an calls David
and Yah Nathan tells him all those words:
and Yah Nathan brings David to Shaul and
he is at his face as three yesters ago.
8 And there adds to be war:
and David goes out and fights the Peleshethiy
and smites them with a great stroke;
and they flee his face.
9 And the evil spirit from Yah Veh is on Shaul,
as he settles in his house with his spear in his hand:
and David strums with his hand:
10 and Shaul seeks to smite David to
the wall with the spear:
but he bursts forth from the face of Shaul
and he smites the spear into the wall: and
David flees and escapes that night.
11 And Shaul sends angels to the house of David
to guard him — to deathify him in the morning:
and Michal the woman of David tells him,
saying, If you rescue not your soul tonight,
to morrow thou shalt be *slain* **deathified**.
12 So Michal *let* **descended** David *down*
through a window:
and he went, and fled, and escaped.
13 AndMichaltook*animage***theteraphim**,
and *laid it* **set them** in the bed,
and *put a pillow* **set a mattress** of *goats' hair* **doe goats**
for his *bolster* **headpieces**,
and covered *it* **them** with a cloth.
14 And when *Saul* **Shaul**
sent *messengers* **angels** to take David, she said, He is sick.
15 And *Saul* **Shaul** sent the *messengers* **angels** *again*
to see David, saying,
Bring **Ascend** him *up* to me in the bed,
that I may *slay* **deathify** him.
16 And when the *messengers* **angels** were come in,
behold, there *was an image* **were the teraphim** in the
bed, with a *pillow* **mattress** of *goats' hair* **doe goats'**
for his *bolster* **headpieces**.
17 And *Saul* **Shaul** said unto Michal,
Why hast thou deceived me so,
and sent away mine enemy, that he is escaped?
And Michal *answered Saul* **said to Shaul**, He
said unto me, *Let me go* **Send me away**;
why should I *kill* **deathify** thee?
18 So David fled, and escaped,
and came to *Samuel* **Shemu El** to Ramah,
and told him all that *Saul* **Shaul**
had *done* **worked** to him.

And he and *Samuel* **Shemu El** went and
dwelt **settled** in *Naioth* **Navith**.
19 Anditwastold*Saul***Shaul**,saying,
Behold, David is at *Naioth* **Navith** in Ramah.
20 And*Saul***Shau**selnt*mesengers***angels**totakeDavid:
and when they saw the *company*
assembly of the prophets
prophesying,
and *Samuel* **Shemu El**
standing *as appointed* **stationed** over
them, the Spirit of *God* **Elohim**
was upon the *messengers* **angels** of *Saul* **Shaul**,
and they also prophesied.
21 And when it was told *Saul* **Shaul**, he sent other
messengers **angels**, and they prophesied likewise.
And *Saul* **Shaul** sent *messengers* **angels** *again*
the third time,
and they prophesied also.
22 Then went he also to Ramah,
and came to a great well that is in Sechu:
and he asked and said,
Where are *Samuel* **Shemu El** and David?
And one said, Behold, they be at
Naioth **Navith** in Ramah.
23 And he went thither to *Naioth* **Navith** in Ramah:
and the Spirit of *God* **Elohim** was upon him also,
and *he went* **in walking, he walked** on, and prophesied,
until he came to *Naioth* **Navith** in Ramah.
24 And he stripped off his clothes also,
and prophesied *before Samuel* **at the face of Shemu El**
in like manner **also**,
and *lay down* **fell** naked all that day and all that night.
Wherefore they say,
Is *Saul* **Shaul** also among the prophets?

DAVID AND YAH NATHAN CUT A COVENANT

20 And David fled from *Naioth* **Navith** in Ramah,
and came and said
before Jonathan **at the face of Yah
Nathan**, What have I *done* **worked**?
what is *mine iniquity* **my perversion**?
and what is my sin *before* **at the face of** thy
father, that he seeketh my *life* **soul**?
2 And he said unto him, *God forbid* **Far be it**;
thou shalt not die:
behold, my father *will do nothing* **shall work naught**
either — great **word** or small **word**,
but that he *will shew it me* **shall expose in mine ear**:
and why should my father hide this *thing* **word** from me?
it is not so.

3 And David *sware* **oathed** moreover, and said,
tomorrow they deathify you.
12 So Michal descends David through a window:
and he goes and flees and escapes:
13 And Michal takes the teraphim
and set them in the bed;
and sets a mattress of doe goats for his headpieces
and covers them with a cloth.
14 And Shaul sends angels to take David,
and she says, He is sick.
15 And Shaul sends the angels to see David, saying,
Ascend him to me in the bed, and I deathify him.
16 And the angels come in,
and behold, the teraphim in the bed,
with a mattress of doe goats for their headpieces.
17 And Shaul says to Mi chal, Why
have you deceived me so
and send away my enemy to escape?
And Michal says to Shaul,
He says to me, Send me away.
Why deathify you?
18 So David flees and escapes
and comes to Shemu El to Ramah;
and tells him all Shaul works to him:
and he and Shemu El go and settle in Navith.
19 And someone tells Shaul, saying, Behold,
David is at Navith in Ramah.
20 And Shaul sends angels to take David:
and they see the assembly of the prophets prophesying
and Shemu El stands stationed over them,
the Spirit of Elohim is on the angels of
Shaul and they also prophesy.
21 And someone tells Shaul
and he sends other angels and they also prophesy:
and Shaul sends angels the third
time and they also prophesy.
22 Then he goes to Ramah
and comes to a great well in Sechu:
and he asks and says, Where are Shemu El and David?
And one says, Behold, at Navith in Ramah.
23 And he goes to Navith in Ramah:
and the Spirit of Elohim is on him — him also
and in walking, he walks on and prophesies
until he comes to Navith in Ramah:
24 and he strips his clothes — he also and
prophesies at the face of Shemu El
and falls naked all that day and all that night.
So they say,
Is Shaul also among the prophets?

DAVID AND YAH NATHAN CUT A COVENANT

20 And David flees from Navith in Ramah
and comes at the face of Yah Nathan and says,
What work I? What is my perversion?
What is my sin at the face of your
father that he seeks my soul?
2 And he says to him, Far be it! You die not!
Behold, my father works naught
— great word or small word, that
he exposes not in my ear:
And why hides my father this word from me?
Is this not so?
3 And David oaths again and says,
In knowing, Thy father *certainly* knoweth
In knowing,
that I have found *grace* **charism** in thine eyes;
and he saith, Let not *Jonathan* **Yah Nathan**
know this, lest he be *grieved* **contorted**:
but truly as *the LORD* **Yah Veh** liveth,
and as thy soul liveth,
there is but a *step* **stride** between me and death.
4 Thensaid*Jonathan***YahNathan**untoDavid,
Whatsoever thy soul *desireth* **saith**, I
will even do **shall work** it for thee.
5 AndDavidsaidunto*Jonathan***YahNathan**,
Be ho l d , to mo rrow i s the ne w moo n,
and *I should not fail to sit* **in sitting,**
I sit with the *king at meat* **sovereign to eat**:
but let me go **send me away**, that I may hide
myself in the field unto the third *day* at even.
6 If **in visiting,** thy father *at all miss*
me **visit me**, then say,
In asking, David *earnestly* asked *leave* of me
that he might run to *Bethlehem* **Beth**
Lechem his city: for there is a *yearly sacrifice*
sacrifice of days there for all the family.
7 If he say thus, *It is well* **Good**;
thy servant shall have *peace* **shalom**:
but if **in inflaming,** he be *very wroth* **inflamed**,
then *be sure* **know** that evil is
determined **finished off** by him.
8 Therefore
thou shalt *deal kindly* **work mercy** with thy servant;
for thou hast brought thy servant
into a covenant of *the LORD* **Yah Veh** with thee:
notwithstanding, if there be in me *iniquity* **perversity**,
slay **deathify** me thyself;
for why shouldest thou bring me to thy father?
9 And *Jonathan* **Yah Nathan** said, Far be it from thee:
for if **in knowing,** I knew *certainly*
that evil were *determined* **finished** by
my father to come upon thee,
then *would* **should** not I tell it thee?
10 Then said David to *Jonathan* **Yah Nathan**,
Who shall tell me?
or what if thy father answer thee *roughly* **hardly**?
11 And*Jonathan***YahNathan**saiduntoDavid,
Co me , and l e t us g o o ut i nto the fi e l d . And
they went out both of them into the field.
12 And *Jonathan* **Yah Nathan** said unto David,
O *LORD God* **Elohim** of *Israel* **Yisra El**,
when I have *sounded* **probed** my father about to morrow
any time, or the third *day*,
and, behold, if there be good toward David,
and I then send not unto thee,
and *shew it thee* **expose it in thine ear**;
13 *The LORD* **Yah Veh**
do so and much more **work thus and add**
to *Jonathan* **Yah Nathan**:
but if it *please* **well—please** my father
to *do thee evil* **vilify thee**,
then I *will shew it thee* **shall expose it**
in thine ear, and send thee away,
that thou mayest go in *peace* **shalom**: and *the LORD*
Yah Veh be with thee, as he hath been with my father.
14 And thou shalt not only while yet I live
shew **work** me the *kindness* **mercy** of *the*
LORD **Yah Veh**, that I die not:
15 But also thou shalt not cut off thy *kindness* **mercy**
from my house *for ever* **eternally**:
no, not when *the LORD* **Yah Veh**
hath cut off the enemies of David
every *one* **man** from the face of the *earth* **soil.**
16 *SoJonathanmadeacovenant***AndYahNathancut**
with the house of David, *saying*,
Let *the LORD even require* **Yah Veh seek**
it at the hand of David's enemies.
17 And *Jonathan* **Yah Nathan**
caused David to *swear again* **add an**
oath, because he loved him:
for he loved him as he loved his own soul.
your father knows I find charism in your eyes;
and he says,
O that Yah Nathan not know this, lest he contort.
— and truly as Yah Veh lives and as your soul lives
there *is* but a stride between me and death.
4 And Yah Nathan says to David, Whatever
your soul says, I work for you.
5 And David says to Yah Nathan, Behold,
tomorrow is the new moon;

and in sitting, I sit with the sovereign to eat:
send me away to hide in the field until the third evening.
6 If in visiting, your father visits after me,
say *this*, In asking, David asked of me
to run to Beth Lechem his city:
for there is a sacrifice of days there for all the family.
7 If he say thus, Good!
shalom to your servant:
and if in inflaming, he inflames, then
know that he finishes off evil.
8 And work mercy with your servant;
for you brought your servant
into a covenant of Yah Veh with you:
and, if there be perversity in me, deathify me yourself.
And why this — to bring me to your father?
9 And Yah Nathan says, Far be it from you:
for in knowing, had I known
that my father finishes off evil to come
on you, had I not told you?
10 Then says David to Yah Nathan, Who tells me?
Or what if your father answers you hardly?
11 And Yah Nathan says to David, Come
and let us go into the field.
— and they both go into the field.
12 And Yah Nathan says to David, O Elohim of Yisra El,
when I probe my father about this time tomorrow
— or the third;
and behold, if there be good toward David and
I send not to you to expose it in your ear;
13 *may* Yah Veh work and add thus to Yah
Nathan: but if it well—pleases my father to
vilify you, then I expose it in your ear
and send you away to go in shalom:
and Yah Veh be with you as he is with my father:
14 and not only, while I still live
work me the mercy of Yah Veh that I not die:
15 neither cut off your mercy from my house eternally:
nor when Yah Veh cuts off the enemies of David
— every man from the face of the soil.
16 And Yah Nathan cuts with the house
of David, and Yah Veh seeks it
at the hand of the enemies of David:
17 and Yah Nathan has David add an
oath, because he loves him:
for he loves him as he loves his own soul.
18 Then *Jonathan* **Yah Nathan** said to
David, To morrow is the new moon:
and thou shalt be *missed* **inspected**,
because thy seat *will* **shall** be *empty* **inspected**.
19 And when thou hast stayed three days,
then thou shalt *go down quickly* **descend mightily**,
and come to the place where thou didst hide thyself
when the business was in hand **in the day of work**,
and shalt *remain by* **settle beside** the stone Ezel.
20 AndI*w*s*il***has**lhothrearowsonthesidethereof,
as *though I shot* **sent** at a *mark* **target**.
21 And,behold,I*wil***shal**sendalad,
saying, Go, find out the arrows.
If **in saying,** I *expressly* say unto the lad,
Behold, the arrows are on this side of thee, take them;
then come thou:
for there is *peace* **shalom** to thee, and no *hurt* **word**;
as the LORD **Yah Veh** liveth.
22 But if I say thus unto the *young man* **lad**, Behold,
the arrows are beyond thee; go thy way:
for *the LORD* **Yah Veh** hath sent thee away.
23 And *as touching the matter* **the word**
which thou and I have *spoken of* **worded**, behold,
the LORD **Yah Veh** be between thee and me
for ever **eternally**.
24 So David hid himself in the field:
and when the new moon was come,
the *king sat him* **sovereign settled**
down to eat *meat* **bread**.
25 Andthe*kingsa*s*t***overeignsetled**uponhiseat
as *at other times* **time by time**,
even upon a seat by the wall:
and *Jonathan* **Yah Nathan** arose,
and *Abner sat* **Abi Ner settled** by *Saul's* **Shaul's**
side, and David's place was *empty* **inspected**.
26 Nevertheless
Saul spake not any thing **Shaul worded naught** that day:
for he *thought* **said**,
Something **A happening** hath *befallen* **happened** him,
he is not *clean* **pure**; surely he is not *clean* **pure**.
27 And **sobe** it *came to pass*, on the
morrow, *which was* the second *day* of the month,
that David's place was *empty* **inspected**:
and *Saul* **Shaul** said unto *Jonathan* **Yah
Nathan** his son, Wherefore
cometh not the son of *Jesse* **Yishay** to *meat* **bread**,
neither yesterday, nor to day?
28 And *Jonathan* **Yah Nathan** answered *Saul* **Shaul,**
In asking, David *earnestly* asked *leave* of
me to go to *Bethlehem* **Beth Lechem**:
29 And he said, *Let me go* **Send me
away**, I *pray* **beseech** thee;
for our family hath a sacrifice in the city;
and my brother,
he hath *commanded* **misvahed** me *to be there*:

and now, if I have found *favour* **charism** in thine
eyes, let me *get away* **escape**, I *pray* **beseech** thee,
and see my brethren.
Therefore he cometh not unto the
king's **sovereign's** table.
30 Then *Saul's anger* **Shaul's wrath**
was kindled against *Jonathan* **Yah
Nathan**, and he said unto him,
Thou son of the *perverse* **perverted** rebellious *woman*,
do not I know
that thou hast chosen the son of *Jesse* **Yishay**
to thine own *confusion* **shame**,
and unto the *confusion* **shame** of
thy mother's nakedness?
31 For *as long as* **all the days**
the son of *Jesse* **Yishay** liveth upon the *ground*
soil, thou shalt not be established,
nor thy *kingdom* **sovereigndom**.
Wherefore now send and *fetch* **take** him unto
me, for he *shall surely die* **is a son of death**.
32 And *Jonathan* **Yah Nathan**
answered *Saul* **Shaul** his father, and said unto him,
Wherefore shall he be *slain* **deathified**?
what hath he *done* **worked**?
33 And *Saul* **Shaul** cast a *javelin*
spear at him to smite him:
18 And Yah Nathan says to David,
Tomorrow *is* the new moon:
and they inspect you and inspect your seat:
19 and on the third, descend mightily
and come to the place you hid
yourself in the day of work;
and settle beside the stone Ezel:
20 and I shoot three arrows on the side thereof
— send as at a target:
21 and behold, I send a lad, Go, find the arrows.
If in saying, I say to the lad,
Behold, the arrows are on this side of you, take them!
— then come:
for there is shalom to you and no word: Yah Veh lives:
22 and if I say to the lad thus: Behold,
the arrows beyond you!
— go your way, for Yah Veh sends you away.
23 And the word you and I word, behold, Yah
Veh *is* between you and me eternally.
24 So David hides himself in the field:
and the new moon comes,
and the sovereign settles down to eat bread.
25 And the sovereign settles on his seat
— as time by time on a seat by the wall:
and Yah Nathan rises
and Abi Ner settles by the side of Shaul
and they inspect the place of David.
26 And Shaul words naught that day:
for he says, A happening happened to
him, he is not pure; surely not pure.
27 And so be it, on the morrow, the second of the month,
they inspect the place of David:
and Shaul says to Yah Nathan his son, Why comes not
the son of Yishay to bread either yesterday or today?
28 And Yah Nathan answers Shaul,
In asking, David asked of me to go to Beth Lechem:
29 and he says, Send me away, I beseech you;
for our family has a sacrifice in the city;
and my brother misvahs me:
and now, if I find charism in your eyes,
let me escape, I beseech you, and see my brothers.
— so he comes not
to the table of the sovereign.
30 Then Shaul kindles his wrath against
Yah Nathan and he says to him,
You son of the perverted rebellious, know I not
that you chose the son of Yishay to your own shame
and to the shame of the nakedness of your mother?
31 For all the days the son of Yishay lives on the soil,
neither you establish nor your sovereigndom:
and now, send and take him to me;
for he is a son of death.
32 And Yah Nathan answers Shaul
his father and says to him,
Why deathify him? What works he?
33 And Shaul casts a spear at him to smite him:
whereby *Jonathan* **Yah Nathan** knew that it was
determined **fully finished** of his
father to *slay* **deathify** David.
34 So *Jonathan* **Yah Nathan**
arose from the table in *fierce anger* **fuming wrath**,
and did eat no *meat* **bread** the second day of the month:
for he was *grieved* **contorted** for David, because
his father had *done* **shamed** him *shame*.
35 And **so be** it *came to pass*, in the morning,
that *Jonathan* **Yah Nathan** went out into the field
at the *time appointed* **season** with David,
and a little lad with him.
36 And he said unto his lad,
Run, find out now the arrows which I shoot.
And as the lad ran,
he shot an arrow *beyond* **to pass over** him.
37 And when the lad was come to the place of the
arrow which *Jonathan* **Yah Nathan** had shot,

Jonathan cried **Yah Nathan called out** after the
lad, and said, Is not the arrow beyond thee?
38 And *Jonathan cried* **Yah Nathan**
called out after the lad,
Make speed **Quickly**, *haste* **hasten**, stay not.
And *Jonathan's* **Yah Nathan's** lad gathered up
the arrows, and came to his *master* **adoni**.
39 But the lad knew *not any thing* **naught**:
only *Jonathan* **Yah Nathan** and David
knew the *matter* **word**.
40 And *Jonathan* **Yah Nathan**
gave his *artillery* **instrument** unto his lad, and
said unto him, Go, carry them to the city.
41 And as soon as the lad was gone,
David arose *out of a place toward* **from beside** the
south, and fell on his *face* **nostrils** to the *ground* **earth**,
and *bowed* **prostrated** himself three times:
and they kissed *one another* **man to friend**,
and wept *one with another* **man to friend**,
until David *exceeded* **greatened**.
42 And *Jonathan* **Yah Nathan** said to
David, Go in *peace* **shalom**,
forasmuch as we have *sworn* **oathed** both of us
in the name of *the LORD* **Yah Veh**, saying,
The LORD **Yah Veh** be between me and **between** thee,
and between my seed and thy seed *for ever* **eternally**.

And he arose and *departed* **went**:
and *Jonathan* **Yah Nathan** went into the city.

HOLY BREAD

21 Then came David to Nob
to *Ahimelech* **Achiy Melech** the priest:
and *Ahimelech* **Achiy Melech**
was afraid **trembled** at the meeting
of David, and said unto him,
Why art thou alone, and no man with thee?
2 And David said unto *Ahimelech*
Achiy Melech the priest,
The *king* **sovereign**
hath *commanded* **misvahed** me a *business* **word**,
and hath said unto me, Let no man
know *any thing* **aught**
of the *business* **word** whereabout I send thee, and what I
have *commanded* **misvahed** thee: and I have *appointed*
my *servants* **lads to know** *to* **at** such and such a place.
3 Now therefore what is under thine hand?
give me five *loaves of* bread in mine hand,
or what there is *present* **found**.
4 And the priest answered David, and said,
There is no *common* **profane** bread under mine
hand, but there is *hallowed* **holy** bread;
if the *young men* **lads** have *kept* **guarded** themselves
at least **only** from women.
5 And David answered the priest, and said unto him,
Of a truth women have been *kept* **restrained** from us
about these three days **as three yesters**
ago, since I *came out* **went**,
and the *vessels* **instruments** of the *young men* **lads**
are holy,
and *the bread is* in a *manner common* **profane way**,
yea, though it were *sanctified* **hallowed** this day
in the *vessel* **instrument**.
6 So the priest gave him *hallowed bread* **the holy**:

whereby Yah Nathan knows
that his father has fully finished to deathify David.
34 And Yah Nathan
rises from the table in fuming wrath
and eats no bread the second day of the month:
for he contorts for David, because his father shames him.
35 And so be it, in the morning,
Yah Nathan goes out into the field
at the season with David
and a little lad with him:
36 and he says to his lad, Run, find the arrows I shoot.
The lad runs,
and he shoots an arrow to pass over him:
37 and the lad comes to the place of the arrow
Yah Nathan shot;
and Yah Nathan calls out after the lad and
says, Is not the arrow beyond you?
38 And Yah Nathan calls out after the
lad, Quickly! Hasten! Stay not!
And the lad of Yah Nathan gathers up
the arrows and comes to his adoni:
39 and the lad knows naught:
only, Yah Nathan and David know the word.
40 And Yah Nathan gives his instrument to his lad;
and says to him, Go, carry them to the city.
41 And as soon as the lad goes, David rises from
beside the south and falls on his nostrils to the
earth and prostrates himself three times:
and they kiss man to friend and weep
man to friend, until David greatens.
42 And Yah Nathan says to David, Go in shalom;
inasmuch as we oathed, both of us, in
the name of Yah Veh, saying,
Yah Veh be between me and between you
and between my seed and between your seed eternally.
— and he rises and goes:
and Yah Nathan goes into the city.

HOLY BREAD

21 And David comes to Nob, to Achiy Melech the priest:
and Achiy Melech trembles at meeting
David, and says to him,
Why are you alone and no man with you?
2 And David says to Achiy Melech the priest, The
sovereign misvahs a word and says to me,
Let no man know aught
of the word whereof I send you and what I misvah you:
and I have my lads know at such and such a place.
3 And now, what is under your hand?
give me five bread in my hand, or whatever is found.
4 And the priest answers David and says, There
is no profane bread under my hand,
but there is holy bread;
but only, if the lads guard themselves from women.
5 And David answers the priest and says to
him, Of a truth we restrain from women
as three yesters ago, since I went;
and the instruments of the lads are holy;
though the way be profane
yes, this day it is hallowed in the instrument.
6 So the priest gives him the holy:
but the *shewbread* **face bread**, that was *taken* **twisted off**
from before the LORD **at the face of Yah Veh,**
to *put* **set** hot bread in the day when it was taken away.
7 Now a *certain* man of the servants of *Saul* **Shaul**
was there that day,
detained **restrained**
before the LORD **at the face of Yah Veh**; and his name
was Doeg, an *Edomite* **Edomiy**, the *chiefest* **mighty** of
the *herdmen* **tenders** *that belonged to Saul* **of Shaul**.
8 And David said unto *Ahimelech* **Achiy Melech,**
And is there not here under thine hand spear or sword?
for I have neither *brought* **taken** my sword
nor my *weapons with me* **instruments in my
hand**, because the *king's business* **sovereign's
word** *required haste* **be urgent**.
9 And the priest said,
The sword of *Goliath* **Golyath** the *Philistine* **Peleshethiy**,
whom thou *slewest* **smotest** in the valley of Elah, behold,
it is here *wrapped* **veiled** in a cloth behind the ephod:
if thou *wilt* **shalt** take that, take it:
for there is no other *save that here* **except thus**. And
David said, There is none like that; give it me.
10 AndDavidaroseandfledthatday
for fear **from the face** of *Saul* **Shaul**,
and went to Achish the *king* **sovereign** of Gath.
11 And the servants of Achish said unto him,
Is not this David the *king* **sovereign** of the land?
did they not *sing* **answer** one to another *of him*
thus in **round** dances, saying,
Saul **Shaul** hath *slain* **smitten** his thousands,
and David his *ten thousands* **myriads?**
12 AndDavid*laid***seut**pthesewordsinhisheart,
and was *sore afraid* **mightily awed**
at the face of Achish the *king* **sovereign** of Gath.
13 And he changed his *behaviour* **perception**
before them **in their eyes,**
and *feigned himself mad* **halaled** in their hands,
and *scrabbled* **marked** on the doors of the
gate **portal**, and let his *spittle fall down*
saliva descend upon his beard.
14 ThensaidAchishuntohisservants,
Lo **Behold**, ye see the man is *mad* **insane**:
wherefore *then* have ye brought him to me?
15 *HaveIneedofmadmen***LackIinsanity**,
that ye have brought this *fellow*
to play *the mad man* **insane** in my presence?
shall this *fellow* come into my house?

DAVID AT CAVE ADULLAM AND MISPEH

22 David *therefore departed* **went** thence,
and escaped to the cave Adullam:
and when his brethren and all his father's house
heard it, they *went down* **descended** thither to him.
2 And every *one* **man** that was in distress,
and every *one* **man** that *was in debt* **had an
exactor**, and every *one* **man** that was *discontented*
bitter of soul, gathered themselves unto him;
and he became a *captain* **governor** over them:
and there were with him about four hundred men.
3 And David went thence to *Mizpeh* **Mispeh** of Moab:
and he said unto the *king* **sovereign** of Moab,
Let my father and my mother, I *pray* **beseech** thee,
come forth, and be **go** with you,
till I know what *God will do* **Elohim shall work** for me.
4 And he *brought* **led** them
before the king **at the face of the sovereign**
of Moab: and they *dwelt* **settled** with him all
the *while* **day** that David was in the hold.
5 And the prophet Gad said unto David,
Abide **Settle** not in the hold; *depart* **go**,
and get thee into the land of *Judah* **Yah Hudah**.
Then David *departed* **went**,
and came into the forest of Hareth.
for there is no bread there but the face bread
which is twisted off at the face of Yah Veh,
to set hot bread the day it is taken away.

7 And a man of the servants of Shaul is there that day,
restrained at the face of Yah Veh; his name *is* Doeg
— an Edomiy, the mighty of the tenders of Shaul.
8 And David says to Achiy Melech,
Is there not here under your hand spear or sword?
for I have neither taken my sword nor
my instruments in my hand,
because the word of the sovereign is urgent.
9 And the priest says,
The sword of Golyath the Peleshethiy, whom
you smote in the valley of Elah, behold, it is
here veiled in a cloth behind the ephod:
if in taking, take:
for there is no other here except this.
And David says, There is none like that; give me.
10 And David rises that day and flees the face of Shaul;
and goes to Achish the sovereign of Gath.
11 And the servants of Achish say to him,
Is not this David the sovereign of the land?
Answered they not one another in
round dances thus, saying,
Shaul smites his thousands and David his myriads?
12 And David sets these words in his heart;
and awes mightily
at the face of Achish the sovereign of Gath:
13 and he changes his perception in their
eyes and halals in their hands
and marks on the doors of the portal
and descends his saliva on his beard.
14 Then Achish says to his servants,
Behold, you see the man is insane:
Why bring him to me?
15 Lack I insanity,
that you bring this *one* to play insane in my presence?
— this *one* to come in my house?

DAVID AT CAVE ADULLAM AND MISPEH

22 And David goes thence
and escapes to the cave Adullam:
and his brothers and all the house of his
father hear and descend to him there.
2 And every man in distress
and every man who has an exactor and
every man who is bitter of soul,
gather themselves to him;
and he becomes governor over them:
— about four hundred men with him.
3 And from there, David goes to Mispeh of Moab:
and he says to the sovereign of Moab,
Allow my father and my mother, I
beseech you, to go with you,
until I know what Elohim works for me.
4 And he leads them
at the face of the sovereign of Moab:
and they settle with him
all the days David is in the hold.
5 And the prophet Gad says to David,
Settle not in the hold;
go and get into the land of Yah Hudah.
Then David goes and comes to the forest of Hareth.

SHAUL DEATHIFIES THE PRIESTS OF NOB

6 When *Saul* **Shaul** heard
that David was *discovered* **seen**, and
the men that were with him,
(now *Saul abode* **Shaul settled** in *Gibeah* **Gibah** under a
tree **grove** in Ramah, having his spear in his hand, and
all his servants were *standing* **stationed** about him;)
7 Then *Saul* **Shaul** said unto his servants
that stood **stationed** about him,
Hear now, ye *Benjamites* **Ben Yaminiy**;
will **shall** the son of *Jesse* **Yishay**
give every one of you fields and vineyards,
and *make* **set** you all *captains* **governors** of thousands,
and *captains* **governors** of hundreds;
8 That all of you have conspired against me,
and there is none that *sheweth me* **exposeth in mine ear**
that my son hath *made a league* **cut**
with the son of *Jesse* **Yishay**,
and there is none of you that is *sorry* **sick** for me,
or *sheweth unto me* **exposeth in mine ear**
that my son hath *stirred* **raised** up
my servant against me,
to *lie in wait* **lurk**, as at this day?
9 ThenansweredDoegthe*Edomite***Edomiy**,
which was *set* **stationed** over the servants of *Saul* **Shaul**,
and said, I saw the son of *Jesse* **Yishay** coming to Nob,
to *Ahimelech* **Achiy Melech** the
son of *Ahitub* **Achiy Tub**.
10 And he *enquired* **asked** of *the LORD* **Yah Veh** for him,
and gave him *victuals* **hunt**, and gave him the sword
of *Goliath* **Golyath** the *Philistine* **Peleshethiy**.
11 Then the *king* **sovereign** sent to call
Ahimelech **Achiy Melech** the priest,
the son of *Ahitub* **Achiy Tub**,
and all his father's house, the priests that were in Nob:
and they came all of them to the *king* **sovereign**.
12 And *Saul* **Shaul** said,
Hear now, thou son of *Ahitub* **Achiy Tub**.

And he *answered* **said**, Here I *am*, my *lord* **adoni**.
13 And *Saul* **Shaul** said unto him, Why
have ye conspired against me,
thou and the son of *Jesse* **Yishay**,
in that thou hast given him bread, and a sword,
and hast *enquired* **asked** of *God* **Elohim** for
him, that he should rise against me,
to *lie in wait* **lurk**, as at this day?
14 Then *Ahimelech* **AchiyMelech**
answered the *king* **sovereign**, and said,
And who is *so faithful* **amenable** among
all thy servants as David,
which is the *king's* **sovereign's** son in law,
and *goeth at thy bidding* **turneth aside at hearing
thee**, and is honourable in thine house?
15 Did I *then* **daily** begin to *enquire* **ask** of *God* **Elohim**
for him?
be it far from me:
let not the *king impute* **sovereign set** any *thing* **word**
unto his servant,
nor to all the house of my father:
for thy servant knew *nothing* **no word** of all this,
less or *more* **great**.
16 And the *king* **sovereign** said,
In dying, Thou shalt *surely* die,
Ahimelech **Achiy Melech**, thou,
and all thy father's house.
17 And the *king* **sovereign** said unto
the *footmen* **runners**
that *stood* **stationed** about him,
Turn, and *slay* **deathify** the priests
of *the LORD* **Yah Veh**:
because their hand also is with David, and
because they knew when he fled,
and *did not shew it to me* **exposed it not in mine ear**.
But the servants of the *king* **sovereign**
would not put **willed to not send** forth their hand
to *fall* **encounter** upon the priests of *the LORD* **Yah Veh**.
18 And the *king* **sovereign** said to Doeg,
Turn thou, and *fall* **encounter** upon the priests.
And Doeg the *Edomite* **Edomiy** turned,
and he *fell* **encountered** upon the priests,
and *slew* **deathified** on that day
6 And Shaul hears
that David and the men with him have been seen; —
and Shaul settles in Gibah under a grove
in Ramah with his spear in his hand
and all his servants station around him.
7 And Shaul says to his servants stationed
around him, Hear now, you Ben Yaminiy;
Gives the son of Yishay
fields and vineyards to every one of you? Sets he you
all governors of thousands and governors of hundreds
8 that you all conspire against me?
And no one exposes in my ear
that my son cut with the son of Yishay?
And none of you is sick for me?
And exposing in my ear
that my son raises my servant to
lurk against me as this day?
9 And Doeg the Edomiy
who is stationed over the servants
of Shaul answers and says,
I saw the son of Yishay coming to Nob —
to Achiy Melech the son of Achiy Tub:
10 and he asked of Yah Veh for him;
and gave him hunt
and gave him the sword of Golyath the Peleshethiy.
11 Then the sovereign sends to call
Achiy Melech the priest the son of Achiy Tub and
all the house of his father — the priests in Nob:
and they all come to the sovereign.
12 And Shaul says, Hear now, you son of Achiy Tub.
And he says, Here, I, my adoni.
13 And Shaul says to him, Why conspire you against me
— you and the son of Yishay
in that you gave him bread and a sword
and asked of Elohim for him to rise
against me, to lurk, as at this day?
14 And Achiy Melech answers the sovereign, and says,
And who is as amenable among all your servants as
David the son in law of the sovereign —
who turns aside to hear you —
who is honorable in your house?
15 Begin I daily to ask of Elohim for him?
Far be it from me!
O that the sovereign set no word —
neither to his servant
nor to all the house of my father:
for your servant knows no word of all this —
less or great.
16 And the sovereign says,
In dying, you die, Achiy Melech —
you and all the house of your father.
17 And the sovereign says to the runners
stationed around him,
Turn and deathify the priests of Yah Veh: because
their hand is also with David; and because they
know when he flees and expose it not in my ear.
And the servants of the sovereign will
to not send forth their hand

to encounter the priests of Yah Veh.
18 And the sovereign says to Doeg, Turn
and encounter the priests.
And Doeg the Edomiy turns and encounters the priests;
and deathifies on that day
fourscore **eighty** and five *persons* **men**
that *did wear* **bore** a linen ephod.
19 And Nob, the city of the priests,
smote he with the *edge* **mouth** of the sword,
both men and women, *children* **infants** and sucklings,
and oxen, and *asses* **he burros**, and *sheep*
lambs, with the *edge* **mouth** of the sword.
20 And one of the sons of *Ahimelech* **Achiy Melech**
the son of *Ahitub* **Achiy Tub**, named *Abiathar*
Abi Athar, escaped, and fled after David.
21 And *Abiathar shewed* **Abi Athar**
told David that *Saul* **Shaul**
had *slain the LORD'S* **slaughtered Yah Veh's** priests.
22 And David said unto *Abiathar* **Abi**
Athar, I knew it that day,
when Doeg the *Edomite* **Edomiy** was there,
that **in telling,** he *would surely* **should** tell *Saul*
Shaul: I have *occasioned the death* **gone about**
of all the *persons* **souls** of thy father's house.
23 *Abide* **Settle** thou with me, *fear* **awe** not:
for he that seeketh my *life* **soul** seeketh thy *life* **soul**:
but with me thou shalt be in *safeguard* **guard**.

DAVID SAVES QEILAH

23 Then they told David, saying, Behold,
the *Philistines* **Peleshethiy** fight against *Keilah*
Qeilah, and they *rob* **plunder** the threshingfloors.
2 Therefore David *enquired* **asked** of *the*
LORD **Yah Veh**, saying, Shall I go and
smite these *Philistines* **Peleshethiy**?
And *the LORD* **Yah Veh** said unto David, Go, and smite
the *Philistines* **Peleshethiy**, and save *Keilah* **Qeilah**.
3 And David's men said unto him,
Behold, we be *afraid* **awed** here in *Judah* **Yah Hudah**:
how much more then if we come to *Keilah* **Qeilah**
against the *armies* **ranks** of the *Philistines* **Peleshethiy**?
4 Then David
enquired of the LORD yet again
added yet to ask of Yah Veh.
And *the LORD* **Yah Veh** answered him and said,
Arise, *go down* **descend** to *Keilah* **Qeilah**;
for I *will deliver* **shall give** the *Philistines* **Peleshethiy**
into thine hand.
5 So David and his men went to *Keilah* **Qeilah**,
and fought with the *Philistines* **Peleshethiy**,
and *brought away* **drove** their *cattle* **chattel**,
and smote them with a great *slaughter* **stroke**.
So David saved the *inhabitants* **settlers** of *Keilah* **Qeilah**.

SHAUL PURSUES DAVID

eighty—five men bearing a linen ephod:
19 and he smites Nob, the city of the priests,
with the mouth of the sword
— both men and women, infants and sucklings
and oxen and he burros and lambs,
with the mouth of the sword.
20 And one of the sons of Achiy Melech the
son of Achiy Tub, named Abi Athar,
escapes and flees after David:
21 and Abi Athar tells David
that Shaul slaughtered priests of Yah Veh.
22 And David says to Abi Athar,
I knew the day Doeg the Edomiy *was*
there, that in telling, he tells Shaul:
I surround
all the souls of the house of your father.
23 Settle with me! Awe not!
For he who seeks my soul seeks your soul:
and with me you are guarded.

DAVID SAVES QEILAH

23 And they tell David, saying, Behold, the Peleshethiy
fight Qeilah; and they plunder the threshingfloors.
2 And David asks Yah Veh, saying, Go
I and smite these Peleshethiy?
And Yah Veh says to David,
Go and smite the Peleshethiy and save Qeilah.
3 And the men of David say to him,
Behold, we awe here in Yah Hudah!
How much more, if we come to Qeilah
against the ranks of the Peleshethiy?
4 And David adds again to ask Yah Veh:
and Yah Veh answers him and says,
Rise! Descend to Qeilah!
For I give the Peleshethiy into your hand.
5 So David and his men go to Qeilah
and fight the Peleshethiy and drive their
chattel and smite them with a great stroke:
thus David saves the settlers of Qeilah.
6 And**sobeit***cametopas*,when*Abiathar***AbiAthar**
the son of *Ahimelech* **Achiy Melech**
fled to David to *Keilah* **Qeilah**,
that he *came down* **descended** with
an ephod in his hand.
6 And so be it,

SHAUL PURSUES DAVID

7 And it was told *Saul* **Shaul**
that David was come to *Keilah* **Qeilah**.
And *Saul* **Shaul** said,
God **Elohim** hath *delivered* **recognized**
him into mine hand; for he is shut in,
by entering into a *town* **city**
that hath *gates* **doors** and bars.
8 And *Saul* **Shaul**
called **hearkened** all the people together to
war, to *go down* **descend** to *Keilah* **Qeilah**,
to besiege David and his men.
9 And David knew that *Saul* **Shaul**
secretly practised mischief **plotted evil** against
him; and he said to *Abiathar* **Abi Athar** the
priest, Bring *hither* **near** the ephod.
10 Then said David,
O *LORD God* **Yah Veh Elohim** of *Israel* **Yisra El**,
In hearing, thy servant hath *certainly* heard
that *Saul* **Shaul** seeketh to come to *Keilah*
Qeilah, to *destroy* **ruin** the city for my sake.
11 *Will* **Shall** the *men* **masters** of *Keilah* **Qeilah**
deliver **shut** me up into his hand?
will Saul come down **shall Shaul descend**,
as thy servant hath heard?
O *LORD God* **Yah Veh Elohim** of *Israel* **Yisra El**,
I beseech thee, tell thy servant.
Abi Athar the son of Achiy Melech
flees to David to Qeilah,
and he descends with an ephod in his hand:
7 and they tell Shaul that David comes to Qeilah.
And Shaul says,
Elohim recognizes him into my hand;
for he shut himself in
by entering a city with doors and bars.
8 And Shaul hearkens all the people
to war to descend to Qeilah
to besiege David and his men.
9 And David knows Shaul plots e vil against him;
and he says to Abi Athar the priest,
Bring near the ephod.
10 And David says, O Yah Veh Elohim of Yisra
El, In hearing, your servant hears
that Shaul seeks to come to Qeilah
to ruin the city for my sake:
11 The masters of Qeilah, shut they me into his hand?
Descends Shaul, as your servant hears?
O Yah Veh Elohim of Yisra El,
I beseech you, tell your servant.
And *the LORD* **Yah Veh** said,
He *will come down* **shall descend.**
12 Then said David,
Will **Shall** the *men* **masters** of *Keilah* **Qeilah**
deliver **shut** me and my men into
the hand of *Saul* **Shaul**?
And *the LORD* **Yah Veh** said,
They *will deliver* **shall shut** thee *up*.
13 Then David and his men,
which were about six hundred **men**,
arose and *departed* **went** out of *Keilah* **Qeilah**,
and *went whithersoever they could go*
in walking, they walked.
And it was told *Saul* **Shaul**
that David was escaped from *Keilah* **Qeilah**;
and he *forbare* **ceased** to go *forth*.
14 And David *abode* **settled** in the wilderness
in *strong holds* **huntholds**,
and *remained* **settled** in a mountain
in the wilderness of Ziph.
And *Saul* **Shaul** sought him every day,
but *God delivered* **Elohim gave** him not into his hand.
15 And David saw that *Saul* **Shaul**
was come out **went** to seek his *life* **soul**:
and David was in the wilderness
of Ziph in a *wood* **forest**.
16 And*Jonathan***YahNathan,***Saul's***Shaul's**sonarose,
and went to David into the *wood* **forest**, and
strengthened his hand in *God* **Elohim**.
17 And he said unto him, *Fear* **Awe** not:
for the hand of *Saul* **Shaul** my father shall not find thee;
and thou shalt *be king* **reign** over *Israel* **Yisra
El**, and I shall be *next* **second** unto thee;
and that also *Saul* **Shaul** my father knoweth.
18 And they two *made* **cut** a covenant
before the LORD **at the face of Yah Veh**: and
David *abode* **settled** in the *wood* **forest**, and
Jonathan **Yah Nathan** went to his house.
19 Then *came up* **ascended** the *Ziphites* **Ziphiy**
to *Saul* **Shaul** to *Gibeah* **Gibah**, saying,
Doth not David hide himself with us
in *strong holds* **huntholds** in the *wood* **forest**,
in the hill of Hachilah,
which is on the *south* **right** of *Jeshimon* **Yeshimon**?
20 Now therefore, O *king* **sovereign**,
come down **descend**
according to all the *desire* **yearning** of
thy soul to *come down* **descend**;
and our part shall be
to *deliver* **shut** him into the *king's* **sovereign's** hand.
21 And *Saul* **Shaul** said,

Blessed be ye of *the LORD* **Yah Veh**;
for ye have compassion on me.
22 Go, I *pray* **beseech** you, prepare yet,
and know and see his place where his *haunt*
foot is, and who hath seen him there:
for it is *told* **said to** me that *he dealeth very subtilly*
in strategizing, he strategizeth.
23 See therefore, and *take knowledge* **know**
of all the *lurking places* **refuges** where he hideth
himself, and *come* **return** ye *again* to me
with the certainty **prepared**, and I *will* **shall** go with you:
and **so be** it *shall come to pass*, if he be in the
land, that I *will* **shall** search him out
throughout all the thousands of *Judah* **Yah Hudah**.
24 And they arose, and went to Ziph
before Saul **from the face of Shaul**:
but David and his men were in the wilderness of Maon,
in the plain on the *south* **right** of *Jeshimon* **Yeshimon**.
25 *Saul* **Shaul** also and his men went to seek him.
And they told David:
wherefore he *came down* **descended** into a rock,
and *abode* **settled** in the wilderness of Maon.
And when *Saul* **Shaul** heard that,
he pursued after David in the wilderness of Maon.
26 And *Saul* **Shaul** went on this side of the mountain,
and David and his men on that side of the mountain:
And Yah Veh says, He descends.
12 Then David says, The masters of Qeilah,
shut they me and my men into the hand of Shaul?
And Yah Veh says, They shut you.
13 Then David and his men — about six
hundred men rise and go from Qeilah:
and in walking, they walk.
And they tell Shaul that David escapes from Qeilah;
and he ceases to go:
14 and David settles in the wilderness in huntholds and
settles in a mountain in the wilderness of Ziph;
and Shaul seeks him every day
but Elohim gives him not into his hand:
15 and David sees that Shaul goes to seek his soul:
and David is in the wilderness of Ziph in a forest:
16 and Yah Nathan, the son of Shaul rises
and goes to David into the forest and
strengthens his hand in Elohim.
17 And he says to him, Awe not:
for the hand of Shaul my father finds you not;
and you reign over Yisra El and I become second to you;
as Shaul my father also knows.
18 And the two cut a covenant at the face of Yah Veh:
and David settles in the forest and
Yah Nathan goes to his house.
19 And the Ziphiy ascend to Shaul to Gibah,
saying, Is not David hiding himself with us
in huntholds in the forest in the hill of Hachilah
on the right of Yeshimon?
20 Now, O sovereign, descend
— according as all your soul yearns to descend;
and our part
is to shut him into the hand of the sovereign.
21 And Shaul says,
Blessed — you of Yah Veh; for you compassion me.
22 Go, I beseech you, prepare yet,
and know and see his place where his foot is.
Who saw him there? For someone says to me,
in strategizing, he strategizes:
23 and see and know all the refuges
where he hides himself;
and return to me prepared;
and I go with you:
and so be it, if he is in the land,
I search him out
throughout all the thousands of Yah Hudah.
24 And they rise
and come from the face of Shaul to Ziph:
and David and his men are in the wilderness of
Maon in the plain at the right of Yeshimon.
25 And Shaul and his men go to seek him:
and they tell David:
so he descends into a rock
and settles in the wilderness of Maon.
And Shaul hears,
and pursues after David in the wilderness of Maon:
26 and Shaul goes on this side of the mountain
and David and his men on that side of the mountain:
and David *made haste* **hastened**
to *get away for fear of Saul* **go from the face of Shaul**;
for *Saul* **Shaul** and his men
compassed **surrounded** David and his men *round about*
to *take* **apprehend** them.
27 But there came *a messenger* **an angel** unto
Saul **Shaul**, saying, Haste thee, and come;
for the *Philistines* **Peleshethiy**
have *invaded* **stripped** the land.
28 Wherefore *Saul* **Shaul** returned
from pursuing after David,
and went *against* **to meet** the *Philistines* **Peleshethiy**:
therefore they called that place *Selahammahlekoth*
Sela Ham Machleqoth/The Rock of Allotments.
29 AndDavid*wentup***ascended**fromthence,
and *dwelt* **settled** in *strong holds* **huntholds**
at *Engedi* **En Gedi**.

DAVID SPARES THE LIFE OF SHAUL

24 And **so be** it *came to pass*, when
Saul **Shaul** was returned
from *following* **after** the *Philistines* **Peleshethiy**,
that it was told him, saying, Behold, David
is in the wilderness of *Engedi* **En Gedi**.
2 Then *Saul* **Shaul** took three thousand
chosen men out of all *Israel* **Yisra El**,
and went to seek David and his men
upon **the face of** the rocks of the *wild goats* **ibexes**.
3 And he came to the *sheepcotes* **flock**
walls by the way, where was a cave;
and *Saul* **Shaul** went in to cover his feet:
and David and his men
remained **settled** in the *sides* **flanks** of the cave.
4 And the men of David said unto him, Behold the day
of which *the LORD* **Yah Veh** said unto thee, Behold,
I *will deliver* **shall give** thine enemy into thine hand,
that thou mayest *do* **work** to him
as it shall *seem good unto thee* **well—please thine eyes**.
Then David arose, and cut off the *skirt* **border**
of *Saul's robe privily* **Shaul's mantle undercover**.
5 And**sobe**it*cametopass*,afterward,
that David's heart smote him,
because he had cut off *Saul's skirt* **Shaul's border**.
6 And he said unto his men,
The LORD forbid **Far be it**
that I should *do* **work** this *thing* **word**
unto my *master* **adoni**,
the LORD'S **Yah Veh's** anointed,
to *stretch* **send** forth mine hand against him,
seeing he is the anointed of *the LORD* **Yah Veh**.
7 So David *stayed* **cleaved** his *servants* **men**
with these words,
and *suffered* **allowed** them not to rise against *Saul* **Shaul**.
But *Saul* **Shaul** rose up out of the
cave, and went on his way.
8 David also arose afterward, and went out of the
cave, and *cried* **called out** after *Saul* **Shaul**, saying,
My *lord* **adoni** the *king* **sovereign**.
And when *Saul* **Shaul** looked behind him,
David *stooped* **bowed** with his *face* **nostrils** to
the earth, and *bowed himself* **prostrated**.
9 And David said to *Saul* **Shaul**,
Wherefore hearest thou *men's* **human** words,
saying, Behold, David seeketh thy *hurt* **evil**?
10 Behold, this day thine eyes have seen
how that *the LORD* **Yah Veh** had *delivered* **given**
thee to day into mine hand in the cave:
and *some bade me kill* **said to slaughter** thee:
but *mine eye* spared thee;
and I said,
I *will* **shall** not *put* **send** forth mine hand
against my *lord* **adoni**;
for he is *the LORD'S* **Yah Veh's** anointed.
11 Moreover, my father, see, yea,
see the *skirt* **borders** of thy *robe* **mantle** in my hand:
and David hastens to go from the face of Shaul;
for Shaul and his men
surround David and his me n to apprehend them.
27 And an angel comes to Shaul,
saying, Hasten and come!
For the Peleshethiy strip the land.
28 And Shaul returns from pursuing David
and goes to meet the Peleshethiy:
so they call that place
Sela Ham Machleqoth/The Rock of Allotments.
29 And David ascends from there
and settles in huntholds at En Gedi.

DAVID SPARES THE LIFE OF SHAUL

24 And so be it,
Shaul returns from after the Peleshethiy,
and they tell him, saying,
Behold, David *is* in the wilderness of En Gedi.
2 And Shaul takes three thousand
chosen men of all Yisra El;
and goes to seek David and his men on
the face of the rocks of the ibexes:
3 and he comes to the flock walls by
the way and a cave is there;
and Shaul goes in to cover his feet:
and David and his men settle in the flanks of the cave.
4 And the men of David say to him,
Behold the day of which Yah Veh says to you,
Behold, I give your enemy into your hand,
to work to him as it well—pleases your eyes.
And David rises
and cuts off the border
of the mantle undercover of Shaul.
5 And so be it, afterward,
the heart of David smites him, because
he cut off the border of Shaul:
6 and he says to his men,
Far be it, that I work this word to my
adoni, the anointed of Yah Veh
— to send my hand against him seeing
he is the anointed of Yah Veh.

7 And David cleaves his men with these words
and allows them not to rise against Shaul;
and Shaul rises from the cave and goes on his way:
8 and David rises afterward and goes from the cave
and calls out after Shaul, saying,
My adoni the sovereign!
Shaul looks behind him
and David bows with his nostrils to
the earth and prostrates:
9 and David says to Shaul,
Why hear you human words, saying,
Behold, David seeks your evil?
10 Behold, this day your eyes see how that today
Yah Veh gave you into my hand in the cave:
and said to slaughter you; but I spared you:
and I said, I send not my hand against my
adoni; for he is the anointed of Yah Veh:
11 and see, my father,
— see the borders of your mantle in my hand:
for in that I cut off the *skirt* **border** of thy *robe*
mantle, and *killed* **slaughtered** thee not,
know thou and see that there is neither evil
nor *transgression* **rebellion** in mine hand,
and I have not sinned against thee;
yet thou *huntest* **lurkest** my soul to take it.
12 *TheLORD***YahVeh**judgebetwenmeand**betwen**the,
and *the LORD* **Yah Veh** avenge me of thee:
but mine hand shall not be upon thee.
13 As saith the proverb of the ancients, Wickedness
proceedeth **goeth** from the wicked: but
mine hand shall not be upon thee.
14 After whom
is the *king* **sovereign** of *Israel come out* **Yisra El gone**?
after whom dost thou pursue?
after a dead dog, after *a* **one** flea.
15 *The LORD* **Yah Veh** therefore be *judge*
advocate, and judge between me and **between**
thee, and see, and plead my *cause* **plea**,
and *deliver* **judge** me out of thine hand.
16 And **so be** it *came to pass*, when David
had *made an end of speaking* **finished wording**
these words unto *Saul* **Shaul**, that *Saul* **Shaul**
said, Is this thy voice, my son David?
And *Saul* **Shaul** lifted up his voice, and wept.
17 And he said to David,
Thou art more *righteous* **just** than I:
for thou hast *rewarded* **dealt** me good,
whereas I have *rewarded* **dealt** thee evil.
18 And thou hast *shewed* **told** this day
how that thou hast *dealt well* **worked good** with me:
forasmuch as when *the LORD* **Yah Veh**
had *delivered* **shut** me into thine hand,
thou *killedst* **slaughteredst** me not.
19 For if a man find his enemy,
will he let him go **shall he send him away**
well away **in a good way**?
wherefore *the LORD reward* **Yah Veh shalam** thee *good*
for that thou hast *done* **worked** unto me this day.
20 And now, behold, I know well
that **in reigning,** thou shalt *surely be king* **reign**, and
that the *kingdom* **sovereigndom** of *Israel* **Yisra El**
shall *be established* **rise** in thine hand.
21 *Swear* **Oath** now therefore unto me
by *the LORD* **Yah Veh,**
that thou *wilt* **shalt** not cut off my seed after me, and
that thou *wilt* **shalt** not *destroy* **desolate** my name
out of my father's house.
22 And David *sware* **oathed** unto *Saul* **Shaul.**
And *Saul* **Shaul** went *home* **to his house;**
but David and his men
gat **ascended** them *up* unto the hold.

THE DEATH OF SHEMU EL

25 And *Samuel* **Shemu El** died;
and all the *Israelites* **Yisra Eliy** were gathered
together, and *lamented* **chopped over** him,
and *buried* **entombed** him in his house at Ramah.
And David arose,
and *went down* **descended** to the wilderness of Paran.
2 And there was a man in Maon,
whose *possessions* **works** were in *Carmel* **Karmel;**
and the man was *very* **mighty** great, and
he had three thousand *sheep* **flock,**
and a thousand **doe** goats:
and he was shearing his *sheep* **flock** in *Carmel* **Karmel.**
3 Now the name of the man was Nabal;
and the name of his *wife Abigail* **woman Abi Gail:**
and she was a woman
of good *understanding* **comprehension**, and of
a beautiful *countenance* **form**: but the man was
churlish **hard** and evil in his *doings* **exploits;**
and he was *of the house of Caleb* **a Kalebiy.**
4 AndDavidheardinthewilderness
that Nabal did shear his *sheep* **flock.**
5 AndDavidsentouten*youngmen***lads,**
and David said unto the *young men* **lads,**
for I cut off the border of your mantle
and slaughtered you not:
know and see that there is neither
evil nor rebellion in my hand;

nor sin I against you;
yet you lurk my soul to take it:
12 Yah Veh judge between me and between you
and Yah Veh avenge me of you:
but my hand becomes not upon you.
13 As the proverb of the ancients says, Wickedness
goes from the wicked: but my hand becomes not on you.
14 After whom goes the sovereign of Yisra El?
After whom pursues he? After a
dead dog? After one flea?
15 Yah Veh becomes advocate and judge
between me and between you and see and plead my plea
and judge me from your hand.
16 And so be it,
David finishes wording these words to Shaul, and
Shaul says, Is this your voice, my son David?
And Shaul lifts his voice and weeps;
17 and says to David, You are more just than I:
for you deal me good, whereas I deal you evil:
18 and you tell this day how you work good with me:
how Yah Veh shut me into your hand,
and you slaughtered me not:
19 and that a man finding his enemy,
sends him away in a good way:
may Yah Veh shalam you
for what you work to me this day.
20 And now, behold, I know well,
that in reigning, you reign
and the sovereigndom of Yisra El rises in your hand.
21 Oath now to me by Yah Veh, that you
not cut off my seed after me
and that you not desolate my name
from the house of my father.
22 And David oaths to Shaul.
And Shaul goes to his house;
and David and his men ascend to the hold.

THE DEATH OF SHEMU EL

25 Shemu El dies
and all the Yisra Eliy gathers and chops over
him and entomb him in his house at Ramah.
And David rises
and descends to the wilderness of Paran.
2 And a man in Maon, whose works *are* in Karmel
— the man is mighty great and has three thousand flock
and a thousand doe goats:
and he shears his flock in Karmel.
3 The name of the man *is* Nabal;
and the name of his woman, Abi Gail
— a woman of good comprehension
and of a beautiful form:
but the man is hard and evil in his exploits
— and he is a Kalebiy.
4 And in the wilderness
David hears that Nabal shears his flock:
5 and David sends out ten lads and
David says to the lads,
Get you up **Ascend** to *Carmel* **Karmel**, and go to
Nabal, and *greet him* **ask him of shalom** in my name:
6 And thus shall ye say to him *that liveth in prosperity*,
Peace be both **Life and shalom** to thee,
and *peace be* **shalom** to thine house,
and *peace be* **shalom** unto all that thou hast.
7 And now I have heard that thou hast shearers:
now thy *shepherds* **tenders** which were
with us, we *hurt* **shamed** them not,
neither was there ought *missing* **overseen** unto them,
all the *while* **days** they were in *Carmel* **Karmel**.
8 Ask thy *young men* **lads**,
and they *will shew* **shall tell** thee.
Wherefore
let the *young men* **lads** find *favour* **charism** in thine eyes:
for we come in a good day:
give, I *pray* **beseech** thee,
whatsoever *cometh to* thine hand **findeth**
unto thy servants, and to thy son David.
9 And when David's *young men* **lads** came,
they *spake* **worded** to Nabal according to all those
words in the name of David, and *ceased* **rested**.
10 And Nabal answered David's servants, and said ,
Who is David? and who is the son of *Jesse* **Yishay**?
there *be many* **abound by the myriads**
servants now a days that break away every
man from **the face of** his *master* **adoni**.
11 Shall I *then* take my bread, and my water,
and my *flesh* **slaughter** that I have *killed* **slaughtered**
for my shearers,
and give it unto men, whom I know not whence they be?
12 SoDavid's*youngmen***lads**turnedtheirway,
and *went again* **turned back**,
and came and told him all those *sayings* **words**.
13 And David said unto his men, Gird
ye on every man his sword.
And they girded on every man his sword;
and David also girded on his sword: and there *went
up* **ascended** after David about four hundred men;
and two hundred *abode* **settled** by the *stuff* **instruments**.
14 But one **lad** of the *young men* **lads**
told *Abigail* **Abi Gail**, Nabal's *wife*
woman, saying, Behold,
David sent *messengers* **angels** out of the wilderness

to *salute* **bless** our *master* **adoni**;
and he *railed on* **swooped upon** them.
15 But the men were *very* **mighty** good unto
us, and we were not *hurt* **shamed**,
neither *missed we any thing* **was aught overseen**,
as long as **all the days**
we *were conversant* **walked** with them,
when we were in the fields:
16 They were a wall unto us both by night and **by**
day, all the *while* **days** we were with them
keeping **tending** the *sheep* **flock**.
17 Nowthereforeknowand*consider***see**
what thou *wilt do* **shalt work**;
for evil is *determined* **finished** against our
master **adoni**, and against all his household:
for he is *such* **too much of** a son of *Belial* **Beli Yaal**,
that a man cannot speak to him **to word to**.
18 Then *Abigail made haste* **Abi Gail**
hastened, and took two hundred *loaves*
breads, and two *bottles* **bags** of wine,
and five *sheep ready dressed* **flock worked**,
and five *measures* **seahs** of parched *corn*,
and an hundred *clusters of raisins* **raisincakes**,
and two hundred *cakes* **lumps** of figs,
and *laid* **set** them on *asses* **he burros**.
19 Andshesaidunto her*servants***lads**,
Go on before me **Pass over at my face**;
behold, I come after you.
But she told not her *husband* **man** Nabal.
20 Andit*waso***became**,asherodeonthe*ass***heburo**,
that she *came down* **descended**
by the covert of the *hill* **mountain**,
Ascend to Karmel and go to Nabal and
ask him of shalom in my name:
6 and say thus to him, Life and shalom to you;
and shalom to your house;
and shalom to all you have.
7 And now I hear that you have shearers:
now your tenders who are with us,
we neither shamed them nor oversaw aught
of theirs all their days in Karmel:
8 ask your lads and they tell you:
may the lads find charism in your eyes:
for we come in a good day:
give, I beseech you, whatever your hand finds
to your servants and to your son David.
9 And the lads of David come,
and they word all those words to Nabal
in the name of David; and rest.
10 And Nabal answers the servants of David and
says, Who is David? Who is the son of Yishay?
Now a days servants abound by the myriads
— every man who breaks away
from the face of his adoni:
11 Take I my bread and my water
and the slaughter I slaughter for my
shearers and give it to men
whom I know not whence they *are*?
12 So the lads of David turn their way
and return and come and tell him all those words.
13 And David says to his men, Every
man, girt his sword!
— and every man girt his sword
and David also girt his sword:
and about four hundred men ascend after David
and two hundred settle by the instruments.
14 And one lad of the lads tells Abi Gail, the
woman of Nabal, saying, Behold, David
sends angels from the wilderness
to bless our adoni;
and he swoops on them:
15 and the men *were* mighty good to us
and we neither shamed nor *was* aught overseen
all the days we walked with them
when we *were* in the fields:
16 they *were* a wall to us, both by night and by day,
all the days we *were* with them tending the flock.
17 So now know and see what you work;
for evil finishes off against our adoni
and against all his household:
for he is too much of a son of Beli Yaal to word to.
18 And Abi Gail hastens
and takes two hundred breads and two bags
of wine and five worked flocks and five seahs
of parched and a hundred raisincakes
and two hundred lumps of figs
— and sets them on he burros.
19 And she says to her lads, Pass over at my face;
behold, I come after you.
— and she tells not her man Nabal.
20 And so be it, she rides on the he burro,
and she descends by the covert of the mountai n;
and, behold, David and his men
came down against **descended to meet** her;
and she met them.
21 Now David had said, Surely in *vain* **falsehood**
have I *kept* **guarded**
all that this *fellow* **one** hath in the wilderness,
so that *nothing* **naught** was *missed* **overseen**
of all that *pertained unto him* **he hath**:
and he hath *requited* **returned** me evil for good.

22 *SoandmorealsodoGod***ThusaddElohimtowork**
unto the enemies of David,
if I *leave* **let survive** of all that *pertain to him* **he hath**
by **toward** the morning light
any that *pisseth* **urinateth** against the wall.
23 And when *Abigail* **Abi Gail** saw David, she hasted,
and *lighted* **descended** off the *ass* **he burro**,
and fell *before* **at the nostrils of** David on her face,
and *bowed* **prostrated** herself to the *ground* **earth**,
24 And fell at his feet, and said, Upon me, my *lord* **adoni**,
upon me let this *iniquity* **perversity** be:
and let *thine handmaid* **thy maid**, I *pray* **beseech** thee,
speak **word** in thine *audience* **ears**,
and hear the words of *thine handmaid* **thy maid**.
25 Let not my *lord* **adoni**, I *pray* **beseech** thee,
regard **set to his heart** this man of *Belial* **Beli Yaal**,
even Nabal: for as his name is, so is he;
Nabal is his name, and folly is with him:
but I *thine handmaid* **thy maid**
saw not the *young men* **lads** of my *lord* **adoni**,
whom thou didst send.
26 Now therefore, my *lord* **adoni**,
as *the LORD* **Yah Veh** liveth, and as thy
soul liveth, seeing *the LORD* **Yah Veh** hath
withholden thee from coming to *shed* blood,
and from *avenging* **saving** thyself with thine
own hand, now let thine enemies,
and they that seek evil to my *lord* **adoni**, be as Nabal.
27 Andnowthisblesingwhich*thinehandmaid***thymaid**
hath brought unto my *lord* **adoni**,
let it even be given unto the *young men* **lads**
that *follow* **walk at the feet of** my *lord* **adoni**.
28 I*pray***beseech**the,*forgive*hltift*etrespas***rebelion**
of *thine handmaid* **thy maid**:
for *the LORD will certainly make*
in working, Yah Veh shall work
my *lord a sure* **adoni an amenable** house;
because my *lord* **adoni**
fighteth the *battles* **wars** of *the Lord* **Yah Veh**, and
evil hath not been found in thee all thy days.
29 Yet a *man* **human** is risen to pursue
thee, and to seek thy soul:
but the soul of my *lord* **adoni**
shall be bound in the bundle of life with *the LORD* **Yah Veh** thy *God* **Elohim**; and the souls of thine enemies,
them shall he sling *out*,
as *out* **in the midst** of the *middle* **hollow** of a sling.
30 And **so be** it *shall come to pass*,
when *the LORD* **Yah Veh**
shall have *done* **worked** to my *lord* **adoni** according to all
the good that he hath *spoken* **worded** concerning thee,
and shall have *appointed* **misvahed** thee
ruler **eminent** over *Israel* **Yisra El**;
31 That this shall *be no grief unto* **not stagger** thee,
nor *offence* **a stumblingblock** of heart unto my *lord*
adoni, either that thou hast *shed* **poured** blood
causeless **gratuitously**,
or that my *lord* **adoni** hath *avenged* **saved** himself:
but when *the LORD* **Yah Veh**
shall have dealt *well* **well—pleasingly** with my *lord*
adoni, then remember *thine handmaid* **thy maid**.
32 And David said to *Abigail* **Abi Gail**, Blessed
be *the LORD God* **Yah Veh Elohim** of *Israel* **Yisra El**,
which sent thee this day to meet me:
33 And blessed be thy *advice* **perception**,
and blessed be thou, which *hast*
kept **restrained** me this day
and behold, David and his men descend to meet her;
and she meets them.
21 And David says, Surely in falsehood guarded
I all this one has in the wilderness, so that
naught of all he has *was* overseen:
and he returns me evil for good:
22 *may* Elohim add to work thus to
the enemies of David,
if, of all he has,
I let survive toward the morning light
any who urinate against the wall.
23 And Abi Gail see s David,
and she hastens and descends off the he
burro and falls on her face at the nostrils of
David; and prostrates herself to the earth
24 and falls at his feet and says, On me,
my adoni, this perversity:
and *may* your maid, I beseech you, word in your ears;
hear the words of your maid:
25 *may* not my adoni, I beseech you,
set his heart to this man of Beli Yaal, Nabal:
for as his name, thus is he:
Nabal is his name and folly is with him:
but I your maid
saw not the lads of my adoni whom you sent.
26 And now, my adoni,
as Yah Veh lives and as your soul lives,
seeing Yah Veh withheld you from coming to blood
and from saving yourself by your own hand,
now *may* your enemies
and they who seek evil to my adoni, be as Nabal:
27 and now this blessing
which your maid brings to my adoni, *may* it even be
given to the lads who walk at the feet of my adoni:

28 I beseech you, lift the rebellion of your maid:
for in working,
Yah Veh works an amenable house for my adoni;
because my adoni fights the wars of Yah Veh
and no evil *is* found in you all your days:
29 yet a human rises to pursue you and to seek your soul:
but the soul of my adoni is bound in the bundle of life
with Yah Veh your Elohim;
and he slings the souls of your enemies,
as midst the hollow of a sling.
30 And so be it,
when Yah Veh works to my adoni
according to all the good he worded concerning
you and misvahs you eminent over Yisra El;
31 that this neither stagger you,
nor be a stumblingblock of heart to my adoni,
either that you pour blood gratuitously,
or that my adoni save himself:
and Yah Veh deals well—pleasingly with
my adoni, then remember your maid.
32 And David says to Abi Gail, Blessed
— Yah Veh Elohim of Yisra El, who
sends you this day to meet me:
33 and blessed — your perception
and blessed — you who restrains me this day
from coming to *shed* blood,
and from *avenging* **saving** myself with mine own hand.
34 *For in very deed* **But,**
as *the LORD God* **Yah Veh Elohim** of *Israel* **Yisra
El** liveth, which hath *kept* **withheld** me *back*
from *hurting* **vilifying** thee,
except **unless** thou hadst hasted and come to meet me,
surely there had not *been left* **remained**
unto Nabal by the morning light
any that *pisseth* **urinateth** against the wall.
35 So David *received* **took** of her hand
that which she had brought him, and said unto
her, *Go up* **Ascend** in *peace* **shalom** to thine
house; see, I have hearkened to thy voice,
and have *accepted* **spared** thy *person* **face.**
36 And *Abigail* **Abi Gail** came to Nabal;
and, behold, he held a *feast* **banquet** in his house,
like the *feast* **banquet** of a *king* **sovereign;**
and Nabal's heart was *merry* **good** within him,
for he was *very drunken* **mighty intoxicated:**
wherefore she told him *nothing* **no word,** less
or *more* **great,** until the morning light.
37 But **so be** it *came to pass,* in the morning,
when the wine was gone out of Nabal,
and his *wife* **woman** had told him these *things* **words,**
that his heart died within him, and he became as a stone.
38 Andsobe**i**c*tametopas*,aboutendays*afte,r*
that *the LORD* **Yah Veh** smote Nabal, and he died.
39 And when David heard that Nabal *was dead* **had
died,** he said, Blessed be *the LORD* **Yah Veh,**
that hath pleaded the *cause* **plea** of my
reproach from the hand of Nabal,
and hath *kept* **restrained** his servant from evil:
for *the LORD* **Yah Veh**
hath returned the *wickedness* **evil** of
Nabal upon his own head.
And David sent
and *communed* **worded** with *Abigail* **Abi Gail,**
to take her to him to *wife* **woman.**
40 And when the servants of David
were come to *Abigail* **Abi Gail** to *Carmel*
Karmel, they *spake* **worded** unto her, saying,
David sent us unto thee,
to take thee to him to *wife* **woman.**
41 And she arose, and *bowed* **prostrated** herself
on her *face* **nostrils** to the earth, and said, Behold,
let *thine handmaid* **thy maid** be a *servant* **maid**
to *wash* **bathe** the feet of the servants of my *lord* **adoni.**
42 And *Abigail* **Abi Gail** hasted,
and arose and rode upon *an ass* **a he burro,**
with five *damsels* **lasses** of hers
that went *after her* **at her feet;**
and she went after the *messengers* **angels** of
David, and became his *wife* **woman.**
43 David also took
Ahinoam **Achiy Noam** of *Jezreel* **Yizre El;**
and they were also both of them his *wives* **women.**
44 But *Saul* **Shaul** had given Michal his
daughter, David's *wife* **woman,**
to Phalti the son of Laish, which was of Gallim.

DAVID SPARES SHAUL AGAIN

26 And the *Ziphites* **Ziphiy** came unto *Saul* **Shaul**
to *Gibeah* **Gibah,** saying,
Doth not David hide himself in the hill of Hachilah,
which is before Jeshimon **at the face of Yeshimon?**
2 Then *Saul* **Shaul** arose,
and *went down* **descended** to the wilderness
of Ziph, having three thousand chosen
men of *Israel* **Yisra El** with him,
to seek David in the wilderness of Ziph.
3 And *Saul pitched* **Shaul encamped**
in the hill of Hachilah,
which is before Jeshimon **at the face
of Yeshimon,** by the way.
But David *abode* **settled** in the wilderness,

and he saw that *Saul* **Shaul** came
after him into the wilderness.
from coming to blood
and from saving myself by my own hand.
34 And as Yah Veh Elohim of Yisra El lives,
who withheld me from vilifying you,
unless you had hastened to come to meet
me, there had not remained to Nabal
by the morning light
any who urinates against the wall.
35 And David takes from her hand what
she brings him, and says to her,
Ascend in shalom to your house!
See, I hearken to your voice and spare your face.
36 And Abi Gail comes to Nabal;
and behold, he holds a banquet in his
house, as the banquet of a sovereign;
and the heart of Nabal is good within
him, and he is mighty intoxicated:
she tells him no word, less or great,
until the morning light.
37 And so be it, in the morning, the
wine is gone from Nabal
and his woman tells him these words;
and his heart dies within him and he becomes as a stone.
38 And so be it, about ten days,
and Yah Veh smites Nabal and he dies.
39 And David hears Nabal is dead, and
he says, Blessed — Yah Veh,
who pleads the plea of my reproach
from the hand of Nabal;
and restrains his servant from evil: for Yah Veh
returns the evil of Nabal on his own head.
And David sends and words with Abi
Gail to take her to him to woman:
40 and the servants of David come to Abi Gail
to Karmel, and they word to her, saying,
David sends us to you, to take you to him to woman.
41 And she rises and prostrates herself on
her nostrils to the earth and says,
Behold, your maid
— a maid to bathe the feet of the servants of my adoni.
42 And Abi Gail hastens and rises
and rides on a he burro
with five of her lasses who go at her feet; and she goes
after the angels of David and becomes his woman.
43 And David takes Achiy Noam of Yizre El;
and they both are also his women.
44 And Shaul gives Michal his daughter
the woman of David
to Phalti the son of Laish of Gallim.

DAVID SPARES SHAUL AGAIN

26 And the Ziphiy come to Shaul to
Gibah, saying, Is David not hiding
in the hill of Hachilah at the face of Ye shimon?
2 Shaul rises and descends to the wilderness of Ziph,
with three thousand chosen men of Yisra El
to seek David in the wilderness of Ziph:
3 and Shaul encamps in the hill of
Hachilah
at the face of Yeshimon, by the way.
And David settles in the wilderness and he sees
that Shaul comes after him into the wilderness:
4 David therefore sent out spies,
and *understood* **knew** that *Saul* **Shaul**
was come *in very deed* **prepared.**
5 And David arose, and came to the place
where *Saul* **Shaul** had *pitched* **encamped**:
and David *beheld* **saw** the place where *Saul* **Shaul** lay,
and *Abner* **Abi Ner** the son of Ner, the
captain **governor** of his host:
and *Saul* **Shaul** lay in the *trench* **route**,
and the people *pitched* **encamped** round about him.
6 Then answered David
and said to *Ahimelech* **Achiy Melech** the *Hittite*
Hethiy, and to *Abishai* **Abi Shai** the son of *Zeruiah*
Seruyah, brother to *Joab* **Yah Ab**, saying,
Who *will go down* **shall descend** with
me to *Saul* **Shaul** to the camp?
And *Abishai* **Abi Shai** said,
I *will go down* **shall descend** with thee.
7 So David and *Abishai* **Abi Shai**
came to the people by night: and, behold,
Saul **Shaul** lay sleeping within the *trench* **route**,
and his spear *stuck* **pierced** in the *ground* **earth**
at his *bolster* **headpieces**:
but *Abner* **Abi Ner** and the people lay round about him.
8 Thensaid*Abishai***AbiShai**toDavid,
God **Elohim** hath *delivered* **shut** thine
enemy into thine hand this day:
now therefore let me smite him, I *pray* **beseech**
thee, with the spear even to the earth *at once* **one
time**, and *I will* not *smite him* the second time.
9 And David said to *Abishai* **Abi Shai**,
Destroy **Ruin** him not:
for who can *stretch* **send** forth his hand
against *the LORD'S* **Yah Veh's** anointed,
and be *guiltless* **exonorated**?
10 David said *furthermore*, As *the LORD* **Yah Veh** liveth,

the LORD **Yah Veh** shall smite him;
or his day shall come to die;
or he shall descend into *battle* **war**,
and *perish* **be scraped away**.
11 *The LORD forbid* **Far be it**
that I should *stretch* **send** forth mine hand
against *the LORD'S* **Yah Veh's** anointed:
but, I *pray* **beseech** thee,
take thou now the spear that is at his *bolster*
headpieces, and the cruse of water, and let us go.
12 So David took the spear and the cruse of water
from *Saul's bolster* **Shaul's headpieces**;
and they *gat them away* **went**,
and no man saw it, nor knew it, neither awaked:
for they were all asleep;
because a *deep* **sound** sleep from *the LORD* **Yah Veh**
was fallen upon them.
13 Then David *went* **passed** over to the other side,
and stood on the top of *an hill* **a mountain** afar off;
a great *space* **place** *being* between them:
14 And David *cried* **called out** to the people, and
to *Abner* **Abi Ner** the son of Ner, saying,
Answerest thou not, *Abner* **Abi Ner**? Then
Abner **Abi Ner** answered and said,
Who art thou that *criest* **callest** to the *king* **sovereign**?
15 And David said to *Abner* **Abi Ner**,
Art not thou a *valiant* man?
and who is like to thee in *Israel* **Yisra El**?
wherefore then hast thou not *kept* **guarded**
thy *lord* **adoni** the *king* **sovereign**?
for there came one of the people in
to *destroy* **ruin** the *king* **sovereign** thy *lord* **adoni**.
16 This *thing* **word** is not good that thou hast
done **worked**. *As the LORD* **Yah Veh** liveth,
ye are *worthy to die* **sons of death**,
because ye have not *kept* **guarded** your *master* **adoni**,
the LORD'S **Yah Veh's** anointed.
And now see where the *king's* **sovereign's** spear is, and
the cruse of water that was at his *bolster* **headpieces**.
17 And *Saul knew* **Shaul recognized** David's voice,
and said, Is this thy voice, my son David?
4 and David sends spies
and knows Shaul comes prepared:
5 and David rises
and comes to the place where Shaul encamps:
and David sees the place where Shaul lies
and Abi Ner the son of Ner the governor of his host:
and Shaul lies in the route;
and the people encamp all around him.
6 Then David answers Achiy Melech the Hethiy and
Abi Shai the son of Seruyah brother to Yah A b
and says, saying,
Who descends with me to Shaul to the camp?
And Abi Shai says, I descend with you.
7 So David and Abi Shai
come to the people by night: and behold,
Shaul lies sleeping within the route
with his spear pierced in the earth at his headpiece s:
and Abi Ner and the people lie all around him.
8 Then Abi Shai says to David,
Elohim shuts your enemy into your hand this day:
now let me smite him, I beseech you, with
the spear even to the earth one time
— and not a second time.
9 And David says to Abi Shai, Ruin him not:
for who *may* send his hand against the
anointed of Yah Veh and be exonorated?
10 David says, As Yah Veh lives, Yah Veh smites him;
or his day comes to die;
or he descends into war and is scraped away:
11 far be it
that I send my hand against the anointed of Yah Veh:
but, I beseech you,
take now the spear at his headpieces
and the cruse of water; and we go.
12 And David takes the spear and the cruse
of water from the headpieces of Shaul;
and they go and no man sees it
— neither knows nor wakens, for they all sleep;
because a sound sleep from Yah Veh falls on them.
13 Then David passes over to the other side and
stands on the top of a mountain afar off
— a great place between them:
14 and David calls to the people and
to Abi Ner the son of Ner
saying, Answer you not, Abi Ner?
Then Abi Ner answers and says,
Who are you who calls to the sovereign?
15 And David says to Abi Ner, Are not you a man?
Who in Yisra El likens to you?
Why guard you not your adoni the sovereign?
For one of the people came in to ruin
the sovereign your adoni:
16 this word you work is not good:
Yah Veh lives — you are sons of death, because you
guard not your adoni, the anointed of Yah Veh:
and now see where the spear of the sovereign is
and the cruse of water at his headpieces.
17 And Shaul recognizes the voice of David and
says, Is this your voice, my son David?

And David said, It is my voice, my
lord **adoni**, O *king* **sovereign**.
18 And he said, Wherefore doth my *lord* **adoni**
thus pursue after his servant? for what have I
done **worked**? or what evil is in mine hand?
19 Now therefore, I *pray* **beseech** thee,
let my *lord* **adoni** the *king* **sovereign**
hear the words of his servant.
If *the LORD* **Yah Veh**
have *stirred* **goaded** thee *up* against me,
let him *accept* **scent** an offering:
but if they be the *children* **sons** of *men* **humanity**,
cursed be they *before the LORD* **at the face of Yah Veh**;
for they have driven me out this day
from *abiding* **being scraped**
in the inheritance of *the LORD* **Yah Veh**,
saying, Go, serve other *gods* **elohim**.
20 Now therefore, let not my blood fall to the earth
before **at** the face of *the LORD* **Yah Veh**:
for the *king* **sovereign** of *Israel* **Yisra El**
is *come out* **gone** to seek *a* **one** flea,
as when one *doth hunt* **pursueth** a
partridge in the mountains.
21 Then said *Saul* **Shaul**, I have sinned:
return, my son David:
for I *will* **shall vilify thee** no more *do thee harm*,
because my soul was *precious* **valued**
in thine eyes this day: behold,
I have *played the fool* **follied**, and have **inadvertently**
erred *exceedingly* **mightily abounding**.
22 And David answered and said, Behold
the *king's* **sovereign's** spear!
and let one of the *young men* **lads**
come **pass** over and *fetch* **take** it.
23 *The LORD render* **Yah Veh return** to
every man his *righteousness* **justness**
and his *faithfulness* **trustworthiness**;
for *the LORD* **Yah Veh**
delivered **gave** thee into my hand to day,
but I *would not stretch* **willed to not send** forth mine
hand against *the LORD'S* **Yah Veh's** anointed.
24 And, behold, as thy *life* **souwl** as *much set by* **greatened**
this day in mine eyes,
so let my *life* **soul** be *much set by* **greatened**
in the eyes of *the LORD* **Yah Veh**,
and let him *deliver* **rescue** me out of all tribulation.
25 Then *Saul* **Shaul** said to David,
Blessed be thou, my son David:
in working, thou shalt *both do great things* **work**,
and **in prevailing,** *also* shalt *still* prevail.
So David went on his way,
and *Saul* **Shaul** returned to his place.

DAVID AND THE PELESHETHIY

27 And David said in his heart,
I shall now *perish* **be scraped away** one
day by the hand of *Saul* **Shaul**:
there is *nothing* **naught** better for me
than that I should speedily escape
into the land of the *Philistines* **Peleshethiy**;
and *Saul* **Shaul** shall *despair of me* **quit me**,
to seek me any more in any *coast*
border of *Israel* **Yisra El**:
so **in escaping,** shall I escape out of his hand.
2 And David arose, and he passed over
with the six hundred men that were with
him unto Achish, the son of Maoch,
king **sovereign** of Gath.
3 And David *dwelt* **settled** with Achish at Gath,
he and his men, every man with his household,
even David with his two *wives* **women**, *Ahinoam*
Achiy Noam the *Jezreelitess* **Yizre Eliyth**, and
Abigail **Abi Gail** the *Carmelitess* **Karmeliyth**,
Nabal's *wife* **woman**.
4 And it was told *Saul* **Shaul** that
David was fled to Gath:
and he *sought no more again* **added not to seek** for him.
5 And David said unto Achish,
If I have now found *grace* **charism** in thine eyes,
And David says, My voice, my adoni, O sovereign!
18 And then he says, Why this
— my adoni pursuing his servant? What
work I? What evil *is* in my hand?
19 Now I beseech you, that my adoni the sovereign
hear the words of his servant:
If Yah Veh goads you against me,
have him scent an offering:
and if sons of humanity,
cursed *are* they at the face of Yah Veh;
for they drive me out this day
from being scraped into the inheritance of
Yah Veh, saying, Go, serve other elohim.
20 And now, *may* my blood not fall to the earth
at the face of Yah Veh:
for the sovereign of Yisra El goes to seek one flea
as one pursues a partridge in the mountains.
21 Then says Shaul, I sinned!
Return, my son David, for I vilify you no more, because
my soul is valued in your eyes this day: behold,
I follied and inadvertently erred mighty aboundingly.

22 And David answers and says, Behold the spear of
the sovereign! Pass one of the lads over and take it:
23 and Yah Veh returns
his justness and his trustworthiness to every man;
for Yah Veh gave you into my hand today, but I willed
to not send my hand against the anointed of Yah Veh:
24 and behold,
as your soul greatens this day in my eyes,
so *may* my soul greaten in the eyes of Yah Veh;
and rescue me from all tribulation.
25 Then Shaul says to David, Blessed
— you, my son David:
in working, work;
and in prevailing, prevail.
— and David goes his way and Shaul returns to his place.

DAVID AND THE PELESHETHIY

27 And David says in his heart,
And now I become scraped away one
day by the hand of Shaul:
there is naught better for me than to speedily escape
into the land of the Peleshethiy;
so that Shaul quits seeking me any
more in any border of Yisra El:
and in escaping, I escape from his hand.
2 And David rises
and passes over with his six hundred men
to Achish the son of Maoch the sovereign of Gath:
3 and David settles with Achish at Gath
— he and his men — every man with his
household, David with his two women ,
Achiy Noam the Yizre Eliyth
and Abi Gail the Karmeliyth — the woman of Nabal.
4 And they tell Shaul that David flees to
Gath:
and he adds not to seek for him.
5 And David says to Achish,
If I now find charism in your eyes,
let them give me a place
in *some town in the country* **one of the cities**
of the field, that I may *dwell* **settle** there:
for why should thy servant *dwell* **settle**
in the *royal* **sovereigndom** city with thee?
6 Then Achish gave him *Ziklag* **Siqlag** that day:
wherefore *Ziklag pertaineth* **Siqlag becometh**
unto the *kings* **sovereigns** of *Judah* **Yah Hudah**
unto this day.
7 And the *time* **number of days**
that David *dwelt* **settled**
in the *country* **field** of the *Philistines* **Peleshethiy**
was a full year **of days** and four months.
8 And David and his men *went up* **ascended**, and
invaded **stripped** the *Geshurites* **Geshuriy**,
and the *Gezrites* **Gezeriy**, and the *Amalekites* **Amaleqiy**:
for *those nations were of old* **they were originally**
the *inhabitants* **settlers** of the land, as thou goest to Shur,
even unto the land of *Egypt* **Misrayim**.
9 And David smote the land,
and left neither man nor woman alive,
and took away the *sheep* **flock**, and the oxen,
and the *asses* **he burros**, and the camels,
and the *apparel* **covering**,
and returned, and came to Achish.
10 And Achish said,
Whither have ye *made a road* **stripped** to day?
And David said, Against the south of *Judah* **Yah Hudah**,
and against the south of the *Jerahmeelites* **Yerachme**
Eliy, and against the south of the *Kenites* **Qayiniy**.
11 And David *saved* **let** neither man nor woman *alive*
live, to bring *tidings* to Gath, saying, Lest they
should tell on us, saying, So *did* **worked** David,
and *so will* **thus shall** be his *manner* **judgment**
all the *while* **days** he *dwelleth* **settleth**
in the *country* **field** of the *Philistines* **Peleshethiy**.
12 And Achish *believed* **trusted** David, saying,
He hath made his people Israel utterly to abhor him;
In stinking, he stinketh among his people Yisra El;
therefore he shall be my servant *for ever* **eternally**.

THE NECROMANCER OF EN DOR

28 And **so be** it *came to pass*, in those
days, that the *Philistines* **Peleshethiy**
gathered their *armies* **camps** *together*
for *warfare* **hostility**,
to fight with *Israel* **Yisra El**. And
Achish said unto David,
In knowing, Know thou *assuredly* **this**
that thou shalt go out with me *to battle*
into the camp, thou and thy men.
2 And David said to Achish, *Surely* **Thus** thou
shalt know what thy servant can *do* **work**.
And Achish said to David, Therefore
will I make **I shall set** thee
keeper **guard** of mine head *for ever* **all days**.
3 Now *Samuel was dead* **Shemu El died**,
and all *Israel had lamented* **Yisra El**
chopped over him, and *buried* **entombed**
him in Ramah, even in his own city.
And *Saul* **Shaul** had *put away* **turned aside**
those that had familiar spirits **the necromancers**,
and the *wizards* **knowers**, out of the land.

4 And the *Philistines* **Peleshethiy**
gathered *themselves together*,
and came and *pitched* **encamped** in Shunem:
and *Saul* **Shaul** gathered all *Israel* **Yisra El**
together, and they *pitched* **encamped** in Gilboa.
5 And when *Saul* **Shaul** saw
the *host* **camp** of the *Philistines*
Peleshethiy, he *was afraid* **awed**,
and his heart *greatly* **mightily** trembled.
6 And when *Saul* **Shaul**
enquired **asked** of *the LORD* **Yah Veh**,
the LORD **Yah Veh** answered him not, neither
by dreams, nor by Urim, nor by prophets.
7 Then said *Saul* **Shaul** unto his
servants, Seek me a woman
that hath a familiar spirit — **a baalah**,
that I may go to her, and enquire of her.
give me a place in one of the cities
of the field to settle there:
for why settle your servant with you
in the sovereigndom city?
6 Then that day Achish gives him Siqlag:
so Siqlag
becomes to the sovereigns of Yah Hudah to this day:
7 and the number of days
David settles in the field of the Peleshethiy
is a full year of days and four months.
8 And David and his men ascend and strip
the Geshuriy and the Gezeriy and the Amaleqiy:
for they are originally the settlers of the land
as you go to Shur to the land of Misrayim:
9 and David smites the land
and leaves neither man nor woman alive;
and takes away the flock and the oxen
and the he burros and the camels and the
covering and returns and comes to Achish.
10 And Achish says, Where stripped you today?
And David says, Against the south of Yah
Hudah and against the south of the Yerachme
Eliy and against the south of the Qayiniy.
11 And David lets neither man nor
woman live to bring to Gath,
saying, Lest they tell on us,
saying, So worked David and thus be his judgment
all the days he settles in the field of the Peleshethiy.
12 And Achish trusts David, saying,
In stinking, he stinks among his people Yisra El;
so he becomes my servant eternally.

THE NECROMANCER OF EN DOR

28 And so be it, in those days,
the Peleshethiy gather their camps
for hostility, to fight Yisra El.
And Achish says to David, In knowing, know this:
that you go with me into the camp
— you and your men.
2 And David says to Achish,
Thus you know what your servant works.
And Achish says to David,
So I set you guard of my head all days.
3 And Shemu El dies
and all Yisra El chops over him
and entombs him in Ramah, even in his own city.
And Shaul turns aside
the necromancers and the knowers from the land.
4 And the Peleshethiy gather
and come and encamp in Shunem:
and Shaul gathers all Yisra El and
they encamp in Gilboa:
5 and Shaul sees the camp of the Peleshethiy, and
he awes and his heart trembles mightily.
6 And Shaul asks of Yah Veh, and
Yah Veh answers him not
— neither by dreams nor by Urim nor by prophets.
7 Then Shaul says to his servants, Seek me a woman
— a baalah to go to and enquire of her.
And his servants said to him, Behold, there is a woman
that hath a familiar spirit — **a baalah**
at *Endor* **En Dor**.
8 And *Saul disguised himself* **Shaul searched**,
and *put on* **enrobed** other *raiment* **clothes**,
and he went, and two men with him, and they came to
the woman by night: and he said, I *pray* **beseech** thee,
divine unto me by the *familiar spirit*
necromancer, and *bring me him up* **ascend him
to me**, whom I shall *name* **say** unto thee.
9 And the woman said unto him, Behold,
thou knowest what *Saul* **Shaul** hath
done **worked**, how he hath cut off
those that have familiar spirits **the necromancers**,
and the *wizards* **knowers**, out of the land: wherefore
then layest thou a snare for my *life* **soul**,
to *cause me to die* **deathify me**?
10 And *Saul sware* **Shaul oathed** to her
by *the LORD* **Yah Veh**, saying,
As the LORD **Yah Veh** liveth,
there shall no punishment **perversion**
happen to thee for this *thing* **word**.

11 Then said the woman,
Whom shall I *bring up* **ascend** unto thee?
And he said, *Bring me up Samuel* **Ascend Shemu El**.
12 Andwhenthewomansaw*Samue*S**lhemuE,l**
she cried with a *loud* **great** voice:
and the woman *spake* **said** to *Saul* **Shaul**, saying, Why
hast thou deceived me? for thou art *Saul* **Shaul**.
13 Andthe*king***sovereign**saiduntoher,
Be not *afraid* **awed**: for what sawest thou?
And the woman said unto *Saul* **Shaul**,
I saw *gods* **elohim** ascending out of the earth.
14 And he said unto her, What **be his** form *is he of*?
And she said, An old man *cometh up* **ascendeth**;
and he is covered with a mantle.
And *Saul* **Shaul** perceived that it was *Samuel*
Shemu El, and he *stooped* **bowed**
with his *face* **nostrils** to the *ground* **earth**,
and *bowed* **prostrated** himself.
15 And *Samuel* **Shemu El** said to *Saul* **Shaul**,
Why hast thou *disquieted* **quivered** me,
to *bring* **ascend** me *up*? And *Saul answered* **Shaul said**,
I am *sore* **mighty** distressed;
for the *Philistines make war* **Peleshethiy fight**
against me, and *God* **Elohim** is *departed* **turned**
aside from me, and answereth me no more,
neither by **the hand of** prophets, nor by dreams:
therefore I have called thee,
that thou mayest make known unto
me what I shall *do* **work**.
16 Then said *Samuel* **Shemu El**, Wherefore
then dost thou ask of me,
seeing *the LORD* **Yah Veh** is *departed*
turned aside from thee,
and is become thine enemy?
17 And *the LORD* **Yah Veh** hath *done* **worked** to
him, as he *spake* **worded** by *me* **my hand**:
for *the LORD* **Yah Veh** hath *rent* **ripped**
the *kingdom* **sovereigndom** out of thine hand, and
given it to thy *neighbour* **friend**, *even* to David:
18 Becausethou*obeyedst***heardest**not
the voice of *the LORD* **Yah Veh**,
nor *executedst* **workedest** his *fierce* **fuming**
wrath upon *Amalek* **Amaleq**,
therefore hath *the LORD* **Yah Veh**
done **worked** this *thing* **word** unto thee this day.
19 Moreover *the LORD* **Yah Veh**
will **shall** also *deliver Israel* **give Yisra El** with thee
into the hand of the *Philistines* **Peleshethiy**:
and to morrow shalt thou and thy so ns be with me:
the LORD **Yah Veh** also
shall *deliver* **give** the *host* **camp** of *Israel* **Yisra El**
into the hand of the *Philistines* **Peleshethiy**.
20 Then *Saul* **Shaul** fell *straightway* **hastily**
all **the fulness of his stature** along on the
earth, and was *sore afraid* **mightily awed**,

And his servants say to him, Behold, a woman
— a baalah at En Dor.
8 And Shaul searches and enrobes other clothes;
and he goes with two men
and they come to the woman by night.
And he says, I beseech you, divine
to me by the necromancer
and ascend to me whom I say to you.
9 And the woman says to him, Behold,
you know what Shaul works
— how he cut off the necromancers
and the knowers from the land.
Why lay you a snare for my soul to deathify me?
10 And Shaul oaths to her by Yah
Veh, saying, Yah Veh lives,
no perversion happens to you for this word.
11 Then the woman says, Whom ascend I to you?
And he says, Ascend Shemu El.
12 And the woman sees Shemu El,
and cries with a great voice:
and the woman says to Shaul, saying, Why
deceive you me? You are Shaul.
13 And the sovereign says to her, Awe not! What see you?
And the woman says to Shaul,
I see elohim ascending from the earth.
14 And he says to her, What is his form?
And she says, An old man ascends;
and he covers with a mantle.
And Shaul perceives it is Shemu El: and he bows with
his nostrils to the earth and prostrates himself.
15 And Shemu El says to Shaul, Why
quiver you me to ascend me?
And Shaul says, I am mightily distressed;
for the Peleshethiy fight me and Elohim turns
aside from me and answers me no more
— neither by the hand of prophets nor by dreams:
so I call you,
to have me know what to work.
16 Then says Shemu El, Why then ask you of
me, seeing Yah Veh turns aside from you
and becomes your enemy?
17 And Yah Veh works to himself as
he worded by my hand:
for Yah Veh rips the sovereigndom from your
hand and gives it to your friend — to David:

18 because you neither hearkened to the voice of
Yah Veh
nor worked his fuming wrath on Amaleq:
so Yah Veh works this word to you this day.
19 Yes, Yah Veh also gives Yisra El with you
into the hand of the Peleshethiy:
and tomorrow you and your sons *are* with me:
and Yah Veh gives the camp of Yisra El
into the hand of the Peleshethiy.
20 Then Shaul falls hastily
the fulness of his stature along on the earth
— mightily awed
because of the words of *Samuel* **Shemu El**:
and there was no *strength* **force** in him;
for he had eaten no bread all the day, nor all the night.
21 And the woman came unto *Saul* **Shaul**,
and saw that he was *sore troubled* **mighty**
terrified, and said unto him, Behold,
thine handmaid **thy maid** hath *obeyed* **heard** thy voice,
and I have *put* **set** my *life* **soul** in my *hand* **palm**,
and have hearkened unto thy words which
thou *spakest* **wordest** unto me.
22 Now therefore, I *pray* **beseech** thee,
hearken thou also
unto the voice of *thine handmaid* **thy maid**,
and let me set a morsel of bread *before thee* **at thy face**;
and eat, that thou mayest have *strength*
force, when thou goest on thy way.
23 But he refused, and said, I *will* **shall** not eat.
But his servants, together with the woman,
compelled **urged** him;
and he hearkened unto their voice.
So he arose from the earth, and *sat* **settled** upon the bed.
24 And the woman had a *fat calf* **calf of the stall**
in the house;
and she hasted, and *killed* **sacrificed**
it, and took flour, and kneaded,
and did bake *unleavened bread* **matsah** thereof:
25 And she brought it **near**
before Saul **at the face of Shaul**,
and *before* **at the face of** his servants; and they did eat.
Then they rose up, and went away that night.

The Peleshethiy Distrust David

29 Now the *Philistines* **Peleshethiy**
gathered *together*
all their *armies* **camps** to *Aphek* **Apheq**:
and the *Israelites* **Yisra Eliy**
pitched **encamped** by a fountain
which is in *Jezreel* **Yizre El**.
2 And the *lords* **ringleaders** of the
Philistines **Peleshethiy**
passed on by hundreds, and by thousands:
but David and his men passed on
in the rereward **afterward** with Achish.
3 Then said the *princes* **governors** of
the *Philistines* **Peleshethiy**,
What *do* **be** these Hebrews *here*?
And Achish said
unto the *princes* **governors** of the *Philistines* **Peleshethiy**,
Is not this David, the servant of *Saul* **Shaul**
the *king* **sovereign** of *Israel* **Yisra El**,
which hath been with me these days, or these
years, and I have found *no fault* **naught** in him
since **from the day** he fell *unto me* **away** unto this day?
4 Andthe*princes***governors**ofthe*Philistines***Peleshethiy**
were *wroth* **enraged** with him;
and the *princes* **governors** of the *Philistines* **Peleshethiy**
said unto him, Make this *fellow* **man** return,
that he may *go again* **return** to his place which
thou hast *appointed* **overseen for** him,
and let him not *go down* **descend** with us to *battle* **war**,
lest in the *battle* **war** he be *an adversary* **a satan** to us:
for wherewith should he *reconcile* **satisfy**
himself unto his *master* **adoni**?
should it not be with the heads of these men?
5 Is not this David,
of whom they *sang* **answered** one to
another in **round** dances, saying,
Saul slew **Shaul smote** his thousands,
and David his *ten thousands* **myriads**?
6 Then Achish called David, and said unt o
him, Surely, as *the LORD* **Yah Veh** liveth,
thou hast been *upright* **straight**,
and thy going out and thy coming in with
me in the *host* **camp** is good in my *sight*
eyes: for I have not found evil in thee
since the day of thy coming unto me unto this day:
nevertheless *the lords favour thee not*
in the eyes of the ringleaders thou art not good.
7 Whereforenowreturn,andgoin*peace***shalom**,
that thou *displease not the lords*
work not evil in the eyes of the ringleaders
of the *Philistines* **Peleshethiy**.
because of the words of Shemu El:
and there is no force in him;
for he had eaten no bread all day or all night.
21 And the woman comes to Shaul and
sees he is mightily terrified;
and says to him, Behold, your maid heard
your voice and I set my soul in my palm

and hearkened to the words you worded me.
22 So now, I beseech you,
you also hearken to the voice of your maid;
and I set a morsel of bread at your face;
and eat,
so that you have force when you go on your way.
23 But he refuses and says, I eat not.
And his servants and the woman urge him;
and he hearkens to their voice:
so he rises from the earth and settles on the bed.
24 And the woman has a calf of the stall in the house;
and she hastens and sacrifices;
and takes flour and kneads and bakes matsah thereof:
25 and she brings it near the face of Shaul and
the face of his servants; and they eat.
— and they rise and go away that night.

THE PELESHETHIY DISTRUST DAVID

29 And the Peleshethiy gather all their camps to Apheq;
and the Yisra Eliy encamp by a fountain in Yizre El:
2 and the ringleaders of the Peleshethiy pass
on by hundreds and by thousands;
and David and his men pass on afterward with Achish.
3 And the governors of the Peleshethiy
say, What *are* these Hebrews?
And Achish says to the governors of the
Peleshethiy, Is this not David
the servant of Shaul the sovereign of Yisra
El, who became with me these days or these
years; and I found naught in him
from the day he fell away to this day?
4 And the governors of the Peleshethiy
rage against him;
and the governors of the Peleshethiy
say to him, Return this man
— return him to the place you oversee for
him that he not descend with us to war;
lest in the war he becomes a satan to us.
How satisfies he his adoni?
Is it not with the heads of these men?
5 Is not this David,
of whom they answer one another
in round dances saying,
Shaul smites his thousands and David his myriads?
6 Then Achish calls David and says to him,
Surely, Yah Veh lives, you are straight:
your going out and your coming in with me
in the camp is good in my eyes:
for I find no evil in you
since the day of your coming to me to this day:
but in the eyes of the ringleaders you are not good:
7 and now, return and go in shalom,
that you not work evil
in the eyes of the ringleaders of the Peleshethiy.
8 And David said unto Achish, But
what have I *done* **worked?**
and what hast thou found in thy servant
so long **from the day** as I have been *with thee* **at thy face**
unto this day,
that I may not go fight against the enemies
of my *lord* **adoni** the *king* **sovereign?**
9 And Achish answered and said to David,
I know that thou art good in my *sight*
eyes, as an angel of *God* **Elohim:**
notwithstanding
the *princes* **governors** of the *Philistines* **Peleshethiy**
have said,
He shall not *go up* **ascend** with us to the *battle* **war.**
10 Wherefore now *rise up* **start** early in the morning
with thy *master's* **adoni's** servants
that are come with thee:
and as soon as ye *be up* **start** early in the
morning, and have light, *depart* **go.**
11 So David and his men *rose up* **started**
early to *depart* **go** in the morning,
to return into the land of the *Philistines* **Peleshethiy.**
And the *Philistines* **Peleshethiy**
went up **ascended** to *Jezreel* **Yizre El.**

DAVID DESTROYS THE AMALEQIY

30 And **so be** it *came to pass*, when David and his men
were come to *Ziklag* **Siqlag** on the third
day, that the *Amalekites* **Amaleqiy**
had *invaded* **stripped** the south, and *Ziklag* **Siqlag,**
and smitten *Ziklag* **Siqlag**, and burned it with fire;
2 And had taken the women captives, that
were therein : they *slew not any* **deathified**
no man, either great or small, but *carried*
drove them away, and went on their way.
3 SoDavidandhismencametothecity,
and, behold, it was burned with fire;
and their *wives* **women,**
and their sons, and their daughters
were *taken captives* **captured.**
4 Then David and the people that were with him
lifted up their voice and wept,
until they had no more *power* **force** to weep.
5 And David's two *wives* **women**
were *taken captives* **captured,**
Ahinoam **Achiy Noam** the *Jezreelitess*
Yizre Eliyth, and *Abigail* **Abi Gail**

the *wife* **woman** of Nabal the *Carmelite* **Karmeliy.**
6 And David was *greatly distressed* **mighty depressed;**
for the people *spake* **said** of stoning him,
because the soul of all the people was
grieved **embittered,** every man for his
sons and for his daughters:
but David *encouraged* **strengthened** *himself*
in *the LORD* **Yah Veh** his *God* **Elohim.**
7 And David said to *Abiathar* **Abi Athar** the priest,
Ahimelech's **Achiy Melech's** son,
I *pray* **beseech** thee, bring me *hither* **near**
the ephod. And *Abiathar* **Abi Athar** brought
thither **near** the ephod to David.
8 And David *enquired* **asked** at *the LORD*
Yah Veh, saying, Shall I pursue after
this troop? shall I overtake them?
And he *answered* **said to** him, Pursue:
for **in overtaking,** thou shalt *surely* overtake them,
and **in rescuing,** *without fail recover all* **rescue.**
9 So David went,
he and the six hundred men that were with
him, and came to the *brook* **wadi** Besor,
where those that *were left behind* **remained** stayed.
10 But David pursued, he and four hundred
men: for two hundred *abode* **stayed** behind,
which were so *faint* **exhausted**
that they could not *go* **pass** over the *brook* **wadi** Besor.
11 And they found *an Egyptian* **a man —**
a Misrayim in the field,
and *brought* **took** him to David, and gave him bread,
and he did eat; and they made him drink water;
12 Andtheygavehima*piece***slice**ofa*cake***lump**oifgs,
and two *clusters of raisins* **raisincakes:**
and when he had eaten,
his spirit *came again* **returned** to him:
8 And David says to Achish, But what work I?
What find you in your servant
from the day I became at your face to this day;
that I *may* not go fight against the
enemies of my adoni the sovereign?
9 And Achish answers David and says,
I know you are good in my eyes
— as an angel of Elohim:
except the governors of the Peleshethiy say,
He ascends not with us to the war.
10 And now start early in the morning
with the servants of your adoni who came with you:
and as soon as you start early in the
morning, and have light, go.
11 And David and his men start early
to go in the morning,
to return to the land of the Peleshethiy:
and the Peleshethiy ascend to Yizre El.

DAVID DESTROYS THE AMALEQIY

30 And so be it, on the third day, David
and his men come to Siqlag:
and the Amaleqiy strip the south and Siqlag
and smite Siqlag and burn it with fire
2 and capture the women therein:
they deathify no man, either great or small,
but drive them away and go on their way.
3 And David and his men come to the city,
and behold, it is burned with fire;
and their women and their sons and their daughters
are captured.
4 And David and the people with him
lift their voice and weep,
until they have no more force to weep:
5 for they had captured the two women of David
— Achiy Noam the Yizre Eliyth
and Abi Gail the woman of Nabal the Karmel iy:
6 and David is mighty depressed;
for the people say of stoning him,
because the soul of all the people embitters
— every man for his sons and for his daughters.
And David strengthens in Yah Veh his Elohim;
7 and David says
to Abi Athar the priest the son of Achiy Melech,
I beseech you, bring near the ephod.
— and Abi Athar brings near the ephod to David.
8 And David asks at Yah Veh, saying, Pursue
I after this troop? Overtake them?
And he says to him, Pursue! In overtaking,
overtake! And in rescuing, rescue!
9 And David goes — he with his six hundred
men and comes to the wadi Besor,
and those remaining, stay:
10 and David pursues — he and four hundred men:
for two hundred stay behind
— too exhausted to pass over the wadi Besor.
11 And they find a man — a Misrayim in
the field and take him to David;
and give him bread and he eats;
and they have him drink water;
12 and they give him a slice of a lump
of figs and two raisincakes:
and he eats, and his spirit returns to him:
for he had eaten no bread, nor drunk *any*
water, three days and three nights.
13 And David said unto him,

To whom *belongest* **be** thou? and whence
art **be** thou? And he said, I am a *young*
man of Egypt **lad — a Misrayim,**
servant to **a man**, an *Amalekite* **Amaleqiy**;
and my *master* **adoni** left me, because
three days agone I fell sick.
14 W*emadeaninvasionupon***stripped**
the south of the *Cherethites* **Kerethiy**, and upon *the coast*
which *belongeth* **be** to *Judah* **Yah Hudah**,
and upon the south of *Caleb* **Kaleb**;
and we burned *Ziklag* **Siqlag** with fire.
15 And David said to him,
Canst thou bring me down to this *company* **troop**?
And he said, *Swear* **Oath** unto me by *God* **Elohim**,
that thou *wilt* **shalt** neither *kill* **deathify** me,
nor *deliver* **shut** me into the hands of my *master* **adoni**,
and I *will bring* **shall descend** thee *down*
to this *company* **troop**.
16 And when he had *brought* **descended** him *down*,
behold, they were *spread abroad* **dispersed**
upon **the face of** all the earth,
eating and drinking, and *dancing* **celebrating**,
because of all the great spoil that they had taken
out of the land of the *Philistines* **Peleshethiy**,
and out of the land of *Judah* **Yah Hudah**.
17 And David smote them
from the *twilight* **evening breeze**
even unto the evening of the *next day* **morrow**:
and there escaped not a man of them, save four hundred
young men **lads**, which rode upon camels, and fled.
18 And David *recovered* **rescued** all
that the *Amalekites* **Amaleqiy** had *carried away* **taken**:
and David rescued his two *wives* **women**.
19 And there was *nothing* **naught** lacking to them,
neither **from** small *nor* **to** great, neither
sons nor daughters, neither spoil,
nor *any thing* **aught** that they had taken to them:
David *recovered* **returned** all.
20 And David took all the flocks and the *herds* **oxen**,
which they drave
before **at the face of** those *other cattle*
chattel, and said, This is David's spoil.
21 And David came to the two hundred
men, which were so *faint* **exhausted**
that they could not *follow* **go with** David,
whom they had *made also to abide* **settled**
at the *brook* **wadi** Besor:
and they went forth to meet David,
and to meet the people that were with him:
and when David came near to the people,
he *saluted* **asked** them **of shalom**.
22 Then answered all the *wicked* **evil** men
and men of Belial **of Beli Yaal**,
of those **men** that went with David, and
said, Because they went not with us,
we *will* **shall** not give them ought of the spoil
that we have *recovered* **rescued**,
save to every man his *wife* **woman** and his *children* **sons**,
that they may *lead* **drive** them away, and *depart* **go**.
23 Then said David,
Ye shall not *do so* **work thus**, my brethren,
with that which *the LORD* **Yah Veh** hath
given us, who hath *preserved* **guarded** us,
and *delivered* **given** the *company* **troop**
that came against us into our hand.
24 For who *will* **shall** hearken unto
you in this *matter* **word**?
but as his *part* **allotment** is
that *goeth down* **descendeth** to the *battle* **war**,
so **thus** shall his *part* **allotment** be
that *tarrieth* **settleth** by *the stuff* **his instruments**:
they shall *part alike* **allot unitedly**.
25 And*itwasso***thusitbecame**
from that day *forward* **and onward**,
for he had neither eaten bread nor drank
water three days and three nights.
13 And David says to him, Whose
are you? Whence are you?
And he says, I am a lad — a Misrayim;
servant to a man, an Amaleqiy;
and my adoni leaves me, because
three days ago, I fell sick.
14 We stripped the south of the Kerethiy and
against that which is to Yah Hudah;
and on the south of Kaleb;
and we burned Siqlag with fire.
15 And David says to him,
Bring you me down to this troop?
And he says, Oath to me by Elohim,
that you neither deathify me
nor shut me into the hands of my adoni
— and I descend you to this troop.
16 And he descends him, and behold, they
disperse upon the face of all the earth,
eating and drinking and celebrating, because of all the
great spoil they took from the land of the Peleshethiy
and from the land of Yah Hudah.
17 And David smites them from the evening breeze
to the evening of the morrow:
and not a man of them escapes
except four hundred lads flee riding on camels.

18 And David rescues all that the Amaleqiy took:
and David rescues his two women:
19 and they lack naught — from small
to great;
neither sons nor daughters;
neither spoil nor aught they took
to them: David returns all:
20 and David takes all the flocks and the oxen,
which they drove at the face of those chattel
and says, This is the spoil for David.
21 And David comes to the two hundred men
who were too exhausted to go with David,
whom they settled at the wadi Besor:
and they go to meet David
and to meet the people with him: and David comes
near to the people, and he asks shalom of them.
22 And all the evil men of Beli Yaal, of
those men who went with David,
answer and say, Because they went not with us,
we give them naught of the spoil we rescued,
except to every man his woman and his sons
to drive them away and go.
23 And David says, Work not thus, my
brothers, with what Yah Veh gives us,
who guards us from the troop that come
against us and gives them into our hand.
24 And who hearkens to you in this word?
but as his allotment, who descends to the war, thus
his allotment, who settles by his instruments
— they allot unitedly.
25 — and so be it, from that day and onward,
that he *made* **set** it a statute and
an ordinance **a judgment**
for *Israel* **Yisra El** unto this day.
26 And when David came to *Ziklag* **Siqlag,**
he sent of the spoil unto the elders of *Judah* **Yah Hudah,**
even to his friends, saying, Behold
a *present* **blessing** for you
of the spoil of the enemies of *the LORD* **Yah Veh;**
27 To them *which were* in *Bethel* **BethEl,**
and to them *which were* in south Ramoth,
and to them *which were* in *Jattir* **Yattir,**
28 Andtothem*whichwere*inAroer,
and to them *which were* in Siphmoth, and
to them *which were* in Eshtemoa,
29 And to them *which were* in Rachal, and to them *which*
were in the cities of the *Jerahmeelites* **Yerachme Eliy,**
and to them *which were*
in the cities of the *Kenites* **Qayiniy,**
30 And to them *which were* in Hormah,
and to them *which were* in *Chorashan* **Kor**
Ashan, and to them *which were* in Athach,
31 And to them *which were* in Hebron,
and to all the places where David himself and
his men *were wont to haunt* **had walked.**

THE DEATH OF SHAUL

31 Now the *Philistines* **Peleshethiy**
fought against *Israel* **Yisra El:**
and the men of *Israel* **Yisra El** fled
from *before* **the face of** the *Philistines* **Peleshethiy,**
and fell *down slain* **pierced** in mount Gilboa.
2 Andthe*Philistines***Peleshethiy**
followed hard **adhered** upon *Saul* **Shaul**
and upon his sons;
and the *Philistines* **Peleshethiy**
slew Jonathan **smote Yah Nathan,**
and *Abinadab* **Abi Nadab,** and *Melchishua* **Malki Shua,**
Saul's **Shaul's** sons.
3 And the *battle went sore* **war was heavy**
against *Saul* **Shaul,**
and the *archers hit* **men bow shooters found** him;
and he was *sore wounded* **mighty writhed**
of the *archers* **shooters.**
4 Then said *Saul* **Shaul**
unto his *armourbearer* **instrument bearer,**
Draw thy sword, and *thrust* **stab** me *through* therewith;
lest these uncircumcised
come and *thrust* **stab** me *through*, and *abuse* **exploit** me.
But his *armourbearer would*
instrument bearer willed not;
for he was *sore afraid* **mighty awed.** Therefore
Saul **Shaul** took a sword, and fell upon it.
5 Andwhenhis*armourbeareinr***strumentbearer**
saw that *Saul was dead* **Shaul had died,**
he fell likewise upon his sword, and died with him.
6 So *Saul* **Shaul** died, and his three sons,
and his *armourbearer* **instrument bearer,**
and all his men, that same day together.
7 And when the men of *Israel* **Yisra El**
that were on the other side of the valley,
and *they that were* on the other side *Jordan* **Yarden,**
saw that the men of *Israel* **Yisra El** fled,
and that *Saul* **Shaul** and his sons *were dead* **had died,**
they forsook the cities, and fled;
and the *Philistines* **Peleshethiy**
came and *dwelt* **settled** in them.
8 And **so be** it *came to pass,* on the morrow,
when the *Philistines* **Peleshethiy**
came to strip the *slain* **pierced,**
that they found *Saul* **Shaul** and his three
sons fallen in mount Gilboa.

9 And they cut off his head,
and stripped off his *armour* **instruments**,
and sent into the land of the *Philistines* **Peleshethiy**
round about,
to *publish* **evangelize** it in the house of
their idols, and among the people.
10 And they *put* **set** his *armour* **instruments**
in the house of Ashtaroth:
that he set it a statute and a judgment
for Yisra El to this day.
26 And David comes to Siqlag, and he sends of the spoil
to the elders of Yah Hudah — to his friends, saying,
Behold, a blessing for you
of the spoil of the enemies of Yah Veh:
27 to them in Beth El
and to them in south Ramoth and to them in Yattir
28 and to them in Aroer and to them in
Siphmoth and to them in Eshtemoa
29 and to them in Rachal
and to them in the cities of the Yerachme Eliy
and to them in the cities of the Qayiniy
30 and to them in Hormah
and to them in Kor Ashan and to them in Athach
31 and to them in Hebron
and to all the places where David
himself and his men walked.

THE DEATH OF SHAUL

31 And the Peleshethiy fight Yisra El:
and the men of Yisra El
flee the face of the Peleshethiy and
fall pierced in mount Gilboa:
2 and the Peleshethiy adhere to Shaul and his sons;
and the Peleshethiy smite Yah Nathan
and Abi Nadab and Malki Shua — sons of Shaul:
3 and the war is heavy against Shaul
and the bow shooter men find him;
and he is mighty writhed by the shooters.
4 And Shaul says to his instrument bearer,
Draw your sword and stab me;
lest these uncircumcised
come and stab me and exploit me.
But his instrument bearer wills not;
for he awes mightily:
and Shaul takes a sword and falls on it:
5 and his instrument bearer sees Shaul die,
and he likewise falls on his sword and dies with him.
6 And Shaul dies — and his three sons and
his instrument bearer and all his men
that same day together.
7 And the men of Yisra El
beyond the valley and beyond Yarden
see the men of Yisra El flee, and Shaul and his sons die,
they forsake their cities and flee;
and the Peleshethiy come and settle in them.
8 And so be it, on the morrow,
when the Peleshethiy come to strip the pierced,
they find Shaul and his three sons
fallen in mount Gilboa:
9 and they cut off his head and strip off his
instruments and send them all around
into the land of the Peleshethiy
— to evangelize it in the house of their
idols and among their people.
10 And they set his instruments in
the house of Ashtaroth:
and they *fastened* **staked** his body to the
wall of *Bethshan* **Beth Shaan**.
11 And when the *inhabitants* **settlers**
of *Jabeshgilead* **Yabesh Gilad**
heard of that which the *Philistines* **Peleshethiy**
had *done* **worked** to *Saul* **Shaul**;
12 All the *valiant* men **of valour**
arose, and went all night,
and took the body of *Saul* **Shaul**
and the bodies of his sons
from the wall of *Bethshan* **Beth Shaan**,
and came to *Jabesh* **Yabesh**, and burnt them there.
13 And they took their bones,
and *buried* **entombed** them under a *tree* **grove**
at *Jabesh* **Yabesh**, and fasted seven days.
and they stake his body to the wall of Beth Shaan.
11 And the settlers of Yabesh Gilad hear
what the Peleshethiy work to Shaul;
12 and all the men of valour rise and go all night
and take the body of Shaul and the bodies
of his sons from the wall of Beth Shaan
and come to Yabesh and burn them there:
13 and they take their bones
and entomb them under a grove at
Yabesh and fast seven days.

DAVID HEARS OF THE DEATH OF SHAUL

1 *Now* **And so be** it *came to pass*, after the death
of *Saul* **Shaul**, when David was returned
from the *slaughter* **smiting** of the *Amalekites* **Amaleqiy**,
and David had *abode* **settled** two days in *Ziklag* **Siqlag**;
2 It *came even to pass* **became**, on the third day,
that, behold, a man came out of the camp from *Saul*
Shaul with his clothes *rent* **ripped**, and *earth* **soil** upon
his head: and *so* it *was* **became**, when he came to David,
that he fell to the earth, and *did obeisance* **prostrated**.
3 AndDavidsaiduntohim,Fromwhencecomesthou?
And he said unto him,
Out of the camp of *Israel* **Yisra El** am I escaped.
4 And David said unto him,
How went the *matter* **word**? I *pray* **beseech** thee, tell me.
And he *answered* **said**,
That the people are fled from the *battle* **war**,
and *many* **an abounding** of the people
also are fallen and *dead* **die**;
and *Saul* **Shaul** and *Jonathan* **Yah Nathan** his son
are dead **have died** also.
5 And David said unto the *young man* **lad**
that told him, How knowest thou
that *Saul* **Shaul** and *Jonathan* **Yah Nathan** his son
be dead **have died**?
6 And the young man that told him said,
As I happened by chance **In meeting, as
I met** upon mount Gilboa, behold,
Saul **Shaul** leaned upon his spear; and, *lo* **behold**,
the chariots and *horsemen* **masters of the cavalry**
followed hard **adhered** after him.
7 And when he *looked* **faced** behind him, he saw me,
and called unto me. And I *answered* **said**, Here am I.
8 And he said unto me, Who art thou?
And I *answered* **said to** him, I am
an *Amalekite* **Amaleqiy**.
9 He said unto me *again*,
Stand, I *pray* **beseech** thee, upon me, and slay me:
for *anguish is come upon*
my embroidered mail possesseth me,
because my *life* **soul** is yet whole in me.
10 So I stood upon him, and *slew* **deathified** him,
because I *was sure* **knew** that he could not live
after that he was fallen:
and I took the *crown* **separatism** that was upon his
head, and the *bracelet* **anklet** that was on his arm,
and have brought them hither unto my *lord* **adoni**.
11 Then David took hold on his clothes,
and *rent* **ripped** them;
and likewise all the men that were with him:
12 And they *mourned* **chopped**, and wept,
and fasted until even,
for *Saul* **Shaul**, and for *Jonathan* **Yah Nathan** his
son, and for the people of *the LORD* **Yah Veh**,
and for the house of *Israel* **Yisra El**;
because they were fallen by the sword.
13 And David said unto the young man
that told him, Whence art thou?
And he *answered* **said**,
I am the son of a *stranger* **man, a
sojourner**, an *Amalekite* **Amaleqiy**.
14 And David said unto him , How wast thou not
afraid **awed** to *stretch* **send** forth thine hand
to *destroy the LORD'S* **ruin Yah Veh's** anointed?
15 And David called one of the *young men* **lads**,
and said, Go near, *and fall* **encounter** upon
him. And he smote him that he died.
16 And David said unto him, Thy
blood be upon thy head;
for thy mouth hath *testified* **answered**
against thee, saying, I have *slain the LORD'S*
deathified Yah Veh's anointed.

1 And so be it, after the death of Shaul,
David returns from the smiting of the Amaleqiy
and David settles two days in Siqlag:
2 and so be it, on the third day,
behold, a man comes from the camp of Shaul
with his clothes ripped and soil on his head:
and so be it, he comes to David and
falls to the earth and prostrates.
3 And David says to him, Whence come you?
And he says to him,
I escape from the camp of Yisra El.
4 And David says to him,
How goes the word? I beseech you, tell me.
And he says,
The people flee the war
and also an abundance of the people fall and die;
and Shaul and Yah Nathan his son also die.
5 And David says to the lad who
tells him, How know you
that Shaul and Yah Nathan his son die?
6 And the young man tells him saying,
In meeting, as I meet on mount Gilboa, behold,
Shaul leans on his spear; and behold,
the chariots and masters of the cavalry adhere after him.
7 And he faces behind him and he sees me
and calls to me. And I say, Here — I.
8 And he says to me, Who are you?
And I say to him, I *am* an Amaleqiy.

9 And he says to me,
Stand, I beseech you, over me and slay me:
for my embroidered mail possesses me,
because my soul is yet whole in me.
10 — and I stand over him and deathify him,
because I know he lives not after he falls:
and I take the separatism on his head
and the anklet on his arm
and bring them here to my adoni.
11 And David holds his clothes and rips them;
and also all the men with him:
12 and they chop and weep and fast until evening
for Shaul and for Yah Nathan his son
and for the people of Yah Veh and for the house
of Yisra El; because they fall by the sword.
13 And David says to the young man
who tells him, Whence are you?
And he says,
I *am* the son of a man — a sojourner — an Amaleqiy.
14 And David says to him,
How is it you awed not to send your hand
to ruin the anointed of Yah Veh?
15 And David calls one of the lads
and says, Go near, encounter on him.
— and he smites him so that he dies.
16 And David says to him, Your blood *is* on your head;
for your mouth answers against you, saying,
I deathified the anointed of Yah Veh.

THE LAMENTATION OF DAVID

17 And David lamented with this lamentation
over *Saul* **Shaul** and over *Jonathan* **Yah Nathan** his son:
18 (Also he *bade them* **said**
to teach the *children* **sons** of *Judah* **Yah Hudah**
the use of the bow:
behold, it is *written* **inscribed**
in the *book* **scroll** of *Jasher* **the straight**.)
Apocalypse 20:12
19 The *beauty* **splendour** of *Israel*
Yisra El is *slain* **pierced**
upon thy *high places* **bamahs**:
how are the mighty fallen!
20 Tell it not in Gath,
publish **evangelize** it not
in the *streets* **outskirts** of *Askelon* **Ashqelon**; lest the
daughters of the *Philistines* **Peleshethiy** *rejoice* **cheer**,
lest the daughters of the uncircumcised
triumph **jump for joy**.
21 Ye mountains of Gilboa,
let there be no — **neither** dew,
neither *let there be* rain, upon you, nor
fields of *offerings* **exaltments**:
for there the *shield* **buckler** of the mighty
is vilely cast away **loatheth**, the
shield **buckler** of *Saul* **Shaul**,
as *though he had* not *been* anointed with oil.
22 From the blood of the *slain* **pierced**,
from the fat of the mighty,
the bow of *Jonathan* **Yah Nathan**
turned **retreated** not *back*, and the sword
of *Saul* **Shaul** returned not empty.
23 *SauSl* **haualnd***JonathanYah***Nathan**
were lovely and pleasant in their lives,
and in their death they were not *divided* **separated**:
they were swifter than eagles,
they *were stronger than* **prevailed mightily over** lions.
24 Ye daughters of *Israel* **Yisra El**, weep over *Saul*
Shaul, who *clothed* **enrobed** you in scarlet,
with *other delights* **pleasures**,
who *put on* **ascended** ornaments of
gold upon your *apparel* **robe**.
25 How are the mighty fallen
in the midst of the *battle* **war**! O *Jonathan* **Yah Nathan**,
thou wast *slain* **pierced** in *thine high places* **thy bamahs**.
26 I am distressed for thee,
my brother *Jonathan* **Yah Nathan**:
very pleasant **mighty pleasing** hast thou been unto me:
thy love to me was *wonderful* **marvellous**,
passing **surpassing** the love of women.
27 How are the mighty fallen,
and the *weapons* **instruments** of
war *perished* **destructed**!

DAVID ANOINTED SOVEREIGN

2 And **so be** it *came to pass*, after this,
that David *enquired* **asked** of *the LORD*
Yah Veh, saying, Shall I *go up* **ascend**
into *any* **one** of the cities of *Judah* **Yah Hudah**?
And *the LORD* **Yah Veh** said unto him, *Go up* **Ascend**.
And David said, Whither shall I *go up* **ascend**?
And he said, Unto Hebron.
2 So David *went up* **ascended** thither,
and his two *wives* **women** also,
Ahinoam **Achiy Noam** the *Jezreelitess*
Yizre Eliyth, and *Abigail* **Abi Gail**
Nabal's *wife* **woman** the *Carmelite* **Karmeliy**.
3 And his men that were with him
did David *bring up* **ascend**, every
man with his househo ld:
and they *dwelt* **settled** in the cities of Hebron.

4 AndthemenofJudahYahHudahcame,
and there they anointed David
king **sovereign** over the house of *Judah* **Yah Hudah.**
And they told David, saying,
That the men of *Jabeshgilead* **Yabesh Gilad**
were they that *buried Saul* **entombed Shaul.**
17 And David laments this lamentation over
Shaul and over Yah Nathan his son:
18 and he says
to teach the sons of Yah Hudah the bow: Behold, it is
inscribed in the scroll of the straight: Apocalypse 20:12
19 The splendor of Yisra El
is pierced on your bamahs:
how the mighty fall!
20 Neither tell in Gath,
nor evangelize in the outskirts of Ashqelon;
lest the daughters of the Peleshethiy cheer,
lest the daughters of the uncircumcised jump for joy.
21 You mountains of Gilboa,
— neither dew nor rain be on you
nor fields of exaltments:
for there the buckler of the mighty loaths
— the buckler of Shaul as not anointed with oil.
22 From the blood of the pierced
from the fat of the mighty
neither the bow of Yah Nathan retreats
nor the sword of Shaul returns empty.
23 Shaul and Yah Nathan
— lovely and pleasant in their lives and
in their death they separate not:
— swifter than eagles,
they prevail mightily over lions.
24 You daughters of Yisra El, weep over Shaul,
who enrobes you in scarlet with pleasures; who
ascends ornaments of gold on your robe.
25 How the mighty fall midst the war!
O Yah Nathan, you — pierced in your bamahs.
26 I distress for you, my brother Yah
Nathan:
mighty pleasing are you to me:
marvellous your love to me surpassing
the love of women.
27 How the mighty fall
and the instruments of war destruct!

DAVID ANOINTED SOVEREIGN

2 And so be it, after this,
David asks of Yah Veh, saying,
Ascend I into one of the cities of Yah Hudah?
And Yah Veh says to him, Ascend. And
David says, Whither ascend I?
And he says, To Hebron.
2 So David ascends thither and also his two women,
Achiy Noam the Yizre Eliyth
and the woman of Abi Gail, Nabal the Karmeliy:
3 and David ascends with his men
— every man wi th hi s ho use ho l d;
and they settle in the cities of Hebron:
4 and the men of Yah Hudah come
and there they anoint David
sovereign over the house of Yah Hudah.
And they tell David, saying,
The men of Yabesh Gilad entombed Shaul .
5 And David sent *messengers* **angels**
unto the men of *Jabeshgilead* **Yabesh Gilad,**
and said unto them, Blessed be ye of *the LORD*
Yah Veh, that ye have *shewed* **worked** this *kindness*
mercy unto your *lord* **adoni,** even unto *Saul* **Shaul,**
and have *buried* **entombed** him.
6 And now *the LORD* **Yah Veh**
shew kindness **work mercy** and truth unto you:
and I also
will requite **shall work** you this *kindness* **goodness,**
because ye have *done* **worked** this *thing* **word.**
7 Therefore now let your hands be strengthene
d, and be ye *valiant* **sons of valour:**
for your *master Saul is dead* **adoni Shaul hath died,**
and also the house of *Judah* **Yah Hudah**
have anointed me *king* **sovereign** over them.

THE SON OF SHAUL REIGNS OVER YISRA EL

8 But*Abner***AbiNer**thesonofNer,
captain **governor** of *Saul's* **Shaul's** host,
took *Ishbosheth* **Ish Bosheth** the son of *Saul* **Shaul,** and
brought **passed** him over to *Mahanaim* **Machanayim;**
9 And *made* **caused** him *king* **to reign** over *Gilead*
Gilad, and over the *Ashurites* **Ashshuriy,**
and over *Jezreel* **Yizre El,** and over *Ephraim*
Ephrayim, and over *Benjamin* **Ben Yamin,**
and over all *Israel* **Yisra El.**
10 *Ishbosheth Saul's* **Ish Bosheth Shaul's**
son was **a son of** forty years *old*
when he began to reign over *Israel*
Yisra El, and reigned two years.
But the house of *Judah* **Yah Hudah**
followed **went after** David.
11 And the *time* **number of days**
that David was *king* **sovereign** in Hebron
over the house of *Judah* **Yah Hudah**
was seven years and six months.

CIVIL WAR

12 And *Abner* **Abi Ner** the son of Ner,
and the servants of *Ishbosheth* **Ish Bosheth**
the son of *Saul* **Shaul**,
went out from *Mahanaim* **Machanayim**
to *Gibeon* **Gibon**.
13 And *Joab* **Yah Ab** the son of *Zeruiah*
Seruyah, and the servants of David,
went out, and met together by the pool of *Gibeon* **Gibon**:
and they *sat down* **settled**, the one
on the one side of the pool **by the**
pool here, and the *other* **one**
on the other side of the pool **by the pool there**.
14 And *Abner* **Abi Ner** said to *Joab* **Yah Ab**,
Let the *young men* **lads** now arise,
and *play before us* **entertain at our face**.
And *Joab* **Yah Ab** said, Let them arise.
15 Thentherearoseand*wen***ptased**overbynumber
twelve of *Benjamin* **Ben Yamin**,
which pertained to Ishbosheth **of Ish Bosheth**
the son of *Saul* **Shaul**,
and twelve of the servants of David.
16 And*theycaughteveryone***eachmanheld**
his *fellow* **friend** by the head,
and *thrust* his sword in his *fellow's* **friend's** side;
so they fell *down* together: wherefore that
place was called *Helkathhazzurim* **Helgath**
Hats Surim, which is in *Gibeon* **Gibon**.
17 And there was a *very sore battle*
mighty hard war that day;
and *Abner* **Abi Ner** was *beaten* **smitten**,
and the men of *Israel* **Yisra El**,
before **at the face of** the servants of David.
18 And there were three sons of *Zeruiah* **Seruyah** there,
Joab **Yah Ab**, and *Abishai* **Abi Shai**, and *Asahel* **Asa El**:
and *Asahel* **Asa El** was as *light* **swift** of foot as
a wild roe **one of the gazelles in the field**.
19 And *Asahel* **Asa El** pursued after *Abner* **Abi Ner**;
and in going
he *turned* **spread** not to the right *hand* nor to the left
from following Abner **after Abi Ner**.
5 And David sends angels to the men of Yabesh Gilad
and says to them, Blessed — you of Yah Veh
to work this mercy to your adoni —
to Shaul and entomb him:
6 and now, Yah Veh work mercy and truth to you;
and I also work you this goodness
because you worked this word:
7 and now strengthen your hands
and become sons of valour:
for your adoni Shaul died
and also the house of Yah Hudah
anointed me sovereign over them.

THE SON OF SHAUL REIGNS OVER YISRA EL

8 And Abi Ner the son of Ner,
governor of the host of Shaul,
takes Ish Bosheth the son of Shaul and
passes him over to Machanayim;
9 and has him reign over Gilad and over the Ashshuriy
and over Yizre El
and over Ephrayim and over Ben
Yamin and over all Yisra El.
10 Ish Bosheth the son of Shaul is a son of forty years;
and he begins to reign over Yisra
El and reigns two years:
only, the house of Yah Hudah goes after David.
11 And the number of days David is sovereign
in Hebron over the house of Yah Hudah
is seven years and six months.

CIVIL WAR

12 And Abi Ner the son of Ner
and the servants of Ish Bosheth the son of
Shaul go from Machanayim to Gibon:
13 and Yah Ab the son of Seruyah
and the servants of David
go and meet by the pool of Gibon:
and they settle
— the one by the pool here and
the one by the pool there.
14 And Abi Ner says to Yah Ab,
Have the lads now rise and entertain at our face.
And Yah Ab says, Rise.
15 And they rise and pass over by number
twelve of Ben Yamin of Ish Bosheth the son of
Shaul and twelve of the servants of David:
16 each man holds his friend by the head and
his sword in the side of his friend;
and they fall together:
and they call that place Helgath Hats Surim
— in Gibon.
17 And there is a mighty hard war that day;
and Abi Ner and the men of Yisra El are
smitten at the face of the servants of David.
18 And three sons of Seruyah are there:
Yah Ab and Abi Shai and Asa El:
and Asa El is as swift of foot
as one of the gazelles in the field:
19 and Asa El pursues after Abi Ner;

and in going
he spreads neither to the right nor
to the left after Abi Ner.
20 Then *Abner looked* **Abi Ner faced** behind
him, and said, Art thou *Asahel* **Asa El**?
And he *answered* **said**, I *am*.
21 And *Abner* **Abi Ner** said to him,
Turn thee aside **Spread** to thy right *hand* or to
thy left, and lay thee hold on one of the *young
men* **lads**, and take thee his *armour* **clothes**.
But *Asahel would* **Asa El willed to** not turn
aside from *following of* **after** him.
22 And *Abner* **Abi Ner**
said again **added to say** to *Asahel* **Asa El**,
Turn thee aside from *following* **after** me:
wherefore should I smite thee to the *ground*
earth? how then should I *hold up* **lift** my face
to *Joab* **Yah Ab** thy brother?
23 Howbeit he refused to turn aside:
wherefore *Abner* **Abi Ner**
with the *hinder end* **back** of the spear
smote him under the fifth *rib*,
that the spear *came out* **went** behind him;
and he fell *down* there,
and died *in the same place* **under it**:
and **so be** it *came to pass*,
that as many as came to the place
where *Asahel* **Asa El** fell *down* and died stood still.
24 *Joab* **Yah Ab** also and *Abishai* **Abi Shai**
pursued after *Abner* **Abi Ner**:
and the sun *went down* **descended**
when they were come to the hill of Ammah,
that lieth before Giah **at the face of Giach**
by the way of the wilderness of *Gibeon* **Gibon**.
25 And the *children* **sons** of *Benjamin* **Ben Yamin**
gathered themselves together after *Abner*
Abi Ner, and became one *troop* **band**,
and stood on the top of *an* **one** hill.
26 Then *Abner* **Abi Ner** called to *Joab* **Yah Ab**, and
said, Shall the sword devour *for ever* **in perpetuity**?
knowest thou not
that it *will* **shall** be *bitterness* **bitter** in the latter end?
how long shall it be then, ere thou *bid* **say to** the
people return from *following* **after** their brethren?
27 And *Joab* **Yah Ab** said, As *God* **Elohim** liveth,
unless thou hadst *spoken* **worded**,
surely then in the morning
the people had *gone up* **ascended**
every one **each man** from *following* **after** his brother.
28 So *Joab blew* **Yah Ab blasts** a *trumpet* **shophar**,
and all the people stood still,
and pursued after *Israel* **Yisra El** no more,
neither *fought they any more* **added they yet to fight**.
29 And *Abner* **Abi Ner** and his men walked all that night
through the plain, and passed over *Jordan* **Yarden**,
and went through all Bithron,
and they came to *Mahanaim* **Machanayim**.
30 And *Joab* **Yah Ab** returned
from *following Abner* **after Abi Ner**:
and when he had gathered all the people
together, there *lacked* **mustered** of David's
servants nineteen men and *Asahel* **Asa El**.
31 But the servants of David had smitten
of *Benjamin* **Ben Yamin**, and of *Abner's* **Abi Ner's** men,
so that three hundred and *threescore* **sixty** men died.
32 And they *took up Asahel* **lifted Asa El**,
and *buried* **entombed** him
in the *sepulchre* **tomb** of his father,
which was in *Bethlehem* **Beth Lechem**. And
Joab **Yah Ab** and his men went all night, and
they came to Hebron at *break of day* **light**.

THE HOUSE OF DAVID STRENGTHENED

3 Now there was long war
between the house of *Saul* **Shaul** and
between the house of David: but David
waxed stronger and stronger **walked on
strengthened**, and the house of Saul
waxed weaker and weaker **walked on poor**.

DAVID BIRTHS SONS

2 And unto David were sons *born* **birthed** in Hebron:
20 Then Abi Ner faces back and says, Are you Asa El?
And he says, I.
21 And Abi Ner says to him, Spread
to your right or to your left
and hold on to one of the lads and take his clothes.
— and Asa El wills to not turn aside from after him.
22 And Abi Ner adds to say to Asa El,
Turn aside from after me!
Why smite I you to the earth?
How then lift I my face to Yah Ab your brother?
23 And he refuses to turn aside:
and Abi Ner smites him under the
fifth with the back of the spear
so that the spear goes out behind him; and
there he falls and dies under it: and so be it,
all who come to the place where Asa
El falls and dies stand still:

24 and Yah Ab and Abi Shai pursue Abi Ner:
and the sun descends
and they come to the hill of Ammah at the face of Giach
by the way of the wilderness of Gibon:
25 and the sons of Ben Yamin
gather themselves together after Abi
Ner and become one band
and stand on the top of one hill.
26 And Abi Ner calls to Yah Ab and says, The
sword — devours it in perpetuity?
Know you not that it embitters in the latter end?
How long be it then, ere you say to the people
to return from after their brothers?
27 And Yah Ab says, Elohim lives:
unless you had worded,
surely then in the morning the people had
ascended each man from after his brother.
28 So Yah Ab blasts a shophar and
all the people stand still;
and neither pursue Yisra El any more,
nor add still to fight:
29 and Abi Ner and his men
walk all that night through the plain
and pass over Yarden and go through all
Bithron and come to Machanayim.
30 And Yah Ab returns from after Abi Ner:
and when he gathers all the people there are mustered,
of the servants of David, nineteen men and Asa El:
31 and the servants of David smite
of Ben Yamin and of the men of Abi Ner so
that three hundred and sixty men die.
32 And they lift Asa El
and entomb him in the tomb of his
father in Beth Lechem.
And Yah Ab and his men go all night
and come to Hebron at light.

THE HOUSE OF DAVID STRENGTHENS

3 And the war is long between the house of Shaul
and between the house of David:
and David walks on strengthened and
the house of Saul walks on poor.

DAVID BIRTHS SONS

2 And to David sons are birthed in Hebron:
and his *firstborn* **firstbirthed** was Amnon,
of *Ahinoam* **Achiy Noam** the *Jezreelitess* **Yizre Eliyth**;
3 And his second, *Chileab* **Kil Ab**, of *Abigail* **Abi Gail**
the *wife* **woman** of Nabal the *Carmelite* **Karmeliy**;
and the third,
Absalom **Abi Shalom** the son of Maachah
the daughter of *Talmai king* **Talmay**
sovereign of Geshur;
4 And the fourth,
Adonijah **Adoni Yah** the son of Haggith;
and the fifth,
Shephatiah **Shaphat Yah** the son of *Abital* **Abi Tal**;
5 And the sixth,
Ithream **Yithre Am**, by Eglah David's *wife* **woman**.
These were *born* **birthed** to David in Hebron.

ABI NER UNITES WITH DAVID

6 And **so be** *it came to pass*, while there was war
between the house of *Saul* **Shaul**
and **between** the house of David,
that *Abner made* **Abi Ner strengthened** himself *strong*
for the house of *Saul* **Shaul**.
7 And *Saul* **Shaul** had a concubine,
whose name was *Rizpah* **Rispah**,
the daughter of *Aiah* **Ajah**:
and *Ishbosheth* **he** said to *Abner* **Abi Ner**, Wherefore
hast thou gone in unto my father's concubine?
8 Then was *Abner very wroth* **Abi Ner mighty inflamed**
for the words of *Ishbosheth* **Ish Bosheth**,
and said, *Am* I a dog's head,
which against *Judah* **Yah Hudah**
do shew kindness **worketh mercy** this day
unto the house of *Saul* **Shaul** thy father,
to his brethren, and to his *friends* **companions**,
and have not *delivered* **presented** thee
into the hand of David,
that thou *chargest* **visitest** me to day
with a *fault* **perversion** concerning this woman?
9 So *do God* **work Elohim** to *Abner* **Abi Ner**,
and *more* **add** also, except,
as *the LORD* **Yah Veh** hath *sworn* **oathed**
to David, even so I *do* **work** to him;
10 To *translate* **pass over** the *kingdom* **sovereigndom**
from the house of *Saul* **Shaul**,
and to *set up* **raise** the throne of David
over *Israel* **Yisra El** and over *Judah* **Yah Hudah**,
from Dan even to *Beersheba* **Beer Sheba**.
11 And he could not
answer Abner **return Abi Ner** a word
again, because he *feared* **awed** him.
12 And *Abner* **Abi Ner**
sent *messengers* **angels** to David on his
behalf, saying, Whose is the land?
saying *also*, *Make* **Cut** thy *league* **covenant** with me,
and, behold, my hand shall be with thee,

to *bring* **turn** about all *Israel* **Yisra El** unto thee.
13 And he said, *Well* **Good**;
I *will make* **shall cut** a *league* **covenant** with
thee: but one *thing* **word** I *require* **ask** of thee,
that is **saying**, Thou shalt not see my face,
except thou first bring Michal *Saul's* **Shaul's** daughter,
when thou comest to see my face.
14 And David sent *messengers* **angels**
to *Ishbosheth* **Ish Bosheth,** *Saul's* **Shaul's** son, saying,
Deliver **Give** me my *wife* **woman** Michal,
which I *espoused* **betrothed** to me
for an hundred foreskins of the *Philistines* **Peleshethiy**.
15 And *Ishbosheth* **Ish Bosheth** sent,
and took her from her *husband* **man**,
even from *Phaltiel* **Phalti El** the son of *Laish* **Lush**.
16 And her *husband* **man** went with her
along **walking and** weeping behind
her to *Bahurim* **Bachurim**.
Then said *Abner* **Abi Ner** unto him, Go, return.
And he returned.
17 And *Abner* **Abi Ner** had *communication* **word**
with the elders of *Israel* **Yisra El**, saying,
Ye sought for David *in times past* **three yesters ago**
to be *king* **sovereign** over you:
18 Now then *do* **work** it:
and his firstbirthed:
Amnon of Achiy Noam the Yizre Eliyth;
3 and his second:
Kil Ab of Abi Gail the woman of N abal the Karmeliy;
and the third:
Abi Shalom the son of Maachah
the daughter of Talmay sovereign of Geshur;
4 and the fourth:
Adoni Yah the son of Haggith;
and the fifth:
Shaphat Yah the son of Abi Tal;
5 and the sixth:
Yithre Am of Eglah, the woman of Dav id:
these were birthed to David in Hebron.

ABI NER UNITES WITH DAVID

6 And so be it,
war becomes between the house of Shaul
and between the house of David;
and Abi Ner strengthens himself for the house of Shaul.
7 And Shaul has a concubine;
her name *is* Rispah the daughter of Ajah:
and he says to Abi Ner,
Why go you in the concubine of my father?
8 And Abi Ner inflames mightily for
the words of Ish Bosheth
and says, *Am* I the head of a dog because
I work Yah Hudah mercy this day
— to the house of Shaul your father and to
his brothers and to his companions
and present you not into the hand of David
for visiting me today
with a perversion concerning this woman?
9 O that Elohim work thus to Abi Ner, and add also;
except, as Yah Veh oathed to David,
even thus work I to him
10 — to pass the sovereigndom from the house of Shaul
and to raise the throne of David
over Yisra El and over Yah Hudah
from Dan even to Beer Sheba.
11 — and he cannot return Abi Ner a
word because he awes him.
12 And AbiNer
sends angels to David on his behalf,
saying, Whose is the land?
Saying, Cut your covenant with me and behold, my
hand *is* with you, to turn all Yisra El around to you.
13 And he says, Good; I cut a covenant with you:
only, I ask one word of you, saying, You not see my face,
unless you first bring Michal the daughter
of Shaul when you come to see my face.
14 And David sends angels
to Ish Bosheth the son of Shaul, saying,
Give me my woman Michal whom I betrothed to
me for a hundred foreskins of the Peleshethiy.
15 And Ish Bosheth sends and takes her from her man
— from Phalti El the son of Lush:
16 and her man goes with her
walking and weeping behind her to Bachurim.
And Abi Ner says to him, Go, return.
— and he returns.
17 And Abi Ner words with the elders of
Yisra El, saying, Three yesters ago
you sought David to be sovereign over you:
18 and now work it:
for *the LORD* **Yah Veh** hath *spoken* **said** of David,
saying, By the hand of my servant David
I *will* **shall** save my people *Israel* **Yisra El**
out of the hand of the *Philistines* **Peleshethiy**,
and out of the hand of all their enemies.
19 And *Abner* **Abi Ner**
also *spake* **worded** in the ears of *Benjamin* **Ben Yamin**:
and *Abner* **Abi Ner** went also
to *speak* **word** in the ears of David in Hebron
all that seemed good *to Israel* **in the eyes
of Yisra El**, and that seemed good

to **in the eyes of** the whole house
of *Benjamin* **Ben Yamin**.
20 So *Abner* **Abi Ner** came to David to Hebron,
and twenty men with him.
And David *made Abner* **worked Abi Ner**
and the men that were with him a *feast* **banquet**.
21 And *Abner* **Abi Ner** said unto David,
I *will* **shall** arise and go,
and *will* **shall** gather all *Israel* **Yisra El**
unto my *lord* **adoni** the *king* **sovereign**,
that they may *make* **cut** a *league* **covenant**
with thee, and that thou mayest reign
over all that *thine heart* **thy soul** desireth. And David
sent *Abner* **Abi Ner** away; and he went in *peace* **shalom**.

YAH AB DEATHIFIES ABI NER

22 And, behold, the servants of David and *Joab* **Yah Ab**
came from *pursuing* a troop,
and brought in a great spoil with them:
but *Abner* **Abi Ner** was not with David in Hebron;
for he had sent him away,
and he was gone in *peace* **shalom**.
23 When *Joab* **Yah Ab** and all the host
that was with him were come,
they told *Joab* **Yah Ab**, saying,
Abner **Abi Ner** the son of Ner came to the *king*
sovereign, and he hath sent him away,
and he is gone in *peace* **shalom**.
24 Then *Joab* **Yah Ab** came to the *king* **sovereign**,
and said, What hast thou *done* **worked**?
behold, *Abner* **Abi Ner** came unto thee;
why is it that thou hast sent him away,
and *he is quite gone* **in walking, he hath walked away**?
25 Thou knowest *Abner* **Abi Ner** the son of Ner,
that he came to *deceive* **entice** thee, and to know
thy *going out* **rising** and thy *coming in* **entering**,
and to know all that thou *doest* **workest**.
26 And when *Joab* **Yah Ab**
was come out **went** from David,
he sent *messengers* **angels** after *Abner* **Abi
Ner**, which *brought* **turned** him *again* from
the well of Sirah: but David knew it not.
27 And when *Abner* **Abi Ner** was returned to Hebron,
Joab took **Yah Ab turned** him aside in
the *gate* **midst of the portal**
to *speak* **word** with him *quietly* **serenely**,
and smote him there under the fifth *rib*, that he
died, for the blood of *Asahel* **Asa El** his brother.
28 And afterward when David heard it, he said,
I and my *kingdom* **sovereigndom** are *guiltless*
innocent *before the LORD for ever* **at the
face of Yah Veh eternally** from the blood
of *Abner* **Abi Ner** the son of Ner:
29 *Let it rest* **It wt aiteth** on the head of *Joab* **Yah Ab**,
and on all his father's house; and let there not
fail **be cut off** from the house of *Joab* **Yah Ab**
one that *hath an issue* **floweth**, or that is a leper,
or that *leaneth on* **holdeth** a *staff* **crutch**,
or that falleth on the sword, or that lacketh bread.
30 So *Joab* **Yah Ab**, and *Abishai* **Abi Shai** his brother
slew Abner **slaughtered Abi Ner**,
because he had *slain* **deathified**
their brother *Asahel* **Asa El**
at *Gibeon* **Gibon** in the *battle* **war**.
31 And David said to *Joab* **Yah Ab**,
and to all the people that were with him,
Rend **Rip** your clothes, and gird you with *sackcloth* **saq**,
for Yah Veh says of David,
saying, By the hand of my servant David
I save my people Yisra El
from the hand of the Peleshethiy, and
from the hand of all their enemies.
19 And AbiNer
also words in the ears of Ben Yamin:
and Abi Ner also goes
to word in the ears of David in Hebron all that seems
good in the eyes of Yisra El, and seems good
in the eyes of the whole house of Ben Yamin.
20 And Abi Ner comes to David to
Hebron with twenty men:
and David works a banquet
to Abi Ner and the men with him.
21 And Abi Ner says to David, I rise and go,
and gather all Yisra El to my adoni the sov
ereign to cut a covenant with you
to reign over all your soul desires.
— and David sends Abi Ner away;
and he goes in shalom.

YAH AB DEATHIFIES ABI NER

22 And, behold,
the servants of David and Yah Ab come from the troop
and bring in a great spoil with them:
and Abi Ner is not with David in Hebron;
for he sends him away and he goes in shalom.
23 And Yah Ab and all the host with him
come and tell Yah Ab, saying,
Abi Ner the son of Ner came to the
sovereign, and he sent him away,
and he goes in shalom.
24 And Yah Ab comes to the sovereign,
and says, What work you?

Behold, Abi Ner came to you.
Why sent you him away
— in walking, to walk away?
25 You know Abi Ner the son of Ner came to entice thee
— to know your rising and your entering,
— to know all you work.
26 And Yah Ab goes from David and
sends angels after Abi Ner
who turn him from the well of Sirah:
and David knows it not.
27 And Abi Ner returns to Hebron
and Yah Ab turns him aside midst the
portal to word with him serenely;
and smites him under the fifth,
so that he dies for the blood of Asa El his brother.
28 And afterward, David hears, and he says,
I and my sovereigndom are eternally
innocent at the face of Yah Veh
from the blood of Abi Ner the son of Ner:
29 it awaits on the head of Yah Ab and
on all the house of his father;
that there not be cut off from the house of Yah Ab
one who flows or is a leper or who holds a crutch
or who falls on the sword or who lacks bread.
30 And Yah Ab and Abi Shai his
brother slaughter Abi Ner,
because he deathified their brother
Asa El at Gibon in the war.
31 And David says to Yah Ab and to
all the people with him,
Rip your clothes and gird with saq;
and *mourn before Abner* **chop at the face of Abi Ner**.
And *king* **sovereign** David *himself followed*
the bier **walked after the bed**.
32 And they *buried Abner* **entombed Abi Ner** in Hebron:
and the *king* **sovereign** lifted *up* his voice, and
wept at the *grave* **tomb** of *Abner* **Abi Ner**;
and all the people wept.
33 And the *king* **sovereign** lamented over *Abner*
Abi Ner, and said, *Died as a fool dieth Abner*
Dieth Abi Ner the death of a fool?
34 Thy hands were not bound,
nor thy feet *put into fetters* **approached copper**:
as a man falleth *before* **at the face of** wicked *men* **sons**,
so fellest thou.
And all the people *wept again* **added to weep** over him.
35 And when all the people came
to cause David to *eat meat* **chew bread**
while it was *yet* **still** day,
David *sware* **oathed**, saying,
So do God **Thus work Elohim** to
me, and *more* may **add** also,
if I taste bread, or ought *else* **at all**, till
the face of the sun be down.
36 And all the people *took notice of* **recognized** it,
and it *pleased them* **was good in their eyes**:
as whatsoever the *king did* **sovereign worked**
pleased **was good in the eyes of** all the people.
37 For all the people and all *Israel* **Yisra El**
understood **knew** that day
that it was not of the *king* **sovereign**
to *slay Abner* **deathify Abi Ner** the son of Ner.
38 And the *king* **sovereign** said unto
his servants, Know ye not
that there is a *prince* **governor** and a great man
fallen this day in *Israel* **Yisra El**?
39 And I am this day *weak* **tender**, though
anointed *king* **sovereign**;
and these men the sons of *Zeruiah* **Seruyah**
be too hard for me:
the LORD **Yah Veh** shall *reward* **shalam**
the *doer* **worker** of evil according to his *wickedness* **evil**.

Ish Bosheth Is Deathified

4 And when *Saul's* **Shaul's** son heard
that *Abner was dead* **Abi Ner died** in Hebron,
his hands *were feeble* **slackened**,
and all the *Israelites* **Yisra Eliy** were *troubled* **terrified**.
2 And *Saul's* **Shaul's** son had two men
that were *captains* **governors** of *bands* **troops**:
the name of the one was Baanah,
and the name of the *other* **second** Rechab, the
sons of Rimmon a *Beerothite* **Beerothiy**, of the
children **sons** of *Benjamin* **Ben Yamin**:
(for Beeroth also was *reckoned* **fabricated**
to *Benjamin* **Ben Yamin**.
3 And the *Beerothites* **Beerothiy** fled to *Gittaim*
Gittayim, and were sojourners there until this day.)
4 And *Jonathan* **Yah Nathan**, *Saul's* **Shaul's** son,
had a son that was *lame* **smitten** of his
feet. He was **a son of** five years *old*
when the *tidings* **reports** came
of *Saul* **Shaul** and *Jonathan* **Yah Nathan**
out of *Jezreel* **Yizre El**,
and his *nurse took* **foster lifted** him *up*, and fled:
and **so be** it *came to pass*, as she made haste to
flee, that he fell, and *became lame* **limped**.
And his name was *Mephibosheth* **Mephi Bosheth**.
5 And the sons of Rimmon the *Beerothite* **Beerothiy**,
Rechab and Baanah, went,

and came about the heat of the day
to the house of *Ishbosheth* **Ish Bosheth,**
who lay on a bed at noon.
6 And they came thither into the midst of the house,
as though they *would have fetched* **should take** wheat;
and they smote him under the fifth *rib*:
and Rechab and Baanah his brother escaped.
7 Forwhentheycameintothehouse,
he lay on his bed in his bedchamber,
and they smote him, and *slew* **deathified** him,
and chop at the face of Abi Ner.
And sovereign David walks after the bed:
32 and they entomb Abi Ner in Hebron:
and the sovereign lifts his voice
and weeps at the tomb of Abi Ner;
and all the people weep.
33 And the sovereign laments over Abi Ner,
and says, Abi Ner — dies he the death of a fool?
34 Neither with hands bound
nor feet approaching copper
— as a man fallen at the face of wicked sons, you fall.
— and all the people add to weep over him.
35 And all the people come
to have David chew bread while it is still
day, and David oaths, saying,
Thus work Elohim to me, and add also,
if I taste bread or aught at all, until
the face of the sun downs.
36 And all the people recognize and
it is good in their eyes:
that whatever the sovereign works
is good in the eyes of all the people.
37 And that day,
all the people and all Yisra El know
it *was* not of the sovereign
to deathify Abi Ner the son of Ner.
38 And the sovereign says to his servants,
Know you not that a governor and a great
man is fallen this day in Yisra El?
39 And this day I *am* tender,
though anointed sovereign;
and these men — the sons of Seruyah
are too hard for me:
Yah Veh shalams the worker of evil according to his evil.

ISH BOSHETH IS DEATHIFIED

4 And when the son of Shaul hears
that Abi Ner dies in Hebron,
his hands slacken, and all the Yisra Eliy terrify.
2 And the son of Shaul has two men
— governors of troops:
the name of the one, Baanah
and the name of the second, Rechab
the sons of Rimmon a Beerothiy
of the sons of Ben Yamin:
for Beeroth is also fabricated to Ben Yamin.
3 And the Beerothiy flee to Gittayim, and
are sojourners there until this day.
4 And Yah Nathan, the son of Shaul,
has a son with smitten feet — a son of five years;
as the reports of Shaul and Yah
Nathan come from Yizre El;
and his foster lifts him, and flees: and so be it,
as she hastens to flee, he falls, and limps:
and his name is Mephi Bosheth.
5 And Rechab and Baanah
the sons of Rimmon the Beerothiy go,
and at about the heat of the day come to the house
of Ish Bosheth who lies down on a bed at noon:
6 and they come midst the house
as though to take wheat;
and smite him under the fifth:
and Rechab and Baanah his brother escape:
7 yes, they come into the house,
he lies down on his bed in his bedchamber;
and they smite him and deathify him
and *beheaded him* **twisted off his**
head, and took his head,
and *gat them away* **journeyed**
through the plain all night.
8 And they brought the head of *Ishbosheth* **Ish Bosheth**
unto David to Hebron, and said to the *king* **sovereign,**
Behold the head of *Ishbosheth* **Ish Bosheth**
the son of *Saul* **Shaul** thine enemy,
which sought thy *life* **soul;**
and *the LORD hath avenged* **Yah Veh**
giveth avengements to my *lord* **adoni**
the *king* **sovereign** this day
of *Saul* **Shaul**, and of his seed.
9 And David answered Rechab and Baanah his brother,
the sons of Rimmon the *Beerothite* **Beerothiy,**
and said unto them, *As the LORD* **Yah Veh**
liveth, who hath redeemed my soul
out of all *adversity* **tribulation,**
10 When one told me, saying, Behold,
Saul is dead **Shaul died,**
thinking to have brought good tidings
who in his own eyes became a bringer of evangelism,
I took hold of him,
and *slew* **slaughtered** him in *Ziklag* **Siqlag,**

who thought that I would have given him a reward
instead of giving him for his *tidings* **evangelism**:
11 *How much more* **Also**, when wicked men
have *slain* **slaughtered** a *righteous person*
just man in his own house upon his bed?
shall I not *therefore now require* **seek**
his blood of your hand,
and *take* **burn** you away from the earth?
12 And David *commanded* **misvahed** his *young men* **lads**,
and they *slew* **slaughtered** them,
and *cut* **chopped** off their hands and their feet,
and hanged them up over the pool in Hebron.
But they took the head of *Ishbosheth* **Ish Bosheth**,
and *buried* **entombed** it
in the *sepulchre* **tomb** of *Abner* **Abi Ner** in Hebron.

DAVID ANOINTED SOVEREIGN

5 Then came all the *tribes* **scions** of *Israel* **Yisra El**
to David unto Hebron, and *spake* **said**, saying,
Behold, we are thy bone and thy flesh.
2 Also *in time past* **three yesters ago**, when
Saul **Shaul** was *king* **sovereign** over us, thou
wast he that *leddest* **broughtest** out
and broughtest in *Israel* **Yisra El**:
and *the LORD* **Yah Veh** said to thee,
Thou shalt *feed* **tend** my people *Israel* **Yisra El**,
and thou shalt be *a captain* **eminent** over *Israel* **Yisra El**.
3 So all the elders of *Israel* **Yisra El**
came to the *king* **sovereign** to Hebron;
and *king* **sovereign** David
made **cut** a *league* **covenant** with them in Hebron
before the LORD **at the face of Yah Veh**:
and they anointed David
king **sovereign** over *Israel* **Yisra El**.
4 David was **a son of** thirty years *old*
when he began to reign, and he reigned forty years.
5 In Hebron he reigned over *Judah* **Yah Hudah**
seven years and six months: and in *Jerusalem*
Yeru Shalem he reigned thirty and three years
over all *Israel* **Yisra El** and *Judah* **Yah Hudah**.
6 And the *king* **sovereign** and his men
went to *Jerusalem* **Yeru Shalem** unto the *Jebusites*
Yebusiy, the *inhabitants* **settlers** of the land:
which *spake* **said** unto David, saying,
Except thou *take away* **turn aside**
the blind and the lame,
thou shalt not come in hither:
thinking **saying**, David cannot come in hither.
7 *Nevertheless*
David *took* **captured** the strong hold of *Zion* **Siyon**:
the same is **being** the city of David.
8 And David said on that day,
Whosoever *getteth up* **toucheth** to the *gutter*
culvert, and smiteth the *Jebusites* **Yebusiy**,
and the lame and the blind,
and twist off his head;
and they take his head
and journey through the plain all night.
8 And they bring the head of Ish
Bosheth to David to Hebron;
and say to the sovereign,
Behold the head of Ish Bosheth
the son of Shaul your enemy who sought your soul;
and this day Yah Veh gives
my adoni the sovereign avengements
of Shaul and of his seed.
9 And David answers Rechab and Baanah his
brother the sons of Rimmon the Beerothiy
and says to them, Yah Veh lives,
who redeems my soul from all tribulation,
10 when one told me, saying, Behold, Shaul died,
who in his own eyes became a bringer of evangelism,
I held him and slaughtered him in Siqlag
— instead of giving him for his evangelism:
11 also, when wicked men slaughter a just
man in his own house on his bed:
so now, Seek I not his blood from your hand?
— burn you away from the earth?
12 And David misvahs his lads;
and they slaughter them
and chop off their hands and their feet and
hang them over the pool in Hebron: and
they take the head of Ish Bosheth
and entomb it in the tomb of Abi Ner in Hebron.

DAVID ANOINTED SOVEREIGN

5 Then all the scions of Yisra El
come to David to Hebron, and say, saying,
Behold, we are your bone and your flesh.
2 Also three yesters ago,
when Shaul was sovereign over us,
it was you who brought out and brought in Yisra El:
and Yah Veh said to you,
Tend my people Yisra El! Be eminent over Yisra El!
3 So all the elders of Yisra El come
to the sovereign to Hebron;
and sovereign David
cuts a covenant with them in Hebron
at the face of Yah Veh:
and they anoint David sovereign over Yisra El.

4 David is a son of thirty years when he begins to reign;
and he reigns forty years.
5 In Hebron he reigns over Yah Hudah
seven years and six months:
and in Yeru Shalem
he reigns thirty—three years over
all Yisra El and Yah Hudah.
6 And the sovereign and his men go to Yeru
Shalem to the Yebusiy, the settlers of the land:
who say to David, saying,
Unless you turn aside the blind and
the lame, enter not here:
and saying, David enters not here.
7 And David captures the stronghold
of Siyon the city of David:
8 and David says on that day,
Whoever touches to the culvert, and smites the Yebusiy
and the lame and the blind,
that are hated of David's soul,
he shall be chief and captain.
Wherefore they said,
The blind and the lame shall not come into the house.
9 So David *dwelt* **settled** in the *fort* **stronghold**,
and called it the city of David.
And David built round about from Millo
and inward **the house**.
10 And **in walking,** David *went* **walked** on,
and *grew great* **walked and greatened**,
and *the LORD God of hosts* **Yah Veh Elohim Sabaoth**
was with him.
11 And Hiram *king* **sovereign** of *Tyre* **Sor**
sent *messengers* **angels** to David,
and cedar trees, and *carpenters* **artificers of
timber**, and *masons* **artificers of the stone for
the wall**: and they built David an house.
12 And David perceived that *the LORD* **Yah Veh**
had established him *king* **sovereign** over
Israel **Yisra El**, and that he had *exalted*
lifted his *kingdom* **sovereigndom**
for his people *Israel's* **Yisra El's** sake.
13 And David took him
more concubines and *wives* **women**
out of *Jerusalem* **Yeru Shalem**, after
he was come from Hebron:
and there were yet sons and daughters
born **birthed** to David.
14 And these be the names of those
that were *born* **birthed** unto him in *Jerusalem*
Yeru Shalem; Shammuah, and Shobab,
and Nathan, and *Solomon* **Shelomoh**,
15 *Ibhar* **Yibchar** also, and *Elishua* **EliShua**,
and Nepheg, and *Japhia* **Yaphia**,
16 And *Elishama* **Eli Shama**, and *Eliada*
El Ad, and *Eliphalet* **Eli Phelet**.
17 But when the *Philistines* **Peleshethiy** heard
that they had anointed David *king* **sovereign** over
Israel **Yisra El**, all the *Philistines* **Peleshethiy**
came up **ascended** to seek David;
and David heard of it,
and *went down* **descended** to the hold.
18 The *Philistines* **Peleshethiy** also came
and *spread* **dispersed** *themselves*
in the valley of Rephaim.
19 And David *enquired* **asked** of *the
LORD* **Yah Veh**, saying,
Shall I *go up* **ascend** to the *Philistines* **Peleshethiy**?
wilt **shalt** thou *deliver* **give** them into mine hand?
And *the LORD* **Yah Veh** said unto David, *Go up* **Ascend**:
for **in giving,** I *will doubtless deliver* **shall give**
the *Philistines* **Peleshethiy** into thine hand.
20 And David came to *Baalperazim* **Baal Perasim**,
and David smote them there, and said,
The LORD **Yah Veh**
hath *broken forth* **breached** upon mine enemies *before
me* **at my face**, as the breach of waters. Therefore he
called the name of that place *Baalperazim* **Baal Perasim**.
21 And there they left their *images* **idols**,
and David and his men *burned* **lifted** them **away**.
22 And the *Philistines* **Peleshethiy**
came up yet again **added to ascend,**
and *spread* **dispersed** *themselves*
in the valley of Rephaim.
23 And when David *enquired* **asked** of *the LORD*
Yah Veh, he said, Thou shalt not *go up* **ascend**;
but *fetch a compass* **go about** behind them,
and come upon them
over against **opposite** the *mulberry trees* **weepers**.
24 And *let it be* **it becometh**,
when thou hearest the *sound* **voice** of *a going* **marching**
in the tops of the *mulberry trees* **weepers**,
that then thou shalt *bestir thyself* **point**:
for then shall *the LORD* **Yah Veh**
go *out before thee* **at thy face**,
to smite the *host* **camp** of the *Philistines* **Peleshethiy**.
25 And David *did* **worked** so,
as *the LORD* **Yah Veh** had *commanded* **misvahed** him;
and smote the *Philistines* **Peleshethiy**
from Geba until thou come to *Gazer* **Gezer**.
whom the soul of David hates.
— because they say,

The blind and the lame enter not into the house.
9 So David settles in the stronghold,
and calls it the city of David;
and David builds the house all around from Millo:
10 and in walking, David walks
— walks and greatens;
and Yah Veh Elohim Sabaoth is with him.
11 And Hiram sovereign of Sor sends angels to David
— and cedar trees and artificers of timber
and artificers of the stone for the wall;
and they build David a house:
12 and David perceives that Yah Veh establishes
him sovereign over Yisra El;
and that he lifts his sovereigndom
for sake of his people Yisra El.
13 And David takes more concubines
and women from Yeru Shalem,
after coming from Hebron:
and sons and daughters are birthed to Davi d.
14 And these are the names of those
birthed unto him in Yeru Shalem:
Shammuah and Shobab and Nathan and Shelomoh
15 and Yibchar and Eli Shua and Nepheg and Yaphia
16 and Eli Shama and El Ad and Eli Phelet.
17 And the Peleshethiy hear
that they anoint David sovereign over Yisra El,
all the Peleshethiy ascend to seek David;
and David hears thereof and descends to the hold:
18 and the Peleshethiy come
and disperse in the valley of Rephaim.
19 And David asks Yah Veh, saying, Ascend I to the
Peleshethiy? Give you them into my hand?
And Yah Veh says to David, Ascend!
For in giving, I give the Peleshethiy into your hand.
20 And David comes to Baal Perasim, and
David smites them there, and says,
Yah Veh breaches my enemies at my face
as the breach of waters:
so he calls the name of that place
Baal Perasim/Baal Breach.
21 And there they leave their idols, and
David and his men lift them away:
22 and the Peleshethiy add to ascend
and to disperse in the valley of Rephaim.
23 And David asks of Yah Veh, and he says, Ascend not;
but go around behind them,
and come upon them opposite the weepers:
24 and so be it,
when you hear the voice of marching
in the tops of the weepers,
then you point:
for then Yah Veh goes at your face, to
smite the camp of the Peleshethiy.
25 And thus David works as Yah Veh misvahs him;
and smites the Peleshethiy
from Geba until you come to Gezer.

ARK BROUGHT TO YERU SHALEM

6 *Again,* David *gathered together* **added to gather**
all the chosen *men* of *Israel* **Yisra El**, thirty thousand.
2 And David arose, and went with all the people that
were with him from Baale *of Judah* **Yah Hudah**,
to *bring up* **ascend** from thence the ark of *God*
Elohim, whose name is called by the name of
the LORD of hosts **Yah Veh Sabaoth**
that *dwelleth* **settleth**
between **upon** the *cherubims* **cherubim**.
3 And they *set* **rode** the ark of *God* **Elohim**
upon a new *cart* **wagon**, and *brought* **lifted** it out
of the house of *Abinadab* **Abi Nadab**
that was in *Gibeah* **Gibah**:
and Uzzah and *Ahio* **Achyo**,
the sons of *Abinadab* **Abi Nadab**,
drave the new *cart* **wagon**.
4 And they *brought* **lifted** it out
of the house of *Abinadab* **Abi Nadab**
which was at *Gibeah* **Gibah**, accompanying
the ark of *God* **Elohim**:
and *Ahio went before* **Achyo walked**
at the face of the ark.
5 And David and all the house of *Israel* **Yisra El**
played **entertained**
before the LORD **at the face of Yah Veh**
on all manner of
instruments made of fir wood **cypress timber**,
even on harps, and on *psalteries* **bagpipes**,
and on *timbrels* **tambourines**, and on *cornets* **sistrums**,
and on cymbals.
6 And when they came
to Nachon's threshingfloor,
Uzzah *put* **sent** forth *his hand* to the ark of *God* **Elohim**,
and took hold of it; for the oxen *shook* **released** it.
7 And the *anger* **wrath** of *the LORD* **Yah Veh**
was kindled against Uzzah;
and *God* **Elohim** smote him there
for his *error* **deception**;
and there he died by the ark of *God* **Elohim**.
8 And David was *displeased* **inflamed**,
because *the LORD* **Yah Veh**
had *made* **breached** a breach upon Uzzah:

and he called the name of the place
Perezuzzah **Peres Uzzah** to this day.
9 And David
was *afraid of the LORD* **awed of Yah Veh** that day,
and said,
How shall the ark of *the LORD* **Yah Veh** come to me?
10 SoDavid*would***wiledtonot***remove***turnaside**
the ark of *the LORD* **Yah Veh** unto
him into the city of David:
but David *carried aside* **spread** it into
the house of *Obededom* **Obed Edom** the *Gittite* **Gittiy**.
11 And the ark of *the LORD continued* **Yah Veh settled**
in the house of *Obededom* **Obed Edom** the *Gittite* **Gittiy**
three months:
and *the LORD* **Yah Veh** blessed *Obededom*
Obed Edom, and all his household.
12 And it was told *king* **sovereign** David, saying,
The LORD **Yah Veh** hath blessed
the house of *Obededom* **Obed Edom**,
and all that *pertaineth* **be** unto him,
because of the ark of *God* **Elohim**.
So David went
and *brought up* **ascended** the ark of *God* **Elohim**
from the house of *Obededom* **Obed Edom**
into the city of David with *gladness* **cheerfulness**.
13 And it *was so* **became**,
that when they that bare the ark of *the LORD* **Yah Veh**
had *gone* **paced** six paces, he sacrificed oxen and fatlings.
14 And David *danced* **twirled**
before the LORD **at the face of Yah Veh**
with all *his might* **strength**;
and David was girded with a linen ephod.
15 SoDavidandallthehouseo*lsfrae*Y*l* **israEl**
brought up **ascended** the ark of *the LORD* **Yah Veh**
with shouting,
and with the *sound* **voice** of the *trumpet* **shophar**.

6 And David adds to gather
all the chosen of Yisra El — thirty thousand:
2 and David rises with all the people with him
and goes from Baal Yah Hudah;
to ascend the ark of Elohim from there
— which is called by the Name
— the Name, Yah Veh Sabaoth
— that settles upon the cherubim.
3 And they ride the ark of Elohim on a new wagon;
and lift it from the house of Abi Nadab in
Gibah: and Uzzah and Achyo the sons of
Abi Nadab drive the new wagon:
4 and they lift it
from the house of Abi Nadab at Gibah,
and accompany the ark of Elohim:
and Achyo walks at the face of the ark.
5 And David and all the house of Yisra El
entertain at the face of Yah Veh
on all manner of cypress timber
— on harps and on bagpipes
and on tambourines and on sistrums and on cymbals.
6 And they come to the threshingfloor of Nachon;
and Uzzah sends to the ark of Elohim and holds it;
for the oxen had released it:
7 and Yah Veh kindles his wrath against Uzzah;
and Elohim smites him there for his deception;
and there he dies by the ark of Elohim.
8 And David inflames,
because Yah Veh breaches a breach on Uzzah:
and he calls the name of the place
Peres Uzzah/Breach of Strength to this day.
9 And David awes Yah Veh that day and says,
How comes the ark of Yah Veh to me?
10 And David wills to not turn aside
the ark of Yah Veh to him to the city of David:
and David spreads it
to the house of Obed Edom the Gittiy:
11 and the ark of Yah Veh
settles in the house of Obed Edom
the Gittiy three months:
and Yah Veh blesses Obed Edom and all his house.
12 And they tell sovereign David, saying,
Yah Veh blesses the house of Obed Edom and all he has
because of the ark of Elohim.
— and David goes and ascends the ark of
Elohim from the house of Obed Edom
to the city of David with cheerfulness.
13 And so be it,
they who bear the ark of Yah Veh pace six
paces and he sacrifices oxen and fatlings:
14 and David twirls at the face of Yah
Veh with all strength;
and David girts with a linen ephod:
15 and David and all the house of Yisra El
ascend the ark of Yah Veh with shouting
and with the voice of the shophar.
16 And as the ark of *the LORD* **Yah Veh**
came into the city of David, Michal
Saul's **Shaul's** daughter
looked through a window, and saw *king* **sovereign** David
leaping and *dancing* **twirling**
before the LORD **at the face of Yah Veh**;
and she despised him in her heart.
17 And they brought in the ark of *the*
LORD **Yah Veh**, and set it in his place,
in the midst of the *tabernacle* **tent**

that David had *pitched* **spread** for it:
and David *offered burnt offerings*
holocausted holocausts
and *peace offerings* **shelamim**
before the LORD **at the face of Yah Veh.**
18 And as soon as David *had made an end of* **finished**
offering burnt offerings **holocausting holocausts**
and *peace offerings* **shelamim**, he blessed the people
in the name of *the LORD of hosts* **Yah Veh Sabaoth.**
19 And he *dealt* **allotted** among all the people,
even among the whole multitude of *Israel*
Yisra El, as well to the women as men,
to every *one a* **man one** cake of bread,
and *a good piece* **one portion** *of flesh*, and
a flagon **one cake** of *wine* **bread.**
So all the people *departed* **went**
every one **each man** to his house.
20 Then David returned to bless his household.
And Michal the daughter of *Saul* **Shaul**
came out **went** to meet David, and
said, How *glorious* **honourable**
was the *king* **sovereign** of *Israel* **Yisra El** to day,
who *uncovered* **exposed** himself to day
in the eyes of the *handmaids* **maids** of his servants,
as one of the vain *fellows* shamelessly
uncovereth himself!
21 And David said unto Michal,
It was *before the LORD* **at the face of Yah Veh,**
which chose me *before* **at the face of** thy father,
and *before* **at the face of** all his house,
to *appoint* **misvah** me *ruler* **eminent**
over the people of *the LORD* **Yah**
Veh, over *Israel* **Yisra El**:
therefore *will* **shall** I *play* **entertain**
before the LORD **at the face of Yah Veh.**
22 And I *will* **shall** *yet* be more *vile* **abased** than thus,
and *will* **shall** be *base* **lowly** in mine own *sight* **eyes**:
and of the *maidservants* **maids**
which thou hast *spoken of* **said,**
of them shall I be *had in honour* **honoured.**
23 ThereforeMichalthedaughtero*SfauSl* **haul**
had no child unto the day of her death.

THE HOUSE OF YAH VEH

7 And **so be** it *came to pass*,
when the *king sat* **sovereign settled** in his house,
and *the LORD* **Yah Veh** had given him rest
round about from all his enemies;
2 That the *king* **sovereign** said unto Nathan the
prophet, See now, I *dwell* **settle** in an house of cedar,
but the ark of *God* **Elohim**
dwelleth **settleth** within curtains.
3 And Nathan said to the *king* **sovereign**, Go,
do **work** all that is in thine heart;
for *the LORD* **Yah Veh** is with thee.
4 And **so be** it *came to pass*, that night, that
the word of *the LORD* **Yah Veh**
came unto Nathan, saying,
5 Go and *tell* **say to** my servant David,
Thus saith *the LORD* **Yah Veh,**
Shalt thou build me an house for me to *dwell* **settle** in?
6 Whereas I have not *dwelt* **settled** in *any* **a** house
since **from** the *time* **day** that I *brought up* **ascended**
the *children* **sons** of *Israel* **Yisra El** out of
Egypt **Misrayim**, even to this day,
but have walked in a tent and in a tabernacle.
7 Inal*theplaces*whereinIhavewalked
with all the *children* **sons** of *Israel* **Yisra El**
spake **worded** I a word
with *any* **one** of the *tribes* **scions** of *Israel* **Yisra El,**
16 And as the ark of Yah Veh
comes to the city of David,
Michal the daughter of Shaul looks through a window
and sees sovereign David leaping and
twirling at the face of Yah Veh:
and she despises him in her heart.
17 And they bring the ark of Yah Veh and set it in place
midst the tent David spread for it:
and David holocausts holocau sts and
shelamim at the face of Yah Veh:
18 and as soon as David finishes holocausting
holocausts and shelamim,
he blesses the people
in the name of Yah Veh Sabaoth:
19 and he allots among all the people
— among the whole multitude of Yisra
El as well to the women as men
— to every man
one cake of bread and one portion and one cake of fig.
— and all the people go — each man to his house.
20 And David returns to bless his household:
and Michal the daughter of Shaul
goes to meet David and says,
How honorable — the sovereign of Yisra El today,
who exposes himself today
in the eyes of the maids of his servants
as one of the vain shamelessly uncovers himself!
21 And David says to Michal, It is at the face of Yah Veh
who chose me
at the face of your father and at the face
of all his house, to misvah me

eminent over the people of Yah Veh — over Yisra El:
therefore I entertain at the face of Yah Veh:
22 and I abase more than this
— lowly in my own eyes:
and the maids of which you say, of them I am honored.
23 As for Michal the daughter of Shaul, she
has no child to the day of her death.

THE HOUSE OF YAH VEH

7 And so be it,
the sovereign settles in his house;
and Yah Veh gives him rest
all around from all his enemies.
2 And the sovereign says to Nathan the prophet,
See, I pray you, I settle in a house of cedar, but
the ark of Elohim settles within curtains.
3 And Nathan says to the sovereign, Go,
work all that is in your heart; for Yah Veh is with you.
4 And so be it, that night,
the word of Yah Veh comes to Nathan, say ing,
5 Go and say to my servant David, Thus says Yah Veh,
You — build me a house to settle in?
6 I settled not in a house from the day
I ascended the sons of Yisra El from
Misrayim even to this day;
and walked in a tent and in a tabernacle.
7 In all wherein I walked with all the sons of Yisra El
worded I a word with one of the scions of Yisra El,
whom I *commanded* **misvahed**
to *feed* **tend** my people *Israel* **Yisra El,**
saying, Why build ye not me an house of cedar?

YAH VEH SABAOTH CUTS A COVENANT WITH DAVID

8 Now therefore
so **thus** shalt thou say unto my servant David,
Thus saith *the LORD of hosts* **Yah Veh Sabaoth,**
I took thee from the *sheepcote* **habitation of
rest**, from *following* **after** the *sheep* **flock,**
to be *ruler* **eminent** over my people, over *Israel* **Yisra El**:
9 And I was with thee whithersoever thou
wentest, and have cut off all thine enemies
out of **from** thy *sight* **face,**
and have *made* **worked** thee a great name,
like unto the name of the great *men* that are in the earth.
10 Moreover I *will appoint* **shall set** a place
for my people *Israel* **Yisra El,**
and *will* **shall** plant them,
that they may *dwell* **tabernacle** in a place of
their own, and *move* **quiver** no more;
neither shall the *children* **sons** of wickedness
afflict **add to abase** them *any more,*
as *beforetime* **formerly,**
11 And as *since* **from** the *time* **day**
that I *commanded* **misvahed** judges to
be over my people *Israel* **Yisra El,**
and have caused thee to rest from all thine enemies.
Also *the LORD* **Yah Veh** telleth thee
that he *will make* **shall work** thee an house.
12 And when thy days be fulfilled,
and thou shalt *sleep* **lie down** with thy fathers,
I *will set up* **shall raise** thy seed after thee, which
shall *proceed* **go** out of thy *bowels* **inwards,** and I
will **shall** establish his *kingdom* **sovereigndom.**
13 Heshalbuildanhouseformyname,
and I *will stablish* **shall establish** the throne
of his *kingdom for ever* **sovereigndom eternally.**
14 I *will* **shall** be *his* **for him,** father, and he shall
be *my* **for me,** son. If he *commit iniquity* **pervert,**
I *will chasten* **shall reprove** him with the *rod*
scion of men, and with the *stripes* **plagues**
of the *children* **sons** of *men* **humanity**:
15 But my mercy
shall not *depart away* **turn aside** from him, as
I *took* **turned** it **aside** from *Saul* **Shaul,**
whom I *put away before thee* **turned aside from thy face.**
16 And thine house and thy *kingdom* **sovereigndom**
shall be *established for ever* **permanent eternally**
before thee **at thy face**:
thy throne shall be established *for ever* **eternally.**
17 According to all these words, and
according to all this vision,
so did Nathan *speak* **word** unto David.

A PRAYER OF DAVID

18 Then went *king* **sovereign** David in,
and *sat before the LORD* **settled at the face
of Yah Veh**, and he said, Who am I, O *Lord
GOD* **Adonay Yah Veh**? and what is my house,
that thou hast brought me hitherto?
19 And this was yet *a small thing* **little** in thy
sight **eyes,** O *Lord GOD* **Adonay Yah Veh**;
but thou hast *spoken* **worded** also of thy servant's house
for a great while to come **afar off.**
And is this the *manner* **torah** of *man* **humanity,**
O *Lord GOD* **Adonay Yah Veh**?
20 And what *can* **addeth** David
say more **to word** unto thee?
for thou, *Lord GOD* **Adonay Yah
Veh**, knowest thy servant.

21 For thy word's sake, and according to
thine own heart, hast thou *done* **worked**
all these *great things* **greatnesses**,
to make thy servant know them.
22 Wherefore thou art great,
O *LORD God* **Yah Veh Elohim**:
for there is none like thee,
neither *is* **be** there *any God* **elohim** beside thee,
according to all that we have heard with our ears.
whom I misvahed to tend my people Yisra El,
saying, Why not build me a house of cedar?

YAH VEH SABAOTH CUTS A COVENANT WITH DAVID

8 Now say thus to my servant David,
Thus says Yah Veh Sabaoth,
I took you from the habitation of rest
— from after the flock to be eminent over my people
— over Yisra El:
9 and I am with you wherever you go;
and cut off all your enemies from your face:
and work you a great name
as the name of the great in the earth:
10 and I set a place for my people Yisra El
and plant them to tabernacle in their own
place that they neither quiver any more
nor that the sons of wickedness add to abase them
— as formerly
11 — as from the day I misvahed judges
to be over my people Yisra El
and rested you from all your enemies:
and Yah Veh tells you that he works you a house.
12 And when your days fulfill
and you lie down with your fathers,
I raise your seed after you
who come from your inwards;
and I establish his sovereigndom:
13 he builds a house for my name
and I establish the throne of his sovereigndom eternally.
14 I become to him, father and he becomes to me, son.
If he perverts,
I reprove him with the scion of men
and with the plagues of the sons of humanity:
15 but my mercy turns not aside from him
as I turned it aside from Shaul
— whom I turned aside from your face:
16 and your house and your sovereigndom
are permanent — eternally at your face:
your throne is established eternally.
17 — according to all these words and
according to all this vision,
Nathan worded to David.

A PRAYER OF DAVID

18 Then sovereign David goes in and
settles at the face of Yah Veh
and he says, Who am I, O Adonay Yah Veh?
What is my house, that you bring me here?
19 And this is yet little in your eyes, O Adonay Yah Veh;
and you also word
of the house of your servant afar off.
And is this the torah of humanity,
O Adonay Yah Veh?
20 What adds David to word to you?
For you, Adonay Yah Veh, know your servant:
21 for sake of your word
and according to your own heart you
worked all these greatnesses
— so that your servant knows them.
22 Therefore you are great, O Yah Veh Elohim:
for there is none like you — no elohim beside
you according to all we hear with our ears.
23 And what one *nation* **goyim** in the earth
is *like* **as** thy people, *even like Israel* **as Yisra
El**, whom *God* **Elohim** went to redeem
for a people to himself, and to *make* **set** him a name,
and to *do* **work** for you great *things* and *terrible*
awesome, for thy land, *before* **at the face of** thy people,
which thou redeemedst to thee from *Egypt* **Misrayim**,
from the *nations* **goyim** and their *gods* **elohim**?
24 For thou hast *confirmed* **established** to
thyself thy people *Israel* **Yisra El**
to be a people unto thee *for ever* **eternally**:
and thou, *LORD* **Yah Veh**, art become their *God* **Elohim**.
25 And now, O *LORD God* **Yah Veh Elohim**,
the word that thou hast *spoken* **worded**
concerning thy servant, and concerning his house,
establish **raise** it *for ever* **eternally**, and
do **work** as thou hast *said* **worded**.
26 And let thy name
be *magnified for ever* **greatened eternally**, saying,
The LORD of hosts **Yah Veh Sabaoth** is *the God*
Elohim over *Israel* **Yisra El**: and let the house of thy
servant David be established *before thee* **at thy face**.
27 For thou, O *LORD of hosts* **Yah Veh Sabaoth**,
God **Elohim** of *Israel* **Yisra El**,
hast *revealed to* **exposed in the ear of** thy servant,
saying, I *will* **shall** build thee an house:

therefore hath thy servant found in his
heart to pray this prayer unto thee.
28 And now, O *Lord GOD* **Adonay Yah Veh**, thou
art that *God* **Elohim**, and thy words be true,
and thou hast *promised* **worded** this
goodness unto thy servant:
29 Therefore now *let it please thee* **mayest thou will**
to bless the house of thy servant, that it may
continue *for ever* **eternally** *before thee* **at thy face**:
for thou, O *Lord GOD* **Adonay Yah
Veh**, hast *spoken* **worded** it:
and with thy blessing let the house of thy
servant be blessed *for ever* **eternally**.

The Triumphs Of David

8 And after this **so be** it *came to pass*,
that David smote the *Philistines* **Peleshethiy**,
and subdued them:
and David took *Methegammah* **Metheg Ha Ammah**
out of the hand of the *Philistines* **Peleshethiy**.
2 And he smote Moab, and measured them with a line,
casting **making** them **lie** down to the *ground* **earth**;
even with two lines measured he to *put to death*
deathify, and with one full line to keep alive.
And *so* the *Moabites* **Moabiy** became David's servants,
and *brought gifts* **lifted offerings**.
3 David smote also *Hadadezer* **Hadad Ezer**,
the son of *Rehob* **Rechob**, *king* **sovereign** of *Zobah*
Sobah, as he went to *recover* **turn back** his *border* **hand**
at the river Euphrates.
4 And David *took* **captured** from him a thousand
chariots, and seven hundred *horsemen* **cavalry**,
and twenty thousand *footmen* **men on foot**:
and David *houghed* **uprooted/hamstrung**
all the chariot *horses*,
but *reserved* **remained** of them *for* an hundred chariots.
5 AndwhentheSyrians**Aramiy**of*Damascus***Dammeseq**
came to *succour Hadadezer* **help Hadad Ezer**,
king **sovereign** of *Zobah* **Sobah**,
David *slew* **smote** of the *Syrians* **Aramiy**
two and twenty thousand men.
6 Then David *put garrisons* **set stations**
in *Syria* **Aram** of *Damascus* **Dammeseq**:
and the *Syrians* **Aramiy** became servants to
David, and *brought gifts* **lifted offerings**.
And *the LORD preserved* **Yah Veh saved** David
whithersoever he went.
7 And David took the shields of gold
that were on the servants of *Hadadezer* **Hadad Ezer**,

23 And what one goyim in the earth is as your people
— as Yisra El,
whom Elohim comes to redeem
— a people to himself;
— to set him a name and to work for you
great and awesome for your land
at the face of your people
whom you redeemed to yourself from Misrayim
— from the goyim and their elohim?
24 Yes, you establish your people Yisra El to yourself
to become your people eternally:
and you, Yah Veh, to become their Elohim.
25 And now, O Yah Veh Elohim, the word you word
concerning your servant and concerning his
house, raise it eternally and work as you word.
26 And greaten your name eternally, saying, Yah
Veh Sabaoth — Elohim over Yisra El:
and establish the house of your servant David
at your face.
27 For you, O Yah Veh Sabaoth, Elohim of Yisra
El, exposed in the ear of your servant, saying,
I build you a house:
therefore your servant finds in his
heart to pray this prayer to you.
28 And now, O Adonay Yah Veh,
you are that Elohim and your words are true
and you word this goodness to your servant:
29 and now,
may you will to bless the house of your
servant, to continue eternally at your face:
for you, O Adonay Yah Veh, worded:
and with your blessing
bless the house of your servant eternally.

The Triumphs Of David

8 And so be it, afterward,
David smites the Peleshethiy and subdues them:
and David takes Metheg Ha Ammah
from the hand of the Peleshethiy:
2 and he smites Moab and measures them with
a line, having them lie down to the earth;
and he measures two lines to deathify
and with one full line to live.
And the Moabiy become servants
of David to lift offerings.
3 And David smites Hadad Ezer
the son of Rechob sovereign of Sobah
as he goes to turn back his hand
at the river Euphrates:
4 and David captures from him

a thousand and seven hundred cavalry
and twenty thousand men on foot:
and David uproots/hamstrings all the cha riots;
only, a hundred of their chariots remain.
5 And when the Aramiy of Dammeseq
come to help Hadad Ezer sovereign of Sobah, David
smites of the Aramiy twenty—two thousand men:
6 and David sets stations in Aram of
Dammeseq:
and the Aramiy become servants to David
to lift offerings.
And Yah Veh saves David wherever he goes.
7 And David takes the shields of gold
on the servants of Hadad Ezer
and brought them to *Jerusalem* **Yeru Shalem**.
8 Andfrom*Betah***Betach**,andfromBerothai,
cities of *Hadadezer* **Hadad Ezer**,
king **sovereign** David took
exceeding much brass **mighty abounding copper**.
9 When Toi *king* **sovereign** of Hamath
heard that David had smitten all the *host* **valiant**
of *Hadadezer* **Hadad Ezer**,
10 Then Toi sent *Joram* **Yah Ram** his son
unto *king* **sovereign** David,
to *salute* **ask shalom of** him, and to bless him,
because he had fought against *Hadadezer*
Hadad Ezer, and smitten him:
for *Hadadezer* **Hadad Ezer**
had **been a man of** wars with Toi.
And *Joram brought with him* **in his hand were**
vessels **instruments** of silver, and
vessels **instruments** of gold,
and *vessels* **instruments** of *brass* **copper**:
11 Which also *king* **sovereign** David
did dedicate **hallowed** unto *the LORD* **Yah Veh**,
with the silver and gold that he had *dedicated* **hallowed**
of all *nations* **goyim** which he subdued;
12 Of *Syria* **Aram**, and of Moab,
and of the *children* **sons** of Ammon,
and of the *Philistines* **Peleshethiy**, and of *Amalek*
Amaleq, and of the spoil of *Hadadezer* **Hadad Ezer**,
son of *Rehob* **Rechob**, *king* **sovereign** of *Zobah* **Sobah**.
13 And David *gat* **worked** him a name
when he returned from smiting of the *Syrians*
Aramiy in the *valley of salt* **Valley of Salt/**
Gay Melach, *being* eighteen thousand *men*.
14 And he *put garrisons* **set stations** in Edom;
throughout all Edom *put* **set** he *garrisons* **stations**,
and all they of Edom became David's servants.
And *the LORD preserved* **Yah Veh saved** David
whithersoever he went.
15 And David reigned over all *Israel* **Yisra El**;
and David *executed* **worked** judgment
and *justice* **justness**
unto all his people.
16 And *Joab* **Yah Ab** the son of *Zeruiah* **Seruyah**
was over the host;
and *Jehoshaphat* **Yah Shaphat** the
son of *Ahilud* **Achiy Lud**
was *recorder* **remembrancer**;
17 And *Zadok* **Sadoq** the son of *Ahitub* **Achiy**
Tub, and *Ahimelech* **Achiy Melech**
the son of *Abiathar* **Abi Athar**, were the priests;
and *Seraiah* **Sera Yah** was the scribe;
18 And*Benaiah***BenaYah**thesonof*Jehoiada***YahYada**
was over both the *Cherethites* **executioners**
and the *Pelethites* **couriers**;
and David's sons were *chief rulers* **priests**.

THE MERCY OF DAVID

9 And David said, Is there yet any that *is left* **remain**
of the house of *Saul* **Shaul**,
that I may *shew* **work** him *kindness* **mercy**
for *Jonathan's* **Yah Nathan's** sake?
2 And there was of the house of *Saul* **Shaul**
a servant whose name was *Ziba* **Siba**.
And when they had called him unto David,
the *king* **sovereign** said unto him, Art thou *Ziba* **Siba**?
And he said, Thy servant *is he.*
3 And the *king* **sovereign** said, Is
there *not yet any* **finally**
a man of the house of *Saul* **Shaul**,
that I may *shew* **work** the *kindness* **mercy** of *God* **Elohim**
unto him?
And *Ziba* **Siba** said unto the *king* **sovereign**,
Jonathan **Yah Nathan** hath yet a son,
which is lame on his **with smitten** feet.
4 And the *king* **sovereign** said unto him, Where is he?
And *Ziba* **Siba** said unto the *king* **sovereign**,
Behold, he is in the house of Machir,
the son of *Ammiel* **Ammi El**, in *Lodebar* **Lo Debar**.
5 Then *king* **sovereign** David sent,
and *fetched* **took** him out of the house of Machir, the
son of *Ammiel* **Ammi El**, from *Lodebar* **Lo Debar**.
6 Now when *Mephibosheth* **Mephi Bosheth**,
and brings them to Yeru Shalem:
8 and from Betach and from Berothai
cities of Hadad Ezer
sovereign David takes mighty abounding copper.
9 And Toi sovereign of Hamath hears

that David smites all the valiant of Hadad Ezer,
10 and Toi sends Yah Ram his son to sovereign
David, to ask shalom of him and to bless him,
because he had fought against
Hadad Ezer and smote him
— for Hadad Ezer was a man of wars with Toi.
And in his hand are instruments of silver
and instruments of gold and instruments of copper:
11 which sovereign David also h allowed to
Yah Veh,
with the silver and gold he hallowed
of all goyim he subdued
12 — of Aram and of Moab and of the sons of Ammon
and of the Peleshethiy and of Amaleq
and of the spoil of Hadad Ezer
son of Rechob sovereign of Sobah.
13 And David works himself a name when he returns
from smiting eighteen thousand Aramiy
in Gay Melach/Valley of Salt:
14 and he sets stations in Edom
— he sets stations throughout all Edom
and all they of Edom become servants of David:
and Yah Veh saves David wherever he goes:
15 and David reigns over all Yisra El;
and David works judgment and justness to all his people.
16 And Yah Ab the son of Seruyah is over the host;
and Yah Shaphat the son of Achiy Lud is remembrancer;
17 and Sadoq the son of Achiy Tub
and Achiy Melech the son of Abi Athar are priests;
and Sera Yah is the scribe;
18 and Bena Yah the son of Yah Yada
is over both the executioners and the couriers;
and the sons of David are priests.

THE MERCY OF DAVID

9 And David says,
Remain there yet any of the house of Shaul
to work mercy for sake of Yah Nathan?
2 And there is a servant of the house of Shaul;
his name *is* Siba:
and they call him to David,
and the sovereign says to him, Are you Siba?
And he says, Your servant.
3 And the sovereign says,
Is there finally a man of the house of Shaul
to whom I work the mercy of Elohim?
And Siba says to the sovereign,
Yah Nathan has yet a son with smitten feet.
4 And the sovereign says to him, Where is he?
And Siba says to the sovereign, Behold,
he is in the house of Machir the son
of Ammi El in Lo Debar.
5 Then sovereign David sends and takes him from
the house of Machir the son of Ammi El
from Lo Debar.
6 And Mephi Bosheth
the son of *Jonathan* **Yah Nathan**, the son of *Saul* **Shaul**,
was come unto David,
he fell on his face, and *did reverence* **prostrated**.
And David said, *Mephibosheth* **Mephi Bosheth**.
And he *answered* **said**, Behold thy servant!
7 And David said unto him, *Fear* **Awe** not:
for **in working,**
I *will surely shew* **shall work** thee *kindness* **mercy**
for *Jonathan* **Yah Nathan** thy father's
sake, and *will* **shall** restore thee
all the *land* **field** of *Saul* **Shaul** thy father;
and thou shalt eat bread at my table continually.
8 And he *bowed* **prostrated** himself, and said,
What is thy servant,
that thou shouldest *look upon* **face**
such a dead dog as I *am*?
9 Then the *king* **sovereign** called to *Ziba* **Siba**,
Saul's servant **Shaul's lad**, and said unto him,
I have given unto thy *master's* **adoni's** son
all that *pertained* **became** to *Saul* **Shaul**
and to all his house.
10 Thou therefore, and thy sons, and thy servants,
shall *till* **serve** the *land* **soil** for him,
and thou shalt bring in *the fruits*,
that thy *master's* **adoni's** son may have *food* **bread** to eat:
but *Mephibosheth* **Mephi Bosheth** thy *master's* **adoni's**
son shall eat bread *alway* **continually** at my table.
Now *Ziba* **Siba** had fifteen sons and twenty servants.
11 Then said *Ziba* **Siba** unto the *king*
sovereign, According to all that my
lord **adoni** the *king* **sovereign**
hath *commanded* **misvahed** his servant,
so **thus** shall thy servant *do* **work**.
As for *Mephibosheth* **Mephi Bosheth**, *said
the king*, he shall eat at my table,
as one of the *king's* **sovereign's** sons.
12 And *Mephibosheth* **Mephi Bosheth** had a young
son, whose name was *Micha* **Michah Yah**.
And all that *dwelt* **were seated** in the house of *Ziba* **Siba**
were servants unto *Mephibosheth* **Mephi Bosheth**.
13 So *Mephibosheth* **Mephi Bosheth**
dwelt **settled** in *Jerusalem* **Yeru Shalem**:
for he did eat continually at the *king's* **sovereign's** table;
and was lame on both his feet.

David Defeats The Sons Of Ammon And The Aramiy

10 And **so be** it *came to pass*, after
this, that the *king* **sovereign**
of the *children* **sons** of Ammon died, and
Hanun his son reigned in his stead.
2 Then said David, I *wil shew kindness* **shal work mercy**
unto Hanun the son of *Nahash* **Nachash**,
as his father *shewed kindness* **worked mercy** unto me.
And David sent to *comfort* **sigh over** him by the hand
of his servants for his father. And David's servants
came into the land of the *children* **sons** of Ammon.
3 And the *princes* **governors**
of the *children* **sons** of Ammon said unto Hanun
their *lord* **adoni**, *Thinkest thou that* **In thine eyes
honoureth** David *doth honour* thy father,
that he hath sent *comforters unto* **to sigh over**
thee? hath not David *rather* sent his servants
unto thee, **so as** to *search* **probe** the city, and
to spy it out, and to *overthrow* **overturn** it?
4 Wherefore Hanun took David's servants, and
shaved off the one half of their beards,
and cut off their garments in the middle,
even to their buttocks, and sent them away.
5 When they told it unto David, he sent to meet them,
because the men were *greatly* **mighty** ashamed:
and the *king* **sovereign** said, *Tarry*
Settle at *Jericho* **Yericho**
until your beards *be grown* **sprout**, and *then* return.
6 And when the *children* **sons** of Ammon
saw that they stank *before* **to** David,
the son of Yah Nathan the son of Shaul comes to David;
and he falls on his face and prostrates.
And David says, Mephi Bosheth. And
he says, Behold, your servant!
7 And David says to him, Awe not: for in working, I
work you mercy for sake of Yah Nathan your father;
and restore all the field of Shaul your father to you
— that you eat bread at my table continually.
8 And he prostrates himself and
says, What is your servant,
that you face such a dead dog as I?
9 Then the sovereign calls to Siba the
lad of Shaul and says to him,
All being to Shaul and to all his house
I give to the son of your adoni:
10 and you and your sons and your servants
serve the soil for him and bring in;
so that the son of your adoni has bread to eat:
but Mephi Bosheth the son of your adoni
eats bread at my table continually.
— and Siba has fifteen sons and twenty servants.
11 And Siba says to the sovereign, According
to all my adoni the sovereign
misvahs his servant,
thus your servant works. As for Mephi Bosheth,
he eats at my table as one of the sons of the sovereign.
12 And Mephi Bosheth has a young son;
his name *is* Michah Yah.
And all who are seated in the house of
Siba are servants to Mephi Bosheth:
13 and Mephi Bosheth settles in Yeru Shalem
and eats continually at the table of the sovereign;
and is lame on both his feet.

David Defeats The Sons Of Ammon And The Aramiy

10 And so be it, afterward,
the sovereign of the sons of Ammon dies
and Hanun his son reigns in his stead.
2 And David says,
I work mercy to Hanun the son of Nachash
as his father worked mercy to me.
And David sends to sigh over him
by the hand of his servants concerning his father:
and the servants of David
come into the land of the sons of Ammon.
3 And the governors of the sons of
Ammon say to Hanun their adoni,
In your eyes,
is it because David honors your father,
that he sends to sigh over you?
Sends not David his servants to you
to probe the city and to spy it out and to overturn it?
4 And Hanun takes the servants of David
and shaves off one half of their beards
and cuts off their garments in the middle to
their buttocks and sends them away.
5 And they tell David; and he sends to meet them;
because the men shame mightily.
And the sovereign says,
Settle at Yericho until your beards sprout and return.
6 And the sons of Ammon see that they stink to David;
the *children* **sons** of Ammon sent
and hired the *Syrians* **Aramiy** of *Bethrehob* **Beth Rechob**
and the *Syrians* **Aramiy** of *Zoba* **Sobah**,
twenty thousand *footmen* **on foot**,
and of *king* **sovereign** Maachah a thousand men,
and of *Ishtob* **Ish Tob** twelve thousand men.
7 And when David heard of it,

he sent *Joab* **Yah Ab**, and all the host of the mighty *men*.
8 And the *children* **sons** of Ammon *came out* **went**,
and *put the battle in array* **lined up for war**
at the *entering in* **opening** of the *gate* **portal**:
and the *Syrians* **Aramiy** of *Zoba* **Sobah**,
and of *Rehob* **Rechob**,
and *Ishtob* **Ish Tob**, and Maachah, were
by themselves **alone** in the field.
9 When *Joab* **Yah Ab** saw
that the *front* **face** of the *battle* **war** was against him
before **at their face** and behind,
he chose of all the *choice men* **chosen** of *Israel*
Yisra El, and *put* **lined** them *in array* **up**
against **to meet** the *Syrians* **Aramiy**:
10 And the rest of the people he *delivered* **gave**
into the hand of *Abishai* **Abi Shai** his brother,
that he might *put* **line** them *in array* **up**
against **to meet** the *children* **sons** of Ammon.
11 And he said,
If the *Syrians be too strong for* **Aramiy prevail**
over me, then thou shalt *help* **save** me:
but if the *children* **sons** of Ammon
be too strong for **prevail over** thee, then I
will **shall** come and *help* **save** thee.
12 *Be of good courage* **Strengthen**,
and let us play the men — **strengthen** for our
people, and for the cities of our *God* **Elohim**:
and *the LORD* **Yah Veh** do that
which *seemeth him* **be** good **in his eyes**.
13 And *Joab* **Yah Ab** drew nigh, and the
people that were with him,
unto the *battle* **war** against the *Syrians* **Aramiy**:
and they fled *before him* **from his face**.
14 Andwhenthe*children***sons**ofAmmon
saw that the *Syrians* **Aramiy** *were*
fled, then fled they also
before Abishai **from the face of Abi**
Shai, and entered into the city.
So *Joab* **Yah Ab**
returned from the *children* **sons** of Ammon,
and came to *Jerusalem* **Yeru Shalem**.
15 And when the *Syrians* **Aramiy**
saw that they were smitten *before Israel* **at the face**
of Yisra El, they gathered *themselves* together.
16 And *Hadarezer* **Hadar Ezer** sent, and
brought out the *Syrians* **Aramiy**
that were beyond the river:
and they came to Helam;
and Shobach
the *captain* **governor** of the host
of *Hadarezer* **Hadar Ezer**
went *before them* **from their face**.
17 And when it was told David,
he gathered all *Israel* **Yisra El** *together*,
and passed over *Jordan* **Yarden**, and came to Helam.
And the *Syrians* **Aramiy**
set themselves in array against **lined up to**
meet David, and fought with him.
18 And the *Syrians* **Aramiy**
fled *before Israel* **from the face of Yisra El**;
and David *slew* **slaughtered**
the men of seven hundred chariots of the *Syrians*
Arami, and forty thousand *horsemen* **cavalry**,
and smote Shobach
the *captain* **governor** of their host, who died there.
19 And when all the *kings* **sovereigns**
that were servants to *Hadarezer* **Hadar Ezer**
saw that they were smitten
before Israel **at the face of Yisra El**,
they *made peace* **did shalam** with *Israel*
Yisra El, and served them.
and the sons of Ammon send and hire
the Aramiy of Beth Rechob and the Aramiy
of Sobah twenty thousand on foot;
and of sovereign Maachah a thousand men;
and of Ish Tob twelve thousand men:
7 and David hears
and sends Yah Ab and all the host of the mighty:
8 and the sons of Ammon come
and line up for war at the opening of the portal:
and the Aramiy of Sobah and of Rechob
and Ish Tob and Maachah *are* alone in the field.
9 And Yah Ab sees the face of the war is against him
— at their face and behind;
and he chooses from all the chosen of Yisra El
and lines them up to meet the Aramiy:
10 and he gives the rest of the people into
the hand of Abi Shai his brother,
to line them up to meet the sons of Ammon.
11 And he says,
If the Aramiy prevail over me, then you
save me: but if the sons of Ammon prevail
over you, then I come and save you.
12 Strengthen! — Strengthen for our people
and for the cities of our Elohim:
and Yah Veh works good in his eyes.
13 And Yah Ab and the people with him draw
near to the war against the Aramiy:
and they flee his face:
14 and the sons of Ammon see the Aramiy,
and they also flee the face of Abi Shai

and enter the city:
and Yah Ab returns from the sons of
Ammon and comes to Yeru Shalem.
15 And the Aramiy
see they are smitten at the face of Yisra
El, and they gather together:
16 and Hadar Ezer sends
and brings the Aramiy beyond the river:
and they come to Helam;
and Shobach the governor of the host of
Hadar Ezer goes from their face.
17 And they tell David, and he gathers all Yisra El
and passes over Yarden and comes to Helam.
And the Aramiy line up to meet David and fight him:
18 and the Aramiy flee the face of Yisra El;
and David slaughters seven hundred chariots
and forty thousand cavalry of the Aramiy;
and smites Shobach the governor of their host
who dies there.
19 And all the sovereigns, the servants to Hadar Ezer,
see they are smitten at the face of Yisra El;
and they shalam with Yisra El and serve them:

So the *Syrians feared* **Aramiy awed**
to *help* **save** the *children* **sons** of Ammon any more.

DAVID AND BATH SHEBA

11 And **so be** it *came to pass,*
after **at the turn of** the year *was expired,*
at the time when *kings* **angels** go forth *to battle,*
that David sent *Joab* **Yah Ab**, and his servants
with him, and all *Israel* **Yisra El**;
and they *destroyed* **ruined** the *children* **sons** of Ammon,
and besieged Rabbah.
But David *tarried still* **settled** at *Jerusalem* **Yeru Shalem.**
2 And **so be** it *came to pass,*
in an eveningtide **at evening time**, that
David arose from off his bed,
and walked upon the roof of the *king's* **sovereign's** house:
and from the roof he saw a woman
washing **baptizing** herself;
and the woman
was *very beautiful to look upon* **of mighty good visage.**
3 And David sent and enquired after the woman.
And *one* said, Is not this *Bathsheba* **Bath
Sheba**, the daughter of *Eliam* **Eli Am**,
the *wife* **woman** of *Uriah* **Uri Yah** the *Hittite* **Hethiy?**
4 And David sent *messengers* **angels**, and took her;
and she came in unto him, and he lay with her;
for she was *purified* **hallowed**
from her *uncleanness* **foulness**:
and she returned unto her house.
5 Andthewomanconceived,andsentandtoldDavid,
and said, I *am with child* **have conceived.**
6 And David sent to *Joab* **Yah Ab**, *saying*, Send
me *Uriah* **Uri Yah** the *Hittite* **Hethiy**. And
Joab **Yah Ab** sent *Uriah* **Uri Yah** to David.
7 And when *Uriah* **Uri Yah** was come unto
him, David *demanded* **asked** *of him*
how Joab did **of the shalom of Yah Ab**, and
how **of the shalom of** the people *did,*
and *how* **of the shalom of** the war *prospered.*
8 And David said to *Uriah* **Uri Yah,**
Go down **Descend** to thy house, and *wash*
baptize thy feet. And *Uriah* **Uri Yah**
departed **went** out of the *king's* **sovereign's** house,
and there *followed* **went out after** him
a mess of meat **an exaltment** from the *king* **sovereign.**
9 But *Uriah slept* **Uri Yah laid**
at the *door* **portal** of the *king's* **sovereign's** house
with all the servants of his *lord* **adoni,**
and *went* **descended** not *down* to his house.
10 And when they had told David, saying,
Uriah went **Uri Yah descended** not *down* unto
his house, David said unto *Uriah* **Uri Yah,**
Camest thou not from *thy* **a** journey?
why *then* didst thou not
go down **descend** unto thine house?
11 And *Uriah* **Uri Yah** said unto David,
The ark, and *Israel* **Yisra El**, and *Judah* **Yah Hudah**,
abide **settle** in *tents* **sukkoth/brush arbors;**
and my *lord Joab* **adoni Yah Ab**, and
the servants of my *lord* **adoni,**
are encamped *in* **upon** the *open* **face of the** fields;
shall I then go into mine house, to eat and to
drink, and to lie with my *wife* **woman?**
as thou livest, and *as* thy soul liveth,
I will **shall** not *do this thing* **work such word.**
12 And David said to *Uriah* **Uri Yah,**
Tarry **Settle** here to day also,
and to morrow I *will let* **shall send** thee *depart* **away.**
So *Uriah abode* **Uri Yah settled** in
Jerusalem **Yeru Shalem**
that day, and the morrow.
13 And when David had called him,
he did eat and drink *before him* **at his face;**
and he *made* **intoxicated** him *drunk*:
and at even he went out to lie on his bed
with the servants of his *lord* **adoni,**
and the Aramiy awe
to save the sons of Ammon any more.

David And Bath Sheba

11 And so be it, at the turn of the
year, at the time angels go forth,
David sends Yah Ab and his servants
with him and all Yisra El;
and they ruin the sons of Ammon
and besiege Rabbah:
and David settles at Yeru Shalem.
2 And so be it, at evening time,
David rises from his bed
and walks on the roof of the house of the sovereign:
and from the roof he sees a woman baptizing
herself; and the woman is of mighty good visage.
3 And David sends and enquires
after thewoman and says,
Is not this Bath Sheba the daughter of Eli Am
the woman of Uri Yah the Hethiy?
4 And David sends angels and takesher;
and she comes in to him and he lies down with her;
and she hallows herself from her foulness
and returns to her house.
5 And the woman conceives
and sends and tells David and says, I conceive.
6 And David sends to Yah Ab, Send
me Uri Yah the Hethiy.
— and Yah Ab sends Uri Yah to David.
7 And Uri Yah comes to him,
and David asks of the shalom of Yah Ab
and of the shalom of the people
and of the shalom of the war.
8 And David says to Uri Yah,
Descend to your house and baptize your feet. And
Uri Yah goes from the house of the sovereign and
an exaltment from the sovereign goes after him:
9 and Uri Yah lies down
at the portal of the house of the sovereign
with all the servants of his adoni
and descends not to his house.
10 And they tell David, saying, Uri Yah
descends not to his house.
And David says to Uri Yah, Came
you not from a journey?
Why descend you not to your house?
11 And Uri Yah says to David,
The ark and Yisra El and Yah Hudah
settle in sukkoth/brush arbors;
and my adoni Yah Ab
and the servants of my adoni encamp on the
face of the fields: and I — go I to my house,
to eat and to drink
and to lie down with my woman? As you live
and as your soul lives, I work no such word.
12 And David says to Uri Yah, Settle here today also
and tomorrow I send you away.
So Uri Yah settles in Yeru Shalem
that day and the morrow:
13 and David calls him,
and he eats and drinks at his face;
and he intoxicates him:
and at evening he goes out to lie down on
his bed with the servants of his adoni;
but *went* **descended** not *down* to his house.
14 And **so be** it *came to pass*, in the morning,
that David *wrote* **inscribed** a *letter* **scroll** to *Joab*
Yah Ab, and sent it by the hand of *Uriah* **Uri Yah**.
15 Andhe*wrote***inscribed**inthe*letesrcro*,saying,
Set **Give** ye *Uriah* **Uri Yah**
in the forefront **at the face**
of the *hottest battle* **strongest war,**
and *retire* **turn** ye **back** from **after** him,
that he may be smitten, and die.
16 And **so be** it *came to pass*,
when *Joab observed* **Yah Ab guarded** the city, that
he *assigned Uriah* **gave Uri Yah** unto a place
where he knew that valiant men were.
17 And the men of the city went out,
and fought with *Joab* **Yah Ab**:
and there fell *some* of the people of the servants of David;
and *Uriah* **Uri Yah** the *Hittite* **Hethiy** died also.
18 Then*Joab***YahAb**sentandtoldDavid
all the *things* **words** concerning the war;
19 And *charged* **misvahed** the *messenger* **angel**,
saying, When thou hast *made an end of* **finished**
telling **wording** the *matters* **words** of the war
unto the *king* **sovereign**,
20 And if *so be* **it becometh**
that the *king's wrath arise* **sovereign's fury ascend**,
and he say unto thee,
Wherefore approached ye so nigh unto
the city when ye did fight?
knew ye not that they *would* **should** shoot from the wall?
21 Whosmote*Abimelech***AbiMelech**
the son of *Jerubbesheth* **Yerub Besheth**?
did not a woman cast a *piece* **slice** of *a*
an upper millstone upon him from the
wall, that he died in *Thebez* **Tebes**?
why *went* **approached** ye *nigh* the wall?
then say thou,
Thy servant *Uriah* **Uri Yah** the *Hittite* **Hethiy**
is dead **hath died** also.

22 So the *messenger* **angel** went,
and came and *shewed* **told** David all that
Joab **Yah Ab** had sent him for.
23 And the *messenger* **angel** said unto David,
Surely the men prevailed **mightily** against us,
and *came out* **went** unto us into the field,
and we were upon them
even unto the *entering* **opening** of the *gate* **portal**.
24 And the shooters shot from off the wall
upon thy servants;
and some of the *king's* **sovereign's** servants *be dead*
died, and thy servant *Uriah* **Uri Yah** the *Hittite* **Hethiy**
is dead **died** also.
25 Then David said unto the *messenger* **angel**,
Thus shalt thou say unto *Joab* **Yah Ab**,
Let not this *thing displease thee* **word be evil in thine**
eyes, for the sword devoureth one *as well as another*
thus: *make* **strengthen** thy *battle more strong* **warfare**
against the city, and *overthrow* **demolish** it:
and *encourage* **strengthen** thou him.
26 And when the *wife* **woman** of *Uriah* **Uri Yah** heard
that *Uriah* **Uri Yah** her *husband was dead* **man died**,
she *mourned* **chopped** for her *husband* **master**.
27 And when the mourning was past,
David sent and *fetched* **gathered** her to his
house, and she became his *wife* **woman**,
and *bare* **birthed** him a son.
But the *thing* **word** that David had *done* **worked**
displeased the LORD **was evil in the eyes of Yah Veh**.

NATHAN REBUKES DAVID

12 And *the LORD* **Yah Veh** sent Nathan unto David.
And he came unto him, and said unto him,
There were two men in one city;
the one rich, and the *other poor* **one impoverished**.
2 The rich *man* had *exceding many* **mighty abounding**
flocks and *herds* **oxen**:
3 But the *poor* **impoverished** *man* had *nothing*
naught, save one little ewe lamb,
which he had *bought* **chatteled**
and *nourished up* **livened**:
and it grew up together with him,
and with his *children* **sons**;
but he descends not to his house.
14 And so be it, in the morning, David inscribes a scroll
to Yah Ab and sends it by the hand of Uri Yah:
15 and he inscribes in the scroll, saying, Give
Uri Yah at the face of the strongest war
and you turn back from after him
that he be smitten and die.
16 And so be it, Yah Ab guards the city;
and he gives Uri Yah to a place where
he knows there are valiant men:
17 and the men of the city go and fight Yah Ab:
and there fall of the people of the servants of David;
and Uri Yah the Hethiy also dies.
18 And Yah Ab sends and tells David all
the words concerning the war;
19 and misvahs the angel, saying,
When you finish wording the words
of the war to the sovereign,
20 and so be it, if the fury of the sovereign
ascends, and he says to you,
Why approached you so near the city to fight?
Know you not that they shoot from the wall?
21 Who smote Abi Melech the son of Yerub Besheth?
Cast not a woman a slice of an upper millstone
on him from the wall, that he died in Tebes?
Why approached you the wall?
— then you say,
Your servant Uri Yah the Hethiy also died.
22 And the angel goes and comes and tells
David all Yah Ab sent him for:
23 and the angel says to David,
Surely the men prevail mightily against
us and go to us into the field;
and we are on them even to the opening of the portal:
24 and the shooters shoot on your
servants from off the wall;
and some of the servants of the sovereign died
and your servant Uri Yah the Hethiy also died.
25 Then David says to the angel, Say thus to Yah Ab,
This word is not evil in your eyes;
for thus the sword devours one: strengthen your
warfare against the city and demolish it:
and you strengthen him.
26 And the woman of Uri Yah hears
her man Uri Yah died,
and chops for her master:
27 and the mourning passes,
and David sends and gathers her to his house;
and she becomes his woman and births him a son:
and the word David works
is evil in the eyes of Yah Veh.

NATHAN REBUKES DAVID

12 And Yah Veh sends Nathan to David:
and he comes to him and says to him,
Two men are in one city
— the one rich and the one impoverished:

2 the rich has mighty abundant flocks and oxen;
3 but the impoverished has naught
— except one little ewe lamb which
he chatteled and livened:
and it grows together with him and with his sons:
it did eat of his own *meat* **morsel**,
and drank of his own cup,
and lay in his bosom, and was unto him as a daughter.
4 And there came a *traveller* **wayfarer**
unto the rich man, and he spared
to take of his own flock and of his own *herd* **oxen**,
to *dress* **work** for the *wayfaring man* **caravan**
that was come unto him;
but took the *poor* **impoverished** man's **ewe** lamb,
and *dressed* **worked** it for the man that was come to him.
5 And David's *anger was greatly*
wrath kindled **mightily**
against the man;
and he said to Nathan, *As the LORD* **Yah Veh**
liveth, the man that hath *done* **worked** this *thing*
shall surely die **is a son of death**:
6 And he shall *restore* **shalam for**
the **ewe** lamb fourfold,
because he *did* **worked** this *thing* **word**,
and *because* **finally**, he had no *pity* **compassion**.
7 And Nathan said to David, Thou art the man.
Thus saith *the LORD God* **Yah Veh Elohim**
of *Israel* **Yisra El**, I anointed thee *king*
sovereign over *Israel* **Yisra El**,
and I *delivered* **rescued** thee out of
the hand of *Saul* **Shaul**;
8 And I gave thee thy *master's* **adoni's** house,
and thy *master's wives* **adoni's women**
into thy bosom, and gave thee
the house of *Israel* **Yisra El** and of *Judah* **Yah Hudah**;
and if that had been too little,
I *would moreover have given* **had added** unto thee
such **these** and *such* **those** *things*.
9 Wherefore hast thou despised
the *commandment* **word** of *the LORD* **Yah**
Veh, to *do* **work** evil in his *sight* **eyes**?
thou hast *killed* **smitten**
Uriah **Uri Yah** the *Hittite* **Hethiy** with the sword,
and hast taken his *wife* **woman** to be thy *wife*
woman, and hast *slain* **slaughtered** him
with the sword of the *children* **sons** of Ammon.
10 Now therefore the sword
shall *never depart* **not turn aside eternally**
from thine house;
because **finally**, thou hast despised me,
and hast taken the *wife* **woman**
of *Uriah* **Uri Yah** the *Hittite* **Hethiy**
to be thy *wife* **woman**.
11 Thus saith *the LORD* **Yah Veh**, Behold, I
will **shall** raise up evil against thee
out of thine own house,
and I *will* **shall** take thy *wives* **women**
before **in front of** thine eyes,
and give them unto thy *neighbour* **friend**,
and he shall lie with thy *wives* **women**
in the *sight* **eyes** of this sun.
12 For thou *didst* **workedst** it *secretly* **covertly**:
but I *will do* **shall work** this *thing* **word** *before* **in front**
of all *Israel* **Yisra El**, and *before* **in front of** the sun.
13 And David said unto Nathan,
I have sinned against *the LORD* **Yah Veh**.
And Nathan said unto David,
The LORD **Yah Veh** also hath *put*
away **passed over** thy sin;
thou shalt not die.
14 *Howbeit* **Finally**,
because by this *deed* **word** thou hast given great occasion
to the enemies of *the LORD* **Yah Veh** to *blaspheme*
scorn, the *child* **son** also that is *born* **birthed** unto thee
in dying, shall *surely* die.
15 And Nathan *departed* **went** unto his house.
And *the LORD struck* **Yah Veh smote** the child
that *Uriah's wife bare* **Uri Yah's woman**
birthed unto David, and it was very sick.
16 David therefore besought *God*
Elohim for the *child* **lad**;
and David fasted **a fast**, and went in,
and *lay all night* **stayed overnight** upon the earth.
17 And the elders of his house arose, *and went* to him,
to raise him up from the earth: but he *would* **willed**
not, neither did he *eat* **chew** bread with them.
it eats of his own morsel and drinks of his own
cup and lies down in his bosom as his daughter.
4 And a wayfarer comes to the rich man;
and he spares
to take of his own flock and of his own oxen,
to work for the caravan that comes to him:
but takes the ewe lamb of the impoverished man
and works it for the man who comes to him.
5 And David kindles his wrath
mightily against the man;
and he says to Nathan, Yah Veh lives!
The man who works this is a son of death:
6 and have him shalam fourfold for the ewe lamb
because he works this word, and
finally, has no compassion.

7 And Nathan says to David, You are the man!
Thus says Yah Veh Elohim of Yisra El, I
anointed you sovereign over Yisra El
and I rescued you from the hand of Shaul;
8 and I give you the house of your adoni
and the women of your adoni into your bosom
and give you the house of Yisra El and of Yah Hudah;
and if that be too little,
I had added these and those to you.
9 Why despise you the word of Yah
Veh to work evil in his eyes?
You smote Uri Yah the Hethiy with the sword
and took his woman to be your woman
and slaughtered him with the sword
by the sons of Ammon:
10 and now the sword
turns not aside from your house eternally;
finally, you despised me
and took the woman of Uri Yah the
Hethiy to be your woman.
11 Thus says Yah Veh, Behold,
I raise evil against you from your own house
and I take your women in front of your
eyes and give them to your friend:
to lie down with your women in the eyes of this sun.
12 For you worked covertly:
but I work this word
in front of all Yisra El and in front of the sun.
13 And David says to Nathan, I sinned against Yah Veh.
And Nathan says to David,
Yah Veh also passes over your sin that you not die.
14 Only, because by this word
you give the enemies of Yah Veh great occasion to scorn;
and in dying, the son birthed to you dies.
15 — and Nathan goes to his house.
And Yah Veh smites the child
the woman of Uri Yah births to David
and it becomes very sick:
16 and David beseeches Elohim for the lad;
and David fasts a fast;
and goes in and stays overnight on the earth.
17 And the elders of his house rise to
him, to raise him off the earth:
but he neither wills nor chews bread with them.
18 And **so be** it *came to pass*, on the
seventh day, that the child died.
And the servants of David
feared **awed** to tell him that the child *was dead* **died**:
for they said, Behold,
while the child was yet alive, we *spake* **worded** unto him,
and he *would* **hearkened** not *hearken* unto our voice:
how *will* **shall** he then *vex himself* **work himself evil**,
if we *tell* **say to** him that the child *is dead* **died**?
19 But when David saw
that his servants *whispered* **enchanted**,
David *perceived* **discerned** that the child *was dead* **died**:
therefore David said unto his servants,
Is **Hath** the child *dead* **died**?
And they said, *He is dead* **Died**.
20 Then David arose from the earth,
and *washed* **baptized**, and anointed *himself*,
and *changed* **passed** his *apparel* **clothes**,
and came into the house of *the LORD* **Yah Veh**,
and *worshipped* **prostrated**:
then he came to his own house;
and when he *required* **asked**,
they set bread *before* **in front of** him, and he did eat.
21 Then said his servants unto him,
What *thing* word is this that thou hast *done* **worked**?
thou didst fast and weep for the child,
while it was **being** alive;
but when the child *was dead* **died**,
thou didst rise and eat bread.
22 And he said, While the child was yet alive,
I fasted and wept:
for I said, Who *can tell* **knoweth** whether *GOD* **Yah Veh**
will be gracious to me **shall grant me
charism**, that the child may live?
23 But now he *is dead* **died**, wherefore should I fast?
can I *bring* **return** him *back again*?
I shall go to him, but he shall not return to me.

The Birth Of Shelomoh

24 And David *comforted* **sighed over**
Bathsheba **Bath Sheba** his *wife* **woman**,
and went in unto her, and lay with her:
and she *bare* **birthed** a son,
and he called his name *Solomon* **Shelomoh**:
and *the LORD* **Yah Veh** loved him.
25 And he sent by the hand of Nathan the prophet;
and he called his name *Jedidiah* **Yedid
Yah**, because of *the LORD* **Yah Veh**.
26 And *Joab* **Yah Ab**
fought against Rabbah of the *children* **sons** of Ammon,
and *took* **captured** the *royal* **sovereigndom** city.
27 And*Joab***YahAb**senmt *esengers***angels**toDavid,
and said, I have fought against Rabbah, and
have taken **captured** the city of waters.
28 Nowtherefore gathertherestofthepeople*togethe,r*
and encamp against the city, and *take* **capture** it:
lest I *take* **capture** the city, and it
be called after my name.

29 AndDavidgatheredalthepeople*together*,
and went to Rabbah, and fought against it,
and *took* **captured** it.
30 And he took their *king's* **sovereign's**
crown from off his head,
the weight *whereof was a talent* — **a round** of gold
with the *precious* **esteemed** stones:
and it was *set* on David's head.
And he brought forth the spoil of the city
in great abundance **mightily abounding**.
31 Andhebroughtforththepeoplethatweretherein,
and *put* **set** them under saws,
and under *harrows* **slicers** of iron, and under axes of
iron, and made them pass through the brickkiln:
and thus *did* **worked** he unto all the cities
of the *children* **sons** of Ammon.
So David and all the people
returned unto *Jerusalem* **Yeru Shalem**.

AMNON AND TAMAR

18 And so be it, on the seventh day, the child dies:
and the servants of David
awe to tell him the child died:
for they say, Behold,
while the child is yet alive, we worded to
him and he hearkened not to our voice:
how then works he himself evil
if we say to him the child died?
19 And David sees his servants enchant, and
David discerns that the child died:
and David says to his servants,
Has the child died? And they say, Died.
20 And David rises from the earth
and baptizes and anoints and passes his
clothes; and comes into the house of Yah Veh
and prostrates: and comes to his house;
and he asks:
and they set bread in front of him; and he eats.
21 And his servants say to him, What
is this word you work?
You fast and weep for the living child;
and when the child dies, you rise and eat bread.
22 And he says,
While the child is yet alive, I fast and weep:
for I say,
Who knows whether Yah Veh grants
me charism that the child lives?
23 But now he died. Why fast I?
Can I return him?
I go to him, but he returns not to me.

THE BIRTH OF SHELOMOH

24 And David sighs over Bath Sheba his woman
and goes in to her and lies down with her;
and she births a son
and he calls his name Shelomoh:
and Yah Veh loves him:
25 and he sends by the hand of Nathan the prophet;
and he calls his name Yedid Yah, because of Yah Veh.
26 And Yah Ab fights Rabbah of the sons of
Ammon and captures the sovereigndom city:
27 and Yah Ab sends angels to David and says,
I fight Rabbah and capture the city of waters:
28 and now gather the rest of the people
and encamp against the city and capture it:
lest I capture the city and call it after my name.
29 And David gathers all the people
and goes to Rabbah and fights it and captures it:
30 and he takes the crown of their sovereign off his head
— the weight — a round of gold
with the esteemed stones:
and it is on the head of David:
and he brings forth the spoil of the city
— mightily abounding:
31 and he brings the people therein
and sets them under saws
and under slicers of iron and under axes of iron
and passes them through the brickkiln:
and thus he works
to all the cities of the sons of Ammon:
and David and all the people return to Yeru Shalem.

AMNON AND TAMAR

13 And so be it, after this,
Abi Shalom the son of David

13 And **so be** it, *came to pass* after this, that
Absalom **Abi Shalom** the son of David
had a *fair* **beautiful** sister, whose name was Tamar;
and Amnon the son of David loved her.
2 And Amnon was so *vexed* **depressed**,
that he fell sick for his sister Tamar; for she was a virgin;
and Amnon thought it hard
and it was marvellous in the eyes of Amnon
for him to *do any thing* **work aught** to her.
3 But Amnon had a friend,
whose name was *Jonadab* **Yah Nadab**,
the son of *Shimeah* **Shimah** David's
brother: and *Jonadab* **Yah Nadab**
was a *very subtil* **mighty wise** man.
4 And he said unto him,

Why art thou, *being* the *king's* **sovereign's** son,
lean from day to day **poor morning by morning**?
wilt **shalt** thou not tell me? And Amnon said unto him,
I love Tamar, my brother *Absalom's* **Abi Shalom's** sister.
5 And *Jonadab* **Yah Nadab** said unto him,
Lay thee down on thy bed, and make thyself sick:
and when thy father cometh to see thee, say unto
him, I pray thee, let my sister Tamar come,
and *give* **cut** me *meat* **bread to chew**,
and *dress the meat* **work cuttings** in my *sight*
eyes, that I may see it, and eat it at her hand.
6 So Amnon lay down, and made himself sick: and
when the *king* **sovereign** was come to see him,
Amnon said unto the *king* **sovereign**, I pray thee,
let Tamar my sister come,
and *make* **bake** me a couple of cakes in my
sight **eyes**, that I may *eat* **chew** at her hand.
7 Then David sent home to Tamar, saying,
Go now to thy brother Amnon's house,
and *dress* **work** him *meat* **cuttings**.
8 So Tamar went to her brother Amnon's house;
and he was laid down.
And she took *flour* **dough**, and kneaded it,
and *made cakes* **baked** in his *sight* **eyes**,
and *did bake* **ripened** the cakes.
9 And she took a pan,
and poured them out *before him* **at his face**;
but he refused to eat.
And Amnon said, *Have out* **Send** all men from me.
And they went out every man from him.
10 And Amnon said unto Tamar,
Bring the *meat* **cuttings** into the chamber,
that I may *eat* **chew** of thine hand.
And Tamar took the cakes which she had
made **worked**, and brought them into the
chamber to Amnon her brother.
11 Andwhenshehadbroughtthem**neau**rntohimtoeat,
he took hold of her, and said unto her,
Come lie with me, my sister.
12 And she *answered* **said to** him,
Nay, my brother, do not *force* **humble** me;
for *no such thing ought* **such ought not** to
be *done* **worked** in *Israel* **Yisra El**:
do **work** not thou this folly.
13 And I, whither shall I cause my
shame **reproach** to go?
and as for thee,
thou shalt be as one of the fools in *Israel* **Yisra El**.
Now therefore, I pray thee,
speak **word** unto the *king* **sovereign**;
for he *will* **shall** not withhold me from thee.
14 Howbeit he *would* **willed**
to not hearken unto her voice: but, being *stronger*
tougher than she, *forced* **humbled** her, and lay with her.
15 Then Amnon hated her *exceedingly* **mightily**;
so that the hatred wherewith he hated her
was greater than the love wherewith he had loved her.
And Amnon said unto her, Arise, *be gone* **go**.
has a beautiful sister, and her name *is* Tamar;
and Amnon the son of David loves her;
2 and Amnon is so depressed he falls
sick for his sister Tamar;
for she *is* a virgin;
and it is marvellous in the eyes of
Amnon to work aught to her.
3 And Amnon has a friend,
and his name *is* Yah Nadab the son of
Shimah the brother of David;
and Yah Nadab *is* a mighty wise man:
4 and he says to him,
Why are you, the son of the sovereign,
so poor morning by morning?
Why not tell me?
And Amnon says to him,
I love Tamar the sister of my brother Abi Shalom.
5 And Yah Nadab says to him,
Lie down on your bed and make yourself sick:
and when your father comes to see you, say to
him, I pray you, have my sister Tamar come
and cut me bread to chew and work cuttings in my eyes
that I *may* see and eat from her hand.
6 So Amnon lies down and makes himself sick:
and when the sovereign comes to see him
Amnon says to the sovereign, I pray you,
have Tamar my sister come
and bake me a couple of cakes in my eyes,
that I *may* chew from her hand.
7 And David sends home to Tamar, saying, Go
now to the house of your brother Amnon
and work him cuttings.
8 So Tamar goes to the house of her brother Amnon;
and he lies down:
and she takes dough
and kneads and bakes in his eyes and ripens the cakes:
9 and she takes a pan and pours them at his face ;
but he refuses to eat.
And Amnon says, Send all the men from me!
— and every man goes from him.
10 And Amnon says to Tamar, Bring
the cuttings into the chamber,

that I *may* chew from your hand.
And Tamar takes the cakes she worked
and brings them into the chamber
to her brother Amnon:
11 and she brings them near to him to eat and he holds
her and says to her, Come lie down with me, my sister.
12 And she says to him,
No, my brother, humble me not;
for such ought not to be worked in Yisra El:
work not this folly:
13 And I, where goes my reproach?
And as for you,
you become as one of the fools in Yisra El:
and now, I pray you, word to the sovereign;
for he withholds me not from you.
14 Howbeit he wills to not hearken to her voice:
but, being tougher than she,
he humbles her and lies down with her:
15 and Amnon hates her mightily;
so that the hatred wherewith he hates her
is greater than the love wherewith he loved her.
And Amnon says to her, Rise! Go!
16 And she said unto him, *There is no cause* **No**:
this evil in sending me away
is greater than the other that thou
didst **workedst** unto me.
But he *would* **willed to** not hearken unto her.
17 Then he called his *servant* **lad** that ministered unto
him, and said, *Put* **Send away** now this *woman* out
from me, and *bolt* **enclose** the door after her.
18 And she had a *garment of divers colours* **coverall coat**
upon her:
for with such *robes* **mantles**
were the *king's* **sovereign's** daughters
that *were* virgins *apparelled* **enrobed**. Then
his *servant* **minister** brought her out, and
bolted **enclosed** the door after her.
19 And Tamar *put* **took** ashes on her
head, and *rent* **ripped**
her *garment of divers colours* **coverall coat**
that was on her,
and *laid* **set** her hand on her head, and
went **in walking, walked** on crying.
20 And *Absalom* **Abi Shalom** her brother said unto
her, Hath Amnon thy brother been with thee?
but *hold now thy peace* **hush now**, my sister:
he is thy brother;
regard not this thing **set not thy heart to this word.**
So Tamar *remained* **settled** desolate
in her brother *Absalom's* **Abi Shalom's** house.
21 But when *king* **sovereign** David heard
of all these *things* **words**,
he was *very wroth* **mightily inflamed.**
22 And *Absalom* **Abi Shalom**
spake **worded** unto his brother Amnon
neither good nor *bad* **evil**:
for *Absalom* **Abi Shalom** hated Amnon,
because **for word that**
he had *forced* **abased** his sister Tamar.

ABI SHALOM DEATHIFIES AMNON

23 And **so be** it *came to pass*, after two
full years **years of days**,
that *Absalom* **Abi Shalom** had sheepshearers
in *Baalhazor* **Baal Hasor**,
which is beside *Ephraim* **Ephrayim**:
and *Absalom* **Abi Shalom**
invited **called** all the *king's* **sovereign's** sons.
24 And *Absalom* **Abi Shalom** came to the
king **sovereign**, and said, Behold now,
thy servant hath sheepshearers;
let the *king* **sovereign**, I beseech thee,
and his servants go with thy servant.
25 And the *king* **sovereign** said to *Absalom* **Abi Shalom**,
Nay, my son, let us not all now go,
lest we be *chargeable* **too heavy** unto thee.
And he *pressed* **breached** him:
howbeit he *would* **willed to** not go, but blessed him.
26 Then said *Absalom* **Abi Shalom**,
If not, I pray thee, let my brother Amnon go with us.
And the *king* **sovereign** said unto him,
Why should he go with thee?
27 But *Absalom pressed* **Abi Shalom breached**
him, that he *let* **sent away** Amnon
and all the *king's* **sovereign's** sons *go* with him.
28 Now *Absalom* **Abi Shalom**
had *commanded* **misvahed** his *servants* **lads**, saying,
Mark **See** ye now
when Amnon's heart is *merry* **good** with
wine, and when I say unto you, Smite Amnon;
then kill **deathify** him, *fear* **awe** not:
have not I *commanded* **misvahed** you?
be courageous **strengthen**, and be *valiant* **sons of valour**.
29 And the *servants* **lads** of *Absalom* **Abi Shalom**
did **worked** unto Amnon
as *Absalom* **Abi Shalom** had *commanded* **misvahed**.
Then all the *king's* **sovereign's** sons arose,
and every man *gat him up* **rode** upon his mule, and fled.
30 And **so be** it *came to pass*, while they were in the way,
that *tidings* **reports** came to David, saying,

Absalom **Abi Shalom**
hath *slain* **smitten** all the *king's* **sovereign's** sons,
16 And she says to him, No!
This evil in sending me away
is greater than the other that you worked me.
— and he wills to not hearken to her.
17 And he calls his lad who ministers to him
and says, Send this away from me now
and enclose the door after her.
18 And she has a coverall coat on her:
for with such mantles
were the virgin daughters of the sovereign enrobed:
and his minister brings her out and
encloses the door after her.
19 And Tamar takes ashes on her head and rips
the coverall coat on her and sets her hand on
her head: and in walking, walks on crying.
20 And Abi Shalom her brother says to her,
Has Amnon your brother been with you?
Hush now, my sister; he is your brother:
set not your heart to this word.
— and Tamar settles desolate
in the house of her brother Abi Shalom.
21 And sovereign David hears of all these
words and he is mightily inflamed:
22 and Abi Shalom words to his brother
Amnon neither good nor evil:
for Abi Shalom hates Amnon,
for word that he abased his sister Tamar.

Abi Shalom Deathifies Amnon

23 And so be it, after two years of days,
Abi Shalom has sheepshearers in
Baal Hasor beside Ephrayim:
and Abi Shalom calls all the sons of the sovereign:
24 and Abi Shalom comes to the sovereign and says,
Behold now, your servant has sheepshearers;
may the sovereign, I beseech you,
and his servants go with your servant.
25 And the sovereign says to Abi Shalom,
No, my son, not all of us go now
lest we be too heavy to you.
— and he breaches on him; but he wills to not go;
and he blesses him.
26 And Abi Shalom says,
If not, I pray you, have my brother Amnon go with us.
And the sovereign says to him, Why
have him go with you?
27 And Abi Shalom breaches on him
to send Amnon away
with all the sons of the sovereign.
28 And Abi Shalom misvahs his lads, saying, Now see,
when the heart of Amnon is good with wine,
and I say to you, Smite Amnon!
Deathify him! Awe not! I — misvah I you
not? Strengthen! Sons of valour!
29 And the lads of Abi Shalom work to
Amnon as Abi Shalom misvahs:
and all the sons of the sovereign rise
and every man rides on his mule and flees.
30 And so be it, as they are in the way,
reports come to David, saying,
Abi Shalom smites all the sons of the sovereign
and there is not one of them *left* **remaining**.
31 Then the *king* **sovereign** arose,
and *tare* **ripped** his *garments* **clothes**,
and lay on the earth;
and all his servants *stood* **stationed** by
with their clothes *rent* **ripped**.
32 And *Jonadab* **Yah Nadab**,
the son of *Shimeah* **Shimah** David's brother, answered
and said, Let not my *lord suppose* **adoni say** that
they have *slain* **deathified** all the *young men* **lads**
the *king's* **sovereign's** sons;
for Amnon only *is dead* **died**:
for by the *appointment* **mouth** of *Absalom* **Abi Shalom**
this hath been *determined* **set**
from the day that he *forced* **abased** his sister Tamar.
33 Now therefore let not my *lord*
adoni the *king* **sovereign**
take **set** the *thing* **word** to his heart, *to think* **saying**
that all the *king's* **sovereign's** sons *are dead* **died**:
for Amnon only *is dead* **died**.
34 But *Absalom* **Abi Shalom** fled.
And the *young man* **lad** that *kept the watch* **watched**
lifted up his eyes, and *looked* **saw**, and,
behold, there came much people
by the way of the *hill* **mountain** side behind him.
35 And *Jonadab* **Yah Nadab** said unto the *king*
sovereign, Behold, the *king's* **sovereign's** sons come:
as **according to the word of** thy
servant *said*, so it *is* **becometh**.
36 And **so be** it *came to pass*,
as soon as he had
made an end of speaking **finished wording**,
that, behold, the *king's* **sovereign's** sons came,
and lifted up their voice and wept:
and the *king* **sovereign** also and all his servants
wept *very sore* **a mighty great weeping**.
37 But *Absalom* **Abi Shalom** fled, and
went to *Talmai* **Talmay**,

the son of *Ammihud* **Ammi Hud**,
king **sovereign** of Geshur.
And *David* mourned for his son every day.
38 So*Absalom***AbiShalom**lfed,andwentoGeshur,
and was there three years.
39 And *the soul of king* **sovereign** David
longed **concluded** to go forth unto *Absalom* **Abi Shalom**:
for he *was comforted* **sighed** concerning
Amnon, seeing he *was dead* **died**.

Wise Woman Of Teqoha

14 Now *Joab* **Yah Ab** the son of *Zeruiah* **Seruyah**
perceived that the *king's* **sovereign's** heart
was toward *Absalom* **Abi Shalom**.
2 And *Joab* **Yah Ab** sent to *Tekoah* **Teqoha**,
and *fetched* **took** thence a wise woman, and said
unto her, I pray thee, feign thyself to be a mourner,
and *put on* **enrobe** now mourning *apparel* **clothes**,
and anoint not thyself with oil, but be as a woman
that had *a long time* **many days** mourned for the dead:
3 And come to the *king* **sovereign**,
and *speak on* **word** this *manner* **word** unto him.
So *Joab put* **Yah Ab set** the words in her mouth.
4 And when the woman *of Tekoah* **Teqohiy**
spake **said** to the *king* **sovereign**,
she fell on her *face* **nostrils** to the *ground* **earth**,
and *did obeisance* **prostrated**, and said,
Help **Save**, O *king* **sovereign**.
5 And the *king* **sovereign** said unto
her, What *aileth* — **to** thee?
And she *answered* **said**,
I am *indeed* **truly** a widow woman,
and *mine husband is dead* **my man has died**.
6 And thy *handmaid* **maid** had two sons, and
they two strove together in the field,
and there was *none to part* **no rescuer between** them,
but the one smote the *other* **first**,
and *slew* **deathified** him.
7 And, behold,
the whole family is risen against *thine*
handmaid **thy maid**, and they said, *Deliver*
Give him that smote his brother,
that we may *kill* **deathify** him,
for the *life* **soul** of his brother whom he *slew* **slaughtered**;
and we *will destroy* **shall desolate**
the *heir* **successor** also:
and not one of them remains.
31 And the sovereign rises
and rips his clothes and lies down on the earth;
and all his servants station by with ripped clothes.
32 And Yah Nad ab
the son of Shimah the brother of David
answers and says, My adoni,
say not that they deathified all the lads
of the sons of the sovereign;
for only, Amnon died:
for this became set by the mouth of Abi Shalom
the day he abased his sister Tamar.
33 And now my adoni the sovereign,
set not the word to your heart, saying,
All the sons of the sovereign died!
— for only, Amnon died.
34 And Abi Shalom flees:
and the lad who watches lifts his eyes and sees;
and behold, much people come
by the way of the mountain side behind him.
35 And Yah Nadab says to the sovereign,
Behold, the sons of the sovereign come:
according to the word of your servant,
so be it.
36 And so be it, as soon as he finishes wording,
behold, the sons of the sovereign come
and lift their voice and weep:
and the sovereign also and all his servants
weep a mighty great weeping:
37 and Abi Shalom flees and goes to Talmay the
son of Ammi Hud sovereign of Geshur;
and mourns for his son every day.
38 And Abi Shalom flees and goes to
Geshur and *is* there three years.
39 And sovereign David
concludes to go to Abi Shalom:
for he sighs concerning Amnon, seeing he died.

Wise Woman Of Teqoha

14 And Yah Ab the son of Seruyah perceives
that the heart of the sovereign is on Abi Shalom:
2 and Yah Ab sends to Teqoha
and takes thence a wise woman and says to her,
I pray you, feign yourself to be a mourner
and enrobe mourning clothes;
and anoint not yourself with oil:
and be as a woman
who mourns for the dead many days:
3 and come to the sovereign and word this word to him.
— and Yah Ab sets the words in her mouth.
4 And the woman Teqohiy says to the sovereign;
and she falls on her nostrils to the
earth and prostrates and says,
Save, O sovereign.

5 And the sovereign says to her, What — to you?
And she says,
I *am* truly a widow woman; and my man dies:
6 and your maid has two sons and
the two strive in the field
and there is no rescuer between them,
and the one smites the first and deathifies him:
7 and behold,
the whole family rises against your maid and they say,
Give him who smote his brother — to deathify him
for the soul of his brother he slaughtered;
and we desolate his successor also:
and so they shall quench my coal which *is left*
surviveth, and shall *not leave to my husband* **set to**
my man neither name nor *remainder* **survivors**
upon the *earth* **face of the soil.**
8 And the *king* **sovereign** said unto the
woman, Go to thine house,
and I *will give charge* **shall misvah** concerning thee.
9 And the woman *of Tekoah* **Teqohiy**
said unto the *king* **sovereign,**
My *lord* **adoni**, O *king* **sovereign**, the
iniquity **perversion** be on me,
and on my father's house:
and the *king* **sovereign** and his
throne be *guiltless* **innocent.**
10 And the *king* **sovereign** said, Whosoever
saith **wordeth** *ought* unto thee,
bring him to me,
and he shall **be added to** not touch thee *any more.*
11 Then said she, I pray thee, let the *king* **sovereign**
remember *the LORD* **Yah Veh** thy *God* **Elohim,**
that *thou wouldest not suffer*
the *revengers* **redeemers** of blood
to destroy any more **not abound to**
ruin, lest they destroy my son.
And he said, *As the LORD* **Yah Veh** liveth, there
shall not one hair of thy son fall to the earth.
12 Then the woman said, Let *thine handmaid* **thy maid,**
I pray thee, *speak one* **word a** word unto my *lord* **adoni**
the *king* **sovereign.** And he said, *Say* **Word** on.
13 And the woman said,
Wherefore then hast thou *thought* **fabricated**
such a *thing* **word** against the people of *God*
Elohim? for the *king* **sovereign** doth *speak* **word**
this *thing* **word** as one which is *faulty* **guilty,**
in that the *king* **sovereign**
doth not fetch home again **hath not returned**
his *banished* **expelled.**
14 For **in dying,** we *must needs* die,
and are as water *spilt* **poured** on the *ground*
earth, which cannot be gathered up again;
neither doth God respect **because**
Elohim taketh not away
any person **a soul:**
yet doth he *devise means* **fabricate fabrications,** that
his *banished* **expelled** be not expelled from him.
15 Now therefore that I am come to
speak of **word** this *thing* **word**
unto my *lord* **adoni** the *king* **sovereign,**
it is because the people
have *made* **caused** me *afraid* **to awe:**
and thy *handmaid* **maid** said,
I *will* **shall** now *speak* **word** unto the *king* **sovereign;**
it may be that **perhaps** the *king* **sovereign** *will perform*
shall work the *request* **word** of his *handmaid* **maid.**
16 For the *king will* **sovereign shall** hear, to
deliver **rescue** his *handmaid* **maid**
out of the *hand* **palm** of the man
that *would destroy* **should desolate** me and my son
together out of the inheritance of *God* **Elohim.**
17 Then *thine handmaid* **thy maid** said,
The word of my *lord* **adoni** the *king* **sovereign**
shall now *be comfortable* **rest:**
for as an angel of *God* **Elohim,**
so is my *lord* **adoni** the *king* **sovereign**
to *discern* **hear** good and *bad* **evil:** therefore *the LORD*
Yah Veh thy *God* **Elohim** *will* **shall** be with thee.
18 Then the *king* **sovereign** answered
and said unto the woman,
Hide **Conceal** not from me, I pray thee,
the *thing* **word** that I shall ask thee.
And the woman said,
Let my *lord* **adoni** the *king* **sovereign** now *speak* **word.**
19 And the *king* **sovereign** said,
Is *not* the hand of *Joab* **Yah Ab** with thee in all this?
And the woman answered and said,
and so they quench my coal which survive
s and set neither name nor survivors to
my man on the face of the soil.
8 And the sovereign says to the woman,
Go to your house and I misvah concerning you.
9 And the woman Teqohiy says to
thesovereign, My adoni, O sovereign,
the perversion be on me
and on the house of my father:
and the sovereign and his throne be innocent.
10 And the sovereign says, Bring me
whoever words to you,
that he not add to touch you.

11 Then she says, I pray you,
may the sovereign remember Yah Veh your Elohim
— that the redeemers of blood not abound
to ruin lest they destroy my son.
And he says, Yah Veh lives!
Not one hair of your son falls to the earth.
12 And the woman says, Let your maid, I pray you,
word a word to my adoni the sovereign.
And he says, Word on.
13 And the woman says,
And why fabricate you such a word
against the people of Elohim?
For the sovereign words this word as one who is guilty,
in that the sovereign returns not his expelled:
14 for in dying, we die
and are as water poured on the
earth, which *is* not gathered;
because Elohim takes not away a soul:
yet he fabricates fabrications,
that his expelled not be expelled from him:
15 now I come
to word this word to my adoni the sovereign,
because the people have me to awe:
and your maid says,
I now word to the sovereign; so that perhaps
the sovereign works the word of his maid.
16 For the sovereign hearkens to rescue his
maid from the palm of the man
who desolates me and my son together
from the inheritance of Elohim.
17 And your maid says,
The word of my adoni the sovereign now rests:
for as an angel of Elohim thus is my adoni the sovereign
— to hear good and evil:
therefore Yah Veh your Elohim be with you.
18 Then the sovereign answers thewoman and says,
Conceal not from me, I pray you, the word I ask you.
And the woman says,
Let my adoni the sovereign now word.
19 And the sovereign says,
Is the hand of Yah Ab with you in all this?
And the woman answers and says,
As thy soul liveth, my *lord* **adoni** the *king* **sovereign,**
none **no man** can turn to the right *hand* or to the left
from ought that my *lord* **adoni** the *king* **sovereign**
hath *spoken* **worded**:
for thy servant *Joab* **Yah Ab**, he *bade* **misvahed**
me, and he *put* **set** all these words
in the mouth of *thine handmaid* **thy maid**:
20 *To fetch* **So as to go** about
this form **the face** of *speech* **this word**
hath thy servant *Joab* **Yah Ab**
done **worked** this *thing* **word**:
and my *lord* **adoni** is wise,
according to the wisdom of an angel of *God*
Elohim, to know all *things* that are in the earth.
21 Andthe*king***sovereign**saidunto*Joab***YahAb**,
Behold now, I have *done* **worked** this *thing* **word**:
go *therefore*,
bring **return** the *young man Absalom*
lad Abi Shalom *again*.
22 And *Joab* **Yah Ab** fell to the *ground* **earth** on
his face, and *bowed* **prostrated** *himself*,
and *thanked* **blessed** the *king* **sovereign**:
and *Joab* **Yah Ab** said,
To day thy servant knoweth
that I have found *grace* **charism** in thy *sight*
eyes, my *lord* **adoni**, O *king* **sovereign**,
in that the *king* **sovereign**
hath *fulfilled* **worked** the *request* **word** of his servant.
23 So*Joab***YahAb**aroseandwentoGeshur,
and brought *Absalom* **Abi Shalom**
to *Jerusalem* **Yeru Shalem.**
24 And the *king* **sovereign** said, Let him turn to
his own house, and let him not see my face.
So *Absalom* **Abi Shalom** returned to his own
house, and saw not the *king's* **sovereign's** face.
25 Buitnal*IsraeYl* **israEhtlerewas***none***noman**
to be *much praised* **mightily halaled**
as *Absalom* **Abi Shalom**
for his beauty **there was not as handsome a man**:
from the sole of his foot
even to *the crown of his head* **his scalp**
there was no blemish in him.
26 And when he *polled* **shaved** his head,
(for it was at *every year's end* **the end of days by days**
that he *polled* **shaved** it: because *the hair* **it** was
heavy on him, therefore he *polled* **shaved** it:)
he weighed the hair of his head at two hundred
shekels after the *king's weight* **sovereign's stone.**
27 And unto *Absalom* **Abi Shalom**
there were *born* **birthed** three sons,
and one daughter, whose name was Tamar:
she was a woman of *a fair countenance* **beautiful visage.**
28 So *Absalom dwelt* **Abi Shalom settled**
two *full* years **of days** in *Jerusalem* **Yeru Shalem,**
and saw not the *king's* **sovereign's** face.
29 Therefore *Absalom* **Abi Shalom** sent for *Joab* **Yah**
Ab, to have sent him to the *king* **sovereign**;
but he *would* **willed to** not come to him: and when he
sent again the second time, he *would* **willed to** not come.

30 Therefore he said unto his servants,
See, *Joab's field* **Yah Ab's allotment** is near mine **hand**,
and he hath barley there; go and *set* **burn** it on fire.
And *Absalom's* **Abi Shalom's** servants
set the *field* **allotment** on fire.
31 Then *Joab* **Yah Ab** arose,
and came to *Absalom* **Abi Shalom** unto his house,
and said unto him, Wherefore have thy servants
set my field **burnt mine allotment** on fire?
32 And*Absalom***AbiShalom**
answered Joab **said to Yah Ab**, Behold, I
sent unto thee, saying, Come hither,
that I may send thee to the *king* **sovereign**, to say,
Wherefore am I come from Geshur?
it had been good for me to have been there still:
now therefore let me see the *king's* **sovereign's** face;
Your soul lives, my adoni the sovereign,
no man can turn right or left
from aught that my adoni the sovereign words:
for your servant Yah Ab, he misvahed me
and he set all these words in the mouth of your maid:
20 so as to go about the face of this word your
servant Yah Ab worked this word:
and my adoni is wise
as the wisdom of an angel of Elohim,
to know all that is in the earth.
21 And the sovereign says to Yah Ab, Behold, I pray you,
I work this word: go, return the lad Abi Shalom.
22 And Yah Ab falls to the earth on his face
and prostrates and blesses the sovereign:
and Yah Ab says,
Today your servant knows
that I find charism in your eyes, my adoni, O sovereign,
in that the sovereign works the word of his servant.
23 And Yah Ab rises and goes to Geshur and
brings Abi Shalom to Yeru Shalem.
24 And the sovereign says,
Have him return to his own house and not see my face.
So Abi Shalom returns to his own house
and sees not the face of the sovereign:
25 but in all YisraEl the reisnoman
as mightily halaled as Abi Shalom; none
become as handsome a man:
from the sole of his foot even to his scalp;
there is no blemish in him.
26 And he shaves his head;
— and at the end of days by days he shaves
— and because it is heavy on him, he shaves;
he weighs the hair of his head at two hundred
shekels after the stone of the sovereign.
27 And three sons are birthed to Abi Shalom
and one daughter; her name *is* Tamar:
she is a woman of beautiful visage.
28 So Abi Shalom settles
two years of days in Yeru Shalem and
sees not the face of the sovereign.
29 And Abi Shalom sends for Yah Ab,
to send him to the sovereign;
but he wills to not come to him:
and when he sends again the second
time, he wills to not come.
30 And he says to his servants,
See, the allotment of Yah Ab is near my hand,
and he has barley there; go and burn it on fire.
And the servants of Abi Shalom set the allotment on fire:
31 and Yah Ab rises and comes to Abi
Shalom
— to his house and says to him,
Your servants, why burn they my allotment on fire?
32 And Abi Shalom says to Yah Ab, Behold,
I send to you, saying, Come here,
that I *may* send you to the sovereign, to say,
Why come I from Geshur?
It had been good for me to still be there:
and now have me see the face of the sovereign;
and if there be *any iniquity* **perversity**
in me, let him *kill* **deathify** me.
33 So *Joab* **Yah Ab** came to the *king*
sovereign, and told him:
and when he had called for *Absalom* **Abi
Shalom**, he came to the *king* **sovereign**,
and *bowed* **prostrated** himself on his *face* **nostrils**
to the *ground* **earth**
before the king **at the face of the sovereign**:
and the *king* **sovereign** kissed *Absalom* **Abi Shalom**.

THE CONSPIRACY OF ABI SHALOM

15 And **so be** it *came to pass* after this,
that *Absalom prepared* **Abi Shalom worked** him
chariots and horses,
and fifty men to run *before him* **at his face**.
2 And*Absalomroseup***AbiShalomstarted**early,
and stood *beside* **at hand by** the way of the *gate* **portal**:
and it *was so* **became**,
that when any man that had a controversy
came to the *king* **sovereign** for judgment,
then *Absalom* **Abi Shalom** called unto
him, and said, Of what city art thou?
And he said,
Thy servant is of one of the *tribes*
scions of *Israel* **Yisra El**.

3 And *Absalom* **Abi Shalom** said unto him,
See, thy *matters* **words** are good
and *right* **straightforward;**
but there is no man *deputed* of the *king* **sovereign**
to hear thee.
4 *Absalom* **Abi Shalom** said moreover,
Oh that I were made **Who setteth me**
judge in the land, that every man
which hath any *suit* **plea** or *cause* **judgment**
might come unto me,
and I *would do him justice* **should justify him!**
5 And it *was so* **became,**
that when any man *came nigh to* **approached**
him to *do* **prostrate to** him *obeisance,*
he *put* **sent** forth his hand,
and *took* **held** him, and kissed him.
6 And on this *manner* **word**
did Absalom **worked Abi Shalom** to all *Israel* **Yisra El**
that came to the *king* **sovereign** for judgment:
so *Absalom* **Abi Shalom**
stole the hearts of the men of *Israel* **Yisra El.**
7 And **so be** it *came to pass,*
after **at the end of** forty years,
that *Absalom* **Abi Shalom** said unto the *king* **sovereign,**
I pray thee, let me go and *pay* **shalam** my vow,
which I have vowed unto *the LORD* **Yah Veh,** in Hebron.
8 For thy servant vowed a vow
while I *abode* **settled** at Geshur in *Syria* **Aram,** saying,
If the LORD shall bring me again indeed **If in returning,**
Yah Veh shall return me to *Jerusalem* **Yeru Shalem,**
then I *will* **shall** serve *the LORD* **Yah Veh.**
9 And the *king* **sovereign** said unto
him, Go in *peace* **shalom.**
So he arose, and went to Hebron.
10 But *Absalom* **Abi Shalom** sent spies
throughout all the *tribes* **scions** of *Israel* **Yisra**
El, saying, As soon as ye hear the *sound* **voice**
of the *trumpet* **shophar,** then ye shall say,
Absalom **Abi Shalom** reigneth in Hebron.
11 And with *Absalom* **Abi Shalom**
went two hundred men out of *Jerusalem* **Yeru Shalem,**
that were called;
and they went in their *simplicity* **integrity,**
and they knew not *any thing* **a word.**
12 And *Absalom* **Abi Shalom**
sent for *Ahithophel* **Achiy Thophel** the *Gilonite* **Gilohiy,**
David's counsellor, from his city, *even* from
Giloh, while he *offered* **sacrificed** sacrifices.
And the conspiracy was strong;
for the **many** people *increased continually* **walked**
with *Absalom* **Abi Shalom.**

DAVID FLEES YERU SHALEM

13 And there came a *messenger* **teller** to David, saying,
and if there be perversity in me,
may he deathify me.
33 And Yah Ab comes to the sovereign and tells him:
and he calls for Abi Shalom, and
he comes to the sovereign
and prostrates himself on his nostrils to
the earth at the face of the sovereign:
and the sovereign kisses Abi Shalom.

THE CONSPIRACY OF ABI SHALOM

15 And so be it, afterward,
Abi Shalom works him chariots and horses
and fifty men to run at his face:
2 and Abi Shalom starts early
and stands at the hand by the way of the portal:
and so be it,
any man who has a controversy comes to the
sovereign for judgment; and Abi Shalom calls
to him and says, Of what city are you?
And he says,
Your servant is of one of the scions of Yisra El.
3 And Abi Shalom says to him,
See, your words are good and straight;
but there is no man of the sovereign to hear you.
4 And Abi Shalom says, Who set me judge in the land,
that every man who has any plea or judgment
comes to me to justify him?
5 And so be it,
when any man approaches to prostrate to him, he
sends his hand and holds him and kisses him:
6 and Abi Shalom works this word to all Yisra
El who come to the sovereign for judgment:
and Abi Shalom steals the hearts
of the men of Yisra El.
7 And so be it, at the end of forty years,
Abi Shalom says to the sovereign,
I pray you, that I *may* go,
and shalam the vow I vowed to Yah Veh in Hebron:
8 for your servant vowed a vow
while I settled at Geshur in Aram, saying,
If in returning, Yah Veh returns me to
Yeru Shalem, then I serve Yah Veh.
9 And the sovereign says to him, Go in shalom.
And he rises and goes to Hebron:
10 and Abi Shalom sends spies throughout
all the scions of Yisra El, saying,
As soon as you hear the voice of the shophar,
say, Abi Shalom reigns in Hebron.

11 And two hundred men from Yeru
Shalem who are called
go with Abi Shalom;
and they go in their integrity and they know not a word.
12 And Abi Shalom
sends for Achiy Thophel the Gilo
hiy the counsellor of David
from his city — from Giloh as he sacrifices sacrifices:
and the conspiracy is strong;
for many people walk with Abi Shalom.

DAVID FLEES YERU SHALEM

13 And a teller comes to David, saying,
The hearts of the men of *Israel* **Yisra El**
are after *Absalom* **Abi Shalom.**
14 And David said unto all his servants
that were with him at *Jerusalem* **Yeru Shalem,**
Arise, and let us flee;
for **in escaping,** we shall not *else* escape
from *Absalom* **the face of Abi Shalom:**
make speed **hasten** to *depart* **go,**
lest he **hasten and** overtake us *suddenly,*
and *bring* **drive** evil upon us,
and smite the city with the *edge* **mouth** of the sword.
15 And the *king's* **sovereign's** servants said
unto the *king* **sovereign**, Behold,
thy servants *are ready to do* **shall work** whatsoever
my *lord* **adoni** the *king* **sovereign** shall *appoint* **choose.**
16 And the *king* **sovereign** went forth,
and all his household *after him* **at his feet.**
And the *king* **sovereign** left ten women,
which were — concubines, to *keep* **guard** the house.
17 Andthe*king***sovereign**wentforth,
and all the people *after him* **at his feet,**
and *tarried* **stayed** in a *place* **house** that was far off.
18 And all his servants passed on *beside him* **at his hand;**
and all the *Cherethites* **executioners,**
and all the *Pelethites* **couriers,** and all the
Gittites **Gittiy,** six hundred men
which came *after him* **at his feet** from Gath,
passed on *before* **at the face of** the *king* **sovereign.**
19 Then said the *king* **sovereign**
to *Ittai* **Ittay** the *Gittite* **Gittiy,** Wherefore goest
thou also with us? return to thy place,
and *abide* **settle** with the *king* **sovereign:**
for thou art a stranger, and also an exile.
20 Whereas thou camest *but* yesterday, should I this day
make **have** thee *go up and down*
wander in going with us?
seeing I go whither I may **go,**
return *thou, and take back* **return** thy brethren:
mercy and truth be with thee.
21 And *Ittai* **Ittay** answered the *king* **sovereign,** and said,
As the LORD **Yah Veh** liveth,
and *as my lord* **adoni** the *king* **sovereign**
liveth, surely in what place
my *lord* **adoni** the *king* **sovereign** shall
be, whether in death or life,
even there also *will* **shall** thy servant be.
22 AndDavidsaidto*Itta***It***t***ay**,Goandpasover.
And *Ittai* **Ittay** the *Gittite* **Gittiy**
passed over, and all his men,
and all the *little ones* **toddlers** that were with him.
23 Andalthe*country***land**weptwitha*loud***grea**v**t**oice,
and all the people passed over:
the *king* **sovereign** also *himself*
passed over the *brook Kidron* **wadi Qidron,**
and all the people passed over,
toward **upon the face of** the way of the wilderness.
24 And *lo Zadok* **behold Sadoq** also,
and all the *Levites* **Leviym** were with him,
bearing the ark of the covenant of *God* **Elohim:**
and they *set down* **firmed** the ark of *God* **Elohim;**
and *Abiathar went up* **Abi Athar ascended,**
until all the people had *done* **consummated**
passing out of the city.
25 And the *king* **sovereign** said unto *Zadok* **Sadoq,**
Carry **Turn** back the ark of *God* **Elohim** into the city:
if I shall find *favour* **charism**
in the eyes of *the LORD* **Yah Veh,**
he *will bring* **shall turn** me *again* **back,**
and *shew* **have** me *both* **see** it, and his habitation **of rest:**
26 But if he thus say, I have no delight in thee;
behold, *here am* I,
let him *do* **work** to me
as seemeth good *unto him* **in his eyes.**
27 The *king* **sovereign**
said also unto *Zadok* **Sadoq** the
priest, Art *not* thou a seer?
The hearts of the men of Yisra El are after Abi Shalom.
14 And David says to all his servants
with him at Yeru Shalem,
Rise! Flee!
For in escaping,
we escape not the face of Abi Shalom.
Hasten to go,
lest he hasten and overtake us and drive evil on us
and smite the city with the mouth of the sword.
15 And the servants of the sovereign say to the sovereign,
Behold, your servants work

whatever my adoni the sovereign chooses.
16 And the sovereign goes forth with
all his household at his feet:
and the sovereign leaves ten women concubines
to guard the house:
17 and the sovereign goes with all the people
at his feet and stays in a house afar off:
18 and all his servants pass on at his hand;
and all the executioners and all the
couriers and all the Gittiy
— six hundred men who come at his feet from Gath,
pass on at the face of the sovereign.
19 Then the sovereign says to Ittay the Gittiy,
Why go you — you also with us?
Return to your place and settle with the sovereign:
for you are a stranger and also an exile.
20 Yesterday you come
— and this day *do* I have you wander in going with us?
Seeing that I go wherever I go, return
— return with your brothers:
mercy and truth be with you.
21 And Ittay answers the sovereign and says, Yah
Veh lives and adoni the sovereign lives,
surely in whatever place my adoni the sovereign is
— whether in death or life,
even there also your servant is.
22 And David says to Ittay, Go and pass over.
— and Ittay the Gittiy passes over with all
his men and with all the toddlers.
23 And all the land weeps with a great
voice and all the people pass over:
and the sovereign passes over the wadi Qidron
and all the people pass over on the face
of the way of the wilderness.
24 And behold, Sadoq also, and all the Leviym with him
bearing the ark of the covenant of Elohim:
and they firm the ark of Elohim;
and Abi Athar ascends, until all the people
consummate passing from the city.
25 And the sovereign says to Sadoq, Turn
back the ark of Elohim into the city:
if I find charism in the eyes of Yah Veh
he turns me back
and has me see it and his habitation of rest:
26 and if he says thus: I delight not in you!
Behold, I —
may he work to me as seems good in his eyes.
27 And the sovereign says to Sadoq
the priest, Are you a seer?
return into the city in *peace* **shalom**,
and your two sons with you,
Ahimaaz **Achiy Maas** thy son,
and *Jonathan* **Yah Nathan** the son
of *Abiathar* **Abi Athar.**
28 See, I *will tarry* **shall linger**
in the plain of the wilderness,
until there come word from you to *certify* **tell** me.
29 *Zadok* **Sadoq** therefore and *Abiathar* **Abi Athar**
carried **turned back** the ark of *God* **Elohim**
to *Jerusalem* **Yeru Shalem**: and
they *tarried* **settled** there.
30 And David *went up* **ascended**
by the ascent of *mount Olivet* **the Olives**,
and wept as he *went up* **ascended**,
and had his head covered,
and he *went barefoot* **walked unshod**:
and all the people that was with him
covered every man his head,
and they *went up* **ascended**, weeping
as they *went up* **ascended**.
31 And one told David, saying,
Ahithophel **Achiy Thophel** is among the
conspirators with *Absalom* **Abi Shalom**.
And David said, O *LORD* **Yah Veh**, I pray thee,
turn the counsel of Ahithophel into follishness
in follying, folly the counsel of Achiy Thophel.
32 And **so be** it *came to pass*,
that when David was come to the top *of the mount*,
where he *worshipped God* **prostrated to Elohim**, behold,
Hushai **Hushay** the *Archite* **Arkiy** came to meet him
with his coat *rent* **ripped**, and *earth* **soil** upon his head:
33 Unto whom David said, If thou passest on with
me, then thou shalt be a burden unto me:
34 Butifthoureturntothecity,
and say unto *Absalom* **Abi Shalom**,
I *will* **shall** be thy servant, O *king* **sovereign**;
as I have been thy father's servant *hitherto* **since
then**, so *will* **shall** I now also be thy servant:
then mayest thou for me *defeat* **break down**
the counsel of *Ahithophel* **Achiy Thophel**.
35 And hast thou not there with thee
Zadok **Sadoq** and *Abiathar* **Abi Athar** the priests?
therefore it shall be,
that what *thing* **word** soever thou shalt hear
out of the *king's* **sovereign's** house,
thou shalt tell it
to *Zadok* **Sadoq** and *Abiathar* **Abi Athar** the priests.
36 Behold, they have there with them their two sons,
Ahimaaz **Achiy Maas,** *Zadok's* **Sadoq's** *son*,

and *Jonathan* **Yah Nathan,** *Abiathar's* **Abi Athar's** *son;*
and by *them* **their hand**
ye shall send unto me every *thing* **word** that ye can hear.
37 So *Hushai* **Hushay** David's friend came into the city,
and *Absalom* **Abi Shalom**
came into *Jerusalem* **Yeru Shalem.**

DAVID AND SIBA

16 And when David was a little
past the top *of the hill,* behold,
Ziba **Siba** the *servant* **lad** of
Mephibosheth **Mephi Bosheth**
met him,
with a *couple* **pair** of *asses saddled* **he burros harnessed,**
and upon them two hundred *loaves of* bread,
and an hundred *bunches of raisins* **raisincakes,**
and an hundred of summer fruits,
and a *bottle* **bag** of wine.
2 And the *king* **sovereign** said unto *Ziba* **Siba,**
What meanest thou by these?
And *Ziba* **Siba** said, The *asses* **he burros**
be for the *king's* **sovereign's** household to ride on;
and the bread and summer fruit for the
young men **lads** to eat; and the wine,
that such as be *faint* **weary** in the wilderness may drink.
3 And the *king* **sovereign** said,
And where is thy *master's* **adoni's** son?
And *Ziba* **Siba** said unto the *king* **sovereign,** Behold,
he *abideth* **settleth** at *Jerusalem* **Yeru Shalem:**
Return to the city in shalom with your
two sons, Achiy Maas your son
and Yah Nathan the son of Abi Athar.
28 See, I linger in the plain of the wilderness,
until word comes from you to tell me.
29 And Sadoq and Abi Athar
return the ark of Elohim to Yeru Shalem:
and they settle there.
30 And David ascends by the ascent of the Olives
and weeps as he ascends with his head covered
and he walks unshod:
and of all the people with him
every man covers his head:
and they ascend; weeping as they ascend.
31 And one tells David, saying,
Achiy Thophel is among the
conspirators with Abi Shalom.
And David says, O Yah Veh, I pray you,
in follying, folly the counsel of Achiy Thophel.
32 And so be it, David comes to the top,
and he prostrates to Elohim;
and behold, Hushay the Arkiy comes to meet
him with his coat ripped and soil on his head.
33 And David says to him, If you pass on
with me, you become a burden to me:
34 and if you return to the city and say to Abi Shalom,
I become your servant, O sovereign;
and I become the servant of your father from n
ow on, and I now also become your servant:
and you break down
the counsel of Achiy Thophel for me.
35 And are there not with you
Sadoq and Abi Athar the priests?
And so be it, whatever word you hear
from the house of the sovereign,
tell it to Sadoq and Abi Athar the priests.
36 Behold, their two sons are with them,
Achiy Maas of Sadoq and Yah Nathan of Abi Athar;
and every word you hear, send me by their hand.
37 So Hushay the friend of David comes to the city
and Abi Shalom comes to Yeru Shalem.

DAVID AND SIBA

16 And David is a little past the top,
and behold, Siba the lad of Mephi Bosheth meets
him with a pair of harnessed he burros;
and on them two hundred bread
and a hundred raisincakes
and a hundred summer fruits and a bag of wine.
2 And the sovereign says to Siba,
What mean you by these?
And Siba says, The he burros
are for the house of the sovereign to ride on; and the
bread and summer fruit for the lads to eat; and the wine,
for such as are weary in the wilderness to drink.
3 And the sovereign says, Where
is the son of your adoni?
And Siba says to the sovereign, Behold,
he settles at Yeru Shalem:
for he said, To day shall the house of *Israel* **Yisra El**
restore me the *kingdom* **sovereigndom** of my father.
4 Thensaidthe*king***sovereign**to*Ziba***Siba**,Behold,
thine are all *that pertained*
unto *Mephibosheth* **Mephi Bosheth.**
And *Ziba* **Siba** said, I *humbly beseech* **prostrate to**
thee that I may find *grace* **charism** in thy *sight* **eyes,**
my *lord* **adoni,** O *king* **sovereign.**
for he says, Today the house of Yisra El restores
to me the sovereigndom of my father.
4 Then the sovereign says to Siba, Behold,
you are all to Mephi Bosheth.

And Siba says,
I prostrate to you to find charism in
your eyes, my adoni, O sovereign.
5 And when *king* **sovereign** David
came to *Bahurim* **Bachurim**, behold,
thence *came out* **went** a man
of the family of the house of *Saul* **Shaul**, whose name
was *Shimei* **Shimi**, the son of Gera: he *came forth* **went**,
and *cursed still* **abased** as he *came* **went**.
6 And he *cast* **stoned** stones at David,
and at all the servants of *king* **sovereign** David:
and all the people and all the mighty *men*
were on his right *hand* and on his left.
7 And thus said *Shimei* **Shimi** when he *cursed* **abased**,
Come out **Go**, *come out* **go**, thou bloody
man, and thou man of *Belial* **Beli Yaal**:
8 *The LORD* **Yah Veh** hath returned upon thee
all the blood of the house of *Saul* **Shaul**,
in whose stead thou hast reigned;
and *the LORD* **Yah Veh**
hath *delivered* **given** the *kingdom* **sovereigndom**
into the hand of *Absalom* **Abi Shalom** thy son:
and, behold, thou art *taken* in thy *mischief*
evil, because thou art a bloody man.
9 Then said *Abishai* **Abi Shai** the
son of *Zeruiah* **Seruyah**
unto the *king* **sovereign**, Why should this dead dog
curse **abase** my *lord* **adoni** the *king* **sovereign**?
let me *go* **pass** over, I pray thee, and
take **twist** off his head.
10 And the *king* **sovereign** said,
What have I to do with you, ye sons of *Zeruiah* **Seruyah**?
so let him *curse* **abase**,
because *the LORD* **Yah Veh** hath said unto him,
Curse **Abase** David.
Who shall then say, Wherefore hast
thou *done* **worked** so?
11 And David said to *Abishai* **Abi Shai**,
and to all his servants, Behold,
my son, which *came forth* **went** of my
bowels **inwards**, seeketh my *life* **soul**:
how much more now may this
Benjamite **Ben Yaminiy** do it?
let him alone, and let him curse **allow him to abase**;
for *the LORD* **Yah Veh** hath *bidden* **said to** him.
12 *It may be that the LORD* **Perhaps Yah Veh**
will look on mine affliction **shall see my
humiliation**, and that *the LORD* **Yah Veh**
will requite **shall return** me good for
his *cursing* **abasing** this day.
13 And as David and his men went by the way,
Shimei **Shimi** went along on the *hill's* **mountain** side
over against **beside** him,
and *cursed* **abased** as he went,
and *threw* **stoned** stones *at* **beside**
him, and *cast* **dusted** dust.
14 And the *king* **sovereign**,
and all the people that were with him,
came *weary* **languid**, and refreshed themselves there.

Abi Shalom Approaches Yeru Shalem

15 And *Absalom* **Abi Shalom**,
and all the people of the men of *Israel* **Yisra
El**, came to *Jerusalem* **Yeru Shalem**,
and *Ahithophel* **Achiy Thophel** with him.
16 And **so be** it *came to pass*,
when *Hushai* **Hushay** the *Archite* **Arkiy**, David's
friend, was come unto *Absalom* **Abi Shalom**,
that *Hushai* **Hushay** said unto *Absalom* **Abi Shalom**,
God save the king **Let the sovereign live**,
God save the king **Let the sovereign live**.
17 And *Absalom* **Abi Shalom** said to *Hushai* **Hushay**,
Is this thy *kindness* **mercy** to thy friend?
why wentest thou not with thy friend?

Shimi Abases David

5 And sovereign David comes to Bachurim;
and behold,
there goes a man of the family of the house of Shaul;
his name *is* Shimi the son of Gera:
he goes and abases as he goes:
6 and he stones stones at David
and at all the servants of sovereign David:
and all the people and all the mighty
on his right and on his left.
7 And as Shimi abases, he says thus:
Go, go, you bloody man and you man of Beli Yaal:
8 Yah Veh returns on you
all the blood of the house of Shaul
in whose stead you reign;
and Yah Veh gives the sovereigndom into
the hand of Abi Shalom your son:
and behold, you are in your evil,
because you *are* a man of blood.
9 And Abi Shai the son of Seruyah says to the sovereign,
This dead dog
— why abases he my adoni the sovereign? Pass
me over, I pray you, and I twist off his head.
10 And the sovereign says,

What have I to do with you, you sons of Seruyah? he
abases thus because Yah Veh says to him, Abase David.
Who then *is* to say, Why work you so?
11 And David says to Abi Shai and to all his servants,
Behold, my son who came from my inwards
seeks my soul:
how much more now this Ben Yaminiy?
allow him to abase; for Yah Veh says to him.
12 Perhaps Yah Veh sees my humiliation
and Yah Veh returns me good
for his abasing this day.
13 And David and his men go by the way,
and Shimi goes along beside him
on the mountain side;
and abases as he goes
and stones stones beside him;
and dusts dust.
14 And the sovereign and all the people with him
become languid; and refresh themselves there.

ABI SHALOM APPROACHES YERU SHALEM

15 And Abi Shalom
and all the people of the men of Yisra El, come
to Yeru Shalem with Achiy Thophel :
16 and so be it,
Hushay the Arkiy, the friend of
David, comes to Abi Shalom:
and Hushay says to Abi Shalom,
The sovereign lives! The sovereign lives!
17 And Abi Shalom says to Hushay, Is this your
mercy to your friend? Why go you not with your friend?
18 And *Hushai* **Hushay** said unto *Absalom* **Abi Shalom**,
Nay; but whom *the LORD* **Yah Veh**, and this people,
and all the men of *Israel* **Yisra El**, choose,
his *will* **shall** I be, and with him *will* **shall** I *abide* **settle**.
19 And *again* **secondly**, whom should I serve?
should I not *serve in* **at** the *presence* **face** of his son?
as I have served *in* **at** thy father's *presence* **face**,
so *will* **shall** I be *in* **at** thy *presence* **face**.
20 Then said *Absalom* **Abi Shalom**
to *Ahithophel* **Achiy Thophel**,
Give counsel among you what we shall *do* **work**.
21 And *Ahithophel* **Achiy Thophel**
said unto *Absalom* **Abi Shalom**, Go in
unto thy father's concubines,
which he hath *left* **allowed** to *keep* **guard** the house;
and all *Israel* **Yisra El** shall hear
that thou *art abhorred* **stinkest** of thy
father: then shall the hands of all that are
with thee be *strong* **strengthened**.
22 So they spread *Absalom* **Abi Shalom** a
tent upon the *top of the house* **roof**;
and *Absalom* **Abi Shalom**
went in unto his father's concubines in
the *sight* **eyes** of all *Israel* **Yisra El**.
23 And the counsel of *Ahithophel* **Achiy Thophel**,
which he counselled in those days,
was as if a man had *enquired* **asked**
at the *oracle* **word** of *God* **Elohim**:
so was all the counsel of *Ahithophel* **Achiy Thophel**
both with David and with *Absalom* **Abi Shalom**.

THE COUNSEL OF HUSHAY

17 Moreover
Ahithophel **Achiy Thophel** said
unto *Absalom* **Abi Shalom**,
Let me now choose out twelve thousand men,
and I *will* **shall** arise and pursue after David this night:
2 And I *will* **shall** come upon him
while he is *weary* **belaboured** and weak handed,
and *will make* **shall cause** him *afraid* **to tremble**:
and all the people that are with him shall flee;
and I *will* **shall** smite the *king* **sovereign** only:
3 And I *will bring back* **shall return**
all the people unto thee:
the man whom thou seekest is as if all returned:
so all the people shall be in *peace* **shalom**.
4 And the *saying pleased* **word was right** *Absalom*
well **in the eyes of Abi Shalom**, and **in the
eyes of** all the elders of *Israel* **Yisra El**.
5 Then said *Absalom* **Abi Shalom**,
Call now *Hushai* **Hushay** the *Archite* **Arkiy** also,
and let us hear likewise what *he saith* **is in his mouth**.
6 And when *Hushai* **Hushay**
was come to *Absalom* **Abi Shalom**,
Absalom spake **Abi Shalom said** unto him,
saying, *Ahithophel* **Achiy Thophel**
hath *spoken* **worded** after this *manner* **word**:
shall we *do* **work** after his *saying* **word**?
if not; *speak* **word** thou.
7 And *Hushai* **Hushay** said unto *Absalom*
Abi Shalom, The counsel
that *Ahithophel* **Achiy Thophel** hath *given* **counselled**
is not good at this time.
8 For, said *Hushai* **Hushay**,
thou knowest thy father and his men,
that they be mighty *men*,
and they be *chafed in their minds* **bitter of soul**, as
a bear *robbed of her whelps* **bereft** in the field:
and thy father is a man of war,

and *will* **shall** not *lodge* **stay overnight** with the people.
9 Behold,heishidnowin*somepit***oneofthepits**,
or in *some other place* **one of the places**:
and **so be** it *will come to pass*,
when some of them be *overthrown* **fallen**
at the *first* **beginning**, that **in hearing,**
whosoever heareth it will **a hearer shall** say,
There is a *slaughter* **plague** among the people
that *follow Absalom* **go after Abi Shalom**.
10 And he also that is *valiant* **the son of valour,**
18 And Hushay says to Abi Shalom,
No; but whom Yah Veh and this people
and all the men of Yisra El choose,
his I am; and with him I settle.
19 And secondly, whom serve I?
— is it not at the face of his son?
As I served at the face of your father,
thus I at your face.
20 And Abi Shalom says to Achiy Thophel,
Give counsel among you what to work.
21 And Achiy Thophel says to Abi Shalom,
Go in to the concubines of your father,
whom he allowed to guard the house;
so that all Yisra El hears that you stink of your father:
then strengthen the hands of all who are with you.
22 And they spread a tent for Abi Shalom on the roof;
and Abi Shalom goes in
to his concubines of his father in the eyes of all Yisra El.
23 And the counsel
Achiy Thophel counsels in those days, is as
if a man asks at the word of Elohim: thus
is all the counsel of Achiy Thophel
both with David and with Abi Shalom.

The Counsel Of Hushay

17 And Achiy Thophel says to Abi Shalom,
I pray you that I *may* choose twelve thousand men
and I rise and pursue after David this night:
2 and I come on him
— belabored and weak handed; and tremble him:
and all the people with him flee;
and I smite the sovereign only:
3 and I return all the people to you
— return the man you seek and all:
— all the people being in shalom.
4 — and the word is right in the eyes of Abi Shalom
and in the eyes of all the elders of Yisra El.
5 And Abi Shalom says,
Call, I pray you, Hushay the Arkiy also and
likewise hear what is in his mouth.
6 And Hushay comes to Abi Shalom, and
Abi Shalom says to him, saying, Achiy
Thophel words after this word:
Work we after his word?
If not; you word.
7 And Hushay says to Abi Shalom,
The counsel Achiy Thophel counsels
is not good at this time.
8 For, says Hushay,
you know your father and his men are mighty;
and bitter of soul as a bereft bear in the
field: and your father is a man of war
and stays not overnight with the people.
9 Behold, even now he hides in one of
the pits or in one of the places:
and so be it,
when some of them fall at the beginning,
that in hearing, a hearer says,
There is a plague among the people
who go after Abi Shalom;
10 and he who also is the son of valour
whose heart is as the heart of a lion,
in melting, shall *utterly* melt:
for all *Israel* **Yisra El** knoweth
that thy father is *a* mighty *man*,
and they which be with him are
valiant men **sons of valour**.
11 Therefore I counsel that all *Israel* **Yisra El**
in gathering, be *generally* gathered unto thee,
from Dan even to *Beersheba* **Beer Sheba**,
as the sand that is by the sea for *multitude* **abundance**;
and that thou go to *battle* **war**
in thine own person **by yourself**.
12 So shall we come upon him
in *some place* **one of the places** where he shall
be found, and we *will* **shall** light upon him
as the dew falleth on the *ground* **soil**:
and of him and of all the men that are with him
there shall not *be left so much as* **remain even** one.
13 Moreovei,rfhebe*goten***gathered**intoacity,
then shall all *Israel* **Yisra El**
bring ropes **bear lines** to that city,
and we *will draw* **shall drag** it into the *river* **wadi**, until
there be not *one small stone* **even a bundle** found there.
14 And *Absalom* **Abi Shalom**
and all the men of *Israel* **Yisra El** said,
The counsel of *Hushai* **Hushay** the *Archite* **Arkiy**
is better than the counsel of *Ahithophel* **Achiy Thophel**.
For *the LORD* **Yah Veh**
had *appointed* **misvahed** to *defeat* **break down**
the good counsel of *Ahithophel* **Achiy Thophel**,
to the intent **so** that *the LORD* **Yah Veh**

might bring evil upon *Absalom* **Abi Shalom**.
15 Then said *Hushai* **Hushay** unto *Zadok* **Sadoq**
and to *Abiathar* **Abi Athar** the priests,
Thus and thus did *Ahithophel* **Achiy Thophel** counsel
Absalom **Abi Shalom** and the elders of *Israel* **Yisra El**;
and thus and thus have I counselled.
16 Nowthereforesendquickly,andtelDavid,saying,
Lodge **Stay** not **overnight**
this night in the plains of the wilderness,
but **in passing,** *speedily* pass over;
lest the *king* **sovereign** be swallowed *up*,
and all the people that are with him.
17 Now*Jonathan***YahNathan**and*Ahimaz***AchiyMas**
stayed by *Enrogel* **En Rogel**;
for they *might* **could** not be seen to come into the city:
and a *wench* **maid** went and told them;
and they went and told *king* **sovereign** David.
18 Nevertheless a lad saw them, and
told *Absalom* **Abi Shalom**:
but they went both of them away quickly,
and came to a man's house in *Bahurim*
Bachurim, which had a well in his court;
whither they *went down* **descended.**
19 And the woman took
and spread a covering over the well's *mouth*
face, and spread *ground corn* **grits** thereon;
and the *thing* **word** was not known.
20 And when *Absalom's* **Abi Shalom's** servants
came to the woman to the house, they said,
Where is *Ahimaaz* **Achiy Maas** and
Jonathan **Yah Nathan**?
And the woman said unto them,
They be *gone* **passed** over the *brook* **streamlet** of water.
And when they had sought and could not find them,
they returned to *Jerusalem* **Yeru Shalem**.
21 And **so be** it *came to pass*, after
they *were departed* **went**,
that they *came up* **ascended** out of the well,
and went and told *king* **sovereign** David,
and said unto David,
Arise, and pass quickly over the water: for thus hath
Ahithophel **Achiy Thophel** counselled against you.
22 Then David arose,
and all the people that were with him,
whose heart is as the heart of a lion, in melting, he melts:
for all Yisra El knows
that your father is mighty
and they with him are sons of valour.
11 So I counsel, that in gathering, all
Yisra El gathers to you
— from Dan even to Beer Sheba,
as the sand by the sea for abundance;
and that you go to war by yourself:
12 and we come upon him
in one of the places where we find him;
and we light on him as the dew falls on the soil:
and of him and of all the men with
him not even one remains:
13 and if he gathers into a city,
then all Yisra El bears lines to that city
and we drag it into the wadi,
until they find not even a bundle there.
14 And Abi Shalom and all the men of Yisra El
say, The counsel of Hushay the Arkiy
is better than the counsel of Achiy Thophel:
and Yah Veh misvahs to break down the
good counsel of Achiy Thophel,
so that Yah Veh brings evil on Abi Shalom.
15 Then Hushay says
to Sadoq and to Abi Athar the priests,
Achiy Thophel counsels thus and thus
and Abi Shalom and the elders of Yisra El;
and I counsel thus and thus:
16 and now send quickly and tell David,
saying, Stay not overnight
this night in the plains of the wilderness,
but in passing, pass over;
lest the sovereign and all the people
with him be swallowed.
17 And Yah Nathan and Achiy Maas stay by En Rog el;
for they cannot be seen to come into the city:
and a maid goes and tells them;
and they go and tell sovereign David:
18 and a lad sees them and tells Abi Shalom:
and both of them go away quickly
and come to a house of the man in Bachurim
which has a well in his court
— wherein they descend:
19 and the woman takes a covering and
spreads it over the face of the well;
and spreads grits thereon;
and the word is not known.
20 And when the servants of Abi Shalom come
to the house of the woman, they say,
Where are Achiy Maas and Yah Nathan?
And the woman says to them, They
pass over the streamlet of water.
— and they seek and cannot find them
and they return to Yeru Shalem.
21 And so be it, after they go, they ascend from the well

and go and tell sovereign David,
and say to David,
Rise and pass quickly over the water:
for Achiy Thophel counsels against you thus.
22 And David and all the people with him rise
and they passed over *Jordan* **Yarden**:
by the morning light there lacked not one of them
that was not *gone* **passed** over *Jordan* **Yarden**.
23 And *when Ahithophel* **Achiy Thophel**
saw that his counsel was not *followed* **worked**,
he *saddled* **harnessed** his *ass* **he burro**, and arose,
and *gat him home* **went** to his house, to his city,
and *put his household in order*
misvahed concerning his house,
and *hanged* **strangled** himself, and
died, and was *buried* **entombed**
in the *sepulchre* **tomb** of his father.
24 Then David came to *Mahanaim* **Machanayim**.
And *Absalom* **Abi Shalom** passed over *Jordan* **Yarden**,
he and all the men of *Israel* **Yisra El** with him.
25 And *Absalom* **Abi Shalom**
made **set** Amasa captain of the host
instead of *Joab* **Yah Ab**:
which Amasa was a man's son,
whose name was *Ithra* **Yithra** an *Israelite* **Yisra Eliy**, that went in to *Abigail* **Abi Gail**
the daughter of *Nahash* **Nachash**,
sister to *Zeruiah* **Seruyah**, *Joab's* **Yah Ab's** mother.
26 So*IsraeYl* **israEalnd***Absalom***AbiShalom**
pitched **encamped** in the land of *Gilead* **Gilad**.
27 And **so be** it *came to pass*,
when David was come to *Mahanaim* **Machanayim**,
that Shobi the son of *Nahash* **Nachash** of
Rabbah of the *children* **sons** of Ammon,
and Machir the son of *Ammiel* **Ammi El**
of *Lodebar* **Lo Debar**,
and *Barzillai* **Barzillay** the *Gileadite* **Giladiy** of Rogelim,
28 Brought **near** beds, and basons,
and *earthen vessels* **formed instruments**,
and wheat, and barley, and flour, and parched
corn, and beans, and lentiles, and parched *pulse*,
29 And honey, and butter, and *sheep* **flock**,
and cheese of *kine* **oxen**,
for David, and for the people that were with him, to eat:
for they said, The people is *hungry* **famished**, and
weary **languid**, and thirsty, in the wilderness.

DAVID LINES UP FOR WAR

18 And David *numbered* **mustered** the people
that were with him,
and set *captains* **governors** of thousands,
and *captains* **governors** of hundreds over them.
2 AndDavidsentforthathird*part*ofthepeople
under the hand of *Joab* **Yah Ab**,
and a third *part* under the hand of *Abishai* **Abi Shai** the son of *Zeruiah* **Seruyah**, *Joab's* **Yah Ab's** brother, and a third *part*
under the hand of *Ittai* **Ittay** the *Gittite* **Gittiy**.
And the *king* **sovereign** said unto the people,
In going, I *will* **shall** *surely* go *forth* with you
myself — **I** also.
3 But the people *answered* **said**, Thou shalt not go forth:
for if **in fleeing,** we flee *away*,
they *will* **shall** not *care for* **set their heart on** us;
neither if half of us die,
will **shall** they *care for* **set their heart on** us: but now
thou art *worth* **as** ten thousand of us: therefore now
it is better that thou *succour* **help** us out of the city.
4 Andthe*king***sovereign**saiduntothem,
What *seemeth you best* **well—pleaseth your eyes**
I *will do* **shall work.**
And the *king* **sovereign**
stood by the *gate side* **portal handle,**
and all the people *came out* **went**
by hundreds and by thousands.
5 And the *king commanded* **sovereign misvahed**
Joab **Yah Ab** and *Abishai* **Abi Shai** and *Ittai* **Ittay**,
saying, *Deal* gently for my sake with the *young man* **lad**, *even* with *Absalom* **Abi Shalom**.
And all the people heard when the *king* **sovereign**
gave **misvahed** all the *captains charge* **governors the word** concerning *Absalom* **Abi Shalom**.
and pass over Yarden until the morning light;
until not one lacks
who passes not over Yarden.
23 And Achiy Thophel sees that his counsel
works not, he harnesses his he burro
and rises and goes to his house — to his city
and misvahs concerning his house;
and strangles himself and dies:
and is entombed in the tomb of his father.
24 And David comes to Machanayim:
and Abi Shalom passes over Yarden
— he and all the men of Yisra El with him.
25 And Abi Shalom sets Amasa captain of
the host in the stead of Yah Ab:
Amasa is a son of a man; his name *is* Yithra:
an Yisra Eliy who goes in to Abi Gail
the daughter of Nachash
sister to Seruyah the mother of Yah Ab.

26 And Yisra El and Abi Shalom
encamp in the land of Gilad.
27 And so be it,
David comes to Machanayim,
and Shobi the son of Nachash of
Rabbah of the sons of Ammon
and Machir the son of Ammi El of Lo Debar
and Barzillay the Giladiy of Rogelim
28 bring near beds and basons and formed instruments;
and wheat and barley and flour and parched
and beans and lentiles and parched
29 and honey and butter and flock and cheese of oxen
for David and for the people with him, to eat:
for they say, The people famish and languish
and thirst in the wilderness.

DAVID LINES UP FOR WAR

18 And David musters the people with
him and sets governors of thousands
and governors of hundreds over them:
2 and David sends
a third of the people under the hand of Yah Ab
and a third under the hand of Abi Shai
the son of Seruyah the brother of Yah Ab and
a third under the hand of Ittay the Gittiy.
And the sovereign says to the people,
In going, I — I also go with you.
3 And the people say, You go not:
for in fleeing, if we flee, neither
set they their heart on us;
nor if half of us die,
set they their heart on us:
but now you are as ten thousand of us:
and now it is better that you help us from the city.
4 And the sovereign says to them, Whatever
well—pleases your eyes, I work.
And the sovereign stands by the portal handle
and all the people go by hundreds and by thousands.
5 And the sovereign
misvahs Yah Ab and Abi Shai and Ittay, saying,
For my sake, *be* gentle to the lad Abi Shalom.
And all the people hear the sovereign
misvah the word to all the governors
concerning Abi Shalom:
6 So the people went out into the field
against Israel **to meet Yisra El**:
and the *battle* **war**
was in the *wood* **forest** of *Ephraim* **Ephrayim;**
7 Where the people of *Israel* **Yisra El** were *slain* **smitten**
before **at the face of** the servants of David,
and there was there a great *slaughter* **plague**
that day of twenty thousand *men*.
8 For the *battle* **war** was there scattered
over the face of all the *country* **land**:
and the *wood* **forest abounded**
devoured **and consumed** more people that
day than the sword *devoured* **consumed**.

THE DEATH OF ABI SHALOM

9 And *Absalom* **Abi Shalom**
met **faced** the servants of David.
And *Absalom* **Abi Shalom** rode
upon a mule, and the mule
went under the *thick boughs* **thicket** of a great
oak, and his head caught hold of the oak,
and he was *taken* **given** up
between the *heaven* **heavens** and **between** the earth;
and the mule that was under him *went away* **passed on**.
10 And *a certain* **one** man saw it, and told
Joab **Yah Ab**, and said, Behold,
I saw *Absalom* **Abi Shalom** hanged in an oak.
11 AndJoab**YahAb**saiduntothemanthatoldhim,
And, behold, thou sawest him,
and why didst thou not smite him
there to the *ground* **earth**?
and I *would* **should** have given thee ten
shekels of silver, and *a* **one** girdle.
12 Andthemansaiduntо*Joab***YahAb**,
Though **If** I should *receive* **weigh**
a thousand *shekels of* silver *in mine hand* **upon
my palm**, *yet would* **should** I not *put* **send** forth
mine hand against the *king's* **sovereign's** son:
for in our *hearing* **ears**
the *king charged* **sovereign misvahed** thee and
Abishai **Abi Shai** and *Ittai* **Ittay**, saying, *Beware
that none touch the young man Absalom* **Guard
against the lad — against Abi Shalom.**
13 OtherwiseIshouldhave*wrough***wt orked**falsehod
against mine own *life* **soul**:
for there is no *matter* **word**
hid **concealed** from the *king* **sovereign**,
and thou thyself
wouldest **shouldest** have set thyself against me.
14 Then said *Joab* **Yah Ab**,
I may not *tarry* **wait** thus *with thee* **at thy
face**. And he took three *darts* **scions** in his
hand **palm**, and *thrust* **staked** them
through the heart of *Absalom* **Abi Shalom**,
while he was yet alive in the *midst* **heart** of the oak.
15 And ten *young men* **lads**

that bare *Joab's armour* **Yah Ab's instruments**
compassed **surrounded** about
and smote *Absalom* **Abi Shalom,**
and *slew* **deathified** him.
16 And *Joab blew* **Yah Ab blast** the *trumpet* **shophar,**
and the people returned from
pursuing after *Israel* **Yisra El**:
for *Joab held back* **Yah Ab restrained** the people.
17 And they took *Absalom* **Abi Shalom,**
and cast him into a great pit in the
wood **forest**, and *laid* **stationed**
a *very* **mighty** great heap of stones upon him:
and all *Israel* **Yisra El** fled every *one* **man** to his tent.
18 Now*Absalom***AbiShalom**inhislifeitme
had taken and *reared up* **stationed** for himself
a *pillar* **monolith,**
which is in the *king's dale* **Sovereign's Valley**:
for he said, I have no son
to *keep* **memorialize** my name *in remembrance*:
and he called the *pillar* **monolith** after his own name:
and it is called unto this day,
Absalom's place **The Hand of Abi Shalom.**
19 Then said *Ahimaaz* **Achiy Maas**
the son of *Zadok* **Sadoq**, says,
6 and the people go to the field to meet Yisra El:
and the war is in the forest of Ephrayim;
7 where the people of Yisra El are smitten
at the face of the servants of David;
and that day
there is a great plague of twenty thousand:
8 for the war scatters over the face of all the land:
and that day
the forest abounds and consumes more
people than the sword consumes.

The Death Of Abi Shalom

9 And Abi Shalom faces the servants of
David:
and Abi Shalom rides on a mule;
and the mule goes under the thicket of a great oak;
and the oak holds his head
given between the heavens and between the earth;
and the mule under him passes on.
10 And one man sees it and tells Yah Ab and says,
Behold, I see Abi Shalom hang in an oak.
11 And Yah Ab says to the man that
tells him, Behold, you see!
Why smote you not him there to the earth?
— and I had given you ten silver and one girdl e.
12 And the man says to Yah Ab,
If I weigh a thousand silver on my palm
I send not my hand against the son of the sovereign:
for in our ears
the sovereign misvahed you and Abi Shai and Ittay
saying, Guard against the lad — against Abi Shalom:
13 or I had worked falsehood against my own soul:
for no word is concealed from the sovereign
— and you yourself had set yourself against me.
14 Then Yah Ab says,
Not so: I await at your face.
And he takes three scions in his palm
and stakes them through the heart of Abi Shalom
while he is yet alive in the heart of the oak:
15 and ten lads bearing the instruments of Yah Ab
surround Abi Shalom and smite and deathify him:
16 and Yah Ab blasts the shophar
and the people return from pursuing Yisra El:
for Yah Ab restrains the people.
17 And they take Abi Shalom
and cast him into a great pit in the forest
and station a mighty great heap of stones on him:
and all Yisra El flees every man to his tent.
18 And in his lifetime Abi Shalom
takes and stations a monolith for himself
in the Valley of the Sovereign:
for he says, I have no son to memorialize my
name: and he calls the monolith after his
own name: and it is called to this day,
The Hand of Abi Shalom.
19 Then Achiy Maas the son of Sadoq says,
Let me now run,
and bear the *king tidings* **sovereign the evangelism,**
how that *the LORD* **Yah Veh** hath *avenged* **judged** him
from the hand of his enemies.
20 And *Joab* **Yah Ab** said unto him, Thou shalt not
bear tidings **be a man evangelizing** this day,
but thou shalt *bear tidings* **evangelize** another day:
but this day thou shalt *bear no tidings* **not evangelize,**
because the *king's* **sovereign's** son *is dead* **died.**
21 Then said *Joab* **Yah Ab** to *Cushi* **Kushiy,**
Go tell the *king* **sovereign** what thou hast seen.
And *Cushi* **Kushiy**
bowed **prostrated** himself unto *Joab* **Yah Ab**, and ran.
22 Then*said**Ahimaaz***AchiyMas**thesonof*Zadok***Sadoq**
yet again to Joab **added to say to Yah Ab**, But howsoever,
let me, I pray thee, also run after *Cushi* **Kushiy.**
And *Joab* **Yah Ab** said, Wherefore *wilt* **shalt**
thou run, my son, seeing that thou
hast no *tidings ready* **evangelism to present**?
23 But howsoever, *said he*, let me run.
And he said unto him, Run. Then *Ahimaaz* **Achiy Maas**

ran by the way of the *plain* **environ**, and
overran Cushi **passed Kushiy**.
24 AndDavid*sat*s**etled**betweenthetwo*gates***portals**:
and the *watchman* **watcher** went up to the roof
over the *gate* **portal** unto the wall, and lifted up his
eyes, and *looked* **saw**, and behold a man running alone.
25 And the *watchman cried* **watcher called**
out, and told the *king* **sovereign**.
And the *king* **sovereign** said,
If he be alone, there is *tidings* **evangelism** in his mouth.
And *he came apace* **in walking, he**
walked, and *drew near* **approached**.
26 And the *watchman* **watcher** saw
another man running:
and the *watchman* **watcher** called unto the porter,
and said, Behold *another* **a** man running alone.
And the *king* **sovereign** said,
He also *bringeth tidings* **evangelizeth**.
27 And the *watchman* **watcher** said,
Me thinketh the running **I see the racing**
of the *foremost* **first**
is like the *running* **racing** of *Ahimaaz* **Achiy Maas**
the son of *Zadok* **Sadoq**.
And the *king* **sovereign** said, He is a good man,
and cometh with good *tidings* **evangelism**.
28 And *Ahimaaz* **Achiy Maas** called,
and said unto the *king* **sovereign**, *All is well* **Shalom**.
And he *fell down* **prostrated** to the
earth upon his *face* **nostrils**
before **at the face of** the *king* **sovereign**, and said,
Blessed be *the LORD* **Yah Veh** thy *God* **Elohim**,
which hath *delivered* **shut** up the men
that lifted up their hand
against my *lord* **adoni** the *king* **sovereign**.
29 And the *king* **sovereign** said,
Is the *young man Absalom safe* **lad**
Abi Shalom at shalom?
And *Ahimaaz answered* **Achiy Maas said**,
When *Joab* **Yah Ab** sent the *king's* **sovereign's**
servant, and *me* thy servant,
I saw a great *tumult* **multitude**, but
I knew not what it was.
30 And the *king* **sovereign** said *unto him*, Turn
aside **around**, and stand *here* **thus**. And he
turned *aside* **around**, and stood still.
31 And, behold, *Cushi* **Kushiy** came;
and *Cushi* **Kushiy** said, *Tidings is brought*
Evangelism, my *lord* **adoni** the *king* **sovereign**:
for *the LORD* **Yah Veh** hath *avenged* **judged** thee this day
from the hand of all them that rose up against thee.
32 And the *king* **sovereign** said unto *Cushi* **Kushiy**,
Run me to bear the evangelism to the sovereign;
for Yah Veh judged him by the hand of his enemies.
20 And Yah Ab says to him,
You are not a man to evangelize this day;
but to evangelize another day: but this day you
evangelize not because the son of the sovereign died.
21 Then Yah Ab says to Kushiy,
Go tell the sovereign what you saw.
And Kushiy prostrates himself to Yah Ab and runs:
22 and Achiy Maas the son of Sadoq
adds to say to Yah Ab,
And whatever it be,
have me, I pray you, also run after Kushiy.
And Yah Ab says,
Why is this — that you run, my son, seeing
you have no evangelism to present?
23 And whatever it be, let me run.
And he says to him, Run.
And Achiy Maas runs by the way of
the environs and passes Kushiy:
24 and David settles between the two portals:
and the watcher goes up to the roof
over the portal to the wall
and lifts his eyes and sees;
and behold, a man running alone:
25 and the watcher calls out and tells the sovereign.
And the sovereign says,
If he is alone, there is evangelism in his mouth:
and in walking, he walks and approaches.
26 And the watcher sees another man running:
and the watcher calls to the porter and
says, Behold, a man running alone.
And the sovereign says, He also evangelizes.
27 And the watcher says,
I see the racing of the first
as the racing of Achiy Maas the son of Sadoq.
And the sovereign says, He is a good man
and comes with good evangelism.
28 And Achiy Maas calls to the
sovereign and says, Shalom.
And he prostrates to the earth on his
nostrils at the face of the sovereign and
says, Blessed — Yah Veh your Elohim
who shut up the men
who lifted their hand against my adoni the sovereign.
29 And the sovereign says,
Is the lad Abi Shalom at shalom?
And Achiy Maas says,
When Yah Ab sent the servant of the
sovereign and your servant,

I saw a great multitude, but I knew not what *it is.*
30 And the sovereign says, Turn around and stand.
— and he turns around and stands.
31 And behold, Kushiy comes; and Kushiy says,
Evangelism, my adoni the sovereign:
for Yah Veh judges you this day
from the hand of all who rise against you.
32 And the sovereign says to Kushiy,
Is the *young man Absalom safe* **lad**
Abi Shalom at shalom?
And *Cushi answered* **Kushiy said,**
The enemies of my *lord* **adoni** the *king* **sovereign,**
and all that rise against thee to *do* **vilify**
thee *hurt,* be as that *young man* **lad** is.
33 And the *king was much moved* **sovereign**
quivered, and *went up* **ascended**
to the *chamber* **upper room** over the *gate* **portal,**
and wept:
and as he went, thus he said,
O my son *Absalom* **Abi Shalom,** my son,
my son *Absalom* **Abi Shalom**!
would God **O that** I had died for thee, O
Absalom **Abi Shalom,** my son, my son!

DAVID REBUKED FOR MOURNING

19 And it was told *Joab* **Yah Ab,** Behold,
the *king* **sovereign** weepeth and mourneth
for *Absalom* **Abi Shalom.**
2 And the *victory* **salvation** that day
was *turned* into mourning unto all the people:
for the people heard say that day
how the *king was grieved* **sovereign writhed** for his son.
3 Andthepeoplegathembystealththatdayintothecity,
as people being ashamed steal away
when they flee in *battle* **war.**
4 But the *king covered* **sovereign muffled** his face,
and the *king* **sovereign** cried with a *loud* **great**
voice, O my son *Absalom* **Abi Shalom,**
O *Absalom* **Abi Shalom,** my son, my son!
5 And *Joab* **Yah Ab** came into the house
to the *king* **sovereign,** and said,
Thou hast shamed this day the faces of all thy servants,
which this day have *saved* **rescued** thy *life* **soul,**
and the *lives* **souls** of thy sons and of thy daughters,
and the *lives* **souls** of thy *wives* **women,**
and the *lives* **souls** of thy concubines;
6 In that thou lovest thine *enemies* **haters,**
and hatest thy *friends* **beloved.**
For thou hast *declared* **told** this day,
that thou regardest neither *princes*
governors nor servants:
for this day I perceive,
that if *Absalom* **Abi Shalom** had lived,
and all we had died this day,
then it had *pleased thee well* **been straight in thine eyes.**
7 Now therefore arise, go forth, and *speak*
comfortably **word** unto **the heart of** thy servants:
for I *swear* **oath** by *the LORD* **Yah**
Veh, if thou go not forth,
there will not tarry one **no man shall stay overnight**
with thee this night:
and that *will* **shall** be *worse* **more vilified** unto thee than
all the evil that befell thee from thy youth until now.
8 Then the *king* **sovereign** arose, and
sat **settled** in the *gate* **portal.**
And they told unto all the people, saying, Behold, the
king **sovereign** doth *sit* **settle** in the *gate* **portal.**
And all the people came
before **at the face of** the *king* **sovereign:**
for *Israel* **Yisra El** had fled every man to his tent.

THE SOVEREIGNDOM OF DAVID IS RESTORED

9 And all the people *were at strife* **pleaded**
throughout all the *tribes* **scions** of *Israel* **Yisra El,**
saying, The *king saved* **sovereign rescued** us
out of the *hand* **palm** of our enemies,
and he *delivered* **rescued** us
out of the *hand* **palm** of the *Philistines* **Peleshethiy;**
and now he is fled
out of the land for *Absalom* **Abi Shalom.**
10 And *Absalom* **Abi Shalom,** whom
we anointed over us,
is dead **hath died** in *battle* **war.**
Now therefore why *speak ye not a word* **hush ye**
of *bringing* **returning** the *king back* **sovereign?**
11 And *king* **sovereign** David
sent to *Zadok* **Sadoq** and to *Abiathar* **Abi**
Athar the priests, saying, *Speak* **Word**
unto the elders of *Judah* **Yah Hudah,**
saying, Why are ye the last
to *bring* **return** the *king* **sovereign** *back* to his house? **2**
Is the lad Abi Shalom at shalom?
And Kushiy says,
may the enemies of my adoni the sovereign
and all who rise against you to vilify you
become as that lad.
33 And the sovereign quivers
and ascends to the upper room
over the portal and weeps:

and as he goes, he says thus, O my son Abi Shalom!
My son — my son Abi Shalom! O
that I had died in your stead!
O Abi Shalom! My son — my son!

David Rebuked For Mourning

19 And they tell Yah Ab, and behold,
the sovereign weeps and mourns for Abi Shalom:
2 and the salvation that day becomes
mourning to all the people:
for that day the people hear say that the
sovereign writhes for his son:
3 and that day the people steal away to the city
as shamed people steal away when they flee in war.
4 And the sovereign muffles his face
and the sovereign cries with a great
voice, O my son Abi Shalom!
O Abi Shalom! My son — my son!
5 And Yah Ab comes to the sovereign
in the house and says,
This day you shame the faces of all your
servants, who this day rescued your soul
and the souls of your sons and of your
daughters and the souls of your women
and the souls of your concubines;
6 for you love your haters and hate your beloved:
for this day you tell
that you regard neither governors nor servants:
and I perceive this day, that had Abi
Shalom lived we had all died this day,
and it had been straight in your eyes.
7 Now rise, go and word to the heart of your servants:
for I oath by Yah Veh, if you go not forth,
no man stays overnight with you this night:
and this *is* more vilifying to you
than all the evil that befell you from
your youth until now.
8 And the sovereign rises and settles in the portal :
and they tell all the people, saying, Behold,
the sovereign settles in the portal.
And all the people come
at the face of the sovereign:
and Yisra El flees every man to his tent.

The Sovereigndom Of David Is Restored

9 And so be it,
all the people throughout all the scions
of Yisra El plead, saying,
The sovereign rescued us from the palm of our enemies;
and he rescued us from the palm of the Peleshethiy;
and now he flees from the land because of Abi Shalom:
10 and Abi Shalom, whom we anointed over us,
died in war.
And now why hush you in returning the sovereign?
11 And sovereign David
sends to Sadoq and to Abi Athar the
priests, saying, Word to the elders of Yah
Hudah, saying, Why are you the last
to return the sovereign to his house?
(*seeing the speech* **and the word** of all *Israel* **Yisra El**
is come to the *king* **sovereign**, *even* to his house.)
12 Yearemybrethren,yearemybonesandmylfesh:
wherefore then are ye the last
to *bring back* **return** the *king* **sovereign**?
13 And say ye to Amasa,
Art thou not of my bone, and of my flesh?
God do **Elohim work** so to me, and *more* **add**
also, if thou be not *captain* **governor** of the host
before me continually **at my face all days**
in the room of Joab **under Yah Ab**.
14 And he *bowed* **spread** the heart
of all the men of *Judah* **Yah Hudah**,
even as *the heart of* one man;
so that they sent *this word* unto the *king* **sovereign**,
Return thou, and all thy servants.
15 So the *king* **sovereign** returned, and
came to *Jordan* **Yarden**.
And *Judah* **Yah Hudah** came to Gilgal,
to go to meet the *king* **sovereign**,
to *conduct* **pass** the *king* **sovereign** over *Jordan* **Yarden**.
16 And *Shimei* **Shimi** the son of Gera,
a *Benjamite* **Ben Yaminiy**, which was of *Bahurim*
Bachurim, hasted and *came down* **descended**
with the men of *Judah* **Yah Hudah**
to meet *king* **sovereign** David.
17 And there were
a thousand men of *Benjamin* **Ben Yamin** with him,
and *Ziba* **Siba** the *servant* **lad** of the house of *Saul*
Shaul, and his fifteen sons and his twenty servants with
him; and they *went* **prospered** over *Jordan* **Yarden**
before **at the face of** the *king* **sovereign**.
18 And there *went* **passed** over a *ferry boat* **raft**
to *carry* **pass** over the *king's* **sovereign's** household,
and to *do what he thought* **work** good **in his eyes**.
And *Shimei* **Shimi** the son of Gera fell down
before **at the face of** the *king* **sovereign**,
as he was *come* **passed** over *Jordan* **Yarden**;
19 And said unto the *king* **sovereign**,
Let not my *lord* **adoni**
impute iniquity **fabricate perversity** unto
me, neither do thou remember

that which thy servant did *perversely* **pervert**
the day that my *lord* **adoni** the *king* **sovereign**
went out of *Jerusalem* **Yeru Shalem**,
that the *king* **sovereign** should *take* **set** it to his heart.
20 For thy servant doth know that I have sinned:
therefore, behold,
I am come the first this day
of all the house of *Joseph* **Yoseph**
to *go down* **descend**
to meet my *lord* **adoni** the *king* **sovereign**.
21 But *Abishai* **Abi Shai** the son of *Zeruiah* **Seruyah**
answered and said,
Shall not *Shimei* **Shimi** be *put to death* **deathified**
for this, because he *cursed* **abased**
the LORD'S **Yah Veh's** anointed?
22 And David said,
What have I to do with you, ye sons of *Zeruiah* **Seruyah**,
that ye should this day be *adversaries* **satans** unto me?
shall there any man be *put to death* **deathified**
this day in *Israel* **Yisra El**?
for do not I know that I am this day
king **sovereign** over *Israel* **Yisra El**?
23 Therefore the *king* **sovereign** said unto
Shimei **Shimi**, Thou shalt not die.
And the *king sware* **sovereign oathed** unto him.
24 And *Mephibosheth* **Mephi Bosheth**
the son of *Saul* **Shaul**
came down **descended** to meet the *king* **sovereign**,
and had neither *dressed* **worked** his feet,
nor *trimmed* **worked** his *beard* **upper lip**,
nor *washed* **laundered** his clothes,
from the day the *king departed* **sovereign went**
until the day he came *again* in *peace* **shalom**.
25 And **so be** it *came to pass*,
when he was come to *Jerusalem* **Yeru Shalem**
to meet the *king* **sovereign**,
— and the word of all Yisra El comes
to the sovereign — to his house.
12 You are my brothers
— you are my bones and my flesh.
Why then are you the last to return the sovereign?
13 And say to Amasa,
Are you not of my bone and of my flesh?
Elohim work thus to me and add also
if you become not governor of the host
at my face all days under Yah Ab.
14 And he spreads the heart
of all the men of Yah Hudah as one man; so that they
send to the sovereign, Return you and all your servants.
15 And the sovereign returns and comes to Yarden:
and Yah Hudah comes to Gilgal
— comes to meet the sovereign to pass
the sovereign over Yarden:
16 and Shimi the son of Gera a Ben
Yaminiy of Bachurim
hastens and descends with the men of Yah
Hudah to meet sovereign David
17 — with a thousand men of Ben Yamin
and Siba the lad of the house of Shaul with
his fifteen sons and his twenty servants;
and they prosper over Yarden
at the face of the sovereign.
18 And a raft passes over
— passes over the house of the sovereign
to work good in his eyes:
and he passes over Yarden and Shimi the son of Gera
falls at the face of the sovereign,
19 and says to the sovereign, O that my adoni
neither fabricate perversity to me,
nor remember what your servant perverted
the day my adoni the sovereign
went from Yeru Shalem
— that the sovereign set it to his heart:
20 for your servant knows I sinned:
and behold, I come this day
— the first of all the house of Yoseph
to descend to meet my adoni the sovereign.
21 And Abi Shai the son of Seruyah answers and
says, Was not Shimi deathified for this
— because he abased the anointed of Yah Veh?
22 And David says,
What have I to do with you, you sons of
Seruyah, that this day you are satans to me?
Is any man deathified this day in Yisra El?
For know I not that I — this day am
sovereign over Yisra El?
23 And the sovereign says to Shimi, You die not.
— and the sovereign oaths to him.
24 And Mephi Bosheth the son of Shaul descends to
meet the sovereign; and has neither worked his feet
nor worked his upper lip
nor laundered his clothes from the day the
sovereign went until the day he came in shalom.
25 And so be it,
he comes to Yeru Shalem to meet the sovereign,
that the *king* **sovereign** said unto him,
Wherefore wentest not thou with me,
Mephibosheth **Mephi Bosheth**?
26 And he *answered* **said**, My *lord* **adoni**,
O *king* **sovereign**, my servant deceived me:

for thy servant said,
I *will saddle* **shall harness** me *an ass* **a he burro**, that
I may ride thereon, and go to the *king* **sovereign**;
because thy servant is lame.
27 And he hath *slandered* **treaded upon** thy servant
unto my *lord* **adoni** the *king* **sovereign**;
but my *lord* **adoni** the *king* **sovereign**
is as an angel of *God* **Elohim**:
do **work** therefore what is good in thine eyes.
28 For all of my father's house
were **naught** but *dead men* **men of death**
before my lord **to my adoni** the *king* **sovereign**:
yet didst thou set thy servant
among them that did eat at thine own table.
What *right* **justness** therefore have I yet
to cry any more unto the *king* **sovereign**?
29 Andthe*king***sovereign**saiduntohim,
Why *speakest* **wordest** thou any
more of thy *matters* **words**?
I have said, Thou and *Ziba divide*
Siba allot the *land* **field**.
30 And *Mephibosheth* **Mephi Bosheth**
said unto the *king* **sovereign**, Yea, let him take all,
forasmuch as **since** my *lord* **adoni** the *king* **sovereign**
is come again in *peace* **shalom** unto his own house.
31 And *Barzillai* **Barzillay** the *Gileadite* **Giladiy**
came down **descended** from Rogelim, and *went*
passed over *Jordan* **Yarden** with the *king* **sovereign**,
to *conduct* **send** him over *Jordan* **Yarden**.
32 Now *Barzillai* **Barzillay**
was a very aged man **aged mightily**,
even fourscore — **a son of eighty** years *old*:
and he had *provided* **sustained** the *king* **sovereign**
of sustenance
while he *lay* **resided** at *Mahanaim* **Machanayim**;
for he was a *very* **mighty** great man.
33 Andthe*king***sovereign**saidunto*Barzila***Bi arzilay**,
Come **Pass** thou over with me,
and I *will feed* **shall sustain** thee with
me in *Jerusalem* **Yeru Shalem**.
34 And *Barzillai* **Barzillay** said unto the *king* **sovereign**,
How long have I to live
How many days are the years of my life,
that I should *go up* **ascend** with the *king* **sovereign**
unto *Jerusalem* **Yeru Shalem**?
35 I am this day *fourscore* **a son of eighty** years *old*:
and can I *discern* **know** between good and evil?
can thy servant taste what I eat or what I drink?
can I hear any more the voice of *singing men* **songsters**
and *singing women* **songstresses**?
wherefore then should thy servant
be yet a burden unto my *lord* **adoni** the *king* **sovereign**?
36 Thy servant
will go **shall pass** a little way over *Jordan* **Yarden**
with the *king* **sovereign**:
and why, **in dealing,**
should the *king* **sovereign**
recompense it me with such a reward **deal with me thus?**
37 Let thy servant, I pray thee, turn back
again, that I may die in mine own city,
and be buried by the *grave* **tomb**
of my father and of my mother.
But behold thy servant *Chimham* **Kimham**;
let him *go* **pass** over
with my *lord* **adoni** the *king* **sovereign**;
and *do* **work** to him
what shall seem good *unto thee* **in thine eyes**.
38 And the *king answered* **sovereign said**,
Chimham **Kimham** shall *go* **pass** over with
me, and I *will do* **shall work** to him
that which shall seem good *unto thee* **in thine**
eyes: and whatsoever thou shalt *require* **choose**
of me, that *will* **shall** I *do* **work** for thee.
and the sovereign says to him,
Why went you not with me, Mephi Bosheth?
26 And he says, My adoni, O sovereign,
my servant deceived me:
for your servant said,
I harness me a he burro
to ride and go to the sovereign
— because your servant is lame;
27 and he treaded against your servant
to my adoni the sovereign;
and my adoni the sovereign *is* as an angel of Elohim:
so work whatever is good in your eyes:
28 for all of the house of my father
are naught but men of death
to my adoni the sovereign:
yet you set your servant
among them who eat at your own table.
What justness have I yet to cry any
more to the sovereign?
29 And the sovereign says to him,
Why word you any more of your words?
I said, You and Siba allot the field.
30 And Mephi Bosheth says to the
sovereign, Yes, have him take all
— since my adoni the sovereign
comes again in shalom to his own house.
31 And Barzillay the Giladiy descends from Rogelim
and passes over Yarden with the sovereign

to send him over Yarden.
32 And Barzillay aged mightily
— a son of eighty years:
and he sustained the sovereign when
he resided at Machanayim;
and he *is* a mighty great man.
33 And the sovereign says to Barzillay, Pass over with me
and I sustain you with me in Yeru Shalem.
34 And Barzillay says to the sovereign, How
many days are the years of my life,
that I ascend with the sovereign to Yeru Shalem?
35 I am this day a son of eighty years:
Know I good and evil?
Your servant — tastes I what I eat or what I drink?
Hear I any more
the voice of songsters and songstresses?
Why then becomes your servant
yet a burden to my adoni the sovereign?
36 Your servant passes a little way over
Yarden with the sovereign:
In dealing, why deals the sovereign thus with me?
37 O that your servant, I pray you,
return to die in my own city
by the tomb of my father and of my mother:
but behold your servant Kimham;
pass him over with my adoni the sovereign;
and work to him what seems good in your eyes.
38 And the sovereign says, Kimham passes over with me;
and I work to him what seems good in your eyes:
and whatever you choose of me, I work for you.
39 And all the people *went* **passed** over *Jordan* **Yarden.**
And when the *king was come* **sovereign passed** over,
the *king* **sovereign** kissed *Barzillai* **Barzillay,**
and blessed him;
and he returned unto his own place.
40 Then the *king went on* **sovereign passed**
over to Gilgal, and *Chimham went on*
Kimham passed over with him:
and all the people of *Judah* **Yah Hudah**
conducted **passed** the *king* **sovereign over,** and
also half the people of *Israel* **Yisra El.**
41 And, behold,
all the men of *Israel* **Yisra El** came to the *king* **sovereign,**
and said unto the *king* **sovereign,**
Why have our brethren the men of *Judah* **Yah Hudah**
stolen thee away,
and have *brought* **passed** the *king* **sovereign,** and
his household, and all David's men with him,
over *Jordan* **Yarden?**
42 And all the men of *Judah* **Yah Hudah**
answered the men of *Israel* **Yisra El,** Because
the *king* **sovereign** is near *of kin* to us:
wherefore then be ye *angry* **inflamed**
for this *matter* **word?**
in eating, have we eaten *at all*
of the *king's* **sovereign's** *cost?*
or hath he *given* **borne** us any *gift* **offering?**
43 And the men of *Israel* **Yisra El**
answered the men of *Judah* **Yah Hudah,** and said,
We have ten *parts* **hands** in the *king* **sovereign,**
and we have also more *right* in David than
ye: why then did ye *despise* **belittle** us,
that our *advice* **word** should not be first had
in *bringing back* **returning** our *king*
sovereign? And the words of the men of
Judah **Yah Hudah** were *fiercer* **harder**
than the words of the men of *Israel* **Yisra El.**
39 And all the people pass over Yarden:
and the sovereign passes over;
and the sovereign kisses Barzillay and blesses him;
and he returns to his own place:
40 and the sovereign passes over to Gilgal
and Kimham passes over with him:
and all the people of Yah Hudah pass the sovereign over
and also half the people of Yisra El.
41 And behold,
all the men of Yisra El come to the
sovereign and say to the sovereign,
Why have our brothers the men of
Yah Hudah stolen you away
— and pass the sovereign and his household and
all the men of David with him over Yarden?
42 And all the men of Yah Hudah
answer the men of Yisra El,
Because the sovereign is near to us:
Why then inflame you for this word? In eating, eat
we that of the sovereign? Bears he us any offering?
43 And the men of Yisra El
answer the men of Yah Hudah and say,
We have ten hands in the sovereign
and we have also more in David than you.
Why then belittle you us,
that our word be not first to return our sovereign?
— and the words of the men of Yah Hudah
are harder than the words of the men of Yisra El.

SHEBA REBELS

20 And there *happened to be* **was called** there
20 And so be a man,
called of Beli Yaal, his name *is* Sheba

a man of *Belial* **Beli Yaal**, whose name was Sheba,
the son of Bichri, a *Benjamite* **Ben Yaminiy**:
and he *blew* **blast** a *trumpet* **shophar**, and said,
We have no *part* **allotment** in David,
neither have we inheritance in the son of *Jesse* **Yishay**:
every man to his tents, O *Israel* **Yisra El**.
2 So every man of *Israel* **Yisra El**
went up **ascended** from after David,
and *followed* **went after** Sheba the son of Bichri:
but the men of *Judah* **Yah Hudah**
clave **adhered** unto their *king* **sovereign**,
from *Jordan* **Yarden** even to *Jerusalem* **Yeru Shalem**.
3 AndDavidcametohishouseat*Jerusalem***YeruShalem**;
and the *king* **sovereign**
took the ten women *his* concubines,
whom he had *left* **allowed** to *keep* **guard** the house,
and *put* **gave** them in *ward* **a house of guard**,
and *fed* **sustained** them, but went not in unto them.
So they were *shut up* **bound**
unto the day *of their death* **they**
died, living in widowhood.
4 Then said the *king* **sovereign** to Amasa,
Assemble **Cry out unto** me the men of *Judah* **Yah Hudah**
within three days,
and *be* **stand** thou here *present*.
5 So Amasa *went to assemble*
the men of Judah **cried out unto Yah Hudah**:
but he *tarried* **lingered**
longer than **beyond** the *set time* **season**
which he had appointed him **to congregate**.
6 And David said to *Abishai* **Abi Shai**, Now
shall Sheba the son of Bichri do
us more *harm* **evil** than did *Absalom* **Abi Shalom**:
take thou thy *lord's* **adoni's** servants, and pursue after
him, lest he *get* **find** him *fenced* **protected** cities,
and *escape us* **deliver himself from our eyes**.
7 And there went out after him *Joab's* **Yah Ab's**
men, and the *Cherethites* **executioners**,
and the *Pelethites* **couriers**, and all the mighty *men*:
and they went out of *Jerusalem* **Yeru Shalem**,
to pursue after Sheba the son of Bichri.
the son of Bichria a Ben Yamini y: and he
blasts a shophar and says, We have neither
allotment in David nor inheritance in the son of
Yishay: every man to his tents, O Yisra El.
2 And every man of Yisra El ascends from after
David and goes after Sheba the son of Bichri:
and the men of Yah Hudah adhere to their sovereign
— from Yarden even to Yeru Shalem.
3 And David comes to his house at Yeru Shalem;
and the sovereign takes the ten women concubines
whom he allowed to guard the house;
and gives them in a house of guard and sustains them;
but goes not in to them.
Thus they are bound to the day they die
— living in widowhood.
4 Then the sovereign says to Amasa,
Cry out to me the men of Yah Hudah in three da ys;
and you stand here.
5 So Amasa cries out to Yah Hudah:
but he lingers beyond the season to congregate.
6 And David says to Abi Shai, Now
Sheba the son of Bichri
does us more evil than Abi Shalom:
take the servants of your your adoni and pursue him;
lest he find cities of protection and
delivers himself from our eyes.
7 And the men of Yah Ab go after him
— the executioners and the couriers and all the mighty;
and they go from Yeru Shalem
to pursue Sheba the son of Bichri:
8 When they were at the great stone
which is in *Gibeon* **Gibon**,
Amasa went *before them* **at their face**. And
Joab's garment **Yah Ab's tailoring**
that he had *put on* **enrobed**
was girded unto him, and upon it a girdle with
a sword *fastened* **joined** upon his loins in the
sheath *thereof*; and as he went forth it fell out.
9 And *Joab* **Yah Ab** said to Amasa,
Art thou in *health* **shalom**, my brother?
And *Joab took* **Yah Ab held** Amasa by the
beard with the right *hand* to kiss him.
10 But Amasa *took no heed to* **regarded not** the sword
that was in *Joab's* **Yah Ab's** hand:
so he smote him therewith in the fifth *rib*, and *shed*
poured out his *bowels* **inwards** to the *ground* **earth**,
and *struck him not again* **repeated not**; and he
died. So *Joab* **Yah Ab** and *Abishai* **Abi Shai** his
brother pursued after Sheba the son of Bichri.
11 And *one* **a man** of *Joab's men* **Yah Ab's lads**
stood by him, and said,
He that favoureth Joab **Whoever delighteth in**
Yah Ab, and *he that is* **whoever be** for David,
let him go after *Joab* **Yah Ab**.
12 And Amasa *wallowed* **rolled** in blood
in the midst of the highway.
And when the man saw that all the people stood
still, he *removed* **turned** Amasa out of the highway
into the field, and cast a cloth upon him,

when he saw that every one that came by him stood still.
13 When he was removed out of the highway ,
all the *people went on* **men passed over** after *Joab*
Yah Ab, to pursue after Sheba the son of Bichri.
14 And he *went* **passed** through
all the *tribes* **scions** of *Israel* **Yisra El** unto
Abel, and to *Bethmaachah* **Beth Maachah**,
and all the *Berites* **Beriy**:
and they *were gathered together*
congregated, and went also after him.
15 And they came and besieged him
in Abel of *Bethmaachah* **Beth Maachah**,
and they *cast up* **poured** a *bank* **mound**
against the city, and it stood in the trench:
and all the people that were with *Joab* **Yah Ab**
battered **ruined** the wall, *to throw it down* **and felled it**.
16 Then *cried* **called out** a wise woman out of
the city, Hear, hear; say, I pray you, unto *Joab*
Yah Ab, *Come near* **Approach** hither,
that I may *speak* **word** with thee.
17 And when he *was come near* **approached** unto her,
the woman said, Art thou *Joab* **Yah Ab**?
And he *answered* **said**, I *am he*.
Then she said unto him,
Hear the words of *thine handmaid* **thy maid**.
And he *answered* **said**, I *do* hear.
18 Then she *spake* **said**, saying,
In wording, They *were wont to speak* **worded**
in *old time* **the beginning**, saying,
In asking, They shall *surely* ask *counsel* at Abel:
and so they *ended the matter* **consummated**.
19 I *am one of them that are peaceable* **shalam**
and *faithful in Israel* **am amenable in Yisra El**:
thou seekest to *destroy* **deathify** a city
and a mother in *Israel* **Yisra El**:
why *wilt* **shalt** thou swallow *up*
the inheritance of *the LORD* **Yah Veh**?
20 And *Joab* **Yah Ab** answered and said,
Far be it, far be it from me,
that I should swallow up or *destroy* **ruin**.
21 The *matter* **word** is not so:
but a man of mount *Ephraim* **Ephrayim**,
Sheba the son of Bichri by name,
hath lifted up his hand against the *king* **sovereign**,
even against David: *deliver* **give** him only,
and I *will depart* **shall go** from the city.
And the woman said unto *Joab* **Yah Ab**, Behold,
his head shall be thrown to thee *over* **through** the wall.
8 and they are at the great stone in Gibon;
and Amasa goes at their face:
and the tailoring Yah Ab enrobes
is girt to him with a girdle
and a sword joins his loins in the sheath:
and as he goes it falls out.
9 And Yah Ab says to Amasa, Are
you in shalom, my brother?
— and Yah Ab holds Amasa by the beard
with his right to kiss him.
10 And Amasa regards not the sword
in the hand of Yah Ab:
and he smites him therewith in the fifth and pours
his inwards to the earth and repeats it not;
and he dies:
and Yah Ab and Abi Shai his brother
pursue after Sheba the son of Bichri.
11 And a man of the lads of Yah Ab
stands by him and says,
Whoever delights in Yah Ab and whoever *is* for David
— go after Yah Ab.
12 And Amasa rolls in blood midst the highway:
and the man sees all the people standing
still; and he turns Amasa from the highway
into the field and casts a cloth on him:
and he sees every one coming by him stand still:
13 and they remove him from the highway:
and all the men pass after Yah Ab
to pursue after Sheba the son of Bichri:
14 and he passes through all the scions of Yisra El
to Abel and to Beth Maachah and all the Beriy;
and they also congregate and go after him:
15 and they go and besiege him in
Abel of Beth Maachah:
and they pour a mound against the city
and it stands in the trench:
and all the people with Yah Ab ruin the wall and fell it.
16 And a wise woman calls out from the city,
Hear! Hear! I pray you, say to Yah Ab,
Approach here, and I word with you.
17 And he approaches her,
and the woman says, Are you Yah Ab?
And he says, I.
Then she says to him, Hear the words of your maid.
And he says, I hear.
18 Then she says, saying,
In wording, they word in the beginning,
saying , In asking, they ask at Abel:
and so they consummate.
19 I shalam and am amenable in Yisra El:
you seek to deathify a city and a mother in Yisra
El: Why swallow the inheritance of Yah Veh?
20 And Yah Ab answers and says,

Far be it, far be it from me to swallow or ruin:
21 the word is not thus:
but a man of mount Ephrayim
Sheba the son of Bichri by name
lifts his hand against the sovereign — against David:
give him only, and I go from the city.
And the woman says to Yah Ab,
Behold, his head — thrown to you through the wall.
22 Then the woman
went unto all the people in her wisdom.
And they cut off the head of Sheba the son of
Bichri, and cast it out to *Joab* **Yah Ab.**
And he *blew* **blast** a *trumpet* **shophar**, and
they *retired* **scattered** from the city,
every man to his tent.
And *Joab* **Yah Ab** returned to *Jerusalem* **Yeru Shalem**
unto the *king* **sovereign.**
23 Now *Joab* **Yah Ab**
was over all the host of *Israel* **Yisra El**:
and *Benaiah* **Bena Yah** the son of *Jehoiada* **Yah Yada**
was over the *Cherethites* **executioners**
and over the *Pelethites* **couriers**:
24 And *Adoram* **Adoni Ram** was over the *tribute*
vassal: and *Jehoshaphat* **Yah Shaphat** the son of
Ahilud **Achiy Lud** was *recorder* **remembrancer**:
25 And *Sheva* **Sheya** was scribe:
and *Zadok* **Sadoq** and *Abiathar* **Abi**
Athar were the priests:
26 AndIraalsothe*Jairite***Yairiy**
was a *chief ruler* **priest** about David.

Revenge Of The Giboniy

21 Then there was a famine in the days
of David three years, year after year;
and David
enquired of the LORD **sought the face of Yah Veh.**
And *the LORD answered* **Yah Veh said,**
It is for *Saul* **Shaul**, and for *his* **the** bloody house,
because he *slew* **deathified** the *Gibeonites* **Giboniy.**
2 And the *king* **sovereign** called the *Gibeonites*
Giboniy, and said unto them;
(now the *Gibeonites* **Giboniy**
were not of the *children* **sons** of *Israel* **Yisra El**,
but of the remnant of the *Amorites* **Emoriy**;
and the *children* **sons** of *Israel* **Yisra El**
had *sworn* **oathed** unto them:
and *Saul* **Shaul** sought to *slay* **smite**
them in his *zeal* **jealousy**
to the *children* **sons** of *Israel* **Yisra El**
and *Judah* **Yah Hudah.**)
3 Wherefore David said unto the *Gibeonites*
Giboniy, What shall I *do* **work** for you?
and wherewith
shall I *make the atonement* **kapar/atone for you**, that
ye may bless the inheritance of *the LORD* **Yah Veh?**
4 Andthe*Gibeonites***Giboniy**saiduntohim,
We *will* **shall** have no silver nor gold
of *Saul* **Shaul**, nor of his house;
neither for us
shalt thou *kill* **deathify** any man in *Israel* **Yisra El.**
And he said, What ye shall say, that
will **shall** I *do* **work** for you.
5 And they *answered* **said to** the *king* **sovereign,**
The man that *consumed* **finished** us **off,**
and that *devised* **considered** against us
that we should be *destroyed* **desolated**
from *remaining* **standing by**
in any of the *coasts* **borders** of *Israel* **Yisra El,**
6 Let seven men of his sons be *delivered* **given** unto
us, and we *will hang* **shall impale** them *up*
unto *the LORD* **Yah Veh** in *Gibeah* **Gibah** of *Saul*
Shaul, whom *the LORD* **Yah Veh** did choose.
And the *king* **sovereign** said, I *will* **shall** give them.
7 But the *king* **sovereign**
spared *Mephibosheth* **Mephi Bosheth,**
the son of *Jonathan* **Yah Nathan** the son of *Saul*
Shaul, because of *the LORD'S* **Yah Veh's** oath
that was between them,
between David and *Jonathan* **between Yah Nathan**
the son of *Saul* **Shaul.**
8 But the *king* **sovereign**
took the two sons of *Rizpah* **Rispah**
the daughter of *Aiah* **Ajah,**
whom she *bare* **birthed** unto *Saul* **Shaul,**
Armoni and *Mephibosheth* **Mephi Bosheth;**
and the five sons of Michal the daughter of *Saul* **Shaul,**
whom she *brought up* **birthed** for *Adriel* **Adri El**
the son of *Barzillai* **Barzillay** the
Meholathite **Mecholathiy:**
22 — and in her wisdom
the woman goes to all the people;
and they cut off the head of Sheba the
son of Bichri and cast it to Yah Ab.
And he blasts a shophar and they scatter from the city
— every man to his tent:
and Yah Ab returns to Yeru Shalem to the sovereign.
23 And Yah Ab
is over all the host of Yisra El:
and Bena Yah the son of Yah Yada

is over the executioners and over the couriers:
24 and Adoni Ram is over the vassal:
and Yah Shaphat the son of Achiy Lud is remembrancer:
25 and Sheya is scribe:
and Sadoq and Abi Athar are priests:
26 and also Ira the Yairiy is a priest to David.

REVENGE OF THE GIBONIY

21 And there is a famine in the days of David
— three years — year after year;
and David seeks the face of Yah Veh.
And Yah Veh says,
It is for Shaul and for the bloody house,
because he deathified the Giboniy.
2 And the sovereign calls the Giboniy and says to them
— now the Giboniy are not of the sons of
Yisra El but of the remnant of the Emoriy
— and the sons of Yisra El oathed to them:
— and Shaul sought to smite them in his jealousy
toward the sons of Yisra El and Yah Hudah:
3 — yes, David says to the Giboniy,
What work I for you?
Wherewith kapar/atone I for you
so that you bless the inheritance of Yah Veh?
4 And the Giboniy says to him, We have silver and gold
neither of Shaul nor of his house;
nor for us to deathify any man in Yisra El. And
he says, Whatever you say, I work for you.
5 And they say to the sovereign,
The man who fi nishes us off
— who considers against us desolates
us from standing by
in any of the borders of Yisra El:
6 give us seven men of his sons
and we impale them to Yah Veh in Gibah
of Shaul, whomever Yah Veh chooses.
And the sovereign says, I give them.
7 And the sovereign spares Mephi Bosheth
the son of Yah Nathan the son of Shaul
because of the oath of Yah Veh between them
— between David
and between Yah Nathan the son of Shaul.
8 And the sovereign
takes the two sons of Rispah the daughter
of Ajah whom she birthed to Shaul
— Armoni and Mephi Bosheth;
and the five sons of Michal the daughter of
Shaul, whom she birthed to Adri El
the son of Barzillay the Mecholathiy:
9 And he *delivered* **gave** them
into the hands of the *Gibeonites* **Giboniy**,
and they *hanged* **impaled** them in the *hill* **mountain**
before the LORD **at the face of Yah Veh**:
and they fell *all seven* **sevenfold** together,
and were *put to death* **deathified** in the days of harvest,
in the first *days*, in the beginning of barley harvest.
10 And *Rizpah* **Rispah** the daughter of *Aiah* **Ajah**
took *sackcloth* **saq**, and spread it for her upon
the rock, from the beginning of harvest
until water *dropped* **poured** upon them
out of *heaven* **the heavens**,
and *suffered* **gave**
neither the *birds* **flyers** of the *air* **heavens**
to rest on them by day,
nor the *beasts* **live beings** of the field by night.
11 And it was told David
what *Rizpah* **Rispah** the daughter of *Aiah* **Ajah**,
the concubine of *Saul* **Shaul**, had *done* **worked**.
12 And David went and took the bones of *Saul* **Shaul**
and the bones of *Jonathan* **Yah Nathan** his
son from the *men* **masters** of *Jabeshgilead*
Yabesh Gilad, which had stolen them
from the *street* **broadway** of *Bethshan* **Beth Shaan**,
where the *Philistines* **Peleshethiy** had hanged them,
in the day when the *Philistines* **Peleshethiy**
had *slain Saul* **smitten Shaul** in Gilboa:
13 And he *brought up* **ascended** from
thence the bones of *Saul* **Shaul**
and the bones of *Jonathan* **Yah Nathan** his son;
and they gathered the bones
of them that were *hanged* **impailed**.
14 Andthebonesof*Saul***Shaul**
and *Jonathan* **Yah Nathan** his son
buried **entombed** they
in the *country* **land** of *Benjamin* **Ben Yamin** in *Zelah*
Sela, in the *sepulchre* **tomb** of *Kish* **Qish** his father:
and they performed
all that the *king commanded* **sovereign misvahed**. And
after that *God* **Elohim** was intreated for the land.
15 Moreover the *Philistines* **Peleshethiy**
had yet war again with *Israel* **Yisra El**;
and David *went down* **descended**,
and his servants with him,
and fought against the *Philistines* **Peleshethiy**:
and David *waxed faint* **fluttered**.
16 And *Ishbibenob* **Yishbo Be Nob**,
which was *of the sons of the giant born* **birthed**
to Rapha, the weight of whose spear
weighed three hundred *shekels of brass* **copper** in weight,
he being girded with a new *sword*,

thought **said** to have *slain* **smitten** David.
17 But *Abishai* **Abi Shai** the son of *Zeruiah* **Seruyah**
succoured **helped** him,
and smote the *Philistine* **Peleshethiy**,
and *killed* **deathified** him.
Then the men of David *sware* **oathed** unto him, saying,
Thou shalt go no more out with us to *battle* **war**,
that thou quench not the *light* **lamp** of *Israel* **Yisra El**.
18 And **so be** it *came to pass* after
this, that there was again
a *battle* **war** with the *Philistines* **Peleshethiy** at Gob:
then *Sibbechai* **Sibbechay** the *Hushathite* **Hushathiy**
slew **smote** Saph,
which was *of the sons of the giant born* **birthed to Rapha**.
19 Andtherewasagaina*batle***war**inGob
with the *Philistines* **Peleshethiy**,
where *Elhanan* **El Hanan**
the son of *Jaareoregim* **Yaare Oregim**,
a *Bethlehemite* **Beth Lechemiy**,
slew the brother of Goliath **smote Golyath**
the *Gittite* **Gittiy**,
the *staff* **timber** of whose spear was like a weaver's beam.
20 And there was yet a *battle* **war** in Gath, where
was a man of *great stature* **measure**,
that had on every hand six fingers
and the digits of his hands were six,
9 and he gives them into the hands of the Giboniy
and they impale them in the mountain
at the face of Yah Veh:
and they fall sevenfold together
— deathified in the days of harvest
at the first — in the beginning of barley harvest.
10 And Rispah the daughter of Ajah
takes saq and spreads it for her on the rock
— from the beginning of harvest
until water from the heavens pours on them and gives
neither the flyers of the heavens to rest on them by day
nor the live beings of the field by night.
11 And they tell David
what Rispah the daughter of Ajah,
the concubine of Shaul works:
12 and David goes and takes the bones of Shaul
and the bones of Yah Nathan his son
from the masters of Yabesh Gilad
— who stole them from the broadway of Beth
Shaan, where the Peleshethiy hanged them
in the day the Peleshethiy smote Shaul in Gilboa:
13 and from there he ascends the bones of
Shaul
and the b o ne s o f Yah Nath an hi s so n;
and they gather the bones of the impailed;
14 and they entomb the bones of Shaul
and Yah Nathan his son
in the land of Ben Yamin in Sela
in the tomb of Qish his father:
and they perform all the sovereign misvahs:
and after they intreat Elohim for the land.
15 And again the Peleshethiy war with Yisra El;
and David descends with his servants
and fights the Peleshethiy:
and David flutters:
16 and Yishbo Be Nob, who is birthed to Rapha,
whose spear weighs three hundred copper weight
— being girded with a new one says of smitting David.
17 But Abi Shai the son of Seruyah helps him and
smites the Peleshethiy and deathifies him.
And the men of David oath to him, saying,
Neither go anymore with us to war,
nor quench the lamp of Yisra El.
18 And so be it, after this,
there is war again with the Peleshethiy at
Gob: then Sibbechay the Hushathiy smites
Saph, who is birthed to Rapha.
19 And again there is war with the
Peleshethiy in Gob, and El Hanan
the son of Yaare Oregim a Beth Lechemiy
smites Golyath the Gittiy
the timber of whose spear is as the beam of a weaver:
20 and again there is war in Gath and
there is a man of measure
— the digits of his hands are six
and on every foot six toes
and the digits of his feet were six,
four and twenty in number;
and he also was *born* **birthed** to *the giant* **Rapha**.
21 And when he *defied Israel* **reproached Yisra El**,
Jonathan **Yah Nathan**
the son of *Shimeah* **Shimah** the brother of David
slew **smote** him.
22 These four were *born* **birthed** to *the giant* **Rapha**
in Gath, and fell by the hand of David,
and by the hand of his servants.

THE SONG OF HALAL OF DAVID

22 And David *spake* **worded**
unto *the LORD* **Yah Veh**
the words of this song in the day
that *the LORD* **Yah Veh** had delivered **rescued**
him out of the *hand* **palm** of all his enemies,
and out of the *hand* **palm** of *Saul* **Shaul**:

2 And he said, *The LORD* **Yah Veh** is my rock,
and my *fortress* **stronghold**, and my *deliverer* **escape**;
3 The *God* **Elohim** of my rock;
in him *will* **shall** I *trust* **seek refuge**:
he is my *shield* **buckler**, and the horn of my salvation,
my *high tower* **secure loft**, and my *refuge* **retreat**,
my saviour; thou savest me from violence.
4 I *will* **shall** call on *the LORD* **Yah**
Veh, *who is worthy to be praised* **the halaled**:
so shall I be saved from mine enemies.
5 When the waves of death *compassed* **surrounded**
me, the *floods* **wadies** of *ungodly men* **Beli Yaal**
made me afraid **frightened me**;
6 The_sorows_**cords**of_hel_**sheol**
compassed me about **surrounded me**;
the snares of death
prevented **confronted** me;
7 In my *distress* **tribulation**
I called upon *the LORD* **Yah Veh**,
and cried to my *God* **Elohim**:
and he did hear my voice out of his *temple* **manse**,
and my cry *did enter into* **be in** his ears.
8 Then the earth shook and *trembled*
quaked; the foundations of *heaven* **the**
heavens *moved* **quaked** and shook,
because he was *wroth* **inflamed**.
9 There_wentup_**ascended**asmokeoutofhisnosiltrs,
and fire out of his mouth devoured:
coals were *kindled* **burnt away** by it.
10 He *bowed* **spread** the heavens also,
and *came down* **descended**;
and **dripping** darkness was under his feet.
11 And he rode upon a cherub, and did fly:
and he was seen
upon the wings of the *wind* **spirit/wind**.
12 Andhe_made_**placed**darkness
pavilions **brush arbors** round about him,
dark waters, and thick clouds of *the skies* **vapour**.
13 Throughthe_brightnesbefore_**briliancyinfront**ohfim
were coals of fire *kindled* **burnt away**.
14 *The LORD* **Yah Veh**
thundered from *heaven* **the heavens**,
and *the most High uttered* **Elyon gave** his voice.
15 Andhesentoutarows,andscateredthem;
lightning, and *discomfited* **agitated** them.
16 And the *channels* **reservoirs** of the sea
appeared **were seen**,
the foundations of the world were *discovered* **exposed**,
at the rebuking of *the LORD* **Yah Veh**,
at the *blast* **breath** of the *breath*
spirit/wind of his nostrils.
17 Hesentfrom_above_**high**,hetookme;
he drew me out of *many* **great** waters;
18 He_delivered_**rescued**mefrommystrongenemy,
and from them that hated me:
for they were too strong for me.
19 They *prevented* **confronted** me in
the day of my calamity:
but *the LORD* **Yah Veh** was my *stay* **support**.
20 Hebroughtmeforthalsointo_alargeplace_**anexpanse**:
he *delivered* **rescued** me, because he delighted in me.
and the digits of his feet are six
— twenty—four in number:
and he also *is* birthed to Rapha:
21 and he reproaches Yisra El and Yah Nathan
the son of Shimah the brother of David
smites him.
22 These four are birthed to Rapha in Gath
and fall by the hand of David
and by the hand of his servants.

THE SONG OF HALAL OF DAVID

22 And David words the words of this song to Yah Veh
the day Yah Veh rescues him from the palm of
all his enemies and from the palm of Shaul:
2 and he says, Yah Veh is my rock
and my stronghold and my escape;
3 the Elohim of my rock
— in him I seek refuge:
my buckler and the horn of my salvation;
my secure loft and my retreat;
my saviour — you save me from violence.
4 I call on Yah Veh — the halaled:
and I am saved from my enemies.
5 The waves of death surround me;
the wadies of Beli Yaal frighten me;
6 the cords of sheol surround me;
the snares of death confront me:
7 in my tribulation I call on Yah Veh
and cry to my Elohim.
He hears my voice from his manse
and my cry is in his ears:
8 then the earth shakes and quakes;
the foundations of the heavens quake
and shake because he inflames.
9 Smoke from his nostrils ascend and
fire from his mouth consumes:
coals burn away by it.
10 He spreads the heavens and descends;

and dripping darkness *is* under his feet:
11 and he rides on a cherub and flies
— and is seen on the wings of the spirit/wind:
12 and he places darkness
— sukkoth/brush arbors all around him;
dark waters and thick clouds of vapour.
13 Through the brilliancy in front of
him coals of fire burn away:
14 Yah Veh thunders from the heavens
and Elyon gives his voice:
15 he sends arrows and scatters them;
lights and agitates them.
16 The reservoirs of the sea are seen;
exposed are the foundations of the world
— at the rebuke of Yah Veh
— at the breath of the spirit/wind of his nostrils.
17 He sends from on high; he takes me;
he draws me from great waters;
18 he rescues me from my strong enemy
— from them who hate me
— for they are too strong for me.
19 They confront me in the day of my
calamity and Yah Veh is my support:
20 he brings me to an expanse; he rescues me;
because he delights in me:
21 *The LORD rewarded* **Yah Veh dealt** me
according to my *righteousness* **justness**:
according to the *cleanness* **purity** of my hands
hath he *recompensed* **returned to** me.
22 For I have *kept* **guarded**
the ways of *the LORD* **Yah Veh**,
and have not *wickedly departed* **done wickedly**
from **against** my *God* **Elohim**.
23 For all his judgments were *before* **in front of** me:
and *as for* his statutes,
I *did not depart* **turned not aside** from them.
24 Iwasalso*uprightbefore***integriousunto**him,
and have *kept* **guarded** myself from
mine iniquity **my perversity**.
25 Therefore
the LORD **Yah Veh** hath *recompensed* **returned**
to me according to my *righteousness* **justness**;
according to my *cleanness* **purity**
in *his eye sight* **front of his eyes**.
26 With the merciful
thou *wilt* **shalt** shew thyself merciful,
and with the *upright man* **mighty integrious**
thou *wilt* **shalt** shew thyself *upright* **integrious**.
27 With the pure
thou *wilt* **shalt** shew thyself pure;
and with the *froward* **perverted**
thou *wilt* **shalt** shew thyself *unsavoury* **wrestlest**.
28 And the *afflicted* **humble** people thou *wilt* **shalt** save:
but thine eyes are upon the *haughty* **lofty**,
that thou mayest *bring* **descend** them *down* **low**.
29 For thou art my lamp, O *LORD* **Yah Veh**:
and *the LORD* **Yah Veh**
will lighten **shall illuminate** my darkness.
30 For by thee I have run through a troop:
by my *God* **Elohim** have I leaped over a wall.
31 *As for God* **El**, his way is *perfect* **integrious**;
the *word* **sayings** of *the LORD is*
tried **Yah Veh be refined**:
he is a buckler to all them that *trust* **seek refuge** in him.
32 Forwhois*God***El**,*savetheLORD***exceptYahVeh**?
and who is a rock, *save* **except** our *God* **Elohim**?
33 *God***EisImy***strength***stronghold**and*power***valou:r**
and he *maketh* **looseth** my way *perfect* **integrious**.
34 He *maketh* **equalizeth** my feet like hinds' *feet*:
and *setteth* **standeth** me upon my *high places* **bamahs**.
35 He teacheth my hands to war;
so that a bow of *steel* **copper** is
broken **bent** by mine arms.
36 Thou hast also given me
the *shield* **buckler** of thy salvation: and thy *gentleness*
humbling hath *made* **abounded** me *great*.
37 Thouhastenlargedmy*steps***paces**underme;
so that my *feet did not slip* **ankles wavered not**.
38 I have pursued mine enemies, and
destroyed **desolated** them;
and turned not *again* **back**
until I had *consumed* **finished** them **off**.
39 And I have *consumed* **finished** them **off**,
and *wounded* **stricken** them, that they could not arise:
yea, they are fallen under my feet.
40 For thou hast girded me
with *strength* **valour** to *battle* **war**:
them that rose up against me
hast thou *subdued* **caused to bow** under me.
41 Thouhastalsogivenmetheneckso fmineenemies,
that I might *destroy* **exterminate** them that hate me.
42 Theyloked,butherewas*nonetosave***nosavior**;
even unto *the LORD* **Yah Veh**, but
he answered them not.
43 Then *did I beat* **I pulverized** them
as small as the dust of the earth, I
did stamp **pulverized** them
as the mire of the *street* **outway**,
and *did spread* **expanded** them *abroad*.
44 Thoualsohasd*telivered***slipped**me**out**

from the strivings of my people,
thou hast *kept* **guarded** me
to be head of the *heathen* **goyim**:
21 Yah Veh deals me according to my justness:
according to the purity of my hands he returns to me.
22 For I guard the ways of Yah Veh
and do not wickedly against my Elohim:
23 for all his judgments are in front of me;
and his statutes, I turn not aside from them:
24 and I am integrious to him
and guard myself from my perversity.
25 And Yah Veh returns to me according to my justness
— according to my purity in front of his eye s.
26 With the merciful
you show yourself merciful:
with the mighty integrious you show yourself integrious:
27 with the pure
you show yourself pure:
and with the perverted you show yourself a wrestler.
28 And the humble people you save:
but your eyes are on the lofty for you descend them low.
29 For you are my lamp, O Yah Veh;
O Yah Veh, illuminate my darkness:
30 for by you I run through a troop;
by my Elohim I leap over a wall.
31 El — how integrious his way;
the sayings of Yah Veh how refined
— a buckler to all who seek refuge in him.
32 Who is El, except Yah Veh?
Who is a rock, except our Elohim?
33 El — my stronghold and valour.
And he loosens my way integrious:
34 he equalizes my feet as the hinds and
stands me on my bamahs:
35 teaching my hands to war;
so that my arms bend a bow of copper.
36 And you give me the buckler of your salvation;
and your humbling abounds me:
37 you enlarge my paces under me so
that my ankles waver not.
38 I pursue my enemies and desolate them;
and turn not back until I finish them off:
39 and I finish them off and strike them
and they rise not:
yes — fallen under my feet.
40 And you gird me with valour to war:
they who rise against me you have to bow under me:
41 you give me the necks of my enemies
— to exterminate them who hate me.
42 They look — there is no saviour;
to Yah Veh — he answers them not:
43 I pulverize them
as small as the dust of the earth,
I pulverize them as the mire of the
outway and expand them.
44 You also slip me from the strivings of my people;
you guard me — head of the goyim:
a people *which* I knew not shall serve me.
45 *Strangers* **Sons of the stranger**
shall *submit themselves unto* **deceive** me:
as soon as they hear **at the hearing of the ear**,
they shall *be obedient* **hearken** unto me.
46 *Strangers* **Sons of the stranger** shall *fade away* **wither**,
and they shall
be afraid out of their close places **gird their borders**.
47 *TheLORD*__YahVeh__liveth;andblesedbemyrock;
and exalted be the *God* **Elohim**
of the rock of my salvation.
48 *ItisGodthatavengeth*__Elgivethavengementfo__mre,
and that bringeth down the people under me.
49 And that bringeth me forth from mine enemies:
thou also hast lifted me up on high
above them that rose up against me:
thou hast *delivered* **rescued** me from
the *violent man* **man of violence**.
50 *Therefore* **So**
I *will give thanks* **shall spread hands** unto thee,
O *LORD* **Yah Veh**, among the *heathen* **goyim**,
and I *will sing praises* **shall pluck** unto thy name.
51 He *is the tower of* **greateneth** salvation
for his *king* **sovereign**:
and *sheweth* **worketh** mercy
to his anointed, unto David,
and to his seed *for evermore* **eternally**.

THE FINAL WORDS OF DAVID

23 Now these be the last words of David.
An oracle of David the son of *Jesse said* **Yishay**,
and **an oracle of** the *man* **mighty**
who was raised up on high,
the anointed of the *God* **Elohim** of *Jacob* **Yaaqov**,
and the *sweet psalmist* **pleasantness of the psalms**
of *Israel* **Yisra El**, *said*,
2 The Spirit of *the LORD spake* **Yah Veh worded** by
me, and his *word* **utterance** was in my tongue.
3 The *God* **Elohim** of *Israel* **Yisra El** said,
the Rock of *Israel spake* **Yisra El worded** to me,
He that ruleth over men **who dominates over humanity**
must be just,
ruling **dominating** in the *fear* **awe** of *God* **Elohim**.

4 And he shall be as the light of the morning,
when the sun riseth,
even a morning without **thick** clouds;
as the tender grass springing **the sprouts** out of
the earth by *clear shining* **brilliancy** after rain.
5 Although my house be not so with *God* **El**;
yet he hath *made* **set** with me an
everlasting **eternal** covenant,
ordered **aligned** in all *things*, and *sure* **guarded**:
for this is all my salvation, and all my *desire*
delight, although he make it not to *grow* **sprout**.
6 But *the sons* of *Belial* **Beli Yaal**
shall be all of them as thorns *thrust* **fled** *away*,
because they cannot be taken with hands:
7 But the man that shall touch them must be
fenced **filled** with iron and the *staff* **timber** of a spear;
and **in burning,** they shall be *utterly burned*
burnt with fire in the *same place* **seat**.

THE MIGHTY OF DAVID

8 These be the names of the mighty
men whom David had:
The Tachmonite that sat in the seat
Tachkemoniy Yosheb Bash Shabbath,
chief **head** among the *captains* **tertiaries**;
the same was Adino
the *Eznite; he lift up his spear* **spearer**
against eight hundred,
whom he *slew* **pierced** at one time.
9 And after him was *Eleazar* **El Azar**
the son of Dodo the *Ahohite* **Ach Oachiy**,
one of the three mighty *men* with David,
when they *defied* **reproached** the *Philistines* **Peleshethiy**
that were there gathered *together* to *battle*
war, and the men of *Israel* **Yisra El**
were gone away **had ascended**:
10 He arose, and smote the *Philistines* **Peleshethiy**
a people I know not serve me:
45 sons of the stranger deceive me;
at the hearing of the ear they hearken to me:
46 sons of the stranger wither
— they gird their borders.
47 Yah Veh lives; blessed — my rock;
and exalted — the Elohim of the rock of my salvation.
48 El gives avengement for me
and brings down the people under me:
49 and brings me forth from my enemies.
You also lift me on high above them who rise against me:
you rescue me from the man of violence.
50 So I spread hands to you, O Yah
Veh, among the goyim;
and I pluck to your name.
51 He greatens salvation for his sovereign:
and works mercy to his anointed
— to David and to his seed eternally.

THE FINAL WORDS OF DAVID

23 And these are the final words of David
— an oracle of David the son of Yishay;
an oracle of the mighty raised on high;
the anointed of the Elohim of Yaaqov
and the pleasantness of the psalms of Yisra El.
2 The Spirit of Yah Veh words by me and
his utterance is in my tongue.
3 The Elohim of Yisra El says
— the Rock of Yisra El words to me, He
who dominates over humanity is just;
dominating in the awe of Elohim:
4 rising as the light of the morning
— as the morning sun without thick clouds ;
— as the sprouts from the earth by brilliancy after rain.
5 Although my house is not so with El;
yet he set an eternal covenant with me
— aligned in all and guarded:
for this is all my salvation and all my
delight, although he sprouts it not.
6 As for Beli Yaal
— as a fleeing thorn they all *are*;
because they are not taken by hands:
7 but the man who touches them
must be filled with iron
with the timber of a spear;
and in burning, they are burnt with fire in their seat.

THE MIGHTY OF DAVID

8 These are the names of the mighty of
David:
Tachkemoniy Yosheb Bash Shabbath
— head of the tertiaries
— the same Adino the spearer
who pierced eight hundred at one time.
9 And after him
El Azar the son of Dodo the Ach Oachiy
— of the three mighty with David, they
reproached the Peleshethiy
gathering to war
— the men of Yisra El ascended
10 and he rose and smote the Peleshethiy
until his hand was *weary* **belaboured**, and his hand
clave **adhered** unto the sword: and *the LORD* **Yah Veh**
wrought **worked** a great *victory* **salvation** that day;

and the people returned after him only to *spoil* **strip.**
11 And after him was Shammah
the son of *Agee* **Age** the *Hararite* **Harariy.**
And the *Philistines* **Peleshethiy**
were gathered *together into a troop* **alive,** where
was *a piece of ground* **an allotment of field**
full of lentiles:
and the people fled
from **the face of** the *Philistines* **Peleshethiy.**
12 Buthestodinthemidstofthe*ground***alotmen,t**
and *defended* **rescued** it,
and *slew* **smote** the *Philistines* **Peleshethiy:**
and *the LORD* **Yah Veh**
wrought **worked** a great *victory* **salvation.**
13 And three of the thirty *chief* **heads**
went down **descended,** and came to David
in the harvest time unto the cave of Adullam:
and the *troop* **living** of the *Philistines* **Peleshethiy**
pitched **encamped** in the valley of Rephaim.
14 And David was then in an hold,
and the *garrison* **standing camp** of
the *Philistines* **Peleshethiy**
was then *in Bethlehem* **Beth Lechem.**
15 And David *longed* **desired,** and said, Oh
that one *would* **should** give me drink
of the water of the well of *Bethlehem* **Beth**
Lechem, which is by the *gate* **portal!**
16 And the three mighty *men brake through* **split**
the *host* **camp** of the *Philistines*
Peleshethiy, and *drew* **bailed** water
out of the well of *Bethlehem* **Beth Lechem,**
that was by the *gate* **portal,**
and *took* **lifted** it, and brought it to David:
nevertheless he *would* **willed to** not drink thereof,
but poured it out unto *the LORD* **Yah Veh.**
17 Andhesaid,Beitfarfromme,*OLORD***YahVeh,**
that I should *do* **work** this:
is *not* this the blood of the men
that went *in jeopardy of their lives* **with their souls?**
therefore he *would* **willed to** not drink it. These
things did **worked** these three mighty *men.*
18 And *Abishai* **Abi Shai,** the brother of *Joab* **Yah Ab,**
the son of *Zeruiah* **Seruyah,** was *chief* **head**
among three. And he *lifted up* **wakened** his
spear against three hundred, and *slew* **pierced**
them, and had the name among three.
19 Washe not most honourable of three?
therefore he was their *captain* **governor:**
howbeit he attained not unto the *first* three.
20 And *Benaiah* **Bena Yah** the son of *Jehoiada* **Yah**
Yada, the son of a valiant man, of *Kabzeel* **Qabse El,**
who had done many acts **great in deeds,**
he *slew* **smote** two *lionlike men* **Ari Eliy** of Moab:
he *went down* **descended** also and *slew* **smote** a lion
in the midst of a *pit* **well** in *time* **a day** of snow:
21 Andhe*slewanEgyptian***smoteaman,aMisrayim,**
a *goodly man* **man of visage:**
and the *Egyptian* **Misrayim** had a spear in his
hand; but he *went down* **descended** to him with
a *staff* **scion,** and *plucked* **stripped** the spear
out of the *Egyptian's* **Misrayim's** hand,
and *slew* **slaughtered** him with his own spear.
22 These*thingsdidBenaiah***workedBenaYah**
the son of *Jehoiada* **Yah Yada,**
and had the name among three mighty *men.*
23 He was more honourable than the thirty,
but he attained not to the *first* three.
And David set him over his guard.
24 *Asahel* **Asa El** the brother of *Joab* **Yah Ab**
was one of the thirty;
Elhanan **El Hanan**
the son of Dodo of *Bethlehem* **Beth Lechem,**
25 Shammahthe*Harodite***Harodiy,**
Elika **Eli Qa** the *Harodite* **Harodiy,**
26 *Helez* **Heles** the *Paltite* **Paltiy,**
Ira the son of *Ikkesh* **Iqqesh** the *Tekoite* **Teqohiy,**
until his hand belabored
and his hand adhered to the sword:
and that day Yah Veh worked a great salvation and
the people returned after him only, to strip.
11 And after him
Shammah the son of Age the Harariy:
and the Peleshethiy gathered alive
in an allotment of field full of lentiles:
and the people fled the face of the Peleshethiy:
12 and he stood midst the allotment and rescued it
and smote the Peleshethiy:
and Yah Veh worked a great salvation.
13 And three of the thirty heads descended
and came to David in the harvest time
to the cave of Adullam:
and the living of the Peleshethiy encamped
in the valley of Rephaim:
14 and David *was* then in a hold
and the standing camp of the Peleshethiy
was then Beth Lechem.
15 And David desired and said, Oh that
someone give me a drink
of the water of the well of Beth Lechem by the portal!
16 And the three mighty
split the camp of the Peleshethiy and bailed water

from the well of Beth Lechem by the porta
l and lifted and brought it to David.
And he willed to not drink thereof
but poured it to Yah Veh:
17 and he said, Far be it from me, O
Yah Veh, that I work this.
Is this the blood of the men who go with their souls?
— and he willed to not drink it. These
three mighty worked all these.
18 And Abi Shai the brother of Yah Ab
the son of Seruyah *was* head among three:
and he wakened his spear against three
hundred and pierced them
and had a name among three.
19 *Was* he not most honorable of three? and he became
their governor: howbeit he attained not to the three.
20 And Bena Yah the son of Yah Yada the
son of a valiant man of Qabse El;
great in deeds:
he smote two Ari Eliy of Moab: and descended
and smote a lion midst a well in a day of snow:
21 and he smote a man
— a Misrayim — a man of visage:
and the Misrayim had a spear in his hand;
and he descended to him with a scion
and stripped the spear from the hand of the
Misrayim and slaughtered him with his own spear.
22 These worked Bena Yah the son of Yah
Yada
and had a name among three mighty:
23 he *was* more honorable than the thirty but he attained
not to the three: and David set him over his guard.
24 Asa El the brother of Yah Ab *was* one of the thirty;
El Hanan the son of Dodo of Beth Lechem,
25 Shammah the Harodi y,
Eli Qa the Harodiy,
26 Heles the Paltiy,
Ira the son of Iqqesh the Teqohiy,
27 *Abiezer* **Abi Ezer** the *Anethothite* **Anathothiy**,
Mebunnai **Mebunnay** the *Hushathite* **Hushathiy**,
28 *Zalmon***Salmon**the*Ahohite***AchOachiy**,
Maharai **Maharay** the *Netophathite* **Netophathiy**,
29 Heleb the son of Baanah, a *Netophathite* **Netophathiy**,
Ittai **Ittay** the son of *Ribai* **Ribay** out of *Gibeah*
Gibah of the *children* **sons** of *Benjamin* **Ben Yamin**,
30 *Benaiah***BenaYah**the*Pirathonite***Pirathoniy**,
Hiddai of the *brooks* **wadies** of Gaash,
31 *Abialbon***AbiAlbon**the*Arbathite***Arabahiy**,
Azmaveth the *Barhumite* **Barhumiy**,
32 *Eliahba***ElYachba**the*Shaalbonite***Shaalbimiy**,
of the sons of *Jashen* **Yashen**,
Jonathan **Yah Nathan**,
33 Shammah the *Hararite* **Harariy**,
Ahiam **Achiy Am** the son of Sharar
the *Hararite* **Harariy**,
34 *Eliphele***EtliPhele**httesonof*Ahasbai***Achasbay**,
the son of the *Maachathite* **Maachahiy**,
Eliam **Eli Am**
the son of *Ahithophel* **Achiy Thophel**
the *Gilonite* **Gilohiy**,
35 *Hezrai***Hesro**the*Carmelite***Karmeliy**,
Paarai **Paaray** the *Arbite* **Arbiy**,
36 *Igal* **Yigal** the son of Nathan of *Zobah*
Sobah, Bani the *Gadite* **Gadiy**,
37 *Zelek* **Seleq** the *Ammonite* **Ammoniy**,
Nahari **Nachray** the *Beerothite* **Beerothiy**,
armourbearer **instrument bearer** to *Joab*
Yah Ab the son of *Zeruiah* **Seruyah**,
38 Ira an *Ithrite* **Yetheriy**, Gareb an *Ithrite* **Yetheriy**,
39 *Uriah* **Uri Yah** the *Hittite* **Hethiy**:
thirty and seven in all.

DAVID MUSTERS YISRA EL

24 And *again* the *anger* **wrath** of *the LORD* **Yah Veh**
was **added to be** kindled against *Israel* **Yisra El**,
and he *moved* **goaded** David against them to say,
Go, number *Israel* **Yisra El** and *Judah* **Yah Hudah**.
2 Forthe*king***sovereign**saidto*Joab***YahAb**
the *captain* **governor** of the *host*
valiant, which was with him,
Go **Flit** now
through all the *tribes* **scions** of *Israel* **Yisra El**,
from Dan even to *Beersheba* **Beer Sheba**,
and number ye the people,
that I may know the number of the people.
3 And*Joab***YahAb**saidunto the*king***sovereign**,
Now *the LORD* **Yah Veh** thy *God* **Elohim**
add unto the people, how many soever they be,
an hundredfold **a hundred times**,
and that the eyes of my *lord* **adoni** the *king* **sovereign**
may see it:
but why doth my *lord* **adoni** the *king* **sovereign**
delight in this *thing* **word**?
4 Notwithstanding
the *king's* **sovereign's** word prevailed against
Joab **Yah Ab**, and against the *captains* **governors**
of the *host* **valiant**. And *Joab* **Yah Ab**
and the *captains* **governors** of the *host* **valiant**
went out from the *presence* **face** of the *king* **sovereign**,
to *number* **muster** the people of *Israel* **Yisra El**.
5 Andtheypasedover*Jordan***Yarden**,

and *pitched* **encamped** in Aroer,
on the right side of the city
that lieth in the midst of the *river* **wadi**
of Gad, and toward *Jazer* **Yazer**:
6 Then they came to *Gilead* **Gilad**,
and to the land of *Tahtimhodshi* **Tahtim Hodshi**;
and they came to *Danjaan* **Dan Yaan**,
and about to *Zidon* **Sidon**,
7 And came to the *strong hold* **fortress** of *Tyre*
Sor, and to all the cities of the *Hivites* **Hivviy**,
and of the *Canaanites* **Kenaaniy**:
and they went out to the south of *Judah* **Yah Hudah**,
even to *Beersheba* **Beer Sheba**.
8 So when they had *gone* **flitted** through all the
land, they came to *Jerusalem* **Yeru Shalem**
at the end of nine months and twenty days.
9 And *Joab* **Yah Ab** gave up the *sum* **number**

27 Abi Ezer the Anathothiy, Mebunnay the Hushathiy,
28 Salmon the Ach Oachiy, Maharay the Netophathiy,
29 Heleb the son of Baanah a
Netophathiy,
Ittay the son of Ribay from Gibah
of the sons of Ben Yamin,
30 Bena Yah the Pirathoniy,
Hiddai of the wadies of Gaash,
31 Abi Albon the Arabahiy, Azmaveth the Barhumiy,
32 El Yachba the Shaalbimiy of the sons of Yashen,
Yah Nathan,
33 Shammah the Harariy,
Achiy Am the son of Sharar the Harariy,
34 Eli Phelet the son of Achasbay,
the son of the Maachahiy,
Eli Am the son of Achiy Thophel the Gilohiy,
35 Hesro the Karmeliy, Paaray the Arbiy,
36 Yigal the son of Nathan of Sobah,
Bani the Gadiy,
37 Seleq the Ammoniy, Nachray the Beerothiy
instrument bearer to Yah Ab the son of Seruyah,
38 Ira an Yetheriy, Gareb an Yetheriy,
39 Uri Yah the Hethiy:
— thirty—seven in all.

DAVID MUSTERS YISRA EL

24 And Yah Veh
adds to kindle his wrath against Yisra El;
and he goads David against them to say,
Go, number Yisra El and Yah Hudah.
2 And the sovereign says to Yah Ab
the governor of the valiant host with him,
Flit now through all the scions of Yisra
El from Dan even to Beer Sheba;
and number the people
so that I know the number of the people.
3 And Yah Ab says to the sovereign,
Yes, Yah Veh your Elohim adds to the people
— as many as ever they be, a hundred times
that the eyes of my adoni the sovereign see.
But why delights my adoni the sovereign in this word?
4 And the word of the sovereign
prevails against Yah Ab
and against the governors of the valiant:
and Yah Ab and the governors of the valiant
go from the face of the sovereign
to muster the people of Yisra El:
5 and they pass over Yarden and encamp
in Aroer, on the right side of the city
midst the wadi of Gad and toward Yazer:
6 and they come to Gilad
and to the land of Tahtim Hodshi;
and they come to Dan Yaan and around to Sidon;
7 and come to the fortress of Sor
and to all the cities of the Hivviy and of the Kenaaniy;
and they go to the south of Yah Hudah to Beer Sheba.
8 And they flit through all the land:
and at the end of nine months and twenty
days they come to Yeru Shalem:
9 and Yah Ab gives up the number
of the *number* **census** of the people
unto the *king* **sovereign**:
and there were in *Israel* **Yisra El**
eight hundred thousand valiant
men that drew the sword;
and the men of *Judah* **Yah Hudah**
were five hundred thousand men.
10 And David's heart smote him
after that he had *numbered* **scribed** the people.
And David said unto *the LORD* **Yah Veh**,
I have sinned *greatly* **mightily** in
that I have *done* **worked**:
and now, I beseech thee, O *LORD* **Yah Veh**,
take away **pass over** the *iniquity*
perversity of thy servant;
for I *have done very foolishly* **follied mightily**.
11 ForwhenDavid*wasup***arose**inthemorning,
the word of *the LORD* **Yah Veh**
came unto the prophet Gad, David's seer, saying,
12 Go and *say* **word** unto David, Thus
saith *the LORD* **Yah Veh**,
I *offer* **lift** thee **these** three *things*;
choose thee one of them, that I may *do* **work** *it* unto thee.
13 So Gad came to David, and told
him, and said unto him,

Shall seven years of famine come unto thee in thy land?
or *wilt* **shalt** thou flee three months
before thine enemies **at the face of thy**
tribulators, while they pursue thee?
or that there be three days' pestilence in thy land?
now *advise* **perceive**, and see
what *answer* **word** I shall return to him that sent me.
14 And David said unto Gad,
I *am in a great strait* **tribulate mightily**:
let us fall now into the hand of *the LORD* **Yah Veh**;
for his mercies are *great* **many**:
and let me not fall into the hand of *man* **humanity**.
15 So *the LORD* **Yah Veh**
sent **gave** a pestilence upon *Israel* **Yisra El**
from the morning even to the time *appointed* **of season**:
and there died of the people from Dan
even to *Beersheba* **Beer Sheba**
seventy thousand men.
16 And when the angel *stretched out* **spread** his hand
upon *Jerusalem* **Yeru Shalem** to *destroy* **ruin** it,
the LORD repented **Yah Veh sighed** him of the evil,
and said to the angel that *destroyed* **ruined** the people,
It is enough: *stay* **slacken** now thine hand.
And the angel of *the LORD* **Yah Veh**
was by the threshingplace
of *Araunah* **Aravnah** the *Jebusite* **Yebusiy**.
17 And David *spake* **said** unto *the LORD* **Yah Veh**
when he saw the angel that smote the
people, and said, *Lo* **Behold**,
I have sinned, and I have *done wickedly*
perverted: but these *sheep* **flock**, what have they
done **worked**? let thine hand, I pray thee,
be against me, and against my father's house.
18 And Gad came that day to David, and said unto him,
Go up **Ascend**,
rear an **raise a sacrifice** altar unto *the LORD* **Yah Veh**
in the threshingfloor
of *Araunah* **Aravnah** the *Jebusite* **Yebusiy**.
19 And David, according to the *saying* **word** of Gad,
went up **ascended**
as *the LORD commanded* **Yah Veh misvahed**
20 And *Araunah* **Aravnah** looked,
and saw the *king* **sovereign** and his servants
coming on **passing over** toward him:
and *Araunah* **Aravnah** went out,
and *bowed* **prostrated** himself
before **to** the *king* **sovereign**
on his *face* **nostrils** upon the *ground* **earth**.
21 And *Araunah* **Aravnah** said, Wherefore
is my *lord* **adoni** the *king* **sovereign**
come to his servant?
And David said, To *buy* **chattel** the
threshingfloor of thee, to build *an* **a sacrifice**
altar unto *the LORD* **Yah Veh**,
that the plague may be *stayed*
restrained from the people.
22 And *Araunah* **Aravnah** said unto David,
Let my *lord* **adoni** the *king* **sovereign**
of the census of the people to the sovereign:
and there are of Yisra El
eight hundred thousand valiant who draw the sword;
and the men of Yah Hudah five hundred thousand men.
10 And after he scribes the people the heart of
David is smitten: and David says to Yah Veh,
I sinned mightily in what I worked:
and now, I beseech you, O Yah Veh, pass over the
perversity of your servant; for I follied mightily.
11 And David rises in the morning,
and the word of Yah Veh
comes to the prophet Gad, the seer of David, saying,
12 Go and word to David, Thus says
Yah Veh, I lift you these three:
choose which one to work to you.
13 And Gad comes to David and
tells him and says to him,
Come seven years of famine
to you in your land?
Or flee you three months from the face of
your tribulators while they pursue you?
Or have three days pestilence in your land?
now perceive and see
which word I return to him who sends me.
14 And David says to Gad, I tribulate mightily:
may we fall now into the hand of Yah Veh
— for his mercies are many:
and *may* I not fall to the hand of humanity.
15 And Yah Veh gives a pestilence on Yisra El
from the morning even to the time of season:
and seventy thousand men of the people die
from Dan even to Beer Sheba.
16 And the angel
spreads his hand on Yeru Shalem to ruin it;
and Yah Veh sighs of the evil;
and says to the angel who ruined the people,
Enough! Slacken now your hand.
— and the angel of Yah Veh
is by the threshingplace of Aravnah the Yebusiy.
17 And David says to Yah Veh
when he sees the angel who smites the people
and says, Behold, I sinned and I perverted:
but these flock, what worked they?
O that your hand, I pray you,

be against me and against the house of my father.
18 And that day Gad comes to David and says to
him, Ascend! Raise a sacrifice altar to Yah Veh
in the threshingfloor of Aravnah the Yebusiy.
19 And David ascends according to the
word of Gad as Yah Veh misvahed:
20 and Aravnah looks
and sees the sovereign and his
servants passing toward him:
and Aravnah goes out
and prostrates himself to the sovereign
on his nostrils on the earth:
21 and Aravnah says,
Why comes my adoni the sovereign to his servant?
And David says, To chattel your threshingfloor;
to build a sacrifice altar to Yah Veh
to restrain the plague from the people.
22 And Aravnah says to David, O that
my adoni the sovereign
take and *offer up* **holocaust**
what *seemeth* **be** good *unto him* **in his eyes:**
behold, here be **see** — oxen for *burnt sacrifice*
holocaust, and threshing *instruments* **sledges**
and *other* instruments of the oxen for *wood* **timber**.
23 All these *things* did *Araunah* **Aravnah,**
as a *king* **sovereign**, give unto the *king* **sovereign**. And
Araunah **Aravnah** said unto the *king* **sovereign,**
The LORD **Yah Veh** thy *God accept* **Elohim please** thee.
24 And the *king* **sovereign** said unto *Araunah*
Aravnah, Nay; but **in chatteling,**
I *will surely buy* **shall chattel** it of thee at a price:
neither *will* **shall** I
offer burnt offerings **holocaust holocausts**
unto *the LORD* **Yah Veh** my *God* **Elohim**
of that which *doth cost me nothing* **be gratuitous**.
So David *bought* **chatteled** the threshingfloor
and the oxen for fifty shekels of silver.
25 And David built there *an* **a sacrifice** altar
unto *the LORD* **Yah Veh,**
and *offered burnt offerings* **holocausted holocausts**
and *peace offerings* **shelamim**.
So *the LORD* **Yah Veh** was intreated for the land,
and the plague was *stayed* **restrained**
from *Israel* **Yisra El**
take and holocaust whatever is good in his eyes:
see — oxen for holocaust and threshing sledges
and instruments of the oxen for timber.
23 Aravnah gives all these
— sovereign to sovereign:
and Aravnah says to the sovereign, Yah
Veh your Elohim *is* pleased of you.
24 And the sovereign says to Aravnah, No:
but in chatteling, I chattel it from you at
a price: I holocaust no holocausts to Yah
Veh my Elohim of what is gratuitous.
— and David chattels the threshingfloor
and the oxen for fifty shekels of silver.
25 And there David builds a sacrifice altar to Yah
Veh and holocausts holocausts and shelamim:
and Yah Veh is intreated for the land and
the plague is restrained from Yisra El.

1 *Now king* **And sovereign** David *was old* **aged**
and stricken in *years* **days**;
and they covered him with clothes,
but he *gat* **had** no heat.
2 Wherefore his servants said unto him,

DAVID AGES

1 Sovereign David ages — stricken in days;
they cover him with clothes, and he has no heat:
2 so his servants say to him,
We seek a virgin lass for my adoni the sovereign
to stand at the face of the sovereign

DAVID AGES

Let there be sought for my *lord* **adoni** the *king* **sovereign**
a *young* **lass** virgin:
and let her stand *before* **at the face of** the *king* **sovereign**,
and let her *cherish* **become acquainted with** him,
and let her lie in thy bosom,
that my *lord* **adoni** the *king* **sovereign** may *get* **have** heat.
3 So they sought for a *fair damsel* **beautiful lass**
throughout all the *coasts* **borders** of *Israel* **Yisra El**,
and found *Abishag* **Abi Shag** a *Shunammite*
Shunemiyth, and brought her to the *king* **sovereign**.
4 And the *damsel* **lass** was *very fair* **mighty beautiful**,
and *cherished* **became acquainted with** the
king **sovereign**, and ministered to him:
but the *king* **sovereign** knew her not.

ADONI YAH USURPS LEADERSHIP

5 Then *Adonijah* **Adoni Yah** the son of Haggith
exalted **lifted** himself, saying, I *will be king*
shall reign: and he *prepared* **worked** him
chariots and *horsemen* **cavalry**,
and fifty men to run *before him* **at his face**.
6 Andhisfatherhadnot*dispelased***contorted**him
at any time in **all his days** saying, Why
hast thou *done* **worked** so?
and he also was *a very goodly man* **mighty good of form**;
and *his mother bare him* **he was birthed**
after *Absalom* **Abi Shalom**.
7 And *he conferred* **his words were** with *Joab* **Yah Ab**
the son of *Zeruiah* **Seruyah**,
and with *Abiathar* **Abi Athar** the priest:
and they *following Adonijah* **after**
Adoni Yah helped him.
8 But *Zadok* **Sadoq** the priest,
and *Benaiah* **Bena Yah** the son of *Jehoiada* **Yah**
Yada, and Nathan the prophet, and *Shimei* **Shimi**,
and Rei, and the mighty *men which belonged to*
of David, were not with *Adonijah* **Adoni Yah**.
9 And *Adonijah* **Adoni Yah**
slew sheep **sacrificed flock** and
oxen and *fat cattle* **fatlings**
by the stone of *Zoheleth* **Zocheleth**, which is by
Enrogel **En Rogel**, and called all his brethren
the *king's* **sovereign's** sons,
and all the men of *Judah* **Yah Hudah**
the *king's* **sovereign's** servants:
10 But Nathan the prophet, and *Benaiah* **Bena Yah**,
and the mighty *men*, and *Solomon*
Shelomoh his brother, he called not.

NATHAN AND BATH SHEBA

11 *Wherefore*Nathan*spake***said**unto*Bathsheba***BathSheba**
the mother of *Solomon* **Shelomoh**,
saying, Hast thou not heard
that *Adonijah* **Adoni Yah** the son of Haggith doth
reign, and David our *lord* **adoni** knoweth it not?
12 Now therefore come,
let me, I pray thee, give thee counsel,
that thou mayest *save* **rescue** thine own *life* **soul**,
and the *life* **soul** of thy son *Solomon* **Shelomoh**.
13 Go and *get thee in* **enter** unto *king*
sovereign David, and say unto him,
Didst not thou, my *lord* **adoni**, O *king* **sovereign**,
swear **oath** unto *thine handmaid* **thy maid**, saying,
Assuredly *Solomon* **Shelomoh** thy son shall reign
after me, and he shall *sit* **settle** upon my throne?
why then doth *Adonijah* **Adoni Yah** reign?
14 Behold, while thou yet *talkest* **wordest**
there with the *king* **sovereign**,
I also *will* **shall** come in after thee,
and *confirm* **fulfill/shalam** thy words.
15 And *Bathsheba* **Bath Sheba**
went in **entered** unto the *king*
sovereign into the chamber:
and the *king was very old* **sovereign aged mightily**;
to become acquainted with him — to lie in his bosom
so that my adoni the sovereign heats up.
3 So they seek a beautiful lass throughout
all the borders of Yisra El;
and find Abi Shag a Shunemiyth
and bring her to the sovereign:
4 and the lass is mighty beautiful
and becomes acquainted with the
sovereign and ministers to him;
and the sovereign knows her not.

ADONI YAH USURPS LEADERSHIP

5 And Adoni Yah the son of Haggith
lifts himself, saying, I reign.
He works chariots and cavalry and
fifty men to run at his face:
6 and his father contorts him not all his days
saying, Why have you worked so?
And he also is mighty good of form;
and he was birthed after Abi Shalom:
7 and his words are with Yah Ab the son of Seruyah
and with Abi Athar the priest:
and they help after Adoni Yah.
8 And Sadoq the priest
and Bena Yah the son of Yah Yada
and Nathan the prophet and Shimi and Rei
and the mighty of David are not with Adoni Yah.
9 And Adoni Yah sacrifices flock and oxen and
fatlings by the stone of Zocheleth by En Rogel;
and calls all his brothers,
sons of the sovereign;
and all the men of Yah Hudah, servants of the sovereign:
10 and he calls not Nathan the prophet and Bena
Yah and the mighty and Shelomoh his brother.

NATHAN AND BATH SHEBA

11 Nathan says to Bath Sheba the
mother of Shelomoh saying,
Hear you not
that Adoni Yah the son of Haggith reigns
and David our adoni knows it not?
12 and now come, I pray you,
and I counsel you to rescue your own soul
and the soul of your son Shelomoh:
13 go and enter to sovereign David,
and say unto him,
Oathed you not, my adoni, O sovereign,
to your maid, saying,
Assuredly Shelomoh your son reigns after
me, and settles on my throne?
Why reigns Adoni Yah?
14 Behold, while you still word with the sovereign,
I also come in after you, and fulfill/shalam your words.
15 And Bath Sheba enters to the
sovereign into the chamber:
and the sovereign ages mightily;
and *Abishag* **Abi Shag** the *Shunammite* **Shunemiyth**
ministered unto the *king* **sovereign**.
16 And *Bathsheba* **Bath Sheba** bowed,
and *did obeisance* **prostrated** unto the *king* **sovereign**.
And the *king* **sovereign** said, What
wouldest thou **be it to thee**?
17 And she said unto him, My *lord*
adoni, thou *swarest* **oathest**
by *the LORD* **Yah Veh** thy *God* **Elohim**
unto *thine handmaid* **thy maid**, *saying*, Assuredly
Solomon **Shelomoh** thy son shall reign after
me, and he shall *sit* **settle** upon my throne.
18 Andnow,behold,*Adonijah***AdoniYah**reigneth;
and now, my *lord* **adoni** the *king*
sovereign, thou knowest it not:
19 And he hath *slain* **sacrificed** oxen
and *fat cattle* **fatlings**
and *sheep* **flocks** in abundance,
and hath called all the sons of the *king* **sovereign**,
and *Abiathar* **Abi Athar** the priest,
and *Joab* **Yah Ab** the *captain* **governor** of the host:
but *Solomon* **Shelomoh** thy servant hath he not called.
20 And thou, my *lord* **adoni**, O *king* **sovereign**,
the eyes of all *Israel* **Yisra El** are upon thee, that
thou shouldest tell them who shall *sit* **settle**
on the throne of my *lord* **adoni** the *king* **sovereign**
after him.
21 Otherwise **so be** it *shall come to pass*,
when my *lord* **adoni** the *king* **sovereign**
shall *sleep* **lie** with his fathers,
that I and my son *Solomon* **Shelomoh**
shall be *counted offenders* **as sinners**.
22 And, *lo* **behold**,
while she yet *talked* **worded** with the *king*
sovereign, Nathan the prophet also came in.
23 And they told the *king* **sovereign**, saying,
Behold Nathan the prophet. And when he was come in
before **at the face of** the *king* **sovereign**,
he *bowed* **prostrated** himself
before **at the face of** the *king* **sovereign**
with his *face* **nostrils** to the *ground* **earth**.
24 AndNathansaid,My*lord***adon**O,*iking***sovereign**,
hast thou said, *Adonijah* **Adoni Yah** shall reign
after me, and he shall *sit* **settle** upon my throne?
25 For he *is gone down* **descended** this day,
and hath *slain* **sacrificed** oxen and *fat cattle* **fatlings**
and *sheep* **flocks** in abundance,
and hath called all the *king's* **sovereign's** sons,
and the *captains* **governors** of the host,
and *Abiathar* **Abi Athar** the priest;
and, behold, they eat and drink *before*
him **at his face**, and say,
God save king Adonijah **Sovereign Adoni Yah liveth**.
26 But me, *even* me thy servant, and
Zadok **Sadoq** the priest,

and *Benaiah* **Bena Yah** the son of *Jehoiada* **Yah Yada**,
and thy servant *Solomon* **Shelomoh**, hath he not called.
27 Is this *thing* **word**
done by my lord **of my adoni** the *king* **sovereign**,
and thou hast not *shewed* **revealed** it unto thy
servant, who should *sit* **settle** on the throne
of my *lord* **adoni** the *king* **sovereign** after him?
28 Then *king* **sovereign** David answered and said,
Call me *Bathsheba* **Bath Sheba**.
And she came
into **at the face of** the *king's presence* **sovereign**, and
stood *before* **at the face of** the *king* **sovereign**.
29 And the *king sware* **sovereign oathed**, and said,
As the LORD **Yah Veh** liveth,
that hath redeemed my soul out of
all *distress* **tribulation**,
30 Even as I *sware* **oathed** unto thee
by *the LORD God* **Yah Veh Elohim** of *Israel* **Yisra El**,
saying, Assuredly
Solomon **Shelomoh** thy son shall reign after me,
and he shall *sit* **settle** upon my throne in my stead;
even so **in working,**
will I certainly do **shall I work** this day.
and Abi Shag the Shunemiyth ministers to the sovereign:
16 and Bath Sheba bows
and prostrates to the sovereign.
And the sovereign says, What — to you?
17 And she says to him, My adoni,
you oathed to your maid
by Yah Veh your Elohim,
Assuredly Shelomoh your son reigns
after me and settles on my throne.
18 And now, behold, Adoni Yah reigns;
and now, my adoni the sovereign, knows it not:
19 and he sacrifices oxen and fatlings
and flocks in abundance;
and calls all the sons of the sovereign
and Abi Athar the priest
and Yah Ab the governor of the host;
and Shelomoh your servant he calls not:
20 and you, my adoni, O sovereign, the
eyes of all Yisra El are on you,
to tell them who settles
on the throne of my adoni the sovereign after him:
21 and so be it,
that when my adoni the sovereign lies with his fathers
I and my son Shelomoh *be as* sinners.
22 And behold,
as she still words with the sovereign,
Nathan the prophet also comes in:
23 and they tell the sovereign, saying,
Behold Nathan the prophet.
— and he comes in at the face of the sovereign, and
prostrates himself at the face of the sovereign
with his nostrils to the earth.
24 And Nathan says, My adoni, O sovereign,
Did you say, Adoni Yah reigns after me
and he settles on my throne?
25 For he descends this day
and sacrifices oxen and fatlings and flocks in abundance
and calls all the sons of the sovereign
and the governors of the host and Abi Athar the priest:
and behold, they eat and drink at his face
and say, Sovereign Adoni Yah lives.
26 But me — me your servant and Sadoq the
priest
and Bena Yah the son of Yah Yada and
your servant Shelomoh, he calls not.
27 If this is the word of my adoni the sovereign
then you have not revealed to your servant
who settles on the throne
of my adoni the sovereign after him?
28 Then sovereign David answers
and says, Call Bath Sheba.
— and she comes at the face of the sovereign
and stands at the face of the sovereign.
29 And the sovereign oaths and says, Yah Veh lives
— who redeemed my soul from all tribulation:
30 even as I oathed to you
by Yah Veh Elohim of Yisra El,
saying, Assuredly Shelomoh your son reigns after
me and he settles on my throne in my stead;
even so in working, I work this day.
31 Then *Bathsheba* **Bath Sheba** bowed
with *her face* **nostrils** to the earth,
and *did reverence* **prostrated** to the *king*
sovereign, and said, Let my *lord king* **adoni**
sovereign David live *for ever* **eternally**.
32 And *king* **sovereign** David said,
Call me *Zadok* **Sadoq** the priest, and Nathan
the prophet, and *Benaiah* **Bena Yah** the
son of *Jehoiada* **Yah Yada**. And they came
before **at the face of** the *king* **sovereign**.
33 The *king* **sovereign** also said unto them, Take
with you the servants of your *lord* **adoni**,
and cause *Solomon* **Shelomoh** my son
to ride upon mine own mule,
and *bring* **descend** him *down* to *Gihon* **Gichon**:
34 And let *Zadok* **Sadoq** the priest and
Nathan the prophet anoint him there *king*

sovereign over *Israel* **Yisra El**: and *blow* **blast**
ye with the *trumpet* **shophar**, and say, *God save*
king Solomon **Sovereign Shelomoh liveth**.
35 Then ye shall *come up* **ascend** after him,
that he may come and *sit* **settle** upon my throne;
for he shall *be king* **reign** in my stead:
and I have *appointed* **misvahed** him
to *be ruler* **have eminence**
over *Israel* **Yisra El** and over *Judah* **Yah Hudah**.
36 And*Benaiah***BenaYah**thesonof*Jehoiada***YahYada**
answered the *king* **sovereign**, and said, Amen:
the LORD God **Yah Veh Elohim**
of my *lord* **adoni** the *king* **sovereign**
say so too **sayeth thus**.
37 As *the LORD* **Yah Veh**
hath been with my *lord* **adoni** the *king* **sovereign**,
even so be he with *Solomon* **Shelomoh**,
and make his throne greater
than the throne of my *lord king* **adoni sovereign** David.
38 So *Zadok* **Sadoq** the priest, and Nathan the
prophet, and *Benaiah* **Bena Yah** the son of *Jehoiada*
Yah Yada, and the *Cherethites* **executioners**,
and the *Pelethites* **couriers**,
went down **descended**,
and caused *Solomon* **Shelomoh**
to ride upon *king* **sovereign** David's mule, and
brought **walked** him to *Gihon* **Gichon**.
39 And *Zadok* **Sadoq** the priest
took an horn of oil out of the *tabernacle*
tent, and anointed *Solomon* **Shelomoh**.
And they *blew* **blast** the *trumpet* **shophar**;
and all the people said,
God save king Solomon **Sovereign Shelomoh liveth**.
40 And all the people *came up* **ascended** after him,
and the people *piped* **fluted** with *pipes* **flutes**,
and *rejoiced* **cheered** with great *joy* **cheer**,
so that the earth *rent* **split** with the *sound* **voice** of them.
41 And *Adonijah* **Adoni Yah**
and all the *guests* **called** that were with
him heard it as they had *made an end of*
finished eating. And when *Joab* **Yah Ab**
heard the *sound* **voice** of the *trumpet* **shophar**, he
said, Wherefore is this *noise* **voice** of the city
being in an uproar **roaring**?
42 And while he yet *spake* **worded**, behold,
Jonathan **Yah Nathan**
the son of *Abiathar* **Abi Athar** the priest
came; and *Adonijah* **Adoni Yah** said unto
him, Come in; for thou art a valiant man,
and bringest good *tidings* **evangelism**.
43 And *Jonathan* **Yah Nathan** answered
and said to *Adonijah* **Adoni Yah**,
Verily **Surely**, our *lord king* **adoni sovereign** David
hath *made Solomon king* **Shelomoh to reign**.
44 And the *king* **sovereign** hath sent with him
Zadok **Sadoq** the priest, and Nathan the prophet,
and *Benaiah* **Bena Yah** the son of *Jehoiada* **Yah**
Yada, and the *Cherethites* **executioners**,
and the *Pelethites* **couriers**, and they have caused him
to ride upon the *king's* **sovereign's** mule:
45 And*Zadok***Sadoq**thepirestandNathantheprophet
have anointed him *king* **sovereign** in *Gihon* **Gichon**:
31 Then Bath Sheba bows with nostrils to the earth
and prostrates to the sovereign and says,
O that my adoni sovereign David live eternally.
32 And sovereign David says,
Call Sadoq the priest and Nathan the prophet
and Bena Yah the son of Yah Yada.
— and they come at the face of the sovereign.
33 And the sovereign says to them,
Take with you the servants of your adoni
and have Shelomoh my son ride on my own mule;
and descend him to Gichon:
34 and there Sadoq the priest and Nathan the
prophet anoint him sovereign over Yisra El:
and you blast with the shophar and say,
Sovereign Shelomoh lives:
35 and you ascend after him,
and he comes and settles on my throne;
for he reigns in my stead:
and I misvah him to have eminence over
Yisra El and over Yah Hudah.
36 And Bena Yah the son of Yah Yada answers
the sovereign and says, Amen:
Yah Veh Elohim of my adoni the sovereign says thus:
37 As Yah Veh became with my adoni the sovereign
even so becomes he with Shelomoh:
and greatens his throne
above the throne of my adoni sovereign David.
38 So Sadoq the priest and Nathan the prophet
and Bena Yah the son of Yah Yada
and the executioners and the couriers descend
and ride Shelomoh on the mule of sovereign
David and walk him to Gichon.
39 And Sadoq the priest
takes a horn of oil from the tent and anoints Shelomoh:
and they blast the shophar;
and all the people say, Sovereign Shelomoh lives.
40 And all the people ascend after him
and the people flute with flutes
and greatly cheer with cheer

so that the earth splits with their voice:
41 and Adoni Yah and all the called with him
hear it as they finish eating.
And Yah Ab hears the voice of the shophar,
and he says, What is this voice of the city roaring?
42 And as he yet words, behold,
Yah Nathan the son of Abi Athar the priest comes;
and Adoni Yah says to him, Come in;
for you are a valiant man and bring good evangelism.
43 And Yah Nathan answers and says to Adoni
Yah, Surely, our adoni sovereign David
has Shelomoh to reign:
44 and the sovereign sends with him
Sadoq the priest and Nathan the prophet
and Bena Yah the son of Yah Yada
and the executioners and the couriers
and they ride him on the mule of the sovereign:
45 and Sadoq the priest and Nathan the prophet
anoint him sovereign in Gichon:
and they are *come up* **ascended** from thence
rejoicing **cheering**,
so that the city *rang again* **quaked**.
This is the *noise* **voice** that ye have heard.
46 Andalso*Solomonsiteth***Shelomohsetleth**
on the throne of the *kingdom* **sovereigndom**.
47 And moreover the *king's* **sovereign's** servants
came to bless our *lord king* **adoni**
sovereign David, saying,
God make **Elohim well—prepare**
the name of *Solomon* **Shelomoh**
better than thy name,
and make his throne greater than thy throne.
And the *king* **sovereign**
bowed **prostrated** himself upon the bed.
48 And also thus said the *king* **sovereign**, Blessed be
the LORD God **Yah Veh Elohim** of *Israel* **Yisra**
El, which hath given one to *sit* **settle** on my
throne this day, mine eyes even seeing it.
49 And all the *guests* **called**
that were with *Adonijah* **Adoni Yah** *were afraid*
trembled, and rose up, and went every man his way.
50 And *Adonijah* **Adoni Yah**
feared because **awed at the face** of *Solomon*
Shelomoh, and arose, and went,
and *caught hold* **held** on the horns of the **sacrifice** altar.
51 And it was told *Solomon* **Shelomoh**, saying, Behold,
Adonijah **Adoni Yah**
feareth king Solomon **aweth sovereign Shelomoh**:
for, *lo* **behold**,
he hath caught hold on the horns of
the **sacrifice** altar, saying,
Let *king Solomon* **sovereign Shelomoh**
swear **oath** unto me to day
that he *will* **shall** not *slay* **deathify**
his servant with the sword.
52 And *Solomon* **Shelomoh** said,
If he *will* **shall** shew himself a *worthy man* **son of**
valour, there shall not an hair of him fall to the earth:
but if *wickedness* **evil** shall be found in him, he shall die.
53 So*kingSolomon***sovereignShelomoh**sent,
and they *brought* **descended** him *down*
from the **sacrifice** altar.
And he came and *bowed* **prostrated** *himself*
to *king Solomon* **sovereign Shelomoh**:
and *Solomon* **Shelomoh** said unto
him, Go to thine house.

DAVID MISVAHS SHELOMOH

2 Now the days of David *drew nigh* **approached**
that he should die;
and he *charged Solomon* **misvahed Shelomoh** his son,
saying,
2 I go the way of all the earth:
be thou strong **strengthen** *therefore*,
and *shew thyself a man* **manly**;
3 And *keep* **guard** the *charge* **guard**
of *the LORD* **Yah Veh** thy *God* **Elohim**,
to walk in his ways, to *keep* **guard** his statutes,
and his *commandments* **mitsvoth**,
and his judgments, and his *testimonies*
witnesses, as it is *written* **inscribed**
in the *law* **torah** of *Moses* **Mosheh**, that thou mayest
prosper **comprehend** in all that thou *doest* **workest**,
and whithersoever thou *turnest* **facest** *thyself*:
4 That*hte**LORD***YahVeh**may*continue***raise**hisword
which he *spake* **worded** concerning me, saying,
If thy *children take heed to* **sons guard** their
way, to walk *before me* **at my face** in truth
with all their heart and with all their sou l,
there shall not *fail* **be cut off from** thee
(said he) a man on the throne of *Israel* **Yisra El**.
5 Moreover thou knowest also
what *Joab* **Yah Ab** the son of *Zeruiah* **Seruyah**
did **worked** to me,
and — what he *did* **worked** to the
two *captains* **governors**
of the hosts of *Israel* **Yisra El**, unto
Abner **Abi Ner** the son of Ner,
and they ascend from there cheering

— so that the city quakes
— this is the voice you heard:
46 and also, Shelomoh settles
on the throne of the sovereigndom:
47 and also, the servants of the sovereign
come to bless our adoni sovereign David,
saying, Elohim well—prepares the name
of Shelomoh better than your name
and makes his throne greater than your throne.
And the sovereign prostrates himself on the bed:
48 and thus also says the sovereign, Blessed
— Yah Veh Elohim of Yisra El,
who gives one to settle on my throne this day
— my eyes seeing.
49 And all the called with Adoni Yah tremble
and rise and every man goes his way:
50 and Adoni Yah awes at the face of
Shelomoh and rises and goes
and holds on to the horns of the sacrifice altar.
51 And they tell Shelomoh, saying, Behold,
Adoni Yah awes sovereign Shelomoh:
for, behold,
he holds on to the horns of the sacrifice altar, saying,
O that sovereign Shelomoh oath to me today that
he not deathify his servant with the sword.
52 And Shelomoh says,
If he shows himself a son of valour, not a hair of his
falls to the earth: but if evil *is* found in him, he dies.
53 So sovereign Shelomoh sends
and they descend him from the sacrifice altar:
and he comes and prostrates to sovereign Shelomoh:
and Shelomoh says to him, Go to your house.

DAVID MISVAHS SHELOMOH

2 And the days approach for David to die;
and he misvahs Shelomoh his son, saying,
2 I go the way of all the earth: Strengthen! Manly!
3 Guard the guard of Yah Veh your Elohim!
Walk in his ways!
Guard his statutes and his misvoth and his judgments
and his witnesses as inscribed in the torah of Mosheh
— so that you comprehend
in all you work and wherever you face:
4 that Yah Veh raise the word he
worded concerning me,
saying, If your sons guard their way,
to walk at my face in truth
with all their heart and with all their soul
not a man of you
is cut off from the throne of Yisra El.
5 And you also know
what Yah Ab the son of Seruyah worked to me;
what he worked to the two governors
of the hosts of Yisra El
— to Abi Ner the son of Ner
and unto Amasa the son of *Jether* **Yether**,
whom he *slew* **slaughtered**,
and *shed* **set** the blood of war in *peace*
shalom, and *put* **gave** the blood of war
upon his girdle that was about his loins,
and in his shoes that were on his feet.
6 *Do* **Work** therefore acording to thy wisdom,
and let not his *hoar head* **grayness**
go down **descend** to *the grave* **sheol** in *peace* **shalom**.
7 But *shew kindness* **work mercy**
unto the sons of *Barzillai* **Barzillay** the *Gileadite*
Giladiy, and let them be of those that eat at thy table:
for so they *came* **approached** to me
when I fled *because* **from the face**
of *Absalom* **Abi Shalom**
thy brother.
8 And, behold,
thou hast with thee *Shimei* **Shimi** the son of
Gera, a *Benjamite* **Ben Yaminiy** of *Bahurim*
Bachurim, which *cursed* **abased** me
with a *grievous curse* **reinforced abasement**
in the day when I went to *Mahanaim* **Machanayim**:
but he *came down* **descended**
to meet me at *Jordan* **Yarden**,
and I *sware* **oathed** to him by *the*
LORD **Yah Veh**, saying,
I will **shall** not *put* **deathify** thee
to death with the sword.
9 Now therefore *hold* **exonerate** him not *guiltless*:
for thou art a wise man,
and knowest what thou oughtest to *do* **work** unto him;
but his *hoar head* **grayness**
bring thou down **descend** to *the grave* **sheol** with blood.
10 So David *slept* **laid** with his fathers,
and was *buried* **entombed** in the city of David.
11 And the days that David reigned over *Israel* **Yisra El**
were forty years:
seven years reigned he in Hebron, and thirty and
three years reigned he in *Jerusalem* **Yeru Shalem**.
12 Then *sat Solomon* **settled Shelomoh**
upon the throne of David his father; and his *kingdom*
sovereigndom was established *greatly* **mightily**.

ADONI YAH APPROACHES BATH SHEBA

13 And *Adonijah* **Adoni Yah** the son of Haggith

came to *Bathsheba* **Bath Sheba**
the mother of *Solomon* **Shelomoh.**
And she said, Comest thou *peaceably* **in shalom?**
And he said, *Peaceably* **In shalom.**
14 He said moreover,
I have *somewhat to say* **a word** unto thee.
And she said, *Say* **Word** on.
15 And he said,
Thou knowest that the *kingdom* **sovereigndom** was
mine, and that all *Israel* **Yisra El** set their faces on me,
that I should reign:
howbeit the *kingdom* **sovereigndom** is turned
about, and is become my brother's:
for it was his from *the LORD* **Yah Veh.**
16 And now I ask one petition of thee, *deny me* **turn** not
away my face. And she said unto him, *Say* **Word** on.
17 And he said, *Speak* **Say,** I pray thee,
unto *Solomon* **Shelomoh** the *king* **sovereign,**
(for he *will* **shall** not *say thee nay* **turn away thy face,**)
that he give me *Abishag* **Abi Shag**
the *Shunammite* **Shunemiyth** to *wife* **woman.**
18 And *Bathsheba* **Bath Sheba** said, *Well* **Good;**
I *will speak* **shall word** for thee unto the *king* **sovereign.**
19 *Bathsheba* **Bath Sheba** *therefore*
went unto *king Solomon* **sovereign Shelomoh,**
to *speak* **word** unto him for *Adonijah* **Adoni Yah.**
And the *king* **sovereign** rose up to meet her,
and *bowed* **prostrated** himself unto her,
and *sat down* **settled** on his throne,
and caused a seat to be set
for the *king's* **sovereign's** mother;
and she *sat* **settled** on his right *hand.*
20 Then she said, I *desire* **ask** one small petition of thee;
I pray thee, say me not nay **Turn not away my face.**
and to Amasa the son of Yether
— whom he slaughtered
and set the blood of war in shalom
— and gave the blood of war on
his girdle around his loins
and in the shoes on his feet.
6 And work according to your wisdom
that his grayness descend not to sheol in shalom:
7 and work mercy to the sons of Barzillay the
Giladiy
to be of those who eat at your table:
for thus they approached me
when I fled the face of Abi Shalom your brother.
8 And behold,
you have with you Shimi the son of
Gera, a Ben Yaminiy of Bachurim
who abased me with a reinforced abasement
the day I went to Machanayim:
and he descended to meet me at Yarden
and I oathed to him by Yah Veh, saying,
I deathify you not with the sword.
9 And now exonerate him not:
for you are a wise man
and know what you ought to work to him;
and his grayness descends to sheol with blood.
10 So David lies down with his fathers
entombed in the city of David:
11 and the days David reigns over Yisra El
are forty years:
he reigns seven years in Hebron
and reigns thirty—three years in Yeru Shalem:
12 and Shelomoh
settles on the throne of David his father;
and his sovereigndom is establish ed mightily.

ADONI YAH APPROACHES BATH SHEBA

13 And Adoni Yah the son of Haggith comes
to Bath Sheba the mother of Shelomoh:
and she says, Come you in shalom?
And he says, In shalom.
14 And he says, I have a word to you.
And she says, Word on.
15 And he says,
You know that the sovereigndom is mine
and that all Yisra El set their faces on me to reign:
howbeit the sovereigndom turns around
and becomes to my brother
— for it is his from Yah Veh.
16 And now I ask one petition of you,
turn not away my face.
And she says to him, Word on.
17 And he says,
Say, I pray you, to Shelomoh the sovereign,
— for he turns not away your face
— to give me Abi Shag the Shunemiyth to woman.
18 And Bath Sheba says, Good;
I word for you to the sovereign.
19 And Bath Sheba goes to sovereign Shelomoh,
to word to him for Adoni Yah:
and the sovereign rises to meet her
and prostrates himself to her and settles on his throne
and sets a seat for the mother of the sovereign;
and she settles at his right.
20 Then she says, I ask one small petition
of you; Turn not away my face.

And the *king* **sovereign** said unto
her, Ask on, my mother:
for I *will* **shall** not *say thee nay* **turn away thy face.**
21 And she said,
Let *Abishag* **Abi Shag** the *Shunammite* **Shunemiyth**
be given to *Adonijah* **Adoni Yah**
thy brother to *wife* **woman.**
22 And *king Solomon* **sovereign Shelomoh**
answered and said unto his mother,
And why dost thou ask
Abishag **Abi Shag** the *Shunammite* **Shunemiyth**
for *Adonijah* **Adoni Yah?**
ask for him the *kingdom* **sovereigndom** also;
for he is *mine elder* **my greater** brother;
even for him, and for *Abiathar* **Abi Athar** the priest,
and for *Joab* **Yah Ab** the son of *Zeruiah* **Seruyah.**
23 Then *king Solomon* **sovereign Shelomoh**
sware **oathed** by *the LORD* **Yah Veh,** saying,
God do **Elohim work** so to me, and *more* **add** also,
if *Adonijah* **Adoni Yah** have not *spoken* **worded**
this word against his own *life* **soul.**
24 Now therefore, *as the LORD* **Yah Veh** liveth,
which hath established me,
and set me on the throne of David my father, and who
hath *made* **worked** me an house, as he *promised* **worded,**
Adonijah **Adoni Yah** shall be *put to death* **deathified**
this day.
25 And *king Solomon* **sovereign Shelomoh** sent
by the hand of *Benaiah* **Bena Yah**
the son of *Jehoiada* **Yah Yada;**
and he *fell* **encountered** upon him that he died.
26 And unto *Abiathar* **Abi Athar** the
priest said the *king* **sovereign,**
Get thee **Go** to Anathoth, unto thine own fields;
for thou art *worthy* **a man** of death:
but I *will* **shall** not
at this time put thee to death **deathify thee today,**
because thou barest the ark
of *the Lord GOD* **Adonay Yah Veh**
before **at the face of** David my father,
and because thou hast been *afflicted* **humbled**
in all wherein my father was *afflicted* **humbled.**
27 So *Solomon* **Shelomoh**
thrust out Abiathar **expelled Abi Athar**
from being priest unto *the LORD* **Yah Veh;**
that he might fulfil the word of *the LORD*
Yah Veh, which he *spake* **worded**
concerning the house of Eli in Shiloh.
28 Then *tidings* **reports** came to *Joab* **Yah Ab:**
for *Joab* **Yah Ab**
had *turned* **spread** after *Adonijah* **Adoni Yah,**
though he *turned* **spread** not after *Absalom*
Abi Shalom. And *Joab* **Yah Ab** fled
unto the *tabernacle* **tent** of *the LORD* **Yah Veh,** and
caught hold on the horns of the **sacrifice** altar.
29 Anditwastold*kingSolomon***sovereignShelomoh**
that *Joab* **Yah Ab** was fled
unto the *tabernacle* **tent** of *the LORD* **Yah**
Veh; and, behold, *he is by* **beside** the **sacrifice**
altar. Then *Solomon* **Shelomoh**
sent *Benaiah* **Bena Yah** the son of *Jehoiada* **Yah**
Yada, saying, Go, *fall* **encounter** upon him.
30 And *Benaiah* **Bena Yah**
came to the *tabernacle* **tent** of *the LORD* **Yah Veh,**
and said unto him,
Thus saith the *king* **sovereign,** *Come forth*
Go. And he said, Nay; but I *will* **shall**
die here. And *Benaiah* **Bena Yah**
brought the king **returned** word *again* **to the**
sovereign, saying, Thus *said Joab* **worded Yah Ab,**
and thus he answered me.
31 And the *king* **sovereign** said unto him,
Do **Work** as he hath *said* **worded,**
and *fall* **encounter** upon him, and *bury* **entomb** him;
that thou mayest *take away* **turn aside**
the *innocent* **gratuitous** blood,
which *Joab shed* **Yah Ab poured,** from me,
And the sovereign says to her,
Ask, my mother: for I turn not away your face.
21 And she says,
O that Abi Shag the Shunemiyth
be given to Adoni Yah your brother to woman.
22 And sovereign Shelomoh answers
and says to his mother,
And why ask you
Abi Shag the Shunemiyth for Ado ni Yah?
Ask you the sovereigndom for him also?
For he is my greater brother;
even for him and for Abi Athar the priest
and for Yah Ab the son of Seruyah.
23 Then sovereign Shelomoh oaths by Yah Veh,
saying, Elohim work thus to me and add also
if Adoni Yah words not this word
against his own soul:
24 and now, Yah Veh lives, who established me
and set me on the throne of David my father

— who works me a house as he worded,
Adoni Yah is deathified this day.
25 And sovereign Shelomoh sends
by the hand of Bena Yah the son of Yah Yada;
and he encounters on him that he dies.
26 And the sovereign says to Abi Athar the priest,
Go to Anathoth — to your own fields;
for you are a man of death:
but I deathify you not today,
because you bore the ark of Adonay Yah
Veh at the face of David my father
— being humbled in all
wherein my father was humbled.
27 So Shelomoh expels Abi Athar from
being priest to Yah Veh;
to fulfill the word Yah Veh worded
concerning the house of Eli in Shiloh.

YAH AB IS DEATHIFIED

28 And reports come to Yah Ab:
for Yah Ab spread after Adoni Yah though
he spread not after Abi Shalom: and Yah
Ab flees to the tent of Yah Veh
and holds on the horns of the sacrifice altar.
29 And they tell sovereign Shelomoh,
Yah Ab flees to the tent of Yah Veh; and
behold, beside the sacrifice altar.
Then Shelomoh sends Bena Yah the son of
Yah Yada saying, Go, encounter him.
30 And Bena Yah comes to the tent of
Yah Veh and says to him,
Thus says the sovereign, Go. And
he says, No; but here I die.
And Bena Yah returns word to the sovereign, saying,
Thus Yah Ab words and thus he answers me.
31 And the sovereign says to him, Work as he worded
and encounter him and entomb him;
to turn aside the gratuitous blood
Yah Ab poured from me
and from the house of my father.
32 And *the LORD* **Yah Veh**
shall return his blood upon his own head,
who *fell upon* **encountered** two men more
righteous **just** and better than he,
and *slew* **slaughtered** them with the sword, my
father David not knowing thereof, *to wit*,
Abner **Abi Ner** the son of Ner,
captain **governor** of the host of *Israel* **Yisra
El**, and Amasa the son of *Jether* **Yether**,
captain **governor** of the host of *Judah* **Yah Hudah**.
33 Their blood shall *therefore* return
upon the head of *Joab* **Yah Ab**,
and upon the head of his seed *for ever* **eternally**:
but upon David, and upon his seed,
and upon his house, and upon his throne,
shall there be *peace for ever* **shalom
eternally** from *the LORD* **Yah Veh**.
34 So *Benaiah* **Bena Yah** the son of *Jehoiada* **Yah Yada**
went up **ascended**,
and *fell upon* **encountered** him,
and *slew* **deathified** him:
and he was *buried* **entombed** in his
own house in the wilderness.
35 And the *king* **sovereign**
put Benaiah **gave Bena Yah** the
son of *Jehoiada* **Yah Yada**
in his *room* **stead** over the host:
and *Zadok* **Sadoq** the priest
did the *king put* **sovereign give**
in the *room* **stead** of *Abiathar* **Abi Athar**.

SHIMI IS DEATHIFIED

36 And the *king* **sovereign** sent
and called for *Shimei* **Shimi**, and said unto
him, Build thee an house in *Jerusalem*
Yeru Shalem, and *dwell* **settle** there,
and go not forth thence any *whither* **where**.
37 For **so be** it *shall be*, that on the day thou goest out,
and passest over the *brook Kidron* **wadi Qidron**,
in knowing, thou shalt know *for certain*
that **in dying,** thou shalt *surely* die:
thy blood shall be upon thine own head.
38 And *Shimei* **Shimi** said unto the *king* **sovereign**,
The *saying* **word** is good:
as my *lord* **adoni** the *king* **sovereign** hath *said*
worded, so *will* **shall** thy servant *do* **work**.
And *Shimei dwelt* **Shimi settled** in
Jerusalem **Yeru Shalem**
many days.
39 And **so be** it *came to pass*, at the end of three
years, that two of the servants of *Shimei* **Shimi**
ran away **fled** unto Achish
son of Maachah *king* **sovereign** of Gath. And they told
Shimei **Shimi**, saying, Behold, thy servants be in Gath.
40 And *Shimei* **Shimi** arose,
and *saddled* **harnessed** his *ass* **he burro**,
and went to Gath to Achish to seek his servants:
and *Shimei* **Shimi** went,
and brought his servants from Gath.
41 And it was told *Solomon* **Shelomoh**

that *Shimei* **Shimi**
had gone from *Jerusalem* **Yeru Shalem** to
Gath, and *was come again* **returned**.
42 And the *king* **sovereign** sent
and called for *Shimei* **Shimi**, and said unto him,
Did I not make thee to *swear* **oath** by *the LORD* **Yah Veh**, and *protested* **witnessed** unto thee, saying,
In knowing, Know *for a certain*, on the day thou
goest out, and walkest *abroad* any *whither* **where**,
that **in dying,** thou shalt *surely* die?
and thou saidst unto me,
The word that I have heard is good.
43 Why then hast thou not *kept* **guarded**
the oath of *the LORD* **Yah Veh**, and
the *commandment* **misvah**
that I have *charged* **misvahed** thee with?
44 The *king* **sovereign** said *moreover* to *Shimei*
Shimi, Thou knowest all the *wickedness* **evil**
which thine heart *is privy to* **perceiveth,**
that thou *didst* **workedst** to David my father:
and from the house of my father;
32 and Yah Veh returns his blood on his own head
— who encountered two men
more just and better than he
and slaughtered them with the sword my
father David not knowing thereof
— Abi Ner the son of Ner governor of the host
of Yisra El and Amasa the son of Yether
governor of the host of Yah Hudah:
33 their blood returns on the head of Yah Ab
and on the head of his seed eternally:
but on David and on his seed
and on his house and on his throne, there
is shalom eternally from Yah Veh.
34 So Bena Yah the son of Yah Yada ascends
and encounters him and deathifies him:
and he is entombed
in his own house in the wilderness:
35 and the sovereign gives
Bena Yah the son of Yah Yada over the host in his
stead: and the sovereign gives Sadoq the priest
in the stead of Abi Athar.

SHIMI IS DEATHIFIED

36 And the sovereign sends and calls
for Shimi and says to him,
Build yourself a house in Yeru Shalem
and settle there;
and go not anywhere:
37 and so be it,
the day you go and pass over the wadi Qidron,
in knowing, know that in dying, you die:
your blood being on your own head.
38 And Shimi says to the sovereign, Good word!
As my adoni the sovereign words,
thus your servant works.
— and Shimi settles in Yeru Shalem many days.
39 And so be it, at the end of three years,
that two of the servants of Shimi
flee to Achish son of Maachah sovereign of Gath.
And Shimi is told, saying, Behold,
your servants are in Gath.
40 And Shimi rises and harnesses his he burro
and goes to Gath to Achish to seek his servants:
and Shimi goes and brings his servants from Gath .
41 And they tell Shelomoh
that Shimi goes from Yeru Shalem to Gath and returns.
42 And the sovereign sends and calls
for Shimi and says to him,
Did I not oath you by Yah Veh
and witness to you, saying,
In knowing, know that on the day you go
and walk any where, that in dying, you die.
— and you said to me, The word I hear is good.
43 Why then guarded you not the oath of Yah
Veh and the misvah I misvahed you?
44 The sovereign says to Shimi,
You know all the evil your heart perceives
which you worked to David my father;
therefore *the LORD* **Yah Veh** shall
return thy *wickedness* **evil**
upon thine own head;
45 And *king Solomon shall be blessed*
blessed be sovereign Shelomoh,
and *the throne of David shall be established*
established be the throne of David
before the LORD for ever **at the face of Yah Veh eternally**.
46 So the *king commanded* **sovereign misvahed**
Benaiah **Bena Yah** the son of *Jehoiada* **Yah Yada**;
which went out,
and *fell* **encountered** upon him, that he died.
And the *kingdom* **sovereigndom**
was established in the hand of *Solomon* **Shelomoh**.

SHELOMOH REQUESTS WISDOM

3 And *Solomon made affinity* **Shelomoh intermarried**
with *Pharaoh* **Paroh,** *king* **sovereign** of *Egypt*
Misrayim, and took *Pharaoh's* **Paroh's** daughter,

and brought her into the city of David,
until he had *made an end of* **finished**
building his own house,
and the house of *the LORD* **Yah Veh,**
and the wall of *Jerusalem* **Yeru Shalem** round about.
2 Onlythepeoplesaciirfcedin*highplaces***bamahs,**
because there was no house built
unto the name of *the LORD* **Yah Veh,** until those days.
3 And *Solomon* **Shelomoh** loved *the LORD* **Yah Veh,** walking in the statutes of David his father:
only he sacrificed and *burnt incense* **incensed**
in *high places* **bamahs.**
4 And the *king* **sovereign** went to *Gibeon* **Gibon**
to sacrifice there;
for that was the great *high place* **bamah:**
a thousand *burnt offerings* **holocausts** *did Solomon offer* **Shelomoh holocausted** upon that **sacrifice** altar.
5 In *Gibeon* **Gibon,**
the LORD **Yah Veh**
appeared to Solomon **was seen by Shelomoh**
in a dream by night:
and *God* **Elohim** said, Ask what I shall give thee.
6 And *Solomon* **Shelomoh** said,
Thou hast *shewed* **worked**
unto thy servant David my father great mercy,
according as he walked *before thee* **at thy face**
in truth, and in *righteousness* **justness,**
and in *uprightness* **straightness** of heart with thee;
and thou hast *kept* **guarded** for him
this great *kindness* **mercy,**
that thou hast given him a son to *sit* **settle** on his throne,
as *it is* this day.
7 And now, O *LORD* **Yah Veh** my *God* **Elohim,**
thou hast *made* thy servant *king* **reign**
instead of David my father:
and I am *but* a little *child* **lad:**
I know not *how* to go out or come in.
8 And thy servant is in the midst of thy
people which thou hast chosen,
a great people, that cannot be numbered
nor *counted* **scribed** for *multitude* **abundance.**
9 Give therefore thy servant
an understanding **a hearing** heart to judge thy people,
that I may discern between good and *bad* **evil:**
for who is able to judge this
thy *so great a* **grievous** people?
10 And the *speech* **word**
pleased the Lord **well—pleased the eyes of Adonay,**
that *Solomon* **Shelomoh** had asked this *thing* **word.**
11 And *God* **Elohim** said unto him, Because
thou hast asked this *thing* **word,**
and hast not asked for thyself *long life* **many days;**
neither hast asked riches for thyself,
nor hast asked the *life* **soul** of thine enemies;
but hast asked for thyself *understanding* **discernment**
to *discern* **hear** judgment;
12 Behold, I have *done* **worked** according to thy words:
lo **behold,** I have given thee
a wise and *an understanding* **discerning** heart;
so that there was none like thee *before thee* **at thy face,**
and Yah Veh returns your evil on your own head:
45 and blessed — sovereign Shelomoh, and
established is the throne of David
at the face of Yah Veh eternally.
46 So the sovereign
misvahs Bena Yah the son of Yah Yada;
who goes out and encounters him that he dies.
And the sovereigndom
is established in the hand of Shelomoh.

SHELOMOH REQUESTS WISDOM

3 And Shelomoh intermarries
with Paroh sovereign of Misrayim;
and takes the daughter of Paroh and brings her
into the city of David until he finishes building
his own house and the house of Yah Veh
and the wall of Yeru Shalem all around:
2 only, the people sacrifice in bamahs
because of no house being built
to the name of Yah Veh until those days:
3 and Shelomoh loves Yah Veh
walking in the statutes of David his father:
only, he sacrifices and incenses in bamahs:
4 and the sovereign goes to Gibon to sacrifice there;
for that is the great bamah:
Shelomoh holocausts a thousand
holocausts on that sacrifice altar.
5 In Gibon
Yah Veh is seen by Shelomoh in a dream by night:
and Elohim says, Ask what I give you.
6 And Shelomoh says, You worked great
mercy to your servant David my father
according as he walked at your face in truth
and in justness and in straightness of heart with you:
and you guarded this great mercy for him
in that you gave him a son to settle
on his throne as this day:
7 and now, O Yah Veh my Elohim,
you have your servant reign
in the stead of David my father:
and I am a little lad:

I know not to go out or come in:
8 and your servant *is* midst your people
whom you chose — a great people
that can neither be numbered nor scribed for abundance:
9 give your servant a hearing heart to judge your people
— to discern between good and evil:
for who is able to judge this — your grievous people?
10 — and the word well—pleases the eyes of Adonay
that Shelomoh asks this word.
11 And Elohim says to him, Because you ask this word
and neither ask many days for yourself,
nor ask riches for yourself,
nor ask the soul of your enemies;
but ask for yourself discernment to hear judgment
12 behold, I work according to your words:
behold, I give you a wise and discerning heart;
neither after thee shall any arise like unto thee.
13 And I have also given thee that
which thou hast not asked,
both riches, and honour:
so that there shall *not be any* **be no man**
among the *kings* **sovereigns**
like unto thee all thy days.
14 And if thou *wilt* **shalt** walk in my
ways, to *keep* **guard** my statutes
and my *commandments* **mitsvoth**,
as thy father David did walk,
then I *will lengthen* **shall prolong** thy days.
15 And *Solomon* **Shelomoh** awoke;
and, behold, *it was* a dream.
And he came to *Jerusalem* **Yeru Shalem**,
and stood
before **at the face of** the ark of the
covenant of *the LORD* **Yah Veh**,
and *offered up burnt offerings* **holocausted holocausts**,
and *offered peace offerings* **worked shelamim**,
and *made* **worked** a feast to all his servants.

THE FIRST CASE OF SHELOMOH

16 Then came there two women,
that were harlots — **whores**,
unto the *king* **sovereign**, and stood
before him **at his face**.
17 And the one woman said, O my *lord* **adoni**,
I and this woman *dwell* **settle** in one house; and I *was
delivered of a child* **birthed** with her in the house.
18 And **so be** it *came to pass*,
the third day after that I *was delivered*
birthed, that this woman *was delivered*
birthed also: and we were together;
there was no stranger with us in the house,
save **except** we two in the house.
19 Andthiswoman's*child***son**diedinthenight;
because she *overlaid* **layed down upon** it.
20 And she arose *at midnight* **in the middle of
the night**, and took my son from beside me,
while *thine handmaid* **thy maid** slept,
and laid it in her bosom,
and laid her dead *child* **son** in my bosom.
21 And when I rose in the morning
to *give my child suck* **suckle my son**,
behold, it *was dead* **had died**:
but when I had *considered* **discerned** it in the morning,
behold, it was not my son, which I did *bear* **birth**.
22 And the other woman said, Nay;
but the living is my son, and the dead is thy son.
And this said, No;
but the dead is thy son, and the living is my son.
Thus they *spake* **worded**
before **at the face of** the *king* **sovereign**.

THE FIRST JUDGMENT OF SHELOMOH

23 Then said the *king* **sovereign**,
The **This** one saith,
This is my son that liveth, and thy son is the dead:
and *the other* **that** saith,
Nay; but thy son is the dead, and my son is the living.
24 Andthe*king***sovereign**said*B,ring***Take**measword.
And they brought a sword
before **at the face of** the *king* **sovereign**.
25 Andthe*king***sovereign**said,
Divide **Cut** the living child in two,
and give half to the one, and half to the *other* **one**.
26 Then *spake* **said** the woman
whose the living *child* **son** was unto the *king* **sovereign**,
for her *bowels* **mercies** yearned upon her son,
and she said,
O my *lord* **adoni**, give her the *living child* **live birthed**,
and in *no wise slay it* **deathifying, deathify it not**.
But the other said,
Let it be neither mine nor thine, *but divide* **cut** it.
27 Then the *king* **sovereign** answered and said,
Give her the *living child* **live birthed**,
and *in no wise slay it* **in deathifying, deathify it not**:
she is the mother thereof.
28 And all *Israel* **Yisra El** heard of the judgment
nor any rise like you after you:
13 and I also give you what you ask not
— both riches and honor:
so that there be no man among the
sovereigns as you all your days:

14 and if you walk in my ways
to guard my statutes and my misvoth as your
father David walked , then I prolong your days.
15 And Shelomoh wakens; and behold — a dream:
and he comes to Yeru Shalem and stands
at the face of the ark of the covenant of Yah Veh
and holocausts holocausts and works shelamim
and works a feast to all his servants.

THE FIRST CASE OF SHELOMOH

16 And two women — whores
come to the sovereign and stand at his face:
17 and the one woman says, Omyadoni,
I and this woman settle in one house;
and I birthed with her in the house:
18 and so be it,
the third day after I birthed, this woman also birthed:
and we are together
— no stranger with us in the house
except we two in the house:
19 and the son of this woman dies in the night;
because she lies down on it:
20 and she rises in the middle of the night
and takes my son from beside me
while your maid sleeps
and lays it in her bosom;
and lays her dead son in my bosom:
21 and when I rise in the morning to
suckle my son behold, it died:
and I discern in the morning,
and behold, it is not my son, whom I birthed.
22 And the other woman says, No;
but the living *is* my son, and the dead *is* your son.
And this one says, No;
but the dead *is* your son, and the living *is* my son.
— and they word at the face of the sovereign.

THE FIRST JUDGMENT OF SHELOMOH

23 Then the sovereign says, This one says,
This is my son who lives, and your son *is* the dead:
and that one says,
No; but your son *is* the dead, and my son *is* the living.
24 And the sovereign says, Take me a sword.
— and they bring a sword at the face of the sovereign.
25 And the sovereign says, Cut the living child in two;
and give half to the one and half to the one.
26 Then the woman whose son is the
living says to the sovereign
— for her mercies yearned upon her son
and she says, O my adoni,
give her the live birthed one;
and in deathifying, deathify it not.
And the other said,
O that it neither be mine nor yours! Cut!
27 And the sovereign answers and says,
Give her the live birthed one;
and in deathifying, deathify it not:
she is the mother thereof.
28 And all Yisra El hears of the judgment
which the *king* **sovereign** had judged;
and they *feared* **awed at the face of** the *king* **sovereign**:
for they saw that the wisdom of *God* **Elohim**
was in *him* **his midst**, to *do* **work** judgment.

THE GOVERNORS OF SHELOMOH

4 So *king Solomon* **sovereign Shelomoh**
was *king* **sovereign** over all *Israel* **Yisra El.**
2 And these were the *princes* **governors** which he had;
Azariah **Azar Yah** the son of *Zadok* **Sadoq** the priest,
3 *Elihoreph* **Eli Horeph** and *Ahiah* **Achiy**
Yah, the sons of Shisha, scribes;
Jehoshaphat **Yah Shaphat** the son of *Ahilud* **Achiy Lud,**
the *recorder* **remembrancer.**
4 And *Benaiah* **Bena Yah** the son of *Jehoiada* **Yah Yada**
was over the host:
and *Zadok* **Sadoq** and *Abiathar* **Abi**
Athar *were* the priests:
5 And *Azariah* **Azar Yah** the son of Nathan
was over the *officers* **stationed**:
and Zabud the son of Nathan was *principal officer*
priest, and the *king's* **sovereign's** friend:
6 And *Ahishar* **Achiy Shar** *was* over the household:
and *Adoniram* **Adoni Ram** the son of Abda
was over the *tribute* **vassal.**

THE STATIONED OF SHELOMOH

7 And *Solomon* **Shelomoh**
had twelve *officers* **stationed** over all *Israel* **Yisra El,**
which *provided victuals for* **sustained** the *king* **sovereign**
and his household:
each man his month in a year made provision
each one sustained one month per year.
8 And these are their names:
The son of Hur **Ben Hur**, in mount *Ephraim* **Ephrayim:**
9 *The son of Dekar* **Ben Deqer**, in *Makaz* **Maqas**, and
in Shaalbim and *Bethshemesh* **Beth Shemesh,**
and *Elonbethhanan* **Elon Beth Hanan**:
10 *The son of Hesed* **Ben Hesed**, in *Aruboth* **Arubboth**;
to him *pertained* Sochoh, and all the land of Hepher:
11 *ThesonofAbinadab***BenAbiNadab,**

in all the *region* **heights** of Dor;
which had Taphath the daughter of *Solomon* **Shelomoh**
to *wife* **woman**:
12 Baana the son of *Ahilud* **Achiy Lud**;
to him *pertained* Taanach and Megiddo,
and all *Bethshean* **Beth Shaan**,
which is *by Zartanah* **beside Sarethan**
beneath *Jezreel* **Yizre El**, from *Bethshean* **Beth Shaan**
to *Abelmeholah* **Abel Mecholah**,
even unto the place that is beyond *Jokneam* **Yoqme Am**:
13 *The son of Geber* **Ben Geber**,
in *Ramothgilead* **Ramoth Gilad**;
to him *pertained* the *towns* **living areas** of *Jair* **Yair**
the son of *Manasseh* **Menash Sheh**,
which are in *Gilead* **Gilad**;
to him *also pertained* the *region* **boundaries** of Argob,
which is in Bashan,
threescore **sixty** great cities
with walls and *brasen* **copper** bars:
14 *Ahinadab***AchiyNadab**thesonofIddo
had *Mahanaim* **Machanayim**:
15 *Ahimaaz***AchiyMaas**wasinNaphtali;
he also took *Basmath* **Bosmath**
the daughter of *Solomon* **Shelomoh** to *wife* **woman**:
16 Baanah the son of *Hushai* **Hushay**
was in Asher and in *Aloth* **Bealoth**:
17 *Jehoshaphat* **Yah Shaphat** the son of *Paruah*
Paruach, in *Issachar* **Yissachar**:
18 *Shimei* **Shimi** the son of *Elah* **Ela**,
in *Benjamin* **Ben Yamin**:
19 Geber the son of Uri
was in the *country* **land** of *Gilead* **Gilad**,
in the *country* **land** of *Sihon* **Sichon** *king* **sovereign** of the
Amorites **Emoriy**, and of Og *king* **sovereign** of Bashan;
and he was the *only officer* **one prefect**
which was in the land.

the sovereign judged;
and they awe at the face of the sovereign:
for they see the wisdom of Elohim in
his midst to work judgment.

THE GOVERNORS OF SHELOMOH

4 And sovereign Shelomoh
is sovereign over all Yisra El;
2 and these are his governors: Azar
Yah the son of Sadoq, priest;
3 Eli Horeph and Achiy Yah the sons of Shisha, scribes;
Yah Shaphat the son of Achiy Lud, remembrancer;
4 and Bena Yah the son of Yah Yada, over the host;
and Sadoq and Abi Athar, priests;
5 and Azar Yah the son of Nathan, over the stationed;
and Zabud the son of Nathan, priest
and friend of the sovereign;
6 and Achiy Shar, over the household;
and Adoni Ram the son of Abda, over the vassal.

THE STATIONED OF SHELOMOH

7 And Shelomoh has twelve stationed over all
Yisra El
to sustain the sovereign and his household;
each one sustains one month per year;
8 and these are their names: Ben
Hur, in mount Ephrayim;
9 Ben Deqer, in Maqas and in Shaalbim;
and Beth Shemesh and Elon Beth Hanan;
10 Ben Hesed, in Arubboth
— also having Sochoh and all the land of Hepher;
11 Ben Abi Nadab, in all the heights of Dor
— having Taphath the daughter of Shelomoh
to woman;
12 Baana the son of Achiy Lud
— to him Taanach and Megiddo,
and all Beth Shaan beside Sarethan below Yizre
El from Beth Shaan to Abel Mecholah
beyond Yoqme Am;
13 Ben Geber, in Ramoth Gilad
— to him the living areas
of Yair the son of Menash Sheh in Gilad
— to him the boundaries of Argob in Bashan
— sixty great cities with walls and copper bars;
14 Achiy Nadab the son of Iddo has Machanayim;
15 Achiy Maas in Naphtali
— he also takes Bosmath the daughter
of Shelomoh to woman;
16 Baanah the son of Hushay in Asher and in Bealoth;
17 Yah Shaphat the son of Paruach in Yissachar;
18 Shimi the son of Ela in Ben Yamin;
19 Geber the son of Uri in the land of Gilad
— in the land of Sichon sovereign of the
Emoriy and of Og sovereign of Bashan
— and he is the one prefect in the land.

THE REIGN OF SHELOMOH

20 *Judah* **Yah Hudah** and *Israel* **Yisra El** were many,
as the sand which is by the sea in *multitude* **abundance**,
eating and drinking, and *making merry* **cheering**.
21 And *Solomon* **Shelomoh**
reigned **was sovereign** over all *kingdoms* **sovereigndoms**
from the river unto the land of the *Philistines*
Peleshethiy, and unto the border of *Egypt* **Misrayim**:

they brought *presents* **near offerings**,
and served *Solomon* **Shelomoh** all the days of his life.

The Bread Of Shelomoh

22 And*Solomon'sprovision***Shelomoh'sbread**foroneday
was thirty *measures* **kors** of *fine* flour,
and *threescore measures* **sixty kors** of *meal* **flour**,
23 Ten fat oxen, and twenty oxen out of the
pastures, and an hundred *sheep* **flocks**,
beside harts, and *roebucks* **gazelles**,
and fallowdeer, and *fatted* **foddered** fowl.
24 For he *had dominion* **subjugated** over all *the region*
on this side the river,
from *Tiphsah* **Tiphsach** even to Azzah,
over all the *kings* **sovereigns** on this side the river:
and he had *peace* **shalom**
on all sides **from all his servants** round about him.
25 And *Judah* **Yah Hudah** and *Israel* **Yisra El**
dwelt safely **settled confidently**,
every man under his vine and under his fig tree,
from Dan even to *Beersheba* **Beer Sheba**,
all the days of *Solomon* **Shelomoh**.
26 And *Solomon* **Shelomoh**
had forty thousand stalls of horses for his chariots,
and twelve thousand *horsemen* **cavalry**.
27 Andthose*oficers***stationed**
provided victual for king Solomon **sustained sovereign Shelomoh**, and for all that *came* **approached**
unto *king Solomon's* **sovereign Shelomoh's**
table, every man in his month:
they lacked *nothing* **no word**.
28 Barley also and straw
for the horses and *dromedaries* **stallions**
brought they unto the place where *the officers* **they**
were, every man according to his *charge* **judgment**.

The Wisdom Of Shelomoh

29 And *God* **Elohim** gave *Solomon* **Shelomoh**
wisdom and *understanding* **discernment**
exceeding much **mightily abounding**,
and *largeness* **broadness** of heart,
even as the sand that is on the sea *shore* **lip**.
30 And*Solomon's***Shelomoh's**wisdom*exceled***abounded**
above the wisdom of all
the *children* **sons** of the east *country* **land**,
and all the wisdom of *Egypt* **Misrayim**.
31 For he was *wiser* **enwisened**
than **above** all *men* **humanity**;
than Ethan the *Ezrahite* **Zerachiy**, and
Heman, and *Chalcol* **Kalkol**, and Darda,
the sons of *Mahol* **Machol**:
and his fame was in all *nations* **goyim** round about.
32 Andhe*spake***worded**threthousandproverbs:
and his songs were a thousand and five.
33 Andhe*spake***worded**oftrees,
from the cedar tree that is in Lebanon
even unto the hyssop
that *springeth* **emergeth** out of the wall:
he *spake also* **worded** of *beasts*
animals, and of *fowl* **flyers**,
and of *creeping things* **creepers**, and of fishes.
34 And there came of all people
to hear the wisdom of *Solomon* **Shelomoh**, from all *kings* **sovereigns** of the earth, which had heard of his wisdom.

The Alliance Of Shelomoh With Sovereign Hiram

5 And Hiram *king* **sovereign** of *Tyre* **Sor**
sent his servants unto *Solomon* **Shelomoh**;
for he had heard that they had
anointed him *king* **sovereign**
in the *room* **stead** of his father:
20 Yah Hudah and Yisra El
— as many as the sand by the sea in abundance
eating and drinking and cheering:
21 and Shelomoh is sovereign
over all the sovereigndoms
from the river to the land of the Peleshethiy
and to the border of Misrayim:
they bring offerings
and serve Shelomoh all the days of his life.

The Bread Of Shelomoh

22 And the bread of Shelomoh for one day
is thirty kors of flour and sixty kors of flour,
23 ten fat oxen and twenty oxen from the
pastures, and a hundred flocks,
beside harts and gazelles and fallow
deer and foddered fowl:
24 for he subjugates over all on this side the river
from Tiphsach even to Azzah
— over all the sovereigns on this side the river:
and he has shalom
from all his servants all around him:
25 and Yah Hudah and Yisra El settle confidently
every man under his vine and under his fig tree
from Dan even to Beer Sheba all the days of Shelomoh:
26 and Shelomoh
has forty thousand stalls of horses for his
chariots and twelve thousand cavalry:

27 and those who *are* stationed
sustain sovereign Shelomoh and all those
who approach the table of sovereign
Shelomoh every man in his month:
they lack no word:
28 they bring barley and straw for
the horses and stallions
to the place where they are
every man according to his judgment.

THE WISDOM OF SHELOMOH

29 And Elohim gives Shelomoh
wisdom and discernment mightily abounding;
and broadness of heart as the sand on lip of the sea:
30 and the wisdom of Shelomoh abounds
above the wisdom of all the sons of the east
land and all the wisdom of Misrayim:
31 and he enwisens above all humanity
— of Ethan the Zerachiy and Heman and
Kalkol and Darda the sons of Machol:
and his fame is all around the goyim:
32 and he words three thousand proverbs
and his songs a thousand and five:
33 he words of trees
from the cedar tree in Lebanon
even to the hyssop emerging from the wall:
he words of animals and of flyers
and of creepers and of fishes:
34 and from all people
they come to hear the wisdom of Shelomoh
— from all sovereigns of the earth,
to hear of his wisdom.

THE ALLIANCE OF SHELOMOH WITH SOVEREIGN HIRAM

5 And Hiram sovereign of Sor sends
his servants to Shelomoh;
for he hears they anointed him sovereign
in the stead of his father
for Hiram was *ever* **all days** a lover of David.
2 And *Solomon* **Shelomoh** sent to Hiram, saying,
3 Thou knowest how that David my
father could not build an house
unto the name of *the LORD* **Yah Veh** his *God* **Elohim**
for **at the face of** the wars
which *were about* **surrounded** him on
every side, until *the LORD* **Yah Veh**
put **gave** them under the soles of his feet.
4 But now *the LORD* **Yah Veh** my *God* **Elohim**
hath given me rest *on every side* **round about**,
so that there is neither *adversary* **a satan**
nor evil *occurrent* **incident**.
5 And, behold, I *purpose* **said** to build an house
unto the name of *the LORD* **Yah Veh** my *God*
Elohim, as *the LORD spake* **Yah Veh worded**
unto David my father, saying, Thy son,
whom I *will set* **shall give** upon thy throne in thy
room **stead**, he shall build an house unto my name.
6 Now *therefore command* **misvah** thou
that they *hew* **cut** me cedar trees out of Lebanon;
and my servants shall be with thy servants:
and unto thee *will* **shall** I give hire for thy servants
according to all that thou shalt *appoint* **say**:
for thou knowest that there is not among us
any **a man** that *can skill* **knoweth** to *hew* **cut**
timber like unto the *Sidonians* **Sidoniy**.
7 And **so be** it *came to pass*,
when Hiram heard the words of *Solomon* **Shelomoh**,
that he *rejoiced greatly* **cheered mightily**, and
said, Blessed be *the LORD* **Yah Veh** this day,
which hath given unto David
a wise son over this great people.
8 And Hiram sent to *Solomon* **Shelomoh**, saying,
I have *considered the things* **heard those**
which thou sentest to me for:
and I *will do* **shall work** all thy *desire* **delight**
concerning timber of cedar,
and concerning timber of *fir* **cypress**.
9 Myservantshab*lring***descend**them*down*
from Lebanon unto the sea:
and I *will convey* **shall set** them by sea in *floats* **rafts**
unto the place that thou shalt *appoint*
send me, and *will* **shall** cause them
to be *discharged* **scattered** there, and
thou shalt *receive* **lift** them:
and thou shalt *accomplish* **work** my *desire* **delight**,
in giving *food* **bread** for my household.
10 SoHiramgave*Solomon***Shelomoh**cedartres
and *fir* **cypress** trees according to all his *desire* **delight**.
11 And *Solomon* **Shelomoh** gave Hiram
twenty thousand *measures* **kors** of wheat
for food **nourishment** to his household,
and twenty *measures* **kors** of *pure* **pestled** oil:
thus gave *Solomon* **Shelomoh** to Hiram year by year.
12 And*theLORD***YahVeh**gave*Solomon***Shelomoh**wisdom,
as he *promised* **worded** him:
and there was *peace* **shalom**
between Hiram and *Solomon* **between Shelomoh**;
and they two *made* **cut** a *league* **covenant** *together.*

DRAFTING THE VASSAL

13 And *king Solomon* **sovereign Shelomoh**
raised **ascended** a *levy* **vassal** out of all *Israel* **Yisra El**;
and the *levy* **vassal** was thirty thousand men.
14 And he sent them to Lebanon,
ten thousand a month by *courses* **changes**:
a month they were in Lebanon,
and two months at *home* **their house**:
and *Adoniram* **Adoni Ram** was over the *levy* **vassal**.
15 And *Solomon* **Shelomoh**
had *threescore and ten* **seventy** thousand
that bare burdens **burdenbearers**,
and *fourscore* **eighty** thousand hewers in the mountains;
16 Beside the *chief* **governor**
of *Solomon's officers* **Shelomoh's stationed**
which were over the work, three
thousand and three hundred,
— for Hiram was all days a lover of David.
2 And Shelomoh sends to Hiram, saying,
3 You know how David my father
could not build a house
to the name of Yah Veh his Elohim
at the face of the wars surrounding him on every side,
until Yah Veh gave them under the soles of his feet:
4 and now Yah Veh my Elohim
gives me rest all around
so that there is neither a satan nor evil incident .
5 And behold, I say to build a house
to the name of Yah Veh my Elohim,
as Yah Veh worded to David my father, saying,
Your son whom I give upon your throne
in your stead,
he builds a house to my name.
6 And now you misvah them
to cut me cedar trees from Lebanon: and my
servants be with your servants; and I give you
hire for your servants according to all you say:
for you know there is not among us
a man who knows to cut timber as the Sidoniy.
7 And so be it,
Hiram hears the words of Shelomoh,
and he cheers mightily, and says,
Blessed — Yah Veh this day
who gives David a wise son over this great people.
8 And Hiram sends to Shelomoh, saying,
I heard what you sent me:
I work all your delight concerning timber of
cedar and concerning timber of cypress:
9 my servants descend them from Lebanon to the sea:
and I set them by sea in rafts
to the place you send me and scatter them there;
and you lift them and work my delight
by giving bread for my household.
10 And Hiram gives Shelomoh cedar trees and
cypress trees according to all his delight:
11 and Shelomoh gives Hiram
twenty thousand kors of wheat
— nourishment to his household and
twenty kors of pestled oil:
thus Shelomoh gives to Hiram year by year.
12 And Yah Veh gives Shelomoh
wisdom as he worded him:
and there is shalom
between Hiram and between Shelomoh;
and the two cut a covenant.

DRAFTING THE VASSAL

13 And sovereign Shelomoh ascends
a vassal from all Yisra El;
and the vassal is thirty thousand men:
14 and he sends them to Lebanon
— ten thousand a month by changes:
a month in Lebanon and two months at their house:
and Adoni Ram is over the vassal.
15 And Shelomoh
has seventy thousand burdenbearers
and eighty thousand hewers in the mountains;
16 beside the governor of the stationed of
Shelomoh who are over the work
— three thousand and three hundred
which *ruled* **subjugated** over the people
that *wrought* **worked** in the work.
17 And the *king commanded* **sovereign misvahed**,
and they *brought* **pulled** great stones,
costly **precious** stones, and hewed stones,
to lay the foundation of the house.
18 And *Solomon's* **Shelomoh's** builders and
Hiram's builders *did hew them,* and the
stonesquarers **Gibliy sculpted**:
so they prepared timber and stones to build the house.

THE BUILDING OF THE HOUSE OF YAH VEH

6 And **so be** it *came to pass,*
in the four hundred and eightieth year after
the *children* **sons** of *Israel* **Yisra El**
were *come* **gone** out of the land of *Egypt*
Misrayim, in the fourth year
of *Solomon's* **Shelomoh's** reign over *Israel* **Yisra El**,
in the month Zif, which is the second month,
that he began to build the house of *the LORD* **Yah Veh**.

2 And the house which *king Solomon*
sovereign Shelomoh
built for *the LORD* **Yah Veh**,
the length thereof *was threescore* **sixty** cubits,
and the breadth thereof twenty *cubits*,
and the height thereof thirty cubits.
3 And the porch
before **at the face of** the *temple* **manse** of the
house, twenty cubits was the length thereof,
according to **at the face of** the breadth of the house;
and ten cubits was the breadth thereof
before **at the face of** the house.
4 Andforthehousehe*madewindows***workedlookouts**
of *narrow* **shuttered** lights.
5 And against the wall of the house he
built chambers round about,
against the walls of the house round about,
both of the *temple* **manse** and of the *oracle* **pulpit**:
and he *made chambers* **worked ribs** round about:
6 The nethermost chamber was five cubits
broad, and the middle was six cubits broad,
and the third was seven cubits broad:
for without *in the wall of* the house
he *made narrowed rests* **gave ledges** round about,
that the beams should not be fastened
not held in the walls of the house.
7 And the house,
when it was in building, was built of stone
made ready before it was brought thither
which they did shalam at the quarry:
so that there was neither hammer nor ax
nor *any tool* **instrument** of iron heard in
the house, while it was in building.
8 The *door* **portal** for the middle *chamber* **rib**
was in the right *side* **shoulder** of the house:
and they *went up* **ascended** with *winding*
spiral stairs into the middle *chamber*,
and out of the middle into the third.
9 Sohebuiltthehouse,andfinishedit;
and *covered* **cieled** the house
with *beams* **carvings** and *boards* **shingles** of cedar.
10 And then he built chambers against
all the house, five cubits high:
and they *rested* **took hold** on the house
with timber of cedar.
11 And the word of *the LORD* **Yah Veh**
came to *Solomon* **Shelomoh**, saying,
12 *Concerning* this house which thou art in building,
if thou *wilt* **shalt** walk in my statutes,
and *execute* **work** my judgments,
and *keep* **guard** all my *commandments* **misvoth**
to walk in them;
then *will* **shall** I *perform* **raise** my word with thee,
which I *spake* **worded** unto David thy father:
13 AndI*wildwel***shaltabernacle**
among the *children* **sons** of *Israel* **Yisra El**,
and *will* **shall** not forsake my people *Israel* **Yisra El**.
14 So *Solomon* **Shelomoh** built the
house, and finished it.
15 And he built the walls of the house
within with *boards* **ribs** of cedar,
who subjugate the people who work the work.
17 And the sovereign misvahs and they pull great stones
— precious stones and hewed stones
to lay the foundation of the house:
18 and the builders of Shelomoh
and the builders of Hiram and the sculpters of Gibliy
prepare timber and stones to build the house.

THE BUILDING OF THE HOUSE OF YAH VEH

6 And so be it,
in the four hundred and eightieth
year after the sons of Yisra El
go from the land of Misrayim
— in the fourth year
of the reign of Shelomoh over Yisra El
— the month Zif — the second month he
begins to build the house of Yah Veh.
2 And the house
sovereign Shelomoh builds for Yah Veh, sixty cubits long
and twenty wide and thirty cubits high;
3 and the porch
at the face of the manse of the house, twenty cubits long
at the face of the width of the house,
and ten cubits wide at the face of the house.
4 And for the house
he works lookouts of shuttered lights:
5 and against the wall of the house he builds
chambers all around against the walls of the house
— all around the manse and the pulpit:
and he works ribs all around:
6 the nethermost chamber, five cubits wide;
and the middle, six cubits wide;
and the third, seven cubits wide:
and outside the house he gives ledges all
around not held to the walls of the house.
7 And in building, the house is built of stone
which they shalam at the quarry:
so that, in building,

they hear neither hammer nor axe nor
instrument of iron in the house.
8 The portal for the middle rib
is in the right shoulder of the house:
and they ascend with spiral stairs to the
middle, and from the middle to the third.
9 And he builds the house;
and finishes and ciels the house with
carvings and shingles of cedar:
10 and he builds chambers against all
the house, five cubits high:
and they hold on the house with timber of cedar.
11 And the word of Yah Veh comes to Shelomoh, saying,
12 This house you build,
if you walk in my statutes and work my judgments
and guard all my misvoth to walk in them;
then I raise with you
the word I worded to David your father:
13 and I tabernacle among the sons of Yisra
El,
and forsake not my people Yisra El.
14 And Shelomoh builds and finishes the house:
15 and he builds the walls of the house
with ribs of cedar inside
both the floor of the house, and the walls of
the ceiling: and he *covered* **overlaid** them
on the *inside* **house** with *wood* **timber**,
and *covered* **overlaid** the floor of the house
with *planks* **ribs** of *fir* **cypress**.
16 And he built twenty cubits on the
sides **flanks** of the house,
both **from** the floor *and* **to** the walls
with *boards* **ribs** of cedar:
he even built them for it *within* **a house**,
even for the *oracle* **pulpit**,
even for the *most holy place* **Holy of Holies**.
17 And the house, that is,
the *temple before it* **manse at the face**
in front, was forty cubits *long*.
18 And the cedar of the house within
was carved **were carvings**
with *knops* **knobs** and open *flowers* **blossoms**:
all was cedar; there was no stone seen.
19 And the *oracle* **pulpit**
he prepared in **the midst of** the house
within, to *set* **give** there
the ark of the covenant of *the LORD* **Yah Veh**.
20 And the *oracle in the forepart* **face of the pulpit**
was twenty cubits in length, and twenty cubits in
breadth, and twenty cubits in the height thereof:
and he overlaid it with *pure* **concentrated** gold;
and *so covered* **overlaid** the **sacrifice** altar
which was of **with** cedar.
21 So *Solomon* **Shelomoh** overlaid the house
within with *pure* **concentrated** gold:
and he made *a partition* **an overpass**
by the chains of gold
before **at the face of** the *oracle* **pulpit**;
and he overlaid it with gold.
22 And the whole house he overlaid with gold, until
he had *finished* **consummated** all the house:
also the whole **sacrifice** altar that
was by the *oracle* **pulpit**
he overlaid with gold.
23 And within the *oracle* **pulpit**
he *made* **worked** two *cherubims* **cherubim**
of *olive* **oil** tree, *each* ten cubits high.
24 And five cubits was the one wing of the cherub, and
five cubits the *other* **second** wing of the cherub:
from the *uttermost part* **end** of the one wing unto the
uttermost part **end** of the *other* **wing** were ten cubits.
25 And the *other* **second** cherub was ten cubits:
both the *cherubims* **cherubim**
were of one measure and one *size* **shape**.
26 Theheightoftheonecherubwastencubits,
and *so was it of the other* **thus the second** cherub.
27 And he *set* **gave** the *cherubims* **cherubim**
within the inner house:
and they *stretched* **spread** forth the wings
of the *cherubims* **cherubim**,
so that the wing of the one touched the
one wall, and the wing of the *other* **second**
cherub touched the *other* **second** wall;
and their wings touched *one another* **wing to wing**
in the midst of the house.
28 And he overlaid the *cherubims* **cherubim** with gold.
29 And he carved all the walls of the house round about
with *carved figures* **carvings** of *cherubims* **cherubim**
and palm trees and open *flowers* **blossoms**,
within and without.
30 And the floor of the house he overlaid
with gold, within and without.
31 And for the *entering* **portal** of the *oracle* **pulpit**
he *made* **worked** doors of *olive* **oil** tree:
the *lintel* **pilaster** and side posts
were a fifth *part of the wall*.
32 The two doors also were of *olive* **oil** tree;
and he carved upon them carvings
of *cherubims* **cherubim**
and palm trees and open *flowers* **blossoms**,
and overlaid them with gold,

and *spread* **overlaid** gold upon the *cherubims* **cherubim**,
and upon the palm trees.
— both the floor of the house and
the walls of the ceiling:
and he overlays them on the house with
timber and overlays the floor of the house
with ribs of cypress:
16 and he builds twenty cubits on the flanks of the house
from the floor to the walls with ribs of cedar:
he even builds a house for the pulpit
— for the Holy of Holies.
17 And the house
— the manse at the face in front, forty cubits;
18 and the cedar inside the house
are carvings with knobs and open blossoms;
all cedar; no stone is seen.
19 And he prepares the pulpit midst the house inside,
to give there the ark of the covenant of Yah Veh:
20 and the face of the pulpit,
twenty cubits long and twenty cubits
wide and twenty cubits high;
and he overlays it with concentrated gold;
and overlays the sacrifice altar with cedar.
21 And Shelomoh overlays the house
inside with concentrated gold;
and he makes an overpass by the chains of gold
at the face of the pulpit;
and he overlays it with gold:
22 and he overlays the whole house with gold
until he consummates all the house:
and he overlays the whole sacrifice altar by the pulp it
with gold;
23 and inside the pulpit
he works two cherubim of oil tree, ten cubits high:
24 and the one wing of the cherub, five cubits and
the second wing of the cherub, five cubits
— ten cubits from the end of the wing
to the end of the wing.
25 And the second cherub, ten cubits;
both cherubim of one measure and one shape:
26 the height of the one cherub, ten cubits;
and thus the second cherub:
27 and he gives the cherubim inside the inner house;
and they spread the wings of the cherubim
so that the wing of the one
touches the one wall;
and the wing of the second cherub
touches the second wall;
and their wings touch wing to wing midst the house:
28 and he overlays the cherubim with gold.
29 And he carves all the walls of the house
all around with carvings of cherubim
and palm trees and open blossoms inside and outside:
30 and he overlays the floor of the house
with gold inside and outside:
31 and for the portal of the pulpit
he works doors of oil tree;
the pilaster and side posts, a fifth:
32 the two doors of oil tree;
and on them he carves carvings of cherubim
and palm trees and open blossoms;
and overlays them with gold;
and overlays gold
on the cherubim and on the palm trees:
33 So also *made* **worked** he
for the *door* **opening** of the *temple* **manse**
posts of *olive* **oil** tree, a fourth *part of the wall.*
34 And the two doors were of *fir* **cypress** tree:
the two *leaves* **ribs** of the one door were folding,
and the two *leaves* **hangings** of the
other **second** door were folding.
35 And he carved *thereon cherubims* **cherubim**
and palm trees and open *flowers* **blossoms**:
and *covered* **overlaid** them with gold
fitted **straight** upon the *carved* **engraved** work.
36 And he built the inner court with
three rows of hewed stone,
and a row of cedar beams.
37 In the fourth year
was the foundation of the house of
the LORD **Yah Veh** laid,
in the month Zif:
38 And in the eleventh year, in the month *Bul* **Buwl**,
which is the eighth month, was the house finished
throughout all the *parts* **word** thereof,
and according to all *the fashion* **judgment** of it.
So was he seven years in building it.

THE BUILDING OF THE HOUSE OF SHELOMOH

7 But *Solomon* **Shelomoh**
was building his own house thirteen years,
and he finished all his house.
2 He built also the house of the forest of Lebanon;
the length thereof *was* an hundred cubits,
and the breadth thereof fifty cubits,
and the height thereof thirty cubits,
upon four rows of cedar pillars, with
cedar beams upon the pillars.
3 And it was *covered* **cieled** with cedar
above upon the *beams* **ribs**,

that lay on forty five pillars, fifteen in a row.
4 And there were *windows* **lookouts** in three rows,
and *light* **window** was against *light* **window**
in three *ranks* **steps.**
5 And all the *doors* **portals** and posts were
square, with the *windows* **lookouts**:
and *light* **window** was against *light* **window**
in three *ranks* **steps.**
6 And he *made* **worked** a porch of pillars;
the length thereof *was* fifty cubits,
and the breadth thereof thirty cubits:
and the porch was *before them* **at their face**:
and the *other* pillars and the thick beam
were *before them* **at their face.**
7 Then he *made* **worked** a porch for the throne
where he might judge, *even* the porch of judgment:
and it was *covered* **cieled** with cedar
from *one side of the floor to the other* **floor to floor.**
8 And his house where he *dwelt* **settled**
had another court *within* **to house** the
porch, which was of the like work.
Solomon made **Shelomoh worked** also an
house for *Pharaoh's* **Paroh's** daughter,
whom he had taken *to wife*, like unto this porch.
9 All these were of *costly* **precious** stones,
according to the measures of hewed
stones, sawed with saws,
within and without **the house**,
even from the foundation unto the *coping* **support**,
and so on the outside toward the great court.
10 And the foundation was of *costly* **precious** stones,
even great stones,
stones of ten cubits, and stones of eight cubits.
11 And above were *costly* **precious** stones,
after the measures of hewed stones, and cedars.
12 And the great court round about
was with three rows of hewed stones,
and a row of cedar beams,
both for the inner court
of the house of *the LORD* **Yah Veh**,
and for the porch of the house.
33 and thus for the opening of the manse
he works posts of oil tree, a fourth:
34 and the two doors of cypress tree;
the two ribs of the one door fold;
and the two hangings of the second door fold:
35 and he carves cherubim
and palm trees and open blossoms:
and overlays them with gold straight
on the engraved work.
36 And he builds the inner court with
three rows of hewed stone
and a row of cedar beams.
37 In the fourth year, in the month Zif, the
house of Yah Veh is foundationed:
38 and in the eleventh year,
in the month Buwl — the eighth
month, the house is finished
in every word and every judgment:
thus *is* he seven years in building.

THE BUILDING OF THE HOUSE OF SHELOMOH

7 And for thirteen years, Shelomoh
builds his own house;
and he finishes all his house:
2 and he builds the house of the forest of
Lebanon, a hundred cubits long
and fifty cubits wide
and thirty cubits high;
on four rows of cedar pillars with
cedar beams on the pillars;
3 and ciels it with cedar above on the ribs
— on forty five pillars, fifteen in a row:
4 with lookouts in three rows;
and window against window in three steps:
5 and all the portals and posts square with the lookouts:
with window against window in three steps.
6 And he works a porch of pillars,
fifty cubits long and thirty cubits wide:
with the porch at their face;
and the pillars and the thick beam at their face.
7 And he works a porch for the throne for judging
— the porch of judgment;
and ciels it with cedar from floor to floor.
8 And his house where he settles
has another court to house the porch
— of like work.
And Shelomoh works a house like this porch
for the daughter of Paroh he had taken.
9 All these of precious stones,
according to the measures of hewed stones,
sawed with saws inside and outside the house
— even from the foundation to the support
and so on the outside toward the great court.
10 And the foundation is of precious stones
— even great stones
— stones of ten cubits and stones of eight cubits:
11 and above are precious stones
after the measures of hewed stones and cedars:

12 and the great court all around,
three rows of hewed stones
and a row of cedar beams
— both for the inner court of the house of
Yah Veh and for the porch of the house.

THE FURNISHINGS OF THE HOUSE OF SHELOMOH

13 And *king Solomon* **sovereign Shelomoh**
sent and *fetched* **took** Hiram out of *Tyre* **Sor**.
14 He was a *widow's* **woman's** son of
the *tribe* **rod** of Naphtali,
and his father was a *man of Tyre* **Soriy**,
a worker in brass **an engraver in copper**:
and he was filled with wisdom,
and *understanding* **discernment**,
and *cunning* **knowledge**
to work all works in *brass* **copper**.
And he came to *king Solomon* **sovereign
Shelomoh**, and *wrought* **worked** all his work.
15 For he *cast* **formed** two pillars of *brass* **copper**,
of eighteen cubits high *apiece*
was the height of one pillar:
and a *line* **thread** of twelve cubits
did compass either of them about
surrounded the second pillar.
16 And he *made* **worked**
two *chapiters* **caps** of *molten brass* **poured copper**,
to *set* **give** upon the tops of the pillars:
the height of the one *chapiter* **cap**
was five cubits,
and the height of the *other chapiter* **second cap**
was five cubits:
17 And nets of *checker* **net** work,
and *wreaths* **threads** of chain work,
for the *chapiters* **caps**
which were upon the top of the pillars;
seven for the one *chapiter* **cap**,
and seven for the *other chapiter* **second cap**.
18 And he *made* **worked** the pillars,
and two rows round about upon the one *network* **net**,
to cover the *chapiters* **caps** that were upon the top,
with pomegranates:
and so *did* **worked** he for the *other chapiter* **second cap**.
19 And the *chapiters* **caps**
that were upon the top of the pillars were
of lily work in the porch, four cubits.
20 And the *chapiters* **caps** upon the two pillars
had pomegranates also above,
over against **beside** the belly which
was *by* **beside** the *network* **net**:
and the pomegranates
were two hundred in rows round about
upon the *other chapiter* **second cap**.
21 And he *set up* **raised** the pillars
in the porch of the *temple* **manse**:
and he *set up* **raised** the right pillar,
and called the name thereof *Jachin* **Yachin**:
and he *set up* **raised** the left pillar,
and called the name thereof Boaz*.
22 And upon the top of the pillars was lily work:
so was the work of the pillars *finished* **consummated**.

*meaning uncertain

23 And he *made* **worked** a *molten* **poured** sea,
ten cubits from *the one brim to the other* **lip to lip**:
it was round *all* **round** about, and his height
was five cubits: and a line of thirty cubits
did *compass* **surround** it round about.
24 Andunderthe*brim***lip**ofitroundabout
there were *knops compassing* **knobs
surrounding** it, ten in a cubit,
compassing **surrounding** the sea round about:
the *knops were cast* **knobs,
in being poured, were poured** in two rows
when it was cast.
25 It stood upon twelve oxen,
three *looking* **at the face** toward the north,
and three *looking* **at the face** toward the *west* **sea**,
and three *looking* **at the face** toward the south,
and three *looking* **at the face** toward the *east* **rising**:
and the sea was *set* above upon them, and all their
hinder parts **backs** were *inward* **toward the house**.
26 And it was *an hand breadth* **a palm span**
thick, and the *brim* **lip** thereof
was wrought like the *brim* **work of the lip** of
a cup, with *flowers* **blossoms** of lilies:

THE FURNISHINGS OF THE HOUSE OF SHELOMAH

13 And sovereign Shelomoh sends
and takes Hiram from Sor
14 — a son of a woman of the rod of Naphtali, and
his father a Soriy, an engraver in copper:
and he is filled with wisdom
and discernment and knowledge to
work all works in copper:
and he comes to sovereign Shelomoh
and works all his work:
15 and he forms two pillars of copper

one pillar, eighteen cubits high; and a thread of
twelve cubits surrounds the second pillar:
16 and he works two caps of poured copper
to give on the tops of the pillars:
one cap, five cubits high;
and the second cap, five cubits high:
17 and nets of net work and threads of chain work
for the caps on the top of the pillars,
seven for the one cap
and seven for the second cap:
18 and he works the pillars and two
rows all around the one net
to cover the caps on the top with pomegranates:
and thus he works the second cap:
19 and the caps on the top of the pillars, of
lily work in the porch, four cubits:
20 and the caps on the two pillars also above
— beside the belly beside the net: with two hundred
pomegranates in rows all around on the second cap.
21 And he raises the pillars in the porch of the manse:
and he raises the right pillar
and calls the name, Yachin/He Established;
and he raises the left pillar and calls the name, Boaz/*:
22 and on the top of the pillars, lily work:
thus consummates the work of the pillars.

*meaning uncertain

23 And he works a poured sea,
ten cubits lip to lip all around and five cubits high:
and a line of thirty cubits surround it all around:
24 and under its lip all around, knobs surround it,
ten in a cubit surround the sea all around;
and the knobs, in being poured, poured in two rows.
25 It stands on twelve oxen:
three at the face toward the north and three at the
face toward the sea and three at the face toward the
south and three at the face toward the rising:
and the sea is upon them above with all
their backs toward the house:
26 and it is a palm span thick
and the lip as the work of the lip of a cup
with blossoms of lilies
it contained two thousand baths.
27 And he *made* **worked** ten bases of *brass* **copper**;
four cubits was the length of one base, and four cubits
the breadth thereof, and three cubits the height of it.
28 And the work of the bases was *on this manner* **thus**:
they had borders,
and the borders were between the ledges:
29 And on the borders that were between the ledges
were lions, oxen, and *cherubims* **cherubim**:
and upon the ledges there was a base above:
and beneath the lions and oxen
were *certain additions made* **wreaths**
of *thin* **festoon** work.
30 And *every* **one** base had four *brasen* **copper**
wheels, and *plates* **axles** of *brass* **copper**:
and the four *corners* **supports** thereof
had *undersetters* **shoulder pieces**:
under the laver
were *undersetters molten* **shoulder pieces poured**,
at the side of *every addition* **each man a wreath**.
31 And the mouth of it *within* **housing** the *chapiter* **cap**
and above was a cubit:
but the mouth thereof was round
after the work of the base, a cubit and *a* half **a**
cubit: and also upon the mouth of it were *gravings*
carvings with their borders, foursquare, not round.
32 And under the borders were four wheels;
and the *axletrees* **hands** of the wheels
were *joined* to the base:
and the height of *a* **one** wheel was
a cubit and half a cubit.
33 And the work of the wheels
was like the work of a chariot wheel:
their *axletrees* **hands**, and their *naves* **rims**, and
their *felloes* **spokes**, and their *spokes* **hubs**,
were all *molten* **poured**.
34 And there were four *undersetters* **shoulder pieces**
to the four corners of one base:
and the *undersetters* **shoulder pieces**
were of the very base itself.
35 And in the top of the base
was *there a round compass* **round about**
of half a cubit high:
and on the top of the base the *ledges* **hands** thereof
and the borders thereof were of the same.
36 For on the *plates* **slabs** of the *ledges* **hands** thereof,
and on the borders thereof, he *graved* **engraved**
cherubims **cherubim**, lions, and palm trees,
according to the *proportion* **nakedness** of *every*
one **man**, and *additions* **wreaths** round about.
37 *After this maner* **Thus** he *made* **worked** the ten bases:
all of them had one casting, one
measure, *and* one *size* **shape**.
38 Then *made* **worked** he ten lavers of *brass* **copper**:
one laver contained forty baths:
and every **one** laver was four cubits:
and upon every one of the ten bases one laver.
39 And he *put* **gave** five bases
on the right *side* **shoulder** of the house, and
five on the left *side* **shoulder** of the house:

and he *set* **gave** the sea
on the right *side* **shoulder** of the house
eastward *over against* **toward** the south.
40 And Hiram *made* **worked** the lavers, and
the shovels, and the *basons* **sprinklers**.
So Hiram *made an end* **finished**
of doing **working** all the work that he *made* **worked**
king Solomon **for sovereign Shelomoh**
for the house of *the LORD* **Yah Veh**:
41 The two pillars, and the *two* bowls
of the *chapiters* **caps**
that were on the top of the two pillars;
and the two *networks* **nets**,
to cover the two bowls of the *chapiters* **caps**
which were upon the top of the pillars;
42 And four hundred pomegranates
for the two *networks* **nets**,
even two rows of pomegranates for one *network*
net, to cover the two bowls of the *chapiters* **caps**
— containing two thousand baths.
27 And he works ten bases of copper;
one base, four cubits long
and four cubits wide and three cubits high:
28 and the work of the bases is thus:
with borders; and borders between the ledges;
29 and on the borders between the ledges:
lions, oxen and cherubim:
and on the ledges, a base above: and the lions
and oxen below of wreaths of festoon work:
30 and one base has four copper wheels
and axles of copper;
and the four supports have shoulder pieces:
under the laver, shoulder pieces poured
with a wreath at the side of each man:
31 and the mouth of it houses the cap and above, a cubit:
and the mouth is round after the work of the base,
a cubit and half a cubit:
and also on the mouth of it are carvings with
their borders — foursquare, not round:
32 and under the borders, four wheels;
and the hands of the wheels, to the base:
and one wheel, a cubit and half a cubit high:
33 and the work of the wheels as the
work of a chariot wheel:
their hands and their rims
and their spokes and their hubs, all poured:
34 and there are four shoulder pieces to
the four corners of one base:
and the shoulder pieces *are* of the very base itself:
35 and in the top of the base all around, half a cubit high:
and on the top of the base
the hands and the borders of the same:
36 and on the slabs of the hands and on
the borders he engraves cherubim
lions and palm trees according to the
nakedness of man and wreaths all around.
37 Thus he works the ten bases:
all have one casting, one measure, one shape.
38 And he works ten lavers of copper:
one laver contains forty baths;
one laver, four cubits:
and on every one of the ten bases one laver:
39 and he gives five bases
on the right shoulder of the house
and five on the left shoulder of the house:
and he gives the sea
on the right shoulder of the house
eastward toward the south.
40 And Hiram works the lavers and the
shovels and the sprinklers:
and Hiram finishes working all the work he worked
for sovereign Shelomoh for the house of Yah Veh:
41 the two pillars and the bowls of the
caps on the top of the two pillars;
and the two nets to cover the two bowls
of the caps on top of the pillars;
42 and four hundred pomegranates for the two nets:
two rows of pomegranates for one net to
cover the two bowls of the caps
that were upon **the face of** the pillars;
43 And the ten bases, and ten lavers on the bases;
44 And one sea, and twelve oxen under the sea;
45 And the *pots* **caldrons**, and the shovels,
and the *basons* **sprinklers**:
and all these *vessels* **instruments**,
which Hiram *made* **worked**
to *king Solomon* **sovereign Shelomoh** for
the house of *the LORD* **Yah Veh**, were
of *bright brass* **polished copper**.
46 In the *plain* **environs** of *Jordan* **Yarden**
did the *king cast* **sovereign pour** them,
in the *clay ground* **compacted soil**
between *Succoth* **Sukkoth/Brush Arbors**
and **between** *Zarthan* **Sarethan**.
47 And *Solomon* **Shelomoh**
left **set** all the *vessels* **instruments** *unweighed*,
because they were exceeding many
for the mighty mighty abundance:
neither was the weight of the *brass* **copper**
found out **probed**.

48 And *Solomon* **Shelomoh**
made **worked** all the *vessels* **instruments**
that *pertained unto* **be in** the house of *the LORD*
Yah Veh: the **sacrifice** altar of gold, and the table of
gold, whereupon the *shewbread* **face bread** was,
49 And the *candlesticks* **menorahs**
of *pure* **concentrated** gold,
five on the right *side*, and five on the left,
before **at the face of** the *oracle* **pulpit**,
with the *flowers* **blossoms**,
and the lamps, and the tongs of gold,
50 And the *bowls* **basons**, and the *snuffers* **tweezers**,
and the *basons* **sprinklers**, and the *spoons* **bowls**,
and the *censers* **trays** of *pure* **concentrated** gold;
and the hinges of gold,
both for the doors of the inner house, the
most holy place **Holy of Holies**,
and for the doors of the house,
to wit, of the *temple* **manse**.
51 So was *ended* all the work **shalamed**
that *king Solomon made* **sovereign Shelomoh worked**
for the house of *the LORD* **Yah Veh**. And
Solomon **Shelomoh** brought in
the *things which* **holies of** David his father
had dedicated;
even the silver, and the gold, and the *vessels*
instruments, did he *put* **give** among the treasures
of the house of *the LORD* **Yah Veh**.

THE ARK IN THE HOUSE OF YAH VEH

8 Then *Solomon* **Shelomoh**
assembled **congregated** the elders of *Israel* **Yisra El**,
and all the heads of the *tribes* **rods**, the
chief **hierarchs** of the fathers
of the *children* **sons** of *Israel* **Yisra El**, unto
king Solomon **sovereign Shelomoh**
in *Jerusalem* **Yeru Shalem**,
that they might *bring up* **ascend**
the ark of the covenant of *the LORD* **Yah Veh**
out of the city of David, which is *Zion* **Siyon**.
2 And all the men of *Israel* **Yisra El**
assembled themselves **congregated**
unto *king Solomon* **sovereign Shelomoh**
at the *feast* **celebration**
in the month Ethanim, which is the seventh month.
3 Andaltheeldersof*Israel***YisraEl**came,
and the priests *took up* **lifted** the ark.
4 And they *brought up* **ascended**
the ark of *the LORD* **Yah Veh**,
and the *tabernacle* **tent** of the congregation,
and all the holy *vessels* **instruments**
that were in the *tabernacle* **tent**,
even those did the priests and the *Levites* **Leviym**
bring up **ascend**.
5 And *king Solomon* **sovereign Shelomoh**,
and all the *congregation* **witness** of *Israel* **Yisra
El**, that *were assembled* **congregated** unto him,
were with him *before* **at the face of** the ark,
on the face of the pillars;
43 and the ten bases and ten lavers on the bases;
44 and one sea and twelve oxen under the sea;
45 and the caldrons and the shovels and the sprinklers:
and all the instruments Hiram works
to sovereign Shelomoh for the house
of Yah Veh, of polished copper.
46 In the environs of Yarden the sovereign poured them,
in the compacted soil between Sukkoth/
Brush Arbors and between Sarethan:
47 and Shelomoh set all the instruments
for the mighty mighty abundance:
and they probe not the weight of the copper.
48 And Shelomoh works all the instruments
in the house of Yah Veh:
the sacrifice altar of gold and the table
of gold, whereon is the face bread,
49 and the menorahs of concentrated gold
— five at the right and five at the
left at the face of the pulpit,
with the blossoms and the lamps and the tongs of gold;
50 and the basons and the tweezers and the sprinklers
and the bowls and the trays of concentrated gold;
and the hinges of gold
for the doors of the inner house — the Holy of Holies
and for the doors of the house of the manse.
51 Thus they shalam all the work
sovereign Shelomoh works for the house of Yah Veh.
And Shelomoh brings in
the holies of David his father:
he gives the silver and the gold and the instruments
among the treasures of the house of Yah Veh.

THE ARK IN THE HOUSE OF YAH VEH

8 Then Shelomoh congregates the elders of
Yisra El and all the heads of the rods
— the hierarchs of the fathers of the sons of Yisra
El to sovereign Shelomoh in Yeru Shalem
— to ascend the ark of the covenant of Yah Veh
from the city of David — Siyon:

2 and all the men of Yisra El congregate
to sovereign Shelomoh
at the celebration
in the month Ethanim — the seventh month:
3 and all the elders of Yisra El come
and the priests lift the ark:
4 and they ascend the ark of Yah Veh
and the tent of the congregation
and all the holy instruments in the tent;
and the priests and the Leviym ascend them.
5 And sovereign Shelomoh
and all the witness of Yisra El who congregate to him
are with him at the face of the ark
sacrificing *sheep* **flock** and oxen,
that could not be *told* **scribed** nor
numbered for *multitude* **abundance**.
6 And the priests brought in
the ark of the covenant of *the LORD* **Yah Veh**
unto his place,
into the *oracle* **pulpit** of the house,
to the *most holy place* **Holy of Holies**,
even under the wings of the *cherubims* **cherubim**.
7 Forthe*cherubims***cherubim**spreadforththeirtwowings
over the place of the ark, and the *cherubims* **cherubim**
covered the ark and the staves thereof above.
8 And they *drew out* **lengthened** the staves, that
the *ends* **heads** of the staves were seen
out in the *holy place* **holies**
before **at the face of** the *oracle* **pulpit**,
and they were not seen without:
and there they are unto this day.
9 There was *nothing* **naught** in the ark
save **only** the two *tables* **slabs** of stone, which
Moses put **Mosheh set** there at Horeb, when
the LORD made a covenant **Yah Veh cut**
with the *children* **sons** of *Israel* **Yisra El**,
when they *came* **went** out of the land of *Egypt* **Misrayim**.
10 And **so be** it *came to pass*, when the priests
were *come* **gone** out of the *holy place* **holies**, that
the cloud filled the house of *the LORD* **Yah Veh**,
11 So that the priests could not stand to minister
because **at the face** of the cloud:
for the *glory* **honour** of *the LORD* **Yah Veh**
had filled the house of *the LORD* **Yah Veh**.
12 Then *spake Solomon* **said Shelomoh**,
The LORD **Yah Veh** said
that he *would dwell* **should tabernacle**
in the *thick* **dripping** darkness.
13 **In building,** I have *surely* built thee
an house to *dwell* **reside** in,
a settled place **an establishment** for thee
to *abide* **settle** in *for ever* **eternally**.
14 And the *king* **sovereign** turned his face about, and
blessed all the congregation of *Israel* **Yisra El**:
(and all the congregation of *Israel* **Yisra El** stood;)
15 And he said, Blessed be
the LORD God **Yah Veh Elohim** of *Israel* **Yisra El**, which *spake* **worded** with his mouth
unto David my father,
and hath with his hand fulfilled it, saying,
16 Since the day
that I brought forth my people *Israel* **Yisra El**
out of *Egypt* **Misrayim,**
I chose no city out of all the *tribes*
scions of *Israel* **Yisra El**
to build an house, that my name might be therein;
but I chose David to be over my people *Israel* **Yisra El**.
17 AnditwasintheheartofDavidmyfather
to build an house for the name of
the LORD God **Yah Veh Elohim** of *Israel* **Yisra El**.
18 And *the LORD* **Yah Veh** said unto David my father,
Whereas **Because** it was in thine heart
to build an house unto my name,
thou didst *well* **good** that it was in thine heart.
19 *Nevertheless* **Only** thou shalt not build the house;
but thy son that shall *come* **go** forth out of thy
loins, he shall build the house unto my name.
20 And *the LORD* **Yah Veh**
hath *performed* **raised** his word that he *spake* **worded**,
and I am risen *up* in the *room* **stead** of David my
father, and *sit* **settle** on the throne of *Israel* **Yisra El**,
as *the LORD promised* **Yah Veh worded**,
and have built an house for the name
of *the LORD God* **Yah Veh Elohim** of *Israel* **Yisra El**.
21 And I have set there a place for the ark, wherein
is the covenant of *the LORD* **Yah Veh**,
which he *made* **cut** with our fathers,
when he brought them out of the
land of *Egypt* **Misrayim**.

THE PRAYER OF SHELOMOH TO HANUKKAH THE HOUSE

22 And *Solomon* **Shelomoh** stood
sacrificing flock and oxen
— neither scribed nor numbered for abundance.
6 And the priests bring in
the ark of the covenant of Yah Veh to his place
— to the pulpit of the house
— to the Holy of Holies under the
wings of the cherubim:

7 for the cherubim spread their two
wings over the place of the ark;
and the cherubim
cover over the ark and over the staves from above:
8 and they lengthen the staves
so that the heads of the staves are seen in
the holies at the face of the pulpit
but they are not seen outside;
and there they are to this day:
9 — naught is inside the ark
only, the two slabs of stone Mosheh set there at
Horeb when Yah Veh cut with the sons of Yisra El
as they came from the land of Misrayim.
10 And so be it,
the priests come from the holies;
and the cloud fills the house of Yah Veh
11 so that the priests cannot stand to
minister at the face of the cloud:
for the honor of Yah Veh fills the house of Yah Veh.
12 Then Shelomoh says,
Yah Veh says to tabernacle in the dripping darkness:
13 in building, I built you a house — a residence;
an establishment for you to settle in eternally.
14 And the sovereign turns his face around and
blesses all the congregation of Yisra El: and
all the congregation of Yisra El stands;
15 and he says, Blessed — Yah Veh Elohim of
Yisra El, who worded with his mouth to David
my father and fulfills his hand, saying,
16 Since the day
I brought my people Yisra El from Misrayim, I
chose no city from all the scions of Yisra El to
build a house for my name to be therein; but I
chose David to be over my people Yisra El.
17 And it was in the heart of David
my father to build a house
for the name of Yah Veh Elohim of Yisra El.
18 And Yah Veh says to David my father,
Because it is in your heart to build a house to my name,
you do good that it is in your heart:
19 only, you build not the house;
but your son who comes from your loins
— he builds the house to my name.
20 And Yah Veh raises the word he worded
and I rise in the stead of David my father
and settle on the throne of Yisra El
as Yah Veh worded;
and build a house
for the name of Yah Veh Elohim of Yisra El:
21 and there I set a place for the ark wherein
is the covenant of Yah Veh
which he cut with our fathers
when he brought them from the land of Mi srayim.

THE PRAYER OF SHELOMOH TO HANUKKAH THE HOUSE

22 And Shelomoh stands
before **at the face of** the **sacrifice**
altar of *the LORD* **Yah Veh**
in *the presence* **front**
of all the congregation of *Israel* **Yisra El**, and spread
forth his *hands* **palms** toward *heaven* **the heavens**:
23 And he said,
LORD God **Yah Veh Elohim** of *Israel* **Yisra
El**, there is no *God* **Elohim** like thee,
in *heaven* **the heavens** above, or on earth beneath,
who *keepest* **guardest** covenant and mercy
with thy servants
that walk *before thee* **at thy face** with all their heart:
24 Who hast *kept* **guarded**
with thy servant David my father that
thou *promisedst* **wordest** him:
thou *spakest* **wordest** also with thy mouth,
and hast fulfilled it with thine hand, as *it is* this day.
25 Therefore now,
LORD God **Yah Veh Elohim** of *Israel* **Yisra El**,
keep **guard** with thy servant David my father
that thou *promisedst* **wordedst** him, saying,
There shall not *fail* **be cut off from** thee
a man in my *sight* **face**
to *sit* **settle** on the throne of *Israel* **Yisra El**;
so that **only if** thy
children take heed to **sons guard** their way,
that they walk *before me* **at my face**
as thou hast walked *before me* **at my face**.
26 And now, O *God* **Elohim** of *Israel* **Yisra El**,
let thy word, I *pray* **beseech** thee, be *verified*
amenable, which thou *spakest* **wordest**
unto thy servant David my father.
27 But *willGod***shall Elohim**
indeed dwell **truly settle** on the earth?
behold, the *heaven* **heavens**
and *heaven* **the heavens** of **the**
heavens cannot contain thee;
how much less **also** this house that I have builded?
28 Yet *have thou respect* **face thou**
unto the prayer of thy servant, and to his supplication,
O *LORD* **Yah Veh** my *God* **Elohim,**
to hearken unto the *cry* **shout** and to the prayer, which
thy servant prayeth *before thee* **at thy face** to day:
29 That thine eyes may be open toward
this house night and day,

even toward the place of which thou hast
said, My name shall be there:
that thou mayest hearken unto the prayer
which thy servant shall *make* **pray** toward this place.
30 And hearken thou to the supplication of thy
servant, and of thy people *Israel* **Yisra El,**
when they shall pray toward this place:
and hear thou in *heaven* **the heavens**
the place of thy *dwelling place* **settlement**:
and when thou hearest, forgive.
31 Ifanyman*trespass***sin**againstthis*neighbou***friend,**
and an oath be laid upon him to cause him
to *swear* **oath**, and the oath come
before thine **at the face of thy**
sacrifice altar in this house:
32 Then hear thou in *heaven* **the heavens**,
and *do* **work**, and judge thy servants
condemning **declaring wicked** the wicked,
to *bring* **give** his way upon his head;
and justifying the *righteous* **just**,
to give him according to his *righteousness* **justness**.
33 When thy people *Israel* **Yisra El** be smitten down
before **at the face of** the enemy, because they have
sinned against thee, and shall turn again to thee,
and *confess* **spread hands to** thy name, and pray,
and *make supplication* **beseech** unto thee in this house:
34 Then hear thou in *heaven* **the heavens**,
and forgive the sin of thy people *Israel* **Yisra El,**
and *bring* **return** them *again* unto the *land* **soil**
which thou gavest unto their fathers.
at the face of the sacrifice altar of Yah Veh in
front of all the congregation of Yisra El and
spreads his palms toward the heavens;
23 and he says,
Yah Veh Elohim of Yisra El, there is no Elohim like you
— in the heavens above or on earth beneath, who
guards covenant and mercy with your servants
who walk at your face with all their heart:
24 who, with your servant David my father,
guarded what you worded him:
yes, worded with your mouth
and fulfilled with your hand, as this day.
25 And now, Yah Veh Elohim of Yisra El, guard
with your servant David my father
what you worded him, saying,
There is not cut off from you a man from my face
to settle on the throne of Yisra El;
if only, your sons guard their way,
to walk at my face as you walked at my face.
26 And now, O Elohim of Yisra El,
may your word, I beseech you, be amenable, which
you worded to your servant David my father.
27 But truly, settles Elohim on the earth?
Behold, the heavens and the heavens of the heavens
contain you not
— in this house I build?
28 Yet face the prayer of your servant
and his supplication, O Yah Veh my Elohim,
to hearken to the shout and to the prayer
your servant prays at your face today:
29 that your eyes be open toward
this house night and day
— toward the place of which you say, My name *is* there:
to hearken to the prayer
your servant prays toward this place:
30 and hearken to the supplication
of your servant and of your people Yisra
El when they pray toward this place:
and hear in the heavens the place of your settlement:
and when you hear, forgive.
31 Whatever any man sins against his friend and
lays an oath on him to have him oath;
and the oath comes
at the face of your sacrifice altar in this house:
32 then hear in the heavens
and work and judge your servants;
declaring wicked the wicked to give his way on his head;
and justifying the just
to give him according to his justness.
33 When your people Yisra El
are smitten at the face of the enemy
because they sin against you
— and turn again to you
and spread hands to your name and pray
and beseech to you in this house
34 — then hear in the heavens
and forgive the sin of your people Yisra El
and return them to the soil you gave their fathers.
35 When *heaven is shut up* **the heavens be**
restrained, and there is no rain,
because they have sinned against thee;
if they pray toward this place,
and *confess* **spread hands to** thy name,
and turn from their sin,
when thou *afflictest* **humblest** them:
36 Then hear thou in *heaven* **the heavens**,
and forgive the sin of thy servants,
and of thy people *Israel* **Yisra El,**
that thou *teach* **direct** them the good
way wherein they should walk,

and give rain upon thy land,
which thou hast given to thy people for an inheritance.
37 If there be in the land famine, if there be pestilence,
blasting, *mildew* **pale green**, locust,
or if there be caterpiller;
if their enemy *besiege* **tribulate** them in
the land of their *cities* **portals**;
whatsoever plague, whatsoever *sickness* **disease** *there be*;
38 What prayer and supplication
soever be *made* by any man,
or by all thy people *Israel* **Yisra El**,
which shall know every *man* **human**
the plague of his own heart,
and spread forth his *hands* **palms** toward this house:
39 Then hear thou in *heaven* **the heavens**
the place of thy *dwelling place* **settlement**,
and forgive, and *do* **work**,
and give to every man according to his
ways, whose heart thou knowest;
(for thou, even thou only, knowest the hearts
of all the *children* **sons** of *men* **humanity**;)
40 That they may *fear* **awe** thee all the days that they live
in the land **upon the face of the soil**
which thou gavest unto our fathers.
41 Moreover concerning a stranger,
that is not of thy people *Israel* **Yisra El**,
but cometh out of a far *country* **land** for thy name's sake;
42 (For they shall hear of thy great name,
and of thy strong hand, and of thy
stretched out **spread** arm;)
when he shall come and pray toward this house;
43 Hear thou in *heaven* **the heavens**
the place of thy *dwelling place* **settlement**,
and *do* **work** according to all that the
stranger calleth to thee for:
that all people of the earth may know thy name,
to *fear* **awe** thee, as *do* thy people *Israel* **Yisra El**; and that they may know that this house,
which I have builded, is called by thy name.
44 If thy people go out to *battle* **war** against their enemy,
whithersoever **in the way which** thou shalt send
them, and shall pray unto *the LORD* **Yah Veh**
toward the city which thou hast chosen,
and toward the house that I have built for thy name:
45 Then hear thou in *heaven* **the heavens**
their prayer and their supplication, and
maintain **work** their *cause* **judgment**.
46 If they sin against thee,
(for there is no *man* **human** that sinneth not,)
and thou be angry with them,
and *deliver* **give** them to **face** the enemy,
so that
they carry them away captives **their captors capture them**
unto the land of the enemy, far or near;
47 *Yet* if they shall
bethink themselves in **return their hearts to** the
land whither they were *carried captives* **captured**,
and *repent* **turn**, and *make supplication* **beseech**
unto thee in the land of them that *carried* **captured**
them *captives*, saying, We have sinned,
and have *done perversely* **perverted**,
we have *committed wickedness* **done wickedly**;
48 And *so* return unto thee with all their heart,
and with all their soul, in the land of their enemies,
which *led* **captured** them *away captive*,
and pray unto thee toward their land,
35 When the heavens restrain and there is no rain
because they sin against you
— if they pray toward this place and
spread hands to your name
and turn from their sin
and you humble them:
36 then hear in the heavens
and forgive the sin of your servants
and of your people Yisra El
to direct them the good way to walk
and give rain on the land
you gave to your people for an inheritance.
37 When there is famine in the land
when there is pestilence
when there is blasting, pale green, locust, caterpiller;
whenever their enemy tribulates them
in the land of their portals;
whatever plague, whatever disease;
38 whatever prayer and supplication of any man
or of all your people Yisra El or of every human
knowing the plague of his own heart
and spreads his palms toward this house,
39 then hear in the heavens the place of your settlement;
and forgive and work
and give to every man according to his ways
— whose heart you know;
for you — even you only,
know the hearts of all the sons of humanity;
40 that they awe you all the days they live on
the face of the soil you gave our fathers.
41 And also concerning a stranger
— not of your people Yisra El,
but comes from a far land for sake of your name

42 — for they hear of your great name
and of your strong hand
and of your spread arm
— when he comes and prays toward this house;
43 hear in the heavens the place of your settlement and
work according to all the stranger calls to you:
so that all people of the earth know your name
— to awe you, as your people Yisra El;
and so that they know that this house
I built is called by your name.
44 When your people
go out to war against their enemy
in the way you send them,
and pray to Yah Veh toward the city you chose
and toward the house I built for your name,
45 then in the heavens
hear their prayer and their supplication
and work their judgment:
46 when they sin against you
— for no human sins not
— and you become angry with them
and give them to face the enemy so
that their captors capture them
to the land of the enemy — far or near;
47 and they turn their hearts
to the land they were captured and
turn and beseech to you
in the land of them who captured them,
saying, We sinned and perverted;
we did wickedly;
48 and return to you with all their
heart and with all their soul
in the land of their enemies who captured them;
and pray to you toward the land
which thou gavest unto their fathers,
the city which thou hast chosen,
and the house which I have built for thy name:
49 Then hear thou their prayer and their
supplication in *heaven* **the heavens**
the place of thy *dwelling place* **settlement**,
and *maintain* **work** their *cause* **judgment**,
50 And forgive thy people that have sinned against
thee, and all their *transgressions* **rebellions**
wherein they have *transgressed* **rebelled** against
thee, and give them *compassion* **mercies**
before **at the face of** them
who *carried* **captured** them *captive*,
that they may *have compassion on* **mercy** them:
51 For they be thy people, and thine inheritance,
which thou broughtest forth out of *Egypt*
Misrayim, from the midst of the furnace of iron:
52 That thine eyes may be open unto the
supplication of thy servant,
and unto the supplication of thy people *Israel* **Yisra El**,
to hearken unto them in all that they call for unto thee.
53 For thou didst separate them
from among all the people of the
earth, to be thine inheritance,
as thou *spakest* **wordest**
by the hand of *Moses* **Mosheh** thy servant,
when thou broughtest our fathers out of *Egypt*
Misrayim, O *Lord GOD* **Adonay Yah Veh**.
54 And it *was so* **became**, that *when Solomon* **Shelomoh**
had *made an end of* **finished** praying all this prayer
and supplication unto *the LORD* **Yah Veh**,
he arose from
before **the face of** the **sacrifice** altar of *the LORD*
Yah Veh, from *kneeling* **bowing** on his knees
with his *hands* **palms** spread up to *heaven* **the heavens**.
55 And he stood,
and blessed all the congregation of *Israel* **Yisra El**
with a *loud* **great** voice, saying,
56 Blessed be *the LORD* **Yah Veh**,
that hath given rest unto his people *Israel*
Yisra El, according to all that he *promised*
worded: there hath not *failed* **fallen**
one word of all his good *promise* **word**,
which he *promised* **worded**
by the hand of *Moses* **Mosheh** his servant.
57 *TheLORD* **YahVeh**ou*Grod* **Elohim**bewithus,
as he was with our fathers:
let him not leave us, nor forsake us:
58 That he may *incline* **spread** our hearts unto him,
to walk in all his ways,
and to *keep* **guard** his *commandments* **misvoth**,
and his statutes, and his judgments, which
he *commanded* **misvahed** our fathers.
59 And let these my words,
wherewith I have *made supplication* **besought**
before the LORD **at the face of Yah Veh**,
be near unto *the LORD* **Yah Veh** our *God* **Elohim**
day and night,
that he *maintain* **work** the *cause*
judgment of his servant,
and the *cause* **judgment** of his people *Israel* **Yisra El**
at all times **the day by day word**, as
the *matter* **word** shall require:
60 That all the people of the earth may know
that *the LORD* **Yah Veh** is *God* **Elohim**,
and that there is — none else.
61 *Let* **And so be** your heart *therefore*
be perfect **at shalom**

with *the LORD* **Yah Veh** our *God*
Elohim, to walk in his statutes,
and to *keep* **guard** his *commandments* **misvoth**,
as at this day.
you gave their fathers
— the city you chose
and the house I built for your name:
49 then hear their prayer and their supplication
in the heavens the place of your settlement
and work their judgment;
50 and forgive your people who sinned against you
and all the rebellions they rebelled against you
and give them mercies at the face of their
captors that they mercy them:
51 for they *are* your people and your inheritance,
whom you brought from Misrayim
from midst the furnace of iron:
52 that your eyes be open
to the supplication of your servant
and to the supplication of your people Yisra El;
to hearken to them in all they call to you.
53 For you separated them
from among all the people of the
earth, to be your inheritance
as you worded by the hand of Mosheh your servant
when you brought our fathers from Misrayim,
O Adonay Yah Veh.
54 And so be it,
Shelomoh finishes praying all this prayer
and supplication to Yah Veh;
and he rises
from the face of the sacrifice altar of Yah Veh
— from bowing on his knees
with his palms spread to the heavens:
55 and he stands
and blesses all the congregation of Yisra
El with a great voice, saying,
56 Blessed — Yah Veh
who gives rest to his people Yisra El
according to all he words:
there falls not one word
of all the good words he worded by the
hand of Mosheh his servant.
57 Yah Veh our Elohim is with us as
he was with our fathers:
he neither leaves us nor forsakes us:
58 to spread our hearts to him
to walk in all his ways and to guard his misvoth
and his statutes and his judgments
which he misvahed our fathers.
59 And *may* these words
I beseech at the face of Yah Veh
be near Yah Veh our Elohim day and night;
that he work the judgment of his servant
and the judgment of his people Yisra El
the day by day word, as the word requires:
60 that all the people of the earth *may* know
that Yah Veh is Elohim — no one else.
61 And so be your heart at shalom
with Yah Veh our Elohim
— to walk in his statutes and to guard
his misvoth as at this day.

THE HANUKKAH

62 And the sovereign and all Yisra El with him,
sacrifice sacrifices at the face of Yah Veh:
63 and Shelomoh sacrifices a sacrifice of shelamim
— sacrifices to Yah Veh twenty—two thousand oxen

THE HANUKKAH

62 And the *king* **sovereign**, and all
Israel **Yisra El** with him,
offered **sacrificed** sacrifice
before the LORD **at the face of Yah Veh**.
63 And *Solomon offered* **Shelomoh sacrificed**
a sacrifice of *peace offerings* **shelamim**,
which he *offered* **sacrificed** unto *the LORD* **Yah Veh**,
two and twenty thousand oxen,
and an hundred and twenty thousand *sheep* **flocks**.
So the *king* **sovereign**
and all the *children* **sons** of *Israel* **Yisra El**
dedicated **hanukkahed** the house of *the LORD* **Yah Veh**.
64 The same day did the *king* **sovereign**
hallow the middle of the court that was
before **at the face** the house of *the LORD* **Yah Veh**:
for there he *offered burnt offerings* **worked**
holocausts, and *meat* offerings,
and the fat of the *peace offerings* **shelamim**:
because the *brasen* **copper sacrifice** altar
that was before the LORD **at the face of Yah Veh**
was too little
to *receive* **contain** the *burnt offerings*
holocausts, and *meat* offerings,
and the fat of the *peace offerings* **shelamim**.
65 And at that time
Solomon held **Shelomoh worked** a *feast*
celebration, and all *Israel* **Yisra El** with him, a great
congregation, from the entering in of Hamath
unto the *river* **wadi** of *Egypt* **Misrayim**,
before the LORD **at the face of Yah Veh** our *God*
Elohim, seven days and seven days, *even* fourteen days.

66 On the eighth day he sent the people away:
and they blessed the *king* **sovereign**, and
went unto their tents *joyful* **cheerful**
and *glad* **good** of heart
for all the goodness
that *the LORD* **Yah Veh** had *done* **worked**
for David his servant, and for *Israel* **Yisra El** his people.

YAH VEH IS SEEN BY SHELOMOH

9 And **so be** it *came to pass*,
when *Solomon* **Shelomoh** had finished
the building of the house of *the LORD* **Yah
Veh**, and the *king's* **sovereign's** house,
and all *Solomon's* **Shelomoh's** desire which
he *was pleased* **delighted** to *do* **work**,
2 That *the LORD* **Yah Veh**
appeared to Solomon **was seen by Shelomoh**
the second time,
as he *had appeared unto* **was seen**
by him at *Gibeon* **Gibon**.
3 And *the LORD* **Yah Veh** said unto him,
I have heard thy prayer and thy supplication,
that thou hast *made before me* **besought at my face**:
I have hallowed this house, which thou hast built,
to *put* **set** my name there *for ever* **eternally**;
and mine eyes and mine heart shall
be there *perpetually* **all days**.
4 And if thou *wilt* **shalt** walk *before me* **at
my face**, as David thy father walked,
in integrity of heart, and in *uprightness* **straightness**,
to *do* **work**
according to all that I have *commanded* **misvahed** thee,
and *wilt keep* **shalt guard** my
statutes and my judgments:
5 Then I *will establish* **shall raise** the throne
of thy *kingdom* **sovereigndom**
upon *Israel for ever* **Yisra El eternally**,
as I *promised* **worded** to David thy father, saying,
There shall not *fail* **be cut off from** thee
a man upon the throne of *Israel* **Yisra El**.
6 But if **in turning**,
ye shall *at all* turn from *following* **after**
me, ye or your *children* **sons**,
and *will* **shall** not
keep **guard** my *commandments* **misvoth** and my statutes
which I have *set before you* **given at thy face**,
but go and serve other *gods* **elohim**,
and *worship* **prostrate to** them:
7 Then*wil***shall**Icutof*Israel***YisraEl**
out **from the face** of the *land* **soil**
which I have given them;
and this house, which I have hallowed for my
name, *will I cast out of my sight* **shall I send
away from my face**; and *Israel* **Yisra El** shall be a
proverb and *a byword* **gibe** among all people:
8 And at this house, *which is high* **Elyon,**
and a hundred and twenty thousand flocks.
Thus the sovereign and all the sons of Yisra
El hanukkah the house of Yah Veh.
64 On the same day,
the sovereign hallows the middle of the
court at the face the house of Yah Veh:
for there he works holocausts and offerings
and the fat of the shelamim:
because the copper sacrifice altar at the face of Yah Veh
is too little to contain the holocausts and offerings
and the fat of the shelamim.
65 And at that time
Shelomoh works a celebration
— and all Yisra El with him — a great
congregation from the entering in of Hamath
to the wadi of Misrayim
at the face of Yah Veh our Elohim
— seven days and seven days — fourteen days.
66 On the eighth day he sends the people away:
and they bless the sovereign
and go to their tents cheerful and good of
heart for all the goodness Yah Veh worked
for David his servant and for Yisra El his people.

YAH VEH IS SEEN BY SHELOMOH

9 And so be it,
Shelomoh finishes building the house of Yah
Veh and the house of the sovereign
and all the desire Shelomoh delights to work:
2 and Yah Veh is seen by Shelomoh the second time,
as he was seen by him at Gibon.
3 And Yah Veh says to him,
I heard the prayer and your supplication
you besought at my face:
I hallowed this house you built to
set my name there eternally;
my eyes and my heart being there all days.
4 And you, if you walk at my face, as
David your father walked
in integrity of heart and in straightness;
to work according to all I misvah you and
guard my statutes and my judgments;
5 then I raise the throne of your
sovereigndom on Yisra El eternally,

as I worded to David your father, saying,
There is not cut off from you
a man on the throne of Yisra El.
6 But if in turning, you turn from after me
— you or your sons
and guard not my misvoth and my
statutes which I give at your face,
and go and serve other elohim and prostrate to them;
7 then I cut Yisra El
from the face of the soil I gave them; and this house
I hallowed for my name, I send from my face;
and Yisra El becomes a proverb
and gibe among all people:
8 and at this house, Elyon,
every one that passeth by it
shall be *astonished* **desolated**, and shall hiss;
and they shall say,
Why hath *the LORD done* **Yah Veh worked**
thus unto this land, and to this house?
9 And they shall *answer* **say**, Because they forsook
the LORD **Yah Veh** their *God* **Elohim**,
who brought forth their fathers out of
the land of *Egypt* **Misrayim**,
and have taken hold upon other *gods* **elohim**,
and have *worshipped* **prostrated to**
them, and served them:
therefore
hath *the LORD* **Yah Veh** brought upon them all this evil.
10 And**sobe**ic*tametopas*,athendoftwentyyears,
when *Solomon* **Shelomoh** had built the two
houses, the house of *the LORD* **Yah Veh**,
and the *king's* **sovereign's** house,
11 (*Now* Hiram the *king* **sovereign** of *Tyre* **Sor**
had *furnished Solomon* **loaded Shelomoh**
with cedar trees and *fir* **cypress** trees, and
with gold, according to all his desire,)
that then *king Solomon* **sovereign Shelomoh** gave
Hiram twenty cities in the land of *Galilee* **Galiyl**.
12 And Hiram *came out* **went** from *Tyre* **Sor**
to see the cities which *Solomon*
Shelomoh had given him;
and they *pleased him not* **were not straight in his eyes**.
13 And he said,
What cities are these which thou
hast given me, my brother?
And he called them the land of
Cabul **Kabul** unto this day.
14 And Hiram sent to the *king* **sovereign**
sixscore talents **an hundred and twenty rounds** of gold.
15 And this is the *reason* **word** of the *levy* **vassal**
which *king Solomon raised* **sovereign Shelomoh lifted**;
for to build the house of *the LORD* **Yah**
Veh, and his own house, and Millo,
and the wall of *Jerusalem* **Yeru Shalem**,
and *Hazor* **I-lasor**, and Megiddo, and Gezer.
16 *ForPharaoh***Paroh***k,ing***sovereign**of*Egyp*M*t* **israyim**
had *gone up* **ascended**, and *taken* **captured**
Gezer, and burnt it with fire,
and *slain* **slaughtered** the *Canaanites* **Kenaaniy**
that *dwelt* **settled** in the city,
and given it for *a present* **dowries** unto his daughter,
Solomon's wife **Shelomoh's woman**.
17 And *Solomon* **Shelomoh** built Gezer, and
Bethhoron **Beth I-loron** the nether,
18 And Baalath, and Tadmor in the
wilderness, in the land,
19 And all the cities of *store* **storage**
that *Solomon* **Shelomoh** had, and cities for his chariots,
and cities for his *horsemen* **cavalry**,
and *that which Solomon* **the desire of Shelomoh that**
he desired to build in *Jerusalem* **Yeru Shalem**,
and in Lebanon, and in all the land
of his *dominion* **reign**.
20 *And* all the people that *were left* **remained**
of the *Amorites* **Emoriy**, *Hittites* **I-lethiy**, *Perizzites*
Perizziy, *Hivites* **I-livviy**, and *Jebusites* **Yebusiy**,
which were not of the *children* **sons** of *Israel* **Yisra El**,
21 Their *children* **sons** that *were left*
remained after them in the land,
whom the *children* **sons** of *Israel* **Yisra El** also
were not able *utterly to destroy* **to devote**,
upon those did *Solomon* **Shelomoh**
levy a tribute **ascend a vassal** of *bondservice* **service**
unto this day.
22 But of the *children* **sons** of *Israel* **Yisra El**
did Solomon make **Shelomoh gave**
no *bondmen* **servants**:
but they were men of war,
and his servants, and his *princes* **governors**,
and his *captains* **tertiaries**,
and *rulers* **governors** of his chariots,
and his *horsemen* **cavalry**.
23 These were the *chief of the officers* **governors**
that were **stationed** over *Solomon's* **Shelomoh's** work,
every one who passes by desolates and hisses and says,
Why works Yah Veh thus
to this land and to this house?
9 And they say,
Because they forsook Yah Veh their Elohim,
who brought their fathers from the land of Misrayim;

and hold on other elohim
and prostrate to them and serve them:
therefore Yah Veh brings all this evil on them.
10 And so be it, at the end of twenty years,
that Shelomoh built the two houses
— the house of Yah Veh
and the house of the sovereign:
11 Hiram sovereign of Sor loaded Shelomoh
with cedar trees and cypress trees and with gold
— all he desired;
then sovereign Shelomoh gives Hiram
twenty cities in the land of Galiyl:
12 and Hiram goes from Sor
to see the cities Shelomoh gives him:
but they are not straight in his eyes.
13 And he says,
What cities are these you give me, my brother?
— and he calls them the land of
Kabul/Fettered to this day.
14 And Hiram sends the sovereign
a hundred and twenty rounds of gold:
15 and this is the word of the vassal
sovereign Shelomoh lifts
to build the house of Yah Veh and his own house
and Millo and the wall of Yeru Shalem
and Hasor and Megiddo and Gezer.
16 Paroh sovereign of Misrayim
ascends and captures Gezer and burns it with
fire; and slaughters the Kenaaniy who settle the
city and gives it for dowries to his daughter,
the woman of Shelomoh.
17 And Shelomoh builds Gezer and
Beth Horon the nether
18 and Baalath and Tadmor
in the wilderness, in the land;
19 and all the cities of storage of Shelomoh
and cities for his chariots and cities for his cava lry;
and the desires Shelomoh desires to build
in Yeru Shalem and in Lebanon
and in all the land of his reign
20 — all the people who remain of the Emoriy,
Hethiy, Perizziy, Hivviy and Yebusiy
who are not of the sons of Yisra El,
21 their sons who remain after them in the land,
whom the sons of Yisra El were not able to devote
— Shelomoh ascends a vassal of
service on them to this day.
22 And of the sons of Yisra El
Shelomoh gives no servants:
but they are men of war
— his servants and his governors and his tertiaries
and governors of his chariots and his cavalry:
23 these are the governors stationed
over the work of Shelomoh
five hundred and fifty,
which *bare rule over* **subjugated** the people
that *wrought* **worked** in the work.
24 But *Pharaoh's* **Paroh's** daughter
came up **ascended** out of the city of David unto
her house which *Solomon* **he** had built for her:
then did he build Millo.
25 And three times in a year *did Solomon* **Shelomoh**
offer burnt offerings **holocausted holocausts**
and *peace offerings* **shelamim**
upon the **sacrifice** altar
which he built unto *the LORD* **Yah Veh,**
and he *burnt incense upon the altar* **incensed thereon**
that was before the LORD **at the face of Yah Veh.**
So **did** he *finished* **shalam** the house.
26 And *king Solomon* **sovereign Shelomoh**
made **worked** a navy of ships in *Eziongeber*
Esyon Geber, which is beside Eloth,
on the *shore* **lip** of the *Red* **Reed**
sea, in the land of Edom.
27 And Hiram sent in the *navy* **ships** his servants,
shipmen **men of ships**
that *had knowledge of* **knew** the sea, with
the servants of *Solomon* **Shelomoh.**
28 And they came to Ophir,
and *fetched* **took** from thence gold, four
hundred and twenty *talents* **rounds,**
and brought it to *king Solomon* **sovereign Shelomoh.**

THE SOVEREIGNESS OF SHEBA

10 And when the *queen* **sovereigness** of Sheba
heard of the fame of *Solomon* **Shelomoh**
concerning the name of *the LORD* **Yah Veh,**
she came to *prove* **test** him with *hard questions* **riddles.**
2 And she came to *Jerusalem* **Yeru Shalem**
with *a very great train* **mighty heavy**
valuables, with camels that bare spices,
and *very* **mighty** much gold, and precious
stones: and when she was come to *Solomon*
Shelomoh, she *communed* **worded** with him
of all that was in her heart.
3 And *Solomon* **Shelomoh** told her
all her *questions* **words**:
there was *not any thing hid* **no word concealed**
from the *king* **sovereign**, which he told her not.

4 And when the *queen* **sovereigness** of Sheba
had seen all *Solomon's* **Shelomoh's** wisdom,
and the house that he had built,
5 And the *meat* **food** of his table,
and the *sitting* **settlement** of his servants, and
the *attendance* **function** of his ministers,
and their *apparel* **robes**, and his *cupbearers* **butlers**,
and his ascent by which he *went up* **ascended**
unto the house of *the LORD* **Yah Veh**;
there was no more spirit in her.
6 And she said to the *king* **sovereign**,
It was a true *report* **word** that I heard in mine own
land of thy *acts* **words** and of thy wisdom.
7 Howbeit I *believed* **trusted** not the words,
until I came, and mine eyes had seen it:
and, behold, the half was not told me:
thy **thou hast added** wisdom
and *prosperity exceedeth* **goodness to**
the *fame* **report** which I heard.
8 *Happy* **Blithe** are thy men,
happy **blithe** are these thy servants,
which stand continually *before thee* **at thy
face**, and that hear thy wisdom.
9 Blessed be *the LORD* **Yah Veh** thy *God*
Elohim, which delighted in thee,
to *set* **give** thee on the throne of *Israel* **Yisra El**:
because *the LORD* **Yah Veh**
loved *Israel for ever* **Yisra El eternally**,
therefore *made* **set** he thee *king* **sovereign**, to
do **work** judgment and *justice* **justness**.
10 And she gave the *king* **sovereign**
an hundred and twenty *talents* **rounds** of gold, and
of spices *very* **a mighty** great *store* **abundance**,
and precious stones:
there came no more such abundance of spices as
these which the *queen* **sovereigness** of Sheba
— five hundred and fifty
to subjugate the people who work the work.
24 Only, the daughter of Paroh ascends from the
city of David to the house he built for her:
then he builds Millo.
25 And three times in a year
Shelomoh holocausts holocausts and shelamim
on the sacrifice altar he built to Yah Veh;
and he incenses thereon at the face of Yah Veh:
thus he shalams the house.
26 And sovereign Shelomoh
works a navy of ships in Esyon Geber beside Eloth
on the lip of the Reed sea in the land of Edom:
27 and Hiram sends his servants in theships
— men of ships who know the sea,
with servants of Shelomoh:
28 and they come to Ophir and take gold from there
— four hundred and twenty rounds
and bring it to sovereign Shelomoh.

THE SOVEREIGNESS OF SHEBA

10 And the sovereigness of Sheba
hears of the fame of Shelomoh
concerning the name of Yah Veh, and
she comes to test him with riddles:
2 and she comes to Yeru Shalem
with mighty he avy valuables
— with camels bearing spices
and mighty much gold and precious stones:
and she comes to Shelomoh,
and she words with him of all within in her heart.
3 And Shelomoh tells her all her words:
the sovereign conceals no word which he tells her not.
4 And the sovereigness of Sheba sees
all the wisdom of Shelomoh
and the house he built
5 and the food of his table
and the settlement of his servants and the function of his
ministers and their robes and his butlers and the ascent
whereby he ascends to the house of Yah Veh;
and there is no more spirit in her.
6 And she says to the sovereign,
A true word I hear in my own land of
your words and of your wisdom:
7 and I trust not the words,
until I come and my eyes see:
and behold, the half is not told me:
you add wisdom and goodness to the report I heard.
8 Blithed — your men, blithed — these your servants
who stand continually at your face
— who hear your wisdom.
9 Blessed — Yah Veh your Elohim who delights in you
to give you on the throne of Yisra El: because Yah
Veh loves Yisra El eternally he set you sovereign
to work judgment and justness.
10 And she gives the sovereign
a hundred and twenty rounds of gold and a mighty
great abundance of spices and precious stones:
there comes no more such abundance of spices
as these which the sovereigness of Sheba
gave to *king Solomon* **sovereign Shelomoh**.
11 Andthe*navy***ships**alsoofHiram,
that *brought* **lifted** gold from Ophir,
brought in from Ophir

great plenty of almug trees
a mighty abundance of algumim, and precious stones.
12 And the *king* **sovereign**
made **worked** of the *almug trees* **algumim**
pillars **banisters** for the house of *the LORD* **Yah Veh**, and for the *king's* **sovereign's** house,
harps also and *psalteries* **bagpipes** for singers:
there came no such *almug trees* **algumim**,
nor were seen unto this day.
13 And *king Solomon* **sovereign Shelomoh** gave
unto the *queen* **sovereigness** of Sheba all her
desire **delight**, whatsoever she asked,
beside that which *Solomon* **Shelomoh** gave her
of the hand of his *royal* **sovereign** bounty.
So she *turned* **faced** and went to her own
country **land**, she and her servants.

The Wealth And Wisdom Of Shelomoh

14 Now the weight of gold
that came to *Solomon* **Shelomoh** in one year was six
hundred *threescore* **sixty** and six *talents* **rounds** of gold,
15 Beside that *he had* **of** the *merchantmen* **men**
explorers, and of the *traffick* **merchandising**
of the *spice* merchants, and of all the *kings*
sovereigns of *Arabia* **the mongrels**,
and of the governors of the *country* **land**.
16 And *king Solomon* **sovereign Shelomoh**
made **worked** two hundred *targets*
shields of beaten gold:
six hundred *shekels of* gold
went **ascended** to one *target* **shield**.
17 And *he made* three hundred *shields* **bucklers**
of beaten gold;
three *pound* **maneh** of gold
went **ascended** to one *shield* **buckler**:
and the *king put* **sovereign gave** them in
the house of the forest of Lebanon.
18 Moreover
the *king made* **sovereign worked** a great throne of
ivory, and overlaid it with *the best* **purified** gold.
19 The throne had six steps,
and the top of the throne was round behind:
and there were *stays* **hands**
on either side **here and there** on the place of the
seat, and two lions stood beside the *stays* **hands**.
20 And twelve lions stood there
on the one side and on the other **here and there**
upon the six steps:
there was not *the like made* **such worked**
in any *kingdom* **sovereigndom**.
21 And all *king Solomon's* **sovereign Sholomoh's**
drinking *vessels* **instruments** were of gold,
and all the *vessels* **instruments**
of the house of the forest of Lebanon
were of *pure* **concentrated** gold; none were of silver:
it was *nothing accounted of* **not fabricated**
in the days of *Solomon* **Shelomoh**.
22 For the *king* **sovereign** had at sea
a navy **the ships** of Tarshish with the *navy* **ships**
of Hiram: once in three years came the *navy* **ships**
of Tarshish, *bringing* **bearing** gold, and silver,
ivory **tusks**, and apes, and peacocks.
23 So *king Solomon* **sovereign Shelomoh**
exceeded **greatened**
above all the *kings* **sovereigns** of the
earth for riches and for wisdom.
24 And all the earth
sought *to Solomon* **the face of**
Shelomoh, to hear his wisdom,
which *God* **Elohim** had *put* **given** in his heart.
25 Andtheybroughteverymanhis*presen*o**tfering**,
vessels **instruments** of silver,
and *vessels* **instruments** of gold, and
garments **clothes**, and armour,
and spices, horses, and mules, a *rate* year by year **word**.
gives to sovereign Shelomoh.
11 And also the ships of Hiram that lift gold from Ophir,
bring in from Ophir
a mighty abundance of algumim and precious stones.
12 And from the algumim
the sovereign works banisters for the house of Yah Veh
and for the house of the sovereign; and harps and
bagpipes for singers: there neither came such algumim
nor was seen to this day.
13 And sovereign Shelomoh
gives the sovereigness of Sheba all her delight
— whatever she asks, beside what Shelomoh gives her
of the hand of his sovereign bounty. So
she faces and goes to her own land
— she and her servants.

The Wealth And Wisdom Of Shelomoh

14 And the weight of gold
that comes to Shelomoh in one year, six
hundred sixty—six rounds of gold;
15 beside that of the men explorers
and of the merchandising of the merchants
and of all the sovereigns of the mongrels
and of the governors of the land.
16 And sovereign Shelomoh

works two hundred shields of beaten gold;
six hundred gold ascends to one shield:
17 and three hundred bucklers of beaten
gold; three maneh of gold ascends to one
buckler: and the sovereign gives them
in the house of the forest of Lebanon.
18 And the sovereign works a great throne of
ivory and overlays it with purified gold:
19 the throne has six steps
and the top of the throne is round behind:
and there are hands
here and there on the place of the seat;
and two lions stand beside the hands:
20 and twelve lions stand there here
and there on the six steps;
such as is not worked in any sovereigndom.
21 And all the drinking instruments of
sovereign Sholomoh *are* of gold;
and all the instruments
of the house of the forest of Lebanon
are of concentrated gold; none of silver:
such as is not fabricated in the days of Shelomoh.
22 For the sovereign has at sea
the ships of Tarshish with the ships of
Hiram: once in three years the ships of
Tarshish come, bearing gold and silver,
tusks and apes and peacocks.
23 Thus sovereign Shelomoh
greatens above all the sovereigns of the
earth for riches and for wisdom:
24 and all the earth seeks the face of Shelomoh to
hear the wisdom Elohim gives in his heart:
25 and every man brings his offering
— instruments of silver and instruments of
gold and clothes and armour and spices,
horses and mules — a year by year word.
26 And *Solomon* **Shelomoh** gathered *together*
chariots and *horsemen* **cavalry**:
and he had a thousand and four hundred chariots,
and twelve thousand *horsemen* **cavalry**,
whom he *bestowed* **guided** in the cities for chariots,
and with the *king* **sovereign** at *Jerusalem* **Yeru Shalem**.
27 And the *king made* **sovereign gave** silver
to be in *Jerusalem* **Yeru Shalem** as stones,
and cedars *made* **gave** he *to be* as the sycomore
trees that are in the *vale* **lowland**, for abundance.
28 And *Solomon* **Shelomoh** had horses
brought **proceed** out of *Egypt* **Misrayim**,
and *linen yarn* **troops**:
the *king's* **sovereign's** merchants
received the linen yarn **took the troops** at a price.
29 And a chariot *came up* **ascended** and went out of
Egypt **Misrayim** for six hundred *shekels* of silver,
and an horse for an hundred and fifty:
and so for all the *kings* **sovereigns** of the *Hittites*
Hethiy, and for the *kings* **sovereigns** of *Syria* **Aram**,
did they bring them out by *their means* **hand**.

THE WOMEN OF SHELOMOH

11 But *king Solomon* **sovereign Shelomoh**
loved many strange women,
together with the daughter of *Pharaoh*
Paroh, women of the *Moabites* **Moabiy**,
Ammonites **Ammoniy**, *Edomites* **Edomiy**,
Zidonians **Sidoniy**, and *Hittites* **Hethiy**:
2 Of the *nations* **goyim**
concerning which *the LORD* **Yah Veh**
said unto the *children* **sons** of *Israel* **Yisra
El**, Ye shall not go in to them,
neither shall they come in unto you:
for surely they *will turn away* **shall pervert**
your heart after their *gods* **elohim**:
Solomon clave **Shelomoh adhered** unto these in love.
3 And he had seven hundred *wives* **women**,
princesses **governesses**, and three hundred concubines:
and his *wives turned away* **women perverted** his heart.
4 *For* **And so be** it *came to pass*,
when Solomon was old **the time Shelomoh aged**,
that his *wives turned away* **women perverted**
his heart after other *gods* **elohim**:
and his heart was not *perfect* **at shalom**
with *the LORD* **Yah Veh** his *God* **Elohim**,
as was the heart of David his father.
5 For *Solomon* **Shelomoh** went after Ashtoreth
the *goddess* **elohim** of the *Zidonians*
Sidoniy, and after *Milcom* **Milchom**
the abomination of the *Ammonites* **Ammoniy**.
6 And *Solomon did* **Shelomoh worked** evil
in the *sight* **eyes** of *the LORD* **Yah Veh**,
and *went* **fulfilled** not *fully* after *the LORD*
Yah Veh, as did David his father.
7 Then did *Solomon* **Shelomoh**
build *an high place* **a bamah** for *Chemosh*
Kemosh, the abomination of Moab,
in the *hill* **mountain**
that is before Jerusalem **at the face of
Yeru Shalem**, and for Molech,
the abomination of the *children* **sons** of Ammon.
8 And likewise

did **worked** he for all his strange *wives* **women,**
which *burnt incense* **incensed** and sacrificed
unto their *gods* **elohim.**
9 And *the LORD* **Yah Veh**
was angry with *Solomon* **Shelomoh,**
because his heart was *turned* **spread**
from *the LORD God* **Yah Veh Elohim** of *Israel* **Yisra**
El, which *had appeared unto* **was seen by** him
twice **two times,**
10 And had *commanded* **misvahed** him
concerning this *thing* **word,**
that he should not go after other *gods* **elohim:**
but he *kept* **guarded** not
that which *the LORD commanded* **Yah Veh misvahed.**
26 And Shelomoh gathers chariots and cavalry:
and he has a thousand and four hundred
chariots and twelve thousand cavalry
whom he guides in the cities for chariots
and with the sovereign at Yeru Shalem:
27 and the sovereign gives silver in
Yeru Shalem as stones
and gives cedars as the sycomore trees
in the lowland for abundance:
28 and Shelomoh has horses proceed fr om Misrayim
— and troops:
the merchants of the sovereign take the troops at a price:
29 and a chariot ascends and goes from
Misrayim for six hundred of silver;
and a horse for a hundred and fifty:
and thus for all the sovereigns of the Hethiy
and for the sovereigns of Aram
they bring them out by hand.

THE WOMEN OF SHELOMOH

11 And sovereign Shelomoh
loves many strange women
together with the daughter of Paroh:
women of the Moabiy, Ammoniy,
Edomiy, Sidoniy and Hethiy,
2 of the goyim
— of which Yah Veh says to the sons of Yisra El,
Neither go in to them, nor them come in to you:
for surely they pervert your heart after their elohim
— Shelomoh adheres to these in love:
3 and he has seven hundred women governesses
and three hundred concubines:
and his women pervert his heart.
4 And so be it, at the time Shelomoh ages,
his women pervert his heart after other elohim:
and his heart is not at shalom with Yah Veh his Elohim
as the heart of David his father:
5 and Shelomoh goes after Ashtoreth
the elohim of the Sidoniy;
and after Milchom the abomination of the Ammoniy:
6 and Shelomoh works evil in the eyes of Yah Veh
and fulfills not after Yah Veh as David his father.
7 Then Shelomoh builds a bamah for
Kemosh the abomination of Moab
in the mountain at the face of Yeru Shalem;
and for Molech
the abomination of the sons of Ammon:
8 and thus he works for all his strange women
who incense and sacrifice to their elohim:
9 and Yah Veh is angry with Shelomoh
because his heart spreads
from Yah Veh Elohim of Yisra El
— who was seen by him two times;
10 and misvahed him concerning this word
— to not go after other elohim:
but he guards not what Yah Veh misvahed.
11 Wherefore *the LORD* **Yah Veh** said unto *Solomon*
Shelomoh, Forasmuch as this is done of thee,
and thou hast not *kept* **guarded**
my covenant and my statutes,
which I have *commanded* **misvahed** thee,
in ripping, I *will surely rend* **shall rip** the
kingdom **sovereigndom** from thee, and
will **shall** give it to thy servant.
12 Notwithstanding
in thy days I *will* **shall** not *do* **work** it
for David thy father's sake:
but I *will rend* **shall rip** it out of the hand of thy son.
13 *Howbeit* **Only**
I *will* **shall** not *rend* **rip** away
all the *kingdom* **sovereigndom;**
but *will* **shall** give one *tribe* **scion** to thy
son for David my servant's sake,
and for *Jerusalem's* **Yeru Shalem's** sake
which I have chosen.

YAH VEH RAISES A SATAN TO SHELOMOH

14 And *the LORD* **Yah Veh**
stirred up an adversary **raised a satan**
unto *Solomon* **Shelomoh,** Hadad the *Edomite* **Edomiy:**
he was of the *king's* **sovereign's** seed in Edom.
15 For **so be** it *came to pass,* when David was in Edom,
and *Joab* **Yah Ab** the *captain* **governor** of the host
was gone up **ascended** to *bury* **entomb** the *slain* **pierced,**
after he had smitten every male in Edom;
16 (For six months did *Joab remain* **Yah Ab settle** there

with all *Israel* **Yisra El,**
until he had cut off every male in Edom:)
17 That Hadad fled,
he and *certain Edomites* **men — Edomiy**
of his father's servants with him, to
go into *Egypt* **Misrayim;**
Hadad *being* yet a little *child* **lad.**
18 And they arose out of *Midian*
Midyaniy, and came to Paran:
and they took men with them out of Par an,
and they came to *Egypt* **Misrayim,**
unto Pharaoh *king* **sovereign** of *Egypt* **Misrayim;**
which gave him an house,
and *appointed* **said for** him *victuals*
bread, and gave him land.
19 And Hadad found *great favour* **mighty charism**
in the *sight* **eyes** of *Pharaoh* **Paroh,** so that he gave him
to *wife* **woman** the sister of his own *wife* **woman,**
the sister of *Tahpenes* **Tachpenes** the *queen* **lady.**
20 And the sister of *Tahpenes* **Tachpenes**
bare **birthed** him Genubath his son,
whom *Tahpenes* **Tachpenes** weaned
in Pharaoh's **midst Paroh's** house:
and Genubath was in *Pharaoh's* **Paroh's** household
among the sons of *Pharaoh* **Paroh.**
21 And when Hadad heard in *Egypt* **Misrayim**
that David *slept* **laid** with his fathers,
and that *Joab* **Yah Ab** the captain of the host
was dead **died,**
Hadad said to *Pharaoh* **Paroh,**
Let me depart **Send me away,**
that I may go to mine own *country* **land.**
22 Then *Pharaoh* **Paroh** said unto him,
But what hast thou lacked with me, that, behold,
thou seekest to go to thine own *country* **land?**
And he *answered* **said,** *Nothing* **Naught:**
howbeit
let me go in any wise **in sending away, send me away.**
23 And *God* **Elohim**
stirred **raised** him up *another adversary* **a satan,**
Rezon the son of *Eliadah* **Eli Ada,**
which fled from his *lord Hadadezer* **adoni Hadad Ezer**
king **sovereign** of *Zobah* **Sobah:**
24 And he gathered men unto him,
and became *captain* **governor** over a *band* **troop,**
when David *slew* **slaughtered** them *of Zobah:*
and they went to *Damascus* **Dammeseq,**
11 And Yah Veh says to Shelomoh, Because you do this,
and guard not my covenant and my
statutes which I misvahed you,
in ripping, I rip the sovereigndom from
you and give it to your servant:
12 only, I work it not in your days for
sake of David your father:
but I rip it from the hand of your son:
13 only, I rip not away all the sovereigndom;
but give one scion to your son for
sake of David my servant
and for sake of Yeru Shalem whom I chose.

YAH VEH RAISES A SATAN TO SHELOMOH

14 And Yah Veh raises a satan to Shelomoh
— Hadad the Edomiy
of the seed of the sovereign in Edom.
15 And so be it, David is in Edom and
Yah Ab the governor of the host
ascends to entomb the pierced
after he smites every male in Edom;
16 Yah Ab settles there six months with all
Yisra El
until he cuts off every male in Edom;
17 and Hadad flees — he and men
— Edomiy with the servants of his
father to go to Misrayim.
— and Hadad is still a little lad.
18 And they rise from Midyaniy and come to Paran;
and they take men from Paran with them:
and they come to Misrayim
— to Pharaoh sovereign of Misrayim
who gives him a house
and says to give him bread and land.
19 And Hadad finds mighty charism
in the eyes of Paroh,
so that he gives him to woman the
sister of his own woman
— the sister of Tachpenes the lady:
20 and the sister of Tachpenes births
him Genubath his son,
whom Tachpenes weans midst the house of Paroh:
and Genubath is in the house of Paroh
among the sons of Paroh:
21 and when Hadad hears in Misrayim that
David lies down with his fathers,
and that Yah Ab the captain of the
host dies, Hadad says to Paroh,
Send me away, to go to my own land.
22 And Paroh says to him, But what lack you with me,
that behold, you seek to go to your own land?
And he says, Naught:
but in sending away, send me away.

23 And Elohim raises a satan
— Rezon the son of Eli Ada who had fled from
his adoni Hadad Ezer sovereign of Sobah
24 — who gathered men to himself and
became governor over a troop
when David slaughtered them
and they went to Dammeseq
and *dwelt* **settled** *therein*,
and reigned in *Damascus* **Dammeseq.**
25 And he was *an adversary* **a satan** to *Israel* **Yisra El**
all the days of *Solomon* **Shelomoh**, beside the *mischief*
evil that Hadad did: and he abhorred *Israel* **Yisra El**,
and reigned over *Syria* **Aram.**

Yarob Am Rebels Against Shelomoh

26 And *Jeroboam* **Yarob Am** the son of Nebat,
an *Ephrathite* **Ephrathiy** of *Zereda* **Seredah,**
Solomon's **Shelomoh's** servant, whose
mother's name was *Zeruah* **Seruah,**
a widow woman,
even he lifted up *his* **a** hand against the *king* **sovereign.**
27 And this was the *cause* **word**
that he lifted up *his* **a** hand against the *king* **sovereign**:
Solomon **Shelomoh** built Millo, and *repaired* **shut**
the breaches of the city of David his father.
28 And the man *Jeroboam* **Yarob Am**
was *a* mighty *man* of valour:
and *Solomon* **Shelomoh**
seeing the *young man* **lad** that he
was industrious **worked,**
he made him *ruler* **overseer**
over all the *charge* **burden** of the house of *Joseph* **Yoseph.**
29 And it *came to pass* **became** at that
time when *Jeroboam* **Yarob Am**
went out of *Jerusalem* **Yeru Shalem,**
that the prophet *Ahijah* **Achiy Yah** the *Shilonite* **Shilohiy**
found him in the way;
and he *had clad* **covered** himself
with *a* new *garment* **clothes;**
and they two were alone in the field:
30 And *Ahijah* **Achiy Yah**
caught **manipulated** the new *garment* **clothes**
that was on him,
and *rent* **shreaded** it in twelve *pieces* **shreads:**
31 And he said to *Jeroboam* **Yarob Am,**
Take thee ten *pieces* **shreads:**
for thus saith *the LORD* **Yah Veh,**
the *God* **Elohim** of *Israel* **Yisra El,** Behold,
I *will rend* **shall shread** the *kingdom* **sovereigndom**
out of the hand of *Solomon* **Shelomoh,** and
will **shall** give ten *tribes* **scions** to thee:
32 (But he shall have one *tribe* **scion**
for my servant David's sake,
and for *Jerusalem's* **Yeru Shalem's** sake,
the city which I have chosen
out of all the *tribes* **scions** of *Israel* **Yisra El:)**
33 Because that they have forsaken me,
and have *worshipped* **prostrated to**
Ashtoreth the *goddess* **elohim** of the
Zidonians **Sidoniy,** *Chemosh* **Kemosh**
the *god* **elohim** of the *Moabites*
Moabiy, and *Milcom* **Milchom**
the *god* **elohim** of the *children* **sons** of Ammon,
and have not walked in my ways,
to *do* **work** that which is *right* **straight** in mine eyes,
and *to keep* **in** my statutes and **in** my
judgments, as did David his father.
34 Howbeit
I *will* **shall** not take the whole *kingdom* **sovereigndom**
out of his hand:
but I *will make* **shall set** him
prince **hierarch** all the days of his life
for David my servant's sake, whom I
chose, because he *kept* **guarded**
my *commandments* **misvoth** and my statutes:
35 But I *will* **shall** take the *kingdom* **sovereigndom**
out of his son's hand,
and *will* **shall** give it unto thee, *even* ten *tribes* **scions.**
36 And unto his son *will* **shall** I give one
tribe **scion,** that David my servant
may have a *light alway* **lamp all days**
before me **at my face** in *Jerusalem* **Yeru Shalem,**
the city which I have chosen me to
put **set** my name there.
37 And I *will* **shall** take thee,
and thou shalt reign according to
all that thy soul desireth,
and settled and reigned in Dammeseq:
25 and he becomes a satan to Yisra El
all the days of Shelomoh
beside all the evil Hadad did:
and he abhors Yisra El and reigns over Aram.

Yarob Am Rebels Against Shelomoh

26 And Yarob Am the son of Nebat
— an Ephrathiy of Seredah, servant of Shelomoh,
the name of whose mother is Seruah a widow woman
— lifts a hand against the sovereign:
27 and this is the word
that he lifts a hand against the
sovereign: Shelomoh built Millo
and shut the breaches of the city of David his father:

28 and the man Yarob Am is mighty of valour:
and Shelomoh sees how the lad works,
and makes him overseer
over all the burden of the house of Yoseph:
29 and so be it, at that time, Yarob Am
goes from Yeru Shalem,
and the prophet Achiy Yah the
Shilohiy finds him in the way;
and he covers himself with new clothes;
and the two are alone in the field:
30 and Achiy Yah
manipulates the new clothes on him
and shreds it in twelve shreds:
31 and he says to Yarob Am, Take ten shreads:
for thus says Yah Veh, the Elohim of Yisra El, Behold,
I shred the sovereigndom from the hand of
Shelomoh and give ten scions to you:
32 and he has one scion for sake of my servant
David and for sake of Yeru Shalem
the city I chose from all the scions of Yisra El:
33 because they forsake me
and prostrate to Ashtoreth elohim of the
Sidoniy, Kemosh elohim of the Moabiy,
and Milchom elohim of the sons of Ammon;
and walk not in my ways to work straight in my eyes
and in my statutes and in my judgments
as David his father:
34 but I take not the whole sovereigndom from his hand:
but I set him hierarch all the days of his
life for sake of David my servant;
whom I chose
because he guarded my misvoth and my statutes:
35 and I take the sovereigndom from the hand of his son
and give it to you — the ten scions:
36 and to his son I give one scion;
so David my servant has a lamp all
days at my face in Yeru Shalem
— the city I chose to set my name there.
37 And I take you
and you reign according to all your soul desires
and shalt be *king* **sovereign** over *Israel* **Yisra El**.
38 And **so be** it *shall be*,
if thou *wilt* **shalt** hearken unto all that I *command*
misvah thee, and *wilt* **shalt** walk in my ways,
and *do* **work** that is *right* **straight** in
my *sight* **eyes**, to *keep* **guard**
my statutes and my *commandments* **misvoth**,
as David my servant *did* **worked**;
that I *will* **shall** be with thee,
and build thee a *sure* **trustworthy**
house, as I built for David,
and *will* **shall** give *Israel* **Yisra El** unto thee.
39 AndI*w*si*l***ha**oflrthis*aflic***h***t***umble**thesedofDavid,
but not *for ever* **all days**.
40 *Solomon* **Shelomoh** sought therefore to
kill Jeroboam **deathify Yarob Am**.
And *Jeroboam* **Yarob Am** arose, and
fled into *Egypt* **Misrayim**,
unto Shishak *king* **sovereign** of *Egypt*
Misrayim, and was in *Egypt* **Misrayim**
until the death of *Solomon* **Shelomoh**.
41 And the rest of the *acts* **words** of *Solomon* **Shelomoh**,
and all that he *did* **worked**, and his wisdom, are
they not *written* **inscribed** in the *book* **scroll**
of the *acts* **words** of *Solomon* **Shelomoh**?
42 Andthe*time***days**tha*Stolomon***Shelomoh**reigned
in *Jerusalem* **Yeru Shalem** over all *Israel* **Yisra El**
was forty years.
43 And *Solomon slept* **Shelomoh laid** with
his fathers, and was *buried* **entombed** in
the city of David his father: and *Rehoboam*
Rechab Am his son reigned in his stead.

YISRA EL REBELS AGAINST RECHAB AM

12 And *Rehoboam* **Rechab Am**
went to Shechem:
for all *Israel* **Yisra El** were come to Shechem
to *make* **have** him *king* **reign**.
2 And **so be** it *came to pass*,
when *Jeroboam* **Yarob Am** the son of Nebat,
who was yet in *Egypt* **Misrayim**, heard of it,
(for he was fled from the *presence* **face**
of *king Solomon* **sovereign Shelomoh**,
and *Jeroboam dwelt* **Yarob Am**
settled in *Egypt* **Misrayim**;)
3 That they sent and called him.
And *Jeroboam* **Yarob Am**
and all the congregation of *Israel* **Yisra El** came,
and *spake* **worded** unto *Rehoboam* **Rechab Am**, saying,
4 Thyfathe*m*r *ade***hardened**ouryoke*grievous*:
now *therefore make* **swiften** thou the
grievous service of thy father,
and his heavy yoke which he *put* **gave** upon us, *lighter*,
and we *will* **shall** serve thee.
5 And he said unto them, *Depart* **Go** yet for three days,
then *come again* **return** to me. And
the people *departed* **went**.
6 And *king Rehoboam* **sovereign Rechab Am**
consulted **counselled** with the *old men* **elders**, that
stood *before Solomon* **at the face of Shelomoh**
his father while he yet lived, *and said* **saying**,

How do ye *advise* **counsel**
that I may *answer* **return word to** this people?
7 And they *spake* **worded** unto him, saying,
If thou *wilt* **shalt** be a servant unto this people this
day, and *wilt* **shalt** serve them, and answer them,
and *speak* **word** good words to them,
then they *will* **shall** be thy servants *for ever* **all days.**
8 But he forsook the counsel of the *old men* **elders,**
which they had *given* **counselled** him,
and *consulted* **counselled** with the *young men* **children**
that were grown up with him,
and which stood *before him* **at his face**:
9 And he said unto them, What counsel give ye
that we may *answer* **return word** to this
people, who have *spoken* **worded** to me,
saying, *Make* **Swiften** the yoke
which thy father *did put* **gave** upon us *lighter*?
10 And the *young men* **children**
that were grown up with him *spake* **worded** unto him,
being sovereign over Yisra El:
38 and so be it,
if you hearken to all I misvah you and walk in my ways
and work straight in my eyes
— to guard my statutes and my misvoth
as David my servant worked;
I am with you
and build you a trustworthy house as I built for David;
and give Yisra El to you:
39 and for this I humble the seed of David;
but not all days.
40 And Shelomoh seeks to deathify Yarob Am.
And Yarob Am rises and flees to Misrayim
— to Shishak sovereign of Misrayim;
and is in Misrayim until the death of Shelomoh.
41 And the rest of the words of Shelomoh
and all he worked and his wisdom
— are they not inscribed in the scroll
of the words of Shelomoh?
42 And the days Shelomoh reigns
in Yeru Shalem over all Yisra El, forty years.
43 And Shelomoh lies down with his fathers
entombed in the city of David his father: and
Rechab Am his son reigns in his stead.

Yisra El Rebels Against Rechab Am

12 And Rechab Am goes to Shechem:
for all Yisra El comes to Shechem to have him reign.
2 And so be it,
Yarob Am the son of Nebat, who
is yet in Misrayim, hears,
— for he had fled the face of sovereign Shelomo h
and Yarob Am settles in Misrayim;
3 and they send and call him.
And Yarob Am
and all the congregation of Yisra El come
and word to Rechab Am, saying,
4 Your father hardened our yoke:
now swiften the service of your father
and the heavy yoke he gave on us and we serve you.
5 And he says to them,
Go yet three days and return to me.
And the people go:
6 and sovereign Rechab Am counsels with the elders
who had stood at the face of Shelomoh his father
while he yet lived, saying,
How counsel you, that I return word to this people?
7 And they word to him, saying,
If you are a servant to this people this day
and serve them and answer them
and word good words to them,
then they become your servants all days.
8 And he forsakes the counsel the elders counsel him;
and counsels with the children who grew up with him
— who stand at his face:
9 and he says to them, What counsel give you
that we return word to this people,
who word to me, saying,
Swiften the yoke your father gave on us?
10 And the children who grew up with him word to him,
saying, Thus shalt thou *speak* **say** unto this
people that *spake* **worded** unto thee, saying,
Thy father made our yoke heavy,
but *make* **swiften** thou it *lighter* unto us;
thus shalt thou *say* **word** unto them, My *little finger*
pinky shall be thicker than my father's loins.
11 And now whereas my father did
lade you with a heavy yoke,
I *will* **shall** add to your yoke:
my father hath *chastised* **disciplined** you with whips,
but I *will chastise* **shall discipline** you with scorpions.
12 So *Jeroboam* **Yarob Am** and all the people came
to *Rehoboam* **Rechab Am** the third day,
as the *king* **sovereign** had *appointed* **worded,** saying,
Come **Return** to me *again* the third day.
13 And the *king* **sovereign**
answered the people *roughly* **hard,**
and forsook the *old men's* **elders's** counsel
that they *gave* **counselled** him;
14 And *spake* **worded** to them
after the counsel of the *young men* **children,**
saying, My father made your yoke heavy,

and I *will* **shall** add to your yoke:
my father *also chastised* **disciplined** you with whips,
but I *will chastise* **shall discipline** you with scorpions.
15 Wherefore
the *king* **sovereign** hearkened not unto the people;
for the *cause* **revolution** was from *the LORD* **Yah**
Veh, that he might *perform* **raise** his *saying* **word**,
which *the LORD spake* **Yah Veh worded**
by *Ahijah* **the hand of Achiy Yah** the *Shilonite* **Shilohiy**
unto *Jeroboam* **Yarob Am** the son of Nebat.

THE SOVEREIGNDOM DIVIDED

16 So when all *Israel* **Yisra El** saw
that the *king* **sovereign** hearkened not unto them,
the people *answered* **returned word to**
the *king* **sovereign**, saying, What *portion*
allotment have we in David? neither have we
inheritance in the son of *Jesse* **Yishay**:
to your tents, O *Israel* **Yisra El**:
now see to thine own house, David.
So *Israel departed* **Yisra El went** unto their tents.
17 But as for the *children* **sons** of *Israel* **Yisra El** which
dwelt **settled** in the cities of *Judah* **Yah Hudah**,
Rehoboam **Rechab Am** reigned over them.
18 Then *king Rehoboam* **sovereign Rechab Am**
sent *Adoram* **Adoni Ram**, who was
over the *tribute* **vassal**;
and all *Israel* **Yisra El** stoned him
with stones, that he died.
Therefore *king Rehoboam* **sovereign Rechab Am**
made speed **strengthened himself**
to *get him up* **ascend** to his chariot, to
flee to *Jerusalem* **Yeru Shalem**.
19 So *Israel* **Yisra El**
rebelled against the house of David unto this day.
20 And **so be** it *came to pass*, when all *Israel* **Yisra El**
heard that *Jeroboam was come again* **Yarob Am**
had returned, that they sent and called him
unto the *congregation* **witness**,
and *made* **had** him *king* **reign** over all *Israel* **Yisra El**:
there was none *that followed* **after** the house of David,
but **except** the *tribe* **scion** of *Judah* **Yah Hudah** only.
21 Andwhen*Rehoboam***RechabAm**
was come to *Jerusalem* **Yeru Shalem**,
he *assembled* **congregated**
all the house of *Judah* **Yah Hudah**,
with the *tribe* **scion** of *Benjamin* **Ben Yamin**,
an hundred and *fourscore* **eighty** thousand chosen
men, which *were warriors* **worked war**,
to fight against the house of *Israel* **Yisra El**,
to *bring* **return** the *kingdom* **sovereigndom** *again*
to *Rehoboam* **Rechab Am** the son of *Solomon* **Shelomoh**.
22 But the word of *God* **Elohim**
came unto *Shemaiah* **Shema Yah** the
man of *God* **Elohim**, saying,
23 *Speak* **Say** unto *Rehoboam* **Rechab Am**,
the son of *Solomon* **Shelomoh**,
king **sovereign** of *Judah* **Yah Hudah**,
saying, Say thus to this people who word to you,
saying, Your father made our yoke heav y,
but swiften it to us
— word to them thus,
My pinky is thicker than the loins of my father!
11 And now,
whereas my father loaded you with a
heavy yoke, I add to your yoke:
my father disciplined you with whips;
and I — I discipline you with scorpions.
12 So Yarob Am and all the people come
to Rechab Am the third day
as the sovereign worded,
saying, Return to me the third day:
13 and the sovereign answers the people hard
and forsakes the counsel the elders counsel him;
14 and words to them
after the counsel of the children, saying,
My father made your yoke heavy
and I — I add to your yoke:
my father disciplined you with whips, and
I — I discipline you with scorpions.
15 And the sovereign hearkens not to the people;
for the revolution is from Yah Veh to raise
his word which Yah Veh worded
by the hand of Achiy Yah the Shilohiy
to Yarob Am the son of Nebat.

THE SOVEREIGNDOM DIVIDED

16 And all Yisra El sees
that the sovereign hearkens not to them,
and the people return word to the sovereign,
saying, What allotment have we in David?
Yes, there is no inheritance in the son of Yishay:
to your tents, O Yisra El!
Now see to your own house, O David.
— and Yisra El goes to their tents.
17 As for the sons of Yisra El
who settle in the cities of Yah Hudah,
Rechab Am reigns over them:
18 and sovereign Rechab Am
sends Adoni Ram who *is* over the vassal;

and all Yisra El stones him with stones, that he dies:
and sovereign Rechab Am strengthens himself to
ascend to his chariot to flee to Yeru Shalem.
19 and Yisra El rebels against the
house of David to this day.
20 And so be it,
all Yisra El hears that Yarob Am returns, and they
send and call him to the witness and have him reign
over all Yisra El: there is no one after the house
of David, except only, the scion of Yah Hudah.
21 And Rechab Am comes to Yeru Shalem,
and he congregates all the house of Yah
Hudah with the scion of Ben Yamin
— a hundred and eighty thousand
chosen men who work war
— to fight against the house of Yisra El
— to return the sovereigndom
to Rechab Am the son of Shelomoh.
22 And the word of Elohim
is to Shema Yah the man of Elohim, saying,
23 Say to Rechab Am
the son of Shelomoh sovereign of Yah Hudah,
and unto all the house
of *Judah* **Yah Hudah** and *Benjamin* **Ben Yamin**,
and to the remnant of the people, saying,
24 Thus saith *the LORD* **Yah Veh**,
Ye shall not *go up* **ascend**, nor fight
against your brethren the *children* **sons** of *Israel* **Yisra El**:
return every man to his house;
for this *thing* **word** is from me.
They hearkened therefore to the word of *the*
LORD **Yah Veh**, and returned to *depart* **go**,
according to the word of *the LORD* **Yah Veh**.

THE ALTAR OF SACRIFICE OF YAROB AM

25 Then *Jeroboam* **Yarob Am**
built Shechem in mount *Ephraim*
Ephrayim, and *dwelt* **settled** therein;
and went out from thence, and built *Penuel* **Penu El**.
26 And *Jeroboam* **Yarob Am** said in his heart,
Now shall the *kingdom* **sovereigndom**
return to the house of David:
27 If this people *go up* **ascend** to *do* **work** sacrifice
in the house of *the LORD* **Yah Veh**
at *Jerusalem* **Yeru Shalem**, then shall
the heart of this people
turn again **return** unto their *lord* **adoni**,
even unto *Rehoboam* **Rechab Am,** *king* **sovereign** of
Judah **Yah Hudah**, and they shall *kill* **slaughter** me,
and *go again* **return** to *Rehoboam* **Rechab Am,**
king **sovereign** of *Judah* **Yah Hudah**.
28 Whereupon the *king* **sovereign** took counsel,
and *made* **worked** two calves of gold, and
said unto them, It is *too* much for you
to *go up* **ascend** to *Jerusalem* **Yeru Shalem**:
behold thy *gods* **Elohim**, O *Israel* **Yisra**
El, which *brought* **ascended** thee *up*
out of the land of *Egypt* **Misrayim**.
29 And he set the one in *Bethel* **Beth El**,
and the *other put* **one gave** he in Dan.
30 And this *thing* **word** became a sin:
for the people went
to worship before **at the face of** the one, *even* unto Dan.
31 And he *made* **worked** an house of *high places*
bamahs, and *made* **worked** priests of the *lowest* **end**
of the people, which were not of the sons of Levi.
32 And *Jeroboam* **Yarob Am**
ordained **worked** a *feast* **celebration**
in the eighth month, on the fifteenth day of
the month, like unto the *feast* **celebration**
that is in *Judah* **Yah Hudah**, and he *offered*
holocausted upon the **sacrifice** altar.
So *did* **worked** he in *Bethel* **Beth El**,
sacrificing unto the calves that he had *made* **worked**:
and he *placed* **stood** in *Bethel* **Beth El** the priests of
the *high places* **bamahs** which he had *made* **worked**.
33 So he *offered* **holocausted** upon the **sacrifice** altar
which he had *made* **worked** in *Bethel* **Beth El** the
fifteenth day of the eighth month, *even* in the month
which he had *devised* **contrived** of his own heart;
and *ordained* **worked** a *feast* **celebration**
unto the *children* **sons** of *Israel* **Yisra El**:
and he *offered* **holocausted** upon the **sacrifice**
altar, and *burnt incense* **incensed**.

THE MAN OF ELOHIM WITH THE WORD OF YAH VEH

13 And, behold,
there came a man of *God* **Elohim** out of
Judah **Yah Hudah** by the word of *the LORD*
Yah Veh unto *Bethel* **Beth El**: and *Jeroboam*
Yarob Am stood by the **sacrifice** altar
to *burn* incense.
2 And he *cried* **called out** against the **sacrifice** altar
in the word of *the LORD* **Yah Veh**, and said,
O **sacrifice** altar, **sacrifice** altar, thus
saith *the LORD* **Yah Veh**; Behold,
a *child* **son** shall be *born* **birthed**
unto the house of David,
Josiah **Yoshi Yah** by name;

and upon thee shall he *offer* **sacrifice** the priests of
the *high places* **bamahs** that *burn* incense upon thee,
and to all the house of Yah Hudah and Ben Yamin
and to the remnant of the people, saying,
24 Thus says Yah Veh: Neither ascend
nor fight against your brothers the sons of Yisra El:
return every man to his house;
for this word is from me.
— and they hear the word of Yah Veh
and return to go according to the word of Yah Veh.

THE ALTAR OF SACRIFICE OF YAROB AM

25 And Yarob Am builds Shechem in mount
Ephrayim and settles therein;
and from there, he goes out and builds Penu El:
26 and Yarob Am says in his heart,
Now the sovereigndom returns to the house of David:
27 if this people ascend to work sacrifice in
the house of Yah Veh at Yeru Shalem,
then the heart of this people returns to their adoni
— to Rechab Am sovereign of Yah Hudah;
and they slaughter me
and return to Rechab Am sovereign of Yah Hudah.
28 And the sovereign takes counsel
and works two calves of gold, and says to
them, *Too* much for you to ascend to Yeru
Shalem: behold your Elohim, O Yisra El,
who ascended you from the land of Misrayim.
29 And he sets the one in Beth El
and gives the one in Dan:
30 and this word becomes a sin:
for the people go at the face of the one, to Dan.
31 And he works a house of bamahs
and works priests of the end of the people
who are not of the sons of Levi:
32 and Yarob Am works a celebration
in the eighth month,
on the fifteenth day of the month, like
the celebration in Yah Hudah:
and he holocausts on the sacrifice altar:
thus he works in Beth El
sacrificing to the calves he worked:
and in Beth El
he stands the priests of the bamahs he worked:
33 and he holocausts on the sacrifice
altar what he worked in Beth El
the fifteenth day of the eighth month,
in the month he contrives of his own heart;
and works a celebration to the sons of Yisra El:
and he holocausts on the sacrifice altar and incenses.

THE MAN OF ELOHIM WITH THE WORD OF YAH VEH

13 And behold,
there comes a man of Elohim from Yah Hudah
by the word of Yah Veh to Beth El:
and Yarob Am stands by the sacrifice altar to incense:
2 and he calls out against the sacrifice altar in the word
of Yah Veh, and says, Sacrifice altar! Sacrifice altar!
Thus says Yah Veh:
Behold, a son is birthed to the house
of David, Yoshi Yah by name;
and on you
he sacrifices the priests of the bamahs
who incense upon you;
and *men's* **human** bones shall be burnt upon thee.
3 And he gave *a sign* **an omen** the same
day, saying, This is the *sign* **omen**
which *the LORD* **Yah Veh** hath *spoken* **worded**;
Behold, the **sacrifice** altar shall be *rent* **ripped**,
and the *ashes that are* **fat** upon it shall be poured out.
4 And **so be** it *came to pass*,
when *king Jeroboam* **sovereign Yarob Am**
heard the *saying* **word** of the man of *God*
Elohim, which *had cried* **called out**
against the **sacrifice** altar in *Bethel* **Beth El**,
that he *put* **sent** forth his hand from the **sacrifice**
altar, saying, *Lay hold on* **Apprehend** him.
And his hand, which he *put* **sent** forth against him,
dried up **withered**,
so that he could not *pull it in again* **turn it back** to him.
5 The **sacrifice** altar also was *rent* **ripped**,
and the *ashes* **fat** poured out from the **sacrifice**
altar, according to the *sign* **omen**
which the man of *God* **Elohim** had given
by the word of *the LORD* **Yah Veh**.
6 And the *king* **sovereign** answered
and said unto the man of *God* **Elohim**,
Intreat **Stroke** now
the face of *the LORD* **Yah Veh** thy *God* **Elohim**,
and pray for me, that my hand may be restored me *again*.
And the man of *God* **Elohim**
besought the LORD **stroked the face of Yah Veh**,
and the *king's* **sovereign's** hand was restored him
again, and became as *it was before* **formerly**.
7 And the *king* **sovereign**
said **worded** unto the man of *God* **Elohim**, Come
home with me, and *refresh* **support** thyself,
and I *will* **shall** give thee a *reward* **gift**.
8 And the man of *God* **Elohim**

said unto the *king* **sovereign,**
If thou *wilt* **shalt** give me half thine house,
I *will* **shall** not go in with thee,
neither *will* **shall** I eat bread nor
drink water in this place:
9 For so was it *charged* **misvahed** me
by the word of *the LORD* **Yah Veh**, saying,
Eat no bread, nor drink water,
nor *turn again* **return** by the same way that thou camest.
10 Sohewentanotherway,andreturnednot
by the way that he came to *Bethel* **Beth El**.

The Disobedient Prophet

11 Now there *dwelt an old* **settled one elder** prophet
in *Bethel* **Beth El**;
and his *sons* **son** came and *told* **scribed** him
all the works that the man of *God* **Elohim**
had *done* **worked** that day in *Bethel* **Beth El**:
the words which he had *spoken* **worded**
unto the *king* **sovereign,**
them they *told* **scribed** also to their father.
12 And their father *said* **worded** unto
them, What way went he?
For his sons had seen
what way the man of *God* **Elohim** went,
which came from *Judah* **Yah Hudah**.
13 And he said unto his sons,
Saddle me the ass **Harness my he burro**.
So they *saddled him the ass* **harnessed his he burro**:
and he rode thereon,
14 And went after the man of *God* **Elohim,**
and found him *sitting* **settled** under an oak:
and he said unto him,
Art thou the man of *God* **Elohim** that camest
from *Judah* **Yah Hudah**? And he said, I *am*.
15 Then he said unto him,
Come home with me, and eat bread.
16 And he said, I may not return with
thee, nor go in with thee:
neither *will* **shall** I eat bread nor drink water with thee
in this place:
17 For it was *said* **worded** to me
by the word of *the LORD* **Yah Veh,**
Thou shalt eat no bread nor drink water there,
and burn human bones upon you.
3 And that same day, he gives an omen, saying,
This is the omen Yah Veh words;
Behold, the sacrifice altar is ripped,
and the fat thereon, poured out.
4 And so be it, sovereign Yarob Am
hears the word of the man of Elohim
who calls out against the sacrifice altar in
Beth El, and he sends his hand from the
sacrifice altar, saying, Apprehend him.
And the hand he sends against him withers
so that he cannot turn it back to him:
5 and the sacrifice altar rips
and the fat pours from the sacrifice altar
according to the omen the man of Elohim
gives by the word of Yah Veh.
6 And the sovereign answers and
says to the man of Elohim,
Stroke now the face of Yah Veh your Elohim,
and pray for me, that my hand be restored.
And the man of Elohim strokes the face of Yah
Veh, and the hand of the sovereign restores
and becomes as formerly.
7 And the sovereign words to the man of Elohim,
Come home with me and support yourself;
and I give you a gift.
8 And the man of Elohim says to the sovereign,
If you give me half your house,
I neither go in with you
nor eat bread nor drink water in this place:
9 for thus he misvahed me by the word of Yah
Veh,
saying, Neither eat bread nor drink water
nor return the way you came.
10 — and he goes another way
and returns not the way he came to Beth El.

The Disobedient Prophet

11 And one elder prophet settles in Beth El;
and his son comes and scribes all the works the
man of Elohim works that day in Beth El
— the words he worded to the sovereign,
they scribe to their father.
12 And their father words to them, What way goes he?
— for his sons see the way
the man of Elohim who came from Yah Hudah goes.
13 And he says to his sons, Harness my he burro.
— and they harness his he burro.
And he rides thereon
14 and goes after the man of Elohim:
and he finds him settled under an oak:
and he says to him,
Are you the man of Elohim who
comes from Yah Hudah?
And he says, I.
15 Then he says to him,

Come home with me, and eat bread.
16 And he says,
I neither return with you nor go in with you
nor eat bread nor drink water with you in this place:
17 for I was worded by the word of Yah
Veh,
Neither eat bread nor drink water there;
nor *turn again* **return** to go by the way that thou camest.
18 He said unto him, I am a prophet also as thou *art*;
and an angel *spake* **worded** unto me
by the word of *the LORD* **Yah Veh**, saying, *Bring*
Return him *back* with thee into thine house,
that he may eat bread and drink water.
But he *lied unto* **had deceived** him.
19 So he *went back* **returned** with him,
and did eat bread in his house, and drank water.
20 And **so be** it *came to pass*,
as they *sat* **settled** at the table, that the word of
the LORD **Yah Veh** came unto the prophet
that *brought him back* **returned him**:
21 Andhe*cried***caledouu**tntothemanoGf *od***Elohim**
that came from *Judah* **Yah Hudah**, saying,
Thus saith *the LORD* **Yah Veh**,
Forasmuch **Because** as thou hast *disobeyed* **rebelled**
the mouth of *the LORD* **Yah Veh**,
and hast not *kept* **guarded** the *commandment* **misvah**
which *the LORD* **Yah Veh** thy *God* **Elohim**
commanded **misvahed** thee,
22 But *camest back* **returnest**,
and hast eaten bread and drunk water in the
place, of the which *the LORD did say* **he worded**
to thee, Eat no bread, and drink no water;
thy carcase shall not come
unto the *sepulchre* **tomb** of thy fathers.
23 And **so be** it *came to pass*,
after he had eaten bread, and after he had drunk,
that he *saddled for him the ass* **harnessed his he burro**,
to wit,
for the prophet whom he had *brought back* **returned**.
24 And when he was gone,
a lion *met* **found** him by the way,
and *slew* **deathified** him:
and his carcase was cast in the way,
and the *ass* **he burro** stood *by* **beside** it, the
lion also stood *by* **beside** the carcase.
25 And, behold, men passed by,
and saw the carcase cast in the way,
and the lion standing *by* **beside** the carcase:
and they came and *told* **worded** it
in the city where the old prophet *dwelt* **settled**.
26 And when the prophet
that *brought* **returned** him *back*
from the way heard thereof,
he said, It is the man of *God* **Elohim**,
who *was disobedient* **rebelled**
unto the *word* **mouth** of *the LORD* **Yah Veh**:
therefore *the LORD* **Yah Veh**
hath *delivered* **given** him unto the lion,
which hath *torn* **broken** him, and *slain* **deathifed**
him, according to the word of *the LORD* **Yah**
Veh, which he *spake* **worded** unto him.
27 And he *spake* **worded** to his sons, saying,
Saddle me the ass **Harness my he burro**.
And they *saddled* **harnessed** *him*.
28 Andhewentandfoundhiscarcasecasitntheway,
and the *ass* **he burro** and the lion
standing *by* **beside** the carcase:
the lion had not eaten the carcase, nor
torn **broken** the *ass* **he burro**.
29 And the prophet *took up* **lifted** the
carcase of the man of *God* **Elohim**,
and *laid* **set** it upon the *ass* **he burro**,
and *brought* **returned** it *back*:
and the *old* **elder** prophet came to the city, to
mourn **chop** and to *bury* **entomb** him.
30 And he *laid* **set** his carcase in his own *grave*
tomb; and they *mourned* **chopped** over
him, *saying, Alas* **Ho**, my brother!
31 And **so be** it *came to pass*, after he
had *buried* **entombed** him,
that he *spake* **said** to his sons, saying,
When I *am dead* **die**,
then *bury* **entomb** me in the *sepulchre* **tomb**
wherein the man of *God* **Elohim** is *buried* **entombed**;
nor return to go the way you came.
18 He says to him, I also *am* a prophet as you;
and an angel worded to me by the word of Yah
Veh, saying, Return him with you to your house
to eat bread and drink water.
— and he deceived him:
19 And he returns with him
and eats bread in his house and drinks water.
20 And so be it, they settle at the table,
and the word of Yah Veh
comes to the prophet who returned him:
21 and he calls to the man of Elohim who came
from Yah Hudah, saying, Thus saith Yah Veh,
Because you rebel the mouth of Yah
Veh, and guard not the misvah
Yah Veh your Elohim misvahs you;

22 and return,
and eat bread and drink water in the
place whereof he worded you,
Neither eat bread nor drink water;
your carcase comes not to the tomb of your fathers.
23 And so be it,
after he eats bread and after he drinks,
he harnesses the he burro,
of the prophet he had returned:
24 and when he goes
a lion finds him by the way and deathifies him:
and his carcase is cast in the way and
the he burro stands beside it,
and the lion stands beside the carcase:
25 and behold, men pass by
and see the carcase cast in the way and
the lion standing beside the carcase:
and they come and word
in the city wherein the old prophet settles.
26 And the prophet who returned him
from the way hears and says,
It is the man of Elohim
who rebelled the mouth of Yah Veh: therefore Yah Veh
gives him to the lion to break him and deathify him
according to the word Yah Veh worded to him.
27 And he words to his sons, saying,
Harness my he burro.
And they harness:
28 and he goes and finds his carcase cast in the way;
and the he burro and the lion
standing beside the carcase:
the lion had neither eaten the carcase
nor broken the he burro.
29 And the prophet lifts the carcase
of the man of Elohim,
and sets it upon the he burro, and returns it:
and the elder prophet comes to the city
to chop and to entomb him:
30 and he sets his carcase in his own tomb;
and they chop over him, Ho, my brother!
31 And so be it, after he entombs him,
he says to his sons, saying,
When I die, entomb me in the tomb wherein
the man of Elohim is entombed;
lay **set** my bones beside his bones:
32 For the *saying* **word** which he *cried* **called out**
by the word of *the LORD* **Yah Veh**
against the **sacrifice** altar in *Bethel* **Beth El**,
and against all the houses of the *high places* **bamahs**
which are in the cities of *Samaria* **Shomeron**,
in becoming, shall *surely come to pass* **become.**
33 After this *thing* **word**
Jeroboam **Yarob Am** returned not from his evil
way, but *made again* **returned and worked**
of the *lowest* **end** of the people
priests of the *high places* **bamahs**:
whosoever *would* **delighted,**
he *consecrated him* **filled his hand,** and he became
one of the priests of the *high places* **bamahs.**
34 And this *thing* **word** became sin
unto the house of *Jeroboam* **Yarob Am,** even
to cut it off, and to *destroy* **desolate** it
from off the face of the *earth* **soil.**

THE PROPHECY OF ACHIY YAH AGAINST YAROB AM

14 At that time
Abijah **Abi Yah** the son of *Jeroboam* **Yarob Am** fell sick.
2 And *Jeroboam* **Yarob Am** said to his *wife* **woman,**
Arise, I *pray* **beseech** thee, and *disguise* **alter** thyself,
that *thou be not known* **they not know thee**
to be the *wife* **woman** of *Jeroboam* **Yarob Am;**
and *get thee* **go** to Shiloh:
behold, there is *Ahijah* **Achiy Yah** the
prophet, which *told* **worded** me
that I should be *king* **sovereign** over this people.
3 Andtake*withthee***inthinehand**ten*loaves***bread,**
and *cracknels* **crumbs,** and a cruse
bottle of honey, and go to him:
he shall tell thee what shall become of the *child* **lad.**
4 And *Jeroboam's wife* **Yarob Am's woman**
did **worked** so and arose, and went to Shiloh,
and came to the house of *Ahijah* **Achiy Yah.**
But *Ahijah* **Achiy Yah** could not see;
for his eyes *were set* **arose** by reason of his *age* **grayness.**
5 And *the LORD* **Yah Veh** said unto *Ahijah*
Achiy Yah, Behold, the *wife* **woman**
of *Jeroboam* **Yarob Am** cometh
to *ask* **enquire** a *thing* **word** of thee for her son;
for he is sick:
thus and thus shalt thou *say* **word** unto her:
for **so be** it *shall be*, when she cometh in,
that she shall *feign* **estrange** herself
to be another *woman.*
6 And it *was so* **became,**
when *Ahijah* **Achiy Yah** heard the *sound* **voice** of her
feet, as she came in at the *door* **portal,** that he said,
Come in, thou *wife* **woman** of *Jeroboam* **Yarob Am;**
why *feignest* **estrangest** thou thyself to be another?
for I am sent to thee with *heavy tidings* **hardness.**

7 Go, *tell Jeroboam* **say to Yarob Am,**
Thus saith
the LORD God **Yah Veh Elohim** of *Israel* **Yisra El,**
Forasmuch as **Because** I exalted thee
from among the people,
and *made* **gave** thee *prince* **eminence**
over my people *Israel* **Yisra El,**
8 And *rent* **ripped** the *kingdom* **sovereigndom** away
from the house of David, and gave it thee: and
yet thou hast not been as my servant David, who
kept **guarded** my *commandments* **misvoth,**
and who *followed* **walked after** me with
all his heart, to *do* **work** that only
which was *right* **straight** in mine eyes;
9 But hast *done evil* **vilified to work** above
all that were *before thee* **at thy face**: for
thou hast gone and *made* **worked** thee
other *gods* **elohim**, and molten *images*,
to *provoke* **vex** me *to anger*,
and hast cast me behind thy back:
10 Therefore, behold, I *will* **shall** bring evil
upon the house of *Jeroboam* **Yarob Am,**
and *will* **shall** cut off from *Jeroboam* **Yarob Am**
him that *pisseth* **urinateth** against the wall,
set my bones beside his bones:
32 for the word he called out
by the word of Yah Veh
against the sacrifice altar in Beth El, and against all
the houses of the bamahs in the cities of Shomeron,
in becoming, they become.
33 After this word
Yarob Am returns not from his evil way,
but returns and works from the ends of
the people priests of the bamahs:
whoever delights, he fills his hand, and
he becomes a priest of the bamahs.
34 And this word
becomes the sin of the house of Yarob Am
to cut off and to desolate from off the face of the soil.

THE PROPHECY OF ACHIY YAH AGAINST YAROB AM

14 At that time,
Abi Yah the son of Yarob Am sickens;
2 and Yarob Am says to his woman, Rise,
I beseech thee, and alter yourself,
that you not be known to be the woman of Yarob Am;
and go to Shiloh:
behold, Achiy Yah the prophet there,
who worded of me as sovereign over this people:
3 and take in your hand
ten bread and crumbs and a container of honey;
and go to him:
he tells what becomes of the lad.
4 And the woman of Yarob Am works thus:
and rises and goes to Shiloh
and comes to the house of Achiy Yah.
— and Achiy Yah cannot see
for his eyes rise because of his grayness.
5 And Yah Veh says to Achiy Yah, Behold,
the woman of Yarob Am comes
to enquire a word of you for her son;
for he is sick:
word thus and thus to her:
for so be it, when she comes,
she estranges herself to be another.
6 And so be it,
Achiy Yah hears the voice of her feet
as she comes to the portal;
and he says, Come in, woman of Yarob Am;
why estrange yourself to be another? For
I am sent to you with hardness!
7 Go, say to Yarob Am,
Thus says Yah Veh Elohim of Yisra El, Because
I exalted you from among the people;
and gave you eminence over my people Yisra El;
8 and ripped the sovereigndom
from the house of David;
and gave it to you:
and you became not as my servant David
— who guarded my misvoth
— who walked after me with all his heart
— to work only, straight in my eyes:
9 and vilified to work above all who are at your face:
and went and worked other elohim and molten
to vex me;
and cast me behind your back:
10 therefore, behold,
I bring evil on the house of Yarob Am,
and cut off from Yarob Am
him who urinates against the wall,
and him that is *shut up* **restrained**
and left in *Israel* **Yisra El,**
and *will take* **shall burn** away the *remnant* **posterity**
of the house of *Jeroboam* **Yarob Am,**
as a man *taketh* **burneth** away dung
balls, till it be *all gone* **consumed.**
11 Him that dieth of *Jeroboam* **Yarob Am**
in the city shall the dogs *eat* **devour**;
and him that dieth in the field

shall the *fowls* **flyers** of the *air eat* **heavens devour**:
for *the LORD* **Yah Veh** hath *spoken* **worded** it.
12 Arise thou therefore, get thee **go** to thine own house:
and when thy feet enter into the city, the child shall die.
13 And all *Israel* **Yisra El** shall *mourn for*
chop over him, and *bury* **entomb** him:
for he only of *Jeroboam* **Yarob Am**
shall come to the *grave* **tomb**,
because in him there is found *some* **a** good *thing*
word toward *the LORD God* **Yah Veh Elohim** of
Israel **Yisra El** in the house of *Jeroboam* **Yarob Am**.
14 Moreover *the LORD* **Yah Veh**
shall raise him *up* a *king* **sovereign** over
Israel **Yisra El**, who shall cut off the house
of *Jeroboam* **Yarob Am** that day:
but what? even now.
15 For *the LORD* **Yah Veh** shall smite *Israel* **Yisra El**,
as a *reed is shaken* **stalk wags** in the water, and he shall
root up Israel **uproot Yisra El** out of this good *land* **soil**,
which he gave to their fathers,
and shall scatter them beyond the river,
because they have *made* **worked** their *groves* **asherim**,
provoking the LORD to anger **vexing Yah Veh**.
16 And he shall give *Israel* **Yisra El** up
because of the sins of *Jeroboam* **Yarob Am**, who
did sin, and who made *Israel* **Yisra El** to sin.
17 And *Jeroboam's wife* **Yarob Am's woman** arose,
and *departed* **went**, and came to *Tirzah* **Tirsah**:
and when she came to the threshold of
the *door* **house**, the *child* **lad** died;
18 And they *buried* **entombed** him;
and all *Israel mourned for* **Yisra El chopped over**
him, according to the word of *the LORD* **Yah Veh**,
which he *spake* **worded** by the hand of his servant
Ahijah **Achiy Yah** the prophet.
19 And the rest of the *acts* **words** of *Jeroboam*
Yarob Am, how he *warred* **fought**,
and how he reigned, behold,
they are *written* **inscribed** in the *book* **scroll**
of the *chronicles* **words of the days**
of the *kings* **sovereigns** of *Israel* **Yisra El**.
20 And the days which *Jeroboam* **Yarob Am** reigned
were two and twenty years:
and he *slept* **laid** with his fathers,
and Nadab his son reigned in his stead.

THE REIGN OF RECHAB AM OVER YAH HUDAH

21 And *Rehoboam* **Rechab Am** the son of *Solomon*
Shelomoh reigned in *Judah* **Yah Hudah**.
Rehoboam **Rechab Am**
was **a son of** forty and one years *old*
when he began to reign,
and he reigned seventeen years in *Jerusalem* **Yeru
Shalem**, the city which *the LORD* **Yah Veh** did choose
out of all the *tribes* **scions** of *Israel* **Yisra
El**, to *put* **set** his name there.
And his mother's name w as Naamah
an *Ammonitess* **Ammoniyth**.
22 And *Judah did* **Yah Hudah worked** evil in
the *sight* **eyes** of *the LORD* **Yah Veh**,
and they *provoked* **caused** him to *jealousy* **be jealous**
with their sins which they had *committed* **sinned**,
above all that their fathers had *done* **worked**.
23 For they also built them *high places* **b a m a
h s** , and *images* **monoliths**, and *groves* **asherim**,
on every high hill, and under every green tree.
24 And there were also
sodomites **hallowed whoremongers** in the land:
and they *did* **worked** according
him who restrains and is left in Yisra El;
and burn away the posterity of the house of
Yarob Am as a man burns away dung balls
until they are consumed:
11 he of Yarob Am who dies in the city the dogs devour;
and he who dies in the field the flyers of the
heavens devour: for Yah Veh has worded.
12 And you, rise; go to your own house:
when your feet enter the city, the child dies:
13 and all Yisra El chops over him and entombs him:
for of Yarob Am, only, he comes to the tomb;
because in him there is found a good word
toward Yah Veh Elohim of Yisra El
in the house of Yarob Am.
14 And Yah Veh raises a sovereign over Yisra El,
to cut off the house of Yarob Am that day.
And what? Even now!
15 For Yah Veh smites Yisra El as a
stalk wags in the water;
and uproots Yisra El
from this good soil he gave to their fathers; and scatters
them beyond the river because they work their asherim
— vexing Yah Veh:
16 and he gives up Yisra El because
of the sins Yarob Am sins
— who had Yisra El sin.
17 And the woman of Yarob Am rises;
and goes and comes to Tirsah:
and she comes to the threshold of
the house and the lad dies;
18 and they entomb him;

and all Yisra El chops over him
— according to the word
Yah Veh worded by the hand of his servant
Achiy Yah the prophet.
19 And the rest of the words of Yarob Am
— how he fought and how he reigned behold,
they are inscribed in the scroll of the words
of the days of the sovereigns of Yisra El:
20 and the days Yarob Am reigns
are twenty—two years:
and he lies down with his fathers;
and Nadab his son reigns in his stead.

THE REIGN OF RECHAB AM OVER YAH HUDAH

21 And Rechab Am the son of Shelomoh
reigns in Yah Hudah.
Rechab Am is a son of forty—one
years when he begins to reign;
and he reigns seventeen years in Yeru Sha lem
the city Yah Veh chose from all the scions
of Yisra El, to set his name there:
and the name of his mother, Naamah — an Ammoniyth.
22 And Yah Hudah works evil in the eyes of Yah Veh;
and they make him jealous with the sins they sin
— above all their fathers worked:
23 and they — they also built bamahs
and monoliths and asherim
on every high hill and under every green tree:
24 and there are also hallowed whoremongers in the land
who work accord ing
to all the *abominations* **abhorrences**
of the *nations* **goyim**
which *the LORD cast out* **Yah Veh dispossessed**
before **at the face of** the *children* **sons** of *Israel* **Yisra El.**
25 And **so be** it *came to pass,*
in the fifth year of *king Rehoboam* **sovereign Rechab**
Am, that Shishak *king* **sovereign** of *Egypt* **Misrayim**
came up **ascended** against *Jerusalem* **Yeru Shalem**:
26 Andhetookawaythetreasures
of the house of *the LORD* **Yah Veh,**
and the treasures of the *king's* **sovereign's** house;
he even took away all:
and he took away all the *shields* **buckler**s of gold
which *Solomon* **Shelomoh** had *made* **worked.**
27 And*kingRehoboam***sovereignRechabAm**
made **worked** in their stead *brasen shields* **copper**
bucklers, and *committed* **oversaw** *them*
unto the hands of the *chief* **governor** of the *guard*
runners, which *kept* **guarded** the *door* **portal**
of the *king's* **sovereign's** house.
28 And it *was so* **became**, when the *king* **sovereign**
went into the house of *the LORD* **Yah Veh,**
that the *guard* **runners** bare them,
and *brought* **turned** them back into
the *guard* **runners** chamber.
29 Now the rest of the *acts* **words** of *Rehoboam*
Rechab Am, and all that he *did* **worked,**
are they not *written* **inscribed** in the *book* **scroll**
of the *chronicles* **words of the days**
of the *kings* **sovereigns** of *Judah* **Yah Hudah?**
30 And there was war between *Rehoboam* **Rechab Am**
and **between** *Jeroboam* **Yarob Am** all *their* days.
31 And *Rehoboam* **Rechab Am**
slept **laid** with his fathers,
and was *buried* **entombed** with his
fathers in the city of David.
And his mother's name was Naamah
an *Ammonitess* **Ammoniyth.**
And *Abijam* **Abi Yam** his son reigned in his stead.

THE REIGN OF ABI YAM OVER YAH HUDAH

15 Now in the eighteenth year
of *king Jeroboam* **sovereign Yarob Am** the son of Nebat
reigned *Abijam* **Abi Yam** over *Judah* **Yah Hudah.**
2 Threyearsreignedhein*Jerusalem***YeruShalem.**
and his mother's name was Maachah, the
daughter of *Abishalom* **Abi Shalom.**
3 And he walked in all the sins of his father,
which he had *done before him* **worked at his face**:
and his heart was not *perfect* **at shalom**
with *the LORD* **Yah Veh** his *God* **Elohim,**
as the heart of David his father.
4 Nevertheless for David's sake
did the LORD **Yah Veh** his *God* **Elohim**
give **gave** him a lamp in *Jerusalem* **Yeru**
Shalem, to *set up* **raise** his son after him,
and to *establish Jerusalem* **station Yeru Shalem**:
5 BecauseDavid*did***worked**thatwhichwas*righ***st***traight*
in the eyes of *the LORD* **Yah Veh,**
and turned not aside from *any thing* **all**
that he *commanded* **misvahed** him all
the days of his life, save only
in the *matter* **word** of *Uriah* **Uri Yah** the *Hittite* **Hethiy.**
6 And there was war
between *Rehoboam* **Rechab Am** and **between**
Jeroboam **Yarob Am** all the days of his life.
7 Now the rest of the *acts* **words** of *Abijam*
Abi Yam, and all that he *did* **worked,**
are they not *written* **inscribed** in the *book* **scroll**
of the *chronicles* **words of the days**

of the *kings* **sovereigns** of *Judah* **Yah Hudah**?
And there was war
between *Abijam* **Abi Yam** and
between *Jeroboam* **Yarob Am**.
8 And *Abijam slept* **Abi Yam laid** with his fathers;
and they *buried* **entombed** him in the city of
David: and Asa his son reigned in his stead.
to all the abhorrences of the goyim
whom Yah Veh dispossessed
at the face of the sons of Yisra El.
25 And so be it,
in the fifth year of sovereign Rechab Am, Shishak
sovereign of Misrayim ascends against Yeru Shalem:
26 and takes the treasures of the house of Yah Veh
and the treasures of the house of the sovereign:
he even takes all:
and he takes all the bucklers of gold
Shelomoh worked:
27 and in their stead
sovereign Rechab Am works copper
bucklers and oversees
the hands of the governor of the runners,
who guard the portal of the house of the sovereign:
28 and so be it,
the sovereign goes to the house of Yah
Veh and the runners bear them
and return them to the runners chamber.
29 And the rest of the words of Rechab
Am and all he worked,
are they not inscribed in the scroll of the words
of the days of the sovereigns of Yah Hudah?
30 And so be it,
war between Rechab Am and
between Yarob Am all days.
31 And Rechab Am lies down with his fathers
— entombed with his fathers in the city of David.
And the name of his mother,
Naamah — an Ammoniyth.
— and Abi Yam his son reigns in his stead.

The Reign Of Abi Yam Over Yah Hudah

15 And in the eighteenth year
of sovereign Yarob Am the son of Nebat
Abi Yam reigns over Yah Hudah:
2 he reigns three years in Yeru Shalem:
and the name of his mother, Maachah
the daughter of Abi Shalom.
3 And he walks in all the sins his
father worked at his face:
and his heart is not at shalom with Yah Veh his Elohim
as the heart of David his father:
4 but for sake of David
Yah Veh his Elohim gives him a lamp in Yeru Shalem
— to raise his son after him and to station Yeru Shalem:
5 because David
worked straight in the eyes of Yah Veh
and turned not aside from all he misvahed
him all the days of his life,
except only, in the word of Uri Yah the Hethiy:
6 and so be it,
war between Rechab Am and between
Yarob Am all the days of his life.
7 And the rest of the words of Abi
Yam and all he worked,
are they not inscribed in the scroll of the words of the
days of the sovereigns of Yah Hudah? And so be it,
war between Abi Yam and between Yarob Am:
8 and Abi Yam lies down with his fathers;
and they entomb him in the city of David:
and Asa his son reigns in his stead.

The Reign Of Asa Over Yah Hudah

9 Andinthetwenitethyearof*Jeroboam***YarobAm,**
king **sovereign** of *Israel* **Yisra El**
reigned Asa over *Judah* **Yah Hudah**.
10 And forty and one years reigned he
in *Jerusalem* **Yeru Shalem**.
And his mother's name was Maachah, the
daughter of *Abishalom* **Abi Shalom**.
11 And Asa *did* **worked** that which was *right* **straight**
in the eyes of *the LORD* **Yah Veh**, as *did* David his father.
12 And he *took* **passed** *away*
the *sodomites* **hallowed whoremongers** out of the land,
and *removed* **turned aside** all the idols
that his fathers had *made* **worked**.
13 And also Maachah his mother,
even her he *removed* **turned aside**
from being *queen* **lady**,
because she had *made* **worked** an idol **of awe**
in *a grove* **an asherah**;
and Asa *destroyed* **cut off** her idol **of awe**, and
burnt it by the *brook Kidron* **wadi Qidron**.
14 But the *high places* **bamahs**
were not *removed* **turned aside**:
nevertheless Asa's heart was *perfect* **at shalom**
with *the LORD* **Yah Veh** all his days.
15 And he brought in
the *things which* **holies of** his father *had dedicated*, and
the things which himself had dedicated **his own**
holies, into the house of *the LORD* **Yah Veh**,

silver, and gold, and *vessels* **instruments.**
16 And there was war between Asa
and *Baasha king* **Basha sovereign** of *Israel* **Yisra El**
all their days.
17 And *Baasha king* **Basha sovereign** of *Israel* **Yisra El**
went up **ascended** against *Judah* **Yah**
Hudah, and built Ramah,
that he might not *suffer* **give** any to go out or come in
to Asa *king* **sovereign** of *Judah* **Yah Hudah.**
18 Then Asa took all the silver and the gold
that *were left* **remained** in the treasures
of the house of *the LORD* **Yah Veh,**
and the treasures of the *king's* **sovereign's**
house, and *delivered* **gave** them into the hand
of his servants: and *king* **sovereign** Asa
sent them to *Benhadad* **Ben Hadad**, the son of
Tabrimon **Tab Rimon**, the son of *Hezion* **Hezyon**,
king **sovereign** of *Syria* **Aram**,
that *dwelt* **settled** at *Damascus* **Dammeseq**, saying,
19 There is a *league* **covenant** between
me and **between** thee,
and between my father and **between** thy father: behold,
I have sent unto thee a *present* **bribe** of silver and gold;
come and break thy *league* **covenant**
with *Baasha king* **Basha sovereign** of *Israel* **Yisra**
El, that he may *depart* **ascend** from me.
20 So *Benhadad* **Ben Hadad**
hearkened unto *king* **sovereign** Asa,
and sent the *captains* **governors** of the *hosts*
valiant which he had against the cities of *Israel*
Yisra El, and smote *Ijon* **Iyon**, and Dan,
and *Abelbethmaachah* **Abel Beth Maachah**,
and all *Cinneroth* **Kinneroth**, with
all the land of Naphtali.
21 And**sobe**it*cametopass*,
when *Baasha* **Basha** heard thereof,
that he *left off* **ceased** building of Ramah,
and *dwelt* **settled** in *Tirzah* **Tirsah**.
22 Then *king* **sovereign** Asa
made a proclamation throughout all Judah
had all Yah Hudah hear;
none was *exempted* **exonerated**:
and they *took away* **lifted** the stones of
Ramah, and the timber thereof,
wherewith *Baasha* **Basha** had builded;
and *king* **sovereign** Asa built with them
Geba of *Benjamin* **Ben Yamin**, and *Mizpah* **Mispeh**.
23 Therestofalthe*acts***words**ofAsa,andalhismight,
and all that he *did* **worked**, and the cities which he built,
9 And in the twentieth year
of Yarob Am sovereign of Yisra El
Asa reigns over Yah Hudah:
10 and he reigns forty—one years in Yeru Shalem.
And the name of his mother, Maachah
the daughter of Abi Shalom.
11 And Asa works straight in the eyes of
Yah Veh as David his father:
12 and he passes the hallowed whoremongers
from the land,
and turns aside all the idols his fathers worked:
13 and also turns aside his mother
Maachah from being lady,
because she worked an idol of awe in an asherah;
and Asa cuts off her idol of awe and
burns it by the wadi Qidron:
14 and the bamahs are not turned aside:
only, the heart of Asa is at shalom
with Yah Veh all his days:
15 and he brings in the holies of his
father and his own holies
to the house of Yah Veh
— silver and gold and instruments.
16 And so be it, war between Asa
and between Basha sovereign of Yisra El all their days:
17 and Basha sovereign of Yisra El
ascends against Yah Hudah and builds Ramah
that he gives no one to go or to come
to Asa sovereign of Yah Hudah:
18 and Asa takes all the silver and the gold remaining
in the treasures of the house of Yah Veh,
and the treasures of the house of the sovereign, and gives
them to the hand of his servants: and sovereign Asa
sends them to Ben Hadad the son of Tab Rimon
the son of Hezyon sovereign of Aram;
who settles at Dammeseq, saying,
19 There is a covenant between me and between you,
and between my father and between your father:
behold, I sent you a bribe of silver and gold;
come and break your covenant with Basha sovereign
of Yisra El, so that he ascends from me.
20 So Ben Hadad hearkens unto sovereign Asa,
and sends the governors of his valiant
against the cities of Yisra El;
and smites Iyon and Dan and Abel Beth Maachah
and all Kinneroth with all the land of Naphtali.
21 And so be it, Basha hears,
and he ceases building Ramah and settles in Tirsah.
22 Then sovereign Asa has all Yah Hudah hear
— none is exonerated:
and they lift the stones of Ramah,

and the timber wherewith Basha built;
and with them,
sovereign Asa builds Geba of Ben Yamin and Mispeh.
23 The rest of all the words of Asa, and all his might,
and all he worked, and the cities he built,
are they not *written* **inscribed** in the *book* **scroll**
of the *chronicles* **words of the days**
of the *kings* **sovereigns** of *Judah* **Yah Hudah**?
Nevertheless in the time of his old age
he was *diseased* **sick** in his feet.
24 And Asa *slept* **laid** with his fathers,
and was *buried* **entombed** with his fathers
in the city of David his father:
and *Jehoshaphat* **Yah Shaphat** his
son reigned in his stead.

The Reign Of Nadab Over Yah Hudah

25 AndNadabthesonoJ*feroboam***YarobAm**
began to reign **reigned** over *Israel* **Yisra El**
in the second year of Asa
king **sovereign** of *Judah* **Yah Hudah,**
and reigned over *Israel* **Yisra El** two years.
26 And he *did* **worked** evil
in the *sight* **eyes** of *the LORD* **Yah Veh,**
and walked in the way of his father,
and in his sin wherewith he made *Israel* **Yisra El** to sin.
27 And *Baasha* **Basha** the son of *Ahijah* **Achiy Yah,**
of the house of *Issachar* **Yissachar,**
conspired against him;
and *Baasha* **Basha** smote him at Gibbethon,
which *belonged* **was** to the *Philistines* **Peleshethiy;**
for Nadab and all *Israel* **Yisra El**
laid siege to **besieged** Gibbethon.
28 Even in the third year of Asa
king **sovereign** of *Judah* **Yah Hudah**
did Baasha slay **Basha deathified**
him, and reigned in his stead.
29 And **so be** it *came to pass,* when he reigned,
that he smote all the house of *Jeroboam* **Yarob**
Am; he left not to *Jeroboam* **Yarob Am** any
survivors that *breathed* **hath breath,**
until he had *destroyed* **desolated** him, according
unto the *saying* **word** of *the LORD* **Yah Veh,**
which he *spake* **worded** by **the hand of** his servant
Ahijah **Achiy Yah** the *Shilonite* **Shilohiy**:
30 Because of the sins of *Jeroboam* **Yarob Am**
which he sinned,
and which he made *Israel* **Yisra El** sin,
by his *provocation* **vexation**
wherewith he *provoked* **vexed**
the LORD God **Yah Veh Elohim**
of *Israel* **Yisra El** *to anger.*
31 Now the rest of the *acts* **words** of Nadab,
and all that he *did* **worked,**
are they not *written* **inscribed** in the *book* **scroll**
of the *chronicles* **words of the days**
of the *kings* **sovereigns** of *Israel* **Yisra El?**
32 And there was war between Asa
and *Baasha king* **Basha sovereign** of *Israel* **Yisra El**
all their days.

The Reign Of Basha Over Yisra El

33 In the third year of Asa
king **sovereign** of *Judah* **Yah Hudah**
began *Baasha* **Basha** the son of *Ahijah* **Achiy Yah**
to reign over all *Israel* **Yisra El** in *Tirzah* **Tirsah,**
twenty and four years.
34 And he *did* **worked** evil
in the *sight* **eyes** of *the LORD* **Yah Veh,**
and walked in the way of *Jeroboam*
Yarob Am, and in his sin
wherewith he made *Israel* **Yisra El** to sin.
16 Then the word of *the LORD* **Yah Veh**
came to *Jehu* **Yah Hu**
the son of Hanani against *Baasha* **Basha,** saying,
2 Forasmuch as I exalted thee out of the dust,
and *made* **gave** thee *prince* **eminence**
over my people *Israel* **Yisra El;**
and thou hast walked in the way of *Jeroboam* **Yarob**
Am, and hast made my people *Israel* **Yisra El** to sin,
to *provoke* **vex** me *to anger* with their sins;
3 Behold, I *will take* **shall burn** away
the posterity of *Baasha* **Basha,**
and the posterity of his house;
and *will make* **shall give** thy house
like the house of *Jeroboam* **Yarob Am** the son of Nebat.
4 Him that dieth of *Baasha* **Basha** in the
city shall the dogs *eat* **devour;**
are they not inscribed in the scroll of the
words of the days of the sovereigns of Yah
Hudah? Only, in the time of his old age
he was sick in his feet:
24 and Asa lies down with his fathers and
is entombed with his fathers
in the city of David his father:
and Yah Shaphat his son reigns in his stead.

The Reign Of Nadab Over Yah Hudah

25 And Nadab the son of Yarob Am reigns over Yisra El
in the second year of Asa sovereign of Yah Hudah;

and reigns over Yisra El two years:
26 and he works evil in the eyes of Yah Veh;
and walks in the way of his father
and in his sin wherewith he has Yisra El sin.
27 And Basha the son of Achiy Yah
of the house of Yissachar conspires against him;
and Basha smites him at Gibbethon
which is to the Peleshethiy;
and Nadab and all Yisra El besiege Gibbethon.
28 Yes, Basha deathifies him
in the third year of Asa sovereign of Yah Hudah and reigns in his stead.
29 And so be it, he reigns,
and he smites all the house of Yarob Am; he leaves
Yarob Am no survivors to breathe until he desolates him
according unto the word
Yah Veh worded by the hand of his servant
Achiy Yah the Shilohiy:
30 because of the sins Yarob Am sins,
and which he has Yisra El sin;
by his vexation
whereby he vexes Yah Veh Elohim of Yisra El.
31 And the rest of the words of Nadab and all he worked,
are they not inscribed in the scroll of the words
of the days of the sovereigns of Yisra El?
32 And so be it, war between Asa
and between Basha sovereign of Yisra El all their days.

THE REIGN OF BASHA OVER YISRA EL

33 In the third year of Asa sovereign of Yah Hudah
Basha the son of Achiy Yah
begins to reign over all Yisra El in Tirsah
— twenty—four years:
34 and he works evil in the eyes of Yah Veh
and walks in the way of Yarob Am
and in his sin which he has Yisra El sin.

16 And so be it, a word of Yah Veh
comes to Yah Hu the son of Hanani
against Basha, saying,
2 Because I exalted you from the dust
and gave you eminence over my people Yisra El;
and you walk in the way of Yarob Am
and have my people Yisra El sin
— to vex me with their sins:
3 behold, I burn away the posterity of Basha,
and the posterity of his house;
and give your house
as the house of Yarob Am the son of Nebat.
4 He of Basha who dies in the city,
the dogs devour;
and him that dieth of his in the fields
shall the *fowls* **flyers** of the *air eat* **heavens devour**.
5 Now the rest of the *acts* **words** of *Baasha* **Basha**,
and what he *did* **worked**, and his might,
are they not *written* **inscribed** in the *book* **scroll**
of the *chronicles* **words of the days**
of the *kings* **sovereigns** of *Israel* **Yisra El**?
6 So *Baasha slept* **Basha laid** with his fathers,
and was *buried* **entombed** in *Tirzah* **Tirsah**:
and Elah his son reigned in his stead.
7 And also by the hand of the prophet
Jehu **Yah Hu** the son of Hanani came
the word of *the LORD* **Yah Veh**
against *Baasha* **Basha**, and against his house,
even for all the evil that he *did* **worked**
in the *sight* **eyes** of *the LORD* **Yah Veh** in *provoking*
vexing him *to anger* with the work of his hands,
in being like the house of *Jeroboam* **Yarob Am**;
and because he *killed* **smote** him.

THE REIGN OF ELAH OVER YISRA EL

8 In the twenty and sixth year
of Asa *king* **sovereign** of *Judah* **Yah Hudah**
began Elah the son of *Baasha* **Basha**
to reign over *Israel* **Yisra El** in *Tirzah* **Tirsah**, two years.
9 And his servant Zimri,
captain **governor** of half his chariots,
conspired against him, as he was in *Tirzah*
Tirsah, drinking himself *drunk* **intoxicated**
in the house of *Arza* **Arsa**
steward of *his* **the** house in *Tirzah* **Tirsah**.
10 And Zimri went in and smote him,
and *killed* **deathified** him,
in the twenty and seventh year of Asa
king **sovereign** of *Judah* **Yah Hudah**,
and reigned in his stead.
11 And **so be** it *came to pass*, when he began to
reign, as soon as he *sat* **settled** on his throne,
that he *slew* **smote** all the house of *Baasha* **Basha**:
he *left him* **let survive**
not one that *pisseth* **urinateth** against a wall, neither
of his *kinsfolks* **redeemers**, nor of his friends.
12 Thus did Zimri
destroy **desolate** all the house of *Baasha* **Basha**,
according to the word of *the LORD* **Yah Veh**,
which he *spake* **worded** against *Baasha* **Basha**
by *Jehu* **the hand of Yah Hu** the prophet.
13 For all the sins of *Baasha* **Basha**,
and the sins of Elah his son,

by which they sinned,
and by which they made *Israel* **Yisra El** to sin,
in *provoking* **vexing**
the LORD God **Yah Veh Elohim**
of *Israel* **Yisra El** *to anger*
with their vanities.
14 Now the rest of the *acts* **words** of Elah,
and all that he *did* **worked,**
are they not *written* **inscribed** in the *book* **scroll**
of the *chronicles* **words of the days**
of the *kings* **sovereigns** of *Israel* **Yisra El**?

THE REIGN OF ZIMRI OVER YISRA EL

15 In the twenty and seventh year of Asa
king **sovereign** of *Judah* **Yah Hudah**
did Zimri reign seven days in *Tirzah* **Tirsah.**
And the people were encamped against Gibbethon,
which *belonged* **be** to the *Philistines* **Peleshethiy.**
16 And the people that were encamped
heard say, Zimri hath conspired,
and hath also *slain* **smitten** the *king* **sovereign:**
wherefore all *Israel* **Yisra El** made Omri,
the *captain* **governor** of the host,
king **reign** over *Israel* **Yisra El** that day in the camp.
17 AndOmwri *entup***ascended**fromGibethon,
and all *Israel* **Yisra El** with him, and
they besieged *Tirzah* **Tirsah.**
18 And **so be** it *came to pass,*
when Zimri saw that the city was
taken **captured,** that he went
into the *palace* **citadel** of the *king's* **sovereign's** house,
and he of his who dies in the fields, the
flyers of the heavens devour.
5 And the rest of the words of Basha and
what he worked and his might;
are they not inscribed in the scroll of the words
of the days of the sovereigns of Yisra El?
6 And Basha lies down with his fathers
— entombed in Tirsah:
and Elah his son reigns in his stead.
7 And so be it,
by the hand of the prophet Yah Hu the
son of Hanani the word of Yah Veh
comes against Basha and against his house for
all the evil he works in the eyes of Yah Veh
— in vexing him with the work of his hands
in being as the house of Yarob Am;
and because he smote him.

THE REIGN OF ELAH OVER YISRA EL

8 In the twenty—sixth year
of Asa sovereign of Yah Hudah
Elah the son of Basha
begins to reign over Yisra El in Tirsah, two years:
9 and his servant Zimri governor of half his chariots
conspires against him as he is in Tirsah
— drinking himself intoxicated in the house
of Arsa the steward of the house in Tirsah:
10 and Zimri goes in and smites him
and deathifies him in the twenty—seventh
year of Asa sovereign of Yah Hudah;
and he reigns in his stead.
11 And so be it, he begins to reign;
and as soon as he settles on his throne
he smites all the house of Basha
so that not one who urinates against a wall survives
— neither of his redeemers nor of his friends:
12 thus Zimri desolates all the house of Bas ha;
according to the word Yah Veh worded against
Basha by the hand of Yah Hu the prophet:
13 for all the sins of Basha and the sins
of Elah his son which they sin;
and by which they have Yisra El sin; in vexing
Yah Veh Elohim of Yisra El with their vanities.
14 And the rest of the words of Elah, and all he works,
are they not inscribed in the scroll of the words
of the days of the sovereigns of Yisra El?

THE REIGN OF ZIMRI OVER YISRA EL

15 In the twenty—seventh year of Asa
sovereign of Yah Hudah
Zimri reigns seven days in Tirsah.
And the people encamp against Gibbethon
who are to the Peleshethiy.
16 And the people who encamp hear say, Zimri
conspired and smote the sovereign:
wherefore all Yisra El
has Omri become the governor of the host
— to reign over Yisra El that day in the camp:
17 and Omri ascends from Gibbethon with all Yisra El
and they besiege Tirsah:
18 and so be it, Zimri sees the city captured,
and he goes to the citadel
of the house of the sovereign,
and burnt the *king's* **sovereign's** house
over him with fire, and died.
19 For his sins which he sinned in *doing* **working** evil
in the *sight* **eyes** of *the LORD* **Yah Veh,**

in walking in the way of *Jeroboam* **Yarob Am**, and in his sin which he *did* **worked**,
to make *Israel* **Yisra El** to sin.
20 Now the rest of the *acts* **words** of Zimri,
and his *treason* **conspiracy** that he *wrought* **conspired**,
are they not *written* **inscribed** in the *book* **scroll**
of the *chronicles* **words of the days**
of the *kings* **sovereigns** of *Israel* **Yisra El**?

THE REIGN OF OMRI OVER YISRA EL

21 Then were the people of *Israel* **Yisra El**
divided **allotted** into two parts:
half of the people *followed* **were after** Tibni the
son of Ginath, to make him *king* **reign**;
and half *followed* **were after** Omri.
22 But the people that *followed* **were after** Omri
prevailed against the people
that *followed* **were after** Tibni the son of Ginath:
so Tibni died, and Omri reigned.
23 In the thirty and first year of Asa
king **sovereign** of *Judah* **Yah Hudah**
began Omri to reign over *Israel* **Yisra El**, twelve years:
six years reigned he in *Tirzah* **Tirsah**.
24 And he *bought* **chatteled**
the hill Samaria **mount Shomeron**
of Shemer for two *talents* **rounds** of
silver, and built on the *hill* **mount**,
and called the name of the city which he
built, after the name of Shemer,
owner **adoni** of the *hill* **mount**, *Samaria* **Shomeron**.
25 ButOmri*wrought***worked**evil
in the eyes of *the LORD* **Yah Veh**, and *did worse* **vilified**
than that were before him **above all at their face**.
26 For he walked in all the way of *Jeroboam* **Yarob Am**
the son of Nebat,
and in his sin wherewith he made *Israel*
Yisra El to sin, to *provoke* **vex**
the LORD God **Yah Veh Elohim**
of *Israel* **Yisra El** *to anger*
with their vanities.
27 Now the rest of the *acts* **words** of
Omri which he *did* **worked**,
and his might that he *shewed* **worked**,
are they not *written* **inscribed** in the *book* **scroll**
of the *chronicles* **words of the days**
of the *kings* **sovereigns** of *Israel* **Yisra El**?
28 So Omri *slept* **laid** with his fathers,
and was *buried* **entombed** in *Samaria* **Shomeron**:
and *Ahab* **Ach Ab** his son reigned in his stead.

THE REIGN OF ACH AB OVER YISRA EL

29 And in the thirty and eighth year of Asa
king **sovereign** of *Judah* **Yah Hudah**
began *Ahab* **Ach Ab** the son of Omri
to reign over *Israel* **Yisra El**:
and *Ahab* **Ach Ab** the son of Omri
reigned over *Israel* **Yisra El** in *Samaria* **Shomeron**
twenty and two years.
30 And *Ahab* **Ach Ab** the son of Omri *did* **worked**
evil in the *sight* **eyes** of *the LORD* **Yah Veh**
above all that were *before him* **at his face**.
31 And **so be** it *came to pass*,
as if it had been *a light thing* **trifle**
for him to walk in the sins of *Jeroboam* **Yarob Am**
the son of Nebat,
that he took to *wife* **woman**
Jezebel **Iy Zebel** the daughter of *Ethbaal* **Eth Baal**
king **sovereign** of the *Zidonians* **Sidoniy**,
and went and served Baal,
and *worshipped* **prostrated to** him.
32 And he *reared up an* **raised a sacrifice**
altar for Baal in the house of Baal,
which he had built in *Samaria* **Shomeron**.
33 And*Ahabmadeagrove***AchAbworkedanasherah**;
and *Ahab did more* **Ach Ab added to work**
and burns the house of the sovereign
over himself with fire,
and he dies
19 for the sins he sins in working evil
in the eyes of Yah Veh
— in walking in the way of Yarob Am
and in the sin he works to have Yisra El sin.
20 And the rest of the words of Zimri and
the conspiracy he conspired:
are they not inscribed in the scroll of the words
of the days of the sovereigns of Yisra El?

THE REIGN OF OMRI OVER YISRA EL

21 Then the people of Yisra El allot in two parts:
half of the people after Tibni the son of Ginath
to have him reign;
and half after Omri:
22 and the people after Omri prevail
against the people after Tibni the son of Ginath:
so Tibni dies and Omri reigns.
23 In the thirty—first year
of Asa sovereign of Yah Hudah
Omri begins to reign over Yisra El, twelve years:
he reigns six years in Tirsah:

24 and he chattels mount Shomeron of
Shemer for two rounds of silver;
and builds on the mount
and calls the name of the city he builds after the
name of Shemer adoni of the mount, Shomeron.
25 And Omri works evil in the eyes of Yah
Veh and vilifies above all at their face:
26 for he walks in all the way of Yarob
Am the son of Nebat
and in his sin whereby he has Yisra El sin
— to vex Yah Veh Elohim of Yisra El with their vanities.
27 And the rest of the words Omri works
and the might he works;
are they not inscribed in the scroll of the words
of the days of the sovereigns of Yisra El?
28 And Omri lies down with his fathers
— entombed in Shomeron:
and Ach Ab his son reigns in his stead.

THE REIGN OF ACH AB OVER YISRA EL

29 And in the thirty—eighth year
of Asa sovereign of Yah Hudah, Ach Ab the son of Omri
begins to reign over Yisra El: and Ach
Ab the son of Omri reigns over Yisra El
in Shomeron twenty—two years.
30 And Ach Ab the son of Omri
works evil in the eyes of Yah Veh above all at his face.
31 And so be it,
as trifling for him to walk in the sins
of Yarob Am the son of Nebat,
he takes to woman Iy Zebel
the daughter of Eth Baal sovereign of the Sidoniy;
and goes and serves Baal and prostrates to him:
32 and he raises a sacrifice altar for Baal
in the house of Baal he builds in Shomeron:
33 and Ach Ab works an asherah;
and Ach Ab adds to work
to *provoke* **vex**
the LORD God **Yah Veh Elohim**
of *Israel* **Yisra El** *to anger*
than all the *kings* **sovereigns** of *Israel* **Yisra El**
that were before him **at their face.**
34 In his days did *Hiel* **Hi El** the *Bethelite* **Beth Eliy**
build *Jericho* **Yericho**:
he laid the foundation thereof
in *Abiram* **Abi Ram** his *firstborn* **firstbirthed,**
and *set up* **stationed** the *gates* **doors** thereof
in his *youngest* **lesser** *son* Segub,
according to the word of *the LORD* **Yah
Veh**, which he *spake* **worded**
by *Joshua* **the hand of Yah Shua** the son of Nun.

RAVENS SUSTAIN ELI YAH

17 And *Elijah* **Eli Yah** the *Tishbite* **Tisbehiy,**
who was of the *inhabitants* **settlers** of
Gilead **Gilad,** said unto *Ahab* **Ach Ab,**
As the LORD God **Yah Veh Elohim**
of *Israel* **Yisra El** liveth,
before whom **at whose face** I stand, there
shall not be dew nor rain these years,
but according to my *word* **mouth.**
2 And the word of *the LORD* **Yah
Veh** came unto him, saying,
3 *Get thee* **Go** hence, and *turn* **face** thee eastward,
and hide thyself by the *brook Cherith* **wadi Kerith,**
that is before Jordan **at the face of Yarden.**
4 And**sobe**is*thalbe*,thathoushaltdirnkofthe*brook***wad;i**
and I have *commanded* **misvahed** the
ravens to *feed* **sustain** thee there.
5 So he went and *did* **worked**
according unto the word of *the LORD* **Yah Veh:**
for he went and *dwelt* **settled**
by the *brook Cherith* **wadi Kerith,**
that is before Jordan **at the face of Yarden.**
6 And the ravens brought him bread
and flesh in the morning,
and bread and flesh in the evening;
and he drank of the *brook* **wadi.**
7 And **so be** it *came to pass,*
after a while **at the end of days,** that the
brook dried up **wadi withered,**
because there had been no rain in the land.
8 And the word of *the LORD* **Yah
Veh** came unto him, saying,
9 Arise, *get thee* **go** to *Zarephath* **Sarephath,**
which *belongeth* **be** to *Zidon* **Sidon,**
and *dwell* **settle** there: behold,
I have *commanded* **misvahed** a widow woman there
to sustain thee.
10 So he arose and went to *Zarephath* **Sarephath.**
And when he came to the *gate* **portal** of the city, behold,
the widow woman was there gathering *of sticks* **timber:**
and he called to her, and said,
Fetch **Take** me, I *pray* **beseech** thee,
a little water in *a vessel* **an instrument,** that I may drink.
11 And as she was going to *fetch* **take**
it, he called to her, and said,
Bring **Take** me, I *pray* **beseech** thee,
a morsel of bread in thine hand.
12 And she said,
As the LORD **Yah Veh** thy *God* **Elohim**
liveth, I have *not a cake* **no bakings,**

but *an handful* **a palmful** of *meal* **flour** in a *barrel*
pitcher, and a little oil in a cruse: and, behold,
I am gathering two *sticks* **timbers**,
that I may go in and *dress* **work** it for me and
my son, that we may eat it, and die.
13 And *Elijah* **Eli Yah** said unto her, *Fear* **Awe** not;
go and *do* **work** as thou hast *said* **worded**:
but *make* **work** me thereof a little *cake*
ashcake first, and bring it unto me,
and after *make* **work** for thee and for thy son.
14 For thus saith
the LORD God **Yah Veh Elohim** of *Israel* **Yisra El**,
The *barrel* **pitcher** of *meal* **flour** shall not *waste*
finish, neither shall the cruse of oil *fail* **lack**,
until the day that *the LORD sendeth* **Yah Veh**
giveth rain upon the *earth* **face of the soil**.
to vex Yah Veh Elohim of Yisra El
above all the sovereigns of Yisra El at their face.
34 In his days Hi El the Beth Eliy builds Yericho:
he lays the foundation in Abi Ram his firstbirthed
and stations the doors in his lesser Segub;
according to the word Yah Veh words
by the hand of Yah Shua the son of Nun.

RAVENS SUSTAIN ELI YAH

17 And Eli Yah the Tisbehiy of the
settlers of Gilad, says to Ach Ab,
Yah Veh Elohim of Yisra El lives,
at whose face I stand,
neither dew nor rain becomes these years,
except as according to my mouth.
2 And the word of Yah Veh comes to him, saying,
3 Go from here and face eastward
and hide yourself by the wadi Kerith
at the face of Yarden:
4 and so be it, drink of the wadi;
and I misvah the ravens to sustain you there.
5 So he goes and works according
to the word of Yah Veh:
he goes and settles by the wadi Kerith
at the face of Yarden:
6 and the ravens bring him bread
and flesh in the morning
and bread and flesh in the evening;
and he drinks of the wadi:
7 and so be it, at the end of days, the wadi withers,
there being no rain in the land.
8 And so be the word of Yah Veh to him, saying,
9 Rise, go to Sarephath, Sidon and settle there:
behold,
I misvah a widow woman there to sustain you.
10 So he rises and goes to Sarephath:
and he comes to the portal of the city
and behold, the widow woman gathers timber:
and he calls to her, and says, Take me, I beseech you,
a little water in an instrument, to drink.
11 And she goes to take it, and he calls to her,
and says, Take me, I beseech you,
a morsel of bread in your hand.
12 And she says, Yah Veh your Elohim
lives, I have no bakings
except a palmful of flour in a pitcher
and a little oil in a cruse:
and behold, I gather two timbers
to go in and work for me and my son to eat
— and die.
13 And Eli Yah says to her, Awe not!
Go and work as you worded:
but first, work me a little ashcake and bring it to me;
and after, work for you and for your son:
14 for thus says Yah Veh Elohim of Yisra El,
Neither the pitcher of flour finishes off
nor the cruse of oil lack
until the day Yah Veh gives rain on the face of the soil.
15 And she went and *did* **worked**
according to the *saying* **word** of *Elijah* **Eli Yah**:
and she, and he, and her house, did eat *many* days.
16 And the *barrel* **pitcher** of *meal* **flour**
wasted **finished** not,
neither did the cruse of oil *fail* **lack**, according
to the word of *the LORD* **Yah Veh**,
which he *spake* **worded** by *Elijah* **the hand of Eli Yah**.

ELI YAH ENLIVENS THE SON OF THE WIDOW

17 And**sobeit***cametopas*,afterthese*things***words**,
that the son of the woman,
the *mistress* **baalah** of the house, fell sick;
and his sickness was *so sore* **mighty strong**, that
there was **remained** no breath *left* in him.
18 And she said unto *Elijah* **Eli Yah**,
What have I to do with thee, O
thou man of *God* **Elohim**?
art thou come unto me
to call my *sin* **perversity** to remembrance,
and to *slay* **deathify** my son?
19 And he said unto her, Give me thy son.
And he took him out of her bosom,
and *carried* **ascended** him *up* into *a loft* **an upper room**,
where he *abode* **settled**, and laid him upon his own bed.

20 And he *cried* **called out** unto *the LORD* **Yah Veh**,
and said, O *LORD* **Yah Veh** my *God* **Elohim**,
hast thou also *brought evil upon* **vilified** the widow
with whom I sojourn, by *slaying* **deathifying** her son?
21 And he *stretched* **measured** himself
upon the child three times,
and *cried* **called out** unto *the LORD* **Yah Veh**, and said,
O *LORD* **Yah Veh** my *God* **Elohim**, I *pray*
beseech thee, let this child's soul *come* **return**
into *him again* **his inwards**.
22 And *the LORD* **Yah Veh**
heard the voice of *Elijah* **Eli Yah**;
and the soul of the child *came* **returned**
into *him again* **his inwards**, and he *revived* **lived**.
23 And *Elijah* **Eli Yah** took the child,
and *brought* **descended** him *down*
out of the *chamber* **upper room** into the house,
and *delivered* **gave** him unto his mother:
and *Elijah* **Eli Yah** said, See, thy son liveth.
24 And the woman said to *Elijah* **Eli Yah**,
Now by this I know that thou art a man of *God* **Elohim**,
and that the word of *the LORD* **Yah Veh** in thy mouth
is truth.
15 And she goes and works according
to the word of Eli Yah:
and she and he and her house, eat for days:
16 and neither the pitcher of flour finishes
off nor the cruse of oil lacks;
according to the word
Yah Veh worded by the hand of Eli Yah.

Eli Yah Enlivens The Son Of The Widow

17 And so be it, after these words,
the son of the woman, the baalah of the house, falls sick;
and his sickness is mighty strong,
no breath remains in him.
18 And she says to Eli Yah,
What have I to do with you, O you man of Elohim?
Come you to me
to call my perversity to remembrance
and to deathify my son?
19 And he says to her, Give me your son.
And he takes him from her bosom and
ascends him into an upper room
where he settles and lays him down on his own bed:
20 and he calls to Yah Veh and says,
O Yah Veh my Elohim,
vilify you the widow with whom I
sojourn by deathifying her son?
21 And he measures himself on the child
three times and calls to Yah Veh
and says, O Yah Veh my Elohim, I beseech you,
return the soul of this child into his inwards.
22 And Yah Veh hears the voice of Eli Yah;
and he returns the soul of the child
into his inwards and he lives.
23 And Eli Yah takes the child
and descends him from the upper room in
the house and gives him to his mother:
and Eli Yah says, See, your son lives.
24 And the woman says to Eli Yah,
Now this I know that you are a man of Elohim
and that the word of Yah Veh in your mouth is truth.

Eli Yah And Obad Yah

18 And **so be** it *came to pass*, after many days,
that the word of *the LORD* **Yah Veh**
came to *Elijah* **Eli Yah**
in the third year, saying,
Go, *shew thyself unto Ahab* **be seen by Ach Ab**;
and I *will send* **shall give** rain upon
the *earth* **face of the soil**.
2 And *Elijah* **Eli Yah** went
to *shew himself unto Ahab* **be seen of Ach Ab**.
And there was a *sore* **strong** famine
in *Samaria* **Shomeron**.
3 And*Ahab***AchAb**caled*Obadiah***ObadYah**,
which was the governor of *his* **the**
house. (Now *Obadiah* **Obad Yah**
feared the LORD greatly **awed Yah Veh mightily**:
4 For it *was so* **became**, when *Jezebel* **Iy Zebel**
cut off the prophets of *the LORD* **Yah Veh**,
that *Obadiah* **Obad Yah** took an hundred
prophets, and hid them by fifty **men** in a cave,
and *fed* **sustained** them with bread and water.)
5 And *Ahab* **Ach Ab** said unto *Obadiah*
Obad Yah, Go into the land,
unto all fountains of water, and unto all *brooks* **wadies**:
peradventure **perhaps** we may find *grass* **leeks**
to save the horses and mules alive,
that we *lose* not **cut off** all the *beasts* **animals**.
6 So they *divided* **allotted** the land between
them to pass throughout it:
Ahab **Ach Ab** went one way by himself,
and *Obadiah* **Obad Yah** went
another **one** way by himself.
7 And as *Obadiah* **Obad Yah** was in the way, behold,

Eli Yah And Obad Yah

18 And so be it, after many days,

the word of Yah Veh comes to Eli Yah in the third year,
saying, Go, be seen by Ach Ab;
and I give rain on the face of the soil.
2 — and Eli Yah goes and is seen by Ach Ab.
— and the famine in Shomeron is strong.
3 And Ach Ab calls Obad Yah the
governor of the house.
— and Obad Yah awes Yah Veh mightily.
4 And so be it,
Iy Zebel cuts off the prophets of Yah Veh, and Obad Yah
takes a hundred prophets and hides the men in a cave
by fifties; and sustains them with bread and water.
5 And Ach Ab says to Obad Yah, Go to the land
— to all fountains of water and to all wadies:
perhaps we find leeks
to save the horses and mules alive and
not cut off all the animals.
6 So they allot the land between
them to pass throughout it:
Ach Ab goes one way by himself
and Obad Yah goes one way by himself:
7 and Obad Yah *is* in the way, and behold,
Elijah **Eli Yah** met him: and he *knew* **recognized**
him, and fell on his face, and said,
Art thou that my *lord Elijah* **adoni Eli Yah**?
8 Andhe*answered***saidto**him,I*am*:
go, *tell* **say to** thy *lord* **adoni**, Behold,
Elijah **Eli Yah** is here.
9 And he said, What have I sinned,
that thou *wouldest* **shouldest** deliver thy servant into
the hand of *Ahab* **Ach Ab**, to *slay* **deathify** me?
10 *As the LORD* **Yah Veh** thy *God* **Elohim** liveth, there
is no *nation* **goyim** or *kingdom* **sovereigndom**,
whither my *lord* **adoni** hath not sent to seek thee:
and when they said, *He is not there* **No**;
he *took an oath* **oathed**
of the *kingdom* **sovereigndom** and *nation* **goyim**,
that they found thee not.
11 And now thou sayest, Go, *tell* **say to** thy *lord*
adoni, Behold, *Elijah* **Eli Yah** *is here*.
12 And **so be** it *shall come to pass*,
as soon as I am gone from thee,
that the Spirit of *the LORD* **Yah Veh** shall
carry **lift** thee whither I know not;
and *so* when I come and tell *Ahab* **Ach Ab**,
and he cannot find thee, he shall *slay* **slaughter** me:
but I thy servant
fear the LORD **awe Yah Veh** from my youth.
13 Was it not told my *lord* **adoni** what I *did* **worked**
when *Jezebel* **Iy Zebel**
slew **slaughtered** the prophets of *the LORD*
Yah Veh, how I hid an hundred men
of *the LORD'S* **Yah Veh's** prophets
by fifty **men** in a cave,
and *fed* **sustained** them with bread and water?
14 Andnowthousayes,tGo,*te***s***l***ayto**thy*lord***adon,i**
Behold, *Elijah* **Eli Yah** *is here*:
and he shall *slay* **slaughter** me.
15 And *Elijah* **Eli Yah** said,
As the LORD of hosts **Yah Veh Sabaoth** liveth,
before whom **at whose face** I stand,
I will **shall** surely *shew myself unto*
be seen by him to day.
16 So *Obadiah* **Obad Yah** went to meet *Ahab* **Ach Ab**,
and told him:
and *Ahab* **Ach Ab** went to meet *Elijah* **Eli Yah**.
17 And **so be** it *came to pass*,
when *Ahab* **Ach Ab** saw *Elijah* **Eli Yah**,
that *Ahab* **Ach Ab** said unto him,
Art thou he that troubleth *Israel* **Yisra El**?
18 And he *answered* **said**,
I have not troubled *Israel* **Yisra El**;
but thou, and thy father's house, in that ye have forsaken
the *commandments* **misvoth** of *the LORD* **Yah Veh**,
and thou hast *followed* **walked after** Baalim.
19 Now therefore send,
and gather to me all *Israel* **Yisra El**
unto mount *Carmel* **Karmel**,
and the prophets of Baal four hundred and fifty,
and the prophets of the *groves* **asherim** four
hundred, which eat at *Jezebel's* **Iy Zebel's** table.
20 So *Ahab* **Ach Ab**
sent unto all the *children* **sons** of *Israel* **Yisra El**,
and gathered the prophets
together unto mount *Carmel* **Karmel**.
21 And *Elijah* **Eli Yah** came **near** unto
all the people, and said,
How long *halt* **limp** ye *between* **divided in** two *opinions*?
if *the LORD* **Yah Veh** be *God* **Elohim**,
follow **go after** him:
but if Baal, *then follow* **go after** him. And
the people answered him not a word.
22 Then said *Elijah* **Eli Yah** unto the people,
I, *even* I only, remain a prophet of *the LORD* **Yah Veh**;
but Baal's prophets are four hundred and fifty men.
23 Let them therefore give us two bullocks;
and let them choose one bullock for themselves,
and *cut* **dismember** it *in pieces*,
and *lay* **set** it on *wood* **timber**, and *put* **set** no fire *under*:
and I *will dress the other* **shall work one** bullock,

and *lay* **give** it on *wood* **timber**,
and *put* **set** no fire *under*:
Eli Yah meets him and he recognizes
him and falls on his face
and says, Are you he — my adoni Eli Yah?
8 And he says to him, I:
go, say to your adoni, Behold, Eli Yah!
9 And he says, What have I sinned,
that you deliver your servant to the
hand of Ach Ab, to deathify me?
10 Yah Veh your Elohim lives, there is
no goyim or sovereigndom,
where my adoni has not sent to seek you:
and when they say, Not here!
— he has the sovereigndom and goyim
oath that they found you not.
11 And now you say, Go, say to your
adoni, Behold, Eli Yah:
12 and so be it, as I go from you,
the Spirit of Yah Veh lifts you — I know not where;
and when I come and tell Ach Ab, and
he finds you not, he slaughters me:
and your servant awes Yah Veh from my youth.
13 Has not my adoni been told what I worked;
when Iy Zebel slaughtered the prophets of Yah Veh;
how I hid a hundred men of the prophets of Yah Veh
— by fifty men in a cave
and sustained them with bread and water?
14 And now you say, Go, say to your adoni,
Behold, Eli Yah!
— and he slaughters me.
15 And Eli Yah says, Yah Veh Sabaoth
lives, at whose face I stand,
surely, today I am seen by him.
16 So Obad Yah goes to meet Ach Ab and tells him:
and Ach Ab goes to meet Eli Yah:
17 and so be it, Ach Ab sees Eli Yah,
and Ach Ab says to him,
Are you he who troubles Yisra El?
18 And he says, Not I who troubles Yisra El:
but you and the house of your father
in that you forsake the misvoth of Yah
Veh and walk after Baalim:
19 and now send;
gather all Yisra El to me to mount Karmel
and the prophets of Baal four hundred and
fifty and the prophets of the asherim four
hundred who eat at the table of Iy Zebel.
20 — and Ach Ab sends to all the sons of Yisra El
and gathers the prophets to mount Karmel.
21 And Eli Yah comes near all the people, and
says, How long limp you divided in two?
If Yah Veh be Elohim, go after him!
And if Baal, go after him!
— and the people answer him not a word.
22 Then Eli Yah says to the people,
I — I only, remain a prophet of Yah Veh;
but the prophets of Baal
are four hundred and fifty men:
23 have them give us two bullocks;
and they choose one bullock for themselves
and dismember it and set it on timber and set no fire:
and I work one bullock
and give it on timber and set no fire:
24 And call ye on the name of your *gods* **elohim**,
and I *will* **shall** call on the name of *the LORD* **Yah Veh**:
and the *God* **elohim** that answereth by
fire, let him be *God* **Elohim**.
And all the people answered and said,
It is well spoken **Good word**.
25 And *Elijah* **Eli Yah** said unto the prophets of Bal,
Choose you one bullock for yourselves,
and *dress* **work** it first;
for ye are many;
and call on the name of your *gods*
elohim, but *put* **set** no fire *under*.
26 And they took the bullock
which *was given* **he gave** them, and
they *dressed* **worked** it,
and called on the name of Baal from morning even
until noon, saying, O Baal, *hear* **answer** us.
But there was no voice, nor any that answered.
And they leaped upon the **sacrifice**
altar which was *made* **worked**.
27 And it *came to pass* **became** at noon, that
Elijah **Eli Yah** mocked them, and said,
Cry aloud **Call out with a great voice**:
for he is *a god* **elohim**;
either he *is talking* **meditateth**,
or he *is pursuing* **withdraweth**, or he is in a
journey, or *peradventure* **perhaps** he sleepeth,
and must be awaked.
28 And they *cried aloud* **called out with a
great voice**, and *cut* **incised** themselves
after their *manner* **judgment**
with *knives* **swords** and *lancets* **javelins**,
till the blood *gushed* **poured** out upon them.
29 And **so be** it *came to pass*, when
midday **noon** was past,
and they prophesied until *the time of*
the *offering* **holocaust** of the *evening sacrifice* **offering**,

that there was neither voice, nor any to
answer, nor any that *regarded* **hearkened**.
30 And *Elijah* **Eli Yah** said unto all the people,
Come near unto me.
And all the people came near unto him.
And he *repaired* **healed**
the **sacrifice** altar of *the LORD* **Yah Veh**
that was *broken down* **demolished**.
31 And *Elijah* **Eli Yah** took twelve stones,
according to the number
of the *tribes* **scions** of the sons of *Jacob* **Yaaqov**,
unto whom the word of *the LORD* **Yah Veh** came,
saying, *Israel* **Yisra El** shall be thy name:
32 And with the stones he built *an* **a sacrifice**
altar in the name of *the LORD* **Yah Veh**:
and he *made* **worked** a *trench* **channel**
round about the **sacrifice** altar,
as great as would contain **to house**
two *measures* **seahs** of seed.
33 And he *put* **lined up** the *wood* **timber** *in order*,
and *cut* **dismembered** the bullock *in pieces*, and
laid **set** him on the *wood* **timber**, and said,
Fill four *barrels* **pitchers** with water,
and pour it on the *burnt sacrifice*
holocaust, and on the *wood* **timber**.
34 And he said, *Do it the second time* **Double**.
And they *did it the second time* **doubled**.
And he said, *Do it the third time* **Triple**.
And they *did it the third time* **tripled**.
35 Andthewater*arn***wen**or**t**undabouthe**sacrifice**altar;
and he filled the *trench* **channel** also with water.
36 And **so be** it *came to pass*,
at the *time of the offering* **holocaust**
of the *evening sacrifice* **offering**,
that *Elijah* **Eli Yah** the prophet came near, and said,
LORD God **Yah Veh Elohim** of Abraham,
Isaac **Yischaq**, and of *Israel* **Yisra**
El, let it be known this day
that thou art *God* **Elohim** in *Israel* **Yisra El**,
and that I am thy servant,
and that I have *done* **worked** all these *things* at thy word.
24 and you call on the name of your elohim
and I call on the name of Yah Veh:
and the elohim who answers by fire
— he is Elohim.
And all the people answer and say, Good word.
25 And Eli Yah says to the prophets of Baal, Choose
one bullock for yourselves and work it first;
for you are many;
and call on the name of your elohim, but set no fire.
26 And they take the bullock he gives
them and they work it;
and call on the name of Baal from morning
even until noon saying, O Baal, answer us.
— and there is neither voice, nor answer:
and they leap on the sacrifice altar they worked.
27 And so be it, at noon, Eli Yah mocks them
and says, Call out with a great voice; for he is elohim:
either he meditates or withdraws or journeys
or perhaps he sleeps and wakens.
28 And they call with a great voice
and incise themselves according to their
judgment with swords and javelins,
until blood pours over them:
29 and so be it, noon passes,
and they prophesy until the holocaust of the offering;
and there is neither voice nor any
answering, nor any hearkening.
30 And Eli Yah says to all the people, Come near to me.
— and all the people come near him.
And he heals the sacrifice altar of
Yah Veh that is demolished:
31 and Eli Yah takes twelve stones
— according to the number
of the scions of the sons of Yaaqov,
— to whom the word of Yah Veh became
saying, Yisra El becomes your name:
32 and with the stones
he builds a sacrifice altar in the name of Yah Veh:
and he works a channel all around the
sacrifice altar to house two seahs of seed:
33 and he lines up the timber and dismembers
the bullock and sets him on the timber
and says, Fill four pitchers with water
and pour it on the holocaust and on the timber.
34 And he says, Double!
— and they double.
And he says, Triple!
— and they triple.
35 And the water goes all around the sacrifice altar;
and he also fills the channel with water.
36 And so be it, at the holocaust of the offe ring,
Eli Yah the prophet comes near and says,
Yah Veh Elohim of Abraham, Yischaq, and Yisra El,
so be it known this day that you are Elohim in Yisra El
and I your servant:
and by your word I work all these.
37 *Hear* **Answer** me, O *LORD* **Yah Veh**, *hear*
answer me, that this people may know
that thou art *the LORD God* **Yah Veh Elohim**,

and that thou hast turned their
heart *back again* **backward.**
38 Then the fire of *the LORD* **Yah Veh** fell, and
consumed the *burnt sacrifice* **holocaust,**
and the *wood* **timber**, and the stones, and the dust, and
licked up the water that was in the *trench* **channel.**
39 And when all the people saw it,
they fell on their faces:
and they said,
The LORD **Yah Veh**, he is *the God* **Elohim**;
the LORD **Yah Veh**, he is *the God* **Elohim**.
40 And *Elijah* **Eli Yah** said unto them,
Take **Apprehend** the prophets of Baal;
let not *one* **a man** of them escape.
And they *took* **apprehended** them:
and *Elijah brought* **Eli Yah descended** them *down*
to the *brook Kishon* **wadi Qishon**, and
slew **slaughtered** them there.
41 And *Elijah* **Eli Yah** said unto *Ahab* **Ach Ab**,
Get thee up **Ascend**, eat and drink;
for there is a *sound* **voice** of *abundance*
multitude of rain.
42 So*Ahabwentup***AchAbascended**toeatandtodirnk.
And *Elijah went up* **Eli Yah ascended**
to the top of *Carmel* **Karmel;**
and he *cast* **prostrated** himself *down* upon the
earth, and *put* **set** his face between his knees,
43 Andsaidtohis*servan***lat**d,*Goup***Ascend**now,
look *toward* **the way of** the sea.
And he *went up* **ascended**, and looked,
and said, There is *nothing* **naught**.
And he said, *Go again* **Turn back** seven times.
44 And **so be** it *came to pass*,
at the seventh *time*, that he said, Behold,
there *ariseth* **ascendeth** a little **thick** cloud out of the sea,
like **as** a man's *hand* **palm**.
And he said, *Go up* **Ascend**, say unto *Ahab* **Ach Ab**,
Prepare **Bind** *thy chariot*,
and *get thee down* **descend**
that the rain *stop* **restrain** thee not.
45 And it *came to pass in the mean while* **became thus**,
that the *heaven was black* **heavens were darkened**
with **thick** clouds and wind, and there was a great rain.
And *Ahab* **Ach Ab** rode, and went to *Jezreel* **Yizre El.**
46 And the hand of *the LORD* **Yah Veh**
was on *Elijah* **Eli Yah;**
and he girded up his loins,
and ran *before Ahab* **at the face of Ach Ab**
to the entrance of *Jezreel* **Yizre El.**

ELI YAH FLEES FROM IY ZEBEL

19 And *Ahab* **Ach Ab** told *Jezebel* **Iy Zebel**
all that *Elijah* **Eli Yah** had *done* **worked,**
and withal how he had *slain* **slaughtered**
all the prophets with the sword.
2 Then *Jezebel* **Iy Zebel**
sent *a messenger* **an angel** unto *Elijah* **Eli Yah,**
saying, So let the *gods do* **elohim work** *to me*,
and *more* **add** also,
if I *make* **set** not thy *life* **soul** as the *life* **soul** of
one of them by to morrow about this time.
3 And when he saw that, he arose,
and went for his *life* **soul,**
and came to *Beersheba* **Beer Sheba**, which
belongeth **be** to *Judah* **Yah Hudah,**
and *left* **set** his *servant* **lad** there.
4 But he himself went a day's journey into
the wilderness, and came and *sat down*
settled under *a* **one** juniper *tree*:
and he *requested* **asked** for *himself* **his soul**
that he might die; and said, *It is* enough; now,
O *LORD* **Yah Veh**, take away my *life* **soul;**
for I am not better than my fathers.
5 And as he lay and slept under *a* **one** juniper
tree, behold, then an angel touched him,
and said unto him, Arise and eat.
6 And he looked, and, behold, there
was *a cake* **an ashcake**
baken on the *coals* **red hot stones,**
and a cruse of water at his head **pieces. 1**
37 Answer me, O Yah Veh, answer me,
so that this people knows you are Yah Veh Elohim
and that you turn their heart backward.
38 Then the fire of Yah Veh falls;
and consumes the holocaust
and the timber and the stones and the dust
and licks up the water in the channel.
39 And all the people see, and fall on their
faces and say, Yah Veh, he is Elohim!
Yah Veh, he is Elohim!
40 And Eli Yah says to them, Apprehend the prophets
of Baal; that not a man of them escape.
— and they apprehend them.
And Eli Yah descends them to the wadi
Qishon and slaughters them there.
41 And Eli Yah says to Ach Ab, Ascend; eat and drink;
for there is a voice of multitude of rain.
42 — and Ach Ab ascends to eat and to drink.
And Eli Yah ascends to the top of Karmel and prostrates
himself on the earth and set his face between his knees

43 and says to his lad,
Ascend now; look the way of the sea.
And he ascends and looks and says, Naught!
And he says, Turn back seven times.
44 And so be it, at the seventh he says, Behold,
a little thick cloud ascends from the sea
— as a palm of a man.
And he says, Ascend, say to Ach Ab,
Bind; and descend that the rain not restrain you.
45 And so be it,
the heavens darken — thick clouds
and wind and a great rain.
— and Ach Ab rides and goes to Yizre El.
46 And the hand of Yah Veh is on Eli Yah;
and he girds his loins
and runs at the face of Ach Ab to enter Yizre El.

ELI YAH FLEES FROM IY ZEBEL

19 And Ach Ab tells Iy Zebel all Eli Yah worked;
and how he slaughtered all the prophets with the sword.
2 And Iy Zebel sends an angel to Eli Yah, saying,
Thus work the elohim and add also;
about this time tomorrow
I set your soul as the soul of one of them.
3 And he sees and rises and goes for his soul
and comes to Beer Sheba, Yah Hudah
and sets his lad there;
4 and goes by himself
a journey of a day into the wilderness and
comes and settles under one juniper: and
he asks for his soul to die; and says,
Enough now, O Yah Veh, take away my soul;
for I am no better than my fathers.
5 And as he lies down and sleeps under one juniper,
behold, an angel touches him and says to him,
Rise! Eat!
6 And he looks, and behold,
an ashcake baked on red hot stones and
a cruse of water at his head pieces.
And he did eat and drink,
and **returned and** laid him down *again.*
7 And the angel of *the LORD* **Yah Veh**
came again **returned** the second time,
and touched him, and said,
Arise and eat; because the journey is too great for thee.

ELI YAH IN MOUNT HOREB

8 And he arose, and did eat and drink,
and went in the *strength* **substance** of that *meat* **food**
forty days and forty nights
unto Horeb the mount of *God* **Elohim.**
9 And he came thither unto a cave,
and *lodged* **stayed overnight** there; and, behold,
the word of *the LORD* **Yah Veh** *came* to him,
and he said unto him,
What doest thou here, *Elijah* **Eli Yah?**
10 And he said,
In being jealous, I have been *very* jealous
for *the LORD God of hosts* **Yah Veh Elohim Sabaoth**:
for the *children* **sons** of *Israel* **Yisra El**
have forsaken thy covenant,
thrown down thine **demolished thy sacrifice**
altars, and *slain* **slaughtered** thy prophets with
the sword; and I, *even* I only, *am left* **remain**;
and they seek my *life* **soul**, to take it away.
11 And he said, Go forth, and stand upon the mount
before the LORD **at the face of Yah Veh**. And,
behold, *the LORD* **Yah Veh** passed by,
and a great and strong wind *rent* **split** the
mountains, and brake *in pieces* the rocks
before the LORD **at the face of Yah Veh**; *but*
the LORD **Yah Veh** was not in the wind: and
after the wind *an earthquake* **a quake**;
but the LORD **Yah Veh** was not in the *earthquake* **quake**:
12 And after the *earthquake* **quake** a fire;
but the LORD **Yah Veh** was not in the fire:
and after the fire a still *small* **thin** voice.
13 And it *was so* **became,** when *Elijah* **Eli Yah** heard it,
that he *wrapped* **veiled** his face in his
mighty mantle, and went out,
and stood in the *entering in* **opening** of the cave.
And, behold, *there came* a voice unto him, and
said, What doest thou here, *Elijah* **Eli Yah?**
14 And he said,
In being jealous, I have been *very* jealous
for *the LORD God of hosts* **Yah Veh Elohim Sabaoth**:
because the *children* **sons** of *Israel* **Yisra El**
have forsaken thy covenant,
thrown down thine **demolished thy sacrifice**
altars, and *slain* **slaughtered** thy prophets with
the sword; and I, *even* I only, *am left* **remain**;
and they seek my *life* **soul**, to take it away.
15 And *the LORD* **Yah Veh** said unto
him, Go, return on thy way
to the wilderness of *Damascus* **Dammeseq**:
and when thou comest, anoint *Hazael* **Haza
El** to be *king* **sovereign** over *Syria* **Aram**:
16 And *Jehu* **Yah Hu** the son of Nimshi
shalt thou anoint to be *king* **sovereign**
over *Israel* **Yisra El**:

and *Elisha* **Eli Shua**
the son of Shaphat of *Abelmeholah* **Abel Mecholah**
shalt thou anoint to be prophet in thy *room* **stead.**
17 And **so be** it *shall come to pass,*
that him that escapeth the sword of *Hazael* **Haza El**
shall *Jehu slay* **Yah Hu deathify**
and him that escapeth from the sword of *Jehu* **Yah Hu**
shall *Elisha slay* **Eli Shua deathify.**
18 Yet I have *left* **survived** me seven
thousand in *Israel* **Yisra El,**
all the knees which have not bowed unto Baal,
and every mouth which hath not kissed him.
19 So he *departed* **went** thence,
and found *Elisha* **Eli Shua** the son of Shaphat,
who was plowing with twelve yoke *of oxen*
before him **at his face**, and he with the twelfth:
and *Elijah* **Eli Yah** passed by him, and
cast his **mighty** mantle upon him.
And he eats and drinks and returns and lies down.
7 And the angel of Yah Veh returns a second
time and touches him and says,
Rise! Eat! Because the journey is too great for you.

Eli Yah In Mount Horeb

8 And he rises and eats and drinks and
goes in the substance of that food
forty days and forty nights
to Horeb the mount of Elohim:
9 and he comes to a cave and stays there overnight;
and behold, the word of Yah Veh to him and
says to him, What — to you here, Eli Yah?
10 And he says, In being zealous,
I am zealous for Yah Veh Elohim Sabaoth: for
the sons of Yisra El forsook your covenant,
demolished your sacrifice altars
and slaughtered your prophets with the sword;
and I — I only, remain;
and they seek to take away my soul.
11 And he says, Go!
Stand on the mount at the face of Yah Veh.
And behold, Yah Veh passes by
and a great and strong wind splits the mountains
and breaks the rocks at the face of Yah Veh;
Yah Veh is not in the wind:
and after the wind, a quake; Yah Veh is not in the quake:
12 and after the quake, a fire; Yah Veh is not in the fire:
and after the fire, a still thin voice:
13 and so be it, Eli Yah hears
and veils his face in his mighty mantle;
and goes and stands in the opening of the cave.
And behold, a voice says to him,
What — to you here, Eli Yah?
14 And he says, In being zealous,
I am zealous for Yah Veh Elohim Sabaoth:
because the sons of Yisra El forsook your
covenant, demolished your sacrifice altars
and slaughtered your prophets with the sword;
and I — I only, remain;
and they seek to take away my soul.
15 And Yah Veh says to him, Go!
Return on your way to the wilderness of Dammeseq;
and go in and anoint Haza El sovereign over Aram;
16 and anoint Yah Hu the son of Nimshi
sovereign over Yisra El;
and anoint Eli Shua
the son of Shaphat of Abel Mecholah
prophet in your stead:
17 and so be it,
he who escapes the sword of Haza El
Yah Hu deathifies;
and he who escapes the sword of Ya h Hu
Eli Shua deathifies:
18 and I survive seven thousand in Yisra El
— all the knees who bowed not to Baal and
every mouth who kissed him not.
19 And he goes there
and finds Eli Shua the son of Shaphat plowing with
twelve yoke at his face and he *is* with the twelfth:
and Eli Yah passes by him
and casts his mighty mantle on him.
20 And he left the oxen, and ran after *Elijah* **Eli**
Yah, and said, Let me, I *pray* **beseech** thee,
kiss my father and my mother,
and *then I will follow* **I shall go after** thee. And
he said unto him, Go *back again* **return**:
for what have I *done* **worked** to thee?
21 And he returned *back* **afterward** from him,
and took a yoke of oxen, and *slew* **sacrificed**
them, and *boiled* **stewed** their flesh
with the instruments of the oxen,
and gave unto the people, and they did
eat. Then he arose, and went after *Elijah*
Eli Yah, and ministered unto him.

Aram Attacks Shomeron

20 And *Benhadad* **Ben Hadad**
the *king* **sovereign** of *Syria* **Aram**
gathered all his *host* **valiant** together:
and there were thirty and two *kings* **sovereigns**
with him, and horses, and chariots;

and he *went up* **ascended**
and besieged *Samaria* **Shomeron**,
and *warred* **fought** against it.
2 And he sent *messengers* **angels** to *Ahab* **Ach Ab**,
king **sovereign** of *Israel* **Yisra El** into the city,
and said unto him, Thus saith *Benhadad* **Ben Hadad**,
3 Thy silver and thy gold is mine;
thy *wives* **women** also and thy *children* **sons**,
even the goodliest, are mine.
4 And the *king* **sovereign** of *Israel* **Yisra El**
answered and said,
My *lord* **adoni**, O *king* **sovereign**, according
to thy *saying* **word**, I am thine,
and all that I have.
5 And the *messengers came again* **angels**
returned, and said, Thus *speaketh*
Benhadad **saith Ben Hadad**, saying,
Although I have sent unto thee, saying,
Thou shalt *deliver* **give** me thy silver, and thy gold,
and thy *wives* **women**, and thy *children* **sons**;
6 Yet I *will* **shall** send my servants unto
thee to morrow about this time,
and they shall search thine house, and
the houses of thy servants;
and **so be** it *shall be*,
that whatsoever is *pleasant in* **the desire of** thine eyes,
they shall *put* **set** it in their hand, and take it away.
7 Thenthe*king***sovereign**of*IsraeYl* **israEl**
called all the elders of the land,
and said, *Mark* **Perceive**, I *pray* **beseech** you,
and see how this *man* seeketh *mischief* **evil**:
for he sent unto me for my *wives* **women**,
and for my *children* **sons**,
and for my silver, and for my gold;
and I *denied* **withheld** him not.
8 And all the elders and all the people said unto
him, Hearken not *unto him*, nor *consent* **will**.
9 Wherefore he said
unto the *messengers* **angels** of *Benhadad* **Ben Hadad**,
Tell **Say to** my *lord* **adoni** the *king* **sovereign**,
All that thou didst send for to thy servant at the first
I *will do* **shall work**:
but this *thing* **word** I *may* **shall** not *do* **work**.
And the *messengers departed* **angels went**,
and *brought* **returned** him word *again*.
10 And *Benhadad* **Ben Hadad** sent unto him, and said,
The *gods do* **elohim work** so unto me, and *more*
add also, if the dust of *Samaria* **Shomeron**
shall suffice for *handfuls* **palmfuls**
for all the people *that follow me* **at my feet**.
11 And the *king* **sovereign** of *Israel* **Yisra El**
answered and said,
Tell **Word** him, Let not him that girdeth *on his harness*
boast **halal** himself as he that *putteth it off* **looseneth**.
12 And **so be** it *came to pass*,
when *Benhadad* **he** heard this *message*
word, as he was drinking,
he and the *kings* **sovereigns**
in the *pavilions* **sukkoth/brush arbors**,
20 And he leaves the oxen and runs after Eli Yah
and says, Let me, I beseech you,
kiss my father and my mother — and I go after you.
And he says to him, Go! Return!
What work I to you?
21 And he returns from after him
and takes a yoke of oxen and sacrifices them
and stews their flesh with the instruments of the oxen;
and gives to the people and they eat:
and he rises
and goes after Eli Yah and ministers to him.

ARAM ATTACKS SHOMERON

20 And Ben Hadad the sovereign of
Aram gathers all his valiant together:
with thirty—two sovereigns and horses and chariots;
and he ascends and besieges Shomeron
and fights against it.
2 And he sends angels to Ach Ab
sovereign of Yisra El into the city
and says to him, Thus says Ben Hadad,
3 Your silver and your gold
is mine;
and your women and your sons — the goodliest
are mine.
4 And the sovereign of Yisra El answers
and says, My adoni, O sovereign,
according to your word, I *am* yours — and all I have.
5 And the angels return and say, Thus says Ben Hadad,
saying, Although I send to you, saying, Give me your
silver and your gold and your women and your sons;
6 yet tomorrow about this time
I send my servants to you to search your
house and the houses of your servants;
and so be it, whatever *is* the desire of your
eyes, they set in their hand and take away.
7 And the sovereign of Yisra El
calls all the elders of the land and
says, Perceive, I beseech you
and see how this one seeks evil:
for he sends to me for my women and for my
sons and for my silver and for my gold;

and I withhold not from him.
8 And all the elders and all the people say
to him, Neither hearken, nor will.
9 And he says to the angels of Ben Hadad,
Say to my adoni the sovereign,
All you sent for to your servant at the first, I work:
but this word, I cannot work.
— and the angels go and return the word.
10 And Ben Hadad sends to him and says, The
elohim work so to me and add also,
if the dust of Shomeron suffice for palmfuls
for all the people at my feet.
11 And the sovereign of Yisra El answers and
says, Word to him, He who girds
halals not as he who loosens.
12 And so be it,
he hears this word as he is drinking
— he and the sovereigns in the sukkoth/brush arbors;
that he said unto his servants,
Set yourselves in array **Line up.**
And they *set themselves in array*
lined up against the city.

Aram Defeated

13 And,behold,there*came*a**approached**one**prophet
and he says to his servants, Line up!
— and they line up against the city.
13 And behold,
unto *Ahab king* **Ach Ab sovereign** of *Israel* **Yisra
El**, saying, Thus saith *the LORD* **Yah Veh**,
Hast thou seen all this great multitude? behold,
I *will* **shall** deliver it into thine hand this day;
and thou shalt know that I am *the LORD* **Yah Veh**.
14 And *Ahab* **Ach Ab** said, By whom?
And he said, Thus saith *the LORD* **Yah Veh**,
Even by the *young men* **lads**
of the *princes* **governors** of the *provinces*
jurisdictions. Then he said, Who shall *order* **bind**
the *battle* **war**? And he *answered* **said**, Thou.
15 Then he *numbered* **mustered** the *young men* **lads**
of the *princes* **governors** of the *provinces* **jurisdictions**,
and they were two hundred and thirty two:
and after them he *numbered* **mustered** all the people,
even all the *children* **sons** of *Israel* **Yisra El**,
being seven thousand.
16 And they went out at noon.
But *Benhadad* **Ben 1-ladad**
was drinking himself *drunk* **intoxicated** in the *pavilions*
sukkoth/brush arbors, he and the *kings* **sovereigns**,
the thirty and two *kings* **sovereigns** that helped him.
17 And the *young men* **lads**
of the *princes* **governors** of the *provinces* **jurisdictions**
went out first;
and *Benhadad* **Ben 1-ladad** sent out,
and they told him, saying,
There are men *come* **gone** out of *Samaria* **Shomeron**.
18 And he said,
Whether **If** they be come *out* for *peace* **shalom**,
take **apprehend** them alive;
or *whether* **if** they be come *out* for war,
take **apprehend** them alive.
19 So these *young men* **lads**
of the *princes* **governors** of the *provinces* **jurisdictions**
came **went** out of the city,
and the *army which followed* **valiant after** them.
20 And they *slew* **smote** every one his man:
and the *Syrians* **Aramiy** fled;
and *Israel* **Yisra El** pursued them:
and *Benhadad* **Ben 1-ladad,**
the *king* **sovereign** of *Syria* **Aram,**
escaped on an horse with the *horsemen* **cavalry**.
21 And**the***king***sovereign**o*IsfraeYl* **isra**Ewlentout,
and smote the horses and chariots, and
slew **smote** the *Syrians* **Aramiy**
with a great *slaughter* **stroke**.
22 And the prophet came **near**
to the *king* **sovereign** of *Israel* **Yisra El**, and said unto
him, Go, strengthen *thyself*, and *mark* **perceive**,
and see what thou *doest* **workest**:
for at the *return* **turn** of the year
the *king* **sovereign** of *Syria* **Aram**
will come up **shall ascend** against thee.
23 And the servants of the *king* **sovereign** of *Syria* **Aram**
said unto him,
Their *gods* **elohim** are *gods* **elohim**
of the *hills* **mountains;**
therefore they *were stronger than we* **prevailed over us**;
but let us fight against them in the plain,
and surely **unless**
we shall *be stronger than they* **prevail over them**.
24 And *do* **work** this *thing* **word**,
Take **Turn aside** the *kings* **sovereigns**
away, every man out of his place,
and *put captains* **set governors** in their *rooms* **stead**:
25 And number thee *an army* **the valiant**,
like the *army* **valiant** that *thou hast lost* **hath
fallen**, horse for horse, and chariot for chariot:
and we *will* **shall** fight against them in the plain,
and surely we shall *be stronger than they*
prevail over them. And he hearkened
unto their voice, and *did* **worked** so.

one prophet approaches Ach Ab sovereign of Yisra El,
saying, Thus says Yah Veh, See you
all this great multitude?
Behold, I deliver it into your hand this day;
so that you know I — Yah Veh.
14 And Ach Ab says, By whom?
And he says, Thus says Yah Veh,
by the lads of the governors of the jurisdictions.
Then he says, Who binds the war?
And he says, You.
15 Then he musters the lads
of the governors of the jurisdictions
— two hundred and thirty two:
and after them he musters all the people
— all the sons of Yisra El — seven thousand:
16 and they go at noon:
and Ben Hadad is drinking himself intoxic
ated in the sukkoth/brush arbors
— he and the sovereigns
— the thirty—two sovereigns who help him.
17 And the lads of the governors of
the jurisdictions go first:
and Ben Hadad sends them out
and they tell him, saying,
Men come from Shomeron!
18 And he says,
If they come for shalom, apprehend them alive;
and if they come for war, apprehend them alive.
19 So these lads of the governors of the
jurisdictions go from the city;
and the valiant after them.
20 And every one smites his man:
and the Aramiy flee; and Yisra El pursues
them: and Ben Hadad the sovereign of Aram
escapes on a horse with the cavalry:
21 and the sovereign of Yisra El comes
and smi tes the horses and chario ts and
smites the Aramiy with a great stroke.
22 And the prophet
comes near the sovereign of Yisra El
and says to him, Go! Strengthen!
And perceive and see what to work:
for at the turn of the year
the sovereign of Aram ascends against you.
23 And the servants of the sovereign of Aram say to him,
Their elohim are elohim of the mountains;
therefore they prevail over us;
and we fight them in the plain and prevail over them:
24 and so we work this word:
we turn aside the sovereigns
— every man from his place, and
set governors in their stead:
25 and number the valiant as the valiant who fell
— horse for horse and chariot for chariot:
and we fight them in the plain and prevail over them.
— and he hearkens to their voice and thus works.
26 And **so be** it *came to pass*,
at the *return* **turn** of the year, that *Benhadad* **Ben Hadad**
numbered **mustered** the *Syrians* **Aramiy**,
and *went up* **ascended** to *Aphek* **Apheq**,
to *fight* **war** against *Israel* **Yisra El**.
27 And the *children* **sons** of *Israel* **Yisra El**
were *numbered* **mustered**,
and *were all present* **maintained**, and
went *against* **to meet** them:
and the *children* **sons** of *Israel* **Yisra El** *pitched*
before **encamped in front of** them like two
little flocks of kids **bare doe goats**;
but the *Syrians* **Aramiy** filled the *country* **land**.
28 And there came **near** a man of *God* **Elohim**,
and *spake* **said** unto the *king* **sovereign** of *Israel*
Yisra El, and said, Thus saith *the LORD* **Yah Veh**,
Because the *Syrians* **Aramiy** have said,
The LORD **Yah Veh** is *God* **Elohim** of the *hills*
mountains, but he is not *God* **Elohim** of the valleys,
therefore *will* **shall** I
deliver **give** all this great multitude into thine hand,
and ye shall know *that I am the LORD* **I — Yah Veh**.
29 And they *pitched* **encamped** one over
against the other seven days.
And *so it was* **became**,
that in the seventh day
the *battle was joined* **war approached**: and the *children*
sons of *Israel* **Yisra El** *slew* **smote** of the *Syrians* **Aramiy**
an hundred thousand *footmen* **on foot** in one day.
30 But the *rest* **remaining** fled to
Aphek **Apheq**, into the city;
and there a wall fell upon twenty and seven
thousand of the men that *were left* **remained**.
And *Benhadad* **Ben Hadad** fled,
and came into the city, into an inner chamber.
31 And his servants said unto him,
Behold now, we have heard
that the *kings* **sovereigns** of the house of *Israel* **Yisra El**
are merciful *kings* **sovereigns**:
let us, I *pray* **beseech** thee,
put sackcloth **set saq** on our loins, and
ropes **lines** upon our heads,
and go out to the *king* **sovereign** of *Israel* **Yisra El**:
perhaps he *will save thy life* **shall let thy soul live**.

32 So they girded *sackcloth* **saq** on their loins,
and put *ropes* **lines** on their heads,
and came to the *king* **sovereign** of *Israel* **Yisra El,**
and said, Thy servant *Benhadad* **Ben Hadad** saith,
I *pray* **beseech** thee, let *me* **my soul** live. And
he said, Is he yet alive? He is my brother.
33 Now the men
did diligently observe
whether any thing would come from him
prognosticated of him,
and *did hastily catch* **they hasted and snatched** it:
and they said, Thy brother *Benhadad* **Ben Hadad.**
Then he said, Go ye, *bring* **take** him.
Then *Benhadad came forth* **Ben Hadad went** to him;
and he caused him to *come up* **ascend** into the chariot.
34 And *Benhadad* said unto him,
The cities, which my father took from
thy father, I *will* **shall** restore;
and thou shalt *make streets* **set outways** for thee
in *Damascus* **Dammeseq,**
as my father *made* **set** in *Samaria* **Shomeron.**
Then said *Ahab* **he,**
I *will* **shall** send thee away with this covenant.
So he *made* **cut** a covenant with him, and sent him away.

A Son Of The Prophets Orders A Smiting

35 And *a certain* **one** man of the sons of the prophets
said unto his *neighbour* **friend**
in the word of *the LORD* **Yah Veh,**
Smite me, I *pray* **beseech** thee.
And the man refused to smite him.
36 Then said he unto him,
26 And so be it, at the turn of the year,
Ben Hadad musters the Aramiy
and ascends to Apheq to war against Yisra El:
27 and the sons of Yisra El
are mustered and maintained;
and go to meet them:
and the sons of Yisra El encamp in front
of them as two bare doe goats;
and the Aramiy fill the land.
28 And a man of Elohim comes near and
says to the sovereign of Yisra El
and says, Thus says Yah Veh, Because the Aramiy say,
Yah Veh is Elohim of the mountains, but
he is not Elohim of the valleys,
I give all this great multitude into your
hand, that you know I — Yah Veh.
29 And they encamp one over against
the other seven days.
And so be it, in the seventh day,
the war approaches:
and the sons of Yisra El smite of the Aramiy
a hundred thousand on foot in one day:
30 and the remaining flee to Apheq — to the city;
and a wall falls on twenty—seven
thousand of the men who remain:
and Ben Hadad flees and comes to the city
— to an inner chamber.
31 And his servants say to him, Behold now, we hear
that the sovereigns of the house of Yisra El
are merciful sovereigns:
have us, I beseech you,
set saq on our loins and lines on our
heads and go to the sovereign of Yisra El:
peradventure he keeps your soul alive.
32 And they gird saq on their loins
and put lines on their heads
and come to the sovereign of Yisra El and say,
Your servant Ben Hadad says,
I beseech you, *may* my soul live.
And he says, Is he still alive? he is my brother.
33 Now the men prognosticate of him
and they hasten and snatch:
and they say, Your brother Ben Hadad.
Then he says, Go! Take him! Then
Ben Hadad goes to him;
and he ascends him into the chariot
34 and says to him,
The cities my father took from your father, I restore;
and set outways for yourself in Dammeseq,
as my father set in Shomeron.
Then he says, I send you away with this covenant.
— and he cuts a covenant with him and sends him away.

A Son Of The Prophets Orders A Smiting

35 And one man of the sons of the
prophets says to his friend,
By the word of Yah Veh, smite me, I beseech you.
And the man refuses to smite him.
36 Then he says to him,
Because thou hast not *obeyed* **hearkened to**
the voice of *the LORD* **Yah Veh**, behold, as
soon as thou art *departed* **gone** from me,
a lion shall *slay* **smite** thee.
And as soon as he was *departed* **gone** from *him* **his side,**
a lion found him, and *slew* **smote** him.
37 Then he found another man,
and said, Smite me, I *pray* **beseech** thee.
And the man smote him,

so that in smiting he wounded him.
38 So the prophet *departed* **went,**
and *waited* **stood by** for the *king* **sovereign** by the way,
and disguised himself with ashes upon his *face* **eyes.**
39 And as the *king* **sovereign** passed by,
he cried unto the *king* **sovereign**: and he said,
Thy servant went out into the midst of the *battle* **war**;
and, behold, a man turned aside, and brought a
man unto me, and said, *Keep* **Guard** this man:
if **in missing,** *by any means* he be missing,
then shall thy *life* **soul** be for his *life* **soul,**
or else thou shalt *pay a talent* **weigh a round** of silver.
40 And as thy servant was *busy* **working**
here and there, he was *gone* **not.**
And the *king* **sovereign** of *Israel* **Yisra El** said unto him,
So **Thus** shall thy judgment be;
thyself hast *decided* **appointed** *it.*
41 And he hasted,
and *took* **turned aside** the ashes *away* from his *face* **eyes;**
and the *king* **sovereign** of *Israel* **Yisra El**
discerned **recognized** him that he was of the prophets.
42 And he said unto him, Thus saith *the LORD* **Yah Veh,**
Because thou hast *let go* **sent away** out of thy hand
a man whom I *appointed to utter* **devoted to** destruction,
therefore thy *life* **soul** shall go for his *life* **soul,**
and thy people for his people.
43 And the *king* **sovereign** of *Israel* **Yisra El**
went to his house *heavy* **peeved** and *displeased*
enraged, and came to *Samaria* **Shomeron.**

Ach Ab Covets The Vineyard Of Naboth

21 And **so be** it *came to pass,* after
these *things* **words**, that Naboth the
Jezreelite **Yizre Eliy** had a vineyard,
which was in *Jezreel* **Yizre El,**
hard by **beside** the *palace* **temple** of *Ahab* **Ach Ab**
king **sovereign** of *Samaria* **Shomeron.**
2 And*Ahab*spake**AchAbworded**untoNaboth,saying,
Give me thy vineyard,
that I may have it for a garden of *herbs* **greens,**
because it is *near unto* **beside** my house:
and I *will* **shall** give thee for it a better vineyard than it;
or, if it seem good *to thee* **in thine eyes,**
I *will* **shall** give thee the *worth* **price** of it in *money* **silver.**
3 AndNabothsaidto*Ahab***AchAb,**
The LORD forbid it me **Far be it,**
that I should give the inheritance
of my fathers unto thee.
4 And*Ahab***AchAb**cameintohishouse
heavy **peeved** and *displeased* **enraged**
because of the word
which Naboth the *Jezreelite* **Yizre Eliy**
had *spoken* **worded** to him:
for he had said,
I *will* **shall** not give thee the inheritance of my fathers.
And he laid him down upon his bed,
and turned away his face, and *would eat* **ate** no bread.
5 Bu*Jtezebel***IlyZebeh**lis*wife***woman**cametohim,
and *said* **worded** unto him,
Why is thy spirit so *sad* **peeved,**
that thou eatest no bread?
6 And he said unto her, Because I *spake* **worded**
unto Naboth the *Jezreelite* **Yizre Eliy,**
and said unto him, Give me thy
vineyard for *money* **silver;**
or else, if it *please* **delight** thee,
I *will* **shall** give thee *another* **a** vineyard for it:
and he *answered* **said,**
I *will* **shall** not give thee my vineyard.
7 And*Jezebel***IlyZebeh**lis*wife***woman**saiduntohim,
Dost thou now *govern* **work**
the *kingdom* **sovereigndom** of *Israel* **Yisra El? 1**
Because you hearken not to the voice of Yah
Veh, behold, as soon as you go from me,
a lion smites you.
— and as soon as he goes from his side,
a lion finds him and smites him.
37 Then he finds another man
and says, Smite me, I beseech you.
— and the man smites him,
so that in smiting he wounds him.
38 So the prophet goes
and stands by for the sovereign by the way and
disguises himself with ashes on his eyes:
39 and as the sovereign passes by,
he cries to the sovereign and he says,
Your servant goes midst the war; and behold,
a man turns aside and brings a man to me
and says, Guard this man:
if in missing, he *is* missing, then your soul *is* for his soul;
or else weigh a round of silver.
40 — and as your servant works here
and there, and he is nowhere.
And the sovereign of Yisra El says to him,
Thus your judgment — as you appoint.
41 And he hastens
and turns aside the ashes from his eyes;
and the sovereign of Yisra El recognizes
that he is of the prophets;
42 and he says to him, Thus says Yah Veh,
Because you send away from your hand

a man whom I devoted to destruction,
so be it, your soul for his soul
and your people for his people.
43 And the sovereign of Yisra El
goes to his house peeved and enraged
and comes to Shomeron.

ACH AB COVETS THE VINEYARD OF NABOTH

21 And so be it, after these words,
Naboth the Yizre Eliy has a vineyard in Yizre El
beside the temple of Ach Ab sovereign of Shomeron:
2 and Ach Ab words to Naboth, saying,
Give me your vineyard to be my garden of
greens because it is beside my house:
and for it, I give you a better vineyard;
or if it seems good in your eyes, I
give you the price in silver.
3 And Naboth says to Ach Ab,
Far be it, to give you the inheritance of my fathers.
4 And Ach Ab comes to his house peeved
and enraged because of the word
Naboth the Yizre Eliy words to him:
for he said,
I give you not the inheritance of my fathers:
and he lies down on his bed
and turns away his face and eats no bread.
5 And Iy Zebel his woman comes
to him and words to him,
Why is your spirit so peeved, that you eat no bread?
6 And he says to her,
Because I word to Naboth the Yizre Eliy
and say to him, Give me your vineyard f or silver;
or else, if it delight you, I give you a vineyard for
it: and he says, I give you not my vineyard.
7 And Iy Zebel his woman says to him, Work
you not the sovereigndom of Yisra El?
arise, *and* eat bread,
and let thine heart be *merry* **well—pleased**:
I *will* **shall** give thee the vineyard
of Naboth the *Jezreelite* **Yizre Eliy**.
8 So she *wrote letters* **inscribed scrolls**
in *Ahab's* **Ach Ab's** name,
and sealed them with his seal, and sent the *letters* **scrolls**
unto the elders and to the nobles that were in his city,
dwelling **settling** with Naboth.
9 And she *wrote* **inscribed** in the *letters* **scrolls**, saying,
Proclaim **Call** a fast, and *set* **seat** Naboth
on high among **the head of** the people:
10 And set two men, sons of *Belial* **Beli Yaal**,
before **in front of** him,
to bear witness against him, saying,
Thou didst *blaspheme* **bless**
God **Elohim** and the *king* **sovereign**.
And then *carry* **bring** him out, and
stone him, that he may die.
11 And the men of his city, *even* the elders and the
nobles who *were the inhabitants* **settled** in his city,
did **worked** as *Jezebel* **Iy Zebel** had sent unto them,
and as it was *written* **inscribed** in the *letters* **scrolls**
which she had sent unto them.
12 They *proclaimed* **called** a fast,
and *set* **seated** Naboth *on high among*
the head of the people.
13 And there came in two men,
children **sons** of *Belial* **Beli Yaal**,
and *sat before* **settled in front of** him:
and the men of *Belial* **Beli Yaal** witnessed against
him, *even* against Naboth, in the presence of
the people, saying, Naboth *did blaspheme God*
blessed Elohim and the *king* **sovereign**.
Then they *carried* **brought** him forth out of the
city, and stoned him with stones, that he died.
14 Thentheysentto*Jezebe***lIyZebe**,slaying,
Naboth is stoned, and *is dead* **hath died**.
15 And **so be** it *came to pass*,
when *Jezebel* **Iy Zebel** heard that Naboth
was stoned, and *was dead* **had died**,
that *Jezebel* **Iy Zebel** said to *Ahab* **Ach Ab**,
Arise, take possession of the vineyard
of Naboth the *Jezreelite* **Yizre Eliy**,
which he refused to give thee for *money* **silver**:
for Naboth is not alive, but *dead* **hath died**.
16 And **so be** it *came to pass*,
when *Ahab* **Ach Ab** heard that Naboth *was dead* **died**,
that *Ahab* **Ach Ab** rose *up* to *go down* **descend**
to the vineyard of Naboth the *Jezreelite*
Yizre Eliy, to take possession of it.
17 And the word of *the LORD* **Yah Veh**
came to *Elijah* **Eli Yah** the *Tishbite* **Tisbehiy**, saying,
18 Airseg,*odown***descend**tomet*Ahab***AchAb**
king **sovereign** of *Israel* **Yisra El**,
which is in *Samaria* **Shomeron**:
behold, he is in the vineyard of Naboth,
whither he *is gone down* **hath descended** to possess it.
19 Andthoushasltpeak**word**untohim,saying,
Thus saith *the LORD* **Yah Veh**,
Hast thou *killed* **murdered**, and also taken
possession? And *thou* shalt *speak* **word thou** unto
him, saying, Thus saith *the LORD* **Yah Veh**,
In the place

where dogs *licked* **lapped** the blood of Naboth
shall dogs *lick* **lap** thy blood, even thine.
20 And *Ahab* **Ach Ab** said to *Elijah* **Eli Yah**,
Hast thou found me, O mine enemy? And he *answered*
said, I have found thee: because thou hast sold thyself
to work evil in the *sight* **eyes** of *the LORD* **Yah Veh**.
21 Behold, I *will* **shall** bring evil upon thee, and
will take **shall burn** away thy posterity,
and *will* **shall** cut off from *Ahab* **Ach Ab**
him that *pisseth* **urinateth** against the wall,
and him that is *shut up* **restrained**
and left in *Israel* **Yisra El**,
22 And *will make* **shall give** thine house
Rise! Eat bread! Well—please your heart!
I give you the vineyard of Naboth the Yizre Eliy.
8 So she inscribes scrolls in the name of
Ach Ab and seals them with his seal:
and sends the scrolls
to the elders and to the nobles in his
city who settle with Naboth:
9 and she inscribes in the scrolls, saying,
Call a fast and seat Naboth the head of the people:
10 and set two men, sons of Beli Yaal, in front of him,
to witness against him, saying, You
bless Elohim and the sovereign.
— and then bring him out and stone him that he die.
11 And the men of his city
— the elders and the nobles who settle in
his city work as Iy Zebel sent them
— as inscribed in the scrolls she sent them:
12 they call a fast
and seat Naboth at the head of the people.
13 And two men come in — sons of Beli
Yaal and settle in front of him:
and the men of Beli Yaal witness against him
— against Naboth in the presence of the people
saying, Naboth blesses Elohim and the sovereign.
And they bring him from the city and
stone him with stones that he dies:
14 and they send to Iy Zebel, saying, They
stoned Naboth and he died.
15 And so be it,
Iy Zebel hears they stoned Naboth and he
died, and Iy Zebel says to Ach Ab, Rise!
Possess the vineyard of Nabo th the Yizre Eliy
which he refused to give you for silver:
for Naboth *is* not alive, but died.
16 And so be it,
Ach Ab hears that Naboth died, and
Ach Ab rises to descend
to the vineyard of Naboth the Yizre Eliy, to possess it.
17 And the word of Yah Veh
comes to Eli Yah the Tisbehiy, saying,
18 Rise!
Descend to meet Ach Ab sovereign of
Yisra El, who is in Shomeron:
behold, he *is* in the vineyard of Naboth,
where he descends to possess it:
19 and word to him, saying,
Thus says Yah Veh:
You — murder? And also possess?
And word to him, saying, Thus says Yah Veh:
In the place dogs lapped the blood of Naboth
dogs lap your blood — even yours.
20 And Ach Ab says to Eli Yah, Have
you found me, O my enemy?
And he says, I have found:
because you sold yourself
to work evil in the eyes of Yah Veh:
21 behold, I bring evil on you and
burn away your posterity
and cut off from Ach Ab
all who urinate against the wall
and who *are* restrained and left in Yisra El:
22 and give your house
like the house of *Jeroboam* **Yarob Am** the son of
Nebat, and like the house of *Baasha* **Basha**
the son of *Ahijah* **Achiy Yah**,
for the *provocation* **vexation**
wherewith thou hast *provoked* **vexed** me *to*
anger, and made *Israel* **Yisra El** to sin.
23 And of *Jezebel* **Iy Zebel** also
spake the LORD **worded Yah Veh**, saying,
The dogs shall *eat Jezebel* **devour Iy Zebel**
by the *wall* **trench** of *Jezreel* **Yizre El**.
24 Him that dieth of *Ahab* **Ach Ab** in the
city the dogs shall *eat* **devour**;
and him that dieth in the field
shall the *fowls* **flyers** of the *air eat* **heavens devour**.
25 But there was none like unto *Ahab* **Ach Ab**,
which did sell himself to work *wickedness* **evil**
in the *sight* **eyes** of *the LORD* **Yah Veh**,
whom *Jezebel* **Iy Zebel** his *wife*
stirred up **woman goaded**.
26 And he did *very abominably* **mighty abhorently**
in *following* **going after** idols,
according to all *things*
as *did* **worked** the *Amorites* **Emoriy**,
whom *the LORD cast out* **Yah Veh dispossessed**
before **at the face of** the *children* **sons** of *Israel* **Yisra El**.
27 And **so be** it *came to pass*,

when *Ahab* **Ach Ab** heard those words,
that he *rent* **ripped** his clothes,
and *put sackcloth* **set saq** upon his flesh, and fasted, and
lay in *sackcloth* **saq**, and *went softly* **walked gently**.
28 And the word of *the LORD* **Yah Veh**
came to *Elijah* **Eli Yah** the *Tishbite* **Tisbehiy**, saying,
29 Seest thou how *Ahab* **Ach Ab** humbleth himself
before me **at my face**?
because he humbleth himself *before me* **at my face**, I *will* **shall** not bring the evil in his days:
but in his son's days
will **shall** I bring the evil upon his house.

The Third War Of Ach Ab With Aram

22 And they *continued* **settled** three years without
war between *Syria* **Aram** and *Israel* **Yisra El**.
2 And **so be** it *came to pass*, in the third year,
that *Jehoshaphat* **Yah Shaphat,**
the *king* **sovereign** of *Judah* **Yah Hudah**
came down **descended**
to the *king* **sovereign** of *Israel* **Yisra El**.
3 And the *king* **sovereign** of *Israel* **Yisra El**
said unto his servants,
Know ye that Ramoth in *Gilead* **Gilad** is ours,
and we be *still* **hushed**, and take it not
out of the hand of the *king* **sovereign** of *Syria* **Aram**?
4 And he said unto *Jehoshaphat* **Yah Shaphat**,
Wilt **Shalt** thou go with me to *battle* **war**
to *Ramothgilead* **Ramoth Gilad**? And
Jehoshaphat **Yah Shaphat**
said to the *king* **sovereign** of *Israel*
Yisra El, I *am* as thou *art*,
my people as thy people, my horses as thy horses.
5 And *Jehoshaphat* **Yah Shaphat**
said unto the *king* **sovereign** of *Israel* **Yisra El**, Enquire, I *pray* **beseech** thee,
at the word of *the LORD* **Yah Veh** to day.
6 Then the *king* **sovereign** of *Israel* **Yisra El**
gathered the prophets *together*,
about four hundred men, and said unto them, Shall I
go against *Ramothgilead* **Ramoth Gilad** to *battle* **war**,
or shall I *forbear* **cease**? And they said, *Go up* **Ascend**;
for *the Lord* **Adonay** shall *deliver* **give** it
into the hand of the *king* **sovereign**.
7 And *Jehoshaphat* **Yah Shaphat** said,
Is there not here a prophet of *the LORD* **Yah Veh** *besides*, that we might enquire of him?
8 Andthe*king***sovereign**of*IsraeYl* **israEl**
said unto *Jehoshaphat* **Yah Shaphat**,
There is yet one man,
Micaiah **Michah Yah** the son of *Imlah* **Yimlah**, by
whom we may enquire of *the LORD* **Yah Veh**:
as the house of Yarob Am the son of Nebat
and as the house of Basha the son of Achiy
Yah for the vexation whereby you vex me
and have Yisra El sin.
23 And Yah Veh also words of Iy Zebel, saying, The
dogs devour Iy Zebel by the trench of Yizre El.
24 He who dies of Ach Ab in the city
the dogs devour;
and he who dies in the field the
flyers of the heavens devour.
25 Surely there is none like Ach Ab
who sold himself to work evil in the eyes of Yah Veh
— whom Iy Zebel his woman goaded.
26 And he mighty abhorrently goes after idols
according to all the Emoriy worked
— whom Yah Veh dispossessed
at the face of the sons of Yisra El.
27 And so be it, Ach Ab hears those
words, and he rips his clothes
and sets saq on his flesh and fasts and
lies down in saq and walks gently.
28 And the word of Yah Veh
comes to Eli Yah the Tisbehiy, saying,
29 See how Ach Ab humbles himself at my face?
Because he humbles himself at my face
I bring no evil in his days:
but in the days of his son
I bring the evil on his house.

The Third War Of Ach Ab With Aram

22 And they settle three years without
war between Aram and Yisra El:
2 and so be it, in the third year,
Yah Shaphat the sovereign of Yah Hudah
descends to the sovereign of Yisra El.
3 And the sovereign of Yisra El says to his servants,
Know you not that Ramoth Gilad is ours?
And we hush in taking it
from the hand of the sovereign of Aram?
4 And he says to Yah Shaphat, Come
with me to war to Ramoth Gilad?
And Yah Shaphat says to the sovereign
of Yisra El, I as you;
my people as your people;
my horses as your horses.
5 And Yah Shaphat says to the sovereign of
Yisra El, Enquire, I beseech you today,
the word of Yah Veh.
6 And the sovereign of Yisra El gathers the prophets

— about four hundred men and says to them, Go
I to war against Ramoth Gilad? Or cease I?
And they say, Ascend;
for Adonay gives it in the hand of the sovereign.
7 And Yah Shaphat says,
Is there not a prophet of Yah Veh here
— to enquire of him?
8 And the sovereign of Yisra El says to Yah
Shaphat, There is still one man,
Michah Yah the son of Yimlah,
by whom we *may* enquire of Yah Veh:
but I hate him;
for he doth not prophesy good concerning me, but evil.
And *Jehoshaphat* **Yah Shaphat** said, Let
not the *king* **sovereign** say so.
9 Thenthe*king***sovereign**of*IsraeYl* **israEl**
called *an officer* **one eunuch**, and said,
Hasten *hither Micaiah* **Michah Yah**
the son of *Imlah* **Yimlah**.
10 And the *king* **sovereign** of *Israel* **Yisra El**
and *Jehoshaphat* **Yah Shaphat**
the *king* **sovereign** of *Judah* **Yah Hudah**
sat **settled** each **man** on his throne,
having *put on* **enrobed** their *robes* **clothes**,
in a *void place* **threshingfloor**
in the *entrance* **opening**
of the *gate* **portal** of *Samaria* **Shomeron**;
and all the prophets prophesied *before them* **at their face**.
11 And *Zedekiah* **Sidqi Yah**
the son of *Chenaanah* **Kenaanah**
made **worked** him horns of iron:
and he said, Thus saith *the LORD* **Yah Veh**,
With these shalt thou *push* **butt** the *Syrians* **Aramiy**,
until thou have *consumed* **finished** them **off**.
12 Andalltheprophetsprophesiedso,saying,
Go up **Ascend** to *Ramothgilead* **Ramoth Gilad**,
and prosper:
for *the LORD* **Yah Veh** shall *deliver* **give** it
into the *king's* **sovereign's** hand.

Michah Yah Prophesies Defeat

13 And the *messenger* **angel**
that was gone to call *Micaiah* **Michah Yah**
spake **worded** unto him, saying, Behold
now, the words of the prophets
declare **are** good unto the *king*
sovereign with one mouth:
let thy word, I *pray* **beseech** thee, be
like the word of one of them,
and *speak* **word** that which is good.
14 And *Micaiah* **Michah Yah** said,
As the LORD **Yah Veh** liveth,
what *the LORD* **Yah Veh** saith unto me,
that *will* **shall** I *speak* **word**.
15 So he came to the *king* **sovereign**.
And the *king* **sovereign** said unto him, *Micaiah* **Michah
Yah**, shall we go against *Ramothgilead* **Ramoth Gilad**
to *battle* **war**, or shall we *forbear* **cease**?
And he *answered* **said to** him, *Go* **Ascend**, and prosper:
for *the LORD* **Yah Veh**
shall *deliver* **give** it into the hand of the *king* **sovereign**.
16 And the *king* **sovereign** said unto him, How
many times shall I *adjure* **oath** thee
that thou *tell* **word** me *nothing* **naught**
but that which is *true* **truth**
in the name of *the LORD* **Yah Veh**?
17 And he said,
I saw all *Israel* **Yisra El** scattered upon
the *hills* **mountains**, as *sheep* **flocks** that
have *not a shepherd* **no tender**:
and *the LORD* **Yah Veh** said, These
have no *master* **adoni**:
let them return every man to his house in *peace* **shalom**.
18 And the *king* **sovereign** of *Israel* **Yisra El**
said unto *Jehoshaphat* **Yah Shaphat**,
Did I not *tell* **say to** thee
that he *would* **should** prophesy no
good concerning me, but evil?
19 And he said,
Hear thou therefore the word of *the LORD* **Yah Veh**:
I saw *the LORD sitting* **Yah Veh settled** on his
throne, and all the host of *heaven* **the heavens**
standing by him on his right *hand* and on his left.
20 And *the LORD* **Yah Veh** said,
Who shall *persuade Ahab* **entice Ach
Ab**, that he may *go up* **ascend**
and fall at *Ramothgilead* **Ramoth Gilad**?
And **this** one said *on this manner* **thus**,
and *another* **that one** said *on that manner* **thus**.
21 And there *came forth* **went** a spirit,
and stood *before the LORD* **at the face of Yah
Veh**, and said, I *will persuade* **shall entice** him.
22 And*the*LORD**YahVeh**saiduntohim,*Wherewith***How**?
And he said, I *will* **shall** go forth,
but I hate him;
for he prophesies no good concerning me; but evil.
And Yah Shaphat says,
O that the sovereign not say thus.
9 Then the sovereign of Yisra El calls one eunuch
and says, Hasten Michah Yah the son of Yimlah!
10 And the sovereign of Yisra El
and Yah Shaphat the sovereign of Yah Hudah settle

— each man on his throne; their clothes enrobed;
in a threshingfloor
in the opening of the portal of Shomeron:
and all the prophets prophesy at their face.
11 And Sidqi Yah the son of Kenaanah
works himself horns of iron:
and he says, Thus says Yah Veh,
But the Aramiy with these until you finish them off.
12 And all the prophets prophesy thus, saying,
Ascend to Ramoth Gilad and prosper:
for Yah Veh gives it in the hand of the sovereign.

MICHAH YAH PROPHESIES DEFEAT

13 And the angel who goes to call Michah
Yah words to him, saying,
Behold now, the words of the prophets are
good to the sovereign with one mouth:
and so be it, I beseech you,
your word as their word — a good word.
14 And Michah Yah says, Yah Veh lives:
what Yah Veh says to me, I word.
15 And he comes to the sovereign;
and the sovereign says to him, Michah Yah, Go
we to war against Ramoth Gilad? Or cease?
And he says to him, Ascend and prosper:
for Yah Veh gives it into the hand of the sovereign.
16 And the sovereign says to him,
How many times oath I you
that you word me naught but truth
in the name of Yah Veh?
17 And he says,
I see all Yisra El scattered on the
mountains as flocks with no tender:
and Yah Veh says, These have no adoni:
return them — every man to his house in shalom.
18 And the sovereign of Yisra El says to
Yah Shaphat, Said I not to you
that he prophesies no good concerning me
— but evil?
19 And he says,
Therefore hear the word of Yah Veh: I
see Yah Veh settled on his throne
and all the host of the heavens stand by
him at his right and at his left.
20 And Yah Veh says,
Who entices Ach Ab
to ascend and fall at Ramoth Gilad?
And this one says thus;
and that one says thus:
21 and a spirit goes and stands at the face
of Yah Veh and says, I entice him.
22 And Yah Veh says to him, How?
And he says, I go
and I *will be* **shall become** a *lying* **false**
spirit in the mouth of all his prophets.
And he said,
Thou shalt *persuade* **entice** him, and prevail also:
go forth, and *do* **work** so.
23 Now therefore, behold,
the LORD **Yah Veh** hath *put* **given** a *lying* **false**
spirit in the mouth of all these thy prophets,
and *the LORD* **Yah Veh** hath *spoken* **worded** evil
concerning thee.
24 But *Zedekiah* **Sidqi Yah**
the son of *Chenaanah went* **Kenaanah came** near,
and smote *Micaiah* **Michah Yah** on the cheek,
and said, *Which way went* **Where passed**
the Spirit of *the LORD* **Yah Veh** from
me to *speak* **word** unto thee?
25 And *Micaiah* **Michah Yah** said, Behold,
thou shalt see in that day,
when thou shalt go into an inner
chamber to hide thyself.
26 Andthe*king***sovereign**of*IsraeYl* **israEsl**aid,
Take *Micaiah* **Michah Yah**, and *carry* **return** him *back*
unto Amon the governor of the city,
and to *Joash* **Yah Ash** the *king's* **sovereign's** son;
27 And say, Thus saith the *king* **sovereign**,
Put **Set** this *fellow* **one** in the prison **house**,
and *feed him with* **have him eat**
bread of *affliction* **oppression**
and *with* water of *affliction* **oppression**,
until I come in *peace* **shalom**.
28 And *Micaiah* **Michah Yah** said,
If **in returning**, thou return *at all* in *peace* **shalom**,
the LORD **Yah Veh** hath not *spoken* **worded** by me.
And he said, Hearken, O people, every one of you.

ACH AB DEATHIFIED

and I become a false spirit
in the mouth of all his prophets.
And he says, Entice him and also
prevail: Go! Work thus!
23 And now behold,
Yah Veh gives a false spirit
in the mouth of all these your prophets and
Yah Veh words evil concerning you.
24 And Sidqi Yah the son of Kenaanah comes near
and smites Michah Yah on the cheek and says,
Where passes the Spirit of Yah Veh from me

to word to you?
25 And Michah Yah says, Behold, you see in that day
when you go into an inner chamber to hide yourself.
26 And the sovereign of Yisra El says, Take Michah Yah
and return him to Amon the governor of the city
and to Yah Ash the son of the sovereign:
27 and say, Thus says the sovereign, Set
this one in the prison house;
and have him eat
bread of oppression and water of
oppression, until I come in shalom.
28 And Michah Yah says,
If in returning, you return in shalom,
Yah Veh words not thus by me.
And he says, Hearken, O people — all of you.
29 Sothe*king***sovereign**of*IsraeYl* **israEl**
and *Jehoshaphat* **Yah Shaphat,**
the *king* **sovereign** of *Judah* **Yah Hudah**
29 And the sovereign of Yisra El

ACH AB DEATHIFIED

went up **ascended** to *Ramothgilead* **Ramoth Gilad.**
30 Andthe*king***sovereign**of*Israel***YisraEl**
said unto *Jehoshaphat* **Yah Shaphat,**
I *will* **shall** disguise myself, and enter into the *battle* **war;**
but *put* **enrobe** thou *on* thy *robes* **clothes.**
And the *king* **sovereign** of *Israel* **Yisra El** disguised
himself, and went into the *battle* **war.**
31 But the *king* **sovereign** of *Syria* **Aram**
commanded **misvahed**
his thirty and two *captains* **governors**
that had rule over his chariots, saying,
Fight neither with small nor great,
save only with the *king* **sovereign** of *Israel* **Yisra El.**
32 And **so be** it *came to pass,*
when the *captains* **governors** of the chariots
saw *Jehoshaphat* **Yah Shaphat**, that they said,
Surely it is the *king* **sovereign** of *Israel* **Yisra El.**
And they turned *aside* to fight *against* him:
and *Jehoshaphat* **Yah Shaphat** cried out.
33 And **so be** it *came to pass,*
when the *captains* **governors** of
the chariots *perceived* **saw**
that it was not the *king* **sovereign** of *Israel* **Yisra El,**
that they turned back from *pursuing* **after** him.
34 And a *certain* man
drew a bow *at a venture* **in his integrity,**
and smote the *king* **sovereign** of *Israel* **Yisra El**
between the joints of the *harness* **habergeon:**
wherefore he said unto *the driver of* his *chariot*
charioteer, Turn thine hand, and *carry* **bring** me
out of the *host* **camp**; for I am *wounded* **sick.**
35 And the *battle increased* **war ascended** that day:
and the *king* **sovereign**
was stayed up in his chariot against the
Syrians **Aramiy**, and died at even:
and the blood *ran* **poured** out of the *wound* **stroke**
into the *midst* **bosom** of the chariot.
36 And there *went* **passed** a *proclamation* **shout**
throughout the *host* **camp**
and Yah Shaphat the sovereign of Yah
Hudah ascend to Ramoth Gilad:
30 and the sovereign of Yisra El says to Yah
Shaphat, I disguise myself and enter the war;
but you enrobe your clothes.
— and the sovereign of Yisra El disguises
himself and goes to war.
31 And the sovereign of Aram misvahs his thirty—
two governors who rule over his chariots,
saying, Fight neither with small nor great,
except only, with the sovereign of Yisra El.
32 And so be it,
the governors of the chariots see Yah Shaphat, and
they say, Surely it is the sovereign of Yisra El.
And they turn to fight him:
and Yah Shaphat cries out.
33 And so be it,
the governors of the chariots see it is not the sovereign
of Yisra El, and they turn back from after him.
34 And a man draws a bow in his integrity
and smites the sovereign of Yisra El
between the joints of the habergeon:
and he says to his charioteer,
Turn your hand and bring me from the camp;
for I am sick.
35 And the war ascends that day:
and the sovereign
stays in his chariot against the
Aramiy and dies at evening:
and the blood from the stroke pours
into the bosom of the chariot.
36 And a shout passes through the camp
about the *going down* **descent** of the sun,
saying, Every man to his city,
and every man to his own *country* **land.**
37 So the *king* **sovereign** died,
and *was brought to Samaria* **entered Shomeron;**
and they *buried* **entombed** the *king* **sovereign**
in *Samaria* **Shomeron.**
38 And *one washed* **overflowed** the chariot
in the pool of *Samaria* **Shomeron;**

and the dogs *licked* **lapped** up his blood;
and they *washed* **bathed** his armour; according unto the
word of *the LORD* **Yah Veh** which he *spake* **worded.**
39 Now the rest of the *acts* **words** of *Ahab*
Ach Ab, and all that he *did* **worked,**
and the ivory house which he *made* **built,**
and all the cities that he built,
are they not *written* **inscribed** in the *book* **scroll**
of the *chronicles* **words of the days**
of the *kings* **sovereigns** of *Israel* **Yisra El?**
40 So *Ahab slept* **Ach Ab laid** with his fathers;
and *Ahaziah* **Achaz Yah** his son reigned in his stead.

Yah Shaphat Reigns Over Yisra El

41 And*JehoshaphaYtahShaphahttesonofAsa*
began to reign over *Judah* **Yah Hudah**
in the fourth year
of *Ahab* **Ach Ab** *king* **sovereign** of *Israel* **Yisra El.**
42 *Jehoshaphat* **Yah Shaphat**
was **a son of** thirty and five years *old*
when he began to reign;
and he reigned twenty and five years
in *Jerusalem* **Yeru Shalem.**
And his mother's name was Azubah
the daughter of *Shilhi* **Shilchi.**
43 And he walked in all the ways of Asa his father;
he turned not aside from it,
doing **working** that which was *right* **straight**
in the eyes of *the LORD* **Yah Veh**: nevertheless
the *high places* **bamahs** were not *taken*
away **turned aside**; for the people
offered **sacrificed** and *burnt incense* **incensed**
yet in the *high places* **bamahs.**
44 And *Jehoshaphat made peace* **Yah Shaphat shalamed**
with the *king* **sovereign** of *Israel* **Yisra El.**
45 Now the rest of the *acts* **words**
of *Jehoshaphat* **Yah Shaphat,**
and his might that he *shewed* **worked,**
and how he *warred* **fought,**
are they not *written* **inscribed** in the *book* **scroll**
of the *chronicles* **words of the days**
of the *kings* **sovereigns** of *Judah* **Yah Hudah?**
46 And the remnant
of the *sodomites* **hallowed whoremongers,**
which *remained* **survived** in the days of his
father Asa, he *took* **burnt** out of the land.
47 There was then no *king* **sovereign** in Edom:
a deputy was king **one was stationed as sovereign.**
48 *Jehoshaphat* **Yah Shaphat**
made **worked ten** ships of *Tharshish* **Tarshish**
to go to Ophir for gold: but they went not;
for the ships were broken at *Eziongeber* **Esyon Geber.**
49 Thensaid*Ahaziah***AchazYah**thesonof*Ahab***AchAb**
unto *Jehoshaphat* **Yah Shaphat,**
Let my servants go with thy servants in the ships.
But *Jehoshaphat would* **Yah Shaphat willed** not.
50 And *Jehoshaphat* **Yah Shaphat**
slept **laid** with his fathers,
and was *buried* **entombed** with his fathers
in the city of David his father:
and *Jehoram* **Yah Ram** his son reigned in his stead.

Achaz Yah Reigns Over Yisra El

51 *Ahaziah* **Achaz Yah** the son of *Ahab* **Ach Ab**
began to reign over *Israel* **Yisra El** in *Samaria*
Shomeron the seventeenth year of *Jehoshaphat* **Yah**
Shaphat, *king* **sovereign** of *Judah* **Yah Hudah,**
and reigned two years over *Israel* **Yisra El.**
at about the descent of the sun,
saying, Every man to his city
and every man to his own land.
37 And the sovereign dies and enters Shomeron;
and they entomb the sovereign in Shomeron:
38 and they over flow the chariot
in the pool of Sho me ro n;
and the dogs lap his blood;
and they bathe his armour;
according to the word Yah Veh worded.
39 And the rest of the words of Ach
Ab and all he worked
and the ivory house he built and all the cities he built
are they not inscribed in the scroll of the words
of the days of the sovereigns of Yisra El?
40 And Ach Ab lies down with his fathers;
and Achaz Yah his son reigns in his stead.

Yah Shaphat Reigns Over Yisra El

41 And Yah Shaphat the son of Asa
begins to reign over Yah Hudah
in the fourth year of Ach Ab sovereign of Yi sra El.
42 Yah Shaphat is a son of thirty—five
years when he begins to reign;
and he reigns twenty—five years in Yeru Shalem:
and the name of his mother, Azubah
the daughter of Shilchi:
43 and he walks in all the ways of Asa his father;
he turns not aside from it
working straight in the eyes of Yah Veh: except
they turn not aside the bamahs; for the people
still sacrifice and incense in the bamahs:

44 and Yah Shaphat shalams
with the sovereign of Yisra El.
45 And the rest of the words of Yah Shaphat
— the might he worked and how he fought are
they not inscribed in the scroll of the words of
the days of the sovereigns of Yah Hudah?
46 And the remnant of the hallowed whoremongers
who survived in the days of his father Asa,
he burns from the land:
47 and there is no sovereign in Edom:
and they station one as sovereign.
48 Yah Shaphat works ten ships of
Tarshish to go to Ophir for gold:
but they go not;
for the ships break down at Esyon Geber.
49 Then Achaz Yah the son of Ach
Ab says to Yah Shaphat,
Have my servants go with your servants in the ships.
— and Yah Shaphat willed not.
50 And Yah Shaphat lies down with his fathers
and is entombed with his fathers
in the city of David his father:
and Yah Ram his son reigns in his stead.

ACHAZ YAH REIGNS OVER YISRA EL

51 Achaz Yah the son of Ach Ab begins to
reign over Yisra El in Shomeron
the seventeenth year of Yah Shaphat
sovereign of Yah Hudah
and reigns two years over Yisra El.
52 And he *did* worked evil
in the *sight* eyes of *the LoRD* Yah Veh,
and walked in the way of his father,
and in the way of his mother,
and in the way of *Jeroboam* Yarob Am the son of Nebat,
who made */srae/*Yisra **El** to sin:
53 For he served Baal, and *worshipped* prostrated
to him, and *provoked to anger* vexed
the LoRD God Yah Veh Elohim of */srae/*Yisra **El,**
according to all that his father had *done* worked.
52 And he works evil in the eyes of Yah Veh
and walks in the way of his father
and in the way of his mother
and in the way of Yarob Am the son of
Nebat who had Yisra El to sin:
53 and serves Baal and prostrates to him
and vexes Yah Veh Elohim of Yisra El
according to all his father worked.

YAH VEH JUDGES ACHAZ YAH

1 *Then* **And** Moab rebelled against *Israel* **Yisra El**
after the death of *Ahab* **Ach Ab.**
2 And *Ahaziah* **Achaz Yah**
fell *down* through a lattice in his upper *chamber* **room**
that was in *Samaria* **Shomeron**, and was sick:
and he sent *messengers* **angels**, and said unto
them, Go, enquire of *Baalzebub* **Baal Zebub**
the *god* **elohim** of *Ekron* **Eqron**
whether I shall *recover* **live** of this *disease* **sickness**.
3 But the angel of *the LORD* **Yah Veh**
said **worded** to *Elijah* **Eli Yah** the *Tishbite* **Tisbehiy**,
Arise, *go up* **ascend** to meet the *messengers* **angels**
of the *king* **sovereign** of *Samaria*
Shomeron, and *say* **word** unto them,
Is it not because
there is not *a God* **Elohim** in *Israel*
Yisra El, that ye go to enquire
of *Baalzebub* **Baal Zebub** the *god*
elohim of *Ekron* **Eqron**?
4 Nowthereforethusaith*theLORD***YahVeh**,
Thou shalt not *come down* **descend**
from that bed on which thou art *gone up*
ascended, but **in dying,** shalt *surely* die.
And *Elijah departed* **Eli Yah went.**
5 And when the *messengers* **angels** turned
back unto him, he said unto them, Why
are ye *now* **thus** turned back?
6 And they said unto him,
There *came* **ascended** a man *up* to
meet us, and said unto us, Go,
turn again **return** unto the *king* **sovereign** that sent you,
and *say* **word** unto him, Thus saith *the*
LORD **Yah Veh**, Is it not because
there is not a *God* **Elohim** in *Israel* **Yisra**
El, that thou sendest to enquire
of *Baalzebub* **Baal Zebub** the *god*
elohim of *Ekron* **Eqron**?
therefore thou shalt not *come down* **descend**
from that bed on which thou art *gone up*
ascended, but **in dying,** shalt *surely* die.
7 And he *said* **worded** unto them,
What *manner* **is your judgment** of **the** man *was he*
which *came up* **ascended** to meet you,
and *told* **worded** you these words?
8 And they *answered* **said to** him,
He was *an hairy man* **a man, a master of hair**, and
girt with a girdle of *leather* **skin** about his loins. And
he said, It is *Elijah* **Eli Yah** the *Tishbite* **Tisbehiy**.
9 Then the *king* **sovereign** sent unto him a
captain **governor** of fifty with his fifty.
And he *went up* **ascended** to him: and, behold, he
sat **settled** on the top of *an hill* **a mountain**.
And he *spake* **worded** unto him,
Thou man of *God* **Elohim**,
the *king* **sovereign** hath *said* **worded**,
Come down **Descend**.
10 And *Elijah* **Eli Yah** answered and *said* **worded**
to the *captain* **governor** of fifty, If I be a
man of *God* **Elohim**, then let fire
come down **descend** from *heaven* **the heavens**,
and consume thee and thy fifty.
And there *came down* **descended** fire
from *heaven* **the heavens**,
and consumed him and his fifty.
11 *Again also* **And** he **returned and** sent unto him
another *captain* **governor** of fifty with his fifty.
And he answered and *said* **worded** unto him,
O man of *God* **Elohim**, thus hath
the *king* **sovereign** said,
Come down **Descend** quickly.
12 And *Elijah* **Eli Yah**
answered and *said* **worded** unto them,
If I be a man of *God* **Elohim**,
let fire *come down* **descend** from *heaven* **the**
heavens, and consume thee and thy fifty.
And the fire of *God* **Elohim**
came down **descended** from *heaven* **the heavens**,
and consumed him and his fifty.
13 And he **returned and** sent *again*
a *captain* **governor** of the third fifty with his fifty.

1 And Moab rebels against Yisra El
after the death of Ach Ab.
2 And Achaz Yah
falls through a lattice in his upper
room in Shomeron and is sick:
and he sends angels and says to them,
Go, enquire of Baal Zebub the elohim
of Eqron if I live of this sickness.
3 And the angel of Yah Veh words to Eli Yah the
Tisbehiy, Rise, ascend to meet the angels
of the sovereign of Shomeron and word
to t hem, Is it because there is no elohim
in Yisra El, that you go to enquire
of Baal Zebub the elohim of Eqron?
4 And so thus says Yah Veh,
You descend not from that bed you ascended;
but in dying, you die.
And Eli Yah goes:

5 and the angel turns back to him,
and he says to them, Why turn you back thus?
6 And they say to him,
A man ascends to meet us, and says to us, Go!
Return to the sovereign who sent you and
word to him, Thus says Yah Veh,
Is it because there is no elohim in Yisra
El that you send to enquire
of Baal Zebub the elohim of Eqron?
so you descend not from that bed you ascended;
but in dying, you die.
7 And he words to them,
What is your judgment of the man
who ascended to meet you
and worded you these words?
8 And they say to him,
He is a man, a master of hair
and girt with a girdle of skin around his loins;
and he says he is Eli Yah the Tisbehiy.
9 Then the sovereign sends him a
governor of fifty with his fifty:
and he ascends to him:
and behold, he settles on the top of a mountain:
and he words to him, You — man of Elohim,
the sovereign words, Descend.
10 And Eli Yah answers
and words to the governor of fifty,
If I *am* a man of Elohim,
fire descends from the heavens and
consumes you and your fifty.
— and fire descends from the heavens
and consumes him and his fifty.
11 And he returns and sends him another
governor of fifty with his fifty:
and he answers and words to him,
O man of Elohim, thus says the
sovereign, Descend quickly.
12 And Eli Yah answers and words to
them, If I *am* a man of Elohim,
fire descends from the heavens
and consumes you and your fifty.
— and the fire of Elohim descends from the
heavens and consumes him and his fifty.
13 And he returns and sends
a governor of the third fifty with his fifty:
And the third *captain* **governor** of fifty *went up*
ascended, and came and *fell* **bowed** on his knees
before Elijah **in front of Eli Yah**,
and besought him, and *said* **worded** unto him,
O man of *God* **Elohim**, I *pray* **beseech** thee,
let my *life* **soul**, and the *life* **soul** of these fifty
thy servants, be precious in thy *sight* **eyes**.
14 Behold, there *came* **descended** fire *down*
from *heaven* **the heavens**,
and *burnt up* **consumed** the two *captains* **governors**
of the former fifties with their fifties:
therefore let my *life* **soul**
now be precious in thy *sight* **eyes**.
15 And the angel of *the LORD* **Yah Veh**
said **worded** unto *Elijah* **Eli Yah**,
Go down **Descend** with him:
be not *afraid of* **awed to face** him.
And he arose, and *went down* **descended**
with him unto the *king* **sovereign**.
16 And he *said* **worded** unto him, Thus
saith *the LORD* **Yah Veh**,
Forasmuch as thou hast sent *messengers* **angels**
to enquire of *Baalzebub* **Baal Zebub** the *god*
elohim of *Ekron* **Eqron**, is it not because
there is no *God* **Elohim** in *Israel* **Yisra El**
to enquire of his word?
therefore thou shalt not *come down* **descend** off
that bed on which thou art *gone up* **ascended**,
but **in dying**, shalt *surely* die.
17 So he died according to the word
of *the LORD* **Yah Veh**
which *Elijah* **Eli Yah** had *spoken* **worded**.
And *Jehoram* **Yah Ram** reigned in his stead
in the second year of *Jehoram* **Yah Ram**
the son of *Jehoshaphat* **Yah Shaphat**,
king **sovereign** of *Judah* **Yah Hudah**;
because he had no son.
18 Now the rest of the *acts* **words** of *Ahaziah* **Achaz Yah**
which he *did* **worked**,
are they not *written* **inscribed** in the *book* **scroll**
of the *chronicles* **words of the days**
of the *kings* **sovereigns** of *Israel* **Yisra El**?

ELI YAH ASCENDS TO THE HEAVENS

2 And **so be** it *came to pass*,
when *the LORD would take up Elijah*
Yah Veh should ascend Eli Yah
into *heaven* **the heavens** by a *whirlwind* **storm**,
that *Elijah* **Eli Yah** went with *Elisha*
Eli Shua from Gilgal.
2 And *Elijah* **Eli Yah** said unto *Elisha* **Eli Shua**,
Tarry **Settle** here, I *pray* **beseech** thee;
for *the LORD* **Yah Veh** hath sent me to *Bethel* **Beth El**.
And *Elisha* **Eli Shua** said *unto him*,
As the LORD **Yah Veh** liveth, and *as* thy soul liveth,

I *will* **shall** not leave thee.
So they *went down* **descended** to *Bethel* **Beth El**.
3 And the sons of the prophets that
were at *Bethel* **Beth El**
came forth **went** to *Elisha* **Eli Shua**, and said unto
him, Knowest thou that *the LORD* **Yah Veh**
will **shall** take *away* thy *master* **adoni**
from thy head to day?
And he said, Yea, I know it; *hold ye your peace* **hush**.
4 And *Elijah* **Eli Yah** said unto him,
Elisha **Eli Shua**, *tarry* **settle** here, I *pray* **beseech** thee;
for *the LORD* **Yah Veh** hath sent me to *Jericho* **Yericho**.
And he said,
As the LORD **Yah Veh** liveth, and *as* thy soul liveth,
I *will* **shall** not leave thee.
So they came to *Jericho* **Yericho**.
5 And the sons of the prophets that
were at *Jericho* **Yericho**
came **near** to *Elisha* **Eli Shua**, and said unto
him, Knowest thou that *the LORD* **Yah Veh**
will **shall** take *away* thy *master* **adoni**
from thy head to day? And he *answered* **said**,
Yea, I know it; *hold* ye *your peace* **hush**.
6 And *Elijah* **Eli Yah** said unto him,
Tarry **Settle**, I *pray* **beseech** thee, here;
for *the LORD* **Yah Veh** hath sent me to *Jordan* **Yarden**.
And he said,
As the LORD **Yah Veh** liveth, and *as* thy soul liveth,
I *will* **shall** not leave thee. And they two went on.
and the third governor of fifty ascends
and comes and bows on his knees in front of Eli
Yah and beseeches him and words to him,
O man of Elohim, I beseech you, that
my soul and the soul of these fifty, your
servants, be precious in your eyes:
14 behold, fire descended from the heavens
and consumed the two governors of the
former fifties with their fifties:
and now, O that my soul be precious in your eyes.
15 And the angel of Yah Veh words to Eli Yah,
Descend with him: awe not to face him.
— and he rises
and descends with him to the sovereign.
16 And he words to him, Thus says Yah
Veh, Why send you angels
to enquire of Baal Zebub the elohim of Eqron,
is it because there is no Elohim in
Yisra El to enquire of his word?
So you descend not from that bed you
ascended, but in dying, you die.
17 And he dies according to the word of
Yah Veh which Eli Yah worded:
and Yah Ram reigns in his stead
in the second year of Yah Ram
the son of Yah Shaphat sovereign of Yah Hudah;
because he has no son.
18 And the rest of the words of Achaz Yah worked,
are they not inscribed in the scroll of the words
of the days of the sovereigns of Yisra El?

Eli Yah Ascends To The Heavens

2 And so be it,
Yah Veh ascends Eli Yah into the heavens by a storm,
and Eli Yah and Eli Shua go fro
m Gilgal.
2 And Eli Yah says to Eli Shua,
Settle here, I beseech you;
for Yah Veh sends me to Beth El.
And Eli Shua says,
Yah Veh lives and your soul lives; I leave you not.
— and they descend to Beth El.
3 And the sons of the prophets at Beth
El go to Eli Shua and say to him,
Know you that today
Yah Veh takes your adoni from your head?
And he says, Yes, I know; hush.
4 And Eli Yah says to him,
Eli Shua, settle here, I beseech you;
for Yah Veh sends me to Yericho.
And he says,
Yah Veh lives and your soul lives; I leave you not.
— and they come to Yericho.
5 And the sons of the prophets at Yericho
come near to Eli Shua and say to him,
Know you that today
Yah Veh takes your adoni from your head?
And he says, Yes, I know it; hush.
6 And Eli Yah says to him, Settle, I beseech you, here;
for Yah Veh sends me to Yarden.
And he says,
Yah Veh lives and your soul lives; I leave you not.
— and the two go on.
7 And fifty men of the sons of the prophets
went, and stood *to view* **opposite** afar off:
and they two stood by *Jordan* **Yarden**.
8 And*Elijah***EliYah**tookhis**mighty**mantle,
and *wrapped it together* **rolled it**
up, and smote the waters,
and they were *divided* **halved** hither and
thither, so that they two *went* **passed** over

on *dry ground* **parched area.**
9 And **so be** it *came to pass,*
when they were *gone* **passed** over,
that *Elijah* **Eli Yah** said unto *Elisha* **Eli Shua,** Ask what I
shall *do* **work** for thee, before I be taken away from thee.
And *Elisha* **Eli Shua** said, I *pray* **beseech** thee, let a
double portion **twofold mouth** of thy spirit be upon me.
10 And he said, Thou hast asked a hard *thing*:
nevertheless, if thou see me *when I am* taken from thee,
it shall be so unto thee **so be it;**
but if not, *it shall not be* **so be it not.**
11 And **so be** it *came to pass,*
as they still went **in walking, as they walked**
on, and *talked* **worded,** that, behold,
there appeared a chariot of fire, and horses of fire,
and *parted* **separated between** them both *asunder*;
and *Elijah went up* **Eli Yah ascended**
by a *whirlwind* **storm**
into *heaven* **the heavens.**
12 And *Elisha* **Eli Shua** saw it, and he cried,
My father, my father, the chariot of *Israel* **Yisra**
El, and the *horsemen thereof* **cavalry.**
And he saw him no more:
and he took hold of his own clothes,
and *rent* **shreded** them in two *pieces* **shreds.**
13 He *took up* **lifted** also
the **mighty** mantle of *Elijah* **Eli Yah** that fell
from him, and *went back* **returned,**
and stood by the *bank* **lip** of *Jordan* **Yarden;**
14 And he took the **mighty** mantle of *Elijah* **Eli Yah**
that fell from him,
and smote the waters, and said,
Where is *the LORD God* **Yah Veh**
Elohim of *Elijah* **Eli Yah?**
and when he also had smitten the waters,
they *parted* **halved** hither and thither: and
Elisha went **Eli Shua passed** over.
15 And when the sons of the prophets
which were *to view* **opposite** at *Jericho*
Yericho saw him, they said,
The spirit of *Elijah* **Eli Yah** doth rest on *Elisha* **Eli Shua.**
And they came to meet him,
and *bowed* **prostrated** themselves to the *ground* **earth**
before **in front of** him.
16 And they said unto him, Behold now,
there be with thy servants fifty
strong men **sons of valour;**
let them go, we *pray* **beseech** thee,
and seek thy *master* **adoni:**
lest peradventure — **unless** the Spirit
of *the LORD* **Yah Veh**
hath *taken* **lifted** him *up,*
and cast him upon *some* **one** mountain,
or into *some* **one** valley.
And he said, ye shall not send.
17 And when they urged him till he was *ashamed* **shamed,**
he said, Send. They sent therefore fifty men;
and they sought three days, but found him not.
18 And when they *came* **returned** *again* to him,
(for he *tarried* **settled** at *Jericho* **Yericho,**)
he said unto them, Did I not say unto you, Go not?

WATERS HEALED

19 And the men of the city said unto *Elisha* **Eli Shua,**
Behold, I *pray* **beseech** thee,
the *situation* **site** of this city is *pleasant*
good, as my *lord* **adoni** seeth:
but the water is *naught* **evil,**
and the *ground barren* **earth aborteth.**
20 And he said,
Bring **Take** me a new cruse, and *put* **set** salt therein.
And they *brought* **took** it to him.
21 And he went forth unto the spring of the waters,
and cast the salt in there, and said,
7 And fifty men of the sons of the prophets
go and stand opposite afar off;
and the two stand by Yarden;
8 and Eli Yah takes his mighty mantle and
rolls it up and smites the waters:
and they halve here and there
so that the two pass over on parched area.
9 And so be it, they pass over, and
Eli Yah says to Eli Shua,
Ask what I work for you ere I am taken from you.
And Eli Shua says, I beseech you,
that a twofold mouth of your spirit be on me.
10 And he says, You ask hard:
if you see me taken from you, so be it;
and if not, so be it not.
11 And so be it, in walking, they walk and word;
and behold, a chariot of fire and horses of fire;
and they separate between them both:
and Eli Yah ascends by a storm into the heavens.
12 And Eli Shua sees it and cries, My father! My father!
The chariot of Yisra El and the cavalry!
And he sees him no more:
and he takes hold of his own clothes
and shreds them in two shreds:
13 and he lifts the mighty mantle of
Eli Yah that fell from him
and returns and stands by the lip of Yarden;

14 and he takes the mighty mantle of
Eli Yah that fell from him
and smites the waters and says,
Where is Yah Veh Elohim of Eli Yah?
And he smites the waters and they halve here
and there; and Eli Shua passes over.
15 And when the sons of the prophets
opposite Yericho see him, they say, The
spirit of Eli Yah rests on Eli Shua.
And they come to meet him
and prostrate themselves to the earth in front of him:
16 and they say to him, Behold now,
there are with your servants fifty sons of valour;
have them go, we beseech you, to seek your adoni
— unless the Spirit of Yah Veh lifted him
and cast him on one mountain or in one valley.
And he says, Send not.
17 And they urge him until he
shames, and he says, Send.
And they send fifty men
and they seek three days, and find him not:
18 and they return to him
— and he settles at Yericho
— and he says to them, Said I not to you, Go not?

WATERS HEALED

19 And the men of the city say to Eli
Shua, Behold, I beseech you,
the site of this city is good, as my adoni sees:
but the water is evil and the earth aborts.
20 And he says,
Take me a new cruse and set salt therein.
— and they take it to him;
21 and he goes to the spring of the waters,
and casts the salt in there and says,
Thus saith *the LORD* **Yah Veh,** I
have healed these waters;
there shall not be *from thence any* **no**
more death or barren *land*.
22 So the waters were healed unto this day, according
to the *saying* **word** of *Elisha* **Eli Shua**
which he *spake* **worded.**

ELI SHUA RIDICULED

23 And he *went up* **ascended** from
thence unto *Bethel* **Beth El:**
and as he was *going up* **ascending** by the way, there
came forth **went** little *children* **lads** out of the city,
and *mocked* **ridiculed** him, and said unto him,
Go up **Ascend,** *thou bald head* **baldy;**
go up **ascend,** *thou bald head* **baldy.**
24 Andhe*turned***faced**back,and*lokedon***saw**them,
and *cursed* **abased** them
in the name of *the LORD* **Yah Veh.**
And there *came forth* **went**
two she bears out of the *wood* **forest,**
and *tare* **split** forty and two children of them.
25 AndhewentfromthencetomounC*tarme***K***l* **arme,l**
and from thence he returned to *Samaria* **Shomeron.**

THE REIGN OF YAH RAM OVER YISRA EL

3 Now *Jehoram* **Yah Ram** the son of *Ahab* **Ach Ab**
began to reign over *Israel* **Yisra El** in *Samaria* **Shomeron**
the eighteenth year of *Jehoshaphat* **Yah Shaphat**
king **sovereign** of *Judah* **Yah Hudah,**
and reigned twelve years.
2 And he *wrought* **worked** evil
in the *sight* **eyes** of *the LORD* **Yah Veh;**
but not like his father, and like his mother:
for he *put away* **turned aside** the *image* **monolith**
of Baal that his father had *made* **worked.**
3 Nevertheless he *cleaved* **adhered** unto the sins
of *Jeroboam* **Yarob Am** the son of Nebat,
which made *Israel* **Yisra El** to sin;
he *departed* **turned** not **aside** therefrom.

THE REBELLION OF MOAB

4 And Mesha *king* **sovereign** of Moab
was a *sheepmaster* **brander,** and *rendered* **returned**
unto the *king* **sovereign** of *Israel* **Yisra El**
an hundred thousand *lambs* **rams,**
and an hundred thousand rams, *with the* wool.
5 *But* **And so be** it *came to pass*, when *Ahab* **Ach
Ab** was dead, that the *king* **sovereign** of Moab
rebelled against the *king* **sovereign** of *Israel* **Yisra El.**
6 And *king Jehoram* **sovereign Yah Ram**
went out of *Samaria* **Shomeron** the same *time* **day,**
and *numbered* **mustered** all *Israel* **Yisra El.**
7 And he went and sent to *Jehoshaphat* **Yah Shaphat**
the *king* **sovereign** of *Judah* **Yah Hudah,** saying, The
king **sovereign** of Moab hath rebelled against me: *wilt*
shalt thou go with me against Moab to *battle* **war?** And
he said, I *will go up* **shall ascend:** I *am* as thou *art*, my
people as thy people, *and* my horses as thy horses.
8 And he said, Which way shall we *go up* **ascend?**
And he *answered* **said,**
The way through the wilderness of Edom.
9 So the *king* **sovereign** of *Israel* **Yisra El**
went, and the *king* **sovereign** of *Judah* **Yah
Hudah,** and the *king* **sovereign** of Edom:
and they *fetched a compass* **went**

of **about** seven days' journey:
and there was no water for the *host* **camp**,
and for the *cattle* **animals** that
followed *them* **at their feet.**
10 And the *king* **sovereign** of *Israel*
Yisra El said, *Alas* **Aha**!
that *the LORD* **Yah Veh** hath called these
three *kings together* **sovereigns**,
to *deliver* **give** them into the hand of Moab!
11 But *Jehoshaphat* **Yah Shaphat** said,
Is there not here a prophet of *the LORD* **Yah Veh**,
that we may enquire of *the LORD* **Yah Veh** by him?
And one of the *king* **sovereign** of *Israel's*
Yisra El's servants answered and said,
Here is *Elisha* **Eli Shua** the son of Shaphat,
which poured water on the hands of *Elijah* **Eli Yah**.
Thus says Yah Veh, I heal these waters;
there is no more death or barren.
22 — and the waters are healed to this day,
according to the word Eli Shua worded.

Eli Shua Ridiculed

23 And he ascends from thence to Beth El:
and he ascends by the way, and little lads go from
the city and ridicule him and say to him,
Ascend, baldy! Ascend, baldy!
24 And he faces back and sees them
and abases them in the name of Yah Veh:
and two she bears come from the forest
and split forty—two of the children.
25 And from there he goes to mount Karmel;
and from there he returns to Shomeron.

The Reign Of Yah Ram Over Yisra El

3 And Yah Ram the son of Ach Ab begins
to reign over Yisra El in Shomeron
the eighteenth year
of Yah Shaphat sovereign of Yah Hudah;
and reigns twelve years:
2 and he works evil in the eyes of Yah Veh;
only, not as his father and as his mother: for he turns
aside the monolith of Baal his father worked:
3 only, he adheres to the sins
of Yarob Am the son of Nebat who had Yisra El to sin;
he turns not aside therefrom.

The Rebellion Of Moab

4 And Mesha sovereign of Moab is a brander;
and he returns a hundred thousand rams
and a hundred thousand rams wool
to the sovereign of Yisra El.
5 And so be it, Ach Ab *is* dead, and
the sovereign of Moab
rebels against the sovereign of Yisra El:
6 and the same day
the sovereign Yah Ram goes from
Shomeron and musters all Yisra El:
7 and he goes and sends to Yah Shaphat
the sovereign of Yah Hudah, saying,
The sovereign of Moab rebels against me:
come you with me to war against M oab?
And he says, I ascend: I — as you;
my people as your people; my horses as your horses.
8 And he says, Which way ascend we?
And he says,
The way through the wilderness of Edom.
9 And the sovereign of Yisra El
and the sovereign of Yah Hudah and
the sovereign of Edom go:
and they go about a seven day journey:
and there is no water for the camp
and for the animals following at their feet.
10 And the sovereign of Yisra El says, Aha!
Yah Veh calls these three sovereigns to
give them into the hand of Moab!
11 And Yah Shaphat says,
Is there no prophet of Yah Veh here, by
whom to enquire of Yah Veh?
And one of the servants of the sovereign
of Yisra El answers and says,
Here is Eli Shua the son of Shaphat, who
poured water on the hands of Eli Yah.
12 And *Jehoshaphat* **Yah Shaphat** said,
The word of *the LORD is* **Yah Veh be** with him.
So the *king* **sovereign** of *Israel* **Yisra El**
and *Jehoshaphat* **Yah Shaphat** and the *king*
sovereign of Edom *went down* **descended** to him.
13 And *Elisha* **Eli Shua**
said unto the *king* **sovereign** of *Israel* **Yisra
El**, What have I to do with thee?
get thee **go** to the prophets of thy father,
and to the prophets of thy mother.
And the *king* **sovereign** of *Israel* **Yisra El** said
unto him, Nay: for *the LORD* **Yah Veh**
hath called these three *kings* **sovereigns** together,
to deliver them into the hand of Moab.
14 And *Elisha* **Eli Shua** said,
As the LORD of hosts **Yah Veh Sabaoth**
liveth, *before* **at the face of** whom I stand,
surely, were it not that **for unless** I
regard the presence **lift the face**

of *Jehoshaphat* **Yah Shaphat,**
the *king* **sovereign** of *Judah* **Yah Hudah,**
I *would* **should** not look toward thee, nor see thee.
15 But now *bring* **take** me a *minstrel* **strummer.**
And **so be** it *came to pass,*
when the *minstrel played* **strummer strummed,** that
the hand of *the LORD* **Yah Veh** came upon him.
16 And he said, Thus saith *the LORD* **Yah Veh,**
Make **Work** this *valley* **wadi** full of *ditches* **dugouts.**
17 For thus saith *the LORD* **Yah Veh,**
ye shall not see wind, neither shall ye see rain;
yet that *valley* **wadi** shall be filled with
water, that ye may drink, both ye,
and your *cattle* **chattel,** and your *beasts* **animals.**
18 And this is *but a light thing* **a trifle**
in the *sight* **eyes** of *the LORD* **Yah Veh:**
he *will deliver* **shall give**
the *Moabites* **Moabiy** also into your hand.
19 And ye shall smite every *fenced* **fortified** city,
and every choice city, and shall fell every good
tree, and stop all *wells* **fountains** of water,
and *mar* **pain** every good *piece of land* **allotment**
with stones.
20 And **so be** it *came to pass,* in the morning, when
the *meat* offering was *offered* **holocausted,**
that, behold, there came water by the way of Edom,
and the *country* **land** was filled with water.
21 And when all the *Moabites* **Moabiy**
heard that the *kings* **sovereigns**
were come up **ascended** to fight against
them, they *gathered* **called together**
all that were able to *put on armour*
gird a girdle, and upward,
and stood in the border.
22 And they *rose up* **started** early in the morning,
and the sun *shone* **rose** upon the water, and
the *Moabites* **Moabiy** saw the water *on the*
other side **in front** as red as blood:
23 And they said, This is blood:
in being desolated,
the *kings* **sovereigns** are *surely slain* **desolated,**
and they have smitten *one another* **man his**
friend: now therefore, Moab, to the spoil.
24 And when they came to the camp of *Israel* **Yisra El,**
the *Israelites* **Yisra Eliy** rose up and
smote the *Moabites* **Moabiy,**
so that they fled *before them* **from their face:**
but they went forward smiting **and they smote**
the *Moabites* **Moabiy** *even in their country.*
25 And they *beat down* **demolished** the cities,
and on every good *piece of land* **allotment**
cast every man his stone, and filled it;
and they stopped all the *wells* **fountains** of
water, and felled all the good trees:
only in *Kirharaseth* **Qir Hareseth**
left they the stones thereof;
howbeit the slingers went about it, and smote it.
26 And when the *king* **sovereign** of Moab saw
that the *battle* **war** was too *sore* **strong** for him,
12 And Yah Shaphat says,
The word of Yah Veh is with him.
— and the sovereign of Yisra El and Yah Shaphat
and the sovereign of Edom descend to him.
13 And Eli Shua says to the sovereign of
Yisra El, What have I to do with you?
Go to the prophets of your father
and to the prophets of your mother!
And the sovereign of Yisra El says to him, No:
for Yah Veh calls these three sovereigns together,
to deliver them into the hand of Moab.
14 And Eli Shua says,
Yah Veh Sabaoth lives — at whose face I stand:
for unless I lift the face of Yah Shaphat
the sovereign of Yah Hudah,
I neither look toward you nor see you:
15 but now take me a strummer,
and so be it, when the strummer strums,
the hand of Yah Veh comes on him.
16 And he says, Thus says Yah Veh,
Work this wadi full of dugouts:
17 for thus says Yah Veh,
you neither see wind nor see rain;
and that wadi fills with water and you drink
— both you and your chattel and your animals:
18 and this is a trifle in the eyes of Yah Veh:
and he gives the Moabiy into your hand.
19 Smite every fortified city and every
choice city and fell every good tree
and stop all fountains of water
and pain every good allotment with stones.
20 And so be it, in the morning, they
holocaust the offering,
and behold, water comes by the way of Edom
and the land fills with water.
21 And all the Moabiy hear
that the sovereigns ascend to fight against
them, and they call together
all who gird a girdle and upward;
and stand in the border:

22 and they start early in the morning
and the sun rises on the water;
and the Moabiy see the water in front as red as blood:
23 and they say, This *is* blood:
in being desolated, the sovereigns are desolated
and man smote friend:
and now, Moab, to the spoil!
24 And they come to the camp of Yisra El;
and Yisra Eliy rises and smites the Moabiy
so that they flee from their face;
and they smite the Moabiy:
25 and they demolish the cities;
and every man casts his stone
on every good allotment and fills it; and they stop all
the fountains of water and fell all the good trees:
only, in Qir Hareseth
they leave the stones thereof;
and the slingers surround it and smite it.
26 And the sovereign of Moab sees the
war is too strong for him,
he took with him seven hundred men that
drew swords, to *break* **split** through
even unto the *king* **sovereign** of Edom:
but they could not.
27 Then he took his *eldest* **firstborn** son that
should have reigned in his stead,
and *offered* **holocausted** him for a
burnt offering **holocaust**
upon the wall.
And there was great *indignation* **rage**
against *Israel* **Yisra El**:
and they *departed* **pulled stakes** from him,
and returned to their *own* land.

THE OIL OF THE WIDOW

4 Now there cried
a certain **one** woman of the *wives* **women**
of the sons of the prophets unto *Elisha* **Eli Shua**, saying,
Thy servant my *husband is dead* **man has died**;
and thou knowest that thy servant did
fear the LORD **awe Yah Veh**:
and the *creditor* **exactor** is come to take unto him
my two *sons* **children** to be *bondmen* **servants**.
2 And *Elisha* **Eli Shua** said unto her,
What shall I *do* **work** for thee?
tell me, what hast thou in the house?
And she said,
Thine handmaid **Thy maid** hath *not any thing* **naught**
in the house,
save a pot **except an anointing flask** of oil.
3 Then he said, Go, *borrow* **ask**
thee *vessels* **instruments**
abroad of all thy *neighbours* **fellow tabernaclers**,
even empty *vessels* **instruments**;
borrow not a few **diminish not**.
4 And when thou art come in,
thou shalt shut the door upon thee and upon thy sons,
and shalt pour out into all those *vessels* **instruments**,
and thou shalt *set aside* **pluck** that which is full.
5 So she went from him,
and shut the door upon her and upon her sons,
who brought **near** *the vessels* to her; and she poured out.
6 And **so be** it *came to pass*,
when the *vessels* **instruments** were *full*
filled, that she said unto her son,
Bring **near** me yet *a vessel* **an instrument**.
And he said unto her,
There is not *a vessel* **an instrument** more.
And the oil stayed.
7 Then she came and told the man of *God* **Elohim**.
And he said, Go, sell the oil, and
pay **shalam** thy *debt* **lender**,
and live thou and thy *children* **sons** of the rest.

THE UPPER ROOM OF ELI SHUA

8 And it fell on a day,
that *Elisha* **Eli Shua** passed to Shunem,
where was a great woman;
and she *constrained* **laid hold on** him to eat bread.
And so **be** it *was*,
that as oft as he passed by,
he turned in thither to eat bread.
9 And she said unto her *husband* **man**, Behold now, I
perceive that this is an holy man of *God* **Elohim**,
which passeth by us continually.
10 Let us *make* **work** a little *chamber* **upper room**,
I *pray* **beseech** thee, on the wall;
and let us set for him there a bed, and a table, and a *stool*
throne, and a *candlestick* **menorah**: and **so be** it *shall*
be, when he cometh to us, that he shall turn in thither.

A SON IS PROPHESIED AND BIRTHED

11 And it fell on a day, that he came thither,
and he turned **aside** into the *chamber*
upper room, and lay there.
12 And he said to *Gehazi* **Gay Chazi** his *servant* **lad**,
Call this *Shunammite* **Shunemiyth**.
And when he had called her, she
stood *before him* **at his face**.
13 And he said unto him, Say now unto her,

and he takes with him
seven hundred men who draw swords to split through
to the sovereign of Edom: and they are not able.
27 And he takes his son — his firstbirthed
who reigns in his stead
and holocausts him for a holocaust on the wall:
and there is great rage against Yisra El:
and they pull stakes from him and return to their land.

THE OIL OF THE WIDOW

4 And one woman
of the women of the sons of the prophets
cries to Eli Shua, saying,
Your servant my man died;
and you know your servant awed Yah Veh:
and the exactor comes
to take my two children for servants.
2 And Eli Shua says to her, What work I for you?
Tell me, what have you in the house?
And she says, Your maid has naught in the
house, except an anointing flask of oil.
3 And he says, Go,
ask for instruments of all your fellow tabernaclers
— empty instruments; diminish not:
4 and when you come in
shut the door on you and on your sons; and pour
into all those instruments; and pluck the full *ones*.
5 So she goes from him
and shuts the door on her and on her sons;
they bring near to her; and she pours.
6 And so be it, the instruments fill up;
and she says to her son,
Bring near me another instrument.
And he says to her,
There are no more instruments.
And the oil stays:
7 and she goes and tells the man of Elohim:
and he says, Go,
sell the oil and shalam your lender and
you and your sons live from the rest.

THE UPPER ROOM OF ELI SHUA

8 And so be it, on a day,
Eli Shua passes to Shunem;
and there is a great woman;
and she lays hold on him to eat bread:
and so so be it, as often as he passes
by, he turns in to eat bread.
9 And she says to her man, Behold now,
I perceive that this is a holy man of Elohim,
who passes by us continually:
10 O that we work, I beseech you, a
little upper room on the wall;
and set a bed and a table there for him;
and a throne and a menorah:
and so be it,
that he comes to us, and turns in here.

A SON IS PROPHESIED AND BIRTHED

11 And so be it, on a day,
he comes there and turns aside into the
upper room and lies down there:
12 and he says to Gay Chazi his lad,
Call this Shunemiyth.
— and he calls her, and she stands at his face.
13 And he says to him, Say now to her,
Behold, thou hast *been careful* **trembled**
for us with all this *care* **trembling**;
what is to be *done* **worked** for thee?
wouldest **shouldest** thou
be spoken for **that we word** to the *king* **sovereign**,
or to the *captain* **governor** of the host?
And she *answered* **said**,
I *dwell* **settle** among mine own people.
14 Andhesaid,Whathenistobe*done***worked**forher?
And *Gehazi answered* **Gay Chazi said**,
Verily **Nevertheless**
she hath no *child* **son**, and her *husband* **man** is old.
15 And he said, Call her.
And when he had called her, she
stood in the *door* **portal**.
16 And he said, About this season,
according to the time of life, thou shalt embrace a son.
And she said, Nay, my *lord* **adoni**,
thou man of *God* **Elohim**,
do not lie unto *thine handmaid* **thy maid**.
17 And the woman conceived,
and *bare* **birthed** a son at that season
that *Elisha* **Eli Shua** had *said* **worded** unto
her, according to the time of life.

THE SON DIES

18 Andwhenthechildwasgrowni,tfelonaday,
that he went out to his father to the *reapers* **harvesters**.
19 Andhesaiduntohisfathe,rMyhead,myhead.
And he said to a lad, *Carry* **Lift** him to his mother.
20 Andwhenhehad*taken***lifted**him,
and brought him to his mother,
he *sat* **settled** on her knees till noon, and *then* died.

21 And she *went up* **ascended**,
and laid him on the bed of the man of *God* **Elohim**,
and shut *the door* upon him, and went out.
22 Andshecaleduntoher*husband***man**,andsaid,
Send me, I *pray* **beseech** *thee*, one of the *young men* **lads**,
and one of the *asses* **she burros**,
that I may run to the man of *God*
Elohim, and *come again* **return**.
23 And he said,
Wherefore *wilt* **shalt** thou go to him to day?
it is neither new moon, nor *sabbath* **shabbath**.
And she said, *It shall be well* **Shalom**.
24 Thenshe*sadledanas***harnessedasheburo**,
and said to her *servant* **lad**, Drive, and go *forward*;
slack **restrain** not thy riding for me,
except I *bid* **say to** thee.
25 Soshewentandcameuntothemanof*God***Elohim**
to mount *Carmel* **Karmel**. And **so be** it *came to pass*,
when the man of *God* **Elohim** saw her afar off, that
he said to *Gehazi* **Gay Chazi** his *servant* **lad**,
Behold, *yonder is* that *Shunammite* **Shunemiyth**:
26 Run now, I *pray* **beseech** thee, to
meet her, and say unto her,
Is it well **Shalom** with thee?
is it well **Shalom** with thy *husband* **man**?
is it well **Shalom** with the child?
And she *answered* **said**, *It is well* **Shalom**:
27 And when she came to the man of *God* **Elohim**
to the *hill* **mountain**, she *caught* **held** him by the feet:
but *Gehazi came near* **Gay Chazi approaches**
to *thrust* **expel** her *away*.
And the man of *God* **Elohim** said, *Let* **Release** her *alone*;
for her soul is *vexed* **embittered** within her:
and *the LORD* **Yah Veh** hath *hid* **concealed**
it from me, and hath not told me.
28 Then she said, Did I *desire* **ask** a son of my *lord* **adoni**?
did I not say, Do not *deceive* **mislead** me?
29 Then he said to *Gehazi* **Gay Chazi**, Gird up thy loins,
and take my staff in thine hand, and go thy way:
if thou *meet any* **find a** man, *salute* **bless** him not;
and if *any salute* **a man bless** thee, answer him not *again*:
and *lay* **set** my staff upon the face of the *child* **lad**.
Behold, you tremble all this trembling;
What work we for you?
What word we to the sovereign
— or to the governor of the host?
And she says, I settle among my own people.
14 And he says, What then work we for her?
And Gay Chazi says,
Verily, she has no son and her man is old.
15 And he says, Call her.
— and he calls her, and she stands in the portal.
16 And he says, About this season, according
to the time of life, you embrace a son.
And she says, No, my adoni, you man of Elohim;
lie not to your maid.
17 — and the woman conceives and births a
son at the season Eli Shua worded to her
according to the time of life.

THE SON DIES

18 And the child grows, and so be it, on a day,
he goes to his father to the harvesters,
19 and he says to his father, My head! My head!
And he says to a lad, Lift him to his mother:
20 — and he lifts him and brings him to his mother;
and he settles on her knees until noon and dies.
21 And she ascends
and lies him down on the bed of the man of
Elohim and shuts him in and comes out.
22 And she calls to her man and
says, Send me, I beseech,
one of the lads and one of the she burros;
and I run to the man of Elohim and return.
23 And he says, Why go you to him today?
It is neither new moon nor shabbath.
And she says, Shalom.
24 And she harnesses a she burro and
says to her lad, Drive! Go!
Restrain not your riding for me, unless I say so.
25 So she goes and comes to the man of Elohim
— to mount Karmel.
And so be it, the man of Elohim sees her afar
off, and he says to Gay Chazi his lad,
Behold, that Shunemiyth:
26 run now, I beseech you, to meet her and say to
her, Shalom with you? Shalom with your man?
Shalom with the child? And she says, Shalom!
27 And when she comes to the man of Elohim
to the mountain, she holds him by the feet:
and Gay Chazi approaches to expel her.
And the man of Elohim says, Release her;
for her soul is embittered:
and Yah Veh concealed it from me and told me not.
28 Then she says, Asked I a son of my adoni?
Said I not, Mislead me not?
29 Then he says to Gay Chazi, Gird your loins
and take my staff in your hand and go your way:
if you find a man, bless him not;
and if a man bless you, answer him not:

and set my staff on the face of the lad.
30 And the mother of the *child* **lad** said,
As the LORD **Yah Veh** liveth, and *as* thy soul liveth,
I *will* **shall** not leave thee.
And he arose, and *followed* **went after** her.
31 And *Gehazi* **Gay Chazi** passed on
before them **from their face,**
and *laid* **set** the staff upon the face of the *child* **lad;**
but there was neither voice, nor *hearing* **hearkening.**
Wherefore he *went again* **turned back** to meet him,
and told him, saying, The *child* **lad** is not awaked.
32 And when *Elisha* **Eli Shua**
was come into the house,
behold, the *child was dead* **lad had died,**
and laid upon his bed.

The Son Enlivened

33 He went in therefore,
and shut the door upon them *twain* **both,**
and prayed unto *the LORD* **Yah Veh.**
34 And he *went up* **ascended,**
and lay upon the child,
and *put* **set** his mouth upon his mouth,
and his eyes upon his eyes,
and his *hands* **palms** upon his *hands* **palms:**
and *stretched* **prostrated** himself upon the child;
and the flesh of the child *waxed warm* **heated.**
35 Then he returned, and walked in the house
to and fro **once hither and once thither;**
and *went up* **ascended,**
and *stretched* **prostrated** himself upon him:
and the *child* **lad** sneezed seven times,
and the *child* **lad** opened his eyes.
36 And he called *Gehazi* **Gay Chazi,** and said,
Call this *Shunammite* **Shunemiyth.**
So he called her.
And when she was come in unto him, he said,
Take up **Lift** thy son.
37 Then she went in, and fell at his feet,
and *bowed* **prostrated** herself to the *ground* **earth,**
and *took up* **lifted** her son, and went out.

Eli Shua Purges The Pottage

38 And *Elisha came again* **Eli**
Shua returned to Gilgal:
and there was a *dearth* **famine** in the land;
and the sons of the prophets
were sitting before him **settled at his face:**
and he said unto his *servant* **lad,**
Set on the great *pot* **caldron,**
and *seethe* **stew** pottage for the sons of the prophets.
39 And one went out into the field to gather
herbs, and stew pottage for the sons of the prophets.
and found a *wild vine* **vine of the field,**
40 So they poured out for the men
to eat. into the caldron of pottage;
And **so be** it *came to pass*, for they know not:
as they were eating of the pottage,
that they cried out, and said,
O *thou* man of *God* **Elohim,**
there is death in the *pot* **caldron.**
And they could not eat thereof.
41 But he said, *Then bring meal* **Take flour.**
And he cast it into the *pot* **caldron;**
and he said, Pour out for the people, that they may eat.
And there was no *harm* **evil word** in the *pot* **caldron.**
42 And there came a man
from *Baalshalisha* **Baal Shalishah,**
and brought the man of *God* **Elohim**
bread of the firstfruits,
twenty *loaves* **bread** of barley,
and *full ears of corn* **of the orchard**
in the *husk* **sack** thereof. And he said,
Give unto the people, that they may eat.
43 And his *servitor* **minister** said,
What, should I *set* **give** this
before **at the face of** an hundred men?
He said again, Give the people, that they may eat:
for thus saith *the LORD* **Yah Veh,** They shall eat,
and **there** shall *leave* **remain** thereof.
44 So he *set it before them* **gave it at their face,**
30 And the mother of the lad says,
Yah Veh lives and your soul lives,
I leave you not.
— and he rises and goes after her.
31 And Gay Chazi passes on from their face
and sets the staff on the face of the lad;
and there is neither voice nor hearkening:
and he turns back to meet him
and tells him, saying, The lad wakens not.
32 And Eli Shua comes to the house, and behold,
the lad had died and lies on his bed.
and gathered thereof *wild gourds* **cucumbers of the field**

The Son Enlivens

33 And he goes in and shuts the door on them both
and prays to Yah Veh:
34 and he ascends and lies down on the child
and sets his mouth on his mouth
and his eyes on his eyes

and his palms on his palms
and prostrates himself on the child;
and the flesh of the child heats:
35 and he returns and walks in the house
once here and once there;
and ascends and prostrates himself on him:
and the lad sneezes seven times
and the lad opens his eyes.
36 And he calls Gay Chazi and says,
Call this Shunemiyth.
— and he calls her.
And she comes in to him,
and he says, Lift your son.
37 — and she goes in and falls at his feet
and prostrates herself to the earth
and lifts her son and goes out.

Eli Shua Purges The Pottage

38 And Eli Shua returns to Gilgal:
and there is a famine in the land;
and the sons of the prophets settle at his face:
and he says to his lad,
Set on the great caldron
39 And one goes to the field to gather herbs his *lap*
coverall full, and came and *shred* **cleaved** them
and finds a vine of the field;
into the *pot* **caldron** of pottage:
and gathers his coverall full of cucumbers of the field
for they knew them not.
and comes and cleaves them
40 and they pour for the men to eat.
And so be it, they eat the pottage,
and they cry out and say,
O man of Elohim, death in the caldron!
— and they cannot eat thereof.
41 And he says, Take flour.
— and he casts it into the caldron.
And he says, Pour out for the people to eat.
— and there is no evil word in the caldron.
42 And a man comes from Baal Shalishah
and brings the man of Elohim
bread of the firstfruits, twenty bread of barley;
and of the orchard, in the sack:
and he says, Give to the people to eat.
43 And his minister says,
What? Give this at the face of a hundred men?
He says again, Give to the people to eat:
for thus says Yah Veh, Eat, and some remains.
44 So he gives it at their face;
and they did eat,and they eat and some remains,
and *left* **there remained** thereof,according to the word of
Yah Veh. according to the word of *the LORD* **Yah Veh.**
5 Now Naaman, *captain* **governor** of the host
of the *king* **sovereign** of *Syria* **Aram**,
was a great man *with* **at the face of** his *master* **adoni**,
and honourable **accepted by face**, because by him
the LORD **Yah Veh** had given *deliverance* **salvation**
unto *Syria* **Aram**:
he was also a mighty man in valour,
but he was — a leper.
2 And the *Syrians* **Aramiy**
had gone out by *companies* **troops**, and
had *brought away captive* **captured**
out of the land of *Israel* **Yisra El** a little *maid* **lass**;
and she waited *on* **at the face of** Naaman's *wife* **woman.**
3 And she said unto her *mistress* **lady**,
Would God my lord **O that my adoni**
were with **faced** the prophet that
is in *Samaria* **Shomeron**!
for he would recover **that he gather** him of his leprosy.
4 And one went in, and told his *lord* **adoni**,
saying, Thus and thus *said* **worded** the *maid*
lass that is of the land of *Israel* **Yisra El.**
5 And the *king* **sovereign** of *Syria* **Aram** said, Go
to, go, and I *will* **shall** send a *letter* **scroll**
unto the *king* **sovereign** of *Israel* **Yisra El.**
And he *departed* **went,**
and took *with him* **in his hand** ten *talents* **rounds**
of silver, and six thousand *pieces* of gold,
and ten changes of *raiment* **clothes.**
6 And he brought the *letter* **scroll**
to the *king* **sovereign** of *Israel* **Yisra El**, saying,
Now when this *letter* **scroll** is come unto thee, behold,
I have *therewith* sent Naaman my servant to thee,
that thou mayest *recover* **gather** him of his leprosy.
7 And **so be** it *came to pass*,
when the *king* **sovereign** of *Israel* **Yisra El**
had *read* **called out** the *letter* **scroll**, that
he *rent* **ripped** his clothes, and said,
Am I *God* **Elohim**, to *kill* **deathify** and to make
alive, that this man doth send unto me
to *recover* **gather** a man of his leprosy?
wherefore consider **only perceive**, I *pray* **beseech** *you*,
and see how he *seeketh a quarrel* **beseeches** against me.
8 And **so be** it *was so*,
when *Elisha* **Eli Shua** the man of *God* **Elohim** had
heard that the *king* **sovereign** of *Israel* **Yisra El**
had *rent* **ripped** his clothes,
that he sent to the *king* **sovereign**, saying,
Wherefore hast thou *rent* **ripped** thy
clothes? let him come now to me,

and he shall know that there is a
prophet in *Israel* **Yisra El.**
9 SoNamancamewithishorsesandwithischairot,
and stood at the *door* **portal** of the
house of *Elisha* **Eli Shua.**
10 And *Elisha* **Eli Shua**
sent *a messenger* **an angel** unto him, saying,
Go and *wash* **baptise** in *Jordan* **Yarden** seven
times, and thy flesh shall *come again* **return**
to thee, and thou shalt be *clean* **purified.**
11 But Naaman was *wroth* **enraged,** and went
away, and said, Behold, I *thought* **said,**
That in coming, He *will* **shall** *surely* come out to me,
and stand and call on the name
of *the LORD* **Yah Veh** his *God* **Elohim,** and
strike **wave** his hand over the place,
and *recover* **gather** the leper.
12 Are not *Abana* **Amanah** and *Pharpar*
Parpar, rivers of *Damascus* **Dammeseq,**
better than all the waters of *Israel* **Yisra El?**
may I not *wash* **baptise** in them, and be *clean* **purified?**
So he turned **from his face** and went away in a *rage* **fury.**
13 And his servants came near,
and *spake* **worded** unto him, and said, My
father, if the prophet had *bid* **worded** thee
do some **a** great *thing* **word,**
wouldest **shouldest** thou not have *done* **worked**
it? *how much rather then* **also,** when he saith to
thee, *Wash* **Baptize,** and be *clean* **purified?**

LI HUA EALS AAMAN LI HUA EALS AAMAN

5 And Naaman
governor of the host of the sovereign of Aram is a
great man at the face of his adoni; accepted by face,
because by him Yah Veh gave salvation to Aram:
he is also a mighty man in valour — a leper.
2 And the Aramiy go by troops
and capture a little lass from the land of Yisra El;
and she waits at the face of the woman of Naaman.
3 And she says to her lady,
O that my adoni face the prophet in
Shomeron to gather him of his leprosy.
4 And one goes in and tells his adoni, saying,
The lass of the land of Yisra El
words thus and thus.
5 And the sovereign of Aram says, Go!
Go, and I send a scroll to the sovereign of Yisra El.
And he goes; and in his hand he
takes ten rounds of silver
and six thousand of gold and ten changes of clothes:
6 and he brings the scroll to the sovereign of Yisra El,
saying,
And now this scroll comes to you;
and behold, I send Naaman my servant
to you to gather him of his leprosy.
7 And so be it,
the sovereign of Yisra El calls out the scroll,
and he rips his clothes and says,
Am I Elohim? — to deathify and to enliven?
— that this man sends to me to
gather a man of his leprosy?
Only, perceive, I beseech,
and see how he beseeches me.
8 And so be it,
Eli Shua the man of Elohim hears
that the sovereign of Yisra El rips his clothes, and he
sends to the sovereign, saying, Why rip your clothes?
Have him come to me
so that he knows there is a prophet in Yisra El.
9 And Naaman co mes
with his horses and with his chariot
and stands at the portal of the house of Eli Shua.
10 And Eli Shua sends an angel to him, saying,
Go and baptize in Yarden seven times
and your flesh returns to you, and you are purified.
11 And Naaman rages and goes away and
says, Behold, I say to myself,
In coming, he comes to me and stands
and calls on the name of Yah Veh his Elohim
and waves his hand over the place
and gathers the leper!
12 Are not Amanah and Parpar, rivers of Dammeseq,
better than all the waters of Yisra El?
Baptize I not in them and become purified?
— and he turns his face and goes in a fury.
13 And his servants come near and word
to him and say, My father,
had the prophet worded you a great
word, had you not worked it?
And also, he says to you, Baptize and be purified.
14 Then *went* **descended** he *down,*
and dipped himself seven times in *Jordan* **Yarden,**
according to the *saying* **word** of the man of *God*
Elohim: and his flesh *came again* **returned**
like unto the flesh of a little *child* **lad,**
and he was *clean* **purified.**
15 And he returned to the man of *God* **Elohim,**
he and all his *company* **camp,** and came,
and stood *before him* **at his face:** and he said, Behold,
now I know that there is no *God* **Elohim** in all the earth,

but **except** in *Israel* **Yisra El**:
now therefore, I *pray* **beseech** thee,
take a blessing of thy servant.
16 But he said, *As the LORD* **Yah Veh** liveth,
before whom **at whose face** I stand, I
will receive **shall take** none.
And he urged him to take it; but he refused.
17 And Naaman said,
Shall there not then **If not**, I *pray* **beseech** thee,
let there be given to thy servant
two **a pair of** mules' burden/**load** of *earth* **soil**?
for thy servant *will* **shall** henceforth *offer* **work**
neither *burnt offering* **holocaust** nor sacrifice
unto other *gods* **elohim**, but unto *the LORD* **Yah Veh**.
18 In this *thing* **word**
the LORD pardon **Yah Veh forgive** thy
servant, that when my *master* **adoni**
goeth into the house of Rimmon to *worship*
prostrate there, and he leaneth on my hand,
and I *bow* **prostrate** myself in the house of Rimmon:
when I *bow down* **prostrate** myself
in the house of Rimmon,
the LORD pardon **Yah Veh forgive** thy servant
in this *thing* **word**.
19 And he said unto him, Go in *peace* **shalom**.
So he *departed* **went** from him a *little way* **bit of earth**.
20 But *Gehazi* **Gay Chazi**, the *servant* **lad** of *Elisha* **Eli Shua**
the man of *God* **Elohim**, said,
Behold, my *master* **adoni** hath *spared* **restrained**
Naaman this *Syrian* **Aramiy**,
in not receiving **from taking** at his
hands that which he brought:
but, *as the LORD* **Yah Veh** liveth, I *will* **shall**
run after him, and take *somewhat* of him.
21 So *Gehazi followed* **Gay Chazi pursued** after Naaman.
And when Naaman saw him runni ng after *him*,
he *lighted down* **fell away** from the chariot to
meet him, and said, *Is all well* **Shalom**?
22 And he said, *All is well* **Shalom**.
My *master* **adoni** hath sent me, saying,
Behold, even now there be come to me
from mount *Ephraim* **Ephrayim**
two *young men* **lads** of the sons of the prophets:
give them, I *pray* **beseech** thee, a *talent* **round** of
silver, and two changes of *garments* **clothes**.
23 And Naaman said,
Be content **If you will**, take two *talents* **rounds**.
And he *urged* **breached** him,
and bound *two talents* **rounds** of silver in two *bags*
pouches, with two changes of *garments* **clothes**,
and *laid* **gave** them upon two of his *servants* **lads**;
and they bare them *before him* **at his face**.
24 And when he came to the *tower* **mound**,
he took them from their hand,
and *bestowed* **visited** them in the house:
and he *let* **sent** the men *go* **away**, and they *departed* **went**.
25 But he went in,
and stood *before* **in front of** his *master* **adoni**.
And *Elisha* **Eli Shua** said unto him, Whence
comest thou, Gehazi **Gay Chazi**?
And he said,
Thy servant went *no whither* **neither here nor there**.
26 And he said unto him, Went not mine
heart *with thee*, when the man turned
again from his chariot to meet thee?
Is it a time to *receive money* **take silver**,
and to *receive garments* **take clothes**,
and oliveyards, and vineyards, and
sheep **flock**, and oxen, and *menservants*
servants, and *maidservants* **maids**?
14 And he descends
and dips himself seven times in Yarden,
according to the word of the man of Elohim:
and his flesh returns as the flesh of a little lad
and he is purified.
15 And he returns to the man of Elohim
— he and all his camp
and come and stand at his face:
and he says, Behold,
now I know there is no Elohim in all
the earth except in Yisra El:
and now, I beseech you, take a blessing of your servant.
16 But he says, Yah Veh lives,
at whose face I stand, I take none.
— and he urges him to take; but he refuses.
17 And Naaman says, If not, I beseech you,
O that I give your servant a load of soil of
a pair of mules? For your servant works
neither holocaust nor sacrif ice
to other elohim, except to Yah Veh:
18 in this word Yah Veh forgive your
servant, that when my adoni
goes into the house of Rimmon to prostrate
there and he leans on my hand;
and I prostrate myself in the house of Rimmon:
when I prostrate myself in the house of Rimmon,
that Yah Veh forgive your servant in this word.
19 And he says to him, Go in shalom.
— and he goes a bit of earth from him.
20 And Gay Chazi

the lad of Eli Shua the man of Elohim says,
Behold, my adoni restrains Naaman this Aramiy
from taking at his hands what he brought:
and, Yah Veh lives, I run after him and take of him.
21 And Gay Chazi pursues Naaman:
and Naaman sees him running after:
and he falls from the chariot to meet
him and says, Shalom?
22 And he says, Shalom!
My adoni sends me, saying, Behold,
now there come to me from mount Ephrayim
two lads of the sons of the prophets:
give them, I beseech thee,
a round of silver and two changes of clothes.
23 And Naaman says, If you will, take two rounds.
— and he breaches him;
and binds rounds of silver in two pouches
with two changes of clothes;
and gives them on two of his lads;
and they bear them at his face.
24 And he comes to the mound, and he
takes them from their hand,
and visits them in the house:
and sends the men away, and they go :
25 and he goes in and stands in front of his adoni.
And Eli Shua says to him, Where, Gay Chazi?
And he says,
Your servant went neither here nor there.
26 And he says to him, Went not my heart,
when the man turned from his chariot to meet you?
Is it a time to take silver and to take clothes
and oliveyards and vineyards and flock
and oxen and servants and maids?
27 The leprosy *therefore* of Naaman
shall *cleave* **adhere** unto thee,
and unto thy seed *for ever* **eternally**. And
he went out from his *presence* **face**
a leper *as white* as snow.

THE FLOATING IRON

6 And the sons of the prophets said
unto *Elisha* **Eli Shua,**
Behold now,
the place where we *dwell with thee* **settle at thy face**
is *too strait* **tribulated** for us.
2 Let us go, we *pray* **beseech** *thee*, unto *Jordan*
Yarden, and take thence every man *a* **one** beam,
and let us *make* **work** us a place there,
where we may *dwell* **settle**. And he *answered* **said,** Go ye.
3 And one said,
Be content **If you will,** I *pray* **beseech**
thee, and go with thy servants.
And he *answered* **said,** I *will* **shall** go.
4 So he went with them.
And when they came to *Jordan* **Yarden,**
they cut down *wood* **trees.**
5 But as one was felling a beam,
the *ax head* **iron** fell into the water:
and he cried, and said,
Alas **Aha,** *master* **adoni**! for it was *borrowed* **lent.**
6 And the man of *God* **Elohim** said, Where fell it?
And he *shewed him* **had him see** the place.
And he *cut down* **clipped** a *stick* **tree,**
and cast it in thither;
and the iron did *swim* **float.**
7 Therefore said he, Take it up to thee.
And he *put out* **spread** his hand, and took it.
8 Thenthe*king***sovereign**of*Syria***Aram**
warred **fought** against *Israel* **Yisra El,**
and *took counsel* **counselled** with his servants, saying,
In such and such a place shall be my *camp* **encampment.**
9 And the man of *God* **Elohim**
sent unto the *king* **sovereign** of *Israel* **Yisra El,** saying,
Beware **Guard** that thou pass not *such a* **this** place;
for thither the *Syrians are come down* **Aramiy descend.**
10 And the *king* **sovereign** of *Israel* **Yisra El**
sent to the place
which the man of *God told* **Elohim said**
and *warned* **enlightened** him of, and
saved **guarded** himself there,
not once nor twice.
11 Therefore the heart of the *king*
sovereign of *Syria* **Aram**
was sore troubled **stormed** for this *thing*
word; and he called his servants, and said
unto them, *will* **shall** ye not *shew* **tell** me
which of us is for the *king* **sovereign** of *Israel* **Yisra El**?
12 And one of his servants said,
None, my *lord* **adoni,** O *king* **sovereign:**
but *Elisha* **Eli Shua,** the prophet that is in *Israel* **Yisra
El,** telleth the *king* **sovereign** of *Israel* **Yisra El**
the words that thou *speakest* **wordest** in thy bedchamber.
13 Andhesaid,Goand*spy***see**whereheis,
that I may send and *fetch* **take** him.
And it was told him, saying, Behold, *he is* in Dothan.
14 Therefore sent he thither horses, and chariots,
and *a great host* **heavy valiant**: and they came by night,
and *compassed* **surrounded** the city about.
15 And when the *servant* **lad** of the man of *God* **Elohim**
was risen **had started** early, and gone forth, behold,

an host compassed **the valiant surrounded**
the city both with horses and chariots.
And his *servant* **minister** said unto him,
Alas **Aha**, my *master* **adoni**! how shall we *do* **work**?
16 And he *answered* **said**, *Fear* **Awe** not:
for they that be with us
are *more* **greater** than they that be with them.
17 And*Elisha***EliShua**prayed,andsaid,
LORD **Yah Veh**, I *pray* **beseech** *thee*,
27 The leprosy of Naaman adheres to
you and to your seed eternally.
— and he goes out from his face leperous as snow.

The Floating Iron

6 And the sons of the prophets say to Eli Shua,
Behold now,
the place we settle at your face is tribulated for us:
2 Let us go, we beseech, to Yarden; and every man
take one beam and work us a place to settle.
And he says, Go!
3 And one says, If you will, I beseech,
go with your servants.
And he says, I go.
4 And he goes with them:
and they come to Yarden and cut down trees:
5 and so be it, as one fells a beam,
the iron falls into the water: and he cries out
and says, Aha, adoni! It *was* loaned.
6 And the man of Elohim says, Where fell it?
And he shows the place:
and he clips a tree and casts it in there;
and the iron floats.
7 And he says, Take it to yourself.
— and he spreads his hand and takes it.
8 And the sovereign of Aram fights Yisra El
and counsels with his servants, saying,
In such and such a place is my encampment.
9 And the man of Elohim
sends to the sovereign of Yisra El, saying,
Guard that you not pass this place;
for the Aramiy descend there:
10 and the sovereign of Yisra El sends to the place
of which the man of Elohim says; and enlightens him;
and guards himself there — neither once nor twice.
11 And the heart of the sovereign of Aram
storms about because of this word;
and he calls his servants and says to them,
Tell you me not
who of us is for the sovereign of Yisra El?
12 And one of his servants says, None,
my adoni, O sovereign:
for Eli Shua, the prophet in Yisra El,
tells the sovereign of Yisra El
the words you word in your bedchamber.
13 And he says, Go and see where he is,
so that I send and take him.
And they tell him, saying, Behold, in Dothan.
14 And he sends horses and chariots
and heavy valiant there:
and they come by night and surround the city:
15 and the lad of the man of Elohim starts
early and goes forth; and behold,
the valiant surround the city both
with horses and chariots.
And his minister says to him, Aha,
my adoni! How work we?
16 And he says, Awe not:
for these with us
are greater than those with them.
17 And Eli Shua prays and says, Yah Veh, I beseech,
open his eyes, that he may see.
And *the LORD* **Yah Veh**
opened the eyes of the *young man* **lad**;
and he saw: and, behold, the mountain
was *full of* **filled with** horses and chariots
of fire round about *Elisha* **Eli Shua.**
18 And when they *came down* **descended** to him,
Elisha **Eli Shua** prayed unto *the LORD* **Yah Veh**, and
said, Smite this *people* **goyim**, I *pray* **beseech** *thee*,
with blindness.
And he smote them with blindness according
to the word of *Elisha* **Eli Shua.**
19 And *Elisha* **Eli Shua** said unto them,
This is not the way, neither is this the city:
follow **come** ye **after** me,
and I *will bring* **shall walk** you to the man whom ye seek.
But he *led* **walked** them to *Samaria* **Shomeron.**
20 And **so be** it *came to pass*,
when they were come into *Samaria* **Shomeron**,
that *Elisha* **Eli Shua** said, *LORD* **Yah Veh**,
open the eyes of these *men*, that they may see.
And *the LORD* **Yah Veh** opened their eyes, and they saw;
and, behold, they were in the midst
of *Samaria* **Shomeron.**
21 Andthe*king***sovereign**of*Israel***YisraEl**
said unto *Elisha* **Eli Shua**, when he saw them,
My father, shall I smite them? shall I smite them?
22 And he *answered* **said**, Thou shalt not smite them:

wouldest **shouldest** thou smite those
whom thou hast *taken captive* **captured**
with thy sword and with thy bow?
set bread and water *before them* **at their face**,
that they may eat and drink, and
go to their *master* **adoni**.
23 And he *prepared* **digged** great provision for them:
and when they had eaten and drunk, he sent them
away, and they went to their *master* **adoni**.
So the *bands* **troops** of *Syria* **Aram** *came no more*
added not to come into the land of *Israel* **Yisra El**.
And Yah Veh opens the eyes of the lad; and he sees:
and behold,
the mountain fills with horses and
chariots of fire all around Eli Shua.
18 And they descend to him,
and Eli Shua prays to Yah Veh and says, Smite
this goyim, I beseech, with blindness .
— and he smites them with blindness
according to the word of Eli Shua.
19 And Eli Shua says to them,
This is neither the way nor is this the city:
come after me, and I walk you to the man you seek.
— and he walks them to Shomeron.
20 And so be it,
they come into Shomeron, and Eli Shua says,
Yah Veh, open their eyes so that they see.
And Yah Veh opens their eyes and they see;
and behold, they are midst Shomeron.
21 And he sees them,
and the sovereign of Yisra El says to Eli
Shua, Smite I? Smite I, my father?
22 And he says, Smite not!
Do you smite whom you captured with your sword
and with your bow? Set bread and water at their face
to eat and drink and go to their adoni.
23 And he digs great provision for them:
and they eat and drink;
and he sends them away to go to their adoni: and the
troops of Aram add not to come into the land of Yisra El.

FAMINE IN SHOMERON

24 And **so be** it *came to pass* after this,
that *Benhadad* **Ben Hadad,** *king*
sovereign of *Syria* **Aram**
gathered all his *host* **camp**,
and *went up* **ascended**, and besieged
Samaria **Shomeron**.
25 And there was a great famine in *Samaria* **Shomeron**:
and, behold, they besieged it, until
an ass's **a he burro's** head
was *sold for fourscore* **eighty** *pieces of* silver,
and the fourth *part of a cab* **qab** of dove's *dung* **dungs**
for five *pieces of* silver.
26 And as the *king* **sovereign** of *Israel* **Yisra El**
was passing by upon the wall, there
cried a woman unto him, saying,
Help **Save**, my *lord* **adoni**, O *king* **sovereign**.
27 And he said,
If *the LORD* **Yah Veh** do not *help* **save**
thee, whence shall I *help* **save** thee?
out of the *barnfloor* **threshingfloor**,
or out of the *winepress* **trough**?
28 And the *king* **sovereign** said unto
her, What aileth thee?
And she *answered* **said**, This woman said unto
me, Give thy son, that we may eat him to day,
and *we will* **shall** eat my son to morrow.
29 So we *boiled* **stewed** my son, and did eat
him: and I said unto her on the next day,
Give thy son, that we may eat him:
and she hath hid her son.
30 And **so be** it *came to pass*,
when the *king* **sovereign** heard the words of
the woman, that he *rent* **ripped** his clothes;
and he passed by upon the wall,
and the people *looked* **saw**, and, behold,
he had *sackcloth within* **saq housed** upon his flesh.
31 Then he said, *God do* **Elohim work**
so and *more* **add** also to me,
if the head of *Elisha* **Eli Shua** the son of Shaphat
shall stand on him this day.
open his eyes, so that he sees.
Ben Hadad sovereign of Aram gathers all his camp
and ascends and besieges Shomeron;

FAMINE IN SHOMERON

24 And so be it, afterward,
25 and there is a great famine in Shomeron:
and behold, they besiege it,
until the head of a he burro *is* eighty silver and
the fourth qab of dove dungs *is* five silver.
26 And as the sovereign of Yisra El passes by on the wall,
a woman cries out to him, saying,
Save, my adoni, O sovereign.
27 And he says,
If Yah Veh saves you not, how save I you? From
the threshingfloor? Or from the trough?
28 And the sovereign says to her, What ails you?

And she says, This woman said to me,
Give your son to eat today
and eat my son tomorrow:
29 so we stewed my son and ate him:
and I said to her on the next day,
Give your son, to eat him:
and she hid her son.
30 And so be it,
the sovereign hears the words of the
woman, and he rips his clothes;
and he passes by on the wall and the people see;
and behold, he houses saq on his flesh.
31 And he says, Elohim work thus and add also to
me, if the head of Eli Shua the son of Shaphat
stands on him this day.
32 But *Elisha sat* **Eli Shua settled** in his house,
and the elders *sat* **settled** with him;
and *the king* sent a man from *before him* **his face**:
but ere the *messenger* **angel** came to
him, he said to the elders,
See ye how this son of a murderer
hath sent to *take away* **turn aside** mine head?
look **see**, when the *messenger* **angel** cometh,
shut the door, and *hold him fast* **press him**
at the door: is not the *sound* **voice** of his
master's **adoni's** feet *behind* **after** him?
33 And while he yet *talked* **worded** with them, behold,
the *messenger came down* **angel descended**
unto him: and he said, Behold, this evil is of
the LORD **Yah Veh**; *what* **Why** should I *wait*
for the LORD **await Yah Veh** any longer?

Eli Shua Prophesies Food

7 Then *Elisha* **Eli Shua** said,
Hear ye the word of *the LORD* **Yah Veh**;
Thus saith *the LORD* **Yah Veh**,
To morrow about this time
shall a *measure* **seah** of *fine* flour be *sold* for a shekel,
and two *measures* **seahs** of barley for a shekel,
in the *gate* **portal** of *Samaria* **Shomeron**.
2 Then a *lord* **tertiary**
on whose hand the *king* **sovereign** leaned
answered the man of *God* **Elohim**, and said,
Behold, *if the LORD* **though Yah Veh**
would make **should work** windows
in *heaven* **the heavens**,
might this *thing* **word** be?
And he said, Behold, thou shalt see *it* with
thine eyes, but shalt not eat hereof.
3 And there were four leprous men
at the *entering in* **opening** of the *gate* **portal**:
and they said *one* **man** to *another* **friend**,
Why *sit* **settle** we here until we die?
4 If we say, We *will* **shall** enter into the city, then
the famine is in the city, and we shall die there:
and if we *sit still* **settle** here, we die also.
Now therefore come,
and let us fall unto the *host* **camp** of the *Syrians* **Aramiy**:
if they save us alive, we shall live;
and if they *kill* **deathify** us, we shall *but* die.
5 And they rose up in the *twilight* **evening**
breeze, to go unto the camp of the *Syrians*
Aramiy: and when they were come
to the *uttermost part* **extremity** of the camp of
Syria **Aram**, behold, there was no man there.
6 For *the Lord* **Adonay**
had *made* the *host* **camp** of the *Syrians* **Aramiy**
to hear a *noise* **voice** of chariots,
and a *noise* **voice** of horses,
even the *noise* **voice** of a great *host* **valiant**:
and they said *one* **man** to *another* **brother**,
Lo **Behold**, the *king* **sovereign** of *Israel* **Yisra El**
hath hired against us
the *kings* **sovereigns** of the *Hittites* **Hethiy**,
and the *kings* **sovereigns** of the *Egyptians*
Misrayim, to come upon us.
7 Wherefore they arose
and fled in the *twilight* **evening**
breeze, and left their tents,
and their horses, and their *asses* **he burros**,
even the camp as it was, and fled for their *life* **soul**.
8 And when these lepers
came to the *uttermost part* **extremity** of the camp,
they went into one tent, and did eat and drink,
and *carried* **lifted** thence silver, and gold, and
raiment **clothes**, and went and hid it;
and *came again* **returned**, and entered into another tent,
and *carried* **lifted** thence *also*, and went and hid it.
9 Then they said *one* **man** to *another*
friend, We *do* **work** not well:
this day is a day of *good tidings* **evangelism**,
and we *hold our peace* **hush**:
if we *tarry* **wait** till the morning light,
some mischief will come upon **perversion shall find** us:
now therefore come,
32 And Eli Shua settles in his house
and the elders settle with him;
and *he* sends a man from his face:
but ere the angel comes to him, he says to the
elders, You see how this son of a murderer

sends to turn aside my head?
See when the angel comes,
and shut the door and press him at the door. Is
not the voice of feet of his adoni after him?
33 And while he yet words with them,
behold, the angel descends to him:
and he says, Behold, this evil is of Yah Veh!
Why await I Yah Veh any longer?

Eli Shua Prophesies Food

7 And Eli Shua says, Hear the word of Yah Veh;
Thus says Yah Veh, Tomorrow about this time,
a seah of flour for a shekel
and two seahs of barley for a shekel
in the portal of Shomeron.
2 Then a tertiary on whose hand the sovereign leans
answers the man of Elohim and says, Behold,
though Yah Veh work windows in the heavens,
how becomes this word?
And he says, Behold,
you see with your eyes and eat not thereof.
3 And there are four leprous men at the opening
of the portal: and they say man to friend,
Why settle we here until we die?
4 If we say, We enter into the city,
then the famine is in the city and we die there:
and if we settle here, we die also.
Now come and fall to the camp of the Aramiy:
if they save us alive, we live;
and if they deathify us, we die.
5 And they rise in the evening breeze to
go to the camp of the Aramiy:
and they come to the extremity of the camp of Aram,
and behold, no man is there:
6 for Adonay has the camp of the Aramiy
hear a voice of chariots and a voice of horses
— the voice of a great valiant.
And they say man to brother,
Behold, the sovereign of Yisra El hires
against us the sovereigns of the Hethiy
and the sovereigns of the Misrayim to come against us.
7 And they rise and flee in the evening breeze
and leave their tents and the camp as it is
and their horses and their he burros
— and flee for their soul:
8 and these lepers come to the extremity of the camp;
and they go into one tent and eat and drink
and lift silver and gold and clothes; and go hide it;
and return and enter into another tent
and lift from there; and go hide it.
9 And they say man to friend, We work not well:
this day is a day of evangelism; and we hush:
if we wait until the morning light, perversion finds us:
and now come
that we may go and tell the *king's* **sovereign's** household.
10 So they came and called unto the porter of the city:
and they told them, saying,
We came to the camp of the *Syrians*
Aramiy, and, behold,
there was no man there, neither voice of *man*
human, but horses *tied* **bound**, and *asses tied* **he
burros bound**, and the tents as they were.
11 And he called the porters;
and they told it to the *king's* **sovereign's** house within.
12 And the *king* **sovereign** arose in the
night, and said unto his servants,
I *will* **shall** now *shew* **tell** you
what the *Syrians* **Aramiy** have *done* **worked** to us.
They know that we be *hungry* **famished**; therefore
are they gone out of the camp to hide themselves in
the field, saying, When they *come* **go** out of the city,
we shall *catch* **apprehend** them
alive, and get into the city.
13 And one of his servants answered and said,
Let some take, I *pray* **beseech** thee,
five of the horses that *remain* **survive**,
which *are left* **survive** in the city,
(behold, they are as all the multitude of *Israel* **Yisra El**
that *are left* **survive** in it: behold, *I say*,
they are even as all the multitude
of the *Israelites* **Yisra Eliy**
that are consumed:)
and let us send and see.
14 They took therefore two chariot horses;
and the *king* **sovereign**
sent after the *host* **camp** of the *Syrians*
Aramiy, saying, Go and see.
15 And they went after them unto *Jordan* **Yarden**:
and, *lo* **behold**, all the way
was full of *garments* **clothes** and *vessels* **instruments**,
which the *Syrians* **Aramiy** had cast away in their haste.
And the *messengers* **angels** returned,
and told the *king* **sovereign**.
16 And the people went out,
and *spoiled* **plundered** the *tents*
camps of the *Syrians* **Aramiy**.
So a *measure* **seah** of *fine* flour was *sold* for a shekel,
and two *measures* **seahs** of barley for a shekel,
according to the word of *the LORD* **Yah Veh**.

17 And the *king appointed* **sovereign mustered**
the *lord* **tertiary** on whose hand he leaned to
have the charge of **oversee** the *gate* **portal**:
and the people *trode upon* **trampled** him
in the *gate* **portal**, and he died,
as the man of *God* **Elohim** had *said*
worded, who *spake* **worded**
when the *king came down* **sovereign descended** to him.
18 And **so be** it *came to pass*,
as the man of *God* **Elohim**
had *spoken* **worded** to the *king* **sovereign**, saying,
Two *measures* **seahs** of barley for a shekel,
and a *measure* **seah** of *fine* flour for a shekel,
shall be to morrow about this time
in the *gate* **portal** of *Samaria* **Shomeron**:
19 And that *lord* **tertiary** answered the man
of *God* **Elohim**, and said, Now, behold,
if the LORD **though Yah Veh**
should *make* **work** windows in *heaven* **the**
heavens, might such a *thing* **word** be?
And he said, Behold,
thou shalt see it with thine eyes, but shalt not eat thereof.
20 And so it fell out unto him:
for the people *trode* **trampled** *upon*
him in the *gate* **portal**,
and he died.
and we go and tell the house of the sovereign.
10 And they come and call the porter of the city:
and they tell for themselves, saying,
We came to the camp of the Aramiy, and
behold, neither man nor voice of human;
but bound horses and bound he burros
and the tents as they were.
11 And he calls the porters;
and they tell it inside the house of the sovereign.
12 And the sovereign rises in the night
and says to his servants,
I now tell you what the Aramiy works to us.
They know that we famish; and so they go from
the camp to hide themselves in the field,
saying, When they go from the city,
we apprehend them alive and get into the city.
13 And one of his servants answers and says,
Have some take, I beseech you,
five of the horses that survive
— that survive in the city,
— and behold,
they that survive are as all the multitude of
Yisra El: and behold, even as all the multitude
of the Yisra Eliy that are consumed —
and let us send and see.
14 And they take two chariot horses;
and the sovereign sends after the camp
of the Aramiy, saying, Go! See!
15 And they go after them to Yarden: and behold,
all the way is full of clothes and instruments,
which the Aramiy cast away in their haste.
— and the angels return and tell the sovereign.
16 And the people go
and plunder the camps of the Aramiy:
and a seah of flour for a shekel and two seahs of barley
for a shekel according to the word of Yah Veh.
17 And the sovereign musters the tertiary
on whose hand he leans to oversee the portal:
and the people trample him in the portal;
and he dies, as the man of Elohim words
— words as the sovereign descends to him.
18 And so be it,
as the man of Elohim words to the sovereign,
saying, Two seahs of barley for a shekel
and a seah of flour for a shekel, be
tomorrow about this time
in the portal of Shomeron:
19 and that the tertiary answered the man
of Elohim and said, Now, behold,
though Yah Veh work windows in the heavens,
how becomes such a word?
And he said, Behold,
you see it with your eyes, but eat not.
20 — and so it befell him:
and the people trample him in the p ortal and he dies.

ELI SHUA PROPHESIES FAMINE

8 Then *spake Elisha* **worded Eli Shua** unto the woman,
whose son he had *restored to life* **enlivened,** saying,
Arise, and go thou and thine household, and
sojourn wheresoever thou canst sojourn:
for *the LORD* **Yah Veh** hath called for a famine;
and it shall also come upon the land seven years.
2 And the woman arose, and *did* **worked**
after the *saying* **word** of the man of *God* **Elohim**:
and she went with her household,
and sojourned in the land of the *Philistines* **Peleshethiy**
seven years.

ELI SHUA PROPHESIES FAMINE

8 And Eli Shua words to the woman
whose son he enlivened, saying,
Rise and go — you and your household
and sojourn wherever you *can* sojourn:
for Yah Veh called for a famine;

and also it comes on the land seven years.
2 And the woman rises and works after
the word of the man of Elohim:
and she goes with her household
and sojourns in the land of the Peleshethiy seven years.

THE LAND OF THE WOMAN RESTORED

3 And **so be** it *ametopas,* at he seven years' end,
that the woman returned
out of the land of the *Philistines* **Peleshethiy**: and
she went forth to cry unto the *king* **sovereign**
for her house and for her *land* **field**.
4 And the *king* **sovereign**
talked **worded** with *Gehazi* **Gay Chazi**
the *servant* **lad** of the man of *God* **Elohim**, saying,
Tell **Scribe** me, I *pray* **beseech** *thee*,
all the great *things* that *Elisha* **Eli**
Shua hath *done* **worked**.
5 And **so be** it *came to pass*,
as he was *telling* **scribing to** the *king* **sovereign**
how he had *restored a dead body to life* **enlivened**
the dead, that, behold, the woman,
whose son he had *restored to life* **enlivened**,
cried to the *king* **sovereign**
for her house and for her *land* **field**.
And *Gehazi* **Gay Chazi** said,
My *lord* **adoni**, O *king* **sovereign**, this is
the woman, and this is her son,
whom *Elisha restored to life* **Eli Shua enlivened**.
6 And when the *king* **sovereign** asked the
woman, she *told* **scribed to** him.
So the *king* **sovereign**
appointed **gave** unto her *a certain officer* **one**
eunuch, saying, Restore all that was hers,
and all the *fruits* **produce** of the field
since the day that she left the land, even until now.

ELI SHUA PROPHESIES EVIL

7 And*Elisha***EliShua**cameto*Damascus***Dammeseq**;
and *Benhadad* **Ben Hadad**
the *king* **sovereign** of *Syria* **Aram** was sick;
and it was told him, saying,
The man of *God* **Elohim** is come hither.
8 And the *king* **sovereign** said unto *Hazael* **Haza El**,
Take *a present* **an offering** in thine hand,
and go, meet the man of *God* **Elohim**,
and enquire of *the LORD* **Yah Veh** by him, saying,
shall I *recover* **live** of this *disease* **sickness**?
9 So *Hazael* **Haza El** went to meet him,
and took *a present with him* **an offering in his hand**,
even of every good *thing* of *Damascus* **Dammeseq**,
forty camels' burden,
and came and stood *before him* **at his face**,
and said, Thy son *Benhadad* **Ben Hadad**
king **sovereign** of *Syria* **Aram** hath sent me to thee,
saying, shall I *recover* **live** of this *disease* **sickness**?
10 And *Elisha* **Eli Shua** said unto him, Go, say unto him,
In living, Thou *mayest certainly recover* **shalt**
live: howbeit *the LORD* **Yah Veh** hath *shewed*
me **see** that **in dying,** he shall *surely* die.
11 And he
settled his countenance stedfastly **stood setting**
his face, until he was *ashamed* **shamed**:
and the man of *God* **Elohim** wept.
12 And *Hazael* **Haza El** said, Why
weepeth my *lord* **adoni**?
And he *answered* **said**, Because I know
the evil that thou *wilt do* **shalt work**
unto the *children* **sons** of *Israel* **Yisra El**:
their *strong holds* **fortresses** *wilt* **shalt** thou *set*
send on fire, and their *young men* **youths**
wilt **shalt** thou *slay* **slaughter** with the sword,
and *wilt dash* **shalt splatter** their *children* **sucklings**,
and *rip up* **splittest open** their *women*
with child **conceivers**.
13 And *Hazael* **Haza El** said, But
what, is thy servant a dog,
that he should *do* **work** this great *thing* **word**?
And *Elisha answered* **Eli Shua** said,
The LORD **Yah Veh** hath *shewed* me **see**
that thou shalt be *king* **sovereign** over *Syria* **Aram**.
14 So he *departed* **went** from *Elisha* **Eli Shua**,
and came to his *master* **adoni**; who said to
him, What said *Elisha* **Eli Shua** to thee?
And he *answered* **said**, He *told* **said to** me that
in living, thou shouldest *surely recover* **live.**
15 And **so be** it *came to pass*, on the morrow,
that he took a *thick cloth* **net**, and dipped it in water,

THE LAND OF THE WOMAN RESTORED

3 And so be it, at the end of seven years,
the woman returns from the land of the Peleshethiy:
and goes to cry to the sovereign for
her house and for her field.
4 And the sovereign words
with Gay Chazi the lad of the man of
Elohim, saying, Scribe me, I beseech,
all the great that Eli Shua works.
5 And so be it, he scribes to the sovereign
how he enlivened the dead,
and behold, how the woman whose son
he enlivened cries to the sovereign

for her house and for her field.
And Gay Chazi says, My adoni, O sovereign, this is the
woman and this is her son, whom Eli Shua enlivened!
6 And the sovereign asks the woman,
and she scribes to him.
And the sovereign gives her one eunuch,
saying, Restore all that is hers and
all the produce of the field
since the day she left the land, even until now.

ELI SHUA PROPHESIES EVIL

7 And Eli Shua comes to Dammeseq;
and Ben Hadad the sovereign of Aram is sick;
and they tell him, saying,
The man of Elohim comes here.
8 And the sovereign says to Haza El, Take
an offering in your hand and go meet the
man of Elohim and enquire of Yah Veh by
him, saying, Live I of this sickness?
9 And Haza El goes to meet him and takes an offering
in his hand even of every good of Dammeseq
— the burden of forty camels
and comes and stands at his face and says,
Your son Ben Hadad
sovereign of Aram sends me to you,
saying, Live I of this sickness?
10 And Eli Shua says to him, Go, say
to him, In living, you live:
howbeit Yah Veh shows me,
that in dying, you die.
11 — and he stands and sets his face until he
shames and the man of Elohim weeps.
12 And Haza El says, Why weeps my adoni?
And he says, Because I know the evil you work to the
sons of Yisra El: you send their fortresses on fire;
and slaughter their youths with the sword;
and splatter their sucklings and
split open their conceivers.
13 And Haza El says, But what?
Is your servant a dog, to work this great word?
And Eli Shua says,
Yah Veh shows me you *as* sovereign over Aram.
14 And he goes from Eli Shua
and comes to his adoni; who says to
him, What says Eli Shua to you?
And he says, He says to me, In living, you live.
15 And so be it, on the morrow,
he takes a net and dips it in water
9 And *Elisha* **Eli Shua** the prophet
and spread it on his face, so that he died:
and *Hazael* **Haza El** reigned in his stead.

YAH RAM REIGNS OVER YAH HUDAH

16 And in the fifth year of *Joram* **Yah Ram**
the son of *Ahab king* **Ach Ab**
sovereign of *Israel* **Yisra El,**
Jehoshaphat **Yah Shaphat**
being *then king* **sovereign** of *Judah* **Yah Hudah,** *Jehoram*
Yah Ram the son of *Jehoshaphat* **Yah Shaphat,** *king*
sovereign of *Judah* **Yah Hudah** began to reign.
17 **Asonof**Thirtyandtwoyears*old*
was he when he began to reign;
and he reigned eight years in *Jerusalem* **Yeru Shalem**.
18 And he walked in the way
of the *kings* **sovereigns** of *Israel* **Yisra El,**
as *did* **worked** the house of *Ahab* **Ach Ab**:
for the daughter of *Ahab* **Ach Ab** was his *wife* **woman**:
and he *did* **worked** evil
in the *sight* **eyes** of *the LORD* **Yah Veh.**
19 Ye*th*te*LORDwould***YahVehwiledto**
not *destroy Judah* **ruin Yah Hudah**
for David his servant's sake, as he *promised* **said to** him
to give him *alway a light* **all days a lamp,**
and to his *children* **sons.**
20 In his days Edom *revolted* **rebelled**
from under the hand of *Judah* **Yah Hudah**,
and *made* **had** a *king* **sovereign reign** over themselves.
21 So *Joramwen* **Ytah Rampassed** over to *Za* **Sira, ir**
and all the chariots with him:
and he rose by night,
and smote the *Edomites* **Edomiy** which *compassed*
surrounded him *about*, and the *captains* **governors**
of the chariots: and the people fled into their tents.
22 Yet Edom *revolted* **rebelled**
from under the hand of *Judah* **Yah Hudah** unto this day.
Then Libnah *revolted* **rebelled** at the same time.
23 Andtherestofthe*acts***words**o*Jforam***YahRam**,
and all that he *did* **worked**,
are they not *written* **inscribed** in the *book* **scroll**
of the *chronicles* **words of the days**
of the *kings* **sovereigns** of *Judah* **Yah Hudah**?
24 And*Joramslep***YtahRamlaid**withhisfathers,
and was *buried* **entombed** with his
fathers in the city of David:
and *Ahaziah* **Achaz Yah** his son reigned in his stead.

ACHAZ YAH REIGNS OVER YAH HUDAH

25 In the twelfth year of *Joram* **Yah Ram**
the son of *Ahab king* **Ach Ab sovereign** of *Israel* **Yisra El**
did *Ahaziah* **Achaz Yah** the son of *Jehoram* **Yah Ram,**
king **sovereign** of *Judah* **Yah Hudah** begin to reign.

26 **A son of** Two and twenty years *old*
was *Ahaziah* **Achaz Yah** when he began to reign;
and he reigned one year in *Jerusalem* **Yeru Shalem**.
And his mother's name was *Athaliah* **Athal Yah**,
the daughter of Omri *king* **sovereign** of *Israel* **Yisra El**.
27 And he walked in the way of the house of
Ahab **Ach Ab**, and *did* **worked** evil
in the *sight* **eyes** of *the LORD* **Yah Veh**,
as did the house of *Ahab* **Ach Ab**:
for he was the son in law of the house of *Ahab* **Ach Ab**.
28 And he went with *Joram* **Yah Ram**
the son of *Ahab* **Ach Ab**
to the war against *Hazael* **Haza El**
king **sovereign** of *Syria* **Aram** in
Ramothgilead **Ramoth Gilad**;
and the *Syrians wounded Joram*
Aramiy smote Yah Ram.
29 And *king Joram went back* **sovereign**
Yah Ram returned
to be healed in *Jezreel* **Yizre El** of the *wounds* **strokes**
which the *Syrians* **Aramiy** had *given him* **smitten**
at Ramah,
when he fought against *Hazael* **Haza El**
king **sovereign** of *Syria* **Aram**.

And *Ahaziah* **Achaz Yah** the son of *Jehoram* **Yah Ram**
king **sovereign** of *Judah* **Yah Hudah**
went down **descended** to see *Joram* **Yah Ram** the son of
Ahab **Ach Ab** in *Jezreel* **Yizre El**, because he was sick.

9 And *Elisha* **Eli Shua** the prophet

Yah Hu Reigns Over Yah Hudah

and spreads it on his face, so that he dies:
and Haza El reigns in his stead.
16 And in the fifth year of Yah Ram
the son of Ach Ab sovereign of Yisra El, Yah Shaphat
is sovereign of Yah Hudah; and Yah Ram the son of
Yah Shaphat sovereign of Yah Hudah begins to reign
17 — a son of thirty—two years when he begins to reign;
and he reigns eight years in Yeru Shalem:
18 and he walks in the way of the sovereigns of Yisra El
as the house of Ach Ab worked:
for the daughter of Ach Ab is his woman:
and he works evil in the eyes of Yah Veh:
19 yet Yah Veh wills to not ruin Yah Hudah
for sake of David his servant, as he said to him,
to give him, a lamp to his sons all days.
20 In his days,
Edom rebels from under the hand of Yah Hudah;
and has a sovereign reign over them.
21 And Yah Ram passes over to Sair with all his chariots:
and he rises by night
and smites the Edomiy who surround him
and the governors of the chariots:
and the people flee to their tents:
22 and Edom rebels
from under the hand of Yah Hudah to this day:
and Libnah rebels at the same time.
23 And the rest of the words of Yah
Ram and all he worked,
are they not inscribed in the scroll of the words
of the days of the sovereigns of Yah Hudah?
24 And Yah Ram lies down with his fathers
— entombed with his fathers in the city of David:
and Achaz Yah his son reigns in his stead.

Achaz Yah Reigns Over Yah Hudah

25 In the twelfth year of Yah Ram
the son of Ach Ab sovereign of Yisra El
Achaz Yah the son of Yah Ram sovereign
of Yah Hudah begins to reign.
26 Achaz Yah is a son of twenty—two
years and he begins to reign;
and he reigns one year in Yeru Shalem:
and the name of his mother, Athal Yah the
daughter of Omri sovereign of Yisra El.
27 And he walks in the way of the house of Ach
Ab and works evil in the eyes of Yah Veh
as the house of Ach Ab:
for he is the son in law of the house of Ach Ab.
28 And he goes to the war
with Yah Ram the son of Ach Ab
against Haza El sovereign of Aram in Ramoth Gilad;
and the Aramiy smite Yah Ram:
29 and sovereign Yah Ram returns to Yizre El
to heal from the strokes the Aramiy smote
at Ramah when he fought against Haza El
sovereign of Aram: and Achaz Yah
the son of Yah Ram sovereign of Yah
Hudah descends to Yizre El
to see Yah Ram the son of Ach Ab because he is sick.

Yah Hu Reigns Over Yah Hudah

9 And Eli Shua the prophet
9 And *Elisha* **Eli Shua** the prophet
called one of the *children* **sons** of the prophets,
and said unto him, Gird up thy loins,
and take this *box* **flask** of oil in thine hand,
and go to *Ramothgilead* **Ramoth Gilad**:
2 And when thou comest thither,
look out **see** there *Jehu* **Yah Hu**

the son of *Jehoshaphat* **Yah Shaphat**
the son of Nimshi, and go in,
and make him arise up from among his brethren,
and carry him to an inner chamber;
3 Thentakethe*box***flask**ofoil,andpour*it*onhishead,
and say, Thus saith *the LORD* **Yah Veh,**
I have anointed thee *king* **sovereign** over *Israel* **Yisra El.**
Then open the door, and flee, and *tarry* **wait** not.
4 So the *young man* **lad,**
even the *young man* **lad** the prophet, went
to *Ramothgilead* **Ramoth Gilad.**
5 And when he came, behold,
the *captains* **governors** of the *host* **valiant**
were *sitting* **settled**; and he said,
I have *an errand* **a word** to thee, O captain.
And *Jehu* **Yah Hu** said, Unto which of all us?
And he said, To thee, O *captain* **governor.**
6 And he arose, and went into the house;
and he poured the oil on his head,
and said unto him, Thus saith
the LORD God **Yah Veh Elohim** of *Israel* **Yisra El,**
I have anointed thee *king* **sovereign** over the people
of *the LORD* **Yah Veh,** *even* over *Israel* **Yisra El.**
7 And thou shalt smite
the house of *Ahab* **Ach Ab** thy *master* **adoni,**
that I may avenge the blood of my servants the prophets,
and the blood of all the servants of *the LORD* **Yah Veh,**
at the hand of *Jezebel* **Iy Zebel.**
8 For the whole house of *Ahab* **Ach Ab**
shall *perish* **destruct:**
and I *will* **shall** cut off from *Ahab* **Ach Ab**
him that *pisseth* **urinateth** against the wall,
and him that is *shut up* **restrained**
and left in *Israel* **Yisra El:**
9 And I *will make* **shall give** the house of *Ahab* **Ach Ab**
like the house of *Jeroboam* **Yarob Am** the son of
Nebat, and like the house of *Baasha* **Basha**
the son of *Ahijah* **Achiy Yah:**
10 And the dogs shall *eat Jezebel* **devour Iy Zebel**
in the *portion* **allotment** of *Jezreel* **Yizre El,**
and there shall be none to *bury* **entomb** her.
And he opened the door, and fled.
11 Then *Jehu came forth* **Yah Hu went**
to the servants of his *lord* **adoni:**
and *one* said unto him, *Is all well* **Shalom?**
wherefore came this *mad fellow* **insane** to thee?
And he said unto them,
Ye know the man, and his communication.
12 And they said, It is false; tell us now.
And he said, Thus and thus *spake* **said** he to
me, saying, Thus saith *the LORD* **Yah Veh,**
I have anointed thee *king* **sovereign** over *Israel* **Yisra El.**
13 Then they hasted,
and took every man his *garment* **clothes,**
and *put* **set** it under him on the *top* **bone** of the *stairs*
steps, and *blew* **blast** with *trumpets* **shophars,** saying,
Jehu is king **Yah Hu reigneth.**

YAH HU DEATHIFIES YAH RAM AND ACHAZ YAH

14 So*Jehu***YahHu**thesonof*Jehoshapha*Y**tahShaphat**
the son of Nimshi conspired against *Joram*
Yah Ram. (Now *Joram* **Yah Ram**
had *kept Ramothgilead* **guarded Ramoth**
Gilad, he and all *Israel* **Yisra El,**
because **at the face** of *Hazael* **Haza El,**
king **sovereign** of *Syria* **Aram.**
15 But *king Joram* **sovereign Yah Ram**
was returned to be healed in *Jezreel* **Yizre El**
of the *wounds* **strokes**
which the *Syrians* **Aramiy** had *given him* **smitten,**
when he fought with *Hazael* **Haza El**
king **sovereign** of *Syria* **Aram.)**
And *Jehu* **Yah Hu** said, If it be your *minds* **souls,**
calls one of the sons of the prophets and says
to him, Gird your loins and take this flask of
oil in your hand and go to Ramoth Gilad:
2 and when you come there,
see Yah Hu the son of Yah Shaphat the son of
Nimshi; and go in and raise him from among his
brothers and carry him to an inner chamber;
3 and take the flask of oil and pour on his
head and say, Thus says Yah Veh,
I anoint you sovereign over Yisra El!
— then open the door and flee and wait not.
4 And the lad — the lad the prophet
goes to Ramoth Gilad:
5 and he comes, and behold,
the governors of the valiant settle there;
and he says, I have a word to you, O captain.
And Yah Hu says, To whom of all of us?
And he says, To you, O governor.
6 And he rises and goes into the house;
and pours the oil on his head and says to him,
Thus says Yah Veh Elohim of Yisra El,
I anoint you sovereign over the people of Yah Veh
— over Yisra El:
7 and you, smite the house of Ach Ab your adoni,
to avenge the blood of my servants the prophets
and the blood of all the servants of Yah Veh
at the hand of Iy Zebel:
8 for the whole house of Ach Ab destructs:

and I cut off from Ach Ab
he who urinates against the wall
and he who *is* restrained and left in Yisra El:
9 and I give the house of Ach Ab
as the house of Yarob Am the son of Nebat and
as the house of Basha the son of Achiy Yah:
10 and the dogs devour Iy Zebel in
the allotment of Yizre El;
and there is none to entomb her.
— and he opens the door and flees.
11 And Yah Hu goes to the servants of his adoni:
and says to him, Shalom? Why comes this insane to you?
And he says to them,
You know the man and his communication:
12 and they say, False! And now you tell us.
And he says, Thus and thus says he to
me, saying, Thus says Yah Veh,
I anoint you sovereign over Yisra El.
13 And they hasten
and every man takes his clothes
and sets them under him on the bone of the
steps and blast with shophars, saying,
Yah Hu reigns!

YAH HU DEATHIFIES YAH RAM AND ACHAZ YAH

14 So Yah Hu
the son of Yah Shaphat the son of Nimshi
conspires against Yah Ram:
and Yah Ram guards Ramoth Gilad
— he and all Yisra El
at the face of Haza El sovereign of Aram:
15 and sovereign Yah Ram returns to Yizre
El
to heal of the strokes the Aramiy smote when
he fought with Haza El sovereign of Aram.
And Yah Hu says, If it is in your soul,
then let *none* **no escapee** go forth *nor escape*
out of the city to go to tell it in *Jezreel* **Yizre El**.
16 So *Jehu* **Yah I-lu** rode in a chariot,
and went to *Jezreel* **Yizre El**;
for *Joram* **Yah Ram** lay there. And *Ahaziah* **Achaz Yah**
king **sovereign** of *Judah* **Yah I-ludah**
was come down **descended** to see *Joram* **Yah Ram**.
17 Andtherestooda*watchman***watcher**
on the tower in *Jezreel* **Yizre El**,
and he *spied* **saw** the *company* **throng** of *Jehu* **Yah I-lu**
as he came,
and said, I see a *company* **throng**.
And *Joram* **Yah Ram** said, Take *an horseman*
a charioteer, and send to meet them,
and let him say, *Is it peace* **Shalom**?
18 So there went one
on horseback **riding on a horse** to meet him, and said,
Thus saith the *king* **sovereign**, *Is it peace* **Shalom**?
And *Jehu* **Yah I-lu** said,
What hast thou to do with *peace* **shalom**?
turn thee behind me.
And the *watchman* **watcher** told, saying,
The *messenger* **angel** came to them, but
he *cometh not again* **returneth not**.
19 Then he sent out a second *on horseback* **riding**
on a horse, which came to them, and said,
Thus saith the *king* **sovereign**, *Is it peace* **Shalom**?
And *Jehu answered* **Yah I-lu said**, What hast thou
to do with *peace* **shalom**? turn thee behind me.
20 And the *watchman* **watcher** told, saying,
He came even unto them,
and *cometh not again* **returneth not**:
and the driving
is like the driving of *Jehu* **Yah I-lu** the son of Nimshi;
for he driveth *furiously* **insanely**.
21 And *Joram* **Yah Ram** said, *Make ready* **Bind**.
And his chariot was *made ready* **bound**.
And *Joram* **Yah Ram** *king* **sovereign** of *Israel* **Yisra El**
and *Ahaziah* **Achaz Yah**
king **sovereign** of *Judah* **Yah I-ludah**
went out, each **man** in his chariot,
and they went out *against Jehu* **to meet Yah I-lu**,
and *met* **found** him in the *portion* **allotment**
of Naboth the *Jezreelite* **Yizre Eliy**.
22 And **so be** it *came to pass*,
when *Joram* **Yah Ram** saw *Jehu* **Yah I-lu**, that
he said, *Is it peace* **Shalom**, *Jehu* **Yah I-lu**? And
he *answered* **said**, What *peace* **shalom**,
so *long as* **that** the whoredoms of
thy mother *Jezebel* **Iy Zebel**
and her *witchcrafts* **sorceries** are *so* many?
23 And*Joram***YahRam**turnedhishands,andlfed,
and said to *Ahaziah* **Achaz Yah**,
There is *treachery* **fraud**, O *Ahaziah* **Achaz Yah**.
24 And *Jehu* **Yah I-lu**
drew a bow with his full strength
filled his hand with a bow,
and smote *Jehoram* **Yah Ram** between his
arms, and the arrow went out at his heart,
and he *sunk* **bowed** down in his chariot.
25 Then said *Jehu* **he** to *Bidkar* **Bidqar**
his *captain* **tertiary**,
Take up **Lift**,
and cast him in the *portion* **allotment** of the
field of Naboth the *Jezreelite* **Yizre Eliy**:

for remember how that,
when I and thou rode *together* **paired**
after *Ahab* **Ach Ab** his father,
the LORD **Yah Veh** laid this burden upon him;
26 Surely I have seen *yesterday* **yesternight**
the blood of Naboth, and the blood of his sons,
saith the LORD **an oracle of Yah Veh**;
and I *will requite* **shall shalam** thee
in this *plat* **allotment**,
saith the LORD **an oracle of Yah Veh**.
Now therefore *take* **lift**
and cast him into the *plat of ground* **allotment**,
according to the word of *the LORD* **Yah Veh**.
let no escapee go from the city to go tell it in Yizre El.
16 So Yah Hu rides in a chariot and goes to Yizre El;
for Yah Ram lies down there:
and Achaz Yah sovereign of Yah Hudah
descends to see Yah Ram:
17 and a watcher stands on the tower in Yizre El;
and he sees the throng of Yah Hu as he comes;
and says, I see a throng.
And Yah Ram says,
Take a charioteer and send to meet them;
and say, Shalom?
18 So one goes riding on a horse to meet him and says,
Thus says the sovereign, Shalom?
And Yah Hu says,
What have you to do with shalom? Turn behind me.
And the watcher tells, saying,
The angel comes to them; but he returns not:
19 and he sends out a second riding on a horse
who comes to them and says,
Thus says the sovereign, Shalom?
And Yah Hu says,
What have you to do with shalom? Turn behind me.
20 And the watcher tells, saying, He
comes to them and returns not:
and the driving
is as the driving of Yah Hu the son of Nimshi;
for he drives insanely.
21 And Yah Ram says, Bind!
— and they bind his chariot.
And Yah Ram sovereign of Yisra El and Achaz Yah
sovereign of Yah Hudah go — each man in his chariot
and they go to meet Yah Hu;
and they find him
in the allotment of Naboth the Yizre El iy.
22 And so be it, Yah Ram sees Yah Hu,
and he says, Shalom, Yah Hu?
And he says, What shalom
when the whoredoms of your mother Iy
Zebel and her sorceries are many?
23 And Yah Ram turns his hands and
flees and says to Achaz Yah,
Fraud, O Achaz Yah!
24 And Yah Hu fills his hand with a bow and
smites Yah Ram between his arms
and the arrow comes out his heart;
and he bows down in his chariot:
25 and says to Bidqar his tertiary, Lift!
Cast him in the allotment of the field
of Naboth the Yizre Eliy:
for remember,
when I and you rode paired after Ach Ab his
father, Yah Veh laid this burden on him;
26 yesternight I see the blood of Naboth
and the blood of his sons
— an oracle of Yah Veh;
and I shalam you in this allotment
— an oracle of Yah Veh. And now, Lift!
Cast him into the allotment according
to the word of Yah Veh.
27 But when *Ahaziah* **Achaz Yah,**
the *king* **sovereign** of *Judah* **Yah Hudah** saw
this, he fled by the way of the garden house.
And *Jehu followed* **Yah Hu pursued** after him, and said,
Smite him also in the chariot.
And they did so at the *going up* **ascent** to
Gur, which is by *Ibleam* **Yible Am**.
And he fled to Megiddo, and died there.
28 Andhisservants*caried***rode**himinachariot
to *Jerusalem* **Yeru Shalem**,
and *buried* **entombed** him in his *sepulchre* **tomb**
with his fathers in the city of David.

ACHAZ YAH REIGNS OVER YAH HUDAH

29 And in the eleventh year of *Joram* **Yah Ram**
the son of *Ahab* **Ach Ab**
began *Ahaziah* **Achaz Yah** to reign
over *Judah* **Yah Hudah**.

IY ZEBEL DEATHIFIED

30 Andwhen*Jehu***YahHu**wascometo*Jezre*Y*l***izreE,l**
Jezebel **Iy Zebel** heard of it;
and she *painted* **set** her *face* **eyes in stibium**,
and *tired* **well—prepared** her head,
and looked out at a window.
31 And as *Jehu* **Yah Hu** entered in at the *gate* **portal**,
she said, Had Zimri *peace* **shalom**, who
slew **slaughtered** his *master* **adoni**?

32 Andheliftedupisfacetothewindow,andsaid,
Who is on my side? who?
And there looked out to him two or three eunuchs.
33 And he said, *Throw her down* **Release her.**
So they *threw her down* **released her**:
and *some of* her blood was sprinkled
on the wall, and on the horses:
and he *trode* **trampled** her under foot.
34 Andwhenhewascomein,hedideatandirnk,
and said, *Go, see* **Visit** now this cursed
woman, and *bury* **entomb** her:
for she is a *king's* **sovereign's** daughter.
35 And they went to *bury* **entomb** her:
but they found no more of her than the *skull*
cranium, and the feet, and the palms of her hands.
36 Where fore they *came again*
returned, and told him.
And he said, This is the word of *the LORD* **Yah Veh**,
which he *spake* **worded** by **the hand of** his servant
Elijah **Eli Yah** the *Tishbite* **Tisbehiy**, saying,
In the *portion* **allotment** of *Jezreel* **Yizre El**
shall dogs *eat* **devour** the flesh of *Jezebel* **Iy Zebel**:
37 Andthecarcaseo*Jfezebe***IlyZebes**lhalbeasdung
upon the face of the field
in the *portion* **allotment** of *Jezreel* **Yizre El**;
so that they shall not say, This is *Jezebel* **Iy Zebel**.

THE HOUSEHOLD OF ACH AB IS DEATHIFIED

10 And *Ahab* **Ach Ab**
had seventy sons in *Samaria* **Shomeron**.
And *Jehu wrote letters* **Yah Hu inscribed**
scrolls, and sent to *Samaria* **Shomeron**,
unto the *rulers* **governors** of *Jezreel* **Yizre**
El, to the elders, and to them
that *brought up Ahab's children* **be amenable to Ach Ab**,
saying,
2 Now as soon as this *letter* **scroll** cometh to you,
seeing your *master's* **adoni's** sons are with you,
and there are with you chariots and horses,
a *fenced* **fortified** city also, and armour;
3 Lookevenouthebestand*meetes***sttraightest**
of your *master's* **adoni's** sons, and set
him on his father's throne,
and fight for your *master's* **adoni's** house.
4 But they were *exceedingly afraid*
mighty awed, and said, Behold,
two *kings* **sovereigns** stood not *before him* **at his face**:
how then shall *we* stand?
5 And he that was over the house,
and he that was over the city, the elders also, and
the *bringers up of the children* **amenable**, sent to
Jehu **Yah Hu**, saying, We are thy servants,
and *will do* **shall work** all that thou shalt *bid* **say to**
us; we *will not make any king* **shall have no man to**
reign: *do* **work** thou that which is good in thine eyes.
27 And Achaz Yah the sovereign of Yah Hudah
sees and flees by the way of the garden house:
and Yah Hu pursues him and says, Smite him — him
also in the chariot at the ascent to Gur by Yible Am.
And he flees to Megiddo and dies there:
28 and his servants ride him in a chariot to Yeru Shalem
and entomb him in his tomb with his
fathers in the city of David.

ACHAZ YAH REIGNS OVER YAH HUDAH

29 And in the eleventh year
of Yah Ram the son of Ach Ab
Achaz Yah begins to reign over Yah Hudah.

IY ZEBEL DEATHIFIED

30 And Yah Hu comes to Yizre El, and Iy Zebel hears;
and she sets her eyes in stibium and well—
prepares her head; and looks out a window:
31 and Yah Hu enters at the portal, and she says,
Is there shalom to Zimri the slaughterer of his adoni?
32 And he lifts his face to the window and
says, Who is on my side? Who?
— and two or three eunuchs look to him.
33 And he says, Release her!
— and they release her:
and sprinkle her blood on the wall and on
the horses and trample her under foot.
34 And he comes in, and he eats and drinks
and says, Visit now this cursed; and entomb her:
for she is a daughter of a sovereign.
35 And they go to entomb her:
but they find no more of her than the cranium
and the feet and the palms of her hands:
36 and they return and tell him.
And he says,
This is the word Yah Veh worded
by the hand of his servant
Eli Yah the Tisbehiy, saying, In the allotment of Yizre El
dogs devour the flesh of Iy Zebel:
37 and the carcase of Iy Zebel becomes as dung
on the face of the field in the allotment of Yizre El;
so that they not say, This is Iy Zebel.

The Household Of Ach Ab Is Deathified

10 And Ach Ab has seventy sons in Shomeron:
And Yah Hu inscribes scrolls and sends to Shomeron,
to the governors of Yizre El, to the elde rs
and to them who *are* amenable to Ach Ab, saying,
2 And now this scroll comes to you, seeing
the sons of your adoni *are* with you
and chariots and horses with you
and a fortified city and armour;
3 see to the best and straightest of
the sons of your adoni;
and set him on the throne of his father and
fight for the house of your adoni.
4 And they awe mightily and say, Behold,
two sovereigns stood not at his face:
how then stand *we*?
5 And him over the house and him over the
city and the elders and the amenable
send to Yah Hu, saying,
We are your servants and work all you say to us;
we have no man to reign:
work what is good in your eyes.
6 Then he *wrote* **inscribed** a *letter* **scroll**
the second time to them, saying,
If ye be mine, and if ye *will* **shall** hearken unto my voice,
take ye the heads of the men your *master's* **adoni's**
sons, and come to me to *Jezreel* **Yizre El** by to
morrow this time. Now the *king's* **sovereign's** sons,
being seventy *persons* **men**,
were with the great men of the city,
which *brought* **greatened** them *up*.
7 And **so be** it *came to pass*, when the
letter **scroll** came to them,
that they took the *king's* **sovereign's** sons, and
slew **slaughtered** seventy *persons* **men**, and
put **set** their heads in *baskets* **boilers**,
and sent him them to *Jezreel* **Yizre El**.
8 And there came *a messenger* **an**
angel, and told him, saying,
They have brought the heads of the
king's **sovereign's** sons.
And he said, *Lay* **Set** ye them in two heaps at
the *entering in* **opening** of the *gate* **portal**
until the morning.
9 And **so be** it *came to pass*, in the morning,
that he went out, and stood, and said to all
the people, ye be *righteous* **just**: behold,
I conspired against my *master* **adoni**,
and *slew* **slaughtered** him: but who *slew* **smote** all these?
10 Know now that there shall fall unto the earth
nothing **naught** of the word of *the LORD* **Yah**
Veh, which *the LORD spake* **Yah Veh worded**
concerning the house of *Ahab* **Ach Ab**:
for *the LORD* **Yah Veh** hath *done* **worked**
that which he *spake* **worded**
by **the hand of** his servant *Elijah* **Eli Yah**.
11 So *Jehu slew* **Yah I-lu smote** all
that *remained* **survived**
of the house of *Ahab* **Ach Ab** in *Jezreel* **Yizre El**,
and all his great men, and *his kinsfolks*
those he knew, and his priests,
until **in surviving,** he left him none
remaining **surviving**.
12 And he arose and departed, and
came to *Samaria* **Shomeron**.
And as he was at
the *shearing* **tenders'** house **of binding/Beth Eqed**
in the way,
13 *Jehu* **Yah I-lu**
met with **found** the brethren of *Ahaziah* **Achaz Yah,** *king*
sovereign of *Judah* **Yah I-ludah,** and said, Who are ye?
And they *answered* **said**,
We are the brethren of *Ahaziah* **Achaz Yah**;
and we *go down* **descend** to *salute* **bid shalom**
to the *children* **sons** of the *king* **sovereign**
and the *children* **sons** of the *queen* **lady**.
14 AndhesaidT,*ake***Apprehend**themalive.
And they *took* **apprehended** them alive,
and *slew* **slaughtered** them
at the *pit* **well** of the *shearing* house
of binding/Beth Eqed,
even two and forty men;
neither *left he* **survived** any of them.
15 And when he was *departed* **gone** thence, he
lighted on Jehonadab **found Yah Nadab**
the son of Rechab coming to meet him:
and he *saluted* **blessed** him, and said to him,
Is thine heart *right* **straight**, as my
heart is with thy heart?
And *Jehonadab answered* **Yah Nadab said**, It is.
If it be, give *me* thine hand. And he gave *him* his hand;
and he *took* **ascended** him *up* to him into the chariot.
16 And he said, Come with me,
and see my zeal for *the LORD* **Yah Veh**. So
they made him ride in his chariot.
17 And when he came to *Samaria* **Shomeron**,
he *slew* **smote** all that *remained* **survived**
unto *Ahab* **Ach Ab** in *Samaria* **Shomeron**,
till he had *destroyed* **desolated** him,
according to the *saying* **word** of *the LORD* **Yah**
Veh, which he *spake* **worded** to *Elijah* **Eli Yah**.

18 And *Jehu* **Yah I-lu** gathered all the people *together*,
and said unto them, **2**
6 And he inscribes them a scroll a second t ime, saying,
If you *are* mine and if you hearken to my
voice, take the heads of the men
— the sons of your adoni
and come to me to Yizre El by this time tomorrow.
The sons of the sovereign
— seventy men are with the great men of the city
— who greatened them.
7 And so be it, the scroll comes to them, and
they take the sons of the sovereign;
and slaughter seventy men
and set their heads in boilers and
send him them to Yizre El.
8 And an angel comes and tells him, saying, They
bring the heads of the sons of the sovereign.
And he says, Set them in two heaps
at the opening of the portal until the morning.
9 And so be it, in the morning,
he goes and stands and says to all the people,
You are just! Behold, I conspired against
my adoni and slaughtered him!
But who smote all these?
10 Now you know
that no word of Yah Veh falls to the earth
that Yah Veh words concerning the house of Ach Ab:
for Yah Veh works what he worded by
the hand of his servant Eli Yah.
11 And Yah Hu smites
all the house of Ach Ab in Yizre El who survive
— all his great men and those he knew and his
priests until in surviving, none survive.
12 And he rises and departs and goes to Shomeron:
and he is at the house of binding/Beth
Eqed of the tenders in the way;
13 and Yah Hu finds the brothers of Ach
az Yah sovereign of Yah Hudah
and says, Who are you?
And they say, We are the brothers of Achaz Yah;
and we descend to bid shalom
to the sons of the sovereign and the sons of the lady.
14 And he says, Apprehend them alive!
And they apprehend them alive and
slaughter them at the well
of the house of binding/Beth Eqed
— forty—two men — none of whom survive.
15 And he goes from there,
and he finds Yah Nadab the son of
Rechab coming to meet him:
and he blesses him, and says to him,
Is your heart as straight as my heart with your heart?
And Yah Nadab says, So be it. If so be it, give your hand.
And he gives his hand;
and ascends him to himself in the chariot;
16 and he says, Come with me and
see my zeal for Yah Veh.
So they ride him in his chariot:
17 and when he comes to Shomeron,
he smites all who survived Ach Ab in
Shomeron until he desolates him
according to the word Yah Veh worded to Eli Yah.
18 And Yah Hu gathers all the people and says to them,
Ahab **Ach Ab** served Baal a little;
but Jehu **Yah Hu** shall serve him *much* **aboundingly**.
19 NowthereforecaluntomealltheprophetsofBal,
all his servants, and all his priests;
let *none* **no man** be *wanting* **missing**:
for I have a great sacrifice *to do* to Baal;
whosoever shall be *wanting* **missing**, he shall not live.
But *Jehu did* **Yah Hu worked** it in *subtilty* **trickery**,
to the intent that he might **so as to**
destroy the *worshippers* **servants** of Baal.
20 And *Jehu* **Yah Hu** said,
Proclaim **Hallow** a *solemn* **private** assembly for Baal.
And they *proclaimed* **called** it.
21 And *Jehu* **Yah Hu** sent through all *Israel* **Yisra El**:
and all the *worshippers* **servants** of Baal came,
so that there was not a man *left* **surviving** that came not.
And they came into the house of Baal;
and the house of Baal was *full* **filled**
from *one end* **mouth** to *another* **mouth**.
22 And he said unto him
that was over the *vestry* **wardrobe**,
Bring forth *vestments* **robes**
for all the *worshippers* **servants** of Baal. And
he brought them forth *vestments* **robes**.
23 And *Jehu* **Yah Hu** went,
and *Jehonadab* **Yah Nadab** the son of
Rechab, into the house of Baal,
and said unto the *worshippers* **servants** of Baal,
Search, and *look* **see** that there be here with you
none of the servants of *the LORD* **Yah Veh**,
but the *worshippers* **servants** of Baal only.
24 And when they went in
to *offer* **work** sacrifices and *burnt offerings* **holocausts**,
Jehu appointed fourscore **Yah Hu set**
eighty men without, and said,
If *any* **a man**
of the men whom I have brought into your hands escape,
he that letteth him go,

his *life* **soul** shall be for *the life of him* **his soul**.
25 And **so be** it *came to pass*,
as soon as he had *made an end of* **finished**
offering **working** the *burnt offering* **holocaust**,
that *Jehu* **Yah Hu** said to the *guard* **runners**
and to the *captains* **tertiaries**,
Go in, and *slay* **smite** them;
let *none come forth* **no man go**.
And they smote them with the *edge* **mouth** of the sword;
and the *guard* **runners** and the *captains* **tertiaries**
cast them out,
and went to the city of the house of Baal.
26 Andtheybroughtforththe*images***monoliths**
out of the house of Baal, and burned them.
27 And they
brake **pulled** down the *image* **monolith** of Baal,
and *brake* **pulled** down the house of Baal,
and *made* **set** it a *draught house* **sewer** unto this day.
28 Thus *Jehu destroyed* **Yah Hu desolated**
Baal out of *Israel* **Yisra El**.
29 Howbeit *from* the sins of *Jeroboam* **Yarob Am**
the son of Nebat,
who made *Israel* **Yisra El** to sin,
Jehu departed not **Yah Hu turned not aside**
from after them, *to wit*,
the golden calves that were in *Bethel*
Beth El, and that were in Dan.
30 And *the LORD* **Yah Veh** said unto *Jehu* **Yah Hu**,
Because thou hast done *well* **good**
in *executing that which is right* **working straight** in
mine eyes, and hast *done* **worked** unto the house of
Ahab **Ach Ab** according to all that was in mine heart,
thy *children* **sons** of the fourth *generation*
shall *sit* **settle** on the throne of *Israel* **Yisra El**.
31 But *Jehu took no heed* **Yah Hu guarded not**
to walk in the *law* **torah**
of *the LORD God* **Yah Veh Elohim** of *Israel* **Yisra El**
with all his heart:
for he *departed* **turned** not **aside**
from the sins of *Jeroboam* **Yarob Am**,
which made *Israel* **Yisra El** to sin.
Ach Ab served Baal a little; Yah Hu
serves him aboundingly:
19 now call to me all the prophets of
Baal
— all his servants and all his priests
— no man missing:
for I have a great sacrifice to Baal;
whosoever is missing, lives not.
— and Yah Hu works trickery
so as to destroy the servants of Baal.
20 And Yah Hu says,
Hallow a private assembly for Baal!
— and they call it.
21 And Yah Hu sends through all Yisra El:
and all the servants of Baal came,
so that no man survives who comes not:
and they come to the house of Baal;
and the house of Baal is filled from mouth to mouth.
22 And he says to him who *are* over the wardrobe,
Bring the robes for all the servants of Baal!
— and he brings the robes.
23 And Yah Hu goes to the house of Baal
with Yah Nadab the son of Rechab
and says to the servants of Baal, Search!
See that no servants of Yah Veh are here with you
except the servants of Baal by themselves.
24 And they go in to work sacrifices and holocausts,
and Yah Hu sets eighty men outside and says,
The man who allows
any of the men I bring to your hands to escape
— his soul for his soul.
25 And so be it, as he finishes working the holocaust,
Yah Hu says to the runners and to the tertiaries,
Go! Smite them! Allow no man to go!
— and they smite them with the mouth of the sword;
and the runners and the tertiaries cast them
out, and go to the city of the house of Baal:
26 and they bring the monoliths from the house of Baal
and burn them;
27 and they pull down the monolith of B aal
and pull down the house of Baal
and set it a sewer to this day;
28 thus Yah Hu desolated Baal from Yisra El.
29 Only, the sins of Yarob Am the son of Nebat
who had Yisra El to sin,
Yah Hu turns not aside from after them the
golden calves in Beth El and in Dan.
30 And Yah Veh says to Yah Hu,
Because you work good and straight in
my eyes and work to the house of Ach
Ab according to all in my heart,
your sons to the fourth settle on the throne of Yisra El.
31 And Yah Hu guards not
to walk in the torah of Yah Veh Elohim
of Yisra El with all his heart:
he turns not aside from the sins of Yarob
Am, which has Yisra El to sin.
32 In those days *the LORD* **Yah Veh**
began to cut *Israel short* **Yisra El off**:
and *Hazael* **Haza El** smote them
in all the *coasts* **borders** of *Israel* **Yisra El**;

33 From *Jordan* **Yarden**
eastward **toward the rising of the sun,**
all the land of *Gilead* **Gilad**, the *Gadites*
Gadiy, and the *Reubenites* **Reu Beniy**,
and the *Manassites* **Menash Shiy**,
from Aroer, which is by the *river* **wadi**
Arnon, even *Gilead* **Gilad** and Bashan.
34 Now the rest of the *acts* **words** of *Jehu* **Yah Hu**,
and all that he *did* **worked**, and all his might,
are they not *written* **inscribed** in the *book*
scroll of the *chronicles* **words of the days**
of the *kings* **sovereigns** of *Israel* **Yisra El**?
35 And *Jehu slept* **Yah Hu laid** with his fathers:
and they *buried* **entombed** him in *Samaria* **Shomeron**.
And *Jehoahaz* **Yah Achaz** his son reigned in his stead.
36 And the *time* **day**
that *Jehu* **Yah Hu** reigned over *Israel* **Yisra El**
in *Samaria* **Shomeron** was twenty and eight years.

ATHAL YAH REIGNS OVER YAH HUDAH

11 And when *Athaliah* **Athal Yah**
the mother of *Ahaziah* **Achaz Yah** saw that
her son *was dead* **died**, she arose
and destroyed all the seed *royal* **of the sovereigndom**.
2 But *Jehosheba* **Yah Sheba**,
the daughter of *king Joram* **sovereign Yah Ram**, sister of *Ahaziah* **Achaz Yah**,
took *Joash* **Yah Ash** the son of *Ahaziah* **Achaz Yah**, and stole him from among the *king's*
sovereign's sons which were *slain* **deathified**;
and they hid him, *even* him and his *nurse* **suckler**,
in the bedchamber from *Athaliah* **the face of Athal Yah**, so that he was not *slain* **deathified**.
3 And he was with her
hid in the house of *the LORD* **Yah Veh** six years.
And *Athaliah* **Athal Yah** did reign over the land.
4 And the seventh year *Jehoiada* **Yah Yada** sent and
fetched **took** the *rulers* **governors** over hundreds, with
the *captains* **executioners** and the *guard* **runners**,
and brought them to him
into the house of *the LORD* **Yah Veh**, and *made* **cut** a
covenant with them, and *took an oath* **oathed** of them
in the house of *the LORD* **Yah Veh**,
and *shewed them* **had them see**
the *king's* **sovereign's** son.
5 And he *commanded* **misvahed** them, saying,
This is the *thing* **word** that ye shall *do* **work**;
A third *part* of you that enter in on the *sabbath* **shabbath**
shall even *be keepers of the watch* **guard the guard**
of the *king's* **sovereign's** house;
6 And a third *part* shall be at the *gate* **portal** of Sur;
and a third *part* at the *gate* **portal**
behind the *guard* **runners**:
so shall ye *keep* **guard** the *watch* **guard** of the
house, that it be not *broken down* **uprooted**.
7 And two *parts* **hands** of all you that go
forth on the *sabbath* **shabbath**,
even they shall *keep* **guard** the *watch* **guard**
of the house of *the LORD* **Yah Veh**
about the *king* **sovereign**.
8 And ye shall *compass* **surround** the *king* **sovereign**
round about,
every man with his *weapons* **instruments** in his hand:
and he that cometh within the *ranges*
ranks, let him be *slain* **deathified**:
and be ye with the *king* **sovereign**
as he goeth out and as he cometh in.
9 And the *captains* **governors** over the hundreds
did **worked** according to all *things*
that *Jehoiada* **Yah Yada** the priest
commanded **misvahed**:
and they took every man his men
that were to come in on the *sabbath* **shabbath**,
with them that should go out on the *sabbath* **shabbath**,
and came to *Jehoiada* **Yah Yada** the priest.

32 In those days Yah Veh begins to cut off Yisra El and
Haza El smites them in all the borders of Yisra El
33 — from Yarden toward the rising of the sun;
all the land of Gilad;
the Gadiy and the Reu Beniy and the Menash Shiy;
from Aroer by the wadi Arnon;
even Gilad and Bashan.
34 And the rest of the words of Yah Hu and
all he worked and all his might,
are they not inscribed in the scroll of the words
of the days of the sovereigns of Yisra El?
35 And Yah Hu lies down with his fathers:
and they entomb him in Shomeron:
and Yah Achaz his son reigns in his stead.
36 And the days Yah Hu reigns over Yisra El
in Shomeron are twenty—eight years.

ATHAL YAH REIGNS OVER YAH HUDAH

11 And Athal Yah is the mother of Achaz Yah;
and she sees that her son dies;
and she rises
and destroys all the seed of the sovereigndom.
2 And Yah Sheba the daughter of sovereign
Yah Ram sister of Achaz Yah

takes Yah Ash the son of Achaz Yah
and steals him from among the sons of
the sovereign who are deathified;
and they hide him — him and his suckler
in the bedchamber from the face of Athal Yah;
and he is not deathified.
3 And he is hidden with her in the
house of Yah Veh for six years:
and Athal Yah reigns over the land.
4 And the seventh year Yah Yada sends and
takes the governors over hundreds, with
the executioners and the runners
and brings them to him to the house of Yah Veh;
and cuts a covenant with them
and has them oath in the house of Yah Veh;
and has them see the son of the sovereign.
5 And he misvahs them, saying,
This is the word you work;
a third of you enter in on the shabbath
to guard the guard of the house of the sovereign;
6 and a third at the portal of Sur;
and a third at the portal behind the runners:
thus you guard the guard of the
house that it not be uprooted:
7 and two hands of you all
go forth on the shabbath
and guard the guard of the house of Yah
Veh surrounding the sovereign:
8 surround the sovereign all around
every man with his instruments in his hand:
and deathify him who comes inside the
ranks: and you be with the sovereign
as he goes and as he comes.
9 And the governors over the hundreds
work according to all Yah Yada the priest misvahs:
and every man takes his men going in on the shabbath
with them coming out on the shabbath
and come to Yah Yada the priest.
10 And to the *captains* **governors** over
hundreds did the priest
give *king* **sovereign** David's spears and shields,
that were in the *temple* **house** of *the LORD* **Yah Veh.**
11 And the *guard* **runners** stood,
every man with his *weapons* **instruments** in
his hand, round about the *king* **sovereign,**
from the right *corner* **shoulder** of the *temple* **house**
to the left *corner* **shoulder** of the *temple* **house,**
along by the **sacrifice** altar and the *temple* **house.**
12 And he brought forth the *king's* **sovereign's** son,
and *put* **gave** the *crown* **separatism** upon him,
and *gave him the testimony* **the witness;**
and they made him *king* **reign,** and anointed him;
and they *clapped* **smote** their *hands* **palms,** and said,
God save the king **The sovereign liveth.**
13 And when *Athaliah* **Athal Yah**
heard the noise of the *guard* **runners** and
of the people, she came to the people
into the *temple* **house** of *the LORD* **Yah Veh.**
14 Andwhenshe*looked***saw,**behold,
the *king* **sovereign** stood by a pillar,
as the *manner* **judgment** was,
and the *princes* **governors** and the
trumpeters by the *king* **sovereign,**
and all the people of the land *rejoiced* **cheered**
and *blew* **blast** with trumpets:
and *Athaliah rent* **Athal Yah ripped**
her clothes, and *cried* **called out,**
Treason, Treason. **Conspiracy! Conspiracy!**
15 But *Jehoiada* **Yah Yada** the priest
commanded **misvahed**
the *captains* **governors** of the hundreds, the
officers **overseers** of the *host* **valiant,**
and said unto them,
Have her forth without the ranges
Bring out her house by ranks:
and him that *followeth her* **goeth after,**
kill **deathify** with the sword.
For the priest had said,
Let her not be slain **Deathify her not**
in the house of *the LORD* **Yah Veh.**
16 And they *laid* **set** hands on her;
and she went by the way
by the *which* **entrance of** the horses *came*
into the *king's* **sovereign's** house:
and there was she *slain* **deathified.**
17 And*Jehoiada*made**YahYada**cut**a**covenant
between *the LORD* **Yah Veh** and
between the *king* **sovereign**
and between the people,
that they should be *the LORD'S* **Yah Veh's** people;
between the *king* **sovereign** also and between the people.
18 And all the people of the land
went into the house of Baal, and *brake* **pulled** it down;
his **sacrifice** altars and his images
brake they *in pieces* thoroughly,
and *slew* **slaughtered** Mattan the priest of Baal
before **at the face of** the **sacrifice** altars.
And the priest *appointed officers* **set overseers**
over the house of *the LORD* **Yah Veh.**
19 Andhetokthe*rulers***governors**overhundreds,

and the *captains* **executioners**, and the *guard*
runners, and all the people of the land;
and they *brought down* **descended** the *king* **sovereign**
from the house of *the LORD* **Yah**
Veh, and came by the way
of the *gate* **portal** of the *guard* **runners**
to the *king's* **sovereign's** house.
And he *sat* **settled** on the throne of the *kings* **sovereigns**.
20 Andalthepeopleofthe land*rejoiced***cheered**,
and the city *was in quiet* **rested**:
and they *slew Athaliah* **deathified Athal Yah**
with the sword beside the *king's* **sovereign's** house.

YAH ASH REIGNS OVER YAH HUDAH

21 **A son of** Seven years *old* was *Jehoash* **Yah Ash**
when he began to reign.
12 In the seventh year of *Jehu* **Yah Hu**
Jehoash **Yah Ash** began to reign;
and forty years reigned he in *Jerusalem* **Yeru Shalem. 2**
10 And the priest
gives the spears and shields of sovereign
David to the governors over hundreds
in the house of Yah Veh.
11 And every man of the runners stands
with his instruments in his hand
all around the sovereign
— from the right shoulder of the house
to the left shoulder of the house
— by the sacrifice altar and the house.
12 And he brings the son of the sovereign
and gives the separatism and the witness on him;
and they have him reign and anoint him; and they
smite their palms and say, The sovereign lives.
13 And Athal Yah
hears the noise of the runners and of the people;
and she comes to the people in the house of Yah Veh:
14 and she sees, and behold,
the sovereign standing by a pillar
according to the judgment;
and the governors and the trumpeters by the sovereign;
and all the people of the land cheering
and blasting with trumpets:
and Athal Yah rips her clothes and calls out,
Conspiracy! Conspiracy!
15 And Yah Yada the priest misvahs the
governors of the hundreds
— the overseers of the valiant
and says to them,
Bring out her house by ranks:
and deathify him who goes after with the sword:
for the priest says,
Deathify her not in the house of Yah Veh.
16 And they set hands on her
and she goes the way of the entrance of the
horses into the house of the sovereign:
and there she is deathified.
17 And Yah Yada cuts a covenant between Yah Veh
and between the sovereign and between the people
to be a people to Yah Veh;
and between the sovereign and between the people.
18 And all the people of the land
go to the house of Baal and pull it down
— they thoroughly break
his sacrifice altars and his images; and slaughter Mattan
the priest of Baal at the face of the sacrifice altars:
and the priest sets overseers over the house of Yah Veh:
19 and he takes the governors over hundreds
and the executioners and the runners
and all the people of the land:
and they descend the sovereign
from the house of Yah Veh
and come by the way of the portal of the
runners to the house of the sovereign:
and he settles on the throne of the sovereigns.
20 And all the people of the land cheer
and the city rests:
and they deathify Athal Yah with the sword
beside the house of the sovereign.

YAH ASH REIGNS OVER YAH HUDAH

21 Yah Ash is a son of seven years
when he begins to reign.
12 In the seventh year of Yah Hu
Yah Ash begins to reign;
and he reigns forty years in Yeru Shalem:
And his mother's name was *Zibiah* **Zib Yah**
of *Beersheba* **Beer Sheba**.
2 And *Jehoash did* **Yah Ash worked**
that which was *right* **straight**
in the *sight* **eyes** of *the LORD* **Yah Veh**
all his days wherein *Jehoiada* **Yah Yada**
the priest *instructed* **taught** him.
3 But the *high places* **bamahs**
were not *taken away* **turned aside**:
the people still sacrificed and *burnt incense* **incensed**
in the *high places* **bamahs**.
4 And *Jehoash* **Yah Ash** said to the priests,
All the *money* **silver** of the *dedicated things* **holies**
that is brought into the house of *the LORD* **Yah Veh**,
even the *money* **silver** of every *one* **man** that passeth

the account, the *money* **silver**
that every man is set at **of the appraisal of his soul,**
and all the *money* **silver**
that *cometh* **ascendeth** into any man's heart to
bring into the house of *the LORD* **Yah Veh,**
5 Let the priests take it to them, every
man of his acquaintance:
and let them *repair* **strengthen** the breaches of the
house, wheresoever any breach shall be found.
6 *But* **And so be** it *was so,*
that in the three and twentieth year of
king Jehoash **sovereign Yah Ash,**
the priests had not *repaired* **strengthened**
the breaches of the house.
7 Then *king Jehoash* **sovereign Yah Ash**
called for *Jehoiada* **Yah Yada** the priest, and
the *other* priests, and said unto them,
Why *repair* **strengthen** ye not the breaches of the house?
now therefore
receive **take** no *more money* **silver** of your acquaintance,
but *deliver* **give** it for the breaches of the house.
8 And the priests consented
to receive **take** no *more money* **silver** of the people,
neither *to repair* **strengthen** the breaches of the house.
9 But*Jehoiada***YahYada**thepirestok*achesot***neark**,
and bored a hole in the *lid* **door** of it,
and *set* **gave** it beside the **sacrifice** altar, on
the right side as *one* **man** cometh into the
house of *the LORD* **Yah Veh**: and the priests
that *kept* **guarded** the *door* **threshold**
put **gave** therein all the *money* **silver**
that was brought into the house of *the LORD* **Yah Veh.**
10 And **so be** it *was so*, when they saw
that there was much *money* **silver** in the *chest*
ark, that the *king's* **sovereign's** scribe and the
high **great** priest *came up* **ascended,**
and they *put up in bags* **bound it up**, and
told **numbered** the *money* **silver**
that was found in the house of *the LORD* **Yah Veh.**
11 And they gave the *money* **silver**, being *told* **gauged,**
into the hands of them that *did* **worked** the work,
that had the oversight **the overseers**
of the house of *the LORD* **Yah Veh**:
and they *laid it out* **brought it**
to the *carpenters* **carvers of timber** and
builders, that *wrought* **worked**
upon the house of *the LORD* **Yah Veh,**
12 And to *masons* **wallers**, and hewers of stone,
and to *buy* **chattel** timber and hewed stone
to *repair* **strengthen** the breaches of the
house of *the LORD* **Yah Veh,**
and for all that *was laid out* **went** for the house
to *repair* **strengthen** it.
13 Howbeit there were not *made* **worked**
for the house of *the LORD* **Yah Veh**
bowls **basons** of silver, *snuffers* **tweezers,**
basons **sprinklers**, trumpets, any *vessels* **instruments** of
gold, or *vessels* **instruments** of silver, of the *money* **silver**
that was brought into the house of *the LORD* **Yah Veh:**
14 But they gave that
to *the workmen* **those doing the work,**
and the name of his mother, Zib Yah of Beer Sheba.
2 And all his days
Yah Ash works straight in the eyes of Yah Veh
wherein Yah Yada the priest taught him:
3 only, they turn not aside the bamahs:
the people still sacrifice and incense in the bamahs.
4 And Yah Ash says to the priests,
Bring all the silver of the holies
into the house of Yah Veh:
the silver of every man who passes
— the silver of the appraisal of his soul,
all the silver ascending into any heart of
man to bring to the house of Yah Veh,
5 the priests take it to every man of his
acquaintance to strengthen the breaches of
the house wherever they find any breach.
6 And so be it,
in the twenty—third year of sovereign Yah
Ash, the priests had not strengthened
the breaches of the house:
7 and sovereign Yah Ash calls to Yah Yada the priest
and to the priests and says to them,
Why strengthen you not the breaches of the house?
And now take no silver of your acquaintances
but give it for the breaches of the house.
8 And the priests consent
to neither take silver of the people
nor strengthen the breaches of the house:
9 and Yah Yada the priest takes one ark
and bores a hole in the door
and gives it beside the sacrifice altar
— on the right side
as man enters the house of Yah Veh: and the
priests guarding the threshold give therein
all the silver brought into the house of Yah Veh.
10 And so be it,
they see much silver in the ark,
and the scribe and the great priest of the sovereig
n ascend and bind and number the silver
found in the house of Yah Veh:
11 and they give the gauged silver

into the hands of them who work the work
— the overseers of the house of Yah Veh:
and they bring it to the carvers of timber and
builders who work on the house of Yah Veh;
12 and to wallers and hewers of stone;
and to chattel timber and hewed stone
to strengthen the breaches of the house of Yah Veh;
and for all that goes to strengthen the house.
13 Only, there are no workings for the house of Yah Veh
— basons of silver, tweezers, sprinklers, trumpets,
any instruments of gold, or instruments of silver,
of the silver brought into the house of Yah Veh:
14 but they give that to them who do the work
and *repaired* **strengthened** therewith
the house of *the LORD* **Yah Veh.**
15 Moreover they *reckoned* **fabricated** not with the men,
into whose hand they *delivered* **gave** the *money* **silver**
to be *bestowed* **given**
on workmen **to those doing the work**:
for they *dealt faithfully* **worked trustworthily.**
16 The *trespass money* **silver for the guilt**
and *sin money* **the silver for the sin**
was not brought into the house of *the LORD* **Yah Veh**:
it was the priests'.
17 Then *Hazael* **Haza El**
king **sovereign** of *Syria went up* **Aram ascended,**
and fought against Gath, and *took* **captured** it:
and *Hazael* **Haza El** set his face
to *go up* **ascend** to *Jerusalem* **Yeru Shalem.**
18 And *Jehoash* **Yah Ash**
king **sovereign** of *Judah* **Yah Hudah**
took all the *hallowed things* **holies**
that *Jehoshaphat* **Yah Shaphat**, and *Jehoram* **Yah Ram**, and *Ahaziah* **Achaz Yah**, his fathers,
kings **sovereigns** of *Judah* **Yah Hudah,**
had *dedicated* **hallowed,**
and his own *hallowed things* **holies,**
and all the gold that was found in the treasures
of the house of *the LORD* **Yah Veh,**
and in the *king's* **sovereign's** house,
and sent it to *Hazael* **Haza El**
king **sovereign** of *Syria* **Aram**:
and he *went away* **ascended** from
Jerusalem **Yeru Shalem.**
19 And the rest of the *acts* **words** of *Joash*
Yah Ash, and all that he *did* **worked,**
are they not *written* **inscribed** in the *book* **scroll**
of the *chronicles* **words of the days**
of the *kings* **sovereigns** of *Judah* **Yah Hudah**?
20 And his servants arose,
and *made* **conspired** a conspiracy,
and *slew Joash* **smote Yah Ash** in the house of
Millo, which *goeth down* **descendeth** to Silla.
21 For *Jozachar* **Yah Zachar** the son of Shimeath,
and *Jehozabad* **Yah Zabad** the son of Shomer,
his servants, smote him, and he died;
and they *buried* **entombed** him with his fathers
in the city of David:
and *Amaziah* **Amaz Yah** his son reigned in his stead.

YAH ACHAZ REIGNS OVER YISRA EL

13 In the three and twentieth
year of *Joash* **Yah Ash**
the son of *Ahaziah* **Achaz Yah**
king **sovereign** of *Judah* **Yah Hudah,**
Jehoahaz **Yah Achaz** the son of *Jehu* **Yah Hu**
began to reign over *Israel* **Yisra El**
in *Samaria* **Shomeron,**
and reigned seventeen years.
2 And he *did* **worked** that which was evil in
the *sight* **eyes** of *the LORD* **Yah Veh,**
and *followed* **walked after** the sins
of *Jeroboam* **Yarob Am**
the son of Nebat, which made *Israel* **Yisra El** to sin;
he *departed* **turned** not **aside** therefrom.
3 And the *anger* **wrath** of *the LORD* **Yah Veh**
was kindled against *Israel* **Yisra El,**
and he *delivered* **gave** them into the hand
of *Hazael* **Haza El** *king* **sovereign** of
Syria **Aram**, and into the hand
of *Benhadad* **Ben Hadad** the son of
Hazael **Haza El**, all their days.
4 And *Jehoahaz* **Yah Achaz**
besought the LORD **stroked the face of Yah Veh,**
and *the LORD* **Yah Veh** hearkened unto him:
for he saw the oppression of *Israel* **Yisra El,**
because the *king* **sovereign** of *Syria*
Aram oppressed them.
5 (And *the LORD* **Yah Veh** gave *Israel* **Yisra El** a saviour, so that they went out
from under the hand of the *Syrians* **Aramiy**:
and the *children* **sons** of *Israel* **Yisra El**
dwelt **settled** in their tents,
as *beforetime* **three yesters ago.**
6 Nevertheless they *departed* **turned** not **aside**
from the sins of the house of *Jeroboam* **Yarob Am,**
who made *Israel* **Yisra El** sin, but walked therein:
— who strengthen the house of Yah Veh.
15 And they fabricate not with the men into whose hand
they give the silver to give to them who do the work:

for they work trustworthily.
16 They bring not the silver for the guilt
and the silver for the sin into the house of Yah Veh
— it is for the priests.
17 Then Haza El sovereign of Aram ascends
and fights Gath and captures it:
and Haza El sets his face to ascend to Yeru Shalem:
18 and Yah Ash sovereign of Yah
Hudah takes all the holies
Yah Shaphat and Yah Ram and Achaz Yah his
fathers, sovereigns of Yah Hudah, hallowed:
and his own holies and all the gold
found in the treasures of the house of Yah
Veh and in the house of the sovereign
and sends it to Haza El sovereign of Aram:
and he ascends from Yeru Shalem.
19 And the rest of the words of Yah
Ash and all he worked,
are they not inscribed in the scroll of the words
of the days of the sovereigns of Yah Hudah?
20 And his servants rise and conspire a conspiracy
and smite Yah Ash in the house of Millo,
which descends to Silla.
21 Yes, Yah Zachar the son of Shimeath
and Yah Zabad the son of Shomer, his
servants, smite him and he dies;
and they entomb him with his
fathers in the city of David:
and Amaz Yah his son reigns in his stead.

YAH ACHAZ REIGNS OVER YISRA EL

13 In the twenty—third year of Yah Ash
the son of Achaz Yah sovereign of Yah Hudah
Yah Achaz the son of Yah Hu begins to
reign over Yisra El in Shomeron
— seventeen years;
2 and he works evil in the eyes of Yah Veh;
and walks after the sins of Yarob Am the
son of Nebat who had Yisra El sin;
he turns not aside therefrom:
3 and Yah Veh kindles his wrath against Yisra
El and he gives them into the hand
of Haza El sovereign of Aram and into the hand
of Ben Hadad the son of Haza El all their days:
4 and Yah Achaz strokes the face of Yah
Veh and Yah Veh hears him:
for he sees the oppression of Yisra El because
the sovereign of Aram oppresses them.
5 And Yah Veh gives Yisra El a saviour,
so that they go from under the hand of the Aramiy:
and the sons of Yisra El settle in their
tents as three yesters ago:
6 only, they turn not aside
from the sins of the house of Yarob Am
by which he has Yisra El sin, wherein they walk:
and there *remained* **stood** the *grove*
asherah also in *Samaria* **Shomeron.**)
7 Neither *did* **let** he *leave* **survive** of the people
to *Jehoahaz* **Yah Achaz** but fifty *horsemen* **cavalry**,
and ten chariots, and ten thousand *footmen* **on foot**;
for the *king* **sovereign** of *Syria* **Aram** had destroyed
them, and had *made* **set** them like the dust by threshing.
8 Now the rest of the *acts* **words** of *Jehoahaz* **Yah
Achaz**, and all that he *did* **worked**, and his might,
are they not *written* **inscribed** in the *book* **scroll**
of the *chronicles* **words of the days**
of the *kings* **sovereigns** of *Israel* **Yisra El**?
9 And *Jehoahaz slept* **Yah Achaz laid** with his fathers;
and they *buried* **entombed** him in *Samaria* **Shomeron**:
and *Joash* **Yah Ash** his son reigned in his stead.

YAH ASH REIGNS OVER YISRA EL

10 In the thirty and seventh year of *Joash* **Yah Ash,**
king **sovereign** of *Judah* **Yah Hudah**
began *Jehoash* **Yah Ash** the son of *Jehoahaz* **Yah
Achaz** to reign over *Israel* **Yisra El** in *Samaria*
Shomeron, *and reigned* sixteen years.
11 And he *did* **worked** that which was evil in
the *sight* **eyes** of *the LORD* **Yah Veh**;
he *departed* **turned** not **aside**
from all the sins of *Jeroboam* **Yarob Am**
the son of Nebat, who made *Israel* **Yisra
El** sin: but he walked therein.
12 And the rest of the *acts* **words** of *Joash* **Yah Ash**,
and all that he *did* **worked**, and his might
wherewith he fought against *Amaziah* **Amaz Yah,**
king **sovereign** of *Judah* **Yah Hudah**,
are they not *written* **inscribed** in the *book* **scroll**
of the *chronicles* **words of the days**
of the *kings* **sovereigns** of *Israel* **Yisra El**?
13 And*Joashslep*Y**tahAshlaid**withhisfathers;
and *Jeroboam sat* **Yarob Am seated** upon his throne:
and *Joash* **Yah Ash**
was *buried* **entombed** in *Samaria* **Shomeron**
with the *kings* **sovereigns** of *Israel* **Yisra El**.

THE FINAL COUNSEL OF ELI SHUA

14 Now *Elisha* **Eli Shua** was fallen sick
of his sickness whereof he died.
And *Joash* **Yah Ash,** the *king* **sovereign** of *Israel* **Yisra El**

came down **descended** unto him, and wept over
his face, and said, O my father, my father,
the chariot of *Israel* **Yisra El**,
and the *horsemen* **cavalry** thereof.
15 And *Elisha* **Eli Shua** said unto him,
Take bow and arrows.
And he took unto him bow and arrows.
16 And he said to the *king* **sovereign** of *Israel* **Yisra El**,
Put **Drive** thine hand upon the bow. And he *put*
drove his hand upon it: and *Elisha* **Eli Shua** put
his hands upon the *king's* **sovereign's** hands.
17 And he said, Open the window eastward.
And he opened it.
Then *Elisha* **Eli Shua** said, Shoot.
And he shot. And he said,
The arrow of *the LORD'S deliverance*
Yah Veh's salvation, and the arrow of
deliverance **salvation** from *Syria* **Aram**:
for thou shalt smite the *Syrians* **Aramiy** in *Aphek* **Apheq**,
till thou have *consumed* **finished** them **off**.
18 And he said, Take the arrows. And he took them.
And he said unto the *king* **sovereign** of *Israel*
Yisra El, Smite upon the *ground* **earth**.
And he smote *thrice* **three times**, and stayed.
19 And the man of *God* **Elohim**
was *wroth* **enraged** with him, and said,
Thou shouldest have smitten **By smiting** five or six times;
then hadst thou smitten *Syria* **Aram**
till thou hadst *consumed* **finished** it **off**:
whereas now
thou shalt smite *Syria but thrice* **Aram three times**.
and the asherah also stands there in Shomeron.
7 And of the people of Yah Achaz
he survives naught but fifty cavalry
and ten chariots and ten thousand on foot;
for the sovereign of Aram destroys them
and sets them as the dust by threshing.
8 And the rest of the words of Yah Achaz
and all he works and his might,
are they not inscribed in the scroll of the words
of the days of the sovereigns of Yisra El?
9 And Yah Achaz lies down with his fathers;
and they entomb him in Shomeron:
and Yah Ash his son reigns in his stead.

Yah Ash Reigns Over Yisra El

10 In the thirty—seventh year of Yah Ash
sovereign of Yah Hudah
Yah Ash the son of Yah Achaz begins to
reign over Yisra El in Shomeron
— sixteen years:
11 and he works evil in the eyes of Yah V eh;
he turns not aside
from all the sins of Yarob Am the son of Nebat,
who had Yisra El sin: and he walks therein.
12 And the rest of the words of Yah Ash
and all he works and his might
wherewith he fights Amaz Yah
sovereign of Yah Hudah,
are they not inscribed in the scroll of the words
of the days of the sovereigns of Yisra El?
13 And Yah Ash lies down with his fathers;
and Yarob Am seats on his throne: and Yah Ash is
entombed in Shomeron with the sovereigns of Yisra El.

The Final Counsel Of Eli Shua

14 And Eli Shua falls sick of his sickness whereof he dies:
and Yah Ash the sovereign of Yisra El descends to him
and weeps over his face and says, My father! My father!
The chariot of Yisra El and their cavalry!
15 And Eli Shua says to him, Take bow and arrow s.
— and he takes bow and arrows.
16 And he says to the sovereign of Yisra
El, Drive your hand on the bow.
And he drives his hand on it:
and Eli Shua puts his hands on the
hands of the sovereign;
17 and he says, Open the window eastward!
— and he opens.
Then Eli Shua says, Shoot!
— and he shoots.
And he says,
The arrow of the salvation of Yah Veh and
the arrow of the salvation of Aram!
Smite the Aramiy in Apheq until you finish them off.
18 And he says, Take the arrows!
— and he takes.
And he says to the sovereign of
Yisra El, Smite to the earth!
— and he smites three times and stays.
19 And the man of Elohim rages against him
and says, By smiting five or six times
you had smitten Aram until you had finished it off:
and now, smite Aram three times.

The Death Of Eli Shua

20 And *Elisha* **Eli Shua** died, and they
buried **entombed** him.
And the *bands* **troops** of the *Moabites* **Moabiy**
invaded the land at the coming in of the year.

21 And **so be** it *came to pass,*
as they were *burying* **entombing** a man, that,
behold, they *spied a band of men* **saw a troop;**
and they cast the man
into the *sepulchre* **tomb** of *Elisha* **Eli Shua:**
and when the man was *let down* **descended,**
and touched the bones of *Elisha* **Eli Shua,**
he *revived* **enlivened,** and *stood up* **arose** on his feet.
22 But *Hazael* **Haza El** *king* **sovereign** of *Syria* **Aram**
oppressed *Israel* **Yisra El**
all the days of *Jehoahaz* **Yah Achaz.**
23 And *the LORD* **Yah Veh**
was gracious **granted charism** unto them,
and *had compassion on* **mercied** them, and *had respect*
turned his face unto them, because of his covenant
with Abraham, *Isaac* **Yischaq,** and *Jacob* **Yaaqov,**
and *would* **willed to** not *destroy* **ruin** them,
neither cast he them from his *presence* **face** as yet.

BEN HADAD REIGNS OVER ARAM

24 So *Hazael* **Haza El** *king* **sovereign** of *Syria* **Aram** died;
and *Benhadad* **Ben Hadad** his son reigned in his stead.
25 And *Jehoash* **Yah Ash** the son of *Jehoahaz* **Yah Achaz**
took again **returned and took** out of the hand
of *Benhadad* **Ben Hadad** the son of *Hazael* **Haza El**
the cities,
which he had taken out of the hand
of *Jehoahaz* **Yah Achaz** his father by war. Three
times did *Joash beat* **Yah Ash smite** him,
and *recovered* **returned** the cities of *Israel* **Yisra El.**

AMAZ YAH REIGNS OVER YAH HUDAH

14 In the second year of *Joash* **Yah Ash**
son of *Jehoahaz* **Yah Achaz**
king **sovereign** of *Israel* **Yisra El**
reigned *Amaziah* **Amaz Yah**
the son of *Joash* **Yah Ash**
king **sovereign** of *Judah* **Yah Hudah.**
2 He was **a son of** twenty and five years *old*
when he began to reign,
and reigned twenty and nine years
in *Jerusalem* **Yeru Shalem.**
And his mother's name was *Jehoaddan* **Yah Addan**
of *Jerusalem* **Yeru Shalem.**
3 And he *did* **worked** that which was right **straight**
in the *sight* **eyes** of *the LORD* **Yah Veh,**
yet **only** not like David his father:
he *did* **worked** according to all *things*
as *Joash* **Yah Ash** his father *did* **worked.**
4 Howbeit
the *high places* **bamahs** were not
taken away **turned aside:**
as yet **still** the people did sacrifice
and *burnt incense* **incensed** on the *high places* **bamahs.**
5 And **so be** it *came to pass,*
as soon as the *kingdom* **sovereigndom** was *confirmed*
strong in his hand, that he *slew* **smote** his servants
which had *slain* **smitten** the *king* **sovereign** his father.
6 But the *children* **sons** of the *murderers* **smiters**
he *slew* **deathified** not:
according unto that which is *written* **inscribed**
in the *book* **scroll** of the *law* **torah** of *Moses* **Mosheh,**
wherein *the LORD commanded* **Yah Veh misvahed,**
saying, The fathers shall not be *put to death* **deathified**
for the *children* **sons,**
nor the *children be put to death* **sons deathified**
for the fathers;
but every man shall be *put to death* **deathified**
for his own sin.
7 He *slew* **smote** of Edom
in *the valley of salt* **Gay Melach/Valley of Salt**
ten thousand,
and *took Selah* **apprehended the rock** by war,
and called the name of it *Joktheel*
Yoqthe El unto this day.

THE DEATH OF ELI SHUA

20 And Eli Shua dies and they entomb him:
and the troops of the Moabiy invade the
land at the coming in of the year:
21 and so be it, as they entomb a man,
behold, they see a troop;
and they cast the man into the tomb of Eli Shua:
and when the man descends and touches the bones
of Eli Shua, he enlivens and rises on his feet.
22 And Haza El sovereign of Aram oppresses
Yisra El all the days of Yah Achaz:
23 and Yah Veh grants them charism
and mercies them and turns his face to
them because of his covenant
with Abraham, Yischaq and Yaaqov
and wills neither to ruin them,
nor cast them from his face as yet.

BEN HADAD REIGNS OVER ARAM

24 So Haza El sovereign of Aram dies;
and Ben Hadad his son reigns in his stead:
25 and Yah Ash the son of Yah Achaz
returns and takes the cities

from the hand of Ben Hadad the son of Haza El
which he took by war
from the hand of Yah Achaz his father: and Yah Ash
smites him three times and returns the cities of Yisra El.

AMAZ YAH REIGNS OVER YAH HUDAH

14 In the second year of Yah Ash
son of Yah Achaz sovereign of Yisra El, reigns Amaz Yah
the son of Yah Ash sovereign of Yah Hudah:
2 he is a son of twenty—five years
when he begins to reign;
and reigns twenty—nine years in Yeru Shalem:
and the name of his mother, Yah Addan of Yeru Shalem.
3 And he works straight in the eyes of Yah Veh;
only, not as David his father:
he works according to all as Yah Ash his father works:
4 only, he turns not aside the bamahs:
the people still sacrifice and incense on the bamahs.
5 And so be it,
when the sovereigndom is strong in
his hand he smites his servants
who smote the sovereign his father:
6 but he deathifies not the sons of the smiters
— as inscribed in the scroll of the torah of Mosheh;
wherein Yah Veh misvahed, saying, Neither deathify the
fathers for the sons, nor deathify the sons for the fathers;
but deathify every man for his own sin.
7 He smites ten thousand of Edom in
Gay Melach/Valley of Salt
and apprehends the rock by war
and calls the name of it Yoqthe El to this day.
8 Then *Amaziah* **Amaz Yah** sent *messengers* **angels**
to *Jehoash* **Yah Ash**, the son of *Jehoahaz* **Yah Achaz**
son of *Jehu* **Yah Hu**, *king* **sovereign** of *Israel* **Yisra El**,
saying, Come, let us *look* **see** one another in the face.
9 And *Jehoash* **Yah Ash** the *king*
sovereign of *Israel* **Yisra El**
sent to *Amaziah* **Amaz Yah**
king **sovereign** of *Judah* **Yah Hudah**, saying,
The *thistle* **thorn** that was in Lebanon
sent to the cedar that was in Lebanon, saying,
Give thy daughter to my son to *wife* **woman**:
and there passed by a *wild beast* **live being of the field**
that was in Lebanon,
and *trode down* **trampled** the *thistle* **thorn**.
10 **Insmiting,**Thouhas*intdeed*smitenEdom,
and thine heart hath lifted thee up:
glory of this **be honoured,**
and *tarry* **settle** at *home* **thy house**:
for why shouldest thou *meddle to thy hurt*
coax to evil, that thou shouldest fall,
even thou, and *Judah* **Yah Hudah** with thee?
11 But *Amaziah would not hear* **Amaz**
Yah hearkened not.
Therefore *Jehoash* **Yah Ash**
king **sovereign** of *Israel went up* **Yisra El ascended**;
and he and *Amaziah* **Amaz Yah,** *king* **sovereign** of
Judah **Yah Hudah** *looked* **saw** one another in the face
at *Bethshemesh* **Beth Shemesh,**
which *belongeth* **be** to *Judah* **Yah Hudah.**
12 And *Judah* **Yah Hudah**
was *put to the worse* **smitten**
before Israel **at the face of Yisra El;**
and they fled every man to their tents.
13 And *Jehoash* **Yah Ash** *king*
sovereign of *Israel* **Yisra El**
took Amaziah **apprehended Amaz Yah,**
king **sovereign** of *Judah* **Yah Hudah,**
the son of *Jehoash* **Yah Ash** the son of *Ahaziah*
Achaz Yah, at *Bethshemesh* **Beth Shemesh,**
and came to *Jerusalem* **Yeru Shalem,**
and brake down the wall of *Jerusalem* **Yeru Shalem**
from the *gate* **portal** of *Ephraim* **Ephrayim**
unto the corner *gate* **portal**, four hundred cubits.
14 And he took all the gold and silver,
and all the *vessels* **instruments**
that were found in the house of *the LORD* **Yah Veh,**
and in the treasures of the *king's* **sovereign's** house,
and *hostages* **sons as pledges,**
and returned to *Samaria* **Shomeron.**
15 Now the rest of the *acts* **words** of *Jehoash* **Yah Ash**
which he *did* **worked**, and his might,
and how he fought with *Amaziah* **Amaz Yah,**
king **sovereign** of *Judah* **Yah Hudah,**
are they not *written* **inscribed** in the *book* **scroll**
of the *chronicles* **words of the days**
of the *kings* **sovereigns** of *Israel* **Yisra El?**
16 And *Jehoash slept* **Yah Ash laid** with his fathers,
and was *buried* **entombed** in *Samaria* **Shomeron**
with the *kings* **sovereigns** of *Israel* **Yisra El;**
and *Jeroboam* **Yarob Am** his son reigned in his stead.
17 And *Amaziah* **Amaz Yah** the son of *Joash* **Yah Ash,**
king **sovereign** of *Judah* **Yah Hudah** lived after the
death of *Jehoash* **Yah Ash** son of *Jehoahaz* **Yah Achaz**
king **sovereign** of *Israel* **Yisra El** fifteen years.
18 And the rest of the *acts* **words** of *Amaziah* **Amaz**
Yah, are they not *written* **inscribed** in the *book* **scroll**
of the *chronicles* **words of the days**
of the *kings* **sovereigns** of *Judah* **Yah Hudah**?

19 Now they *made* **conspired** a conspiracy against him
in *Jerusalem* **Yeru Shalem**: and he fled to Lachish;
but they sent after him to Lachish,
and *slew* **deathified** him there.
20 And they *brought* **lifted** him on horses:
and he was *buried* **entombed** at *Jerusalem* **Yeru Shalem**
with his fathers in the city of David.

AZAR YAH REIGNS OVER YAH HUDAH

21 And all the people of *Judah* **Yah Hudah**
took *Azariah* **Azar Yah**,
which was **a son of** sixteen years *old*,
8 Then Amaz Yah sends angels to
Yah Ash son of Yah Achaz
son of Yah Hu sovereign of Yisra El,
saying, Come! See one another in the face!
9 And Yah Ash the sovereign of Yisra El
sends to Amaz Yah sovereign of Yah
Hudah, saying, The thorn in Lebanon
sends to the cedar in Lebanon,
saying, Give your daughter to my son to
woman: and a live being of the field passes
by in Lebanon and tramples the thorn:
10 in smiting, you smote Edom and your heart lifts you:
be honored and settle at your house:
for why coax you to evil only, to fall
— you and Yah Hudah with you?
11 And Amaz Yah hearkens not:
and Yah Ash sovereign of Yisra El ascends;
and he and Amaz Yah sovereign of Yah
Hudah see one another in the face
at Beth Shemesh, Yah Hudah:
12 and Yah Hudah is smitten at the face of Yisra El;
and every man flees to his tent.
13 And Yah Ash sovereign of Yisra El apprehends
Amaz Yah sovereign of Yah Hudah
the son of Yah Ash the son of Achaz Yah
at Beth Shemesh;
and comes to Yeru Shalem
and breaks the wall of Yeru Shalem
from the portal of Ephrayim to the corner por tal
— four hundred cubits:
14 and he takes all the gold and silver
and all the instruments he finds in the house of Yah Veh
and in the treasures of the house of the sovereign
— and sons as pledges;
and returns to Shomeron.
15 And the rest of the words Yah Ash
worked and his might
and how he fought
with Amaz Yah sovereign of Yah Hudah;
are they not inscribed in the scroll of the words
of the days of the sovereigns of Yisra El?
16 And Yah Ash lies down with his
fathers entombed in Shomeron
with the sovereigns of Yisra El;
and Yarob Am his son reigns in his stead.
17 And Amaz Yah
the son of Yah Ash sovereign of Yah Hudah
lives after the death of Yah Ash
son of Yah Achaz sovereign of Yisra El fifteen years.
18 And the rest of the words of Amaz Yah,
are they not inscribed in the scroll of the words
of the days of the sovereigns of Yah Hudah?
19 And they conspire a conspiracy
against him in Yeru Shalem:
and he flees to Lachish;
and they send after him to Lachish
and deathify him there:
20 and they lift him on horses
and entomb him at Yeru Shalem with
his fathers in the city of David.

AZAR YAH REIGNS OVER YAH HUDAH

21 And all the people of Yah Hudah take Azar Yah
— a son of sixteen years
and made him *king* **reign**
instead of his father *Amaziah* **Amaz Yah**.
22 He built *Elath* **Eloth**,
and restored it to *Judah* **Yah Hudah**,
after that the *king* **sovereign**
slept **laid** with his fathers.

YAROB AM REIGNS OVER YAH HUDAH

23 In the fifteenth year of *Amaziah* **Amaz Yah**
the son of *Joash* **Yah Ash**
king **sovereign** of *Judah* **Yah Hudah**
Jeroboam **Yarob Am** the son of *Joash* **Yah
Ash** *king* **sovereign** of *Israel* **Yisra El**
began to reign in *Samaria* **Shomeron**,
and reigned forty and one years.
24 And he *did* **worked** that which was evil in
the *sight* **eyes** of *the LORD* **Yah Veh**:
he *departed* **turned** not **aside** from all the sins
of *Jeroboam* **Yarob Am** the son of Nebat,
who made *Israel* **Yisra El** to sin.
25 He restored the *coasb* **torder** of *Israel* **Yisra El**
from the entering of Hamath unto the sea
of the plain, according to the word
of *the LORD God* **Yah Veh Elohim** of *Israel*
Yisra El, which he *spake* **worded**

by the hand of his servant *Jonah* **Yonah**, the
son of *Amittai* **Amittay**, the prophet,
which was of Gathhepher.
26 For *the LORD* **Yah Veh**
saw the *affliction* **humiliation** of *Israel* **Yisra El**,
that it was *very bitter* **mighty rebelling**:
for there was not any *shut up* **finally**
restrained, nor any **finally** left
nor any helper for *Israel* **Yisra El**.
27 And *the LORD said* **Yah Veh worded** not
that he *would* **should**
blot **wipe** out the name of *Israel* **Yisra El**
from under *heaven* **the heavens**:
but he saved them by the hand of *Jeroboam* **Yarob Am**
the son of *Joash* **Yah Ash**.
28 Now the rest of the *acts* **words** of *Jeroboam*
Yarob Am, and all that he *did* **worked**,
and his might, how he *warred* **fought**,
and how he *recovered Damascus* **returned Dammeseq**,
and Hamath, *which belonged* to *Judah* **Yah Hudah**,
for *Israel* **Yisra El**,
are they not *written* **inscribed** in the *book* **scroll**
of the *chronicles* **words of the days**
of the *kings* **sovereigns** of *Israel* **Yisra El**?
29 And *Jeroboam* **Yarob Am**
slept **laid** with his fathers,
even with the *kings* **sovereigns** of *Israel* **Yisra El**;
and *Zachariah* **Zechar Yah** his son reigned in his stead.

AZAR YAH REIGNS OVER YAH HUDAH

15 In the twenty and seventh
year of *Jeroboam* **Yarob Am**
king **sovereign** of *Israel* **Yisra El**
began *Azariah* **Azar Yah** son of *Amaziah* **Amaz Yah**
king **sovereign** of *Judah* **Yah Hudah** to reign.
2 **A son of** Sixteen years *old* was he
when he began to reign,
and he reigned two and fifty years
in *Jerusalem* **Yeru Shalem**.
And his mother's name was *Jecholiah* **Yechol Yah**
of *Jerusalem* **Yeru Shalem**.
3 And he *did* **worked** that which was *right* **straight**
in the *sight* **eyes** of *the LORD* **Yah Veh**, according
to all that his father *Amaziah* **Amaz Yah**
had *done* **worked**;
4 *Save* **Except** that the *high places* **bamahs**
were not *removed* **turned aside**:
the people sacrificed and *burnt incense* **incensed** still
on the *high places* **bamahs**.
5 And *the LORD smote* **Yah Veh touched**
the *king* **sovereign**, so that he was a
leper unto the day of his death,
and *dwelt* **settled** in a *several* **liberty** house.
And *Jotham* **Yah Tham** the *king's* **sovereign's** son
was over the house, judging the people of the land.
6 And the rest of the *acts* **words** of *Azariah* **Azar Yah**,
and all that he *did* **worked**,
to reign in the stead of his father Amaz Yah.
22 He builds Eloth and restores it to Yah Hudah,
after the sovereign lies down with his fathers.

YAROB AM REIGNS OVER YAH HUDAH

23 In the fifteenth year of Amaz Yah
the son of Yah Ash sovereign of Yah Hudah, Yarob
Am the son of Yah Ash sovereign of Yisra El
begins to reign in Shomeron forty—one years:
24 and he works evil in the eyes of Yah
Veh:
he turns not aside from all the sins of
Yarob Am the son of Nebat
who had Yisra El to sin.
25 He restores the border of Yisra El
from the entering of Hamath to the sea
of the plain according to the word
Yah Veh Elohim of Yisra El worded by
the hand of his servant Yonah
the son of Amittay the prophet, of Gathhepher.
26 For Yah Veh sees the humiliation of Yisra El,
— mighty rebelling:
for neither are any finally restrained nor any finally left
nor any helper for Yisra El.
27 And Yah Veh words not
to wipe out the name of Yisra El from under the heavens:
but he saves them
by the hand of Yarob Am the son of Yah Ash.
28 And the rest of the words of Yarob Am
and all he works and his might and how he fights
and how he returns Dammeseq and Hamath
to Yah Hudah for Yisra El:
are they not inscribed in the scroll of the words
of the days of the sovereigns of Yisra El?
29 And Yarob Am lies down with his
fathers the sovereigns of Yisra El;
and Zechar Yah his son reigns in his stead.

AZAR YAH REIGNS OVER YAH HUDAH

15 In the twenty—seventh year of
Yarob Am sovereign of Yisra El
Azar Yah son of Amaz Yah sovereign of Yah Hudah

begins to reign
2 — a son of sixteen years when he begins to reign
and he reigns fifty—two years in Yeru Shalem:
and the name of his mother, Yechol Yah of Yeru Shalem.
3 And he works straight in the eyes of Yah Veh
according to all his father Amaz Yah worked;
4 except the bamahs are not turned aside:
the people still sacrifice and incense on the bamahs.
5 And Yah Veh touches the sovereign
so that he is a leper to the day of his death;
and settles in a liberty house:
and Yah Tham the son of the sovereign
is over the house, judging the people of the land.
6 And the rest of the words of Azar
Yah and all he works,
are they not *written* **inscribed** in the *book* **scroll**
of the *chronicles* **words of the days**
of the *kings* **sovereigns** of *Judah* **Yah Hudah**?
7 So*Azariahslept***AzarYahlaid**withhisfathers;
and they *buried* **entombed** him with
his fathers in the city of David:
and *Jotham* **Yah Tham** his son reigned in his stead.

Zechar Yah Reigns Over Yah Hudah

8 In the thirty and eighth year of *Azariah* **Azar Yah,**
king **sovereign** of *Judah* **Yah Hudah**
did *Zachariah* **Zechar Yah** the son
of *Jeroboam* **Yarob Am**
reign over *Israel* **Yisra El** in *Samaria*
Shomeron six months.
9 And he *did* **worked** that which was evil in
the *sight* **eyes** of *the LORD* **Yah Veh,**
as his fathers had *done* **worked**:
he *departed* **turned** not **aside**
from the sins of *Jeroboam* **Yarob Am** the son
of Nebat, who made *Israel* **Yisra El** to sin.
10 And Shallum the son of *Jabesh* **Yabesh**
conspired against him, and smote him
before **in front of** the people,
and *slew* **deathified** him, and reigned in his stead.
11 And the rest of the *acts* **words** of *Zachariah*
Zechar Yah, behold, they are *written*
inscribed in the *book* **scroll**
of the *chronicles* **words of the days**
of the *kings* **sovereigns** of *Israel* **Yisra El.**
12 This was the word of *the LORD* **Yah Veh**
which he *spake* **worded** unto *Jehu* **Yah Hu**, saying,
Thy sons shall *sit* **settle** on the throne of *Israel* **Yisra El**
unto the fourth *generation*. And so **so be** it *came to pass*.

Shallum Reigns Over Yah Hudah

13 Shallum the son of *Jabesh* **Yabesh** began to reign
in the nine and thirtieth year of *Uzziah* **Uzzi Yah,**
king **sovereign** of *Judah* **Yah Hudah**;
and he reigned a *full month* **month of days**
in *Samaria* **Shomeron.**
14 For *Menahem* **Menachem** the son of Gadi
went up **ascended** from *Tirzah* **Tirsah,**
and came to *Samaria* **Shomeron,**
and smote Shallum the son of *Jabesh* **Yabesh**
in *Samaria* **Shomeron,**
and *slew* **slaughtered** him, and reigned in his stead.
15 And the rest of the *acts* **words** of Shallum,
and his conspiracy which he *made* **conspired**, behold,
they are *written* **inscribed** in the *book* **scroll**
of the *chronicles* **words of the days**
of the *kings* **sovereigns** of *Israel* **Yisra El.**
16 Then *Menahem* **Menachem** smote *Tiphsah*
Tiphsach, and all that were therein,
and the *coasts* **borders** thereof from *Tirzah* **Tirsah:**
because they opened not to him, therefore he smote it;
and all the *women therein that*
were with child **conceivers**
he *ripped up* **split.**

Menachem Reigns Over Yah Hudah

17 In the nine and thirtieth year of *Azariah* **Azar Yah,**
king **sovereign** of *Judah* **Yah Hudah**
began *Menahem* **Menachem** the son of
Gadi to reign over *Israel* **Yisra El,**
and reigned ten years in *Samaria* **Shomeron.**
18 And he *did* **worked** that which was evil
in the *sight* **eyes** of *the LORD* **Yah Veh**:
he *departed* **turned** not **aside** all his days
from the sins of *Jeroboam* **Yarob Am** the son
of Nebat, who made *Israel* **Yisra El** to sin.
19 *And* Pul the *king* **sovereign** of *Assyria* **Ashshur**
came against the land:
and *Menahem* **Menachem** gave Pul a
thousand *talents* **rounds** of silver,
that his hand might be with him
to *confirm* **uphold** the *kingdom*
sovereigndom in his hand.
20 And *Menahem* **Menachem**
exacted **brought** the *money* **silver** of *Israel* **Yisra El,**
even of all the mighty *men* of *wealth* **valuables,**
of *each* **one** man fifty shekels of silver,
to give to the *king* **sovereign** of *Assyria* **Ashshur.**
So the *king* **sovereign** of *Assyria* **Ashshur** turned back,
and stayed not there in the land. **2**

are they not inscribed in the scroll of the words
of the days of the sovereigns of Yah Hudah?
7 And Azar Yah lies down with his fathers;
entombed with his fathers in the city of David:
and Yah Tham his son reigns in his stead.

ZECHAR YAH REIGNS OVER YAH HUDAH

8 In the thirty—eighth year of Azar
Yah sovereign of Yah Hudah,
Zechar Yah the son of Yarob Am
reigns over Yisra El in Shomeron six months:
9 and he works evil in the eyes of Yah
Veh as his fathers worked:
he turns not aside
from the sins of Yarob Am the son of
Nebat who had Yisra El sin.
10 And Shallum the son of Yabesh conspires against him
and smites him in front of the people
and deathifies him and reigns in his stead.
11 And the rest of the words of Zechar Yah, behold,
are they not inscribed in the scroll of the words
of the days of the sovereigns of Yisra El?
12 This is the word of Yah Veh he
words to Yah Hu, saying,
Your sons settle on the throne of Yisra El to the fourth.
— and so be it.

SHALLUM REIGNS OVER YAH HUDAH

13 Shallum the son of Yabesh begins to reign
in the thirty—ninth year of Uzzi Yah
sovereign of Yah Hudah;
and he reigns a month of days in Shomeron.
14 And Menachem the son of Gadi
ascends from Tirsah and comes to Shomeron
and smites Shallum the son of Yabesh in Shomeron
— slaughters him and reigns in his stead.
15 And the rest of the words of Shallum
and the conspiracy he conspired, behold,
are they not inscribed in the scroll of the words
of the days of the sovereigns of Yisra El?
16 Then Menachem smites Tiphsach
and everyone therein;
and the borders from Tirsah
because they opened not to him:
so he smites it;
and splits all the conceivers.

MENACHEM REIGNS OVER YAH HUDAH

17 In the thirty—ninth year of Azar Yah sovereign
of Yah Hudah Menachem the son of Gadi
begins to reign over Yisra El
— ten years in Shomeron.
18 And he works evil in the eyes of Yah Veh:
he turns not aside all his days
from the sins of Yarob Am the son of
Nebat, who had Yisra El sin.
19 Pul the sovereign of Ashshur comes against the land:
and Menachem gives Pul a thousand rounds
of silver that his hand be with him
to uphold the sovereigndom in his hand:
20 and Menachem brings the silver of Yisra
El of all the mighty of valuables;
of one man fifty shekels of silver
to give to the sovereign of Ashshur: and the sovereign
of Ashshur turns back and stays not in the land.
21 And the rest of the *acts* **words** of *Menahem*
Menachem, and all that he *did* **worked**,
are they not *written* **inscribed** in the *book* **scroll**
of the *chronicles* **words of the days**
of the *kings* **sovereigns** of *Israel* **Yisra El**?
22 And *Menahem* **Menachem**
slept **laid** with his fathers;
and *Pekahiah* **Peqach Yah** his son reigned in his stead.

PEQACH YAH REIGNS OVER YAH HUDAH

23 In the fiftieth year of *Azariah* **Azar Yah**
king **sovereign** of *Judah* **Yah Hudah**
Pekahiah **Peqach Yah** the son of *Menahem* **Menachem**
began to reign over *Israel* **Yisra El**
in *Samaria* **Shomeron**,
and reigned two years.
24 And he *did* **worked** that which was evil in
the *sight* **eyes** of *the LORD* **Yah Veh**:
he *departed* **turned** not **aside**
from the sins of *Jeroboam* **Yarob Am** the son
of Nebat, who made *Israel* **Yisra El** to sin.
25 But *Pekah* **Peqach** the son of *Remaliah* **Remal Yah**,
a *captain* **tertiary** of his, conspired against him,
and smote him in *Samaria* **Shomeron**,
in the *palace* **citadel** of the *king's* **sovereign's**
house, with Argob and *Arieh* **Aryah**,
and with him fifty men
of the *Gileadites* **sons of the Giladiy**:
and he *killed* **deathified** him, and
reigned in his *room* **stead**.
26 Andtherestofthe*acts***words**of*Pekahiah***PeqachYah**,
and all that he *did* **worked**, behold,
they are *written* **inscribed** in the *book* **scroll**
of the *chronicles* **words of the days**
of the *kings* **sovereigns** of *Israel* **Yisra El**.

PEQACH REIGNS OVER YISRA EL

27 In the two and fiftieth year of *Azariah* **Azar Yah**,
king **sovereign** of *Judah* **Yah Hudah**,
Pekah **Peqach** the son of *Remaliah* **Remal Yah**
began to reign over *Israel* **Yisra El**
in *Samaria* **Shomeron**,
and reigned twenty years.
28 And he *did* **worked** that which was evil
in the *sight* **eyes** of *the LORD* **Yah Veh**:
he *departed* **turned** not **aside**
from the sins of *Jeroboam* **Yarob Am** the son
of Nebat, who made *Israel* **Yisra El** to sin.
29 In the days of *Pekah* **Peqach**
king **sovereign** of *Israel* **Yisra El**
came *Tiglathpileser* **Tilgath Pileser**,
king **sovereign** of *Assyria* **Ashshur**, and took *Ijon*
Iyon, and *Abelbethmaachah* **Abel Beth Maachah**,
and *Janoah* **Yanochah**, and *Kedesh* **Qedesh**,
and *Hazor* **Hasor**, and *Gilead* **Gilad**, and
Galilee **Galiyl**, all the land of Naphtali,
and *carried* **exiled** them *captive* to *Assyria* **Ashshur**.
30 And Hoshea the son of Elah
made **conspired** a conspiracy
against *Pekah* **Peqach** the son of *Remaliah* **Remal**
Yah, and smote him, and *slew* **deathified** him,
and reigned in his stead,
in the twentieth year of *Jotham* **Yah Tham**
the son of *Uzziah* **Uzzi Yah**.
31 Andtherestofthe*acts***words**of*Pekah***Peqach**,
and all that he *did* **worked**, behold,
they are *written* **inscribed** in the *book* **scroll**
of the *chronicles* **words of the days**
of the *kings* **sovereigns** of *Israel* **Yisra El**.

YAH THAM REIGNS OVER YAH HUDAH

32 In the second year of *Pekah* **Peqach**
the son of *Remaliah* **Remal Yah**
king **sovereign** of *Israel* **Yisra El**
began *Jotham* **Yah Tham** the son of *Uzziah* **Uzzi Yah**
king **sovereign** of *Judah* **Yah Hudah** to reign.
33 **A son of** Five and twenty years *old*
was he when he began to reign,
and he reigned sixteen years in *Jerusalem* **Yeru Shalem**.
And his mother's name was *Jerusha* **Yerushah**,
the daughter of *Zadok* **Sadoq**.
34 Andhe*did***worked**thatwhichwas*righ*s*t***traight**
in the *sight* **eyes** of *the LORD* **Yah Veh**:
21 And the rest of the words of Menachem
and all he works,
are they not inscribed in the scroll of t he words
of the days of the sovereigns of Yisra El?
22 And Menachem lies down with his fathers;
and Peqach Yah his son reigns in his stead.

PEQACH YAH REIGNS OVER YAH HUDAH

23 In the fiftieth year of Azar Yah
sovereign of Yah Hudah
Peqach Yah the son of Me nachem
begins to reign over Yisra El in Shomeron two years.
24 And he works evil in the eyes of Yah Veh:
he turns not aside
from the sins of Yarob Am the son of
Nebat who had Yisra El sin.
25 And Peqach the son of Remal Yah, his tertiary,
conspires against him and smites him in Shomeron,
in the citadel of the house of the sovereign;
with Argob and Aryah
and with fifty men of the sons of the Giladiy:
and he deathifies him and reigns in his stead.
26 And the rest of the words of Peqach
Yah and all he worked, behold,
are they not inscribed in the scroll of the words
of the days of the sovereigns of Yisra El?

PEQACH REIGNS OVER YISRA EL

27 In the fifty—second year of Azar
Yah sovereign of Yah Hudah,
Peqach the son of Remal Yah
begins to reign over Yisra El in Shomeron twenty years.
28 And he works evil in the eyes of Yah Veh:
he turns not aside
from the sins of Yarob Am the son of
Nebat, who had Yisra El sin.
29 In the days of Peqach sovereign of Yisra El
Tilgath Pileser sovereign of Ashshur comes and takes
Iyon and Abel Beth Maachah and Yanochah and Qedesh
and Hasor and Gilad and Galiyl
— all the land of Naphtali and exiles them to Ashshur.
30 And Hoshea the son of Elah conspires a conspiracy
against Peqach the son of Remal Yah;
and smites him and deathifies him
and reigns in his stead in the twentieth year
of Yah Tham the son of Uzzi Yah.
31 And the rest of the words of Peqach
and all he worked, behold,
are they not inscribed in the scroll of the words
of the days of the sovereigns of Yisra El?

YAH THAM REIGNS OVER YAH HUDAH

32 In the second year of Peqach
the son of Remal Yah sovereign of Yisra El

Yah Tham the son of Uzzi Yah
sovereign of Yah Hudah begins to reign:
33 a son of twenty—five years when he begins to reign;
and he reigns sixteen years in Yeru Shalem:
and the name of his mother, Yerushah
the daughter of Sadoq.
34 And he works straight in the eyes of Yah Veh:
he *did* **worked** according to all
that his father *Uzziah* **Uzzi Yah** had *done* **worked.**
35 Howbeit
the *high places* **bamahs** were not *removed* **turned aside**: the people sacrificed and *burned incense* **incensed** still in the *high places* **bamahs.**
He built *the higher gate* **Elyon Portal**
of the house of *the LORD* **Yah Veh.**
36 Now the rest of the *acts* **words** of *Jotham* **Yah Tham,**
and all that he *did* **worked,**
are they not *written* **inscribed** in the *book* **scroll**
of the *chronicles* **words of the days**
of the *kings* **sovereigns** of *Judah* **Yah Hudah**?
37 In those days *the LORD* **Yah Veh** began
to send against *Judah* **Yah Hudah**
Rezin **Resin** the *king* **sovereign** of *Syria* **Aram,** and
Pekah **Peqach** the son of *Remaliah* **Remal Yah.**
38 And *Jotham slept* **Yah Tham laid** with his fathers,
and was *buried* **entombed** with his fathers
in the city of David his father:
and *Ahaz* **Achaz** his son reigned in his stead.

ACHAZ REIGNS OVER YAH HUDAH

16 In the seventeenth year of *Pekah* **Peqach**
the son of *Remaliah* **Remal Yah,**
Ahaz **Achaz** the son of *Jotham* **Yah Tham,**
king **sovereign** of *Judah* **Yah Hudah** began to reign.
2 **A son of** Twenty years *old* was *Ahaz* **Achaz**
when he began to reign,
and reigned sixteen years in *Jerusalem* **Yeru Shalem,**
and *did* **worked** not that which was *right* **straight**
in the *sight* **eyes** of *the LORD* **Yah Veh** his
God **Elohim,** like David his father.
3 But he walked in the way
of the *kings* **sovereigns** of *Israel* **Yisra El,** yea, and
made his son to pass through the fire, according to the
abominations **abhorrences** of the *heathen* **goyim,**
whom *the LORD cast out* **Yah Veh dispossessed**
from *before* **the face of** the *children*
sons of *Israel* **Yisra El.**
4 And he *sacrificed* and *burnt incense* **incensed**
in the *high places* **bamahs,**
and on the hills, and under every green tree.
5 Then *Rezin* **Resin** *king* **sovereign** of *Syria* **Aram,**
and *Pekah* **Peqach** son of *Remaliah* **Remal Yah,**
king **sovereign** of *Israel* **Yisra El**
came up **ascended** to *Jerusalem* **Yeru Shalem** to war:
and they besieged *Ahaz* **Achaz,** but
could not *overcome* **fight** him.
6 At that time *Rezin* **Resin** *king*
sovereign of *Syria* **Aram**
recovered Elath **restored Eloth** to *Syria* **Aram,**
and *drave* **plucked** the *Jews* **Yah**
Hudiym from *Elath* **Eloth:**
and the *Syrians* **Edomiy** came to *Elath* **Eloth,**
and *dwelt* **settled** there unto this day.
7 So *Ahaz* **Achaz** sent *messengers* **angels**
to *Tiglathpileser* **Tilgath Pileser**
king **sovereign** of *Assyria* **Ashshur,** saying,
I am thy servant and thy son: *come up* **ascend,**
and save me out of the *hand* **palm**
of the *king* **sovereign** of *Syria* **Aram,**
and out of the *hand* **palm**
of the *king* **sovereign** of *Israel* **Yisra**
El, which rise up against me.
8 And *Ahaz* **Achaz** took the silver and gold
that was found in the house of *the LORD* **Yah**
Veh, and in the treasures of the *king's* **sovereign's**
house, and sent it for a *present* **bribe**
to the *king* **sovereign** of *Assyria* **Ashshur.**
9 And the *king* **sovereign** of *Assyria* **Ashshur**
hearkened unto him:
for the *king* **sovereign** of *Assyria* **Ashshur**
went up **ascended** against *Damascus*
Dammeseq, and *took* **apprehended** it,
and *carried the people of it captive* **captured it**
to *Kir* **Qir,** and *slew Rezin* **deathified Resin.**
10 And *king Ahaz* **sovereign Achaz**
went to *Damascus* **Dammeseq**
to meet *Tiglathpileser* **Tilgath Pileser,**
king **sovereign** of *Assyria* **Ashshur,**
and saw *an* **a sacrifice** altar that was
at *Damascus* **Dammeseq:**

he works according to all his father Uzzi Yah worked:
35 only, the bamahs are not turned aside:
the people still sacrifice and incense in the bamahs.
He builds Elyon Portal of the house of Yah Veh.
36 Now the rest of the words of Yah
Tham and all he worked,
are they not inscribed in the scroll of the words
of the days of the sovereigns of Yah Hudah?
37 In those days
Yah Veh begins to send against Yah Hudah

Resin the sovereign of Aram and
Peqach the son of Remal Yah.
38 And Yah Tham lies down with his fathers
— entombed with his fathers
in the city of David his father:
and Achaz his son reigns in his stead.

ACHAZ REIGNS OVER YAH HUDAH

16 In the seventeenth year of Peqach
the son of Remal Yah, Achaz the son of Yah Tham,
sovereign of Yah Hudah begins to reign.
2 Achaz is a son of twenty years
when he begins to reign;
and reigns sixteen years in Yeru Shalem
and works not straight
in the eyes of Yah Veh his Elohim as David his father:
3 and he walks in the way of the sovereigns of Yisra
El yes, and passes his son through the fire
according to the abhorrences of the goyim
— whom Yah Veh dispossessed from
the face of the sons of Yisra El:
4 and he sacrifices and incenses in the bamahs
and on the hills and under every green tree.
5 Then Resin sovereign of Aram
and Peqach son of Remal Yah sovereign of
Yisra El ascend to Yeru Shalem to war:
and they besiege Achaz but cannot fight.
6 At that time,
Resin sovereign of Aram restores Eloth to Aram
and plucks the Yah Hudiym from Eloth:
and the Edomiy come to Eloth and
settle there to this day.
7 And Achaz sends angels
to Tilgath Pileser sovereign of Ashshur, saying, I am
your servant and your son: ascend and save me
from the palm of the sovereign of Aram
and from the palm of the sovereign of
Yisra El who rise against me.
8 And Achaz takes the silver and gold
found in the house of Yah Veh
and in the treasures of the house of the sovereign;
and sends it for a bribe to the sovereign of Ashshur:
9 and the sovereign of Ashshur hearkens to him: and
the sovereign of Ashshur ascends against Dammeseq
and apprehends it and captures it to Qir;
and deathifies Resin.
10 And sovereign Achaz goes to Dammeseq
to meet Tilgath Pileser sovereign of Ashshur
and sees a sacrifice altar at Dammeseq:
and *king Ahaz* **sovereign Achaz**
sent to *Urijah* **Uri Yah** the priest
the *fashion* **likeness** of the **sacrifice**
altar, and the pattern of it,
according to all the *workmanship* **works** thereof.
11 And *Urijah* **Uri Yah** the priest built *an* **a sacrifice**
altar according to all that *king Ahaz* **sovereign Achaz**
had sent from *Damascus* **Dammeseq**:
so *Urijah* **Uri Yah** the priest *made* **worked** it
against king Ahaz came
unto the coming of sovereign Achaz
from *Damascus* **Dammeseq**.
12 And when the *king* **sovereign**
was come from *Damascus* **Dammeseq**, the
king **sovereign** saw the **sacrifice** altar:
and the *king* **sovereign** approached to the **sacrifice** altar,
and *offered* **holocausted** thereon.
13 And he *burnt* **incensed** his *burnt offering* **holocaust**
and his *meat* offering,
and poured his *drink offering* **libation**,
and sprinkled the blood of his *peace offerings*
shelamim, upon the **sacrifice** altar.
14 And he *brought* **approached** also
the *brasen* **copper sacrifice** altar,
which was before the LORD **at the face of Yah
Veh**, from the *forefront* **face** of the house,
from between the **sacrifice** altar
and **between** the house of *the LORD*
Yah Veh, and *put* **gave** it
on the north *side* **flank** of the **sacrifice** altar.
15 And*kingAhaz***sovereignAchaz**
commanded Urijah **misvahed Uri Yah** the
priest, saying, Upon the great **sacrifice** altar
burn **incense** the morning *burnt offering* **holocaust**,
and the evening *meat* offering,
and the *king's burnt sacrifice* **sovereign's holocaust**,
and his *meat* offering,
with the *burnt offering* **holocaust** of all the
people of the land, and their *meat* offering,
and their *drink offerings* **libations**;
and sprinkle upon it
all the blood of the *burnt offering* **holocaust**,
and all the blood of the sacrifice:
and the *brasen* **copper sacrifice** altar
shall be for me to *enquire* **search** *by*.
16 Thus *did Urijah* **worked Uri Yah**
the priest, according to all
that *king Ahaz commanded* **sovereign Achaz misvahed**.
17 And *king Ahaz* **sovereign Achaz**
cut **chopped** off the borders of the bases,
and *removed* **twisted off** the laver from off them;
and *took down* **descended** the sea

from off the *brasen* **copper** oxen that were under
it, and *put* **gave** it upon the pavement of stones.
18 And the *covert* **portico** for the *sabbath* **shabbath**
that they had built in the house,
and the *king's* **sovereign's** entry without, turned he
from **the face of** the house of *the LORD* **Yah Veh**
for the king of Assyria
at the face of the sovereign of Ashshur.
19 Now the rest of the *acts* **words** of *Ahaz* **Achaz**
which he *did* **worked,**
are they not *written* **inscribed** in the *book* **scroll**
of the *chronicles* **words of the days**
of the *kings* **sovereigns** of *Judah* **Yah Hudah**?
20 AndAhazsleptAchazlaidwithhisfathers,
and was *buried* **entombed** with his
fathers in the city of David:
and *Hezekiah* **Yechizqi Yah** his son reigned in his stead.

HOSHEA REIGNS OVER YISRA EL

17 In the twelfth year of *Ahaz* **Achaz,**
king **sovereign** of *Judah* **Yah Hudah**
began Hoshea the son of Elah to reign in *Samaria*
Shomeron over *Israel* **Yisra El** nine years.
2 And he *did* **worked** that which was evil
in the *sight* **eyes** of *the LORD* **Yah Veh,**
and sovereign Achaz sends Uri Yah the priest
a likeness and a pattern of the sacrifice altar
according to all the works thereof:
11 and Uri Yah the priest builds a
sacrifice altar according to all
sovereign Achaz sends from Dammeseq:
thus Uri Yah the priest works it
to the coming of sovereign Achaz from Dammeseq:
12 and the sovereign comes from Dammeseq
and the sovereign sees the sacrifice altar:
and the sovereign approaches the sacrifice
altar and holocausts thereon:
13 and he incenses his holocaust and his
offering and pours his libation
and sprinkles the blood of his shelamim
on the sacrifice altar:
14 and he approaches the copper sacrifice
altar at the face of Yah Veh
from the face of the house
— from between the sacrifice altar and
between the house of Yah Veh
— and gives it on the north flank of the sacrifice altar:
15 and sovereign Achaz misvahs Uri Yah the
priest, sayi ng , On the g re at sacri fi ce al
tar incense the morning holocaust
and the evening offering
and the holocaust and offering o f the sovereign,
with the holocaust of all the people of the land
and their offering and their libations;
and sprinkle thereon all the blood of the
holocaust and all the blood of the sacrifice:
and the copper sacrifice altar is for me to search *by.*
16 And Uri Yah the priest
works according to all sovereign Achaz misvahs:
17 and sovereign Achaz
chops off the borders from the bases and
twists off the laver from them;
and descends the sea off the copper oxen under it
and gives it on the pavement of stones:
18 and the portico for the shabbath
they build in the house
and the outside entry of the sovereign,
he turns from the face of the house of Yah Veh
at the face of the sovereign of Ashshur.
19 Now the rest of the words Achaz works,
are they not inscribed in the scroll of the words
of the days of the sovereigns of Yah Hudah?
20 And Achaz lies down with his fathers
and is entombed with his fathers in the city of David:
and Yechizqi Yah his son reigns in his stead.

HOSHEA REIGNS OVER YISRA EL

17 In the twelfth year
of Achaz sovereign of Yah Hudah
Hoshea the son of Elah
begins to reign in Shomeron over Yisra El nine years:
2 and he works evil in the eyes of Yah Veh;
but not as the *kings* **sovereigns** of *Israel* **Yisra El**
that were *before him* **at his face.**
3 Against him *came up* **ascended** Shalmaneser
king **sovereign** of *Assyria* **Ashshur;**
and Hoshea became his servant,
and *gave* **returned** him *presents* **offerings.**
4 And the *king* **sovereign** of *Assyria* **Ashshur**
found conspiracy in Hoshea:
for he had sent *messengers* **angels** to So,
king **sovereign** of *Egypt* **Misrayim,**
and *brought* **holocausted** no *present* **offering**
to the *king* **sovereign** of *Assyria* **Ashshur,**
as *he had done* year by year:
therefore the *king* **sovereign** of *Assyria* **Ashshur**
shut **restrained** him *up,*
and bound him in **the house of** prison.
5 Then the *king* **sovereign** of *Assyria* **Ashshur**
came up **ascended** throughout all the land, and
went up **ascended** to *Samaria* **Shomeron,**
and besieged it three years.

YISRA EL EXILED

6 In the ninth year of Hoshea
the *king* **sovereign** of *Assyria* **Ashshur**
took Samaria **captured Shomeron**, and
carried Israel away **exiled Yisra El**
into *Assyria* **Ashshur**,
and *placed* **set** them in *Halah* **Halach**
and in Habor by the river of Gozan, and
in the cities of the *Medes* **Madaim.**
7 *For* **And** so **be** it *was* ,
that the *children* **sons** of *Israel* **Yisra El**
had sinned against *the LORD* **Yah Veh** their *God*
Elohim, which had *brought* **ascended** them *up*
out of the land of *Egypt* **Misrayim**, from under the hand
of *Pharaoh* **Paroh,** *king* **sovereign** of *Egypt* **Misrayim,**
and had *feared* **awed** other *gods* **elohim,**
8 And walked in the statutes of the *heathen* **goyim,**
whom *the LORD cast out* **Yah Veh dispossessed**
from *before* **the face of** the *children* **sons** of *Israel* **Yisra**
El, and of the *kings* **sovereigns** of *Israel* **Yisra El,**
which they had *made* **worked.**
9 And the *children* **sons** of *Israel* **Yisra El**
did *secretly* **covertly** those *things* **words** that were not
right against *the LORD* **Yah Veh** their *God* **Elohim**
and they built them *high places* **bamahs** in all their
cities, from the tower of the *watchmen* **guards**
to the *fenced* **fortified** city.
10 And they *set* **stationed** them *up images* **monoliths**
and *groves* **asherim** in every high hill,
and under every green tree:
11 Andtherethey*burntincense***incensed**
in all the *high places* **bamahs**, as did the *heathen* **goyim**
whom *the LORD carried away* **Yah Veh exiled**
before them **from their face;**
and *wrought wicked things* **worked evil words**
to *provoke the LORD to anger* **vex Yah Veh:**
12 For they served idols,
whereof *the LORD* **Yah Veh** had said unto
them, Ye shall not *do* **work** this *thing* **word.**
13 Yet *the LORD testified* **Yah Veh witnessed** against
Israel **Yisra El**, and against *Judah* **Yah Hudah**, by
the hand of all the prophets, and by all the seers,
saying, Turn ye from your evil ways, and *keep* **guard**
my *commandments* **misvoth** and my
statutes, according to all the *law* **torah**
which I *commanded* **misvahed** your fathers,
and which I sent to you by **the hand**
of my servants the prophets.
14 Notwithstanding they *would not hear* **hearkened not,**
but hardened their necks, like to the neck of
their fathers, that did not *believe* **trust**
in *the LORD* **Yah Veh** their *God* **Elohim.**
15 And they *rejected* **refused** his statutes,
and his covenant that he *made* **cut** with their
fathers, and his *testimonies* **witnesses**
which he *testified* **witnessed** against them;
but not as the sovereigns of Yisra El at his face.
3 Shalmaneser sovereign of Ashshur
ascends against him;
and Hoshea becomes his servant
and returns him offerings:
4 and the sovereign of Ashshur finds
conspiracy in Hoshea:
for he sends angels to So the sovereign of
Misrayim and holocausts no offering
to the sovereign of Ashshur as year by year:
and the sovereign of Ashshur restrains him
and binds him in the house of prison:
5 and the sovereign of Ashshur ascends to all the land
and ascends to Shomeron and besieges it three years.

YISRA EL EXILED

6 In the ninth year of Hoshea
the sovereign of Ashshur captures Shomeron
and exiles Yisra El to Ashshur;
and sets them in Halach and in Habor
by the river Gozan and in the cities of the Madaim.
7 And so be it,
the sons of Yisra El sin against Yah Veh their Elohim
— who ascended them from the land of Misrayim
from under the hand of Paroh sovereign of Misrayim
— and they awe other elohim
8 which they work:
and walk in the statutes of the goyim
whom Yah Veh dispossessed
from the face of the sons of Yisra El
and from the sovereigns of Yisra El:
9 and the sons of Yisra El
covertly work words that are not right
against Yah Veh their Elohim:
and they build bamahs in all their cities from
the tower of the guards to the fortified city:
10 and they station monoliths and asherim
in every high hill and under every green tree:
11 and incense there in all the bamahs
as the goyim whom Yah Veh exiled from their face;
and work evil words to vex Yah Veh:
12 and serve idols,
whereof Yah Veh said to them, Work not this word!
13 And Yah Veh witnesses
against Yisra El and against Yah Hudah,

by the hand of all the prophets and by all the
seers, saying, Turn from your evil ways
and guard my misvoth and my statutes, according
to all the torah I misvahed your fathers
— which I send to you
by the hand of my servants the prophets.
14 And they hearken not,
and harden their necks, as the neck of their fathers,
who trusted not in Yah Veh their Elohim:
15 and they refuse his statutes
and his covenant which he cut with their fathers and
his witnesses which he witnessed against them;
and they *followed* **went after** vanity, and became
vain, and went after the *heathen* **goyim**
that were round about them,
concerning whom
the LORD **Yah Veh** had *charged* **misvahed** them,
that they should not *do* **work** like them.
16 Andtheyleftalthe*commandments***misvoth**
of *the LORD* **Yah Veh** their *God* **Elohim**
and *made* **worked** them molten *images, even* two
calves, and *made a grove* **worked an asherah**,
and *worshipped* **prostrated**
to all the host of *heaven* **the heavens**, and served Baal.
17 And they caused their sons and their
daughters to pass through the fire,
and *used* **divined** divination
and *enchantments* **prognostications**,
and sold themselves
to *do* **work** evil in the *sight* **eyes** of *the LORD*
Yah Veh, to *provoke* **vex** him *to anger.*
18 Therefore *the LORD* **Yah Veh**
was *very* **mighty** angry with *Israel* **Yisra El**,
and *removed* **turned** them **aside** out of his *sight* **face**:
there was none left **none survived**
but the *tribe* **scion** of *Judah* **Yah Hudah** only.
19 Also *Judah* **Yah Hudah**
kept **guarded** not the *commandments* **misvoth**
of *the LORD* **Yah Veh** their *God* **Elohim** but walked in
the statutes of *Israel* **Yisra El** which they *made* **worked**.
20 And *the LORD* **Yah Veh**
rejected **refused** all the seed of *Israel* **Yisra
El**, and *afflicted* **humbled** them,
and *delivered* **gave** them
into the hand of *spoilers* **plunderers**, until
he had cast them out of his *sight* **face**.
21 For he *rent Israel* **ripped Yisra El**
from the house of David;
and they made *Jeroboam* **Yarob Am** the son of Nebat
king **to reign**:
and *Jeroboam drave Israel* **Yarob Am banished Yisra El**
from *following the LORD* **going after Yah
Veh**, and made them sin a great sin.
22 For the *children* **sons** of *Israel* **Yisra El**
walked in all the sins of *Jeroboam* **Yarob Am**
which he *did* **worked**;
they *departed* **turned** not **aside** from them;
23 Unilt*theLORDremoved***YahVehturnedaside**
Israel **Yisra El** out of his *sight* **face**,
as he had *said* **worded**
by **the hand of** all his servants the prophets.
So was *Israel carried away* **Yisra El exiled**
out of their own *land* **soil**
to *Assyria* **Ashshur** unto this day.

GOYIM SETTLE IN SHOMERON

24 And the *king* **sovereign** of *Assyria* **Ashshur**
brought *men* from *Babylon* **Babel**, and from *Cuthah*
Kuth, and from *Ava* **Avva**, and from Hamath,
and from *Sepharvaim* **Sepharvayim**,
and *placed* **set** them in the cities of *Samaria* **Shomeron**
instead of the *children* **sons** of *Israel* **Yisra
El**: and they possessed *Samaria* **Shomeron**,
and *dwelt* **settled** in the cities thereof.
25 And so **be** it *was*,
at the beginning of their *dwelling* **settling** there,
that they *feared* **awed** not *the LORD* **Yah Veh**:
therefore *the LORD* **Yah Veh** sent lions among them,
which *slew some of* **slaughtered among** them.
26 Wherefore they *spake* **said**
to the *king* **sovereign** of *Assyria* **Ashshur**, saying,
The *nations* **goyim** which thou hast *removed*
exiled, and *placed* **set** in the cities of *Samaria*
Shomeron, know not the *manner* **judgment**
of the *God* **Elohim** of the land:
therefore he hath sent lions among them,
and, behold, they *slay* **deathify** them,
because they know not the *manner* **judgment**
of the *God* **Elohim** of the land.
and they go after vanity and become vain
and go after the goyim all around them
— to whom Yah Veh misvahed to not work like them:
16 and they leave
all the misvoth of Yah Veh their Elohim;
and work moltens — two calves and work an asherah
and prostrate to all the host of the
heavens and serve Baal:
17 and they pass their sons and their
daughters through the fire;
and divine divination and prognostications

and sell themselves
to work evil in the eyes of Yah Veh — to vex him.
18 So Yah Veh angers mightily at Yisra El
and turns them aside from his face:
none survive except only, the scion of Yah Hudah:
19 Yah Hudah also
guards not the misvoth of Yah Veh their Elohim
but walks in the statutes Yisra El works.
20 And Yah Veh refuses all the seed of
Yisra El and humbles them;
and gives them into the hand of plunderers
until he casts them from his face:
21 for he rips Yisra El from the house of David;
and they have Yarob Am the son of Nebat reign:
and Yarob Am
banishes Yisra El from going after Yah
Veh and has them sin a great sin:
22 and the sons of Yisra El
walk in all the sins Yarob Am works:
they turn not aside from them;
23 until Yah Veh turns Yisra El aside
from his face, as he worded
by the hand of all his servants the prophets:
thus Yisra El *is* exiled from their own
soil to Ashshur to this day.

Goyim Settle In Shomeron

24 And the sovereign of Ashshur brings them
from Babel and from Kuth and from Avva
and from Hamath and from Sepharvayim;
and sets them in the cities of Shomeron
in the stead of the sons of Yisra El:
and they possess Shomeron and
settle in the cities thereof.
25 And so be it,
at the beginning of their settling
there, they awe not Yah Veh:
and Yah Veh sends lions among them
to slaughter among them.
26 And they say to the sovereign of Ashshur
saying, The goyim you exiled
and set in the cities of Shomeron
know not the judgment of the Elohim of the land:
and he sends lions among them: and behold,
they deathify them, because they know not
the judgment of the Elohim of the land.
27 Then the *king* **sovereign** of *Assyria* **Ashshur**
commanded **misvahed**, saying, *Carry* **Walk**
thither one of the priests whom ye *brought*
exiled from thence; and let them go and *dwell*
settle there, and let him *teach* **direct** them
the *manner* **judgment** of the *God* **Elohim** of the land.
28 Then one of the priests
whom they had *carried away* **exiled**
from *Samaria* **Shomeron**
came and *dwelt* **settled** in *Bethel* **Beth El**,
and *taught* **directed** them
how they should *fear the LORD* **awe Yah Veh**.
29 Howbeit *every nation* **goyim by goyim**
made gods **worked elohim** of their own,
and *put* **set** them in the houses of the *high places* **bamahs**
which the *Samaritans* **Shomeroniy** had *made* **worked**,
every nation **goyim by goyim**
in their cities wherein they *dwelt* **settled**.
30 And the men of *Babylon* **Babel**
made Succothbenoth **worked Sukkoth Benoth**,
and the men of *Cuth made* **Kuth worked** Nergal,
and the men of Hamath *made* **worked** Ashima,
31 And the *Avites* **Avviy**
made Nibhaz **worked Nibchaz** and *Tartak* **Tartaq**,
and the *Sepharvites* **Sepharviy** burnt their *children*
sons in fire to *Adrammelech* **Adram Melech**
and *Anammelech* **Anam Melech**,
the *gods* **elohim** of *Sepharvaim* **Sepharvayim**.
32 So they *feared the LORD* **awed Yah Veh**,
and *made* **worked** unto themselves
of the *lowest* **end** of them
priests of the *high places* **bamahs**, which
sacrificed **worked** for them
in the houses of the *high places* **bamahs**.
33 They *feared the LORD* **awed Yah Veh**,
and served their own *gods* **elohim**,
after the *manner* **judgment** of the *nations* **goyim**
whom they *carried away* **exiled** from thence.
34 Unto this day
they *do* **work** after the former *manners* **judgments**:
they *fear* **awe** not *the LORD* **Yah Veh**,
neither *do* **work** they after their statutes,
or after their *ordinances* **judgments**,
or after the *law* **torah** and *commandment* **misvah**
which *the LORD* **Yah Veh**
commanded **misvahed** the *children*
sons of *Jacob* **Yaaqov**,
whom he named Israel **on whose name he set, Yisra El**;
35 With whom
the LORD **Yah Veh** had *made* **cut** a covenant,
and *charged* **misvahed** them, saying,
Ye shall not *fear* **awe** other *gods* **elohim**, nor
bow **prostrate** yourselves to them,

nor serve them, nor sacrifice to them:
36 But *the LORD* **Yah Veh,**
who *brought* **ascended** you *up*
out of the land of *Egypt* **Misrayim**
with great *power* **force** and a *stretched out*
spread arm, him shall ye *fear* **awe,**
and **to** him shall ye *worship* **prostrate,**
and to him shall ye *do* sacrifice.
37 And the statutes, and the *ordinances* **judgments,**
and the *law* **torah,** and the *commandment* **misvah,**
which he *wrote* **inscribed** for you,
ye shall *observe* **guard** to *do for evermore* **work all days;**
and ye shall not *fear* **awe** other *gods* **elohim.**
38 And the covenant that I have *made*
cut with you ye shall not forget;
neither shall ye *fear* **awe** other *gods* **elohim.**
39 But *the LORD* **Yah Veh** your *God* **Elohim**
ye shall *fear* **awe;**
and he shall *deliver* **rescue** you out of
the hand of all your enemies.
40 Howbeit they did not hearken,
but they *did* **worked** after their
former *manner* **judgment.**
41 So these *nations* **goyim** *feared the LORD* **awed Yah**
Veh, and served their *graven images* **sculptiles,**
both their *children* **sons,** and their
children's children **son's sons:**
as *did* **worked** their fathers, so *do*
work they unto this day.
27 And the sovereign of Ashshur misvahs,
saying, Walk one of the priests here
whom you exiled from there; and have
them go and settle there and have him
direct the judgment of the Elohim of the land.
28 And one of the priests they exile from
Shomeron comes and settles in Beth El;
and directs them how to awe Yah Veh:
29 and goyim by goyim, they work their own elohim
and set them in the houses of the bamahs
the Shomeroniy work
— goyim by goyim in the cities wherein they settle:
30 and the men of Babel work Sukkoth
Benoth;
and the men of Kuth work Nergal;
and the men of Hamath work Ashima;
31 and the Avviy work Nibchaz and Tartaq;
and the Sepharviy burn their sons in the fire
to Adram Melech and Anam Melech
the elohim of the Sepharvayim.
32 And they awe Yah Veh
and works to themselves — to the end
of them priests of the bamahs
who work for them in the houses of the bamahs.
33 They awe Yah Veh
and served their own elohim after the judgment
of the goyim whom they exiled from thence.
34 To this day
they work after the former judgments:
they neither awe Yah Veh nor work after their statutes
— or after their judgments
or after the torah and misvah
Yah Veh misvahed the sons of Yaaqov
— on whom he set the name, Yisra El:
35 with whom Yah Veh cut a covenant
and misvahed them, saying,
Neither awe other elo him
nor prostrate yourselves to them nor
serve them nor sacrifice to them:
36 but Yah Veh
who ascended you from the land of Misrayim
with great force and spread arm, awe him;
to him, prostrate; to him, sacrifice:
37 and the statutes and the judgments
and the torah and the misvah he inscribed
for you, guard to work all days;
and awe not other elohim:
38 and forget not the covenant I cut with
you and awe not other elohim:
39 but awe Yah Veh your Elohim:
and he rescues you
from the hand of all your enemies.
40 And they hearken not
but they work after their former judgment:
41 and these goyim awe Yah Veh
and serve their sculptiles
— both their sons and sons of their sons:
as their fathers worked, thus work they to this day.

YECHIZQI YAH REIGNS IN YERU SHALEM

18 Now **so be** it *came to pass,*
in the third year of Hoshea son of Elah
king **sovereign** of *Israel* **Yisra El,**
that *Hezekiah* **Yechizqi Yah** the son of *Ahaz* **Achaz,**
king **sovereign** of *Judah* **Yah Hudah** began to reign.
2 **A son of** Twenty and five years *old*
was he when he began to reign; and he reigned
twenty and nine years in *Jerusalem* **Yeru Shalem.**
His mother's name also was Abi,
the daughter of *Zachariah* **Zechar Yah.**
3 Andhe*did***worked**thatwhichwasirght**straight**

in the *sight* **eyes** of *the LORD* **Yah Veh**, according
to all that David his father *did* **worked**.
4 He *removed* **turned aside** the *high places*
bamahs, and brake the *images* **monoliths**,
and cut down the *groves* **asherim**,
and *brake in pieces* **crushed** the *brasen* **copper**
serpent that *Moses* **Mosheh** had *made* **worked**:
for unto those days the *children* **sons** of *Israel* **Yisra El**
did burn incense **incensed** to it:
and he called it *Nehushtan* **Coppery/Nechustan**.
5 He *trusted* **confided**
in *the LORD God* **Yah Veh Elohim** of *Israel* **Yisra El**;
so that after him was none like him
among all the *kings* **sovereigns** of *Judah* **Yah**
Hudah, nor *any* that were *before him* **at his face**.
6 For he *clave* **adhered** to *the LORD* **Yah Veh**,
and *departed* **turned** not **aside** from *following* **after**
him, but *kept* **guarded** his *commandments* **misvoth**,
which *the LORD* **Yah Veh**
commanded Moses **misvahed Mosheh**.
7 And *the LORD* **Yah Veh** was with him;
and he *prospered* **comprehended** whithersoever
he went forth: and he rebelled
against the *king* **sovereign** of *Assyria* **Ashshur**,
and served him not.
8 He smote the *Philistines* **Peleshethiy**,
even unto *Gaza* **Azzah**, and the borders thereof,
from the tower of the *watchmen* **guards**
to the *fenced* **fortified** city.
9 And **so be** it *came to pass*, in the fourth year
of *king Hezekiah* **sovereign Yechizqi Yah**,
which was the seventh year of Hoshea son of
Elah *king* **sovereign** of *Israel* **Yisra El**,
that Shalmaneser *king* **sovereign** of *Assyria* **Ashshur**
came up **ascended** against *Samaria*
Shomeron, and besieged it.
10 And at the end of three years they *took* **captured** it:
even in the sixth year of *Hezekiah* **Yechizqi**
Yah, that is in the ninth year of Hoshea
king **sovereign** of *Israel* **Yisra El**,
Samaria **Shomeron** was *taken* **captured**.
11 And the *king* **sovereign** of *Assyria* **Ashshur**
did carry away Israel **exiled Yisra El** unto *Assyria*
Ashshur, and *put* **guided** them in *Halah* **Halach**
and in Habor by the river of Gozan, and
in the cities of the *Medes* **Madaim**:
12 Because they *obeyed* **heard** not
the voice of *the LORD* **Yah Veh** their *God* **Elohim**
but *transgressed* **trespassed** his covenant,
and all that *Moses* **Mosheh**
the servant of *the LORD commanded* **Yah Veh**
misvahed, and *would not hear them* **hearkened not**,
nor *do* **worked** them.
13 Now in the fourteenth year
of *king Hezekiah* **sovereign Yechizqi Yah**
did *Sennacherib* **Sancherib**
king **sovereign** of *Assyria* **Ashshur**
come up **ascend** against all the *fenced* **cut off** cities of
Judah **Yah Hudah**, and *took* **apprehended** them.
14 And *Hezekiah* **Yechizqi Yah**
king **sovereign** of *Judah* **Yah Hudah**
sent to the *king* **sovereign** of *Assyria* **Ashshur** to
Lachish, saying, I have *offended* **sinned**; return from me:
that which thou *puttest* **givest** on me *will* **shall** I bear.

YECHIZQI YAH REIGNS IN YERU SHALEM

18 And so be it, in the third year
of Hoshea son of Elah sovereign of Yisra El, Yechizqi Yah
the son of Achaz sovereign of Yah Hudah reigns:
2 a son of twenty—five years
when he begins to reign;
and he reigns twenty—nine years in Yeru Shalem:
the name of his mother,
Abi the daughter of Zechar Yah:
3 and he works straight in the eyes of Yah
Veh,
according to all David his father worked:
4 he turns aside the bamahs and breaks the monoliths
and cuts down the asherim
and crushes the copper serpent Mosheh worked:
for in those days the sons of Yisra El incensed
to it: and he called it Coppery/Nechustan.
5 He confides in Yah Veh Elohim of Yisra El;
and there is none like him
among all the sovereigns of Yah Hudah
— neither after him nor at his face:
6 and he adheres to Yah Veh
and turns not aside from after him;
but guards the misvoth Yah Veh misvahed Mosheh:
7 and Yah Veh is with him;
he comprehends wherever he goes:
and he rebels against the sovereign of Ashshur
and serves him not:
8 he smites the Peleshethiy to Azzah — to the borders;
from the tower of the guards to the fortified city.
9 And so be it,
in the fourth year of sovereign Yechizqi Yah
— the seventh year of Hoshea son of Elah sovereign
of Yisra El, Shalmaneser sovereign of Ashshur
ascends against Shomeron and besieges it:

10 and at the end of three years they capture it:
in the sixth year of Yechizqi Yah
— in the ninth year of Hoshea sovereign of Yisra El
Shomeron is captured:
11 and the sovereign of Ashshur
exiles Yisra El to Ashshur;
and guides them in Halach and in
Habor by the river Gozan;
and in the cities of the Madaim:
12 because they hearken not
to the voice of Yah Veh their Elohim;
but trespass his covenant;
and all that Mosheh the servant of Yah Veh
misvahed they neither hearken nor work them.
13 And in the fourteenth year of sovereign Yechizqi Yah,
Sancherib sovereign of Ashshur
ascends against all the cut off cities of
Yah Hudah and apprehends them.
14 And Yechizqi Yah sovereign of Yah Hudah
sends to the sovereign of Ashshur to Lachish
saying, I sinned; turn away from me:
whatever you give on me, I bear.
And the *king* **sovereign** of *Assyria* **Ashshur**
appointed **set** unto *Hezekiah* **Yechizqi Yah,**
king **sovereign** of *Judah* **Yah I-ludah**
three hundred *talents* **rounds** of silver
and thirty *talents* **rounds** of gold.
15 And *Hezekiah* **Yechizqi Yah** gave him all the
silver that was found in the house of *the LORD* **Yah Veh,**
and in the treasures of the *king's* **sovereign's** house.
16 At that time did *Hezekiah* **Yechizqi Yah**
cut **chop** off *the gold from* the doors
of the *temple* **manse** of *the LORD*
Yah Veh, and *from* the pillars
which *Hezekiah* **Yechizqi Yah**
king **sovereign** of *Judah* **Yah I-ludah** had overlaid,
and gave it to the *king* **sovereign** of *Assyria* **Ashshur.**
17 And the *king* **sovereign** of *Assyria* **Ashshur**
sent Tartan *and Rabsaris* **the chief eunuch** and
Rabshakeh **Rab Shaqeh/the chief butler**
from Lachish to *king Hezekiah* **sovereign Yechizqi Yah**
with *a great host* **heavy valiant** against *Jerusalem*
Yeru Shalem. And they *went up* **ascended**
and came to *Jerusalem* **Yeru Shalem**. And
when they *were come up* **ascended**, they
came and stood by the *conduit* **channel**
of *the upper pool* **Pool Elyon,**
which is in the highway of the fuller's field.
18 And when they had called to the *king* **sovereign,**
there *came* **went** out to them *Eliakim* **El Yaqim**
the son of *Hilkiah* **I-lilqi Yah,**
which was over the household, and Shebna the scribe,
and *Joah* **Yah Ach** the son of Asaph
the *recorder* **remembrancer.**
19 And *Rabshakeh* **Rab Shaqeh/the chief butler**
said unto them,
Speak **Say** ye now to *Hezekiah* **Yechizqi Yah,**
Thus saith the great *king* **sovereign,**
the *king* **sovereign** of *Assyria* **Ashshur,**
What confidence is this wherein thou *trustest* **confidest?**
20 Thou sayest,
(but they are but *vain* words **of lips,**)
I have counsel and *strength* **might** for the war.
Now on whom dost thou *trust* **confide,**
that thou rebellest against me?
21 Now, behold,
thou *trustest* **confidest** upon the staff of
this *bruised reed* **crushed stalk,**
even upon *Egypt* **Misrayim**, on
which if a man *lean* **prop,**
it *will* **shall** go into his *hand* **palm**, and pierce it:
so is *Pharaoh* **Paroh,** *king* **sovereign** of *Egypt* **Misrayim**
unto all that *trust* **confide** on him.
22 But if ye say unto me,
We *trust* **confide** in *the LORD* **Yah Veh** our *God* **Elohim:**
is not that he,
whose *high places* **bamahs** and whose **sacrifice**
altars *Hezekiah* **Yechizqi Yah** hath *taken away*
turned aside, and hath said to *Judah* **Yah I-ludah**
and *Jerusalem* **Yeru Shalem,**
Ye shall *worship before* **prostrate at the face of**
this **sacrifice** altar in *Jerusalem* **Yeru Shalem?**
23 Now therefore, I *pray* **beseech** thee,
give pledges **pledge** to my *lord* **adoni**
the *king* **sovereign** of *Assyria* **Ashshur,**
and I *will deliver* **shall give** thee two thousand horses,
if thou be able on thy part to *set* **give** riders upon them.
24 How then *wilt* **shalt** thou turn away
the face of one *captain* **governor**
of the least of my *master's* **adoni's** servants, and
put thy trust **confide** on *Egypt* **Misrayim**
for chariots and for *horsemen* **cavalry?**
25 *Am I now come up* **Ascend I now**
without *the LORD* **Yah Veh**
against this place to *destroy* **ruin** it?
The LORD **Yah Veh** said to me,
Go up **Ascend** against this land, and *destroy* **ruin** it.
26 Thensaid*Eliakim***ElYaqim**thesonoH*filkiah***I-lilqiYah,**
and Shebna, and *Joah* **Yah Ach,**
And the sovereign of Ashshur

sets to Yechizqi Yah sovereign of Yah
Hudah three hundred rounds of silver
and thirty rounds of gold:
15 and Yechizqi Yah gives him all the silver
found in the house of Yah Veh
and in the treasures of the house of the sovereign.
16 At that time, Yechizqi Yah
chops off the doors of the manse
of Yah Veh and the pillars
Yechizqi Yah sovereign of Yah Hudah overlaid;
and gives them to the sovereign of Ashshur:
17 and the sovereign of Ashshur sends Tartan the
chief eunuch and Rab Shaqeh/the chief butler
from Lachish to sovereign Yechizqi Yah
with heavy valiant against Yeru Shalem: and they
ascend and come to Yeru Shalem: and they ascend
and come and stand by the Pool Elyon in
the highway of the field of the fuller:
18 and they call to the sovereign;
and El Yaqim the son of Hilqi Yah
who is over the household,
and Shebna the scribe,
and Yah Ach the son of Asaph the
remembrancer go out to them.
19 And Rab Shaqeh/the chief butler says to
them, Now say to Yechizqi Yah,
Thus says the great sovereign the sovereign of Ashshur,
What is this confidence wherein you confide?
20 For you said, They are but words of lips!
I have counsel and might for the war!
Now on whom confide you, to rebel against me?
21 Now, behold,
confide you on the staff of this crushed stalk
— on Misrayim
— on which, if a man prop,
it goes into his palm and pierces? Thus *is* Paroh
sovereign of Misrayim to all who confide on him.
22 And if you say to me,
We confide in Yah Veh our Elohim!
— Is that not he,
whose bamahs and whose sacrifice altars
Yechizqi Yah turned aside?
— Who said to Yah Hudah and Yeru
Shalem, Prostrate at the face
of this sacrifice altar in Yeru Shalem?
23 And now, I beseech you,
pledge to my adoni the sovereign of Ashshur
and I give you two thousand horses
if you can, for your part, give riders on them.
24 How then turn you away the face of one governor
of the least of the servants of my adoni
to confide on Misrayim for chariots and for cavalry?
25 Now, ascend I without Yah Veh,
against this place to ruin it?
Yah Veh says to me,
Ascend against this land and ruin it.
26 And El Yaqim the son of Hilqi Yah
and Shebna and Yah Ach
unto *Rabshakeh* **Rab Shaqeh/the chief butler**,
Speak **Word**, I *pray* **beseech** thee,
to thy servants in *the Syrian language* **Aramaic**;
for we *understand* **hear** it:
and *talk* **word** not with us
in *the Jews' language* **Yah 1-ludaic**
in the ears of the people that are on the wall.
27 But *Rabshakeh* **Rab Shaqeh/the chief butler**
said unto them,
Hath my *master* **adoni** sent me to thy master,
and to thee, to *speak* **word** these words?
hath he not *sent me* to the men
which *sit* **settle** on the wall,
that they may eat their own *dung* **dungs**,
and drink *their own piss* **the urine at their feet** with you?
28 Then*Rabshakeh***RabShaqeh/thechiefbutler**
stood and *cried* **called out**
with a *loud* **great** voice in *the Jews' language*
Yah 1-ludaic, and *spake* **worded**, saying,
Hear the word of the great *king* **sovereign**,
the *king* **sovereign** of *Assyria* **Ashshur**:
29 Thus saith the *king* **sovereign**,
Let not *Hezekiah* **Yechizqi Yah** deceive you:
for he shall not be able to *deliver*
rescue you out of his hand:
30 Neither let *Hezekiah* **Yechizqi Yah**
make you *trust* **confide** in *the LORD* **Yah Veh**, saying,
In rescuing,
The LORD will surely deliver **Yah Veh shall rescue**
us, and this city shall not be *delivered* **given**
into the hand of the *king* **sovereign** of *Assyria* **Ashshur**.
31 Hearken not to *Hezekiah* **Yechizqi Yah**:
for thus saith the *king* **sovereign** of *Assyria*
Ashshur, *Make an agreement* **Work** with me by
a *present* **blessing**, and *come* **go** out to me,
and then eat ye every man of his own vine,
and every *one* **man** of his fig tree,
and drink ye every *one* **man** the
waters of his *cistern* **well**:
32 Until I come and take you away to
a land like your own land,
a land of *corn* **crop** and *wine* **juice**,
a land of bread and vineyards, a land
of oil olive and of honey,

that ye may live, and not die:
and hearken not unto *Hezekiah* **Yechizqi Yah**,
when he *persuadeth* **goadeth** you, saying,
The LORD will deliver **Yah Veh shall rescue** us.
33 **In rescuing,**
Hath any of the *gods* **elohim** *of the nations* **goyim**
delivered at all **rescued a man** his land
out of the hand of the *king* **sovereign**
of *Assyria* **Ashshur**?
34 Wherearethe*gods***elohim**ofHamath,andofArpad?
where are the *gods* **elohim** of *Sepharvaim* **Sepharvayim**,
Hena, and *Ivah* **Avva**?
have they *delivered Samaria* **rescued Shomeron**
out of mine hand?
35 Who are they
among all the *gods* **elohim** of the *countries*
lands, that have *delivered* **rescued** their
country **land** out of mine hand,
that *the LORD* **Yah Veh**
should *deliver Jerusalem* **rescue Yeru Shalem**
out of mine hand?
36 But the people *held their peace* **hushed**,
and answered him not a word:
for the *king's commandment* **sovereign's**
misvah was, saying, Answer him not.
37 Then came *Eliakim* **El Yaqim**
the son of *Hilkiah* **1-lilqi Yah**,
which was over the household, and Shebna the
scribe, and *Joah* **Yah Ach** the son of Asaph
the *recorder* **remembrancer**,
to *Hezekiah* **Yechizqi Yah** with their clothes
rent **ripped**, and told him the words
of *Rabshakeh* **Rab Shaqeh/the chief butler**.
19 And **so be** it *came to pass*,
when *king Hezekiah* **sovereign Yechizqi Yah**
heard it, that he *rent* **ripped** his clothes,
and covered himself with *sackcloth* **saq**,
say to Rab Shaqeh/the chief butler,
Word, I beseech you, to your servants in Aramaic;
for we hear it:
and word not with us in Yah Hudaic in
the ears of the people on the wall.
27 And Rab Shaqeh/the chief butler says
to them, My adoni, sends he me
to word these words to your master and to you?
— and not to the men who settle on the wall
— to eat their own dungs
and drink the urine at their feet with you?
28 Then Rab Shaqeh/the chief butler
stands and calls with a great voice in
Yah Hudaic, and words saying,
Hear the word of the great sovereign
— the sovereign of Ashshur;
29 thus says the sovereign, Neither let
Yechizqi Yah deceive you
for he is not able to rescue you from his hand:
30 nor let Yechizqi Yah have you confide in
Yah Veh
saying, In rescuing, Yah Veh rescues us;
that this city not be given
into the hand of the sovereign of Ashshur:
31 Hearken not to Yechizqi Yah:
for thus says the sovereign of Ashshur,
Work a blessing with me and come out to me;
and eat — every man of you of his own
vine and every man of his fig tree
and drink — every man of you of the waters of his well:
32 until I come and take you away to
a land like your own land
— a land of crop and juice
a land of bread and vineyards a land
of oil olive and of honey
— to live and not die:
and hearken not to Yechizqi Yah,
who goads you, saying, Yah Veh rescues us.
33 In rescuing,
have any of the elohim of the goyim
rescued a man his land
from the hand of the sovereign of Ashshur?
34 Where are the elohim of Hamath and of Arpad?
Where are the elohim of Sepharvayim, Hena and Avva?
Rescued they Shomeron from my hand?
35 Who are they among all the elohim of the lands
who rescued their land from my hand,
that Yah Veh rescue Yeru Shalem from my hand?
36 And the people hush and answer him not a word:
for the misvah of the sovereign is,
saying, Answer him not.
37 Then El Yaqim the son of Hilqi Yah
who is over the household,
and Shebna the scribe,
and Yah Ach the son of Asaph the remembrancer,
come to Yechizqi Yah with their clothes ripped
and tell him the words of Rab Shaqeh/the chief butler.
19 And so be it, sovereign Yechizqi Yah hears,
and he rips his clothes and covers himself with saq
and went into the house of *the LORD* **Yah Veh**.
2 And he sent *Eliakim* **El Yaqim**,
which was over the household,

and Shebna the scribe, and the elders of the
priests, covered with *sackcloth* **saq**,
to *Isaiah* **Yesha Yah** the prophet the son of *Amoz* **Amos**.
3 And they said unto him,
Thus saith *Hezekiah* **Yechizqi Yah**,
This day is a day of *trouble* **tribulation**,
and of *rebuke* **reproof**, and *blasphemy* **scorning**;
for the *children* **sons** are come to the *birth* **matrix**,
and there is not *strength* **force** to *bring forth* **birth**.
4 *It may be the LORD* **Perhaps Yah**
Veh thy *God* **Elohim**
will **shall** hear all the words
of *Rabshakeh* **Rab Shaqeh/the chief butler**, whom the
king **sovereign** of *Assyria* **Ashshur** his *master* **adoni**
hath sent to reproach the living *God* **Elohim**;
and *will* **shall** reprove the words
which *the LORD* **Yah Veh** thy *God* **Elohim** hath heard:
wherefore lift up *thy* prayer
for the *remnant* **survivors** that are *left* **found**.
5 So the servants of *king Hezekiah* **sovereign Yechizqi Yah**
came to *Isaiah* **Yesha Yah**.
6 And *Isaiah* **Yesha Yah** said unto them,
Thus shall ye say to your *master* **adoni**,
Thus saith *the LORD* **Yah Veh**,
Be **Awe** not *afraid* **at the face** of the
words which thou hast heard,
with which the *servants* **lads**
of the *king* **sovereign** of *Assyria* **Ashshur**
have blasphemed me.
7 Behold, I *will send* **shall give** a *blast* **spirit** upon
him, and he shall hear a *rumour* **report**,
and shall return to his own land;
and I *will* **shall** cause him to fall by the sword
in his own land.
8 So *Rabshakeh* **Rab Shaqeh/the chief butler** returned,
and found the *king* **sovereign** of *Assyria* **Ashshur**
warring **fighting** against Libnah:
for he had heard
that he *was departed* **had pulled stakes** from Lachish.
9 And when he heard say of *Tirhakah* **Tirhaqah**
king **sovereign** of *Ethiopia* **Kush**, Behold, he
is *come out* **gone** to fight against thee:
he **returned and** sent *messengers* **angels** *again*
unto *Hezekiah* **Yechizqi Yah**, saying,
10 Thus shall ye *speak* **say** to *Hezekiah* **Yechizqi Yah**,
king **sovereign** of *Judah* **Yah Hudah**, saying,
Let not thy *God* **Elohim** in whom thou *trustest* **confidest**
deceive thee, saying,
Jerusalem **Yeru Shalem** shall not be *delivered* **given**
into the hand of the *king* **sovereign** of *Assyria* **Ashshur**.
11 Behold, thou hast heard
what the *kings* **sovereigns** of *Assyria* **Ashshur**
have *done* **worked** to all lands,
by *destroying* **devoting** them *utterly*:
and shalt thou be *delivered* **rescued**?
12 Have the *gods* **elohim** of the *nations* **goyim**
delivered **rescued** them
which my fathers have *destroyed* **ruined**;
as Gozan, and Haran, and *Rezeph* **Reseph**,
and the *children* **sons** of Eden which were in Thelasar?
13 Where is the *king* **sovereign** of Hamath,
and the *king* **sovereign** of Arpad,
and the *king* **sovereign**
of the city of *Sepharvaim* **Sepharvayim**,
of Hena, and *Ivah* **Avva?**
14 And *Hezekiah* **Yechizqi Yah**
received **took** the *letter* **scroll**
of the hand of the *messengers* **angels**,
and *read* **called** it **out**:
and *Hezekiah* **Yechizqi Yah**
went up **ascended** into the house of *the LORD* **Yah Veh**,
and spread it *before the LORD* **at the face of Yah Veh**.
15 And *Hezekiah* **Yechizqi Yah**
prayed *before the LORD* **at the face of Yah Veh**, and
said, O *LORD God* **Yah Veh Elohim** of *Israel* **Yisra El**,
and goes into the house of Yah Veh.
2 And he sends El Yaqim who is over the household
and Shebna the scribe and the elders of the priests
— covered with saq
to Yesha Yah the prophet the son of Amos:
3 and they say to him, Thus says Yechizqi Yah:
This day is a day of tribulation and
of reproof and scorning;
for the sons come to the matrix
and there is no force to birth:
4 perhaps Yah Veh your Elohim
hears all the words of Rab Shaqeh/the chief
butler whom his adoni the sovereign of Ashshur
sends to reproach the living Elohim;
and reprove the words Yah Veh your Elohim heard:
and lift a prayer for the survivors that are found.
5 And the servants of sovereig n Yechizqi
Yah come to Yesha Yah:
6 and Yesha Yah says to them,
Say thus to your adoni, Yah Veh says thus: Awe not
at the face of the words you heard, by which the
lads of the sovereign of Ashshur blasphemed me:
7 behold, I give him a spirit;
and he hears a report and returns to his own land;
and I fell him by the sword in his own land.

8 And Rab Shaqeh/the chief butler returns
and finds the sovereign of Ashshur fighting Libnah:
for he heard that he pulled stakes from Lachish.
9 And when he hears say
of Tirhaqah sovereign of Kush,
Behold, he goes to fight you!
— he returns and sends angels to Yechizqi Yah,
saying,
10 Say thus to Yechizqi Yah sovereign
of Yah Hudah, saying,
Let not your Elohim in whom you confide
deceive you,
saying, Yeru Shalem is not given
into the hand of the sovereign of Ashshur:
11 behold, you heard what the sovereigns of
Ashshur
work to all lands by devoting them:
— and you — rescued?
12 Rescued the elohim of the goyim
them whom my fathers ruined
— Gozan and Haran and Reseph and
the sons of Eden in Thelasar?
13 Where is the sovereign of Hamath
and the sovereign of Arpad
and the sovereign of the city of Sepharvayim
— of Hena and Avva?
14 And Yechizqi Yah
takes the scroll from the hand of
the angels and calls it out:
and Yechizqi Yah ascends into the house of Yah
Veh and spreads it at the face of Yah Veh.
15 And Yechizqi Yah prays at the face of Yah Veh
and says, O Yah Veh Elohim of Yisra El
which *dwellest* **settlest** between the *cherubims*
cherubim, thou art the *God* **Elohim**, *even* thou alone,
of all the *kingdoms* **sovereigndoms** of the earth;
thou hast *made heaven* **worked the heavens** and earth.
16 *LORD* **Yah Veh**, *bow down* **spread** thine ear, and hear:
open, *LORD* **Yah Veh**, thine eyes, and see:
and hear the words of *Sennacherib* **Sancherib**,
which hath sent him to reproach the living *God* **Elohim**.
17 *Of a truth* **Truly**, *LORD* **Yah Veh**,
the *kings* **sovereigns** of *Assyria* **Ashshur**
have *destroyed* **desolated** the *nations* **goyim**
and their lands,
18 And have *cast* **given** their *gods* **elohim** into the fire:
for they were no *gods* **elohim**,
but the work of *men's* **human** hands,
wood **timber** and stone:
therefore they **and** have destroyed them.
19 Now *therefore*, O *LORD* **Yah Veh** our *God* **Elohim**,
I beseech thee, save thou us out of his hand,
that all the *kingdoms* **sovereigndoms** of the earth
may know that thou art *the LORD God* **Yah Veh Elohim**,
even thou only.
20 Then *Isaiah* **Yesha Yah** the son of *Amoz* **Amos**
sent to *Hezekiah* **Yechizqi Yah**, saying,
Thus saith
the LORD God **Yah Veh Elohim** of *Israel* **Yisra
El**, That which thou hast prayed to me
against *Sennacherib* **Sancherib,**
king **sovereign** of *Assyria* **Ashshur**
I have heard.
21 This is the word
that *the LORD* **Yah Veh** hath *spoken* **worded**
concerning him;
The virgin the daughter of *Zion* **Siyon** hath despised
thee, and *laughed* **derided** thee *to scorn*;
the daughter of *Jerusalem* **Yeru Shalem**
hath shaken her head *at* **after** thee.
22 Whom hast thou reproached and blasphemed?
and against whom hast thou exalted thy
voice, and lifted up thine eyes on high?
even against the Holy *One* of *Israel* **Yisra El**.
23 By **the hand of** thy *messengers* **angels**
thou hast reproached *the Lord* **Adonay**, and hast said,
With the *multitude* **abundance** of my chariots
I *am come up* **ascend** to the height of the
mountains, to the *sides* **flanks** of Lebanon,
and *will* **shall** cut down
the *tall* **height of** cedar trees thereof, and the choice
fir **cypress** trees thereof: and I *will* **shall** enter
into the lodgings of his *borders* **edges**,
and into the forest of his *Carmel* **Karmel/orchard**.
24 I have digged and drunk strange waters,
and with the sole of my *feet* **steps**
have I *dried up* **parched** all the rivers
of *besieged places* **seige/Masor**.
25 Hast thou not heard *long ago* **from afar**
how I have *done* **worked** it,
and of ancient *times* **days** that I have formed it?
now have I brought it to *pass* **be**, that
thou shouldest be to lay waste
fenced **cut off** cities into *ruinous* **desolate** heaps.
26 *Therefore* **And** their *inhabitants* **settlers**
were *of small power* **short of hand**,
they were *dismayed* **terrified** and *confounded* **shamed**;
they were as the *grass* **herb** of the field,
and as the green *herb* **sprouts**,
as the *grass* **leeks** on the *house tops* **roofs**,
and as corn blasted *before it be grown up*

at the face of her stalks.
27 But I know thy *abode* **settlement**, and thy going out,
and thy coming in, and thy *rage* **quaking** against me.
28 Because thy *rage* **quaking** against
me and thy *tumult* **uproar**
is come up **ascendeth** into mine ears,
therefore I *will put* **shall set** my hook in thy
nose **nostrils**, and my *bridle* **bit** in thy lips,
and I *will* **shall** turn thee back
by the way by which thou camest.
who settles between the cherubim;
you *are* Elohim
— you alone of all the sovereigndoms of the earth;
you worked the heavens and earth:
16 Yah Veh, spread your ear and hear:
open, Yah Veh, your eyes and see:
and hear the words of Sancherib,
who sends him to reproach the living Elohim.
17 Truly, Yah Veh, the sovereigns of
Ashshur
desolated the goyim and their lands,
18 and gave their elohim to the fire:
for they are no elohim
but the work of human hands — timber and stone:
and destroyed them.
19 Now, O Yah Veh our Elohim, I beseech
you, you — save us from his hand;
so that all the sovereigndoms of the earth know
you are Yah Veh Elohim — you only.
20 And Yesha Yah the son of Amos
sends to Yechizqi Yah, saying,
Thus says Yah Veh Elohim of Yisra
El: What you pray to me
against Sancherib sovereign of Ashshur
I hear.
21 This is the word Yah Veh words concerning
him: The virgin the daughter of Siyon
despises you and derides you;
the daughter of Yeru Shalem shakes her head after you.
22 Whom reproach you and blasphe me?
Against whom exalt you your voice and lift your
eyes on high? Against the Holy of Yisra El!
23 By the hand of your angels you
reproach Adonay and say,
With the abundance of my chariots
I ascend to the height of the mountains
— to the flanks of Lebanon
and cut down the height of cedar trees thereof
and the choice cypress trees thereof:
and I enter the lodgings of his edges and
the forest of his Karmel/orchard.
24 I dig and drink strange waters;
and with the sole of my steps
I parch all the rivers of seige/Masor.
25 Hear you not from afar, I worked it?
And of ancient days, I formed it? And
now I bring it to become waste
— cut off cities into desolate heaps:
26 and their settlers are short of hand
terrified and shamed
— as the herb of the field
— as the green sprouts
— as the leeks on the roofs blasted
at the face of her stalks.
27 And I know your settlement and
your going and your coming
and your quaking against me:
28 because your quaking against me and
your uproar ascends into my ears,
I set my hook in your nostrils and my bit in your
lips and I turn you back the way you came.
29 And this shall be a sign unto thee,
Ye shall eat this year
such things as grow of themselves
of the spontaneous growth, and in the second year
that which springeth of the same
of the spontaneous sprout;
and in the third year *sow* **seed** ye, and *reap* **harvest**,
and plant vineyards, and eat the fruits thereof.
30 And the *remnant* **escapees** that *is escaped* **survived**
of the house of *Judah* **Yah Hudah**
shall yet again take root downward,
and *bear* **work** fruit upward.
31 For out of *Jerusalem* **Yeru Shalem**
shall go forth a *remnant* **survivor**, and *they that*
escape **the escapees** out of mount *Zion* **Siyon**:
the zeal of *the LORD of hosts* **Yah Veh Sabaoth**
shall *do* **work** this.
32 Therefore thus saith *the LORD* **Yah Veh**
concerning the *king* **sovereign** of *Assyria*
Ashshur, He shall not come into this city,
nor shoot an arrow there,
nor *come before* **precede** it with *shield* **buckler**,
nor *cast* **pour** a *bank* **mound** against it.
33 Bythewaythatthecame,bythesameshalhereturn,
and shall not come into this city,
saith the LORD **an oracle of Yah Veh.**
34 ForI*wildefend***shalgarison**thiscity,tosaveit,
for mine own sake, and for my servant David's sake.
35 And **so be** it *came to pass* that night,
that the angel of *the LORD* **Yah Veh** went out, and
smote in the camp of the *Assyrians* **Ashshuri** an
hundred *fourscore* **eighty** and five thousand:

and when they *arose* **started** early in the morning,
behold, they were all dead *corpses* **carcases.**
36 So *Sennacherib* **Sancherib,**
king **sovereign** of *Assyria departed* **Ashshur**
pulled stakes, and went and returned,
and *dwelt* **settled** at Nineveh.
37 And **so be** it *came to pass*,
as he was *worshipping* **prostrating**
in the house of Nisroch his *god* **elohim,**
that *Adrammelech* **Adram Melech**
and *Sharezer* **Shareser**
his sons smote him with the sword:
and they escaped into the land of *Armenia* **Ararat.**
And *Esarhaddon* **Esar Chaddon** his
son reigned in his stead.

THE SICKNESS OF YECHIZQI YAH

20 In those days
was *Hezekiah* **Yechizqi Yah** sick unto death.
And the prophet *Isaiah* **Yesha Yah**
the son of *Amoz* **Amos**
came to him, and said unto him, Thus
saith *the LORD* **Yah Veh,**
Set **Misvah concerning** thine house *in order*
for thou shalt die, and not live.
2 Thenheturnedhisfacetothewal,
and prayed unto *the LORD* **Yah Veh,** saying,
3 I beseech thee, O *LORD* **Yah Veh,** remember now
how I have walked *before thee* **at thy face** in truth
and with a *perfect heart* **heart at**
shalom, and have *done* **worked**
that which is good in thy *sight* **eyes.**
And *Hezekiah* **Yechizqi Yah** wept *sore* **a great weeping.**
4 And **so be** it *came to pass*,
afore Isaiah **ere Yesha Yah** was gone
out into the middle *court* **city,**
that the word of *the LORD* **Yah Veh** came to him, saying,
5 Turn *again* **back,**
and *tell Hezekiah* **say to Yechizqi Yah** the *captain*
eminent of my people, Thus saith *the LORD* **Yah Veh,**
the *God* **Elohim** of David thy father,
I have heard thy prayer, I have seen thy tears:
behold, I *will* **shall** heal thee:
on the third day thou shalt *go up* **ascend**
unto the house of *the LORD* **Yah Veh.**
6 AndI*w*s*il***haal**dduntothydaysiffteenyears;
and I *will deliver* **shall rescue** thee and this city
29 And this is your sign:
this year, eat of the spontaneous growth;
and in the second year, of the spontaneous sprout;
and in the third year, seed and harvest
and plant vineyards and eat the fruits thereof:
30 and the escapees of the house of
Yah Hudah who survive
take root downward and work fruit upward:
31 for survivors go from Yeru Shalem
and e scap e e s from mo unt Si yo n: the
zeal of Yah Veh Sabaoth works this.
32 So thus says Yah Veh concerning
the sovereign of Ashshur:
He neither comes into this city
nor shoots an arrow there nor precedes it with
buckler nor pours a mound against it:
33 by the way he comes, by the same he returns;
and comes not into this city
— an oracle of Yah Veh:
34 and I garrison this city to save it
for my own sake and for sake of my servant David.
35 And so be it, that night,
the angel of Yah Veh goes out
and smites in the camp of the Ashshuri
— a hundred eighty—five thousand:
and they start early in the morning, and
behold, they are all dead carcases.
36 And Sancherib, sovereign of Ashshur pulls stakes
and goes and returns and settles at Nineveh:
37 and so be it,
he prostrates in the house of Nisroch his
elohim. and his sons Adram Melech and
Shareser smite him with the sword:
and they escape into the land of Ararat:
and Esar Chaddon his son reigns in his stead.

THE SICKNESS OF YECHIZQI YAH

20 In those days Yechizqi Yah is sick unto death:
and the prophet Yesha Yah the son of
Amos comes to him and says to him,
Thus says Yah Veh, Misvah concerning
your house for you die and live not.
2 And he turns his face to the wall
and prays to Yah Veh, saying,
3 I beseech you, O Yah Veh, remember, I pray you,
how I walked at your face in truth
and with a heart at shalom
and worked good in your eyes!
— and Yechizqi Yah weeps a great weeping.
4 And so be it,
ere Yesha Yah goes midst the city,
the word of Yah Veh comes to him, saying,
5 Turn back

and say to Yechizqi Yah, the eminent of my people,
Thus says Yah Veh, Elohim of David your father,
I hear your prayer; I see your tears;
behold, I heal you:
on the third day, ascend to the house of Yah Veh:
6 and I add fifteen years to your days;
and I rescue you and this city
out of the *hand* **palm**
of the *king* **sovereign** of *Assyria* **Ashshur**; and I *will defend* **shall garrison** this city for mine own sake,
and for my servant David's sake.
7 And *Isaiah* **Yesha Yah** said, Take a *lump* **cake** of figs.
And they took and *laid* **set** it on the *boil*
ulcer, and he *recovered* **enlivened.**
8 And *Hezekiah* **Yechizqi Yah** said
unto *Isaiah* **Yesha Yah,**
What shall be the sign
that *the LORD will* **Yah Veh shall** heal
me, and that I shall *go up* **ascend**
into the house of *the LORD* **Yah Veh** the third day?
9 And *Isaiah* **Yesha Yah** said,
This sign shalt thou have of *the LORD*
Yah Veh, that *the LORD* **Yah Veh**
will do the thing **shall work the word**
that he hath *spoken* **worded**:
shall the shadow go forward ten degrees,
or *go* **turn** back ten degrees?
10 And *Hezekiah answered* **Yechizqi Yah**
said, It is a *light thing* **trifle**
for the shadow to *go down* **spread** ten degrees:
nay, but let the shadow return backward ten degrees.
11 And *Isaiah* **Yesha Yah** the prophet
cried **called out** unto *the LORD* **Yah Veh**:
and he *brought* **turned** the shadow
ten degrees backward,
by **the degrees** which it had *gone down* **descended**
in the *dial* **degrees** of *Ahaz* **Achaz**.

THE BABEL ENVOYS

12 Athatime*Berodachbaladan***BerodachBelAdon,i**
the son of *Baladan* **Bel Adan**,
king **sovereign** of *Babylon* **Babel**,
sent *letters* **scrolls** and *a present* **an offering**
unto *Hezekiah* **Yechizqi Yah**:
for he had heard
that *Hezekiah* **Yechizqi Yah** had been sick.
13 And *Hezekiah* **Yechizqi Yah** hearkened unto
them, and *shewed them* **had them see**
all the house of his *precious things* **spicery**,
the silver, and the gold,
and the spices, and the *precious* **best** ointment,
and all the house of his *armour* **instruments**, and all
that was found in his treasures: there was *nothing* **no**
word in his house, nor in all his *dominion* **reign**,
that *Hezekiah* **Yechizqi Yah**
shewed them not **had them not see.**
14 Thencame*Isaiah***YeshaYah**theprophet
unto *king Hezekiah* **sovereign Yechizqi**
Yah, and said unto him,
What said these men?
and from whence came they unto thee?
And *Hezekiah* **Yechizqi Yah** said, They are come
from a far *country* **land**, *even* from *Babylon* **Babel**.
15 And he said, What have they seen in thine house?
And *Hezekiah answered* **Yechizqi Yah said,**
All *the things* that are in mine house have they seen:
there is *nothing* **no word** among my treasures
that I have not *shewed them* **had them see.**
16 And *Isaiah* **Yesha Yah**
said unto *Hezekiah* **Yechizqi Yah**, Hear
the word of *the LORD* **Yah Veh.**
17 Behold,thedayscome,thatalthaitsinthinehouse,
and that which thy fathers
have *laid up in store* **treasured** unto this day,
shall be *carried* **lifted** into *Babylon* **Babel**:
nothing **no word** shall *be left* **remain,**
saith *the LORD* **Yah Veh.**
18 And of thy sons that shall *issue* **emerge** from thee,
which thou shalt *beget* **birth**, shall they take away;
and they shall be eunuchs in the *palace* **temple**
of the *king* **sovereign** of *Babylon* **Babel**.
19 Then said *Hezekiah* **Yechizqi Yah**
unto *Isaiah* **Yesha Yah,**
Good is the word of *the LORD* **Yah Veh**
which thou hast *spoken* **worded.**
from the palm of the sovereign of Ashshur:
and I garrison this city for my own sake
and for the sake of my servant David.
7 And Yesha Yah says, Take a cake of figs.
— and they take and set it on the ulcer and he enlivens.
8 And Yechizqi Yah says to Yesha Yah, What
is the sign that Yah Veh heals me
and I ascend into the house of Yah Veh the third day?
9 And Yesha Yah says, This is your sign of Yah
Veh that Yah Veh works the word he worded:
that the shadow go forward ten degrees,
or turns back ten degrees.
10 And Yechizqi Yah says,
It is a trifle that the shadow spread ten degrees:
no, but have the shadow turn back ten degrees.

11 And Yesha Yah the prophet calls to Yah Veh:
and he turns back the shadow ten degrees
by the degrees it descends in the degrees of Achaz.

THE BABEL ENVOYS

12 At that time Berodach Bel Adoni, the
son of Bel Adan sovereign of Babel
sends scrolls and an offering to Yechizqi Yah:
for he hears Yechizqi Yah is sick:
13 and Yechizqi Yah hearkens to them
and has them see all the house of his spicery
— the silver and the gold
and the spices and the best ointment and all the house
of his instruments and all they find in his treasures
— neither word in his house nor in all his reign
that Yechizqi Yah has them not see.
14 And Yesha Yah the prophet
comes to sovereign Yechizqi Yah and
says to him, What say these men?
And whence come they to you?
And Yechizqi Yah says,
They come from a far land — from Babel.
15 And he says, What saw they in your house?
And Yechizqi Yah says,
I had them see all that is in my house: there is no
word among my treasures that I had them not see.
16 And Yesha Yah says to Yechizqi Yah,
Hear the word of Yah Veh.
17 Behold, the days come,
that all in your house
which your fathers treasure to this day,
is lifted to Babel — no word remains, says Yah Veh.
18 And of your sons who emerge from you,
whom you birth, they take away;
to be eunuchs in the temple of the sovereign of Babe l.
19 Then Yechizqi Yah says to Yesha Yah, Good
is the word of Yah Veh you worded.
And he said, Is it not *good*,
if *peace* **shalom** and truth be in my days?

THE DEATH OF YECHIZQI YAH

20 And the rest of the *acts* **words**
of *Hezekiah* **Yechizqi Yah**,
and all his might, and how he *made* **worked** a pool,
and a *conduit* **channel**, and brought water into the
city, are they not *written* **inscribed** in the *book* **scroll**
of the *chronicles* **words of the days**
of the *kings* **sovereigns** of *Judah* **Yah Hudah**?
21 And *Hezekiah* **Yechizqi Yah**
slept **laid** with his fathers:
and *Manasseh* **Menash Sheh** his son reigned in his stead.

MENASH SHEH REIGNS IN YERU SHALEM

21 *Manasseh* **Menash Sheh**
was **a son of** twelve years *old*
when he began to reign,
and reigned fifty and five years in
Jerusalem **Yeru Shalem**.
And his mother's name was *Hephzibah* **Hephsi Bah**.
2 And he *did* **worked** that which was evil in
the *sight* **eyes** of *the LORD* **Yah Veh**,
after the *abominations* **abhorrences**
of the *heathen* **goyim**,
whom *the LORD cast out* **Yah Veh dispossessed**
before **at the face of** the *children* **sons** of *Israel* **Yisra El**.
3 For he *built up again* **returned and built**
the *high places* **bamahs**
which *Hezekiah* **Yechizqi Yah** his father had destroyed;
and he *reared up* **raised sacrifice** altars for Baal,
and *made a grove* **worked an asherah**,
as *did Ahab* **worked Ach Ab**
king **sovereign** of *Israel* **Yisra El**;
and *worshipped* **prostrated**
to all the host of *heaven* **the heavens**, and served them.
4 And he built **sacrifice** altars
in the house of *the LORD* **Yah Veh**, of
which *the LORD* **Yah Veh** said,
In *Jerusalem will I put* **Yeru Shalem shall I set** my name.
5 And he built **sacrifice** altars
for all the host of *heaven* **the heavens**
in the two courts of the house of *the LORD* **Yah Veh**.
6 Andhemadehisonpasthroughtheifre,
and *observed times* **cloudgazed**,
and *used enchantments* **prognosticated**,
and *dealt* **worked** with *familiar spirits* **necromancers**
and *wizards* **knowers**:
he *wrought much wickedness* **abounded to work evil**
in the *sight* **eyes** of *the LORD* **Yah Veh**,
to *provoke* **vex** him *to anger*.
7 And he set a *graven image* **sculptile**
of the *grove* **asherah**
that he had *made* **worked** in the house, of
which *the LORD* **Yah Veh** said to David,
and to *Solomon* **Shelomoh** his son,
In this house, and in *Jerusalem* **Yeru
Shalem**, which I have chosen
out of all *tribes* **scions** of *Israel* **Yisra El**,
will I put **shall I set** my name *for ever* **eternally**:
8 Neither*w*s*il***ha**IlmakethefetofI*sraeY*l **israEl**
move any more **waver again**
out of the *land* **soil** which I gave their fathers;

only if they *will observe* **shall guard** to *do* **work**
according to all that I have *commanded* **misvahed**
them, and according to all the *law* **torah**
that my servant *Moses* **Mosheh**
commanded **misvahed** them.
9 But they hearkened not:
and *Manasseh seduced* **Menash Sheh strayed** them
to *do* **work** more evil than did the *nations* **goyim**
whom *the LORD destroyed* **Yah Veh desolated**
before **at the face of** the *children* **sons** of *Israel* **Yisra El**.
10 And *the LORD spake* **Yah Veh worded**
by **the hand of** his servants the prophets, saying,
11 Because*Manasseh***MenashSheh,**
king **sovereign** of *Judah* **Yah Hudah**
hath *done* **worked** these *abominations* **abhorrences**,
and hath *done wickedly* **vilified** above all
that the *Amorites did* **Emoriy worked**,
which were *before him* **at his face**,
and hath made *Judah* **Yah Hudah**
also to sin with his idols:
And he says,
But not if shalom and truth become in my days.

The Death Of Yechizqi Yah

20 And the rest of the words of Yechizqi
Yah and all his might
and how he works a pool and a channel
and brings water into the city,
are they not inscribed in the scroll of the words
of the days of the sovereigns of Yah Hudah?
21 And Yechizqi Yah lies down with his fathers:
and Menash Sheh his son reigns in his stead.

Menash Sheh Reigns In Yeru Shalem

21 Menash Sheh is a son of twelve
years when he begins to reign;
and reigns fifty—five years in Yeru Shalem:
and the name of his mother, Hephsi Bah.
2 And he works evil in the eyes of Yah Veh;
after the abhorrences of the goyim,
whom Yah Veh dispossessed
at the face of the sons of Yisra El.
3 And he returns and builds the bamahs
Yechizqi Yah his father destroyed; and he raises
sacrifice altars for Baal and works an asherah
as Ach Ab sovereign of Yisra El worked; and prostrates
to all the host of the heavens and serves them.
4 And he builds sacrifice altars in the house
of Yah Veh; of which Yah Veh said,
In Yeru Shalem I set my name:
5 and he builds sacrifice altars for
all the host of the heavens
in the two courts of the house of Yah Veh:
6 and he passes his son through the fire
and cloudgazes and prognosticates
and works with necromancers and knowers: he abounds
to work evil in the eyes of Yah Veh to vex him:
7 and he sets a sculptile of the asherah he worked
in the house,
of which Yah Veh said to David and to Shelomoh his son,
In this house and in Yeru Shalem, which I chose
from all scions of Yisra El, I set my name eternally:
8 and I add not to waver the feet of Yisra
El from the soil I gave their fathers;
only, if they guard to work
according to all I misvahed them;
and according to all the torah
my servant Mosheh misvahed them.
9 And they hearken not:
and Menash Sheh strays them to work more evil
than the goyim whom Yah Veh desolated
at the face of the sons of Yisra El.
10 And Yah Veh words
by the hand of his servants the prophets, saying,
11 Because Menash Sheh sovereign of
Yah Hudah
works these abhorrences
and vilifies above all the Emoriy worked at his
face and also has Yah Hudah sin with his idols:
12 Therefore thus saith
the LORD God **Yah Veh Elohim** of *Israel*
Yisra El, Behold, I am bringing *such* evil
upon *Jerusalem* **Yeru Shalem** and *Judah* **Yah Hudah**,
that whosoever heareth of it, both his ears shall tingle.
13 AndI*wilstretch***shalspread**over*Jerusalem***YeruShalem**
the line of *Samaria* **Shomeron**,
and the *plummet* **plumb line** of the
house of *Ahab* **Ach Ab**:
and I *will* **shall** wipe *Jerusalem* **Yeru Shalem**
as *a man wipeth a dish* **wiping a bowl**, wiping it, and
turning it *upside down* **to descend upon its face**.
14 And I *will forsake* **shall abandon**
the *remnant* **survivors** of mine inheritance,
and *deliver* **give** them into the hand of their enemies;
and they shall become a *prey* **plunder**
and a *spoil* **plunder** to all their enemies;
15 Because they have *done* **worked** that
which was evil in my *sight* **eyes**,
and have *provoked* **vexed** me *to anger since* **from** the day

their fathers *came forth* **went** out of *Egypt*
Misrayim, even unto this day.
16 Moreover *Manasseh* **Menash Sheh**
shed **poured** innocent blood
very much **mighty aboundingly,**
till he had filled *Jerusalem* **Yeru Shalem**
from one end **mouth** to *another* **mouth;**
beside his sin wherewith he made *Judah* **Yah Hudah**
to sin, in *doing* **working** that which was evil
in the *sight* **eyes** of *the LORD* **Yah Veh.**
17 Now the rest of the *acts* **words**
of *Manasseh* **Menash Sheh,**
and all that he *did* **worked,** and his sin that he sinned,
are they not *written* **inscribed** in the *book* **scroll**
of the *chronicles* **words of the days**
of the *kings* **sovereigns** of *Judah* **Yah Hudah?**
18 And *Manasseh* **Menash Sheh** *slept* **laid** with his
fathers, and was *buried* **entombed** in the garden
of his own house, in the garden of Uzza:
and Amon his son reigned in his stead.

AMON REIGNS IN YERU SHALEM

19 Amon was **a son of** twenty and two years *old*
when he began to reign,
and he reigned two years in *Jerusalem* **Yeru Shalem.**
And his mother's name was Meshullemeth, the
daughter of *Haruz* **Harus** of *Jotbah* **Yotbah.**
20 Andhe*did***worked**thatwhichwasevil
in the *sight* **eyes** of *the LORD* **Yah Veh,**
as his father *Manasseh did* **Menash Sheh worked.**
21 Andhewalkedinalthewaythathisfatherwalkedin,
and served the idols that his father served,
and *worshipped* **prostrated to** them:
22 And he forsook
the LORD God **Yah Veh Elohim** of his fathers,
and walked not in the way of *the LORD* **Yah Veh.**
23 AndtheservantsofAmonconspiredagainsthim,
and *slew* **deathified** the *king* **sovereign** in his own house.
24 And the people of the land *slew* **smote** all them
that had conspired against *king* **sovereign** Amon;
and the people of the land made
Josiah **Yoshi Yah** his son
king **to reign** in his stead.
25 Now the rest of the *acts* **words** of
Amon which he *did* **worked,**
are they not *written* **inscribed** in the *book* **scroll**
of the *chronicles* **words of the days**
of the *kings* **sovereigns** of *Judah* **Yah Hudah?**
26 And he was *buried* **entombed** in his *sepulchre* **tomb**
in the garden of Uzza:
and *Josiah* **Yoshi Yah** his son reigned in his stead.

YOSHI YAH REIGNS IN YERU SHALEM

22 *Josiah* **Yoshi Yah** was **a son of** eight years *old*
when he began to reign,
and he reigned thirty and one years
in *Jerusalem* **Yeru Shalem.**
And his mother's name was *Jedidah* **Yedidah,**
the daughter of *Adaiah* **Ada Yah** of *Boscath* **Bosqath.**
2 And he *did* **worked** that which was *right* **straight**
in the *sight* **eyes** of *the LORD* **Yah Veh,**
and walked in all the way of David his father, and
turned not aside to the right *hand* or to the left.
12 so thus says Yah Veh Elohim of Yisra El:
Behold, I bring evil on Yeru Shalem and Yah Hudah
that whoever hears of it, both his ears tingle:
13 and over Yeru Shalem
I spread the line of Shomeron
and the plumb line of the house of Ach Ab:
and I wipe Yeru Shalem — wipe as wiping a
bowl, and turn it to descend on its face:
14 and I abandon the survivors of my inheritance
and give them into the hand of their enemies;
to become a plunder — a plunder to all their enemies
15 because they work evil in my eyes to vex me
— from the day their fathers came
from Misrayim even to this day.
16 And also Menash Sheh pours innocent
blood mighty aboundingly,
until he fills Yeru Shalem mouth to mouth;
beside his sin wherewith he had Yah Hudah
sin, in working evil in the eyes of Yah Veh.
17 And the rest of the words of Menash Sheh
and all he worked and the sin he sinned,
are they not inscribed in the scroll of the words
of the days of the sovereigns of Yah Hudah?
18 And Menash Sheh lies down with his fathers
entombed in the garden of his own house
in the garden of Uzza:
and Amon his son reigns in his stead.

AMON REIGNS IN YERU SHALEM

19 Amon is a son of twenty—two years
when he begins to reign;
and he reigns two years in Yeru Shalem:
and the name of his mother, Meshullemeth
the daughter of Harus of Yotbah.
20 And he works evil in the eyes of Yah Veh,
as his father Menash Sheh worked:
21 and he walks in all the way his father
walked

and serves the idols his father served
and prostrates to them:
22 and he forsakes Yah Veh Elohim of his fathers
and walks not in the way of Yah Veh.
23 And the servants of Amon conspire against him
and deathify the sovereign in his own house:
24 and the people of the land
smite all who conspire against sovereign Amon;
and the people of the land
have Yoshi Yah his son reign in his stead.
25 And the rest of the words Amon works,
are they not inscribed in the scroll of the words
of the days of the sovereigns of Yah Hudah?
26 And he is entombed in his tomb
in the garden of Uzza:
and Yoshi Yah his son reigns in his stead.

YOSHI YAH REIGNS IN YERU SHALEM

22 Yoshi Yah is a son of eight years
when he begins to reign;
and he reigns thirty—one years in Yeru Shalem:
and the name of his mother, Yedidah the
daughter of Ada Yah of Bosqath.
2 And he works straight in the eyes of Yah Veh
and walks in all the way of David his father and
turns not aside to the right or to the left.
3 And **so be** it *came to pass*,
in the eighteenth year of *king Josiah* **sovereign**
Yoshi Yah, that the *king* **sovereign** sent Shaphan
the son of *Azaliah* **Asal Yah**, the son
of Meshullam, the scribe,
to the house of *the LORD* **Yah Veh**, saying,
4 *Go up* **Ascend** to *Hilkiah* **I-lilqi Yah** the *high* **great**
priest, that he may *sum* **consummate** the silver
which is brought into the house of *the LORD* **Yah**
Veh, which the *keepers* **guards** of the *door* **threshold**
have gathered of the people:
5 And let them *deliver* **give** it
into the hand of the *doers* **workers** of the
work, that *have the oversight of* **oversee**
the house of *the LORD* **Yah Veh**:
and let them give it to the *doers* **workers** of the work
which is in the house of *the LORD* **Yah Veh**,
to *repair* **strengthen** the breaches of the house,
6 Unto *carpenters* **carvers**,
and builders, and *masons* **wallers**,
and to *buy* **chattel** timber and hewn stone
to *repair* **strengthen** the house.
7 Howbeit
there was no *reckoning made* **fabricating**
with them of the *money* **silver**
that was *delivered* **given** into their hand, because
they *dealt faithfully* **worked trustworthily**.
8 And *Hilkiah* **I-lilqi Yah** the *high* **great** priest
said unto Shaphan the scribe,
I have found the *book* **scroll** of the *law* **torah**
in the house of *the LORD* **Yah Veh**.
And *Hilkiah* **I-lilqi Yah** gave the *book* **scroll**
to Shaphan, and he *read* **called** it **out**.
9 And Shaphan the scribe came to the *king*
sovereign, and *brought the king word again*
returned word to the sovereign, and said,
Thy servants have *gathered* **melted** the *money* **silver**
that was found in the house, and have *delivered* **given** it
into the hand of them that *do* **work** the
work, that *have the oversight of* **oversee**
the house of *the LORD* **Yah Veh**.
10 And Shaphan the scribe
shewed **told** the *king* **sovereign**, saying,
Hilkiah **I-lilqi Yah** the priest
hath *delivered* **given** me a *book* **scroll**.
And Shaphan *read* **called** it **out**
before **at the face of** the *king* **sovereign**.
11 And **so be** it *came to pass*, when the
king **sovereign** had heard
the words of the *book* **scroll** of the *law*
torah, that he *rent* **ripped** his clothes.
12 And the *king commanded* **sovereign misvahed**
Hilkiah **I-lilqi Yah** the priest,
and *Ahikam* **Achiy Qam** the son of Shaphan,
and Achbor the son of *Michaiah* **Michah**
Yah, and Shaphan the scribe,
and *Asahiah* **Asah Yah** a servant of
the *king's* **sovereign's**, saying,
13 Go ye, enquire of *the LORD* **Yah Veh** for me, and
for the people, and for all *Judah* **Yah I-ludah**,
concerning the words of this *book* **scroll** that is found:
for great is the *wrath* **fury** of *the LORD* **Yah Veh**
that is kindled against us, because our
fathers have not hearkened
unto the words of this *book* **scroll**,
to *do* **work** according unto all
that which is *written* **inscribed** concerning us.
14 So *Hilkiah* **I-lilqi Yah** the priest,
and *Ahikam* **Achiy Qam**, and Achbor, and Shaphan, and
Asahiah **Asah Yah**, went unto Huldah the prophetess,
the *wife* **woman** of Shallum the son of *Tikvah*
Tiqvah, the son of *Harhas* **I-larchas**,
keeper **guard** of the *wardrobe* **clothes**;

(now she *dwelt* **settled** in *Jerusalem* **Yeru Shalem**
in the *college* **second;**)
and they *communed* **worded** with her.
15 And she said unto them,
3 And so be it,
in the eighteenth year of sovereign Yoshi Yah,
the sovereign sends Shaphan the son of Asal
Yah the son of Meshullam the scribe
to the house of Yah Veh saying,
4 Ascend to Hilqi Yah the great priest,
to consummate the silver
brought into the house of Yah Veh
which the guards of the threshold gathered of the people:
5 to give it into the hand of the workers
who oversee the work of the house of Yah Veh
— to give it to the workers of the
work in the house of Yah Veh
to strengthen the breaches of the house
6 — to carvers and builders and wallers
— to chattel timber and hew stone
to strengthen the house:
7 only, fabricate not with them the silver given into
their hand because they work trustworthily.
8 And Hilqi Yah the great priest says
to Shaphan the scribe,
I found the scroll of the torah
in the house of Yah Veh.
And Hilqi Yah gives the scroll to
Shaphan and he calls it out.
9 And Shaphan the scribe comes to the sovereign
and returns word to the sovereign and says,
Your servants melted the silver found in the house
and gave it to the hand of them who work the work
— who oversee the house of Yah Veh.
10 And Shaphan the scribe tells the sovereign
saying, Hilqi Yah the priest gives me a scroll:
and Shaphan calls it out at the face of the sovereign:
11 and so be it,
the sovereign hears
the words of the scroll of the torah
and he rips his clothes.
12 And the sovereign misvahs Hilqi Yah the
priest and Achiy Qam the son of Shaphan
and Achbor the son of Michah Yah
and Shaphan the scribe
and Asah Yah a servant of the sovereign saying,
13 Go you, enquire of Yah Veh for me and
for the people and for all Yah Hudah
concerning the words of this scroll they found:
for the great fury of Yah Veh kindles against us;
because our fathers hearkened not
to the words of this scroll
— to work according to all inscribed concerning us.
14 And Hilqi Yah the priest and Achi y
Qam and Achbor and Shaphan and Asah
Yah go to Huldah the prophetess
the woman of Shallum the son of Tiqvah
the son of Harchas the guard of the clothes;
— and she settles in Yeru Shalem — in
the second and they word with her.
15 And she says to them,
Thus saith *the LORD God* **Yah Veh**
Elohim of *Israel* **Yisra El,**
Tell **Say to** the man that sent you to me,
16 Thus saith *the LORD* **Yah Veh**, Behold,
I *will* **shall** bring evil upon this place, and
upon the *inhabitants* **settlers** thereof, *even*
all the words of the *book* **scroll**
which the *king* **sovereign** of *Judah* **Yah Hudah**
hath *read* **called out**:
17 Because they have forsaken me, and
have *burned incense* **incensed**
unto other *gods* **elohim,**
that they might *provoke* **vex** me *to anger*
with all the works of their hands;
therefore my *wrath* **fury** shall be kindled against
this place, and shall not be quenched.
18 But to the *king* **sovereign** of *Judah* **Yah Hudah**
which sent you to enquire of *the LORD*
Yah Veh, thus shall ye say to him,
Thus saith
the LORD God **Yah Veh Elohim** of *Israel* **Yisra El,**
As touching the words which thou hast heard;
19 Becausethineheartwas*tender***tenderized**,
and thou hast humbled thyself
before the LORD **at the face of Yah**
Veh, when thou heardest
what I *spake* **worded** against this place, and against the
inhabitants **settlers** thereof, that they should become
a desolation and *a curse* **an abasement**,
and hast *rent* **ripped** thy clothes,
and wept *before me* **at my face**;
I also have heard *thee*,
saith the LORD **an oracle of Yah Veh**.
20 Behold therefore,
I *will* **shall** gather thee unto thy fathers,
and thou shalt be gathered into thy *grave* **tomb**
in *peace* **shalom;**
and thine eyes shall not see all the evil which
I *will* **shall** bring upon this place.

And they
brought the king word again **returned**
word to the sovereign.

YOSHI YAH CUTS A COVENANT

23 And the *king* **sovereign** sent,
and they gathered unto him all the elders
of *Judah* **Yah Hudah** and of *Jerusalem* **Yeru Shalem.**
2 And the *king* **sovereign**
went up **ascended** into the house of *the LORD*
Yah Veh, and all the men of *Judah* **Yah Hudah**
and all the *inhabitants* **settlers** of
Jerusalem **Yeru Shalem**
with him,
and the priests, and the prophets, and all
the people, both small and great:
and he *read* **called out** in their ears
all the words of the *book* **scroll** of the covenant which
was found in the house of *the LORD* **Yah Veh.**
3 And the *king* **sovereign** stood by a pillar,
and *made* **cut** a covenant
before the LORD **at the face of Yah Veh,**
to walk after *the LORD* **Yah Veh,**
and to *keep* **guard** his *commandments* **misvoth**
and his *testimonies* **witnesses** and his statutes
with all their heart and all their soul,
to *perform* **raise** the words of this covenant
that were *written* **inscribed** in this *book* **scroll.**
And all the people stood to the covenant.
4 And the *king commanded* **sovereign misvahed**
Hilkiah **Hilqi Yah** the *high* **great** priest,
and the priests of the second order,
and the *keepers* **guards** of the *door* **threshold,**
to bring forth
out of the *temple* **manse** of *the LORD* **Yah Veh**
all the *vessels* **instruments** that were *made* **worked**
for Baal, and for the *grove* **asherah,**
and for all the host of *heaven* **the heavens:**
and he burned them without *Jerusalem* **Yeru Shalem**
in the fields of *Kidron* **Qidron,**
and *carried* **lifted** the *ashes* **dust** of
them unto *Bethel* **Beth El.**
Thus says Yah Veh Elohim of Yisra El, Say
to the man who sends you to me,
16 Thus says Yah Veh, Behold,
I bring evil on this place and the settlers thereof
— all the words of the scroll
the sovereign of Yah Hudah calls out:
17 because they forsake me and incense to other elohim
— to vex me with all the works of their hands;
I kindle my fury against this place and quench not.
18 And to the sovereign of Yah Hudah who
sends you to enquire of Yah Veh,
say thus to him:
Thus says Yah Veh Elohim of Yisra El
— the words you heard;
19 because you tenderized your heart
and humbled yourself at the face of Yah Veh,
when you heard what I worded against this
place and against the settlers thereof
— that they become a desolation and an abasement
and you ripped your clothes and wept at my face;
I also hear
— an oracle of Yah Veh.
20 So behold, I gather you to your fathers
— gather you to your tomb in shalom
that your eyes not see all the evil I bring on this pla ce.
— and they return word to the sovereign.

YOSHI YAH CUTS A COVENANT

23 And the sovereign sends and gathers to him
all the elders of Yah Hudah and of Yeru Shalem:
2 and the sovereign ascends into the house of Yah Veh
with all the men of Yah Hudah and
all the settlers of Yeru Shalem
and the priests and the prophets and all the people
both small and great:
and he calls out in their ears
all the words of the scroll of the covenant
found in the house of Yah Veh:
3 and the sovereign stands by a pillar
and cuts a covenant at the face of Yah Veh
— to walk after Yah Veh and to guard his misvoth
and his witnesses and his statutes with
all their heart and all their soul
— to raise the words of this covenant
inscribed in this scroll:
and all the people stand to the covenant.
4 And the sovereign misvahs Hilqi Yah the great
priest and the priests of the second order
and the guards of the threshold
— to bring from the manse of Yah Veh all
the instruments worked for Baal
and for the asherah
and for all the host of the heavens: and he burns
them outside Yeru Shalem in the fields of Qidron;
and lifts their dust to Beth El.
5 And he *put down* **caused to cease**
the *idolatrous priests* **ascetics,**
whom the *kings* **sovereigns** of *Judah* **Yah I-ludah**

had *ordained* **given**
to *burn* incense in the *high places* **bamahs**
in the cities of *Judah* **Yah I-ludah,**
and in the places round about *Jerusalem* **Yeru Shalem**;
them also that *burned incense* **incensed**
unto Baal, to the sun, and to the moon,
and to the *planets* **constellations**,
and to all the host of *heaven* **the heavens**.
6 And he brought out the *grove* **asherah**
from the house of *the LORD* **Yah Veh**,
without *Jerusalem* **Yeru Shalem**,
unto the *brook Kidron* **wadi Qidron**,
and burned it at the *brook Kidron* **wadi Qidron**,
and *stamped* **pulverized** it *small to powder* **into**
dust, and cast the *powder* **dust** thereof
upon the *graves* **tombs** of the *children* **sons** of the people.
7 And he *brake* **pulled** down the houses
of the *sodomites* **hallowed whoremongers**, that were
by the house of *the LORD* **Yah Veh**, where the women
wove *hangings* **housings** for the *grove* **asherah**.
8 And he brought all the priests
out of the cities of *Judah* **Yah I-ludah**, and *defiled* **fouled**
the *high places* **bamahs** where the priests had *burned*
incense **incensed**, from Geba to *Beersheba* **Beer Sheba**,
and *brake* **pulled** down
the *high places* **bamahs** of the *gates* **portals**
that were in the *entering in* **opening** of the *gate*
portal of *Joshua* **Yah Shua** the governor of
the city, which were on a man's left *hand*
at the *gate* **portal** of the city.
9 Nevertheless the priests of the *high places* **bamahs**
came **ascended** not *up*
to the **sacrifice** altar of *the LORD* **Yah Veh**
in *Jerusalem* **Yeru Shalem**,
but they did eat of the *unleavened bread* **matsah**
among their brethren.
10 And he *defiled* **fouled** Topheth, which is in the valley
of the *children* **sons** of *Hinnom* **burning**,
that no man might make his son or his daughter
to pass through the fire to Molech.
11 Andhe*tookaway***causedtocease**thehorses
that the *kings* **sovereigns** of *Judah* **Yah I-ludah**
had given to the sun,
at the entering in of the house of *the*
LORD **Yah Veh**, by the chamber of
Nathanmelech **Nathan Melech** the *chamberlain* **eunuch**,
which was in the suburbs,
and burned the chariots of the sun with fire.
12 And the **sacrifice** altars that were on the *top* **roof**
of the upper *chamber* **room** of *Ahaz* **Achaz**,
which the *kings* **sovereigns** of *Judah*
Yah I-ludah had *made* **worked**,
and the **sacrifice** altars
which *Manasseh* **Menash Sheh** had *made* **worked**
in the two courts of the house of *the LORD* **Yah**
Veh, did the *king beat* **sovereign pull** down,
and *brake them down* **ran** from thence,
and cast the dust of them
into the *brook Kidron* **wadi Qidron**.
13 And the *high places* **bamahs**
that were *before Jerusalem* **at the face of Yeru**
Shalem, which were on the right *hand*
of the mount of *corruption* **ruin**,
which *Solomon* **Shelomoh**
the *king* **sovereign** of *Israel* **Yisra El**
had builded for Ashtoreth
the abomination of the *Zidonians*
Sidoniy, and for *Chemosh* **Kemosh**
the abomination of the *Moabites* **Moabiy**,
and for *Milcom* **Milchom**
the *abomination* **abhorrence** of the *children* **sons**
of Ammon, did the *king defile* **sovereign foul**.
5 And he ceases the ascetics
whom the sovereigns of Yah Hudah gave
to incense in the bamahs in the cities of Yah Hudah
and in the places all around Yeru Shalem;
also them who incensed to Baal to
the sun and to the moon
and to the constellations
and to all the host of the heavens:
6 and he brings the asherah from the house of Yah Veh
to outside Yeru Shalem to the wadi Qidron;
and burns it at the wadi Qidron
and pulverized it to dust;
and casts the dust thereof
on the tombs of the sons of the people:
7 and he pulls down the houses of the
hallowed whoremongers
by the house of Yah Veh,
where the women weave housings for the asherah:
8 and he brings all the priests
from the cities of Yah Hudah
and fouls the bamahs where the priests in censed
— from Geba to Beer Sheba;
and pulls down the bamahs of the portals
in the opening of the portal
of Yah Shua the governor of the city
— on the left of man at the portal of the city:
9 only, the priests of the bamahs

ascend not to the sacrifice altar of
Yah Veh in Yeru Shalem,
but they eat of the matsah among their brothers.
10 And he fouls Topheth
in the valley of the sons of Hinnom/burning
— so that no man pass his son or his
daughter through the fire to Molech:
11 and he ceases the horses
the sovereigns of Yah Hudah give to the sun,
at the entering of the house of Yah Veh
by the chamber of Nathan Melech the eunuch
in the suburbs;
and burns the chariots of the sun with fire.
12 And the sovereign pulls down the sacrifice
altars on the roof of the upper room of Achaz
which the sovereigns of Yah Hudah worked,
and the sacrifice altars Menash Sheh worked in the two
courts of the house of Yah Veh; and runs from there
and casts their dust in the wadi Qidron.
13 And the sovereign fouls
the bamahs at the face of Yeru Shalem
at the right of the mount of ruin,
which Shelomoh the sovereign of
Yisra El built for Ashtoreth
the abomination of the Sidoniy, and for Kemosh
the abomination of the Moabiy, and for Milchom
the abhorrence of the sons of Ammon:
14 And he brake *in pieces* the *images* **monoliths**,
and cut down the *groves* **asherim**,
and filled their places with the bones of *men* **humans**.
15 *Moreove*htre**sacrifice**altarthatwasat*BetheBl* **ethE,l**
and the *high place* **bamah**
which *Jeroboam* **Yarob Am** the son of Nebat, who
made *Israel* **Yisra El** to sin, had *made* **worked**, both
that **sacrifice** altar and the *high place* **bamah**
he *brake* **pulled** down, and burned the *high place*
bamah, and *stamped* **pulverized** it *small to powder*
into dust, and burned the *grove* **asherah**.
16 And as *Josiah* **Yoshi Yah** turned *himself* **his
face**, he *spied* **saw** the *sepulchres* **tombs**
that were there in the mount,
and sent, and took the bones out of the *sepulchres*
tombs, and burned them upon the **sacrifice** altar,
and *polluted* **fouled** it,
according to the word of *the LORD* **Yah Veh**
which the man of *God proclaimed* **Elohim called
out**, who *proclaimed* **called out** these words.
17 Then he said, What *title* **monument** is that that I see?
And the men of the city *told* **said to** him,
It is the *sepulchre* **tomb** of the man of *God*
Elohim, which came from *Judah* **Yah I-ludah**,
and *proclaimed* **called out** these *things* **words**
that thou hast *done* **worked**
against the **sacrifice** altar of *Bethel* **Beth El**.
18 And he said, Let him alone;
let no man *move* **shake** his bones. So
they let his bones *alone* **escape**,
with the bones of the prophet
that came out of *Samaria* **Shomeron**.
19 And all the houses also of the *high places* **bamahs**
that were in the cities of *Samaria* **Shomeron**, which the
kings **sovereigns** of *Israel* **Yisra El** had *made* **worked**
to *provoke the LORD to anger* **vex**,
Josiah took away **Yoshi Yah turned aside**,
and *did* **worked** to them according to all the *acts* **works**
that he had *done* **worked** in *Bethel* **Beth El**.
20 And he *slew* **sacrificed**
all the priests of the *high places* **bamahs**
that were there upon the **sacrifice** altars, and
burned *men's* **human** bones upon them, and
returned to *Jerusalem* **Yeru Shalem**.
21 And the *king* **sovereign**
commanded **misvahed** all the people, saying,
Keep **Work** the *passover* **pasach**
unto *the LORD* **Yah Veh** your *God*
Elohim, as it is *written* **inscribed**
in the *book* **scroll** of this covenant.
22 Surely
there was not *holden* **worked** such a *passover* **pasach**
from the days of the judges that judged *Israel* **Yisra El**,
nor in all the days of the *kings* **sovereigns** of *Israel* **Yisra
El**, nor of the *kings* **sovereigns** of *Judah* **Yah I-ludah**;
23 But in the eighteenth year
of *king Josiah* **sovereign Yoshi Yah**, wherein
this *passover* **pasach** was *holden* **worked** to *the
LORD* **Yah Veh** in *Jerusalem* **Yeru Shalem**.
24 *Moreover*
the *workers with familiar spirits* **necromancers**,
and the *wizards* **knowers**,
and the *images* **teraphim**, and the idols,
and all the abominations that were *spied*
seen in the land of *Judah* **Yah I-ludah**
and in *Jerusalem* **Yeru Shalem**,
did Josiah put away **Yoshi Yah burnt**,
that he might *perform* **raise** the words of the
law **torah** which were *written* **inscribed** in the
book **scroll** that *Hilkiah* **I-lilqi Yah** the priest
found in the house of *the LORD* **Yah Veh**.
25 And like unto him
was there no *king before him* **sovereign at his face**,
that turned to *the LORD* **Yah Veh** with all his heart,

and with all his soul, and with all his might,
according to all the *law* **torah** of *Moses* **Mosheh**;
neither after him arose there any like him.
14 and he breaks the monoliths
and cuts down the asherim
and fills their places with bones of humans:
15 and also the sacrifice altar at Beth El
and the bamah Yarob Am the son of
Nebat, who had Yisra El sin, worked,
both that sacrifice altar and the bamah he
pulls down and burns the bamah
and pulverizes to dust and burns the asherah.
16 And Yoshi Yah turns his face,
and he sees the tombs in the mount;
and sends and takes the bones from the tombs
and burns them on the sacrifice altar and
fouls it, according to the word of Yah Veh
which the man of Elohim called out
— who called out these words.
17 Then he says, What monument is this that I see?
And the men of the city say to him, It is the tomb of
the man of Elohim, who comes from Yah Hudah
and calls out these words
you worked against the sacrifice altar of Beth El.
18 And he says, Leave him alone; No
man shakes his bones.
— and his bones escape
with the bones of the prophet who
came from Shomeron.
19 And Yoshi Yah also turns aside all the houses
of the bamahs in the cities of Shomeron
which the sovereigns of Yisra El worked
to vex, and works to them according to
all the works he worked in Beth El:
20 and he sacrifices all the priests of the
bamahs on the sacrifice altars;
and burns human bones on them;
and returns to Yeru Shalem.
21 And the sovereign misvahs all the people, saying,
Work the pasach to Yah Veh your Elohim, as
inscribed in the scroll of this covenant.
22 Surely such a pasach was never worked from the
days of the judges who judged Yisra El, neither
in all the days of the sovereigns of Yisra El,
nor of the sovereigns of Yah Hudah:
23 but in the eighteenth year of sovereign Yoshi Yah
this pasach was worked to Yah Veh in Yeru Shalem.
24 And Yoshi Yah also burnt
the necromancers and the knowers and the
teraphim and the idols and all the abominations
seen in the land of Yah Hudah and in Yeru
Shalem, to raise the words of the torah inscribed
in the scroll that Hilqi Yah the priest
found in the house of Yah Veh.
25 And like unto him became no sovereign at his face
— who turned to Yah Veh with all his heart
and with all his soul and with all his might
— according to all the torah of Mosheh;
nor arose any like unto him after him.
26 *Notwithstanding the LORD* **Only Yah Veh**
turned not from the *fierceness* **fuming** of his great
wrath, wherewith his *anger* **wrath** was kindled
against *Judah* **Yah Hudah**,
because of all the *provocations* **vexations**
that *Manasseh* **Menash Sheh** had
provoked **vexed** him *withal.*
27 And *the LORD* **Yah Veh** said,
I *will remove Judah* **shall turn aside Yah
Hudah** also out of my *sight* **face**,
as I have *removed Israel* **turned aside Yisra
El**, and *will cast off* **shall spurn**
this city *Jerusalem* **Yeru Shalem** which I have chosen,
and the house of which I said, My name shall be there.
28 Nowtherestofthe*acts***words**of*Josiah***YoshiYah**,
and all that he *did* **worked**,
are they not *written* **inscribed** in the *book* **scroll**
of the *chronicles* **words of the days**
of the *kings* **sovereigns** of *Judah* **Yah Hudah**?
29 In his days *Pharaoh* **Paroh** Nechoh,
king **sovereign** of *Egypt went up* **Misrayim ascended**
against the *king* **sovereign** of *Assyria* **Ashshur**
to the river Euphrates:
and *king Josiah* **sovereign Yoshi Yah**
went *against* **to meet** him;
and he *slew* **deathified** him at Megiddo,
when he had seen him.
30 And his servants *carried* **rode** him in
a chariot dead from Megiddo,
and brought him to *Jerusalem* **Yeru Shalem**,
and *buried* **entombed** him in his own *sepulchre* **tomb**.
And the people of the land
took *Jehoahaz* **Yah Achaz** the son of *Josiah*
Yoshi Yah, and anointed him,
and *made him king* **had him reign** in his father's stead.

YAH ACHAZ REIGNS IN YERU SHALEM

31 *Jehoahaz* **Yah Achaz**
was **a son of** twenty and three years *old*
when he began to reign;
and he reigned three months in *Jerusalem* **Yeru Shalem**.

And his mother's name was Hamutal,
the daughter of *Jeremiah* **Yirme Yah** of Libnah.
32 And he *did* **worked** that which was evil
in the *sight* **eyes** of *the LORD* **Yah Veh**, according
to all that his fathers had *done* **worked**.
33 And *Pharaoh* **Paroh** Nechoh
put him in bands **bound him** at Riblah
in the land of Hamath,
that he might not reign in *Jerusalem* **Yeru Shalem**;
and *put* **gave** the land to a *tribute* **penalty** of an hundred
talents **rounds** of silver, and a *talent* **round** of gold.
34 And *Pharaoh* **Paroh** Nechoh
made Eliakim **had El Yaqim** the son of *Josiah* **Yoshi Yah**
king **reign** in the *room* **stead** of *Josiah* **Yoshi Yah** his
father, and turned his name to *Jehoiakim* **Yah Yaqim**,
and took *Jehoahaz* **Yah Achaz** away:
and he came to *Egypt* **Misrayim**, and died there.
35 And *Jehoiakim* **Yah Yaqim**
gave the silver and the gold to *Pharaoh* **Paroh**;
but he *taxed* **appraised** the land to give the *money*
silver according to the *commandment* **mouth** of
Pharaoh **Paroh**: he exacted the silver and the gold
of the people of the land,
of *every one* **man** according to his *taxation*
appraisal, to give it unto *Pharaoh* **Paroh** Nechoh.
36 *Jehoiakim* **Yah Yaqim**
was **a son of** twenty and five years *old*
when he began to reign;
and he reigned eleven years in *Jerusalem* **Yeru Shalem**.
And his mother's name was *Zebudah* **Zebidah**,
the daughter of *Pedaiah* **Pedah Yah** of Rumah.
37 And he *did* **worked** that which was evil
in the *sight* **eyes** of *the LORD* **Yah Veh**, according
to all that his fathers had *done* **worked**.

24 In his days *Nebuchadnezzar* **Nebukadnets Tsar**
king **sovereign** of *Babylon came up* **Babel ascended**,
and *Jehoiakim* **Yah Yaqim** became his servant three
years: then he turned and rebelled against him.
26 Only,
Yah Veh turns not from his fuming great wrath,
whereby he kindles his wrath against Yah Hudah,
because of all the vexations Menash Sheh vexed him.
27 And Yah Veh says,
I also turn aside Yah Hudah from my
face, as I turned aside Yisra El,
and spurn this city Yeru Shalem which I chose,
and the house of which I said, My name is there.
28 And the rest of the words of Yoshi
Yah and all he worked,
are they not inscribed in the scroll of the words
of the days of the sovereigns of Yah Hudah?
29 In his days
Paroh Nechoh sove reign of Misrayim ascends against
the sovereign of Ashshur to the river Euphrates:
and sovereign Yoshi Yah comes to meet him;
and when he sees him, deathifies him at Megiddo.
30 And from Megiddo,
his servants ride him in a chariot — dead;
and bring him to Yeru Shalem and
entomb him in his own tomb.
And the people of the land
take Yah Achaz the son of Yoshi Yah and anoint
him and have him reign in the stead of his father.

YAH ACHAZ REIGNS IN YERU SHALEM

31 Yah Achaz is a son of twenty—three
years when he begins to reign;
and he reigns three months in Yeru Shalem:
and the name of his mother,
Hamutal the daughter of Yirme Yah of Libnah.
32 And he works evil in the eyes of Yah Veh
according to all his fathers worked.
33 And Paroh Nechoh binds him at
Riblah in the land of Hamath,
that he not reign in Yeru Shalem;
and gives a penalty on the land
— a hundred rounds of silver and a round of gold.
34 And Paroh Necho h
has El Yaqim the son of Yoshi Yah reign in the stead of
Yoshi Yah his father; and turns his name to Yah Yaqim:
and he takes Yah Achaz away:
and he comes to Misrayim and dies there.
35 And Yah Yaqim
gives the silver and the gold to Paroh; only,
he appraises the land to give the silver
according to the mouth of Paroh:
he exacts the silver and the gold
from the people of the land
— from each man according to his
appraisal to give to Paroh Nechoh.
36 Yah Yaqim is a son of twenty—five
years when he begins to reign;
and he reigns eleven years in Yeru Shalem:
and the name of his mother,
Zebidah the daughter of Pedah Yah of Rumah:
37 and he works evil in the eyes of Yah
Veh,
according to all his fathers worked.

24 In his days

Nebukadnets Tsar sovereign of Babel ascends,
and Yah Yaqim becomes his servant three
years: and he turns and rebels against him:
2 And *the LORD* **Yah Veh** sent against
him *bands* **troops** of the *Chaldees* **Kasdiy**,
and *bands* **troops** of the *Syrians* **Aramiy**,
and *bands* **troops** of the *Moabites* **Moabiy**,
and *bands* **troops** of the *children* **sons** of Ammon,
and sent them against *Judah* **Yah Hudah** to destroy
it, according to the word of *the LORD* **Yah Veh**,
which he *spake* **worded**
by **the hand of** his servants the prophets.
3 Surely at the *commandment* **mouth**
of *the LORD* **Yah Veh**
came this upon *Judah* **Yah Hudah**,
to *remove* **turn** them **aside** out of his *sight*
face, for the sins of *Manasseh* **Menash Sheh**,
according to all that he *did* **worked**;
4 And also for the innocent blood that he *shed* **poured**:
for he filled *Jerusalem* **Yeru Shalem**
with innocent blood;
which *the LORD would* **Yah Veh willed**
not *pardon* **to forgive**.
5 Now the rest of the *acts* **words** of *Jehoiakim*
Yah Yaqim, and all that he *did* **worked**,
are they not *written* **inscribed** in the *book* **scroll**
of the *chronicles* **words of the days**
of the *kings* **sovereigns** of *Judah* **Yah Hudah**?
6 So *Jehoiakim slept* **Yah Yaqim laid** with his fathers:
and *Jehoiachin* **Yah Yachin** his son reigned in his stead.
7 And the *king* **sovereign** of *Egypt* **Misrayim**
came **added** not *again* **to go** any more out of his land:
for the *king* **sovereign** of *Babylon* **Babel** had
taken from the *river* **wadi** of *Egypt* **Misrayim**
unto the river Euphrates
all that pertained to the *king*
sovereign of *Egypt* **Misrayim**.

YAH YACHIN REIGNS IN YERU SHALEM

8 *Jehoiachin* **Yah Yachin** was **a son of** eighteen years *old*
when he began to reign,
and he reigned in *Jerusalem* **Yeru Shalem** three months.
And his mother's name was *Nehushta* **Nechushta**,
the daughter of *Elnathan* **El Nathan**
of *Jerusalem* **Yeru Shalem**.
9 And he *did* **worked** that which was evil in
the *sight* **eyes** of *the LORD* **Yah Veh**,
according to all that his father had *done* **worked**.
10 At that time the servants of
Nebuchadnezzar **Nebukadnets Tsar**
king **sovereign** of *Babylon* **Babel**
came up **ascended** against *Jerusalem* **Yeru Shalem**
and the city was besieged.
11 And *Nebuchadnezzar* **Nebukadnets Tsar**
king **sovereign** of *Babylon* **Babel**
came against the city, and his servants did besiege it.
12 And *Jehoiachin* **Yah Yachin**
the *king* **sovereign** of *Judah* **Yah Hudah**
went out to the *king* **sovereign** of *Babylon*
Babel, he, and his mother, and his servants,
and his *princes* **governors**, and his *officers* **eunuchs**:
and the *king* **sovereign** of *Babylon* **Babel**
took him in the eighth year of his reign.
13 And he *carried out* **brought** thence
all the treasures of the house of *the LORD* **Yah Veh**,
and the treasures of the *king's* **sovereign's** house,
and *cut in pieces* **chopped**
all the *vessels* **instruments** of gold
which *Solomon king* **Shelomoh**
sovereign of *Israel* **Yisra El**
had *made* **worked**
in the *temple* **manse** of *the LORD* **Yah Veh**,
as *the LORD* **Yah Veh** had *said* **worded**.
14 And he *carried away* **exiled** all *Jerusalem* **Yeru**
Shalem, and all the *princes* **governors**,
and all the mighty *men* of valour,
even ten thousand *captives* **exiles**,
and all the *craftsmen* **artificers** and *smiths* **locksmiths**:
none *remained* **survived**,
save **except** the poorest sort of the people of the land.
15 And he *carried away Jehoiachin* **exiled Yah Yachin**
to *Babylon* **Babel**,
and the *king's* **sovereign's** mother,
and the *king's wives* **sovereign's women**,
and his *officers* **eunuchs**, and the mighty of the
land, those *carried* **walked** he into *captivity* **exile**
from *Jerusalem* **Yeru Shalem** to *Babylon* **Babel**.
2 and against him, Yah Veh sends troops of the Kasdiy
and troops of the Aramiy and troops of the Moabiy,
and troops of the sons of Ammon;
and he sends them against Yah Hudah to destroy
it according to the word Yah Veh worded
by the hand of his servants the prophets:
3 only, this became against Yah Hudah
by the mouth of Yah Veh
— to turn them from his face
for the sins of Menash Sheh according to all he worked;
4 and also for the innocent blood he poured:
for he filled Yeru Shalem with innocent blood;
which Yah Veh willed to not forgive.

5 And the rest of the words of Yah
Yaqim, and all he worked,
are they not inscribed in the scroll of the words
of the days of the sovereigns of Yah Hudah?
6 And Yah Yaqim lies down with his fathers:
and Yah Yachin his son reigns in his stead.
7 And the sovereign of Misrayim
adds not to go from his land any more:
for the sovereign of Babel took
all that pertained to the sovereign of Misrayim
— from the wadi of Misrayim to the river Euphrates.

YAH YACHIN REIGNS IN YERU SHALEM

8 Yah Yachin is a son of eighteen years
when he begins to reign;
and he reigns in Yeru Shalem three months:
and the name of his mother,
Nechushta the daughter of El Nathan of Yeru Shalem.
9 And he works evil in the eyes of Yah Veh
according to all his father worked.
10 At that time the servants of
Nebukadnets Tsar sovereign of Babel ascend
against Yeru Shalem and besiege the city:
11 and Nebukadnets Tsar sovereign of Babel
comes against the city and his servants besiege it:
12 and Yah Yachin the sovereign of Yah
Hudah
goes to the sovereign of Babel
— he and his mother and his servants and his governors
and his eunuchs: and the sovereign of Babel
takes him in the eighth year of his reign:
13 and from there
he brings all the treasures of the house of Yah Veh
and the treasures of the house of the sovereign;
and chops all the instruments of gold
Shelomoh sovereign of Yisra El worked in the
manse of Yah Veh as Yah Veh worded.
14 And he exiles all Yeru Shalem
and all the governors and all the mighty of valour
— ten thousand exiles
and all the artificers and locksmiths
— none survive
except the poorest sort of the people of the land.
15 And he exiles Yah Yachin to Babel, and the mother
of the sovereign and the women of the sovereign
and his eunuchs and the mighty of the land:
he walks them from Yeru Shalem to Babel into exile:
16 And all the men of *might* **valour,**
even seven thousand,
and *craftsmen* **atificers** and *smiths* **locksmiths**
a thousand, all that were *strong* **mighty**
and *apt for* **worked** war, even them the
king **sovereign** of *Babylon* **Babel**
brought captive **exiled** to *Babylon* **Babel.**
17 And the *king* **sovereign** of *Babylon* **Babel**
made *Mattaniah* **Mattan Yah** his *father's brother* **uncle**
king **reign** in his stead,
and *changed* **turned** his name to *Zedekiah* **Sidqi Yah.**

SIDQI YAH REIGNS IN YERU SHALEM

18 *Zedekiah* **Sidqi Yah**
was **a son of** twenty and one years *old*
when he began to reign,
and he reigned eleven years in *Jerusalem* **Yeru Shalem.**
And his mother's name was Hamutal,
the daughter of *Jeremiah* **Yirme Yah** of Libnah.
19 And he *did* **worked** that which was evil
in the *sight* **eyes** of *the LORD* **Yah Veh**, according to all
that *Jehoiakim* **Yah Yaqim** had *done* **worked.**
20 For through the *anger* **wrath** of *the LORD*
Yah Veh so be it *came to pass*
in *Jerusalem* **Yeru Shalem** and *Judah* **Yah Hudah,**
until he had cast them out from his *presence* **face,**
that *Zedekiah* **Sidqi Yah** rebelled
against the *king* **sovereign** of *Babylon* **Babel.**

THE FALL OF YERU SHALEM

25 And **so be** it *came to pass,*
in the ninth year of his reign,
in the tenth month, in the tenth *day* of the month,
that *Nebuchadnezzar* **Nebukadnets Tsar,**
king **sovereign** of *Babylon* **Babel** came,
he, and all his *host* **valiant,**
against *Jerusalem* **Yeru Shalem**, and
pitched **encamped** against it;
and they built forts against it round about.
2 And the city was besieged unto the eleventh year
of *king Zedekiah* **sovereign Sidqi Yah.**
3 And on the ninth *day* of the *fourth* month
the famine prevailed in the city,
and there was no bread for the people of the land.
4 And the city was *broken up* **split**, and
all the men of war *fled* by night
by the way of the *gate* **portal** between two walls,
which is by the *king's* **sovereign's** garden:
(now the *Chaldees* **Kasdiy**
were against the city round about:)
and *the king* went the way toward the plain.

5 Andthe*army***valian**otfthe*Chaldees***Kasdiy**
pursued after the *king* **sovereign**,
and overtook him in the plains of *Jericho* **Yericho**:
and all his *army* **valiant** were scattered from him.
6 Sothey*took***apprehended**the*king***sovereign**,
and *brought* **ascended** him *up*
to the *king* **sovereign** of *Babylon* **Babel** to Riblah;
and they *gave* **worded** judgment upon him.
7 And they *slew* **slaughtered**
the sons of *Zedekiah before* **Sidqi Yah in front of** his
eyes, and *put out* **blinded** the eyes of *Zedekiah* **Sidqi Yah**, and bound him with fetters of *brass* **copper**,
and carried him to *Babylon* **Babel**.
8 And in the fifth month, on the seventh *day* of
the month, which is the nineteenth year
of *king Nebuchadnezzar* **sovereign Nebukadnets Tsar**
king **sovereign** of *Babylon* **Babel**,
came *Nebuzaradan* **Nebu Zaradan**,
captain of the guard **the great slaughterer**,
a servant of the *king* **sovereign** of *Babylon* **Babel**, unto *Jerusalem* **Yeru Shalem**:
9 And he burnt the house of *the LORD* **Yah Veh**, and the *king's* **sovereign's** house,
and all the houses of *Jerusalem* **Yeru Shalem**, and
every great *man's* house burnt he with fire.
10 And all the *army* **valiant** of the *Chaldees* **Kasdiy**,
that were with the *captain of the guard* **great slaughterer**,
brake **pulled** down the walls of *Jerusalem* **Yeru Shalem**
round about.
16 and all the men of valour seven thousand
and artificers and locksmiths a thousand
— all the mighty who work war — even them
the sovereign of Babel exiles to Babel.
17 And the sovereign of Babel
has Mattan Yah his uncle reign in his stead;
and turns his name to Sidqi Yah.

SIDQI YAH REIGNS IN YERU SHALEM

18 Sidqi Yah is a son of twenty—one
years when he begins to reign;
and he reigns eleven years in Yeru Shalem:
and the name of his mother,
Hamutal the daughter of Yirme Yah of Libnah.
19 And he works evil in the eyes of Yah Veh,
according to all Yah Yaqim worked.
20 For the wrath of Yah Veh
is against Yeru Shalem and against Yah
Hudah until he casts them from his face,
that Sidqi Yah rebels against the sovereign of Babel.

THE FALL OF YERU SHALEM

25 And so be it, in the ninth year of his reign,
in the tenth month, in the tenth of the month,
Nebukadnets Tsar sovereign of Babel comes
— he and all his valiant,
against Yeru Shalem and encamps against it
and builds forts all around against it:
2 and besieges the city
to the eleventh year of sovereign Sidqi Yah:
3 and on the ninth of the month the
famine prevails in the city;
and there is no bread for the people of the land:
4 and the city splits
— all the men of war by night
by the way of the portal between two walls
by the garden of the sovereign:
— and the Kasdiy are against the city all around:
and go the way toward the plain.
5 And the valiant of the Kasdiy pursue the sovereign
and overtake him in the plains of Yericho;
and all his valiant scatter from him:
6 and they apprehend the sovereign,
and ascend him to the sovereign of Babel to Riblah;
and they word judgment on him:
7 and they slaughter the sons of Sidqi
Yah in front of his eyes;
and blind the eyes of Sidqi Yah
and bind him with fetters of copper
and carry him to Babel.
8 And in the fifth month, on the seventh of the month
— the nineteenth year
of sovereign Nebukadnets Tsar sovereign of
Babel, Nebu Zaradan the great slaughterer
a servant of the sovereign of Babel,
comes to Yeru Shalem:
9 and he burns the house of Yah Veh
and the house of the sovereign
and all the houses of Yeru Shalem
and burns every great house with fire:
10 and all the valiant of the Kasdiy
with the great slaughterer
pull down the walls of Yeru Shalem all around.
11 Now the rest of the people that *were left* **survived** in the city,
and the fugitives that fell away
to the *king* **sovereign** of *Babylon* **Babel**,
with the remnant of the multitude,
did *Nebuzaradan* **Nebu Zaradan**
the *captain of the guard* **great slaughterer**
carry away **exile**.

12 But the *captain of the guard* **great slaughterer**
left **let survive** of the poor of the land
to be vinedressers and *husbandmen* **plowers.**
13 And the pillars of *brass* **copper**
that were in the house of *the LORD* **Yah Veh,**
and the bases, and the *brasen* **copper** sea
that was in the house of *the LORD* **Yah Veh,**
did the *Chaldees* **Kasdiy** break *in pieces*, and *carried*
lifted the *brass* **copper** of them to *Babylon* **Babel.**
14 And the *pots* **caldrons,** and the shovels,
and the *snuffers* **tweezers,** and the *spoons* **bowls,**
and all the *vessels* **instruments** of *brass* **copper**
wherewith they ministered, took they away.
15 Andthe*firepans***trays,**andthe*bowls***sprinklers,**
and such *things* as were of gold, in
gold, and of silver, in silver,
the *captain of the guard* **great slaughterer** took away.
16 The two pillars, one sea, and the bases which
Solomon **Shelomoh** had *made* **worked**
for the house of *the LORD* **Yah Veh;**
the *brass* **copper** of all these *vessels* **instruments**
was *without weight* **not weighed.**
17 The height of the one pillar waseighteen cub
its, and the *chapiter* **cap** upon it was *brass* **copper:**
and the height of the *chapiter* **cap** three cubits;
and the *wreathen work* **netting,**
and pomegranates upon the *chapiter* **cap**
round about, all of *brass* **copper:**
and like unto these
had the second pillar with *wreathen work* **netting.**
18 And the *captain of the guard* **great slaughterer**
took *Seraiah* **Sera Yah** the *chief* **head** priest, and
Zephaniah **Sephan Yah** the second priest,
and the three *keepers* **guards** of the *door* **threshold:**
19 Andoutofthecityhetok*anofice*or**neeunuch**
that was *set* **overseer** over the men
of war, and five men of them
that *were in* **saw** the *king's presence* **sovereign's face,**
which were found in the city,
and the *principal* scribe **of the governor** of the host,
which *mustered* **hosted** the people of the land,
and *threescore* **sixty** men of the people of
the land that were found in the city:
20 And *Nebuzaradan* **Nebu Zaradan**
captain of the *guard* **slaughterers** took these,
and *brought* **walked** them
to the *king* **sovereign** of *Babylon* **Babel** to Riblah:
21 And the *king* **sovereign** of *Babylon* **Babel**
smote them, and *slew* **deathified** them
at Riblah in the land of Hamath.
So *Judah* **Yah I-ludah** was *carried away* **exiled**
out of their *land* **soil.**
22 And as for the people
that *remained* **survived** in the land of *Judah* **Yah**
I-ludah, whom *Nebuchadnezzar* **Nebukadnets Tsar**
king **sovereign** of *Babylon had left* **Babel let survive,**
even over them he made *Gedaliah* **Gedal Yah**
the son of *Ahikam* **Achiy Qam,** the son of Shaphan,
ruler **overseer.**
23 And when all the *captains* **governors** of the
armies **valiant,** they and their men,
heard that the *king* **sovereign** of *Babylon* **Babel**
had made *Gedaliah governor* **Gedal Yah overseer,** there
came to *Gedaliah* **Gedal Yah** to *Mizpah* **Mispeh,**
even *Ishmael* **Yishma El** the son of
Nethaniah **Nethan Yah,** and *Johanan* **Yah**
I-lanan the son of *Careah* **Qareach,**
and *Seraiah* **Sera Yah** the son of
Tanhumeth **Tanchumeth**
the *Netophathite* **Netophathiy,** and
Jaazaniah **Yaazan Yah**
the son of a *Maachathite* **Maachahiy,**
they and their men.
11 And Nebu Zaradan the great slaughterer exiles
the rest of the people in the city who survive
with the fugitives
who fell away to the sovereign of Babel
with the remnant of the multitude:
12 and the great slaughterer
had the poor of the land survive to
be vinedressers and plowers.
13 And the Kasdiy break
the pillars of copper in the house
of Yah Veh and the bases
and the copper sea in the house of Yah
Veh and lift their copper to Babel:
14 and they take away the caldrons and the
shovels and the tweezers and the bowls
and all the instruments of copper
wherewith they ministered:
15 and the great slaughterer takes away
the trays and the sprinklers
and such as are of gold in gold
and of silver in silver:
16 the two pillars, one sea and the bases
which Shelomoh worked for the house of Yah Veh;
the copper of all these instruments was not weighed.
17 The height of the one pillar, eighteen cubits,
and the cap thereon, copper:
and the height of the cap, three cubits;
and the netting,

and pomegranates on the cap all around
— all of copper:
and like these, the second pillar with netting.
18 And the great slaughterer takes
Sera Yah the head priest
and Sephan Yah the second priest
and the three guards of the threshold:
19 and from the city he takes one eunuch
— overseer over the men of war
and five of their men
who see the face of the sovereign
whom they find in the city;
and the scribe of the governor of the host
who hosts the people of the land,
and sixty men of the people of the land
whom they find in the city:
20 and Nebu Zaradan captain of the
slaughterers takes them and walks them
to the sovereign of Babel to Riblah:
21 and the sovereign of Babel smites them
and deathifies them at Riblah in the land of Hamath:
and he exiles Yah Hudah from their soil.
22 And as for the people
who survive in the land of Yah Hudah, whom
Nebukadnets Tsar sovereign of Babel let survive,
he made Gedal Yah
the son of Achiy Qam the son of
Shaphan overseer over them.
23 And all the governors of the valiant
— they and their men
hear that the sovereign of Babel
makes Gedal Yah overseer;
and there comes to Gedal Yah to Mispeh
even Yishma El the son of Nethan Yah
and Yah Hanan the son of Qareach
and Sera Yah the son of Tanchumeth the Netophathiy
and Yaazan Yah the son of a Maachahiy
— they and their men:
24 And *Gedaliah sware* **Gedal Yah oathed** to
them, and to their men, and said unto them,
Fear **Awe** not to be the servants of the *Chaldees* **Kasdiy**:
dwell **settle** in the land,
and serve the *king* **sovereign** of *Babylon* **Babel**;
and it shall be *well* **well—pleasing** with you.
25 *But* **And so be** it *came to pass*, in the seventh month,
that *Ishmael* **Yishma El** the son of *Nethaniah*
Nethan Yah, the son of *Elishama* **Eli Shama**,
of the seed *royal* **of the sovereigndom**,
came, and ten men with him,
and smote *Gedaliah* **Gedal Yah**, that he died,
and the *Jews* **Yah I-ludiym** and the *Chaldees* **Kasdiym**
that were with him at *Mizpah* **Mispeh**.
26 And all the people, both small and great,
and the *captains* **governors** of the *armies* **valiant**,
arose, and came to *Egypt* **Misrayim**:
for they *were afraid of* **awed to face** the *Chaldees* **Kasdiy**.
27 And **so be** it *came to pass*,
in the seven and thirtieth year
of the *captivity* **exile** of *Jehoiachin* **Yah Yachin**
king **sovereign** of *Judah* **Yah I-ludah**,
in the twelfth month,
on the seven and twentieth *day* of the month,
that Evilmerodach **Evil Merodach**
king **sovereign** of *Babylon* **Babel**
in the year that he began to reign
did lift up the head of *Jehoiachin* **Yah Yachin**
king **sovereign** of *Judah* **Yah I-ludah**
out of **the house of** prison;
28 And he *spake kindly* **worded good** to
him, and *set* **gave** his throne
above the throne of the *kings* **sovereigns**
that were with him in *Babylon* **Babel**;
29 And changed his prison *garments* **clothes**:
and he did eat bread continually *before him* **at his face**
all the days of his life.
30 And his *allowance* **ration**
was a continual *allowance* **ration**
given him of the *king* **sovereign**,
a daily rate for every day **the word day
by day**, all the days of his life.
24 and Gedal Yah oaths to them and to their men
and says to them,
Awe not to be the servants of the Kasdiy:
settle in the land and serve the sovereign of
Babel; and it is well—pleasing with you.
25 And so be it, in the seventh month,
Yishma El the son of Nethan Yah the son of Eli
Shama of the seed of the sovereigndom comes
— and ten men with him and smites
Gedal Yah so that he dies
— he and the Yah Hudiym and the
Kasdiym with him at Mispeh:
26 and all the people — both small and great
and the governors of the valiant
rise and come to Misrayim:
for they awe to face the Kasdiy.
27 And so be it,
in the thirty—seventh year
of the exile of Yah Yachin sovereign of
Yah Hudah, in the twelfth month,

on the twenty—seventh of the month,
Evil Merodach sovereign of Babel in
the year he begins to reign
lifts the head of Yah Yachin sovereign of
Yah Hudah from the house of prison;
28 and he words good to him;
and gives his throne
above the throne of the sovereigns with him in Babel;
29 and changes his prison clothes:
and he eats bread continually at his
face all the days of his life:
30 and his ration is a continual ration
given him by the sovereign
— the day by day word, all the days of his life.

1 Adam, Sheth, Enosh,
2 *Kenan* **Qeynan**, *Mahalaleel* **Ma Halal El**, *Jered* **Yered**,
3 Hanoch, *Methuselah* **Methu Shelach**,
Lamech **Lemech**,
4 *Noah* **Noach**, Shem, Ham, and *Japheth* **Yepheth**.

GENEALOGY OF YEPHETH

5 The sons of *Japheth* **Yepheth**;
Gomer, and Magog, and *Madai* **Maday**, and *Javan*
Yavan, and Tubal, and Meshech, and Tiras.
6 And the sons of Gomer;
Ashchenaz **Ashkenaz**,
and *Riphath* **Diphath**, and Togarmah.
7 And the sons of *Javan* **Yavan**;
Elishah **Eli Shah**, and Tarshish,
Kittim **Kittiy**, and Dodanim.

GENEALOGY OF HAM

1 Adam, Sheth, Enosh,
2 Qeynan, Ma Halal El, Yered,
3 Hanoch, Methu Shelach, Lemech,
4 Noach, Shem, Ham, and Yepheth.

GENEALOGY OF YEPHETH

5 The sons of Yepheth:
Gomer and Magog and Maday and Yavan
and Tubal and Meshech and Tiras.
6 And the sons of Gomer: Ashkenaz
and Diphath and Togarmah.
7 And the sons of Yavan:
Eli Shah and Tarshish, Kittiy and Dodanim.
8 The sons of Ham;
Cush **Kush**, and *Misraim* **Misrayim**,
Put, and *Canaan* **Kenaan**.
9 And the sons of *Cush* **Kush**; Seba, and Havilah,
and Sabta, and Raamah, and Sabtecha.
And the sons of Raamah; Sheba, and Dedan.
10 And *Cush begat* **Kush birthed** Nimrod:
he began to be mighty upon the earth.
11 And *Misraim begat Ludim* **Misrayim birthed Ludiym**,
and Anamim, and Lehabim, and
Naphtuhim **Naphtuchim**,
12 And *Pathrusim* **Pathrosiym**, and
Casluhim **Kasluhim**, (of whom *came*
went the *Philistines* **Peleshethiym**,)
and *Caphthorim* **Kaphtorim**.
13 And *Canaan* **Kenaan**
8 The sons of Ham:
Kus and Misrayim, Put and Kenaan.

9 And the sons of Kush:
Seba and Havilah and Sabta and Raamah and Sabtecha.
And the sons of Raamah: Sheba and Dedan.
10 And Kush births Nimrod:
he begins to be mighty upon the earth.
11 And Misrayim births Ludiym

GENEALOGY OF HAM

begat Zidon **birthed Sidon** his *firstborn*
firstbirthed, and Heth,
14 The *Jebusite* **Yebusiy** also,
and the *Amorite* **Emoriy**, and the *Girgashite* **Girgashiy**,
15 And the *Hivite* **Hivviy**, and the *Arkite*
Arqiy, and the *Sinite* **Siniy**,
16 And the *Arvadite* **Arvadiy**, and the *Zemarite*
Semariy, and the *Hamathite* **Hamathiy**.

GENEALOGY OF SHEM

17 The sons of Shem;
Elam, and *Asshur* **Ashshur**, and *Arphaxad* **Arpachshad**,
and Lud, and Aram, and *Uz* **Us**, and Hul,
and Gether, and *Meshech* **Meshek**.
18 And *Arphaxad begat Shelah* **Arpachshad**
birthed Shelach, and *Shelah begat*
Eber **Shelach birthed Heber**.
19 And unto *Eber* **Heber** were *born* **birthed** two sons:
the name of the one was Peleg;
because in his days the earth was *divided* **split**:
and his brother's name was *Joktan* **Yoqtan**.
20 And *Joktan begat* **Yoqtan birthed**
Almodad, and Sheleph and *Hazarmaveth*
Hasar Maveth, and *Jerah* **Yerach**,
21 **And** Hadoram *also*, and Uzal, and *Diklah* **Diqlah**,
22 And Ebal, and *Abimael* **Abi Mael**, and Sheba,
23 And Ophir, and Havilah, and *Jobab* **Yobab**.
All these were the sons of *Joktan* **Yoqtan**.
24 Shem, *Arphaxad* **Arpachshad**, *Shelah* **Shelach**,
25 *Eber* **Heber**, Peleg, Reu,
26 Serug, Nahor, *Terah* **Terach**,
27 Abram; the same is Abraham.

GENEALOGY OF ABRAHAM

28 The sons of Abraham;
Isaac **Yischaq**, and *Ishmael* **Yishma El**.
29 These are their generations:
The *firstborn* **firstbirthed** of *Ishmael* **Yishma El**,
Nebaioth **Nebayoth**;
then *Kedar* **Qedar**, and *Adbeel* **Adbe El**, and Mibsam,
30 Mishma, and Dumah, Massa, Hadad, and Tema,
31 *Jetur* **Yetur**, Naphish, and *Kedemah* **Qedemah**.
These are the sons of *Ishmael* **Yishma El**.

and Anamim and Lehabim and Naphtuchim
12 and Pathrosiym and Kasluhim
— of whom come the Peleshethiym, and Kaphtorim.
13 And Kenaan births Sidon his firstbirthed and Heth;
14 and the Yebusiy and the Emoriy and the Girgashiy
15 and the Hivviy and the Arqiy and the Siniy
16 and the Arvadiy and the Semariy
and the Hamathiy.

GENEALOGY OF SHEM

17 The sons of Shem:
Elam and Ashshur and Arpachshad and Lud
and Aram and Us and Hul and Gether and Meshek.
18 And Arpachshad births Shelach,
and Shelach births Heber.
19 And two sons are birthed to Heber:
the name of the one, Peleg
— because in his days the earth split:
and the name of his brother, Yoqtan.
20 And Yoqtan births Almodad and Sheleph
and Hasar Maveth and Yerach
21 and Hadoram and Uzal and Diqlah
22 and Ebal and Abi Mael and Sheba
23 and Ophir and Havilah and Yobab.
— all these are sons of Yoqtan.
24 Shem, Arpachshad, Shelach,
25 Heber, Peleg, Reu,
26 Serug, Nahor, Terach,
27 Abram — he is Abraham.

GENEALOGY OF ABRAHAM

28 The sons of Abraham: Yischaq and Yishma El.
29 These are their generations:
the firstbirthed of Yishma El, Nebayoth;
then Qedar and Adbe El and Mibsam
30 Mishma and Dumah, Massa, Hadad and Tema
31 Yetur, Naphish and Qedemah
— these are the sons of Yishma El.
32 Now the sons of *Keturah* **Qeturah**,
Abraham's concubine:
she *bare* **birthed** Zimran, and *Jokshan*
Yoqshan, and Medan,
and *Midian* **Midyan**, and *Ishbak*
Yishbaq, and *Shuah* **Shuach**.
And the sons of *Jokshan* **Yoqshan**;
Sheba, and Dedan.
33 And the sons of *Midian* **Midyan**; Ephah, and Epher,
and Hanoch, and *Abida* **Abi Dah**, and Eldaah.
All these are the sons of *Keturah* **Qeturah**.

34 And Abraham *begat Isaac* **birthed Yischaq.**
The sons of *Isaac* **Yischaq**;
Esau **Esav** and *Israel* **Yisra El.**
35 The sons of *Esau* **Esav**;
Eliphaz **Eli Phaz**, *Reuel* **Reu El**, and *Jeush* **Yeush**,
and *Jaalam* **Yalam**, and *Korah* **Qorach**.
36 The sons of *Eliphaz* **Eli Phaz**;
Teman, and Omar, *Zephi* **Sephi**, and Gatam,
Kenaz **Qenaz**, and Timna, and *Amalek* **Amaleq**.
37 The sons of *Reuel* **Reu El**;
Nahath **Nachath**, *Zerah* **Zerach**, Shammah, and Mizzah.
38 And the sons of Seir;
Lotan, and Shobal, and *Zibeon* **Sibon**, and Anah,
and Dishon, and *Ezar* **Esar**, and Dishan.
39 And the sons of Lotan;
Hori, and Homam:
and Timna was Lotan's sister.
40 The sons of Shobal;
Alian **Alyan**, and *Manahath* **Manachath**,
and Ebal, Shephi, and Onam.
and the sons of *Zibeon* **Sibon**;
Aiah **Ayah**, and Anah.
41 The sons of Anah; Dishon.
And the sons of Dishon;
Amram **Hamram**, and Eshban,
and *Ithran* **Yithran**, and *Cheran* **Keran**.
42 The sons of *Ezar* **Esar**;
Bilhan, and Zavan, and *Jakan* **Yaaqan**.
The sons of Dishan;
Uz **Us**, and Aran.

GENEALOGY OF THE SOVEREIGNS OF EDOM

43 Nowthesearethe*kings***sovereigns**
that reigned in the land of Edom
before **at the face of** any *king* **sovereign that**
reigned over the *children* **sons** of *Israel* **Yisra El**;
Bela the son of Beor:
and the name of his city was Dinhabah.
44 And when Bela *was dead* **died**,
Jobab **Yobab** the son of *Zerah* **Zerach**
of Bozrah reigned in his stead.
45 Andwhen*Jobabwasdead***Yobabdied**,
Husham of the land of the *Temanites* **Temaniy**
reigned in his stead.
46 And when Husham *was dead* **died**,
Hadad the son of Bedad,
which smote *Midian* **Midyan** in the field
of Moab, reigned in his stead:
and the name of his city was Avith.
47 And when Hadad *was dead* **died**,
Samlah of *Masrekah* **Masreqah** reigned in his stead.
48 And when Samlah *was dead* **died**, Shaul
of *Rehoboth* **Rechovoth** by the river
reigned in his stead.
49 AndwhenShaul*wasdead***died**,
Baalhanan **Baal Hanan** the son of
Achbor reigned in his stead.

32 And the sons of Qeturah, concubine of Abraham:
she births Zimran and Yoqshan and Medan
and Midyan and Yishbaq and Shuach.
And the sons of Yoqshan: Sheba and Dedan.
33 And the sons of Midyan: Ephah
and Epher and Hanoch
and Abi Dah and Eldaah.
— all these are the sons of Qeturah.
34 And Abraham births Yischaq.
The sons of Yischaq: Esav and Yisra El.
35 The sons of Esav:
Eli Phaz, Reu El and Yeush and Yalam and Qorach.
36 The sons of Eli Phaz:
Teman and Omar Sephi and Gatam
Qenaz and Timna and Amaleq.
37 The sons of Reu El:
Nachath, Zerach, Shammah and Mizzah.
38 And the sons of Seir:
Lotan and Shobal and Sibon and Anah
and Dishon and Esar and Dishan.
39 And the sons of Lotan: Hori and Homam
— and Timna is sister of Lotan.
40 The sons of Shobal
Alyan and Manachath and Ebal, Shephi and Onam.
And the sons of Sibon: Ayah and Anah.
41 The sons of Anah: Dishon.
And the sons of Dishon:
Hamram and Eshban and Yithran and Keran.
42 The sons of Esar:
Bilhan and Zavan and Yaaqan.
The sons of Dishan: Us and Aran.

GENEALOGY OF THE SOVEREIGNS OF EDOM

43 And these are the sovereigns who
reigned in the land of Edom
at the face of any sovereign
who reigned over the sons of Yisra
El: Bela the son of Beor;
and the name of his city, Dinhabah.
44 And Bela dies
and Yobab the son of Zerach of Bozrah
reigns in his stead:
45 and Yobab dies

and Husham of the land of the Temaniy
reigns in his stead:
46 and Husham dies
and Hadad the son of Bedad
who smote Midyan in the field of
Moab reigns in his stead
— and the name of his city, Avith:
47 and Hadad dies
and Samlah of Masreqah reigns in his stead:
48 and Samlah dies
and Shaul of Rechovoth by the river
reigns in his stead:
49 and Shaul dies
and Baal Hanan the son of Achbor reigns in his stead:
50 And when *Baalhanan was dead* **Baal Hanan died**, Hadad reigned in his stead:
and the name of his city was Pai;
and his *wife's* **woman's** name was *Mehetabel* **Mehetab El**,
the daughter of Matred,
the daughter of *Mezahab* **Me Zahab**.
51 Hadad died also.

GENEALOGY OF THE CHILIARCHS OF EDOM

And the *dukes* **chiliarchs** of Edom *were*;
duke Timnah **chiliarch Timna**,
duke Aliah **chiliarch Alvah**,
duke Jetheth **chiliarch Yetheth**,
52 *DukeAholibamah***chiliarchOholiBamah**,
duke **chiliarch** Elah, *duke* **chiliarch** Pinon,
53 *Duke Kenaz* **chiliarch Qenaz**,
duke **chiliarch** Teman, *duke Mibzar* **chiliarch Mibsar**,
54 *Duke Magdiel* **chiliarch Magdi El**, *duke* **chiliarch** Iram.
These are the *dukes* **chiliarchs** of Edom.

GENEALOGY OF THE SONS OF YISRA EL

2 These are the sons of *Israel* **Yisra El**;
Reuben **Reu Ben**, *Simeon* **Shimon**, Levi,
and *Judah* **Yah Hudah**, *Issachar* **Yissachar**, and Zebulun,
2 Dan, *Joseph* **Yoseph**, and *Benjamin* **Ben Yamin**, Naphtali, Gad, and Asher.
3 The sons of *Judah* **Yah Hudah**;
Er, and Onan, and Shelah:
which three were *born* **birthed** unto him
of *the daughter of Shua* **Bath Shua**
the *Canaanitess* **Kenaaniyth**.
And Er, the *firstborn* **firstbirthed** of *Judah* **Yah Hudah**,
was evil in the *sight* **eyes** of *the LORD* **Yah Veh**;
and he *slew* **deathified** him.
4 AndTamarhisdaughterinlaw*bare***birthed**him
Pharez **Peres** and *Zerah* **Zerach**.
All the sons of *Judah* **Yah Hudah** were five.
5 The sons of *Pharez* **Peres**;
Hezron **Hesron**, and Hamul.
6 And the sons of *Zerah* **Zerach**; Zimri, and Ethan,
and Heman, and *Calcol* **Kalkol**, and Dara:
five of them in all.
7 And the sons of *Carmi* **Karmi**; Achar,
the troubler of *Israel* **Yisra El**,
who *transgressed* **treasoned** in the
thing accursed **devoted**.
8 And the sons of Ethan;
Azariah **Azar Yah**.
9 The sons also of *Hezron* **Hesron**, that
were *born* **birthed** unto him;
Jerahmeel **Yerachme El**, and Ram,
and *Chelubai* **Kelubay**.
10 And Ram *begat Amminadab* **birthed Ammi Nadab**;
and *Amminadab begat* **Ammi Nadab birthed** Nahshon,
prince **hierarch** of the *children* **sons**
of *Judah* **Yah Hudah**;
11 And Nahshon *begat* **birthed** Salma,
and Salma *begat* **birthed** Boaz,
12 AndBoaz*begat***birthed**Obed,
and Obed *begat Jesse* **birthed Yishay**,
13 And *Jesse begat* **Yishay birthed**
his *firstborn* **firstbirthed**
Eliab **Eli Ab**,
and *Abinadab* **Abi Nadab** the second,
and *Shimma* **Shimah** the third,
14 *Nethaneel* **Nethan El** the fourth,
Raddai **Radday** the fifth,
15 *Ozem* **Osem** the sixth, David the seventh:
16 Whose sisters were *Zeruiah* **Seruyah**,
and *Abigail* **Abi Gail**.
And the sons of *Zeruiah* **Seruyah**; *Abishai* **Abi Shai**, and *Joab* **Yah Ab**, and *Asahel* **Asa El**, three.
17 And *Abigail bare* **Abi Gail birthed** Amasa:
and the father of Amasa
was *Jether* **Yether** the *Ishmaelite* **Yishma Eliy**.
18 And *Caleb* **Kaleb** the son of *Hezron* **Hesron**
begat children **birthed** of Azubah his *wife* **woman**, and of *Jerioth* **Yerioth**:
her sons are these;
Jesher **Yesher**, and Shobab, and Ardon.
19 And when Azubah *was dead* **died**,
50 and Baal Hanan dies
and Hadad reigns in his stead

— and the name of his city, Pai;
and the name of his woman, Mehetab El
the daughter of Matred the daughter of Me Zahab.
51 Hadad also dies.

Genealogy Of The Chiliarchs Of Edom

And the chiliarchs of Edom:
chiliarch Timna, chiliarch Alvah, chiliarch Yetheth,
52 chiliarch Oholi Bamah, chiliarch
Elah, chiliarch Pinon,
53 chiliarch Qenaz, chiliarch Te man,
chiliarch Mibsar,
54 chiliarch Magdi El, chiliarch Iram;
these, chiliarchs of Edom.

Genealogy Of The Sons Of Yisra El

2 These, the sons of Yisra El:
Reu Ben, Shimon, Levi, and Yah
Hudah, Yissachar and Zebulun,
2 Dan, Yoseph and Ben Yamin,
Naphtali, Gad and Asher.
3 The sons of Yah Hudah:
Er and Onan and Shelah
— three birthed to him of Bath Shua the Kenaaniyth;
and Er, the firstbirthed of Yah Hudah
is evil in the eyes of Yah Veh;
and he deathifies him;
4 and Tamar his daughter in law births him
Peres and Zerach.
— all the sons of Yah Hudah, five.
5 The sons of Peres: Hesron and Hamul.
6 And the sons of Zerach:
Zimri and Ethan and Heman and Kalkol and Dara
— five in all.
7 And the sons of Karmi: Achar, the troubler of Yisra El
who treasoned in the devoted.
8 And the sons of Ethan: Azar Yah.
9 And the sons birthed of Hesron:
Yerachme El and Ram and Kelubay.
10 And Ram births Ammi Nadab;
and Ammi Nadab births Nahshon
hierarch of the sons of Yah Hudah;
11 and Nahshon births Salma;
and Salma births Boaz;
12 and Boaz births Obed;
and Obed births Yishay;
13 and Yishay births his firstbirthed Eli
Ab and Abi Nadab the second
and Shimah the third
14 Nethan El the fourth
Radday the fifth
15 Osem the sixth
David the seventh
16 — their sisters, Seruyah and Abi Gail.
And the sons of Seruyah:
Abi Shai and Yah Ab and Asa El — three.
17 And Abi Gail births Amasa:
and the father of Amasa, Yether the Yishma Eliy.
18 And Kaleb the son of Hesron
births of Azubah his woman, Isshah and Yerioth;
and these her sons: Yesher and Shobab and Ardon.
19 And Azub ah dies
Caleb **Kaleb** took unto him *Ephrath*
Ephratha, which *bare* **birthed** him Hur.
20 And Hur *begat* **birthed** Uri,
and Uri *begat Bezaleel* **birthed Besal El**.
21 And afterward *Hezron* **Hesron**
went in to the daughter
of Machir the father of *Gilead* **Gilad**,
whom he married **and he took her**
when he was *threescore* **a son of sixty** years *old*;
and she *bare* **birthed** him Segub.
22 AndSegub*begatJair***birthedYair**,
who had three and twenty cities in
the land of *Gilead* **Gilad**.
23 And he took Geshur, and Aram,
with the *towns* **living areas** of *Jair* **Yair**, from them,
with *Kenath* **Qenath**, and the *towns* **daughters** thereof,
even threescore **sixty** cities.
All these *belonged to* **of** the sons of
Machir the father of *Gilead* **Gilad**.
24 And after that *Hezron was dead* **Hesron died**
in *Calebephratah* **Kaleb Ephrath**,
then *Abiah Hezron's wife* **Abi Yah Hesron's woman**
bare **birthed** him *Ashur* **Ashchur**
the father of *Tekoa* **Teqoha**.
25 And the sons of *Jerahmeel* **Yerachme El**
the *firstborn* **firstbirthed** of *Hezron* **Hesron** *were*,
Ram the *firstborn* **firstbirthed**, and Bunah, and
Oren, and *Ozem* **Osem**, and *Ahijah* **Achiy Yah**.
26 *Jerahmel***YerachmeEl**hadalsoanother*wife***woman**,
whose name was Atarah; she was the mother of Onam.
27 And the sons of Ram
the *firstborn* **firstbirthed** of *Jerahmeel*
Yerachme El *were*,
Maaz **Maas**, and *Jamin* **Yamin**, and *Eker* **Eqer**.
28 And the sons of Onam *were*, *Shammai* **Shammay**,
and *Jada* **Yada**. And the sons of *Shammai* **Shammay**;
Nadab and *Abishur* **Abi Shur**.
29 And the name of the *wife* **woman**
of *Abishur* **Abi Shur**

was *Abihail* **Abi Hail**,
and she *bare* **birthed** him *Ahban* **Ach Ban**, and Molid.
30 And the sons of Nadab; Seled, and *Appaim* **Appayim**:
but Seled died without *children* **sons**.
31 And the sons of *Appaim* **Appayim**;
Ishi **Yishi**.
And the sons of *Ishi* **Yishi**;
Sheshan.
And the *children* **sons** of Sheshan;
Ahlai **Achiy Lay**.
32 And the sons of *Jada* **Yada**
the brother of *Shammai* **Shammay**;
Jether **Yether**, and *Jonathan* **Yah Nathan**:
and *Jether* **Yether** died without *children* **sons**.
33 And the sons of *Jonathan* **Yah**
Nathan; Peleth, and Zaza.
These were the sons of *Jerahmeel* **Yerachme El**.
34 Now Sheshan had no sons, but daughters.
And Sheshan had a servant, *an Egyptian* **a**
Misrayim, whose name was *Jarha* **Yarcha**.
35 And Sheshan gave his daughter
to *Jarha* **Yarcha** his servant to *wife* **woman**;
and she *bare* **birthed** him *Attai* **Attay**.
36 And *Attai begat* **Attay birthed** Nathan,
and Nathan *begat* **birthed** Zabad,
37 And Zabad *begat* **birthed** Ephlal,
and Ephlal *begat* **birthed** Obed,
38 And Obed *begat Jehu* **birthed Yah Hu**,
and *Jehu* **Yah Hu** *begat Azariah* **birthed Azar Yah**,
39 And *Azariah* **Azar Yah** *begat Helez* **birthed Heles**,
and Kaleb takes to him Ephratha, who births him Hur.
20 And Hur births Uri, and Uri births Besal El.
21 And afterward Hesron goes in
to the daughter of Machir the father of
Gilad; and he takes her — he, a son of sixty
years; and she births him Segub;
22 and Segub births Yair
who has twenty—three cities in the land of Gilad.
23 And he takes Geshur and Aram
with the living areas of Yair, from them;
with Qenath, and the daughters thereof
— sixty cities.
All these are the sons of Machir the father of Gilad.
24 And after Hesron dies in Kaleb Ephrath,
Abi Yah the woman of Hesron
births him Ashchur the father of Teqoha.
25 And the sons of Yerachme El the
firstbirthed of Hesron:
Ram the firstbirthed and Bunah and Oren
and Osem and Achiy Yah.

26 Yerachme El has another woman;
her name, Atarah; she is the mother of Onam.
27 And the sons of Ram
the firstbirthed of Yerachme El:
Maas and Yamin and Eqer.
28 And the sons of Onam: Shammay and Yada.
And the sons of Shammay: Nadab and Abi Shur.
29 And the name of the woman of Abi Shur, Abi Hail;
and she births him Ach Ban and Molid.
30 And the sons of Nadab: Seled and Appayim;
and Seled dies without sons.
31 And the sons of Appayim: Yishi.
And the sons of Yishi: Sheshan.
And the sons of Sheshan: Achiy Lay.
32 And the sons of Yada the brother of
Shammay: Yether and Yah Nathan;
and Yether dies without sons.
33 And the sons of Yah Nathan: Peleth and Zaza.
— these are the sons of Yerachme El.
34 And Sheshan has no sons, but daughters:
and Sheshan has a servant — a Misrayim;
his name, Yarcha.
35 And Sheshan gives his daughter to
Yarcha his servant to woman;
and she births him Attay
36 and Attay births Nathan and Nathan births Zabad
37 and Zabad births Ephlal
and Ephlal births Obed
38 and Obed births Yah Hu
and Yah Hu births Azar Yah
39 and Azar Yah births Heles
and *Helez* **Heles** *begat Eleasah* **birthed El Asah**,
40 And *Eleasah* **El Asah** *begat Sisamai* **birthed Sismay**,
and *Sisamai* **Sismay** *begat* **birthed** Shallum,
41 And Shallum *begat Jekamiah* **birthed Yeqam Yah**,
and *Jekamiah* **Yeqam Yah** *begat*
Elishama **birthed Eli Shama**.
42 Now the sons of *Caleb* **Kaleb**
the brother of *Jerahmeel* **Yerachme El** *were*,
Mesha his *firstborn* **firstbirthed**,
which was the father of Ziph;
and the sons of Mareshah the father of Hebron.
43 And the sons of Hebron;
Korah **Qorach**, and *Tappuah* **Tappuach**,
and *Rekem* **Reqem**, and Shema.
44 And Shema *begat Raham* **birthed Racham**,
the father of *Jorkoam* **Yorqe Am**:
and *Rekem* **Reqem** *begat Shammai* **birthed Shammay**.
45 And the son of *Shammai* **Shammay** was Maon:
and Maon was the father of *Bethzur* **Beth Sur**.

46 And Ephah, *Caleb's* **Kaleb's** concubine,
bare **birthed** Haran, and *Moza* **Mosa**, and Gazez:
and Haran *begat* **birthed** Gazez.
47 And the sons of *Jahdai* **Yah Dai**;
Regem, and *Jotham* **Yah Tham**, and *Gesham*
Geshan, and Pelet, and Ephah, and Shaaph.
48 Maachah, *Caleb's* **Kaleb's** concubine,
bare **birthed** Sheber, and *Tirhanah* **Tirchanah**.
49 She *bare* **birthed** also Shaaph the
father of Madmannah,
Sheva the father of Machbenah,
and the father of *Gibea* **Giba**:
and the daughter of *Caleb* **Kaleb** was Achsah.
50 These were the sons of *Caleb* **Kaleb** the son of Hur,
the *firstborn* **firstbirthed** of *Ephratah* **Ephratha**;
Shobal the father of *Kirjathjearim* **Qiryath Arim**.
51 Salma the father of *Bethlehem* **Beth Lechem**,
Hareph the father of *Bethgader* **Beth Gader**.
52 And Shobal the father of *Kirjathjearim* **Qiryath Arim**
had sons;
Haroeh **Roeh**,
and *half of the Manahethites* **Hatzi Ham Menuchoth**.
53 And the families of *Kirjathjearim* **Qiryath Arim**;
the *Ithrites* **Yetheriy**, and the *Puhites* **Puthiy**,
and the *Shumathites* **Shumahiy**,
and the *Mishraites* **Mishraiy**;
of them *came* **went** the *Zareathites* **Sorahiy**,
and the *Eshtaulites* **Eshtaoliy**,
54 The sons of Salma;
Bethlehem **Beth Lechem**,
and the *Netophathites* **Netophathiy**,
Ataroth **Atroth**, the house of *Joab* **Yah Ab**,
and *half of the Manahethites* **Hasi Ham**
Menuchiy, the *Zorites* **Sorahiy**.
55 And the families of the scribes which
dwelt **settled** at *Jabez* **Yabes**;
the *Tirathites* **Tirahiy**, the *Shimeathites*
Shimahiy, and *Suchathites* **Suchahiy**.
These are the *Kenites* **Qayiniy** that came of *Hemath*
Hammath, the father of the house of Rechab.

GENEALOGY OF THE SONS OF DAVID

3 Now these were the sons of David,
which were *born* **birthed** unto him in Hebron;
the *firstborn* **firstbirthed** Amnon,
of *Ahinoam* **Achiy Noam** the *Jezreelitess* **Yizre Eliyth**;
the second, *Daniel* **Dani El**,
of *Abigail* **Abi Gail** the *Carmelitess* **Karmeliyth**:
2 The third, *Absalom* **Abi Shalom**
the son of Maachah
the daughter of *Talmai* **Talmay**
king **sovereign** of Geshur:
the fourth, *Adonijah* **Adoni Yah** the son of Haggith:
3 The fifth, *Shephatiah* **Shaphat Yah** of *Abital* **Abi Tal**:
the sixth, *Ithream* **Yithre Am** by Eglah his *wife* **woman**.
4 These six were *born* **birthed** unto him in Hebron;
and there he reigned seven years and six months:
and in *Jerusalem* **Yeru Shalem**
he reigned thirty and three years.
5 And these were *born* **birthed** unto him
in *Jerusalem* **Yeru Shalem**;
Shimea **Shimah**, and Shobab, and Nathan,
and *Solomon* **Shelomoh**, four,
of *Bathshua* **Bath Shua** the daughter
of *Ammiel* **Ammi El**:
and Heles births El Asah
40 and El Asah births Sismay
and Sismay births Shallum
41 and Shallum births Yeqam Yah and
Yeqam Yah births Eli Shama.
42 And the sons of Kaleb the brother of Yerachme
El: Mesha his firstbirthed, the father of Ziph;
and the sons of Mareshah, the father of Hebron.
43 And the sons of Hebron:
Qorach and Tappuach and Reqem and Shema.
44 And Shema births Racham the father of
Yorqe Am and Reqem births Shammay.
45 And the son of Shammay, Maon:
and Maon is the father of Beth Sur.
46 And Ephah the concubine of Kaleb
births Haran and Mosa and Gazez;
and Haran births Gazez.
47 And the sons of Yah Dai: Regem and Yah Tham
and Geshan and Pelet and Ephah and Shaaph.
48 Maachah the concubine of Kaleb
births Sheber and Tirchanah;
49 she also births Shaaph the father of
Madmannah
Sheva the father of Machbenah
and the father of Giba:
and Achsah, the daughter of Kaleb.
50 These are the sons of Kaleb
the son of Hur the firstbirthed of Ephratha:
Shobal the father of Qiryath Arim
51 Salma the father of Beth Lechem
Hareph the father of Beth Gader.
52 And these are the sons of Shobal
the father of Qiryath Arim:
Roeh and Hatzi Ham Menuchoth.
53 And the families of Qiryath Arim:

the Yetheriy and the Puthiy
and the Shumahiy and the Mishraiy;
of whom come the Sorahiy and the Eshtaoliy.
54 The sons of Salma:
Beth Lechem and the Netophathiy
Atroth, the house of Yah Ab
and Hasi Ham Menuchiy the Sorahiy.
55 And the families of the scribes who settle
at Yabes: Tirahiy, Shimahiy, Suchahiy.
— these are the Qayiniy who come of Hammath
the father of the house of Rechab.

Genealogy Of The Sons Of David

3 And these are the sons of David
— birthed to him in Hebron:
the firstbirthed,
Amnon of Achiy Noam the Yizre Eliyth;
the second, Dani El of Abi Gail the Karmeliyth;
2 the third, Abi Shalom the son of Maachah
the daughter of Talmay sovereign of Geshur;
the fourth, Adoni Yah the son of Haggith;
3 the fifth, Shaphat Yah of Abi Tal;
the sixth, Yithre Am of his woman Eglah
4 — these six birthed to him in Hebron;
and he reigns there seven years and six months:
and he reigns thirty—three years in Yeru Shalem.
5 And these are birthed to him in Yeru Shalem:
Shimah and Shobab and Nathan and Shelomoh
— four of Bath Shua the daughter of Ammi El:
6 *Ibhar* **Yibchar** also, and *Elishama* **Eli Shama**, and *Eliphelet* **Eli Phelet**,
7 And Nogah, and Nepheg, and *Japhia* **Yaphia**,
8 And *Elishama* **Eli Shama**, and *Eliada* **Eli Ada**, and *Eliphelet* **Eli Phelet**, nine.
9 These were all the sons of David,
beside the sons of the concubine
s, and Tamar the ir sister.

Genealogy Of The Sovereigns Of Yah Hudah

10 And *Solomon's* **Shelomoh's** son was
Rehoboam **Rechab Am**,
Abia **Abi Yah** his son, Asa his son,
Jehoshaphat **Yah Shaphat** his son,
11 *Joram* **Yah Ram** his son,
Ahaziah **Achaz Yah** his son, *Joash* **Yah Ash** his son,
12 *Amaziah* **Amaz Yah** his son,
Azariah **Azar Yah** his son, *Jotham* **Yah Tham** his son,
13 *Ahaz* **Achaz** his son, *Hezekiah* **Yechizqi Yah**
his son, *Manasseh* **Menash Sheh** his son,
14 Amon his son,
Josiah **Yoshi Yah** his son.
15 And the sons of *Josiah* **Yoshi Yah** *were*, the
firstborn **firstbirthed** *Johanan* **Yah Hanan**,
the second *Jehoiakim* **Yah Aqim**,
the third *Zedekiah* **Sidqi Yah**, the fourth Shallum.
16 And the sons of *Jehoiakim* **Yah Aqim**:
Jeconiah **Yechon Yah** his son,
Zedekiah **Sidqi Yah** his son.
17 Andthesonso*Jfeconiah***YechonYah**;
Assir, *Salathiel* **Shealti El** his son,
18 *Malchiram* **Malki Ram** also, and *Pedaiah* **Pedah Yah**, and *Shenazar* **Shenassar**, *Jecamiah* **Yeqam Yah**,
Hoshama **Yah Shama**, and *Nedabiah* **Nedab Yah**.
19 And the sons of *Pedaiah* **Pedah Yah** *were*,
Zerubbabel **Zerub Babel**, and *Shimei* **Shimi**:
and the sons of *Zerubbabel* **Zerub Babel**;
Meshullam, and *Hananiah* **Hanan Yah**,
and Shelomith their sister:
20 And Hashubah, and Ohel, and *Berechiah* **Berech Yah**, and *Hasadiah* **Hasad Yah**,
Jushabhesed **Yushab Hesed**, five.
21 And the sons of *Hananiah* **Hanan Yah**;
Pelatiah **Pelat Yah**, and *Jesaiah* **Yesha Yah**:
the sons of *Rephaiah* **Repha Yah**, the sons of Arnan,
the sons of *Obadiah* **Obad Yah**,
the sons of *Shechaniah* **Shechan Yah**.
22 And the sons of *Shechaniah* **Shechan Yah**;
Shemaiah **Shema Yah**:
and the sons of *Shemaiah* **Shema Yah**; Hattush,
and *Igeal* **Yigal**, and *Bariah* **Bariach**, and
Neariah **Near Yah**, and Shaphat, six.
23 And the sons of *Neariah* **Near Yah**;
Elioenai **El Ya Enay**, and *Hezekiah* **Yechizqi Yah**, and *Azrikam* **Ezri Qam**, three.
24 And the sons of *Elioenai* **El Ya Enay** *were*,
Hodaiah **Hodav Yah**, and *Eliashib* **El Yashib**,
and *Pelaiah* **Pela Yah**, and *Akkub* **Aqqub**,
and *Johanan* **Yah Hanan**, and *Dalaiah* **Dela Yah**,
and Anani, seven.

Genealogy Of The Sons Of Yah Hudah

4 The sons of *Judah* **Yah Hudah**;
Pharez **Peres**, *Hezron* **Hesron**,
and *Carmi* **Karmi**, and Hur, and Shobal.
2 And*Reaiah***ReaYah**thesonofShobal
begat Jahath **birthed Yachath**;
and *Jahath* **Yachath**
begat Ahumai **birthed Ach Umay**, and Lahad.
These are the families of the *Zorathites* **Sorahiy**.

3 And these were of the father of Etam;
Jezreel **Yizre El**, and *Ishma* **Yishma**,
and *Idbash* **Yidbash**:
and the name of their sister was *Hazelelponi* **Selel Poni**:
4 And*Penue*P*l* **enuE**tl hefatherofGedor,
and Ezer the father of Hushah.
These are the sons of Hur,
the *firstborn* **firstbirthed** of *Ephratah* **Ephratha**,
the father of *Bethlehem* **Beth Lechem**.
5 And *Ashur* **Ashchur** the father of *Tekoa* **Teqoha**
6 also Yibchar and Eli Shama and Eli Phelet
7 and Nogah and Nepheg and Yaphia
8 and Eli Shama and Eli Ada and Eli Phelet — nine.
9 These are all the sons of David beside
the sons of the concubines,
and Tamar their sister.

Genealogy Of The Sovereigns Of Yah Hudah

10 And the son of Shelomoh is Rechab
Am, Abi Yah his son,
Asa his son, Yah Shaphat his son,
11 Yah Ram his son,
Achaz Yah his son, Yah Ash his son,
12 Amaz Yah his son,
Azar Yah his son, Yah Tham his son,
13 Achaz his son,
Yechizqi Yah his son, Menash Sheh his son,
14 Amon his son, Yoshi Yah his son.
15 And the sons of Yoshi Yah:
the firstbirthed, Yah Hanan, the second,
Yah Aqim, the third, Sidqi Yah,
the fourth, Shallum.
16 And the sons of Yah Aqim: Yechon
Yah his son, Sidqi Yah his son.
17 And the sons of Yechon Yah: Assir, Shealti El his son,
18 also Malki Ram and Pedah Yah and Shen assar
Yeqam Yah, Yah Shama and Nedab Yah.
19 And the sons of Pedah Yah: Zerub Babel and Shimi.
And the sons of Zerub Babel:
Meshullam and Hanan Yah and Shelomith their sister:
20 and Hashubah and Ohel and Berech
Yah
and Hasad Yah, Yushab Hesed — five.
21 And the sons of Hanan Yah: Pelat Yah
and Yesha Yah the sons of Repha Yah
the sons of Arnan the sons of Obad Yah
the sons of Shechan Yah.
22 And the sons of Shechan Yah: Shema Yah.
And the sons of Shema Yah: Hattush and Yigal
and Bariach, and Near Yah and Shaphat — six.
23 And the sons of Near Yah:
El Ya Enay and Yechizqi Yah and Ezri Qam — three.
24 And the sons of El Ya Enay:
Hodav Yah and El Yashib and Pela Yah and Aqqub
and Yah Hanan and Dela Yah and Anani — seven.

Genealogy Of The Sons Of Yah Hudah

4 The sons of Yah Hudah:
Peres, Hesron and Karmi and Hur and Shobal.
2 And Rea Yah the son of Shobal births Yachath;
and Yachath births Ach Umay and Lahad.
— these *are* the families of the Sorahiy.
3 And these are of the father of Etam:
Yizre El and Yishma and Y idbash
and the name of their sister is Selel Poni
4 and Penu El is the father of Gedor and
Ezer is the father of Hushah.
— these *are* the sons of Hur
the firstbirthed of Ephratha the father of Beth Lechem.
5 And Ashchur the father of Teqoha
had two *wives* **women**, Helah and Naarah.
6 AndNarah*bare***birthed**him*Ahuzam***AchuzZam**,
and Hepher, and Temeni, and *Haahashtari*
Achashtariy. These were the sons of Naarah.
7 And the sons of Helah *were*,
Zereth **Sereth**, and *Jezoar* **Sochar**, and Ethnan.
8 And*Coz**begat***Qos****birthed**Anub,and*Zobebah***Sobebah**,
and the families of *Aharhel* **Ach
Archel** the son of Harum.
9 And *Jabez* **Yabes** was more honourable
than his brethren: and his mother called his
name *Jabez* **Yabes**, saying, Because I *bare*
birthed him with *sorrow* **contortion**.
10 And *Jabez* **Yabes**
called on *the God* **Elohim** of *Israel* **Yisra El**, saying,
Oh that **in blessing,** thou *wouldest* bless me
indeed, and *enlarge* **abound** my *coast* **border**,
and that thine hand might be with me,
and that thou *wouldest keep* **work** me from evil,
that it may not *grieve* **contort** me!
And *God* **Elohim** granted him
that which he *requested* **asked**.
11 And *Chelub* **Kelub** the brother of *Shuah* **Shuach**
begat Mehir **birthed Mechir**, which
was the father of Eshton.
12 And Eshton *begat Bethrapha* **birthed
Beth Rapha**, and *Paseah* **Paseach**,
and *Tehinnah* **Techinnah**

the father of *Irnahash* **Ir Nachash**.
These are the men of Rechah.
13 And the sons of *Kenaz* **Qenaz**;
Othniel **Othni El**, and *Seraiah* **Sera Yah**: and
the sons of *Othniel* **Othni El**; Hathath.
14 And *Meonothai begat* **Meonothay birthed** Ophrah:
and *Seraiah* **Sera Yah** *begat Joab* **birthed**
Yah Ab, the father of the
valley of Charashim **Gay Harashim/**
Valley of Engravers;
for they were *craftsmen* **engravers**.
15 AndthesonsofCaleb**Kaleb**
the son of *Jephunneh* **Yephunneh**; Iru, Elah, and Naam:
and the sons of Elah, even *Kenaz* **Qenaz**.
16 And the sons of *Jehaleleel* **Ye Halal El**;
Ziph, and Ziphah, *Tiria* **Tireya**, and *Asareel* **Asar El**.
17 And the sons of *Ezra* **Ezrah** *were*,
Jether **Yether**, and Mered, and Epher, and *Jalon* **Yalon**:
and she *bare Miriam* **conceived Miryam**,
and *Shammai* **Shammay**,
and *Ishbah* **Yishbach** the father of Eshtemoa.
18 And his *wife Jehudijah* **woman Yah Hudahi Yah**
bare Jered **birthed Yered** the father of Gedor,
and Heber the father of Sochoh,
and *Jekuthiel* **Yequthi El** the father of *Zanoah* **Zanoach**.
And these are the sons of *Bithiah* **Bith Yah**
the daughter of *Pharaoh* **Paroh**, which Mered took.
19 And the sons of his *wife Hodiah* **woman Hodi Yah**
the sister of *Naham* **Nacham**,
the father of *Keilah* **Qeilah** the *Garmite* **Garmiy**,
and Eshtemoa the *Maachathite* **Maachahiy**.
20 And the sons of Shimon *were*, Amnon, and Rinnah,
Benhanan **Ben Hanan**, and *Tilon* **Tulon**.
And the sons of *Ishi* **Yishi** *were*,
Zoheth **Zoheth**, and *Benzoheth* **Ben Zoheth**.
21 The sons of Shelah the son of *Judah* **Yah**
Hudah *were*, Er the father of *Lecah* **Lechah**,
and *Laadah* **Ladah** the father of Mareshah,
and the families of the house
of *them that wrought fine* **the service of bleached** linen,
of the house of Ashbea,
22 And *Jokim* **Yah Qim**, and the
men of *Chozeba* **Kozeba**,
has two women, Helah and N aarah.
6 And Naarah births him Achuz Zam and
Hepher and Temeni and Achashtariy.
— these are the sons of Naarah.
7 And the sons of Helah: Sereth
and Sochar and Ethnan.
8 And Qos births Anub and Sobebah
and the families of Ach Archel the son of Harum.
9 And Yabes is more honorable than his brothers:
and his mother calls his name Yabes, saying,
Because I birthed him with contortion.
10 And Yabes calls on Elohim of Yisra
El, saying, Oh that in blessing,
you bless me and abound my border;
and that your hand be with me and
not work evil or contort me!
— and Elohim grants him what he asks.
11 And Kelub the brother of Shuach births
Mechir the father of Eshton.
12 And Eshton births Beth Rapha and Paseach
and Techinnah the father of Ir Nachash.
— these *are* the men of Rechah.
13 And the sons of Qenaz: Othni El and Sera Yah.
And the sons of Othni El: Hathath.
14 And Meonothay births Ophrah;
and Sera Yah births Yah Ab
the father of Gay Harashim/the Valley of Engravers;
for they are engravers.
15 And the sons of Kaleb the son of
Yephunneh: Iru, Elah and Naam.
And the sons of Elah:
even Qenaz.
16 And the sons of Ye Halal El:
Ziph and Ziphah, Tireya and Asar El.
17 And the sons of Ezrah:
Yether and Mered and Epher and Yalon;
and she conceives Miryam and Shammay
and Yishbach the father of Eshtemoa;
18 and his woman Yah Hudahi Yah births
Yered the father of Gedor
and Heber the father of Sochoh and
Yequthi El the father of Zanoach.
— and these are the sons of Bith Yah
the daughter of Paroh, whom Mered takes.
19 And the sons of hi s woman Hodi
Yah the sister of Nacham:
the father of Qeilah the Garmiy and
Eshtemoa the Maachahiy.
20 And the sons of Shimon:
Amnon and Rinnah, Ben Hanan and Tulon.
And the sons of Yishi: Zoheth and Ben Zoheth.
21 The sons of Shelah the son of Yah
Hudah: Er the father of Lechah
and Ladah the father of Mareshah;
and the families of the house of the service of
bleached linen of the house of Ashbea;
22 and Yah Qim and the men of Kozeba;

and *Joash* **Yah Ash**, and Saraph,
who *had the dominion* **mastered** in Moab,
and *Jashubilehem* **Yashubi Lechem**.
And these are *ancient things* **words of antiquity**.
23 These were the *potters* **formers**,
and those that *dwelt* **settled**
among plants and *hedges* **walls**:
there they *dwelt* **settled** with the *king* **sovereign**
for his work.

GENEALOGY OF THE SONS OF SHIMON

24 The sons of *Simeon* **Shimon** *were*,
Nemuel **Nemu El**, and *Jamin* **Yamin**, *Jarib*
Yarib, *Zerah* **Zerach**, and Shaul:
25 Shallum his son, Mibsam his son, Mishma his son.
26 And the sons of Mishma;
Hamuel **Hammu El** his son, *Zacchur* **Zakkur** his son,
Shimei **Shimi** his son.
27 And *Shimei* **Shimi** had sixteen sons and six
daughters: but his brethren had not many *children*
sons, neither did all their family *multiply* **abound**,
like to the *children* **sons** of *Judah* **Yah Hudah**.
28 Andthey*dweslt***etled**at*Beersheba***BeerSheba**,
and Moladah, and *Hazarshual* **Hasar Shual**,
29 And at Bilhah, and at *Ezem* **Esem**, and at Tolad,
30 And at *Bethuel* **Bethu El**,
and at Hormah, and at *Ziklag* **Siqlag**,
31 And at *Bethmarcaboth* **Beth Markaboth**,
and *Hazarsusim* **Hasar Susim**,
and at *Bethbirei* **Beth Biri**, and at *Shaaraim* **Shaarayim**.
These were their cities unto the reign of David.
32 And their *villages* **courts** *were*,
Etam, and *Ain* **Ayin**, Rimmon, and
Tochen, and Ashan, five cities:
33 And all their *villages* **courts**
that were round about the same cities, unto Baal. These
were their *habitations* **sites**, and their genealogy.
34 And Meshobab, and *Jamlech* **Yamlech**,
and *Joshah* **Yah Shah**, the son of *Amaziah* **Amaz Yah**,
35 And *Joel* **Yah El**,
and *Jehu* **Yah Hu** the son of *Josibiah* **Yoshib Yah**, the
son of *Seraiah* **Sera Yah**, the son of *Asiel* **Asi El**,
36 And *Elioenai* **El Ya Enay**, and *Jaakobah* **Yaaqovah**,
and *Jeshohaiah* **Yeshocha Yah**, and *Asaiah* **Asah Yah**,
and *Adiel* **Adi El**, and *Jesimiel* **Yesima
El**, and *Benaiah* **Bena Yah**,
37 And Ziza the son of Shiphi,
the son of Allon, the son of *Jedaiah* **Yeda Yah**,
the son of Shimri, the son of *Shemaiah* **Shema Yah**;
38 These mentioned by their names were
princes **hierarchs** in their families:
and the house of their fathers
increased greatly **breached with greatness**.
39 And they went to the entrance of Gedor,
even unto the east side **to the rising** of the
valley, to seek pasture for their flocks.
40 And they found fat pasture and good, and
the land was *wide* **broad of hands**,
and *quiet* **at rest**, and *peaceable* **serene**;
for they of Ham had *dwelt* **settled** there
of old **from the first**.
41 And these *written* **inscribed** by name
came in the days of *Hezekiah* **Yechizqi Yah**,
king **sovereign** of *Judah* **Yah Hudah**,
and smote their tents,
and the habitations that were found there,
and *destroyed them utterly* **they are devoted** unto
this day, and *dwelt* **settled** in their *rooms* **stead**:
because there was pasture there for their flocks.
42 And *some* of them, *even* of the sons of *Simeon*
Shimon, five hundred men, went to mount Seir,
having for their *captains* **heads**
Pelatiah **Pelat Yah**, and *Neariah* **Near Yah**, and
Rephaiah **Repha Yah**, and *Uzziel* **Uzzi El**,
the sons of *Ishi* **Yishi**.
43 And they smote
the *rest* **survivors** of the *Amalekites* **Amaleqiy**
that were escaped **of the escapees**, and
dwelt **settled** there unto this day.
and Yah Ash and Saraph who mastered
in Moab and Yashubi Lechem.
— and these are words of antiquity.
23 These are the formers and settlers of plants and walls;
there they settle with the sovereign for his work.

GENEALOGY OF THE SONS OF SHIMON

24 The sons of Shimon:
Nemu El and Yamin, Yarib, Zerach and Shaul;
25 Shallum his son, Mibsam his son, Mishma his son.
26 And the sons of Mishma:
Hammu El his son, Zakkur his son, Shimi his son.
27 And Shimi has sixteen sons and six daughters;
but neither have his brothers many sons,
nor their family abound as the sons of Yah Hudah.
28 And they settle at Beer Sheba and
Moladah and Hasar Shual
29 and at Bilhah and at Esem and at Tolad
30 and at Bethu El and at Hormah and at Siqlag

31 and at Beth Markaboth and Hasar Susim
and at B e th Bi ri and at Shaa rayi m: these
are their cities up to the reign of David.
32 And their courts:
Etam and Ayin, Rimmon and Tochen and Ashan
— five cities:
33 and all courts all around the same cities, to Baal
— these are their sites and their genealogy;
34 even Meshobab and Yamlech
and Yah Shah the son of Amaz Yah
35 and Yah El,
and Yah Hu the son of Yoshib Yah the
son of Sera Yah the son of Asi El,
36 and El Ya Enay and Yaaqovah and
Yeshocha Yah
and Asah Yah and Adi El and Yesima El and Bena Yah
37 and Ziza the son of Shiphi
the son of Allon the son of Yeda Yah the
son of Shimri the son of Shema Yah.
38 These mentioned by their names are
hierarchs in their families:
and the house of their fathers breaches with greatness.
39 And they go to the entrance of Ge
dor to the rising of the valley
to seek pasture for their flocks:
40 and they find fat pasture and good
and the land is broad of hands
and at rest and serene;
for they of Ham settled there from the first.
41 And these inscribed by name come in the days
of Yechizqi Yah sovereign of Yah Hudah;
and smite their tents
and the habitations they find there; and they are
devoted to this day and settle in their stead:
because there is pasture for their flocks.
42 And *some* of the sons of Shimon
— five hundred men go to mount Seir,
having Pelat Yah and Near Yah
and Repha Yah and Uzzi El
the sons of Yishi as their heads.
43 And they smite
the survivors of the Amaleqiy — of the
escapees and settle there to this day.

Genealogy Of The Sons Of Reu Ben

5 Now the sons of *Reuben* **Reu Ben**
the *firstborn* **firstbirthed** of *Israel* **Yisra El**,
(for he was the *firstborn* **firstbirthed**;
but forasmuch
as he *defiled* **profaned** his father's *bed* **chamber**,
his *birthright was* **firstrights were** given
unto the sons of *Joseph* **Yoseph**
the son of *Israel* **Yisra El**:
and the genealogy is not to be *reckoned* **genealogized**
after the *birthright* **firstrights**.
2 For *Judah* **Yah Hudah**
prevailed **mightily** above his brethren,
and of him *came* the *chief ruler* **eminent**;
but the *birthright was Joseph's* **firstrights were Yoseph's**:)
3 The sons, *I say*, of *Reuben* **Reu Ben**
the *firstborn* **firstbirthed** of *Israel* **Yisra El** *were*,
Hanoch Hanoch and Pallu,
Hezron **Hesron**, and *Carmi* **Karmi**.
4 The sons of *Joel* **Yah El**;
Shemaiah **Shema Yah** his son, Gog
his son, *Shimei* **Shimi** his son,
5 *Micah* **Michah Yah** his son,
Reaia **Rea Yah** his son, Baal his son,
6 Beerah his son,
whom *Tilgathpilneser* **Tilgath Pileser**
king **sovereign** of *Assyria* **Ashshur**
carried away captive **exiled**:
he was *prince* **hierarch** of the *Reubenites* **Reu Beniy**.
7 And his brethren by their families,
when the genealogy of their generations
was *reckoned* **genealogized**,
were the *chief* **head**,
Jeiel **Yei El**, and *Zechariah* **Zechar Yah**,
8 And Bela the son of Azaz,
the son of Shema, the son of *Joel* **Yah
El**, who *dwelt* **settled** in Aroer,
even unto Nebo and *Baalmeon* **Baal Meon**:
9 And *eastward* **from the rising**
he *inhabited* **settled** unto the entering in of
the wilderness from the river Euphrates:
because their *cattle* **chattel**
were multiplied **abounded** in the land of *Gilead* **Gilad**.
10 And in the days of *Saul* **Shaul**
they *made* **worked** war with the *Hagarites*
Hagariy, who fell by their hand:
and they *dwelt* **settled** in their tents *throughout*
upon the face of all the east *land* of *Gilead* **Gilad**.

Genealogy Of The Sons Of Gad

11 And the *children* **sons** of Gad
dwelt **settled** over against them,
in the land of Bashan unto *Salcah* **Salchah**:
12 *Joel* **Yah El** the *chief* **head**,
and Shapham *the next* **second**,

and *Jaanai* **Yaanay**, and Shaphat in Bashan.
13 And their brethren of the house of their fathers *were*,
Michael **Michah El**, and Meshullam, and Sheba,
and *Jorai* **Yoray**, and *Jachan* **Yakan**,
and Zia, and Heber, seven.
14 These are the *children* **sons** of *Abihail* **Abi Hail**
the son of Huri, the son of *Jaroah* **Yaroach**,
the son of *Gilead* **Gilad**, the son of *Michael*
Michah El, the son of *Jeshishai* **Yeshishay**,
the son of *Jahdo* **Yachdo**, the son of Buz;
15 *Ahi* **Achiy** the son of *Abdiel* **Abdi El**, the son of Guni,
chief **head** of the house of their fathers.
16 And they *dwelt* **settled** in *Gilead* **Gilad** in Bashan,
and in her *towns* **daughters**, and in
all the suburbs of Sharon,
upon their *borders* **exits**.
17 All these were *reckoned by genealogies* **genealogized**
in the days of *Jotham* **Yah Tham,** *king*
sovereign of *Judah* **Yah Hudah**, and in
the days of *Jeroboam* **Yarob Am**
king **sovereign** of *Israel* **Yisra El**.
18 The sons of *Reuben* **Reu Ben**, and the *Gadites* **Gadiy**,
and half the *tribe* **scion** of *Manasseh* **Menash Sheh**,
of valiant men **sons of valour**,

GENEALOGY OF THE SONS OF REU BEN

5 As to the sons of Reu Ben the firstbirthed of Yisra El:
— for he is the firstbirthed;
and because he profaned the chamber of
his father his firstrights are given
to the sons of Yoseph the son of Yisra El;
and the genealogy
is not genealogized after the firstrights;
2 for Yah Hudah prevails mightily above his brothers
and of him the eminence;
and the firstrights are to Yoseph.
3 The sons of Reu Ben the firstbirthed of Yisra
El: Hanoch and Pallu, Hesron and Karmi.
4 The sons of Yah El:
Shema Yah his son, Gog his son, Shimi his son,
5 Michah Yah his son, Rea Yah his son, Baal his son,
6 Beerah his son
whom Tilgath Pileser sovereign of Ashshur exiled
— he is hierarch of the Reu Beniy.
7 And his brothers by their families, when
the genealogy of their generations
is genealogized — the head:
Yei El and Zechar Yah,
8 and Bela the son of Azaz
the son of Shema the son of Yah El
who settles in Aroer — even to Nebo and Baal Meon
9 — and from the rising
he settles to the entering in of the
wilderness from the river Euphrates
— because their chattel abound in the land of Gilad.
10 And in the days of Shaul
they work war with the Hagariy who fall at their hand:
and they settle in their tents
on the face of all the east of Gilad.

GENEALOGY OF THE SONS OF GAD

11 And the sons of Gad settle opposite them
in the land of Bashan to Salchah:
12 Yah El the head and Shapham second
and Yaanay and Shaphat in Bashan.
13 And their brothers of the house of their fathers:
Michah El and Meshullam and Sheba
and Yoray and Yakan and Zia and Heber — seven.
14 These *are* the sons of Abi Hail
the son of Huri the son of Yaroach the son
of Gilad the son of Michah El the son of
Yeshishay the son of Yachdo the son of Buz:
15 Achiy the son of Abdi El the son of Guni
is head of the house of their fathers.
16 And they settle in Gilad in Bashan
and in her daughters
and in all the suburbs of Sharon at their exits.
17 They all *are* genealogized
in the days of Yah Tham sovereign of Yah Hudah
and in the days of Yarob Am sovereign of Yisra El.
18 The sons of Reu Ben and the Gadiy and
half the scion of Menash Sheh,
sons of valour
men able to bear buckler and sword,
and to *shoot* **arch** with bow, and *skilful* **taught** in war,
were four and forty thousand seven hundred and
threescore **sixty**, that went out to the *war* **host**.
19 And they *made* **worked** war with the *Hagarites* **Hagariy**,
with *Jetur* **Yetur**, and Nephish, and Nodab.
20 And they were helped against them,
and the *Hagarites* **Hagariy**
were *delivered* **given** into their hand,
and all that were with them:
for they cried to *God* **Elohim** in the *battle* **war**,
and he was intreated of them;
because they *put their trust* **confided** in him.
21 And they *took away* **captured** their *cattle* **chattel**;
of their camels fifty thousand,
and of *sheep* **flocks** two hundred and fifty
thousand, and of *asses* **he burros** two thousand,

and of *men* **souls of humanity** an hundred thousand.
22 For there fell down many *slain* **pierced**,
because the war was of *God* **Elohim**. And
they *dwelt* **settled** in their steads
until the *captivity* **exile**.

Genealogy Of The Sons Of The Half Scion Of Menash Sheh

23 And the *children* **sons**
of the half *tribe* **scion** of *Manasseh* **Menash Sheh**
dwelt **settled** in the land:
they *increased* **abounded** from Bashan unto *Baalhermon*
Baal Hermon and Senir, and unto mount Hermon.
24 And these were the heads of the house of their
fathers, even Epher, and *Ishi* **Yishi**, and *Eliel* **Eli El**,
and *Azriel* **Ezri El**, and *Jeremiah* **Yirme Yah**, and
Hodaviah **Hodav Yah**, and *Jahdiel* **Yachdi El**,
mighty men of valour, *famous* men **of name**,
and heads of the house of their fathers.
25 And they *transgressed* **treasoned**
against *the God* **Elohim** of their fathers,
and *went a whoring* **whored** after the *gods* **elohim**
of the people of the land,
whom *God destroyed* **Elohim desolated**
before them **at their face**.
26 And *the God* **Elohim** of *Israel* **Yisra El**
stirred up **wakened** the spirit of Pul *king*
sovereign of *Assyria* **Ashshur**,
and the spirit of *Tilgathpilneser* **Tilgath Pileser**,
king **sovereign** of *Assyria* **Ashshur**, and
he *carried* **exiled** them *away*,
even the *Reubenites* **Reu Beniy**, and the *Gadites* **Gadiy**,
and the half *tribe* **scion** of *Manasseh* **Menash Sheh**,
and brought them unto *Halah* **Halach**, and Habor,
and Hara, and to the river Gozan, unto this day.

Genealogy Of The Sons Of Levi

6 The sons of Levi;
Gershon, *Kohath* **Qehath**, and Merari.
2 And the sons of *Kohath* **Qehath**; *Amram* **Am Ram**,
Izhar **Yishar**, and Hebron, and *Uzziel* **Uzzi El**.
3 And the *children* **sons** of *Amram* **Am Ram**;
Aaron **Aharon**, and *Moses* **Mosheh**,
and *Miriam* **Miryam**.
And The sons *also* of *Aaron* **Aharon**;
Nadab, and *Abihu* **Abi Hu**,
Eleazar **El Azar**, and *Ithamar* **Iy Thamar**.
4 *Eleazar begat Phinehas* **El Azar birthed Pinechas**,
Phinehas begat Abishua **Pinechas birthed Abi Shua**,
5 And*AbishuabegatBuki***AbiShuabirthedBuqq,i**
and *Bukki begat* **Buqqi birthed** Uzzi,
6 And Uzzi *begat Zerahiah* **birthed Zerach Yah**,
and *Zerahiah* **Z***begat Meraioth* **erach**
Yah birthed Merayoth,
7 *MeraiothbegatAmariah***MerayothbirthedAmarYah**,
and *Amariah begat Ahitub* **Amar**
Yah birthed Achiy Tub,
8 And*AhitubegatZadok***AchiyTubbirthedSadoq**,
and *Zadok begat Ahimaaz* **Sadoq birthed Achiy Maas**,
9 And*AhimazbegatAzariah***AchiyMasbirthedAzarYah**,
and *Azariah begat Johanan* **Azar**
Yah birthed Yah Hanan,
10 And*JohananbegatAzairh***YahHananbirthedAzarYah**,
he it is that *executed the priest's office* **priested**
in the *temple* **house**
men able to bear buckler and sword and to arch
with bow and taught in war, forty—four thousand
seven hundred and sixty go out to the host:
19 and they work war with the Hagariy
— with Yetur and Nephish and Nodab.
20 And they are helped against them and the
Hagariy are given into their hand
with all who are with them:
for they cry to Elohim in the war and intreat him;
because they confide in him.
21 And they capture their chattel
— of their camels fifty thousand
and of flocks two hundred and fifty thousand
and of he burros two thousand
and of souls of humanity a hundred thousand.
22 For many fall pierced because the war is of Elohim:
and they settle in their steads until the exile.

Genealogy Of The Sons Of The Half Scion Of Menash Sheh

23 And the sons of the half scion of Menash Sheh
settle in the land:
they abound from Bashan to Baal Hermon
and Senir and to mount Hermon.
24 And these are the heads of the house of their fathers:
even Epher and Yishi and Eli El and Ezri El and
Yirme Yah and Hodav Yah and Yachdi El
— mighty men of valour — men of name
and heads of the house of their fathers.
25 And they treason against Elohim of their fathers;
and whore after the elohim of the people of the
land whom Elohim desolated from their face.
26 And Elohim of Yisra El
wakens the spirit of Pul sovereign of Ashshur

and the spirit of Tilgath Pileser sovereign
of Ashshur and he exiles them
— even the Reu Beniy and the Gadiy and
the half scion of Menash Sheh
and brings them to Halach and Habor and
Hara and to the river Gozan, to this day.

GENEALOGY OF THE SONS OF LEVI

6 The sons of Levi: Gershon, Qehath and Merari.
2 And the sons of Qehath:
Am Ram, Yishar and Hebron and Uzzi El.
3 And the sons of Am Ram: Aharon
and Mosheh and Miryam.
And the sons of Aharon:
Nadab and Abi Hu, El Azar and Iy Thamar.
4 El Azar births Pinechas
Pinechas births Abi Shua
5 and Abi Shua births Buqqi and Buqqi births Uzzi
6 and Uzzi births Zerach Yah and
Zerach Yah births Merayoth
7 Merayoth births Amar Yah and
Amar Yah births Achiy Tub
8 and Achiy Tub births Sadoq
and Sadoq births Achiy Maas
9 and Achiy Maas births Azar Yah and
Azar Yah births Yah Hanan
10 and Yah Hanan births Azar Yah
— who priested in the house
that *Solomon* **Shelomoh** built in
Jerusalem **Yeru Shalem**:)
11 And *Azariah begat Amariah* **Azar
Yah birthed Amar Yah**,
and *Amariah begat Ahitub* **Amar
Yah birthed Achiy Tub**,
12 And *Ahitu begat Zadok* **Achiy Tubbirthed Sadoq**,
and *Zadok begat* **Sadoq birthed** Shallum,
13 And Shallum *begat Hilkiah* **birthed Hilqi Yah**,
and *Hilkiah begat Azariah* **Hilqi Yah birthed Azar Yah**,
14 And*AzariahbegatSeraiah***AzarYahbirthedSeraYah**,
and *Seraiah begat Jehozadak* **Sera
Yah birthed Yah Sadaq**,
15 And *Jehozadak* **Yah Sadaq** went *into captivity*,
when *the LORD carried away* **Yah Veh exiled**
Judah **Yah Hudah** and *Jerusalem* **Yeru Shalem**
by the hand of *Nebuchadnezzar* **Nebukadnets Tsar**.
16 The sons of Levi;
Gershom, *Kohath* **Qehath**, and Merari.
17 And these be the names of the sons of
Gershom; Libni, and *Shimei* **Shimi**.
18 And the sons of *Kohath* **Qehath** *were*,
Amram **Am Ram**, and *Izhar* **Yishar**,
and Hebron, and *Uzziel* **Uzzi El**.
19 The sons of Merari;
Mahli **Machli**, and Mushi.
And these are the families of the *Levites* **Leviym**
according to their fathers.
20 Of Gershom;
Libni his son, *Jahath* **Yachath** his son, Zimmah his son,
21 *Joah* **Yah Ach** his son, Iddo his son,
Zerah **Zerach** his son, *Jeaterai* **Jeatheray** his son.
22 The sons of *Kohath* **Qehath**; *Amminadab* **Ammi
Nadab** his son, *Korah* **Qorach** his son, Assir his son,
23 *Elkanah* **El Qanah** his son,
and *Ebiasaph* **Abi Asaph** his son, and Assir his son,
24 *Tahath***Tachath**hisson*U, rie***Ul riEl**hison,
Uzziah **Uzzi Yah** his son, and Shaul his son.
25 Andthesonsof*Elkanah***ElQanah**;
Amasai **Amasay**, and *Ahimoth* **Achiy Moth**.
26 *AsforElkanah***ElQanah**:thesonsof*Elkanah***ElQanah**;
Zophai **Suph** his son, and *Nahath* **Nachath** his son,
27 *Eliab* **Eli Ab** his son,
Jeroham **Yerocham** his son, *Elkanah* **El Qanah** his son.
28 And the sons of *Samuel* **Shemu El**;
the *firstborn* **firstbirthed** Vashni, and *Abiah* **Abi Yah**.
29 The sons of Merari;
Mahli **Machli**, Libni his son,
Shimei **Shimi** his son, Uzza his son,
30 *Shimea* **Shimah** his son, *Haggiah* **Haggi Yah** his son,
Asaiah **Asah Yah** his son.

GENEALOGY OF THE SONG LEADERS

31 AndthesearetheywhomDavid*set***stood**
over the *service* **hand** of song
in the house of *the LORD* **Yah Veh**,
after that the ark *had rest* **rested**.
32 And they ministered
before the dwelling place **at the face of the tabernacle**
of the *tabernacle* **tent** of the
congregation with *singing* **song**,
until *Solomon* **Shelomoh**
had built the house of *the LORD* **Yah Veh**
in *Jerusalem* **Yeru Shalem**:
and then they *waited* **stood** on their *office* **service**
according to their *order* **judgment**.
33 And these are they
that *waited* **stood** with their *children* **sons**.
Of the sons of the *Kohathites* **Qehathiy**:
Heman a singer,
the son of *Joel* **Yah El**, the son of *Shemuel* **Shemu El**,
34 The son of *Elkanah* **El Qanah**, the
son of *Jeroham* **Yerocham**,

the son of *Eliel* **Eli El**, the son of *Toah* **Toach**,
35 ThesonoZ*fuph***Suph**,thesono*Eflkanah***ElQanah**,
the son of *Mahath* **Machath**, the son of *Amasai* **Amasay**,
36 Thesono*Eflkanah***ElQanah**,thesonof*Joel***YahE,l**
the son of *Azariah* **Azar Yah**,
the son of *Zephaniah* **Sephan Yah**,
37 The son of *Tahath* **Tachath**, the son of Assir,
the son of *Ebiasaph* **Abi Asaph**,
the son of *Korah* **Qorach**,
38 The son of *Izhar* **Yishar**, the son of *Kohath* **Qehath**,
Shelomoh built in Ye ru Shalem
11 and Azar Yah births Amar Yah and
Amar Yah births Achiy Tub
12 and Achiy Tub births Sadoq and
Sadoq births Shallum
13 and Shallum births Hilqi Yah and
Hilqi Yah births Azar Yah
14 and Azar Yah births Sera Yah and
Sera Yah births Yah Sadaq;
15 and Yah Sadaq goes
when Yah Veh exiles Yah Hudah and Yeru
Shalem by the hand of Nebukadnets Tsar.
16 The sons of Levi: Gershom, Qehath and Merari.
17 And these the names of the sons of
Gershom: Libni and Shimi.
18 And the sons of Qehath:
Am Ram and Yishar a nd Hebron and Uzzi El.
19 The sons of Merari: Machli and Mushi .
And these are the families of the Leviym
according to their fathers:
20 Of Gershom:
Libni his son, Yachath his son, Zimmah his son,
21 Yah Ach his son, Iddo his son, Zerach
his son, Jeatheray his son.
22 The sons of Qehath:
Ammi Nadab his son, Qorach his son, Assir his son,
23 El Qanah his son,
and Abi Asaph his son, and Assir his son,
24 Tachath his son, Uri El his son, Uzzi
Yah his son, and Shaul his son.
25 And the sons of El Qanah: Amasay and Achiy Moth.
26 El Qanah — the sons of El Qanah: Suph
his son and Nachath his son,
27 Eli Ab his son, Yerocham his son, El Qanah his son.
28 And the sons of Shemu El:
the firstbirthed Vashni and Abi Yah.
29 The sons of Merari:
Machli, Libni his son, Shimi his son, Uzza his son,
30 Shimah his son,
Haggi Yah his son, Asah Yah his son.

GENEALOGY OF THE SONG LEADERS

31 And these are they whom David stands
over the hand of song in the house of
Yah Veh after the ark rests;
32 and they minister in song
at the face
of the tabernacle of the tent of the congregation
until Shelomoh builds the house of Yah Veh
in Yeru Shalem:
and then they stand on their service
according to their judgment.
33 — and these are they who stand with their sons.
Of the sons of the Qehathiy: Heman a singer
the son of Yah El the son of Shemu El
34 the son of El Qanah the son of
Yerocham
the son of Eli El the son of Toach
35 the son of Suph the son of El Qanah the
son of Machath the son of Amasay
36 the son of El Qanah the son of Yah El
the son of Azar Yah the son of Sephan Yah
37 the son of Tachath the son of Assir
the son of Abi Asaph the son of Qorach
38 the son of Yishar the son of Qehath
the son of Levi, the son of *Israel* **Yisra El**.
39 And his brother Asaph, who stood on his
right *hand*, even Asaph the son of *Berechiah*
Berech Yah, the son of *Shimea* **Shimah**,
40 The son of *Michael* **Michah El**,
the son of *Baaseiah* **Baase Yah**,
the son of *Malchiah* **Malki Yah**,
41 The son of Ethni, the son oZ *ferah* **Zerach**,
the son of *Adaiah* **Ada Yah**,
42 The son of Ethan,
the son of Zimmah, the son of *Shimei* **Shimi**,
43 The son of *Jahath* **Yachath**,
the son of Gershom, the son of Levi.
44 And their brethren the sons of Merari
stood on the left *hand*: Ethan the son of *Kishi* **Qishi**,
the son of Abdi, the son of Malluch,
45 Thesonof*Hashabiah***HashabYah**,
the son of *Amaziah* **Amaz Yah**, the
son of *Hilkiah* **Hilqi Yah**,
46 The son of *Amzi* **Amsi**,
the son of Bani, the son of *Shamer* **Shemer**,
47 Thesono*Mf ah***M***li* **ach**h,**tlie**sonofMushi,
the son of Merari, the son of Levi.

Genealogy Of The Leaders Of Tabernacle Service

48 TheirbrethrenalsotheLevitesLeviym
were *appointed* **given** unto all manner of service
of the tabernacle of the house of *God* **Elohim**.
49 But*Aaron***Aharon**andhisons*ofered***incensed**
upon the **sacrifice** altar of the *burnt offering*
holocaust, and on the **sacrifice** altar of incense,
and were appointed for all the work of
the *place most holy* **Holy of Holies**,
and to *make an atonement* **kapar/**
atone for *Israel* **Yisra El**,
according to all
that *Moses* **Mosheh** the servant of *God* **Elohim**
had *commanded* **misvahed**.
50 And these are the sons of *Aaron* **Aharon**;
Eleazar **El Azar** his son,
Phinehas **Pinechas** his son, *Abishua* **Abi Shua** his son,
51 *Bukki* **Buqqi** his son, Uzzi his son,
Zerahiah **Zerach Yah** his son,
52 *Meraioth* **Merayoth** his son,
Amariah **Amar Yah** his son, *Ahitub* **Achiy Tub** his son,
53 *Zadok* **Sadoq** his son, *Ahimaaz* **Achiy Maas** his son.
54 Nowthesearetheir*dwelingplaces***sites**
throughout their *castles* **walls** in their *coasts*
borders, of the sons of *Aaron* **Aharon**,
of the families of the *Kohathites* **Qehathiy**:
for their's was the *lot* **pebble**.
55 And they gave them Hebron
in the land of *Judah* **Yah Hudah**, and the
suburbs thereof round about it.
56 But the fields of the city, and the *villages*
courts thereof, they gave to *Caleb* **Kaleb**
the son of *Jephunneh* **Yephunneh**.
57 And to the sons of *Aaron* **Aharon**
they gave the cities of *Judah* **Yah Hudah**,
namely, Hebron, *the city* of refuge,
and Libnah with her suburbs,
and *Jattir* **Yattir**, and Eshtemoa, with their suburbs,
58 And Hilen with her suburbs, Debir with her suburbs,
59 And Ashan with her suburbs,
and *Bethshemesh* **Beth Shemesh** with her suburbs:
60 And out of the *tribe* **rod** of *Benjamin*
Ben Yamin; Geba with her suburbs,
and Alemeth with her suburbs,
and Anathoth with her suburbs.
All their cities throughout their
families were thirteen cities.
61 And unto the sons of *Kohath* **Qehath**,
which *were left* **remained** of the family of that *tribe* **rod**,
were cities given out of the half *tribe* **rod**, *namely*,
out of the half *tribe* of *Manasseh* **Menash**
Sheh, by *lot* **pebble**, ten cities.
62 AndtothesonsofGershomthroughouttheirfamilies
out of the *tribe* **rod** of *Issachar* **Yissachar**,
and out of the *tribe* **rod** of Asher,
the son of Levi the son of Yisra El.
39 And his brother Asaph, who stands at hi s right
— even Asaph the son of Berech Yah the son of Shimah
40 the son of Michah El the son of Baase Yah
the son of Malki Yah
41 the son of Ethni
the son of Zerach the son of Ada Yah
42 the son of Ethan
the son of Zimmah the son of Shimi
43 the son of Yachath
the son of Gershom the son of Levi.
44 And their brothers the sons of Merari
on the left: Ethan the son of Qishi
the son of Abdi the son of Malluch
45 the son of Hashab Yah
the son of Amaz Yah the son of Hilqi Yah
46 the son of Amsi
the son of Bani the son of Shemer
47 the son of Machli the son of
Mushi
the son of Merari the son of Levi.

Genealogy Of The Leaders Of Tabernacle Service

48 And their brothers the Leviym
are given to all manner of service
of the tabernacle of the house of Elohim.
49 And Aharon and his son sincense on the
sacrifice altar of the holocaust and on the sacrifice
altar of incense, for all the work of the Holy of Holies
and to kapar/atone for Yisra El according to all
Mosheh the servant of Elohim misvahed.
50 And these are the sons of Aharon: El Azar his son,
Pinechas his son, Abi Shua his son,
51 Buqqi his son, Uzzi his son, Zerach Yah his son,
52 Merayoth his son,
Amar Yah his son, Achiy Tub his son,
53 Sadoq his son, Achiy Maas his son.
54 And these are their sites throughout
their walls in their borders
of the sons of Aharon of the families of the Qehathiy:
for the pebble is theirs.
55 And they give them Hebron in the land
of Yah Hudah and the suburbs all around.

56 And they give Kaleb the son of Yephunneh the
fields of the city and the courts thereof.
57 And they give the sons of Aharon the cities of refuge
— Yah Hudah, Hebron and Libnah with her suburbs
and Yattir and Eshtemoa with her suburbs,
58 and Hilen with her suburbs,
Debir with her suburbs,
59 and Ashan with her suburbs
and Beth Shemesh with her suburbs.
60 And from the rod of Ben Yamin;
Geba with her suburbs
and Alemeth with her suburbs and
Anathoth with her suburbs.
All their cities throughout their families
— thirteen cities.
61 And to the sons of Qehath,
who remain of the family of that rod,
from the half rod — the half of Menash
Sheh, by pebble — ten cities.
62 And to the sons of Gershom for their families
— from the rod of Yissachar and from the rod of Asher
and out of the *tribe* **rod** of Naphtali,
and out of the *tribe* **rod** of *Manasseh* **Menash Sheh**
in Bashan, thirteen cities.
63 Unto the sons of Merari *were given* by *lot*
pebble, throughout their families,
out of the *tribe* **rod** of *Reuben* **Reu Ben**,
and out of the *tribe* **rod** of Gad,
and out of the *tribe* **rod** of Zebulun, twelve cities.
64 And the *children* **sons** of *Israel* **Yisra El**
gave to the *Levites* **Leviym** these
cities with their suburbs.
65 And they gave by *lot* **pebble**
out of the *tribe* **rod**
of the *children* **sons** of *Judah* **Yah Hudah**,
and out of the *tribe* **rod**
of the *children* **sons** of *Simeon* **Shimon**,
and out of the *tribe* **rod**
of the *children* **sons** of *Benjamin* **Ben Yamin**,
these cities, which are called by *their* names.
66 And *the residue of* the families
of the sons of *Kohath* **Qehath**
had cities of their *coasts* **borders**
out of the *tribe* **rod** of *Ephraim* **Ephrayim**.
67 Andtheygaveuntothem*o,f*theciitesofrefuge,
Shechem in mount *Ephraim* **Ephrayim**
with her suburbs;
they gave also Gezer with her suburbs,
68 And*Jokmeam***YoqmeAm**withersuburbs,
and *Bethhoron* **Beth Horon** with her suburbs,
69 And *Aijalon* **Ayalon** with her suburbs,
and *Gathrimmon* **Gath Rimmon** with her suburbs:
70 Andoutofthehat*rib*lfe**rod**of*Manaseh***MenashSheh**;
Aner with her suburbs,
and *Bileam* **Balaam** with her suburbs, for the family *of
the remnant* **remaining** of the sons of *Kohath* **Qehath**.
71 Unto the sons of Gershom *were given*
out of the family
of the half *tribe* **rod** of *Manasseh* **Menash
Sheh**, Golan in Bashan with her suburbs,
and Ashtaroth with her suburbs:
72 Andoutofthe*tribe***rod**o*sfsachar***Yissachar**;
Kedesh with her suburbs, Daberath with her suburbs,
73 And Ramoth with her suburbs, and
Anem with her suburbs:
74 And out of the *tribe* **rod** of Asher;
Mashal with her suburbs, and Abdon with her suburbs,
75 And*Hukok***Huqqoq**withhersuburbs,
and *Rehob* **Rechob** with her suburbs:
76 And out of the *tribe* **rod** of Naphtali; Kedesh
in *Galilee* **Galiyl** with her suburbs,
and Hammon with her suburbs,
and *Kirjathaim* **Qiryathaim** with her suburbs.
77 Unto the *rest of the children* **remaining sons** of
Merari *were given* out of the *tribe* **rod** of Zebulun,
Rimmon with her suburbs, Tabor with her suburbs:
78 And on the other side *Jordan* **Yarden**
by *Jericho* **Yericho**,
on the east side **from the rising** of *Jordan* **Yarden**,
were given them out of the *tribe* **rod** of *Reuben* **Reu
Ben**, Bezer in the wilderness with her suburbs,
and *Jahzah* **Yahsah** with her suburbs,
79 *Kedemoth***Qedemoth**alsowithersuburbs,
and Mephaath with her suburbs:
80 And out of the *tribe* **rod** of Gad;
Ramoth in *Gilead* **Gilad** with her suburbs, and
Mahanaim **Machanayim** with her suburbs,
81 AndHeshbonwithhersuburbs,
and *Jazer* **Yazer** with her suburbs.

GENEALOGY OF THE SONS OF YISSACHAR

7 Now the sons of *Issachar* **Yissachar** *were*,
Tola, and Puah, *Jashub* **Yashub**, and Shimrom, four.
2 And the sons of Tola;
Uzzi, and *Rephaiah* **Repha Yah**, and *Jeriel* **Yeri
El**, and *Jahmai* **Yachmay**, and *Jibsam* **Yibsam**,
and *Shemuel* **Shemu El**,
heads of their father's house, *to wit*, of
Tola: *they were valiant men of might*
mighty mighty in their generations;

and from the rod of Naphtali
and from the rod of Menash Sheh in Bashan
— thirteen cities.
63 To the sons of Merari for their families
— by pebble from the rod of Reu Ben
and from the rod of Gad
and from the rod of Zebulun
— twelve cities.
64 — and the sons of Yisra El give the Leviym
these cities with their suburbs.
65 And they give these cities by pebble from
the rod of the sons of Yah Hudah and
from the rod of the sons of Shimon
and from the rod of the sons of Ben Yamin
which they call by name.
66 And the families of the sons of Qehath
have cities of their borders
from the rod of Ephrayim;
67 and they give them the cities of refuge: Shechem
in mount Ephrayim with her suburbs
and Gezer with her suburbs
68 and Yoqme Am with her suburbs and
Beth Horon with her suburbs
69 and Ayalon with her suburbs
and Gath Rimmon with her suburbs.
70 And from the half rod of Menash
Sheh: Aner with her suburbs
and Balaam with her suburbs,
for the family of the sons of Qehath who remain.
71 To the sons of Gershom
— from the family of the half rod of Menash
Sheh: Golan in Bashan with her suburbs
and Ashtaroth with her suburbs
72 — and from the rod of Yissachar: Kedesh with
her suburbs Daberath with her suburbs
73 and Ramoth with her suburbs and
Anem with her suburbs
74 — and from the rod of Asher:
Mashal with her suburbs and Abdon with her suburbs
75 and Huqqoq with her suburbs and
Rechob with her suburbs.
76 — and from the rod of Naphtali:
Kedesh in Galiyl with her suburbs and Hammon
with her suburbs and Qiryathaim with her suburbs.
77 To the sons of Merari who remain
— from the rod of Zebulun: Rimmon with her suburbs
Tabor with her suburbs,
78 and on the other side Yarden by Yericho
from the rising of Yarden
— from the rod of Reu Ben:
Bezer in the wilderness with her suburbs
and Yahsah with her suburbs
79 and Qedemoth with her suburbs and
Mephaath with her suburbs
80 — and from the rod of Gad: Ramoth in Gilad with
her suburbs and Machanayim with her suburbs
81 and Heshbon with her suburbs and
Yazer with her suburbs.

GENEALOGY OF THE SONS OF YISSACHAR

7 And the sons of Yissachar:
Tola and Puah, Yashub and Shimrom — four.
2 And the sons of Tola:
Uzzi and Repha Yah and Yeri El
and Yachmay and Yibsam and Shemu El
heads of house of their fathers — of Tola:
— mighty mighty in their generations;
whose number was in the days of David two
and twenty thousand and six hundred.
3 And the sons of Uzzi;
Izrahiah **Yizrach Yah**:
and the sons of *Izrahiah* **Yizrach Yah**;
Michael **Michah El**, and *Obadiah*
Obad Yah, and *Joel* **Yah El**,
Ishiah **Yishshi Yah**, five: all of them *chief men* **heads**.
4 And with them, by their generations,
after the house of their fathers,
were bands **troops** of *soldiers* **hosts** for war,
six and thirty thousand *men*:
for they *had many wives* **abounded**
with women and sons.
5 And their brethren
among all the families of *Issachar* **Yissachar**
were *valiant men of might* **mighty mighty**,
reckoned in all by their genealogies **all genealogized**
fourscore **eighty** and seven thousand.

GENEALOGY OF THE SONS OF BEN YAMIN

6 *The sons of Benjamin* **Ben Yamin**;
Bela, and Becher, and *Jediael* **Yedia El**, three.
7 And the sons of Bela;
Ezbon **Esbon**, and Uzzi, and *Uzziel* **Uzzi**
El, and *Jerimoth* **Yerimoth**, and Iri, five;
heads of the house of their fathers,
mighty *men* of valour;
and were *reckoned by their genealogies* **genealogized**
twenty and two thousand and thirty and four.
8 And the sons of Becher;
Zemira **Zemirah**, and *Joash* **Yah Ash**,

and *Eliezer* **Eli Ezer**, and *Elioenai* **El Ya Enay**,
and Omri, and *Jerimoth* **Yerimoth**,
and *Abiah* **Abi Yah**, and Anathoth,
and *Alameth* **Alemeth**.
All these are the sons of Becher.
9 And the number of them,
after their genealogy **genealogized** by their generations,
heads of the house of their fathers, mighty *men* of valour,
was twenty thousand and two hundred.
10 The sons also of *Jediael* **Yedia El**; Bilhan:
and the sons of Bilhan;
Jeush **Yeush**, and *Benjamin* **Ben Yamin**, and
Ehud, and *Chenaanah* **Kenaanah**, and Zethan,
and *Tharshish* **Tarshish**, and *Ahishahar* **Achiy Shachar**.
11 All these the sons of *Jediael* **Yedia El**,
by the heads of their fathers, mighty *men* of valour,
were seventeen thousand and two hundred *soldiers*,
fit to go out for *war* **hostility** and *battle* **war**.
12 Shupimalso,andHupim,the*children***sons**ofIr,
and Hushim, the sons of *Aher* **Acher**.

GENEALOGY OF THE SONS OF NAPHTALI

13 The sons of Naphtali;
Jahziel **Yachsi El**, and Guni, and *Jezer* **Yeser**,
and Shallum, the sons of Bilhah.

GENEALOGY OF THE SONS OF MENASH SHEH

14 The sons of *Manasseh* **Menash Sheh**; *Ashriel*
Asri El, whom she *bare* **birthed**: (but his
concubine the *Aramitess* **Aramiy**
bare **birthed** Machir the father of *Gilead* **Gilad**:
15 And Machir took to *wife* **woman**
the sister of Huppim and Shuppim, whose
sister's name was Maachah;)
and the name of the second was
Zelophehad **Seloph Had**:
and *Zelophehad* **Seloph Had** had daughters.
16 And Maachah
the *wife* **woman** of Machir *bare* **birthed** a son,
and she called his name Peresh;
and the name of his brother was Sheresh;
and his sons were Ulam and *Rakem* **Reqem**.
17 And the sons of Ulam; Bedan.
These were the sons of *Gilead* **Gilad**, the son of Machir,
the son of *Manasseh* **Menash Sheh**.
18 And his sister *Hammoleketh* **Molecheth**
who in the days of David
number twenty—two thousand and six hundred.
3 And the sons of Uzzi: Yizrach Yah.
And the sons of Yizrach Yah: Michah
El and Obad Yah and Yah El,
Yishshi Yah — five — all heads:
4 and with them, by their generations,
after the house of their fathers,
troops of hosts for war, thirty—six thousand:
for they abound with women and sons.
5 And their brothers are mighty mighty
among all the families of Yissachar
all genealogized — eighty—seven thousand.

GENEALOGY OF THE SONS OF BEN YAMIN

6 Of Ben Yamin:
Bela and Becher and Yedia El — three.
7 And the sons of Bela: Esbon and Uzzi and
Uzzi El and Yerimoth and Iri — five
heads of the house of their fathers mighty
of valour and genealogized
— twenty—two thousand and thirty—four.
8 And the sons of Becher: Zemirah
and Yah Ash and Eli Ezer
and El Ya Enay and Omri and Yerimoth
and Abi Yah and Anathoth and Alemeth.
All these are the sons of Becher:
9 and their number genealogized by their generations
— heads of the house of their fathers
— mighty of valour
— twenty thousand and two hundred.
10 And the sons also of Yedia El: Bilhan.
And the sons of Bilhan:
Yeush and Ben Yamin and Ehud and Kenaanah
and Zethan and Tarshish and Achiy Shach ar.
11 — all these the sons of Yedia El
by the heads of their fathers — mighty of valour
— seventeen thousand and two hundred
fit to go out for hostility and war
12 — and Shuppim and Huppim the sons of Ir
and Hushim the sons of Acher.

GENEALOGY OF THE SONS OF NAPHTALI

13 The sons of Naphtali:
Yachsi El and Guni and Yeser and
Shallum, the sons of Bilhah.

GENEALOGY OF THE SONS OF MENASH SHEH

14 The sons of Menash Sheh:
Asri El, whom his Aramiy concubine birthed
with Machir the father of Gilad;
15 and Machir takes women for Huppim and Shuppim
— the name of the sister is Maachah

and the name of the second is Seloph Had;
and Seloph Had has daughters;
16 and Maachah the woman of Machir births
a son and she calls his name Peresh;
and the name of his brother is Sheresh;
and his sons are Ulam and Reqem.
17 And the sons of Ulam: Bedan.
— these are the sons of Gilad,
the son of Machir the son of Menash Sheh.
18 And his sister Molecheth
bare Ishod **birthed Ish Hod**,
and *Abiezer* **Abi Ezer**, and *Mahalah* **Machlah**.
19 And the sons of *Shemidah* **Shemi Da** *were*,
Ahian **Achyan**, and Shechem,
and *Likhi* **Liqchi**, and *Aniam* **Ani Am**.

GENEALOGY OF THE SONS OF EPHRAYIM

20 And the sons of *Ephraim* **Ephrayim**;
Shuthelah **Shuthelach**, and Bered his
son, and *Tahath* **Tachath** his son,
and *Eladah* **El Adah** his son, and
Tahath **Tachath** his son,
21 And Zabad his son, and *Shuthelah* **Shuthelach** his son,
and Ezer, and *Elead* **El Ad**,
whom the men of Gath that were
born **birthed** in that land
slew **slaughtered**,
because they *came down* **descended**
to take away their *cattle* **chattel**.
22 And *Ephraim* **Ephrayim** their
father mourned many days,
and his brethren came to *comfort* **sigh over** him.
23 And when he went in to his *wife* **woman**,
she conceived, and *bare* **birthed** a son,
and he called his name Beriah, because
it went evil with his house.
24 (And his daughter was *Sherah* **Sheerah**,
who built *Bethhoron* **Beth Horon**
the nether, and the upper,
and *Uzzensherah* **Uzzen Sheerah**.)
25 And *Rephah* **Rephach** was his son, also Resheph,
and *Telah* **Telach** his son, and *Tahan* **Tachan** his son.
26 *Ladan* **Ladan** his son, *Ammihud* **Ammi Hud** his son,
Elishama **Eli Shama** his son.
27 Non his son, *Jehoshuah* **Yah Shua** his son.
28 And their posesions and *habitations* **sites** *were*,
Bethel **Beth El** and the *towns* **daughters** thereof,
and *eastward* **from the rising** Naaran,
and *westward* **duskward** Gezer, with
the *towns* **daughters** thereof;
Shechem also and the *towns* **daughters** thereof, unto
Gaza **Azzah** and the *towns* **daughters** thereof:
29 And by the *borders* **hand**
of the *children* **sons** of *Manasseh* **Menash Sheh**,
Bethshean **Beth Shaan** and her *towns* **daughters**,
Taanach and her *towns* **daughters**,
Megiddo and her *towns* **daughters**,
Dor and her *towns* **daughters**.
In these *dwelt* **settled** the *children* **sons** of *Joseph* **Yoseph**
the son of *Israel* **Yisra El**.

GENEALOGY OF THE SONS OF ASHER

30 The sons of Asher;
Imnah **Yimnah**, and *Isuah* **Yishvah**,
and *Ishuai* **Yishvi**, and Beriah,
and *Serah* **Serach** their sister.
31 And the sons of Beriah; Heber,
and *Malchiel* **Malki El**,
who is the father of *Birzavith* **Birzoth**.
32 And Heber *begat Japhlet* **birthed**
Yaphlet, and Shomer, and Hotham,
and Shua their sister.
33 And the sons of *Japhlet* **Yaphlet**;
Pasach, and Bimhal, and Ashvath.
These are the *children* **sons** of *Japhlet* **Yaphlet**.
34 And the sons of *Shamer* **Shemer**; *Ahi* **Achiy**,
and *Rohgah* **Rohagah**, *Jehubbah* **Jechubbah**, and Aram.
35 And the sons of his brother Helem;
Zophah **Sophach**, and *Imna* **Yimna**,
and Shelesh, and Amal.
36 The sons of *Zophah* **Sophach**;
Suah **Suach**, and Harnepher,
and Shual, and Beri, and *Imrah* **Yimrah**,
37 Bezer, and Hod, and Shamma,
and Shilshah, and *Ithran* **Yithran**, and Beera.
38 And the sons of *Jether* **Yether**;
Jephunneh **Yephunneh**, and Pispah, and Ara.
39 And the sons of Ulla;
Arah **Arach**, and *Haniel* **Hani El**, and *Rezia* **Risya**.
40 All these were the *children* **sons** of Asher,
births Ish Hod and Abi Ezer and Machlah.
19 And the sons of Shemi Da:
Achyan and Shechem and Liqchi and Ani Am.

GENEALOGY OF THE SONS OF EPHRAYIM

20 And the sons of Ephrayim:
Shuthelach and Bered his son
and Tachath his son
and El Adah his son and Tachath his son

21 and Zabad his son and Shuthelach
his son and Ezer and El Ad.
— and the men of Gath birthed in the land
slaughtered them
because they descended to take away their chattel.
22 And Ephrayim their father mourns many days
and his brothers come to sigh over him:
23 and when he goes in to his woman
she conceives and births a son; and he calls his
name Beriah because it goes evil with his house.
24 And his daughter Sheerah
built Beth Horon the nether and the
upper and Uzzen Sheerah.
25 And Rephach his son and Resheph, and
Telach his son and Tachan his son,
26 Ladan his son, Ammi Hud his son,
Eli Shama his son,
27 Non his son, Yah Shua his son.
28 And their possessions and sites are
Beth El and her daughters
— from the rising of Naaran and duskward to Gezer
with her daughters; Shechem also and her
daughters, to Azzah and her daughters;
29 and by the hand of the sons of Menash
Sheh, Beth Shaan and her daughters
Taanach and her daughters
Megiddo and her daughters
Dor and her daughters;
in these settle the sons of Yoseph the son of Yisra El.

Genealogy Of The Sons Of Asher

30 The sons of Asher:
Yimnah and Yishvah and Yishvi and
Beriah and Serach their sister.
31 And the sons of Beriah:
Heber and Malki El the father of Birzoth.
32 And Heber births Yaphlet and Shomer
and Hotham and Shua their sister.
33 And the sons of Yaphlet: Pasach
and Bimhal and Ashvath.
— these are the sons of Yaphlet.
34 And the sons of Shemer:
Achiy and Rohagah, Jechubbah and Aram.
35 And the sons of his brother Helem: Sophach
and Yimna and Shelesh and Amal.
36 The sons of Sophach:
Suach and Harnepher and Shual and Beri and Yimrah,
37 Bezer and Hod and Shamma
and Shilshah and Yithran and Beera.
38 And the sons of Yether: Yephunneh
and Pispah and Ara.
39 And the sons of Ulla: Arach and Hani El and Risya.
40 — all these are the sons of Asher
heads of *their* father's house, *choice* **pure**
and mighty *men* of valour, *chief* **head** of the
princes **hierarchs**. And the number
throughout the genealogy of them **genealogized**
that were apt to the *war* **hostility** and to *battle* **war**
was twenty and six thousand men.

Genealogy Of The Sons Of Ben Yamin

8 Now *Benjamin begat* **Ben Yamin birthed**
Bela his *firstborn* **firstbirthed**,
Ashbel the second, and *Aharah* **Ach Rach** the third,
2 *Nohah* **Nochah** the fourth, and Rapha the fifth.
3 And the sons of Bela *were*,
Addar, and Gera, and *Abihud* **Abi Hud**,
4 And *Abishua* **Abi Shua**, and Naaman,
and *Ahoah* **Ach Oach**,
5 And Gera, and Shephuphan, and *Huram* **Hiram**.
6 And these are the sons of *Ehud* **Echud**:
these are the heads of the fathers of the
inhabitants **settlers** of Geba,
and they *removed* **exiled** them to *Manahath* **Manachath**:
7 And Naaman, and *Ahiah* **Achiy Yah**,
and Gera, he *removed* **exiled** them,
and *begat* **birthed** Uzza, and *Ahihud* **Achiy Chud**.
8 And *Shaharaim begat* **Shacharayim birthed** *children*
in the *country* **field** of Moab, after
he had sent them away;
Hushim and Baara were his *wives* **women**.
9 And he *begat* **birthed** of Hodesh his *wife* **woman**,
Jobab **Yobab**, and *Zibia* **Sibya**, and
Mesha, and Malcham,
10 And *Jeuz* **Yeus**,
and *Shachia* **Shobyah**, and *Mirma* **Mirmah**.
These were his sons, heads of the fathers.
11 And of Hushim
he *begat Abitub* **birthed Abi Tub**, and *Elpaal* **El Paal**.
12 The sons of *Elpaal* **El Paal**;
Eber **Heber**, and Misham, and *Shamed*
Shemer, who built Ono, and Lod,
with the *towns* **daughters** thereof:
13 Beriah also, and Shema, who were heads of the fathers
of the *inhabitants* **settlers** of *Aijalon* **Ayalon**,
who *drove away* **made flee**
the *inhabitants* **settlers** of Gath:
14 And *Ahio* **Achyo**, *Shashak* **Shashaq**,
and *Jeremoth* **Yeremoth**,

15 And *Zebadiah* **Zebad Yah**, and Arad, and *Ader* **Eder**,
16 And *Michael* **Michah El**,
and *Ispah* **Yishpah**, and *Joha* **Yah Ha**, the sons of Beriah;
17 And *Zebadiah* **Zebad Yah**, and Meshulam,
and *Hezeki* **Hezqi**, and Heber,
18 *Ishmerai* **Yishmeray** also,
and *Jezliah* **Yizliah**, and *Jobab* **Yobab**,
the sons of *Elpaal* **El Paal**;
19 And *Jakim* **Yaqim**, and Zichri, and Zabdi,
20 And *Elienai* **Eli Enay**,
and *Zilthai* **Sillethay**, and *Eliel* **Eli El**,
21 And *Adaiah* **Ada Yah**,
and *Beraiah* **Bera Yah**, and Shimrath,
the sons of Shimhi;
22 And *Ishpan* **Yishpan**, and Heber, and *Eliel* **Eli El**,
23 And Abdon, and Zichri, and Hanan,
24 And *Hananiah* **Hanan Yah**,
and Elam, and *Antothijah* **Anthothi Yah**,
25 And *Iphedeiah* **Yiphde Yah**, and *Penue* **Plenu E,l**
the sons of *Shashak* **Shashaq**;
26 And *Shamsherai* **Shamsheray**,
and *Shehariah* **Shechar Yah**, and *Athaliah* **Athal Yah**,
27 And *Jaresiah* **Yaaresh Yah**, and *Eliah* **Eli Yah**,
and Zichri, the sons of *Jeroham* **Yerocham**.
28 These were heads of the fathers, by their generations,
chief **heads** *men*.
These *dwelt* **settled** in *Jerusalem* **Yeru Shalem**.
29 And at *Gibeon* **Gibon**
dwelt **settled** the father of *Gibeon* **Gibon**;
whose *wife's* **woman's** name was Maachah:
30 And his *firstborn* **firstbirthed** son Abdon,
heads of the house of their father,
pure and mighty of valour — head of the hierarchs.
And the number genealogized for the hostility
and to war, twenty—six thousand men.

GENEALOGY OF THE SONS OF BEN YAMIN

8 And Ben Yamin births Bela his firstbirthed,
Ashbel the second and Ach Rach the third,
2 Nochah the fourth and Rapha the fifth.
3 And the sons of Bela: Addar and Gera and Abi Hud
4 and Abi Shua and Naaman and Ach Oach
5 and Gera and Shephuphan and Hiram.
6 And these are the sons of Echud
the heads of the fathers of the settlers of
Geba whom he exiles to Manachath;
7 and he exiles Naaman and Achiy Yah and Gera;
and births Uzza and Achiy Chud.
8 And Shacharayim births in the field of
Moab, after he sends them away;
Hushim and Baara are his women.
9 And of his woman Hodesh he births
Yobab and Sibya and Mesha and Malcham
10 and Yeus and Shobyah and Mirmah.
— these are his sons — heads of the fathers.
11 And of Hushim he births Abi Tub and El Paal.
12 The sons of El Paal:
Heber and Misham and Shemer
who built Ono and Lod and her daughters;
13 and Beriah and Shema
heads of the fathers of the settlers of Ayalon
who cause the settlers of Gath to flee;
14 and Achyo, Shashaq and Yeremoth
15 and Zebad Yah and Arad and Eder
16 and Michah El and Yishpah and
Yah Ha the sons of Beriah;
17 and Zebad Yah and Meshullam
and Hezqi and Heber
18 and Yishmeray and Yizliah and
Yobab, the sons of El Paal;
19 and Yaqim and Zichri and Zabdi
20 and Eli Enay and Sillethay and Eli El
21 and Ada Yah and Bera Yah and
Shimrath the sons of Shimhi;
22 and Yishpan and Heber and Eli El
23 and Abdon and Zichri and Hanan
24 and Hanan Yah and Elam and Anthothi Yah
25 and Yiphde Yah and Penu El the sons of Shashaq;
26 and Shamsheray
and Shechar Yah and Athal Yah
27 and Yaaresh Yah and Eli Yah and
Zichri the sons of Yerocham.
28 — these are heads of the fathers by their generations
— heads who settle in Yeru Shalem.
29 And at Gibon, settles the father of Gibon
the name of his woman, Maachah:
30 and his firstbirthed son Abdon
and *Zur* **Sur**, and *Kish* **Qish**, and Baal, and Nadab,
31 And Gedor, and *Ahio* **Achyo**, and *Zacher* **Zecher**.
32 And *Miklothbegat Shimeah* **Miqloth birthed Shimah**.
And these also *dwelt* **settled** with their brethren
in *Jerusalem* **Yeru Shalem**, over against them.
33 And Ner *begat Kish* **birthed Qish**,
and *Kish begat Saul* **Qish birthed Shaul**,
and *Saul begat Jonathan* **Shaul birthed Yah Nathan**,
and *Malchishua* **Malki Shua**, and *Abinadab* **Abi Nadab**,
and *Eshbaal* **Esh Baal**.
34 And the son of *Jonathan* **Yah Nathan**,
was Meribbaal **Merib Baal**;
and *Meribbaal begat Micah* **Merib
Baal birthed Michah Yah**.

35 And the sons of *Micah* **Michah Yah**
were, Pithon, and Melech ,
and *Tarea* **Taarea**, and *Ahaz* **Achaz**.
36 And *Ahaz begat Jehoadah* **Achaz birthed**
Yah Addah; and *Jehoadah begat* **Yah Addah**
birthed Alemeth, and Azmaveth, and Zimri;
and Zimri *begat Moza* **birthed Mosa**,
37 And *Moza begat Binea* **Mosa birthed**
Binah: Rapha was his son,
Eleasah **El Asah** his son, *Azel* **Asel** his son:
38 AndAzelAsehladsixsons,whosenamesarethese,
Azrikam **Ezri Qam**, Bocheru,
and *Ishmael* **Yishma El**, and *Sheariah* **Shear**
Yah, and *Obadiah* **Obad Yah**, and Hanan.
All these were the sons of *Azel* **Asel**.
39 AndthesonsofEshekEsheqhisbrotherwere,
Ulam his *firstborn* **firstbirthed**,
Jehush **Yeush** the second,
and *Eliphelet* **Eli Phelet** the third.
40 And the sons of Ulam
were mighty *men* of valour, *archers* **bowmen**,
and *had many* **abounded with** sons, and
sons' sons, an hundred and fifty.
All these are of the sons of *Benjamin* **Ben Yamin**.

GENEALOGIES INSCRIBED IN THE SCROLLS OF THE SOVEREIGNS OF YISRA EL AND YAH HUDAH

9 So all *Israel* **Yisra El**
were *reckoned by genealogies* **genealogized**;
and, behold,
they were *written* **inscribed** in the *book* **scroll**
of the *kings* **sovereigns**
of *Israel* **Yisra El** and *Judah* **Yah Hudah**,
who were *carried away* **exiled** to *Babylon* **Babel**
for their *transgression* **treason**.

GENEALOGY OF THE YISRA ELIY

2 Now the first *inhabitants that dwelt* **settlers**
in their possessions in their cities *were*,
the *Israelites* **Yisra Eliy**, the priests, *Levites*
Leviym, and the *Nethinims* **Nethinim**.
3 And in *Jerusalem dwelt* **Yeru Shalem settled**
of the *children* **sons** of *Judah* **Yah Hudah**,
and of the *children* **sons** of *Benjamin* **Ben**
Yamin, and of the *children* **sons** of *Ephraim*
Ephrayim, and *Manasseh* **Menash Sheh**;
4 *Uthai* **Uthay** the son of *Ammihud* **Ammi Hud**, the
son of Omri, the son of Imri, the son of Bani,
of the *children* **sons** of *Pharez* **Peres**
the son of *Judah* **Yah Hudah**.
5 And of the *Shilonites* **Shilohiy**;
Asaiah **Asah Yah** the *firstborn*
firstbirthed, and his sons.
6 AndofthesonsofZerahZerach;
Jeuel **Yeu El**, and their brethren, six hundred and ninety.
7 And of the sons of *Benjamin* **Ben Yamin**;
Sallu the son of Meshullam,
the son of *Hodaviah* **Hodav Yah**,
the son of *Hasenuah* **Senuah**,
8 And *Ibneiah* **Yibne Yah** the son
of *Jeroham* **Yerocham**,
and Elah the son of Uzzi, the son of Michri,
and Meshullam the son of *Shephathiah* **Shaphat Yah**,
the son of *Reuel* **Reu El**, the son of *Ibnijah* **Yibni Yah**;
9 Andtheirbrethren,acordingtotheirgeneraitons,
nine hundred and fifty and six.
All these men were *chief* **head** of the
fathers in the house of their fathers.
and Sur and Qish and Baal and Nadab
31 and Gedor and Achyo and Zecher.
32 And Miqloth births Shimah:
and these also settle with their brothers
in Yeru Shalem, opposite them.
33 And Ner births Qish;
and Qish births Shaul;
and Shaul births Yah Nathan
and Malki Shua and Abi Nad ab and Esh Baal.
34 And the son of Yah Nathan: Merib Baal;
and Merib Baal births Michah Yah.
35 And the sons of Michah Yah:
Pithon and Melech and Taarea and Achaz.
36 And Achaz births Yah Addah;
and Yah Addah births Alemeth
and Azmaveth and Zimri;
and Zimri births Mosa;
37 and Mosa births Binah:
Rapha his son, El Asah his son, Asel his son.
38 And Asel has six sons, whose names *are* these: Ezri
Qam, Bocheru and Yishma El and Shear Yah
and Obad Yah and Hanan.
— all these are the sons of Asel.
39 And the sons of Esheq his brother:
Ulam his firstbirthed
Yeush the second and Eli Phelet the third.
40 And the sons of Ulam are mighty of valour
— bowmen;
and they abound with sons and sons of sons
— a hundred and fifty.
— all these are of the sons of Ben Yamin.

Genealogies Inscribed In The Scrolls Of The Sovereigns Of Yisra El And Yah Hudah

9 And all Yisra El is genealogized;
and behold, they are inscribed in the scroll
of the sovereigns of Yisra El and Yah Hudah,
who were exiled to Babel for their treason.

Genealogy Of The Yisra Eliy

2 And the first settlers
in their possessions in their cities are
the Yisra Eliy, the priests,
the Leviym and the Nethinim.
3 And of the sons of Yah Hudah and
of the sons of Ben Yamin
and of the sons of Ephrayim and Menash Sheh
settling in Yeru Shalem:
4 Uthay the son of Ammi Hud
the son of Omri the son of Imri the son of Bani.
Of the sons of Peres:
the son of Yah Hudah.
5 And of the Shilohiy:
Asah Yah the firstbirthed and his sons.
6 And of the sons of Zerach:
Yeu El and their brothers — six hundred and ninety.
7 And of the sons of Ben Yamin:
Sallu the son of Meshullam
the son of Hodav Yah the son of Senuah;
8 and Yibne Yah the son of Yerocham;
and Elah the son of Uzzi the son of Michri;
and Meshullam the son of Shaphat Yah the
son of Reu El the son of Yibni Yah;
9 and their brothers, according to their generations
— nine hundred and fifty—six.
— all these men are heads of the fathers
in the house of their fathers.

Genealogy Of The Priests

10 And of the priests;
Jedaiah **Yeda Yah**,
and *Jehoiarib* **Yah Arib**, and *Jachin* **Yachin**,
11 And *Azariah* **Azar Yah** the son of *Hilkiah* **Hilqi Yah**,
the son of Meshullam, the son of *Zadok* **Sadoq**,
the son of *Meraioth* **Merayoth**, the
son of *Ahitub* **Achiy Tub**,
the ruler **eminent** of the house of *God* **Elohim**;
12 And*Adaiah***AdaYah**thesonof*Jeroham***Yerocham**,
the son of *Pashur* **Pashchur**,
the son of *Malchijah* **Malki Yah**,
and *Maasiai* **Masay** the son of *Adiel* **Adi El**,
the son of *Jahzerah* **Yachzerah**, the son of Meshullam,
the son of Meshillemith, the son of Immer;
13 And their brethren, heads of the house
of their fathers, a thousand and seven
hundred and *threescore* **sixty**;
very able men **mighty of valour**
for the work of the service of the house of *God* **Elohim**.

Genealogy Of The Leviym

14 And of the *Levites* **Leviym**;
Shemaiah **Shema Yah** the son of *Hasshub*
Hashshub, the son of *Azrikam* **Ezri Qam**,
the son of *Hashabiah* **Hashab Yah**, of the sons of Merari;
15 And *Bakbakkar* **Baqbaqqar**, Heresh, and Galal,
and *Mattaniah* **Mattan Yah** the son of *Micah*
Michah Yah, the son of Zichri, the son of Asaph;
16 And *Obadiah* **Obad Yah**
the son of *Shemaiah* **Shema Yah**,
the son of Galal, the son of *Jeduthun* **Yeduthun**,
and *Berechiah* **Berech Yah** the son of Asa,
the son of *Elkanah* **El Qanah**,
that *dwelt* **settled** in the *villages* **courts**
of the *Netophathites* **Netophathiy**.
17 And the porters *were*, Shallum, and *Akkub* **Aqqub**,
and Talmon, and *Ahiman* **Achiy Man**,
and their brethren: Shallum was the *chief* **head**;
18 *Who hitherto waited in the king's gate eastward*
At the sovereign's portal from the rising:
they were porters in the *companies* **camps**
of the *children* **sons** of Levi.
19 And Shallum the son of *Kore* **Qore**,
the son of *Ebiasaph* **Abi Asaph**,
the son of *Korah* **Qorach** and his brethren,
of the house of his father, the *Korahites*
Qorachiy, were over the work of the service,
keepers **guards**
of the *gates* **thresholds** of the *tabernacle* **tent**:
and their fathers,
being over the *host* **camp** of *the LORD* **Yah
Veh**, were *keepers* **guards** of the entry.
20 And*Phinehas***Pinechas**thesonoE*fleaza***ErlAzar**
was *the ruler* **eminent** over them *in time past* **formerly**,
and the LORD **Yah Veh** was with him.
21 *And Zechariah* **Zechar Yah**
the son of *Meshelemiah* **Meshelem Yah**
was porter of the *door* **opening**
of the *tabernacle* **tent** of the congregation.
22 All these which were *chosen* **purified**
to be porters in the *gates* **thresholds**

were two hundred and twelve.
These were *reckoned by their genealogy* **genealogized**
in their *villages* **courts**,
whom David and *Samuel* **Shemu El** the seer
did ordain **founded** in their *set office* **trustworthiness**.
23 So they and their *children* **sons**
had the oversight of **were over** the *gates* **portals**
of the house of *the LORD* **Yah Veh**, *namely*,
the house of the *tabernacle* **tent**, by *wards* **guards**.
24 In four *quarters* **winds** were the porters,
toward the east **from the rising**, *west*
seaward, north, and south.
25 And their brethren, *which were*
in their *villages* **courts**,
were to come
after seven days from time to time with them.
26 For these *Levites* **Leviym**, the four *chief* **mighty** porters,
were *in their set office* **trustworthy**, and
were over the chambers and treasuries

Genealogy Of The Priests

10 And of the priests:
Yeda Yah and Yah Arib and Yachin
11 and Azar Yah the son of Hilqi Yah the son
of Meshullam the son of Sadoq the son
of Merayoth the son of Achiy Tub
— eminent of the house of Elohim;
12 and Ada Yah the son of Yerocham
the son of Pashchur the son of Malki Yah;
and Masay the son of Adi El
the son of Yachzerah the son of Meshullam
the son of Meshillemith the son of Immer;
13 and their brothers;
heads of the house of their fathers
— a thousand and seven hundred and sixty
— mighty of valour
for the work of the service of the house of Elohim.

Genealogy Of The Leviym

14 And of the Leviym:
Shema Yah the son of Hashshub
the son of Ezri Qam the son of Hashab Yah
of the sons of Merari;
15 and Baqbaqqar, Heresh and Galal
and Mattan Yah the son of Michah Yah
the son of Zichri the son of Asaph;
16 and Obad Yah the son of Shema Yah the
son of Galal the son of Yeduthun;
and Berech Yah the son of Asa the son of El Qanah
who settles in the courts of the Netophathiy.

17 And the porters:
Shallum and Aqqub and Talmon and Achiy Man;
and their brothers: Shallum is the head.
18 And at the portal of the sovereign, from the rising,
they are porters in the camps of the sons of Levi.
19 And Shallum the son of Qore
the son of Abi Asaph the son of Qorach, and his brothers
of the house of his father the Qorachiy
are over the work of the service
— guards of the thresholds of the tent:
and their fathers over the camp of Yah
Veh are guards of the entry;
20 and Pinechas the son of El Azar
formerly eminent over them;
Yah Veh is with him.
21 Zechar Yah the son of Meshelem Yah is porter
of the opening of the tent of the congregation.
22 All these — purified to be porters in the
thresholds are two hundred and twelve
— genealogized in their courts, whom
David and Shemu El the seer
founded in their trustworthiness.
23 And they and their sons
are over the portals of the house of Yah Veh,
and the house of the tent, by guards.
24 The porters are at the four winds
— from the rising, seaward, north and south:
25 and from time to time
their brothers come in their courts
with them for seven days.
26 For these Leviym, the four mighty
porters are trustworthy
and are over the chambers and treasuries
of the house of *God* **Elohim**.
27 And they *lodged* **stayed overnight**
round about the house of *God* **Elohim**, because
the *charge* **guard** was upon them,
and the *opening* **key** thereof
every morning **by morning** *pertained to them* **is theirs**.
28 And *certain* of them *had the charge* of **were over**
the *ministering vessels* **instruments of service**,
that they should bring them *in and*
out by tale **by number**.
29 Some of them also were *appointed* **numbered**
to oversee **over** the *vessels* **instruments**, and all
the instruments of the *sanctuary* **holies**,
and the *fine* flour, and the wine, and the oil,
and the frankincense, and the spices.
30 And some of the sons of the priests
made **perfumed** the ointment of the spices.

31 And *Matithiah* **Matith Yah**, *one*
of the *Levites* **Leviym**,
who was the *firstborn* **firstbirthed**
of Shallum the *Korahite* **Qorachiy**,
had the *set office* **trust**
over the *things that were made in the pans* **griddle work**.
32 And *other* of their brethren,
of the sons of the *Kohathites* **Qehathiy**,
were over the *shewbread* **bread of arrangement**,
to prepare it every *sabbath* **shabbath**.
33 And these are the singers,
chief **head** of the fathers of the *Levites* **Leviym**,
who remaining in the chambers were *free* **liberated**:
for they were employed in that work **by** day and night.
34 These *chief* **head** fathers of the *Levites* **Leviym**
were *chief* **head** throughout their generations;
these *dwelt* **settled** at *Jerusalem* **Yeru Shalem**.

GENEALOGY OF YEI EL

35 And in *Gibeon* **Gibon**
dwelt **settled** the father of *Gibeon* **Gibon**, *Jehiel* **Yei El**, whose *wife's* **woman's** name was Maachah:
36 And his *firstborn* **firstbirthed** son Abdon,
then *Zur* **Sur**, and *Kish* **Qish**, and
Baal, and Ner, and Nadab.
37 And Gedor, and *Ahio* **Achyo**,
and *Zechariah* **Zechar Yah**, and *Mikloth* **Miqloth**.
38 And *Mikloth begat Shimeam* **Miqloth birthed Shimam**.
And they also *dwelt* **settled** with their brethren
at *Jerusalem* **Yeru Shalem**, over against their brethren.
39 And Ner *begat Kish* **birthed Qish**;
and *Kish begat Saul* **Qish birthed Shaul**;
and *Saul begat Jonathan* **Shaul birthed Yah Nathan**, and *Malchishua* **Malki Shua**,
and *Abinadab* **Abi Nadab**, and *Eshbaal* **Esh Baal**.
40 And the son of *Jonathan* **Yah Nathan,**
was Meribbaal **Meri Baal**:
and *Meribbaal begat Micah* **Meri Baal birthed Michah Yah**.
41 And the sons of *Micah* **Michah Yah**
were, Pithon, and Melech,
and *Tahrea* **Tachrea**, *and Ahaz* **Achaz**.
42 And *Ahaz begat Jarah* **Achaz birthed Yarah**;
and *Jarah begat* **Yarah birthed** Alemeth,
and Azmaveth, and Zimri;
and Zimri *begat Moza* **birthed Mosa**;
43 And *Moza begat Binea* **Mosa birthed** *Binea*;
and *Rephaiah* **Repha Yah** his son,
Eleasah **El Asah** his son, *Azel* **Asel** his son.
44 And *Azel* **Asel** had six sons, whose names are these,
Azrikam **Ezri Qam**, Bocheru,
and *Ishmael* **Yishma El**, and *Sheariah* **Shear Yah**, and *Obadiah* **Obad Yah**, and Hanan:
these were the sons of *Azel* **Asel**.

THE DEATH OF SHAUL

10 Now the *Philistines* **Peleshethiy** fought against
Israel **Yisra El**; and the men of *Israel* **Yisra El**
fled from *before* **the face of** the *Philistines* **Peleshethiy**,
and fell down *slain* **pierced** in mount Gilboa.
2 And the *Philistines* **Peleshethiy**
followed hard **adhered** after *Saul* **Shaul**, and after his sons;
and the *Philistines* **Peleshethiy**
slew Jonathan **smote Yah Nathan**,
and *Abinadab* **Abi Nadab**, and *Malchishua* **Malki Shua**, the sons of *Saul* **Shaul**.
3 And the *battle went sore* **war was heavy** against *Saul* **Shaul**,
of the house of Elohim:
27 and they stay overnight
all around the house of Elohim, because
they are on guard with the key
morning by morning.
28 And some are over the instruments of
service to bring them by number:
29 and some are numbered over the instruments
and all the instruments of the holies
and the flour and the wine and the oil and
the frankincense and the spices:
30 and some of the sons of the priests
perfume the ointment of the spices:
31 and Mattith Yah of the Leviym
the firstbirthed of Shallum the Qorachiy
has the trust over the griddle work:
32 and some of their brothers of the sons of the Qehathiy
are over the bread of arrangement
— to prepare it every shabbath.
33 And the singers
— head of the fathers of the Leviym,
in the chambers are liberated:
for by day and night they are employed in that work.
34 — these head fathers of the Leviym are
head throughout their generations;
they settle at Yeru Shalem.

GENEALOGY OF YEI EL

35 And Yei El the father of Gibon settles in Gibon
the name of his woman, Maachah:

36 and his firstbirthed son Abdon
and Sur and Qish and Baal and Ner and Nadab
37 and Gedor and Achyo and Zechar Yah and Miqloth.
38 And Miqloth births Shimam:
and they also settle with their brothers at
Yeru Shalem opposite their brothers.
39 And Ner births Qish and Qish births Shaul
and Shaul births Yah Nathan and Malki Shua
and Abi Nadab and Esh Baal.
40 And the son of Yah Nathan: Meri Baal;
and Meri Baal births Michah Yah.
41 And the sons of Michah Yah: Pithon
and Melech and Tachrea;
42 and Achaz births Yarah;
and Yarah births Alemeth and Azmaveth and Zimri;
and Zimri births Mosa;
43 and Mosa births Bina and Repha Yah his son,
El Asah his son, Asel his son.
44 And Asel has six sons, whose names are these: Ezri
Qam, Bocheru and Yishma El and Shear Yah
and Obad Yah and Hanan:
these are the sons of Asel.

THE DEATH OF SHAUL

10 And the Peleshethiy fight Yisra El;
and the men of Yisra El
flee the face of the Peleshethiy
and fall down pierced in mount Gilboa:
2 and the Peleshethiy
adhere after Shaul and after his sons;
and the Peleshethiy smite Yah Nathan
and Abi Nadab and Malki Shua the sons of Shaul:
3 and the war is heavy against Shaul
and the *archers hit* **bowmen found** him, and
he was *wounded* **writhed** of the archers.
4 Then said *Saul* **Shaul**
to his *armourbearer* **instrument bearer,**
Draw thy sword, and *thrust me
through* **stab me** therewith;
lest these uncircumcised come and *abuse* **exploit** me.
But his *armourbearer would*
instrument bearer willed not;
for he was *sore afraid* **mighty awed.**
So *Saul* **Shaul** took a sword, and fell upon it.
5 Andwhenhis*armourbeare*in**rstrumentbearer**
saw that *Saul was dead* **Shaul died,** he fell
likewise on the sword, and died.
6 So*Saul***Shaul**died,andhisthreesons,
and all his house died together.
7 And when all the men of *Israel* **Yisra El**
that were in the valley saw that they fled,
and that *Saul* **Shaul** and his sons *were dead* **had
died,** then they forsook their cities, and fled:
and the *Philistines* **Peleshethiy** came
and *dwelt* **settled** in them.
8 And **so be** it *came to pass,* on the morrow,
when the *Philistines* **Peleshethiy**
came to strip the *slain* **pierced,**
that they found *Saul* **Shaul** and his
sons fallen in mount Gilboa.
9 And when they had stripped him,
they *took* **lifted** his head, and his *armour*
instruments, and sent into the land of the
Philistines **Peleshethiy** round about,
to *carry tidings* **evangelize** unto their
idols, and to the people.
10 And they *put* **set** his *armour* **instruments**
in the house of their *gods* **elohim,** and *fastened* **staked**
his *head* **cranium** in the *temple* **house** of Dagon.
11 And when all *Jabeshgilead* **Yabesh Gilad**
heard all that the *Philistines* **Peleshethiy**
had *done* **worked** to *Saul* **Shaul,**
12 They arose, all the valiant men,
and *took away* **lifted** the *body* **carcase** of *Saul*
Shaul, and the *bodies* **carcases** of his sons,
and brought them to *Jabesh* **Yabesh,** and *buried*
entombed their bones under the oak in *Jabesh* **Yabesh,**
and fasted seven days.
13 So *Saul* **Shaul** died for his *transgression* **treason**
which he *committed* **treasoned**
against *the LORD* **Yah Veh,**
even against the word of *the LORD* **Yah Veh,**
which he *kept* **guarded** not, and also for asking *counsel*
of *one that had a familiar spirit* **a
necromancer,** to enquire of it;
14 And enquired not of *the LORD* **Yah Veh:**
therefore he *slew* **deathified** him,
and turned the *kingdom* **sovereigndom**
unto David the son of *Jesse* **Yishay.**

DAVID REIGNS OVER YISRA EL

11 Then all *Israel* **Yisra El**
gathered *themselves* to David unto Hebron, saying,
Behold, *we are* thy bone and thy flesh.
2 *Andmoreoverintimepast***Alsothreeyestersago,**
even when *Saul* **Shaul** was *king* **sovereign,** thou wast he
that leddest out and broughtest in *Israel* **Yisra El:**
and *the LORD* **Yah Veh** thy *God* **Elohim** said unto
thee, Thou shalt *feed* **tend** my people *Israel* **Yisra El,**
and thou shalt be *ruler* **eminent**

over my people *Israel* **Yisra El.**
3 Therefore came all the elders of *Israel* **Yisra El**
to the *king* **sovereign** to Hebron;
and David *made* **cut** a covenant with them in Hebron
before the LORD **at the face of Yah Veh;**
and they anointed David
king **sovereign** over *Israel* **Yisra El,** according
to the word of *the LORD* **Yah Veh**
by *Samuel* **the hand of Shemu El.**
4 And David and all *Israel* **Yisra El**
went to *Jerusalem* **Yeru Shalem,** which is *Jebus* **Yebus;**
and the bowmen find him and the archers writhe him.
4 And Shaul says to his instrument bearer,
Draw your sword and stab me therewith;
lest these uncircumcised come and exploit me.
And his instrument bearer wills
not for he is mighty awed:
and Shaul takes a sword and falls on it:
5 and his instrument bearer sees Shaul die and
he likewise falls on the sword and dies:
6 and Shaul dies
and his three sons and all his house die together:
7 and all the men of Yisra El in the valley see them flee
and Shaul and his sons die;
and they forsake their cities and flee:
and the Peleshethiy come and settle in them.
8 And so be it, on the morrow,
the Peleshethiy come to strip the pierced, and they
find Shaul and his sons fallen in mount Gilboa:
9 and they strip him
and lift his head and his instruments
and send them all around the land of the Pelesheth
iy to evangelize to their idols and to the people:
10 and they set his instruments
in the house of their elohim
and stake his cranium in the house of Dagon.
11 And all Yabesh Gilad
hears all that the Peleshethiy work to Shaul;
12 and they rise — all the valiant men
and lift the carcase of Shaul
and the carcases of his sons
and bring them to Yabesh
and entomb their bones under the oak
in Yabesh and fast seven days.
13 And Shaul dies for the treason he
treasoned against Yah Veh
— against the word of Yah Veh which he guarded not
and also for asking of a necromancer,
— to enquire
14 and not enquire of Yah Veh:
so he deathifies him
and turns the sovereigndom to David the son of Yishay.

DAVID REIGNS OVER YISRA EL

11 And all Yisra El gathers to David to Hebron,
saying, Behold, your bone and your flesh.
2 Also three yesters ago
— even when Shaul was sovereign, you
led out and brought in Yisra El:
and Yah Veh your Elohim said to you,
Tend my people Yisra El
and be eminent over my people Yisra El!
3 And all the elders of Yisra El come
to the sovereign to Hebron:
and David cuts a covenant with them in Hebron
at the face of Yah Veh:
and they anoint David sovereign over Yisra El
— according to the word of Yah Veh
by the hand of Shemu El.
4 And David and all Yisra El go to Yeru Shalem
— which is Yebus
where the *Jebusites* **Yebusiy** were, the
inhabitants **settlers** of the land.
5 Andthe*inhabitants***setlers**o*Jfebus***Yebus**saidtoDavid,
Thou shalt not come hither.
Nevertheless
David *took* **captured** the *castle* **net** of *Zion*
Siyon, which is the city of David.
6 And David said,
Whosoever smiteth the *Jebusites* **Yebusiy** first
shall be *chief* **head** and *captain* **governor.**
So *Joab* **Yah Ab** the son of *Zeruiah* **Seruyah**
went **ascended** first *up*, and was *chief* **head.**
7 AndDavid*dweslt***etled**inthe*castle***hunthold;**
therefore they called it the city of David.
8 And he built the city round about,
even from Millo round about:
and *Joab repaired* **Yah Ab enlivened**
the *rest* **survivors** of the city.
9 *So* **In walking,** David *waxed*
walked greater and greater:
for *the LORD of hosts* **Yah Veh Sabaoth** was with him.

THE HEADS OF THE MIGHTY OF DAVID

10 These also are the *chief* **head**
of the mighty *men* whom David had, who
strengthened themselves with him
in his *kingdom* **sovereigndom,** and with all
Israel **Yisra El,** to *make* **have** him *king* **reign,**
according to the word of *the LORD* **Yah Veh**

concerning *Israel* **Yisra El.**
11 And this is the number of the mighty *men*
whom David had;
Jashobeam **Yashob Am,**
an Hachmonite **a son of the Hachmoniy,** the
chief **head** of the *captains* **tertiaries:**
he *lifted up* **wakened** his spear against three hundred
slain **pierced** *by him* at one time.
12 And after him was *Eleazar* **El Azar** the son of Dodo,
the *Ahohite* **Ach Oachiy,**
who was one of the three *mighties* **mighty.**
13 He was with David at *Pasdammim* **Pas Dammin,**
and there the *Philistines* **Peleshethiy**
were gathered *together* to *battle* **war,**
where was
a parcel **an allotment** of *ground* **field** full of barley;
and the people fled
from *before* **the face of** the *Philistines* **Peleshethiy.**
14 And they set themselves
in the midst of that *parcel* **allotment,**
and *delivered* **rescued** it,
and *slew* **slaughtered** the *Philistines* **Peleshethiy;**
and *the LORD* **Yah Veh** saved them by
a great *deliverance* **salvation.**
15 Now three of the thirty *captains* **heads**
went down **descended** to the rock to
David, into the cave of Adullam;
and the *host* **camp** of the *Philistines* **Peleshethiy**
encamped in the valley of Rephaim.
16 And David was then in the hold,
and the *Philistines' garrison* **Peleshethiy station**
was then at *Bethlehem* **Beth Lechem.**
17 And David *longed* **desired,** and said,
Oh that one *would* give me drink of the water
of the well of *Bethlehem* **Beth Lechem,**
that is at the *gate* **portal!**
18 And the three *brake* **split** through the *host* **camp**
of the *Philistines* **Peleshethiy,**
and *drew* **bailed** water
out of the well of *Bethlehem* **Beth Lechem,**
that was by the *gate* **portal,**
and *took* **lifted** *it,* and brought *it* to David:
but David *would* **willed to** not drink of it,
but poured it out to *the LORD* **Yah Veh.**
19 And said, My *God* **Elohim,** *forbid it* **far be it**
from me, that I should *do* **work** this *thing*:
shall I drink the blood of these men
that have put their lives in jeopardy **with their souls?**
for with *the jeopardy of their lives* **their souls**
they brought it.
Therefore he *would* **willed to** not drink it.
These *things did* **worked** these three *mightiest* **mighty.**
— of the Yebusiy the settlers of the land.
5 And the settlers of Yebus say to
David, Come not here.
— and David captures the hunthold of Siyon
— the city of David.
6 And David says,
Whoever smites the Yebusiy first
becomes head and governor.
So Yah Ab the son of Seruyah ascends
first and becomes head:
7 and David settles in the hunthold;
so they call it City of David:
8 and he builds the city all around
— from Millo and all around:
and Yah Ab enlivens the survivors of the city:
9 and in walking, David walks greater and greater:
for Yah Veh Sabaoth is with him.

THE HEADS OF THE MIGHTY OF DAVID

10 And these are heads of the mighty of
David
— who strengthen themselves with him
in his sovereigndom and with all Yisra El,
to have him reign according to the word
of Yah Veh concerning Yisra El.
11 And this is the number of the mighty of David:
Yashob Am a son of the Hachmoniy,
the head of the tertiaries:
he wakened his spear against three hundred
— pierced at one time.
12 And after him
El Azar the son of Dodo the Ach
Oachiy of the three mighty;
13 he is with David at Pas Dammin;
and there the Peleshethiy gathered to war;
and there *was* an allotment of field full of barley;
and the people fled the face of the Peleshethiy;
14 and they set themselves midst that
allotment and rescued it;
and slaughtered the Peleshethiy;
and Yah Veh saved them by a great salvation.
15 And three of the thirty heads descend the
rock to David — to the cave of Adullam:
and the camp of the Peleshethiy encamp
in the valley of Rephaim:
16 and David *is* then in the hold
and the Peleshethiy station *is* then at Beth Lechem.
17 And David desired and said,

Oh that one give me drink of the water of
the well of Beth Lechem at the portal!
18 And the three
split through the camp of the
Peleshethiy and bailed water
from the well of Beth Lechem by the portal;
and lifted and brought to David.
And David willed to not drink of it
but poured it out to Yah Veh
19 and said,
My Elohim, far be it from me to work this:
I — Drink I the blood of these men with their souls?
For by their souls they bring it.
— and he willed to not drink. The
three mighty worked these.
20 And *Abishai* **Abi Shai** the brother of *Joab*
Yah Ab, he was *chief* **head** of the three:
for *lifting up* **wakening** his spear against three hundred,
he *slew* **pierced** them, and had a name among the three.
21 Ofthethre,hewasmorehonourablethanthetwo;
for he was their *captain* **governor**:
howbeit he attained not to the *first* three.
22 *Benaiah* **Bena Yah** the son of *Jehoiada* **Yah Yada**,
the son of a valiant man of *Kabzeel* **Qabse El**,
who had done many acts — **great of deeds**;
he *slew* **smote** two *lionlike men* **Ariel** of Moab:
also he *went down* **descended** and *slew* **smote** a lion
in a *pit* **well** in a *snowy* day **of snow**.
23 And he *slew an Egyptian* **smote a man — a Misrayim**,
a man of *great stature* **measure**, five cubits high;
and in the *Egyptian's* **Misrayim's** hand
was a spear like a weaver's beam;
and he *went down* **descended** to him with a
staff **scion**, and *plucked* **stripped** the spear
out of the *Egyptian's* **Misrayim's** hand,
and *slew* **slaughtered** him with his own spear.
24 These*thingsdidBenaiah***workedBenaYah**
the son of *Jehoiada* **Yah Yada**,
and had the name among the three *mighties* **mighty**.
25 Behold,hewashonourableamongthethirty,
but attained not to the *first* three:
and David set him over his guard.
26 Also the *valiant men of the armies*
mighty of valour *were*,
Asahel **Asa El** the brother of *Joab* **Yah Ab**,
Elhanan **El Hanan** the son of Dodo
of *Bethlehem* **Beth Lechem**,
27 Shammoth the *Harorite* **Haroriy**,
Helez **Heles** the *Pelonite* **Paloniy**,
28 Irathesonof*Ikesh***Iqqesh**the*Tekoite***Teqohiy**,
Abiezer **Abi Ezer** the *Antothite* **Anathothiy**,
29 *Sibbecai***Sibbechay**the*Hushathite***Hushathiy**,
Ilai **Ilay** the *Ahohite* **Ach Oachiy**,
30 *Maharai***Maharay**the*Netophathite***Netophathiy**,
Heled the son of Baanah the *Netophathite* **Netophathiy**,
31 *Itha***Itaiy**thesonof*Riba***Ri ibay**of*Gibeah***Gibah**,
that pertained to the children **of the sons**
of *Benjamin* **Ben Yamin**,
Benaiah **Bena Yah** the *Pirathonite* **Pirathoniy**,
32 Huraiofthe*brooks***wadies**ofGaash,
Abiel **Abi El** the *Arbathite* **Arabahiy**,
33 Azmaveththe*Baharumite***Bachurimiy**,
Eliahba **El Yachba** the *Shaalbonite* **Shaalbimiy**,
34 The sons of Hashem the *Gizonite* **Gizohiy**,
Jonathan **Yah Nathan**
the son of Shage the *Hararite* **Harariy**,
35 *Ahiam* **Achiy Am**
the son of *Sacar* **Sachar** the *Hararite* **Harariy**,
Eliphal **Eli Phal** the son of Ur,
36 Hepher the *Mecherathite* **Mecherahiy**,
Ahijah **Achiy Yah** the *Pelonite* **Paloniy**,
37 *Hezro***Hesro**the*Carmelite***Karmeliy**,
Naarai **Naaray** the son of Ezbai,
38 *Joel* **Yah El** the brother of Nathan,
Mibhar **Mibchar** the son of *Haggeri* **Hagariy**,
39 *Zelek* **Seleq** the *Ammonite* **Ammoniy**,
Naharai **Nachray** the *Berothite* **Berothiy**,
the *armourbearer* **instrument bearer** of *Joab* **Yah Ab**
the son of *Zeruiah* **Seruyah**,
40 Ira the *Ithrite* **Yetheriy**, Gareb the *Ithrite* **Yetheriy**,
41 *Uriah* **Uri Yah** the *Hittite* **Hethiy**, Zabad
the son of *Ahlai* **Achiy Lay**,
42 Adinathesonof Shizathe*Reubenite***ReuBeniy**,
a *captain* **head** of the *Reubenites* **Reu
Beniy**, and thirty with him,
43 Hanan the son of Maachah,
and *Joshaphat* **Yah Shaphat** the *Mithnite* **Mithniy**,
44 *Uzzia* **Uzzi Yah** the *Ashterathite*
Ashtarothiy, Shama and *Jehiel* **Yei El**
the sons of Hothan the *Aroerite* **Aroeriy**,
45 *Jediael* **Yedia El** the son of Shimri,
and *Joha* **Yah Ha** his brother, the *Tizite* **Tisiy**,
46 *Eliel* **Eli El** the *Mahavite* **Machaviy**,
20 And Abi Shai the brother of Yah Ab
became head of the three:
for wakening his spear against three hundred
— pierced
— and has a name among the three:
21 of the three, he is more honorable than the two;
for he is their governor:

but he attained not to the three.
22 Bena Yah the son of Yah Yada the son
of a valiant man of Qabse El
— great of deeds:
he smote two Ariel of Moab;
and he descended and smote a lion
in a well in a day of snow;
23 and he smote a man — a Misrayim
— a man of measure; five cubits high;
and in the hand of the Misrayim
is a spear as the beam of a weaver;
and he descended to him with a scion
and stripped the spear from hand of the Misrayim
and slaughtered him with his own spear:
24 Bena Yah the son of Yah Yada worked these
and has the name among the three mighty:
25 behold, he is honorable among the thirty
but attained not to the three:
and David sets him over his guard.
26 And the mighty of valour: Asa El
the brother of Yah Ab,
El Hanan the son of Dodo of Beth Lechem,
27 Shammoth the Haroriy, Heles the Paloniy,
28 Ira the son of Iqqesh the Teqohiy,
Abi Ezer the Anathothiy,
29 Sibbechay the Hushathiy, Ilay the Ach Oachiy,
30 Maharay the Netophathiy,
Heled the son of Baanah the Netophathiy,
31 Ittay the son of Ribay of Gibah of the sons
of Ben Yamin, Bena Yah the Pirathoniy,
32 Hurai of the wadies of Gaash, Abi El the Arabahiy,
33 Azmaveth the Bachurimiy, El Yachba the Shaalbimiy,
34 the sons of Hashem the Gizohiy,
Yah Nathan the son of Shage the Harariy,
35 Achiy Am the son of Sachar the
Harariy, Eli Phal the son of Ur,
36 Hepher the Mecherahiy, Achiy Yah the Paloniy,
37 Hesro the Karmeliy,
Naaray the son of Ezbai,
38 Yah El the brother of Nathan,
Mibchar the son of Hagariy,
39 Seleq the Ammoniy, Nachray the Berothiy
the instrument bearer of Yah Ab the son of Seruyah,
40 Ira the Yetheriy, Gareb the Yetheriy,
41 Uri Yah the Hethiy, Zabad the son of Achiy Lay,
42 Adina the son of Shiza the Reu Beniy
— a head of the Reu Beniy and thirty with him,
43 Hanan the son of Maachah, and
Yah Shaphat the Mithniy,
44 Uzzi Yah the Ashtarothiy,
Shama and Yei El the sons of Hothan the Aroeriy,
45 Yedia El the son of Shimri, and Yah
Ha his brother the Tisiy,
46 Eli El the Machaviy,
and *Jeribai* **Yeribay**, and *Joshaviah* **Yah
Shavah**, the sons of *Elnaam* **El Naam**,
and *Ithmah* **Yithmah** the *Moabite* **Moabiy**,
47 *Eliel* **Eli El**, and Obed,
and *Jasiel* **Yaasi El** the *Mesobaite* **Mesoba Yah**.

THE WARRIORS OF DAVID OF SIQLAG

12 Now these are they
that came to David to *Ziklag* **Siqlag**, while
he yet *kept himself close* **restrained**
because **from the face** of *Saul* **Shaul**
the son of *Kish* **Qish**:
and they were among the mighty
men, helpers of the war.
2 They were *armed* **kissed** with bows,
and could use both the right *hand* and the left
in *hurling* stones and *shooting* arrows out of a bow, even
of *Saul's* **Shaul's** brethren of *Benjamin* **Ben Yamin**.
3 The *chief* **head**
was *Ahiezer* **Achiy Ezer**, then *Joash* **Yah Ash**,
the sons of Shemaah the *Gibeathite* **Gibathiy**;
and *Jeziel* **Yezav El**, and Pelet, the sons of Azmaveth;
and Berachah,
and *Jehu* **Yah Hu** the *Antothite* **Anathothiy**.
4 And *Ismaiah* **Yishma Yah** the *Gibeonites* **Giboniy**, *a*
mighty *man* among the thirty, and over the thirty;
and *Jeremiah* **Yirme Yah**, and *Jahaziel* **Yachazi El**,
and *Johanan* **Yah Hanan**,
and *Josabad* **Yah Zabad** the *Gederathite* **Gederahiy**,
5 *Eluzai* **El Uzay**, and *Jerimoth* **Yerimoth**,
and *Bealiah* **Beal Yah**, and *Shemariah* **Shemar Yah**,
and *Shephatiah* **Shaphat Yah** the *Haruphite* **Haruphiy**,
6 *Elkanah* **El Qanah**, and *Jesiah* **Yishshi Yah**,
and *Azareel* **Azar El**, and *Joezer* **Yah Ezer**,
and *Jashobeam* **Yashob Am**, the *Korhites* **Qorachiy**,
7 And *Joelah* **Yoelah**, and *Zebadiah* **Zebad Yah**,
the sons of *Jeroham* **Yerocham** of Gedor.
8 And of the *Gadites* **Gadiy**
there separated themselves unto David into
the *hold* **hunthold** to the wilderness
men of might **mighty of valour**, and men of *war* **hostility**
fit for the *battle* **war**,
that could *handle* **line up** shield and *buckler*
javelin, whose faces were *like* the faces of lions,
and *were* as swift
as the *roes* **gazelles** upon the mountains;
9 Ezer the *first* **head**, *Obadiah* **Obad Yah** the second,

Eliab **Eli Ab** the third,
10 Mishmannah the fourth, *Jeremiah*
Yirme Yah the fifth,
11 *Attai* **Attay** the sixth, *Eliel* **Eli El** the seventh,
12 *Johanan* **Yah Hanan** the eighth,
Elzabad **El Zabad** the ninth,
13 *Jeremiah* **Yirme Yah** the tenth,
Machbanai **Machbenaiy** the eleventh.
14 These were of the sons of Gad,
captains **heads** of the host:
one of the least was over an hundred,
and the greatest over a thousand.
15 These are they
that *went* **passed** over *Jordan* **Yarden** in the first month,
when it had *overflown* **overflowed** all his banks;
and they *put* **caused** to *flight* **flee** all them of the valleys,
both toward the east **from the rising**, and
toward the west **from the dusk**.
16 And there came of the *children* **sons**
of *Benjamin* **Ben Yamin** and *Judah* **Yah Hudah**
to the *hold* **hunthold** unto David.
17 And David went out *to meet them* **at their**
face, and answered and said unto them,
If ye be come *peaceably* **in shalom** unto me to help me,
mine heart shall be *knit* **altogether** unto you:
but if *ye be come* to *betray* **hurl** me to *mine enemies*
my tribulators, seeing there is no *wrong* **violence**
in *mine hands* **my palms**,
the *God* **Elohim** of our fathers *look* **see**
thereon, and *rebuke* **reprove** it.
18 Then the spirit *came upon Amasai* **enrobed Amasay**,
who was chief **head** of the *captains* **tertiaries**, *and*
he said, Thine *are we*, David, and **with thee**,
thou son of *Jesse* **Yishay**: *peace* **shalom**,
and Yeribay and Yah Shavah the sons of
El Naam, and Yithmah the Moabiy,
47 Eli El and Obed and Yaasi El the Mesoba Yah.

THE WARRIORS OF DAVID OF SIQLAG

12 And these come to David to
Siqlag while they *are* restrained
because of the face of Shaul the son of Qish:
and they are among the mighty — helpers of the war:
2 they are kissed with bows
and can use both the right and the left
in stones and arrows from a bow
— of the brothers of Shaul — of Ben Yamin.
3 The head is Achiy Ezer and Yah Ash
the sons of Shemaah the Gibathiy,
and Yezav El and Pelet the sons of Azmaveth,
and Berachah and Yah Hu the Anathothiy,
4 and Yishma Yah the Giboniy
mighty among the thirty and over the
thirty, and Yirme Yah and Yachazi El,
and Yah Hanan and Yah Zabad the Gederahiy,
5 El Uzay and Yerimoth and Beal Yah
and Shemar Yah and Shaphat Yah the Haruphiy,
6 El Qanah and Yishshi Yah and Azar El
and Yah Ezer and Yashob Am the Qorachiy,
7 and Yoelah and Zebad Yah the sons
of Yerocham of Gedor.
8 And of the Gadiy
the mighty of valour and men of hostility
separate themselves to David
to the hunthold to the wilderness for the war
— who line up shield and javelin whose
faces are the faces of lions
and as swift as the gazelles on the mountains:
9 Ezer the head, Obad Yah the second,
Eli Ab the third,
10 Mishmannah the fourth, Yirme Yah the fifth,
11 Attay the sixth,
Eli El the seventh,
12 Yah Hanan the eighth, El Zabad the ninth,
13 Yirme Yah the tenth, Machbenaiy the eleventh:
14 these are of the sons of Gad, heads of the host:
one of the least is over a hundred and
the greatest over a thousand:
15 these are they
who pass over Yarden in the first month,
when it overflows all its banks;
and they cause all in the valley to flee
— from the rising and from the dusk.
16 And some of the sons
of Ben Yamin and Yah Hudah come
to the hunthold to David.
17 And David goes out at their face and
answers and says to them,
If you come to me in shalom to help me,
my heart becomes yours:
but if to hurl me to my tribulators
— seeing there is no violence in my palms, the
Elohim of our fathers sees and reproves.
18 And the spirit enrobes Amasay
the head of the tertiaries,
To you, O David
and with you, son of Yishay, shalom;
peace **shalom** be unto thee,
and *peace* **shalom** be to thine helpers; for thy *God*
Elohim helpeth thee. Then David *received* **took** them,
and *made* **gave** them *captains* **heads** of the *band* **troop**.

19 And there fell
some of *Manasseh* **Menash Sheh** to David,
when he came with the *Philistines* **Peleshethiy**
against *Saul* **Shaul** to *battle* **war**:
but they helped them not:
for the *lords* **ringleaders** of the *Philistines* **Peleshethiy**
upon *advisement* **counsel** sent him away,
saying, He *will* **shall** fall to his *master Saul*
adoni Shaul to *the jeopardy of* our heads.
20 As he went to *Ziklag* **Siqlag**,
there fell to him of *Manasseh* **Menash Sheh**, Adnah,
and *Jozabad* **Yah Zabad**, and *Jediael* **Yedia El**, and
Michael **Michah El**, and *Jozabad* **Yah Zabad**,
and *Elihu* **Eli Hu**, and *Zilthai* **Sillethay**,
captains **heads** of the thousands that
were of *Manasseh* **Menash Sheh**.
21 And they helped David
against the *band* **troop** *of the rovers*: for
they were all mighty *men* of valour, and
were *captains* **governors** in the host.
22 For at that time day by day there came to David
to help him, until it was a great *host* **camp**,
like the *host* **camp** of *God* **Elohim**.

THE WARRIORS OF DAVID OF THE SONS OF YISRA EL

23 And these are the numbers of the *bands* **heads**
that were ready armed **equipped** to the *war*
hostility, and came to David to Hebron,
to turn the *kingdom* **sovereigndom** of *Saul* **Shaul** to him,
according to the *word* **mouth** of *the LORD* **Yah Veh**.
24 The *children* **sons** of *Judah* **Yah Hudah**
that bare shield and *spear* **javelin**
were six thousand and eight hundred,
ready armed **equipped** to the *war* **hostility**.
25 Of the *children* **sons** of *Simeon* **Shimon**,
mighty *men* of valour for the *war* **hostility**,
seven thousand and one hundred.
26 Of the *children* **sons** of Levi,
four thousand and six hundred.
27 And *Jehoiada* **Yah Yada**
was *the leader* **eminent** of the *Aaronites* **Aharoniy**, and
with him were three thousand and seven hundred;
28 And *Zadok* **Sadoq**, a *young man* **lad** mighty of valour,
and of his father's house
twenty and two *captains* **governors**.
29 And of the *children* **sons** of *Benjamin* **Ben Yamin**
the *kindred* **brothers** of *Saul* **Shaul**, three thousand:
for hitherto the *greatest part* **increase** *of them*
had *kept* **guarded** the *ward* **guard**
of the house of *Saul* **Shaul**.
30 And of the *children* **sons** of *Ephraim* **Ephrayim**
twenty thousand and eight hundred,
mighty *men* of valour,
famous **men of name** throughout
the house of their fathers.
31 And of the half *tribe* **rod** of *Manasseh* **Menash Sheh**
eighteen thousand,
which were *expressed* **appointed** by name,
to come and make David *king* **reign**.
32 And of the *children* **sons** of *Issachar* **Yissachar**,
which were men
that *had understanding* **knew discernment** of the
times, to know what *Israel* **Yisra El** ought to *do* **work**;
the heads of them were two hundred;
and all their brethren were at their
commandment **mouth**.
33 Of Zebulun, such as went forth to *batle* **hostility**,
expert in war **lined up for battle**, with all
instruments of war, fifty thousand,
which could *keep rank* **line up for battle**:
they were not of double heart.
shalom to you; and shalom to your helpers;
for your Elohim helps you.
— and David takes them
and gives them as heads of the troop.
19 And some of Menash Sheh fall to David
when he comes with the Peleshethiy
to war against Shaul;
and they help them not:
for by counsel
the ringleaders of the Peleshethiy send him away
saying, He falls, with our heads, to his adoni Shaul.
20 And he goes to Siqlag;
and they of Menash Sheh, Adnah and Yah Zabad
and Yedia El and Michah El and Yah Zabad
and Eli Hu and Sillethay
— heads of the thousands of Menash Sheh
fall to him:
21 and they help David against the troop:
for they are all mighty of valour
— governors in the host:
22 for at that time, day by day, they
come to David to help him;
until it is a great camp like the camp of Elohim.

THE WARRIORS OF DAVID OF THE SONS OF YISRA EL

23 And these are the numbers of the
heads equipped to the hostility

who come to David to Hebron
to turn the sovereigndom of Shaul to him
according to the mouth of Yah Veh
24 — the sons of Yah Hudah who bear shield and javelin:
six thousand and eight hundred
equipped to the hostility.
25 Of the sons of Shimon
— mighty of valour for the hostility:
seven thousand and one hundred.
26 Of the sons of Levi:
four thousand and six hundred;
27 and Yah Yada is eminent of the Aharoniy and
three thousand and seven hundred with him;
28 and Sadoq — a lad mighty of valour
and twenty—two governors
of the house of his father.
29 And of the sons of Ben Yamin the brothers of Shaul:
three thousand;
for until now the increase guarded the
guard of the house of Shaul.
30 And of the sons of Ephrayim:
twenty thousand and eight hundred
— mighty of valour;
men of name throughout the house of their fathers.
31 And of the half rod of Menash Sheh:
eighteen thousand
— appointed by name to come and have David reign.
32 And of the sons of Yissachar
who know discernment of the times; to know
what Yisra El ought to work; their heads:
two hundred;
with all their brothers at their mouth.
33 Of Zebulun
such as go to hostility;
lined up for battle with all instruments of war:
fifty thousand
who line up for battle without a double heart.
34 And of Naphtali a thousand *captains* **governors**,
and with them with shield and spear
thirty and seven thousand.
35 And of the *Danites* **Daniy**
expert in war **lined up in battle**
twenty and eight thousand and six hundred.
36 AndofAshe,rsuchaswentforthto*batle***hostility**,
expert in war **to line up for battle**, forty thousand.
37 And on the other side of *Jordan* **Yarden**,
of the *Reubenites* **Reu Beniy**, and the *Gadites* **Gadiy**,
and of the half *tribe* **scion** of *Manasseh* **Menash Sheh**,
with all manner of instruments of *war* **hostility**
for the *battle* **war**,
an hundred and twenty thousand.
38 All these men of war,
that could *keep rank* **line up for battle**,
came with a *perfect heart* **heart at shalom** to Hebron,
to make David *king* **reign** over all *Israel* **Yisra El**:
and all the rest also of *Israel* **Yisra El** were
of one heart to make David *king* **reign**.
39 And there they were with David three
days, eating and drinking:
for their brethren had prepared for them.
40 Moreover they that were nigh them,
even unto *Issachar* **Yissachar** and Zebulun and
Naphtali, brought bread on *asses* **he burros**,
and on camels, and on mules, and on oxen, and
meat **food**, *meal* **flour**, *cakes* **lumps** of figs,
and *bunches of raisins* **raisincakes**, and wine, and oil,
and oxen, and *sheep abundantly* **flocks in abundance**:
for there was *joy* **cheer** in *Israel* **Yisra El**.

THE RETURN OF THE ARK

13 And David *consulted* **counselled**
with the *captains* **governors** of thousands and hundreds,
and with every *leader* **eminence**.
2 And David said
unto all the congregation of *Israel* **Yisra El**,
If it *seem* **be** good unto you,
and that it be of *the LORD* **Yah Veh** our *God*
Elohim, let us send *abroad* **and break forth**
unto our brethren every where,
that *are left* **survive** in all the land of *Israel* **Yisra
El**, and with them *also* to the priests and *Levites*
Leviym which are in their cities and suburbs,
that they may gather themselves unto us:
3 And let us *bring again* **return**
the ark of our *God* **Elohim** to us:
for we *enquired* **sought him** not *at
it* in the days of *Saul* **Shaul**.
4 And all the congregation
said that they *would* **should** *do* **work** so:
for the *thing* **word** was *right* **straight**
in the eyes of all the people.
5 So David *gathered* **congregated**
all *Israel* **Yisra El** *together*,
from *Shihor* **Shichor** of *Egypt* **Misrayim**
even unto the entering of *Hemath* **Hamath**,
to bring the ark of *God* **Elohim**
from *Kirjathjearim* **Qiryath Arim**.
6 And David *went up* **ascended**, and all *Israel* **Yisra El**,
to *Baalah* **Baal Ah**, *that is*, to *Kirjathjearim* **Qiryath
Arim**, which *belonged* **be** to *Judah* **Yah Hudah**,
to *bring up* **ascend** thence

the ark of *God the LORD* **Elohim Yah Veh**,
that *dwelleth* **settleth** between the *cherubims* **cherubim**,
whose name **where the Name** is called on it.
7 And they *carried* **rode** the ark of *God* **Elohim**
in a new *cart* **wagon**
out of the house of *Abinadab* **Abi Nadab**:
and Uzza and *Ahio* **Achyo** drave the *cart* **wagon**.
8 And David and all *Israel* **Yisra El**
played before God **entertained at the face of Elohim**
with all their *might* **strength**, and with *singing* **songs**,
and with harps, and with *psalteries* **bagpipes**,
and with *timbrels* **tambourines**, and
with cymbals, and with trumpets.
9 And when they came
unto the threshingfloor of *Chidon* **Kidon**, Uzza
put **sent** *forth* his hand to hold the ark;
34 And of Naphtali:
a thousand governors
and thirty—seven thousand with
them with shield and spear.
35 And of the Daniy:
twenty—eight thousand and six
hundred lined up in battle.
36 And of Asher
such as go to hostility to line up for battle:
forty thousand.
37 And on the other side of Yarden, of
the Reu Beniy and the Gadiy
and of the half scion of Menash Sheh;
a hundred and twenty thousand;
with all manner of instruments of hostili ty for the war.
38 All these men of war, who line up for battle,
come to Hebron with a heart of shalom
to have David reign over all Yisra El:
and all the rest also of Yisra El
are of one heart to have David reign.
39 And there they are with David
— three days —eating and drinking:
for their brothers had prepared for them.
40 And those near them bring bread on he
burros and on camels and on mules and
on oxen; and food, flour, lumps of figs
and raisincakes and wine and oil
and oxen and flocks in abundance
to Yissachar and Zebulun and Naphtali;
for there is cheer in Yisra El.

THE RETURN OF THE ARK

13 And David counsels
with the governors of thousands and
hundreds and with every eminence.
2 And David says
to all the congregation of Yisra El, If it be good to you
and that it be of Yah Veh our Elohim,
let us send and break forth to our brothers every
where who survive in all the land of Yisra El;
and to the priests and Leviym with
them in their cities and suburbs,
to gather unto us:
3 and return the ark of our Elohim to us:
for we sought not of him in the days of Shaul.
4 And all the congregation says that they work thus:
for the word is straight in the eyes of all the people.
5 And David congregates all Yisra El
from Shichor of Misrayim
even to the entering of Hamath;
to bring the ark of Elohim from Qiryath Arim.
6 And David and all Yisra El
ascend to Baal Ah — to Qiryath Arim, Yah Hudah
to ascend there the ark of Elohim Yah Veh that settles
between the cherubim, where the Name is called upon it.
7 And they ride the ark of Elohim in a new
wagon from the house of Abi Nadab:
and Uzza and Achyo drive the wagon:
8 and David and all Yisra El
entertain at the face of Elohim with all their
strength and with songs and with harps
and with bagpipes and with tambourines
and with cymbals and with trumpets.
9 And they come to the threshingfloor of Kidon
and Uzza sends his hand to hold the ark;
for **they had released** the oxen *stumbled*.
10 And the *anger* **wrath** of *the LORD* **Yah Veh**
was kindled against Uzza, and he smote him,
because he *put* **spread** his hand to the ark:
and there he died *before Cod* **at the face of Elohim**.
11 And David was *displeased* **inflamed**,
because *the LORD* **Yah Veh**
had *made* **breached** a breach upon Uzza: wherefore
that place is called *Perezuzza* **Peres Uzza** to this day.
12 And David *was afraid* **awed** of *Cod* **Elohim** that day,
saying,
How shall I bring the ark of *Cod* **Elohim** *home* to me?
13 So David *brought* **returned** not the ark
home to himself to the city of David,
but *carried it aside* **spread it** into the house
of *Obededom* **Obed Edom** the *Cittite* **Gittiy**.
14 And the ark of *Cod remained* **Elohim settled**
with the *family* **house** of *Obededom* **Obed
Edom** in his house three months.
And *the LORD* **Yah Veh**
blessed the house of *Obededom* **Obed
Edom**, and all that he had.

THE GENEALOGY OF THE EXPANDED FAMILY OF DAVID

14 Now Hiram *king* **sovereign** of *Tyre* **Sor**
sent *messengers* **angels** to David, and timber
of cedars, with *masons* **artificers of walls**
and *carpenters* **artificers of timber**,
to build him an house.
2 And David perceived
that *the LORD* **Yah Veh** had *confirmed* **established** him
king **sovereign** over *Israel* **Yisra El**, for his
kingdom **sovereigndom** was lifted *up on* high,
because of his people *Israel* **Yisra El**.
3 And David took more *wives* **women**
at *Jerusalem* **Yeru Shalem**:
and David *begat* **birthed** more sons and daughters.
4 Now these are the names of his *children* **birthed**
which he had in *Jerusalem* **Yeru**
Shalem; Shammua, and Shobab,
Nathan, and *Solomon* **Shelomoh**,
5 And *Ibhar* **Yibchar**, and *Elishua* **Eli**
Shua, and *Elpalet* **Eli Phelet**,
6 And Nogah, and Nepheg, and *Japhia* **Yaphia**,
7 And *Elishama* **Eli Shama**,
and *Beeliada* **Baal Yada**, and *Eliphalet* **Eli Phelet**.

DAVID DEFEATS THE PELESHETHIY

8 And when the *Philistines* **Peleshethiy**
heard that David was anointed
king **sovereign** over all *Israel* **Yisra El**,
all the *Philistines* **Peleshethiy** *went up* **ascended**
to seek David. And David heard of it,
and went out *against them* **at their face**.
9 And the *Philistines* **Peleshethiy** came
and spread themselves in the valley of Rephaim.
10 And David *enquired* **asked** of *God*
Elohim, saying, Shall I *go up* **ascend**
against the *Philistines* **Peleshethiy**?
And *wilt* **shalt** thou *deliver* **give** them into mine hand?
And *the LORD* **Yah Veh** said unto him, *Go up* **Ascend**;
for I *will deliver* **shall give** them into thine hand.
11 So they *came up* **ascended**
to *Baalperazim* **Baal Perasim**;
and David smote them there.
Then David said,
God **Elohim** hath *broken in* **breached**
upon mine enemies by mine hand like the
breaking forth **breaching** of waters:
therefore they called the name of that place
Baalperazim **Baal Perasim**.
12 And when they had left their *gods* **elohim**
there, David *gave a commandment* **said**,
and they were burned **Burn them** with fire.
13 And the *Philistines yet again* **Peleshethiy added yet**
to spread themselves *abroad* **out** in the valley.
14 Therefore David *enquired* **asked** again *of God* **Elohim**;
and *God* **Elohim** said unto him,
Go **Ascend** not *up* after them;
for they had released the oxen:
10 and Yah Veh kindles his wrath
against Uzza and he smites him,
because he spread his hand to the ark:
and there he dies at the face of Elohim:
11 and David inflames,
because Yah Veh breaches a breach on Uzza: and calls
that place Peres Uzza/Breach of Uzza to this day.
12 And David awes Elohim that day, saying,
How bring I the ark of Elohim to me?
13 And David returns not the ark to
himself to the city of David,
but spreads it into the house of Obed Edom the Gittiy:
14 and the ark of Elohim
settles with the house of Obed Edom
in his house three months:
and Yah Veh blesses the house of
Obed Edom and all he has.

THE GENEALOGY OF THE EXPANDED FAMILY OF DAVID

14 And Hiram sovereign of Sor sends
David angels and timber of cedars
with artificers of walls and artificers of timber
to build him a house.
2 And David perceives
that Yah Veh establishes him sovereign over Yisra El;
for his sovereigndom is lifted high
because of his people Yisra El.
3 And David takes more women at Yeru Shalem:
and David births more sons and daughters.
4 And these are the names
of those he birthed in Yeru Shalem:
Shammua and Shobab
Nathan and Shelomoh
5 and Yibchar and Eli Shua and Eli Phelet
6 and Nogah and Nepheg and Yaphia
7 and Eli Shama and Baal Yada and Eli Phelet.

DAVID DEFEATS THE PELESHETHIY

8 And the Peleshethiy hear
David is anointed sovereign over all Yisra El;
and all the Peleshethiy ascend to seek David:
and David hears and goes at their face:

9 and the Peleshethiy come
and spread themselves in the valley of Rephaim.
10 And David asks of Elohim, saying,
Ascend I against the Peleshethiy?
Give you them into my hand?
And Yah Veh says to him, Ascend;
and I give them into your hand.
11 And they ascend to Baal Perasim;
and David smites them there:
and David says,
Elohim breaches my enemies by my
hand as the breaching of waters:
so they call the name of that place
Baal Perasim.
12 — and they leave their elohim there.
And David says, Burn them with fire.
13 — and the Peleshethiy
still add to spread themselves in the valley.
14 And again David asks of Elohim; and Elohim
says to him, Ascend not after them;
turn away from them, and come upon them
over against **opposite** the *mulberry trees* **weepers**.
15 And **so be** it *shall be*,
when thou shalt hear a *sound* **voice** of *going* **marching**
in the tops of the *mulberry trees* **weepers**,
that then thou shalt go out to *battle* **war**:
for *God* **Elohim** is gone forth *before thee* **at thy face**
to smite the *host* **camp** of the *Philistines* **Peleshethiy**.
16 David *therefore did* **worked**
as *God commanded* **Elohim misvahed** him:
and they smote
the *host* **camp** of the *Philistines* **Peleshethiy**
from *Gibeon* **Gibon** even to *Gazer* **Gezer**.
17 And the fame of David went out into all
lands; and *the LORD brought* **Yah Veh gave**
the fear of him upon all *nations* **goyim**.

THE ARK IN YERU SHALEM

15 And *David made* **he worked**
him houses in the city of David,
and prepared a place for the ark of *God*
Elohim, and *pitched* **spread** for it a tent.
2 Then David said,
None ought to *carry* **lift** the ark of *God* **Elohim**
but the *Levites* **Leviym**:
for them hath *the LORD* **Yah Veh** chosen
to *carry* **lift** the ark of *God* **Elohim**,
and to minister unto him *for ever* **eternally**.
3 And David
gathered **congregated** all *Israel* **Yisra El** *together*
to *Jerusalem* **Yeru Shalem**,
to *bring up* **ascend** the ark of *the LORD* **Yah Veh**
unto his place,
which he had prepared for it.
4 And David *assembled* **gathered** the *children* **sons**
of *Aaron* **Aharon**, and the *Levites* **Leviym**:
5 Of the sons of *Kohath* **Qehath**;
Uriel **Uri El** the *chief* **governor**,
and his brethren an hundred and twenty:
6 Of the sons of Merari;
Asaiah **Asah Yah** the *chief* **governor**, and
his brethren two hundred and twenty :
7 Of the sons of Gershom;
Joel **Yah El** the *chief* **governor**,
and his brethren an hundred and thirty:
8 Of the sons of *Elizaphan* **El Saphan**;
Shemaiah **Shema Yah** the *chief* **governor**,
and his brethren two hundred:
9 Of the sons of Hebron;
Eliel **Eli El** the *chief* **governor**, and
his brethren *fourscore* **eighty**:
10 Ofthesonsof*Uzziel***UzziEl**;
Amminadab **Ammi Nadab** the *chief* **governor**,
and his brethren an hundred and twelve.
11 AndDavidcaledfor*Zadok***Sadoq**
and *Abiathar* **Abi Athar** the priests,
and for the *Levites* **Leviym**,
for *Uriel* **Uri El**, *Asaiah* **Asah Yah**, and *Joel* **Yah El**,
Shemaiah **Shema Yah**, and *Eliel* **Eli El**,
and *Amminadab* **Ammi Nadab**,
12 And said unto them,
Ye are the *chief* **head** of the fathers of the *Levites*
Leviym: *sanctify* **hallow** yourselves, *both* ye and your
brethren, that ye may *bring* **ascend** *up* the ark
of *the LORD God* **Yah Veh Elohim** of *Israel* **Yisra El**
unto the place that I have prepared for it.
13 For because ye did it not at the first,
the LORD **Yah Veh** our *God* **Elohim**
made **breached** a breach upon us,
for that we sought him not after the *due order* **judgment**.
14 Sothepriestsandthe*Levites***Leviym**
sanctified **hallowed** themselves to
bring up **ascend** the ark
of *the LORD God* **Yah Veh Elohim** of *Israel* **Yisra El**.
15 Andthe*children***sons**ofthe*Levites***Leviym**
bare the ark of *God* **Elohim**
upon their shoulders with the *staves* **yoke poles**
thereon, as *Moses commanded* **Mosheh misvahed**
according to the word of *the LORD* **Yah Veh**.
turn from them
and come on them opposite the weepers:

15 and so be it,
when you hear a voice of marching
in the tops of the weepers,
then go out to war:
for Elohim goes at your face
to smite the camp of the Peleshethiy.
16 And David works as Elohim misvahs him:
and they smite the camp of the Peleshethiy
from Gibon even to Gezer:
17 and the fame of David goes into all lands;
and Yah Veh gives the fear of him on all goyim.

THE ARK IN YERU SHALEM

15 And he works himself houses
in the city of David;
and prepares a place for the ark of
Elohim and spreads a tent for it.
2 Then David says,
No one ought to lift the ark of Elohim but the
Leviym: for Yah Veh chose them to lift the ark
of Elohim and to minister to him eternally.
3 And David congregates all Yisra El to Yeru
Shalem to ascend the ark of Yah Veh
to the place he prepares for it:
4 and David
gathers the sons of Aharon and the Leviym.
5 Of the sons of Qehath:
Uri El the governor and his brothers
— a hundred and twenty.
6 Of the sons of Merari:
Asah Yah the governor and his brothers
— two hundred and twenty.
7 Of the sons of Gershom:
Yah El the governor and his brothers
— a hundred and thirty.
8 Of the sons of El Saphan:
Shema Yah the governor and his brothers
— two hundred.
9 Of the sons of Hebron:
Eli El the governor and his brothers
— eighty.
10 Of the sons of Uzzi El:
Ammi Nadab the governor and his brothers
— a hundred and twelve.
11 And David calls for Sadoq and Abi Athar
the priests and for the Leviym
— for Uri El, Asah Yah and Yah El,
Shema Yah and Eli El and Ammi Nadab
12 and says to them,
You are the heads of the fathers of the Leviym:
hallow yourselves — you and your brothers
to ascend the ark of Yah Veh Elohim of
Yisra El to the place I prepared for it:
13 because you *did it* not at the first
Yah Veh our Elohim breached a breach on us
because we sought him not after the judgment.
14 And the priests and the Leviym hallow themselves
to ascend the ark of Yah Veh Elohim of Yisra El:
15 and the sons of the Leviym
bear the ark of Elohim on their
shoulders with yoke poles
as Mosheh misvahed
according to the word of Yah V eh.
16 And David
spake **said** to the *chief* **governor** of the *Levites* **Leviym**
to *appoint* **stand** their brethren
to be the singers with instruments of *musick* **song**,
psalteries **bagpipes** and harps and cymbals,
sounding **heard**, by lifting up the voice with *joy* **cheer**.
17 So the *Levites* **Leviym**
appointed **stood** Heman the son of *Joel* **Yah El**;
and of his brethren,
Asaph the son of *Berechiah* **Berech Yah**;
and of the sons of Merari their brethren,
Ethan the son of *Kushaiah* **Qusha Yah**;
18 And with them their brethren of the second *degree*,
Zechariah **Zechar Yah**, Ben, and *Jaaziel* **Yaazi El**,
and *Shemiramoth* **Shemi Ramoth**, and *Jehiel* **Yechi
El**, and Unni, *Eliab* **Eli Ab**, and *Benaiah* **Bena Yah**,
and *Maaseiah* **Maase Yah**, and *Mattithiah* **Mattith Yah**,
and *Elipheleh* **Eli Phelehu**, and *Mikneiah* **Miqne Yah**,
and *Obededom* **Obed Edom**, and
Jehiel **Yei El**, the porters.
19 Sothesingers,Heman,Asaph,andEthan,
were *appointed to sound* **heard**
with cymbals of *brass* **copper**;
20 And *Zechariah* **Zechar Yah**, and *Aziel* **Azi El**,
and *Shemiramoth* **Shemi Ramoth**, and *Jehiel*
Yechi El, and Unni, and *Eliab* **Eli Ab**,
and *Maaseiah* **Maase Yah**, and *Benaiah* **Bena Yah**,
with *psalteries on Alamoth* **bagpipes besides virgins**;
21 And *Mattithiah* **Mattith Yah**, and
Elipheleh **Eli Phelehu**,
and *Mikneiah* **Miqne Yah**, and *Obededom* **Obed
Edom**, and *Jeiel* **Yei El**, and *Azaziah* **Azaz Yah**,
with harps on the *Sheminith* **octave** to *excel* **oversee**.
22 And*Chenaniah***KenanYah**,
chief **governor** of the *Levites* **Leviym**,
was for *song* **burden**:
he *instructed* **disciplined** about the *song*
burden, because he was *skilful* **discerning**.

23 And*Berechiah***BerechYah**and*Elkanah***ElQanah**
were *doorkeepers* **porters** for the ark.
24 And *Shebaniah* **Sheban Yah**, and
Jehoshaphat **Yah Shaphat**,
and *Nethaneel* **Nethan El**, and *Amasai* **Amasay**,
and *Zechariah* **Zechar Yah**, and *Benaiah* **Bena
Yah**, and *Eliezer* **Eli Ezer**, the priests,
did blow with **trumpeted** the trumpets
before **at the face of** the ark of *God* **Elohim**:
and *Obededom* **Obed Edom** and *Jehiah* **Yechi Yah**
were *doorkeepers* **porters** for the ark.
25 SoDavid,andtheeldersof*IsraeYl* **israE,l**
and the *captains* **governors** over
thousands, went to *bring* **ascend** *up*
the ark of the covenant of *the LORD* **Yah Veh** out of
the house of *Obededom* **Obed Edom** with *joy* **cheer**.
26 And **so be** it *came to pass*,
when *God* **Elohim** helped the *Levites* **Leviym**
that bare the ark of the covenant of *the LORD*
Yah Veh, that they *offered* **sacrificed**
seven bullocks and seven rams.
27 And David was *clothed* **cloaked**
with a *robe* **mantle** of *fine* **bleached** linen, and
all the *Levites* **Leviym** that bare the ark,
and the singers,
and *Chenaniah* **Kenan Yah**
the *master* **governor** of the *song* **burden** with the
singers: David also had upon him an ephod of linen.
28 Thus all *Israel brought up* **Yisra El ascended** the ark
of the covenant of *the LORD* **Yah Veh** with shouting,
and with *sound* **voice** of the *cornet* **shophar**,
and with trumpets, and with cymbals,
making a noise **heard** with *psalteries*
bagpipes and harps.

CELEBRATION OF DAVID

29 And **so be** it *came to pass*,
as the ark of the covenant of *the LORD* **Yah Veh**
came to the city of David,
that Michal, the daughter of *Saul* **Shaul**
looking out at a window saw *king* **sovereign**
David dancing and *playing* **entertaining**:
and she despised him in her heart.
16 And David says to the governor of the Leviym
to stand their brothers the singers
with instruments of song
— bagpipes and harps and cymbals to be
heard by lifting the voice with cheer.
17 And the Leviym stand Heman the son of Yah El:
and of his brothers, Asaph the son of Berech Yah;
and of the sons of Merari their brothers,
Ethan the son of Qusha Yah;
18 and with them their brothers of the
second, Zechar Yah, Ben and Yaazi El
and Shemi Ramoth and Yechi El and Unni,
Eli Ab and Bena Yah and Maase Yah and Mattith
Yah and Eli Phelehu and Miqne Yah.
And Obed Edom and Yei El, the porters.
19 And the singers, Heman, Asaph and Ethan
are heard with cymbals of copper.
20 And Zechar Yah and Azi El and Shemi Ramoth
and Yechi El and Unni and Eli Ab and Maase Yah
and Bena Yah with bagpipes besides virgins.
21 And Mattith Yah and Eli Phelehu and Miqne
Yah and Obed Edom and Yei El and A zaz Yah
with harps on the octave to oversee.
22 And Kenan Yah governor of the Leviym is for burden:
he disciplines about the burden because he discerns.
23 And Berech Yah and El Qanah are porters for the ark.
24 And Sheban Yah and Yah Shaphat and Nethan
El and Amasay and Zechar Yah and Bena Yah
and Eli Ezer the priests
trumpet the trumpets at the face of the ark of Elohim.
And Obed Edom and Yechi Yah are porters for the ark.
25 And David and the elders of Yisra El
and the governors over thousands,
go to ascend the ark of the covenant of Yah Veh
from the house of Obed Edom with cheer.
26 And so be it,
Elohim helps the Leviym
who bear the ark of the covenant of Yah Veh;
and they sacrifice seven bullocks and seven rams.
27 And David cloaks himself
and all the Leviym who bear the ark and the singers
and Kenan Yah the governor of the burden of the singers
with a mantle of bleached linen;
and an ephod of linen on David.
28 And all Yisra El
ascends the ark of the covenant of Yah Veh with
shouting and with voice of t he shophar
— with trumpets and with cymbals,
heard with bagpipes and harps.

CELEBRATION OF DAVID

29 And so be it,
the ark of the covenant of Yah Veh
comes to the city of David,
and Michal, the daughter of Shaul
looks through a window
and sees sovereign David dancing and entertaining:
and she despises him in her heart.

16 So they brought the ark of *God* **Elohim,**
and set it in the midst of the tent
that David had *pitched* **spread** for it:
and they *offered burnt sacrifices* **oblated holocausts**
and *peace offerings* **shelamim**
before God **at the face of Elohim.**
2 And when David had *made an end* **finished**
of offering **holocausting** the *burnt offerings* **holocausts**
and the *peace offerings* **shelamim,**
he blessed the people in the name of *the LORD* **Yah Veh.**
3 Andhe*deaalt***loted**toevery*one***man**of*IsraeY*l**israE,l**
both man and woman,
to every *one* **man** a *loaf* **round** of bread,
and a *good piece of flesh* **portion,**
and a *flagon* **cake** *of wine.*
4 And he *appointed* **gave**
certain of the *Levites* **Leviym** to minister
before **at the face of** the ark of *the LORD*
Yah Veh, and to *record* **memorialize,** and to
thank **spread hands** and *praise* **halal**
the LORD God **Yah Veh Elohim** of *Israel* **Yisra El:**
5 Asaph the *chief* **head,**
and *next to him Zechariah* **second Zechar Yah,**
Jeiel **Yei El,** and *Shemiramoth* **Shemi Ramoth,**
and *Jehiel* **Yechi El,** and *Mattithiah* **Mattith Yah,**
and *Eliab* **Eli Ab,** and *Benaiah* **Bena Yah,**
and *Obededom* **Obed Edom:**
and *Jeiel* **Yei El**
with *psalteries* **instruments of bagpipes** and with harps;
but Asaph *made a sound* **was heard** with cymbals;
6 *Benaiah* **Bena Yah** also
and *Jahaziel* **Yachazi El** the priests with
trumpets continually *before* **at the face**
of the ark of the covenant of *God* **Elohim.**

DAVID SPREADS HANDS TO YAH VEH

7 Then on that day
David *delivered first this psalm* **gave at the beginning**
to *thank the LORD* **spread hands to Yah Veh**
into the hand of Asaph and his brethren.
8 *Give thanks* **Spread hands** unto *the LORD*
Yah Veh, call upon his name,
make known his *deeds* **exploits** among the people.
9 Sing unto him, sing psalms unto him,
talk **meditate** ye of all his *wondrous* **marvellous** works.
10 *Glory***Halal**yeinhisholyname:
let the heart of them *rejoice* **cheer**
that seek *the LORD* **Yah Veh.**
11 Seek *the LORD* **Yah Veh** and his strength,
seek his face continually.
12 Remember his marvellous works
that he hath *done* **worked,**
his *wonders* **omens,** and the judgments of his mouth;
13 O ye seed of *Israel* **Yisra El** his servant,
ye *children* **sons** of *Jacob* **Yaaqov,** his chosen ones.
14 Heis*theLORD***YahVeh**our*God***Elohim;**
his judgments are in all the earth.
15 *Be ye mindful always of* **Remember eternally**
his covenant;
the word which he *commanded* **misvahed**
to a thousand generations;
16 *Even of the covenant*
which he *made* **cut** with Abraham, and
of his oath unto *Isaac* **Yischaq;**
17 And hath *confirmed the same* **stood** to *Jacob* **Yaaqov**
for a *law* **statute,**
and to *Israel* **Yisra El** for an *everlasting* **eternal** covenant,
18 Saying,
Unto thee *will* **shall** I give the land of *Canaan*
Kenaan, the *lot* **cords** of your inheritance;
19 Whenyewerebu*fe*t*w***menofnumber,**
even a few, and *strangers* **sojourners** in it.
20 And *when* they went
from *nation* **goyim** to *nation* **goyim,**
and from *one kingdom* **sovereigndom** to another people;
21 He*sufered***alowed**noman*todo***oppres**them*wrong*:
yea, he reproved *kings* **sovereigns** for their sakes,

16 And they bring the ark of Elohim
and set it midst the tent David spread for it: and they
oblate holocausts and shelamim at the face of Elohim:
2 and David finishes
holocausting the holocausts and the shelamim and
he blesses the people in the name of Yah Veh:
3 and he allots to every man of Yisra El
— both man and woman — to every man a
round of bread and a portion and a cake.
4 And he gives the Leviym
to minister at the face of the ark of Yah Veh
and to memorialize and to spread hands and halal
Yah Veh Elohim of Yisra El:
5 Asaph the head and second Zechar Yah
Yei El and Shemi Ramoth and Yechi El and Mattith
Yah and Eli Ab and Bena Yah and Obed Edom;
and Yei El with instruments of bagpipes and harps;
and Asaph is heard with cymbals;
6 and Bena Yah and Yachazi El the p
riests with trumpets continually
at the face of the ark of the covenant of Elohim.

DAVID SPREADS HANDS TO YAH VEH

7 And on that day, at the beginning, David
gives to spread hands to Yah Veh by the
hand of Asaph and his brothers.
8 O spread hands to Yah Veh;
call on his name;
— his exploits known among the people;
9 sing to him — sing psalms to him;
meditate of all his marvellous works;
10 halal in his holy name.
O cheer, whose heart seeks Yah Veh:
11 seek Yah Veh and his strength;
seek his face continually.
12 Remember the marvellous works he works
— his omens and the judgments of his mouth:
13 O you seed of Yisra El his servant, you
sons of Yaaqov his chosen ones.
14 He — Yah Veh our Elohim;
his judgments *are* in all the earth.
15 Remember eternally his cove nant
— the word he misvahs to a thousand generations;
16 which he cut with Abraham and his oath to Yischaq;
17 and stands to Yaaqov for a statute
— to Yisra El for an eternal covenant.
18 Saying, To you I give the land of Kenaan
— the cords of your inheritance;
19 when you *were* men of number —
even a few and sojourners
20 — and they came from goyim to goyim and
from sovereigndom to another people;
21 he allowed no man to oppress them:
yes, he reproved sovereigns for their sakes.
22 *Saying*, Touch not mine anointed,
and do **nor vilify** my prophets *no harm*.
23 Singunto*theLORD***YahVeh**,altheearth;
shew forth **evangelize** from day to day his salvation.
24 *Declare* **Scribe** his *glory* **honour**
among the *heathen* **goyim**;
his marvellous works among all nations.
25 For great is *the LORD* **Yah Veh**,
and *greatly* **mighty** to be *praised* **halaled**:
he also is to be *feared* **awed** above all *gods* **elohim**.
26 Foralthe*gods***elohim**ofthepeopleareidols:
but *the LORD made* **Yah Veh worked** the heavens.
27 *Glory* **Grandeur** and *honour* **majesty**
are *in* **at** his *presence* **face**; strength and
gladness **rejoicing** are in his place.
28 Give unto *the LORD* **Yah Veh**,
ye *kindreds* **families** of the people,
give unto *the LORD* **Yah Veh**
glory **honour** and strength.
29 Give unto *the LORD* **Yah Veh**
the *glory* **honour** *due* unto his name:
bring **lift** an offering,
and come *before him* **at his face**: *worship the LORD*
prostrate to Yah Veh in the *beauty* **majesty** of holiness.
30 *Fearbefore***Whirlathefaceoh**fim,altheearth:
the world also shall be *stable* **established**,
that it be not *moved* **toppled**.
31 Let the heavens *be glad* **cheer**,
and let the earth *rejoice* **twirl**:
and let men say among the *nations* **goyim**,
The LORD **Yah Veh** reigneth.
32 Let the sea *roar* **thunder**, and the fulness thereof:
let the fields *rejoice* **jump for joy**, and all that is therein.
33 Then shall the trees of the *wood sing out* **forest
shout** at the *presence* **face** of *the LORD* **Yah
Veh**, because he cometh to judge the earth.
34 *O give thanks* **Spread hands** unto *the LORD* **Yah Veh**;
for he is good;
for his *mercy endureth for ever* **eternal mercy**.
35 And say ye, Save us,
O *God* **Elohim** of our salvation, and gather us *together*,
and *deliver* **rescue** us from the *heathen* **goyim**,
that we may *give thanks* **spread hands** to thy
holy name, and *glory* **laud** in thy *praise* **halal**.
36 Blessed
be *the LORD God* **Yah Veh Elohim** of *Israel* **Yisra El**
for ever **eternally** and *ever* **eternally**.
And all the people said, Amen,
and *praised the LORD* **halaled Yah Veh**.
37 So he left there *before* **at the face
of** the ark of the covenant of *the LORD* **Yah Veh**
Asaph and his brethren,
to minister *before* **at the face of** the ark continually,
as every day's work required **the day by day word**:
38 And*Obededom***ObedEdom**withtheirbrethren,
threescore **sixty** and eight;
Obededom **Obed Edom** also
the son of *Jeduthun* **Yeduthun** and Hosah
to be porters:
39 And *Zadok* **Sadoq** the priest, and
his brethren the priests,
before **at the face
of** the tabernacle of *the LORD* **Yah Veh**
in the *high place* **bamah** that was at *Gibeon* **Gibon**,
40 To *offer burnt offerings* **holocaust holocausts**
unto *the LORD* **Yah Veh**
upon the **sacrifice** altar of the *burnt offering* **holocaust**
continually morning and evening,

and to do according to all that is *written* **inscribed**
in the *law* **torah** of *the LORD* **Yah Veh**,
which he *commanded Israel* **misvahed Yisra El**;
41 And with them Heman and *Jeduthun* **Yeduthun**,
and the *rest* **survivors** that were *chosen* **purified**,
who were *expressed* **appointed** by name
to *give thanks* **spread hands** to *the LORD* **Yah Veh**,
because his mercy endureth for ever
for his eternal mercy;
22 Neither touch my anointed, nor vilify my prophets.
23 Sing to Yah Veh, all the earth;
evangelize from day to day his salvation:
24 scribe his honor among the goyim
— his marvellous works among all nations.
25 For great is Yah Veh and mighty to halal;
and to awe above all elohim:
26 for all the elohim of the people are idols;
and Yah Veh worked the heavens:
27 grandeur and majesty are at his face;
strength and rejoicing are in his place.
28 Give to Yah Veh, you families of the people;
give to Yah Veh honor and strength:
29 give to Yah Veh the honor to his name;
lift an offering and come at his face:
prostrate to Yah Veh in the majesty of holiness.
30 Whirl at his face, all the earth;
also, the world is established; it topples not:
31 the heavens cheer and the earth twirls:
say among the goyim, Yah Veh reigns!
32 The sea thunders and the fulness thereof;
the field jumps for joy and all therein:
33 then the trees of the forest shout
at the face of Yah Veh
— because he comes to judge the earth.
34 Spread hands to Yah Veh for he is good;
for his eternal mercy.
35 And say, Save us, O Elohim of our salvation
and gather us and rescue us from the goyim;
that we *may* spread hands to your holy name
and laud in your halal.
36 Blessed — Yah Veh Elohim of Yisra
El eternally and eternally.
And all the people say, Amen!
And, Halal Yah Veh!
37 And there he leaves Asaph and his brothers
at the face of the ark of the covenant of Yah
Veh to minister the day by day word
at the face of the ark continually:
38 and Obed Edom with their brothers
— sixty—eight:
and Obed Edom the son of Yeduthun
and Hosah to be porters:
39 and Sadoq the priest and his brothers the priests
at the face of the tabernacle of Yah Veh
in the bamah at Gibon
40 to holocaust holocausts to Yah Veh
on the sacrifice altar of the holocaust
continually morning and evening;
and to do according to all inscribed
in the torah of Yah Veh,
which he misvahed Yisra El:
41 and with them Heman and Yeduthun
and the survivors who were purified
— who were appointed by name
to spread hands to Yah Veh for his eternal mercy:
42 And with them Heman and *Jeduthun* **Yeduthun**
with trumpets and cymbals
for those that should *make a sound* **be**
heard, and with *musical instruments*
instruments of song of *God* **Elohim**.
And the sons of *Jeduthun* **Yeduthun**
were *porters* **for the portal**.
43 And all the people *departed* **went** *every man*
to his house:
and David returned to bless his house.

THE SON OF DAVID IS TO BUILD THE HOUSE OF YAH VEH

17 Now **so be** it *came to pass*,
as David *sat* **settled** in his house, that
David said to Nathan the prophet,
Lo **Behold**, I *dwell* **settle** in an house of cedars,
but the ark of the covenant of *the LORD* **Yah Veh**
remaineth **be** under curtains.
2 Then Nathan said unto David,
Do **Work** all that is in thine heart;
for *God* **Elohim** is with thee.
3 And **so be** it *came to pass*, the same night,
that the word of *God* **Elohim** came to Nathan, saying,
4 Go and *tell* **say to** David my servant,
Thus saith *the LORD* **Yah Veh**,
Thou shalt not build me an house to *dwell* **settle** in:
5 For I have not *dwelt* **settled** in an house
since the day that I *brought up Israel* **ascended Yisra El**
unto this day;
but have *gone* **been** from tent to tent, and
from *one* tabernacle *to another*.
6 Wheresoever I have walked with all *Israel* **Yisra El**,
spake **worded** I a word

to *any* **one** of the judges of *Israel* **Yisra El**,
whom I *commanded* **misvahed** to *feed* **tend** my people,
saying, Why have ye not built me an house of cedars?
7 Now therefore thus shalt thou say
unto my servant David,
Thus saith *the LORD of hosts* **Yah Veh Sabaoth**,
I took thee from the *sheepcote* **habitation of rest**,
even from *following* **after** the *sheep* **flock**,
that thou shouldest be *ruler* **eminent**
over my people *Israel* **Yisra El**:
8 And I have been with thee whithersoever thou
hast walked, and have cut off all thine enemies
from *before thee* **thy face**,
and have *made* **worked** thee a name
like the name of the great men that are in the earth.
9 Also I *will ordain* **shall set** a place
for my people *Israel* **Yisra El**,
and *will* **shall** plant them,
and they shall *dwell* **tabernacle** in their place,
and shall *be moved* **quiver** no more;
neither shall the *children* **sons** of wickedness *waste them*
any more **add to wear them out**, as at the beginning,
10 And since the *time* **days**
that I *commanded* **misvahed** judges
to be over my people *Israel* **Yisra El**. Moreover I *will*
shall subdue all thine enemies. Furthermore I tell thee
that *the LORD will* **Yah Veh shall** build thee an house.
11 And **so be** it *shall come to pass*, when
thy days be *expired* **fulfilled**
that thou must go to be with thy fathers,
that I *will* **shall** raise up thy seed after
thee, which shall be of thy sons;
and I *will* **shall** establish his *kingdom* **sovereigndom**.
12 He shall build me an house,
and I *will* **shall** stablish his throne *for ever* **eternally**.
13 I *will be his father* **shall be to him, father**,
and he shall be *my son* **to me, son**:
and I *will* **shall** not *take* **turn aside** my mercy *away*
from him,
as I *took* **turned** it **aside**
from him that was *before thee* **at thy face**:
14 But I *will settle* **shall stand** him in mine house
and in my *kingdom for ever* **sovereigndom eternally**:
and his throne shall be established *for ever* **eternally**.
42 and with them Heman and Yeduthun
with trumpets and cymbals to hear and
with instruments of song of Elohim:
and the sons of Yeduthun are for the portal.
43 And all the people go — each man to his house:
and David returns to bless his house.

THE SON OF DAVID IS TO BUILD THE HOUSE OF YAH VEH

17 And so be it, David settles in his house,
and David says to Nathan the prophet,
Behold, I settle in a house of cedars, but the ark
of the covenant of Yah Veh is under curtains.
2 And Nathan says to David,
Work all that is in your heart; for Elohim is with you.
3 And so be it, the same night,
the word of Elohim comes to Nathan, saying,
4 Go and say to David my servant, Thus says Yah Veh,
Build me not a house to settle in:
5 for I settled not in a house
since the day I ascended Yisra El, to this day;
and I have been from tent to tent and the tabernacle:
6 wherever I walked with all Yisra El,
I worded a word to one of the judges of Yisra El
whom I misvahed to tend my people, saying,
Why build you not me a house of cedars?
7 And now you say thus to my servant
David, Thus says Yah Veh Sabaoth,
I take you from the habitation of rest
— from after the flock
to be eminent over my people Yisra El:
8 and I am with you wherever you walk
and cut off all your enemies from your
face and work you a name
as the name of the great men in the earth:
9 and I set a place for my people
Yisra El and plant them;
and they tabernacle in their place and quiver no more;
and the sons of wickedness add not to
wear them out as at the beginning;
10 yes, even since the days I misvahed
judges over my people Yisra El:
and I subdue all your enemies:
and I tell you, Yah Veh builds you a house.
11 And so be it,
when your days fulfill to go to your fathers,
that I raise your seed after you, being of your
sons; and I establish his sovereigndom:
12 he builds me a house
and I establish his throne eternally.
13 I am to him, father; and he is to me, son:
and I turn not aside my mercy from him,
as I turned it aside from him who is at your face:
14 but I stand him in my house
and in my sovereigndom eternally:
and his throne becomes established eternally.

15 According to all these words, and
according to all this vision,
so did Nathan *speak* **word** unto David.
16 And David the *king* **sovereign** came
and *sat before the LORD* **settled at the face of Yah Veh,**
and said, Who am I, O *LORD God* **Yah Veh Elohim,**
and what is mine house,
that thou hast brought me hitherto?
17 And *yet* this was *a small thing* **little**
in thine eyes, O *God* **Elohim;**
for thou hast *also spoken* **worded** of thy servant's house
for a great while to come **from afar off,**
and hast *regarded* **seen** me according
to the *estate* **manner**
of a *man* **human** of high degree, O
LORD God **Yah Veh Elohim.**
18 WhatcanDavid*speak***add**moretothe
for the honour of thy servant?
for thou knowest thy servant.
19 O *LORD* **Yah Veh,** for thy servant's sake,
and according to thine own heart,
hast thou *done* **worked** all this greatness,
in making known all these *great things* **greatnesses.**
20 O *LORD* **Yah Veh,** there is none like thee, neither
is there any *God* **Elohim** beside thee, according
to all that we have heard with our ears.
21 And what one *nation* **goyim** in the earth
is like thy people *Israel* **Yisra El,**
whom *God* **Elohim** went to redeem to be his
own people, to *make* **set** thee a name
of greatness and *terribleness* **awesomeness,**
by driving out *nations* **goyim**
from *before* **the face of** thy people,
whom thou hast redeemed out of *Egypt* **Misrayim?**
22 For thy people *Israel* **Yisra El**
didst thou *make* **give** thine own
people *for ever* **eternally;**
and thou, *LORD* **Yah Veh,** becamest their *God* **Elohim.**
23 Therefore now, *LORD* **Yah Veh,**
let the *thing* **word** that thou hast *spoken* **worded**
concerning thy servant and concerning his house
be *established for ever* **amened eternally,**
and *do* **work** as thou hast *said* **worded.**
24 Let it even be *established* **amened,** that thy name
may be *magnified for ever* **greatened eternally,** saying,
The LORD of hosts **Yah Veh Sabaoth**
is the God — **Elohim** of *Israel* **Yisra El,** *even a God* —
Elohim to *Israel* **Yisra El:** and let the house of David
thy servant be established *before thee* **at thy face.**
25 For thou, O my *God* **Elohim,**
hast *told* **exposed in the ear of** thy servant
that thou *wilt* **shalt** build him an house:
therefore thy servant hath found in his
heart to pray *before thee* **at thy face.**
26 And now, *LORD* **Yah Veh,** thou *art God* **Elohim,**
and hast *promised* **worded** this
goodness unto thy servant:
27 Now therefore let it *please thee* **be thy will**
to bless the house of thy servant,
that it may be *before thee for ever* **at thy face eternally:**
for thou blessest, O *LORD* **Yah Veh,** and
it shall be blessed *for ever* **eternally.**

David Expands His Dominion

18 Now after this **so be** it *came to pass,*
that David smote the *Philistines* **Peleshethiy,**
and subdued them,
and took Gath and her *towns* **daughters**
out of the hand of the *Philistines* **Peleshethiy.**
2 And he smote Moab;
and the *Moabites* **Moabiy** became David's
servants, and *brought gifts* **bore offerings.**
3 And David smote *Hadarezer* **Hadar Ezer**
king **sovereign** of *Zobah* **Sobah** unto Hamath,
as he went to *stablish* **station** his *dominion* **hand**
by the river Euphrates.
4 And David *took* **captured** from him a thousand
chariots, and seven thousand *horsemen* **cavalry,**
and twenty thousand footmen:
David also *houghed* **uprooted/hamstrung**
all the chariot *horses,*
15 — according to all these words and
according to all this vision,
Nathan words to David.
16 And David the sovereign comes
and settles at the face of Yah Veh and says,
Who *am* I, O Yah Veh Elohim?
What *is* my house, that you bring me here?
17 And this is little in your eyes, O Elohim;
for you word of the house of your servant from
afar and see me in the manner of a human
of high degree, O Yah Veh Elohim.
18 What more *may* David add to you
for the honor of your servant?
For you know your servant.
19 O Yah Veh, for sake of your servant
and according to your own heart,
you work all this greatness
— that all these greatnesses *be* known.
20 O Yah Veh — no one like you

— no Elohim except you according
to all we hear with our ears.
21 And what one goyim in the earth
is as your people Yisra El
— for whom Elohim goes to redeem
to be his own people
to set you a name of greatness and awesomeness by
driving out goyim from the face of your people
— whom you redeemed from Misrayim?
22 Yes, you give your people Yisra El
to become your people eternally;
and you, Yah Veh, become their Elohim.
23 And now, O Yah Veh,
may the word you word
concerning your servant and concerning his house
be amened eternally; and work as you word:
24 — amened,
that your name be greatened eternally
saying, Yah Veh Sabaoth
— Elohim of Yisra El — Elohim to Yisra El:
and establish the house of David
your servant at your face:
25 for you, O my Elohim, exposed
in the ear of your servant
that you build him a house:
so your servant finds in his heart to pray at your face:
26 and now, Yah Veh, you — Elohim;
and you word this goodness to your servant:
27 and now *may* your will be
to bless the house of your servant,
to be at your face eternally:
for you bless, O Yah Veh — bless eternally.

DAVID EXPANDS HIS DOMINION

18 And so be it, after this,
David smites the Peleshethiy and subdues them;
and takes Gath and her daughters from
the hand of the Peleshethiy:
2 and he smites Moab;
and the Moabiy become servants of
David and bear offerings:
3 and David smites Hadar Ezer
sovereign of Sobah to Hamath,
as he goes to station his hand by the river Euphrates:
4 and from him,
David captures a thousand chariots
and seven thousand cavalry
and twenty thousand footmen;
and David uproots/hamstrings all the chariots;
but *reserved* **remained** of them an hundred chariots.
5 And when the *Syrians* **Aramiy** of
Damascus **Dammeseq**
came to help *Hadarezer* **Hadar Ezer,**
king **sovereign** of *Zobah* **Sobah,** David *slew* **smote** of
the *Syrians* **Aramiy** two and twenty thousand men.
6 Then David *put garrisons* **set**
in *Syria—damascus* **Aram Dammeseq;**
and the *Syrians* **Aramiy** became David's
servants, and *brought gifts* **bore offerings.**
Thus *the LORD preserved* **Yah Veh saved** David
whithersoever he went.
7 And David took the shields o f gold
that were on the servants of *Hadarezer* **Hadar Ezer,**
and brought them to *Jerusalem* **Yeru Shalem.**
8 Likewisefrom*Tibhath***Tibchath,**andfrom*Chun***Kun,**
cities of *Hadarezer* **Hadar Ezer,**
brought **took** David *very* **mighty** much *brass*
copper, wherewith *Solomon* **Shelomoh**
made **worked** the *brasen* **copper** sea, and the pillars,
and the *vessels* **instruments** of *brass* **copper.**
9 NowwhenTou*king***sovereign**ofHamath
heard how David had smitten all the *host* **valiant**
of *Hadarezer king* **Hadar Ezer**
sovereign of *Zobah* **Sobah;**
10 He sent Hadoram his son to *king* **sovereign**
David, to *enquire* **ask** of his *welfare* **shalom,**
and to *congratulate* **bless** him,
because he had fought against *Hadarezer*
Hadar Ezer, and smitten him;
(for *Hadarezer had war* **Hadar Ezer**
was a man of wars with Tou;)
and *with him* all manner of *vessels* **instruments**
of gold and silver and *brass* **copper.**
11 Themalso*king***sovereign**David
dedicated **hallowed** unto *the LORD* **Yah**
Veh, with the silver and the gold
that he *brought* **lifted** from all *these nations* **goyim;**
from Edom, and from Mo ab,
and from the *children* **sons** of Ammon, and from the
Philistines **Peleshethiy,** and from *Amalek* **Amaleq.**
12 Moreover *Abishai* **Abi Shai** the
son of *Zeruiah* **Seruyah**
slew **smote** of the *Edomites* **Edomiy**
in *the valley of salt* **Gay Melach/Valley of Salt**
eighteen thousand.
13 And he *put garrisons* **set stations** in Edom;
and all the *Edomites* **Edomiy** became David's servants.
Thus *the LORD preserved* **Yah Veh saved**
David whithersoever he went.
14 So David reigned over all *Israel* **Yisra El,**

and *executed* **worked** judgment and *justice* **justness**
among all his people.
15 And *Joab* **Yah Ab**
the son of *Zeruiah* **Seruyah** was over the host;
and *Jehoshaphat* **Yah Shaphat**
the son of *Ahilud* **Achiy Lud**, *recorder* **remembrancer**.
16 And *Zadok* **Sadoq** the son of *Ahitub* **Achiy Tub**,
and *Abimelech* **Abi Melech** the son
of *Abiathar* **Abi Athar**,
were the priests; and Shavsha was scribe;
17 And *Benaiah* **Bena Yah** the son of *Jehoiada* **Yah Yada**
was over
the *Cherethites* **executioners** and the *Pelethites* **couriers**;
and the sons of David
were *chief about* **heads at the hand of** the *king* **sovereign**.

SONS OF AMMON REJECT THE MERCY OF DAVID

19 *Now* **And so be** it *came to pass*
after this, that *Nahash* **Nachash**
the *king* **sovereign** of the *children* **sons** of Ammon died,
and his son reigned in his stead.
2 And David said, I *will shew*
kindness **shall work mercy**
unto Hanun the son of *Nahash* **Nachash**,
because his father *shewed kindness* **worked mercy** to me.
And David sent *messengers* **angels**
to *comfort* **sigh over** him concerning his father.
So the servants of David came into the land
of the *children* **sons** of Ammon to Hanun,
to *comfort* **sigh over** him.
3 But the *princes* **governors** of the
children **sons** of Ammon
but a hundred of their chariots remain.
5 And the Aramiy of Dammeseq
come to help Hadar Ezer sovereign of Sobah,
and David smites of the Aramiy
— twenty—two thousand men:
6 and David sets in Aram Dammeseq;
and the Aramiy become servants of
David and bear offerings.
Thus Yah Veh saves David wherever he goes.
7 And David takes the shields of gold
on the servants of Hadar Ezer
and brings them to Yeru Shalem:
8 and from Tibchath and from
Kun, cities of Hadar Ezer,
David takes mighty much copper, with which Shelomoh
works the copper sea and the pillars
and the instruments of copper.
9 And Tou sovereign of Hamath
hears that David smites all the valiant of
Hadar Ezer sovereign of Sobah;
10 and he sends Hadoram his son to sovereign
David to ask shalom of him and to bless him
because he fought Hadar Ezer and smote him
— for Hadar Ezer was a man of wars with Tou;
and all manner of instruments of
gold and silver and copper:
11 and sovereign David hallows to Yah Veh,
with the silver and the gold he lifts from all the goyim
— from Edom and from Moab and
from the sons of Ammon
and from the Peleshethiy and from Amaleq.
12 And Abi Shai the son of Seruyah smites
eighteen thousand of the Edomiy
in Gay Melach/Valley of Salt.
13 And he sets stations in Edom;
and all the Edomiy become the servants of David.
— thus Yah Veh saves David wherever he goes.
14 And David reigns over all Yisra El and
works judgment and justness
among all his people.
15 And Yah Ab the son of Seruyah *is* over the host;
and Yah Shaphat the son of Achiy Lud, remembrancer;
16 and Sadoq the son of Achiy Tub
and Abi Melech the son of Abi Athar, the priests;
and Shavsha, scribe;
17 and Bena Yah the son of Yah Yada
is over the executioners and the couriers;
and the sons of David
are heads at the hand of the sovereign.

SONS OF AMMON REJECT THE MERCY OF DAVID

19 And so be it, after this,
Nachash the sovereign of the sons of Ammon
di es and his son reigns in his stead.
2 And David says,
I work mercy to Hanun the son of Nachash
because his father worked mercy to me.
And David sends angels to sigh over
him concerning his father:
and the servants of David come into the land
of the sons of Ammon to Hanun to sigh over him.
3 And the governors of the sons of Ammon
said to Hanun, *Thinkest thou* **In thine eyes**
that David doth **doth David** honour thy father, that
he hath sent *comforters unto* **to sigh over** thee?
are not his servants come unto thee for to *search* **probe**,
and to *overthrow* **overturn**, and to spy out the land?

4 Wherefore Hanun took David's
servants, and shaved them,
and cut off their garments in the midst *hard by*
to their *buttocks* **crotch**, and sent them away.
5 Then there went *certain*,
and told David *how* **concerning** the men *were served*.
And he sent to meet them:
for the men were *greatly* **mighty** ashamed.
And the *king* **sovereign** said,
Tarry **Settle** at *Jericho* **Yericho** until your
beards *be grown* **sprout**, and *then* return.
6 And when the *children* **sons** of Ammon
saw that they had made themselves
odious **a stink** to David,
Hanun and the *children* **sons** of Ammon
sent a thousand *talents* **rounds** of silver
to hire them chariots and *horsemen* **cavalry**
out of *Mesopotamia* **Aram Naharaim**, and out of
Syriamaachah **Aram Maachah**, and out of *Zobah* **Sobah**.
7 So they hired thirty and two thousand chariots,
and the *king* **sovereign** of Maachah
and his people;
who came and *pitched* **encamped**
before **at the face of** Medeba. And
the *children* **sons** of Ammon
gathered *themselves together* from their
cities, and came to *battle* **war**.

THE HOST OF DAVID LINES UP AGAINST THE SONS OF AMMON

8 And when David heard of it,
he sent *Joab* **Yah Ab**, and all the host of the mighty *men*.
9 And the *children* **sons** of Ammon *came out*
went, and *put the battle in array* **lined up for**
war *before* **in front of** the *gate* **portal** of the city:
and the *kings* **sovereigns** that were come
were by themselves in the field.
10 Now when *Joab* **Yah Ab** saw
that the *battle* **face of the war** was set against him
before **at his face** and behind,
he chose out of all the *choice* **chosen** of *Israel*
Yisra El, and *put* **lined** them *in array* **up**
against **to meet** the *Syrians* **Aramiy**.
11 And the rest of the people he *delivered* **gave**
unto the hand of *Abishai* **Abi Shai** his brother,
and they *set themselves in array* **lined up** *against*
to meet the *children* **sons** of Ammon.
12 And he said, If the *Syrians* **Aramiy** be too strong for
me, then thou shalt *help me* **become my salvation**:
but if the *children* **sons** of Ammon be too strong
for thee, then I *will help* **shall save** thee.
13 *Be of good courage* **Strengthen**,
and let us *behave ourselves valiantly* **toughen**
for our people,
and for the cities of our *God* **Elohim**:
and let *the LORD* **Yah Veh**
do **work** that which is good in his *sight* **eyes**.
14 So*Joab***YahAb**andthepeoplethatwerewithim
drew nigh *before* **at the face of** the *Syrians* **Aramiy**
unto the *battle* **war**;
and they fled *before him* **from his face**.
15 Andwhenthe*children***sons**ofAmmon
saw that the *Syrians* **Aramiy** were fled, they likewise fled
before Abishai **from the face of Abi Shai** his brother,
and entered into the city.
Then *Joab* **Yah Ab** came to *Jerusalem* **Yeru Shalem**.
16 And when the *Syrians* **Aramiy** saw that
they were *put to the worse* **smitten**
before Israel **at the face of Yisra El**,
they sent *messengers* **angels**,
say to Hanun,
In your eyes, honors David your father,
by sending to sigh over you?
Come not his servants to you
to probe and to overturn and to spy out the land?
4 And Hanun takes the servants of
David and shaves them
and cuts off their garments in the middle
to the crotch and sends them away:
5 and some go and tell David concerning the men:
and he sends to meet them for the
men are mighty shamed.
And the sovereign says,
Settle at Yericho until your beards sprout and return.
6 And the sons of Ammon
see they make themselves a stink to David,
and Hanun and the sons of Ammon
send a thousand rounds of silver
to hire chariots and cavalry from Aram Naharaim
and from Aram Maachah and from Sobah:
7 and they hire thirty—two thousand chariots
and the sovereign of Maachah and his people
— who come and encamp at the face of Medeba:
and the sons of Ammon
gather from their cities and come to war.

THE HOST OF DAVID LINES UP AGAINST THE SONS OF AMMON

8 And David hears,
and he sends Yah Ab and all the host of the mighty:
9 and the sons of Ammon go and line up for
war in front of the portal of the city:

and the sovereigns come by themselves in the field.
10 And Yah Ab sees
that the face of the war is set against
him at his face and behind;
and he chooses from all the chosen of Yisra El
and lines them up to meet the Aramiy:
11 and the rest of the people he gives to
the hand of Abi Shai his brother
and they line up to meet the sons of Ammon.
12 And he says, If the Aramiy are too strong
for me , then you become my salvation:
but if the sons of Ammon are too
strong for you, then I save you.
13 Strengthen! Toughen!
— for our people and for the cities of our Elohim:
O that Yah Veh work good in his eyes.
14 And Yah Ab and the people with him
draw near the face of the Aramiy to the war;
and they flee from his face:
15 and the sons of Ammon see the Aramiy flee,
and they likewise flee the face of Abi
Shai his brother and enter the city:
and Yah Ab comes to Yeru Shalem.
16 And the Aramiy
see they are smitten at the face of Yisra El;
and they send angels
and *drew forth* **brought** the *Syrians* **Aramiy**
that were beyond the river:
and Shophach the *captain* **governor**
of the host of *Hadarezer* **Hadar Ezer**
went *before them* **at their face**.
17 And it was told David;
and he gathered all *Israel* **Yisra El**,
and passed over *Jordan* **Yarden**, and came upon them,
and *set the battle in array* **lined up** against them.
So when David had
put the battle in array **lined up for war** *against* **to
meet** the *Syrians* **Aramiy**, they fought with him.
18 But the *Syrians* **Aramiy** fled
before Israel **from the face of Yisra El**;
and David *slew* **slaughtered** of the *Syrians*
Aramiy seven thousand *men which fought* in
chariots, and forty thousand footmen,
and *killed* **deathified** Shophach the
captain **governor** of the host.
19 And when the servants of *Hadarezer* **Hadar Ezer**
saw that they were *put to the worse* **smitten**
before Israel **at the face of Yisra El**, they *made peace*
shalamed with David, and became his servants:
neither *would* **willed** the *Syrians* **Aramiy**
help **to save** the *children* **sons** of Ammon any more.

THE HOST OF DAVID RUINS THE SONS OF AMMON

20 And **so be** it *came to pass*,
that after the **turn of the** year *was expired*,
at the time that *kings* **sovereigns** go out *to battle*,
Joab led forth **Yah Ab drove**
the *power* **valiant** of the *army* **hosts**, and *wasted* **ruined**
the *country* **land** of the *children* **sons** of Ammon,
and came and besieged Rabbah.
But David *tarried* **settled** at *Jerusalem* **Yeru Shalem**.
And *Joab* **Yah Ab** smote Rabbah,
and *destroyed* **demolished** it.
2 And David took the crown of their *king* **sovereign**
from off his head, and found it
to weigh a talent **the weight of a round** of gold,
and there were precious stones in it; and it was
set upon David's head: and he brought also
exceeding much **a mighty abounding
of** spoil out of the city.
3 And he brought out the people that were
in it, and *cut* **sawed** them with saws,
and with *harrows* **slicers** of iron, and with *axes* **saws**.
Even so *dealt* **worked** David
with all the cities of the *children* **sons** of Ammon.
And David and all the people returned
to *Jerusalem* **Yeru Shalem**.

DAVID WARS WITH THE PELESHETHIY AND THE RAPHAIY

4 And **so be** it *came to pass* after this, that
there *arose* **stood** war at Gezer
with the *Philistines* **Peleshethiy**;
at which time Sibbechai **when Sibbechay**
the *Hushathite slew Sippai* **Hushathiy smote Sippay**,
that was **birthed** of *the children of the giant* **Rapha**:
and they were subdued.
5 And there was war again with the
Philistines **Peleshethiy**;
and *Elhanan* **El Hanan** the son of *Jair* **Yaur**
slew Lahmi **smote Lachmi**
the brother of *Goliath* **Golyath** the *Gittite* **Gittiy**,
whose spear *staff* **timber** was like a weaver's beam.
6 And yet again there was war at Gath,
where was a man of *great stature* **measure**, whose
fingers and toes **digits** were four and twenty,
six *on each hand*, and six *on each foot*:
and he also was *the son* **birthed** of *the giant* **Rapha**.
7 But when he *defied Israel* **reproached Yisra El**,
Jonathan **Yah Nathan**

the son of *Shimea* **Shimah** David's
brother *slew* **smote** him.
8 Thesewere*born***birthed**unto*thegianR***tapha**inGath;
and they fell by the hand of David, and
by the hand of his servants.
and bring the Aramiy from beyond the river:
and Shophach the governor of the host
of Hadar Ezer comes at their face.
17 And they tell David;
and he gathers all Yisra El and passes over
Yarden and comes on them and lines up
against them: and David lines up for war to
meet the Aramiy and they fight with him:
18 and the Aramiy flee the face of Yisra El:
and David slaughters of the Aramiy
seven thousand in chariots
and forty thousand footmen
and deathifies Shophach the governor of the host.
19 And the servants of Hadar Ezer
see they are smitten at the face of Yisra El;
and they shalam with David and become his servants:
and the Aramiy will no more to
save the sons of Ammon.

The Host Of David Ruins The Sons Of Ammon

20 And so be it, after the turn of the
year, at the time sovereigns go out,
Yah Ab drives the valiant of the hosts and ruins the land
of the sons of Ammon; and comes and besieges Rabbah:
and David settles at Yeru Shalem:
and Yah Ab smites Rabbah and demolishes it.
2 And David takes the crown off the
head of their sovereign
and finds the weight *is* a round of gold;
and there *are* precious stones in it;
and they set it on the head of David:
and he brings a mighty abounding of spoil from the city:
3 and he brings the people therein
and saws them with saws
and with slicers of iron and with saws:
and thus David works
with all the cities of the sons of Ammon:
and David and all the people return to Yeru Shale m.

David Wars With The Peleshethiy And The Raphaiy

4 And so be it, after this,
war stands at Gezer with the Peleshethiy;
and Sibbechay the Hushathiy smites
Sippay, birthed of Rapha:
and they are subdued.
5 And again there is war with the Peleshethiy;
and El Hanan the son of Yaur
smites Lachmi the brother of Golyath the Gittiy
— whose spear timber is like the beam of a weaver.
6 And again there is war at Gath;
there being a man of measure
whose digits are six and six — twenty—four;
and he also is birthed of Rapha:
7 and he reproaches Yisra El, and Yah Nathan
the son of Shimah the brother of David
smites him.
8 These are birthed to Rapha in Gath;
and they fall by the hand of David and
by the hand of his servants.

Satan Goads David To Number Yisra El

21 And Satan stood up against *Israel* **Yisra El,**
and *provoked* **goaded** David to number *Israel* **Yisra El.**
2 And David said to *Joab* **Yah Ab**
and to the *rulers* **governors** of the people,
Go, number **and scribe** *Israel* **Yisra El**
from *Beersheba* **Beer Sheba** even to Dan;
and bring the number of them to me, that I may know it.
3 And *Joab answered* **Yah Ab said,**
The LORD make **Yah Veh add to** his people
an hundred times so many *more* as they be:
but, my *lord* **adoni** the *king* **sovereign,**
are they not all my *lord's* **adoni's** servants?
why then doth my *lord require* **adoni seek** this *thing*?
why *will* **shall** he be a cause of *trespass* **guilt**
to *Israel* **Yisra El?**
4 Nevertheless the *king's* **sovereign's** word
prevailed against *Joab* **Yah Ab.** *Wherefore Joab*
departed **Yah Ab went,** and went throughout all *Israel*
Yisra El, and came to *Jerusalem* **Yeru Shalem.**
5 And *Joab* **Yah Ab**
gave the *sum* **number** of the *number*
census of the people unto David.
And all *they of Israel* **Yisra El** were a thousand thousand
and an hundred thousand men that drew sword:
and *Judah* **Yah Hudah**
was four hundred *threescore and ten* **seventy**
thousand men that drew sword.
6 But Levi and *Benjamin* **Ben Yamin**
counted **mustered** he not among them:
for the *king's* **sovereign's** word
was *abominable* **abhorrent** to *Joab* **Yah Ab.**
7 *And God was displeased with this thing* **And**
this word was evil in the eyes of Elohim;
therefore he smote *Israel* **Yisra El.**

8 And David said unto *God* **Elohim**, I
have sinned *greatly* **mightily**,
because I have *done* **worked** this *thing* **word**:
but now, I beseech thee,
do away **pass over** the *iniquity* **perversity** of thy servant;
for I *have done very foolishly* **follied mightily**.
9 And *the LORD spake* **Yah Veh worded**
unto Gad, David's seer, saying,
10 Go and *tell* **word to** David, saying,
Thus saith *the LORD* **Yah Veh**,
I *offer* **spread to** thee three *things*:
choose thee one of these, that I may *do* **work** it unto thee.
11 SoGadcametoDavid,andsaiduntohim,
Thus saith *the LORD* **Yah Veh**, *Choose* **Take to** thee
12 Either three years' famine;
or three months to be *destroyed* **scraped away**
before **at the face of** thy *foes* **tribulators**,
while that the sword of thine enemies overtaketh
thee; or else three days the sword of *the LORD*
Yah Veh, even the pestilence, in the land,
and the angel of *the LORD destroying* **Yah Veh**
ruining throughout all the *coasts* **borders** of *Israel*
Yisra El. Now therefore *advise thyself* **see** what word
I shall *bring again* **return** to him that sent me.
13 And David said unto Gad,
I am *in a great strait* **mighty tribulated:**
let me fall *now* **I pray thee,**
into the hand of *the LORD* **Yah Veh**;
for *very great* **mighty many** are his mercies:
but let me not fall into the hand of *man* **humanity**.
14 So *the LORD* **Yah Veh**
sent **gave** pestilence upon *Israel* **Yisra El**:
and there fell of *Israel* **Yisra El** seventy thousand men.
15 And *God* **Elohim**
sent an angel unto *Jerusalem* **Yeru**
Shalem to *destroy* **ruin** it:
and as he was *destroying* **ruining**,
the LORD beheld **Yah Veh saw**,
and he *repented* **sighed** *him* of the evil, and
said to the angel that *destroyed* **ruined**,
It is enough, **Enough!** *stay* **Slacken** now thine hand.
And the angel of *the LORD* **Yah Veh**
stood by the threshingfloor of
Ornan the *Jebusite* **Yebusiy**.
16 And David lifted up his eyes,

21 And Satan stands against Yisra El
and goads David to number Yisra El:
2 and David says to Yah Ab
and to the governors of the people, Go, number and
scribe Yisra El from Beer Sheba even to Dan;
and bring the number of them to me, so I know.
3 And Yah Ab says,
Yah Veh adds to his people a hundred times:
but, my adoni sovereign,
are they not all servants of my adoni?
Why seeks my adoni this?
Why becomes he a guilt to Yisra El?
4 And the word of the sovereign
prevails against Yah Ab:
and Yah Ab goes — goes through all Yisra El
and comes to Yeru Shalem:
5 and Yah Ab gives the number of the
census of the people to David:
and all Yisra El
is a thousand thousand and a hundred
thousand men who draw sword:
and Yah Hudah
is four hundred seventy thousand men who draw sword:
6 and he musters not Levi and Ben Yamin among them:
for the word of the sovereign is abhorrent to Yah Ab:
7 and this word is evil in the eyes of Elohim;
and he smites Yisra El.
8 And David says to Elohim,
I sinned mightily in working this word:
and now, I beseech you,
pass over the perversity of your servant;
for I follied mightily.
9 And Yah Veh words to Gad the seer of David, saying,
10 Go and word to David, saying, Thus says Yah Veh:
I spread these three to you:
choose one of these, for me to work to you.
11 And Gad comes to David and says
to him, Thus says Yah Veh:
Take to you
12 — either three years famine;
— or three months
to be scraped away at the face of your tribulators
as the sword of your enemies overtakes you;
— or three days of the sword of Yah Veh
even the pestilence in the land
and the angel of Yah Veh ruining
throughout all the borders of Yisra El:
and now see,
What word return I to him who sends me?
13 And David says to Gad, I am mighty tribulated:
Let me fall, I pray you, into the hand of Yah Veh;
for mighty many are his mercies:
but that I not fall into the hand of humanity.
14 So Yah Veh gives pestilence on Yisra El:
and there fall seventy thousand men of Yisra El:

15 and Elohim sends an angel to ruin Yeru Shalem:
and as he ruins,
Yah Veh sees and he sighs concerning the evil;
and says to the angel who ruins,
Enough now! Slacken your hand!
And the angel of Yah Veh
stands by the threshingfloor of Ornan the Yebusiy:
16 and David lifts his eyes

SATAN GOADS DAVID TO NUMBER YISRA EL

and saw the angel of *the LORD* **Yah Veh**
stand between the earth and **between** the *heaven*
heavens, having *a drawn sword* **his sword drawn** in
his hand *stretched out* **spread** over *Jerusalem* **Yeru**
Shalem. Then David and the elders *of Israel*,
who were *clothed* **covered** in *sackcloth*
saq, fell upon their faces.
17 And David said unto *God* **Elohim**,
Is it not I that *commanded* **said** the
people to be numbered?
even I it is that have sinned
and *done evil indeed* **in vilifying, have vilified**;
but as for *these sheep* **this flock**, what
have they *done* **worked**?
let thine hand, I *pray* **beseech** thee, O
LORD **Yah Veh** my *God* **Elohim**,
be on me, and on my father's house;
but not on thy people, that they should be plagued.
18 Then the angel of *the LORD* **Yah Veh**
commanded **said to** Gad to say to David,
that David should *go up* **ascend**,
and *set up an* **raise a sacrifice** altar
unto *the LORD* **Yah Veh**
in the threshingfloor of Ornan the *Jebusite* **Yebusiy**.
19 And David *went up* **ascended** at the *saying*
word of Gad, which he *spake* **worded**
in the name of *the LORD* **Yah Veh**.
20 And Ornan turned back, and saw the angel;
and his four sons with him hid themselves.
Now Ornan was threshing wheat.
21 And as David came to Ornan, Ornan
looked and saw David,
and went out of the threshingfloor,
and bowed himself to David
with *his face* **nostrils** to the *ground* **earth**.
22 Then David said to Ornan,
Grant **Give** me the place of *this* **the** threshingfloor,
that I may build *an* **a sacrifice** altar therein
unto *the LORD* **Yah Veh**:
thou shalt *grant* **give** it me for the full *price* **silver**:
that the plague may be *stayed*
restrained from the people.
23 And Ornan said unto David, Take it to thee,
and let my *lord* **adoni** the *king* **sovereign** *do*
work that which is good in his eyes: *lo* **see**,
I give thee the oxen also for *burnt offerings* **holocausts**,
and the threshing *instruments* **sledges** for *wood* **timber**,
and the wheat for the *meat* offering; I give it all.
24 And*king***sovereign**DavidsaidtoOrnan,Nay;
but **in chatteling,** I *will verily buy* **shall chattel** it
for the full *price* **silver**:
for I *will* **shall** not *take* **lift** that which
is thine for *the LORD* **Yah Veh**,
nor *offer burnt offerings* **holocaust holocausts**
without cost **gratuitously**.
25 So David gave to Ornan for the place six
hundred shekels of gold by weight.
26 And David built there
an **a sacrifice** altar unto *the LORD* **Yah Veh**,
and *offered burnt offerings* **holocausted holocausts**
and *peace offerings* **shelamim**, and
called upon *the LORD* **Yah Veh**;
and he answered him from *heaven* **the heavens** by fire
upon the **sacrifice** altar of *burnt offering* **holocaust**.
27 And*theLORDcommanded***YahVehsaidto**theangel;
and he *put up* **turned back** his sword *again*
into the sheath thereof.
28 At that time when David saw
that *the LORD* **Yah Veh** had answered him
in the threshingfloor of Ornan the *Jebusite*
Yebusiy, then he sacrificed there.
29 For the tabernacle of *the LORD* **Yah Veh**,
which *Moses made* **Mosheh worked** in the
wilderness, and the **sacrifice** altar of the *burnt*
offering **holocaust**, were at that *season* **time**
in the *high place* **bamah** at *Gibeon* **Gibon**.
30 But David could not go *before it* **at its face**
to enquire of *God* **Elohim**:
for he was *afraid* **frightened** *because* **from the face**
of the sword of the angel of *the LORD* **Yah Veh**.
and sees the angel of Yah Veh
stand between the earth and between the
heavens, with his sword drawn in his hand
spread over Yeru Shalem.
— and David and the elders cover in
saq and fall on their faces.
17 And David says to Elohim, Said I
not to number the people?
Yes, I who sins? Who in vilifying, vilifies?
And as for this flock, what worked they?

Let your hand, I beseech you,
O Yah Veh my Elohim,
be on me and on the house of my father;
but not on your people, to plague them.
18 And the angel of Yah Veh says to Gad to say to David,
that David ascend and raise
a sacrifice altar to Yah Veh
in the threshingfloor of Ornan the Yebusiy.
19 And David ascends
at the word Gad words in the name of Yah Veh:
20 and Ornan turns back and sees the
angel; and his four sons with him hide
themselves: and Ornan threshes wheat:
21 and David comes to Ornan; and Ornan looks and
sees David and goes from the threshingfloor
and bows himself to David with his nostrils to the earth.
22 And David says to Ornan,
Give me the place of the threshingfloor
to build a sacrifice altar therein to Yah Veh
— give it me for the full silver:
to restrain the plague from the people.
23 And Ornan says to David, Take it to yourself
and *may* my adoni the sovereign
work what is good in his eyes:
see, I give you the oxen for holocausts and
the threshing sledges for timber
and the wheat for the offering — I give all.
24 And sovereign David says to Ornan,
No; but in chatteling, I chattel it for the full silver:
for neither lift I what is yours for Yah Veh,
nor holocaust holocausts gratuitously.
25 And David gives Ornan
six hundred shekels of gold by weight for the place:
26 and there David builds a sacrifice altar to Yah
Veh
and holocausted holocausts and shelamim;
and calls on Yah Veh.
— and he answers him from the heavens by
fire on the sacrifice altar of holocaust.
27 And Yah Veh says to the angel;
and he turns his sword back into its sheath:
28 at that time David sees that Yah Veh answers him
in the threshingfloor of Ornan the Yebusiy:
and he sacrifices there.
29 And the tabernacle of Yah Veh, Mosheh
worked in the wilderness
and the sacrifice altar of the holocaust, are
at that time in the bamah at Gibon:
30 and David cannot go at its face to enquire of Elohim
because he is frightened
of the face of the sword of the angel of Yah Veh.

DAVID PREPARES TO BUILD THE HOUSE OF ELOHIM

22 Then David said,
This is the house of *the LORD God* **Yah Veh**
Elohim, and this is the **sacrifice** altar
of the *burnt offering* **holocaust** for *Israel* **Yisra El**.
2 And David *commanded* **said**
to gather *together* the *strangers* **sojourners**
that were in the land of *Israel* **Yisra El**;
and he *set masons* **stood hewers**
to hew *wrought* **hewn** stones
to build the house of *God* **Elohim**.
3 AndDavidpreparedironinabundance
for the nails for the doors of the *gates*
portals, and for the *joinings* **joints**;
and *brass* **copper** in abundance without weight;
4 Alsocedartres*inabundance***withoutnumber**:
for the *Zidonians* **Sidoniy** and *they of Tyre* **the Soriy**
brought *much* **an abundance** cedar
wood **timber** to David.
5 And David said,
Solomon **Shelomoh** my son is *young* **a lad** and tender,
and the house that is to be builded
for *the LORD* **Yah Veh**
must be exceeding magnifical **is to greaten**
upward, of *fame* **name** and of *glory* **adornment**
throughout all *countries* **lands**:
I *will* **shall** *therefore* now *make*
preparation **prepare** for it.
So David prepared *abundantly* **in abundance**
before **at the face of** his death.
6 Then he called for *Solomon* **Shelomoh** his son, and
charged **misvahed** him to build an house for *the*
LORD God **Yah Veh Elohim** of *Israel* **Yisra El**.
7 And David said to *Solomon*
Shelomoh, My son, as for me,
it was in *my mind* **heart** to build an house
unto the name of *the LORD* **Yah Veh** my *God* **Elohim**:
8 But the word of *the LORD* **Yah Veh** came
to me, saying, Thou hast *shed* **poured**
blood *abundantly* **in abundance**,
and hast *made* **worked** great wars:
thou shalt not build an house unto my name,
because thou hast *shed* **poured** much blood
upon the earth in my *sight* **face**.
9 Behold,asonshalbe*born***birthed**tothee,
who shall be a man of rest;
and I *will* **shall** *give him* rest **him**
from all his enemies round about:
for his name shall be *Solomon* **Shelomoh**,

and I *will* **shall** give *peace* **shalom** and *quietness* **rest**
unto *Israel* **Yisra El** in his days.
10 He shall build an house for my name;
and he shall be *my son* **to me, son,**
and I *will* **shall** be *his father* **to him, father**;
and I *will* **shall** establish
the throne of his *kingdom* **sovereigndom**
over *Israel for ever* **Yisra El eternally**.
11 Now, my son, *the LORD* **Yah Veh** be with thee;
and prosper thou, and build the house
of *the LORD* **Yah Veh** thy *God* **Elohim**,
as he hath *said* **worded** of thee.
12 Only *the LORD* **Yah Veh** give thee
wisdom **comprehension** and *understanding*
discernment, and *give* **misvah** thee *charge*
concerning *Israel* **Yisra El**, that thou
mayest *keep* **guard** the *law* **torah**
of *the LORD* **Yah Veh** thy *God* **Elohim**.
13 Then shalt thou prosper,
if thou *takest heed* **guardest**
to *fulfil* **work** the statutes and judgments
which *the LORD* **Yah Veh**
charged Moses with **misvahed Mosheh**
concerning *Israel* **Yisra El**:
be strong **strengthen**, *and of good courage* **encourage**;
dread **awe** not, nor *be dismayed* **terrify**.
14 Now, behold, in my *trouble* **humiliation**
I have prepared for the house of *the LORD* **Yah Veh**
an hundred thousand *talents* **rounds** of gold, and
a thousand thousand *talents* **rounds** of silver;
and of *brass* **copper** and iron without weight;
for it is in abundance:
timber also and stone have I prepared;
and thou mayest add thereto.

DAVID PREPARES TO BUILD THE HOUSE OF ELOHIM

22 And David says,
This is the house of Yah Veh Elohim
and this is the sacrifice altar
of the holocaust for Yisra El.
2 And David says
to gather the sojourners in the land of Yisra El:
and he stands hewers to hew hewn stones
to build the house of Elohim:
3 and David prepares iron in abundance for nails
for the doors of the portals and for the joints;
and copper in abundance without weight;
4 and cedar trees without number:
for the Sidoniy and the Soriy
bring an abundance of cedar timber to David.
5 And David says,
Shelomoh my son is a lad and tender and the house
to be built for Yah Veh is to greaten upward
— in name and adornment throughout all lands
— I now prepare.
Thus David prepares in abundance
at the face of his death.
6 And he calls for Shelomoh his son and
misvahs him to build a house
for Yah Veh Elohim of Yisra El:
7 and David says to Shelomoh his son,
As for me, it is in my heart to build a house
to the name of Yah Veh my Elohim:
8 and the word of Yah Veh comes to me, saying,
You poured blood in abundance and worked great wars:
you build not a house to my name,
because you poured much blood on the earth at my face:
9 behold — a son is birthed to you who is a man of rest;
and I rest him from all his enemies all around:
for his name becomes Shelomoh/Of Shalom; and
I give Yisra El shalom and rest in his days:
10 he builds a house for my name;
and he becomes to me, son and I become to him, father;
and I establish the throne of his
sovereigndom over Yisra El eternally.
11 Now, my son,
Yah Veh be with you and prosper you; and build the
house of Yah Veh your Elohi m as he words you:
12 only, Yah Veh give you comprehension
and discernment
and misvah you concerning Yisra El;
to guard the torah of Yah Veh your Elohim:
13 then you prosper,
if you guard to work the statutes and judgments
Yah Veh misvahed Mosheh concernin g Yisra El.
Strengthen! Encourage! Neither awe nor terrify!
14 And behold, in my humiliation
I prepared for the house of Yah Veh a
hundred thousand rounds of gold
and a thousand thousand rounds of silver; and of
copper and iron without weight; for it is in abundance:
and I prepared timber and stone;
and you add thereto:
15 Moreover there are *workmen* **workers of the work**
with thee in abundance,
hewers and *workers* **artificers** of stone and
timber, and all manner of *cunning men* **wise**
for every manner of work.
16 Of the gold, the silver,

and the *brass* **copper**, and the iron, there is no number.
Arise *therefore*, and *be doing* **work**, and
the LORD **Yah Veh** be with thee.
17 David also *commanded* **misvahed**
all the *princes* **governors** of *Israel* **Yisra El**
to help *Solomon* **Shelomoh** his son, *saying*,
18 Is not *the LORD* **Yah Veh** your *God* **Elohim** with you?
and hath he not given you rest *on*
every side **round about?**
for he hath given the *inhabitants* **settlers**
of the land into mine hand;
and the land is subdued
before the LORD **at the face of Yah Veh**,
and *before* **at the face of** his people.
19 Now *set* **give** your heart and your soul
to seek *the LORD* **Yah Veh** your *God* **Elohim**;
arise therefore, and build ye the *sanctuary* **holies**
of *the LORD God* **Yah Veh Elohim**,
to bring the ark of the covenant of *the LORD*
Yah Veh, and the holy *vessels* **instruments** of
God **Elohim**, into the house that is to be built
to the name of *the LORD* **Yah Veh**.

DAVID HAS SHELOMOH REIGN OVER YISRA EL

23 So when David *was old and full* **aged, satisfied**
of days, he made *Solomon* **Shelomoh** his son
king **to reign** over *Israel* **Yisra El**.
2 And he gathered *together*
all the *princes* **governors** of *Israel* **Yisra El**,
with the priests and the *Levites* **Leviym**.

SCRIBING THE LEVIYM

3 Now the *Levites* **Leviym** were *numbered* **scribed**
from *the age* **sons** of thirty years and upward:
and their number *by their polls* **per cranium**,
man **mighty** by *man* **mighty**, was
thirty and eight thousand.
4 Of *which* **these**,
twenty and four thousand were to *set forward* **oversee**
the work of the house of *the LORD* **Yah Veh**;
and six thousand were officers and judges:
5 Moreover four thousand were porters;
and four thousand *praised the LORD* **halaled**
Yah Veh with the instruments which I *made*
worked, *said David*, to *praise* **halal** *therewith*.

ALLOTMENTS OF THE SONS OF LEVI

6 AndDavid*divided***aloted**them*intocourses***alotments**
among the sons of Levi,
namely, Gershon, *Kohath* **Qehath**, and Merari.

SCRIBING THE GERSHONIY

15 and there are workers of the work
with you in abundance
— hewers and artificers of stone and timber and
all manner of wise for every manner of work:
16 of the gold, the silver
and the copper and the iron, there is no number.
Rise and work!
And Yah Veh be with you.
17 — and David misvahs all the governors
of Yisra El to help Shelomoh his son.
18 Is not Yah Veh your Elohim with you?
And has he not given you rest all around?
For he gives the settlers of the land into my
hand; and the land subdues at the face of
Yah Veh and at the face of his people.
19 Now, give your heart and your soul
to seek Yah Veh your Elohim;
and rise and build the holies of Yah Veh Elohim
— to bring the ark of the covenant of Yah
Veh and the holy instruments of Elohim
into the house to be built to the name of Yah Veh.

DAVID HAS SHELOMOH REIGN OVER YISRA EL

23 And David ages, satisfied of days;
and he has Shelomoh his son reign over Yisra El:
2 and he gathers all the governors of
Yisra El,
with the priests and the Leviym.

SCRIBING THE LEVIYM

3 And they scribe the Leviym
from sons of thirty years and upward:
and their number per cranium — mighty
by mighty, is thirty—eight thousand.
4 Of these,
to oversee the work of the house of Yah Veh:
twenty—four thousand:
and six thousand officers and judges:
5 and four thousand porters;
and four thousand to halal Yah Veh with
the instruments I worked to halal.

ALLOTMENTS OF THE SONS OF LEVI

6 And David allots them allotments of the sons of Levi:
Gershon, Qehath and Merari.

SCRIBING THE GERSHONIY

7 Of the Gershoniy: Ladan and Shimi.

7 OftheGershonitesGershoniywere,
Laadan **Ladan**, and *Shimei* **Shimi**.
8 The sons of *Laadan* **Ladan**;
the *chief* **head** was *Jehiel* **Yechi El**, and
Zetham, and *Joel* **Yah El**, three.
9 The sons of *Shimei* **Shimi**;
Shelomith **Shelomoth**, and *Haziel* **Hazi
El**, and Haran, three. These were the *chief*
head of the fathers of *Laadan* **Ladan**.
10 And the sons of *Shimei* **Shimi** *were*,
Jahath **Yachath**, Zina, and *Jeush* **Yeush**, and Beriah.
These four were the sons of *Shimei* **Shimi**.
11 And *Jahath* **Yachath** was the *chief*
head, and Zizah the second:
but *Jeush* **Yeush** and Beriah
had not many **abounded not** sons; therefore
they were in one *reckoning* **mustering**,
according to *their* father's house.

Scribing The Sons Of Qehath

12 The sons of *Kohath* **Qehath**; *Amram* **Am
Ram**, *Izhar* **Yishar**, Hebron, and *Uzziel* **Uzzi El**, four.
13 The sons of *Amram* **Am Ram**; *Aaron* **Aharon** and
Moses **Mosheh**: and *Aaron* **Aharon** was separated,
that he should *sanctify* **hallow**
the *most holy things* **Holy of Holies**, he
and his sons *for ever* **eternally**,

8 The sons of Ladan:
the head is Yechi El and Zetham and Yah El — three.
9 The sons of Shimi:
Shelomoth and Hazi El and Haran — three.
— these are the head of the fathers of Ladan.
10 And the sons of Shimi:
Yachath, Zina and Yeush and Beriah.
— these are the sons of Shimi — four.
11 And Yachath is the head and Zizah the second:
but Yeush and Beriah abound no sons; so they are in
one mustering, according to the house of their father.

Scribing The Sons Of Qehath

12 The sons of Qehath:
Am Ram, Yishar, Hebron and Uzzi El — four.
13 The sons of Am Ram: Aharon and Mosheh;
and Aharon is separated to hallow the Holy of Holies
— he and his sons eternally
to *burn* incense *before the LORD* **at the face
of Yah Veh**, to minister unto him,
and to bless in his name *for ever* **eternally**.
14 Now*concerning*Moses**Mosheh**theman of*God***Elohim**,
his sons were *named* **called** of the *tribe* **scion** of Levi.
15 The sons of *Moses* **Mosheh** *were*,
Gershom, and *Eliezer* **Eli Ezer**.
16 Of the sons of Gershom,
Shebuel **Shebu El** was the *chief* **head**.
17 And the sons of *Eliezer* **Eli Ezer** *were*,
Rehabiah **Rechab Yah** the *chief* **head**. And
Eliezer **Eli Ezer** had none other sons:
but the sons of *Rehabiah* **Rechab Yah**
were very many **abounded above**.
18 Of the sons of *Izhar* **Yishar**; Shelomith the *chief* **head**.
19 Of the sons of Hebron; *Jeriah* **Yeri Yah**
the *first* **head**, *Amariah* **Amar Yah** the
second, *Jahaziel* **Yachazi El** the third,
and *Jekameam* **Yeqam Am** the fourth.
20 Of the sons of *Uzziel* **Uzzi El**; *Micah* **Michah Yah**
the *first* **head**, and *Jesiah* **Yishshi Yah** the second.

Scribing The Sons Of Merari

21 The sons of Merari;
Mahli **Machli**, and Mushi. The sons of *Mahli*
Machli; *Eleazar* **El Azar**, and *Kish* **Qish**.
22 And *Eleazar* **El Azar** died, and had
no sons, but daughters:
and their brethren the sons of *Kish*
took **Qish lifted** them.
23 The sons of Mushi;
Mahli **Machli**, and Eder, and *Jeremoth* **Yeremoth**, three.

The New Service Of The Leviym

24 These were the sons of Levi after
the house of their fathers;
even the *chief* **head** of the fathers,
as they were *counted* **mustered** by number of names
by their polls **per cranium**, that *did* **worked** the work
for the service of the house of *the LORD* **Yah Veh**,
from *the age* **sons** of twenty years and upward.
25 For David said,
The LORD God **Yah Veh Elohim** of *Israel* **Yisra El**
hath *given rest unto* **rested** his people,
that they may *dwell* **tabernacle** in
Jerusalem **Yeru Shalem**
for ever **eternally**:
26 And also unto the *Levites* **Leviym**;
they shall *no more carry* **neither bear** the tabernacle,
nor any *vessels of it* **instruments thereof**
for the service thereof.
27 For by the last words of David
the *Levites* **sons of Levi** were numbered from
sons of twenty years *old* and above:
28 Because their *office* **function**

was *to wait on* **at the hand of** the sons of *Aaron* **Aharon**
for the service of the house of *the LORD* **Yah**
Veh, in the courts, and in the chambers,
and in the purifying of all *holy things* **the holies**,
and the work of the service of the house of *God* **Elohim**;
29 Both for the *shewbread* **bread arrangement**,
and for the *fine* flour for *meat* offering,
and for the *unleavened cakes* **matsah wafers**,
and for that which is *baked in the pan*
griddled, and for that which is **deep** fried,
and for all manner of measure and *size* **measure**;
30 And to stand *every* morning **by morning**
to *thank* **spread hands** and *praise the LORD*
halal Yah Veh, and likewise at even:
31 And to *offer* **holocaust** all *burnt sacrifices* **holocausts**
unto *the LORD* **Yah Veh** in the *sabbaths* **shabbaths**,
in the new moons, *and on the set feasts* **festivals**,
by number,
according to the *order commanded* **judgment** unto them,
continually *before the LORD* **at the face of Yah Veh**:
32 Andthatheyshould*keep***guard**the*charge***guard**
of the *tabernacle* **tent** of the congregation,
and the *charge* **guard** of the *holy place* **holies, 1**
to incense at the face of Yah Veh to minister to him
and to bless in his name eternally.
14 As for Mosheh the man of Elohim, his
sons are called of the scion of Levi.
15 The sons of Mosheh: Gershom and Eli Ezer.
16 Of the sons of Gershom: Shebu El, the head.
17 And the sons of Eli Ezer: Rechab Yah the head.
And Eli Ezer has no other sons:
and the sons of Rechab Yah abound above.
18 Of the sons of Yishar: Shelomith the head.
19 Of the sons of Hebron:
Yeri Yah the head, Amar Yah the second, Yachazi
El the third and Yeqam Am the fourth.
20 Of the sons of Uzzi El:
Michah Yah the head and Yishshi Yah the second.

Scribing The Sons Of Merari

21 The sons of Merari: Machli and Mushi .
The sons of Machli: El Azar and Qish;
22 and El Azar dies and has no sons, but daughters;
and their brothers the sons of Qish lift them.
23 The sons of Mushi:
Machli and Eder and Yeremoth — three.

The New Service Of The Leviym

24 These are the sons of Levi after
the house of their fathers
— the head of the fathers,
as they are mustered
by number of names per cranium;
who work the work
for the service of the house of Yah Veh,
from sons of twenty years and upward.
25 For David says,
Yah Veh Elohim of Yisra El rests his people,
to tabernacle in Yeru Shalem eternally:
26 and also of the Leviym;
they neither bear the tabernacle,
nor any instruments thereof for the service thereof:
27 for by the last words of David the
sons of Levi are numbered
from sons of twenty years and above:
28 because of their function
at the hand of the sons of Aharon for the
service of the house of Yah Veh
— in the courts and in the chambers and
in the purifying of all the holies
and the work of the service of the house of Elohim:
29 and for the bread arrangement
and for the flour for offering and for the matsah wafers
and for the griddled and for the deep fried
and for all manner of measure by measure:
30 and to stand morning by morning to
spread hands and halal Yah Veh
— and likewise at evening:
31 and to holocaust all holocausts to Yah Veh in
the shabbaths, in the new moons, festivals
by number, according to their judgment,
continually at the face of Yah Veh:
32 and to guard the guard
of the tent of the congregation and
the guard of the holies
and the *charge* **guard** of the sons of *Aaron* **Aharon**
their brethren,
in the service of the house of *the LORD* **Yah Veh**.

The Allotments Of The Sons Of Aharon

24 Now these are the *divisions* **allotments**
of the sons of *Aaron* **Aharon**. The sons of
Aaron **Aharon**; Nadab, and *Abihu* **Abi Hu**,
Eleazar **El Azar**, and *Ithamar* **Iy Thamar**.
2 But Nadab and *Abihu* **Abi Hu** died
before **at the face of** their father,
and had no *children* **sons**:
therefore *Eleazar* **El Azar** and *Ithamar* **Iy Thamar**
executed the priest's office **priested**.
3 And David *distributed* **allotted** them,

both *Zadok* **Sadoq** of the sons of *Eleazar* **El Azar**,
and *Ahimelech* **Achiy Melech**
of the sons of *Ithamar* **Iy Thamar**,
according to their *offices* **overseeing** in their service.
4 And there were
more chief men **more mighty heads** found
of the sons of *Eleazar* **El Azar**
than of the sons of *Ithamar* **Iy Thamar**; and thus
were they *divided* **allotted**. Among the sons of
Eleazar **El Azar** there were sixteen *chief* **head** men
of the house of their fathers,
and eight among the sons of *Ithamar* **Iy Thamar**
according to the house of their fathers.
5 Thus were they *divided* **allotted** by *lot* **pebble**,
one sort **those** with *another* **these**;
for the governors of the *sanctuary* **holies**,
and governors of *the house God* **Elohim**,
were of the sons of *Eleazar* **El Azar**,
and of the sons of *Ithamar* **Iy Thamar**.
6 And *Shemaiah* **Shema Yah**
the son of *Nethaneel* **Nethan El** the scribe,
one of the *Levites* **Leviym**,
wrote **inscribed** them
before **at the face of** the *king* **sovereign**,
and the *princes* **governors**, and *Zadok* **Sadoq**
the priest, and *Ahimelech* **Achiy Melech**
the son of *Abiathar* **Abi Athar**,
and *before* the *chief* **head** of the fathers
of the priests and *Levites* **Leviym**:
one *principal household* **house of the fathers**
being taken **possessed** for *Eleazar* **El Azar**, and
one *taken* **possessed** for *Ithamar* **Iy Thamar**.
7 Now the first *lot* **pebble**
came forth **went** to *Jehoiarib* **Yah Arib**,
the second to *Jedaiah* **Yeda Yah**,
8 The third to Harim, the fourth to Seorim,
9 The fifth to *Malchijah* **Malki Yah**, the
sixth to *Mijamin* **Mi Yamin**,
10 The seventh to *Hakkozz* **Qos**, the
eighth to *Abijah* **Abi Yah**,
11 Theninthto*Jeshuah***YahShua**,
the tenth to *Shecaniah* **Shechan Yah**,
12 The eleventh to *Eliashib* **El Yashib**,
the twelfth to *Jakim* **Yaqim**,
13 The thirteenth to Huppah,
the fourteenth to *Jeshebeab* **Yesheb Ab**,
14 The fifteenth to Bilgah, the sixteenth to Immer,
15 The seventeenth to Hezir,
the eighteenth to *Aphses* **Pisses**,
16 Theninetenthto*Pethahiah***PethachYah**,
the twentieth to *Jehezekel* **Yechezq El**,
17 Theoneandtwentiethto*Jachin***Yachin**,
the two and twentieth to Gamul,
18 Thethreandtwenitethto*Delaiah***DelaYah**,
the four and twentieth to *Maaziah* **Maaz Yah**.
19 These were the *orderings* **overseeings**
of them in their service
to come into the house of *the LORD* **Yah Veh**,
according to their *manner* **judgment**,
under Aaron **by the hand of Aharon** their father,
and the guard of the sons of Aharon their brothers
in the service of the house of Yah Veh.

THE ALLOTMENTS OF THE SONS OF AHARON

24 And to the sons of Aharon, these
allotments: The sons of Aharon:
Nadab and Abi Hu, El Azar and Iy Thamar:
2 and Nadab and Abi Hu die at the face
of their father and have no sons;
and El Azar and Iy Thamar priest.
3 And David allots them,
both Sadoq of the sons of El Azar
and Achiy Melech of the sons of Iy Thamar,
according to their overseeing in their service.
4 And they find more mighty heads
of the sons of El Azar
than of the sons of Iy Thamar;
and they allot thus:
Among the sons of El Azar:
sixteen head men of the house of their fathers
and eight among the sons of Iy Thamar
according to the house of their fathers.
5 And they allot by pebble these with those:
for the governors of the holies and governors
of Elohim are of the sons of El Azar
and of the sons of Iy Thamar:
6 and Shema Yah the son of Nethan
El the scribe of the Leviym,
inscribes them at the face of the sovereign
and the governors and Sadoq the priest and
Achiy Melech the son of Abi Athar
and the head of the fathers of the priests and Leviym:
one house of the fathers possessed for El
Azar and one possessed for Iy Thamar.
7 And the first pebble goes to Yah
Arib, the second to Yeda Yah,
8 the third to Harim,
the fourth to Seorim,
9 the fifth to Malki Yah, the sixth to Mi Yamin,
10 the seventh to Qos, the eighth to Abi Yah,

11 the ninth to Yah Shua,
the tenth to Shechan Yah,
12 the eleventh to El Yashib, the twelfth to Yaqim,
13 the thirteenth to Huppah, the
fourteenth to Yesheb Ab,
14 the fifteenth to Bilgah,
the sixteenth to Immer,
15 the seventeenth to Hezir, the eighteenth to Pisses,
16 the nineteenth to Pethach Yah, the
twentieth to Yechezq El,
17 the twenty—first to Yachin, the
twenty—second to Gamul,
18 the twenty—third to Dela Yah, the
twenty—fourth to Maaz Yah:
19 these are the overseeings of their service
to come into the house of Yah Veh
— according to their judgment
by the hand of Aharon their father
as *the LORD God* **Yah Veh Elohim** of *Israel* **Yisra El**
had *commanded* **misvahed** him.
20 And *the rest* **remaining** of the sons of Levi
were these: Of the sons of *Amram* **Am Ram**;
Shubael **Shuba El**:
of the sons of *Shubael* **Shuba El**;
Jehdeiah **Yachdi Yah**.
21 *Concerning Rehabiah* **Of Rechab Yah**:
of the sons of *Rehabiah* **Rechab Yah**, the
first **head** was *Isshiah* **Yishshi Yah**.
22 Of the *Izharites* **Yishariy**; Shelomoth:
of the sons of Shelomoth;
Jahath **Yachath**.
23 And the sons of *Hebron; Jeriah the first,* **Yeri Yah;**
Amariah **Amar Yah** the second,
Jahaziel **Yachazi El** the third,
Jekameam **Yeqam Am** the fourth.
24 Of the sons of *Uzziel* **Uzzi El**; Michah:
of the sons of Michah;
Shamir **Shamur**.
25 The brother of Michah was *Isshiah* **Yishshi Yah**:
of the sons of *Isshiah* **Yishshi Yah**;
Zechariah **Zechar Yah**.
26 The sons of Merari *were*;
Mahli **Machli** and Mushi:
the sons of *Jaaziah* **Yaazi Yah**; Beno.
27 The sons of Merari by *Jaaziah* **Yaazi Yah**;
Beno, and Shoham, and *Zaccur* **Zakkur**, and Ibri.
28 Of *Mahli* **Machli** *came Eleazar* **El
Azar**, who had no sons.
29 Concerning *Kish* **Qish**:
the son of *Kish* **Qish** was *Jerahmeel* **Yerachme El**.
30 The sons also of Mushi;
Mahli **Machli**, and Eder, and *Jerimoth* **Yerimoth**.
These were the sons of the *Levites* **Leviym**
after the house of their fathers.
31 These likewise *cast lots* **felled pebbles**
over against **beside** their brethren
the sons of *Aaron* **Aharon**
in the *presence* **face** of David the *king* **sovereign**,
and *Zadok* **Sadoq**, and *Ahimelech* **Achiy
Melech**, and the *chief* **head** of the fathers
of the priests and *Levites* **Leviym**,
even the *principal* **head** fathers
over against **beside** their younger brethren.

David Separates The Prophet Musicians

25 Moreover
David and the *captains* **governors** of the host separated
to the service of the sons of Asaph, and of Heman,
and of *Jeduthun* **Yeduthun**, *who should prophesy* —
prophets with harps, with *psalteries* **bagpipes**, and
with cymbals: and the number of the workmen
according to their service was:
2 Of the sons of Asaph;
Zaccur **Zakkur**, and *Joseph* **Yoseph**,
and *Nethaniah* **Nethan Yah**, and *Asarelah*
Ashar Elah, the sons of Asaph under the
hands of Asaph, which prophesied
according to the *order* **hand** of the *king* **sovereign**.
3 Of *Jeduthun* **Yeduthun**: the sons
of *Jeduthun* **Yeduthun**;
as Yah Veh Elohim of Yisra El misvahed him.
20 And of the sons of Levi who remain:
Of the sons of Am Ram:
Shuba El.
Of the sons of Shuba El: Yachdi Yah.
21 Of Rechab Yah:
of the sons of Rechab Yah, the head is Yishshi Yah.
22 Of the Yishariy: Shelomoth.
Of the sons of Shelomoth: Yachath.
23 And the sons of Yeri Yah: Amar Yah the second,
Yachazi El the third, Yeqam Am the fourth.
24 Of the sons of Uzzi El: Michah:
Of the sons of Michah: Shamur.
25 The brother of Michah, Yishshi Yah.
Of the sons of Yishshi Yah: Zechar Yah.
26 The sons of Merari: Machli and Mushi .
The sons of Yaazi Yah: Beno.
27 The sons of Merari by Yaazi Yah: Beno
and Shoham and Zakkur and Ibri.
28 Of Machli :

El Azar, who has no sons.
29 Concerning Qish — the sons of Qish: Yerachme El.
30 And sons of Mushi: Machli and Eder and Yerimoth.
These are the sons of the Leviym after
the house of their fathers:
31 these likewise felled pebbles beside
their brothers the sons of Aharon
in the face of David the sovereign
and Sadoq and Achiy Melech and the head
of the fathers of the priests and Leviym
— even the head fathers
beside their younger brothers.

DAVID SEPARATES THE PROPHET MUSICIANS

25 And David and the governors of the host
separate to the service of the sons of Asaph
and of Heman and of Yeduthun
— prophets with harps,
with bagpipes and with cymbals.
And the number of the workmen
according to their service:
2 Of the sons of Asaph:
Zakkur and Yoseph and Nethan Yah and Ashar Elah
— the sons of Asaph under the hands of Asaph
who prophesy at the hand of the sovereign.
3 Of Yeduthun; the sons of Yeduthun:
Gedaliah **Gedal Yah**, and *Zeri* **Seri**,
and *Jeshaiah* **Yesha Yah**, *Hashabiah* **Hashab**
Yah, and *Mattithiah* **Mattith Yah**, six,
under the hands of their father *Jeduthun* **Yeduthun**, who
prophesied with a harp, to *give thanks* **spread hands**
and to *praise the LORD* **halal Yah Veh**.
4 OfHeman:thesonsofHeman:
Bukkiah **Buqqi Yah**, *Mattaniah* **Mattan Yah**,
Uzziel **Uzzi El**, *Shebuel* **Shebu El**, and *Jerimoth*
Yerimoth, *Hananiah* **Hanan Yah**, Hanani, *Eliathah* **Eli**
Athah, Giddalti, and *Romamtiezer* **Romamti Ezer**,
Joshbekashah **Yoshbe Qashah**, Mallothi, Hothir,
and *Mahazioth* **Machazioth**:
5 All these were the sons of Heman
the *king's* **sovereign's** seer in the words
of *God* **Elohim**, to lift up the horn.
And *God* **Elohim** gave to Heman
fourteen sons and three daughters.
6 All these were under the hands of their
father for song in the house of *the LORD* **Yah Veh**,
with cymbals, *psalteries* **bagpipes**, and harps,
for the service of the house of *God* **Elohim**,
according **by the hands**
to the king's order **of the sovereign**
to Asaph, *Jeduthun* **Yeduthun**, and Heman.
7 So the number of them, with their
brethren that were *instructed* **taught**
in the songs of *the LORD* **Yah Veh**,
even all that were *cunning* **discerning**, was
two hundred *fourscore* **eighty** and eight.
8 And they *cast lots* **felled pebbles**,
ward against ward **by guards**,
as well the small as the great,
the *teacher* **discerner** as the scholar.
9 Now the first *lot* **pebble**
came forth **went** for Asaph to *Joseph* **Yoseph**:
the second to *Gedaliah* **Gedal Yah**,
who with his brethren and sons were twelve:
10 The third to *Zaccur* **Zakkur**,
he, his sons, and his brethren, *were* twelve:
11 The fourth to *Izri* **Yisri**,
he, his sons, and his brethren, *were* twelve:
12 The fifth to *Nethaniah* **Nethan Yah**,
he, his sons, and his brethren, *were* twelve:
13 The sixth to *Bukkiah* **Buqqi Yah**,
he, his sons, and his brethren, *were* twelve:
14 Theseventhto*Jesharelah***YesarElah**,
he, his sons, and his brethren, *were* twelve:
15 The eighth to *Jeshaiah* **Yesha Yah**,
he, his sons, and his brethren, *were* twelve:
16 Theninthto*Mataniah***MatanYah**,
he, his sons, and his brethren, *were* twelve:
17 The tenth to *Shimei* **Shimi**,
he, his sons, and his brethren, *were* twelve:
18 The eleventh to *Azareel* **Azar El**,
he, his sons, and his brethren, *were* twelve:
19 Thetwelfthto*Hashabiah***HashabYah**,
he, his sons, and his brethren, *were* twelve:
20 The thirteenth to *Shubael* **Shuba El**,
he, his sons, and his brethren, *were* twelve:
21 Thefourteenthto*Matithiah***MatithYah**,
he, his sons, and his brethren, *were* twelve:
22 The fifteenth to *Jeremoth* **Yeremoth**,
he, his sons, and his brethren, *were* twelve:
23 Thesixteenthto*Hananiah***HananYah**,
he, his sons, and his brethren, *were* twelve:
24 Thesevententhto*Joshbekashah***YoshbeQashah**,
he, his sons, and his brethren, *were* twelve:
25 The eighteenth to Hanani,
he, his sons, and his brethren, *were* twelve:
26 The nineteenth to Mallothi,
he, his sons, and his brethren, *were* twelve:
27 The twentieth to *Eliathah* **Eli Athah**,
he, his sons, and his brethren, *were* twelve:

28 The one and twentieth to Hothir,
he, his sons, and his brethren, *were* twelve:
29 The two and twentieth to Giddalti,
he, his sons, and his brethren, *were* twelve:
30 The three and twentieth to Mahazioth,
Gedal Yah and Seri and Yesha Yah,
Hashab Yah and Mattith Yah — six under the hands
of their father Yeduthun who prophesy with a harp,
to spread hands and to halal Yah Veh.
4 Of Heman; the sons of Heman: Buqqi
Yah, Mattan Yah, Uzzi El,
Shebu El and Yerimoth, Hanan Yah, Hanani,
Eli Athah, Giddalti and Romamti Ezer,
Yoshbe Qashah, Mallothi, Hothir and Machazioth.
5 — all these are the sons of Heman
the seer of the sovereign in the words
of Elohim to lift up the horn:
and Elohim gives Heman fourteen
sons and three daughters.
6 All these *are* under the hands of their father
for song in the house of Yah Veh
— with cymbals, bagpipes and harps, for
the service of the house of Elohim.
At the hand of the sovereign: Asaph,
Yeduthun and Heman.
7 And their number, with their brothers
— those taught in the songs of Yah
Veh all the discerning,
two hundred eighty—eight.
8 And they fell pebbles, by guards
— the small as well as the great the
discerner as the scholar.
9 And the first pebble goes for Asaph to Yoseph:
the second to Gedal Yah
— he and his brothers and his sons — twelve;
10 the third to Zakkur
his sons and his brothers — twelve;
11 the fourth to Yisri
his sons and his brothers — twelve;
12 the fifth to Nethan Yah
his sons and his brothers — twelve;
13 the sixth to Buqqi Yah
his sons and his brothers — twelve;
14 the seventh to Yesar Elah
his sons and his brothers — twelve;
15 the eighth to Yesha Yah
his sons and his brothers — twelve;
16 the ninth to Mattan Yah
his sons and his brothers — twelve;
17 the tenth to Shimi
his sons and his brothers — twelve;
18 the eleventh to Azar El
his sons and his brothers — twelve;
19 the twelfth to Hashab Yah
his sons and his brothers — twelve;
20 the thirteenth to Shuba El
his sons and his brothers — twelve;
21 the fourteenth to Mattith Yah
his sons and his brothers — twelve;
22 the fifteenth to Yeremoth
his sons and his brothers — twelve;
23 the sixteenth to Hanan Yah
his sons and his brothers — twelve;
24 the seventeenth to Yoshbe Qashah his
sons and his brothers — twelve;
25 the eighteenth to Hanani
his sons and his brothers — twelve;
26 the nineteenth to Mallothi,
his sons and his brothers — twelve;
27 the twentieth to Eli Athah,
his sons and his brothers — twelve;
28 the twenty—first to Hothir,
his sons and his brothers — twelve;
29 the twenty—second to Giddalti,
his sons and his brothers — twelve;
30 the twenty—third to Mahazioth,
he, his sons, and his brethren, *were* twelve:
31 Thefourandtwenitethto*Romamtiezer***RomamtiEze,r**
he, his sons, and his brethren, *were* twelve.

Allotments Of The Porters

26 *Concerning* the *divisions* **allotments** of
the porters: Of the *Korhites* **Qorachiy,**
was Meshelemiah **Meshelem Yah** the son
of *Kore* **Qore**, of the sons of Asaph.
2 And the sons of *Meshelemiah* **Meshelem Yah** *were*,
Zechariah **Zechar Yah** the *firstborn* **firstbirthed**,
Jediael **Yedia El** the second, *Zebadiah* **Zebad**
Yah the third, *Jathniel* **Yathni El** the fourth,
3 Elam the fifth,
Jehohanan **Yah Hanan** the sixth,
Elioenai **El Ya Enay** the seventh.
4 Moreover the sons of *Obededom* **Obed Edom** *were*,
Shemaiah **Shema Yah** the *firstborn* **firstbirthed**,
Jehozabad **Yah Zabad** the second,
Joah **Yah Ach** the third,
and *Sacar* **Sachar** the fourth, and
Nethaneel **Nethan El** the fifth.
5 *Ammiel* **Ammi El** the sixth,

Issachar **Yissachar** the seventh, *Peulthai* **Peullthay**
the eighth: for *God* **Elohim** blessed him.
6 Also unto *Shemaiah* **Shema Yah** his son
were sons *born* **birthed,**
that *ruled* **reigned** throughout the house of their father:
for they were mighty *men* of valour.
7 The sons of *Shemaiah* **Shema Yah;**
Othni, and *Rephael* **Repha El,**
and Obed, *Elzabad* **El Zabad,**
whose brethren were *strong men* **sons of valour,**
Elihu **Eli Hu,** and *Semachiah* **Semach Yah.**
8 AltheseofthesonsoOf *bededom***ObedEdom:**
they and their sons and their brethren,
able men *for strength* **of valour of force** for the service,
were *threescore* **sixty** and two of *Obededom* **Obed Edom.**
9 And *Meshelemiah* **Meshelem Yah**
had sons and brethren,
strong men **sons of valour,** eighteen.
10 Also Hosah, of the *children* **sons** of Merari, had sons;
Simri **Shimri** the *chief* **head,**
(*for though* he was not the *firstborn* **firstbirthed,**
yet his father *made* **set** him the *chief* **head;**)
11 *Hilkiah* **Hilqi Yah** the second,
Tebaliah **Tebal Yah** the third,
Zechariah **Zechar Yah** the fourth:
all the sons and brethren of Hosah were thirteen.
12 Among these
were the *divisions* **allotments** of the porters,
even among the *chief men* **head mighty,**
having wards one against another
guards beside brethren,
to minister in the house of *the LORD* **Yah Veh.**
13 And they *cast lots* **felled pebbles,**
as well the small as the great, according
to the house of their fathers,
for every gate **portal by portal.**
14 And the *lot eastward* **pebble from the rising**
fell to *Shelemiah* **Shelem Yah.**
Then for *Zechariah* **Zechar Yah** his son,
a *wise* counsellor **of comprehension,**
they *cast lots* **felled pebbles;**
and his *lot came out* **pebble went** northward.
15 To *Obededom* **Obed Edom** southward;
and to his sons the house of *Asuppim* **Gatherings.**
16 To Shuppim and Hosah
the lot came forth westward **duskward,**
with the *gate* **portal** Shallecheth,
by the *causeway* **highway** of the *going up* **ascent,**
ward against ward **guard by guard.**
17 *Eastwardwere***Fromtherising,**ix*Levites***Leviym,**

northward four a day, southward four a day,
and *toward Asuppim* **to the Gatherings,** two and two.
his sons and his brothers — twelve;
31 the twenty—fourth to Romamti Ezer his
sons and his brothers — twelve.

ALLOTMENTS OF THE PORTERS

26 The allotments of the porters:
Of the Qorachiy:
Meshelem Yah the son of Qore of the sons of Asaph.
2 And the sons of Meshelem Yah:
Zechar Yah the firstbirthed
Yedia El the second
Zebad Yah the third
Yathni El the fourth
3 Elam the fifth
Yah Han an the si xth
El Ya Enay the seventh.
4 And the sons of Obed Edom:
Shema Yah the firstbirthed
Yah Zabad the second
Yah Ach the third and Sachar the
fourth and Nethan El the fifth
5 Ammi El the sixth
Yissachar the seventh
Peullthay the eighth:
for Elohim blessed him.
6 And to his son Shema Yah, sons are birthed who
reign throughout the house of their father;
— mighty of valour.
7 The sons of Shema Yah:
Othni and Repha El and Obed, El Zabad
— whose brothers Eli Hu and Semach
Yah are sons of valour.
8 All these of the sons of Obed Edom:
they and their sons and their brothers men
of valour — of force for the service
— sixty—two of Obed Edom.
9 And Meshelem Yah has sons and brothers:
sons of valour — eighteen.
10 And Hosah of the sons of Merari
has sons: Shimri the head
— not the firstbirthed, yet his father set him the head;
11 Hilqi Yah the second Tebal Yah the
third Zechar Yah the fourth:
all the sons and brothers of Hosah — thirteen.
12 Among these are the allotments of the porters;
even among the head mighty;
guards beside brothers
to minister in the house of Yah Ve h.

13 And they fell pebbles
the small as well as the great according
to the house of their fathers
— portal by portal.
14 And the pebble from the rising falls to Shelem Yah.
And they fell pebbles for Zechar Yah his
son a counsellor of comprehension;
and his pebble goes northward.
15 To Obed Edom southward:
and to his sons, the house of Gatherings:
16 To Shuppim and Hosah duskward
— with the portal Shallecheth
by the highway of the ascent from guard to guard.
17 Toward the rising: Leviym — six:
northward four a day; southward four a day;
and to the Gatherings, two by two
18 At *Parbar westward* **the suburb**
duskward, four at the *causeway* **highway**,
and two at *Parbar* **the suburb.**
19 These are the *divisions* **allotments** of the porters
among the *sons of Kore* **Qorachiy**,
and among the sons of Merari.
18 at the suburb duskward:
four at the highway; two at the suburb.
19 — these are the allotments of the
porters among the Qorachiy
and among the sons of Merari.

The Treasurers Of The House Of Elohim And Of The Holies

20 And of the *Levites* **Leviym**,
Ahijah **Achiy Yah**
was over the treasures of the house of *God* **Elohim**,
and over the treasures of the *dedicated things* **holies**.
21 *As concerning* the sons of *Laadan* **Ladan**;
the sons of the *Gershonite Laadan* **Gershoniy Ladan**,
chief **head** fathers,
even of *Laadan* **Ladan** the *Gershonite* **Gershoniy**,
were Jehieli **Yechi Eliy**.
22 The sons of *Jehieli* **Yechi Eliy**; Zetham,
and *Joel* **Yah El** his brother,
which were over the treasures
of the house of *the LORD* **Yah Veh**.
23 Of the *Amramites* **Am Ramiy**, and
the *Izharites* **Yishariy**, the *Hebronites*
Hebroniy, *and* the *Uzzielites* **Uzzi Eliy**:
24 And *Shebuel* **Shebu El** the son of
Gershom, the son of *Moses* **Mosheh**,
was ruler **eminent** of the treasures.
25 And his brethren by *Eliezer* **Eli Ezer**;
Rehabiah **Rechab Yah** his son, and
Jeshaiah **Yesha Yah** his son,
and *Joram* **Yah Ram** his son, and Zichri his son,
and *Shelomith* **Shelomoth** his son.
26 Which *Shelomith* **Shelomoth** and his brethren
were over all the treasures of the *dedicated things*
holies, which David the *king* **sovereign**,
and the *chief* **head** fathers,
the *captains* **governors** over thousands and
hundreds, and the *captains* **governors** of the host,
had *dedicated* **hallowed**.
27 Out of the spoils won in *battles* **wars**
did they *dedicate* **hallow**
to *maintain* **strengthen** the house of *the LORD* **Yah Veh**.
28 Andalthat*SamueSl* **hemuEtlheseer,**
and *Saul* **Shaul** the son of *Kish* **Qish**, and
Abner **Abi Ner** the son of Ner,
and *Joab* **Yah Ab** the son of *Zeruiah* **Seruyah**,
had *dedicated* **hallowed**;
and whosoever had *dedicated* **hallowed** *any thing*,
it was under the hand of Shelomith, and of his brethren.
29 Of the *Izharites* **Yishariy**,
Chenaniah **Kenan Yah** and his sons
were for the *outward business* **outside work**
over *Israel* **Yisra El**, for officers and judges.
30 *And* of the *Hebronites* **Hebroniy**,
Hashabiah **Hashab Yah** and his brethren,
men **sons** of valour,
a thousand and seven hundred,
were *officers* **overseers** among them of *Israel* **Yisra El**
on this side *Jordan westward* **Yarden duskward**
in all the *business* **work** of *the LORD* **Yah Veh**,
and in the service of the *king* **sovereign**.
31 Amongthe*Hebronites***Hebroniy**
was *Jerijah* **Yeri Yah** the *chief* **head**,
even among the *Hebronites* **Hebroniy**,
according to the generations of his fathers.
In the fortieth year of the *reign* **sovereigndom** of David
they were sought for,
and there were found among them mighty *men*
of valour at *Jazer* **Yazer** of *Gilead* **Gilad**.
32 And his brethren, *men* **sons** of valour,
were two thousand and seven hundred *chief*
head fathers, whom *king* **sovereign** David
made *rulers* **overseers** over the *Reubenites*
Reu Beniy, the *Gadites* **Gadiy**,
and the half *tribe* **scion** of *Manasseh* **Menash**
Shiy, for every *matter pertaining to God* **word of**
Elohim, and affairs of the *king* **sovereign**.

THE TREASURERS OF THE HOUSE OF ELOHIM AND OF THE HOLIES

20 And of the Leviym:
Achiy Yah is over the treasures of the house of Elohim
— even the treasures of the holies.
21 Sons of Ladan
— of the Gershoniy of Ladan, head
fathers of Ladan the Gershoniy:
Yechi Eliy.
22 The sons of Yechi Eliy
— Zetham and Yah El his brother:
over the treasures of the house of Yah Veh,
23 of the Am Ramiy and the Yishariy,
the Hebroniy, the Uzzi Eliy.
24 And Shebu El
the son of Gershom the son of Mosheh:
eminent over the treasures.
25 And his brothers, of Eli Ezer: Rechab Yah his son
and Yesha Yah his son and Yah Ram his son
and Zichri his son
and Shelomoth his son
26 — which Shelomoth and his brothers are
over all the treasures of the holies;
which David the sovereign and the head fathers
— even the governors over thousands and
hundreds and the governors of the host hallow:
27 they hallow of the spoils won in wars to
strengthen the house of Yah Veh;
28 and all that Shemu El the seer and
Shaul the son of Qish
and Abi Ner the son of Ner
and Yah Ab the son of Seruyah hallow
— whoever hallows,
it is under the hand of Shelomith and of his brothers.
29 Of the Yishariy:
Kenan Yah and his sons;
for the outside work over Yisra El for officers and judges.
30 Of the Hebroniy: Hashab Yah and his brothers
sons of valour — a thousand and seven hundred;
overseers among them of Yisra El
on this side Yarden duskward in all the work of Yah Veh
and in the service of the sovereign.
31 Among the Hebroniy:
Yeri Yah the head among the Hebroniy
according to the generations of his fathers
— in the fortieth year of the sovereigndom
of David they are sought out;
and there they find mighty of valour
among them at Yazer of Gilad:
32 and his brothers, sons of valour
— two thousand and seven hundred head fathers,
whom sovereign David *made* overseers
over the Reu Beniy, the Gadiy and the
half scion of Menash Shiy,
for every word of Elohim
and affairs of the sovereign.

THE DIVISIONS OF THE CHILIARCHS AND CENTURIANS

27 Now the *children* **sons** of *Israel* **Yisra El**
after their number, *to wit,*
the *chief* **head** fathers
and *captains* **governors** of thousands
and hundreds, and their officers
that *served* **ministered to** the *king* **sovereign**
in any *matter* **word** of the *courses* **allotments,**
which came in and went out month by month
throughout all the months of the year,
of *every course* **one allotment**
were twenty and four thousand.
2 Overtheifrst*course***alotmen**oftrtheifrstmonth
was *Jashobeam* **Yashob Am** the son of *Zabdiel* **Zabdi El**:
and in his *course* **allotment**
were twenty and four thousand.
3 Of the *children* **sons** of *Perez* **Peres**
was the *chief* **head**
of all the *captains* **governors** of the
host for the first month.
4 And over the *course* **allotment** of the second month
was *Dodai* **Doday** an *Ahohite* **Ach Oachiy,**
and of his *course* **allotment**
was *Mikloth* **Miqloth** also the *ruler* **eminent**:
in his *course* **allotment** likewise were
twenty and four thousand.
5 Thethird*captain***governo**orfthehostforthethirdmonth
was *Benaiah* **Bena Yah** the son of *Jehoiada*
Yah Yada, a *chief* **head** priest:
and in his *course* **allotment**
were twenty and four thousand.
6 This *is that Benaiah* **Bena Yah,**
who was mighty among the thirty, and above the thirty:
and in his *course* **allotment**
was *Ammizabad* **Ammi Zabad** his son.
7 The fourth *captain* for the fourth month was
Asahel **Asa El** the brother of *Joab* **Yah Ab,**
and *Zebadiah* **Zebad Yah** his son after him:
and in his *course* **allotment**
were twenty and four thousand.
8 The fifth *captain* **governor** for the fifth month

was Shamhuth the *Izrahite* **Yizrach**:
and in his *course* **allotment**
were twenty and four thousand.
9 The sixth *captain* for the sixth month
was Ira the son of *Ikkesh* **Iqqesh** the *Tekoite* **Teqohiy**:
and in his *course* **allotment**
were twenty and four thousand.
10 The seventh *captain* for the seventh month
was *Helez* **Heles** the *Pelonite* **Paloniy**,
of the *children* **sons** of *Ephraim* **Ephrayim**:
and in his *course* **allotment**
were twenty and four thousand.
11 The eighth *captain* for the eighth month
was *Sibbecai* **Sibbechay** the *Hushathite*
Hushathiy, of the *Zarhites* **Zerachiy**:
and in his *course* **allotment**
were twenty and four thousand.
12 The ninth *captain* for the ninth month
was *Abiezer* **Abi Ezer** the *Anetothite* **Anathothiy**,
of the *Benjamites* **Ben Yaminiy**:
and in his *course* **allotment**
were twenty and four thousand.
13 The tenth *captain* for the tenth month
was *Maharai* **Maharay** the *Netophathite*
Netophathiy, of the *Zarhites* **Zerachiy**:
and in his *course* **allotment**
were twenty and four thousand.
14 The eleventh *captain* for the eleventh month was
Benaiah **Bena Yah** the *Pirathonite* **Pirathoniy**,
of the *children* **sons** of *Ephraim* **Ephrayim**:
and in his *course* **allotment**
were twenty and four thousand.
15 The twelfth *captain* for the twelfth month
was *Heldai* **Helday** the *Netophathite*
Netophathiy, of *Othniel* **Othni El**:
and in his *course* **allotment**
were twenty and four thousand.

The Divisions Of The Chiliarchs And Centurians

27 And the sons of Yisra El by number
— the head fathers
and governors of thousands and hundreds
and their officers who minister to the
sovereign in any word of the allotments
— who come and go month by month
throughout all the months of the year:
of one allotment — twenty—four thousand.
2 Over the first allotment for the first month:
Yashob Am the son of Zabdi El;
and in his allotment — twenty—four thousand:
3 of the sons of Peres
is the head of all the governors of
the host for the first month.
4 And over the allotment of the second
month: Doday an Ach Oachiy;
and of his allotment, Miqloth *is* also the eminent;
and in his allotment — twenty—four thousand.
5 The third governor of the host for the third month:
Bena Yah the son of Yah Yada a head priest;
and in his allotment — twenty—four thousand:
6 this Bena Yah
is mighty among the thirty and above the thirty:
and in his allotment, Ammi Zabad his son.
7 The fourth for the fourth month:
Asa El the brother of Yah Ab
and Zebad Yah his son after him;
and in his allotment — twenty—four thousand.
8 The fifth governor for the fifth
month: Shamhuth the Yizrach;
and in his allotment — twenty—four thousand.
9 The sixth for the sixth month: Ira
the son of Iqqesh the Teqohiy;
and in his allotment — twenty—four thousand.
10 The seventh for the seventh month: Heles
the Paloniy of the sons of Ephrayim;
and in his allotment — twenty—four thousand.
11 The eighth for the eighth month: Sibbechay
the Hushathiy, of the Zerachiy;
and in his allotment — twenty—four thousand.
12 The ninth for the ninth month:
Abi Ezer the Anathothiy of the Ben Yaminiy;
and in his allotment — twenty—four thousand.
13 The tenth for the tenth month: Maharay
the Netophathiy, of the Zerachiy;
and in his allotment — twenty—four thousand.
14 The eleventh for the eleventh month:
Bena Yah the Pirathoniy, of the sons of Ephrayim;
and in his allotment — twenty—four thousand.
15 The twelfth for the twelfth month: Helday
the Netophathiy, of Othni El:
and in his allotment — twenty—four thousand.

Overseers Of The Scions Of Yisra El

16 Furthermore over the *tribes* **scions** of *Israel* **Yisra El**:
the *ruler* **eminent** of the *Reubenites* **Reu Beniy**
was *Eliezer* **Eli Ezer** the son of Zichri:
of the *Simeonites* **Shimoniy**,
Shephatiah **Shaphat Yah** the son of Maachah:
17 Of the *Levites* **Leviym**,

Hashabiah **Hashab Yah** the son of *Kemuel* **Qemu El**:
of the *Aaronites* **Aharoniy**,
Zadok **Sadoq**:
18 Of *Judah* **Yah Hudah**,
Elihu **Eli Hu**, *one* of the brethren of David:
of *Issachar* **Yissachar**,
Omri the son of *Michael* **Michah El**:
19 Of Zebulun,
Ishmaiah **Yishma Yah** the son of *Obadiah* **Obad Yah**:
of Naphtali,
Jerimoth **Yerimoth** the son of *Azriel* **Ezri El**:
20 Of the *children* **sons** of *Ephraim* **Ephrayim**,
Hoshea the son of *Azaziah* **Azaz Yah**:
of the half *tribe* **scion** of *Manasseh* **Menash Sheh**,
Joel **Yah El** the son of *Pedaiah* **Pedah Yah**:
21 Of the half *tribe* of *Manasseh* **Menash Sheh**
in *Gilead* **Gilad**,
Iddo **Yiddo** the son of *Zechariah* **Zechar Yah**:
of *Benjamin* **Ben Yamin**,
Jaasiel **Yaasi El** the son of *Abner* **Abi Ner**:
22 Of Dan,
Azareel **Azar El** the son of *Jeroham* **Yerocham**.
These were the *princes* **governors**
of the *tribes* **scions** of *Israel* **Yisra El**.
23 But David *took* **spared** not the number of them
sons from twenty years *old* and *under* **downward**:
because *the LORD* **Yah Veh** had said
he *would increase Israel* **should abound Yisra El**
like to the stars of the heavens.
24 *Joab* **Yah Ab** the son of *Zeruiah* **Seruyah**
began to number, but he finished not,
because there fell *wrath* **rage** for it against *Israel* **Yisra El**;
neither was the number *put* **ascended** in the
account of the *chronicles* **words of the days**
of *king* **sovereign** David.

Overseers Of The Treasures Of The Sovereign

25 And over the *king's* **sovereign's** treasures
was Azmaveth the son of *Adiel* **Adi El**:
and over the *storehouses* **treasures** in the fields,
in the cities, and in the villages, and in the *castles*
towers, was Jehonathan the son of *Uzziah* **Uzzi Yah**:
26 Andoverthemthad*tid***worked**theworkoftheifeld
for *tillage* **service** of the *ground* **soil**
was Ezri the son of *Chelub* **Kelub**:
27 And over the vineyards
was *Shimei* **Shimi** the *Ramathite* **Ramahiy**:
over the increase of the vineyards for
the wine *cellars* **treasures**
was Zabdi the *Shiphmite* **Shephamiy**:
28 And over the olive trees and the sycomore
trees that were in the *low plains* **lowlands**
was *Baalhanan* **Baal Hanan** the *Gederite* **Gederiy**:
and over the *cellars* **treasures** of oil was *Joash* **Yah Ash**:
29 And over the *herds* **oxen** that *fed* **grazed** in Sharon
was *Shitrai* **Shitray** the *Sharonite* **Sharoniy**:
and over the *herds* **oxen** that were in the valleys
was Shaphat the son of *Adlai* **Adlay**:
30 Over the camels also
was Obil the *Ishmaelite* **Yishma Eliy**:
and over the *asses* **she burros**
was *Jehdeiah* **Yachdi Yah** the *Meronothite* **Meronothiy**:
31 And over the flocks
was *Jaziz* **Yaziz** the *Hagerite* **Hagariy**.

Overseers Of The Scions Of Yisra El

16 And over the scions of Yisra El:
The eminent of the Reu Beniy: Eli Ezer the son of Zichri;
of the Shimoniy:
Shaphat Yah the son of Maachah;
17 of the Leviym:
Hashab Yah the son of Qemu El;
of the Aharoniy: Sadoq;
18 of Yah Hudah:
Eli Hu, of the brothers of David;
of Yissachar:
Omri the son of Michah El;
19 of Zebulun:
Yishma Yah the son of Obad Yah;
of Naphtali: Yerimoth the son of Ezri El;
20 of the sons of Ephrayim: Hoshea the son of Azaz Yah;
of the half scion of Menash Sheh:
Yah El the son of Pedah Yah;
21 of the half of Menash Sheh in Gilad:
Yiddo the son of Zechar Yah;
of Ben Yamin:
Yaasi El the son of Abi Ner;
22 of Dan:
Azar El the son of Yerocham.
— these are the governors of the scions of Yisra El.
23 And David spares not to number them
— sons of twenty years and downward:
because Yah Veh says
he abounds Yisra El as the stars of the heavens.
24 Yah Ab the son of Seruyah
begins to number, but finishes not, for
a rage falls against Yisra El;
and the number ascends not in the account of
the words of the days of sovereign David.

OVERSEERS OF THE TREASURES OF THE SOVEREIGN

25 And over the treasures of the sovereign:
Azmaveth the son of Adi El;
and over the treasures in the fields
in the cities and in the villages and in the
towers: Jehonathan the son of Uzzi Yah;
26 and over them who work the work
of the field to service the soil:
Ezri the son of Kelub;
27 and over the vineyards: Shimi the Ramahiy;
over what is in the vineyards for the wine
treasures: Zabdi the Shephamiy;
28 and over the olive trees and the
sycomore trees in the lowlands:
Baal Hanan the Gederiy;
and over the treasures of oil: Yah Ash;
29 and over the oxen that graze in
Sharon: Shitray the Sharoniy;
and over the oxen in the valleys;
Shaphat the son of Adlay;
30 and over the camels: Obil the Yishma Eliy;
and over the she burros: Yachdi Yah the Meronothiy:
31 and over the flocks: Yaziz the Hagariy.
All these were the *rulers* **governors**
of the *substance* **acquisition**
which was *king* **sovereign** David's.
32 Also *Jonathan* **Yah Nathan** David's
uncle was a counsellor,
a *wise* **discerning** man, and a scribe:
and *Jehiel* **Yechi El** the son of *Hachmoni* **Hachmoniy**
was with the *king's* **sovereign's** sons:
33 And *Ahithophel* **Achiy Thophel**
was the *king's* **sovereign's** counsellor:
and *Hushai* **Hushay** the *Archite* **Arkiy**
was the *king's companion* **sovereign's friend**:
34 And after *Ahithophel* **Achiy Thophel**
was *Jehoiada* **Yah Yada** the son of *Benaiah*
Bena Yah, and *Abiathar* **Abi Athar**:
and the *general* **governor**
of the *king's army* **sovereign's host** was *Joab* **Yah Ab**.

DAVID CHARGES SHELOMOH

28 And David *assembled* **congregated**
all the *princes* **governors** of *Israel* **Yisra El**,
the *princes* **governors** of the *tribes* **scions**,
and the *captains* **governors** of the *companies* **allotments**
that ministered to the *king* **sovereign** *by course*,
and the *captains* **governors** over the thousands,
and *captains* **governors** over the hundreds,
and the *stewards* **governors**
over all the *substance* **acquisition**
and *possession* **chattel** of the *king*
sovereign, and of his sons,
with the *officers* **eunuchs**, and with the mighty *men*,
and with all the *valiant men* **mighty of**
valour, unto *Jerusalem* **Yeru Shalem**.
2 Then David the *king* **sovereign**
stood up **arose** upon his feet, and said, Hear
me, my brethren, and my people:
As for me, I had in mine heart to build an house of rest
for the ark of the covenant of *the LORD* **Yah Veh**,
and for the *footstool* **stool of the feet** of our *God* **Elohim**,
and had *made ready* **prepared** for the building:
3 But *God* **Elohim** said unto me,
Thou shalt not build an house for my
name, because thou hast been a man of
war, and hast *shed* **poured** blood.
4 Howbeit
the LORD God **Yah Veh Elohim** of *Israel* **Yisra El**
chose me *before* **from** all the house of my father
to be *king* **sovereign** over *Israel for*
ever **Yisra El eternally**:
for he hath chosen *Judah* **Yah Hudah**
to be the *ruler* **eminent**;
and of the house of *Judah* **Yah Hudah**,
the house of my father;
and among the sons of my father
he *liked me* **was pleased**
to *make* **have** me *king* **reign** over all *Israel* **Yisra El**:
5 And of all my sons,
(for *the LORD* **Yah Veh** hath given me many sons,)
he hath chosen *Solomon* **Shelomoh** my son
to *sit* **settle** upon the throne of the
kingdom **sovereigndom**
of *the LORD* **Yah Veh** over *Israel* **Yisra El**.
6 And he said unto me, *Solomon* **Shelomoh** thy
son, he shall build my house and my courts:
for I have chosen him to be *my son* **to me, son**,
and I *will* **shall** be *his father* **to him, father**.
7 Moreover
I *will* **shall** establish his *kingdom* **sovereigndom**
for ever **eternally**,
if he *be constant* **strenghthen** to *do* **work**
my *commandments* **misvoth** and my
judgments, as at this day.
8 Now therefore in the *sight* **eyes** of all *Israel* **Yisra El**
the congregation of *the LORD* **Yah Veh**,
and in the *audience* **ears** of our *God* **Elohim**,
keep **guard** and seek for all the *commandments* **misvoth**

of *the LORD* **Yah Veh** your *God* **Elohim**: that ye may
possess this good land, and leave it for an inheritance
for your *children* **sons** after you *for ever* **eternally**.
9 AndthouS, *olomon***Shelomoh**myson,
know thou the *God* **Elohim** of thy father,
and serve him with a *perfect heart* **heart of shalom**
— all these are the governors of the acquisition
which are to David the sovereign.
32 And Yah Nathan the uncle of David is a counsellor
— a discerning man and a scribe:
and Yechi El the son of Hachmoniy
is with the sons of the sovereign:
33 and Achiy Thophel is counsellor of the sovereign:
and Hushay the Arkiy is friend of the sovereign:
34 and after Achiy Thophel,
Yah Yada the son of Bena Yah and Abi Athar;
and the governor of the host of the sovereign: Yah Ab.

DAVID CHARGES SHELOMOH

28 And David congregates
all the governors of Yisra El
— the governors of the scions and the
governors of the allotments
who minister to the sovereign
and the governors over the thousands
and governors over the hundreds
and the governors over all the acquisition and
chattel of the sovereign and of his sons
— with the eunuchs and with the mighty
and with all the mighty of valour
to Yeru Shalem.
2 And David the sovereign rises on his feet and
says, Hear me, my brothers and my people:
I *had* in my heart to build a house of rest
for the ark of the covenant of Yah Veh and for the stool
of the feet of our Elohim; and prepared to build.
3 And Elohim says to me,
You, build not a house for my name;
because you are a man of war who poured blood.
4 And Yah Veh Elohim of Yisra El chooses
me from all the house of my father
— sovereign over Yisra El eternally:
for he chose Yah Hudah for eminence;
and of the house of Yah Hudah the house of my father;
and among the sons of my father
he is pleased that I reign over all Yisra El:
5 and of all my sons,
— Yah Veh gave me many sons
he chooses Shelomoh my son to settle on the throne
of the sovereigndom of Yah Veh over Yisra El.
6 And he says to me, Shelomoh your son
— he builds my house and my courts: for I choose him
to become to me — son and I become to him — father.
7 And I establish his sovereigndom
eternally if he strenghthens
to work my misvoth and my judgments,
as at this day.
8 And now in the eyes of all Yisra El
the congregation of Yah Veh
and in the ears of our Elohim
guard and seek for all the misvoth
of Yah Veh your Elohim:
so that you possess this good land
and leave it for an inheritance
for your sons after you eternally.
9 And you, Shelomoh my son, know
the Elohim of your father;
and serve him with a heart of shalom
and with a *willing mind* **soul of desire**:
for *the LORD searcheth* **Yah Veh examineth**
all hearts, and *understandeth* **discerneth**
all the imaginations of *the thoughts*
fabrications: if thou seek him, he *will* **shall**
be found of thee; but if thou forsake him,
he *will cast* **shall abandon** thee *off for ever* **eternally**.
10 *Take heed* **See** now;
for *the LORD* **Yah Veh** hath chosen thee
to build an house for the *sanctuary* **holies**:
be strong **strengthen**, and *do* **work** it.
11 Then David gave to *Solomon* **Shelomoh** his son the
pattern of the porch, and of the houses *thereof*,
and of the treasuries *thereof*,
and of the upper *chambers thereof* **rooms**, and
of the inner *parlours thereof* **chambers**,
and of the *place* **house** of the *mercy seat* **kapporeth**,
12 And the pattern of all that he had by the spirit,
of the courts of the house of *the LORD* **Yah
Veh**, and of all the chambers round about,
of the treasuries of the house of *God* **Elohim**,
and of the treasuries of the *dedicated things* **holies**:
13 Also for the *courses* **allotments**
of the priests and the *Levites* **Leviym**,
and for all the work of the service
of the house of *the LORD* **Yah Veh**,
and for all the *vessels* **instruments** of service
in the house of *the LORD* **Yah Veh**.
14 *He gave* of gold by weight for *things* **that** of gold, for
all instruments of *all manner of* service **by service**;
silver also for all instruments of silver by weight,
for all instruments of *every kind of* service **by service**:

15 Eventheweightforthe*candlesticks***menorah**ofgold,
and for their lamps of gold,
by weight *for every candlestick* **menorah by menorah,**
and for the lamps thereof:
and for the *candlesticks* **menorah** of silver by weight,
both for the *candlestick* **menorah**, and
also for the lamps thereof,
according to the *use* **service**
of every candlestick **menorah by menorah.**
16 And by weight *he gave*
gold for the tables of *shewbread* **arrangement,**
for every table **by table**;
and *likewise* silver for the tables of silver:
17 Alsopuregoldforthe*fleshhooks***forks,**
and the *bowls* **sprinklers**, and the *cups* **covers**:
and for the golden *basons* **tankards**
he gave gold by weight
for every bason **tankard by tankard**;
and *likewise silver* by weight
for every bason **tankard by tankard** of silver:
18 And for the **sacrifice** altar of incense
refined gold by weight;
and gold for the pattern
of the chariot of the *cherubims* **cherubim**,
that spread out *their wings*,
and covered
the ark of the covenant of *the LORD* **Yah Veh**.
19 All *this, said David,*
the LORD **Yah Veh** made me *understand* **comprehend**
in *writing* **inscribing** by his hand upon me,
even all the works of this pattern.
20 And David said to *Solomon* **Shelomoh** his son,
Be strong and of good courage **Strengthen,**
encourage, and *do* **work** *it*:
fear **awe** not, nor be *dismayed* **terrified**:
for *the LORD God* **Yah Veh Elohim**,
even my *God* **Elohim**, *will* **shall** be with thee;
he *will* **shall** not *fail* **let** thee **down**, nor forsake
thee, until thou hast finished all the work for the
service of the house of *the LORD* **Yah Veh**.
21 And, behold, the *courses* **allotments**
of the priests and the *Levites* **Leviym**,
even they shall be with thee
for all the service of the house of *God* **Elohim**:
and there shall be with thee for all
manner of workmanship **work**
every *willing skilful man* **volunteer in wisdom**,
and with a soul of desire:
for Yah Veh examines all hearts
and discerns all the imaginations of fabrications:

if you seek him, you find him;
and if you forsake him, he abandons you eternally.
10 See now; for Yah Veh
chooses you to build a house for the
holies: Strengthen! Work!
11 And David gives Shelomoh his son
the pattern of the porch and of the
houses and of the treasuries
and of the upper rooms
and of the inner chambers
and of the house of the kapporeth;
12 and the pattern of all he has by the spirit:
of the courts of the house of Yah Veh
and of all the chambers all around
of the treasuries of the house of Elohim
and of the treasuries of the holies:
13 and for the allotments of the priests and the
Leviym
and for all the work of the service
of the house of Yah Veh
and for all the instruments of service
in the house of Yah Veh:
14 even gold by weight for that of gold for all
instruments of service by service;
for all instruments of silver by weight
for all instruments of service by service:
15 even the weight for the menorah of
gold and for their lamps of gold
— by weight menorah by menorah;
and for the lamps and for the
menorah of silver by weight
for the menorah and for the lamps;
according to the service menorah by menorah:
16 and by weight, gold for the tables of arrangement
— table by table:
and silver for the tables of silver:
17 and pure gold for the forks
and the sprinklers and the covers:
and for the golden tankards
by weight, tankard by tankard;
and by weight, tankard by tankard of silver:
18 and for the sacrifice altar of incense
refined gold by weight;
and gold for the pattern of the chariot
of the cherubim that spreads
and covers the ark of the covenant of Yah Veh:
19 all Yah Veh *has* me comprehend in inscribing
by his hand on me all the works of this pattern.
20 And David says to Shelomoh his son,
Strengthen! Encourage! Work!

Neither awe, nor terrify:
for Yah Veh Elohim, my Elohim, is with you; he neither
lets you down nor forsakes you until you finish all
the work for the service of the house of Yah Veh.
21 And behold,
the allotments of the priests and the
Leviym for all the service of the house of
Elohim: and with you for all the work
is every volunteer in wisdom
for any manner of service:

also the *princes* **governors** and all the people
will **shall** be wholly at thy *commandment* **word.**

DAVID CHARGES THE CONGREGATION TO BUILD THE HOUSE OF YAH VEH ELOHIM

29 Furthermore David the *king* **sovereign** said unto
all the congregation, *Solomon* **Shelomoh** my son,
whom *alone* **as one,** *God* **Elohim** hath chosen,
is yet young **a lad** and tender, and the work is great:
for the palace is not for *man* **humanity,**
but for *the LORD God* **Yah Veh Elohim.**
2 Now I have prepared with al my *might* **force**
for the house of my *God* **Elohim**
the gold for things to be made of gold **gold for the gold,**
and the silver for things of silver **silver for the silver,**
and the brass for things of brass **copper for the
copper,** *the iron for things of iron* **iron for the iron,**
and wood for things of wood **timber for the
timber**; onyx stones, and *stones to be set*
fillings, *glistering* **stibium** stones,
and of *divers colours* **embroidery,** and all manner of
precious stones, and marble stones in abundance.
3 Moreover, because I *have set my affection* **am pleased**
to **in** the house of my *God* **Elohim,**
I have of mine own *proper good* **peculiar
treasure,** of gold and silver,
which I have given to the house of my *God* **Elohim,** over
and above all that I have prepared for the holy house.
4 *Even* three thousand *talents* **rounds** of gold,
of the gold of Ophir,
and seven thousand *talents* **rounds** of refined silver,
to *overlay* **plaister** the walls of the houses *withal*:
5 *The gold for things of gold* **Gold for the gold,**
and the silver for things of silver **silver for
the silver,** and for all manner of work
to be made by **of** the hands of artificers.
And who *then is willing* **volunteereth**
to *consecrate* **fill** his *service* **hand** this
day unto *the LORD* **Yah Veh?**
6 Then the *chief* **governor** of the fathers
and *princes* **governors**
of the *tribes* **scions** of *Israel* **Yisra El,**
and the *captains* **governors** of thousands and of
hundreds, with the *rulers* **governors** of the *king's*
sovereign's work, *offered willingly* **volunteered,**
7 And gave for the service of the house of *God* **Elohim**
of gold five thousand *talents* **rounds**
and ten thousand *drams* **darics,**
and of silver *ten thousand talents* **a myriad
rounds,** and of *brass* **copper**
eighteen thousand talents
a myriad and eight thousand rounds,
and one hundred thousand *talents* **rounds** of iron.
8 And they with whom *precious* stones were found
gave them to the treasure
of the house of *the LORD* **Yah Veh,**
by the hand of *Jehiel* **Yechi El** the *Gershonite* **Gershoniy.**
9 Then the people *rejoiced* **cheered,**
for that they *offered willingly* **volunteered,**
because with *perfect* **a** heart **at shalom**
they *offered willingly* **volunteered** to *the LORD* **Yah Veh:**
and David the *king* **sovereign**
also *rejoiced* **cheered** with great *joy* **cheer.**

DAVID BLESSES YAH VEH ELOHIM OF YISRA EL

10 Wherefore David blessed *the LORD* **Yah Veh**
before **in the eyes of** all the congregation:
and David said, Blessed be thou,
LORD God **Yah Veh Elohim** of *Israel* **Yisra El** our father,
for ever **eternally** and *ever* **eternally.**
11 Thine, O *LORD* **Yah Veh** is the greatness,
and the *power* **might,** and the *glory* **adornment,**
and the victory **in perpetuity,** and the majesty:
for all that is in the *heaven* **heavens** and in the earth
is thine;
thine is the *kingdom* **sovereigndom,** O *LORD* **Yah
Veh,** and thou art *exalted* **lifted** as head above all.
for any manner of service:
and the governors and all the people
are wholly at your word.

DAVID CHARGES THE CONGREGATION TO BUILD THE HOUSE OF YAH VEH ELOHIM

29 And David the sovereign says
to all the congregation,
Shelomoh my son, the one Elohim chooses;
a lad and tender; and the work is great: for the palace
is not for humanity, but for Yah Veh Elohim:
2 and with all my force

I prepared for the house of my Elohim:
gold for the gold;
silver for the silver; copper for the
copper; iron for the iron;
timber for the timber;
onyx stones and fillings; stibium stones and
of embroidery; and all manner of precious
stones and marble stones in abundance.
3 And again, because I *am* pleased
in the house of my Elohim,
I have of my own peculiar treasure
— of gold and silver,
which I give to the house of my Elohim
over and above all I prepared for the holy house:
4 three thousand rounds of gold of the gold of
Ophir
and seven thousand rounds of refined silver
to plaster the walls of the houses:
5 gold for the gold;
silver for the silver;
and for all manner of work of the hands of artificers.
And who volunteers to fill his hand this day to Yah Veh?
6 And the governor of the fathers and
governors of the scions of Yisra El
and the governors of thousands and of hundreds with
the governors of the work of the sovereign volunteer:
7 and give for the service of the house of Elohim
five thousand rounds and ten thousand darics
of gold and a myriad rounds of silver
and a myriad and eight thousand rounds of copper
and one hundred thousand rounds of iron.
8 And they who find stones
give them to the treasure of the house of Yah
Veh by the hand of Yechi El the Gershoniy.
9 And the people cheer because they volu nteer,
for they volunteer to Yah Veh with a heart at shalom:
and David the sovereign also cheers a great cheer.

DAVID BLESSES YAH VEH ELOHIM OF YISRA EL

10 And David blesses Yah Veh
in the eyes of all the congregation:
and David says, Blessed — you
Yah Veh Elohim of Yisra El our father
eternally and eternally.
11 Yours, O Yah Veh,
— the greatness and the might and the
adornment in perpetuity and in majesty
for all in the heavens and in the earth:
yours is the sovereigndom, O Yah Veh,
and you are lifted as head over all:
12 Both riches and honour *come of thee* **be from
thy face**, and thou reignest over all;
and in thine hand is *power* **force** and might;
and in thine hand it is to *make great* **greaten**,
and to *give strength unto* **strengthen** all.
13 Now therefore, our *God* **Elohim**,
we *thank* **spread hands to** thee, and
praise **halal** thy glorious name.
14 But who am I, and what is my people,
that *we* should
be able to offer so willingly **restrain from volunteering**
after this sort?
for all *things come* **be** of thee,
and of thine *own* **hand** have we given thee.
15 For we are *strangers before thee* **sojourners at thy
face**, and *sojourners* **settlers**, as *were* all our fathers:
our days on the earth are as a shadow, and
there is *none abiding* **no expectation**.
16 O *LORD* **Yah Veh** our *God* **Elohim**,
all this *store* **multitude** that we have prepared to
build thee an house for thine holy name *cometh*
be of thine hand, and is all thine own.
17 I know also, my *God* **Elohim**,
that thou *triest* **proofest** the heart
and hast pleasure in *uprightness* **straightness**.
As for me, in the *uprightness* **straightness** of mine heart
I have *willingly offered* **volunteered** all these *things*:
and now have I seen with *joy* **cheer** thy
people, which are *present* **found** here,
to *offer willingly* **volunteer** unto thee.
18 O *LORD God* **Yah Veh Elohim** of Abraham,
Isaac **Yischaq**, and of *Israel* **Yisra El**, our fathers,
keep **guard** this *for ever* **eternally**
in the imagination of the *thoughts* **fabrications**
of the heart of thy people,
and prepare their heart unto thee:
19 And give unto *Solomon* **Shelomoh** my
son a *perfect* heart **of shalom**,
to *keep* **guard** thy *commandments* **misvoth**,
thy *testimonies* **witnesses**, and thy statutes,
and to *do* **work** all these *things*, and to build the palace,
for the which I have *made provision* **prepared**.
20 And David said to all the congregation,
Now bless, **I pray you,** *the LORD*
Yah Veh your *God* **Elohim**.
And all the congregation
blessed *the LORD God* **Yah Veh Elohim** of their fathers,
and bowed *down their heads,*
and *worshipped the LORD* **prostrated to
Yah Veh**, and the *king* **sovereign**.

SHELOMOH ANOINTED UNTO YAH VEH

21 And they sacrificed sacrifices unto *the LORD* **Yah Veh**,
and *offered burnt offerings* **holocausted holocausts**
unto *the LORD* **Yah Veh**,
on the morrow after that day,
even a thousand bullocks, a thousand rams,
and a thousand lambs, with their
drink offerings **libations**,
and sacrifices in abundance for all *Israel* **Yisra El**:
22 And did eat and drink
before the LORD **at the face of Yah Veh**
on that day with great *gladness* **cheerfulness**.
And they *made Solomon* **had Shelomoh** the son of David
king **reign** the second time,
and anointed him unto *the LORD* **Yah Veh**
to be the *chief governor* **eminent**, and
Zadok **Sadoq** to be priest.
23 Then *Solomon* **Shelomoh**
sat **settled** on the throne of *the LORD* **Yah Veh**
as *king* **sovereign**
instead of David his father, and prospered;
and all *Israel obeyed* **Yisra El hearkened to** him.
24 And all the *princes* **governors**, and the mighty *men*,
and all the sons likewise of *king* **sovereign** David,
submitted themselves **gave their hand**
unto Solomon **under Shelomoh** the *king* **sovereign**.
25 And *the LORD* **Yah Veh**
magnified Solomon **greatened Shelomoh**
exceedingly in the *sight* **eyes** of all *Israel*
Yisra El, and *bestowed* **gave** upon him
such royal majesty **the majesty of the sovereigndom**

12 and riches and honor *are* at your
face and you reign over all;
and in your hand *is* force and might;
and in your hand to greaten and to strengthen all.
13 And now, our Elohim, we spread hands to you
and halal your glorious name.
14 Yes, because who *am* I and who *are* my people,
to restrain from volunteering after this sort?
For all is from you
and from your hand we give you:
15 for we *are* sojourners at your face
and settlers, as all our fathers:
our days on the earth *are* as a shadow
and there is no expectation.
16 O Yah Veh our Elohim,
all this multitude we prepare
to build you a house for your holy name
is from your hand and *is* all your own:
17 and I know, my Elohim, that you proof the heart
and have pleasure in straightness.
As for me, in the straightness of my
heart, I volunteer all these:
and now with cheer
I see your people who are found here
— who volunteer to you.
18 O Yah Veh Elohim of Abraham, Yischaq
and of Yisra El, our fathers,
guard this eternally
in the imagination of the fabrications
of the heart of your people
and prepare their heart to you:
19 and give Shelomoh my son a heart of
shalom to guard your misvoth,
your witnesses and your statutes;
and to work all these
and to build the palace I prepare.
20 And David says to all the congregation,
Bless, I pray you, Yah Veh your Elohim.
And all the congregation
blesses Yah Veh Elohim of their fathers and bows
and prostrates to Yah Veh and the sovereign.

SHELOMOH ANOINTED TO YAH VEH

21 And on the morrow after that day they
sacrifice sacrifices to Yah Veh and
holocaust holocausts to Yah Veh
— a thousand bullocks, a thousand rams, a
thousand lambs, with their libations
and sacrifices in abundance for all Yisra El:
22 and on that day
they eat and drink at the face of Yah
Veh with great cheerfulness:
and they have Shelomoh the son of
David reign the second time;
and anoint him to Yah Veh as
eminent and Sadoq as priest.
23 And Shelomoh settles on the throne
of Yah Veh as sovereign
in the stead of David his father and prospers:
and all Yisra El hearkens to him;
24 and all the governors and the mighty and
also all the sons of sovereign David
give their hand under Shelomoh the sovereign.
25 And Yah Veh greatens Shelomoh
in the eyes of all Yisra El;
and gives on him the majesty of the sovereigndom
as had not been on any *king* **sovereign**
before him **at his face** in *Israel* **Yisra El**.

THE DEATH OF DAVID

26 Thus David the son of *Jesse* **Yishay**
reigned over all *Israel* **Yisra El**.
27 And the *time* **days** that he reigned over *Israel* **Yisra El**
was forty years;
seven years reigned he in Hebron,
and thirty and three *years*
reigned he in *Jerusalem* **Yeru Shalem**.
28 Andhediedinagood*oldage***grayness**,
full **satisfied** of days, riches, and honour:
and *Solomon* **Shelomoh** his son reigned in his stead.
29 Now the *acts* **words** of David the *king*
sovereign, first and last, behold,
they are *written* **inscribed**
in the *book* **words** of *Samuel* **Shemu El** the seer,
and in the *book* **words** of Nathan the prophet,
and in the *book* **words** of Gad the seer.
30 Withalhis*reign***sovereigndom**andhismight,
and the times that *went* **passed** over
him, and over *Israel* **Yisra El**,
and over all the *kingdoms* **sovereigndoms**
of the *countries* **lands**.
as has not become any sovereign at his face in Yisra El.

THE DEATH OF DAVID

26 And David the son of Yishay reigns over all Yisra El:
27 and the days he reigns over Yisra El *are* forty years:
he reigns seven years in Hebron
and he reigns thirty—three in Yeru Shalem:
28 and he dies in a good grayness;
sati sfied of days, riche s and honor:
and Shelomoh his son reigns in his stead.
29 And the words of David the sovereign,
first and last, behold,
they are inscribed in the words of Shemu El the seer
and in the words of Nathan the prophet
and in the words of Gad the seer;
30 with all his sovereigndom and his might
and the times that pass over him and over Yisra
El and over all the sovereigndoms of the lands.

SHELOMOH STRENGTHENS IN HIS SOVEREIGNDOM

1 And *Solomon* **Shelomoh** the son of David
was strengthened in his *kingdom* **sovereigndom,**
and *the LORD* **Yah Veh** his *God* **Elohim** was with
him, and *magnified* **greatened** him exceedingly.

SHELOMOH HOLOCAUSTS UPON THE SACRIFICE ALTAR

2 Then *Solomon* **Shelomoh**
spake **said** unto all *Israel* **Yisra El,**
to the *captains* **governors** of thousands
and of hundreds, and to the judges,
and to every *governor* **hierarch** in all *Israel* **Yisra El,**
the *chief* **head** of the fathers.
3 So *Solomon* **Shelomoh,**
and all the congregation with him,
went to the *high place* **bamah** that was at *Gibeon* **Gibon;**
for there was the *tabernacle* **tent**
of the congregation of *God* **Elohim,**
which *Moses* **Mosheh** the servant of *the LORD* **Yah Veh**
had *made* **worked** in the wilderness.
4 But the ark of *God* **Elohim** had
David *brought up* **ascended**
from *Kirjathjearim* **Qiryath Arim**
to the place which **when** David had prepared for it:
for he had *pitched* **spread** a tent for
it at *Jerusalem* **Yeru Shalem.**
5 Moreover the *brasen* **copper sacrifice** altar,
that *Bezaleel* **Besal El** the son of Uri, the
son of Hur, had *made* **worked,**
he *put before* **set at the face**
of the tabernacle of *the LORD* **Yah Veh:**
and *Solomon* **Shelomoh** and the
congregation sought unto it.
6 And *Solomon went up* **Shelomoh holocausted**
thither to the *brasen* **copper sacrifice** altar
before the LORD **at the face of Yah Veh,**
which was at the *tabernacle* **tent** of the
congregation, and *offered* **holocausted**
a thousand *burnt offerings* **holocausts** upon it.

SHELOMOH ASKS FOR WISDOM

7 Inthatnight*didGodappea*E**rlohimwasseen**
unto Solomon **by Shelomoh,**
and said unto him, Ask what I shall give thee.
8 And*Solomon***Shelomoh**saidunto*God***Elohim,**
Thou hast *shewed* **worked** great
mercy unto David my father,
and hast made me to reign in his stead.
9 Now, O *LORD God* **Yah Veh Elohim,**
let thy *promise* **word** unto David my
father be *established* **amened:**
for thou hast made me *king* **reign** over *a* **much**
people like the dust of the earth *in multitude.*
10 Give me now wisdom and knowledge, that I may go
out and come in *before* **at the face of** this people:
for who can judge this thy people, that is so great?
11 And*God***Elohim**saidto*Solomon***Shelomoh,**
Because this was in thine heart, and
thou hast not asked riches,
wealth **holdings,** or honour,
nor the *life* **soul** of *thine enemies* **thy haters,**
neither yet hast asked *long life* **many days;**
but hast asked wisdom and knowledge for
thyself, that thou mayest judge my people,
over whom I have made thee *king* **reign:**
12 Wisdomandknowledgeis*granted***given**untothe;
and I *will* **shall** give thee riches, and
wealth **holdings,** and honour,
such as none of the *kings* **sovereigns** have had
that have *been before thee* **at thy face,**
neither shall there any **become** after thee *have the like.*
13 Then *Solomon* **Shelomoh** came *from his*
journey to the *high place* **bamah** that was at
Gibeon **Gibon** to *Jerusalem* **Yeru Shalem,**
from *before* **the face of**
the *tabernacle* **tent** of the congregation,
and reigned over *Israel* **Yisra El.**
14 And *Solomon* **Shelomoh**
gathered chariots and *horsemen* **cavalry:**

SHELOMOH STRENGTHENS IN HIS SOVEREIGNDOM

1 And Shelomoh the son of David
strengthens in his sovereigndom;
and Yah Veh his Elohim is with him
and greatens him exceedingly.

SHELOMOH HOLOCAUSTS ON THE SACRIFICE ALTAR

2 And Shelomoh says to all Yisra El
— to governors of thousands and
of hundreds and to judges
and to every hierarch in all Yisra El, heads of the fathers:
3 and Shelomoh and all his congregation
go to the bamah at Gibon;
for the tent of the congregation of Elohim Mosheh the
servant of Yah Veh worked in the wilderness is there:

4 but David ascended the ark of
Elohim from Qiryath Arim
when David prepared for it:
for he spreads a tent for it at Yeru Shalem:
5 and he set the copper sacrifice altar
Besal El the son of Uri the son of Hur worked
at the face of the tabernacle of Yah Veh:
and Shelomoh and the congregation seek unto it:
6 and there Shelomoh holocausts
to the copper sacrifice altar at the face of
Yah Veh at the tent of the congregation;
and holocausts a thousand holocausts thereon.

SHELOMOH ASKS FOR WISDOM

7 In that night, Elohim is seen by Shelomoh
and says to him, Ask what I give you.
8 And Shelomoh says to Elohim,
You worked great mercy to David my father
and have me to reign in his stead:
9 now, O Yah Veh Elohim, amen your
word to David my father:
for you have me to reign over much
people as the dust of the earth:
10 give me now wisdom and knowledge
to go and come at the face of this people:
for who can judge this your people so great?
11 And Elohim says to Shelomoh,
Because this is in your heart
and you ask neither riches, holdings or honor,
nor the soul of your haters, nor yet ask for many days;
but ask wisdom and knowledge for yourself
to judge my people
over whom I have you reign:
12 wisdom and knowledge are given you;
and I give you riches and holdings and
honor such as neither became sovereigns
at your face, nor becomes after you.
13 And Shelomoh comes to the bamah
at Gibon to Yeru Shalem
from the face of the tent of the congregation
and reigns over Yisra El.
14 And Shelomoh gathers chariots and cavalry:
and he had a thousand and four hundred
chariots, and twelve thousand *horsemen* **cavalry**,
which he *placed* **set** in the chariot cities,
and with the *king* **sovereign** at *Jerusalem* **Yeru Shalem**.
15 And the *king made* **sovereign gave** silver and gold at
Jerusalem **Yeru Shalem** *as plenteous* as stones, and
cedar trees *made* **gave** he as the sycomore trees
that are in the *vale* **lowland** for abundance.
16 And *Solomon* **Shelomoh** had horses
brought **proceed** out of *Egypt* **Misrayim**,
and *linen yarn* **troops**:
the *king's* **sovereign's** merchants
received **took** the *linen yarn* **troops** at a price.
17 And they *fetched up* **ascended**,
and brought forth out of *Egypt* **Misrayim**
a chariot for six hundred *shekels of* silver, and an horse
for an hundred and fifty: and so brought they out *horses*
for all the *kings* **sovereigns** of the *Hittites* **Hethiy**,
and for the *kings* **sovereigns** of *Syria*
Aram, by their *means* **hand**.

SHELOMOH PREPARES TO BUILD THE HOUSE OF YAH VEH

2 And *Solomon determined* **Shelomoh said**
to build an house for the name of *the LORD* **Yah Veh**,
and an house for his *kingdom* **sovereigndom**.
2 And *Solomon* **Shelomoh**
told out threescore and ten **scribed**
seventy thousand men
to bear burdens — **burdenbearers**, and *fourscore*
eighty thousand **men** to hew in the mountain,
and three thousand and six hundred to oversee them.
3 And *Solomon* **Shelomoh** sent to *Huram* **Hiram**
the *king* **sovereign** of *Tyre* **Sor**, saying,
As thou didst *deal* **work** with David my
father, and didst send him cedars
to build him an house to *dwell* **settle** therein,
even so deal with me.
4 Behold, I build an house
to the name of *the LORD* **Yah Veh** my *God*
Elohim, to *dedicate* **hallow** it to him,
and to *burn before him* **incense at his face**
sweet incense **of aromatics**,
and for the continual *shewbread* **arrangement**, and for
the *burnt offerings* **holocausts** morning and evening,
on the *sabbaths* **shabbaths**, and on the new
moons, and on the *solemn feasts* **festivals**
of *the LORD* **Yah Veh** our *God* **Elohim**.
This is *an ordinance for ever to*
Israel **eternally to Yisra El**.
5 And the house which I build is great:
for great is our *God* **Elohim** above all *gods* **elohim**.
6 But who *is able* **hath obtained force**
to build him an house, seeing the *heaven* **heavens**
and *heaven* **the heavens** of *heavens* **the heavens**
cannot contain him?
who am I then, that I should build him an house,
save only to burn sacrifice **except to incense**

before him **at his face?**
7 Send me now therefore a man
cunning **wise** to work in gold,
and in silver, and in *brass* **copper**, and in iron,
and in purple, and crimson, and blue,
and that *can skill* **percieveth** to
grave **engrave engravings**
with the *cunning men* **wise** that are with me
in *Judah* **Yah Hudah** and in *Jerusalem* **Yeru Shalem**,
whom David my father *did provide* **prepared**.
8 Send me also cedar trees, *fir* **cypress**
trees, and *algum* **algumim** trees, out of
Lebanon: for I know that thy servants
can skill **perceive** to cut timber in Lebanon; and, behold,
my servants shall be with thy servants,
9 Even to prepare me timberina bundance:
for the house which I am about to build shall
be *wonderful* **marvellous and** great.
10 And,behold,I*w*s*il***hag**livetothyservants,
the *hewers* **choppers** that cut timber,
twenty thousand *measures* **kors** of *beaten* **struck** wheat,
and he has a thousand and four hundred
chariots and twelve thousand cavalry
which he sets in the chariot cities
and with the sovereign at Yeru Shalem.
15 And the sovereign gives silver and
gold at Yeru Shalem as stones
and gives cedar trees as sycomore trees
that are in the lowland for abundance:
16 and Shelomoh proceeds horses and
troops from Misrayim:
the merchants of the sovereign take the troops at a price:
17 and they ascend from Misrayim
and bring a chariot for six hundred silver and a
horse for a hundred and fifty: and thus they bring
for all the sovereigns of the Hethiy
and for the sovereigns of Aram by their hand.

SHELOMOH PREPARES TO BUILD THE HOUSE OF YAH VEH

2 And Shelomoh says
to build a house for the name of Yah Veh
and a house for his sovereigndom:
2 and Shelomoh scribes seventy thousand men
— burdenbearers
and eighty thousand men to hew in the mountain and
three thousand and six hundred to oversee them.
3 And Shelomoh sends to Hiram the sovereign of Sor,
saying, When you worked with David my father
you sent him cedars to build a house to settle in:
4 behold,
I build a house to the name of Yah Veh
my Elohim to hallow to him
and to incense incense of aromatics at his
face and for the continual arrangement
and for the holocausts morning and evening on the
shabbaths and on the new moons and on the festivals
of Yah Veh our Elohim: this is eternally to Yisra El:
5 and the house I build is great:
for great is our Elohim above all elohim.
6 But who obtains force to build him a house,
seeing the heavens and the heavens of
the heavens contain him not?
Who am I to build him a house,
except to incense at his face?
7 And now, send me a wise man to
work in gold and in silver
and in copper and in iron
and in purple and crimson and blue
— who percieves to engrave engravings
with the wise who are with me
in Yah Hudah and in Yeru Shalem
— whom David my father prepared:
8 and send me cedar trees, cypress trees
and algumim trees from Lebanon:
for I know that your servants
perceive to cut timber in Lebanon;
and behold, my servants are with your servants;
9 even to prepare me timber in abundance:
for the house I build is marvellous and great.
10 And behold, I give your servants
— the choppers who cut timber twenty
thousand kors of struck wheat
and twenty thousand *measures* **kors** of barley,
and twenty thousand baths of wine,
and twenty thousand baths of oil.
11 Then *Huram* **Hiram**, the *king* **sovereign** of *Tyre* **Sor**
answered **said** in *writing* **inscribings**,
which he sent to *Solomon* **Shelomoh**,
Because *the LORD* **Yah Veh** hath loved his people, he
hath *made* **given** thee *king* **sovereign** over them.
12 *Huram* **Hiram** said *moreover*,
Blessed be
the LORD God **Yah Veh Elohim** of *Israel* **Yisra El**,
that *made heaven* **worked the heavens** and earth,
who hath given to David the *king* **sovereign** a wise son,
endued with prudence **knowing comprehension**
and *understanding* **discernment**,
that might build an house for *the LORD* **Yah Veh**,
and an house for his *kingdom* **sovereigndom**.

13 And now I have sent a *cunning* **wise** man,
endued with understanding **knowing**
discernment, of *Huram* **Hiram** my father's,
14 The son of a woman of the daughters of Dan,
and his father was a *man of Tyre* **Soriy**, *skilful*
perceiving to work in gold, and in silver, in *brass*
copper, in iron, in stone, and in timber, in purple, in
blue, and in *fine* **bleached** linen, and in crimson;
also to *grave* **engrave** any *manner of graving*
engraving, and to *find out every device* **fabricate**
any fabrication which shall *put to* **be given** him,
with thy *cunning men* **wise**, and
with the *cunning men* **wise**
of my *lord* **adoni** David thy father.
15 Now therefore
the wheat, and the barley, the oil, and the wine,
which my *lord* **adoni** hath *spoken of* **said**,
let him send unto his servants:
16 And we *will* **shall** cut *wood* **timber** out of
Lebanon, as much as thou shalt need:
and we *will* **shall** bring it to thee in *flotes* **rafts** by sea
to *Joppa* **Yapho**;
and thou shalt *carry* **ascend** it *up*
to *Jerusalem* **Yeru Shalem**.
17 And *Solomon* **Shelomoh**
numbered **scribed** all the *strangers* **men sojourners**
that were in the land of *Israel* **Yisra El**,
after the *numbering* **scribing**
wherewith David his father had *numbered* **scribed**
them; and they were found an hundred and fifty
thousand and three thousand and six hundred.
18 And he *set* **worked**
threescore and ten **seventy** thousand of them
to be *bearers of burdens* **burdenbearers**,
and *fourscore* **eighty** thousand
to be hewers in the mountain,
and three thousand and six hundred overseers
to *set* **serve** the people *a work* **who serve**.

SHELOMOH BEGINS TO BUILD THE HOUSE OF YAH VEH

3 Then *Solomon* **Shelomoh** began to build
the house of *the LORD* **Yah Veh**
at *Jerusalem* **Yeru Shalem** in mount *Moriah* **Mori Yah**,
where the LORD appeared **which was seen**
unto **by** David his father,
in the place that David had prepared
in the threshingfloor of Ornan the *Jebusite* **Yebusiy**.
2 And he began to build
in the second *day* of the second month,
in the fourth year of his *reign* **sovereigndom**.

THE DIMENSIONS OF THE HOUSE OF YAH VEH

3 Now these are *the things* **those**
wherein *Solomon* **Shelomoh** was *instructed* **founded**
for the building of the house of *God* **Elohim**.
The length by cubits after the first
measure was *threescore* **sixty** cubits,
and the breadth twenty cubits.
4 And the porch
that was *in the front* **at the face** *of the*
house, the length **at the face** of it
was *according to* **as** the breadth of
the house, twenty cubits,
and twenty thousand kors of barley
and twenty thousand baths of wine and
twenty thousand baths of oil.
11 And Hiram the sovereign of Sor
says in inscribings he sends to Shelomoh,
Because Yah Veh loves his people
he gives you sovereign over them.
12 Hiram says, Blessed — Yah Veh Elohim of
Yisra El who works the heavens and earth;
who gave David the sovereign a wise son
knowing comprehension and di scernment
to build a house for Yah Veh and a
house for his sovereigndom.
13 And now I send a wise man of Hiram
my father who knows discernment;
14 the son of a woman of the daughters
of Dan and his father is a Soriy;
who perceives to work in gold and in si lver,
in copper, in iron, in stone and in timber, in purple,
in blue and in bleached linen and in crimson;
and to engrave any engraving
and to fabricate any fabrication given him;
with your wise
and with the wise of my adoni David your father.
15 And now, the wheat and the barley,
the oil and the wine,
of which my adoni says,
Have him send to his servants:
16 and we — we cut timber from Lebanon
— as much as you need:
and we bring it to you in rafts by sea to Yapho;
and you ascend it to Yeru Shalem.
17 And Shelomoh
scribes all the men sojourners in the land of Yisra
El, after the scribing David his father scribed them;
and they find a hundred and fifty thousand

and three thousand and six hundred.
18 And he works
seventy thousand burdenbearers
and eighty thousand hewers in the mountain
and three thousand and six hundred
overseers to serve the people who serve.

SHELOMOH BEGINS TO BUILD THE HOUSE OF YAH VEH

3 And Shelomoh begins to build the house of Yah
Veh at Yeru Shalem in mount Mori Yah;
where he is seen by David his father
in the place David prepared
in the threshingfloor of Ornan the Yebusiy:
2 and he begins to build
in the second of the second month,
in the fourth year of his sovereigndom.

THE DIMENSIONS OF THE HOUSE OF YAH VEH

3 And Shelomoh founds
to build the house of Elohim by these:
the length by cubits after the first measure, sixty cubits;
and the width, twenty cubits;
4 and the porch at the face
— the length at the face, as the width
of the house, twenty cubits;
and the height was an hundred and twenty:
and he overlaid it within with pure gold.
5 And the greater house
he *cieled* **covered** with *fir* **cypress** tree,
which he *overlaid* **covered** with *fine* **the best** gold,
and *set* **ascended** thereon palm trees and chains.
6 And he *garnished* **overlaid** the house
with precious stones for *beauty* **adornment**:
and the gold was gold of *Parvaim* **Parvayim**.
7 He *overlaid* **covered** *also* the house,
the beams, the *posts* **thresholds**, and the walls
thereof, and the doors thereof, with gold;
and *graved cherubims* **engraved cherubim** on the walls.
8 And he *made* **worked**
the *most holy house* **Holy of Holies**,
the length *whereof* **at the face**
was *according to* **as** the breadth of the house,
twenty cubits, and the breadth thereof twenty
cubits: and he *overlaid* **covered** it with *fine* **the best**
gold, *amounting to* six hundred *talents* **rounds**.
9 And the weight of the nails was fifty shekels of gold.
And he *overlaid* **covered** the upper *chambers* **rooms**
with gold.
10 And in the *most holy house* **Holy of Holies**
he *made* **worked**
two *cherubims* **cherubim** of *image* **carved** work,
and overlaid them with gold.
11 And the wings of the *cherubims* **cherubim**
were twenty cubits long:
one wing *of the one cherub* was five cubits,
reaching **touching** to the wall of the house: and
the other wing was *likewise* five cubits,
reaching **touching** to the wing of the *other* **one** cherub.
12 And *one* **the** wing of the *other* **one**
cherub was five cubits,
reaching **touching** to the wall of the house:
and the *other* **one** wing was five cubits *also*,
joining **adhering** to the wing of the *other* **one** cherub.
13 The wings of these *cherubims* **cherubim**
spread *themselves forth* twenty cubits:
and they stood on their feet,
and their faces were *inward* **toward the house**.
14 And he *made* **worked** the vail of blue, and purple,
and crimson, and *fine* **bleached** linen,
and *wrought cherubims* **ascended cherubim** thereon.
15 Also he *made before* **worked at the face of** the house
two pillars of thirty and five cubits *high* **in length**,
and the *chapiter* **cap** that was on the top
of each of them was five cubits.
16 And he *made* **worked** chains, as in the *oracle* **pulpit**,
and *put* **gave** them on the heads of the pillars;
and *made* **worked** an hundred pomegranates,
and *put* **gave** them on the chains.
17 And he *reared* **raised** up the pillars
before **at the face of** the *temple* **manse**,
one on the right *hand*, and *the other* **one** on the left; and
called the name of that on the right *hand Jachin* **Yachin**,
and the name of that on the left
Boaz.

THE FURNISHINGS OF THE HOUSE OF YAH VEH

4 Moreover
he *made an* **worked a sacrifice** altar of *brass* **copper**,
twenty cubits the length *thereof*, and twenty cubits the
breadth *thereof*, and ten cubits the height *thereof*.
2 Also he *made* **worked** a *molten* **poured** sea
of ten cubits from *brim* **lip** to *brim*
lip, round **about** in compass,
and five cubits the height *thereof*;
and a line of thirty cubits
did compass **surrounded** it round about.
3 And under it was the *similitude* **likeness** of oxen,
which *did compass* **surrounded** it round about:
ten in a cubit,

compassing **surrounding** the sea round about.
Two rows of oxen were *cast* **poured**,
when it was cast **in casting**.
4 It stood upon twelve oxen,
and the height, a hundred and twenty:
and he overlays it inside with pure gold:
5 and he covers the greater house with cypress trees;
which he covers with the best gold;
and ascends palm trees and chains thereon;
6 and he overlays the house
with precious stones for adornment;
and the gold is gold of Parvayim:
7 and he covers the house
— the beams, the thresholds
and the walls and the doors with gold;
and engraves cherubim on the walls:
8 and he works the Holy of Holies
— the length at the face, as the width
of the house, twenty cubits;
and the width, twenty cubits: and he covers it
with the best gold, six hundred rounds:
9 and the weight of the nails, fifty shekels of gold:
and he covers the upper rooms with gold.
10 And in the Holy of Holies
he works two cherubim of carved work
and overlays them with gold:
11 and the wings of the cherubim, twenty cubits long;
one wing, five cubits,
touching to the wall of the house;
and the other wing, five cubits, touching
to the wing of the one cherub;
12 and the wing of the one cherub, five cubits,
touching to the wall of the house:
and the one wing is five cubits
adhering to the wing of the one cherub:
13 the wings of these cherubim spread twenty cubits:
and they stand on their feet with
their faces toward the house.
14 And he works the veil of blue and purple and crimson
and bleached linen; and cherubim ascend thereon.
15 And at the face of the house
he works two pillars, thirty—five cubits long;
and the cap on the top of each of them, five cubits:
16 and he works chains, as in the pulpit, and
gives them on the heads of the pillars;
and works a hundred pomegranates
and gives them on the chains:
17 and he raises the pillars at the face of the
manse, one on the right and one on the left:
and calls the name of that on the right, Yachin;
and the name of that on the left, Boaz.

THE FURNISHINGS OF THE HOUSE OF YAH VEH

4 And he works a sacrifice altar of copper,
twenty cubits long and twenty cubits
wide and ten cubits high:
2 and he works a poured sea, ten cubits
lip to lip, round all around;
and five cubits high;
and a line of thirty cubits surrounds it all around:
3 and below,
the likeness of oxen surrounds it all around
— ten in a cubit, surrounds the sea all around.
Two rows of oxen are poured and cast:
4 it stands on twelve oxen:
three *looking* **facing** toward the north,
and three *looking* **facing** toward the *west* **sea**,
and three *looking* **facing** toward the south,
and three *looking* **facing** toward the *east* **rising**:
and the sea was *set* above upon them, and all their
hinder parts **backs** were *inward* **toward the house**.
5 And the thickness of it was *an handbreadth*
a palm span, and the *brim* **lip** of it like
the work of the *brim* **lip** of a cup,
with *flowers* **blossoms** of lilies;
and it *received* **prevailed**
and *held* **contained** three thousand baths.
6 He *made* **worked** also ten lavers,
and *put* **gave** five on the right *hand*, and five
on the left, to *wash* **baptise** in them:
such *things* as they *offered* **worked** for the *burnt*
offering **holocaust** they *washed* **cleansed** in them;
but the sea was for the priests to *wash* **baptize** in.
7 And he *made* **worked** ten *candlesticks* **menorah**
of gold according to their *form* **judgment**,
and *set* **gave** them in the *temple* **manse**,
five on the right *hand*, and five on the left.
8 He *made* **worked** also ten tables,
and *placed* **set** them in the *temple* **manse**, five
on the right *side*, and five on the left.
And he *made* **worked**
an hundred *basons* **sprinklers** of gold.
9 *Furthermorehemade***worked**thecourtofthepirests,
and the great court, and doors for the court, and
overlaid the doors of them with *brass* **copper**.
10 And he *set* **gave** the sea
on the right *side of the east end*
shoulder toward the east,
over against **opposite** the south.
11 And *Huram made* **Hiram worked** the *pots* **caldrons**,
and the shovels, and the *basons* **sprinklers**.

And *Huram* **Hiram** finished the work
that he was to *make* **work**
for *king Solomon* **sovereign Shelomoh**
for the house of *God* **Elohim**;
12 *To wit*, the two pillars, and the *pommels*
bowls, and the *chapiters* **caps**
which were on the top of the two pillars,
and the two *wreaths* **nets** to cover
the two *pommels* **bowls**
of the *chapiters* **caps** which were on the top of the pillars;
13 And four hundred pomegranates
on the two *wreaths* **nets**;
two rows of pomegranates on *each wreath* **one net**,
to cover the two *pommels* **bowls** of the *chapiters* **caps**
which were upon **the face of** the pillars.
14 He *made* **worked** also bases,
and lavers *made* **worked** he upon the bases;
15 One sea, and twelve oxen under it.
16 The *pots* **caldrons** also, and the shovels,
and the *fleshhooks* **forks**, and all their instruments,
did *Huram* **Hiram** his father *make* **work**
to *king Solomon* **sovereign Shelomoh**
for the house of *the LORD* **Yah Veh**
of *bright brass* **scoured copper**.
17 In the *plain* **environ** of *Jordan* **Yarden**
did the *king cast* **sovereign pour** them, in the
clay ground **thicknesses of the soil** between
Succoth **Sukkoth/Brush Arbors**
and *Zeredathah* **Seredah**.
18 Thus *Solomon* **Shelomoh**
made **worked** all these *vessels* **instruments**
in *great* **mighty** abundance:
for the weight of the *brass* **copper**
could not be *found out* **probed**.
19 And *Solomon* **Shelomoh**
made **worked** all the *vessels* **instruments**
that were for the house of *God* **Elohim**,
the golden **sacrifice** altar also,
and the tables whereon the *shewbread* **facebread** was *set*;
20 *Moreover* the *candlesticks* **menorah** with their lamps,
that they should burn after the *manner* **judgment**
before **at the face of** the *oracle* **pulpit**,
of *pure* **concentrated** gold;
21 And the *flowers* **blossoms**, and
the lamps, and the tongs,
three facing toward the north and three facing toward
the sea and three facing toward the south and three
facing toward the rising: with the sea high above
with all their backs toward the house:
5 and a palm span thick
and the lip of it as the work of the lip
of a cup with blossoms of lilies;
and it prevails and contains three thousand baths.
6 He also works ten lavers;
and gives five on the right and five
on the left to baptize therein;
such as they work for the holocaust
to cleanse therein:
and the sea *is* for the priests to baptize therein.
7 And he works ten menorah of gold
according to their judgment;
and gives them in the manse
— five on the right and five on the left:
8 and he works ten tables and sets them in the manse
— five on the right and five on the left:
and he works a hundred gold sprinklers:
9 and he works the court of the priests
and the great court and doors for the court
and overlays their doors with copper:
10 and he gives the sea on the right shoulder
toward the east opposite the south.
11 And Hiram works the caldrons and
the shovels and the sprinklers:
and Hiram finishes the work
he works for sovereign Shelomoh
for the house of Elohim
12 — the two pillars and the bowls;
and the caps on the top of the two pillars;
and the two nets to cover the two bowls
of the caps on the top of the pillars;
13 and four hundred pomegranates on the two nets;
two rows of pomegranates on one net to
cover the two bowls of the caps
on the face of the pillars:
14 and he works bases
and works lavers on the bases
15 — one sea and twelve oxen under it:
16 and the caldrons and the shovels
and the forks and all their instruments Hiram his father
works to sovereign Shelomoh for the house of Yah Veh
of scoured copper:
17 the sovereign pours them in the environ o
f Yarden in the thicknesses of the soil
between Sukkoth/Brush Arbors and Seredah.
18 And Shelomoh
works all these instruments in mighty abundance:
and the weight of the copper is not probed:
19 and Shelomoh
works all the instruments for the house of Elohim ;
and the golden sacrifice altar;

and the tables whereon the facebread *is*;
20 the menorah with their lamps
to burn after the judgment at the face of
the pulpit of concentrated gold:
21 and the blossoms and the lamps and the tongs
made he of gold, *and that perfect*
— **the perfection of** gold;
22 And the *snuffers* **tweezers**, and the *basons* **sprinklers**,
and the *spoons* **bowls**, and the *censers* **trays**,
of pure **concentrated** gold: and the *entry* **portal**
of the house, the inner doors thereof
for the *most holy place* **Holy of Holies**,
and the doors of the house of the *temple* **manse**,
were of gold.

THE ARK BROUGHT INTO THE HOUSE OF YAH VEH

5 Thus all the work
that *Solomon made* **Shelomoh worked** for the house
of *the LORD* **Yah Veh** was *finished* **shalamed**:
and *Solomon* **Shelomoh** brought in
all the *things that* **holies of** David
his father *had dedicated*;
and the silver, and the gold, and all the instruments,
put **gave** he among the treasures
of the house of *God* **Elohim**.
2 Then *Solomon assembled* **Shelomoh congregated**
the elders of *Israel* **Yisra El**,
and all the heads of the *tribes* **rods**, the
chief **hierarch** of the fathers
of the *children* **sons** of *Israel* **Yisra El**,
unto *Jerusalem* **Yeru Shalem**, to *bring up* **ascend**
the ark of the covenant of *the LORD* **Yah Veh**
out of the city of David, which is *Zion* **Siyon**.
3 Wherefore all the men of *Israel* **Yisra El**
assembled **congregated** *themselves*
unto the *king* **sovereign**
in the *feast* **celebration** which was in the seventh month.
4 And all the elders of *Israel* **Yisra El** came;
and the *Levites took up* **Leviym bore** the ark.
5 And they *brought up* **ascended** the ark, and
the *tabernacle* **tent** of the congregation,
and all the holy *vessels* **instruments**
that were in the *tabernacle* **tent**, these did
the priests and the *Levites* **Leviym**
bring up **ascend**.
6 Also *king Solomon* **sovereign Shelomoh**,
and all the *congregation* **witness** of *Israel*
Yisra El that were *assembled* **congregated**
unto him *before* **at the face of** the ark,
sacrificed *sheep* **flock** and oxen,
which could not be *told* **scribed** nor
numbered for *multitude* **abundance**.
7 And the priests brought in
the ark of the covenant of *the LORD* **Yah Veh**
unto his place,
to the *oracle* **pulpit** of the house,
into the *most holy place* **Holy of Holies**,
even under the wings of the *cherubims* **cherubim**:
8 For the *cherubims* **cherubim**
spread forth their wings over the place of the ark,
and the *cherubims* **cherubim**
covered the ark and the staves thereof above.
9 Andthey*drewou***letngthened**thestaves*ofthe*ark,
that the *ends* **heads** of the staves were seen from the ark
before **at the face of** the *oracle* **pulpit**;
but they were not seen without. And
there it is unto this day.
10 There was *nothing* **naught** in the ark
save **except** the two *tables* **slabs**
which *Moses put* **Mosheh gave** therein at Horeb,
when *the LORD made* **Yah Veh cut** *a covenant*
with the *children* **sons** of *Israel* **Yisra El**, when
they *came* **went** out of *Egypt* **Misrayim**.

THE HONOR OF YAH VEH FILLS THE HOUSE OF YAH VEH

11 And **so be** it *came to pass*,
when the priests
were *come* **gone** out of the *holy place* **holies**:
(for all the priests that were *present* **found**
were *sanctified* **hallowed**,
and did not then *wait* **guard** by *course* **allotment**:
12 Also the *Levites* **Leviym** which were the singers,
all of them of Asaph, of Heman, of *Jeduthun*
Yeduthun, with their sons and their brethren,
of gold — the perfection of gold:
22 and the tweezers and the sprinklers
and the bowls and the trays
of concentrated gold:
and the portal of the house
— the inner doors to the Holy of Holies and the
doors of the house of the manse of gold.

THE ARK BROUGHT INTO THE HOUSE OF YAH VEH

5 And they shalam all the work
Shelomoh works for the house of Yah Veh:
and Shelomoh brings in all the holies of David his father;

and he gives the silver and the gold
and all the instruments
among the treasures of the house of Elohim:
2 then Shelomoh congregates the elders of Yisra El
and all the heads of the rods
— hierarch of the fathers of the sons
of Yisra El to Yeru Shalem;
to ascend the ark of the covenant of Yah
Veh from the city of David — Siyon.
3 And all the men of Yisra El
congregate to the sovereign in the
celebration in the seventh month:
4 and all the elders of Yisra El come
and the Leviym bear the ark;
5 and they ascend the ark and the
tent of the congregation
and all the holy instruments in the tent
— the priests and the Leviym ascend these:
6 and sovereign Shelomoh and all
the witness of Yisra El
who congregate to him at the face of the ark,
sacrifice flock and oxen
— neither scribed nor numbered for abundance:
7 and the priests
bring the ark of the covenant of Yah Veh to its place
— to the pulpit of the house in the Holy of
Holies under the wings of the cherubim:
8 and the cherubim
spread their wings over the place of the ark;
and the cherubim
cover over the ark and the staves:
9 and they lengthen the staves
so that the heads of the staves are seen
from the ark at the face of the pulpit;
but they are not seen outward:
and there it is to this day
10 — naught in the ark
except the two slabs Mosheh gave at Horeb,
when Yah Veh cut with the sons of Yisra
El when they came from Misrayim.

THE HONOR OF YAH VEH FILLS THE HOUSE OF YAH VEH

11 And so be it,
the priests go from the holies:
— for all the priests who are found are
hallowed with none to guard by allotment:
12 and the Leviym — the singers — all of them
— of Asaph, of Heman, of Yeduthun,
with their sons and their brothers
being arrayed **enrobed** in *white* **bleached** linen,
having cymbals and *psalteries* **bagpipes** and harps,
stood at the *east end* **rising** of the **sacrifice** altar,
and with them an hundred and twenty priests
sounding **trumpeting** with trumpets:)
13 **So be** It *came even to pass*,
as the trumpeters and singers were as one,
to make one *sound* **voice** to be heard in *praising* **halaling**
and *thanking the LORD* **extending hands to Yah Veh**;
and when they lifted *up* their voice with the trumpets
and cymbals and instruments of *musick* **song**, and
praised the LORD **halaled Yah Veh**, *saying*,
For he is good; for his mercy
endureth for ever **be eternal**:
that then the house was filled with a cloud,
even the house of *the LORD* **Yah Veh**;
14 Sothatthepriestscouldnotstandtominister
by reason **at the face** of the cloud:
for the *glory* **honour** of *the LORD* **Yah Veh**
had filled the house of *God* **Elohim**.

SHELOMOH RECOUNTS THE PROMISES OF YAH VEH

6 Then said *Solomon* **Shelomoh**,
The LORD **Yah Veh** hath said
that he *would dwell* **should tabernacle**
in the *thick* **dripping** darkness.
2 But I have built an house of habitation for thee,
and *a place* **an establishment** for thy *dwelling* **settling**
for ever **eternally**.
3 And the *king* **sovereign** turned his face,
and blessed the whole congregation of *Israel* **Yisra El**:
and all the congregation of *Israel* **Yisra El** stood.
4 And he said, Blessed be
the LORD God **Yah Veh Elohim** of *Israel* **Yisra El**,
who hath with his hands
fulfilled that which he *spake* **worded** with
his mouth to my father David, saying,
5 Since the day that I brought forth my people
out of the land of *Egypt* **Misrayim**
I chose no city among all the *tribes* **scions** of *Israel*
Yisra El to build an house in, that my name might be
there; neither chose I any man to be *a ruler* **eminent**
over my people *Israel* **Yisra El**:
6 But I have chosen *Jerusalem* **Yeru Shalem**,
that my name might be there;
and have chosen David
to be over my people *Israel* **Yisra El**.
7 NowitwasintheheartofDavidmyfather

to build an house for the name
of *the LORD God* **Yah Veh Elohim** of *Israel* **Yisra El.**
8 Bu*t the LORD* **Yah Veh** said to David my father,
Forasmuch as it was in thine heart to
build an house for my name,
thou didst *well* **good** in that it was in thine heart:
9 *Notwithstanding* **Only** thou shalt not build the
house; but thy son which shall *come* **go** forth out of
thy loins, he shall build the house for my name.
10 *The LORD* **Yah Veh** *therefore* hath *performed*
raised his word that he hath *spoken* **worded**:
for I am risen up in the *room* **stead** of David my father,
and am *set* **settled** on the throne of *Israel* **Yisra**
El, as *the LORD promised* **Yah Veh worded**,
and have built the house for the name
of *the LORD God* **Yah Veh Elohim** of *Israel* **Yisra El.**
11 And *in it* **therein** have I *put* **set** the ark, wherein
is the covenant of *the LORD* **Yah Veh**,
that he *made* **cut** with the *children*
sons of *Israel* **Yisra El.**

THE PRAYER OF HANUKKAH OF SHELOMOH

12 And he stood *before* **at the face of** the
sacrifice altar of *the LORD* **Yah Veh**
in the presence of all the congregation of *Israel*
Yisra El, and spread forth his *hands* **palms**:
13 For *Solomon* **Shelomoh**
had *made* **worked** a *brasen scaffold* **copper laver**,
of five cubits long, and five cubits
broad, and three cubits high,
and had *set* **given** it in the midst of the court:
and upon it he stood, and kneeled down upon his knees
before **in front of** all the congregation of *Israel* **Yisra El**,
enrobe in bleached linen
with cymbals and bagpipes and harps and
stand at the rising of the sacrifice altar; and
with them, a hundred and twenty priests
trumpeting with trumpets:
13 yes, and so be it,
— as one, the trumpeters and singers
— as one voice *are* heard in halaling
and spreading hands to Yah Veh;
and they lift their voice with the trumpets and cymbals
and instruments of song and halal Yah Veh for good;
for his mercy eternal:
so that the house fills with a cloud
— the house of Yah Veh;
14 and the priests cannot stand to
minister at the face of the cloud:
for the honor of Yah Veh fills the house of Elohim.

SHELOMOH RECOUNTS THE PROMISES OF YAH VEH

6 Then Shelomoh says, Yah Veh says
that he tabernacles in the dripping darkness:
2 and I — I build a house of habitation for you and
an establishment for you to settle eternally.
3 And the sovereign turns his face
and blesses the whole congregation of Yisra El:
and all the congregation of Yisra El stands;
4 and he says,
Blessed — Yah Veh Elohim of Yisra
El, who, with his hands
fulfills what he worded with his mouth
to my father David, saying,
5 Since the day I brought my people
from the land of Misrayim
I neither chose a city among all the scions of Yisra
El to build a house for my name to be there;
nor chose I any man to be eminent
over my people Yisra El:
6 and I choose Yeru Shalem, for my name to be there;
and choose David to be over my people Yisra El.
7 And it is in the heart of David my
father to build a house
for the name of Yah Veh Elohim of Yisra El:
8 and Yah Veh says to David my father,
Because it is in your heart
to build a house for my name,
you do good in that it is in your heart:
9 only, you build not the house;
but your son who comes from your loins
— he builds the house for my name.
10 And Yah Veh raises the word he worded:
and I rise in the stead of David my father
and settle on the throne of Yisra El
as Yah Veh worded;
and build the house
for the name of Yah Veh Elohim of Yisra El:
11 and therein I set the ark
wherein *is* the covenant of Yah Veh he
cut with the sons of Yisra El.

THE PRAYER OF HANUKKAH OF SHELOMOH

12 And he stands
at the face of the sacrifice altar of Yah Veh
in the presence of all the congregation
of Yisra El and spreads his palms:
13 for Shelomoh worked a copper laver, five
cubits long and five cubits wide

and three cubits high and gives it midst the court:
and he stands thereon and kneels on his knees
in front of all the congregation of Yisra El
and spread forth his *hands* **palms**
toward *heaven* **the heavens.**
14 And said,
O *LORD God* **Yah Veh Elohim** of *Israel* **Yisra El**, there is no *God* **Elohim** like thee
in the *heaven* **heavens**, nor in the earth;
which *keepest* **guardest** covenant,
and *shewest mercy unto* **merciest** thy servants, that walk *before thee* **at thy face** with all their hearts:
15 Thouwhichhast*kept***guarded**
with thy servant David my father
that which thou hast *promised* **worded** him;
and *spakest* **wordest** with thy mouth,
and hast fulfilled it with thine hand, as *it is* this day.
16 Now *therefore,*
O *LORD God* **Yah Veh Elohim** of *Israel* **Yisra El,**
keep **guard** with thy servant David my father
that which thou hast *promised* **worded** him,
saying, There shall not *fail* **be cut off to** thee
a man in my *sight* **face**
to *sit* **settle** upon the throne of *Israel* **Yisra El;**
yet so that **only if** thy *children* **sons**
take heed to **guard** their way to walk in my *law* **torah**, as thou hast walked *before me* **at my face.**
17 Now *then,*
O *LORD God* **Yah Veh Elohim** of *Israel* **Yisra El,**
let thy word be *verified* **amened,**
which thou hast *spoken* **worded** unto thy servant David.
18 But *will God* **shall Elohim**
in very deed dwell **truly settle** with *men* **humanity**
on the earth?
behold, *heaven* **the heavens**
and the *heaven* **heavens** of *heavens* **the heavens**
cannot contain thee;
how much less this house which I have built!
19 *Haverespec*F**tace***therefore*totheprayerofthyservant,
and to his supplication,
O *LORD* **Yah Veh** my *God* **Elohim,**
to hearken unto the *cry* **shout** and the prayer which
thy servant prayeth *before thee* **at thy face:**
20 That thine eyes may be open upon this house
by day and night,
upon the place whereof thou hast said
that thou *wouldest put* **shouldest set** thy name there;
to hearken unto the prayer
which thy servant prayeth toward this place.
21 Hearkenthereforeuntothesuplicaitonsofthyservant,
and of thy people *Israel* **Yisra El,**
which they shall *make* **pray** toward this place:
hear thou
from *thy dwelling place* **the place of thy settlement,**
even from *heaven* **the heavens;**
and when thou hearest, forgive.
22 If a man sin against his *neighbour* **friend,**
and an oath be laid upon him
to *make him swear* **oath him,**
and the oath come
before thine **at the face of thy sacrifice** altar in this house;
23 Thenhearthoufrom*heaven***theheavens,**and*do***work,**
and judge thy servants,
by *requiting* **turning back** the wicked,
by *recompensing* **giving** his way upon his own head;
and by justifying the *righteous* **just,**
by giving him according to his *righteousness* **justness.**
24 And if thy people *Israel* **Yisra El**
be *put to the worse* **smitten** *before* **at the face of** the enemy, because they have sinned against thee;
and shall return and *confess* **spread hands to** thy
name, and pray and *make supplication* **ask charism**
before thee **at thy face** in this house;
25 Then hear thou from the heavens,
and forgive the sin of thy people *Israel* **Yisra El,**
and *bring* **return** them *again* unto the *land* **soil**
which thou gavest to them and to their fathers.
26 When the *heaven is shut up* **heavens be restrained,**
and there is no rain,
because they have sinned against thee;
yet if they pray toward this place,
and spreads his palms toward the heavens;
14 and says, O Yah Veh Elohim of Yisra El,
— no Elohim like you
in the heavens or in the earth;
who guards covenant and mercies your servants
who walk at your face with all their hearts:
15 who, for your servant David my father,
guards what you worded him
— worded with your mouth
and fulfill with your hand — as this day.
16 And now, O Yah Veh Elohim of Yisra El,
guard with your servant David my father
what you worded him, saying, There is not cut off to you
a man at my face
to settle on the throne of Yisra El;
only, if your sons guard their way to walk
in my torah as you walk at my face:
17 and now, O Yah Veh Elohim of
Yisra El, amen the word

you worded to your servant David.
18 Is it true, O Elohim,
that you settle with humanity on the earth? Behold, the
heavens and the heavens of the heavens contain you not;
how much less this house I build!
19 Face the prayer of your servant
and his supplication,
O Yah Veh my Elohim;
hearken to the shout and the prayer
your servant prays at your face:
20 that your eyes be open on this house by day and night
— on the place whereof you say
that you set your name there;
to hearken to the prayer
your servant prays toward this place:
21 hearken to the supplications your
servant and your people Yisra El,
pray toward this place:
hear from the place of your settlement
— from the heavens;
and when you hear, forgive.
22 If a man sins against his friend and
an oath is laid on him to oath,
and the oath comes
at the face of your sacrifice altar in this house;
23 then hear from the heavens
and work and judge your servants;
and turn back the wicked
and give his way on his own head;
and justify the just
and give him according to his justness.
24 And if your people Yisra El
be smitten at the face of the enemy
because they sin against you;
and return and spread hands to your name
and pray and ask charism at your face in this house;
25 then hear from the heavens
and forgive the sin of your people Yisra El;
and return them to the soil you gave
them and their fathers.
26 When the heavens restrain, and rain
not, because they sin against you;
yet when they pray toward this place
and *confess* **spread hands to** thy name,
and turn from their sin,
when thou *dost afflict* **shalt humble** them;
27 Then hear thou from *heaven* **the heavens**,
and forgive the sin of thy servants, and
of thy people *Israel* **Yisra El**,
when thou hast *taught* **directed** them the good way,
wherein they should walk;
and *send* **give** rain upon thy land,
which thou hast given unto thy
people for an inheritance.
28 If there be *dearth* **famine** in the
land, if there be pestilence,
if there be blasting, or *mildew* **pale green**,
locusts, or caterpillers;
if their enemies *besiege* **tribulate** them in the *cities*
land of their *land* **portals**; whatsoever *sore* **plague**
or whatsoever *sickness* **disease** there be:
29 Thenwhatprayerorwhatsupplicaitonsoever
shall be made of any *man* **human**, or
of all thy people *Israel* **Yisra El**,
when *every one* **man** shall know
his own *sore* **plague** and his own *grief* **sorrow**, and
shall spread forth his *hands* **palms** in this house:
30 Thenhearthoufrom*heaven***theheavens**
thy dwelling place **the place of thy
settlement**, and forgive,
and *render* **give** unto every man
according unto all his ways,
whose heart thou knowest;
(for thou only knowest the hearts
of the *children* **sons** of *men* **humanity**:)
31 Thatheymay*fea*a**rwe**the,towalkinthyways,
so long as **all the days** they live *in the land* **upon the
face of the soil** which thou gavest unto our fathers.
32 Moreover concerning the stranger, which
is not of thy people *Israel* **Yisra El**,
but is come from a far *country* **land**
for thy great name's sake,
and thy *mighty* **strong** hand, and thy
stretched out **spread** arm;
if they come and pray in this house;
33 Then hear thou from the heavens,
even from *thy dwelling place* **the place of thy
settlement**, and *do* **work** according to all
that the stranger calleth to thee for;
that all people of the earth may know
thy name, and *fear* **awe** thee,
as doth thy people *Israel* **Yisra El**,
and may know that this house which I
have built is called by thy name.
34 If thy people go out to war against their enemies
by the way that thou shalt send them,
and they pray unto thee *toward* **by the way
of** this city which thou hast chosen,
and the house which I have built for thy name;
35 Then hear thou from the heavens

their prayer and their supplication, and
maintain **work** their *cause* **judgment**.
36 If they sin against thee,
(for there is no *man* **human** which sinneth not,)
and thou *be angry with* **anger over**
them, and *deliver* **give** them over
before **at the face of** their enemies,
and they *carry* **capture** them *away captives*
unto a land far off or near;
37 Yet if they *bethink themselves* **turn back their heart**
in the land whither they are *carried captive*
captured, and turn and pray *unto thee* in the land
of their captivity, saying, We have sinned,
we have *done amiss* **distorted**, and have dealt wickedly;
38 If they return to thee
with all their heart and with all their
soul in the land of their captivity,
whither they have *carried* **captured** them *captives*,
and pray *toward* **in the way of** their land,
which thou gavest unto their fathers,
and *toward* the city which thou hast chosen,
and *toward* the house which I have built for thy name:
and spread hands to your name and turn from their sin,
and you humble them;
27 then hear from the heavens,
and forgive the sin of your servants
and of your people Yisra El;
and direct them the good way to walk;
and give rain on the land
you gave to your people for an inheritance.
28 If famine becomes in the land;
if pestilence becomes;
if blasting or pale green becomes;
locusts or caterpillers;
if their enemies tribulate them in
the land of their portals;
whatever plague or whatever disease becomes:
29 then whatever prayer or whatever
supplication becomes for any human
or of all your people Yisra El;
when man knows his own plague and his own
sorrow and spreads his palms in this house:
30 then hear from the heavens the
place of your settlement
and forgive
and give to every man according to all
his ways, whose heart you know
— for you only
know the hearts of the sons of humanity:
31 so that they awe you to walk in your ways all
the days they live on the face of the soil
you gave to our fathers.
32 And also, concerning the stranger, who
is not of your people Yisra El,
who comes from a far land
for sake of your great name
and your strong hand and your spread arm
— if they come and pray in this house
33 then hear from the heavens
— even the place of your settlement;
and work according to all
for which the stranger calls to you;
that all people of the earth *may* know
your name and awe you,
as your people Yisra El;
and know that this house I built is called by your name.
34 If your people go to war against their
enemies by the way you send them;
and they pray to you
by the way of this city you chose and
the house I built for your name;
35 then hear from the heavens
their prayer and their supplication
and work their judgment.
36 If they sin against you,
— there is no human who sins not
and you anger over them;
and give them over at the face of their enemies
and they capture them to a land far off or near;
37 and they turn back their heart in
the land they *are* captured;
and turn and pray in the land of their captivity,
and say, We sinned, we distorted and dealt wickedly:
38 if they return to you
with all their heart and with all their
soul in the land of their captivity
where they captured them;
and pray in the way of the land you gave
their fathers and the city you chose
and the house I built for your name:
39 Then hear thou from the heavens,
even from *thy dwelling place* **the place of thy
settlement**, their prayer and their supplications,
and *maintain* **work** their *cause* **judgment**,
and forgive thy people which have sinned against thee.
40 Now, my *God* **Elohim**,
let, I beseech thee, thine eyes be open,
and let thine ears *be attent* **hearken**
unto the prayer *that is made* in this place.
41 Nowthereforeairse,*OLORDGod*YahVehElohim,
into thy *resting place* **rest**,

thou, and the ark of thy strength:
let thy priests, O *LORD God* **Yah Veh Elohim**,
be *clothed* **enrobed** with salvation,
and let thy *saints rejoice* **mercied cheer** in goodness.
42 O *LORD God* **Yah Veh Elohim**,
turn not away the face of thine anointed:
remember the mercies of David thy servant.

The Hanukkah Of The House Of Yah Veh

7 Now when *Solomon* **Shelomoh**
had *made an end of* **finished** praying,
the fire *came down* **descended** from
heaven **the heavens**, and consumed
the *burnt offering* **holocaust** and the sacrifices;
and the *glory* **honour** of *the LORD*
Yah Veh filled the house.
2 And the priests could not enter
into the house of *the LORD* **Yah Veh**, because
the *glory* **honour** of *the LORD* **Yah Veh** had
filled the *LORD'S house* **house of Yah Veh**.
3 Andwhenalthe*children***sons**of*IsraeYl* **israEl**
saw how the fire *came down* **descended**,
and the *glory* **honour** of *the LORD*
Yah Veh upon the house,
they bowed themselves
with their *faces* **nostrils** to the *ground* **earth**
upon the pavement, and *worshipped*
prostrated, and *praised the LORD* **spread
hands to Yah Veh**, saying, For he is good;
for his mercy *endureth for ever* **eternal**.
4 Thenthe*king***sovereign**andalthepeople
offered **sacrificed** sacrifices
before the LORD **at the face of Yah Veh**.
5 And *king Solomon* **sovereign Shelomoh**
offered **sacrificed** a sacrifice
of twenty and two thousand oxen,
and an hundred and twenty thousand *sheep* **flocks**:
so the *king* **sovereign** and all the people
dedicated **hanukkahed** the house of *God* **Elohim**.
6 Andthepirests*waited***stood**ontheir*ofices***guards**:
the *Levites* **Leviym** also with instruments of *musick* **song**
of *the LORD* **Yah Veh**,
which David the *king* **sovereign** had *made* **worked** to
praise the LORD **spread hands to Yah Veh**, *because*
for his mercy *endureth for ever* **is eternal**, when
David *praised* **halaled** by their *ministry* **hand**;
and the priests *sounded* **trumpeted** trumpets
before them, and all *Israel* **Yisra El** stood.
7 *MoreoverSolomon***Shelomoh**
hallowed the middle of the court
that was before **at the face of** the
house of *the LORD* **Yah Veh**:
for there he *offered burnt offerings* **worked holocausts**,
and the fat of the *peace offerings* **shelamim**,
because the *brasen* **copper sacrifice** altar
which *Solomon* **Shelomoh** had *made* **worked**
was not able to *receive* **contain**
the *burnt offerings* **holocausts**, and
the *meat* offerings, and the fat.
8 Also at the same time *Solomon* **Shelomoh**
kept **worked** the *feast* **celebration** seven days,
and all *Israel* **Yisra El** with him,
a *very* **mighty** great congregation, from
the entering in of Hamath
unto the *river* **wadi** of *Egypt* **Misrayim**.
9 And in the eighth day
they *made* **worked** a *solemn* **private** assembly:
for they *kept* **worked** the *dedication* **hanukkah**
of the **sacrifice** altar seven days,
and the *feast* **celebration** seven days.
10 And on the three and twentieth
day of the seventh month
39 then hear from the heavens
from the place of your settlement their prayer and
their supplications and work their judgment
and forgive your people who sin against you.
40 Now, my Elohim, I beseech you,
that your eyes open and your ears
hearken to the prayer in this place.
41 And now rise, O Yah Veh Elohim, into your rest
— you and the ark of your strength:
your priests, O Yah Veh Elohim, enrobe with salvation
and your mercied cheer in goodness.
42 O Yah Veh Elohim,
turn not away the face of your anointed:
remember the mercies of David your servant.

The Hanukkah Of The House Of Yah Veh

7 And Shelomoh finishes praying,
and the fire descends from the heavens
and consumes the holocaust and the sacrifices;
and the honor of Yah Veh fills the house:
2 and the priests cannot enter the house of
Yah Veh;
because the honor of Yah Veh fills the house of Yah Veh.
3 And all the sons of Yisra El see the fire descend
and the honor of Yah Veh on the house,
and they bow
with their nostrils to the earth on the pavement
and prostrate and spread hands to Yah Veh,
saying, For good; for his mercy eternal.

4 And the sovereign and all the people sacrifice
sacrifices at the face of Yah Veh:
5 and sovereign Shelomoh sacrifices sacrifices
of twenty—two thousand oxen
and a hundred and twenty thousand
flocks: and the sovereign and all the people
hanukkah the house of Elohim.
6 And the priests stand at their guards:
and the Leviym with instruments
of the song of Yah Veh,
which David the sovereign worked
to spread hands to Yah Veh
— for his mercy eternal
in the halaling of David by their hand;
and the priests trumpet trumpets in front
of them and all Yisra El stands.
7 And Shelomoh hallows the middle of the
court at the face of the house of Yah Veh:
for there he works holocausts
and the fat of the shelamim,
because the copper sacrifice altar Shelomoh
worked is not able to contain
the holocausts and the offerings and the fat:
8 and at that time,
Shelomoh works the celebration seven days
with all Yisra El — a mighty great congregation
from the entering in of Hamath
to the wadi of Misrayim.
9 And on the eighth day,
they work a private assembly:
for they work the hanukkah of the
sacrifice altar seven days;
and the celebration seven days:
10 and on the twenty—third day of the seventh month
he sent the people away into their tents, *glad* **cheerful**
and *merry* **goodly** in heart for the goodness
that *the LORD* **Yah Veh** had *shewed* **worked**
unto David, and to *Solomon* **Shelomoh**,
and to *Israel* **Yisra El** his people.
11 Thus *Solomon* **Shelomoh** finished the house of *the
LORD* **Yah Veh**, and the *king's* **sovereign's** house:
and all that came into *Solomon's* **Shelomoh's** heart
to *make* **work** in the house of *the LORD* **Yah Veh**,
and in his own house, he *prosperously
effected* **prospered**.

YAH VEH IS SEEN BY SHELOMOH

12 And *the LORD* **Yah Veh**
appeared to Solomon **was seen by Shelomoh** by
night, and said unto him, I have heard thy prayer,
and have chosen this place to myself
for an house of sacrifice.
13 If I *shut up heaven* **restrain the heavens**
that there be no rain,
or if I *command* **misvah** the locusts to devour the land,
or if I send pestilence among my people;
14 If my people,
which are called by my name
upon whom my Name is called*,
shall humble themselves, and pray, and seek my
face, and turn from their *wicked* **evil** ways;
then *will* **shall** I hear from *heaven* **the
heavens**, and *will* **shall** forgive their sin,
and *will* **shall** heal their land.

*name: see Yah Hudah in Lexicon

15 Now mine eyes shall be open,
and mine ears *attent* **hearken** unto the prayer
that is made in this place.
16 For now
have I chosen and *sanctified* **hallowed** this house,
that my name may be there *for ever* **eternally**:
and mine eyes and mine heart shall
be there *perpetually* **all days**.
17 And as for thee,
if thou *wilt* **shalt** walk *before me* **at my
face**, as David thy father walked,
and *do* **work** according to all
that I have *commanded* **misvahed** thee,
and shalt *observe* **guard** my statutes and my judgments;
18 Then *will* **shall** I *stablish* **raise**
the throne of thy *kingdom* **sovereigndom**,
according as I have *covenanted* **cut** with
David thy father, saying, There shall
not *fail* **be cut off to** thee a man,
to *be ruler* **reign** in *Israel* **Yisra El**.
19 But if ye turn away,
and forsake my statutes and my *commandments*
misvoth, which I have *set before you* **given at thy face**,
and shall go and serve other *gods*
elohim, and worship them;
20 Then *will* **shall** I
pluck them up by the roots **uproot them**
out of my *land* **soil** which I have given them;
and this house,
which I have *sanctified* **hallowed** for my name,
will **shall** I cast out of my *sight* **face**,
and *will make* **shall give** it
to be a proverb and a *byword* **gibe**
among all *nations* **the peoples**.

21 And this house, which is *high* **become Elyon,**
shall be *an astonishment* **desolated**
to every one that passeth by it;
so that he shall say,
Why hath *the LORD done* **Yah Veh worked**
thus unto this land, and unto this house?
22 And it shall be *answered* **said,**
Because they forsook *the LORD God* **Yah Veh Elohim**
of their fathers,
which brought them forth
out of the land of *Egypt* **Misrayim,** and
laid hold on other *gods* **elohim,**
and *worshipped* **prostrated to** them, and served them:
therefore hath he brought all this evil upon them.
he sends the people to their tents;
cheerful and goodly in heart
for the goodness Yah Veh worked
to David and to Shelomoh and to Yisra El his people.
11 And Shelomoh finishes the house of Yah
Veh and the house of the sovereign:
and he prospers all
who come to the heart of Shelomoh to
work in the house of Yah Veh
and in his own house.

YAH VEH IS SEEN BY SHELOMOH

12 And Yah Veh is seen by Shelomoh by night
and says to him, I hear your prayer
and choose this place for myself
for a house of sacrifice.
13 If I restrain the heavens to not rain;
or if I misvah the locusts to devour the land;
or if I send pestilence among my people;
14 if my people, on whom my Name* is called,
humble themselves and pray and seek my
face and turn from their evil ways;
then I hear from the heavens
and forgive their sin and heal their land.

*name: see Yah Hudah in Lexicon

15 Now my eyes open and my ears hearken
to the prayer in this place:
16 and now I choose and hallow this house,
for my name being there eternally:
and my eyes and my heart being there all days.
17 And as for you,
if you walk at my face as David your father walked
and work according to all I misvah you
and guard my statutes and my judgments;
18 then I raise the throne of your sovereigndom
according as I cut with David your father, saying,
There is not cut off to you a man to reign in Yisra El.
19 And if you turn away
and forsake my statutes and my misvoth
which I give at your face
and go and serve other elohim and worship them;
20 then I uproot them from my soil which I gave them;
and this house I hallowed for my name,
I cast from my face
and give it to be a proverb and a
gibe among all the peoples.
21 And this house, being Elyon,
all who pass by, desolate and say,
Why works Yah Veh thus
to this land and to this house?
22 And they say,
Because they forsook Yah Veh Elohim of their fathers
who brought them from the land of Misrayim;
and laid hold on other elohim
and prostrated to them and served them:
so he brings all this evil on them.

THE FAME OF SHELOMOH

8 And **so be** it *came to pass,*
at the end of twenty years, wherein
Solomon **Shelomoh** had built
the house of *the LORD* **Yah Veh,** and his own house,
2 That the cities which *Huram* **Hiram**
had *restored* **given** to *Solomon* **Shelomoh,**
Solomon **Shelomoh** built them,
and caused the *children* **sons** of *Israel* **Yisra El**
to *dwell* **settle** there.
3 And *Solomon* **Shelomoh**
went to *Hamathzobah* **Hamath Sobah,**
and prevailed against it.
4 And he built Tadmor in the wilderness,
and all the *store* **storage** cities,
which he built in Hamath.
5 Also he built *Bethhoron* **Beth Horon** the upper
and *Bethhoron* **Beth Horon** the nether,
fenced **rampart** cities, with walls, *gates* **doors,** and bars;
6 And Baalath,
and all the *store* **storage** cities that *Solomon*
Shelomoh had, and all the chariot cities,
and the cities of the *horsemen* **cavalry,**
and all that *Solomon desired* **Shelomoh attached** to
build in *Jerusalem* **Yeru Shalem,** and in Lebanon,
and throughout all the land of his *dominion* **reign.**
7 *As for* all the people *that were left* **remaining**

of the *Hittites* **Hethiy**, and the *Amorites* **Emoriy**, and
the *Perizzites* **Perizziy**, and the *Hivites* **Hivviy**,
and the *Jebusites* **Yebusiy**, which
were not of *Israel* **Yisra El**,
8 *But* of their *children* **sons**,
who *were left* **remained** after them in the land,
whom the *children* **sons** of *Israel* **Yisra El**
consumed **finished** not,
them did *Solomon* **Shelomoh**
make **cause** to *pay tribute* **ascend a vassal** until this day.
9 But of the *children* **sons** of *Israel* **Yisra El**
did Solomon make **Shelomoh gave**
no servants for his work;
but they were men of war,
and *chief* **governor** of his *captains* **tertiaries**,
and *captains* **governors**
of his chariots and *horsemen* **cavalry**.
10 And these were the *chief* **governor**
of *king Solomon's* **sovereign Shelomoh's**
officers **station prefects**,
even two hundred and fifty,
that *bare rule* **subjugated** over the people.
11 And *Solomon brought up* **Shelomoh ascended**
the daughter of *Pharaoh* **Paroh** out of the city of
David unto the house that he had built for her:
for he said, My *wife* **woman** shall not *dwell* **settle**
in the house of David *king* **sovereign** of *Israel* **Yisra
El**, because *the places are holy* **of the holies**,
whereunto the ark of *the LORD* **Yah Veh** hath come.
12 Then *Solomon* **Shelomoh**
offered burnt offerings **holocausted holocausts**
unto *the LORD* **Yah Veh**
on the **sacrifice** altar of *the LORD* **Yah Veh**, which
he had built *before* **at the face of** the porch,
13 Even after a *certain rate every day* **day by day word**,
offering **holocausting**
according to the *commandment* **misvah**
of *Moses* **Mosheh**, on the *sabbaths*
shabbaths, and on the new moons,
and on the *solemn feasts* **seasons**, three times in the year,
even in the *feast* **celebration** of *unleavened bread*
matsah, and in the *feast* **celebration** of weeks,
and in the *feast* **celebration**
of *tabernacles* **sukkoth/brush arbors**.
14 And he *appointed* **stood**,
according to the *order* **judgment** of David his father,
the *courses* **allotments** of the priests to their service,
and the *Levites* **Leviym** to their *charges* **guards**,
to *praise* **halal** and minister *before* **in front of** the priests,
as the *duty of every day required* **day by day word**:
the porters also by their *courses* **allotments**
at every gate **portal by portal**:
for so *had David the man of God commanded*
was the misvah of David the man of Elohim.

THE FAME OF SHELOMOH

8 And so be it, at the end of twenty years,
Shelomoh builds the house of Yah
Veh and his own house;
2 and the cities Hiram gives to Shelomoh,
Shelomoh builds them,
and has the sons of Yisra El settle there.
3 And Shelomoh goes to Hamath
Sobah and prevails against it:
4 and he builds Tadmor in the wilderness and
builds all the storage cities in Hamath:
5 and he builds Beth Horon the upper
and Beth Horon the nether
— rampart cities with walls, doors and bars:
6 and Baalath
and all the storage cities Shelomoh
has and all the chariot cities
and the cities of the cavalry and all
that Shelomoh attaches
to build in Yeru Shalem and in Lebanon
and throughout all the land of his reign.
7 All the people who remain of the
Hethiy and the Emori y
and the Perizziy and the Hivviy and the Yebusiy
who are not of Yisra El
8 — of their sons who remain after them in the
land whom the sons of Yisra El finished not off;
Shelomoh ascends them — a vassal until this day.
9 And of the sons of Yisra El
Shelomoh gives no servants for his work;
but they are men of war and governors of his tertiaries
and governors of his chariots and cavalry:
10 and these are the station prefects
of the governor of sovereign Shelomoh
— two hundred and fifty
who subjugate over the people.
11 And Shelomoh ascends the daughter
of Paroh from the city of David
to the house he built for her:
for he says, My woman settles not
in the house of David sovereign of
Yisra El because of the holies
where the ark of Yah Veh has come.
12 Then Shelomoh holocausts holocausts to
Yah Veh

on the sacrifice altar of Yah Veh which
he built at the face of the porch;
13 even after a day by day word;
holocausting according to the misvah of Mosheh;
on the shabbaths and on the new moons
and on the seasons, three times in the year,
even in the celebration of matsah
and in the celebration of weeks
and in the celebration of sukkoth/brush arbors.
14 And according to the judgment of David his father;
he stands the allotments of the priests to their service;
and the Leviym to their guards;
to halal and minister in front of the
priests as the day by day word:
and the porters by their allotments, portal by portal:
is the misvah of David the man of Elohim.
15 And they *departed* **turned** not **aside**
from the *commandment* **misvah** of the *king* **sovereign**
unto the priests and *Levites* **Leviym**
concerning any *matter* **word**, or
concerning the treasures.
16 Now all the work of *Solomon* **Shelomoh**
was prepared unto the day of the foundation
of the house of *the LORD* **Yah Veh**,
and until it was finished.
So the house of *the LORD* **Yah Veh**
was *perfected* **at shalom**.
17 Then went *Solomon* **Shelomoh**
to *Eziongeber* **Esyon Geber**, and to Eloth,
at the sea *side* **lip** in the land of Edom.
18 And *Huram* **Hiram** sent him by the
hands of his servants ships,
and servants that *had knowledge of* **knew** the sea;
and they went with the servants of *Solomon* **Shelomoh**
to Ophir,
and took thence
four hundred and fifty *talents* **rounds** of gold,
and brought them to *king Solomon* **sovereign Shelomoh**.

The Sovereigness Of Sheba

9 And when the *queen* **sovereigness** of Sheba
heard of the fame of *Solomon* **Shelomoh**, she
came to *prove Solomon* **test Shelomoh**
with *hard questions* **riddles** at *Jerusalem* **Yeru
Shalem**, with *a very great company* **mighty
heavy valuables**, and camels that bare spices,
and gold in abundance, and precious stones:
and when she was come to *Solomon* **Shelomoh**,
she *communed* **worded** with him
of all that was in her heart.
2 And *Solomon* **Shelomoh** told her
all her *questions* **words**:
and there was *nothing hid* **no word concealed**
from *Solomon* **Shelomoh** which he told her not.
3 And when the *queen* **sovereigness** of Sheba
had seen the wisdom of *Solomon* **Shelomoh**,
and the house that he had built,
4 And the *meat* **food** of his table, and
the *sitting* **seat** of his servants,
and the *attendance* **function** of his
ministers and their *apparel* **robes**;
his *cupbearers* **butlers** also, and their *apparel* **robes**;
and his *ascent* **holocausts**
by which he *went up* **holocausted**
into the house of *the LORD* **Yah Veh**;
there was no more spirit in her.
5 And she said to the *king* **sovereign**,
It was a true *report* **word** which I heard in mine own
land of *thine acts* **thy words**, and of thy wisdom:
6 Howbeit I *believed* **trusted** not their words,
until I came, and mine eyes had seen it: and, behold,
the one half of the *greatness* **increase** of thy wisdom
was not told me:
for thou *exceedest the fame* **addest to the report**
that I heard.
7 *Happy* **Blithe** are thy men,
and *happy* **blithe** are these thy servants, which stand
continually *before thee* **at thy face**, and hear thy wisdom.
8 Blessed be *the LORD* **Yah Veh** thy *God* **Elohim**,
which delighted in thee to *set* **give** thee on his throne,
to be *king* **sovereign**
for *the LORD* **Yah Veh** thy *God* **Elohim**:
because thy *God* **Elohim** loved *Israel* **Yisra El**,
to *establish* **stand** them *for ever* **eternally**,
therefore *made* **gave** he thee *king* **sovereign** over
them, to *do* **work** judgment and *justice* **justness**.
9 And she gave the *king* **sovereign**
an hundred and twenty *talents* **rounds** of gold,
and of spices *great* **mighty** abundance,
and precious stones:
neither was there any such spice
as the *queen* **sovereigness** of Sheba gave
king Solomon **sovereign Shelomoh**.
10 And the servants also of *Huram* **Hiram**,
and the servants of *Solomon* **Shelomoh**,
which brought gold from Ophir,
brought *algum* **algumim** trees and precious stones.
15 And they turn not aside
from the misvah of the sovereign regarding the priests
and Leviym concerning any word, or the treasures:

16 and they prepare all the work of Shelomoh
to the day of the foundation of the house
of Yah Veh and until it is finished:
the house of Yah Veh is at shalom.
17 Then Shelomoh
goes to Esyon Geber and to Eloth,
at the lip of the sea in the land of Edom:
18 and by the hands of his servants
Hiram sends him ships
and servants who know the sea;
and they go with the servants of Shelomoh to Ophir;
and there they take
four hundred and fifty rounds of gold and
bring them to sovereign Shelomoh.

The Sovereigness Of Sheba

9 And the sovereigness of Sheba hears of the
fame of Shelomoh, and she comes to Yeru
Shalem to test Shelomoh with riddles:
and with mighty heavy valuables
and camels bearing spices
and gold in abundance and precious stones:
and she comes to Shelomoh
and she words with him of all that is in her heart.
2 And Shelomoh tells her all her words:
and Shelomoh conceals no word which he tells her not.
3 And the sovereigness of Sheba sees
the wisdom of Shelomoh:
and the house he built
4 and the food of his table;
and the seat of his servants
and the function of his ministers and their robes;
and his butlers and their robes; and the holocausts
he holocausts in the house of Yah Veh;
and there is no more spirit in her.
5 And she says to the sovereign,
True *is* the word I heard in my own land
of your words and of your wisdom:
6 and I trust not their words
until I come and my eyes see: and behold,
the one half of the increase of your
wisdom is not told me:
for you add to the report I heard.
7 Blithed — your men
and blithed — these your servants who
stand continually at your face
and hear your wisdom.
8 Blessed — Yah Veh your Elohim,
who delights in you to give you on his throne
— sovereign for Yah Veh your Elohim:
because your Elohim loves Yisra El
that they stand eternally:
so he gives you sovereign over them,
to work judgment and justness.
9 And she gives the sovereign
a hundred and twenty rounds of gold
and of spices mighty abundance and precious
stones: there is no such spice as the sovereigness
of Sheba gives sovereign Shelomoh.
10 And the servants of Hiram and
the servants of Shelomoh
who bring gold from Ophir
also bring algumim trees and precious stones:
11 And the *king* **sovereign**
made **worked** of the *algum* **algumim** trees *terraces*
highways to the house of *the LORD* **Yah Veh**, and
to the *king's palace* **house of the sovereign**,
and harps and *psalteries* **bagpipes** for singers:
and there were none such *seen* **as these**
before in **at the face of** the land of *Judah* **Yah Hudah**.
12 And *king Solomon* **sovereign Shelomoh**
gave to the *queen* **sovereigness** of Sheba
all her *desire* **delight**, whatsoever she asked,
beside that which she had brought
unto the *king* **sovereign**.
So she turned, and went away to her
own land, she and her servants.
13 Now the weight of gold
that came to *Solomon* **Shelomoh** in one
year was six hundred and *threescore* **sixty**
and six *talents* **rounds** of gold;
14 Beside that
which *chapmen* **explorer men**
and merchants brought.
And all the *kings* **sovereigns** of Arabia
and governors of the *country* **land**
brought gold and silver to *Solomon* **Shelomoh**.
15 And *king Solomon* **sovereign Shelomoh**
made **worked** two hundred *targets*
shields of beaten gold:
six hundred *shekels* of beaten gold
went **ascended** to one *target* **shield**.
16 And three hundred *shields* **bucklers**
made he of beaten gold:
three hundred *shekels* of gold *went* **ascended** to
one *shield* **buckler**. And the *king put* **sovereign**
gave them in the house of the forest of Lebanon.
17 Moreover
the *king made* **sovereign worked** a great throne
of ivory, and overlaid it with pure gold.

18 And there were six steps to the throne,
with a footstool of gold,
which were fastened to the throne,
and *stays* **handles** on each side of the *sitting* **seated**
place, and two lions standing by the *stays* **handles**:
19 And twelve lions stood *there on the one side* **here**
and *on the other* **there** upon the six steps.
There was not the like
made **worked** in any *kingdom* **sovereigndom**.
20 And all the drinking *vessels* **instruments**
of *king Solomon* **sovereign Shelomoh** were
of gold, and all the *vessels* **instruments**
of the house of the forest of Lebanon
were of *pure* **concentrated** gold: none were of silver;
it was *not any thing accounted of* **naught fabricated**
in the days of *Solomon* **Shelomoh**.
21 For the *king's* **sovereign's** ships went to Tarshish
with the servants of *Huram* **Hiram**:
every three years once came the ships of Tarshish
bringing **bearing** gold, and silver,
ivory **tusks**, and apes, and peacocks.
22 And *king Solomon* **sovereign Shelomoh**
passed **greatened**
above all the *kings* **sovereigns** of the
earth in riches and wisdom.
23 And all the *kings* **sovereigns** of the earth
sought the *presence* **face** of *Solomon*
Shelomoh, to hear his wisdom,
that *God* **Elohim** had *put* **given** in his heart.
24 And they brought every man his *present* **offering**,
vessels **instruments** of silver, and
vessels **instruments** of gold,
and *raiment* **clothes**, *harness* **armour**,
and spices, horses, and mules,
a *rate* **word** year by year.
25 And *Solomon* **Shelomoh**
had four thousand stalls for horses and chariots,
and twelve thousand *horsemen* **cavalry**;
whom he *bestowed* **set** in the chariot cities,
and with the *king* **sovereign** at *Jerusalem* **Yeru Shalem**.

11 and of the algumim trees the
sovereign works highways
to the house of Yah Veh
and to the house of the sovereign;
and harps and bagpipes for singers:
and there are none such as these
at the face of the land of Yah Hudah.
12 And sovereign Shelomoh
gives the sovereigness of Sheba all her delight
— whatever she asks
beside what she brings to the sovereign:
and she turns and goes to her own land
— she and her servants.
13 And the weight of gold
that comes to Shelomoh in one year,
six hundred and sixty—six rounds of gold;
14 beside what explorer men and merchants bring:
and all the sovereigns of Arabia
and governors of the land
bring gold and silver to Shelomoh.
15 And sovereign Shelomoh
works two hundred shields of beaten gold:
six hundred of beaten gold ascend to one shield;
16 and three hundred bucklers of beaten
gold: three hundred of gold ascend to one
buckler; and the sovereign gives them
in the house of the forest of Lebanon.
17 And the sovereign works a great throne of
ivory and overlays it with pure gold:
18 and there are six steps to the throne;
and a footstool of gold fastened to the throne;
and handles on each side of the seated place
and two lions stand by the handles:
19 and twelve lions
stand here and there on the six steps:
thus as was never worked in any sovereigndom.
20 And all the drinking instruments of
sovereign Shelomoh are gold;
and all the instruments
of the house of the forest of Lebanon
are of concentrated gold
— naught is fabricated of silver in the days of Shelomoh.
21 For the ships of the sovereign go to
Tarshish with the servants of Hiram:
the ships of Tarshish come once every three years
bearing gold and silver, tusks and apes and peacocks.
22 And sovereign Shelomoh
greatens above all the sovereigns of the
earth in riches and wisdom:
23 and all the sovereigns of the earth
seek the face of Shelomoh,
to hear the wisdom Elohim gives in his heart:
24 and every man brings his offering
— instruments of silver and instruments of gold
and clothes, armor and spices, horses and mules
— a year by year word.
25 And Shelomoh
has four thousand stalls for horses and chariots;
and twelve thousand cavalry;
which he sets in the chariot cities

and with the sovereign at Yeru Shalem:
26 And he *reigned* **was sovereign**
over all the *kings* **sovereigns** from the river even
unto the land of the *Philistines* **Peleshethiy**,
and to the border of *Egypt* **Misrayim**.
27 And the *king* **sovereign**
made **gave** silver in *Jerusalem* **Yeru Shalem** as stones,
and cedar trees *made* **gave** he as the sycomore trees
that are in the *low plains* **lowlands** in abundance.
28 And they brought unto *Solomon* **Shelomoh**
horses out of *Egypt* **Misrayim**, and out of all lands.

THE DEATH OF SHELOMOH

29 Now the *rest* **remainder**
of the *acts* **words** of *Solomon* **Shelomoh**, first and last,
are they not *written* **inscribed**
in the *book* **words** of Nathan the
prophet, and in the prophecy
of *Ahijah* **Achiy Yah** the *Shilonite* **Shilohiy**,
and in the visions of *Iddo* **Yedi** the seer
against *Jeroboam* **Yarob Am** the son of Nebat?
30 And *Solomon* **Shelomoh**
reigned in *Jerusalem* **Yeru Shalem** over all *Israel* **Yisra El**
forty years.
31 And *Solomon slept* **Shelomoh laid** with his fathers,
and he was *buried* **entombed**
in the city of David his father:
and *Rehoboam* **Rechab Am** his son reigned in his stead.

RECHAB AM REIGNS OVER YERU SHALEM

10 And *Rehoboam* **Rechab Am** went to Shechem:
for to Shechem were all *Israel* **Yisra El**
come to *make* **have** him *king* **reign**.
2 And **so be** it *came to pass*,
when *Jeroboam* **Yarob Am** the son of
Nebat, who was in *Egypt* **Misrayim**,
whither he had fled from the *presence* **face**
of *Solomon* **Shelomoh** the *king* **sovereign**, heard it,
that *Jeroboam* **Yarob Am** returned
out of *Egypt* **Misrayim**.
3 And they sent and called him.
So *Jeroboam* **Yarob Am** and all *Israel* **Yisra El** came
and *spake* **worded** to *Rehoboam* **Rechab Am**, saying,
4 Thy father made our yoke *grievous* **hard**:
now therefore *ease* **slacken** thou *somewhat*
the *grievous servitude* **hard service** of thy father,
and his heavy yoke that he *put* **gave** upon us,
and we *will* **shall** serve thee.
5 And he said unto them,
Come again **Return** unto me after three days.
And the people *departed* **went**.
6 And *king Rehoboam* **sovereign Rechab Am** took
counsel with the *old men* **elders** that had stood
before Solomon **at the face of Shelomoh**
his father while he yet lived, saying,
What counsel give **How counsel** ye me to
return *answer* **word** to this people?
7 And they *spake* **worded** unto him, saying,
If thou be *kind* **good** to this people, and please
them, and *speak* **word** good words to them,
they *will* **shall** be thy servants *for ever* **all days**.
8 But he forsook the counsel
which the old men *gave him* **counselled**,
and *took counsel* **counselled** with
the *young men* **children**
that were *brought* **grown** up with him,
that stood *before him* **at his face**.
9 And he said unto them,
What advice give **How counsel** ye
that we may return *answer* **word** to this
people, which have *spoken* **worded** to me,
saying, *Ease somewhat* **Slacken** the yoke
that thy father *did put* **gave** upon us?
10 And the *young men* **children**
that were *brought* **grown** up with him
spake **worded** unto him, saying,
Thus shalt thou *answer* **say to** the people
that *spake* **worded** unto thee, saying,
Thy father made our yoke heavy,
but *make* **slacken** thou it *somewhat lighter* for us;
thus shalt thou say unto them,
My *little finger shall be* **pinky is**
thicker than my father's loins.
26 and he is sovereign over all the sovereigns
from the river even to the land of the
Peleshethiy and to the border of Misrayim.
27 And in Yeru Shalem
the sovereign gives silver as stones and
gives cedar trees in abundance
— as the sycomore trees in the lowlands.
28 And they bring Shelomoh
horses from Misrayim and from all lands.

THE DEATH OF SHELOMOH

29 Now the remainder of the words
of Shelomoh, first and last,
are they not inscribed
in the words of Nathan the prophet
and in the prophecy of Achiy Yah the Shilohiy
and in the visions of Yedi the seer

against Yarob Am the son of Nebat?
30 And Shelomoh
reigns in Yeru Shalem over all Yisra El forty years:
31 and Shelomoh lies down with his fathers
— entombed in the city of David his father:
and Rechab Am his son reigns in his stead.

RECHAB AM REIGNS OVER YERU SHALEM

10 And Rechab Am goes to Shechem:
for all Yisra El comes to Shechem to have him reign.
2 And so be it,
Yarob Am the son of Nebat
— who is in Misrayim,
because he fled the face of Shelomoh the sovereign
hears that Yarob Am returns from Misrayim.
3 And they send and call for him:
and Yarob Am and all Yisra El come
and word to Rechab Am, saying,
4 Your father hardened our yoke:
now you slacken the hard service of your
father and heavy yoke he gave on us
and we serve you.
5 And he says to them, Return to me after three days.
And the people go:
6 and sovereign Rechab Am counsels with the elders
who stood at the face of Shelomoh his father
being alive, saying,
How counsel you me to return word to this people?
7 And they word to him, saying,
If you are good to this people and please
them and word good words to them,
they are your servants all days.
8 And he forsakes the counsel the elders counsel;
and counsels with the children who grew up with him
—who stand at his face:
9 and he says to them,
How counsel you to return word to this
people, who word to me, saying,
Slacken the yoke your father gives on us?
10 And the children who grew up with
him word to him, saying,
Say thus to the people who word to you,
saying, Your father heavied our yoke;
and you slacken it for us;
say thus to them,
My pinky is thicker than the loins of my father.
11 For *whereas* **from the time**
my father *put* **loaded** a heavy yoke upon you,
I *will put more* **shall add** to your yoke:
my father *chastised* **disciplined** you with whips, but
I *will chastise* **shall discipline** you with scorpions.
12 So *Jeroboam* **Yarob Am** and all the people
came to *Rehoboam* **Rechab Am** on the third
day, as the *king bade* **sovereign worded**, saying,
Come again **Return** to me on the third day.
13 And the *king* **sovereign** answered them *roughly* **hard**;
and *king Rehoboam* **sovereign Rechab Am**
forsook the counsel of the *old men* **elders**,
14 And *answered* **worded** them
after the *advice* **counsel** of the *young men* **children**,
saying, My father made your yoke heavy,
but I *will* **shall** add thereto:
my father *chastised* **disciplined** you with whips,
but I *will chastise* **shall discipline** *you* with scorpions.
15 So the *king* **sovereign** hearkened not unto the people:
for the cause was of *God* **Elohim**,
that *the LORD* **Yah Veh** might *perform* **raise**
his word, which he *spake* **worded**
by the hand of *Ahijah* **Achiy Yah** the *Shilonite* **Shilohiy**
to *Jeroboam* **Yarob Am** the son of Nebat.
16 And when all *Israel* **Yisra El** saw
that the *king* **sovereign**
would not hearken **hearkened not** unto them,
the people
answered the king **turned back to the sovereign**,
saying, What *portion* **allotment** have we in David?
and **Yes,** we have none inheritance
in the son of *Jesse* **Yishay**:
every man to your tents, O *Israel* **Yisra El**:
and now, David, see to thine own house. So
all *Israel* **Yisra El** went to their tents.
17 But *as for* the *children* **sons** of *Israel* **Yisra El** that
dwelt **settled** in the cities of *Judah* **Yah Hudah**,
Rehoboam **Rechab Am** reigned over them.
18 Then *king Rehoboam* **sovereign Rechab Am**
sent Hadoram that was over the *tribute* **vassal**;
and the *children* **sons** of *Israel* **Yisra El**
stoned him with stones, that he died.

But *king Rehoboam* **sovereign Rechab Am**
made speed **strengthened himself** to *get* **ascend** him
up to his chariot, to flee to *Jerusalem* **Yeru Shalem**.
19 And *Israel* **Yisra El** rebelled against the
house of David unto this day.

RECHAB AM RETURNS TO YERU SHALEM

11 And when *Rehoboam* **Rechab Am**
was come to *Jerusalem* **Yeru Shalem**,
he *gathered* **congregated**
of the house of *Judah* **Yah Hudah**
and *Benjamin* **Ben Yamin**

an hundred and *fourscore* **eighty** thousand
chosen *men, which were warriors* **working war**,
to fight *against Israel* **Yisra El**, that he might
bring **return** the *kingdom* **sovereigndom**
again to *Rehoboam* **Rechab Am**.
2 But the word of *the LORD* **Yah Veh**
came to *Shemaiah* **Shema Yah** the man of *God* **Elohim**,
saying,
3 *Speak* **Say** unto *Rehoboam* **Rechab Am**
the son of *Solomon* **Shelomoh**,
king **sovereign** of *Judah* **Yah Hudah**,
and to all *Israel* **Yisra El** in *Judah* **Yah Hudah**
and *Benjamin* **Ben Yamin**, saying,
4 Thus saith *the LORD* **Yah Veh**,
Ye shall not *go up* **ascend**, nor fight
against your brethren:
return every man to his house:
for this *thing is done* **word be** of me.
And they *obeyed* **heard** the words of *the LORD* **Yah Veh**,
and returned from going against *Jeroboam* **Yarob Am**.
5 And *Rehoboam* **Rechab Am**
dwelt **settled** in *Jerusalem* **Yeru Shalem**,
and built cities for *defence* **rampart**
in *Judah* **Yah Hudah**.
6 **Yes**H,ebuilteven*Bethlehem***BethLechem**,
and Etam, and *Tekoa* **Teqoha**,
7 And *Bethzur* **Beth Sur**, and *Shoco*
Sochoh, and Adullam,
8 And Gath, and Mareshah, and Ziph,
9 And *Adoraim* **Adorayim**, and
Lachish, and *Azekah* **Azeqah**,
11 And now,
my father loaded a heavy yoke on you,
and I — I add to your yoke:
my father disciplined you with
whips, and I with scorpions.
12 And Yarob Am and all the people come
to Rechab Am on the third day,
as the sovereign worded, saying,
Return to me on the third day.
13 And the sovereign answers them hard;
and sovereign Rechab Am forsakes
the counsel of the elders,
14 and words them after the counsel of the children,
saying, My father heavied your
yoke, and I — I add thereto:
my father disciplined you with whips,
and I with scorpions.
15 And the sovereign hearkens not to the people:
for the cause is of Elohim,
that Yah Veh raise the word he words by the hand of
Achiy Yah the Shilohiy to Yarob Am the son of Nebat.
16 And all Yisra El sees
that the sovereign hearkens not to them,
and the people turn back to the sovereign,
saying, What allotment have we in David?
Yes, we have no inheritance in the son of Yishay:
every man to your tents, O Yisra El:
and now, David, see to your own house.
— and all Yisra El goes to their tents.
17 And the sons of Yisra El
who settle in the cities of Yah Hudah,
Rechab Am reigns over them.
18 And sovereign Rechab Am
sends Hadoram who is over the vassal:
and the sons of Yisra El stone him
with stones and he dies.
And sovereign Rechab Am strengthens himself
to ascend to his chariot to flee to Yeru Shalem:
19 and Yisra El rebels against the
house of David to this day.

RECHAB AM RETURNS TO YERU SHALEM

11 And Rechab Am comes to Yeru
Shalem and he congregates
a hundred and eighty thousand chosen
of the house of Yah Hudah and
Ben Yamin who work war
— to fight Yisra El
to return the sovereigndom to Rechab Am.
2 And the word of Yah Veh
comes to Shema Yah the man of Elohim, saying,
3 Say to Rechab Am
son of Shelomoh sovereign of Yah Hudah
and to all Yisra El in Yah Hudah and Ben Yamin, saying,
4 Thus says Yah Veh,
Neither ascend nor fight against your brothers:
return, every man to his house:
for this word is from me.
— and they hear the words of Yah Veh
and return from going against Yarob Am.
5 And Rechab Am settles in Yeru Shalem and
builds cities for rampart in Yah Hudah:
6 yes, he builds Beth Lechem and Etam and Teqoha
7 and Beth Sur and Sochoh and Adullam
8 and Gath and Mareshah and Ziph
9 and Adorayim and Lachish and Azeqah
10 And *Zorah* **Sorah**, and *Aijalon* **Ayalon**,
and Hebron, which are in
Judah **Yah Hudah** and in *Benjamin* **Ben Yamin**

fenced **rampart** cities.
11 And he *fortified* **strengthened**
the *strong holds* **ramparts**,
and *put captains* **gave eminence** in them,
and *store* **treasure** of *victual* **food**, and of oil and wine.
12 And *in every several city* **city by city**
he put shields and *spears* **javelins**, and
made **strengthened** them *exceeding*
strong **aboundingly mighty**,
having *Judah* **Yah Hudah** and *Benjamin*
on his side **Ben Yamin**.
13 And the priests and the *Levites* **Leviym**
that were in all *Israel* **Yisra El** *resorted* **stood** to him
out of all their *coasts* **borders**.
14 For the *Levites* **Leviym**
left their suburbs and their possession,
and came to *Judah* **Yah Hudah**
and *Jerusalem* **Yeru Shalem**:
for *Jeroboam* **Yarob Am** and his sons
had *cast* **adandoned** them *off*
from *executing the priest's office* **priesting**
unto *the LORD* **Yah Veh**:
15 And he *ordained* **stood** him priests
for the *high places* **bamahs**,
and for the *devils* **bucks**, and for the
calves which he had *made* **worked**.
16 And after them
out of all the *tribes* **scions** of *Israel* **Yisra El**
such as *set* **gave** their hearts
to seek *the LORD God* **Yah Veh Elohim** of *Israel* **Yisra El**
came to *Jerusalem* **Yeru Shalem**, to sacrifice
unto *the LORD God* **Yah Veh Elohim** of their fathers.
17 So they strengthened
the *kingdom* **sovereigndom** of *Judah* **Yah Hudah**,
and *made Rehoboam* **strengthened Rechab Am**
the son of *Solomon* **Shelomoh** *strong, three years*:
for three years
they walked in the way of David
and *Solomon* **Shelomoh**.
18 And *Rehoboam* **Rechab Am**
took him *Mahalath* **Machalath** the daughter
of *Jerimoth* **Yerimoth** the son of David to
wife **woman**, and *Abihail* **Abi Hail**
the daughter of *Eliab* **Eli Ab** the son of *Jesse* **Yishay**;
19 Which *bare* **birthed** him *children* **sons**;
Jeush **Yeush**, and *Shamariah* **Shemar Yah**, and Zaham.
20 And after her he took Maachah
the daughter of *Absalom* **Abi Shalom**;
which *bare* **birthed** him *Abijah* **Abi Yah**, and
Attai **Attay**, and Ziza, and Shelomith.
21 And *Rehoboam* **Rechab Am** loved Maachah
the daughter of *Absalom* **Abi Shalom**
above all his *wives* **women** and his concubines:
(for he *took* **bore** eighteen *wives* **women**,
and *threescore* **sixty** concubines;
and *begat* **birthed** twenty and eight sons,
and *threescore* **sixty** daughters.)
22 And *Rehoboam* **Rechab Am**
made Abijah **stood Abi Yah**
the son of Maachah the *chief* **head**,
to be *ruler* **eminent** among his brethren:
for he thought to make him king **to have him reign**.
23 And he *dealt wisely* **discerned**,
and *dispersed of* **separated** all his *children* **sons**
throughout all the *countries* **lands**
of *Judah* **Yah Hudah** and *Benjamin* **Ben**
Yamin, unto every *fenced* **rampart** city:
and he gave them *victual* **food** in abundance.
And he *desired many wives* **asked**
a multitude of women.

RECHAB AM FORSAKES THE TORAH

12 And **so be** it *came to pass*,
when *Rehoboam* **Rechab Am**
had established the *kingdom* **sovereigndom**,
and had strengthened himself,
he forsook the *law* **torah** of *the LORD* **Yah Veh**,
and all *Israel* **Yisra El** with him.
10 and Sorah and Ayalon and Hebron in
Yah Hudah and in Ben Yamin
— rampart cities:
11 and he strengthens the ramparts
and gives eminence in them
and treasure of food and of oil and wine:
12 and city by city, shields and javelins;
and strengthens them aboundingly mighty;
and he has Yah Hudah and Ben Yamin.
13 And the priests and the Leviym in all Yisra
El stand by him from every border:
14 for the Leviym
left their suburbs and their possession and
come to Yah Hudah and Yeru Shalem:
because Yarob Am and his sons
abandoned them from priesting to Yah Veh.
15 And he stands priests for the bamahs
and for the bucks and for the calves he works:
16 and after them, from all the scions of Yisra El,
such as give their hearts
to seek Yah Veh Elohim of Yisra El, come to Yeru Shalem
to sacrifice to Yah Veh Elohim of their fathers.

17 And they strengthen
the sovereigndom of Yah Hudah
and strengthen Rechab Am the son of Shelomoh:
for three years
they walk in the way of David and Shelomoh.
18 And Rechab Am takes Machalath
the daughter of Yerimoth the son of David to woman;
and Abi Hail
the daughter of Eli Ab the son of Yishay;
19 who birth him sons:
Yeush and Shemar Yah and Zaham.
20 And after her he takes Maachah
the daughter of Abi Shalom;
who births him Abi Yah and Attay
and Ziza and Shelomith.
21 And Rechab Am l oves Maachah
the daughter of Abi Shalom
above all his women and his concubines:
— for he has eighteen women and sixty concubines;
and births twenty—eight sons and sixty daughters.
22 And Rechab Am
stands Abi Yah the son of Maachah
the head — eminent among his brothers:
to have him reign:
23 and he discerns and separates all his
sons throughout all the lands
of Yah Hudah and Ben Yamin
— to every rampart city:
and he gives them food in abundance:
and he asks a multitude of women.

RECHAB AM FORSAKES THE TORAH

12 And so be it,
Rechab Am establishes the sovereigndom
and strengthens himself,
and he forsakes the torah of Yah Veh
and all Yisra El with him.

SOVEREIGN OF MISRAYIM ASCENDS AGAINST YERU SHALEM

2 And **so be** it *came to pass, that* in the fifth
year of *king Rehoboam* **sovereign Rechab Am**
Shishak *king* **sovereign** of *Egypt* **Misrayim**
came up **ascended** against *Jerusalem* **Yeru Shalem,**
because they had
transgressed **treasoned** against *the LORD* **Yah Veh,**
3 With twelve hundred chariots,
and *threescore* **sixty** thousand *horsemen* **cavalry**:
and the people were without number that came with
him out of *Egypt* **Misrayim**; the *Lubims* **Lubiym**, the
Sukkiims **Sukkiym**, and the *Ethiopians* **Kushiym**.
4 And he *took* **captured** the *fenced* **rampart** cities
which *pertained* **be** to *Judah* **Yah Hudah,**
and came to *Jerusalem* **Yeru Shalem.**
5 ThencameShemaiah**ShemaYah**theprophet
to *Rehoboam* **Rechab Am,**
and to the *princes* **governors** of *Judah* **Yah Hudah,**
that were gathered *together* to *Jerusalem* **Yeru Shalem**
because **from the face** of Shishak, and said unto them,
Thus saith *the LORD* **Yah Veh**, ye have forsaken me, and
therefore have I also left you in the hand of Shishak.
6 Whereupon the *princes* **governors** of *Israel* **Yisra El**
and the *king* **sovereign** humbled themselves;
and they said, *The LORD is righteous* **Yah Veh is just**.
7 And when *the LORD* **Yah Veh**
saw that they humbled themselves, the
word of *the LORD* **Yah Veh**
came to *Shemaiah* **Shema Yah**, saying,
They have humbled themselves; *therefore* I *will* **shall**
not *destroy* **ruin** them, but I *will grant* **shall give** them
some deliverance **a little escape**;
and my *wrath* **fury** shall not be poured out
upon *Jerusalem* **Yeru Shalem** by the hand of Shishak.
8 Neverthelesstheyshalbehisservants;
that they may know my service,
and the service
of the *kingdoms* **sovereigndoms** of the *countries* **lands**.
9 So Shishak *king* **sovereign** of *Egypt* **Misrayim**
came up **ascended** against *Jerusalem* **Yeru
Shalem**, and took away the treasures
of the house of *the LORD* **Yah Veh,**
and the treasures
of the *king's* **sovereign's** house; he took all:
he *carried* **took** *away* also the *shields* **bucklers** of
gold which *Solomon* **Shelomoh** had *made* **worked**.
10 Insteadofwhich*kingRehoboam***sovereignRechabAm**
made shields **worked bucklers** of *brass*
copper, and *committed* **oversaw** them
to the hands of the *chief* **governor** of the *guard* **runners**,
that *kept* **guarded** the *entrance* **portal**
of the *king's* **sovereign's** house.
11 And when the *king* **sovereign**
entered into the house of *the LORD* **Yah Veh**, the
guard **runners** came and *fetched* **lifted** them,
and *brought* **returned** them *again*
into the *guard* **runners** chamber.
12 And when he humbled himself,
the wrath of *the LORD* **Yah Veh** turned from him,
that he *would* **should** not *destroy*
ruin him *altogether* **fully**:
and also in *Judah things* **Yah Hudah all** went *well* **good**.

13 So *king Rehoboam* **sovereign Rechab Am**
strengthened himself in *Jerusalem*
Yeru Shalem, and reigned:
for *Rehoboam* **Rechab Am**
was **a son of** one and forty years *old*
when he began to reign,
and he reigned seventeen years in *Jerusalem* **Yeru**
Shalem, the city which *the LORD* **Yah Veh** had chosen
out of all the *tribes* **scions** of *Israel* **Yisra**
El, to *put* **set** his name there.
And his mother's name was Naamah
an *Ammonitess* **Ammoniyth**.
14 And he *did* **worked** evil, because
he prepared not his heart
to seek *the LORD* **Yah Veh**.

Sovereign Of Misrayim Ascends Against Yeru Shalem

2 And so be it,
in the fifth year of sovereign Rechab Am, Shishak
sovereign of Misrayim ascends against Yeru Shalem
— because they treasoned against Yah Veh
3 with twelve hundred chariots
and sixty thousand cavalry:
and people without number come
with him from Misrayim
— the Lubiym, the Sukkiym and the Kushiym:
4 and he captures the rampart cities of
Yah Hudah
and comes to Yeru Shalem.
5 And Shema Yah the prophet comes to Rechab
Am and to the governors of Yah Hudah
who gather to Yeru Shalem from the face of Shishak;
and says to them, Thus says Yah Veh: You forsook me;
and I also left you in the hand of Shishak.
6 And the governors of Yisra El
and the sovereign humble themselves;
and they say, Yah Veh is just.
7 And Yah Veh sees them humble themselves, and
the word of Yah Veh comes to Shema Yah,
saying, They humble themselves; I ruin them not,
but I give them a little escape;
and not pour my fury on Yeru Shalem
by the hand of Shishak:
8 but they become his servants;
so that they know my service
and the service of the sovereigndoms of the lands.
9 And Shishak sovereign of Misrayim
ascends against Yeru Shalem
and takes away the treasures of the house of Yah Veh
and the treasures of the house of the sove reign
— he takes all:
and he takes the bucklers of gold Shelomoh worked:
10 and in their stead
sovereign Rechab Am works bucklers of
copper and *gives* their oversight
to the hands of the governor of the runners
who guard the portal of the house of the sovereign.
11 And the sovereign enters the house of
Yah Veh, and the runners come
and lift them and return them to the runners chamber.
12 And he humbles himself,
the wrath of Yah Veh turns from
him, to not ruin him fully:
and also in Yah Hudah all goes good.
13 And sovereign Rechab Am strengthens
himself in Yeru Shalem and reigns:
for Rechab Am is a son of forty—one years
when he begins to reign;
and he reigns seventeen years in Yeru Shalem
— the city Yah Veh chose
from all the scions of Yisra El to set his name there.
And the name of his mother,
Naamah — an Ammoniyth:
14 and he works evil,
because he prepares not his heart to seek Yah Veh.
15 Now the *acts* **words** of *Rehoboam*
Rechab Am, first and last,
are they not *written* **inscribed**
in the *book* **words** of *Shemaiah* **Shema Yah**
the prophet, and of Iddo the seer
concerning genealogies **genealogized**?
And there were wars *between Rehoboam* **of Rechab Am**
and *Jeroboam continually* **Yarob Am all days**.
16 And *Rehoboam slept* **Rechab Am laid**
with his fathers, and was *buried* **entombed**
in the city of David: and *Abijah* **Abi**
Yah his son reigned in his stead.

Abi Yah Reigns Over Yah Hudah

13 Now in the eighteenth year
of *king Jeroboam* **sovereign Yarob Am**
began *Abijah* **Abi Yah** to reign over *Judah* **Yah Hudah**.
2 He reigned three years in *Jerusalem* **Yeru Shalem**.
His mother's name also was *Michaiah* **Michah Yah**
the daughter of *Uriel* **Uri El** of *Gibeah* **Gibah**.
And there was war
between *Abijah* **Abi Yah** and *Jeroboam* **Yarob Am**.
3 And *Abijah* **Abi Yah**
set the battle in array **lined up for war**
with an army of *valiant men of war* **mighty of valour**,

even four hundred thousand chosen men:
Jeroboam **Yarob Am** also
set the battle in array **lined up in war**
against him with eight hundred thousand chosen men,
being mighty *men* of valour.
4 And *Abijah stood up* **Abi Yah arose**
upon mount *Zemaraim* **Semarayim**,
which is in mount *Ephraim* **Ephrayim**, and said,
Hear me, thou *Jeroboam* **Yarob**
Am, and all *Israel* **Yisra El**;
5 Ought ye not to know
that *the LORD God* **Yah Veh Elohim** of *Israel* **Yisra El**
gave the *kingdom* **sovereigndom** over *Israel* **Yisra El**
to David *for ever* **eternally**,
even to him and to his sons by a covenant of salt?
6 Yet *Jeroboam* **Yarob Am** the son of Nebat,
the servant of *Solomon* **Shelomoh** the son of David,
is risen up, and hath rebelled against his *lord* **adoni**.
7 And there are gathered unto him vain men,
the *children* **sons** of *Belial* **Beli Yaal**,
and have strengthened themselves against
Rehoboam **Rechab Am** the son of *Solomon*
Shelomoh, when *Rehoboam* **Rechab Am**
was *young and tenderhearted* **a lad of**
tender heart, and could not
withstand them **strengthen himself at their face.**
8 And now ye *think* **say** to *withstand*
strengthen yourselves at the face of
the *kingdom* **sovereigndom** of *the LORD* **Yah Veh**
in the hand of the sons of David;
and ye be a great multitude,
and there are with your golden calves,
which *Jeroboam* **Yarob Am**
made **worked** you for *gods* **elohim**.
9 Have ye not *cast out* **expelled**
the priests of *the LORD* **Yah Veh**,
the sons of *Aaron* **Aharon**, and the *Levites*
Leviym, and have *made* **worked** you priests
after the manner of the nations of *other* lands?
so that whosoever cometh
to *consecrate himself* **fill his hand**
with a *young bullock* **steer the son of an ox**
and seven rams,
the same may be a priest
of *them that are no gods* **non—elohim**.
10 But as for us, *the LORD* **Yah Veh** is our *God*
Elohim, and we have not forsaken him;
and the priests, which minister unto *the LORD* **Yah Veh**,
are the sons of *Aaron* **Aharon**,
and the *Levites wait upon their*
business **Leviym in the work**:
11 And they *burn* **incense** unto *the LORD* **Yah Veh**
every morning **by morning** and
every evening **by evening**
burnt sacrifices **holocausts** and *sweet* incense **of**
aromatics: the *shewbread* **arrangement bread**
also set they in order upon the pure table;
15 And the words of Rechab Am, first
and last, are they not inscribed
in the words of Shema Yah the prophet?
And genealogized by Iddo the seer?
And the wars of Rechab Am and Yarob Am all days?
16 And Rechab Am lies down with his fathers
— entombed in the city of David:
and Abi Yah his son reigns in his stead.

Abi Yah Reigns Over Yah Hudah

13 In the eighteenth year of sovereign Yarob Am
Abi Yah begins to reign over Yah Hudah:
2 he reigns three years in Yeru Shalem:
and the name of his mother,
Michah Yah the daughter of Uri El of Gibah.
And so be it,
war between Abi Yah and between Yarob Am:
3 and Abi Yah lines up for war with
an army of mighty of valour
— four hundred thousand chosen men:
and Yarob Am lines up in war against him
with eight hundred thousand chosen
men mighty of valour.
4 And Abi Yah rises on mount Semarayim,
in mount Ephrayim, and says,
Hear me, you Yarob Am and all Yisra El;
5 Ought you not to know that Yah
Veh Elohim of Yisra El
gives the sovereigndom over Yisra El
to David eternally?
— to him and to his sons by a covenant of salt?
6 And Yarob Am the son of Nebat,
the servant of Shelomoh the son of David,
rises and rebels against his adoni!
7 And vain men, the sons of Beli Yaal gather
to him and strengthen themselves
against Rechab Am the son of Shelomoh:
and Rechab Am is a lad of tender heart and
cannot strengthen himself at their face.
8 And now you say to strengthen yourselves at
the face of the sovereigndom of Yah Veh
in the hand of the sons of David;
and you are a great multitude;
and golden calves with you

which Yarob Am worked you for elohim.
9 Expelled you not the priests of Yah Veh
— the sons of Aharon and the Leviym?
And worked priests
after the manner of the nations of lands? So
that whoever comes to fill his hand
with a steer the son of an ox and seven rams,
becomes a priest of a non—elohim.
10 As for us, Yah Veh is our Elohim
and we forsake him not;
and the priests, who minister to Yah Veh,
are the sons of Aharon and the Leviym in the work:
11 and they incense to Yah Veh morning by
morning and evening by evening
holocausts and incense of aromatics;
the arrangement bread on the pure table;
and the *candlestick* **menorah** of gold
with the lamps thereof,
to burn *every* evening **by evening**:
for we *keep* **guard** the *charge* **guard**
of *the LORD* **Yah Veh** our *God* **Elohim**;
but ye have forsaken him.
12 And, behold,
God **Elohim** himself is with us for *our captain* **head**,
and his priests with *sounding* **blasting**
trumpets to *cry alarm* **blast** against you.
O *children* **sons** of *Israel* **Yisra El**, fight ye not against
the LORD God **Yah Veh Elohim** of your fathers;
for ye shall not prosper.
13 But *Jeroboam* **Yarob Am**
caused an ambushment to come about **lurked around**
behind them:
so they were *before Judah* **at the face of Yah Hudah,**
and *the ambushment was* **they lurked** behind them.
14 And when *Judah* **Yah Hudah**
looked **turned to face** back, behold,
the *battle* **war** was *before* **at their face** and behind:
and they cried unto *the LORD* **Yah Veh**,
and the priests *sounded with* **trumpeted** the trumpets.
15 Thenthe*menofJudah***YahHudiy**gaveashout:
and as the *men of Judah* **Yah Hudiy** shouted,
so be it *came to pass*, that *God* **Elohim**
smote *Jeroboam* **Yarob Am** and all *Israel* **Yisra El**
before Abijah **at the face of**
Abi Yah and *Judah* **Yah Hudah**.
16 And the *children* **sons** of *Israel* **Yisra El**
fled *before Judah* **from the face of Yah Hudah**:
and *God delivered* **Elohim gave** them into their hand.
17 And *Abijah* **Abi Yah** and his people
slew **smote** them with a great *slaughter* **stroke**:
so there fell down *slain* **pierced** of *Israel* **Yisra**
El five hundred thousand chosen men.
18 Thus the *children* **sons** of *Israel* **Yisra**
El were *brought under* **subdued** at that time,
and the *children* **sons** of *Judah* **Yah Hudah**
prevailed **strengthened**, because they *relied* **leaned**
upon *the LORD God* **Yah Veh Elohim** of their fathers.
19 And *Abijah* **Abi Yah** pursued after *Jeroboam*
Yarob Am, and *took* **captured** cities from him,
Bethel **Beth El** with the *towns* **daughters** thereof,
and *Jeshanah* **Yeshanah** with the *towns* **daughters**
thereof, and Ephrain with the *towns* **daughters** thereof.
20 Neitherdid*Jeroboam***YarobAm**
recover strength again **retain force**
in the days of *Abijah* **Abi Yah**:
and *the LORD struck* **Yah Veh smote** him, and he died.
21 But *Abijah waxed mighty* **Abi Yah strengthened**,
and *married* **bore him** fourteen *wives* **women**,
and *begat* **birthed** twenty and two
sons, and sixteen daughters.
22 And the rest of the *acts* **words** of *Abijah* **Abi**
Yah, and his ways, and his *sayings* **words**,
are *written* **inscribed**
in the *story* **commentary** of the prophet Iddo.

THE DEATH OF ABI YAH

14 So *Abijah slept* **Abi Yah laid** with his fathers,
and they *buried* **entombed** him in the city of David:
and Asa his son reigned in his stead.
In his days the land *was quiet* **rested** ten years.

ASA REIGNS OVER YAH HUDAH

2 And Asa *did* **worked**
that which was good and *right* **straight**
in the eyes of *the LORD* **Yah Veh** his *God* **Elohim**:
3 For he *took away* **turned aside**
the **sacrifice** altars of the strange *gods*,
and the *high places* **bamahs**,
and brake down the *images* **monoliths**,
and cut down the *groves* **asherim**:
4 And *commanded Judah* **said to Yah Hudah**
to seek *the LORD God* **Yah Veh Elohim** of their fathers,
and to *do* **work** the *law* **torah** and
the *commandment* **misvah**.
and the menorah of gold with the lamps
thereof to burn evening by evening:
for we guard the guard of Yah Veh our Elohim;
but you — you forsook him.
12 And behold, with us — Elohim for head
and his priests with blasting trumpets
to blast against you. O sons of Yisra El,
fight not against Yah Veh Elohim of your fathers;

for you prosper not.
13 And Yarob Am lurks around behind them:
so they are at the face of Yah Hudah
and they lurk behind them:
14 and Yah Hudah turns to face back, and
behold, the war is at their face and behind:
and they cry to Yah Veh
and the priests trumpet the trumpets:
15 and the Yah Hudiy give a shout:
and the Yah Hudiy shout, and so be it,
Elohim smites Yarob Am and all Yisra El at
the face of Abi Yah and Yah Hudah:
16 and the sons of Yisra El flee the face of Yah Hudah:
and Elohim gives them into their hand;
17 and Abi Yah and his people smite
them with a great stroke:
so there fall down, pierced of Yisra El, five
hundred thousand chosen men.
18 And at that time,
they subdue sons of Yisra El,
and the sons of Yah Hudah strengthen, because
they lean on Yah Veh Elohim of their fathers.
19 And Abi Yah pursues Yarob Am and
captures cities from him:
Beth El with the daughters thereof
and Yeshanah with the daughters thereof
and Ephrain with the daughters thereof.
20 Yarob Am retains no force in the days of
Abi Yah:
and Yah Veh smites him and he dies.
21 And Abi Yah strengthens and has fourteen women
and births twenty—two sons and sixteen daughters.
22 And the rest of the words of Abi Yah
and his ways and his words,
are inscribed in the commentary of the prophet Iddo.

THE DEATH OF ABI YAH

14 And Abi Yah lies down with his fathers
— entombed in the city of David:
and Asa his son reigns in his stead. In
his days the land rests ten years.

ASA REIGNS OVER YAH HUDAH

2 And Asa works good and straight in
the eyes of Yah Veh his Elohim:
3 and he turns aside the sacrifice altars
of the strange and the bamahs
and breaks down the monoliths
and cuts down the asherim:
4 and says to Yah Hudah
to seek Yah Veh Elohim of their fathers;
and to work the torah and the misvah:
5 Also he *took away* **turned aside**
out of all the cities of *Judah* **Yah Hudah**
the *high places* **bamahs** and the *images* **sun icons**:
and the *kingdom* **sovereigndom**
was quiet before him **rested at his face.**
6 Andhebu*f*eilt*nced***rampacrt**iitesin*Judah***YahHudah**:
for the land *had rest* **rested**,
and he had no war in those years;
because *the LORD* **Yah Veh**
had *given him rest* **rested him.**
7 *Therefore* **And** he said unto *Judah* **Yah
Hudah**, Let us build these cities,
and *make about* **surround** them
with walls, and towers, *gates* **doors**, and bars, while the
land is yet *before us* **at our face**; because we have sought
the LORD **Yah Veh** our *God* **Elohim,**
we have sought him,
and he hath
given us rest on every side **rested us all around.**
So they built and prospered.
8 And Asa had *an army of men* **mighty of valour**
that bare *targets* **shields** and *spears* **javelins**,
out of *Judah* **Yah Hudah** three hundred
thousand; and out of *Benjamin* **Ben Yamin,**
that bare *shields* **bucklers** and *drew* **arched** bows,
two hundred and *fourscore* **eighty** thousand:
all these were mighty *men* of valour.
9 And there *came out* **went** against them
Zerah **Zerach** the *Ethiopian* **Kushiy**
with *an host of* a thousand thousand **of valour**,
and three hundred chariots; and came unto Mareshah.
10 Then Asa went out *against him* **at his face**,
and they *set the battle in array* **lined up for war**
in the valley of *Zephathah* **Sephathah** at Mareshah.
11 And Asa
cried **called** unto *the LORD* **Yah Veh** his *God* **Elohim**,
and said, *LORD* **Yah Veh**,
it is *nothing* **naught** with thee to help,
whether with **between** many,
or *with* them that have no *power* **force**:
help us, O *LORD* **Yah Veh** our *God* **Elohim**;
for we *rest* **lean** on thee,
and in thy name we go against this multitude. O
LORD **Yah Veh**, thou art our *God* **Elohim**;
let no **mortal** man *prevail* **restrain** against thee.
12 So*theLORD***YahVeh**smotethe*Ethiopians***Kushiy**
before **at the face of** Asa,
and *before Judah* **at the face of Yah Hudah**;

and the *Ethiopians* **Kushiy** fled.
13 And Asa and the people that were with
him pursued them unto Gerar:
and the *Ethiopians* **Kushiy** were *overthrown* **felled**,
that they
could not recover themselves **had no invigoration**;
for they were *destroyed* **broken** *before the LORD*
at the face of Yah Veh, and *before* **at the face of**
his *host* **camp**; and they *carried* **bore** away
very much spoil **a mighty abundance of plunder**.
14 And they smote all the cities round about Gerar;
for the fear of *the LORD* **Yah Veh** came upon them:
and they *spoiled* **plundered** all the cities;
for there was exceeding much spoil in them.
15 They smote also the tents of *cattle* **chattel**,
and *carried away* **captured** *sheep* **flocks** and camels in
abundance, and returned to *Jerusalem* **Yeru Shalem**.

AZAR YAH AT THE FACE OF ASA

15 And the Spirit of *God* **Elohim**
came upon *Azariah* **Azar Yah** the son of Oded:
2 Andhewentout*totmee*at**thefaceof**Asa,
and said unto him, Hear ye me, Asa,
and all *Judah* **Yah Hudah** and *Benjamin* **Ben Yamin**;
The LORD **Yah Veh** is with you, while ye be with
him; and if ye seek him, he *will* **shall** be found of you;
but if ye forsake him, he *will* **shall** forsake you.
3 Now for *a long season* **many days**
Israel **Yisra El** hath been without the true *God* **Elohim**,
5 and he turns aside the bamahs and the sun icons
from all the cities of Yah Hudah;
and the sovereigndom rests at his face:
6 and he builds rampart cities in Yah Hudah:
for the land rests and he has no war in those years;
because Yah Veh rests him.
7 And he says to Yah Hudah, We build
these cities and surround them
with walls and towers, doors and bars
while the land is still at our face; because we seek Yah
Veh our Elohim: we seek him and he rests us all around.
— and they build and prosper.
8 And Asa, has from Yah Hudah,
mighty of valour who bear shields and
javelins three hundred thousand;
and from Ben Yamin,
who bear bucklers and arched bows two
hundred and eighty thousand.
— all these mighty of valour.
9 And Zerach the Kushiy goes against them
with a thousand thousand of valour
and three hundred chariots
and comes to Mareshah;
10 and Asa goes at his face and they line up for war
in the valley of Sephathah at Mareshah.
11 And Asa calls to Yah Veh his Elohim and says,
Yah Veh, it is naught with you to help
— between many, or them who have no force:
help us, O Yah Veh our Elohim;
for we lean on you;
and in your name we go against this multitude.
O Yah Veh, you are our Elohim;
may mortal man not restrain against you.
12 And Yah Veh smites the Kushiy
at the face of Asa and at the face of Yah Hudah;
and the Kushiy flee:
13 and Asa and the people with him
pursue them to Gerar:
and the Kushiy are felled,
for they have no invigoration;
for they break at the face of Yah Veh
and at the face of his camp;
and they bear away a mighty abundance of plunder:
14 and they smite all the cities all around Gerar;
for the fear of Yah Veh comes on them:
and they plunder all the cities;
for there is exceeding much spoil in them:
15 and they smite the tents of chattel
and capture flocks and camels in abundance
and return to Yeru Shalem.

AZAR YAH AT THE FACE OF ASA

15 And the Spirit of Elohim
comes on Azar Yah the son of Oded:
2 and he goes out at the face of Asa and says to him,
Hear me, Asa and all Yah Hudah a nd Ben Yamin;
Yah Veh is with you, in your being with him;
and if you seek him, he is found of you;
but if you forsake him, he forsakes you.
3 And many days Yisra El *is* without the true Elohim
and without a teaching priest, and without *law* **torah**.
4 But when they in their *trouble* **tribulation** did
turn unto *the LORD God* **Yah Veh Elohim** of *Israel*
Yisra El, and sought him, he was found of them.
5 And in those times there was no *peace* **shalom**
to him that went out, nor to him that came
in, but great *vexations were* **confusion**
upon all the *inhabitants* **settlers** of the *countries* **lands**.
6 And *nation was destroyed of nation* **goyim**
crushed goyim, and city of city: for *God*
did vex **Elohim agitated** them
with all *adversity* **tribulation**.

7 *Be ye strong therefore* **Strengthen**, and
let not your hands *be weak* **slacken**:
for your *work* **hire** shall be *rewarded* **to your deed**.

THE REFORM OF ASA

8 And when Asa heard these words, and
the prophecy of Oded the prophet,
he *took courage* **strengthened**,
and *put* **passed** *away* the *abominable idols* **abominations**
out of all the land
of *Judah* **Yah Hudah** and *Benjamin* **Ben**
Yamin, and out of the cities which he *had taken*
captured from mount *Ephraim* **Ephrayim**,
and renewed the **sacrifice** altar of *the LORD*
Yah Veh, that was *before* **at the face**
of the porch of *the LORD* **Yah Veh**.
9 And he gathered
all *Judah* **Yah Hudah** and *Benjamin* **Ben Yamin**,
and the *strangers* **sojourners** with them
out of *Ephraim* **Ephrayim** and *Manasseh* **Menash Sheh**,
and out of *Simeon* **Shimon**:
for they fell to him out of *Israel* **Yisra**
El in abundance, when they saw
that *the LORD* **Yah Veh** his *God* **Elohim** was with him.
10 So they gathered *themselves together*
at *Jerusalem* **Yeru Shalem** in the third month,
in the fifteenth year of the *reign* **sovereigndom** of Asa.
11 And they *offered* **sacrificed** unto *the LORD* **Yah Veh**
the same *time* **day**,
of the spoil which they had brought,
seven hundred oxen and seven thousand *sheep* **flocks**.
12 And they entered into a covenant
to seek *the LORD God* **Yah Veh Elohim** of their
fathers with all their heart and with all their soul;
13 That whosoever *would* **should** not seek
the LORD God **Yah Veh Elohim** of *Israel* **Yisra El**
should be *put to death* **deathified**, *whether* **from**
small or great, *whether* **from** man or woman.
14 And they *sware* **oathed** unto *the LORD* **Yah Veh**
with a *loud* **great** voice, and with shouting, and
with trumpets, and with *cornets* **shophars**.
15 And all *Judah rejoiced* **Yah Hudah**
cheered at the oath:
for they had *sworn* **oathed** with all their heart,
and sought him with their whole *desire* **pleasure**;
and he was found of them:
and *the LORD gave* **Yah Veh rested** them *rest*
round about.
16 And also *concerning* Maachah
the mother of Asa the *king* **sovereign**,
he *removed* **turned** her **aside** from being *queen* **lady**,
because she had *made* **worked** an idol **of awe**
in *a grove* **an asherah**:
and Asa cut down her idol **of awe**,
and *stamped* **pulverized** it,
and burnt it at the *brook Kidron* **wadi Qidron**.
17 But the *high places* **bamahs**
were not *taken away* **turned aside** out of *Israel* **Yisra El**:
nevertheless the heart of Asa was
perfect **at shalom** all his days.
18 And he brought into the house of *God* **Elohim**
the *things that* **holies of** his father *had dedicated*,
and *that he himself had dedicated* **holies of his**
own, silver, and gold, and *vessels* **instruments**.
19 And there was no *more* war
unto the five and thirtieth year
of the *reign* **sovereigndom** of Asa.

and without a teaching priest and without torah:
4 and in their tribulation
they turn to Yah Veh Elohim of Yisra
El and seek him, and find him:
5 and in those times
shalom is neither to him who goes
out nor to him who comes in;
but great confusion on all the settlers of the lands:
6 and crush — goyim by goyim and city by city:
for Elohim agitates them with all tribulation.
7 Strengthen! Slacken not your hands!
As your hire, thus your deed.

THE REFORM OF ASA

8 And Asa hears these words
and the prophecy of Oded the prophet;
and he strengthens
and passes the abominations
from all the land of Yah Hudah and Ben Yamin
and from the cities
he captured from mount Ephrayim; and
renews the sacrifice altar of Yah Veh at
the face of the porch of Yah Veh:
9 and he gathers all Yah Hudah and Ben
Yamin and the sojourners with them
from Ephrayim and Menash Sheh and from Shimon
— for they fall to him from Yisra El in abundance,
when they see Yah Veh his Elohi m *is* with him.
10 And they gather at Yeru Shalem in the third month
in the fifteenth year of the sovereigndom of Asa:
11 and the same day,
they sacrifice to Yah Veh of the spoil they bring
— seven hundred oxen and seven thousand flocks:

12 and they enter a covenant
to seek Yah Veh Elohim of their fathers with
all their heart and with all their soul;
13 and deathify
whoever seeks not Yah Veh Elohim of Yisra El
— from small or great — from man or woman:
14 and they oath to Yah Veh
with a great voice and with shouting and
with trumpets and with shophars.
15 And all Yah Hudah cheers at the oath:
for they oath with all their heart
and seek him with their whole pleasure;
and they find him:
and Yah Veh rests them all around.
16 And also Maachah
turns aside the mother of Asa the
sovereign from being lady;
because she works an idol of awe in an asherah:
and Asa cuts down her idol of awe
and pulverizes and burns it at the wadi Qidron:
17 yet the bamahs
are not turned aside from Yisra El:
only, the heart of Asa is at shalom all his days:
18 and into the house of Elohim
he brings the holies of his father
and the holies of his own
— silver and gold and instruments:
19 and there is no war to the thirty—
fifth year
of the sovereigndom of Asa.

THE SOVEREIGN OF YISRA EL COMES AGAINST YAH HUDAH

16 In the six and thirtieth year
of the *reign* **sovereigndom** of Asa,
Baasha king **Basha sovereign** of *Israel* **Yisra El** *came up*
ascended against *Judah* **Yah Hudah**, and built Ramah,
to the intent **until** that he might *let* **give that**
none go out or come in
to Asa *king* **sovereign** of *Judah* **Yah Hudah**.
2 Then Asa brought *out* silver and gold
out of the treasures of the house of *the LORD* **Yah Veh**
and of the *king's* **sovereign's** house, and
sent to *Benhadad* **Ben Hadad,**
king **sovereign** of *Syria* **Aram**,
that *dwelt* **settled** at *Damascus* **Dammeseq**, saying,
3 There is a *league* **covenant** between me
and **between** thee, as there was between
my father and **between** thy father:
behold, I have sent thee silver and gold;
go, break thy *league* **covenant**
with *Baasha king* **Basha sovereign** of *Israel* **Yisra**
El, that he may *depart* **ascend** from me.
4 And *Benhadad* **Ben Hadad**
hearkened unto *king* **sovereign** Asa,
and sent the *captains* **governors** of his *armies* **valiant**
against the cities of *Israel* **Yisra El**;
and they smote *Ijon* **Iyon**,
and Dan, and *Abelmaim* **Abel Maim**, and
all the *store* **storage** cities of Naphtali.
5 And **so be** it *came to pass*,
when *Baasha* **Basha** heard *it*,
that he *left off* **ceased** building of Ramah,
and *let* **ceased** his work *cease*.
6 Then Asa the *king* **sovereign** took
all *Judah* **Yah Hudah**;
and they *carried* **lifted** *away*
the stones of Ramah, and the timber thereof,
wherewith *Baasha* **Basha** was building;
and he built therewith Geba and *Mizpah* **Mispeh**.
7 And at that time Hanani the seer came to Asa
king **sovereign** of *Judah* **Yah Hudah**, and said
unto him, Because thou hast *relied* **leaned**
on the *king* **sovereign** of *Syria* **Aram**,
and not *relied* **leaned**
on *the LORD* **Yah Veh** thy *God* **Elohim**,
therefore
is the *host* **valiant** of the *king* **sovereign** of *Syria* **Aram**
escaped out of thine hand.
8 Were not the *Ethiopians* **Kushiy**
and the *Lubims* **Lubiy**
a huge host **an abundance of valiant**,
with *very many* **a mighty abundance of**
chariots and *horsemen* **cavalry**?
yet, because thou didst *rely* **lean** on *the LORD* **Yah**
Veh, he *delivered* **gave** them into thine hand.
9 For the eyes of *the LORD* **Yah Veh**
run to and fro **flit** throughout the whole earth,
to shew himself strong **strengthened** in the behalf of
them whose heart is *perfect* **at shalom** toward him.
Herein thou hast *done foolishly* **follied**:
therefore from *henceforth* **this time** thou shalt have wars.
10 Then Asa was *wroth* **vexed** with the seer, and
put **gave** him in a *prison* **stock** house;
for he was in a rage with him because of this *thing*.
And Asa *oppressed* **crushed** *some* of the people
the same time.
11 And, behold, the *acts* **words** of Asa, first and last,
lo **behold**, they are *written* **inscribed**
in the *book* **scroll** of the *kings* **sovereigns**

of *Judah* **Yah Hudah** and *Israel* **Yisra El.**

THE DEATH OF ASA

12 And Asa
in the thirty and ninth year of his *reign* **sovereigndom**
was diseased **sickens** in his feet,
until his *disease* **sickness** was *exceeding great* **severe**:
yet in his *disease* **sickness**
he sought not to *the LORD* **Yah Veh,**
but to the *physicians* **healers.**
13 And Asa *slept* **laid** with his fathers,
and died in the one and fortieth year of his reign.

THE SOVEREIGN OF YISRA EL COMES AGAINST YAH HUDAH

16 In the thirty—sixth year of the sovereigndom
of Asa, Basha sovereign of Yisra El
ascends against Yah Hudah and builds Ramah,
so as not to give anyone to go or come
to Asa sovereign of Yah Hudah.
2 And Asa brings silver and gold
from the treasures of the house of Yah Veh
and of the house of the sovereign
and sends to Ben Hadad sovereign of Aram
who settles at Dammeseq, saying,
3 There is a covenant between me and between you,
as between my father and between your father:
behold, I send you silver and gold;
go break your covenant
with Basha sovereign of Yisra El so
that he ascends from me.
4 And Ben Hadad hearkens to sovereign Asa
and sends the governors of his valiant
against the cities of Yisra El;
and they smite Iyon and Dan and Abel Maim
and all the storage cities of Naphtali.
5 And so be it, Basha hears,
and he ceases building of Ramah and ceases his work.
6 And Asa the sovereign takes all Yah Hudah;
and they lift the stones of Ramah and
the timber that Basha builds;
and with them he builds Geba and Mispeh.
7 And at that time, Hanani the seer
comes to Asa sovereign of Yah Hudah
and says to him,
Because you lean on the sovereign of Aram
and lean not on Yah Veh your Elohim,
so the valiant of the sovereign of Aram
escapes from your hand.
8 Were not the Kushiy and the Lubiy
an abundance of valiant,
with a mighty abundance of chariots and cavalry?
Yet, because you leaned on Yah Veh
he gave them into your hand.
9 As for Yah Veh,
— his eyes flit throughout the whole earth,
strengthened in behalf of them
whose heart is at shalom toward him.
Herein you folly:
from this time on you have wars.
10 And Asa is vexed with the seer and
gives him in a stock house;
because of his rage because of this:
and at that time,
Asa crushes *some* of the people.
11 And behold, the words of Asa, first and last, behold,
are they not inscribed in the scroll of the
words of the days of the sovereigns
of Yah Hudah and Yisra El?

THE DEATH OF ASA

12 And in the thirty—ninth year
of his sovereigndom
Asa sickens in his feet until his sickness is severe:
yet in his sickness
he seeks not Yah Veh, but the healers.
13 And Asa lies down with his fathers
and dies in the forty—first year of his reign.
14 And they *buried* **entombed** him in
his own *sepulchres* **tombs,**
which he had *made* **digged** for
himself in the city of David,
and laid him in the bed
which was filled with *sweet odours* **spices**
and divers kinds of spices **species by species**
prepared by the apothecaries' art **of perfumed ointment**:
and they *made a very* **burnt a mighty**
great burning for him.

YAH SHAPHAT REIGNS OVER YAH HUDAH

17 And *Jehoshaphat* **Yah Shaphat** his son
reigned in his stead,
and strengthened himself against *Israel* **Yisra El.**
2 And he *placed forces* **gave the valiant**
in all the *fenced* **fortified** cities of *Judah* **Yah
Hudah,** and *set garrisons* **gave stations**
in the land of *Judah* **Yah Hudah,**
and in the cities of *Ephraim* **Ephrayim,**
which Asa his father had *taken* **captured.**

3 And *the LORD* **Yah Veh**
was with *Jehoshaphat* **Yah Shaphat**,
because he walked in the first ways of his
father David, and sought not unto Baalim;
4 But sought to *the LORD God* **Elohim** of his father,
and walked in his *commandments* **misvoth**, and
not after the *doings* **works** of *Israel* **Yisra El**.
5 Therefore *the LORD* **Yah Veh**
stablished the *kingdom* **sovereigndom** in his hand;
and all *Judah* **Yah Hudah** *brought to Jehoshaphat*
presents **gave Yah Shaphat offerings**;
and he had riches and honour in abundance.
6 And his heart was *lifted up* **exalted**
in the ways of *the LORD* **Yah Veh**:
moreover he *took away* **turned aside**
the *high places* **bamahs** and *groves* **asherim**
out of *Judah* **Yah Hudah**.
7 Also in the third year of his reign he
sent to his *princes* **governors**,
even to *Benhail* **Ben Hail**, and to *Obadiah* **Obad Yah**,
and to *Zechariah* **Zechar Yah**, and to *Nethaneel*
Nethan El, and to *Michaiah* **Michah Yah**,
to teach in the cities of *Judah* **Yah Hudah**.
8 And with them *he sent Levites* **Leviym**,
even Shemaiah **Shema Yah**, and *Nethaniah* **Nethan**
Yah, and *Zebadiah* **Zebad Yah**, and *Asahel* **Asa El**,
and *Shemiramoth* **Shemi Ramoth**,
and *Jehonathan* **Yah Nathan**, and *Adonijah* **Adoni Yah**,
and *Tobijah* **Tobi Yah**, and *Tobadonijah* **Tob Adoni Yah**,
Levites **Leviym**;
and with them *Elishama* **Eli Shama**
and *Jehoram* **Yah Ram**, priests.
9 And they taught in *Judah* **Yah Hudah**,
and had the *book* **scroll**
of the *law* **torah** of *the LORD* **Yah Veh**
with them, and went about
throughout all the cities of *Judah* **Yah Hudah**,
and taught the people.
10 And the fear of *the LORD* **Yah Veh**
fell upon all the *kingdoms* **sovereigndoms** of the
lands that were round about *Judah* **Yah Hudah**,
so that they *made no war* **fought not**
against *Jehoshaphat* **Yah Shaphat**.
11 Also *some* of the *Philistines* **Peleshethiy**
brought *Jehoshaphat* **Yah Shaphat** *presents*
offerings, and *tribute* **burden** silver; and the
Arabians **Arabiy** brought him flocks, seven
thousand and seven hundred rams,
and seven thousand and seven hundred he goats.
12 And *Jehoshaphat* **Yah Shaphat**
waxed great exceedingly **walked and greatened upward**;
and he built in *Judah castles* **Yah Hudah**
palaces, and cities of *store* **storage**.
13 And he had much *business* **work**
in the cities of *Judah* **Yah Hudah**:
and the men of war, mighty *men* of valour,
were in *Jerusalem* **Yeru Shalem**.
14 Andthesearethe*numbersofthem***mustered**
according to the house of their fathers:
14 — entombed in his own tombs,
which he dug for himself in the city of David;
and lay him in a bed filled with spices
— species by species of perfumed ointment:
and they burn a mighty great burning for him.

YAH SHAPHAT REIGNS OVER YAH HUDAH

17 And Yah Shaphat his son reigns in his stead
and strengthens himself against Yisra El:
2 and he gives the valiant
in all the fortified cities of Yah Hudah; and gives stations
in the land of Yah Hudah and in the cities of Ephrayim
Asa his father captured.
3 And Yah Veh is with Yah Shaphat,
because he walks in the first ways of his
father David and seeks not to Baalim;
4 for he seeks to Elohim of his father;
and walks in his misvoth
and not after the works of Yisra El:
5 and Yah Veh
establishes the sovereigndom in his hand; and
all Yah Hudah gives Yah Shaphat offerings;
and he has riches and honor in abundance:
6 and his heart exalts in the ways of Yah Veh:
and again he turns aside the bamahs
and asherim from Yah Hudah.
7 And in the third year of his reign
he sends to his governors
— to Ben Hail and to Obad Yah and to Zechar Yah
and to Nethan El and to Michah Yah to
teach in the cities of Yah Hudah:
8 and the Leviym with them
— Shema Yah and Nethan Yah and
Zebad Yah and Asa El
and Shemi Ramoth and Yah Nathan
and Adoni Yah and Tobi Yah and
Tob Adoni Yah, the Leviym;
and with them
— Eli Shama and Yah Ram
the priests:
9 and they teach in Yah Hudah
and have the scroll of the torah of Yah Veh with them;

and go about throughout all the cities of
Yah H udah and teach the people.
10 And the fear of Yah Veh
falls on all the sovereigndoms of the
lands all around Yah Hudah,
so that they fight not against Yah Shaphat:
11 and the Peleshethiy
bring Yah Shaphat offerings and burden silver;
and the Arabiy bring him flocks
— seven thousand and seven hundred rams and
seven thousand and seven hundred he goats.
12 And Yah Shaphat walks and greatens upward;
and in Yah Hudah
he builds palaces and cities of storage:
13 and he has much work in the cities of Yah Hudah.
And the men of war, mighty of
valour, are in Yeru Shalem:
14 and these are the mustered according
to the house of their fathers:
Of *Judah* **Yah Hudah,**
the *captains* **governors** of thousands;
Adnah the *chief* **governor,**
and with him mighty *men* of valour
three hundred thousand.
15 And *next to him* **at his hand**
was *Jehohanan* **Yah Hanan** the *captain* **governor,**
and with him two hundred and
fourscore **eighty** thousand.
16 And *next him* **at his hand**
was *Amasiah* **Amas Yah** the son of Zichri,
who *willingly offered himself* **volunteered**
unto *the LORD* **Yah Veh;**
and with him
two hundred thousand mighty *men* of valour.
17 Andof*Benjamin***BenYamin;**
Eliada **Eli Ada** *a* mighty *man* of valour, and with him
armed men **them kissed** with bow and *shield* **buckler**
two hundred thousand.
18 And *next him* **at his hand** was *Jehozabad*
Yah Zabad, and with him an hundred
and *fourscore* **eighty** thousand
ready prepared **equipped** for *the war* **hostility.**
19 These *waited on* **ministered to** the *king* **sovereign,**
beside those whom the *king put* **sovereign gave**
in the *fenced* **fortified** cities throughout
all *Judah* **Yah Hudah.**

YAH SHAPHAT INTERMARRIES WITH ACH AB

18 Now *Jehoshaphat* **Yah Shaphat**
had riches and honour in abundance,
and *joined affinity* **intermarried** with *Ahab* **Ach Ab.**
2 And *after certain* **at the end of** years
he *went down* **descended** to *Ahab* **Ach Ab**
to *Samaria* **Shomeron.**
And *Ahab killed sheep* **Ach Ab sacrificed**
flocks and oxen for him in abundance,
and for the people *that he had* with him,
and *persuaded* **goaded** him to *go up* **ascend** *with him*
to *Ramothgilead* **Ramoth Gilad.**
3 And *Ahab* **Ach Ab** *king* **sovereign** of *Israel* **Yisra El**
said unto *Jehoshaphat* **Yah Shaphat**
king **sovereign** of *Judah* **Yah Hudah,**
Wilt **Shalt** thou go with me
to *Ramothgilead* **Ramoth Gilad?** And
he *answered* **said to** him,
I am as thou art **As I, so thou,**
and my people as thy people **as thy people, so my people;**
and we *will* **shall even** be with thee in the war.
4 And *Jehoshaphat* **Yah Shaphat**
said unto the *king* **sovereign** of *Israel* **Yisra**
El, Enquire, *I pray* **beseech** thee,
at the word of *the LORD* **Yah Veh** to day.
5 *Therefore*the*king***sovereign**o*Isfrae*Y*l* **isra El**
gathered *together* of prophets four
hundred men, and said unto them,
Shall we go to *Ramothgilead* **Ramoth**
Gilad to *battle* **war,**
or shall I *forbear* **cease?**
And they said, *Co up* **Ascend;**
for *Cod will deliver* **Elohim shall give** it
into the *king's* **sovereign's** hand.
6 But *Jehoshaphat* **Yah Shaphat** said,
Is there not here a prophet of *the LORD* **Yah**
Veh besides, that we might enquire of him?
7 Andthe*king***sovereign**of*IsraeYl* **israEl**
said unto *Jehoshaphat* **Yah Shaphat,**
There is yet one man,
by whom we may enquire of *the LORD* **Yah Veh:**
but I hate him;
for he never prophesied good unto me,
but *always* **all his days** evil:
the same is *Micaiah* **Michah Yah**
the son of *Imla* **Yimlah.**
And *Jehoshaphat* **Yah Shaphat** said, Let
not the *king* **sovereign** say so.
8 And the *king* **sovereign** of *Israel* **Yisra El**
called for one *of his officers* **eunuch,**
and said, *Fetch quickly Micaiah* **Hasten**
Michah Yah the son of *Imla* **Yimlah.**
9 And the *king* **sovereign** of *Israel* **Yisra El**

and *Jehoshaphat* **Yah Shaphat**
king **sovereign** of *Judah* **Yah Hudah**
of Yah Hudah, the governors of
thousands: Adnah the governor
and with him
— three hundred thousand mighty of valour;
15 and at his hand:
Yah Hanan the governor;
and with him
— two hundred and eighty thousand;
16 and at his hand:
Amas Yah the son of Zichri who volunteers to
Yah Veh; and with him mighty of valour
— two hundred thousand;
17 and of Ben Yamin; Eli Ada mighty of valour
and with him, them kissed with bow and buckler
— two hundred thousand;
18 and at his hand, Yah Zabad:
and with him equipped for hostility
— a hundred and eighty thousand.
19 — these ministered to the sovereign,
beside them the sovereign gives in the fortified
cities throughout all Yah Hudah.

YAH SHAPHAT INTERMARRIES WITH ACH AB

18 And Yah Shaphat
has riches and honor in abundance;
and intermarries with Ach Ab:
2 and at the end of years,
he descends to Ach Ab to Shomeron;
and Ach Ab sacrifices flocks and oxen in abundance
for himself and for the people with him.
— and they goad him to ascend to Ramoth Gilad.
3 And Ach Ab sovereign of Yisra El
says to Yah Shaphat sovereign of Yah Hudah,
Come with me to Ramoth Gilad?
And he says to him, As I, thus you!
As your people, thus my people
— even with you in the war.
4 And Yah Shaphat says to the sovereign of
Yisra El, Enquire, I beseech you, this day,
the word of Yah Veh.
5 And the sovereign of Yisra El gathers prophets
— four hundred men
and says to them,
Go we to Ramoth Gilad to war? Or cease I?
And they say, Ascend!
For Elohim gives it into the hand of the sovereign.
6 And Yah Shaphat says,
Is there not a prophet of Yah Veh here
to enquire of besides him?
7 And the sovereign of Yisra El says to
Yah Shaphat, There is yet one man
of whom to enquire of Yah Veh:
and I — I hate him;
for he never prophesies me good;
but evil, all his days:
the same is Michah Yah the son of Yimlah.
And Yah Shaphat says, May the sovereign
not say so. O sovereign, say not thus.
8 And the sovereign of Yisra El calls
for one eunuch and says,
Hasten Michah Yah the son of Yimlah.
9 And the sovereign of Yisra El
and Yah Shaphat sovereign of Yah Hudah
sat either of them **settled each man** on his throne,
clothed **enrobed** in their *robes* **clothes**,
and they *sat* **settled** in a *void place* **threshingfloor**
at the *entering in* **opening** of the *gate* **portal**
of *Samaria* **Shomeron**;
and all the prophets prophesied *before them* **at their face**.
10 And *Zedekiah* **Sidqi Yah**
the son of *Chenaanah* **Kenaanah**
had *made* **worked** him horns of iron, and said,
Thus saith *the LORD* **Yah Veh**,
With these thou shalt *push Syria* **butt Aram**
until they be *consumed* **finished off**.
11 Andaltheprophetsprophesiedso,saying,
Go up **Ascend** to *Ramothgilead* **Ramoth Gilad**,
and prosper:
for *the LORD* **Yah Veh** shall *deliver* **give** it
into the hand of the *king* **sovereign**.
12 And the *messenger* **angel**
that went to call *Micaiah* **Michah Yah**
spake **worded** to him, saying, Behold,
the words of the prophets
declare **are** good to the *king* **sovereign**
with one *assent* **mouth**;
let thy word *therefore*, I *pray* **beseech** thee,
be like one of their's, and *speak* **word** thou good.
13 And *Micaiah* **Michah Yah** said,
As the LORD **Yah Veh** liveth, even
what my *God* **Elohim** saith,
that *will* **shall** I *speak* **word**.
14 And when he was come to the *king* **sovereign**,
the *king* **sovereign** said unto him, *Micaiah* **Michah Yah**,
shall we go to *Ramothgilead* **Ramoth Gilad** to *battle* **war**,
or shall I forbear?
And he said, *Go* ye *up* **Ascend**, and prosper, and
they shall be *delivered* **given** into your hand.
15 And the *king* **sovereign** said to him, How
many times shall I *adjure* **oath** thee

that thou *say nothing* **word naught** but the truth to me
in the name of *the LORD* **Yah Veh**?
16 Then he said, I did see all *Israel* **Yisra El**
scattered upon the mountains,
as *sheep* **flocks** that have no *shepherd* **tender**:
and *the LORD* **Yah Veh** said, These
have no *master* **adoni**;
let them return *therefore*
every man to his house in *peace* **shalom**.
17 And the *king* **sovereign** of *Israel* **Yisra El**
said to *Jehoshaphat* **Yah Shaphat**, Did I not *tell* **say to**
thee that he *would* **should** not prophesy good unto me,
but evil?
18 Again he said,
Therefore hear the word of *the LORD* **Yah Veh**;
I saw *the LORD sitting* **Yah Veh seated** upon his
throne, and all the host of *heaven* **the heavens**
standing on his right *hand* and on his left.
19 And *the LORD* **Yah Veh** said, Who
shall entice *Ahab* **Ach Ab,**
king **sovereign** of *Israel* **Yisra El,**
that he may *go up* **ascend**
and fall at *Ramothgilead* **Ramoth Gilad**?
And one *spake* **said,** saying *after this manner* **thus,**
and another saying *after that manner* **thus.**
20 Then there *came out* **went** a spirit,
and stood *before the LORD* **at the face of Yah**
Veh, and said, I *will* **shall** entice him.
And *the LORD* **Yah Veh** said unto him, Wherewith?
21 And he said, I *will* **shall** go out,
and be a *lying* **false** spirit in the
mouth of all his prophets.
And *the LORD* **he** said,
Thou shalt entice him, **Entice!** *and thou shalt also*
prevail: **Prevail!** *go out,* **Go!** *and do even so.* **Work!**
22 Now *therefore*, behold,
the LORD **Yah Veh** hath *put* **given** a *lying* **false** spirit
in the mouth of these thy prophets,
and *the LORD* **Yah Veh** hath *spoken*
worded evil against thee.
23 Then *Zedekiah* **Sidqi Yah**
the son of *Chenaanah* **Kenaanah** came near,
and smote *Micaiah* **Michah Yah**
upon the cheek, and said,
— each man settles on his throne
enrobed in their clothes:
and they settle in a threshingfloor
at the opening of the portal of Shomeron;
and all the prophets prophesy at their face.
10 And Sidqi Yah the son of Kenaanah
works him horns of iron, and says,
Thus says Yah Veh,
Butt Aram with these until they are finished off.
11 And all the prophets prophesy thus, saying,
Ascend to Ramoth Gilad and prosper:
for Yah Veh gives it into the hand of the sovereign.
12 And the angel who goes to call Michah
Yah words to him, saying,
Behold, the words of the prophets
are good to the sovereign with one mouth;
and so be your word, I beseech you, as
one of theirs and word you good.
13 And Michah Yah says, Yah Veh lives;
even what my Elohim says, I word.
14 And he comes to the sovereign,
and the sovereign says to him, Michah
Yah, go we to Ramoth Gilad to war?
Or forbear I?
And he says, Ascend and prosper:
and they are given into your hand.
15 And the sovereign says to him,
How many times oath I you
that you word naught but the truth to me
in the name of Yah Veh?
16 Then he says,
I see all Yisra El scatter on the mountains
as flocks having no tender:
and Yah Veh says, These have no adoni;
return them — every man to his house in shalom.
17 And the sovereign of Yisra El says to
Yah Shaphat, Said I not to you
that he never prophesies to me good, but evil?
18 And he says,
So hear the word of Yah Veh; I see Yah Veh
seated on his throne and all the host of the
heavens standing at his right and at his left:
19 and Yah Veh says,
Who entices Ach Ab sovereign of Yisra El
to ascend and fall at Ramoth Gilad?
— and one says, saying thus:
and another, saying thus.
20 Then a spirit goes and stands at the face
of Yah Veh and says, I entice him!
And Yah Veh says to him, With what?
21 And he says, I go out and become a false
spirit in the mouth of all his prophets.
And he says, Entice! Prevail! Go! Work!
22 And now, behold, Yah Veh gives a false spirit
in the mouth of these your prophets;
and Yah Veh words evil against you.
23 And Sidqi Yah the son of Kenaanah comes near
and smites Michah Yah on the cheek, and says,

Which way *went* **passed** the Spirit of *the LORD* **Yah Veh**
from me to *speak* **word** unto thee?
24 And *Micaiah* **Michah Yah** said, Behold,
thou shalt see on that day
when thou shalt go into an inner chamber to hide *thyself.*
25 Then the *king* **sovereign** of *Israel* **Yisra El**
said, Take ye *Micaiah* **Michah Yah,**
and *carry* **turn** him back to Amon
the governor of the city,
and to *Joash* **Yah Ash,** the *king's* **sovereign's** son;
26 And say, Thus saith the *king* **sovereign,**
Put **Set** this *fellow* in the prison **house,**
and *feed him with* **have him eat**
bread of *affliction* **oppression**
and *with* water of *affliction* **oppression,**
until I return in *peace* **shalom.**
27 And *Micaiah* **Michah Yah** said, If **in returning,**
thou *certainly* **shalt** return in *peace* **shalom,**
then hath not *the LORD spoken* **Yah Veh worded** by me.
And he said, Hearken, all ye people.

THE DEATH OF ACH AB

28 So the *king* **sovereign** of *Israel* **Yisra El**
and *Jehoshaphat* **Yah Shaphat**
the *king* **sovereign** of *Judah* **Yah Hudah**
went up **ascended** to *Ramothgilead* **Ramoth Gilad.**
29 Andthe*king***sovereign**of*Israel***Yisra El**
said unto *Jehoshaphat* **Yah Shaphat,**
I *will* **shall** disguise myself,
and I *will* **shall** go to the *battle* **war;**
but *put thou on* **enrobe** thy *robes* **clothes.**
So the *king* **sovereign** of *Israel* **Yisra**
El disguised himself;
and they went to the *battle* **war.**
30 Now the *king* **sovereign** of *Syria* **Aram**
had *commanded* **misvahed**
the *captains* **governors** of the
chariots that were with him,
saying, Fight ye not with small or great,
save only **except** with the *king*
sovereign of *Israel* **Yisra El.**
31 And **so be** it *came to pass,*
when the *captains* **governors** of the chariots
saw *Jehoshaphat* **Yah Shaphat,**
that they said, It is the *king* **sovereign** of
Israel **Yisra El.** Therefore they *compassed*
about **surrounded** him to fight:
but *Jehoshaphat* **Yah Shaphat** cried out,
and *the LORD* **Yah Veh** helped him;
and *God moved* **Elohim goaded**
them *to depart* from him.
32 For **so be** it *came to pass,* that,
when the *captains* **governors** of the chariots *perceived*
saw that it was not the *king* **sovereign** of *Israel* **Yisra**
El, they turned back again from *pursuing* **after** him.
33 And a *certain* man drew a bow
at a venture **in his integrity,**
and smote the *king* **sovereign** of *Israel* **Yisra El** between
the joints of the *harness* **habergeon:** therefore he said
to his *chariot man* **charioteer,** Turn thine hand,
that thou mayest *carry* **bring** me out of the *host* **camp;**
for I am *wounded* **sickened.**
34 And the *battle increased* **war ascended** that day:
howbeit the *king* **sovereign** of *Israel* **Yisra El**
stayed *himself* up in his chariot against
the *Syrians* **Aramiy** until the even:
and about the time of the sun *going down* **descending**
he died.

YAH SHAPHAT APPOINTS JUDGES

19 And *Jehoshaphat* **Yah Shaphat,**
the *king* **sovereign** of *Judah* **Yah Hudah**
returned to his house in *peace* **shalom**
to *Jerusalem* **Yeru Shalem.**
2 And *Jehu* **Yah Hu** the son of Hanani the
seer went out to *meet* **face** him,
and said to *king Jehoshaphat* **sovereign Yah Shaphat,**
shouldest thou help the *ungodly* **wicked,**
and love them that hate *the LORD* **Yah Veh?**
therefore is wrath **this rage be** upon thee from
before the LORD **the face of Yah Veh.**
3 Neverthelesthereare god*things***words**foundinthe,
in that thou hast *taken* **burnt** away the
groves **asherim** out of the land,
Which way passes the Spirit of Yah
Veh from me to word to you?
24 And Michah Yah says, Behold, you see for yourself
the day you go into an inner chamber to hide.
25 And the sovereign of Yisra El says, Take Michah Yah
and turn him back to Amon the governor of the city
and to Yah Ash the son of the sovereign;
26 and say, Thus says the sovereign:
Set this in the prison house;
and have him eat
bread of oppression and water of oppression,
until I return in shalom.
27 And Michah Yah says,
If in returning, you return in shalom,
then Yah Veh words not by me.

— and he says, Hearken, all you people.

THE DEATH OF ACH AB

28 And the sovereign of Yisra El
and Yah Shaphat the sovereign of Yah
Hudah ascend to Ramoth Gilad:
29 and the sovereign of Yisra El says to Yah Shaphat,
I disguise myself and I go to the war;
but you enrobe your clothes.
— and the sovereign of Yisra El disguises himself;
and they go to the war.
30 And the sovereign of Aram
misvahs the governors of the chariots with
him, saying, Fight not with small or great
— except with the sovereign of Yisra El.
31 And so be it,
when the governors of the chariots see Yah
Shaphat, they say, The sovereign of Yisra El.
And they surround him to fight:
and Yah Shaphat cries out and Yah Veh helps him;
and Elohim goads them from him:
32 yes, so be it,
the governors of the chariots see it is
not the sovereign of Yisra El,
and they turn back again from after him:
33 and in his integrity, a man draws a bow
and smites the sovereign of Yisra El
between the joints of the habergeon.
And he says to his charioteer,
Turn your hand, to bring me from the camp;
for I sicken.
34 And the war ascends that day:
and the sovereign of Yisra El stays in his chariot
against the Aramiy until the evening:
and about the time of the descending of the sun, he dies.

YAH SHAPHAT APPOINTS JUDGES

19 And Yah Shaphat the sovereign of Yah Hudah
returns to his house to Yeru Shalem in shalom;
2 and Yah Hu the son of Hanani the
seer goes out to face him;
and says to sovereign Yah Shaphat, Help you the wicked
and love them who hate Yah Veh?
This rage be on you from the face of Yah Veh.
3 But good words are found in you
in that you burn the asherim from the land
and hast prepared thine heart to seek *God* **Elohim**.
4 And *Jehoshaphat* **Yah Shaphat**
dwelt **settled** at *Jerusalem* **Yeru Shalem**: and he *went*
out again **returned and went out** through the people
from *Beersheba* **Beer Sheba** to mount *Ephraim*
Ephrayim, and *brought* **returned** them *back*
unto *the LORD God* **Yah Veh Elohim** of their fathers.
5 And he *set* **stood** judges in the land
throughout
all the *fenced* **fortified** cities of *Judah*
Yah Hudah, city by city,
6 And said to the judges, *Take heed*
See what ye *do* **work**:
for ye judge not for *man* **humanity**,
but for *the LORD* **Yah Veh**,
who is with you in the judgment.
7 Wherefore
now let the fear of *the LORD* **Yah Veh** be upon you;
take heed **guard** and *do* **work** it:
for there is no *iniquity* **wickedness** with *the LORD*
Yah Veh our *God* **Elohim**, nor *respect* **partiality** of
persons **faces**, nor *taking* **receiving** of *gifts* **bribes**.
8 Moreover in *Jerusalem* **Yeru Shalem**
did Jehoshaphat **Yah Shaphat**
set **stood** of the *Levites* **Leviym**, and of the priests,
and of the *chief* **head** of the fathers of *Israel* **Yisra**
El, for the judgment of *the LORD* **Yah Veh**,
and for controversies,
when they returned to *Jerusalem* **Yeru Shalem**.
9 And he *charged* **misvahed** them,
saying, Thus shall ye *do* **work**
in the *fear* **awe** of *the LORD* **Yah Veh**,
faithfully **trustworthily**,
and with a *perfect heart* **heart at shalom**.
10 And what *cause* **strife** soever shall come to you
of your brethren that *dwell* **settle** in your cities,
between blood and blood,
between *law* **torah** and *commandment*
misvah, statutes and judgments,
ye shall *even warn* **enlighten** them
so that they *trespass* **guilt** not against *the*
LORD **Yah Veh**, and so *wrath* **rage**
come upon you, and upon your brethren:
this do **work thus**, and ye shall not *trespass* **guilt**.
11 And, behold,
Amariah **Amar Yah** the *chief* **head** priest is over
you in all *matters* **words** of *the LORD* **Yah Veh**;
and *Zebadiah* **Zebad Yah** the son of *Ishmael* **Yishma**
El, the *ruler* **eminent** of the house of *Judah* **Yah**
Hudah, for all the *king's matters* **sovereign's words**:
also the *Levites* **Leviym** shall be officers
before you **at thy face**.

Deal courageously **Strengthen and work**, and
the LORD **Yah Veh** shall be with the good.

SONS OF MOAB AND AMMON COME AGAINST YAH SHAPHAT

20 **And so be** It *came to pass*, after this
also, that the *children* **sons** of Moab,
and the *children* **sons** of Ammon,
and with them *other* beside the *Ammonites* **Ammoniy**,
came against *Jehoshaphat* **Yah Shaphat** to *battle* **war**.
2 Then there came some
that told *Jehoshaphat* **Yah Shaphat**, saying,
There cometh a great multitude against thee
from beyond the sea on this side *Syria* **Aram**; and,
behold, they be in *Hazazontamar* **Haseson Tamar**,
which is *Engedi* **En Gedi**.
3 And *Jehoshaphat feared* **Yah Shaphat awed**,
and *set himself* **gave his face** to seek *the LORD*
Yah Veh, and *proclaimed* **called** a fast
throughout **over** all *Judah* **Yah Hudah**.
4 And*Judah***YahHudah**gathered*themselvestogethe,r*
to *ask help of the LORD* **seek Yah Veh**:
even out of all the cities of *Judah* **Yah Hudah**
they came to seek *the LORD* **Yah Veh**.
5 And*Jehoshaphat***YahShapha**osttodinthecongregaiton
of *Judah* **Yah Hudah** and *Jerusalem* **Yeru
Shalem**, in the house of *the LORD* **Yah Veh**,
and prepare your heart to seek Elohim.
4 And Yah Shaphat settles at Yeru Shalem:
and he returns and goes among the people
from Beer Sheba to mount Ephrayim;
and returns them to Yah Veh Elohim of their fathers:
5 and he stands judges in the land
in all the fortified cities of Yah Hudah, city by city.
6 And says to the judges, See what you work:
for you judge not for humanity,
but for Yah Veh, who is with you in the judgment:
7 and now, the fear of Yah Veh be on you;
guard and work it:
for with Yah Veh our Elohim there is neither wickedness
nor partiality of faces nor receiving of bribes.
8 And also in Yeru Shalem
Yah Shaphat stands
— of the Leviym and of the priests
and of the head of the fathers of Yisra El,
for the judgment of Yah Veh and for controversies:
and they return to Yeru Shalem.
9 And he misvahs them, saying, Work thus:
in the awe of Yah Veh, trustworthily;
and with a heart at shalom:
10 and whatever strife comes to you
— of your brothers who settle in your cities;
between blood and blood;
between torah and misvah;
statutes and judgments;
enlighten them not to guilt against Yah Veh
and thus rage come on you and on your brothers:
work thus and guilt not.
11 And behold, Amar Yah the head priest
is over you in all words of Yah Veh;
and Zebad Yah the son of Yishma El
the eminent of the house of Yah Hudah,
for all the words of the sovereign:
and the Leviym, officers at your face.
Strengthen and work
and Yah Veh is with the good.

SONS OF MOAB AND AMMON COME AGAINST YAH SHAPHAT

20 And so be it, after this,
the sons of Moab and the sons of Ammon
and of the Ammoniy with them,
come against Yah Shaphat to war.
2 And some come who tell Yah Shaphat, saying,
A great multitude comes against you
from beyond the sea on this side Aram;
and behold, they are in Haseson Tamar — En Gedi.
3 And Yah Shaphat awes
and gives his face to seek Yah Veh;
and calls a fast over all Yah Hudah:
4 and Yah Hudah gathers to seek Yah Veh
— even from all the cities of Yah Hudah
they come to seek Yah Veh.
5 And Yah Shaphat stands in the congregation
of Yah Hudah and Yeru Shalem
in the house of Yah Veh
before **at the face of** the new court,
6 And said, O *LORD God* **Yah Veh
Elohim** of our fathers, art not thou *God*
Elohim in *heaven* **the heavens**?
and rulest not thou **Yea, thou reignest** over all
the *kingdoms* **sovereigndoms** of the *heathen?* **goyim!**
and in thine hand *is* there *not power* **is force** and
might, so that none is able to withstand thee?!
7 Art not thou our *God* **Elohim**,
who *didst drive out* **dispossessed**
the *inhabitants* **settlers** of this land
before **at the face of** thy people *Israel* **Yisra El**,
and gavest it to the seed of Abraham thy *friend* **beloved**
for ever **eternally**?
8 And they *dwelt* **settled** therein, and have built thee
a *sanctuary* **holies** therein for thy name, saying,

9 If, *when* evil cometh upon us,
as the sword, judgment, or pestilence, or famine,
we stand *before* **at the face of** this house,
and *in* **at** thy *presence* **face**, (for thy
name is in this house,)
and cry unto thee in our *affliction* **tribulation**,
then thou *wilt* **shalt** hear and *help* **save**.
10 And now, behold,
the *children* **sons** of Ammon and Moab and mount
Seir, whom thou *wouldest* **shouldest** not
let Israel **give Yisra El to** invade,
when they came out of the land of *Egypt*
Misrayim, but they turned **aside** from them,
and *destroyed* **desolated** them not;
11 Behold, *I say*, how they *reward* **deal** us,
to come to *cast* **expel** us out of thy possession,
which thou hast given us to *inherit* **possess**.
12 O our *God* **Elohim**, *wilt* **shalt** thou not judge them?
for we have no might **force**
against **at the face of** this great *company* **multitude**
that cometh against us;
neither know we what to *do* **work**:
but our eyes are upon thee.
13 And all *Judah* **Yah Hudah**
stood *before the LORD* **at the face of Yah
Veh**, with their *little ones* **toddlers**,
their *wives* **women**, and their *children* **sons**.
14 Then upon *Jahaziel* **Yachazi El**
the son of *Zechariah* **Zechar Yah**,
the son of *Benaiah* **Bena Yah**, the son of *Jeiel*
Yei El, the son of *Mattaniah* **Mattan Yah**,
a *Levite* **Leviy** of the sons of Asaph, came the Spirit of
the LORD **Yah Veh** in the midst of the congregation;
15 And he said, Hearken ye, all *Judah* **Yah Hudah**, and
ye *inhabitants* **settlers** of *Jerusalem* **Yeru Shalem**,
and thou *king Jehoshaphat* **sovereign Yah Shaphat**,
Thus saith *the LORD* **Yah Veh** unto you,
Be not afraid **Awe not,** nor *dismayed* **terrify**
by reason **at the face** of this great multitude;
for the *battle* **war** is not yours, but *God's* **Elohim's**.
16 To morrow *go* **descend** ye *down* against them: behold,
they *come up* **ascend** by the *cliff* **ascent** of *Ziz* **Sis**;
and ye shall find them at the end of the *brook* **wadi**,
before **at the face of** the wilderness of *Jeruel* **Yeru El**.
17 Ye shall not *need to* fight in this *battle*:
set yourselves, stand ye *still*,
and see the salvation of *the LORD* **Yah Veh** with you,
O *Judah* **Yah Hudah** and *Jerusalem* **Yeru Shalem**:
fear **awe** not, nor *be dismayed* **terrify**;
to morrow go out *against them* **at their face**:
for *the LORD will* **Yah Veh shall** be with you.
18 And *Jehoshaphat* **Yah Shaphat** bowed *his head*
with *his face* **nostrils** to the *ground* **earth**:
and all *Judah* **Yah Hudah**
and the *inhabitants* **settlers** of *Jerusalem* **Yeru
Shalem** fell *before the LORD* **at the face of Yah Veh**,
worshipping the LORD **prostrating to Yah Veh**.
19 And the *Levites* **Leviym**,
of the *children* **sons** of the *Kohathites* **Qehathiy**,
and of the *children* **sons** of the *Korhites*
Qorachiy, *stood up* **arose** to *praise* **halal**
the LORD God **Yah Veh Elohim** of *Israel* **Yisra El**
at the face of the new court,
6 and says, O Yah Veh Elohim of our fathers,
Are you not Elohim in the heavens?
Yes, you reign
over all the sovereigndoms of the goyim!
And force and might are in your hand
so that no one is able to withstand you!
7 Are not you our Elohim
who dispossessed the settlers of this land
at the face of your people Yisra El?
And gave it to the seed of Abraham
your beloved eternally?
8 And they settle therein
and build you a holies for your name, saying,
9 If, evil comes on us,
as the sword, judgment or pestilence or
famine we stand at the face of this house
and at your face
— for your name is in this house and cry to you
in our tribulation; and you hear and save.
10 And now, behold,
the sons of Ammon and Moab and mount Seir,
whom you gave not Yisra El to invade
when they came from the land of Misrayim
— for they turned aside from them
and desolated them not:
11 — and behold, how they deal us,
to come to expel us from the possession
you gave us to possess.
12 O our Elohim, judge you them not?
We have no force at the face of this great
multitude who comes against us;
and we know not what to work:
but our eyes are on you.
13 And all Yah Hudah stands at the face of Yah Veh,
with their toddlers, their women and their sons:
14 and the Spirit of Yah Veh come s upon Yachazi
El the son of Zechar Yah the son of Bena Yah

the son of Yei El the son of Mattan Yah
— a Leviy of the sons of Asaph midst the congregation;
15 and he says, Hearken, all Yah Hudah,
and you, settlers of Yeru Shalem, and
you, sovereign Yah Shaphat:
thus says Yah Veh to you: Neither awe nor terrify
at the face of this great multitude;
for the war is not to you, but to Elohim:
16 tomorrow descend against them:
behold, they ascend by the ascent of Sis;
and you find them at the end of the wadi at
the face of the wilderness of Yeru El.
17 Fight not in this: Set yourselves! Stand!
See the salvation of Yah Veh with you, O Yah
Hudah and Yeru Shalem: neither awe nor terrify:
tomorrow go out at their face and Yah Veh *is* with you.
18 And Yah Shaphat bows with nostrils to the earth:
and all Yah Hudah and the settlers of Yeru Shalem
fall at the face of Yah Veh, and prostrate to Yah Veh:
19 and the Leviym of the sons of the
Qehathiy
and of the sons of the Qorachiy
rise to halal Yah Veh Elohim of Yisra El
with a *loud* **great** voice on high.
20 And they *rose* **started** early in the morning,
and went forth into the wilderness of *Tekoa* **Teqoha**:
and as they went forth, *Jehoshaphat* **Yah Shaphat**
stood and said, Hear me, O *Judah* **Yah Hudah**,
and ye *inhabitants* **settlers** of *Jerusalem* **Yeru
Shalem**; *Believe* **Trust** in *the LORD* **Yah Veh** your
God **Elohim**, so shall ye be *established* **amenable**;
believe **trust** his prophets, so shall ye prosper.
21 And when he had
consulted **counselled** with the people,
he *appointed* **stood** singers unto *the
LORD* **Yah Veh**, and that should
praise **halal** the *beauty* **majesty** of holiness,
as they went out *before* **at the face of** the *army*
equipped, and to say, *Praise the LORD* **Spread hands
to Yah Veh**; for his mercy *endureth for ever* **is eternal**.
22 And *when* **in the time that** they began
to *sing* **shout** and to *praise* **halal**
the LORD set ambushments **Yah Veh lurked**
against the *children* **sons** of Ammon,
Moab, and mount Seir,
which were come against *Judah* **Yah Hudah**;
and they *were smitten* **smote one another**.
23 For the *children* **sons** of Ammon and Moab
stood up against the *inhabitants* **settlers** of mount Seir,
utterly to *slay* **devote** and *destroy* **desolate**
them: and when they had *made an end of*
finished off the *inhabitants* **settlers** of Seir,
every one **each man** helped
to destroy another **against his friend for ruin**.
24 And when *Judah* **Yah Hudah**
came toward *the watch tower* **Mispeh** in the wilderness,
they *looked* **faced** unto the multitude, and, behold,
they were *dead bodies* **carcases** fallen to the earth,
and none escaped.
25 And when *Jehoshaphat* **Yah Shaphat** and his people
came to *take away* **plunder** the spoil of them,
they found among them in abundance
both *riches* **acquisitions** with the *dead bodies* **carcases**,
and *precious jewels* **desirable instruments**,
which they stripped off for themselves,
more than they could carry away **without burden**:
and they were three days
in *gathering* **plundering** of the spoil, it was so much.
26 And on the fourth day
they *assembled* **congregated** *themselves*
in the valley of *Berachah* **Berachah /Blessing**; for
there they blessed *the LORD* **Yah Veh**: therefore
the name of the same place was called,
The valley of *Berachah* **Berachah/
Blessing**, unto this day.
27 Then they returned, every man
of *Judah* **Yah Hudah** and *Jerusalem* **Yeru
Shalem**, and *Jehoshaphat* **Yah Shaphat**
in the forefront **at the head** of them,
to *go again* **return** to *Jerusalem* **Yeru Shalem**
with *joy* **cheer**;
for *the LORD* **Yah Veh** had *made* **caused**
them to *rejoice* **cheer** over their enemies.
28 And they came to *Jerusalem* **Yeru Shalem** with
psalteries **bagpipes** and harps and trumpets
unto the house of *the LORD* **Yah Veh**
29 And the fear of *God* **Elohim**
was on all the *kingdoms* **sovereigndoms**
of those *countries* **lands**,
when they had heard that *the LORD* **Yah Veh**
fought against the enemies of *Israel* **Yisra El**.
30 So the *realm* **sovereigndom** of
Jehoshaphat **Yah Shaphat**
was quiet **rested**:
for his *God gave him rest* **Elohim
rested him** round about.

The Death Of Yah Shaphat

31 And *Jehoshaphat* **Yah Shaphat**
reigned over *Judah* **Yah Hudah**:

he was **a son of** thirty and five years *old*
when he began to reign, and he reigned
twenty and five years in *Jerusalem* **Yeru Shalem**.
And his mother's name
with a great voice on high.
20 And they start early in the morning and
go to the wilderness of Teqoha:
and as they go
Yah Shaphat stands and says, Hear me,
O Yah Hudah and you settlers of Yeru
Shalem; Trust in Yah Veh your Elohim,
amenable; trust his prophets, prosper.
21 And he counsels with the people, and he stands
singers to Yah Veh to halal the majesty of holiness
as they go from the face of the equipped
saying, Spread hands to Yah Veh;
for his mercy eternal.
22 And at the time they begin to shout and to halal
Yah Veh lurks against the sons of
Ammon, Moab and mount Seir,
who come against Yah Hudah;
and they smite one another:
23 and the sons of Ammon and Moab stand
against the settlers of mount Seir
to devote and desolate them:
and they finish off the settlers of Seir, and
each man helps to ruin his friend.
24 And Yah Hudah
comes to Mispeh in the wilderness, and
they face the multitude, and behold,
their carcases fallen to the earth; and none escape.
25 And Yah Shaphat and his people
come to plunder the spoil;
and among the carcases, they find in abundance,
both acquisitions and desirable instruments
which they strip for themselves, without burden:
and for three days they plunder the spoil
— it is so much:
26 and on the fourth day
they congregate in the valley of Berachah/Blessing;
and there they bless Yah Veh:
so they call the name of the place,
The valley of Berachah/Blessing, to thi s day.
27 Then they return
— every man of Yah Hudah and Yeru
Shalem with Yah Shaphat at their head
— return to Yeru Shalem with cheer;
for Yah Veh cheers them over their enemies:
28 and they come to Yeru Shalem
with bagpipes and harps and trumpets
to the house of Yah Veh:
29 and the fear of Elohim
is on all the sovereigndoms of those
lands, when they hear
that Yah Veh fights against the enemies of Yisra El:
30 and the sovereigndom of Yah Shaphat rests:
for his Elohim rests him all around.

The Death Of Yah Shaphat

31 And Yah Shaphat reigns over Yah Hudah:
he is a son of thirty—five years when he begins to reign:
and he reigns twenty—five years in Yeru Shalem:
and the name of his mother,
was Azubah the daughter of *Shilhi* **Shilchi**.
32 And he walked in the way of Asa his father,
and *departed not* **turned not aside** from it,
doing **working** that which was *right* **straight**
in the *sight* **eyes** of *the LORD* **Yah Veh**.
33 Howbeit the *high places* **bamahs**
were not *taken away* **turned aside**:
for as yet the people had not prepared their
hearts unto the *God* **Elohim** of their fathers.
34 Now the rest of the *acts* **words**
of *Jehoshaphat* **Yah Shaphat**, first and last,
behold, they are *written* **inscribed**
in the *book* **words** of *Jehu* **Yah Hu** the son of Hanani,
who is *mentioned* **ascended** in the *book* **scroll**
of the *kings* **sovereigns** of *Israel* **Yisra El**.
35 Andafterthisdid*JehoshaphaY***tahShaphat**
king **sovereign** of *Judah* **Yah Hudah**
join himself with *Ahaziah* **Achaz Yah** *king* **sovereign**
of *Israel* **Yisra El**, who *did very* **worked** wickedly.
36 And he joined himself with him
to *make* **work** ships to go to Tarshish:
and they *made* **worked** the ships in
Eziongaber **Esyon Geber**.
37 Then *Eliezer* **Eli Ezer**
the son of *Dodavah* **Doda Yah** of Mareshah prophesied
against *Jehoshaphat* **Yah Shaphat**, saying, Because
thou hast joined thyself with *Ahaziah* **Achaz Yah**, *the*
LORD **Yah Veh** hath *broken* **breached** thy works.
And the ships were broken,
that they *were not able* **retained not** to go to Tarshish.

Yah Ram Reigns Over Yah Hudah

21 Now *Jehoshaphat* **Yah Shaphat**
slept **laid** with his fathers,
and was *buried* **entombed** with his
fathers in the city of David.
And *Jehoram* **Yah Ram** his son reigned in his stead.
2 And he had brethren

the sons of *Jehoshaphat* **Yah Shaphat**,
Azariah **Azar Yah**, and *Jehiel* **Yechi El**,
and *Zechariah* **Zechar Yah**, and *Azariah* **Azar Yah**,
and *Michael* **Michah El**, and *Shephatiah* **Shaphat Yah**:
all these were the sons of *Jehoshaphat* **Yah Shaphat**
king **sovereign** of *Israel* **Yisra El**.
3 And their father gave them great gifts
of silver, and of gold, and of *precious things*
preciousnesses, with *fenced* **rampart**
cities in *Judah* **Yah Hudah**:
but the *kingdom* **sovereigndom**
gave he to *Jehoram* **Yah Ram**;
because he was the firstborn.
4 Now when *Jehoram* **Yah Ram**
was risen up to the *kingdom* **sovereigndom**
of his father, he strengthened himself,
and *slew* **slaughtered** all his brethren
with the sword, and *divers* also of the
princes **governors** of *Israel* **Yisra El**.
5 *Jehoram***YahRam**wasasonohtfirtyandtwoyears*old*
when he began to reign,
and he reigned eight years in *Jerusalem* **Yeru Shalem**.
6 And he walked in the way
of the *kings* **sovereigns** of *Israel* **Yisra El**,
like as *did* **worked** the house of *Ahab* **Ach Ab**:
for he had the daughter of *Ahab* **Ach Ab** to *wife* **woman**:
and he *wrought* **worked** that which was evil
in the eyes of *the LORD* **Yah Veh**.
7 Howbeit *the LORD* **Yah Veh**
would **willed to** not *destroy* **ruin** the house of David,
because of the covenant that he had *made*
cut with David, and as he *promised* **said**
to give a *light* **lamp** to him and to his sons
for ever **all days**.
8 In his days the *Edomites revolted* **Edomiy rebelled**
from under the *dominion* **hand** of *Judah* **Yah
Hudah**, and *made themselves a king*
had a sovereign reign over them.
9 Then *Jehoram went forth* **Yah Ram passed over**
with his *princes* **governors**, and all his chariots with
him: and he rose up by night, and smote the *Edomites*
Edomiy which *compassed* **surrounded** him *in*,
and the *captains* **governors** of the chariots.
Azubah the daughter of Shilchi.
32 And he walks in the way of Asa his
father and turns not aside;
working straight in the eyes of Yah Veh.
33 Only, he turns not aside the bamahs:
for as yet the people prepared not their
hearts to the Elohim of their fathers.
34 And the rest of the words of Yah Shaphat
— first and last, behold, they are inscribed
in the words of Yah Hu the son of Hanani,
who ascends in the scroll of the sovereigns of Yisra El.
35 And after this,
Yah Shaphat sovereign of Yah Hudah
joins himself with Achaz Yah sovereign
of Yisra El who works wickedly:
36 and he joins himself with him to
work ships to go to Tarshish:
and they work the ships in Esyon Geber.
37 And Eli Ezer the son of Doda Yah of Mareshah
prophesies against Yah Shaphat, saying,
Because you join yourself with Achaz Yah
Yah Veh breaches your works.
And the ships break up,
so that they retain not to go to Tarshish.

YAH RAM REIGNS OVER YAH HUDAH

21 And Yah Shaphat lies down with his fathers
— entombed with his fathers in the city of David;
and Yah Ram his son reigns in his stead.
2 And he has brothers — the sons of Yah Shaphat: Azar
Yah and Yechi El and Zechar Yah and Azar Yah
and Michah El and Shaphat Yah
— all these are the sons of Yah
Shaphat sovereign of Yisra El.
3 And their father gives them great gifts
of silver and of gold and of preciousnesses
with rampart cities in Yah Hudah:
and he gives the sovereigndom to Yah
Ram because he is the firstbirthed.
4 And Yah Ram rises
over the sovereigndom of his father
and strengthens himself;
and slaughters all his brothers with the sword
and also of the governors of Yisra El.
5 Yah Ram is a son of thirty—two
years when he begins to reign
and he reigns eight years in Yeru Shalem:
6 and he walks in the way of the sovereigns of Yisra El,
as the house of Ach Ab worked:
for he has the daughter of Ach Ab to woman:
and he works evil in the eyes of Yah Veh:
7 and Yah Veh wills to not ruin the house of
David
because of the covenant he cut with David;
and as he says,
to give him and his sons a lamp all days.
8 In his days,

the Edomiy rebel from under the hand of Yah
Hudah and have a sovereign reign over them:
9 and Yah Ram passes over
with his governors and all his chariots:
and he rises by night
and smites the Edomiy who surround him
and the governors of the chariots:
10 So the *Edomites revolted* **Edomiy rebelled**
from under the hand of *Judah* **Yah Hudah** unto this day.
The same time also
did Libnah *revolt* **rebelled** from under his hand;
because he had forsaken
the LORD God **Yah Veh Elohim** of his fathers.
11 Moreover he *made high places* **worked bamahs**
in the mountains of *Judah* **Yah Hudah**
and caused
the *inhabitants* **settlers** of *Jerusalem* **Yeru Shalem**
to *commit fornication* **whore,**
and *compelled Judah* **drove/expelled Yah Hudah** *thereto.*
12 And there came *a writing* **inscribed** to him
from *Elijah* **Eli Yah** the prophet, saying,
Thus saith
the LORD God **Yah Veh Elohim** of David thy father,
Because thou hast not walked in the ways of
Jehoshaphat **Yah Shaphat** thy father, nor in the ways
of Asa *king* **sovereign** of *Judah* **Yah Hudah,**
13 But hast walked in the way
of the *kings* **sovereigns** of *Israel* **Yisra El,**
and hast made *Judah* **Yah Hudah**
and the *inhabitants* **settlers** of *J erusalem* **Yeru Shalem**
to *go a whoring* **whore,**
like to the *whoredoms* **whoring** of the house of
Ahab **Ach Ab,** and also hast *slain* **slaughtered**
thy brethren of thy father's house,
which were better than thyself:
14 Behold, with a great plague
will the LORD **shall Yah Veh** smite thy people,
and thy *children* **sons,** and thy *wives* **women,**
and all thy *goods* **acquisitions:**
15 And thou shalt have great sickness by disease
of thy *bowels* **inwards,** until thy
bowels fall out **inwards go**
by reason of the sickness day by day.
16 Moreover *the LORD* **Yah Veh**
stirred up **wakened** against *Jehoram* **Yah Ram**
the spirit of the *Philistines* **Peleshethiy,**
and of the *Arabians* **Arabiy,**
that were *near* **alongside**
by the hand of the *Ethiopians* **Kushiy:**
17 And they *came up* **ascended** into *Judah*
Yah Hudah, and *brake into* **split** it,
and *carried away* **captured** all the *substance* **acquisition**
that was found in the *king's* **sovereign's** house,
and his sons also, and his *wives* **women;**
so that *there was never a* **no** son *left* **survived** him,
save Jehoahaz **except Yah Achaz,**
the youngest of his sons.
18 And after all this
the LORD **Yah Veh** smote him in his *bowels* **inwards**
with *an incurable disease* **a nonhealing sickness.**
19 And **so be** it *came to pass,*
that *in process of time* **day by day,**
after the end **in the going** of two years,
his *bowels fell out* **inwards went**
by reason of his sickness:
so he died of *sore diseases* **evil sicknesses.**
And his people *made* **worked** no burning for him,
like the burning of his fathers.
20 **A son of** Thirty and two years *old*
was he when he began to reign,
and he reigned in *Jerusalem* **Yeru Shalem** eight years,
and *departed* **went** without being desired. Howbeit
they *buried* **entombed** him in the city of David, but
not in the *sepulchres* **tombs** of the *kings* **sovereigns.**

ACHAZ YAH REIGNS OVER YAH HUDAH

22 And the *inhabitants* **settlers**
of *Jerusalem* **Yeru Shalem**
made *Ahaziah* **Achaz Yah** his youngest son
king **reign** in his stead:
for the *band of men* **troops**
that came with the *Arabians* **Arabiy** to the camp
had *slain* **slaughtered** all the *eldest* **heads.**
So *Ahaziah* **Achaz Yah** the son of *Jehoram* **Yah Ram**
king **sovereign** of *Judah* **Yah Hudah** reigned.
2 **A son of** Forty and two years *old*
was *Ahaziah* **Achaz Yah** when he began to reign, and
he reigned one year in *Jerusalem* **Yeru Shalem.**
10 and to this day,
the Edomiy rebel from under the hand of Yah Hudah.
And at the same time,
Libnah rebels from under his hand;
because he forsook Yah Veh Elohim of his fathers:
11 also,
he works bamahs in the mountains of Yah
Hudah and has the settlers of Yeru Shalem
to whore and to drive/expel Yah Hudah.
12 And there comes, inscribed to him,
from Eli Yah the prophet, saying,
Thus says Yah Veh Elohim of David
your father, Because you walk

neither in the ways of Yah Shaphat your father nor
in the ways of Asa sovereign of Yah Hudah;
13 and walk in the way of the sovereigns
of Yisra El and have Yah Hudah
and the settlers of Yeru Shalem whore
as the house of Ach Ab whored;
and also slaughtered your brothers
of the house of your father
— who are better than you:
14 behold, Yah Veh smites your people
and your sons and your women
and all your acquisitions with a great plague:
15 and you have great sickness
— disease of your inwards until your inwards go
because of the sickness, day by day.
16 And Yah Veh wakens, against Yah Ram,
the spirit of the Peleshethiy and of the Arabiy,
who *are* alongside by the hand of the Kushiy:
17 and they ascend to Yah Hudah and split
it and capture all the acquisitions
they find in the house of the sovereign
— and also his sons and his women;
so that no son survives him
except Yah Achaz, the youngest of his sons.
18 And after all this,
Yah Veh smites his inwards with a nonhealing sickness.
19 And so be it, day by day, in the going of two years,
his inwards go by reason of his sickness:
and he dies of evil sicknesses:
and his people work no burning for him,
as the burning of his fathers:
20 a son of thirty—two
— and he begins to reign;
and he reigns in Yeru Shalem eight
years and goes without desire;
— entombed in the city of David but not
in the tombs of the sovereigns.

ACHAZ YAH REIGNS OVER YAH HUDAH

22 And the settlers of Yeru Shalem
have Achaz Yah his youngest son reign in his stead:
for the troops who came with the Arabiy to
the camp slaughtered all the heads:
and Achaz Yah the son of Yah Ram
sovereign of Yah Hudah reigns.
2 Achaz Yah is a son of forty—two
years when he begins to reign;
and he reigns one year in Yeru Shalem.
His mother's name also was *Athaliah* **Athal Yah**
the daughter of Omri.
3 He also walked in the ways
of the house of *Ahab* **Ach Ab**:
for his mother was his counsellor to do wickedly.
4 Wherefore he *did* **worked** evil
in the *sight* **eyes** of *the LORD* **Yah Veh**
like the house of *Ahab* **Ach Ab**:
for they were his counsellors after the death
of his father to his *destruction* **ruin.**
5 He walked also after their counsel,
and went with *Jehoram* **Yah Ram**
the son of *Ahab* **Ach Ab,**
king **sovereign** of *Israel* **Yisra El** to war against
Hazael **Haza El** *king* **sovereign** of *Syria* **Aram**
at *Ramothgilead* **Ramoth Gilad**:
and the *Syrians* **Aramiy** smote *Joram* **Yah Ram.**
6 And he returned to be healed in *Jezreel* **Yizre El**
because of the *wounds* **strokes**
which *were given* **they smote** him at Ramah,
when he fought with *Hazael* **Haza El,**
king **sovereign** of *Syria* **Aram.**
And *Azariah* **Azar Yah** the son of *Jehoram* **Yah Ram,**
king **sovereign** of *Judah went down*
Yah Hudah descended
to see *Jehoram* **Yah Ram** the son of *Ahab* **Ach Ab**
at *Jezreel* **Yizre El,** because he was sick.
7 And the *destruction* **trampling**
of *Ahaziah* **Achaz Yah**
was of *God* **Elohim** by coming to *Joram* **Yah Ram**:
for when he was come,
he went out with *Jehoram* **Yah Ram** against
Jehu **Yah Hu** the son of Nimshi, whom
the LORD **Yah Veh** had anointed
to cut off the house of *Ahab* **Ach Ab.**
8 And **so be** it *came to pass*, that,
when *Jehu was executing judgment* **Yah Hu judged**
upon the house of *Ahab* **Ach Ab,**
and found the *princes* **governors** of *Judah* **Yah Hudah,**
and the sons of the brethren of *Ahaziah* **Achaz**
Yah, that ministered to *Ahaziah* **Achaz Yah,**
he *slew* **slaughtered** them.
9 And he sought *Ahaziah* **Achaz Yah**:
and they *caught* **captured** him,
(for he was hid in *Samaria* **Shomeron,**)
and brought him to *Jehu* **Yah Hu**:
and when they had *slain* **deathified**
him, they *buried* **entombed** him:
Because, said they,
he is the son of *Jehoshaphat* **Yah Shaphat,**
who sought *the LORD* **Yah Veh** with all his heart.
So the house of *Ahaziah* **Achaz Yah** had no *power* **force**
to *keep still* **retain** the *kingdom* **sovereigndom.**

10 ButwhenAthaliahAthalYah
the mother of *Ahaziah* **Achaz Yah** saw that her
son *was dead* **had died**, she arose and *destroyed*
worded to all the *seed royal* **sovereigndom**
seed of the house of *Judah* **Yah Hudah**.
11 But *Jehoshabeath* **Yah Shabath**, the
daughter of the *king* **sovereign**,
took *Joash* **Yah Ash** the son of *Ahaziah* **Achaz Yah**,
and stole him from among the *king's* **sovereign's** sons
that were *slain* **deathified**,
and *put* **gave** him and his *nurse* **suckler** in a bedchamber.
So *Jehoshabeath* **Yah Shabath**,
the daughter of *king Jehoram* **sovereign Yah Ram**,
the *wife* **woman** of *Jehoiada* **Yah Yada** the priest,
(for she was the sister of *Ahaziah* **Achaz Yah**,)
hid him from *Athaliah* **the face of Athal Yah**,
so that she *slew* **deathified** him not.
12 And he was with them
hid in the house of *God* **Elohim** six years:
and *Athaliah* **Athal Yah** reigned over the land.

Yah Yada Sets Yah Ash To Reign Over Yah Hudah

23 And in the seventh year
Jehoiada **Yah Yada** strengthened himself,
and took the *captains* **governors** of hundreds,
Azariah **Azar Yah** the son of *Jeroham* **Yerocham**,
and *Ishmael* **Yishma El** the son of *Jehohanan* **Yah Hanan**, and *Azariah* **Azar Yah** the son of Obed,
And the name of his mother, Athal
Yah the daughter of Omri.
3 He also walks in the ways of the house of Ach Ab:
for his mother is his counsellor to do wickedly:
4 and he works evil in the eyes of Yah
Veh as the house of Ach Ab:
for they are his counsellors
after the death of his father — to his ruin:
5 he also walks after their counsel
and goes with Yah Ram
the son of Ach Ab sovereign of Yisra El to war against
Haza El sovereign of Aram at Ramoth Gilad:
and the Aramiy smite Yah Ram;
6 and he returns to heal in Yizre El
because of the strokes they smote him at Ramah
when he fought Haza El sovereign of Aram.
And Azar Yah
the son of Yah Ram sovereign of Yah Hudah
descends to see Yah Ram the son of Ach
Ab at Yizre El because he is sick:
7 and the trampling of Achaz Yah is of
Elohim for coming to Yah Ram:
for when he comes,
he goes with Yah Ram
against Yah Hu the son of Nimshi
— whom Yah Veh anointed
to cut off the house of Ach Ab.
8 And so be it,
Yah Hu judges the house of Ach Ab: and he finds
the governors of Yah Hudah and the sons of the
brothers of Achaz Yah who minister to Achaz Yah;
and slaughters them:
9 and he seeks Achaz Yah: and they capture him
— he hides in Shomeron and brings him to Yah Hu:
and they deathify him and entomb him
— because, say they,
he is the son of Yah Shaphat,
who sought Yah Veh with all his heart: and the house
of Achaz Yah has no force to retain the sovereigndom.
10 And Athal Yah the mother of
Achaz Yah sees her son die,
and she rises and words to all the sovereigndom
seed of the house of Yah Hudah:
11 and Yah Shabath the daughter of the sovereign
takes Yah Ash the son of Achaz Yah
and steals him from among the sons of the sovereign
who are deathified
and gives him and his suckler in a bedchamber:
and Yah Shabath the daughter of sovereign Yah
Ram the woman of Yah Yada the priest
— for she is the sister of Achaz Yah hides
him from the face of Athal Yah
and she deathifies him not:
12 and he is with them
— hidden in the house of Elohim six years:
and Athal Yah reigns over the land.

Yah Yada Sets Yah Ash To Reign Over Yah Hudah

23 And in the seventh year
Yah Yada strengthens himself
and takes the governors of hundreds
— Azar Yah the son of Yerocham and
Yishma El the son of Yah Hanan
and Azar Yah the son of Obe d
and *Maaseiah* **Maase Yah** the son of *Adaiah* **Ada Yah**
and *Elishaphat* **Eli Shaphat** the son of
Zichri, into covenant with him.
2 And they went about in *Judah* **Yah Hudah**,
and gathered the *Levites* **Leviym**

out of all the cities of *Judah* **Yah Hudah**,
and the *chief* **head** of the fathers of *Israel* **Yisra El**, and they came to *Jerusalem* **Yeru Shalem**.
3 And all the congregation *made* **cut** a covenant
with the *king* **sovereign** in the house of *God* **Elohim**.
And he said unto them, Behold,
the *king's* **sovereign's** son shall reign,
as *the LORD* **Yah Veh**
hath *said* **worded** of the sons of David.
4 This is the *thing* **word** that ye shall *do* **work**;
A third *part* of you entering on the *sabbath* **shabbath**,
of the priests and of the *Levites* **Leviym**,
shall be porters of the *doors* **thresholds**;
5 And a third *part* shall be at the
king's **sovereign's** house;
and a third *part* at the *gate* **portal** of the foundation:
and all the people shall be in the courts
of the house of *the LORD* **Yah Veh**.
6 But let none come into the house of *the LORD* **Yah Veh**,
save **except** the priests,
and they that minister of the *Levites* **Leviym**;
they shall go in, for they are holy:
but all the people
shall *keep* **guard** the *watch* **guard** of *the LORD* **Yah Veh**.
7 And the *Levites* **Leviym**
shall *compass* **surround** the *king* **sovereign** round
about, every man with his *weapons* **instruments** in
his hand; and whosoever *else* cometh into the house,
he shall be *put to death* **deathified**:
but be ye with the *king* **sovereign**
when he cometh *in*, and when he goeth *out*.
8 So the *Levites* **Leviym** and all *Judah* **Yah Hudah**
did **worked** according to all *things*
that *Jehoiada* **Yah Yada** the priest
had *commanded* **misvahed**,
and took every man his men
that were to come in on the *sabbath* **shabbath**,
with them that were to go out on the *sabbath* **shabbath**:
for *Jehoiada* **Yah Yada** the priest
dismissed **liberated** not the *courses* **allotments**.
9 Moreover *Jehoiada* **Yah Yada** the priest
delivered **gave** to the *captains* **governors** of
hundreds spears, and bucklers, and shields,
that had been *king* **sovereign** David's,
which were in the house of *God* **Elohim**.
10 And he *set* **stood** all the people,
every man having his *weapon* **spear** in his hand,
from the right *side* **shoulder** of the *temple* **house**
to the left *side* **shoulder** of the *temple* **house**,
along by the **sacrifice** altar and the *temple*
house, by the *king* **sovereign** round about.
11 Then they brought out the *king's* **sovereign's** son,
and *put* **gave** upon him the *crown* **separatism**,
and *gave him* the *testimony* **witness**,
and *made* **had** him *king* **reign**.
And *Jehoiada* **Yah Yada** and his sons anointed him,
and said, *God save the king* **The sovereign liveth**.
12 Now when *Athaliah* **Athal Yah**
heard the *noise* **voice** of the people running
and *praising* **halaling** the *king* **sovereign**,
she came to the people
into the house of *the LORD* **Yah Veh**:
13 And she *looked* **saw**, and, behold,
the *king* **sovereign** stood at his pillar
at the *entering in* **entrance**,
and the *princes* **governors** and the
trumpets by the *king* **sovereign**:
and all the people of the land *rejoiced* **cheered**,
and *sounded* **blast** with trumpets,
also the singers with instruments of *musick* **song**,
and such as *taught to sing praise* **made known to halal**.
Then *Athaliah rent* **Athal Yah ripped** her clothes, and
said, *Treason, Treason*. **Conspiracy! Conspiracy!**
14 Then *Jehoiada* **Yah Yada** the priest
brought out the *captains* **governors** of hundreds
and Maase Yah the son of Ada Yah and Eli Shaphat
the son of Zichri into covenant with him:
2 and they go all around Yah Hudah
and gather the Leviym
and the head of the fathers of Yisra El
from all the cities of Yah Hudah;
and they come to Yeru Shalem:
3 and all the congregation cuts a covenant with
the sovereign in the house of Elohim.
And he says to them, Behold, the
son of the sovereign reigns,
as Yah Veh worded concerning the sons of David.
4 This is the word you work:
A third of you, entering on the shabbath
of the priests and of the Leviym,
are porters of the thresholds;
5 and a third, at the house of the sovereign;
and a third, at the portal of the foundation;
and all the people:
are in the courts of the house of Yah Veh:
6 and none come into the house of Yah Veh, except
the priests and of the Leviym who minister
— they go in, for they are holy:
but all the people guard the guard of Yah Veh.

7 And the Leviym surround the sovereign all around
— every man with his instruments in his
hand; and whoever goes into the house is
deathified: and you are with the sovereign
when he comes and when he goes.
8 And the Leviym and all Yah Hudah
work according to all Yah Yada the priest misvahs;
and every man takes his men who
come in on the shabbath,
with them who go out on the shabbath:
for Yah Yada the priest
liberates not the allotments.
9 And Yah Yada the priest
gives the spears and bucklers and shields
of sovereign David of the house of Elohim
to the governors of hundreds:
10 and he stands all the people
— every man with spear in hand, from
the right shoulder of the house
to the left shoulder of the house,
along by the sacrifice altar,
and the house by the sovereign, all around:
11 and they bring out the son of the sovereign
and give on him the separatism and the witness
and have him reign.
And Yah Yada and his sons anoint him
and say, The sovereign lives!
12 And Athal Yah hears the voice of the people
running and halaling the sovereign;
and she comes to the people in the house of Yah Veh:
13 and she sees, and behold,
the sovereign stands at his pillar at the entrance;
and the governors and the trumpets by the sovereign:
and all the people of the land cheer
and blast with trumpets,
and the singers with instruments of song
and such as *make* known to halal.
And Athal Yah rips her clothes and
says, Conspiracy! Conspiracy!
14 And Yah Yada the priest brings out
the governors of hundreds
that *were set over* **oversaw** the *host*
valiant, and said unto them,
Have **Bring** her *forth* **out of the**
house of the *ranges* **ranks**:
and whoso *followeth* **goeth after** her,
let him be *slain* **deathified** with the sword.
For the priest said,
Slay her **Deathify** not in the house
of *the LORD* **Yah Veh**.
15 So they *laid* **set** hands on her;
and when she was come to the *entering* **entrance**
of the horse *gate* **portal** by the *king's* **sovereign's**
house, they *slew* **deathified** her there.
16 And *Jehoiada* **Yah Yada**
made **cut** a covenant between him,
and between all the people,
and between the *king* **sovereign**,
that they should be *the LORD'S* **Yah Veh's** people.
17 Then all the people went to the house
of Baal, and *brake* **pulled** it down,
and brake his **sacrifice** altars and his images in pieces,
and *slew* **slaughtered** Mattan the priest of Baal
before **at the face of** the **sacrifice** altars.
18 Also *Jehoiada* **Yah Yada** *appointed* **set** the *offices*
overseers of the house of *the LORD* **Yah Veh**
by the hand of the priests the *Levites* **Leviym**,
whom David had *distributed* **allotted**
in the house of *the LORD* **Yah Veh**,
to *offer* **holocaust** the *burnt offerings* **holocausts**
of *the LORD* **Yah Veh**, as *it is written* **inscribed**
in the *law* **torah** of *Moses* **Mosheh**, with
rejoicing **cheer** and with singing,
as it was ordained by **the hand of** David.
19 Andhe*set***tood**theportersathe*gates***portals**
of the house of *the LORD* **Yah Veh**,
that none which was *unclean* **foul** in any *thing* **word**
should enter in.
20 And he took the *captains* **governors** of
hundreds, and the *nobles* **mighty**,
and the *governors* **sovereigns** of the people,
and all the people of the land,
and *brought down* **descended** the *king* **sovereign**
from the house of *the LORD* **Yah Veh**:
and they came through *the high gate* **Elyon Portal**
into the *king's* **sovereign's** house, and
set **settled** the *king* **sovereign**
upon the throne of the *kingdom* **sovereigndom**.
21 Andalthepeopleofthelandr*ejoiced***cheered**:
and the city *was quiet* **rested**,
after that they *had slain Athaliah* **deathified Athal Yah**
with the sword.

YAH ASH REIGNS IN YERU SHALEM

24 *Joash* **Yah Ash** was **a son of** seven years *old*
when he began to reign,
and he reigned forty years in *Jerusalem* **Yeru Shalem**.
His mother's name also was *Zibiah* **Zib Yah**
of *Beersheba* **Beer Sheba**.
2 And *Joash* **Yah Ash**

did **worked** that which was *right* **straight**
in the *sight* **eyes** of *the LORD* **Yah Veh**
all the days of *Jehoiada* **Yah Yada** the priest.
3 And *Jehoiada* **Yah Yada**
took for him two *wives* **women;**
and he *begat* **birthed** sons and daughters.

YAH ASH RENEWS THE HOUSE OF YAH VEH

4 And **so be** it *came to pass*, after this,
that *Joash was minded* **it was in the heart of Yah Ash**
to *repair* **renew** the house of *the LORD* **Yah Veh.**
5 And he gathered *together*
the priests and the *Levites* **Leviym,** and said to them,
Go out unto the cities of *Judah* **Yah Hudah,**
and gather of all *Israel* **Yisra El** *money* **silver**
to *repair* **strengthen** the house of your *God* **Elohim**
from **enough** year to year,
and see that ye hasten the *matter* **word.** Howbeit
the *Levites* **Leviym** hastened it not.
6 And the *king* **sovereign**
called for *Jehoiada* **Yah Yada** the *chief*
head, and said unto him,
who oversee the valiant, and says to them,
Bring her from the house of the ranks: and whosever
goes after her, deathify her with the sword
— for the priest says,
Deathify her not in the house of Yah Veh.
15 So they set hands on her;
and she comes to the entrance of the horse
portal by the house of the sovereign,
and there they deathify her.
16 And Yah Yada cuts a covenant between
him and between all the people
and between the sovereign, to be a people to Yah Veh:
17 and all the people go to the house of Baal
and pull it down
and break his sacrifice altars and his images in
pieces and slaughter Mattan the priest of Baal
at the face of the sacrifice altars:
18 and Yah Yada
sets the overseers of the house of Yah
Veh at the hand of the priests
— the Leviym David allotted in the house of Yah
Veh to holocaust the holocausts of Yah Veh,
as inscribed in the torah of Mosheh;
with cheer and with singing, by the hand of David:
19 and he stands the porters
at the portals of the house of Yah Veh,
so that no one who is foul in any word enters in.
20 And he takes the governors of
hundreds and the mighty
and the sovereigns of the people
and all the people of the land; and descends
the sovereign from the house of Yah Veh:
and they come through Elyon Portal into the
house of the sovereign; and settle the sovereign
on the throne of the sovereigndom.
21 And all the people of the land cheer and the city rests;
and they deathify Athal Yah with the sword.

YAH ASH REIGNS IN YERU SHALEM

24 Yah Ash is a son of seven years
when he begins to reign;
and he reigns forty years in Yeru Shalem.
The name of his mother, Zib Yah of Beer Sheba.
2 And Yah Ash works straight in the eyes of
Yah Veh
all the days of Yah Yada the priest:
3 And Yah Yada takes two women and
births sons and daughters.

YAH ASH RENEWS THE HOUSE OF YAH VEH

4 And so be it, after this,
it is in the heart of Yah Ash
to renew the house of Yah Veh:
5 and he gathers the priests and the
Leviym and says to them,
Go to the cities of Yah Hudah
and gather silver of all Yisra El
to strengthen the house of your Elohim
— enough year by year
and see that you hasten the word.
And the Leviym hasten not:
6 and the sovereign calls for Yah Yada
the head and says to him,
Why hast thou not required
of the *Levites* **Leviym** to bring in
out of *Judah* **Yah Hudah** and out
of *Jerusalem* **Yeru Shalem**
the *collection* **burden,**
according to *the commandment of Moses* **Mosheh**
the servant of *the LORD* **Yah Veh,**
and of the congregation of *Israel* **Yisra El,**
for the *tabernacle* **tent** of witness?
7 For the sons of *Athaliah* **Athal**
Yah, that wicked *woman*,
had *broken up* **breached** the house of *God* **Elohim;**
and also all the *dedicated things* **holies**
of the house of *the LORD* **Yah Veh**
did they *bestow* **work** upon Baalim.
8 And at the *king's commandment* **sovereign's saying**

they *made a chest* **worked one ark**,
and *set* **gave** it without
at the *gate* **portal** of the house of *the LORD* **Yah Veh**.
9 And they *made a proclamation* **gave voice**
through *Judah* **Yah Hudah** and *Jerusalem* **Yeru Shalem**,
to bring in to *the LORD* **Yah Veh** the *collection* **burden**
that *Moses* **Mosheh** the servant of *God* **Elohim**
laid upon *Israel* **Yisra El** in the wilderness.
10 Andalthe*princes***governors**andalthepeople
rejoiced **cheered**, and brought in,
and cast into the *chest* **ark**,
until they had *made an end* **finished**.
11 Now **so be** it *came to pass*,
that at what time the *chest* **ark** was brought
unto the *king's office* **sovereign's oversight**
by the hand of the *Levites* **Leviym**,
and when they saw that there was much
money **silver**, the *king's* **sovereign's** scribe
and the *high* **head** priest's *officer* **overseer** came
and emptied the *chest* **ark**, and *took* **lifted** it,
and *carried* **returned** it to his place *again*.
Thus they *did* **worked** day by day, and
gathered *money* **silver** in abundance.
12 And the *king* **sovereign** and *Jehoiada* **Yah Yada**
gave it to such as *did* **worked** the work
of the service of the house of *the LORD* **Yah Veh**,
and hired *masons* **hewers** and *carpenters* **artificers**
to *repair* **renew** the house of *the LORD* **Yah Veh**,
and also
such as wrought **artificers of** iron and *brass* **copper**
to *mend* **strengthen** the house of *the LORD* **Yah Veh**.
13 So the *workmen wrough*wt **orkersworked**,
and the work was perfected by them
and healing ascended upon the work of their hand,
and they *set* **stood** the house of *God* **Elohim**
in *his state* **quantity**, and strengthened it.
14 And when they had finished it,
they brought the *rest* **remainder** of the *money* **silver**
before **at the face**
of the *king* **sovereign** and *Jehoiada* **Yah Yada**,
whereof were *made vessels* **worked instruments**
for the house of *the LORD* **Yah Veh**,
even vessels to minister **instruments of**
ministry, and to *offer* **holocaust** *withal*,
and *spoons* **bowls**,
and *vessels* **instruments** of gold and silver.
And they *offered burnt offerings* **holocausted holocausts**
in the house of *the LORD* **Yah Veh** continually
all the days of *Jehoiada* **Yah Yada**.
15 But *Jehoiada waxed old* **Yah Yada aged**, and
was *full* **satisfied** of days when he died;
a son of an hundred and thirty years
old was he when he died.
16 And they *buried* **entombed** him in the city
of David among the *kings* **sovereigns**,
because he had *done* **worked** good in *Israel* **Yisra El**,
both toward *God* **Elohim**, and toward his house.
17 Now after the death of *Jehoiada* **Yah Yada**
came the *princes* **governors** of *Judah* **Yah Hudah**, and
made obeisance **prostrated** to the *king* **sovereign**.
Then the *king* **sovereign** hearkened unto them.
18 And they *left* **forsook**
the house of *the LORD God* **Yah Veh Elohim**
of their fathers,
and served *groves* **asherim** and idols:
Why have you not required of the
Leviym to bring in the burden
from Yah Hudah and from Yeru Shalem
according to Mosheh the servant of Yah Veh?
And of the congregation of Yisra El
for the tent of witness?
7 For the sons of Athal Yah the wicked
breached the house of Elohim;
and they also worked
all the holies of the house of Yah Veh to the Baalim.
8 And the sovereign says, and they work one ark;
and give it outside the portal of the house of Yah Veh:
9 and they give voice
in Yah Hudah and in Yeru Shalem,
to bring in the burden
Mosheh the servant of Elohim laid on Yisra
El in the wilderness to Yah Veh.
10 And all the governors and all the people
cheer and bring and cast in the ark
until they finish.
11 And so be it, that at the time,
they bring in the ark for the oversight of the
sovereign by the hand of the Leviym;
and they see there is much silver:
and the scribe of the sovereign and the overseer
of the head priest come and empty the ark
and lift it and return it to his place:
thus they work day by day and
gather silver in abundance.
12 And the sovereign and Yah Yada give
it to such as work the work
of the service of the house of Yah Veh;
and hire hewers and artificers
to renew the house of Yah Veh;
and also artificers of iron and copper to
strengthen the house of Yah Veh:

13 and the workers work
and healing ascends on the work of their hand;
and they stand the house of Elohim
in quantity and strengthen it.
14 And they finish;
and they bring the remainder of the silver at
the face of the sovereign and Yah Yada;
and they work instruments for the house of Yah Veh
— instruments of ministry and of holocaust
and bowls — even instruments of gold and silver:
and they holocaust holocausts
in the house of Yah Veh continually
all the days of Yah Yada.
15 And Yah Yada ages, satisfied of days and he dies;
a son of a hundred and thirty years when he dies:
16 and they entomb him among the
sovereigns in the city of David
because he worked good in Yisra El
— both toward Elohim and toward his house.
17 And after the death of Yah Yada the
governors of Yah Hudah
come and prostrate to the sovereign:
then the sovereign hearkens to them:
18 and they forsake
the house of Yah Veh Elohim of their
fathers and serve asherim and idols;
and *wrath* **rage**
came upon *Judah* **Yah Hudah** and
Jerusalem **Yeru Shalem**
for this their *trespass* **guilt**.
19 Yet he sent prophets to them,
to *bring* **return** them *again* unto *the LORD* **Yah Veh**;
and they *testified* **witnessed** against them:
but they *would not give ear* **hearkened not**.
20 And the Spirit of *God* **Elohim**
came upon Zechariah **enrobed Zechar Yah**
the son of *Jehoiada* **Yah Yada** the priest,
which stood above the people, and said unto
them, Thus saith *God* **Elohim**, Why *transgress*
trespass ye the *commandments* **misvoth** of *the
LORD* **Yah Veh**, that ye cannot prosper?
because ye have forsaken *the LORD* **Yah
Veh**, he hath also forsaken you.
21 And they conspired against him,
and stoned him with stones
at the *commandment* **misvah** of the *king* **sovereign**
in the court of the house of *the LORD* **Yah Veh**.
22 Thus *Joash* **Yah Ash** the *king*
sovereign remembered not the *kindness* **mercy**
which *Jehoiada* **Yah Yada** his father
had *done* **worked** to him, but *slew* **slaughtered** his son.
And when he died, he said,
The LORD look **Yah Veh see** upon it, and require it.

ARAM ASCENDS AGAINST YAH HUDAH AND YERU SHALEM

23 And **so be** it *came to pass*,
at the *end* **revolution** of the year, that the *host* **valiant**
of *Syria* **Aram** *came up* **ascended** against him:
and they came
to *Judah* **Yah Hudah** and *Jerusalem* **Yeru
Shalem**, and *destroyed* **ruined**
all the *princes* **governors** of the people
from among the people, and sent all the spoil of them
unto the *king* **sovereign** of *Damascus* **Dammeseq**.
24 For the *army* **valiant** of *the Syrians* **Aram**
came with *a small company of* **little** men,
and *the LORD delivered* **Yah Veh gave**
a *very* **mighty** great *host* **valiant** into their
hand, because they had forsaken
the LORD God **Yah Veh Elohim** of their
fathers. So they *executed judgment* **worked
judgments** against *Joash* **Yah Ash**.

THE DEATH OF YAH ASH

25 Andwhenthey*weredeparted***wen**ofr**t**mhim,
(for they left him in great diseases,)
his own servants conspired against him
for the blood of the sons of *Jehoiada* **Yah Yada** the priest,
and *slew* **slaughtered** him on his bed, and he died:
and they *buried* **entombed** him in the city of David,
but they *buried* **entombed** him not
in the *sepulchres* **tombs** of the *kings* **sovereigns**.
26 And these are they that conspired against him; Zabad
the son of Shimeath an *Ammonitess* **Ammoniyth**,
and *Jehozabad* **Yah Zabad** the son of
Shimrith a *Moabitess* **Moabiyth**.
27 Now *concerning* his sons,
and the *greatness of the* **greatened** burdens
laid upon him, and the *repairing* **foundation**
of the house of *God* **Elohim**,
behold,
they are *written* **inscribed** in the *story* **commentary**
of the *book* **scroll** of the *kings* **sovereigns**.
And *Amaziah* **Amaz Yah** his son reigned in his stead.

AMAZ YAH REIGNS IN YERU SHALEM

25 *Amaziah* **Amaz Yah**
was **a son of** twenty and five years *old*

when he began to reign,
and he reigned twenty and nine years
in *Jerusalem* **Yeru Shalem**.
And his mother's name was *Jehoaddan* **Yah Addan**
of *Jerusalem* **Yeru Shalem**.
2 And he *did* **worked** that which was *right* **straight**
in the *sight* **eyes** of *the LORD* **Yah Veh**,
but not with a *perfect heart* **heart at shalom**.
and rage comes upon Yah Hudah an d
Yeru Shalem for this their guilt:
19 and he sends prophets among them
to return them to Yah Veh:
and they witness against them; but they hearken not.
20 And the Spirit of Elohim enrobes Zechar
Yah the son of Yah Yada the priest
— who stands above the people and says to them,
Thus says Elohim,
Why trespass you the misvoth of
Yah Veh, and prosper not?
Because you forsake Yah Veh, he forsakes you.
21 And at the misvah of the sovereign they conspire
against him; and stone him with stones
in the court of the house of Yah Veh.
22 Thus Yah Ash the sovereign remembers not the mercy
Yah Yada his father worked to him;
but slaughters his son.
And as he dies, he says, Yah Veh sees and requires.

Aram Ascends Against Yah Hudah and Yeru Shalem

23 And so be it, at the revolution of the year,
the valiant of Aram ascend against him:
and they come to Yah Hudah and Yeru Shalem
and ruin all the governors of the people
from among the people;
and send all their spoil
to the sovereign of Dammeseq.
24 For the valiant of Aram come with little men;
and Yah Veh gives a mighty great valiant into their hand,
because they forsook Yah Veh Elohim of their fathers:
thus they work judgments against Yah Ash.

The Death of Yah Ash

25 And they go from him
— for they leave him in great diseases and
his own servants conspire against him
for the blood of the sons of Yah Yada the priest;
and slaughter him on his bed and he dies: and
they entomb him in the city of David;
and entomb him not
in the tombs of the sovereigns.
26 And these are they who conspire against him:
Zabad the son of Shimeath, an Ammoniyth
and Yah Zabad the son of Shimrith, a Moabiyth.
27 And as for his sons
and his greatened burdens
and the foundation of the house of Elohim,
behold, they are inscribed in the commentary
of the scroll of the sovereigns.
And Amaz Yah his son reigns in his stead.

Amaz Yah Reigns in Yeru Shalem

25 Amaz Yah is a son of twenty—
five years when he begins to reign;
and he reigns twenty—nine years in Yeru Shalem:
and the name of his mother, Yah Addan of Yeru Shalem.
2 And he works straight in the eyes of Yah Veh;
but not with a heart at shalom.
3 Now **so be** it *came to pass*, when the *kingdom*
sovereigndom was *established to* **strong upon** him,
that he *slew* **slaughtered** his servants
that had *killed* **smitten** the *king* **sovereign** his father.
4 But he *slew* **deathified** not their *children* **sons**, but
did as *it is written* **inscribed** in the *law* **torah**
in the *book* **scroll** of *Moses* **Mosheh**,
where *the LORD commanded* **Yah Veh misvahed,**
saying, The fathers shall not die for the *children* **sons**,
neither shall the *children* **sons** die for the fathers,
but *every man* **each** shall die for his own sin.
5 *Moreover Amaziah* **Amaz Yah**
gathered *Judah* **Yah Hudah** *together*,
and *made* **stood** them *captains* **governors** over
thousands, and *captains* **governors** over hundreds,
according to the houses of their fathers, throughout
all *Judah* **Yah Hudah** and *Benjamin* **Ben Yamin**:
and he *numbered* **mustered** them from **sons of**
twenty years *old* and above, and found them
three hundred thousand *choice men* **chosen**,
able to go forth to *war* **hostility**,
that could *handle spear* **hold javelin** and shield.
6 He hired also an hundred thousand mighty
men of valour out of *Israel* **Yisra El**
for an hundred *talents* **rounds** of silver.
7 But there came a man of *God* **Elohim**
to him, saying, O *king* **sovereign**,
let not the *army* **host** of *Israel* **Yisra El** go with thee;
for *the LORD* **Yah Veh** is not with *Israel* **Yisra El**, *to
wit, with* all the *children* **sons** of *Ephraim* **Ephrayim**.
8 But if thou *wilt* **shalt** go, *do* **work** it;
be strong **strengthen** for the *battle* **war**:

God **Elohim** shall *make* **stumble** *thee fall*
before **at the face of** the enemy:
for *God* **Elohim** hath *power* **force** to
help, and to *cast down* **stumble.**
9 And *Amaziah* **Amaz Yah** said to the man
of *God* **Elohim,** But what shall we *do*
work for the hundred *talents* **rounds**
which I have given to the *army* **troop** of *Israel* **Yisra El?**
And the man of *God answered* **Elohim**
said, *The LORD* **Yah Veh** is able to give thee
much **aboundingly** more than this.
10 Then *Amaziah* **Amaz Yah** separated them, *to*
wit, the *army* **troop** that was come to him
out of *Ephraim* **Ephrayim,** to go
home **to their place** *again*:
wherefore their *anger* **wrath** was *greatly* **mightily**
kindled against *Judah* **Yah Hudah,**
and they returned *home* **to their place**
in *great anger* **fuming wrath.**
11 And *Amaziah* **Amaz Yah** strengthened
himself, and *led forth* **drove** his people,
and went to *the valley of salt* **Gay Melach/Valley of Salt,**
and smote of the *children* **sons** of Seir ten thousand.
12 And *other* ten thousand *left* alive
did the *children* **sons** of *Judah* **Yah Hudah**
carry away captive **capture,**
and brought them unto the top of the rock,
and cast them *down* from the top of the rock,
that they all were *broken in pieces* **split.**
13 But the *soldiers* **sons of the band** of the *army* **troop**
which *Amaziah sent* **Amaz Yah turned** back, that
they should not go with him to *battle* **war,**
fell upon **stripped** the cities of *Judah* **Yah**
Hudah, from *Samaria* **Shomeron**
even unto *Bethhoron* **Beth Horon,**
and smote three thousand of them, and
took **plundered** much spoil.
14 Now **so be** it *came to pass,*
after that *Amaziah* **Amaz Yah** was come
from the *slaughter* **smiting** of the *Edomites*
Edomiy, that he brought the *gods* **elohim**
of the *children* **sons** of Seir,
and *set* **stood** them *up* to be his *gods* **elohim,**
3 And so be it,
the sovereigndom is strong on him;
and he slaughters his servants who
smote the sovereign his father:
4 and he deathifies not their sons,
but as inscribed in the torah in the scroll of Mosheh.
Yah Veh misvahed, saying, Neither the fathers die
for the sons nor the sons die for the fathers;
but each dies for his own sin.
5 And Amaz Yah gathers Yah Hudah and
stands governors over thousands
and governors over hundreds
according to the houses of their fathers throughout all
Yah Hudah and Ben Yamin: and he musters them
from sons of twenty years and above
and finds three hundred thousand chosen
of them to go forth to hostility
— who hold javelin and shield:
6 and he hires a hundred thousand
mighty of valor of Yisra El
for a hundred rounds of silver.
7 And a man of Elohim comes to
him, saying, O sovereign,
the host of Yisra El goes not with you;
for Yah Veh is not with Yisra El
— with all the sons of Ephrayim;
8 but if you go, Work! Strengthen for the war!
Elohim stumbles you at the face of the enemy:
for Elohim has force to help — and to stumble.
9 And Amaz Yah says to the man of Elohim,
But what work we for the hundred rounds
I gave to the troop of Yisra El?
And the man of Elohim says, Yah Veh is able
to give you aboundingly more than this.
10 Then Amaz Yah separates them
— the troop that came to him from
Ephrayim to go to their place:
and they kindle their wrath mightily against Yah Hudah;
and return to their place in fuming wrath.
11 And Amaz Yah strengthens himself
and drives his people
and goes to Gay Melach/Valley of Salt and
smites ten thousand of the sons of Seir:
12 and the sons of Yah Hudah capture
ten thousand alive;
and bring them to the top of the rock and
cast them from the top of the rock;
and they all split.
13 And the sons of the band of the troop
whom Amaz Yah turned back
to not go with him to war
— they strip the cities of Yah Hudah
— from Shomeron even to Beth Horon and smite
three thousand of them and plunder much spoil.
14 And so be it, after Amaz Yah comes
from the smiting of the Edomiy,

he brings the elohim of the sons of Seir;
and stands them to be his elohim;
and *bowed down himself before them*
prostrated at their face,
and *burned incense* **incensed** unto them.
15 *Wherefore* the *anger* **wrath** of *the LORD* **Yah Veh**
was kindled against *Amaziah* **Amaz Yah,**
and he sent unto him a prophet, which said unto him,
Why hast thou sought after the *gods* **elohim** of the
people, which could not *deliver* **rescue** their own people
out of thine hand?
16 And **so be** it *came to pass,*
as he *talked* **worded** with him, that *the king*
he said unto him, Art thou *made* **given**
of the king's counsel **to be counsellor to the sovereign?**
forbear **cease**; why shouldest thou be smitten?
Then the prophet *forbare* **ceased**, and said,
I know that *God* **Elohim**
hath *determined* **counselled** to *destroy* **ruin**
thee, because thou hast *done* **worked** this,
and hast not hearkened unto my counsel.

THE SOVEREIGN OF YAH HUDAH CHALLENGES THE SOVEREIGN OF YISRA EL

17 Then*Amaziah***AmazYah,**
king **sovereign** of *Judah* **Yah Hudah**
took advice **counselled**, and sent to *Joash* **Yah Ash,**
the son of *Jehoahaz* **Yah Achaz**, the son of *Jehu* **Yah Hu,**
king **sovereign** of *Israel* **Yisra El**, saying,
Come, let us see one another in the face.
18 And *Joash* **Yah Ash,**
king **sovereign** of *Israel* **Yisra El**
sent to *Amaziah* **Amaz Yah,**
king **sovereign** of *Judah* **Yah Hudah**, saying,
The *thistle* **thorn** that was in Lebanon
sent to the cedar that was in Lebanon, saying,
Give thy daughter to my son to *wife* **woman**:
and there passed by a *wild beast* **live being of the field**
that was in Lebanon,
and *trode down* **trampled** the *thistle* **thorn**.
19 Thou sayest, *Lo* **Behold,**
thou hast smitten the *Edomites* **Edomiy**;
and thine heart lifteth thee *up* to *boast* **honour**:
abide **settle** now *at home* **in thy house**;
why shouldest thou *meddle to thine hurt* **coax**
evil, that thou shouldest fall, *even* thou,
and *Judah* **Yah Hudah** with thee?
20 But *Amaziah would not hear* **Amaz**
Yah hearkened not;
for it *came* **be** of *God* **Elohim,**
that he might *deliver* **give** them into the hand
of their enemies,
because they sought after the *gods* **elohim** of Edom.
21 So *Joash* **Yah Ash,** the *king*
sovereign of *Israel* **Yisra El**
went up **ascended;**
and they saw one another in the face, *both* he and
Amaziah **Amaz Yah,** *king* **sovereign** of *Judah*
Yah Hudah, at *Bethshemesh* **Beth Shemesh,**
which *belongeth* **be** to *Judah* **Yah Hudah.**
22 And *Judah* **Yah Hudah**
was *put to the worse* **smitten** *before Israel* **at the face**
of Yisra El, and they fled every man to his tent.
23 And *Joash* **Yah Ash,** the *king*
sovereign of *Israel* **Yisra El**
took Amaziah **apprehended Amaz Yah,**
king **sovereign** of *Judah* **Yah Hudah,**
the son of *Joash* **Yah Ash**, the son of *Jehoahaz*
Yah Achaz, at *Bethshemesh* **Beth Shemesh,**
and brought him to *Jerusalem* **Yeru Shalem,**
and brake down the wall of *Jerusalem* **Yeru Shalem**
from the *gate* **portal** of *Ephraim* **Ephrayim**
to the *corner gate* **portal at the face**, four hundred cubits.
24 And *he took* all the gold and the silver,
and all *the vessels* **instruments** that were found
in the house of *God* **Elohim** with *Obededom* **Obed**
Edom, and the treasures of the *king's* **sovereign's** house,
the *hostages* **sons as pledges** also, and
returned to *Samaria* **Shomeron.**
25 And*Amaziah***AmazYah**thesonof*Joash***YahAsh,**
king **sovereign** of *Judah* **Yah Hudah**

and prostrates at their face and incenses to them.
15 And Yah Veh kindles his wrath against Amaz
Yah and he sends him a prophet, who says to him,
Why seek you after the elohim of the people,
who rescued not their own people from your hand?
16 And so be it, as he words with him, he says to him,
Who gives you to be counsellor to the sovereign?
Cease! Why be smitten?
Then the prophet ceases and says, I know Elohim
counsels to ruin, because you work this
and hearken not to my counsel.

THE SOVEREIGN OF YAH HUDAH CHALLENGES THE SOVEREIGN OF YISRA EL

17 And Amaz Yah sovereign of Yah Hudah counsels
and sends to Yah Ash the son of Yah Achaz
the son of Yah Hu sovereign of Yisra El,
saying, Come! — see one another in face!
18 And Yah Ash sovereign of Yisra El

sends to Amaz Yah sovereign of Yah
Hudah, saying, The thorn in Lebanon
sends to the cedar in Lebanon,
saying, Give your daughter to my son to
woman: and a live being of the field in Leb
anon passes by and tramples the thorn.
19 You say, Behold, I smote the Edomiy!
— and you lift your heart to honor:
settle now in your house;
why coax evil so that you fall
— you and Yah Hudah with you?
20 And Amaz Yah hearkens not;
for it is of Elohim to give them into hand,
because they seek after the elohim of Edom.
21 And Yah Ash the sovereign of Yisra El ascends;
and they see one another in the face
— he and Amaz Yah sovereign of Yah Hudah
at Beth Shemesh — Yah Hudah.
22 — and Yah Hudah is smitten at the face of
Yisra El and every man flees to his tent.
23 And Yah Ash, the sovereign of Yisra El
apprehends Amaz Yah sovereign of Yah Hudah
the son of Yah Ash the son of Yah Achaz
at Beth Shemesh;
and brings him to Yeru Shalem: and breaks the wall
of Yeru Shalem from the portal of Ephrayim
to the portal at the face — four hundred cubits:
24 and all the gold and the silver
and all instruments they find in the
house of Elohim with Obed Edom
and the treasures of the house of the
sovereign and the sons of the pledges
— he returns to Shomeron.
25 And Amaz Yah the son of Yah Ash
sovereign of Yah Hudah
lived after the death of *Joash* **Yah Ash,**
son of *Jehoahaz* **Yah Achaz,**
king **sovereign** of *Israel* **Yisra El** fifteen years.
26 Now the rest of the *acts* **words** of *Amaziah*
Amaz Yah, first and last, behold,
are they not *written* **inscribed**
in the *book* **scroll** of the *kings* **sovereigns**
of *Judah* **Yah Hudah** and *Israel* **Yisra El**?
27 Now after the time
that *Amaziah* **Amaz Yah** did turn *away* **aside**
from *following the LORD* **after Yah Veh**
they *made* **conspired** a conspiracy against
him in *Jerusalem* **Yeru Shalem**;
and he fled to Lachish: but they sent to Lachish
after him, and *slew* **deathified** him there.
28 And they *brought* **lifted** him upon horses, and
buried **entombed** him with his fathers
in the city of *Judah* **Yah Hudah**.

Uzzi Yah Reigns Over Yah Hudah

26 Then all the people of *Judah* **Yah Hudah**
took *Uzziah* **Uzzi Yah,**
who was **a son of** sixteen years *old*,
and *made* **had** him *king* **reign**
in the *room* **stead** of his father *Amaziah* **Amaz Yah.**
2 HebuiltEloth,andrestoreditto*Judah***YahHudah**,
after that the *king slept* **sovereign laid** with his fathers.
3 **A son of** Sixteen years *old*
was *Uzziah* **Uzzi Yah** when he began to reign,
and he reigned fifty and two years
in *Jerusalem* **Yeru Shalem.**
His mother's name also was *Jecoliah* **Yechol Yah**
of *Jerusalem* **Yeru Shalem.**
4 And he *did* **worked** that which was *right* **straight**
in the *sight* **eyes** of *the LORD* **Yah Veh**, according to all
that his father *Amaziah did* **Amaz Yah worked.**
5 And he sought *God* **Elohim**
in the days of *Zechariah* **Zechar Yah**, who
had *understanding* **discernment** in the *visions*
seeings of *God* **Elohim**: and *as long as he* **in
the days of his** *sought the LORD* **seeking Yah
Veh**, *God* **Elohim** made him to prosper.
6 And he went forth
and *warred* **fought** against the *Philistines*
Peleshethiy, and brake down the wall of Gath,
and the wall of *Jabneh* **Yabneh,**
and the wall of Ashdod,
and built cities about Ashdod,
and among the *Philistines* **Peleshethiy.**
7 And *God* **Elohim** helped him against
the *Philistines* **Peleshethiy,**
and against the *Arabians* **Arabiy**
that *dwelt* **settled** in *Gurbaal* **Gur Baal,**
and the *Mehunims* **Maoniy.**
8 And the *Ammonites* **Ammoniy**
gave *gifts* **offerings** to *Uzziah* **Uzzi Yah**: and his name
spread abroad **went out** even to the entering *in* of *Egypt*
Misrayim; for he strengthened *himself* exceedingly.
9 *Moreover Uzziah* **Uzzi Yah**
built towers in *Jerusalem* **Yeru Shalem**
at the corner *gate* **portal**, and at the valley *gate* **portal**,
and at the *turning of the wall* **corners,**
and *fortified* **strengthened** them.
10 Alsohebuilttowersinthe*deserwt* **ilderness**,
and *digged* **hewed** many wells:

for he had much *cattle* **chattel,**
both in the *low country* **lowlands**, and in the plains:
husbandmen **cultivators** *also*, and vine
dressers in the mountains,
and in *Carmel* **orchards/Karmel**:
for he loved *husbandry* **the soil.**
11 Moreover *Uzziah* **Uzzi Yah**
had an host of *fighting men* **valiant
warriors working war,**
that went out to *war* **the hostility** by *bands* **troops,**
according to the number *of their account* **mustered**
by the hand of *Jeiel* **Yei El** the scribe
lives after the death of Yah Ash
son of Yah Achaz sovereign of Yisra El fifteen years.
26 And the rest of the words of Amaz Yah
— first and last, behold,
are they not inscribed in the scroll of the
words of the days of the sovereigns
of Yah Hudah and Yisra El?
27 And after the time
Amaz Yah turns aside from after Yah Veh they
conspire a conspiracy against him in Yeru Shalem;
and he flees to Lachish:
and they send after him to Lachish
and there they deathify him:
28 and lift him on horses
and entomb him with his fathers
in the city of Yah Hudah.

Uzzi Yah Reigns Over Yah Hudah

26 And all the people of Yah Hudah take Uzzi Yah
— a son of sixteen years
to reign in the stead of his father Amaz Yah.
2 He builds Eloth and restores it to Yah Hudah,
after the sovereign lies down with his fathers.
3 A son of sixteen years
is Uzzi Yah when he begins to reign;
and he reigns fifty—two years in Yeru
Shalem. the name of his mother,
Yechol Yah of Yeru Shalem.
4 And he works straight in the eyes of Yah Veh,
according to all his father Amaz Yah worked:
5 and he seeks Elohim in the days of Zechar Yah,
— who discerns in the seeings of Elohim:
and in the days he seeks Yah Veh
Elohim prospers him.
6 And he goes and fights the Peleshethiy
and breaks the wall of Gath
and the wall of Yabneh and the wall of Ashdod;
and builds cities around Ashdod
and among the Peleshethiy:
7 and Elohim helps him against the Peleshethiy
and against the Arabiy who settle in
Gur Baal and the Maoniy:
8 and the Ammoniy give offerings to Uzzi Yah:
and his name goes to the entering of Misrayim;
for he strengthens exceedingly.
9 Uzzi Yah builds towers in Yeru Shalem
at the corner portal and at the valley portal
and at the corners and strengthens them:
10 and he builds towers in the wilderness
and hewes many wells:
for he has much chattel
— both in the lowlands and in the plains
— cultivators and vine dressers
in the mountains and in orchards/Karmel:
for he loves the soil:
11 and Uzzi Yah has a host of valiant
warriors who work war
— who go to the hostility by troops;
according to the number mustered by
the hand of Yei El the scribe
and *Maaseiah* **Maase Yah** the *ruler* **officer,**
under the hand of *Hananiah* **Hanan Yah,**
one of the *king's captains* **sovereign's governors.**
12 Thewholenumberofthe*chie***h***f***ead**ofthefathers
of the mighty *men* of valour were two
thousand and six hundred.
13 And under their hand was *an army* **a
host,** three hundred thousand
and seven thousand and five hundred,
that *made* **worked** war with *mighty power* **valiant
force,** to help the *king* **sovereign** against the enemy.
14 And *Uzziah* **Uzzi Yah**
prepared for them throughout all the
host *shields* **bucklers,** and *spears* **javelins,**
and helmets, and habergeons,
and bows, and *slings to cast stones* **stones for slings.**
15 And he *made* **worked** in *Jerusalem* **Yeru Shalem**
engines **fabrications,**
invented by cunning men — **the fabrication
of fabricators,** to be on the towers and
upon the *bulwarks* **corners,**
to *shoot* **flow** arrows and great stones withal.
And his name *spread far abroad* **went forth afar off;**
for he was marvellously helped, till
he *was strong* **prevailed.**
16 But when he *was strong* **strengthened,**

his heart *was lifted up* **exalted** to
his destruction **ruin him**:
for he *transgressed* **treasoned**
against *the LORD* **Yah Veh** his *God* **Elohim**,
and went into the *temple* **manse** of *the LORD* **Yah Veh**
to *burn* incense upon the **sacrifice** altar of incense.
17 And *Azariah* **Azar Yah** the priest went
in after him, and with him
fourscore **eighty** priests of *the LORD* **Yah Veh**,
that were valiant men **sons of valour**:
18 And they withstood
Uzziah **Uzzi Yah** the *king* **sovereign**, and said unto him,
It *appertaineth* **becometh** not unto thee, *Uzziah* **Uzzi Yah**, to *burn* incense unto *the LORD* **Yah Veh**,
but to the priests the sons of *Aaron* **Aharon**,
that are *consecrated* **hallowed** to *burn*
incense: go out of the *sanctuary* **holies**;
for thou hast *trespassed* **treasoned**;
neither shall it be for thine honour from
the LORD God **Yah Veh Elohim**.
19 Then *Uzziah* **Uzzi Yah** was *wroth* **enraged**, and
had a censer in his hand to *burn* incense:
and while he was *wroth* **enraged** with the priests,
the leprosy even rose up in his forehead
before **at the face of** the priests
in the house of *the LORD* **Yah Veh**, from
beside the incense **sacrifice** altar.
20 And *Azariah* **Azar Yah** the *chief* **head** priest,
and all the priests, *looked upon* **faced** him, and,
behold, he was leprous in his forehead,
and they *thrust* **hasted** him *out* from thence;
yea, himself hasted also to go out,
because *the LORD* **Yah Veh** had *smitten* **touched** him.
21 And *Uzziah* **Uzzi Yah** the *king* **sovereign**
was a leper unto the day of his death,
and *dwelt* **settled** in a *several* **liberty** house, *being* a leper;
for he was cut off from the house of *the LORD* **Yah Veh**:
and *Jotham* **Yah Tham** his son
was over the *king's* **sovereign's** house,
judging the people of the land.
22 Now the rest of the *acts* **words** of *Uzziah* **Uzzi Yah**,
first and last, did *Isaiah* **Yesha Yah** the prophet,
the son of *Amoz* **Amos**, *write* **inscribe**.
23 So *Uzziah slept* **Uzzi Yah laid** with his fathers,
and they *buried* **entombed** him with his fathers
in the field of the *burial* **tomb**
which *belonged to the kings* **be the sovereigns**;
for they said, He is a leper:
and *Jotham* **Yah Tham** his son reigned in his stead.

YAH THAM REIGNS IN YERU SHALEM

27 *Jotham* **Yah Tham**
was **a son of** twenty and five years *old*
when he began to reign,
and he reigned sixteen years in *Jerusalem* **Yeru Shalem**.

and Maase Yah the officer under
the hand of Hanan Yah,
of the governors of the sovereign:
12 the whole number of the head of the
fathers of the mighty of valour
— two thousand and six hundred:
13 and under their hand is a host
— three hundred thousand
and seven thousand and five hundred
who work war with valiant force
to help the sovereign against the enemy.
14 And throughout all the host
Uzzi Yah prepares for them
bucklers and javelins and helmets and
habergeons and bows and stones for slings:
15 and in Yeru Shalem he works fabrications
— the fabrication of fabricators
to be on the towers and on the corners
from which to flow arrows and great stones:
and his name goes afar off;
for they help him marvellously until he prevails.
16 And he strengthens,
and exalts his heart to his ruin;
and he treasons against Yah Veh his Elohim:
and goes into the manse of Yah Veh
to incense on the sacrifice altar of incense.
17 And Azar Yah the priest goes in after him
and eighty priests of Yah Veh with him
— sons of valour:
18 and they withstand Uzzi Yah the
sovereign and say to him,
This becomes you not, Uzzi Yah, to incense to Yah Veh:
but only to the priests, the sons of Aharon,
who are hallowed to incense:
go from the holies; for you treason;
it *is* not for your honor from Yah Veh Elohim.
19 And Uzzi Yah rages:
and has a censer in his hand to incense:
and as he rages with the priests, the
leprosy rises in his forehead
at the face of the priests in the house of Yah
Veh beside the incense sacrifice altar.
20 And Azar Yah, the head priest and
all the priests face him,
and behold, he is leprous in his forehead

and they hasten him from thence; yes, he himself also
hastens to go out because Yah Veh touched him:
21 and Uzzi Yah the sovereign
is a leper to the day of his death
and settles in a liberty house — a leper;
for he is cut off from the house of Yah Veh:
and Yah Tham his son
is over the house of the sovereign
judging the people of the land.
22 And the rest of the words of Uzzi Yah
— first and last
Yesha Yah the prophet the son of Amos, inscribes.
23 And Uzzi Yah lies down with his fathers
— entombed with his fathers
in the field of the tomb of the sovereigns;
for they say, He is a leper:
and Yah Tham his son reigns in his stead.

YAH THAM REIGNS IN YERU SHALEM

27 Yah Tham is a son of twenty—
five years when he begins to reign:
and he reigns sixteen years in Yeru Shalem.
His mother's name also was *Jerushah*
Yerushah, the daughter of *Zadok* **Sadoq**.
2 And he *did* **worked** that which was *right* **straight**
in the *sight* **eyes** of *the LORD* **Yah Veh**, according to all
that his father *Uzziah did* **Uzzi Yah worked**:
howbeit he entered not
into the *temple* **manse** of *the LORD* **Yah Veh**.
And the people *did yet corruptly* **ruined**.
3 Hebuilt*thehighgate***ElyonPortal**
of the house of *the LORD* **Yah Veh**,
and on the wall of Ophel he built *much* **abundantly**.
4 Moreover
he built cities in the mountains of *Judah* **Yah Hudah**,
and in the forests he built *castles* **palaces** and towers.
5 He fought also
with the *king* **sovereign** of the
Ammonites **sons of Ammon**,
and prevailed against them.
And the *children* **sons** of Ammon gave him the
same year an hundred *talents* **rounds** of silver,
and ten thousand *measures* **kors** of
wheat, and ten thousand of barley.
So much **This** did the *children* **sons** of Ammon
pay **return** unto him,
both the second year, and the third.
6 So *Jotham became mighty* **Yah Tham**
prevailed, because he prepared his ways
before the LORD **at the face of Yah Veh** his *God* **Elohim**.
7 Nowtherestofthe*acts***words**o*Jfotham***YahTham**,
and all his wars, and his ways, *lo* **behold**,
they are *written* **inscribed**
in the *book* **scroll** of the *kings* **sovereigns**
of *Israel* **Yisra El** and *Judah* **Yah Hudah**.
8 He was **a son of** five and twenty years *old*
when he began to reign,
and reigned sixteen years in *Jerusalem* **Yeru Shalem**.
9 And *Jotham slept* **Yah Tham laid** with his fathers,
and they *buried* **entombed** him in the city of David:
and *Ahaz* **Achaz** his son reigned in his stead.

ACHAZ REIGNS IN YERU SHALEM

28 *Ahaz* **Achaz** was **a son of** twenty years *old*
when he began to reign,
and he reigned sixteen years in *Jerusalem* **Yeru Shalem**:
but he *did* **worked** not that which was *right* **straight**
in the *sight* **eyes** of *the LORD* **Yah**
Veh, like David his father:
2 For he walked in the ways
of the *kings* **sovereigns** of *Israel* **Yisra El**,
and *made* **worked** also *molten*
images **moltens** for Baalim.
3 Moreover he *burnt incense* **incensed**
in the valley of the son of *Hinnom* **burning**,
and burnt his *children* **sons** in the fire,
after the *abominations* **abhorrences**
of the *heathen* **goyim**
whom *the LORD* **Yah Veh** had *cast out* **dispossessed**
before **at the face of** the *children* **sons** of *Israel* **Yisra El**.
4 He sacrificed also and *burnt incense* **incensed**
in the *high places* **bamahs**, and on the
hills, and under every green tree.
5 Wherefore *the LORD* **Yah Veh** his *God* **Elohim**
delivered **gave** him into the hand
of the *king* **sovereign** of *Syria* **Aram**;
and they smote him,
and *carried away* **captured**
a great multitude of them *captives*,
and brought *them* to *Damascus* **Dammeseq**.
And he was also *delivered* **given**
into the hand of the *king* **sovereign** of *Israel* **Yisra**
El, who smote him with a great *slaughter* **stroke**.
6 For *Pekah* **Peqach** the son of *Remaliah* **Remal Yah**
slew **slaughtered** in *Judah* **Yah Hudah**
an hundred and twenty thousand in one
da y, which *were* all *valiant men* **sons of**
valour; because they had forsaken
the LORD God **Yah Veh Elohim** of their fathers.
7 AndZichiar,mighty*mano Efphraim***Ephrayim**,

slew Maaseiah **slaughtered Maase Yah**
the *king's* **sovereign's** son,
and *Azrikam* **Ezri Qam** the *governor*
eminent of the house,
the name of his mother, Yerushah the daughter of Sadoq.
2 And he works straight in the eyes of Yah Veh
according to all his father Uzzi Yah worked:
only he enters not into the manse of Yah Veh:
and the people ruin.
3 He builds Elyon Portal of the house of Yah Veh
and on the wall of Ophel he builds abundantly:
4 and he builds cities in the mountains of Yah Hudah
and in the forests he builds palaces and towers:
5 and he fights the sovereign of the sons of Ammon
and prevails against them.
And the same year, the sons of Ammon
give him a hundred rounds of silver
and ten thousand kors of wheat and
ten thousand of barley:
the sons of Ammon return this to him
both the second year and the third:
6 and Yah Tham prevails because he prepares his ways
at the face of Yah Veh his Elohim.
7 And the rest of the words of Yah Tham
and all his wars and his ways, behold,
are they not inscribed in the scroll of the
words of the days of the sovereigns
of Yah Hudah and Yisra El?
8 He is a son of twenty—five years
when he begins to reign;
and reigns sixteen years in Yeru Shalem:
9 and Yah Tham lies down with his fathers
— e nto mb e d i n the ci ty o f Davi d :
and Achaz his son reigns in his stead.

ACHAZ REIGNS IN YERU SHALEM

28 Achaz is a son of twenty years
when he begins to reign:
and he reigns sixteen years in Yeru Shalem:
and he works not straight in the eyes
of Yah Veh as David his father:
2 and he walks in the ways
of the sovereigns of Yisra El
and also works moltens for Baalim:
3 and he incenses in the valley of the son of burning
and burns his sons in the fire
— as the abhorrences of the goyim
whom Yah Veh dispossessed
at the face of the sons of Yisra El:
4 and he sacrifices and incenses in the bamahs
and on the hills and under every green tree:
5 and Yah Veh his Elohim
gives him into the hand of the sovereign
of Aram and they smite him;
and capture a great multitude and bring
them to Dammeseq: and he is given
into the hand of the sovereign of Yisra El,
who smites him with a great stroke.
6 And Peqach the son of Remal Yah
slaughters in Yah Hudah
a hundred and twenty thousand in one day
— all sons of valour;
because they forsake Yah Veh Elohim of their fathers.
7 And Zichri, mighty of Ephrayim, slaughters
Maase Yah the son of the sovereign
and Ezri Qam the eminent of the house
and *Elkanah* **El Qanah**
that was *next* **second** to the *king* **sovereign**.
8 And the *children* **sons** of *Israel* **Yisra El**
carried away captive **captured** of their brethren
two hundred thousand, women, sons, and daughters,
and *took* **plundered** also *away* much spoil from them,
and brought the spoil to *Samaria* **Shomeron**.
9 But a prophet of *the LORD* **Yah Veh**
was there, whose name was Oded:
and he went out *before* **at the face of** the host
that came to *Samaria* **Shomeron**,
and said unto them, Behold,
because *the LORD God* **Yah Veh Elohim** of your fathers
was wroth **in his fury** with *Judah* **Yah Hudah**,
he hath *delivered* **given** them into your hand,
and ye have *slain* **slaughtered** them in a rage
that *reacheth up* **toucheth** unto *heaven* **the heavens**.
10 Andnowye*purpose***say**to*kepundes***rubdue**
the *children* **sons** of *Judah* **Yah Hudah**
and *Jerusalem* **Yeru Shalem**
for *bondmen* **servants** and *bondwomen* **maids** unto you:
but are there not with you, *even* **only** with you,
sins **guilt** against *the LORD* **Yah Veh** your *God* **Elohim**?
11 Now hear me therefore,
and *deliver* **return** the captives *again*,
which ye have *taken captive* **captured** of your brethren:
for the *fierce* **fuming** wrath of *the LORD* **Yah Veh**
is upon you.
12 Then *certain* **men**
of the heads of the *children* **sons** of *Ephraim* **Ephrayim**,
Azariah **Azar Yah** the son of *Johanan* **Yah Hanan**,
Berechiah **Berech Yah** the son of Meshillemoth,
and *Jehizkiah* **Yechizqi Yah** the son of
Shallum, and Amasa the son of Hadlai,

stood up **arose** against them
that came from the *war* **hostility**,
13 And said unto them,
ye shall not bring *in* the captives hither:
for whereas we have *offended* **guilted**
against *the LORD* **Yah Veh** *already*,
ye *intend* **say** to add *more*
to our sins and to our *trespass* **guilt**:
for our *trespass* **guilt** is great,
and there is *fierce* **fuming** wrath against *Israel* **Yisra El**.
14 So the *armed men* **equipped**
left the captives and the *spoil* **plunder**
before **at the face of** the *princes* **governors**
and all the congregation.
15 And the men which were *expressed* **appointed**
by name rose up, and *took* **held** the captives,
and with the spoil
clothed **enrobed** all that were naked among them, and
arrayed **enrobed** them, and *shod* **enclosed** them,
and gave them to eat and to drink, and anointed
them, and *carried* **guided** all *the feeble of*
them **that faltered** upon *asses* **he burros**,
and brought them to *Jericho* **Yericho**,
the city of palm trees, *to* **beside** their brethren:
then they returned to *Samaria* **Shomeron**.
16 Athaitmedid*kingAhaz***sovereignAchaz**
send unto the *kings* **sovereigns** of *Assyria* **Ashshur**
to help him.
17 For again the *Edomites* **Edomiy** had come
and smitten *Judah* **Yah Hudah**, and
carried away **captured** captives.
18 The *Philistines* **Peleshethiy** also
had *invaded* **stripped** the cities of
the *low country* **lowlands**,
and of the south of *Judah* **Yah Hudah**,
and had *taken Bethshemesh* **captured Beth Shemesh**, and *Ajalon* **Aijalon**, and Gederoth,
and *Shocho* **Sochoh** with the *villages* **daughters** thereof,
and Timnah with the *villages* **daughters** thereof,
Gimzo also and the *villages* **daughters** thereof:
and they *dwelt* **settled** there.
19 For *the LORD* **Yah Veh**
brought Judah low **humbled Yah Hudah**
because of *Ahaz* **Achaz,** *king* **sovereign** of *Israel* **Yisra El**;
for he *made Judah naked* **exposed Yah Hudah**,
and El Qanah the second to the sovereign:
8 and the sons of Yisra El
capture two hundred thousand of their brothers
— women, sons and daughters:
and also plunder much spoil from them
and bring the spoil to Shomeron.
9 And a prophet of Yah Veh is there;
his name, Oded:
and he goes at the face of the host
who come to Shomeron, and says to them,
Behold, Yah Veh Elohim of your fathers
in his fury with Yah Hudah gives them into
your hand: slaughter them in a rage
it touches to the heavens.
10 And now, sons of Yah Hudah and Yeru Shalem, you
say to subdue them as your servants and maids:
but have you not guilt — all yours
against Yah Veh your Elohim?
11 And now hear me;
and return the captives you captured of your brothers:
for the fuming wrath of Yah Veh is on you.
12 And the men, heads of the sons of Ephrayim,
Azar Yah the son of Yah Hanan
Berech Yah the son of Meshillemoth
and Yechizqi Yah the son of Shallum
and Amasa the son of Hadlai
rise against them who come from the hostility
13 and say to them,
Bring not the captives here
for the guilt against Yah Veh is on us;
and you say to add to our sins and to our guilt:
for our guilt is great
and there is fuming wrath against Yisra El.
14 And the equipped leave the captives and the plunder
at the face of the governors and all the congregation:
15 and the men appointed by name
rise and hold the captives;
and enrobe all the naked with the spoil
— enrobe them and enclose them
and give them to eat and to drink and anoint them;
and guide all who faltered on he burros:
and bring them to Yericho, the city of
palm trees, beside their brothers:
and they return to Shomeron.
16 At that time, sovereign Achaz sends to
help the sovereign of Ashshur:
17 and again the Edomiy come and smite Yah Hudah
and capture captives:
18 and the Peleshethiy strip the cities of the
lowlands and of the south of Yah Hudah
and capture Beth Shemesh and Aijalon and
Gederoth and Sochoh with the daughters thereof
and Timnah with the daughters thereof and Gimzo
and the daughters thereof: and there they settle.
19 For Yah Veh humbles Yah Hudah because
of Achaz sovereign of Yisra El

— for he exposed Yah Hudah
and *transgressed sore* **in treasoning, treasoned**
against *the LORD* **Yah Veh**.
20 And *Tilgathpilneser* **Tilgath Pileser**
king **sovereign** of *Assyria* **Ashshur** came unto him, and
distressed **besieged** him, but strengthened him not.
21 For *Ahaz took away a portion* **Achaz allotted**
out of the house of *the LORD* **Yah Veh**, and
out of the house of the *king* **sovereign**,
and of the *princes* **governors**,
and gave it unto the *king* **sovereign** of *Assyria* **Ashshur**:
but he helped him not.
22 And in the time of his distress
did he *trespass yet more* **add to treason**
against *the LORD* **Yah Veh**:
this is that *king Ahaz* **sovereign Achaz**.
23 For he sacrificed
unto the *gods* **elohim** of *Damascus* **Dammeseq**,
which smote him: and he said, Because the *gods* **elohim**
of the *kings* **sovereigns** of *Syria* **Aram** help them,
therefore *will* **shall** I sacrifice to
them, that they may help me.
But they *were the ruin of* **stumbled**
him, and of all *Israel* **Yisra El**.
24 And *Ahaz* **Achaz** gathered *together*
the *vessels* **instruments** of the house of *God*
Elohim, and *cut in pieces* **chopped** the *vessels*
instruments of the house of *God* **Elohim**,
and shut up the doors of the house of *the LORD* **Yah**
Veh, and he *made* **worked** him **sacrifice** altars
in every corner of *Jerusalem* **Yeru Shalem**.
25 And in *every several city* **city by city**
of *Judah* **Yah Hudah**
he *made high places* **worked bamahs** to *burn* incense
unto other *gods* **elohim**, and *provoked to anger* **vexed**
the LORD God **Yah Veh Elohim** of his fathers.

The Death Of Achaz

26 Now the rest of his *acts* **words** and of
all his ways, first and last, behold,
they are *written* **inscribed**
in the *book* **scroll** of the *kings* **sovereigns**
of *Judah* **Yah Hudah** and *Israel* **Yisra El**.
27 And *Ahaz slept* **Achaz laid** with his fathers,
and they *buried* **entombed** him in the
city, *even* in *Jerusalem* **Yeru Shalem**:
but they brought him not into the *sepulchres* **tombs**
of the *kings* **sovereigns** of *Israel* **Yisra El**:
and *Hezekiah* **Yechizqi Yah** his son reigned in his stead.

Yechizqi Yah Reigns In Yeru Shalem

29 *Hezekiah* **Yechizqi Yah** began to reign
when he was **a son of** five and twenty years
old, and he reigned nine and twenty years
in *Jerusalem* **Yeru Shalem**.
And his mother's name was *Abijah* **Abi Yah**,
the daughter of *Zechariah* **Zechar Yah**.
2 And he *did* **worked** that which was *right* **straight**
in the *sight* **eyes** of *the LORD* **Yah Veh**, according
to all that David his father had *done* **worked**.

Yechizqi Yah Strengthens The House Of Yah Veh

3 He in the first year of his reign, in the first month,
opened the doors of the house of *the LORD*
Yah Veh, and *repaired* **strengthened** them.
4 And he brought in the priests and the *Levites*
Leviym, and gathered them *together*
into the *east street* **broadway toward the rising**,
5 Andsaiduntothem,Hearme,ye*Levites***Leviym**,
sanctify **hallow** now yourselves, and
sanctify **hallow** the house
of *the LORD God* **Yah Veh Elohim** of your fathers,
and *carry forth* **bring** the *filthiness* **exclusion**
out of the *holy place* **holies**.
6 For our fathers have *trespassed* **treasoned**,
and *done* **worked** that which was evil
in the eyes of *the LORD* **Yah Veh** our *God*
Elohim, and have forsaken him,
and have turned away their faces
from the *habitation* **tabernacle** of *the LORD* **Yah Veh**
and *turned* **gave** their *backs* **necks**.
and in treasoning, treasoned against Yah Veh.
20 And Tilgath Pileser sovereign of Ashshur
comes to him and besieges him;
but strengthens him not.
21 For Achaz allots of the house of Yah Veh
and of the house of the sovereign
and of the governors
and gives it to the sovereign of Ashshur:
but he helps him not:
22 and in the time of his distress
he adds to treason against Yah Veh
— this is that sovereign Achaz:
23 and he sacrifices to the elohim of
Dammeseq who smite him:
and he says, Because the elohim
of the sovereigns of Aram help them
— so I sacrifice to them — that they help me.
— and they stumble him and of all Yisra El.

24 And Achaz gathers
the instruments of the house of Elohim;
and chops the instruments of the house of
Elohim and shuts the doors of the house of
Yah Veh and works himself sacrifice altars
in every corner of Yeru Shalem:
25 and in city by city of Yah Hudah
he works bamahs to incense to other elohim
and vexes Yah Veh Elohim of his fathers.

The Death Of Achaz

26 And the rest of his words and of all his ways
— first and last, behold,
are they not inscribed in the scroll of the
words of the days of the sovereigns
of Yah Hudah and Yisra El?
27 And Achaz lies down with his fathers
— entombed in the city in Yeru Shalem:
but they bring him not
into the tombs of the sovereigns of Yisra El.
— and Yechizqi Yah his son reigns in his stead.

Yechizqi Yah Reigns In Yeru Shalem

29 Yechizqi Yah begins to reign
— a son of twenty—five years:
and he reigns twenty—nine years in Yeru Shalem.
And the name of his mother,
Abi Yah the daughter of Zechar Yah.
2 And he works straight in the eyes of Yah Veh
according to all David his father worked.

Yechizqi Yah Strengthens The House Of Yah Veh

3 In the first year of his reign, in the first month,
he opens the doors of the house of Yah
Veh and strengthens them:
4 and he brings in the priests and the Leviym;
and gathers them in the broadway toward the rising,
5 and says to them, Hear me, you
Leviym, now hallow yourselves
and hallow the house
of Yah Veh Elohim of your fathers;
and bring the exclusion from the holies.
6 For our fathers treason
and work evil in the eyes of Yah Veh our Elohim;
and forsake him
and turn their faces from the tabernacle
of Yah Veh and give their necks:
7 Also they have shut up the doors of the
porch, and *put out* **quenched** the lamps,
and have not *burned* **incensed** incense
nor *offered burnt offerings* **holocausted holocausts**
in the *holy place* **holies**
unto *the God* **Elohim** of *Israel* **Yisra El**.
8 Wherefore the *wrath* **rage** of *the LORD* **Yah Veh**
was upon *Judah* **Yah Hudah** and *Jerusalem*
Yeru Shalem, and he hath *delivered*
given them *to trouble* **agitation**,
to *astonishment* **desolation**, and to
hissing, as ye see with your eyes.
9 For, *lo* **behold**, our fathers have fallen by the sword,
and our sons and our daughters and our *wives* **women**
are in captivity for this.
10 Now it is in mine heart to *make* **cut** a covenant with
the LORD God **Yah Veh Elohim** of *Israel* **Yisra El**,
that his *fierce* **fuming** wrath may turn *away* from us.
11 My sons, be not now *negligent* **misled**:
for *the LORD* **Yah Veh** hath chosen you
to stand *before him* **at his face**,
to *serve* **minister unto** him,
and that ye should minister unto him, and *burn* incense.
12 Then the *Levites* **Leviym** arose, *Mahath*
Machath the son of *Amasai* **Amasay**, and
Joel **Yah El** the son of *Azariah* **Azar Yah**,
of the sons of the *Kohathites* **Qehathiy**:
and of the sons of Merari, *Kish* **Qish** the son of
Abdi, and *Azariah* **Azar Yah** the son of *Jehaleleel*
Ye Halal El: and of the *Gershonites* **Gershoniy**;
Joah **Yah Ach** the son of Zimmah, and
Eden the son of *Joah* **Yah Ach**:
13 And of the sons of *Elizaphan* **El**
Saphan; Shimri, and *Jeiel* **Yei El**:
and of the sons of Asaph;
Zechariah **Zechar Yah**, and *Mattaniah* **Mattan Yah**:
14 And of the sons of Heman;
Jehi El **Yechi El**, and *Shimei* **Shimi**:
and of the sons of *Jeduthun* **Yeduthun**;
Shemaiah **Shema Yah**, and *Uzziel* **Uzzi El**.
15 And they gathered their brethren,
and *sanctified* **hallowed** themselves,
and came, according to
the *commandment* **misvah** of the *king* **sovereign**,
by the words of *the LORD* **Yah Veh**,
to *cleanse* **purify** the house of *the LORD* **Yah Veh**.
16 And the priests went *into the inner part of* **inside**
the house of *the LORD* **Yah Veh**, to *cleanse* **purify**
it, and brought out all the *uncleanness* **foulness**
that they found in the *temple* **manse**
of *the LORD* **Yah Veh**
into the court of the house of *the LORD* **Yah Veh**.
And the *Levites* **Leviym** took it,

to *carry* **bring** it out *abroad*
into the *brook Kidron* **wadi Qidron**.
17 Now they began on the first *day* of the
first month to *sanctify* **hallow**,
and on the eighth day of the month
came they to the porch of *the LORD* **Yah Veh**:
so they *sanctified* **hallowed**
the house of *the LORD* **Yah Veh** in eight
days; and in the sixteenth day of the first
month they *made an end* **finished**.
18 Then they went in
to *Hezekiah* **Yechizqi Yah** the *king* **sovereign**,
and said, We have *cleansed* **purified**
all the house of *the LORD* **Yah Veh**,
and the **sacrifice** altar of *burnt offering* **holocaust**,
with all the *vessels thereof* **instruments**,
and the *shewbread* **arrangement** table, with
all the *vessels thereof* **instruments**.
19 Moreover all the *vessels* **instruments**,
which *king Ahaz* **sovereign Achaz**
in his *reign* **sovereigndom**
did cast away **abandoned** in his *transgression* **treason**,
have we prepared and *sanctified* **hallowed**, and, behold,
they are *before* **at the face of** the **sacrifice**
altar of *the LORD* **Yah Veh**.
7 also, they shut the doors of the
porch and quench the lamps;
and neither incense incense
nor holocaust holocausts in the
holies to Elohim of Yisra El:
8 and the rage of Yah Veh
is on Yah Hudah and Yeru Shalem and he gives
them to agitation and to desolation and to hissing
— as you see with your eyes:
9 and behold, our fathers, fallen by the sword;
and our sons and our daughters and our women,
in captivity for this.
10 Now it is in my heart to cut a covenant
with Yah Veh Elohim of Yisra El
to turn his fuming wrath from us.
11 My sons, be not now misled:
for Yah Veh chose you to stand at his face
— to minister to him
— to minister to him and to incense.
12 And the Leviym rise: Machath the son of Amasay
and Yah El the son of Azar Yah
of the sons of the Qehathiy;
and of the sons of Merari: Qish the son of Abdi
and Azar Yah the son of Ye Halal El;
and of the Gershoniy: Yah Ach the son of
Zimmah and Eden the son of Yah Ach;
13 and of the sons of El Saphan: Shimri and Yei El;
and of the sons of Asaph: Zechar Yah and Mattan Yah;
14 and of the sons of Heman: Yechi El and Shimi;
and of the sons of Yeduthun: Shema Yah and Uzzi El;
15 — and they gather their brothers and
hallow themselves and come,
according to the misvah of the sovereign
by the words of Yah Veh
to purify the house of Yah Veh.
16 And the priests go inside the house
of Yah Veh to purify it;
and bring out all the foulness they
find in the manse of Yah Veh
into the court of the house of Yah Veh.
— and the Leviym take it
to bring it to the wadi Qidron.
17 And on the first of the first month
they begin to hallow;
and on the eighth day of the month they
come to the porch of Yah Veh:
thus they hallow the house of Yah Veh in eight days;
and finish in the sixteenth day of the first month.
18 And they come in to Yechizqi Yah the sovereign
and say, We purified all the house of Yah Ve h
and the sacrifice altar of holocaust
with all its instruments;
and the arrangement table with all its instruments:
19 and all the instruments sovereign
Achaz in his sovereigndom
abandoned in his treason
we prepared and hallowed; and behold,
they are at the face of the sacrifice altar of Yah Veh.

YECHIZQI YAH RESTORES WORSHIP IN THE HOUSE OF YAH VEH

20 Then *Hezekiah* **Yechizqi Yah** the *king* **sovereign**
rose **started** early,
and gathered the *rulers* **governors** of the city,
and *went up* **ascended** to the house
of *the LORD* **Yah Veh**.
21 And they brought seven bullocks, and
seven rams, and seven lambs,
and seven *he goats* **buck goats of the doe goats**,
for *a sin offering* **the sin**
for the *kingdom* **sovereigndom**,
and for the *sanctuary* **holies**, and for *Judah* **Yah Hudah**.
And he *commanded* **said to** the priests
the sons of *Aaron* **Aharon**
to *offer* **holocaust** them
on the **sacrifice** altar of *the LORD* **Yah Veh**.

22 So they *killed* **slaughtered** the *bullocks* **oxen,**
and the priests *received* **took** the blood,
and sprinkled it on the **sacrifice** altar:
likewise, when they had *killed* **slaughtered** the rams,
they sprinkled the blood upon the **sacrifice** altar:
they *killed* **slaughtered** also the lambs, and
they sprinkled the blood upon the altar.
23 And they brought *forth* **near** the he *goats* **bucks**
for the sin *offering*
before **at the face of** the *king* **sovereign**
and the congregation;
and they *laid* **propped** their hands upon them:
24 And the priests *killed* **slaughtered** them,
and they *made reconciliation* **cleansed** with
their blood upon the **sacrifice** altar,
to *make an atonement* **kapar/atone** for all *Israel* **Yisra El:**
for the *king commanded* **sovereign said**
that the *burnt offering* **holocaust**
and **that for** the sin *offering*
should be *made* for all *Israel* **Yisra El.**
25 And he *set* **stood** the *Levites* **Leviym**
in the house of *the LORD* **Yah Veh**
with cymbals, with *psalteries* **bagpipes**, and with harps,
according to the *commandment* **misvah** of
David, and of Gad the *king's* **sovereign's** seer,
and Nathan the prophet:
for so was the *commandment* **misvah by the hand** of
the LORD **Yah Veh,** by **the hand of** his prophets.
26 And the *Levites* **Leviym** stood with
the instruments of David,
and the priests with the trumpets.
27 And*Hezekiah*commanded**YechizqiYahsaid**
to *offer* **holocaust** the *burnt offering* **holocaust**
upon the **sacrifice** altar.
And *when* **at the time** the *burnt offering* **holocaust**
began, the song of *the LORD* **Yah Veh** began *also*
with the trumpets,
and with **by the hand of** the instruments *ordained*
by **of** David *king* **sovereign** of *Israel* **Yisra El.**
28 And all the congregation *worshipped*
prostrated, and the singers sang,
and the trumpeters *sounded* **trumpeted**:
and all *this continued*
until the *burnt offering* **holocaust** was finished.
29 And when they had
made an end of offering **finished**
holocausting, the *king* **sovereign**
and all that were *present* **found** with him bowed
themselves, and *worshipped* **prostrated**.
30 MoreoveH*rezekiah***YechizqiYah**ht,*eking***sovereign**
and the *princes* **governors**
commanded **said to** the *Levites* **Leviym**
to *sing praise* **halal** unto *the LORD* **Yah Veh**
with the words of David, and of Asaph the seer.
And they *sang praises* **halaled** with *gladness*
cheerfulness, and they bowed *their*
heads and *worshipped* **prostrated.**
31 Then *Hezekiah* **Yechizqi Yah** answered and
said, Now ye have *consecrated yourselves* **filled**
your hand unto *the LORD* **Yah Veh,**
come near and bring sacrifices and *thank offerings*
spread hands into the house of *the LORD* **Yah Veh.**

YECHIZQI YAH RESTORES WORSHIP IN THE HOUSE OF YAH VEH

20 And Yechizqi Yah the sovereign starts
early and gathers the governors of the city
and ascends to the house of Yah Veh:
21 and they bring seven bullocks
and seven rams and seven lambs and
seven buck goats of the doe goats
— for the sin for the sovereigndom
and for the holies and for Yah Hudah:
and he says to the priests the sons of Aharon
to holocaust them on the sacrifice altar of Yah Veh.
22 So they slaughter the oxen;
and the priests take the blood and sprinkle it on
the sacrifice altar: and they slaughter the rams
and sprinkle the blood on the sacrifice altar:
and they slaughter the lambs and
sprinkle the blood on the altar:
23 and they bring near the he bucks for the sin
at the face of the sovereign and the congregation;
and they prop their hands on them:
24 and the priests slaughter them for the sin
with their blood on the sacrifice altar,
to kapar/atone for all Yisra El:
for the sovereign says
that the holocaust and that for the sin is for all Yisra El.
25 And he stands the Leviym in the house of Yah Veh
with cymbals, with bagpipes and with harps,
according to the misvah of David
and of Gad the seer of the sovereign
and Nathan the prophet:
for thus is the misvah by the hand of Yah
Veh by the hand of his prophets:
26 and the Leviym stand with the instruments of David
and the priests with the trumpets.
27 And Yechizqi Yah says
to holocaust the holocaust on the sacrifice altar:
and at the time the holocaust begins
the song of Yah Veh begins with
the trumpets by the hand

of the instruments of David sovereign of Yisra El:
28 and all the congregation prostrates
and the singers sing
and the trumpeters trumpet
until the holocaust is finished.
29 And they finish holocausting,
and the sovereign and all who are found
with him bow and prostrate:
30 and Yechizqi Yah the sovereign and the governors
say to the Leviym to halal to Yah Veh
with the words of David and of Asaph the seer.
And they halal with cheerfulness and bow and prostrate.
31 And Yechizqi Yah answers and says,
Now you have filled your hand to Yah
Veh, come near and bring sacrifices
and spread hands to the house of Yah Veh.
And the congregation brought in sacrifices
and *thank offerings* **spread hands**;
and as many as were of a *free* **voluntary** heart
burnt offerings **holocausted.**
32 And the number of the *burnt offerings*
holocausts, which the congregation brought,
was *threescore and ten bullocks* **seventy oxen,**
an hundred rams, and two hundred lambs:
all these were for a *burnt offering* **holocaust**
to *the LORD* **Yah Veh.**
33 And the *consecrated things* **holies**
were six hundred oxen and three thousand *sheep* **flocks.**
34 But the priests were too few,
so that they could not *flay* **strip**
all the *burnt offerings* **holocausts**:
wherefore their brethren the *Levites*
Leviym *did help* **strengthened** them,
till the work was *ended* **finished,**
and until the *other* priests
had *sanctified* **hallowed** themselves:
for the *Levites* **Leviym** were more *upright* **straight** in
heart to *sanctify* **hallow** themselves than the priests.
35 And also the *burnt offerings* **holocausts**
were in abundance,
with the fat of the *peace offerings* **shelamim,**
and the *drink offerings* **libations**
for *every burnt offering* **the holocaust.**
So the service of the house of *the LORD* **Yah Veh**
was *set in order* **established.**
36 And *Hezekiah rejoiced* **Yechizqi Yah**
cheered, and all the people,
that *God* **Elohim** had prepared the people:
for the *thing* **word** was *done* suddenly.

YECHIZQI YAH WORKS THE PASACH

30 And *Hezekiah* **Yechizqi Yah**
sent to all *Israel* **Yisra El** and *Judah* **Yah Hudah,**
and *wrote letters* **inscribed epistles** also
to *Ephraim* **Ephrayim** and *Manasseh* **Menash Sheh,** that
they should come to the house of *the LORD* **Yah Veh**
at *Jerusalem* **Yeru Shalem,**
to *keep* **work** the *passover* **pasach**
unto *the LORD God* **Yah Veh Elohim** of *Israel* **Yisra El.**
2 For the *king* **sovereign** had taken
counsel, and his *princes* **governors,**
and all the congregation in *Jerusalem* **Yeru Shalem,**
to *keep* **work** the *passover* **pasach** in the second month.
3 For they could not *keep* **work** it at
that time, because the priests
had not *sanctified* **hallowed** themselves sufficiently,
neither had the people
gathered *themselves together* to *Jerusalem* **Yeru Shalem.**
4 And the *thing pleased* **word was straight**
in the eyes of the *king* **sovereign**
and **in the eyes of** all the congregation.
5 So they *established* **stood** a *decree* **word**
to *make proclamation* **pass the voice**
throughout all *Israel* **Yisra El,**
from *Beersheba* **Beer Sheba** even to Dan,
that they should come to *keep* **work** the *passover* **pasach**
unto *the LORD God* **Yah Veh Elohim** of *Israel* **Yisra El**
at *Jerusalem* **Yeru Shalem:**
for they had not *done* **worked** it
of a long time **in abundance**
in such sort as it was *written* **inscribed.**
6 So the *posts* **runners** went with the *letters* **epistles**
from **the hand of** the *king* **sovereign**
and his *princes* **governors**
throughout all *Israel* **Yisra El** and *Judah* **Yah Hudah,**
and according to
the *commandment* **misvah** of the *king* **sovereign,**
saying, Ye *children* **sons** of *Israel* **Yisra El,**
turn again **return** unto *the LORD God* **Yah Veh Elohim**
of Abraham, *Isaac* **Yischaq,** and *Israel* **Yisra El,**
and he *will* **shall** return to the *remnant* **survivors** of
you, that are *escaped* **escapees** out of the *hand* **palm**
of the *kings* **sovereigns** of *Assyria* **Ashshur.**
7 And be not ye like your fathers, and like your
brethren, which *trespassed* **treasoned**
against *the LORD God* **Yah Veh Elohim** of their fathers,
And the congregation brings in
sacrifices and spread hands;
and as many as are of a voluntary heart, holocaust:

32 and the number of the holocausts the congregation
brings: seventy oxen, a hundred rams
and two hundred lambs
— all these are for a holocaust to Yah Veh.
33 And the holies:
six hundred oxen and three thousand flock s.
34 Only, the priests are so few,
that they cannot strip all the holocausts:
and their brothers the Leviym strengthen
them until the work is finished
and until the priests hallow themselves:
for the Leviym are more straight in heart
to hallow themselves than the priests:
35 and also the holocausts are in abundance
— with the fat of the shelamim
and the libations for the holocaust:
and the service of the house of Yah Veh is established;
36 and Yechizqi Yah and all the people cheer,
because Elohim prepares the people.
— for the word becomes suddenly.

YECHIZQI YAH WORKS THE PASACH

30 And Yechizqi Yah
sends to all Yisra El and Yah Hudah;
and also inscribes epistles
to Ephrayim and Menash Sheh
to come to the house of Yah Veh at Yeru Shalem to
work the pasach to Yah Veh Elohim of Yisra El.
2 And the sovereign and his governors
and all the congregation in Yeru Shalem, counsel
to work the pasach in the second month:
3 for they cannot work it at that
time because the priests
had not hallowed themselves sufficiently,
and the people had not gathered to Yeru Shalem.
4 And the word is straight in the eyes of the
sovereign and in the eyes of all the congregation:
5 and they stand a word
to pass the voice throughout all Yisra El
— from Beer Sheba even to Dan to
come to work the pasach
to Yah Veh Elohim of Yisra El at Yeru Shalem:
for they had not worked it in abundance
in such sort as inscribed.
6 And the runners go with the epistles
from the hand of the sovereign and his governors
throughout all Yisra El and Yah Hudah;
and according to the misvah of the sovereign, saying,
You sons of Yisra El, return to Yah Veh Elohim
of Abraham, Yischaq and Yisra El;
and he returns your survivors — escapees from
the palm of the sovereigns of Ashshur:
7 and be not like your fathers and like
your brothers, who treasoned
against Yah Veh Elohim of their fathers,
who therefore gave them up to desolation, as ye see.
8 Now *be* ye *not stiffnecked* **harden not your necks**
as your fathers *were*,
but yield yourselves **give your hand**
unto *the LORD* **Yah Veh**,
and enter into his *sanctuary* **holies**,
which he hath *sanctified for ever* **hallowed**
eternally: and serve *the LORD* **Yah Veh** your *God*
Elohim, that the *fierceness* **fuming** of his wrath
may turn *away* from you.
9 For if ye *turn again* **return** unto *the LORD* **Yah**
Veh, your brethren and your *children* **sons**
shall *find compassion* **be mercied** *before them that*
lead them captive **at the face of their captors**,
so that they shall *come again* **return** into this land:
for *the LORD* **Yah Veh** your *God* **Elohim**
is *gracious* **charismatic** and merciful,
and *will* **shall** not turn *away* **aside** his face
from you, if ye return unto him.
10 So the *posts* **runners** passed from city to city
through the *country* **land** of *Ephraim* **Ephrayim**
and *Manasseh* **Menash Sheh** even unto Zebulun:
but they *laughed* **ridiculed** them *to*
scorn, and *mocked* **derided** them.
11 Nevertheless
divers **men** of Asher and *Manasseh* **Menash Sheh**
and of Zebulun humbled themselves, and
came to *Jerusalem* **Yeru Shalem**.
12 Also in *Judah* **Yah Hudah**
the hand of *God* **Elohim** was to give them one heart
to *do* **work** the *commandment* **misvah**
of the *king* **sovereign** and of the *princes* **governors**,
by the word of *the LORD* **Yah Veh**.
13 And there *assembled* **gathered**
at *Jerusalem* **Yeru Shalem** much people to *keep* **work**
the *feast* **celebration** of *unleavened bread* **matsah**
in the second month, a *very* **mighty** great congregation.
14 And they arose
and *took away* **turned aside** the **sacrifice** altars
that were in *Jerusalem* **Yeru Shalem**, and all the *altars*
for incense **censers** *took* **turned** they *away* **aside**,
and cast them into the *brook Kidron* **wadi Qidron**.
15 Then they *killed* **slaughtered** the *passover* **pasach**
on the fourteenth *day* of the second month:
and the priests and the *Levites* **Leviym** were
ashamed, and *sanctified* **hallowed** themselves,

and brought in the *burnt offerings* **holocausts**
into the house of *the LORD* **Yah Veh.**
16 And they stood in their *place* **stations**
after their *manner* **judgment**, according to the *law*
torah of *Moses* **Mosheh** the man of *God* **Elohim**:
the priests sprinkled the blood,
which they received of the hand of the *Levites* **Leviym.**
17 For there were many in the congregation
that were not *sanctified* **hallowed**:
therefore the *Levites* **Leviym** had the charge
of the *killing* **slaughter** of the *passovers* **pasachs**
for every one that was not *clean* **pure,**
to *sanctify* **hallow** them unto *the LORD* **Yah Veh.**
18 For*amultitude***anincrease**ofthepeople,
even many of *Ephraim* **Ephrayim**, and *Manasseh*
Menash Sheh, *Issachar* **Yissachar**, and Zebulun,
had not *cleansed* **purified** *themselves*, yet
did they eat the *passover* **pasach**
otherwise than it was written **not as inscribed.** But
Hezekiah **Yechizqi Yah** prayed for them, saying,
The good *LORD pardon* **Yah Veh kapar/atone** every one
19 That prepareth his heart to seek *God*
Elohim, *the LORD God* **Yah Veh Elohim** of
his fathers, though he be not *cleansed*
according to the purification of the *sanctuary* **holies.**
20 And *the LORD* **Yah Veh**
hearkened to *Hezekiah* **Yechizqi**
Yah, and healed the people.
and he gave them to desolation — as you see.
8 Now harden not your necks as your fathers;
give your hand to Yah Veh
and enter the holies he hallowed eternally:
and serve Yah Veh your Elohim, to turn
his fuming wrath from you.
9 For if you return to Yah Veh,
he mercies your brothers and your
sons at the face of their captors,
to return to this land:
for Yah Veh your Elohim is charismatic and merciful
and turns not his face from you, if you return to him.
10 And the runners pass from city to city
through the land of Ephrayim
and Menash Sheh even to Zebulun:
and they ridicule them and deride them.
11 Only, men of Asher and Menash
Sheh
and of Zebulun humble themselves
and come to Yeru Shalem.
12 Also, in Yah Hudah
the hand of Elohim gives them one
heart to work the misvah
of the sovereign and of the governors
by the word of Yah Veh.
13 And much people gather at Yeru Shalem
to work the celebration of matsah
in the second month
— a mighty great congregation.
14 And they rise
and turn aside the sacrifice altars in Yeru
Shalem and they turn aside all the censers
and cast them into the wadi Qidron:
15 and they slaughter the pasach
on the fourteenth of the second month:
and the priests and the Leviym shame
and hallow themselves;
and bring the holocausts into the house of Yah Veh:
16 and they stand in their stations after their judgment;
according to the torah of Mosheh the man of Elohim:
and the priests sprinkle the blood
from the hand of the Leviym:
17 for many in the congregation are not hallowed:
and the Leviym have the charge of the slaughter
of the pasachs for every one who is not pure
— to hallow them to Yah Veh.
18 For an increase of the people
— many of Ephrayim and Menash Sheh, Yissachar
and Zebulun, had not purified; yet eat the pasach —
but not as inscribed: but Yechizqi Yah prays for them,
saying, The good Yah Veh kapars/atones every one
19 who prepares his heart to seek
Elohim
— Yah Veh Elohim of his fathers;
though not according to the purification of the holies.
20 And Yah Veh hearkens to Yechizqi
Yah and heals the people:
21 And the *children* **sons** of *Israel* **Yisra El**
that were *present* **found** at *Jerusalem* **Yeru Shalem**
kept **worked**
the *feast* **celebration** of *unleavened bread* **matsah**
seven days with great *gladness* **cheerfulness**:
and the *Levites* **Leviym** and the priests
praised the LORD **halaled Yah Veh** day by day,
singing with loud instruments **with instruments**
of strength unto *the LORD* **Yah Veh.**
22 And *Hezekiah spake comfortably*
Yechizqi Yah worded
unto **the heart of** all the *Levites* **Leviym**
that *taught* **comprehended**
the good *knowledge* **comprehension**
of *the LORD* **Yah Veh**:
and they did eat throughout the *feast* **festival** seven days,

offering **sacrificing the sacrifices**
peace offerings **of shelamim,**
and *making confession* **spread hands**
to *the LORD God* **Yah Veh Elohim** of their fathers.
23 And the whole *assembly* **congregation**
took counsel **counselled**
to *keep* **work** other seven days:
and they *kept* **worked** *other* seven days
with *gladness* **cheerfulness.**
24 For *Hezekiah* **Yechizqi Yah,**
king **sovereign** of *Judah* **Yah Hudah**
did give **lifted up** to the congregation
a thousand bullocks and seven thousand *sheep* **flocks;**
and the *princes* **governors**
gave **lifted up** to the congregation
a thousand bullocks and ten thousand *sheep*
flocks: and *a great number* **an abundance** of
priests *sanctified* **hallowed** themselves.
25 And all the congregation of *Judah* **Yah Hudah,**
with the priests and the *Levites* **Leviym,**
and all the congregation that came out of *Israel*
Yisra El, and the *strangers* **sojourners**
that came out of the land of *Israel* **Yisra El,** and
that *dwelt* **settled** in *Judah* **Yah Hudah,**
rejoiced **cheered.**
26 So there was great *joy* **cheer** in
Jerusalem **Yeru Shalem:**
for since the *time* **day** of *Solomon* **Shelomoh** the
son of David *king* **sovereign** of *Israel* **Yisra El** there
was not the like in *Jerusalem* **Yeru Shalem.**
27 Then the priests the *Levites* **Leviym**
arose and blessed the people:
and their voice was heard, and their prayer came *up*
to *his holy dwelling place* **the habitation of his holiness,**
even unto *heaven* **the heavens.**

YISRA EL DESTROYS THE MONOLITHS, ASHERIM, AND BAMAHS

31 Now when all this was finished,
all *Israel* **Yisra El** that were *present* **found** went
out to the cities of *Judah* **Yah Hudah,** and
brake the *images* **monoliths** in pieces,
and cut down the *groves* **asherim,**
and *threw* **pulled** down the *high places* **bamahs**
and the **sacrifice** altars
out of all *Judah* **Yah Hudah** and *Benjamin* **Ben Yamin,**
in *Ephraim* **Ephrayim** also and *Manasseh* **Menash Sheh,**
until they had *utterly destroyed* **finished** them *all* **off.**
Then all the *children* **sons** of *Israel* **Yisra El** returned,
every man to his possession, into their own cities.

2 And *Hezekiah* **Yechizqi Yah**
appointed **stationed** the *courses* **allotments** of the priests
and the *Levites* **Leviym** after their *courses* **allotments,**
every man according to **the mouth of** his service,
the priests and *Levites* **Leviym**
for *burnt offerings* **holocausts** and for *peace*
offerings **shelamim,** to minister,
and to *give thanks* **spread hands,** and to *praise* **halal**
in the *gates* **portals**
of the *tents* **camps** of *the LORD* **Yah Veh.**
3 *He appointed* also
the *king's portion* **sovereign's allotment**
of his *substance* **acquisition**
for the *burnt offerings* **holocausts,**
21 and the sons of Yisra El they find at Yeru Shalem
work the celebration of matsah seven days
with great cheerfulness:
and day by day
the Leviym and the priests halal Yah Veh
with instruments of strength to Yah Veh.
22 And Yechizqi Yah words to the
heart of all the Leviym
who comprehend
the good comprehension of Yah Veh:
and they eat throughout the festival seven
days, sacrificing the sacrifices
of shelamim and spread hands
to Yah Veh Elohim of their fathers.
23 And the whole congregation counsels
to work another seven days:
and they work seven days with cheerfulness.
24 For Yechizqi Yah sovereign of Yah
Hudah lifts to the congregation
a thousand bullocks and seven thousand flocks:
and the governors lift to the congregation
a thousand bullocks and ten thousand flocks.
— and an abundance of priests hallow themselves.
25 And all the congregation of Yah Hudah
with the priests and the Leviym
and all the congregation who come from Yisra El
and the sojourners
who come from the land of Yisra El
— who settle in Yah Hudah, cheer!
26 And there is great cheer in Yeru Shalem:
for since the day of Shelomoh
the son of David sovereign of Yisra El
there is not the like in Yeru Shalem.
27 And the priests
— the Leviym rise and bless the people:
and their voice is heard;

and their prayer
comes to the habitation of his holiness
— to the heavens.

YISRA EL DESTROYS THE MONOLITHS, ASHERIM, AND BAMAHS

31 And all this is finished,
all the Yisra Eliy they find go to the cities of
Yah Hudah and break the monoliths
and cut down the asherim
and pull down the bamahs and the sacrifice altars
from all Yah Hudah and Ben Yamin and in Ephrayim
and Menash Sheh until they finish them off:
and all the sons of Yisra El return,
every man to his possession, to their own cities.
2 And Yechizqi Yah
stations the allotments of the priests and
the Leviym by their allotments
— every man according to the mouth of his service:
the priests and Leviym
for holocausts and for shelamim,
to minister and to spread hands and to halal
in the portals of the camps of Yah Veh:
3 and the allotment of the acquisition of the sovereign
is for the holocausts
to wit, for the morning and evening *burnt offerings*
holocausts, and the *burnt offerings* **holocausts**
for the *sabbaths* **shabbaths**,
and for the new moons, and for the *set feasts*
festivals, as it is *written* **inscribed**
in the *law* **torah** of *the LORD* **Yah Veh**.
4 Moreover he *commanded* **said to** the people
that *dwelt* **settled** in *Jerusalem* **Yeru Shalem**
to give the *portion* **allotment**
of the priests and the *Levites* **Leviym**,
that they might be *encouraged* **strengthened**
in the *law* **torah** of *the LORD* **Yah Veh**.
5 And as soon as the
commandment came abroad **word broke**
forth, the *children* **sons** of *Israel* **Yisra El**
brought in abundance **abounded** the *firstfruits*
firstlings of *corn* **crop** *wine* **juice**, and oil, and honey,
and of all the *increase* **produce** of the field;
and the tithe of all *things* brought they
in *abundantly* **abundance**.
6 And *concerning*
the *children* **sons** of *Israel* **Yisra El** and
Judah **Yah Hudah**, that *dwelt* **settled** in
the cities of *Judah* **Yah Hudah**,
they also brought in the tithe of oxen and *sheep*
flock, and the tithe of *holy things* **holies**
which were *consecrated* **hallowed**
unto *the LORD* **Yah Veh** their *God* **Elohim**
and *laid* **gave** them by heaps.
7 In the third month
they began to lay the foundation of the heaps,
and finished them in the seventh month.
8 And when *Hezekiah* **Yechizqi Yah**
and the *princes* **governors** came and saw the
heaps, they blessed *the LORD* **Yah Veh**,
and his people *Israel* **Yisra El**.
9 Then *Hezekiah* **Yechizqi Yah** questioned
with the priests and the *Levites* **Leviym**
concerning the heaps.
10 And *Azariah* **Azar Yah**
the *chief* **head** priest of the house of *Zadok* **Sadoq**
answered **said to** him, and said,
Since *the people began to bring* **bringing**
the *offerings* **exaltments**
into the house of *the LORD* **Yah Veh**,
we *have had enough to eat* **are satisfied**, and have *left*
plenty **an abundance remaining**: for *the LORD* **Yah Veh**
hath blessed his people; and that which *is left* **remaineth**
is this great *store* **multitude**.
11 Then *Hezekiah commanded* **Yechizqi Yah said**
to prepare chambers in the house of *the LORD* **Yah Veh**;
and they prepared them,
12 And brought in the *offerings*
exaltments and the tithes
and the *dedicated things faithfully* **holies trustworthily**:
over which
Cononiah **Konan Yah** the *Levite* **Leviy**
was *ruler* **eminent**, and *Shimei* **Shimi**
his brother was the *next* **second**.
13 And *Jehiel* **Yechi El**, and *Azaziah* **Azaz Yah**,
and *Nahath* **Nachath**, and *Asahel* **Asa El**,
and *Jerimoth* **Yerimoth**, and *Jozabad* **Yah Zabad**,
and *Eliel* **Eli El**, and *Ismachiah* **Yismach Yah**,
and *Mahath* **Machath**, and *Benaiah* **Bena Yah**,
were overseers under the hand
of *Cononiah* **Konan Yah** and *Shimei* **Shimi** his
brother, at the *commandment* **mandate**
of *Hezekiah* **Yechizqi Yah** the *king* **sovereign**,
and *Azariah* **Azar Yah** the *ruler* **eminent**
of the house of *God* **Elohim**.
14 And *Kore* **Qore**
the son of *Imnah* **Yimlah** the *Levite* **Leviy**,
the porter toward the *east* **rising**,
was over the *freewill offerings* **voluntaries**
of *God* **Elohim**, to *distribute* **give**

the *oblations* **exaltments** of *the LORD* **Yah**
Veh, and the *most holy things* **holies**.
15 And *next him* **at his hand**
were Eden, and *Miniamin* **Min Yamin**,
and *Jeshua* **Yah Shua**, and *Shemaiah* **Shema Yah**,
— for the morning and evening holocausts
and the holocausts for the shabbaths
and for the new moons and for the festivals
as inscribed in the torah of Yah Veh.
4 And he says to the people who settle in Yeru Shalem
to give the allotment of the priests and the Leviym
to strengthen them in the torah of Yah Veh.
5 And as the word breaks,
the sons of Yisra El abound the firstlings o f crop
— juice and oil and honey
and of all the produce of the field;
and they bring the tithe of all in abundance.
6 And the sons of Yisra El and Yah Hudah
who settle in the cities of Yah Hudah also
bring the tithe of oxen and flock
and the tithe of holies
hallowed to Yah Veh their Elohim;
and give them by heaps.
7 In the third month
they begin to lay the foundation of the heaps
and finish them in the seventh month.
8 And Yechizqi Yah and the governors
come and see the heaps;
and they bless Yah Veh and his people Yisra El.
9 And Yechizqi Yah inquires
with the priests and the Leviym concerning the heaps:
10 and Azar Yah the head priest of the
house of Sadoq says to him saying,
Since bringing the exaltments into the house of Yah Veh,
we satisfy ourselves and an abundance remains:
for Yah Veh blesses his people;
and this great multitude remains.
11 And Yechizqi Yah says
to prepare chambers in the house of Yah Veh
— and they prepare:
12 and they trustworthily
bring the exaltments and the tithes and the
holies over which Konan Yah the Leviy is
eminent and Shimi his brother is the second.
13 And Yechi El and Azaz Yah and Nachath
and Asa El and Yerimoth and Yah Zabad
and Eli El and Yismach Yah and Machath and Bena Yah
are overseers under the hand
of Konan Yah and Shimi his brother
— at the mandate of Yechizqi Yah the sovereign and
Azar Yah the eminent of the house of Elohim.
14 And Qore the son of Yimlah the Leviy
the porter toward the rising,
is over the voluntaries of Elohim
— to give the exaltments of Yah Veh and the holies.
15 And at his hand:
Eden and Min Yamin and Yah Shua and Shema Yah,
Amariah **Amar Yah**, and *Shecaniah* **Shechan Yah**,
in the cities of the priests, in their *set office* **trust**,
to give to their brethren by *courses* **allotments**,
as well to the great as to the small:
16 Beside their *genealogy of* **genealogized** males,
from **sons of** three years *old* and upward,
even unto every one
that entereth into the house of *the LORD*
Yah Veh, his daily *portion* **word** for their **day**
by day service in their *charges* **guards**
according to their *courses* **allotments**;
17 Both to the *genealogy* **genealogized** of the priests by
the house of their fathers, and the *Levites* **Leviym**
from **sons of** twenty years *old* and upward,
in their *charges* **guards** by their *courses* **allotments**;
18 And to the *genealogy* **genealogized**
of all their *little ones* **toddlers**, their *wives*
women, and their sons, and their daughters,
through all the congregation:
for in their *set office* **trust**
they *sanctified* **hallowed** themselves in holiness:
19 Alsoofthesonso*Afaron***Aharon**thepriests,
which were in the fields of the suburbs of their
cities, *in every several city* **city by city**,
the men that were *expressed* **appointed** by name, to
give portions to all the males among the priests,
and to all that were *reckoned by*
genealogies **genealogized**
among the *Levites* **Leviym**.
20 And thus *did Hezekiah* **worked Yechizqi Yah**
throughout all *Judah* **Yah Hudah**, and *wrought* **worked**
that which was good and *right* **straight** and truth
before the LORD **at the face of Yah Veh** his *God* **Elohim**.
21 And in every work that he began
in the service of the house of *God* **Elohim**,
and in the *law* **torah**, and in the *commandments*
misvoth, to seek his *God* **Elohim**,
he *did* **worked** it with all his heart, and prospered.

THE SOVEREIGN OF ASHSHUR ENCAMPS AGAINST YERU SHALEM

32 After these *things* **words**,
and the *establishment* **truth** thereof,
Sennacherib king **Sancherib sovereign**
of *Assyria* **Ashshur**

came, and entered into *Judah* **Yah Hudah**, and
encamped against the *fenced* **cut off** cities, and
thought to win **said to split** them for himself.
2 And when *Hezekiah* **Yechizqi Yah**saw that
Sennacherib **Sancherib** was come, and
that *he was purposed* **his face was**
to *fight* **war** against *Jerusalem* **Yeru Shalem,**
3 He *took counsel* **counselled** with his *princes* **governors**
and his mighty *men* to stop the waters of the fountains
which were without the city: and they did help him.
4 Sotherewasgatheredmuchpeopletogether,
who stopped all the fountains,
and the *brook* **wadi** that *ran* **overflowed**
through the midst of the land, saying,
Why should the *kings* **sovereigns** of *Assyria* **Ashshur**
come, and find much water?
5 Also he strengthened himself,
and built up all the wall that was broken, and *raised*
ascended it *up* to the towers, and another wall without,
and *repaired* **strengthened** Millo *in* the
city of David, and *made* **worked**
darts **spears** and *shields* **bucklers** in abundance.
6 And he *set captains* **gave governors**
of war over the people,
and gathered them *together* to him
in the *street* **broadway** of the *gate* **portal** of the city,
and *spake comfortably* **worded** to *them* **their heart**,
saying,
7 *Be strong and courageous* **Strengthen, encourage**,
be not afraid **neither awe** nor *dismayed* **terrify**
for the king of Assyria
at the face of the sovereign of Ashshur,
nor *for* **at the face of** all the multitude that is with him:
for there be *more* **greater** with us than with him:
Amar Yah and Shechan Yah
in the cities of the priests, in their trust,
to give to their brothers by allotments,
as well to the great as to the small:
16 beside their genealogized males from
sons of three years and upward
— to every one who enters the house of Yah Veh
for his daily word for their day by day service in
their guards according to their allotments:
17 both to the genealogized of the priests
by the house of their fathers and the Leviym
from sons of twenty years and upward
— in their guards by their allotments:
18 and to the genealogized — of all their toddlers,
their women and their sons and their daughters,
throughout all the congregation:
for in their trust, they hallow themselves in holiness.
19 And of the sons of Aharon the priests
in the fields of the suburbs of their cities, city by city;
the men appointed by name
to give portions to all the males among the priests
— to all the genealogized among the Leviym.
20 And thus Yechizqi Yah
works throughout all Yah Hudah; and works good and
straight and truth at the face of Yah Veh his Elohim:
21 and in every work he begins
in the service of the house of Elohim and
in the torah and in the misvoth
— to seek his Elohim
he works with all his heart and prospers.

THE SOVEREIGN OF ASHSHUR ENCAMPS AGAINST YERU SHALEM

32 After these words and this truth,
Sancherib sovereign of Ashshur
comes and enters Yah Hudah
and encamps against the cut off cities;
and says to split them for himself:
2 and Yechizqi Yah sees Sancherib come;
and his face is to war against Yeru Shalem.
3 And he counsels with his governors and his mighty
to stop the waters of the fountains outside the city:
and they help him:
4 and much people gather and stop all the fountains
and the wadi that overflows midst the land
saying, Why come the sovereigns of Ashshur
and find much water?
5 And he strengthens himself and
builds all the broken wall
so that it ascends to the towers;
and another outer wall;
and strengthens Millo the city of David:
and works spears and bucklers in abundance.
6 And he gives governors of war over the
people and gathers them to himself
in the broadway of the portal of the city:
and words to their heart, saying,
7 Strengthen! Encourage!
Neither awe nor terrify
at the face of the sovereign of Ashshur
or at the face of all the multitude with him:
for there are greater with us than with him:
8 With him is an arm of flesh;
but with us
is *the LORD* **Yah Veh** our *God* **Elohim** to
help us, and to fight our *battles* **wars**.

And the people *rested* **propped** *themselves*
upon the words of *Hezekiah* **Yechizqi Yah**
king **sovereign** of *Judah* **Yah Hudah.**
9 After this did *Sennacherib* **Sancherib**
king **sovereign** of *Assyria* **Ashshur**
send his servants to *Jerusalem* **Yeru Shalem,**
(but he *himself laid siege* against Lachish,
and all his *power* **reign** with him,)
unto *Hezekiah* **Yechizqi Yah**
king **sovereign** of *Judah* **Yah Hudah,**
and unto all *Judah* **Yah Hudah**
that were at *Jerusalem* **Yeru Shalem,** saying,
10 Thus saith *Sennacherib* **Sancherib**
king **sovereign** of *Assyria* **Ashshur,**
Whereon *do ye trust* **confide ye,**
that ye *abide* **settle** in the siege in
Jerusalem **Yeru Shalem?**
11 Doth not *Hezekiah persuade* **Yechizqi Yah goad** you
to give over yourselves to die by famine and by thirs t,
saying, *the LORD* **Yah Veh** our *God* **Elohim**
shall *deliver* **rescue** us out of the *hand* **palm**
of the *king* **sovereign** of *Assyria* **Ashshur?**
12 Hath not the same *Hezekiah* **Yechizqi Yah**
taken away **turned aside**
his *high places* **bamahs** and his **sacrifice** altars,
and *commanded Judah* **said to Yah Hudah**
and *Jerusalem* **Yeru Shalem,** saying,
Ye shall worship *before* **at the face of** one
sacrifice altar, and *burn* incense upon it?
13 Know ye not what I and my fathers have *done* **worked**
unto all the people of other lands?
were the *gods* **elohim** of the *nations* **goyim** of those lands
any ways **at all** able to *deliver* **rescue**
their lands out of mine hand?
14 Who was there
among all the *gods* **elohim** of those *nations* **goyim**
that my fathers *utterly destroyed* **devoted,**
that could *deliver* **rescue** his people out of mine
hand, that your *God* **Elohim** should be able
to *deliver* **rescue** you out of mine hand?
15 Now therefore
let not *Hezekiah* **Yechizqi Yah** deceive you,
nor *persuade* **goad** you *on this manner*
thus, neither yet *believe* **trust** him:
for no *god* **elohah**
of any *nation* **goyim** or *kingdom* **sovereigndom**
was able to *deliver* **rescue** his people out of mine
hand, and out of the hand of my fathers:
how much less **neither** shall your *God* **Elohim**
deliver **rescue** you out of mine hand?
16 Andhisservants*spake***worded**yet*more*
against *the LORD God* **Yah Veh Elohim,**
and against his servant *Hezekiah* **Yechizqi Yah.**
17 He *wrote* **inscribed** also *letters* **scrolls**
to *rail on* **reproach**
the LORD God **Yah Veh Elohim** of *Israel* **Yisra**
El, and to *speak* **say** against him, saying,
As the *gods* **elohim** of the *nations* **goyim**
of other lands have not *delivered* **rescued**
their people out of mine hand,
so shall not *the God* **Elohim** of *Hezekiah* **Yechizqi Yah**
deliver **rescue** his people out of mine hand.
18 Then they *cried* **called out**
with a *loud* **great** voice in *the Jews' speech* **Yah Hudahaic**
unto the people of *Jerusalem* **Yeru Shalem**
that were on the wall,
to *affright* **awe** them, and to *trouble* **terrify** them;
that they might *take* **capture** the city.
19 And they *spake* **worded**
against the *God* **Elohim** of *Jerusalem* **Yeru Shalem,**
as against the *gods* **elohim** of the people of the earth,
which were the work of the hands of *man* **humanity.**
20 And *for this cause*
Hezekiah **Yechizqi Yah** the *king* **sovereign,**
and the prophet *Isaiah* **Yesha Yah** the son of *Amoz*
Amos, prayed and cried to *heaven* **the heavens.**
21 And *the LORD* **Yah Veh** sent an angel,
8 with him — an arm of flesh;
and with us — Yah Veh our Elohim to help us and to
fight our wars. And the people prop on the words
of Yechizqi Yah sovereign of Yah Hudah.
9 After this, Sancherib sovereign of Ashshur
sends his servants to Yeru Shalem;
— and he is by Lachish with all his reign
against Yechizqi Yah sovereign of Yah Hudah and
against all Yah Hudah at Yeru Shalem, saying,
10 Thus says Sancherib sovereign of
Ashshur, Whereon confide you
that you settle in the siege in Yeru Shalem?
11 Yechizqi Yah — goads he not you
to give yourselves to die by famine and by
thirst, saying, Yah Veh our Elohim
rescues us from the palm of the sovereign of Ashshur?
12 Yechizqi Yah himself,
turns he not aside his bamahs and his sacrifice
altars and says to Yah Hudah and Yeru Shalem,
saying, Worship at the face of one sacrifice altar
and incense thereon?
13 Know you not what I and my fathers work
to all the people of other lands?

The elohim of the goyim of those lands
are they able to rescue their lands from my hand?
14 Among all the elohim of those
goyim my fathers devoted,
who is able rescue his people from my hand
— that your Elohim
is able to rescue you from my hand?
15 And now
neither *may* Yechizqi Yah deceive you,
nor goad you thus, nor yet trust him:
for no elohah of any goyim or sovereigndom
is able to rescue his people from my hand
and from the hand of my fathers:
neither your Elohim rescues you from my hand.
16 And his servants still word against Yah Veh
Elohim and against his servant Yechizqi Yah:
17 and he inscribes scrolls
to reproach Yah Veh Elohim of Yisra
El to say against him, saying,
As the elohim of the goyim of other lands
have not rescued their people from my
hand, thus Elohim of Yechizqi Yah
rescues not his people from my hand.
18 And they call out
with a great voice in Yah Hudahaic
to the people of Yeru Shalem on the wall
— to awe them and to terrify them;
and to capture the city:
19 and they word against the Elohim of Yeru Shalem
as against the elohim of the people of the earth
— the work of the hands of hamuanity.
20 And Yechizqi Yah the sovereign
and the prophet Yesha Yah the son of
Amos pray and cry to the heavens:
21 and Yah Veh sends an angel
which cut off all the mighty *men* of valour, and
the *leaders* **eminent** and *captains* **governors**
in the camp of the *king* **sovereign** of *Assyria* **Ashshur**.
So he returned with shame of face to his own land.
And when he was come into the house of his *god* **elohim**,
they that came forth **the offspring**
of his *own bowels* **inwards**
slew **felled** him there with the sword.
22 Thus *the LORD* **Yah Veh** saved
Hezekiah **Yechizqi Yah**
and the *inhabitants* **settlers** of *Jerusalem* **Yeru Shalem**
from the hand of *Sennacherib* **Sancherib**
the *king* **sovereign** of *Assyria* **Ashshur**,
and from the hand of all other,
and guided them *on every side* **round about**.
23 And many brought *gifts* **offerings**
unto *the LORD* **Yah Veh** to *Jerusalem* **Yeru Shalem**,
and *presents* **preciousnesses** to *Hezekiah* **Yechizqi Yah**
king **sovereign** of *Judah* **Yah Hudah**:
so that he was *magnified* **lifted up** in the *sight* **eyes**
of all *nations* **goyim** *from thenceforth* **thereafter**.
24 In those days *Hezekiah* **Yechizqi Yah**
was sick to *the death* **die**,
and prayed unto *the LORD* **Yah Veh**:
and he *spake* **said** unto him, and he
gave him *a sign* **an omen**.
25 But *Hezekiah* **Yechizqi Yah**
rendered **returned** not *again*
according to the *benefit done* **dealing** unto him;
for his heart was lifted *up*:
therefore there was *wrath* **rage** upon him,
and upon *Judah* **Yah Hudah** and
Jerusalem **Yeru Shalem**.
26 Notwithstanding
Hezekiah **Yechizqi Yah** humbled himself
for the *pride* **haughtiness** of his heart,
both he
and the *inhabitants* **settlers** of *Jerusalem* **Yeru Shalem**,
so that the *wrath* **rage** of *the LORD* **Yah Veh**
came not upon them
in the days of *Hezekiah* **Yechizqi Yah**.
27 And *Hezekiah* **Yechizqi Yah**
had exceeding much **abounded**
mightily in riches and honour:
and he *made* **worked** himself treasuries
for silver, and for gold, and for *precious* **esteemed**
stones, and for spices, and for *shields* **bucklers**,
and for all manner
of *pleasant jewels* **instruments of desire**;
28 *Storehouses* **Storage** *also* for the *increase* **produce**
of *corn* **crop**, and *wine* **juice**, and oil;
and stalls for *all manner of beasts* **animal by animal**,
and *cotes* **stalls** for *flocks* **droves**.
29 Moreoverhe*provided***worked**himciites,
and *possessions* **chattels** of flocks and *herds* **oxen**
in abundance:
for *God* **Elohim** had given him
substance very **mighty** much **acquisition**.
30 This same *Hezekiah* **Yechizqi Yah** also stopped the
upper *watercourse* **watersprings** of *Gihon* **Gichon**,
and brought it *straight down* **downward**
to the west side **duskward** of the city of David.
And *Hezekiah* **Yechizqi Yah** prospered in all his works.
31 *Howbeit* **Thus**
in the business of the ambassadors **by the interpreters**

of the *princes* **governors** of *Babylon* **Babel,**
who sent unto him to enquire
of the *wonder* **omen** that was *done* in the land,
God **Elohim** left him, to *try* **test** him,
that he might know all that was in his heart.

THE DEATH OF YECHIZQI YAH

32 Now the rest of the *acts* **words**
of *Hezekiah* **Yechizqi Yah,**
and his *goodness* **mercy,** behold, they are
written **inscribed** in the vision
of *Isaiah* **Yesha Yah** the prophet, the son of *Amoz* **Amos,**
and in the *book* **scroll** of the *kings* **sovereigns**
of *Judah* **Yah Hudah** and *Israel* **Yisra El.**
33 And *Hezekiah* **Yechizqi Yah**
slept **laid** with his fathers,
who cuts off all the mighty of valour
and the eminent and governors
in the camp of the sovereign of Ashshur:
and he returns with shamed face to his own land.
And he comes to the house of his elohim;
and the offspring of his inwards fell
him there with the sword:
22 and Yah Veh saves Yechizqi Yah and
the settlers of Yeru Shalem
from the hand of Sancherib the sovereign of Ashshur
and from the hand of all others;
and guides them all around.
23 And many bring offerings to Yah Veh to Yeru Shalem;
and preciousnesses
to Yechizqi Yah sovereign of Yah Hudah:
so that he is lifted in the eyes of all goyim thereafter.
24 In those days, Yechizqi Yah is sick
to die and prays to Yah Veh:
and he says to him and he gives him an omen:
25 and Yechizqi Yah returns not
according as he was dealt;
for his heart lifts:
and there is rage on him
and on Yah Hudah and Yeru Shalem:
26 and Yechizqi Yah humbles himself
for the haughtiness of his heart
— he and the settlers of Yeru Shalem;
so that the rage of Yah Veh
comes not on them in the days of Yechizqi Yah:
27 and Yechi zqi Yah
abounds mightily in riches and honor:
and he works himself treasuries
for silver and for gold and for esteemed stones
and for spices and for bucklers
and for all manner of instruments of desire
28 — storage for the produce of crop
and juice and oil;
and stalls for animal by animal and stalls for droves:
29 and he works cities
and chattels of flocks and oxen in abundance:
for Elohim gives him mighty much acquisition.
30 This is the same Yechizqi Yah
who stopped the upper watersprings of
Gichon and brought it downward
— duskward of the city of David
— and Yechizqi Yah prospers in all his works.
31 And thus,
by the interpreters of the governors of Babel,
who send to him to enquire of the omen in
the land, Elohim left him, to test him,
to know all that is in his heart.

THE DEATH OF YECHIZQI YAH

32 And the rest of the words of
Yechizqi Yah and his mercy,
behold, they are inscribed in the vision
of Yesha Yah the prophet the son of Amos
in the scroll of the sovereigns
of Yah Hudah and Yisra El.
33 And Yechizqi Yah lies down with his fathers
and they *buried* **entombed** him in the *chiefest* **ascent**
of the *sepulchres* **tombs** of the sons of David:
and all *Judah* **Yah Hudah**
and the *inhabitants* **settlers** of *Jerusalem* **Yeru Shalem**
did **worked** him honour at his death.

And *Manasseh* **Menash Sheh** his
son reigned in his stead.

MENASH SHEH REIGNS IN YERU SHALEM

33 *Manasseh* **Menash Sheh**
was **a son of** twelve years *old* when he began to
reign, and he reigned fifty and five years
in *Jerusalem* **Yeru Shalem:**
2 But *did* **worked** that which was evil
in the *sight* **eyes** of *the LORD* **Yah Veh,**
like unto the *abominations* **abhorrences**
of the *heathen* **goyim,** whom *the LORD*
Yah Veh had *cast out* **dispossessed**
before **at the face of** the *children* **sons** of *Israel* **Yisra El.**
3 For he **returned and bu**ilt *again* the *high places* **bamahs**
which *Hezekiah* **Yechizqi Yah** his
father had *broken* **pulled** *down,*
and he *reared up* **raised sacrifice** altars for
Baalim, and *made groves* **worked asherim,**

and *worshipped* **prostrated**
to all the host of *heaven* **the heavens**, and served them.
4 Also he built **sacrifice** altars
in the house of *the LORD* **Yah Veh**, whereof *the LORD*
Yah Veh had said, In *Jerusalem* **Yeru Shalem**
shall my name be *for ever* **eternally**.
5 And he built **sacrifice** altars
for all the host of *heaven* **the heavens**
in the two courts of the house of *the LORD* **Yah Veh**.
6 And he caused his *children* **sons** to pass through the
fire in the valley of the son of *Hinnom* **burning**:
also he *observed times* **cloudglazed**,
and *used enchantments* **prognosticated**,
and *used witchcraft* **sorcered**,
and *dealt* **worked** with a *familiar spirit* **necromancer**,
and with *wizards* **knowers**:
he *wrought much* **abounded to work** evil
in the *sight* **eyes** of *the LORD* **Yah Veh**,
to *provoke* **vex** him *to anger*.
7 And he set a *carved image* **sculptile**,
the *idol* **figurine** which he had *made*
worked, in the house of *God* **Elohim**,
of which *God* **Elohim** had said to David
and to *Solomon* **Shelomoh** his son,
In this house, and in *Jerusalem* **Yeru Shalem**,
which I have chosen
before all the *tribes* **scions** of *Israel* **Yisra El**,
will **shall** I *put* **set** my name *for ever* **eternally**:
8 Neither *will* **shall** I *anymore remove* **turn**
aside the foot of *Israel* **Yisra El** from out of the *land*
soil which I have *appointed* **stood** for your fathers;
so that they *will take heed* **shall guard**
to *do* **work** all that I have *commanded* **misvahed**
them, according to the whole *law* **torah**
and the statutes and the *ordinances* **judgments**
by the hand of *Moses* **Mosheh**.
9 So *Manaseh* **Menash Sheh** made *Judah* **Yah Hudah**
and the *inhabitants* **settlers** of *Jerusalem* **Yeru Shalem**
to *err* **stray**,
and to *do worse than* **work evil above**
the *heathen* **goyim**, whom *the LORD*
Yah Veh had *destroyed* **desolated**
before **at the face of** the *children* **sons** of *Israel* **Yisra El**.
10 And *the LORD spake* **Yah Veh worded**
to *Manasseh* **Menash Sheh**, and to his people:
but they *would not hearken* **hearkened not**.
11 Wherefore *the LORD* **Yah Veh** brought upon
them the *captains* **governors** of the host
of the *king* **sovereign** of *Assyria* **Ashshur**, which *took*
Manasseh **captured Menash Sheh** among the thorns,
and bound him with *fetters* **copper**,
and *carried* **walked** him to *Babylon* **Babel**.
12 And when he was *in afliction* **tribulated**,
he *besought* **stroked the face**
the LORD **of Yah Veh** his *God* **Elohim**,
— entombed
in the ascent of the tombs of the sons of David:
and all Yah Hudah and the settlers of Yeru
Shalem work him honor at his death.
— and Menash Sheh his son reigns in his stead.

MENASH SHEH REIGNS IN YERU SHALEM

33 Menash Sheh is a son of twelve
years when he begins to reign
and he reigns fifty—five years in Yeru Shalem:
2 and works evil in the eyes of Yah Veh
— like the abhorrences of the goyim
whom Yah Veh dispossessed
at the face of the sons of Yisra El:
3 and he returns and builds the bamahs
Yechizqi Yah his father pulled down; and
he raises sacrifice altars for Baalim
and works asherim;
and prostrates to all the host of the
heavens and serves them;
4 and he builds sacrifice altars in the house
of Yah Veh whereof Yah Veh says,
In Yeru Shalem is my name eternally.
5 And he builds sacrifice altars for
all the host of the heavens
in the two courts of the house of Yah Veh:
6 and he passes his sons through the fire
in the valley of the son of burning:
and he cloudglazes and prognosticates and sorcers:
and works with a necromancer and with knowers:
he abounds to work evil in the eyes
of Yah Veh to vex him.
7 And he sets a sculptile — a figurine he
worked in the house of Elohim,
of which Elohim said to David
and to Shelomoh his son,
In this house and in Yeru Shalem
which I chose from all the scions of Yisra El
I set my name eternally:
8 I neither turn aside
the foot of Yisra El from the soil
which I stood for your fathers;
so that they guard to work all I misvahed
them, according to the whole torah
and the statutes and the judgments
by the hand of Mosheh.

9 And Menash Sheh leads Yah Hudah and
the settlers of Yeru Shalem astray;
and to work evil above the goyim
whom Yah Veh desolated
at the face of the sons of Yisra El:
10 and Yah Veh words
to Menash Sheh and to his people
but they hearkened not:
11 and Yah Veh brings on them
the governors of the host of the sovereign of Ashshur
who capture Menash Sheh among the thorns
and bind him with copper and walk him to Babel:
12 and he is tribulated,
and he strokes the face of Yah Veh his Elohim
and humbled himself *greatly* **mightily**
before the God **at the face of Elohim** of his fathers,
13 And prayed unto him:
and he was intreated of him, and heard his
supplication, and *brought* **returned** him
again to *Jerusalem* **Yeru Shalem**
into his *kingdom* **sovereigndom.**
Then *Manasseh* **Menash Sheh** knew
that *the LORD* **Yah Veh** he was *God* **Elohim.**
14 NowafterthishebuiltawalwithoutthecityofDavid,
on the west side **duskward** of *Gihon* **Gichon,**
in the *valley* **wadi,**
even to the *entering in* **entrance** at the fish *gate*
portal, and *compassed* **surrounded** about Ophel,
and *raised* **heightened** it *up a very great height* **mightily,**
and *put captains* **set governors** of *war* **valour**
in all the *fenced* **cut off** cities of *Judah* **Yah Hudah.**
15 And he *took away* **turned aside**
the strange *gods* **elohim**, and the *idol* **figurine**
out of the house of *the LORD* **Yah Veh**, and
all the **sacrifice** altars that he had built
in the mount of the house of *the LORD* **Yah
Veh**, and in *Jerusalem* **Yeru Shalem,**
and cast them *out of* **outside** the city.
16 And he *repaired* **built**
the **sacrifice** altar of *the LORD* **Yah
Veh**, and sacrificed thereon
peace offerings **sacrifices of shelamim**
and *thank offerings* **sacrifices of spread hands,**
and *commanded Judah* **said to Yah Hudah**
to serve *the LORD God* **Yah Veh
Elohim** of *Israel* **Yisra El.**
17 Nevertheless the people did sacrifice
still in the *high places* **bamahs,**
yet unto *the LORD* **Yah Veh** their *God* **Elohim** only.
18 Now the rest of the *acts* **words**
of *Manasseh* **Menash Sheh,**
and his prayer unto his *God* **Elohim,**
and the words of the seers that *spake*
worded to him in the name
of *the LORD God* **Yah Veh Elohim** of *Israel* **Yisra El,**
behold, they are *written* in the *book* **words**
of the *kings* **sovereigns** of *Israel* **Yisra El.**
19 His prayer also,
and *how God was intreated of him* **his entreaty,**
and all his sins, and his *trespass* **treason,**
and the places wherein he built *high places* **bamahs,**
and *set up groves* **stood asherim**
and *graven images* **sculptiles,**
before he was **at the face of his being** humbled:
behold, they are *written* **inscribed**
among the *sayings* **words** of *the seers* **seers/Hozay.**
20 So *Manasseh* **Menash Sheh**
slept **laid** with his fathers,
and they *buried* **entombed** him in his own house:
and Amon his son reigned in his stead.

Amon Reigns In Yeru Shalem

21 Amon was **a son of** two and twenty years *old*
when he began to reign,
and reigned two years in *Jerusalem* **Yeru Shalem.**
22 But he *did* **worked** that which was evil in
the *sight* **eyes** of *the LORD* **Yah Veh,**
as *did Manasseh* **worked Menash Sheh** his father:
for Amon sacrificed unto all the *carved images* **sculptiles**
which *Manasseh* **Menash Sheh** his father
had *made* **worked**, and served them;
23 And humbled not himself
before the LORD **at the face of Yah Veh,**
as *Manasseh* **Menash Sheh** his father
had humbled himself;
but Amon *trespassed more and more* **abounded his guilt.**
24 Andhisservantsconspiredagainsthim,
and *slew* **deathified** him in his own house.
25 But the people of the land *slew* **smote**
all them that had conspired against
king **sovereign** Amon;
and the people of the land
made Josiah **had Yoshi Yah** his son
king **reign** in his stead.

Yoshi Yah Reigns In Yeru Shalem

34 *Josiah* **Yoshi Yah** was **a son of** eight years *old*
when he began to reign,
and humbles himself mightily at the
face of Elohim of his fathers;

13 and prays to him:
and he is intreated of him and hears his supplication
and returns him to Yeru Shalem to his sovereigndom.
— and Menash Sheh knows Yah Veh — he is Elohim.
14 And after this
he builds a wall outside the city of David
duskward of Gichon, i n the wadi,
to the entrance at the fish portal
and surrounds Ophel and heightens it mightily;
and sets governors of valour
in all the cut off cities of Yah Hudah:
15 and he turns aside
the strange elohim and the figurine
from the house of Yah Veh
and all the sacrifice altars he built
in the mount of the house of Yah
Veh and in Yeru Shalem;
and casts them outside the city:
16 and he builds the sacrifice altar of Yah Veh and
sacrifices sacrifices of shelamim thereon
and sacrifices of spread hands;
and says to Yah Hudah
to serve Yah Veh Elohim of Yisra El.
17 — and the people still sacrifice in the
bamahs,
but only to Yah Veh their Elohim.
18 And the rest of the words of Menash
Sheh and his prayer to his Elohim
and the words of the seers who worded to him
in the name of Yah Veh Elohim of Yisra El, behold,
they are in the words of the sovereigns of Yisra El:
19 and his prayer and his entreaty and
all his sins and his treason; and the places
he built bamahs and stood asherim and
sculptiles at the face of his being humbled:
behold, they are inscribed among
the words of seers/Hozay.
20 And Menash Sheh lies down with his fathers
— entombed in his own house:
and Amon his son reigns in his stead.

AMON REIGNS IN YERU SHALEM

21 Amon is a son of twenty—two years
when he begins to reign;
and reigns two years in Yeru Shalem:
22 and he works evil in the eyes of Yah Veh,
as Menash Sheh his father worked:
for Amon sacrifices to all the sculptiles
Menash Sheh his father worked and serves them:
23 and humbles not himself at the face of Yah Veh
as Menash Sheh his father humbled himself:
for Amon abounds his guilt.
24 And his servants conspire against him
and deathify him in his own house:
25 and the people of the land
smite all who conspire against sovereign Amon;
and the people of the land
have Yoshi Yah his son reign in his stead.

YOSHI YAH REIGNS IN YERU SHALEM

34 Yoshi Yah is a son of eight years
when he begins to reign:
and he reigned in *Jerusalem* **Yeru Shalem**
one and thirty years.
2 And he *did* **worked** that which was *right* **straight**
in the *sight* **eyes** of *the LORD* **Yah Veh**, and walked in
the ways of David his father, and *declined* **turned aside**
neither to the right *hand*, nor to the left.
3 For in the eighth year of his reign,
while he was yet *young* **a lad**,
he began to seek after the *God*
Elohim of David his father:
and in the twelfth year he began to *purge* **purify**
Judah **Yah Hudah** and *Jerusalem* **Yeru Shalem**
from the *high places* **bamahs**, and the *groves* **asherim**,
and the *carved images* **sculptiles**, and the molten *images*.
4 And they *brake* **pulled** down
the **sacrifice** altars of Baalim *in his*
presence **from his face**;
and the *images* **sun icons**,
that were *on high* **over** above them, he cut down;
and the *groves* **asherim**, and the *carved*
images **sculptiles**, and the molten
images, he *brake in pieces* **pulled**,
and *made dust* **pulverized** *of them*,
and *strowed* **sprinkled** *it*
upon the *graves* **face of the tombs** of them
that had sacrificed unto them.
5 And he burnt the bones of the priests
upon their **sacrifice** altars,
and *cleansed* **purified**
Judah **Yah Hudah** and *Jerusalem* **Yeru Shalem**.
6 And*sodidhe*intheciitesoM*f anaseh***MenashSheh**,
and *Ephraim* **Ephrayim**, and *Simeon*
Shimon, even unto Naphtali,
with their *mattocks* **swords** round about.
7 And when he had *broken* **pulled** down
the **sacrifice** altars and the *groves* **asherim**,
and had *beaten* **crushed** the *graven images* **sculptiles**
into powder **and pulverized**,

and cut down all the *idols* **sun icons**
throughout all the land of *Israel* **Yisra El**, he
returned to *Jerusalem* **Yeru Shalem**.
8 Now in the eighteenth year of his reign,
when he had *purged* **purified** the land, and the house,
he sent Shaphan the son of *Azaliah* **Asal Yah**,
and *Maaseiah* **Maase Yah** the governor of
the city, and *Joah* **Yah Ach** the son of *Joahaz*
Yah Achaz the *recorder* **remembrancer**,
to *repair* **strengthen**
the house of *the LORD* **Yah Veh** his *God* **Elohim**.
9 And when they came
to *Hilkiah* **Hilqi Yah** the *high* **great** priest,
they *delivered* **gave** the *money* **silver**
that was brought into the house of *God*
Elohim, which the *Levites* **Leviym**
that *kept* **guarded** the *doors* **thresholds**
had gathered of the hand
of *Manasseh* **Menash Sheh** and *Ephraim* **Ephrayim**,
and of all the *remnant* **survivors** of *Israel* **Yisra El**,
and of all *Judah* **Yah Hudah** and *Benjamin* **Ben Yamin**;
and they *returned to Jerusalem* **settled in Yeru Shalem**.
10 And they *put* **gave** *it*
in the hand of the *workmen* **workers**
that *had the oversight of* **oversaw**
the house of *the LORD* **Yah Veh**,
and they gave it to the *workmen* **workers**
that *wrought* **worked** in the house of *the LORD* **Yah
Veh**, to repair and *amend* **strengthen** the house:
11 Even to the artificers and builders gave they it,
to *buy* **chattel** hewn stone, and timber for
couplings **joints**, and to *floor* **beam** the houses
which the *kings* **sovereigns** of *Judah* **Yah Hudah**
had *destroyed* **ruined**.
12 And the men *did* **worked** the work
faithfully **trustworthily**:
and the overseers of them
were *Jahath* **Yachath** and *Obadiah* **Obad Yah**,
the *Levites* **Leviym**, of the sons of Merari;
and *Zechariah* **Zechar Yah** and Meshullam,
of the sons of the *Kohathites* **Qehathiy**,
to *set it forward* **oversee**;
and *other* of the *Levites* **Leviym**,
all that could *skill* **discern** of
instruments of *musick* **song**.
and he reigns in Yeru Shalem thirty—one years:
2 and he works straight in the eyes of Yah Veh
and walks in the ways of David his father: and
turns aside neither to the right nor to the left.
3 And in the eighth year of his reign
— he is still a lad
he begins to seek after the Elohim of David his father:
and in the twelfth year
he begins to purify Yah Hudah and Yeru
Shalem from the bamahs and the asherim
and the sculptiles and the molten:
4 and they pull down
the sacrifice altars of Baalim from his face;
and he cuts down
the sun icons over above them;
and he pulls down and pulverizes
the asherim and the sculptiles and the moltens,
and sprinkles on the face of the tombs
of them who sacrificed to them:
5 and he burns the bones of the priests
on their sacrifice altars;
and purifies Yah Hudah and Yeru Shalem
6 — and in the cities of Menash Sheh
and Ephrayim and Shimon — even to Naphtali,
with their swords all around:
7 and he pulls down
the sacrifice altars and the asherim;
and crushes and pulverizes the sculptiles;
and cuts down all the sun icons throughout all the
land of Yisra El: and he returns to Yeru Shalem.
8 And in the eighteenth year of his reign
he purifies the land and the house:
and he sends Shaphan the son of Asal Yah
and Maase Yah the governor of the city
and Yah Ach the son of Yah Achaz the remembrancer
to strengthen the house of Yah Veh his Elohim.
9 and they come to Hilqi Yah the great priest;
and they give the silver brought
into the house of Elohim,
which the Leviym who guard the thresholds
gather of the hand of Menash Sheh and
Ephrayim and of all the survivors of Yisra El
and of all Yah Hudah and Ben Yamin;
and they settle in Yeru Shalem.
10 And they give it into the hand of the workers
who oversee the house of Yah Veh;
and they give it to the workers who work in the house
of Yah Veh to repair and strengthen the house:
11 and they give it to the artificers and builders
to chattel hewn stone and timber for joints
and to beam the houses
the sovereigns of Yah Hudah ruined.
12 And the men work the work trustworthily:
and their overseers are Yachath and Obad
Yah the Leviym of the sons of Merari;
and Zechar Yah and Meshullam,

of the sons of the Qehathiy to oversee:
and of the Leviym
all who discern instruments of song:
13 Also they were over the *bearers of burdens* **burdenbearers,**
and were overseers of all that *wrought* **worked** the work
in any manner of service **by service:**
and of the *Levites* **Leviym** there were
scribes, and officers, and porters.

The Scroll Of The Torah Is Found

14 And when they brought out the *money* **silver**
that was brought into the house of *the LORD* **Yah Veh,**
Hilkiah **Hilqi Yah** the priest
found a *book* **scroll** of the *law* **torah**
of *the LORD* **Yah Veh**
given by Moses **by the hand of Mosheh.**
15 And *Hilkiah* **Hilqi Yah** answered
and said to Shaphan the scribe,
I have found the *book* **scroll** of the *law* **torah**
in the house of *the LORD* **Yah Veh.**
And *Hilkiah* **Hilqi Yah**
delivered **gave** the *book* **scroll** to Shaphan.
16 And Shaphan
carried the *book* **scroll** to the *king* **sovereign,**
and *brought the king word back again*
returned word to the sovereign, saying,
All that was *committed* **given to the hand of** thy servants, they *do* **work** it.
17 And they have
gathered together **poured** the *money* **silver**
that was found in the house of *the LORD* **Yah Veh,**
and have *delivered* **given** it into the hand of the
overseers, and to the hand of the *workmen* **workers.**
18 Then Shaphan the scribe told the *king* **sovereign,**
saying,
Hilkiah **Hilqi Yah** the priest hath given me a *book* **scroll.**
And Shaphan *read it* **called it out**
before **at the face of** the *king* **sovereign.**
19 And **so be** it *came to pass,* when the *king* **sovereign**
had heard the words of the *law* **torah,**
that he *rent* **ripped** his clothes.
20 And the *king* **sovereign**
commanded Hilkiah **misvahed Hilqi Yah,** and
Ahikam **Achiy Qam** the son of Shaphan,
and Abdon the son of *Micah* **Michah Yah,**
and Shaphan the scribe,
and *Asaiah* **Asah Yah** a servant of
the *king's* **sovereign's,** saying,
21 Go, enquire of *the LORD* **Yah Veh** for me,
and for them that *are left* **survive**
in *Israel* **Yisra El** and in *Judah* **Yah Hudah,** concerning
the words of the *book* **scroll** that is found: for
great is the *wrath* **fury** of *the LORD* **Yah Veh**
that is poured out upon us, because our fathers
have not *kept* **guarded** the word of *the LORD* **Yah Veh,** to *do* **work**
after all that is *written* **inscribed** in this *book* **scroll.**
22 And *Hilkiah* **Hilqi Yah,**
and they *that the king had appointed* **of the sovereign,** went to Huldah the prophetess,
the *wife* **woman** of Shallum the son of *Tikvath* **Tiqvah,**
the son of Hasrah, *keeper* **guard** of the *wardrobe* **clothes;**
(now she *dwelt* **settled** in *Jerusalem* **Yeru Shalem**
in the *college* **second part:)**
and they *spake* **worded that** to her *to that effect.*
23 And she *answered* **said to** them, Thus saith
the LORD God **Yah Veh Elohim** of *Israel* **Yisra El,**
Tell ye **Say to** the man that sent you to me,
24 Thus saith *the LORD* **Yah Veh,**
Behold, I *will* **shall** bring evil upon this place, and upon
the *inhabitants* **settlers** thereof, *even* all the *curses* **oaths**
that are *written* **inscribed** in the *book* **scroll**
which they have *read* **called out**
before **at the face of**
the *king* **sovereign** of *Judah* **Yah Hudah:**
25 Because they have forsaken me,
and have *burned incense* **incensed**
unto other *gods* **elohim,**
13 and over the burdenbearers
are overseers of all who work the work
— service by service:
and of the Leviym
scribes and officers and porters.

The Scroll Of The Torah Is Found

14 And they bring out the silver brought
into the house of Yah Veh:
and Hilqi Yah the priest
finds a scroll of the torah of Yah Veh
by the hand of Mosheh:
15 and Hilqi Yah answers
and says to Shaphan the scribe, I found the
scroll of the torah in the house of Yah Veh.
And Hilqi Yah gives the scroll to Shaphan:
16 and Shaphan carries the scroll to the sovereign
and returns word to the sovereign, saying,
All that is given to the hand of your servants, they work:
17 — and they pour the silver

found in the house of Yah Veh;
and give it into the hand of the overseers
and to the hand of the workers.
18 And Shaphan the scribe tells the sovereign,
saying, Hilqi Yah the priest gave me a scroll.
— and Shaphan calls it out
at the face of the sovereign.
19 And so be it,
the sovereign hears the words of the
torah, and he rips his clothes:
20 and the sovereign misvahs Hilqi Yah and Achiy Qam
the son of Shaphan and Abdon the son of Michah Yah
and Shaphan the scribe
and Asah Yah a servant of the sovereign, saying,
21 Go, enquire of Yah Veh for me
and for them who survive
in Yisra El and in Yah Hudah,
concerning the words of the scroll that
is found: for great is the fury of Yah Veh
poured out on us because our fathers
guarded not the word of Yah Veh
— to work according to all inscribed in this scroll.
22 And Hilqi Yah and they of the sovereign
go to Huldah the prophetess
the woman of Shallum the son of Tiqvah
the son of Hasrah, guard of the clothes;
— she settles in Yeru Shalem in the second
part and thus they word to her.
23 And she says to them,
Thus says Yah Veh Elohim of Yisra El: Say
to the man who sends you to me,
24 Thus says Yah Veh:
Behold, I bring evil on this place and on its
settlers, all the oaths inscribed in the scroll
which they call out
at the face of the sovereign of Yah Hudah:
25 because they forsook me and
incensed to other elohim,
that they might *provoke* **vex** me *to anger*
with all the works of their hands;
therefore my *wrath* **fury**
shall be poured out upon this place,
and shall not be quenched.
26 And as for the *king* **sovereign** of *Judah* **Yah Hudah**,
who sent you to enquire of *the LORD* **Yah Veh**,
so **thus** shall ye say unto him, Thus saith
the LORD God **Yah Veh Elohim** of *Israel* **Yisra El**
concerning the words which thou hast heard;
27 Because thine heart was *tender* **tenderized**,
and thou didst humble thyself
before God **at the face of Elohim**,
when thou heardest his words against this place,
and against the *inhabitants* **settlers** thereof,
and humbledst thyself *before me* **at my
face**, and didst *rend* **rip** thy clothes,
and weep *before* **at my face**; I have even heard thee also,
saith the LORD **an oracle of Yah Veh**.
28 Behold, I *will* **shall** gather thee to thy fathers,
and thou shalt be — gathered to thy *grave* **tomb**
in *peace* **shalom**,
neither shall thine eyes see all the evil that
I *will* **shall** bring upon this place,
and upon the *inhabitants* **settlers** of the same.
So they *brought the king word again*
returned word to the sovereign.
29 Then the *king* **sovereign** sent and gathered *together*
all the elders
of *Judah* **Yah Hudah** and *Jerusalem* **Yeru Shalem**.
30 And the *king went up* **sovereign ascended**
into the house of *the LORD* **Yah Veh**, and
all the *men of Judah* **Yah Hudiy**,
and the *inhabitants* **settlers** of *Jerusalem* **Yeru
Shalem**, and the priests, and the *Levites* **Leviym**,
and all the people, **from** great *and* **to** small:
and he *read* **called out** in their ears
all the words of the *book* **scroll** of the covenant that
was found in the house of *the LORD* **Yah Veh**.
31 And the *king* **sovereign** stood in his *place* **station**,
and *made* **cut** a covenant
before the LORD **at the face of Yah Veh**,
to walk after *the LORD* **Yah Veh**,
and to *keep* **guard** his *commandments* **misvoth**,
and his *testimonies* **witnesses**, and his statutes,
with all his heart, and with all his soul,
to *perform* **work** the words of the covenant
which are written **inscribed** in this *book* **scroll**.
32 And he caused all that were *present* **found**
in *Jerusalem* **Yeru Shalem** and *Benjamin* **Ben Yamin**
to stand to it.
And the *inhabitants* **settlers** of *Jerusalem* **Yeru
Shalem** *did* **worked** according to the covenant of
God **Elohim**, the *God* **Elohim** of their fathers.
33 And *Josiah took away* **Yoshi Yah turned aside**
all the *abominations* **abhorrences**
out of all the *countries that pertained* **lands**
to the children **of the sons** of *Israel* **Yisra El**,
and made all that were *present* **found** in *Israel* **Yisra El**
to serve, *even* — to serve *the LORD* **Yah Veh** their *God*
Elohim. And all his days they *departed not* **turned
not aside** from *following the LORD* **after Yah Veh**,
the *God* **Elohim** of their fathers.

YOSHI YAH WORKS THE PASACH

35 Moreover
Josiah kept **Yoshi Yah worked** a *passover* **pasach**
unto *the LORD* **Yah Veh** in *Jerusalem* **Yeru Shalem**:
and they *killed* **slaughtered** the *passover* **pasach**
on the fourteenth *day* of the first month.
2 And he *set* **stood** the priests in their *charges* **guards**,
and *encouraged* **strengthened** them to the service
of the house of *the LORD* **Yah Veh**,
3 And said unto the *Levites* **Leviym**
that taught all *Israel* **Yisra El**,
which were holy unto *the LORD* **Yah Veh**,
to vex me with all the works of their hands:
and I pour out my fury on this place and quench it not.
26 And as for the sovereign of Yah Hudah
who sends you to enquire of Yah Veh
say to him thus:
Thus says Yah Veh Elohim of Yisra
El whose words you heard:
27 because you tenderize your heart
and humble yourself at the face of Elohim
— when you hear his words against this
place and against the settlers thereof;
and humble yourself at my face
and rip your clothes and weep at my face; I also hear you
— an oracle of Yah Veh.
28 Behold, I gather you to your fathers,
— gather to your tomb in shalom, that your
eyes not see all the evil I bring on this place
and on the settlers of the same.
And they return word to the sovereign:
29 and the sovereign sends and gathers
all the elders of Yah Hudah and Yeru Shalem:
30 and the sovereign ascends to the house
of Yah Veh with all the Yah Hudiy
and the settlers of Yeru Shalem
and the priests and the Leviym and all
the people from great to small:
and he calls out in their ears
all the words of the scroll of the covenant
they found in the house of Yah Veh.
31 And the sovereign stands in his station
and cuts a covenant at the face of Yah Veh
— to walk after Yah Veh and to guard his
misvoth and his witnesses and his statutes
with all his heart and with all his soul
— to work the words of the covenant
inscribed in this scroll.
32 And he has all
who are found in Yeru Shalem and
Ben Yamin to stand to it:
and the settlers of Yeru Shalem
work according to the covenant of Elohim
the Elohim of their fathers.
33 And Yoshi Yah turns aside all the abhorrences
from all the lands of the sons of Yisra El;
and has all who are found in Yisra El to serve
— to serve Yah Veh their Elohim:
and all his days,
they turn not aside from after Yah Veh
the Elohim of their fathers.

YOSHI YAH WORKS THE PASACH

35 And Yoshi Yah works a pasach
to Yah Veh in Yeru Shalem:
and they slaughter the pasach
on the fourteenth of the first month:
2 and he stands the priests in their
guards and strengthens them
for the service of the house of Yah Veh:
3 and says to the Leviym who teach all
Yisra El
— who are holy to Yah Veh,
Put **Give** the holy ark in the house which
Solomon **Shelomoh** the son of David *king*
sovereign of *Israel* **Yisra El** did build;
it shall not be a burden upon your shoulders:
serve now *the LORD* **Yah Veh** your *God*
Elohim, and his people *Israel* **Yisra El**,
4 And prepare *yourselves* by the houses of your
fathers, after your *courses* **allotments**,
according to the *writing* **inscribing**
of David *king* **sovereign** of *Israel* **Yisra El**, and according
to the *writing* **inscribing** of *Solomon* **Shelomoh** his son.
5 And stand in the *holy place* **holies**
according to the divisions
of the *families* **house** of the fathers of your
brethren the **sons of the** people,
and *after the division* **the allotment**
of the *families* **house of the fathers**
of the *Levites* **Leviym**.
6 So *kill* **slaughter** the *passover* **pasach**,
and *sanctify* **hallow** yourselves, and prepare
your brethren, that they may *do* **work**
according to the word of *the LORD* **Yah Veh**
by the hand of *Moses* **Mosheh**.
7 And *Josiah* **Yoshi Yah**
gave **lifted** to the **sons of the** people,
of the flock, lambs and *kids* **sons of doe goats**,

all for the *passover* **pasach** *offerings*,
for all that were present,
to the number of thirty thousand, and
three thousand *bullocks* **oxen**:
these were of the *king's substance*
sovereign's acquisition.
8 And his *princes gave willingly* **governors volunteered**
unto the people, to the priests, and
to the *Levites* **Leviym**:
Hilkiah **Hilqi Yah**
and *Zechariah* **Zechar Yah** and *Jehiel* **Yechi El**, *rulers* **eminent** of the house of *God*
Elohim, *gave* **lifted up** unto the priests
for the *passover* **pasach** *offerings*
two thousand and six hundred *small cattle*
and three hundred oxen.
9 *Cononiah* **Konan Yah** also, and *Shemaiah* **Shema Yah**
and *Nethaneel* **Nethan El**, his brethren, and *Hashabiah*
Hashab Yah and *Jeiel* **Yei El** and *Jozabad* **Yah Zabad**,
chief **governors** of the *Levites* **Leviym**,
gave **lifted up** unto the *Levites* **Leviym**
for *passover* **pasach** *offerings*
five thousand *small cattle*, and five hundred oxen.
10 So the service was prepared,
and the priests stood in their *place* **station**,
and the *Levites* **Leviym** in their *courses*
allotments, according to the *king's*
commandment **sovereign's misvah**.
11 And they *killed* **slaughtered** the *passover* **pasach**,
and the priests sprinkled *the blood* from their hands,
and the *Levites flayed* **Leviym stripped** them.
12 And they *removed* **turned aside**
the *burnt offerings* **holocausts**,
that they might give according to the divisions
of the *families* **house of the fathers**
of the **sons of the** people,
to *offer* **oblate** unto *the LORD* **Yah Veh**,
as it is *written* **inscribed** in the *book*
scroll of *Moses* **Mosheh**.
And so did they with the oxen.
13 And they *roasted* **stewed** the *pasover* **prasach** with ifre
according to the *ordinance* **judgment**:
but the *other holy offerings* **holies**
sod **stewed** they in *pots* **caldrons**,
and in *caldrons* **boilers**, and in *pans* **skillets**,
and *divided* **ran** them *speedily*
among all the **sons of the** people.
14 And afterward they *made ready* **prepared**
for themselves, and for the priests: because the
priests the sons of *Aaron* **Aharon** *were busied*
in offering of burnt offerings **holocausted**
holocausts and the fat until night;
therefore the *Levites* **Leviym** prepared for themselves,
and for the priests the sons of *Aaron* **Aharon**.
15 And the singers the sons of Asaph
were in their *place* **function**,
Give the holy ark in the house
Shelomoh the son of David sovereign of Yisra El built
— not for a burden on your shoulders:
serve now Yah Veh your Elohim and his people Yisra El:
4 and prepare by the houses of your
fathers, after your allotments,
according to the inscribing of David
sovereign of Yisra El;
and according to the inscribing
of Shelomoh his son:
5 and stand in the holies according to the divisions
of the house of the fathers of your
brothers the sons of the people;
and the allotment
of the house of the fathers of the Leviym:
6 and slaughter the pasach
and hallow yourselves and prepare your brothers
to work according to the word of Yah Veh
by the hand of Mosheh.
7 And Yoshi Yah
lifts to the sons of the people,
of the flock, lambs and sons of doe goats
— all for the pasach for all who are
present to the number of
thirty thousand and three thousand oxen
— from the acquisition of the sovereign.
8 And his governors volunteer to the people,
to the priests and to the Leviym:
and Hilqi Yah and Zechar Yah and Yechi El,
eminent of the house of Elohim, lift up to
the priests for the pasach two thousand
and six hundred and three hundred oxen:
9 and Konan Yah and Shema Yah
and Nethan El, his brothers
and Hashab Yah and Yei El and Yah
Zabad governors of the Leviym,
lift up to the Leviym for the pasach five
thousand and five hundred oxen.
10 So they prepare the service:
and the priests stand in their station and
the Leviym in their allotments according
to the misvah of the sovereign:
11 and they slaughter the pasach;
and the priests sprinkle from their hands
and the Leviym strip them;

12 and they turn aside the holocausts to
give according to the divisions
of the house of the fathers of the sons of the people
to oblate to Yah Veh
— as inscribed in the scroll of Mosheh
— and thus with the oxen.
13 And they stew the pasach with fire
according to the judgment:
and they stew the holies
in caldrons and in boilers and in skillets and
run them to all the sons of the people.
14 And afterward they prepare
for themselves and for the priests: because the priests
the sons of Aharon holocaust holocausts and the fat
until night; and the Leviym prepare for themselves
and for the priests the sons of Aharon.
15 And the singers the sons of Asaph
are in their function,
according to the *commandment* **misvah**
of David, and Asaph, and Heman,
and *Jeduthun* **Yeduthun** the *king's* **sovereign's** seer;
and the porters *waited at every gate* **at portal by portal**;
they might not *depart* **turn aside** from their service;
for their brethren the *Levites* **Leviym** prepared for them.
16 So all the service of *the LORD* **Yah Veh**
was prepared the same day,
to *keep* **work** the *passover* **pasach**,
and to *offer burnt offerings* **holocaust holocausts**
upon the **sacrifice** altar of *the LORD* **Yah Veh**,
according to the *commandment* **misvah**
of *king Josiah* **sovereign Yoshi Yah**.
17 And the *children* **sons** of *Israel* **Yisra El**
that were *present* **found**
kept **worked** the *passover* **pasach** at that time,
and the *feast* **celebration** of *unleavened bread* **matsah**
seven days.
18 And there was no *passover like to* **pasach such as** that
kept **worked** in *Israel* **Yisra El**
from the days of *Samuel* **Shemu El** the prophet;
neither did all the *kings* **sovereigns** of *Israel*
Yisra El *keep* **work** such a *passover* **pasach**
as *Josiah kept* **Yoshi Yah worked**, and the
priests, and the *Levites* **Leviym**,
and all *Judah* **Yah Hudah** and *Israel* **Yisra El**
that were present,
and the *inhabitants* **settlers** of *Jerusalem* **Yeru Shalem**.
19 In the eighteenth year
of the *reign* **sovereigndom** of *Josiah* **Yoshi Yah**
was this *passover kept* **pasach worked**.

THE DEATH OF YOSHI YAH

20 After all this,
when *Josiah* **Yoshi Yah** had prepared the *temple*
house, Necho *king* **sovereign** of *Egypt* **Misrayim**
came up **ascended** to fight
against *Charchemish* **Karchemish** by Euphrates:
and *Josiah* **Yoshi Yah** went out *against* **to meet** him.
21 But he sent *ambasadors* **angels** to him, saying,
What have I to do with thee,
thou *king* **sovereign** of *Judah* **Yah Hudah**?
I come — not against thee this day,
but against the house wherewith I have war:
for *God commanded* **Elohim said to** me to make haste:
forbear **cease** thee from *meddling with*
God **Elohim**, who is with me,
that he *destroy* **ruin** thee not.
22 Nevertheless
Josiah would not turn **Yoshi Yah turned not**
his face from him,
but disguised himself, that he might fight with
him, and hearkened not unto the words of
Necho from the mouth of *God* **Elohim**,
and came to fight in the valley of Megiddo.
23 And the *archers* **shooters**
shot at *king Josiah* **sovereign Yoshi Yah**;
and the *king* **sovereign** said to his servants,
Have me away **Pass me over**;
for I am *sore wounded* **mighty sick**.
24 His servants therefore
took **passed** him out of that chariot,
and *put* **rode** him in the second chariot that
he had; and they *brought* **walked** him to
Jerusalem **Yeru Shalem**, and he died,
and was *buried* **entombed**
in *one of* the *sepulchres* **tombs** of his fathers.
And all *Judah* **Yah Hudah** and *Jerusalem* **Yeru Shalem**
mourned for *Josiah* **Yoshi Yah**.
25 And *Jeremiah* **Yirme Yah** lamented
for *Josiah* **Yoshi Yah**:
and all the *singing men* **songsters**
and the *singing women* **songstresses**
spake **say** of *Josiah* **Yoshi Yah** in their
lamentations to this day,
and *made* **gave** them *an ordinance* **a statute**
in *Israel* **Yisra El**: and, behold,
they are *written* **inscribed** in the lamentations.
26 Now the rest of the *acts* **words** of *Josiah* **Yoshi Yah**,
and his *goodness* **mercy**,
according to the misvah
of David and Asaph and Heman

and Yeduthun the seer of the sovereign;
and the porters at portal by portal;
that they not turn aside from their service;
for their brothers the Leviym prepare for them.
16 And all the service of Yah Veh is
prepared the same day
— to work the pasach and to holocaust holocausts
on the sacrifice altar of Yah Veh, according
to the misvah of sovereign Yoshi Yah:
17 and the sons of Yisra El they find
work the pasach at that time
and the celebration of matsah seven days.
18 And no pasach such as this was
ever worked in Yisra El
from the days of Shemu El the prophet: and none of
the sovereigns of Yisra El ever worked such a pasach
as Yoshi Yah works with the priests and the
Leviym and all Yah Hudah and Yisra El who
are present and the settlers of Yeru Shalem.
19 — in the eighteenth year
of the sovereigndom of Yoshi Yah they work this pasach.

THE DEATH OF YOSHI YAH

20 After all this, Yoshi Yah prepares the house,
and Necho sovereign of Misrayim ascends
to fight Karchemish by Euphrates:
and Yoshi Yah goes to meet him.
21 And he sends angels to him, saying,
What have I to do with you, sovere ign of Yah Hudah?
— not against you this day but I war against the house:
for Elohim says to me to hasten! Cease from
Elohim who is with me that he not ruin you.
22 And Yoshi Yah turns not his face from him;
but disguises himself to fight him;
and hearkens not to the words of Necho
from the mouth of Elohim;
and comes to fight in the valley of Megiddo.
23 And the shooters shoot sovereign Yoshi Yah;
and the sovereign says to his servants,
Pass me over; for I am mighty sick.
24 And his servants pass him from that chariot
and ride him in his second chariot;
and they walk him to Yeru Shalem and he dies
— entombed in the tombs of his fathers:
and all Yah Hudah and Yeru Shalem
mourns for Yoshi Yah:
25 and Yirme Yah laments for Yoshi Yah:
and all the songsters and songstresses
say of Yoshi Yah in their lamentations to this
day and gives them for a statute in Yisra El:
and behold, they are inscribed in the lamentations.
26 And the rest of the words of Yoshi Yah and his mercy,
according to that which was *written* **inscribed**
in the *law* **torah** of *the LORD* **Yah Veh,**
27 And his *deeds* **words**, first and last,
behold, they are *written* **inscribed**
in the *book* **scroll** of the *kings* **sovereigns**
of *Israel* **Yisra El** and *Judah* **Yah Hudah.**

YAH ACHAZ REIGNS IN YERU SHALEM

36 Then the people of the land
took *Jehoahaz* **Yah Achaz** the son of *Josiah*
Yoshi Yah, and *made king* **had him reign**
in his father's stead in *Jerusalem* **Yeru Shalem.**
2 *Jehoahaz* **Yah Achaz**
was **a son of** twenty and three years *old*
when he began to reign,
and he reigned three months in *Jerusalem* **Yeru Shalem.**
3 And the *king* **sovereign** of *Egypt* **Misrayim**
put him down **turned him aside** at *Jerusalem* **Yeru
Shalem**, and *condemned* **penalized** the land
in an hundred *talents* **rounds** of silver
and a *talent* **round** of gold.

YAH YAQIM REIGNS IN YERU SHALEM

4 And the *king* **sovereign** of *Egypt* **Misrayim**
made Eliakim **had El Yaqim** his brother *king* **reign**
over *Judah* **Yah Hudah** and *Jerusalem* **Yeru Shalem,**
and turned his name to *Jehoiakim* **Yah Yaqim.**
And Necho took *Jehoahaz* **Yah Achaz** his
brother, and carried him to *Egypt* **Misrayim.**
5 *Jehoiakim* **Yah Yaqim**
was **a son of** twenty and five years *old*
when he began to reign,
and he reigned eleven years in *Jerusalem* **Yeru Shalem**:
and he *did* **worked** that which was evil
in the *sight* **eyes** of *the LORD* **Yah Veh** his *God* **Elohim.**
6 Against him *came up* **ascended** *Nebuchadnezzar*
Nebukadnets Tsar *king* **sovereign** of *Babylon* **Babel,**
and bound him in *fetters* **copper,**
to *carry him* **go** to *Babylon* **Babel.**
7 *Nebuchadnezzar* **Nebukadnets Tsar**
also carried of the *vessels* **instruments**
of the house of *the LORD* **Yah Veh** to *Babylon* **Babel**, and
put **gave** them in his *temple* **manse** at *Babylon* **Babel.**
8 Now the rest of the *acts* **words** of
Jehoiakim **Yah Yaqim,**
and his *abominations* **abhorrences** which he *did*
worked, and that which was found in him, behold,

they are *written* **inscribed**
in the *book* **scroll** of the *kings* **sovereigns**
of *Israel* **Yisra El** and *Judah* **Yah Hudah**:
and *Jehoiachin* **Yah Yachin** his son reigned in his stead.
9 *Jehoiachin***YahYachin**was**asono**eightyears*old*
when he began to reign,
and he reigned three months and ten
days in *Jerusalem* **Yeru Shalem**:
and he *did* **worked** that which was evil
in the *sight* **eyes** of *the LORD* **Yah Veh**.
10 And *when the year was expired*
at the turn of the year,
king Nebuchadnezzar **sovereign Nebukadnets**
Tsar sent, and brought him to *Babylon* **Babel**,
with the *goodly vessels* **instruments of desire**
of the house of *the LORD* **Yah Veh**,
and *made Zedekiah* **had Sidqi Yah** his brother *king* **reign**
over *Judah* **Yah Hudah** and *Jerusalem* **Yeru Shalem**.

SIDQI YAH REIGNS IN YERU SHALEM

11 *Zedekiah* **Sidqi Yah**
was **a son of** one and twenty years *old*
when he began to reign,
and reigned eleven years in *Jerusalem* **Yeru Shalem**.
12 And he *did* **worked** that which was evil
in the *sight* **eyes** of *the LORD* **Yah Veh** his
God **Elohim**, and humbled not himself
before Jeremiah **at the face of Yirme Yah** the prophet
speaking from the mouth of *the LORD* **Yah Veh**.
13 And he also rebelled against
king Nebuchadnezzar **sovereign Nebukadnets Tsar**,
who had made him *swear* **oath** by *God* **Elohim**:
but he *stiffened* **hardened** his neck,
and *hardened* **strengthened** his heart from turning
unto *the LORD God* **Yah Veh Elohim** of *Israel* **Yisra El**.
according to that inscribed in the torah of Yah Veh;
27 and his words, first and last, behold,
are they not inscribed in the scroll of the
words of the days of the sovereigns
of Yisra El and Yah Hudah?

YAH ACHAZ REIGNS IN YERU SHALEM

36 And the people of the land
take Yah Achaz the son of Yoshi Yah
and have him reign in the stead of
his father in Yeru Shalem.
2 Yah Achaz is a son of twenty—three
years when he begins to reign:
and he reigns three months in Yeru Shalem.
3 And the sovereign of Misrayim turns
him aside at Yeru Shalem
and penalizes the land
a hundred rounds of silver and a round of gold.

YAH YAQIM REIGNS IN YERU SHALEM

4 And the sovereign of Misrayim has
El Yaqim his brother reign
over Yah Hudah and Yeru Shalem:
and turns his name to Yah Yaqim.
And Necho takes Yah Achaz his brother
and carries him to Misrayim.
5 Yah Yaqim is a son of twenty—five
years when he begins to reign:
and he reigns eleven years in Yeru Shalem:
and he works evil in the eyes of Yah Veh his Elohim.
6 Nebukadnets Tsar sovereign of Babel ascends
against him and binds him in copper
to go to Babel:
7 and Nebukadnets Tsar carries the instr
uments of the house of Yah Veh to Babel
and gives them in his manse at Babel.
8 And the rest of the words of Yah Yaqim
and the abhorrences he works
and what is found in him, behold,
are they not inscribed in the scroll of the
words of the days of the sovereigns
of Yisra El and Yah Hudah?
And Yah Yachin his son reigns in his stead:
9 Yah Yachin is a son of eight years
when he begins to reign:
and he reigns three months and ten days
in Yeru Shalem:
and he works evil in the eyes of Yah Veh.
10 And at the turn of the year,
sovereign Nebukadnets Tsar
sends and brings him to Babel,
with the instruments of desire of the house of Yah Veh:
and has Sidqi Yah his brother reign over
Yah Hudah and Yeru Shalem.

SIDQI YAH REIGNS IN YERU SHALEM

11 Sidqi Yah is a son of twenty—one
years when he begins to reign:
and reigns eleven years in Yeru Shalem:
12 and he works evil
in the eyes of Yah Veh his Elohim
and humbles not at the face of Yirme Yah the
prophet from the mouth of Yah Veh:
13 and he also rebels

against sovereign Nebukadnets Tsar
— who has him oath by Elohim:
but he hardens his neck and strengthens his heart
from turning to Yah Veh Elohim of Yisra El.
14 *Moreover* **Also**
all the *chief* **governors** of the priests, and the people,
transgressed very much
in treasoning, abounded to treason after all the
abominations **abhorrences** of the *heathen* **goyim**;
and *polluted* **fouled** the house of *the LORD* **Yah Veh**
which he had hallowed in *Jerusalem* **Yeru Shalem**.

The Fury Of Yah Veh Against His People

15 And *the LORD God* **Yah Veh Elohim** of their fathers
sent to them by **the hand of** his *messengers* **angels**,
rising up betimes **starting early**, and sending;
because he had compassion on his people,
and on his *dwelling place* **habitation**:
16 But they *mocked* **derided**
the *messengers* **angels** of *God* **Elohim**,
and despised his words,
and *misused* **deceived** his prophets,
until the *wrath* **fury** of *the LORD* **Yah Veh**
arose **ascended** against his people, till
there was no *remedy* **healing**.
17 Therefore he *brought* **ascended** upon them
the *king* **sovereign** of the *Chaldees* **Kasdiy**,
who *slew* **slaughtered** their *young men* **youths**
with the sword
in the house of their *sanctuary* **holies**,
and had no compassion
upon *young man* **youth** or *maiden* **virgin**,
old man, or *him that stooped for age* **aged**:
he gave them all into his hand.
18 And all the *vessels* **instruments**
of the house of *God* **Elohim**, great and small,
and the treasures of the house of *the LORD* **Yah Veh**, and the treasures of the *king* **sovereign**,
and of his *princes* **governors**;
all these he brought to *Babylon* **Babel**.
19 And they burnt the house of *God*
Elohim, and *brake* **pulled** down
the wall of *Jerusalem* **Yeru Shalem**,
and burnt all the *palaces* **citadels** thereof
with fire, and *destroyed* **ruined**
all the *goodly vessels* **instruments of desire** thereof.
20 And *them that had escaped* **the survivors**
from the sword
carried he away **exiled he** to *Babylon* **Babel**;
where they were servants to him and his sons
until the reign of the *kingdom* **sovereigndom** of Persia:
21 To fulfil the word of *the LORD* **Yah Veh**
by the mouth of *Jeremiah* **Yirme Yah**, until the land
had *enjoyed* **pleased** her *sabbaths* **shabbaths**:
for as long as **all the days** she *lay desolate* **desolated**
she *kept sabbath* **shabbathized**,
to fulfil *threescore and ten* **seventy** years.

Koresh Is Mustered To Build The House Of Yah Veh

22 Now in the first year of *Cyrus* **Koresh**,
king **sovereign** of Persia,
that the word of *the LORD* **Yah Veh**
spoken by the mouth of *Jeremiah* **Yirme Yah**
might be *accomplished* **finished**,
the LORD **Yah Veh**
stirred up **wakened** the spirit of *Cyrus* **Koresh**,
king **sovereign** of Persia,
that he *made a proclamation* **passed a voice**
throughout all his *kingdom* **sovereigndom**, and
put it also in writing **also inscribed**, saying,
23 Thus saith *Cyrus king* **Koresh sovereign** of Persia,
All the *kingdoms* **sovereigndoms** of the earth hath
the LORD God **Yah Veh Elohim** of *heaven* **the heavens**
given me;
and he hath *charged* **mustered** me
to build him an house in *Jerusalem* **Yeru Shalem**, which is in *Judah* **Yah Hudah**.
Who is there among you of all his people?
The LORD **Yah Veh** his *God* **Elohim** be
with him, and let him *go up* **ascend**.
14 Also,
all the governors of the priests and the
people, in treasoning, abound to treason
after all the abhorrences of the goyim;
and foul the house of Yah Veh
which he hallowed in Yeru Shalem.

The Fury Of Yah Veh Against His People

15 And Yah Veh Elohim of their fathers sends
to them by the hand of his angels
— starting early and sending;
because he has compassion
on his people and on his habitation:
16 and they deride the angels of Elohim
and despise his words and deceive his prophets until
the fury of Yah Veh ascends against his people
— until there is no healing.
17 And he ascends

the sovereign of the Kasdiy on them who slaughters
their youths with the sword in the house of their holies:
and has no compassion
on youth or virgin; old man or age d:
he gives them all into his hand:
18 and all the instruments of the house of Elohim
— great and small
and the treasures of the house of Yah Veh
and the treasures of the sovereign
and of his governors
— all these he brings to Babel:
19 and they burn the house of Elohim
and pull down the wall of Yeru Shalem and
burn all the citadels thereof with fire
and ruin all the instruments of desire thereof:
20 and he exiles them who survive the sword to Babel;
where they are servants to him and his sons
until the reign of the sovereigndom of Persia:
21 to fulfill the word of Yah Veh by
the mouth of Yirme Yah,
until the land is pleased in her shabbaths: all the days
she desolates, she shabbathizes to fulfill seventy years.

Koresh Is Mustered To Build The House Of Yah Veh

22 And in the first year of Koresh sovereign of Persia
— in order to finish
the word of Yah Veh by the mouth of Yirme
Yah, Yah Veh wakens the spirit
of Koresh sovereign of Persia:
and he passes a voice throughout all his sovereigndom
and also inscribes, saying,
23 Thus says Koresh sovereign of
Persia:
All the sovereigndoms of the earth
Yah Veh Elohim of the heavens gives me:
and he musters me to build him a house
in Yeru Shalem, in Yah Hudah.
Who is there among you of all his people?
Yah Veh his Elohim *is* with him as he ascends.

Koresh Is Mustered To Build The House Of Yah Veh

1 *Now* **And** in the first year of *Cyrus* **Koresh**
king **sovereign** of Persia,
that the word of *the LORD* **Yah Veh** by the mouth of
Jeremiah **Yirme Yah** might be *fulfilled* **finished,**
the LORD stirred up **Yah Veh wakened** the
spirit of *Cyrus king* **Koresh sovereign** of Persia,
that he *made* **passed** a *proclamation* **voice**
throughout all his *kingdom* **sovereigndom,** and
put it also *in writing* **inscribing,** saying,
2 Thus saith *Cyrus king* **Koresh sovereign** of Persia,
The LORD God **Yah Veh Elohim** of *heaven* **the heavens**
hath given me
all the *kingdoms* **sovereigndoms** of the earth;
and he hath *charged* **mustered** me
to build him an house at *Jerusalem* **Yeru Shalem,** which is in *Judah* **Yah Hudah.**
3 Who is there among you of al his people?
his *God* **Elohim** be with him,
and let him *go up* **ascend** to *Jerusalem* **Yeru Shalem,** which is in *Judah* **Yah Hudah,**
and build the house of *the LORD God* **Yah Veh Elohim**
of *Israel* **Yisra El,**
(he is *the God* **Elohim,**)
which is in *Jerusalem* **Yeru Shalem.**
4 And whosoever *remaineth* **surviveth**
in any place where he sojourneth,
let the men of his place
help **lift** him with silver, and with gold,
and with *goods* **acquisitions,** and with *beasts* **animals,** beside the *freewill offering* **voluntary**
for the house of *God* **Elohim**
that is in *Jerusalem* **Yeru Shalem.**

The Restoration Of The Instruments

5 Then rose up
the *chief* **heads** of the fathers of *Judah* **Yah Hudah**
and *Benjamin* **Ben Yamin,**
and the priests, and the *Levites* **Leviym,** with all them
whose spirit *God* **Elohim** had *raised* **wakened,**
to *go up* **ascend** to build the house of *the LORD* **Yah Veh**
which is in *Jerusalem* **Yeru Shalem.**
6 And all they that were **round** about
them strengthened their hands
with *vessels* **instruments** of silver, with gold, with
goods **acquisitions,** and with *beasts* **animals,**
and with *precious things* **preciousnesses,**
beside all that was *willingly offered* **volunteered.**
7 Also *Cyrus* **Koresh** the *king* **sovereign**
brought forth the *vessels* **instruments**
of the house of *the LORD* **Yah Veh,** which
Nebuchadnezzar **Nebukadnets Tsar**
had brought forth out of *Jerusalem* **Yeru Shalem,**
and had *put* **given** them in the house of his *gods* **elohim;**
8 Even those did *Cyrus king* **Koresh sovereign** of
Persia bring forth by the hand of Mithredath
the treasurer, and *numbered* **scribed** them
unto *Sheshbazzar* **Sheshbats Tsar,**
the *prince* **hierarch** of *Judah* **Yah Hudah.**
9 And this is the number of them:
thirty *chargers* **basins** of gold,
a thousand *chargers* **basins** of silver,
nine and twenty knives,
10 Thirty *basons* **tankards** of gold,
silver *basons* **tankards** of a second *sort*
four hundred and ten,
and other *vessels* **instruments** a thousand.
11 All the *vessels* **instruments** of gold and of silver
were five thousand and four hundred.
All these did *Sheshbazzar* **Sheshbats Tsar**
bring up **ascend** with them of the *captivity* **exile**
that were *brought up* **ascended** from *Babylon* **Babel**
unto *Jerusalem* **Yeru Shalem.**

The Restoration Of The People

2 Now these are
the *children* **sons** of the *province* **jurisdiction**
that *went up* **ascended** out of the captivity,

Koresh Is Mustered To Build The House Of Yah Veh

1 And in the first year of Koresh sovereign
of Persia, in order to finish
the word of Yah Veh by the mouth of Yirme Yah,
Yah Veh
wakens the spirit of Koresh sovereign of Persia:
and he passes a voice
throughout all his sovereigndom;
and also inscribes, saying,
2 Thus says Koresh sovereign of Persia:
Yah Veh Elohim of the heavens
gives me all the sovereigndoms of the earth;
and he musters me to build him a house
at Yeru Shalem, Yah Hudah.
3 Who is there among you of all his people?
Elohim is with him
as he ascends to Yeru Shalem, Yah Hudah

and builds the house of Yah Veh Elohim of
Yisra El to him — Elohim in Yeru Shalem:
4 and whoever survives in any place he
sojourns, the men of his place
lift him with silver and with gold
and with acquisitions and with animals
— beside the voluntary
for the house of Elohim in Yeru Shalem.

THE RESTORATION OF THE INSTRUMENTS

5 And they rise
— the heads of the fathers
of Yah Hudah and Ben Yamin and
the priests and the Leviym,
with all whose spirit Elohim wakens,
to ascend to build the house of Yah Veh in Yeru Shalem.
6 And all who are all around them
strengthen their hands
with instruments of silver, with gold, with acquisitions
and with animals and with preciousnesses
— beside all that is volunteered.
7 And Koresh the sovereign
brings the instruments of the house of Yah Veh
— which Nebukadnets Tsar
brought from Yeru Shalem;
and gave in the house of his elohim:
8 yes, Koresh sovereign of Persia
brings them by the hand of Mithredath the treasurer;
and scribes them
to Sheshbats Tsar the hierarch of Yah Hudah.
9 And this is their number:
thirty basins of gold, a thousand basins
of silver, twenty—nine knives,
10 thirty tankards of gold,
silver tankards, seconds, four hundred and
ten, other instruments a thousand:
11 all the instruments of gold and of silver
are five thousand and four hundred:
Sheshbats Tsar ascends all these
with them of the exile
who ascend from Babel to Yeru Shalem.

THE RESTORATION OF THE PEOPLE

2 And these are the sons of the jurisdiction
who ascend from the captivity
of those which had been *carried away* **exiled**,
whom *Nebuchadnezzar* **Nebukadnets Tsar,**
the *king* **sovereign** of *Babylon* **Babel**
had *carried away* **exiled** unto *Babylon* **Babel**,
and *came again* **returned**
unto *Jerusalem* **Yeru Shalem** and *Judah* **Yah
Hudah**, every *one* **man** unto his city;
2 Which came with *Zerubbabel* **Zerub
Babel**: *Jeshua* **Yah Shua**, *Nehemiah* **Nechem
Yah**, *Seraiah* **Sera Yah**, *Reelaiah* **Reela Yah**,
Mordecai **Mordechay**, Bilshan, Mizpar,
Bigvai **Bigvay**, *Rehum* **Rechum**, Baanah.
The number of the men of the people of *Israel* **Yisra El**:
3 The *children* **sons** of Parosh,
two thousand an hundred seventy and two.
4 The *children* **sons** o *Sfhephatiah* **Shaphat Yah**,
three hundred seventy and two.
5 The *children* **sons** of *Arah* **Arach**,
seven hundred seventy and five.
6 The *children* **sons** of *Pahathmoab* **Pachath Moab**,
of the *children* **sons** of *Jeshua* **Yah Shua** and *Joab*
Yah Ab, two thousand eight hundred and twelve.
7 The *children* **sons** of Elam,
a thousand two hundred fifty and four.
8 The *children* **sons** of Zattu, nine
hundred forty and five.
9 The *children* **sons** of *Zaccai* **Zakkay**,
seven hundred and *threescore* **sixty**.
10 The *children* **sons** of Bani, six hundred forty and two.
11 The *children* **sons** of *Bebai* **Bebay**,
six hundred twenty and threc.
12 The *children* **sons** of Azgad,
a thousand two hundred twenty and two.
13 The *children* **sons** of *Adonikam* **Adoni
Qam**, six hundred sixty and six.
14 The *children* **sons** of *Bigvai* **Bigvay**,
two thousand fifty and six.
15 The *children* **sons** of Adin,
four hundred fifty and four.
16 The *children* **sons** of Ater of *Hezekiah*
Yechizqi Yah, ninety and eight.
17 The *children* **sons** of *Bezai* **Besay**,
three hundred twenty and three.
18 The *children* **sons** of *Jorah* **Yorah**,
an hundred and twelve.
19 The *children* **sons** of Hashum,
two hundred twenty and three.
20 The *children* **sons** of Gibbar,
ninety and five.
21 The *children* **sons** of *Bethlehem* **Beth
Lechem**, an hundred twenty and three.
22 The men of Netophah,
fifty and six.
23 The men of Anathoth,
an hundred twenty and eight.

24 The *children* **sons** of Azmaveth, forty and two.
25 The *children* **sons** of Kirjatharim,
Chephirah **Kephirah**, and Beeroth, seven
hundred and forty and three.
26 The*children***sons**ofRamahand*Gaba***Geba**,
six hundred twenty and one.
27 The men of Michmas,
an hundred twenty and two.
28 Themenof*Bethe***B***l* **ethE**al**nd***Ai***Ay**,
two hundred twenty and three.
29 The *children* **sons** of Nebo, fifty and two.
30 The *children* **sons** of Magbish, an
hundred fifty and six.
31 The*children***sons**oftheotherElam,
a thousand two hundred fifty and four.
32 The *children* **sons** of Harim,
three hundred and twenty.
33 The*children***sons**ofLod,Hadid,andOno,
seven hundred twenty and five.
34 The *children* **sons** of *Jericho* **Yericho**,
three hundred forty and five.

— of the exiled
whom Nebukadnets Tsar the sovereign
of Babel exiled to Babel
who return to Yeru Shalem and Yah Hudah,
— every man to his city
2 — who come with Zerub Babel:
Yah Shua, Nechem Yah, Sera Yah, Reela
Yah, Mordechay, Bilshan, Mizpar,
Bigvay, Rechum, Baanah.
The number of the men of the people of Yisra El:
3 the sons of Parosh:
two thousand a hundred seventy—two;
4 the sons of Shaphat Yah:
three hundred seventy—two;
5 the sons of Arach:
seven hundred seventy—five;
6 the sons of Pachath Moab:
of the sons of Yah Shua and Yah Ab,
two thousand eight hundred and twelve;
7 the sons of Elam:
a thousand two hundred fifty—four;
8 the sons of Zattu:
nine hundred forty—five;
9 the sons of Zakkay:
seven hundred and sixty;
10 the sons of Bani:
six hundred forty—two;
11 the sons of Bebay:
six hundred twenty—three;
12 the sons of Azgad:
a thousand two hundred twenty—two;
13 the sons of Adoni Qam:
six hundred sixty—six;
14 the sons of Bigvay:
two thousand fifty—six;
15 the sons of Adin:
four hundred fifty—four;
16 the sons of Ater of Yechizqi Yah:
ninety—eight;
17 the sons of Besay:
three hundred twenty—three;
18 the sons of Yorah:
a hundred and twelve;
19 the sons of Hashum:
two hundred twenty—three;
20 the sons of Gibbar:
ninety—five;
21 the sons of Beth Lechem:
a hundred twenty—three;
22 the men of Netophah:
fifty—six;
23 the men of Anathoth:
a hundred twenty—eight;
24 the sons of Azmaveth:
forty—two;
25 the sons of Kirjatharim, Kephirah and Beeroth:
seven hundred and forty—three;
26 the sons of Ramah and Geba:
six hundred twenty—one;
27 the men of Michmas:
a hundred twenty—two;
28 the men of Beth El and Ay:
two hundred twenty—three;
29 the sons of Nebo:
fifty—two;
30 the sons of Magbish:
a hundred fifty—six;
31 the sons of the other Elam:
a thousand two hundred fifty—four;
32 the sons of Harim:
three hundred and twenty;
33 the sons of Lod, Hadid and Ono:
seven hundred twenty—five;
34 the sons of Yericho:
three hundred forty—five;
35 The *children* **sons** of Senaah,
three thousand and six hundred and thirty .
36 The priests:
the *children* **sons** of *Jedaiah* **Yeda Yah**, of
the house of Jeshua **Beth Yah Shua**,

nine hundred seventy and three.
37 The *children* **sons** of Immer, a thousand fifty and two.
38 The *children* **sons** of *Pashur* **Pashchur**,
a thousand two hundred forty and seven.
39 The *children* **sons** of Harim, a
thousand and seventeen.
40 The *Levites* **Leviym**:
the *children* **sons** of *Jeshua* **Yah Shua**
and *Kadmiel* **Qadmi El**,
of the *children* **sons** of *Hodaviah*
1-lodav Yah, seventy and four.
41 The singers:
the *children* **sons** of Asaph, an
hundred twenty and eight.
42 The *children* **sons** of the porters:
the *children* **sons** of Shallum, the *children* **sons**
of Ater, the *children* **sons** of Talmon,
the *children* **sons** of *Akkub* **Aqqub**,
the *children* **sons** of Hatita,
the *children* **sons** of *Shobai* **Shobay**,
in all an hundred thirty and nine.
43 The *Nethinims* **Dedicates**:
the *children* **sons** of *Ziha* **Sicha**,
the *children* **sons** of *Hasupha* **1-lashupha**,
the *children* **sons** of Tabbaoth,
44 The *children* **sons** of *Keros* **Qeros**,
the *children* **sons** of Siaha, the *children* **sons** of Padon,
45 The *children* **sons** of Lebanah, the
children **sons** of Hagabah,
the *children* **sons** of *Akkub* **Aqqub**,
46 The *children* **sons** of Hagab,
the *children* **sons** of *Shalmai* **Shalmay**,
the *children* **sons** of Hanan,
47 The*children***sons**ofGiddel,
the *children* **sons** of *Gahar* **Gachar**, the
children **sons** of *Reaiah* **Rea Yah**,
48 The *children* **sons** of *Rezin* **Resin**,
the *children* **sons** of Nekoda, the
children **sons** of Gazzam,
49 The *children* **sons** of Uzza,
the *children* **sons** of *Paseah* **Paseach**,
the *children* **sons** of *Besai* **Besay**,
50 The *children* **sons** of Asnah,
the *children* **sons** of *Mehunim* **Maoniym**, the
children **sons** of *Nephusim* **Nephisim**,
51 The *children* **sons** of *Bakbuk* **Baqbuq**,
the *children* **sons** of *Hakupha* **1-laqupha**,
the *children* **sons** of *Harhur* **1-larchur**,
52 The*children***sons**of*Bazluth***Basluth**,
the *children* **sons** of *Mehida* **Mechida**,
the *children* **sons** of Harsha,
53 The *children* **sons** of *Barkos* **Barqos**,
the *children* **sons** of Sisera,
the *children* **sons** of *Thamah* **Temach**,
54 The *children* **sons** of *Neziah* **Nesiach**,
the *children* **sons** of Hatipha.
55 The *children* **sons** of *Solomon's* **Shelomoh's** servants:
the *children* **sons** of *Sotai* **Sotay**,
the *children* **sons** of Sophereth, the
children **sons** of Peruda,
56 The*children***sons**of*Jaalah***Yaalah**,
the *children* **sons** of *Darkon* **Darqon**,
the *children* **sons** of Giddel,
57 The*children***sons**of*Shephatiah***ShaphatYah**,
the *children* **sons** of Hattil, the *children* **sons** of
Pochereth of *Zebaim* **Sebayim**, the *children* **sons** of Ami.
35 the sons of Senaah:
three thousand and six hundred and thirty.
36 The priests:
the sons of Yeda Yah of Beth Yah Shua:
nine hundred seventy—three;
37 the sons of Immer:
a thousand fifty—two;
38 the sons of Pashchur:
a thousand two hundred forty—seven;
39 the sons of Harim:
a thousand and seventeen.
40 The Leviym:
the sons of Yah Shua and Qadmi El of the
sons of Hodav Yah: seventy—four.
41 The singers:
the sons of Asaph:
a hundred twenty—eight.
42 The sons of the porters:
the sons of Shallum;
the sons of Ater; the sons of Talmon; the sons of
Aqqub; the sons of Hatita; the sons of Shobay;
all a hundred thirty—nine.
43 The Dedicates:
the sons of Sicha; the sons of Hashupha;
the sons of Tabbaoth;
44 the sons of Qeros; the sons of
Siaha; the sons of Padon;
45 the sons of Lebanah; the sons of
Hagabah; the sons of Aqqub;
46 the sons of Hagab; the sons of
Shalmay; the sons of Hanan;
47 the sons of Giddel; the sons of
Gachar; the sons of Rea Yah;
48 the sons of Resin; the sons of
Nekoda; the sons of Gazzam;

49 the sons of Uzza; the sons of
Paseach; the sons of Besay;
50 the sons of Asnah; the sons of
Maoniym; the sons of Nephisim;
51 the sons of B a q b u q ; the sons of
Haqupha; the sons of Harchur;
52 the sons of Basluth; the sons of
Mechida; the sons of Harsha;
53 the sons of Barqos; the sons of
Sisera; the sons of Temach;
54 the sons of Nesiach;
the sons of Hatipha.
55 The sons of the servants of Shelomoh:
the sons of Sotay;
the sons of Sophereth;
the sons of Peruda;
56 the sons of Yaalah; the sons of
Darqon; the sons of Giddel;
57 the sons of Shaphat Yah;
the sons of Hattil;
the sons of Pochereth of Sebayim;
the sons of Ami.
58 All the *Nethinims* **Dedicates,**
and the *children* **sons** of *Solomon's* **Shelomoh's** servants,
were three hundred ninety and two.
59 And these were they which *went up* **ascended**
from *Telmelah* **Tel Melach**, *Telharsa* **Tel
Harsha**, Cherub, Addan, and Immer:
but they could not *shew* **tell** their father's house,
and their seed,
whether they were of *Israel* **Yisra El**:
60 The *children* **sons** of *Delaiah* **Dela Yah**, the *children*
sons of *Tobiah* **Tobi Yah**, the *children* **sons** of Nekoda,
six hundred fifty and two.
61 And of the *children* **sons** of the priests:
the *children* **sons** of *Habaiah* **Haba Yah**,
the *children* **sons** of *Koz* **Qos**,
the *children* **sons** of *Barzillai* **Barzillay**; which took a
wife **woman** of the daughters of *Barzillai* **Barzillay** the
Gileadite **Giladiy**, and was called after their name:
62 These sought their *register* **inscribings** among those
that were *reckoned by genealogy*
genealogized, but they were not found:
therefore were they,
as *polluted, put* **profaned** from the priesthood.
63 And the *Tirshatha* **governor** said unto
them, that they should not eat
of the *most holy things* **Holy of Holies**,
till there stood up a priest with
Urim and with Thummim.
64 The whole congregation *together* **as one**
was *forty* **four myriads**
and two thousand three hundred *and threescore* **sixty**,
65 Beside their servants and their maids,
of *whom* **these** there were
seven thousand three hundred thirty and seven:
and there were among them two hundred
singing men **songsters** and *singing women* **songstresses.**
66 Theirhorsesweresevenhundredthrtiyandsix;
their mules, two hundred forty and five;
67 Their camels, four hundred thirty and five;
their asses **he burros**,
six thousand seven hundred and twenty.
68 And *some* of the *chief* **heads** of the fathers, when
they came to the house of *the LORD* **Yah Veh**
which is at *Jerusalem* **Yeru Shalem,**
offered freely **volunteered** for the house of *God* **Elohim**
to *set it up in his place* **establish it on its base.**
69 Theygave*aftertheirability***oftheirsubstance**
unto the treasure of the work
threescore **six myriads**
and one thousand *drams* **drachmim** of gold,
and five thousand *pound* **maneh** of silver, and
one hundred priests' *garments* **coats.**
70 So the priests, and the *Levites* **Leviym**, and
some of the people, and the singers,
and the porters, and the *Nethinims* **Dedicates,**
dwelt **settled** in their cities,
and all *Israel* **Yisra El** in their cities.

THE RESTORATION OF THE ALTAR

3 And when the seventh month *was come*
had touched, and the *children* **sons** of
Israel **Yisra El** were in the cities,
the people gathered themselves together as
one man to *Jerusalem* **Yeru Shalem.**
2 Then *stood up Jeshua* **arose Yah Shua**
the son of *Jozadak* **Yah Sadaq**, and
his brethren the priests,
and *Zerubbabel* **Zerub Babel**
the son of *Shealtiel* **Shealti El**,
and his brethren,
and builded the **sacrifice** altar
of *the God* **Elohim** of *Israel* **Yisra El**,
to *offer burnt offerings* **holocaust holocausts**
thereon, as it is *written* **inscribed**
in the *law* **torah** of *Moses* **Mosheh**
the man of *God* **Elohim.**
3 And they *set* **established** the **sacrifice**
altar upon his bases;

for *fear* **terror** was upon them
because of the people of those *countries* **lands**:
58 — all the Dedicates
and the sons of Shelomoh's servants,
three hundred ninety—two.
59 And these are they who ascend from
Tel Melach, Tel Harsha,
Cherub, Addan and Immer
— who cannot tell
the house of their father and their seed
whether they are of Yisra El:
60 the sons of Dela Yah; the sons of
Tobi Yah; the sons of Nekoda;
six hundred fifty—two.
61 And of the sons of the priests:
the sons of Haba Yah;
the sons of Qos;
the sons of Barzillay who take a woman
of the daughters of Barzillay the Giladiy
and is called after their name:
62 — these sought their inscribings
among the genealogized,
but they were not found:
and they are profaned from the priesthood:
63 and the governor says to them to
not eat of the Holy of Holies,
until a priest stands with Urim and with Thummim.
64 The whole congregation as one
is four myriads and two thousand three hundred sixty
65 beside their servants and their maids:
of these there are
seven thousand three hundred thirty—seven:
and among them are two hundred
songsters and songstresses:
66 their horses, seven hundred thirty—six;
their mules, two hundred forty—five;
67 their camels, four hundred thirty—five;
he burros, six thousand seven hundred and twenty.
68 And of the heads of the fathers
who come to the house of Yah Veh at Yeru
Shalem, volunteer for the house of Elohim
to establish it on its base:
69 they give of their substance to
the treasure of the work:
six myriads and one thousand drachmim of gold
and five thousand maneh of silver and
one hundred coats for the priests.
70 And the priests and the Leviym and of the people
and the singers and the porters and the Dedicates,
settle in their cities;
and all Yisra El in their cities.

THE RESTORATION OF THE ALTAR

3 And the seventh month touches
and the sons of Yisra El are in the cities
and the people gather as one man to Yeru Shalem.
2 Then Yah Shua the son of Yah Sadaq
and his brothers the priests
and Zerub Babel the son of Shealti El and his brothers
rise and build the sacrifice altar of Elohim of
Yisra El to holocaust holocausts thereon
— as inscribed in the torah of Mosheh
the man of Elohim:
3 and they establish the sacrifice altar on his bases;
for terror is on them
because of the people of those lands:
and they *offered burnt offerings* **holocausted holocausts**
thereon unto *the LORD* **Yah Veh**,
even *burnt offerings* **holocausts**
for morning and evening.

THE RESTORATION OF THE WORSHIP

4 They *kept* **worked** also
the *feast* **celebration** of *tabernacles* **sukkoth/**
brush arbors, as it is *written* **inscribed**,
and *offered the daily burnt offerings*
the day by day holocausts by number,
according to the *custom* **judgment**,
as the *duty of every* day **by day word** required;

THE RESTORATION OF THE HALLOWED FESTIVALS OF YAH VEH

5 And afterward
offered the continual *burnt offering*
holocaust, both of the new moons,
and of all the *set feasts* **festivals** of *the LORD* **Yah Veh**
that were *consecrated* **hallowed**,
and of every one that *willingly offered* **volunteered**
a *freewill offering* **voluntary** unto *the LORD* **Yah Veh**.
6 From the first day of the seventh month
began they to *offer burnt offerings* **holocaust holocausts**
unto *the LORD* **Yah Veh**.
But the foundation
of the *temple* **manse** of *the LORD* **Yah Veh**
was not yet laid.
7 They gave *money* **silver** also unto the *masons* **hewers**,
and to the *carpenters* **artificers**; and *meat*
food, and drink, and oil, unto *them of Zidon*
the Sidoniy, and to *them of Tyre* **the Soriy**,
to bring cedar trees from Lebanon
to the sea of *Joppa* **Yapho**,

according to the *grant* **permit** that they had
of *Cyrus king* **Koresh sovereign** of Persia.

The Foundation Of The House Of Yah Veh Laid

8 Now in the second year of their coming
unto the house of *God* **Elohim** at *Jerusalem*
Yeru Shalem, in the second month,
began *Zerubbabel* **Zerub Babel**
the son of *Shealtiel* **Shealti El**,
and *Jeshua* **Yah Shua** the son of *Jozadak* **Yah Sadaq**,
and the *remnant* **survivors** of their brethren
the priests and the *Levites* **Leviym**,
and all they that were come out of the
captivity unto *Jerusalem* **Yeru Shalem**;
and *appointed* **stood** the *Levites* **Leviym**,
from **sons of** twenty years *old* and upward,
to *set forward* **oversee** the work
of the house of *the LORD* **Yah Veh**.
9 Then stood *Jeshua* **Yah Shua** *with* his sons and
his brethren, *Kadmiel* **Qadmi El** and his sons,
the sons of *Judah* **Yah Hudah**, *together* **as one**,
to *set forward* **oversee** the *workmen* **doers of the work**
in the house of *God* **Elohim**:
the sons of Henadad,
with their sons and their brethren the *Levites* **Leviym**.
10 Andwhenthebuilderslaidthefoundation
of the *temple* **manse** of *the LORD* **Yah
Veh**, they *set* **stood** the priests
in their apparel **enrobed** with trumpets,
and the *Levites* **Leviym** the sons of Asaph with
cymbals, to *praise the LORD* **halal Yah Veh**,
after the *ordinance* **hand**
of David *king* **sovereign** of *Israel* **Yisra El**.
11 And they *sang* **answered** together by
course in *praising* **halaling**
and *giving thanks* **spreading hands** unto *the
LORD* **Yah Veh**; because he is good,
for his mercy *endureth for ever* **is eternal**
toward *Israel* **Yisra El**.
And all the people shouted with a great *shout* **shouting**,
when they *praised the LORD* **halaled Yah Veh**,
because the foundation
of the house of *the LORD* **Yah Veh** was laid.
12 Butmanyofthepriestsand*Levites***Leviym**
and *chief* **heads** of the fathers,
and they holocaust holocausts to Yah Veh
— holocausts for morning and evening.

The Restoration Of The Worship

4 And they work
the celebration of sukkoth/brush arbors as
inscribed: and the day by day holocausts by
number according to the judgment,
as the day by day word required.

The Restoration Of The Hallowed Festivals Of Yah Veh

5 And afterward the continual
holocaust and for new moons
and for all the hallowed festivals of Yah Veh:
and for every one
who volunteers a voluntary to Yah Veh.
6 From the first day of the seventh month
they begin to holocaust holocausts to Yah Veh :
and the foundation of the manse
of Yah Veh is not yet laid:
7 and they give silver
to the hewers and to the artificers;
and food and drink and oil
to the Sidoniy and to the Soriy
to bring cedar trees from Lebanon to the sea of Yapho
according to the permit they have from
Koresh sovereign of Persia.

The Foundation Of The House Of Yah Veh Laid

8 And in the second year of their coming to
the house of Elohim at Yeru Shalem
in the second month,
Zerub Babel the son of Shealti El and Yah
Shua the son of Yah Sadaq and the survivors of
their brothers the priests and the Leviym
and all who come from the captivity to Yeru Shalem:
and they stand the Leviym
from sons of twenty years and upward,
to begin to oversee the work of the house of Yah Veh.
9 And Yah Shua, his sons and his brothers, Qadmi
El and his sons, the sons of Yah Hudah,
stand as one
to oversee the doers of the work in the house of Elohim:
— the sons of Henadad,
with their sons and their brothers the Leviym.
10 And the builders lay the foundation
of the manse of Yah Veh
and they stand the priests enrobed with trumpets
and the Leviym the sons of Asaph
with cymbals to halal Yah Veh,
after the hand of David sovereign of Yisra El:

11 and they answer together by course
— halaling and spreading hands
to Yah Veh for he is good:
for his mercy eternal toward Yisra El.
And all the people shout a great
shout as they halal Yah Veh;
because the foundation
of the house of Yah Veh is laid.
12 And many of the priests and Leviym
and heads of the fathers
who were ancient men **elders**, that
had seen the first house,
when the foundation of this house
was laid before their eyes,
wept with a *loud* **great** voice;
and many shouted
aloud for joy **and cheered with lifted voice**:
13 So that the people could not *discern* **recognize**
the *noise* **voice** of the shout of *joy* **cheering**
from the *noise* **voice** of the weeping of the people:
for the people shouted with a *loud shout* **great**
shout, and the *noise* **voice** was heard afar off.

YAH HUDAH AND BEN YAMIN TRIBULATE AGAINST THE MANSE OF YAH VEH

4 Now when the *adversaries* **tribulators**
of *Judah* **Yah Hudah** and *Benjamin* **Ben Yamin**
heard that the *children* **sons** of the *captivity* **exile**
builded the *temple* **manse**
unto *the LORD God* **Yah Veh Elohim** of *Israel* **Yisra El**;
2 Thentheycameneaotr*ZerubbabeZ***lerubBabe,l**
and to the *chief* **heads** of the fathers, and said unto them,
Let us build with you:
for we seek your *God* **Elohim**, as ye *do*;
and we *do* sacrifice unto him
since the days of *Esarhaddon* **Esar Chaddon**
king **sovereign** of *Assur* **Ashshur**, which
brought **ascended** us *up* hither.
3 But *Zerubbabel* **Zerub Babel**, and *Jeshua*
Yah Shua, and the *rest* **survivors**
of the *chief* **heads** of the fathers of *Israel* **Yisra El**,
said unto them, Ye have *nothing* **naught** to do with
us to build an house unto our *God* **Elohim**;
but we ourselves together
will **shall** build
unto *the LORD God* **Yah Veh Elohim** of *Israel* **Yisra El**,
as *king Cyrus* **sovereign Koresh**
the *king* **sovereign** of Persia hath
commanded **misvahed** us.
4 Then the people of the land
weakened **slackened** the hands
of the people of *Judah* **Yah Hudah**, and
troubled **terrified** them in building,
5 And hired counsellors against them,
to *frustrate* **break down** their *purpose* **counsel**,
all the days of *Cyrus* **Koresh** *king* **sovereign** of Persia,
even until the *reign* **sovereigndom** of *Darius* **Daryavesh**,
king **sovereign** of Persia.

ACHASH ROSH TRIBULATES AGAINST THE HOUSE OF YAH VEH

6 And in the *reign* **sovereigndom**
of *Ahasuerus* **Achash Rosh**,
in the beginning of his *reign* **sovereigndom**,
wrote **inscribed** they unto him an *accusation* **opposition**
against the *inhabitants* **settlers**
of *Judah* **Yah Hudah** and *Jerusalem* **Yeru Shalem**.
7 And in the days of *Artaxerxes* **Artach Shashta** *wrote*
inscribed Bishlam, Mithredath, *Tabeel* **Tabe El**, and
the *rest* **survivors** of their *companions* **colleagues**,
unto *Artaxerxes king* **Artach**
Shashta sovereign of Persia;
and the *writing* **inscribing** of the *letter* **epistle**
was *written* **inscribed** in *the Syrian tongue* **Aramaic**, and
interpreted **translated** in *the Syrian tongue* **Aramaic**.
8 *Rehum***Rechum**the*chancelo***mr asterofdecres**
and *Shimshai* **Shimshay** the scribe *wrote a letter*
inscribed one epistle against *Jerusalem* **Yeru Shalem**
to *Artaxerxes* **Artach Shashta** the *king* **sovereign**
in this sort **thus**:
9 Then *wrote Rehum* **Rechum** the *chancellor* **master**
of decrees, and *Shimshai* **Shimshay** the scribe,
and the *rest* **survivors** of their *companions* **colleagues**;
the *Dinaites* **Dinaiy**, the *Apharsathchites* **Apharesiym**,
the *Tarpelites* **Tarpeliy**, the *Apharsites* **Apharsiy**,
the *Archevites* **Archeviy**, the *Babylonians*
Babeliy, the *Susanchites* **Shushanchiy**, the
Dehavites **Dehaviy**, and the *Elamites* **Elamiy**,
10 And the *rest* **survivors** of the nations
— elders who had seen the first house when the
foundation of this house was laid in front of their eyes,
weep with a great voice;
and many shout and cheer with lifted voice:
13 and the people recognize not
the voice of the shout of cheering
from the voice of the weeping of the people:
for the people shout a great shout and
the voice is heard afar off.

YAH HUDAH AND BEN YAMIN TRIBULATE AGAINST THE MANSE OF YAH VEH

4 And the tribulators of Yah Hudah and Ben
Yamin hear that the sons of the exile
build the manse to Yah Veh Elohim of Yisra El:
2 and they come near to Zerub Babel
and the heads of the fathers, and say
to them, Let us build with you:
for we, as you, seek your Elohim;
and we sacrificed not to him
since the days of Esar Chaddon sovereign
of Ashshur who ascended us here.
3 And Zerub Babel and Yah Shua
and the survivors of the heads of the
fathers of Yisra El say to them,
You have naught to do with us to build a house
to our Elohim; but we ourselves together
build to Yah Veh Elohim of Yisra El
— as sovereign Koresh the sovereign
of Persia misvahed us.
4 And so be it,
the people of the land
slacken the hands of the people of Yah
Hudah and terrify them in building:
5 and hire counsellors against them
to break down their counsel
all the days of Koresh sovereign of Persia
— even until the sovereigndom of
Daryavesh sovereign of Persia.

ACHASH ROSH TRIBULATES AGAINST THE HOUSE OF YAH VEH

6 And in the sovereigndom of Achash Rosh,
in the beginning of his sovereigndom,
they inscribe an opposition
against the settlers of Yah Hudah and Yeru Shalem:
7 and in the days of Artach Shashta
Bishlam, Mithredath, Tabe El
and the survivors of their colleagues inscribe
to Artach Shashta sovereign of Persia:
and the inscribing of the epistle
is inscribed in Aramaic and translated in Aramaic.
8 Rechum the master of decrees
and Shimshay the scribe
inscribe one epistle against Yeru Shalem
to Artach Shashta the sovereign thus:
9 Then Rechum the master of decrees
and Shimshay the scribe
and the survivors of their colleagues
— the Dinaiy, the Aphiaresiym, the Tarpeliy,
the Apharsiy, the Archeviy, the Babeliy,
the Shushanchiy, the Dehaviy and the Elamiy
10 and the survivors of the nations
whom the great and *noble Asnapper* **esteemed Osnapper**
brought over **revealed,**
and *set* **settled** in the cities of *Samaria* **Shomeron,**
and the *rest* **survivors** that are on this side
the river, and *at such a time* **et cetera.**

ARTACH SHASHTA TRIBULATES AGAINST THE HOUSE OF YAH VEH

11 This is the *copy* **transcript** of the *letter* **epistle**
that they sent unto him,
even unto *Artaxerxes* **Artach Shashta** the *king*
sovereign; Thy servants the men on this side the river,
and *at such a time* **et cetera.**
12 Be it known unto the *king* **sovereign,**
that the *Jews* **Yah Hudiym**
which *came up* **ascended** from thee to us
are come unto *Jerusalem* **Yeru Shalem,** building
the rebellious and the *bad* **wicked** city, and
have set up **finished** the walls thereof,
and joined the foundations.
13 Be it known now unto the *king* **sovereign,** that,
if this city be builded, and the walls *set up* **finished**
again, then *will* **shall** they not *pay toll* **give tribute,**
tribute **excise,** and custom,
and *so* **thus** thou shalt endamage the
revenue of the *kings* **sovereigns.**
14 Now because we
have maintenance from the king's palace
are salted with the salt of the manse, and
it was not *meet* **convenient** for us
to see the *king's dishonour* **sovereign's**
nakedness, therefore have we sent
and *certified the king* **made known to the sovereign;**
15 That search may be made
in the *book* **scroll** of the records of thy fathers:
so shalt thou find in the *book* **scroll** of the records,
and know that this city is a rebellious city,
and *hurtful* **damaging**
unto *kings* **sovereigns** and *provinces*
jurisdictions, and that they have *moved*
sedition **rebels** *within the same of old time*
in the midst thereof **from eternal days:**
for which cause was this city *destroyed* **desolated.**
16 We *certify the king* **have the sovereign know** that,
if this city be builded *again*,
and the walls thereof *set up* **finished,**

by this means **therefore** thou shalt have
no portion on this side the river.
17 Then sent the *king an answer* **sovereign a decision**
unto *Rehum* **Rechum** the *chancellor* **master of**
decrees, and *to Shimshai* **Shimshay** the scribe,
and to the *rest* **survivors** of their *companions* **colleagues**
that *dwell* **settle** in *Samaria* **Shomeron**, and
unto the *rest* **survivors** beyond the river, *Peace*
Shalom, and *at such a time* **et cetera**.
18 The*leter***epistle**whichyesentuntous
hath been *plainly read* **distinctly called out**
before **in front of** me.
19 And I *commanded* **have set a decree**,
and search hath been made,
and it is found that this city *of old*
time **from eternal days**
hath *made insurrection* **lifted itself**
against *kings* **sovereigns**,
and that rebellion and sedition have been made therein.
20 There have been mighty *kings* **sovereigns**
also over *Jerusalem* **Yeru Shalem**,
which have ruled over all *countries* beyond the river;
and *toll* **tribute**, *tribute* **excise**, and
custom, was *paid* **given** unto them.
21 *Give* **Set** ye now *commandment* **a decree**
to cause these men to *cease* **stop**, and
that this city be not builded,
until another *commandment* **decree**
shall be *given* **set** from me.
22 *Take heed now* **Be enlightened**
that ye *fail not to do* **not err about** this:
why should damage *grow* **increase**
to the *hurt* **damage** of the *kings* **sovereigns**?
whom the great and esteemed Osnapper reveals
and settles in the cities of Shomeron,
and the survivors on this side the river, and et cetera.

Artach Shashta Tribulates Against The House Of Yah Veh

11 This is the transcript of the epistle they send him:
To Artach Shashta the sovereign;
your servants,
the men on this side the river, and et cetera.
12 Now be it known to the sovereign,
that the Yah Hudiym who ascended from
you to us come to Yeru Shalem,
and are building the rebellious and wicked city:
and finishing the walls thereof and
joining the foundations.
13 Now be it known to the sovereign, that,
if this city is built and the walls finished, then
they give not tribute, excise and custom; and
thus damage the revenue of the sovereigns.
14 Now, because we are salted with the salt of the manse;
and it is not convenient for us
to see the nakedness of the sovereign;
so we send and make known to the sovereign;
15 to search the scroll of the records of your fathers:
and find in the scroll of the records
and know that this city is a rebellious city
and damaging to sovereigns and jurisdictions;
and that they have rebels
in their midst from eternal days:
for which cause this city is desolated:
16 we have the sovereign know
that if this city is built and the walls finished,
that you have no portion on this side the river.
17 Then the sovereign sends a decision to
Rechum the master of decrees
and Shimshay the scribe
and to the survivors of their colleagues
who settle in Shomeron,
and to the survivors beyond the
river, Shalom and et cetera:
18 The epistle you send us
has been distinctly called out in front of me:
19 and I set a decree and search:
and find that this city, from eternal days,
lifts itself against sovereigns:
and rebellion and sedition are made therein:
20 and mighty sovereigns over Yeru
Shalem
— rulers over all beyond the river;
and tribute, excise and custom is given them.
21 Now set a decree to have these men stop:
and that this city not be built,
until another decree is set from me.
22 Be enlightened that you not err about this:
why increase the damage
to the damage of the sovereigns?

The Service Of The House Of Yah Veh Stopped

23 *Now* **Then** when the *copy* **transcript**
of *king Artaxerxes'* **sovereign Artach Shashta's**
letter **epistle** was *read* **called out**
before Rehum **in front of Rechum**, and
Shimshai **Shimshay** the scribe,
and their *companions* **colleagues**,
they went up in haste to *Jerusalem* **Yeru Shalem**

unto the *Jews* **Yah Hudiym**, and
made them to *cease* **stop**
by *force* **arm** and *power* **valour**.
24 Then *ceased* **stopped** the *work* **service**
of the house of *God* **Elah**
which is at *Jerusalem* **Yeru Shalem**.
So it *ceased* **stopped** unto the second year
of the *reign* **sovereigndom** of *Darius* **Daryavesh**
king **sovereign** of Persia.

The Building Of The House Of Yah Veh Is Started

5 Then the prophets, *Haggai* **Haggay** the prophet,
and *Zechariah* **Zechar Yah** the son of Iddo,
prophesied unto the *Jews* **Yah Hudiym**
that were in *Judah* **Yah Hudah** and
Jerusalem **Yeru Shalem**
in the name of the *God* **Elah** of *Israel* **Yisra El**,
even unto them.
2 Then rose up *Zerubbabel* **Zerub Babel**
the son of *Shealtiel* **Shealti El**,
and *Jeshua* **Yah Shua** the son of *Jozadak* **Yah Sadaq**, and *began* **released** to build the house of
God **Elah** which is at *Jerusalem* **Yeru Shalem**:
and with them were the prophets of *God* **Elah**
helping **upholding** them.
3 At the same *time* **appointment**
came to them *Tatnai* **Tattenay**,
governor on this side the river,
and *Shetharboznai* **Shethar Bozenay**
and their *companions* **colleagues**,
and said thus unto them,
Who hath *commanded you* **set you a decree**
to build this house, and to *make up* **finish** this wall?
4 Then said we unto them *after this manner***thus**, What are the names
of the men that *make* **build** this building?
5 But the eye of their *God* **Elah**
was upon the elders of the *Jews* **Yah Hudiym**,
that they could not cause them to *cease*
stop, till the *matter* **decree**
came **was brought** to *Darius* **Daryavesh**:
and then they *returned answer*
responded by *letter* **epistle**
concerning this *matter.*

The Epistle Of Tattenay To Daryavesh

6 The *copy* **transcript** of the *letter* **epistle**
that *Tatnai* **Tattenay**, governor on this side the
river, and *Shetharboznai* **Shethar Bozenay**
and his *companions* **colleagues**
the *Apharsachites* **Apharsechiy**, which
were on this side the river,
sent unto *Darius* **Daryavesh** the *king* **sovereign**:
7 They sent a *letter* **decision** unto him,
wherein was written **midst which was inscribed**
thus; Unto *Darius* **Daryavesh** the *king* **sovereign**,
all *peace* **shalom**.
8 Be it known unto the *king* **sovereign**,
that we went
into the *province* **jurisdiction** of *Judea* **Yah Hudah**,
to the **great** house of *the great God* **Elah**,
which is builded with *great* **round** stones,
and timber is *laid* **set** in the walls,
and this *work goeth fast on* **service keepeth on diligently**, and prospereth in their hands.
9 Then asked we those elders, and said unto them
thus, Who *commanded you* **set you a decree**
to build this house, and to *make up* **finish** these walls?
10 We asked their names also,
to *certify thee* **have thee know**,
that we might *write* **inscribe** the names of the
men that were the *chief* **heads** of them.
11 And thus they returned us *answer* **a decision**,saying, We are the servants
of *the God* **Elah** of *heaven* **the heavens** and earth,

The Service Of The House Of Yah Veh Stopped

23 Then when the transcript of the epistle
of sovereign Artach Shashta
is called out in front of Rechum and Shimshay the scribe
and their colleagues,
they go in haste to Yeru Shalem to the Yah
Hudiym and stop them by arm and valour:
24 then the service
of the house of Elah at Yeru Shalem stops
— stops to the second year of the sovereigndom
of Daryavesh sovereign of Persia.

The Building Of The House Of Yah Veh Is Started

5 Then the prophets, Haggay the prophet
and Zechar Yah the son of Iddo,
prophesy to the Yah Hudiym in Yah
Hudah and Yeru Shalem
in the name of the Elah of Yisra El — to them.
2 Then Zerub Babel the son of Shealti El
and Yah Shua the son of Yah Sadaq
rise and release to build the house
of Elah at Yeru Shalem:
and the prophets of Elah with them — uphold them.

3 At the same appointment
Tattenay the governor on this side the river
and Shethar Bozenay and their colleagues
come to them and say thus to them,
Who set you a decree
to build this house and to finish this wall?
4 Then we say to them thus: What are the names
of the men who build this building?
5 But the eye of their Elah
is on the elders of the Yah Hudiym,
that they not stop them
until the decree is brought to Daryavesh:
and then they respond by epistle concerning this.

THE EPISTLE OF TATTENAY TO DARYAVESH

6 The transcript of the epistle
Tattenay governor on this side the
river and Shethar Bozenay
and his colleagues the Apharsechiy
on this side the river
send to Daryavesh the sovereign:
7 they send him a decision midst
which is inscribed thus:
To Daryavesh the sovereign, all shalom.
8 Thus be it known to the sovereign,
we go into the jurisdiction of Yah
Hudah, to the great house of Elah
— built with round stones and timber set in the walls:
and this service keeps on diligently
and prospers in their hands.
9 Then we ask those elders and say to
them thus: Who set you a decree
to build this house and to finish these walls?
10 And also, we asked their names, so that you know
we inscribed the names of the men — their heads.
11 And thus they return us a decision, saying,
We are the servants of Elah of the heavens and earth:
and build the house
that was builded these many years *ago* **prior**,
which a great *king* **sovereign** of *Israel* **Yisra El**
builded and *set up* **finished**.
12 *But* **Except** after that our fathers had *provoked* **caused**
the God **Elah** of *heaven unto wrath* **the heavens**
to quiver, he gave them into the hand
of *Nebuchadnezzar* **Nebukadnets Tsar**,
the *king* **sovereign** of *Babylon* **Babel**,
the *Chaldean* **Kasdiy**,
who *destroyed* **demolished** this house,
and *carried* **exiled** the people *away* into *Babylon* **Babel**.
13 *But***However**intheifrstyearof*Cyrus***Koresh**
the *king* **sovereign** of *Babylon* **Babel**,
the same king Cyrus **sovereign Koresh**
made **set** a decree to build this house of *God* **Elah**.
14 And the vessels also of gold and silver
of the house of *God* **Elah**,
which *Nebuchadnezzar* **Nebukadnets Tsar**
took **removed** out of the *temple* **manse**
that was in *Jerusalem* **Yeru Shalem**,
and brought them
into the *temple* **manse** of *Babylon* **Babel**, those
did *Cyrus* **Koresh** the *king* **sovereign**
take **remove** out of the *temple* **manse** of *Babylon*
Babel, and they were *delivered* **given** unto one,
whose name was *Sheshbazzar* **Sheshbats**
Tsar, whom he had *made* **set** governor;
15 And said unto him, *Take* **Lift** these vessels,
go, *carry* **deposit** them into the *temple* **manse**
that is in *Jerusalem* **Yeru Shalem**,
and let the house of *God* **Elah** be builded in his place.
16 Then came *the same Sheshbazzar* **this Sheshbats**
Tsar,
and laid the foundation of the house of *God* **Elah**
which is in *Jerusalem* **Yeru Shalem**:
and *since that time* **from then** even until
now hath it been in building,
and *yet* it is not *finished* **shalamed**.
17 Now therefore, if it *seem* **be** good
to the *king* **sovereign**,
let there be search made
in the *king's* **sovereign's** treasure house,
which is there at *Babylon* **Babel**, *whether it*
though there be *so*, that a decree was *made* **set**
of *Cyrus* **Koresh** the *king* **sovereign**
to build this house of *God* **Elah** at *Jerusalem*
Yeru Shalem, and let the *king* **sovereign**
send his *pleasure* **intention** to us concerning this matter.

DARYAVESH SETS A DECREE

6 Then *Darius* **Daryavesh** the *king* **sovereign**
made **set** a decree,
and search was made in the house of the *rolls* **scrolls**,
where the treasures were *laid up* **deposited**
in *Babylon* **Babel**.
2 And there was found at *Achmetha*
Ach Metha, in the palace
that is in the *province* **jurisdiction** of the *Medes* **Maday**,
a **one** roll,
and *therein* **in the middle** was a
record thus *written* **inscribed**:
3 In the first year of *Cyrus* **Koresh** the *king* **sovereign**

the same Cyrus **Koresh** the *king* **sovereign**
made **set** a decree concerning the house of *God* **Elah**
at *Jerusalem* **Yeru Shalem**, Let the house be builded,
the place where they *offered* **sacrificed** sacrifices,
and let the foundations thereof be *strongly laid* **erected**;
the height thereof *threescore* **sixty** cubits,
and the *breadth* **width** thereof *threescore* **sixty** cubits;
4 With three *rows* **layers** of *great* **round**
stones, and a row of new timber:
and let the expenses
be given out of the *king's* **sovereign's** house:
5 And also let the golden and silver
vessels of the house of *God* **Elah**,
which *Nebuchadnezzar* **Nebukadnets Tsar**
took forth **removed** out of the *temple* **manse**
which is at *Jerusalem* **Yeru Shalem**,
and brought unto *Babylon* **Babel**, be restored,
and build the house built prior these many
years, which a great sovereign of Yisra El
built and finished.
12 Except after that,
our fathers quivered Elah of the heavens,
he gave them into the hand of Nebukadnets
Tsar the sovereign of Babel
— the Kasdiy who demolished this house
and exiled the people into Babel:
13 but in the first year
of Koresh the sovereign of Babel,
sovereign Koresh set a decree
to build this house of Elah:
14 and also the vessels of gold and silver
of the house of Elah, which Nebukadnets Tsar
removed from the manse in Yeru Shalem
and brought into the manse of Babel,
which Koresh the sovereign
removed from the manse of Babel:
and they were given to one;
his name, Sheshbats Tsar, whom he set governor;
15 and says to him, Lift these vessels!
Go, deposit them in the manse in Yeru Shalem:
and build the house of Elah in his place:
16 then this Sheshbats Tsar comes
and lays the foundation of the house
of Elah in Yeru Shalem:
and from then even until now is being
built and is not shalamed.
17 And now, if it is good to the sovereign,
search in the treasure house of the sovereign
at Babel, whether there is a decree
set by Koresh the sovereign
to build this house of Elah at Yeru Shalem: and send us
the intentions of the sovereign concerning this matter.

DARYAVESH SETS A DECREE

6 Then Daryavesh the sovereign sets a decree
and they search the house of the scrolls,
where the treasures were deposited in Babel:
2 and in the palace at Ach Metha
in the jurisdiction of the Maday they find one roll,
and in the middle, a record inscribed thus:
3 In the first year of Koresh the sovereign
Koresh the sovereign set a decree concerning the house
of Elah at Yeru Shal em, Build the house — a place to
sacrifice sacrifices and erect the foundations thereof
— its height, sixty cubits
and its width, sixty cubits:
4 with three layers of round stones
and a row of new timber:
and give the expenses
from the house of the sovereign:
5 and also restore the gold and silver
vessels of the house of Elah
which Nebukadnets Tsar removed from the
manse at Yeru Shalem and brought to Babel;
and *brought again* **returned**
unto the *temple* **manse** which is at
Jerusalem **Yeru Shalem**,
every one to his place,
and *place* **deposit** them in the house of *God* **Elah**.
6 Now *therefore*,
Tatnai **Tattenay**, governor beyond the river,
Shetharboznai **Shethar Bozenay**, and your *companions*
colleagues the *Apharsachites* **Apharsechiy**,
which are beyond the river, be ye far from thence:
7 Let the *work* **service** of this house of *God* **Elah** alone;
let the governor of the *Jews* **Yah Hudiym**
and the elders of the *Jews* **Yah Hudiym** build
this house of *God* **Elah** in his place.
8 *Moreover* I *make* **set** a decree
what ye shall do to the elders of these *Jews* **Yah Hudiym**
for the building of this house of *God* **Elah**:
that of the *king's goods* **sovereign's holdings**,
even of the tribute beyond the river,
forthwith **diligently** expenses be given unto these men,
that they *be not hindered* **not cease**.
9 And that which they have need of,
both young bullocks **sons of bulls**, and rams, and lambs,
for the *burnt offerings* **holocausts**
of the *God* **Elah** of *heaven* **the heavens**, wheat,
salt, *wine* **fermentation**, and **anointing** oil,

according to the *appointment* **edict** of the
priests which are at *Jerusalem* **Yeru Shalem**,
let it be given them day by day
without fail **with no error**:
10 That they may *offer* **oblate**
sacrifices of *sweet* savours **of rest**
unto *the God* **Elah** of *heaven* **the heavens**, and pray
for the life of the *king* **sovereign**, and of his sons.
11 *Also* I have *made* **set** a decree,
that *whosoever* **any man who** shall
alter this *word* **decision**,
let timber be *pulled down* **uprooted** from his house, and
being *set up* **lifted**, let him be *hanged* **struck** thereon;
and let his house be made *a dunghill* **cesspools** for this.
12 And *the God* **Elah**
that hath caused his name to *dwell* **tabernacle**
there *destroy* **overthrow** all *kings* **sovereigns** and
people, that shall *put to* **send forth** their hand
to alter and to *destroy* **despoil** this house of *God* **Elah**:
which is at *Jerusalem* **Yeru Shalem**.
I *Darius* **Daryavesh** have *made* **set** a decree;
let it be *done with speed* **serviced diligently**.
13 Then *Tatnai* **Tattenay**, governor on this side the river,
Shetharboznai **Shethar Bozenay**, and
their *companions* **colleagues**,
according to that
which *Darius* **Daryavesh** the *king* **sovereign** had sent,
so **thus** they did *speedily* **diligently**.
14 And the elders of the *Jews* **Yah Hudiym**
builded, and they prospered
through the prophesying of *Haggai* **Haggay** the prophet
and *Zechariah* **Zechar Yah** the son of Iddo.
And they builded, and finished it,
according to the *commandment* **decree**
of *the God* **Elah** of *Israel* **Yisra El**,
and according to the *commandment* **decree**
of *Cyrus* **Koresh**, and *Darius* **Daryavesh**,
and *Artaxerxes* **Artach Shashta** *king* **sovereign** of Persia.

THE HOUSE OF YAH VEH FINISHED

15 And this house was finished
on the third day of the month Adar,
which was in the sixth year of the *reign* **sovereigndom**
of *Darius* **Daryavesh** the *king* **sovereign**.

THE HOUSE OF YAH VEH HANUKKAHED

and return to their place
in the manse at Yeru Shalem;
and deposit them in the house of Elah.
6 Now, Tattenay governor beyond
the river, Shethar Bozenay
and your colleagues the Apharsechiy
beyond the river, be far from thence:
7 leave the service of this house of Elah:
this is for the governor of the Yah Hudiym
and the elders of the Yah Hudiym
to build this house of Elah in his place.
8 And I set a decree
of what to do to the elders of these Yah Hudiym
for the building of this house of Elah:
that of the holdings of the sovereign
— of the tribute beyond the river,
that expenses be given diligently to
these men that they not cease:
9 and whatever they need
— sons of bulls and rams and lambs
for the holocausts of the Elah of the heavens
— wheat, salt, fermentation and anointing oil
according to the edict of the priests at Yeru Shalem;
give them day by day with no error:
10 to oblate sacrifices of savours of
rest to Elah of the heavens;
and pray for the life of the sovereign and of his sons:
11 I set a decree,
that any man who alters this decision,
that timber be uprooted from his house
and being lifted, be struck thereon;
and his house be made cesspools for this.
12 And Elah, who tabernacles his name there,
overthrows all sovereigns and people,
who send their hand to alter and to despoil
this house of Elah at Yeru Shalem.
I Daryavesh set a decree! Service it diligently!
13 Then Tattenay, governor on this side the river,
Shethar Bozenay and their colleagues,
according to what Daryavesh the sovereign sent,
thus they did diligently.
14 And the elders of the Yah Hudiym build and prosper
through the prophesying of Haggay the
prophet and Zechar Yah the son of Iddo:
and they build and finish
according to the decree of Elah of Yisra El
and according to the decree of Koresh and Daryavesh
and Artach Shashta sovereign of Persia.

THE HOUSE OF YAH VEH FINISHED

15 And this house is finished
on the third day of the month Adar, in the sixth year
of the sovereigndom of Daryavesh the sovereign.

THE HOUSE OF YAH VEH HANUKKAHED

16 And the sons of Yisra El the priests and the Leviym

and the survivors of the sons of the exile,
hanukkah this house of Elah with rejoicing:
17 and oblate at the hanukkah of this house of Elah:
a hundred bulls,
16 AndthechildrensonsofIsraeYl israE,l
the priests, and the *Levites* **Leviym**,
and the *rest* **survivors**
of the *children* **sons** of the *captivity* **exile**,
kept the *dedication* **hanukkah** of this house of *God* **Elah**:
with *joy* **rejoicing**.
17 And *offered* **oblated** at the *dedication* **hanukkah**
of this house of *God* **Elah**:
an hundred *bullocks* **bulls**,
two hundred rams, four hundred lambs;
and for *a sin offering* **the sin** for all *Israel* **Yisra El**,
twelve *he goats* **buck goats of the doe goats**,
according to the *number* **enumeration**
of the *tribes* **scions** of *Israel* **Yisra El**.
18 And they *set* **raised** the priests in their divisions,
and the *Levites* **Leviym** in their *courses* **allotments**,
for the service of *God* **Elah**, which is
at *Jerusalem* **Yeru Shalem**;
as it is written **according to the inscribing**
in the *book* **scroll** of *Moses* **Mosheh**.

The Pasach Worked

19 And the *children* **sons** of the *captivity* **exile**
kept **worked** the *passover* **pasach**
upon the fourteenth *day* of the first month.
20 For the priests and the *Levites* **Leviym**
were purified *together*,
all **each one** of them *were* pure,
and *killed* **slaughtered** the *passover* **pasach**
for all the *children* **sons** of *the captivity* **exile**,
and for their brethren the priests, and for themselves.
21 And the *children* **sons** of *Israel* **Yisra El**,
which *were come again* **returned** out of *captivity* **exile**,
and all such as had separated themselves unto them
from the *filthiness* **foulness**
of the *heathen* **goyim** of the land,
to seek *the LORD God* **Yah Veh Elohim**
of *Israel* **Yisra El**, did eat,
22 And *kept* **worked**
the *feast* **celebration** of *unleavened bread* **matsah**
seven days with *joy* **cheer**:
for *the LORD* **Yah Veh** had *made* **cheered**
them *joyful*, and turned the heart
of the *king* **sovereign** of *Assyria* **Ashshur** unto them,
to strengthen their hands
in the work of the house of *God* **Elohim**,
the *God* **Elohim** of *Israel* **Yisra El**.

Ezra Comes To Yeru Shalem

7 Now after these *things* **words**,
in the *reign* **sovereigndom** of
Artaxerxes **Artach Shashta**,
king **sovereign** of Persia,
Ezra the son of *Seraiah* **Sera Yah**,
the son of *Azariah* **Azar Yah**, the
son of *Hilkiah* **Hilqi Yah**,
2 The son of Shallum,
the son of *Zadok* **Sadoq**, the son of *Ahitub* **Achiy Tub**,
3 The son of *Amariah* **Amar Yah**, the son of
Azariah **Azar Yah**, the son of *Meraioth* **Merayoth**,
4 The son of *Zerahiah* **Zerach Yah**,
the son of Uzzi, the son of *Bukki* **Buqqi**,
5 The son of *Abishua* **Abi Shua**,
the son of *Phinehas* **Pinechas**, the son of *Eleazar* **El
Azar**, the son of *Aaron* **Aharon** the *chief* **head** priest:
6 This Ezra *went up* **ascended** from *Babylon* **Babel**;
and he was a *ready* **skillful** scribe in
the *law* **torah** of *Moses* **Mosheh**,
which *the LORD God* **Yah Veh Elohim** of *Israel* **Yisra El**
had given:
and the *king granted* **sovereign gave** him
all his request, according to the hand
of *the LORD* **Yah Veh** his *God* **Elohim** upon him.
7 And there *went up* **ascended**
some of the *children* **sons** of *Israel* **Yisra El**,
and of the priests, and the *Levites* **Leviym**,
and the singers, and the porters,
and the *Nethinims* **Dedicates**, unto
Jerusalem **Yeru Shalem**,
in the seventh year
of *Artaxerxes* **Artach Shashta** the *king* **sovereign**.
8 And he came to *Jerusalem* **Yeru Shalem**
in the fifth month,
which was in the seventh year of the *king* **sovereign**.
9 For upon the first *day* of the first month
began he to go up from Babylon
he founded the ascent to Babel,
and on the first *day* of the fifth month
came he to *Jerusalem* **Yeru Shalem**,
according to the good hand of his
God **Elohim** upon him.
10 For Ezra had prepared his heart
two hundred rams, four hundred lambs:
and for the sin for all Yisra El, twelve
buck goats of the doe goats
according to the enumeration of the scions of Yisra El.
18 And they raise the priests in their divisions
and the Leviym in their allotments, for
the service of Elah at Yeru Shalem;
according to the inscribing in the scroll of Mosheh.

THE PASACH WORKS

19 And the sons of the exile work the pasach
on the fourteenth of the first month:
20 for the priests and the Leviym are purified
— each one of them pure:
and they slaughter the pasach for all the sons of exile
and for their brothers the priests and for themselves:
21 and the sons of Yisra El who returned from exile
and all such as separated themselves to them
from the foulness of the goyim of the land
to seek Yah Veh Elohim of Yisra El, eat:
22 and work the celebration of matsah
seven days with cheer:
for Yah Veh cheers them
and turns the heart
of the sovereign of Ashshur unto them,
to strengthen their hands
in the work of the house of Elohim,
the Elohim of Yisra El.

EZRA COMES TO YERU SHALEM

7 And after these words,
in the sovereigndom of Artach
Shashta sovereign of Persia,
Ezra the son of Sera Yah
the so n o f Azar Yah, the son of Hilqi Yah
2 the son of S h a l l u m the son of
Sadoq the son of Achiy Tub
3 the son of Amar Y a h the son of
Azar Yah the son of Merayoth
4 the son of Zerach Yah the son of Uzzi
the son of Buqqi
5 the son of Abi Shua the son of
Pinechas the son of El Azar
the son of Aharon the head priest
6 — this Ezra ascends from Babel;
and he is a skillful scribe in the torah of Mosheh
which Yah Veh Elohim of Yisra El gave:
and the sovereign gives him all his request,
according to the hand of Yah Veh his Elohim on him:
7 and *some* of the sons of Yisra El and
of the priests and the Leviym
and the singers and the porters and the
Dedicates ascend to Yeru Shalem;
in the seventh year of Artach Shashta the sovereign:
8 and he comes to Yeru Shalem in the fifth month
— in the seventh year of the sovereign:
9 for on the first of the first month he
founds the ascent to Babel:
and on the first of the fifth month
he comes to Yeru Shalem
according to the good hand of his Elohim on him.
10 For Ezra prepares his heart
to seek the *law* **torah** of *the LORD*
Yah Veh, and to *do* **work** it,
and to teach in *Israel* **Yisra El** statutes and judgments.

THE EPISTLE OF ARTACH SHASHTA TO EZRA

11 Now this is the *copy* **transcript** of the *letter* **epistle**
that the *king Artaxerxes* **sovereign Artach Shashta**
gave unto Ezra the priest, the scribe,
even a scribe of the words
of the *commandments* **misvoth** of *the LORD* **Yah Veh**,
and of his statutes to *Israel* **Yisra El**.
12 *Artaxerxes***ArtachShashta**,
king **sovereign** of *kings* **sovereigns**, unto Ezra the priest,
a scribe of the *law* **edict**
of *the God* **Elah** of *heaven* **the heavens**,
perfect peace **consummate**, and *at such a time* **et cetera**.
13 I *make* **set** a decree,
that all they of the people of *Israel* **Yisra El**,
and *of* his priests and *Levites* **Leviym**,
in my *realm* **sovereigndom**,
which *are minded of their own freewill* **volunteer**
to *go up* **come** to *Jerusalem* **Yeru Shalem**,
go **bring** with thee.
14 *Forasmuch* **Because** as thou art sent
from in front of the *king* **sovereign**,
and of his seven counsellors, to *enquire* **search**
concerning *Judah* **Yah Hudah** and *Jerusalem* **Yeru
Shalem**, according to the *law* **edict** of thy *God* **Elah**
which is in thine hand;
15 And to *carry* **bring** the silver and gold, which
the *king* **sovereign** and his counsellors
have *freely offered* **volunteered**
unto *the God* **Elah** of *Israel* **Yisra El**,
whose *habitation* **tabernacle** is in
Jerusalem **Yeru Shalem**,
16 And all the silver and gold that thou canst find
in all the *province* **jurisdiction** of *Babylon* **Babel**,
with the *freewill offering* **voluntary** of the people,
and of the priests,
offering willingly **volunteered** for
the house of their *God* **Elah**
which is in *Jerusalem* **Yeru Shalem**:
17 *That* **Therefore**
thou mayest buy *speedily* **diligently**
with this *money* **silver**
bullocks **bulls**, rams, lambs,
with their *meat* offerings and their *drink offerings*
libations, and *offer* **oblate** them upon the **sacrifice** altar

of the house of your *God* **Elah**
which is in *Jerusalem* **Yeru Shalem**.
18 And whatsoever shall *seem good to* **well—**
please thee, and *to* thy brethren,
to do with the *rest* **surviving** of the silver and the gold,
that do after the *will* **intention** of your *God* **Elah**.
19 The vessels also that are given thee
for the service of the house of thy *God* **Elah**,
those *deliver* **shalam** thou
before the God **in front of the Elah**
of *Jerusalem* **Yeru Shalem**.
20 And *whatsoever more shall be needful*
the rest of the needs
for the house of thy *God* **Elah**,
which *thou shalt have occasion* **shall befall thee**
to *bestow* **give**,
bestow **give** it out of the *king's*
sovereign's treasure house.
21 And *I* **from me**,
even I *Artaxerxes* **Artach Shashta** the *king* **sovereign**,
do make **set** a decree to all the treasurers
which are beyond the river,
that *whatsoever* **all that** Ezra the priest,
the scribe of the *law* **edict**
of *the God* **Elah** of *heaven* **the heavens**,
shall *require* **ask** of you, it be done *speedily* **diligently**,
22 Unto an hundred *talents* **rounds** of silver,
and to an hundred measures of wheat,
and to an hundred baths of *wine* **fermentation**,
and to an hundred baths of **anointing** oil,
and salt *without prescribing how much* **not scribed**.
23 *Whatsoeveriscommanded***Althatisofthedecre**
by *the God* **Elah** of *heaven* **the heavens**,
let it be diligently done
for the house of *the God* **Elah** of *heaven* **the heavens**:
to seek the torah of Yah Veh
and to work it
and to teach statutes and judgments in Yisra El.

THE EPISTLE OF ARTACH SHASHTA TO EZRA

11 And this is the transcript of the epistle
the so ve re ig n Artach Shas hta gives
to Ezra the priest the scribe
— a scribe of the words of the misvoth of
Yah Veh and of his statutes to Yisra El:
12 Artach Shashta, sovereign of
sovereigns, to Ezra the priest,
a scribe of the edict of Elah of the heavens,
consummate and et cetera.
13 I set a decree,
bring with you all of the people of Yisra El and
his priests and Leviym in my sovereigndom
who volunteer to come to Yeru Shalem:
14 because as you are sent from in front of the sovereign
and from his seven counsellors,
to search, concerning Yah Hudah and Yeru Shalem,
according to the edict of your Elah in your hand:
15 and to bring the silver and gold
the sovereign and his counsellors
volunteer to Elah of Yisra El,
whose tabernacle *is* in Yeru Shalem:
16 and all the silver and gold you find
in all the jurisdiction of Babel
— with the voluntary of the people and
of the priests who volunteer
for the house of their Elah in Yeru Shalem:
17 so with this silver,
diligently buy bulls, rams, lambs, with their offerings
and their libations; and oblate them on the sacrifice altar
of the house of your Elah in Yeru Shalem.
18 And whatever well—pleases you and your brothers
to do with the silver and the gold that survives,
do after the intention of your Elah:
19 and shalam the vessels given you
for the service of the house of your Elah,
in front of the Elah of Yeru Shalem:
20 and the rest of the needs for the house of your Elah
whatever befalls you to give
— give from the treasure house of the sovereign.
21 And from me,
even I — Artach Shashta the sovereign
set a decree to all the treasurers beyond the river
— that all that Ezra the priest,
the scribe of the edict of Elah of the
heavens, asks of you, do diligently
22 — to a hundred rounds of silver
and to a hundred measures of wheat and
to a hundred baths of fermentation
and to a hundred baths of anointing oil
and salt not scribed:
23 all that is of the decree by Elah of the heavens, do
diligently for the house of Elah of the heavens:
for why should there be *wrath* **rage**
against the *realm* **sovereigndom**
of the *king* **sovereign** and his sons?
24 Also we *certify* **have** you **know**,
that touching **as for** any of the priests and
Levites **Leviym**, *singers* **pluckers**, *porters*
portal guards, *Nethinims* **Dedicates**,
or *ministers* **servers** of this house of *God*
Elah, it shall not be *lawful* **permissible**

to *impose toll* **assess tribute**, or custom, upon them.
25 And thou, Ezra,
after the wisdom of thy *God* **Elah**, that is in thine hand,
set magistrates **appoint judges** and *judges*
advocates, which may *judge* **plead**
for all the people that are beyond the river,
all such as know the *laws* **edicts** of thy *God* **Elah**;
and *teach* ye **have** them **know** that know them not.
26 And whosoever *will* **shall** not do the
law **edict** of thy *God* **Elah**,
and the *law* **edict** of the *king* **sovereign**,
let *judgment* **penalty**
be *executed speedily* **served diligently**
upon him, whether *it be* unto death,
or to banishment **whether to uproot**,
or **whether** to confiscation of *goods* **holdings**,
or to imprisonment **whether to bonds**.
27 Blessed be
the LORD God **Yah Veh Elohim** of our fathers,
which hath *put* **given** such *a thing* as this
in the *king's* **sovereign's** heart,
to *beautify* **adorn** the house of *the LORD* **Yah Veh**
which is in *Jerusalem* **Yeru Shalem**:
28 And hath *extended* **spread** mercy unto me
before **at the face of** the *king* **sovereign**,
and his counsellors,
and *before* **at the face**
of all the *king's* **sovereign's** mighty *princes* **governors**.
And I was strengthened as the hand
of *the LORD* **Yah Veh** my *God* **Elohim** was upon
me, and I gathered *together* out of *Israel* **Yisra El**
chief men **heads** to *go up* **ascend** with me.

THE GENEALOGIZED WHO ASCEND FROM BABEL

8 These are now the *chief* **heads** of their fathers,
and *this is* **these are** the *genealogy of them* **genealogized**
that *went up* **ascended** with me from *Babylon*
Babel, in the *reign* **sovereigndom**
of *Artaxerxes* **Artach Shashta** the *king* **sovereign**.
2 Of the sons of *Phinehas* **Pinechas**; Gershom:
of the sons of *Ithamar* **Iy Thamar**;
Daniel:
of the sons of David; Hattush.
3 Of the sons of *Shechaniah* **Shechan Yah**, of the
sons of Pharosh; *Zechariah* **Zechar Yah**:
and with him
were *reckoned by genealogy* **genealogized** of the males
an hundred and fifty.
4 Of the sons of *Pahathmoab* **Pachath Moab**;
Elioenai **El Ya Enay** the son of *Zerahiah* **Zerach**
Yah, and with him two hundred males.
5 Of the sons o *Shechaniah* **Shechan Yah**;
the son of *Jahaziel* **Yachazi El**, and
with him three hundred males.
6 Of the sons also of Adin;
Ebed the son of *Jonathan* **Yah Nathan**,
and with him fifty males.
7 And of the sons of Elam;
Jeshaiah **Yesha Yah** the son of *Athaliah* **Athal Yah**,
and with him seventy males.
8 And of the sons of *Shephatiah* **Shaphat Yah**;
Zebadiah **Zebad Yah** the son of *Michael* **Michah**
El, and with him *fourscore* **eighty** males.
9 Of the sons of *Joab* **Yah Ab**;
Obadiah **Obad Yah** the son of *Jehiel* **Yechi El**, and
with him two hundred and eighteen males.
10 And of the sons of Shelomith;
the son of *Josiphiah* **Yosiph Yah**,
For why have rage
against the sovereigndom of the sovereign and his sons?
24 And we have you know,
as for the priests and Leviym, pluckers, portal
guards, Dedicates, or servers of this house of Elah,
it is not permissible
to assess tribute or custom on them.
25 And you, Ezra,
after the wisdom of your Elah, in your
hand, appoint judges and advocates,
to plead for all the people beyond the river
— all such as know the edicts of your Elah;
so that they who know them not know.
26 And whoever serves not
the edict of your Elah and the edict of the sovereign,
serve the penalty diligently
— whether to death, whether to uproot, whether
to confiscate holdings, whether to bonds.
27 Blessed — Yah Veh Elohim of our fathers
who gives such as this in the heart of the sovereign,
to adorn the house of Yah Veh in Yeru Shalem:
28 and spread mercy to me
at the face of the sovereign and his co unsellors
and at the face of all the mighty governors
of the sovereign:
and I strengthen myself
as the hand of Yah Veh my Elohim is on me;
and I gather from Yisra El heads to ascend with me.

THE GENEALOGIZED WHO ASCEND FROM BABEL

8 These are the heads of their fathers
and these are the genealogized

who ascend with me from Babel
in the sovereigndom of Artach Shashta the sovereign:
2 of the sons of Pinechas: Gershom;
of the sons of Iy Thamar: Daniel;
of the sons of David: Hattush;
3 of the sons of Shechan Yah of the
sons of Pharosh: Zechar Yah;
and genealogized with him are a
hundred and fifty males;
4 of the sons of Pachath Moab: El Ya Enay the son
of Zerach Yah and with him two hundred males;
5 of the sons of Shechan Yah:
the son of Yachazi El
and with him three hundred males;
6 of the the sons of Adin: Ebed the son of Yah Nathan
and with him fifty males;
7 and of the sons of Elam: Yesha
Yah the son of Athal Yah
and with him seventy males;
8 and of the sons of Shaphat Yah: Zebad
Yah the son of Michah El
and with him eighty males;
9 of the sons of Yah Ab: Obad Yah the son of Yechi El
and with him two hundred and eighteen males;
10 and of the sons of Shelomith:
the son of Yosiph Yah
and with him an hundred and *threescore* **sixty** males.
11 And of the sons of *Bebai* **Bebay**;
Zechariah **Zechar Yah** the son of *Bebai* **Bebay**,
and with him twenty and eight males.
12 And of the sons of Azgad;
Johanan **Yah An** the son of *Hakkatan* **Qatan**,
and with him an hundred and ten males.
13 And of the last sons of *Adonikam* **Adoni
Qam**, whose names are these,
Eliphelet **Eli Phelet**, *Jeiel* **Yei El** and
Shemaiah **Shema Yah**,
and with them *threescore* **sixty** males.
14 Of the sons also of *Bigvai* **Bigvay**;
Uthai, and *Zabbud* **Zakkur**,
and with them seventy males.

THE RETURN TO YERU SHALEM

15 And I gathered them *together*
to the river that runneth to Ahava;
and there *abode* **encamped** we *in tents* three days:
and I *viewed* **discerned** the people, and the priests,
and found there none of the sons of Levi.
16 Then sent I for *Eliezer* **Eli Ezer**,
for *Ariel* **Ari El**, for *Shemaiah* **Shema Yah**, and
for *Elnathan* **El Nathan**, and for *Jarib* **Yarib**,
and for *Elnathan* **El Nathan**, and for Nathan, and
for *Zechariah* **Zechar Yah**, and for Meshullam,
chief men **heads**;
also for *Joiarib* **Yah Jarib**, and for *Elnathan* **El Nathan**,
men of understanding **discerners**.
17 And I *sent* **misvahed** them *with commandment*
unto Iddo
the *chief* **head** at the place *Casiphia* **Kasiphia**,
and I *told them* **set in their mouth**
what **words** they should *say* **word** unto Iddo,
and to his brethren the *Nethinims* **Dedicates**,
at the place *Casiphia* **Kasiphia**,
that they should bring unto us ministers
for the house of our *God* **Elohim**.
18 And by the good hand of our *God* **Elohim** upon
us they brought us a man of *understanding*
comprehension, of the sons of *Mahli* **Machli**,
the son of Levi, the son of *Israel* **Yisra El**;
and *Sherebiah* **Shereb Yah**, with his
sons and his brethren, eighteen;
19 And *Hashabiah* **Hashab Yah**,
and with him *Jeshaiah* **Yesha Yah** of the sons
of Merari, his brethren and their sons,
twenty;
20 Also of the *Nethinims* **Dedicates**, whom
David and the *princes* **governors**
had *appointed* **given** for the service
of the *Levites* **Leviym**,
two hundred and twenty *Nethinims* **Dedicates**:
all of them were *expressed* **appointed** by name.
21 Then I *proclaimed* **called** a fast
there, at the river of Ahava,
that we might *afflict* **humble** ourselves
before **at the face of** our *God* **Elohim**, to seek of him a
right **straight** way for us, and for our *little ones* **toddlers**,
and for all our *substance* **acquisition**.
22 For I was *ashamed* **shamed**
to *require* **ask** of the *king* **sovereign**
a band of soldiers **men of valour** and *horsemen* **cavalry**
to help us against the enemy in the way: because
we had *spoken* **said** unto the *king* **sovereign**,
saying, The hand of our *God* **Elohim**
is upon all them for good that seek him;
but his *power* **strength** and his wrath is
against all them that forsake him.
23 Sowefastedandbesoughtour*God***Elohim**forthis:
and he was intreated of us.
24 Then I separated
twelve of the *chief* **governors** of the priests,
Sherebiah **Shereb Yah**, *Hashabiah* **Hashab
Yah**, and ten of their brethren with them,

25 Andweigheduntothemthesilver,andthegold,
and the *vessels* **instruments,**
even the *offering* **exaltment**
of the house of our *God* **Elohim,**
which the *king* **sovereign,** and his counsellors,
and with him a hundred and sixty males;
11 and of the sons of Bebay: Zechar Yah the son of Bebay
and with him twenty—eight males;
12 and of the sons of Azgad: Yah An the son of Qatan
and with him a hundred and ten males;
13 and of the last sons of Adoni Qam:
whose names are these
— Eli Phelet, Yei El and Shema Yah
and with them sixty males;
14 of the sons also of Bigvay: Uthai and Zakkur
and with them seventy males.

THE RETURN TO YERU SHALEM

15 And I gather them to the river that runs to Ahava;
and we encamp there three days: and I discern the
people and the priests and find none of the sons of Levi:
16 and I send for Eli Ezer, for Ari El, for Shema Yah
and for El Nathan and for Yarib and for El
Nathan and for Nathan and for Zechar Yah
and for Meshullam
— heads;
and for Yah Yarib and for El Nathan
— discerners:
17 and I misvah them to Iddo the
head at the place Kasiphia:
and I set in their mouth
what words to word
to Iddo and to his brothers the
Dedicates at the place Kasiphia:
to bring us ministers for the house of our Elohim.
18 And by the good hand of our Elohim on us
they bring us a man of comprehension
of the sons of Machli,
the son of Levi, the son of Yisra El;
and Shereb Yah, with his sons and his brothers
— eighteen;
19 and Hashab Yah
and with him Yesha Yah of the sons of
Merar i, his brothers and their sons
— twenty;
20 and of the Dedicates
whom David and the governors gave
for the service of the Leviym
— two hundred and twenty Dedicates:
— all appointed by name.
21 And I call a fast there at the river of Ahava
to humble ourselves at the face of our Elohim
— to seek of him a straight way for
us and for our toddlers
and for all our acquisition:
22 for I shame to ask the sovereign for
men of valour and cavalry
to help us against the enemy in the way:
because we had said to the sovereign,
saying, The hand of our Elohim
is on all who seek him for good;
but his strength and his wrath
is against all who forsake him:
23 and we fast and beseech our Elohim for this:
and he is intreated of us.
24 And I separate
twelve of the governors of the priests
— Shereb Yah, Hashab Yah
and ten of their brothers with them;
25 and weighed to them the silver and
the gold and the instruments
and an exaltment of the house of our Elohim
which the sovereign and his counsellors
and his *lords* **governors,**
and all *Israel* **Yisra El** *there* present, had *offered* **lifted:**
26 I even weighed unto their hand
six hundred and fifty *talents* **rounds** of silver,
and silver *vessels* **instruments** an
hundred *talents* **rounds,**
and of gold an hundred *talents* **rounds;**
27 Also twenty *basons* **tankards** of gold,
of a thousand *drams* **darics;**
and two *vessels* **instruments** of *fine* **best yellow** copper,
precious **desirable** as gold.
28 And I said unto them,
ye are holy unto *the LORD* **Yah Veh;** the *vessels*
instruments are holy also; and the silver and the gold
are a *freewill offering* **voluntary**
unto *the LORD God* **Yah Veh Elohim** of your fathers.
29 Watch ye, and *keep* **guard** them, until ye weigh them
before **at the face of** the *chief* **governor**
of the priests and the *Levites* **Leviym,**
and *chief* **governor** of the fathers of *Israel*
Yisra El, at *Jerusalem* **Yeru Shalem,**
in the chambers of the house of *the LORD* **Yah Veh.**
30 So took the priests and the *Levites* **Leviym**
the weight of the silver, and the gold,
and the *vessels* **instruments,**
to bring them to *Jerusalem* **Yeru Shalem**
unto the house of our *God* **Elohim.**

31 Thenwe*departed*puledstakesfromtheirverofAhava
on the twelfth *day* of the first month, to
go unto *Jerusalem* **Yeru Shalem**:
and the hand of our *God* **Elohim** was upon us,
and he *delivered* **rescued** us from the
hand **palm** of the enemy,
and of such as *lay in wait* **lurked** by the way.
32 Andwecameto*Jerusalem***YeruShalem**,
and *abode* **settled** there three days.
33 Now on the fourth day
was the silver and the gold and the *vessels* **instruments**
weighed in the house of our *God* **Elohim**
by the hand of Meremoth
the son of *Uriah* **Uri Yah** the priest; and with him
was *Eleazar* **El Azar** the son of *Phinehas* **Pinechas**;
and with them was *Jozabad* **Yah Zabad**
the son of *Jeshua* **Yah Shua**,
and *Noadiah* **Noad Yah** the son of *Binnui* **Binnuy**,
Levites **Leviym**;
34 By number and by weight of every one:
and all the weight was *written* **inscribed** at that time.
35 Also the *children* **sons** of those
that had been carried away **of the exile**,
which were come out of the captivity, *offered burnt offerings* **oblated holocausts** unto *the God* **Elohim** of
Israel **Yisra El**, twelve bullocks for all *Israel* **Yisra El**,
ninety and six rams, seventy and seven lambs,
twelve *he* **buck** goats for *a sin offering* **the sin**:
all this was a *burnt offering* **holocaust**
unto *the LORD* **Yah Veh**.
36 And they *delivered* **gave**
the *king's commissions* **sovereign's edicts**
unto the *king's lieutenants* **sovereign's satraps**,
and to the governors on this side the river:
and they *furthered* **lifted** the people,
and the house of *God* **Elohim**.

THE PRAYER OF EZRA
CONCERNING INTERMINGLING

9 Now when these *things* were *done* **finished**,
the *princes* **governors** came **near** to me,
saying, The people of *Israel* **Yisra El**,
and the priests, and the *Levites* **Leviym**,
have not separated themselves
from the people of the lands,
doing according to their *abominations* **abhorrences**,
even of the *Canaanites* **Kenaaniy**, the *Hittites* **Hethiy**,
the *Perizzites* **Perizziy**, the *Jebusites* **Yebusiy**,
the *Ammonites* **Ammoniy**, the *Moabites* **Moabiy**,
the *Egyptians* **Misrayim**, and the *Amorites*
Emoriy. 2 For they have *taken* **spared** of their daughters
and his governors and all Yisra El present, lifted:
26 and I weigh to their hand
six hundred and fifty rounds of silver
and silver instruments a hundred
rounds; of gold a hundred rounds
27 and twenty tankards of gold of a thousand darics
and two instruments of best yellow copper
as desirable as gold.
28 And I say to them, You *are* holy to Yah Veh;
and the instruments *are* holy;
and the silver and the gold
are a voluntary to Yah Veh Elohim of your fathers:
29 Watch and guard them until you weigh them
at the face of the governor of the priests and the Leviym;
and governor of the fathers of Yisra El at Yeru
Shalem in the chambers of the house of Yah Veh.
30 And the priests and the Leviym take the we ight
of the silver and the gold and the instruments,
to bring them to Yeru Shalem
to the house of our Elohim.
31 And we pull stakes from the river of Ahava
on the twelfth of the first month
to go to Yeru Shalem:
and the hand of our Elohim is on us
and he rescues us from the palm of the
enemy and of such as lurk by the way:
32 and we come to Yeru Shalem and
settle there three days:
33 and on the fourth day
the silver and the gold and the instruments
are weighed in the house of our Elohim
by the hand of Meremoth
the son of Uri Yah the priest;
and with him *is* El Azar the son of Pinechas;
and with them *is* Yah Zabad the son of Yah Shua
and Noad Yah the son of Binnuy — Leviym;
34 by number and by weight of every one:
and all the weight is inscribed at that time.
35 They, the sons of the exile, who
came from the captivity
oblated holocausts to Elohim of Yisra El
— twelve bullocks for all Yisra El, ninety—six rams,
seventy—seven lambs, twelve buck goats for the sin:
all this — a holocaust to Yah Veh:
36 and they give the edicts of the sovereign
to the satraps of the sovereign
and to the governors on this side the river:
and they lift the people and the house of Elohim.

The Prayer Of Ezra Concerning Intermingling

9 And they finish these
and the governors come near me, saying,
The people of Yisra El and the priests and the
Leviym separate not themselves from the people
of the lands according to the abhorrences
of the Kenaaniy, the Hethiy,
the Perizziy, the Yebusiy, the Ammoniy, the
Moabiy, the Misrayim and the Emoriy: 2
for they spare their daughters
for themselves, and for their sons:
so that the holy seed have mingled *themselves*
with the people of those lands:
yea, the hand of the *princes* **governors**
and *rulers* **prefects**
hath been *chief* **heads** in this *trespass* **treason.**
3 And when I heard this *thing* **word,**
I *rent* **ripped** my *garment* **clothes** and my
mantle, and *plucked off* **baldened** the hair
of my head and of my beard, and sat down astonied.
4 Then were *assembled* **gathered** unto me
every one that trembled at the words
of *the God* **Elohim** of *Israel* **Yisra El,**
because of the *transgression* **treason**
of those that had been *carried away* **exiled;**
and I sat astonied until the evening *sacrifice* **offering.**
5 And at the evening *sacrifice* **offering**
I arose up *from my heaviness* **fasting;**
and having *rent* **ripped** my *garment* **clothes** and
my mantle, I *fell* **bowed** upon my knees,
and spread out my *hands* **palms**
unto *the LORD* **Yah Veh** my *God* **Elohim,**
6 And said, O my *God* **Elohim,**
I am *ashamed* **shamed** and blush to lift up
my face to thee, my *God* **Elohim:**
for our *iniquities* **perversities**
are increased **abound** over our head,
and our *trespass* **guilt** is grown up unto the heavens.
7 Since the days of our fathers
have we been in a great *trespass* **guilt** unto this day;
and for our *iniquities* **perversities** have
we, our *kings* **sovereigns,** and our priests,
been *delivered* **given** into the hand
of the *kings* **sovereigns** of the lands,
to the sword, to captivity, and to a *spoil* **plunder,**
and to *confusion of* **shamed** face, as it is this day.
8 And now for a little *space* **blink**
grace **supplication** hath been *shewed*
from *the LORD* **Yah Veh** our *God* **Elohim,**
to leave *us a remnant* **escapees** to *escape* **survive,**
and to give us a *nail* **stake** in his *holy place* **holies,**
that our *God* **Elohim** may lighten our eyes,
and give us a little *reviving* **invigoration**
in our *bondage* **servitude.**
9 For we were *bondmen* **servants;**
yet our *God* **Elohim** hath not forsaken
us in our *bondage* **servitude,**
but hath *extended* **spread** mercy unto us
in the *sight* **face** of the *kings* **sovereigns** of
Persia, to give us *a reviving* **an invigoration,**
to *set up* **lift** the house of our *God* **Elohim,**
and to *repair* **stand** the *desolations* **parched
areas** thereof, and to give us a wall
in *Judah* **Yah Hudah** and in *Jerusalem* **Yeru Shalem.**
10 And now, O our *God* **Elohim,** what
shall *we say* after this?
for we have forsaken thy *commandments* **misvoth,**
11 Which thou hast *commanded* **misvahed**
by **the hand of** thy servants the prophets, saying,
The land, unto which ye go to possess it,
is *an unclean land with the filthiness* **a land of exclusion**
of the people of the lands,
with their *abominations* **abhorrences,**
which have filled it from *one end*
mouth to *another* **mouth**
with their *uncleanness* **foulness.**
12 Now *therefore* give not your daughters
unto their sons, neither *take* **bear**
their daughters unto your sons,
nor seek their *peace* **shalom** or their *wealth* **goodness**
for ever **eternally:**
that ye may *be strong* **strengthen,**
and eat the good of the land,
and leave it for an inheritance to your children for ever
for your sons to possess eternally.
13 And after all that is come upon us
for our evil *deeds* **works,** and for our great *trespass*
guilt, seeing that thou our *God* **Elohim** hast
punished us less than our iniquities deserve
spared us from our downward perversities, and
hast given us such *deliverance* **an escape** as this;
for themselves and for their sons:
so that the holy seed mingles with
the people of those lands:
yes, the hand of the governors and
prefects are heads in this treason.
3 And I hear this word
and I rip my clothes and my mantle

and balden the hair of my head and of my
beard, and sit down astonished.
4 and every one
who trembles at the words of Elohim
of Yisra El gathers to me;
because of the treason of those who were exiled;
and I sat astonished until the evening offering.
5 And at the evening offering
I rise and fast and rip my clothes and my mantle:
I bow on my knees and spread my palms
to Yah Veh my Elohim,
6 and say, O my Elohim,
I shame and blush to lift my face to thee, my Elohim:
for our perversities abound over our head,
and our guilt grows to the heavens:
7 since the days of our fathers
we *are* in a great guilt — unto this day:
and for our perversities, our sovereigns and our priests,
are given into the hand of the sovereigns of the lands
— to the sword, to captivity, and to a plunder,
and to shamed face, as this day.
8 And now for a little blink, supplication
becomes from Yah Veh our Elohim
— to allow escapees to survive,
and to give us a stake in his holies, so
that our Elohim lighten our eyes,
and give us a little invigoration in our servitude.
9 For we *are* servants;
yet our Elohim forsakes us not in our servitude;
but spreads us mercy
at the face of the sovereigns of Persia
— to give us an invigoration
— to lift the house of our Elohim
and to stand the parched areas
thereof and to give us a wall
in Yah Hudah and in Yeru Shalem.
10 And now, O our Elohim, what say we?
For we forsook your misvoth
11 which you misvahed
by the hand of your servants the prophets,
saying, The land you go to possess,
is a land of exclusion of the people of
the lands with their abhorrences
who filled it from mouth to mouth with their foulness.
12 And now, neither give your daughters to their sons,
nor bear their daughters to your sons,
nor seek their shalom or their goodness eternally:
that you strengthen and eat the good of the
land for your sons to possess eternally.
13 And after all that comes upon us
for our evil works and for our great guilt
— seeing that you our Elohim;
spare us from our downward perversities,
and give us such an escape as this
14 Should we *again* **return**
to break thy *commandments* **misvoth,**
and *join in affinity* **intermarry**
with the people of these *abominations* **abhorrences**?
wouldest **shouldest** not thou be angry with us
till thou hadst *consumed* **finished** us **off,**
so that there should be no *remnant* **survivors**
nor *escaping* **escapee**?
15 O *LORD God* **Yah Veh Elohim** of *Israel*
Yisra El, thou art *righteous* **just:**
for we *remain* **survive** yet escaped as it
is this day: behold, we are *before thee* **at**
thy face in our *trespasses* **guilt:**
for we cannot stand *before thee* **at thy face**
because of this.

A Mighty Congregation Weeps

10 Now when Ezra had prayed,
and when he had *confessed* **spread hands,**
weeping and *casting himself* **falling** down *before*
at the face of the house of *God* **Elohim,**
there *assembled* **gathered** unto him out of *Israel* **Yisra El**
a *very* **mighty** great congregation of
men and women and children:
for **in weeping,** the people wept *very sore* **aboundingly.**
2 And *Shechaniah* **Shechan Yah**
the son of *Jehiel* **Yechi El,**
one of the sons of Elam, answered and said unto
Ezra, We have *trespassed* **treasoned** against our *God*
Elohim, and have *taken* **settled** strange *wives* **women**
of the people of the land:
yet now there is *hope* **expectation** in *Israel* **Yisra El**
concerning this *thing.*
3 Now therefore
let us *make* **cut** a covenant with our *God* **Elohim**
to *put away* **bring** all the *wives* **women**, and such as
are *born* **birthed** of them, according to the counsel
of my *Lord* **Adonay**, and of those that tremble
at the *commandment* **misvah** of our *God* **Elohim**;
and let it be *done* **worked** according to the *law* **torah**.
4 Airse;forthis*materbelongeth***wordbe**untothe:
we also *will* **shall** be with thee:
be of good courage **strengthen**, and *do* **work** *it.*
5 ThenaroseEzra,andmadethe*chie***gfovernor**pirests,
the *Levites* **Leviym**, and all *Israel* **Yisra El**, to *swear* **oath**
that they should *do* **work** according to this word.
And they *sware* **oathed**.
6 Then Ezra rose *up*

from *before* **the face of** the house of *God*
Elohim, and went into the chamber
of *Johanan* **Yah Hanan** the son of *Eliashib* **El Yashib**:
and when he came thither,
he did eat no bread, nor drink water:
for he mourned because of the *transgression* **treason**
of them that had been *carried away* **exiled.**
7 And they *made proclamation* **passed a voice**
throughout *Judah* **Yah Hudah** and
Jerusalem **Yeru Shalem**
unto all the *children* **sons** of the *captivity* **exile,**
that they should gather *themselves together*
unto *Jerusalem* **Yeru Shalem**;
8 And that whosoever
would **should** not come within three
days, according to the counsel
of the *princes* **governors** and the elders,
all his *substance* **acquisition** should be *forfeited*
devoted, and himself separated from the congregation
of those that had been *carried away* **exiled.**
9 Then all the men
of *Judah* **Yah Hudah** and *Benjamin* **Ben
Yamin** gathered *themselves together* unto
Jerusalem **Yeru Shalem** within three days.
It was the ninth month, on the
twentieth *day* of the month;
and all the people *sat* **settled** in the *street* **broadway**
of the house of *God* **Elohim**, trembling because
of this *matter* **word**, and for the great rain.
10 And Ezra the priest *stood up* **arose**, and said
unto them, ye have *transgressed* **treasoned,**
and have *taken* **settled** strange *wives* **women,**
to *increase* **add to** the *trespass* **guilt** of *Israel* **Yisra El.**
14 — return we to break your misvoth
and intermarry with the people of these abhorrences?
Are you not angry with us — to finish us off so
that there is neither survivor nor escapee?
15 O Yah Veh Elohim of Yisra El, you are just:
for we survive yet escaped as it is this day:
behold, we are at your face in our guilt:
for no one stands at your face because of this.

A Mighty Congregation Weeps

10 And Ezra prays and spreads hands
— weeping and falling
at the face of the house of Elohim:
a mighty great congregation from Yisra El
— men and women and children gather to him:
for in weeping, the people weep aboundingly.
2 And Shechan Yah the son of Yechi El
of the sons of Elam, answers and says to Ezra,
We — we treason against our Elohim
and settle strange women of the people of the land:
and now there is expectation in Yisra El concerning this:
3 and now have us cut a covenant with our Elohim
to bring all the women and those birthed of them
according to the counsel of my Adonay;
and those who tremble at the misvah of our Elohim;
and work according to the torah.
4 Rise; for this word is to you:
and we are with you. Strengthen and work!
5 And Ezra rises and oaths the governors of
the priests, the Leviym and all Yisra El
to work according to this word:
and they oath.
6 And Ezra rises from the face of the house
of Elohim and goes into the chamber
of Yah Hanan the son of El Yashib:
and he goes there
and neither eats bread nor drinks water:
for he mourns because of the treason of the exiles.
7 And they pass a voice
throughout Yah Hudah and Yeru Shalem
to all the sons of the exile to gather to Yeru Shalem;
8 and whoever comes not within three
days according to the counsel
of the governors and the elders, that they devote
all his acquisitions and separate him
from the congregation of the exiles.
9 And all the men of Yah Hudah and Ben Yamin
gather to Yeru Shalem within three days
— the ninth month, on the twentieth of the month;
and all the people settle in the broadway
of the house of Elohim
— trembling because of this word and for the great rain.
10 And Ezra the priest rises and says to them, You
— you treason and settle strange women
to add to the guilt of Yisra El:
11 Now therefore *make confession* **give spread hands**
unto *the LORD God* **Yah Veh Elohim** of
your fathers, and *do* **work** his pleasure:
and separate yourselves from the people of th e
land, and from the strange *wives* **women.**
12 Then all the congregation answered
and said with a *loud* **great** voice,
As thou hast said **According to thy word,**
so must we do **we work.**
13 *But* **Nevertheless** the people are many,
and it is a time of much rain,
and we *are not able* **have no force** to stand without,
neither is this a work of one day or two:

for we *are many* **abound**
that have *transgressed* **rebelled** in this *thing* **word.**
14 Let now
our *rulers* **governors** of all the
congregation stand, and let all them
which have *taken* **settled** strange *wives* **women**
in our cities come at appointed times,
and with them the elders *of every city* **city**
by city, and the judges thereof,
until the *fierce* **fuming** wrath of our *God* **Elohim**
for this *matter* **word** be turned from us.
15 Only *Jonathan* **Yah Nathan** the son of *Asahel* **Asa El**
and *Jahaziah* **Yachazi Yah** the son of *Tikvah* **Tiqvah**
were employed **stood** about this *matter*: and
Meshullam and *Shabbethai* **Shabbethay**
the *Levite* **Leviy** helped them.
16 And the *children* **sons** of the *captivity* **exile**
did **worked** so.
And Ezra the priest,
with *certain chief* **men, heads** of the fathers,
after the house of their fathers,
and all of them by *their* names, were separated and
sat down **settled** in the first day of the tenth month
to examine the *matter* **word.**
17 And they *made an end* **finished** with all the men
that had *taken* **settled** strange *wives* **women**
by the first day of the first month.

THE INTERMINGLERS

18 And among the sons of the priests there were found
that had *taken* **settled** strange *wives* **women**:
namely, of the sons of *Jeshua* **Yah Shua**
the son of *Jozadak* **Yah Sadaq**, and his brethren;
Maaseiah **Maase Yah**, and *Eliezer* **Eli Ezer**,
and *Jarib* **Yarib**, and *Gedaliah* **Gedal Yah.**
19 And they gave their hands that they *would* **should**
put away **bring** their *wives* **women;**
and *being guilty* **for their guilt,**
they offered a ram of the flock for their *trespass* **guilt.**
20 And of the sons of Immer; Hanani,
and *Zebadiah* **Zebad Yah.**
21 And of the sons of Harim;
Maaseiah **Maase Yah**, and *Elijah* **Eli Yah**,
and *Shemaiah* **Shema Yah**, and *Jehiel*
Yechi El, and *Uzziah* **Uzzi Yah.**
22 And of the sons of *Pashur* **Pashchur**; *Elioenai*
El Ya Enay, *Maaseiah* **Maase Yah**, *Ishmael*
Yishma El, *Nethaneel* **Nethan El**, *Jozabad*
Yah Zabad, and *Elasah* **El Asah.**
23 Also of the *Levites* **Leviym;**
Jozabad **Yah Zabad**, and *Shimei* **Shimi**,
and *Kelaiah* **Qelayah**, (the same is *Kelita*
Qelita,) *Pethahiah* **Pethach Yah**, *Judah*
Yah Hudah, and *Eliezer* **Eli Ezer.**
24 Of the singers also;
Eliashib **El Yashib**:
and of the porters;
Shallum, and Telem, and Uri.
25 *Moreover* **Also** of *Israel* **Yisra El**:
of the sons of Parosh;
Ramiah **Ram Yah**, and *Jeziah* **Yezav Yah**,
and *Malchiah* **Malki Yah**, and *Miamin* **Mi**
Yamin, and *Eleazar* **El Azar**, and *Malchijah*
Malki Yah, and *Benaiah* **Bena Yah.**
11 and now give spread hands
to Yah Veh Elohim of your fathers;
and work his pleasure
and separate yourselves from the people of
the land and from the strange women.
12 And all the congregation answers
and says with a great voice,
According to your word, we work:
13 but the people *are* many and it is a time of much rain;
and we have neither force to stand outside
nor is this a work of one day or two:
for we abound with them who rebel in this word:
14 O that it please
our governors of all the congregation to stand
and have all who settle strange women in our
cities come with the elders and the judges
at appointed times — city by city until
the fuming wrath of our Elohim
for this word turns from us.
15 Only, Yah Nathan the son of Asa El and
Yachazi Yah the son of Tiqvah
stand against this;
and Meshullam and Shabbethay the Leviy help them;
16 and the sons of the exile work thus;
and Ezra the priest with men
— heads of the fathers of the house of
their fathers and all who, by name,
separate and settle in the first day of the tenth month
to examine the word.
17 And they finish with all the men
who settle strange women
by the first day of the first month.

THE INTERMINGLERS

18 And among the sons of the priests they
find them who settle strange women:
of the sons of Yah Shua the son of Yah Sadaq

and his brothers:
Maase Yah and Eli Ezer and Yarib and Gedal Yah;
19 and they give their hands to bring their women;
and having guilted, a ram of the flock for their guilt;
20 and of the sons of Immer: Hanani and Zebad Yah;
21 and of the sons of Harim: Maase Yah and Eli Yah
and Shema Yah and Yechi El and Uzzi Yah;
22 and of the sons of Pashchur:
El Ya Enay, Maase Yah, Yishma El,
Nethan El, Yah Zabad and El Asah;
23 and of the Leviym: Yah Zabad and Shimi
and Qelayah — the same is Qelita, Pethach
Yah, Yah Hudah and Eli Ezer;
24 and of the singers: El Yashib;
and of the porters: Shallum and Telem and Uri;
25 and of Yisra El — of the sons of Parosh:
Ram Yah and Yezav Yah and Malki Yah and
Mi Yamin and El Azar and Malki Yah
and Bena Yah;
26 And of the sons of Elam;
Mattaniah **Mattan Yah**, *Zechariah* **Zechar Yah**, and *Jehiel* **Yechi El**, and Abdi,
and *Jeremoth* **Yeremoth**, and *Eliah* **Eli Yah**.
27 And of the sons of Zattu;
Elioenai **El Ya Enay** *Eliashib* **El Yashib**,
Mattaniah **Mattan Yah**, and *Jeremoth* **Yeremoth**, and Zabad, and Aziza.
28 Of the sons also of *Bebai* **Bebay**;
Jehohanan **Yah 1-lanan**, *Hananiah* **1-lanan Yah**,
Zabbai **Zakkay**, and *Athlai* **Athlay**.
29 And of the sons of Bani;
Meshullam, Malluch, and *Adaiah* **Ada Yah**,
Jashub **Yashub**, and Sheal, and Ramoth.
30 And of the sons of *Pahathmoab* **Pachath Moab**; Adna, and *Chelal* **Kelal**,
Benaiah **Bena Yah**, *Maaseiah* **Maase Yah**,
Mattaniah **Mattan Yah**, *Bezaleel* **Besal El**,
and *Binnui* **Binnuy**, and *Manasseh* **Menash Sheh**.
31 And *of* the sons of Harim;
Eliezer **Eli Ezer**, *Ishijah* **Yishshi Yah**, *Malchiah* **Malki Yah**, *Shemaiah* **Shema Yah**, *Shimeon* **Shimon**,
32 *Benjamin* **Ben Yamin**, Malluch,
and *Shemariah* **Shemar Yah**.
33 Of the sons of Hashum;
Mattenai **Mattenay**, *Mattathah* **Mattattah**,
Zabad, *Eliphelet* **Eli Phelet**, *Jeremai* **Yeremay**,
Manasseh **Menash Sheh**, and *Shimei* **Shimi**.
34 Of the sons of Bani;
Maadai **Maaday**, *Amram* **Am Ram**, and Uel,
35 *Benaiah* **Bena Yah**, *Bedeiah* **Bede Yah**,
Chelluh **Keluhay**,
36 *Vaniah* **Van Yah**, Meremoth, *Eliashib* **El Yashib**,
37 *Mattaniah* **Mattan Yah**, *Mattenai* **Mattenay**, and *Jaasau* **Yaasu**,
38 And Bani, and *Binnui* **Binnuy**, *Shimei* **Shimi**,
39 And *Shelemiah* **Shelem Yah**, and
Nathan, and *Adaiah* **Ada Yah**,
40 *Machnadebai* **Mach Nadbay**,
Shashai **Shashay**, *Sharai* **Sharay**,
41 *Azareel* **Azar El**, and *Shelemiah* **Shelem Yah**,
Shemariah **Shemar Yah**,
42 Shallum, *Amariah* **Amar Yah**, and *Joseph* **Yoseph**.
43 Of the sons of Nebo;
Jeiel **Yei El**, *Mattithiah* **Mattith Yah**,
Zabad, Zebina, *Jadau* **Yiddo**,
and *Joel* **Yah El**, *Benaiah* **Bena Yah**.
44 Allthese*hadtaken***bore**strange*wives***women**:
and *some* of them had *wives* **women**
by whom they *had children* **set sons**.
26 and of the sons of Elam:
Mattan Yah, Zechar Yah and Yechi El and
Abdi and Yeremoth and Eli Yah;
27 and of the sons of Zattu: El Ya Enay, El Yashib,
Mattan Yah and Yeremoth and Zabad and Aziza;
28 and of the sons of Bebay:
Yah Hanan, Hanan Yah, Zakkay and Athlay;
29 and of the sons of Bani: Meshull
am, Mall uch and Ad a Yah,
Yashub and Sheal and Ramoth;
30 and of the sons of Pachath Moab: Adna
and Kelal, Bena Yah, Maase Yah,
Mattan Yah, Besal El and Binnuy and Menash Sheh;
31 and the sons of Harim:
Eli Ezer, Yishshi Yah, Malki Yah, Shem a Yah, Shimon,
32 Ben Yamin, Malluch and Shemar Yah;
33 of the sons of Hashum: Mattenay, Mattattah, Zabad,
Eli Phelet, Yeremay, Menash Sheh and Shimi;
34 of the sons of Bani: Maaday, Am Ram and Uel,
35 Bena Yah, Bede Yah, Keluhay,
36 Van Yah, Meremoth, El Yashib,
37 Mattan Yah, Mattenay and Yaasu,
38 and Bani and Binnuy, Shimi,
39 and Shelem Yah and Nathan and Ada Yah,
40 Mach Nadbay, Shashay, Sharay,
41 Azar El and Shelem Yah, Shemar Yah,
42 Shallum, Amar Yah and Yoseph;
43 of the sons of Nebo:
Yei El, Mattith Yah, Zabad, Zebina,
Yiddo and Yah El, Bena Yah.
44 All these bear strange women:
and of them, women who set sons.

NECHEM YAH WEEPS OVER THE SURVIVORS

1 The words of *Nehemiah* **Nechem Yah**
the son of *Hachaliah* **Hachal Yah.**
And it *came to pass* **became,** in the month
Chisleu **Kislav**, in the twentieth year,
as I was in Shushan the palace,
2 ThatHanani,oneofmybrethren,came,
he and *certain* men of *Judah* **Yah Hudah**;
and I asked them
concerning the *Jews* **Yah Hudiym** that had escaped,
which *were left* **survived** of the captivity,
and concerning *Jerusalem* **Yeru Shalem**.
3 And they said unto me, The *remnant* **survivors**
that *are left* **survived** of the captivity
there in the *province* **jurisdiction**
are in great *affliction* **evil** and reproach:
the wall of *Jerusalem* **Yeru Shalem** also is broken down,
and the *gates* **portals** thereof are burned with fire.
4 And **so be** it *came to pass*, when I heard these
words, that I *sat down* **settled** and wept,
and mourned *certain* days, and fasted, and prayed
before **at the face of**
the God **Elohim** of *heaven* **the heavens,**
5 And said, I beseech thee,
O *LORD God* **Yah Veh Elohim** of *heaven* **the heavens**, the great and *terrible God* **awesome El**,
that *keepeth* **guardeth** covenant and
mercy for them that love him
and *observe* **guard** his *commandments* **misvoth**:
6 Let thine ear now *be attentive*
hearken, and thine eyes open,
that thou mayest hear the prayer of thy
servant, which I pray *before thee now* **at thy face this day, by** day and **by** night,
for the *children* **sons** of *Israel* **Yisra El** thy
servants, and *confess* **spread hands for** the sins
of the *children* **sons** of *Israel* **Yisra El**,
which we have sinned against thee:
both I and my father's house have sinned.
7 **In despoiling,**
We have *dealt very corruptly* **despoiled** against thee,
and have not *kept* **guarded** the *commandments*
misvoth, nor the statutes, nor the judgments,
which thou
commandedst **misvahedst** thy servant *Moses* **Mosheh**.
8 Remember, I beseech thee,
the word that thou *commandedst* **misvahedst**
thy servant *Moses* **Mosheh**, saying,
If ye *transgress* **treason,**
I *will* **shall** scatter you abroad among the *nations* **people**:
9 But if ye turn unto me,
and *keep* **guard** my *commandments* **misvoth**,
and *do* **work** them;
though there were of you *cast out* **expelled**
unto the *uttermost part* **extremity** of the *heaven*
heavens, yet *will* **shall** I gather them from thence,
and *will* **shall** bring them unto the place that I
have chosen to *set* **tabernacle** my name there.
10 Nowthesearethyservantsandthypeople,
whom thou hast redeemed
by thy great *power* **force**, and by thy strong hand.
11 O *Lord* **Adonay**, I beseech thee,
let now thine ear *be attentive* **hearken**
to the prayer of thy servant, and to
the prayer of thy servants,
who *desire* **delight** to *fear* **awe** thy name:
and prosper, I *pray* **beseech** thee, thy servant
this day, and *grant* **give** him *mercy* **mercies**
in the *sight* **face** of this man.
For I was the *king's cupbearer* **sovereign's butler**.

ARTACH SHASHTA SENDS NECHEM YAH TO YERU SHALEM

2 And **so be** it *came to pass*, in the month Nisan,
in the twentieth year
of *Artaxerxes* **Artach Shashta** the *king* **sovereign**,
that wine was *before him* **at his face**:
and I *took up* **lifted** the wine,
and gave it unto the *king* **sovereign**.
Now I had not been *beforetime sad*
in **evil at** his *presence* **face**.

NECHEM YAH WEEPS OVER THE SURVIVORS

1 Words of Nechem Yah the son of Hachal Yah.
And so be it, in the month Kislav,
in the twentieth year, I am in Shushan the palace,
2 and Hanani, one of my brothers, comes
— he and men of Yah Hudah;
and I ask them
concerning the Yah Hudiym who escaped
— who survived of the captivity and
concerning Yeru Shalem.
3 And they say to me,
The survivors who survived the
captivity there in the jurisdiction
are in great evil and reproach:
and the wall of Yeru Shalem is broken down
and the portals thereof are burned with fire.
4 And so be it, I hear these words,

and I settle and weep and mourn for days
and fast and pray at the face of Elohim of the heavens;
5 and say,
I beseech you, O Yah Veh Elohim of the heavens
— the great and awesome El who
guards covenant and mercy
for them who love him and guard his misvoth:
6 hearken your ear, I pray, and open your
eyes to hear the prayer of your servant
which I pray at your face this day
— by day and by night
for the sons of Yisra El your servants;
and spread hands for the sins of the sons
of Yisra El we sinned against you
— both I and the house of my father sinned.
7 In despoiling, we despoiled against you;
and guarded neither the misvoth nor the statutes nor
the judgments you misvahed your servant Mosheh.
8 Remember, I beseech you,
the word you misvahed your servant
Mosheh, saying, If you treason
I scatter you abroad among the people:
9 but if you turn to me
and guard my misvoth and work them
— though some of you were expelled
to the extremity of the heavens
yet I gather them from there and bring them to the place
I chose to tabernacle my name:
10 and they are your servants and your
people whom you redeemed
by your great force and by your strong hand.
11 O Adonay, I beseech you, Hearken now
your ear to the prayer of your servant
— and to the prayer of your servants
who delight to awe your name:
and prosper, I beseech you, your servant this
day; and give him mercies in the face of this
man. For I am a butler of the sovereign.

ARTACH SHASHTA SENDS NECHEM YAH TO YERU SHALEM

2 And so be it, in the month Nisan,
in the twentieth year of Artach Shashta
the sovereign, wine *is* at his face:
and I lift the wine and give it to the sovereign
— and I had never been evil to his face.
2 Wherefore the *king* **sovereign** said unto
me, Why is thy *countenance sad* **face evil,**
seeing thou art not sick?
this is *nothing* **naught** *else* but *sorrow of* **an evil** heart.
Then I was *very sore afraid* **mighty aboundingly awed,**
3 And said unto the *king* **sovereign,**
Let the king live for ever **The sovereign liveth eternally**:
why should not my *countenance* **face**
be *sad* **evil,** when the city,
the *place* **house** of my fathers' *sepulchres* **tombs,**
lieth waste **be parched,**
and the *gates* **portals** thereof are consumed with fire?
4 Then the *king* **sovereign** said unto me,
For what *dost thou make request* **seekest thou?**
So I prayed to *the God* **Elohim** of *heaven* **the heavens.**
5 And I said unto the *king* **sovereign,**
If it *please* **be good with** the *king* **sovereign,**
and if thy servant *have found favour* **be well—pleased**
in **at** thy *sight* **face,**
that thou *wouldest* **shouldest** send
me unto *Judah* **Yah Hudah,**
unto the city of my fathers' *sepulchres*
tombs, that I may build it.
6 And the *king* **sovereign** said unto me,
(the *queen* **mistress** also *sitting* **settled** by him,)
For how long shall thy *journey* **walk** be?
and when *wilt* **shalt** thou return?
So it *pleased* **was good at the face of** the *king* **sovereign**
to send me;
and I *set* **gave** him *a time* **an appointment.**
7 Moreover I said unto the *king* **sovereign,**
If it *please* **be good with** the *king* **sovereign,**
let *letters* **epistles** be given me
to the governors beyond the river,
that they may *convey* **pass** me over till
I come into *Judah* **Yah Hudah;**
8 And *a letter* **an epistle** unto Asaph
the *keeper* **guard** of the *king's forest* **sovereign's**
paradise, that he may give me timber
to *make* **fell** beams for the *gates* **portals** of the
palace which *appertained* **be** to the house,
and for the wall of the city,
and for the house that I shall enter into. And
the *king granted* **sovereign gave** me,
according to the good hand of my *God* **Elohim** upon me.
9 Then I came to the governors beyond the river,
and gave them the *king's letters* **sovereign's epistles.**
Now the *king* **sovereign** had sent *captains* **governors**
of the *army* **men of valour** and
horsemen **cavalry** with me.
10 When Sanballat the *Horonite* **Horoniy,**
and *Tobiah* **Tobi Yah** the servant,
the *Ammonite* **Ammoniy,** heard of it,

it grieved them exceedingly
in being evil, it was evil to them
that there was come a *man* **human**
to seek the *welfare* **good**
of the *children* **sons** of *Israel* **Yisra El**.

NECHEM YAH EXAMINES THE RUINED WALLS

11 So I came to *Jerusalem* **Yeru Shalem**,
and was there three days.
12 And I arose in the night, I and
some few men with me;
neither told I any *man* **human**
what my *God* **Elohim** had *put* **given** in my heart
to *do* **work** at *Jerusalem* **Yeru Shalem**:
neither was there any *beast* **animal** with me,
save the *beast* **animal** that I rode upon.
13 AndIwentoutbynightbythe*gate***porta**olfthevaley,
even before **at the face of**
the *dragon well* **monster fountain**, and to the *dung*
port **dunghill portal**, and *viewed* **was examining**
the walls of *Jerusalem* **Yeru Shalem**,
which were broken *down*,
and the *gates* **portals** thereof were consumed with fire.
14 Then*wIen***ptased**onto the*gate***porta**olfthefountain,
and to the *king's* **sovereign's** pool:
but there was no place
for the *beast* **animal** that was under me to pass.
2 And the sovereign says to me,
Why is your face evil — seeing you are not sick?
This is naught but an evil heart.
And I abound mighty awed,
3 and say to the sovereign, The sovereign live eternally.
Why not, my evil face,
when the city, the house of the tombs
of my father, is parched;
and the portals thereof consume with fire?
4 And the sovereign says to me, For what seek you?
And I prayed to Elohim of the heavens;
5 and I say to the sovereign,
If it be good with the sovereign
and if your servant well—pleases at your
face, send me to Yah Hudah
— to the city of the tombs of my fathers — to build it.
6 And the sovereign says to me,
— and the mistress settles by him,
How long is your walk?
And when return you?
— and it is good at the face of the sovereign to send me;
and I give him an appointment.
7 And I say to the sovereign,
If it is good with the sovereign,
give me epistles to the governors beyond the river
to pass me over until I come to Yah Hudah:
8 and an epistle to Asaph
the guard of the paradise of the
sovereign, to give me timber
to fell beams for the portals of the palace
— for the house and for the wall of the
city and for the house I enter.
— and the sovereign gives me,
according to the good hand of my Elohim on me.
9 And I come to the governors beyond the river
and give them the epistles of the sovereign:
and the sovereign sends governors
of the men of valour and cavalry with me.
10 And Sanballat the Horoniy and Tobi Yah the servant
— the Ammoniy, hear of it,
and in being evil, it is evil to them for a human to come
to seek the good of the sons of Yisra El.

NECHEM YAH EXAMINES THE RUINED WALLS

11 And I come to Yeru Shalem and I am there three days:
12 and I rise in the night
— I and some few men with me:
and I tell no human
what my Elohim gives in my heart
to work at Yeru Shalem:
and there is no animal with me except the animal I ride:
13 and I go by night by the portal of the valley
at the face of the monster fountain
and to the dunghill portal;
and examine the walls of Yeru Shalem which are broken
and the portals thereof consumed with fire:
14 and I pass on to the portal of the fountain
and to the pool of the sovereign:
and there is no place for the animal under me to pass:
15 Then *went I up* **I ascended** in the night
by the *brook* **wadi**, and *viewed* **examined**
the wall, and *turned back* **returned**,
and entered by the *gate* **portal** of
the valley, and *so* returned.
16 And the *rulers* **prefects** knew not whither I went,
or what I *did* **worked**;
neither had I *as yet* **thus** told it to the *Jews* **Yah**
Hudiym, nor to the priests, nor to the nobles,
nor to the *rulers* **prefects**, nor to the
rest that *did* **worked** the work.
17 Then said I unto them,
Ye see the *distress* **evil** that we are in,

how *Jerusalem lieth waste* **Yeru Shalem be parched**,
and the *gates* **portals** thereof *are* burned with fire:
come, and let us build up the wall of *Jerusalem*
Yeru Shalem, that we be no more a reproach.
18 Then I told them of the hand of my *God* **Elohim**
which was good upon me;
as also the *king's* **sovereign's** words that
he had *spoken* **said** unto me.
And they said, Let us rise up and build.
So they strengthened their hands for this good *work*.
19 But when Sanbalat the *Horonite* **Horoniy**,
and *Tobiah* **Tobi Yah** the servant,
the *Ammonite* **Ammoniy**,
and Geshem the *Arabian* **Arabiy**, heard it,
they *laughed* **derided** us *to scorn*, and despised us,
and said, What is this *thing* **word** that ye *do* **work**?
will **shall** ye rebel against the *king* **sovereign**?
20 Then *answered I them* **returned I**
word, and said unto them,
The *God* **Elohim** of *heaven* **the heavens**,
he *will* **shall** prosper us;
therefore we his servants *will* **shall** arise and build:
but ye have no *portion* **allotment**, nor *right* **justness**,
nor memorial, in *Jerusalem* **Yeru Shalem**.

THE BUILDERS OF THE WALL

3 Then *Eliashib* **El Yashib** the *high* **great** priest
rose *up* with his brethren the priests,
and they builded the *sheep gate* **flock portal**;
they *sanctified* **hallowed** it, and *set*
up **stood** the doors of it;
even unto the tower of Meah they *sanctified* **hallowed** it,
unto the tower of *Hananeel* **Hanan El**.
2 And *next unto him* **at his hand**
builded the men of *Jericho* **Yericho**.
And *next to them* **at their hand**
builded *Zaccur* **Zakkur** the son of Imri.
3 But the fish *gate* **portal**
did the sons of *Hassenaah* **Senaah** build, who *also*
laid **felled** the beams thereof, and *set up* **stood** the
doors thereof, the locks thereof, and the bars thereof.
4 And *next unto them* **at their hand**
repaired **strengthened** Meremoth
the son of *Urijah* **Uri Yah**, the son of *Koz* **Qos**.
And *next unto them* **at their hand**
repaired **strengthened** Meshullam the
son of *Berechiah* **Berech Yah**,
the son of *Meshezabeel* **Meshezab El**.
And *next unto them* **at their hand**
repaired Zadok **strengthened Sadoq** the son of Baana.
5 And *next unto them* **at their hand**
the *Tekoites repaired* **Teqoaiy strengthened**;
but their *nobles* **mighty** put not their necks to
the *work* **service** of their *Lord* **Adonay**.
6 Moreover the old *gate* **portal**
repaired Jehoiada **strengthened Yah Yada**
the son of *Paseah* **Paseach**,
and Meshullam the son of *Besodeiah* **Besod Yah**;
they *laid* **felled** the beams thereof, and
set up **stood** the doors thereof,
and the locks thereof, and the bars thereof.
7 And *next unto them* **at their hand**
repaired **strengthened**
Melatiah **Melat Yah** the *Gibeonite* **Giboniy**, and
Jadon **Yadon** the *Meronothite* **Meronothiy**,
the men of *Gibeon* **Gibon**, and of *Mizpah* **Mispeh**,
unto the throne of the governor on this side the river.
15 and in the night, I ascend by the wadi
and examine the wall and return;
and enter by the portal of the valley and return:
16 and the prefects know not where I go or what I work;
and I tell neither the Yah Hudiym,
nor the priests, nor the nobles, nor the
prefects, nor the rest who work the work.
17 And say I to them,
You see the evil we are in, how Yeru Shalem is parched
and the portals thereof burned with fire:
come, and we build the wall of Yeru Shalem,
that we are a reproach no more.
18 And I tell them of the hand of my
Elohim who is good on me;
and also the words the sovereign says to me.
And they say, We rise and build!
— and they strengthen their hands for this good.
19 And Sanballat the Horoniy
and Tobi Yah the servant the Ammoniy
and Geshem the Arabiy hear;
and they deride us and despise us and
say, What is this word you work?
Rebel you against the sovereign?
20 And I return word and say to them,
The Elohim of the heavens
— he prospers us;
and we his servants rise and build:
but you have neither allotment,
nor justness, nor memorial in Yeru Shalem.

The Builders Of The Wall

3 And El Yashib the great priest rises with his
brothers the priests and they build the flock
portal; they hallow it and stand its doors
— hallow it even to the tower of Meah
to the tower of Hanan El:
2 and at his hand the men of Yericho build:
and at their hand: Zakkur the son of Imri builds;
3 and the fish portal, the sons of Senaah build
— he who felled its beams and stood
its doors its locks and its bars:
4 and at their hand:
Meremoth the son of Uri Yah the
son of Qos strengthens;
and at their hand: Meshullam the son of Berech
Yah, the son of Meshezab El strengthens;
and at their hand:
Sadoq the son of Baana strengthens;
5 and at their hand:
the Teqoaiy strengthen;
and their mighty put not their necks
to the service of their Adonay;
6 and the old portal
Yah Yada the son of Paseach
and Meshullam the son of Besod Yah strengthen
— they fell its beams and stand its doors
and its locks and its bars;
7 and at their hand:
Melat Yah the Giboniy strengthe ns
— and Yadon the Meronothiy the
men of Gibon and of Mispeh
— to the throne of the governor this side the river;
8 *Next unto him* **And at his hand**
repaired Uzziel **strengthened Uzzi El**
the son of *Harhaiah* **Harha Yah**, of
the *goldsmiths* **refiners.**
Next unto him **And at his hand**
also *repaired Hananiah* **strengthened Hanan Yah** the
son of *one of* the *apothecaries* **perfumers**, and they
fortified Jerusalem **left Yeru Shalem** unto the broad wall.
9 And *next unto them* **at their hand**
repaired Rephaiah **strengthened Repha Yah**
the son of Hur, the *ruler* **governor**
of the half *part* **circuit** of *Jerusalem* **Yeru Shalem.**
10 And *next unto them* **at their hand**
repaired Jedaiah **strengthened Yeda Yah**
the son of *Harumaph* **Harum Aph**,
even over against his house.
And *next unto him* **at his hand**
repaired **strengthened** Hattush the son
of *Hashabniah* **Hashabne Yah.**
11 *Malchijah* **Malki Yah** the son of
Harim, and *Hashub* **Hashshub**
the son of *Pahathmoab* **Pachath Moab,**
repaired **strengthened** the *other piece* **second
measure**, and the tower of the furnaces.
12 And *next unto him* **at his hand**
repaired **strengthened** Shallum
the son of *Halohesh* **Lochesh**, the *ruler* **governor**
of the half *part* **circuit** of *Jerusalem* **Yeru
Shalem**, he and his daughters.
13 The valley *gate repaired* **portal strengthened** Hanun,
and the *inhabitants* **settlers** of *Zanoah* **Zanoach;**
they built it, and *set up* **stood** the doors thereof,
the locks thereof, and the bars thereof,
and a thousand cubits on the wall unto
the *dung gate* **dunghill portal.**
14 But the *dung gate* **dunghil portal**
repaired Malchiah **strengthened Malki Yah**
the son of Rechab,
the *ruler* **governor** of *part* **the circuit**
of *Bethhaccerem* **Beth Hak Kerem;**
he built it, and *set up* **stood** the doors thereof,
the locks thereof, and the bars thereof.
15 But the *gate* **portal** of the fountain
repaired **strengthened** Shallun the
son of *Colhozeh* **Kol Hozeh,**
the *ruler* **governor** of *part* **the circuit** of *Mizpah* **Mispeh;**
he built it, and covered it,
and *set up* **stood** the doors thereof, the
locks thereof, and the bars thereof,
and the wall of the pool of *Siloah* **Shiloach**
by the *king's* **sovereign's** garden, and unto the *stairs* **steps**
that *go down* **descend** from the city of David.
16 After him
repaired Nehemiah **strengthened Nechem Yah**
the son of *Azbuk* **Az Buq**, the *ruler* **governor**
of the half *part* **circuit** of *Bethzur* **Beth Sur,**
unto *the place* over against the *sepulchres* **tombs** of
David, and to the pool that was *made* **worked,**
and unto the house of the mighty.
17 After him *repaired* **strengthened** the *Levites* **Leviym,**
Rehum **Rechum** the son of Bani.
Next unto him **At his hand**
repaired Hashabiah **strengthened Hashab Yah,**
the *ruler* **governor** of the half *part* **circuit**
of *Keilah* **Qeilah**, in his *part* **circuit.**
18 After him *repaired* **strengthened** their brethren,
Bavai **Bavay** the son of Henadad,

the *ruler* **governor** of the half *part*
circuit of *Keilah* **Qeilah.**
19 And *next to him* **at his hand**
repaired **strengthened** Ezer the son of *Jeshua* **Yah Shua,**
the *ruler* **governor** of *Mizpah* **Mispeh,**
another piece **a second measure**
over against the *going up* **ascent** to the
armoury at the *turning of the wall* **corner.**
20 After him Baruch the son of *Zabbai* **Zakkay**
earnestly repaired **kindled to strengthen**
the *other piece* **second measure,**
8 and at his hand:
Uzzi El the son of Harha Yah of the refiners strengthens;
and at his hand:
Hanan Yah the son of the perfumers strengthens
— and they leave Yeru Shalem to the wide wall;
9 and at their hand: Repha Yah the son of Hur
the governor of the half circuit of
Yeru Shalem strengthens;
10 and at their hand:
Yeda Yah the son of Harum Aph strengthens
— even over against his house;
and at his hand:
Hattush the son of Hashabne Yah strengthens;
11 Malki Yah the son of Harim
and Hashshub the son of Pachath Moab,
strengthen the second measure
and the tower of the furnaces;
12 and at his hand: Shallum the son of Lochesh
the governor of the half circuit of Yeru Shalem
— he and his daughters strengthen;
13 the valley portal
Hanun and the settlers of Zanoach strengthen
— they build it and stand its doors its locks and its bars
— and a thousand cubits on the
wall to the dunghill portal;
14 and the dunghill portal
Malki Yah the son of Rechab
the governor of the circuit o f Beth
Hak Kerem strengthens;
— he builds it and stands its doors its locks and its bars;
15 and the portal of the fountain
Shallun the son of Kol Hozeh,
the governor of the circuit of Mispeh strengthens
— he builds it and covers it
and stands its doors, its locks and its bars
and the wall of the pool of Shiloach
by the garden of the sovereign;
and to the steps that descend from the city of David;
16 after him:
Nechem Yah the son of Az Buq,
the governor of the half circuit of Beth Sur,
strengthens to over against the tombs of
David and to the pool that is worked
and to the house of the mighty;
17 after him:
the Leviym — Rechum the son of Bani strengthen;
at his hand:
Hashab Yah the governor of the half circuit
of Qeilah in his circuit strengthens;
18 after him:
their brothers — Bavay the son of Henadad,
the governor of the half circuit of Qeilah strengthen;
19 and at his hand:
Ezer the son of Yah Shua, the governor of
Mispeh, strengthens a second measure
over against the ascent to the armoury at the corner;
20 after him:
Baruch the son of Zakkay
kindles to strengthen the second measure
from the *turning of the wall* **corner** unto the *door* **portal**
of the house of *Eliashib* **El Yashib** the *high* **great** priest.
21 After him *repaired* **strengthened** Meremoth the
son of *Urijah* **Uri Yah** the son of *Koz* **Qos**
another piece **a second measure,**
from the *door* **portal** of the house of *Eliashib* **El Yashib**
even to the *end* **conclusion**
of the house of *Eliashib* **El Yashib.**
22 Andafterhim*repaired***strengthened**thepirests,
the men of the *plain* **environs.**
23 After him *repaired* **strengthened**
Benjamin **Ben Yamin** and *Hashub* **Hashshub**
over against their house.
After him *repaired Azariah* **strengthened Azar Yah**
the son of *Maaseiah* **Maase Yah**
the son of *Ananiah* **Anan Yah** by his house.
24 After him *repaired* **strengthened** *Binnui* **Binnuy**
the son of Henadad *another piece* **a second**
measure, from the house of *Azariah* **Azar Yah**
unto the *turning of the wall* **corner,** even unto the corner.
25 Palal the son of Uzai,
over against the *turning of the wall* **corner,**
and the tower which *lieth* **goeth** *out*
from the *king's* **sovereign's** high house,
that was by the court of the *prison* **guard yard.**
After him *Pedaiah* **Pedah Yah** the son of Parosh.
26 *Moreover*
the *Nethinims dwelt* **Dedicates settled** in Ophel,
unto the place over against the water *gate* **portal**
toward the *east* **rising,** and the
tower *that lieth* **goeth** out.
27 After them the *Tekoites* **Teqoaiy**

repaired another piece **strengthened a second measure,**
over against the great tower that *lieth* **goeth** out,
even unto the wall of Ophel.
28 From above the horse *gate* **portal**
repaired **strengthened** the priests,
every one **each man** over against his house.
29 After them *repaired* **strengthened**
Zadok **Sadoq** the son of Immer over against his house.
After him *repaired* **strengthened**
also *Shemaiah* **Shema Yah**
the son of *Shechaniah* **Shechan Yah,**
the *keeper* **guard** of the *east gate*
portal toward the rising.
30 After him *repaired Hananiah*
strengthened Hanan Yah
the son of *Shelemiah* **Shelem Yah,**
and Hanun the sixth son of *Zalaph* **Salaph**
another piece **a second measure.**
After him *repaired* **strengthened** Meshullam
the son of *Berechiah* **Berech Yah**
over against his chamber.
31 After him *repaired Malchiah*
strengthened Malki Yah
the *goldsmith's* **refiner's** son
unto the *place* **house** of the *Nethinims*
Dedicates, and of the merchants,
over against the *gate* **portal** Miphkad,
and to the *going up* **upper room** of the corner.
32 And between the *going up* **upper room** of the corner
unto the *sheep gate* **flock portal**
repaired **strengthened**
the *goldsmiths* **refiners** and the merchants.

THE YAH HUDIYM DERIDED

4 *But* **And so be** it *came to pass,*
that when Sanballat heard that we builded
the wall, he was *wroth* **inflamed,**
and *took great indignation* **his vexation abounded,**
and *mocked* **derided** the *Jews* **Yah Hudiym.**
from the corner
to the portal of the house of El Yashib the great priest;
21 after him:
Meremoth the son of Uri Yah the son of
Qos strengthens a second measure,
from the portal of the house of El Yashib even
to the conclusion of the house of El Yashib;
22 and after him:
the priests — the men of the environs strengthen;
23 after him:
Ben Yamin and Hashshub strengthen
over against their house;
after him:
Azar Yah the son of Maase Yah the son of
Anan Yah strengthens by his house;
24 after him:
Binnuy the son of Henadad
strengthens a second measure
— from the house of Azar Yah to the corner
— and to the corner;
25 Palal the son of Uzai,
over against the corner and the tower
which goes from the high house of the
sovereign, by the court of the guard yard;
after him:
Pedah Yah the son of Parosh.
26 The Dedicates settle in Ophel,
against the water portal
toward the rising and the tower that goes out;
27 after them:
the Teqoaiy strengthen a second measure over against
the great tower that goes out even to the wall of Ophel;
28 from above the horse portal the priests strengthen
— each man over against his house;
29 after them:
Sadoq the son of Immer strengthens
over against his house;
after him:
also Shema Yah the son of Shechan Yah
the guard of the portal toward the rising strengthens;
30 after him:
Hanan Yah the son of Shelem Yah and Hanun the
sixth son of Salaph strengthen a second measure;
after him:
Meshullam the son of Berech Yah
strengthens over against his chamber;
31 after him:
Malki Yah the son of the refiner strengthens to the
house of the Dedicates and of the merchants
— over against the portal Miphkad and
to the upper room of the corner;
32 and between the upper room of the
corner to the flock portal
the refiners and the merchants strengthen.
4 And so be it,

THE YAH HUDIYM DERIDED

Sanballat hears we build the wall
and he inflames and abounds his vexation
and he derides the Yah Hudiym:

2 And he *spake before* **said at the face of** his brethren and the *army* **men of valour** of *Samaria* **Shomeron,**
and said,
What *do* **work** these *feeble Jews* **languid Yah Hudiym**?
will **shall** they *fortify* **be left to** themselves?
will **shall** they sacrifice?
will **shall** they *make an end* **finish** in a day?
will **shall** they *revive* **enliven** the stones
out of the heaps of the *rubbish* **dust** which are burned?
3 Now *Tobiah* **Tobi Yah** the *Ammonite* **Ammoniy**
was by him, and he said,
Even that which they build, if a fox *go up* **ascend**,
he shall even *break down* **split** their stone wall.
4 Hear, O our *God* **Elohim**;
for we are *despised* **disrespected**:
and turn their reproach upon their own head,
and give them for *a prey* **plunder** in the land of captivity:
5 And cover not their *iniquity* **perversity**,
and let not their sin be *blotted out* **wiped away** from *before thee* **thy face**:
for they have *provoked* **vexed** thee *to anger*
before **in front of** the builders.
6 So built we the wall;
and all the wall was *joined* **bound** *together*
unto the half thereof:
for the people had a *mind* **heart** to work.
7 *But* **And so be** it *came to pass*,
that when Sanballat, and *Tobiah* **Tobi Yah**,
and the *Arabians* **Arabiy**, and the *Ammonites* **Ammoniy**, and the *Ashdodites* **Ashdodiy**,
heard that the walls of *Jerusalem* **Yeru Shalem**
were *made up* **ascended**,
and that the breaches began to be stopped, then
they were *very wroth* **mightily inflamed**,
8 And conspired all of them together
to come and to fight against *Jerusalem* **Yeru Shalem**, and to *hinder* **work error to** it.
9 Nevertheless we *made our prayer* **prayed**
unto our *God* **Elohim**,
and *set a watch* **stood an underguard** against them
by day and **by** night, *because of them* **at their face**.

THE YAH HUDIYM DISCOURAGED

10 And *Judah* **Yah Hudah** said,
The *strength* **force**
of the *bearers of burdens* **burdenbearers**
is *decayed* **faltered**,
and *there is much rubbish* **dust aboundeth**;
so that we are not able to build the wall.
11 And our *adversaries* **tribulators** said,
They shall not know, neither see,
till we come in the midst among them,
and *slay* **slaughter** them, and cause the work to cease.
12 And **so be** it *came to pass*, that when the *Jews* **Yah Hudiym** which *dwelt* **settled** by them came,
they said unto us ten times,
From all places whence ye shall return unto us —
they will be upon you.
13 Therefore *set* **stood** I
in the *lower* **nether parts of the** places behind
the wall, and on the *higher places* **clearing**,
Yes, I *even set* **stood** the people after their families with
their swords, their *spears* **javelins**, and their bows.
14 And I *looked* **saw**, and rose *up*,
and said unto the nobles, and to the *rulers* **prefects**, and to the rest of the people,
Be not ye *afraid of them* **Awe ye not at their face**:
remember *the Lord* **Adonay**, which is
great and *terrible* **awesome**,
and fight for your brethren, your sons, and your
daughters, your *wives* **women**, and your houses.
15 And **so be** it *came to pass*,
when our enemies heard that it was known unto us, and
God **Elohim** had *brought* **broken** their counsel *to nought*,
that we returned all of us to the wall,
every one **each man** unto his work.
16 And **so be** it *came to pass*, from that *time forth* **day**,
that the half of my *servants* **lads**
wrought **worked** in the work,
2 and he says at the face of his brothers
and the men of valour of Shomeron,
and says, What work these languid Yah
Hudiym? Forsake they to themselves?
Sacrifice they? Finish they in a day?
Enliven they the stones from the heaps
of the dust that are burnt?
3 And Tobi Yah the Ammoniy is by him,
and he says, Whatever they build,
if a fox ascends, even he splits their stone wall.
4 Hear, O our Elohim;
for we are disrespected:
turn their reproach on their own head
and give them for plunder in the land of captivity:
5 and neither cover their perversity
nor wipe away their sin from your face:
for they vex you in front of the builders.
6 And we build the wall;
and all the wall is bound to the half thereof:
for the people have a heart to work.

7 And so be it,
Sanballat and Tobi Yah and the Arabiy
and the Ammoniy and the Ashdodiy
hear the walls of Yeru Shalem are ascended
and the breaches begin to stop;
and they inflame mightily;
8 and all together
they conspire to come and fight Yeru
Shalem and work error to it:
9 and we pray to our Elohim
and stand an underguard against them
by day and by night, at their face.

THE YAH HUDIYM DISCOURAGED

10 And Yah Hudah says,
The force of the burdenbearers falters and dust abounds
so that we are not able to build the wall:
11 and our tribulators say they neither know
nor see, until we come among them
and slaughter them and cease the work.
12 And so be it,
the Yah Hudiym who settle by them
come, and say to us ten times,
From all places wherever you return to us — .
13 And I stand
in the nether parts of the places behind
the wall and on the clearing
— yes, I stand the people by their families
with their swords, their javelins and their bows:
14 and I see and rise
and say to the nobles and to the prefects
and to the rest of the people,
Awe not at their face!
Remember Adonay — great and awesome!
And fight for your brothers, your
sons and your daughters,
your women and your houses!
15 And so be it, our enemies hear
that we know that Elohim breaks their counsel, we
all return to the wall — each man to his work:
16 and so be it, from that day,
that half of my lads work in the work
and the other half of them held both the *spears*
javelins, the *shields* **bucklers**, and the bows, and the
habergeons; and the *rulers* **governors** were behind
all the house of *Judah* **Yah Hudah**.
17 They which builded on the wall,
and they that bare burdens, with those
that laded, *every one* with one *of his hands*
hand *wrought* **worked** in the work,
and with *the other* **one** *hand* held a *weapon* **spear**.
18 For the builders, *every one* **each man** had his sword
girded by **bound on** his *side* **loins**, and so builded.
And he that *sounded* **blast** the
trumpet **shophar** was by me.
19 AndIsaiduntothenobles,andtotherulers,
and to the rest of the people,
The work is *great* **abundant** and large,
and we are separated upon the wall, *one*
man far from *another* **brother**.
20 In what place *therefore*
ye hear the *sound* **voice** of the *trumpet* **shophar**,
resort **gather** ye thither unto us:
our *God* **Elohim** shall fight for us.
21 So we *laboured* **worked** in the work:
and half of them held the *spears* **javelins**
from the *rising* **ascending** of the *morning* **dawn**
till the stars *appeared* **went**.
22 Likewise at the same time said I unto the people,
Let *every one* **each man** with his *servant* **lad**
lodge **stay overnight** within *Jerusalem* **Yeru**
Shalem, that in the night they may be *a guard* **an**
underguard to us, and *labour* **work** on the day.
23 So neither I, nor my brethren, nor my *servants* **lads**,
nor the men of the *guard* **underguard**
which followed **after** me,
none of us *put off* **stripped** our clothes, *saving*
that every one put them off for washing **each**
man went with his spear for water.

THE YAH HUDIYM ARE REGRETFUL

5 And there *was* **became** a great cry
of the people and of their *wives* **women**
against their brethren the *Jews* **Yah Hudiym.**
2 **Yes,** For there were that said,
We, our sons, and our daughters, are many:
therefore we take up *corn* **crop** *for*
them, that we may eat, and live.
3 *Some* also there were that said,
We have *mortgaged* **pledged** our *lands*
fields, vineyards, and houses,
that we might *buy corn* **take crop**,
because of the *dearth* **famine**.
4 There were also that said,
We have borrowed *money* **silver**
for the *king's tribute* **sovereign's measure**, and
that upon our *lands* **fields** and vineyards.
5 Yet now our flesh is as the flesh of our brethren,
our *children* **sons** as their *children* **sons**:
and, *lo* **behold**, we *bring into bondage* **subdue**

our sons and our daughters to be servants,
and *some* of our daughters
are *brought unto bondage* **subdued** *already*:
neither is it in *our power* **the El of our hands**
to redeem them;
for other men have our *lands* **fields** and vineyards.
6 AndIwas*veryangry***mightyinflamed**
when I heard their cry and these words.
7 Then*Iconsulted***myheartreigned**withmyself,
and I *rebuked* **contended**
with the nobles, and the *rulers*
prefects, and said unto them,
Ye *exact usury* **bear interest**,
every one **each man** of his brother.
And I *set* **gave** a great *assembly*
congregation against them.
8 And I said unto them,
We after our *ability* **sufficiency**
have *redeemed* **chatteled** our brethren
the *Jews* **Yah Hudiym**
which were sold unto the *heathen* **goyim**; and *will* **shall**
ye *even* sell your brethren? or shall they be sold unto us?
Then *held they their peace* **they hushed**,
and found *nothing to answer* **no word**.
and the other half of them hold both the
jav elins, the bucklers and the bows and the
habergeons; and the governors are behind
all the house of Yah Hudah.
17 They who build on the wall
and they who bear burdens, and they who
load, with one hand work in the work
and with one hold a spear:
18 for the builders
— each man has his sword bound
on his loins and thus builds;
and he who blasts the shophar is by me.
19 And I say to the nobles and to the rulers
and to the rest of the people,
The work is abundant and large
and we are separated on the wall
— man far from brother:
20 in the place you hear the voice of the
shophar, gather there to us:
our Elohim fights for us.
21 And we work in the work:
and half of them hold the javelins from
the ascending of the dawn
until the stars come.
22 Likewise at the same time I say to the
people, Each man with his lad
— stay overnight inside Yeru Shalem
— to be our underguard in the night and work by day.
23 So neither I, nor my brothers, nor my lads,
nor the men of the underguard after me
— none of us strips our clothes;
each man goes for water with his spear.

The Yah Hudiym Are Regretful

5 And so be it,
a great cry of the people and of their women
against their brothers the Yah Hudiym.
2 Yes, they who say,
We, our sons and our daughters, are many;
and we take crop to eat and live.
3 And they who say,
We pledge our fields, vineyards and
houses, to take crop for the famine.
4 And they who say,
We borrowed silver on our fields and vineyards
for the measure of the sovereign:
5 and now, our flesh is as the flesh of our brothers
— our sons as their sons:
and, behold,
we subdue our sons and our daughters to be
servants and *some* of our daughters are subdued:
and El is not in our hands:
for other men have our fields and vineyards.
6 And I inflame mightily
when I hear their cry and these words:
7 and my heart reigns over me
and I contend with the nobles and
the prefects, and say to them,
You bear interest — each man of his brother:
and I give a great congregation against them.
8 And I say to them, With our ability
we chatteled our brothers the Yah Hudiym
who were sold to the goyim;
And you, sell your brothers? — sell to us?
— and they hush and find no word.
9 Also I said,
The word that ye work It is not good *that ye do*:
ought ye not to walk in the *fear* **awe** of our *God* **Elohim**
because of the reproach
of the *heathen* **goyim** our enemies?
10 I likewise, and my brethren, and my *servants* **lads**,
might exact of them *money* **silver** and *corn* **crop**:
I *pray* **beseech** you, let us leave off this *usury* **interest**.
11 Restore,I*pray***beseech**you,tothem,eventhisday,
their *lands* **fields**, their vineyards, their
oliveyards, and their houses,

also the hundredth *part* of the *money*
silver, and of the *corn* **crop**, the *wine* **juice**,
and the oil, that ye exact of them.
12 Then said they, We *will* **shall** restore them,
and *will require nothing* **shall seek naught** of them;
so *will* **shall** we *do* **work** as thou sayest.
Then I called the priests, and *took an oath*
of **oathed** them, that they should *do* **work**
according to this *promise* **word**.
13 Also I shook my *lap* **bosom**, and said,
So *God* **Elohim** shake out every man from
his house, and from his labour,
that *performeth* **raiseth** not this *promise* **word**,
even thus be he shaken out, and emptied.
And all the congregation said, Amen,
and *praised the LORD* **halaled Yah Veh**.
And the people *did* **worked**
according to this *promise* **word**.
14 Moreover from the *time* **day**
that I was *appointed* **misvahed** to be their
governor in the land of *Judah* **Yah Hudah**,
from the twentieth year
even unto the two and thirtieth year
of *Artaxerxes* **Artach Shashta** the *king* **sovereign**,
that is, twelve years, I and my brethren
have not eaten the bread of the governor.
15 But the former governors
that had been before me **at my face**
were *chargeable* **heavy** unto the people, and
had taken of them bread and wine, beside
forty shekels of silver; *yea* **however**,
even their *servants* **lads**
bare rule **dominated** over the people:
but so *did* **worked** not I,
because **at the face** of the *fear* **awe** of *God* **Elohim**.
16 Yea,alsoI*continued* **heldfas**intheworkofthiswal,
neither *bought* **chatteled** we any *land* **field**:
and all my *servants* **lads**
were gathered thither unto the work.
17 *Moreover*
there were at my table an hundred and fifty
men of the *Jews* **Yah Hudiym** and *rulers*
prefects, beside those that came unto us
from among the *heathen* **goyim** that are **round** about us.
18 Now that which was *prepared* **worked**
for *me daily* **one day**
was one ox and six *choice sheep* **pure flock**; also *fowls*
birds were *prepared* **worked** for me, and once in ten days
store **abundance** of all sorts of wine:
yet for all this
required **sought** not I the bread of the governor, because
the *bondage* **service** was heavy upon this people.
19 *Think* **Remembeur**ponme,my*God* **Elohim**,forgod,
according to all that I have *done* **worked** for this people.

THE YAH HUDIYM ACCUSED

6 *Now* **And so be** it *came to pass*,
when Sanballat, and *Tobiah* **Tobi Yah**,
and Geshem the *Arabian* **Arabiy**,
and the rest of our enemies, heard
that I had builded the wall,
and that there was no breach *left* **remaining** therein;
(*though at* **however until** that time
I had not *set up* **stood** the doors upon the *gates* **portals**;)
2 That Sanballat and Geshem sent
unto me, saying, Come,
let us *meet* **congregate** *together*
in *some one of* the villages in the *plain* **valley** of Ono. But
they *thought* **fabricated** to *do* **work** me *mischief* **evil**.
9 And I say,
The word you work is not good:
ought you not to walk in the awe of our Elohim
because of the reproach of the goyim our enemies?
10 And also I — and my brothers and my lads,
exact silver and crop of them:
I beseech you, leave off this interest:
11 restore to them, I beseech you, even this
day, their fields, their vineyards,
their oliveyards and their houses,
silver to the hundredth,
and of the crop, the juice and the
oil, you exacted of them.
12 And they say,
We restore them and seek naught of them;
thus we work as you say.
And I call the priests and oath them to
work according to this word:
13 and I shake my bosom and say,
Thus *may* Elohim shake
every man from his house and from his labor
who raises not this word
— even thus be he shaken out and emptied.
And all the congregation says, Amen!
— and halals Yah Veh;
and the people work according to this word.
14 Also from the day he misvahed me
to be their governor in the land of Yah Hudah
— from the twentieth year even to
the thirty—second year
of Artach Shashta the sovereign

— twelve years,
I and my brothers eat not the bread of the governor:
15 the former governors at my face
are heavy to the people
and take bread and wine of them,
besides forty shekels of silver;
also their lads dominate over the people:
but I work not thus at the face of the awe of Elohim:
16 and I also hold fast in the work of this wall:
we chattel no field:
and all my lads gather there to the work.
17 And of the Yah Hudiym and prefects,
there are a hundred and fifty men at my
table beside those who come to us
from among the goyim all around us.
18 And here is what is worked for one day:
one ox and six pure flock;
and birds are worked for me;
and once in ten days
an abundance of all sorts of wine:
yet for all this I seek not the bread of the governor;
because the service is heavy on this people.
19 Remember on me, my Elohim, for good,
according to all I work for this people.

THE YAH HUDIYM ACCUSED

6 And so be it,
Sanballat and Tobi Yah and Geshem the
Arabiy and the rest of our enemies
hear I built the wall
with no breach remaining therein
— also until that time
I had not stood the doors on the portals;
2 and Sanballat and Geshem send to me, saying,
Come, congregate with us
3 And I sent *messengers* **angels** unto them,
saying, I am *doing* **working** a great work,
so that I cannot *come down* **descend**:
why should the work cease,
whilst I *leave* **slacken** it, and *come down* **descend** to you?
4 Yet they sent unto me four times after this *sort* **word**;
and I *answered* **returned** them after
the same *manner* **word**.
5 Then sent Sanballat his *servant* **lad** unto
me in like *manner* **word** the fifth time
with an open *letter* **epistle** in his hand;
6 Wherein was *written* **inscribed**,
It is *reported* **heard** among the *heathen*
goyim, and Gashmu saith it,
that thou and the *Jews* **Yah Hudiym**
think **fabricate** to rebel:
for *which cause* **thus** thou buildest the wall,
that thou mayest be their *king* **sovereign**,
according to these words.
7 And thou hast also *appointed* **stood** prophets
to *preach* **call out** of thee at *Jerusalem* **Yeru Shalem**,
saying, There is a *king* **sovereign** in *Judah* **Yah
Hudah**: and now shall it be *reported* **heard**
to **by** the *king* **sovereign** according to these words.
Come now therefore, and let us *take* counsel together.
8 Then I sent unto him, saying,
There are no such *things done* **words** as thou sayest, but
thou *feignest* **contrivest** them out of thine own heart.
9 For they all *made* **awe** us *afraid*, saying,
Their hands shall *be weakened* **slacken** from
the work, that it be not *done* **worked**.
Now therefore, *O God*, strengthen my hands.
10 Afterward
I came unto the house of *Shemaiah* **Shema Yah**
the son of *Delaiah* **Dela Yah**
the son of *Mehetabeel* **Mehetab El**,
who was *shut up* **restrained**;
and he said, Let us *meet* **congregate** *together*
in the house of *God* **Elohim**, within the *temple* **manse**,
and let us shut the doors of the *temple* **manse**:
for they *will* **shall** come to *slay* **slaughter** thee; yea,
in the night *will* **shall** they come to *slay* **slaughter** thee.
11 AndIsaid,shouldsuchamanasIflee?
and who is there, that, *being* as I *am*,
would **should** go into the *temple* **manse**
to *save his life* **live**? I *will* **shall** not go in.
12 And, *lo* **behold**,
I *perceived* **recognized**
that *God* **Elohim** had not sent him;
but that he *pronounced* **worded**
this prophecy against me:
for *Tobiah* **Tobi Yah** and Sanballat had hired him.
13 Thereforewashehired,thatIshouldbe*afraid***awed**,
and *do* **work** so, and sin,
and that they might *have matter* **become**
for an evil *report* **name**, that they might reproach me.
14 My *God* **Elohim**,
think **remember** thou upon *Tobiah* **Tobi Yah**
and Sanballat according to these their works,
and on the prophetess *Noadiah* **Noad
Yah**, and the rest of the prophets,
that *would have put me in fear* **should have me awe**.
15 So the wall was *finished* **shalamed**
in the twenty and fifth *day* of *the month* Elul,
in fifty and two days.

16 And **so be** it *came to pass,*
that when all our enemies heard *thereof,*
and all the *heathen* **goyim** that were **round** about us
saw these *things,*
they were *much cast down* **mightily**
fallen in their own eyes:
for they perceived that this work was
wrought **worked** of our *God* **Elohim.**
17 Moreover in those days the nobles of *Judah* **Yah**
Hudah *sent many letters* **abounded passing**
their epistles unto *Tobiah* **Tobi Yah,**
and *the letters* **those** of *Tobiah* **Tobi**
Yah came unto them.
3 And I send angels to them, saying,
I work a great work, that I cannot descend:
why cease the work — slacken it to descend to you?
4 — and they send me this word four times;
and I return the same word.
5 And Sanballat sends his lad to me
in like word a fifth time
with an open epistle in his hand;
6 wherein is inscribed,
It is heard among the goyim; and Gashmu
says it, that you and the Yah Hudiym
fabricate to rebel: so you build the wall
— to be their sovereign — according to these words:
7 and you also stand prophets
to call for you at Yeru Shalem, saying, There is a
sovereign in Yah Hudah: and now the sovereign hears
these words: come now, and we counsel together.
8 And I send to him, saying, There
are no such words as you say
but you contrive them from your own heart:
9 for they all awe us, saying,
Their hands slacken from the work, that it is not worked:
and now, my hands strengthen.
10 And I come to the house of Shema Yah the
son of Dela Yah the son of Mehetab El
who is restrained;
and he says, Congregate us in the house of Elohim
inside the manse
and shut the doors of the manse:
for they come to slaughter you;
yes, in the night they come to slaughter you.
11 And I say, Such a man as I — flee?
And who — who am I to go into the manse to live?
I go not in.
12 And, behold,
I recognize that Elohim sent him not;
but that he words this prophecy against me:
for Tobi Yah and Sanballat hired him
13 — a hireling to awe me — to work thus and sin and
that they are for an evil name — to reproach me.
14 My Elohim,
remember on Tobi Yah and Sanballat
according to these their works;
and on the prophetess Noad Yah and the
rest of the prophets that they awe me.
15 And they shalam the wall in the twenty—fifth of Elul
— in fifty—two days.
16 And so be it,
all our enemies hear
and all the goyim all around us see and
they fall mightily in their own eyes:
for they perceive
that this work is worked of our Elohim.
17 Also in those days the nobles of Yah Hudah
abound passing their epistles to Tobi Yah;
and they of Tobi Yah come to them.
18 For there were many **masters** in *Judah* **Yah Hudah**
sworn **oathed** unto him,
because he was the son in law of
Shechaniah **Shechan Yah**
the son of *Arah* **Arach;**
and his son *Johanan* **Yah Hanan**
had taken the daughter of Meshullam
the son of *Berechiah* **Berech Yah.**
19 Also they *reported* **said** his good deeds
before me **at my face,**
and *uttered* **brought** my words to him. And *Tobiah* **Tobi**
Yah sent *letters* **epistles** to *put me in fear* **have me awe.**

NECHEM YAH MISVAHS HANANI AND HANAN YAH CONCERNING YERU SHALEM

7 *Now* **And so be** it *came to pass,*
when the wall was built,
and I had *set up* **stood** the doors,
and the porters and the singers and the *Levites* **Leviym**
were *appointed* **mustered,**
2 That I *gave* **misvahed** my brother
Hanani, and *Hananiah* **Hanan Yah**
the *ruler* **governor** of the palace,
charge over Jerusalem **concerning Yeru Shalem:**
for he was a *faithful man* **man of truth,** and
feared God **awed Elohim** above many.
3 And I said unto them,
Let not
the *gates* **portals** of *Jerusalem* **Yeru Shalem**
be opened until the sun be hot;
and while they stand by,

let them shut the doors, and *bar* **hold** them:
and *appoint watches* **stand guards**
of the *inhabitants* **settlers** of *Jerusalem* **Yeru Shalem,**
every one **each man** in his *watch* **underguard,**
and *every one* **each man** to be over against his house.
4 Now the city was *large* **broad in space** and great:
but the people were few therein, and
the houses were not builded.

THE GENEALOGY OF THE EXILED

5 And my *God put* **Elohim gave** into mine
heart to gather *together* the nobles,
and the *rulers* **prefects**, and the people,
that they might be *reckoned by genealogy* **genealogized.**
And I found a *register* **scroll** of the genealogy of
them which *came up* **ascended** at the first,
and found *written* **inscribed** therein,
6 These are the *children* **sons** of the
province **jurisdiction**, that *went up*
ascended out of the captivity,
of *those that had been carried away* **the exiles,**
whom *Nebuchadnezzar* **Nebukadnets Tsar,**
the *king* **sovereign** of *Babylon* **Babel**
had *carried away* **exiled,**
and *came again* **returned**
to *Jerusalem* **Yeru Shalem** and to *Judah* **Yah Hudah,**
every one **each man** unto his city;
7 Who came with *Zerubbabel* **Zerub Babel,**
Jeshua **Yah Shua**, *Nehemiah* **Nechem Yah,**
Azariah **Azar Yah**, *Raamiah* **Raam Yah,**
Nahamani **Nachamani**, *Mordecai* **Mordechay**, Bilshan,
Mispereth, *Bigvai* **Bigvay**, *Nehum* **Nechum**, Baanah.
The number, *I say,*
of the men of the people of *Israel* **Yisra El** *was this;*
8 The *children* **sons** of Parosh,
two thousand an hundred seventy and two.
9 The*children***sons**o*Sfhephatiah***ShaphatYah,**
three hundred seventy and two.
10 The *children* **sons** of *Arah* **Arach,**
six hundred fifty and two.
11 The *children* **sons** of *Pahathmoab* **Pachath Moab**
of the *children* **sons** of *Jeshua* **Yah**
Shua and *Joab* **Yah Ab,**
two thousand and eight hundred and eighteen.
12 The *children* **sons** of Elam
a thousand two hundred fifty and four.
13 The *children* **sons** of Zattu, eight
hundred forty and five.
14 The*children***sons**of*ZaccaZi* **akkay,**
seven hundred and *threescore* **sixty.**

15 The *children* **sons** of *Binnui* **Binnuy,**
six hundred forty and eight.
18 For many masters in Yah Hudah oath to
him because he is the son in law
of Shechan Yah the son of Arach;
and his son Yah Hanan took the daughter
of Meshullam the son of Berech Yah.
19 Also they say his good deeds at my
face and bring my words to him.
And Tobi Yah sends epistles so that I awe.

NECHEM YAH MISVAHS HANANI AND HANAN YAH CONCERNING YERU SHALEM

7 And so be it, the wall is built;
and I stand the doors;
and muster the porters
and the singers and the Leviym;
2 and I misvah my brother Hanani
and Hanan Yah the governor of the
palace concerning Yeru Shalem:
for he *is* a man of truth
and awes Elohim above many.
3 And I say to them,
Open not the portals of Yeru Shalem
until the heat of the sun.
And they stand by,
and shut the doors and hold them;
and stand guards of the settlers of Yeru Shalem,
— each man in his underguard
— each man over against his house.
4 and the city is broad in space and great:
and the people midst *are* few
and the houses *are* not built.

THE GENEALOGY OF THE EXILED

5 And my Elohim gives my heart
to gather the nobles and the prefects and
the people to genealogize them;
and I find a scroll of their genealogy
which ascends to the first;
and find inscribed therein:
6 These *are* the sons of the jurisdiction
who ascend from the captivity of the exiles;
whom Nebukadnets Tsar the sovereign
of Babel exiled and returned
to Yeru Shalem and to Yah Hudah
— each man to his city;
7 who came with Zerub Babel, Yah Shua, Nechem
Yah, Azar Yah, Raam Yah, Nachamani, Mordechay,
Bilshan, Mispereth, Bigvay, Nechum, Baanah.

The number of the men of the people of Yisra El:
8 the sons of Parosh:
two thousand a hundred seventy—two;
9 the sons of Shaphat Yah:
three hundred seventy—two;
10 the sons of Arach:
six hundred fifty—two;
11 the sons of Pachath Moab
of the sons of Yah Shua and Yah Ab:
two thousand and eight hundred and eighteen;
12 the sons of Elam:
a thousand two hundred fifty—four;
13 the sons of Zattu:
eight hundred forty—five;
14 the sons of Zakkay:
seven hundred and sixty;
15 the sons of Binnuy:
six hundred forty—eight;
16 The *children* **sons** of *Bebai* **Bebay**, six
hundred twenty and eight.
17 The *children* **sons** of Azgad,
two thousand three hundred twenty and two.
18 The*children***sons**o*Afdonikam***AdoniQam**,
six hundred *threescore* **sixty** and seven.
19 The*children***sons**of*Bigvai***Bigvay**,
two thousand *threescore* **sixty** and seven.
20 The *children* **sons** of Adin, six hundred fifty and five.
21 The *children* **sons** of Ater of *Hezekiah* **Yechizqi Yah**,
ninety and eight.
22 The *children* **sons** of Hashum, three
hundred twenty and eight.
23 The*children***sons**of*Bezai***Besay**,
three hundred twenty and four.
24 The *children* **sons** of Hariph,
an hundred and twelve.
25 The *children* **sons** of *Gibeon* **Gibon**, ninety and five.
26 The men of *Bethlehem* **Beth Lechem** and Netophah,
an hundred *fourscore* **eighty** and eight.
27 The men of Anathoth,
an hundred twenty and eight.
28 The men of *Bethazmaveth* **Beth
Azmaveth**, forty and two.
29 The men of *Kirjathjearim* **Qiryath Arim**,
Chephirah **Kephirah**, and Beeroth,
seven hundred forty and three.
30 The men of Ramah and *Gaba* **Geba**,
six hundred twenty and one.
31 The men of Michmas,
an hundred and twenty and two.
32 Themenof*Bethel***BethEl**and*Ai***Ay**,
an hundred twenty and three.
33 The men of the other Nebo, fifty and two.
34 The *children* **sons** of the other Elam,
a thousand two hundred fifty and four.
35 The *children* **sons** of Harim,
three hundred and twenty.
36 The *children* **sons** of *Jericho* **Yericho**,
three hundred forty and five.
37 The*children***sons**ofLod,Hadid,andOno,
seven hundred twenty and one.
38 The*children***sons**ofSenaah,
three thousand nine hundred and thirty.
39 The priests:
the *children* **sons** of *Jedaiah* **Yeda Yah**, of *the house of
Jeshua* **Beth Yah Shua**, nine hundred seventy and three.
40 The *children* **sons** of Immer,
a thousand fifty and two.
41 The *children* **sons** of *Pashur* **Pashchur**,
a thousand two hundred forty and seven.
16 the sons of Bebay:
six hundred twenty—eight;
17 the sons of Azgad:
two thousand three hundred twenty—two;
18 the sons of Adoni Qam:
six hundred sixty—seven;
19 the sons of Bigvay:
two thousand sixty—seven;
20 the sons of Adin:
six hundred fifty—five;
21 the sons of Ater of Yechizqi Yah:
ninety—eight;
22 the sons of Hashum:
three hundred twenty—eight;
23 the sons of Besay:
three hundred twenty—four;
24 the sons of Hariph:
a hundred and twelve;
25 the sons of Gibon:
ninety—five;
26 the men of Beth Lechem and Netophah:
a hundred eighty—eight;
27 the men of Anathoth:
a hundred twenty—eight;
28 the men of Beth Azmaveth:
forty—two;
29 the men of Qiryath Arim Kephirah and Beeroth:
seven hundred forty—three;
30 the men of Ramah and Geba:
six hundred twenty—one;
31 the men of Michmas:

a hundred and twenty—two;
32 the men of Beth El and Ay:
a hundred twenty—three;
33 the men of the other Nebo:
fifty—two;
34 the sons of the other Elam:
a thousand two hundred fifty—four;
35 the sons of Harim:
three hundred and twenty;
36 the sons of Yericho:
three hundred forty—five;
37 the sons of Lod, Hadid and Ono:
seven hundred twenty—one;
38 the sons of Senaah:
three thousand nine hundred and thirty.
39 The priests:
the sons of Yeda Yah of Beth Yah Shua:
nine hundred seventy—three;
40 the sons of Immer:
a thousand fifty—two;
41 the sons of Pashchur:
a thousand two hundred forty—seven;
42 The *children* **sons** of Harim, a
thousand and seventeen.
43 The *Levites* **Leviym**:
the *children* **sons** of *Jeshua* **Yah
Shua**, of *Kadmiel* **Qadmi El**,
and of the *children* **sons** of *Hodevah* **Hode Yah**,
seventy and four.
44 The singers:
the *children* **sons** of Asaph, an hundred forty and eight.
45 The porters:
the *children* **sons** of Shallum, the *children* **sons** of Ater,
the *children* **sons** of Talmon,
the *children* **sons** of *Akkub* **Aqqub**,
the *children* **sons** of Hatita,
the *children* **sons** of *Shobai* **Shobay**,
an hundred thirty and eight.
46 The *Nethinims* **Dedicates**:
the *children* **sons** of *Ziha* **Sicha**,
the *children* **sons** of Hashupha, the
children **sons** of Tabbaoth,
47 The *children* **sons** of *Keros* **Qeros**,
the *children* **sons** of Sia,
the *children* **sons** of Padon,
48 The *children* **sons** of Lebana,
the *children* **sons** of *Hagaba* **Hagabah**, the
children **sons** of *Shalmai* **Salmay**,
49 The *children* **sons** of Hanan, the
children **sons** of Giddel,
the *children* **sons** of *Gahar* **Gachar**,
50 The*children***sons**of*Reaiah***ReaYah**,
the *children* **sons** of *Rezin* **Resin**, the
children **sons** of Nekoda,
51 The *children* **sons** of Gazzam,
the *children* **sons** of Uzza,
the *children* **sons** of *Phaseah* **Paseach**,
52 The*children***sons**of*Besai***Besay**,
the *children* **sons** of *Meunim* **Maoniym**,
the *children* **sons** of *Nephishesim* **Nephisim**,
53 The *children* **sons** of *Bakbuk* **Baqbuq**,
the *children* **sons** of *Hakupha* **Haqupha**,
the *children* **sons** of *Harhur* **Harchur**,
54 The*children***sons**of*Bazlith***Baslith**,
the *children* **sons** of *Mehida* **Mechida**,
the *children* **sons** of Harsha,
55 The *children* **sons** of *Barkos* **Barqos**,
the *children* **sons** of Sisera,
the *children* **sons** of *Tamah* **Temach**,
56 The *children* **sons** of *Neziah* **Nesiach**,
the *children* **sons** of Hatipha.
57 The *children* **sons** of *Solomon's* **Shelomoh's** servants:
the *children* **sons** of *Sotai* **Sotay**,
the *children* **sons** of Sophereth, the
children **sons** of Perida,
58 The*children***sons**of*Jaala***Yaalah**,
the *children* **sons** of *Darkon* **Darqon**,
the *children* **sons** of Giddel,
59 The*children***sons**of*Shephatiah***ShaphatYah**,
the *children* **sons** of Hattil, the *children* **sons** of
Pochereth of *Zebaim* **Sebayim**, the
children **sons** of Amon.
60 All the *Nethinims* **Dedicates**,
and the *children* **sons** of *Solomon's* **Shelomoh's**
servants, were three hundred ninety and two.
61 And these were they which *went up* **ascended** *also*
from *Telmelah* **Tel Melach**, *Telharesha* **Tel
Harsha**, Cherub, Addon, and Immer:
but they could not *shew* **tell** their
father's house, nor their seed,
whether they were of *Israel* **Yisra El**.
62 The *children* **sons** of *Delaiah* **Dela Yah**,
the *children* **sons** of *Tobiah* **Tobi Yah**,
the *children* **sons** of Nekoda, six hundred forty and two.
63 And of the priests:
the *children* **sons** of *Habaiah* **Haba Yah**,
the *children* **sons** of *Koz* **Qos**,
42 the sons of Harim:
a thousand and seventeen.
43 The Leviym:

the sons of Yah Shua of Qadmi El of the
sons of Hode Yah: seventy—four;
44 The singers:
the sons of Asaph:
a hundred forty—eight;
45 The porters:
the sons of Shallum, the sons of Ater, the
sons of Talmon, the sons of Aqqub, the
sons of Hatita, the sons of Shobay:
a hundred thirty—eight.
46 The Dedicates:
the sons of Sicha,
the sons of Hashupha, the sons of Tabbaoth,
47 the sons of Qeros,
the sons of Sia, the sons of Padon,
48 the sons of Lebana,
the sons of Hagabah, the sons of Salmay,
49 the sons of Hanan,
the sons of Giddel, the sons of Gachar,
50 the sons of Rea Yah,
the sons of Resin, the sons of Nekoda,
51 the sons of Gazzam,
the sons of Uzza, the sons of Paseach,
52 the sons of Besay,
the sons of Maoniym, the sons of Nephisim,
53 the sons of Baqbuq,
the sons of Haqupha, the sons of Harchur,
54 the sons of Baslith,
the sons of Mechida, the sons of Harsha,
55 the sons of Barqos,
the sons of Sisera, the sons of Temach,
56 the sons of Nesiach, the sons of Hatipha.
57 The sons of the servants of Shelomoh:
the sons of Sotay,
the sons of Sophereth, the sons of Perida,
58 the sons of Yaalah,
the sons of Darqon, the sons of Giddel,
59 the sons of Shaphat Yah, the sons of Hattil,
the sons of Pochereth of Sebayim, the sons of Amon.
60 All the Dedicates
and the sons of servants of Shelomoh
— three hundred ninety—two.
61 And these are they who ascend from Tel Melach,
Tel Harsha, Cherub, Addon and Immer:
and they are not able to tell
the house of their father or their seed
whether they are of Yisra El —
62 the sons of Dela Yah,
the sons of Tobi Yah, the sons of Nekoda
— six hundred forty—two;
63 And of the priests:
the sons of Haba Yah, the sons of Qos,
the *children* **sons** of *Barzillai* **Barzillay**,
which took *one* of the daughters
of *Barzillai* **Barzillay** the *Gileadite*
Giladiy to *wife* **woman**,
and was called after their name.
64 These sought their *register* **inscribings** among those
that were *reckoned by genealogy*
genealogized, but it was not found:
therefore were they, *as polluted, put*
profaned from the priesthood.
65 And the *Tirshatha* **governor** said unto
them, that they should not eat
of the *most holy things* **Holy of Holies**,
till there stood *up* a priest with Urim and Thummim.
66 The whole congregation *together* **as one**
was *forty* **four myriads**
and two thousand three hundred and *threescore* **sixty**,
67 Beside
their *manservants* **servants** and their
maidservants **maids**, of whom there were
seven thousand three hundred thirty and seven:
and they had two hundred forty and five
singing men **songsters** and *singing women* **songstresses**.
68 Theirhorses,sevenhundredthirtyandsix:
their mules, two hundred forty and five:
69 Their camels, four hundred thirty and five:
six thousand seven hundred and twenty *asses* **he burros**.
70 And *some* **part** of the *chief* **heads** of
the fathers gave unto the work.
The *Tirshatha* **governor** gave to the treasure
a thousand *drams* **drachmim** of gold,
fifty *basons* **sprinklers**,
five hundred and thirty priests' *garments* **coats**.
71 And*some*ofthe*chieh***f**e**ads**ofthefathers
gave to the treasure of the work
twenty thousand drams **two myriads drachmim** of gold,
and two thousand and two hundred *pound* **maneh**
of silver.
72 And that which the *rest* **survivors** of the people gave
was *twenty thousand drams* **two myriads drachmim**
of gold,
and two thousand *pound* **maneh** of silver,
and *threescore* **sixty** and seven priests' *garments* **coats**.
73 So the priests, and the *Levites* **Leviym**, and the
porters, and the singers, and *some* of the people,
and the *Nethinims* **Dedicates**, and all *Israel* **Yisra El**,
dwelt **settled** in their cities;
and when the seventh month *came* **touched**,
the *children* **sons** of *Israel* **Yisra El** were in their cities.

EZRA CALLS OUT THE TORAH

8 And all the people
gathered *themselves together* as one
man into the *street* **broadway**
that was *before* **at the face of** the water *gate* **portal;**
and they *spake* **said** unto Ezra the
scribe to bring the *book* **scroll**
of the *law* **torah** of *Moses* **Mosheh,**
which *the LORD* **Yah Veh** had *commanded* **misvahed**
to *Israel* **Yisra El.**
2 And Ezra the priest brought the *law* **torah**
before **at the face of** the congregation
both of men and women,
and all that *could hear* **discerned**
with understanding **hearkened,** upon the
first day of the seventh month.
3 And he *read* **called out** therein
before **at the face of** the *street* **broadway**
that was *before* **at the face of** the water *gate* **portal**
from the *morning* **light** until midday,
before **in front of** the men and the women,
and those that *could understand* **discerned;**
and the ears of all the people
were attentive unto the *book* **scroll** of the *law* **torah.**
4 And Ezra the scribe
stood upon a *pulpit* **tower** of *wood* **timber,** which
they had *made* **worked** for the *purpose* **word;**
and beside him stood *Mattithiah* **Mattith Yah,**
and Shema, and *Anaiah* **Ana Yah,**
and *Urijah* **Uri Yah,** and *Hilkiuh* **Hilqi Yah,** and
Maaseiah **Maase Yah,** on his right *hand;*
the sons of Barzillay,
who take of the daughters
of Barzillay the Giladiy to woman
— and are called after their name;
64 these sought their inscribings
among the genealogized
but found them not:
and they are profaned from the priesthood.
65 And the governor says to them, to
not eat of the Holy of Holies,
until a priest stands with Urim and Thummim.
66 The whole congregation as one
is four myriads
and two thousand three hundred and sixty:
67 beside their servants and their
maids of whom there are
seven thousand three hundred thirty—seven: and they
have two hundred forty—five songsters and songstresses:
68 their horses, seven hundred thirty—six:
their mules, two hundred forty—five:
69 their camels, four hundred thirty—five:
six thousand seven hundred and twenty he burros.
70 And a part of the heads of the
fathers give to the work:
the governor gives the treasure a thousand
drachmim of gold, fifty sprinklers,
five hundred and thirty coats for the priests;
71 and of the heads of the fathers
give to the treasure of the work:
two myriads drachmim of gold and
two thousand and two hundred
maneh of silver;
72 and the survivors of the people give
two myriads drachmim of gold
and two thousand maneh of silver
and sixty—seven coats for the priests.
73 And the priests and the Leviym and the
porters and the singers and of the people
and the Dedicates and all Yisra El,
settle in their cities;
and the seventh month touches,
and the sons of Yisra El are in their cities.

EZRA CALLS OUT THE TORAH

8 And all the people gather as one man
into the broadway at the face of the water portal;
and they say to Ezra the scribe
to bring the scroll of the torah of Mosheh
which Yah Veh misvahed to Yisra El:
2 and Ezra the priest brings the torah
at the face of the congregation
— both of men and women;
and all who discern to hearken;
on the first day of the seventh month.
3 And he calls out therein
at the face of the broadway at the face of the
water portal from the light until midday;
in front of the men and the women and all who discern;
and the ears of all the people to the scroll of the torah.
4 And Ezra the scribe stands on a tower of
timber they worked for the word;
and Mattith Yah stands beside him;
and Shema and Ana Yah and Uri Yah and Hilqi Yah
and Maase Yah, on his right;
and on his left *hand*, *Pedaiah* **Pedah Yah,**
and *Mishael* **Misha El,** and *Malchiah* **Malki Yah,**
and Hashum, and *Hashbadana* **Hashbad Danah,**
Zechariah **Zechar Yah,** and Meshullam.
5 And Ezra opened the *book* **scroll**

in the *sight* **eyes** of all the people; (for
he was above all the people;)
and when he opened it, all the people stood *up*:
6 And Ezra blessed *the LORD* **Yah**
Veh, the great *God* **Elohim.**
And all the people answered, Amen, Amen,
with lifting up **raising** their hands:
and they bowed their heads,
and *worshipped the LORD* **prostrated to Yah Veh**
with their *faces* **nostrils** to the *ground* **earth.**
7 Also *Jeshua* **Yah Shua**, and Bani,
and *Sherebiah* **Shereb Yah**, *Jamin* **Yamin**, *Akkub* **Aqqub**,
Shabbethai **Shabbethay**, *Hodijah* **Hodi Yah**,
Maaseiah **Maase Yah**, *Kelita* **Qelita**, *Azariah* **Azar Yah**,
Jozabad **Yah Zabad**, Hanan, *Pelaiah*
Pela Yah, and the *Levites* **Leviym**,
caused the people to *understand* **discern** the *law* **torah**:
and the people *stood* in their *place* **station.**
8 So they *read* **called out** in the *book* **scroll**
in the *law* **torah** of *God distinctly* **Elohim expressly**,
and *gave* **set** the *sense* **comprehension**,
and caused them
to *understand* **discern** the *reading* **convocation.**
9 And *Nehemiah* **Nechem Yah**, which is the
Tirshatha **governor**, and Ezra the priest the scribe,
and the *Levites* **Leviym** that *taught*
had the people **discern**,
said unto all the people, This day is holy
unto *the LORD* **Yah Veh** your *God* **Elohim**;
mourn not, nor weep. For all the people wept,
when they heard the words of the *law* **torah.**
10 Then he said unto them, Go your way, eat the fat,
and drink the sweet, and send portions unto them
for whom *nothing* **naught** is prepared: for this day is
holy unto our *Lord* **Adonay**: neither *be* ye *sorry* **contort**;
for the *joy* **rejoicing** of *the LORD* **Yah Veh**
is your *strength* **stronghold.**
11 So the *Levites stilled* **Leviym hushed** all the people,
saying, *Hold your peace* **Hush**, for the day is holy;
neither *be* ye *grieved* **contort.**
12 And all the people went their way to eat, and to drink,
and to send portions, and to *make* **work** great *mirth*
cheer, because they had *understood* **discerned** the words
that were *declared* **made known** unto them.
13 And on the second day were gathered *together*
the *chief* **heads** of the fathers of all the people,
the priests, and the *Levites* **Leviym**, unto Ezra
the scribe, even to *understand* **comprehend**
the words of the *law* **torah.**

THE CELEBRATION OF
SUKKOTH/BRUSH ARBORS

14 And they found *written* **inscribed** in the *law*
torah which *the LORD* **Yah Veh** had *commanded*
misvahed by *Moses* **the hand of Mosheh**,
that the *children* **sons** of *Israel* **Yisra El**
should *dwell* **settle** in *booths* **sukkoth/brush arbors**
in the *feast* **celebration** of the seventh month:
15 And that they should *publish* **hear**
and *proclaim* **pass a voice** in all their cities,
and in *Jerusalem* **Yeru Shalem**, saying,
Go forth unto the mount, and fetch olive *branches*
leaves, and *pine branches* **leaves of oil trees**,
and myrtle *branches* **leaves**,
and palm *branches* **tree leaves**, and
branches **leaves** of thick trees,
to *make booths* **work sukkoth/brush**
arbors, as *it is written* **inscribed.**
16 So the people went forth, and brought
them, and *made* **worked** themselves
booths **sukkoth/brush arbors**,
every one **each man** upon the roof of his house,
and on his left, Pedah Yah and Misha El
and Malki Yah and Hashum and Hashbad
Danah, Zechar Yah and Meshullam.
5 And Ezra opens the scroll in the eyes of all the people
— he being above all the people
and he opens it and all the people stand:
6 and Ezra blesses Yah Veh the great Elohim.
And all the people answer, Amen! Amen!
— they raise their hands and they bow
their heads and prostrate to Yah Veh
with their nostrils to the earth.
7 And Yah Shua and Bani and Shereb
Yah, Yamin, Aqqub, Shabbethay,
Hodi Yah, Maase Yah, Qelita, Azar Yah, Yah
Zabad, Hanan, Pela Yah and the Leviym,
have the people discern the torah:
and the people *are* in their station:
8 and they call out in the scroll
in the torah of Elohim expressly
and set the comprehension
and have them discern the convocation.
9 And Nechem Yah the governor and
Ezra the priest the scribe
and the Leviym have the people discern;
and say to all the people,
This day is holy to Yah Veh your Elohim;
neither mourn, nor weep.
— for all the people weep

when they hear the words of the torah.
10 And he says to them, Go your way,
eat the fat and drink the sweet
and send portions to them for whom naught is prepared:
for this day *is* holy to our Adonay.
Contort not;
for the rejoicing of Yah Veh is your stronghold.
11 And the Leviym hush all the people,
saying, Hush, for the day *is* holy!
Contort not.
12 And all the people go their way to eat and to drink
and to send portions and to work great cheer
— because they discern the words
made known to them.
13 And on the second day
the heads of the fathers of all the people,
the priests and the Leviym, gather to Ezra the scribe,
even to comprehend the words of the torah.

THE CELEBRATION OF SUKKOTH/BRUSH ARBORS

14 And they find inscribed in the torah
what Yah Veh misvahed by the hand of Moshe h;
that the sons of Yisra El
settle in sukkoth/brush arbors
in the celebration of the seventh month:
15 and they are heard passing a voice
in all their cities and in Yeru Shalem, saying,
Go forth to the mount and fetch olive leaves
and leaves of oil trees and myrtle leaves
and palm tree leaves and leaves of thick trees,
to work sukkoth/brush arbors, as inscribed.
16 And the people go and bring
and work themselves sukkoth/brush arbors,
— each man on the roof of his house
and in their courts,
and in the courts of the house of *God*
Elohim, and in the *street* **broadway**
of the water *gate* **portal**,
and in the *street* **broadway**
of the *gate* **portal** of *Ephraim* **Ephrayim**.
17 And all the congregation of them
that *were come again* **returned** out of the captivity
made booths **worked sukkoth/brush arbors**,
and *sat* **settled** under the *booths* **sukkoth/brush arbors**:
for since the days of *Jeshua* **Yah Shua**
the son of Nun unto that day
had not the *children* **sons** of *Israel* **Yisra El**
done **worked** so.
And there was *very* **mighty** great *gladness* **cheerfulness**.
18 Also day by day, from the first day unto
the last day, he *read* **called out**
in the *book* **scroll** of the *law* **torah** of *God* **Elohim**.
And they *kept* **worked** the *feast* **celebration** seven
days; and on the eighth day was a *solemn* **private**
assembly, according unto the *manner* **judgment**.

THE SONS OF YISRA EL FAST

9 Now in the twenty and fourth day of this month
the *children* **sons** of *Israel* **Yisra El**
were *assembled* **gathered** with fasting,
and with *sackclothes* **saqs**, and *earth* **soil** upon them.
2 Andthesedof*Israe*Y*l* **isra**E**s**le**p**arated*themselves*
from all **sons of** strangers,
and stood and *confessed* **spread hands for** their sins,
and the *iniquities* **perversities** of their fathers.
3 And they *stood up* **arose** in their *place* **station**,
and *read* **called out** in the *book* **scroll** of the *law* **torah**
of *the LORD* **Yah Veh** their *God* **Elohim**
one **a** fourth *part* of the day;
and *another* **a** fourth *part* they *confessed*
spread hands, and *worshipped* **prostrated**
to *the LORD* **Yah Veh** their *God* **Elohim.**
4 Then *stood up* **arose** upon the *stairs*
ascent, of the *Levites* **Leviym**,
Jeshua **Yah Shua**, and Bani,
Kadmiel **Qadmi El**, *Shebaniah* **Sheban Yah**,
Bunni, *Sherebiah* **Shereb Yah**, Bani, and *Chenani*
Kenani, and cried with a *loud* **great** voice
unto *the LORD* **Yah Veh** their *God* **Elohim**.
5 Then the *Levites* **Leviym**,
Jeshua **Yah Shua**, and *Kadmiel* **Qadmi El**, Bani,
Hashabniah **Hashabne Yah**, *Sherebiah* **Shereb Yah**,
Hodijah **Hodi Yah**, *Shebaniah* **Sheban Yah**,
and *Pethahiah* **Pethach Yah**, said,
Stand up **Arise** and bless *the LORD*
Yah Veh your *God* **Elohim**
for ever **eternally** and *ever* **eternally**:
and blessed be *thy glorious name* **the
name of thy honour**, which is exalted
above all blessing and *praise* **halal**.
6 Thou, *even* thou, *art LORD* **Yah Veh** alone;
thou hast *made heaven* **worked the heavens**, the *heaven*
heavens of *heavens* **the heavens**, with all their host,
the earth, and all *things* that are therein,
the seas, and all that is therein,
and thou *preservest* **enlivenest** them all; and the host of
heaven **the heavens** *worshippeth* **prostrateth to** thee.
7 Thou art *the LORD the God* **Yah Veh
Elohim**, who didst choose Abram,

and broughtest him forth out of Ur of the *Chaldees*
Kasdiy, and *gavest* **settest** him the name of Abraham;
8 And foundest his heart
faithful before thee **amenable at thy face**, and
madest **cuttest** a covenant with him
to give the land of the *Canaanites* **Kenaaniy**,
the *Hittites* **Hethiy**, the *Amorites* **Emoriy**,
and the *Perizzites* **Perizziy**, and the *Jebusites*
Yebusiy, and the *Girgashites* **Girgashiy**,
to give it, *I say*, to his seed,
and hast *performed* **raised** thy words;
for thou art *righteous* **just**:
9 And didst see the *affliction* **humiliation** of our fathers
in *Egypt* **Misrayim**,
and heardest their cry by the *Red* **Reed** sea;
and in their courts
and in the courts of the house of Elohim and
in the broadway of the water por tal
and in the broadway of the portal of Ephrayim.
17 And all the congregation who
returned from the captivity
work sukkoth/brush arbors
and settle under the sukkoth/brush arbors: for since
the days of Yah Shua the son of Nun to that day
the sons of Yisra El had not worked thus:
and there is mighty great cheerfulness:
18 and day by day, from the first day to the last day,
he calls out the scroll of the torah of Elohim.
— and they work the celebration seven days;
and on the eighth day *is* a private assembly
according to the judgment.

THE SONS OF YISRA EL FAST

9 Now in the twenty—fourth day of this month
the sons of Yisra El gather with fasting
and with saqs and soil on them:
2 and the seed of Yisra El separate
from all sons of strangers;
and stand and spread hands
for their sins and the perversities of their fathers:
3 and they rise in their station and call out
in the scroll of the torah of Yah Veh their Elohim
a fourth of the day;
and a fourth they spread hands
and prostrate to Yah Veh their Elohim.
4 And on the ascent of the Leviym,
Yah Shua and Bani, Qadmi El, Sheban Yah,
Bunni, Shereb Yah, Bani and Kenani
rise and cry with a great voice to Yah Veh their Elohim:
5 and of the Leviym,
Yah Shua and Qadmi El, Bani, Hashabne Yah, Shereb
Yah, Hodi Yah, Sheban Yah and Pethach Yah
say, Rise and bless Yah Veh your
Elohim eternally and eternally:
and blessed — the name of your honor
— exalted above all blessing and halal.
6 You *are* he, Yah Veh alone;
you worked the heavens
— the heavens of the heavens and all their host;
the earth and all thereon; the seas and all
therein; and you enliven them all;
and the host of the heavens prostrates to you.
7 You — Yah Veh Elohim, who chose Abram
and brought him from Ur of the Kasdiy
and set on him the name, Abraham;
8 and found his heart amenable at your
face and cut a covenant with him
to give the land of the Kenaaniy,
the Hethiy, the Emoriy
and the Perizziy and the Yebusiy and the Girgashiy
— to give to his seed;
and to raise your words; for you are just:
9 and see the humiliation of our fathers in
Misrayim and hear their cry by the Reed sea;
10 And *shewedst* **gavest** signs and *wonders* **omens**
upon *Pharaoh* **Paroh**, and on all his servants,
and on all the people of his land:
for thou knewest
that they *dealt proudly* **seethed** against them.
So didst thou *get* **work** thee a name, as it is this day.
11 And thou didst *divide* **split** the sea
before them **at their face**,
so that they *went* **passed** through the
midst of the sea on the dry *land*;
and their *persecutors* **pursuers**
thou threwest into the deeps,
as a stone into the *mighty* **strong** waters.
12 Moreover thou leddest them
in the **by** day by a *cloudy* pillar **of cloud**;
and *in the* **by** night by a pillar of fire,
to give them light in the way wherein they should go.
13 Thou *camest down* **descendest** also
upon mount *Sinai* **Sinay**,
and *spakest* **wordest** with them from *heaven* **the
heavens**, and gavest them *right* **straight** judgments,
and true *laws* **torahs**,
good statutes and *commandments* **misvoth**:
14 And madest known unto them thy
holy *sabbath* **shabbath**,
and *commandedst* **misvahedst** them

precepts **misvoth**, statutes, and *laws* **torah**,
by the hand of *Moses* **Mosheh** thy servant:
15 And gavest them bread from *heaven* **the heavens**
for their *hunger* **famine**,
and broughtest forth water for them
out of the rock for their thirst,
and *promisedst* **saidst to** them
that they should go in to possess the land
which thou hadst *sworn* **lifted thy hand** to give them.
16 Butheyandourfathers*dealtproudly***seethed**,
and hardened their necks,
and hearkened not to thy *commandments* **misvoth**,
17 And refused to *obey* **hearken**,
neither *were mindful of* **remembered**
thy *wonders* **marvels**
that thou *didst* **workedst** among them;
but hardened their necks, and in their rebellion
appointed a captain **gave a head**
to return to their *bondage* **servitude**:
but thou art
a God ready to pardon **an Elohah of forgivenesses**,
gracious **charismatic** and merciful, slow to *anger* **wrath**,
and of great *kindness* **mercy**, and forsookest them not.
18 Yea,whentheyhad*made***worked**themamoltencalf,
and said, This is thy *God* **Elohim**
that *brought* **ascended** thee *up* out of *Egypt* **Misrayim**,
and had *wrought* **worked** great *provocations* **scornings**;
19 Yethouinthy*manifold***abundant**mercies
forsookest them not in the wilderness:
the pillar of the cloud
departed **turned** not from them by
day, to lead them in the way;
neither the pillar of fire by night,
to shew them light,
and the way wherein they should go.
20 Thou gavest also thy good *spirit* **Spirit**
to *instruct* **have** them **comprehend**,
and withheldest not thy manna from their
mouth, and gavest them water for their thirst.
21 Yea, forty years
didst thou sustain them in the wilderness,
so that they lacked *nothing* **naught**;
their clothes *waxed not old* **wore not
out**, and their feet swelled not.
22 Moreover thou gavest them
kingdoms **sovereigndoms** and *nations* **people**,
and *didst divide* **allottedst** them
into corners **to the edges**:
so they possessed the land of *Sihon* **Sichon**, and
the land of the *king* **sovereign** of Heshbon, and
the land of Og *king* **sovereign** of Bashan.

23 Theicr*hildren***sons**also*multiplieds*at**bounded**shttou
as the stars of *heaven* **the heavens**, and
broughtest them into the land,
10 and give signs and omens on Paroh
and on all his servants
and on all the people of his land:
for you knew they seethed against them:
and you worked yourself a name, as this day:
11 and you split the sea at their face
so that they passed through midst the sea on the dry;
and threw their pursuers into the deeps
as a stone into the strong waters:
12 and you led them
by day by a pillar of cloud;
and by night by a pillar of fire,
to give them light in the way wherein to go:
13 and you descended on mount Sinay and
worded with them from the heavens
and gave them straight judgments and true torahs,
good statutes and misvoth:
14 and had them know your holy shabbath;
and misvahed them
your misvoth, statutes and torah,
by the hand of Mosheh your servant:
15 and gave them bread from the
heavens for their famine;
and brought them water from the rock for their thirst;
and said to them to go in to possess the land
which you lifted your hand to give them.
16 And they and our fathers seethed
and hardened their necks
and hearkened not to your misvoth
17 and refused to hearken;
and remembered not the marvels
you worked among them
and hardened their necks;
and in their rebellion
gave a head to return them to their servitude.
But you are an Elohah of forgivenesses,
charismatic and merciful, slow to wrath and
of great mercy and forsook them not.
18 Also, they worked themselves a molten calf and said,
This is your Elohim who ascends yo u from Misrayim;
and works great scornings;
19 yet you in your abundant mercies forsook them not in
the wilderness: neither turned the pillar of the cloud
from them by day — to lead them in the
way; nor the pillar of fire by night — to
show them light and the way to go.

20 You gave also your good Spirit to
have them comprehend
and withheld not your manna from their
mouth and gave them water for their thirst:
21 yes, forty years
you sustained them in the wilderness
so that they neither lacked;
nor wore out their clothes
nor swelled their feet.
22 And you gave them sovereigndoms and
people and allotted them to the edges:
and they possessed the land of Sichon
and the land of the sovereign of Heshbon
and the land of Og sovereign of Bashan:
23 and you abounded their sons as the stars
of the heavens; and brought them to the land,
concerning which
thou hadst *promised* **said** to their fathers,
that they should go in to possess it.
24 So the *children* **sons** went in and possessed the land,
and thou subduedst *before them* **at their face**
the *inhabitants* **settlers** of the land,
the *Canaanites* **Kenaaniy,**
and gavest them into their hands,
with their *kings* **sovereigns,** and the people
of the land, that they might *do* **work**
with them as they *would* **pleased.**
25 And they *took strong* **captured cut off** cities,
and a fat *land* **soil,** and possessed houses full of all
goods, wells *digged* **hewed,** vineyards, and oliveyards,
and *fruit* **food** trees in abundance:
so they did eat, and were *filled* **satisfied,**
and *became fat* **fattened,**
and *delighted* **pleased** themselves in thy great goodness.
26 Neverthelestheywere*disobedienr***tebelious,**
and rebelled against thee,
and cast thy *law* **torah** behind their backs,
and *slew* **slaughtered** thy prophets
which *testified* **witnessed** against
them to turn them to thee,
and they *wrought* **worked** great *provocations* **scornings.**
27 Therefore thou *deliveredst* **gavest** them
into the hand of their *enemies* **tribulators,**
who *vexed* **tribulated** them:
and in the time of their *trouble* **tribulation,**
when they cried unto thee,
thou heardest *them* from *heaven* **the heavens;**
and according to thy *manifold* **abundant** mercies
thou gavest them saviours, who saved them
out of the hand of their *enemies* **tribulators.**
28 Butaftertheyhad*rest***rested,**
they *did* **returned to work** evil *again*
before thee **at thy face:**
therefore leftest thou them in the hand of their enemies,
so that they had *the dominion over* **subjugated** them:
yet when they returned, and cried unto thee, thou
heardest *them* from *heaven* **the heavens;** and many times
didst thou *deliver* **rescue** them according to thy mercies;
29 And *testifiedst* **witnessedst** against them, that
thou mightest *bring* **return** them *again*
unto thy *law* **torah:**
yet they *dealt proudly* **seethed,**
and hearkened not unto thy *commandments*
misvoth, but sinned against thy judgments,
(which if a *man do* **human work,** he shall live in them;)
and *withdrew the* **they gave a revolting**
shoulder, and hardened their neck,
and *would not hear* **hearkened not.**
30 Yet many years didst thou *forbear* **draw** them,
and *testifiedst* **witnessedst** against
them by thy *spirit* **Spirit**
in **the hand of** thy prophets:
yet *would they not give ear* **they hearkened not:**
therefore gavest thou them into the
hand of the people of the lands.
31 Nevertheless for thy great mercies' sake
thou didst not *utterly consume* **fully**
work them **over,** nor forsake them;
for thou art a *gracious* **charismatic** and merciful *God* **El.**
32 Now therefore, our *God* **Elohim,**
the great, the mighty, and the *terrible God* **awesome**
El, who *keepest* **guardest** covenant and mercy,
let not all the *trouble seem little* **travail diminish**
before thee **at thy face,**
that hath *come* **been found** upon us,
on our *kings* **sovereigns,** on our *princes* **governors,**
and on our priests, and on our prophets,
and on our fathers, and on all thy
people, since the *time* **day**
of the *kings* **sovereigns** of *Assyria* **Ashshur**
unto this day.
33 Howbeit thou art just in all that is brought upon us;
for thou hast *done right* **worked true,**
but we have done wickedly:
concerning which you said to their
fathers, to go in to possess it:
24 and the sons came in and possessed the
land and you subdued at their face
the settlers of the land — the Kenaaniy
and gave them into their hands
— with their sovereigns and the people of the land

— to work with them as they pleased:
25 and they captured cut off cities and a fat
soil and possessed houses full of all goods,
wells hewed, vineyards and oliveyards
and food trees in abundance:
so they ate and satisfied and fattened and
pleased themselves in your great goodness:
26 and they *were* rebellious and rebelled against you
and cast your torah behind their backs
and slaughtered your prophets
who witnessed against them to turn them to you:
and they worked great scornings:
27 and you gave them
into the hand of their tribulators who tribulated them:
and in the time of their tribulation
they cried to you; and you heard from the heavens;
and according to your abundant
mercies you gave them saviours
to save them from the hand of their tribulators:
28 and they rested;
and returned to work evil at your face:
and you left them in the hand of their
enemies to subjugate them:
and they returned and cried to you and you
heard from the heavens; and many times
you rescued them according to your mercies:
29 and witnessed against them to
return them to your torah:
and they seethe and hearken not to your misvoth;
but sin against your judgments
— which if a human work, he lives in them;
and they gave a revolting shoulder
and hardened their neck and hearkened not:
30 and for many years you draw them and
witness against them by your Spirit
in the hand of your prophets;
and they hearkened not:
so you gave them
into the hand of the people of the lands.
31 and for sake of your great mercies you
neither fully worked them over,
nor forsook them;
for you are a charismatic and merciful El.
32 And now, our Elohim
El — the great, the mighty and the awesome
— who guards covenant and mercy,
diminish not from your face
all the travail that found us
— on our sovereigns, on our governors and
on our priests and on our prophets and on
our fathers and on all your people
since the day of the sovereigns of Ashshur to this day.
33 And you are just in all you bring on us;
for you work true
but we have done wickedly:
34 Neither have our *kings* **sovereigns**, our
princes **governors**, our priests,
nor our fathers, *kept* **worked** thy *law* **torah**, nor
hearkened unto thy *commandments* **misvoth**
and thy *testimonies* **witnesses**,
wherewith thou *didst testify* **witnessed** against them.
35 For they have not served thee in
their *kingdom* **sovereigndom**,
and in thy great goodness that thou gavest them,
and in the large and fat land
which thou gavest *before them* **at their face**,
neither turned they from their
wicked works **evil exploits**.
36 Behold, we are servants this day,
and *for* the land that thou gavest unto our fathers
to eat the fruit thereof and the good thereof,
behold, we are servants in it:
37 And it *yieldeth much increase* **aboundeth produce**
unto the *kings* **sovereigns**
whom thou hast *set* **given** over us because of our
sins: also they *have dominion* **reign** over our bodies,
and over our *cattle* **animals**, at their pleasure,
and we are in great *distress* **tribulation**.

AN AMANAH CUT, INSCRIBED, AND SEALED

38 And because of all this
we *make a sure covenant* **cut an amanah**,
and *write* **inscribe** it;
and our *princes* **governors**,
Levites **Leviym**, and priests, seal unto it.

10 Now those that sealed *were*,
Nehemiah **Nechem Yah**, the *Tirshatha* **governor**,
the son of *Hachaliah* **Hachal Yah**,
and *Zidkijah* **Sidqi Yah**,
2 *Seraiah* **Sera Yah**,
Azariah **Azar Yah**, *Jeremiah* **Yirme Yah**,
3 *Pashur* **Pashchur**,
Amariah **Amar Yah**, *Malchijah* **Malki Yah**,
4 Hattush, *Shebaniah* **Sheban Yah**, Malluch,
5 Harim, Meremoth, *Obadiah* **Obad Yah**,
6 *Daniel* **Dani El**, Ginnethon, Baruch,
7 Meshullam, *Abijah* **Abi Yah**, *Mijamin* **Mi Yamin**,
8 *Maziah* **Maz Yah**, *Bilgai* **Bilgay**, *Shemaiah* **Shema Yah**:
these were the priests.
9 And the *Levites* **Leviym**:
both *Jeshua* **Yah Shua** the son of *Azaniah* **Azan Yah**,

Binnui **Binnuy** of the sons of
Henadad, *Kadmiel* **Qadmi El**;
10 And their brethren,
Shebaniah **Sheban Yah**, *Hodijah* **Hodi Yah**,
Kelita **Qelita**, *Pelaiah* **Pela Yah**, Hanan,
11 *Micha* **Michah Yah**, *Rehob* **Rechob**,
Hashabiah **Hashab Yah**,
12 *Zaccur* **Zakkur**,
Sherebiah **Shereb Yah**, *Shebaniah* **Sheban Yah**,
13 *Hodijah* **Hodi Yah**, Bani, *Beninu* **Ben Inu**.
14 The *chief* **heads** of the people;
Parosh, *Pahathmoab* **Pachath Moab**, Elam, Zatthu, Bani,
15 Bunni, Azgad, *Bebai* **Bebay**,
16 *Adonijah* **Adoni Yah**, *Bigvai* **Bigvay**, Adin,
17 Ater, *Hizkijah* **Yechizqi Yah**, Azzur,
18 *Hodijah* **Hodi Yah**, Hashum, *Bezai* **Besay**,
19 Hariph, Anathoth, *Nebai* **Nobay**,
20 *Magpiash* **Magpi Ash**, Meshullam, Hezir,
21 *Meshezabeel* **Meshezab El**,
Zadok **Sadoq**, *Jaddua* **Yaddua**,
22 *Pelatiah* **Pelat Yah**, Hanan, *Anaiah* **Ana Yah**,
23 Hoshea, *Hananiah* **Hanan Yah**, *Hashub* **Hashshub**,
24 *Halohesh* **Lochesh**, *Pileha* **Pilcha**, *Shobek* **Shobeq**,
25 *Rehum* **Rechum**, Hashabnah, *Maaseiah* **Maase Yah**,
26 And *Ahijah* **Achiy Yah**, Hanan, Anan,
27 Malluch, Harim, Baanah.
28 And the *rest* **survivors** of the people,
the priests, the *Levites* **Leviym**,
the porters, the singers, the *Nethinims* **Dedicates**,
and all they that had separated themselves
from the people of the lands unto the
law **torah** of *God* **Elohim**,
their *wives* **women**, their sons, and their daughters,
every one *having knowledge* **who knoweth**,
and *having understanding* **discerneth**;
29 They *clave* **held** to their brethren, their *nobles* **mighty**,
34 and our sovereigns, our governors, our priests,
or our fathers, neither work your torah,
nor hearken to your misvoth and your
witnesses which you witness against them:
35 for they neither serve you in their sovereigndom
and in your great goodness that you give them;
and in the large and fat land you give at their
face, nor turn they from their evil exploits.
36 Behold, we are servants this day and
the land you gave to our fathers
to eat the fruit thereof and the good thereof,
behold, we are servants therein:
37 and it abounds produce to the sovereigns
whom you give over us because of our sins:
and they reign over our bodies and over our animals
at their pleasure;
and we are in great tribulation.

An Amanah Cut, Inscribed, And Sealed

38 And because of all this,
we cut an amanah and inscribe it;
and our governors, Leviym and priests seal *it*.
10 And over those sealed:
Nechem Yah the governor
the son of Hachal Yah and Sidqi Yah,
2 Sera Yah, Azar Yah, Yirme Yah,
3 Pashchur, Amar Yah, Malki Yah,
4 Hattush, Sheban Yah, Malluch,
5 Harim, Meremoth, Obad Yah,
6 Dani El, Ginnethon, Baruch,
7 Meshull am, Abi Yah, Mi Yamin,
8 Maaz Yah, Bilgay, Shema Yah
— these *are* the priests;
9 and the Leviym:
both Yah Shua the son of Azan Yah
Binnuy of the sons of Henadad, Qadmi El;
10 and their brothers:
Sheban Yah, Hodi Yah, Qelita, Pela Yah, Hanan,
11 Michah Yah, Rechob, Hashab Yah,
12 Zakkur, Shereb Yah, Sheban Yah,
13 Hodi Yah, Bani, Ben Inu;
14 the heads of the people:
Parosh, Pachath Moab, Elam, Zatthu, Bani,
15 Bunni, Azgad, Bebay,
16 Adoni Yah, Bigvay, Adin,
17 Ater, Yechizqi Yah, Azzur,
18 Hodi Yah, Hashum, Besay,
19 Hariph, Anathoth, Nobay,
20 Magpi Ash, Meshullam, Hezir,
21 Meshezab El, Sadoq, Yaddua,
22 Pelat Yah, Hanan, Ana Yah,
23 Hoshea, Hanan Yah, Hashshub,
24 Lochesh, Pilcha, Shobeq,
25 Rechum, Hashabnah, Maase Yah,
26 and Achiy Yah, Hanan, Anan,
27 Malluch, Harim, Baanah;
28 and the survivors of the people,
the priests, the Leviym,
the porters, the singers, the Dedicates
and all who separate themselves
from the people of the lands
to the torah of Elohim
— their women, their sons and their daughters,
every one who knows and discerns;

29 hold on to their brothers — their mighty
and *entered into a curse, and into an oath* **oathed an oath**, to walk in *God's law* **the torah of Elohim**,
which was given by *Moses* **the hand of Mosheh**
the servant of *God* **Elohim**,
and to *observe* **guard** and *do* **work**
all the *commandments* **misvoth**
of *the LORD* **Yah Veh** our *Lord* **Adonay**,
and his judgments and his statutes;
30 Andthatwe*would***should**notgiveourdaughters
unto the people of the land,
nor take their daughters for our sons:
31 Andifthepeopleofthelandbirng*ware***merchandises**
or any *victuals* **kernels** on the *sabbath* **shabbath** day
to sell, that we *would* **should** not *buy* **take** it of them
on the *sabbath* **shabbath**, or on the holy day:
and that we *would* **should** leave the seventh year,
and the *exaction* **burden** of every *debt* **hand**.
32 Also we *made ordinances* **stood misvoth**
for us, to *charge* **give** ourselves yearly
with the third *part* of a shekel
for the service of the house of our *God* **Elohim**;
33 For the *shewbread* **bread of arrangement**,
and for the continual *meat* offering,
and for the continual *burnt offering* **holocaust**,
of the *sabbaths* **shabbaths**, of the new moons,
for the *set feasts* **festivals**, and for the *holy things* **holies**, and for the sin *offerings*
to *make an atonement* **kapar/atone** for *Israel* **Yisra El**,
and *for* all the work of the house of our *God* **Elohim**.
34 And we *cast* **felled** the *lots* **pebbles** among the
priests, the *Levites* **Leviym**, and the people,
for the *wood offering* **qorban of timber**,
to bring it into the house of our *God* **Elohim**,
after the houses of our fathers,
at times appointed year by year,
to burn upon the **sacrifice** altar
of *the LORD* **Yah Veh** our *God* **Elohim**, as it
is *written* **inscribed** in the *law* **torah**:
35 And to bring the firstfruits of our *ground* **soil**, and
the firstfruits of all fruit of all trees, year by year,
unto the house of *the LORD* **Yah Veh**:
36 Also the *firstborn* **firstbirthed** of our
sons, and of our *cattle* **animals**,
as it is *written* **inscribed** in the *law* **torah**,
and the firstlings of our *herds* **oxen** and of our
flocks, to bring to the house of our *God* **Elohim**,
unto the priests that minister
in the house of our *God* **Beth Elohim**:
37 And that we should bring
the *firstfruits* **firstlings** of our dough,
and our *offerings* **exaltments**,
and the fruit of all manner of trees,
of *wine* **juice** and of oil, unto the priests,
to the chambers of the house of our *God* **Elohim**;
and the tithes of our *ground* **soil** unto
the *Levites* **Leviym**, that the *same Levites* **Leviym** might have the tithes
in all the cities of our *tillage* **service**.
38 And the priest the son of *Aaron* **Aharon**
shall be with the *Levites* **Leviym**, when
the *Levites* **Leviym** take tithes:
and the *Levites* **Leviym**
shall *bring up* **ascend** the tithe of the tithes
unto the house of our *God* **Elohim**,
to the chambers, into the treasure house.
39 For the *children* **sons** of *Israel* **Yisra El**
and the *children* **sons** of Levi
shall bring the *offering* **exaltment** of the
corn **crop**, of the *new wine* **juice**, and the
oil, unto the chambers, where are the *vessels* **instruments** of the *sanctuary* **holies**,
and the priests that minister,
and the porters, and the singers:
and we *will* **shall** not forsake the
house of our *God* **Elohim**.

THE SETTLERS OF YERU SHALEM

11 And the *rulers* **governors** of the people
dwelt **settled** at *Jerusalem* **Yeru Shalem**:
the *rest* **survivors** of the people also *cast lots* **felled pebbles**, to bring one of ten
to *dwell* **settle** in *Jerusalem* **Yeru Shalem** the holy city,
and oath an oath to walk in the torah o f
Elohim given by the hand of Mosheh the
servant of Elohim; and to guard and work
all the misvoth of Yah Veh our Adonay
and his judgments and his statutes;
30 and neither give our daughters
to the people of the land,
nor take their daughters for our sons:
31 and if the people of the land bring merchandises
or any kernels on the shabbath day to sell,
that we not take it of them
on the shabbath or on the holy day:
and that we leave the seventh year
and the burden of every hand.
32 And we stand misvoth for us,
to give the third of a shekel yearly
for the service of the house of our Elohim

33 — for the bread of arrangement and
for the continual offering
and for the continual holocaust
of the shabbaths, of the new moons,
for the festivals and for the holies and for
the sin to kapar/atone for Yisra El
and all the work of the house of our Elohim.
34 And we fell the pebbles among the
priests, the Leviym and the people
for the qorban of timber;
to bring to the house of our Elohim,
after the houses of our fathers,
at times appointed year by year,
to burn on the sacrifice altar of Yah Veh
our Elohim as inscribed in the torah:
35 and to bring the first fruits of our
soil and the firstfruits of all fruit of all trees
year by year, to the house of Yah Veh:
36 and the firstbirthed of our sons and of our animals
as inscribed in the torah;
and to bring
the firstlings of our oxen and of our
flocks to the house of our Elohim
— to the priests who minister in the
house of our Beth Elohim:
37 and bring the firstlings of our
dough and our exaltments
and the fruit of all manner of trees
— of juice and of oil
to the priests
— to the chambers of the house of our Elohim;
and the tithes of our soil to the Leviym,
that the Leviym have the tithes
in all the cities of our service:
38 that the priest the son of Aharon be with the Leviym
when the Leviym take tithes:
and the Leviym ascend the tithe of the
tithes to the house of our Elohim
— to the chambers — to the treasure house;
39 for the sons of Yisra El and the sons of Levi
bring the exaltment of the crop
of the juice and the oil to the chambers
to the instruments of the holies
— to the priests who minister
and the porters and the singers:
and not forsake the house of our Elohim.

The Settlers Of Yeru Shalem

11 And the governors of the
people settle at Yeru Shalem:
and the survivors of the people fell
pebbles, to bring one of ten
to settle in Yeru Shalem the holy city;
and nine *parts to dwell in* **hands to** other cities.
2 And the people blessed all the men,
that *willingly offered themselves* **volunteered**
to *dwell* **settle** at *Jerusalem* **Yeru Shalem.**
3 Now these are the *chief* **heads** of
the *province* **jurisdiction**
that *dwelt* **settled** in *Jerusalem* **Yeru Shalem**:
but in the cities of *Judah* **Yah Hudah**
dwelt every one **settled each man**
in his possession in their cities, *to wit,*
Israel **Yisra El**, the priests, and the *Levites*
Leviym, and the *Nethinims* **Dedicates,**
and the *children* **sons** of *Solomon's* **Shelomoh's** servants.
4 And at *Jerusalem dwelt* **Yeru Shalem settled**
certain of the *children* **sons** of *Judah* **Yah Hudah,**
and of the *children* **sons** of *Benjamin* **Ben Yamin.**
Of the *children* **sons** of *Judah* **Yah Hudah**;
Athaiah **Atha Yah** the son of *Uzziah* **Uzzi**
Yah, the son of *Zechariah* **Zechar Yah,**
the son of *Amariah* **Amar Yah,**
the son of *Shephatiah* **Shaphat Yah,**
the son of *Mahalaleel* **Ma Halal El**, of
the *children* **sons** of *Perez* **Peres**;
5 And*Maaseiah***MaaseYah**thesonofBaruch,
the son of *Colhozeh* **Kol Hozeh**, the son of *Hazaiah*
Haza Yah, the son of *Adaiah* **Ada Yah,**
the son of *Joiarib* **Yah Yarib,**
the son of *Zechariah* **Zechar Yah,**
the son of *Shiloni* **Shilohiy.**
6 All the sons of *Perez* **Peres**
that *dwelt* **settled** at *Jerusalem* **Yeru Shalem**
were four hundred *threescore* **sixty** and eight
valiant men **of valour.**
7 And these are the sons of *Benjamin* **Ben Yamin;**
Sallu the son of Meshullam, the son of *Joed* **Yoed,**
the son of *Pedaiah* **Pedah Yah**, the
son of *Kolaiah* **Qola Yah,**
the son of *Maaseiah* **Maase Yah**, the son of *Ithiel* **Ithi El,**
the son of *Jesaiah* **Yesha Yah.**
8 And after him *Gabbai* **Gabbay**, *Sallai*
Sallay, nine hundred twenty and eight.
9 And*JoeYl* **ahEh**tleson of Zichirwastheiroverser:
and *Judah* **Yah Hudah** the son of
Senuah was second over the city.
10 Of the priests:
Jedaiah **Yeda Yah** the son of *Joiarib*
Yah Yarib, *Jachin* **Yachin.**

11 *Seraiah* **Sera Yah** the son of *Hilkiah*
Hilqi Yah, the son of Meshullam,
the son of *Zadok* **Sadoq**,
the son of *Meraioth* **Merayoth**, the
son of *Ahitub* **Achiy Tub**,
was the *ruler* **eminent** of the house of *God* **Elohim**.
12 And their brethren
that *did* **worked** the work of the house
were eight hundred twenty and two:
and *Adaiah* **Ada Yah** the son of *Jeroham* **Yerocham**,
the son of *Pelaliah* **Pelal Yah**, the son of *Amzi* **Amsi**,
the son of *Zechariah* **Zechar Yah**,
the son of *Pashur* **Pashchur**, the son
of *Malchiah* **Malki Yah**.
13 And his brethren, *chief* **heads** of the
fathers, two hundred forty and two:
and *Amashai* **Amashsay** the son of *Azareel* **Azar El**,
the son of *Ahasai* **Ach Zay**, the son of Meshillemoth,
the son of Immer,
14 And their brethren, mighty *men* of valour,
an hundred twenty and eight:
and their overseer was *Zabdiel* **Zabdi El**,
the son of *one of* the great men.
15 Also of the *Levites* **Leviym**:
and nine hands to other cities:
2 and the people bless all the men,
who volunteer to settle at Yeru Shalem.
3 And these are the heads of the jurisdiction
who settle in Yeru Shalem:
and in the cities of Yah Hudah
each man settles in his possession in their cities
— Yisra El, the priests and the Leviym and the Dedicates
and the sons of the servants of Shelomoh.
4 And at Yeru Shalem
some of the sons of Yah Hudah and of
the sons of Ben Yamin settle.
Of the sons of Yah Hudah: Atha Yah the
son of Uzzi Yah the son of Zechar Yah
the son of Amar Yah the son of Shaphat Yah
the son of Ma Halal El of the sons of Peres,
5 and Maase Yah the son of Baruch
the son of Kol Hozeh
the son of Haza Yah the son of Ad a Yah the son of
Yah Yarib the son of Zechar Yah the son of Shilohiy.
6 — all the sons of Peres who settle at Yeru
Shalem
— four hundred sixty—eight men of valor.
7 And these are the sons of Ben Yamin:
Sallu the son of Meshullam
the son of Yoed
the son of Pedah Yah the son of Qola Yah
the son of Maase Yah the son of Ithi El
the son of Yesha Yah;
8 and after him: Gabbay, Sallay
— nine hundred twenty—eight;
9 and Yah El the son of Zichri is their overseer;
and Yah Hudah the son of Senuah
is second over the city.
10 Of the priests:
Yeda Yah the son of Yah Yarib, Yachin,
11 Sera Yah the son of Hilqi Yah the son of Meshullam
the son of Sadoq
the son of Merayoth the son of Achiy Tub
is the eminent of the house of Elohim;
12 and their brothers
who work the work of the house
— eight hundred twenty—two;
and Ada Yah the son of Yerocham the son of Pelal Yah
the son of Amsi
the son of Zechar Yah the son of
Pashchur the son of Malki Yah;
13 and his brothers, heads of the fathers
— two hundred forty—two:
and Amashsay the son of Azar El the son of Ach Zay
the son of Meshillemoth the son of Immer;
14 and their brothers, mighty of valor
— a hundred twenty—eight:
and their overseer is Zabdi El
the son of the great men;
15 and of the Leviym:
Shemaiah **Shema Yah** the son of *Hashub*
Hashshub, the son of *Azrikam* **Ezri Qam**,
the son of *Hashabiah* **Hashab Yah**, the son of Bunni;
16 And *Shabbethai* **Shabbethay** and *Jozabad* **Yah Zabad**,
of the *chief* **heads** of the *Levites* **Leviym**,
had the oversight of the *outward business* **outside work**
of the house of *God* **Elohim**.
17 And *Mattaniah* **Mattan Yah** the son of
Micha **Michah Yah**, the son of Zabdi,
the son of Asaph,
was the *principal to begin* **head at the beginning**
the thanksgiving **in giving spread hands** in prayer:
and *Bakbukiah* **Baqbuk Yah** the second
among his brethren,
and Abda the son of Shammua, the son of Galal,
the son of *Jeduthun* **Yeduthun**.
18 AlltheLevitesLeviymintheholycity
were two hundred *fourscore* **eighty** and four.
19 Moreover the porters, *Akkub* **Aqqub**, Talmon,
and their brethren that *kept* **guarded** the *gates*
portals, were an hundred seventy and two.

THE SETTLERS OF THE CITIES OF YAH HUDAH

20 And the *residue* **survivors** of *Israel* **Yisra El**,
of the priests, and the *Levites* **Leviym**, were
in all the cities of *Judah* **Yah Hudah**,
every one **each man** in his inheritance.
21 Buthe*Nethinimsdwe***Dltedicatessetled**inOphel:
and *Ziha* **Sicha** and *Gispa* **Gishpa**
were over the *Nethinims* **Dedicates**.
22 The overseer also of the *Levites* **Leviym**
at *Jerusalem* **Yeru Shalem**
was Uzzi the son of Bani,
the son of *Hashabiah* **Hashab Yah**, the
son of *Mattaniah* **Mattan Yah**,
the son of *Micha* **Michah Yah**.
Of the sons of Asaph,
the singers were *over* **in front of** the *business* **work**
of the house of *God* **Elohim**.
23 For it was the *king's commandment*
sovereign's misvah
concerning them,
that *a certain portion* **an amanah**
should be for the singers,
due for every day **a day by day word**.
24 And *Pethahiah* **Pethach Yah**
the son of *Meshezabeel* **Meshezab El**, of
the *children* **sons** of *Zerah* **Zerach**
the son of *Judah* **Yah Hudah**, was at
the *king's* **sovereign's** hand
in all *matters* **words** concerning the people.
25 And for the *villages* **courts**, with their fields,
some of the *children* **sons** of *Judah* **Yah Hudah**
dwelt **settled** at *Kirjatharba* **Qiryath Arba**,
and in the *villages* **courts** thereof,
and at Dibon, and in the *villages* **courts**
thereof, and at *Jekabzeel* **Yeqabse El**,
and in the *villages* **courts** thereof,
26 And at *Jeshua* **Yah Shua**,
and at Moladah, and at *Bethphelet* **Beth Palet**,
27 And at *Hazarshual* **Hasar Shual**,
and at *Beersheba* **Beer Sheba**,
and in the *villages* **daughters** thereof,
28 Andat*Ziklag***Siqlag**,andatMekonah,
and in the *villages* **daughters** thereof,
29 And at *Enrimmon* **En Rimmon**,
and at *Zareah* **Sorah**, and at *Jarmuth* **Yarmuth**,
30 *Zanoah* **Zanoach**, Adullam, and *in* their *villages*
courts, at Lachish, and the fields thereof,
at *Azekah* **Azeqah**, and in the *villages* **daughters** thereof.
And they *dwelt* **encamped** from *Beersheba* **Beer Sheba**
unto *the*
valley of Hinnom **Gay Hinnom/Valley of Burning**.
31 **And** The *children also* **sons** of *Benjamin* **Ben Yamin**
from Geba
dwelt at Michmash, and *Aija* **Aya**, and *Bethel* **Beth El**,
and in their *villages* **daughters**.
32 And at Anathoth, Nob, *Ananiah* **Anan Yah**,
33 *Hazor* **Hasor**, Ramah, *Gittaim* **Gittayim**,
34 Hadid, *Zeboim* **Seboim**, Neballat,
Shema Yah the son of Hashshub the son of Ezri Qam
the son of Hashab Yah the son of Bunni;
16 and Shabbethay and Yah Zabad of
the heads of the Leviym
have the oversight of the outside work
of the house of Elohim;
17 and Mattan Yah the son of Michah
Yah the son of Zabdi
the son of Asaph
is the head at the beginning
in giving spread hands in prayer;
and Baqbuk Yah the second among his
brothers and Abda the son of Shammua
the son of Galal the son of Yeduthun;
18 all the Leviym in the holy city
— two hundred eighty—four;
19 and the porters, Aqqub, Talmon
and their brothers who guard the portals,
— a hundred seventy—two.

THE SETTLERS OF THE CITIES OF YAH HUDAH

20 And the survivors of Yisra El of
the priests and the Leviym,
are in all the cities of Yah Hudah
— each man in his inheritance;
21 and the Dedicates settle in Ophel:
and Sicha and Gishpa are over the Dedicates;
22 and the overseer of the Leviym at Yeru
Shalem: Uzzi the son of Bani
the son of Hashab Yah
the son of Mattan Yah the son of Michah
Yah; of the sons of Asaph:
the singers are in front of the work
of the house of Elohim;
23 for the misvah of the sovereign concerning them
is that there be an amanah for the singers
— a day by day word;
24 and Pethach Yah the son of Meshezab
El, of the sons of Zerach
the son of Yah Hudah
is at the hand of the sovereign
in all words concerning the people;

25 and for the courts with their fields:
some of the sons of Yah Hudah settle at Qiryath Arba
and in its courts; and at Dibon and in its courts;
and at Yeqabse El and in its courts;
26 and at Yah Shua
and at Moladah and at Beth Palet
27 and at Hasar Shual and at Beer
Sheba and in its daughters;
28 and at Siqlag and at Mekonah and in its daughters;
29 and at En Rimmon
and at Sorah and at Yarmuth,
30 Zanoach, Adullam and its courts;
at Lachish and its fields;
at Azeqah and in its daughters;
— and they encamp from Beer Sheba to
Gay Hinnom/Valley of Burning;
31 and the sons of Ben Yamin:
from Geba at Michmash and Aya and
Beth El and in its daughters;
32 and at Anathoth, Nob, Anan Yah,
33 Hasor, Ramah, Gittayim,
34 Hadid, Seboim, Nebal lat,
35 Lod, and Ono,
the valley of craftsmen **Gay Harashim/**
The Valley of Engravers.
36 And of the *Levites* **Leviym**
were *divisions* **allotments** in *Judah* **Yah**
Hudah, and in *Benjamin* **Ben Yamin.**

THE PRIESTS AND LEVIYM WHO SETTLE YERU SHALEM

12 Now these are the priests
and the *Levites* **Leviym**
that *went up* **ascended** with *Zerubbabel* **Zerub Babel**
the son of *Shealtiel* **Shealti El**, and *Jeshua* **Yah Shua**:
Seraiah **Sera Yah**, *Jeremiah* **Yirme Yah**, Ezra,
2 *Amariah* **Amar Yah**, Malluch, Hattush,
3 *Shechaniah* **Shechan Yah**, *Rehum*
Rechum, Meremoth,
4 Iddo, Ginnetho, *Abijah* **Abi Yah**,
5 *Miamin* **Mi Yamin**, *Maadiah* **Maad Yah**, Bilgah,
6 *Shemaiah* **Shema Yah**,
and *Joiarib* **Yah Yarib**, *Jedaiah* **Yeda Yah**,
7 Salu,*Amok***Amoq**,*Hilkiah***HilqiYah**,*Jedaiah***YedaYah**.
These were the *chief* **heads** of the priests
and of their brethren in the days of *Jeshua* **Yah Shua**.
8 Moreover the *Levites* **Leviym**:
Jeshua **Yah Shua**, *Binnui* **Binnuy**, *Kadmiel* **Qadmi El**,
Sherebiah **Shereb Yah**, *Judah* **Yah Hudah**,
and *Mattaniah* **Mattan Yah**,
which was over the *thanksgiving*
choir, he and his brethren.
9 Also *Bakbukiah* **Baqbuk Yah** and
Unni, their brethren,
were over against them in the *watches* **guards**.
10 And *Jeshua begat Joiakim* **Yah Shua birthed**
Yah Yaqim, *Joiakim* **Yah Yaqim** also *begat*
Eliashib **birthed El Yashib**, and *Eliashib begat*
Joiada **El Yashib** begat **birthed Yah Yada**,
11 And*Joiada*begat*Jonathan***YahYadabirthedYahNathan**,
and *Jonathan begat Jaddua* **birthed**
Yah Nathan Yaddua.
12 Andinthedaysof*Joiakim***YahYaqim**werepirests,
the *chief* **heads** of the fathers:
of *Seraiah* **Sera Yah**, *Meraiah* **Merayah**;
of *Jeremiah* **Yirme Yah**, *Hananiah* **Hanan Yah**;
13 Of Ezra, Meshullam;
of *Amariah* **Amar Yah**, *Jehohanan* **Yah Hanan**;
14 Of*Melicu***Melooch**,*Jionathan***YahNathan**;
of *Shebaniah* **Sheban Yah**, *Joseph* **Yoseph**;
15 Of Harim, Adna;
of *Meraioth* **Merayoth**, *Helkai* **Helqai**;
16 Of Iddo, *Zechariah* **Zechar Yah**;
of Ginnethon, Meshullam;
17 Of *Abijah* **Abi Yah**, Zichri;
of *Miniamin* **Min Yamin**, of *Moadiah* **Moad Yah**,
Piltai **Piltay**:
18 Of Bilgah, Shammua;
of *Shemaiah* **Shema Yah**, *Jehonathan* **Yah Nathan**;
19 Andof*Joiarib***YahYarib**,*Matena***Mi atenay**;
of *Jedaiah* **Yeda Yah**, Uzzi;
20 Of *Sallai* **Sallay**, *Kallai* **Qallay**;
of *Amok* **Amoq**, *Eber* **Heber**;
21 Of *Hilkiah* **Hilqi Yah**, *Hashabiah* **Hashab Yah**;
of *Jedaiah* **Yeda Yah**, *Nethaneel* **Nethan El**.
22 The *Levites* **Leviym** in the days of *Eliashib* **El Yashib**,
Joiada **Yah Yada**,
and *Johanan* **Yah An**, and *Jaddua* **Yaddua**,
were *recorded chief* **inscribed heads** of the fathers:
also the priests,
to the *reign* **sovereigndom** of *Darius* **Daryavesh**
the Persian.
23 The sons of Levi, the *chief* **heads** of the fathers,
were *written* **inscribed** in the *book* **scroll**
of the *chronicles* **words of the days**, even until the days
of *Johanan* **Yah Hanan** the son of *Eliashib* **El Yashib**.
24 And the *chief* **heads** of the *Levites* **Leviym**:
Hashabiah **Hashab Yah**, *Sherebiah* **Shereb Yah**, and
Jeshua **Yah Shua** the son of *Kadmiel* **Qadmi El**,
with their brethren over against them,

to *praise* **halal** and to *give thanks* **spread hands**,
according to the *commandment* **misvah** of David
the man of *God* **Elohim**,
ward over against ward **underguard by underguard**.
25 *Mattaniah* **Mattan Yah**, and *Bakbukiah* **Baqbuk Yah**,
Obadiah **Obad Yah**, Meshullam, Talmon, *Akkub* **Aqqub**,
were porters *keeping* **guarding** the *ward* **underguard**
at the *thresholds* **gatherings** of the *gates* **portals**.
35 Lod and Ono,
Gay Harashim/The Valley of Engravers;
36 and of the Leviym:
allotments in Yah Hudah and in Ben Yamin.

THE PRIESTS AND LEVIYM WHO SETTLE YERU SHALEM

12 And these are the priests and the
Leviym who ascend with Zerub Babel
the son of Shealti El and Yah Shua:
Sera Yah, Yirme Yah, Ezra,
2 Amar Yah, Malluch, Hattush,
3 Shechan Yah, Rechum, Meremoth,
4 Iddo, Ginnetho, Abi Yah,
5 Mi Yamin, Maad Yah, Bilgah,
6 Shema Yah and Yah Yarib, Yeda Yah,
7 Sallu, Amoq, Hilqi Yah, Yeda Yah
— these are the heads of the priests
and of their brothers in the days of Yah Shua.
8 And the Leviym:
Yah Shua, Binnuy, Qadmi El, Shereb Yah, Yah
Hudah and Mattan Yah who are over the choir
— he and his brothers;
9 and Baqbuk Yah and Unni, their brothers,
are opposite them in the guards.
10 And Yah Shua births Yah Yaqim and Yah Yaqim
births El Yashib and El Yashib births Yah Yada
11 and Yah Yada births Yah
Nathan
and Yah Nathan births Yaddua.
12 And in the days of Yah Yaqim are
priests the heads of the fathers:
of Sera Yah, Merayah;
of Yirme Yah, Hanan Yah;
13 of Ezra, Meshullam;
of Amar Yah, Yah Hanan;
14 of Meloochi, Yah Nathan;
of Sheban Yah, Yoseph;
15 of Harim, Adna;
of Merayoth, Helqai;
16 of Iddo, Zechar Yah;
of Ginnethon, Meshullam;
17 of Abi Yah, Zichri;
of Min Yamin of Moad Yah, Pilt ay;
18 of Bilgah, Shammua;
of Shema Yah, Yah Nathan;
19 and of Yah Yarib, Mattenay;
of Yeda Yah, Uzzi;
20 of Sallay, Qallay;
of Amoq, Heber;
21 of Hilqi Yah, Hashab Yah;
of Yeda Yah, Nethan El.
22 The Leviym in the days of El Yashib:
Yah Yada and Yah An and Yaddua
are inscribed heads of the fathers and of the priests
to the sovereigndom of Daryavesh the Persian.
23 The sons of Levi, the heads of the fathers,
are inscribed in the scroll of the words
of the days, even until the days
of Yah Hanan the son of El Yashib.
24 And the head of the Leviym: Hashab Yah, Shereb Yah
and Yah Shua the son of Qadmi El with
their brothers opposite them
— to halal and to spread hands
according to the misvah of David the man of Elohim
— underguard by underguard.
25 Mattan Yah and Baqbuk Yah,
Obad Yah, Meshullam, Talmon, Aqqub
are porters guarding the underguard
at the gatherings of the portals.
26 These were in the days of *Joiakim* **Yah Yaqim**
the son of *Jeshua* **Yah Shua**, the son of *Jozadak* **Yah
Sadaq**, and in the days of *Nehemiah* **Nechem Yah**
the governor, and of Ezra the priest, the scribe.

HANUKKAH OF THE WALL OF YERU SHALEM

27 And at the *dedication* **hanukkah**
of the wall of *Jerusalem* **Yeru Shalem**
they sought the *Levites* **Leviym** out of all their
places, to bring them to *Jerusalem* **Yeru Shalem**,
to *keep* **work** the *dedication* **hanukkah**
with *gladness* **cheer**,
both with *thanksgivings* **spread hands**, and with singing,
with cymbals, *psalteries* **bagpipes**, and with harps.
28 And the sons of the singers gathered
themselves together,
both out of the *plain country* **environs of the land**
round about *Jerusalem* **Yeru Shalem**, and
from the *villages* **courts** of Netophathi;
29 Also from the house of *Gilgal* **Hag Gilgal**, and
out of the fields of Geba and Azmaveth:
for the singers had builded them *villages* **courts**

round about *Jerusalem* **Yeru Shalem.**
30 And the priests and the *Levites* **Leviym**
purified themselves, and purified the people,
and the *gates* **portals**, and the wall.
31 Then I *brought up* **ascended**
the *princes* **governors** of *Judah* **Yah Hudah** upon
the wall, and *appointed* **stood** two great
companies of them that gave thanks **spreaders of hands**,
whereof one went
— **processions** on the right *hand* upon the wall
toward the *dung gate* **dunghill portal**:
32 And after them went *Hoshaiah* **Hosha Yah**,
and half of the *princes* **governors** of *Judah* **Yah Hudah**,
33 And *Azariah* **Azar Yah**, Ezra, and Meshullam,
34 *Judah* **Yah Hudah**, and *Benjamin* **Ben Yamin**,
and *Shemaiah* **Shema Yah**, and *Jeremiah* **Yirme Yah**,
35 And *certain* of the priests' sons
with trumpets; *namely*,
Zechariah **Zechar Yah** the son of *Jonathan* **Yah Nathan**, the son of *Shemaiah* **Shema Yah**,
the son of *Mattaniah* **Mattan Yah**,
the son of *Michaiah* **Michah Yah**,
the son of *Zaccur* **Zakkur**,
the son of Asaph:
36 And his brethren,
Shemaiah **Shema Yah**, and *Azarael* **Azar El**,
Milalai **Milalay**, *Gilalai* **Gilalay**,
Maai, *Nethaneel* **Nethan El**,
and *Judah* **Yah Hudah**, Hanani,
with the *musical instruments* **instruments of song**
of David the man of *God* **Elohim**,
and Ezra the scribe *before them* **at their face.**
37 And at the fountain *gate* **portal**,
which was over against them,
they *went up* **ascended**
by the *stairs* **steps** of the city of David, at the *going up* **ascent** of the wall, above the house of David,
even unto the water *gate* **portal**
eastward **toward the rising.**
38 And the *other* **second**
company of them that gave thanks **spreaders of hands**
went *over against* **opposite** them, and I after
them, and the half of the people upon the wall,
from beyond the tower of the furnaces
even unto the broad wall;
39 And from above the *gate* **portal**
of *Ephraim* **Ephrayim**,
and above the old *gate* **portal**, and
above the fish *gate* **portal**,
and the tower of *Hananeel* **Hanan El**,
and the tower of Meah,
even unto the *sheep gate* **flock portal**:
and they stood still in the *prison gate* **guard yard portal.**
40 So stood the two
companies of them that gave thanks **spreaders of hands**
in the house of *God* **Elohim**,
and I, and the half of the *rulers* **prefects** with me:
41 And the priests;
26 These are in the days of Yah Yaqim
the son of Yah Shua the son of Yah Sadaq
and in the days of Nechem Yah the governor
and of Ezra the priest the scribe.

HANUKKAH OF THE WALL OF YERU SHALEM

27 And at the hanukkah of the wall of Yeru Shalem
they seek the Leviym from all their places
to bring them to Yeru Shalem,
to work the hanukkah with cheer
— both with spread hands and with singing,
with cymbals, bagpipes and with harps:
28 and the sons of the singers gather
— both from the environs of the
land all around Yeru Shalem
and from the courts of Netophathi;
29 and from the house of Hag Gilgal
and from the fields of Geba and Azmaveth:
for the singers build courts all around Yeru Shalem:
30 and the priests and the Leviym purifiy themselves
and purifiy the people and the portals and the wall.
31 And I ascend the governors of
Yah Hudah on the wall;
and stand two great spreaders of hands
— processions on the right on the wall
toward the dunghill portal:
32 and after them goes Hosha Yah
and half of the governors of Yah Hudah
33 and Azar Yah, Ezra and Meshullam,
34 Yah Hudah and Ben Yamin and
Shema Yah and Yirme Yah;
35 and of the sons of the priests with trumpets:
Zechar Yah the son of Yah Nathan the son of Shema Yah
the son of Mattan Yah the son of
Michah Yah the son of Zakkur
the son of Asaph;
36 and his brothers:
Shema Yah and Azar El, Milalay, Gilalay, Maai,
Nethan El and Yah Hudah, Hanani ,
with instruments of song of David the man of
Elohim and Ezra the scribe at their face;
37 and at the fountain portal opposite them, they
ascend by the steps of the city of David

at the ascent of the wall above the house of David
— even to the water portal toward the rising.
38 And the second spreaders of hands
go opposite them — and I after them; and the
half of the people on the wall from beyond the
tower of the furnaces even to the broad wall;
39 and from above the portal of Ephrayim
and above the old portal and above the fish portal
and the tower of Hanan El and the tower of Meah
— even to the flock portal;
and they stand still in the guard yard portal.
40 And the two spreaders of hands
stand in the house of Elohim
and I and the half of the prefects with me;
41 and the priests:
Eliakim **El Yaqim**, *Maaseiah* **Maase Yah**,
Miniamin **Min Yamin**, *Michaiah* **Michah Yah**,
Elioenai **El Ya Enay**, *Zechariah* **Zechar Yah**,
and *Hananiah* **Hanan Yah**, with trumpets;
42 And*Maseiah***MaseYah**,and*Shemaiah***ShemaYah**,
and *Eleazar* **El Azar**, and Uzzi,
and *Jehohanan* **Yah Hanan**, and *Malchijah*
Malki Yah, and Elam, and Ezer.
And the singers *sang loud* **voiced to be heard**,
with *Jezrahiah* **Yizrach Yah** their overseer.
43 Also that day they *offered* **sacrificed** great
sacrifices, and *rejoiced* **cheered**:
for *God* **Elohim**
had *made* them *rejoice* **cheer** with great *joy* **cheer**:
the *wives* **women** also and the children *rejoiced* **cheered**:
so that the *joy* **cheer** of *Jerusalem* **Yeru Shalem**
was heard even afar off.
44 And at that *time* **day**
were *some appointed over* **men to oversee** the chambers
for the treasures, for the *offerings* **exaltments**,
for the *firstfruits* **firstlings**, and for the tithes,
to gather into them out of the fields of the cities
the *portions* **allotments** of the *law* **torah**
for the priests and *Levites* **Leviym**:
for *Judah rejoiced* **the cheer of Yah Hudah** for the
priests and for the *Levites* **Leviym** that *waited* **stood**.
45 And both the singers and the porters
kept **guarded** the *ward* **guard** of their *God*
Elohim, and the *ward* **guard** of the purification,
according to the commandment of David,
and of *Solomon* **Shelomoh** his son.
46 For in the days of David and Asaph of *old* **antiquity**
there were *chief* **heads** of the singers,
and songs of *praise* **halal** and *thanksgiving* **spread hands**
unto *God* **Elohim**.
47 And all *Israel* **Yisra El**
in the days of *Zerubbabel* **Zerub Babel**
and in the days of *Nehemiah* **Nechem Yah**,
gave the *portions* **allotments** of the
singers and the porters,
every day **day by day** his *portion* **word**:
and they *sanctified holy things* **hallowed**
unto the *Levites* **Leviym**;
and the *Levites sanctified* **Leviym hallowed** them
unto the *children* **sons** of *Aaron* **Aharon**.

MONGRELS SEPARATED FROM YISRA EL

13 On that day they *read* **called out**
in the *book* **scroll** of *Moses* **Mosheh**
in the *audience* **ears** of the people;
and therein was found *written* **inscribed**
that the *Ammonite* **Ammoniy** and the *Moabite*
Moabiy should not come into the congregation
of *God* **Elohim** *for ever* **eternally**;
2 Because they *met* **anticipated** not the
children **sons** of *Israel* **Yisra El**
with bread and with water,
but hired *Balaam* **Bilam** against them,
that he should *curse* **abase** them:
howbeit our *God* **Elohim**
turned the *curse* **abasement** into a blessing.
3 *Now* **And so be** it *came to pass*, when they had heard
the *law* **torah**, that they separated from *Israel* **Yisra El**
all the *mixed multitude* **mongrels**.
4 And *before* **at the face of** this,
Eliashib **El Yashib** the priest,
having **given** the oversight of the chamber
of the house of our *God* **Elohim**,
was *allied* **near** unto *Tobiah* **Tobi Yah**:
5 And he had *prepared* **worked** for him a great
chamber, where *aforetime* **formerly**
they *laid* **gave** the *meat* offerings,
the frankincense, and the *vessels* **instruments**,
and the tithes of the *corn* **crop**,
the *new wine* **juice**, and the oil,
which was commanded to be given **the misvah**
to **of** the *Levites* **Leviym**, and the
singers, and the porters;
and the *offerings* **exaltments** of the priests.
6 Buitnalthis*time*wasnotIa*Jterusalem***YeruShalem**:
for in the two and thirtieth year
El Yaqim, Maase Yah, Min Yamin, Michah Yah,
El Ya Enay, Zechar Yah and Hanan Yah
with trumpets;
42 and Maase Yah and Shema Yah and El Azar
and Uzzi and Yah Hanan and Mal ki Yah

and Elam and Ezer;
and the singers voice to be heard, with
Yizrach Yah their overseer.
43 And that day
they sacrifice great sacrifices and cheer:
for Elohim cheers them with great cheer:
and also the women and the children cheer:
so that the cheer of Yeru Shalem is heard afar off.
44 And at that day,
men oversee the chambers for the treasures,
for the exaltments, for the firstlings and for the tithes
— to gather into them from the fields of the cities the
allotments of the torah for the priests and Leviym:
for the cheer of Yah Hudah for the priests
and for the Leviym who stand.
45 And both the singers and the porters
guard the guard of their Elohim
and the guard of the purification
according to the commandment of David
and of Shelomoh his son;
46 for in the days of David and Asaph of antiquity
there are heads of the singers
and songs of halal and spread hands to Elohim.
47 And all Yisra El
in the days of Zerub Babel and in
the days of Nechem Yah
give the allotments of the singers and the porters
— his day by day word:
and they hallow to the Leviym;
and the Leviym hallow to the sons of Aharon.

MONGRELS SEPARATED FROM YISRA EL

13 On that day,
they call out in the scroll of Mosheh
in the ears of the people;
and they find inscribed therein that
the Ammoniy and the Moabiy
are not to come into the congregation
of Elohim eternally;
2 because they anticipated not the sons of
Yisra El with bread and with water;
but hired Bilam against them to abase them:
and our Elohim turns the abasement into a blessing.
3 And so be it, when they hear the torah, they
separate all the mongrels from Yisra El:
4 and at the face of this,
El Yashib the priest gives the oversight
of the chamber of the house of our
Elohim to one near to Tobi Yah:
5 and he works himself a great chamber
where they formerly gave the offerings
— the frankincense and the instruments
and the tithes of the crop
— the juice and the oil the misvah of the Leviym
and the singers and the porters;
and the exaltments of the priests.
6 And in all this, I am not at Yeru Shalem:
for in the thirty—second year
of *Artaxerxes* **Artach Shashta** *king* **sovereign** of
Babylon **Babel** came I unto the *king* **sovereign**,
and *after certain* **at the end of** days
obtained I leave **I asked** of the *king* **sovereign**:
7 And I came to *Jerusalem* **Yeru Shalem**,
and *understood* **discerned** of the evil
that *Eliashib did* **El Yashib worked**
for Tobiah **unto Tobi Yah**,
in *preparing* **working** him a chamber
in the courts of the house of *God* **Elohim**.
8 And it *grieved me sore* **was mighty evil to me**:
therefore I cast forth all the household *stuff*
instruments to *Tobiah* **Tobi Yah** out of the chamber.
9 Then I *commanded* **said**,
and they *cleansed* **purified** the chambers:
and thither brought I again
the *vessels* **instruments** of the house of *God* **Elohim**,
with the *meat* offering and the frankincense.
10 And I perceived
that the *portions* **allotments** of the *Levites* **Leviym**
had not been given them:
for the *Levites* **Leviym** and the singers,
that *did* **worked** the work,
were fled *every one* **each man** to his field.
11 Then contended I with the *rulers* **prefects**, and
said, Why is the house of *God* **Elohim** forsaken?
And I gathered them *together*,
and *set* **stood** them in their *place* **station**.
12 Then brought all *Judah* **Yah Hudah**
the tithe of the *corn* **crop**
and the *new wine* **juice** and the oil unto the treasuries.
13 And I made treasurers over the treasuries,
Shelemiah **Shelem Yah** the priest,
and *Zadok* **Sadoq** the scribe,
and of the *Levites* **Leviym**, *Pedaiah* **Pedah Yah**:
and *next to them* **at their hand** was Hanan
the son of *Zaccur* **Zakkur**,
the son of *Mattaniah* **Mattan Yah**:
for they were *counted faithful* **fabricated amenable**, and
their office was to *distribute* **allot** unto their brethren.
14 Remember me, O my *God* **Elohim**, concerning
this, and wipe not out my *good deeds* **mercies**

that I have *done* **worked** for the house of my *God*
Elohim, and for the *offices* **underguard** thereof.
15 In those days saw I in *Judah* **Yah Hudah**
some treading wine presses on the *sabbath*
shabbath, and bringing in *sheaves* **heaps**, and
lading *asses* **he burros**; as also wine, grapes,
and figs, and all *manner of* burdens,
which they brought into *Jerusalem* **Yeru Shalem**
on the *sabbath* **shabbath** day:
and I *testified against them* **witnessed**
in the day wherein they sold *victuals* **hunt**.
16 There *dwelt men of Tyre* **settled the Soriy** also therein,
which brought fish, and all manner of *ware* **price**,
and sold on the *sabbath* **shabbath**
unto the *children* **sons** of *Judah* **Yah Hudah**,
and in *Jerusalem* **Yeru Shalem**.
17 Then I contended with the nobles
of *Judah* **Yah Hudah**,
and said unto them,
What evil *thing* **word** is this that ye *do* **work**,
and profane the *sabbath* **shabbath** day?
18 *Did* **Worked** not your fathers thus,
and did not our *God* **Elohim** bring all this
evil upon us, and upon this city?
yet ye *bring more wrath* **add fuming** upon *Israel* **Yisra El**
by profaning the *sabbath* **shabbath**.
19 And **so be** it *came to pass*,
that when the *gates* **portals** of *Jerusalem* **Yeru Shalem**
began to *be dark* **overshadow**
before **at the face of** the *sabbath* **shabbath**,
I *commanded* **said** that the gates should be
shut, and *charged* **said** that they should not be
opened till after the *sabbath* **shabbath**:
and *some* of my *servants* **lads**
set **stood** I at the *gates* **portals**,
that there should no burden be brought
in on the *sabbath* **shabbath** day.
20 So the merchants and sellers of all *kind of ware* **sold**
of Artach Shashta sovereign of Babel
I come to the sovereign;
and at the end of days I ask of the sovereign:
7 and I come to Yeru Shalem
and discern the evil El Yashib works to Tobi Yah
— in working him a chamber
in the courts of the house of Elohim:
8 and it is mighty evil to me:
and I cast out all the household instruments
to Tobi Yah from the chamber.
9 Then I say
— and they purify the chambers:
and I bring again
the instruments of the house of Elohim with
the offering and the frankincense:
10 and I perceive that the allotments of the Leviym
have not been given them:
for the Leviym and the singers who work
the work flee — each man to his field.
11 Then I contend with the prefects and say,
Why is the house of Elohim forsaken?
— and I gather them and stand them in their station.
12 And all Yah Hudah brings the tithe of the crop
and the juice and the oil to the treasuries.
13 And treasurers over the treasuries: Shelem
Yah the priest and Sadoq the scribe
and Pedah Yah of the Leviym;
and at their hand:
Hanan the son of Zakkur the son of Mattan Yah;
for they are fabricated as amenable
and their office is to allot to their brothers.
14 Remember me, O my Elohim, concerning this;
and wipe not out
the mercies I worked for the house of my
Elohim and for its underguard.
15 In those days in Yah Hudah
I see them treading wine presses on the shabbath
— and bringing in heaps and lading he burros and
also wine, grapes and figs and all the burdens
they bring into Yeru Shalem on the shabbath day:
and I witness the day they sell hunt:
16 and the Soriy settle therein bringing
fish and all manner of price
and sell on the shabbath to the sons of
Yah Hudah and in Yeru Shalem.
17 And I contend with the nobles of
Yah Hudah and say to them,
What evil word is this
that you work and profane the shabbath day?
18 Worked not your fathers thus
and brought not our Elohim all this
evil on us and on this city?
And you add fuming on Yisra El by
profaning the shabbath.
19 And so be it,
the portals of Yeru Shalem
begin to overshadow at the face of the
shabbath, and I say to shut the gates
and say to not open until after the shabbath:
and I stand my lads at the portals,
that no burden is brought in on the shabbath day.
20 And the merchants and sellers of all sales
lodged **stayed overnight** without *Jerusalem* **Yeru Shalem**
once **one time** or twice.

21 Then I *testified* **witnessed** against
them, and said unto them,
Why *lodge* **stay** ye **overnight** *about*
over against the wall?
if ye *do so again* **repeat**,
I *will lay* **shall spread** hands on you.
From that time forth
came they *no more* **not** on the *sabbath* **shabbath**.
22 And I *commanded* **said to** the *Levites* **Leviym**
that they should *cleanse* **purify** *themselves*,
and that they should come
and *keep* **guard** the *gates* **portals**,
to *sanctify* **hallow** the *sabbath* **shabbath** day.
23 Inthosedaysalsosaw I *Jews* **YahHudiym** thathad
Remember me, O my *God* **Elohim**, *concerning* this also,
and spare me according to the greatness of thy mercy.
married wives **settled with women** of *Ashdod* **Ashdodiy**,
of *Ammon* **Ammoniy**, and of *Moab* **Moabiy**:
24 And their *children* **sons**
spake **worded** half in the speech of
Ashdod, and *could* **recognized** not
speak **to word** in *the Jews' language* **Yah Hudaic**,
but according to the language of *each* people **by people**.
25 And I contended with them, and *cursed* **abased**
them, and smote *certain* **men** of them,
and *plucked off their hair* **baldened them**,
ye shall not give your daughters unto their sons,
nor *take* **bear** their daughters unto your sons,
or for yourselves.
26 Did not *Solomon* **Shelomoh**,
and made them *swear* **oath** by *God* **Elohim**, saying,
king **sovereign** of *Israel* **Yisra El** sin by these *things*?
yet among many *nations* **goyim** was there no *king*
sovereign like him, who was beloved of his *God*
Elohim, and *God made* **Elohim gave** him
king **sovereign** over all *Israel* **Yisra El**:
nevertheless even him
did *outlandish* **strange** women cause to sin.
27 Shall we then hearken unto you to
do **work** all this great evil,
to *transgress* **treason** against our *God* **Elohim**
in *marrying* **settling with** strange *wives* **women**?
28 And *one* of the sons of *Joiada* **Yah Yada**,
the son of *Eliashib* **El Yashib** the *high* **great**
priest, was son in law to Sanballat the *Horonite*
Horoniy: therefore I *chased* **fled** him from me.
29 Remember them, O my *God* **Elohim**,
and the covenant of the priesthood,
and of the *Levites* **Leviym**.
30 Thus *cleansed* **purified** I them from all strangers,
because they have *defiled* **profaned** the priesthood,
and *appointed* **stationed** the *wards* **guards**
of the priests and the *Levites* **Leviym**,
every one **each man** in his *business* **work**;
31 And for the *wood offering* **qorban of timber**,
at times appointed, and for the *firstfruits* **firstlings**.
Remember me, O my *God* **Elohim**, for good.
stay overnight outside Yeru Shalem one time or twice.
21 And I witness against them and say to them,
Why stay you overnight opposite the wall?
If you repeat, I spread hands on you.
— from that time they come not on the shabbath.
22 And I say to the Leviym to purify
and to come and guard the portals
to hallow the shabbath day.
Remember me, O my Elohim, this also;
and spare me
according to the greatness of your mercy.
23 Also in those days
I see that the Yah Hudiym settle with women
of Ashdodiy, of Ammoniy and of Moabiy:
24 and their sons word half in the speech of Ashdod
and recognize not to word in Yah Hudaic,
but according to the language of people by people.
25 And I contend with them and abase them
and smite men of them and balden them and have them
oath by Elohim, saying, Neither give your daughters
to their sons nor bear their daughters to your sons
or for yourselves.
26 Shelomoh sovereign of Yisra El
— sinned he not by these? Yet among many goyim
there is no sovereign like him
— beloved of his Elohim;
and Elohim gave him sovereign over all Yisra El:
and strange women caused even him to sin.
27 And hearken we to you to work all this great evil
— to treason against our Elohim in
settling with strange women?
28 And of the sons of Yah Yada,
the son of El Yashib the great priest
is son in law to Sanballat the Horoniy:
and I flee him from me.
29 Remember them, O my Elohim, because
they profane the priesthood
and the covenant of the priesthood and of the Leviym.
30 Thus I purify them from all strangers
and station the guards of the priests and the Leviym
— each man in his work;
31 and for the qorban of timber,
at times appointed, and for the firstlings.
Remember me, O my Elohim, for good.

www.ingramcontent.com/pod-product-compliance
Lightning Source LLC
Chambersburg PA
CBHW080224100526
44583CB00020BA/2520
9781639501373